Europäische Gerichtsstands- und
Vollstreckungsverordnung

Europäische Gerichtsstands- und Vollstreckungsverordnung (Brüssel Ia)

Kommentar
zur Verordnung (EU) Nr. 1215/2012 (EuGVVO)

Bearbeitet von

Akademischer Rat a.Z. Dr. David Paulus, LMU München; Dr. Evgenia Peiffer, Rechtsanwältin in München; Dr. Max Peiffer, Rechtsanwalt in München

Sonderdruck aus dem Loseblatt-Handbuch

Geimer/Schütze (Hg.)
Internationaler Rechtsverkehr in Zivil- und Handelssachen

1. Auflage 2017

C.H.BECK

Hinweis: Seitenzählung und Seitenüberschriften (Kolumnentitel) entsprechen denjenigen des Loseblatt-Handbuchs Geimer/Schütze (Hg.), Internationaler Rechtsverkehr in Zivil- und Handelssachen (Stand der 52. Ergänzungslieferung September 2016), aus dem die vorliegende Kommentierung entnommen ist.

www.beck.de

ISBN 978 3 406 71360 6

© 2017 Verlag C. H. Beck oHG
Wilhelmstraße 9, 80801 München

Druck: Nomos Verlagsgesellschaft
In den Lissen 12, 76547 Sinzheim
Satz: Meta Systems Publishing & Printservices GmbH, Wustermark

Gedruckt auf säurefreiem, alterungsbeständigem Papier
(hergestellt aus chlorfrei gebleichtem Zellstoff)

Inhaltsverzeichnis

Europäische Gerichtsstands- und Vollstreckungsverordnung (Brüssel Ia)

Einführung *(Paulus/E. Peiffer/M. Peiffer)* .... 538 · XI

Kapitel I Anwendungsbereich und Begriffsbestimmungen

Art. 1 [Anwendungsbereich] *(E. Peiffer/M. Peiffer)* .... 538 · 5
Art. 2 [Begriffsbestimmungen] *(E. Peiffer/M. Peiffer)* .... 538 · 48
Art. 3 [Begriff „Gericht"] *(Paulus)* .... 538 · 60

Kapitel II Zuständigkeit

Abschnitt 1 Allgemeine Bestimmungen

Vor Art. 4 ff. *(Paulus)* .... 538 · 62
Art. 4 [Allgemeiner internationaler Gerichtsstand] *(Paulus)* .... 538 · 84
Art. 5 [Keine exorbitanten Gerichtsstände] *(Paulus)* .... 538 · 91
Art. 6 [Beklagte ohne Wohnsitz im Hoheitsgebiet eines Mitgliedstaates] *(Paulus)* .... 538 · 95

Abschnitt 2 Besondere Zuständigkeiten

Vor Art. 7 ff. *(Paulus)* .... 538 · 102
Art. 7 [Besondere Gerichtsstände] *(Paulus)* .... 538 · 108
Art. 8 [Gerichtsstand des Sachzusammenhangs] *(Paulus)* .... 538 · 224
Art. 9 [Besonderer Gerichtsstand in Seehaftungssachen] *(Paulus)* .... 538 · 259

Abschnitt 3 Zuständigkeit für Versicherungssachen

Art. 10 [Zuständigkeit] *(Paulus)* .... 538 · 263
Art. 11 [Gerichtsstände für Klagen gegen den Versicherer] *(Paulus)* .... 538 · 278
Art. 12 [Gerichtsstand am Ort des schädigenden Ereignisses] *(Paulus)* .... 538 · 284
Art. 13 [Gerichtsstand bei Haftpflichtklagen] *(Paulus)* .... 538 · 288
Art. 14 [Gerichtsstand für Klage des Versicherers; Widerklage] *(Paulus)* .... 538 · 298

V

Inhalt

Art. 15 [Zulässige Gerichtsstandsvereinbarung] *(Paulus)* .... 538 · 302
Art. 16 [Risiken gemäß Art. 15 Nr. 5] *(Paulus)* .... 538 · 311

Abschnitt 4 Zuständigkeit bei Verbrauchersachen

Art. 17 [Begriff der Verbrauchersache] *(Paulus)* .... 538 · 315
Art. 18 [Gerichtsstände für Klagen des Verbrauchers und seines Vertragspartners] *(Paulus)* .... 538 · 359
Art. 19 [Zulässige Gerichtsstandsvereinbarungen] *(Paulus)* .... 538 · 367

Abschnitt 5 Zuständigkeit für individuelle Arbeitsverträge

Art. 20 [Anwendungsbereich] *(Paulus)* .... 538 · 374
Art. 21 [Gerichtsstände für Klagen gegen Arbeitgeber] *(Paulus)* . 538 · 396
Art. 22 [Gerichtsstände für Klagen gegen Arbeitnehmer; Widerklage] *(Paulus)* .... 538 · 412
Art. 23 [Zulässige Gerichtsstandsvereinbarungen] *(Paulus)* .... 538 · 416

Abschnitt 6 Ausschließliche Zuständigkeiten

Art. 24 *(Paulus)* .... 538 · 420

Abschnitt 7 Vereinbarung über die Zuständigkeit

Art. 25 [Zulässigkeit und Form von Gerichtsstandsvereinbarungen] *(E. Peiffer/M. Peiffer)* .... 538 · 483
Art. 26 [Zuständigkeit infolge rügeloser Einlassung] *(E. Peiffer/M. Peiffer)* .... 538 · 567

Abschnitt 8 Prüfung der Zuständigkeit und der Zulässigkeit des Verfahrens

Art. 27 [Erklärung der Unzuständigkeit in Fällen des Art. 24] *(E. Peiffer/M. Peiffer)* .... 538 · 585
Art. 28 [Erklärung der Unzuständigkeit von Amts wegen in sonstigen Fällen] *(E. Peiffer/M. Peiffer)* .... 538 · 588

Abschnitt 9 Anhängigkeit und im Zusammenhang stehende Verfahren

Art. 29 [Konkurrierende Rechtshängigkeit] *(E. Peiffer/M. Peiffer)* .... 538 · 599

Inhalt

Art. 30 [Im Zusammenhang stehende Verfahren] *(E. Peiffer/M. Peiffer)* .... 538 · 623
Art. 31 [Priorität bei ausschließlicher Zuständigkeit] *(E. Peiffer/ M. Peiffer)* .... 538 · 631
Art. 32 [Anrufung eines Gerichts] *(E. Peiffer/M. Peiffer)* .... 538 · 640
Art. 33 [Aussetzung/Einstellung eines Verfahrens wegen desselben Anspruchs] *(E. Peiffer/M. Peiffer)* .... 538 · 645
Art. 34 [Aussetzung/Einstellung bei in Zusammenhang stehenden Verfahren] *(E. Peiffer/M. Peiffer)* .... 538 · 653

Abschnitt 10 Einstweilige Maßnahmen einschließlich Sicherungsmaßnahmen

Art. 35 [Einstweilige Maßnahmen] *(E. Peiffer/M. Peiffer)* .... 538 · 658

Kapitel III Anerkennung und Vollstreckung

Abschnitt 1 Anerkennung

Art. 36 [Anerkennung einer Entscheidung] *(E. Peiffer/M. Peiffer)* .... 538 · 675
Art. 37 [Vorlegung der Entscheidung und der Bescheinigung] *(E. Peiffer/M. Peiffer)* .... 538 · 690
Art. 38 [Aussetzung des Verfahrens] *(E. Peiffer/M. Peiffer)* ...... 538 · 694

Abschnitt 2 Vollstreckung

Art. 39 [Vollstreckbarkeit] *(E. Peiffer/M. Peiffer)* .... 538 · 698
Art. 40 [Sicherungsmaßnahmen] *(E. Peiffer/M. Peiffer)* .... 538 · 715
Art. 41 [Recht des ersuchten Mitgliedstaats] *(E. Peiffer/M. Peiffer)* .... 538 · 722
Art. 42 [Vorlegung der Entscheidung und der Bescheinigung] *(E. Peiffer/M. Peiffer)* .... 538 · 730
Art. 43 [Zustellung der Bescheinigung; Übersetzung] *(E. Peiffer/ M. Peiffer)* .... 538 · 734
Art. 44 [Verfahren bei Antrag auf Versagung der Vollstreckung] *(E. Peiffer/M. Peiffer)* .... 538 · 739

Inhalt

Abschnitt 3 Versagung der Anerkennung und Vollstreckung

Unterabschnitt 1 Versagung der Anerkennung

Art. 45 [Antrag auf Versagung der Anerkennung] *(E. Peiffer/M. Peiffer)* .... 538 · 746

Unterabschnitt 2 Versagung der Vollstreckung

Art. 46 [Versagung] *(E. Peiffer/M. Peiffer)* .... 538 · 790
Art. 47 [Gerichtliche Zuständigkeit; angewendetes Recht] *(E. Peiffer/M. Peiffer)* .... 538 · 796
Art. 48 [Unverzügliche Entscheidung] *(E. Peiffer/M. Peiffer)* .... 538 · 805
Art. 49 [Rechtsbehelf] *(E. Peiffer/M. Peiffer)* .... 538 · 806
Art. 50 [Weiterer Rechtsbehelf] *(E. Peiffer/M. Peiffer)* .... 538 · 809
Art. 51 [Aussetzung des Verfahrens] *(E. Peiffer/M. Peiffer)* .... 538 · 810

Abschnitt 4 Gemeinsame Vorschriften

Art. 52 [Keine Nachprüfung in der Sache selbst] *(E. Peiffer/M. Peiffer)* .... 538 · 817
Art. 53 [Ausstellung der Bescheinigung] *(E. Peiffer/M. Peiffer)* .. 538 · 820
Art. 54 [Anpassung; Übersetzung] *(E. Peiffer/M. Peiffer)* .... 538 · 823
Art. 55 [Zwangsgeld] *(E. Peiffer/M. Peiffer)* .... 538 · 828
Art. 56 [Keine Sicherheitsleistung wegen Ausländereigenschaft] *(E. Peiffer/M. Peiffer)* .... 538 · 833
Art. 57 [Übersetzung/Transliteration] *(E. Peiffer/M. Peiffer)* .... 538 · 835

Kapitel IV Öffentliche Urkunden und gerichtliche Vergleiche

Art. 58 [Öffentliche Urkunden] *(E. Peiffer/M. Peiffer)* .... 538 · 838
Art. 59 [Gerichtliche Vergleiche] *(E. Peiffer/M. Peiffer)* .... 538 · 846
Art. 60 [Bescheinigung über eine öffentliche Urkunde] *(E. Peiffer/M. Peiffer)* .... 538 · 850

Kapitel V Allgemeine Vorschriften

Art. 61 [Anerkennung von Urkunden] *(E. Peiffer/M. Peiffer)* .... 538 · 852
Art. 62 [Bestimmung des Wohnsitzes] *(E. Peiffer/M. Peiffer)* ..... 538 · 852
Art. 63 [Bestimmung des Gesellschaftssitzes] *(E. Peiffer/M. Peiffer)* .... 538 · 856

Inhalt

Art. 64 [Besonderheiten von Adhäsionsverfahren] *(E. Peiffer/M. Peiffer)* .... 538 · 859
Art. 65 [Streitverkündung statt Regressklage] *(E. Peiffer/M. Peiffer)* .... 538 · 861

Kapitel VI Übergangsvorschriften

Art. 66 [Übergangsvorschriften] *(E. Peiffer/M. Peiffer)* .... 538 · 864

Kapitel VII Verhältnis zu anderen Rechtsinstrumenten

Art. 67 [Rechtsakte für besondere Rechtsgebiete] *(E. Peiffer/M. Peiffer)* .... 538 · 868
Art. 68 [Verhältnis zu EuGVÜ] *(E. Peiffer/M. Peiffer)* .... 538 · 872
Art. 69 [Ersetzung von Übereinkünften] *(E. Peiffer/M. Peiffer)* .. 538 · 873
Art. 70 [Fortgeltung außerhalb des Anwendungsbereichs der EuGVVO] *(E. Peiffer/M. Peiffer)* .... 538 · 875
Art. 71 [Fortgeltung von Übereinkünften für besondere Rechtsgebiete] *(E. Peiffer/M. Peiffer)* .... 538 · 877
Art. 71a [Gemeinsames Gericht] *(E. Peiffer/M. Peiffer)* .... 538 · 889
Art. 71b [Zuständigkeit eines gemeinsamen Gerichts] *(E. Peiffer/M. Peiffer)* .... 538 · 891
Art. 71c [Konkurrierende Rechtshängigkeit] *(E. Peiffer/M. Peiffer)* .... 538 · 895
Art. 71d [Anerkennung und Vollstreckung] *(E. Peiffer/M. Peiffer)* 538 · 897
Art. 72 [Fortgelten von Vereinbarungen nach Art. 59 des Brüsseler Übereinkommens] *(E. Peiffer/M. Peiffer)* .... 538 · 898
Art. 73 [Unberührte Übereinkommen] *(E. Peiffer/M. Peiffer)* ... 538 · 899

Kapitel VIII Schlussvorschriften

Art. 74 [Übermittlung einzelstaatlicher Vollstreckungsvorschriften und -verfahren] *(E. Peiffer/M. Peiffer)* .... 538 · 903
Art. 75 [Mitteilung der zuständigen Gerichte] *(E. Peiffer/M. Peiffer)* .... 538 · 903
Art. 76 [Notifizierung] *(E. Peiffer/M. Peiffer)* .... 538 · 904
Art. 77 [Änderungen] *(E. Peiffer/M. Peiffer)* .... 538 · 923
Art. 78 [Erlass delegierter Rechtsakte] *(E. Peiffer/M. Peiffer)* .... 538 · 923
Art. 79 [Bericht] *(E. Peiffer/M. Peiffer)* .... 538 · 924
Art. 80 [Aufhebung] *(E. Peiffer/M. Peiffer)* .... 538 · 924
Art. 81 [Inkrafttreten] *(E. Peiffer/M. Peiffer)* .... 538 · 925

Inhalt

Einführung zur EuGVVO n.F.

Übersicht

	Rn.
I. Einführung	1
II. Regelungsgegenstand und Systematik der EuGVVO	10
III. Europäisches Zivilverfahrensrecht	22
IV. Entstehungsgeschichte der EuGVVO	32
1. EuGVÜ	32
2. EuGVVO a.F. (Verordnung (EG) Nr. 44/2001)	36
3. EuGVVO (Verordnung (EU) Nr. 1215/2012)	48
V. EuGVVO und Brexit	57
VI. Wesentliche Neuerungen der EuGVVO	60
1. Zuständigkeit	61
2. Auflösung von Verfahrenskollisionen	66
3. Einführung der unmittelbaren gemeinschaftsweiten Vollstreckbarkeit	69
4. „gemeinsame Gerichte"	76
VII. Einfügung der EuGVVO ins deutsche Recht	79
VIII. Anwendungsvoraussetzungen der EuGVVO	82
1. Territoriale Geltung	83
2. Räumliche Anwendungsvoraussetzungen	95
a) Zuständigkeitsvorschriften (Kapitel II)	95
aa) Beklagtenwohnsitz in einem Mitgliedstaat	96
bb) Erfordernis eines internationalen Sachverhalts	98
cc) Bezug nur zu einem Drittstaat ausreichend	99
dd) Qualifizierter Auslandsbezug für Art. 7 und 8 EuGVVO?	100
b) Anerkennung und Vollstreckung (Kapitel III)	102
3. Persönliche Anwendungsvoraussetzungen	103
4. Sachliche Anwendungsvoraussetzungen	105
5. Zeitliche Anwendungsvoraussetzungen	106
IX. Rechtsnatur und Kompetenzgrundlage	107
X. Auslegung der EuGVVO	108
1. Europaweit einheitliche autonome Auslegung	109
2. Auslegungsmethoden	112
3. Vorabentscheidungsverfahren	117
XI. EuGVVO und Lugano-Übereinkommen	119

I. Einführung

Die im Jahr 2012 reformierte[1] und (grds.[2]) seit dem 10. Januar 2015 anwendbare **EuGVVO (n.F.)** bzw., synonym – in Anlehnung an den Sprachgebrauch im englischsprachigen Raum –, **Brüssel Ia-VO** (teilweise auch als EuGVO oder

---

[1] Zur EuGVVO-Revision 2012 näher u. IV.3.
[2] Artt. 75 und 76 EuGVVO galten gem. Art. 81 UAbs. 2 EuGVVO bereits ab dem 10. Januar 2014.

EuGVVO
Einführung

Verordnung (EU) Nr. 1215/2012 bezeichnet[3]) ist die praktisch wohl bedeutsamste Rechtsquelle des Europäischen Zivilverfahrensrechts (zu diesem allgemein u. III.) und damit – aus deutscher Sicht – auch des (den Oberbegriff hierzu bildenden) Internationalen Zivilverfahrensrechts (IZVR) insgesamt.

2   Gemeinsam mit ihren beiden Vorgängerregelwerken, dem am 27. September 1968 mangels Normsetzungskompetenz der früheren EWG noch als Staatsvertrag zwischen den sechs damaligen EWG-Mitgliedern in Brüssel (daher jetzt: „*Brüssel*" Ia-VO) unterzeichneten Europäischen Gerichtsstands- und Vollstreckungsübereinkommen (**EuGVÜ**) und dessen Nachfolgerin, der am 22. Dezember 2000 in der Rechtsform einer Verordnung erlassenen **EuGVVO a.F. (Brüssel I-VO)** stellt sie ein seit **beinahe 50 Jahren bestehendes Rechtsregime** bereit, welches sich nach ganz allgemeiner Ansicht weitgehend bewährt und einen besonders wichtigen Baustein für das Zusammenwachsen und reibungslose Funktionieren des **Europäischen Binnenmarkts** sowie den Aufbau und die Weiterentwicklung eines Raums der Freiheit, der Sicherheit und des Rechts (vgl. Erwgr. 3 und 4) darstellt.[4] Zur Vorgeschichte der EuGVVO näher s. u. IV.

3   Dieses sog. „**Brüssel-Regime**" wurde im Laufe der Zeit stetig behutsam **weiterentwickelt** (zu den wesentlichen Neuerungen im Rahmen der jüngsten Reform der EuGVVO s. unten VI.). Neben dem regelmäßigen Tätigwerden des EU-Gesetzgebers ist dies v.a. der aus Art. 267 AEUV folgenden Auslegungs- und **Letztentscheidungskompetenz des EuGH** in Verbindung mit der Notwendigkeit einer EU-weit einheitlichen, **autonomen Auslegung** der EuGVVO geschuldet (zu beidem s. u. X.).

4   Wegen des dem „Brüssel-Regime" insgesamt inhärenten **Kontinuitätsgedankens** (vgl. Art. 80 EuGVVO sowie Art. 68 EuGVVO a.F.) kann dabei grds. – vorbehaltlich von Verordnungsänderungen – zur Auslegung der EuGVVO auf die Rechtsprechung des EuGH zur EuGVVO a.F. sowie auch zum EuGVÜ zurückgegriffen werden.[5] Das Gleiche gilt wegen des **Auslegungszusammenhangs** zwischen der EuGVVO und bestimmten v.a. unionskollisionsrechtlichen (IPR-)Verordnungen auch – sofern nicht im Einzelfall spezifische Wertungen der EuGVVO bzw. des IZVR insgesamt entgegenstehen – für die dazu (v.a. zur Rom I-VO und zur Rom II-VO) ergangene EuGH-Rechtsprechung.[6]

5   Bei allem berechtigten Lob bietet indes insbesondere die jüngste EuGVVO-Reform auch breiten Raum für **Kritik**. So wurde gerade das besonders wichtige **Zuständigkeitsrecht** (in Kapitel II der EuGVVO) gegenüber der Altfassung der Verordnung **kaum nennenswert geändert**. Dies ist v.a. hinsichtlich der seit langem – zu Recht – stark kritisierten,[7] z.T. überkomplizierten und unverändert

---

[3] Offiziell: Verordnung (EU) Nr. 1215/2012 des Europäischen Parlaments und des Rates vom 12. Dezember 2012 über die gerichtliche Zuständigkeit und die Anerkennung und Vollstreckung von Entscheidungen in Zivil- und Handelssachen, ABl. (EU) 2012 Nr. L 351, S. 1.
[4] Vgl. nur *Hess/Pfeiffer/Schlosser*, Study JLS/C4/2005/03, Rn. 1.
[5] Allg. anerkannt, s. nur Musielak/Voit/*Stadler*, ZPO, 13. Aufl. 2016, Vorb. EuGVVO Rn. 3.
[6] Vgl. Erwgr. 7 jeweils zur Rom I-VO und zur Rom II-VO (sog. „Konkordanzgebot"); hierzu näher etwa *Würdinger*, RabelsZ 75 (2011), S. 102 (105 ff.) sowie *D. Paulus*, Außervertragliche Gesellschafter- und Organwalterhaftung im Lichte des Unionskollisionsrechts, 2014, Rn. 351.
[7] S. die Nachweise bei *Kropholler/von Hein*, EuZPR, 9. Aufl. 2011, Art. 5 EuGVVO a.F. Rn. 4; Rauscher/*Leible*, EuZPR, 3. Aufl. 2011, Art. 5 EuGVVO Rn. 5a.

Einführung **EuGVVO**

übernommenen Dreistufenprüfung des Vertragsgerichtsstands in nunmehr Art. 7 Nr. 1 EuGVVO zu bedauern und letztlich als **vertane Chance** für mehr Rechtssicherheit zu werten.[8] Das Gleiche gilt z.b. für die aufgrund politischer Widerstände gescheiterten[9] Bemühungen der EU-Kommission,[10] eine universelle Anwendbarkeit der besonderen Zuständigkeitsvorschriften auch auf Beklagte aus Drittstaaten einzuführen.[11]

Als Verordnung **gilt** die EuGVVO gem. Art. 288 Abs. 2 AEUV (vom Ergebnis her[12]) in allen Mitgliedstaaten der EU **unmittelbar,** ohne dass es hierfür eines Umsetzungsakts in nationales Recht der Mitgliedstaaten bedarf (hierzu u. IX.). Ein solcher dürfte nach der Rechtsprechung des EuGH auch gar nicht ergehen.[13] Die mit Wirkung zum 10. Januar 2015, d.h. des Geltungsbeginns der EuGVVO (n.F.), erlassenen **Durchführungsbestimmungen** des deutschen Gesetzgebers in **§§ 1110 bis 1117 ZPO** transponieren dementsprechend nicht etwa die EuGVVO in nationales Recht, sondern treffen lediglich bestimmte zur Umsetzung der Bestimmungen der Verordnung erforderliche nationale **Folgeregelungen** (hierzu u. VII.). 6

Die EuGVVO **geht** im Rahmen ihres u.a. von Artt. 1, 6 Abs. 1, 36 Abs. 1, 39 und 66 EuGVVO umrissenen (sachlichen, räumlich-persönlichen und zeitlichen) **Anwendungsbereichs** (dazu näher u. VIII.) allen autonomen mitgliedstaatlichen Vorschriften **vor.**[14] Das **Verhältnis** der EuGVVO zu anderen Rechtsinstrumenten (insbesondere solchen staatsvertraglichen Ursprungs) ist hingegen in Artt. 67–73 EuGVVO geregelt.[15] 7

Die praktisch und wirtschaftlich herausragende Bedeutung der EuGVVO zeigt sich beispielhaft darin, dass viele Stimmen im Rahmen des drohenden Austritts Großbritanniens aus der EU (sog. **Brexit,** hierzu u. V.) das Ausscheiden aus dem „Brüssel-Regime" als eine der für den Justiz- und damit auch Wirtschaftsstandort London einschneidensten Folgen des Brexits insgesamt erachten.[16] Denn im Verhältnis zu **Drittstaaten** findet die EuGVVO nur eingeschränkt Anwendung, wie sich u.a. aus deren Artt. 6 Abs. 1, 36 Abs. 1 und 39 ergibt: Das Zuständigkeitsregime und die Regeln der EuGVVO zur Anerkennung und Vollstreckung finden – anders etwa als viele unionsrechtliche IPR- 8

---

[8] Hierzu näher die Kommentierung zu Art. 7 Rn. 4 ff.; so auch Rauscher/*Leible,* EuZPR, 4. Aufl. 2016, Art. 7 EuGVVO Rn. 6; *Schack,* IZVR, 6. Aufl. 2014, Rn. 304 ff.
[9] Vgl. *Hein,* RIW 2013, S. 97 (101) m.w.N. (Fn. 85) sowie Rauscher/*Mankowski,* EuZPR, 4. Aufl. 2016, Art. 6 EuGVVO Rn. 10 m.w.N.
[10] S. den Kommissionsvorschlag zur Neufassung der EuGVVO vom 14.12.2010, KOM(2010) 748 endg., S. 23.
[11] Vgl. beispielhaft entsprechende Forderungen bei Simons/*Hausmann,* Brüssel I-VO, 2012, Art. 4 EuGVVO a.F. Rn. 12, sowie von *Kropholler/von Hein,* EuZPR, 9. Aufl. 2011, Art. 4 EuGVVO a.F. Rn. 2; zum Ganzen näher *von Hein,* RIW 2013, S. 97 (100 f.) m.w.N.
[12] Zur Sonderrolle des Königreichs Dänemark (Dänemark) s. unten Rn. 9 und Rn. 84.
[13] So Rauscher/*Staudinger,* EuZPR, 4. Aufl. 2016, Einl. EuGVVO Rn. 30 unter Verweis auf EuGH, 28.3.1983 – Rs. 272/83, *Kommission ./. Italen,* Slg. 1985, S. 1057 (ECLI:EU:C:1985:147), Rn. 26 f.
[14] S. nur *Calliess/Ruffert,* EUV/AEUV, 5. Aufl. 2016, Art. 1 AEUV Rn. 19 ff.
[15] Zu den Einzelheiten s. die Kommentierung *ebenda.*
[16] S. etwa *Ungerer,* Brexit von Brüssel und anderen IZVR/IPR-Verordnungen zum Internationalen Zivilverfahrens- und Privatrecht, in: Kramme/Baldus/Schmidt-Kessel (Hrsg.): Brexit und die juristischen Folgen, 2016, S. 297 ff. und die Nachweise u. V.

Paulus/E. Peiffer/M. Peiffer XIII

EuGVVO
Einführung

Vorschriften[17] – **keine universelle Anwendung,**[18] wenngleich auch die Anwendbarkeit bestimmter Regeln der EuGVVO (z.B. hinsichtlich von Gerichtsstandsvereinbarungen, Art. 25 EuGVVO) in Bezug auf Drittstaatensachverhalte im Rahmen der jüngsten Reform ausgeweitet wurde (näher u. Rn. 64).

9   Der Begriff des **Mitgliedstaats** i.S. der EuGVVO deckt sich dabei vom Ergebnis her mit dem Begriff der Mitgliedsstaaten der EU. Zwar nehmen Dänemark, Großbritannien und Irland gerade in Bezug auf unionsrechtliche Bestimmungen des IPR und des IZVR (und damit auch die EuGVVO) eine Sonderrolle ein, da sie an Maßnahmen über den „Raum der Freiheit, der Sicherheit und des Rechts" nicht bzw. nur eingeschränkt und jedenfalls nicht automatisch teilnehmen.[19] Jedoch haben **Großbritannien** und **Irland** im Verordnungsgebungsprozess erklärt, an der Anwendung der EuGVVO teilnehmen zu wollen (sog. „**opt-in**", s. Erwgr. 40); in **Dänemark** hingegen findet die EuGVVO (wie schon die EuGVVO a.F.) kraft eines am 1. Juli 2007 in Kraft getretenen völkerrechtlichen Abkommens[20] zwischen Dänemark und der EG vom 19. Oktober 2005 – gleichsam mittelbare weil staatsvertraglich vermittelte – Anwendung (vgl. Erwgr. 41).[21]

II. Regelungsgegenstand und Systematik der EuGVVO

10   Die EuGVVO regelt – teilweise abschließend – einige wesentliche Aspekte zivil- und handelsgerichtlicher Verfahren, die einen grenzüberschreitenden Bezug aufweisen: Die Verordnung enthält zum einen EU-weit einheitliche Vorschriften über die internationale Zuständigkeit und Regeln zur Koordinierung und Vermeidung paralleler Gerichtsverfahren in verschiedenen Staaten, zum anderen Normen über die grenzüberschreitende Anerkennung und Vollstreckung mitgliedstaatlicher Gerichtsentscheidungen, öffentlicher Urkunden und Vergleiche.

11   **Kapitel I** der EuGVVO (Art. 1 bis 3) regelt den sachlichen Anwendungsbereich der Verordnung und enthält einige wesentliche Begriffsdefinitionen.

12   **Kapitel II** der EuGVVO (Art. 4 bis 35) normiert unterschiedliche Fragen, die sich in Erkenntnisverfahren mit grenzüberschreitendem Bezug stellen:

13   Hierzu gehört primär die **internationale Zuständigkeit,** bei der die Verordnung – ähnlich wie die ZPO – zwischen allgemeinen (Art. 4), besonderen (Art. 7 bis Art. 9) und ausschließlichen Gerichtsständen (Art. 24) unterscheidet. Diese werden ergänzt durch sog. gewillkürte Gerichtsstände, die ihren Grund in einem Verhalten der Prozessparteien haben (Gerichtsstandsvereinbarung i.S.v. Art. 25

---

[17] Vgl. etwa Art. 2 Rom I-VO, Art. 3 Rom II-VO, Art. 4 Rom III-VO sowie Art. 20 EuErbVO.
[18] *Geimer*/Schütze, EuZVR, 3. Aufl. 2010, Art. 4 EuGVVO a.F. Rn. 1.
[19] *Grabitz*/*Hilf*/*Nettesheim*, Das Recht der Europäischen Union, 60. EL 2016, Art. 238 AEUV Rn. 32 ff.
[20] Abkommen zwischen der Europäischen Gemeinschaft und dem Königreich Dänemark über die gerichtliche Zuständigkeit und die Anerkennung und Vollstreckung von Entscheidungen in Zivil- und Handelssachen vom 19. Oktober 2005, ABl. (EG) 2005 Nr. L 299, S. 62.
[21] S. zu Großbritannien, Irland und Dänemark auch ausführlich unten Rn. 83 ff.

Einführung **EuGVVO**

und rügelose Einlassung i.S.v. Art. 26). Eine wichtige Rolle spielen außerdem Sonderzuständigkeitsregeln zum Schutz von typischerweise schwächeren Parteien in Versicherungs- (Art. 10 bis 16), Verbraucher- (Art. 17 bis 19) und Individualarbeitssachen (Art. 20 bis 23). Die internationale Zuständigkeit für den Erlass einstweiliger Maßnahmen regelt Art. 35. In bestimmten Fällen (anderweitige ausschließliche Zuständigkeit und fehlende Einlassung des Beklagten) sind bei der Prüfung der internationalen Zuständigkeit ergänzend die Verfahrensregeln der Art. 27 und Art. 28 zu beachten.

Einen anderen wesentlichen Aspekt des Erkenntnisverfahrens adressieren die Art. 29 bis 34. Hier geht es um die Frage, wie mitgliedstaatliche Gerichte in Fällen zu reagieren haben, in denen derselbe oder ein konnexer Streitgegenstand vor einem anderen mitgliedstaatlichen oder drittstaatlichen Gericht anhängig ist. **Verfahrenskollisionen** drohen zum einen in Fällen, in denen Gerichtsstände in verschiedenen Ländern eröffnet sind, zum anderen wenn eine Partei unter Missachtung eines ausschließlichen Gerichtsstands oder einer ausschließlichen Gerichtsstandsvereinbarung am falschen Gerichtsstand Klage erhoben hat. Die EuGVVO-Vorschriften über Verfahrenskollisionen sollen verhindern, dass in verschiedenen Ländern Entscheidungen ergehen, die sich ganz oder teilweise widersprechen. 14

Kapitel III und **IV** regeln die grenzüberschreitende Anerkennung und Vollstreckung von Gerichtsentscheidungen, öffentlichen Urkunden und Vergleichen: 15

Kapitel III, Abschnitt 1 (Art. 36 bis 38) betrifft dabei die **grenzüberschreitende Anerkennung von Gerichtsentscheidungen**. Ausgehend vom Grundsatz der unmittelbaren Anerkennung in Art. 36 regelt Art. 37 die formellen Voraussetzungen für die Geltendmachung einer Entscheidung im Zweitstaat zum Zwecke der Anerkennung. Aus Gründen der Prozessökonomie eröffnet Art. 38 dem Gericht, das über die Anerkennung einer ausländischen Entscheidung zu befinden hat, unter bestimmten Voraussetzungen die Möglichkeit, das vor ihm anhängige Verfahren auszusetzen. 16

Nach dem Vorbild von Abschnitt 1 regelt Abschnitt 2 (Art. 39 bis 44) die **grenzüberschreitende Vollstreckung von Gerichtsentscheidungen**. Art. 39 stellt dabei klar, dass mitgliedstaatliche Entscheidungen in der gesamten EU unmittelbar (d.h. ohne vorhergehende Vollstreckbarerklärung) vollstreckbar sind. Die Art. 40–44 regeln diverse Aspekte des zweistaatlichen Vollstreckungsverfahrens, einschließlich der hierfür vom Vollstreckungsgläubiger zu erfüllenden Formalien (Art. 42 f.). 17

Abschnitt 3 (Art. 45 bis 51) normiert das Verfahren und die Gründe für eine **Versagung der grenzüberschreitenden Anerkennung und Vollstreckung** von Gerichtsentscheidungen. 18

Abschnitt 4 (Art. 52 bis 57) enthält einige **allgemeine Regelungen und Grundsätze**, die bei der grenzüberschreitenden Anerkennung und Vollstreckung mitgliedstaatlicher Entscheidungen zu beachten sind. 19

Kapitel IV (Art. 58 bis 60) betrifft die **grenzüberschreitende Vollstreckung von öffentlichen Urkunden und gerichtlichen Vergleichen** und verweist im Wesentlichen auf die entsprechenden Vorschriften für Gerichtsentscheidungen. 20

Paulus/E. Peiffer/M. Peiffer

EuGVVO Einführung

21   Die **Kapitel V** bis **VIII** (Art. 61 bis 81) regeln diverse Fragen allgemeiner Natur, die bei der Anwendung der EuGVVO-Vorschriften über die Zuständigkeit, Verfahrenskollisionen sowie Anerkennung und Vollstreckung zu beachten sind. Von besonderer Bedeutung sind dabei die Regeln zum zeitlichen Anwendungsbereich der EuGVVO (Art. 66, 81) und zu deren Verhältnis zu anderen Rechtsinstrumenten (Art. 67 bis 73).

III. Europäisches Zivilverfahrensrecht

22   Das Europäische Zivilverfahrens- bzw. (enger) -prozessrecht ist **Teil des IZVR**. Das IZVR wiederum umfasst sämtliche Regeln des Zivilverfahrensrechts, die auf **Sachverhalte mit Auslandsberührung** Anwendung finden.[22]

23   Die wichtigsten vom IZVR zu entscheidenden Fragen sind die **(internationale) Zuständigkeit** der Gerichte eines bestimmten Staates, die **Anerkennung** und **Vollstreckung** ausländischer Urteile im Inland sowie die **Vollstreckung, Beweiserhebung** bzw. **Zustellung** im Ausland.[23]

24   Der Begriff des Zivilverfahrens umfasst sowohl **streitige Verfahren** (Internationales Zivil*prozess*recht, **IZPR**) als auch Verfahren auf dem Gebiet der **freiwilligen Gerichtsbarkeit** und der **Schiedsgerichtsbarkeit** sowie **Insolvenzverfahren**. Die EuGVVO betrifft v.a. streitige Verfahren[24] und ist daher (primär) Teil des IZPR.

25   Der Begriff der **Auslandsberührung** i.S. der Definition des IZVR ist weit zu verstehen und bereits z.b. bei ausländischer Staatsangehörigkeit einer Verfahrenspartei, bei Wohnsitz oder (gewöhnlichem) Aufenthalt im Ausland, bei einem ausländischen Unfall- bzw. Belegenheitsort oder gar bei der (bloßen) Wahl ausländischen Rechts bzw. der Notwendigkeit einer Beweiserhebung oder Zustellung im Ausland erfüllt.[25]

26   Das IZVR ist in der Praxis weitaus **bedeutsamer als das Internationale Privatrecht (IPR)**[26] und diesem logisch vorgeschaltet. Anders als dieses stellt das IZVR in der Regel kein Kollisionsrecht dar. Denn im IZVR gilt grds. das sog. *lex fori*-**Prinzip**, d.h. ein Gericht wendet im Regelfall nur sein „eigenes" (oder eben europäisches bzw. staatsvertraglich vereinbartes) Verfahrensrecht an (*forum regit processum*).[27]

27   Das **Europäische Zivilverfahrens-** bzw. **-prozessrecht** (**EuZVR** bzw. **EuZPR**) umfasst diejenigen Teile des IZVR bzw. IZPR, die durch EG/EU-

---

[22] S. beispielhaft *Hausmann*/Odersky, Internationales Privatrecht in der Notar- und Gestaltungspraxis, 3. Aufl. 2016, § 1 Rn. 16.
[23] *Junker*, Internationales Zivilprozessrecht, 3. Aufl. 2016, § 1 Rn. 2 ff.
[24] Vgl. Musielak/Voit/*Stadler*, ZPO, 13. Aufl. 2016, Vorb. EuGVVO Rn. 7.
[25] S. nur *Junker*, Internationales Zivilprozessrecht, 3. Aufl. 2016, § 1 Rn. 9.
[26] *Schack*, IZVR, 6. Aufl. 2014, Rn. 13.
[27] S. nur BGH NJW 1985, 552 (553): „gilt, daß sich Verfahrensfragen nur nach dem jeweiligen Prozeßrecht des erkennenden Gerichts (lex fori) bestimmen"; kritisch bzw. differenzierend *Schack*, IZVR, 6. Aufl. 2014, Rn. 44 ff.

Einführung **EuGVVO**

Verordnungen (bzw. – selten – durch Richtlinien[28]) und deren Umsetzungs- bzw. Ausführungsbestimmungen geregelt sind.[29]

Die **wichtigste** rein verfahrensrechtliche **Rechtsquelle** des EuZVR ist neben der EuGVVO die die Zuständigkeit, Anerkennung und Vollstreckung von Entscheidungen in bestimmten Ehesachen (v.a. bei Ehescheidung und Ungültigerklärung einer Ehe) und in Verfahren über die elterliche Verantwortung betreffende und demnächst zu überarbeitende **EuEheVO** vom 27. November 2003 („**Brüssel IIa-VO**").[30] Die unter die EuEheVO fallenden Verfahren sind gem. Art. 1 Abs. 2 lit. a EuGVVO („Personenstand") von dem Anwendungsbereich der EuGVVO ausgenommen. **28**

Daneben sind – als ebenfalls primär verfahrensrechtliche Instrumente – insbesondere die Verordnung zur Einführung eines europäischen Vollstreckungstitels für unbestrittene Forderungen vom 21. April 2004 (**EuVTVO**),[31] die Verordnung zur Einführung eines Europäischen Mahnverfahrens vom 12. Dezember 2006 (**EuMahnVO** oder **EuMVVO**),[32] die Verordnung zur Einführung eines Verfahrens für geringfügige Forderungen (**EuGFVO** oder **BagatellVO**)[33] und die seit dem 18. Januar 2017 geltende **KontenpfändungsVO** vom 14. Mai 2014 (**EuKoPfVO**)[34] von Belang. Hinsichtlich der Zustellung resp. Beweisführung ist noch auf die (reformierte) **ZustellungsVO** vom 13. November 2007 (**EuZVO**)[35] und die **BeweisaufnahmeVO** vom 28. Mai 2001 (**EuBVO**)[36] hinzuweisen. **29**

Der **neueren Tendenz** des europäischen Gesetzgebers entspricht es hingegen – entgegen der früher zunächst zu beobachtenden klaren Trennung zwischen reinen IPR-Verordnungen („Rom") und nur zivilverfahrensrechtlichen Verord- **30**

---

[28] Etwa die Mediationsrichtlinie (Richtlinie 2008/52/EG des Europäischen Parlaments und des Rates vom 21. Mai 2008 über bestimmte Aspekte der Mediation in Zivil- und Handelssachen, ABl. (EG) 2008 Nr. L 136, S. 3).
[29] Musielak/Voit/Stadler, ZPO, 13. Aufl. 2016, Vorb. EuGVVO Rn. 1.
[30] Verordnung (EG) Nr. 2201/2003 des Rates vom 27. November 2003 über die Zuständigkeit und die Anerkennung und Vollstreckung von Entscheidungen in Ehesachen und in Verfahren betreffend die elterliche Verantwortung und zur Aufhebung der Verordnung (EG) Nr. 1347/2000, ABl. (EG) 2003 Nr. L 338, S. 1.
[31] Verordnung (EG) Nr. 805/2004 des Europäischen Parlaments und des Rates vom 21. April 2004 zur Einführung eines europäischen Vollstreckungstitels für unbestrittene Forderungen, ABl. (EG) 2004 Nr. L 143, S. 15.
[32] Verordnung (EG) Nr. 1896/2006 des Europäischen Parlaments und des Rates vom 12. Dezember 2006 zur Einführung eines Europäischen Mahnverfahrens, ABl. (EG) 2006 Nr. L 399, S. 1
[33] Verordnung (EG) Nr. 861/2007 des Europäischen Parlaments und des Rates vom 11. Juli 2007 zur Einführung eines europäischen Verfahrens für geringfügige Forderungen, ABl. (EG) 2007 Nr. L 199, S. 1
[34] Verordnung (EU) Nr. 655/2014 des Europäischen Parlaments und des Rates vom 15. Mai 2014 zur Einführung eines Verfahrens für einen Europäischen Beschluss zur vorläufigen Kontenpfändung im Hinblick auf die Erleichterung der grenzüberschreitenden Eintreibung von Forderungen in Zivil- und Handelssachen, ABl. (EU) 2014 Nr. L 189, S. 59.
[35] Verordnung (EG) Nr. 1393/2007 des Europäischen Parlaments und des Rates vom 13. November 2007 über die Zustellung gerichtlicher und außergerichtlicher Schriftstücke in Zivil- oder Handelssachen in den Mitgliedstaaten („Zustellung von Schriftstücken") und zur Aufhebung der Verordnung (EG) Nr. 1348/2000 des Rates, ABl. (EG) 2007 Nr. L 324, S. 79.
[36] Verordnung (EG) Nr. 1206/2001 des Rates vom 28. Mai 2001 über die Zusammenarbeit zwischen den Gerichten der Mitgliedstaaten auf dem Gebiet der Beweisaufnahme in Zivil- oder Handelssachen, ABl. (EG) 2001 Nr. L 174, S. 1.

nungen („Brüssel") –, neuerdings **beide Materien gemeinsam** zu regeln (z.T. untechnisch als sog. „BRom"-Verordnungen bezeichnet[37]).

31 So enthalten etwa die **Europäische Unterhalts-(sachen-)verordnung** vom 18. Dezember 2008 (**EuUnthVO**),[38] die **Europäische Erbrechtsverordnung** vom 4. Juli 2012 (**EuErbVO**)[39] und die ab dem 26. Juni 2017 geltende reformierte bzw. auch die bisherige[40] **Europäische Insolvenzverordnung** (**EuInsVO** (n.F.)[41]) **sowohl IPR- als auch IZVR-Vorschriften**. Das Gleiche gilt für die allerdings erst ab dem 29. Januar 2019 anwendbaren güterrechtlichen Verordnungen in Ehesachen (**EuGüVO**)[42] bzw. in Bezug auf eingetragene (meist: gleichgeschlechtliche) Partnerschaften (**EuPartVO**)[43] jeweils vom 24. Juni 2016. Die in den genannten Verordnungen geregelten Materien sind sämtlich gem. Art. 1 Abs. 2 lit. a, b, e und f EuGVVO vom Anwendungsbereich der EuGVVO ausgenommen, so dass es kaum zu Überschneidungen mit jenen Rechtsinstrumenten kommt.

IV. Entstehungsgeschichte der EuGVVO

1. EuGVÜ

32 Die Grundzüge der EuGVVO gehen auf das **EuGVÜ**[44] zurück, das 1968 als **völkerrechtlicher Vertrag** zwischen den damaligen Mitgliedstaaten der Europäischen Wirtschaftsgemeinschaft (Belgien, Deutschland, Frankreich, Italien, Luxemburg und die Niederlande) abgeschlossen wurde. Die rechtliche Grundlage hierfür bildete **Art. 220 4. Spiegelstrich des EWG-Vertrags**[45] (später: Art. 293 4. Spiegelstrich EGV[46]), der die EWG-Staaten dazu verpflichtete, die

---

[37] S. etwa Mankowski/*Müller*/Schmidt, EuInsVO 2015, 2016, Einl. Rn. 5.
[38] Verordnung (EG) Nr. 4/2009 des Rates vom 18. Dezember 2008 über die Zuständigkeit, das anwendbare Recht, die Anerkennung und Vollstreckung von Entscheidungen und die Zusammenarbeit in Unterhaltssachen, ABl. (EG) 2009 Nr. L 7, S. 1.
[39] Verordnung (EU) Nr. 650/2012 des Europäischen Parlaments und des Rates vom 4. Juli 2012 über die Zuständigkeit, das anzuwendende Recht, die Anerkennung und Vollstreckung von Entscheidungen und die Annahme und Vollstreckung öffentlicher Urkunden in Erbsachen sowie zur Einführung eines Europäischen Nachlasszeugnisses, ABl. (EG) 2012 Nr. L 201, S. 107.
[40] Verordnung (EG) Nr. 1346/2000 des Rates vom 29. Mai 2000 über Insolvenzverfahren, ABl. (EG) 2000 Nr. L 160, S. 1.
[41] Verordnung (EU) 2015/848 des Europäischen Parlaments und des Rates vom 20. Mai 2015 über Insolvenzverfahren (Neufassung), ABl. (EU) 2015 Nr. L 141, S. 19.
[42] Verordnung (EU) 2016/1103 des Rates vom 24. Juni 2016 zur Durchführung einer Verstärkten Zusammenarbeit im Bereich der Zuständigkeit, des anzuwendenden Rechts und der Anerkennung und Vollstreckung von Entscheidungen in Fragen des ehelichen Güterstands, ABl. (EU) 2016 Nr. L 183, S. 1.
[43] Verordnung (EU) 2016/1104 des Rates vom 24. Juni 2016 zur Durchführung der Verstärkten Zusammenarbeit im Bereich der Zuständigkeit, des anzuwendenden Rechts und der Anerkennung und Vollstreckung von Entscheidungen in Fragen güterrechtlicher Wirkungen eingetragener Partnerschaften, ABl. (EU) 2016 Nr. L 183, S. 30.
[44] Übereinkommen über die gerichtliche Zuständigkeit und die Vollstreckung gerichtlicher Entscheidungen in Zivil- und Handelssachen vom 27. September 1968.
[45] Vertrag zur Gründung der Europäischen Wirtschaftsgemeinschaft vom 25. März 1957.
[46] Vertrag zur Gründung der Europäischen Gemeinschaft in der Fassung vom 2. Oktober 1997.

Einführung **EuGVVO**

Vereinfachung der Förmlichkeiten für die gegenseitige Anerkennung und Vollstreckung sicherzustellen. Das EuGVÜ trat am 1. Februar 1973 in Kraft. Durch das EuGVÜ wurden einheitliche Vorschriften über die **internationale** 33 **Zuständigkeit** für Gerichtsverfahren in Zivil- und Handelssachen sowie Bestimmungen über die **Anerkennung und Vollstreckung** von Gerichtsentscheidungen aus einem Vertragsstaat in einem anderen Vertragsstaat geschaffen. Die grenzüberschreitende Durchsetzbarkeit von Gerichtsentscheidungen wurde wesentlich verbessert durch die weitgehende Abschaffung der Überprüfung der internationalen Zuständigkeit des Ursprungsgerichts im Anerkennungs- und Vollstreckungsverfahren (**Entfall der sog. Anerkennungszuständigkeit**). Hierauf konnte verzichtet werden, weil das EuGVÜ selbst vereinheitlichte Regeln über die internationale Zuständigkeit vorsieht, auf deren ordnungsgemäße Anwendung durch die vertragsstaatlichen Gerichte vertraut wurde. Das EuGVÜ enthält außerdem Regelungen zur Koordinierung paralleler und zusammenhängender Verfahren in verschiedenen Vertragsstaaten zur Vermeidung von miteinander unvereinbaren Entscheidungen. Darüber hinaus normiert das EuGVÜ die Vollstreckung notarieller Urkunden und Prozessvergleiche aus anderen Vertragsstaaten.

Zum Erfolg des EuGVÜ hat in besonderem Maße das am 3. Juni 1971 unter- 34 zeichnete **Luxemburger Auslegungsprotokoll**[47] beigetragen, durch das man mit Wirkung zum 1. September 1975 dem EuGH die Kompetenz zur Auslegung des EuGVÜ übertragen hat. Dieses Protokoll sollte durch die Einführung eines Vorabentscheidungsverfahrens nach dem Vorbild des heutigen Art. 267 AEUV[48] die einheitliche Anwendung des EuGVÜ in den Vertragsstaaten sicherstellen. Nicht zuletzt wegen der einheitlichen Auslegung durch den EuGH markiert das EuGVÜ die „Geburtsstunde des europäischen Jurisdiktionsraums".[49]

Im Rahmen der vier Erweiterungen der EG bzw. der EU traten die neuen 35 Mitgliedstaaten jeweils durch separate Rechtsakte dem EuGVÜ sowie dem Luxemburger Auslegungsprotokoll bei. Zu diesem Zweck wurden zwischen den jeweiligen Beitrittsstaaten und den Vertragsstaaten des EuGVÜ staatsvertragliche Übereinkommen geschlossen, die auch inhaltliche Ergänzungen und Korrekturen des EuGVÜ enthielten. Durch das **erste Beitrittsübereinkommen vom 30. Oktober 1978** wurde die Geltung des EuGVÜ auf Dänemark, das Vereinigte Königreich und Irland ausgedehnt. Im Wege des **zweiten Beitrittsübereinkommens vom 31. Dezember 1982** wurde die Geltung des EuGVÜ auf Griechenland erweitert. Das **dritte Beitrittsübereinkommen vom 3. Oktober 1989** erstreckte das EuGVÜ auf Spanien und Portugal. Das **vierte** und letzte **Beitrittsübereinkommen vom 29. November 1996** bezog schließlich Finnland, Schweden und Österreich in den Geltungsbereich des EuGVÜ ein.

---

[47] Protokoll betreffend die Auslegung des Übereinkommens vom 27. September 1968 über die gerichtliche Zuständigkeit und die Vollstreckung gerichtlicher Entscheidungen in Zivil- und Handelssachen durch den Gerichtshof vom 3. Juni 1971.
[48] Vertrag über die Arbeitsweise der Europäischen Union vom 1. Dezember 2009.
[49] *Oberhammer*, JBl. 2006, S. 477 (479).

EuGVVO

2. EuGVVO a.F. (Verordnung (EG) Nr. 44/2001)

36 Am 1. März 2002 trat der Nachfolger des EuGVÜ, die EuGVVO a.F. in Kraft. Diese wurde als europäische Verordnung aufgrund des zwischenzeitlich eingeführten Kompetenztitels in **Art. 65 i.V.m. 61 lit. c EGV** (heute Art. 81 AEUV) erlassen. Infolge der Rechtsform als Verordnung i.S.v. Art. 249 Abs. 2 EGV (heute Art. 288 Abs. 2 AEUV) entfaltet die EuGVVO als sekundäres Gemeinschaftsrecht unmittelbare Wirkung in allen Mitgliedstaaten mit Ausnahme Dänemarks.[50] Anders als für das EuGVÜ sind im Falle des Beitritts neuer Mitgliedstaaten keine Umsetzungsakte erforderlich.

37 Die Zuständigkeitsvorschriften des EuGVÜ wurden mit punktuellen Änderungen in die EuGVVO überführt:

38 – Eine wichtige Neuerung war dabei die Einführung einer verordnungseigenen **Definition des Sitzes von Gesellschaften und juristischen Personen** in Art. 60 EuGVVO a.F. Demgegenüber sah Art. 53 EuGVÜ noch vor, dass jedes vertragsstaatliche Gericht den Sitz unter Heranziehung seiner nationalen Vorschriften zu bestimmen hatte.

39 – Darüber hinaus brachte die EuGVVO a.F. einige Korrekturen und Ergänzungen der besonderen Gerichtsstände in Art. 5 und 6: So wurde in Art. 5 Nr. 1 lit. b EuGVVO a.F. (jetzt: Art. 7 Nr. 1 lit. b EuGVVO) für den Kauf beweglicher Sachen und die Erbringung von Dienstleistungen die **autonome Definition des Erfüllungsortes** eingeführt. Ferner wurde Art. 5 Nr. 3 EuGVVO a.F. (jetzt: Art. 7 Nr. 2 EuGVVO) dahingehend erweitert, dass der Gerichtsstand der unerlaubten Handlung ausdrücklich auch auf präventive Rechtsschutzmaßnahmen, wie etwa vorbeugende Unterlassungsklagen und einstweilige Rechtsschutzmaßnahmen, erstreckt wurde. Ferner wurde der Gerichtsstand des Sachzusammenhangs in Art. 6 Nr. 1 EuGVVO a.F. (jetzt: Art. 8 Nr. 1 EuGVVO) durch das **zusätzliche Erfordernis der Konnexität** eingeschränkt.

40 – Die **Zuständigkeitsvorschriften in Versicherungssachen** wurden in zweierlei Hinsicht erweitert: Der Klägergerichtsstand wurde gem. Art. 9 Abs. 1 lit. b EuGVVO a.F. (jetzt: Art. 11 Abs. 1 lit. b EuGVVO) auch auf Klagen des Begünstigten oder Versicherten gegen den Versicherer erweitert. Ferner wurde die Möglichkeit zum Abschluss einer Zuständigkeitsvereinbarung gem. Art. 14 Nr. 5 EuGVVO a.F. (jetzt: Art. 16 Nr. 5 EuGVVO) auf Großrisiken im Sinne der maßgeblichen EG-Richtlinien erweitert.

41 – Durch die **Neufassung des Begriffs „Verbrauchersachen"** in Art. 15 Abs. 1 lit. c EuGVVO a.F. (jetzt: Art. 17 Abs. 1 lit. c EuGVVO) wurde der Anwendungsbereich der Sondervorschriften zum Schutz von Verbrauchern erheblich erweitert. Hierdurch sollte insbesondere der Schutz von Verbrauchern im Bereich des elektronischen Handels verbessert werden. Die Zuständigkeit am Wohnsitz des Verbrauchers in Art. 16 Abs. 1 Alt. 2 EuGVVO a.F. (jetzt: Art. 18 Abs. 1 Alt. 2 EuGVVO) wurde als örtliche Zuständigkeit ausge-

---
[50] S. hierzu Rn. 84.

Einführung **EuGVVO**

staltet mit der Folge, dass abweichende nationale Vorschriften verdrängt wurden.

- Die **Zuständigkeit für Individualarbeitssachen** wurde umfassend und 42 parallel zu den Verbraucher- und Versicherungssachen in den Art. 18 bis 21 EuGVVO a.F. (jetzt: Art. 20 bis 23 EuGVVO) geregelt.
- Die **ausschließliche Zuständigkeit für Miete und Pacht unbeweglicher** 43 **Sachen** zum vorübergehenden Gebrauch in Art. 22 Nr. 1 EuGVVO a.F. (jetzt: Art. 24 Nr. 1 EuGVVO) wurde dahingehend erweitert, dass es für die Eröffnung des Gerichtsstands ausreichend war, wenn der Mieter bzw. Pächter eine natürliche Person ist. Demgegenüber war unter dem EuGVÜ noch erforderlich, dass beide Vertragsparteien natürliche Personen waren.
- Für **Gerichtsstandsvereinbarungen** wurde in Art. 23 Abs. 1 Satz 2 44 EuGVVO a.F. (jetzt: Art. 25 Abs. 1 Satz 2 EuGVVO) eine Vermutung zugunsten der Ausschließlichkeit des prorogierten Gerichts eingeführt. Darüber hinaus sieht Art. 23 Abs. 2 EuGVVO a.F. (jetzt: Art. 25 Abs. 2 EuGVVO) vor, dass das Schriftformerfordernis bei elektronischen Übermittlungen, die eine dauerhafte Aufzeichnung der Vereinbarung ermöglichen, erfüllt ist.

Im Bereich der Vorschriften zur Regelung von Verfahrenskollisionen wurde eine 45 **autonome Definition des Begriffs Anhängigkeit** eingeführt (Art. 30 EuGVVO a.F., heute Art. 32 EuGVVO). Unter dem EuGVÜ war der Zeitpunkt der Anhängigkeit noch nach dem Verfahrensrecht des jeweiligen Mitgliedstaates zu bestimmen. Ferner wurde die in Art. 22 Abs. 1 EuGVÜ enthaltene Beschränkung, wonach konnexe Verfahren nur im ersten Rechtszug ausgesetzt werden konnten, in Art. 28 Abs. 1 EuGVVO a.F. (jetzt: Art. 30 Abs. 1 EuGVVO) gestrichen.

Im Bereich der Vollstreckung hat die EuGVVO a.F. eine verfahrensmäßige 46 Beschleunigung gebracht, weil die **Anerkennungshindernisse** (Art. 34 ff. EuGVVO a.F., jetzt: Art. 45 EuGVVO) **in ein eventuelles Rechtsbehelfsverfahren verlagert** wurden, also nur noch geprüft werden, wenn sich der Schuldner gegen die Vollstreckbarerklärung in erster Instanz zur Wehr setzt. Eine Entscheidung wurde bei Einhaltung der vorgeschriebenen Formalien (insbesondere der Vorlage einer vereinheitlichten Bescheinigung über die Vollstreckungsfähigkeit) ohne weiteres für vollstreckbar erklärt. Auf das Erfordernis der vorherigen Zustellung des Titels nach Art. 47 Abs. 1 EuGVÜ wird in der EuGVVO a.F. verzichtet.

Außerdem wurde der Katalog der **Anerkennungsversagungsgründe** ange- 47 passt: Zum einen wurde in Art. 34 Nr. 2 EuGVVO a.F. (jetzt: Art.45 Abs. 1 lit. b EuGVVO) klargestellt, dass das rechtliche Gehör des Beklagten nicht zwingend die ordnungsgemäße Zustellung des verfahrenseinleitenden Schriftstücks erfordert. Außerdem wurde dem Beklagten die Obliegenheit auferlegt, die Verletzung des rechtlichen Gehörs im Ursprungsstaat zu rügen. Der Anerkennungsversagungsgrund bei Widerspruch zu unverzichtbaren kollisionsrechtlichen Entscheidungsmaßstäben aus Art. 27 Nr. 4 EuGVÜ wurde in Art. 34 EuGVVO a.F. nicht übernommen. In Art. 34 Nr. 3 und Nr. 4 EuGVVO a.F. wurde eine Anerken-

EuGVVO

nungsversagung auch für den Fall vorgesehen, dass Urteile aus verschiedenen Mitgliedstaaten miteinander kollidieren (jetzt: Art. 45 Abs. 1 lit. c und d EuGVVO).

3. EuGVVO (Verordnung (EU) Nr. 1215/2012)

48   Die Revision der EuGVVO a.F. wurde von der EU-Kommission am 21. April 2009 formell eingeleitet. An diesem Tag veröffentlichte die Kommission zum einen den Bericht über die Anwendung der EuGVVO a.F.,[51] zum anderen das Grünbuch zur Überprüfung der Verordnung,[52] in dem zahlreiche Vorschläge zur Weiterentwicklung der Vorschriften vorgestellt wurden. Bereits im Jahr 2008 hatten *Hess*, *Pfeiffer* und *Schlosser* den sog. „**Heidelberger Bericht**"[53] vorgelegt, in dem unter Berücksichtigung der Erfahrungswerte aus den Mitgliedstaaten die Regelungen der EuGVVO a.F. umfassend evaluiert wurden. Auf Grundlage der Ergebnisse des Konsultationsprozesses legte die Kommission **am 14. Dezember 2010** ihren **Vorschlag für eine Neufassung** der EuGVVO vor.[54] Dieser Vorschlag sah im Einzelnen folgende Änderungen der EuGVVO a.F. vor:

49 – **Ausweitung von Zuständigkeitsvorschriften auf Beklagte aus Drittstaaten:** Zur Verbesserung des Rechtsschutzes in Fällen, in denen der Beklagte seinen Wohnsitz außerhalb der EU hat, erwog die Kommission zum einen, die besonderen Gerichtsstände (jetzt: Art. 7 bis 9 EuGVVO) sowie die Schutzgerichtsstände in Versicherungs-, Verbraucher und Individualarbeitsachen (jetzt: Art. 10 bis 23 EuGVVO) auf Beklagte mit Wohnsitz außerhalb der EU auszudehnen. Zum anderen wurde ein Vermögensgerichtsstand am Ort des innerhalb der EU belegenen Schuldnervermögens vorgeschlagen. Soweit eine Klageerhebung außerhalb der EU unzumutbar oder unmöglich ist, sollte ferner eine Notzuständigkeit mitgliedstaatlicher Gerichte greifen.

50 – **Stärkung von Gerichtsstandsvereinbarungen:** Aufgrund der großen praktischen Bedeutung von Gerichtsstandsvereinbarungen im internationalen Handel wollte die Kommission deren Rechtswirkungen durch zwei Neuregelungen stärken. Vorgeschlagen wurde zum einen ein Vorrecht des vereinbarten Gerichts zur Prüfung seiner internationalen Zuständigkeit, auch wenn es nicht zuerst angerufen wurde. Jedes andere angerufene Gericht sollte das Verfahren aussetzen und die Zuständigkeitsentscheidung des Gerichts am vereinbarten Gerichtsstand abwarten. Zum anderen wurde die Einführung einer harmonisierten Kollisionsnorm zur Prüfung der materiellen Wirksamkeit von Gerichtsstandsvereinbarungen vorgeschlagen, um EU-weit eine einheitliche Beurteilung dieser Frage sicherzustellen.

---

[51] KOM(2009) 174 endg.
[52] KOM(2009) 175 endg.
[53] *Hess/ Pfeiffer/ Schlosser*, Study JLS/C4/2005/03, 2007.
[54] KOM(2010) 748 endg.

Einführung **EuGVVO**

- **Bessere Koordinierung von Verfahren vor staatlichen Gerichten und** 51 **Schiedsgerichten:** Zur Erhöhung der Wirksamkeit von Schiedssprüchen und zur Vermeidung von Verfahrenskollisionen zwischen Schiedsgerichten und mitgliedstaatlichen Gerichten sollte nach dem Vorschlag der Kommission die Pflicht mitgliedstaatlicher Gerichte zur Verfahrensaussetzung eingeführt werden, wenn ihre Zuständigkeit aufgrund einer Schiedsvereinbarung gerügt wird und ein Schiedsgericht mit der Sache betraut oder in dem Mitgliedstaat des Schiedsverfahrens ein gerichtliches Verfahren im Zusammenhang mit dem Schiedsspruch eingeleitet wurde.
- **Reduzierung der Gefahr von Torpedoklagen:** Die strikte Rechtshängig- 52 keitssperre zugunsten des zuerst angerufenen Gerichts sollte nach dem Vorschlag der Kommission dadurch abgeschwächt werden, dass das früher angerufene Gericht innerhalb einer bestimmten Frist über seine Zuständigkeit zu entscheiden hat. Hierdurch sollte die Gefahr der missbräuchlichen Klageerhebung in einem „langsamen" Forum eingedämmt werden.
- **Stärkung der Vollstreckung einstweiliger Rechtsschutzmaßnahmen:** 53 Nach dem Vorschlag der Kommission sollte jede einstweilige Maßnahme, die von dem in der Hauptsache zuständigen Gericht angeordnet wird, grenzüberschreitend anerkannt und vollstreckt werden können. Dies sollte sogar für ohne Anhörung des Schuldners angeordnete Maßnahmen gelten.
- **Vorschriften zur Regelung der Kollisionen mitgliedstaatlicher mit** 54 **drittstaatlichen Verfahren:** die Kommission schlug ferner eine spezielle Rechtshängigkeitsregel für Fälle vor, in denen ein Rechtsstreit in derselben Sache zwischen denselben Parteien vor einem mitgliedstaatlichen und einem drittstaatlichen Gericht anhängig ist. Hiernach hätte das mitgliedstaatliche Gericht das vor ihm anhängige Verfahren unter bestimmten Voraussetzungen aussetzen können um die drittstaatliche Entscheidung abzuwarten.
- **Abschaffung des Exequaturverfahrens und Reduktion der Anerken-** 55 **nungsversagungsgründe:** Der Vorschlag der Kommission sah nicht nur einen vollständigen Verzicht auf die Vollstreckbarerklärung vor, sondern auch eine erhebliche Kürzung des Katalogs an Gründen für die Versagung der grenzüberschreitenden Anerkennung und Vollstreckung. Demnach hätte weder die Verletzung des materiellen *ordre public*, noch die fehlende internationale Zuständigkeit des Ursrpungsgerichts eine Anerkennung und Vollstreckung im Zweitland verhindern können.

Lediglich ein Teil der vorgeschlagenen Änderungen wurden letztlich umge- 56 setzt.[55] Der **abgeänderte Vorschlag der Kommission** wurde schließlich am 20. November 2012 im Europäischen Parlament verabschiedet und am 6. Dezember 2012 durch den Rat angenommen. Die EuGVVO wurde auf Grundlage von Art. 67 Abs. 4 i.V.m. Art. 81 Abs. 2 lit. a, c und e AEUV erlassen. Sie gilt in ihren wesentlichen Bestimmungen seit dem 10. Januar 2015, vgl. Art. 81.

---

[55] Siehe hierzu sogleich Rn. 60 ff.

V. EuGVVO und Brexit

57 Am 23. Juni 2016 votierte eine knappe Mehrheit der britischen Bevölkerung in dem „Referendum"[56] über den sog. Brexit für einen **Austritt des Vereinigten Königreichs aus der Europäischen Union (EU)**. Wenn damit auch der tatsächliche Austritt des Vereinigten Königreichs aus der EU[57] mangels Bindungswirkung des „Referendums" noch nicht in Gang gesetzt ist und jener wohl erst innerhalb von zwei Jahren ab Stellung des Austrittsantrags gem. **Art. 50 Abs. 2 S. 1 EUV** stattfinden wird, stellen sich doch bereits jetzt für den Bereich des IZVR drängende Fragen v.a. hinsichtlich des künftigen Schicksals des „Brüssel-Regimes" *im* Vereinigten Königreich und *in Bezug auf* Sachverhalte mit Berührung zu diesem.

58 Ein etwaiges **Ausscheiden des Vereinigten Königreichs aus dem „Brüssel-Regime"** würde die Attraktivität des Justiz- und damit auch des Wirtschaftsstandorts London deutlich schmälern und hätte potentiell wirtschaftlich **verheerende Folgen**.[58] Denn einer der wesentlichen Grundpfeiler erfolgreicher Wirtschaftstätigkeit ist die Möglichkeit, im Streitfalle **effizienten** und v.a. auch **durchsetzbaren** (d.h. vollstreckbaren) **Rechtsschutz** gegenüber seinen Geschäftspartnern zu erhalten. Insofern spielt die v.a. in Wirtschaftsangelegenheiten durch die EuGVVO garantierte Freizügigkeit von Entscheidungen innerhalb der EU eine entscheidende Rolle bei der Begründung der bisher überragenden Attraktivität des Wirtschaftsstandorts London. Daher steht zu erwarten, dass das Vereinigte Königreich alles daransetzen wird, selbst bei einem etwaigen Brexit **Teil des „Brüssel-Regimes" bleiben zu können.**

59 Die Möglichkeit zum Verbleib im „Brüssel-Regime" und dessen Ausgestaltung ist indes mehr als ungewiss. Neben einem **Aufleben des EuGVÜ**[59] im Verhältnis der Rest-EU (bzw. u.U. nur von dessen ehemaligen Vertragsstaaten) zum Vereinigten Königreich sowie dem etwaigen Abschluss eines **völkerrechtlichen Übereinkommens** der EU mit dem Vereinigten Königreich zur Erstreckung der Wirkung der EuGVVO auch auf dieses[60] nach dem Vorbild Dänemarks[61] wird diesbezüglich insbesondere ein etwaiger **Beitritt des Vereinigten Königreichs zum** (freilich der Rechtslage unter der EuGVVO a.F. entsprechenden[62]) **Luganer Übereinkommen (LugÜ)** für möglich gehalten.[63]

---

[56] Eigentlich handelte es sich eher um eine Volks„befragung", s. *Michl*, NVwZ 2016, 1365 (1366).
[57] Informativ zum parallelen Fall des Austritt eines Mitgliedstaats aus dem Euro *Kindler*, NJW 2012, 1617.
[58] S. etwa *Ungerer*, Brexit von Brüssel und anderen IZVR/IPR-Verordnungen zum Internationalen Zivilverfahrens- und Privatrecht, in: Kramme/Baldus/Schmidt-Kessel (Hrsg.): Brexit und die juristischen Folgen, 2016, S. 297 ff.
[59] S. etwa *Dickinson*, Journal of Private International Law 2016, S. 195 (204 f.).
[60] *Lehmann/Zetzsche*, JZ 2017, 62 (71).
[61] Hierzu oben Rn. 9 und Rn. 84.
[62] Dazu näher u. XII.
[63] S. etwa *Rühl*, JZ 2017, 72 (77); *Lehmann/Zetzsche*, JZ 2017, 62 (70 f.); *Ungerer*, Brexit von Brüssel und anderen IZVR/IPR-Verordnungen zum Internationalen Zivilverfahrens- und Privatrecht, in: Kramme/Baldus/Schmidt-Kessel (Hrsg.): Brexit und die juristischen Folgen, 2016, S. 297 (302 ff.).

VI. Wesentliche Neuerungen der EuGVVO

Die im Rahmen der jüngsten Reform der EuGVVO aus dem Jahr 2012 60
erfolgten – großteils begrüßenswerten – Änderungen sind insgesamt gegenüber
den ursprünglichen **Planungen** der Kommission[64] und den **Forderungen**[65] der
Kritiker der EuGVVO a.F. (bedauerlicherweise) **zurückgeblieben**. Zur entsprechenden Kritik s. bereits oben Rn. 5.

1. Zuständigkeit

Das im Kapitel II der EuGVVO geregelte **Zuständigkeitsrecht** wurde – mit 61
Ausnahme der Regelung der Gerichtsstandsvereinbarungen in Art. 25 – gegenüber der Altfassung der Verordnung **kaum nennenswert geändert**. Diese –
z.T. auf politischem Widerstand, z.T. schlicht auf fehlender Initiative der EU-Kommission gründende – weitgehende Trägheit des Europäischen Gesetzgebers
ist umso **bedauerlicher**,[66] als jedenfalls kurz- bis mittelfristig wohl mit keiner
weiteren Überarbeitung der EuGVVO zu rechnen ist.

Bei den in Artt. 7–9 EuGVVO geregelten **besonderen Zuständigkeiten** ist 62
im Rahmen der jüngsten Reform lediglich der vormalige besondere Gerichtsstand für Unterhaltssachen in **Art. 5 Nr. 2 EuGVVO a.F.** als Konsequenz der
zwischenzeitlichen Schaffung der (insofern vorrangigen[67]) und am 30. Januar
2009[68] in Kraft getretenen EuUnthVO[69] ersatzlos weggefallen. Demgegenüber
wurde mit dem Gerichtsstand für Ansprüche auf Wiedererlangung eines Kulturguts in **Art. 7 Nr. 4** eine bislang beispiellose – wobei freilich praktisch eher
wenig bedeutsame – **Neuschöpfung** in den Kreis der besonderen Gerichtsstände aufgenommen.

Auch die im 3. bis 5. Abschnitt des Kapitels II geregelten **Sonderzuständig-** 63
keiten zugunsten von (typisiert betrachtet) besonders schutzwürdigen Prozessparteien wurden weitgehend unverändert in die neue EuGVVO übernommen.
Allerdings wurde in Verbrauchersachen für Klagen eines Verbrauchers gegen seinen Vertragspartner in **Art. 18 Abs. 1 Alt. 2** ausdrücklich auf das zuvor noch
bestehende[70] Erfordernis eines **Beklagtenwohnsitzes** in einem Mitgliedstaat im

---

[64] S. den Kommissionsvorschlag zur Neufassung der EuGVVO vom 14.12.2010, KOM(2010) 748 endg.
[65] S. die Nachweise bei *Kropholler/von Hein*, EuZPR, 9. Aufl. 2011, Art. 4 EuGVVO a.F. Rn. 2 und Art. 5 EuGVVO a.F. Rn. 4; *Rauscher/Leible*, EuZPR, 3. Aufl. 2011, Art. 5 EuGVVO Rn. 5a; *Simons/Hausmann*, Brüssel I-VO, 2012, Art. 4 EuGVVO a.F. Rn. 12; zum Ganzen näher *von Hein*, RIW 2013, S. 97 (100 f.) m.w.N.
[66] S. bereits oben Rn. 5 sowie die Kommentierung zu Art. 7 Rn. 4 ff.; ähnlich *Rauscher/Leible*, EuZPR, 4. Aufl. 2016, Art. 7 EuGVVO Rn. 6; *Schack*, IZVR, 6. Aufl. 2014, Rn. 304 ff.
[67] Vgl. die neu gefasste Bereichsausnahme in Art. 1 lit. e sowie Art. 68 Abs. 1 EuUnthVO.
[68] *MünchKomm/Lipp*, FamFG, 2. Aufl. 2013, Art. 76 EG-UntVO Rn. 1.
[69] Verordnung (EG) Nr. 4/2009 des Rates vom 18. Dezember 2008 über die Zuständigkeit, das anwendbare Recht, die Anerkennung und Vollstreckung von Entscheidungen und die Zusammenarbeit in Unterhaltssachen, ABl. (EG) 2009 Nr. L 7, S. 1.
[70] Vgl. nur *Geimer/Schütze*, EuZVR, 3. Aufl. 2010, Art. 16 EuGVVO a.F. Rn. 6.

Sinne der **EuGVVO verzichtet.** Das Gleiche gilt nach **Art. 21 Abs. 2** für Klagen eines Arbeitnehmers gegen seinen Arbeitgeber.[71] In Bezug auf Arbeitssachen wurde überdies der Ausnahmekatalog der neben den Art. 20 bis 23 EuGVVO anwendbaren „allgemeinen" Zuständigkeitsvorschriften in Art. 20 Abs. 1 – gezielt[72] zur Ausschaltung der gegenteiligen EuGH-Rechtsprechung[73] – für „Klage[n] gegen den Arbeitgeber" **um Art. 8 Nr. 1 erweitert.**

64 Entsprechend dem erklärten Ziel der Kommisson, **Gerichtsstandsvereinbarungen** zu stärken, wurde **Art. 25** in zwei Punkten angepasst: Zum einen wurde sein **Anwendungsbereich** erweitert. Der neue Art. 25 erfasst auch Gerichtsstandsvereinbarungen zugunsten eines mitgliedstaatlichen Gerichts, wenn keine der Parteien ihren Wohnsitz innerhalb der EU hat. Zum anderen wurde in Abs. 1 Satz 1 a.E. eine **Kollisionsnorm** zur Bestimmung des anwendbaren Rechts für die materielle Wirksamkeit von Gerichtsstandsvereinbarungen eingeführt. Diese verweist auf das Recht des Mitgliedstaats, dessen Gerichte gem. der Vereinbarung zuständig sind, wobei sich die Verweisung – bedauerlicherweise – lediglich auf das IPR des designierten Forums bezieht. Dies vermag mangels einer EU-weit einheitlichen Kollisionsnorm für Gerichtsstandsvereinbarungen nur eingeschränkt dazu beitragen, dass die materielle Wirksamkeit derartiger Abreden einheitlich beurteilt werden kann. Zur Stärkung von Gerichtsstandsvereinbarungen dürfte in besonderem Maße der in Art. 31 Abs. 2 bis Abs. 4 neu vorgesehene Entscheidungsvorrang des designierten Gerichts beitragen.

65 Zum Schutz der typischerweise schwächeren Beklagten wurde die Möglichkeit der Zuständigkeitsbegründung im Wege **rügeloser Einlassung** durch die Einführung von Art. 26 Abs. 2 eingeschränkt: Das angerufene Gericht hat den Beklagten nun über die Möglichkeit der Zuständigkeitsrüge und über die Folgen der rügelosen Einlassung zu belehren.

2. Auflösung von Verfahrenskollisionen

66 Die Regeln über die Kollision paralleler und zusammenhängender Gerichtsverfahren in verschiedenen Mitgliedstaaten wurden in zweifacher Hinsicht erheblich verändert:

67 Zum einen wurde zur Stärkung von Gerichtsstandsvereibarungen der strikte Vorrang des zuerst angerufenen Gerichts durch die Einführung des neuen **Art. 31 Abs. 2 bis Abs. 4** durchbrochen. Demnach genießt ein prorogiertes Gericht Vorrang bei der Entscheidung über seine internationale Zuständigkeit, unabhängig davon, ob vor einem anderen Gericht früher Klage erhoben wurde. Dieser Vorrang gilt nur bei einer ausschließlichen Gerichtsstandsvereinbarung und **soll** diese **vor sog. Torpedoklagen** schützen. Der Entscheidungsvorrang

---

[71] Hierzu näher etwa Rauscher/*Mankowski*, EuZPR, 4. Aufl. 2016, Art. 21 EuGVVO Rn. 71 ff.
[72] S. Rauscher/*Mankowski*, EuZPR, 4. Aufl. 2016, Art. 20 EuGVVO Rn. 3.
[73] Noch unter Art. 18 Abs. 1 EuGVVO a.F. hatte der EuGH ausdrücklich eine Anwendbarkeit von Art. 8 Nr. 1 (bzw. Art. 6 Nr. 1 EuGVVO a.F.) in Arbeitssachen abgelehnt, s. EuGH, 22.05.2008 – Rs. C-462/06, *Glaxosmithkline u.a.* ./. *Jean-Pierre Rouard*, Slg. 2008, I- 3978 (ECLI:EU:C:2008:299), Rn. 23.

des prorogierten Gerichts gilt gem. **Art. 31 Abs. 4** jedoch lediglich dann, wenn die Gerichtsstandsvereinbarung mit den besonderen Vorschriften zum Schutz von typischerweise schwächeren Parteien in Art. 15, 19 und 23 vereinbar ist. Das zuerst angerufene Gericht muss das Verfahren also nicht aussetzen, wenn es zu dem Ergebnis kommt, dass die geltendgemachte Gerichtsstandsvereinbarung eine der besonderen Schutzvorschriften verletzt.

Zum anderen wurden zur besseren **Koordinierung der Rechtsprechungstätigkeit mitgliedstaatlicher und drittstaatlicher Gerichte Art. 33 und Art. 34** eingeführt. Diese Vorschriften ermöglichen mitgliedstaatlichen Gerichten, einer anderweitigen Rechtshängigkeit vor einem drittstaatlichen Gericht durch Aussetzung des eigenen Verfahrens Rechnung zu tragen, wenn beide Verfahren den gleichen Streitgegenstand betreffen (Art. 33) oder im Zusammenang stehen (Art. 34). 68

3. Einführung der unmittelbaren gemeinschaftsweiten Vollstreckbarkeit

Als eine der grundlegensten Neuerungen wurde mit der EuGVVO-Revision 2012 die unmittelbare gemeinschaftsweite Vollstreckbarkeit eingeführt und damit einhergehend die Geltendmachung möglicher Versagungsgründe neu strukturiert. 69

Art. 39 regelt die zentrale Neuerung, dass mitgliedstaatliche Entscheidungen im Anwendungsbereich der EuGVVO nun **unmittelbar in allen Mitglstaaten vollstreckbar sind,** und schafft damit die bislang erforderliche Vollstreckbarerklärung (sog. Exequatur) im jeweiligen Vollstreckungsstaat ab. Nach der EuGVVO n.F. wird die in einem Mitgliedstaat erlangte Vollstreckbarkeit ipso iure, also ohne Zwischenverfahren, auf alle Mitgliedstaaten erstreckt. Der Vollstreckungsschuldner kann die in der EuGVVO vorgesehenen Versagungsgünde gegen die Vollstreckung (Art. 45 EuGVVO) nur noch im Vollstreckungsverfahren selbst geltend machen. Der Entfall des Exequaturs **begünstigt den Vollstreckungsgläubiger,** indem diesem die Möglichkeit eröffnet wird, im Zweitland unmittelbar Vollstreckungsmaßnahmen zu erwirken. Hintergrund von Art. 39 ist das gegenseitige Vertrauen in das Funktionieren der Rechtspflege in den Mitgliedstaaten. 70

Im Zuge der Umstellung auf die unmittelbare gemeinschaftsweite Vollstreckbarkeit wurde durch die Revision 2012 auch **Art. 41** eingeführt, der bestimmt, wie die (unmittelbare) Vollstreckung der Entscheidung im Zweitstaat durchzuführen ist: Abs. 1 Satz 1 **verweist umfassend auf das Vollstreckungsrecht des Zweitstaates,** während Abs. 1 Satz 2 klarstellt, dass ausländische Entscheidungen im Zweitstaat unter den gleichen Bedingungen vollstreckt werden wie inländische. Der Verweis auf das zweitstaatliche Vollstreckungsrecht bringt es gem. Abs. 2 mit sich, dass auch die in diesem Recht vorgesehenen **Versagungsgründe** anwendbar sind, soweit sie den EuGVVO-eigenen Versagungsgründen nicht widersprechen. Hiernach kann etwa ein im zweitstaatlichen Vollstreckungsrecht vorgesehener Erfüllungseinwand geltend gemacht werden. Abs. 3 71

EuGVVO

stellt sicher, dass der Vollstreckungsgläubiger im Hinblick auf Vertretungsanforderungen und Zustellanschriften im Zweitland **nicht gegenüber Inländern schlechtergestellt** wird.

72   Ebenfalls neu eingeführt wurde **Art. 42** zu der Frage, welche Formalien der Vollstreckungsgläubiger erfüllen muss, um im Zweitland die Vollstreckung betreiben zu können. Anders als noch in der EuGVVO a.F. sind die formellen Voraussetzungen direkt gegenüber der Vollstreckungsbehörde zu erfüllen.

73   **Art. 43 Abs. 1** betrifft die Frage, ob und wann die für den Beginn der Vollstreckung erforderliche **Zustellung der Bescheinigung** und der ihr zugrundeliegenden Entscheidung gegenüber dem Vollstreckungsschuldner erfolgen muss (Abs. 1). Ergänzend regelt **Art. 43 Abs. 2** die Fälle, in denen der Vollstreckungsschuldner eine **Übersetzung der Entscheidung** verlangen kann.

74   In **Art. 46 bis Art. 51** wurde das Verfahren zur Geltendmachung von Versagungsgründen gegen die Vollstreckung neu eingeführt. Anders als noch unter dem alten Recht kann der Schuldner erst im laufenden Vollstreckungsverfahren nach Maßgabe von Art. 46 ff. den **Antrag auf Versagung der Vollstreckung** stellen. Diesen Antrag kann er mit einem **Antrag gem. Art. 44,** gerichtet auf einstweilie Beschränkung oder Aussetzung der Vollstreckung, kombinieren. Die **Gründe für die Versagung der Vollstreckung** normiert der neue **Art. 45,** der inhaltlich weitgehend die alten Anerkennungsversagungsgründe aus Art. 34 f. EuGVVO a.F. übernommen hat.

75   In formeller Hinsicht wird die gemeinschaftsweite Vollstreckbarkeit durch die neue **in Art. 53 i.V.m. Anh. I EuGVVO geregelte Bescheinigung** umgesetzt. Diese wird im Ursrpungsmitgliedstaat ausgestellt, sobald die Entscheidung vollstreckbar ist, und gibt den wesentlichen Inhalt des zu vollstreckenden Anspruchs wieder, entspricht funktional also einer Vollstreckungsklausel, die aufgrund ihrer Vereinheitlichung im **Formblatt nach Anh. I EuGVVO** jedoch von den Vollstreckungsstellen in jedem Mitgliedstaat verstanden werden kann. Ergänzend ermöglicht der neue **Art. 54 EuGVVO** eine **Anpassung des Titelinhaltes** im Zweitland, wenn nach dem dortigen Vollstreckungsrecht der Titelinhalt nicht umgesetzt werden kann, weil er im dortigen Recht nicht bekannt ist. Bedarf für eine solche Anpassung kann es unter dem „neuen System" geben, weil hier ein zweitstaatlicher Vollstreckbarerklärungsakt fehlt, in dem bislang der Titelinhalt an die Besonderheiten des zweitstaatlichen Vollstreckungsrechts angepasst werden konnte.

4. „gemeinsame Gerichte"

76   Die Art. 71a – 71d EuGVVO wurden durch die VO (EU) Nr. 542/2014 vom 15. Mai 2014 eingeführt und sollen den **Besonderheiten sog. „gemeinsamer Gerichte"** Rechnung tragen.

77   **Art. 71a** regelt den Begriff der „gemeinsamen Gerichte" und stellt diese für die Anwendung der EuGVVO regulären mitgliedstaatlichen Gerichten gleich. Nach Art. 71a Abs. 2 gelten derzeit lediglich das Einheitliche Patentgericht und

Einführung **EuGVVO**

der Benelux-Gerichtshof als gemeinsame Gerichte. **Art. 71b** bestimmt die internationale Zuständigkeit der gemeinsamen Gerichte. **Art. 71c** koordiniert Kollisionen paralleler Verfahren vor gemeinsamen Gerichten und mitgliedstaatlichen Gerichten. **Art. 71d** betrifft schließlich die Anerkennung und Vollstreckung von Entscheidungen gemeinsamer Gerichte und mitgliedstaatlicher Gerichte in Rechtsgebieten, in denen gemeinsame Gerichte existieren.

Auslöser für die Einführung der Art. 71a – Art. 71d war die Unterzeichnung **78** des Übereinkommens über ein **einheitliches Patentgericht** vom 19. Februar 2013 (nachfolgend: „EPG-Übk") durch 25 Mitgliedstaaten der EU. Das derzeit noch nicht in Kraft getretene EPG-Übk schafft eine europäische Patentgerichtsbarkeit für Streitigkeiten im Zusammenhang mit europäischen Patenten. Die erste Ergänzung der EuGVVO n.F. mit Blick auf das Europäische Patentgericht hat der EU-Gesetzgeber zum Anlass genommen, auch den schon seit langem bestehenden Benelux-Gerichtshof als weiteres gemeinsames Gericht in das System der EuGVVO zu integrieren.

VII. Einfügung der EuGVVO ins deutsche Recht

Als Verordnung gilt die EuGVVO gem. Art. 288 Abs. 2 AEUV in (fast[74]) **79** allen Mitgliedstaaten der EU **unmittelbar;** vgl. insofern auch Art. 81 UAbs. 3 EuGVVO. Insofern bedarf sie – anders als z.b. staatsvertragliche Regelungen und damit z.b. noch das EuGVÜ[75] – **keiner Umsetzung** in das nationale Recht der Mitgliedstaaten. Eine solche wäre ganz im Gegenteil nach Ansicht des EuGH sogar unzulässig, würde sie doch die Unterscheidung zwischen Verordnung und Richtlinie verwässern.[76]

Dessen ungeachtet hat der deutsche Gesetzgeber am 8. Juli 2014 ein **Durch-** **80** **führungsgesetz** zur EuGVVO erlassen.[77] Die durch dieses Gesetz (u.a.) mit Wirkung zum 10. Januar 2015 in die **ZPO neu eingefügten §§ 1110 bis 1117** stellen indes keine Umsetzung der EuGVVO in deutsches Recht dar, sondern dienen lediglich der reibungslosen Durchführung der EuGVVO v.a. im Hinblick auf die Ausstellung der nach Artt. 53 und 60 EuGVVO vorgesehenen – als Vollstreckungsklausel dienenden[78] – **Bescheinigungen** sowie zur **Anerkennung** und **Vollstreckung** ausländischer Titel im Inland gem. Artt. 36 ff. bzw. 39 ff. EuGVVO.

Das weiterhin der Durchführung der **EuGVVO a.F.** dienende Anerken- **81** nungs- und Vollstreckungsausführungsgesetz vom 19. Februar 2001 **(AVAG)**[79]

[74] Zur Sonderrolle Dänemarks s. oben Rn. 9 und Rn. 84.
[75] *Schlosser*/Hess, EuZPR, 4. Aufl. 2015, Einl. EuGVVO Rn. 8.
[76] So Rauscher/*Staudinger*, EuZPR, 4. Aufl. 2016, Einl. EuGVVO Rn. 30 unter Verweis auf EuGH, 28.3.1983 – Rs. 272/83, *Kommission ./. Italien*, Slg. 1985, S. 1057 (ECLI:EU:C:1985:147), Rn. 26 f.
[77] Gesetz zur Durchführung der Verordnung (EU) Nr. 1215/2012 sowie zur Änderung sonstiger Vorschriften vom 8. Juli 2014, BGBl. (2014) I, S. 890.
[78] Vgl. die Kommentierung zu Art. 53 Rn. 1.
[79] Gesetz zur Ausführung zwischenstaatlicher Verträge und zur Durchführung von Abkommen der Europäischen Union auf dem Gebiet der Anerkennung und Vollstreckung in Zivil- und Handelssachen, BGBl. (2001) I, S. 3881.

EuGVVO Einführung

findet hingegen nach entsprechender Änderung durch das *neue* Durchführungsgesetz **keine Anwendung** auf die EuGVVO n.F. Auf **Altfälle**, die in den zeitlichen Anwendungsbereich der EuGVVO a.F. (und unter das LugÜ) fallen, findet das AVAG hingegen nach allgemeinen Prinzipien weiterhin Anwendung.[80]

VIII. Anwendungsvoraussetzungen der EuGVVO

82 Für die Anwendbarkeit der EuGVVO muss neben dem in Art. 1 geregelten **sachlichen** und dem in Art. 66 normierten **zeitlichen** auch deren – v.a. in Artt. 6 Abs. 1, 36 Abs. 1 und 39 EuGVVO umschriebener – **räumlicher Anwendungsbereich** eröffnet sein. Dabei ist insbesondere zu beachten, dass sowohl die Zuständigkeitsordnung der EuGVVO als auch deren Vorschriften zur Anerkennung und Vollstreckung – anders etwa als die Kollisionsregeln der Rom I- und Rom II-VO[81] – **keine universelle Anwendung** finden.

1. Territoriale Geltung

83 Ausgangspunkt für die Bestimmung des territorialen Geltungsbereichs der EuGVVO bildet Art. 52 EUV (früher: Art. 299 EGV). Diese Norm betrifft unmittelbar den räumlichen Anwendungsbereich von EUV und AEUV, regelt mittelbar jedoch auch für das sekundäre Unionsrecht dessen Geltungsbereich. Danach gilt die EuGVVO grundsätzlich in allen Mitgliedstaaten. Eine Sonderrolle spielen jedoch nach Art. 69 EGV Großbritannien, Irland und Dänemark:

84 **Dänemark** hat gem. Art. 69 EGV erklärt, dass u.a. die Maßnahmen im Bereich der Justiziellen Zusammenarbeit in seinem Staatsgebiet nicht gelten sollen. Dies ist auch nach dem Vertrag von Lissabon nicht anders, dessen Protokoll Nr. 22 „über die Position Dänemarks"[82] in Art. 2 regelt, dass die Vorschriften des Dritten Teils, Titel V des AEUV (hierin ist auch die Nachfolgerregelung des Kompetenztitels von Art. 65 EGV, nämlich Art. 81 AEUV, enthalten) sowie die nach jenem Titel beschlossenen Maßnahmen nicht für Dänemark gelten. Zwar hat Dänemark gem. Art. 7 des Protokolls die Möglichkeit eines nachträglichen „opt-in". Da es von diesem aber keinen Gebrauch gemacht hat, ist die EuGVVO in räumlicher Sicht eigentlich nicht in Dänemark anwendbar. Allerdings hat Dänemark durch völkerrechtliches Abkommen zwischen der EG und Dänemark vom 19.10.2005 die Geltung der EuGVVO a.F. auf sich erstreckt.[83] Gem. Art. 3 dieses Abkommens kann Dänemark bei Änderungen der EuGVVO a.F. gegenüber der EU-Kommission erklären, dass es diese Änderungen umsetzen wird, vgl. Erwgr. 41. Eine solche Erklärung über die Umsetzung der EuGVVO n.F.

---

[80] So auch Musielak/Voit/*Stadler*, ZPO, 13. Aufl. 2016, Vorb. EuGVVO Rn. 11; Rauscher/*Staudinger*, EuZPR, 4. Aufl. 2016, Einl. EuGVVO Rn. 31.
[81] Vgl. Art. 2 Rom I-VO sowie Art. 3 Rom II-VO.
[82] Abgedruckt in ABl EU 2008 Nr. C-115 S. 299–304.
[83] In Kraft getreten am 01.07.2007, vgl. „Unterrichtung über den Zeitpunkt des Inkrafttretens" in ABl EU 2007 Nr. L-94 S. 70.

hat Dänemark mit Schreiben vom 20. Dezember 2012 gegenüber der EU-Kommission abgegeben. Außerdem ist in Art. 6 des Abkommens vom 19.10.2005 festgelegt, dass die Rechtsprechung des **EuGH** zur EuGVVO auch im Verhältnis zu Dänemark gilt, sowie dass dänische Gerichte bei Auslegungszweifeln wie Gerichte aus den anderen Mitgliedstaaten vorlageberechtigt bzw. -verpflichtet sind.

Für **Großbritannien** und **Irland**[84] gilt Art. 1 des Protokolls Nr. 21 „über die Position des Vereinigten Königreichs und Irlands hinsichtlich des Raums der Freiheit, der Sicherheit und des Rechts" zum Vertrag von Lissabon.[85] Nach diesem Protokoll beteiligen sich beide Länder nicht an Maßnahmen aufgrund des Dritten Teils, Titel V des AEUV, haben aber nach Art. 3 desselben Protokolls die Möglichkeit eines „opt-in". Damit hat sich durch den Vertrag von Lissabon nichts gegenüber Art. 69 EGV geändert. Irland und Großbritannien haben hinsichtlich der EuGVVO n.F. von der „opt-in"-Möglichkeit Gebrauch gemacht, vgl. Erwgr. 40.

85

Im Ergebnis gilt die EuGVVO **in allen Mitgliedstaaten der EU.** Der Begriff des Mitgliedstaats i.S. der EuGVVO deckt sich daher faktisch mit demjenigen der EU-Mitgliedsstaaten. Zum jetzigen Zeitpunkt (Anfang 2017) sind das die folgenden 28 Staaten: Belgien, Bulgarien, Dänemark, Deutschland, Estland, Finnland, Frankreich, Griechenland, Irland, Italien, Kroatien, Lettland, Littauen, Luxemburg, Malta, die Niederlande, Österreich, Polen, Portugal, Rumänien, Schweden, Slowakei, Slowenien, Spanien, Tschechische Republik, Ungarn, Großbritannien, Zypern. Die EuGVVO gilt somit insbesondere nicht in den **europäischen Zwergstaaten Monaco, San Marino, Andorra, Liechtenstein** und **Vatikanstadt.**

86

Die Geltung der EuGVVO in den genannten Mitgliedstaaten erstreckt sich auf deren gesamtes völker- bzw. verfassungsrechtlich maßgebliches **Staatsgebiet, soweit in Art. 355 AEUV nichts Abweichendes** geregelt ist (vgl. Art. 52 Abs. 2 EUV). Für die sog. Überseegebiete und andere Sondergebiete der Mitgliedstaaten sind dabei folgende Besonderheiten zu beachten:

87

– **Dänemark:** Auf den zum dänischen Hoheitsgebiet gehörenden **Färöer-Inseln** findet die EuGVVO nach Art. 355 Abs. 5 lit. a AEUV keine Anwendung. Ebensowenig gilt die EuGVVO in **Grönland,** vgl. Art. 355 Abs. 2 i.V.m. Anhang II AEUV.

88

– **Finland:** Auf den finnischen **Åland-Inseln** gilt die EuGVVO gem. Art. 355 Abs. 4 AEUV.

89

– **Frankreich:** Gem. Art. 355 Abs. 1 AEUV gilt die EuGVVO in **Guadeloupe, Französisch-Guayana, Martinique, Mayotte,**[86] **Réunion** und **Saint Martin,** nicht jedoch für die in Art. 355 Abs. 2 i.V.m. Anhang II AEUV genannten Neukaledonien, Französisch-Polynesien, Französische Süd- und

90

---

[84] Vgl. zur Sonderrolle dieser beiden Mitgliedstaaten *Grabitz/Hilf/Nettesheim,* Das Recht der Europäischen Union, 60. EL 2016, Art. 238 AEUV Rn. 32 ff.
[85] Abgedruckt in ABl EU 2008 Nr. C-115 S. 295–298.
[86] Beschluss 2012/419/EU vom 11.7.2012 zur Änderung des Status von Mayotte gegenüber der Europäischen Union, ABl. 2012 Nr. L 204/131.

EuGVVO Einführung

Antarktisgebiete, Wallis und Futuna, St. Pierre und Miquelon, Saint-Barthélemy.
91 – **Großbritannien:** Gem. Art. 355 Abs. 3 AEUV gilt die EuGVVO in **Gibraltar,** nach Art. 355 Abs. 2 AEUV i.V.m. Anhang II AEUV hingegen nicht in den überseeischen Ländern und Gebieten Anguila, Kaimaninseln, Falklandinseln, Südgeorgien, Südliche Sandwichinseln, Monserat, Pitcairn, St. Helena und Nebengebiete, Britisches Territorium im indischen Ozean, Turks- und Caicosinseln, Britische Jungerninseln und Bermuda. Ebensowenig gilt die EuGVVO in den Hoheitszonen des Vereinigten Königreichs auf Zypern, auf den Kanalinseln (Guernsey, Jersey, Alderney und Sark) und der Insel Man, vgl. Art. 355 Abs. 5 lit. b und lit. c AEUV.
92 – **Niederlande:** Die EuGVVO gilt gem. Art. 355 Abs. 2 i.V.m. Anhang II AEUV nicht auf den Niederländischen Antillen und Aruba.
93 – **Portugal:** Die EuGVVO gilt nach Art. 355 Abs. 1 auf den **Azoren** und **Madeira.**
94 – **Spanien:** Die EuGVVO gilt nach Art. 355 Abs. 1 auf den **Kanarischen Inseln.**

2. Räumliche Anwendungsvoraussetzungen

a) Zuständigkeitsvorschriften (Kapitel II)

95 Die im Kapitel II der EuGVVO geregelten Zuständigkeitsvorschriften setzen räumlich grds. einen **Wohnsitz**[87] **(des Beklagten)**[88] in einem Mitgliedstaat voraus, s. Art. 4 Abs. 1 und 6 Abs. 1 EuGVVO.[89]

aa) Beklagtenwohnsitz in einem Mitgliedstaat

96 Art. 4 Abs. 1 EuGVVO legt als **Grundsatz** des Zuständigkeitsrechts der EuGVVO fest, dass eine (natürliche oder juristische) Person, die ihren **Wohnsitz in einem Mitgliedstaat** im Sinne der EuGVVO hat, an sich nur vor den Gerichten *dieses* Staates zu verklagen ist (Grundsatz des *actor sequitur forum rei*[90]). **Ausnahmen** von dieser Grundregel – d.h. Klagen in einem *anderen* als dem Mitgliedstaat, in dessen Hoheitsgebiet ein Beklagter seinen Wohnsitz hat – sind gem. Art. 5 Abs. 1 nur unter den zusätzlichen Voraussetzungen der Vorschriften der Abschnitte 2 bis 7 des II. Kapitels möglich.[91] Zum insofern **maßgeblichen Zeitpunkt** für das Vorliegen des Beklagtenwohnsitzes s. die Ausführungen in den Vorb. zu Art. 4 ff. EuGVVO Rn. 19 ff.

---
[87] Vgl. zum Begriff des Wohnsitzes i.S. der EuGVVO die Kommentierung zu Art. 4 Rn. 6 ff. sowie zu Art. 62 und 63.
[88] Der Wohnsitz des *Klägers* ist demgegenüber grds. irrelevant.
[89] S. EuGH, 13.07.2000 – Rs. C-412/98, *Group Josi Reinsurance Company S.A. ./. Universal General Insurance Company,* Slg. 2000, I-5295 (ECLI:EU:C:2000:399), Rn. 34 f.
[90] Vgl. hierzu (und zu dem immanenten Gerechtigkeitsgehalt dieses Grundsatzes) die Kommentierung zu Art. 4 Rn. 2.
[91] Vgl. diesbezüglich insbesondere die Kommentierungen zu Art. 10 bis 24 EuGVVO.

Einführung   EuGVVO

Personen mit **Wohnsitz *außerhalb* der Mitgliedstaaten der EU**[92] können   97
hingegen gem. Art. 6 Abs. 1 EuGVVO – vorbehaltlich der dort genannten Ausnahmen – nur nach den **autonomen** nationalen Verfahrensvorschriften der
jeweiligen *lex fori* (in Deutschland v.a. der doppelt-funktionalen Vorschriften der
ZPO) verklagt werden; insofern findet die EuGVVO keine Anwendung.

bb) Erfordernis eines internationalen Sachverhalts

Der Wortlaut der Art. 4 ff. EuGVVO stellt nicht ausdrücklich klar, ob die   98
Zuständigkeitsordnung der EuGVVO über den Beklagtenwohnsitz in einem
Mitgliedstaat der EU hinaus auch einen irgendwie gearteten (grenzüberschreitenden) Auslandsbezug, d.h. überhaupt einen **internationalen Sachverhalt**,
erfordert. Nach ganz h.M. folgt jedoch aus dem Gesamtregelungsgefüge des
Zuständigkeitsregimes der EuGVVO, dass dieses **auf reine Inlandssachverhalte
nicht anwendbar** sein kann.[93] Andernfalls könnten nämlich ohne entsprechende Kompetenzgrundlage der EU in reinen Inlandsfällen die vielfach strengeren Gerichtsstandsvoraussetzungen der autonomen nationalen Verfahrensrechte
unterlaufen und eingeschränkt werden.[94] Zu weiteren Einzelheiten vgl. die Vorb.
zu Art. 4 ff. EuGVVO Rn. 14 ff.

cc) Bezug nur zu einem Drittstaat ausreichend

Nach h.M. genügt für eine Anwendbarkeit der EuGVVO, wenn der **Aus-**   99
landsbezug nicht etwa im Verhältnis zu einem *weiteren* Mitgliedstaat, sondern
lediglich zu einem Drittstaat besteht.[95] Zu weiteren Einzelheiten vgl. die
Vorb. zu Art. 4 ff. EuGVVO Rn. 17 f.

dd) Qualifizierter Auslandsbezug für Art. 7 und 8 EuGVVO?

Nach h.M. ist über die vorgenannten, allgemeinen räumlichen Anwendungs-   100
voraussetzungen des Zuständigkeitsregimes der EuGVVO insgesamt hinaus speziell für die besonderen Gerichtsstände des Art. 7 und sogar von Art. 8 EuGVVO
ein insofern **qualifizierter Auslandsbezug** erforderlich, als der Beklagte jeweils
in einem **anderen als seinem Wohnsitzstaat** verklagt werden muss.[96]

[92] Bzw. gem. Art. 35 fakultativ auch für Maßnahmen des einstweiligen Rechtsschutzes.
[93] EuGH, 01.03.2005 – Rs. C-281/02, *Owusu ./. Jackson u.a.*, Slg. 2005, I-1445
(ECLI:EU:C:2005:120), Rn. 25; EuGH, 17.11.2011 – Rs. C-327/10, *Hypoteční banka a. s. ./. Udo Mike
Lindner*, Slg. 2011, I-11582 (ECLI:EU:C:2011:745), Rn. 29; Rauscher/*Mankowski*, EuZPR, 4. Aufl.
2016, Vorbem zu Art. 4 EuGVVO Rn. 29; *Schlosser*/Hess, EuZPR, 4. Aufl. 2015, Vor Art. 4–35
EuGVVO Rn. 5 („selbstverständlich"); *Kropholler/von Hein*, EuZPR, 9. Aufl. 2011, vor Art. 2
EuGVVO a.F. Rn. 6; MünchKomm/*Gottwald*, ZPO, 4. Aufl. 2013, Vorbemerkung zu Art. 1 ff.
EuGVVO a.F. Rn. 27.
[94] So auch MünchKomm/*Gottwald*, ZPO, 4. Aufl. 2013, Vorbemerkung zu Art. 1 ff. EuGVVO a.F.
Rn. 27; anders Rauscher/*Mankowski*, EuZPR, 4. Aufl. 2016, Vorbem zu Art. 4 EuGVVO Rn. 29
(„Praktisch wirkt sich die Abgrenzung daher kaum aus").
[95] Vgl. BGH, 28.09.2005 – XII ZR 17/03, NJW-RR 2005, S. 1593; *Geimer*/Schütze, EuZVR,
3. Aufl. 2010, Art. 2 EuGVVO a.F. Rn. 111 ff.; MünchKomm/*Gottwald*, ZPO, 4. Aufl. 2013, Art. 2
EuGVVO a.F. Rn. 29; Rauscher/*Mankowski*, EuZPR, 4. Aufl. 2016, Vorbem zu Art. 4 EuGVVO
Rn. 26; *Schlosser*/Hess, EuZPR, 4. Aufl. 2015, Art. 25 EuGVVO Rn. 5; *Kropholler/von Hein*, EuZPR,
9. Aufl. 2011, vor Art. 2 EuGVVO a.F. Rn. 8.
[96] Rauscher/*Leible*, EuZPR, 4. Aufl. 2016, Art. 7 EuGVVO Rn. 5; *Schlosser*/Hess, EuZPR, 4. Aufl.
2015, Vor Art. 7–9 EuGVVO Rn. 1; Simons/*Hausmann*, Brüssel I-VO, 2012, vor Art. 5 – 7 EuGVVO
a.F. Rn. 5; *Kropholler/von Hein*, EuZPR, 9. Aufl. 2011, vor Art. 5 EuGVVO a.F. Rn. 3; *Geier*, Die
Streitgenossenschaft im internationalen Verhältnis, 2005, S. 53 ff.

EuGVVO Einführung

101 Während dieser Ansicht im Hinblick auf dessen eindeutigen Wortlaut für **Art. 7 EuGVVO** ohne Weiteres **beigepflichtet** werden kann, ist ein derartiger qualifizierter Auslandsbezug nach hier vertretener (Minder-)Meinung für die besonderen Gerichtsstände in **Art. 8 EuGVVO abzulehnen.** Zu weiteren Einzelheiten vgl. die Vorb. zu Art. 7 ff. EuGVVO Rn. 11 f.

b) Anerkennung und Vollstreckung (Kapitel III)

102 Die Vorschriften in Kapitel III der EuGVVO gelten nur für die grenzüberschreitende Anerkennung und Vollstreckung einer **mitgliedstaatlichen Entscheidung** in einem **anderen Mitgliedstaat.** Ob die Zuständigkeitsvorschriften der EuGVVO im Ausgangsverfahren anwendbar waren, ist für die Anwendung der Art. 36 ff. EuGVVO in der Phase der Anerkennung und Vollstreckung unerheblich.

3. Persönliche Anwendungsvoraussetzungen

103 Die EuGVVO kennt im Grundsatz weder im Zuständigkeitsrecht noch bezüglich der Anerkennung und Vollstreckung besondere persönliche Voraussetzungen, d.h. sie behandelt an sich **alle Personen gleich.**[97] Artt. 4 Abs. 2 und 6 Abs. 2 EuGVVO verbieten sogar ausdrücklich eine Differenzierung anhand der Staatsangehörigkeit.[98]

104 Lediglich in den in Abschnitt 3 bis 5 des Kapitels II geregelten **Sonderzuständigkeiten** zugunsten von (typisiert) besonders schutzwürdigen Prozessparteien findet eine Berücksichtigung bestimmter persönlicher Eigenschaften statt. Die entsprechenden Vorschriften setzen voraus, dass entweder ein **Verbraucher** (Art. 17 EuGVVO), ein **Arbeitnehmer** (Art. 20 EuGVVO) oder ein **Versicherungsnehmer,** Versicherter, Begünstigten bzw. Geschädigter (Artt. 10 ff. EuGVVO) an dem jeweiligen Verfahren beteiligt ist.

4. Sachliche Anwendungsvoraussetzungen

105 Der sachliche Anwendungsbereich der EuGVVO wird durch **Art. 1** bestimmt und setzt tatbestandlich voraus, dass es sich um eine **Zivil- oder Handelssache** handelt und keine der **Bereichsausnahmen in Art. 1 Abs. 2** greift.[99]

5. Zeitliche Anwendungsvoraussetzungen

106 Die EuGVVO findet gem. **Art. 66 Abs. 1** lediglich auf Verfahren, öffentliche Urkunden und Vergleiche Anwendung, die am 10. Januar 2015 oder danach eingeleitet, errichtet oder abgeschlossen worden sind. Vor diesem Zeitpunkt ein-

---
[97] S. nur *Geimer*/Schütze, EuZVR, 3. Aufl. 2010, Einl. Rn. 197.
[98] Vgl. auch den *Jenard*-Bericht, 1979, S. 21 f.
[99] S. ausführlich die Kommentierung zu Art. 1.

Einführung EuGVVO

geleitete Verfahren, errichtete öffentliche Urkunden oder abgeschlossene Vergleiche unterliegen gem. **Art. 66 Abs. 2** der EuGVVO a.F. Das bedeutet insbesondere, dass Entscheidungen in Verfahren, die vor dem 10. Januar 2015 eingeleitet worden sind, weiterhin nach der EuGVVO a.F. anerkannt und vollstreckt werden.[100]

IX. Rechtsnatur und Kompetenzgrundlage

Die EuGVVO ist als Verordnung Teil des **europäischen Sekundärrechts**. 107
Die **Kompetenz** der EU zum Erlass der EuGVVO folgt aus Art. 67 Abs. 4 sowie Art. 81 Abs. 2 lit. a, c und e AEUV.[101] Entgegen einem noch zur EuGVVO a.F. geführten Streit steht die **Vereinbarkeit** der EuGVVO mit **europäischem Primärrecht** nicht in Zweifel.[102]

X. Auslegung der EuGVVO

Für die EuGVVO als Teil des (supranationalen) Unionsrechts gelten naturgemäß **andere Auslegungsmethoden** als für das autonome nationale Recht der Mitgliedstaaten.[103] Zudem ist für die Auslegung der EuGVVO die aus Art. 267 AEUV folgende Auslegungs- und **Letztentscheidungskompetenz des EuGH** zu beachten. 108

1. Europaweit einheitliche autonome Auslegung

Nach allgemeinen Grundsätzen sowie ständiger Rechtsprechung des EuGH 109 müssen die Vorschriften der EuGVVO und die darin enthaltenen Rechtsbegriffe zur Gewährleistung einer **einheitlichen Anwendung** in allen Mitgliedstaaten[104] (grds.) **autonom** – d.h. losgelöst von den rein nationalen Rechtsordnungen und orientiert an den Zielsetzungen und der Systematik der EuGVVO – **ausgelegt werden**.[105]
Dieses Gebot einer autonomen Auslegung gilt freilich **nicht uneinge-** 110
schränkt. So wird z.B. der Begriff des **Erfüllungsorts i.S.v. Art. 7 Nr. 1 lit. a** EuGVVO nicht autonom, sondern nach der sog. *Tessili*-Rechtsprechung des EuGH durch Rückgriff auf das im Einzelfall anwendbare Sachrecht (die sog. *lex*

---

[100] S. ausführlich die Kommentierung zu Art. 66.
[101] S. die Präambel der EuGVVO sowie etwa Saenger/*Dörner*, ZPO, 7. Aufl. 2017, Vorb. EuGVVO Rn. 7.
[102] Vgl. näher Rauscher/*Staudinger*, EuZPR, 4. Aufl. 2016, Einl. EuGVVO Rn. 10.
[103] Allg. Meinung, s. nur Rauscher/*Staudinger*, EuZPR, 4. Aufl. 2016, Einl. EuGVVO Rn. 35.
[104] Vgl. *Schack*, IZVR, 6. Aufl. 2014, Rn. 98.
[105] S. nur EuGH, 10.09.2015 – Rs. C-47/14, *Holterman Ferho Exploitatie u.a. ./. Spies von Büllesheim*, ECLI:EU:C:2015:574 = NZG 2015, S. 1199, Rn. 37; *Schlosser*/Hess, EuZPR, 4. Aufl. 2015, Einl. EuGVVO Rn. 30; *Kropholler/von Hein*, EuZPR, 9. Aufl. 2011, Einl. EuGVVO a.F. Rn. 69; Rauscher/ *Staudinger*, EuZPR, 4. Aufl. 2016, Einl. EuGVVO Rn. 35.

EuGVVO   Einführung

causae) bestimmt.[106] Und z.B. Art. 24 Nr. 2 S. 2 EuGVVO sowie Art. 62 Abs. 1 EuGVVO schreiben sogar ausdrücklich einen Rückgriff auf nationales Recht (IPR) vor.

111 Zusätzlich ist der aus Erwgr. 7 zur Rom I-VO und Rom II-VO folgende – vorsichtige – **Auslegungszusammenhang** zwischen der EuGVVO und (insbesondere) der Rom I- sowie der Rom II-VO zu beachten.[107] Danach können die in der Rom I-VO und Rom II-VO sowie der EuGVVO verwendeten Begriffe grds. **einheitlich ausgelegt** werden, sofern dies nicht im Einzelfall den spezifischen Wertungen des EuZVR und der EuGVVO widerspricht.[108] Zudem kann grds. auch auf die zu den jeweils anderen Regelwerken ergangene (EuGH-)**Rechtsprechung** zurückgegriffen werden.

2. Auslegungsmethoden

112 Wenngleich die Entwicklung einer **europäischen Methodenlehre**[109] schon lange andauert[110] bzw. in Teilen schon vollendet ist,[111] gründet diese naturgemäß auf überkommenen Vorstellungen und entsteht nicht etwa im „luftleeren" Raum. Entsprechend gelten, wenn auch mit Modifizierungen etwa im Hinblick auf die Notwendigkeit der Herstellung von dessen größtmöglicher praktischer Wirksamkeit (*effet utile*),[112] auch für die Auslegung des Unionsrechts die **vier „klassischen" (Gesetzes-)Auslegungsmethoden** des (u.a.) deutschen Rechts. Auch die Rechtsbegriffe der EuGVVO sind daher im Grundsatz **grammatisch, systematisch, historisch** und **teleologisch** auszulegen.[113] Die notwendige *autonome* Auslegung des Unionsrechts macht jedoch zusätzlich im Regelfall noch eine **rechtsvergleichende** Auslegung nötig.[114]

113 Für die den Ausgangspunkt jeder Auslegung bildende Auslegung nach dem **Wortlaut** ist im Unionsrecht insbesondere dessen **Mehrsprachigkeit** zu beachten.[115] Die EuGVVO gilt gleichberechtigt[116] in **verschiedenen Sprachen,** so dass bei einer grammatischen Auslegung zur Herstellung der gerade eingeforder-

---

[106] Vgl. die Kommentierung zu Art. 7 Rn. 70 ff.; Saenger/*Dörner*, ZPO, 7. Aufl. 2017, Vorb. EuGVVO Rn. 24.
[107] S. etwa *Würdinger*, RabelsZ 75 (2011), S. 102 (105 ff.) sowie *D. Paulus*, Außervertragliche Gesellschafter- und Organwalterhaftung im Lichte des Unionskollisionsrechts, 2014, Rn. 351.
[108] Dabei ist zu berücksichtigen, dass das Internationale Zivilverfahrensrecht grds. andere Zwecke als das IPR verfolgt, vgl. *Würdinger*, RabelsZ 75 (2011), S. 102 (103 ff.), der von einem „Trennungsprinzip des Internationalen Privat- und Verfahrensrechts" spricht.
[109] Hierzu etwa *Hess*, IPRax 2006, 348.
[110] Vgl. etwa *Wolf/Neuner*, Allgemeiner Teil des Bürgerlichen Rechts, 11. Aufl. 2016, § 4 Rn. 57 ff.
[111] So implizit Rauscher/*Staudinger*, EuZPR, 4. Aufl. 2016, Einl. EuGVVO Rn. 36.
[112] EuGH, 20.3.1997 – Rs. C-295/95, *Farell ./. Long*, Slg. 1997, I-1683 (ECLI:EU:C:1997:168) Rn. 12; *Junker*, Internationales Zivilprozessrecht, 3. Aufl. 2016, § 2 Rn. 29.
[113] S. nur *Schack*, IZVR, 6. Aufl. 2014, Rn. 95 ff.; EuGH, 23.04.2009 – Rs. C-533/07, *Falco Privatstiftung u.a. ./. Weller-Lindhorst*, Slg. 2009, I-3369 (ECLI:EU:C:2009:257) Rn. 20; *Schlosser/Hess*, EuZPR, 4. Aufl. 2015, Einl. EuGVVO Rn. 29.
[114] *Junker*, Internationales Zivilprozessrecht, 3. Aufl. 2016, § 2 Rn. 22; *Schack*, IZVR, 6. Aufl. 2014, Rn. 99.
[115] *Wolf/Neuner*, Allgemeiner Teil des Bürgerlichen Rechts, 11. Aufl. 2016, § 4 Rn. 58.
[116] Saenger/*Dörner*, ZPO, 7. Aufl. 2017, Vorb. EuGVVO Rn. 25.

Einführung   **EuGVVO**

ten europaweit einheitlichen Anwendung grds. auch auf **andere Sprachfassungen** zurückgegriffen werden muss.[117]

Einen besonderen Hinweis verdient die Tatsache, dass die 41 **Erwägungsgründe** zur EuGVVO **keine verbindliche Normqualität** besitzen.[118] Allerdings können sie – neben z.b. den Erläuterungen (etwa im *Jenard*-Bericht) und Vorentwürfen – insbesondere für eine **historische**[119] und sogar **teleologische** Auslegung zur Erforschung des Sinn und Zwecks der Regelungen der EuGVVO herangezogen werden.[120]   **114**

Im Rahmen der **systematischen** Auslegung kann – vorsichtig – auf andere **115** Vorschriften des EuZVR bzw. des unionsrechtlichen IPRs sowie z.T. andere Rechtsquellen des (weit verstandenen) **Europäischen Vertragsrechts** unter Einschluss sogar des UN-Kaufrechts (CISG)[121] zurückzugreifen sein.[122]

Wegen des **Kontinuitätsgedankens** des „Brüssel-Regimes" (s. näher oben **116** Rn. 4) müssen bei einer Auslegung der EuGVVO – vorbehaltlich von Verordnungsänderungen – auch die Materialien und Literatur sowie die Rechtsprechung (v.a. des EuGH) zur **EuGVVO a.F.** sowie auch zum **EuGVÜ** berücksichtigt werden.[123]

3. Vorabentscheidungsverfahren

Die **Letztentscheidungskompetenz** bei Auslegungszweifeln im Rahmen **117** der EuGVVO besitzt gem. Art. 267 AEUV der **EuGH**. Nach Art. 267 Abs. 3 AEUV sind (im konkreten Fall[124]) **letztinstanzliche** Gerichte[125] bei derartigen Auslegungszweifeln zu einer Vorlage an den EuGH **verpflichtet;** alle anderen Gerichte sind lediglich zu einer Vorlage **berechtigt,** Art. 267 Abs. 2 AEUV.

Auslegungszweifel im Sinne des Art. 267 Abs. 3 AEUV und damit eine **118** Vorlagepflicht bestehen nicht, wenn die betreffende Frage entweder nicht entscheidungserheblich ist oder aber die betreffende Bestimmung bereits Gegenstand einer Auslegung durch den Gerichtshof war bzw. soweit an der Auslegung einer Bestimmung keine vernünftigen Zweifel bestehen können (sog. *acte clair*-Doktrin).[126] Wie soeben Rn. 116 dargestellt, ist dabei – vorbehaltlich von Verordnungsänderungen – die bisher zum EuGVÜ und zur EuGVVO a.F. ergan-

---

[117] Allg. Meinung, s. nur *Kropholler/von Hein*, EuZPR, 9. Aufl. 2011, Einl. EuGVVO a.F. Rn. 71; Rauscher/*Staudinger*, EuZPR, 4. Aufl. 2016, Einl. EuGVVO Rn. 37.
[118] Vgl. allgemein EuGH, 19.6.2014 – Rs. C-345/13, *KMF ./. Dunnes*, ECLI:EU:C:2014:2013 = GRUR 2014, 774 Rn. 31 sowie implizit *Schlosser*/Hess, EuZPR, 4. Aufl. 2015, Einl. EuGVVO Rn. 28.
[119] Rauscher/*Staudinger*, EuZPR, 4. Aufl. 2016, Einl. EuGVVO Rn. 38.
[120] Saenger/*Dörner*, ZPO, 7. Aufl. 2017, Vorb. EuGVVO Rn. 25.
[121] Vgl. hierzu die Kommentierung zu Art. 7 Rn. 88 sowie EuGH, 25.2.2010 – Rs. C-381/08, *Car Trim GmbH ./. KeySafety Systems S.r.l.*, Slg. 2010, I-1268 (ECLI:EU:C:2010:90), Rn. 35 ff.
[122] S. Rauscher/*Staudinger*, EuZPR, 4. Aufl. 2016, Einl. EuGVVO Rn. 39 m.w.N.
[123] Allg. anerkannt, s. nur Musielak/Voit/*Stadler*, ZPO, 13. Aufl. 2016, Vorb. EuGVVO Rn. 3.
[124] Musielak/Voit/*Stadler*, ZPO, 13. Aufl. 2016, Vorb. EuGVVO Rn. 10.
[125] S. zum Begriff des „Gerichts" i.S.v. Art. 267 AEUV etwa Rauscher/*Staudinger*, EuZPR, 4. Aufl. 2016, Einl. EuGVVO Rn. 46.
[126] EuGH, 6.10.1982 – Rs. 283/81, *CILFIT ./. Ministero della Sanità*, Slg. 1982, 3415 (ECLI:EU:C:1982:335) Rn. 21.

gene Rechtsprechung des EuGH auch für die Auslegung der EuGVVO (n.F.) heranzuziehen.

XI. EuGVVO und Lugano-Übereinkommen

119 Das LugÜ[127] regelt die gerichtliche Zuständigkeit, Anerkennung und Vollstreckung im Verhältnis zwischen den Mitgliedstaaten der Europäischen Union und den EFTA-Staaten **Norwegen, Island** und der **Schweiz**. Gem. Art. 73 Abs. 1 lässt die EuGVVO die Anwendung des LugÜ unberührt. Der hiermit angeordnete Vorrang des LugÜ bedeutet, dass die EuGVVO verdrängt ist, soweit das LugÜ Anwendung beansprucht. Das Verhältnis zur EuGVVO regelt Art. 64 LugÜ. Nach Art. 64 Abs. 1 LugÜ lassen die Vorschriften des Übereinkommens die Geltung der EuGVVO grundsätzlich unberührt. Einige wichtige Ausnahmen von diesem Grundsatz regelt Art. 64 Abs. 2 LugÜ. Es ist daher im Einzelfall zu prüfen, ob nach dieser Norm das LugÜ gegenüber der EuGVVO Vorrang beansprucht.[128]

120 Unter der EuGVVO a.F. war es im Ergebnis jedoch unerheblich, ob das LugÜ oder die EuGVVO zur Anwendung gelangten, da das LugÜ im Jahr 2007 auf den Stand der EuGVVO a.F. gebracht worden war. Seit der EuGVVO-Revision 2012 sind die Vorschriften der EuGVVO und des LugÜ jedoch nicht mehr kongruent, so dass Art. 64 Abs. 2 LugÜ wieder Ergebnisrelevanz erlangt hat.[129]

---

[127] Luganer Übereinkommen über die gerichtliche Zuständigkeit und die Vollstreckung gerichtlicher Entscheidungen in Zivil- und Handelssachen vom 30. Oktober 2007.
[128] Siehe hierzu die Kommentierung bei Art. 73 Rn. 2 ff.
[129] *Rechberger*, in: FS Meier, 2015, S. 545 (546).

B Vor I 7

7. VO (EU) Nr. 1215/2012
a)+b) Text + Erläuterungen

Verordnung (EU) Nr. 1215/2012 des Europäischen Parlaments und des Rates vom 12. Dezember 2012 über die gerichtliche Zuständigkeit und die Anerkennung und Vollstreckung von Entscheidungen in Zivil- und Handelssachen (Neufassung) (EuGVVO n.F.)

Bearbeitet von
Akademischer Rat a.Z. Dr. David Paulus, Ludwig-Maximilians-Universität München
Rechtsanwältin Dr. Evgenia Peiffer, Kanzlei CMS Hasche Sigle München
Rechtsanwalt Dr. Max Peiffer, Kanzlei AssmannPeiffer München

Schrifttum zur EuGVVO-Revision 2012:

Domej, Tanja, Die Neufassung der EuGVVO, Quantensprünge im europäischen Zivilprozessrecht, RabelsZ 78 (2014), S. 508; *Grohmann, Uwe,* Die Reform der EuGVVO, ZIP 2015, S. 16; *Hau, Wolfgang,* Brüssel Ia-VO – Neue Regeln für die Anerkennung und Vollstreckung ausländischer Entscheidungen in Zivil- und Handelssachen, MDR 2014, S. 1417; *Magnus, Ulrich/Mankowski, Peter,* The Proposal for the Reform of Brussels I – Brussels Ibis ante portas – ZVglRWiss 110 (2011), S. 252; *Pfeiffer, Thomas,* Die Fortentwicklung des Europäischen Prozessrechts durch die neue EuGVO, ZZP 127 (2014), S. 409; *Pohl, Miriam,* Die Neufassung der EuGVVO – im Spannungsfeld zwischen Vertrauen und Kontrolle, IPRax 2013, S. 109; *Reinmüller, Bernd,* Neufassung der EuGVVO („Brüssel Ia-VO") seit 10. Januar 2015, IHR 2015, S. 1; *Tarec, Alio,* Die Neufassung der Brüssel I-VO, NJW 2014, S. 2395; *Thorn, Karsten,* Die Revision der Brüssel I-Verordnung und ihre Auswirkungen auf den deutsch-italienischen Rechtsverkehr, in: Europäische Einflüsse auf den deutsch-italienischen Rechtsverkehr, JbItalR 25 (2012), S. 61; *von Hein, Jan,* Die Neufassung der Europäischen Gerichtsstands- und Vollstreckungsverordnung (EuGVVO), RIW 2013, S. 97; *Weller, Matthias,* Der Kommissionsentwurf zur Reform der Brüssel I-VO, GPR 2012, S. 34; *Wilke, Felix M.,* The impact of the Brussels I Recast on important „Brussels" case law, J.Priv.Int.L. 11 (2015), S. 128.

Materialien:

I. Zum EuGVÜ / LugÜ 1988:[1]

Jenard, Paul, Bericht zu dem Übereinkommen über die gerichtliche Zuständigkeit und die Vollstreckung gerichtlicher Entscheidungen im Zivil- und Handelssachen, ABl. (EG) 1979 Nr. C 59, S. 1 (zitiert als: *Jenard*-Bericht, 1979)

[1] Übereinkommen über die gerichtliche Zuständigkeit und die Vollstreckung gerichtlicher Entscheidungen in Zivil- und Handelssachen, geschlossen in Lugano am 16.9.1988, ABl. (EG) 1989 Nr. L 20, S. 38.

B Vor I 7   VO (EU) Nr. 1215/2012

Schlosser, Peter, Bericht zu dem Übereinkommen des Königreichs Dänemark, Irlands, und des Vereinigten Königreichs Großbritannien und Nordirland über den Beitritt zum Übereinkommen über die gerichtliche Zuständigkeit und die Vollstreckung gerichtlicher Entscheidungen im Zivil- und Handelssachen sowie zum Protokoll betreffend die Auslegung dieses Übereinkommens durch den Gerichtshof, ABl. (EG) 1979 Nr. C 59, S. 71 (zitiert als: *Schlosser*-Bericht, 1979)

Kerameus, Konstantinos D., Bericht über den Beitritt der Republik Griechenland zum EG-Übereinkommen über die gerichtliche Zuständigkeit und die Vollstreckung gerichtlicher Entscheidungen in Zivil- und Handelssachen, ABl. (EG) 1986 Nr. C 298, S. 1 (zitiert als: *Kerameus*-Bericht, 1986)

Jenard, Paul / Möller, Gustaf, Bericht zu dem Übereinkommen über die gerichtliche Zuständigkeit und die Vollstreckung gerichtlicher Entscheidungen in Zivil- und Handelssachen, geschlossen in Lugano am 16. September 1988, ABl. (EG) 1990 Nr. C 189, S. 57 (zitiert als: *Jenard/Möller*-Bericht, 1990)

Almeida Cruz, Martinho de / Desantes Real, Manuel / Jenard, Paul, Bericht über das Übereinkommen über den Beitritt des Königreichs Spanien und der Portugiesischen Republik zum Übereinkommen über die gerichtliche Zuständigkeit und die Vollstreckung gerichtlicher Entscheidungen in Zivil- und Handelssachen von 1968, ABl. (EG) 1990 Nr. C 189, S. 35 (zitiert als: *Cruz/Real/Jenard*-Bericht, 1990)

II. Zur EuGVVO a.F. / LugÜ:[2]

EG-Kommission, Vorschlag für eine Verordnung (EG) des Rates über die gerichtliche Zuständigkeit und die Anerkennung und Vollstreckung von Entscheidungen in Zivil- und Handelssachen vom 14.7.1999, KOM(1999) 348 endg.

Europäischer Wirtschafts- und Sozialausschuss, Stellungnahme zu dem „Vorschlag für eine Verordnung (EG) des Rates über die gerichtliche Zuständigkeit und die Anerkennung und Vollstreckung von Entscheidungen in Zivil- und Handelssachen", ABl. (EG) 2000 Nr. C 117, S. 6

Europäisches Parlament, Bericht über den Vorschlag für eine Verordnung des Rates über die gerichtliche Zuständigkeit und die Anerkennung und Vollstreckung von Entscheidungen in Zivil- und Handelssachen, A5-0253/2000

EG-Kommission, Geänderter Vorschlag für eine Verordnung des Rates über die gerichtliche Zuständigkeit und die Anerkennung und Vollstreckung von Entscheidungen in Zivil- und Handelssachen vom 26.10.2000, KOM(2000) 689 endg.

Pocar, Fausto, Erläuternder Bericht zu dem am 30. Oktober 2007 in Lugano unterzeichneten Übereinkommen über die gerichtliche Zuständigkeit und die Anerkennung und Vollstreckung gerichtlicher Entscheidungen in Zivil- und Handelssachen vom 16.11.2009, ABl. (EG) 2009 Nr. C 319, S. 1 (zitiert als: *Pocar*-Bericht, 2009)

---

[2] Übereinkommen über die gerichtliche Zuständigkeit und die Anerkennung und Vollstreckung von Entschei-dungen in Zivil- und Handelssachen, abgeschlossen in Lugano am 30.10.2007, ABl. (EU) 2009 Nr. L 147, S. 5.

Text + Erläuterungen **B Vor I** 7

Europäisches Parlament, Entschließung vom 25.11.2009 zu der Mitteilung der Kommission an das Europäische Parlament und den Rat – Ein Raum der Freiheit, der Sicherheit und des Rechts im Dienste der Bürger – Stockholm-Programm, P7_TA(2009)0090

EG-Kommission, Bericht an das Europäische Parlament, den Rat und den europäischen Wirtschafts- und Sozialausschuss über die Anwendung der Verordnung (EG) Nr. 44/2001 des Rates über die gerichtliche Zuständigkeit und die Anerkennung und Vollstreckung von Entscheidungen in Zivil-und Handelssachen vom 21.4.2009, KOM (2009) 174 endg.

EG-Kommission, Grünbuch zur Überprüfung der Verordnung (EG) Nr. 44/2001 des Rates über die gerichtliche Zuständigkeit und die Anerkennung und Vollstreckung von Entscheidungen in Zivil- und Handelssachen vom 21.4.2009, KOM (2009) 175 endg.

EU-Kommission, Mitteilung der Kommission an das Europäische Parlament, den Rat, den Europäischen Wirtschafts- und Sozialausschuss und den Ausschuss der Regionen. Ein Raum der Freiheit, der Sicherheit und des Rechts für die Bürger Europas – Aktionsplan zur Umsetzung des Stockholmer Programms vom 20.4.2010, KOM(2010) 171 endg.

Rat der Europäischen Union, Das Stockholmer Programm – Ein offenes und sicheres Europa im Dienste und zum Schutz der Bürger vom 4.5.2010, ABl. (EU) 2010 Nr. C 115, S. 1

Europäischer Wirtschafts- und Sozialausschuss, Stellungnahme zu dem „Grünbuch zur Überprüfung der Verordnung (EG) Nr. 44/2001 des Rates über die gerichtliche Zuständigkeit und die Anerkennung und Vollstreckung von Entscheidungen in Zivil- und Handelssachen" vom 22.4.2009, KOM(2009) 175 endg., ABl. (EU) 2010 Nr. C 255, S. 8

III. Zur EuGVVO:

Europäisches Parlament, Entschließung vom 7.9.2010 zu der Umsetzung und Überprüfung der Verordnung (EG) Nr. 44/2001 des Rates über die gerichtliche Zuständigkeit und die Anerkennung und Vollstreckung von Entscheidungen in Zivil- und Handelssachen, P7_TA(2010)0304

EU-Kommission, Vorschlag für eine Verordnung des Europäischen Parlaments und des Rates über die gerichtliche Zuständigkeit und die Anerkennung und Vollstreckung von Entscheidungen in Zivil- und Handelssachen (Neufassung) vom 14.12.2010, KOM(2010) 748 endg.

EU-Kommission, Arbeitsunterlage der Kommissionsdienststellen zur Zusammenfassung der Folgenabschätzung – Begleitdokument zum Vorschlag für eine Verordnung des Europäischen Parlaments und des Rates über die gerichtliche Zuständigkeit und die Anerkennung und Vollstreckung von Entscheidungen in Zivil- und Handelssachen (Neufassung) vom 14.12.2010, SEK(2010) 1548 endg.

Europäischer Wirtschafts- und Sozialausschuss, Stellungnahme zu dem „Vorschlag für eine Verordnung des Europäischen Parlaments und des Rates über die gerichtliche Zuständigkeit und die Anerkennung und Vollstreckung von Entscheidungen in Zivil- und Handelssachen (Neufassung)" vom 5.5.2011, ABl. (EU) 2011 Nr. C 218, S. 14

B Vor I 7

VO (EU) Nr. 1215/2012

Tadeusz Zwiefka (Berichterstatter), Entwurf eines Berichts des Rechtsausschusses des Europäischen Parlaments über den „Vorschlag für eine Verordnung des Europäischen Parlaments und des Rates über die gerichtliche Zuständigkeit und die Anerkennung und Vollstreckung von Entscheidungen in Zivil- und Handelssachen (Neufassung)" vom 28.6.2011, PE467.046

Europäisches Parlament, Bericht des Rechtsausschusses über den „Vorschlag für eine Verordnung des Europäischen Parlaments und des Rates über die gerichtliche Zuständigkeit und die Anerkennung und Vollstreckung von Entscheidungen in Zivil- und Handelssachen (Neufassung)" vom 15.10.2012, A7-0320/2012

Europäisches Parlament, Legislative Entschließung vom 20.11.2012 zu dem „Vorschlag für eine Verordnung des Europäischen Parlaments und des Rates über die gerichtliche Zuständigkeit und die Anerkennung und Vollstreckung von Entscheidungen in Zivil- und Handelssachen (Neufassung)", T7-0412/2012.

Kapitel I Anwendungsbereich und Begriffsbestimmungen

Artikel 1 [Anwendungsbereich]

(1) ¹Diese Verordnung ist in Zivil- und Handelssachen anzuwenden, ohne dass es auf die Art der Gerichtsbarkeit ankommt. ²Sie gilt insbesondere nicht für Steuer- und Zollsachen sowie verwaltungsrechtliche Angelegenheiten oder die Haftung des Staates für Handlungen oder Unterlassungen im Rahmen der Ausübung hoheitlicher Rechte (*acta iure imperii*).

(2) Sie ist nicht anzuwenden auf:
a) den Personenstand, die Rechts- und Handlungsfähigkeit sowie die gesetzliche Vertretung von natürlichen Personen, die ehelichen Güterstände oder Güterstände aufgrund von Verhältnissen, die nach dem auf diese Verhältnisse anzuwendenden Recht mit der Ehe vergleichbare Wirkungen entfalten,
b) Konkurse, Vergleiche und ähnliche Verfahren,
c) die soziale Sicherheit,
d) die Schiedsgerichtsbarkeit,
e) Unterhaltspflichten, die auf einem Familien-, Verwandtschafts- oder eherechtlichen Verhältnis oder auf Schwägerschaft beruhen,
f) das Gebiet des Testaments- und Erbrechts, einschließlich Unterhaltspflichten, die mit dem Tod entstehen.

EuGH-Rechtsprechung: EuGH, 14.10.1976 – Rs. 29/76, *LTU Lufttransportunternehmen GmbH & Co. KG ./. Eurocontrol*, Slg. 1976, S. 1541 (ECLI:EU:C:1976:137)

EuGH, 14.7.1977 – Rs. 9/77 und 10/77, *Bavaria Fluggesellschaft Schwabe und Co. KG u.a. ./. Eurocontrol*, Slg. 1977, 1517 (ECLI:EU:C:1977:132)

EuGH, 22.2.1979 – Rs. 133/78, *Gourdain ./. Nadler*, Slg. 1979, 733 (ECLI:EU:C:1979:49)

EuGH, 27.3.1979 – Rs. 143/78, *de Cavel ./. de Cavel I*, Slg. 1979, 1055 (ECLI:EU:C:1979:83)

EuGH, 13.11.1979 – Rs. 25/79, *Sanicentral GmbH ./. Collin*, Slg. 1979, 3423 (ECLI:EU:C:1979:255)

EuGH, 6.3.1980 – Rs. 120/79, *De Cavel ./. De Cavel II*, Slg. 1980, 731 (ECLI:EU:C:1980:70)

EuGH, 16.12.1980 – Rs. 814/79, *Niederländischer Staat ./. Rüffer*, Slg. 1980, 3807 (ECLI:EU:C:1980:291)

EuGH, 23.3.1982 – Rs. 102/81, *„Nordsee" Deutsche Hochseefischerei GmbH ./. Reederei Mond Hochseefischerei Nordstern AG & Co. KG u.a.*, Slg. 1982, S. 1095 (ECLI:EU:C:1982:107)

EuGH, 31.3.1982 – Rs. 25/81, *C.H.W. ./. G.J.H.*, Slg. 1982, 1189 (ECLI:EU:C:1982:116)

EuGH, 25.7.1991 – Rs. C-190/89, *Marc Rich & Co. AG ./. Societa Italiana Impianti P.A.*, Slg. 1991, I-3855 (ECLI:EU:C:1991:319)

EuGH, 21.4.1993, Rs. C-172/91, *Sonntag ./. Waidmann*, Slg. 1993, I-1963 (ECLI:EU:C:1993:144)

EuGH, 17.11.1998 – Rs. C-391/95, *Van Uden Maritime BV ./. Deco-Line KG u.a.*, Slg. 1998, I-7091 (ECLI:EU:C:1998:543)

EuGH, 19.11.1998 – Rs. C-162/97, *Strafverfahren gegen Nilsson u.a.*, Slg. 1998, I-7498 (ECLI:EU:C:1998:554)

EuGH, 28.3.2000 – Rs. C-7/98, *Krombach ./. Bamberski*, Slg. 2000, I-1935 (ECLI:EU:C:2000:164)

EuGH, 6.6.2002 – Rs. C-80/00, *Italian Leather SpA ./. WECO Polstermöbel GmbH & Co.*, Slg. 2002, I-4995 (ECLI:EU:C:2002:342)

EuGH, 1.10.2002 – Rs. C-167/00, *Verein für Konsumenteninformation ./. Henkel*, Slg. 2002, I-8111 (ECLI:EU:C:2002:555)

EuGH, 14.11.2002 – Rs. C-271/00, *Steenbergen ./. Baten*, Slg. 2002, I-10489 (ECLI:EU:C:2002:656)

EuGH, 15.5.2003 – Rs. C-266/01, *Préservatrice foncière TIARD SA ./. Niederländischer Staat*, Slg. 2003, I-4867 (ECLI:EU:C:2003:282)

EuGH, 15.1.2004 – Rs. C-433/01, *Freistaat Bayern ./. Blijdenstein*, Slg. 2004, I-991 (ECLI:EU:C:2004:21)

EuGH, 5.2.2004 – C-265/02, *Frahuil SA ./. Assitalia SpA*, ECLI:EU:C:2004:77

EuGH, 24.11.2005 – Rs. C-136/04, *Deutsches Milch-Kontor GmbH ./. Hauptzollamt Hamburg-Jonas*, Slg. 2005, I-10097 (ECLI:EU:C:2005:716)

EuGH, 15.2.2007, Rs. C-292/05; *Lechouritou u.a. ./. Bundesrepublik Deutschland*; ECLI:EU:C:2007:102

EuGH, 10.2.2009 – Rs. C-185/07, *Allianz SpA ./. Westtankers Inc.*, Slg. 2009, I-663 (ECLI:EU:C:1009:69)

EuGH, 12.2.2009 – Rs. C-339/07, *Seagon ./. Deko Marty Belgium NV*, Slg. 2009, I-767 (ECLI:EU:C:2009:83)

EuGH, 28.4.2009 – Rs. C-420/07, *Apostolides ./. Orams*, ECLI:EU:2009:271

EuGH, 2.7.2009 – Rs. C-111/08, *SCT Industri AB i likvidation v Alpenblume AB*, Slg. 2009, I-5655 (ECLI:EU:C:2009:419)

Text + Erläuterungen   Art. 1   **B Vor I** 7

EuGH, 10.9.2009 – Rs. C-292/08, *German Graphics Graphische Maschinen GmbH ./. van der Schee*, Slg. 2009, I-8421 (ECLI:EU:C:2009:544)

EuGH, 4.5.2010 – Rs. C-533/08, *TNT Express Nederland BV ./. AXA Versicherung AG*, Slg. 2010, I-4107 (ECLI:EU:C:2010:243)

EuGH, 18.10.2011 – Rs. C-406/09, *Realchemie Nederland BV ./. Bayer CropScience AG*, Slg. 2011, I-9773 (ECLI:EU:C:2011:668)

EuGH, 19.4.2012 – Rs. C-213/10, *F-Tex SIA ./. Lietuvos-Anglijos UAB*, ECLI:EU:C:2012:215

EuGH, 11.4.2013 – Rs. C-645/11, *Land Berlin ./. Sapir u.a.*, ECLI:EU:C:2013:228

EuGH, 18.7.2013 – Rs. C-147/12; *ÖFAB ./. Koot, u.a.*, ECLI:EU:C:2013:490

EuGH, 12.9.2013 – Rs. C-49/12, *The Commissioners for Her Majesty's Revenue & Customs ./. Sunico ApS u.a.*, ECLI:EU:C:2013:545

EuGH, 3.10.2013 – Rs. C-386/12, *Siegfried János Schneider*, ECLI:EU:C:2013:633

EuGH, 4.9.2014 – Rs. C-157/13, *Nickel & Goeldner Spedition GmbH ./. „Kintra"* UAB, ECLI:EU:C:2014:2145

EuGH, 23.10.2014 – Rs. C-302/13, *flyLAL-Lithuanian Airlines AS ./. Starptautiskā lidosta Rīga VAS*, ECLI:EU:C:2014:2319

EuGH, 4.12.2014 – Rs. C-295/13, *H. für G.T. GmbH ./. H.K.*, ECLI:EU:C:2014:2410

EuGH, 13.5.2015 – Rs. C-536/13, *Gazprom OAO ./. Republik Litauen*, ECLI:EU:C:2015:316

EuGH, 11.6.2015 – Rs. C-226/13, u.a., *Fahnenbrock u.a. ./. Griechenland*; ECLI:EU:C:2015:383

EuGH, 9.9.2015 – Rs. C-4/14, *Bohez ./. Wiertz*, ECLI:EU:C:2015:563

EuGH, 10.12.2015 – Rs. C-594/14, *Kornhaas ./. Dithmar*, ECLI:EU:C:2015:806

EuGH, 28.7.2016 – Rs. C-102/15, *Versenyhivatal ./. Siemens AG*, ECLI:EU:C:2016:607

Schrifttum: *Balthasar Stephan/Richers, Roman*, Europäisches Verfahrensrecht und das Ende der anti-suit injunction, RIW 2009, S. 351; *Bittmann, David-Christoph*, Das Verhältnis der EuVTVO zur EuGVVO, IPRax 2011, S. 55; *Brinkmann, Moritz; Barth, Friederike*; Parallelverfahren vor staatlichen Gerichten und Schiedsgerichten vor dem Hintergrund der Neufassung der EuGVVO, KSzW 2013, S. 140; *Briggs, Adrian*, Fear and Loathing in Syracuse and Luxembourg, LMCLQ 2009, S. 121; *Buschbaum, Markus/Simon, Ulrich*, Die Vorschläge der EU-Kommission zur Harmonisierung des Güterkollisionsrechts für Ehen und eingetragene Partnerschaften – Eine erste kritische Analyse, GPR 2011, S. 262 und S. 305;

Dickinson, Andrew, Surveying the Proposed Brussels I bis Regulation: Solid Foundations but Renovation Needed, Yb. Priv. Int. L. 12 (2010), S. 247; *Domej, Tanja,* Alles klar? – Bemerkungen zum Verhältnis zwischen staatlichen Gerichten und Schiedsgerichten unter der neu gefassten EurGVVO, in: Festschrift für Peter Gottwald zum 70. Geburtstag, 2014, Adolphsen, Jens; Goebel, Joachim; Haas, Ulrich (Hrsg.), S. 97; *Dutta, Anatol,* Die europäische Erbrechtsverordnung vor ihrem Anwendungsbeginn: Zehn ausgewählte Streitstandsminiaturen, IPRax 2015, S. 32; *Geimer, Reinhold,* Die Reichweite der Bereichsausnahme zu Gunsten der Schiedsgerichtsbarkeit in Art. 1 Abs. 2 lit. d EuGVVO n.F., in: Rechtsdurchsetzung. Rechtsverwirklichung durch materielles Recht und Verfahrensrecht. Festschrift für Hans-Jürgen Ahrens zum 70. Geburtstag, 2016, Büscher, Wolfgang; Ermann, Willi; Fuchs, Andreas; u.a. (Hrsg.), S. 501; *Giebel, Christoph,* Die Vollstreckung von Ordnungsmittelbeschlüssen gemäß § 890 ZPO im EU-Ausland, IPRax 2009, S. 324; *Grau, Volker,* Deutscher Erbschein und europäische Erbrechtsverordnung, in: Rechtslage, Rechtserkenntnis, Rechtsdurchsetzung. Festschrift für Eberhard Schilken zum 70. Geburtstag, 2015, Meller-Hannich, Caroline; Haertlein, Lutz; Gaul, Hans Friedhelm (Hrsg.), S. 3; *Hess, Burkhard,* Hybride Sanierungsinstrumente zwischen der Europäischen Insolvenzverordnung und der Verordnung Brüssel I, in: Festschrift für Rolf Stürner zum 70. Geburtstag, Bruns, Alexander; Kern, Christoph; Münch, Joachim; u.a. (Hrsg.), 2013, S. 1253; *Illmer, Martin,* Der Kommissionsvorschlag zur Reform der Schnittstelle der EuGVO mit der Schiedsgerichtsbarkeit, SchiedsVZ 2011, S. 248; *Kamann, Hans-Georg/Bergmann, Ellen,* Die neue EG-Kartellverfahrensverordnung – Auswirkungen auf die unternehmerische Vertragspraxis, BB 2003, S. 1743; *Kindler, Peter/Sakka, Samy,* Die Neufassung der Europäischen Insolvenzverordnung, EuZW 2015, S. 460; *Knöfel, Oliver,* Zum Begriff „Zivil- und Handelssachen" im Europäischen Zivilprozessrecht, GPR 2015, S. 251; *Kohler, Christian,* Abschied von der autonomen Auslegung des Begriffs „Zivil- und Handelssachen" in Art. 1 EuGVVO?, IPRax 2015, S. 52; *Kohler, Christian,* Sonderstellung staatseigener Unternehmen im europäischen Zivilprozessrecht?, IPRax 2015, S. 500; *Kunick, Philipp/Lamb, Daniel/Prantl, Désirée/Regenhardt, Bartholomäus,* Arrivederci West tankers: A Comparative Analysis of the Brussels Regulation Reform Proposals, SchiedsVZ 2012, S. 21; *Lazić, Vesna,* The Commission's Proposal to Amend the Arbitration Exception in the EC Jurisdiction Regulation: How ‚Much Ado about Nothing' Can End Up in a ‚Comedy of Errors' and in Anti-suit Injunctions Brussels-style, J. Int. Arb. 29 (2012), S. 19; *Laukemann, Björn,* Die Absonderungsklage im Europäischen Zuständigkeitsrecht, IPRax 2013, S. 150; *Lund, Nils,* Der Rückgriff auf das nationale Recht zur europäisch-autonomen Auslegung normativer Tatbestandsmerkmale in der EuGVVO, IPRax 2014, S. 140; *Magnus, Ulrich/Mankowski Peter,* The Proposal for the Reform of Brussels I – Brussels Ibis *ante portas,* ZVglRWiss 110 (2011), S. 252; *Mankowski, Peter,* Kann ein Schiedsspruch ein Hindernis für die Anerkennung einer ausländischen Entscheidung sein?, SchiesVZ 2014, S. 209; *Martiny, Dieter,* Die Kommissionsvorschläge für das internationale Ehegüterrecht sowie für das internationale Güterrecht eingetragener Partnerschaften, IPRax 2011, S. 437; *Naumann, Ingrid,* Englische anti-suit injunctions zur Durchsetzung von Schiedsvereinbarungen, 2008; *Ojiegbe, Chukwudi Paschal,* From West Tankers to Gazprom: anti-suit injunctions, arbitral anti-suit orders and the Brussels I Recast, J. Priv. Int. L. 11 (2015), S. 267; *Pfeiffer, Thomas,* Die Fortentwicklung des Europäischen Zivilprozessrechts durch die neue EuGVO, ZZP 127 (2014), S. 409; *Prager, Martin/Keller, Christoph,* Der Entwicklungsstand des Europäischen Insolvenzrechts, WM 2015, S. 805; *Sachs, Klaus/Peiffer, Evgenia,* Schadensersatz wegen Klage vor dem staatlichen Gericht anstatt dem vereinbarten Schiedsgericht: Scharfe Waffe oder stumpfes Schwert im Arsenal schiedstreuer Parteien?, in: Zwischenbilanz, Festschrift für Dagmar Coester-Waltjen zum 70. Geburtstag, 2015, Hilbig-Lugani, Katharina; Jakob,

Dominique; Mäsch, Gerald; u.a. (Hrsg.), S. 713; *Schlosser, Peter*, „Brüssel I" und Schiedsgerichtsbarkeit, SchiedsVZ 2009, S. 129; *Schlosser, Peter*, EuGVVO und einstweiliger Rechtsschutz betreffend schiedsbefangener Ansprüche, IPRax 2009, S. 416; *Schütze, Rolf A.*, Die Vorlageberechtigung von Schiedsgerichten an den EuGH, SchiedsVZ 2007, S. 121; *Sievi, Nino*, The Availability of Damages in the European Union for Breach of the Arbitration Agreement, 66 (2011) Disp. Resol. J., S. 56; *Stürner, Michael*, Keine Staatenimmunität bei Schadensersatzklagen wegen Kriegsverbrechen?, GPR 2008, S. 179; *von Hein, Jan*, Betreuungsrechtliche Genehmigungserfordernisse zur Veräußerung von Immobilien – Internationale Zuständigkeit und anwendbares Recht, IPRax 2015, S. 198; *Vagenheim, Alexandre*, Should Arbitration Be Included in EC Regulation 44/2001?, ASA Bulletin 27 (2009), S. 588; *von Hein, Jan*, Die Neufassung der europäischen Gerichtsstands- und Vollstreckungsverordnung (EuGVVO), RIW 2013, S. 97; *Pohl, Miriam*, Die Neufassung der EuGVVO – im Spannungsfeld zwischen Vertrauen und Kontrolle, IPRax 2013, S. 109; *Wagner, Rolf*, Konturen eines Gemeinschaftsinstruments zum internationalen Güterrecht unter besonderer Berücksichtigung des Grünbuchs der Europäischen Kommission, FamRZ 2009, S. 269; *Wagner, Rolf*, Staatenimmunität und internationale Zuständigkeit nach der EuGVVO. Hinweise für die Rechtspraxis, RIW 2014, S. 260; *Weller, Matthias*, Der Kommissionsentwurf zur Reform der Brüssel I-VO, GPR 2012, S. 34; *Weller, Marc-Philippe; Harms, Charlotte*, Die Vorbelastungshaftung in der GmbH zwischen EuGVVO und EuInsVO, IPRax 2016, S. 119; *Willemer, Charlotte*, Vis attractiva concursus und die Europäische Insolvenzordnung, 2006.

Übersicht

	Rn.
I. Normzweck, Regelungsinhalt und Entstehungsgeschichte	1
II. Zivil- und Handelssachen (Abs. 1)	6
1. Grundsätzliches zur Begriffsbestimmung	7
2. Irrelevante Gesichtspunkte für die Einordnung	11
a) Art der Gerichtsbarkeit	11
b) Verfahrensrechtliche Einkleidung der Streitigkeit	13
c) Vorfragen und präjudizielle Rechtsverhältnisse	15
d) Einwendungen des Beklagten	17
e) Mehrere Ansprüche und Anspruchskonkurrenz	19
3. Maßgebliche Kriterien nach der euroautonomen Begriffsauslegung	21
4. Einzelfälle	24
a) Gebühren- und Kostenforderungen der öffentlichen Hand	26
b) Andere Zahlungsansprüche der öffentlichen Hand gegen Private	29
c) Staatshaftung (Klagen gegen die öffentliche Hand)	34
d) Ansprüche gegen Staaten im Zusammenhang mit Staatsanleihen	36
e) Verwaltungsprivatrecht	39
f) Klagen von Verbraucherschutzvereinen	41
g) Ordnungsgeld i.S.v. § 890 ZPO	42
h) Kartellrechtliche Schadensersatzklagen	44
III Ausgenommene Rechtsbereiche (Abs. 2): Grundsätzliches	45
IV. Ausnahme der Rechtsbereiche i.S.v. Abs. 2 lit. a	49
1. Personenstandssachen, Rechts- und Handlungsfähigkeit, gesetzliche Vertretung	49
2. Eheliche und eheähnliche Güterstände	54
V. Ausnahme von Konkursen, Vergleichen und ähnlichen Verfahren (Abs. 2 lit. b)	61
1. Insolvenzverfahren nicht eröffnet oder bereits beendet	66
2. Insolvenzverfahren eröffnet	69
a) Klagen des Insolvenzverwalters	70
b) Klagen einzelner Gläubiger	81

    3. Anerkennung und Vollstreckung insolvenzrechtlicher Entscheidungen ... 87
VI. Ausnahme der sozialen Sicherheit (Abs. 2 lit. c) 90
VII Ausnahme der Schiedsgerichtsbarkeit (Abs. 2 lit. d) 95
    1. Grundsätzliches 96
    2. Grundsätze zur Abgrenzung der Bereichsausnahme 100
    3. Beurteilung der Wirksamkeit der Schiedsvereinbarung im staatlichen
       Erkenntnisverfahren 106
       a) Anerkennung der Schiedsvereinbarung durch ein mitgliedstaatliches
          Gericht 110
       b) Übergehen der Schiedsvereinbarung durch ein mitgliedstaatliches
          Gericht 112
       c) Kollision von Sachentscheidungen eines Schiedsgerichts und eines mit-
          gliedstaatlichen Gerichts 114
    4. Einstweilige Maßnahmen durch staatliche Gerichte zur Sicherung des
       schiedsbefangenen Hauptsache-Anspruchs 122
    5. Anti-suit injunctions durch staatliche Gerichte und Schiedsgerichte 125
       a) Vereinbarkeit von anti-suit injunctions mit der EuGVVO a.F. 126
       b) Vereinbarkeit von anti-suit injunctions mit der EuGVVO n.F. 128
       c) Anerkennung und Vollstreckung von anti-suit Schiedssprüchen 131
    6. Anerkennung und Vollstreckung von Schiedssprüchen 134
    7. Exkurs: Schadensersatz wegen Verletzung von Schiedsvereinbarungen ... 138
       a) Materielle Voraussetzungen für eine Schadensersatzhaftung 140
       b) Vereinbarkeit einer Schadensersatzhaftung mit der EuGVVO 144
       c) Anerkennungsfähigkeit von Schadensersatz-Schiedssprüchen 146
  II. Ausnahme der Unterhaltspflichten (Abs. 2 lit. e) 153
  III. Ausnahme von Testaments- und Erbrecht (Abs. 2 lit. f) 154

I. Normzweck, Regelungsinhalt und Entstehungsgeschichte

1   Art. 1 regelt den **sachlichen Geltungsbereich der EuGVVO**. Demnach gelangt die Verordnung zur Anwendung, wenn eine Zivil- oder Handelssache i.S.v. Abs. 1 betroffen ist, keine der Bereichsausnahmen i.s.v. Abs. 2 greift und kein vorrangiger Staatsvertrag gem. Art. 71 Geltung beansprucht.

2   Im Rahmen der **EuGVVO-Revision 2012** hat Art. 1 zwar einige Änderungen erfahren. Die meisten davon sind jedoch deklaratorischer bzw. redaktioneller Natur.

3   In **Abs. 1** wurde die Klarstellung aufgenommen, dass die EuGVVO für eine Haftung des Staates wegen hoheitlichen Handelns keine Geltung entfaltet. Eingeführt wurde in Abs. 1 auch der Begriff *acta iure imperii*, der verdeutlicht, dass Streitigkeiten unter Beteiligung des Staates, die ihren Grund in der Ausübung hoheitlicher Gewalt haben, keine Zivil- und Handelssache i.s.v. Art. 1 darstellen. Soweit Staaten ähnlich wie Privatpersonen am Wirtschaftsleben teilnehmen (*acta jure gestionis*), ist die EuGVVO hingegen anwendbar.

4   In **Abs. 2 lit. a** ist nun klargestellt, dass die Ausnahme für eheliche Güterstände auch für Güterstände in gleichgeschlechtlichen Partnerschaftsverhältnissen gilt, soweit diese nach dem anwendbaren Recht mit der Ehe vergleichbare Wirkungen entfalten. Vom Geltungsbereich der EuGVVO sind nun gem. **Abs. 2 lit. e** Unterhaltspflichten ausgenommen, weil insoweit die Sonderregeln der EuUnthVO greifen. Die Ausnahme der Schiedsgerichtsbarkeit aus der EuGVVO a.F. wurde hingegen – nach langen Diskussionen über eine teilweise Erstreckung der EuGVVO auf diesen Bereich – unverändert in **Abs. 2 lit. d** beibehalten.

Text + Erläuterungen					Art. 1 **B Vor I** 7

Im Rahmen der EuGVVO-Revision 2012 wurde die in **Abs. 3 a.F.** enthaltene 5
Klarstellung gestrichen, dass der **Begriff „Mitgliedstaat"** das Königreich Dänemark nichts erfasst. Nachdem Dänemark gem. Art. 3 Abs. 2 des Abkommens vom 19.10.2005[1] der Europäischen Kommission im Juni 2014 mitgeteilt hat, dass es die Änderungen der EuGVVO aus dem Jahr 2012 umsetzen wird,[2] ist das Königreich für die Zwecke der EuGVVO wie ein Mitgliedstaat zu behandeln.

II. Zivil- und Handelssachen (Abs. 1)

Die Eröffnung des sachlichen Anwendungsbereichs der EuGVVO setzt gem. 6
Abs. 1 voraus, dass der Streitgegenstand eine Zivil- oder Handelssache ist. Der Begriff der Handelssache hat dabei keine eigenständige Bedeutung, weil er als Unterfall von Zivilsachen gilt. Die begriffliche Beschränkung auf Zivil- und Handelssachen dient dazu, alle öffentlich-rechtlichen Streitigkeiten aus dem Geltungsbereich der EuGVVO herauszuhalten.

1. Grundsätzliches zur Begriffsbestimmung

Die Grenze zwischen öffentlichem Recht und Privatrecht wird in den Mit- 7
gliedstaaten unterschiedlich gezogen. Für die Zwecke der EuGVVO ist die Abgrenzung daher nach euroautonomen Maßstäben vorzunehmen. Nach der Grundlagen-Entscheidung des EuGH in Sachen *LTU ./. Eurocontrol* ist der Begriff der Zivil- und Handelssache unter Berücksichtigung der Ziele und der Systematik der EuGVVO sowie der allgemeinen Rechtsgrundsätze auszulegen, *„die sich aus der Gesamtheit der innerstaatlichen Rechtsordnungen ergeben".*[3] Demnach sind Streitigkeiten zwischen einer Privatperson und einer Behörde öffentlichrechtlich und somit vom Anwendungsbereich der Verordnung ausgenommen, wenn sie **im Zusammenhang mit der Ausübung hoheitlicher Befugnisse** stehen.[4]

Die Ausklammerung des öffentlichen Rechts wird insbesondere an **Abs. 1** 8
Satz 2 deutlich, der **exemplarisch einige öffentlich-rechtliche Bereiche** ausdrücklich **ausnimmt**. Satz 2 wurde anlässlich des Beitritts des Vereinigten Königreichs zum EuGVÜ eingefügt, weil dort die in kontinentaleuropäischen Rechtsordnungen bekannte Unterscheidung zwischen öffentlichem Recht und Privatrecht nicht etabliert ist.[5] Im Zuge der EuGVVO-Revision 2012 wurde Satz 2 um ein weiteres Beispiel für öffentlich-rechtliche Streitigkeiten ergänzt,

---

[1] Abkommen zwischen der Europäischen Gemeinschaft und dem Königreich Dänemark über die gerichtliche Zuständigkeit und die Anerkennung und Vollstreckung von Entscheidungen in Zivil- und Handelssachen vom 19.10.2005, ABl. EU 2005 L 299/62, genehmigt durch Beschluss des Rates vom 27.4.2006, 2006/325/EG.
[2] Vgl. hierzu ABl. EU 2014 L 240/1.
[3] EuGH, 14.10.1976 – Rs. 29/76, *LTU Luftransportunternehmen GmbH & Co. KG ./. Eurocontrol,* Slg. 1976, S. 1541 (ECLI:EU:C:1976:137).
[4] EuGH, 14.10.1976 – Rs. 29/76, *LTU Luftransportunternehmen GmbH & Co. KG ./. Eurocontrol,* Slg. 1976, S. 1541 (ECLI:EU:C:1976:137), Rn. 5.
[5] Schlosser-Bericht, 1979, Rn. 23 f.

nämlich die Haftung des Staates für Handlungen und Unterlassungen im Rahmen der Ausübung hoheitlicher Rechte. Im Vergleich zur a.F. enthält Abs. 1 Satz 2 nun außerdem den Hinweis auf den Begriff *acta iure imperii*. Beide Ergänzungen haben lediglich klarstellende Funktion und verändern nicht den Anwendungsbereich der EuGVVO.[6] Sie bringen die EuGVVO auf den Stand jüngerer Instrumente des europäischen Zivilverfahrensrechts, die bereits diese Formulierung enthalten (etwa Art. 2 Abs. 1 Satz 2 EuVTVO und Art. 2 Abs. 1 EuMahnVO).

9 Der Zusatz *acta iure imperii* bezieht sich dabei nicht lediglich auf die gleichzeitig mit ihm eingeführte Ausnahme für Staatshaftung, sondern steht für alle vom Anwendungsbereich der EuGVVO ausgenommenen Streitigkeiten. Er schreibt den vom EuGH bereits mehrfach bestätigten Grundsatz fest, dass Streitigkeiten unter Beteiligung eines Staates vom Geltungsbereich ausgeschlossen sind, wenn sie ihren Grund in der Ausübung hoheitlicher Gewalt haben.[7]

10 Ob eine **Zivil- und Handelssache** i.S.v. Art. 1 vorliegt, haben nicht nur **die Gerichte im Erkenntnisverfahren**, sondern **auch die Gerichte im Anerkennungs- und Vollstreckungsverfahren** zu prüfen. Bei der Beurteilung dieser Frage sind die Richter im Anerkennungsverfahren an die Ausführungen des Erkenntnisgerichts nicht gebunden.[8]

2. Irrelevante Gesichtspunkte für die Einordnung

a) Art der Gerichtsbarkeit

11 Aus der Klarstellung in Abs. 1 Satz 1 a.E. folgt, dass die Qualifikation als Zivil- und Handelssache von der Art der Gerichtsbarkeit unabhängig ist. Es ist somit **unerheblich, welche Rechtswegzuständigkeit** für den Streitgegenstand in dem jeweiligen Mitgliedstaat im Einzelfall vorgesehen ist, ob also die Sache der Verwaltungs-, Zivil-, Arbeits-,[9] Strafgerichtsbarkeit[10] oder der freiwilligen Gerichtsbarkeit zugewiesen ist.[11] Werden zivilrechtliche Ansprüche im Rahmen eines Adhäsionsverfahrens (Art. 7 Nr. 3) geltend gemacht, bestimmt sich die internationale Zuständigkeit des Gerichts, sowie die Anerkennung und Vollstreckung eines späteren Urteils nach der EuGVVO.

---

[6] *Pfeiffer*, ZZP 127 (2014), S. 409 (411); *von Hein*, RIW 2013, S. 97 (99 f.).
[7] Vgl. hierzu *Wagner*, RIW 2014, S. 260 (263), der davon ausgeht, dass sich der Anwendungsbereich der EuGVVO anhand der klassischen Unterscheidung zwischen „*acta iure imperii*" und „*acta iure gestionis*" abgrenzen lasse.
[8] Vgl. EuGH, 14.7.1977 – Rs. 9/77 und 10/77, *Bavaria Fluggesellschaft Schwabe und Co. KG u.a. ./. Eurocontrol*, Slg. 1977, 1517 (ECLI:EU:C:1977:132), Rn. 7; *Schlosser*/Hess, EuZPR, 4. Aufl. 2015, Art. 1 EuGVVO Rn. 10.
[9] Vgl. EuGH, 13.11.1979 – Rs. 25/79, *Sanicentral GmbH ./. Collin*, Slg. 1979, 3423 (ECLI:EU:C:1979:255).
[10] EuGH, 21.4.1993 – Rs. C-172/91, *Sonntag ./. Waidmann*, Slg. 1993, I-1963 (ECLI:EU:C:1993:144), Rn. 16; EuGH, 28.3.2000 – Rs. C-7/98, *Krombach ./. Bamberski*, Slg. 2000, I-1935 (ECLI:EU:C:2000:164), Rn. 30.
[11] *Schlosser*/Hess, EuZPR, 4. Aufl. 2015, Art. 1 EuGVVO Rn. 4; *Zöller*/Geimer, ZPO, 31. Aufl. 2016, Art. 1 EuGVVO Rn. 17; *Stein/Jonas/Wagner*, ZPO, 22. Aufl. 2011, Art. 1 EuGVVO a.F. Rn. 15 weist zurecht daraufhin, dass der Begriff der Zivil- und Handelssache mit dem der bürgerlichen Rechtsstreitigkeit i.S.v. § 13 GVG nicht übereinstimmt.

Die Zuweisung einer Streitigkeit zu der Verwaltungsgerichtsbarkeit in der 12
Mehrheit der Mitgliedstaaten kann im Rahmen von Art. 1 Abs. 1 jedoch dafür
sprechen, dass es der Gesamtheit der mitgliedstaatlichen Rechtsordnungen im
Sinne der EuGH-Entscheidung *LTU ./. Eurocontrol* entspricht, den Rechtsstreit
als öffentlich-rechtlich zu qualifizieren.[12]

b) Verfahrensrechtliche Einkleidung der Streitigkeit

Irrelevant ist außerdem die verfahrensrechtliche Ausgestaltung nach dem 13
anwendbaren nationalen Prozessrecht:[13] Die EuGVVO ist auf **Verfahren der
freiwilligen Gerichtsbarkeit** (mit Ausnahme der von Abs. 2 Nr. 1 erfassten
Vormundschafts- und Nachlass-Sachen), auf Verfahren, die nicht durch eine
Klage eingeleitet werden (wie das deutsche Mahnverfahren), auf **Verbandsklagen** im Bereich der allgemeinen Geschäftsbedingungen[14] sowie auf **Maßnahmen des einstweiligen Rechtsschutzes** anwendbar. Letztere fallen unter den
Anwendungsbereich der EuGVVO, wenn die gesicherten Ansprüche einen zivilrechtlichen Streitgegenstand haben. Die EuGVVO ist auch auf **das selbständige
Beweisverfahren** und **Annexverfahren zu Zivilprozessen,** wie das Verfahren
zur Kostenfestsetzung anwendbar. Für die Einordnung als Zivil- und Handelssache ist ausschließlich der Verfahrensgegenstand maßgeblich, ungeachtet seiner
verfahrensrechtlichen Einkleidung.

Die Geltung der EuGVVO setzt auch **nicht zwingend** voraus, dass am Ende 14
des Verfahrens **eine Sachentscheidung** steht. Maßgeblich ist vielmehr, dass das
Verfahren durch eine Entscheidung mit Rechtsprechungscharakter beendet wird,
so dass auch das selbständige Beweisverfahren erfasst ist.[15] Demgegenüber soll
die richterliche Anordnung über die Zulässigkeit der Verwendung von Verkehrsdaten gem. § 101 Abs. 9 UrhG nicht in den Anwendungsbereich der EuGVVO
fallen.[16]

c) Vorfragen und präjudizielle Rechtsverhältnisse

Ebenso wenig wirkt es sich auf die Einordnung aus, wenn im Verfahren Vor- 15
fragen oder präjudizielle Rechtsverhältnisse, die dem öffentlichen Recht angehören, geklärt werden müssen, unabhängig davon, ob das mit der Hauptsache
befasste Gericht über diese selbst entscheidet oder sie einem anderen Gericht
vorzulegen hat.[17]

Umgekehrt genügt es für die Anwendbarkeit der EuGVVO nicht, dass im 16
Rahmen einer öffentlich-rechtlichen Streitigkeit über eine Vorfrage zivilrechtlicher Natur zu entscheiden ist.

---

[12] *Schlosser*/Hess, EuZPR, 4. Aufl. 2015, Art. 1 EuGVVO Rn. 4.
[13] Vgl. EuGH, 6.6.2002 – Rs. C-80/00, *Italian Leather SpA ./. WECO Polstermöbel GmbH & Co.,* Slg. 2002, I-4995 (ECLI:EU:C:2002:342), Rn. 41.
[14] EuGH, 1.10.2002 – Rs. C-167/00, *Verein für Konsumenteninformation ./. Henkel,* Slg. 2002, I-8111 (ECLI:EU:C:2002:555), Rn. 30; BGH, 12.10.1989 – VII ZR 339/88, IPRspr. 1989, Nr. 195, S. 440.
[15] OLG Köln, 24.5.2006 – 16 W 25/05, IHR 2006, S. 147, Rn. 5 (nach juris); OLG München, 19.2.2014 – 15 W 912/12, IPRax 2015, S. 93, Rn. 11 ff. (nach juris).
[16] OLG München, 12.9.2011 – 29 W 1634/11, IPRspr. 2011, Nr. 241, S. 619.
[17] *Schlosser*/Hess, EuZPR, 4. Aufl. 2015, Art. 1 EuGVVO Rn. 6.

d) Einwendungen des Beklagten

17 Die Qualifikation als Zivil- und Handelssache i.S.v. Art. 1 wird genauso wenig durch Einwendungen des Beklagten gegen den Klageanspruch beeinflusst. Sind solche Einwendungen dem öffentlichen Recht zuzuordnen, die Streitigkeit jedoch unter Berücksichtigung des klägerischen Vortrags als zivilrechtlich zu qualifizieren, liegt insgesamt eine Zivil- und Handelssache vor.[18]

18 Klagt ein Mitgliedstaat gegen eine Privatperson auf Erfüllung eines privatrechtlichen Bürgschaftsvertrags, der eine Zollschuld absichern soll, und erhebt der Bürge Einwendungen, die eine Prüfung von Bestand und Inhalt der Zollschuld erfordern, liegt eine Zivil- und nicht eine Zollsache vor.[19]

e) Mehrere Ansprüche und Anspruchskonkurrenz

19 Werden in einem Verfahren im Wege der **objektiven Klagehäufung** mehrere Streitgegenstände geltend gemacht, ist für jeden von ihnen die Anwendbarkeit der EuGVVO gesondert zu prüfen.[20] Demzufolge können auch akzessorische Ansprüche zu einem in der Hauptsache der EuGVVO nicht unterfallenden Streitgegenstand in den sachlichen Anwendungsbereich fallen.[21]

20 Macht der Kläger hingegen nur einen Anspruch geltend, der jedoch auf verschiedene **konkurrierende materiell-rechtliche Anspruchsgrundlagen** (Anspruchskonkurrenz) gestützt wird, kommt es darauf an, welche Anspruchsgrundlage das Gericht seiner Entscheidung konkret zugrundelegt.[22] Nur soweit diese in den sachlichen Anwendungsbereich der EuGVVO fällt, beurteilen sich die Zuständigkeit des angerufenen Gerichts sowie die Anerkennung und Vollstreckung der Entscheidung nach der EuGVVO. Ob das Gericht auch über die Anspruchsgrundlage entscheiden kann, die nicht dem Geltungsbereich der EuGVVO unterliegt, richtet sich nach einzelstaatlichem bzw. völkervertraglichem Zuständigkeitsrecht. Ergibt sich aus diesem keine internationale Zuständigkeit für die von der EuGVVO nicht erfasste Anspruchsgrundlage, hat das Gericht insoweit die Klage mangels internationaler Zuständigkeit abzuweisen.[23] Erlässt das Gericht in Verkennung seiner teilweise fehlenden internationalen Zuständigkeit ein Urteil, ist dessen grenzüberschreitende Anerkennung und Vollstreckung gefährdet, weil die mitgliedstaatlichen Gerichte im Anerkennungsverfahren die Eröffnung des sachlichen Anwendungsbereichs der Verordnung ohne Bindung an die Ausführungen des Ursprungsgerichts prüfen müssen.

3. Maßgebliche Kriterien nach der euroautonomen Begriffsauslegung

21 Nach der autonomen Begriffsdefinition des EuGH ist die Frage, ob eine Zivil- und Handelssache i.S.v. Art. 1 vorliegt, unter Berücksichtigung der Ziele und der

---
[18] Zöller/Geimer, ZPO, 31. Aufl. 2016, Art. 1 EuGVVO Rn. 20.
[19] EuGH, 15.5.2003 – Rs. C-266/01, *Préservatrice foncière TIARD SA ./. Niederländischer Staat*, Slg. 2003, I-4867 (ECLI:EU:C:2003:282), Rn. 41.
[20] Geimer/Schütze, EuZVR, 3. Aufl. 2010, Art. 1 EuGVVO a.F. Rn. 75.
[21] EuGH, 6.3.1980 – Rs. 120/79, *De Cavel ./. De Cavel II*, Slg. 1980, 731 (ECLI:EU:C:1980:70), Rn. 7 ff.
[22] Kropholler/von Hein, EuZPR, 9. Aufl. 2011, Art. 1 EuGVVO a.F. Rn. 20.
[23] Geimer/Schütze, EuZVR, 3. Aufl. 2010, Art. 1 EuGVVO a.F. Rn. 80 ff.

Systematik der EuGVVO sowie unter Heranziehung einer rechtsvergleichenden Betrachtung der mitgliedstaatlichen Rechtsordnungen zu beantworten.[24]

Bei der Prüfung des Anwendungsbereichs sind die Gesichtspunkte zu betrachten, die die **Natur der zwischen den Parteien bestehenden Rechtsbeziehung** oder den **Gegenstand des Rechtsstreits** kennzeichnen.[25] Eine Zivilsache scheidet dabei aus, wenn der Streitgegenstand im Zusammenhang mit der Ausübung hoheitlicher Befugnisse steht, bzw. der geltend gemachte Anspruch zumindest seinen Ursprung in der Ausübung einer hoheitlichen Tätigkeit hat.[26] 22

Eine Rechtsbeziehung ist dann durch hoheitliche Befugnisse geprägt, wenn eine Partei Befugnisse wahrnimmt, die von den im Verhältnis zwischen Privatpersonen geltenden allgemeinen Rechtsregeln abweichen.[27] Ein wesentliches Charakteristikum für die Ausübung hoheitlicher Befugnisse ist nach der EuGH-Rspr. das Vorliegen eines **Über-Unterordnungsverhältnisses** im Gegensatz zu einer Ausgestaltung der Rechtsbeziehungen auf einer Ebene der Gleichordnung.[28] Für das Vorliegen einer Zivilsache spricht außerdem der Umstand, dass eine Behörde zur Durchsetzung ihrer Ansprüche gegen eine Privatperson den Zivilrechtsweg einschlägt, sofern dies nicht nur zu dem Zweck geschieht, ihre Ansprüche extraterritorial durchzusetzen.[29] Hieraus folgt zugleich, dass **Streitigkeiten zwischen Privatpersonen** stets als Zivilsache einzuordnen sind.[30] 23

4. Einzelfälle

Obwohl die Auslegung des Begriffs der Zivil- und Handelssache Gegenstand zahlreicher EuGH-Entscheidungen war, ist es dem Gerichtshof bis heute nicht gelungen, einen präzisen Abgrenzungsmaßstab zu entwickeln. Es hat sich eine 24

---

[24] EuGH, 14.10.1976 – Rs. 29/76, *LTU Lufttransportunternehmen GmbH & Co. KG Eurocontrol*, Slg. 1976, S. 1541 (ECLI:EU:C:1976:137), Rn. 5; EuGH, 22.2.1979 – Rs. 133/78, *Gourdain ./. Nadler*, Slg. 1979, 733 (ECLI:EU:C:1979:49), Rn. 3; EuGH, 16.12.1980 – Rs. 814/79, *Niederländischer Staat ./. Rüffer*, Slg. 1980, 3807 (ECLI:EU:C:1980:291), Rn. 7; EuGH, 21.4.1993 – Rs. C-172/91, *Sonntag ./. Waidmann*, Slg. 1993, I-1963 (ECLI:EU:C:1993:144), Rn. 18; EuGH, 14.11.2002 – Rs. C-271/00, *Steenbergen ./. Baten*, Slg. 2002, I-10489 (ECLI:EU:C:2002:656), Rn. 28; EuGH, 15.5.2003, Rs. C-266/01, *Préservatrice foncière TIARD SA ./. Niederländischer Staat*, Slg. 2003, I-4867 (ECLI:EU:C:2003:282), Rn. 20.
[25] EuGH, 23.10.2014 – Rs. C-302/13, *flyLAL-Lithuanian Airlines AS ./. Starptautiskā lidosta Rīga VAS*, ECLI:EU:C:2014:2319, Rn. 26; EuGH, 28.7.2016 – Rs. C-102/15, *Versenyhivatal ./. Siemens AG*, ECLI:EU:C:2016:607, Rn. 31.
[26] Vgl. Nachw. Fn. 20.
[27] EuGH, 1.10.2002 – Rs. C-167/00, *Verein für Konsumenteninformation ./. Henkel*, Slg. 2002, I-8111 (ECLI:EU:C:2002:555), Rn. 30; EuGH, 15.5.2003 – Rs. C-266/01, *Préservatrice foncière TIARD SA ./. Niederländischer Staat*, Slg. 2003, I-4867 (ECLI:EU:C:2003:282), Rn. 23; EuGH, 15.2.2007, Rs. C-292/05; *Lechouritou u.a. ./. Bundesrepublik Deutschland*; ECLI:EU:C:2007:102, Rn. 34; EuGH, 11.6.2015 – Rs. C-226/13, u.a., *Fahnenbrock u.a. ./. Griechenland*; ECLI:EU:C:2015:383, Rn. 51.
[28] *Schlosser/Hess*, EuZPR, 4. Aufl. 2015, Art. 1 EuGVVO Rn. 10.
[29] *Schlosser/Hess*, EuZPR, 4. Aufl. 2015, Art. 1 EuGVVO Rn. 10; zust. OLG Stuttgart, 30.12.2010 – 5 W 71/09, juris, Rn. 20.
[30] *Schlosser/Hess*, EuZPR, 4. Aufl. 2015, Art. 1 EuGVVO Rn. 10. Dahingehend auch EuGH, 28.4.2009 – Rs. C-420/07, *Apostolides ./. Orams*, ECLI:EU:C:2009:271, Rn. 45; High Court of Justice, 7.8.2015, *Goldman Sachs International ./. Novo Banco S.A. u.a.*, [2015] EWHC 2371 (Comm), Rn. 72: Streitigkeiten zwischen Personen sind auch dann eine Zivil- und Handelssache i.S.v. Art. 1, wenn deren Bestand und Umfang durch einen Hoheitsakt beeinträchtigt werden kann („even if the claim did arise from the exercise of public power it is not a claim brought against the public authority in question").

unübersichtliche Einzelfalljudikatur entwickelt, die vom Grundanliegen getragen ist, den Anwendungsbereich weit auszulegen.

25 Zwar scheint eine extensive Auslegung im Grundsatz geboten angesichts des mit der EuGVVO verfolgten Ziels, den „wesentlichen Teil des Zivil- und Handelsrechts" zu erfassen, vgl. Erwgr. 10. Im Sinne der Rechtssicherheit sind klare Abgrenzungskriterien jedoch unentbehrlich. In jüngster Zeit scheint der EuGH dieses Ziel aus den Augen zu verlieren, da er für die Abgrenzung – entgegen dem Gebot einer euroautonomen Auslegung – wiederholt auf nationale Rechtsvorstellungen zurückgreift.[31] Außerdem kann man sich des Eindrucks nicht erwehren, dass der EuGH bei Klagen gegen die öffentliche Hand den Begriff der Zivil- und Handelssache restriktiver auslegt als bei Inanspruchnahme von Privaten durch die öffentliche Hand.[32]

a) Gebühren- und Kostenforderungen der öffentlichen Hand

26 Gebührenforderungen öffentlicher Stellen gegen Private sind **keine Zivilsache** i.S.v. Art. 1 EuGVVO, wenn die Inanspruchnahme zwingend und ausschließlich ist und die Gebührensätze, die Art ihrer Berechnung und das Erhebungsverfahren einseitig vorgegeben sind.[33] Daher unterfällt die Gebührenforderung der europäischen Flugüberwachungsstelle Eurocontrol gegen eine Fluggesellschaft für Flugsicherungsdienste nicht der EuGVVO.[34] Genauso wenig ist der Anwendungsbereich der EuGVVO eröffnet, wenn eine deutsche Behörde eine Baugenehmigungsgebühr gegen einen ausländischen Bauherren durchsetzt.[35] Gleiches gilt für die Parkgebühr, die eine niederländische Gemeinde für das Parken auf einem Gemeindeparkplatz als Steuerforderung erhebt und gegen einen Kfz-Halter durchsetzt.[36]

27 Auch die **Kostenerstattung eines deutschen Notars** ist öffentlich-rechtlich zu qualifizieren, da der Notar hoheitliche Gewalt ausübt und seine Kosten selbst mit einer Vollstreckungsklausel versehen kann (§ 89 GNotKG).[37] Gebühren sonstiger Beliehener, die eingeklagt werden müssen, sind hingegen privatrechtlicher Natur.[38] Honoraransprüche eines Rechtsanwalts oder Strafverteidigers gegen seinen Mandanten sind ebenfalls zivilrechtlich zu qualifizieren.[39]

---

[31] Vgl. nur EuGH, 12.9.2013 – Rs. C-49/12, *The Commissioners for Her Majesty's Revenue & Customs ./. Sunico ApS u.a.*, ECLI:EU:C:2013:545, Rn. 41; EuGH, 11.4.2013 – Rs. C-645/11, *Land Berlin ./. Sapir u.a.*, ECLI:EU:C:2013:228, Rn. 38. Kritisch zum Import einzelrechtlicher Dogmatik in die Begriffsbestimmungen der EuGVVO auch *Kohler*, IPRax 2015, S. 52 (54).
[32] So auch *Knöfel*, GPR 2015, S. 251 (254); so auch *Pfeiffer*, ZZP 127 (2014), S. 409 (411 ff.).
[33] EuGH, 14.10.1976 – Rs. 29/76, *LTU Lufttransportunternehmen GmbH & Co. KG ./. Eurocontrol*, Slg. 1976, S. 1541 (ECLI:EU:C:1976:137), Rn. 4.
[34] EuGH, 14.10.1976 – Rs. 29/76, *LTU Lufttransportunternehmen GmbH & Co. KG ./. Eurocontrol*, Slg. 1976, S. 1541 (ECLI:EU:C:1976:137).
[35] VG Schleswig-Holstein, 30.10.1990 – 2 A 240/89, NJW 1991, S. 1129 (1130).
[36] AG Münster, 23.11.1994 – 29 C 517/94, IPRspr. 1994, Nr. 146, S. 333.
[37] *Kropholler/von Hein*, EuZPR, 9. Aufl. 2011, Art. 1 EuGVVO a.F. Rn. 7; *Schlosser/Hess*, EuZPR, 4. Aufl. 2015, Art. 1 EuGVVO Rn. 12.
[38] *Schlosser/Hess*, EuZPR, 4. Aufl. 2015, Art. 1 EuGVVO Rn. 12.
[39] Vgl. auch BGH, 22.9.2005 – IX ZB 77/04, NJW-RR 2006, S. 143; LG Karlsruhe, 7.12.1990 – 11 O 192/90, RIW 1991, S. 156; LG Paderborn, 22.12.1994 – 5 S 302/94, IPRspr. 1994, Nr. 183, S. 412; *Zöller/Geimer*, ZPO, 31. Aufl. 2016, Art. 1 EuGVVO Rn. 23.

Erstattungsansprüche für Maßnahmen, die **die öffentliche Verwaltung** 28
in Erfüllung einer öffentlich-rechtlichen Pflicht vorgenommen hat, sind
keine Zivil- oder Handelssache i.S.v. Art. 1 EuGVVO. Aus diesem Grunde
unterfällt eine Klage, mit der die staatliche Verwaltungsbehörde einer öffentlichen Wasserstraße die Kosten erstattet verlangt, die sie für die Bergung eines
Wracks aufgewendet hat, nicht der EuGVVO, weil die Bergung in Erfüllung
einer völkerrechtlichen Pflicht und auf Grundlage des öffentlichen Rechts erfolgt
ist.[40]

b) Andere Zahlungsansprüche der öffentlichen Hand gegen Private

Verklagt ein Mitgliedstaat eine Privatperson auf **Erfüllung eines privat-** 29
rechtlichen Bürgschaftsvertrags, liegt stets eine Zivilsache vor, wenn die sich
aus dem Bürgschaftsvertrag ergebende Rechtsbeziehung keine Ausübung von
Befugnissen durch den Staat beinhaltet, die von den zwischen Privatpersonen
geltenden Regeln abweichen.[41] Selbstverständlich unterliegt auch der Anspruch
des Bürgen gegen den Hauptschuldner auf Erstattung von Zollabgaben, die der
Bürge aufgrund seiner Bürgenverpflichtung an den Staat gezahlt hat, als Zivilsache der EuGVVO.[42]

Die Klage eines öffentlichen Sozialhilfeträgers gegen eine Privatperson auf 30
Rückzahlung von Sozialhilfe ist als Zivilsache einzuordnen, soweit sie auf
allgemeinen Vorschriften über Unterhaltsverpflichtungen beruht.[43] Ist die Rückgriffsklage hingegen auf Bestimmungen gestützt, mit denen der Gesetzgeber der
öffentlichen Stelle eine eigene besondere Befugnis verliehen hat, ist der sachliche
Anwendungsbereich der EuGVVO nicht eröffnet.

Macht die **Steuerbehörde** eines Mitgliedstaats gegen eine in einem anderen 31
Mitgliedstaat ansässige Privatperson **Schadensersatz geltend wegen deren
Beteiligung an einem internationalen Umsatzsteuerkarussell**, liegt nach
Auffassung des EuGH eine Zivilsache vor, wenn die Privatperson auf deliktischer Rechtsgrundlage in Anspruch genommen wird.[44] Es würden keine
hoheitlichen Befugnisse ausgeübt, wenn die Finanzbehörde die Privatperson
nicht auf Grundlage des Umsatzsteuerrechts sondern mit Hilfe der allgemeinen
Rechtsgrundlagen des Zivilrechts in Anspruch nimmt.[45] In dogmatischer Hinsicht wurde die Begründung allerdings kritisiert, weil sie nationalen Rechtsvorstellungen stark verhaftet ist[46] und außer Acht lässt, dass Streitigkeiten wegen

---

[40] EuGH, 16.12.1980 – Rs. 814/79, *Niederländischer Staat ./. Rüffer*, Slg. 1980, 3807 (ECLI:EU:C:1980:291), Rn. 9.
[41] EuGH, 15.5.2003 – Rs. C-266/01, *Préservatrice foncière TIARD SA ./. Niederländischer Staat*, Slg. 2003, I-4867 (ECLI:EU:C:2003:282), Rn. 41.
[42] EuGH, 5.2.2004 – C-265/02, *Frahuil SA ./. Assitalia SpA*, ECLI:EU:C:2004:77, Rn. 18 ff.
[43] EuGH, 14.11.2002 – Rs. C-271/00, *Steenbergen ./. Baten*, Slg. 2002, I-10489 (ECLI:EU:C:2002:656), Rn. 28 ff.
[44] EuGH, 12.9.2013 – Rs. C-49/12, *The Commissioners for Her Majesty's Revenue & Customs ./. Sunico ApS u.a.*, ECLI:EU:C:2013:545, Rn. 40 ff.
[45] EuGH, 12.9.2013 – Rs. C-49/12, *The Commissioners for Her Majesty's Revenue & Customs ./. Sunico ApS u.a.*, ECLI:EU:C:2013:545, Rn. 41.
[46] Kritisch daher *Kohler*, IPRax 2015, S. 52 (54).

steuerrechtlicher Pflichten massiv in Souveränitätsinteressen der Mitgliedstaaten eingreifen können.[47]

32 Eine Zivilsache liegt auch vor, wenn die öffentliche Hand gegen den Vorstand einer insolventen Gesellschaft **Steuerforderungen auf Grundlage der Insolvenzverschleppungshaftung** und nicht aufgrund hoheitlicher Steuererhebungstatbestände geltend macht. Der Haftungsgrund liegt in einem solchen Fall nicht in der durch Subordination gekennzeichneten Sonderbeziehung des Steuerpflichtigen zum Staat, sondern in einer gesellschaftsrechtlichen Ausfallhaftung, die zugunsten jedes Gesellschaftsgläubigers besteht und nicht auf eine öffentlich-rechtliche Sonderbeziehung zurückzuführen ist.[48]

33 Ebenso soll es sich um eine Zivilsache i.S.v. Art. 1 handeln, wenn der Staat **zu viel gezahlte Entschädigung für Enteignungen** auf der Grundlage ungerechtfertigter Bereicherung von einer Privatperson zurückfordert.[49] Dies gelte jedenfalls dann, wenn der Rückerstattungsanspruch nicht in Ausübung hoheitlicher Befugnisse, sondern auf Basis zivilrechtlicher Anspruchsgrundlagen (§§ 812 ff. BGB) geltend gemacht werde.[50] Etwas anderes gilt hingegen für den Fall, daß eine Behörde von einem Privatunternehmen die **Rückzahlung eines Betrags** verlangt, der **in untrennbarem Zusammenhang mit** der **Verhängung einer Geldbuße** durch die Behörde **wegen Verstoßes gegen wettbewerbsrechtliche Vorschriften** steht. Eine entsprechende Klage der Behörde aus ungerechtfertigter Bereicherung stellt keine Zivil- und Handelssache iSv Art. 1 dar.[51]

c) Staatshaftung (Klagen gegen die öffentliche Hand)

34 Schadensersatzansprüche aus Amtshaftung sind nur dann dem öffentlichen Recht zuzuordnen, wenn der **öffentliche Bedienstete in Ausübung spezifisch hoheitlicher Befugnisse gehandelt** hat. Unerheblich ist dabei die Beamteneigenschaft, denn ein für den Staat handelnder Beamter übt nicht immer hoheitliche Befugnisse aus.[52] An einer Ausübung hoheitlicher Befugnisse in diesem Sinne fehlt es, wenn der Lehrer einer öffentlichen Schule seine Aufsichtspflicht während eines Schulausflugs verletzt. Denn im Rahmen der ihm übertragenen Betreuung der Schüler nimmt der Lehrer nach dem Recht der meisten Mitgliedstaaten keine Befugnisse wahr, die von den im Verhältnis zwischen Privatpersonen geltenden Regeln abweichen.[53] Ein derart tätiger Lehrer hat insoweit, so der EuGH, auch keine andere Aufgabe als ein Lehrer an einer Privatschule.[54]

---

[47] Pfeiffer, ZZP 127 (2014), S. 409 (413).
[48] OLG Stuttgart, 30.12.2010 – 5 W 71/09, juris, Rn. 18 ff.
[49] EuGH, 11.4.2013 – Rs. C-645/11, Land Berlin ./. Sapir u.a., ECLI:EU:C:2013:228, Rn. 38.
[50] Zustimmend Lund, IPRax 2014, S. 140 (142).
[51] EuGH, 28.7.2016 – Rs. C-102/15, Versenyhivatal ./. Siemens AG, ECLI:EU:C:2016:607, Rn. 34 ff.
[52] EuGH, 21.4.1993 – Rs. C-172/91, Sonntag ./. Waidmann, Slg. 1993, I-1963 (ECLI:EU:C:1993:144), Rn. 21.
[53] EuGH, 21.4.1993 – Rs. C-172/91, Sonntag ./. Waidmann, Slg. 1993, I-1963 (ECLI:EU:C:1993:144), Rn. 22.
[54] EuGH, 21.4.1993 – Rs. C-172/91, Sonntag ./. Waidmann, Slg. 1993, I-1963 (ECLI:EU:C:1993:144), Rn. 23.

Demgegenüber fällt die gegen den deutschen Staat gerichtete **Schadenser-** 35
satzklage wegen Kriegsverbrechen durch die deutschen Streitkräfte im
Zweiten Weltkrieg nicht in den Anwendungsbereich der EuGVVO.[55] Operationen von Streitkräften sind als *acta iure imperii* anzusehen, weil sie von den
zuständigen staatlichen Stellen einseitig und zwingend beschlossen werden und
mit der Außen- und Verteidigungspolitik von Staaten untrennbar verknüpft
sind.[56]

d) Ansprüche gegen Staaten im Zusammenhang mit Staatsanleihen

Die Einordnung der Ansprüche von Inhabern von Staatsanleihen gegen den 36
emittierenden Staat hängt eng mit der **Ausgabeform der Staatsanleihen** im
konkreten Fall zusammen:

Sind die **Staatsanleihen in einzelnen Schuldverschreibungen** (im deut- 37
schen Recht: § 793 BGB) **oder in sog. Global-Urkunden verbrieft**, die von
den emittierenden Banken ausgegeben werden[57], und **klagt der Inhaber** einer
solchen Anleihe **auf Erfüllung** der vom Schuldnerstaat übernommenen Verpflichtungen aus den Anleihen (d.h. Rückzahlung fälliger Kapitalforderungen
und Zahlung fälliger Zinsen), liegt eine **Zivil- und Handelssache i.S.v. Art. 1**
vor.[58] Denn es ist anerkannt, dass die Kapitalaufnahme durch Emission von
Staatsanleihen zum Kreis des nicht-hoheitlichen Handelns (*acta iure gestionis*)
gehört.[59] Sie setzt nicht die Wahrnehmung hoheitlicher Befugnisse voraus, die
von den im Verhältnis zwischen Privatpersonen geltenden Regeln abweichen.[60]

Etwas anderes gilt, wenn die **Staatsanleihen** nicht in Schuldverschreibungen 38
bzw. Urkunden verbrieft, sondern **lediglich in dematerialisierten Gutschriften im Zentralbank-System des Emittenten-Staates dokumentiert
sind**.[61] Löscht der Schuldnerstaat im Rahmen eines Schuldenschnitts die Eintragung dieser Rechte, können die Gläubiger – mangels Urkunden oder anderer
Beweise – nicht auf Erfüllung der Verpflichtungen aus den Staatsanleihen klagen.
Der alternative Weg einer **Klage auf Ersatz der** infolge des Schuldenschnitts
entstandenen Schäden ist den Gläubigern ebenfalls **versperrt**, weil einer solchen Klage der **Einwand der Staatenimmunität** entgegensteht[62] und sie somit

---
[55] EuGH, 15.2.2007 – Rs. C-292/05; *Lechouritou u.a. ./. Bundesrepublik Deutschland*; ECLI:EU:C:2007:102. So auch Corte di Cassazione Italien, 29.5.2008 – 14199 u.a., berichtet von *Stürner*, GPR 2008, S. 179.
[56] EuGH, 15.2.2007 – Rs. C-292/05; *Lechouritou u.a. ./. Bundesrepublik Deutschland*; ECLI:EU:C:2007:102, Rn. 37.
[57] Vgl. hierzu ausführlich *Sandrock*, RIW 2016, S. 549.
[58] Vgl. EuGH, 11.6.2015 – Rs. C-226/13, *Fahnenbrock u.a. ./. Griechenland*, ECLI:EU:C:2015:383, Rn. 50 ff. zum Begriff der „Zivil- und Handelssache" in der EuZustVO; sowie ausdrücklich zur EuGVVO, OLG Oldenburg, 18.4.2016 – 13 U 43/15, RIW 2016, S. 459, Rn. 15, 21 ff. (nach juris).
[59] Vgl. BVerfG, 6.12.2006 – 2 BvM 9/03, NJW 2007, S. 2605, Rn. 34 f. (nach juris); BGH, 8.3.2016 – VI ZR 516/14, RIW 2016, S. 362, Rn. 17 (nach juris); OLG Oldenburg, 18.4.2016 – 13 U 43/15, RIW 2016, S. 459, Rn. 15 (nach juris). Vgl. hierzu auch *Sandrock*, RIW 2016, S. 549 (551 ff.).
[60] EuGH, 11.6.2015 – Rs. C-226/13, *Fahnenbrock u.a. ./. Griechenland*, ECLI:EU:C:2015:383, Rn. 53.
[61] Vgl. hierzu ausführlich *Sandrock*, RIW 2016, S. 549.
[62] BGH, 8.3.2016 – VI ZR 516/14, RIW 2016, S. 362, Rn. 19 ff. (nach juris); OLG Oldenburg, 18.4.2016 – 13 U 43/15, RIW 2016, S. 459, Rn. 14 (nach juris). Vgl. hierzu auch *Sandrock*, RIW 2016, S. 549 (551 ff.).

keine Zivil- und Handelssache i.S.v. Art. 1 darstellt. Das entschied der BGH in einem Fall betreffend Klagen von Gläubigern griechischer Staatsanleihen gegen die Hellenische Republik wegen der Umschuldung im Jahr 2012: Zwar stelle die Kapitalaufnahme durch Emission von Staatsanleihen kein hoheitliches Handeln dar. Für die Frage der Immunität sei jedoch die Natur der staatlichen Handlung maßgeblich, über deren Berechtigung die Parteien konkret streiten. Streitig waren im zugrundeliegenden Fall die Ausbuchung der ursprünglichen Forderungen der Kläger aus dem Zentralbank-System der Hellenischen Republik und der – bei Schuldenschnitten übliche – Zwangsumtausch gegen andere Forderungen, deren Wert weit hinter dem der ursprünglichen zurückblieb. Da ursächlich für diese Maßnahmen zwei griechische Gesetze (das Gesetz 4050/2012 vom 23. Februar 2012 und der Beschluss des Ministerrats vom 9. März 2012) waren, sei die potentiell haftungsbegründende Handlung des Schuldner-Staates – so der BGH – ein hoheitlicher Akt (*acta iure imperii*), der der Kontrolle durch fremdstaatliche nationale Gerichte entzogen ist.[63]

e) Verwaltungsprivatrecht

39   Schließen staatliche Stellen privatrechtliche Verträge mit Privatpersonen ab, liegt grundsätzlich kein Handeln in Ausübung hoheitlicher Befugnisse vor. **Privatrechtlich** einzuordnen sind auch Rechtsstreitigkeiten im Zusammenhang mit Verträgen, die die öffentliche Hand zur Verwirklichung öffentlicher Verkehrswege oder Einrichtungen abschließt.[64]

40   Auch Streitigkeiten aus sog. **Hermes-Bürgschaften** des deutschen Staates zugunsten deutscher Exporteure sind zivilrechtlich einzuordnen.[65] Denn auch insoweit beteiligt sich der Staat „in den Bahnen" des Privatrechts am Wirtschaftsleben.

f) Klagen von Verbraucherschutzvereinen

41   Eine **Zivilsache** i.S.v. Art. 1 betreffen auch Klagen von Verbraucherschutzvereinen gegen Privatpersonen, gerichtet auf Untersagung der Verwendung missbräuchlicher Vertragsklauseln.[66] Durch solche Klagen sollen Rechtsverhältnisse des Privatrechts einer gerichtlichen Kontrolle zugeführt werden. Sie resultieren daher nicht aus der Wahrnehmung von Befugnissen, die von den im Verhältnis zwischen Privatpersonen geltenden allgemeinen Rechtsvorschriften abweichen.[67]

g) Ordnungsgeld i.S.v. § 890 ZPO

42   Die Anerkennung und Vollstreckung eines Beschlusses, durch den Zwangsmittel (§ 888 ZPO) und Ordnungsmittel (§ 890 ZPO) festgesetzt werden, fallen

---

[63] BGH, 8.3.2016 – VI ZR 516/14, RIW 2016, S. 362, Rn. 19 ff. (nach juris). Zustimmend *Sandrock*, RIW 2016, S. 549 (554 f.).
[64] *Schlosser*/Hess, EuZPR, 4. Aufl. 2015, Art. 1 EuGVVO Rn. 12.
[65] *Schlosser*/Hess, EuZPR, 4. Aufl. 2015, Art. 1 EuGVVO Rn. 12.
[66] EuGH, 1.10.2002 – Rs. C-167/00, *Verein für Konsumenteninformation* ./. *Henkel*, Slg. 2002, I-8111 (ECLI:EU:C:2002:555).
[67] EuGH, 1.10.2002 – Rs. C-167/00, *Verein für Konsumenteninformation* ./. *Henkel*, Slg. 2002, I-8111 (ECLI:EU:C:2002:555), Rn. 30.

ebenfalls in den sachlichen Anwendungsbereich der EuGVVO, wenn sie der **Durchsetzung eines zivilrechtlichen Anspruchs** dienen.[68] Es ist insoweit unerheblich, dass das Ordnungsgeld Strafcharakter hat, dem Mitgliedstaat zufließt, von Amts wegen beigetrieben wird und die tatsächliche Vollstreckung durch staatliche Stellen erfolgt.[69]

Die Geltung der Anerkennungs- und Vollstreckungsvorschriften der EuGVVO für Ordnungs- und Zwangsgeldbeschlüsse ist aus Sicht deutscher Gläubiger zu begrüßen.[70] Sie stellt sicher, dass diese Beschlüsse genauso effektiv im Ausland durchgesetzt werden können wie die *astreinte* nach französischem Recht, deren Vollstreckung schon immer durch Art. 55 sichergestellt war. 43

h) Kartellrechtliche Schadensersatzklagen

Auch kartellrechtliche Schadensersatzansprüche zwischen Privatpersonen betreffen eine **Zivil- und Handelssache** i.S.v. Art. 1 und unterliegen der EuGVVO.[71] Das gilt auch dann, wenn sich die Ansprüche gegen Unternehmen richten, die mehrheitlich im Staatsbesitz sind. Die Mehrheitsbeteiligungen des Staates führen nicht dazu, dass die Unternehmen hoheitliche Befugnisse ausüben. Das gilt insbesondere dann, wenn die Unternehmen wie ein beliebiger Privater am Wirtschaftsleben teilnehmen.[72] 44

III Ausgenommene Rechtsbereiche (Abs. 2): Grundsätzliches

Abs. 2 zählt diejenigen zivilrechtlichen Rechtsbereiche auf, die aus dem sachlichen Anwendungsbereich der EuGVVO ausgeklammert sind. Darüber hinaus kann die EuGVVO in bestimmten Bereichen durch vorrangige internationale Abkommen (Art. 71) oder spezielleres Unionsrecht (Art. 67) verdrängt sein, soweit diese Vorschriften über die internationale Zuständigkeit oder die Anerkennung und Vollstreckung enthalten. 45

Die Ausnahmetatbestände des Abs. 2 sind **euroautonom**[73] und **eng auszulegen** um dem Ziel der Verordnung, den wesentlichen Teil des Zivil- und Handelsrechts zu erfassen,[74] Rechnung zu tragen. Die Ausnahmen gelten einheitlich für alle Bereiche der EuGVVO, also auch für die Vollstreckung aus öffentlichen Urkunden und Prozessvergleichen. 46

---

[68] EuGH, 18.10.2011 – Rs. C-406/09, *Realchemie Nederland BV ./. Bayer CropScience AG*, Slg. 2011, I-9773 (ECLI:EU:C:2011:668) m. zust. Anm. *Giebel*, NJW 2011, S. 3570. So bereits zuvor zur EuVTVO BGH, 25.3.2010 – I ZB 116/08, NJW 2010, S. 1883, Rn. 11 ff. (nach juris); ebenso *Giebel*, IPRax 2009, S. 324 (325 ff.).
[69] EuGH, 18.10.2011 – Rs. C-406/09, *Realchemie Nederland BV ./. Bayer CropScience AG*, Slg. 2011, I-9773 (ECLI:EU:C:2011:668), Rn. 41 f.
[70] *Giebel*, NJW 2011, S. 3570.
[71] EuGH, 23.10.2014 – Rs. C-302/13, *flyLAL-Lithuanian Airlines AS ./. Starptautiskā lidosta Rīga VAS*, ECLI:EU:C:2014:2319, Rn. 26; m. zust. Anm. *Kohler*, IPRax 2015, S. 500. So zuvor schon *Kamann/Bergmann*, BB 2003, S. 1743 (1748).
[72] EuGH, 23.10.2014 – Rs. C-302/13, *flyLAL-Lithuanian Airlines AS ./. Starptautiskā lidosta Rīga VAS*, ECLI:EU:C:2014:2319, Rn. 37.
[73] EuGH, 22.2.1979 – Rs. 133/78, *Gourdain ./. Nadler*, Slg. 1979, 733 (ECLI:EU:C:1979:49), Rn. 3; EuGH, 3.10.2013 – Rs. C-386/12, *Siegfried János Schneider*, ECLI:EU:C:2013:633, Rn. 19.
[74] Erwgr. 10.

B Vor I 7 Art. 1   VO (EU) Nr. 1215/2012

47 Die **Ausnahmetatbestände** von Abs. 2 sowie die Vorrangregeln von Art. 67 und Art. 71 **greifen nur**, soweit die davon erfassten **Rechtsmaterien Streitgegenstand sind** und **nicht nur im Rahmen einer Vorfrage tangiert** sind.[75]

48 Setzt sich eine **Klage aus mehreren Streitgegenständen** zusammen (objektive Klagehäufung), sind die Ausnahmetatbestände für jeden Gegenstand separat zu prüfen.[76]

IV. Ausnahme der Rechtsbereiche i.S.v. Abs. 2 lit. a

1. Personenstandssachen, Rechts- und Handlungsfähigkeit, gesetzliche Vertretung

49 Der Ausnahmetatbestand gilt ausdrücklich nur für Streitigkeiten in Bezug auf natürliche Personen. Demzufolge sind Streitigkeiten über Existenz und Fortbestand juristischer Personen und Personengesellschaften vom Anwendungsbereich der EuGVVO nicht ausgenommen.

50 Unter die ausgenommenen Personenstandssachen fallen zum einen **Ehesachen** (Bestand der Ehe und Getrenntleben der Ehegatten) und **Kindschaftssachen** (Sorgerecht, Obhut und Aufsicht, Besuchs- und Umgangsrecht sowie Herausgabe von Kindern) und Abstammungssachen, für die seit dem 1.3.2005 die EuEheVO gilt, soweit nicht ausnahmsweise vorrangige Übereinkommen (wie insbesondere das KSÜ, das ESÜ und das MSA) einschlägig sind. Der Ausnahmetatbestand erfasst auch die Anordnung von Zwangsgeld, das die Beachtung des Umgangsrechts durch den Inhaber der elterlichen Sorge gewährleisten soll. Das Zwangsgeld teilt als akzessorische Maßnahme die rechtliche Einordnung des durchzusetzenden Anspruchs.[77]

51 Unter die Ausnahme für Personenstandssachen fällt zum anderen der Kernbereich der freiwilligen Gerichtsbarkeit (Vormundschafts-, Betreuungs- und Pflegschaftssachen). Diese Gegenstände unterliegen – soweit Minderjährige betroffen sind – der EuEheVO und den bereits erwähnten völkerrechtlichen Abkommen. Bei Erwachsenen ist hingegen das ErwSÜ[78] zu berücksichtigen.[79] Auf Gewaltschutzmaßnahmen gegen Erwachsene findet die Verordnung (EU) Nr. 606/2013 vom 12.6.2013[80] Anwendung.

52 Die Ausnahme für **Betreuungssachen** gilt nicht für Rechtsgeschäfte, die der Geschäftsunfähige mit Zustimmung und Mitwirkung des Betreuers unternimmt.[81] Denn solche Rechtsgeschäfte sind genauso zu behandeln, als wären sie von einem Geschäftsfähigen vorgenommen. Hat der Betreute hingegen eigen-

---

[75] *Schlosser*-Bericht, 1979, Rn. 51; Zöller/*Geimer*, ZPO, 31. Aufl. 2016, Art. 1 EuGVVO Rn. 26, 30.
[76] Vgl. zur Abgrenzung der Streitgegenstände oben Rn. 19 f.
[77] EuGH, 9.9.2015 – Rs. C-4/14, *Bohez ./. Wiertz*, ECLI:EU:C:2015:563, Rn. 35 ff.
[78] Haager Übereinkommen über den internationalen Schutz von Erwachsenen vom 13.1.2000.
[79] Vgl. für einen Überblick hierzu *von Hein*, IPRax 2015, S. 198 (201 ff.).
[80] Verordnung (EU) Nr. 606/2013 des Europäischen Parlaments und des Rates vom 12. Juni 2013 über die gegenseitige Anerkennung von Schutzmaßnahmen in Zivilsachen.
[81] *Kümmerle*, GPR 2014, S. 170 (171).

mächtig gehandelt, greift die Ausnahme in Abs. 2 lit. a.[82] Die Ausnahme gilt – trotz Art. 24 Nr. 1 – auch für den Antrag auf eine gerichtliche Genehmigung von Verfügungen der betreuten Person über unbewegliche Sachen. Denn die Erforderlichkeit einer solchen Genehmigung ist eine unmittelbare Folge der Geschäftsunfähigkeit der unter Betreuung gestellten Person.[83]
Unter den Ausnahmetatbestand von Abs. 2 lit. a fallen außerdem die **Rechts-** 53 und **Handlungsfähigkeit** sowie die **gesetzliche Vertretung** von natürlichen Personen, zu denen auch **Verschollenheitssachen** gehören.

2. Eheliche und eheähnliche Güterstände

Die Ausnahme gem. Abs. 2 lit. a erfasst auch die „ehelichen Güterstände" 54 samt Güterstände der gleichgeschlechtlichen Lebenspartnerschaften, soweit diese nach dem anzuwendenden Recht mit einer Ehe vergleichbar sind und güterrechtliche Wirkungen entfalten. Zur Schließung der insoweit bestehenden Lücke im europäischen Zivilverfahrensrecht hat die EU-Kommission eine entsprechende Verordnung vorgeschlagen.[84]

Unter den Begriff der ehelichen Güterstände fallen nicht nur die in einigen 55 Rechtsordnungen besonders und ausschließlich für das Rechtsverhältnis der Ehe vorgesehenen Güterstände, sondern ebenfalls **alle vermögensrechtlichen Beziehungen,** die sich **unmittelbar aus der Ehe** oder **ihrer Auflösung** ergeben.[85] Dies begründet der EuGH mit dem engen Zusammenhang solcher Beziehungen zu den Gründen der Scheidung und den persönlichen Verhältnissen der Ehegatten, also Fragen des Personenstandes. Ansprüche auf gesetzlichen Zugewinnausgleich nach deutschem Recht unterfallen demnach nicht der EuGVVO.[86] Hinsichtlich der Maßnahmen des einstweiligen Rechtsschutzes ist auf den Regelungsgegenstand der beantragten Maßnahmen und nicht auf den Gegenstand des Hauptsacheverfahrens abzustellen.[87] Maßgeblich ist demzufolge, ob die Maßnahmen ihrem Schwerpunkt nach güterrechtliche Ansprüche oder solche aus einem anderen Rechtsgebiet sichern sollen.

Als güterrechtlich sind Ansprüche aus (auch schuldrechtlichem) Versorgungs- 56 ausgleich sowie Fragen der **Verteilung und Zuordnung von Vermögen** im Rahmen der Scheidung zu nennen.[88] Allgemein sind vermögensrechtliche Vereinbarungen, die die Ehegatten anlässlich ihrer Scheidung treffen, vom Ausnahmetatbestand erfasst.[89] Die Verwaltung des Privatvermögens eines Ehegatten durch den anderen fällt unter den Ausnahmetatbestand, wenn sie im engen

---
[82] *Kümmerle*, GPR 2014, S. 170 (171).
[83] EuGH, 3.10.2013 – Rs. C-386/12, *Siegfried János Schneider*, ECLI:EU:C:2013:633, Rn. 26.
[84] Vgl. KOM (2011), 126 endg. und KOM (2011) 127 endg. S. hierzu *Buschbaum/Simon*, GPR 2011, S. 262; *Martiny*, IPRax 2011, S. 437.
[85] EuGH, 27.3.1979 – Rs. 143/78, *de Cavel ./. de Cavel I*, Slg. 1979, 1055 (ECLI:EU:C:1979:83); EuGH, 31.3.1982 – Rs. 25/81, *C.H.W. ./. G.J.H.*, Slg. 1982, 1189 (ECLI:EU:C:1982:116), Rn. 6 f.
[86] Vgl. zum wortgleichen Art. 2 Abs. 2 lit. a EuVTVO, KG Berlin, 16.4.2010 – 3 WF 49/10, NJW-RR 2010, S. 1377.
[87] EuGH, 27.3.1979 – Rs. 143/78, *de Cavel ./. de Cavel I*, Slg. 1979, 1055 (ECLI:EU:C:1979:83).
[88] OLG Frankfurt, 12.4.2013 – 4 UF 39/12, IPRax 2014, S. 442, Rn. 33 (nach juris).
[89] *Schlosser/Hess*, EuZPR, 4. Aufl. 2015, Art. 1 EuGVVO Rn. 15.

Zusammenhang mit den sich unmittelbar aus der Ehe ergebenden vermögensrechtlichen Beziehungen steht.[90]

57 Auf vermögensrechtliche Streitigkeiten zwischen Ehegatten, die ihre **Grundlage nicht in der Ehe haben**, ist die Ausnahme nicht anwendbar. Sie sind demnach von der EuGVVO erfasst.[91] Das gilt etwa für Ansprüche aus Arbeits- oder Gesellschaftsverträgen, nicht jedoch für die sog. Ehegattinnen-Gesellschaften, da diese einen engen Zusammenhang zur Ehe aufweisen.[92]

58 **Verfahren mit Dritten** stellen nur ausnahmsweise güterrechtliche Streitigkeiten dar. Beispiele dafür sind Streitigkeiten zwischen Eltern und Kindern bei der Liquidation eines *fondo patrimoniale* nach italienischem Recht oder Verfahren im Zusammenhang mit der fortgesetzten Gütergemeinschaft. Der Ausnahmetatbestand greift hingegen nicht, wenn Dritte Ansprüche gegen einen Gatten geltend machen und die Unwirksamkeit des betreffenden Rechtsgeschäfts aufgrund fehlender Zustimmung des anderen Ehegatten als güterrechtliche Vorfrage zu klären ist. Ebenso stellen Rechtsbeziehungen zu Dritten aus Rechtsgeschäften, die im Rahmen der Schlüsselgewalt vorgenommen wurden (§ 1357 BGB) keinen güterrechtlichen Streitgegenstand dar.

59 Der Begriff der *„Güterstände aufgrund von Verhältnissen, die nach dem auf diese Verhältnisse anzuwendenden Recht mit der Ehe vergleichbare Wirkungen entfalten"*, ist nach seiner Formulierung weit zu verstehen und erfasst sowohl die in einigen Rechtsordnungen (etwa in Spanien, Frankreich und Vereinigtes Königreich) mögliche **gleichgeschlechtliche Ehe** als auch die **registrierte gleichgeschlechtliche Lebensgemeinschaft** (etwa in Deutschland nach dem LPartG), auch wenn sie nicht als Ehe anerkannt ist.[93]

60 Vermögensrechtliche Streitigkeiten im Zusammenhang mit der **nichtehelichen Lebensgemeinschaft** sind von der Ausnahme nicht erfasst, weil sie keine mit der Ehe vergleichbare Wirkung entfalten.[94] Auch Ansprüche zwischen (ehemaligen) Verlobten sollten von der EuGVVO erfasst sein.[95]

V. Ausnahme von Konkursen, Vergleichen und ähnlichen Verfahren (Abs. 2 lit. b)

61 Gem. Abs. 2 lit. b sind „Konkurse, Vergleiche und ähnliche Verfahren" aus dem Anwendungsbereich der EuGVVO ausgenommen. Für solche Verfahren

---

[90] EuGH, 31.3.1982 – Rs. 25/81, *C.H.W. ./. G.J.H.*, Slg. 1982, 1189 (ECLI:EU:C:1982:116), Rn. 6 ff.
[91] Zöller/Geimer, ZPO, 31. Aufl. 2016, Art. 1 EuGVVO Rn. 38.
[92] Schlosser/Hess, EuZPR, 4. Aufl. 2015, Art. 1 EuGVVO Rn. 16.
[93] Schlosser/Hess, EuZPR, 4. Aufl. 2015, Art. 1 EuGVVO Rn. 18; Rauscher/*Mankowski*, EuZPR, 4. Aufl. 2016, Art. 1 EuGVVO Rn. 62; *Wagner*, FamRZ 2009, S. 269 (270). A. A. Zöller/Geimer, ZPO, 31. Aufl. 2016, Art. 1 EuGVVO Rn. 36.
[94] Schlosser/Hess, EuZPR, 4. Aufl. 2015, Art. 1 EuGVVO Rn. 16; Zöller/Geimer, ZPO, 31. Aufl. 2016, Art. 1 EuGVVO Rn. 36. A. A. Rauscher/*Mankowski*, EuZPR, 4. Aufl. 2016, Art. 1 EuGVVO Rn. 61; *Wagner*, FamRZ 2009, S. 269 (270).
[95] *Gottwald*, JZ 1997, S. 92; A. A. Geimer/Schütze, EuZVR, 3. Aufl. 2010, Art. 1 EuGVVO a.F. Rn. 113; BGH, 28.2.1996 – XII ZR 181/93, NJW 1996, S. 1411, Rn. 11 (nach juris), allerdings lediglich mit der missverständlichen Begründung, das autonome Zuständigkeitsrecht gelte, weil Art. 5 Nr. 1 EuGVÜ (= Art. 7 Nr. 1) erfasse nicht bereicherungsrechtliche Ansprüche zwischen ehemaligen Verlobten.

gilt die am 31.5.2002 in Kraft getretene EuInsVO, die mit Wirkung zum 27.6.2017 durch die VO (EU) 2015/848 vom 20.5.2015 ersetzt werden wird („EuInsVO n.F.").[96] Die EuInsVO erfasst auch **Verbraucher-Insolvenzverfahren**,[97] die demzufolge ebenfalls nicht von der EuGVVO erfasst sind.

Die Anwendungsbereiche der EuGVVO und der EuInsVO sollen sich lückenlos ergänzen,[98] so dass der Begriff des insolvenzrechtlichen Verfahrens in beiden Rechtsinstrumenten gleich auszulegen ist. Das primäre Anliegen dabei ist es, alle – aber auch nur diejenigen – Streitigkeiten, die die Interessen der Gläubigergesamtheit betreffen, bei dem gem. Art. 3 Abs. 1 EuInsVO zuständigen Insolvenzgericht zu konzentrieren und zu diesem Zweck aus dem Anwendungsbereich der EuGVVO herauszuhalten.[99] Bei der Abgrenzung ist außerdem zu berücksichtigen, dass der Anwendungsbereich der EuGVVO nach Erwgr. 10 weit zu fassen ist, während der Geltungsbereich der EuInsVO nach deren Erwgr. 6 nicht weit ausgelegt werden darf.[100] 62

Durch Abs. 2 lit. b sind zum einen alle insolvenzrechtlichen **Gesamtverfahren** i.S.v. Art. 1 lit. a EuInsVO ausgeschlossen, die in Anhang A der EuInsVO im Einzelnen aufgezählt sind.[101] Darüber hinaus sind durch Abs. 2 lit. b EuGVVO auch **Einzelverfahren** vom Anwendungsbereich der EuGVVO ausgenommen, die parallel oder nach einem Insolvenzverfahren durchgeführt werden und im engen inneren Zusammenhang zu diesem stehen. Die Abgrenzung ist allerdings nicht immer eindeutig und oftmals umstritten: 63

Nach der sog. *Gourdain*-Formel des EuGH erfasst der Ausnahmetatbestand von Abs. 2 lit. b alle Klagen, die sich **unmittelbar aus einem Insolvenzverfahren** herleiten und **in engem Zusammenhang mit diesem** stehen.[102] Der Begriff „Konkurse, Vergleiche[103] und ähnliche Verfahren" erfasst dabei Verfahren, die nach den Rechtsordnungen der Mitgliedstaaten „*auf der Zahlungseinstel-* 64

---

[96] Siehe hierzu *Kindler/Sakka*, EuZW 2014, S. 460 und *Prager/Keller*, WM 2015, S. 805.
[97] *Zöller/Geimer*, ZPO, 31. Aufl. 2016, Art. 1 EuGVVO Rn. 47; *Schlosser*/Hess, EuZPR, 4. Aufl. 2015, Art. 1 EuGVVO Rn. 20.
[98] *Schlosser*-Bericht, 1979, Rn. 53; EuGH, 19.4.2012 – Rs. C-213/10, *F-Tex SIA ./. Lietuvos-Anglijos UAB*, ECLI:EU:C:2012:215, Rn. 21; EuGH, 4.9.2014 – Rs. C-157/13, *Nickel & Goeldner Spedition GmbH ./. „Kintra" UAB*, ECLI:EU:C:2014:2145, Rn. 21.
[99] *Wedemann*, IPRax 2015, S. 505 (506 f.).
[100] EuGH, 10.9.2009 – Rs. C-292/08, *German Graphics Graphische Maschinen GmbH ./. van der Schee*, Slg. 2009, I-8421 (ECLI:EU:C:2009:544), Rn. 23 ff.; EuGH, 4.9.2014 – Rs. C-157/13, *Nickel & Goeldner Spedition GmbH ./. „Kintra" UAB*, ECLI:EU:C:2014:2145, Rn. 23.
[101] Ab 2017: Anhang A i.V.m. Art. 2 Nr. 4 EuInsVO n.F.
[102] EuGH, 22.2.1979 – Rs. 133/78, *Gourdain ./. Nadler*, Slg. 1979, 733 (ECLI:EU:C:1979:49), Rn. 4. Ebenso EuGH, 12.2.2009 – Rs. C-339/07, *Seagon ./. Deko Marty Belgium NV*, Slg. 2009, I-767 (ECLI:EU:C:2009:83), Rn. 19; EuGH, 2.7.2009 – Rs. C-111/08, *SCT Industri AB i likvidation v Alpenblume AB*, Slg. 2009, I-5655 (ECLI:EU:C:2009:419), Rn. 21; EuGH, 10.9.2009 – Rs. C-292/08, *German Graphics Graphische Maschinen GmbH ./. van der Schee*, Slg. 2009, I-8421 (ECLI:EU:C:2009:544), Rn. 26; EuGH, 19.4.2012 – Rs. C-213/10, *F-Tex SIA ./. Lietuvos-Anglijos UAB*, ECLI:EU:C:2012:215, Rn. 22; EuGH, 18.7.2013 – Rs. C-147/12, *ÖFAB ./. Koot, u.a.*, ECLI:EU:C:2013:490, Rn. 24; EuGH, 4.9.2014 – Rs. C-157/13, *Nickel & Goeldner Spedition GmbH ./. „Kintra" UAB*, ECLI:EU:C:2014:2145, Rn. 23; EuGH, 4.12.2014 – Rs. C-295/13, *H. für G.T. GmbH ./. H.K.*, ECLI:EU:C:2014:2410, Rn. 17. Die *Gourdain*-Formel ist nun ausdrücklich in Erwgr. 35 Satz 1 EuInsVO n.F. festgeschrieben.
[103] Mit „Vergleich" im Sinne von Art. 1 Abs. 2 lit. b EuGVVO ist nicht der Prozessvergleich gemeint (Art. 2 lit. b *e contrario*). Vielmehr hat der Verordnungsgeber durch diese Formulierung nur klargestellt, dass es auf die Bezeichnung des Insolvenzverfahrens im einzelstaatlichen Recht nicht ankommt.

lung, der Zahlungsunfähigkeit oder der Erschütterung des Kredits des Schuldners beruhen und ein Eingreifen der Gerichte beinhalten, das in eine zwangsweise Liquidation der Vermögenswerte des Schuldners oder zumindest in eine Kontrolle der Gerichte mündet."[104] **Ausschlaggebend für die Zuordnung** einer Streitigkeit ist dabei nicht der prozessuale Kontext der Klage, sondern vor allem deren **Rechtsgrundlage**. Maßgeblich ist somit, ob der Anspruch oder die Verpflichtung, die der Klage zugrunde liegt, den allgemeinen Regelungen des Zivil- und Handelsrechts oder den abweichenden Spezialregelungen für Insolvenzverfahren angehört.[105]

65   Der prozessuale Rahmen einer Streitigkeit kann, auch wenn er nicht allein maßgebend ist, eine erste Hilfe bei der Zuordnung von Streitigkeiten bieten:

1. Insolvenzverfahren nicht eröffnet oder bereits beendet

66   Ist ein Insolvenzverfahren (mangels Masse) nicht eröffnet worden oder bereits abgeschlossen, kann eine Zuständigkeitskonzentration beim Insolvenzgericht nicht erreicht werden, so dass im Grundsatz die **EuGVVO** Anwendung findet.[106] Demnach ist die Klage des Gläubigers außerhalb des Insolvenzverfahrens bzw. nach dessen Abschluss gegen die Führungskräfte der insolventen Gesellschaft oder deren Gesellschafter nicht insolvenzrechtlich einzustufen und unterliegt daher der EuGVVO.[107]

67   Die EuGVVO ist auch dann anwendbar, wenn sich die **insolvenzrechtliche Anfechtbarkeit von Vermögensverfügungen außerhalb und nach Abschluss des Insolvenzverfahrens** als Vorfrage stellt.[108] Eine solche Konstellation kann sich dadurch ergeben, dass der Insolvenzverwalter an einen Gläubiger eine Forderung abtritt, die sich aus einem Insolvenzanfechtungsrecht der insolventen Gesellschaft ableitet. Die Nähe zum Insolvenzanfechtungsrecht verleiht einer späteren Klage des Zessionars gegen den Dritten keinen insolvenzrechtlichen Charakter. Anders als bei einer Insolvenzanfechtungsklage kann der Zessionar frei entscheiden, ob er die Klage erhebt. Er handelt auch nicht im Interesse der Gläubigergemeinschaft, sondern zu seinem persönlichen Vorteil.[109]

68   Etwas anderes gilt jedoch für Streitigkeiten, die die Wirksamkeit eines Erwerbs eines Gegenstands aus der Konkursmasse und die **insolvenzrechtlichen Befugnisse des Insolvenzverwalters** zur Verfügung über diesen Gegenstand betref-

---

[104] EuGH, 22.2.1979 – Rs. 133/78, *Gourdain* ./. *Nadler*, Slg. 1979, 733 (ECLI:EU:C:1979:49), Rn. 4.
[105] EuGH, 4.9.2014 – Rs. C-157/13, *Nickel & Goeldner Spedition GmbH* ./. *„Kintra" UAB*, ECLI:EU:C:2014:2145, Rn. 27; EuGH, 4.12.2014 – Rs. C-295/13, *H. für G.T. GmbH* ./. *H.K.*, ECLI:EU:C:2014:2410, Rn. 21.
[106] *Wedemann*, IPRax 2015, S. 505 (507); *Freitag*, ZIP 2014, S. 302 (305 f.).
[107] EuGH, 18.7.2013 – Rs. C-147/12, *ÖFAB* ./. *Koot, u.a.*, ECLI:EU:C:2013:490.
[108] EuGH, 19.4.2012 – Rs. C-213/10, *F-Tex SIA* ./. *Lietuvos-Anglijos UAB*, ECLI:EU:C:2012:215, Rn. 31 f.
[109] EuGH, 19.4.2012 – Rs. C-213/10, *F-Tex SIA* ./. *Lietuvos-Anglijos UAB*, ECLI:EU:C:2012:215, Rn. 43 f.

fen.¹¹⁰ Solche Streitigkeiten unterfallen dem Abs. 2 lit. b, auch wenn das Insolvenzverfahren bereits abgeschlossen worden ist. Denn der Umfang der Befugnisse des Insolvenzverwalters steht im engen Zusammenhang mit dem Ablauf des Insolvenzverfahrens.¹¹¹ Betrifft die Streitigkeit demgegenüber die Wirksamkeit eines Vergleichs, den der Konkursverwalter zur Abgeltung insolvenzrechtlicher Anfechtungsansprüche mit einem Dritten abgeschlossen hat, findet die EuGVVO Anwendung, wenn lediglich allgemeine, nicht spezifisch dem Insolvenzecht zuzuordnende Wirksamkeitshindernisse geltend gemacht werden, wie etwa Sittenwidrigkeit und arglistige Täuschung.¹¹²

2. Insolvenzverfahren eröffnet

In Fällen, in denen ein **Insolvenzverfahren eröffnet ist,** ist hingegen zwischen Klagen des Insolvenzverwalters und Klagen einzelner Gläubiger zu unterscheiden:¹¹³   69

a) Klagen des Insolvenzverwalters

Klagen des Insolvenzverwalters, die im Rahmen eines Insolvenzverfahrens   70
erhoben werden, haben dann insolvenzrechtlichen Charakter, wenn sie Ansprüche betreffen, die tatbestandlich eine förmliche Insolvenzeröffnung oder die materielle Zahlungsunfähigkeit des Schuldners voraussetzen.¹¹⁴

Insolvenzrechtlich sind demzufolge **Insolvenzanfechtungsklagen** (im deut-   71
schen Recht: §§ 129 ff. InsO) einzuordnen.¹¹⁵ Sie setzen zwingend eine Insolvenzeröffnung voraus und dienen im Interesse aller Gläubiger der Wiederherstellung der Masse.

Gleiches gilt für Klagen des Insolvenzverwalters gegen die Geschäftsführung   72
auf Ersatz von Zahlungen, die nach Eintritt der Insolvenzreife geleistet wurden (**§ 64 GmbHG**).¹¹⁶ Die Tatsache, dass sich die Anspruchsgrundlage für eine solche Haftung im allgemeinen Zivil- und Handelsrecht befindet, hat der EuGH zurecht für irrelevant erachtet. Der Zusammenhang mit dem Insolvenzverfahren wird dadurch hergestellt, dass die Norm eine Haftung gerade wegen der Zahlungsunfähigkeit der Schuldnergesellschaft vorsieht.¹¹⁷ Der insolvenzrechtliche Charakter der Haftungsnorm folgt außerdem aus ihrem Zusammenhang zur Insolvenzantragspflicht der Geschäftsführung.¹¹⁸ Gegen die insolvenz-

¹¹⁰ EuGH, 2.7.2009 – Rs. C-111/08, *SCT Industri AB i likvidation v Alpenblume AB*, Slg. 2009, I-5655 (ECLI:EU:C:2009:419) m. krit. Anm. Oberhammer, IPRax 2010, S. 317.
¹¹¹ EuGH, 2.7.2009 – Rs. C-111/08, *SCT Industri AB i likvidation v Alpenblume AB*, Slg. 2009, I-5655 (ECLI:EU:C:2009:419), Rn. 30.
¹¹² BGH, 27.4.2010 – IX ZR 108/09, NJW 2010, S. 2442, Rn. 11 (nach juris).
¹¹³ *Wedemann*, IPRax 2015, S. 505 (507).
¹¹⁴ EuGH, 4.12.2014 – Rs. C-295/13, *H. für G.T. GmbH ./. H.K.*, ECLI:EU:C:2014:2410, Rn. 22.
¹¹⁵ EuGH, 12.2.2009 – Rs. C-339/07, *Seagon ./. Deko Marty Belgium NV*, Slg. 2009, I-767 (ECLI:EU:C:2009:83). Dies ist nun ausdrücklich in Erwgr. 35 Satz 2 EuInsVO n.F. festgeschrieben.
¹¹⁶ EuGH, 4.12.2014 – Rs. C-295/13, *H. für G.T. GmbH ./. H.K.*, ECLI:EU:C:2014:2410 m. zust. Anm. *Kindler*, EuZW 2015, S. 141 und *Wedemann*, IPRax 2015, S. 505. Ebenso EuGH, 10.12.2015 – Rs. C-594/14, *Kornhaas ./. Dithmar*, ECLI:EU:C:2015:806, Rn. 14 ff.
¹¹⁷ EuGH, 4.12.2014 – Rs. C-295/13, *H. für G.T. GmbH ./. H.K.*, ECLI:EU:C:2014:2410, Rn. 63.
¹¹⁸ EuGH, 10.12.2015 – Rs. C-594/14, *Kornhaas ./. Dithmar*, ECLI:EU:C:2015:806, Rn. 18.

rechtliche Einordnung des Anspruchs aus § 64 GmbHG spricht auch nicht, dass dieser auch bei Nichteröffnung wegen Vermögenslosigkeit bestehen kann.[119] Denn der Anwendungsbereich der EuGVVO wird nicht danach abgegrenzt, ob ein formelles Insolvenzverfahren eröffnet ist oder nicht.[120]

73   Auch die sog. **Vorbelastungshaftung der Geschäftsführer bei der GmbH-Gründung** ist insolvenzrechtlich einzuordnen und liegt daher außerhalb des Anwendungsbereichs der EuGVVO.[121]

74   Als insolvenzrechtlich hat der EuGH auch eine Klage des Insolvenzverwalters gegen die Geschäftsleitung einer insolventen Gesellschaft aufgrund der *action en comblement de passif social* nach französischem Recht eingeordnet.[122] Mit dieser Klage kann die Geschäftsleitung persönlich in Haftung genommen werden, wenn sie durch fehlerhafte Geschäftsleitung die Insolvenz verursacht hat. Für die insolvenzrechtliche Qualifikation der Klage spricht, dass sie die Eröffnung eines Insolvenzverfahrens voraussetzt und allein dem Schutz der Gläubigergemeinschaft dient.[123]

75   Insolvenzrechtlich ist auch die Klage des Insolvenzverwalters gegen einen Gesellschafter auf **Rückgewähr eigenkapitalersetzender Darlehen** aus § 135 Abs. 1 Nr. 2 InsO einzuordnen.[124] Sie setzt tatbestandlich eine Insolvenz voraus und hat Ähnlichkeit mit der Insolvenzanfechtungsklage.

76   Der Ausnahmetatbestand von Abs. 2 lit. b erstreckt sich demzufolge nach richtiger Auffassung auch auf Klagen des Insolvenzverwalters zur Durchsetzung von Ansprüchen der Altgläubiger gegen die Geschäftsführung wegen **Masseschmälerung aufgrund von Insolvenzverschleppung** (§ 15a InsO i.V.m. § 823 Abs. 2 BGB) und die Haftung der Geschäftsführung wegen **Insolvenzverursachung** (§ 64 Satz 3 GmbHG).[125] Außerdem sind die Fälle der Durchgriffshaftung der Gesellschafter wegen **existenzvernichtenden Eingriffs** (§ 826 BGB[126]) erfasst.[127] All diese Klagen setzen tatbestandlich Insolvenzeröffnung bzw. materielle Zahlungsunfähigkeit voraus.

77   Ebenfalls insolvenzrechtlich ist die Klage eines Insolvenzverwalters auf Feststellung, dass Ansprüche gegen ihn wegen **Haftung nach § 60 InsO** nicht bestehen.[128]

---

[119] So aber OLG Düsseldorf, 18.12.2009 – 17 U 152/08, juris.
[120] *Weller/Harms*, IPRax 2016, S. 119 (121).
[121] OLG Rostock, 4.6.2014 – 1 U 51/11, IPRax 2016, S. 156; zust. *Weller/Harms*, IPRax 2016, S. 119 (121).
[122] EuGH, 22.2.1979 – Rs. 133/78, *Gourdain* ./. *Nadler*, Slg. 1979, 733 (ECLI:EU:C:1979:49).
[123] EuGH, 22.2.1979 – Rs. 133/78, *Gourdain* ./. *Nadler*, Slg. 1979, 733 (ECLI:EU:C:1979:49), Rn. 5 f.
[124] OLG München, 6.6.2006 – 7 U 2287/06, IPRax 2007, S. 212, Rn. 6 (nach juris).
[125] *Kindler*, EuZW 2015, S. 141 (144); *Wedemann*, IPRax 2015, S. 505 (508); *Haas*, ZIP 2013, S. 2381 (2386) (für § 64 Satz 3 GmbHG); *Thole*, Gläubigerschutz durch Insolvenzrecht, 2010, S. 937 f. (für § 64 Satz 3 GmbHG); so wohl auch Rauscher/*Mankowski*, EuZPR, 4. Aufl. 2016, Art. 1 EuGVVO Rn. 85. A. A. *Prager/Keller*, WM 2015, S. 805 (807); *Zöller/Geimer*, ZPO, 31. Aufl. 2016, Art. 1 EuGVVO Rn. 44b.
[126] BGH, 16.7.2007 – II ZR 3/04, NJW 2007, S. 2689.
[127] *Kindler*, EuZW 2015, S. 141 (144); *Wedemann*, IPRax 2015, S. 505 (508); *Osterloh-Konrad*, JZ 2014, S. 44 (46); *Thole*, Gläubigerschutz durch Insolvenzrecht, 2010, S. 938. A. A. Rauscher/*Mankowski*, EuZPR, 4. Aufl. 2016, Art. 1 EuGVVO Rn. 84; *Ullmer*, NJW 2004, S. 1201 (1207).
[128] *Prager/Keller*, WM 2015, S. 805 (807); *Zöller/Geimer*, ZPO, 31. Aufl. 2016, Art. 1 EuGVVO Rn. 44a.

Insolvenzrechtlich sind auch Streitigkeiten über die **Zuordnung einer For-** 78
derung als Masse- oder Insolvenzforderung.[129]
Klagen des Insolvenzverwalters, mit denen Ansprüche des Insolvenzschuld- 79
ners aus Geschäften vor Insolvenzeröffnung geltend gemacht werden, sind hingegen **Zivilsache**, die der EuGVVO unterliegt.[130] Demnach ist eine Klage,
gerichtet auf Zahlung von Vergütung für von vor Eintritt der Insolvenz
erbrachte Dienstleistungen, die der Insolvenzverwalter im Rahmen eines Insolvenzverfahrens geltend macht, nicht vom Ausnahmetatbestand in Abs. 2 lit. b
erfasst.[131] Denn diese Klage hätte von der insolventen Gesellschaft vor Eröffnung des Insolvenzverfahrens selbst erhoben werden können und hätte sich
dann nach den allgemeinen Verfahrensvorschriften in Zivil- und Handelssachen
gerichtet.[132] Eine solche Streitigkeit wird auch dadurch nicht insolvenzrechtlich, dass der in Anspruch Genommene hilfsweise die Aufrechnung mit Gegenforderungen erklärt und der Insolvenzverwalter diese gem. § 96 Abs. 1 Nr. 3
InsO als unwirksam ansieht.[133]

Nicht insolvenzrechtlich sind auch Ansprüche aus Verträgen, die erst der 80
Insolvenzverwalter nach Eröffnung des Insolvenzverfahrens in Fortführung des
verwalteten Unternehmens abgeschlossen hat **(Masseforderungen)**.[134] Diese
hängen nicht eng mit dem Insolvenzverfahren zusammen, sondern wären auch
ohne dieses entstanden.[135]

b) Klagen einzelner Gläubiger

Klagen einzelner Gläubiger im Rahmen eines Insolvenzverfahrens sind in der 81
Regel nicht vom Ausnahmetatbestand des Abs. 2 lit. b erfasst, so dass insoweit
meist die EuGVVO gilt. Solche Klagen dienen regelmäßig nicht der Verfolgung
der Interessen der Gläubigergesamtheit, so dass eine Zuständigkeitskonzentration
beim Insolvenzgericht nicht erforderlich ist.[136]

Demzufolge ist eine **Aussonderungsklage** gestützt auf einen Eigentumsvor- 82
behalt eines Verkäufers gegen die insolvente Gesellschaft nicht vom Anwendungsbereich der EuGVVO ausgenommen.[137] Gleiches gilt für Absonderungs-
klagen und Klagen auf Feststellung dinglicher Sicherungsrechte.[138] Auch Klagen
gegen **Kündigungen von Arbeitsverträgen**, die ein Insolvenzverwalter auf

---

[129] *Willemer,* Vis attractiva concursus, 2006, S. 393 ff.; Rauscher/*Mankowski,* EuZPR, 4. Aufl. 2016, Art. 1 EuGVVO Rn. 75.
[130] BGH, 16.9.2015 – VIII ZR 17/15, RIW 2015, S. 839, Rn. 16 ff. (nach juris); *Mankowski,* NZI 2010, S. 508 (512). Dies ist nun ausdrücklich in Erwgr. 35 Satz 3 EuInsVO n.F. festgeschrieben.
[131] EuGH, 4.9.2014 – Rs. C-157/13, *Nickel & Goeldner Spedition GmbH ./. „Kintra" UAB,* ECLI:EU:C:2014:2145.
[132] EuGH, 4.9.2014 – Rs. C-157/13, *Nickel & Goeldner Spedition GmbH ./. „Kintra" UAB,* ECLI:EU:C:2014:2145, Rn. 28 ff.
[133] BGH, 16.9.2015 – VIII ZR 17/15, RIW 2015, S. 839, Rn. 17 (nach juris); *Mankowski,* NZI 2010, S. 508 (512). A. A. OLG Zweibrücken, 30.6.1992 – 3 W 13/92, EuZW 1993, S. 165.
[134] *Mankowski,* NZI 2010, S. 508 (512); *Willemer,* Vis attractiva concursus, 2006, S. 370 ff.
[135] *Kropholler/von Hein,* EuZPR, 9. Aufl. 2011, Art. 1 EuGVVO a.F. Rn. 37.
[136] *Wedemann,* IPRax 2015, S. 505 (507); vgl. auch *Osterloh-Konrad,* JZ 2014, S. 44 (45).
[137] EuGH, 10.9.2009 – Rs. C-292/08, *German Graphics Graphische Maschinen GmbH ./. van der Schee,* Slg. 2009, I-8421 (ECLI:EU:C:2009:544).
[138] *Laukemann,* IPRax 2013, S. 150.

Grundlage von §§ 113, 125 InsO erklärt hat, unterliegen als Zivilsache der EuGVVO.[139]

83 Streitigkeiten aus **Rechtsgeschäften, die vor Insolvenzeröffnung** abgeschlossen wurden, oder aus Handlungen, die vor der Insolvenzeröffnung stattfanden, sind auch nicht vom Ausnahmetatbestand in Abs. 2 lit. b erfasst. Von der EuGVVO ist daher etwa die Klage eines Gläubigers auf Feststellung, dass einer insolventen Gesellschaft gegen diesen keine Zahlungsansprüche aus einem vor Insolvenzeröffnung geschlossenen Geschäft zustehen, erfasst. Eine solche Klage ist darauf gerichtet, Ansprüche abzuwehren, die der Insolvenzverwalter im Wege eines Aktivprozesses, d.h. im Rahmen eines vom Insolvenzverfahren unabhängigen Einzelverfahrens, geltend machen würde.[140] Dasselbe gilt für die Klage gegen den Insolvenzverwalter auf Herausgabe von Bürgschaftsurkunden, die ihren Ursprung in der schon vor Insolvenzeröffnung streitigen Frage hat, ob die Restforderung der Gemeinschuldnerin durch Aufrechnung erloschen und der Sicherungszweck der Bürgschaft weggefallen ist mit der Folge einer Verpflichtung des Insolvenzverwalters zur Herausgabe der Bürgschaftsurkunden.[141]

84 Klagen zur **Feststellung einer Forderung zur Insolvenztabelle** (§§ 179 ff. InsO) einschließlich Rangfeststellungsklagen sollten hingegen richtigerweise insolvenzrechtlich qualifiziert werden, weil sie auf ein spezifisch insolvenzrechtliches Ziel gerichtet sind und mit dem Insolvenzverfahren in einem engen inneren Zusammenhang stehen.[142] Dasselbe gilt für Streitigkeiten über ein Wahlrecht des Insolvenzverwalters (etwa § 103 InsO), weil sie dessen insolvenzrechtliche Befugnisse betreffen.[143]

85 Insolvenzrechtlicher Natur ist auch die Klage eines Gläubigers auf Feststellung, dass die Voraussetzungen für den Herausgabeanspruch eines Insolvenzverwalters im Rahmen einer drohenden Insolvenzanfechtungsklage nicht gegeben sind. Hierfür spricht der enge Zusammenhang einer solchen Klage mit der beim Insolvenzgericht zu erhebenden Insolvenzanfechtungsklage.[144]

86 Haftungsklagen gegen den Insolvenzverwalter (§§ 60, 62 InsO) sind aufgrund ihres Bezugs zum Insolvenzverfahren ebenfalls insolvenzrechtlich einzuordnen.[145]

---

[139] BAG, 20.9.2012 – 6 AZR 253/11, BB 2013, S. 507, Rn. 16 ff. (nach juris); a. A. *Schlosser*/Hess, EuZPR, 4. Aufl. 2015, Art. 1 EuGVVO Rn. 21.
[140] LG Karlsruhe, 3.1.2014 – 14 O 94/13 KfH III, juris, Rn. 20 f.
[141] LG Aachen, 16.12.2005 – 43 O 106/03, IPRax 2006, S. 599 mit zust. Anm. *Stürner*, IPRax 2006, S. 579.
[142] *Prager/Keller*, WM 2015, S. 805 (807); Zöller/*Geimer*, ZPO, 31. Aufl. 2016, Art. 1 EuGVVO Rn. 44a; Rauscher/*Mankowski*, EuZPR, 4. Aufl. 2016, Art. 1 EuGVVO Rn. 90; *Willemer*, Vis attractiva concursus, 2006, S. 328 ff.; dahingehend auch OLG Frankfurt a. M., 30.10.2001 – 20 W 587/99, RIW 2002, S. 148, Rn. 12 (nach juris). A. A. *Schlosser*/Hess, EuZPR, 4. Aufl. 2015, Art. 1 EuGVVO Rn. 21; *Kropholler/von Hein*, EuZPR, 9. Aufl. 2011, Art. 1 EuGVVO a.F. Rn. 37.
[143] *Haas*, ZIP 2013, S. 2381 (2389); *Schlosser*/Hess, EuZPR, 4. Aufl. 2015, Art. 1 EuGVVO Rn. 21.
[144] LG Innsbruck, 12.12.2013 – 14 CG 56/13z, NZI 2014, S. 286.
[145] Rauscher/*Mankowski*, EuZPR, 4. Aufl. 2016, Art. 1 EuGVVO Rn. 74; *Willemer*, Vis attractiva concursus, 2006, S. 384 f.; *Prager/Keller*, WM 2015, S. 805 (807); Zöller/*Geimer*, ZPO, 31. Aufl. 2016, Art. 1 EuGVVO Rn. 44a.

3. Anerkennung und Vollstreckung insolvenzrechtlicher Entscheidungen

Die Frage, nach welchen Regeln gerichtliche Entscheidungen rund um das 87
Insolvenzverfahren im Ausland anzuerkennen und zu vollstrecken sind, ist primär nach Art. 25 EuInsVO bzw. (ab 2017) Art. 32 EuInsVO n.F. zu klären:
Gem. Abs. 1 UAbs. 2 i.V.m. UAbs. 1 dieser Vorschrift werden die von der 88
EuInsVO erfassten Gerichtsentscheidungen ohne weitere Förmlichkeiten **anerkannt**. Entscheidungen, die von der EuInsVO nicht erfasst sind und in den Anwendungsbereich der EuGVVO fallen, werden gem. Art. 25 Abs. 2 EuInsVO i.V.m. Art. 68 Abs. 2 EuGVVO (bzw. Art. 32 Abs. 2 EuInsVO n.F.) nach Art. 36 EuGVVO automatisch und formlos anerkannt; allerdings gelten die Art. 46 ff. EuGVVO.

Die **Vollstreckung** richtet sich immer nach Art. 39–57 EuGVVO. Für Ent- 89
scheidungen im Anwendungsbereich der EuInsVO folgt dies aus Art. 25 Abs. 1 UAbs. 2 i.V.m. UAbs. 1 EuInsVO i.V.m. Art. 68 Abs. 2 EuGVVO (bzw. Art. 32 Abs. 1 UAbs. 2 i.V.m. UAbs. 1 EuInsVO n.F.). Für Entscheidungen, die in den Anwendungsbereich der EuGVVO fallen, ergibt sich dies aus der EuGVVO direkt. Die Einordnung einer gerichtlichen Entscheidung als zivil- oder insolvenzrechtlich kann demzufolge auf der Ebene der Anerkennung und Vollstreckung offen bleiben, weil in beiden Fällen dieselben Vorschriften maßgeblich sind.[146]

VI. Ausnahme der sozialen Sicherheit (Abs. 2 lit. c)

Gem. Abs. 2 lit. c ist die EuGVVO auf Angelegenheiten der „sozialen Sicher- 90
heit" nicht anzuwenden. Dieser Ausschluss hat seinen Grund darin, dass dieses Rechtsgebiet in einigen Mitgliedstaaten öffentlich-rechtlich qualifiziert wird, in anderen im Grenzbereich zwischen öffentlichem und privatem Recht liegt.[147]

Der Begriff der „sozialen Sicherheit" ist im Lichte der Verordnung (EWG) 91
Nr. 1408/71[148] auszulegen,[149] die auf Grundlage von Art. 51 EWG-Vertrag (später Art. 42 EG-Vertrag, seit Lissabon-Vertrag vom 1.12.2009 Art. 48 AEUV) erlassen worden ist und die nationalen Vorschriften auf dem Gebiet der sozialen Sicherheit koordinieren soll. An ihre Stelle sind die Verordnungen (EG) Nr. 883/2004[150] und Nr. 987/2009[151] getreten, so dass Abs. 2 lit. c heute im Lichte von deren Bestimmungen auszulegen ist.

---
[146] BGH, 8.5.2014 – IX ZB 35/12, NJW-RR 2014, S. 1135, Rn. 7 (nach juris) zu einer im englischen Insolvenzverfahren erlassenen *third party costs order*.
[147] *Schlosser*-Bericht, 1979, Rn. 60.
[148] Verordnung (EWG) Nr. 1408/71 des Rates vom 14. Juni 1971 über die Anwendung der Systeme der sozialen Sicherheit auf Arbeitnehmer und Selbständige sowie deren Familienangehörige, die innerhalb der Gemeinschaft zu- und abwandern.
[149] EuGH, 14.11.2002 – Rs. C-271/00, *Steenbergen* ./. *Baten*, Slg. 2002, I-10489 (ECLI:EU:C:2002:656), Rn. 44.
[150] Verordnung (EG) Nr. 883/2004 des Europäischen Parlaments und des Rates vom 29. April 2004 zur Koordinierung der Systeme der sozialen Sicherheit.
[151] Verordnung Nr. 987/2009 des Europäischen Parlaments und des Rates vom 16. September 2009 zur Festlegung der Modalitäten für die Durchführung der Verordnung (EG) Nr. 883/2004 über die Koordinierung der Systeme der sozialen Sicherheit.

92 Unter den Begriff der „sozialen Sicherheit" i.S.v. Abs. 2 lit. c EuGVVO fallen damit insbesondere alle in Art. 3 Verordnung (EG) Nr. 883/2004 genannten Gegenstände: ärztliche Behandlungsleistungen bei Krankheit, Krankengeld, Leistungen bei Mutterschaft (bzw. gleichgestellte Leistungen aufgrund Vaterschaft), Invalidenversicherung, Altersversicherung, Leistungen an Hinterbliebene, Leistungen bei Arbeitsunfällen und Berufskrankheiten, Sterbegeld, Leistungen bei Arbeitslosigkeit, Vorruhestandsleistungen und Familienleistungen. Die von der öffentlichen Hand gezahlte Ausbildungsförderung (nach BAFöG) ist von der Ausnahme Abs. 2 lit. c nicht erfasst.[152]

93 Der Ausnahmetatbestand von Abs. 2 lit. c gilt nur für Streitigkeiten, die unmittelbar das Gebiet der sozialen Sicherheit betreffen, d.h. solche, die sich aus der **Beziehung zwischen dem Sozialversicherungsträger und dem Berechtigten** der sozialen Sicherungsleistung ergeben.[153] Von der EuGVVO ausgenommen ist daher zum einen die Klage des Berechtigten gegen den Sozialversicherungsträger, zum anderen die spiegelbildliche Rückforderungsklage des Sozialversicherungsträgers gegen den Empfänger wegen zu Unrecht gezahlter Sozialleistungen.[154] Demgegenüber sind die Beitragspflichten des Arbeitgebers gegenüber dem Sozialversicherungsträger aufgrund von Tarifverträgen nicht von der Ausnahme erfasst und unterliegen daher der EuGVVO.[155] Genauso wenig vom Anwendungsbereich ausgenommen sind Klagen des Sozialversicherungsträgers gegen den Arbeitgeber auf Zahlung von Beiträgen zur Sicherung von Urlaubsansprüchen.[156]

94 Die Ausnahme des Abs. 2 lit. c gilt auch nicht für gerichtliche **Verfahren der Sozialversicherungsträger gegen Dritte**, etwa gegen Verursacher schädigender Ereignisse aufgrund von Ansprüchen, die kraft Gesetzes auf sie übergegangen sind oder die ihnen das Gesetz als eigenständige Ansprüche gewährt.[157] Genauso fällt die Regressklage einer öffentlichen Stelle gegen einen Unterhaltsverpflichteten für Sozialleistungen, die an den Unterhaltsbedürftigen erbracht worden sind, in den Anwendungsbereich der EuGVVO.[158] Denn insoweit geht es nur um die Rückerstattung der geleisteten Beträge – gleich aus welchem Grund sie gegenüber dem Bedürftigen gezahlt worden sind.[159]

VII Ausnahme der Schiedsgerichtsbarkeit (Abs. 2 lit. d)

95 Gem. Abs. 2 lit. d ist die Schiedsgerichtsbarkeit aus dem sachlichen Anwendungsbereich der EuGVVO ausgenommen.

---

[152] EuGH, 15.1.2004 – Rs. C-433/01, *Freistaat Bayern ./. Blijdenstein*, Slg. 2004, I-991 (ECLI:EU:C:2004:21), Rn. 21.
[153] LAG Hessen, 12.2.2007 – 16 Sa 1366/06, IPRax 2008, S. 131, Rn. 18 (nach juris).
[154] OLG Köln, 24.9.1990 – 13 W 67/90, IPRspr. 1990, Nr. 201, S. 411.
[155] LAG Hessen, 12.2.2007 – 16 Sa 1366/06, IPRax 2008, S. 131, Rn. 18 (nach juris).
[156] BAG, 15.2.2012 – 10 AZR 711/10, juris, Rn. 23.
[157] *Schlosser*-Bericht, 1979, Rn. 60; *Jenard*-Bericht, 1979, S. 12 f.
[158] EuGH, 14.11.2002 – Rs. C-271/00, *Steenbergen ./. Baten*, Slg. 2002, I-10489 (ECLI:EU:C:2002:656), Rn. 49.
[159] EuGH, 14.11.2002 – Rs. C-271/00, *Steenbergen ./. Baten*, Slg. 2002, I-10489 (ECLI:EU:C:2002:656), Rn. 46.

1. Grundsätzliches

Dieser Ausschluss **gilt nicht dem eigentlichen Schiedsverfahren**. Die 96
Nichtanwendung der EuGVVO ergibt sich insoweit bereits daraus, dass sie lediglich für staatliche Gerichte und nicht für private Spruchkörper bindend ist. Abs. 2 lit. d soll vielmehr diejenigen **vorgelagerten, flankierenden und nachgelagerten Verfahren vor staatlichen Gerichten** von der EuGVVO heraushalten, die erforderlich sind, um die Funktionsfähigkeit und Effektivität eines Schiedsverfahrens sicherzustellen. Dieser Ausnahmetatbestand ist zusammen mit Erwgr. 12 zu lesen, der dessen Reichweite näher umschreibt.

Die Bereichsausnahme trägt u.a. der Geltung der schiedsrechtlichen Spezial- 97
Übereinkommen UNÜ[160] und des ESÜ[161] Rechnung. Außerdem wäre die EuGVVO, die auf die Tätigkeit staatlicher Gerichte zugeschnitten ist, auch nicht das richtige Instrument, um Aspekte des eigentlichen Schiedsverfahrens mit dessen Besonderheiten zu regeln.[162]

Erwgr. 12 wurde im Rahmen der EuGVVO-Revision 2012 eingeführt, 98
nachdem sich Vorschläge für eine teilweise Regelung der Schiedsgerichtsbarkeit in der EuGVVO nicht durchgesetzt haben. Im Grünbuch zur EuGVVO-Revision hatte die EU-Kommission einen entsprechenden Vorschlag aus dem sog. *Heidelberg*-Bericht[163] aufgegriffen und eine Streichung des Abs. 2 lit. d sowie ergänzende Regelungen zur Koordination zwischen staatlicher und Schiedsgerichtsbarkeit in den Raum gestellt.[164] Der **Gesetzesvorschlag der Kommission** enthielt eine Regelung, nach der ein mitgliedstaatliches Gericht ein Verfahren hätte aussetzen müssen, wenn der Schiedsort in einem anderen Mitgliedstaat liegt und dort vor einem Schieds- oder staatlichen Gericht eine Streitigkeit über die Wirksamkeit der Schiedsvereinbarung anhängig gemacht worden wäre.[165] Außerdem wurde Art. 33 Abs. 3 vorgeschlagen, der regeln sollte, wann ein Schiedsgericht als angerufen gilt.[166]

Während die Vorschläge in Deutschland weitgehend auf Zustimmung stie- 99
ßen,[167] übten die Vertreter der Schiedsgerichtsbarkeitsszene insbesondere aus

---

[160] New Yorker UN-Übereinkommen über die Anerkennung und Vollstreckung ausländischer Schiedssprüche vom 10. Juni 1958.
[161] Europäisches Übereinkommen über die internationale Handelsschiedsgerichtsbarkeit vom 21. April 1961.
[162] Rauscher/*Mankowski*, EuZPR, 4. Aufl. 2016, Art. 1 EuGVVO Rn. 102.
[163] Vgl. *Heidelberg*-Bericht, 2007, Rn. 106 ff.
[164] Vgl. Grünbuch vom 21.4.2009, KOM(2009), 175, S. 9 f.
[165] Vgl. Art. 29 Abs. 4 Entwurf (KOM(2010) 748, S. 39): „Wenn der vereinbarte oder bezeichnete Schiedsort in einem Mitgliedstaat liegt, setzen die Gerichte eines anderen Mitgliedstaats, deren Zuständigkeit auf der Grundlage einer Schiedsvereinbarung angefochten wird, das Verfahren aus, sobald die Gerichte des Mitgliedstaats, in dem sich der Schiedsort befindet, oder das Schiedsgericht angerufen wurden, um in der Haupt- oder Vorfrage festzustellen, ob die Schiedsvereinbarung besteht, ob sie gültig ist und welche Wirkungen sie hat. Dieser Absatz schließt nicht aus, dass sich das Gericht, dessen Zuständigkeit angefochten wird, in der vorstehend genannten Situation für unzuständig erklärt, wenn sein innerstaatliches Recht dies verlangt. Wurden das Bestehen, die Gültigkeit und die Wirkungen der Schiedsvereinbarung festgestellt, erklärt sich das angerufene Gericht für unzuständig. Dieser Absatz gilt nicht für die in den Abschnitten 3, 4 und 5 des Kapitels II genannten Streitigkeiten."
[166] KOM(2010) 748, S. 40.
[167] Vgl. etwa *Illmer*, SchiedsVZ 2011, S. 248 (256 ff.); *Magnus/Mankowski*, ZVglRWiss 110 (2011), S. 252 (258 ff.); *Weller*, GPR 2012, S. 34; *Kunick/Lamb/Prantl/Regenhardt*, SchiedsVZ 2012, S. 21 (25 f.).

Frankreich erhebliche Kritik.[168] Aufgrund dieses Gegenwindes konnte man sich auf eine teilweise Erstreckung der EuGVVO auf die Schiedsgerichtsbarkeit nicht einigen, so dass die Bereichsausnahme aus der EuGVVO a.F. unverändert beibehalten wurde. Neben Erwgr. 12 wurde Art. 73 Abs. 2 eingefügt, der klarstellt, dass die EuGVVO die Anwendbarkeit des UNÜ unberührt lässt. Diese Ergänzungen bringen im Ergebnis wohl keinerlei Änderungen mit sich, sondern dokumentieren lediglich den schon unter der EuGVVO a.F. geltenden Rechtszustand (vgl. dazu später).[169] Die nähere Erläuterung des Ausnahmetatbestandes in einem Erwägungsgrund wird im Schrifttum zu Recht kritisiert,[170] weil ein Erwägungsgrund lediglich Auslegungshilfe bietet, für die mitgliedstaatlichen Gerichte jedoch nicht verbindlich ist.[171] Erwgr. 12 war der „kleinste gemeinsame Nenner", auf den man sich nach der hitzigen Debatte über die Bedeutung der EuGVVO für die Schiedsgerichtsbarkeit einigen konnte.

2. Grundsätze zur Abgrenzung der Bereichsausnahme

100   Ob ein Rechtsstreit mit Bezug zu Schiedsverfahren in den Anwendungsbereich der EuGVVO fällt, ist laut EuGH nach dem **Gegenstand des Rechtsstreits** zu entscheiden.[172]

101   Demzufolge sind **Hilfsverfahren vor staatlichen Gerichten zur Unterstützung von Schiedsgerichten** aus dem Anwendungsbereich der EuGVVO ausgenommen. Einige Beispiele für Verfahren, in denen der Ausnahmetatbestand von Abs. 2 lit. d greift, nennt Erwgr. 12 Satz 6. Demzufolge gilt die EuGVVO insbesondere nicht für Klagen oder Nebenverfahren bzgl. der Konstituierung eines Schiedsgerichts (etwa die Ernennung und Abberufung von Schiedsrichtern[173]), die Befugnisse von Schiedsrichtern, die Durchführung eines Schiedsverfahrens oder sonstige Aspekte eines solchen Verfahrens. Ausgenommen sind des Weiteren Klagen bzgl. der Aufhebung, Überprüfung, Anerkennung und Vollstreckung von Schiedssprüchen. Der Ausnahmetatbestand gilt auch für gerichtliche Verfahren zur Festlegung des Schiedsortes und Verlängerung der für die Fällung eines Schiedsspruchs bestehenden Fristen.[174]

---

[168] Vgl. etwa *Vagenheim*, ASA Bulletin 27 (2009), S. 588; *Lazić*, J. Int. Arb. 29 (2012), S. 19; *Dickinson*, Yb. Priv. Int. L. 12 (2010), S. 247 (297 ff.). Auf diese Kritik antwortend *Schlosser*, SchiedsVZ 2009, S. 129.
[169] *von Hein*, RIW 2013, S. 97 (99).
[170] Rauscher/*Mankowski*, EuZPR, 4. Aufl. 2016, Art. 1 EuGVVO Rn. 116.
[171] EuGH, 19.11.1998 – Rs. C-162/97, *Strafverfahren gegen Nilsson u.a.*, Slg. 1998, I-7498 (ECLI:EU:C:1998:554), Rn. 54; EuGH, 24.11.2005 – Rs. C-136/04, *Deutsches Milch-Kontor GmbH ./. Hauptzollamt Hamburg-Jonas*, Slg. 2005, I-10997 (ECLI:EU:C:2005:716), Rn. 32.
[172] EuGH, 25.7.1991 – Rs. C-190/89, *Marc Rich & Co. AG ./. Societa Italiana Impianti P.A.*, Slg. 1991, I-3855 (ECLI:EU:C:1991:319), Rn. 26; EuGH, 13.5.2015 – Rs. C-536/13, *Gazprom OAO ./. Republik Litauen*, ECLI:EU:C:2015:316, Rn. 29.
[173] EuGH, 25.7.1991 – Rs. C-190/89, *Marc Rich & Co. AG ./. Societa Italiana Impianti P.A.*, Slg. 1991, I-3855 (ECLI:EU:C:1991:319).
[174] EuGH, 17.11.1998 – Rs. C-391/95, *Van Uden Maritime BV ./. Deco-Line KG u.a.*, Slg. 1998, I-7091 (ECLI:EU:C:1998:543), Rn. 32 (obiter).

Die Bereichsausnahme von Abs. 2 lit. d bedeutet auch, dass im Verhältnis zwi- 102
schen staatlichem Verfahren und Schiedsverfahren die **Rechtshängigkeitsvorschriften in Art. 29 ff.** keine Geltung entfalten.[175]

Einen schiedsrechtlichen Charakter haben darüber hinaus gerichtliche Verfah- 103
ren, die die fehlenden hoheitlichen Befugnisse von Schiedsgerichten kompensieren sollen. Hierzu gehören etwa gerichtliche Hilfstätigkeiten (vgl. § 1050 ZPO) zwecks Durchführung von **Beweisaufnahmen, förmlichen Zustellungen,** Ersuchen an Behörden oder einer Vorlage an den EuGH.[176, 177]

Demgegenüber findet die EuGVVO Anwendung, wenn ein **Schiedsspruch** 104
wegen Ungültigkeit der Schiedsvereinbarung aufgehoben wurde und anschließend ein staatliches Gericht zur Entscheidung des Rechtsstreits in der Hauptsache angerufen wird. Allein der Umstand, dass über diesen Rechtsstreit zuvor ein Schiedsgericht (zu Unrecht) entschieden hatte, macht ihn nicht zu einer Angelegenheit der Schiedsgerichtsbarkeit i.S.v. Abs. 2 lit. d.[178]

Auch **Honorar-Klagen von Schiedsrichtern** sind von der Bereichsaus- 105
nahme des Abs. 2 lit. d nicht erfasst.[179]

3. Beurteilung der Wirksamkeit der Schiedsvereinbarung im staatlichen Erkenntnisverfahren

Die Frage, ob eine bestimmte Streitigkeit einer wirksamen Schiedsvereinba- 106
rung unterliegt, kann sich im Erkenntnisverfahren vor staatlichen Gerichten insbesondere in zwei Verfahrenskonstellationen stellen: Zum einen, wenn der Beklagte eines Erkenntnisverfahrens die sog. Schiedseinrede (in Deutschland: § 1032 Abs. 1 ZPO) erhebt, um die Unzuständigkeit der staatlichen Gerichte wegen einer entgegenstehenden Schiedsvereinbarung geltend zu machen. Neben diesem Fall, in dem die Wirksamkeit der Schiedsvereinbarung als Vorfrage zu klären ist, ist zum anderen möglich, dass eine Partei Klage auf Feststellung der Wirksamkeit oder der Unwirksamkeit einer Schiedsvereinbarung erhebt, um die Zulässigkeit der Einleitung eines Schiedsverfahrens zu klären (in Deutschland: § 1032 Abs. 2 ZPO).

Erwgr. 12 Satz 2 stellt klar, dass in beiden Konstellationen die Bereichsaus- 107
nahme für die Schiedsgerichtsbarkeit es einem staatlichen Gericht nicht verwehrt, die Wirksamkeit der Schiedsvereinbarung zu prüfen und die Parteien ggf. auf das schiedsgerichtliche Verfahren zu verweisen.

Die am Ende einer solchen Prüfung stehende Entscheidung des staatlichen 108
Gerichts über die (Un)Wirksamkeit der Gerichtsstandsvereinbarung kann nach **Erwgr. 12 Satz 3** nicht nach den Regeln der EuGVVO anerkannt werden. Das

---
[175] *Geimer*, in: FS Ahrens, 2016, S. 501 (508 f.). So bereits zur EuGVVO a.F. Rechtbank Rotterdam, 22.10.2014 – C/10/440631/HA, juris.
[176] Vgl. zur fehlenden Vorlageberechtigung privater Schiedsgerichte etwa EuGH, 23.3.1982 – Rs. 102/81, „Nordsee" Deutsche Hochseefischerei GmbH ./. Reederei Mond Hochseefischerei Nordstern AG & Co. KG u.a., Slg. 1982, S. 1095 (ECLI:EU:C:1982:107); *Schütze*, SchiedsVZ 2007, S. 121.
[177] Rauscher/*Mankowski*, EuZPR, 4. Aufl. 2016, Art. 1 EuGVVO, Rn. 124; *Geimer*, in: FS Ahrens, 2016, S. 501 (512 f.).
[178] Zöller/*Geimer*, ZPO, 31. Aufl. 2016, Art. 1 EuGVVO Rn. 71.
[179] Rauscher/*Mankowski*, EuZPR, 4. Aufl. 2016, Art. 1 EuGVVO Rn. 125.

gilt unabhängig davon, ob die Gültigkeit der Schiedsvereinbarung als Haupt- oder Vorfrage beurteilt worden ist. Das erscheint konsequent, da die Wirksamkeit der Schiedsvereinbarung die Kernfrage eines jeden Schiedsverfahrens betrifft und damit Grundvoraussetzung für sämtliche flankierenden Maßnahmen staatlicher Gerichte ist, die durch Abs. 2 lit. d aus der EuGVVO gerade ausgenommen sind.[180]

109 Indem die Beurteilung der Wirksamkeit der Schiedsvereinbarung von Art. 36 ff. ausgeschlossen bleibt, wird sichergestellt, dass die Gerichte anderer Mitgliedstaaten bei der Entscheidung über flankierende Maßnahmen i.S.v. Abs. 2 lit. d nicht durch einen ausländischen Richterspruch betreffend die Gültigkeit der Schiedsabrede auf Grundlage der EuGVVO-Anerkennungsregeln beeinflusst werden.

a) Anerkennung der Schiedsvereinbarung durch ein mitgliedstaatliches Gericht

110 Kommt das staatliche Gericht demgegenüber zu dem Ergebnis, dass die Schiedsvereinbarung wirksam ist, kann es – mangels internationaler Zuständigkeit – keine Sachentscheidung über den Streit treffen und erlässt ein klageabweisendes Prozessurteil, dass jedoch gem. Erwgr. 12 Satz 3 keinerlei anerkennungsfähige Wirkung entfaltet.

111 Hatte das staatliche Gericht hingegen die Schiedsvereinbarung als Hauptfrage für gültig befunden (aufgrund einer Feststellungsklage etwa gem. § 1032 Abs. 2 ZPO), kann auch dieses Feststellungsurteil nicht nach den Regeln der EuGVVO anerkannt werden, vgl. Erwgr. 12 Satz 3. Die internationale Zuständigkeit der staatlichen Gerichte kann sich in einem solchen Fall nur aus dem nationalen (ggf. staatsvertraglichen) Verfahrensrecht ergeben, nicht hingegen aus der EuGVVO, weil insoweit auch der Ausschluss von Abs. 2 lit. d greift. Denn die Feststellungsklage über die Wirksamkeit der Schiedsvereinbarung ist das Paradebeispiel für ein Nebenverfahren zur Durchführung des Schiedsverfahrens i.S.v. Erwgr. 12 Satz 6.[181]

b) Übergehen der Schiedsvereinbarung durch ein mitgliedstaatliches Gericht

112 Weist ein in der Hauptsache angerufenes staatliches Gericht die Schiedseinrede als unbegründet zurück und trifft eine Sachentscheidung, soll dieses Urteil gem. **Erwgr. 12 Satz 4** in den Genuss des Anerkennungs- und Vollstreckungsregimes der EuGVVO kommen. Dieses Urteil weist mangels wirksamer Schiedsvereinbarung keinen Bezug zur Schiedsgerichtsbarkeit auf, so dass seine Perpetuierung nach Art. 36 ff. nicht im Widerspruch zu Abs. 2 lit. d steht.

113 Es versteht sich in diesem Fall von selbst, dass das staatliche Gericht – nachdem es eine Schiedseinrede zurückgewiesen hat – seine internationale Zuständigkeit

---

[180] Dies dürfte bereits unter der EuGVVO a.F. gegolten haben. Die gegenteilige in *Evrigenis/Kerameus*-Bericht, 1986, Rn. 35 zum EuGVÜ vertretene Meinung hat sich nicht durchgesetzt. Die Anwendbarkeit der EuGVVO-Anerkennungsregeln auf die Entscheidung eines mitgliedstaatlichen Gerichts über die Unwirksamkeit einer Schiedsvereinbarung bejahte auch der Court of Appeal (England and Wales), 4.2.2010, *National Navigation Co. ./. Endesa Generacion SA*, [2009] EWCA Civ 1397 m. zust. Anm. *Illmer*, IHR 2011, S. 108.
[181] So auch *Geimer*, in: FS Ahrens, 2016, S. 501 (516).

für die Sachentscheidung auf Art. 4 ff. stützen muss. Die Entscheidung des Erkenntnisgerichts über die Unwirksamkeit der Schiedsvereinbarung kann im Rahmen des Anerkennungsverfahrens aufgrund Art. 45 Abs. 3 nicht überprüft werden. Eine Kontrolle der erstgerichtlichen Entscheidung kann auch nicht auf den *ordre public*-Vorbehalt gestützt werden.[182] Eine Anerkennungsverweigerung lässt sich auch nicht unter Rückgriff auf Art. II Abs. 3 UNÜ i.V.m. Art. 73 Abs. 2 UNÜ begründen:[183] Zum einen begründet Art. II Abs. 3 UNÜ keine Pflicht zur Anerkennungsversagung bei Missachtung einer Schiedsabrede durch ein staatliches Gericht. Zum anderen rechtfertigt der Vorrang von Spezialübereinkommen laut EuGH keine Beschränkung der Urteilsfreizügigkeit.[184] Auf der Ebene der Anerkennung und Vollstreckung bleibt es somit folgenlos, wenn ein mitgliedstaatliches Gericht eine Schiedsvereinbarung zu Unrecht übergeht.[185]

c) Kollision von Sachentscheidungen eines Schiedsgerichts und eines mitgliedstaatlichen Gerichts

Die Befugnis der staatlichen Gerichte, die Wirksamkeit der Schiedsvereinbarung im Erkenntnisverfahren zu überprüfen, birgt nicht nur die Gefahr paralleler Verfahren vor einem staatlichen Gericht und einem Schiedsgericht, sondern auch das Risiko, dass die Wirksamkeit der Schiedsvereinbarung unterschiedlich beurteilt und in der Sache kollidierende Entscheidungen getroffen werden. So ist etwa denkbar, dass ein deutsches Gericht die Schiedsvereinbarung für unwirksam hält und die Klage in der Sache abweist, während ein Schiedsgericht mit Sitz in Paris der Schiedsvereinbarung Gültigkeit beimisst und dem Kläger die begehrte Leistung zuspricht. Eine solche Kollision kann nur auf der Ebene der Anerkennung gelöst werden. Dabei sind zwei Fälle auseinanderzuhalten: 114

aa) Konstellation 1: Kollision im Mitgliedstaat des abredewidrig angerufenen staatlichen Gerichts

Soll der Schiedsspruch in dem Staat anerkannt und vollstreckt werden, dessen Gerichte die Schiedsvereinbarung zuvor für ungültig befunden und in der Sache anders als das Schiedsgericht entschieden haben, sind die Anerkennungsregeln der EuGVVO nicht anwendbar, da sie nur für ausländische Gerichtsentscheidungen gelten. Die Anerkennung des Schiedsspruchs unterliegt dem UNÜ. 115

Hat im obigen Beispiel das deutsche Gericht zeitlich vor dem Pariser Schiedsgericht entschieden, wird die Anerkennung des Schiedsspruchs in Deutschland scheitern: Zum einen dürfte bereits Art. V Abs. 1 lit. a UNÜ greifen, weil es an einer wirksamen Schiedsvereinbarung fehlt. Insoweit wird die deutsche Gerichtsentscheidung im Anerkennungsverfahren in Deutschland eine Bindungswirkung 116

---

[182] Zöller/Geimer, ZPO, 31. Aufl. 2016, Art. 1 EuGVVO Rn. 73; *Domej* in: FS Gottwald, 2014, S. 97 (103). A. A. *Schlosser*/Hess, EuZPR, 4. Aufl. 2015, Art. 1 EuGVVO Rn. 25, der den offensichtlichen Missachtung der Gerichtsstandsvereinbarung das Eingreifen des *ordre public*-Vorbehalt für möglich hält.
[183] *Domej*, in: FS Gottwald, 2014, S. 97 (104). Die Frage offen lassend hingegen Rauscher/*Mankowski*, EuZPR, 4. Aufl. 2016, Art. 1 EuGVVO Rn. 153; *Geimer* in: FS Ahrens, 2016, S. 501 (512).
[184] EuGH, 4.5.2010 – Rs. C-533/08, *TNT Express Nederland BV ./. AXA Versicherung AG*, Slg. 2010, I-4107 (ECLI:EU:C:2010:243), Rn. 54 f.
[185] *Geimer*, in: FS Ahrens, 2016, S. 501 (510, 417).

auslösen (entweder gem. § 322 Abs. 1 ZPO oder aufgrund eines faktischen Präjudizes). Zum anderen wird die Anerkennung des Pariser Schiedsspruchs an Art. V Abs. 1 lit. b UNÜ scheitern, weil er mit der deutschen Gerichtsentscheidung kollidiert und seine Anerkennung den deutschen *ordre public* verletzten würde.

117 Für den umgekehrten Fall, dass das Pariser Schiedsgericht zuerst entschieden hat, steht jedenfalls das noch anhängige Gerichtsverfahren in Deutschland der Anerkennung des Schiedsspruchs nicht entgegen. Wird der Schiedsspruch in Deutschland für vollstreckbar erklärt, wirkt sich seine Rechtskraft auf den Ausgang des deutschen Gerichtsverfahrens aus: Die Klage wird abgewiesen werden, entweder wegen entgegenstehender Rechtskraft als unzulässig oder wegen einer prozessualen Bindungswirkung auf Vorfragenebene als unbegründet.[186]

bb) Konstellation 2: Kollision außerhalb des Mitgliedstaats des abredewidrig angerufenen Gerichts

118 Treffen eine Gerichtsentscheidung aus einem Mitgliedstaat und ein Schiedsspruch aus einem anderen Mitgliedstaat oder dem EU-Ausland in einem dritten Mitgliedstaat aufeinander, ist die Kollision nach der EuGVVO und dem UNÜ wie folgt aufzulösen, wobei sich im Ergebnis die zeitlich frühere Entscheidung durchsetzen wird:

119 Entscheidet zuerst das staatliche Gericht, also im oben dargestellten Beispielsfall das deutsche Gericht, und soll aus diesem Urteil in England die Vollstreckung betrieben werden, sind die englischen Gerichte grundsätzlich zur Anerkennung verpflichtet und können sie insbesondere nicht mit dem Argument verweigern, das deutsche Gericht hätte die Schiedsvereinbarung zu Unrecht für ungültig erklärt. Denn dies würde auf eine gem. Art. 45 Abs. 3 EuGVVO grundsätzlich unzulässige Überprüfung der Zuständigkeitsentscheidung der deutschen Gerichte hinauslaufen.[187] Wird anschließend die Anerkennung des Pariser Schiedsspruchs in England begehrt, sollte diese an Art. V Abs. 2 lit. b UNÜ wegen der entgegenstehenden in England anerkannten deutschen Entscheidung scheitern. Die drohende Kollision vollstreckbarer Titel sollte als Unterfall eines *ordre public*-Verstoßes i.S.v. Art. V Abs. 2 lit. b UNÜ angesehen werden.[188] Dies steht nicht im Widerspruch zu Erwgr. 12 Satz 5, wonach die EuGVVO den englischen Gerichten die eigenständige Prüfung des UNÜ nicht verwehrt. Denn Erwgr. 12 Satz 5 beinhaltet keine Aussage darüber, dass diese Prüfung stets zur Anerkennung des Schiedsspruchs führen muss.

---

[186] Angesichts dessen sollte das Erkenntnisgericht bereits nach Stellung des Antrags auf Anerkennung des Schiedsspruchs prüfen, ob dies eine Verfahrensaussetzung gem. § 148 ZPO rechtfertigt.
[187] So auch Rauscher/*Mankowski*, EuZPR, 4. Aufl. 2016, Art. 1 EuGVVO Rn. 151.
[188] *Böckstiegel/Kroll/Nacimiento*, Arbitration in Germany, 2007, § 1061 ZPO Rn. 128; *Czernich*, New Yorker Schiedsübereinkommen, 2008, Art. V UNÜ Rn. 74; Supreme People's Court China, 2.6.2008 – *Hemofarm DD, MAG International Trade Holding DD, Suram Media Ltd. ./. Jinan Yongning Pharmaceutical Co. Ltd.* – [2008] Min Si Ta Zi No. 11; Highest Arbitrazh Court of the Russian Federation, 27.8.2012, *Ciments Français (France) ./. OAO Holding Company Siberian Cement (Russia)*, u.a. – VAS – 17458/11. Beide Entscheidungen zu finden bei UNCITRAL, Secretariat Note New York Convention, Art. V Abs. 2 lit. b UNÜ, Rn. 32, (www.newyorkconvention1958.org). Ebenso *Mankowski*, SchiedsVZ 2014, S. 209 (214).

Ist hingegen das Schiedsgericht in Paris schneller, und wird zuerst die Anerkennung des Pariser Schiedsspruchs in England begehrt, steht dessen Anerkennung nach dem UNÜ jedenfalls das deutsche Gerichtsverfahren nicht entgegen. Nach Erlass des Schiedsspruchs in Paris sollte die Anerkennung der deutschen Entscheidung in England scheitern. Dies ergibt sich aus Art. 45 Abs 1 lit. d EuGVVO, der auf anerkennungsfähige drittstaatliche Schiedssprüche richtigerweise analog angewendet werden sollte.[189] Der dieser Norm zugrundeliegende Gedanke, dass das Rechtsleben empfindlich gestört wäre, wenn sich Parteien gleichzeitig auf zwei kollidierende Entscheidungen berufen könnten,[190] passt auch für die Kollision zwischen der Entscheidung eines staatlichen Gerichts und der eines mit Rechtsprechungsgewalt ausgestatten privaten Spruchkörpers.[191] 120

Hat das Schiedsgericht aus dem obigen Beispiel seinen Sitz nicht in Paris, sondern in London, sperrt der englische Schiedsspruch die Anerkennung der deutschen Gerichtsentscheidung in England. Dieser Vorrang eines inländischen Schiedsspruchs ergibt sich aus einer analogen Anwendung von Art. 45 Abs. 1 lit. c.[192] 121

4. Einstweilige Maßnahmen durch staatliche Gerichte zur Sicherung des schiedsbefangenen Hauptsache-Anspruchs

Einstweilige Maßnahmen staatlicher Gerichte, die nicht die Durchführung des Schiedsverfahrens oder die Vollstreckung eines Schiedsspruchs betreffen, sondern der Sicherung eines von einer Schiedsvereinbarung erfassten **materiellen Anspruchs** dienen, sind von dem Ausnahmetatbestand in Abs. 2 lit. d nicht erfasst.[193] 122

Sie können demzufolge von einem nach **Art. 35 i.V.m. nationalem Recht** zuständigen mitgliedstaatlichem Gericht erlassen werden. Die Art. 4 ff. sind insoweit nicht unmittelbar anwendbar, weil sie lediglich für staatliche Gerichte gelten, in der Hauptsache jedoch ein Schiedsgericht zuständig ist.[194] Art. 4 ff. können jedoch indirekt Geltung entfalten, wenn das (über Art. 35 berufene) nationale Zuständigkeitsrecht die Zuständigkeit für einstweiligen Rechtsschutz an die Hauptsachezuständigkeit knüpft.[195] Dabei sind allerdings die vom EuGH entwickelten Einschränkungen zu beachten, wonach der einstweilige Charakter 123

---

[189] So auch *Geimer*, in: FS Ahrens, 2016, S. 501 (511); Rauscher/*Mankowski*, EuZPR, 4. Aufl. 2016, Art. 1 EuGVVO Rn. 155; *Schlosser*/Hess, EuZPR, 4. Aufl. 2015, Art. 45 EuGVVO Rn. 36; *Kropholler/von Hein*, EuZPR, 9. Aufl. 2011, Art. 34 EuGVVO a.F. Rn. 60. *Domej*, in: FS Gottwald, 2014, S. 97 (107) befürwortet die Lösung von Kollisionen eines früheren Schiedsspruchs mit einer späteren mitgliedstaatlichen Entscheidung hingegen über den *ordre public*-Vorbehalt nach Art. 45 Abs. 1 lit. a. A. A. *Pfeiffer*, ZZP 127 (2014), S. 409 (414 f.), der zur Auflösung von Kollisionen zwischen einem Schiedsspruch und einem mitgliedstaatlichen Urteil das einzelstaatliche Recht für anwendbar hält.
[190] Vgl. *Jenard*-Bericht, 1979, S. 45.
[191] *Mankowski*, SchiedsVZ 2014, S. 209 (211).
[192] *Mankowski*, SchiedsVZ 2014, S. 209 (213 f.).
[193] BGH, 5.2.2009 – IX ZB 89/06, NJW-RR 2009, S. 999, Rn. 15 (nach juris) m. zust. Anm. *Schlosser*, IPRax 2009, S. 416; *Brinkmann/Barth*, KSzW 2013, S. 140 (145).
[194] *Geimer*, in: FS Ahrens, 2016, S. 501 (504).
[195] Vgl. Kommentierung zu Art. 35, Rn. 34 ff.

der Maßnahme gewahrt sein und ein realer Bezug zwischen der einstweiligen Maßnahme und dem Erlassstaat bestehen muss.[196]

124 Einstweilige Anordnungen mitgliedstaatlicher Gerichte, die der Partei einer Schiedsvereinbarung die (abredewidrige) Einleitung oder Fortführung eines Verfahrens vor den Gerichten eines anderen Mitgliedstaates untersagen (*anti-suit injunctions*), fallen zwar nicht in den Anwendungsbereich der EuGVVO, weil sie die Schiedsgerichtsbarkeit i.S.v. Abs. 2 lit. d betreffen. Sie sind jedoch im Anwendungsbereich der EuGVVO unzulässig, weil sie die praktische Wirksamkeit der Verordnung beeinträchtigen (näher hierzu sogleich).

5. Anti-suit injunctions durch staatliche Gerichte und Schiedsgerichte

125 Der Ausnahmetatbestand von Abs. 2 lit. d erfasst auch Verfahren, die darauf gerichtet sind, einer Partei einer Schiedsvereinbarung die Einleitung oder Fortführung eines Verfahrens vor staatlichen Gerichten zu untersagen. Solche Anordnungen zur Durchsetzung einer Schiedsvereinbarung sind im englischen Recht unter dem Stichwort *anti-suit injunctions* bekannt[197] und können sowohl durch ein staatliches Gericht als auch durch ein Schiedsgericht erlassen werden. Obwohl *anti-suit injunctions* zum Schutz von Schiedsabreden der Durchführung des Schiedsverfharens dienen und daher nicht in den Anwendungsbereich der EuGVVO fallen, hatte der EuGH bereits zweimal über die Vereinbarkeit derartiger Anordnungen mit der EuGVVO zu entscheiden.

a) Vereinbarkeit von *anti-suit injunctions* mit der EuGVVO a.F.

126 In der Entscheidung in der Sache *Allianz ./. Westtankers* aus dem Jahr 2009[198] ging es um die Frage, ob es einem mitgliedstaatlichen Gericht gestattet ist, einer Partei die Fortführung eines vor den Gerichten eines anderen Mitgliedstaats eingeleiteten Verfahrens zu verbieten, wenn die Parteien eine Schiedsabrede abgeschlossen haben. Der EuGH führte aus, dass das auf Erlass der *anti-suit injunction* gerichtete staatliche Verfahren zwar nicht in den Anwendungsbereich der EuGVVO fällt, jedoch geeignet ist, die praktische Wirksamkeit der Zuständigkeitsvorschriften der EuGVVO zu beeinträchtigen. Eine *anti-suit injunction* durch staatliche Gerichte – so der EuGH – stehe im Widerspruch zum Grundsatz des gegenseitigen Vertrauens in die richtige Anwendung und Auslegung der EuGVVO durch die mitgliedstaatlichen Gerichte und dem Prinzip, dass jedes Gericht selbst über seine Zuständigkeit und somit ggf. auch über die Wirksamkeit einer entgegenstehenden Schiedsvereinbarung entscheiden kann. Aus diesen Grundsätzen folgerte der EuGH, dass es einem mitgliedstaatlichen Gericht im Geltungsbereich der EuGVVO nicht möglich

---

[196] Vgl. EuGH, 17.11.1998 – Rs. C-391/95, *Van Uden Maritime BV ./. Deco-Line u.a.*, Slg. 1998, I-7091 (ECLI:EU:C:1998:543), Rn. 37; vgl. hierzu Kommentierung bei Art. 35 Rn. 12 ff.
[197] Vgl. allgemein zum Begriff der *anti-suit injunction* die Kommentierung bei Art. 25 Rn. 281 ff. sowie ausführlich im Zusammenhang mit Schiedsvereinbarungen *Naumann*, Englische anti-suit injunctions, 2008, S. 7 ff., 111 ff.; *Balthasar/Richers*, RIW 2009, S. 351 (352 f.).
[198] EuGH, 10.2.2009 – Rs. C-185/07, *Allianz SpA ./. Westtankers Inc.*, Slg. 2009, I-663 (ECLI:EU:C:1009:69).

ist, das Prozessieren vor dem Gericht eines anderen Mitgliedstaates zur Durchsetzung einer Schiedsabrede zu verbieten.[199] In Fortschreibung dieser Rechtsprechung muss es gleichermaßen unzulässig sein, dass ein mitgliedstaatliches Gericht die Verpflichtung einer Partei feststellt, nur vor einem Schiedsgericht zu klagen.[200]

In der Rechtssache *Gazprom ./. Litauen* hatte der EuGH im Jahr 2015 zu klären, ob ein mitgliedstaatliches Gericht berechtigt ist, einer von einem Schiedsgericht erlassenen *anti-suit injunction* die Anerkennung deswegen zu versagen, weil diese die Befugnis des staatlichen Gerichts beschränkt, über seine internationale Zuständigkeit nach der EuGVVO zu befinden.[201] Der EuGH verwies zum einen auf den Ausschluss der Schiedsgerichtsbarkeit aus der EuGVVO,[202] demzufolge sowohl das schiedsgerichtliche Verfahren auf Erlass der *anti-suit injunction* als auch das staatliche Gerichtsverfahren über deren Anerkennung von der EuGVVO nicht erfasst sind. Der Gerichtshof stellte sodann klar, dass der Erlass der *anti-suit injunction* in diesem Fall – anders als in der Sache *Allianz ./. Westtankers* – nicht geeignet ist, die praktische Wirksamkeit der Verordnung zu beeinträchtigen. Die EuGVVO regelt – so der EuGH – nur Zuständigkeitskonflikte zwischen Gerichten der Mitgliedstaaten und gerade nicht solche zwischen einem Schiedsgericht und einem staatlichen Gericht. Daher könne weder die schiedsgerichtliche *anti-suit injunction* noch die Entscheidung, mit der sie durch ein mitgliedstaatliches Gericht ggf. anerkannt wird, den die EuGVVO prägenden Grundsatz des gegenseitigen Vertrauens erschüttern.[203]

b) Vereinbarkeit von *anti-suit-injunctions* mit der EuGVVO n.F.

Die vorstehend dargestellten Entscheidungen betreffen zwar die EuGVVO a.F. Die darin getroffenen Aussagen des EuGH beanspruchen jedoch auch für die EuGVVO nach der Revision 2012 uneingeschränkte Geltung. Entgegen den Ausführungen von GA *Wathelet*[204] in der Sache *Gazprom ./. Litauen* lässt sich dem neuen Erwgr. 12 nicht entnehmen, dass der Erlass von *anti-suit injunctions* durch staatliche Gerichte zur Durchsetzung von Schiedsvereinbarung nun mit der EuGVVO vereinbar ist. Zwar erlaubt Erwgr. 12 Satz 2 mitgliedstaatlichen Gerichten, *„die Parteien gemäß dem einzelstaatlichen Recht an die Schiedsgerichtsbarkeit zu verweisen"* und könnte als umfassender Verweis auf die entsprechenden Instru-

---

[199] EuGH, 10.2.2009 – Rs. C-185/07, *Allianz SpA ./. Westtankers Inc.*, Slg. 2009, I-663 (ECLI:EU:C:1009:69), Rn. 23 ff. mit im Ergebnis zust. Anm. *Pfeiffer*, LMK 2009, 276971. Kritisch dazu *Briggs*, LMCLQ 2009, S. 161. Vgl. zu der Kritik im französischen Schrifttum *Niggemann*, SchiedsVZ 2010, S. 67.
[200] *Geimer*, in: FS Ahrens, 2016, S. 501 (505).
[201] EuGH, 13.5.2015 – Rs. C-536/13, *Gazprom OAO ./. Republik Litauen*, ECLI:EU:C:2015:316.
[202] EuGH, 13.5.2015 – Rs. C-536/13, *Gazprom OAO ./. Republik Litauen*, ECLI:EU:C:2015:316, Rn. 36.
[203] EuGH, 13.5.2015 – Rs. C-536/13, *Gazprom OAO ./. Republik Litauen*, ECLI:EU:C:2015:316, Rn. 39.
[204] Generalanwalt *Wathelet*, Schlussanträge v. 4.12.2014 (Rs. C-536/13 – *Gazprom OAO ./. Republik Litauen*), ECLI:EU:C:2014:2414, Rn. 133 ff.

mente der nationalen Rechte und somit auch darin vorgesehene *anti-suit injunctions* verstanden werden.

129 Auch sieht Erwgr. 12 Satz 6 vor, dass die EuGVVO für Nebenverfahren im Zusammenhang mit der Durchführung eines Schiedsverfahrens keine Geltung beansprucht, ohne *anti-suit injunctions* auszunehmen. Hiermit lässt sich jedoch nicht die Zulässigkeit gerichtlicher *anti-suit injunctions* im Geltungsbereich der EuGVVO begründen. Denn die grundsätzlichen Bedenken gegen deren Vereinbarkeit mit der EuGVVO (Grundsatz des gegenseitigen Vertrauens und Befugnis der mitgliedstaatlichen Gerichte selbst über ihre Zuständigkeit zu entscheiden) treffen weiterhin zu. Hätte der europäische Gesetzgeber *anti-suit injunctions* durch mitgliedstaatliche Gerichte im Anwendungsbereich der EuGVVO nun zulassen wollen, wäre daher ein expliziter Hinweis in diesem Sinne erforderlich gewesen.[205]

130 Es ist somit festzuhalten: Im Anwendungsbereich der EuGVVO können **zum Schutz von Schiedsvereinbarungen** *anti-suit injunctions* zwar **nicht durch staatliche Gerichte, jedoch durch Schiedsgerichte erlassen** werden.

c) Anerkennung und Vollstreckung von *anti-suit* Schiedssprüchen

131 Ob schiedsgerichtliche *anti-suit injunctions* tatsächlich **anerkannt und durchgesetzt** würden, bleibt jedoch weiterhin ungewiss. Liegen Schiedsort und Anerkennungs- und Vollstreckungsort in unterschiedlichen Ländern, unterliegt die grenzüberschreitende Durchsetzung des Schiedsspruchs dem UNÜ. Dieses gilt nicht nur für Sachentscheidungen von Schiedsgerichten sondern auch für deren prozessuale Anordnungen, soweit diese nicht nur vorläufigen Charakter haben.[206] Demnach können *anti-suit*-Schiedssprüche, die nicht einstweiliger Natur sind, grundsätzlich nach dem UNÜ anerkannt werden. Die Anerkennung kann im Einzelfall allerdings an Art. V Abs. 2 lit. b UNÜ wegen Verstoßes gegen die öffentliche Ordnung scheitern.

132 Soll der *anti-suit*-Schiedsspruch **in dem Land anerkannt und vollstreckt werden, in dem das abredewidrige Hauptsacheverfahren anhängig ist**, dürfte der dortige *ordre public* in der Regel nicht verletzt sein, wenn aus Sicht des Anerkennungsgerichts die Schiedsvereinbarung wirksam ist. Denn in diesem Fall ist der Hauptsachestreit der staatlichen Gerichtsbarkeit entzogen, so dass die schiedsgerichtliche *anti-suit injunction* nicht unzulässig in die Rechtsprechungstätigkeit der Gerichte im Anerkennungsstaat eingreift.[207] Kommt das Anerkennungsgericht hingegen zu dem Ergebnis, dass die Schiedsvereinbarung unwirksam war, scheitert die Anerkennung des *anti-suit*-Schiedsspruchs schon an Art. V Abs. 1 lit. a UNÜ.

---

[205] Im Ergebnis ebenso *Ojiegbe*, J. Priv. Int. L. 11 (2015), S. 267 (277 ff.); Rauscher/*Mankowski*, EuZPR, 4. Aufl. 2016, Art. 1 EuGVVO Rn. 127 ff.; *Pohl*, IPRax 2013, S. 109 (110); *Domej*, in: FS Gottwald, 2014, S. 97 (101 f.).
[206] UNCITRAL, Secretariat Note New York Convention, Art. I UNÜ, Rn. 27 f. (www.newyorkconvention1958.org). A. A. *Geimer*, in: FS Ahrens, 2016, S. 501 (506), der für die Anerkennung nach UNÜ eine „decision on the merits" fordert.
[207] *Pfeiffer*, LMK 2015, 370522.

Schwieriger ist hingegen der Fall zu beurteilen, dass die schiedsgerichtliche 133
anti-suit injunction in **einem anderen Mitgliedstaat, als demjenigen, in dem das (abredewidrige) staatliche Gerichtsverfahren anhängig ist,** anerkannt und für vollstreckbar erklärt werden soll. Würden die Gerichte im Anerkennungsstaat den *anti-suit*-Schiedsspruch anerkennen und – etwa durch Zwangsmittel – durchsetzen, hätte dies im Ergebnis zur Folge, dass ein Gericht in einem Mitgliedstaat die Befugnis der Gerichte eines anderen Mitgliedstaates, über ihre internationale Zuständigkeit nach der EuGVVO selbst zu entscheiden, beschränken würde. Gerade eine solche Beschränkung hat der EuGH im Fall *Allianz ./. Westtankers* jedoch beanstandet.[208] Die mögliche Unvereinbarkeit mit der EuGVVO würde daher im Anerkennungsland einen *ordre public*-Verstoß i.S.v. Art. V Abs. 2 lit. b UNÜ begründen und damit die grenzüberschreitende Durchsetzung des *anti-suit*-Schiedsspruchs ausschließen.

6. Anerkennung und Vollstreckung von Schiedssprüchen

Wie zuvor bereits dargestellt, richtet sich die Anerkennung und Vollstreckung 134
eines Schiedsspruchs innerhalb der EU nach dem UNÜ. Die Anwendbarkeit des UNÜ bleibt gem. **Art. 73 Abs. 2 EuGVVO** unberührt.

Die Anerkennungs- und Vollstreckungsregeln der EuGVVO finden auch 135
keine Anwendung auf ein mitgliedstaatliches Urteil, durch das ein Schiedsspruch nach dem UNÜ für vollstreckbar erklärt worden ist (unzulässiges Doppelexequatur). Das gilt selbst dann, wenn es sich bei dem mitgliedstaatlichen Urteil dogmatisch nicht um ein Exequatur, sondern – wie in manchen Rechtsordnungen üblich (vgl. *doctrine of merger*) – um eine gleichlautende Sachentscheidung handelt, die den Schiedsspruch inkorporiert.[209]

Die Bereichsausnahme von Abs. 2 lit. d erfasst auch eine gerichtliche Ent- 136
scheidung am Schiedsort, den den Schiedsspruch bestätigt bzw. ihn für vollstreckbar erklärt.[210]

Die EuGVVO ist allerdings auf mitgliedstaatliche Entscheidungen anwendbar, 137
durch die ein ausländischer Schiedsspruch für vollstreckbar erklärt worden ist, wenn diese eine selbständige Verurteilung zur Zahlung von Hauptsumme und Zinsen (einschließlich gesetzlicher Zinsen ab Erlass des Schiedsspruchs) enthalten.[211]

7. Exkurs: Schadensersatz wegen Verletzung von Schiedsvereinbarungen

Klagt eine Partei unter Missachtung einer Schiedsvereinbarung vor staatlichen 138
Gerichten, stellt sich die Frage, ob der abredewidrig Verklagte Ersatz der Kosten

---
[208] *Wais*, EuZW 2015, S. 511 (512).
[209] *Geimer*, in: FS Ahrens, 2016, S. 501 (517); Zöller/*Geimer*, ZPO, 31. Aufl. 2016, Art. 1 EuGVVO Rn. 71; dahingehend – allerdings ohne schiedsrechtlichen Bezug – auch BGH, 2.7.2009 – IX ZR 192/06, NJW 2009, S. 2826, Rn. 14 (nach juris); Rauscher/*Mankowski*, EuZPR, 4. Aufl. 2016, Art. 1 EuGVVO Rn. 146. A.A. *Schlosser*, Das Recht der Internationalen Privaten Schiedsgerichtsbarkeit, 1989, Rn. 115; *Borges*, LMK 2010, 308128.
[210] So auch *Geimer*, in: FS Ahrens, 2016, S. 501 (511); Rauscher/*Mankowski*, EuZPR, 4. Aufl. 2016, Art. 1 EuGVVO Rn. 145; *Schlosser*/Hess, EuZPR, 4. Aufl. 2015, Art. 1 EuGVVO Rn. 24.
[211] OLG Hamburg, 5.11.1991 – 6 W 43/91, NJW-RR 1992, S. 568; *Schlosser*/Hess, EuZPR, 4. Aufl. 2015, Art. 1 EuGVVO Rn. 24.

verlangen kann, die ihm durch die Verletzung der Schiedsvereinbarung entstanden sind. Ein solcher Schadensersatzanspruch kommt zunächst dann in Betracht, wenn das staatliche Gericht die Klage wegen der entgegenstehenden Schiedsvereinbarung zwar als unzulässig abweist, dem obsiegenden Beklagten jedoch aufgrund des örtlichen Prozessrechts keinen oder teilweisen Ersatz der entstanden Verfahrenskosten zuspricht. Eine wesentlich höhere Schadensersatzhaftung des Klägers vor dem staatlichen Gericht kommt in Betracht, wenn sich dieses entgegen der Schiedsabrede für zuständig erklärt und in der Sache abweichend vom Schiedsgericht entscheidet. In einem solchen Fall umfasst der Schaden durch die abredewidrige Klage nicht nur die Verfahrenskosten, sondern auch die in der Sache zugesprochene Urteilssumme.

139 Ob und in welcher Höhe in einem solchen Fall Kompensation erlangt werden kann, ist eine vielschichtige Frage und wird kontrovers diskutiert. Unabhängig von den materiell-rechtlichen Tatbestandsvoraussetzungen und Rechtsfolgen einer solchen Haftung ist unklar, ob sie mit den Prinzipien der EuGVVO vereinbar wäre und daher ein entsprechendes Judikat anerkannt und vollstreckt werden könnte.

a) Materielle Voraussetzungen für eine Schadensersatzhaftung

140 Die materiell-rechtlichen Aspekte einer Schadensersatzhaftung wegen Verstoßes gegen eine Schiedsvereinbarung hängen eng mit dem anwendbaren materiellen Recht zusammen. Aufgrund des engen Zusammenhangs zwischen der Schadensersatzhaftung und der Schiedsvereinbarung spricht viel dafür, den Schadensersatzanspruch dem materiellen Statut der Schiedsvereinbarung zu unterstellen.[212]

141 Im englischen Recht ist anerkannt, dass die Anrufung eines staatlichen Gerichts unter Missachtung einer Schiedsvereinbarung eine Schadensersatzhaftung des abredewidrigen Klägers auslösen kann. Aus Sicht der englischen Gerichte begründet eine Schiedsvereinbarung „*the negative promise [...] not to bring foreign proceedings* ".[213] Die Verletzung dieses Versprechens zieht nach englischem Recht eine verschuldensunabhängige Schadensersatzpflicht nach sich.[214]

142 In Deutschland ist hingegen vieles unklar. Es ist zum einen ungewiss, ob eine Schiedsvereinbarung eine schadensersatzbewehrte Pflicht der Parteien begründet, nicht vor staatliche Gerichte zu ziehen. Der BGH hat zwar entschieden, dass die Parteien einer Schiedsvereinbarung verpflichtet sind, schiedsbefangene Forderungen dem designierten Gericht und nicht – auch nicht im Wege einer Aufrechnung – den staatlichen Gerichten zur Entscheidung zu unterbreiten. Für den Fall eines Verstoßes gegen diese Verpflichtung hat der BGH bis dato jedoch nur die Beschränkung abgeleitet, dass die Forderung

---

[212] Vgl. zur Bestimmung des Schiedsvereinbarungsstatuts im deutschen Kollisionsrecht Münch-Komm/*Münch*, ZPO, 4. Aufl. 2013, § 1029 ZPO Rn. 27 ff.
[213] UK Supreme Court, 12.6.2013, *Ust-Kamenogorsk Hydropower Plant JSC ./. AES Ust-Kamenogorsk Hydropower Plant LLP*, [2013] UKSC 35, Rn. 38.
[214] Court of Appeal (England and Wales), *Mantovani ./. Carapelli S.p.A.*, [1980] 1 Lloyd's Rep. 375; Court of Appeal (England and Wales), *Tracomin S.A. v. Sudan Oil Seeds Co. Ltd. (No. 2)*, [1983] 2 Lloyd's Rep. 624 (*obiter*); High Court (England and Wales), 14.11.2008, *CMA CGM ./. Hyundai Mipo Dockyard Co. Ltd.*, [2008] EWHC 2791 (Comm). Vgl. auch *Andrews*, EBLR 2014, S. 760 (600 f.); *Wessel/Cohen*, Int. A.L.R. 2001, S. 65.

gem. § 242 BGB prozessual nicht berücksichtigt werden kann.[215] Zum anderen erscheint zweifelhaft, ob die Anrufung eines staatlichen Gerichts rechtswidrig sein und Schadensersatzansprüche auslösen kann.[216] Offen ist außerdem, wann eine vertragswidrige Anrufung des staatlichen Gerichts i.S.v. § 276 BGB zu vertreten ist.[217]

Aufgrund des engen Zusammenhangs der Schadensersatzhaftung mit der Schiedsvereinbarung spricht viel dafür, dass die ausschließliche **Zuständigkeit für die Zuerkennung von Schadensersatzansprüchen aus der Verletzung der Schiedsvereinbarung grundsätzlich beim Schiedsgericht liegt.**[218] **143**

b) Vereinbarkeit einer Schadensersatzhaftung mit der EuGVVO

Im Rahmen der EuGVVO stellt sich zusätzlich die Frage, ob eine Haftung **144** wegen abredewidriger Anrufung eines mitgliedstaatlichen Gerichts mit den grundlegenden Prinzipien der Verordnung vereinbar ist. Dies dürfte angesichts der EuGH-Entscheidung in der Sache *Gazprom ./. Litauen*[219] als geklärt anzusehen sein: Was für *anti-suit*-Schiedssprüche gilt, muss auch für die Zuerkennung von Schadensersatz durch Schiedsgerichte zutreffen, da beide Instrumente gleichermaßen auf die Durchsetzung von Schiedsvereinbarungen abzielen. Wie der EuGH entschieden hat, sind Schiedsgerichte an die der EuGVVO zugrundeliegenden Prinzipien nicht gebunden.[220] Sie sind nicht dazu verpflichtet, den Rechtssystemen und Rechtspflegeorganen der Mitgliedstaaten Vertrauen entgegenzubringen. Es steht Schiedsgerichten daher frei, die Zuständigkeitsentscheidung eines staatlichen Gerichts zu überprüfen, insoweit abweichend zu entscheiden und hieraus ggf. zivilrechtliche Konsequenzen zum Schutz der schiedstreuen Partei zu ziehen.[221]

Für Schiedsgerichte ergibt sich somit aus der EuGVVO **keinerlei Beschrän-** **145** **kung bei der Zuerkennung von Schadensersatz wegen abredewidriger Anrufung staatlicher Gerichte.**[222]

c) Anerkennungsfähigkeit von Schadensersatz-Schiedssprüchen

Auch wenn die EuGVVO bei der Zuerkennung von Schadensersatz durch **146** ein Schiedsgericht keine Hindernisse aufstellt, kann sie der Partei, die in einem Mitgliedstaat aus einem Schadensersatz-Schiedsspruch vollstrecken will, durchaus „Steine in den Weg legen".

---

[215] BGH, 22.11.1962 – VII ZR 264/61, BHGZ 38, 254 (258); BGH, 3.12.1986 – IVb ZR 80/85, BGHZ 99, 143 (147).
[216] Vgl. hierzu *Sandrock*, IDR 2004, S. 106 (111); *Sachs/E. Peiffer*, in: FS Coester-Waltjen, 2015, S. 713 (718 f.).
[217] *Sachs/E. Peiffer*, in: FS Coester-Waltjen, 2015, S. 713 (719).
[218] *Manner/Mosimann*, in: FS Schwenzer, 2011, S. 1197 (1202); *Andrews*, EBLR 2014, S. 587 (600); *Sachs/E. Peiffer*, in: FS Schwenzer, 2011, S. 713 (722).
[219] EuGH, 13.5.2015 – Rs. C-536/13, *Gazprom OAO ./. Republik Litauen*, ECLI:EU:C:2015:316.
[220] EuGH, 13.5.2015 – Rs. C-536/13, *Gazprom OAO ./. Republik Litauen*, ECLI:EU:C:2015:316, Rn. 39.
[221] A. A. *Balthasar/Richers*, RIW 2009, S. 351 (356); *Rauscher/Mankowski*, EuZPR, 4. Aufl. 2016, Art. 1 EuGVVO Rn. 144.
[222] So auch High Court (England and Wales), 4.6.2012, *West Tankers Inc. ./. Allianz SpA*, [2012] EWHC 854 (Comm), Rn. 51 ff.; *Sievi*, 66 (2011) Disp. Resol. J., S. 56 (60 f.); *Sachs/E. Peiffer*, in: FS Coester-Waltjen, 2015, S. 713 (721).

aa) Anerkennungsfähigkeit im Mitgliedstaat des abredewidrig angerufenen Gerichts

147 Soll in dem Mitgliedstaat, dessen Gerichte abredewidrig angerufen wurden, ein Schadensersatz-Schiedsspruch aus einem anderen Mitgliedstaat oder einem Drittstaat anerkannt und vollstreckt werden, findet die EuGVVO keine Anwendung, da sie lediglich für die grenzüberschreitende Durchsetzung gerichtlicher Entscheidungen gilt. In den meisten Fällen wird insoweit das UNÜ gelten. Für die Anerkennungsaussichten des Schadensersatz-Schiedsspruchs sind zwei Konstellationen zu unterscheiden:

148 Hatte **das angerufene staatliche Gericht die Schiedsvereinbarung anerkannt** und die vor ihm erhobene Klage als unzulässig abgewiesen, ist es sehr wahrscheinlich, dass das Anerkennungsgericht die Schiedsvereinbarung ebenfalls für wirksam halten wird, so dass die Anerkennung des Schiedsspruchs jedenfalls nicht an Art. V Abs. 1 lit. a UNÜ scheitern wird. In einem solchen Fall dürfte auch der *ordre public*-Vorbehalt von Art. V Abs 2 lit. b UNÜ nicht eingreifen. Zwar beurteilt der Schadensersatz-Schiedsspruch die Kostentragung vor dem staatlichen Gericht abweichend von der dort getroffenen Kostenentscheidung. Dies dürfte jedoch für die Annahme eines unzulässigen Eingriffs in die Gerichtstätigkeit des abredewidrigen Forums nicht ausreichen. Denn das Schiedsgericht hat lediglich (materiell-rechtlich) über die Rechtsfolgen einer Vertragsverletzung befunden und nicht eine eigene (prozessuale) Kostenentscheidung an die Stelle des Kostenausspruchs des staatlichen Gerichts gesetzt bzw. setzen wollen. Ebenso wenig lässt sich ein *ordre public*-Verstoß damit begründen, eine Schadensersatzhaftung würde das Recht des abredewidrigen Klägers auf Zugang zum gesetzlichen Richter verletzen. Denn durch die Schiedsabrede hat der Kläger in bestimmtem Maße auf sein Recht auf einen gesetzlichen Richter verzichtet und muss daher die sich hieraus ergebenden Konsequenzen tragen.[223]

149 Hatte **das abredewidrig angerufene mitgliedstaatliche Gericht die Schiedsvereinbarung** hingegen **nicht anerkannt** und in der Sache abweichend vom Schiedsgericht entschieden, wird die Anerkennung des Schadensersatz-Schiedsspruchs in diesem Mitgliedstaat in der Regel bereits an Art. V Abs. 1 lit. a UNÜ scheitern, weil sich das Anerkennungsgericht sehr wahrscheinlich an der Entscheidung des abredewidrigen Gerichts zur Gültigkeit der Schiedsvereinbarung orientieren wird. Jedenfalls dürfte der *ordre public*-Vorbehalt gem. Art. V Abs. 2 lit. b UNÜ greifen, um konfligierende Entscheidungen im Mitgliedstaat zu vermeiden.[224]

bb) Anerkennungsfähigkeit außerhalb des Mitgliedstaats des abredewidrig angerufenen Gerichts

150 Soll der Schadensersatz-Schiedsspruch in einem anderen Mitgliedstaat vollstreckt werden, als demjenigen, in dem das abredewidrige Gerichtsverfahren stattgefunden hat, gilt zwar auch das UNÜ. Ergänzend sind jedoch die Wertun-

---

[223] Vgl. *Sachs/E. Peiffer*, in: FS Coester-Waltjen, 2015, S. 713 (723).
[224] Vgl. zum Eingreifen von Art. V Abs. 2 lit. b UNÜ bei Kollisionen zwischen einem Schiedsspruch und einer Gerichtsentscheidung oben Rn. 119.

gen der EuGVVO zu berücksichtigen, da die Durchsetzung des Schadensersatzanspruchs in einem Mitgliedstaat zugleich eine Wertung der Zuständigkeitsentscheidung der Gerichte in einem anderen Mitgliedstaat darstellen kann.

Hatte **das abredewidrige mitgliedstaatliche Gericht** übereinstimmend 151 mit dem Schiedsgericht **die Schiedsvereinbarung anerkannt** und die vor ihm erhobene Klage als unzulässig abgewiesen, ist die Anerkennung des Schadensersatz-Schiedsspruchs aus Sicht der EuGVVO unproblematisch. Denn durch sie wird die Zuständigkeitsentscheidung des abredewidrigen Gerichts nicht in Frage gestellt, sondern gerade bestätigt.

Anders ist hingegen der Fall zu beurteilen, in der **das abredewidrige** 152 **Gericht die Schiedsabrede nicht anerkannt** und in der Sache abweichend vom Schiedsgericht entschieden hat. Hier wäre die Anerkennung des Schadensersatz-Schiedsspruchs mit den Grundsätzen der EuGVVO unvereinbar. Denn sie hätte zur Folge, dass das Anerkennungsgericht die Zuständigkeitsentscheidung des (abredewidrigen) Erkenntnisgerichts in einem Mitgliedstaat faktisch verwerfen und die „Fehlbeurteilung" der Zuständigkeitsfrage mit Schadensersatzansprüchen sanktionieren würde. Eine derartige „Maßregelung" der Gerichte eines Mitgliedstaats durch ein Gericht aus einem anderen Mitgliedstaat wäre mit dem Grundsatz des gegenseitigen Vertrauens unvereinbar. Sie würde auf eine Situation hinauslaufen, die der EuGH in der Rechtssache *West Tankers*[225] gerade beanstandet hat. Die mit der EuGVVO verfolgten Ziele müsste das Anerkennungsgericht im Rahmen der *ordre public*-Prüfung berücksichtigen und die Anerkennung an Art. V Abs. 2 lit. b UNÜ scheitern lassen.

II. Ausnahme der Unterhaltspflichten (Abs. 2 lit. e)

Unterhaltsansprüche sind im Rahmen der EuGVVO-Revision 2012 aus dem 153 Anwendungsbereich der EuGVVO ausgenommen worden. Sie sind von der EU-UnterhaltsVO erfasst.

III. Ausnahme von Testaments- und Erbrecht (Abs. 2 lit. f)

Streitigkeiten aus dem Bereich des Testaments- und Erbrechts sind ebenfalls 154 aus dem sachlichen Anwendungsbereich der EuGVVO ausgenommen. Seit dem 17. August 2015 kommt insoweit die EuErbVO[226] zur Anwendung. Die Ausnahme von Abs. 2 lit. f erfasst alle Ansprüche des Erben aus dem Nachlass[227]

---

[225] EuGH, 10.2.2009 – Rs. C-185/07, *Allianz SpA ./. Westtankers Inc.*, Slg. 2009, I-663 (ECLI:EU:C:1009:69), vgl. ausführlich zu dieser Entscheidung oben Rn. 126.
[226] Verordnung (EU) Nr. 650/2012 des Europäischen Parlaments und des Rates vom 4. Juli 2012 über die Zuständigkeit, das anzuwendende Recht, die Anerkennung und Vollstreckung von Entscheidungen und die Annahme und Vollstreckung öffentlicher Urkunden in Erbsachen sowie zur Einführung eines Europäischen Nachlasszeugnisses. Vgl. hierzu *Dutta*, IPrax 2015, S. 32; *Grau*, in: FS Schilken, 2015, S. 3.
[227] Vgl. etwa OLG Stuttgart, 9.6.2010 – 5 W 15/10, FamRZ 2011, S. 832: Klage eines Erben auf Beteiligung am Nachlass.

oder gegen den Nachlass sowie Erbscheinerteilungsverfahren und gerichtliche Auseinandersetzungen von Erbengemeinschaften. Streitigkeiten bzgl. Schenkungen von Todes wegen (nach deutschem Recht § 2301 BGB) sind ebenfalls von der Ausnahme umfasst. Die Ausnahme gilt auch für Verfahren im Zusammenhang mit erbrechtlichen Treuhandverhältnissen (*trust*), soweit deren Innenverhältnis betroffen ist. Als erbrechtlich ist auch die Streitigkeit zwischen zwei Erbprätendenten über die Beteiligung am Nachlass einzuordnen.

155 Keine Anwendung findet der Ausnahmetatbestand hingegen auf Verfahren, in denen erbrechtliche Aspekte nur als Vorfragen zu klären sind, wie etwa im Falle von Ansprüchen des Gläubigers des Erblassers, die gegen den Erben geltend gemacht werden.[228]

Artikel 2 [Begriffsbestimmungen]

Für die Zwecke dieser Verordnung bezeichnet der Ausdruck
a) „Entscheidung" jede von einem Gericht eines Mitgliedstaats erlassene Entscheidung ohne Rücksicht auf ihre Bezeichnung wie Urteil, Beschluss, Zahlungsbefehl oder Vollstreckungsbescheid, einschließlich des Kostenfestsetzungsbeschlusses eines Gerichtsbediensteten.
Für die Zwecke von Kapitel III umfasst der Ausdruck „Entscheidung" auch einstweilige Maßnahmen einschließlich Sicherungsmaßnahmen, die von einem nach dieser Verordnung in der Hauptsache zuständigen Gericht angeordnet wurden. Hierzu gehören keine einstweiligen Maßnahmen einschließlich Sicherungsmaßnahmen, die von einem solchen Gericht angeordnet wurden, ohne dass der Beklagte vorgeladen wurde, es sei denn, die Entscheidung, welche die Maßnahme enthält, wird ihm vor der Vollstreckung zugestellt;
b) „gerichtlicher Vergleich" einen Vergleich, der von einem Gericht eines Mitgliedstaats gebilligt oder vor einem Gericht eines Mitgliedstaats im Laufe eines Verfahrens geschlossen worden ist;
c) „öffentliche Urkunde" ein Schriftstück, das als öffentliche Urkunde im Ursprungsmitgliedstaat förmlich errichtet oder eingetragen worden ist und dessen Beweiskraft
  i) sich auf die Unterschrift und den Inhalt der öffentlichen Urkunde bezieht und
  ii) durch eine Behörde oder eine andere hierzu ermächtigte Stelle festgestellt worden ist;
d) „Ursprungsmitgliedstaat" den Mitgliedstaat, in dem die Entscheidung ergangen, der gerichtliche Vergleich gebilligt oder geschlossen oder die öffentliche Urkunde förmlich errichtet oder eingetragen worden ist;
e) „ersuchter Mitgliedstaat" den Mitgliedstaat, in dem die Anerkennung der Entscheidung geltend gemacht oder die Vollstreckung der Entscheidung, des gerichtlichen Vergleichs oder der öffentlichen Urkunde beantragt wird;
f) „Ursprungsgericht" das Gericht, das die Entscheidung erlassen hat, deren Anerkennung geltend gemacht oder deren Vollstreckung beantragt wird.EuGH-Entscheidungen:

---
[228] *Schlosser*/Hess, EuZPR, 4. Aufl. 2015, Art. 1 EuGVVO Rn. 18.

Text + Erläuterungen   Art. 2 **B Vor I** 7

EuGH-Rechtsprechung: EuGH, 21.5.1980 – C-125/79, *Bernard Denilauler* ./. *SNC Couchet Frères*, Slg. 1980, 1553 (ECLI:EU:C:1980:130)

EuGH, 20.1.1994 – Rs. C-129/92, *Owens Bank Ltd* ./. *Fulvio Bracco u.a.*, Slg. 1994, I-117 (ECLI:EU:C:1994:13)

EuGH, 13.7.1995 – Rs. C-474/93, *Hengst Import BV* ./. *Campese*, Slg. 1995, I-2113 (ECLI:EU:C:1995:243)

EuGH, 27.4.1999 – Rs. C-99/96, *Mietz* ./. *Intership Yachting Sneek BV*, Slg. 1999, I-1597 (ECLI:EU:C:1999:202)

EuGH, 17.6.1999 – Rs. C-260/97, *Unibank A/S* ./. *Christensen*, Slg. 1999, I-3715 (ECLI:EU:C:1999:312)

EuGH, 27.4.2004 – Rs. C-159/02, *Turner* ./. *Grovit*, Slg. 2004, I-3565 (ECLI:EU:C:2004:228)

EuGH, 14.10.2004 – Rs. C-39/02, *Mærsk Olie & Gas A/S* ./. *Firma M. de Haan en W. de Boer*, Slg. 2004, I-9657 (ECLI:EU:C:2004:615)

EuGH, 28.4.2005 – Rs. C-104/03, *St. Paul Dairy Industries NV* ./. *Unibel Exser BVBA*, ECLI:EU:C:2005:255

EuGH, 10.2.2009 – Rs. C-185/07, *Allianz SpA* ./. *Westtankers Inc.*, Slg. 2009, I-663 (ECLI:EU:C:2009:69)

EuGH, 2.4.2009 – Rs. C-394/07, *Marco Gambazzi* ./. *DaimlerChrysler Canada Inc, u.a.*, Slg. 2009, I-2563 (ECLI:EU:C:2009:219)

EuGH, 15.11.2012 – Rs. C-456/11, *Gothaer Allgemeine Versicherung AG u.a.* ./. *Samskip GmbH*, ECLI:EU:C:2012:719

Schrifttum: *Geimer, Reinhold*, Europaweite Beachtlichkeit ausländischer Urteile zur internationalen Unzuständigkeit?, in: Recht ohne Grenzen. Festschrift für Athanassios Kaissis zum 65. Geburtstag, 2012, Geimer, Reinhold; Schütze, Rolf A. (Hrsg.), S. 287; *Kayser, Godehard / Dornblüth, Susanne*, Anerkennung und Vollstreckbarerklärung italienischer Zahlungsbefehle nach der EuGVVO, ZIP 2013, S. 57–62; *Kruis, Ferdinand*, Anerkennung und Vollstreckung eines italienischen Mahnbescheids (decreto ingiuntivo) in Deutschland, IPRax 2001, S. 56–62; *Schulz, Philip*, Die Anerkennungsfähigkeit eines Solvent Schemes vor deutschen Gerichten, ZfV 2011, S. 202 ff.; *Zerr, Christian*, Prozesstaktik bei Arrestverfahren innerhalb Europas nach der Neufassung der EuGVVO, EuZW 2013, S. 292.

Übersicht

	Rn.
I. Der Begriff „Entscheidung" (lit. a)	2
1. Grundsätzliches	3
2. Einzelfälle zu lit. a Satz 1	12
3. Einstweilige Maßnahmen i.S.v. lit. a Sätze 2 und 3	23

II. Der Begriff „gerichtlicher Vergleich" (lit. b) 31
III. Der Begriff „öffentliche Urkunde" (lit. c) 37
IV. Der Begriff „Ursprungsmitgliedstaat" (lit. d) 42
V. Der Begriff „ersuchter Mitgliedstaat" (lit. e) 44
VI. Der Begriff „Ursprungsgericht" (lit. f.) 45

1   Art. 2 führt – „vor die Klammer gezogen" – mehrere allgemeine Begriffsbestimmungen zusammen. Diese waren teilweise bereits in der EuGVVO a.F. enthalten, teilweise sind sie durch die Revision 2012 in Anlehnung an andere Regelwerke des europäischen Zivilprozessrechts neu eingeführt worden.

I. Der Begriff „Entscheidung" (lit. a)

2   Art. 2 lit. a Satz 1 ist wortgleich mit Art. 32 EuGVVO a.F., der den Begriff der Entscheidung lediglich für den Anerkennungs- und Vollstreckungsteil der EuGVVO a.F. definierte. Art. 2 lit. a Sätze 2 und 3 sind neu eingeführt worden und erstrecken für die Zwecke des Kapitels III (Anerkennung und Vollstreckung) den Begriff der „Entscheidung" auf bestimmte einstweilige Maßnahmen.

1. Grundsätzliches

3   Der Begriff der Entscheidung ist euroautonom und weit auszulegen, um entsprechend dem Ziel der EuGVVO einen freien Verkehr von Entscheidungen in Zivil- und Handelssachen zu gewährleisten.[1] Der Begriff erfasst **jede Entscheidung, die Ausfluss staatlicher Gerichtshoheit** ist, **ohne Rücksicht auf** ihre **Bezeichnung, Form** oder **Rechtskraft** mit Ausnahme gerichtlicher Verfügungen, die lediglich prozessleitenden Charakter haben.

4   Lit. a Satz 1 nennt einige Beispiele für Entscheidungen im Sinne der Begriffsbestimmung – Urteil, Beschluss, Zahlungsbefehl, Vollstreckungsbescheid, Kostenfestsetzungsbeschlusses – wobei diese Aufzählung nicht abschließend ist. Zugleich wird klargestellt, dass es **auf die Bezeichnung nicht ankommt**.

5   In welcher **Form** eine Entscheidung nach dem nationalen Recht ergeht, hat ebenfalls keine Bedeutung. Demnach können auch Entscheidungen ohne Tatbestand oder Entscheidungsgründe (in Deutschland: §§ 313a, 313b ZPO[2]) erfasst sein.

6   Die Entscheidung muss **nicht notwendigerweise rechtskräftig** sein.[3] Ihre Anerkennung und Vollstreckung setzt allein voraus, dass die Entscheidung anerkennungsfähige Wirkungen hat oder (wenigstens vorläufig) vollstreckbar ist.

7   Lit. a Satz 1 erfasst nicht nur Entscheidungen von Zivilgerichten, sondern vielmehr Entscheidungen aus allen Gerichtsbarkeiten, soweit sie in den **sachlichen Anwendungsbereich der EuGVVO** fallen. Betrifft die Entscheidung

---
[1] EuGH, 15.11.2012 – Rs. C-456/11, *Gothaer Allgemeine Versicherung AG u.a. ./. Samskip GmbH*, ECLI:EU:C:2012:719, Rn. 25 ff.
[2] Vgl. aber § 313a Abs. 4, 5 und § 313b Abs. 3 ZPO.
[3] BGH, 8.12.2005 – IX ZB 28/04, NJW-RR 2006, S. 1290, Rn. 10 (nach juris); OLG Düsseldorf, 1.3.2012 – I-3 W 104/11, IPRspr. 2012, Nr. 262, S. 584, Rn. 28 (nach juris).

eine Zivil- oder Handelssache i.S.v. Art. 1 Abs. 1, die nicht unter die Bereichsausnahmen von Art. 1 Abs. 2 fällt, erfüllt sie den Tatbestand von Art. 2 lit. a Satz 1 somit auch dann, wenn sie von einem Strafgericht oder Verwaltungsgericht erlassen worden ist. Auch Entscheidungen im Rahmen der freiwilligen Gerichtsbarkeit können erfasst sein, soweit sie nicht in die Bereichsausnahme von Art. 1 Abs. 2 lit. a fallen.[4]

Die Entscheidung muss von einem **mitgliedstaatlichen** Gericht stammen. 8 Dies setzt nicht zwangsläufig voraus, dass dieses seine Zuständigkeit auf die Vorschriften der EuGVVO gestützt hat. Erfasst sind demzufolge auch Entscheidungen, die auf der Grundlage nationaler Zuständigkeitsvorschriften (Art. 6) oder aufgrund von Kompetenznormen in vorrangigen europäischen Rechtsakten (Art. 67) oder in einem völkerrechtlichen Spezialübereinkommen (Art. 71) ergangen sind.[5] Die Zuständigkeit des Erstgerichts darf gem. Art. 45 Abs. 3 grundsätzlich nicht nachgeprüft werden. Genauso wenig ist es erforderlich, dass das Erstgericht über einen internationalen Sachverhalt entschieden hat.[6]

Der Begriff des **Gerichts** ist euroautonom unter Anlehnung an Art. 6 EMRK 9 zu verstehen und erfasst jeden in persönlicher und sachlicher Hinsicht unabhängigen und unparteiischen Spruchkörper eines Mitgliedstaats.[7] Hinzu kommen die in Art. 3 aufgelisteten Behörden. Im Übrigen sind Entscheidungen von Verwaltungsbehörden,[8] Rechtsanwälten[9] und Schiedsgerichten nicht erfasst.[10] Es ist unerheblich, welcher Funktionsträger innerhalb eines Gerichts die Entscheidung gefällt hat.[11] Dies stellt Art. 2 lit. a Satz 1 durch die ausdrückliche Einbeziehung von Entscheidungen eines Gerichtsbediensteten klar. Demzufolge können etwa in Deutschland Entscheidungen von Urkundsbeamten und Rechtspflegern erfasst sein. Im Ergebnis muss es sich um eine Stelle handeln, die auf gesetzlicher Grundlage ständig damit betraut ist, Rechtssachen unabhängig zu entscheiden.

Art. 2 lit. a Satz 1 erfasst **nicht** Entscheidungen, die **ihrem Inhalt nach auf** 10 **das Territorium des Ursprungsstaats beschränkt** sind. Hierzu gehören insbesondere Entscheidungen, die die Anerkennung oder Vollstreckung eines ausländischen Judikats betreffen (Exequaturentscheidungen). Die Entscheidung, ob ein auswärtiger Richterspruch im Inland anerkannt und für vollstreckbar erklärt

---

[4] Zöller/*Geimer*, ZPO, 31. Aufl. 2016, Art. 36 EuGVVO Rn. 17.
[5] Zöller/*Geimer*, ZPO, 31. Aufl. 2016, Art. 36 EuGVVO Rn. 12.
[6] Zöller/*Geimer*, ZPO, 31. Aufl. 2016, Art. 36 EuGVVO Rn. 11.
[7] Schlosser/*Hess*, EuZPR, 4. Aufl. 2015, Art. 2 EuGVVO Rn. 6; Stein/Jonas/*Oberhammer*, ZPO, 22. Aufl. 2011, Art. 32 EuGVVO a.F. Rn. 11.
[8] OLG Koblenz, 5.11.1985 – 14 W 638/85, IPRax 1987, 24 (zur Entscheidung des Präsidenten einer französischen Anwaltskammer betreffend die Honorarforderung eines französischen Anwalts). Ist der Beschluss des Präsidenten der Anwaltskammer von einem französischen Gericht für vollstreckbar erklärt worden, liegt hingegen eine Entscheidung i.S. Art. 2 lit. a vor, BGH, 22.9.2005 – IX ZB 7/04, NJW-RR 2006, S. 143.
[9] OLG Köln, 8.5.2006 – 16 W 13/06, IPRspr. 2006, Nr. 184, S. 417 zur *atto di precetto*, die nach italienischem Recht im Vorfeld zur Zwangsvollstreckung notwendige Aufforderung eines Rechtsanwalts zur Leistung.
[10] Schlosser/*Hess*, EuZPR, 4. Aufl. 2015, Art. 2 EuGVVO Rn. 6f.; Zöller/*Geimer*, ZPO, 31. Aufl. 2016, Art. 36 EuGVVO Rn. 10.
[11] Zöller/*Geimer*, ZPO, 31. Aufl. 2016, Art. 36 EuGVVO Rn. 10; Schlosser/*Hess*, EuZPR, 4. Aufl. 2015, Art. 2 EuGVVO Rn. 5.

bzw. vollstreckt wird, trifft jeder Staat aus eigener Kompetenz. Eine Doppelexequierung könnte Anerkennungsvoraussetzungen – wie etwa den Vorbehalt des nationalen *ordre public* – umgehen und ist daher nicht statthaft.[12]

11   Keine Entscheidungen i.S.v. Art. 2 lit. a Satz 1 sind des Weiteren **gerichtliche Vollstreckungsakte,** wie etwa die Anordnung von Zwangs- oder Ordnungsmitteln sowie Pfändungs- und Überweisungsbeschlüsse. Derartige Maßnahmen stammen zwar auch von einem Gericht, sind aber dem Erkenntnisverfahren nicht zugehörige Vollstreckungsakte und können daher nicht nach Kap. III der EuGVVO anerkannt und vollstreckt werden.[13]

2. Einzelfälle zu lit. a Satz 1

12   Unter lit. a Satz 1 fallen Sachentscheidungen, die **in einem kontradiktorischen Verfahren** zustande gekommen sind. Hierzu gehören auch Versämnisurteile[14] und Mahnbescheide i.S.v. § 699 ZPO.[15] Ebenso ist ein vor englischen Gerichten ergangenes Judikat tauglich, wenn der Beklagte wegen *contempt of court* vom Verfahren ausgeschlossen worden ist.[16] Denn Voraussetzung für eine Entscheidung i.S.v. lit. a Satz 1 ist lediglich, dass der Vollstreckbarkeitserklärung im Urteilsstaat ein kontradiktorisches Verfahren vorausgegangen ist oder hätte vorausgehen können. Hierfür reicht es aus, dass nach Ende eines nicht kontradiktorischen Verfahrensabschnittes die Sache Gegenstand einer kontradiktorischen Erörterung sein konnte, dass also die Wirksamkeit der Entscheidung erst dann eintritt, wenn der Schuldner Gelegenheit hatte, seine Rechte geltend zu machen.[17]

13   Nach diesem Maßstab ist auch das *decreto ingiuntivo* (Zahlungsbefehl) nach italienischem Recht in der Regel als Entscheidung i.S.v. lit. a Satz 1 einzuordnen: Erlässt das italienische Gericht den vollstreckbaren Zahlungsbefehl, nachdem der Antragsgegner Widerspruch eingelegt hat bzw. die Widerspruchsfrist ungenutzt hat verstreichen lassen, stellt das *decreto ingiuntivo* eine Entscheidung i.S.v. lit. a Satz 1 dar.[18] Denn der Schuldner hätte durch Widerspruch ins kontradiktorische Verfahren eintreten können.[19] Wurde das *decreto ingiuntivo* hingegen ohne vorhe-

---

[12] EuGH, 20.1.1994 – Rs. C-129/92, *Owens Bank Ltd ./. Fulvio Bracco u.a.,* Slg. 1994, I-1097 (ECLI:EU:C:1994:13); Schlosser/*Hess,* EuZPR, 4. Aufl. 2015, Art. 2 EuGVVO Rn. 8; Kropholler/*von Hein,* EuZPR, 9. Aufl. 2011, Art. 32 EuGVVO a.F. Rn. 15.
[13] *Geimer*/Schütze, EuZVR, 3. Aufl. 2010, Art. 32 EuGVVO a.F. Rn. 49; *Schack,* IZVR, 6. Aufl. 2014, Rn. 901, 1061; *M. Peiffer,* Grenzüberschreitende Titelgeltung in der EU, 2012, Rn. 1089.
[14] EuGH, 2.4.2009 – Rs. C-394/07, *Marco Gambazzi ./. DaimlerChrysler Canada Inc, u.a.,* Slg. 2009, I-2563, Rn. 24 (ECLI:EU:C:2009:219), obiter.
[15] Zöller/*Geimer,* ZPO, 31. Aufl. 2016, Art. 36 EuGVVO Rn. 11.
[16] EuGH, 2.4.2009 – Rs. C-394/07, *Marco Gambazzi ./. DaimlerChrysler Canada Inc, u.a.,* Slg. 2009, I-2563 (ECLI:EU:C:2009:219), Rn. 26 ff.
[17] OLG Celle, 3.1.2007 – 8 W 86/06, NJW-RR 2007, S. 718, Rn. 14 (nach juris).
[18] BGH, 21.1.2010 – IX ZB 193/07, NJW-RR 2010, S. 100, Rn. 6 ff. (nach juris); OLG Frankfurt, 7.12.2004 – 20 W 369/04, juris, Rn. 7; OLG Frankfurt, 16.12.2004 – 20 W 507/04, juris, Rn. 7; OLG Zweibrücken, 25.1.2006 – 3 W 239/05, RIW 2006, S. 709, Rn. 10 (nach juris); OLG Düsseldorf, 8.8.2006 – I-3 W 118/06, IPRspr. 2006, Nr. 188, S. 425, Rn. 14 (nach juris); OLG Celle, 3.1.2007 – 8 W 86/06, NJW-RR 2007, S. 718, Rn. 14 f. (nach juris); OLG Oldenburg, 18.11.2009 – 9 W 39/09, juris, Rn. 8. Vgl. ausführlich hierzu *Kayser/Dornblüth,* ZIP 2013, S. 57.
[19] EuGH, 13.7.1995 – Rs. C-474/93, *Hengst Import BV ./. Campese,* Slg. 1995, I-2113 (ECLI:EU:C:1995:243), Rn. 14; EuGH, 14.10.2004 – Rs. C-39/02, *Mærsk Olie & Gas A/S ./. Firma M. de Haan en W. de Boer,* Slg. 2004, I-9657 (ECLI:EU:C:2004:615), Rn. 50.

rige Anhörung des Antragsgegners unmittelbar in vollstreckbarer Form erlassen, stellt es keine Entscheidung i.S.v. lit. a Satz 1 dar.[20]

Der Begriff der Entscheidung erfasst auch **Prozessurteile**, die eine Klage als 14 unzulässig abweisen.[21] Damit die Anerkennung nicht ins Leere geht, muss das Prozessurteil jedoch eine anerkennungsfähige Entscheidungswirkung (Rechtskraft) enthalten. Dies ist etwa bei einem Urteil der Fall sein, durch das sich ein Gericht wegen einer entgegenstehenden Gerichtsstandsvereinbarung für unzuständig erklärt hat. Erwächst die Entscheidung nach nationalem Recht etwa hinsichtlich der Wirksamkeit der Gerichtsstandsvereinbarung in Rechtskraft, so ist deren europaweite Anerkennung möglich.

Die Reichweite der **Rechtskraft einer Unzuständigkeitserklärung** soll 15 sich nach Auffassung des EuGH jedoch nicht nach dem Recht des Ursprungsstaates richten, sondern nach eigenen unionsrechtlichen Grundsätzen.[22] Nach dem euroautonomen Begriffsverständnis erfasst die Rechtskraft nicht nur den Tenor der fraglichen gerichtlichen Entscheidung, sondern auch die den Tenor tragenden Entscheidungsgründe.[23] Das hat zur Folge, dass die Abweisung einer Klage durch ein mitgliedstaatliches Gericht wegen entgegenstehender Gerichtsstandsvereinbarung im Grundsatz eine unionsweite Bindungswirkung hinsichtlich der Wirksamkeit der Gerichtsstandsvereinbarung auslöst, ungeachtet dessen, ob das Recht des Erststaates eine derartige Vorfragenbindung kennt oder nicht.

Kostenentscheidungen sind nach dem ausdrücklichen Wortlaut von lit. a 16 Satz 1 erfasst, wenn auch die Hauptsache in den Anwendungsbereich der EuGVVO fällt. Hierzu gehören lediglich Entscheidungen über die Erstattungspflicht von Parteien untereinander hinsichtlich gerichtlicher und anwaltlicher Kosten (in Deutschland: § 104 ZPO). Soweit nur Teile der Hauptsache in sachlicher Hinsicht von der EuGVVO erfasst sind, sollte man zur Erleichterung des grenzüberschreitenden Rechtsverkehrs die einheitliche Kostenentscheidung insgesamt nach der EuGVVO anerkennen und vollstrecken und sich nicht nur auf den Kostenanteil beschränken, der dem sachlich erfassten Hauptsacheanteil zuzuordnen ist.[24] Nicht erfasst ist hingegen die hoheitliche Aufforderung einer Justizbehörde zur Zahlung von Gerichtskosten (Gerichtskostenrechnung).[25]

---

[20] OLG Zweibrücken, 22.9.2005 – 3 W 175/05, IPRspr. 2005, Nr. 157, S. 430, Rn. 8 ff. (nach juris); *Kruis*, IPRax 2001, S. 56.
[21] EuGH, 15.11.2012 – Rs. C-456/11, *Gothaer Allgemeine Versicherung AG u.a. ./. Samskip GmbH*, ECLI:EU:C:2012:719; *Kropholler/von Hein*, EuZPR, 9. Aufl. 2011, Art. 32 EuGVVO a.F. Rn. 14, zustimmend *Klöpfer*, GPR 2015, S. 210 (211 ff.). A.A. *Zöller/Geimer*, ZPO, 31. Aufl. 2016, Art. 36 EuGVVO Rn. 18; *Geimer*, in: FS Kaissis, 2012, S. 287 (289 ff.).
[22] EuGH, 15.11.2012 – Rs. C-456/11, *Gothaer Allgemeine Versicherung AG u.a. ./. Samskip GmbH*, ECLI:EU:C:2012:719, Rn. 43. Hierzu kritisch *Klöpfer*, GPR 2015, S. 210 (211 ff.); *Roth*, IPRax 2014, S. 136; *Bach*, EuZW 2013, S. 56 (57 ff.). Vgl. hierzu auch die Kommentierung bei Art. 25 Rn. 278 ff., Art. 31 Rn. 36 und Art. 36 Rn. 2.
[23] EuGH, 15.11.2012 – Rs. C-456/11, *Gothaer Allgemeine Versicherung AG u.a. ./. Samskip GmbH*, ECLI:EU:C:2012:719, Rn. 40.
[24] *Schlosser/Hess*, EuZPR, 4. Aufl. 2015, Art. 2 EuGVVO Rn. 18; *Kropholler/von Hein*, EuZPR, 9. Aufl. 2011, Art. 32 EuGVVO a.F. Rn. 11; *Zöller/Geimer*, ZPO, 31. Aufl. 2016, Art. 36 EuGVVO Rn. 24.
[25] BGH, 20.6.2000 – X ZR 113/99, IPRspr. 2000, Nr. 178, S. 391; OLG Schleswig-Holstein, 15.3.1996 – 9 B 7 b 2/96, RIW 1997, S. 513; KG Berlin, 7.7.2005 – 1 AR 32/02, juris, Rn. 8.

17 Unter den Begriff der Entscheidung i.S.v. lit. a Satz 1 fallen grundsätzlich auch sog. *anti-suit injunctions*, mit denen *common law*-Gerichte einer Partei die Fortführung eines Prozesses vor einem anderen Gericht untersagen. Solche gerichtlich angeordneten Prozessführungsverbote werden zum Schutz von Gerichtsstands- und Schiedsvereinbarungen (sog. *contractual anti-suit injunctions*) sowie zum Schutz vor schikanösen Klagen (sog. *non-contractual anti-suit injunctions*) erlassen. Im Anwendungsbereich der EuGVVO sind *anti-suit injunctions* jedoch unzulässig,[26] so dass sich praktisch recht selten die Frage stellen wird, ob es sich um eine Entscheidung i.S.v. Art. 2 lit. a Satz 1 handelt.

18 Unklar ist, ob sog. *undertakings* aus dem *common law* als Entscheidung i.S.v. lit. a Satz 1 einzuordnen sind. Hierbei handelt es sich um Verpflichtungen, die eine Partei gegenüber dem Gericht eingeht und die im *common law* wie Gerichtsentscheidungen vollstreckt werden können. Insbesondere machen Gerichte der *common law*-Staaten den Erlass einstweiliger Maßnahmen davon abhängig, dass sich der Antragsteller verpflichtet, die dem Gegner aufgrund der Vollziehung der einstweiligen Maßnahme entstandenen Schäden zu ersetzen, wenn die Maßnahme nachträglich aufgehoben oder die Klage in der Hauptsache abgewiesen wird (sog. *cross-undertaking in damages*). Richtigerweise fallen solche *undertakings* nicht unter den Begriff der Entscheidung. Denn sie stellen lediglich eine auf Verlangen des Gerichts abgegebene Verpflichtungserklärung des Antragsstellers und keine gerichtliche Entscheidung dar.[27]

19 Die im englischen Recht vorgesehene gerichtliche Genehmigung eines *scheme of arrangement* kann eine Entscheidung i.S.v. lit. a Satz 1 darstellen.[28] Hierbei handelt es sich um ein insolvenzunabhängiges Vergleichsplanverfahren, in dem ein Unternehmen mit seinen Gläubigern oder einer Gruppe von Gläubigern einen Vergleich abschließen kann, der die Verbindlichkeiten des Unternehmens aus dem vom Plan erfassten Rechtsgeschäft regelt.[29]

20 Nicht unter lit. a Satz 1 fallen **Zwischenentscheidungen über den Verfahrensfortgang**, wie z.B. ein Hinweis- oder Aufklärungsbeschluss (§ 139 ZPO), die Ladung eines Zeugen oder die Bestellung eines Sachverständigen.[30] Eine Vollstreckung solcher Entscheidungen nach der EuGVVO wäre schon nicht durchführbar, soweit sie sich gegen einen Dritten richten, der nicht Partei des Verfahrens ist (Zeuge oder Sachverständiger).[31] Außerdem würde eine „Vollstre-

---

[26] EuGH, 27.4.2004 – Rs. C-159/02, *Turner ./. Grovit*, Slg. 2004, I-3565 (ECLI:EU:C:2004:228), Rn. 25 ff.; EuGH, 10.2.2009 – Rs. C-185/07, *Allianz SpA ./. Westtankers Inc.*, Slg. 2009, I-663 (ECLI:EU:C:2009:69), Rn. 29 ff.

[27] Zöller/Geimer, ZPO, 31. Aufl. 2016, Art. 36 EuGVVO Rn. 22; *Kropholler/von Hein*, EuZPR, 9. Aufl. 2011, Art. 32 EuGVVO a.F. Rn. 16. A. A. *Schlosser*, RIW 2001, S. 88; Schlosser/*Hess*, EuZPR, 4. Aufl. 2015, Art. 2 EuGVVO Rn. 20.

[28] BGH, 15.2.2012 – IV ZR 194/09, NJW 2012, S. 2113, Rn. 26 (nach juris) obiter; Schlosser/*Hess*, EuZPR, 4. Aufl. 2015, Art. 2 EuGVVO Rn. 21; *Schulz*, ZfV 2011, S. 202 (204).

[29] Vgl. *Schulz*, ZfV 2011, S. 202.

[30] OLG Hamm, 2.10.2008 – 19 W 21/08, IPRax 2009, S. 434, Rn. 19 (nach juris) zur Anordnung des persönlichen Erscheinens der Parteien; *Schlosser*-Bericht, 1979, Rn. 187; *Kropholler/von Hein*, EuZPR, 9. Aufl. 2011, Art. 32 EuGVVO a.F. Rn. 24. A. A. Zöller/*Geimer*, ZPO, 31. Aufl. 2016, Art. 36 EuGVVO Rn. 18.

[31] *Schlosser*-Bericht, 1979, Rn. 187.

ckung" derartiger prozessleitender Verfügungen nach der EuGVVO die EuZVO und die EuBVO überflüssig machen.³² Demzufolge erfasst lit. a Satz 1 nur Entscheidungen, die auf die Regelung von Rechtsverhältnissen zwischen den Parteien abzielen und nicht lediglich den weiteren Verfahrensgang gestalten.³³

Ähnlich verhält es sich mit den Ergebnissen **selbständiger Beweisverfahren.** 21 Diese wirken sich lediglich auf den weiteren Verfahrensfortgang (anschließendes Klageverfahren) aus und können nicht nach den Vorschriften der EuGVVO anerkannt werden.³⁴

Keine Entscheidung i.S.v. lit. a Satz 1 ist die im italienischen Recht als „*atto* 22 *di precetto*" bezeichnete Leistungsaufforderung des Anwalts einer Partei an die Gegenseite im Vorfeld der Zwangsvollstreckung, weil diese nicht von einer Stelle staatlicher Gerichtsbarkeit stammt.³⁵

3. Einstweilige Maßnahmen i.S.v. lit. a Sätze 2 und 3

Die neu eingeführten Sätze 2 und 3 des lit. a schaffen in engen Grenzen die 23 Grundlage für eine grenzüberschreitende Vollstreckung einstweiliger Maßnahmen. Die Vorschrift bewirkt, dass einstweilige Maßnahmen nur dann nach dem Kapitel III anerkannt und vollstreckt werden können, wenn das erlassende Gericht nach der EuGVVO **in der Hauptsache zuständig ist** und der **Antragsgegner vorgeladen** bzw. ihm wenigstens vor der Vollstreckung die Entscheidung **zugestellt** wurde. Der Nachweis, dass diese Voraussetzungen erfüllt sind, wird im Rahmen der Vollstreckung durch die Bescheinigung i.S.v. Art. 53 i.V.m. Anhang I nachgewiesen: Deren Nr. 4.6.2.2. ermöglicht die Bescheinigung, dass die Maßnahme von einem Gericht angeordnet wurde, das in der Hauptsache zuständig ist. Die Nr. 4.3.2. schreibt vor, dass in Fällen, in denen sich der Beklagte auf das Verfahren nicht eingelassen hat, das Datum der Zustellung des verfahrenseinleitenden Schriftstücks anzugeben ist. Soweit erst die Entscheidung als solche zugestellt worden ist, ist das Zustellungsdatum gem. Nr. 4.5.1. zu vermerken.

Inhaltlich entsprechen die Sätze 2 und 3 der insoweit bereits zum EuGVÜ 24 ergangenen **Rechtsprechung des EuGH.** Dieser hat entschieden, dass einstweilige Anordnungen, die ohne vorherige Anhörung der Gegenpartei erlassen wurden und ohne vorherige Zustellung an diese vollstreckbar sind, nicht nach europäischem Zivilprozessrecht grenzüberschreitend vollstreckt werden können (heute: Art. 2 lit. a Satz 2).³⁶ Außerdem hat der EuGH eine Vollstreckung einstweiliger Maßnahmen in den Bahnen des europäischen Zivilprozessrechts in den Fällen ausgeschlossen, in denen das Ausgangsgericht seine Zuständigkeit auf nati-

---
³² Schlosser/*Hess*, EuZPR, 4. Aufl. 2015, Art. 2 EuGVVO Rn. 15.
³³ *Kropholler/von Hein*, EuZPR, 9. Aufl. 2011, Art. 32 EuGVVO a.F. Rn. 24.
³⁴ OLG Hamm, 14.6.1988 – 20 W 24/88, RIW 1989, S. 566; OLG Hamburg, 20.9.1999 – 8 W 235/99, IPRax 2000, S. 530, Rn. 6 (nach juris); OLG München, 19.2.2014 – 15 W 912/13, IPRax 2015, S. 93, Rn. 14 (nach juris).
³⁵ OLG Köln, 8.5.2006 – 16 W 13/06, IPRspr. 2006, Nr. 184, S. 417.
³⁶ EuGH, 21.5.1980 – C-125/79, *Bernard Denilauler ./. SNC Couchet Frères*, Slg. 1980, 1553 (ECLI:EU:C:1980:130).

onale Zuständigkeitsvorschriften stützte und nicht auf einen Hauptsache-Gerichtsstand aus dem EuGVÜ (heute: Art. 2 lit. a Satz 1).[37]

25 Die Regelung schließt die Anerkennung und Vollstreckung einstweiliger Maßnahmen im Ergebnis sehr weitgehend aus. Dabei kommt es gerade bei den einstweiligen Maßnahmen häufig auf den **Überraschungseffekt** an, so dass eine schnelle und effektive Auslandsvollstreckung nach der EuGVVO besonders wünschenswert wäre.[38]

26 Für die **anwaltliche Beratung** ist zu unterscheiden:[39]

27 Kommt es dem Antragsteller vorwiegend auf den **Überraschungseffekt** der einstweiligen Maßnahme an, ist es besser, diese direkt in dem Mitgliedstaat zu beantragen, in dem sie auch vollzogen werden soll. Denn nur so ist in der Regel eine schnelle Vollziehung möglich. Soweit in diesem Mitgliedstaat nicht auch der Hauptsache-Gerichtsstand nach der EuGVVO eröffnet ist, hat dieser Weg allerdings den Nachteil, dass die einstweilige Anordnung nicht nach den Regeln der EuGVVO in anderen Mitgliedstaaten vollstreckt werden kann. Will der Antragsteller die Anordnung **in mehreren Staaten vollziehen**, lässt sich der Überraschungseffekt am besten erreichen, indem man gleichzeitig vor den Gerichten der verschiedenen Staaten einstweiligen Rechtsschutz beantragt.[40]

28 Kommt es dem Antragsteller hingegen darauf an, dass die einstweilige Anordnung **nach den Regeln der EuGVVO effektiv und schnell grenzüberschreitend vollzogen** werden kann, muss er die einstweilige Maßnahme am EuGVVO-Hauptsache-Gerichtsstand beantragen und auf die Durchführung einer mündlichen Verhandlung drängen (vgl. etwa in Deutschland §§ 922 Abs. 1 Satz 1, 936 ZPO), damit das rechtliche Gehör des Gegners gewahrt ist.

29 Eine **einstweilige Maßnahme** i.S.v. lit. a Satz 2 kann etwa die richterliche vorläufige Zahlungsanordnung nach italienischem Recht (*„ordinanza ingiuntiva di pagamento"*) sein.[41] Ein Arrestbeschluss, der ohne Anhörung des Schuldners erlassen worden ist, und ohne Zustellung des Arrestbefehls vollstreckbar ist, stellt hingegen keine einstweilige Maßnahme i.S.v. lit. a Satz 2 dar.[42]

30 Unter die einstweiligen Maßnahmen fallen gem. lit. a Satz 2 auch **Sicherungsmaßnahmen**. Hierunter fallen Maßnahmen, die eine Veränderung der Sach- und Rechtslage verhindern sollen, um Rechte zu sichern, deren Anerkennung im Übrigen bei dem in der Hauptsache zuständigen Gericht beantragt wird.[43] Dazu gehören nach Erwgr. 25 etwa einstweilige Anordnungen zur Beweiserhebung oder Beweissicherung im Bereich des geistigen Eigentums (vgl. Art. 6 und 7 der RL

---

[37] EuGH, 27.4.1999 – Rs. C-99/96, *Mietz ./. Intership Yachting Sneek BV*, Slg. 1999, I-1597 (ECLI:EU:C:1999:202), Rn. 54.
[38] So auch Zerr, EuZW 2013, S. 292 (297).
[39] Kropholler/von Hein, EuZPR, 9. Aufl. 2011, Art. 32 EuGVVO a.F. Rn. 23.
[40] Dem steht Art. 29 EuGVVO nicht entgegen, weil er lediglich die gleichzeitige Rechtshängigkeit mehrerer Klagen *in der Hauptsache* ausschließt.
[41] OLG Zweibrücken, 20.1.2006 – 3 W 244/05, RIW 2006, S. 363.
[42] BGH, 21.12.2006 – IX ZB 150/05, NJW-RR 2007, S. 1573 zum Arrestbeschluss nach schwedischem Recht.
[43] EuGH, 28.4.2005 – Rs. C-104/03, *St. Paul Dairy Industries NV ./. Unibel Exser BVBA*, ECLI:EU:C:2005:255, Rn. 13.

2004/48/EG). Nicht erfasst sind hingegen Anordnungen zur Zeugenvernehmung, weil diese nicht der Sicherung von Beweismitteln dienen, sondern lediglich dazu, die Zweckmäßigkeit einer eventuellen Klage einzuschätzen.[44]

II. Der Begriff „gerichtlicher Vergleich" (lit. b)

Die Definition des gerichtlichen Vergleichs in Art. 2 lit. b ist an Art. 58 Abs. 1 EuGVVO a.F. angelehnt. Im Unterschied zur alten Rechtslage sind nicht nur im Laufe eines Verfahrens vor Gericht geschlossene Vergleiche tatbestandlich erfasst, sondern auch solche, die von einem mitgliedstaatlichen Gericht „lediglich" gebilligt worden sind. 31

Zu den **vor einem Gericht geschlossenen Vergleichen** gehören in Deutschland der Prozessvergleich i.S.v. § 794 Abs. 1 Nr. 1 Alt. 1 ZPO, der Vergleich im Prozesskostenhilfeverfahren i.S.v. § 118 Abs. 1 Satz 3 ZPO sowie der im selbständigen Beweisverfahren gem. § 492 Abs. 3 ZPO abgeschlossene Vergleich (§ 794 Abs. 1 Nr. 1 Alt. 3 und Alt. 4 ZPO). 32

Art. 2 lit. b erfasst hingegen nicht den **Anwaltsvergleich** (§ 796b ZPO) oder den **Gütestellenvergleich** i.S.v. § 794 Abs. 1 Nr. 1 2. Alt. ZPO, weil diese weder vor einem Gericht geschlossen noch von einem solchen gebilligt worden sind. Hierbei handelt es sich vielmehr um öffentliche Urkunden i.S.v. lit. c, für deren Vollstreckung Art. 58 gilt. 33

Ein Beispiel für einen **vom Gericht gebilligten Vergleich** ist der außergerichtlich zustande gekommene und gem. § 278 Abs. 6 ZPO vom Gericht aufgenommene Vergleich. 34

Es ist unklar, ob sog. **Vergleichsurteile** als Entscheidung i.S.v. lit. a oder als gerichtlicher Vergleich i.S.v. lit. b einzuordnen sind. Solche Vergleichsurteile kennen das englische und das französische Recht (*consent judgment* und *jugement d'expédient*). Sie zeichnen sich dadurch aus, dass der Vergleich nicht lediglich gerichtlich protokolliert, sondern in ein nichtstreitiges Urteil aufgenommen wird. Richtigerweise richtet sich die Zuordnung unter lit. a oder lit. b danach, ob das Vergleichsurteil prozessuale Entscheidungswirkungen, wie etwa eine Präklusionswirkung, hat:[45] Ist dies der Fall, handelt es sich um eine gerichtliche Entscheidung i.S.v. lit. a, die nach Art. 36 ff. anerkannt und vollstreckt werden kann. Andernfalls handelt es sich um einen gerichtlichen Vergleich i.S.v. lit. b, der grenzüberschreitend lediglich vollstreckt werden kann gem. Art. 59. 35

Lit. b erfasst nur gerichtliche Vergleiche, die sich auf eine Zivil- oder Handelssache beziehen, die nach Art. 1 in den **sachlichen Anwendungsbereich** der EuGVVO fällt. Nicht erforderlich ist hingegen, dass das Gericht nach Art. 4 ff. zur Entscheidung über den Gegenstand **international zuständig** war. Die Bereitschaft des Beklagten, die Streitigkeit durch Abschluss eines Vergleichs vor dem angerufenen Gericht beizulegen ist als bedingungslose Unter- 36

---

[44] EuGH, 28.4.2005 – Rs. C-104/03, *St. Paul Dairy Industries NV ./. Unibel Exser BVBA*, ECLI:EU:C:2005:255, Rn. 25.
[45] Vgl. hierzu ausführlich die Kommentierung bei Art. 59 Rn. 47 ff.

werfung unter die Zuständigkeit dieses Gerichts für die Aufnahme des Vergleichs zu werten.[46]

III. Der Begriff „öffentliche Urkunde" (lit. c)

37   Art. 2 lit. c ist an die Legaldefinition in Art. 4 Nr. 3 EuVTVO angelehnt. Demnach muss die öffentliche Urkunde drei Voraussetzungen erfüllen: Sie muss (1.) von einer Behörde oder hierzu ermächtigten Stelle stammen, (2.) als öffentliche Urkunde errichtet oder eingetragen worden sein und (3.) Beweiskraft für die Unterschrift und den Urkundeninhalt entfalten.

38   Das Erfordernis, dass die Beurkundung von einer **Behörde oder staatlich ermächtigten Stelle** vorgenommen worden sein muss, soll die öffentliche Urkunde von den Privaturkunden abgrenzen. Durch das Beurkundungsverfahren soll die Richtigkeit der Urkunde von hoheitlicher Stelle sichergestellt werden. Notwendig ist daher, dass die Urkunde von einem Notar oder einer anderen mit hoheitlicher Urkundsgewalt ausgestatteten Behörde errichtet worden ist.[47] Ausreichend ist auch die durch einen Konsul aufgenommene Urkunde, wobei solche Urkunden dem Entsendestaat zugerechnet werden.[48] Eine Privaturkunde mit Vollstreckungsvereinbarung, wie etwa das *gäldsbrev* nach dänischem Recht, genügt demzufolge nicht.[49]

39   Die Urkunde ist dann **als „öffentliche"** Urkunde errichtet oder eingetragen, wenn sie das Ergebnis der geistigen und bewertenden Tätigkeit der öffentlich bestellten Urkundsperson und damit Ausdruck der öffentlichen Gewalt ist.[50] Dabei muss sich die Beurkundung auf den Inhalt der Urkunde und nicht nur ihre Unterschrift beziehen.[51] Die öffentliche oder notariell beglaubigte Unterschrift auf einer Privaturkunde reicht demzufolge nicht aus.[52] Die Urkunde muss nach den maßgeblichen Regeln des Beurkundungsverfahrens im Ursprungsstaat wirksam errichtet worden sein. Liegt ein Verfahrensfehler vor, ist unter Rückgriff auf diese Vorschriften zu beurteilen, ob die Urkunde ihren Charakter als öffentliche Urkunde verliert.[53]

40   Schließlich ist gem. lit. c ii erforderlich, dass die Urkunde **Beweiskraft auch hinsichtlich des beurkundeten Inhaltes** hat. Dies ist ebenfalls unter Heranziehung des Rechts des Ursprungsmitgliedstaats zu beurteilen. Im deutschen Recht erfüllen alle öffentlichen Urkunden i.S.v. § 415 Abs. 1 ZPO die Anforderungen von Art. 2 lit. c.

---

[46] Vgl. hierzu die Kommentierung bei Art. 59 Rn. 59 f.
[47] Zöller/*Geimer*, ZPO, 31. Aufl. 2016, Art. 57 EuGVVO Rn. 1.
[48] Zöller/*Geimer*, ZPO, 31. Aufl. 2016, Art. 57 EuGVVO Rn. 2; Rauscher/*Staudinger*, EuZPR, 4. Aufl. 2016, Art. 2 EuGVVO Rn. 26; Schlosser/*Hess*, EuZPR, 4. Aufl. 2015, Art. 2 EuGVVO Rn. 26.
[49] EuGH, 17.6.1999 – Rs. C-260/97, *Unibank A/S ./. Christensen*, Slg. 1999, I-3715 (ECLI:EU:C:1999:312).
[50] Generalanwalt *La Pergola*, Schlussanträge v. 2.2.1999 (C-260/97 – *Unibank A/S ./. Christensen*), Slg. 1999, I-3715, Rn. 7.
[51] *Jenard/Möller*-Bericht, ABl. EG 1990 C 189/57, Rn. 72.
[52] OLG Köln, 15.10.2007 – 16 W 19/07, OLGR Köln 2008, S. 159.
[53] Schlosser/*Hess*, EuZPR, 4. Aufl. 2015, Art. 2 EuGVVO Rn. 27.

In Deutschland sind öffentliche Urkunden i.S.v. Art. 2 lit. c die Urkunden **41** gem. § 794 Abs. 1 Nr. 5 ZPO (etwa **notariell vollstreckbare Urkunden**), die in § 794 Abs. 1 Nr. 4b ZPO geregelten Anwaltsvergleiche, sofern diese von einem Gericht (§ 796b ZPO) oder von einem Notar (§ 796c ZPO) für vollstreckbar erklärt worden sind, sowie die Vergleiche i.S.v. § 794 Abs. 1 Nr. 1 Alt. 2 ZPO, die vor einer durch die Landesjustizverwaltung eingerichteten **Gütestelle** geschlossen worden sind.

IV. Der Begriff „Ursprungsmitgliedstaat" (lit. d)

Die Definition des Begriffs „Ursprungsmitgliedstaat" ist im Rahmen der **42** EuGVVO-Revision 2012 eingeführt worden und entspricht Art. 4 Nr. 4 EuVTVO und Art. 5 Nr. 1 EuMahnVO. Die Begriffsbestimmung gilt gleichermaßen für alle drei in lit. a bis c genannten Titel, die nach der EuGVVO grenzüberschreitend durchgesetzt werden können. Gem. lit. d ist Ursprungsmitgliedstaat der Mitgliedstaat, in dem ein Titel i.S.v. lit. a bis c ergangen, gebilligt bzw. geschlossen, förmlich errichtet bzw. eingetragen ist.

Die Bezugnahme auf „Mitgliedstaat" stellt zugleich klar, dass drittstaatliche **43** Vollstreckungstitel nicht in den Genuss der EU-weiten Titelfreizügigkeit kommen. Bei öffentlichen Urkunden i.S.v. lit. c, die von einer Konsularstelle ausgestellt worden sind, ist Ursprungsmitgliedstaat der Entsendemitgliedstaat. Gehört die Konsularstelle einem Nicht-Mitgliedstaat an, gilt die EuGVVO nicht, auch wenn die Urkunde lokal in einem EU-Mitgliedstaat ausgestellt worden ist.

V. Der Begriff „ersuchter Mitgliedstaat" (lit. e)

Art. 1 lit. e gehört ebenfalls zu den Neuregelungen, die auf die EuGVVO- **44** Revision 2012 zurückzuführen ist. Die Definition geht weiter als ihre Vorbilder in Art. 4 Nr. 5 EuVTVO und Art. 5 Nr. 2 EuMahnVO, weil sie nicht nur die grenzüberschreitende Vollstreckung, sondern auch die Anerkennung im Ausland erfasst. Es wird einheitlich auf den Mitgliedstaat verwiesen, in dem der Titel i.S.v. lit. a bis c durchgesetzt werden soll.

VI. Der Begriff „Ursprungsgericht" (lit. f.)

Art. 2 lit. f stellt ebenfalls eine Neuregelung dar. Aus dem Zusammenspiel mit **45** lit. d folgt, dass lediglich mitgliedstaatliche Gerichte als „Ursprungsgericht" gelten. Die Definition ist unvollständig, weil sie lediglich auf Entscheidungen Bezug nimmt und den gerichtlichen Vergleich als weiteren vom Gericht stammenden Titel nicht erwähnt.

Der Begriff des Gerichts ist in der EuGVVO an keiner Stelle definiert. Es **46** herrscht jedoch Einigkeit darüber, dass hiermit unabhängige und unparteiische Stellen gemeint sind, die in Ausübung von hoheitlicher Gerichtsgewalt über

B Vor I 7 Art. 3   VO (EU) Nr. 1215/2012

Streitigkeiten in Zivil- und Handelssachen entscheiden. Nach der ausdrücklichen Klarstellung in Art. 3 gelten auch die dort genannten Stellen in Ungarn und Schweden als Gericht. Keine Gerichte im Sinne der EuGVVO sind Verwaltungsbehörden und Schiedsgerichte.

Artikel 3 [Begriff „Gericht"]

Für die Zwecke dieser Verordnung umfasst der Begriff „Gericht" die folgenden Behörden, soweit und sofern sie für eine in den Anwendungsbereich dieser Verordnung fallende Angelegenheit zuständig sind:
a) in Ungarn, bei summarischen Mahnverfahren (fizetési meghagyásos eljárás), den Notar (közjegyző),
b) in Schweden, bei summarischen Mahnverfahren (betalningsföreläggande) und Beistandsverfahren (handräckning), das Amt für Beitreibung (Kronofogdemyndigheten).

Übersicht

	Rn.
I. Normzweck und Überblick	1
II. Entstehungsgeschichte	3
III. „Gericht" im Sinne der EuGVVO	4

I. Normzweck und Überblick

1   Art. 3 dient, anders als Art. 2, nicht etwa der Legaldefinition eines bestimmten Begriffs (hier: des „Gerichts" im Sinne der EuGVVO), sondern ordnet lediglich an, dass im Rahmen bestimmter summarischer Verfahren nach ungarischem (lit. a) bzw. schwedischem Recht (lit. b) auch die dort bezeichneten Stellen, sofern die von ihnen entschiedenen Angelegenheiten in den Anwendungsbereich der EuGVVO fallen, als „Gericht" im Sinne der EuGVVO anzusehen sind. Diese **Wirkungserstreckung** war der Gleichbehandlung halber nötig: Denn Verwaltungsbehörden wie das schwedische Amt für Beitreibung (lit. b) oder auch Notare (lit. a) fallen nach dessen unionsrechtlich autonomer Definition nicht unter den Begriff des „Gerichts"[1] im Sinne der EuGVVO.[2] Dessen ungeachtet nehmen die in Art. 3 bezeichneten Stellen in ihren jeweiligen Staaten Aufgaben war, die in anderen Mitgliedstaaten der EuGVVO den Gerichten zugewiesen sind.[3]

2   Aus der systematischen Stellung des Art. 3 im (deren Anwendungsbereich betreffenden) I. Kapitel der EuGVVO ersichtlich gilt die in dieser Vorschrift angeordnete Gleichstellung nicht nur für die Zuständigkeitsvorschriften der Ver-

[1] S. hierzu sogleich Rn. 4.
[2] Rauscher/*Staudinger*, EuZPR, 4. Aufl. 2016, Art. 3 EuGVVO Rn. 1.
[3] Vgl. zum schwedischen Amt für Beitreibung (lit. b) *Geimer*/Schütze, EuZVR, 3. Aufl. 2010, Art. 62 EuGVVO a.F. Rn. 1.

ordnung (Kapitel II, Art. 4 ff.), sondern insbesondere auch im Rahmen der Anerkennung und Vollstreckung von „Entscheidungen"[4] nach dem III. Kapitel.[5] Vgl. zur Erweiterung des Gerichtsbegriffs Art. 71a.

II. Entstehungsgeschichte

Eine Art. 3 entsprechende Regelung traf – in Bezug auf die in Art. 3 lit. b bezeichneten summarischen Verfahren nach schwedischem Recht (Ungarn wurde erst mit Wirkung vom 1.5.2004, d.h. mehr als zwei Jahre nach Inkrafttreten der EuGVVO a.F. am 1.3.2002,[6] Mitgliedstaat der EU) – Art. 62 EuGVVO a.F. Eine Art. 3 vergleichbare Regelung enthält im Übrigen z.B. auch Art. 4 Nr. 7 EuVTVO. 3

III. „Gericht" im Sinne der EuGVVO

Der Begriff des „Gerichts" im Sinne der EuGVVO ist weder in Art. 2 noch in Art. 3 bzw. sonst in der Verordnung ausdrücklich legaldefiniert.[7] Lediglich indirekt wird der Begriff im Rahmen mehrerer Legaldefinitionen des Art. 2 vorausgesetzt, allerdings ohne im Einzelnen näher umschrieben zu werden. Nach dem EuGH sind „Gerichte" im Sinne der EuGVVO solche Rechtsprechungsorgane eines Mitgliedstaats, die kraft ihres Auftrags selbst über zwischen den Parteien bestehende Streitpunkte entscheiden.[8] Für die Prüfung des Vorliegens eines „Gerichts" ist demnach – in Anlehnung auch an Art. 6 EMRK – im Einzelfall darauf abzustellen, ob ein unabhängiger und unparteiischer Spruchkörper eines Mitgliedstaats vorliegt und den Beteiligten in den betreffenden Verfahren grds. rechtliches Gehör gewährt wird.[9] 4

---

[4] Vgl. Art. 2 lit. a sowie die Kommentierung hierzu.
[5] Schlosser/*Hess*, EuZPR, 4. Aufl. 2015, Art. 3 EuGVVO Rn. 1.
[6] Vgl. Art. 76 EuGVVO a.F.
[7] Rauscher/*Mankowski*, EuZPR, 4. Aufl. 2016, Art. 2 EuGVVO Rn. 48.
[8] EuGH, 2.6.1994 – C-414/92, *Solo Kleinmotoren ./. Boch*, Slg. 1994, I-2277 (ECLI:EU:C:1994:221), Rn. 17.
[9] Schlosser/*Hess*, EuZPR, 4. Aufl. 2015, Art. 2 EuGVVO Rn. 6; vgl. auch Rauscher/*Mankowski*, EuZPR, 4. Aufl. 2016, Art. 2 EuGVVO Rn. 50, der auf den Rechtsgedanken von Art. 2 Abs. 2 EuUnthVO abstellen will.

Kapitel II Zuständigkeit

Abschnitt 1 Allgemeine Bestimmungen

Vorbemerkung zu Art. 4 ff.

Schrifttum (zum EuGVÜ):

Bajons, Ena-Marlies, Die neue europäische Zuständigkeitsordnung: Grundstruktur und Anwendungsbereich, in: Bajons, Ena-Marlies; Mayr, Peter; Zeiler, Gerold (Hrsg.), Die Übereinkommen von Brüssel und Lugano, Wien 1997; *Boele-Woelki, Katharina,* Kodifikation des niederländischen internationalen Privat- und Verfahrensrechts, IPRax 1985, S. 264; *Busl, Peter,* Deutsches „internationales" Mahnverfahren, § 688 ff. ZPO und EuGVÜ, IPRax 1986, S. 272; *Coester-Waltjen, Dagmar,* Die Aufrechnung im internationalen Zivilprozeßrecht, in: Festschrift für Gerhard Lüke zum 70. Geburtstag, Prütting, Hanns; Rüßmann, Helmut (Hrsg.), 1997, S. 35; *Desantes Real, Manuel,* La competencia judicial en la Communidad Europea, 1986; *Erwand, Christine,* Forum non conveniens und EuGVÜ, 1996; *Geimer, Reinhold,* Einige Zweifelsfragen zur Abgrenzung der internationalen Zuständigkeit nach dem EWG-Übereinkommen vom 27.9.1968, RIW 1975, S. 81; *ders.,* Eine neue internationale Zuständigkeitsordnung in Europa, NJW 1976, S. 441; *ders.,* Das Zuständigkeitssystem des EWG-Übereinkommens vom 27. September 1968, WM 1976, S. 830; *ders.,* Kompetenzkonflikte im System des Europäischen Gerichtsstands- und Vollstreckungsübereinkommens, in: Festschrift für Winfried Kralik zum 65. Geburtstag, Rechberger, Walter H.; Welser, Rudolf (Hrsg.), Wien 1986, S. 179; *ders.,* Das Nebeneinander und Miteinander von europäischem und nationalem Zivilprozeßrecht, NJW 1986, S. 2991; *ders.,* Ungeschriebene Anwendungsgrenzen des EuGVÜ: Müssen Berührungspunkte zu mehreren Vertragsstaaten bestehen?, IPRax 1991, S. 31; *ders.,* Die Gerichtspflichtigkeit des Beklagten außerhalb seines Wohnsitzstaates aus der Sicht des EuGVÜ, WM 1980, S. 1106; *Gottwald, Peter,* Die Prozeßaufrechnung im europäischen Zivilprozeß, IPRax 1986, S. 10; *Habscheid, Walter,* Zur Aufrechnung gegen eine Forderung mit englischem Schuldstatut im Zivilprozeß, in: Festschrift für Karl H. Neumayer zum 65. Geburtstag, Barfuß, Werner; Dutoit, Bernard; Forkel, Hans; Immenga, Ulrich; Majores, Ferenc (Hrsg.), 1985, S. 263; *Huber, Peter,* Forum non conveniens und EuGVÜ, RIW 1993, S. 977; *ders.,* Die englische Forum-non-Convenience-Doktrin und ihre Anwendung im Rahmen des Europäischen Gerichtsstands- und Vollstreckungsübereinkommens, 1994; *Jaeckel, Fritz,* Die Reichweite der lex fori im internationalen Zivilprozeßrecht, 1994; *Jasper, Dieter,* Forum Shopping in England und Deutschland, 1990; *Kannengießer, Matthias,* Die Aufrechnung im Internationalen Privat- und Verfahrensrecht, 1998; *Kaye, Peter,* The EEC Judgments Convention and the Outer World: Goodbye to Forum Non Conveniens?, J. Bus. L. 1992, S. 47; *Kerameus, Konstantinos D.,* Das Brüsseler Gerichtsstandsübereinkommen und das griechische Recht der internationalen Zuständigkeit, in: Festschrift für Gottfried Baumgärtel zum 70. Geburtstag, Prütting, Hanns (Hrsg.), 1990, S. 215; *Kindler, Peter,* Sachmängelhaftung, Aufrechnung und Zinssatzbemessung, IPRax 1996, S. 16; *Kropholler, Jan,* Zuständigkeitsregeln des GVÜ, in: Hdb. IZVR I Kap. III § 4; *ders.,* Problematische Schranken der europäischen

Zuständigkeitsordnung gegenüber Drittstaaten, in: Festschrift für Murad Ferid zum 80. Geburtstag, Heldrich, Andreas; Sonnenberger, Hans-Jürgen (Hrsg.), 1988, S. 239; *Kurth, Jürgen*, Inländischer Rechtsschutz gegen Verfahren vor ausländischen Gerichten, Berlin 1989; *Leisle, Jörg-Marcus*, Dependenzen auf dem Weg vom EuGVÜ über die EuGVVO zur EuZPO, Konstanz 2002; *Malatesta, Alberto*, Litispendenza e riconoszibilita di sentenze nella Convenzione di Bruxelles del 1968, Riv. dir. int. priv. proc. 1994, S. 511; *Mankowski, Peter*, Zur Zuständigkeit für eine gerichtliche Entscheidung über eine Aufrechnungsforderung, ZZP 109 (1996), S. 376; *Mansel, Heinz-Peter*, Gerichtsstandvereinbarung und Ausschluss der Streitverkündung durch Prozessvertrag, ZZP 109 (1996), S. 61; *Mennie, Alastair*, The Brussels Convention and the Scottish Courts' Discretion to Decline Jurisdiction, Jur. Rev. 1989, S. 150; *Musger, Gottfried*, Das Übereinkommen von Lugano: Internationales Zivilverfahrensrecht für den europäischen Wirtschaftsraum in BM Justiz (Hrsg.), Rechtsprechung und europäische Integration, Wien 1994; *North, Peter*, The Brussels Convention and Forum Non Conveniens, IPRax 1992, S. 183; *Piltz, Burghard*, Die Zuständigkeitsordnung nach dem EWG-Gerichtsstands- und Vollstreckungsübereinkommen, NJW 1979, S. 1071; *Reus, Alexander*, Die *forum non conveniens doctrine* in Großbritannien und den USA in Zukunft auch in deutschen Prozeß, RIW 1991, S. 542; *Roth, Herbert*, Aufrechung und internationale Zuständigkeit nach deutschem und europäischem Prozessrecht, RIW 1999, S. 819; *Schack, Haimo*, Internationales Zivilverfahrensrecht, 6. Aufl. 2014; *Schoibl, Norbert*, Vom Brüsseler Übereinkommen zur Brüssel-I-Verordnung – Neuerungen im europäischen Zivilprozessrecht, JBl. 2003, S. 149; *Schlosser, Peter*, Das internationale Zivilprozeßrecht der Europäischen Wirtschaftsgemeinschaft und Österreichs, in: Festschrift für Winfried Kralik zum 65. Geburtstag, Rechberger, Walter H.; Welser, Rudolf (Hrsg.), Wien 1986, S. 287; *ders.*, Jurisdiction in International Litigation – The Issue of Human Rights in Relation to National Law and to the Brussels Convention, Riv. dir. int. 1991, S. 5; *Schröder, Jochen*, The Right not to be Sued Abroad, in: Festschrift für Gerhard Kegel zum 75. Geburtstag, Schurig, Klaus; Musielak, Hans-Joachim (Hrsg.), 1987, S. 523; *Schütze, Rolf*, Die Bedeutung der Verweisung nach § 281 ZPO für die internationale Zuständigkeit, RIW 1995, S. 630; *Schuhmann, Eckehard*, Aktuelle Fragen und Probleme des Gerichtsstands des Vermögens (§ 23 ZPO), ZZP 93 (1980), S. 408; *Schwartz, Adam*, The Brussels Convention and the proper application of forum non conveniens to non-contracting states, Fordham Int. L. J. 1992, S. 174; *Spickhoff, Andreas*, Die Klage im Ausland als Delikt im Inland, in: Festschrift für Erwin Deutsch: Zum 70. Geburtstag, Ahrens, Hans J.; von Bar, Christian; Fischer, Gerfried; Spickhoff, Andreas; Taupitz, Jochen (Hrsg.), 1999, S. 327; *Thiele, Christian*, Antisuit injunctions im Lichte europäischen Gemeinschaftsrechts, RIW 2002, S. 383 ff.; *ders.*, Forum non conveniens im Lichte europäischen Gemeinschaftsrechts in RIW 2002, S. 696 ff.; *Urlesberger, Franz*, Ein einheitliches Gerichtsstandsrecht für ganz Westeuropa mit Ausnahme Österreichs im Werden, JBl. 1988, S. 223; *Volken, Paul*, Rechtsprechung zum Lugano Übereinkommen, SZIER 1995, S. 17; *Wagner, Gerhard*, Die Aufrechnung im Europäischen Zivilprozeß, IPRax 1999, S. 65; *Walter, Gerhard*, Internationales Zivilprozeßrecht der Schweiz, Bern 1995; *ders.*, Wechselwirkungen zwischen europäischem und nationalem Zivilprozeßrecht: Lugano-Übereinkommen und Schweizer Recht, ZZP 107 (1994), S. 301.

Schrifttum (zur EuGVVO a.F.):

Althammer, Christoph, Arglistiges Klägerverhalten im Europäischen Zuständigkeitsrecht (EuGVVO) – Bedarf für ein allgemeines Missbrauchskorrektiv, in: Gedächtnisschrift für

B Vor I 7   Vor Art. 4   VO (EU) Nr. 1215/2012

Haluk Konuralp, Gürzumar, Onur; Pekcanitez, Hakan u.a. (Hrsg.), 2009, S. 103; *Blobel, Felix*, Unzulässigkeit der *forum non conveniens*–Doktrin im Europäischen Zivilprozessrecht, GPR 2005, S. 140; *Dutta, Analol / Heinze, Christian*, Prozessführungsverbote im englischen und europäischen Zivilverfahrensrecht, ZEuP 2005, 428; *Grimm, Alexander*, Brüssel I-VO: Grenzüberschreitender Bezug und unbekannter Wohnsitz des Beklagten, GPR 2012, S. 87; *Hausmann, Rainer*, Die Revision des Brüsseler Übereinkommens von 1968 Teil 1, EuLF 2000/2001, S. 40 ff.; *Heinze, Christian / Dutta, Anatol*, Ungeschriebene Grenzen für europäische Zuständigkeiten bei Streitigkeiten mit Drittstaatenbezug, IPRax 2005, 224; *Hess, Burkhard*, Die allgemeinen Gerichtsstände der Brüssel I Verordnung, in: liber amicorum Walter F. Lindacher zum 70. Geburtstag, Hau, Wolfgang; Schmidt, Hubert (Hrsg.), 2007, S. 53; *Illmer, Martin*, Anti-suit injunctions zur Durchsetzung von Schiedsvereinbarungen in Europa – der letzte Vorhang ist gefallen, IPRax 2009, S. 312; *ders.*, Anti-suit injunctions und nicht ausschließliche Gerichtsstandsvereinbarungen, IPRax 2012, S. 406; *Jayme, Erik / Kohler, Christian*, Europäisches Kollisionsrecht 2001: Anerkennungsprinzip statt IPR?, IPRax 2001, S. 502; *Junker, Abbo*, Vom Brüsseler Übereinkommen zur Brüsseler Verordnung – Wandlungen des Internationalen Zivilprozessrechts, RIW 2002, S. 569 ff.; *Knight, Chris*, Owusu and Turner: The Shark in the Water?, CLJ 66 (2007), S. 289; *Lehmann, Matthias*, Anti-suit injunctions zum Schutz internationaler Schiedsvereinbarungen und EuGVVO, NJW 2009, S. 1645; *Lieder, Jan*, Die Aufrechnung im Internationalen Privat- und Verfahrensrecht, RabelsZ 78 (2014), S. 809; *Mankowksi, Peter*, Die Lehre von den doppelrelevanten Tatsachen auf dem Prüfstand der internationalen Zuständigkeit, IPRax 2006, 454; *ders.*, Ist eine vertragliche Absicherung von Gerichtsstandsvereinbarungen möglich?, IPRax 2009, S. 23; *Micklitz, Hans-W. / Rott, Peter*, Vergemeinschaftung des EuGVÜ in der Verordnung (EG) Nr. 44/2001, Teil 1, EuZW 2001, S. 325 ff.; *Mourre, A.*, La communitarisation de la cooperation judiciaire en materie civile, RDAI/IBLJ Nr. 62001, S. 770 ff.; *Rauscher, Thomas / Fehre, Alexander*, Das Ende des *forum non conveniens* unter dem EuGVÜ und der Brüssel I-VO?, ZEuP 2006, S. 463; *Stürner, Rolf*, Staatenimmunität und Brüssel I-Verordnung: Die zivilprozessuale Behandlung von Entschädigungsklagen wegen Kriegsverbrechen im Europäischen Justizraum, IPRax 2008, S. 197; *Thole, Christoph*, Missbrauchskontrolle im Europäischen Zivilverfahrensrecht, ZZP 122 (2009), 423.

Schrifttum (zur EuGVVO):

Von Hein, Jan, Die Neufassung der Europäischen Gerichtsstands- und Vollstreckungsverordnung (EuGVVO), RIW 2013, S. 97; *Hess, Burkhard*, Die Reform der EuGVVO und die Zukunft des Europäischen Zivilprozessrechts, IPRax 2011, S. 125; *Pohl, Miriam*, Die Neufassung der EuGVVO – im Spannungsfeld zwischen Vertrauen und Kontrolle, IPRax 2013, S. 109.

Übersicht

	Rn.
I. Struktur des Zuständigkeitssystems der EuGVVO	1
1. Regelungsgegenstand; Verhältnis zum nationalen Recht	2
2. Entstehungsgeschichte	4
3. Systematik	5
4. Rangverhältnis der Zuständigkeitsvorschriften	8
5. Prüfungsreihenfolge der Zuständigkeitsvorschriften	9
6. Zwingendes Recht	10
7. Bedeutung des Wohnsitzes	11

II. Räumliche Anwendungsvoraussetzungen 13
   1. Internationaler Sachverhalt 14
   2. Bezug nur zu einem Drittstaat 17
III. Maßgeblicher Zeitpunkt 19
IV. Prüfung der Zuständigkeitsvoraussetzungen: Beweislast und Beweismaß 22
V. Prozessaufrechnung und EuGVVO 26
VI. forum non conveniens-Doktrin 32
VII. anti-suit injunctions 36

I. Struktur des Zuständigkeitssystems der EuGVVO

Das Zuständigkeitsregime der EuGVVO ist in deren **II. Kapitel** geregelt. **1** Dieses Kapitel ist wiederum in 10 Abschnitte unterteilt und besteht aus den Art. 4 bis 35. Von diesen Vorschriften statuieren indes nur die Art. 4 bis 26 bzw. die Abschnitte 1 bis 7 tatsächlich Gerichtsstände.[1] Bei den übrigen Vorschriften des II. Kapitels handelt es sich demgegenüber hauptsächlich um (v.a.) im Rahmen der Zuständigkeitsprüfung relevante Hilfsnormen bzw. um Regeln über die Litispendenz.

1. Regelungsgegenstand; Verhältnis zum nationalen Recht

Die eine Hälfte der gerichtsstandsbegründenden Vorschriften der EuGVVO – **2** etwa der allgemeine Gerichtsstand gem. Art. 4 Abs. 1 bzw., allgemein gesprochen, in der Regel immer dann, wenn die EuGVVO zur Zuständigkeitsbegründung an den Wohnsitz einer Partei anknüpft[2] – legen nur die **internationale Zuständigkeit** der Gerichte eines bestimmten Mitgliedstaats fest. Zur Bestimmung der örtlichen Zuständigkeit kann und muss daneben auf das jeweilige nationale Verfahrensrecht zurückgegriffen werden. Andere Zuständigkeitsvorschriften – insbesondere die meisten besonderen Zuständigkeiten in Art. 7 und 8 – regeln hingegen auch die **örtliche Zuständigkeit** mit. In einem solchen Fall spricht die Verordnung meist von einer Zuständigkeit der „Gerichte des Ortes, an dem" (...) bzw. des „Gerichts der Hauptklage" etc. anstelle von einer Zuständigkeit bloß z.B. der „Gerichte eines Mitgliedstaats". Ist die EuGVVO im Einzelfall einschlägig und die örtliche Zuständigkeit von der anwendbaren Norm mitgeregelt, so ist daneben ein Rückgriff auf die autonomen Verfahrensrechtsvorschriften der jeweiligen *lex fori* (in der Bundesrepublik Deutschland etwa §§ 12 ff. ZPO) wegen des Anwendungsvorrangs der EuGVVO (als Teil des Unionsrechts) grds. ausgeschlossen. Etwas anderes gilt freilich für die von der EuGVVO in den meisten Fällen[3] nicht geregelte sachliche, funktionelle sowie Rechtswegzuständigkeit.[4]

---
[1] S. auch Rauscher/*Mankowski*, EuZPR, 4. Aufl. 2016, Vorbem zu Art. 4 EuGVVO Rn. 1.
[2] Vgl. *Schlosser*/Hess, EuZPR, 4. Aufl. 2015, Vor Art. 4–35 EuGVVO Rn. 2.
[3] Eine Ausnahme bildet etwa Art. 8 Nr. 3, der implizit auch die sachliche Zuständigkeit mitregelt, s. Schlosser/Hess, EuZPR, 4. Aufl. 2015, Art. 8 EuGVVO Rn. 10; **a. A.** *Stadler*, ZZP 710 (1997), S. 253 (254).
[4] *Geimer*/Schütze, EuZVR, 3. Aufl. 2010, Art. 2 EuGVVO a.F. Rn. 42 ff.

3 Spiegelbildlich folgt aus den Zuständigkeitsregeln der EuGVVO eine Pflicht der Mitgliedstaaten, im Einzelfall bei Erfüllung der Voraussetzungen der Art. 4 bis 26 auch tatsächlich ein Gericht zur Sachentscheidung bereitzustellen.[5] Aus dem damit korrelierenden **Justizgewährungsanspruch** eines Klägers folgert der EuGH zudem die Unanwendbarkeit der sog. – v.a. im anglo-amerikanischen Rechtskreis bekannten – *forum non conveniens*-Lehre;[6] hierzu näher sogleich Rn. 32 ff. Zu sog. *anti-suit injunctions* vgl. unten Rn. 36 ff. Zudem folgt aus der Justizgewährungspflicht der Mitgliedstaaten der EuGVVO, dass bei Bestehen einer (nur) internationalen Zuständigkeit nach der Verordnung und Fehlen einer entsprechenden örtlichen Zuständigkeit nach dem daneben anwendbaren nationalen Verfahrensrecht eine örtliche **Notzuständigkeit** anzunehmen ist, und zwar unter entsprechender Anwendung der betreffenden internationalen Zuständigkeitsregel der EuGVVO auch auf die örtliche Zuständigkeit.[7] Nach a. A. soll in einem derartigen Fall hingegen eine örtliche Notzuständigkeit der Gerichte der Hauptstadt des betreffenden Staates gegeben sein.[8]

2. Entstehungsgeschichte

4 Die – als System in sich (ab-)geschlossenen[9] – Zuständigkeitsvorschriften der EuGVVO gehen im Kern auf das **EuGVÜ** aus dem Jahr 1968 zurück, welches erstmals (u.a.) ein selbständiges umfassendes Zuständigkeitssystem in einem supranationalen Rahmen geschaffen hatte.[10] Die entsprechenden Vorschriften des EuGVÜ wurden weder bei der Überleitung in die EuGVVO a.F. im Jahr 2000 noch im Rahmen der jüngsten, im Jahr 2012 abgeschlossenen Reform der EuGVVO in ihrer Struktur wesentlich verändert.[11]

3. Systematik

5 **Strukturell** unterscheidet die EuGVVO – ähnlich den autonomen nationalen Zuständigkeitsordnungen etwa der Bundesrepublik Deutschland sowie der meisten anderen Mitgliedstaaten auch[12] – zunächst zwischen einem allgemeinen Gerichtsstand am Wohnsitz des Beklagten (Abschnitt 1, Art. 4 Abs. 1) sowie – fakultativen – besonderen (Abschnitt 2, Art. 7 bis 9) und bestimmten – naturgemäß vorrangigen – ausschließlichen Gerichtsständen (Abschnitt 6, Art. 24). Daneben treten in Abschnitt 7 noch Vorschriften über – praktisch überaus

---

[5] S. *Geimer*, WM 1976, S. 830 (835); *Geimer*/Schütze, EuZVR, 3. Aufl. 2010, Art. 2 EuGVVO a.F. Rn. 54 ff.; Rauscher/*Mankowski*, EuZPR, 4. Aufl. 2016, Vorbem zu Art. 4 EuGVVO Rn. 1.
[6] Vgl. etwa EuGH, 1.3.2005 – Rs. C-281/02, *Owusu ./. Jackson u.a.*, Slg. 2005, I-1445 (ECLI:EU:C:2005:120), Rn. 46.
[7] KG, 13.1.2000 – 19 W 5398/99, IPRax 2001, S. 44; Rauscher/*Mankowski*, EuZPR, 4. Aufl. 2016, Vorbem zu Art. 4 EuGVVO Rn. 46 m.w.N.; *ders.*, IPRax 2001, S. 33 (34 ff.).
[8] So etwa Geimer/Schütze/*Auer*, Int. Rechtsverkehr, 28. EL 2005, Vorb. Art. 2 ff. EuGVVO a.F. Rn. 24; *Geimer*, RIW 1994, S. 59 (61).
[9] *Kropholler/von Hein*, EuZPR, 9. Aufl. 2011, vor Art. 2 EuGVVO a.F. Rn. 1.
[10] *Schlosser*/Hess, EuZPR, 4. Aufl. 2015, Vor Art. 4–35 EuGVVO Rn. 1.
[11] Zu den Einzelheiten vgl. die jeweiligen Kommentierungen zu den Art. 4 bis 26 (jeweils unter dem Gliederungspunkt „Entstehungsgeschichte").
[12] *Kropholler/von Hein*, EuZPR, 9. Aufl. 2011, vor Art. 2 EuGVVO a.F. Rn. 1.

bedeutsame – Zuständigkeits- bzw. Gerichtsstandsvereinbarungen (Art. 25) sowie die Folgen einer rügelosen Einlassung (Art. 26).

Zum (auch[13]) prozessualen Schutz bestimmter pauschal (und ohne nähere 6 empirische Untersuchung) als besonders schutzwürdig eingestufter Personenkreise unterwirft die EuGVVO schließlich Versicherungs- (Abschnitt 3), Verbraucher- (Abschnitt 4) und Arbeitnehmersachen (Abschnitt 5) jeweils einem vorrangigen,[14] in sich geschlossenen und grds.[15] abgeschlossenen **Sonderregime**, welches für Versicherungs- und Arbeitnehmer sowie Verbraucher günstiger ist als die demgegenüber „allgemeine" Regelung der Abschnitte 1, 2 und 7 (vgl. Erwgr. 18). Die Abschnitte 3, 4 und 5 sind dabei jeweils ähnlich strukturiert und stellen eine in diesem Umfang im autonomen Verfahrensrecht der Mitgliedstaaten beispiellose Pionierleistung des europäischen Zuständigkeitsrechts dar.[16]

Demgegenüber finden sich in den Abschnitten 8 bis 10, d.h. in Art. 27 bis 7 35, keine weiteren Gerichtsstände, sondern großteils bloße **Hilfsnormen**. Abschnitt 8 (Art. 27 und 28) beinhaltet Vorschriften zur Prüfung der Zuständigkeit und der Zulässigkeit des Verfahrens, und Abschnitt 9 (Art. 29 bis 34) enthält – zur Vermeidung parallel geführter Verfahren und damit sich u.U. widersprechender Entscheidungen – bestimmte Regelungen zur Rechtshängigkeit mitgliedstaatlicher Verfahren. In Abschnitt 10 schließlich wird eine „rudimentäre"[17] Regelung für Maßnahmen des einstweiligen Rechtsschutzes getroffen. So stellt Art. 35 zum einen klar, dass auch für den einstweiligen Rechtsschutz die Zuständigkeitsordnung der EuGVVO eröffnet ist, und gestattet daneben zum anderen ausnahmsweise den Rückgriff auch auf die autonomen nationalen Zuständigkeitsvorschriften der jeweiligen *lex fori*.[18]

4. Rangverhältnis der Zuständigkeitsvorschriften

Im **Rang** stehen die fakultativen besonderen Gerichtsstände des 2. 8 Abschnitts gleichberechtigt neben dem allgemeinen Gerichtsstand des Art. 4 Abs. 1.[19] Auch zwischen den einzelnen besonderen Gerichtsständen kann ein Kläger bei Vorliegen von deren Voraussetzungen grds. frei wählen.[20] Hingegen schließt das Eingreifen einer ausschließlichen Zuständigkeit gem. Art. 24 naturgemäß ebenso wie eine ausschließliche Gerichtsstandsvereinbarung im Sinne von Art. 25 den Rückgriff sowohl auf den allgemeinen Gerichtsstand als auch die besonderen Gerichtsstände aus, wobei die Gerichtsstände des Art. 24 wie-

---
[13] Vgl. im Bereich des Kollisionsrechts etwa die Sonderregelungen in Art. 6 bis 8 Rom I-VO.
[14] Im Rahmen der Zuständigkeitsordnung der EuGVVO geht nur Art. 24 diesen Sonderregeln vor, vgl. Rauscher/*Mankowski*, EuZPR, 4. Aufl. 2016, Art. 24 EuGVVO Rn. 1.
[15] Vereinzelt wird in den Art. 10 bis 23 jedoch die Anwendung anderer (andernfalls gesperrter) „allgemeiner" Zuständigkeitsvorschriften ausdrücklich zugelassen.
[16] S. nur (zur EuGVÜ) den *Jenard*-Bericht, 1979, S. 29 ff. sowie Rauscher/*Mankowski*, EuZPR, 4. Aufl. 2016, Vorbem. Art. 4 EuGVVO Rn. 4.
[17] Rauscher/*Leible*, EuZPR, 4. Aufl. 2016, Art. 35 EuGVVO Rn. 1.
[18] Zu den Einzelheiten vgl. die Kommentierung zu Art. 35.
[19] Vgl. (zur EuGVÜ) ausdrücklich den *Jenard*-Bericht, 1979, S. 22.
[20] Simons/*Hausmann*, Brüssel I-VO, 2012, vor Art. 5–7 EuGVVO a.F. Rn. 1.

derum im Rang demjenigen gem. Art. 25 vorgehen. Wurde hingegen ein Gericht nur fakultativ – d.h. als nicht ausschließlich zuständig, vgl. Art. 25 Abs. 1 Satz 2[21] – prorogiert, steht diese vereinbarte Zuständigkeit gleichrangig neben dem allgemeinen und den besonderen Gerichtsständen. Die Zuständigkeiten des 3. bis 5. Abschnitts wiederum gehen als jeweils eigenständige, in sich geschlossene Sonderregelungen den eingangs genannten „allgemeinen" Vorschriften – bis auf den wiederum vorrangigen[22] Art. 24 – vor und verdrängen diese in ihrem Anwendungsbereich grds. komplett; vereinzelt wird jedoch auch im 3. bis 5. Abschnitt ausdrücklich die Anwendung bestimmter sonstiger Zuständigkeitsregelungen gestattet.[23]

5. Prüfungsreihenfolge der Zuständigkeitsvorschriften

9 Aus dem Gesagten ergibt sich zweckmäßigerweise folgende **Prüfungsreihenfolge** im Rahmen der Zuständigkeitsprüfung gem. der EuGVVO:[24]
1. Ist die EuGVVO zeitlich (vgl. Art. 66) sowie sachlich (vgl. Art. 1) **anwendbar** und der räumlich-persönliche Anwendungsbereich des Zuständigkeitsregimes der EuGVVO (vgl. unten Rn. 13 ff.) eröffnet?
2. Liegt eine absoluten Vorrang genießende **ausschließliche** Zuständigkeit gem. Art. 24 vor?
3. Im Anschluss ist zu untersuchen, ob eine gegenüber den Art. 4 bis 9 sowie 25 f. vorrangige Versicherungs- (Abschnitt 3), Verbraucher- (Abschnitt 4) oder Arbeitnehmersache (Abschnitt 5) vorliegt.
4. Jeweils verneinendenfalls ist das Vorliegen einer Zuständigkeit infolge **rügeloser Einlassung** zu prüfen, die unabhängig sowohl von vorangegangenen Vereinbarungen als auch vom Eingreifen des allgemeinen bzw. besonderer Gerichtsstände zuständigkeitsbegründend wirkt.
5. Wurde ein ausschließlicher Gerichtsstand **vereinbart** (vgl. Art. 25 Abs. 1 Satz 2)?
6. Hat der Beklagte seinen **Wohnsitz** in einem Mitgliedstaat im Sinne der EuGVVO oder liegt eine fakultative Gerichtsstandsvereinbarung zugunsten der Gerichte eines Mitgliedstaats vor? Ist dies nicht der Fall, beurteilt sich die Zuständigkeit gem. Art. 6 Abs. 1 nach dem jeweiligen (internationalen) Zivilverfahrensrecht der *lex fori*. Bejahendenfalls hingegen ist:
7. zu prüfen, ob entweder der allgemeine **Gerichtsstand** (Art. 4 Abs. 1) oder die besonderen Gerichtsstände des 2. Abschnitts bzw. eine fakultative Gerichtsstandsvereinbarung eine Zuständigkeit des im Einzelfall angerufenen Gerichts begründen.

---

[21] Zur Abgrenzung von ausschließlichen und fakultativen Gerichtsstandsvereinbarungen vgl. die Kommentierung zu Art. 25.
[22] Rauscher/*Mankowski*, EuZPR, 4. Aufl. 2016, Art. 24 EuGVVO Rn. 1.
[23] Vgl. etwa Simons/*Hausmann*, Brüssel I-VO, 2012, vor Art. 5–7 EuGVVO a.F. Rn. 1.
[24] Vgl. nur Rauscher/*Mankowski*, EuZPR, 4. Aufl. 2016, Vorbem zu Art. 4 EuGVVO Rn. 5; MünchKomm/*Gottwald*, ZPO, 4. Aufl. 2013, Art. 2 EuGVVO a.F. Rn. 4 ff.; *Schlosser*/Hess, EuZPR, 4. Aufl. 2015, Vor Art. 4–35 EuGVVO Rn. 10 ff.; anders etwa Saenger/*Dörner*, ZPO, 6. Aufl. 2015, Vorbemerkung zu Art. 4–6 EuGVVO Rn. 4.

6. Zwingendes Recht

Die Zuständigkeitsvorschriften der Verordnung sind grds. **zwingendes** **10** **Recht**, d.h. die betroffenen Parteien (aber auch die jeweils entscheidenden Gerichte[25]) können die Art. 4 bis 26 – mit Ausnahme des durch die Verordnung selbst, etwa in Art. 25 f., gesetzten Rahmens – nicht abbedingen.[26]

7. Bedeutung des Wohnsitzes

Der 1. Abschnitt des II. Kapitels der EuGVVO, d.h. die Art. 4 bis 6, beinhal- **11** ten bestimmte „allgemeine Bestimmungen" hinsichtlich der Zuständigkeitsordnung der Verordnung.[27] Insbesondere kommt in diesen Vorschriften die grundsätzliche Ausrichtung der Zuständigkeitsvorschriften am **Wohnsitz**[28] **(des Beklagten)**[29] zum Ausdruck.[30] Aus Art. 4 Abs. 1 ergibt sich dabei zunächst der Grundsatz, dass eine (natürliche oder juristische) Person, die ihren Wohnsitz in einem Mitgliedstaat im Sinne der EuGVVO hat, an sich nur vor den Gerichten *dieses* Staates zu verklagen ist (Grundsatz des *actor sequitur forum rei*[31]). Ausnahmen von dieser Grundregel – d.h. Klagen in einem *anderen* als dem Mitgliedstaat, in dessen Hoheitsgebiet ein Beklagter seinen Wohnsitz hat – sind gem. Art. 5 Abs. 1 nur unter den zusätzlichen Voraussetzungen der Vorschriften der Abschnitte 2 bis 7 des II. Kapitels möglich. Im Verhältnis zu Personen mit Wohnsitz *außerhalb* der Mitgliedstaaten der Verordnung (bzw. gem. Art. 35 fakultativ auch für Maßnahmen des einstweiligen Rechtsschutzes) finden demgegenüber gem. Art. 6 Abs. 1 grds. – mit Ausnahme der Art. 18 Abs. 1, 21 Abs. 2 sowie 24, 25[32] und des Art. 26[33] – nur die autonomen nationalen Verfahrensvorschriften der jeweiligen *lex fori* Anwendung. Mangels Relevanz des **gewöhnlichen Aufenthalts** eines Beklagten für die EuGVVO[34] gilt dies selbst dann, wenn sich diese Person dauerhaft in einem Mitgliedstaat im Sinne der Verordnung aufhält, ohne dort einen Wohnsitz zu unterhalten.

Per se irrelevant für die Zuständigkeitsordnung der EuGVVO ist auch die **12** **Staatsangehörigkeit** der Parteien.[35] So stellen Art. 4 Abs. 2 sowie Art. 6 Abs. 2 ausdrücklich fest, dass Personen mit fremder Staatsangehörigkeit, aber mit Wohn-

---

[25] S. nur EuGH, 1.3.2005 – Rs. C-281/02, *Owusu ./. Jackson u.a.*, Slg. 2005, I-1445 (ECLI:EU:C:2005:120), Rn. 37 ff. sowie unten Rn. 32 ff.
[26] Vgl. (zu Art. 4 Abs. 1) EuGH, 1.3.2005 – Rs. C-281/02, *Owusu ./. Jackson u.a.*, Slg. 2005, I-1445 (ECLI:EU:C:2005:120), Rn. 46 sowie *Geimer/*Schütze, EuZVR, 3. Aufl. 2010, Art. 2 EuGVVO a.F. Rn. 51 ff.
[27] S. *Jenard*-Bericht, 1979, S. 18 ff.
[28] Vgl. zum Begriff des Wohnsitzes näher unten, Art. 4 Rn. 6 ff., sowie die Kommentierungen zu Art. 62 und 63.
[29] Der Wohnsitz des *Klägers* ist demgegenüber – jedenfalls für Art. 4 Abs. 1 – irrelevant.
[30] S. EuGH, 13.7.2000 – Rs. C-412/98, *Group Josi Reinsurance Company S.A. ./. Universal General Insurance Company*, Slg. 2000, I-5295 (ECLI:EU:C:2000:399), Rn. 34 f.
[31] Vgl. hierzu (und zu dem immanenten Gerechtigkeitsgehalt dieses Grundsatzes) die Kommentierung zu Art. 4 Rn. 2.
[32] So ausdrücklich der Wortlaut von Art. 6 Abs.1.
[33] Vgl. etwa Rauscher/*Staudinger*, EuZPR, 4. Aufl. 2016, Art. 26 EuGVVO Rn. 7.
[34] S. etwa MünchKomm/*Gottwald*, ZPO, 4. Aufl. 2013, Art. 2 EuGVVO a.F. Rn. 20.
[35] Vgl. den *Jenard*-Bericht, 1979, S. 21 f.

sitz in einem bestimmten Mitgliedstaat nicht schlechter als Inländer gestellt werden dürfen (Gebot der **Inländergleichbehandlung**).[36]

II. Räumliche Anwendungsvoraussetzungen

13 Für die Anwendbarkeit der Zuständigkeitsordnung der EuGVVO muss, wie bereits oben Rn. 9 dargestellt, neben dem in Art. 1 geregelten sachlichen und dem in Art. 66 normierten zeitlichen auch deren **räumlich-persönlicher Anwendungsbereich** eröffnet sein. Denn die Zuständigkeitsordnung der EuGVVO ist – anders etwa als die Kollisionsregeln der Rom I- und Rom II-VO[37] – **nicht universell anwendbar**. Dies folgt nicht zuletzt aus Art. 6.[38] Grundsätzlich ist der räumlich-persönliche Anwendungsbereich der Zuständigkeitsregeln nach dem Wortlaut von Art. 4 Abs. 1 und Art. 5 Abs. 1 immer dann eröffnet, wenn der Wohnsitz des jeweiligen Beklagten[39] in einem Mitgliedstaat im Sinne der EuGVVO liegt. Diese Voraussetzung alleine greift indes als Differenzierungskriterium zu kurz. Das zeigt der Blick auf die Kompetenzgrundlagen für den Erlass der EuGVVO. So verlangt etwa Art. 81 Abs. 1 und Abs. 2 lit. a sowie c AEUV einen „grenzüberschreitenden Bezug". Folglich stellt sich insbesondere die Frage der Anwendbarkeit der Art. 4 ff. auch auf **rein nationale Sachverhalte** (Stichwort: Auslandsbezug als Anwendungsvoraussetzung, s. dazu unter 1.). Außerdem ist zu erörtern, ob die Zuständigkeitsordnung der EuGVVO im Verhältnis zu **Parteien in Drittstaaten** eingreift, d.h. wenn der Sachverhalt zwar einen Auslandsbezug aufweist, dieser jedoch nicht im Verhältnis zu einem weiteren Mitgliedstaat besteht (dazu unter 2.). Darüber hinaus treten bei einigen (besonderen) Gerichtsständen weitere spezifische Fragen des räumlichen Anwendungsbereichs auf, die allerdings im Einzelnen im Rahmen der Kommentierung der betreffenden Vorschriften erörtert werden.

1. Internationaler Sachverhalt

14 Aus dem Wortlaut der „allgemeinen Bestimmungen" der Zuständigkeitsordnung der EuGVVO in Art. 4 bis 6 ergibt sich zunächst nicht, ob die Anwendbarkeit jedenfalls des allgemeinen Gerichtsstands des Art. 4 Abs. 1 das Vorliegen eines irgendwie gearteten (**grenzüberschreitenden**) **Auslandsbezugs**, d.h. eines internationalen Sachverhalts, erfordert. Entsprechend wird teilweise vertreten, die EuGVVO sei auch auf reine Inlandssachverhalte anwendbar.[40] Dafür könnte neben dem insofern schweigenden Wortlaut der Art. 4 bis 6 sprechen, dass an sich jedes Gericht – auch bei Inlandssachverhal-

---

[36] Vgl. hierzu die Kommentierungen zu Art. 4 Rn. 15 sowie zu Art. 6 Rn. 10 ff.
[37] Vgl. Art. 2 Rom I-VO sowie Art. 3 Rom II-VO.
[38] S. die Kommentierung zu Art. 6 Rn. 1 sowie *Geimer/*Schütze, EuZVR, 3. Aufl. 2010, Art. 4 EuGVVO a.F. Rn. 1.
[39] S. dazu oben Rn. 11.
[40] So etwa *Geimer/*Schütze, EuZVR, 3. Aufl. 2010, Art. 2 EuGVVO a.F. Rn. 101 ff.; *Coester-Waltjen*, IPrax 1999, S. 226 (227).

ten – seine internationale Zuständigkeit zumindest gedanklich zu prüfen und zu bejahen hat.[41]

Indes folgt sowohl aus dem Wortlaut der EuGVVO selbst als auch aus der zu 15 ihr ergangenen EuGH-Rechtsprechung[42] und den Materialien das grundsätzliche Erfordernis eines (irgendwie gearteten) Auslandsbezugs. So spricht Erwgr. 3, wenn auch im allgemeinen Kontext, von „Zivilsachen, die einen grenzüberschreitenden Bezug aufweisen". Und z.B. Art. 7 fordert nach seinem klaren Wortlaut („in einem *anderen* Mitgliedstaat"[43]) sowie vorzugswürdiger h.M.[44] explizit einen grenzüberschreitenden Bezug; es ist nicht ersichtlich, warum insofern für Art. 7 strengere Voraussetzungen als z.b. für Art. 4 Abs. 1 gelten sollten. Zudem stützte sich der EU-Gesetzgeber bei der Schaffung der EuGVVO als Kompetenzgrundlage (u.a.) auf Art. 81 Abs. 1 und Abs. 2 lit. a sowie c AEUV; diese Rechtsgrundlage betrifft gerade „Zivilsachen mit grenzüberschreitendem Bezug". Schließlich ergibt sich auch aus den Materialien (zum EuGVÜ) das Erfordernis eines Auslandsbezugs.[45] Entsprechend ist mit der h.m. sowohl die Anwendung des Art. 4 Abs. 1 als auch des Zuständigkeitsregimes der EuGVVO generell **auf reine Inlandssachverhalte abzulehnen.**[46] Andernfalls würden in reinen Inlandsfällen die vielfach strengeren Vorschriften der autonomen nationalen Verfahrensrechte ohne Not und entsprechende Kompetenzgrundlage unterlaufen und eingeschränkt;[47] man denke neben den im deutschen Recht engeren Voraussetzungen von Gerichtsstandsvereinbarungen (vgl. §§ 38 ff. ZPO im Vergleich zu Art. 25) insbesondere an das (mit Ausnahme von § 29c ZPO) grundsätzliche Fehlen eines Verbrauchergerichtsstands im deutschen Zivilverfahrensrecht (im Gegensatz z.b. zu dem weitgehenden Verbrauchergerichtsstand in Art. 18 Abs. 1 Alt. 2 etc.).

Der demnach für die Zuständigkeitsordnung der EuGVVO erforderliche **Aus-** 16 **landsbezug** ist nach dem EuGH allgemein gesprochen immer dann gegeben, wenn die in einem Rechtsstreit in Rede stehende Situation potentiell **Fragen hinsichtlich der Bestimmung der internationalen Zuständigkeit** der Gerichte aufwerfen kann.[48] Dies ist z.B. dann der Fall, wenn ein nach der Ver-

---

[41] Vgl. MünchKomm/*Gottwald*, ZPO, 4. Aufl. 2013, Vorbemerkung zu Art. 1 ff. EuGVVO a.F. Rn. 27; in diesem Sinne wohl *Coester-Waltjen*, IPrax 1999, S. 226 (227).
[42] Etwa EuGH, 1.3.2005 – Rs. C-281/02, *Owusu ./. Jackson u.a.*, Slg. 2005, I-1445 (ECLI:EU:C:2005:120), Rn. 25; EuGH, 17.11.2011 – Rs. C-327/10, *Hypoteční banka a. s. ./. Udo Mike Lindner*, Slg. 2011, I-11582 (ECLI:EU:C:2011:745), Rn. 29.
[43] Hervorhebung durch den *Verf.*
[44] Zur entsprechenden Diskussion vgl. näher die Vorb. Art. 7 ff. Rn. 11 ff.
[45] S. *Jenard*-Bericht, 1979, S. 8.
[46] EuGH, 1.3.2005 – Rs. C-281/02, *Owusu ./. Jackson u.a.*, Slg. 2005, I-1445 (ECLI:EU:C:2005:120), Rn. 25; EuGH, 17.11.2011 – Rs. C-327/10, *Hypoteční banka a. s. ./. Udo Mike Lindner*, Slg. 2011, I-11582 (ECLI:EU:C:2011:745), Rn. 29; Rauscher/*Mankowski*, EuZPR, 4. Aufl. 2016, Vorbem zu Art. 4 EuGVVO Rn. 29; *Schlosser*/Hess, EuZPR, 4. Aufl. 2015, Vor Art. 4–35 EuGVVO Rn. 5 („selbstverständlich"); *Kropholler*/von Hein, EuZPR, 9. Aufl. 2011, vor Art. 2 EuGVVO a.F. Rn. 6; MünchKomm/*Gottwald*, ZPO, 4. Aufl. 2013, Vorbemerkung zu Art. 1 ff. EuGVVO a.F. Rn. 27.
[47] So auch MünchKomm/*Gottwald*, ZPO, 4. Aufl. 2013, Vorbemerkung zu Art. 1 ff. EuGVVO a.F. Rn. 27; anders Rauscher/*Mankowski*, EuZPR, 4. Aufl. 2016, Vorbem zu Art. 4 EuGVVO Rn. 29 („Praktisch wirkt sich die Abgrenzung daher kaum aus").
[48] S. etwa EuGH, 1.3.2005 – Rs. C-281/02, *Owusu ./. Jackson u.a.*, Slg. 2005, I-1445 (ECLI:EU:C:2005:120), Rn. 26; EuGH, 17.11.2011 – Rs. C-327/10, *Hypoteční banka a. s. ./. Udo Mike Lindner*, Slg. 2011, I-11582 (ECLI:EU:C:2011:745), Rn. 30.

ordnung potentiell zuständigkeitsrelevantes Merkmal (im Falle des Vertragsgerichtsstands des Art. 7 Nr. 1 etwa der Erfüllungsort) im Ausland verwirklicht ist[49] oder die Parteien ihren Wohnsitz jeweils in verschiedenen Staaten haben.[50] Aber auch geringfügigere Berührungspunkte mit dem Ausland, etwa eine ausländische Staatsangehörigkeit des Klägers und wohl[51] auch des Beklagten, vermögen den räumlich-persönlichen Anwendungsbereich der Zuständigkeitsordnung der EuGVVO zu eröffnen,[52] ebenso die Einschaltung eines im Ausland ansässigen Vertragsvermittlers.[53] Bei Vorliegen einer Gerichtsstandsvereinbarung schließlich genügt (nach umstrittener[54] Meinung) sogar die Vereinbarung der Zuständigkeit eines ausländischen Gerichts zwischen inländischen Parteien.[55]

2. Bezug nur zu einem Drittstaat

17   Eine weitere kontrovers diskutierte Frage ist, ob der räumlich-persönliche Anwendungsbereich der Zuständigkeitsregeln im II. Kapitel der Verordnung auch dann eröffnet ist, wenn der nach h.M.[56] erforderliche **Auslandsbezug** nicht etwa zu einem weiteren Mitgliedstaat besteht, sondern **lediglich zu einem Drittstaat**. Insofern könnte aus Art. 7, der nach seinem Wortlaut und vorzugswürdiger h.M.[57] explizit einen grenzüberschreitenden Bezug zu einem weiteren Mitgliedstaat fordert, ein verallgemeinerungsfähiger Rechtsgedanke auch für die übrige Zuständigkeitsordnung der EuGVVO bzw. jedenfalls den allgemeinen Gerichtsstands in Art. 4 Abs. 1 zu ziehen sein.[58]

18   Richtiger dürfte indes ein Umkehrschluss aus Art. 7 EuGVVO sein.[59] Denn aus dem Wortlaut von Art. 4 Abs. 1 und auch der meisten anderen Zuständigkeitsvorschriften ergibt sich – anders als bei Art. 7 – **keinerlei Hinweis** auf das Erfordernis eines derartigen **qualifizierten Auslandsbezuges**. Folgerichtig hat der EuGH in seinem Urteil in der Rechtssache *Group Josi* (jedenfalls für Art. 4 Abs. 1) entschieden, dass auch Sachverhalte mit Verbindung zwischen einem einzigen Mitgliedstaat und einem Drittstaat in den räumlichen Anwendungsbereich

---

[49] Rauscher/*Mankowski*, EuZPR, 4. Aufl. 2016, Vorbem zu Art. 4 EuGVVO Rn. 30.
[50] EuGH, 1.3.2005 – Rs. C-281/02, *Owusu* ./. *Jackson u.a.*, Slg. 2005, I-1445 (ECLI:EU:C:2005:120), Rn. 26 f.
[51] Insofern wegen des vorerwähnten (vgl. oben Rn. 12) Grundsatzes der Inländergleichbehandlung kritisch Rauscher/*Mankowski*, EuZPR, 4. Aufl. 2016, Vorbem zu Art. 4 EuGVVO Rn. 30.
[52] EuGH, 17.11.2011 – Rs. C-327/10, *Hypoteční banka a. s.* ./. *Udo Mike Lindner*, Slg. 2011, I-11582 (ECLI:EU:C:2011:745), Rn. 31 f.; *Schlosser*/Hess, EuZPR, 4. Aufl. 2015, Vor Art. 4–35 EuGVVO Rn. 5.
[53] EuGH, 14.11.2013 – C-478/12, *Armin Maletic u.a.* ./. *lastminute.com GmbH u.a.*, ECLI:EU:C:2013:735 = NJW 2014, S. 530, Rn. 29.
[54] **A. A.** etwa OLG Hamm, 18.9.1997 – 5 U 89/97, IPRax 1999, S. 244 zu Art. 17 LugÜ; Rauscher/*Mankowski*, EuZPR, 4. Aufl. 2016, Art. 25 EuGVVO Rn. 24.
[55] OLG München, 13.2.1985 – 7 U 3867/84 IPRspr. 1985, Nr. 133a zu Art. 17 EuGVÜ; *Jenard*-Bericht, 1979, S. 38; *Schlosser*/Hess, EuZPR, 4. Aufl. 2015, Art. 25 EuGVVO Rn. 6.
[56] S. die Ausführungen oben unter Rn. 15.
[57] Zur entsprechenden Diskussion vgl. die Vorb. Rn. 7 ff. Rn. 11 ff.
[58] So im Ergebnis noch BGH, 13.12.2000 – XII ZR 278/98, BeckRS 2000 30149635 sowie *Piltz*, NJW 1979, S. 1071 (1072); *Kohler*, IPRax 1983, S. 265 (266); *Samtleben*, RabelsZ 59 (1995), S. 670 (693).
[59] Rauscher/*Mankowski*, EuZPR, 4. Aufl. 2016, Vorbem zu Art. 4 EuGVVO Rn. 26.

der Zuständigkeitsordnung der EuGVVO fallen.⁶⁰ Konkret ging es dabei um die Frage, ob ein in einem Drittstaat ansässiger Kläger sich gegenüber einem Beklagten mit Wohnsitz in einem Mitgliedstaat bei Fehlen eines Bezugs zu weiteren Mitgliedstaaten im Sinne der EuGVVO auf deren Zuständigkeitsregeln berufen könne. Dies hat der Gerichtshof in der Folge mehrfach bestätigt.⁶¹ Entsprechend ist das Erfordernis eines Bezugs zu einem weiteren Mitgliedstaat weder für Art. 4 Abs. 1 erforderlich noch eine jedenfalls generelle Anwendungsvoraussetzung des Zuständigkeitsregimes der Verordnung.⁶²

III. Maßgeblicher Zeitpunkt

Ebenso wenig wie die oben Rn. 14 ff. bejahte Frage der Notwendigkeit eines **19** irgendwie gearteten Auslandsbezugs für die Anwendung der EuGVVO ist aus dem Wortlaut der Verordnung selbst zu ersehen, zu welchem Zeitpunkt die im Sinne der Verordnung jeweils zuständigkeitsbegründenden Merkmale – bei Art. 4 Abs. 1 etwa der Beklagtenwohnsitz – vorliegen müssen. Würde es sich insofern um eine sog. interne Lücke handeln, so wäre diese **autonom** im Wege des Rückgriffs auf verordnungsinhärente bzw. unionsrechtliche Prinzipien und Regelungen bzw. u.U. rechtsvergleichend zu schließen;⁶³ liegt hingegen eine externe Lücke vor, kommt eine Lückenfüllung anhand der jeweiligen *lex fori* in Betracht.⁶⁴ Richtigerweise stellt die Frage nach dem maßgeblichen Zeitpunkt für das Vorliegen der Zuständigkeitsvoraussetzungen eine **interne Lücke** dar. Denn ein Rückgriff auf das autonome nationale Verfahrensrecht der Mitgliedstaaten sollte im Anwendungsbereich der EuGVVO soweit wie möglich vermieden werden, um die unionsweit einheitliche Anwendung von deren Vorschriften zu gewährleisten.⁶⁵ Zudem ermöglichen die Regelungen der EuGVVO und die ihr zugrunde liegenden Prinzipien durchaus eine sachgerechte Lösung.⁶⁶

Ziel einer Festlegung des für die Zuständigkeitsbestimmung maßgeblichen **20** Zeitpunkts muss vor dem Hintergrund u.a. von Erwgr. 15 sein, dem jeweiligen Kläger eine möglichst **sichere und vorhersehbare Grundlage** für seine Ent-

---

⁶⁰ EuGH, 13.7.2000 – Rs. C-412/98, *Group Josi Reinsurance Company S.A. ./. Universal General Insurance Company*, Slg. 2000, I-5295 (ECLI:EU:C:2000:399), Rn. 59.
⁶¹ Etwa in EuGH, 1.3.2005 – Rs. C-281/02, *Owusu ./. Jackson u.a.*, Slg. 2005, I-1445 (ECLI:EU:C:2005:120), Rn. 35; EuGH, 14.11.2013 – C-478/12, *Armin Maletic u.a. ./. lastminute.com GmbH u.a.*, ECLI:EU:C:2013:735 = NJW 2014, S. 530, Rn. 26.
⁶² H.M., vgl. BGH, 28.9.2005 – XII ZR 17/03, NJW-RR 2005, S. 1593; Geimer/Schütze, EuZVR, 3. Aufl. 2010, Art. 2 EuGVVO a.F. Rn. 111 ff.; MünchKomm/*Gottwald*, ZPO, 4. Aufl. 2013, Art. 2 EuGVVO a.F. Rn. 29; Rauscher/*Mankowski*, EuZPR, 4. Aufl. 2016, Vorbem zur Art. 4 EuGVVO Rn. 26; Schlosser/Hess, EuZPR, 4. Aufl. 2015, Art. 25 EuGVVO Rn. 5; Kropholler/*von Hein*, EuZPR, 9. Aufl. 2011, vor Art. 2 EuGVVO a.F. Rn. 8.
⁶³ Vgl. etwa Geimer/Schütze/*Auer*, Int. Rechtsverkehr, 28. EL 2005, Vorb. Art. 2 ff. EuGVVO a.F. Rn. 17 ff. und wohl auch Rauscher/*Mankowski*, EuZPR, 4. Aufl. 2016, Art. 4 EuGVVO Rn. 5 ff.; Geimer/Schütze, EuZVR, 3. Aufl. 2010, Art. 2 EuGVVO a.F. Rn. 173.
⁶⁴ In dieser Richtung tendieren etwa Schlosser/Hess, EuZPR, 4. Aufl. 2015, Vor Art. 4–35 EuGVVO Rn. 7 sowie MünchKomm/*Gottwald*, ZPO, 4. Aufl. 2013, Art. 2 EuGVVO a.F. Rn. 21.
⁶⁵ Geimer/Schütze, EuZVR, 3. Aufl. 2010, Art. 2 EuGVVO a.F. Rn. 137.
⁶⁶ So auch Rauscher/*Mankowski*, EuZPR, 4. Aufl. 2016, Art. 4 EuGVVO Rn. 5 ff.; Geimer/Schütze, EuZVR, 3. Aufl. 2010, Art. 2 EuGVVO a.F. Rn. 173 f.; offen gelassen von BGH, 1.3.2011 – XI ZR 48/10, NJW 2011, S. 2515 Rn. 15.

scheidung, wo er klagen kann, an die Hand zu geben. Entsprechend muss zum einen ein möglichst leicht zu ermittelnder, eindeutiger Zeitpunkt für das Vorliegen der zuständigkeitsbegründenden Umstände benannt werden. Richtigerweise ist insofern auf den – zum Zwecke der unionsweit einheitlichen Anwendung der Zuständigkeitsvorschriften der EuGVVO entsprechend Art. 32 zu bestimmenden – Zeitpunkt der **Anrufung des jeweiligen Gerichts** abzustellen.[67] Andersherum genügt es freilich, wenn die zuständigkeitsbegründenden Umstände (etwa der Wohnsitz des Beklagten) zwar nicht bei Einreichung der Klage, aber jedenfalls zum **Zeitpunkt der letzten mündlichen Verhandlung** im jeweiligen Gerichtsstaat erfüllt sind.[68] Andernfalls müsste nämlich eine Klage abgewiesen werden, die sofort wieder erhoben werden könnte, was aber dem auch im Unionsrecht geltenden Prinzip der Prozessökonomie diametral zuwiderliefe.[69]

21   Zum anderen ist ein Kläger im Anwendungsbereich der EuGVVO vor einer taktischen Veränderung der zuständigkeitsbegründenden Umstände durch den Beklagten zu schützen.[70] Dies führt zunächst zu der Erkenntnis, dass – wie in wohl nahezu allen Mitgliedstaaten – auch unter der Verordnung der Grundsatz der *perpetuatio fori* gelten muss.[71] Entfallen die Zuständigkeitsvoraussetzungen daher nach Anrufung eines Gerichts, aber während eines Verfahrens, so ist dennoch aus Klägerschutzgesichtspunkten von der Fortdauer der einmal wirksam begründeten internationalen (bzw. im Einzelfall, falls von der EuGVVO mitgeregelt, auch örtlichen) Zuständigkeit auszugehen.

IV. Prüfung der Zuständigkeitsvoraussetzungen: Beweislast und Beweismaß

22   Fragen des **Beweisrechts** sind (abgesehen von Art. 27) in der EuGVVO nicht (selbst nicht implizit) geregelt.[72] Auch aus dem Regelungsgefüge der Verordnung bzw. des Unionsrechts allgemein ergeben sich insofern keine allgemeinen, zur Lückenfüllung nutzbar zu machenden Prinzipien. Das Beweisverfahren stellt daher – jedenfalls grundsätzlich – eine **externe Lücke** dar, die durch Anwendung der jeweiligen *lex fori* zu schließen ist.[73]

[67] So auch *Schlosser*/Hess, EuZPR, 4. Aufl. 2015, Vor Art. 4–35 EuGVVO Rn. 7; *Geimer*/Schütze, EuZVR, 3. Aufl. 2010, Art. 2 EuGVVO a.F. Rn. 137; Rauscher/*Mankowski*, EuZPR, 4. Aufl. 2016, Art. 4 EuGVVO Rn. 5; MünchKomm/*Gottwald*, ZPO, 4. Aufl. 2013, Art. 2 EuGVVO Rn. 21.
[68] BGH, 1.3.2011 – XI ZR 48/10, NJW 2008, S. 2797 Rn. 14 = BGHZ 188, 373; Saenger/*Dörner*, ZPO, 6. Aufl. 2015, Art. 4 EuGVVO Rn. 4; *Schlosser*/Hess, EuZPR, 4. Aufl. 2015, Vor Art. 4–35 EuGVVO Rn. 7; *Schack*, IZVR, 6. Aufl. 2014, Rn. 388.
[69] So auch Rauscher/*Mankowski*, EuZPR, 4. Aufl. 2016, Art. 4 EuGVVO Rn. 7.
[70] Vgl. etwa *Schack*, IZVR, 6. Aufl. 2014, Rn. 393; Rauscher/*Mankowski*, EuZPR, 4. Aufl. 2016, Art. 4 EuGVVO Rn. 6.
[71] Vgl. in diesem Sinne auch EuGH, 5.2.2004 – Rs. C-18/02, *Danmarks Rederiforening, handelnd für DFDS Torline A/S ./. LO Landsorganisationen i Sverige, handelnd für SEKO Sjöfolk Facket för Service och Kommunikation*, Slg. 2004, I-1441 (ECLI:EU:C:2004:74), Rn. 37 sowie *Schack*, IZVR, 6. Aufl. 2014, Rn. 392; Rauscher/*Mankowski*, EuZPR, 4. Aufl. 2016, Art. 4 EuGVVO Rn. 6; *Geimer*/Schütze, EuZVR, 3. Aufl. 2010, Art. 2 EuGVVO a.F. Rn. 173; *Schlosser*/Hess, EuZPR, 4. Aufl. 2015, Vor Art. 4–35 EuGVVO Rn. 7; MünchKomm/*Gottwald*, ZPO, 4. Aufl. 2013, Art. 2 EuGVVO a.F. Rn. 23.
[72] GA *Trstenjak*, Schlussanträge v. 8.9.2011 (Rs. C-327/10 – *Hypoteční banka a. s. ./. Udo Mike Lindner*), ECLI:EU:C:2011:561, Rn. 119; EuGH, 7.3.1995 – Rs. C-68/93, *Shevill ./. Presse Alliance*, Slg. 1995, I-415 (ECLI:EU:C:1995:61), Rn. 35.
[73] *Schlosser*/Hess, EuZPR, 4. Aufl. 2015, Vor Art. 4–35 EuGVVO Rn. 7; vgl. auch EuGH, 7.3.1995 – Rs. C-68/93, *Shevill ./. Presse Alliance*, Slg. 1995, I-415 (ECLI:EU:C:1995:61), Rn. 36.

Entsprechend bemisst sich die **Beweislast** hinsichtlich der Zuständigkeitsvoraussetzungen nach den Vorgaben des jeweils anwendbaren autonomen nationalen Verfahrensrechts.[74] Lediglich für den Fall, dass die *lex fori* im Einzelfall den Zielen bzw. der Effektivität der EuGVVO zuwiderläuft, kann deren Anwendung unionsrechtlich ausgeschlossen bzw. zu modifizieren sein.[75] Für deutsche Gerichte bedeutet dies, dass die Darlegungs- und Beweislast für das Vorliegen der Zuständigkeitsvoraussetzungen grds. den jeweiligen Kläger bzw., allgemeiner gesprochen, denjenigen, der sich auf ihr Vorhandensein beruft, trifft.[76]   23

Auch das **Beweismaß**, d.h. der notwendige Grad an Überzeugung, den ein Gericht gewinnen muss, damit der Beweis einer Zuständigkeitsvoraussetzung als geführt angesehen werden kann, ist weder in der EuGVVO selbst[77] noch (jedenfalls umfassend) im sonstigen Unionsrecht geregelt. Auch insofern muss – grds.[78] – auf die Vorgaben der jeweiligen *lex fori* zurückgegriffen werden.[79] Entsprechend hat das englische *House of Lords* im Jahr 2000 im Rahmen der Zuständigkeitsprüfung nach dem (damals) EuGVÜ entsprechend den Vorgaben des englischen Rechts das Vorliegen eines *good arguable case* gefordert,[80] was im deutschen Verfahrensrecht in etwa einer Glaubhaftmachung im Sinne von § 294 ZPO entspricht.[81] Dies wird zum Teil kritisiert;[82] dieser Kritik ist jedenfalls zuzugestehen, dass sich aus der Rechtsprechung des EuGH zwischenzeitlich **punktuelle Vorgaben** und Grundsätze hinsichtlich des Beweismaßes ergeben, die dann naturgemäß vorrangig zu beachten sind.   24

So hat der EuGH insbesondere entschieden, dass strittige Tatsachen jedenfalls dann nicht umfassend im Rahmen der Zuständigkeitsprüfung zu beweisen sind, wenn diese auch für die Begründetheitsprüfung relevant sind.[83] Derartige Tatsa-   25

---

[74] Vgl. allgemein EuGH, 7.3.1995 – Rs. C-68/93, *Shevill ./. Presse Alliance*, Slg. 1995, I-415 (ECLI:EU:C:1995:61), Rn. 34 f. sowie ausdrücklich Rauscher/*Mankowski*, EuZPR, 4. Aufl. 2016, Vorbem zu Art. 4 EuGVVO Rn. 7.
[75] S. EuGH, 7.3.1995 – Rs. C-68/93, *Shevill ./. Presse Alliance*, Slg. 1995, I-415 (ECLI:EU:C:1995:61), Rn. 36; Rauscher/*Mankowski*, EuZPR, 4. Aufl. 2016, Vorbem zu Art. 4 EuGVVO Rn. 9 spricht insofern von einem „rein negativen Vetoposition".
[76] *Mankowski*, IPRax 2009, S. 474 (475); Rauscher/*Mankowski*, EuZPR, 4. Aufl. 2016, Vorbem zu Art. 4 EuGVVO Rn. 7.
[77] Vgl. EuGH, 28.1.2015 – Rs. C-375/13, *Kolassa ./. Barclays Bank plc.*, ECLI:EU:C:2015:37 = EuZW 2015, S. 218, Rn. 59; GA *Trstenjak*, Schlussanträge v. 8.9.2011 (Rs. C-327/10 – *Hypoteční banka a. s. ./. Udo Mike Lindner*), ECLI:EU:C:2011:561, Rn. 119.
[78] EuGH, 28.1.2015 – Rs. C-375/13, *Kolassa ./. Barclays Bank plc.*, ECLI:EU:C:2015:37 = EuZW 2015, S. 218, Rn. 60 sowie GA *Trstenjak*, Schlussanträge v. 8.9.2011 (Rs. C-327/10 – *Hypoteční banka a. s. ./. Udo Mike Lindner*), ECLI:EU:C:2011:561, Rn. 120, betonen zu Recht, dass die Anwendung des nationalen Rechts unter dem Vorbehalt der Wahrung der Effektivität des Unionsrechts und der Vorschriften der EuGVVO steht.
[79] Rauscher/*Mankowski*, EuZPR, 4. Aufl. 2016, Vorbem zu Art. 4 EuGVVO Rn. 7.
[80] *House of Lords*, 12.10.2000, *Canada Trust Co and Others ./. Stolzenberg and Others (No 2)*, 4 All ER 481 = [2000] 3 WLR, S. 1376 = [2002] 1 AC 1.
[81] So auch Rauscher/*Mankowski*, EuZPR, 4. Aufl. 2016, Vorbem zu Art. 4 EuGVVO Rn. 17; **a. A.** wohl („wesentlich mehr") *Schlosser*/Hess, EuZPR, 4. Aufl. 2015, Vor Art. 4–35 EuGVVO Rn. 8.
[82] Etwa Rauscher/*Mankowski*, EuZPR, 4. Aufl. 2016, Vorbem zu Art. 4 EuGVVO Rn. 17 unter Berufung auf OLG Hamm, 2.10.1998 – 29 U 212/97, RIW 1999, 540 sowie *Schlosser*/Hess, EuZPR, 4. Aufl. 2015, Vor Art. 4–35 EuGVVO Rn. 8.
[83] EuGH, 3.7.1997 – Rs. C-269/95, *Francesco Benincasa ./. Dentalkit Srl.*, Slg. 1997, I-03767 (ECLI:EU:C:1997:337), Rn. 27; EuGH, 28.1.2015 – Rs. C-375/13, *Kolassa ./. Barclays Bank plc.*, ECLI:EU:C:2015:37 = EuZW 2015, S. 218, Rn. 61.

chen sollen nach dem EuGH bei schlüssiger Behauptung ihres Vorliegens durch den Kläger aus prozessökonomischen Gründen im Rahmen der Zulässigkeitsprüfung grds. als zutreffend zu unterstellen sein.[84] Im Einzelfall freilich kann auch ein etwaiges Bestreiten des Beklagten von Bedeutung sein.[85] Dies entspricht den im deutschen Verfahrensrecht unter dem Stichwort der sog. **doppelrelevanten Tatsachen** bekannten Vorgaben:[86] Auch dort ist der Kläger anerkanntermaßen[87] im Rahmen der Zulässigkeitsprüfung zunächst nicht zum vollen Beweis verpflichtet. Ob die jeweiligen Zuständigkeitsvoraussetzungen im Einzelfall tatsächlich vorliegen, wird bei Vorliegen doppelrelevanter Tatsachen erst im Rahmen der Prüfung der Begründetheit einer Klage überprüft.[88] Doppelrelevante Tatsachen im Anwendungsbereich der EuGVVO können dabei insbesondere die Voraussetzungen der besonderen Gerichtsstände der Verordnung sein, etwa die Existenz eines Vertrages bei Art. 7 Nr. 1.

V. Prozessaufrechnung und EuGVVO

26   Ebenfalls nicht ausdrücklich vom Wortlaut der Verordnung geregelt ist die Prozessaufrechnung, d.h. die **Erklärung der Aufrechnung *im* Prozess**.[89] Nach ganz herrschendem deutschen Verständnis besitzt die Prozessaufrechnung bekanntlich einen Doppelcharakter (bzw. eine Doppelnatur) sowohl als – gem. §§ 387 ff. BGB zu beurteilendes – materiell-rechtliches Rechtsgeschäft als auch als – nach den Vorschriften des Zivilverfahrensrechts zu behandelnde – Prozesshandlung.[90] Die prozessuale Geltendmachung der Aufrechnung im Prozess ist dabei ein bloßes Verteidigungsmittel und nicht etwa eine eigene (Wider-)Klage, mit der Folge, dass für die Forderung, mit der aufgerechnet wird, wiederum nach autonomem deutschen Verständnis grds. nicht die örtliche und sachliche Zuständigkeit des jeweils entscheidenden Gerichts gegeben sein muss,[91] solange sie nur innerhalb desselben Rechtswegs geltend gemacht wird.[92] Aus der Tatsa-

---

[84] EuGH, 28.1.2015 – Rs. C-375/13, *Kolassa* ./. *Barclays Bank plc.*, ECLI:EU:C:2015:37 = EuZW 2015, S. 218, Rn. 62.
[85] EuGH, 28.1.2015 – Rs. C-375/13, *Kolassa* ./. *Barclays Bank plc.*, ECLI:EU:C:2015:37 = EuZW 2015, S. 218, Rn. 64.
[86] S. Rauscher/*Mankowski*, EuZPR, 4. Aufl. 2016, Vorbem zu Art. 4 EuGVVO Rn. 12 ff. sowie Rauscher/*Leible*, EuZPR, 4. Aufl. 2016, Art. 7 EuGVVO Rn. 13.
[87] Vgl. etwa BGH, 29.6.2010 – VI ZR 122/09, NJW-RR 2010, S. 1554; *Rosenberg/Schwab/Gottwald*, Zivilprozessrecht, 17. Aufl. 2010, § 31 Rn. 28; Musielak/Voit/*Heinrich*, ZPO, 12. Auflage 2015, § 1 Rn. 20.
[88] OLG Bamberg, 5.11.1976 – 3 U 46/76, NJW 1977, S. 505; *Schlosser*/Hess, EuZPR, 4. Aufl. 2015, Art. 7 EuGVVO Rn. 4; Rauscher/*Leible*, EuZPR, 4. Aufl. 2016, Art. 7 EuGVVO Rn. 13; *Piltz*, NJW 1986, S. 1876; *Spellenberg*, ZZP 91 (1978), S. 58 (77); Rauscher/*Mankowski*, EuZPR, 4. Aufl. 2016, Vorbem zu Art. 4 EuGVVO Rn. 12 sowie 18.
[89] S. nur *Lieder*, RabelsZ 78 (2014), S. 809 (833).
[90] Vgl. BGH, 11.1.1955 – I ZR 106/53, NJW 1955, S. 497 = BGHZ 16, 124; *Rosenberg/Schwab/Gottwald*, Zivilprozessrecht, 17. Aufl. 2010, § 103 Rn. 13; MünchKomm/*Schlüter*, BGB, 7. Aufl. 2016, § 387 Rn. 39; **a. A.** noch *Nikisch*, in: FS Lehmann, Band II, 1956, S. 765 (771 f.), der in der Prozessaufrechnung ein (Prozess-)Rechtsinstitut eigener Art sah.
[91] MünchKomm/*Schlüter*, BGB, 7. Aufl. 2016, § 387 Rn. 44; *Rosenberg/Schwab/Gottwald*, Zivilprozessrecht, 17. Aufl. 2010, § 103 Rn. 6, 24.
[92] *Rosenberg/Schwab/Gottwald*, Zivilprozessrecht, 17. Aufl. 2010, § 103 Rn. 29 f.

che, dass die Entscheidung über die Aufrechnungsforderung gem. § 322 Abs. 2 ZPO ausnahmsweise auch in Rechtskraft erwächst, folgert der BGH jedoch, dass die Gerichte des Forumstaats für die Gegenforderung **international zuständig sein müssen**.[93]

Nach autonomem **englischen** Verständnis wiederum ist eine Aufrechnung (*set-off*) grds. nur im Prozesswege möglich,[94] und das **französische** Recht (Art. 1290 Code civil) etwa kennt sogar eine von selbst („de plein droit par la seule force de la loi") eintretende Legalkompensation, d.h. Verrechnung unabhängig von ihrer Geltendmachung und von einem etwaigen Prozess.[95] Im **Kollisionsrecht** ist die Aufrechnung in Art. 17 Rom I-VO geregelt, wonach für die Aufrechnung dasjenige Recht gilt, dem die Forderung unterliegt, gegen die aufgerechnet wird.[96]

Bei unbefangener Betrachtung stellt sich die Frage, ob die Behandlung der Prozessaufrechnung im Anwendungsbereich der EuGVVO durch Rückgriff auf verordnungsinterne Regelungen (z.B. Art. 8 Nr. 3) und Prinzipien zu schließen oder ob nicht eher eine Lösung anhand der Vorgaben der jeweiligen *lex fori* zu finden ist. Nach **bis zum Jahr 1995** überwiegend – auch vom BGH – vertretener Meinung wurde die Prozessaufrechnung im Anwendungsbereich der EuGVVO als ein **Minus zur Widerklage** angesehen und daher den Voraussetzungen des Art. 6 Nr. 3 EuGVÜ (des jetzigen Art. 8 Nr. 3) unterworfen.[97] Begründet wurde dies u.a. mit einer EuGH-Entscheidung aus dem Jahr 1985 (in der Rechtssache *AS-Autoteile*), wonach die Geltendmachung einer Aufrechnung (allerdings im Wege einer Vollstreckungsabwehrklage und damit gleichsam als „Angriffsmittel"[98]) am an sich einschlägigen Zwangsvollstreckungsgerichtsstand ausnahmsweise nicht möglich sei, wenn die Gerichte des jeweiligen Forumstaats nicht für die selbständige Geltendmachung der Aufrechnungsforderung international zuständig sind; vgl. zu diesem Urteil näher die Kommentierung zu Art. 24 Rn. 147 ff.[99] Eine derartige Zuständigkeit kann sich nach einem anderen Urteil des EuGH aus demselben Jahr auch aus einer rügelosen Einlassung ergeben, und zwar selbst dann, wenn zuvor wirksam die ausschließliche Zuständigkeit der Gerichte eines anderen Mitgliedstaats vereinbart wurde.[100]

In seiner späteren Entscheidung in der Rechtssache Danværn hat der EuGH im Jahr 1995 allerdings klargestellt, dass Art. 8 Nr. 3 (und auch die anderen Gerichtsstände der EuGVVO) für den Fall, dass ein Beklagter eine Forderung

---

[93] BGH, 20.12.1972 – VIII ZR 186/70, NJW 1973, S. 421 = BGHZ 60, 85; BGH, 12.5.1993 – VIII ZR 110/92, NJW 1993, S. 2753; *Schack*, IZVR, 6. Aufl. 2014, Rn. 402.
[94] MünchKomm/*Spellenberg*, BGB, 6. Aufl. 2015, Art. 17 Rom I-VO Rn. 29; *Schack*, IZVR, 6. Aufl. 2014, Rn. 402.
[95] *Schack*, IZVR, 6. Aufl. 2014, Rn. 402.
[96] Vgl. hierzu näher etwa *Lieder*, RabelsZ 78 (2014), S. 809 (817 ff.).
[97] Vgl. etwa BGH, 12.5.1993 – VIII ZR 110/92, NJW 1993, S. 2753; BGH, 20.12.1972 – VIII ZR 186/70, NJW 1973, S. 421 = BGHZ 60, 85; *Geimer*, IPRax 1986, S. 208 (210 f.).
[98] So *Schlosser*/Hess, EuZPR, 4. Aufl. 2015, Vor Art. 4–35 EuGVVO Rn. 15.
[99] EuGH, 4.7.1985 – Rs. 220/84, *AS-Autoteile Service GmbH ./. Pierre Malhe*, Slg. 1985, 2267 (ECLI:EU:C:1985:302), Rn. 19.
[100] EuGH, 7.3.1985 – Rs. 48/34, *Hannelore Spitzley ./. Sommer Exploitation SA*, Slg. 1985, 787 (ECLI:EU:C:1985:105), Rn. 27.

gegenüber dem Kläger als **bloßes Verteidigungsmittel** (etwa im Rahmen einer Prozessaufrechnung) geltend macht, gerade nicht gelte.[101] Begründet hat der Gerichtshof dies mit strukturellen Unterschieden zwischen der Widerklage als zu einer separaten Verurteilung des Klägers führendem Verfahren und der Aufrechnung als bloßem Verteidigungsmittel.[102] Die Art der möglichen Verteidigungsmittel und deren Voraussetzungen aber bestimmen sich auch im Anwendungsbereich der EuGVVO jeweils nur **nach nationalem Recht**.[103]

30   Als Folge des ***Danværn*-Urteils** des EuGH ist in der deutschen Literatur und Rechtsprechung stark **umstritten**, ob die Verweisung auf das nationale Recht nur das materielle Recht umfasst, mit der Folge, dass für die Zulässigkeit einer Prozessaufrechnung grds. **nur die materiell-rechtlichen Voraussetzungen** etwa der §§ 387 ff. BGB vorliegen müssen, nicht aber die internationale Zuständigkeit,[104] oder aber als Verweis auch auf das **autonome Verfahrensrecht** des jeweiligen Forumstaats gemeint ist.[105] Letztere Ansicht hätte zur Folge, dass die Zulässigkeit einer Prozessaufrechnung vor deutschen Gerichten auch im Anwendungsbereich der EuGVVO zwar nicht die örtliche und sachliche Zuständigkeit des jeweils entscheidenden Gerichts erfordert, jedoch – wie im autonomen Anwendungsbereich der ZPO[106] – die deutschen Gerichte auch für die Gegenforderung jedenfalls international zuständig sein müssen.[107] Eine internationale Zuständigkeit könnte sich dann – bei Konnexität von Forderung und Gegenforderung – zwar nicht aus Art. 8 Nr. 3,[108] aber entsprechend § 33 ZPO bzw. jedenfalls aus einer rügelosen Einlassung des Klägers ergeben.[109] Entsprechend führen die verschiedenen Meinungen nur bei inkonnexen Aufrechnungsforderungen zu potentiell unterschiedlichen Ergebnissen, da nach dem Gesagten nur

---

[101] EuGH, 13.7.1995 – Rs. C-341/93, Danværn *Production A/S ./. Schuhfabriken Otterbeck GmbH & Co.*, Slg. 1995, I-2053 (ECLI:EU:C:1995:239), Rn. 14, 18.
[102] EuGH, 13.7.1995 – Rs. C-341/93, Danværn *Production A/S ./. Schuhfabriken Otterbeck GmbH & Co.*, Slg. 1995, I-2053 (ECLI:EU:C:1995:239), Rn. 13 ff.
[103] EuGH, 13.7.1995 – Rs. C-341/93, Danværn *Production A/S ./. Schuhfabriken Otterbeck GmbH & Co.*, Slg. 1995, I-2053 (ECLI:EU:C:1995:239), Rn. 18.
[104] LG Köln, 9.10.1996 – 91 O 130/94, RIW 1997, S. 956; *Lieder*, RabelsZ 78 (2014), S. 809 (836 f.); MünchKomm/*Spellenberg*, BGB, 6. Aufl. 2015, Art. 17 Rom I-VO Rn. 35 ff.; *Gebauer*, IPRax 1998, 79 (84 ff.); *Kannengießer*, Die Aufrechnung im Internationalen Privat- und Verfahrensrecht, 1998, S. 183; *Oberhammer*, IPRax 2002, S. 424 (426); *Rauscher/Mankowski*, EuZPR, 4. Aufl. 2016, Vorbem zu Art. 4 EuGVVO Rn. 67 ff.; *ders.*, ZZP 109 (1996), S. 376 (382); *Coester-Waltjen*, in: FS Lüke, 1997, S. 35 (48); *Kropholler/von Hein*, EuZPR, 9. Aufl. 2011, Art. 6 EuGVVO a.F. Rn. 45; wohl auch *Schlosser/*Hess, EuZPR, 4. Aufl. 2015, Vor Art. 4–35 EuGVVO Rn. 15; offen gelassen von BGH, 7.11.2001 – VIII ZR 263/00, NJW 2002, S. 2182 = BGHZ 149, 120 sowie BGH, 3.4.2014 – IX ZB 88/12, NJW 2014, S. 2798.
[105] OLG Karlsruhe, 15.8.2012 – BeckRS 2012, 18691; *Mansell*, ZZP 109 (1996), S. 61 (75); *Geimer/Schütze*, EuZVR, 3. Aufl. 2010, Art. 6 EuGVVO a.F. Rn. 78; *Schack*, IZVR, 6. Aufl. 2014, Rn. 405; differenzierend *G.Wagner*, IPRax 1999, S. 65 (71 ff.); offen gelassen von BGH, 7.11.2001 – VIII ZR 263/00, NJW 2002, S. 2182 = BGHZ 149, 120 sowie BGH, 3.4.2014 – IX ZB 88/12, NJW 2014, S. 2798.
[106] Vgl. etwa BGH, 20.12.1972 – VIII ZR 186/70, NJW 1973, S. 421 = BGHZ 60, 85.
[107] Vgl. hierzu die Ausführungen oben Rn. 26.
[108] Für eine analoge Anwendung jedoch *Schack*, IZVR, 6. Aufl. 2014, Rn. 405; *Gruber*, IPRax 2002, S. 285 (288).
[109] BGH, 7.11.2001 – VIII ZR 263/00, NJW 2002, S. 2182 = BGHZ 149, 120; EuGH, 7.3.1985 – Rs. 48/84, *Hannelore Spitzley ./. Sommer Exploitation SA*, Slg. 1985, 787 (ECLI:EU:C:1985:105), Rn. 27.

bei Inkonnexität eine internationale Unzuständigkeit deutscher Gerichte für die Entscheidung über die Aufrechnungsforderung in Betracht kommen wird.[110]

Richtigerweise ist im Anwendungsbereich der EuGVVO für eine Prozessaufrechnung mit der wohl überwiegenden Meinung auf das **Erfordernis der internationalen Zuständigkeit** der Gerichte des Forumstaats für die Gegenforderung **zu verzichten**. Andernfalls müsste in systemwidriger Weise für die zur Aufrechnung verwendete Gegenforderung, obwohl diese grundsätzlich vom Anwendungsbereich der EuGVVO erfasst ist, hinsichtlich der internationalen Zuständigkeit doch auf das eigentlich ja von der Verordnung verdrängte autonome mitgliedstaatliche Internationale Verfahrensrecht zurückgriffen werden.[111] Dies widerspräche der von der EuGVVO intendierten Rechtsvereinheitlichung und würde zudem die von Erwgr. 15 gerade geforderte Vorhersehbarkeit der Gerichtsstände erschweren. Durch Verzicht auf zusätzliche prozessuale Voraussetzungen kann zudem den vielfältigen Regelungsunterschieden hinsichtlich der Prozessaufrechnung in den Mitgliedstaaten der EuGVVO[112] einfacher Rechnung getragen werden.[113] Auch das von der Gegenmeinung strapazierte Hauptargument, dass die Aufrechnungsforderung ja nach deutschem Verfahrensrecht (§ 322 Abs. 2 ZPO) in Rechtskraft erwachsen könne und deshalb auch eine (internationale) Zuständigkeit zu fordern sei, ist nicht zwingend;[114] denn trotz potentiellen Rechtskraft wird die Aufrechnungsforderung nach h.M. ja gerade nicht rechtshängig;[115] zudem verzichtet die h.M. im autonomen deutschen Recht auch auf das Erfordernis der örtlichen und sachlichen Zuständigkeit.[116] **Außerhalb** des Anwendungsbereichs der EuGVVO verbleibt es freilich bei der oben Rn. 26 geschilderten autonomen Rechtslage.[117] 31

VI. forum non conveniens-Doktrin

Das Zuständigkeitssystem der EuGVVO ist verbindlich, d.h. von den Vorschriften der Art. 4 ff. kann nur in den ausdrücklich in der Verordnung vorgesehenen Fällen abgewichen werden.[118] Daraus folgt, dass die im *common law*-Rechtskreis (innerhalb der Europäischen Union v.a. im Vereinigten König- 32

---

[110] So auch *Lieder*, RabelsZ 78 (2014), S. 809 (835).
[111] Rauscher/*Mankowski*, EuZPR, 4. Aufl. 2016, Vorbem zu Art. 4 EuGVVO Rn. 68; für eine analoge Anwendung zumindest des Art. 8 Nr. 3 plädieren jedoch *Schack*, IZVR, 6. Aufl. 2014, Rn. 405; *Gruber*, IPRax 2002, S. 285 (288).
[112] Beachte die ausführlichen rechtsvergleichenden Anmerkungen von GA *Léger*, Schlussanträge v. 4.9.2009 (Rs. C-341/93, Danværn *Production A/S ./. Schuhfabriken Otterbeck GmbH & Co.*), ECLI:EU:C:1995:139, Rn. 18 ff.
[113] *Schlosser*/Hess, EuZPR, 4. Aufl. 2015, Vor Art. 4–35 EuGVVO Rn. 15; Rauscher/*Mankowski*, EuZPR, 4. Aufl. 2016, Vorbem zu Art. 4 EuGVVO Rn. 69.
[114] Rauscher/*Mankowski*, EuZPR, 4. Aufl. 2016, Vorbem zu Art. 4 EuGVVO Rn. 70.
[115] Vgl. zum deutschen Recht nur *Rosenberg/Schwab/Gottwald*, Zivilprozessrecht, 17. Aufl. 2010, § 103 Rn. 25 f., und zur EuGVVO EuGH, 8.5.2003 – Rs. C-111/01, *Gantner Electronic GmbH ./. Basch Exploitatie Maatschappij BV*, Slg. 2003, I-4207 (ECLI:EU:C:2003:257), Rn. 32.
[116] *Lieder*, RabelsZ 78 (2014), S. 809 (836 f.).
[117] *Kropholler/von Hein*, EuZPR, 9. Aufl. 2011, Art. 6 EuGVVO a.F. Rn. 45.
[118] S. etwa EuGH, 9.12.2003 – Rs. C-116/02, *Erich Gasser GmbH ./. MISAT S.r.l.*, Slg. 2003, I-14693 (ECLI:EU:C:2003:657), Rn. 72 f.

reich) gebräuchliche sog. *forum non conveniens*-Doktrin im Anwendungsbereich der EuGVVO **keinerlei Anwendung** finden kann. Dies hat der EuGH im Jahr 2005 auf eine Vorlagefrage des *Court of Appeal of England and Wales* in der Rechtssache *Owusu* ausdrücklich und unmissverständlich klargestellt.[119] Denn aus der eingangs Rn. 3 dargestellten – unbedingten – Justizgewährungspflicht der Mitgliedstaaten der EuGVVO folgt zugleich eine **Rechtsschutzgarantie** zugunsten des jeweiligen Klägers.[120] Eine Anwendung der *forum non conveniens*-Doktrin im Anwendungsbereich der Verordnung liefe zudem deren Hauptanliegen, den Rechtsschutz der Bürger zu verbessern und die gerichtliche Zuständigkeit rechtssicher und vorhersehbar zu gestalten (vgl. Erwgr. 15), zuwider.[121]

33 Nach der Lehre vom *forum non conveniens* kann ein zwar an sich zuständiges Gericht im Einzelfall eine Sachentscheidung verweigern, wenn es der begründeten Ansicht ist, dass ein anderes, ebenfalls zuständiges Gericht den Sachverhalt besser beurteilen kann und keine zwingenden Gerechtigkeitserwägungen einen Prozess gerade im Inland erfordern.[122] In etwa der *forum non conveniens*-Doktrin **vergleichbare Regelungen** enthalten im Bereich des Unionsrechts zwar Art. 15 EuEheVO sowie Art. 6 lit. a EuErbVO; ein **Zuständigkeitsermessen** mitgliedstaatlicher Gerichte ist dem Unionsrecht daher nicht völlig fremd. Die EuGVVO indes kennt aufgrund bewusster Entscheidung des EU-Gesetzgebers keine derartige Befugnis zur Unzuständigerklärung durch ein an sich zuständiges Gericht.[123] Daher scheidet eine entsprechende Anwendung der genannten Vorschriften im Rahmen der EuGVVO aus, zumal eine solche Analogie den Zielsetzungen der Verordnung widerspräche.

34 Die Anwendung der *forum non conveniens*-Doktrin muss auch in Sachverhalten mit Verbindung nur **zwischen einem einzigen Mitgliedstaat** (in diesem Zusammenhang v.a. dem Vereinigten Königreich) **und einem Drittstaat** ausscheiden, soweit diese im Einzelfall in den Anwendungsbereich der Verordnung fallen.[124] Zu denken ist etwa an eine anderweitige Rechtshängigkeit vor einem drittstaatlichen Gericht oder bei Zuständigkeitsvereinbarung zugunsten eines solchen Gerichts, jeweils bei Beklagtenwohnsitz z.B. im Vereinigten Königreich.[125] Zwar hat der EuGH diese Frage in seiner eingangs zitierten Entschei-

---

[119] EuGH, 1.3.2005 – Rs. C-281/02, *Owusu* ./. *Jackson u.a.*, Slg. 2005, I-1445 (ECLI:EU:C:2005:120), Rn. 37 ff.
[120] Rauscher/*Mankowski*, EuZPR, 4. Aufl. 2016, Vorbem zu Art. 4 EuGVVO Rn. 32, 34.
[121] EuGH, 1.3.2005 – Rs. C-281/02, *Owusu* ./. *Jackson u.a.*, Slg. 2005, I-1445 (ECLI:EU:C:2005:120), Rn. 38, 40 f.
[122] S. etwa House of Lords, 19.11.1986, *Spiliada Maritime Corp. v Cansulex Ltd.*, [1986] 3 WLR, S. 972 (983); House of Lords, 13.12.2001, *Donohue* ./. *Armco Inc.*, [2002] 1 Lloyd's Rep., S. 425 (432 f.).
[123] S. EuGH, 1.3.2005 – Rs. C-281/02, *Owusu* ./. *Jackson u.a.*, Slg. 2005, I-1445 (ECLI:EU:C:2005:120), Rn. 37; *Geimer*/Schütze, EuZVR, 3. Aufl. 2010, Art. 2 EuGVVO a.F. Rn. 70, Fn. 59.
[124] So auch *Geimer*/Schütze, EuZVR, 3. Aufl. 2010, Art. 2 EuGVVO a.F. Rn. 75; Rauscher/*Mankowski*, EuZPR, 4. Aufl. 2016, Vorbem zu Art. 4 EuGVVO Rn. 39; **a. A.** für den Fall, dass als alternativ zuständiges Gericht nur das Gericht eines Drittstaats in Betracht kommt, *Schlosser*/Hess, EuZPR, 4. Aufl. 2015, Vor Art. 4–35 EuGVVO Rn. 6 sowie noch Court of Appeal, 13.3.1991, *In re Harrods (Buenos Aires) Ltd.*, [1991] 3 W.L.R., S. 397 (CA.).
[125] Vgl. Rauscher/*Mankowski*, EuZPR, 4. Aufl. 2016, Vorbem zu Art. 4 EuGVVO Rn. 39.

dung in der Rechtssache *Owusu* ausdrücklich offengelassen,[126] gleichzeitig jedoch bereits im Jahr 2000 das Erfordernis eines derartigen qualifizierten Auslandsbezuges zu einem *weiteren* Mitgliedstaat ausdrücklich abgelehnt (vgl. hierzu oben Rn. 17 f.).[127] Folglich sind die von der Verordnung geschützten Zuständigkeitsinteressen auch in Fällen mit Berührung nur zu einem Drittstaat betroffen, solange ein mitgliedstaatliches (z.b. englisches) Gericht nach der EuGVVO zuständig ist.

Außerhalb des Anwendungsbereichs der EuGVVO freilich bleibt die *forum* 35 *non conveniens*-Doktrin weiterhin anwendbar.[128] Das Gleiche gilt für die örtliche Zuständigkeit in Fällen, in denen die einschlägigen Gerichtsstände der EuGVVO nur die internationale Zuständigkeit regeln.[129]

VII. anti-suit injunctions

In gewisser Weise ein Spiegelbild der *forum non conveniens*-Doktrin[130] sind sog. 36 *anti-suit injunctions*: Während beide – im *common law*-Rechtskreis beheimateten – Rechtsinstitute vor dem Hintergrund der grundsätzlich sehr liberalen angelsächsischen Zuständigkeitsordnung dazu dienen, einen Rechtsstreit **in das jeweils „richtige" Forum zu lenken**, bezweckt die *forum non conveniens*-Lehre die Begrenzung der eigenen, eine *anti-suit injunction* hingegen einer fremden Zuständigkeit.[131]

Anti-suit injunctions sind gerichtliche – grds. im einstweiligen Rechtsschutz- 37 verfahren erlassene – (Unterlassungs-)Verfügungen bzw. **Klage-(fortführungs-)verbote**, mit denen ein Gericht auf Antrag einen Verstoß gegen eine Verpflichtung, nicht vor bestimmten anderen (meist ausländischen) Gerichten zu klagen, sanktioniert.[132] Eine *anti-suit injunction* kann vorbeugend auf Unterlassung der Prozessführung vor einem anderen Gericht oder auf Beendigung eines bereits anhängigen Verfahrens gerichtet sein. Sie richtet sich stets gegen die klagende Person und nicht gegen das u.U. zu Unrecht angerufene Gericht.[133] Dennoch wird eine *anti-suit injunction* gemeinhin als – mittelbare – Einmischung in das jeweils zu unterbindende Verfahren angesehen.[134] Die

---

[126] EuGH, 1.3.2005 – Rs. C-281/02, *Owusu* ./. *Jackson u.a.*, Slg. 2005, I-1445 (ECLI:EU:C:2005:120), Rn. 47 ff.
[127] EuGH, 13.7.2000 – Rs. C-412/98, *Group Josi Reinsurance Company S.A.* ./. *Universal General Insurance Company*, Slg. 2000, I-5295 (ECLI:EU:C:2000:399), Rn. 59.
[128] House of Lords, 20.7.2000, *Lubbe v Cape Plc*, [2000] UKHL 41 = [2000] 1 WLR 1545 = [2000] 4 All ER 268, Rn. 16; Rauscher/*Mankowski*, EuZPR, 4. Aufl. 2016, Vorbem zu Art. 4 EuGVVO Rn. 40.
[129] Royal Courts of Justice, 2.3.2004, Rs. JS/04/0010 – *Lennon v Scottish Daily Record & Sunday Mail*, [2004] EWHC 359 (QB); Rauscher/*Mankowski*, EuZPR, 4. Aufl. 2016, Vorbem zu Art. 4 EuGVVO Rn. 42.
[130] Dazu oben Rn. 26 ff.
[131] *Schroeder*, EuZW 2004, S. 470.
[132] Vgl. nur Rauscher/*Mankowski*, EuZPR, 4. Aufl. 2016, Vorbem zu Art. 4 EuGVVO Rn. 49 m.w.N. sowie *Lehmann*, NJW 2009, S. 1645.
[133] *Lehmann*, NJW 2009, S. 1645; *Schack*, IZVR, 6. Aufl. 2014, Rn. 860.
[134] Vgl. nur EuGH, 27.4.2004 – Rs. C-159/02, *Turner* ./. *Grovit u.a.*, Slg. 2004, I-3565 (ECLI:EU:C:2004:228), Rn. 28 sowie *Schack*, IZVR, 6. Aufl. 2014, Rn. 860.

Zuwiderhandlung gegen eine *anti-suit injunction* hat als sog. *contempt of court* empfindliche Strafen zur Folge.[135]

38 Die durch die *anti-suit injuntion* durchzusetzende Verpflichtung, nur vor einem bzw. mehreren bestimmten Gerichten zu klagen, kann sich nach englischem Recht insbesondere aus der Vereinbarung der ausschließlichen Zuständigkeit eines anderen Gerichts ergeben, weshalb auch die meisten *anti-suit injunctions* der **Durchsetzung ausschließlicher Gerichtsstandsvereinbarungen** dienen.[136] Daneben kommt aber auch der Erlass einer *anti-suit injunction* etwa bei Verstoß gegen eine **Schiedsvereinbarung** in Betracht.[137]

39 Dem **deutschen** (bzw. generell kontinentaleuropäischen) Zuständigkeitsverständnis ist eine gerichtliche Durchsetzung der eigenen Zuständigkeit durch Verbot der Klage(-fortführung) vor einem anderen Gericht an sich fremd.[138] So gibt es nach deutschem Prozessrechtsverständnis kein generelles Recht, nicht im Ausland bzw. an einem an sich unzuständigen Gericht verklagt zu werden.[139] Vielmehr bedarf es nach hiesigen Vorstellungen im Einzelfall stets eines – in der Praxis freilich kaum vorkommenden – materiell-rechtlichen Unterlassungsanspruchs;[140] ein solcher ergibt sich nach zutreffender h.M. jedoch nicht aus der bloßen Vereinbarung eines ausschließlichen Gerichtsstands.[141] V.a. im **angelsächsischen Rechtskreis** ist das Rechtsinstitut der *anti-suit injunction* hingegen eine sehr verbreitete prozessuale „Waffe", was u.a. darin begründet liegt, dass es zu dessen Erlass gerade keines separaten materiell-rechtlichen Unterlassungsanspruchs bedarf.[142] Auch nach dem Beitritt des Vereinigten Königreichs zum EuGVÜ (im Jahr 1978) haben englische Gerichte zunächst, selbst in dessen Anwendungsbereich, immer wieder Parteien qua *anti-suit injunction* die Rücknahme ausländischer Klagen aufgegeben.[143]

40 Diesem Vorgehen hat der EuGH im Jahr 2004 mit seiner Entscheidung in der Rechtssache *Turner*[144] einen Riegel vorgeschoben. Dort hat der Gerichtshof entschieden, dass das von einem Gericht an eine Partei gerichtete Verbot, eine Klage bei einem ausländischen Gericht zu erheben oder ein dortiges Verfahren weiterzubetreiben, eine Beeinträchtigung von dessen Zuständigkeit (und damit auch Souveränität[145]) bewirke, die als solche **mit den Wertungen und der**

---

[135] Vgl. GA *Kokott*, Schlussanträge v. 4.9.2009 (Rs. C-185/07, *Allianz S.p.A. u.a. ./. West Tankers Inc.*), ECLI:EU:C:2008:466, Rn. 14.
[136] Vgl. etwa Privy Council, *Société Nationale Industrielle Aerospatiale vs. Lee Kuj JAK*, [1987] A.C. S. 871, (872); *Lehmann*, NJW 2009, S. 1645 (1646); Rauscher/*Mankowski*, EuZPR, 4. Aufl. 2016, Vorbem zu Art. 4 EuGVVO Rn. 49.
[137] Vgl. EuGH, 10.2.2009 – Rs. C-185/07, *Allianz S.p.A. u.a. ./. West Tankers Inc.*, Slg. 2009, I-686 (ECLI:EU:C:2009:69).
[138] *Hau*, IPRax 1996, S. 44 (48); *Schack*, IZVR, 6. Aufl. 2014, Rn. 861.
[139] *Schröder*, in: FS Kegel, 1987, S. 523 ff.
[140] *Schack*, IZVR, 6. Aufl. 2014, Rn. 861.
[141] S. *Spickhoff*, in: FS Deutsch, 1999, S. 327 (335); *Schack*, IZVR, 6. Aufl. 2014, Rn. 862; **a. A.** etwa *Schröder*, in: FS Kegel, 1987, S. 523 (534).
[142] Vgl. nur *Schack*, IZVR, 6. Aufl. 2014, Rn. 860.
[143] Vgl. etwa Court of Appeal, 10.11.1993, *Continental Bank NA v Aekos Compagnia Naviera SA*, [1994] W.L.R., S. 588; House of Lords, 13.12.2001, *Turner v Grovit and others*, [2002] W.L.R. 107.
[144] EuGH, 27.4.2004 – Rs. C-159/02, *Turner ./. Grovit u.a.*, Slg. 2004, I-3565 (ECLI:EU:C:2004:228).
[145] S. *Mankowski*, RIW 2004, S. 481 (497).

Text + Erläuterungen   Vor Art. 4   **B Vor I** 7

Systematik des Übereinkommens nicht zu vereinbaren sei.[146] Denn die EuGVVO untersage grds. (abgesehen insbesondere von den in nunmehr Art. 45 Abs. 1 lit. e für die Anerkennung und dort auch nur für den Fall des Vorliegens einer ausschließlichen oder einer Sonderzuständigkeit zugunsten strukturell unterlegener Personen vorgesehenen Fällen) die Überprüfung der Zuständigkeit eines mitgliedstaatlichen Gerichts durch das Gericht eines anderen Mitgliedstaats.[147]

Selbst wenn man ein derartiges Prozessführungsverbot als bloße – an sich der **41** jeweiligen *lex fori* unterliegende[148] – Verfahrensmaßnahme betrachte, so bewirke die Anwendung nationaler Verfahrensregeln insofern durch Beschränkung der im Übereinkommen vorgesehenen Zuständigkeitsregeln jedenfalls die praktische Wirksamkeit der EuGVVO und sei deshalb unzulässig.[149] Dies gelte **auch dann, wenn eine Partei wider Treu und Glauben** nur zu dem Zweck handele, ein bereits anhängiges Verfahren zu behindern.[150]

Schließlich verletzt eine *anti-suit injunction* nach dem EuGH das Vertrauen, das **42** die Mitgliedstaaten gegenseitig ihren Rechtssystemen und Rechtspflegeorganen entgegenbringen und auf dem das Zuständigkeitssystem der Verordnung, welches von einer *a priori* Gleichwertigkeit sämtlicher innerhalb der Mitgliedstaaten anhängiger Verfahren ausgeht, beruht.[151] **Positive Kompetenzkonflikte** sind vielmehr im Anwendungsbereich der EuGVVO ausschließlich anhand der Regeln der Verordnung selbst, vornehmlich der Art. 29 bis 34, zu regeln.[152] Richtigerweise hat daher ein Beklagter, der vor einem derogierten Gericht oder entgegen einer Schiedsabrede verklagt wurde, dort den Einwand der Unzuständigkeit zu erheben.

Diese Rechtsprechung weitete der EuGH im Jahr 2009 in der Rechtssache **43** *West Tankers*[153] ungeachtet der Bereichsausnahme für die Schiedsgerichtsbarkeit in Art. 1 Abs. 2 lit. d[154] auf *anti-suit injunctions* aus, die durch ein staatliches Gericht eines Mitgliedstaats erlassen werden und der Durchsetzung einer **Schiedsvereinbarung** dienen.[155] Denn auch der Erlass einer derartigen *anti-suit*

---

[146] EuGH, 27.4.2004 – Rs. C-159/02, *Turner ./. Grovit u.a.*, Slg. 2004, I-3565 (ECLI:EU:C:2004:228), Rn. 27.
[147] EuGH, 10.2.2009 – Rs. C-185/07, *Allianz S.p.A. u.a. ./. West Tankers Inc.*, Slg. 2009, I-686 (ECLI:EU:C:2009:69), Rn. 29; EuGH, 27.4.2004 – Rs. C-159/02, *Turner ./. Grovit u.a.*, Slg. 2004, I-3565 (ECLI:EU:C:2004:228), Rn. 26.
[148] Vgl. oben Rn. 22 ff.
[149] EuGH, 27.4.2004 – Rs. C-159/02, *Turner ./. Grovit u.a.*, Slg. 2004, I-3565 (ECLI:EU:C:2004:228), Rn. 28 sowie allgemein etwa EuGH, 7.3.1995 – Rs. C-68/93, *Shevill ./. Presse Alliance*, Slg. 1995, I-415 (ECLI:EU:C:1995:61), Rn. 36.
[150] EuGH, 27.4.2004 – Rs. C-159/02, *Turner ./. Grovit u.a.*, Slg. 2004, I-3565 (ECLI:EU:C:2004:228), Rn. 31.
[151] EuGH, 10.2.2009 – Rs. C-185/07, *Allianz S.p.A. u.a. ./. West Tankers Inc.*, Slg. 2009, I-686 (ECLI:EU:C:2009:69), Rn. 30.
[152] Rauscher/*Mankowski*, EuZPR, 4. Aufl. 2016, Vorbem zu Art. 4 EuGVVO Rn. 52.
[153] EuGH, 10.2.2009 – Rs. C-185/07, *Allianz S.p.A. u.a. ./. West Tankers Inc.*, Slg. 2009, I-686 (ECLI:EU:C:2009:69).
[154] Diese Rechtsprechung ist – losgelöst von der unverständlichen Begründung des EuGH – insofern unbedenklich, als Gegenstand des – gerichtlichen – Verfahrens zum Erlass einer *anti-suit injunction* in einem solchen Fall gerade nicht das Schiedsverfahren ist, s. *Illmer*, IPRax 2009, S. 312 (313 f.).
[155] Vgl. hierzu die Kommentierung zu Art. 1 Rn. 123.

injunction durch das (staatliche) Gericht eines anderen Mitgliedstaats stehe im Widerspruch zum Grundsatz des gegenseitigen Vertrauens in die richtige Anwendung und Auslegung der EuGVVO durch die mitgliedstaatlichen Gerichte und sei durchaus geeignet, die praktische Wirksamkeit der Zuständigkeitsvorschriften der Verordnung zu beeinträchtigen.[156] Selbst bei Vorliegen einer Schiedsabrede gestatte die EuGVVO grds. nicht die Prüfung der Zuständigkeit eines (staatlichen) Gerichts eines Mitgliedstaats durch ein (staatliches) Gericht eines anderen Mitgliedstaats.[157]

44 In seinem *Gazprom*-Urteil aus dem Jahr 2015 stellte der EuGH demgegenüber klar, dass die EuGVVO einer Anerkennung und Vollstreckung eines als *antisuit injunction* einzustufenden Schiedsspruchs, mit dem ein **Schiedsgericht** einer Partei eines Rechtsstreits in einem anderen Mitgliedstaat untersagt, in diesem Rechtsstreit bestimmte Anträge zu stellen, nicht entgegenstehe.[158] Insofern greife zum einen – anders als im Urteil in der Rechtssache *West Tankers*, wo es um eine durch ein staatliches Gericht erlassene *anti-suit injunction* ging – die Bereichsausnahme für die Schiedsgerichtsbarkeit in Art. 1 Abs. 2 lit. d ein.[159] Zum anderen sei eine derartige Anerkennung und Vollstreckung erst gar nicht geeignet, die praktische Wirksamkeit der EuGVVO zu beeinträchtigen. Die Verordnung regele nämlich nur Zuständigkeitskonflikte zwischen staatlichen Gerichten der Mitgliedstaaten und nicht zwischen einem Schiedsgericht und einem staatlichen Gericht.[160] Daher könne weder die schiedsgerichtliche *anti-suit injunction* selbst noch die Entscheidung, mit der sie durch ein mitgliedstaatliches Gericht ggf. anerkannt wird, den die EuGVVO prägenden Grundsatz des gegenseitigen Vertrauens erschüttern.[161] Diese noch zur Altfassung der EuGVVO ergangene Rechtsprechung ist – ungeachtet des neugefassten Erwgr. 12 und entgegen einer Mindermeinung[162] – ohne weiteres auch auf die Neufassung der Verordnung zu übertragen.[163]

Artikel 4 [Allgemeiner internationaler Gerichtsstand]

(1) Vorbehaltlich der Vorschriften dieser Verordnung sind Personen, die ihren Wohnsitz im Hoheitsgebiet eines Mitgliedstaats haben, ohne Rücksicht auf ihre Staatsangehörigkeit vor den Gerichten dieses Mitgliedstaats zu verklagen.

---

[156] EuGH, 10.2.2009 – Rs. C-185/07, *Allianz S.p.A. u.a. ./. West Tankers Inc.*, Slg. 2009, I-686 (ECLI:EU:C:2009:69), Rn. 24, 30.
[157] EuGH, 10.2.2009 – Rs. C-185/07, *Allianz S.p.A. u.a. ./. West Tankers Inc.*, Slg. 2009, I-686 (ECLI:EU:C:2009:69), Rn. 29.
[158] EuGH, 13.5.2015 – Rs. C-536/13, *Gazprom OAO ./. Republik Litauen*, ECLI:EU:C:2015:316 = EuZW 2015, S. 509, Rn. 44.
[159] EuGH, 13.5.2015 – Rs. C-536/13, *Gazprom OAO ./. Republik Litauen*, ECLI:EU:C:2015:316 = EuZW 2015, S. 509, Rn. 36 ff., 41, 44; kritisch hierzu *Pfeiffer*, LMK 2015, 370522 sowie *Wais*, EuZW 2015, S. 511 (512).
[160] EuGH, 13.5.2015 – Rs. C-536/13, *Gazprom OAO ./. Republik Litauen*, ECLI:EU:C:2015:316 = EuZW 2015, S. 509, Rn. 36.
[161] EuGH, 13.5.2015 – Rs. C-536/13, *Gazprom OAO ./. Republik Litauen*, ECLI:EU:C:2015:316 = EuZW 2015, S. 509, Rn. 39.
[162] Vgl. etwa die Schlussanträge von GA *Wathelet*, 4.12.2014 (Rs. C-536/13 – *Gazprom OAO ./. Republik Litauen*), ECLI:EU:C:2014:2414, Rn. 133 ff.
[163] Vgl. hierzu näher die Kommentierung zu Art. 1 Rn. 125 m.w.N. sowie Rauscher/*Mankowski*, EuZPR, 4. Aufl. 2016, Art. 1 EuGVVO Rn. 127 ff.; *Pohl*, IPRax 2013, S. 109 (110).

Text + Erläuterungen   Art. 4   **B Vor I** 7

(2) Auf Personen, die nicht dem Mitgliedstaat, in dem sie ihren Wohnsitz haben, angehören, sind die für Staatsangehörige dieses Mitgliedstaats maßgebenden Zuständigkeitsvorschriften anzuwenden.

EuGH-Rechtsprechung: EuGH, 1.3.2005 – Rs. C-281/02, *Owusu ./. Jackson u.a.*, Slg. 2005, I-1445 (ECLI:EU:C:2005:120) = EuZW 2005, S. 345

EuGH, 17.11.2011 – Rs. C-327/10, *Hypoteční banka a.s. ./. Udo Mike Lindner*, Slg. 2011, I-11582 (ECLI:EU:C:2011:745) = NJW 2012, S. 1199

EuGH, 19.12.2013 – Rs. C-9/12, *Corman-Collins S.A. ./. La Maison du Whisky S.A.*, ECLI:EU:C:2013:860 = EuZW 2014, S. 181.

Schrifttum: S. das bei Vorb. Art. 4 ff. angegebene Schrifttum.

Übersicht

	Rn.
I. Normzweck und Überblick	1
II. Entstehungsgeschichte	4
III. Konkurrenzen	5
IV. Räumlich-persönlicher Anwendungsbereich	6
1. Wohnsitz	7
a) Natürliche Personen	8
b) Gesellschaften und juristische Personen	9
2. Maßgeblicher Zeitpunkt	10
3. Mehrheit von Wohnsitzen	11
4. Parteien kraft Amtes / Treuhänder	12
5. Unbekannter Wohnsitz	13
V. Sachlicher Anwendungsbereich	14
VI. Art. 4 Abs. 2: Differenzierungsverbot	15

I. Normzweck und Überblick

Art. 4 Abs. 1 statuiert den allgemeinen internationalen Gerichtsstand eines **1** Beklagten für grds.[1] alle Klagen im sachlichen Anwendungsbereich der EuGVVO und ist damit die **zentrale Grundnorm**[2] der Zuständigkeitsordnung der Verordnung. Auf die Art der im Einzelfall geltend gemachten Ansprüche bzw. der erhobenen Klage kommt es für Art. 4 Abs. 1 nicht an,[3] ebenso wenig auf die Staatsangehörigkeit[4] oder den gewöhnlichen Aufenthalt[5] des Beklagten.

Als Grundsatz der internationalen Zuständigkeitsordnung der EuGVVO stellt **2** Art. 4 Abs. 1 die Regel auf, dass ein Beklagter mit **Wohnsitz** in einem Mitglied-

---
[1] Ausnahmen können sich ergeben, falls im Einzelfall vorrangige ausschließliche Gerichtsstände gem. Art. 24 oder eine ausschließliche Gerichtsstandsvereinbarung gem. Art. 25 vorliegen, s. sogleich Rn. 5.
[2] Rauscher/*Mankowski*, EuZPR, 4. Aufl. 2016, Art. 4 EuGVVO Rn. 1.
[3] *Kropholler/von Hein*, EuZPR, 9. Aufl. 2011, Art. 2 EuGVVO a.F. Rn. 1.
[4] Dies ergibt sich bereits eindeutig aus dem Wortlaut von Art. 4 Abs. 1 sowie aus Art. 4 Abs. 2 und Art. 6 Abs. 2.
[5] MünchKomm/*Gottwald*, ZPO, 4. Aufl. 2013, Art. 20 EuGVVO a.F. Rn. 32; Rauscher/*Mankowski*, EuZPR, 4. Aufl. 2016, Art. 4 EuGVVO Rn. 15.

staat vor den Gerichten gerade dieses Staates zu verklagen sei. Damit folgt auch die EuGVVO dem im autonomen Zivilverfahrensrecht zahlreicher Mitgliedstaaten (vgl. in der Bundesrepublik Deutschland etwa §§ 12, 17 ZPO) maßgeblichen „althergebrachten"[6] Grundsatz *actor sequitur forum rei*. Der Gerechtigkeitsgehalt dieser Regel leuchtet unmittelbar ein, wird doch der Beklagte unfreiwillig und nach Gutdünken des Klägers in eine (wegen der grundsätzlichen Notwendigkeit einer Verteidigung ohnehin schon kostspielige und zeitintensive) Verteidigungsrolle gezwängt, so dass dem Beklagten jedenfalls grds. nicht auch noch die mit zusätzlichen Erschwerungen verbundene Verteidigung an einem auswärtigen Gericht zugemutet werden soll.[7] Gegenüber Beklagten ohne Wohnsitz in einem Mitgliedstaat findet Art. 4 Abs. 1 hingegen keine Anwendung;[8] vorbehaltlich der in Art. 6 Abs. 1 genannten Ausnahmen ist insoweit das jeweilige nationale Zivilverfahrensrecht anzuwenden.

3   Art. 4 Abs. 1 regelt – anders als viele der besonderen Zuständigkeiten in Art. 7 ff. – nur die **internationale Zuständigkeit**.[9] Die örtliche Zuständigkeit hingegen richtet sich daneben nach der jeweiligen *lex fori*, in Deutschland v.a. §§ 12 ff. ZPO. Da der Wohnsitz als normatives Kriterium[10] grds. leicht zu lokalisieren ist, verursacht die Bestimmung der allgemeinen Zuständigkeit in aller Regel nur geringen Prüfungsaufwand.

II. Entstehungsgeschichte

4   Art. 4 entspricht inhaltlich unverändert sowohl Art. 2 EuGVÜ als auch Art. 2 EuGVVO a.F.

III. Konkurrenzen

5   Der Rückgriff auf den allgemeinen Gerichtsstand des Art. 4 Abs. 1 ist im Einzelfall gesperrt, wenn ein vorrangiger ausschließlicher Gerichtsstand gem. Art. 24 eröffnet oder gem. Art. 25 vereinbart wurde. Wurde hingegen ein Gericht nur fakultativ – d.h. als nicht ausschließlich zuständig, vgl. Art. 25 Abs. 1 Satz 2[11] – prorogiert, steht diese vereinbarte Zuständigkeit gleichrangig neben dem allgemeinen Gerichtsstand. In allen anderen Fällen kann ein Kläger den jeweiligen Beklagten ohne weitere Überlegungen in dessen Wohnsitzstaat verklagen. Der allgemeine Gerichtsstand steht dem Kläger dabei nach dessen

---

[6] Simons/*Hausmann*, Brüssel I-VO, 2012, Art. 2 EuGVVO a.F. Rn. 1.
[7] Vgl. zum nationalen Recht etwa MünchKomm/*Patzina*, ZPO, 4. Aufl. 2013, § 12 ZPO Rn. 2.
[8] EuGH, 1.3.2005 – Rs. C-281/02, *Owusu* ./. *Jackson u.a.*, Slg. 2005, I-1445 (ECLI:EU:C:2005:120), Rn. 27; BGH, 29.1.2013 – KZR 8/10, GRUR-RR 2013, S. 228 Tz.10; Rauscher/*Mankowski*, EuZPR, 4. Aufl. 2016, Art. 4 EuGVVO Rn. 1.
[9] *Schlosser*/Hess, EuZPR, 4. Aufl. 2016, Art. 4 EuGVVO Rn. 1; Rauscher/*Mankowski*, EuZPR, 4. Aufl. 2016, Art. 4 EuGVVO Rn. 17.
[10] *Schack*, IZVR, 6. Aufl. 2014, Rn. 274; Rauscher/*Mankowski*, EuZPR, 4. Aufl. 2016, Art. 4 EuGVVO Rn. 3.
[11] Zur Abgrenzung von ausschließlichen und fakultativen Gerichtsstandsvereinbarungen vgl. die Kommentierung zu Art. 25 Rn. 251 ff.

Text + Erläuterungen   Art. 4 **B Vor I** 7

Wahl stets[12] alternativ und gleichrangig neben etwaig einschlägigen besonderen Gerichtsständen gem. Art. 7 ff. zur Verfügung.

IV. Räumlich-persönlicher Anwendungsbereich

Anknüpfungspunkt des allgemeinen Gerichtsstands ist der Wohnsitz eines **6** Beklagten. Aus dem Wortlaut von Art. 4 und 6 ergibt sich eindeutig, dass Art. 4 Abs. 1 nur gegenüber Beklagten mit **Wohnsitz in einem Mitgliedstaat** der Verordnung anwendbar ist. Auf den Wohnsitz (oder die Staatsangehörigkeit) des jeweiligen Klägers kommt es hingegen nicht an. Der Gerichtsstand des Art. 4 Abs. 1 steht damit auch für Kläger aus oder mit Wohnsitz in einem Drittstaat zur Verfügung.[13] Wie bereits oben Vorb. Art. 4 ff. Rn. 17 ff. dargestellt, ist zudem für die Anwendbarkeit des allgemeinen Gerichtsstands ohne Belang, ob sich der notwendige **grenzüberschreitende Bezug** eines Sachverhalts nur zu einem Drittstaat und nicht zu einem weiteren Mitgliedstaat im Sinne der EuGVVO ergibt.[14]

1. Wohnsitz

Bei der Bestimmung des Wohnsitzes differenziert die EuGVVO zwischen **7** natürlichen Personen (Art. 62) und Gesellschaften bzw. juristischen Personen (Art. 63).

a) Natürliche Personen

Anders als bei Gesellschaften und juristische Personen wird der Wohnsitz von **8** natürlichen Personen unter der EuGVVO **nicht autonom** bestimmt.[15] Stattdessen hat ein Gericht bei der Prüfung, ob eine Partei einen Wohnsitz im Hoheitsgebiet gerade des Forumstaates hat, gem. Art. 62 Abs. 1 grds. sein eigenes Recht anzuwenden; vor deutschen Gerichten führt dies zur Anwendung der §§ 7 ff. BGB. Hat ein Gericht dabei, etwa weil im Inland kein Wohnsitz besteht, zusätzlich zu entscheiden, ob die Partei einen Wohnsitz in einem *anderen* Mitgliedstaat hat, so wendet es gem. Art. 62 Abs. 2 das Recht *dieses* Mitgliedstaats an. Allgemein gesprochen beinhaltet Art. 62 damit zur Bestimmung des Wohnsitzes innerhalb der Mitgliedstaaten im Sinne der EuGVVO ein **einheitliches Kollisionsrecht**[16] mit Verweisung auf das im jeweiligen Forumstaat geltende Recht. Die Frage, ob eine Partei einen Wohnsitz in einem **Drittstaat** hat, ist hingegen

---

[12] Bei Art. 4 handelt es sich um zwingendes Recht, vgl. EuGH, 1.3.2005 – Rs. C-281/02, *Owusu* ./. *Jackson u.a.*, Slg. 2005, I-1445 (ECLI:EU:C:2005:120), Rn. 37.
[13] EuGH, 1.3.2005 – Rs. C-281/02, *Owusu* ./. *Jackson u.a.*, Slg. 2005, I-1445 (ECLI:EU:C:2005:120), Rn. 27; BGH, 29.1.2013 – KZR 8/10, GRUR-RR 2013, S. 228 Tz.10; Rauscher/*Mankowski*, EuZPR, 4. Aufl. 2016, Art. 4 EuGVVO Rn. 1.
[14] S. erneut EuGH, 1.3.2005 – Rs. C-281/02, *Owusu* ./. *Jackson u.a.*, Slg. 2005, I-1445 (ECLI:EU:C:2005:120), Rn. 46.
[15] Vgl. nur den *Jenard*-Bericht, 1979, S. 15 sowie Rauscher/*Mankowski*, EuZPR, 4. Aufl. 2016, Art. 4 EuGVVO Rn. 2; kritisch etwa *Geimer*/Schütze, EuZVR, 3. Aufl. 2010, Art. 2 EuGVVO a.F. Rn. 24; *Kropholler/von Hein*, EuZPR, 9. Aufl. 2011, Art. 59 EuGVVO a.F. Rn. 3.
[16] *Kropholler/von Hein*, EuZPR, 9. Aufl. 2011, Art. 59 EuGVVO a.F. Rn. 1.

B Vor I 7 Art. 4 VO (EU) Nr. 1215/2012

unter Anwendung des Kollisionsrechts des jeweiligen Gerichtsstaats zu beantworten.[17] Zu weiteren Einzelheiten vgl. die Kommentierung zu Art. 62.

b) Gesellschaften und juristische Personen

9   Der „Wohnsitz" von Gesellschaften und juristische Personen ist unter der EuGVVO gem. deren Art. 63 Abs. 1 **autonom**[18] anhand der drei dort genannten Anknüpfungspunkte zu bestimmen.[19] Diese Anknüpfungsmomente stehen zueinander in einem Verhältnis der Alternativität, d.h. es genügt für die Anwendbarkeit der EuGVVO, wenn irgendeine der drei Alternativen auf das Hoheitsgebiet eines Mitgliedstaats verweist.[20] Die Begriffe der *Gesellschaft* und der *juristischen Person* werden dabei in der Verordnung nicht ausdrücklich definiert;[21] vgl. hierzu die Kommentierung zu Art. 24 Rn. 68 ff. Die Frage der Anerkennung einer Gesellschaft bzw. juristischen Person beurteilt sich nach dem nationalen innerstaatlichen Recht[22] bzw. auch den Vorgaben der Art. 49, 54 AEUV.[23]

2. Maßgeblicher Zeitpunkt

10   Maßgeblicher Zeitpunkt für das Vorliegen eines Wohnsitzes im jeweiligen Forumstaat ist der (im Dienste der unionsweit einheitlichen Anwendung der Vorschriften der EuGVVO sinnvollerweise entsprechend Art. 32 zu bestimmende) Zeitpunkt der **Anrufung des Gerichts**.[24] Ein späterer Wegfall des Wohnsitzes ist hingegen nach den Regeln der *perpetuatio fori*[25] irrelevant. Andersherum freilich genügt es, wenn sich der Wohnsitz des Beklagten jedenfalls zum Zeitpunkt der letzten mündlichen Verhandlung im jeweiligen Gerichtsstaat befindet.[26] Vgl. zum Ganzen näher oben, Vorb. Art. 4 ff. Rn. 19 ff.

3. Mehrheit von Wohnsitzen

11   Sowohl bei Anwendung nationalen Rechts gem. Art. 62 als auch bei autonomer Bestimmung des Wohnsitzes nach Art. 63 (wegen der Alternativität der Anknüpfungspunkte) kann es vorkommen, dass ein Beklagter **mehrere Wohn-**

---

[17] S. den *Jenard*-Bericht, 1979, S. 16 sowie *Kropholler/von Hein*, EuZPR, 9. Aufl. 2011, Art. 59 EuGVVO a.F. Rn. 5.
[18] Rauscher/*Staudinger*, EuZPR, 4. Aufl. 2016, Art. 63 EuGVVO Rn. 1; *Kropholler/von Hein*, EuZPR, 9. Aufl. 2011, Art. 60 EuGVVO a.F. Rn. 1.
[19] Vgl. die Kommentierung ebenda.
[20] Vgl. etwa BAG, 23.1.2008 – 5 AZR 60/07, NJW 2008, S. 2797 Rn. 15 sowie *Kropholler/von Hein*, EuZPR, 9. Aufl. 2011, Art. 60 EuGVVO a.F. Rn. 2; Rauscher/*Staudinger*, EuZPR, 4. Aufl. 2016, Art. 63 EuGVVO Rn. 1.
[21] Saenger/*Dörner*, ZPO, 6. Aufl. 2015, Art. 63 EuGVVO Rn. 2.
[22] *Jenard*-Bericht, 1979, S. 57.
[23] Vgl. Rauscher/*Staudinger*, EuZPR, 4. Aufl. 2016, Art. 63 EuGVVO Rn. 4.
[24] So auch *Geimer*/Schütze, EuZVR, 3. Aufl. 2010, Art. 2 EuGVVO a.F. Rn. 137; *Schlosser*/Hess, EuZPR, 4. Aufl. 2015, Vor Art. 4–35 EuGVVO Rn. 7; Rauscher/*Mankowski*, EuZPR, 4. Aufl. 2016, Art. 4 EuGVVO Rn. 5.
[25] Vgl. hierzu die Vorb. Art. 4 ff. Rn. 21.
[26] BGH, 1.3.2011 – XI ZR 48/10, NJW 2008, S. 2797 Tz.14 = BGHZ 188, 373; Saenger/*Dörner*, ZPO, 6. Aufl. 2015, Art. 4 EuGVVO Rn. 4.

sitze im Geltungsbereich der EuGVVO besitzt.[27] Dies schließt jedoch die Anwendung von Art. 4 Abs. 1 nicht aus, vielmehr kann ein Kläger in einem solchen Fall grds. **alternativ** an jedem der Beklagtenwohnsitze Klage erheben.[28] Aus Sicht eines einmal angerufenen Gerichts geht jedoch – ersichtlich u.a. aus der Formulierung des Art. 62 Abs. 2 – der Wohnsitz im jeweiligen Gerichtsstaat vor.[29] Dies gilt nach allgemeinen Grundsätzen auch für Gesellschaften und juristische Personen. Wenn von mehreren Wohnsitzen nur einer im Hoheitsgebiet eines Mitgliedstaats liegt, reicht dies ebenfalls aus und ist dann gem. Art. 4 Abs. 1 die internationale Zuständigkeit der Gerichte dieses Staates eröffnet.[30] Liegt hingegen keiner der Wohnsitze des Beklagten innerhalb eines der Mitgliedstaaten, so verbleibt es – vorbehaltlich der Art. 18 Abs. 1, 21 Abs. 2, 24 und 25 – gem. Art. 6 bei der Anwendung nationaler Verfahrensvorschriften.

4. Parteien kraft Amtes / Treuhänder

Auch der allgemeine Gerichtsstand einer Partei kraft Amtes (z.B. eines Insolvenzverwalters oder eines Testamentsvollstreckers) sowie von Treuhändern bzw. Trustees[31] wird durch **deren jeweiligen Wohnsitz** bestimmt.[32] Dies ergibt sich schon aus dem Wortlaut des Art. 4 Abs. 1, nach dem es nur auf die Beklagteneigenschaft und nicht auf die jeweilige materielle Rechtsinhaberschaft ankommt. Bei Treuhandverhältnissen und in Trust-Angelegenheiten spricht dafür zudem ein Umkehrschluss aus Art. 7 Nr. 6.[33] Die Gegenansicht, die z.B. für Klagen gegen Testamentsvollstrecker auf den letzten Wohnsitz des Erblassers abstellen will,[34] widerspricht der Ratio des Art. 4 Abs. 1, als allgemeinen einen möglichst leicht bestimmbaren Gerichtsstand zu gewährleisten.[35]

12

5. Unbekannter Wohnsitz

Nicht ausdrücklich in der EuGVVO geregelt ist der Fall, dass der Wohnsitz eines Beklagten gänzlich unbekannt oder nicht ermittelbar ist.[36] Insofern war lange Zeit umstritten, ob und gegebenenfalls auf Grund welcher Bestimmung(en) die EuGVVO in einem solchen Fall überhaupt Anwendung finden kann. Im Jahr 2011 hat der EuGH (am Beispiel eines Verbrauchers) entschieden, dass auch bei

13

---

[27] Vgl. nur *Schlosser*/Hess, EuZPR, 4. Aufl. 2015, Art. 4 EuGVVO Rn. 2.
[28] *Geimer*/Schütze, EuZVR, 3. Aufl. 2010, Art. 2 EuGVVO a.F. Rn. 168; *Mankowski*, AnwBl 2008, S. 358 (360).
[29] *Kropholler/von Hein*, EuZPR, 9. Aufl. 2011, Art. 4 EuGVVO a.F. Rn. 8; Rauscher/*Staudinger*, EuZPR, 4. Aufl. 2016, Art. 2 EuGVVO a.F. Rn. 16.
[30] MünchKomm/*Gottwald*, ZPO, 4. Aufl. 2013, Art. 2 EuGVVO a.F. Rn. 16.
[31] Vgl. die Kommentierung zu Art. 7 Rn. 258 ff.
[32] *Geimer*/Schütze, EuZVR, 3. Aufl. 2010, Art. 2 EuGVVO a.F. Rn. 134; *Kropholler/von Hein*, EuZPR, 9. Aufl. 2011, Art. 4 EuGVVO a.F. Rn. 1; *Schlosser*/Hess, EuZPR, 4. Aufl. 2015, Art. 4 EuGVVO Rn. 2 sowie – allerdings zum autonomen deutschen Verfahrensrecht – BGH, 27.10.1983 – I ARZ 334/83, NJW 1984, S. 739.
[33] *Schlosser*/Hess, EuZPR, 4. Aufl. 2015, Art. 4 EuGVVO Rn. 2.
[34] So etwa MünchKomm/*Gottwald*, ZPO, 4. Aufl. 2013, Art. 2 EuGVVO a.F. Rn. 19.
[35] Vgl. oben Rn. 3.
[36] So ausdrücklich der EuGH, 17.11.2011 – Rs. C-327/10, *Hypoteční banka a. s. ./. Udo Mike Lindner*, Slg. 2011, I-11582 (ECLI:EU:C:2011:745), Rn. 38.

unbekanntem Wohnsitz eines Beklagten die Anwendung der einheitlichen Zuständigkeitsvorschriften der EuGVVO dem mit ihr bezweckten Erfordernis der Rechtssicherheit und dem Zweck entspricht, den Rechtsschutz der in der Union ansässigen Personen zu verbessern.[37] Mangels nachweisbaren Beklagtenwohnsitzes sei daher auf den **letzten bekannten Wohnsitz** des Beklagten abzustellen.[38] Im Jahr 2012 hat der EuGH – am Beispiel der besonderen Gerichtsstände der EuGVVO (konkret: von Art. 7 Nr. 2) – sogar entschieden, dass die Anwendung der innerstaatlichen anstelle der – jedenfalls besonderen – Zuständigkeitsvorschriften der EuGVVO gem. Art. 6 Abs. 1 nur dann zulässig sei, wenn das angerufene Gericht positiv über „beweiskräftige Indizien"[39] verfügt, dass ein Beklagter ohne nachweisbaren Wohnsitz im Forumstaat (und wohl auch in den anderen Mitgliedstaaten der Verordnung[40]) tatsächlich über einen Wohnsitz außerhalb des Unionsgebiets verfügt.[41] Zwar betraf der vom EuGH entschiedene Fall einen Beklagten, „der mutmaßlich Unionsbürger ist";[42] angesichts der grundsätzlichen Indifferenz der EuGVVO gegenüber der Staatsangehörigkeit[43] dürfte dies jedoch auch für Beklagte aus Drittstaaten gelten.[44]

V. Sachlicher Anwendungsbereich

14 Innerhalb des durch Art. 1 bestimmten sachlichen Anwendungsbereichs der EuGVVO steht Art. 4 Abs. 1 als gerade *allgemeiner* Gerichtsstand grds. für **alle** Rechtsschutzverfahren zur Verfügung. Auf die Art der im Einzelfall geltend gemachten Ansprüche bzw. des erhobenen Verfahrens kommt es nicht an.[45] Zu etwaigen Ausnahmen vgl. oben Rn. 5.

VI. Art. 4 Abs. 2: Differenzierungsverbot

15 Art. 4 Abs. 2 stellt Ausländer und auch Staatenlose[46] mit Wohnsitz in einem der Mitgliedstaaten hinsichtlich der (mitgliedstaatlichen) Vorschriften über die

---

[37] EuGH, 17.11.2011 – Rs. C-327/10, *Hypoteční banka a. s. ./. Udo Mike Lindner*, Slg. 2011, I-11582 (ECLI:EU:C:2011:745), Rn. 44.
[38] EuGH, 17.11.2011 – Rs. C-327/10, *Hypoteční banka a. s. ./. Udo Mike Lindner*, Slg. 2011, I-11582 (ECLI:EU:C:2011:745), Rn. 55.
[39] Zur Bedeutung dieser verklausulierten Formulierung vgl. die Diskussion bei *Bach*, EuZW 2012, S. 381 (383); mangels näherer Hinweise des EuGH dürfte darin eher keine vom Grundsatz der Anwendung der jeweiligen *lex fori* – vgl. dazu die Ausführungen bei der Vorb. Art. 4 ff. unter Rn. 22 ff. – abweichende Beweismaßregel zu sehen sein.
[40] In diesem Sinne auch *Bach*, EuZW 2012, S. 381 (382 f.).
[41] EuGH 15.3.2012 – Rs. C-292/10, *G ./. Cornelius de Visser*, ECLI:EU:C:2012:142, Rn. 40 = IPRax 2012, S. 341 = EuZW 2012, S. 381 m. Anm. *Bach* („Die EuGVVO ist die Regel, das nationale Recht die Ausnahme").
[42] EuGH 15.3.2012 – Rs. C-292/10, *G ./. Cornelius de Visser*, ECLI:EU:C:2012:142, Rn. 42.
[43] Vgl. den *Jenard*-Bericht, 1979, S. 21 f. sowie Art. 4 Abs. 2 und die Vorb. Art. 4 ff. Rn. 12.
[44] So wohl auch – ohne Diskussion – *Bach*, EuZW 2012, S. 381 (382 f.); Rauscher/*Mankowski*, EuZPR, 4. Aufl. 2016, Art. 4 EuGVVO Rn. 11; **a. A.** wohl Musielak/Voit/*Stadler*, ZPO, 13. Aufl. 2016, Art. 6 EuGVVO Rn. 1.
[45] *Kropholler/von Hein*, EuZPR, 9. Aufl. 2011, Art. 2 EuGVVO a.F. Rn. 1; Rauscher/*Mankowski*, EuZPR, 4. Aufl. 2016, Art. 4 EuGVVO Rn. 15.
[46] *Geimer*, WM 1976, S. 830 (831); MünchKomm/*Gottwald*, ZPO, 4. Aufl. 2013, Art. 2 EuGVVO a.F. Rn. 19.

örtliche und sachliche Zuständigkeit Inländern gleich (Gebot der **Inländergleichbehandlung**[47]). Dabei handelt sich um ein ausdrückliches – und wegen seiner universellen Anwendbarkeit etwa über Art. 18 Abs. 1 AEUV weit hinausgehendes[48] – Differenzierungsverbot. Da die deutschen Zuständigkeitsvorschriften jedoch nicht nach der Staatsangehörigkeit einer Prozesspartei differenzieren,[49] kommt Art. 4 Abs. 2 in Deutschland – soweit ersichtlich – keinerlei Bedeutung zu.[50] Eine ähnliche Regelung beinhaltet Art. 6 Abs. 2.[51]

Artikel 5 [Keine exorbitanten Gerichtsstände]

(1) Personen, die ihren Wohnsitz im Hoheitsgebiet eines Mitgliedstaats haben, können vor den Gerichten eines anderen Mitgliedstaats nur gemäß den Vorschriften der Abschnitte 2 bis 7 dieses Kapitels verklagt werden.

(2) Gegen die in Absatz 1 genannten Personen können insbesondere nicht die innerstaatlichen Zuständigkeitsvorschriften, welche die Mitgliedstaaten der Kommission gemäß Artikel 76 Absatz 1 Buchstabe a notifizieren, geltend gemacht werden.

EuGH-Rechtsprechung: EuGH, 13.7.2000 – Rs. C-412/98, *Group Josi Reinsurance Company S.A. ./. Universal General Insurance Company*, Slg. 2000, I-5295 (ECLI:EU:C:2000:399)

EuGH, 5.2.2004 – Rs. C-265/02, *Frahuil S.A. ./. Assitalia S.p.A.*, Slg. 2004, I-1543 (ECLI:EU:C:2004:77)

EuGH, 19.12.2013 – Rs. C-9/12, *Corman-Collins S.A. ./. La Maison du Whisky S.A.*, ECLI:EU:C:2013:860 = EuZW 2014, S. 181.

Übersicht

	Rn.
I. Normzweck und Überblick	1
II. Reichweite; Ausschluss exorbitanter Gerichtsstände in Art. 5 Abs. 2	4
III. Entstehungsgeschichte	5
IV. Anwendungsbereich; Ausnahmen	6
V. Konkurrenzen	8

I. Normzweck und Überblick

Während Art. 4 Abs. 1 als allgemeinen Grundsatz der Zuständigkeitsordnung **1** der EuGVVO die Regel aufstellt, dass eine (natürliche oder juristische) Person,

---
[47] Rauscher/*Mankowski*, EuZPR, 4. Aufl. 2016, Art. 4 EuGVVO Rn. 18.
[48] Saenger/*Dörner*, ZPO, 6. Aufl. 2015, Art. 4 EuGVVO Rn. 6.
[49] MünchKomm/*Gottwald*, ZPO, 4. Aufl. 2013, Art. 2 EuGVVO a.F. Rn. 27.
[50] Rauscher/*Mankowski*, EuZPR, 4. Aufl. 2016, Art. 4 EuGVVO Rn. 18.
[51] Vgl. hierzu die Kommetierung zu Art. 6 Rn. 10.

B Vor I 7 Art. 5 VO (EU) Nr. 1215/2012

die ihren **Wohnsitz**[1] in einem Mitgliedstaat im Sinne der EuGVVO hat, an sich nur vor den Gerichten *dieses* Staates zu verklagen ist,[2] **ergänzt Art. 5** jene Grundregel in zweierlei Hinsicht. So stellt Art. 5 Abs. 1 zum einen klar, dass – jeweils bei Wohnsitz des Beklagten in einem Mitgliedstaat – von Art. 4 Abs. 1 nach Wahl des Klägers[3] in den in Art. 7 bis 26 normierten Fällen durchaus abgewichen werden kann.[4] Zum anderen folgt aus Art. 5 Abs. 1, dass die in Art. 4 und 7 bis 26 geregelte Zuständigkeitsordnung **abschließend** ist („nur"),[5] die EuGVVO also innerhalb ihres Anwendungsbereichs einen *numerus clausus* an Gerichtsständen bereitstellt.[6] Mit anderen Worten sperrt die Verordnung im Rahmen ihres Regelungsbereichs gegenüber Beklagten mit Wohnsitz in einem Mitgliedstaat den Rückgriff auf nationale Zuständigkeitsvorschriften.

2 Damit gewährleistet Art. 5 nicht nur ein grundsätzliches **Zuständigkeitswahlrecht** des Klägers, sondern **schützt** auch **Beklagte** mit Wohnsitz in einem Mitgliedstaat, die sich darauf verlassen können, grds.[7] nur vor einem nach der EuGVVO zuständigen Gericht verklagt zu werden.[8] Hat ein Beklagter im maßgeblichen Zeitpunkt[9] mehrere Wohnsitze, was Art. 62 und 63 gerade nicht ausschließen,[10] so reicht es dabei aus, wenn einer dieser Wohnsitze in einem Mitgliedstaat liegt.[11]

3 Seine **Rechtfertigung** findet die potentielle Durchbrechung des in Art. 4 Abs. 1 niedergelegten Grundsatzes *actor sequitur forum rei*[12] durch Art. 5 Abs. 1 in verschiedenen **sachlichen** (meist: räumlichen[13]) bzw. teilweise auch **subjektiven** Gründen, die im Einzelfall eine besondere Sachnähe anderer als der Gerichte des Wohnsitzstaates eines Beklagten begründen.[14] Entsprechend dient das durch

---

[1] Zum Begriff des Wohnsitzes im Sinne der EuGVVO vgl. die Kommentierung zu Art. 4 Rn. 6 ff. sowie die Kommentierungen zu Art. 62 und 63.
[2] S. EuGH, 13.7.2000 – Rs. C-412/98, *Group Josi Reinsurance Company S.A. ./. Universal General Insurance Company*, Slg. 2000, I-5295 (ECLI:EU:C:2000:399), Rn. 34 f.; vgl. zur Bedeutung des (Beklagten-)Wohnsitzes für die Zuständigkeitsordnung der EuGVVO allgemein oben Vorb. Art. 4 ff. Rn. 11 f.
[3] Der Beklagte kann diese Wahl grds. – außer durch eine von ihm vorbeugend erhobene negative Feststellungsklage – nicht beeinflussen, s. MünchKomm/*Gottwald*, ZPO, 4. Aufl. 2013, Art. 3 EuGVVO a.F. Rn. 1.
[4] Bei Vorliegen eines ausschließlichen Gerichtsstands im Sinne von Art. 24 ist dies sogar obligatorisch und daneben ein Rückgriff auf die anderen Gerichtsstände der EuGVVO gesperrt.
[5] EuGH, 13.7.2000 – Rs. C-412/98, *Group Josi Reinsurance Company S.A. ./. Universal General Insurance Company*, Slg. 2000, I-5295 (ECLI:EU:C:2000:399), Rn. 36 und 48.
[6] *Schlosser*/Hess, EuZPR, 4. Aufl. 2015, Art. 5 EuGVVO Rn. 1; Rauscher/*Mankowski*, EuZPR, 4. Aufl. 2016, Art. 5 EuGVVO Rn. 1; *Kropholler*/von Hein, EuZPR, 9. Aufl. 2011, Art. 3 EuGVVO a.F. Rn. 3.
[7] Zu etwaigen Ausnahmen vgl. sogleich Rn. 3.
[8] Rauscher/*Mankowski*, EuZPR, 4. Aufl. 2016, Art. 5 EuGVVO Rn. 1 spricht insofern von einer „Garantie"; vgl. auch Erwgr. 15.
[9] S. hierzu die zu Vorb. Art. 4 ff. Rn. 19 ff.
[10] Vgl. die Kommentierung zu Art. 4 Rn. 11, sowie *Schlosser*/Hess, EuZPR, 4. Aufl. 2015, Art. 4 EuGVVO Rn. 2.
[11] OLG Stuttgart, 23.10.2006 – 5 U 64/06, NJOZ 2007, S. 716; *Kropholler*/von Hein, EuZPR, 9. Aufl. 2011, Art. 3 EuGVVO a.F. Rn. 2; s. auch *Geimer*/Schütze, EuZVR, 3. Aufl. 2010, Art. 2 EuGVVO a.F. Rn. 168; *Mankowski*, AnwBl 2008, S. 358 (360).
[12] Vgl. hierzu (und zu dem immanenten Gerechtigkeitsgehalt dieses Grundsatzes) die Kommentierung zu Art. 4 Rn. 2.
[13] *Simons*/Hausmann, Brüssel I-VO, 2012, vor Art. 5–7 EuGVVO a.F. Rn. 1.
[14] Vgl. zum Ganzen ausführlich *Geimer*/Schütze, EuZVR, 3. Aufl. 2010, Art. 3 EuGVVO a.F. Rn. 4 ff.

Art. 5 Abs. 1 gewährleistete Klägerwahlrecht neben der Berücksichtigung legitimer Zuständigkeitsinteressen des Klägers auch und gerade dem Grundsatz der Prozessökonomie bzw. dem Gerichtsinteresse.[15]

II. Reichweite; Ausschluss exorbitanter Gerichtsstände in Art. 5 Abs. 2

Seinem Wortlaut nach bezieht sich jedenfalls Art. 5 Abs. 1 nur auf die internationale Zuständigkeit; wo die Verordnung im Einzelfall (etwa in den meisten Fällen des Art. 7) die örtliche Zuständigkeit mitregelt, ist jedoch nach allgemeinen Grundsätzen und indirekt aus Art. 5 Abs. 2 ersichtlich auch insofern der **Rückgriff auf die nationalen Vorschriften gesperrt**.[16] Darüber hinaus kommt Art. 5 Abs. 2 – abgesehen von den Fällen des Art. 72[17] – keine über Abs. 1 hinausgehende Wirkung zu.[18] Art. 5 Abs. 2 konstatiert, dass sich ein Kläger gegenüber Beklagten mit Wohnsitz in einem Mitgliedstaat „insbesondere" nicht auf bestimmte, von den Mitgliedstaaten gegenüber der Kommission gem. Art. 76 Abs. 1 lit. a mitgeteilte **exorbitante nationale Gerichtsstände** berufen kann. Als exorbitant – bzw. international unerwünscht[19] – werden gemeinhin besonders weit gefasste nationale (oftmals Kläger-) Gerichtsstände verstanden, die keine ausgeprägte Verbindung zum jeweiligen Forumstaat voraussetzen.[20] Im autonomen deutschen Recht z.B. wird der Vermögensgerichtsstand des § 23 ZPO als exorbitant angesehen.[21] Dass derartige nationale Zuständigkeitsvorschriften von der EuGVVO verdrängt werden, ergibt sich jedoch bereits aus Art. 5 Abs. 1. Insofern ist der Hinweis auf die „insbesondere" ausgeschlossenen exorbitanten Gerichtsstände bloß deklaratorisch und dient allenfalls der besonderen Ächtung dieser (umstrittenen[22]) Vorschriften.[23]

4

---

[15] Vgl. Erwgr. 16 sowie Rauscher/*Leible*, EuZPR, 4. Aufl. 2016, Art. 7 EuGVVO Rn. 2; *Geimer*/ Schütze, EuZVR, 3. Aufl. 2010, Art. 3 EuGVVO a.F. Rn. 6.
[16] So auch Rauscher/*Mankowski*, EuZPR, 4. Aufl. 2016, Art. 5 EuGVVO Rn. 7.
[17] Gem. Art. 72 bleiben die völkerrechtlichen Verträge in Kraft, in denen sich einzelne Vertragsstaaten des EuGVÜ vor Inkrafttreten der EuGVVO a.F. gegenüber einem dritten Staat verpflichtet haben, Entscheidungen der Gerichte eines anderen Mitgliedstaats gegen Beklagte, die ihren Wohnsitz oder gewöhnlichen Aufenthalt im Hoheitsgebiet des dritten Staates haben, nicht anzuerkennen, sofern die Entscheidung in den Fällen des Art. 4 des EuGVÜ (des jetzigen Art. 6) nur in einem der vormals in Art. 3 Abs. 2 des EuGVÜ angeführten Gerichtsstände ergehen kann; vgl. hierzu näher die Kommentierung zu Art. 72.
[18] S. nur *Schlosser*/Hess, EuZPR, 4. Aufl. 2015, Art. 5 EuGVVO Rn. 2; Rauscher/*Mankowski*, EuZPR, 4. Aufl. 2016, Art. 5 EuGVVO Rn. 6.
[19] MünchKomm/*Gottwald*, ZPO, 4. Aufl. 2013, Art. 3 EuGVVO a.F. Rn. 6.
[20] Vgl. Musielak/Voit/*Stadler*, ZPO, 13. Aufl. 2016, Art. 5 EuGVVO Rn. 4.
[21] Art. 3 Abs. 2 EuGVÜ, Anhang I zur EuGVVO sowie nunmehr die „Informationen gemäß Artikel 76 der Verordnung (EU) Nr. 1215/2012 des Europäischen Parlaments und des Rates über die gerichtliche Zuständigkeit und die Anerkennung und Vollstreckung von Entscheidungen in Zivil- und Handelssachen", ABl. (EU) 2015 Nr. C 4, S. 2.
[22] Vielfach wird – zum Teil auch wegen völkerrechtlicher Bedenken – ein gänzlicher Verzicht auf exorbitante Gerichtsstände gefordert; vgl. für das deutsche Recht etwa *Fricke*, IPRax 1991, S. 161; diese Kritik für überzogen hält mit guten Gründen *Schack*, IZVR, 6. Aufl. 2014, Rn. 373 m.w.N.
[23] S. nur *Schlosser*/Hess, EuZPR, 4. Aufl. 2015, Art. 5 EuGVVO Rn. 2; Rauscher/*Mankowski*, EuZPR, 4. Aufl. 2016, Art. 5 EuGVVO Rn. 3 („gebrandmarkt") und 6.

III. Entstehungsgeschichte

5   Der seit 1968 inhaltlich unveränderte Art. 5 **Abs. 1** entspricht weitgehend Art. 3 Abs. 1 EuGVÜ[24] sowie Art. 3 Abs. 1 EuGVVO a.F. Auch Art. 5 **Abs. 2** wurde weder bei „Umwandlung" des EuGVÜ in die EuGVVO a.F. im Jahr 2000, noch bei der jüngsten Neufassung der EuGVVO inhaltlich nennenswert verändert. Allerdings waren die von nunmehr Art. 5 Abs. 2 in Bezug genommenen exorbitanten Gerichtsstände nationalen Rechts im EuGVÜ noch im Übereinkommenstext selbst (in Art. 3 Abs. 2 EuGVÜ) aufgeführt und diese Aufzählung in den jeweiligen Beitrittsabkommen um die in den jeweils beitretenden Staaten geltenden exorbitanten Gerichtsstände erweitert worden. Bei „Umwandlung" des EuGVÜ in die EuGVVO a.F. wurde die Liste der exorbitanten Gerichtsstände zur Erleichterung ihrer Änderung bzw. Ergänzung mit geringen inhaltlichen Modifikationen, die auf die Änderung nationaler Gesetze zurückzuführen war, in Anlage I verschoben.[25] Im Zuge der jüngsten Neufassung der Verordnung wurde sogar auf die Ausgestaltung als Anhang verzichtet und die Aufzählung nur noch als von der Kommission zu führende (Art. 76 Abs. 2) und im Amtsblatt der Europäischen Union zu veröffentlichende (Art. 76 Abs. 4) Liste[26] ausgestaltet.[27] Der Inhalt der Liste setzt sich dabei aus „Notifizierungen" der Kommission durch die Mitgliedstaaten gem. Art. 5 Abs. 2, 76 Abs. 1 lit. a) und Abs. 3 zusammen; die Bundesrepublik Deutschland hat § 23 ZPO als exorbitant gemeldet.

IV. Anwendungsbereich; Ausnahmen

6   Aus Art. 5 folgt, dass die Zuständigkeitsordnung der EuGVVO nicht etwa nur einen gemeinsamen Mindeststandard an Zuständigkeitsvorschriften innerhalb der Mitgliedstaaten der Verordnung sicherstellt, sondern eine innerhalb ihres Anwendungsbereichs grds. **abschließende und vorrangige Sonderregelung** bildet. Ausnahmen von diesem Ausschließlichkeitsanspruch sind nur insoweit möglich, als dies in der Verordnung selbst ausdrücklich vorgesehen wird. Insofern sind zwei Sonderkonstellationen hervorzuheben: (1.) Im Rahmen von Maßnahmen des **einstweiligen Rechtsschutzes** kann sich ein Antragsteller gem. Art. 35 neben den Zuständigkeitsvorschriften der Verordnung auch auf die nach dem autonomen Recht des jeweiligen Forumstaats bestehenden Zuständigkeiten stützen.[28] (2.) Zudem bleiben gem. Art. 71 Abs. 1 und 73 bestimmte – meist aus

---

[24] Lediglich bei Schaffung der EuGVVO a.F. im Jahr 2000 wurde der Wortlaut von Art. 3 Abs. 1 EuGVVO a.F. gegenüber dem EuGVÜ leicht verändert („gemäß den Vorschriften des 2. bis 7. Abschnitts" statt „des 2. bis 6. Abschnitts"). Dies war der Neuschaffung eines eigenen Abschnitts (Abschnitt 5) für Arbeitssachen geschuldet; zuvor waren Arbeitsverträge ausdrücklich von Art. 5 Nr. 1 EuGVÜ erfasst.
[25] Rauscher/*Mankowski*, EuZPR, 4. Aufl. 2016, Art. 5 EuGVVO Rn. 4.
[26] Vgl. die „Informationen gemäß Artikel 76 der Verordnung (EU) Nr. 1215/2012 des Europäischen Parlaments und des Rates über die gerichtliche Zuständigkeit und die Anerkennung und Vollstreckung von Entscheidungen in Zivil- und Handelssachen", ABl. (EU) 2015 Nr. C 4, S. 2.
[27] Vgl. Rauscher/*Mankowski*, EuZPR, 4. Aufl. 2016, Art. 5 EuGVVO Rn. 4.
[28] S. EuGH, 17.11.1998 – Rs. C-391/95, *van Uden ./. Deco-Line u.a.*, Slg. 1998, I-7091 (ECLI:EU:C:1998:543), Rn. 42.

bereits vor Inkrafttreten der EuGVVO abgeschlossenen Übereinkünften bzw. Übereinkommen stammende – **staatsvertragliche** Zuständigkeitsvorschriften von der EuGVVO unberührt.[29]

Die **Grenze** des räumlich-persönlichen Anwendungsbereichs der Zuständig- 7 keitsordnung der EuGVVO[30] definiert wiederum Art. 6 Abs. 1. Danach finden die Zuständigkeitsregeln der EuGVVO – vorbehaltlich einer ausschließlichen Zuständigkeit im Sinne von Art. 24 bzw. einer Gerichtsstandsvereinbarung im Sinne von Art. 25 oder des Vorliegens der Voraussetzungen der Art. 18 Abs. 1 und 21 Abs. 2[31] – keine Anwendung gegenüber Beklagten mit Wohnsitz in einem Drittstaat. In einem solchen Fall sind naturgemäß die jeweiligen autonomen nationalen Zuständigkeitsvorschriften anwendbar; auch ein Rückgriff auf die in Art. 5 Abs. 2 in Bezug genommenen exorbitanten nationalen Gerichtsstände ist dann möglich.[32]

V. Konkurrenzen

Das durch Art. 5 Abs. 1 gewährleistete Wahlrecht des Klägers hinsichtlich der 8 verschiedenen Gerichtsstände der EuGVVO besteht nur, soweit nicht ein vorrangiger ausschließlicher Gerichtsstand gem. Art. 24 vorliegt bzw. gem. Art. 25 Abs. 1 vereinbart wurde.[33] Auch die Zuständigkeiten des 3. bis 5. Abschnitts gehen als jeweils eigenständige, in sich geschlossene Sonderregelungen den sonstigen „allgemeinen" Vorschriften grds. – bis auf den wiederum vorrangigen[34] Art. 24 – vor und verdrängen diese in ihrem Anwendungsbereich teilweise.[35]

Artikel 6 [Beklagte ohne Wohnsitz im Hoheitsgebiet eines Mitgliedstaates]

(1) Hat der Beklagte keinen Wohnsitz im Hoheitsgebiet eines Mitgliedstaats, so bestimmt sich vorbehaltlich des Artikels 18 Absatz 1, des Artikels 21 Absatz 2 und der Artikel 24 und 25 die Zuständigkeit der Gerichte eines jeden Mitgliedstaats nach dessen eigenem Recht.

(2) Gegenüber einem Beklagten, der keinen Wohnsitz im Hoheitsgebiet eines Mitgliedstaats hat, kann sich unabhängig von ihrer Staatsangehörigkeit jede Person, die ihren Wohnsitz im Hoheitsgebiet eines Mitgliedstaats hat, in diesem Mitgliedstaat auf die dort geltenden Zuständigkeitsvorschriften, insbesondere auf

---

[29] S. Rauscher/*Mankowski*, EuZPR, 4. Aufl. 2016, Art. 5 EuGVVO Rn. 6 sowie die Kommentierungen zu Art. 71 und 73.
[30] Vgl. hierzu allgemein die Ausführungen unter Vorb. Art. 4 ff. Rn. 13 ff. sowie die Kommentierung zu Art. 1.
[31] Vgl. hierzu die jeweiligen Kommentierungen.
[32] EuGH, 13.7.2000 – Rs. C-412/98, *Group Josi Reinsurance Company S.A. ./. Universal General Insurance Company*, Slg. 2000, I-5295 (ECLI:EU:C:2000:399), Rn. 51; Musielak/Voit/*Stadler*, ZPO, 13. Aufl. 2016, Art. 5 EuGVVO Rn. 4.
[33] S. die Vorb. Art. 4 ff. Rn. 8.
[34] Rauscher/*Mankowski*, EuZPR, 4. Aufl. 2016, Art. 24 EuGVVO Rn. 1.
[35] Vereinzelt wird jedoch auch im 3. bis 5. Abschnitt ausdrücklich die Anwendung bestimmter sonstiger Zuständigkeitsregelungen gestattet; vgl. zum Ganzen die Kommentierung insbesondere zu Art. 10, 17 und 20.

diejenigen, welche die Mitgliedstaaten der Kommission gemäß Artikel 76 Absatz 1 Buchstabe a notifizieren, wie ein Staatsangehöriger dieses Mitgliedstaats berufen.

EuGH-Gutachten und -Rechtsprechung: EuGH, 7.2.2006 – Gutachten 1/03, Zuständigkeit der Gemeinschaft für den Abschluss des neuen Übereinkommens von Lugano über die gerichtliche Zuständigkeit und die Anerkennung und Vollstreckung von Entscheidungen in Zivil- und Handelssachen, Slg. 2006, I-1145 (ECLI:EU:C:2006:81)

EuGH, 15.3.2012 – Rs. C-292/10, G./. *Cornelius de Visser*, ECLI:EU:C:2012:142 = IPRax 2013, S. 341.

Schrifttum: *Bidell, Daniela* Bidell, Die Erstreckung der Zuständigkeiten der EuGVO auf Drittstaatensachverhalte Die Erstreckung der Zuständigkeiten der EuGVO auf Drittstaatensachverhalte, 2014; *Coester-Waltjen, Dagmar*, Die Bedeutung des EuGVÜ und des Luganer Übereinkommens für Drittstaaten, in: Festschrift für Hideo Nakamura zum 70. Geburtstag, Heldrich, Andreas; Uchida, Takeyoshi (Hrsg.), 1996, S. 89; *Grolimund, Pascal*, Drittstaatenproblematik im europäischen Zivilverfahrensrecht, 2000; *ders.*, Drittstaatenproblematik des europäischen Zivilverfahrensrechts – Eine Never-Ending-Story?, in: Zivilverfahrensrecht: Jahrbuch 2010, Fucik, Robert / Konecny, Andreas / Lovrek, Elisabeth / Oberhammer, Paul (Hrsg.), Wien 2010, S. 79 ff.; *Hau, Wolfgang*, Gegenwartsprobleme internationaler Zuständigkeit, in: Grenzen überwinden – Prinzipien bewahren, Festschrift für Bernd von Hoffmann zum 70. Geburtstag, Kronke, Herbert; Thorn, Karsten (Hrsg.), 2011/12, S. 353; *von Hein, Jan*, Die Neufassung der Europäischen Gerichtsstands- und Vollstreckungsverordnung (EuGVVO), RIW 2013, S. 97; *Kropholler, Jan*, Problematische Schranken der europäischen Zuständigkeitsordnung gegenüber Drittstaaten, in: Festschrift für Murad Ferid zum 80. Geburtstag, Heldrich, Andreas; Sonnenberger, Hans-Jürgen (Hrsg.), 1988, S. 239; *Schlosser, Peter*, Unzulässige Diskriminierung nach Bestehen oder Fehlen eines EG-Wohnsitzes im europäischen Zivilprozessrecht, in: Festschrift für Andreas Heldrich zum 70. Geburtstag, Lorenz, Stephan; Trunk, Alexander; Eidenmüller, Horst; Wendehorst, Christiane; Adolff, Johannes (Hrsg.), 2005, S. 1007; *Weber, Johannes*, Universal Jurisdiction and Third States in the reform of the Brussels I Regulation, RabelsZ 75 (2011), S. 619.

Übersicht

	Rn.
I. Überblick	1
II. Reichweite und Normzweck	3
III. Entstehungsgeschichte	5
IV. Art. 6 Abs. 1: Beklagte ohne Wohnsitz in einem Mitgliedstaat	6
1. Anwendungsbereich	6
2. Ausnahmen	8
V. Art. 6 Abs. 2: Gebot der Inländergleichbehandlung	10

I. Überblick

1   Art. 6 ist in mancherlei Hinsicht eine spiegelbildliche Regelung zu Art. 5 (und zu Art. 4 Abs. 1). Während jene Vorschriften – lückenhaft[1] – den räumlich-

---
[1] Vgl. oben Vorb. Art. 4 ff. Rn. 13 ff.

persönlichen Anwendungsbereich des Zuständigkeitsregimes der EuGVVO (positiv) festlegen, definiert Art. 6 Abs. 1 die **Grenzen des räumlichen Anwendungsbereichs (nur) der Zuständigkeitsregeln der EuGVVO** und stellt (negativ) klar, wann diese gerade nicht anwendbar sind – nämlich grds. immer dann, wenn der Beklagte seinen Wohnsitz[2] in einem Drittstaat und nicht in einem Mitgliedstaat im Sinne der EuGVVO hat.[3] Für einen solchen Fall erklärt Art. 6 Abs. 1 grds. die nationalen Zuständigkeitsvorschriften des jeweiligen Forumstaats – inklusive der in Art. 5 Abs. 2[4] und Art. 6 Abs. 2 in Bezug genommenen exorbitanten Gerichtsstände[5] – für anwendbar. Gleichzeitig benennt Art. 6 Abs. 1 mehrere – nicht jedoch alle[6] – Fälle, in denen bestimmte Gerichtsstände der Verordnung auch gegenüber außerhalb der Mitgliedstaaten der EuGVVO ansässigen Beklagten Anwendung finden.

Art. 6 Abs. 2 hingegen stellt ein **Gebot der Inländergleichbehandlung** auf, 2 indem er die Gleichstellung aller im Geltungsbereich der EuGVVO ansässigen Personen ohne Rücksicht auf deren jeweilige Staatsangehörigkeit anordnet, soweit die nationalen Zuständigkeitsvorschriften im Einzelfall nur eigenen Staatsangehörigen bestimmte Gerichtsstände eröffnen.

II. Reichweite und Normzweck

Aus Art. 6 Abs. 1 folgt, dass das Zuständigkeitsregime der EuGVVO – anders 3 etwa als die meisten Vorschriften des europäischen Kollisionsrechts[7] – **nicht universell anwendbar ist**.[8] Dies war in der Vergangenheit Gegenstand vielfacher Kritik.[9] Entsprechende Bemühungen der Kommission, die noch in ihrem Vorschlag zur Reformierung der EuGVVO aus dem Jahr 2010 in Art. 4 Abs. 2 EuGVVO-E eine universelle Anwendbarkeit der besonderen Zuständigkeitsvorschriften der (nunmehr) Art. 7 bis 26 (d.h. der Abschnitte 2 bis 7[10]) auch auf Beklagte aus Drittstaaten vorgesehen hatte,[11] sind indes aufgrund politischer Widerstände nicht Gesetz geworden.[12]

---

[2] Zum Begriff des Wohnsitzes im Sinne der EuGVVO vgl. die Kommentierung zu Art. 4 Rn. 6 sowie die Kommentierungen zu Art. 62 und 63.
[3] Vgl. auch die Ausführungen zu Art. 5 unter Rn. 7.
[4] Vgl. hierzu die Kommentierung zu Art. 5 Rn. 4.
[5] *Schlosser*, in: FS Kralik, 1987, S. 287 (291 f.).
[6] So wird Art. 26 in Art. 6 Abs. 1 nicht genannt; vgl. dazu unten Rn. 3 und 8.
[7] Vgl. etwa Art. 2 Rom I-VO, Art. 3 Rom II-VO, Art. 4 Rom III-VO sowie Art. 20 EuErbVO.
[8] *Geimer*/Schütze, EuZVR, 3. Aufl. 2010, Art. 4 EuGVVO a.F. Rn. 1.
[9] Vgl. beispielhaft entsprechende Forderungen bei Simons/*Hausmann*, Brüssel I-VO, 2012, Art. 4 EuGVVO a.F. Rn. 12, sowie von *Kropholler/von Hein*, EuZPR, 9. Aufl. 2011, Art. 4 EuGVVO a.F. Rn. 2; zum Ganzen näher *von Hein*, RIW 2013, S. 97 (100 f.) m.w.N.
[10] Im Entwurf war noch die Rede von den „Abschnitten 2 bis 8", da ursprünglich die – nicht Gesetz gewordene – Schaffung eines 8. Abschnitts mit einem subsidiären Vermögensgerichtsstand sowie einer Notzuständigkeit geplant war, vgl. den Kommissionsvorschlag zur Neufassung der EuGVVO vom 14.12.2010, KOM(2010) 748 endg., S. 36.
[11] Kommissionsvorschlag zur Neufassung der EuGVVO vom 14.12.2010, KOM(2010) 748 endg., S. 25.
[12] Vgl. *von Hein*, RIW 2013, S. 97 (101) m.w.N. (Fn. 85) sowie Rauscher/*Mankowski*, EuZPR, 4. Aufl. 2016, Art. 6 EuGVVO Rn. 10 m.w.N.

4 Die Verweisung auf das autonome Verfahrensrecht der Mitgliedstaaten in Art. 6 Abs. 1 betrifft **nur die Frage der Zuständigkeit.** Dass insofern außerhalb des räumlich-persönlichen Anwendungsbereichs der Art. 4 und 7 bis 26 die nationalen Zuständigkeitsvorschriften des jeweiligen Forumstaats Anwendung finden, ergibt sich indes – jedenfalls indirekt – bereits aus Art. 4 Abs. 1 sowie Art. 5 Abs. 1.[13] **Hauptgrund** für die Schaffung von Art. 6 Abs. 1 war daher, (im Umkehrschluss) klarzustellen, dass die sonstigen Vorschriften der EuGVVO – etwa die Litispendenzregeln in den Art. 29 ff. sowie die Vorschriften über die Anerkennung (Art. 36 ff.) und Vollstreckung (Art. 39 ff.) – nicht auf Verfahren gegen Personen mit Wohnsitz in einem Mitgliedstaat begrenzt sind.[14] Diese Vorschriften finden vielmehr – unabhängig vom Beklagtenwohnsitz – grds. immer dann Anwendung, wenn es um eine in einem anderen Mitgliedstaat ergangene Entscheidung geht.[15] Entsprechend folgt aus Art. 6 Abs. 1, dass die EuGVVO insgesamt auch gegenüber Drittstaatlern Anwendung finden kann und eben nur die Zuständigkeitsvorschriften – in den in Art. 6 Abs. 1 genannten Grenzen – in einem solchen Fall nicht anwendbar sind.[16] Insofern kommt Art. 6 Abs. 1 nicht nur klarstellende, sondern durchaus auch konstitutive Wirkung zu.[17]

III. Entstehungsgeschichte

5 Art. 6 – der frühere Art. 4 EuGVÜ bzw. Art. 4 EuGVVO a.F. – blieb bis auf redaktionelle Anpassungen seit Inkrafttreten des EuGVÜ weitgehend unverändert.[18] Im Zuge der „Umwandlung" des EuGVÜ in die EuGVVO a.F. im Jahr 2000 wurde der Ausnahmekatalog in Abs. 1 um – neben Art. 22 EuGVVO a.F. – Art. 23 EuGVVO a.F. und im Zuge der jüngsten Reform noch um Art. 18 Abs. 1 sowie Art. 21 Abs. 2 erweitert. Wünschenswert wäre daneben freilich noch eine klarstellende Nennung auch von Art. 26 gewesen.

IV. Art. 6 Abs. 1: Beklagte ohne Wohnsitz in einem Mitgliedstaat

1. Anwendungsbereich

6 Art. 6 Abs. 1 ordnet an, dass sich die Zuständigkeit mitgliedstaatlicher Gerichte gegenüber Beklagten ohne Wohnsitz in einem Mitgliedstaat grds.[19] nach dem „eigenen Recht" des jeweiligen Forumstaats bemisst. Auch am Bei-

---

[13] Rauscher/*Mankowski*, EuZPR, 4. Aufl. 2016, Art. 6 EuGVVO Rn. 3; einschränkend *Schlosser*/Hess, EuZPR, 4. Aufl. 2015, Art. 6 EuGVVO Rn. 1.
[14] S. den *Jenard*-Bericht, 1979, S. 20 f.; Rauscher/*Mankowski*, EuZPR, 4. Aufl. 2016, Art. 6 EuGVVO Rn. 3, 12 f.; *Kropholler/von Hein*, EuZPR, 9. Aufl. 2011, Art. 4 EuGVVO a.F. Rn. 3.
[15] Musielak/Voit/*Stadler*, ZPO, 13. Aufl. 2016, Art. 6 EuGVVO Rn. 3.
[16] Vgl. EuGH, 7.2.2006 – *Gutachten 1/03*, Slg. 2006, I-1145 (ECLI:EU:C:2006:81), Rn. 148.
[17] S. *Schlosser*/Hess, EuZPR, 4. Aufl. 2015, Art. 6 EuGVVO Rn. 1.
[18] *Schlosser*/Hess, EuZPR, 4. Aufl. 2015, Art. 6 EuGVVO unter „Textgeschichte".
[19] Zu den ausdrücklich im Wortlaut von Art. 6 Abs. 1 genannten und weiteren Ausnahmen s. sogleich unter Rn. 8 f.

spiel dieser Norm zeigt sich die grundsätzliche **Ausrichtung der Zuständigkeitsordnung der EuGVVO am Wohnsitz des jeweiligen Beklagten**.[20] Auf welche Weise der Wohnsitz einer Person zu bestimmen ist, beurteilt sich gem. Art. 62 und 63. Dabei differenziert die EuGVVO zwischen natürlichen Personen (Art. 62) und Gesellschaften bzw. juristischen Personen[21] (Art. 63).

Hat eine Person **mehrere Wohnsitze** (was in Anwendung von Art. 62 und 7 63 möglich ist[22]), so genügt es für die Anwendbarkeit der Zuständigkeitsvorschriften der EuGVVO, wenn nur einer dieser Wohnsitze in einem Mitgliedstaat liegt.[23] Ohne Bedeutung für die Zuständigkeitsbestimmung ist hingegen der **gewöhnliche Aufenthaltsort** eines Beklagten.[24] Somit erfasst Art. 6 Abs. 1 potentiell auch Fälle, in denen sich eine Person zwar dauerhaft in einem Mitgliedstaat im Sinne der Verordnung aufhält, dort jedoch keinen Wohnsitz unterhält.[25] Dies gilt nach neuester Rechtsprechung des EuGH jedoch nur, wenn der Beklagte tatsächlich über einen nachweisbaren Wohnsitz in einem Drittstaat verfügt. Ist der Wohnsitz des Beklagten hingegen **unbekannt** geblieben, so schließt dies nämlich – entgegen der früheren h.M.[26] und auch dem Wortlaut von Art. 6 Abs. 1 – eine Anwendbarkeit der Zuständigkeitsordnung der EuGVVO nicht *per se* aus.[27] Vielmehr hat der EuGH im Jahr 2012 entschieden, dass die Anwendung der einheitlichen Zuständigkeitsvorschriften der EuGVVO auch bei unbekanntem Beklagtenwohnsitz den Regelungszielen der Verordnung entspricht.[28] Eine Anwendung der innerstaatlichen anstelle der – jedenfalls besonderen[29] – Zuständigkeitsvorschriften der EuGVVO gem. Art. 6 Abs. 1 sei nur dann zulässig sei, wenn das angerufene Gericht positiv über „beweiskräftige Indizien"[30] verfüge,

---

[20] S. dazu näher die Vorb. Art. 4 ff. Rn. 11 f.
[21] Zum autonom zu verstehenden Begriff der Gesellschaft und der juristischen Person im Sinne der EuGVVO vgl. die Kommentierungen zu Art. 4 Rn. 24 Rn. 68 ff.
[22] S. die Kommentierungen zu Art. 4 Rn. 11 sowie zu Art. 62 und 63; außerdem *Schlosser/Hess*, EuZPR, 4. Aufl. 2015, Art. 4 EuGVVO Rn. 2.
[23] OLG Stuttgart, 23.10.2006 – 5 U 64/06, NJOZ 2007, S. 716; *Kropholler/von Hein*, EuZPR, 9. Aufl. 2011, Art. 4 EuGVVO a.F. Rn. 2; *Schlosser/Hess*, EuZPR, 4. Aufl. 2015, Art. 4 EuGVVO Rn. 1; *Rauscher/Mankowski*, EuZPR, 4. Aufl. 2016, Art. 6 EuGVVO Rn. 2; s. auch *Geimer/Schütze*, EuZVR, 3. Aufl. 2010, Art. 2 EuGVVO a.F. Rn. 168; *Mankowski*, AnwBl 2008, S. 358 (360).
[24] S. etwa MünchKomm/*Gottwald*, ZPO, 4. Aufl. 2013, Art. 2 EuGVVO a.F. Rn. 20.
[25] *Kropholler/von Hein*, EuZPR, 9. Aufl. 2011, Art. 4 EuGVVO a.F. Rn. 2.
[26] Etwa Rauscher/*Mankowski*, EuZPR, 4. Aufl. 2016, Art. 6 EuGVVO Rn. 2; *Kropholler/von Hein*, EuZPR, 9. Aufl. 2011, Art. 4 EuGVVO a.F. Rn. 2; *Magnus/Mankowski/Vlas*, Brussels I Regulation, 2. Aufl. 2012, Art. 4 EuGVVO a.F. Rn. 2 m.w.N.
[27] **A. A.** scheinbar Rauscher/*Mankowski*, EuZPR, 4. Aufl. 2016, Art. 6 EuGVVO Rn. 2, jedoch im Widerspruch zu Rauscher/*Mankowski*, EuZPR, 4. Aufl. 2016, Art. 4 EuGVVO Rn. 11.
[28] EuGH 15.3.2012 – Rs. C-292/10, *G./. Cornelius de Visser*, ECLI:EU:C:2012:142 = IPRax 2012, S. 341 = EuZW 2012, S. 381, Rn. 39; so auch bereits EuGH, 17.11.2011 – Rs. C-327/10, *Hypoteční banka a. s. ./. Udo Mike Lindner*, Slg. 2011, I-11582 (ECLI:EU:C:2011:745), Rn. 44.
[29] So Rauscher/*Mankowski*, EuZPR, 4. Aufl. 2016, Art. 4 EuGVVO Rn. 11 („die besonderen Gerichtsstände nach Artt 7, 8"); noch weiter einschränkend *Schlosser/Hess*, EuZPR, 4. Aufl. 2015, Art. 4 EuGVVO Rn. 3 („jedenfalls für Verfahren nach Art. 7 Nr. 3 [gemeint ist Nr. 2]").
[30] Zur Bedeutung dieser verklausulierten Formulierung vgl. die Diskussion bei *Bach*, EuZW 2012, S. 381 (383); mangels näherer Hinweise des EuGH dürfte darin eher keine vom Grundsatz der Anwendung der jeweiligen *lex fori* – vgl. dazu die Ausführungen in der Vorb. Art. 4 ff. unter Rn. 22 ff. – abweichende Beweismaßregel zu sehen sein.

dass ein Beklagter[31] ohne nachweisbaren Wohnsitz im Forumstaat (und wohl auch in den anderen Mitgliedstaaten der Verordnung[32]) tatsächlich einen Wohnsitz außerhalb des Unionsgebiets hat.[33]

2. Ausnahmen

8   Nicht alle Gerichtsstände der EuGVVO setzen einen Wohnsitz des Beklagten in einem Mitgliedstaat im Sinne der Verordnung voraus. So ist etwa Art. 24 bereits nach seinem ausdrücklichen Wortlaut (grds.) „ohne Rücksicht auf den Wohnsitz der Parteien" anwendbar, wenn nur die ausschließliche Zuständigkeit eines mitgliedstaatlichen Gerichts gegeben ist. Entsprechend zählt Art. 6 Abs. 1 mehrere – nicht jedoch alle – Gerichtsstände auf, die **auch gegenüber in Drittstaaten ansässigen Beklagten Anwendung finden können** und die bei ihrem Eingreifen wiederum den Rückgriff auf die innerstaatlichen Zuständigkeitsvorschriften sperren. Neben Art. 24 trifft dies insbesondere – bei Vorliegen einer Gerichtsstandsvereinbarung zugunsten eines Gerichts bzw. der Gerichte eines Mitgliedstaats – auf Art. 25 zu. Darüber hinaus nennt Art. 6 Abs. 1 noch Art. 18 Abs. 1 – gemeint ist Art. 18 Abs. 1 Alt. 2[34] – sowie Art. 21 Abs. 2, die jeweils zugunsten der strukturell unterlegenen Person in Verbraucher- bzw. in Arbeitssachen unter bestimmten Voraussetzungen ausnahmsweise einen Klägergerichtsstand begründen.

9   **Nicht** in Art. 6 Abs. 1 **erwähnt** wird hingegen Art. 26, obwohl sich auch aus dieser Vorschrift bei **rügeloser Einlassung** die Zuständigkeit des Gerichts eines Mitgliedstaates gegenüber einem in einem Drittstaat ansässigen Beklagten ergeben kann.[35] Trotz seines Schweigens zeitigt Art. 6 Abs. 1 insofern keine Sperrwirkung,[36] wobei Art. 26 rechtstechnisch nur dann überhaupt eine Ausnahme von der Grundregel des Art. 6 Abs. 1 begründet, wenn man in dieser Vorschrift nicht etwa einen Präklusionstatbestand,[37] sondern mit der – vorzugswürdigen – h.M.[38] eine Art stillschweigende Gerichtsstandsvereinbarung

---

[31] Zwar betraf der vom EuGH entschiedene Fall einen Beklagten, „der mutmaßlich Unionsbürger ist"; angesichts der grundsätzlichen Indifferenz der EuGVVO gegenüber der Staatsangehörigkeit (vgl. nur Art. 4 Abs. 2 und Art. 6 Abs. 2) dürfte dies jedoch auch für Beklagte aus Drittstaaten gelten; in diesem Sinne wohl auch – allerdings ohne Diskussion – *Bach*, EuZW 2012, S. 381 (382 f.); *Rauscher/Mankowski*, EuZPR, 4. Aufl. 2016, Art. 4 EuGVVO Rn. 11; **a. A.** wohl *Musielak/Voit/Stadler*, ZPO, 13. Aufl. 2016, Art. 6 EuGVVO Rn. 1.
[32] In diesem Sinne auch *Bach*, EuZW 2012, S. 381 (382 f.).
[33] EuGH 15.3.2012 – Rs. C-292/10, *G ./. Cornelius de Visser*, ECLI:EU:C:2012:142, Rn. 40 = IPRax 2012, S. 341 = EuZW 2012, S. 381 m. Anm. *Bach* („Die EuGVVO ist die Regel, das nationale Recht die Ausnahme").
[34] *Rauscher/Mankowski*, EuZPR, 4. Aufl. 2016, Art. 6 EuGVVO Rn. 6.
[35] Vgl. die Kommentierung zu Art. 26 Rn. 7 sowie *Rauscher/Mankowski*, EuZPR, 4. Aufl. 2016, Art. 6 EuGVVO Rn. 5; *Schlosser/Hess*, EuZPR, 4. Aufl. 2015, Art. 26 EuGVVO Rn. 1; *Musielak/Voit/Stadler*, ZPO, 13. Aufl. 2016, Art. 6 EuGVVO Rn. 1; *MünchKomm/Gottwald*, ZPO, 4. Aufl. 2013, Art. 4 EuGVVO a.F. Rn. 2.
[36] Dies ergibt sich nicht zuletzt aus EuGH, 13.7.2000 – Rs. C-412/98, *Group Josi Reinsurance Company S.A. ./. Universal General Insurance Company*, Slg. 2000, I-5295 (ECLI:EU:C:2000:399), Rn. 43 ff.
[37] So aber etwa *Sandrock*, ZVglRWiss 1979, S. 177, der der Zuständigkeit kraft rügeloser Einlassung als Ausfluss des im Prozessrecht geltenden Verbots des *venire contra factum proprium* versteht; ähnlich *Schulte-Beckhausen*, Internationale Zuständigkeit durch rügelose Einlassung, 1994, S. 100.
[38] Vgl. die Kommentierung zu Art. 26 Rn. 1 und 17 m.w.N. sowie beispielhaft EuGH, 20.5.2010 – Rs. C-111/09, *Česká podnikatelská pojišťovna as, Vienna Insurance Group ./. Bilas*, Slg. 2010, I-4545 (ECLI:EU:C:2010:290), Rn. 21.

erblickt.³⁹ Schließlich kann sich eine Zuständigkeit über den Wortlaut von Art. 6 Abs. 1 hinaus ausnahmsweise auch aus Art. 11 Abs. 2, Art. 17 Abs. 2 oder Art. 20 Abs. 2 ergeben, wonach das Zuständigkeitssystem der EuGVVO trotz Wohnsitzes eines Beklagten in einem Drittstaat unter bestimmten Voraussetzungen auch dann anwendbar ist, wenn dieser als Versicherer oder Vertragspartner eines Verbrauchers bzw. als Arbeitgeber eine **Niederlassung** in einem Mitgliedstaat besitzt.⁴⁰

V. Art. 6 Abs. 2: Gebot der Inländergleichbehandlung

Art. 6 Abs. 2 stellt Ausländer und auch Staatenlose⁴¹ mit Wohnsitz in einem **10** der Mitgliedstaaten der Verordnung hinsichtlich der nationalen Vorschriften über die Zuständigkeit Inländern gleich, wenn jene an ihrem Wohnsitz eine Person ohne Wohnsitz im Hoheitsgebiet eines Mitgliedstaats verklagen. Dabei betrifft Art. 6 Abs. 2 nur die Fälle, in denen gem. Art. 6 Abs. 1 auch tatsächlich das innerstaatliche Zuständigkeitsrecht eines Mitgliedstaats Anwendung findet; andernfalls ergäbe die Regelung keinen Sinn, ist eine Differenzierung nach der Staatsangehörigkeit der Zuständigkeitsordnung der EuGVVO selbst doch fremd.⁴² Sind die Voraussetzungen des Art. 6 Abs. 2 erfüllt, kann sich ein Kläger unabhängig von seiner Staatsangehörigkeit auf die gleichen **innerstaatlichen Zuständigkeitsvorschriften** – insbesondere auch die in Art. 6 Abs. 2 (und Art. 5 Abs. 2) in Bezug genommenen exorbitanten Gerichtsstände – berufen wie ein Inländer. Damit stellt Art. 6 Abs. 2 – ähnlich Art. 4 Abs. 2⁴³ – das Gebot einer sog. **Inländergleichbehandlung**⁴⁴ auf und spricht ein Verbot der Differenzierung aufgrund der Staatsangehörigkeit eines Klägers aus.

Da die deutschen Zuständigkeitsvorschriften nicht nach der Staatsangehörig- **11** keit einer Prozesspartei differenzieren,⁴⁵ kommt Art. 6 Abs. 2 **in Deutschland** – soweit ersichtlich – **keinerlei Bedeutung** zu.⁴⁶ Demgegenüber kennt etwa das französische Recht in Art. 14 Code civil durchaus einen privilegierten Gerichtsstand für eigene Staatsangehörige. Auf diesen Gerichtsstand können sich somit gem. Art. 6 Abs. 2 alle Personen mit Wohnsitz in Frankreich berufen. Ein Wohnsitz außerhalb des entsprechenden Gerichtsstaates, aber innerhalb eines anderen Mitgliedstaates reicht indes für Art. 6 Abs. 2 – ebenso wenig wie eine bloße Niederlassung im Gerichtsstaat⁴⁷ – nicht aus.⁴⁸

---

³⁹ Rauscher/*Mankowski*, EuZPR, 4. Aufl. 2016, Art. 6 EuGVVO Rn. 5.
⁴⁰ S. nur Musielak/Voit/*Stadler*, ZPO, 13. Aufl. 2016, Art. 6 EuGVVO Rn. 1; Rauscher/*Mankowski*, EuZPR, 4. Aufl. 2016, Art. 6 EuGVVO Rn. 6.
⁴¹ *Geimer*/Schütze, EuZVR, Art. 4 EuGVVO a.F. Rn. 6.
⁴² Vgl. den *Jenard*-Bericht, 1979, S. 21 f. sowie die Vorb. Art. 4 ff. Rn. 12.
⁴³ Vgl. die Kommentierung zu Art. 4 Rn. 15.
⁴⁴ Rauscher/*Mankowski*, EuZPR, 4. Aufl. 2016, Art. 6 EuGVVO Rn. 16 ff.
⁴⁵ S. *Geimer*/Schütze, EuZVR, 3. Aufl. 2010, Art. 4 EuGVVO a.F. Rn. 7.
⁴⁶ Rauscher/*Mankowski*, EuZPR, 4. Aufl. 2016, Art. 6 EuGVVO Rn. 18.
⁴⁷ MünchKomm/*Gottwald*, ZPO, 4. Aufl. 2013, Art. 4 EuGVVO a.F. Rn. 5.
⁴⁸ *Kropholler/von Hein*, EuZPR, 9. Aufl. 2011, Art. 4 EuGVVO a.F. Rn. 4; Rauscher/*Mankowski*, EuZPR, 4. Aufl. 2016, Art. 4 EuGVVO Rn. 16.

Abschnitt 2 Besondere Zuständigkeiten

Vorbemerkung zu Art. 7 ff.

Übersicht

	Rn.
I. Überblick	1
II. Normzweck	2
III. Typen der besonderen Gerichtsstände	3
IV. Entstehungsgeschichte; Kritik	4
V. Internationale und örtliche Zuständigkeit	7
VI. Auslegungsgrundsätze	8
VII. Räumlich-persönliche Anwendungsvoraussetzungen	10
1. Wohnsitz in einem Mitgliedsstaat	10
2. Qualifizierter Auslandsbezug?	11
VIII. Konkurrenzen	13
1. Verordnungsintern	13
2. Staatsverträge	14
3. Autonomes nationales Zivilverfahrensrecht	15

I. Überblick

1 Art. 7 bis 9 statuieren – in Abgrenzung zu dem allgemeinen Gerichtsstand in Art. 4 Abs. 1 – bestimmte (bloß fakultative[1]) **„besondere** Zuständigkeiten". Während Art. 4 Abs. 1 als Regelzuständigkeit dem im autonomen Zivilverfahrensrecht zahlreicher Mitgliedstaaten (darunter auch der Bundesrepublik Deutschland[2]) maßgeblichen „althergebrachten"[3] Grundsatz des *actor sequitur forum rei* folgend die Grundregel aufstellt, dass ein Beklagter mit Wohnsitz in einem Mitgliedstaat grds. vor den Gerichten dieses Staates zu verklagen ist, weichen die Art. 7 bis 9 von diesem Grundprinzip und der dadurch bedingten zuständigkeitsrechtlichen Privilegierung des Beklagten[4] ab.

II. Normzweck

2 Die Statuierung besonderer Gerichtsstände findet ihre Rechtfertigung in verschiedenen sachlichen (meist: räumlichen[5]) bzw. teilweise auch subjektiven Gründen, die im Einzelfall eine **besondere Sachnähe** anderer als der Gerichte des Wohnsitzstaates eines Beklagten begründen. Entsprechend dienen die beson-

---
[1] So ausdrücklich zum EuGVÜ der *Kerameus*-Bericht, 1986, S. 12 f.; Rauscher/*Leible*, EuZPR, 4. Aufl. 2016, Art. 7 EuGVVO Rn. 1; vgl. auch Erwgr. 16.
[2] Vgl. etwa §§ 12, 17 ZPO.
[3] Simons/*Hausmann*, Brüssel I-VO, 2012, Art. 2 EuGVVO a.F. Rn. 1.
[4] Sog. *favor defensoris*, vgl. auch *Schack*, IZVR, 6. Aufl. 2014, Rn. 286.
[5] Simons/*Hausmann*, Brüssel I-VO, 2012, vor Art. 5–7 EuGVVO a.F. Rn. 1.

deren Gerichtsstände neben der Berücksichtigung legitimer Zuständigkeitsinteressen des Klägers auch und gerade dem Grundsatz der Prozessökonomie.[6]

III. Typen der besonderen Gerichtsstände

Die besonderen Gerichtsstände der EuGVVO können grob gesprochen in zwei **Gruppen** eingeteilt werden: Gerichtsstände aufgrund besonderen Sach*zusammenhangs* sowie Gerichtsstände aufgrund besonderen Sach*bezuges*. Durch die verschiedenen auf dem Gedanken des **Sachzusammenhangs** fußenden Gerichtsstände (v.a. Art. 7 Nr. 3, Art. 8 Nr. 1 bis 4 und Art. 9) wird insbesondere das Interesse der Gerichtsbarkeit und der Parteien an einer Vermeidung widersprechender Entscheidungen verwirklicht. Der besonderer **Sachbezug** eines Gerichts wird hingegen v.a. in Art. 7 Nr. 1, 2 und 5 berücksichtigt und liegt z.B. darin begründet, dass am Forum die vertragliche Verpflichtung zu erfüllen war (Art. 7 Nr. 1), die zur Klageerhebung führende Handlung erfolgte (Art. 7 Nr. 2) bzw. von dort aus die zur Klageerhebung führende geschäftliche Aktivität eingeleitet wurde (Art. 7 Nr. 5).

IV. Entstehungsgeschichte; Kritik

Die Regelungen in den Art. 7 bis 9 gehen grds. auf die aus dem Jahr 1968 stammenden **Art. 5 bis 6a EuGVÜ** zurück, welche bei Ablösung des EuGVÜ durch die EuGVVO a.F. im Jahr 2000 numerisch in **Art. 5 bis 7 EuGVVO a.F.** aufgegangen sind. Art. 7 Nr. 2 – vormals Art. 5 Nr. 3 EuGVVO a.F. – sowie Art. 7 Nr. 3 – vormals Art. 5 Nr. 4 EuGVVO a.F. – und Art. 7 Nr. 5 bis 7 – vormals Art. 5 Nr. 5 bis 7 EuGVVO a.F. – wurden dabei ebenso wie Art. 8 und 9 – ehemals Art. 6 und 7 EuGVVO a.F. – sowohl bei der Umwandlung des EuGVÜ in die EuGVVO a.F. als auch im Zuge der Reform der EuGVVO im Jahr 2012 weitgehend unverändert übernommen. Art. 7 Nr. 1 hingegen basiert zwar wortgleich auf Art. 5 Nr. 1 EuGVVO a.F.; diese Vorschrift war jedoch bei Schaffung der EuGVVO a.F. gegenüber der Vorgängerregelung des Art. 5 Nr. 1 EuGVÜ – auch als Reaktion auf die Rechtsprechung des EuGH – zu großen Teilen neu gefasst worden.

Im Rahmen der jüngsten **Reform der EuGVVO** wurden hinsichtlich der besonderen Gerichtsstände **kaum nennenswerte Änderungen** gegenüber der Altfassung der Verordnung diskutiert geschweige denn umgesetzt. Lediglich der vormalige besondere Gerichtsstand für Unterhaltssachen in **Art. 5 Nr. 2 EuGVVO a.F.** fiel als Konsequenz der Schaffung der (insofern vorrangigen[7]) und am 30.1.2009[8] in Kraft getretenen EuUnthVO[9] ersatzlos weg. Demgegen-

[6] Vgl. Erwgr. 16 sowie Rauscher/*Leible*, EuZPR, 4. Aufl. 2016, Art. 7 EuGVVO Rn. 2.
[7] Vgl. die neu gefasste Bereichsausnahme in Art. 1 lit. e sowie Art. 68 Abs. 1 EuUnthVO.
[8] MünchKomm/*Lipp*, FamFG, 2. Aufl. 2013, Art. 76 EG-UntVO Rn. 1.
[9] Verordnung (EG) Nr. 4/2009 des Rates vom 18. Dezember 2008 über die Zuständigkeit, das anwendbare Recht, die Anerkennung und Vollstreckung von Entscheidungen und die Zusammenarbeit in Unterhaltssachen, ABl. (EG) 2009 Nr. L 7, S. 1.

B Vor I 7 Vor Art. 7   VO (EU) Nr. 1215/2012

über wurde mit dem Gerichtsstand für Ansprüche auf Wiedererlangung eines Kulturgutes in Art. 7 Nr. 4 eine bislang beispiellose Neuschöpfung in den Kreis der besonderen Gerichtsstände aufgenommen.

6   Diese relative **Zurückhaltung des europäischen Gesetzgebers** in Bezug auf die Reformierung der besonderen Gerichtsstände der EuGVVO ist v.a. hinsichtlich Art. 7 Nr. 1, der unverändert auf Art. 5 Nr. 1 EuGVVO a.F. beruht, **zu bedauern.** Denn wiewohl die dortige Neuregelung im Jahr 2000 noch als Schritt in die richtige Richtung gelobt wurde,[10] kann doch die gegenwärtige Verknüpfung einer autonomen (Art. 7 Nr. 1 lit. b) mit einer materiell-rechtlichen Bestimmung der Anknüpfungspunkte des Vertragsgerichtsstands in Art. 7 Nr. 1 lit. a und lit. c u.a. aufgrund der vielfältigen Abgrenzungsschwierigkeiten nicht vollends überzeugen und hätte eine Vereinfachung dringend Not getan.[11]

V. Internationale und örtliche Zuständigkeit

7   Anders als Art. 4 Abs. 1[12] regeln die Vorschriften der Art. 7 bis 9 nicht nur die internationale, sondern grds. (mit Ausnahme nur von Art. 7 Nr. 6) **auch die örtliche Zuständigkeit** eines Gerichts. Insofern ist bei Eingreifen der entsprechenden Regeln ein Rückgriff auf die autonomen Verfahrensrechtsvorschriften (in der Bundesrepublik Deutschland etwa §§ 12 ff. ZPO) gänzlich ausgeschlossen. Die schon im EuGVÜ vorgesehene Regelung auch der örtlichen Zuständigkeit dient dabei einer Erleichterung der Durchführung bzw. Anwendung der europäischen Zuständigkeitsregeln, indem die Mitgliedstaaten nicht gezwungen wurden, in ihren nationalen Verfahrensrechten Ergänzungen bzw. Angleichungen an die Zuständigkeitskriterien der Art. 7 bis 9 bzw. ihrer Vorgängernormen vorzunehmen.[13]

VI. Auslegungsgrundsätze

8   Nach der Rechtsprechung des EuGH zur EuGVÜ und zur EuGVVO a.F. müssen grds. alle zuständigkeitsbegründenden Tatbestandsmerkmale im 2. Abschnitt des II. Kapitels der EuGVVO im Dienste einer Harmonisierung der Entscheidungszuständigkeiten[14] durch Gewährleistung einer einheitlichen Anwendung in allen Mitgliedstaaten[15] **autonom** – d.h. losgelöst von den rein nationalen Rechtsordnungen und orientiert an den Zielsetzungen und der Systematik der EuGVVO – **ausgelegt werden.** Sofern dies nicht im Einzelfall den

---

[10] Vgl. etwa *Schack*, IZVR, 6. Aufl. 2014, Rn. 303.
[11] So auch Rauscher/*Leible*, EuZPR, 4. Aufl. 2016, Art. 7 EuGVVO Rn. 6; *Schack*, IZVR, 6. Aufl. 2014, Rn. 304 ff.
[12] Vgl. dazu oben Art. 4 Rn. 3.
[13] So zur EuGVÜ ausdrücklich *Jenard*-Bericht, 1979, S. 22.
[14] *Schack*, IZVR, 6. Aufl. 2014, Rn. 55.
[15] Vgl. *Schack*, IZVR, 6. Aufl. 2014, Rn. 98.

spezifischen Wertungen der EuGVVO widerspricht,[16] ist zusätzlich das Gebot eines grundsätzlichen **Auslegungszusammenhanges** zwischen der EuGVVO und den sonstigen v.a. unionskollisionsrechtlichen Verordnungen (insbesondere der Rom I- sowie der Rom II-VO) zu beachten.[17] Dieses sog. **Konkordanzgebot** hat zwar im Normtext der EuGVVO keinen expliziten Ausdruck gefunden und wird auch im Text der Rom I-VO (in Erwgr. 7) sowie der Rom II-VO (ebenfalls in Erwgr. 7) nur im Verhältnis zur EuGVVO a.F. vorgesehen. Diese Verweisung ist freilich seit dem Anwendungsbeginn der Neufassung der EuGVVO nach dem Rechtsgedanken von Art. 80 als Verweis auf die Neuregelung der Verordnung zu verstehen. Überdies handelt es sich bei dem Konkordanzgebot hinsichtlich der Qualifikation von Systembegriffen desselben Normgebers sogar um einen allgemeinen Auslegungsgrundsatz (sog. Qualifikation nach der *lex normae*).[18]

Demgegenüber ist das vom EuGH in ständiger Rechtsprechung[19] postulierte Gebot einer *allgemein* **restriktiven** Auslegung[20] der Voraussetzungen und Systembegriffe der besonderen Gerichtsstände in den Art. 7 bis 9 bei einer Gesamtschau der Rechtsprechung des EuGH dahingehend zu verstehen, dass die besonderen Gerichtsstände in Art. 7 bis 9 jedenfalls als **abschließende und grds. nicht analogiefähig Aufzählung** zu verstehen sind.[21] Denn der EuGH hat in verschiedensten Fällen aufgrund materiell-rechtlicher Erwägungen einzelne der besonderen Gerichtsstände – insbesondere Art. 7 Nr. 1, 2 und 5 – wiederholt **extensiv ausgelegt**.[22] Insofern ist das Gebot der engen Auslegung der besonderen Gerichtsstände relativ zu verstehen.

VII. Räumlich-persönliche Anwendungsvoraussetzungen

1. Wohnsitz in einem Mitgliedsstaat

Aus dem Wortlaut sowohl von Art. 7 als auch von Art. 8 geht eindeutig hervor, dass – vergleichbar dem allgemeinen Gerichtsstand in Art. 4 Abs. 1[23] – auch

---

[16] Dabei ist zu berücksichtigen, dass das Internationale Zivilverfahrensrecht grds. andere Zwecke als das IPR verfolgt, vgl. *Würdinger*, RabelsZ 75 (2011), S. 102 (103 ff.), der von einem „Trennungsprinzip des Internationalen Privat- und Verfahrensrechts" spricht.
[17] S. etwa *Würdinger*, RabelsZ 75 (2011), S. 102 (105 ff.) sowie *D.Paulus*, Außervertragliche Gesellschafter- und Organwalterhaftung im Lichte des Unionskollisionsrechts, 2014, Rn. 351.
[18] Vgl. etwa *von Bar/Mankowski*, IPR Bd. 1, 2. Aufl. 2003, § 7 Rn. 181.
[19] Z.B. EuGH, 21.6.1978 – Rs. 150/77, *Betrand* ./. *Ott*, Slg. 1978, 1431 (ECLI:EU:C:1978:137); EuGH, 27.9.1988 – Rs. 189/87, *Kalfelis* ./. *Schröder*, Slg. 1988, 5565 (ECLI:EU:C:1988:459); EuGH, 19.1.1993 – Rs. C-89/91, *Shearson* ./. *TVB Treuhandgesellschaft*, Slg. 1993, I-139 (ECLI:EU:C:1993:15); EuGH, 13.7.2000 – Rs. C-412/98, *Group Josi Reinsurance Company S.A.* ./. *Universal General Insurance Company*, Slg. 2000, I-5295 (ECLI:EU:C:2000:399).
[20] So etwa Saenger/*Dörner*, ZPO, 6. Aufl. 2015, Art. 7 EuGVVO Rn. 1.
[21] Vgl. etwa EuGH, 27.10.1998 – Rs. C-51/97, *Reunion europeenne* ./. *Spiethoff's Bevrachtingskantoor*, Slg. 1998, I-6511 (ECLI:EU:C:1998:509), Rn. 16; Kropholler/*von Hein*, 9. Aufl. 2011, vor Art. 5 EuGVVO a.F. Rn. 2; Simons/*Hausmann*, Brüssel I-VO, 2012, vor Art. 5–7 EuGVVO a.F. Rn. 2.
[22] S. nur *Kropholler/von Hein*, EuZPR, 9. Aufl. 2011, vor Art. 5 EuGVVO Rn. 3; Rauscher/*Leible*, EuZPR, 4. Aufl. 2016, Art. 7 EuGVVO Rn. 22.
[23] Vgl. hierzu oben Art. 4 Rn. 6 ff.

diese besonderen Gerichtsstände nur gegenüber Beklagten mit **Wohnsitz**[24] **in einem Mitgliedstaat** der Verordnung anwendbar sind. Gegenüber Beklagten mit Wohnsitz in Drittstaaten gelten hingegen – vorbehaltlich des Vorliegens einer ausschließlichen Zuständigkeit gem. Art. 24 bzw. einer Gerichtsstandsvereinbarung im Sinne von Art. 25 oder der Voraussetzungen der Art. 18 Abs. 1 Alt. 2 und 21 Abs. 2[25] – die jeweiligen autonomen nationalen Zuständigkeitsvorschriften (vgl. Art. 6 Abs. 1). Demgegenüber hatte die Kommission noch in ihrem **Vorschlag** zur Neufassung der EuGVVO vom 14.12.2010[26] eine – freilich nicht Gesetz gewordene – (**universelle**) **Anwendbarkeit von Art. 7 und 8** unabhängig vom Wohnsitz des jeweiligen Beklagten vorgesehen. Ist hingegen der **Wohnsitz** einer Person **unbekannt** und auch im Prozess nicht anhand von beweiskräftigen Indizien ermittelbar, so steht dies nach neuester Auffassung des EuGH einer Anwendung der besonderen Gerichtsstände nicht entgegen.[27] Für die Zwecke des Art. 9, der ausnahmsweise (nur) einen Wohnsitz des Klägers in einem Mitgliedstaat im Sinne der EuGVVO erfordert, ist hingegen der jeweilige Beklagtenwohnsitz gleichgültig.[28]

2. Qualifizierter Auslandsbezug?

11 Hingegen ist umstritten, ob aus dem Wortlaut von Art. 7 und 8 zusätzlich der zwingende Schluss zu ziehen ist, die besonderen Zuständigkeiten würden einen insofern **qualifizierten Auslandsbezug** erfordern, als der Beklagte in einem **anderen als seinem Wohnsitzstaat** verklagt werden muss. Der Wortlaut jedenfalls des Einleitungssatzes von Art. 7 scheint genau dies zu fordern („kann in einem *anderen*[29] Mitgliedstaat verklagt werden"), weshalb auch die ganz h.M. die besonderen Gerichtsstände nicht nur des Art. 7, sondern auch des Art. 8[30] (trotz dessen im Vergleich zu Art. 7 neutraler Formulierung) nicht bei Identität von Wohnsitz- und „Anknüpfungspunktstaat" anwenden will.[31] Dem muss angesichts des eindeutigen Wortlauts des Art. 7 jedenfalls für diese Norm grds. gefolgt werden.[32] Denn entgegen ursprünglicher Bestrebungen[33] wurde im Zuge der

---
[24] Zum Begriff des Wohnsitzes im Sinne der EuGVVO vgl. Art. 62 und 63 (sowie die Kommentierung ebenda) und die Kommentierung zu Art. 4 Rn. 6 ff.
[25] Vgl. hierzu die jeweiligen Kommentierungen.
[26] KOM(2010) 748 endg.
[27] Dazu näher im Rahmen der Kommentierung zu Art. 4 Rn. 13 sowie EuGH, 15.3.2012 – Rs. C-292/10, *G./. Cornelius de Visser*, ECLI:EU:C:2012:142 = IPRax 2013, S. 341 = EuZW 2012, S. 381 m. Anm. *Bach* („Die EuGVVO ist die Regel, das nationale Recht die Ausnahme"); *anders* noch die vormals h.M., vgl. etwa *Magnus/Mankowski/Vlas*, Brussels I Regulation, 2. Aufl. 2012, Art. 4 EuGVVO a.F. Rn. 2.
[28] S. näher die Kommentierung zu Art. 9 Rn. 7.
[29] Hervorhebung durch der *Verf.*
[30] Vgl. etwa *Kropholler/von Hein*, EuZPR, 9. Aufl. 2011, vor Art. 5 EuGVVO a.F. Rn. 4; *Simons/ Hausmann*, Brüssel I-VO, 2012, vor Art. 5 EuGVVO a.F. Rn. 5; *Geier*, Die Streitgenossenschaft im internationalen Verhältnis, 2005, S. 53 ff.
[31] *Rauscher/Leible*, EuZPR, 4. Aufl. 2016, Art. 7 EuGVVO Rn. 5; *Schlosser/Hess*, 4. Aufl. 2015, Vor Art. 7–8 EuGVVO Rn. 1; *Simons/Hausmann*, Brüssel I-VO, 2012, vor Art. 5–7 EuGVVO a.F. Rn. 5; *Kropholler/von Hein*, EuZPR, 9. Aufl. 2011, vor Art. 5 EuGVVO a.F. Rn. 3.
[32] **A. A.** etwa Geimer/Schütze/*Auer*, Int. Rechtsverkehr, 28. EL 2005, Vorb. Art. 5 ff. EuGVVO a.F. Rn. 9.
[33] Vgl. etwa den Kommissionsvorschlag zur Neufassung der EuGVVO vom 14.12.2010, KOM(2010) 748 endg.

Neufassung der EuGVVO insofern weder der Wortlaut des Art. 7 geändert noch etwa durch Streichung des jetzigen Art. 6 generell eine universelle Anwendbarkeit der Zuständigkeitsordnung der EuGVVO eingeführt.[34] In Fällen, in denen eine Person in ihrem Wohnsitzstaat verklagt werden soll, ist daher mangels Vorliegens eines qualifizierten Auslandsbezugs **ein Rückgriff** jedenfalls **auf Art. 7 nicht möglich.**

Die teilweise[35] als Beispiel zur Begründung der dort vertretenen Gegenauffas- 12 sung aufgeführte Fallkonstellation – nämlich dass sich in Sachverhalten mit potentiell mehreren Beklagten einer der Beklagten bei aus seiner Sicht (zufälligem) Vorliegen eines reinen Binnensachverhalts u.U. mangels Existenz[36] einer dem Art. 8 Nr. 1 vergleichbaren örtlichen Zuständigkeitsregelung in seinem Heimatrecht einer von Art. 8 Nr. 1 an sich intendierten Streitgenossenschaft entziehen könnte – kann dabei befriedigend gelöst werden, indem man das Erfordernis eines qualifizierten Auslandsbezugs **wortlautgemäß nur auf Art. 7 beschränkt.**[37] Zwar verlangt die **h.M. auch für Art. 8** ein Auseinanderfallen von Wohnsitzstaat und demjenigen Staat, in dem sich der jeweilige besondere Anknüpfungspunkt befindet.[38] Aus dem Wortlaut des Art. 8 ergibt sich ein derartiges Erfordernis, anders als bei Art. 7, nach hier vertretener Meinung aber gerade nicht.[39] Für eine derartige Auslegung spricht neben dem Wortlautargument auch der Gesichtspunkt der Vermeidung sich widersprechender Entscheidungen, der bei Drittbeziehungen auf Beklagtenseite (vgl. Art. 8 Nr. 1) naturgemäß eine besonders große Rolle spielt.

VIII. Konkurrenzen

1. Verordnungsintern

Die – fakultativen – besonderen Gerichtsstände der Art. 7 bis 9 stehen **gleich-** 13 **berechtigt** neben dem allgemeinen Gerichtsstand des Art. 4 Abs. 1.[40] Auch zwischen den einzelnen besonderen Gerichtsständen kann ein Kläger bei Vorliegen von deren Voraussetzungen **frei wählen.**[41] Hingegen schließt das Eingreifen einer **ausschließlichen Zuständigkeit** gem. Art. 24 naturgemäß ebenso wie eine ausschließliche **Gerichtsstandsvereinbarung** im Sinne von Art. 25 den Rückgriff auf die besonderen Gerichtsstände aus, wobei die Gerichtsstände des

---
[34] Vgl. entsprechende Forderungen etwa bei Simons/*Hausmann*, Brüssel I-VO, 2012, Art. 4 EuGVVO a.F. Rn. 12.
[35] Etwa Geimer/Schütze/*Auer*, Int. Rechtsverkehr, 28. EL 2005, Vorb. Art. 5 ff. EuGVVO a.F. Rn. 9.
[36] Z.B. kennt das deutsche Zivilverfahrensrecht keinen reinen, Art. 8 Nr. 1 entsprechenden Mehrparteiengerichtsstand.
[37] Vgl. dazu näher die Kommentierung zu Art. 8 Rn. 13 ff.; so auch – allerdings nur hinsichtlich Art. 8 Nr. 1 – Rauscher/*Leible*, EuZPR, 4. Aufl. 2016, Art. 8 EuGVVO Rn. 6.
[38] Vgl. *Kropholler/von Hein*, EuZPR, 9. Aufl. 2011, vor Art. 5 EuGVVO a.F. Rn. 4; Simons/*Hausmann*, Brüssel I-VO, 2012, vor Art. 5–7 EuGVVO a.F. Rn. 5; *Geier*, Die Streitgenossenschaft im internationalen Verhältnis, 2005, S. 53 ff.
[39] Vgl. ausführlich die Kommentierung zu Art. 8 Rn. 13 ff.
[40] Vgl. (zur EuGVÜ) ausdrücklich den *Jenard*-Bericht, 1979, S. 22.
[41] Simons/*Hausmann*, Brüssel I-VO, 2012, vor Art. 5–7 EuGVVO a.F. Rn. 1.

Art. 24 wiederum denen des Art. 25 im Rang vorgehen. Wurde hingegen ein Gericht nur fakultativ – d.h. als nicht ausschließlich zuständig, vgl. Art. 25 Abs. 1 Satz 2[42] – prorogiert, steht diese vereinbarte Zuständigkeit gleichrangig neben den besonderen Gerichtsständen. Die Sonderzuständigkeiten in Versicherungs-, Verbraucher- bzw. Arbeitnehmersachen im 3. bis 5. Abschnitt des (II.) Zuständigkeitskapitels der EuGVVO hingegen stellen eigenständige, in sich geschlossene Sonderregelungen dar, so dass ein Konkurrenzverhältnis insofern ausscheidet. Innerhalb dieser Abschnitte kommen die besonderen Zuständigkeiten nur insoweit zur Anwendung, als dort ausdrücklich auf diese (etwa Art. 7 Nr. 5) Bezug genommen wird.

2. Staatsverträge

14 Grundsätzlich vorrangig vor den besonderen Gerichtsständen sind Zuständigkeiten aufgrund von gem. **Art. 71** fortgeltenden Staatsverträgen (sog. Altübereinkommen). Dieser – namentlich auch auf die zahlreichen Abkommen der Haager Konferenz für Internationales Privatrecht gemünzte[43] – Vorrang gründet nicht zuletzt in dem Gedanken der Spezialität (*lex specialis derogat legi generali*). Zu den einzelnen gem. Art. 71 vorrangigen Spezialabkommen vgl. die Kommentierung ebendort.

3. Autonomes nationales Zivilverfahrensrecht

15 Anders als der allgemeine Gerichtsstand des Art. 4 Abs. 1, der nur die internationale Zuständigkeit regelt und daher für die Bestimmung der örtlichen Zuständigkeit einen Rückgriff auf das autonome nationale Zivilverfahrensrecht des jeweiligen Forumstaates zulässt und sogar erfordert, **verdrängen** die besonderen Gerichtsstände der EuGVVO – mit Ausnahme von Art. 7 Nr. 6 (der wiederum ebenfalls nur die internationale Zuständigkeit regelt) sowie von **Eilverfahren** (Art. 35) – die besonderen Gerichtsstände des innerstaatlichen Verfahrensrechts einzelner Mitgliedstaaten **vollständig**.

Artikel 7 [Besondere Gerichtsstände]

Eine Person, die ihren Wohnsitz im Hoheitsgebiet eines Mitgliedstaats hat, kann in einem anderen Mitgliedstaat verklagt werden:
1. a) wenn ein Vertrag oder Ansprüche aus einem Vertrag den Gegenstand des Verfahrens bilden, vor dem Gericht des Ortes, an dem die Verpflichtung erfüllt worden ist oder zu erfüllen wäre;
   b) im Sinne dieser Vorschrift – und sofern nichts anderes vereinbart worden ist – ist der Erfüllungsort der Verpflichtung

---

[42] Zur Abgrenzung von ausschließlichen und fakultativen Gerichtsstandsvereinbarungen vgl. die Kommentierung zu Art. 25 Rn. 251 ff.
[43] Vgl. Rauscher/*Mankowski*, EuZPR, 4. Aufl. 2016, Art. 71 EuGVVO Rn. 1.

- für den Verkauf beweglicher Sachen der Ort in einem Mitgliedstaat, an dem sie nach dem Vertrag geliefert worden sind oder hätten geliefert werden müssen;
- für die Erbringung von Dienstleistungen der Ort in einem Mitgliedstaat, an dem sie nach dem Vertrag erbracht worden sind oder hätten erbracht werden müssen;
c) ist Buchstabe b nicht anwendbar, so gilt Buchstabe a;
2. wenn eine unerlaubte Handlung oder eine Handlung, die einer unerlaubten Handlung gleichgestellt ist, oder wenn Ansprüche aus einer solchen Handlung den Gegenstand des Verfahrens bilden, vor dem Gericht des Ortes, an dem das schädigende Ereignis eingetreten ist oder einzutreten droht;
3. wenn es sich um eine Klage auf Schadenersatz oder auf Wiederherstellung des früheren Zustands handelt, die auf eine mit Strafe bedrohte Handlung gestützt wird, vor dem Strafgericht, bei dem die öffentliche Klage erhoben ist, soweit dieses Gericht nach seinem Recht über zivilrechtliche Ansprüche erkennen kann;
4. wenn es sich um einen auf Eigentum gestützten zivilrechtlichen Anspruch zur Wiedererlangung eines Kulturguts im Sinne des Artikels 1 Nummer 1 der Richtlinie 93/7/EWG handelt, der von der Person geltend gemacht wurde, die das Recht auf Wiedererlangung eines solchen Gutes für sich in Anspruch nimmt, vor dem Gericht des Ortes, an dem sich das Kulturgut zum Zeitpunkt der Anrufung des Gerichts befindet;
5. wenn es sich um Streitigkeiten aus dem Betrieb einer Zweigniederlassung, einer Agentur oder einer sonstigen Niederlassung handelt, vor dem Gericht des Ortes, an dem sich diese befindet;
6. wenn es sich um eine Klage gegen einen Begründer, Trustee oder Begünstigten eines Trust handelt, der aufgrund eines Gesetzes oder durch schriftlich vorgenommenes oder schriftlich bestätigtes Rechtsgeschäft errichtet worden ist, vor den Gerichten des Mitgliedstaats, in dessen Hoheitsgebiet der Trust seinen Sitz hat;
7. wenn es sich um eine Streitigkeit wegen der Zahlung von Berge- und Hilfslohn handelt, der für Bergungs- oder Hilfeleistungsarbeiten gefordert wird, die zugunsten einer Ladung oder einer Frachtforderung erbracht worden sind, vor dem Gericht, in dessen Zuständigkeitsbereich diese Ladung oder die entsprechende Frachtforderung
a) mit Arrest belegt worden ist, um die Zahlung zu gewährleisten, oder
b) mit Arrest hätte belegt werden können, jedoch dafür eine Bürgschaft oder eine andere Sicherheit geleistet worden ist;
diese Vorschrift ist nur anzuwenden, wenn behauptet wird, dass der Beklagte Rechte an der Ladung oder an der Frachtforderung hat oder zur Zeit der Bergungs- oder Hilfeleistungsarbeiten hatte.

EuGH-Rechtsprechung: zu Art. 7 Nr. 1: EuGH, 6.10.1976 – Rs. 12/76, *Tessili* ./. *Dunlop*, Slg. 1976, 1473 (ECLI:EU:C:1976:133)

EuGH, 6.10.1976 – Rs. 14/76, *De Bloos* ./. *Bouyer*, Slg. 1976, 1497 (ECLI:EU:C:1976:134)

B Vor I 7 Art. 7 VO (EU) Nr. 1215/2012

EuGH, 21.6.1978 – Rs. 150/77, *Betrand* ./. *Ott*, Slg. 1978, 1431 (ECLI:EU:C:1978:137)

EuGH, 17.1.1980 – Rs. 56/79, *Siegfried Zelger* ./. *Sebastiano Salinitri*, Slg. 1980, 89 (ECLI:EU:C:1980:15)

EuGH, 4.3.1982 – Rs. 38/81, *Effer S.p.A.* ./. *Kantner*, Slg. 1982, 825 (ECLI:EU:C:1982:79)

EuGH, 26.5.1982 – Rs. 133/81, *Ivenel* ./. *Schwab*, Slg. 1982, 1891 (ECLI:EU:C:1982:199)

EuGH, 22.3.1983 – Rs. 34/82, *Peters* ./. *Zuid Nederlandse Aannemers Vereniging ZNAV*, Slg. 1983, 987 (ECLI:EU:C:1983:87)

EuGH, 15.1.1987 – Rs. 266/85, *Shenavai* ./. *Kreischer*, Slg. 1987, 239 (ECLI:EU:C:1987:11)

EuGH, 8.3.1988 – Rs. 9/87, *Arcado* ./. *Havilland*, Slg. 1988, 1539 (ECLI:EU:C:1988:127)

EuGH, 27.9.1988 – Rs. 189/87, *Kalfelis* ./. *Schröder*, Slg. 1988, 5565 (ECLI:EU:C:1988:459)

EuGH, 15.2.1989 – Rs. 32/88, *Six Constructions Ltd.* ./. *Paul Humbert*, Slg. 1989, 341 (ECLI:EU:C:1989:68)

EuGH, 17.6.1992 – Rs. C-26/91, *Handte* ./. *TMCS*, Slg. 1992, I-3967 (ECLI:EU:C:1992:268)

EuGH, 19.1.1993 – Rs. C-89/91, *Shearson* ./. *TVB Treuhandgesellschaft*, Slg. 1993, I-139 (ECLI:EU:C:1993:15)

EuGH, 13.7.1993 – Rs. C-125/92, *Mulox* ./. *Geels*, Slg. 1993, I-4075 (ECLI:EU:C:1993:306)

EuGH, 29.6.1994 – Rs. C-288/92, *Custom Made Commercial* ./. *Stawa Metallbau*, Slg. 1994, I-2913 (ECLI:EU:C:1994:268)

EuGH, 20.2.1997 – Rs. C-106/95, *MSG Mainschiffahrts-Genossenschaft* ./. *Les Gravieres Rhenanes*, Slg. 1997, I-911 (ECLI:EU:C:1997:70)

EuGH, 27.10.1998 – Rs. C-51/97, *Reunion europeenne* ./. *Spiethoff's Bevrachtingskantoor*, Slg. 1998, I-6511 (ECLI:EU:C:1998:509)

EuGH, 17.11.1998 – Rs. C-391/95, *van Uden* ./. *Deco-Line u.a.*, Slg. 1998, I-7091 (ECLI:EU:C:1998:543)

Text + Erläuterungen   Art. 7   **B Vor I** 7

EuGH, 28.9.1999 – Rs. C-440/97, *GIE Groupe Concorde* ./. *Kapitän des Schiffes Suhadiwarno Panjan*, Slg. 1999, I-6307 (ECLI:EU:C:1999:456)

EuGH, 5.10.1999 – Rs. C-420/97, *Leathertex* ./. *Bodetex*, Slg. 1999, I-6747 (ECLI:EU:C:1999:483)

EuGH, 13.7.2000 – Rs. C-412/98, *Group Josi Reinsurance Company S.A.* ./. *Universal General Insurance Company*, Slg. 2000, I-5295 (ECLI:EU:C:2000:399)

EuGH, 19.2.2002 – Rs. C-256/00, *Besix S.A.* ./. *WABAG u.a.*, Slg. 2002, I-1699 (ECLI:EU:C:2002:99) = EuZW 2002, S. 217

EuGH, 17.9.2002 – Rs. C-334/00, *Fonderie Tacconi S.p.A.* ./. *HWS*, Slg. 2002, I-7357 (ECLI:EU:C:2002:499) = EuZW 2002, S. 655

EuGH, 5.2.2004 – Rs. C-265/02, *Frahuil S.A.* ./. *Assitalia S.p.A.*, Slg. 2004, I-1543 (ECLI:EU:C:2004:77)

EuGH, 20.1.2005 – Rs. C-27/02, *Engler* ./. *Janus Versand GmbH*, Slg. 2005, I-481 (ECLI:EU:C:2005:33)

EuGH, 3.5.2007 – Rs. C-386/05, *Color Drack GmbH* ./. *Lexx International Vertriebs GmbH*, Slg. 2007, I-3727 (ECLI:EU:C:2007:262)

EuGH, 23.4.2009 – Rs. C-533/07, *Falco Privatstiftung u.a.* ./. *Weller-Lindhorst*, Slg. 2009, I-3369 (ECLI:EU:C:2009:257)

EuGH, 14.5.2009 – Rs. C-180/06, *Renate Ilsinger* ./. *Martin Dreschers als Insolvenzverwalter der Schlank & Schick-GmbH*, Slg. 2009, I-3998 (ECLI:EU:C:2009:303)

EuGH, 9.7.2009 – Rs. C-204/08, *Peter Rehder* ./. *Air Baltic Corporation*, Slg. 2009, I-6076 (ECLI:EU:C:2009:439)

EuGH, 25.2.2010 – Rs. C-381/08, *Car Trim GmbH* ./. *KeySafety Systems S.r.l.*, Slg. 2010, I-1268 (ECLI:EU:C:2010:90)

EuGH, 11.3.2010 – Rs. C-19/09, *Wood Floor Solutions Andreas Domberger GmbH* ./. *Silva Trade S.A.*, Slg. 2010, I-2161 (ECLI:EU:C:2010:137)

EuGH, 9.6.2011 – Rs. C-87/10, *Electrosteel Europe S.A.* ./. *Edil Centro S.p.A.*, Slg. 2011, I-5003 (ECLI:EU:C:2011:375)

EuGH, 14.3.2013 – Rs. C-419/11, *Česká spořitelna, a.s.* ./. *Gerald Feichter*, ECLI:EU:C:2013:165 = BeckRS 2013, 80540

EuGH, 17.10.2013 – Rs. C-519/12, *OTP Bank* ./. *Hochtief Solution AG*, ECLI:EU:C:2013:674 = BeckRS 2013, 82083

B Vor I 7 Art. 7 VO (EU) Nr. 1215/2012

EuGH, 14.11.2013 – Rs. C-469/12, *Krejci Lager & Umschlagbetriebs GmbH ./. Olbrich Transport und Logistik GmbH*, ECLI:EU:C:2013:788 = BeckRS 2013, 82269

EuGH, 19.12.2013 – Rs. C-9/12, *Corman-Collins S.A. ./. La Maison du Whisky S.A.*, ECLI:EU:C:2013:860 = EuZW 2014, S. 181

EuGH, 13.3.2014 – Rs. C-548/12, *Marc Brogsitter ./. Fabrication de Montres Normandes EURL u.a.*, ECLI:EU:C:2014:148 = NJW 2014, S. 1648

EuGH, 28.1.2015 – Rs. C-375/13, *Kolassa ./. Barclays Bank plc.*, ECLI:EU:C:2015:37 = EuZW 2015, S. 218

EuGH, 10.9.2015 – Rs. C-47/14, *Holterman Ferho Exploitatie u.a. ./. Spies von Büllesheim*, ECLI:EU:C:2015:574 = NZG 2015, S. 1199

EuGH, 20.4.2016 – Rs. C-366/13, *Profit Investment SIM ./. Ossi u.a.*, ECLI:EU:C:2016:282 = EuZW 2016, S. 419 m. Anm. *M. Müller*

EuGH, 14.6.2016 – Rs. C-196/15, *Granarolo SpA ./. Ambrosi Emmi France SA*, ECLI:EU:C:2016:559 = BB 2016, S. 1934

zu Art. 5 Nr. 2 EuGVVO a.F.: EuGH, 6.3.1980 – Rs. 120/79, *De Cavel ./. De Cavel II*, Slg. 1980, 731 (ECLI:EU:C:1980:70)

EuGH, 27.2.1997 – Rs. C-220/95, *Van den Boogard ./. Laumen*, Slg. 1997, I-1147 (ECLI:EU:C:1997:91)

EuGH, 20.3.1997 – Rs. C-295/95, *Farell ./. Long*, Slg. 1997, I-1683 (ECLI:EU:C:1997:168)

EuGH, 15.1.2004 – Rs. C-433/01, *Freistaat Bayern ./. Jan Blijdenstein*, Slg. 2004, I-991 (ECLI:EU:C:2004:21)

EuGH, 4.9.2014 – Rs. C-400/13 und C-408/13, *Sophia Marie Nicole Sanders ./. David Verhaegen*, ECLI:EU:C:2014:2461 = BeckEuRS 2014, 400771

zu Art. 7 Nr. 2 (bzw. 5 Nr. 3 EuGVÜ/EuGVVO a.F.): EuGH, 30.11.1976 – Rs. 21/76, *Bier ./. Mines de Potasse d'Alsace*, Slg. 1976, 1735 (ECLI:EU:C:1976:166)

EuGH, 27.9.1988 – Rs. 189/87, *Kalfelis ./. Schröder*, Slg. 1988, 5565 (ECLI:EU:C:1988:459)

EuGH, 10.1.1990 – Rs. 115/88, *Reichert ./. Dresdner Bank*, Slg. 1990, I-27 (ECLI:EU:C:1990:3)

EuGH, 11.1.1990 – Rs. 220/88, *Dumez France u.a. ./. Hessische Landesbank*, Slg. 1990, I-49 (ECLI:EU:C:1990:8)

EuGH, 7.3.1995 – Rs. C-68/93, *Shevill ./. Presse Alliance*, Slg. 1995, I-415 (ECLI:EU:C:1995:61)

Text + Erläuterungen   Art. 7   B Vor I 7

EuGH, 19.9.1995 – Rs. C-364/93, *Marinari* ./. *Lloyds Bank*, Slg. 1995, I-2719 (ECLI:EU:C:1995:289)

EuGH, 20.2.1997 – Rs. C-106/95, *MSG Mainschiffahrts-Genossenschaft* ./. *Les Gravieres Rhenanes*, Slg. 1997, I-911 (ECLI:EU:C:1997:70)

EuGH, 1.10.2002 – Rs. C-167/00, *Verein für Konsumenteninformation* ./. *Henkel*, Slg. 2002, I-8111 (ECLI:EU:C:2002:555) = EuZW 2002, S. 657

EuGH, 5.2.2004 – Rs. C-18/02, *Danmarks Rederiforening, handelnd für DFDS Torline A/S* ./. *LO Landsorganisationen i Sverige, handelnd für SEKO Sjöfolk Facket för Service och Kommunikation*, Slg. 2004, I-1441 (ECLI:EU:C:2004:74)

EuGH, 10.6.2004 – Rs. C-168/02, *Kronhofer* ./. *Maier u.a.*, Slg. 2004, I-6022 (ECLI:EU:C:2004:364)

EuGH, 10.2.2009 – Rs. C-185/07, *Allianz S.p.A. u.a.* ./. *West Tankers Inc.*, Slg. 2009, I-686 (ECLI:EU:C:2009:69)

EuGH, 16.7.2009 – Rs. C-189/08, *Zuid-Chemie BV* ./. *Philippo's Mineralenfabriek NV/SA*, Slg. 2009, I-6919 (ECLI:EU:C:2009:475)

EuGH, 20.11.2009 – Rs. C-278/09, *Martinez u.a.* ./. *MGN Ltd.*, Slg. 2009, I-11099 (ECLI:EU:C:2009:725) = IPRax 2011, S. 166

EuGH, 25.10.2011 – Rs. C-509/09, C-161/10, *eDate Advertising GmbH et alii* ./. *X und MGN Limited*, Slg. 2011, I-10302 (ECLI:EU:C:2011:685)

EuGH, 15.3.2012 – Rs. C-292/10, *G* ./. *Cornelius de Visser*, ECLI:EU:C:2012:142 = IPRax 2013, S. 341

EuGH, 19.4.2012 – Rs. C-523/10, *Wintersteiger-AG* ./. *Products 4U Sondermaschinenbau-GmbH*, ECLI:EU:C:2012:220 = EuZW 2012, S. 513

EuGH, 18.10.2012 – Rs. C-173/11, *Football Dataco Ltd. u.a.* ./. *Sportradar GmbH u.a.*, ECLI:EU:C:2012:642 = BeckRS 2012, 82045

EuGH, 25.10.2012 – Rs. C-133/11, *Folien Fischer AG u.a.* ./. *Ritrama S.p.A.*, ECLI:EU:C:2012:664 = EuZW 2012, S. 950

EuGH, 16.5.2013 – Rs. C-228/11, *Melzer* ./. *MF Global UK Ltd.*, ECLI:EU:C:2013:305 = NJW 2013, S. 2099

EuGH, 18.7.2013 – Rs. C-147/12, *ÖFAB* ./. *Frank Koot u.a.*, ECLI:EU:C:2013:490 = EuZW 2013, S. 703

EuGH, 3.10.2013 – Rs. C-170/12, *Peter Pinckney* ./. *KDG Mediatech AG*, ECLI:EU:C:2013:635 = EuZW 2013, S. 863

B Vor I 7 Art. 7 VO (EU) Nr. 1215/2012

EuGH, 16.1.2014 – Rs. C-45/13, *Andreas Kainz* ./. *Pantherwerke AG*, ECLI:EU:C:2014:7 = NJW 2014, S. 1166

EuGH, 13.3.2014 – Rs. C-548/12, *Marc Brogsitter* ./. *Fabrication de Montres Normandes EURL u.a.*, ECLI:EU:C:2014:148 = NJW 2014, S. 1648

EuGH, 3.4.2014 – Rs. C-387/12, *Hi Hotel HCF S.a.r.l.* ./. *Spoering*, ECLI:EU:C:2014:215 = EuZW 2014, S. 431

EuGH, 5.6.2014 – Rs. C-360/12, *Coty Germany GmbH* ./. *First Note Perfumes NV*, ECLI:EU:C:2014:1318 = EuZW 2014, S. 664

EuGH, 22.1.2015 – Rs. C-441/13, *Hejduk* ./. *EnergieAgentur.NRW*, ECLI:EU:C:2015:28 = BeckRS 2015, 80148

EuGH, 28.1.2015 – Rs. C-375/13, *Kolassa* ./. *Barclays Bank plc*, ECLI:EU:C:2015:37 = EuZW 2015, S. 218

EuGH, 21.5.2015 – Rs. C-352/13, *CDC Hydrogen Peroxide* ./. *Akzo Nobel u.a.*, ECLI:EU:C:2015:335 = EuZW 2015, S. 584

EuGH, 10.9.2015 – Rs. C-47/14, *Holterman Ferho Exploitatie u.a.* ./. *Spies von Büllesheim*, ECLI:EU:C:2015:574 = NZG 2015, S. 1199

EuGH, 21.4.2016 – Rs. C-572/14, *Austro-Mechana* ./. *Amazon EU*, ECLI:EU:C:2016:286 = EuZW 2016, S. 547

EuGH, 16.6.2016 – Rs. 12/15, *Universal Music International Holding* ./. *Schilling u.a.*, ECLI:EU:C:2016:449 = NJW 2016, S. 2167

EuGH, 14.7.2016 – Rs. 196/15, *Granarolo SpA* ./. *Ambrosi Emmi France SA*, ECLI:EU:C:2016:559 = BB 2016, S. 1934

zu Art. 7 Nr. 3: EuGH, 26.5.1981 – Rs. 157/80, *Strafverfahren Rinkau*, Slg. 1981, 1391 (ECLI:EU:C:1981:120)

EuGH, 21.4.1993 – Rs. C-172/91, *Sonntag* ./. *Waidmann*, Slg. 1993, I-1963 (ECLI:EU:C:1993:144)

zu Art. 7 Nr. 5: EuGH, 6.10.1976 – Rs. 14/76, *De Bloos* ./. *Bouyer*, Slg. 1976, 1497 (ECLI:EU:C:1976:134)

EuGH, 22.11.1978 – Rs. 33/78, *Somafer* ./. *Saar Ferngas*, Slg. 1978, 2183 (ECLI:EU:C:1978:205)

EuGH, 18.3.1981 – Rs. 139/80, *Blanckaert & Willems* ./. *Trost*, Slg. 1981, 819 (ECLI:EU:C:1981:70)

EuGH, 9.12.1987 – Rs. 218/86, *Schotte* ./. *Parfumes Rothschild*, Slg. 1987, 4905 (ECLI:EU:C:1987:536)

Text + Erläuterungen   Art. 7   **B Vor I** 7

EuGH, 6.4.1995 – Rs. C-439/93, *Lloyds Register of Shipping ./. Campenon Bernard*, Slg. 1995, I-961 (ECLI:EU:C:1995:104)

EuGH, 19.7.2012 – Rs. C-154/11, *Ahmed Mahamdia ./. Demokratische Volksrepublik Algerien*, ECLI:EU:C:2012:491 = NZA 2012, S. 935

zu Art. 7 Nr. 6: EuGH, 17.5.1994 – Rs. C-294/92, *Webb ./. Webb*, Slg. 1994, I-1717 (ECLI:EU:C:1994:193).

Schrifttum (zum EuGVÜ und zum LugÜ) (Auszug): *Bachmann, Birgit*, Art 5 Nr 1 EuGVÜ – Wechselrechtliche Haftungsansprüche im Gerichtsstand des Erfüllungsorts?, IPRax 1997, S. 237; *dies.*, Der Gerichtsstand der unerlaubten Handlung im Internet, IPRax 1998, S. 179; *Behr, Volker*, Internationale Tatortzuständigkeit für vorbeugende Unterlassungsklagen bei Wettbewerbsverstößen, GRUR Int 1992, S. 604; *Brückner, Bettina*, Unterhaltsregress im internationalen Privat- und Verfahrensrecht, 1994; *Bukow, Johannes*, Verletzungsklagen aus gewerblichen Schutzrechten: Die internationale Zuständigkeit nach dem EuGVÜ bzw. der EuGVVO, 2003; *Coester-Waltjen, Dagmar*, Internationale Zuständigkeit bei Persönlichkeitsrechtsverletzungen, in: Festschrift für Rolf A. Schütze zum 65. Geburtstag, Geimer, Reinhold (Hrsg.), 1999, S. 475; *Davi, Angelo*, Der italienische Kassationshof und der Gerichtsstand des Ortes des schädigenden Ereignisses nach Art. 5 Nr. 3 EuGVÜ bei reinen Vermögensschäden, IPRax 1999, S. 484; *Deli, M.B.*, Criteri di giurisdizione e convenzione di Bruxelles del 1968 nelle vendite acatena, Rivista di diritto internazionale privato e processuale 1993, S. 305; *Fawcett, James J.*, Jurisdiction and subsidiaries, J. B. L. 1985, S. 16; *Geimer, Reinhold*, Die inländische Niederlassung als Anknüpfungspunkt für die internationale Zuständigkeit, WM 1976, S. 146; *ders.*, Zuständigkeitskonzentration für Klagen gegen den Eigenhändler am Sitz des Lieferanten mittels Art. 5 Nr. 1 EuGVÜ?, IPRax 1986, S. 85; *ders.*, Die Gerichtspflichtigkeit des Beklagten nach Art. 5 Nr. 1 und Nr. 3 EuGVÜ bei Anspruchskonkurrenz, IPRax 1986, S. 80; *Gottwald, Peter*, Streitiger Vertragsschluß und Gerichtsstand des Erfüllungsortes, IPRax 1983, S. 13; *Grabinski, Klaus*, Zur Bedeutung des Europäischen Gerichtsstands- und Vollstreckungsübereinkommens (Brüsseler Übereinkommens) und des Lugano-Übereinkommens in Rechtsstreitigkeiten über Patentverletzungen, GRUR Int 2001, S. 199; *Graue, Eugen Dietrich*, Der Trust im internationalen Privat- und Steuerrecht, in: Festschrift für Murad Ferid zum 70. Geburtstag, Heldrich, Andreas; Sonnenberger, Hans-Jürgen (Hrsg.), 1978, S. 151; *Graupner, Rudolf*, Der englische Trust im deutschen Zivilprozeß, ZVglRWiss 1989, S. 149; *ders.*, Die Durchsetzung des Schadensersatzanspruchs gegen einen englischen Receiver vor deutschen Gerichten, RIW 1994, S. 109; *Hackenberg, Ulf*, Der Erfüllungsort von Leistungspflichten unter Berücksichtigung des Wirkungsortes von Erklärungen im UN-Kaufrecht und der Gerichtsstand des Erfüllungsortes im deutschen und europäischen Zivilprozeßrecht, 2000; *Hackl, Christine*, Örtliche Zuständigkeit gem. Art. 5 Nr. 1 und Nr. 3 des Brüsseler EG-Übereinkommens über die gerichtliche Zuständigkeit und die Vollstreckung gerichtlicher Entscheidungen in Zivil- und Handelssachen, ZfRV 1985, S. 1; *Hau, Wolfgang*, Der Vertragsgerichtsstand zwischen judizieller Konsolidierung und legislativer Neukonzeption, IPRax 2000, S. 354; *Haubold, Jens*, Internationale Zuständigkeit für gesellschaftsrechtliche und konzerngesellschaftsrechtliche Haftungsansprüche nach EuGVÜ und LugÜ, IPRax 2000, S. 375; *Henrich, Dieter*, Wechsel der effektiven Staatsangehörigkeit in Fällen einer Kindesentführung, IPRax 1981, S. 125; *Hertz, Ketilbjørn*, Jurisdiction in Contract and Tort under the Brussels Convention, 1998; *Jaspert, Antje*, Grenzüberschreitende Unternehmensverbindungen im Zuständigkeitsbereich des EuGVÜ, 1995; *Jayme, Erik*, Subunternehmervertrag und EuGVÜ, in: Festschrift für Klemens Pleyer: Zum 65. Geburtstag, Hofmann,

Paul; Meyer-Cording, Ulrich; Wiedemann, Herbert (Hrsg.), 1986, S. 371; *ders.*, Betrachtungen zur internationalen Verbundzuständigkeit, in: Festschrift für Max Keller zum 65. Geburtstag, Forstmoser, Peter; Giger, Hans; Heini, Anton; Schluep, Walter (Hrsg.), 1989, S. 451; *Kadner, Thomas,* Gerichtsstand des Erfüllungsortes im EuGVÜ, Einheitliches Kaufrecht und international-zivilprozessuale Gerechtigkeit, Jura 1997, S. 240; *Kieninger, Eva-Maria,* Zur internationalen gerichtlichen Zuständigkeit bei der Verletzung ausländischer Immaterialgüterrechte: Common Law auf dem Prüfstand des EuGVÜ, GRUR Int 1998, S. 280; *Kiethe, Kurt,* Internationale Tatortzuständigkeit bei unerlaubter Handlung – die Problematik des Vermögensschadens, NJW 1994, S. 222; *ders.*, Umfassende Prüfungskompetenz der Gerichte im Gerichtsstand des § 32 ZPO, NJW 2003, S. 1294; *Koch, Harald,* Europäische Vertrags- und Deliktsgerichtstände für Seetransportschäden, IPRax 2000, S. 186; *Kohler, Christian,* Adhäsionsverfahren und Brüsseler Übereinkommen 1968 in: Will (Hrsg.), Schadensersatz im Strafverfahren, 1990, S. 74; *Kreuzer, Karl / Klötgen, Paul,* Die Shevill-Entscheidung des EuGH: Abschaffung des Deliktsortsgerichtsstands des Art. 5 Nr. 3 EuGVÜ für ehrverletzende Streudelikte, IPRax 1997, S. 90; *Kronke, Herbert,* Der Gerichtsstand nach Art. 5 Nr. 5 EuGVÜ – Ansätze einer Zuständigkeitsordnung für grenzüberschreitende Unternehmensverbindung, IPRax 1989, S. 81; *Kubis, Sebastian,* Internationale Zuständigkeit bei Persönlichkeits- und Immaterialgüterrechtsverletzungen, 1999; *Lange, Paul,* Der internationale Gerichtsstand der unerlaubten Handlung nach dem EuGVÜ bei Verletzungen von nationalen Kennzeichen, WRP 2000, S. 940; *Linke, Hartmut,* Der „kleineuropäische" Niederlassungsgerichtsstand (Art. 5 Nr. 5 GVÜ), IPRax 1982, S. 46; *Lohse, Martin,* Das Verhältnis von Vertrag und Delikt. Eine rechtsvergleichende Studie zur vertragsautonomen Auslegung von Art. 5 Nr. 1 und Art. 5 Nr. 3 EuGVÜ, 1991; *Looschelders, Dirk,* Internationale Zuständigkeit für Ansprüche aus Darlehen aus dem EuGVÜ – Ausweitung der besonderen Gerichtsstände kraft Sachzusammenhangs?, IPRax 2006, S. 14; *Lüderitz, Alexander,* Fremdbestimmte internationale Zuständigkeit? Versuch einer Neubestimmung von § 29 ZPO, Art. 5 Nr. 1 EuGVÜ, in: Festschrift für Konrad Zweigert: Zum 70. Geburtstag, Bernstein, Herbert; Drobnig, Ulrich; Kötz, Hein (Hrsg.), 1981, S. 233; *Mankowski, Peter,* EuGVÜ-Gerichtsstand für Gesellschafterhaftungsklage des Insolvenzverwalters, NZI 1999, S. 56; *Mansel, Heinz-Peter,* Gerichtliche Prüfungsbefugnis im forum delicti, IPRax 1989, S. 84; *Martiny, Dieter,* Internationale Zuständigkeit für „vertragliche Streitigkeiten", in: Festschrift für Reinhold Geimer zum 65. Geburtstag, Schütze, Rolf A. (Hrsg.), 2002, S. 641; *Mezger, Ernst,* Einheitlicher Gerichtsstand des Erfüllungsortes verschiedenartiger Ansprüche eines Handelsvertreters, IPRax 1983, S. 153; *ders.*, Zur Bestimmung des Erfüllungsorts im Sinne von Art. 5 Nr. 1 EuGVÜ bei einem gegenseitigen Vertrag, IPRax 1987, S. 346; *Möllers, Christoph,* Internationale Zuständigkeit bei der Durchgriffshaftung, 1987; *Müller, Markus,* Die internationale Zuständigkeit bei grenzüberschreitenden Umweltbeeinträchtigungen, Basel 1994; *Müller-Feldhammer, Ralf,* Der Deliktsgerichtsstand des Art. 5 Nr. 3 EuGVÜ im internationalen Wettbewerbsrecht, EWS 1998, S. 162; *Otte, Karsten,* Vertragspflichten nach Seefrachtrecht (Haager Visby-Regeln) – gerichtsstandsweisende Kraft für Art. 5 Nr. 1 EuGVÜ?, IPRax 2002, S. 132; *Pansch, Rüdiger,* Der Gerichtsstand der unerlaubten Handlung bei der grenzüberschreitenden Verletzung gewerblicher Schutzrechte, EuLF 2001, S. 353; *Piltz, Burghard,* Der Gerichtsstand des Erfüllungsortes nach dem EuGVÜ, NJW 1981, S. 1876; *Puhr, Johanna,* Die internationale Zuständigkeit deutscher Gerichte bei unlauterem Wettbewerb im Internet, 2005; *Pulkowski, Florian,* Außervertragliche Forderungen aus dem Betrieb einer Zweigniederlassung im Sinne von Art. 5 Nr. 5 Luganer Übereinkommens, IPRax 2004, S. 543; *Rauscher, Thomas,* Verpflichtung und Erfüllungsort in Art. 5 Nr. 1 EuGVÜ unter besonderer Berücksichtigung des Vertragshändlervertrages, 1984; *ders.*, Gerichtsstandsbeeinflussende AGB im Geltungsbereich des EuGVÜ, ZZP 104 (1991), S. 271; *Rochaix, Marcel,* Internationale Produkthaftung. Materielles Recht, Anerkennung und Vollstreckung sowie anwendbares Recht für Produkthaftungsansprüche in Deutschland, Frankreich, Österreich und der Schweiz, 1995; *Schack, Haimo,* Der Erfüllungsort im deutschen, ausländischen und internationalen Privat- und Zivilprozeßrecht, 1985; *ders.,* Der internationale Klägergerichtsstand des Verkäufers, IPRax 1986, S. 82; *ders.,* Der internationale Klägergerichtsstand des Käufers, IPRax 1987, S. 215; *ders.,* Jurisdictional Minimum Contracts scrutinized, 1988; *Schlechtriem, Peter,* Internationales Bereicherungsrecht, IPRax 1995, S. 65; *Schlosser, Peter,* Europäischautonome Interpretation des Begriffs Vertrag oder Ansprüche aus einem Vertrag im Sinne von Art. 5 Nr. 1 EuGVÜ, IPRax 1984, S. 65; *Schwänzer, Ingeborg,* Internationaler Gerichtsstand für die Kaufpreisklage, IPRax 1989, S. 274; *Schwarz, Matthias,* Der Gerichtsstand der unerlaubten Handlung nach deutschem und europäischem Zivilprozeßrecht, 1991; *Spellenberg, Ulrich,* Die Vereinbarung des Erfüllungsortes und Art. 5 Nr. 1 des europäischen Gerichtsstands- und Vollstreckungsübereinkommens, IPRax 1981, S. 75; *Spickhoff, Andreas,* Grenzpendler als Grenzfälle; Zum gewöhnlichen Aufenthalt im IPR, IPRax 1995, S. 185; *Stadler, Astrid,* Die internationale Durchsetzung des Gegendarstellungsanspruchs, JZ 1994, S. 642; *Stoll, Hans,* Gerichtsstand des Erfüllungsortes nach Art. 5 Nr. 1 EuGVÜ bei strittigem Vertragsschluss, IPRax 1983, S. 52; *Uhl, Laurenz,* Internationale Zuständigkeit gemäß Art. 5 Nr. 3 des Brüsseler und Lugano-Übereinkommens, ausgeführt am Beispiel der Produktehaftung unter Berücksichtigung des deutschen, englischen, schweizerischen und US-amerikanischen Rechts, 2000; *Valloni, Lucien,* Der Gerichtsstand des Erfüllungsortes nach Lugano und Brüsseler Übereinkommen, 1998; *Wagner, Gerhard,* Ehrenschutz und Pressefreiheit im europäischen Zivilverfahrens- und Internationalen Privatrecht, RabelsZ 62 (1998), S. 243; *Wandt, Manfred,* Internationale Produkthaftung, 1995; *Weller, Matthias,* Zur Handlungsortbestimmung im internationalen Kapitalanlegerprozeß bei arbeitsteiliger Deliktsverwirklichung, IPRax 2000, S. 202; *Wimmer, Norbert,* Neuere Entwicklungen im internationalen Arbeitsrecht, IPRax 1994, S. 88; *Wolf, Ulrike,* Deliktsstatut und internationales Umweltrecht, 1995; *Graf Wrangel, Phillip,* Der Gerichtsstand des Erfüllungsortes im deutschen, italienischen und europäischen Recht, 1988; *Würthwein, Susanne,* Zur Problematik der örtlichen und internationalen Zuständigkeit aufgrund unerlaubter Handlung, ZZP 106 (1993), S. 51.

Schrifttum zur EuGVVO a.F. (Auszug): *Albers, Christiane,* Die Begriffe der Niederlassung und der Hauptniederlassung im Internationalen Privat- und Zivilverfahrensrecht, 2009; *Bachmann, Birgit,* Internationale Zuständigkeit bei Konzernsachverhalten; IPRax 2009, S. 140; *Bajons, Ena-Marlies,* Der Gerichtsstand des Erfüllungsortes: Rück – und Ausblick auf eine umstrittene Norm, in: Festschrift für Reinhold Geimer zum 65. Geburtstag, Schütze, Rolf A. (Hrsg.), 2002, S. 15; *Banholzer, Felix,* Die internationale Gerichtszuständigkeit bei Urheberrechtsverletzungen im Internet, 2011; *Barnitzke, Benno,* Rechtliche Rahmenbedingungen des Cloud Computing – Eine Untersuchung zur internationalen Zuständigkeit, zum anwendbaren Recht und zum Datenschutzrecht, 2014; *Becker, Moritz,* Kartelldeliktsrecht: § 826 BGB als Zuständigkeitshebel im Anwendungsbereich der EuGVO?, EWS 2008, S. 228; *Berger, Christian,* Die internationale Zuständigkeit bei Urheberrechtsverletzungen in Internet-Websites aufgrund des Gerichtsstands der unerlaubten Handlung nach Art. 5 Nr. 3 EuGVO, GRUR Int. 2005, S. 465; *Bettien, Niclas,* Zur Behandlung des "Trust" im deutschen IPR, StudZR 2012, S. 3; *Blobel, Felix,* Keine internationale Zuständigkeit für vertragliche Ansprüche im Deliktsgerichtsstand, EuLF 2005, II-61; *Brinkmann, Moritz,* Der Vertragsgerichtsstand bei Klagen aus Lizenzverträgen unter der EuGVVO, IPRax 2009, S. 487; *Bruhns, Eva,* Das Verfahrensrecht der internationalen Konzernhaftung: Durchsetzung von Konzernhaftungsansprüchen bei grenzüberschreitenden Unternehmensverbindungen im Rahmen der EuGVVO unter besonderer Berücksichtigung des deutschen und französischen Konzernhaftungsrechts,

2006; *Buchwitz, Wolfram,* Handelsklauseln und Erfüllungsort im materiellen Recht und IZVR, IHR 2013, S. 108; *Bukow, Johannes,* Verletzungsklagen aus gewerblichen Schutzrechten: Die internationale Zuständigkeit nach dem EuGVÜ bzw. der EuGVVO, 2003; *Carrara, Cecilia,* Internet und internationales Privat- und Verfahrensrecht, Jb Ital. Recht, 2001, S. 187; *Coester-Waltjen, Dagmar,* Der Erfüllungsort im internationalen Zivilprozessrecht, in: Festschrift für Athanassios Kaissis zum 65. Geburtstag, Geimer, Reinhold; Schütze, Rolf A. (Hrsg.), 2012, S. 91; *Conrad, Albrecht,* Qualifikationsfragen des Trust im Europäischen Zivilprozeßrecht, 2001; *Dehnert, Henning,* Der deliktische Erfolgsort bei reinen Vermögensschäden und Persönlichkeitsrechtsverletzungen: eine Untersuchung des europäischen und deutschen internationalen Zivilverfahrensrechtes und des internationalen Privatrechtes, 2011; *Domej, Tanja,* Negative Feststellungsklagen im Deliktsgerichtsstand, IPRax 2008, S. 550; *Dossena, Augusto,* Fragestellungen im Zusammenhang mit Zuständigkeit und Kollisionsrecht bei Verstößen gegen den gewerblichen Rechtsschutz über das Internet, EuLF 2003, S. 292; *Dubiel, Martin,* Der Erfüllungsortbegriff des Vertragsgerichtsstands im deutschen, europäischen und internationalen Zivilprozessrecht, 2010; *Ebner, Martin,* Markenschutz im internationalen Privat- und Zivilprozessrecht, 2004; *Egler, Philipp,* Seeprivatrechtliche Streitigkeiten unter der EuGVVO, 2011; *Eltzschig, Jan,* Art. 5 Nr. 1 b EuGVO: Ende oder Fortführung von forum actoris und Erfüllungsortbestimmung lege causae, IPRax 2002, S. 491; *Emde, Raimond,* Heimatgerichtsstand für Handelsvertreter und andere Vertriebsmittler, RIW 2003, S. 505; *Engert, Andreas / Groh, Gunnar,* Internationaler Kapitalanlegerschutz vor dem Bundesgerichtshof, IPRax 2011, S. 458; *Erdelbrock, Gaia Mongio,* The concept of place of delivery according to Article 5(1)(b) of the. Regulation "Brussels I" in the case of distance selling, EuLF 2006, I-228; *Ferrari, Franco,* Zur autonomen Auslegung der EuGVVO, insbesondere des Begriffs des „Erfüllungsortes der Verpflichtung" nach Art. 5 Nr. 1 lit. b (zu Tribunale di Padova, 10.1.2006), IPRax 2007, S. 61; *Fogt, Morten M.,* Gerichtsstand des Erfüllungsortes bei streitiger Existenz des Vertrages, Anwendbarkeit des CISG und alternative Vertragsschlussformen, IPRax 2001, S. 358; *Franzen, Martin,* Internationale Zuständigkeit beim Aufruf zum Boykott eines Seeschiffes, IPRax 2006, S. 127; *Franzina, Pietro / De Franceschi, Alberto,* Jurisdiction over sales contracts according to the Brussels I regulation: the relevance of standard trade terms, IHR 2012, S. 137; *Gebauer, Martin,* Persönlichkeitsrechtsverletzung durch Suchergänzungsfunktion bei Google, IPRax 2014, S. 513; *Freitag, Robert,* Internationale Zuständigkeit für Schadensersatzklagen aus Insolvenzverschleppungshaftung, ZIP 2014, S. 302; *Geimer, Reinhold,* Forum actoris für Kapitalanlegerklagen, in: Festschrift für Dieter Martiny zum 70. Geburtstag, Witzleb, Normann; Ellger, Reinhard; Mankowski, Peter; Merkt, Hanno; Remien, Oliver (Hrsg.), 2014, S. 711; *Grundmann, Stefan,* Gerichtsstand und Erfüllungsort bei Scheckeinlösung unter Verstoß gegen die Sicherungsabrede, IPRax 2002, S. 136; *Grünberger, Michael,* Zuständigkeitsbegründender Erfolgsort bei Urheber-rechtsverletzungen, IPRax 2015, S. 56; *Gsell, Beate,* Autonom bestimmter Gerichtsstand am Erfüllungsort nach der Brüssel I Verordnung, IPRax 2002, S. 485; *Hackbarth, Ralf,* EuGH „Coty": Teilnehmerhandeln im Ausland und internationale Zuständigkeit deutscher Gemeinschaftsmarkengerichte, GRUR-Prax 2014, S. 320; *Häcker, Robert,* Europäisch-zivilverfahrensrechtliche und international-privatrechtliche Probleme grenzüberschreitender Gewinnzusagen – zugleich zu einem europarechtlichen Begriff der unerlaubten Handlung, ZVglRWiss 103 (2004), S. 464; *Hager, Günter / Bentele, Florian,* Der Lieferort als Gerichtsstand – zur Auslegung des Art. 5 Nr. 1 lit. b EuGVO, IPRax 2004, S. 73; *Hager, Günter / Hartmann, Felix,* Internationale Zuständigkeit für vorbeugende Immissionsabwehrklagen, IPRax 2006, S. 266; *Haas, Ulrich / Vogel, Oliver,* Zum Erfüllungsortsgerichtsstand nach Art. 5 Nr. 1 lit. b EuGVVO im europäischen Warenhandelsverkehr, NZG 2011, S. 766; *Hau, Wolfgang,* Der Vertragsgerichtsstand zwischen judizieller Konsolidierung und legislativer Neubestimmung,

IPRax 2000, S. 354; *ders.*, Zum Vertragsgerichtsstand für Rückforderungen nach Legalzession, IPRax 2006, S. 507; *ders.*, Die Kaufpreisklage des Verkäufers im reformierten europäischen Vertragsgerichtsstand – ein Heimspiel?, JZ 2008, S. 974; *ders.*, Gerichtsstandvertrag und Vertragsgerichtsstand beim innereuropäischen Versendungskauf, IPRax 2009, S. 44; *ders.*, Zur internationalen Zuständigkeit für Streitigkeiten über (angebliche) Vertragshändlerverträge, ZVertriebsR 2014, S. 79; *von Hein, Jan*, Deliktischer Kapitalanlegerschutz im europäischen Zuständigkeitsrecht, IPRax 2005, S. 17; *ders.*, Internationale Zuständigkeit und anwendbares Recht bei grenzüberschreitendem Kapitalanlagenbetrug, IPRax 2006, S. 460; *ders.*, Die Produkthaftung des Zulieferers im Europäischen Internationalen Zivilprozessrecht, IPRax 2010, S. 330; *ders.*, Der europäische Gerichtsstand des Erfüllungsortes (Art. 5 Nr. 1 EuGVVO) bei einem unentgeltlichen Beratungsvertrag, IPRax 2013, S. 54; *ders.*, Der Gerichtsstand der unerlaubten Handlung bei arbeitsteiliger Tatbegehung im europäischen Zivilprozessrecht, IPRax 2013, S. 505; *Heinze, Christian*, Der europäische Deliktsgerichtsstand bei Lauterkeitsverstößen, IPRax 2009, S. 231; *Henk, Alexander*, Die Haftung für culpa in contrahendo im IPR und IZVR, 2007; *Hess, Burkhard*, The Brussels I Regulation: Recent case law of the Court of Justice and the Commission's proposed recast, Common Market Law Review 49 (2012), S. 1075; *ders.*, Der Schutz der Privatsphäre im Europäischen Zivilverfahrensrecht, JZ 2012, S. 189; *Hönle, Ulrich*, Die deliktische Grundanknüpfung im IPR und IZVR, 2011; *Hoffmann, Jochen*, Internationale Deliktszuständigkeit bei Markenrechtsverletzungen im Internet, MarkenR 2013, S. 417; *Huber-Mumelter, Ulrike / Mumelter, Karl*, Mehrere Erfüllungsorte beim forum solutionis – Plädoyer für eine subsidiäre Zuständigkeit am Sitz des vertragscharakteristisch Leistenden", JBl. 2008, S. 561; *Ignatova, Ruja*, Art. 5 Nr.1 EuGVVO – Chancen und Perspektiven der Reform des Gerichtsstands am Erfüllungsort, 2005; *Junker, Abbo*, Der Gerichtsstand für Vertragsklagen nach der Brüssel I-Verordnung im Licht der neueren EuGH-Rechtsprechung, Festschrift für Dieter Martiny zum 70. Geburtstag, Witzleb, Normann; Ellger, Reinhard; Mankowski, Peter; Merkt, Hanno; Remien, Oliver (Hrsg.), 2014, S. 761; *Kannowski, Bernd / Gerling, Leif / Burret, Gianna*, Zum internationalen Gerichtsstand der Kaufpreisklage im Wechselspiel von EuGVVO und UN-Kaufrecht, IHR 2008, S. 2; *Kern, Christoph A.*, Der Gerichtsstand des Erfüllungsortes beim Kauf eines zu bebauenden und zu vermietenden Grundstücks, IPRax 2014, S. 503; *Kienle, Florian*, Eine Ökonomische Momentaufnahme zu Art. 5 Nr. 1 lit. b) EuGVVO, IPRax 2005, S. 113; *Kindler, Peter*, Gesellschafterinnenhaftung in der GmbH und internationale Zuständigkeit nach der Verordnung (EG) Nr. 44/2001, in: Festschrift für Peter Ulmer zum 70. Geburtstag, Habersack, Mathias; Hommelhoff, Peter; Hüffer, Uwe; Schmidt, Karsten (Hrsg.), 2003, S. 305; *ders.*, Konzernhaftung zwischen Vertrag und Delikt – Die internationale Gerichtszuständigkeit bei Verstößen gegen gesellschaftsrechtliche Mitteilungspflichten, IPRax 2014, S. 486; *ders.*, Internationale Zuständigkeit für die Geschäftsführerhaftung gegenüber der Gesellschaft, IPRax 2016, S. 115; *Klemm, Michael*, Erfüllungsortvereinbarungen im Europäischen Zivilverfahrensrecht, 2005; *Krebber, Sebastian*, Gerichtsstand des Erfüllungsortes bei mehreren, aber aufeinander abgestimmten Arbeitsverhältnissen, IPRax 2004, S. 505; *Kropholler, Jan / von Hinden, Michael*, Die Reform des europäischen Gerichtsstands am Erfüllungsort (Art. 5 Nr. 1 EuGVÜ), in: Gedächtnisschrift für Alexander Lüderitz, Schack, Haimo (Hrsg.), 2000, S. 401; *Laubinger, Tina*, Die internationale Zuständigkeit der Gerichte für Patentstreitsachen in Europa: Vom nationalen Patent über das europäische Patent zum Gemeinschaftspatent, 2005; *Lehmann, Matthias*, Gerichtsstand bei Klagen wegen Annullierung einer Flugreise, NJW 2010, S. 655; *ders. / Duczek, Andre*, Zuständigkeit nach Art. 5 Nr. 1 lit. b EuGVVO – besondere Herausforderungen bei Dienstleistungsverträgen, IPRax 2011, S. 41; *Leible, Stefan*, Warenversteigerungen am Internationalen Privat- und Verfahrensrecht, IPRax 2005, S. 424; *ders.*, Der Erfüllungsort iSv Art. 5 Nr. 1 lit. b Brüssel I-VO : ein Mysterium?, in: Festschrift für Ulrich Spellenberg zum 70. Geburtstag, Leible, Stefan; Bernreuther, Jörn; Freitag, Robert; Sippel, Harald; Wanitzek, Ulrike (Hrsg.), 2010, S. 451; ders. / Sommer, Erik, Tücken bei der Bestimmung der internationalen Zuständigkeit nach der EuGVVO: Rügelose Einlassung, Gerichtsstands. und Erfüllungsortvereinbarungen, vertragsgerichtsstand, IPRax 2006, S. 568; Leipold, Dieter, Internationale Zuständigkeit am Erfüllungsort – das neueste aus Luxemburg und Brüssel, in: Gedächtnisschrift für Alexander Lüderitz, Schack, Haimo (Hrsg.), 2000, S. 431; ders., Neues zum Gerichtsstand der unerlaubten Handlung nach europäischem Zivilprozessrecht, in: Festschrift für János Nemeth, Budapest 2003, S. 631; Lindacher, Walter, Delikt und Vertrag. Zur Zuständigkeit deutscher Wettbewerbsgerichte für Unterlassungs- und Vertragsstrafeklagen bei Zuwiderhandlung nach internationaler Unterwerfung, in: Festschrift für Konstantinos D. Kerameus I, Nationale und Kapodistrian Universität Athen, Juristische Fakultät, Forschungsinstitut für Prozessrechtliche Studien (Hrsg.), 2009, S. 709; Lupoi, Michele Angelo, The „New" Forum for Contractual Disputes in Regulation (EU) 44/2001, in: Festschrift für Konstantinos D. Kerameus I, Nationale und Kapodistrian Universität Athen, Juristische Fakultät, Forschungsinstitut für Prozessrechtliche Studien (Hrsg.), 2009, S. 733; Lynker, Thomas, Der besondere Gerichtsstand am Erfüllungsort in der Brüssel I-Verordnung (Art. 5 Nr. 1 EuGVVO), 2006; Magnus, Ulrich, Das UN-Kaufrecht und die Erfüllungsortzuständigkeit in der neuen EuGVO, IHR 2002, S. 45; Mankowski, Peter, die Qualifikation der culpa in contrahendo – Nagelprobe für den Vertragsbegriff des europäischen IZPR und IPR, IPRax 2003, S. 127; ders., Der europäische Erfüllungsortsgerichtsstand bei grenzüberschreitenden Anwaltsverträgen, AnwBl. 2006, S. 806; ders., Mehrere Lieferorte beim Erfüllungsortgerichtsstand unter Art. 5 Nr. 1 lit. b EuGVVO, IPRax 2007, S. 404; ders., Der europäische Erfüllungsortgerichtsstand des Art. 5 Nr. 1 lit. b EuGVVO und Transportverträge, TranspR 2008, S. 67; ders., Der Erfüllungsortbegriff unter Art. 5 Nr. 1 lit. b EuGVVO – ein immer größer werdendes Rätsel?, IHR 2009, S. 46; ders., Ausgangs- und Bestimmungsort sind Erfüllungsorte im europäischen Internationalen Zivilprozessrecht – Besprechung von EuGH 9.7.2009 – Rs. C-204/08, TranspR 2009, S. 303; ders., Internationale Zuständigkeit am Erfüllungsort bei Softwareentwicklungsverträgen, CR 2010, S. 137; Markus, Alexander, Tendenzen beim materiellrechtlichen Vertragserfüllungsort im internationalen Zivilverfahrensrecht, 2009; Martiny, Dieter, Internationale Zuständigkeit für „Vertragliche Streitigkeiten", in: Festschrift für Reinhold Geimer zum 65. Geburtstag, Schütze, Rolf A. (Hrsg.), 2002, S. 641; Mäsch, Gerald, Vitamine für Kartellopfer – Forum Shopping im europäischen Kartelldeliktsrecht, IPRax 2005, S. 509; McGuire, Mary-Rose, Der Gerichtsstand des Erfüllungsorts nach Art. 5 Nr.1 EuGVO bei Lizenzverträgen: Anmerkung zur Entscheidung EuGH Rs. C-533/07, GPR 2010, S. 97; Metzger, Axel, Zum Erfüllungsortgerichtsstand bei Kauf- und Dienstleistungsverträgen gemäß der EuGVVO, IPRax 2010, S. 420; Michailidou, Chrisoula, Internationale Zuständigkeit bei vorbeugenden Verbandsklagen, IPRax 2003, S. 223; Mittmann, Alexander, Die Bestimmung des Lieferortes beim Versendungskauf im Rahmen von Art. 5 Nr. 1 lit. b EuGVVO nach der Entscheidung „Car Trim" des EuGH, IHR 2010, S. 146; Müller, Michael, Der zuständigkeitsrechtliche Handlungsort des Delikts bei mehreren Beteiligten in der EuGVVO, EuZW 2013, S. 130; Mumelter, Karl. H., Der Gerichtsstand des Erfüllungsortes im Europäischen Zivilprozessrecht, 2007; Nordmeier, Carl Friedrich, Internationale Zuständigkeit portugiesischer Gerichte für die Kaufpreisklage gegen deutsche Käufer, IPRax 2008, S. 275; Ost, Konrad, Doppelrelevante Tatsachen im Internationalen Zivilverfahrensrecht: Zur Prüfung der internationalen Zuständigkeit bei den Gerichtsständen des Erfüllungsortes und der unerlaubten Handlung, 2002; Paulus, David, Außervertragliche Gesellschafter- und Organwalterhaftung im Lichte des Unionskollisionsrechts, 2014; Peifer, Karl-Nikolaus, Internationale Zuständigkeit nach Art. 5 Nr. 3 EuGVVO und anwendbares Recht bei Markenrechtsverletzungen, IPRax 2013, S. 228; Pfeiffer, Thomas, Deliktsrechtliche

Ansprüche als Vertragsansprüche im Brüsseler Zuständigkeitsrecht – vorfragenakzessorische Qualifikation der Hauptfrage?, IPRax 2016, S. 111; *Pichler, Rufus*, Internationale Zuständigkeit im Zeitalter globaler Vernetzung, 2008; *Piltz, Burghard*, Gerichtsstand des Erfüllungsortes in UN-Kaufverträgen, IHR 2006, S. 53; *Rauscher, Thomas*, Zuständigkeitsfragen zwischen CISG und Brüssel I, in: Festschrift für Andreas Heldrich zum 70. Geburtstag, Lorenz, Stephan; Trunk, Alexander; Eidenmüller, Horst; Wendehorst, Christiane; Adolff, Johannes (Hrsg.), 2005, S. 933; *ders.*, Internationaler Gerichtsstand des Erfüllungsorts – Abschied von Tessili und de Bloos, NJW 2010, S. 2251; *Reber, Ulrich*, Die internationale gerichtliche Zuständigkeit bei grenzüberschreitenden Urheberrechtsverletzungen, ZUM 2005, S. 194; *Reichardt, Sascha*, Internationale Zuständigkeit im Gerichtsstand der unerlaubten Handlung bei Verletzung europäischer Patente, 2006; *ders.*, Internationale Zuständigkeit deutscher Gerichte bei immaterialgüterrechtlichen Klagen, IPRax 2008, S. 330; *Rodriguez, Rodrigo*, Beklagtenwohnsitz und Erfüllungsort im europäischen IZPR: Aus schweizerischer Sicht unter Berücksichtigung der EuGV-VO, 2005; *Roth, Herbert*, Der Versendungskauf nach Art. 5 Nr. 1 lit. b EuGVVO, in: Festschrift für Daphne-Ariane Simotta, Garber, Thomas; Geimer, Reinhold; Schütze, Rolf A. (Hrsg.), 2012, S. 495; *Roth, Wulf-Henning*, Persönlichkeitsschutz im Internet: Internationale Zuständigkeit und anwendbares Recht, IPRax 2013, S. 215; *ders.*, Internationale Zuständigkeit bei Kartelldeliktsklagen, IPRax 2016, S. 318; *Roth, Isabel*, Die internationale Zuständigkeit deutscher Gerichte bei Persönlichkeitsrechtsverletzungen im Internet, 2007; *Schaub, Renate*, Streuschäden im deutschen und europäischen Recht, JZ 2011, S. 13; *Scheuermann, Isabel*, Internationales Zivilverfahrensrecht bei Verträgen im Internet, 2004; *Schilf, Sven*, Der Gerichtsstand des Erfüllungsortes im deutsch-schweizerischen Rechtsverkehr bei Geltung des UN-Kaufrechts als anwendbarem Recht – Rückschau auf de Bloos / Tessili, IHR 2011, S. 181; *Schwarz, Günter Christian*, Insolvenzverwalterklagen bei eigenkapitalersetzenden Gesellschafterleistungen nach der Verordnung (EG) Nr. 44/2001 (EuGVVO), NZI 2002, S. 290; *ders.*, Erfüllungsortvereinbarungen und Konzentrationsprinzip beim Vertragsgerichtsstand unter dem System von Brüssel und Lugano, IPRax 2015, S. 277; *von der Seipen, Christoph*, Italienische Aktionäre vor deutschen Gerichten – Treuepflicht des Gesellschafters und Art. 5 Nr. 1 EuGVVO, in: Festschrift für Erik Jayme, Mansel, Heinz-Peter; Pfeiffer, Thomas; Kronke, Herbert (Hrsg.), 2004, S. 859; *Spickhoff, Andreas*, Anspruchskonkurrenzen, Internationale Zuständigkeit und Internationales Privatrecht, IPRax 2009, S. 128 sowie in: Gedächtnisschrift für Halûk Konuralp, Gürzumar, Onur; Pekcanitez, Hakan (Hrsg.), 2009, S. 977; *ders.*, Persönlichkeitsverletzungen im Internet: Internationale Zuständigkeit und Kollisionsrecht; *Stadler, Astrid*, Vertraglicher und deliktischer Gerichtsstand im europäischen Zivilprozessrecht, in: Festschrift für Hans-Joachim Musielak zum 70. Geburtstag, Heinrich, Christian (Hrsg.), 2004, S. 569; *Stauder, Dieter*, Die internationale Zuständigkeit in Patentverletzungsklagen – „Nach drei Jahrzehnten", in: Festschrift für Gerhard Schricker zum 70. Geburtstag, Ohly, Ansgar; Bodewig, Theo; Dreier, Thomas u.a. (Hrsg.), 2005, S. 917; *Staudinger, Ansgar*, Gemeinschaftsrechtlicher Erfüllungsortsgerichtsstand bei grenzüberschreitender Luftbeförderung, IPRax 2008, S. 493; *ders. / Czaplinski, Paul*, Verkehrsopferschutz im Lichte der Rom I-, Rom II- sowie Brüssel I-Verordnung, NJW 2009, S. 2249; *Steinbrück, Ben*, Der Vertriebsort als Deliktsgerichtsstand für internationale Produkthaftungsklagen, in: Festschrift für Athanassios Kaissis zum 65. Geburtstag, Geimer, Reinhold; Schütze, Rolf A. (Hrsg.), 2012, S. 965; *Stillner, Benjamin*, Die internationale Zuständigkeit bei Verbraucherverbandsklagen, VuR 2008, S. 41; *Sujecki, Bartosz*, Bestimmung des zuständigen Gerichts gem. Art. 5 Nr. 1 lit. b EuGVO bei mehreren Erfüllungsorten in einem Mitgliedstaat, EWS 2007, S. 398; *ders.*, Persönlichkeitsrechtsverletzungen über das Internet und gerichtliche Zuständigkeit, K&R 2011, S. 315; *Theiss, Wolfram / Bronnen, Florian*, Der Gerichtsstand des Erfüllungsortes im Europäischen Zivilprozessrecht unter besonderer Berücksichtigung des Werklieferungsvertrages, EWS 2004, S. 350; *Thole, Christoph*, Deliktsklagen gegen ausländische Broker und Finanzdienstleister vor deutschen Gerichten, ZBB 2011, S. 399; *ders.*, Die Durchgriffshaftung im Deliktsgerichtsstand des Art. 5 Nr. 3 EuGVVO, GPR 2014, S. 113; *ders.*, Die internationale Zuständigkeit für Vertragsstrafe- und Unterlassungsklagen von Wettbewerbsverbänden, IPRax 2015, S. 65; *Thorn, Karsten*, Gerichtsstand des Erfüllungsorts und intertemporales Zivilverfahrensrecht, IPRax 2004, S. 354; *Ubertazzi, Benedetta*, IP-Lizenzverträge und die EG-Zuständigkeitsverordnung, GRUR Int 2010, S. 103; *Wagner, Rolf*, Die Entscheidungen des EuGH zum Gerichtsstand des Erfüllungsorts nach der EuGVVO – unter besonderer Berücksichtigung der Rechtssache Rehder, IPRax 2009, S. 143; *ders.* / *Gess, Kirsten*, Der Gerichtsstand der unerlaubten Handlung nach der EuGVVO bei Kapitalanlagedelikten, NJW 2009, S. 3481; *Wais, Hannes*, Die Bestimmung des Erfüllungsortes bei Dienstleistungserbringung in verschiedenen Mitgliedsstaaten, GPR 2010, S. 256; *ders.*, Internationale Zuständigkeit bei gesellschaftsrechtlichen Ansprüchen aus Geschäftsführerhaftung gem. § 64 II S. 1 GmbHG a.F. / § 64 S. 1 GmbHG n.F., IPRax 2011, S. 138; *ders.*, Der Europäische Erfüllungsgerichtsstand für Dienstleistungsverträge, 2013; *Weber, Johannes*, Gesellschaftsrecht und Gläubigerschutz im Internationalen Zivilverfahrensrecht, 2011; *Weller, Matthias*, Neue Grenzen der internationalen Zuständigkeit im Kapitalanlageprozess: Keine wechselseitige Zurechnung der Handlungsbeiträge nach Art. 5 Nr. 3 EuGVO, WM 2013, S. 1681; *ders.*, Persönlichkeitsverletzungen im Internet, Internationale Zuständigkeit am „Ort der Interessenkollision"?, in: Festschrift für Athanassios Kaissis zum 65. Geburtstag, Geimer, Reinhold; Schütze, Rolf A. (Hrsg.), 2012, S. 1039; *Weller, Marc-Philippe* / *Harms, Charlotte*, Die Vorbelastungshaftung in der GmbH zwischen EuGVVO und EuInsVO, IPRax 2016, S. 119; *Wendenburg, Albrecht* / *Schneider, Maximilian*, Vertraglicher Gerichtsstand bei Ansprüchen aus Delikt?, NJW 2014, S. 1633; *Wipping, Florian*, Der europäische Gerichtsstand des Erfüllungsortes – Art. 5 Nr. 1 EuGVVO, 2008; *Wurmnest, Wolfgang*, UN-Kaufrecht und Gerichtsstand des Erfüllungsorts bei Nichterfüllung einer Alleinvertriebsvereinbarung durch den Lieferanten – Zugleich eine Anmerkung zu Corte di cassazione, Beschl. v. 1.7.2004, IHR 2005, S. 107.

Schrifttum zur EuGVVO n.F. (Auszug): *Hau, Wolfgang*, Zivilsachen mit grenzüberschreitendem Bezug, in: Gedächtnisschrift für Hannes Unberath, Arnold, Stefan; Lorenz, Stephan (Hrsg.), 2015, S. 139; *Heiderhoff, Bettina*, Der Erfolgsort bei der Persönlichkeitsrechtsverletzung im Internet, in: Zwischenbilanz, Festschrift für Dagmar Coester-Waltjen zum 70. Geburtstag, Hilbig-Lugani, Katharina; Jakob, Dominique; Mäsch, Gerald; Reuß, Philipp; Schmid, Christoph (Hrsg.), 2015, S. 413; *von Hein, Jan*, Die Neufassung der Europäischen Gerichtsstands- und Vollstreckungsverordnung (EuGVVO), RIW 2013, S. 97; *ders.*, Protecting Victims of Cross-Border Torts under Article 7 No. 2 Brussels Ibis: Towards a more Differentiated and Balanced Approach, in: Yearbook of Private International Law Vol. XVI (2014/2015), S. 241; *Hess, Burkhard*, The Proposed Recast of the Brussels I Regulation: Rules on Jurisdiction, in: Pocar, Fausto /Viarenga, Ilaria / Villata, Francesca (Hrsg.), Recasting Brussels I, 2012, S. 91; *Kadner Graziano, Thomas*, Jurisdiction under Article 7 no. 1 of the Recast Brussels I Regulation: Disconnecting the Procedural Place of Performance from its Counterpart in Substantive Law, in: Yearbook of Private International Law Vol. XVI (2014/2015), S. 167; *ders.*, Der Gerichtsstand des Erfüllungsortes in Art. 7 Nr. 1 EuGVVO n.F. – Zur Entkopplung des international-zivilprozessualen vom materiell-rechtlichen Erfüllungsort, RIW 2016, S. 14; *Kindler, Peter*, Der europäische Vertragsgerichtsstand beim Warenkauf im Lichte der Rechtsrechung des Europäischen Gerichtshofs, in: Gedächtnisschrift für Hannes Unberath, Arnold, Stefan; Lorenz, Stephan (Hrsg.), 2015, S. 253; *Luginbühl, Stefan* / *Stauder, Dieter*, Die Anwendung der revidierten Zuständigkeitsregeln nach der Brüssel I-

Text + Erläuterungen   Art. 7   **B Vor I** 7

Verordnung auf Klagen in Patentsachen, GRUR Int 2014, S. 885; *Pohl, Miriam,* Die Neufassung der EuGVVO – im Spannungsfeld zwischen Vertrauen und Kontrolle, IPRax 2013, S. 109; *Reinmüller, Bernd,* Neufassung der EuGVVO („Brüssel Ia-VO") seit 10. Januar 2015, IHR 2015, S. 1; *Schack, Haimo,* Internationales Zivilverfahrensrecht, 6. Aufl. 2014; *Sendmeyer, Stefanie,* Internationale Zuständigkeit deutscher Gerichte bei Verkehrsunfällen im europäischen Ausland, NJW 2015, S. 2384; *Siehr, Kurt,* Prozesse über geschütztes Kulturgut in Deutschland, KUR 2012, S. 3; *ders.,* Das Forum rei sitae in der neuen EuGVO (Art. 7 Nr. 4 EuGVO n.F.) und der internationale Kulturgüterschutz, in: Festschrift für Dieter Martiny zum 70. Geburtstag, Witzleb, Normann; Ellger, Reinhard; Mankowski, Peter; Merkt, Hanno; Remien, Oliver (Hrsg.), 2014, S. 837; *Šrámek, Martin,* EuGH „Hejduk": Gerichtszuständigkeit bei Urheberrechtseingriffen im Web, MUR 2015, S. 3; *Staudinger, Ansgar,* Gerichtsstände hiesiger Kunden gegenüber Veranstaltern im Inland bei Pauschalreisen mit Auslandsbezug nach der Brüssel Ia-VO – pars pro toto für eine überschätzte ZPO, jM 2015, S. 46; *ders. / Steinrötter, Björn,* Das neue Zuständigkeitsregime bei zivilrechtlichen Auslandssachverhalten, JuS 2015, S. 1; *Sujecki, Bartosz,* Zur Bestimmung des Erfolgsortes nach Art. 7 Nr. 2 EuGVVO bei Internetdelikten, K&R 2015, S. 305.

Übersicht

	Rn.
I. Gerichtsstand des Erfüllungsortes (Art. 7 Nr. 1)	1
1. Überblick und Normzweck	1
2. Entstehungsgeschichte; Kritik	4
3. Konkurrenzen	9
4. Räumlicher Anwendungsbereich	10
a) Beklagtenwohnsitz in einem Mitgliedstaat	11
b) Qualifizierter Auslandsbezug	12
c) Klägerwohnsitz	13
5. Persönlicher Anwendungsbereich	14
a) Rechtsnachfolger; Parteien kraft Amtes	14
b) Mithaftende Personen	16
c) Gesellschafterhaftung	17
d) Vertragsketten	21
6. Sachlicher Anwendungsbereich: Vertrag oder Ansprüche aus Vertrag	22
b) Autonome Qualifikation	24
c) Umfassender unionsrechtlicher Vertragsbegriff?	26
d) Voraussetzungen des Vertragsbegriffs im Sinne von Art. 7 Nr. 1	29
e) Weite Auslegung des Vertragsbegriffs?	32
f) „Ansprüche aus einem Vertrag"	33
g) Prüfung der Zuständigkeitstatsachen	34
h) Von Art. 7 Nr. 1 erfasste Streitigkeiten	37
i) Nicht von Art. 7 Nr. 1 erfasste Streitigkeiten	42
j) Kognitionsbefugnis; keine Annexkompetenz	45
7. Anknüpfungspunkt (Erfüllungsort) gem. Art. 7 Nr. 1 lit. a und c	52
a) Entstehungsgeschichte und Überblick	53
b) Vertragliche Streitigkeiten im Sinne von Art. 7 Nr. 1 lit. a	55
c) Für die Zuständigkeit maßgebliche Verpflichtung (de Bloos)	58
e) Bestimmung des Erfüllungsortes (Tessili-Regel)	70
f) Tatsächlicher oder rechtlicher Erfüllungsort?	74
g) Erfüllungsortvereinbarungen	77
8. Anknüpfungspunkt (Erfüllungsort) gem. Art. 7 Nr. 1 lit. b	82
a) Überblick	83
b) Von Art. 7 Nr. 1 lit. b erfasste Vertragsarten	86
c) Autonome Bestimmung des Erfüllungsortes	104
d) Erfüllungsortvereinbarungen	130
9. Streit über den Bestand des Vertrags im Ganzen	133
II. Gerichtsstand der unerlaubten Handlung (Art. 7 Nr. 2)	137

1. Normzweck und Überblick 138
2. Entstehungsgeschichte 142
3. Konkurrenzen 144
4. Kognitionsbefugnis; keine Annexkompetenz 145
5. Räumlicher Anwendungsbereich 149
   a) Beklagtenwohnsitz in einem Mitgliedstaat 150
   b) Unbekannter Wohnsitz 151
   c) Qualifizierter Auslandsbezug 152
6. Persönlicher Anwendungsbereich 153
7. Sachlicher Anwendungsbereich; autonome Auslegung 155
   a) Verfahrensart 156
   b) Autonome Qualifikation 157
   c) Begriff der unerlaubten bzw. der dieser gleichgestellten Handlung ... 159
   d) Culpa in Contrahendo 162
   e) Prüfung der Zuständigkeitstatsachen 166
   f) Von Art. 7 Nr. 2 erfasste Streitigkeiten 168
   g) Nicht von Art. 7 Nr. 2 erfasste Streitigkeiten 179
8. Anknüpfungspunkt: Ort des schädigenden Ereignisses 183
   a) Handlungsort 188
   b) Erfolgsort 198
9. Gesamtschaden / Mosaikbetrachtung 209
III. Gerichtsstand für Adhäsionsverfahren (Art. 7 Nr. 3) 210
   1. Überblick und Normzweck 210
   2. Entstehungsgeschichte 213
   3. Konkurrenzen 214
   4. Sachlicher Anwendungsbereich 215
   5. Persönlicher Anwendungsbereich 218
   6. Art. 64 und die Verteidigungsrechte des Beschuldigten 219
IV. Gerichtsstand für Kulturgüter (Art. 7 Nr. 4) 221
   1. Überblick 221
   2. Entstehungsgeschichte 222
   3. Anwendungsbereich 223
      a) Kulturgut 224
      b) Wiedererlangung 227
      c) Belegenheitsort 228
V. Gerichtsstand der Niederlassung (Art. 7 Nr. 5) 229
   1. Normzweck und Überblick 229
   2. Entstehungsgeschichte 231
   3. Konkurrenzen 232
   4. Räumlicher Anwendungsbereich 233
   5. Persönlicher Anwendungsbereich 236
   6. Sachlicher Anwendungsbereich 239
      a) Autonome Auslegung 239
      b) Erfasste Ansprüche 240
      c) Begriff der Niederlassung 241
      d) Elemente des Niederlassungsbegriffs 243
      e) Rechtsschein einer Niederlassung 244
      f) Betriebsbezug 246
   7. Maßgeblicher Zeitpunkt 247
VI. Gerichtsstand in Trust-Angelegenheiten (Art. 7 Nr. 6) 249
   1. Normzweck und Überblick 249
   2. Entstehungsgeschichte 254
   3. Räumlicher Anwendungsbereich 255
   4. Sachlicher Anwendungsbereich; Auslegung 256
      a) Keine autonome Qualifikation 257
      b) Begriff des Trust 258
      c) Ausgeschlossene Trusts 259
      d) Art. 7 Nr. 6 unterfallende Rechtsstreitigkeiten 260
   5. Bestimmung des Gerichtsstands 261
VII. Gerichtsstand für Berge- und Hilfslohn (Art. 7 Nr. 7) 262
   1. Normzweck und Überblick 262

Text + Erläuterungen   Art. 7 **B Vor I** 7

    2. Entstehungsgeschichte 264
    3. Räumlicher Anwendungsbereich 265
    4. Sachlicher Anwendungsbereich 266
       a) Betroffene Forderungen 266
       b) Anknüpfung des Gerichtsstands 267
    5. Persönlicher Anwendungsbereich 268

I. Gerichtsstand des Erfüllungsortes (Art. 7 Nr. 1)

1. Überblick und Normzweck

Der Gerichtsstand des Erfüllungsortes für vertragliche Angelegenheiten in **1** Art. 7 Nr. 1 ist eine der wichtigsten,[1] wenn nicht gar *die* **wichtigste**[2] **Zuständigkeitsvorschrift** der EuGVVO überhaupt. Gleichzeitig handelt es sich bei dem Vertragsgerichtsstand auch – eindrucksvoll belegt durch die Vielzahl an hierzu ergangener Rechtsprechung – um diejenige Vorschrift, die von allen Normen der EuGVVO (wohl) die meisten Auslegungsfragen aufwirft. Dies resultiert nicht alleine aus der hohen praktischen Relevanz der Vorschrift, sondern auch aus der **komplizierten**, v.a. aus der Entstehungsgeschichte der Norm[3] zu erklärenden Verknüpfung einer autonomen (Art. 7 Nr. 1 lit. b) mit einer materiellrechtlichen (Art. 7 Nr. 1 lit. a und c) **Bestimmung der Anknüpfungspunkte** in Art. 7 Nr. 1. Vor diesem Hintergrund ist sicherlich[4] zu bedauern, dass der europäische Gesetzgeber im Rahmen der jüngsten Überarbeitung der EuGVVO die Gelegenheit zu einer Vereinfachung des Vertragsgerichtsstands ungenutzt hat verstreichen lassen.

Ein besonderer Gerichtsstand für Vertragsklagen ist den **autonomen Zivil-** **2** **verfahrensrechten** fast[5] aller Mitgliedstaaten der EU in verschiedener Gestalt bekannt;[6] im deutschen Recht etwa findet sich ein entsprechender Gerichtsstand in § 29 Abs. 1 ZPO.

Grund für die Gewährung eines eigenen Vertragsgerichtsstandes gleichrangig **3** neben dem beklagtenfreundlich(er)en allgemeinen Gerichtsstand des Art. 4 Abs. 1 ist die **besondere Sachnähe** desjenigen Gerichts, in dessen Bezirk eine vertragliche Verpflichtung erfüllt worden ist bzw. zu erfüllen wäre.[7] Der EuGH spricht insofern von der „engsten räumlichen Verbindung" des Gerichts am Erfüllungsort der vertragscharakteristischen Leistung zu dem jeweiligen Streitge-

---

[1] So Simons/Hausmann/*Jault-Seseke/Weller*, Brüssel I-VO, 2012, Art. 5 Nr. 1 EuGVVO a.F. Rn. 1.
[2] So *Kropholler/von Hein*, EuZPR, 9. Aufl. 2011, Art. 5 EuGVO a.F. Rn. 1; Rauscher/*Leible*, EuZPR, 4. Aufl. 2016, Art. 7 EuGVVO Rn. 7.
[3] S. dazu unten Rn. 4 ff.
[4] Vgl. Rauscher/*Leible*, EuZPR, 4. Aufl. 2016, Art. 7 EuGVVO Rn. 6; Simons/Hausmann/*Jault-Seseke/Weller*, Brüssel I-VO, 2012, Art. 5 Nr. 1 EuGVVO a.F. Rn. 2.
[5] Ursprünglich kannte z.B. das niederländische sowie das Zivilverfahrensrecht Luxemburgs einen derartigen besonderen Gerichtsstand nicht, vgl. den *Jenard*-Bericht, 1979, S. 22; anders *Schack*, IZVR, 6. Aufl. 2014, Rn. 286: „in allen Staaten vorgesehen".
[6] *Kropholler/von Hein*, EuZPR, 9. Aufl. 2011, Art. 5 EuGVVO a.F. Rn. 1.
[7] Vgl. Erwgr. 16 sowie *Kropholler/von Hein*, EuZPR, 9. Aufl. 2011, Art. 5 EuGVVO a.F. Rn. 1; Simons/Hausmann/*Jault-Seseke/Weller*, Brüssel I-VO, 2012, Art. 5 Nr. 1 EuGVVO a.F. Rn. 2; Rauscher/*Leible*, EuZPR, 4. Aufl. 2016, Art. 7 EuGVVO Rn. 2.

genstand.[8] Damit dient der Vertragsgerichtsstand zugleich dem Grundsatz der **Prozessökonomie**;[9] zudem soll den Parteien eine klare und vorhersehbare[10] Regelung zur einfachen Bestimmung des (auch) zuständigen Gerichts an die Hand gegeben werden.[11] Folgerichtig regelt Art. 7 Nr. 1 – anders als Art. 4 Abs. 1 – neben der internationalen **auch die örtliche Zuständigkeit** eines Gerichts mit; insofern ist daher durch Art. 7 Nr. 1 ein Rückgriff auf die autonomen nationalen Verfahrensrechtsvorschriften ausgeschlossen.

2. Entstehungsgeschichte; Kritik

4   Die Regelung des Gerichtsstands des Erfüllungsortes in Art. 7 Nr. 1 geht in ihren Grundzügen auf Art. 5 Nr. 1 Halbsatz 1 EuGVÜ aus dem **Jahr 1968** zurück. Bei der damaligen Schaffung des **EuGVÜ** war neben dem Erfüllungsort als potentieller Anknüpfungsmoment[12] des Vertragsgerichtsstands aus rechtsvergleichender Perspektive auch der Ort des Vertrags*abschlusses* (bzw. des Entstehens der Verpflichtung) in Betracht gezogen worden.[13] Der Ort eines etwaigen Vertrags*bruchs* hingegen war wegen des – nunmehr in Erwgr. 15 zum Ausdruck kommenden – Wunsches nach einer hohen Vorhersehbarkeit der europäischen Zuständigkeitsvorschriften als eher ungeeignet ausgeschieden, da ein solcher Ort zum Zeitpunkt des Vertragsschlusses meist noch nicht identifizierbar ist.[14] Auch eine rein parteiabhängige Anknüpfung, etwa an den Wohnsitz einer der Vertragsparteien, war aufgrund der Gefahr der Schaffung eines reinen Klägergerichtsstandes nicht in Frage gekommen.[15] Letztlich sprach gegen eine Anknüpfung an den Ort des Vertragsabschlusses neben dem Moment des Zufälligen v.a. die unsichere Regelung bei Distanzgeschäften bzw. bei Vertragsschlüssen zwischen Abwesenden sowie die Befürchtung, dass ein wirtschaftlich stärkerer Vertragspartner oftmals den Ort seines Geschäftssitzes würde durchsetzen können.[16] Letztlich zu Recht hat sich der europäische Gesetzgeber daher bei Schaffung des damaligen Art. 5 Nr. 1 EuGVÜ für den auch im internationalen Vergleich am gebräuchlichsten[17] Anknüpfungspunkt des Erfüllungsorts entschieden.

---

[8] Vgl. etwa EuGH, 18.7.2013 – Rs. C-147/12, *ÖFAB* ./. *Frank Koot u.a.*, ECLI:EU:C:2013:490 = EuZW 2013, S. 703 Rn. 41; EuGH, 25.2.2010 – Rs. C-381/08, *Car Trim GmbH* ./. *KeySafety Systems S.r.l.*, Slg. 2010, I-1268 (ECLI:EU:C:2010:90) Rn. 24, 48; EuGH, 3.5.2007 – Rs. C-386/05, *Color Drack GmbH* ./. *Lexx International Vertriebs GmbH*, Slg. 2007, I-3727 (ECLI:EU:C:2007:262) Rn. 22.
[9] Simons/Hausmann/*Jault-Seseke/Weller*, Brüssel I-VO, 2012, Art. 5 Nr. 1 EuGVVO a.F. Rn. 2 sowie oben Vorb. zu Art. 7 ff. EuGVVO Rn. 1 f.
[10] Vgl. Erwgr. 15.
[11] Ständige Rechtsprechung des EuGH, vgl. etwa EuGH, 29.6.1994 – Rs. C-288/92, *Custom Made Commercial* ./. *Stawa Metallbau*, Slg. 1994, I-2913 (ECLI:EU:C:1994:268); EuGH, 29.6.1994 – Rs. 34/82, *Peters* ./. *Zuid Nederlandse Aannemers Vereniging ZNAV*, Slg. 1983, 987 (ECLI:EU:C:1983:87); EuGH, 17.6.1992 – Rs. C-26/91, *Handte* ./. *TMCS*, Slg. 1992, I-3967 (ECLI:EU:C:1992:268).
[12] Zu den verschiedenen denkbaren Anknüpfungsmomenten eines Vertragsgerichtsstands ausführlich vgl. *Schack*, IZVR, 6. Aufl. 2014, Rn. 287.
[13] Rauscher/*Leible*, EuZPR, 4. Aufl. 2016, Art. 7 EuGVVO Rn. 8; *Schack*, IZVR, 6. Aufl. 2014, Rn. 288 f.
[14] *Schack*, IZVR, 6. Aufl. 2014, Rn. 287.
[15] *Schack*, IZVR, 6. Aufl. 2014, Rn. 287.
[16] *Kropholler/von Hein*, EuZPR, 9. Aufl. 2011, Art. 5 EuGVVO a.F. Rn. 2; *Jenard*-Bericht, 1979, S. 23.
[17] *Schack*, IZVR, 6. Aufl. 2014, Rn. 289.

Text + Erläuterungen Art. 7 **B Vor I** 7

Art. 5 Nr. 1 Halbsatz 1 EuGVÜ entsprach nahezu wortgleich dem jetzigen 5
Auffangtatbestand in Art. 7 Nr. 1 lit. a und c und erforderte – wie diese Vorschrift – in seiner Auslegung durch den EuGH eine **materiell-rechtliche Bestimmung des Erfüllungsorts** nach dem jeweiligen Vertragsstatut,[18] freilich ohne die nunmehrige – vorrangige – Möglichkeit einer **autonomen Bestimmung des Anknüpfungsmoments** für bestimmte Vertragstypen gem. Art. 7 Nr. 1 lit. b (bzw. schon Art. 5 Nr. 1 lit. b EuGVVO a.F., dazu sogleich Rn. 7). Zusätzlich wurden ursprünglich auch Arbeitsverträge von dem Vertragsgerichtsstand in Art. 5 Nr. 1 EuGVÜ erfasst (vgl. Art. 5 Nr. 1 Halbsatz 2 und 3 EuGVÜ). Seit der Schaffung der EuGVVO a.F. besteht insofern eine vorrangige[19] Regelung in Abschnitt 5 des II. Kapitels der EuGVVO.

Die ursprüngliche Regelung in Art. 5 Nr. 1 Halbsatz 1 EuGVÜ und ihre diffi- 6
zile Auslegung durch den EuGH waren seinerzeit **stark kritisiert** worden.[20] Hauptkritikpunkte waren dabei[21] **(1.)** die vom EuGH vorgenommene Differenzierung zwischen der jeweils streitigen Verpflichtung (EuGH-Rechtssache *de Bloos*[22]) und die damit einhergehende potentielle Zuständigkeitszersplitterung, **(2.)** die Überfrachtung der Zuständigkeitsprüfung mit kollisionsrechtlichen Überlegungen und Fragen des materiellen Rechts (nach der sog. *Tessili*-Regel des EuGH[23]), **(3.)** die einer Rechtsvereinheitlichung entgegenwirkende unterschiedliche Bestimmung des Erfüllungsortes je nach anwendbarem Vertragsstatut sowie **(4.)** die zunehmende Herausbildung eines Klägergerichtsstandes für die Kaufpreisforderung im Anwendungsbereich des UN-Kaufrechts (EuGH-Urteil *Stawa*[24]).[25]

Diese Kritikpunkte wurden bei Ablösung des EuGVÜ durch Schaffung der 7
(zum 1.3.2002 in Kraft getretenen) EuGVVO a.F. am 22.12.2000 – nicht zuletzt wegen höchst konträrer Reformvorschläge – nur **teilweise adressiert**. So wurde zwar die Schaffung einer autonomen Definition eines (einheitlich für alle streitigen Verpflichtungen aus einem Vertrag geltenden) Erfüllungsortes in Art. 5 Nr. 1 lit. b EuGVVO a.F. allgemein begrüßt.[26] Jedoch gilt Art. 5 Nr. 1 lit. b EuGVVO a.F. (bzw. nunmehr Art. 7 Nr. 1 lit. b) nicht für alle Verträge, sondern nur für (zwei) bestimmte – wenn auch mit Kauf- und Dienstleistungsverträgen die praktisch relevantesten – Vertragstypen. Für alle anderen Vertragstypen hingegen galt und gilt als **Auffangregel** gem. Art. 5 Nr. 1 lit. a und c EuGVVO a.F. bzw. nunmehr Art. 7 Nr. 1 lit. a und c die alte Rechtslage mit ihrer Differenzierung

---

[18] Dazu näher unten Rn. 52 ff.
[19] S. nur EuGH, 22.5.2008 – Rs. C-462/06, *Glaxosmithkline u.a.* ./. *Jean-Pierre Rouard*, Slg. 2008, I-3978 (ECLI:EU:C:2008:299), Rn. 18 ff.
[20] Vgl. u.a. die Nachweise bei BGH, 26.3.1992 – VII ZR 258/91, NJW 1992, S. 2448 = EuZW 1992, S. 514.
[21] Ausführlich *Kropholler/von Hinden*, GS Lüderitz, 2002, S. 401 ff.; *Junker*, RIW 2002, S. 569.
[22] EuGH, 6.10.1976 – Rs. 14/76, *De Bloos* ./. *Bouyer*, Slg. 1976, 1497 (ECLI:EU:C:1976:134).
[23] EuGH, 6.10.1976 – Rs. 12/76, *Tessili* ./. *Dunlop*, Slg. 1976, 1473 (ECLI:EU:C:1976:133); hierzu näher unten Rn. 70 ff.
[24] EuGH, 29.6.1994 – Rs. C-288/92, *Custom Made Commercial* ./. *Stawa Metallbau*, Slg. 1994, I-2913 (ECLI:EU:C:1994:268).
[25] Ähnlich MünchKomm/*Gottwald*, ZPO, 4. Aufl. 2013, Art. 5 EuGVVO a.F. Rn. 2.
[26] S. nur *Schack*, IZVR, 6. Aufl. 2014, Rn. 303 f.; *Kropholler/von Hein*, EuZPR, 9. Aufl. 2011, Art. 5 EuGVVO a.F. Rn. 3; *Kropholler/von Hinden*, GS Lüderitz, 2002, S. 401 (403 ff.); *Rauscher*, NJW 2010, S. 2251.

B Vor I 7 Art. 7   VO (EU) Nr. 1215/2012

nach der jeweils streitigen Verpflichtung und der Bestimmung des Erfüllungsortes nach der *Tessili*-Regel, d.h. nach dem jeweils anwendbaren Vertragsstatut, weiter. Dieses mehr als **Kompromisslösung** zu verstehende denn auf gewichtigen sachlichen Erwägungen beruhende Nebeneinander einer autonomen und einer materiell-rechtlichen Bestimmung der Anknüpfungspunkte des Vertragsgerichtsstands vermag wegen fortbestehender diffiziler Abgrenzungsfragen und damit erhöhter Rechtsunsicherheit nicht vollends zu überzeugen.[27]

8   Umso **bedauerlicher** ist, dass der europäische Gesetzgeber im Rahmen der jüngsten Reform der EuGVVO Art. 5 Nr. 1 EuGVVO a.F. **ohne jegliche Änderung** wortgleich in Art. 7 Nr. 1 überführt hat. An entsprechender Kritik, die er zum Anlass für eine weitere Vereinfachung der Zuständigkeitsvorschrift in Art. 7 Nr. 1 hätte nehmen können, hat es jedenfalls nicht gefehlt.[28] Freilich fand diese Kritik im Reformprozess kaum Beachtung. Angesichts der bisherigen Untätigkeit sowie des diesbezüglichen Schweigens des europäischen Gesetzgebers dürfte daher auch in naher Zukunft nicht mit einer entsprechenden Überarbeitung zu rechnen sein.

3. Konkurrenzen

9   Ein Kläger kann **gleichberechtigt** zwischen dem Gerichtsstand des Erfüllungsortes gem. Art. 7 Nr. 1 und dem allgemeinen Gerichtsstand des Art. 4 Abs. 1 (sowie weiteren etwaig einschlägigen besonderen Gerichtsständen) wählen. Demgegenüber schließt das Eingreifen einer ausschließlichen Zuständigkeit gem. Art. 24 naturgemäß ebenso wie eine ausschließliche Gerichtsstandsvereinbarung im Sinne von Art. 25 (sowie grds. auch eine Schiedsvereinbarung[29]) den Rückgriff auf die besonderen Gerichtsstände aus, wobei die Gerichtsstände des Art. 24 wiederum denjenigen des Art. 25 im Rang vorgehen. Auch die Zuständigkeiten des 3. bis 5. Abschnitts gehen denjenigen des 2. Abschnitts – und damit auch Art. 7 Nr. 1 – als *leges speciales*[30] vor.[31] Zu vorrangigen Zuständigkeiten, die sich aus internationalen Übereinkommen ergeben, vgl. die Kommentierung zu Art. 71.

4. Räumlicher Anwendungsbereich

10   Maßgeblicher Anknüpfungspunkt in Art. 7 Nr. 1 ist der **Erfüllungsort**.[32] Aus dem einleitenden Wortlaut von Art. 7 („in einem anderen *Mitglied*staat"[33]) geht dabei eindeutig hervor, dass sich der Erfüllungsort für die Anwendung von

---

[27] So auch Rauscher/*Leible*, EuZPR, 4. Aufl. 2016, Art. 7 EuGVVO a.F. Rn. 6.
[28] S. die Nachweise bei *Kropholler/von Hein*, EuZPR, 9. Aufl. 2011, Art. 5 EuGVVO a.F. Rn. 4; Rauscher/*Leible*, EuZPR, 3. Aufl. 2011, Art. 5 EuGVVO Rn. 5a.
[29] EuGH, 17.11.1998 – Rs. C-391/95, *van Uden* ./. *Deco-Line u.a.*, Slg. 1998, I-7091 (ECLI:EU:C:1998:543), 1. Leitsatz; Simons/Hausmann/*Jault-Seseke/Weller*, Brüssel I-VO, 2012, Art. 5 Nr. 1 EuGVVO a.F. Rn. 7.
[30] Vgl. etwa EuGH, 22.5.2008 – Rs. C-462/06, *Glaxosmithkline u.a.* ./. *Jean-Pierre Rouard*, Slg. 2008, I-3978 (ECLI:EU:C:2008:299) Rn. 18 ff.
[31] Zum Verhältnis der verschiedenen Gerichtsstände der EuGVVO vgl. oben Vorb. Art. 7 ff. Rn. 13 ff.
[32] Zur Bestimmung des Erfüllungsorts näher unten Rn. 70 ff., 104 ff.
[33] Hervorhebung durch den *Verf*.

Text + Erläuterungen   Art. 7   **B Vor I 7**

Art. 7 Nr. 1 **in einem EU-Mitgliedstaat** befinden muss. Ein Erfüllungsort in einem Drittstaat hingegen vermag naturgemäß, auch mangels universeller Anwendbarkeit der Zuständigkeitsordnung der EuGVVO,[34] keine Zuständigkeit nach dieser Vorschrift begründen.[35] In einem solchen Fall – d.h. wenn der in Gemäßheit des Art. 7 Nr. 1 lit. b oder lit. a bestimmte Erfüllungsort in einem Drittstaat liegt – bleibt dem Kläger, sofern kein weiterer besonderer Gerichtsstand eingreift, allenfalls der Rückgriff auf den allgemeinen Gerichtsstand des Art. 4 Abs. 1. Wenn der gemäß Art. 7 Nr. 1 lit. b autonom bestimmte Erfüllungsort nicht in einem Mitgliedstaat liegt, ist jedoch nach dem Willen des EU-Gesetzgebers hilfsweise ein Rückgriff auf Art. 7 Nr. 1 lit. c i.V.m. lit. a möglich, freilich ebenfalls unter der Voraussetzung, dass sich der gemäß dieser Vorschrift (materiell-rechtlich) bestimmte Erfüllungsort in einem Mitgliedstaat befindet.[36]

a) Beklagtenwohnsitz in einem Mitgliedstaat

Weiterhin folgt aus dem Wortlaut von Art. 7, dass der besondere Vertragsgerichtsstand – ebenso wie der allgemeine Gerichtsstand des Art. 4 Abs. 1 auch – nur gegenüber Beklagten mit **Wohnsitz**[37] **in einem Mitgliedstaat** der Verordnung anwendbar ist.[38] Hat ein Beklagter hingegen keinen Wohnsitz im Hoheitsgebiet eines Mitgliedstaates, so finden Art. 7 Nr. 1 sowie die Zuständigkeitsordnung der EuGVVO insgesamt – freilich aus Art. 6 Abs. 1 ersichtliche vorbehaltlich einer ohnehin vorrangigen Zuständigkeit eines mitgliedstaatlichen Gerichts gem. Art. 18 Abs. 1 bzw. Art. 21 Abs. 2 sowie des Eingreifens einer ausschließlichen Zuständigkeit gem. Art. 24 bzw. einer Gerichtsstandsvereinbarung im Sinne von Art. 25 – keine Anwendung. In einem solchen Fall ist die Zuständigkeit jeweils nach dem (autonomen) Zivilverfahrensrecht des jeweiligen Forumstaats zu bestimmen. Ist der Wohnsitz des Beklagten hingegen im Prozess **unbekannt** geblieben, steht dies nach neuester Rechtsprechung des EuGH aus dem Jahr 2012[39] und entgegen der früheren h.M.[40] einem Eingreifen der besonderen Gerichtsstände der EuGVVO nicht entgegen.[41]

11

---

[34] Näher Art. 4 Rn. 13 ff.; noch in ihrem Vorschlag zur Neufassung der EuGVVO vom 14.12.2010 (KOM(2010), 748 endg.) hatte die Kommission eine – freilich nicht Gesetz gewordene – (universelle) Anwendbarkeit von (u.a.) Art. 7 unabhängig vom jeweiligen Wohnsitz des Beklagten gefordert.
[35] Vgl. etwa EuGH, 15.2.1989 – Rs. 32/88, *Six Constructions Ltd. ./. Paul Humbert*, Slg. 1989, 341 (ECLI:EU:C:1989:68) Rn. 19 sowie *Schlosser*/Hess, EuZPR, 4. Aufl. 2015, Art. 7 EuGVVO Rn. 10c.
[36] Vgl. KOM(1999), 348 endg., S. 15; *Rauscher*, NJW 2010, S. 2251 (2252).
[37] Zum Begriff des Wohnsitzes im Sinne der EuGVVO vgl. Art. 62, 63 (und die Kommentierung ebenda).
[38] Vgl. näher oben Vorb. Art. 7 ff. Rn. 10 ff.
[39] EuGH, 15.3.2012 – Rs. C-292/10, *G ./. Cornelius de Visser*, ECLI:EU:C:2012:142 = IPRax 2013, S. 341 = EuZW 2012, S. 381 m. Anm. *Bach* („Die EuGVVO ist die Regel, das nationale Recht die Ausnahme").
[40] Etwa Rauscher/*Mankowski*, EuZPR, 4. Aufl. 2016, Art. 6 EuGVVO Rn. 2; *Kropholler/von Hein*, EuZPR, 9. Aufl. 2011, Art. 4 EuGVO a.F. Rn. 2; *Magnus/Mankowski/Vlas*, Brussels I Regulation, 2. Aufl. 2012, Art. 4 EuGVVO a.F. Rn. 2.
[41] Vgl. näher die Kommentierung zu Art. 4 Rn. 13 sowie die Vorb. Art. 7 ff. Rn. 10 und *Bach*, EuZW 2012, S. 381 (382 f.).

b) Qualifizierter Auslandsbezug

12 Demgegenüber ist – wie bereits ausführlich oben unter Vorb. Art. 7 ff. Rn. 11 ff. dargestellt – umstritten, ob die *besonderen* Zuständigkeiten insgesamt bzw. jedenfalls Art. 7 (und damit auch Art. 7 Nr. 1) über den Wohnsitz des Beklagten in einem Mitgliedstaat hinaus zusätzlich erfordern, dass der Beklagte in einem **anderen als seinem Wohnsitzstaat** verklagt werden muss. Mit der h.M.[42] ist ein derartiger qualifizierter grenzüberschreitender Bezug jedenfalls für die Tatbestände des Art. 7 **zu fordern**. Dafür spricht neben dem eindeutigen Wortlaut des Art. 7 („kann in einem *anderen*[43] Mitgliedstaat verklagt werden") gerade die Tatsache, dass der Wortlaut von Art. 7 im Zuge der Neufassung der EuGVVO trotz Kenntnis des Meinungsstreits insofern nicht geändert wurde. Bei Identität von Wohnsitz- und „Erfüllungsortstaat" bleibt daher für die Bestimmung der internationalen Zuständigkeit nur ein Rückgriff auf die Grundregel des Art. 4 Abs. 1[44] bzw. andere besondere Gerichtsstände. Um eine weitere Zuständigkeitszersplitterung zu vermeiden, sollte, anders als im oben Rn. 10 dargestellten Fall eines drittstaatlichen Erfüllungsortes, kein hilfsweiser Rückgriff auf Art. 7 Nr. 1 lit. a möglich sein, wenn der nach lit. b bestimmte Erfüllungsort in dem Wohnsitzstaat des Beklagten liegt.

c) Klägerwohnsitz

13 Anders als derjenige des Beklagten ist der **Wohnsitz des Klägers** nach dem klaren Wortlaut der Verordnung grds.[45] **irrelevant**; auch Kläger mit Wohnsitz in einem Drittstaat können daher eine Klage am Vertragsgerichtsstand des Art. 7 Nr. 1 erheben.[46]

5. Persönlicher Anwendungsbereich

a) Rechtsnachfolger; Parteien kraft Amtes

14 Der besondere Gerichtsstand des Art. 7 Nr. 1 steht nicht nur für Klagen gegen eine originäre Vertragspartei, sondern grds. auch für Verfahren gegen deren jeweilige Gesamt- (z.B. Erben) oder Einzel**rechtsnachfolger** (z.B. Abtretungsempfänger[47]) offen.[48] Das Gleiche gilt für bestimmte, fremdes Vermögen im eigenen Namen verwaltende **Parteien kraft Amtes** (z.B. Insolvenzverwalter[49])

---

[42] Vgl. Rauscher/*Leible*, EuZPR, 4. Aufl. 2016, Art. 7 EuGVVO Rn. 5; Simons/*Hausmann*, Brüssel I-VO, 2012, vor Art. 5–7 EuGVVO a.F. Rn. 5; *Kropholler/von Hein*, EuZPR, 9. Aufl. 2011, vor Art. 5 EuGVVO Rn. 3; **a.A.** etwa Geimer/Schütze/*Auer*, Int. Rechtsverkehr, 28. EL 2005, Vorb. Art. 5 ff. EuGVVO a.F. Rn. 9 sowie Art. 5 EuGVVO a.F. Rn. 14.
[43] Hervorhebung durch den *Verf*.
[44] Dann beurteilt sich die *örtliche* Zuständigkeit freilich nach dem autonomen Zivilverfahrensrecht des jeweiligen Forumsstaates.
[45] Eine Ausnahme folgt etwa in Verbrauchersachen aus Art. 18 Abs. 1 Alt. 2 bzw. in Arbeitssachen aus Art. 21 Abs. 1 lit. a sowie in Vericherungssachen aus Art. 11 Abs. 1 lit. a.
[46] Vgl. EuGH, 13.7.2000 – Rs. C-412/98, *Group Josi Reinsurance Company S.A. ./. Universal General Insurance Company*, Slg. 2000, I-5295 (ECLI:EU:C:2000:399) F.n. 57, 61.
[47] BGH, 22.4.2009 – VIII ZR 156/07, NJW 2009, S. 2606.
[48] *Martiny*, FS Geimer, 2002, S. 641 (661); Geimer/Schütze, EuZVR, 3. Aufl. 2010, Art. 5 EuGVVO a.F. Rn. 73; Rauscher/*Leible*, EuZPR, 4. Aufl. 2016, Art. 7 EuGVVO Rn. 11; *Hau*, IPRax 2006, S. 507; *Schlosser*, JZ 2004, S. 408 (409).
[49] OLG Bremen, 25.9.1997 – 2 U 83/97, RIW 1998, S. 63 Rn. 28.

sowie für Rechtsnachfolger – bzw. Parteien kraft Amtes – auf Klägerseite.[50] Denn Art. 7 Nr. 1 knüpft (anders z.B. als Art. 17 ff.[51]) die Zuständigkeit gerade nicht an bestimmte Eigenschaften der beteiligten Personen, sondern nur an den jeweiligen Streitgegenstand – nämlich einen Vertrag – an. Entsprechend wird der sachliche Anknüpfungspunkt des Vertragsgerichtsstands durch eine bzw. auch mehrere Rechtsnachfolge(n) nicht berührt.[52]

Geltungsgrund des Art. 7 Nr. 1 ist, wie oben Rn. 3 dargelegt, gerade die **Sach- und Beweisnähe** des Gerichts am Erfüllungsort der vertragscharakteristischen bzw. streitgegenständlichen Leistung im Verhältnis zu dem jeweiligen Streitgegenstand.[53] Diese besondere Nähe besteht unabhängig davon, ob die vertraglichen Ansprüche zwischenzeitlich auf Dritte übergegangen sind oder die ursprünglichen Vertragsparteien miteinander prozessieren. Insofern ist auch gleichgültig, ob die Rechtsnachfolge auf Gesetz oder Rechtsgeschäft beruht, solange nur das (potentielle) Bestehen oder Nichtbestehen eines vertraglichen Bandes zwischen den Parteien anspruchsbegründend wirkt.[54] 15

b) Mithaftende Personen

Auch für Klagen gegen bestimmte, für (jedenfalls vermeintliche) vertragliche Verpflichtungen **mithaftende Personen** kann sich ein Kläger bisweilen auf den Vertragsgerichtsstand des Art. 7 Nr. 1 berufen. Voraussetzung soll dabei sein, dass die Leistungspflicht des Mithaftenden nach der maßgeblichen *lex causae* als (jedenfalls theoretisch) akzessorische (Mit-)Haftung ausgestaltet ist.[55] Ist *lex causae* deutsches Recht, käme danach am Gerichtsstand des Erfüllungsortes auch eine Klage z.B. gegen persönlich haftende Bürgen oder Hypothekenschuldner und sogar – wegen des weiten unionsrechtlichen Vertragsbegriffs[56] – gegen einen Vertreter ohne Vertretungsmacht bzw. gegen den Schuldner einer Rechtsscheinhaftung[57] in Betracht. Unabhängig von der materiell-rechtlichen Ausgestaltung der jeweiligen Mithaftung ist dabei allerdings im Einzelfall sorgfältig zu prüfen, ob gerade in dem betreffenden Verhältnis zwischen Kläger und Beklagten[58] eine freiwillig eingegangene Verpflichtung im Sinne von Art. 7 Nr. 1 vorliegt.[59] 16

---

[50] *Kropholler/von Hein*, EuZPR, 9. Aufl. 2011, Art. 5 EuGVVO a.F. Rn. 9.
[51] Simons/Hausmann/*Jault-Seseke/Weller*, Brüssel I-VO, 2012, Art. 5 Nr. 1 EuGVVO a.F. Rn. 13.
[52] Rauscher/*Leible*, EuZPR, 4. Aufl. 2016, Art. 7 EuGVVO Rn. 11.
[53] BGH, 22.4.2009 – VIII ZR 156/07, NJW 2009, S. 2606 (2607); Simons/Hausmann/*Jault-Seseke/Weller*, Brüssel I-VO, 2012, Art. 5 Nr. 1 EuGVVO a.F. Rn. 13.
[54] *Geimer*/Schütze, EuZVR, 3. Aufl. 2010, Art. 5 EuGVVO a.F. Rn. 73; etwas anderes gilt freilich bei denjenigen Gerichtsständen (insbesondere der Abschnitte 3 bis 5), die den besonderen Schutz einer der ursprünglichen Parteien dienen, s. EuGH, 15.1.2004 – Rs. C-433/01, *Freistaat Bayern ./. Jan Blijdenstein*, Slg. 2004, I-991 (ECLI:EU:C:2004:21).
[55] *Geimer*/Schütze, EuZVR, 3. Aufl. 2010, Art. 5 EuGVVO a.F. Rn. 73.
[56] Vgl. hierzu näher Rn. 16.
[57] *Martiny*, FS Geimer, 2002, S. 641 (650).
[58] MünchKomm/*Gottwald*, ZPO, 4. Aufl. 2013, Art. 5 EuGVVO a.F. Rn. 5.
[59] So fehlt es z.b. bei der Regressforderung eines Bürgen gegen den Hauptschuldner an der vertragsimmanenten „Freiwilligkeit", wenn der Hauptschuldner keinerlei Ermächtigung zum Abschluss des Bürgschaftsvertrages erteilt hatte, vgl. EuGH, 5.2.2004 – Rs. C-265/02, *Frahuil S.A. ./. Assitalia S.p.A.*, Slg. 2004, I-1543 (ECLI:EU:C:2004:77) Rn. 26. Zum sachlichen Anwendungsbereich von Art. 7 Nr. 1 allgemein s. sogleich Rn. 22 ff.

c) Gesellschafterhaftung

17 Dementsprechend kann entgegen der wohl h.M.[60] die – schon vom Wortlaut nicht unter Art. 24 Nr. 2 fallende[61] – akzessorische Haftung der Gesellschafter einer oHG oder KG bzw. einer rechtsfähigen GbR gem. §§ 128(, 161 Abs. 2) HGB (analog) sowie gem. § 171 Abs. 1 HGB nicht *per se* unter Art. 7 Nr. 1 subsumiert werden.[62] Denn eine jedenfalls pauschale Einstufung der Gesellschafterhaftung aus **§ 128 HGB etc.** als „vertraglich" im Sinne von Art. 7 Nr. 1 ist nach dem oben Rn. 16 Gesagten fragwürdig.[63] Nach den autonomen unionsrechtlichen Vorgaben des EuGH bedingt ein „vertraglicher" Anspruch das Vorliegen einer **freiwillig eingegangenen** Verpflichtung[64] in – genau – dem jeweils maßgeblichen streitgegenständlichen Verhältnis.[65] Rechtstechnisch betrachtet handelt es sich bei der Gesellschafterhaftung aus § 128 HGB (etc.) aber um eine gesetzliche Haftung für fremde Schuld[66] und ist die Gesellschafterhaftung lediglich Folge der auf dem Gesellschaftsvertrag beruhenden Mitgliedschaft in einer Personengesellschaft. Der Gesellschaftsvertrag wird aber lediglich mit den anderen (Mit-)Gesellschaftern, nicht aber den Gesellschaftsgläubigern abgeschlossen. Mangels (meist) jeglicher vertraglicher Beziehungen zwischen den Gesellschaftern und den jeweiligen Gesellschaftsgläubigern kann die Gesellschafterhaftung gegenüber Dritten daher nur schwerlich *pauschal* als gegenüber auch den Gesellschaftsgläubigern freiwillig eingegangen und damit als „vertraglich" im Sinne des Unionsrechts bzw. der EuGVVO qualifiziert werden.[67] Eine vertragliche Beziehung auch im Sinne der EuGVVO wird vielmehr in aller Regel nur zwischen der jeweiligen Gesellschaft und deren Geschäftspartnern sowie zwischen der Gesellschaft und den Gesellschaftern[68] und nicht – anders als z.B. bei einer Bürgschaft mit von vor-

---

[60] BGH, 2.6.2003 – II ZR 134/02, NJW 2003, S. 2609; *Geimer/Schütze*, EuZVR, 3. Aufl. 2010, Art. 5 EuGVVO a.F. Rn. 73; *Kropholler/von Hein*, EuZPR, 9. Aufl. 2011, Art. 5 EuGVVO a.F. Rn. 13; *Schlosser/Hess*, EuZPR, 4. Aufl. 2015, Art. 7 EuGVVO Rn. 6; *Weber*, Gesellschaftsrecht und Gläubigerschutz im Internationalen Zivilverfahrensrecht, 2011, S. 259 ff., 308 f.

[61] Vgl. hierzu die Kommentierung ebenda; entsprechend betont *Weber*, Gesellschaftsrecht und Gläubigerschutz im Internationalen Zivilverfahrensrecht, 2011, S. 224, dass Art. 22 Nr. 2 EuGVVO a.F. [der jetzige Art. 24 Nr. 2] „nur in einem Bruchteil der Fallkonstellationen bei der Durchsetzung des [gesellschaftsrechtlichen] Gläubigerschutzes Abhilfe schaffen kann"; zum Anwendungsbereich von Art. 24 Nr. 2 s. die dortige Kommentierung unter Rn. 84 ff.

[62] So auch Rauscher/*Leible*, EuZPR, 4. Aufl. 2016, Art. 7 EuGVVO Rn. 11 sowie OLG Naumburg, 24.8.2000 – 7 U (Hs) 3/00, NZG 2000, S. 1218.

[63] In diesem Sinne tendenziell auch Rauscher/*Leible*, EuZPR, 4. Aufl. 2016, Art. 7 EuGVVO Rn. 11.

[64] Vgl. etwa EuGH, 17.9.2002 – Rs. C-334/00, *Fonderie Tacconi S.p.A.* ./. *HWS*, Slg. 2002, I-7357 (ECLI:EU:C:2002:499) = EuZW 2002, S. 655 Rn. 22 f.; dazu näher sogleich Rn. 29 ff.

[65] Vgl. MünchKomm/*Gottwald*, ZPO, 4. Aufl. 2013, Art. 5 EuGVVO a.F. Rn. 5 unter Verweis auf EuGH, 6.10.1976 – Rs. 14/76, *De Bloos* ./. *Bouyer*, Slg. 1976, 1497 (ECLI:EU:C:1976:134).

[66] Vgl. nur Staub/*Habersack*, HGB, 5. Aufl. 2009, § 128 Rn. 17.

[67] Vgl. *D. Paulus*, Außervertragliche Gesellschafter- und Organwalterhaftung im Lichte des Unionskollisionsrechts, 2014, Rn. 357 ff. sowie *Kindler*, in: Sonnenberger (Hrsg.), Vorschläge und Berichte zur Reform des europäischen und deutschen internationalen Gesellschaftsrechts, 2007, S. 497 (531).

[68] Vgl. zur – bejahten – Frage der Qualifikation einer Vereinssatzung als „Vertrag" im Sinne von Art. 7 Nr. 1 EuGH, 22.3.1983 – Rs. 34/82, *Peters* ./. *Zuid Nederlandse Aannemers Vereniging ZNAV*, Slg. 1983, 987 (ECLI:EU:C:1983:87).

Text + Erläuterungen   Art. 7   **B Vor I** 7

neherein feststehendem Bürgschaftsgläubiger – gleichsam abgekürzt übers Eck bestehen.[69]

Zwar ist der **unionsrechtliche Vertragsbegriff** deutlich weiter als derjenige 18
des materiellen deutschen Rechts: So umfasst jener anders als dieser auch einseitige Rechtsgeschäfte (sowie u.U. sogar sog. isolierte Gewinnzusagen[70]) und erfordert nicht notwendig das tatsächliche Zustandekommen eines Vertrages im technischen Sinne durch Antrag und Annahme.[71] Gleichwohl kann nicht davon ausgegangen werden, dass alleine das Vorhandensein eines Vertrages zwischen der Gesellschaft und dem betreffenden Gesellschafter ohne weiteres ausreicht, um eine unionsrechtlich vertragliche Bewertung auch des davon zu trennenden Verhältnisses zwischen Drittgläubigern und den Gesellschaftern **übers Eck** zu rechtfertigen.[72] Dies zeigt auch das Beispiel der Haftung aus einem Vertrag zugunsten Dritter, die nach h.M. ebenfalls nicht als unionsrechtlich „vertraglich" im Sinne von Art. 7 Nr. 1 EuGVVO[73] bzw. der Rom I-VO[74] eingeordnet werden kann.

Allenfalls die Bereichsausnahme in Art. 1 Abs. 2 lit. d Rom II-VO (u.a.) für 19
„die persönliche Haftung der Gesellschafter und der Organe für die Verbindlichkeiten einer Gesellschaft" könnte (in Verbindung mit dem vorerwähnten Konkordanzgebot zwischen EuGVVO und Rom II-VO[75]) für eine unionsrechtlich autonome Qualifikation einer entsprechenden **Gesellschafteraußenhaftung** als grundsätzlich vertraglich streiten. Dagegen spricht aber wiederum der einleitende Wortlaut von Art. 1 Abs. 2 lit. d Rom II-VO, der von „*außervertragliche*[n][76] Schuldverhältnisse[n], die sich aus dem Gesellschaftsrecht, dem Vereinsrecht und dem Recht der juristischen Personen ergeben", spricht.

Schließlich ergibt sich auch aus dem *Brogsitter*-**Urteil** des EuGH vom 20
13.3.2014[77] keine andere Beurteilung. Zwar hat der EuGH in besagtem Urteil entschieden, dass selbst Ansprüche, die nach nationalem Recht als außervertraglich eingestuft werden, dennoch dem Vertragsgerichtsstand des (nunmehr) Art. 7 Nr. 1 unterfallen können, wenn nur das anspruchsbegründende Verhalten als

---

[69] So hat der EuGH jüngst in der Rechtssache *Kolassa* (freilich in anderem Kontext) ausdrücklich betont, dass das Erfordernis des Vertragsschlusses nicht so ausgelegt werden kann, dass es auch bei einer Kette von Verträgen erfüllt wäre, EuGH, 28.1.2015 – Rs. C-375/13, *Kolassa* ./. *Barclays Bank plc*, ECLI:EU:C:2015:37 = EuZW 2015, S. 218, Rn. 30.
[70] EuGH, 14.5.2009 – Rs. C-180/06, *Renate Ilsinger* ./. *Martin Dreschers als Insolvenzverwalter der Schlank & Schick-GmbH*, Slg. 2009, I-3998 (ECLI:EU:C:2009:303); MünchKomm/*Martiny*, BGB, 6. Aufl. 2015, Art. 1 Rom I-VO Rn. 16; vgl. zu diesen näher die Kommentierung zu Art. 17 Rom I-VO Rn. 36 ff.
[71] Vgl. etwa EuGH, 17.6.1992 – Rs. C-26/91, *Handte* ./. *TMCS*, Slg. 1992, I-3967 (ECLI:EU:C:1992:268); EuGH, 28.1.2015 – Rs. C-375/13, *Kolassa* ./. *Barclays Bank plc*, ECLI:EU:C:2015:37 = EuZW 2015, S. 218, Rn. 39 sowie etwa Rauscher/*von Hein*, EuIPR, 3. Aufl. 2011, Art. 1 Rom I-VO Rn. 7 ff.; Rauscher/*Unberath/Cziupka*, EuIPR, 3. Aufl. 2011, Art. 1 Rom II-VO Rn. 17 ff.; MünchKomm/*Martiny*, BGB, 6. Aufl. 2015, Art. 1 Rom I-VO Rn. 7 ff.; näher zum Ganzen sogleich Rn. 26 ff.
[72] So auch Rauscher/*Leible*, EuZPR, 4. Aufl. 2016, Art. 7 EuGVVO Rn. 11.
[73] OGH (Österreich), 7.8.2008 – 6 Ob 133/08i.
[74] *Dutta*, IPRax 2009, S. 293 (294); Rauscher/*Freitag*, EuIPR, 3. Aufl. 2011, Art. 12 Rom I-VO Rn. 4, 20; MünchKomm/*Martiny*, BGB, 6. Aufl. 2015, Art. 1 Rom I-VO Rn. 10.
[75] Dazu bereits oben Vorb. Art. 7 ff. Rn. 8 sowie z.B. *Würdinger*, RabelsZ 75 (2011), S. 102.
[76] Hervorhebung durch den *Verf.*
[77] EuGH, 13.3.2014 – Rs. C-548/12, *Marc Brogsitter* ./. *Fabrication de Montres Normandes EURL u.a.*, ECLI:EU:C:2014:148 = NJW 2014, S. 1648.

Verstoß gegen vertragliche Verpflichtungen angesehen werden kann und eine Auslegung des Vertrags zu dessen rechtlichen Beurteilung „unerlässlich erscheint". Auch kann nicht geleugnet werden, dass eine Gesellschafterhaftung gem. § 128 HGB (etc.) notwendigerweise an eine vertraglich begründete mitgliedschaftliche Gesellschafterstellung anknüpft.[78] Dennoch betrifft auch das *Brogsitter*-Urteil des EuGH nur die Anknüpfung an einen gerade zwischen den Parteien,[79] nicht aber nur zwischen einer der Parteien und einem Dritten bestehenden Vertrag und rechtfertigt daher ebenfalls keine pauschale Zuständigkeitsbegründung übers Eck.[80]

d) Vertragsketten

21 Von den eingangs erwähnten Klagen gegen bestimmte mithaftende Personen streng zu trennen sind Ansprüche, die sich aus mehreren, hintereinander geschalteten Verträgen ergeben, etwa in **Vertrags- oder Lieferketten**. Auch bei diesen fehlt es an einer direkten Vertragsbeziehung z.b. zwischen Hersteller und späterem Erwerber. Selbst wenn das anwendbare nationale – etwa das französische[81] – Recht im Einzelfall dennoch direkte Ansprüche z.b. zwischen Hersteller und späterem Erwerber eröffnet, können diese daher nicht *per se* im Gerichtsstand des Art. 7 Nr. 1 eingeklagt werden. Denn der Hersteller kennt im Regelfall den Zweit- oder Dritterwerber gar nicht und hat daher diesem gegenüber auch nicht (freiwillig) vertragliche Verpflichtungen begründet.[82] Erst jüngst (im Jahr 2015) hat der EuGH in der Rechtssache *Kolassa* erneut ausdrücklich betont, dass das Erfordernis des Vertragsschlusses nicht so ausgelegt werden könne, dass es auch bei einer Kette von Verträgen – gleichsam übers Eck – erfüllt wäre.[83]

6. Sachlicher Anwendungsbereich: Vertrag oder Ansprüche aus Vertrag

22 Damit der Gerichtsstand des Art. 7 Nr. 1 eröffnet ist, müssen ein „**Vertrag oder Ansprüche aus einem Vertrag**"[84] den Gegenstand eines Verfahrens bilden. Die Formulierung in der deutschen Fassung des Art. 7 Nr. 1 weicht dabei – ohne dass dies sachliche Unterschiede bedingt[85] – von einigen anderen Sprachfassungen ab: So spricht die englische Fassung der Verordnung demgegenüber etwas unspezifischer von „matters relating to a contract" bzw. die französische Fassung von „en matière contractuelle" und die italienische von

---

[78] So die Argumentation bei Weber, Gesellschaftsrecht und Gläubigerschutz im Internationalen Zivilverfahrensrecht, 2011, der auf S. 291 zudem betont, dass sich die Gesellschafter durch den Gesellschaftsvertragsschluss „den Pflichten des institutionellen Gläubigerschutzes in einem Akt freiwilliger Selbstbindung" unterwerfen.
[79] Vgl. EuGH, 13.3.2014 – Rs. C-548/12, *Marc Brogsitter ./. Fabrication de Montres Normandes EURL u.a.*, ECLI:EU:C:2014:148 = NJW 2014, S. 1648, Rn. 22 ff.
[80] Ähnlich auch *Schlosser*/Hess, EuZPR, 4. Aufl. 2015, Art. 7 EuGVVO Rn. 13.
[81] Vgl. zur französischen *action directe* etwa Gebauer, IPRax 2001, S. 471 (472).
[82] Vgl. EuGH, 17.6.1992 – Rs. C-26/91, *Handte ./. TMCS*, Slg. 1992, I-3967 (ECLI:EU:C:1992:268) sowie Simons/Hausmann/Jault-Seseke/Weller, Brüssel I-VO, 2012, Art. 5 Nr. 1 EuGVVO a.F. Rn. 21.
[83] EuGH, 28.1.2015 – Rs. C-375/13, *Kolassa ./. Barclays Bank plc*, ECLI:EU:C:2015:37 = EuZW 2015, S. 218, Rn. 30.
[84] Hervorhebung durch den *Verf.*
[85] *Schlosser*/Hess, EuZPR, 4. Aufl. 2015, Art. 7 EuGVVO Rn. 9.

„materia contrattuale". Legt man die in der deutschen Fassung gewählte Formulierung zugrunde, betrifft die weit überwiegende Zahl der Art. 7 Nr. 1 bzw. seine Vorgängernormen betreffenden Verfahren „Ansprüche aus einem Vertrag" und nicht einen „Vertrag" selbst.[86] Denn Streitigkeiten über einen „Vertrag" betreffen lediglich die Frage, ob überhaupt oder noch ein (wirksamer) Vertrag vorliegt.[87]

Auf die jeweilige **Verfahrensart** kommt es dabei für Art. 7 Nr. 1 nicht an: Der Gerichtsstand steht mithin sowohl für Leistungs- als auch für Feststellungs- oder Gestaltungsklagen zur Verfügung.[88] Neben der Gewährung eines eigenen Gerichtsstands dient die Feststellung, ob „ein Vertrag oder Ansprüche aus einem Vertrag den Gegenstand des Verfahrens bilden", auch der **Abgrenzung zum Gerichtsstand der unerlaubten Handlung**. Denn Art. 7 Nr. 2 ist nach dem EuGH auf alle Verfahren anwendbar, „mit denen eine Schadenshaftung des Bekl[agten] geltend gemacht wird und die nicht an einen „Vertrag" im Sinne von [Art. 7 Nr. 1] anknüpfen".[89]   23

b) Autonome Qualifikation

Der EuGH legt den Begriff des „Vertrages" im Sinne der EuGVVO **autonom** aus, d.h. aus dem Sinnzusammenhang der EuGVVO sowie des Unionsrechts insgesamt, v.a. aber der Rom I-VO.[90] Dies bedeutet, dass ein streitgegenständliches Rechtsverhältnis nicht etwa nach Maßgabe der *lex causae*,[91] d.h. des in der Sache anwendbaren nationalen Rechts, sondern nach unionsrechtlichen und damit supranational **einheitlichen Maßstäben qualifiziert** werden muss. Nur so könne sichergestellt werden, dass die EuGVVO in allen EU-Mitgliedstaaten einheitlich ausgelegt und angewandt werde und die Rechte und Pflichten der Bewohner unabhängig von der Wahl des Forums grds. gleich beurteilt werden.[92]   24

---

[86] *Schlosser*/Hess, EuZPR, 4. Aufl. 2015, Art. 7 EuGVVO Rn. 3.
[87] Vgl. EuGH, 20.4.2016 – Rs. 366/13, *Profit Investment SIM ./. Ossi u.a.*, ECLI:EU:C:2016:282 = EuZW 2016, S. 419, Rn. 58; EuGH, 4.3.1982 – Rs. 38/81, *Effer S.p.A. ./. Kantner*, Slg. 1982, 825 (ECLI:EU:C:1982:79) sowie Rauscher/*Leible*, EuZPR, 4. Aufl. 2016, Art. 7 EuGVVO Rn. 37; *Schlosser*/Hess, EuZPR, 4. Aufl. 2016, Art. 7 EuGVVO Rn. 9.
[88] Vgl. nur OLG München, 22.9.1995 – 23 U 3750/95, RIW 1996, S. 1035 sowie *Geimer*/Schütze, EuZVR, 3. Aufl. 2010, Art. 5 EuGVVO a.F. Rn. 55; Rauscher/*Leible*, EuZPR, 4. Aufl. 2016, Art. 7 EuGVVO Rn. 37.
[89] EuGH, 17.9.2002 – Rs. C-334/00, *Fonderie Tacconi S.p.A. ./. HWS*, Slg. 2002, I-7357 (ECLI:EU:C:2002:499) = EuZW 2002, S. 655, Rn. 21 unter Berufung auf EuGH, 27.9.1988 – Rs. 189/87, *Kalfelis ./. Schröder*, Slg. 1988, 5565 (ECLI:EU:C:1988:459), Rn. 18.
[90] EuGH, 22.3.1983 – Rs. 34/82, *Peters ./. Zuid Nederlandse Aannemers Vereniging ZNAV*, Slg. 1983, 987 (ECLI:EU:C:1983:87); EuGH, 8.3.1988 – Rs. 9/87, *Arcado ./. Havilland*, Slg. 1988, 1539 (ECLI:EU:C:1988:127); EuGH, 29.6.1994 – Rs. C-288/92, *Custom Made Commercial ./. Stawa Metallbau*, Slg. 1994, I-2913 (ECLI:EU:C:1994:268); EuGH, 27.10.1998 – Rs. C-51/97, *Reunion europeenne ./. Spliethoff's Bevrachtingskantoor*, Slg. 1998, I-6511 (ECLI:EU:C:1998:509) sowie EuGH, 17.9.2002 – Rs. C-334/00, *Fonderie Tacconi S.p.A. ./. HWS*, Slg. 2002, I-7357 (ECLI:EU:C:2002:499) = EuZW 2002, 655.
[91] dafür aber etwa *Geimer*/Schütze, EuZVR, 3. Aufl. 2010, Art. 5 EuGVVO a.F. Rn. 16; *Holl*, IPRax 1998, S. 120 (121); *Piltz*, NJW 1981, S. 1876 f.; *Schlosser*, IPRax 1984, S. 65 (68); *ders.*, RIW 1988, S. 987 (989); *Lohse*, Das Verhältnis von Vertrag und Delikt, 1991, S. 200; einschränkend auch *Bachmann*, IPRax 1997, S. 237 (238).
[92] EuGH, 17.9.2002 – Rs. C-334/00, *Fonderie Tacconi S.p.A. ./. HWS*, Slg. 2002, I-7357 (ECLI:EU:C:2002:499) = EuZW 2002, S. 655, Rn. 20.

25 Dem ist vor dem Hintergrund der von der EuGVVO bezweckten Rechtsvereinheitlichung uneingeschränkt **zuzustimmen**:[93] Ein Rückgriff auf nationale anstelle von – möglichst – einheitlichen Qualifikationsmaßstäben stände diesem Ziel diametral entgegen.[94] Auch würde die nicht zuletzt in Erwgr. 15 geforderte hohe Vorhersehbarkeit der Zuständigkeitsvorschriften der EuGVVO unter einer Qualifikation nach Maßgabe der jeweiligen *lex causae* leiden und die Gefahr von (negativen oder positiven) Kompetenzkonflikten steigen.[95] Aus den gleichen Gründen scheidet naturgemäß ebenfalls eine jedenfalls pauschal angeordnete Qualifikation nach der jeweiligen *lex fori* aus.[96] Dafür spricht nicht zuletzt, dass ein mitgliedstaatliches Gericht nach Auffassung des EuGH bei Anwendung der EuGVVO grds. ohne Sachprüfung über seine Zuständigkeit entscheiden können muss, was ebenfalls nur bei einem autonom zu verstehenden Vertragsbegriff möglich sein dürfte.

c) Umfassender unionsrechtlicher Vertragsbegriff?

26 Der Begriff des „Vertrags" in Art. 7 Nr. 1 ist **deutlich weiter** zu verstehen als derjenige des materiellen deutschen Rechts: So erfordert ein Vertrag im Sinne der EuGVVO nicht notwendig das tatsächliche Zustandekommen eines Vertrags im technischen („deutschen") Sinne durch Antrag und Annahme.[97] Der Vertragsbegriff des Art. 7 Nr. 1 umfasst im Gegenteil zum Teil sogar einseitige Rechtsgeschäfte[98] bzw. Verpflichtungen,[99] sofern diese nur „ihren Urheber wie ein Vertrag"[100] im Sinne einer gegenüber einer anderen Partei **freiwillig eingegangenen Verpflichtung** binden.[101] Entsprechend müssen für Art. 7 Nr. 1 keinesfalls synallagmatische bzw. auch nur gegenseitige Pflichten begründet werden.[102]

27 Wegen des vorerwähnten[103] Auslegungszusammenhangs innerhalb des Unionsrechts kann zur Auslegung des Vertragsbegriffs grds. auch auf die Begriffe

---

[93] So auch Rauscher/*Leible*, EuZPR, 4. Aufl. 2016, Art. 7 EuGVVO Rn. 18; Simons/Hausmann/ Jault-Seseke/*Weller*, Brüssel I-VO, 2012, Art. 5 Nr. 1 EuGVVO a.F. Rn. 14.
[94] Rauscher/*Leible*, EuZPR, 4. Aufl. 2016, Art. 7 EuGVVO Rn. 17.
[95] Rauscher/*Leible*, EuZPR, 4. Aufl. 2016, Art. 7 EuGVVO Rn. 18.
[96] *Kropholler/von Hein*, EuZPR, 9. Aufl. 2011, Art. 5 EuGVVO a.F. Rn. 5 sprechen von einem „vereinheitlichungsfeindlichen Rückgriff auf die jeweilige materielle lex fori".
[97] S. besipielhaft EuGH, 20.1.2005 – Rs. C-27/02, *Engler ./. Janus Versand GmbH*, Slg. 2005, I-481 (ECLI:EU:C:2005:33), Rn. 50 („nach ständiger Rechtsprechung").
[98] Etwa eine Auslobung im Sinne von § 657 BGB, s. Rauscher/*Leible*, EuZPR, 4. Aufl. 2016, Art. 7 EuGVVO Rn. 23 sowie allgemein MünchKomm/*Seiler*, BGB, 6. Aufl. 2012, § 657 BGB Rn. 4.
[99] S. etwa Rauscher/*von Hein*, EuIPR, 3. Aufl. 2011, Art. 1 Rom I-VO Rn. 7 ff.; Rauscher/*Unberath/Cziupka*, EuIPR, 3. Aufl. 2011, Art. 1 Rom II-VO Rn. 17 ff.; MünchKomm/*Martiny*, BGB, 6. Aufl. 2015, Art. 1 Rom I-VO Rn. 7 ff.
[100] Vgl. EuGH, 20.1.2005 – Rs. C-27/02, *Engler ./. Janus Versand GmbH*, Slg. 2005, I-481 (ECLI:EU:C:2005:33), Rn. 56.
[101] EuGH, 17.9.2002 – Rs. C-334/00, *Fonderie Tacconi S.p.A. ./. HWS*, Slg. 2002, I-7357 (ECLI:EU:C:2002:499) = EuZW 2002, 655, Rn. 23; EuGH, 27.10.1998 – Rs. C-51/97, *Reunion europeenne ./. Spiethoff's Bevrachtingskantoor*, Slg. 1998, I-6511 (ECLI:EU:C:1998:509), Rn. 15 ff.; BGH, 29.11.2011 – XI ZR 172/11, NJW 2012, S. 455, Rn. 14; BGH, 22.4.2009 – VIII ZR 156/07, NJW 2009, S. 2606, Rn. 13.
[102] Vgl. etwa – allerdings zu Art. 17 Abs. 1 – EuGH, 14.5.2009 – Rs. C-180/06, *Renate Ilsinger ./. Martin Dreschers als Insolvenzverwalter der Schlank & Schick-GmbH*, Slg. 2009, I-3998 (ECLI:EU:C:2009:303), Rn. 54.
[103] Vgl. dazu oben Vorb. Art. 7 ff. Rn. 8.

der **Rom I-VO** sowie die hierzu ergangene Rechtsprechung zurückgegriffen werden.[104] Das Gleiche gilt nach richtiger Ansicht[105] – von einigen Sonderkonstellationen und Randbereichen abgesehen – auch für (den Verbrauchersachen betreffenden) **Art. 17 Abs. 1**,[106] dessen Anwendungsbereich ebenfalls auf Streitigkeiten über einen „Vertrag oder Ansprüche aus einem Vertrag" begrenzt ist.[107] Zwar hat der EuGH mehrfach betont, dass der Vertragsbegriff des Art. 17 Abs. 1 **enger** zu verstehen sei als derjenige des Art. 7 Nr. 1.[108] So ist nach dem Gerichtshof etwa für Art. 17 Abs. 1 erforderlich, dass die jeweils andere Partei als Erklärungsempfänger dem Verhalten des Schuldners bei objektiver Auslegung[109] erkennbar und „vernünftigerweise"[110] einen rechtsgeschäftlichen Bindungswillen beimessen durfte[111] *und* ihre **Annahme** zum Ausdruck bringt.[112] Gleichzeitig sollen nach dem EuGH z.b. vorvertragliche[113] bzw. quasivertragliche Ansprüche theoretisch zwar Art. 7 Nr. 1, nicht jedoch Art. 17 unterfallen können.[114]

[104] S. nur Erwgr. 7 zur Rom I-VO. Nach Ansicht einiger Autoren soll hingegen der unions*zivilverfahrens*rechtliche Vertragsbegriff im (seltenen) Einzelfall sogar weiter sein als derjenige des Unionskollisionsrechts; so etwa *Weber*, Gesellschaftsrecht und Gläubigerschutz im Internationalen Zivilverfahrensrecht, 2011, S. 238; vgl. auch MünchKomm/*Martiny*, BGB, 6. Aufl. 2015, Art. 1 Rom I-VO Rn. 7.
[105] So wohl auch BGH, 29.11.2011 – XI ZR 172/11, NJW 2012, S. 455, Rn. 14; *Schlosser*/*Hess*, EuZPR, 4. Aufl. 2015, Art. 17 EuGVVO Rn. 2; MünchKomm/*Gottwald*, ZPO, 4. Aufl. 2013, Art. 15 EuGVVO a.F. Rn. 4; implizit auch EuGH, 11.7.2002 – Rs. C-96/00, *Rudolf Gabriel*, Slg. 2002, I-6367 (ECLI:EU:C:2002:436) = EuZW 2002, S. 539, Rn. 32; EuGH, 20.1.2005 – Rs. C-27/02, *Engler* ./. *Janus Versand GmbH*, Slg. 2005, I-481 (ECLI:EU:C:2005:33), Rn. 28; **a.A.** wohl *Kropholler*/*von Hein*, EuZPR, 4. Aufl. 2011, Art. 15 EuGVVO a.F. Rn. 3 (mit der Begründung, die Systembegriffe des Art. 17 müssten als Ausnahme zu Art. 4 eng, diejenigen des Art. 7 Nr. 1 würden hingegen weit auszulegen sein. Dies deckt sich zwar mit EuGH, 14.5.2009 – Rs. C-180/06, *Renate Ilsinger* ./. *Martin Dreschers als Insolvenzverwalter der Schlank & Schick-GmbH*, Slg. 2009, I-3998 (ECLI:EU:C:2009:303), Rn. 57, steht jedoch nach hier vertretener Ansicht einem grundsätzlichen (vorsichtigen) Rückgriff auf die Art. 7 Nr. 1 gewonnenen Erkenntnisse nicht entgegen; vgl. auch die Vorb. Art. 7 ff. Rn. 9).
[106] Vgl. neben den Nachweisen in der vorigen Fn. auch die Kommentierung zu Art. 17 Rn. 34.
[107] EuGH, 14.5.2009 – Rs. C-180/06, *Renate Ilsinger* ./. *Martin Dreschers als Insolvenzverwalter der Schlank & Schick-GmbH*, Slg. 2009, I-3998 (ECLI:EU:C:2009:303), Rn. 57.
[108] S. etwa EuGH, 20.1.2005 – Rs. C-27/02, *Engler* ./. *Janus Versand GmbH*, Slg. 2005, I-481 (ECLI:EU:C:2005:33), Rn. 44 und 49.
[109] *Leible*, NJW 2005, S. 796 (797); vgl. in diese Richtung allgemein EuGH, 20.1.2005 – Rs. C-464/01, *Gruber* ./. *BayWa AG*, Slg. 2005, I-439 (ECLI:EU:C:2005:32), Rn. 46: „objektiven Umstände bei Vertragsabschluss" sowie EuGH, 14.5.2009 – Rs. C-180/06, *Renate Ilsinger* ./. *Martin Dreschers als Insolvenzverwalter der Schlank & Schick-GmbH*, Slg. 2009, I-3998 (ECLI:EU:C:2009:303), Rn. 60: „Eindruck erweckt".
[110] EuGH, 20.1.2005 – Rs. C-27/02, *Engler* ./. *Janus Versand GmbH*, Slg. 2005, I-481 (ECLI:EU:C:2005:33), Rn. 54.
[111] Nach dem EuGH (14.5.2009 – Rs. C-180/06, *Renate Ilsinger* ./. *Martin Dreschers als Insolvenzverwalter der Schlank & Schick-GmbH*, Slg. 2009, I-3998 (ECLI:EU:C:2009:303), Rn. 55) ist etwa im Falle einer Gewinnzusage erforderlich, dass die sich verpflichtende Partei „klar ihren Willen zum Ausdruck gebracht [hat], im Fall einer Annahme durch die andere Partei an eine Verbindlichkeit gebunden zu sein, indem sie sich bedingungslos bereit erklärt hat, den fraglichen Preis an Verbraucher auszuzahlen, die darum ersuchen." Dazu näher die Kommentierung zu Art. 17 Rn. 36 ff.
[112] EuGH, 14.5.2009 – Rs. C-180/06, *Renate Ilsinger* ./. *Martin Dreschers als Insolvenzverwalter der Schlank & Schick-GmbH*, Slg. 2009, I-3998 (ECLI:EU:C:2009:303), Rn. 54.
[113] Jedoch sind die meisten vorvertraglichen Ansprüche – z.B. nach nach deutschem Verständnis *culpa in contrahendo*, etwa wegen willkürlichen Abbruchs von Vertragsverhandlungen – auch im Sinne des Art. 7 grds. als gesetzliche Schuldverhältnisse einzuordnen (vgl. Art. 2 Abs. 1 Rom II-VO i.V.m. der Erwgr. 30) und nicht nach vorzugswürdiger Auffassung unter Art. 7 Nr. 1, sondern dessen Nr. 2, so etwa Rauscher/*Leible*, EuZPR, 4. Aufl. 2016, Art. 7 EuGVVO Rn. 30; *Kropholler*/*von Hein*, EuZPR, 9. Aufl. 2011, Art. 5 EuGVVO a.F. Rn. 18; *Schack*, IZVR, 6. Aufl. 2014, Rn. 293 sowie insgesamt näher unten Rn. 162 f.
[114] EuGH, 14.5.2009 – Rs. C-180/06, *Renate Ilsinger* ./. *Martin Dreschers als Insolvenzverwalter der Schlank & Schick-GmbH*, Slg. 2009, I-3998 (ECLI:EU:C:2009:303), Rn. 57.

B Vor I 7   Art. 7   VO (EU) Nr. 1215/2012

28   Das aus dieser Formulierung herauszulesende grundsätzliche **Vertrags-schlusserfordernis**[115] **kennt Art. 7 Nr. 1** – der ja grds. auch einseitige Rechtsgeschäfte erfasst – in einer derartigen Rigorosität **nicht**. Allerdings soll nach dem EuGH für eine „Annahme" im Sinne von Art. 17 Abs. 1 bereits genügen, dass ein etwaiger Anspruch **eingefordert** wird.[116] Da somit spätestens dessen (klageweises) Einfordern einen ansonsten nur einseitig begründeten Anspruch (etwa aufgrund einer isolierten Gewinnzusage, dann folgerichtig aber wohl auch einen Auslobung) zu einem „vertraglichen" im Sinne von Art. 17 Abs. 1 macht,[117] dürften die Unterschiede zwischen Art. 7 Nr. 1 und Art. 17 Abs. 1 praktisch geringer sein als von vielen vermutet.

d) Voraussetzungen des Vertragsbegriffs im Sinne von Art. 7 Nr. 1

29   Ungeachtet der zahlreichen EuGH-Entscheidungen zu Art. 7 Nr. 1 existiert **keine eindeutige**, passgenaue Definition des „Vertrags" im Sinne von Art. 7 Nr. 1.[118] Folglich kann es im Einzelfall – wie auch die Vielzahl der vom EuGH entschiedenen Fälle (und dessen immer häufiger auftretende Formulierung „unter Umständen wie denen des Ausgangsverfahrens") zeigten – immer wieder zu Abgrenzungsschwierigkeiten kommen. Nach der bereits oben Rn. 26 erwähnten klassischen Faustformel des EuGH erfasst der Vertragsbegriff des Art. 7 Nr. 1 grds. alle Situationen, in denen (mindestens) eine Partei einer anderen gegenüber **freiwillig rechtliche Verpflichtungen eingegangen** ist.[119]

30   Diese unbestimmte – und gerade dadurch flexible – Formel ist indes weiter ausfüllungsbedürftig und auf den ersten Blick jedenfalls insofern, als zweifelsohne auch unter Abschlusszwang zustande gekommene Verträge eine vertragliche Verpflichtung im Sinne von Art. 7 Nr. 1 begründen können, sogar zu eng.[120] „**Freiwilligkeit**" im Sinne der Definition des EuGH erfordert daher nicht zwangsläufig eine in völliger Abschlussfreiheit vorgenommene Selbstbindung, sondern nur ein willensgesteuertes Handeln sowie das Vorliegen einer autonomen Entscheidung (jedenfalls) hinsichtlich des zur Bindung führenden Tätigwerdens.[121]

31   Wie ebenfalls eingangs Rn. 26 erwähnt ist dabei der tatsächliche Abschluss eines irgendwie gearteten materiell-rechtlichen Vertrages[122] bzw. insbesondere

---
[115] S. etwa Beig/Reuß, EuZW 2009, S. 492.
[116] EuGH, 20.1.2005 – Rs. C-27/02, Engler ./. Janus Versand GmbH, Slg. 2005, I-481 (ECLI:EU:C:2005:33), Rn. 55.
[117] S. die Kommentierung zu Art. 17 Rn. 33 und 40 sowie Leible, NJW 2005, S. 796 (797): „Letztlich ist dieses zusätzliche Erfordernis freilich bedeutungslos (und unschädlich), da der andere Teil spätestens durch Einforderung der Leistung sein Einverständnis zum Ausdruck bringt".
[118] So auch Simons/Hausmann/Jault-Seseke/Weller, Brüssel I-VO, 2012, Art. 5 Nr. 1 EuGVVO a.F. Rn. 15.
[119] EuGH, 28.1.2015 – Rs. C-375/13, Kolassa ./. Barclays Bank plc., ECLI:EU:C:2015:37 = EuZW 2015, S. 218, Rn. 39; EuGH, 17.9.2002 – Rs. C-334/00, Fonderie Tacconi S.p.A. ./. HWS, Slg. 2002, I-7357 (ECLI:EU:C:2002:499) = EuZW 2002, 655, Rn. 23; EuGH, 27.10.1998 – Rs. C-51/97, Reunion europeenne ./. Spliethoff's Bevrachtingskantoor, Slg. 1998, I-6511 (ECLI:EU:C:1998:509), Rn. 15 ff.; EuGH, 17.6.1992 – Rs. C-26/91, Handte ./. TMCS, Slg. 1992, I-3967 (ECLI:EU:C:1992:268); BGH, 29.11.2011 – XI ZR 172/11, NJW 2012, S. 455, Rn. 14; BGH, 22.4.2009 – VIII ZR 156/07, NJW 2009, S. 2606, Rn. 13.
[120] Rauscher/Leible, EuZPR, 4. Aufl. 2016, Art. 7 EuGVVO Rn. 21.
[121] Rauscher/Leible, EuZPR, 4. Aufl. 2016, Art. 7 EuGVVO Rn. 20.
[122] EuGH, 20.1.2005 – Rs. C-27/02, Engler ./. Janus Versand GmbH, Slg. 2005, I-481 (ECLI:EU:C:2005:33), Rn. 45; Geimer/Schütze, EuZVR, 3. Aufl. 2010, Art. 5 EuGVVO a.F. Rn. 53; Rauscher/Leible, EuZPR, 4. Aufl. 2016, Art. 7 EuGVVO Rn. 31.

Text + Erläuterungen   Art. 7   **B Vor I** 7

gegenseitigen (synallagmatischen) Bindung nicht erforderlich.[123] Vielmehr genügen grds. auch **einseitige Verpflichtungen oder Rechtsgeschäfte** – etwa eine **Bürgschaft**,[124] Auslobung[125] oder sogar eine isolierte **Gewinnzusage**[126] –, sofern diese nur „ihren Urheber wie ein Vertrag"[127] binden.[128] Im Übrigen ist ohne Belang, worin die Verpflichtung im Einzelfall besteht, d.h. ob in einem **Tun, Dulden oder Unterlassen**, genauso wie die Frage, ob sie einen vermögensrechtlichen Inhalt besitzt oder nicht.[129]

e) Weite Auslegung des Vertragsbegriffs?

Nach alledem herrscht weitgehend Einigkeit, dass der Begriff des Vertrags grds. **32 weit auszulegen** ist.[130] Der EuGH hat in verschiedensten Fällen aufgrund bestimmter Erwägungen des materiellen Rechts einzelne der besonderen Gerichtsstände – insbesondere Art. 7 Nr. 1, 2 und 5[131] – **extensiv** ausgelegt.[132] Dem scheint auf den ersten Blick zu widersprechen, dass die besonderen Gerichtsstände in den Art. 7 bis 9 nach allgemeinen Auslegungsregeln als Ausnahmen von der Grundregel in Art. 4 Abs. 1 an sich eng zu verstehen sind;[133] auch der EuGH betont in ständiger Rechtsprechung, die besonderen Zuständigkeiten müssten einschränkend ausgelegt werden.[134] Vor dem Hintergrund der tatsächlichen Praxis des Gerichtshofs kann das Gebot der engen Auslegung allerdings nur dahingehend verstanden werden, dass die besonderen Gerichtsstände in Art. 7 bis 9 jedenfalls als abschließende und allenfalls im Verhältnis zu Art. 4 Abs. 1, nicht jedoch untereinander eng auszulegende Aufzählung zu verstehen sind.[135]

f) „Ansprüche aus einem Vertrag"

Weit zu verstehen ist auch der Kreis der im Einzelfall aus einem Vertrag **33** erwachsenden „Ansprüche": Neben regulären **Primäransprüchen**[136] fallen

---

[123] EuGH, 14.5.2009 – Rs. C-180/06, *Renate Ilsinger ./. Martin Dreschers als Insolvenzverwalter der Schlank & Schick-GmbH*, Slg. 2009, I-3998 (ECLI:EU:C:2009:303), Rn. 51.
[124] Rauscher/*Leible*, EuZPR, 4. Aufl. 2016, Art. 7 EuGVVO Rn. 28.
[125] Rauscher/*Leible*, EuZPR, 4. Aufl. 2016, Art. 7 EuGVVO Rn. 23.
[126] Vgl. zu diesen näher die Kommentierung zu Art. 17 Rn. 36 ff. sowie etwa MünchKomm/*Martiny*, BGB, 6. Aufl. 2015, Art. 1 Rom I-VO Rn. 16.
[127] Vgl. EuGH, 20.1.2005 – Rs. C-27/02, *Engler ./. Janus Versand GmbH*, Slg. 2005, I-481 (ECLI:EU:C:2005:33), Rn. 56.
[128] BGH, 29.11.2011 – XI ZR 172/11, NJW 2012, S. 455, Rn. 14.
[129] *Geimer*/Schütze, EuZVR, 3. Aufl. 2010, Art. 5 EuGVVO a.F. Rn. 23.
[130] Vgl. nur *Schlosser*/Hess, EuZPR, 4. Aufl. 2015, Art. 7 EuGVVO Rn. 3a; MünchKomm/*Gottwald*, ZPO, 4. Aufl. 2013, Art. 5 EuGVVO a.F. Rn. 6; *Geimer*/Schütze, EuZVR, 3. Aufl. 2010, Art. 5 EuGVVO a.F. Rn. 24; Rauscher/*Leible*, EuZPR, 4. Aufl. 2016, Art. 7 EuGVVO Rn. 22.
[131] Vgl. dazu die jeweiligen Kommentierungen.
[132] *Kropholler*/von Hein, EuZPR, 9. Aufl. 2011, vor Art. 5 EuGVVO Rn. 3; Rauscher/*Leible*, EuZPR, 4. Aufl. 2016, Art. 7 EuGVVO Rn. 22.
[133] **A. A.** u.U. Simons/Hausmann/*Jault-Seseke/Weller*, Brüssel I-VO, 2012, Art. 5 Nr. 1 EuGVVO a.F. Rn. 4.
[134] Z.B. EuGH, 21.6.1978 – Rs. 150/77, *Betrand ./. Ott*, Slg. 1978, 1431 (ECLI:EU:C:1978:137); EuGH, 27.9.1988 – Rs. 189/87, *Kalfelis ./. Schröder*, Slg. 1988, 5565 (ECLI:EU:C:1988:459); EuGH, 19.1.1993 – Rs. C-89/91, *Shearson ./. TVB Treuhandgesellschaft*, Slg. 1993, I-139 (ECLI:EU:C:1993:15); EuGH, 13.7.2000 – Rs. C-412/98, *Group Josi Reinsurance Company S.A. ./. Universal General Insurance Company*, Slg. 2000, I-5295 (ECLI:EU:C:2000:399).
[135] Vgl. etwa EuGH, 27.10.1998 – Rs. C-51/97, *Reunion europeenne ./. Spliethoff's Bevrachtingskantoor*, Slg. 1998, I-6511 (ECLI:EU:C:1998:509); *Kropholler*/von Hein, EuZPR, 9. Aufl. 2011, vor Art. 5 EuGVVO a.F. Rn. 2; ähnlich Simons/*Hausmann*, Brüssel I-VO, 2012, Art. 5–7 EuGVVO a.F. Rn. 2.
[136] Rauscher/*Leible*, EuZPR, 4. Aufl. 2016, Art. 7 EuGVVO Rn. 25.

darunter auch **Sekundäransprüche** (etwa auf Schadensersatz)[137] sowie – wie sich nicht zuletzt aus dem Auslegungszusammenhang[138] mit Art. 12 Abs. 1 lit. e Rom I-VO ergibt – auch „die Folgen der Nichtigkeit des Vertrags", d.h. etwa bereicherungsrechtliche oder u.U. dingliche Herausgabeansprüche.[139] Daraus folgt zudem, dass es auf das tatsächliche bzw. wirksame Zustandekommen eines Vertrages für die Eröffnung des Vertragsgerichtsstands der EuGVVO nicht ankommt. Dieser ist vielmehr auch dann eröffnet, „wenn das Zustandekommen des Vertrags, aus dem der Klageanspruch hergeleitet wird, zwischen den Parteien streitig ist."[140] Entsprechend findet Art. 7 Nr. 1 auch Anwendung auf Klagen, die die **Feststellung der Nichtigkeit eines Vertrages** zum Gegenstand haben.[141] Klagen auf Abschluss eines Vertrages hingegen fallen nur dann unter den Vertragsgerichtsstand, wenn sie ihrerseits auf einem (Vor-)Vertrag – und nicht etwa auf einem u.U. willkürlichen Abbruch von Vertragsverhandlungen[142] – gründen.[143]

g) Prüfung der Zuständigkeitstatsachen

34   Ob der Anwendungsbereich des Art. 7 Nr. 1 eröffnet ist, prüft das im Einzelfall mit einem Rechtsstreit betraute Gericht grds. alleine anhand des von dem jeweiligen Kläger unterbreiteten Sachvortrages.[144] Denn das Vorliegen eines Vertrages ist eine sog. **doppelrelevante Tatsache**, d.h. es ist sowohl für die Zulässigkeits- als auch für die Begründetheitsprüfung von Bedeutung.[145] Wie auch im deutschen Recht im Anwendungsbereich der ZPO anerkannt,[146] findet daher bei schlüssiger Behauptung des Vorliegens eines „Vertrags" im Sinne von Art. 7 Nr. 1 eine Überprüfung, ob tatsächlich ein „Vertrag" im Sinne der EuGVVO „geschlossen" wurde, aus prozessökonomischen Gründen grds. erst im Rahmen der Begründetheitsprüfung statt.[147] Der Gerichtsstand des Art. 7 Nr. 1 ist dabei selbst dann eröffnet, wenn die beklagte Partei das Zustandekommen eines Vertrages schlichtweg bestreitet. Andernfalls könnte

---

[137] Vgl. nur Art. 12 Abs. 1 lit. c Rom I-VO sowie BGH, 16.10.2015 – V ZR 120/14, NJW 2016, S. 409 Rn. 7.
[138] Vgl. etwa *Würdinger*, RabelsZ 75 (2011), S. 102 (105 ff.) sowie näher oben Vorb. Art. 7 ff. Rn. 8.
[139] EuGH, 20.4.2016 – Rs. 366/13, *Profit Investment SIM ./. Ossi u.a.*, ECLI:EU:C:2016:282 = EuZW 2016, S. 419, Rn. 55 f.; *Schlosser*/Hess, EuZPR, 4. Aufl. 2016, Art. 7 EuGVVO Rn. 5.
[140] EuGH, 4.3.1982 – Rs. 38/81, *Effer S.p.A. ./. Kantner*, Slg. 1982, 825 (ECLI:EU:C:1982:79), Rn. 8; s. auch *Schlosser*/Hess, EuZPR, 4. Aufl. 2015, Art. 7 EuGVVO Rn. 4 sowie das oben Fn. 139 zitierte Urteil des EuGH vom 20.4.2016.
[141] S. EuGH, 20.4.2016 – Rs. 366/13, *Profit Investment SIM ./. Ossi u.a.*, ECLI:EU:C:2016:282 = EuZW 2016, S. 419, Rn. 58; *Schlosser*/Hess, EuZPR, 4. Aufl. 2015, Art. 7 EuGVVO Rn. 4 m.w.N. unter Fn. 11.
[142] S. hierzu unten Rn. 163.
[143] Rauscher/*Leible*, EuZPR, 4. Aufl. 2016, Art. 7 EuGVVO Rn. 32.
[144] Vgl. auch EuGH, 28.1.2015 – Rs. C-375/13, *Kolassa ./. Barclays Bank plc.*, ECLI:EU:C:2015:37 = EuZW 2015, S. 218, Rn. 58 ff.
[145] Rauscher/*Leible*, EuZPR, 4. Aufl. 2016, Art. 7 EuGVVO Rn. 13.
[146] Vgl. *Rosenberg/Schwab/Gottwald*, Zivilprozessrecht, 17. Aufl. 2010, § 31 Rn. 28; Musielak/Voit/*Heinrich*, ZPO, 12. Auflage 2015, § 1 Rn. 20 sowie umfassend *Ost*, Doppelrelevante Tatsachen im Internationalen Zivilverfahrensrecht, 2002, *passim*.
[147] OLG Bamberg, 5.11.1976 – 3 U 46/76, NJW 1977, S. 505; *Schlosser*/Hess, EuZPR, 4. Aufl. 2015, Art. 7 EuGVVO Rn. 4; Rauscher/*Leible*, EuZPR, 4. Aufl. 2016, Art. 7 EuGVVO Rn. 13; *Piltz*, NJW 1986, S. 1876; *Spellenberg*, ZZP 91 (1978), S. 58 (77).

durch diesen Einwand jede Klage am Gerichtsstand des Erfüllungsortes zunichte gemacht werden.[148]

Freilich genügt die bloß schlüssige Behauptung eines Vertrages durch einen Kläger **im Falle des Bestreitens** der vertragskonstituierenden Tatsachen durch den jeweiligen Beklagten nicht aus.[149] In einem solchen Fall muss vielmehr **substantiiert** dargelegt werden, dass tatsächlich ein „Vertrag" geschlossen wurde.[150] Dem entspricht im Ergebnis auch in etwa die teilweise erhobene Forderung nach einer zusätzlichen gerichtlichen Überprüfung, ob zumindest dem äußeren Anschein nach ein Vertrag vorliegt[151] bzw. ob eine ausreichende Wahrscheinlichkeit für eine vertragliche Verpflichtung gegeben sei.[152] Vom Ergebnis her entsprechen diese Auffassungen der eingangs geschilderten Rechtslage: Denn ein deutscher Richter hat seine Zuständigkeit ohnehin von Amts wegen zu prüfen und muss der Klagepartei dabei etwaige Bedenken gegen die Schlüssigkeit des Vortrages auch hinsichtlich der Zuständigkeit mitteilen. Dies setzt aber gerade eine Prüfung des klägerischen Vortrags voraus. 35

Sind die Voraussetzungen des Art. 7 Nr. 1 schlüssig vorgetragen, darf sich ein mitgliedstaatliches Gericht nicht aus Billigkeitserwägungen im Einzelfall doch für unzuständig erklären.[153] Ein Zuständigkeitsermessen ist der EuGVVO – anders als der EuEheVO (Art. 15) sowie der EuErbVO (Art. 6 lit. a) – fremd: Daher findet auch die etwa im anglo-amerikanischen Rechtskreis (nicht aber in Deutschland[154]) verbreitete sog. *forum non conveniens*-Doktrin im Anwendungsbereich der EuGVVO (insgesamt) keinerlei Anwendung.[155] 36

h) Von Art. 7 Nr. 1 erfasste Streitigkeiten

Bei vertragsautonomer Auslegung des Vertragsbegriffs kommt es nach dem Gesagten für eine Eröffnung des Anwendungsbereichs von Art. 7 Nr. 1 nicht darauf an, ob sich die konkrete, mit einer Klage begehrte Rechtsfolge im Einzelfall aus Gesetz oder aus Vertrag ergibt. Entscheidend ist vielmehr die Rechtsnatur des dem Anspruch zugrunde liegenden Schuldverhältnisses. **Insbesondere** ist der Anwendungsbereich von Art. 7 Nr. 1 dabei **für folgende Ansprüche bzw. Rechtsstreitigkeiten** eröffnet:[156] 37

---

[148] EuGH, 4.3.1982 – 38/81, *Effer* ./. *Kantner* = Slg. 1982, 825; OLG Hamm, 3.10.1979 – 20 U 98/79, RIW 1980, 662; *Kropholler/von Hein*, EuZPR, 9. Aufl. 2011, Art. 5 EuGVVO a.F. Rn. 8; *Geimer*/Schütze, EuZVR, 3. Aufl. 2010, Art. 5 EuGVVO a.F. Rn. 75.

[149] So muss ein Gericht nach EuGH, 16.6.2016 – Rs. C-12/15, *Universal Music International Holding* ./. *Schilling u.a.*, ECLI:EU:C:2016:449 = NJW 2016, S. 2167 Rn. 46 bei der Zuständigkeitsprüfung nach dem EuGVVO alle ihm vorliegenden Informationen würdigen, wozu gegebenenfalls auch Einwände des Beklagten gehören.

[150] Rauscher/*Leible*, EuZPR, 4. Aufl. 2016, Art. 7 EuGVVO Rn. 13.

[151] *Geimer*/Schütze, EuZVR, 3. Aufl. 2010, Art. 5 EuGVVO a.F. Rn. 74.

[152] Im Vereinigten Königreich gebräuchlich ist eine Überprüfung der Forderung nach einem „good arguable case", vgl. House of Lords, *Texam Distribution Ltd. vs. Schuh Mode Team GmbH.* [1990] [C.A] ILPr 90, S. 149; (woh) House of Lords, *Molnyke A. B. vs. Procter & Gamble, Ltd* [1992] 1 WLR, S. 1112, jeweils zitiert nach *Schlosser*, EuZPR, 2. Aufl. 2010, Art. 5 EuGVVO a.F. Rn. 75.

[153] Simons/Hausmann/*Jault-Seseke/Weller*, Brüssel I-VO, 2012, Art. 5 Nr. 1 EuGVVO a.F. Rn. 5.

[154] *Zöller/Geimer*, ZPO, 31. Aufl. 2016, § 328 Rn. 131.

[155] Vgl. etwa EuGH, 1.3.2005 – Rs. C-281/02, *Owusu* ./. *Jackson u.a.*, Slg. 2005, I-1445 (ECLI:EU:C:2005:120).

[156] Vgl. auch die Aufzählung bei *Geimer*/Schütze, EuZVR, 3. Aufl. 2010, Art. 5 EuGVVO a.F. Rn. 23 ff.; Simons/Hausmann/*Jault-Seseke/Weller*, Brüssel I-VO, 2012, Art. 5 Nr. 1 EuGVVO a.F. Rn. 15 ff.; Rauscher/*Leible*, EuZPR, 4. Aufl. 2016, Art. 7 EuGVVO Rn. 26 ff.

– Klagen auf Feststellung des **Bestehens** oder Nichtbestehens von vertraglichen Rechtsverhältnissen oder bestimmten Vertragspflichten[157] sowie über die Wirksamkeit des Vertrages insgesamt,[158]
– Ansprüche auf **Erfüllung** eines Vertrages, und zwar sowohl in Bezug auf Haupt- als auch Nebenleistungspflichten,[159]
– Ansprüche auf **Änderung**[160] oder **Aufhebung**[161] eines Vertrages sowie auch Klagen, die eine Anfechtung wegen Willensmängeln nach deutschem Recht zum Gegenstand haben (vgl. insofern Art. 12 Abs. 1 lit. e Rom I-VO);[162] Klagen auf **Abschluss** eines Vertrages fallen hingegen nur dann unter den Vertragsgerichtsstand des Art. 7 Nr. 1, wenn sie sich ihrerseits bereits auf einen (Vor-)Vertrag oder auch einen *letter of intent* und nicht bloß auf vorvertraglich begründete Pflichtverletzungen wie z.B. einen u.U. treuwidrigen Abbruch von Vertragsverhandlungen (d.h. *culpa in contrahendo*) stützen (vgl. hierzu oben Rn. 33),[163]
– Folge- bzw. **Sekundäransprüche** nach Änderung/Aufhebung eines Vertrages, wobei darunter nicht nur „vertragliche" **Rückgewähransprüche** fallen können (wie im deutschen Recht etwa aus §§ 346 ff. BGB) sondern zum Teil auch bereicherungs- und sachenrechtliche (vgl. Art. 12 Abs. 1 lit. e Rom I-VO),[164]
– Sekundäransprüche auf **Schadensersatz** (neben oder statt der Leistung[165]),[166]
– sonstige **Gewährleistungsansprüche**, z.B. Nacherfüllungsansprüche oder solche auf Rückzahlung zu viel gezahlter Entgelte nach einer Minderung,[167]

---

[157] *Geimer*/Schütze, EuZVR, 3. Aufl. 2010, Art. 5 EuGVVO a.F. Rn. 57.
[158] EuGH, 20.4.2016 – Rs. 366/13, *Profit Investment SIM ./. Ossi u.a.*, ECLI:EU:C:2016:282 = EuZW 2016, S. 419, Rn. 58; OLG Hamm, 3.12.1993 – 2 U 18/92, IPRax 1995, S. 105; OLG Frankfurt, 28.11.1979 – 21 U 59/79, RIW 1980, S. 585; OLG München, 22.9.1995 – 23 U 3750/95 (n.v.); Court of Appeal, T. L. R. 1996, S. 232; *Geimer*/Schütze, EuZVR, 3. Aufl. 2010, Art. 5 EuGVVO a.F. Rn. 27; *Kropholler*/von Hein, EuZPR, 9. Aufl. 2011, Art. 5 EuGVVO a.F. Rn. 9; *Schlosser*/Hess, EuZPR, 4. Aufl. 2015, Art. 7 EuGVVO Rn. 7a.
[159] Vgl. etwa BGH, 31.1.1991 – III ZR 150/88, RIW 1991, S. 513.
[160] Z.B. auf Anpassung wegen Wegfalls der Geschäftsgrundlage, vgl. *Geimer*/Schütze, EuZVR, 3. Aufl. 2010, Art. 5 EuGVVO a.F. Rn. 65.
[161] Sofern nach bestimmten Rechtsordnungen bzw. Vorschriften eine Klage auf Vertragsaufhebung notwendig ist und diese nicht durch die betroffene Partei – etwa durch Rücktritt – selbst herbeigeführt werden kann.
[162] *Geimer*/Schütze, EuZVR, 3. Aufl. 2010, Art. 5 EuGVVO a.F. Rn. 61.
[163] Vgl. etwa *Rauscher*/Leible, EuZPR, 4. Aufl. 2016, Art. 7 EuGVVO Rn. 32.
[164] EuGH, 20.4.2016 – Rs. 366/13, *Profit Investment SIM ./. Ossi u.a.*, ECLI:EU:C:2016:282 = EuZW 2016, S. 419, Rn. 58; OLG Oldenburg, 6.11.1975 – U 74/5, NJW 1976, S. 1044; BGH, 22.10.1980, VIII ZR 246/79, NJW 1981, S. 1158; *Lipp*, RIW 1994, S. 20; *Geimer*/Schütze, EuZVR, 3. Aufl. 2010, Art. 5 EuGVVO a.F. Rn. 63 f. mit Beispielen.
[165] Vgl. etwa BGH, 16.10.2015 – V ZR 120/14, NJW 2016, S. 409, Rn. 6ff.; BayObLG, 26.4.2001 – 4 Z AR 56/01, RIW 2001, S. 862; OLG Jena, 5.8.1998 – 4 U 1774/97, RIW 1999, S. 703.
[166] S. EuGH, 8.3.1988 – Rs. 9/87, *Arcado ./. Havilland*, Slg. 1988, 1539 (ECLI:EU:C:1988:127) wegen missbräuchlicher Auflösung eines Handelsvertretervertrages; MünchKomm/*Gottwald*, ZPO, 4. Aufl. 2013, Art. 5 EuGVVO a.F. Rn. 4.
[167] *Geimer*/Schütze, EuZVR, 3. Aufl. 2010, Art. 5 EuGVVO a.F. Rn. 66; MünchKomm/*Gottwald*, ZPO, 4. Aufl. 2013, Art. 5 EuGVVO a.F. Rn. 4.

Text + Erläuterungen   Art. 7   **B Vor I** 7

– Ansprüche auf Stellung[168] oder Freigabe[169] von Sicherheiten sowie Freistellungs- oder Regressansprüche, die sich auf ein Vertragsverhältnis zurückführen lassen,
– Ausgleichsansprüche aus einem vertraglich begründeten **Gesamtschuldverhältnis**[170] sowie
– sonstige **Hilfsansprüche** wie z.b. Auskunftsansprüche[171] oder Ansprüche auf Rechnungslegung, soweit nur der vorzubereitende Anspruch (autonom) als Vertragsanspruch zu qualifizieren ist.

Im **Gesellschaftsrecht** und dem Recht der organschaftlichen Sonderbeziehungen steht der Gerichtsstand des Art. 7 Nr. 1 insbesondere für folgende Ansprüche und Situationen zur Verfügung: 38
– Ansprüche, die sich aus einer **Mitgliedschaft** in einem Verein bzw. in einer Gesellschaft ergeben (z.B. Mitgliedsbeiträge, aber auch Eigenkapitalersatzansprüche[172]), solange sie nicht die Existenz des Vereins oder der Gesellschaft selbst betreffen (dann ist vielmehr der ausschließliche Gerichtsstand des Art. 24 Nr. 2 eröffnet[173]),[174] und zwar unabhängig davon, ob sich die Ansprüche unmittelbar aus der Mitgliedschaft selbst oder erst aus Beschlüssen ergeben, welche von Vereins- bzw. Gesellschaftsorganen getroffen werden,[175]
– Ansprüche aus der **Binnenbeziehung** einer GmbH[176] oder Aktiengesellschaft,[177]
– die Bestellung zum Geschäftsführer bzw. Vorstand sowie grds. alle daraus folgenden wechselseitigen Ansprüche zwischen dem Geschäftsführer bzw. Vorstand und der betreffenden Gesellschaft aus dem organschaftlichen **Anstellungsverhältnis**,[178] soweit dieses nicht im Einzelfall als Arbeitverhältnis im Sinne von Art. 20 Abs. 1 einzustufen ist,[179]
– bestimmte weitere **Ansprüche der Gesellschaft** gegen einzelne Gesellschafter, etwa aus Ausfall- bzw. Differenzhaftung[180] sowie die Eigenkapitalersatz-

---

[168] OLG Köln, IPRax 1985, S. 160; MünchKomm/*Gottwald*, ZPO, 4. Aufl. 2013, Art. 5 EuGVVO a.F. Rn. 4; *Geimer*/Schütze, EuZVR, 3. Aufl. 2010, Art. 5 EuGVVO a.F. Rn. 58.
[169] OLG Bremen, 25.9.1997 – 2 U 83/97, RIW 1998, S. 63; MünchKomm/*Gottwald*, ZPO, 4. Aufl. 2013, Art. 5 EuGVVO a.F. Rn. 4.
[170] *Cenydive Ltd. vs. G. Percy Trentham*, S. Ct. 1990, 53 (C. S.); App. Amsterdam, NIPR 1996, S. 269; jeweils zitiert nach *Schlosser*, EuZPR, 3. Aufl. 2010, Art. 5 EuGVVO a.F. Rn. 3.
[171] BGH, 11.2.1988 – I ZR 201/86, IPRax 1989, S. 98; MünchKomm/*Gottwald*, ZPO, 4. Aufl. 2013, Art. 5 EuGVVO a.F. Rn. 4.
[172] *Schlosser*/Hess, EuZPR, 4. Aufl. 2015, Art. 7 EuGVVO Rn. 3.
[173] S. hierzu näher die Kommentierung zu Art. 24 Rn. 86 ff.
[174] S. *Rauscher*/*Leible*, EuZPR, 4. Aufl. 2016, Art. 7 EuGVVO Rn. 26.
[175] EuGH, 22.3.1983 – Rs. 34/82, *Peters ./. Zuid Nederlandse Aannemers Vereniging ZNAV*, Slg. 1983, 987 (ECLI:EU:C:1983:87); *Schlosser*/Hess, EuZPR, 4. Aufl. 2015, Art. 7 EuGVVO Rn. 3; *Geimer*/Schütze, EuZVR, 3. Aufl. 2010, Art. 5 EuGVVO a.F. Rn. 31 f.
[176] *Rauscher*/*Leible*, EuZPR, 4. Aufl. 2016, Art. 7 EuGVVO Rn. 26.
[177] EuGH, 10.3.1992 – Rs. C-214/89, *Powell Duffryn ./. Petereit*, Slg. 1992, I-1769 (ECLI:EU:C:1992:115); *Geimer*/Schütze, EuZVR, 3. Aufl. 2010, Art. 5 EuGVVO a.F. Rn. 32.
[178] EuGH, 10.9.2015 – Rs. C-47/14, *Holterman Ferho Exploitatie u.a. ./. Spies von Büllesheim*, ECLI:EU:C:2015:574 = NZG 2015, S. 1199, Rn. 53; für Ansprüche einer GmbH gegen ihren Geschäftsführer vgl. OLG München, 25.6.1999 – 23 U 4834/98, IPRax 2000, S. 416 (m. Anm. *Haubold*, S. 375) sowie OLG Celle, 12.1.2000 – 9 U 126/99, RIW 2000, S. 710; *Rauscher*/*Leible*, EuZPR, 4. Aufl. 2016, Art. 7 EuGVVO Rn. 26.
[179] Vgl. hierzu die Kommentierung zu Art. 20 Rn. 42.
[180] *Rauscher*/*Leible*, EuZPR, 4. Aufl. 2016, Art. 7 EuGVVO Rn. 26.

klage nach § 31 GmbHG.[181] Im Lichte der *Brogsitter*-Entscheidung des EuGH,[182] wonach selbst Ansprüche, die nach nationalem Recht als außervertraglich – etwa deliktisch – ausgestaltet sind, dennoch dem Vertragsgerichtsstand unterfallen können, wenn nur das anspruchsbegründende Verhalten als Verstoß gegen vertragliche Verpflichtungen angesehen werden kann und eine Auslegung des Vertrags zu dessen rechtlicher Beurteilung „unerlässlich erscheint", ist dabei die nationale Ausgestaltung der jeweiligen Anspruchsgrundlagen für eine Qualifikation unter Art. 7 Nr. 1 grds. gleichgültig.[183] Dies betrifft jedoch nach hier vertretener Meinung[184] nur Ansprüche gerade zwischen den jeweiligen Vertragsparteien selbst und gilt daher nicht für eine Gesellschafterhaftung z.b. gegenüber Dritten. Im Lichte der Bereichsausnahme für insolvenzrechtliche Klagen in Art. 1 Abs. 2 lit. b schließt zudem das Vorhandensein einer **insolvenzrechtlichen Zuständigkeit** gem. oder analog Art. 3 Abs. 1 EuInsVO ebenfalls grds. eine Anwendbarkeit von Art. 7 Nr. 1 aus.[185] Daher kann etwa eine Klage auf Geschäftsleiterhaftung wegen Masseschmälerung bei Verstoß gegen vorinsolvenzliche Zahlungsverbote z.B. gem. § 64 Satz 1 GmbHG, die nach der jüngsten Rechtsprechung des EuGH in der Rechtssache *Kornhaas* insolvenzrechtlich zu qualifizieren ist,[186] wegen der *vis attractiva concursus*[187] nur am Insolvenzgerichtsstand des Art. 3 Abs. 1 EuInsVO und nicht etwa am Vertragsgerichtsstand des Art. 7 Nr. 1 erhoben werden.[188]

Das Gleiche gilt folgerichtig auch für die **Existenzvernichtungshaftung** sowie eine etwaige **Insolvenzverschleppungshaftung**.[189] Auch
– Klagen auf Rückzahlung von Darlehen bzw. Rückerstattung freigewordener Darlehensversicherungen werden grds. von Art. 7 Nr. 1 erfasst,[190]
– nicht hingegen Ansprüche von Gläubigern gegen einen gem. § 171 Abs. 1 HGB haftenden Kommanditisten.[191]

39 Sehr umstritten ist demgegenüber die Einordnung von **Konzernhaftungsansprüchen**. Diesbezüglich ist zu differenzieren: Nach richtiger Meinung sind im

---

[181] OLG Jena, 5.8.1998 – 4 U 1774/97, NZI 1999, S. 81 (m. Anm. *Mankowski*, S. 56); OLG Bremen, 25.9.1997 – 2 U 83/37, RIW 1998, S. 63; MünchKomm/*Gottwald*, ZPO, 4. Aufl. 2013, Art. 5 EuGVVO a.F. Rn. 4.
[182] EuGH, 13.3.2014 – Rs. C-548/12, *Marc Brogsitter ./. Fabrication de Montres Normandes EURL u.a.*, ECLI:EU:C:2014:148 = NJW 2014, S. 1648.
[183] EuGH, 10.9.2015 – Rs. C-47/14, *Holterman Ferho Exploitatie u.a. ./. Spies von Büllesheim*, ECLI:EU:C:2015:574 = NZG 2015, S. 1199, Rn. 79.
[184] Vgl. oben Rn. 17 ff.
[185] S. etwa *C.Paulus*, EuInsVO, 4. Aufl. 2013, Art. 25 EuInsVO Rn. 23; Rauscher/*Mankowski*, EuZPR, 4. Aufl. 2016, Art. 1 EuGVVO Rn. 64; vgl. auch EuGH, 19.4.2012 – Rs. C-213/10, *F-Tex SIA ./. Lietuvos-Anglijos UAB „Jadecloud-Vilma"*, ECLI:EU:C:2012:215 = EuZW 2012, 427.
[186] EuGH, 10.12.2015 – Rs. C-594/14, *Kornhaas ./. Dithmar*, ECLI:EU:C:2015:806 = NJW 2016, S. 223 (m. Anm. *Kindler*, EuZW 2016, S. 136).
[187] Vgl. *Kindler*, EuZW 2015, S. 143.
[188] EuGH, 4.12.2014 – Rs. C-295/13, *H. als Insolvenzverwalter über das Vermögen der G. T. GmbH ./. K.*, ECLI:EU:C:2014:2410 = EuZW 2015, S. 141 (m. Anm. *Kindler*, S. 143); so auch bereits *C.Paulus*, EuInsVO, 4. Aufl. 2013, Art. 25 EuInsVO Rn. 23.
[189] S. nur *C.Paulus*, EuInsVO, 4. Aufl. 2013, Art. 25 EuInsVO Rn. 23; *Weller*, ZIP 2009, S. 2029; *Kindler*, EuZW 2015, S. 143 (144); vgl. auch *D.Paulus*, Außervertragliche Gesellschafter- und Organwalterhaftung im Lichte des Unionskollisionsrechts, 2014, Rn. 487 ff., 505 ff.
[190] *Martiny*, FS Geimer, 2002, S. 641 (659); *Schwarz*, NZI 2002, S. 89; *Geimer*/*Schütze*, EuZVR, 3. Aufl. 2010, Art. 5 EuGVVO a.F. Rn. 31.
[191] OLG Naumburg, 24.8.2000 – 7 U 3/00, NZG 2000, S. 1218.

Text + Erläuterungen   Art. 7 **B Vor I** 7

Vertragskonzern und im qualifizierten faktischen Konzern nur Haftungsansprüche im **Innenverhältnis** als vertragliche Ansprüche im Sinne von Art. 7 Nr. 1 zu qualifizieren.[192] Nicht unter Art. 7 Nr. 1 fallen hingegen Ansprüche aus Konzernaußenhaftung, ist doch die Erstreckung der Haftung gegenüber den Gläubigern der beherrschten Gesellschaft – auch bei unionsrechtlich autonomer Qualifikation – gesetzlicher Natur.[193]

Im **Wechsel – und Scheckrecht** fallen unter den Vertragsgerichtsstand insbesondere:[194]   40
– Ansprüche gegen den Akzeptanten gem. Art. 28 Abs. 1 WG,[195]
– Ansprüche gegen den Aussteller des Eigenwechsels nach Art. 78 Abs. 1 WG,[196]
– Ansprüche des Indossatars gegen den Akzeptanten[197] sowie
– Schadensersatzansprüche wegen pflichtwidriger Einlösung eines nur hinterlegten Schecks,[198]
– **nicht** dagegen Ansprüche des Inhabers gegen den Aussteller eines gezogenen Wechsels (Art. 9 WG)[199] sowie des Indossatars gegen den Aussteller;[200] das Gleiche gilt für Rückgriffsansprüche eines Schecknehmers gegen den Aussteller eines Schecks.[201]

Werden in einem Verfahren **Unterlassungsansprüche** geltend gemacht, so ist 41
der Gerichtsstand des Art. 7 Nr. 1 im Lichte der *Besix*-Entscheidung des EuGH[202] aus dem Jahr 2002 nur dann eröffnet, wenn dafür tatsächlich ein **vertraglicher Erfüllungsort** bestimmt oder bestimmbar ist. Daran fehlt es z.b. im Falle eines weltweit gültigen Wettbewerbsverbots, so dass dessen Einhaltung wohl

---

[192] Vgl. in diesem Sinne auch OLG München, 25.6.1999 – 23 U 4834/98, IPRax 2000, S. 416; *Haubold*, IPRax 2000, S. 375 (379); MünchKomm/*Gottwald*, ZPO, 4. Aufl. 2013, Art. 5 EuGVVO a.F. Rn. 8; *Martiny*, FS Geimer, 2002, S. 641 (664); **a. A.** etwa Rauscher/*Leible*, EuZPR, 4. Aufl. 2016, Art. 7 EuGVVO Rn. 26: auf Ausgleich und Schadensersatz gerichtete Ansprüche im faktischen Konzern seien nie als „vertraglich" einzustufen.
[193] So auch OLG Frankfurt, 9.9.1999 – 4 U 13/99, IPRax 2000, S. 525; OLG Düsseldorf, 26.10.1995, IPRax 1998, S. 219; Zimmer IPRax 1998, S. 187; *Haubold*, IPRax 2000, S. 381; *Schlosser*, EuZPR, 3. Aufl. 2010, Art. 5 EuGVVO a.F. Rn. 3a; **a. A.** wiederum *Martiny*, FS Geimer, 2002, S. 641 (665); *Kulms*, IPRax 2000, S. 488; *Geimer*/Schütze, EuZVR, 3. Aufl. 2010, Art. 5 EuGVVO a.F. Rn. 33; Rauscher/*Leible*, EuZPR, 4. Aufl. 2016, Art. 7 EuGVVO Rn. 26: nur Ansprüche aus Durchgriffshaftung bei Existenz eines Beherrschungs- und Gewinnabführungsvertrags.
[194] MünchKomm/*Gottwald*, ZPO, 4. Aufl. 2013, Art. 5 EuGVVO a.F. Rn. 6; *Geimer*/Schütze, EuZVR, 3. Aufl. 2010, Art. 5 EuGVVO a.F. Rn. 69.
[195] Rauscher/*Leible*, EuZPR, 4. Aufl. 2016, Art. 7 EuGVVO Rn. 27.
[196] *Geimer*/Schütze, EuZVR, 3. Aufl. 2010, Art. 5 EuGVVO a.F. Rn. 69.
[197] *Bachmann*, IPRax 1997, S. 153 (155).
[198] OHG (Österreich), 14.9.2000 – 2 Ob 220/00, IPRax 2000, S. 131 (m. Anm. *Grundmann*, 136).
[199] LG Bayreuth, 29.6.1988 – KHO 31/88, IPRax 1989, S. 230 (m. Anm. *Furtak*, IPRax 1998, S. 212); LG Frankfurt, 5.10.1995 – 3/5 O 53/95, IPRax 1997, S. 258 (m. Anm. *Bachmann*, 237); *Martiny*, FS Geimer, 2002, S. 641 (660).
[200] LG Frankfurt a.M., 5.10.1995 – 3/5 O 53/95, IPRax 1997, S. 258; MünchKomm/*Gottwald*, ZPO, 4. Aufl. 2013, Art. 5 EuGVVO a.F. Rn. 12; *Kropholler/von Hein*, EuZPR, 9. Aufl. 2011, Art. 5 EuGVVO a.F. Rn. 11; *Martiny*, FS Geimer, 2002, S. 641 (660); *Geimer*/Schütze, EuZVR, 3. Aufl. 2010, Art. 5 EuGVVO a.F. Rn. 49.
[201] Vgl. Rauscher/*Leible*, EuZPR, 4. Aufl. 2016, Art. 7 EuGVVO Rn. 27 m.w.N.
[202] EuGH, 19.2.2002 – Rs. C-256/00, *Besix S.A.* ./. *WABAG u.a.*, Slg. 2002, I-1699 (ECLI:EU:C:2002:99) = EuZW 2002, S. 217, kritisch *Heß*, IPRax 2002, S. 376; krit. auch *Dietze/Schnichels*, EuZW 2003, S. 583.

B Vor I 7 Art. 7   VO (EU) Nr. 1215/2012

nur am allgemeinen Gerichtsstand des Verpflichteten eingeklagt werden kann.[203] Will eine Partei dieses Ergebnis vermeiden, empfiehlt es sich daher, bei derartigen Vereinbarungen stets auch einen bestimmten Gerichtsstand zu **vereinbaren**.

i) Nicht von Art. 7 Nr. 1 erfasste Streitigkeiten

42   **Nicht** aus einem (verpflichtenden[204]) Vertrag entspringen hingegen diejenigen Ansprüche, denen bei autonomer Qualifikation ein gesetzliches Schuldverhältnis ohne Verbindung zu einem Vertragsverhältnis zugrunde liegt.[205] Dies betrifft etwa Ansprüche aus **Produzentenhaftung** in Absatz- bzw. Vertragsketten (d.h. Ansprüche von späteren Erwerbern einer Sache gegen deren Hersteller, der nicht der Verkäufer ist, wie sie etwa das französische Recht z.T. in Gestalt der sog. *action directe* gewährt)[206] oder aus **Bereicherungsrecht**, soweit sich die Ansprüche nicht als bloße Rückabwicklung eines nichtigen Vertrages darstellen (vgl. Art. 12 Abs. 1 lit. e Rom I-VO[207]).[208] Aber auch Ansprüche aus **Geschäftsführung ohne Auftrag**[209] und aus dem sachenrechtlichen Eigentümer-Besitzer-Verhältnis sind ebenso wenig wie Gefährdungs- oder Zustandshaftungsansprüche sowie insolvenzrechtliche Anfechtungsklagen (vgl. auch Art. 1 Abs. 2 lit. b)[210] bzw. Klagen aus und aufgrund **Eigentums**[211] „vertraglich" im Sinne von Art. 7 Nr. 1.[212]

43   Ebenso wenig eröffnet die Haftung aus sog. *quasi-contrats* nach französischem Recht[213] oder der im italienischen Recht eröffnete Direktanspruch des Subunternehmers gegen den Auftraggeber[214] den Gerichtsstand des Art. 7 Nr. 1. **Delikti-**

---

[203] Rauscher/*Leible*, EuZPR, 4. Aufl. 2016, Art. 7 EuGVVO Rn. 48.
[204] Vgl. Rauscher/*Leible*, EuZPR, 4. Aufl. 2016, Art. 7 EuGVVO Rn. 36: Art. 7 Nr. 1 betreffe nur verpflichtende, nicht aber dingliche Verfügungsverträge; allerdings ist Art. 7 Nr. 1 – vorbehaltlich etwaiger Bereichsausnahmen in Art. 1 Abs. 2 – nicht *per se* auf schuldrechtliche Verträge beschränkt, s. nur Geimer/Schütze, EuZVR, 3. Aufl. 2010, Art. 5 EuGVVO a.F. Rn. 52.
[205] BGH, 28.2.1996 – XII ZR 181/93, NJW 1996, S. 1411; MünchKomm/*Gottwald*, ZPO, 4. Aufl. 2013, Art. 5 EuGVVO a.F. Rn. 10; Rauscher/*Leible*, EuZPR, 4. Aufl. 2016, Art. 7 EuGVVO Rn. 35.
[206] EuGH, 17.6.1992 – Rs. C-26/91, *Handte ./. TMCS*, Slg. 1992, I-3967 (ECLI:EU:C:1992:268); MünchKomm/*Gottwald*, ZPO, 4. Aufl. 2013, Art. 5 EuGVVO a.F. Rn. 10; *Beaumart*, Haftung in Absatzketten, 1999, S. 135 ff.; Schlosser/Hess, EuZPR, 4. Aufl. 2015, Art. 7 EuGVVO Rn. 3a; Geimer/Schütze, EuZVR, 3. Aufl. 2010, Art. 5 EuGVVO a.F. Rn. 49.
[207] S. EuGH, 20.4.2016 – Rs. 366/13, *Profit Investment SIM ./. Ossi u.a.*, ECLI:EU:C:2016:282 = EuZW 2016, S. 419, Rn. 58.
[208] Rauscher/*Leible*, EuZPR, 4. Aufl. 2016, Art. 7 EuGVVO Rn. 34 f.; Schlosser/Hess, EuZPR, 4. Aufl. 2015, Art. 7 EuGVVO Rn. 5; *Martiny*, FS Geimer, 2002, S. 641 (654); Geimer/Schütze, EuZVR, 3. Aufl. 2010, Art. 5 EuGVVO a.F. Rn. 64; **a. A.** wohl Geimer/Schütze/*Auer*, Int. Rechtsverkehr, 28. EL 2005, Art. 5 EuGVVO a.F. Rn. 30 sowie MünchKomm/*Gottwald*, ZPO, 4. Aufl. 2013, Art. 5 EuGVVO a.F. Rn. 12 (jedenfalls für die Leistungskondiktion nach anfänglicher Nichtigkeit eines Vertrages).
[209] MünchKomm/*Gottwald*, ZPO, 4. Aufl. 2013, Art. 5 EuGVVO a.F. Rn. 12; Rauscher/*Leible*, EuZPR, 4. Aufl. 2016, Art. 7 EuGVVO Rn. 35; Geimer/Schütze, EuZVR, 3. Aufl. 2010, Art. 5 EuGVVO a.F. Rn. 46; **a. A.** etwa *Schlosser*, IPRax 1984, S. 65 (66).
[210] MünchKomm/*Gottwald*, ZPO, 4. Aufl. 2013, Art. 5 EuGVVO a.F. Rn. 12; *Göranson*, FS Voskuil, 1992, S. 59; Geimer/Schütze, EuZVR, 3. Aufl. 2010, Art. 5 EuGVVO a.F. Rn. 48.
[211] Derartige Klagen können hingegen – in Bezug auf unbewegliche Sachen – dem ausschließlichen Gerichtsstand des Art. 24 Nr. 1 Satz 1 Alt. 1 unterfallen, s. die dortige Kommentierung Rn. 20ff.
[212] *Lipp*, RIW 1994, S. 18 (20) für Herausgabeklagen gegen englische „Receiver"; nach Geimer/Schütze, EuZVR, 3. Aufl. 2010, Art. 5 EuGVVO a.F. Rn. 35 auch für Klagen auf Aussonderung.
[213] MünchKomm/*Gottwald*, ZPO, 4. Aufl. 2013, Art. 5 EuGVVO a.F. Rn. 12; *Kropholler/von Hein*, EuZPR, 9. Aufl. 2011, Art. 5 EuGVVO a.F. Rn. 16.
[214] Geimer/Schütze, EuZVR, 3. Aufl. 2010, Art. 5 EuGVVO a.F. Rn. 49; *Martiny*, FS Geimer, 2002, S. 641 (663).

sche Ansprüche fallen im Umkehrschluss aus Art. 7 Nr. 2 naturgemäß ebenfalls nicht unter den Vertragsgerichtsstand, wobei bei autonomer Auslegung im Lichte der *Brogsitter*-Entscheidung des EuGH[215] bisweilen auch national deliktisch sanktionierte Verhaltensweisen unter Art. 7 Nr. 1 fallen, nämlich immer dann, wenn das vorgeworfene Verhalten im Einzelfall (auch) als Verstoß gegen vertragliche Verpflichtungen angesehen werden kann und zu dessen (auch) deliktischer Beurteilung ein Rückgriff auf vertragliche Pflichten „unerlässlich" erscheint.[216]

Bei Ansprüchen aus dem Stadium **vor Abschluss des Hauptvertrags** ist zu differenzieren: Wird behauptet, man habe sich bereits im Wege eines *letter of intent* oder eines Vorvertrags gebunden, so können die sich daraus ergebenden Verpflichtungen durchaus, wie oben Rn. 33 vorerwähnt, im Gerichtsstand des Art. 7 Nr. 1 geltend gemacht werden.[217] Wird demgegenüber lediglich eingewandt, man habe durch „bloße" Vertragsverhandlungen ein bereits so weitgehendes Verhandlungsverhältnis geschaffen, dass die Verweigerung des Vertragsschlusses treuwidrig wäre, so genügt dies nach der Rechtsprechung des EuGH mangels Vertragsschlusses im Sinne der EuGVVO – d.h. einer freiwilligen Ver*pflichtung* – grds. nicht, um die Zuständigkeit gem. Art. 7 Nr. 1 zu eröffnen.[218] Derartige Ansprüche – insbesondere wegen willkürlichen Abbruchs von Vertragsverhandlungen – aus (nach deutschem Verständnis) *culpa in contrahendo*[219] sind daher dem im Sinne des Unionsrechts (vgl. Art. 2 Abs. 1 Rom II-VO i.V.m. deren Erwgr. 30) grds. gesetzlichen Schuldverhältnis der Vertragsverhandlungen zuzuordnen und fallen nach vorzugswürdiger Auffassung unter Art. 7 Nr. 2.[220] Diejenigen Fälle einer *culpa in contrahendo*, bei denen eine Partei die Lösung von einem ihr ungünstigen Vertrag begehrt, den sie auf Grund schuldhaften Verhaltens der anderen Partei eingegangen ist, fallen hingegen auch nach Auffassung des EuGH unter Art. 7 Nr. 1.[221] 44

j) Kognitionsbefugnis; keine Annexkompetenz

Nach der – zu Recht umstrittenen[222] – Rechtsprechung des EuGH (sog. „**Spaltungstheorie**"[223]) sollen die besonderen Gerichtsstände des Art. 7 die 45

---
[215] EuGH, 13.3.2014 – Rs. C-548/12, *Marc Brogsitter ./. Fabrication de Montres Normandes EURL u.a.*, ECLI:EU:C:2014:148 = NJW 2014, S. 1648.
[216] Vgl. dazu auch Rauscher/Leible, EuZPR, 4. Aufl. 2016, Art. 7 EuGVVO Rn. 35.
[217] Vgl. Rauscher/Leible, EuZPR, 4. Aufl. 2016, Art. 7 EuGVVO Rn. 32 sowie Cour de Cassation, Rev.crit. 1993, S. 692.
[218] Vgl. EuGH, 17.9.2002 – Rs. C-334/00, *Fonderie Tacconi S.p.A. ./. HWS*, Slg. 2002, I-7357 (ECLI:EU:C:2002:499) = EuZW 2002, S. 655, Rn. 27; öOGH, 28.6.2000 – 7 Ob 132/00p, Jbl 2001, S. 185; Kropholler/von Hein, EuZPR, 9. Aufl. 2011, Art. 5 EuGVVO a.F. Rn. 18; Schlosser/Hess, EuZPR, 4. Aufl. 2015, Art. 7 EuGVVO Rn. 5; Rauscher/Leible, EuZPR, 4. Aufl. 2016, Art. 7 EuGVVO Rn. 32.
[219] Vgl. hierzu näher unten Rn. 162 f.
[220] Rauscher/Leible, EuZPR, 4. Aufl. 2016, Art. 7 EuGVVO Rn. 30; Kropholler/von Hein, EuZPR, 9. Aufl. 2011, Art. 5 EuGVVO a.F. Rn. 18; Schack, IZVR, 6. Aufl. 2014, Rn. 293; differenzierend Wieczorek/Schütze/Hausmann, EuZPR, 4. Aufl. 2013, Art. 5 EuGVVO a.F. Rn. 8, 50.
[221] Schack, IZVR, 6. Aufl. 2014, Rn. 293; Rauscher/Leible, EuZPR, 4. Aufl. 2016, Art. 7 EuGVVO Rn. 30; Schlosser/Hess, EuZPR, 4. Aufl. 2016, Art. 7 EuGVVO Rn. 5; vgl. OLG Koblenz, 26.5.2008 – 12 U 17171/05, IPRax 2009, S. 151.
[222] Kritisch etwa Rauscher/Leible, EuZPR, 4. Aufl. 2016, Art. 7 EuGVVO Rn. 101; **a. A.** – d.h. für eine umfassende Kognitionsbefugnis – etwa Geimer/Schütze, EuZVR, 3. Aufl. 2010, Art. 5 EuGVVO a.F. Rn. 222; Geimer, IPRax 1986, S. 80; Mansel, ZVglRWiss 86 (1987), S. 1 (22); Simons/Hausmann/Jault-Seseke/Weller, Brüssel I-VO, 2012, Art. 5 Nr. 1 EuGVVO a.F. Rn. 20.
[223] Geimer/Schütze, EuZVR, 3. Aufl. 2010, Art. 5 EuGVVO a.F. Rn. 223.

B Vor I 7 Art. 7 VO (EU) Nr. 1215/2012

danach international zuständigen Gerichte nur zur Prüfung derjenigen Rechtsnormen berechtigen, die dem fraglichen Rechtsgebiet – im Falle des Art. 7 Nr. 1 etwa dem Vertragsrecht – zuzuordnen sind.[224] Dies führt zu einer Spaltung eines nach deutschem Verständnis eigentlich einheitlichen Streitgegenstands.[225]

46 Entschieden hat der EuGH dies zwar bislang nur für den Gerichtsstand der unerlaubten Handlung in Art. 7 Nr. 2 bzw. Art. 5 Nr. 3 EuGVVO a.F.: Nach dem Urteil des Gerichtshofs in der **Rechtssache Kalfelis** sind die Gerichte eines Mitgliedsstaates, deren internationale Zuständigkeit sich aus Art. 7 Nr. 2 ergibt, grds. *nicht* zur umfassenden Entscheidung des Sachverhalts unter Einschluss von vertraglich zu qualifizierenden Anspruchsgrundlagen bzw. Gesichtspunkten befugt.[226] Dies begründete der EuGH u.a. damit, dass „der Kl[äger] [ja] stets die Möglichkeit [habe], seine Klage unter sämtlichen Gesichtspunkten vor das Gericht des Wohnsitzes des Bekl[agten] zu bringen",[227] d.h. am allgemeinen Gerichtsstand des Art. 4 Abs. 1 Klage zu erheben. Denn die besonderen Zuständigkeiten des Art. 7 seien als Ausnahmen vom Grundsatz der Zuständigkeit der Gerichte des Beklagtenwohnsitzstaats einschränkend auszulegen.[228]

47 Der EuGH und ihm folgend der BGH[229] entscheiden damit für den Bereich des europäischen IZVR **anders** als der BGH in nach **rein nationalem Zivilverfahrensrecht** (§§ 32 ZPO, 17 Abs. 2 Satz 1 GVG) zu beurteilenden Sachverhalten.[230] Als Folge dieser eingeschränkten Entscheidungsbefugnis der aufgrund der EuGVVO zuständigen mitgliedstaatlichen Gerichte ist naturgemäß auch die **Rechtskraft** eines entsprechenden Urteils auf diejenigen Anspruchsgrundlagen begrenzt, die in die Kognitionsbefugnis der jeweiligen Gerichte fallen.[231]

48 Die Übertragbarkeit dieser Rechtsprechung **auch auf den umgekehrten Fall**, nämlich dass die Gerichte eines Mitgliedsstaats nur aufgrund von Art. 7 Nr. 1 international zuständig sind, wurde zwar vom EuGH bislang noch nicht ausdrücklich entschieden, wird aber von der wohl h.M. konsequenterweise ebenfalls angenommen.[232] Stehen daher in einem Verfahren im Einzelfall neben vertraglich auch z.B. deliktisch einzustufende Anspruchsgrundlagen im Raum, sind jedoch die Gerichte des jeweiligen Forumstaats nur gem. Art. 7 Nr. 1 international zuständig, so dürfen diese nur die vertraglichen Anspruchsgrundlagen prüfen. Art. 7 Nr. 1 gewährt **keine Annexkompetenz** für mit vertraglichen

---

[224] Statt vieler *Schlosser*/Hess, EuZPR, 4. Aufl. 2016, Vor Art. 7–9 EuGVVO Rn. 2; Rauscher/*Leible*, EuZPR, 4. Aufl. 2016, Art. 7 EuGVVO Rn. 100 f.
[225] *Schlosser*/Hess, EuZPR, 4. Aufl. 2015, Vor Art. 7–9 EuGVVO Rn. 2.
[226] EuGH, 27.9.1988 – Rs. 189/87, *Kalfelis ./. Schröder*, Slg. 1988, 5565 (ECLI:EU:C:1988:459), Rn. 21.
[227] EuGH, 27.9.1988 – Rs. 189/87, *Kalfelis ./. Schröder*, Slg. 1988, 5565 (ECLI:EU:C:1988:459), Rn. 20.
[228] Vgl hierzu kritisch die Ausführungen oben unter Vorb. Art. 7 ff. Rn. 9.
[229] BGH, 28.2.1996 – XII ZR 181/93, NJW 1996, S. 1411.
[230] Vgl. etwa BGH, 10.12.2002 – X ARZ 208/02, NJW 2003, S. 828; **a. A.** OLG Hamm, 14.2.2002 – 22 W 65/01, NJW-RR 2002, S. 1291.
[231] *Schlosser*/Hess, EuZPR, 4. Aufl. 2015, Vor Art. 7–9 EuGVVO Rn. 2; MünchKomm/*Gottwald*, ZPO, 4. Aufl. 2013, Art. 5 EuGVVO a.F. Rn. 13.
[232] Vgl. etwa MünchKomm/*Gottwald*, ZPO, 4. Aufl. 2013, Art. 5 EuGVVO a.F. Rn. 13; *Looschelders*, IPRax 2006, S. 14 (16); kritisch Rauscher/*Leible*, EuZPR, 4. Aufl. 2016, Art. 7 EuGVVO Rn. 101 m.w.N.

Ansprüchen in Zusammenhang stehende außervertragliche, insbesondere deliktische Ansprüche. Ist ein Gericht bzw. sind die Gerichte eines Mitgliedstaats im Einzelfall nur gem. Art. 7 Nr. 1 zuständig, ist die Klage für etwaige ebenfalls eingeklagte außervertragliche Ansprüche als unzulässig abzuweisen.

Dies führt freilich zu einer im Grunde unerwünschten **Spaltung der** 49 **Zuständigkeiten** und widerspricht dem auch der EuGVVO zugrunde liegenden Gebot der Prozessökonomie. Entsprechend wird jedenfalls im deutschen Schrifttum zum Teil eine **Annexkompetenz** gefordert, um im Einzelfall auch mit vertraglichen Anspruchsgrundlagen konkurrierende deliktische Ansprüche am Vertragsgerichtsstand des Art. 7 Nr. 1 geltend machen zu können.[233] Dafür spricht neben den Geboten der **Rechtssicherheit und Prozessökonomie** auch, dass der Vertrag in dem Fall einer Anspruchskonkurrenz oftmals auch den Inhalt der deliktischen Ansprüche prägt.

Insofern wird freilich in vielen Fällen eine derartige Annexkompetenz als 50 Konsequenz der *Brogsitter*-Entscheidung des EuGH vom 13.3.2014[234] gar nicht (mehr) nötig sein.[235] In diesem Urteil hat der EuGH nämlich entschieden, dass selbst Ansprüche, die nach nationalem Recht als außervertraglich eingestuft werden, dennoch dem Vertragsgerichtsstand unterfallen können, wenn das anspruchsbegründende Verhalten als Verstoß gegen vertragliche Verpflichtungen angesehen werden kann und eine Auslegung des Vertrags „unerlässlich" erscheint".

Ungeachtet der oben Rn. 46 dargestellten *Kalfelis*-Rechtsprechung des 51 EuGH fordern vereinzelte Stimmen weiterhin **auch für den umgekehrten Fall** des Eingreifens nur von Art. 7 Nr. 2 die Gewährung einer Annexkompetenz kraft Sachzusammenhangs für vertragliche Ansprüche.[236] Dem steht freilich – jedenfalls in der Gerichtspraxis – eindeutig die genannte EuGH-Judikatur entgegen.

7. Anknüpfungspunkt (Erfüllungsort) gem. Art. 7 Nr. 1 lit. a und c

Nach Art. 7 Nr. 1 lit. a kann, wenn ein Vertrag oder Ansprüche aus einem 52 Vertrag den Gegenstand des Verfahrens bilden, vor dem Gericht desjenigen Ortes geklagt werden, an dem die Verpflichtung **erfüllt worden ist oder zu erfüllen wäre**. Systematisch stellt Art. 7 Nr. 1 lit. a dabei den Grundanknüpfungspunkt des besonderen Vertragsgerichtsstands dar und ist gem. Art. 7 Nr. 1 lit. c zugleich Auffangtatbestand für all diejenigen Verträge, die nicht dem vorrangig zu prüfenden Art. 7 Nr. 1 lit. b unterfallen.

---

[233] Aus dem neueren Schrifttum etwa *Schlosser*/Hess, EuZPR, 4. Aufl. 2015, Vor Art. 7–9 EuGVVO Rn. 2; Rauscher/*Leible*, EuZPR, 4. Aufl. 2016, Art. 7 EuGVVO Rn. 101 sowie *Geimer*/Schütze, EuZVR, 3. Aufl. 2010, Art. 5 EuGVVO a.F. Rn. 50; *Mansel*, IPRax 1989, S. 84 (85); *ders.*, ZVglRWiss 86 (1987), S. 1 (22). C.*Wolf*, IPRax 1999, S. 82 (87); *Spickhoff*, IPRax 2009, S. 128 (132).
[234] EuGH, 13.3.2014 – Rs. C-548/12, *Marc Brogsitter ./. Fabrication de Montres Normandes EURL u.a.*, ECLI:EU:C:2014:148 = NJW 2014, S. 1648.
[235] So auch Rauscher/*Leible*, EuZPR, 4. Aufl. 2016, Art. 7 EuGVVO Rn. 101.
[236] Z.B. *Geimer*/Schütze, EuZVR, 3. Aufl. 2010, Art. 5 EuGVVO a.F. Rn. 222; *Geimer*, IPRax 1986, S. 80.

B Vor I 7 Art. 7

a) Entstehungsgeschichte und Überblick

53 Art. 5 Nr. 1 lit. b EuGVVO a.F., der dem jetzigen Art. 7 Nr. 1 lit. b entspricht, wurde im Zuge der „Umwandlung" des EuGVÜ in die EuGVVO a.F. im Jahr 2000 komplett neu geschaffen. Demgegenüber entspricht Art. 7 Nr. 1 lit. a (bzw. zuvor Art. 5 Nr. 1 lit. a EuGVVO a.F.) weitgehend Art. 5 Nr. 1 Halbsatz 1[237] EuGVÜ aus dem Jahr 1968.[238] In Bezug auf diese Vorschrift **gilt** daher nach ganz h.M. **die alte Rechtslage fort** und kann zu ihrer Auslegung auf die zu Art. 5 Nr. 1 EuGVÜ bzw. Art. 5 Nr. 1 lit. a EuGVVO a.F. ergangene Rechtsprechung des EuGH zurückgegriffen werden.[239]

54 Nach dem EuGH muss zu Bestimmung der Zuständigkeit gem. Art. 7 Nr. 1 lit. a (**1.**) zwischen der jeweils streitigen Verpflichtung unterschieden werden (Rechtssache *de Bloos*[240]) (dazu näher Rn. 58 ff.) und (**2.**) nach der sog. *Tessili*-Regel[241] zur Bestimmung des Erfüllungsortes auf das jeweils anwendbare Vertragsstatut (*lex causae*) der streitigen Verpflichtung (dazu näher Rn. 70 ff.) abgestellt werden. Zu der – auch im Hinblick auf den insofern fehlenden Gleichlauf zur Rom I-VO (vgl. insbesondere Art. 4 Abs. 1 und 2 Rom I-VO) – berechtigten **rechtspolitischen Kritik** an Art. 7 Nr. 1 lit. a sowie der „unbefriedigenden Aufspaltung" des Vertragsgerichtsstands[242] vgl. bereits oben Rn. 7 f.[243]

b) Vertragliche Streitigkeiten im Sinne von Art. 7 Nr. 1 lit. a

55 In den Anwendungsbereich von Art. 7 Nr. 1 lit. a als „Grundregel"[244] des Vertragsgerichtsstands fallen nach der Systematik des Gesetzes zunächst all diejenigen Verträge, die **weder** den Verkauf beweglicher Sachen **noch** die Erbringung von Dienstleistungen im Sinne jeweils von Art. 7 Nr. 1 lit. b zum Gegenstand haben.[245] Selbst Kauf- bzw. Dienstleistungsverträge können jedoch im Einzelfall – nämlich über die Rückverweisung in Art. 7 Nr. 1 lit. c – unter Art. 7 Nr. 1 lit. a fallen, und zwar wenn der an sich gem. Art. 7 Nr. 1 lit. b zu bestimmende Erfüllungsort nicht in einem Mitgliedstaat im Sinne der EuGVVO liegt.[246] Dies folgt eindeutig aus dem Wortlaut von Art. 7 Nr. 1 lit. b, der als maßgeblichen Erfüllungsort jeweils auf einen „Ort in einem Mitgliedstaat" abstellt.

56 Liegt im Einzelfall kein Kaufvertrag über eine bewegliche Sache bzw. Dienstleistungsvertrag vor bzw. liegt deren Erfüllungsort in einem Drittstaat, so ist wei-

---

[237] Der 2. Halbsatz betraf die nunmehr in Art. 20–23 ausgegliederten Arbeitsverträge.
[238] Rauscher/*Leible*, EuZPR, 4. Aufl. 2016, Art. 7 EuGVVO Rn. 38.
[239] S. nur Rauscher/*Leible*, EuZPR, 4. Aufl. 2016, Art. 7 EuGVVO Rn. 38 sowie die Rechtsprechungs-Aufzählung zu Beginn der Kommentierung dieses Artikels.
[240] EuGH, 6.10.1976 – Rs. 14/76, *De Bloos ./. Bouyer*, Slg. 1976, 1497 (ECLI:EU:C:1976:134).
[241] EuGH, 6.10.1976 – Rs. 12/76, *Tessili ./. Dunlop*, Slg. 1976, 1473 (ECLI:EU:C:1976:133).
[242] Rauscher/*Leible*, EuZPR, 4. Aufl. 2016, Art. 7 EuGVVO Rn. 40.
[243] S. auch z.B. *Kropholler/von Hein*, EuZPR, 9. Aufl. 2011, Art. 5 EuGVVO a.F. Rn. 31; Rauscher/*Leible*, 4. Aufl. 2016, Art. 7 EuGVVO Rn. 40.
[244] Rauscher/*Leible*, EuZPR, 4. Aufl. 2016, Art. 7 EuGVVO Rn. 41.
[245] Zur Qualifikation von „Verträgen über den Verkauf beweglicher Sachen" bzw. von „Verträgen über die Erbringung von Dienstleistungen" siehe nachfolgend Rn. 87 ff. sowie 96 ff.
[246] *Mankowski*, RIW 2005, S. 561 (567); *Geimer*/Schütze, EuZVR, 3. Aufl. 2010, Art. 5 EuGVVO a.F. Rn. 93; Rauscher/*Leible*, EuZPR, 4. Aufl. 2016, Art. 7 EuGVVO Rn. 39; *Schlosser*/Hess, EuZPR, 4. Aufl. 2016, Art. 7 EuGVVO Rn. 10c; vgl. auch oben Rn. 12 a. E.

Text + Erläuterungen   Art. 7   **B Vor I** 7

ter zu prüfen, ob nicht für einzelne Vertragsarten – namentlich Versicherungs-, Verbraucher oder Arbeitsverträge – bestimmte Sonderzuständigkeiten im dritten, vierten oder fünften bzw. eine ausschließliche Zuständigkeit im sechsten Abschnitt eröffnet sind. Erst wenn dies nicht der Fall ist, greift Art. 7 Nr. 1 lit. a als **Auffangvorschrift** ein.

Unter diese Vorschrift können dabei **u.a. folgende Vertragsarten** fallen: 57 Franchise- oder Leasingverträge, **Gebrauchsüberlassungsverträge** (etwa Miete oder Pacht – für unbewegliche Sachen ist freilich der vorrangige Art. 24 Nr. 1 Satz 1 Alt. 2 zu beachten[247]), gesellschaftsrechtliche Anstellungsverträge sowie **Gesellschaftsverträge** (beachte aber Art. 24 Nr. 2[248]) und Gesellschaftervereinbarungen (etwa Poolabsprachen oder Stimmbindungsverträge). Auch **Kaufverträge über unbewegliche Sachen**[249] bzw. sonstige nicht als bewegliche Sachen[250] zu qualifizierende Gegenstände (z.B. Unternehmenskaufverträge, und zwar sowohl bei einem Share- als auch bei einem Asset-Deal) unterfallen grds. Art. 7 Nr. 1 lit. a, ebenso wie Handelsvertreter- oder Eigenhändlerverträge sowie alle anderen Formen von Vertriebsverträgen. Schließlich sind grds. auch Lizenzverträge,[251] Kooperations- und Konsortialverträge aller Art, Verlagsverträge, Entwicklungsverträge, Rabatt- und Bonusvereinbarungen (soweit diese nicht Bestandteil eines Liefervertrages sind), Wettbewerbsverbote sowie Tarifverträge und Betriebsvereinbarungen unter Art. 7 Nr. 1 lit. a zu subsumieren.

c) Für die Zuständigkeit maßgebliche Verpflichtung (*de Bloos*)

aa) Maßgeblichkeit der konkret streitigen Verpflichtung

Nach der in der Praxis maßgeblichen Rechtsprechung des EuGH kommt es 58 für die Anknüpfung des Vertragsgerichtsstands in Art. 7 Nr. 1 lit. a nicht etwa auf die insgesamt vertragscharakteristische oder irgendeine Verpflichtung an, sondern grds. auf die im jeweiligen Verfahren **konkret streitige** (Primär-[252]) **Pflicht**.[253] Dies hat der EuGH erstmals im Jahr 1976 (damals noch zum EuGVÜ) in seinem Urteil in der Rechtssache *de Bloos*[254] artikuliert und in der Folge in ständiger Rechtsprechung weiter vertreten.[255] Begründet wurde dies – wenig einleuch-

---
[247] S. näher die Kommentierung zu Art. 24 Rn. 36 ff.
[248] Hierzu näher die Kommentierung Art. 24 Rn. 64 ff.
[249] Zum Begriff der unbeweglichen Sache im Sinne der EuGVVO vgl. die Kommentierung zu Art. 24 Rn. 18 f.
[250] Vgl. zum Begriff der beweglichen Sache im Sinne der EuGVVO unten Rn. 93 ff.
[251] Vgl. EuGH, 23.4.2009 – Rs. C-533/07, *Falco Privatstiftung u.a.* ./. *Weller-Lindhorst*, Slg. 2009, I-3369 (ECLI:EU:C:2009:257).
[252] Bei der Geltendmachung von Sekundäransprüchen, etwa auf Schadensersatz, ist hingegen auf die jeweils verletzte Primärpflicht abzustellen, s. sogleich unter Rn. 63 ff. (insbesondere 64).
[253] *Schack*, IZVR, 6. Aufl. 2014, Rn. 295 ff.; *Geimer/Schütze*, EuZPR, 4. Aufl. 2010, Art. 5 EuGVVO a.F. Rn. 96; *Rauscher/Leible*, EuZPR, 4. Aufl. 2016, Art. 7 EuGVVO Rn. 2.
[254] EuGH, 6.10.1976 – Rs. 14/76, *De Bloos* ./. *Bouyer*, Slg. 1976, 1497 (ECLI:EU:C:1976:134), Rn. 9 ff.: „der Ausdruck „Verpflichtung" des Art. 5 Nr. 1 EuGVÜ [bezieht] sich auf die vertragliche Verpflichtung [...], die den Gegenstand der Klage bildet".
[255] Vgl. in der Folge etwa EuGH, 15.1.1987 – Rs. 266/85, *Shenavai* ./. *Kreischer*, Slg. 1987, 239 (ECLI:EU:C:1987:11); EuGH, 29.6.1994 – Rs. C-288/92, *Custom Made Commercial* ./. *Stawa Metallbau*, Slg. 1994, I-2913 (ECLI:EU:C:1994:268); EuGH, 28.9.1999 – Rs. C-440/97, *GIE Groupe Concorde* ./. *Kapitän des Schiffes Suhadiwarno Panjan*, Slg. 1999, I-6307 (ECLI:EU:C:1999:456); EuGH, 5.10.1999 – Rs. C-420/97, *Leathertex* ./. *Bodetex*, Slg. 1999, I-6747 (ECLI:EU:C:1999:483) sowie EuGH, 19.2.2002 – Rs. C-256/00, *Besix S.A.* ./. *WABAG u.a.*, Slg. 2002, I-1699 (ECLI:EU:C:2002:99) = EuZW 2002, S. 217.

tend – mit dem Leitgedanken des EuGVÜ, „soweit wie möglich zu verhindern, dass aus ein und demselben Vertrag mehrere Zuständigkeitsgründe hergeleitet werden."[256]

59 Für eine derartige **Differenzierung** zwischen verschiedenen aus einem Vertragsverhältnis resultierenden Verpflichtungen spricht zwar, dass „nicht der Vertrag [an sich] [...] einen Erfüllungsort [hat], sondern [nur] die konkrete Leistungspflicht".[257] Auch vermag ein Abstellen auf die jeweils den „Grund für das gerichtliche Vorgehen bildende Verpflichtung" eher ein „Zuständigkeitsgleichgewicht"[258] zwischen den Parteien herzustellen, führt doch das Abstellen auf nur *eine* vertragscharakteristische Verpflichtung teilweise zur Gewährung eines grds. unerwünschten (vgl. nun Art. 4 Abs. 1) Klägergerichtsstands.[259] Zudem bereitet das Auffinden der vertragstypischen Leistung etwa bei gemischten Verträgen bisweilen Schwierigkeiten.[260]

60 Allerdings führt die vom EuGH vorgegebene Unterscheidung zu einer **Zersplitterung** des Erfüllungsortsgerichtsstandes[261] und damit entgegen den Prämissen der EuGH-Rechtsprechung[262] doch wieder dazu, „dass aus ein und demselben Vertrag mehrere Zuständigkeitsgründe hergeleitet werden." Dadurch wird eine prozessökonomische Erledigung von Vertragsstreitigkeiten, die in den seltensten Fällen Defekte in nur einer Leistungspflicht aufweisen, jedenfalls **erschwert**. Auch der grds. intendierte Gleichlauf mit der Rom I-VO – vgl. deren Art. 4 Abs. 1 und 2 – spricht gegen das differenzierende Verständnis des EuGH (und der EuGVVO).

61 Entsprechend haben sich viele Stimmen in der Literatur gegen die Linie des EuGH und für eine Maßgeblichkeit nur der vertragscharakteristischen Leistung ausgesprochen.[263] Diesen **Bedenken** ist der europäische Gesetzgeber bei Schaffung des Art. 5 Nr. 1 lit. b EuGVVO a.F. (jetzt Art. 7 Nr. 1 lit. b) im Jahr 2000 (nur) für den Bereich des Verkaufs beweglicher Sachen und der Erbringung von Dienstleistungen teilweise entgegengekommen: Bei derartigen Verträgen ist nunmehr der Erfüllungsort für alle Ansprüche aus einem Vertragsverhältnis einheitlich (und zudem losgelöst von dem rechtlichen Erfüllungsort nach dem anwendbaren materiellen Recht) zu ermitteln.[264]

---

[256] EuGH, 6.10.1976 – Rs. 14/76, *De Bloos ./. Bouyer*, Slg. 1976, 1497 (ECLI:EU:C:1976:134), Rn. 9/12.
[257] *Schack*, IZVR, 6. Aufl. 2014, Rn. 295.
[258] *Schack*, IZVR, 6. Aufl. 2014, Rn. 295.
[259] *Geimer*, NJW 1987, S. 1131 (1133); Rauscher/*Leible*, EuZPR, 4. Aufl. 2016, Art. 7 EuGVVO Rn. 43.
[260] MünchKomm/*Gottwald*, ZPO, 4. Aufl. 2013, Art. 5 EuGVVO a.F. Rn. 32; vgl. zu Art. 4 Rom I-VO MünchKomm/*Martiny*, BGB, 6. Aufl. 2015, Art. 4 Rom I-VO Rn. 201 ff.
[261] Rauscher/*Leible*, EuZPR, 4. Aufl. 2016, Art. 7 EuGVVO Rn. 43; *Geimer*, NJW 1987, S. 1131 (1132).
[262] S. EuGH, 6.10.1976 – Rs. 14/76, *De Bloos ./. Bouyer*, Slg. 1976, 1497 (ECLI:EU:C:1976:134), Rn. 9/12 sowie oben Rn. 60.
[263] Etwa *Spellenberg*, ZZP 91 (1978), S. 38, (51); *Piltz*, NJW 1981, S. 1876 (1877); *Pocar*, RabelsZ 42 (1978), S. 405 (416); *Graf Wrangel*, Der Gerichtsstand des Erfüllungsortes im deutschen, italienischen und europäischen Recht, 1988, S. 13; *Rauscher*, Verpflichtung und Erfüllungsort in Art. 5 Nr. 1 EUGVÜ unter besonderer Berücksichtigung des Vertragshändlervertrages, 1984, S. 224; Simons/Hausmann/*Jault-Seseke/Weller*, Brüssel I-VO, 2012, Art. 5 Nr. 1 EuGVVO a.F. Rn. 46.
[264] Vgl. dazu näher unten Rn. 83 ff.

Text + Erläuterungen   Art. 7   **B Vor I** 7

Für Art. 7 Nr. 1 lit. a bleibt es vorerst dabei, dass der Erfüllungsort für jede 62
vertragliche Hauptverpflichtung separat zu bestimmen ist, sofern einzelne
Ansprüche aus einem (behaupteten) Vertrag geltend gemacht werden.[265] Dieses
Nebeneinander einer rein vertrags- sowie einer verpflichtungsspezifischen
Bestimmung der Anknüpfungspunkte des Vertragsgerichtsstands[266] und kann
nicht zuletzt wegen fortbestehender diffiziler Abgrenzungsfragen und damit
erhöhter Rechtsunsicherheit nicht vollends überzeugen.[267]

bb) Maßgeblichkeit der jeweiligen Primär- bzw. Hauptpflicht

Für die Begründung der Zuständigkeit gem. Art. 7 Nr. 1 lit. a ist stets auf die 63
jeweils berührte *Primärpflicht* und nicht etwa selbständig auf etwaige Sekundäransprüche – z.B. auf Schadensersatz wegen Verletzung der betreffenden Primärpflicht – abzustellen.[268] Dies hat der EuGH bereits in der Rechtssache „*de Bloos*"
unmissverständlich klargestellt: „Macht der Kläger Ansprüche auf Schadensersatz
geltend oder beantragt er die Auflösung des Vertrags aus Verschulden des Gegners, so ist die Verpflichtung im Sinne des Art. 5 Nr. 1 EuGVÜ weiterhin diejenige vertragliche Verpflichtung, deren Nichterfüllung zur Begründung dieser
Anträge behauptet wird."[269]

Bei der Geltendmachung von Ansprüchen aufgrund von **Leistungsstörun-** 64
gen ist daher immer auf die **zugrunde liegende** (verletzte) **Hauptpflicht** abzustellen.[270] Auf die konkrete Ausgestaltung des jeweiligen Sekundäranspruches
kommt es dabei nicht an. Denkbar sind etwa Ansprüche auf Schadensersatz
(neben oder statt der Leistung) oder auf Rückgewähr nach erklärtem Rücktritt
vom Vertrag, aber auch auf Herausgabe des stellvertretenden *commodum* (im deutschen Recht etwa gem. § 285 BGB) sowie alle sonstigen Erfüllungssurrogate.[271]

Dies ist vor dem Hintergrund der durch die geschilderte EuGH-Rechtspre- 65
chung zu Art. 7 Nr. 1 lit. a ohnehin schon begünstigten „*Zuständigkeitsaufsplitte-*
rung"[272] **zu begrüßen:** Durch das Abstellen auf die jeweils berührte Primärpflicht wird grds. für jeden Vertragspartner nur *ein* Schwerpunktgerichtsstand
begründet[273] und die Zersplitterung des Erfüllungsortes – immerhin – auf ein
erträgliches Minimum reduziert.

Nicht nachvollziehbar ist hingegen, dass der EuGH die **Abgrenzung** zwi- 66
schen Primär- und Sekundärpflicht **nach der jeweiligen** *lex causae* beurteilt

---
[265] EuGH, 23.4.2009 – Rs. C-533/07, *Falco Privatstiftung u.a. ./. Weller-Lindhorst*, Slg. 2009, I-3369 (ECLI:EU:C:2009:257), Rn. 46 ff.
[266] *Geimer*, NJW 1987, S. 1131 (1133).
[267] Zur diesbezüglichen Kritik vgl. oben Rn. 7 f. sowie auch Rauscher/*Leible*, EuZPR, 4. Aufl. 2016, Art. 7 EuGVVO Rn. 44.
[268] BGH, 16.10.2015 – V ZR 120/14, BeckRS 2016, 00465 = NJW 2016, S. 409.
[269] EuGH, 6.10.1976 – Rs. 14/76, *De Bloos ./. Bouyer*, Slg. 1976, 1497 (ECLI:EU:C:1976:134), Rn. 13/14.
[270] *Geimer*/Schütze, EuZVR, 3. Aufl. 2010, Art. 5 EuGVVO a.F. Rn. 108; Rauscher/*Leible*, EuZPR, 4. Aufl. 2016, Art. 7 EuGVVO Rn. 45; *Schack*, IZVR, 6. Aufl. 2014, Rn. 296; BGH, 16.10.2015 – V ZR 120/14, BeckRS 2016, 00465.
[271] Vgl. etwa BGH, 28.3.1979 – VIII ZB 1/78, RIW 1979, S. 710; OLG Koblenz, 23.2.1990 – 2 U 1795/89, ZIP 1991, S. 1098.
[272] So *Geimer*, NJW 1987, S. 1131 (1133).
[273] *Schack*, IZVR, 6. Aufl. 2014, Rn. 298.

wissen will.[274] Dies ist wegen des dadurch den mitgliedstaatlichen Gerichten bzw. Gesetzgebern eröffneten Gestaltungsspielraums bedenklich.[275] Der Rechtssicherheit[276] sowie einer einheitlichen Auslegung zuträglicher wäre es, zur Vermeidung eines „Selbstbedienungsgerichtsstands"[277] die Frage, welche Verpflichtung im Einzelfall als die zuständigkeitsbegründende Primärpflicht im Sinne von Art. 7 Nr. 1 lit. a anzusehen ist, autonom zu beantworten.[278]

67 Im Verhältnis **mehrerer vertraglicher Pflichten zueinander** gilt nach dem EuGH, dass „Nebensächliches der Hauptsache folgt".[279] Daher sind vertragliche **Nebenpflichten** bzw. deren Verletzung grds. am Erfüllungsort der jeweiligen Hauptverpflichtung geltend zu machen.[280] Dies gilt selbst dann, wenn mit einer Klage nur Nebenansprüche ohne die jeweilige Hauptpflicht bzw. lediglich Ansprüche aus der Verletzung von Nebenpflichten eingeklagt werden.[281] Ebenfalls ohne Belang ist, ob es sich im Einzelfall um vorbereitende Ansprüche, (z.B. Auskunftsansprüche, um begleitende oder um nachvertragliche Nebenansprüche (etwa auf Einhaltung des Wettbewerbsverbotes) handelt. Schließlich ist auch eine Nebenpflicht, die keiner Hauptleistungspflicht zugeordnet werden kann (beispielsweise die allgemeine Pflicht zur Vertragstreue) aus prozessökonomischen Gründen am Ort der Hauptleistungspflicht des jeweils Verpflichteten zu erfüllen.

68 Existieren indes mehrere **gleichrangige** Hauptleistungspflichten, so ist der Erfüllungsort ausnahmsweise **für jeden Anspruch gesondert** festzustellen und sind die Gerichte eines Mitgliedstaates wohl nur für die Entscheidung über diejenigen Ansprüche, deren Erfüllungsort im jeweiligen Staatsgebiet liegt, zuständig.[282]

cc) Unterlassen als Hauptpflicht / geographisch unbegrenzte Pflichten

69 Besteht die Primär- bzw. Hauptpflicht in einem **Unterlassen** (z.B. bei einem Wettbewerbsverbot[283]), so findet Art. 7 Nr. 1 insgesamt nur Anwendung, wenn sich die Unterlassungspflicht geographisch – etwa auf das Gebiet eines oder mehrerer Mitgliedstaaten – eingrenzen lässt.[284] Eine z.B. weltweit geltende, geogra-

---

[274] EuGH, 6.10.1976 – Rs. 14/76, *De Bloos ./. Bouyer*, Slg. 1976, 1497 (ECLI:EU:C:1976:134), Rn. 15/17.
[275] So *Schack*, IZVR, 6. Aufl. 2014, Rn. 297 f. mit einigen Beispielen; kritisch auch Rauscher/*Leible*, EuZPR, 4. Aufl. 2016, Art. 7 EuGVVO Rn. 45.
[276] Vgl. nur EuGH, 4.3.1982 – Rs. 38/81, *Effer S.p.A. ./. Kantner*, Slg. 1982, 825 (ECLI:EU:C:1982:79), Rn. 6.
[277] *Schack*, IZVR, 6. Aufl. 2014, Rn. 298.
[278] *Schack*, IZVR, 6. Aufl. 2014, Rn. 297 f.; wohl auch Rauscher/*Leible*, EuZPR, 4. Aufl. 2016, Art. 7 EuGVVO Rn. 45.
[279] *Accessorium sequitur principale*; vgl. EuGH, 15.1.1987 – Rs. 266/85, *Shenavai ./. Kreischer*, Slg. 1987, 239 (ECLI:EU:C:1987:11), Rn. 19.
[280] EuGH, 15.1.1987 – Rs. 266/85, *Shenavai ./. Kreischer*, Slg. 1987, 239 (ECLI:EU:C:1987:11); Geimer/Schütze, EuZVR, 3. Aufl. 2010, Art. 5 EuGVVO a.F. Rn. 109; *Schlosser*/Hess, EuZPR, 4. Aufl. 2015, Art. 7 EuGVVO Rn. 9; Rauscher/*Leible*, EuZPR, 4. Aufl. 2016, Art. 7 EuGVVO Rn. 46.
[281] Geimer/Schütze, EuZVR, 3. Aufl. 2010, Art. 5 EuGVVO a.F. Rn. 109.
[282] EuGH, 5.10.1999 – Rs. C-420/97, *Leathertex ./. Bodetex*, Slg. 1999, I-6747 (ECLI:EU:C:1999:483), Rn. 38 ff.; Simons/Hausmann/*Jault-Seseke/Weller*, Brüssel I-VO, 2012, Art. 5 Nr. 1 EuGVVO Rn. 44, die dieses Ergebnis zu Recht „wenig befriedigend" nennen; Rauscher/*Leible*, EuZPR, 4. Aufl. 2016, Art. 7 EuGVVO Rn. 47.
[283] Vgl. dazu bereits oben Rn. 41.
[284] Vgl. EuGH, 19.2.2002 – Rs. C-256/00, *Besix S.A. ./. WABAG u.a.*, Slg. 2002, I-1699 (ECLI:EU:C:2002:99) = EuZW 2002, S. 217, Rn. 49 ff.; kritisch hierzu *Heß*, IPRax 2002, S. 376.

phisch unbegrenzte Unterlassungspflicht kann hingegen ihrem Wesen nach weder an einem bestimmten Ort lokalisiert noch einem bestimmten Gericht zugeordnet werden, mit der Folge, dass sich die Zuständigkeit in einem solchen Fall im Rahmen der EuGVVO nur gem. Art. 4 Abs. 1 bestimmen lässt.[285]

e) Bestimmung des Erfüllungsortes (*Tessili*-Regel)

Nach Art. 7 Nr. 1 lit. a ist der Vertragsgerichtsstand an dem Ort eröffnet, „an dem die Verpflichtung erfüllt worden ist oder zu erfüllen wäre". Damit ist der jeweilige (rechtliche bzw. tatsächliche[286]) Erfüllungsort gemeint. Insofern stellt sich zwangsläufig die Frage, wie der **Erfüllungsort** im Einzelfall **zu bestimmen ist**. Bei unbefangener Betrachtung wäre alternativ (**1.**) wie bei Art. 7 Nr. 1 lit. b[287] auch eine autonome Bestimmung des Erfüllungsortes, (**2.**) eine Beurteilung nach dem auf die jeweilige Verpflichtung anwendbaren Recht (der *lex causae*) sowie (**3.**) nach dem Recht des jeweiligen Forumstaats (der *lex fori*) denkbar. 70

Aus systematischen Gründen – wird doch auch der Begriff des „Vertrags" im Sinne der Verordnung autonom ausgelegt[288] – und im Dienste einer von der EuGVVO gerade angestrebten einheitlichen Rechtsanwendung und Rechtsvereinheitlichung[289] wäre an sich eine autonome Bestimmung des Erfüllungsorts vorzugswürdig.[290] So könnte zudem eine **Überfrachtung der Zuständigkeitsprüfung** mit zum Teil komplizierten Fragen des anwendbaren Kollisions- und Sachrechts vermieden werden.[291] 71

Dessen ungeachtet stellt der EuGH in ständiger Rechtsprechung und mit Zustimmung eines Teils der Literatur[292] zur **Bestimmung des Erfüllungsorts** im Rahmen von Art. 7 Nr. 1 lit. a auf die vom anwendbaren Kollisionsrecht des Forumsstaats jeweils zur Anwendung berufene *lex causae* ab,[293] und zwar unabhängig davon, ob es sich dabei um das Recht eines Mitgliedstaates oder eines Drittstaa- 72

---
[285] EuGH, 19.2.2002 – Rs. C-256/00, *Besix S.A.* ./. *WABAG u.a.*, Slg. 2002, I-1699 (ECLI:EU:C:2002:99) = EuZW 2002, S. 217, Rn. 49 f.; grds. zustimmend z.B. Simons/Hausmann/Jault-Seseke/Weller, Brüssel I-VO, 2012, Art. 5 Nr. 1 EuGVVO a.F. Rn. 45.
[286] Zur umstrittenen Bedeutung des Alternativverhältnisses zwischen rechtlichem und tatsächlichem Erfüllungsort in Art. 7 Nr. 1 lit. a s. sogleich Rn. 74 ff.
[287] S. etwa *Schack*, IZVR, 6. Aufl. 2014, Rn. 303 sowie unten Rn. 104 ff.
[288] Dazu näher oben Rn. 24 f.
[289] Vgl. nur Erwgr. 2 sowie Rauscher/*Leible*, EuZPR, 4. Aufl. 2016, Art. 7 EuGVVO Rn. 50.
[290] So auch *Schack*, Der Erfüllungsort im deutschen, ausländischen und internationalen Privat- und Zivilprozessrecht, 1985, Rn. 301 ff. (329); *ders*., IZVR, 6. Aufl. 2014, Rn. 298 m.w.N.; Rauscher/*Leible*, EuZPR, 4. Aufl. 2016, Art. 7 EuGVVO Rn. 50.
[291] Rauscher/*Leible*, EuZPR, 4. Aufl. 2016, Art. 7 EuGVVO Rn. 50.
[292] Etwa *Geimer*, NJW 1977, S. 491 (492); *Geimer*/Schütze, EuZVR, 3. Aufl. 2010, Art. 5 EuGVVO a.F. Rn. 114.
[293] EuGH, 6.10.1976 – Rs. 12/76, *Tessili* ./. *Dunlop*, Slg. 1976, 1473 (ECLI:EU:C:1976:133); EuGH, 26.5.1982 – Rs. 133/81, *Ivenel* ./. *Schwab*, Slg. 1982, 1891 (ECLI:EU:C:1982:199); EuGH, 15.1.1987 – Rs. 266/85, *Shenavai* ./. *Kreischer*, Slg. 1987, 239 (ECLI:EU:C:1987:11); EuGH, 29.6.1994 – Rs. C-288/92, *Custom Made Commercial* ./. *Stawa Metallbau*, Slg. 1994, I-2913 (ECLI:EU:C:1994:268); EuGH, 28.9.1999 – Rs. C-440/97, *GIE Groupe Concorde* ./. *Kapitän des Schiffes Suhadiwarno Panjan*, Slg. 1999, I-6307 (ECLI:EU:C:1999:456); EuGH, 5.10.1999 – Rs. C-420/97, *Leathertex* ./. *Bodetex*, Slg. 1999, I-6747 (ECLI:EU:C:1999:483); EuGH, 19.2.2002 – Rs. C-256/00, *Besix S.A.* ./. *WABAG u.a.*, Slg. 2002, I-1699 (ECLI:EU:C:2002:99) = EuZW 2002, S. 217 und EuGH, 23.4.2009 – Rs. C-533/07, *Falco Privatstiftung u.a.* ./. *Weller-Lindhorst*, Slg. 2009, I-3369 (ECLI:EU:C:2009:157).

tes handelt.²⁹⁴ Dies hat der EuGH erstmals im Jahr 1976 in seiner ersten zu (damals) Art. 5 Nr. 1 EuGVÜ ergangenen Entscheidung in der Rechtssache *Tessili*²⁹⁵ entschieden – daher auch: „*Tessili*-Formel".²⁹⁶ Begründet wurde dies u.a. mit den „Unterschiede[n], *die nach wie vor zwischen den einzelnen nationalen Rechten bei der Regelung von Verträgen bestehen*".²⁹⁷ Dem ist auch die deutsche Rechtsprechung gefolgt.²⁹⁸

73 Für die vom EuGH vertretene – und in der Praxis maßgebliche – Ansicht spricht zwar, dass so ein Auseinanderfallen des materiell-rechtlichen und des prozessualen Erfüllungsortsbegriffs vermieden wird.²⁹⁹ Auch wird in gewisser Weise der **innere Entscheidungseinklang** gewahrt,³⁰⁰ indem grds. sichergestellt ist, dass ein Schuldner dort, wo er nach dem anwendbaren Sachrecht zu leisten hat, auch gerichtlich zu belangen ist.³⁰¹ Zusätzlich ermöglicht die Vereinheitlichung des schuldrechtlichen Kollisionsrechts innerhalb der EU – zuerst in Gestalt des EVÜ, später der Rom I-VO – wenigstens für Teilbereiche eine unionsweit einheitliche Anwendung des Art. 7 Nr. 1 lit. a. Bedenklich bleibt jedoch weiterhin die vielfach kritisierte³⁰² Fallgestaltung, dass im Anwendungsbereich des UN-Kaufrechts³⁰³ die grundsätzliche Ausgestaltung von Geld- als Bringschulden³⁰⁴ – vgl. Art. 57 Abs. 1 lit. a CISG – zur Gewährung eines Klägergerichtsstandes bei Geltendmachung von Geldzahlungen führt; freilich werden derartige Fallgestaltungen meist als Kaufverträge unter Art. 7 Nr. 1 lit. b zu fassen sein.

f) Tatsächlicher oder rechtlicher Erfüllungsort?

74 Seinem Wortlaut nach unterscheidet Art. 7 Nr. 1 lit. a zwischen dem „Ort, an dem die Verpflichtung **erfüllt worden ist**",³⁰⁵ und dem Ort, an dem sie „**zu erfüllen wäre**". Die erste Alternative bezeichnet dabei den tatsächlichen, die zweite den rechtlichen Erfüllungsort.³⁰⁶ Insofern ist umstritten, welche Bedeutung dieser Unterscheidung beizumessen ist.

---

²⁹⁴ *Geimer*/Schütze, EuZVR, 3. Aufl. 2010, Art. 5 EuGVVO a.F. Rn. 115.
²⁹⁵ EuGH, 6.10.1976 – Rs. 12/76, *Tessili ./. Dunlop*, Slg. 1976, 1473 (ECLI:EU:C:1976:133), Rn. 14 f.
²⁹⁶ Vgl. etwa *Leible*, NJW 2005, S. 796 (798); Rauscher/*Leible*, EuZPR, 4. Aufl. 2016, Art. 7 EuGVVO Rn. 50, 99.
²⁹⁷ EuGH, 6.10.1976 – Rs. 12/76, *Tessili ./. Dunlop*, Slg. 1976, 1473 (ECLI:EU:C:1976:133), Rn. 14; s. auch EuGH, 29.6.1994 – Rs. C-288/92, *Custom Made Commercial ./. Stawa Metallbau*, Slg. 1994, I-2913 (ECLI:EU:C:1994:268), Rn. 26 ff.
²⁹⁸ Etwa BGH, 16.10.1984 – VI ZR 14/83, NJW 1985, S. 560; BGH, 31.1.1991 – III ZR 150/88, NJW 1991, S. 3095; BGH, 11.12.1996 – V III ZR 154/95, NJW 1997, S. 870; BGH, 7.12.2000 – VII ZR 404/99, NJW 2001, S. 1936 (zum LugÜ).
²⁹⁹ *Geimer*, NJW 1977, S. 491 (492).
³⁰⁰ *Geimer*/Schütze, EuZVR, 3. Aufl. 2010, Art. 5 EuGVVO a.F. Rn. 114.
³⁰¹ MünchKomm/*Gottwald*, ZPO, 4. Aufl. 2013, Art. 5 EuGVVO a.F. Rn. 37.
³⁰² Beispielhaft *Schack*, IZVR, 6. Aufl. 2014, Rn. 302; Rauscher/*Leible*, EuZPR, 4. Aufl. 2016, Art. 7 EuGVVO Rn. 50.
³⁰³ Dazu näher etwa Schlechtriem/Schwenzer/*Ferrari*, Kommentar zum Einheitlichen UN-Kaufrecht, 6. Aufl. 2013, Art. 1 Rn. 12 ff.
³⁰⁴ Vgl. Schlechtriem/Schwenzer/*Mohs*, Kommentar zum Einheitlichen UN-Kaufrecht, 6. Aufl. 2013, Art. 57 Rn. 14 ff.
³⁰⁵ Hervorhebung durch den *Verf*.
³⁰⁶ Rauscher/*Leible*, EuZPR, 4. Aufl. 2016, Art. 7 EuGVVO Rn. 51.

Teilweise wird diese Formulierung als Gewährung eines klägerischen Wahlrechts 75
verstanden:[307] Danach stände ab Entgegennahme einer Leistung der Gerichtsstand
des dann tatsächlichen gleichrangig neben demjenigen des rechtlichen Erfüllungsortes. Der **BGH**[308] – und ihm folgend die h.M.[309] – hingegen versteht die o.g. Formulierung im Sinne eines **zeitlichen Ausschließlichkeitsverhältnisses**: Danach
kommt bis zur Entgegennahme einer Leistung eine Klage nur am rechtlichen – d.h.
entweder dem vereinbarten oder dem sich aus dem anwendbaren Sachrecht ergebenden – Erfüllungsort in Betracht; ab dem Zeitpunkt der (vorbehaltlosen)
Annahme einer Leistung könne hingegen nur noch am tatsächlichen Erfüllungsort
geklagt werden. Konstruktiv könnte man dies u.U. im Wege einer konkludenten
Änderungsvereinbarung hinsichtlich des Erfüllungsortes begründen.

Dies ist überzeugend, vermeidet dieses Verständnis doch eine von der 76
EuGVVO gerade nicht intendierte[310] Zuständigkeitsaufsplitterung.[311] Letztlich
dient die Regelung damit der Gewährleistung einer **gewissen Flexibilität** des
Vertragsgerichtsstands hinsichtlich räumlicher Veränderungen, die im Zeitraum
zwischen Vertragsabschluss und Vertragserfüllung eintreten.[312]

g) Erfüllungsortvereinbarungen

Vor dem Hintergrund der besonderen Anforderungen an zuständigkeitsbegrün- 77
dende Gerichtsstandsvereinbarungen in Art. 25 Abs. 1 Satz 3 stellt sich im Rahmen
von Art. 7 Nr. 1 die drängende Frage, ob und inwiefern auch **Vereinbarungen
über den Erfüllungsort** (die u.U. nicht die Anforderungen von Art. 25 Abs. 1
Satz 3 erfüllen) Einfluss auf den Vertragsgerichtsstand haben können.

Dabei ist zunächst zwischen den beiden Alternativen des Art. 7 Nr. 1 zu 78
unterscheiden: Für Art. 7 Nr. 1 lit. b ergibt sich nämlich die grundsätzliche
Möglichkeit, den Vertragsgerichtsstand durch eine Erfüllungsortvereinbarung zu
beeinflussen, bereits aus dem **Wortlaut** dieser Vorschrift („sofern nichts anderes
vereinbart worden ist").[313] Demgegenüber finden sich im Wortlaut von Art. 7
Nr. 1 lit. a keinerlei Hinweise auf die (Un-)Beachtlichkeit von Vereinbarungen
über den Erfüllungsort. Daraus könnte man den (Umkehr-)Schluss ziehen, dass
Erfüllungsortvereinbarungen im Anwendungsbereich von Art. 7 Nr. 1 lit. a keine
bzw. nur unter den zusätzlichen Voraussetzungen von Art. 25 Abs. 1 Auswirkungen auch auf den besonderen Vertragsgerichtsstand des Art. 7 Nr. 1 haben.[314]

Indes beinhaltet die EuGVVO gerade keine dem § 29 Abs. 2 ZPO entspre- 79
chende Regelung.[315] Folgerichtig hat der EuGH im Jahr 1980 in der Rechtssa-

---

[307] M.M.; in diesem Sinne etwa *Geimer*/Schütze, EuZVR, 3. Aufl. 2010, Art. 5 EuGVVO a.F.
Rn. 142.
[308] BGH, 2.3.2006 – IX ZR 15/05, NJW 2006, S. 1806.
[309] Beispielhaft MünchKomm/*Gottwald*, ZPO, 4. Aufl. 2013, Art. 5 EuGVVO a.F. Rn. 38; *Krophol-
ler/von Hein*, EuZPR, 9. Aufl. 2011, Art. 5 EuGVVO a.F. Rn. 34; Rauscher/*Leible*, EuZPR, 4. Aufl.
2016, Art. 7 EuGVVO Rn. 51; *Piltz*, NJW 1981, S. 1876 (1877).
[310] Vgl. etwa EuGH, 6.10.1976 – Rs. 14/76, *De Bloos ./. Bouyer*, Slg. 1976, 1497
(ECLI:EU:C:1976:134), Rn. 9/12.
[311] So auch Rauscher/*Leible*, EuZPR, 4. Aufl. 2016, Art. 7 EuGVVO Rn. 51.
[312] *Kropholler*/von Hein, EuZPR, 9. Aufl. 2011, Art. 5 EuGVVO a.F. Rn. 34.
[313] EuGH, 25.2.2010 – Rs. C-381/08, *Car Trim GmbH ./. KeySafety Systems S.r.l.*, Slg. 2010, I-
1268 (ECLI:EU:C:2010:90), Rn. 46.
[314] So z.B. *Piltz*, NJW 1979, S. 1071 (1074); *Pocar*, RabelsZ 42 (1978), S. 405 (419).
[315] S. auch *Schack*, IZVR, 6. Aufl. 2014, Rn. 312.

che *Zelger* entschieden, dass einer vertraglichen Bestimmung des Erfüllungsortes **durchaus eine zuständigkeitsbegründende Wirkung** zukommen könne, und zwar grds. unabhängig von der Einhaltung der für eine Gerichtsstandsvereinbarung vorgeschriebenen Form.[316] Diese noch zu Art. 5 Nr. 1 EuGVÜ (und damit die Vor-Vorgängernorm des Art. 7 Nr. 1 lit. a) ergangene Rechtsprechung[317] gilt auch für den jetzigen Art. 7 Nr. 1 lit. a fort.[318] Die **Wirksamkeit** und Maßgeblichkeit einer Erfüllungsortvereinbarung für den Gerichtsstand des Art. 7 Nr. 1 lit. a beurteilt sich dabei grds. nur nach der maßgeblichen *lex causae* und nicht etwa zusätzlich gem. Art. 25.[319]

80 Begründet hat der EuGH dies u.a. damit, dass die Zuständigkeit des Gerichts des Erfüllungsorts nach Art. 7 Nr. 1 lit. a und die Zuständigkeit des gewählten Gerichts nach Art. 25 auf verschiedenen Konzeptionen beruhen. So statuiere nur Art. 25 (jedenfalls im Regelfall, vgl. Art. 25 Abs. 1 Satz 2) eine ausschließliche Zuständigkeit und verzichte zudem, anders als Art. 7 Nr. 1 lit. a, auf das Erfordernis jeden objektiven Zusammenhangs zwischen dem streitigen Rechtsverhältnis und dem vereinbarten Gericht.[320]

81 Im Lichte dieser Begründung folgerichtig – und auch begrüßenswerterweise[321] – hat der EuGH seine Rechtsprechung im Jahr 1997 dahingehend präzisiert, dass rein *abstrakte* **Erfüllungsortvereinbarungen**, die durch Vereinbarung eines „fiktiven" Erfüllungsorts ohne jeglichen objektiven Zusammenhang zur tatsächlichen Leistungserbringung lediglich der Zuständigkeitsverschiebung dienen, auch im Rahmen von Art. 7 Nr. 1 nur unter den zusätzlichen Voraussetzungen des Art. 25 zu einer Zuständigkeitsverlagerung führen können.[322] **Maßgeblicher Zeitpunkt** ist insofern der Abschluss der Erfüllungsortvereinbarung. Die Beweislast für das Fehlen eines objektiven Zusammenhangs zur tatsächlichen Leistungserbringung trifft den jeweiligen Beklagten.[323]

8. Anknüpfungspunkt (Erfüllungsort) gem. Art. 7 Nr. 1 lit. b

82 Art. 7 Nr. 1 lit. b statuiert für die beiden in der Praxis wohl wichtigsten[324] Vertragsarten – nämlich den **Verkauf beweglicher Sachen** und die Erbringung

---

[316] EuGH, 17.1.1980 – Rs. 56/79, *Siegfried Zelger ./. Sebastiano Salinitri*, Slg. 1980, 89 (ECLI:EU:C:1980:15).
[317] Vgl. auch EuGH, 20.2.1997 – Rs. C-106/95, *MSG Mainschiffahrts-Gravieres Rhenanes*, Slg. 1997, I-911 (ECLI:EU:C:1997:70), Rn. 30; EuGH, 28.9.1999 – Rs. C-440/97, *GIE Groupe Concorde ./. Kapitän des Schiffes Suhadiwarno Panjan*, Slg. 1999, I-6307 (ECLI:EU:C:1999:456), Rn. 28.
[318] S. nur Rauscher/*Leible*, EuZPR, 4. Aufl. 2016, Art. 7 EuGVVO Rn. 52 f.
[319] Simons/Hausmann/*Jault-Seseke*/*Weller*, Brüssel I-VO, 2012, Art. 5 Nr. 1 EuGVVO a.F. Rn. 53.
[320] EuGH, 17.1.1980 – Rs. 56/79, *Siegfried Zelger ./. Sebastiano Salinitri*, Slg. 1980, 89 (ECLI:EU:C:1980:15), Rn. 3 f.
[321] So auch z.B. Kropholler/*von Hein*, EuZPR, 9. Aufl. 2011, Art. 5 EuGVVO a.F. Rn. 36; MünchKomm/*Gottwald*, ZPO, 4. Aufl. 2013, Art. 5 EuGVVO Rn. 40; *Rauscher*, ZZP 104 (1991), S. 271.
[322] EuGH, 20.2.1997 – Rs. C-106/95, *MSG Mainschiffahrts-Gravieres Rhenanes*, Slg. 1997, I-911 (ECLI:EU:C:1997:70), Rn. 31 ff.; s. auch EuGH, 28.9.1999 – Rs. C-440/97, *GIE Groupe Concorde ./. Kapitän des Schiffes Suhadiwarno Panjan*, Slg. 1999, I-6307 (ECLI:EU:C:1999:456), Rn. 28.
[323] Geimer/*Schütze*, EuZVR, 3. Aufl. 2010, Art. 5 EuGVVO a.F. Rn. 127; **a. A.** Kropholler/*von Hein*, EuZPR, 9. Aufl. 2011, Art. 5 EuGVVO a.F. Rn. 36 m.w.N.
[324] Kropholler/*von Hein*, EuZPR, 9. Aufl. 2011, Art. 5 EuGVVO a.F. Rn. 37; Rauscher/*Leible*, EuZPR, 4. Aufl. 2016, Art. 7 EuGVVO Rn. 55.

von **Dienstleistungen** – eine von der oben Rn. 52 ff. dargestellten Grundregel in Art. 7 Nr. 1 lit. a abweichende Bestimmung des Erfüllungsorts. Art. 7 Nr. 1 lit. b ist dabei, wie sich nicht zuletzt aus Art. 7 Nr. 1 lit. c ergibt, vorrangig vor Art. 7 Nr. 1 lit. a zu prüfen.[325]

a) Überblick

Während der Grund- und Auffangtatbestand des Vertragsgerichtsstands in Art. 7 Nr. 1 lit. a nahezu wortgleich dem früheren Art. 5 Nr. 1 Halbsatz 1 EuGVÜ entspricht, wurde Art. 7 Nr. 1 lit. b – bzw. die Vorgängernorm Art. 5 Nr. 1 lit. b EuGVVO a.F. – bei Ablösung des EuGVÜ durch die im Jahr 2000 verabschiedete EuGVVO a.F. **komplett neu geschaffen**. Der europäische Gesetzgeber reagierte damit – freilich etwas halbherzig[326] – auf die vielfach geäußerte Kritik[327] an Art. 5 Nr. 1 EuGVÜ, indem er erstmals auf die Unterscheidung zwischen verschiedenen Verpflichtungen innerhalb eines Vertragsverhältnisses verzichtete und ferner eine **autonome Bestimmung des Erfüllungsortes** vorsah: Für die in Art. 7 Nr. 1 lit. b genannten Vertragstypen wird der Vertragsgerichtsstand unabhängig von der im Einzelfall streitigen Verpflichtung **einheitlich** an den autonom verstandenen Erfüllungsort der vertragscharakteristischen Leistung angeknüpft.[328] 83

Art. 7 Nr. 1 lit. b kommt jedoch auf Grund seines eindeutigen Wortlauts nur dann zur Anwendung, wenn der autonom ermittelte **Erfüllungsort tatsächlich in einem Mitgliedstaat** im Sinne der EuGVVO liegt. Ist dies nicht der Fall, findet – fragwürdigerweise[329] – gem. Art. 7 Nr. 1 lit. c wiederum die Auffangregel des Art. 7 Nr. 1 lit. a Anwendung.[330] 84

Art. 7 Nr. 1 lit. b trägt dem Umstand Rechnung, dass sich Streitigkeiten aus einem Vertrag jedenfalls typischerweise an der Erfüllung der **vertragscharakteristischen** Leistung entfachen. So resultieren etwa Auseinandersetzungen über vertragliche Zahlungspflichten in der Praxis regelmäßig aus tatsächlicher oder behaupteter Schlecht- bzw. Nichterfüllung der jeweils vertragscharakteristischen Leistung.[331] Darüber hinaus entlastet und vereinfacht die in Art. 7 Nr. 1 lit. b vorgesehene rein faktische Ermittlung des Erfüllungsorts die Zuständigkeitsprü- 85

---

[325] EuGH, 19.12.2013 – Rs. C-9/12, *Corman-Collins S.A. ./. La Maison du Whisky S.A.*, ECLI:EU:C:2013:860 = EuZW 2014, S. 181, Rn. 42; EuGH, 10.9.2015 – Rs. C-47/14, *Holterman Ferho Exploitatie u.a. ./. Spies von Büllesheim*, ECLI:EU:C:2015:574 = NZG 2015, S. 1199, Rn. 56.
[326] Zur entsprechenden Kritik vgl. oben Rn. 8.
[327] Beispielhaft *Jayme*, IPRax 1995, S. 13; *Schack*, ZEuP 1995, S. 655; Grund für die Kritik war u.a. die Differenzierung zwischen verschiedenen Verpflichtungen und der materiell-rechtliche Bestimmung des Erfüllungsortes nach dem jeweiligen Vertragsstatut, s. dazu oben Rn. 52 ff. m.w.N.
[328] S. nur *Schack*, IZVR, 6. Aufl. 2014, Rn. 303 f.; *Kropholler/von Hein*, EuZPR, 9. Aufl. 2011, Art. 5 EuGVVO a.F. Rn. 3; *Kropholler/von Hinden*, GS Lüderitz, 2002, S. 401 (403 ff.); *Rauscher*, NJW 2010, S. 2251.
[329] Grds. vergrößert diese Regelung eine der Rechtssicherheit abträgliche Zuständigkeitszersplitterung; kritisch daher zu Recht *Kadner Graziano*, RIW 2016, S. 14 (30 f.); *Schack*, IZVR, 6. Aufl. 2014, Rn. 305; *Hau*, IPRax 2000, S. 354 (360); *Rauscher/Leible*, EuZPR, 4. Aufl. 2016, Art. 7 EuGVVO Rn. 40, 93 und 99 m.w.N.
[330] *Mankowski*, RIW 2005, S. 561 (567); *Geimer/Schütze*, EuZVR, 3. Aufl. 2010, Art. 5 EuGVVO a.F. Rn. 93; *Rauscher/Leible*, EuZPR, 4. Aufl. 2016, Art. 7 EuGVVO Rn. 39; *Schlosser/Hess*, EuZPR, 4. Aufl. 2015, Art. 7 EuGVVO Rn. 10c.
[331] *Kropholler/von Hinden*, GS Lüderitz, 2000, S. 401 (407); *Micklitz/Rott*, EuZW 2001, S. 325 (328).

fung, indem sie diese von komplizierten Fragen des anwendbaren materiellen Kollisions- und Sachrechts freihält.[332]

b) Von Art. 7 Nr. 1 lit. b erfasste Vertragsarten

86 Ob im Einzelfall ein **Kauf- bzw. ein Dienstleistungsvertrag** im Sinne von Art. 7 Nr. 1 lit. b vorliegt, ist im Wege (verordnungs-)**autonomer Auslegung** zu bestimmen.[333] Ein Rückgriff auf die jeweilige *lex causae* bzw. sonstiges nationales Recht ist daher nicht möglich.[334] Wegen des grundsätzlichen Auslegungszusammenhangs[335] zwischen der EuGVVO und der Rom I- sowie der Rom II-VO[336] kann zur Begriffsbestimmung jedoch grds. – freilich vorsichtig – auf die zu diesen Verordnungen ergangene Rechtsprechung sowie deren Wortlaut und Wertungen zurückgegriffen werden.[337]

aa) Kaufvertrag über bewegliche Sachen (Spiegelstr. 1)

87 Auch wenn Art. 7 Nr. 1 lit. b Spiegelstr. 1 von einem „*Ver*kauf beweglicher Sachen"[338] spricht, ist damit nichts anderes als ein *Kauf*vertrag gemeint. Die jedenfalls für deutsche Juristen ungewohnte sprachliche Fokussierung auf die Sicht des *Ver*käufers lässt sich vielmehr dadurch erklären, dass Vorbild für die Formulierung das französische Recht war[339] und dieses – ebenso wie z.B. das italienische Recht[340] – von *Ver*kauf statt Kauf spricht.[341]

(i) Kaufvertrag

88 Zur Bestimmung des Vorliegens eines Kaufvertrages über bewegliche Sachen sind nach dem EuGH – neben dem oben Rn. 86 erwähnten Auslegungszusammenhang v.a. mit der Rom I-VO – **hilfsweise** auch die Bestimmungen v.a. der Verbrauchsgüterkaufrichtlinie,[342] des UN-Kaufrechts (CISG[343]) sowie u.U. sogar des UN-Verjährungsübereinkommens vom 14.6.1974[344] heranzuzie-

---

[332] *Kropholler/von Hein,* EuZPR, 9. Aufl. 2011, Art. 5 EuGVVO a.F. Rn. 45; *Hau,* IPRax 2000, S. 354 (358); *Junker,* RIW 2002, S. 569 (572); *Micklitz/Rott,* EuZW 2001, S. 325 (328); kritisch *Gsell,* IPRax 2002, S. 484 (485 ff.).
[333] EuGH, 25.2.2007 – Rs. C-386/05, *Color Drack GmbH ./. Lexx International Vertriebs GmbH,* Slg. 2007, I-3727 (ECLI:EU:C:2007:262); BGH, 2.3.2006 – IX ZR 15/05, NJW 2006, S. 1806; Rauscher/*Leible,* EuZPR, 4. Aufl. 2016, Art. 7 EuGVVO Rn. 55.
[334] Rauscher/*Leible,* EuZPR, 4. Aufl. 2016, Art. 7 EuGVVO Rn. 56.
[335] Sog. Konkordanzgebot; s. etwa *Würdinger,* RabelsZ 75 (2011), S. 102 (105 ff.) sowie *D.Paulus,* Außervertragliche Gesellschafter- und Organwalterhaftung im Lichte des Unionskollisionsrechts, 2014, Rn. 351 sowie Erwgr. 17 Rom I-VO.
[336] S. Erwgr. 7 sowohl zur Rom I- als auch zur Rom II-VO.
[337] Staudinger/*Magnus,* Neubearbeitung 2011, IntVertrR, Art. 4 Rom I-VO Rn. 37; *Kropholler/von Hein,* EuZPR, 9. Aufl. 2011, Art. 5 EuGVVO a.F. Rn. 38.
[338] Englisch: „*sale of goods*"; französisch: „*vente de marchandises*".
[339] *Geimer*/Schütze, EuZVR, 3. Aufl. 2010, Art. 5 EuGVVO a.F. Rn. 86; *Kropholler/von Hein,* EuZPR, 9. Aufl. 2011, Art. 5 EuGVVO a.F. Rn. 38.
[340] Art. 1470 Codice Civile: „*vendita*".
[341] Art. 1582 Code Civil: „*vente*".
[342] Richtlinie 1999/44/EG des Europäischen Parlaments und des Rates vom 25.5.1999 zu bestimmten Aspekten des Verbrauchsgüterkaufs und der Garantien für Verbrauchsgüter, ABl. (EG) Nr. L 171, S. 12.
[343] Übereinkommen der Vereinten Nationen über Verträge über den internationalen Warenkauf vom 11.4.1980, BGBl. 1989 II, S. 586, ber. BGBl. 1990 II, S. 1699.
[344] Übereinkommen über die Verjährung beim internationalen Warenkauf vom 14.6.1974; diesem Übereinkommen ist die Bundesrepublik Deutschland nicht beigetreten.

hen.³⁴⁵ Auch auf die Auslegung des – freilich vorrangigen³⁴⁶ – Art. 17 Abs. 1 lit. a (der allerdings wiederum von „Kauf" spricht³⁴⁷) sowie die hierzu ergangene Rechtsprechung kann zurückgegriffen werden.³⁴⁸

In einer Gesamtschau der Rechtsprechung des EuGH³⁴⁹ sowie der genannten Regelungen ist in einem ersten Schritt festzuhalten, dass unter den autonomen Begriff des Kaufvertrags **Austauschverträge** fallen, bei denen eine Partei zur **Lieferung und Übereignung** eines Gegenstandes und die andere zur **Zahlung** eines vereinbarten Kaufpreises – und ggf. zur Annahme der Ware³⁵⁰ – verpflichtet ist.³⁵¹ **89**

In Parallelität zu Art. 3 Abs. 1 CISG sowie Art. 1 Abs. 4 der Verbrauchsgüterkaufrichtlinie ist dabei unbeachtlich, ob die betreffende Sache zum Zeitpunkt des Vertragsschlusses bereits hergestellt worden ist oder nicht.³⁵² Grds. sind daher auch **Werklieferungsverträge** unter Art. 7 Nr. 1 lit. b Spiegelstr. 1 zu fassen,³⁵³ es sei denn, die Werkleistung stellt im Einzelfall die charakteristische Leistung dar.³⁵⁴ Ebenso fallen die meisten denkbaren **Sonderformen** eines Kaufvertrages wie z.B. ein Kauf auf Probe, Vorkaufsverträge oder Sukzessivlieferungsverträge unter den autonomen Kaufvertragsbegriff.³⁵⁵ **90**

In Anlehnung an Art. 2 Abs. 5 der Verbrauchsgüterkaufrichtlinie (vgl. im deutschen Recht § 434 Abs. 2 BGB) schadet auch die Vereinbarung einer (*per se* als Dienstleistung zu qualifizierenden) **Montagepflicht** nicht, solange diese nicht den Schwerpunkt des Vertrages ausmacht.³⁵⁶ Das Gleiche muss in Bezug auf **sonstige begleitende Dienstleistungen** wie z.B. die Unterweisung in den Betrieb einer Ware oder aber Schulungs- und Wartungsleistungen gelten. Bei (typen-)**gemischten Verträgen** ist im Einzelfall danach zu differenzie- **91**

---

³⁴⁵ EuGH, 25.2.2010 – Rs. C-381/08, *Car Trim GmbH ./. KeySafety Systems S.r.l.*, Slg. 2010, I-1268 (ECLI:EU:C:2010:90), Rn. 35 ff.: „die erwähnten Bestimmungen sind daher im Anhaltspunkt"; *Magnus*, IHR 2002, S. 45 (47); vgl. Rauscher/*Leible*, EuZPR, 4. Aufl. 2016, Art. 7 EuGVVO Rn. 58, der etwaige Bedenken wegen der fehlenden Verbindlichkeit dieser Rechtsakte in sämtlichen Mitgliedstaaten im Sinne der EuGVVO ausräumt (s. auch *Schlosser*/Hess, EuZPR, 4. Aufl. 2016, Art. 7 EuGVVO Rn. 10a).
³⁴⁶ Vgl. zum Rangverhältnis oben Rn. 9.
³⁴⁷ Dies ist jedoch im Vergleich zu Art. 7 Nr. 1 – soweit ersichtlich – keinen sachlichen Gründen geschuldet, s. die Kommentierung zu Art. 17 Rn. 44.
³⁴⁸ Rauscher/*Leible*, EuZPR, 4. Aufl. 2016, Art. 7 EuGVVO Rn. 58.
³⁴⁹ S. etwa EuGH, 25.2.2010 – Rs. C-381/08, *Car Trim GmbH ./. KeySafety Systems S.r.l.*, Slg. 2010, I-1268 (ECLI:EU:C:2010:90), Rn. 32.
³⁵⁰ Vgl. *Ferrari*, IPRax 2007, S. 61 (65).
³⁵¹ Staudinger/*Magnus*, Neubearbeitung 2011, IntVertrR, Art. 4 Rom I-VO Rn. 37 („Pflicht zur Übertragung von Eigentum und in der Regel Besitz gegen Geld als Hauptgegenstand des Vertrags"); *Kropholler/von Hein*, EuZPR, 9. Aufl. 2011, Art. 5 EuGVVO a.F. Rn. 39; Rauscher/*Leible*, EuZPR, 4. Aufl. 2016, Art. 7 EuGVVO Rn. 59.
³⁵² EuGH, 25.2.2010 – Rs. C-381/08, *Car Trim GmbH ./. KeySafety Systems S.r.l.*, Slg. 2010, I-1268 (ECLI:EU:C:2010:90), Rn. 38; Rauscher/*Leible*, EuZPR, 4. Aufl. 2016, Art. 7 EuGVVO Rn. 59.
³⁵³ *Schlosser*/Hess, EuZPR, 4. Aufl. 2015, Art. 7 EuGVVO Rn. 10a; *Geimer*/Schütze, EuZVR, 3. Aufl. 2010, Art. 5 EuGVVO a.F. Rn. 88.
³⁵⁴ EuGH, 25.2.2010 – Rs. C-381/08, *Car Trim GmbH ./. KeySafety Systems S.r.l.*, Slg. 2010, I-1268 (ECLI:EU:C:2010:90), Rn. 32.
³⁵⁵ Staudinger/*Magnus*, Neubearbeitung 2011, IntVertrR, Art. 4 Rom I-VO Rn. 37; *Kropholler/von Hein*, EuZPR, 9. Aufl. 2011, Art. 5 EuGVVO a.F. Rn. 39; Rauscher/*Leible*, EuZPR, 4. Aufl. 2016, Art. 7 EuGVVO Rn. 59.
³⁵⁶ Rauscher/*Leible*, EuZPR, 4. Aufl. 2016, Art. 7 EuGVVO Rn. 59.

ren, welche Leistung das jeweilige Vertragsverhältnis schwerpunktmäßig prägt.[357]

92 **Primär auf Gebrauchsüberlassung** gerichtete Verträge wie z.B. **Leasingverträge** fallen nicht unter Art. 7 Nr. 1 lit. b Spiegelstr. 1, und zwar selbst dann nicht, wenn eine Erwerbsoption vorgesehen ist.[358] Beim **Mietkauf**[359] hingegen liegt der Fokus von vorneherein auf einem späteren Eigentumserwerb des Mieters.[360] Insofern dürfte danach zu differenzieren sein, ob der Eigentumserwerb von vorneherein vereinbart wurde (dann: Kaufvertrag) oder lediglich eine fakultative Erwerbsoption vorliegt.[361] Vertriebsverträge unterfallen als bloße Rahmenverträge ebenfalls nicht Art. 7 Nr. 1 lit. b Spiegelstr. 1,[362] selbst wenn unter den Vertriebsverträgen einzelne Kaufverträge über bewegliche Sachen abgewickelt werden; sie können jedoch im Einzelfall als Dienstleistungsvertrag im Sinne von Art. 7 Nr. 1 lit. b Spiegelstr. 2 anzusehen sein.[363]

(ii) Bewegliche Sache

93 Der **autonom zu verstehende Begriff** der **Sache** im Sinne der EuGVVO umfasst – wie im deutschen Recht gem. § 90 BGB auch – nur **körperliche** Gegenstände[364] und entspricht damit in etwa dem Begriff der „Ware" gem. Art. 1 Abs. 1 CISG.[365] Unter den Sachenbegriff der EuGVVO fallen auch **Tiere** und Pflanzen sowie selbst Flugzeuge, Schiffe[366] und Mikroorganismen.[367]

94 Kaufverträge über **unkörperliche Gegenstände** – zu denken ist etwa an bloße Forderungen, Gesellschaftsanteile, Wertpapiere und Immaterialgüterrechte sowie jedenfalls individuell hergestellte **Software**[368] – können daher nicht unter

---

[357] *Geimer*/Schütze, EuZVR, 3. Aufl. 2010, Art. 5 EuGVVO a.F. Rn. 88b, 91; Rauscher/*Leible*, EuZPR, 4. Aufl. 2016, Art. 7 EuGVVO Rn. 62: „vertragscharakteristische Leistung".

[358] *Geimer*/Schütze, EuZVR, 3. Aufl. 2010, Art. 5 EuGVVO a.F. Rn. 88a; Rauscher/*Leible*, EuZPR, 4. Aufl. 2016, Art. 7 EuGVVO Rn. 63.

[359] Vgl. hierzu etwa MünchKomm/*Koch*, BGB, 7. Aufl. 2016, Finanzierungsleasing Rn. 14; MünchKomm/*Westermann*, BGB, 7. Aufl. 2016, Vor § 433 Rn. 23.

[360] S. etwa *Flume*, DB 1972, S. 1 (6).

[361] (Wohl) generell eine Einstufung als Kaufvertrag ablehnend *Geimer*/Schütze, EuZVR, 3. Aufl. 2010, Art. 5 EuGVVO a.F. Rn. 88a; Rauscher/*Leible*, EuZPR, 4. Aufl. 2016, Art. 7 EuGVVO Rn. 63.

[362] EuGH, 19.12.2013 – Rs. C-9/12, *Corman-Collins S.A. ./. La Maison du Whisky S.A.*, ECLI:EU:C:2013:860 = EuZW 2014, S. 181, Rn. 36; *Schlosser*/Hess, EuZPR, 4. Aufl. 2015, Art. 7 EuGVVO Rn. 10a.

[363] EuGH, 14.7.2016 – Rs. C-196/15, *Granarolo SpA ./. Ambrosi Emmi France SA*, ECLI:EU:C:2016:559, Rn. 42; EuGH, 19.12.2013 – Rs. C-9/12, *Corman-Collins S.A. ./. La Maison du Whisky S.A.*, ECLI:EU:C:2013:860 = EuZW 2014, S. 181, Rn. 41; hierzu sogleich Rn. 102.

[364] *Ferrari*, IPRax 2007, 61 (65 f.); Rauscher/*Leible*, EuZPR, 4. Aufl. 2016, Art. 7 EuGVVO Rn. 64.

[365] *Schlosser*/Hess, EuZPR, 4. Aufl. 2015, Art. 7 EuGVVO Rn. 10a.

[366] Vgl. insofern auch die Ausführungen zu Art. 24 (Nr. 1) Rn. 19.

[367] Vgl. Staudinger/*Magnus*, Neubearbeitung 2011, IntVertrR, Art. 4 Rom I-VO Rn. 38.

[368] S. OLG München, 23.12.2009 – 20 U 3515/09, NJW-RR 2010, S. 789 mit dem überzeugenden Argument, dass es sich bei der Entwicklung von Software [jedenfalls schwerpunktmäßig] um eine „Dienstleistung" im Sinne von Art. 7 Nr. 1 lit. b Spiegelstr. 2 handele; *Mankowski*, CR 2010, S. 137; *Metzger*, IPRax 2010, S. 420 (423); *Kropholler/von Hein*, EuZPR, 9. Aufl. 2011, Art. 5 EuGVVO a.F. Rn. 41. Demgegenüber fällt Standardsoftware jedenfalls dann, wenn diese auf einem Datenträger fixiert ist, unter den Begriff der (beweglichen) Sache im Sinne der EuGVVO, s. Rauscher/*Leible*, EuZPR, 4. Aufl. 2016, Art. 7 EuGVVO Rn. 64; *Mankowski*, FS Schwenzer, 2011, S. 1175 (1182 f.) will dies der Gleichbehandlung halber (grds. überzeugend) auch für downloadbare Standardsoftware gelten lassen.

Art. 7 Nr. 1 lit. b subsumiert werden.[369] Das gleiche gilt nach hier vertretener Ansicht für den Verkauf von Elektrizität[370] und grds. auch von Geld.[371] Ob eine Sache als **beweglich** anzusehen ist, muss ebenfalls – soweit als möglich[372] – autonom bestimmt werden.[373] Dabei ist zu berücksichtigen, dass der Begriff der beweglichen Sache im Sinne der EuGVVO v.a. der Abgrenzung zu Immobilien bzw. zu Rechten an Immobilien dient.[374] Insofern kann sich auch im Rahmen der EuGVVO die Frage stellen, ob eine an sich bewegliche Sache im Einzelfall als **Zubehör zu einem bestimmten Grundstück** anzusehen ist. Vgl. hierzu und zu dem Begriff der unbeweglichen Sache im Sinne der EuGVVO insgesamt die Kommentierung zu Art. 24 Rn. 18 ff.

bb) Dienstleistungsvertrag (Spiegelstr. 2)

Auch der in Art. 7 Nr. 1 lit. b Spiegelstr. 2 verwendete Begriff der **Dienstleistung**[375] ist **unionsrechtlich autonom**[376] und grds. **weit**[377] zu verstehen, insbesondere deutlich weiter als der entsprechende Begriff des deutschen Rechts.[378] Allerdings existieren in Bezug auf Dienstleistungen – anders als bei Kaufverträgen über bewegliche Sachen bzw. Waren – keine dem CISG oder der Verbrauchsgüterkaufrichtlinie vergleichbaren Regelungswerke, die zur näheren Begriffsbestimmung ergänzend herangezogen werden könnten. Neben der zum früheren Art. 13 Abs. 1 Nr. 3 EuGVÜ ergangenen Rechtsprechung[379] kann jedoch zur Ausfüllung des Dienstleistungsbegriffs aufgrund des eingangs[380] erwähnten Auslegungszusammenhanges mit der Rom I-VO auch auf die zu **Art. 4 Abs. 1 lit. b Rom I-VO**[381] ergangene Rechtsprechung und Kommen-

---

[369] Vgl. die Aufzählungen bei Rauscher/*Leible*, EuZPR, 4. Aufl. 2016, Art. 7 EuGVVO Rn. 64; *Kropholler/von Hein*, EuZPR, 9. Aufl. 2011, Art. 5 EuGVVO a.F. Rn. 40.
[370] So auch *Magnus/Mankowski*, Brussels I Regulation, 2. Aufl. 2012, Art. 5 EuGVVO a.F. Rn. 85; Staudinger/*Magnus*, Neubearbeitung 2011, IntVertrR, Art. 4 Rom I-VO Rn. 38 unter Verweis auf Art. 2 lit. e CISG; **a.A.** *Magnus*, IHR 2002, S. 45 (47); offen gelassen bei Rauscher/*Leible*, EuZPR, 4. Aufl. 2016, Art. 7 EuGVVO Rn. 64.
[371] S. Staudinger/*Magnus*, Neubearbeitung 2011, IntVertrR, Art. 4 Rom I-VO Rn. 38; Rauscher/*Leible*, EuZPR, 4. Aufl. 2016, Art. 7 EuGVVO Rn. 64.
[372] Zu den insofern bestehenden Einschränkungen, insbesondere wegen der nach dem derzeitigen Stand der Rechtsentwicklung wohl fehlenden Möglichkeit einer umfassenden autonomen Begriffsbestimmung der unbeweglichen Sache (als Abgrenzung), vgl. die Kommentierung zu Art. 24 Rn. 18 f.
[373] Umstritten; uneingeschränkt bejahend *Kropholler/von Hein*, EuZPR, 9. Aufl. 2011, Art. 5 EuGVVO a.F. Rn. 41 sowie Rauscher/*Leible*, EuZPR, 4. Aufl. 2016, Art. 7 EuGVVO Rn. 65. **A.A.** etwa Thomas/Putzo/*Hüßtege*, ZPO, 35. Aufl. 2015, Art. 5 EuGVVO a.F. Rn. 6, der für eine Beurteilung nach der *lex rei sitae* plädiert.
[374] Staudinger/*Magnus*, Neubearbeitung 2011, IntVertrR, Art. 4 Rom I-VO Rn. 38; Rauscher/*Leible*, EuZPR, 4. Aufl. 2016, Art. 7 EuGVVO Rn. 65.
[375] Englisch: „provision of services"; französisch: „fourniture de services" (anders in Art. 4 Abs. 1 lit. b Rom I-VO: „contrat de prestation de service").
[376] EuGH, 23.4.2009 – Rs. C-533/07, *Falco Privatstiftung u.a. ./. Weller-Lindhorst*, Slg. 2009, I-3369 (ECLI:EU:C:2009:257), Rn. 20; EuGH, 19.12.2013 – Rs. C-9/12, *Corman-Collins S.A. ./. La Maison du Whisky S.A.*, ECLI:EU:C:2013:860 = EuZW 2014, S. 181, Rn. 32; BGH, 2.3.2006 – IX ZR 15/05, NJW 2006, S. 1806.
[377] So auch *Magnus/Mankowski*, Brussels I Regulation, 2. Aufl. 2012, Art. 5 EuGVVO a.F. Rn. 90; Schlosser/Hess, EuZPR, 4. Aufl. 2015, Art. 7 EuGVVO Rn. 10b.
[378] Saenger/*Dörner*, ZPO, 6. Aufl. 2015, Art. 7 EuGVVO Rn. 20.
[379] MünchKomm/*Gottwald*, ZPO, 4. Aufl. 2013, Art. 5 EuGVVO a.F. Rn. 25; Rauscher/*Leible*, EuZPR, 4. Aufl. 2016, Art. 7 EuGVVO Rn. 66.
[380] Oben Rn. 86.
[381] Sowie zuvor Art. 5 Abs. 1 EVÜ.

tarliteratur rekurriert werden.[382] Ein Rückgriff auf die Definition der Dienstleistung in Art. 57 AEUV bzw. ex-Art. 50 EGV ist hingegen nach Ansicht des EuGH entgegen einer v.a. früher in Rechtsprechung[383] und Literatur[384] vertretenen Meinung nicht möglich.[385]

98 Der EuGH versteht unter Dienstleistung im Sinne der EuGVVO allgemein gesprochen die Erbringung einer bestimmten **Tätigkeit gegen Entgelt**.[386] Anders formuliert ist als Dienstleistung im Sinne von Art. 7 Nr. 1 lit. b Spiegelstr. 2 jegliche entgeltliche handwerkliche, freiberufliche oder gewerbliche/kaufmännische Tätigkeit anzusehen,[387] bei der die Leistung in wirtschaftlicher und sozialer Selbstständigkeit und **im Wesentlichen freier Zeiteinteilung** erbracht wird. Abzugrenzen ist der Dienstvertrag dabei auch vom (individuellen) Arbeitsvertrag im Sinne von Art. 20 Abs. 1, für den umgekehrt kennzeichnend ist, dass eine Person – der Arbeitnehmer – während einer bestimmten **Zeit** für eine andere Person nach deren Weisung Leistungen erbringt, für die sie als Gegenleistung eine Vergütung erhält.[388]

99 Eine **Tätigkeit** im Sinne dieser Definition setzt die Vornahme positiver Handlungen voraus. Keinesfalls genügen bloße Unterlassungen[389] oder eine reine Nutzungsüberlassung, z.B. von Immaterialgüterrechten im Wege eines Lizenzvertrages[390] oder von – beweglichen und unbeweglichen – Sachen im Rahmen eines Mietvertrages.[391] Demgegenüber kann ein (Hotel-)Beherbergungsvertrag wegen des in der Regel über eine reine Nutzungsüberlassung hinausgehenden Dienstleistungsgehalts im Einzelfall durchaus unter Art. 7 Nr. 1 lit. b Spiegelstr. 2 zu fassen sein.[392] Das Gleiche gilt nach dem EuGH für Verträge über die Lagerung von Waren.[393]

---

[382] Vgl. Erwgr. 17 Rom I-VO sowie *Wais*, Der Europäische Erfüllungsgerichtsstand für Dienstleistungsverträge: Zur Auslegung des Art. 5 Nr. 1 lit. b Spiegelstr. 2 EuGVO, 2014, S. 74 ff.; Staudinger/*Magnus*, Neubearbeitung 2011, IntVertrR, Art. 4 Rom I-VO Rn. 40; Rauscher/*Leible*, EuZPR, 4. Aufl. 2016, Art. 7 EuGVVO Rn. 66.

[383] Etwa BGH, 2.3.2006 – IX ZR 15/05, NJW 2006, S. 1806 f.

[384] Z.B. MünchKomm/*Gottwald*, ZPO, 4. Aufl. 2013, Art. 5 EuGVVO a.F. Rn. 25.

[385] EuGH, 23.4.2009 – Rs. C-533/07, *Falco Privatstiftung u.a.* ./. *Weller-Lindhorst*, Slg. 2009, I-3369 (ECLI:EU:C:2009:257), Rn. 33; *Kropholler/von Hein*, EuZPR, 9. Aufl. 2011, Art. 5 EuGVVO Rn. 43; ausführlich Rauscher/*Leible*, EuZPR, 4. Aufl. 2016, Art. 7 EuGVVO Rn. 66.

[386] EuGH, 23.4.2009 – Rs. C-533/07, *Falco Privatstiftung u.a.* ./. *Weller-Lindhorst*, Slg. 2009, I-3369 (ECLI:EU:C:2009:257), Rn. 29; EuGH, 19.12.2013 – Rs. C-9/12, *Corman-Collins S.A.* ./. *La Maison du Whisky S.A.*, ECLI:EU:C:2013:860 = EuZW 2014, S. 181, Rn. 37.

[387] Staudinger/*Magnus*, Neubearbeitung 2011, IntVertrR, Art. 4 Rom I-VO Rn. 40.

[388] Vgl. hierzu die Kommentierung zu Art. 20 Rn. 35 ff. sowie etwa EuGH, 15.1.1987 – Rs. 266/85, *Shenavai* ./. *Kreischer*, Slg. 1987, 239 (ECLI:EU:C:1987:11), Rn. 16; EuGH, 10.9.2015 – Rs. C-47/14, *Holterman Ferho Exploitatie u.a.* ./. *Spies von Büllesheim*, ECLI:EU:C:2015:574 = NZG 2015, S. 1199, Rn. 41.

[389] EuGH, 19.12.2013 – Rs. C-9/12, *Corman-Collins S.A.* ./. *La Maison du Whisky S.A.*, ECLI:EU:C:2013:860 = EuZW 2014, S. 181, Rn. 37.

[390] Vgl. EuGH, 23.4.2009 – Rs. C-533/07, *Falco Privatstiftung u.a.* ./. *Weller-Lindhorst*, Slg. 2009, I-3369 (ECLI:EU:C:2009:257), Rn. 31; hierzu ausführlich Rauscher/*Leible*, EuZPR, 4. Aufl. 2016, Art. 7 EuGVVO Rn. 69.

[391] *Mankowski*, JZ 2009, S. 958 (959); *Kropholler/von Hein*, EuZPR, 9. Aufl. 2011, Art. 5 EuGVVO a.F. Rn. 44; Rauscher/*Leible*, EuZPR, 4. Aufl. 2016, Art. 7 EuGVVO Rn. 70.

[392] OGH (Österreich) ÖJZ 2004, S. 388 (390); *Magnus/Mankowski*, Brussels I Regulation, 2. Aufl. 2012, Art. 5 EuGVVO a.F. Rn. 90; *Kropholler/von Hein*, EuZPR, 9. Aufl. 2011, Art. 5 EuGVVO a.F. Rn. 33.

[393] EuGH, 14.11.2013 – Rs. C-469/12, *Krejci Lager & Umschlagbetriebs GmbH* ./. *Olbrich Transport und Logistik GmbH*, ECLI:EU:C:2013:788 = BeckRS 2013, 82269, Rn. 26 ff.

Die Leistung eines **Entgelts** muss – anders als bei Art. 7 Nr. 1 lit. b Spie- 100
gelstr. 1 – nicht notwendigerweise in Gestalt der Zahlung eines Geldbetrags
erfolgen; vielmehr genügt mit den Worten des EuGH – der die Gewährung von
Hilfe in Form des Zugangs zu Werbematerial bzw. der Vermittlung von Know-
how durch Fortbildungsmaßnahmen sowie auch von Zahlungserleichterungen
hat genügen lassen – die Verschaffung **irgendeines „wirtschaftlichen Werts"**
als Gegenleistung.[394] Rein unentgeltliches Tätigwerden, etwa im Rahmen eines
Auftrags im Sinne des deutschen Rechts (vgl. § 662 BGB), fällt demgegenüber
wohl nicht unter Art. 7 Nr. 1 lit. b Spiegelstr. 2.[395]

Typische Fälle sind etwa Geschäftsbesorgungsverträge, Beratungsverträge 101
aller Art (z.B. auch Rechtsberatung[396]), Architekten- und Sachverständigenver-
träge sowie Behandlungs- bzw. allgemein Dienstverträge im Sinne des deutschen
Rechts (§ 611 BGB).[397] (Individuelle) Arbeitsverträge[398] hingegen unterfallen
den vorrangigen Sonderregelungen im 5. Abschnitt (Art. 20 ff.).[399] Auch **Werk-
verträge im Sinne des deutschen Rechts** (§§ 631 ff. BGB, etwa Beförde-
rungs-,[400] Bauwerk-[401] und Entwicklungsverträge sowie die Erbringung von
Frachtleistungen[402]) sind grds. unter Art. 7 Nr. 1 lit. b Spiegelstr. 2 zu subsumieren.[403]

Für **Werklieferungsverträge** (vgl. im deutschen Recht § 651 BGB) gilt 102
dies jedoch nur, wenn diese – ausnahmsweise[404] – nicht als Kaufvertrag im
Sinne von Art. 7 Nr. 1 lit. b Spiegelstr. 1 anzusehen sind.[405] **Vertriebsverträge** – etwa Handelsvertreter-[406] oder Franchiseverträge[407] – haben ebenfalls

---

[394] EuGH, 19.12.2013 – Rs. C-9/12, *Corman-Collins S.A. ./. La Maison du Whisky S.A.*,
ECLI:EU:C:2013:860 = EuZW 2014, S. 181, Rn. 40; kritisch Rauscher/*Leible*, EuZPR, 4. Aufl. 2016,
Art. 7 EuGVVO Rn. 67.
[395] Kropholler/*von Hein*, EuZPR, 9. Aufl. 2011, Art. 5 EuGVVO a.F. Rn. 43; Rauscher/*Leible*,
EuZPR, 4. Aufl. 2016, Art. 7 EuGVVO Rn. 67; kritisch *Rauscher*, NJW 2010, S. 2251 (2254); **a. A.**
Geimer/Schütze, EuZVR, 3. Aufl. 2010, Art. 5 EuGVVO a.F. Rn. 90; Staudinger/*Magnus*, Neubearbeitung 2011, IntVertrR, Art. 4 Rom I-VO Rn. 40.
[396] BGH, 2.3.2006 – IX ZR 15/05, NJW 2006, S. 1806 (1807).
[397] Geimer/Schütze, EuZVR, 3. Aufl. 2010, Art. 5 EuGVVO a.F. Rn. 90.
[398] Zum autonomen Begriff des individuellen Arbeitsvertrags vgl. die Kommentierung zu Art. 20
Rn. 34 ff.
[399] S. Rauscher/*Leible*, EuZPR, 4. Aufl. 2016, Art. 7 EuGVVO Rn. 71.
[400] Vgl. EuGH, 9.7.2009 – Rs. C-204/08, *Peter Rehder ./. Air Baltic Corporation*, Slg. 2009, I-6076
(ECLI:EU:C:2009:439), Rn. 40.
[401] OLG München, 7.6.2011 – 9 U 5019/10, NJW-RR 2011, 1169.
[402] Geimer/Schütze, EuZVR, 3. Aufl. 2010, Art. 5 EuGVVO a.F. Rn. 90; Kropholler/*von Hein*,
EuZPR, 9. Aufl. 2011, Art. 5 EuGVVO a.F. Rn. 44; vgl. auch Geimer/Schütze/*Auer*, Int. Rechtsverkehr, 28. EL 2005, Art. 5 EuGVVO a.F. Rn. 59, wonach „gerade angesichts der Vielzahl der
typischerweise an einem Transport beteiligten Parteien und der häufigen Einschaltung von Subunter-
nehmen [...] eine Konzentration der gerichtlichen Auseinandersetzung an einem Ort wünschenswert" sei.
[403] Vgl. nur Rauscher/*Leible*, EuZPR, 4. Aufl. 2016, Art. 7 EuGVVO Rn. 67.
[404] S. oben Rn. 90.
[405] Beispielhaft Schlosser/Hess, EuZPR, 4. Aufl. 2016, Art. 7 EuGVVO Rn. 10b; nach Ansicht des
EuGH soll freilich der Abgrenzung nicht von überragender Bedeutung sein, vgl. sein Urteil vom
27.4.1999 – Rs. C-99/96, *Hans-Hermann Mietz ./. Internship Yachting Sneek BV*, Slg. 1999, I-2277
(ECLI:EU:C:1999:202), Rn. 33.
[406] Vgl. EuGH, 11.3.2010 – Rs. C-19/09, *Wood Floor Solutions Andreas Domberger GmbH ./. Silva
Trade S.A.*, Slg. 2010, I-2161 (ECLI:EU:C:2010:137).
[407] Kropholler/*von Hein*, EuZPR, 9. Aufl. 2011, Art. 5 EuGVVO a.F. Rn. 44.

eine Dienstleistung zum Gegenstand,[408] wenn die entsprechende Dienstleistungstätigkeit den jeweiligen Vertrag maßgeblich prägt.[409] Die gleiche Einschränkung gilt für (typen-)**gemischte Verträge**: Diese können nur dann als Dienstleistungsvertrag qualifiziert werden, wenn die Dienstleistung im Einzelfall den Schwerpunkt des jeweiligen Vertragsverhältnisses ausmacht.[410]

103 **Kreditverträge** schließlich sind entgegen der früher zu Art. 13 Abs. 1 Nr. 3 EuGVÜ vertretenen Auffassung im Regelfall ebenfalls unter Art. 7 Nr. 1 lit. b Spiegelstr. 2 zu fassen.[411] Zwar kann dies nach der jüngsten Reform der EuGVVO nicht mehr aus einem Umkehrschluss zum nunmehr weggefallenen Art. 63 Abs. 3 EuGVVO a.f. gefolgert werden; jedoch geht das Unionsrecht auch sonst jedenfalls bei der Vergabe von *Bank*krediten grds. vom Vorliegen einer (Finanz-)Dienstleistung aus.[412] Das Gleiche gilt im Übrigen für sonstige von Kreditinstituten oder Dritten abgeschlossene **Finanzdienstleistungsverträge**, egal ob diese im Einzelfall auf die Vermittlung von Krediten,[413] Versicherungen, Bausparverträgen, Wertpapierkäufen etc. bzw. auf Vermögensverwaltung oder sonstige Beratungsleistungen gerichtet sind.[414] Ansprüche aus Versicherungs- oder Verbraucherverträgen sind demgegenüber nach den vorrangigen Regeln des 3. bzw. 4. Abschnitts und damit nicht am Gerichtsstand Art. 7 Nr. 1 lit. b einzuklagen.

c) Autonome Bestimmung des Erfüllungsortes

104 Der Erfüllungsort im Sinne von Art. 7 Nr. 1 lit. b knüpft nicht etwa an die im Einzelfall strittige, sondern an die jeweils **vertragscharakteristische Leistung** an. Zudem ist er **autonom** – d.h. ohne Rückgriff auf die im Einzelfall anwendbare *lex causae* und damit den rechtlichen Erfüllungsort[415] – zu bestimmen.[416] Liegt der so ermittelte Erfüllungsort nicht in einem Mitgliedstaat im

---

[408] Vgl. bereits oben Rn. 68 sowie EuGH, 19.12.2013 – Rs. C-9/12, *Corman-Collins S.A. ./. La Maison du Whisky S.A.*, ECLI:EU:C:2013:860 = EuZW 2014, S. 181, Rn. 36.
[409] EuGH, 14.7.2016 – Rs. C-196/15, *Granarolo SpA ./. Ambrosi Emmi France SA*, ECLI:EU:C:2016:559 = BB 2016, S. 1934, Rn. 42; *Geimer/Schütze*, EuZVR, 3. Aufl. 2010, Art. 5 EuGVVO a.F. Rn. 91; *Rauscher/Leible*, EuZPR, 4. Aufl. 2016, Art. 7 EuGVVO Rn. 67.
[410] S. bereits oben Rn. 90 sowie *Geimer/Schütze*, EuZVR, 3. Aufl. 2010, Art. 5 EuGVVO a.F. Rn. 91 mit Beispielen; *Rauscher/Leible*, EuZPR, 4. Aufl. 2016, Art. 7 EuGVVO Rn. 73.
[411] So auch BGH, 8.2.2012 – XI ZR 9/11, NJW 2012, S. 1817; *Schlosser/Hess*, EuZPR, 4. Aufl. 2016, Art. 7 EuGVVO Rn. 10b; MünchKomm/*Gottwald*, ZPO, 4. Aufl. 2013, Art. 5 EuGVVO a.F. Rn. 25; *Kropholler/von Hein*, EuZPR, 9. Aufl. 2011, Art. 5 EuGVVO a.F. Rn. 44; kritisch *Rauscher/ Leible*, EuZPR, 4. Aufl. 2016, Art. 7 EuGVVO Rn. 68; *Wais*, Der Europäische Erfüllungsgerichtsstand für Dienstleistungsverträge: Zur Auslegung des Art. 5 Nr. 1 lit. b Spiegelstr. 2 EuGVO, 2014, S. 123 f.; a. A. etwa Palandt/*Thorn*, 74. Aufl. 2015, Art. 4 Rom I-VO Rn. 8; *Hau*, IPRax 2000, S. 354 (359).
[412] Vgl. etwa Art. 2 lit. b der Richtlinie 2002/65/EG über den Fernabsatz von Finanzdienstleistungen (ABl. (EG) 2002 Nr. L 271, S. 16).
[413] *Kropholler/von Hein*, EuZPR, 9. Aufl. 2011, Art. 5 EuGVVO a.F. Rn. 44.
[414] *Rauscher/Leible*, EuZPR, 4. Aufl. 2016, Art. 7 EuGVVO Rn. 68; *Geimer/Schütze*, EuZVR, 3. Aufl. 2010, Art. 5 EuGVVO a.F. Rn. 90.
[415] MünchKomm/*Gottwald*, ZPO, 4. Aufl. 2013, Art. 5 EuGVVO a.F. Rn. 15.
[416] S. nur EuGH, 3.5.2007 – Rs. C-386/05, *Color Drack GmbH ./. Lexx International Vertriebs GmbH*, Slg. 2007, I-3727 (ECLI:EU:C:2007:262), Rn. 24; EuGH, 9.7.2009 – Rs. C-204/08, *Peter Rehder ./. Air Baltic Corporation*, Slg. 2009, I-6076 (ECLI:EU:C:2009:439), Rn. 33; EuGH, 25.2.2010 – Rs. C-381/08, *Car Trim GmbH ./. KeySafety Systems S.r.l.*, Slg. 2010, I-1268 (ECLI:EU:C:2010:90), Rn. 49; EuGH, 11.3.2010 – Rs. C-19/09, *Wood Floor Solutions Andreas Domberger GmbH ./. Silva Trade S.A.*, Slg. 2010, I-2161 (ECLI:EU:C:2010:137), Rn. 23; *Schack*, IZVR, 6. Aufl. 2014, Rn. 303 f.; *Kropholler/ von Hein*, EuZPR, 9. Aufl. 2011, Art. 5 EuGVVO a.F. Rn. 45; *Kropholler/von Hinden*, GS Lüderitz, 2002, S. 401 (403 ff.); *Rauscher*, NJW 2010, S. 2251.

Sinne der EuGVVO, findet gem. Art. 7 Nr. 1 lit. c (fragwürdigerweise[417]) wiederum die Auffangregel in Art. 7 Nr. 1 lit. a Anwendung.[418]
Nach dem eindeutigen Wortlaut von Art. 7 Nr. 1 lit. b ist zudem – ebenso 105 wie bei Art. 7 Nr. 1 lit. a[419] – danach zu **differenzieren**, ob die Erfüllung im Einzelfall noch bevorsteht oder ob bereits tatsächlich erfüllt worden ist. Im ersten Fall kommt es zur Bestimmung der Zuständigkeit auf den vereinbarten Erfüllungsort an, andernfalls – d.h. bei bereits erfolgter tatsächlicher Leistungserbringung – ist alleine der tatsächliche Erfüllungsort maßgeblich, sofern der Gläubiger die Leistung dort vorbehaltlos angenommen hat.[420]

aa) Erfüllungsort beim Kaufvertrag über bewegliche Sachen

Hinsichtlich der autonomen Bestimmung des Erfüllungsorts beim Kauf 106 beweglicher Sachen hilft der Wortlaut von Art. 7 Nr. 1 lit. b Spiegelstr. 1 nur über **einfach gelagerte Fälle** hinweg. Offen hingegen bleibt die Behandlung bestimmter Zweifelsfälle, z.b. im Falle mehrerer (Teil-)Lieferungen bzw. bei Existenz verschiedener Lieferorte. Zudem ist auch unter Art. 7 Nr. 1 lit. b eine rein faktische Bestimmung des Erfüllungsortes völlig ohne Rückgriff auf die vertraglichen Vereinbarungen bzw. auch normative Wertungen nicht immer möglich,[421] etwa bei Fehlen jeglicher Erfüllungsortvereinbarung zwischen den Parteien.

(i) Grundsatz

Nach dem Wortlaut von Art. 7 Nr. 1 lit. b Spiegelstr. 1 ist Erfüllungsort im 107 Sinne dieser Norm derjenige Ort, an den die im Einzelfall verkaufte(n) Sache(n) „nach dem Vertrag geliefert worden sind oder hätten geliefert werden müssen." Dies ist im Normalfall nach dem autonomem Sinngehalt dieser Vorschrift zu verstehen als derjenige Ort, an dem eine Sache dem Käufer nach dem Vertrag **real ausgehändigt werden soll** oder bereits **tatsächlich übergeben** worden ist.[422] Entsprechend ist für die Bestimmung des Erfüllungsorts im Sinne von Art. 7 Nr. 1 lit. b Spiegelstr. 1 – anders als beim rechtlichen Erfüllungsort – unbeachtlich, ob im Einzelfall eine Hol- oder Bringschuld vereinbart wurde, da es jeweils nur darauf ankommt, wo der **Käufer den unmittelbaren Besitz** an der Sache erhalten soll bzw. erhalten hat.

---

[417] Zur entsprechenden Kritk vgl. bereits oben Rn. 84 sowie jüngst *Kadner Graziano*, RIW 2016, S. 14 (30 f.).
[418] *Mankowski*, RIW 2005, S. 561 (567); *Geimer*/Schütze, EuZVR, 3. Aufl. 2010, Art. 5 EuGVVO a.F. Rn. 93; Rauscher/*Leible*, EuZPR, 4. Aufl. 2016, Art. 7 EuGVVO Rn. 39; *Schlosser*/Hess, EuZPR, 4. Aufl. 2015, Art. 7 EuGVVO Rn. 10c.
[419] Vgl. oben Rn. 74 ff.
[420] So auch *Kropholler/von Hein*, EuZPR, 9. Aufl. 2011, Art. 5 EuGVVO a.F. Rn. 47; Rauscher/ *Leible*, EuZPR, 4. Aufl. 2016, Art. 7 EuGVVO Rn. 73; *Schlosser*/Hess, EuZPR, 4. Aufl. 2016, Art. 7 EuGVVO Rn. 10a; **a.A.** *Geimer*/Schütze, EuZVR, 3. Aufl. 2010, Art. 5 EuGVVO a.F. Rn. 142 f.; offen gelassen von BGH, 2.3.2006 – IX ZR 15/05, NJW 2006, S. 1806 (1807), Rn. 19.
[421] Vgl. beispielhaft Rauscher/*Leible*, EuZPR, 4. Aufl. 2016, Art. 7 EuGVVO Rn. 72 sowie – für Dienstleistungen – *Schlosser*/Hess, EuZPR, 4. Aufl. 2016, Art. 7 EuGVVO Rn. 10b.
[422] OLG Köln, 21.12.2005 – 16 U 47/05, BeckRS 2006, 02135: „Ort der realen Aushändigung der Sache an den Käufer"; *Schlosser*/Hess, EuZPR, 4. Aufl. 2015, Art. 7 EuGVVO Rn. 10a; Rauscher/ *Leible*, EuZPR, 4. Aufl. 2016, Art. 7 EuGVVO Rn. 73; *Kropholler/von Hein*, EuZPR, 9. Aufl. 2011, Art. 5 EuGVVO a.F. Rn. 45.

(ii) **Versendungskauf**

108 Auch bei einem Versendungskauf – d.h. einer Schickschuld im Sinne des deutschen Rechts – ist Erfüllungsort nach der vorzugswürdigen und überzeugenden Auffassung des EuGH (sowie des BGH im entsprechenden Vorlagebeschluss[423]) der **tatsächliche** bzw. der **vereinbarte Bestimmungsort der Ware**.[424]

109 **Andere Stimmen** wollen demgegenüber ausnahmsweise entweder auf die jeweilige *lex causae* zurückgreifen[425] oder aber jedenfalls materiell-rechtliche Wertungen in die Bestimmung des Erfüllungsorts einbeziehen und daher bei Vorliegen einer Schickschuld im Regelfall auf den Ort der Absendung bzw. Übergabe an die erste Transportperson abstellen.[426] Dies ist jedoch abzulehnen, führt es doch dazu, dass die Zuständigkeitsprüfung auch des Art. 7 Nr. 1 lit. b entgegen dem Normzweck und Wortlaut dieser Vorschrift unnötig verkompliziert wird. Durch die Übergabe einer verkauften Sache an eine Transportperson alleine erlangt der Käufer noch keinen unmittelbaren Besitz; der Ort der Übergabe an eine Transportperson ist zudem in aller Regel nicht der Ort, an den die jeweils verkauften Sachen im Sinne des Wortlauts von Art. 7 Nr. 1 lit. b „nach dem Vertrag geliefert worden sind oder hätten geliefert werden müssen." Der EuGH argumentiert überdies, dass der endgültige Bestimmungsort am besten das Ziel der räumlichen Nähe des Vertragsgerichtsstands verwirkliche, indem durch das Abstellen auf den Ort der tatsächlichen Übergabe an den Käufer insgesamt eine besonders enge Verknüpfung zwischen dem Vertrag und dem zur Entscheidung berufenen Gericht gewährleistet werde.[427] Während dieses letztgenannte Argument durchaus in Zweifel gezogen werden kann,[428] spricht für die Ansicht des EuGH neben dem Wortlaut des Art. 7 Nr. 1 lit. b doch, dass der endgültige Bestimmungsort – d.h. der Erfolgsort – im Gegensatz zum Ort der Übergabe an die jeweilige erste Transportperson – d.h. dem Leistungsort – in höherem Maße **vorhersehbar** ist.

110 Ebenfalls gleichgültig ist, wer im Einzelfall den Transport hin zum vereinbarten Übergabeort organisiert und/oder bezahlt hat.[429] Nur wenn der endgültige Lieferort bei Übergabe der Ware an den ersten Frachtführer **nicht bekannt** bzw. noch offen ist und eine tatsächliche Übergabe an den Käufer noch nicht stattgefunden hat, kann im Einzelfall der Erfüllungsort am Ort der Übergabe der Ware an den ersten Frachtführer liegen.[430]

---

[423] BGH, 9.7.2008 – VIII ZR 184/07, NJW 2008, S. 3001 (3004), Rn. 21.
[424] EuGH, 25.2.2010 – Rs. C-381/08, *Car Trim GmbH ./. KeySafety Systems S.r.l.*, Slg. 2010, I-1268 (ECLI:EU:C:2010:90), Rn. 60 ff.; EuGH, 9.6.2011 – Rs. C-87/10, *Electrosteel Europe S.A. ./. Edil Centro S.p.A.*, Slg. 2011, I-5003 (ECLI:EU:C:2011:375), Rn. 26; zustimmend u.a. auch *Hager/Benteler*, IPRax 2004, S. 72 (76 f.); *Hau*, JZ 2008, S. 974 (977 f.); *MünchKomm/Gottwald*, ZPO, 4. Aufl. 2013, Art. 5 EuGVVO a.F. Rn. 21.
[425] Etwa *Piltz*, NJW 2002, S. 789 (793); *Junker*, RIW 2002, S. 569 (572).
[426] *Rauscher/Leible*, EuZPR, 4. Aufl. 2016, Art. 7 EuGVVO Rn. 80 f.; so im Ergebnis auch *Corte Suprema di Cassazione*, 27.9.2006, ZEuP 2008, S. 165 (167 ff.); OLG Oldenburg, 20.12.2007 – 8 U 138/07, IHR 2008, S. 112 (118); OLG Stuttgart, 5.11.2007 – 5 U 99/07, IPRax 2009, S. 64.
[427] EuGH, 25.2.2010 – Rs. C-381/08, *Car Trim GmbH ./. KeySafety Systems S.r.l.*, Slg. 2010, I-1268 (ECLI:EU:C:2010:90), Rn. 61.
[428] Kritisch insbesondere *Rauscher/Leible*, EuZPR, 4. Aufl. 2016, Art. 7 EuGVVO Rn. 80.
[429] S. OLG Köln, 21.12.2005 – 16 U 47/05, BeckRS 2006, 02735
[430] **A. A.** (rechtlicher Erfüllungsort) etwa *MünchKomm/Gottwald*, ZPO, 4. Aufl. 2013, Art. 5 EuGVVO a.F. Rn. 24.

(iii) Leistung an Dritte

In Parallelität zu der Rechtslage beim Versendungskauf macht es für die Bestimmung des Erfüllungsorts grds. **keinen Unterschied**, ob der Käufer selbst bzw. ein von ihm benannter **(Dritt-)Empfänger**, sei dies bloß ein Empfangsbote oder aber z.b. ein Abnehmer des Käufers bei abgekürzter Direktlieferung bzw. ein reiner Geschenkempfänger, die verkaufte Sache erhält bzw. erhalten soll. Denn wertungsmäßig und auch rechtlich (vgl. etwa im deutschen Recht §§ 362 Abs. 2 i.V.m. 185 Abs. 1 BGB) tritt der Drittempfänger in einem solchen Fall grds. an die Stelle des jeweiligen Käufers. 111

Auch bei einer Leistung an Dritte ist Erfüllungsort im Sinne von Art. 7 Nr. 1 lit. b daher grds. der tatsächliche oder der vereinbarte **Bestimmungsort der Ware**, d.h. derjenige Ort, an dem eine Sache dem Dritten nach der Vereinbarung mit dem Käufer **real ausgehändigt werden soll** oder aber – jedenfalls wenn der Käufer hiermit einverstanden war bzw. ist – **tatsächlich übergeben** worden ist.[431] Dies ist auch nicht unbillig; denn in einem solchen Fall kennen die Parteien ja gerade den Bestimmungsort und damit das Risiko, ggf. an einem weit entfernt liegenden Ort gerichtspflichtig zu werden. Wollen sie dies vermeiden, müssen sie eine Gerichtsstandsvereinbarung abschließen. 112

(iv) Fehlen jeglicher Erfüllungsortvereinbarung

Wenn sich aus dem betreffenden Vertrag weder ausdrücklich – etwa durch Verwendung bestimmter Vertragsklauseln wie z.b. auch von Incoterms[432] – noch konkludent – z.B. unter Berücksichtigung der bisherigen Geschäftspraxis zwischen den Parteien – ermitteln lässt, wo die verkaufte(n) Sache(n) übergeben werden sollte(n) und auch eine tatsächliche Übergabe noch nicht stattgefunden hat, sind grds. **mehrere Lösungswege denkbar**: (1.) Einige Stimmen verneinen in einem solchen Fall die Anwendbarkeit von Art. 7 Nr. 1 lit. b und wollen nur auf die Auffangregel in Art. 7 Nr. 1 lit. a zurückzugreifen.[433] (2.) Denkbar wäre auch, noch weitergehend – wie im Falle weltweit geltender, geografisch unbegrenzter Unterlassungspflichten[434] – sogar die Anwendbarkeit von Art. 7 Nr. 1 insgesamt abzulehnen und lediglich auf die Grundregel in Art. 4 Abs. 1 abzustellen. (3.) Andere Stimmen wiederum wollen eine zwar autonome Bestimmung des Erfüllungsorts vornehmen, sich jedoch an genuin prozessualen Wertungen orientieren.[435] Schließlich wird neben einem – freilich systemwidrigen – (4.) ausnahmsweisen Rückgriff auf die *lex causae*[436] die Meinung vertreten, 113

---

[431] Wie hier auch *Fasching/Simotta*, Zivilprozeßgesetze, 2008, Art. 5 EuGVVO a.F. Rn. 112; **a.A.** (Aushändigung an Frachtführer entscheidend) *Kropholler/von Hinden*, GS Lüderitz, 2000, S. 401, (407); MünchKomm/*Gottwald*, ZPO, 4. Aufl. 2013, Art. 5 EuGVVO a.F. Rn. 23; *Geimer/Schütze*, EuZVR, 3. Aufl. 2010, Art. 5 EuGVVO a.F. Rn. 87.
[432] Vgl. EuGH, 9.6.2011 – Rs. C-87/10, *Electrosteel Europe S.A. ./. Edil Centro S.p.A.*, Slg. 2011, I-5003 (ECLI:EU:C:2011:375), Rn. 22; Incoterms sind von der Internationalen Handelskammer (International Chamber of Commerce, ICC) aufgestellte freiwillige Regeln zur Auslegung handelsüblicher Vertragsformeln im internationalen Warenhandel.
[433] So wohl *Kadner Graziano*, RIW 2016, S. 14 (30).
[434] Vgl. hierzu oben Rn. 69.
[435] Etwa *Hau*, JZ 2008, S. 974 (977 f.).
[436] So insgesamt für den Fall vertragswidriger Nichtleistung *Geimer/Schütze*, EuZVR, 3. Aufl. 2010, Art. 5 EuGVVO a.F. Rn. 87.

dass (5.) unter Beibehaltung einer prozess- und unionsrechtlich autonomen Auslegung ergänzend auf bestimmte materiell-rechtliche Wertungen zurückgreifen sei.[437] Bei einer danach vorzunehmenden rechtsvergleichenden Rundschau aber seien „Sach- und Dienstleistungsschulden [...] im Zweifel am Ort der Niederlassung des Schuldners zu erfüllen",[438] so dass sich der autonom verstandene prozessuale Erfüllungsort der vertragscharakteristischen Hauptleistungspflicht im Sinne von Art. 7 Nr. 1 lit. b im Zweifel – nämlich bei Fehlen jeglicher Erfüllungsortvereinbarung – am Ort des **gewöhnlichen Aufenthalts** bzw. der Niederlassung **des Verkäufers** befinden soll.[439] Dies vermag in notwendiger Abgrenzung zu Art. 7 Nr. 1 lit. a als zwar wertungsgetragene, aber dennoch unionsrechtlich autonome Lösung zu überzeugen. Im Übrigen spricht dafür auch eine Zusammenschau mit Art. 4 Abs. 1 lit. a und b Rom I-VO. In zeitlicher Hinsicht sollte man auf den Zeitpunkt des jeweiligen „Vertragsschlusses" abstellen.[440]

(v) Teillieferungen / Existenz mehrerer Lieferorte

114 Ebenfalls nicht ausdrücklich vom Wortlaut des Art. 7 Nr. 1 lit. b geregelt ist die Frage, wie bei der Bestimmung des Vertragsgerichtsstands mit der Existenz **mehrerer** faktischer Lieferorte umzugehen ist. Diese Frage stellt sich etwa im Rahmen von **Sukzessivlieferungsverträgen** bzw. wenn bestellte Waren in **Teilmengen** an mehrere Orte zu liefern sind oder geliefert wurden.[441]

115 Bei unbefangener Betrachtung könnte man entweder für jede dieser Lieferungen einen eigenen Erfüllungsort bestimmen[442] oder aber auf nur eine (vorzugsweise die jeweilige **Haupt-)Lieferung** abstellen.[443] Denkbar wäre überdies, die Anwendbarkeit von Art. 7 Nr. 1 lit. b auf diese Fallgestaltungen generell abzulehnen und wiederum auf die Auffangregel in Art. 7 Nr. 1 lit. a abzustellen. Diese letztgenannte Ansicht lehnen indes der EuGH und mit ihm die h.M. zu Recht ab.[444]

116 Da Art. 7 Nr. 1 zudem, wie eingangs Rn. 3 erwähnt, neben der internationalen auch die örtliche Zuständigkeit regelt, stellt sich in einem zweiten Schritt die Frage, ob mit der Existenz mehrerer Lieferorte in nur einem Mitgliedstaat

---

[437] So etwa *Gsell*, IPRax 2002, S. 484 (491) und wohl auch Rauscher/*Leible*, EuZPR, 4. Aufl. 2016, Art. 7 EuGVVO Rn. 83.
[438] *Gsell*, IPRax 2002, S. 484 (491).
[439] So *Gsell*, IPRax 2002, S. 484 (491) und Rauscher/*Leible*, EuZPR, 4. Aufl. 2016, Art. 7 EuGVVO Rn. 83.
[440] So auch Rauscher/*Leible*, EuZPR, 4. Aufl. 2016, Art. 7 EuGVVO Rn. 83.
[441] S. Rauscher/*Leible*, EuZPR, 4. Aufl. 2016, Art. 7 EuGVVO Rn. 85, der zudem die – vom EuGH bejahte – Frage aufwirft, ob so ein Fall überhaupt unter Art. 7 Nr. 1 lit. b subsumiert werden kann.
[442] So auch für Teillieferungen in verschiedene Mitgliedstaaten *Geimer*/Schütze, EuZVR, 3. Aufl. 2010, Art. 5 EuGVVO a.F. Rn. 87; MünchKomm/*Gottwald*, ZPO, 4. Aufl. 2013, Art. 5 EuGVVO a.F. Rn. 22.
[443] So grds. die h.M., s. nur *Kropholler/von Hein*, EuZPR, 9. Aufl. 2011, Art. 5 EuGVVO a.F. Rn. 50; MünchKomm/*Gottwald*, ZPO, 4. Aufl. 2013, Art. 5 EuGVVO a.F. Rn. 22.
[444] EuGH, 3.5.2007 – Rs. C-386/05, *Color Drack GmbH ./. Lexx International Vertriebs GmbH*, Slg. 2007, I-3727 (ECLI:EU:C:2007:262), Rn. 36; EuGH, 11.3.2010 – Rs. C-19/09, *Wood Floor Solutions Andreas Domberger GmbH ./. Silva Trade S.A.*, Slg. 2010, I-2161 (ECLI:EU:C:2010:137), Rn. 29; Rauscher/*Leible*, EuZPR, 4. Aufl. 2016, Art. 7 EuGVVO Rn. 85; *Kropholler/von Hein*, EuZPR, 9. Aufl. 2011, Art. 5 EuGVVO a.F. Rn. 50.

anders umzugehen ist als wenn sich diese **auf mehrere verschiedene Mitgliedstaaten** verteilen.

Die oben Rn. 83 ff. dargestellte gesetzgeberische Intention hinter Art. 7 Nr. 1 **117** lit. b, den Vertragsgerichtsstand für bestimmte Fälle in Abgrenzung zu Art. 7 Nr. 1 lit. a unabhängig von der im Einzelfall streitigen Verpflichtung einheitlich an den autonom verstandenen Erfüllungsort der vertragscharakteristischen Leistung anzuknüpfen,[445] spricht dabei eindeutig *für* das Abstellen auf nur eine **(Haupt-)Lieferung**.[446] Zwar wird bisweilen angemerkt, die Systematik der EuGVVO und der Normzweck von Art. 7 Nr. 1 lit. b ständen einer Aufspaltung des Vertragsgerichtsstands in mehrere Erfüllungsorte nicht entgegen;[447] dies bedeutet jedoch allenfalls, dass die konstruktiv denkbare Aufspaltung des Vertragsgerichtsstands auch in lit. b als Notanker zwar gangbar ist, nicht jedoch den Regelfall darstellen sollte.

Dieser letztgenannten Ansicht hat sich im Jahr 2007 der EuGH in der Rechts- **118** sache *Color Drack* für den Fall der Existenz mehrere Lieferorte **innerhalb nur eines Mitgliedsstaats** angeschlossen:[448] Hier soll grds. nur auf die – nach wirtschaftlichen Kriterien bestimmte – Hauptlieferung abzustellen und nur deren Erfüllungsort zur Bestimmung des Vertragsgerichtsstands des Art. 7 Nr. 1 lit. b heranzuziehen sein. Denn am Erfüllungsort der Hauptlieferung bestehe grds. die engste Verknüpfung zwischen dem Vertrag und dem zuständigen Gericht.[449]

Die vom EuGH nicht näher definierten **wirtschaftlichen Kriterien** dürften **119** dabei im Regelfall auf einen Vergleich des Werts der jeweiligen Teilleistungen, gemessen am Maßstab der jeweils versprochenen Gegenleistung, hinauslaufen.[450] Nur wenn sich der Ort der Hauptlieferung **nicht bestimmen lässt**, insbesondere wohl bei fehlender Akzentuierbarkeit irgendeiner Hauptleistung, steht dem Kläger nach dem EuGH ein **Wahlrecht** hinsichtlich der Lieferorte der verschiedenen dann gleichrangigen Teilleistungen zu.[451] Wollen die Parteien dies vermeiden, so müssen sie im Einzelfall eine Gerichtsstandsvereinbarung abschließen.

Nicht entschieden hat der EuGH hingegen bislang den Fall, dass sich mehrere **120** Teillieferungen auf **verschiedene Mitgliedstaaten** verteilen. Die soeben Rn. 117 genannten Gründe sprechen aber auch hier für eine – jedenfalls teilweise – Übertragbarkeit der dort geschilderten EuGH-Rechtsprechung. Hinzu kommt, dass der EuGH Kauf- und Dienstleistungsverträge – jedenfalls hinsicht-

---

[445] Vgl. nur *Schack*, IZVR, 6. Aufl. 2014, Rn. 303 f.; *Kropholler/von Hein*, EuZPR, 9. Aufl. 2011, Art. 5 EuGVVO a.F. Rn. 3; *Kropholler/von Hinden*, GS Lüderitz, 2002, S. 401 (403 ff.); *Rauscher*, NJW 2010, S. 2251.
[446] In diesem Sinne *Junker*, FS Martiny, 2014, S. 761 (773).
[447] Etwa EuGH, 9.7.2009 – Rs. C-204/08, *Peter Rehder ./. Air Baltic Corporation*, Slg. 2009, I-6076 (ECLI:EU:C:2009:439), Rn. 45 f. sowie *Rauscher/Leible*, EuZPR, 4. Aufl. 2016, Art. 7 EuGVVO Rn. 86.
[448] EuGH, 3.5.2007 – Rs. C-386/05, *Color Drack GmbH ./. Lexx International Vertriebs GmbH*, Slg. 2007, I-3727 (ECLI:EU:C:2007:262).
[449] EuGH, 3.5.2007 – Rs. C-386/05, *Color Drack GmbH ./. Lexx International Vertriebs GmbH*, Slg. 2007, I-3727 (ECLI:EU:C:2007:262), Rn. 40.
[450] In diesem Sinne *Kropholler/von Hein*, EuZPR, 9. Aufl. 2011, Art. 5 EuGVVO a.F. Rn. 50.
[451] EuGH, 3.5.2007 – Rs. C-386/05, *Color Drack GmbH ./. Lexx International Vertriebs GmbH*, Slg. 2007, I-3727 (ECLI:EU:C:2007:262), Rn. 42.

lich der Behandlung der besonderen Zuständigkeitsregeln im Sinne von Art. 7 Nr. 1 lit. b – grds. gleich behandeln will und erstmals im Jahr 2009 für den parallel gelagerten Fall der *Dienstleistungs*erbringung in mehreren Mitgliedstaaten entschieden hat, dass auch dort zur Bestimmung des Erfüllungsortes primär auf den (vereinbarten oder tatsächlichen) Ort der Hauptdienstleistung abzustellen sei.[452] Dem ist folgerichtig auch für den Bereich von Art. 7 Nr. 1 lit. b Spiegelstr. 1 zu folgen.[453]

121 Zu beachten ist freilich, dass der EuGH dem jeweiligen Kläger bei fehlender Identifizierbarkeit irgendeiner **Haupt*dienstleistung*** im Sinne von Art. 7 Nr. 1 lit. b Spiegelstr. 2, anders als bei mehreren gleichrangigen *Liefer*orten in **nur einem Mitgliedstaat**, grds.[454] nicht etwa ein Wahlrecht hinsichtlich der internationalen Zuständigkeit zugestehen, sondern auf den **Wohnsitz des Leistungserbringers** – im konkret vom EuGH entschiedenen Fall eines Handelsvertreters – abstellen will.[455] Dies ließe sich zwar mit Unterschieden zwischen örtlicher und internationaler Zuständigkeit erklären;[456] überzeugender erscheint es aber, diese Differenzierung mit *Junker*[457] als durch konstruktive Unterschiede zwischen Kauf- und Dienstleistungsverträgen bedingt zu erklären und daher **nicht auf Kaufverträge** im Sinne von Art. 7 Nr. 1 lit. b Spiegelstr. 1 zu übertragen.[458] Denn während sich ein Verkäufer in der Regel – mit Ausnahme von (nur) teilweise ebenfalls unter Art. 7 Nr. 1 lit. b Spiegelstr. 1 zu fassenden Werklieferungsverträgen[459] – auf die bloße Eigentums- und Besitzverschaffung beschränkt und diese grds. keinen Bezug zu seinem Sitz hat, erbringt ein Dienstleister an seinem Sitz „aller Wahrscheinlichkeit nach einen nicht unerheblichen Teil seiner Dienstleistungen."[460] Insofern dürfte eine **Ungleichbehandlung von Kauf- und Dienstleistungsverträgen** durchaus gerechtfertigt sein.

122 Folglich verbleibt dem Kläger auch bei Vorhandensein mehrere **Lieferorte gerade in verschiedenen Mitgliedstaaten** und fehlender Identifizierbarkeit der Hauptleistung ein **Wahlrecht** hinsichtlich der Lieferorte der verschiedenen

---

[452] EuGH, 9.7.2009 – Rs. C-204/08, *Peter Rehder ./. Air Baltic Corporation*, Slg. 2009, I-6076 (ECLI:EU:C:2009:439), Rn. 36 ff.; EuGH, 11.3.2010 – Rs. C-19/09, *Wood Floor Solutions Andreas Domberger GmbH ./. Silva Trade S.A.*, Slg. 2010, I-2161 (ECLI:EU:C:2010:137), Rn. 25.
[453] So auch *Junker*, FS Martiny, 2014, S. 761 (781); Rauscher/*Leible*, EuZPR, 4. Aufl. 2016, Art. 7 EuGVVO Rn. 90 f.; *Kropholler/von Hein*, EuZPR, 9. Aufl. 2011, Art. 5 EuGVVO a.F. Rn. 50a.
[454] Etwas anderes gilt jedenfalls für die Flugbeförderung, vgl. EuGH, 9.7.2009 – Rs. C-204/08, *Peter Rehder ./. Air Baltic Corporation*, Slg. 2009, I-6076 (ECLI:EU:C:2009:439), Rn. 39 ff.: Wahlrecht zwischen dem „Ort des Abflugs" und dem „Ort der Ankunft"; *Kropholler/von Hein*, EuZPR, 9. Aufl. 2011, Art. 5 EuGVVO a.F. Rn. 50a; vgl. hierzu den Vorlagebeschluss des BGH vom 14.6.2016 – X ZR 80/15, NJW 2016, S. 2912.
[455] EuGH, 11.3.2010 – Rs. C-19/09, *Wood Floor Solutions Andreas Domberger GmbH ./. Silva Trade S.A.*, Slg. 2010, I-2161 (ECLI:EU:C:2010:137), Rn. 42.
[456] So wohl *Leible/Reinert*, EuZW 2007, S. 372 (372); *Leible*, FS Spellenberg, 2010, S. 451 (461) sowie Rauscher/*Leible*, EuZPR, 4. Aufl. 2016, Art. 7 EuGVVO Rn. 88: „subsidiäre normative Vermutung analog Art. 4 Abs. 2 Rom I-VO".
[457] *Junker*, FS Martiny, 2014, S. 761 (782); vgl. auch die Darstellung des Streitstands bei Rauscher/*Leible*, EuZPR, 4. Aufl. 2016, Art. 7 EuGVVO Rn. 88; s. auch *ders.*, EuZW 2009, S. 571 (573).
[458] So auch *R. Wagner*, IPRax 2010, S. 143 (148).
[459] Vgl. hierzu oben Rn. 90.
[460] EuGH, 11.3.2010 – Rs. C-19/09, *Wood Floor Solutions Andreas Domberger GmbH ./. Silva Trade S.A.*, Slg. 2010, I-2161 (ECLI:EU:C:2010:137), Rn. 42; Rauscher/*Leible*, EuZPR, 4. Aufl. 2016, Art. 7 EuGVVO Rn. 88.

dann gleichrangigen Teilleistungen;[461] eine etwaige „Mosaikbetrachtung", wie sie teilweise für derartige Sachverhalte gefordert wird,[462] ist abzulehnen.[463]

bb) Erfüllungsort beim Dienstleistungsvertrag

Auch bei einem Dienstleistungsvertrag im Sinne von Art. 7 Nr. 1 lit. b Spiegelstr. 2 ist der Erfüllungsort **autonom zu bestimmen**. Viele der oben Rn. 104 ff. dargestellten Problemfelder, die sich beim Verkauf beweglicher Sachen stellen, treten in ähnlicher Form bei Dienstleistungsverträgen auf, so dass die dort getätigten Ausführungen grds. entsprechend gelten. Im Folgenden wird daher v.a. auf etwaige Abweichungen eingegangen. 123

(i) Grundsatz

Nach seinem Wortlaut ist Erfüllungsort im Sinne von Art. 7 Nr. 1 lit. b Spiegelstr. 2 zunächst der Ort, an dem die im Einzelfall zu erbringenden Dienstleistungen „nach dem Vertrag [de facto[464]] **erbracht worden sind** oder hätten **erbracht werden müssen**". Wo hingegen im Einzelfall der mit der Dienstleistung bezweckte Erfolg eintritt, ist demgegenüber grds. unbeachtlich.[465] 124

(ii) Teilleistungen / Existenz mehrerer Leistungsorte

Wie oben Rn. 115 dargestellt, findet Art. 7 Nr. 1 lit. b – und nicht etwa die Auffangregel des Art. 7 Nr. 1 lit. a – auch auf den von seinem Wortlaut nicht gesondert bedachten Fall der **Existenz mehrerer Leistungsorte** Anwendung. Mit dem EuGH ist dabei zur Bestimmung des Erfüllungsortes sowohl bei Existenz mehrere Leistungsorte innerhalb nur eines Mitgliedsstaates[466] als auch in verschiedenen Mitgliedsstaaten als Grundregel nur auf die – nach wirtschaftlichen Kriterien (d.h. wertmäßig) bestimmte – **Hauptleistung** abzustellen.[467] 125

Ist eine Hauptdienstleistung ausnahmsweise **nicht identifizierbar**, ist hingegen auf den – nach Art. 62 f zu bestimmenden – **(Wohn-)Sitz des Leistungserbringers** abzustellen.[468] Entschieden hat der EuGH dies (am Beispiel eines Handelsvertretervertrages) zwar in der Rechtssache *Wood Floor Solutions* nur für den Fall der *internationalen* Zuständigkeit, d.h. bei mehreren Leistungsorten in verschiedenen Mitgliedstaaten. Nach hier vertretener Meinung muss dies jedoch auch für den Fall der **bloß örtlichen Zuständigkeitsbestim-** 126

---

[461] So auch *Kropholler/von Hein*, EuZPR, 9. Aufl. 2011, Art. 5 EuGVVO a.F. Rn. 50a.
[462] Z.B. von *Schlosser*/Hess, EuZPR, 4. Aufl. 2015, Art. 7 EuGVVO Rn. 10b; *Kropholler/von Hein*, EuZPR, 9. Aufl. 2011, Art. 5 EuGVVO a.F. Rn. 50b.
[463] *Junker*, FS Martiny, 2014, S. 761 (782).
[464] *Saenger/Dörner*, ZPO, 6. Aufl. 2015, Art. 7 EuGVVO Rn. 21.
[465] *Rauscher/Leible*, EuZPR, 4. Aufl. 2016, Art. 7 EuGVVO Rn. 73.
[466] So der EuGH, 3.5.2007 – Rs. C-386/05, *Color Drack GmbH ./. Lexx International Vertriebs GmbH*, Slg. 2007, I-3727 (ECLI:EU:C:2007:262) für den Fall der Vorliegens eines Kaufvertrages über bewegliche Sachen; dies gilt wegen der grundsätzlich intendierten Gleichbehandlung von Kauf- und Dienstleistungsverträgen im Rahmen von Art. 7 Nr. 1 lit. b jedoch auch für Dienstleistungsverträge, s. Rauscher/Leible, EuZPR, 4. Aufl. 2016, Art. 7 EuGVVO Rn. 89.
[467] EuGH, 9.7.2009 – Rs. C-204/08, *Peter Rehder ./. Air Baltic Corporation*, Slg. 2009, I-6076 (ECLI:EU:C:2009:439), Rn. 36 ff.; EuGH, 11.3.2010 – Rs. C-19/09, *Wood Floor Solutions Andreas Domberger GmbH ./. Silva Trade S.A.*, Slg. 2010, I-2161 (ECLI:EU:C:2010:137), Rn. 25.
[468] EuGH, 11.3.2010 – Rs. C-19/09, *Wood Floor Solutions Andreas Domberger GmbH ./. Silva Trade S.A.*, Slg. 2010, I-2161 (ECLI:EU:C:2010:137), Rn. 42.

mung – d.h. bei Existenz mehrerer Leistungsorte innerhalb nur eines Mitgliedstaates – gelten.[469] Die damit einhergehende Ungleichbehandlung von Dienstleistungs- und Kaufverträgen, bei denen der EuGH dem Kläger in einem solchen Fall ein Wahlrecht hinsichtlich des Gerichtsstands zugesteht, ist durch die strukturellen Unterschiede zwischen diesen beiden Vertragstypen zu erklären und daher grds. hinzunehmen.[470] Zu weiteren Einzelheiten vgl. die Ausführungen oben Rn. 114 ff.

(iii) Gestreckte Dienstleistungsverträge

127 Für bestimmte Dienstleistungsverträge mit **gestreckter Erfüllung** – entschieden in der Rechtssache *Rehder*[471] für den Fall der Flugbeförderung – genügt indes bei **Existenz mehrerer Leistungsorte** nach Ansicht des EuGH weder das Abstellen auf nur *eine* Hauptleistung noch das Anknüpfen an den (Wohn-)Sitz des Leistungserbringers dem Art. 7 Nr. 1 lit. b inhärenten Erfordernis der Wahrung der engsten Verknüpfung zwischen dem fraglichen Vertrag und dem im Einzelfall gem. Art. 7 Nr. 1 lit. b zuständigen Gericht.[472]

128 Mit den Worten des EuGH sind nämlich z.B. „Beförderungen im Luftverkehr […] bereits ihrer Natur nach Dienstleistungen […], die untrennbar und einheitlich vom Ort des Abflugs bis zum Ort der Ankunft des Flugzeugs erbracht werden, so dass es in solchen Fällen nicht möglich ist, anhand wirtschaftlicher Kriterien einen gesonderten Teil der Leistung auszumachen, der die an einem bestimmten Ort erbrachte Hauptleistung darstellte."[473] Auch die Operationen und Handlungen, die vom Ort des Sitzes oder der Hauptniederlassung der betreffenden Fluggesellschaft aus unternommen werden, seien lediglich als logistische Vorbereitungshandlungen anzusehen.[474] Die einzigen Orte, die eine unmittelbare Verbindung zu den genannten Dienstleistungen aufweisen, sind nach Ansicht des EuGH der jeweils vereinbarte Ort des Abflugs sowie der Ankunft des Flugzeugs, weshalb ein Kläger **nach seiner Wahl alternativ** an beiden Orten Klage erheben kann.[475] Dies dürfte auch dann gelten, wenn eine Flugbeförderung durch dieselbe Fluggesellschaft in zwei oder mehreren Teilsegmenten ausgeführt wird, weshalb in einem solchen Fall am Umsteigeort grds. kein Gerichtsstand aus Art. 7 Nr. 1 lit. b eröffnet sein dürfte.[476] Für den kompli-

---

[469] Unentschieden Rauscher/Leible, EuZPR, 4. Aufl. 2016, Art. 7 EuGVVO Rn. 89 („Wahl zwischen Skylla und Charybdis"); **a. A.** *Kropholler/von Hein*, EuZPR, 9. Aufl. 2011, Art. 5 EuGVVO a.F. Rn. 50.
[470] S. dazu auch die folgende Rn.
[471] EuGH, 9.7.2009 – Rs. C-204/08, *Peter Rehder ./. Air Baltic Corporation*, Slg. 2009, I-6076 (ECLI:EU:C:2009:439).
[472] EuGH, 9.7.2009 – Rs. C-204/08, *Peter Rehder ./. Air Baltic Corporation*, Slg. 2009, I-6076 (ECLI:EU:C:2009:439), Rn. 38 ff.
[473] EuGH, 9.7.2009 – Rs. C-204/08, *Peter Rehder ./. Air Baltic Corporation*, Slg. 2009, I-6076 (ECLI:EU:C:2009:439), Rn. 42.
[474] EuGH, 9.7.2009 – Rs. C-204/08, *Peter Rehder ./. Air Baltic Corporation*, Slg. 2009, I-6076 (ECLI:EU:C:2009:439), Rn. 39.
[475] EuGH, 9.7.2009 – Rs. C-204/08, *Peter Rehder ./. Air Baltic Corporation*, Slg. 2009, I-6076 (ECLI:EU:C:2009:439), Rn. 41.
[476] Vgl. EuGH, 9.7.2009 – Rs. C-204/08, *Peter Rehder ./. Air Baltic Corporation*, Slg. 2009, I-6076 (ECLI:EU:C:2009:439), Rn. 40 („zwischenlandet") sowie BGH, 14.6.2016 – X ZR 92/15, BeckRS 2016, 14386 Rn. 15 und BGH, 14.6.2016 – X ZR 80/15, BeckRS 2016, 14936 Rn. 14.

zierten Fall, dass mehrere Flugsegmente von unterschiedlichen Luftfahrtunternehmen ausgeführt werden, hat der BGH jüngst dem EuGH die Vorlagefrage gestellt, ob der Abflugort der ersten Teilstrecke auch dann als Erfüllungsort i.S.v. Art. 7 Nr. 1 lit. b Spiegelstr. 2 angesehen werden kann, wenn sich der klageweise geltend gemachte Anspruch auf eine auf der zweiten Teilstrecke aufgetretene Störung stützt und gegen die Fluggesellschaft des zweiten Fluges (als Vertragspartner hinsichtlich der gesamten Flugleistung) richtet.[477]

Die *Rehder*-Rechtsprechung des EuGH dürfte auf sonstige Arten der jedenfalls *Personen*beförderung **zu übertragen** sein,[478] nicht jedoch auf Kaufverträge (etwa Sukzessivlieferungsverträge).[479] Dies zeigt, dass im Unionsrecht teilweise durchaus zu zuständigkeitsrechtlichen Ungleichbehandlungen führende **Unterschiede zwischen Kauf- und Dienstleistungsverträgen** bestehen. Zum Begriff des Beförderungsvertrags vgl. die Kommentierung zu Art. 17 Rn. 81 f. 129

d) Erfüllungsortvereinbarungen

Ausweislich seines („überflüssigen"[480]) Wortlauts („sofern nichts anderes vereinbart worden ist") sind auch[481] im Bereich des Art. 7 Nr. 1 lit. b **Vereinbarung über den Erfüllungsort** mit Wirkung auf den Vertragsgerichtsstand *per se* **zulässig**.[482] Die Wirksamkeit einer derartigen Erfüllungsortvereinbarung bestimmt sich anhand der nach den Vorschriften der Rom I-VO bestimmten *lex causae* (vgl. Art. 12 Abs. 1 lit. b Rom I-VO).[483] 130

Angesichts der von Art. 7 Nr. 1 lit. b beabsichtigten Konzentrationswirkung wird man jedoch nur eine Vereinbarung zulassen können, mit der alle Ansprüche aus einem Vertrag an einem **einheitlichen vereinbarten Erfüllungsort** und nicht etwa verschiedene Ansprüche an unterschiedlichen Orten zu erfüllen sind.[484] 131

Vor dem Hintergrund der besonderen Anforderungen an zuständigkeitsbegründende Gerichtsstandsvereinbarungen in Art. 25 Abs. 1 Satz 3 können auch unter Art. 7 Nr. 1 lit. b **rein abstrakte Erfüllungsortvereinbarungen**, die durch Vereinbarung eines „fiktiven" Erfüllungsortes ohne jeglichen objektiven 132

---

[477] BGH, 14.6.2016 – X ZR 80/15, BeckRS 2016, 14936; der BGH tendiert zu einer Bejahung der Frage. Vgl. auch die Vorlagefrage des BGH vom selben Tag (14.6.2016) – X ZR 92/15, BeckRS 2016, 14386, ob das Endziel eines Fluggastes als Erfüllungsort anzusehen ist, wenn ein eingeklagter Ausgleichsanspruch auf eine auf der erste Teilstrecke aufgetretene Störung gestützt wird und sich gegen das ausführende Luftfahrtunternehmen des ersten Fluges richtet, welches nicht Vertragspartner des Beförderungsvertrages ist; auch hier tendiert der X. Zivilsenat zu einer bejahenden Antwort; kritisch *Staudinger/Bauer*, NJW 2016, S. 2855 (2857).
[478] *Kropholler/von Hein*, EuZPR, 9. Aufl. 2011, Art. 5 EuGVVO a.F. Rn. 50a.
[479] So auch *Rauscher/Leible*, EuZPR, 4. Aufl. 2016, Art. 7 EuGVVO Rn. 92.
[480] Für eine Streichung plädieren *Kadner Graziano*, RIW 2016, S. 14 (30), sowie *Rauscher/Leible*, EuZPR, 4. Aufl. 2016, Art. 7 EuGVVO Rn. 96.
[481] Zur Rechtslage im Anwendungsbereich von Art. 7 Nr. 1 lit. a s. oben Rn. 77 f.
[482] EuGH, 25.2.2010 – Rs. C-381/08, *Car Trim* GmbH ./. *KeySafety Systems S.r.l.*, Slg. 2010, I-1268 (ECLI:EU:C:2010:90), Rn. 46; **a. A.** noch BGH, 1.6.2005 – VIII ZR 256/04, NJW-RR 2005, S. 1518.
[483] *Kropholler/von Hein*, EuZPR, 9. Aufl. 2011, Art. 5 EuGVVO a.F. Rn. 51.
[484] So auch *Rauscher/Leible*, EuZPR, 4. Aufl. 2016, Art. 7 EuGVVO Rn. 95; *ders.*, IPRax 2005, S. 424 (428); *Markus*, IPRax 2015, S. 277 (280) m.w.N.; **a. A.** etwa *Geimer/Schütze*, EuZVR, 3. Aufl. 2010, Art. 5 EuGVVO a.F. Rn. 92; *MünchKomm/Gottwald*, ZPO, 4. Aufl. 2013, Art. 5 EuGVVO a.F. Rn. 28 sowie (wohl) *Kropholler/von Hein*, EuZPR, 9. Aufl. 2011, Art. 5 EuGVVO a.F. Rn. 51.

Zusammenhang zur tatsächlichen Leistungserbringung lediglich der Zuständigkeitsverschiebung dienen, nur unter den zusätzlichen Voraussetzungen des Art. 25 zu einer Zuständigkeitsverlagerung führen.[485] Die Beweislast für das Fehlen eines objektiven Zusammenhangs zur tatsächlichen Leistungserbringung trifft den jeweiligen Beklagten.[486]

9. Streit über den Bestand des Vertrags im Ganzen

133   Aus dem Wortlaut von Art. 7 Nr. 1 („**ein Vertrag**[487] oder Ansprüche aus einem Vertrag") folgt, dass auch die Frage, ob überhaupt bzw. ob *noch* ein (wirksamer) Vertrag im Ganzen vorliegt,[488] unter den Vertragsgerichtsstand fällt. Insofern stellt sich die Frage, auf den **Erfüllungsort welcher Verpflichtung** in einem solchen Fall abzustellen ist.

134   Handelt es sich um einen Kaufvertrag über bewegliche Sachen oder um einen Dienstleistungsvertrag, so muss naturgemäß auf den autonom bestimmten Erfüllungsort der jeweils (ggf. hypothetischen) vertragscharakteristischen Verpflichtung abgestellt werden, s. Art. 7 Nr. 1 lit. b.[489] Problematisch sind hingegen die Fälle des **Art. 7 Nr. 1 lit. a bzw. lit. c**. Richtigerweise ist hier **zu differenzieren**:

135   (1.) Knüpft eine derartige Klage über den Bestand des Vertrages im Ganzen an ein **Fehlverhalten einer Partei** und eine daran angeknüpfte Lossagung vom Vertrag an, so ist der Erfüllungsort der verletzten Pflicht maßgeblich.[490] Denn für die Frage der Zuständigkeit kann es keinen Unterschied machen, ob der Kläger aus einer Vertragsverletzung des Beklagten nur einen Schadensersatzanspruch geltend macht, der aber am Ort der Hauptverpflichtung zu erfüllen ist, oder ob er einen Vertragsverstoß des Beklagten zum Anlass nimmt, das Vertragsverhältnis zu kündigen bzw. vom Vertrag zurückzutreten und anschließend die Feststellung der Wirksamkeit der Kündigung oder des Rücktritts bei Gericht begehrt.

136   (2.) Lässt sich die Streitigkeit hingegen nicht auf eine vertragswidrige Handlung einer der Parteien zurückführen (etwa weil sich eine Partei gerade auf die Existenz eines Vertragsverhältnisses beruft), so muss es jeder Partei möglich sein, den Bestand oder Nichtbestand des Vertrages im Ganzen an jedem Ort feststellen

---

[485] Vgl. zu Art. 7 Nr. 1 lit. a: EuGH, 20.2.1997 – Rs. C-106/95, *MSG Mainschiffahrts-Genossenschaft ./. Les Gravieres Rhenanes*, Slg. 1997, I-911 (ECLI:EU:C:1997:70), Rn. 31 ff.; s. auch EuGH, 28.9.1999 – Rs. C-440/97, *GIE Groupe Concorde ./. Kapitän des Schiffes Suhadiwarno Panjan*, Slg. 1999, I-6307 (ECLI:EU:C:1999:456), Rn. 28 sowie Rauscher/*Leible*, EuZPR, 4. Aufl. 2016, Art. 7 EuGVVO Rn. 98.
[486] So (wohl) *Schlosser*/Hess, EuZPR, 4. Aufl. 2015, Art. 7 EuGVVO Rn. 11 sowie zu Art. 7 Nr. 1 lit. a, *Geimer*/Schütze, EuZVR, 3. Aufl. 2010, Art. 5 EuGVVO a.F. Rn. 127; **a. A.** *Kropholler/von Hein*, EuZVR, 9. Aufl. 2011, Art. 5 EuGVVO a.F. Rn. 36 m.w.N.
[487] Hervorhebung durch den *Verf*.
[488] S. oben Rn. 22; vgl. EuGH, 20.4.2016 Rs. C-336/13, *Profit Investment SIM ./. Ossi u.a.*, ECLI:EU:C:2016:282 = EuZW 2016, S. 419 Rn. 52 ff.; EuGH, 4.3.1982 – Rs. 38/81, *Effer S.p.A. ./. Kantner*, Slg. 1982, 825 (ECLI:EU:C:1982:79) sowie Rauscher/*Leible*, EuZPR, 4. Aufl. 2016, Art. 7 EuGVVO Rn. 37; *Schlosser*/Hess, EuZPR, 4. Aufl. 2015, Art. 7 EuGVVO Rn. 9.
[489] So auch *Schlosser*/Hess, EuZPR, 4. Aufl. 2015, Art. 7 EuGVVO Rn. 9.
[490] So insbesondere *Schlosser*/Hess, EuZPR, 4. Aufl. 2015, Art. 7 EuGVVO Rn. 9.

zu lassen, an dem **eine der Hauptpflichten aus dem behaupteten Vertrag** – dessen wirksames Bestehen vorausgesetzt – zu erfüllen wäre.[491]

II. Gerichtsstand der unerlaubten Handlung (Art. 7 Nr. 2)

Der Gerichtsstand der unerlaubten Handlung ist im Zuge der jüngsten 137
Reform der EuGVVO innerhalb der Nummerierung des jetzigen Art. 7 (früher: Art. 5) um eine Nummer nach vorne gerückt. Denn der bisherige **Art. 5 Nr. 2 EuGVVO a.F.**, der eine besondere Zuständigkeit in **Unterhaltssachen** begründete, ist wegen der Schaffung der europäischen Unterhaltsverordnung[492] (EuUnthVO) zwischenzeitlich hinfällig geworden und **weggefallen** (vgl. Erwgr. 44 sowie Art. 68 Abs. 1 EuUnthVO).[493]

1. Normzweck und Überblick

Grund für die Gewährung eines besonderen Gerichtsstands der unerlaubten 138
Handlung gleichrangig neben dem beklagtenfreundlichen – sog. *favor defensoris* – allgemeinen Gerichtsstand des Art. 4 Abs. 1 ist zunächst die besondere **Beweis- und Sachnähe** desjenigen Gerichts, in dessen Bezirk ein schädigendes Ereignis eingetreten ist oder einzutreten droht.[494] Der EuGH spricht insofern von einer „besonders engen Beziehung, die aus Gründen einer geordneten Rechtspflege und einer sachgerechten Gestaltung des Prozesses eine Zuständigkeit dieser Gerichte rechtfertigt".[495] Letztlich geht Art. 7 Nr. 2 damit auf den einfachen Gedanken zurück, dass Ansprüche aufgrund einer unerlaubten Handlung dort gerichtlich geltend gemacht werden dürfen, wo das entsprechende „Unrecht" begangen wurde bzw. sich ausgewirkt hat.[496] Daneben liegen auch Art. 7 Nr. 2 die insgesamt der Zuständigkeitsordnung der EuGVVO inhärenten Gesichts-

---

[491] **A. A.** *Schlosser*/Hess, EuZPR, 4. Aufl. 2015, Art. 7 EuGVVO Rn. 9 (nur „wenn alle vertraglichen Pflichten am selben Ort zu erfüllen sind", andernfalls wohl Art. 4 Abs. 1); wieder andere (etwa *Grunsky*, RIW 1977, S. 1 (5)) wollen grds. alle Streitigkeiten über den Bestand des Vertrags im Ganzen an jedem Ort zulassen, an dem eine Hauptpflicht aus dem Vertrag zu erfüllen ist.
[492] Verordnung (EG) Nr. 4/2009 des Rates vom 18.12.2008 über die Zuständigkeit, das anwendbare Recht, die Anerkennung und Vollstreckung von Entscheidungen und die Zusammenarbeit in Unterhaltssachen, ABl. (EU) 2009 Nr. L 7, S. 1.
[493] MünchKomm/*Gottwald*, ZPO, 4. Aufl. 2013, Art. 5 EuGVVO a.F. Rn. 45.
[494] Vgl. EuGH, 16.1.2014 – Rs. C-45/13, *Andreas Kainz* ./. *Pantherwerke AG*, ECLI:EU:C:2014:7 = NJW 2014, S. 1166, Rn. 27; EuGH, 16.7.2009 – Rs. C-189/08, *Zuid-Chemie BV* ./. *Philippo's Mineralenfabriek NV/SA*, Slg. 2009, I-6919 (ECLI:EU:C:2009:475), Rn. 24; EuGH, 1.10.2002 – Rs. C-167/00, *Verein für Konsumenteninformation* ./. *Henkel*, Slg. 2002, I-8111 (ECLI:EU:C:2002:555) = EuZW 2002, S. 657, Rn. 46; EuGH, 7.3.1995 – Rs. C-68/93, *Shevill* ./. *Presse Alliance*, Slg. 1995, I-415 (ECLI:EU:C:1995:61), Rn. 21; EuGH, 30.11.1976 – Rs. 21/76, *Bier* ./. *Mines de Potasse d'Alsace*, Slg. 1976, 1735 (ECLI:EU:C:1976:166), Rn. 15/19 sowie Rauscher/*Leible*, EuZPR, 4. Aufl. 2016, Art. 7 EuGVVO Rn. 103; **a. A.** etwa *Geimer*/Schütze, EuZVR, 3. Aufl. 2010, Art. 5 EuGVVO a.F. Rn. 202.
[495] Vgl. etwa EuGH, 11.1.1990 – Rs. 220/88, *Dumez France u.a.* ./. *Hessische Landesbank*, Slg. 1990, I-49 (ECLI:EU:C:1990:8), Rn. 17; EuGH, 16.7.2009 – Rs. C-189/08, *Zuid-Chemie BV* ./. *Philippo's Mineralenfabriek NV/SA*, Slg. 2009, I-6919 (ECLI:EU:C:2009:475), Rn. 24; EuGH, 25.10.2012 – Rs. C-133/11, *Folien Fischer AG u.a.* ./. *Ritrama S.p.A.*, ECLI:EU:C:2012:664 = EuZW 2012, 950, Rn. 37.
[496] Vgl. *Geimer*/Schütze, EuZVR, 3. Aufl. 2010, Art. 5 EuGVVO a.F. Rn. 201 f.

139 punkte der **Vorhersehbarkeit** der Zuständigkeit sowie der **Rechtssicherheit** zugrunde.[497] Entgegen einer teilweise geäußerten Ansicht[498] ist hingegen durch Art. 7 Nr. 2 keine – jedenfalls pauschale – **Bevorzugung des jeweils Geschädigten** bzw. Klägers bezweckt.[499] Der EuGH hat vielmehr mehrfach hervorgehoben, dass Art. 7 Nr. 2 – anders als die Sondervorschriften in den Art. 10 bis 23 – gerade *nicht* darauf abziele, der schwächeren Partei einen verstärkten Schutz zu gewährleisten.[500]

140 Anders als Art. 4 Abs. 1 bestimmt Art. 7 Nr. 2 neben der internationalen auch die **örtliche** Zuständigkeit eines Gerichts mit; insofern wird durch Art. 7 Nr. 2 ein Rückgriff auf die autonomen nationalen Verfahrensrechtsvorschriften ausgeschlossen. Sind im Einzelfall **an mehreren Orten** innerhalb verschiedener Mitgliedstaaten oder auch nur eines Mitgliedstaats Gerichtsstände gem. Art. 7 Nr. 2 eröffnet, so stehen diese grds. zur freien Wahl des Klägers.[501] Eine **Derogation** von Art. 7 Nr. 2 ist in der Form des Art. 25 grds. – auch beschränkt z.B. nur auf die örtliche Zuständigkeit – möglich; allerdings muss das betreffende Rechtsverhältnis in der jeweiligen Gerichtsstandsvereinbarung hinreichend bestimmt sein,[502] was im Falle von unerlaubten Handlungen oftmals gar nicht möglich sein wird.

141 Kein für die Existenz und Rechtfertigung des Gerichtsstands in Art. 7 Nr. 2 uneingeschränkt maßgeblicher Gesichtspunkt ist hingegen die **Rechtsnähe**.[503] Denn ungeachtet des vorerwähnten grundsätzlichen *Auslegungs*zusammenhanges zwischen der EuGVVO sowie (u.a.) der Rom II-VO[504] und trotz der unionsrechtlichen Natur des insofern anwendbaren Internationalen Privat- und Zivilverfahrensrechts existiert für den hier berührten Bereich **kein** (unbedingter) **Gleichlauf von gerichtlicher Zuständigkeit und anwendbarem Sachrecht**.[505] Eine Angleichung von Art. 7 Nr. 2 mit seinem Ubiquitätsprinzip[506] an

---

[497] Vgl. Erwgr. 16 Satz 3 sowie u.a. EuGH, 16.1.2014 – Rs. C-45/13, *Andreas Kainz ./. Pantherwerke AG*, ECLI:EU:C:2014:7 = NJW 2014, S. 1166, Rn. 28; EuGH, 25.10.2012 – Rs. C-133/11, *Folien Fischer AG u.a. ./. Ritrama S.p.A.*, ECLI:EU:C:2012:664 = EuZW 2012, S. 950, Rn. 45; *Kropholler/ von Hein*, EuZPR, 9. Aufl. 2011, Art. 5 EuGVVO a.F. Rn. 73.

[498] S. *Geimer/Schütze*, EuZVR, 3. Aufl. 2010, Art. 5 EuGVVO a.F. Rn. 202 sowie *Geimer/Schütze/ Auer*, Int. Rechtsverkehr, 28. EL 2005, Art. 5 EuGVVO a.F. Rn. 114.

[499] Vgl. *Rauscher/Leible*, EuZPR, 4. Aufl. 2016, Art. 7 EuGVVO Rn. 103 sowie die Nachweise in der folgenden Fn.

[500] Vgl. etwa EuGH, 25.10.2012 – Rs. C-133/11, *Folien Fischer AG u.a. ./. Ritrama S.p.A.*, ECLI:EU:C:2012:664 = EuZW 2012, S. 950, Rn. 46 sowie EuGH, 16.1.2014 – Rs. C-45/13, *Andreas Kainz ./. Pantherwerke AG*, ECLI:EU:C:2014:7 = NJW 2014, S. 1166, Rn. 31.

[501] *Geimer*/Schütze, EuZVR, 3. Aufl. 2010, Art. 5 EuGVVO a.F. Rn. 239.

[502] S. *Rauscher/Leible*, EuZPR, 4. Aufl. 2016, Art. 7 EuGVVO Rn. 105 sowie genauer *Geimer/ Schütze*, EuZVR, 3. Aufl. 2010, Art. 5 EuGVVO a.F. Rn. 270 ff.

[503] Dezidiert anderer Meinung jedoch MünchKomm/*Gottwald*, ZPO, 4. Aufl. 2013, Art. 5 EuGVVO a.F. Rn. 59 („häufige Rechtsnähe") sowie *Rauscher/Leible*, EuZPR, 4. Aufl. 2016, Art. 7 EuGVVO Rn. 103 („u.U. auch Rechtsnähe").

[504] Vgl. hierzu genauer Vorb. Art. 7 ff. Rn. 8 sowie etwa *Würdinger*, RabelsZ 75 (2011), S. 102 (105 ff.) und *D.Paulus*, Außervertragliche Gesellschafter- und Organwalterhaftung im Lichte des Unionskollisionsrechts, 2014, Rn. 351.

[505] *Geimer*/Schütze, EuZVR, 3. Aufl. 2010, Art. 5 EuGVVO a.F. Rn. 235.

[506] Dazu sogleich Rn. 183 ff.

Text + Erläuterungen   Art. 7   **B Vor I** 7

die Art. 4 ff. Rom II-VO, die grds. dem sog. Tatortprinzip folgen,[507] hat bislang nicht stattgefunden und wird es wohl in naher Zukunft auch nicht.[508]

2. Entstehungsgeschichte

Ein besonderer Gerichtsstand der unerlaubten Handlung (*sog. forum delicti com-* 142
missi) ist auch den autonomen Verfahrensrechten der meisten EU-Mitgliedstaaten bekannt;[509] im deutschen Zivilverfahrensrecht etwa findet sich eine entsprechende Regelung in **§ 32 ZPO**. Dies war bei Schaffung des EuGVÜ im Jahr 1968 – neben dem häufigen Auftreten von **Verkehrsunfällen** in den damaligen Vertragsstaaten – Grund genug, auch in diesem (Vor-)Vorgängerübereinkommen der EuGVVO eine entsprechende Regelung – damals in Art. 5 Nr. 3 EuGVÜ – aufzunehmen.[510]

Art. 5 Nr. 3 EuGVÜ wurde im Zuge der „Umwandlung" des EuGVÜ in die 143
EuGVVO a.F. im Jahr 2002 **nahezu unverändert** in Art. 5 Nr. 3 EuGVVO a.F. transponiert, jedoch um einen Nachsatz („oder einzutreten droht") ergänzt. Damit sollte eindeutig klargestellt werden, dass auch **vorbeugende Unterlassungsklagen** unter den Gerichtsstand der unerlaubten Handlung zu fassen sind, was noch unter dem EuGVÜ umstritten war.[511] Der jetzige Art. 7 Nr. 2 hingegen entspricht unverändert Art. 5 Nr. 3 EuGVVO a.F.

3. Konkurrenzen

Ein Kläger kann **gleichberechtigt** zwischen dem Gerichtsstand der unerlaub- 144
ten Handlung und dem allgemeinen Gerichtsstand des Art. 4 Abs. 1 (sowie weiteren etwaig einschlägigen besonderen Gerichtsständen) wählen. Hingegen schließt das Eingreifen einer **ausschließlichen Zuständigkeit** gem. Art. 24 naturgemäß ebenso wie eine ausschließliche **Gerichtsstandsvereinbarung** im Sinne des Art. 25 (sowie grds. auch eine Schiedsvereinbarung[512]) den Rückgriff auf die besonderen Gerichtsstände aus, wobei die Gerichtsstände des Art. 24 wiederum denen des Art. 25 im Rang vorgehen. Auch die Zuständigkeiten des 3. bis 5. Abschnitts gehen denjenigen des 2. Abschnitts (und damit auch Art. 7 Nr. 2) als *leges speciales*[513] grds. vor.[514] Zu vorrangigen Zuständigkeiten, die sich aus internationalen Übereinkommen ergeben, vgl. die Kommentierung zu Art. 71.

---

[507] Vgl. etwa MünchKomm/*Junker*, BGB, 6. Aufl. 2015, Art. 4 Rom II-VO Rn. 3 f.
[508] S. *Schlosser*/Hess, EuZPR, 4. Aufl. 2016, Art. 7 EuGVVO Rn. 12 sowie BeckOK/*Spickhoff*, Stand: 1.2.2013, Art. 4 Rom II-VO Rn. 8.
[509] Vgl den *Jenard*-Bericht, 1979, S. 25.
[510] *Jenard*-Bericht, 1979, S. 26.
[511] *Saenger*/*Dörner*, ZPO, 6. Aufl. 2015, Art. 7 EuGVVO Rn. 3, 29.
[512] EuGH, 17.11.1998 – Rs. C-391/95, *van Uden* ./. *Deco-Line* u.a., Slg. 1998, I-7091 (ECLI:EU:C:1998:543), 2. Leitsatz (allerdings zu Art. 7 Nr. 1).
[513] Vgl. etwa EuGH, 22.5.2008 – Rs. C-462/06, *Glaxosmithkline* u.a. ./. *Jean-Pierre Rouard*, Slg. 2008, I-3978 (ECLI:EU:C:2008:299), Rn. 18 ff.
[514] Zum Verhältnis der verschiedenen Gerichtsstände der EuGVVO untereinander vgl. oben Vorb. Art. 7 ff. EuGVVO Rn. 13 ff.

4. Kognitionsbefugnis; keine Annexkompetenz

145 Im Verhältnis zu den anderen besonderen Gerichtsständen des Art. 7 gewährt Art. 7 Nr. 2 nach der – zu Recht umstrittenen[515] – sog. „Spaltungstheorie"[516] des EuGH (Rechtssache *Kalfelis*) eine **Kognitionsbefugnis** nur für diejenigen Ansprüche, die bei autonomer Auslegung tatsächlich als aus unerlaubter Handlung resultierend einzustufen sind.[517] Eine **Annexkompetenz** des gem. Art. 7 Nr. 2 zuständigen Gerichts auch für andere, nicht-deliktisch zu qualifizierende Ansprüche **lehnt der EuGH ausdrücklich ab**.[518] Dies begründet er damit, dass ein „Kl[äger] [ja] stets die Möglichkeit [habe], seine Klage unter sämtlichen Gesichtspunkten vor das Gericht des Wohnsitzes des Bekl[agten] zu bringen",[519] d. h. am allgemeinen internationalen Gerichtsstand des Art. 4 Abs. 1 Klage zu erheben. Hinzu komme, dass die besonderen Zuständigkeiten des Art. 7 als Ausnahmen vom Grundsatz des *actor sequitur forum rei* in Art. 4 Abs. 1 einschränkend auszulegen seien.[520]

146 Der EuGH und ihm folgend der BGH[521] entscheiden damit für den Bereich des europäischen IZVR **anders** als der BGH in nach rein nationalem Zivilverfahrensrecht (vgl. §§ 32 ZPO und 17 Abs. 2 Satz 1 GVG) zu beurteilenden Sachverhalten.[522] Dies führt zu einer Spaltung eines nach deutschem Verständnis eigentlich einheitlichen Streitgegenstands (daher eben: Spaltungstheorie).[523] Auch die **Rechtskraft** eines entsprechenden Urteils ist folglich nur auf diejenigen Anspruchsgrundlagen begrenzt, die in die Kognitionsbefugnis des jeweiligen Gerichts fallen.[524]

147 Anders verhält es sich theoretisch, wenn eine z.B. aus einem Vertrag zwischen den Parteien entspringende Rechtsfolge bzw. das Bestehen vertraglicher Beziehungen zwischen den Parteien lediglich als **Vorfrage** des zur Klärung gestellten deliktischen Anspruchs zu erörtern ist.[525] Denn in einem solchen Fall geht es nicht um die Behandlung konkurrierender Ansprüche, sondern um die notwendige Klärung eines Tatbestandsmerkmals für den deliktischen Anspruch.

---

[515] Kritisch etwa Rauscher/*Leible*, EuZPR, 4. Aufl. 2016, Art. 7 EuGVVO Rn. 101; s. auch oben Rn. 45 ff.
[516] *Geimer*/Schütze, EuZVR, 3. Aufl. 2010, Art. 5 EuGVVO a.F. Rn. 223.
[517] EuGH, 27.9.1988 – Rs. 189/87, *Kalfelis* ./. *Schröder*, Slg. 1988, 5565 (ECLI:EU:C:1988:459), Rn. 21; vgl. hierzu statt vieler *Schlosser*/Hess, EuZPR, 4. Aufl. 2016, Vor Art. 7–9 EuGVVO Rn. 2; Rauscher/*Leible*, EuZPR, 4. Aufl. 2016, Art. 7 EuGVVO Rn. 113.; **a. A.** etwa *Geimer*/Schütze, EuZVR, 3. Aufl. 2010, Art. 5 EuGVVO a.F. Rn. 222; *Geimer*, IPRax 1986, S. 80.
[518] EuGH, 27.9.1988 – Rs. 189/87, *Kalfelis* ./. *Schröder*, Slg. 1988, 5565 (ECLI:EU:C:1988:459), Rn. 19 ff.
[519] EuGH, 27.9.1988 – Rs. 189/87, *Kalfelis* ./. *Schröder*, Slg. 1988, 5565 (ECLI:EU:C:1988:459), Rn. 20.
[520] Vgl. hierzu die kritischen Ausführungen oben unter Vorb. Art. 7 ff. Rn. 9.
[521] BGH, 28.2.1996 – XII ZR 181/93, NJW 1996, S. 1411.
[522] Vgl. etwa BGH, 10.12.2002 – X ARZ 208/02, NJW 2003, S. 828; **a. A.** OLG Hamm, 14.2.2002 – 22 W 65/01, NJW-RR 2002, S. 1291.
[523] *Schlosser*/Hess, EuZPR, 4. Aufl. 2015, Vor Art. 7–9 EuGVVO Rn. 2.
[524] *Schlosser*/Hess, EuZPR, 4. Aufl. 2015, Vor Art. 7–9 EuGVVO Rn. 2; MünchKomm/*Gottwald*, ZPO, 4. Aufl. 2013, Art. 5 EuGVVO a.F. Rn. 13.
[525] *Geimer*/Schütze, EuZVR, 3. Aufl. 2010, Art. 5 EuGVVO a.F. Rn. 227; Rauscher/*Leible*, EuZPR, 4. Aufl. 2016, Art. 7 EuGVVO Rn. 113.

Indes dürften derartige Fälle einer „gespaltenen" Zuständigkeit jedenfalls im **148** Verhältnis zu Art. 7 Nr. 1 als Konsequenz der *Brogsitter*-**Entscheidung** des EuGH vom 13.3.2014[526] deutlich seltener als zuvor auftreten.[527] Denn in besagtem Urteil hat der EuGH entschieden, dass Ansprüche, die nach nationalem Recht außervertraglich eingestuft werden, dennoch dem Vertragsgerichtsstand des Art. 7 Nr. 1 unterfallen, wenn nur das anspruchsbegründende Verhalten als Verstoß gegen vertragliche Verpflichtungen angesehen werden kann und eine Auslegung des Vertrags zu deren Beurteilung „unerlässlich erscheint". Vgl. im Übrigen zur Annexproblematik näher die Ausführungen oben Rn. 45 ff.

5. Räumlicher Anwendungsbereich

Maßgeblicher räumlicher Anknüpfungspunkt im Rahmen von Art. 7 Nr. 2 ist **149** der Ort, „an dem das schädigende Ereignis eingetreten ist oder einzutreten droht"[528] (dazu näher unten Rn. 183 ff.). Aus dem einleitenden Wortlaut von Art. 7 („in einem anderen *Mitglied*staat"[529]) geht dabei eindeutig hervor, dass sich dieser Ort für die Anwendbarkeit des Art. 7 Nr. 2 **in einem EU-Mitgliedstaat** im Sinne der Verordnung befinden muss; befindet er sich hingegen in einem Drittstaat, so vermag dies mangels universeller Anwendbarkeit der EuGVVO[530] keine Zuständigkeit nach Art. 7 Nr. 2 begründen.[531] In einem solchen Fall bleibt dem Kläger daher, sofern kein weiterer besonderer Gerichtsstand eingreift, nur der Rückgriff auf den allgemeinen Gerichtsstand des Art. 4 Abs. 1 bzw. gem. Art. 6 Abs. 1 gegebenenfalls nationales Verfahrensrecht.[532]

a) Beklagtenwohnsitz in einem Mitgliedstaat

Weiterhin ergibt sich aus dem Wortlaut des Art. 7, dass der besondere **150** Gerichtsstand der unerlaubten Handlung (ebenso wie der allgemeine Gerichtsstand des Art. 4 Abs. 1) nur gegenüber Beklagten mit **Wohnsitz**[533] **in einem Mitgliedstaat** der Verordnung anwendbar ist.[534] Hat ein Beklagter hingegen keinen Wohnsitz im Hoheitsgebiet eines Mitgliedstaates, so kann sich – vorbehaltlich u.a. des Eingreifens einer ausschließlichen Zuständigkeit gem. Art. 24 bzw. einer Gerichtsstandsvereinbarung nach Art. 25[535] – die Zuständigkeit der Gerichte eines jeden Mitgliedstaats allenfalls aus dessen eigenem (autonomen) Zivilverfahrensrecht ergeben, Art. 6 Abs. 1.

---

[526] EuGH, 13.3.2014 – Rs. C-548/12, *Marc Brogsitter ./. Fabrication de Montres Normandes EURL u.a.*, ECLI:EU:C:2014:148 = NJW 2014, S. 1648.
[527] Ähnlich Rauscher/*Leible*, EuZPR, 4. Aufl. 2016, Art. 7 EuGVVO Rn. 113.
[528] Hierzu näher unten Rn. 183 ff.
[529] Hervorhebung durch den *Verf*.
[530] Noch in ihrem Vorschlag zur Neufassung der EuGVVO vom 14.12.2010 (KOM(2010), 748 endg.) hatte die Kommission eine – freilich nicht Gesetz gewordene – (universelle) Anwendbarkeit von (u.a.) Art. 7 unabhängig vom Wohnsitz des Beklagten gefordert.
[531] Vgl. etwa EuGH, 15.2.1989 – Rs. 32/88, *Six Constructions Ltd. ./. Paul Humbert*, Slg. 1989, 341 (ECLI:EU:C:1989:68), Rn. 19 sowie *Schlosser*/Hess, EuZPR, 4. Aufl. 2015, Art. 7 EuGVVO Rn. 10c.
[532] S. dazu die folgende Rn. 150.
[533] Zum Begriff des Wohnsitzes im Sinne der EuGVVO vgl. Art. 62, 63 (und die Kommentierung ebenda).
[534] Vgl. näher oben Vorb. Art. 7 ff. Rn. 10 ff.
[535] Vgl. hierzu die jeweiligen Kommentierungen.

b) Unbekannter Wohnsitz

151 Ist der Wohnsitz des Beklagten im Prozess **unbekannt geblieben**, steht dies nach neuester Rechtsprechung des EuGH aus dem Jahr 2012[536] und entgegen der früher h.M.[537] einem Eingreifen der besonderen Gerichtsstände der Verordnung grds. **nicht entgegen**.[538]

c) Qualifizierter Auslandsbezug

152 Demgegenüber ist umstritten, ob die besonderen Zuständigkeiten insgesamt und damit auch Art. 7 Nr. 2 über den Wohnsitz des Beklagten in einem Mitgliedstaat hinaus auch erfordern, dass dieser in einem **anderen als seinem Wohnsitzstaat** verklagt werden muss.[539] Mit der ganz h.M.[540] ist ein derartiger qualifizierter Auslandsbezug wortlautgemäß zu fordern.[541]

6. Persönlicher Anwendungsbereich

153 Anders als z.B. Art. 4 Abs. 1 knüpft Art. 7 Nr. 2 die Zuständigkeit nicht an eine Eigenschaft der beteiligten Personen bzw. *per se* deren Wohnsitz oder gewöhnlichen Aufenthalt an, sondern an den jeweiligen Streitgegenstand – in diesem Fall eine unerlaubte Handlung bzw. eine Handlung, die einer unerlaubten Handlung gleichgestellt ist. Daher ist für die Anwendbarkeit von Art. 7 Nr. 2 grds. ohne Belang, ob auf Seiten sowohl des Schädigers als auch des Geschädigten diese selbst oder aber etwaige **Rechtsnachfolger** klagen bzw. verklagt werden.[542] Auch der Grund einer etwaigen Rechtsnachfolge – d.h. entweder Vertrag (z.B. Abtretung) oder Gesetz (etwa gesetzliche Rechtsnachfolge von Todes wegen) – ist für Art. 7 Nr. 2 unbeachtlich.

154 Auch als **mittelbare Folge** einer unerlaubten Handlung vermeintlich bestehende Regressansprüche Dritter – etwa des Lohn fortzahlenden Arbeitgebers oder einer in Vorleistung tretenden Versicherung – können grds. am Gerichtsstand des Art. 7 Nr. 2 geltend gemacht werden;[543] Gleiches dürfte für etwaige Ausgleichsansprüche zwischen mehreren Schädigern gelten.[544] Im umgekehrten Fall der **Direktklage** eines deliktisch Geschädigten u.a. gegen eine Haftpflicht-

---

[536] EuGH, 15.3.2012 – Rs. C-292/10, *G ./. Cornelius de Visser*, ECLI:EU:C:2012:142 = IPRax 2013, S. 341 = EuZW 2012, S. 381 m. Anm. *Bach* („Die EuGVVO ist die Regel, das nationale Recht die Ausnahme").
[537] Etwa Rauscher/*Mankowski*, EuZPR, 4. Aufl. 2016, Art. 4 EuGVVO Rn. 2; *Kropholler/von Hein*, EuZPR, 9. Aufl. 2011, Art. 4 EuGVVO a.F. Rn. 2; *Magnus/Mankowski/Vlas*, Brussels I Regulation, 2. Aufl. 2012, Art. 4 EuGVVO a.F. Rn. 2.
[538] Vgl. näher oben Vorb. Art. 7 ff. Rn. 10 sowie *Bach*, EuZW 2012, S. 381 (382 f.).
[539] Vgl. ausführlich oben unter Vorb. Art. 7 ff. Rn. 11 f.
[540] Vgl. Rauscher/*Leible*, EuZPR, 4. Aufl. 2016, Art. 7 EuGVVO Rn. 5; Simons/*Hausmann*, Brüssel I-VO, 2012, vor Art. 5–7 EuGVVO Rn. 5; *Kropholler/von Hein*, EuZPR, 9. Aufl. 2011, vor Art. 5 EuGVVO a.F. Rn. 3; **a.A.** etwa Geimer/Schütze/*Auer*, Int. Rechtsverkehr, 28. EL 2005, Vorb. Art. 5 ff. EuGVVO a.F. Rn. 9 sowie Art. 5 EuGVVO a.F. Rn. 14.
[541] Vgl. näher oben unter Rn. 12 sowie Vorb. Art. 7 ff. Rn. 11 f.
[542] Vgl. EuGH, 18.7.2013 – Rs. C-147/12, *ÖFAB ./. Frank Koot u.a.*, ECLI:EU:C:2013:490 = EuZW 2013, S. 703, Rn. 56 ff.; Rauscher/*Leible*, EuZPR, 4. Aufl. 2016, Art. 7 EuGVVO Rn. 104.
[543] S. Geimer/Schütze, EuZVR, 3. Aufl. 2010, Art. 5 EuGVVO a.F. Rn. 238; Rauscher/*Leible*, EuZPR, 4. Aufl. 2016, Art. 7 EuGVVO Rn. 104.
[544] So etwa Schlosser/Hess, EuZPR, 4. Aufl. 2015, Art. 7 EuGVVO Rn. 13.

versicherung[545] kann jener hingegen gem. Art. 13 Abs. 2 i.V.m. Art. 12 ebenfalls am Ort des schädigenden Ereignisses Klage erheben.[546]

7. Sachlicher Anwendungsbereich; autonome Auslegung

Für die Anwendung von Art. 7 Nr. 2 ist erforderlich, dass „eine unerlaubte Handlung oder eine Handlung, die einer unerlaubten Handlung gleichgestellt ist" bzw. „Ansprüche aus einer solchen Handlung" den Gegenstand des Verfahrens bilden. Diese Formulierung der deutschen Sprachfassung weicht, ohne dass dies zu sachlichen Differenzen führt, etwas von anderen Sprachfassungen des Art. 7 Nr. 2 ab: So sprechen die englische Fassung der Verordnung von „matters relating to tort, delict or quasi-delict" und z.b. die italienische Fassung von „materia di illeciti civili dolosi o colposi". **155**

a) Verfahrensart

Art. 7 Nr. 2 regelt – ebenso wie Art. 7 Nr. 1[547] – die Zuständigkeit **unabhängig** von der konkret gewählten Verfahrensart. Rein faktisch ist der Gerichtsstand der unerlaubten Handlung jedoch insbesondere für Leistungs- und Feststellungsklagen relevant.[548] Spätestens seit der „Umwandlung" des EuGVÜ in die EuGVVO a.F. im Jahr 2000, in deren Rahmen der europäische Gesetzgeber die Vorgängerregelung von Art. 7 Nr. 2 (nämlich Art. 5 Nr. 3 EuGVVO a.F.) um einen klarstellenden Nachsatz („oder einzutreten droht") ergänzt hatte, steht dabei fest, dass die Anwendbarkeit von Art. 7 Nr. 2 **nicht vom tatsächlichen Vorliegen eines Schadens abhängt**.[549] Mithin sind auch Leistungsklagen zur Verhinderung des Eintritts eines Schadens – d.h. vorbeugende Unterlassungsklagen – unter den Gerichtsstand der unerlaubten Handlung zu fassen.[550] Das Gleiche gilt für **negative Feststellungsklagen** von angeblichen deliktischen Schädigern mit dem Antrag, festzustellen, dass gerade keine Haftung aus einer unerlaubten Handlung besteht; diese sind nach der jüngsten Rechtsprechung des EuGH ohne Weiteres von der Zuständigkeitsvorschrift des Art. 7 Nr. 2 umfasst.[551] **156**

b) Autonome Qualifikation

In den „Anfangsjahren" des EuGVÜ wurde jedenfalls in der deutschen Rechtsprechung vereinzelt noch die Position vertreten, der Begriff der „unerlaubten Handlung" im Sinne dieses Übereinkommens sei nach der jeweiligen **157**

---
[545] Zum Begriff der Haftpflichtversicherung im Sinne der EuGVVO vgl. die Kommentierung zu Art. 12 Rn. 7.
[546] S. die Kommentierung ebenda.
[547] S. oben Rn. 23.
[548] Vgl. nur Geimer/Schütze, EuZVR, 3. Aufl. 2010, Art. 5 EuGVVO a.F. Rn. 234; Rauscher/*Leible*, EuZPR, 4. Aufl. 2016, Art. 7 EuGVVO Rn. 114.
[549] S. bereits oben Rn. 97 sowie Rauscher/*Leible*, EuZPR, 4. Aufl. 2016, Art. 7 EuGVVO Rn. 115.
[550] EuGH, 1.10.2002 – Rs. C-167/00, *Verein für Konsumenteninformation ./. Henkel*, Slg. 2002, I-8111 (ECLI:EU:C:2002:555) = EuZW 2002, S. 657, Rn. 46, 48; EuGH, 5.2.2004 – Rs. C-18/02, *Danmarks Rederiforening, handelnd für DFDS Torline A/S ./. LO Landsorganisationen i Sverige, handelnd für SEKO Sjöfolk Facket för Service och Kommunikation*, Slg. 2004, I-1441 (ECLI:EU:C:2004:74), Rn. 27; näher hierzu etwa Kropholler/*von Hein*, EuZPR, 9. Aufl. 2011, Art. 5 EuGVVO a.F. Rn. 76 ff.
[551] EuGH, 25.10.2012 – Rs. C-133/11, *Folien Fischer AG u.a. ./. Ritrama S.p.A.*, ECLI:EU:C:2012:664 = EuZW 2012, S. 950, Rn. 55.

lex fori, d.h. dem im jeweiligen Gerichtsstaat anwendbaren Sachrecht, zu qualifizieren.[552] Der BGH hingegen nahm noch im Jahr 1986 den Standpunkt ein, das Vorliegen einer unerlaubten Handlung sei im Anwendungsbereich des EuGVÜ nach den Maßgaben des im Einzelfall anwendbaren Sachrechts, d.h. der jeweiligen *lex causae*, zu beurteilen.[553]

158 Der EuGH hat sich erstmals im Jahr 1988 in seiner sog. *Kalfelis*-Entscheidung[554] und in der Folge in ständiger Rechtsprechung[555] aus überzeugenden Gründen für eine **autonome** – d.h. aus dem Sinnzusammenhang der EuGVVO sowie des Unionsrechts insgesamt, nunmehr v.a. in Verbindung mit der Rom II-VO, heraus erfolgende – **Auslegung** des Begriffs der unerlaubten Handlung oder der dieser gleichgestellten Handlung ausgesprochen.[556] Dies folgert der Gerichtshof zum einen aus einer Parallelwertung zu Art. 7 Nr. 1; denn beide Gerichtsstände sollen möglichst klar voneinander getrennt werden und stehen bekanntlich in einem **Komplementärverhältnis** zueinander.[557] Zum anderen könne nur so sichergestellt werden, dass die EuGVVO in allen EU-Mitgliedstaaten einheitlich ausgelegt und angewandt wird sowie die Rechte und Pflichten der Bewohner unabhängig von der Wahl des Forums grds. gleich beurteilt werden.[558] Dem ist die deutsche Rechtsprechung gefolgt.[559]

c) Begriff der unerlaubten bzw. der dieser gleichgestellten Handlung

159 Nach der autonomen Definition des EuGH bezieht sich der Begriff der „unerlaubten Handlung" bzw. der dieser gleichgestellten Handlung im Sinne von Art. 7 Nr. 2 auf alle Klagen, mit denen eine (jedenfalls potentielle) **Schadenshaftung** geltend gemacht wird und die **nicht an einen „Vertrag"** im Sinne von Art. 7 Nr. 1[560] anknüpfen.[561] Hinsichtlich des Vorliegens einer Scha-

---

[552] Etwa KG, 27.6.1980 – 3 U 2335/79, VersR 1982, S. 499; OLG München, 17.9.1986 – 21 U 6128/85, RIW 1988, S. 647.
[553] BGH, 24.9.1986 – VIII ZR 320/85, NJW 1987, S. 592 (594) = BGHZ 98, 263; so auch *Schlosser*, IPRax 1984, S. 65 (66).
[554] EuGH, 27.9.1988 – Rs. 189/87, *Kalfelis ./. Schröder*, Slg. 1988, 5565 (ECLI:EU:C:1988:459), Rn. 16.
[555] Etwa EuGH, 17.9.2002 – Rs. C-334/00, *Fonderie Tacconi S.p.A. ./. HWS*, Slg. 2002, I-7357 (ECLI:EU:C:2002:499) = EuZW 2002, S. 655, Rn. 19 ff.; EuGH, 13.3.2014 – Rs. C-548/12, *Marc Brogsitter ./. Fabrication de Montres Normandes EURL u.a.*, ECLI:EU:C:2014:148 = NJW 2014, S. 1648, Rn. 18; zuletzt EuGH, 10.9.2015 – Rs. C-47/14, *Holterman Ferho Exploitatie u.a. ./. Spies von Büllesheim*, ECLI:EU:C:2015:574 = NZG 2015, S. 1199, Rn. 72.
[556] Berfürwortend auch z.B. *Geimer/Schütze*, EuZVR, 3. Aufl. 2010, Art. 5 EuGVVO a.F. Rn. 109; *Rauscher/Leible*, EuZPR, 4. Aufl. 2016, Art. 7 EuGVVO Rn. 18; *Kropholler/von Hein*, EuZPR, 9. Aufl. 2011, Art. 5 EuGVVO a.F. Rn. 72.
[557] EuGH, 27.9.1988 – Rs. 189/87, *Kalfelis ./. Schröder*, Slg. 1988, 5565 (ECLI:EU:C:1988:459), Rn. 17; EuGH, 13.3.2014 – Rs. C-548/12, *Marc Brogsitter ./. Fabrication de Montres Normandes EURL u.a.*, ECLI:EU:C:2014:148 = NJW 2014, S. 1648, Rn. 20.
[558] Vgl. etwa EuGH, 17.9.2002 – Rs. C-334/00, *Fonderie Tacconi S.p.A. ./. HWS*, Slg. 2002, I-7357 (ECLI:EU:C:2002:499) = EuZW 2002, S. 655, Rn. 20.
[559] Vgl. nur BGH, 28.11.2002 – III ZR 102/02, NJW 2003, S. 426 (428) = BGHZ 153, 82.
[560] Zum autonomen Begriff des Vertrags vgl. die obigen Ausführungen unter Rn. 22 ff.
[561] EuGH, 27.9.1988 – Rs. 189/87, *Kalfelis ./. Schröder*, Slg. 1988, 5565 (ECLI:EU:C:1988:459), Rn. 17; EuGH, 17.9.2002 – Rs. C-334/00, *Fonderie Tacconi S.p.A. ./. HWS*, Slg. 2002, I-7357 (ECLI:EU:C:2002:499) = EuZW 2002, S. 655, Rn. 21; EuGH, 13.3.2014 – Rs. C-548/12, *Marc Brogsitter ./. Fabrication de Montres Normandes EURL u.a.*, ECLI:EU:C:2014:148 = NJW 2014, S. 1648, Rn. 20; EuGH, 10.9.2015 – Rs. C-47/14, *Holterman Ferho Exploitatie u.a. ./. Spies von Büllesheim*, ECLI:EU:C:2015:574 = NZG 2015, S. 1199, Rn. 68.

denshaftung hat der Gerichtshof mehrfach betont, dass eine Haftung aus unerlaubter Handlung bzw. einer dieser gleichgestellten Handlung nur in Betracht komme, wenn ein **ursächlicher Zusammenhang** zwischen dem Schaden und dem ihm zu Grunde liegenden Ereignis feststellbar ist.[562] Gleichzeitig muss, wie sich aus dessen eindeutigem Wortlaut ergibt, für die Anwendbarkeit von Art. 7 Nr. 2 **kein tatsächlicher Schaden** vorliegen;[563] es genügt vielmehr, wenn dieser „einzutreten droht", was jedoch wiederum vom jeweiligen Kläger schlüssig durch konkrete Anhaltspunkte darzulegen ist.[564]

Die Gerichtsstände des Art. 7 Nr. 1 und Art. 7 Nr. 2 schließen sich demnach **160** gegenseitig aus, wobei im Verhältnis dieser Gerichtsstände zueinander Art. 7 Nr. 2 nach der Diktion des EuGH (in Bezug auf Schadensersatzansprüche) als Auffangtatbestand fungiert.[565] Wegen des Auslegungszusammenhangs zwischen der EuGVVO und der Rom I- sowie der Rom II-VO[566] kann bei der Abgrenzung zwischen Art. 7 Nr. 1 und Art. 7 Nr. 2 auch – wenn nicht im Einzelfall spezifisch prozessrechtliche Erwägungen entgegenstehen – auf die zur Abgrenzung zwischen dem sachlichen Anwendungsbereich der Rom I- und der Rom II-VO entwickelten Auslegungsgrundsätze sowie die hierzu ergangene Rechtsprechung zurückgegriffen werden.[567]

Der **systematische Regelungsstandort** von im konkreten Einzelfall an **161** Art. 7 Nr. 2 zu messenden nationalen Anspruchsgrundlagen[568] innerhalb des jeweils anwendbaren nationalen Rechts ist dabei naturgemäß gleichgültig.[569] Vor diesem Hintergrund ist erneut auf die ***Brogsitter*-Entscheidung** des EuGH[570] hinzuweisen. Dort hat der EuGH entschieden, dass selbst Ansprüche, die nach nationalem Recht als außervertraglich – etwa deliktisch (im konkreten Fall ging es um § 823 Abs. 2 BGB) – ausgestaltet sind, dennoch dem Vertragsgerichtsstand in Art. 7 Nr. 1 unterfallen, wenn das anspruchsbegründende Ver-

---

[562] EuGH, 30.11.1976 – Rs. 21/76, *Bier ./. Mines de Potasse d'Alsace*, Slg. 1976, 1735 (ECLI:EU:C:1976:166), Rn. 16; EuGH, 5.2.2004 – Rs. C-18/02, *Danmarks Rederiforening, handelnd für DFDS Torline A/S ./. LO Landsorganisationen i Sverige, handelnd für SEKO Sjöfolk Facket för Service och Kommunikation*, Slg. 2004, I-1441 (ECLI:EU:C:2004:74), Rn. 32; EuGH, 16.7.2009 – Rs. C-189/08, *Zuid-Chemie BV ./. Philippo's Mineralenfabriek NV/SA*, Slg. 2009, I-6919 (ECLI:EU:C:2009:475), Rn. 28.
[563] EuGH, 5.2.2004 – Rs. C-18/02, *Danmarks Rederiforening, handelnd für DFDS Torline A/S ./. LO Landsorganisationen i Sverige, handelnd für SEKO Sjöfolk Facket för Service och Kommunikation*, Slg. 2004, I-1441 (ECLI:EU:C:2004:74), Rn. 27; s. bereits oben Rn. 156 und 159 sowie Rauscher/*Leible*, EuZPR, 4. Aufl. 2016, Art. 7 EuGVVO Rn. 115.
[564] *Kropholler/von Hein*, EuZPR, 9. Aufl. 2011, Art. 5 EuGVVO a.F. Rn. 76; Rauscher/*Leible*, EuZPR, 4. Aufl. 2016, Art. 7 EuGVVO Rn. 115.
[565] Denn zunächst ist stets das Vorliegen eines Vertrages anzuprüfen, vgl. *Kropholler/von Hein*, EuZPR, 9. Aufl. 2011, Art. 5 EuGVVO a.F. Rn. 72.
[566] Vgl. hierzu oben Vorb. Art. 7 ff. Rn. 8 f. sowie etwa *Würdinger*, RabelsZ 75 (2011), S. 102 (105 ff.); *D.Paulus*, Außervertragliche Gesellschafter- und Organwalterhaftung im Lichte des Unionskollisionsrechts, 2014, Rn. 351.
[567] So auch *Kropholler/von Hein*, EuZPR, 9. Aufl. 2011, Art. 5 EuGVVO a.F. Rn. 72.
[568] Vgl. *Schlosser*/Hess, EuZPR, 4. Aufl. 2015, Art. 7 EuGVVO Rn. 13.
[569] EuGH, 10.9.2015 – Rs. C-47/14, *Holterman Ferho Exploitatie u.a. ./. Spies von Büllesheim*, ECLI:EU:C:2015:574 = NZG 2015, S. 1199, Rn. 79; EuGH, 13.3.2014 – Rs. C-548/12, *Marc Brogsitter ./. Fabrication de Montres Normandes EURL u.a.*, ECLI:EU:C:2014:148 = NJW 2014, S. 1648, Rn. 21.
[570] EuGH, 13.3.2014 – Rs. C-548/12, *Marc Brogsitter ./. Fabrication de Montres Normandes EURL u.a.*, ECLI:EU:C:2014:148 = NJW 2014, S. 1648.

halten als Verstoß gegen vertragliche Verpflichtungen im Sinne der EuGVVO angesehen werden kann. Das wiederum sei v.a. dann der Fall, wenn eine Auslegung des Vertrags zur Feststellung der Rechtswidrigkeit dieses Verhaltens „unerlässlich erscheint".[571] Diese Rechtsprechung dürfte insgesamt zu einer Ausweitung des Anwendungsbereichs des Vertragsgerichtsstands in Art. 7 Nr. 1 auf Kosten von Art. 7 Nr. 2 führen.

d) Culpa in Contrahendo

162 Die Frage, unter welchen der Gerichtsstände des Art. 7 Ansprüche aus – nach deutschem Verständnis[572] – Verschulden bei Vertragsverhandlungen bzw. *culpa in contrahendo (cic)* fallen, war **lange Zeit umstritten** und wird auch weiterhin bisweilen uneinheitlich beurteilt. So wollen einige Stimmen in der deutschen Literatur für die Beurteilung danach differenzieren, ob im Einzelfall Ersatz für die Verletzung von Aufklärungs- und Beratungspflichten verlangt wird bzw. das Vertragsinteresse berührt ist (dann Einordnung unter Art. 7 Nr. 1) oder Ersatz für die Verletzung deliktsähnlicher Obhuts- und Erhaltungspflichten bzw. das allgemeine Integritätsinteresse berührt ist (dann Einordnung unter Art. 7 Nr. 2).[573]

163 Der EuGH erhielt erstmals im Jahr 2000 – in der 2002 entschiedenen **Rechtssache *Tacconi*[574]** – Gelegenheit, sich zu diesem Problemkreis zu äußern; dort ging es um einen u.U. treuwidrigen **Abbruch von Vertragsverhandlungen**. Vor dem Hintergrund seiner autonomen Definition des Vertrages als „von einer Partei gegenüber einer anderen freiwillig eingegangener Verpflichtung"[575] folgerichtig und sehr formaljuristisch entschied der EuGH, dass auch derartige Ansprüche aus *cic* unter Art. 7 Nr. 2 zu fassen seien; denn bei einem – selbst treuwidrigen – Abbruch von Vertragsverhandlungen fehle es mangels Vertragsschlusses gerade an einer von einer Partei gegenüber einer anderen freiwillig eingegangenen Verpflichtung.[576] Der Gerichtshof stellt also unabhängig von dem im Einzelfall berührten Interesse lediglich darauf ab, ob eine „freiwillig eingegangene Verpflichtung" im Sinne von Art. 7 Nr. 1 vorliegt oder nicht.

164 Damit sind aus deutscher Sicht grds. nur diejenigen Fallgruppen der *cic* unter **Art. 7 Nr. 1** zu fassen, die eine Haftung für **unerwünschte bzw. nicht erwartungsgerechte Verträge** oder die Verletzung des Integritätsinteresses im Umfeld von tatsächlich abgeschlossenen Verträgen betreffen.[577] Allerdings dürf-

---

[571] EuGH, 13.3.2014 – Rs. C-548/12, *Marc Brogsitter ./. Fabrication de Montres Normandes EURL u.a.*, ECLI:EU:C:2014:148 = NJW 2014, S. 1648, Rn. 25.
[572] D.h. Ansprüche aus §§ 280 Abs. 1, 311 Abs. 2, 241 Abs. 2 BGB.
[573] So etwa *Schack*, IZVR, 6. Aufl. 2014, Rn. 293; MünchKomm/*Gottwald*, ZPO, 4. Aufl. 2013, Art. 5 EuGVVO a.F. Rn. 74; *Kropholler/von Hein*, EuZPR, 9. Aufl. 2011, Art. 5 EuGVVO a.F. Rn. 75; vgl. auch *D.Paulus*, Außervertragliche Gesellschafter- und Organwalterhaftung im Lichte des Unionskollisionsrechts, 2014, Rn. 308 ff.
[574] EuGH, 17.9.2002 – Rs. C-334/00, *Fonderie Tacconi S.p.A. ./. HWS*, Slg. 2002, I-7357 (ECLI:EU:C:2002:499) = EuZW 2002, S. 655.
[575] Vgl. hierzu ausführlich oben Rn. 29 ff.
[576] EuGH, 17.9.2002 – Rs. C-334/00, *Fonderie Tacconi S.p.A. ./. HWS*, Slg. 2002, I-7357 (ECLI:EU:C:2002:499) = EuZW 2002, S. 655, Rn. 24 ff.
[577] *Schack*, IZVR, 6. Aufl. 2014, Rn. 293; Rauscher/*Leible*, EuZPR, 4. Aufl. 2016, Art. 7 EuGVVO Rn. 30; *Schlosser*/Hess, EuZPR, 4. Aufl. 2015, Art. 7 EuGVVO Rn. 5; vgl. OLG Koblenz, 26.5.2008 – 12 U 17171/05, IPRax 2009, S. 151.

ten die Fälle einer treuwidrigen Verhinderung eines gerade *wirksamen* Vertragsschlusses – etwa bei bewusster Täuschung über eine an sich notwendige Formbedürftigkeit – ebenfalls unter Art. 7 Nr. 1 zu fassen sein, kommt es doch für Art. 7 Nr. 1 nicht entscheidend auf die Wirksamkeit eines Vertrages an.[578] Das Gleiche gilt im Übrigen, wenn zwar noch kein Hauptvertrag abgeschlossen wurde, aber im Einzelfall behauptet wird, man habe sich bereits im Wege eines *letter of intent* oder eines Vorvertrages gebunden.[579] Alle übrigen Fälle – etwa bei reiner Verletzung des Integritätsinteresses ohne Vertragsschluss oder eben treuwidrigem Abbruch von Vertragsverhandlungen – sind nach h.M. hingegen stets unter Art. 7 Nr. 2 zu fassen.[580]

Dieser Rechtsansicht ist der **europäische Gesetzgeber** bei Schaffung der Rom II-VO gefolgt, indem er Ansprüche aus Verschulden bei Vertragsverhandlungen grds. als außervertraglich im Sinne des Unionsrechts und damit in die Rom II-VO eingeordnet hat, vgl. Art. 2 Abs. 1 Rom II-VO i.V.m. deren Erwgr. 30.[581] Daran ändert auch die Regelung in **Art. 12 Abs. 1 Rom II-VO** nichts, die für die das Vertragsinteresse betreffenden Fallgruppen der *cic* eine (hypothetisch) vertrags*akzessorische* Anknüpfung vorschreibt, „unabhängig davon, ob der Vertrag tatsächlich geschlossen wurde oder nicht"; denn diese Regelung ändert nichts an der dennoch grds. außervertraglichen Qualifikation derartiger Ansprüche und betrifft zudem nur das anwendbare Recht.[582] 165

e) Prüfung der Zuständigkeitstatsachen

Ein grundsätzliches Problem jeder Zuständigkeitsprüfung liegt (gerade) bei den besonderen Gerichtsständen darin, dass einerseits die Bestimmung der Zuständigkeit zum Teil komplexe gerichtliche Recherche und Rechtsanwendung erfordert, andererseits aber die Zuständigkeitsprüfung nicht durch intensive materielle Prüfungen überfrachtet werden soll. Zudem ist das Vorliegen einer unerlaubten Handlung bzw. einer dieser gleichgestellten Handlung eine sog. **doppelrelevante Tatsache**, d.h. es ist sowohl für die Zulässigkeits- als auch für die Begründetheitsprüfung von Bedeutung.[583] 166

Der EuGH löst diese Problematik – wie die h.M.[584] in Deutschland im autonomen Anwendungsbereich der ZPO auch – dahingehend, dass das mit einem Rechtsstreit betraute Gericht grds. alleine **anhand des von dem jeweiligen Kläger unterbreiteten Sachvortrages** prüfen soll, ob der Anwen- 167

---
[578] S. oben Rn. 33.
[579] Vgl. Rauscher/*Leible*, EuZPR, 4. Aufl. 2016, Art. 7 EuGVVO Rn. 32 sowie Cour de Cassation, Rev.crit. 1993, S. 692.
[580] EuGH, 17.9.2002 – Rs. C-334/00, *Fonderie Tacconi S.p.A. ./. HWS*, Slg. 2002, I-7357 (ECLI:EU:C:2002:499) = EuZW 2002, S. 655, Rn. 27; Rauscher/*Leible*, EuZPR, 4. Aufl. 2016, Art. 7 EuGVVO Rn. 30, 111 m.w.N.
[581] Rauscher/*Leible*, EuZPR, 4. Aufl. 2016, Art. 7 EuGVVO Rn. 30; *Kropholler/von Hein*, EuZPR, 9. Aufl. 2011, Art. 5 EuGVVO a.F. Rn. 18; *Schack*, IZVR, 6. Aufl. 2014, Rn. 293; differenzierend Wieczorek/Schütze/*Hausmann*, 4. Aufl. 2013, Art. 5 EuGVVO a.F. Rn. 8, 50.
[582] Vgl. MünchKomm/*Junker*, BGB, 6. Aufl. 2015, Art. 12 Rom II-VO Rn. 2 f.
[583] Rauscher/*Leible*, EuZPR, 4. Aufl. 2016, Art. 7 EuGVVO Rn. 106.
[584] Vgl. etwa *Ost*, Doppelrelevante Tatsachen im Internationalen Zivilverfahrensrecht, 2002, S. 222 f.; *Rosenberg/Schwab/Gottwald*, Zivilprozessrecht, 17. Aufl. 2010, § 31 Rn. 28; Musielak/Voit/*Heinrich*, ZPO, 12. Auflage 2015, § 1 Rn. 20.

dungsbereich des Art. 7 (Nr. 2) im Einzelfall eröffnet ist oder nicht.[585] Bei schlüssiger Behauptung des Vorliegens einer unerlaubten Handlung (etc.) im Sinne von Art. 7 Nr. 2 im jeweiligen Gerichtsbezirk findet daher aus prozessökonomischen Gründen eine Überprüfung dieser Behauptung erst im Rahmen der Prüfung der Begründetheit statt.[586] Wie ein Gericht bei Zweifeln an seiner Zuständigkeit vorzugehen hat, bestimmt sich dabei nach der *lex fori*.[587] Vor deutschen Gerichten findet eine Prüfung von Amts wegen statt, bei der das Gericht dem Kläger gegebenenfalls aufgeben kann, Zweifel an der eigenen Zuständigkeit auszuräumen. Zu weiteren Einzelheiten vgl. die Ausführungen oben Rn. 34 ff.[588]

f) Von Art. 7 Nr. 2 erfasste Streitigkeiten

168 Der EuGH hat mehrfach betont, dass (nur) der Begriff des schädigenden Ereignisses im Sinne von Art. 7 Nr. 2 weit zu verstehen sei.[589] Wegen der oben Rn. 159 bis 161 dargestellten Einschränkungen kann daraus nicht pauschal geschlussfolgert werden, dass – wie bisweilen angenommen wird[590] – der Anwendungsbereich von Art. 7 Nr. 2 insgesamt (sehr) weit sei;[591] ganz im Gegenteil ist es eher der komplementäre Vertragsgerichtsstand gem. Art. 7 Nr. 1, der weit zu verstehen ist.[592]

169 Der Gerichtsstand der unerlaubten Handlung ist **insbesondere** für folgende Ansprüche und Rechtsstreitigkeiten eröffnet:[593]

170 Allgemein gesprochen betrifft Art. 7 Nr. 2 „klassischerweise" **schuldhafte außervertragliche Rechtsverletzungen.** Neben „herkömmlichen" deliktischen Verletzungshandlungen im Sinne von im deutschen Recht z.B. § 823 Abs. 1 BGB[594] wie etwa Verletzungen im Rahmen einer Prügelei bzw. eines Raubes fallen darunter z.B. Ansprüche aus Unfällen aller Art, insbesondere aus

---

[585] Vgl. auch EuGH, 28.1.2015 – Rs. C-375/13, *Kolassa* ./. *Barclays Bank plc.*, ECLI:EU:C:2015:37 = EuZW 2015, S. 218, Rn. 58 ff.
[586] BGH, 13.10.2004 – I ZR 163/02, NJW 2005, S. 1435; Rauscher/*Leible*, EuZPR, 4. Aufl. 2016, Art. 7 EuGVVO Rn. 106; MünchKomm/*Gottwald*, ZPO, 4. Aufl. 2013, Art. 5 EuGVVO a.F. Rn. 75; *Spellenberg*, ZZP 91 (1978), S. 58 (77).
[587] *Kropholler/von Hein*, EuZPR, 9. Aufl. 2011, Art. 5 EuGVVO a.F. Rn. 94; Wieczorek/Schütze/*Hausmann*, 4. Aufl. 2013, Art. 5 EuGVVO a.F. Rn. 64.
[588] Zur Problematik von Immaterialgüterrechts- und Wettbewerbsverstößen im Internet vgl. Rauscher/*Leible*, EuZPR, 4. Aufl. 2016, Art. 7 EuGVVO Rn. 107.
[589] Etwa EuGH, 1.10.2002 – Rs. C-167/00, *Verein für Konsumenteninformation* ./. *Henkel*, Slg. 2002, I-8111 (ECLI:EU:C:2002:555) = EuZW 2002, S. 657, Rn. 42; EuGH, 30.11.1976 – Rs. 21/76, *Bier* ./. *Mines de Potasse d'Alsace*, Slg. 1976, 1735 (ECLI:EU:C:1976:166), Rn. 18; vgl. Schlosser/*Hess*, EuZPR, 4. Aufl. 2015, Art. 7 EuGVVO a.F. Rn. 13.
[590] So z.B. noch *Geimer*/Schütze, EuZVR, 3. Aufl. 2010, Art. 5 EuGVVO a.F. Rn. 207.
[591] Der EuGH selbst spricht von einer engen Auslegung von Art. 7 Nr. 2 (allerdings freilich i.V. zu Art. 4 Abs. 1), zuletzt EuGH, 28.1.2015 – Rs. C-375/13, *Kolassa* ./. *Barclays Bank plc*, ECLI:EU:C:2015:37 = EuZW 2015, S. 218, Rn. 43 sowie EuGH, 5.6.2014 – Rs. C-360/12, *Coty Germany GmbH* ./. *First Note Perfumes NV*, ECLI:EU:C:2014:1318 = EuZW 2014, S. 664, Rn. 43 ff.
[592] S. auch *Schack*, IZVR, 6. Aufl. 2014, Rn. 293.
[593] Vgl. auch die Aufzählung bei Rauscher/*Leible*, EuZPR, 4. Aufl. 2016, Art. 7 EuGVVO Rn. 110 ff.; *Geimer*/Schütze, EuZVR, 3. Aufl. 2010, Art. 5 EuGVVO a.F. Rn. 74 ff.; Schlosser/*Hess*, EuZPR, 4. Aufl. 2015, Art. 7 EuGVVO Rn. 13.
[594] EuGH, 19.9.1995 – Rs. C-364/93, *Marinari* ./. *Lloyds Bank*, Slg. 1995, I-2719 (ECLI:EU:C:1995:289), Rn. 16.

Text + Erläuterungen　　　　　　　　　　　　　　　Art. 7　**B Vor I** 7

Straßenverkehrsunfällen,[595] wegen Transportschäden,[596] aus Arzt-[597] oder Produkthaftung,[598] aus einer sog. *action directe* im Sinne des französischen Rechts,[599] aus Umweltschädigungen,[600] aus der – gerade nicht unter Art. 24 Nr. 4 zu fassenden[601] – Verletzung von Immaterialgüterrechten[602] wie z.b. Patenten,[603] Urheberrechten[604] oder Kennzeichen[605] bzw. aus der Verletzung des allgemeinen Persönlichkeitsrechts[606] (einschließlich des Anspruchs auf Gegendarstellung),[607] aus unlauterem Wettbewerb[608] sowie aus Kartellverstößen.[609] Auf die **Art der Verbreitung** des jeweiligen Delikts kommt es dabei jeweils nicht an, so dass z.b. auch Schadensersatzansprüche wegen Persönlichkeitsverletzungen über das Internet im Forum des Art. 7 Nr. 2 eingeklagt werden können.[610]

Auch Ansprüche aus Schadenshaftung im **öffentlich-rechtlichen Bereich** 171 (etwa bei Verstößen gegen ein Lebensmittelgesetz,[611] das Bundesimmissionsschutzgesetz oder das Baugesetzbuch etc.) fallen in den Grenzen des Art. 1 unter den Gerichtsstand des Art. 7 Nr. 2, ebenso Schadensersatzansprüche im Rahmen einer **Kapitalanlage**,[612] etwa bei der Klage eines Investors gegen den mit ihm nicht vertraglich verbundenen Emittenten einer Inhaberschuldverschreibung aus Prospekthaftung bzw. wegen Verletzung sonstiger ihm obliegender Informationspflichten,[613] und bei der Zurückhaltung von **Insiderinformationen** sowie fehlerhaften *ad-hoc*-Mitteilungen im Sinne von § 15 Abs. 1 WpHG.[614] Das Gleiche gilt für Unterlassungsansprüche von Verbraucherschutzverbänden.[615]

---

[595] Vgl. bereits – zur EuGVÜ – den *Jenard*-Bericht, 1979, S. 26; Rauscher/*Leible*, EuZPR, 4. Aufl. 2016, Art. 7 EuGVVO Rn. 110.
[596] EuGH, 27.10.1998 – Rs. C-51/97, *Reunion europeenne ./. Spiethoff's Bevrachtingskantoor*, Slg. 1998, I-6511 (ECLI:EU:C:1998:509).
[597] BGH, 27.5.2008 – VI ZR 69/07, NJW 2008, S. 2344 = BGHZ 176, 342.
[598] Vgl. EuGH, 16.1.2014 – Rs. C-45/13, *Andreas Kainz ./. Pantherwerke AG*, ECLI:EU:C:2014:7 = NJW 2014, S. 1166.
[599] S. bereits oben Rn. 21 und 42 sowie allgemein zur französischen *action directe* etwa *Gebauer*, IPRax 2001, S. 471 (472).
[600] Vgl. EuGH, 30.11.1976 – Rs. 21/76, *Bier ./. Mines de Potasse d'Alsace*, Slg. 1976, 1735 (ECLI:EU:C:1976:166).
[601] Vgl. die Kommentierung zu Art. 24 Rn. 119.
[602] Vgl. BGH, 17.3.1994 – I ZR 304/91, RIW 1994, S. 591; *Kiethe*, NJW 1994, S. 222 (223).
[603] OLG Düsseldorf, 5.5.2011 – I-2 U 9/10, BeckRS 2011, 20946; OLG Düsseldorf, 22.7.1999 – 2 U 127/98, IPRax 2001, S. 336 mit Anm. *Otte*, S. 315, wonach Art. 7 Nr. 2 nur auf die Verletzung der im Gerichtsstaat angemeldeten Patente beschränkt sei; *Stauder*, GRUR Int 1976, S. 473.
[604] BGH, 15.2.2007 – I ZR 114/04, *Wagenfeld-Leuchte*, GRUR 2007, S. 871 = BGHZ 171, 151.
[605] KG, 7.11.2000 – 5 U 6923/99, GRUR Int 2002, S. 327 = RIW 2001, 611.
[606] EuGH, 7.3.1995 – Rs. C-68/93, *Shevill ./. Presse Alliance*, Slg. 1995, I-415 (ECLI:EU:C:1995:61); anders die Rom II-VO, vgl. deren Art. 1 Abs. 2 lit. g.
[607] *Geimer*/Schütze, EuZVR, 3. Aufl. 2010, Art. 5 EuGVVO a.F. Rn. 231; Rauscher/*Leible*, EuZPR, 4. Aufl. 2016, Art. 7 EuGVVO Rn. 110.
[608] BGH, 12.12.2013 – I ZR 131/12, GRUR 2014, S. 601; BGH, 30.3.2006 – I ZR 24/03, GRUR 2006, S. 513 = BGHRS 167, 91; BGH, 11.2.1988 – I ZR 201/86, NJW 1988, S. 1466; OLG München, 17.9.1986 – 21 U 6128/85, RIW 1988, S. 647.
[609] BGH, 29.1.2013 – KZR 8/10, GRUR-RR 2013, S. 228.
[610] Rauscher/*Leible*, EuZPR, 4. Aufl. 2016, Art. 7 EuGVVO Rn. 110.
[611] BGH, 24.9.1986 – VIII ZR 320/85, BGHZ 98, 263.
[612] BGH, 13.7.2010 – XI ZR 28/09, RIW 2010, S. 723.
[613] EuGH, 28.1.2015 – Rs. C-375/13, *Kolassa ./. Barclays Bank plc*, ECLI:EU:C:2015:37 = EuZW 2015, S. 218, Rn. 57.
[614] OLG Frankfurt a.M., 5.8.2010 – 21 AR 50/10, NZG 2011, S. 32.
[615] EuGH, 1.10.2002 – Rs. C-167/00, *Verein für Konsumenteninformation ./. Henkel*, Slg. 2002, I-8111 (ECLI:EU:C:2002:555) = EuZW 2002, S. 657.

172 Ansprüche aufgrund der Verletzung von **Schutzgesetzen** können ebenfalls unter Art 7 Nr. 2 fallen.[616] Rekurriert ein Schutzgesetz indes, wie im der jüngsten *Brogsitter*-Entscheidung des EuGH zugrunde liegenden Sachverhalt,[617] auf zwischen (gerade) den Parteien bestehende vertraglich begründete Pflichten, so ist der nach nationalem Recht u.U. deliktisch ausgestaltete Anspruch im Sinne der EuGVVO dennoch als vertraglicher Anspruch einzustufen und unterfällt daher Art. 7 Nr. 1.[618]

173 Im Gerichtsstand des Art. 7 Nr. 2 sind grds. auch Ansprüche aus **vorsätzlicher sittenwidriger Schädigung**[619] sowie Ansprüche *Dritter*[620] gegen Gesellschafter von juristischen Personen bzw. rechtsfähigen Personengesellschaften einklagbar. Neben der Außenhaftung von Personengesellschaftern gem. **§§ 128** (§ 161 Abs. 2) **HGB** (analog)[621] etc. betrifft dies insbesondere Ansprüche z.b. aufgrund von Insolvenzverschleppung[622] bzw. aus **Durchgriffshaftung** wegen materieller Unterkapitalisierung[623] oder missbräuchlicher Verwendung dieser Rechtsfigur.[624] Dies gilt jedoch nur, soweit diese Ansprüche nicht im Einzelfall am wegen Art. 1 Abs. 2 lit. b vorrangigen Insolvenzgerichtsstand gem. bzw. analog Art. 3 Abs. 1 EuInsVO geltend zu machen sind.[625] Insofern ist etwa bei der vorgenannten **Insolvenzverschleppungshaftung** danach zu differenzieren, ob die entsprechende Klage in einem engen Zusammenhang mit einem Insolvenzverfahren geltend gemacht wird (dann: Insolvenzgerichtsstand) oder nicht.[626] Auch Ansprüche aus **Konzernaußenhaftung** unterfallen im Regelfall Art. 7 Nr. 2, da die Erstre-

---

[616] BGH, 24.9.1986 – VIII ZR 320/85, BGHZ 98, 263; *Kiethe*, NJW 1994, S. 222 (223).
[617] EuGH, 13.3.2014 – Rs. C-548/12, *Marc Brogsitter ./. Fabrication de Montres Normandes EURL u.a.*, ECLI:EU:C:2014:148 = NJW 2014, S. 1648.
[618] EuGH, 13.3.2014 – Rs. C-548/12, *Marc Brogsitter ./. Fabrication de Montres Normandes EURL u.a.*, ECLI:EU:C:2014:148 = NJW 2014, S. 1648, Rn. 29.
[619] *Geimer*/Schütze, EuZVR, 3. Aufl. 2010, Art. 5 EuGVVO a.F. Rn. 214; zur insolvenzrechtlichen Qualifikation etwa der Existenzvernichtungshaftung s. die Ausführungen oben Rn. 38 sowie sogleich Rn. 174.
[620] Daran ändert auch die *Brogsitter*-Entscheidung des EuGH nichts, wonach selbst Ansprüche, die nach nationalem Recht als außervertraglich – etwa deliktisch – ausgestaltet sind, dennoch dem Vertragsgerichtsstand des Art. 7 Nr. 1 unterfallen können, wenn nur das anspruchsbegründende Verhalten als Verstoß gegen vertragliche Verpflichtungen angesehen werden kann und eine Auslegung des Vertrags zu dessen Beurteilung „unerlässlich erscheint". Denn nach hier vertretener Meinung (vgl. bereits Rn. 17 und 38) betrifft dies nur Ansprüche gerade zwischen den jeweiligen Vertragsparteien selbst und gilt daher nicht für eine Gesellschafterhaftung z.B. gegenüber Dritten wie im Falle einer Durchgriffshaftung.
[621] Umstritten; s. ausführlich oben Rn. 17 ff. Wie hier auch Rauscher/*Leible*, EuZPR, 4. Aufl. 2016, Art. 7 EuGVVO Rn. 11 sowie OLG Naumburg, 24.8.2000 – 7 U (Hs) 3/00, NZG 2003, S. 1218; **a. A.** etwa BGH, 2.6.2003 – II ZR 134/02, NJW 2003, S. 2609; *Geimer*/Schütze, EuZVR, 3. Aufl. 2010, Art. 5 EuGVVO a.F. Rn. 73; *Kropholler/von Hein*, EuZPR, 9. Aufl. 2011, Art. 5 EuGVVO a.F. Rn. 13; *Schlosser*/Hess, EuZPR, 4. Aufl. 2015, Art. 7 EuGVVO Rn. 6; *Weber*, Gesellschaftsrecht und Gläubigerschutz im Internationalen Zivilverfahrensrecht, 2011, S. 259 ff., 308 f.
[622] EuGH, 18.7.2013 – Rs. C-147/12, *ÖFAB ./. Frank Koot u.a.*, ECLI:EU:C:2013:490 = EuZW 2013, S. 703, Rn. 22 ff.
[623] OLG Köln, 14.5.2004 – 16 W 11/04, NZG 2004, S. 1009; Rauscher/*Leible*, EuZPR, 4. Aufl. 2016, Art. 7 EuGVVO Rn. 110.
[624] Vgl. dazu näher bereits oben Rn. 38.
[625] Vgl. etwa *Paulus*, EuInsVO, 4. Aufl. 2013, Art. 25 EuInsVO Rn. 23; Rauscher/*Mankowski*, EuZPR, 4. Aufl. 2016, Art. 1 EuGVVO Rn. 64; vgl. auch EuGH, 19.4.2012 – Rs. C-213/10, *F-Tex SIA ./. Lietuvos-Anglijos UAB „Jadecloud-Vilma"*, ECLI:EU:C:2012:215 = EuZW 2012, S. 427.
[626] EuGH, 18.7.2013 – Rs. C-147/12, *ÖFAB ./. Frank Koot u.a.*, ECLI:EU:C:2013:490 = EuZW 2013, S. 703, Rn. 25.

ckung der Haftung gegenüber den Gläubigern der beherrschten Gesellschaft gesetzlicher Natur ist.[627] Haftungsklagen zwischen einer Gesellschaft und ihren **Geschäftsleitern** bzw. **Gesellschaftern** etc. dürften hingegen im Regelfall im Lichte der *Brogsitter*-Entscheidung des EuGH[628] umfassend dem Vertragsgerichtsstand unterfallen.[629] Auch dies gilt wiederum nicht, wenn die entsprechende Anspruchsgrundlage – was *in praxi* häufig der Fall sein wird – gem. Art. 4 Abs. 1 EuInsVO (bzw. künftig Art. 7 Abs. 1 EuInsVO n.F.) insolvenzrechtlich zu qualifizieren und insofern gem. bzw. analog Art. 3 Abs. 1 EuInsVO eine **insolvenzrechtliche Zuständigkeit** begründet ist, was gem. Art. 1 Abs. 2 lit. b dann eine Anwendbarkeit von Art. 7 Nr. 1 ausschließt.[630] So hat der EuGH z.B. jüngst entschieden, dass eine Klage auf **Geschäftsleiterhaftung wegen Masseschmälerung** bei Verstoß gegen vorinsolvenzliche Zahlungsverbote nach deutschem Recht (§ 64 Satz 1 GmbHG), die nach der jüngsten Rechtsprechung des EuGH insolvenzrechtlich zu qualifizieren ist,[631] wegen dessen *vis attractiva concursus*[632] grds. nur am Insolvenzgerichtsstand des Art. 3 Abs. 1 EuInsVO geltend zu machen ist.[633] Das Gleiche sollte folgerichtig auch für die Existenzvernichtungshaftung gelten.[634]

Nichtvertraglicher Art sind zudem, da Art. 7 Nr. 2 lediglich einen Schaden und **kein Verschulden voraussetzt**,[635] Ansprüche aus **Gefährdungshaftung**[636] sowie Ansprüche aus Verantwortlichkeit für einen bestimmten Zustand[637] (beispielsweise eine Kfz-Halterhaftung oder eine Haftung für Tiere bzw. Gebäude). Selbst Ansprüche von **Verwertungsgesellschaften** gegen z.B. Gerätehändler oder Importeure auf urheberrechtliche Vergütung bei Verkauf von Geräten oder Speichermedien, die die Anfertigung von Privatkopien urheberrechtlich geschützter Werke ermöglicht, könne unter den Gerichtsstand der unerlaubten Handlung fal-

---

[627] So auch OLG Frankfurt, 9.9.1999 – 4 U 13/99, IPRax 2000, S. 525; OLG Düsseldorf, 26.10.1995, IPRax 1998, S. 219; Zimmer IPRax 1998, S. 187; *Haubold*, IPRax 2000, S. 381; *Schlosser*, EuZPR, 3. Aufl. 2010, Art. 5 EuGVVO a.F. Rn. 3a; **a. A.** wiederum *Martiny*, FS Geimer, 2002, S. 641 (665); *Kulms*, IPRax 2000, S. 488; *Geimer*/Schütze, EuZVR, 3. Aufl. 2010, Art. 5 EuGVVO a.F. Rn. 33; *Rauscher/Leible*, EuZPR, 4. Aufl. 2016, Art. 7 EuGVVO Rn. 26: nur Ansprüche aus Durchgriffshaftung bei Existenz eines Beherrschungs- und Gewinnabführungsvertrages.
[628] EuGH, 13.3.2014 – Rs. C-548/12, *Marc Brogsitter ./. Fabrication de Montres Normandes EURL u.a.*, ECLI:EU:C:2014:148 = NJW 2014, S. 1648.
[629] Vgl. hierzu oben Rn. 38.
[630] Vgl. etwa *C.Paulus*, EuInsVO, 4. Aufl. 2013, Art. 25 EuInsVO Rn. 23; Rauscher/*Mankowski*, EuZPR, 4. Aufl. 2016, Art. 1 EuGVVO Rn. 64; vgl. auch EuGH, 19.4.2012 – Rs. C-213/10, *F-Tex SIA ./. Lietuvos-Anglijos UAB "Jadecloud-Vilma"*, ECLI:EU:C:2012:215 = EuZW 2012, S. 427.
[631] EuGH, 10.12.2015 – Rs. C-594/14, *Kornhaas ./. Dithmar*, ECLI:EU:C:2015:806 = NJW 2016, S. 223 (m. Anm. *Kindler*, EuZW 2016, S. 136).
[632] Vgl. *Kindler*, EuZW 2015, S. 143.
[633] EuGH, 4.12.2014 – Rs. C-295/13, *H. als Insolvenzverwalter über das Vermögen der G. T. GmbH ./. K.*, ECLI:EU:C:2014:2410 = EuZW 2015, S. 141 (m. Anm. *Kindler*, 143); so auch bereits *C.Paulus*, EuInsVO, 4. Aufl. 2013, Art. 25 EuInsVO Rn. 23.
[634] S. nur *C.Paulus*, EuInsVO, 4. Aufl. 2013, Art. 25 EuInsVO Rn. 23; *Weller*, ZIP 2009, S. 2029; *Kindler*, EuZW 2015, S. 143 (144); vgl. auch *D.Paulus*, Außervertragliche Gesellschafter- und Organwalterhaftung im Lichte des Unionskollisionsrechts, 2014, Rn. 487 ff., 505 ff.; **a. e.** etwa Rauscher/*Leible*, EuZPR, 4. Aufl. 2016, Art. 7 EuGVVO Rn. 10.
[635] Vgl. *Geimer*/Schütze, EuZVR, 3. Aufl. 2010, Art. 5 EuGVVO a.F. Rn. 215.
[636] OGH, 19.1.2012 – 2 Ob 210/11p, IPRax 2013, S. 364; Rauscher/*Leible*, EuZPR, 4. Aufl. 2016, Art. 7 EuGVVO Rn. 110.
[637] *Kropholler/von Hein*, EuZPR, 9. Aufl. 2011, Art. 5 EuGVVO a.F. Rn. 74.

len; Voraussetzung ist freilich, dass diese Verpflichtung (z.B.) aufgrund Gesetzes, besteht und jedenfalls nicht freiwillig übernommen wurde.[638]

176 Als Minus zu außervertraglichen Schadensersatzansprüchen werden in autonomer Auslegung und ungeachtet des dinglichen Charakters nach deutschem Verständnis[639] auch **(negatorische) Unterlassungs- und Beseitigungsansprüche** etwa gem. § 1004 Abs. 1 BGB vom Anwendungsbereich des Art. 7 Nr. 2 erfasst.[640] Weiterhin umfasst der Begriff der unerlaubten Handlung bzw. der dieser gleichgestellten Handlung noch die meisten anderen Fälle zivilrechtlicher Risikohaftung, sei diese auch Folge *erlaubter* Handlungen, also beispielsweise zivilrechtliche Aufopferungsansprüche[641] sowie Ansprüche auf Schadensersatz wegen Vollstreckung aus einem später aufgehobenen Urteil[642] oder gem. § 945 ZPO.[643]

177 Unter Art. 7 Nr. 2 können ebenfalls Ansprüche zwischen **Gesamtschuldnern** (nach deutschem Recht etwa gem. § 426 BGB) subsumiert werden, sofern nur die Gesamtschuld nicht auf Vertrag, sondern auf einer gesetzlichen Anordnung (im deutschen Recht etwa § 840 Abs. 1 BGB) basiert,[644] genauso wie Regressansprüche zwischen mehreren Schädigern oder übergegangene Regressansprüche der regulierenden Haftpflichtversicherung bzw. des Lohn fortzahlenden Arbeitgebers gegen einen delitkischen Verantwortlichen.[645]

178 Schließlich können sämtliche zur **Vorbereitung** der oben genannten Ansprüche dienenden sowie aus etwaigen Nebenverpflichtungen resultierenden Ansprüche – insbesondere **Auskunftsansprüche** – ebenfalls am Gerichtsstand des Art. 7 Nr. 2 eingeklagt werden.[646]

g) Nicht von Art. 7 Nr. 2 erfasste Streitigkeiten

179 Die insgesamt **nicht** unter den Gerichtsstand der unerlaubten Handlung fallenden Streitigkeiten können grob gesprochen in **zwei Gruppen** aufgeteilt werden:

---

[638] Nach dem EuGH, 21.4.2016 – Rs. C-572/14, *Austro-Mechana ./. Amazon EU*, ECLI:EU:C:2016:286 = EuZW 2016, S. 547, Rn. 42, 53 gilt dies dann, wenn der Vergütungsanspruch der Verwertunggesellschaft (in concreto eine Geräteabgabe) dem Ausgleich für denjenigen Schaden dient, den Urhebern durch von ihnen nicht gestattete Vervielfältigung entsteht.
[639] Staudinger/*Gursky*, BGB, Neubearbeitung 2012, § 1004 BGB Rn. 2: § 1004 BGB sei praktisch die „Generalklausel des dinglichen Schutzanspruches gegen Eigentumsbeeinträchtigungen"; **a. A.** für das autonome Verständnis der EuGVVO der EuGH, 18.5.2006 – Rs. C-343/04, *Land Oberösterreich ./. ČEZ as*, Slg. 2006, I-4586 (ECLI:EU:C:2006:330), Rn. 34.
[640] BGH, 24.10.2005 – II ZR 329/03, NJW 2006, S. 689; *Schlosser*/Hess, EuZPR, 4. Aufl. 2015, Art. 7 EuGVVO Rn. 13; Rauscher/*Leible*, EuZPR, 4. Aufl. 2016, Art. 7 EuGVVO Rn. 111; dies wird gestützt durch EuGH, 18.5.2006 – Rs. C-343/04, *Land Oberösterreich ./. ČEZ as*, Slg. 2006, I-4586 (ECLI:EU:C:2006:330), Rn. 34; vgl. hierzu auch die Kommentierung zu Art. 24 Rn. 25.
[641] MünchKomm/*Gottwald*, ZPO, 4. Aufl. 2013, Art. 5 EuGVVO a.F. Rn. 63; **a.A.** *Schlosser*/Hess, EuZPR, 4. Aufl. 2015, Art. 7 EuGVVO Rn. 13.
[642] *Schlosser*/Hess, EuZPR, 4. Aufl. 2015, Art. 7 EuGVVO Rn. 13.
[643] Mangels unmittelbaren Bezugs zur Zwangsvollstreckung unterfallen diese Ansprüche nicht dem ausschließlichen Zwangsvollstreckungsgerichtsstand gem. Art. 24 Nr. 5, s. die Kommentierung zu Art. 24 Rn. 144 ff.
[644] *Schlosser*/Hess, EuZPR, 4. Aufl. 2015, Art. 7 EuGVVO Rn. 13.
[645] S. *Geimer*/Schütze, EuZVR, 3. Aufl. 2010, Art. 5 EuGVVO a.F. Rn. 238; Rauscher/*Leible*, EuZPR, 4. Aufl. 2016, Art. 7 EuGVVO Rn. 104.
[646] *Mansel*, IPRax 1994, S. 84; *Schlosser*/Hess, EuZPR, 4. Aufl. 2015, Art. 7 EuGVVO Rn. 13.

Text + Erläuterungen   Art. 7   **B Vor I** 7

aa) Nicht auf Schadensersatz gerichtete Streitigkeiten

Zunächst einmal fallen nach der unionsrechtlichen Definition der unerlaubten   180
Handlung[647] Ansprüche, die nicht auf Schadensersatz bzw. Schadensbeseitigung oder -vermeidung gerichtet sind, aus dem Anwendungsbereich von Art. 7 Nr. 2 heraus. Hierzu zählen insb. Ansprüche aus ungerechtfertigter **Bereicherung**[648] bzw. solche auf **Nutzungs-, Aufwendungs- oder Wertersatz**, neben (nach deutschem Verständnis) § 818 Abs. 2 BGB[649] auch z.B. aus dem Eigentümer-Besitzer-Verhältnis – d.h. §§ 987 bis 1003 BGB – oder aus GoA.[650]

Ebenfalls ausgeschlossen sind aus dem Eigentum resultierende **Herausgabe-**   181
ansprüche, im deutschen Recht v.a. gem. § 985 BGB (Vindikation);[651] diese unterfallen vielmehr in Bezug auf unbewegliche Sachen dem ausschließlichen Gerichtsstand des Art. 24 Nr. 1 Satz 1 Alt. 1.[652] Nach dem EuGH fallen schließlich auch Gläubiger- bzw. Insolvenzanfechtungsklagen nicht unter Art. 7 Nr. 2, da die entsprechenden Ansprüche nicht auf Schadensausgleich, sondern auf Rückabwicklung einer anfechtbaren Transaktion gerichtet sind.[653]

bb) Vertragliche Schadensersatzansprüche

Weiterhin fallen naturgemäß diejenigen Ansprüche, die nach der autonomen   182
unionsrechtlichen Definition des Vertrages[654] unter Art. 7 Nr. 1 zu fassen sind, nicht unter Art. 7 Nr. 2. Vgl. hierzu näher die Ausführungen oben Rn. 37 ff. sowie unter Rn. 168 ff.

8. Anknüpfungspunkt: Ort des schädigenden Ereignisses

Maßgeblicher Anknüpfungspunkt zur Bestimmung der internationalen und   183
örtlichen Zuständigkeit im Rahmen von Art. 7 Nr. 2 ist der Ort, „an dem das schädigende Ereignis eingetreten ist oder einzutreten droht." Dieser noch weiter konkretisierungsbedürftige Begriff ist – wie auch der Begriff der unerlaubten Handlung bzw. der dieser gleichgestellten Handlung – nach dem EuGH **autonom auszulegen**, um eine unionsweit einheitliche Anwendung der Zuständigkeitsregeln zu gewährleisten.[655] Der EuGH verortet den Ort des schädigenden Ereignisses dabei sowohl am Ort des ursächlichen Geschehens als auch an dem

---
[647] S. oben Rn. 159 ff.
[648] EuGH, 27.9.1988 – Rs. 189/87, *Kalfelis ./. Schröder*, Slg. 1988, 5565 (ECLI:EU:C:1988:459), Rn. 21; Rauscher/*Leible*, EuZPR, 4. Aufl. 2016, Art. 7 EuGVVO Rn. 112.
[649] Schlosser/Hess, EuZPR, 4. Aufl. 2015, Art. 7 EuGVVO Rn. 13.
[650] Rauscher/*Leible*, EuZPR, 4. Aufl. 2016, Art. 7 EuGVVO Rn. 112.
[651] Schlosser/Hess, EuZPR, 4. Aufl. 2015, Art. 7 EuGVVO Rn. 13.
[652] Vgl. hierzu näher die Kommentierung zu Art. 24 Rn. 24.
[653] EuGH, 26.3.1992 – Rs. C-261/90, *Mario Reichert u.a. ./. Dresdner Bank AG*, Slg. 1992, I-2149 (ECLI:EU:C:1992:149) = BeckEuRS 1992, 190091, Rn. 19 f.
[654] Hierzu oben Rn. 29 ff.
[655] S. beispielhaft EuGH, 30.11.1976 – Rs. 21/76, *Bier ./. Mines de Potasse d'Alsace*, Slg. 1976, 1735 (ECLI:EU:C:1976:166), Rn. 8 ff.; EuGH, 7.3.1995 – Rs. C-68/93, *Shevill ./. Presse Alliance*, Slg. 1995, I-415 (ECLI:EU:C:1995:61), Rn. 20 ff.; EuGH, 19.9.1995 – Rs. C-364/93, *Marinari ./. Lloyds Bank*, Slg. 1995, I-2719 (ECLI:EU:C:1995:289), Rn. 11; EuGH, 1.10.2002 – Rs. C-167/00, *Verein für Konsumenteninformation ./. Henkel*, Slg. 2002, I-8111 (ECLI:EU:C:2002:555) = EuZW 2002, S. 657, Rn. 46; EuGH, 16.7.2009 – Rs. C-189/08, *Zuid-Chemie BV ./. Philippo's Mineralenfabriek NV/SA*, Slg. 2009, I-6919 (ECLI:EU:C:2009:475), Rn. 23; EuGH, 28.1.2015 – Rs. C-375/13, *Kolassa ./. Barclays Bank plc*, ECLI:EU:C:2015:37 = EuZW 2015, S. 218, Rn. 45.

Ort, an dem der Schaden eingetreten ist (sog. **Ubiquitätsprinzip**[656]).[657] Der Ort des ursächlichen Geschehens wird als **Handlungsort**, der Ort des Schadenseintritts als **Erfolgsort** bezeichnet.[658]

184 Diese **Zweiteilung** begründet der EuGH vor dem Hintergrund des oben Rn. 138 ff. dargestellten Normzwecks von Art. 7 Nr. 2 damit, dass sowohl der Handlungs- als auch der Erfolgsort je nach Lage des Falles für die Beweiserhebung und für die Gestaltung des Prozesses in eine besonders sachgerechte Richtung weisen kann, so dass es nicht angebracht sei, sich nur für einen der erwähnten Anknüpfungspunkte zu entscheiden und den anderen auszuschließen.[659]

185 Mit ihrem Ubiquitätsprinzip weicht die Zuständigkeitsbestimmung unter der EuGVVO deutlich von der Anknüpfung des anwendbaren Rechts unter der **Rom II-VO** ab,[660] deren Art. 4 Abs. 1 dem sog. **Tatortprinzip** folgt, d.h. außervertragliche Schuldverhältnisse aus unerlaubter Handlung grds. nur an den Erfolgsort anknüpft.[661]

186 Welchen der beiden für die Bestimmung des Gerichtsstands des Art. 7 Nr. 2 relevanten Orte ein Kläger im Einzelfall wählt, steht grds. zu dessen **freier Wahl**.[662] Nach dem EuGH könne wegen der Vielfalt an von Art. 7 Nr. 2 erfassten Typen nur durch die Einräumung einer derartigen Wahlmöglichkeit der Schadensersatzpflicht im Einzelfall am besten sachgerecht beigekommen werden.[663] Freilich ist diese Wahlmöglichkeit nur bei einem keinesfalls selbstverständlichen Auseinanderfallen von Handlungs- und Erfolgsort, d.h. bei sog. **Distanzdelikten** (sowie bei sog. Streudelikten), von Belang.[664] Bei reinen **Platzdelikten** hingegen ist die Wahlmöglichkeit naturgemäß bedeutungslos.

187 Handlungs- und Erfolgsort im Sinne von Art. 7 Nr. 2 sind wiederum abzugrenzen vom reinen **Schadensort** als demjenigen Ort, an dem nur ein mittelbarer oder ein bloßer Folgeschaden entstanden ist,[665] bzw. – nach den Worten des EuGH – „an dem die schädlichen Folgen eines Umstands spürbar werden kön-

---

[656] MünchKomm/*Gottwald*, ZPO, 4. Aufl. 2013, Art. 5 EuGVVO a.F. Rn. 68.
[657] Vgl. EuGH, 16.6.2016 – Rs. C-12/15, *Universal Music International Holding ./. Schilling u.a.*, ECLI:EU:C:2016:449 = NJW 2016, S. 2167 Rn. 28 sowie die Nachweise in der vorvorherigen Fn.
[658] EuGH, 16.7.2009 – Rs. C-189/08, *Zuid-Chemie BV ./. Philippo's Mineralenfabriek NV/SA*, Slg. 2009, I-6919 (ECLI:EU:C:2009:475), Rn. 25; Rauscher/*Leible*, EuZPR, 4. Aufl. 2016, Art. 7 EuGVVO Rn. 117.
[659] EuGH, 30.11.1976 – Rs. 21/76, *Bier ./. Mines de Potasse d'Alsace*, Slg. 1976, 1735 (ECLI:EU:C:1976:166), Rn. 19.
[660] BeckOK/*Spickhoff*, Stand: 1.2.2013, Art. 4 Rom II-VO Rn. 8; *Schlosser*/Hess, EuZPR, 4. Aufl. 2016, Art. 7 EuGVVO Rn. 12.
[661] Vgl. etwa MünchKomm/*Junker*, BGB, 6. Aufl. 2015, Art. 4 Rom II-VO Rn. 3 f.
[662] EuGH, 30.11.1976 – Rs. 21/76, *Bier ./. Mines de Potasse d'Alsace*, Slg. 1976, 1735 (ECLI:EU:C:1976:166), Rn. 19; EuGH, 7.3.1995 – Rs. C-68/93, *Shevill ./. Presse Alliance*, Slg. 1995, I-415 (ECLI:EU:C:1995:61), Rn. 20; EuGH, 19.9.1995 – Rs. C-364/93, *Marinari ./. Lloyds Bank*, Slg. 1995, I-2719 (ECLI:EU:C:1995:289), Rn. 12 f.; EuGH, 1.10.2002 – Rs. C-167/00, *Verein für Konsumenteninformation ./. Henkel*, Slg. 2002, I-8111 (ECLI:EU:C:2002:555) = EuZW 2002, S. 657, Rn. 44; EuGH, 28.1.2015 – Rs. C-375/13, *Kolassa ./. Barclays Bank plc*, ECLI:EU:C:2015:37 = EuZW 2015, S. 218, Rn. 45.
[663] Beispielhaft EuGH, 30.11.1976 – Rs. 21/76, *Bier ./. Mines de Potasse d'Alsace*, Slg. 1976, 1735 (ECLI:EU:C:1976:166), Rn. 19.
[664] Rauscher/*Leible*, EuZPR, 4. Aufl. 2016, Art. 7 EuGVVO Rn. 119 f.
[665] *Mankowski*, EuZW 2016, S. 585; Geimer/Schütze, EuZVR, 3. Aufl. 2010, Art. 5 EuGVVO a.F. Rn. 254 f.

nen, der bereits einen Schaden verursacht hat, der tatsächlich an einem anderen Ort entstanden ist."[666] Zu denken ist etwa an den Ort, an dem lediglich die Versicherung des Schädigers leisten musste. Der Schadensort ist – wie im Übrigen auch im autonomen deutschen Zivilverfahrensrecht, d.h. bei § 32 ZPO[667] – für die Bestimmung der Zuständigkeit gem. Art. 7 Nr. 2 **gänzlich unbeachtlich**.[668] Ebenso wenig begründet der Ort, an dem der Schaden festgestellt wurde, eine Zuständigkeit nach Art. 7 Nr. 2.[669]

a) Handlungsort

Der Handlungsort bzw., nach der Diktion des EuGH, der „Ort des ursächli- 188 chen Geschehens"[670] liegt dort, wo eine Handlung ganz oder teilweise **ausgeführt** wurde, die nach Art. 7 Nr. 2 als Delikt oder Quasidelikt qualifiziert wird, bzw. wo – im Falle vorbeugender Unterlassungsklagen – deren Ausführung unmittelbar **bevorsteht**.[671] Die Bestimmung dieses Ortes bereitet in der Regel bei einaktigen, von nur einer Person begangenen Handlungen keine Probleme.

Im Falle von **Unterlassungsdelikten** (etc.) liegt der Handlungsort dort, wo 189 die entsprechende Handlung hätte vorgenommen werden müssen.[672] Bei einer Zustands- bzw. **Gefährdungshaftung**, etwa für einen gefährlichen Betrieb (Atomkraftwerk etc.), bei der es gerade an einer Handlung fehlt, liegt der Handlungsort demgegenüber dort, wo sich der schadensauslösende **Zustand befindet**,[673] d.h. z.B. am Standort eines Atomkraftwerks bzw. bei einer Kfz- oder Tierhalterhaftung (etc.) dort, wo das jeweilige Kfz (oder das Tier bzw. eine sonstige gefährliche Sache) außer Kontrolle gerät.[674]

Besondere Probleme bereitet die Bestimmung des Handlungsorts indes bei 190 Distanzdelikten, bei Vornahme mehrerer kausaler Handlungen sowie bei einer Mehrzahl von Tätern:[675]

aa) Distanzdelikte / Telekommunikationsmittel / Pressedelikte

Bei Distanzdelikten ist Handlungsort grds. der Ort, an dem das schädigende 191 Ereignis **seinen Ausgang nahm**,[676] d.h. im Falle eines verleumdenden Briefs

---

[666] EuGH, 19.9.1995 – Rs. C-364/93, *Marinari* ./. *Lloyds Bank*, Slg. 1995, I-2719 (ECLI:EU:C:1995:289), Rn. 14.
[667] BGH, 3.5.1977 – VI ZR 24/75, NJW 1977, S. 1590; Musielak/Voit/*Heinrich*, ZPO, 12. Auflage 2015, § 32 Rn. 15.
[668] EuGH, 19.9.1995 – Rs. C-364/93, *Marinari* ./. *Lloyds Bank*, Slg. 1995, I-2719 (ECLI:EU:C:1995:289), Rn. 14; *Mankowski*, EuZW 2016, S. 585.
[669] EuGH, 27.10.1998 – Rs. C-51/97, *Reunion europeenne* ./. *Spiethoff's Bevrachtingskantoor*, Slg. 1-6511 (ECLI:EU:C:1998:509), Rn. 26.
[670] EuGH, 30.11.1976 – Rs. 21/76, *Bier* ./. *Mines de Potasse d'Alsace*, Slg. 1976, 1735 (ECLI:EU:C:1976:166), Rn. 15ff.
[671] *Geimer*/Schütze, EuZVR, 3. Aufl. 2010, Art. 5 EuGVVO a.F. Rn. 248.
[672] Rauscher/*Leible*, EuZPR, 4. Aufl. 2016, Art. 7 EuGVVO Rn. 138 unter Verweis auf EuGH, 18.7.2013 – Rs. C-147/12, *ÖFAB* ./. *Frank Koot u.a.*, ECLI:EU:C:2013:490 = EuZW 2013, S. 703, Rn. 48ff.; *Geimer*/Schütze, EuZVR, 3. Aufl. 2010, Art. 5 EuGVVO a.F. Rn. 252.
[673] *Geimer*/Schütze, EuZVR, 3. Aufl. 2010, Art. 5 EuGVVO a.F. Rn. 248; *Schack*, IZVR, 6. Aufl. 2014, Rn. 338.
[674] *Schack*, IZVR, 6. Aufl. 2014, Rn. 338; Rauscher/*Leible*, EuZPR, 4. Aufl. 2016, Art. 7 EuGVVO Rn. 139.
[675] *Schlosser*/Hess, EuZPR, 4. Aufl. 2015, Art. 7 EuGVVO Rn. 17a.
[676] Vgl. EuGH, 7.3.1995 – Rs. C-68/93, *Shevill* ./. *Presse Alliance*, Slg. 1995, I-415 (ECLI:EU:C:1995:61), Rn. 24.

dort, wo dieser aufgegeben,[677] bei einer sonstigen Nachricht da, wo sie abgesendet wurde,[678] und bei deliktischen Handlungen über das Internet derjenige Ort, an dem die jeweiligen Daten ins **Internet** hochgeladen bzw. eingespeist wurden.[679] Das Gleiche sollte entgegen teilweise anderslautenden Stimmen[680] auch bei ehrverletzenden oder betrügerischen bzw. sonst pflichtverletzenden **Telefongesprächen** gelten, d.h. es muss auf den Standort des Sprechenden abgestellt werden.[681]

192 Entsprechend liegt bei **Pressedelikten** der Handlungsort dort, wo das schädigende Ereignis seinen Ausgang nahm und von wo aus eine z.B. ehrverletzende Äußerung in Umlauf gebracht wurde – d.h. in der Regel am Ort der Niederlassung des jeweiligen Herausgebers[682] – bzw., bei ehrverletzenden Fernseh- oder Rundfunkbeiträgen, am Ort der Entäußerung des Sendematerials.[683]

bb) Mehrere kausale Handlungen

193 Bei mehraktigem Handeln einer Person, d.h. bei Vornahme von mehr als nur einer haftungsbegründend kausalen Handlung, ist Handlungsort derjenige Ort, an dem – sofern bestimmbar – der **maßgebliche Tatbeitrag** geleistet wurde.[684] Vorbereitungshandlungen hingegen sind für die Zuständigkeitsbegründung ohne Bedeutung.[685] Entsprechend „haftet" z.B. ein Produzent aus Produkthaftung nach dem EuGH nur dort, wo das von ihm in den Verkehr gebrachte Produkt endgültig hergestellt wurde und nicht auch schon dort, wo er oder ein Zulieferer ein fehlerhaftes Teil hergestellt hat bzw. später das Produkt in den Verkehr gebracht wurde.[686]

194 Ist der maßgebliche Tatbeitrag hingegen nicht identifizierbar, etwa wenn alle **Tatbeiträge gleichwertig** sind, so wird man wohl auf den Ort jedes dieser Tatbeiträge abstellen können.[687] So „haftet", wer wegen Vollstreckung eines Urteils schadensersatzpflichtig ist, überall dort, wo er Vollstreckungsmaßnahmen eingeleitet hat, nicht aber dort, wo das später aufgehobene erstinstanzliche Urteil ergangen ist.[688]

---

[677] Geimer/Schütze, EuZVR, 3. Aufl. 2010, Art. 5 EuGVVO a.F. Rn. 251.
[678] Geimer/Schütze, EuZVR, 3. Aufl. 2010, Art. 5 EuGVVO a.F. Rn. 251.
[679] EuGH, 19.4.2012 – Rs. C-523/10, *Wintersteiger-AG* ./. *Products 4U Sondermaschinenbau-GmbH*, ECLI:EU:C:2012:220 = EuZW 2012, S. 513, Rn. 24; Rauscher/*Leible*, EuZPR, 4. Aufl. 2016, Art. 7 EuGVVO Rn. 142.
[680] Etwa OLG Düsseldorf, 5.5.2011 – I-2 U 9/10, BeckRS 2011, 20946; OLG Koblenz, 25.6.2007 – 12 U 1717/05, NJW-RR 2008, S. 148.
[681] So auch Rauscher/*Leible*, EuZPR, 4. Aufl. 2016, Art. 7 EuGVVO Rn. 136.
[682] EuGH, 7.3.1995 – Rs. C-68/93, *Shevill* ./. *Presse Alliance*, Slg. 1995, I-415 (ECLI:EU:C:1995:61), Rn. 24.
[683] Rauscher/*Leible*, EuZPR, 4. Aufl. 2016, Art. 7 EuGVVO Rn. 140.
[684] Rauscher/*Leible*, EuZPR, 4. Aufl. 2016, Art. 7 EuGVVO Rn. 135; **a. A.** *Schlosser*/Hess, EuZPR, 4. Aufl. 2015, Art. 7 EuGVVO Rn. 17a sowie Geimer/Schütze/*Auer*, Int. Rechtsverkehr, 28. EL 2005, Art. 5 EuGVVO a.F. Rn. 143 („jeder Ort, an dem ein maßgeblicher Tatbeitrag geleistet wurde").
[685] Geimer/Schütze, EuZVR, 3. Aufl. 2010, Art. 5 EuGVVO a.F. Rn. 250; Rauscher/*Leible*, EuZPR, 4. Aufl. 2016, Art. 7 EuGVVO Rn. 135; **a. A.** z.T. Geimer/Schütze/*Auer*, Int. Rechtsverkehr, 28. EL 2005, Art. 5 EuGVVO a.F. Rn. 144.
[686] EuGH, 16.1.2014 – Rs. C-45/13, *Andreas Kainz* ./. *Pantherwerke AG*, ECLI:EU:C:2014:7 = NJW 2014, S. 1166, Rn. 29.
[687] So auch Rauscher/*Leible*, EuZPR, 4. Aufl. 2016, Art. 7 EuGVVO Rn. 135 sowie *Magnus*/*Mankowski*, Brussels I Regulation, 2. Aufl. 2012, Art. 5 EuGVVO a.F. Rn. 214.
[688] Zur Abgrenzung von dem ausschließlichen Gerichtsstand für Zwangsvollstreckungsverfahren in Art. 24 Nr. 5 vgl. die Kommentierung zu Art. 24 Rn. 144 ff.

Text + Erläuterungen   Art. 7   **B Vor I** 7

cc) Mehrzahl von Tätern

Sind an einer unerlaubten Handlung bzw. einer dieser gleichgestellten Hand- 195
lung mehrere Personen beteiligt, so findet nach der neuesten Rechtsprechung
des EuGH und entgegen einer früher vielfach vertretenen Auffassung[689] grds.
keine wechselseitige Handlungsortzurechnung statt.[690] Denn zum einen
fehlt es an einem eine solche Zurechnung ermöglichenden gemeinsamen Konzept in den nationalen Rechtsordnungen und der Rechtsordnung der Europäischen Union;[691] zum anderen verstieße eine derartige Zurechnung – u.a. mangels Vorliegens einer Art. 7 Nr. 2 gerade rechtfertigenden besonders engen
Beziehung zwischen der Streitigkeit und den Gerichten des dann fremden Handlungsortes – gegen die Systematik und Zielsetzungen der EuGVVO.[692]

dd) Einzelfälle

Bei der Verletzung von **Immaterialgüterrechten** liegt der Handlungsort 196
dort, wo die Verletzungshandlung durchgeführt wurde, also das geschützte Werk
kopiert, die patentierte Maschine nachgebaut, das geschützte Zeichen verwendet
oder die urheberrechtlich geschützte Aufführung gespielt wurde etc.[693] Bei Verletzungen des allgemeinen **Persönlichkeitsrechts** sowie bei Angriffen auf die
Ehre ist Handlungsort dort, wo die verletzende bzw. ehrenrührige Tatsache getätigt und in Umlauf gebracht wird;[694] das Gleiche gilt bei Verletzungen des
Rechts am eigenen Bild. Handlungsort bei **Presseerzeugnissen** ist entsprechend, wie oben Rn. 192 dargestellt, der Ort der Niederlassung des Herausgebers der betreffenden Veröffentlichung.[695] Der Ort der Aufnahme eines dann
veröffentlichten Fotos ist dagegen grds. irrelevant.[696]

Bei ehrverletzenden Äußerungen im und über das **Internet** hingegen ist – 197
wie vorerwähnt – Handlungsort derjenige Ort, an dem die jeweiligen Daten ins
Internet hochgeladen bzw. eingespeist wurden.[697] Im Falle einer **Produkthaftung** liegt der Handlungsort des Herstellers dort, wo das Produkt hergestellt

---

[689] Etwa OLG Frankfurt a.M., 8.6.2006 – 16 U 106/05, BeckRS 2006, 09900; MünchKomm/
Gottwald, ZPO, 4. Aufl. 2013, Art. 5 EuGVVO a.F. Rn. 68; *Geimer/Schütze*, EuZVR, 3. Aufl. 2010,
Art. 5 EuGVVO a.F. Rn. 250; so auch für den Fall strafrechtlich relevanten Zusammenwirkens Geimer/
Schütze/*Auer*, Int. Rechtsverkehr, 28. EL 2005, Art. 5 EuGVVO a.F. Rn. 146.
[690] EuGH, 16.5.2013 – Rs. C-228/11, *Melzer ./. MF Global UK Ltd.*, ECLI:EU:C:2013:305 =
NJW 2013, S. 2099, Rn. 41; EuGH, 3.4.2014 – Rs. C-387/12, *Hi Hotel HCF S.a.r.l. ./. Spoering*,
ECLI:EU:C:2014:215 = EuZW 2014, S. 431, Rn. 32.
[691] EuGH, 16.5.2013 – Rs. C-228/11, *Melzer ./. MF Global UK Ltd.*, ECLI:EU:C:2013:305 = NJW
2013, S. 2099, Rn. 32.
[692] EuGH, 16.5.2013 – Rs. C-228/11, *Melzer ./. MF Global UK Ltd.*, ECLI:EU:C:2013:305 = NJW
2013, S. 2099, Rn. 36.
[693] OGH (Österreich), ZfR vgl. 2000, S. 156.
[694] Vgl. EuGH, 7.3.1995 – Rs. C-68/93, *Shevill ./. Presse Alliance*, Slg. 1995, I-415
(ECLI:EU:C:1995:61), Rn. 24.
[695] EuGH, 7.3.1995 – Rs. C-68/93, *Shevill ./. Presse Alliance*, Slg. 1995, I-415
(ECLI:EU:C:1995:61), Rn. 24.
[696] Vgl. EuGH, 7.3.1995 – Rs. C-68/93, *Shevill ./. Presse Alliance*, Slg. 1995, I-415
(ECLI:EU:C:1995:61).
[697] EuGH, 19.4.2012 – Rs. C-523/10, *Wintersteiger-AG ./. Products 4U Sondermaschinenbau-GmbH*,
ECLI:EU:C:2012:220 = EuZW 2012, S. 513, Rn. 24; Rauscher/*Leible*, EuZPR, 4. Aufl. 2016, Art. 7
EuGVVO Rn. 142.

wurde,[698] bei einer Umwelthaftung dort, wo die Umweltbeeinträchtigung verursacht wurde; zur Gefährdungshaftung s. hingegen oben Rn. 189. Bei **Verkehrsunfällen** und sonstigen Unfällen liegt der Handlungsort dort, wo der betreffende Unfall verursacht wurde.[699] **Unerlaubter Wettbewerb** schließlich wird naturgemäß am Ort der Wettbewerbshandlung vorgenommen. Bei vorbereitenden Ansprüchen[700] oder Regressansprüchen[701] ist auf den Handlungsort der (Haupt-)Tat selbst abzustellen.

b) **Erfolgsort**

198 Im Gegensatz zum Handlungsort als dem Ort der schädigenden Handlung liegt der alternativ heranziehbare Erfolgsort dort, wo das geschützte **Rechtsgut tatsächlich oder voraussichtlich verletzt** wird. Der EuGH spricht von dem Ort, an dem sich der Schadenserfolg verwirklicht hat bzw. verwirklichen wird und „wo die schädigenden Auswirkungen des haftungsauslösenden Ereignisses zu Lasten des Betroffenen eintreten".[702] Dabei vermag nur der unmittelbare (Erst-)Schaden bzw. eben der Eintritt des Verletzungserfolgs eine Zuständigkeit zu begründen.[703]

199 Der Ort, an dem mittelbare oder bloße Folgeschäden eintreten, ist hingegen – als **reiner Schadensort** – für die Zuständigkeitsbegründung gem. Art. 7 Nr. 2 grds. irrelevant.[704] Eine **mittelbare Schädigung** ist z.B. der Verlust eines Unterhaltsanspruchs bei Tötung des Unterhaltsverpflichteten; ein **Folgeschaden** liegt etwa vor, wenn nach einer schlimmen Körperverletzung behandlungsbedürftige psychische Spätfolgen eintreten. Das Gleiche gilt für den Ort, an dem ein Schaden lediglich entdeckt wird.[705]

200 Demgegenüber stellen **Schockschäden** eine eigene, unmittelbare Verletzung des jeweils Betroffenen dar, so dass hier der Ort der Gesundheitsschädigung des Verletzten Erfolgsort sein dürfte.[706]

201 Der Erfolgsort im Sinne von Art. 7 Nr. 2 deckt sich mit dem von **Art. 4 Abs. 1 Rom II-VO** verwendeten Anknüpfungspunkt zur Bestimmung des auf außervertragliche Schuldverhältnisse aus unerlaubter Handlung anwendbaren Rechts („Recht des Staates [...], in dem der Schaden eintritt"), so dass zur

---

[698] EuGH, 16.1.2014 – Rs. C-45/13, *Andreas Kainz ./. Pantherwerke AG*, ECLI:EU:C:2014:7 = NJW 2014, S. 1166, Rn. 29.
[699] Rauscher/*Leible*, EuZPR, 4. Aufl. 2016, Art. 7 EuGVVO Rn. 118.
[700] Vgl. *Geimer*/Schütze, EuZVR, 3. Aufl. 2010, Art. 5 EuGVVO a.F. Rn. 250; Rauscher/*Leible*, EuZPR, 4. Aufl. 2016, Art. 7 EuGVVO Rn. 135.
[701] Vgl. bereits oben Rn. 154.
[702] EuGH, 7.3.1995 – Rs. C-68/93, *Shevill ./. Presse Alliance*, Slg. 1995, I-415 (ECLI:EU:C:1995:61), Rn. 28.
[703] *Mankowski*, EuZW 2016, S. 585: „Relevanter Erfolg ist nur die Verletzung des primär geschützen Rechtsguts".
[704] S. oben Rn. 199 sowie EuGH, 19.9.1995 – Rs. C-364/93, *Marinari ./. Lloyds Bank*, Slg. 1995, I-2719 (ECLI:EU:C:1995:289), Rn. 14 (Ort, an dem die schädlichen Folgen eines Umstands spürbar werden können, der bereits einen Schaden verursacht hat, der tatsächlich an einem anderen Ort entstanden ist."); *Geimer*/Schütze, EuZVR, 3. Aufl. 2010, Art. 5 EuGVVO a.F. Rn. 254 f.
[705] EuGH, 27.10.1998 – Rs. C-51/97, *Reunion europeenne ./. Spiethoff's Bevrachtingskantoor*, Slg. 1998, I-6511 (ECLI:EU:C:1998:509), Rn. 26.
[706] So auch *Staudinger/Czaplinski*, NJW 2009, S. 2549 (2652); Rauscher/*Leible*, EuZPR, 4. Aufl. 2016, Art. 7 EuGVVO Rn. 122

Text + Erläuterungen   Art. 7   **B Vor I** 7

Auslegung von Art. 7 Nr. 2 wegen des vorerwähnten[707] **Auslegungszusammenhangs** zwischen der EuGVVO und der Rom II-VO grds. – soweit nicht zivilverfahrensrechtliche Besonderheiten entgegenstehen – auch auf die zu Art. 4 Abs. 1 Rom II-VO ergangene Rechtsprechung und Literatur zurückgegriffen werden kann.[708]

Die Bestimmung des Erfolgsortes hängt im Einzelfall von der Art der jeweili- 202 gen Schädigung und dem jeweils verletzten Recht bzw. Rechtsgut etc. ab.[709] Wo das Deliktsrecht **rechtsgutsbezogen** schützt, etwa bei Eigentums-, Körper- oder Gesundheitsverletzungen, ist die Bestimmung unproblematisch, zumal diese Rechtsgutsverletzungen in aller Regel sinnlich wahrnehmbar sind;[710] besonders leicht fällt dabei naturgemäß die Bestimmung bei sog. Platzdelikten, weil dann sogar Handlungs- und Erfolgsort zusammenfallen.[711]

aa) Vermögensschäden

Komplizierter hingegen ist die Bestimmung des Erfolgsorts bei **reinen Ver-** 203 **mögensschädigungen** (im deutschen Recht etwa in den Fällen des § 826 BGB bzw. im französischen Recht im Rahmen der dort weiten („großen") allgemeinen deliktischen Generalklausel in Art. 1382 Code civil). In einem solchen Fall die Erfolgsortzuständigkeit gänzlich zu ignorieren, wie es vereinzelt vertreten wird,[712] ginge zu weit. Auch einem jedenfalls pauschalen Abstellen auf den Wohnsitz[713] als dem *generellen* Mittelpunkt des Vermögens des jeweils Geschädigten hat der EuGH im Jahr 2004 in der Rechtssache *Kronhofer* für den Fall, dass Vermögensbestandteile in einem anderen Mitgliedstaat als dem Sitzstaat verloren wurden, eine Absage erteilt.[714] Andernfalls bestände bei reinen Vermögensschäden stets ein (grds. systemwidriger) Klägergerichtsstand. Richtig dürfte es sein, **Grundsatz** und in Anlehnung an die jüngste (die Haftung wegen Wertverlusts einer Finanzinvestition betreffende) Rechtsprechung des EuGH in der Rechtssache *Kolassa*[715] sein, zur Lokalisierung des Vermögensschadens auf die **„Belegenheit" des jeweils betroffenen (Teil-)Vermögensbestandteils** bei Entstehen des Erstschadens – etwa des Bankkontos, von dem aus eine Überweisung getätigt wird[716] – abzustellen.[717] Insofern müssen jedoch nach neuester Rechtsprechung

---
[707] Vgl. oben Vorb. Art. 7 ff. Rn. 8.
[708] *Kropholler/von Hein*, EuZPR, 9. Aufl. 2011, Art. 5 EuGVVO a.F. Rn. 83d; indirekt auch Münch-Komm/*Junker*, BGB, 6. Aufl. 2015, Art. 4 Rom II-VO Rn. 19.
[709] EuGH, 3.10.2013 – Rs. C-170/12, *Peter Pinckney* ./. *KDG Mediatech AG*, ECLI:EU:C:2013:635 = EuZW 2013, S. 863, Rn. 32.
[710] *Schlosser*/Hess, EuZPR, 4. Aufl. 2015, Art. 7 EuGVVO Rn. 16; Rauscher/*Leible*, EuZPR, 4. Aufl. 2016, Art. 7 EuGVVO Rn. 121.
[711] Rauscher/*Leible*, EuZPR, 4. Aufl. 2016, Art. 7 EuGVVO Rn. 118.
[712] *Schack*, IZVR, 6. Aufl. 2014, Rn. 345.
[713] Vertreten etwa von *Geimer*/Schütze, EuZVR, 3. Aufl. 2010, Art. 5 EuGVVO a.F. Rn. 258.
[714] EuGH, 10.6.2004 – Rs. C-168/02, *Kronhofer* ./. *Maier u.a.*, Slg. 2004, I-6022 (ECLI:EU:C:2004:364), Rn. 21.
[715] EuGH, 28.1.2015 – Rs. C-375/13, *Kolassa* ./. *Barclays Bank plc*, ECLI:EU:C:2015:37 = EuZW 2015, S. 218, Rn. 54 ff.
[716] Vgl. EuGH, 28.1.2015 – Rs. C-375/13, *Kolassa* ./. *Barclays Bank plc*, ECLI:EU:C:2015:37 = EuZW 2015, S. 218, Rn. 55; *Schlosser*/Hess, EuZPR, 4. Aufl. 2015, Art. 7 EuGVVO Rn. 16a.
[717] *Mankowski*, EuZW 2016, S. 585 m.w.N.; vgl. auch die Ausführungen von Rauscher/*Leible*, EuZPR, 4. Aufl. 2016, Art. 7 EuGVVO Rn. 125 f.; ähnlich wohl *Kiethe*, NJW 1994, S. 222 (225 f.): Abstellen auf den Schadensort.

des EuGH über den bloßen Schadenseintritt hinaus weitere Umstände bzw. – mit den Worten des Gerichtshofs – die „spezifischen Gegebenheiten des Falls [für die] Zuweisung der Zuständigkeit an die Gerichte des Orts, an dem sich ein reiner Vermögensschaden verwirklicht hat"[718], sprechen. So hat der EuGH jüngst in der Rechtssache *Universal Music*[719] entschieden, dass im Falle eines finanziellen Verlusts, der sich unmittelbar auf dem Bankkonto eines Geschädigten verwirklicht hat und der die unmittelbare Folge eines unerlaubten Verhaltens ist, das sich in einem anderen Mitgliedstaat ereignet hat, die Belegenheit des Bankkontos nicht *per se* als Erfolgsort i.S.v. Art. 7 Nr. 2 angesehen werden könne. Es müssten vielmehr – vom EuGH nicht näher konkretisierte – „andere Anknüpfungspunkte" hinzukommen. Da derartige Anknüpfungspunkte in dem konkreten Verfahren[720] fehlten, stellte der Gerichtshof als für die Erfolgsortzuständigkeit relevanten Primärschaden auf den Abschluss eines Vergleichs (d.h. auf die – letzte – belastende Zahlungs**verpflichtung** und nicht etwa deren anschließende Erfüllung) ab.[721] Noch in der Rechtssache *Kolassa* hatte der EuGH demgegenüber auf die **Zahlung** von einem Bankkonto als relevante (primäre) Schadensverwirklichung rekurriert. In diesem Fall hätten jedoch, so der Gerichtshof in der Rechtssache *Universal Music*, besondere „Umstände" für eine Zuweisung der(Erfolgsort-)Zuständigkeit an die Gerichte des „Kontoführungsstaats" gesprochen.[722] Eine Antwort auf die sich aufdrängende Frage, welche Umstände gemeint sind, bleibt der Gerichtshof indes schuldig.[723] Dies ist angesichts der weitreichenden Unterschiede zwischen beiden Urteilen umso bedauerlicher. Drei Unterschiede zwischen beiden Fallgestaltungen liegen auf der Hand: (**1.**) Im Verfahren *Kolassa* war die potenzielle Informationspflichtverletzung zwar vor und losgelöst von der Anlageentscheidung (d.h. vor Abschluss des Zeichnungsvertrags (mit einem – dritten – Anlagevermittler) und auch vor Zahlung der Investitionssumme) erfolgt, die zum Wertverlust/Schaden führende (u.U. pflichtwidrige) Vermögensverwaltung jedoch erst *danach*;[724] in der Rechtssache *Univer-*

---

[718] EuGH, 16.6.2016 – Rs. C-12/15, *Universal Music International Holding* ./. *Schilling u.a.*, ECLI:EU:C:2016:449 = NJW 2016, S. 2167, Rn. 39.
[719] EuGH, 16.6.2016 – Rs. C-12/15, *Universal Music International Holding* ./. *Schilling u.a.*, ECLI:EU:C:2016:449 = NJW 2016, S. 2167, Rn. 40; kritisch zum Urteil insgesamt *Mankowski*, EuZW 2016, S. 585 f. („kaum verständlich, sondern geeignet, Verwirrung zu stiften").
[720] Das Verfahren betrifft die Haftung tschechischer Anwälte für eine aufgrund fahrlässig abredewidriger Gestaltung einer Aktienoption nachteiligen Vertragsschlusses in Tschechien, dessen im Vergleich zu dem ursprünglich Gewollten negative Folgen zwar durch einen anschließenden, ebenfalls in Tschechien abgeschlossenen Vergleich gemildert, jedoch nicht vollständig behoben werden konnten. Zweifelhaft, ob für die Bestimmung des Erfolgsorts i.S.v. Art. 7 Nr. 2 nicht bereits auf die erste Verpflichtung – d.h. den ursprünglichen Vertragsschluss – abzustellen sei *Bach*, NZG 2016, S. 794 (795); der aus diesem Vertragsschluss resultierende Schaden wurde indes durch den anschließenden Vergleichsschluss (teilweise) abgewendet und war daher im konkreten Verfahren gar nicht Gegenstand; so auch *R.Magnus*, LMK 2016, 381538.
[721] EuGH, 16.6.2016 – Rs. C-12/15, *Universal Music International Holding* ./. *Schilling u.a.*, ECLI:EU:C:2016:449 = NJW 2016, S. 2167 Rn. 31 ff.; das Abstellen auf eine belastende Verpflichtung insgesamt ablehnend *Mankowski*, EuZW 2016, S. 585 (586); zustimmend hingegen *Bach*, NZG 2016, S. 794 (795).
[722] EuGH, 16.6.2016 – Rs. C-12/15, *Universal Music International Holding* ./. *Schilling u.a.*, ECLI:EU:C:2016:449 = NJW 2016, S. 2167 Rn. 37.
[723] So auch *M.Müller*, NJW 2016, S. 2169 (2170); *R.Magnus*, LMK 2016, 381538.
[724] EuGH, 28.01.2015 – Rs. C-375/13, *Kolassa* ./. *Barclays Bank plc.*, ECLI:EU:C:2015:37 = EuZW 2015, S. 218, Rn. 51.

sal Music stand der Schaden hingegen bereits mit dem unvorteilhaften Vertragsschluss *vor* der letztlichen Zahlung – bei Abschluss der Zahlungsverpflichtung – endgültig fest. (**2.**) Im Verfahren *Universal Music* bestanden abgesehen von dem Sitz der Klägerin und der Belegenheit ihres Kontos keinerlei Anknüpfungspunkte zum Zahlungsausgangsort, während die beklagte Bank in der Rechtssache *Kolassa* zumindest den (u.U. fehlerhaften) Anlageprospekt auch in Österreich (d.h. im Forum- und Kontoführungsstaat) hatte verbreiten lassen. (**3.**) (Nur) in der Rechtssache *Kolassa* hatte der Geschädigte im Zeitpunkt der Zahlung noch kein Bewusstsein (s)einer Schädigung.[725] In der Rechtssache *Universal Music* hingegen führt der EuGH zur Begründung seines Ergebnisses aus, es sei nicht ausgeschlossen, dass „eine Gesellschaft wie Universal Music zwischen mehreren Bankkonten wählen konnte, von denen aus sie den Vergleichsbetrag hätte entrichten können, so dass der Ort, an dem dieses Konto geführt wird, nicht unbedingt ein zuverlässiges Anknüpfungskriterium ist."[726] Im Kern geht es dem EuGH damit in Fortsetzung seiner in der *Kronhofer*-Entscheidung begonnenen Rechtsprechung[727] (wohl) um die Vermeidung eines *forum shoppings* bzw. eines (Regel-)-Klägergerichtsstands bei bloßen Vermögensschädigungen.[728] Nicht zu unterschätzen sind freilich die mit der nunmehr gefundenen Lösung des EuGH einhergehenden Probleme bei der Lokalisierung des Abschlussorts[729] eines nachteiligen Verpflichtungsvertrags.[730]

bb) Einzelfälle

Bei einer **Produkthaftung** liegt der Erfolgsort nach dem EuGH dort, wo **204** „der ursprüngliche Schaden beim gewöhnlichen Gebrauch des Erzeugnisses für seinen bestimmungsgemäßen Zweck eingetreten ist",[731] und nicht etwa am Erwerbsort. Hilfsweise soll nach verbreiteter Ansicht auf die Wertungen von Art. 5 Rom II-VO zurückzugreifen sein.[732] Bei der Verletzung von **Immaterialgüterrechten** ist zu differenzieren: Bei Patent- und auch Markenrechtsverletzungen liegt der Erfolgsort grds. im betroffenen sowie (im Falle von Internetdelikten) bestimmungsgemäßen[733] Markt[734] (Marktort) bzw. dort, wo eine (z.B.) Marke eingetragen ist;[735] bei der rechtswidrigen Aufführung eines urheber-

---

[725] Hierauf stellt *M.Müller*, NJW 2016, S. 2169 (2170) ab; s. auch *Bach*, NZG 2016, S. 794 (795).
[726] So der EuGH, 16.6.2016 – Rs. C-12/15, *Universal Music International Holding ./. Schilling u.a.*, ECLI:EU:C:2016:449 = NJW 2016, S. 2167 Rn. 38; zustimmend insofern *M.Müller*, NJW 2016, S. 2169 (2170).
[727] Vgl. EuGH, 10.06.2004 – Rs. C-168/02, *Kronhofer ./. Maier u.a.*, Slg. 2004, I-6022 (ECLI:EU:C:2004:364) = NJW 2004, S. 2441, Rn. 21: „nicht schon deshalb".
[728] So *Mankowski*, EuZW 2016, S. 585 (586); ähnlich *M.Müller*, NJW 2016, S. 2169 (2170).
[729] Vgl. kritisch zum Abschlussort als Anknüpfungskriterium oben Rn. 4.
[730] *M.Müller*, NJW 2016, S. 2169 (2170); *Bach*, NZG 2016, S. 794 (795).
[731] EuGH, 16.7.2009 – Rs. C-189/08, *Zuid-Chemie BV ./. Philippo's Mineralenfabriek NV/SA*, Slg. 2009, I-6919 (ECLI:EU:C:2009:475), Rn. 32.
[732] *Mankowski*, EWiR 2009, S. 570; *Rauscher/Leible*, EuZPR, 4. Aufl. 2016, Art. 7 EuGVVO Rn. 123.
[733] So der BGH, 13.10.2004 – I ZR 163/02, NJW 2005, S. 1435: „wirtschaftlich relevanter Inlandsbezug"; so ebenfalls, wenn auch zweifelnd, ob dies mit der EuGH-Rspr. vereinbar sei, *Rauscher/Leible*, EuZPR, 4. Aufl. 2016, Art. 7 EuGVVO Rn. 131 m.w.N.
[734] *Schlosser/Hess*, EuZPR, 4. Aufl. 2015, Art. 7 EuGVVO Rn. 17c.
[735] EuGH, 19.4.2012 – Rs. C-523/10, *Wintersteiger-AG ./. Products 4U Sondermaschinenbau-GmbH*, ECLI:EU:C:2012:220 = EuZW 2012, S. 513, Rn. 29.

rechtlich geschützten Werkes ist Erfolgsort der Ort der Aufführung,[736] und bei **urheberrecht**swidriger Verbreitung eines geschützten Werkes dort, wo die Kopie jeweils angeboten wird.[737] Bei **Verkehrsunfällen** und sonstigen Unfällen liegt der Erfolgsort dort, wo der betreffende Unfall eingetreten ist.[738] Bei **Aufklärungspflichtverletzungen** (und allgemein in Arzthaftungsfällen) ist Erfolgsort nicht der Ort der fehlerhaften bzw. unterlassenen Aufklärung, sondern wo z.b. ein verschriebenes Medikament eingenommen wird.[739]

cc) Persönlichkeitsrechtsverletzungen / Pressedelikte

205 Bei Verletzungen des allgemeinen Persönlichkeitsrechts sowie bei Angriffen auf die Ehre durch „**Presseerzeugnisse**" liegt der Erfolgsort nach der Rechtsprechung des EuGH grds. überall dort, wo die Veröffentlichung **verbreitet** wird, wenn nur der Betroffene dort bekannt ist und damit (potentiell) sein Ansehen ebenda geschmälert wird.[740] Das Gleiche gilt, wie der EuGH im Jahr 2011 in der Rechtssache *eDate* entschieden hat, bei Veröffentlichungen **im Internet**: Hier liegt der Erfolgsort (wohl ohne Einschränkung[741]) überall dort, wo ein im Internet veröffentlichter Inhalt zugänglich ist oder war.[742] Folglich existieren bei Persönlichkeitsrechtsverletzungen durch Pressedelikte sowohl im Internet als auch offline insgesamt sehr **viele potentielle Erfolgsorte**, was zu einer besonders starken Abweichung vom Grundsatz des Art. 4 Abs. 1 und fast immer zur Gewährung eines Klägergerichtsstands führt. Damit einher geht die Gefahr eines sog. *forum shopping*.[743] Wohl aus diesem Grund hat der EuGH für derartige Fälle (sog. „**Shevill-Doktrin**"[744]) die **Kognitionsbefugnis** der Gerichte des Erfolgsorts auf diejenigen Schäden beschränkt, die in dem Staat des angerufenen Gerichts – nicht etwa nur in dem jeweiligen Gerichtsbezirk[745] – verursacht worden sind (sog. **Mosaiktheorie**[746]).[747] Will ein Geschädigter in einem solchen Fall seinen **gesamten Schaden** einklagen, so kann er dies entweder gem. Art. 4 Abs. 1 vor den Gerichten des Wohnsitzstaats des Beklagten oder aber am Handlungsort[748] des Herausgebers der ehrverletzenden Veröffentlichung.[749]

---

[736] *Schlosser*/Hess, EuZPR, 4. Aufl. 2015, Art. 7 EuGVVO Rn. 17c.
[737] *Kropholler*/*von Hein*, EuZPR, 9. Aufl. 2011, Art. 5 EuGVVO a.F. Rn. 84a.
[738] *Schack*, IZVR, 6. Aufl. 2014, Rn. 342.
[739] *Kropholler*/*von Hein*, EuZPR, 9. Aufl. 2011, Art. 5 EuGVVO a.F. Rn. 83 f.
[740] EuGH, 7.3.1995 – Rs. C-68/93, *Shevill* ./. *Presse Alliance*, Slg. 1995, I-415 (ECLI:EU:C:1995:61), Rn. 31 f.
[741] Vgl. *Rauscher*/*Leible*, EuZPR, 4. Aufl. 2016, Art. 7 EuGVVO Rn. 130; zuvor hatte sich der BGH zur Einschränkung (wohl) für das zusätzliche Erfordernis eines objektiven Inlandsbezugs ausgesprochen, s. BGH 10.11.2009 – VI ZR 217/08, EuZW 2010, S. 313 (316).
[742] EuGH, 25.10.2011 – Rs. C-509/09, C-161/10, *eDate Advertising GmbH et alii* ./. *X und MGN Limited*, Slg. 2011, I-10302 (ECLI:EU:C:2011:685), Rn. 52.
[743] *Rauscher*/*Leible*, EuZPR, 4. Aufl. 2016, Art. 7 EuGVVO Rn. 129.
[744] *Rauscher*/*Leible*, EuZPR, 4. Aufl. 2016, Art. 7 EuGVVO Rn. 129.
[745] *Schlosser*/Hess, EuZPR, 4. Aufl. 2015, Art. 7 EuGVVO Rn. 52.
[746] Anders *Kropholler*/*von Hein*, EuZPR, 9. Aufl. 2011, Art. 5 EuGVVO a.F. Rn. 84: „Mosaiklösung".
[747] EuGH, 7.3.1995 – Rs. C-68/93, *Shevill* ./. *Presse Alliance*, Slg. 1995, I-415 (ECLI:EU:C:1995:61), Rn. 33; EuGH, 25.10.2011 – Rs. C-509/09, C-161/10, *eDate Advertising GmbH et alii* ./. *X und MGN Limited*, Slg. 2011, I-10302 (ECLI:EU:C:2011:685), Rn. 42.
[748] Vgl. oben Rn. 192 und 196.
[749] EuGH, 7.3.1995 – Rs. C-68/93, *Shevill* ./. *Presse Alliance*, Slg. 1995, I-415 (ECLI:EU:C:1995:61), Rn. 32.

Text + Erläuterungen   Art. 7   **B Vor I** 7

Wegen der Schwere der Verletzung, die der Inhaber eines Persönlichkeits- 206
rechts erleiden kann, welcher feststellt, dass ein dieses Recht verletzender Inhalt
an jedem Ort der Welt zugänglich ist, soll der Erfolgsort bei **Persönlichkeitsrechtsverletzungen im Internet** nach dem **EuGH zusätzlich** an dem Ort
liegen, an dem das mutmaßliche Opfer den **Mittelpunkt seiner Interessen** hat
(d.h. im Allgemeinen am Ort seines gewöhnlichen Aufenthalts); denn dort können, so der Gerichtshof, die Auswirkungen eines im Internet veröffentlichten
Inhalts auf die Persönlichkeitsrechte einer Person grds. am besten beurteilt werden.[750] Aus diesem Grund kann ein Geschädigter an diesem Ort auch ausnahmsweise ohne Beschränkung der Kognitionsbefugnis den gesamten ihm entstandenen Schaden geltend machen. Vom Ergebnis her existiert daher bei
Persönlichkeitsrechtsverletzungen im Internet eine Art **Klägergerichtsstand**.[751]

dd) Streudelikte

Die soeben Rn. 205 f. dargestellte *Shevill*-Doktrin mit ihrer Mosaiklösung, 207
wonach die Kognitionsbefugnis der Gerichte des Erfolgsorts bei Persönlichkeitsrechtsverletzungen im Internet und durch grenzüberschreitend vertriebene
Medien auf diejenigen Schäden begrenzt ist, die in dem jeweiligen Forumstaat
verursacht worden sind, ist auch auf **andere Streudelikte** anwendbar.[752] Ausdrücklich entschieden hat der EuGH dies zwar nur für Urheberrechtsverletzungen;[753] aufgrund der vergleichbaren Interessenlage sollte dies aber auch für
Patent-,[754] Wettbewerbs-[755] und Markenrechtsverletzungen[756] sowie bei Kartell-
delikten und bei der Schädigung von Daten im Rahmen von Cloud Computing
gelten.[757] Überdies betrifft die *Shevill*-Doktrin nicht nur Schadensersatzklagen,
sondern **auch vorbeugende Unterlassungsklagen** sowie Beseitigungsansprüche und auch einstweiligen Rechtsschutz.[758]

ee) Vorbeugende Unterlassungsklagen

Bei vorbeugenden Unterlassungsklagen ist Erfolgsort grds. jeder Ort, an dem 208
die befürchtete Rechtsgutsverletzung **eintreten kann**.[759] Bei bestimmten Streudelikten ist auch bei einer vorbeugenden Unterlassungsklage die vorerwähnte
Shevill-Doktrin zu beachten (vgl. dazu oben Rn. 205 sowie 207).

---
[750] EuGH, 25.10.2011 – Rs. C-509/09, C-161/10, *eDate Advertising GmbH et alii ./. X und MGN Limited*, Slg. 2011, I-10302 (ECLI:EU:C:2011:685), Rn. 47 ff.
[751] EuGH, 25.10.2011 – Rs. C-509/09, C-161/10, *eDate Advertising GmbH et alii ./. X und MGN Limited*, Slg. 2011, I-10302 (ECLI:EU:C:2011:685), Rn. 52.
[752] Rauscher/Leible, EuZPR, 4. Aufl. 2016, Art. 7 EuGVVO Rn. 129.
[753] EuGH, 3.10.2013 – Rs. C-170/12, *Peter Pinckney ./. KDG Mediatech AG*, ECLI:EU:C:2013:635 = EuZW 2013, S. 863, Rn. 45 f.
[754] Rauscher/Leible, EuZPR, 4. Aufl. 2016, Art. 7 EuGVVO Rn. 129.
[755] Kropholler/von Hein, EuZPR, 9. Aufl. 2011, Art. 5 EuGVVO a.F. Rn. 85.
[756] Schlosser/Hess, EuZPR, 4. Aufl. 2015, Art. 7 EuGVVO Rn. 17; Rauscher/Leible, EuZPR, 4. Aufl. 2016, Art. 7 EuGVVO Rn. 129 unter Berufung auf EuGH, 19.4.2012 – Rs. C-523/10, *Wintersteiger-AG ./. Products 4U Sondermaschinenbau-GmbH*, ECLI:EU:C:2012:220 = EuZW 2012, S. 513.
[757] Vgl. Rauscher/Leible, EuZPR, 4. Aufl. 2016, Art. 7 EuGVVO Rn. 129.
[758] Schlosser/Hess, EuZPR, 4. Aufl. 2015, Art. 7 EuGVVO Rn. 17; Rauscher/Leible, EuZPR, 4. Aufl. 2016, Art. 7 EuGVVO Rn. 129.
[759] Vgl. EuGH, 1.10.2002 – Rs. C-167/00, *Verein für Konsumenteninformation ./. Henkel*, Slg. 2002, I-8111 (ECLI:EU:C:2002:555) = EuZW 2002, S. 657, Rn. 46.

9. Gesamtschaden / Mosaikbetrachtung

209 Am Gerichtsstand des Art. 7 Nr. 2 kann ein Kläger außerhalb der Sonderrechtsprechung des EuGH zu Presse- und bestimmten Streudelikten grds. seinen **Gesamtschaden** geltend machen. Dies gilt mangels Beachtlichkeit des Schadensortes für die Zuständigkeitsbestimmung auch, wenn ein Teil des Schadens bzw. sogar der gesamte Schaden außerhalb des Geltungsbereichs der EuGVVO entstanden ist. Wurde also beispielsweise infolge eines in Spanien hergestellten und nach Österreich verkauften Zulieferteils eine in Amerika aufgebaute Produktionsanlage des Käufers zerstört, so kann der Käufer am Ort der Herstellung des fehlerhaften Teils auch den in den USA entstandenen Schaden einklagen.

III. Gerichtsstand für Adhäsionsverfahren (Art. 7 Nr. 3)

1. Überblick und Normzweck

210 Art. 7 Nr. 3 eröffnet eine **Annexzuständigkeit eines Strafgerichts** zugunsten des durch eine Straftat Geschädigten auch für etwaige begleitende zivilrechtliche Ansprüche auf Schadenersatz oder auf Wiederherstellung des früheren Zustands, soweit diese auf der strafbaren Handlung gründen. Voraussetzung dieses Gerichtsstands ist dabei, dass die jeweilige *lex fori* überhaupt ein **Adhäsions- oder Anhangsverfahren** vorsieht, welches dem Verletzten einer Straftat ermöglicht, seine zivilrechtlich gegen den Schädiger entstandenen Ansprüche im Strafverfahren geltend zu machen.[760] In **Deutschland** etwa ist dies gem. §§ 403 bis 406c StPO der Fall, wenn auch dem Adhäsionsverfahren rein empirisch betrachtet hierzulande keine allzu große Bedeutung zukommt.[761] Die meisten anderen mitgliedstaatlichen Verfahrensordnungen kennen ebenfalls das Rechtsinstitut eines Adhäsions- oder Anhangsverfahren; in den meisten anderen Mitgliedstaaten, etwa des romanischen Rechtskreises, wird auch großteils häufiger als in Deutschland von der Möglichkeit eines Adhäsionsverfahrens Gebrauch gemacht.[762]

211 Ist Art. 7 Nr. 3 einschlägig, so regelt er – wie alle anderen Gerichtsstände des Art. 7 mit Ausnahme von Nr. 6 – sowohl die internationale als auch die **örtliche** Zuständigkeit.[763] Darüber hinaus findet der Gerichtsstand für Adhäsionsverfahren nur gegenüber Beklagten mit **Wohnsitz**[764] **in einem Mitgliedstaat** der Verordnung Anwendung[765] und erfordert weiterhin, dass der Beklagte in einem anderen als seinem Wohnsitzstaat angeklagt wurde (sog. qualifizierter Auslands-

---

[760] *Geimer*/Schütze, EuZVR, 3. Aufl. 2010, Art. 5 EuGVVO a.F. Rn. 278.
[761] *Schlosser*/Hess, EuZPR, 4. Aufl. 2015, Art. 7 EuGVVO Rn. 18; Rauscher/*Leible*, EuZPR, 4. Aufl. 2016, Art. 7 EuGVVO Rn. 143.
[762] S. nur Rauscher/*Leible*, EuZPR, 4. Aufl. 2016, Art. 7 EuGVVO Rn. 143; *Kropholler/von Hein*, EuZPR, 9. Aufl. 2011, Art. 5 EuGVVO a.F. Rn. 95.
[763] *Kropholler/von Hein*, EuZPR, 9. Aufl. 2011, Art. 5 EuGVVO a.F. Rn. 96; *Geimer*/Schütze, EuZVR, 3. Aufl. 2010, Art. 5 EuGVVO a.F. Rn. 282.
[764] Zum Begriff des Wohnsitzes im Sinne der EuGVVO die Kommentierung zu Art. 4 Rn. 7 ff. sowie zu Art. 62, 63.
[765] S. oben Vorb. Art. 7 ff. Rn. 10.

bezug);⁷⁶⁶ andernfalls beurteilt sich die Zuständigkeit nach Art. 4 Abs. 1 bzw. gem. Art. 6 Abs. 1 nach nationalem Verfahrensrecht.⁷⁶⁷
Der Gerichtsstand des Art. 7 Nr. 3 findet seine Rechtfertigung in dem **beson-** **212** **deren Sachzusammenhang** zwischen einer Straftat und daraus etwaig resultierenden zivilrechtlichen Ausgleichsansprüchen; er führt zu einer Entlastung der Zivilgerichte und zu einer Privilegierung des Geschädigten, der sich die Ermittlungen der Staatsanwaltschaft und die Geltung der strafrechtlichen **Offizialmaxime** statt des zivilrechtlichen Beibringungsgrundsatzes zunutze machen kann.⁷⁶⁸ Aus der Tatsache, dass Art. 7 Nr. 3 eine Zuständigkeit nur dann eröffnet, wenn das Institut der Adhäsionsklage in dem jeweiligen nationalen Verfahrensrecht auch tatsächlich vorgesehen ist, folgt, dass die EuGVVO den Mitgliedstaaten **keinesfalls** indirekt die Schaffung oder Beibehaltung eines entsprechenden Rechtsinstituts **vorschreiben will**.⁷⁶⁹ Entsprechend sind auch wegen aller anderen Verfahrensfragen des Adhäsionsverfahrens als der Zuständigkeit nur die nationalen Verfahrensregeln der jeweiligen *lex fori* zu befragen.⁷⁷⁰ Eine besondere Bedeutung von Art. 7 Nr. 3 liegt zudem darin, dass im Adhäsionsverfahren ergangene Entscheidungen über zivilrechtliche Ansprüche nunmehr eindeutig und auch in Staaten, in denen das Adhäsionsverfahren unbekannt oder zumindest ungebräuchlich ist, anerkennungsfähig sind.⁷⁷¹

2. Entstehungsgeschichte

Art. 7 Nr. 3 entspricht wortgleich dem früheren Art. 5 Nr. 4 EuGVVO a.F., **213** der wiederum unverändert aus Art. 5 Nr. 4 EuGVÜ hervorgegangen war.

3. Konkurrenzen

Ein Kläger kann gleichberechtigt zwischen dem Gerichtsstand des Art. 7 Nr. 3 **214** und demjenigen der unerlaubten Handlung in Art. 7 Nr. 2 bzw. dem allgemeinen Gerichtsstand des Art. 4 Abs. 1 wählen. Wenn bereits ein Gerichtsstand gem. Art. 7 Nr. 2 eröffnet ist, stellt Art. 7 Nr. 3 daher allenfalls einen zusätzlichen örtlichen Gerichtsstand bereit. In der Praxis liegt die eigenständige Bedeutung von Art. 7 Nr. 3 insbesondere dort, wo das Strafverfahren an einem anderen Ort als dem Handlungs- oder Erfolgsort, beispielsweise am Ort der Festnahme eines Täters, durchgeführt wird.⁷⁷² Derartig weite Strafzuständigkeiten führen im Einzelfall allerdings wiederum zur Existenz unter der EuGVVO eigentlich uner-

---

⁷⁶⁶ Dazu näher oben Vorb. Art. 7 ff. Rn. 11 f.
⁷⁶⁷ MünchKomm/*Gottwald*, ZPO, 4. Aufl. 2013, Art. 5 EuGVVO a.F. Rn. 77; *Geimer*/Schütze, EuZVR, 3. Aufl. 2010, Art. 5 EuGVVO a.F. Rn. 285.
⁷⁶⁸ Rauscher/*Leible*, EuZPR, 4. Aufl. 2016, Art. 7 EuGVVO Rn. 143.
⁷⁶⁹ *Geimer*/Schütze, EuZVR, 3. Aufl. 2010, Art. 5 EuGVVO a.F. Rn. 281, 293; Rauscher/*Leible*, EuZPR, 4. Aufl. 2016, Art. 7 EuGVVO Rn. 146.
⁷⁷⁰ *Geimer*/Schütze, EuZVR, 3. Aufl. 2010, Art. 5 EuGVVO a.F. Rn. 280.
⁷⁷¹ Vgl. etwa *Kropholler/von Hein*, EuZPR, 9. Aufl. 2011, Art. 5 EuGVVO a.F. Rn. 95.
⁷⁷² *Kropholler/von Hein*, EuZPR, 9. Aufl. 2011, Art. 5 EuGVVO a.F. Rn. 96 unter Berufung auf den Jenard-Bericht, 1979, S. 26.

B Vor I 7 Art. 7 VO (EU) Nr. 1215/2012

wünschter **exorbitanter Gerichtsstände**.[773] Demgegenüber gehen die ausschließlichen Zuständigkeiten des Art. 24 naturgemäß – jedenfalls theoretisch – ebenso wie eine ausschließliche Gerichtsstandsvereinbarung gem. Art. 25 den besonderen Gerichtsständen und damit auch Art. 7 Nr. 3 vor. Indes ist Art. 7 Nr. 3 von seinem Regelungsgegenstand her so speziell, dass – soweit ersichtlich – im Regelfall weder multilaterale Übereinkommen noch andere Vorschriften der Verordnung vorrangig sind.

4. Sachlicher Anwendungsbereich

215 Art. 7 Nr. 3 betrifft nur Klagen auf Schadensersatz oder auf Wiederherstellung des früheren Zustandes und erfordert zudem, dass diese Ansprüche aus einer mit Strafe bedrohten Handlung resultieren. Diese Begriffe – insbesondere das Vorliegen einer mit „Strafe" bedrohten Handlung – sind **autonom auszulegen**.[774] Unter den weit zu verstehenden Begriff der Strafe fallen dabei auch **Ordnungswidrigkeiten** im Sinne des deutschen Rechts; auf die Art der jeweiligen staatlichen Sanktion kommt es für diesen Gerichtsstand gerade nicht an.[775] Entscheidend ist vielmehr, dass „wegen einer Handlung eine repressive staatliche Sanktion verhängt werden kann".[776] Auch **fahrlässig begangene Straftaten** können, wie sich indirekt aus Art. 64[777] ergibt, unter Art. 7 Nr. 3 fallen. Darunter versteht der EuGH jede Straftat, deren gesetzliche Definition weder ausdrücklich noch der Natur des umschriebenen Delikts nach Vorsatz voraussetzt.[778]

216 Die **Kognitionsbefugnis** eines nach Art. 7 Nr. 3 zuständigen Gerichts erfasst nur im unionsrechtlich autonomen Sinne **außervertragliche** Ansprüche.[779] Zur Abgrenzung zwischen vertraglichen und außervertraglichen Ansprüchen kann dabei auf die oben Rn. 22 ff. (zu Art. 7 Nr. 1) dargestellten Kriterien verwiesen werden. Eine **Annexzuständigkeit** auch für vertragliche Ansprüche – wie sie bisweilen etwa für den Fall, dass eine Vertragsverletzung strafrechtlich verfolgt wird, gefordert wird – besteht entgegen einer Mindermeinung[780] und ebenso wie im Rahmen von Art. 7 Nr. 2 auch,[781] bei Art. 7 Nr. 3 **nicht**.[782]

217 Wird ein Strafprozess gegen **mehrere Angeklagte** geführt und ist dieser im Verhältnis zu einem Angeklagten eine rein nationale Angelegenheit, so gilt inso-

---

[773] Vgl. das Beispiel bei *Geimer*/Schütze, EuZVR, 3. Aufl. 2010, Art. 5 EuGVVO a.F. Rn. 284 sowie *Schlosser*/Hess, EuZPR, 4. Aufl. 2015, Art. 7 EuGVVO Rn. 18.
[774] Vgl. auch EuGH, 26.5.1981 – Rs. 157/80, *Strafverfahren Rinkau*, Slg. 1981, 1391 (ECLI:EU:C:1981:120), Rn. 11 sowie *Schlosser*/Hess, EuZPR, 4. Aufl. 2015, Art. 7 EuGVVO Rn. 18; *Rauscher*/Leible, EuZPR, 4. Aufl. 2016, Art. 7 EuGVVO Rn. 144.
[775] EuGH, 26.5.1981 – Rs. 157/80, *Strafverfahren Rinkau*, Slg. 1981, 1391 (ECLI:EU:C:1981:120), Rn. 14 f.
[776] *Rauscher*/Leible, EuZPR, 4. Aufl. 2016, Art. 7 EuGVVO Rn. 144.
[777] Vgl. hierzu sogleich Rn. 158.
[778] EuGH, 26.5.1981 – Rs. 157/80, *Strafverfahren Rinkau*, Slg. 1981, 1391 (ECLI:EU:C:1981:120), Rn. 16.
[779] Vgl. zu diesem Begriff die Kommentierung zu Art. 7 (Nr. 2) Rn. 159 ff.; *Rauscher*/Leible, EuZPR, 4. Aufl. 2016, Art. 7 EuGVVO Rn. 145.
[780] Eingeschränkt etwa *Schlosser*/Hess, EuZPR, 4. Aufl. 2016, Art. 7 EuGVVO Rn. 18.
[781] Zur entsprechenden Diskussion s. oben Rn. 145 ff.
[782] *Kropholler/von Hein*, EuZPR, 9. Aufl. 2011, Art. 5 EuGVVO a.F. Rn. 97; *Rauscher*/Leible, EuZPR, 4. Aufl. 2016, Art. 7 EuGVVO Rn. 145.

weit ausschließlich das nationale Recht der Adhäsionsklage. Im Verhältnis zu ausländischen Beschuldigten oder Geschädigten verbleibt es dagegen bei der gegenständlichen Beschränkung auf außervertragliche Ansprüche.

5. Persönlicher Anwendungsbereich

Nach den nationalen Verfahrensvorschriften einiger Mitgliedstaaten im Sinne 218
der EuGVVO ist es möglich, ein Adhäsionsverfahren nicht nur gegen den jeweiligen **Angeklagten** anzustrengen, sondern auch **andere Personen** (mit-)zuverklagen. Vor diesem Hintergrund wird angesichts der weit reichenden Folgen, die der u.U. exorbitante[783] Gerichtsstand des Art. 7 Nr. 3 für einen Beklagten mit sich bringen kann, zum Teil gefordert, diesen Gerichtsstand in persönlicher Hinsicht nur auf den jeweils Angeklagten des betreffenden Strafverfahrens anzuwenden.[784] Dies widerspricht jedoch der eingangs Rn. 212 geschilderten Systematik des Art. 7 Nr. 3, wonach sich alle Verfahrensfragen des Adhäsionsverfahrens außer der Zuständigkeit nach den nationalen Verfahrensregeln der jeweiligen *lex fori* richten, und ist daher abzulehnen.[785]

6. Art. 64 und die Verteidigungsrechte des Beschuldigten

Art. 64 – der frühere Art. 61 EuGVVO a.F. – enthält einen **europarechtli-** 219
chen Mindeststandard der Verteidigungsrechte eines Beschuldigten, durch den die Position von nur aufgrund einer **fahrlässig** begangenen Straftat Angeklagten potentiell verbessert wird. Diese Vorschrift beeinflusst durch die Gewährung eines Mindeststandards (potentiell) indirekt das nationale Strafverfahrensrecht.[786] Art. 64 geht auf Protokolle zum EuGVÜ und zum LugÜ zurück[787] und gewährt Angeklagten mit Wohnsitz in einem Mitgliedstaat, denen lediglich eine fahrlässig begangene Straftat zur Last gelegt wird und die in einem anderen Mitgliedstaat angeklagt werden, das Recht, sich in diesem Verfahren grds. (zu Ausnahmen vgl. Art. 64 Satz 2) von hierzu befugten Personen vertreten lassen, selbst wenn sie persönlich nicht erscheinen.

Der Anwendungsbereich des Art. 64 ist dabei nicht auf Verfahren, deren 220
Zuständigkeit auf Art. 7 Nr. 3 gründet, beschränkt. Auch ein Beschuldigter, der an seinem Wohnsitz oder am Deliktsgerichtsstand des Art. 7 Nr. 2 angeklagt wird, kann sich auf diese Schutzvorschrift beziehen. Denn Art. 64 gilt in **allen** Strafverfahren, soweit eine zivilrechtliche Haftung des Angeklagten für Tatumstände in Betracht kommt, die die der Anklage zugrunde liegenden Straftat begründen.[788]

---

[783] Vgl. oben Rn. 214.
[784] So etwa *Geimer*/Schütze, EuZVR, 3. Aufl. 2010, Art. 5 EuGVVO a.F. Rn. 290; *Magnus/Mankowski*, Brussels I Regulation, 2. Aufl. 2012, Art. 5 EuGVVO a.F. Rn. 264.
[785] *Rauscher/Leible*, EuZPR, 4. Aufl. 2016, Art. 7 EuGVVO Rn. 147; *Kropholler/von Hein*, EuZPR, 9. Aufl. 2011, Art. 5 EuGVVO a.F. Rn. 98.
[786] So auch *Kropholler/von Hein*, EuZPR, 9. Aufl. 2011, Art. 5 EuGVVO a.F. Rn. 98.
[787] Vgl. die Kommentierung zu Art. 64 sowie Rauscher/*Staudinger*, EuZPR, 4. Aufl. 2016, Art. 64 EuGVVO Rn. 1.
[788] EuGH, 26.5.1981 – Rs. 157/80, *Strafverfahren Rinkau*, Slg. 1981, 1391 (ECLI:EU:C:1981:120), Rn. 21.

IV. Gerichtsstand für Kulturgüter (Art. 7 Nr. 4)

1. Überblick

221 Der im Zuge der jüngsten EuGVVO-Reform **neu geschaffene** Gerichtsstand für Kulturgüter in Art. 7 Nr. 4 begründet eine Sonderzuständigkeit für **Vindikationsansprüche** – d.h. auf das Eigentum gestützte Herausgabeansprüche – in Bezug auf bestimmte entwendete Kulturgüter an deren Belegenheitsort (sog. *forum rei sitae*). Art. 7 Nr. 4 ist im Unionsrecht bislang **ohne Vorbild**.[789] Auch die im Wortlaut des Art. 7 Nr. 4 in Bezug genommene, inzwischen durch die EU-Kulturgüter-Rückgabe-Richtlinie[790] abgelöste und aufgehobene Kulturgüter-Richtlinie[791] sah zwar in ihrem Art. 5 für bestimmte Rückgabeansprüche eine Klagezuständigkeit im Belegenheitsstaat vor; diese Zuständigkeit galt jedoch anders als Art. 7 Nr. 4 nicht für zivilrechtliche Ansprüche von Mitgliedstaaten, aus deren Hoheitsgebiet das Kulturgut unrechtmäßig verbracht wurde.[792] Eine Art. 7 Nr. 4 entsprechende Regelung findet sich jedoch z.B. seit 2005 in Art. 98a des schweizerischen IPRG.[793]

2. Entstehungsgeschichte

222 Im Zuge des jüngsten Reformprozesses der EuGVVO hatte der EU-Gesetzgeber noch im EuGVVO-Entwurf vom 14.12.2010 geplant, in damals Art. 5 Nr. 3 EuGVVO-E umfassend eine besondere Zuständigkeit für **Streitigkeiten um dingliche Rechte**[794] **an beweglichen Sachen** an deren jeweiligem Belegenheitsort zu schaffen.[795] Für unbewegliche Sachen sieht demgegenüber bereits Art. 24 Nr. 1 Satz 1 Alt. 1 eine eigene Gerichtsstandsregel vor.[796] Diese viel weitergehende als die nun in Art. 7 Nr. 4 Gesetz gewordene Zuständigkeitsregel wurde indes aufgrund zahlreicher Bedenken nicht Gesetz.[797]

3. Anwendungsbereich

223 Art. 7 Nr. 4 schafft einen besonderen Gerichtsstand für auf Eigentum gestützte zivilrechtliche Ansprüche zur **Wiedererlangung eines Kulturguts** vor dem Gericht desjenigen Ortes, an dem sich das Kulturgut zum Zeitpunkt der Anrufung des Gerichts befindet. Aus seinem Wortlaut („Gericht des Ortes") ersicht-

---
[789] Schlosser/Hess, EuZPR, 4. Aufl. 2016, Art. 7 EuGVVO Rn. 19.
[790] Richtlinie 2014/60/EU des Europäischen Parlaments und des Rates vom 15.5.2014 über die Rückgabe von unrechtmäßig aus dem Hoheitsgebiet eines Mitgliedstaats verbrachten Kulturgütern und zur Änderung der Verordnung (EU) Nr. 1024/2012 (Neufassung), ABl. (EU) 2014 Nr. L 159, S. 1, ber. ABl. (EU) 2015 Nr. L 147, S. 24.
[791] Richtlinie 93/7/EWG des Rates vom 15.3.1993 über die Rückgabe von unrechtmäßig aus dem Hoheitsgebiet eines Mitgliedstaats verbrachten Kulturgütern, ABl. (EG) 1993 Nr. L 74, S. 74.
[792] Vgl. Art. 15 der Richtlinie sowie *Siehr*, FS Martiny, 2014, S. 837 (841).
[793] Rauscher/*Leible*, EuZPR, 4. Aufl. 2016, Art. 7 EuGVVO Rn. 149.
[794] Zum Begriff der „dinglichen Rechte" im Sinne der EuGVVO vgl. die Kommentierung zu Art. 24 Rn. 20 ff.
[795] Vgl. KOM(2010) 748 endg.; Rauscher/*Leible*, EuZPR, 4. Aufl. 2016, Art. 7 EuGVVO Rn. 149.
[796] Vgl. hierzu näher die Kommentierung zu Art. 24 Rn. 16 ff.
[797] Rauscher/*Leible*, EuZPR, 4. Aufl. 2016, Art. 7 EuGVVO Rn. 149 m.w.N.

lich regelt Art. 7 Nr. 4 – anders als Art. 4 Abs. 1 – neben der internationalen auch die **örtliche** Zuständigkeit mit.[798] Im Übrigen findet Art. 7 Nr. 4 nur gegenüber Beklagten mit **Wohnsitz**[799] **in einem Mitgliedstaat** der Verordnung Anwendung[800] und erfordert zudem, dass sich die Belegenheit des wiederzuerlangenden Kulturguts in einem anderen als dem Wohnsitzstaat des Beklagten befindet.[801]

a) Kulturgut

Hinsichtlich der – grds. naturgemäß **autonom** vorzunehmenden[802] – Definition des Kulturguts verweist Art. 7 Nr. 4 auf Art. 1 Nr. 1 der vorerwähnten **Kulturgüter-Richtlinie**. Danach ist ein Kulturgut grds. entweder ein Gegenstand, der vor oder nach der unrechtmäßigen Verbringung aus dem Hoheitsgebiet eines Mitgliedstaats nach den einzelstaatlichen Rechtsvorschriften oder Verwaltungsverfahren im Sinne von Art. 36 AEUV als „nationales Kulturgut von künstlerischem, geschichtlichem oder archäologischem Wert" eingestuft wurde *und* unter eine der im Anhang zur Kulturgüterrichtlinie genannten Kategorien fällt bzw. der, wenn dies nicht der Fall ist, entweder zu öffentlichen Sammlungen gehört (d.h. Museen, Archiven oder zu erhaltenswürdigen Beständen von Bibliotheken) oder im Bestandsverzeichnis kirchlicher Einrichtungen aufgeführt ist.

Allerdings wurde die Kulturgüter-Richtlinie mit Wirkung vom 19.12.2015 durch die **EU-Kulturgüter-Rückgabe-Richtlinie**[803] abgelöst und aufgehoben. Gemäß deren Art. 20 Abs. 2 (vergleichbar z.B. mit Art. 80 EuGVVO) gelten Bezugnahmen auf die Kulturgüter-Richtlinie als Bezugnahmen auf die EU-Kulturgüter-Rückgabe-Richtlinie; entsprechend ist auch die Verweisung in Art. 7 Nr. 4 nunmehr als **Verweisung auf Art. 2 Nr. 1 EU-Kulturgüter-Rückgabe-Richtlinie** zu verstehen. Die dort vorgenommene Definition des Kulturguts ist im Vergleich zur Kulturgüter-Richtlinie zunächst gleichlautend, jedoch **weniger eng**, da der einschränkende zweite Teil der Begriffsbestimmung („*und* unter eine der im Anhang [...] genannten Kategorien fällt, bzw. [...] zu öffentlichen Sammlungen gehört [...] oder im Bestandsverzeichnis kirchlicher Einrichtungen aufgeführt ist") weggefallen ist. Nach der nunmehr maßgeblichen Definition ist ein **Kulturgut** daher ein „Gegenstand, der vor oder nach der unrechtmäßigen Verbringung aus dem Hoheitsgebiet eines Mitgliedstaats nach den nationalen Rechtsvorschriften oder Verwaltungsverfahren im Sinne des Artikels 36 AEUV von diesem Mitgliedstaat als „nationales Kulturgut von künstleri-

---

[798] Rauscher/*Leible*, EuZPR, 4. Aufl. 2016, Art. 7 EuGVVO Rn. 151.
[799] Zum Begriff des Wohnsitzes im Sinne der EuGVVO vgl. die Kommentierung zu Art. 4 Rn. 7 ff. bzw. zu Art. 62 und 63.
[800] *Siehr*, FS Martiny, 2014, S. 837 (840); s. auch oben Vorb. Art. 7 ff. Rn. 10.
[801] Vgl. *Siehr*, FS Martiny, 2014, S. 837 (839) sowie oben Vorb. Art. 7 ff. Rn. 11 f.
[802] Rauscher/*Leible*, EuZPR, 4. Aufl. 2016, Art. 7 EuGVVO Rn. 150.
[803] Richtlinie 2014/60/EU des Europäischen Parlaments und des Rates vom 15.5.2014 über die Rückgabe von unrechtmäßig aus dem Hoheitsgebiet eines Mitgliedstaats verbrachten Kulturgütern und zur Änderung der Verordnung (EU) Nr. 1024/2012 (Neufassung), ABl. (EU) 2014 Nr. L 159, S. 1, ber. ABl. (EU) 2015 Nr. L 147, S. 24.

schem, geschichtlichem oder archäologischem Wert" eingestuft oder definiert wurde".

226 Bei der Verweisung in Art. 7 Nr. 4 handelt es sich um eine sog. **Definitionsverweisung** (und nicht um eine Rechtsgrundverweisung, bei der auf die Definition in den jeweiligen nationalen Umsetzungsakten abzustellen wäre),[804] mit der Folge, dass grds. **auch drittstaatliche Kulturgüter** am Gerichtsstand des Art. 7 Nr. 4 eingeklagt werden können.[805]

b) Wiedererlangung

227 Art. 7 Nr. 4 betrifft nur **auf Eigentum gestützte zivilrechtliche Ansprüche** auf Wiedererlangung von Kulturgut. Auch dieser Begriff ist autonom zu verstehen:[806] Darunter sind zunächst sämtliche (dinglichen, u.U. aber auch deliktischen[807]) Herausgabeansprüche zu verstehen, die auf Besitzherausgabe gerichtet sind, im Wege einer Leistungsklage geltend gemacht werden und sich auf das Eigentum des Anspruchstellers stützen.[808] Nach überzeugender Ansicht sollten unter Art. 7 Nr. 4 allerdings aus Gründen der Gleichbehandlung mit Art. 7 Nr. 1 und 2 auch **Feststellungsklagen** zu fassen sein.[809]

c) Belegenheitsort

228 Örtlich gesehen begründet Art. 7 Nr. 4 eine besondere Zuständigkeit an dem jeweiligen **Belegenheitsort** eines Kulturguts, d.h. am – v.a. aus dem Internationalen Sachenrecht (aber auch z.B. aus Art. 24 Nr. 1 Satz 1[810]) bekannten – sog. *forum rei sitae*. Damit ist der Ort gemeint, an dem sich ein Kulturgut zum maßgebenden Zeitpunkt **tatsächlich befindet**.[811] Maßgebender Zeitpunkt ist dabei die Anrufung des Gerichts, wobei insofern zur genauen Bestimmung dieses Zeitpunkts auf die Grundgedanken des Art. 32 zurückzugreifen sein dürfte.[812]

V. Gerichtsstand der Niederlassung (Art. 7 Nr. 5)

1. Normzweck und Überblick

229 Der auch im autonomen deutschen Recht bekannte (§ 21 ZPO) besondere Gerichtsstand der Niederlassung soll denjenigen privilegieren, der in irgendeiner Weise mit einem **ausländischen Unternehmen** verkehrt, welches im Inland eine Niederlassung unterhält; jenem soll durch Art. 7 Nr. 5 ermöglicht werden, das Unternehmen nicht nur an dessen allgemeinem Gerichtsstand im Ausland,

---

[804] *Siehr*, FS Martiny, 2014, S. 837 (841).
[805] Rauscher/*Leible*, EuZPR, 4. Aufl. 2016, Art. 7 EuGVVO Rn. 150.
[806] Saenger/*Dörner*, ZPO, 6. Aufl. 2015, Art. 7 EuGVVO Rn. 36.
[807] *Siehr*, FS Martiny, 2014, S. 837 (843).
[808] Rauscher/*Leible*, EuZPR, 4. Aufl. 2016, Art. 7 EuGVVO Rn. 150.
[809] *Siehr*, FS Martiny, 2014, S. 837 (842); zustimmend Rauscher/*Leible*, EuZPR, 4. Aufl. 2016, Art. 7 EuGVVO Rn. 150; Saenger/*Dörner*, ZPO, 6. Aufl. 2015, Art. 7 EuGVVO Rn. 36.
[810] Vgl. hierzu näher die Kommentierung zu Art. 24 Rn. 34.
[811] *Siehr*, FS Martiny, 2014, S. 837 (848).
[812] So Rauscher/*Leible*, EuZPR, 4. Aufl. 2016, Art. 7 EuGVVO Rn. 151 sowie oben Vorb. Art. 4 ff. Rn. 19 ff.

sondern auch am Ort der Niederlassung zu verklagen.[813] Denn es wäre **unbillig**, einem Unternehmen, welches einerseits die wirtschaftlichen Vorteile aus dem Betrieb einer Niederlassung im Ausland nutzt, andererseits den Einwand zuzugestehen, der Betrieb der Niederlassung habe für seine Gerichtspflichtigkeit keinerlei Konsequenzen.[814] Der Gerichtsstand der Niederlassung regelt dabei neben der internationalen auch die **örtliche** Zuständigkeit.[815]

Der Gerichtsstand des Art. 7 Nr. 5 ist nach seinem Wortlaut für grds. alle mit dem Betrieb einer Niederlassung (nicht: des Unternehmens) in Zusammenhang stehenden Verfahren – und nicht etwa nur vertragliche Anspruchsgrundlagen[816] – eröffnet. Insofern wird teilweise in Anlehnung an Art. 4 Abs. 1 – wo der Rechtsgrund eines Anspruchs ebenfalls gleichgültig ist – von der Niederlassung als „verkleinertem Wohnsitz"[817] eines Unternehmens gesprochen.[818] Allerdings betrifft Art. 7 Nr. 5 **nur Klagen *gegen* das betreffende, eine Niederlassung betreibende Unternehmen**; Aktivklagen des Unternehmens selbst können hingegen nicht am Gerichtsstand der Niederlassung erhoben werden.[819] Dies ergibt sich zwar nicht aus dem Wortlaut von Art. 7 Nr. 5, folgt jedoch aus dessen Normzweck sowie dem Sinnzusammenhang der Zuständigkeitsvorschriften der EuGVVO insgesamt: Andernfalls stünde dem Inhaber einer Niederlassung nämlich ein reiner Klägergerichtsstand zur Verfügung.[820] 230

2. Entstehungsgeschichte

Art. 7 Nr. 5 entspricht unverändert Art. 5 Nr. 5 EuGVÜ sowie Art. 5 Nr. 5 EuGVVO a.F. 231

3. Konkurrenzen

Die ausschließlichen Zuständigkeiten des Art. 24 gehen ebenso wie ausschließliche Gerichtsstandsvereinbarungen im Sinne von Art. 25 dem besonderen Gerichtsstand des Art. 7 Nr. 5 vor. Die im Wege der Spezialität an sich vorrangigen Zuständigkeitsregeln im 3., 4. und 5. Abschnitt des II. Kapitels behalten eine Anwendbarkeit von Art. 7 Nr. 5 hingegen ausdrücklich vor, s. Art. 10, 17 Abs. 1 und 20 Abs. 1. Im Übrigen steht Art. 7 Nr. 5 – wie jeder andere besondere Gerichtsstand auch – gleichrangig neben den weiteren Gerichtsständen der EuGVVO zur Verfügung. 232

---

[813] *Schlosser/Hess*, EuZPR, 4. Aufl. 2015, Art. 7 EuGVVO Rn. 20.
[814] *Geimer/Schütze*, EuZVR, 3. Aufl. 2010, Art. 5 EuGVVO a.F. Rn. 296; *Kropholler/von Hein*, EuGVO, 9. Aufl. 2011, Art. 5 EuGVVO a.F. Rn. 99.
[815] *Rauscher/Leible*, EuZPR, 4. Aufl. 2016, Art. 7 EuGVVO Rn. 154.
[816] EuGH, 22.11.1978 – Rs. 33/78, *Somafer ./. Saar Ferngas*, Slg. 1978, 2183 (ECLI:EU:C:1978:205), Rn. 13.
[817] So *Geimer/Schütze*, EuZVR, 3. Aufl. 2010, Art. 5 EuGVVO a.F. Rn. 299; MünchKomm/*Gottwald*, ZPO, 4. Aufl. 2013, Art. 5 EuGVVO a.F. Rn. 79.
[818] Kritisch diesbezüglich *Rauscher/Leible*, EuZPR, 4. Aufl. 2016, Art. 7 EuGVVO Rn. 152.
[819] *Geimer/Schütze*, EuZVR, 3. Aufl. 2010, Art. 5 EuGVVO a.F. Rn. 298; *Rauscher/Leible*, EuZPR, 4. Aufl. 2016, Art. 7 EuGVVO Rn. 154; *Kropholler/von Hein*, EuGVO, 9. Aufl. 2011, Art. 5 EuGVVO a.F. Rn. 101; MünchKomm/*Gottwald*, ZPO, 4. Aufl. 2013, Art. 5 EuGVVO a.F. Rn. 89.
[820] Ganz h.M., vgl. nur *Rauscher/Leible*, EuZPR, 4. Aufl. 2016, Art. 7 EuGVVO Rn. 154; *Geimer/Schütze*, EuZVR, 3. Aufl. 2010, Art. 5 EuGVVO a.F. Rn. 298.

B Vor I 7 Art. 7 VO (EU) Nr. 1215/2012

4. Räumlicher Anwendungsbereich

233 In räumlicher Hinsicht erfordert Art. 7 Nr. 5 zunächst, dass sich die betreffende **Niederlassung in einem Mitgliedstaat** im Sinne der EuGVVO befindet. Zudem findet auch der Gerichtsstand der Niederlassung grds. nur gegenüber **Beklagten mit Wohnsitz**[821] **in einem Mitgliedstaat** der Verordnung Anwendung;[822] andernfalls findet gemäß Art. 6 Abs. 1 autonomes nationales Zivilverfahrensrecht (z.B. § 21 ZPO) Anwendung.[823]

234 Eine vermeintliche **Ausnahme** soll[824] insofern für bestimmte unter die Sondervorschriften im **3., 4. und 5. Abschnitt** fallende Rechtsstreitigkeiten gelten, bei denen es gem. Art. 11 Abs. 2, 17 Abs. 2[825] bzw. 20 Abs. 2 für die Zwecke der EuGVVO ausreicht, wenn der jeweilige Vertragspartner der typisiert schwächeren Partei zwar keinen Wohnsitz, jedoch eine Niederlassung im Hoheitsgebiet eines Mitgliedstaats besitzt.[826] Dies verleitet einige zu der Annahme, auch ein in einem Drittstaat ansässiges Unternehmen könne in derartigen Konstellationen am Gerichtsstand des Art. 7 Nr. 5 verklagt werden.[827] Allerdings ist für Art. 7 Nr. 5 ausweislich des einleitenden Wortlauts von Art. 7 erforderlich, dass sich der **Wohnsitz des Inhabers der betreffenden Niederlassung in einem anderen als dem Staat der Niederlassung** befindet. Da aber die genannten Sondervorschriften in Art. 11 Abs. 2, 17 Abs. 2 bzw. 20 Abs. 2 lediglich das Vorliegen eines Wohnsitzes im Hoheitsgebiet des *jeweiligen Niederlassungsstaats* fingieren, scheidet in derartigen Fällen mangels Auseinanderfallens von Wohnsitz- und Niederlassungsstaat ein Rückgriff auf Art. 7 Nr. 5 wohl aus.[828]

235 Wenn Wohnsitz und Niederlassung im demselben Mitgliedstaat liegen, bleibt grds. nur ein Rückgriff auf Art. 4 Abs. 1. Nicht erforderlich ist für Art. 7 Nr. 5 hingegen, dass der **Erfüllungsort** des im Einzelfall eingeklagten Anspruches im jeweiligen Staat der Niederlassung liegt. Dies hatte der EuGH zwar noch im Jahr

---

[821] Zum Begriff des Wohnsitzes im Sinne der EuGVVO vgl. die Kommentierung zu Art. 4 Rn. 7 ff. sowie zu Art. 62 und 63.
[822] *Kropholler/von Hein*, EuZPR, 9. Aufl. 2011, Art. 5 EuGVVO a.F. Rn. 100; Rauscher/*Leible*, EuZPR, 4. Aufl. 2016, Art. 7 EuGVVO Rn. 153.
[823] *Geimer*/Schütze, EuZVR, 3. Aufl. 2010, Art. 5 EuGVVO a.F. Rn. 300.
[824] S. etwa Rauscher/*Leible*, EuZPR, 4. Aufl. 2016, Art. 7 EuGVVO Rn. 153.
[825] Vgl. dazu die Kommentierung zu Art. 17 Rn. 17.
[826] Zwar sperren die genannten Sondervorschriften im 3. bis 5. Abschnitt an sich einen Rückgriff auf die „allgemeinen" Vorschriften der Abschnitte 1 und 2 des II. (Zuständigkeits-)Kapitels der EuGVVO und damit grds. auch auf Art. 7 Nr. 5; die Anwendung dieser Norm wird jedoch in Art. 10, 17 Abs. 1 sowie 20 Abs. 1 jeweils ausdrücklich zugelassen.
[827] Davon geht etwa Rauscher/*Leible*, EuZPR, 4. Aufl. 2016, Art. 7 EuGVVO Rn. 153 aus.
[828] S. dazu auch die Kommentierung zu Art. 17 Rn. 17. Dies bedeutet nicht etwa, dass die Art. 11 Abs. 2, 17 Abs. 2 bzw. 20 Abs. 2 bedeutungslos sind; sie sind vielmehr nur für diejenigen Fälle relevant, in denen der jeweilige Vertragspartner der typisiert schwächeren Partei an seinem Wohnsitz verklagt werden kann (in Verbrauchersachen etwa gem. Art. 18 Abs. 1 Alt. 1 bzw. Art. 17 Abs. 1 Alt. 1 entspricht), indem sie am jeweiligen Ort der Niederlassung einen Wohnsitz des Vertragspartners fingieren. Ein derartige Konstellation (und nicht etwa ein Anwendungsfall von Art. 7 Nr. 5) lag auch dem Urteil des EuGH, 19.7.2012 – Rs. C-154/11, *Ahmed Mahamdia ./. Demokratische Volksrepublik Algerien*, ECLI:EU:C:2012:491 = NZA 2012, 935, Rn. 47, zugrunde, in dem die Demokratische Volksrepublik Algerien gem. Art. 20 Abs. 2, 21 Abs. 1 lit. v vor deutschen Gerichten verklagt werden konnte, weil sie in der Bundesrepublik zwar keinen „Wohnsitz" besaß, wohl aber eine Botschaft als „Niederlassung" im Sinne der EuGVVO unterhielt. **A. A.** wohl – allerdings ohne Diskussion – Rauscher/*Leible*, EuZPR, 4. Aufl. 2016, Art. 7 EuGVVO Rn. 153.

Text + Erläuterungen   Art. 7   **B Vor I** 7

1978 postuliert,[829] ist davon zwischenzeitlich jedoch – zum Glück – wieder abgerückt.[830]

5. Persönlicher Anwendungsbereich

Art. 7 Nr. 5 gewährt keinen Gerichtsstand für Klagen gegen die Niederlassung **236** selbst, sondern stellt lediglich einen weiteren Gerichtsstand für **Verfahren gegen den jeweiligen Inhaber** einer Niederlassung zur Verfügung.[831] Ist eine Niederlassung im Einzelfall selbst partei- und prozessfähig, so kann diese daneben gem. Art. 4 Abs. 1 – nicht aber Art. 7 Nr. 5 – an ihrem Wohnsitz oder an einem anderen Gerichtsstand der Verordnung verklagt werden.[832]

Im Übrigen ist der Personenkreis, der als Unternehmensträger bzw. Inhaber **237** einer Niederlassung in Betracht kommt, **denkbar weit**. So ist Art. 7 Nr. 5 nicht etwa auf Gewerbetreibende beschränkt.[833] **Auch Freiberufler** – etwa multinational auftretenden Rechtsanwalts- oder Steuerberatungskanzleien, aber auch Architekten- und Ingenieurbüros, ärztliche Sanatorien etc. – machen sich den Multiplizierungseffekt ihrer Tätigkeit zunutze und müssen sich daher potentiell am Gerichtsstand ihrer jeweiligen Niederlassung vor Gericht verantworten.[834]

Selbst Staaten kommen, wie der EuGH jüngst am Beispiel des von der **238** Botschaft eines Drittstaats (konkret: der Demokratischen Volksrepublik Algerien) in einem Mitgliedstaat abgeschlossenen Arbeitsvertrages entschieden hat, in zivilrechtlichen Angelegenheiten als Inhaber einer Niederlassung in Betracht.[835] Auf Klägerseite hingegen können sowohl die ursprünglichen Geschäftspartner (bzw. deliktisch Geschädigten etc.) als auch deren Einzel- bzw. Gesamtrechtsnachfolger am Forum des Art. 7 Nr. 5 klagen.

6. Sachlicher Anwendungsbereich

a) Autonome Auslegung

Art. 7 Nr. 5 betrifft Streitigkeiten, die sich aus dem Betrieb einer Zweignie- **239** derlassung, einer Agentur oder einer sonstigen Niederlassung ergeben. Der EuGH hat insofern bereits im Jahr 1978 entschieden, dass diese in Art. 7 Nr. 5 verwendeten Begriffe im Dienste der Rechtssicherheit und der „Gleichheit der Rechte und Pflichten der Parteien im Hinblick auf die Möglichkeit der Abwei-

---
[829] EuGH, 22.11.1978 – Rs. 33/78, *Somafer* ./. *Saar Ferngas*, Slg. 1978, 2183 (ECLI:EU:C:1978:205), Rn. 13.
[830] EuGH, 6.4.1995 – Rs. C-439/93, *Lloyds Register of Shipping* ./. *Campenon Bernard*, Slg. 1995, I-961 (ECLI:EU:C:1995:104), Rn. 16.
[831] *Kropholler/von Hein*, EuZPR, 9. Aufl. 2011, Art. 5 EuGVVO a.F. Rn. 101.
[832] Vgl. Rauscher/*Leible*, EuZPR, 4. Aufl. 2016, Art. 7 EuGVVO Rn. 153.
[833] *Schlosser*/Hess, EuZPR, 4. Aufl. 2015, Art. 7 EuGVVO Rn. 20.
[834] Vgl. etwa MünchKomm/*Gottwald*, ZPO, 4. Aufl. 2013, Art. 5 EuGVVO a.F. Rn. 82; *Geimer/Schütze*, EuZVR, 3. Aufl. 2010, Art. 5 EuGVVO a.F. Rn. 303; *Schlosser*/Hess, EuZPR, 4. Aufl. 2015, Art. 7 EuGVVO Rn. 20.
[835] EuGH, 19.7.2012 – Rs. C-154/11, *Ahmed Mahamdia* ./. *Demokratische Volksrepublik Algerien*, ECLI:EU:C:2012:491 = NZA 2012, S. 935.

chung von der allgemeinen Zuständigkeitsvorschrift" des Art. 4 Abs. 1 **autonom** zu verstehen seien.[836]

b) Erfasste Ansprüche

240   Unter den Gerichtsstand der Niederlassung fallen nicht etwa nur vertragliche, sondern potentiell **auch außervertragliche** (etwa: deliktische) Ansprüche, soweit diese nur aus dem Betrieb gerade der jeweiligen Niederlassung resultieren.[837] Demgegenüber sind Klagen der Niederlassung selbst gegen ihren Inhaber nicht vom Normzweck des Art. 7 Nr. 5 gedeckt und fallen daher nicht in den Anwendungsbereich dieser Vorschrift.[838]

c) Begriff der Niederlassung

241   Wenngleich der Wortlaut des Art. 7 Nr. 5 – auch in anderen Sprachfassungen der EuGVVO – zunächst zwischen Zweigniederlassungen, Agenturen und sonstigen Niederlassungen differenziert, will der EuGH doch nicht zwischen diesen verschiedenen Begriffen differenzieren, sondern versteht sie lediglich als Umschreibungen und Unterformen eines **einzigen, weit verstandenen Begriffs der „Niederlassung".**[839] Dies ist auch folgerichtig; denn die Tatsache, dass der Begriff der „sonstigen Niederlassung" offensichtlich als Sammelbegriff auch andere, nicht namentlich genannte Erscheinungsformen erfassen soll, zeigt bereits, dass eine Differenzierung zwischen den verschiedenen in Art. 7 Nr. 5 genannten Begriffen grds. unnötig ist.[840]

242   Den Begriff der „Niederlassung" in diesem weit verstandenen Sinn definierte der EuGH erstmals umfassend im Jahr 1978 als den **„Mittelpunkt geschäftlicher Tätigkeit,** der auf Dauer als Außenstelle eines Stammhauses hervortritt, eine Geschäftsführung hat und sachlich so ausgestattet ist, dass er in der Weise Geschäfte mit Dritten betreiben kann, dass diese, obgleich sie wissen, dass möglicherweise ein Rechtsverhältnis mit dem im Ausland ansässigen Stammhaus begründet wird, sich nicht unmittelbar an dieses zu wenden brauchen, sondern Geschäfte an dem Mittelpunkt geschäftlicher Tätigkeit abschließen können, der dessen Außenstelle ist".[841] Zusätzlich hatte der Gerichtshof bereits zuvor im Jahr 1976 hervorgehoben, dass eine Niederlassung u.a. wesentlich dadurch charakterisiert werde, dass sie der **Aufsicht und Leitung des Stammhauses** unterliege.[842]

---

[836] EuGH, 22.11.1978 – Rs. 33/78, *Somafer ./. Saar Ferngas*, Slg. 1978, 2183 (ECLI:EU:C:1978:205), Rn. 8.
[837] Vgl. EuGH, 22.11.1978 – Rs. 33/78, *Somafer ./. Saar Ferngas*, Slg. 1978, 2183 (ECLI:EU:C:1978:205), Rn. 13; *Geimer*/Schütze, EuZVR, 3. Aufl. 2010, Art. 5 EuGVVO a.F. Rn. 302.
[838] Vgl. *Kropholler*/von Hein, EuZPR, 9. Aufl. 2011, Art. 5 EuGVVO a.F. Rn. 101 m.w.N.
[839] So ausdrücklich EuGH, 6.10.1976 – Rs. 14/76, *De Bloos ./. Bouyer*, Slg. 1976, 1497 (ECLI:EU:C:1976:134), Rn. 21; s. auch EuGH, 22.11.1978 – Rs. 33/78, *Somafer ./. Saar Ferngas*, Slg. 1978, 2183 (ECLI:EU:C:1978:205), Rn. 12; EuGH, 6.4.1995 – Rs. C-439/93, *Lloyds Register of Shipping ./. Campenon Bernard*, Slg. 1995, I-961 (ECLI:EU:C:1995:104), Rn. 18 f.
[840] So insbesondere *Geimer*/Schütze, EuZVR, 3. Aufl. 2010, Art. 5 EuGVVO a.F. Rn. 304; Rauscher/*Leible*, EuZPR, 4. Aufl. 2016, Art. 7 EuGVVO Rn. 155.
[841] EuGH, 22.11.1978 – Rs. 33/78, *Somafer ./. Saar Ferngas*, Slg. 1978, 2183 (ECLI:EU:C:1978:205), Rn. 12; s. auch EuGH, 6.4.1995 – Rs. C-439/93, *Lloyds Register of Shipping ./. Campenon Bernard*, Slg. 1995, I-961 (ECLI:EU:C:1995:104), Rn. 18.
[842] EuGH, 6.10.1976 – Rs. 14/76, *De Bloos ./. Bouyer*, Slg. 1976, 1497 (ECLI:EU:C:1976:134), Rn. 20.

d) Elemente des Niederlassungsbegriffs

Ausschlaggebend für den Niederlassungsbegriff des EuGH ist danach insbesondere (**1.**) eine dauerhafte oder zumindest eine **auf Dauer angelegte geschäftliche Betätigung**.[843] Eine ihrer Natur nach nur vorübergehende geschäftliche Tätigkeit, etwa im Zusammenhang mit einer temporären einmaligen Veranstaltung, begründet hingegen keine Niederlassung,[844] ebenso wenig wie das Unterhalten einer bloßen Kontakt- bzw. Anlaufadresse ohne Geschäftstätigkeit von gewisser Selbständigkeit.[845] Weiterhin muss (**2.**) die Niederlassung als **Außenstelle ihres Inhabers** auftreten,[846] d.h. es muss eine Tätigkeit der etwaigen Niederlassung für Rechnung des Stammhauses erfolgen. Notwendig ist dafür insbesondere, dass die Außenstelle selbst (wenn auch für den Inhaber) rechtserhebliche Willenserklärungen abgibt und gestaltend tätig wird.[847] Die Entgegennahme und Weiterleitung von Willenserklärungen lediglich als bloßer Bote dürfte hingegen nicht ausreichen, um eine derartige Geschäftstätigkeit zu begründen.[848] Schließlich ist (**3.**) noch erforderlich, dass die Tätigkeit der Niederlassung unter der **Aufsicht und der Leitung des Stammhauses** steht.[849] Nur eine derartige Einbindung rechtfertigt es, das Stammhaus an dem Ort der Niederlassung gerichtspflichtig zu machen. Einheiten, die erkennbar auf eigene Rechnung handeln, etwa Eigenhändler, Handelsmakler,[850] Alleinvertriebshändler,[851] Handelsvertreter (jedenfalls wenn sie aufgrund ihrer rechtlicher Stellung im Wesentlichen frei ihre Tätigkeit gestalten und die Arbeitszeit bestimmen können, die sie dem jeweiligen Unternehmen widmen)[852] oder auch selbständige Tochtergesellschaften[853] können entsprechend grds.[854] nicht als Niederlassung in diesem Sinne angesehen werden. Auch eine bloße Konzernzugehörigkeit reicht als solche nicht aus, um den Gerichtsstand des Art. 7 Nr. 5 zu eröffnen.[855] Das Vorliegen einer Aufsicht und Leitung ist indes **abstrakt** zu prüfen: So kommt es nicht darauf an, ob das Stammhaus den konkreten Fall beaufsichtigt und ent-

---

[843] EuGH, 22.11.1978 – Rs. 33/78, *Somafer* ./. *Saar Ferngas*, Slg. 1978, 2183 (ECLI:EU:C:1978:205), Rn. 12; Rauscher/*Leible*, EuZPR, 4. Aufl. 2016, Art. 7 EuGVVO Rn. 158.
[844] OLG Düsseldorf, 26.10.1995 – 13 U 192/94, IPRax 1998, S. 210; *Geimer*/Schütze, EuZVR, 3. Aufl. 2010, Art. 5 EuGVVO a.F. Rn. 305; Rauscher/*Leible*, EuZPR, 4. Aufl. 2016, Art. 7 EuGVVO Rn. 158.
[845] LG Wuppertal, 8.9.1993 – 2 O 25/93, NJW-RR 1994, S. 191; *Geimer*/Schütze, EuZVR, 3. Aufl. 2010, Art. 5 EuGVVO a.F. Rn. 305; *Schlosser*/Hess, EuZPR, 4. Aufl. 2015, Art. 7 EuGVVO Rn. 20.
[846] EuGH, 22.11.1978 – Rs. 33/78, *Somafer* ./. *Saar Ferngas*, Slg. 1978, 2183 (ECLI:EU:C:1978:205), Rn. 12.
[847] *Geimer*/Schütze, EuZVR, 3. Aufl. 2010, Art. 5 EuGVVO a.F. Rn. 308.
[848] Vgl. LG Wuppertal, 8.9.1993 – 2 O 25/93, NJW-RR 1994, S. 191.
[849] EuGH, 6.10.1976 – Rs. 14/76, *De Bloos* ./. *Bouyer*, Slg. 1976, 1497 (ECLI:EU:C:1976:134), Rn. 20.
[850] LG Hamburg, 10.6.1974, IPRspr. 1974 Nr. 154.
[851] EuGH, 6.10.1976 – Rs. 14/76, *De Bloos* ./. *Bouyer*, Slg. 1976, 1497 (ECLI:EU:C:1976:134), Rn. 22.
[852] EuGH, 18.3.1981 – Rs. 139/80, *Blanckaert & Willems* ./. *Trost*, Slg. 1981, 819 (ECLI:EU:C:1981:70), Rn. 13.
[853] Rauscher/*Leible*, EuZPR, 4. Aufl. 2016, Art. 7 EuGVVO Rn. 160; *Kropholler*/von Hein, EuZPR, 9. Aufl. 2011, Art. 5 EuGVVO a.F. Rn. 107.
[854] Zu etwaigen Ausnahmen s. sogleich Rn. 244 f.
[855] Vgl. MünchKomm/*Gottwald*, ZPO, 4. Aufl. 2013, Art. 7 EuGVVO a.F. Rn. 86.

schieden hat. Entscheidend ist vielmehr, ob die Tätigkeit der Niederlassung insgesamt vom Stammhaus beaufsichtigt wird.

e) **Rechtsschein einer Niederlassung**

244 In einer Entscheidung aus dem Jahr 1987 benannte der EuGH als für die Feststellung des Vorliegens einer Niederlassung zusätzlich maßgeblichen Gesichtspunkt die **Art und Weise, wie verschiedene Entitäten im Geschäftsleben auftreten** und sich Dritten gegenüber in ihren Handelsbeziehungen darstellen.[856] Konkret ging es dabei um den Fall, dass eine Gesellschaft mit Sitz in einem Mitgliedstaat innerhalb eines anderen Mitgliedstaats zwar objektiv – mangels Einbindung – keine „Niederlassung" im Sinne der oben genannten Definition unterhielt, dort aber ihre Tätigkeiten mit Hilfe einer gleichnamigen selbständigen Gesellschaft mit identischer Geschäftsführung entfaltete, die in ihrem Namen verhandelte und Geschäfte abschloss und deren sie sich wie einer Außenstelle bediente. Hier entschied der EuGH, dass auch in einem solchen Fall der Gerichtsstand des Art. 7 Nr. 5 eröffnet sein könne.[857]

245 Entscheidend sind demzufolge nicht die tatsächlichen (objektiven) Verhältnisse bzw. vertraglichen Vereinbarungen, sondern wie das jeweilige Stammhaus und eine etwaige Niederlassung dem jeweiligen Kläger gegenüber im Einzelfall aufgetreten sind, d.h. der **objektive Empfängerhorizont**.[858] Insofern **genügt** für die Anwendbarkeit von Art. 7 Nr. 5, wenn – dem Stammhaus zurechenbar[859] – der **Rechtsschein einer Niederlassung** im oben Rn. 241 ff. geschilderten Sinn gesetzt wurde.[860]

f) **Betriebsbezug**

246 Als letzte Voraussetzung erfordert der Gerichtsstand des Art. 7 Nr. 5 das Vorliegen einer „Streitigkeit aus dem Betrieb einer Niederlassung". Dieser naturgemäß ebenfalls autonom zu verstehende[861] Begriff setzt voraus, dass der jeweilige Streitgegenstand seine Wurzel im Betrieb der Niederlassung hat. Nach dem EuGH soll dies **v.a. in drei Fallgruppen** erfüllt sein: (**1.**) Bei Streitigkeiten um vertragliche oder außervertragliche Rechte und Pflichten in Bezug auf die eigentliche **Führung der Niederlassung** selbst, etwa im Zusammenhang mit der Vermietung des Grundstücks, auf dem die Niederlassung sich befindet, oder im Rahmen der mit dem Personal der Niederlassung

---

[856] EuGH, 9.12.1987 – Rs. 218/86, *Schotte ./. Parfumes Rothschild*, Slg. 1987, 4905 (ECLI:EU:C:1987:536), Rn. 16.
[857] EuGH, 9.12.1987 – Rs. 218/86, *Schotte ./. Parfumes Rothschild*, Slg. 1987, 4905 (ECLI:EU:C:1987:536), Rn. 17.
[858] So z.B. auch – allerdings zu den Art. 17 ff. – EuGH, 20.1.2005 – Rs. C-464/01, *Gruber ./. BayWa AG*, Slg. 2005, I-439 (ECLI:EU:C:2005:32), Rn. 46: „objektiven Umstände bei Vertragsabschluss".
[859] LG Koblenz, 30.9.2008 – 1 O 191/08, IHR 2011, S. 145; Rauscher/*Leible*, EuZPR, 4. Aufl. 2016, Art. 7 EuGVVO Rn. 157.
[860] EuGH, 9.12.1987 – Rs. 218/86, *Schotte ./. Parfumes Rothschild*, Slg. 1987, 4905 (ECLI:EU:C:1987:536), Rn. 17; Rauscher/*Leible*, EuZPR, 4. Aufl. 2016, Art. 7 EuGVVO Rn. 157; Geimer/*Schütze*, EuZVR, 3. Aufl. 2010, Art. 5 EuGVVO a.F. Rn. 314 f.; Kropholler/*von Hein*, EuZPR, 9. Aufl. 2011, Art. 5 EuGVVO a.F. Rn. 108.
[861] S. oben Rn. 239.

abgeschlossenen (Arbeits-)Verträge.⁸⁶² (**2.**) Bei Rechtsstreitigkeiten, die sich auf Verbindlichkeiten beziehen, welche die Niederlassung im Namen des Stammhauses **eingegangen** ist, sowie (**3.**) Rechtsstreitigkeiten über außervertragliche – insbesondere deliktische⁸⁶³ – Verpflichtungen, die aus der Tätigkeit resultieren, welche die Niederlassung für Rechnung des Stammhauses an dem Ort **ausgeübt** hat, an dem sie errichtet ist (etwa Verkehrsunfälle im Rahmen einer Geschäftsfahrt).⁸⁶⁴

7. Maßgeblicher Zeitpunkt

Maßgeblicher Zeitpunkt für das Bestehen einer im Sinne von Art. 7 Nr. 5 **247** zuständigkeitsbegründenden Niederlassung ist zunächst einmal der Zeitpunkt der jeweiligen Anspruchsentstehung;⁸⁶⁵ andernfalls kann schon gar keine „Streitigkeit aus dem Betrieb einer Niederlassung" vorliegen.⁸⁶⁶ Gleichzeitig muss die Niederlassung aber auch im Zeitpunkt der jeweiligen Klageerhebung **noch bestehen**.⁸⁶⁷ Dies ergibt sich nicht zuletzt aus der Systematik der EuGVVO sowie dem eindeutigen Wortlaut von Art. 7 Nr. 5 („befindet").⁸⁶⁸

Wurde die Niederlassung hingegen zum – sinnvollerweise nach Art. 32 zu **248** beurteilenden – Zeitpunkt der Klageerhebung bereits aufgelöst, ist eine Klage im Gerichtsstand des Art. 7 Nr. 5 unzulässig, sofern sich nicht der ehemalige Inhaber nach Rechtsscheingesichtspunkten so behandeln lassen muss, als ob die Niederlassung noch bestünde.⁸⁶⁹ Eine spätere Auflösung der Niederlassung ist hingegen nach den Regeln der *perpetuatio fori*⁸⁷⁰ grds. irrelevant.

VI. Gerichtsstand in Trust-Angelegenheiten (Art. 7 Nr. 6)

1. Normzweck und Überblick

Existenz und Zweck des besonderen Gerichtsstands für Trust-Angelegenhei- **249** ten in Art. 7 Nr. 6 erklären sich aus bestimmten Eigentümlichkeiten der Rechtsfigur eines Trust im Rechtssystem des Vereinigten Königreichs und Irlands. Ein Trust ist ein im deutschen Recht in etwa⁸⁷¹ der **verdeckten Treuhand vergleichbares** Rechtsverhältnis,⁸⁷² bei dem in der Regel ein Begründer – der

---

⁸⁶² EuGH, 22.11.1978 – Rs. 33/78, *Somafer ./. Saar Ferngas*, Slg. 1978, 2183 (ECLI:EU:C:1978:205), Rn. 13 sowie insgesamt EuGH, 19.7.2012 – Rs. C-154/11, *Ahmed Mahamdia ./. Demokratische Volksrepublik Algerien*, ECLI:EU:C:2012:491 = NZA 2012, 4, S. 935.
⁸⁶³ Rauscher/*Leible*, EuZPR, 4. Aufl. 2016, Art. 7 EuGVVO Rn. 161.
⁸⁶⁴ EuGH, 22.11.1978 – Rs. 33/78, *Somafer ./. Saar Ferngas*, Slg. 1978, 2183 (ECLI:EU:C:1978:205), Rn. 13.
⁸⁶⁵ Rauscher/*Leible*, EuZPR, 4. Aufl. 2016, Art. 7 EuGVVO Rn. 162.
⁸⁶⁶ *Schlosser*/Hess, EuZPR, 4. Aufl. 2015, Art. 7 EuGVVO Rn. 21.
⁸⁶⁷ BGH, 12.6.2007 – XI ZR 290/06, NJW-RR 2007, S. 1570; Kropholler/*von Hein*, EuZPR, 9. Aufl. 2011, Art. 5 EuGVVO a.F. Rn. 101a; *Schlosser*/Hess, EuZPR, 4. Aufl. 2015, Art. 7 EuGVVO Rn. 21; *Geimer*/Schütze, EuZVR, 3. Aufl. 2010, Art. 5 EuGVVO a.F. Rn. 312.
⁸⁶⁸ Vgl. BGH, 12.6.2007 – XI ZR 290/06, NJW-RR 2007, S. 1570 (1571).
⁸⁶⁹ *Geimer*/Schütze, EuZVR, 3. Aufl. 2010, Art. 5 EuGVVO a.F. Rn. 311.
⁸⁷⁰ Vgl. hierzu die Vorb. Art. 4 ff. Rn. 21.
⁸⁷¹ Kritisch etwa *Kegel/Schurig*, IPR, 9. Aufl. 2004, § 7 II 2. S. 332.
⁸⁷² S. *Geimer*/Schütze, EuZVR, 3. Aufl. 2010, Art. 5 EuGVVO a.F. Rn. 321.

B Vor I 7 Art. 7   VO (EU) Nr. 1215/2012

sog. Settlor – bestimmte Vermögensgegenstände auf einen „Treuhänder" – den Trustee – mit der Maßgabe überträgt, dass der Trustee diese zugunsten eines Dritten – des Begünstigten (sog. Beneficiary) – bzw. zur Verfolgung eines gesetzlich erlaubten Zwecks halten und verwalten soll.

250   Diese vornehmlich im **anglo-amerikanischen Rechtskreis** anzutreffende Rechtsfigur ist dem kontinentaleuropäischen Rechtskreis gänzlich unbekannt.[873] Sie kann verschiedenste Zwecke erfüllen (etwa die indirekte Verschaffung von Rechtspositionen, die ein Begünstigter direkt nicht innehaben könnte[874]), die im deutschen Recht in allgemeinerer Form zum Teil sachen-, schuld-, gesellschafts- oder auch erb- und familienrechtlich geregelt sind.[875]

251   Da ein Trust keine eigene Rechtspersönlichkeit besitzt und nach außen hin lediglich der Trustee als dinglich Berechtigter auftritt, ist für die Rechtsverhältnisse im Zusammenhang mit einem Trust im **Außenverhältnis** grds. der Trustee der richtige Klagegegner.[876] In diesem Verhältnis wird gemeinhin die Anwendung der „normalen" Zuständigkeitsregeln der Art. 4 Abs. 1, Art. 7 ff. und Art. 24 als angemessen und ausreichend angesehen,[877] weshalb derartige Streitigkeiten nach ganz h.M. auch nicht von Art. 7 Nr. 6 erfasst werden.[878]

252   Im **Innenverhältnis** hingegen bestehen – jedenfalls im Verhältnis zwischen Trustee und Begünstigtem – in aller Regel keinerlei vertraglichen Bindungen. Ohne die Regelung in Art. 7 Nr. 6 wäre eine internationale Zuständigkeit im Anwendungsbereich der EuGVVO damit grds. nur am Wohnsitz des jeweiligen Beklagten eröffnet. Diese Lösung erschien dem europäischen Gesetzgeber als dem Wesen des Trusts nicht ganz angemessen.[879] Denn zum einen besitzt ein Trust zwar keine eigene Rechtspersönlichkeit, jedoch gehen die Rechtsverhältnisse im Innenverhältnis wegen des gebundenen Vermögenszwecks weit über „normale" vertragliche oder gar außervertragliche Beziehungen hinaus. So besitzen etwa die jeweiligen Begünstigten in aller Regel ein eigentumsähnliches dingliches Recht am jeweiligen Trust-Vermögen.[880] Zum anderen wurde befürchtet, ein Trustee könnte etwa durch Wohnsitzwechsel eine Rechtsverfolgung erschweren, was unbillig erschiene, wenn jedenfalls das Trust-Vermögen (z.B.) im Vereinigten Königreich oder Irland verbleibt.[881] Zur Lösung wurde mit Art. 7 Nr. 6 (bzw. dessen Vorgängernormen) ein Gerichtsstand ähnlich demjenigen der Mitgliedschaft in juristischen Personen (z.B. im deutschen Recht gem. § 22 ZPO) geschaffen.[882]

---

[873] Rauscher/*Leible*, EuZPR, 4. Aufl. 2016, Art. 7 EuGVVO Rn. 164.
[874] *Geimer*/Schütze, EuZVR, 3. Aufl. 2010, Art. 5 EuGVVO a.F. Rn. 322.
[875] *Kegel/Schurig*, IPR, 9. Aufl. 2004, § 7 II 2. S. 332.
[876] *Schlosser*-Bericht, 1979, Rn. 110.
[877] S. etwa Rauscher/*Leible*, EuZPR, 4. Aufl. 2016, Art. 7 EuGVVO Rn. 165.
[878] *Schlosser*/Hess, EuZPR, 4. Aufl. 2015, Art. 7 EuGVVO Rn. 22; *Kropholler/von Hein*, EuZPR, 9. Aufl. 2011, Art. 5 EuGVVO a.F. Rn. 117; Rauscher/*Leible*, EuZPR, 4. Aufl. 2016, Art. 7 EuGVVO Rn. 168.
[879] *Schlosser*-Bericht, 1979, Rn. 113.
[880] Vgl. *Geimer*/Schütze, EuZVR, 3. Aufl. 2010, Art. 5 EuGVVO a.F. Rn. 325.
[881] *Schlosser*-Bericht, 1979, Rn. 113.
[882] MünchKomm/*Gottwald*, ZPO, 4. Aufl. 2013, Art. 5 EuGVVO a.F. Rn. 92.

Text + Erläuterungen   Art. 7   **B Vor I** 7

Damit wird den durch einen Trust geschaffenen Sonderverbindungen Rechnung getragen.

Anders als alle anderen besonderen Zuständigkeiten des Art. 7 regelt Art. 7   253
Nr. 6 **nur die internationale Zuständigkeit**. Zur Bestimmung der örtlichen
Zuständigkeit muss daher – wie auch bei Art. 4 Abs. 1 – auf die nationalen
Zivilverfahrensvorschriften zurückgegriffen werden. Für die Bundesrepublik
Deutschland besitzt der Gerichtsstand in Trust-Angelegenheiten indes naturgemäß kaum Bedeutung.[883]

2. Entstehungsgeschichte

In der ursprünglichen Fassung des EuGVÜ von 1968 war – mangels Beteili- 254
gung des Vereinigten Königreichs oder Irlands – noch kein Art. 7 Nr. 6 entsprechender Gerichtsstand vorhanden. Erst mit dem 1. Beitrittsübereinkommen vom
9.10.1978,[884] mit dem neben Irland und Dänemark auch das Vereinigte Königreich dem EuGVÜ beitrat, wurde die Vor-Vorgängernorm des jetzigen Art. 7
Nr. 6 in Art. 5 Nr. 6 EuGVÜ eingefügt. Diese Norm wiederum wurde nahezu
wortgleich zunächst in Art. 5 Nr. 6 EuGVVO a.F. bzw. nunmehr eben Art. 7
Nr. 6 übernommen.

3. Räumlicher Anwendungsbereich

In räumlicher Hinsicht erfordert Art. 7 Nr. 6, dass sich der Sitz eines   255
zuständigkeitsbegründenden Trusts in einem **Mitgliedstaat** im Sinne der
EuGVVO befindet. Wo der Sitz im Einzelfall liegt, ist dabei nicht etwa autonom, sondern gem. Art. 63 Abs. 3 nach dem Internationalen Privatrecht des
jeweiligen Forumstaates zu ermitteln. Gleichzeitig erfordert auch Art. 7 Nr. 6,
dass der jeweilige Beklagte seinen Wohnsitz[885] in einem Mitgliedstaat der
Verordnung hat[886] und dass sich der nach dem IPR der *lex fori* bestimmte Sitz
des Trusts in einem anderen als dem jeweiligen Wohnsitzstaat des Beklagten
befindet.[887]

4. Sachlicher Anwendungsbereich; Auslegung

Unter den Gerichtsstand des Art. 7 Nr. 6 fallen Klagen gegen einen Begrün- 256
der, Trustee oder Begünstigten eines Trusts, der aufgrund eines Gesetzes oder
durch schriftlich vorgenommenes oder schriftlich bestätigtes Rechtsgeschäft
errichtet worden ist.

---
[883] *Schlosser*/Hess, EuZPR, 4. Aufl. 2015, Art. 7 EuGVVO Rn. 22.
[884] ABl. (EG) 1978 Nr. L 304, S. 1.
[885] Zum Begriff des Wohnsitzes im Sinne der EuGVVO vgl. die Kommentierung zu Art. 4 Rn. 7 ff.
sowie zu Art. 62 bzw. 63.
[886] Vgl. näher oben Vorb. Art. 7 ff. Rn. 10; **a. A.** jedoch Geimer/Schütze/*Auer*, Int. Rechtsverkehr,
28. EL 2005, Art. 5 EuGVVO a.F. Rn. 201 mit der plausiblen Begründung, so könne treuwidrigen
Wohnsitzverlegungen in Drittstaaten vorgebeugt werden.
[887] Vgl. ausführlich in den Vorb. Art. 7 ff. Rn. 11 ff.

a) Keine autonome Qualifikation

257 Nach wohl herrschender, jedoch nicht unbestrittener[888] Meinung ist der Begriff des Trusts im Sinne von Art. 7 Nr. 6 – anders als bei beinahe allen sonstigen Systembegriffen des Art. 7[889] – **nicht** etwa **autonom**, sondern entsprechend dem **angelsächsischen Verständnis** auszulegen.[890] Denn da das Rechtsinstitut des Trust lediglich im anglo-amerikanischen Rechtskreis existiert, dem kontinentaleuropäischen Rechtskreis hingegen gänzlich unbekannt ist, kann nur schwerlich eine unionsweit einheitliche, autonome Rechtsauffassung entwickelt werden.

b) Begriff des Trust

258 Ein Trust ist nach angelsächsischem Verständnis ein Rechtsverhältnis, bei dem in der Regel ein Begründer – der Settlor – bestimmte Vermögensgegenstände auf einen Treuhänder – den Trustee – mit der Maßgabe überträgt, dass der Trustee diese zugunsten eines Dritten – des Begünstigten (oder Beneficiary) – bzw. eines gesetzlich erlaubten Zwecks halten sowie verwalten soll.[891] Dieses Rechtsverhältnis ist – ähnlich der Treuhand – gekennzeichnet durch ein **Auseinanderfallen von formeller und materieller Rechtsposition**.[892] Im Außenverhältnis ist dabei nur der Trustee Vollrechtsinhaber. Er darf die daraus resultierenden – zweckgebundenen – Befugnisse aber nur zugunsten des oder der Begünstigten ausüben (sog. Equity).[893] Gleichzeitig ist der Trustee zur Verwaltung des Trusts und zur Abführung der daraus entspringenden Vermögensvorteile verpflichtet. Der oder die im Einzelfall Begünstigte(n) hingegen haben zwar keine Verfügungsgewalt über das Trust-Vermögen, besitzen jedoch in aller Regel ein eigentumsähnliches dingliches Recht daran.[894]

c) Ausgeschlossene Trusts

259 Ein Trust kann nach angelsächsischem Recht entweder durch Rechtsgeschäft unter Lebenden, durch Rechtsgeschäft von Todes wegen (etwa: Testament) oder auch kraft Gesetzes entstehen.[895] Ausweislich des klaren Wortlauts von Art. 7 Nr. 6 fallen unter diesen Gerichtsstand indes nur Streitigkeiten in Bezug auf Trusts, die durch **schriftlich vorgenommenes oder schriftlich bestätigtes Rechtsgeschäft** errichtet worden sind. Damit scheiden neben von Gesetzes wegen entstehende Trusts zunächst sog. „implied trusts" oder „resulting trusts" – d.h. Trusts, die in Anlehnung an einen vermuteten oder hypothetischen Parteiwillen entstehen[896] – sowie sog. „constructive trusts" – also Trusts, die unmittel-

---

[888] A. A. etwa Geimer/Schütze, EuZVR, 3. Aufl. 2010, Art. 5 EuGVVO a.F. Rn. 326; einschränkend auch Kropholler/von Hein, EuZPR, 9. Aufl. 2011, Art. 5 EuGVVO a.F. Rn. 116.
[889] Vgl. Vorb. Art. 7 ff. Rn. 8 f.
[890] Schlosser/Hess, EuZPR, 4. Aufl. 2015, Art. 7 EuGVVO Rn. 22; Rauscher/Leible, EuZPR, 4. Aufl. 2016, Art. 7 EuGVVO Rn. 166.
[891] Vgl. oben Rn. 249 sowie etwa Saenger/Dörner, ZPO, 6. Aufl. 2015, Art. 7 EuGVVO Rn. 41.
[892] Schlosser-Bericht, 1979, Rn. 109 ff.
[893] Geimer/Schütze, EuZVR, 3. Aufl. 2010, Art. 5 EuGVVO a.F. Rn. 322.
[894] Vgl. Geimer/Schütze, EuZVR, 3. Aufl. 2010, Art. 5 EuGVVO a.F. Rn. 322, 325.
[895] Vgl. Geimer/Schütze, EuZVR, 3. Aufl. 2010, Art. 5 EuGVVO a.F. Rn 323 m.w.N.
[896] Rauscher/Leible, EuZPR, 4. Aufl. 2016, Art. 7 EuGVVO Rn. 167.

bar von Rechts wegen entstehen[897] – aus dem Anwendungsbereich von Art. 7 Nr. 6 aus. Auch z.B. erb- bzw. insolvenzrechtliche Trusts unterfallen aufgrund der Bereichsausnahmen in Art. 1 Abs. 2 lit. b und lit. f nicht Art. 7 Nr. 6.[898]

d) Art. 7 Nr. 6 unterfallende Rechtsstreitigkeiten

Art. 7 Nr. 6 umfasst ausweislich seines Normzwecks[899] und Wortlauts nur **260** Klagen, die sich aus dem **Innenverhältnis** eines Trusts ergeben.[900] Denn der jeweilige Beklagte muss gerade als „Begründer, Trustee oder Begünstigten eines Trust" in Anspruch genommen werden. Der Gerichtsstand des Art. 7 Nr. 6 regelt damit eine besondere Zuständigkeit für grds. alle Klagen gegen jede im Innenverhältnis des Trusts beteiligte Person, nicht etwa nur gegen den jeweiligen Trustee.[901] Art. 7 Nr. 6 gilt z.b. auch für Klagen eines Begünstigten auf Abführung der Erträge oder auf Schadensersatz bzw. umgekehrt für Ansprüche des Trustee gegen einen Begünstigten auf Rückerstattung von Überzahlungen.[902] Auch Klagen zwischen mehreren Trustees oder zwischen mehreren Begünstigten sind denkbar, ebenso wie Klagen des Trustees gegen den Begründer auf Überlassung der versprochenen Vermögenswerte.[903] Zu Ansprüchen im **Außenverhältnis** vgl. oben Rn. 251.

5. Bestimmung des Gerichtsstands

Anknüpfungspunkt des Art. 7 Nr. 6 ist der jeweilige „**Sitz**" eines Trusts. Wo **261** sich dieser Sitz befindet, beurteilt sich, wie oben Rn. 255 dargestellt, nach dem IPR der jeweiligen *lex fori*, vgl. Art. 63 Abs. 3 (sowie auch Art. 1 Abs. 2 lit. h Rom I-VO).

VII. Gerichtsstand für Berge- und Hilfslohn (Art. 7 Nr. 7)

1. Normzweck und Überblick

Art. 7 Nr. 7 schafft einen besonderen Gerichtsstand für **Aufwendungser-** **262** **satzansprüche** desjenigen, der zugunsten einer Schiffsladung oder Frachtforderung Bergungs- oder Hilfeleistungen erbracht hat. Diese Vorschrift regelt damit lediglich einen kleinen Ausschnitt der Zuständigkeitsfragen im **Internationalen Seerecht**. Diese **Teillösung** erklärt sich damit, dass bei Schaffung des EuGVÜ – bzw. bei dem Beitritt des Vereinigten Königreichs „als Seehandelsnation"[904] zunächst zur EU im Jahr 1973 sowie zum EuGVÜ im Jahr 1978 – wohl gar

---

[897] *Geimer*/Schütze, EuZVR, 3. Aufl. 2010, Art. 5 EuGVVO a.F. Rn. 329.
[898] *Schlosser*-Bericht, 1979, Rn. 112.
[899] Vgl. oben Rn. 249.
[900] *Schlosser*/Hess, EuZPR, 4. Aufl. 2016, Art. 7 EuGVVO Rn. 22; *Kropholler*/*von Hein*, EuZPR, 9. Aufl. 2011, Art. 5 EuGVVO a.F. Rn. 117; *Rauscher*/*Leible*, EuZPR, 4. Aufl. 2016, Art. 7 EuGVVO Rn. 168.
[901] *Schlosser*-Bericht, 1979, Rn. 111; *Geimer*/Schütze, EuZVR, 3. Aufl. 2010, Art. 5 EuGVVO a.F. Rn. 328.
[902] *Kropholler*/*von Hein*, EuZPR, 9. Aufl. 2011, Art. 5 EuGVVO a.F. Rn. 117.
[903] *Schlosser*-Bericht, 1979, Rn. 111.
[904] MünchKomm/*Gottwald*, ZPO, 4. Aufl. 2013, Art. 5 EuGVÜ a.F. Rn. 97.

kein Bedürfnis nach einer umfassenderen Regelung bestand. Denn in Gestalt des Brüsseler Übereinkommens über den Arrest in Seeschiffe vom 10.5.1952[905] (Brüsseler Seerechtsübereinkommen) waren viele seerechtliche Fragen bereits geregelt.[906] Dieses Übereinkommen genießt auch heute noch gem. Art. 71 Abs. 1 Vorrang vor den Regeln der EuGVVO.[907] Indes hatten die Vertragsstaaten bei der Schaffung des Brüsseler Seerechtsübereinkommens den nunmehr von Art. 7 Nr. 7 geregelten Fall der Zuständigkeit aufgrund einer Beschlagnahme von Ladung oder Fracht nach Bergung oder Hilfeleistung anscheinend vergessen.[908] Diese Lücke wurde mit Art. 7 Nr. 7 bzw. dessen Vorgängerregeln geschlossen.

263   Art. 7 Nr. 7 stellt für die Begründung der Hauptsachezuständigkeit darauf ab, dass eine im Einzelfall geborgene Ladung oder die entsprechende Frachtforderung mit Arrest belegt wurde oder jedenfalls mit Arrest hätte belegt werden können, d.h. die **Zuständigkeit in der Hauptsache folgt aus der Arrestzuständigkeit**. Damit begründet diese Vorschrift einen international eigentlich **verpönten** sog. Arrestgerichtsstand (sog. *forum arresti*).[909] Die in Art. 7 Nr. 7 verwendeten Begriffe sind autonom zu verstehen.[910] Die Vorschrift regelt sowohl die internationale als auch die **örtliche** Zuständigkeit.

2. Entstehungsgeschichte

264   Ebenso wie im Falle von Art. 7 Nr. 6 wurde auch die Vor-Vorgängernorm von Art. 7 Nr. 7 – nämlich Art. 5 Nr. 7 EuGVÜ – erst mit dem 1. Beitrittsübereinkommen vom 9.10.1978[911] in das EuGVÜ eingefügt. Die damalige Neuschaffung des Art. 5 Nr. 7 EuGVÜ geschah auf Wunsch und Drängen des dem EuGVÜ beitretenden **Vereinigten Königreichs**.[912] In der Folge wurde Art. 5 Nr. 7 EuGVÜ im Jahr 2002 nahezu wortgleich zunächst in Art. 5 Nr. 7 EuGVVO a.F. und nunmehr in Art. 7 Nr. 7 übernommen.

3. Räumlicher Anwendungsbereich

265   Für Art. 7 Nr. 7 muss sich einerseits der Wohnsitz[913] des jeweiligen Beklagten in einem **Mitgliedstaat** im Sinne der Verordnung befinden,[914] andererseits darf

---
[905] BGBl. II 1972, S. 653 (655).
[906] *Kropholler/von Hein*, EuZPR, 9. Aufl. 2011, Art. 5 EuGVVO a.F. Rn. 123.
[907] Vgl. Rauscher/*Mankowski*, EuZPR, 4. Aufl. 2016, Art. 71 EuGVVO Rn. 29.
[908] *Schlosser*-Bericht, 1979, Rn. 121.
[909] Kritisch daher *Kropholler/von Hein*, EuZPR, 9. Aufl. 2011, Art. 5 EuGVVO a.F. Rn. 124 („rechtspolitisch bedenklich", aber „vertretbar"); *Geimer*/Schütze, EuZVR, 3. Aufl. 2010, Art. 5 EuGVVO a.F. Rn. 348, hält die Regelung demgegenüber „sinnvoll und ausgewogen".
[910] Rauscher/*Leible*, EuZPR, 4. Aufl. 2016, Art. 7 EuGVVO Rn. 171; *Kropholler/von Hein*, EuZPR, 9. Aufl. 2011, Art. 5 EuGVVO a.F. Rn. 125.
[911] ABl. (EG) 1978 Nr. L 304, S. 1.
[912] *Schlosser*-Bericht, 1979, Rn. 121; *Geimer*/Schütze, EuZVR, 3. Aufl. 2010, Art. 5 EuGVVO a.F. Rn. 346.
[913] Zum Begriff des Wohnsitzes im Sinne der EuGVVO vgl. Art. 62, 63 (und die Kommentierung ebenda).
[914] Vgl. näher oben Vorb. Art. 7 ff. Rn. 10 ff.

der Wohnsitzstaat nicht mit dem Staat, in dem der in Art. 7 Nr. 7 als Anknüpfungspunkt dienende Arrestort liegt, identisch sein.[915]

4. Sachlicher Anwendungsbereich

a) Betroffene Forderungen

Unter den Gerichtsstand des Art. 7 Nr. 7 fallen nur Streitigkeiten „wegen der Zahlung von **Berge- und Hilfslohn** [...], der für Bergungs- oder Hilfeleistungsarbeiten gefordert wird." Auch wenn Art. 7 Nr. 7 dabei von „Lohn"-Ansprüchen spricht, erfasst dieser Gerichtsstand doch nicht solche Fälle, in denen ein Reeder vor der jeweiligen Berge- oder Hilfeleistung einen Bergungs- oder Hilfeleistungsvertrag abgeschlossen hat.[916] Nach dem Wortlaut von Art. 7 Nr. 7 ist diese Vorschrift zudem „nur anzuwenden, wenn behauptet wird, dass der Beklagte Rechte an der Ladung oder an der Frachtforderung hat oder zur Zeit der Bergungs- oder Hilfeleistungsarbeiten hatte." Entsprechend kann der Sondergerichtsstand des Art. 7 Nr. 7 nur in Anspruch genommen werden, soweit nach dem jeweils anzuwendenden materiellen Recht ein sog. Haftungsvorrang (z.B. ein Pfandrecht[917]) des Hilfeleistenden besteht.[918] Wurde hingegen ein Bergungs- oder Hilfeleistungsvertrag abgeschlossen, richtet sich die Zuständigkeit – neben Art. 4 Abs. 1 etc. – nur nach Art. 7 Nr. 1.[919]   266

b) Anknüpfung des Gerichtsstands

Anknüpfungspunkt des Gerichtsstands des Art. 7 Nr. 7 ist der **Arrestort**, d.h. ein Anspruchsteller kann vor den Gerichten des Mitgliedstaats und an dem Ort klagen, an dem er entweder die Ladung oder eine Frachtforderung mit Arrest belegt hat (Art. 7 Nr. 7 lit. a) oder mit Arrest hätte belegen können, wenn er nicht nach anderweitiger Sicherheitsleistung darauf verzichtet hätte (Art. 7 Nr. 7 lit b)).   267

5. Persönlicher Anwendungsbereich

Der Gerichtsstand für Berge- und Hilfslohn ist nicht nur für Klagen des Hilfeleistenden gegen einen Reeder (o.ä.) eröffnet, sondern auch für Klagen von bzw. gegen deren jeweilige **Rechtsnachfolger**.[920] Entgegen einer Mindermeinung[921] steht der Gerichtsstand des Art. 7 Nr. 7 jedoch wegen seines eindeutigen Schutzzwecks in umgekehrter Richtung – d.h. dem Schuldner einer Bergeforderung – nicht offen.[922]   268

---

[915] Vgl. ausführlich oben unter Vorb. Art. 7 ff. Rn. 11 ff.; **a. A.** Geimer/Schütze/*Auer*, Int. Rechtsverkehr, 28. EL 2005, Art. 5 EuGVVO a.F. Rn. 217.
[916] *Schlosser*-Bericht, 1979, Rn. 123.
[917] Geimer/Schütze, EuZVR, 3. Aufl. 2010, Art. 5 EuGVVO a.F. Rn. 350.
[918] Kropholler/von Hein, EuZPR, 9. Aufl. 2011, Art. 5 EuGVVO a.F. Rn. 125; Geimer/Schütze, EuZVR, 3. Aufl. 2010, Art. 5 EuGVVO a.F. Rn. 350.
[919] Saenger/*Dörner*, ZPO, 6. Aufl. 2015, Art. 7 EuGVVO Rn. 42; Kropholler/von Hein, EuZPR, 9. Aufl. 2011, Art. 5 EuGVVO Rn. 125.
[920] Geimer/Schütze, EuZVR, 3. Aufl. 2010, Art. 5 EuGVVO a.F. Rn. 352.
[921] Kropholler/von Hein, EuZPR, 9. Aufl. 2011, Art. 5 EuGVVO a.F. Rn. 126 (aus Gründen der „Waffengleichheit").
[922] Rauscher/*Leible*, EuZPR, 4. Aufl. 2016, Art. 7 EuGVVO Rn. 171; Geimer/Schütze, EuZVR, 3. Aufl. 2010, Art. 5 EuGVVO a.F. Rn. 351.

Artikel 8 [Gerichtsstand des Sachzusammenhangs]

Eine Person, die ihren Wohnsitz im Hoheitsgebiet eines Mitgliedstaats hat, kann auch verklagt werden:

1. wenn mehrere Personen zusammen verklagt werden, vor dem Gericht des Ortes, an dem einer der Beklagten seinen Wohnsitz hat, sofern zwischen den Klagen eine so enge Beziehung gegeben ist, dass eine gemeinsame Verhandlung und Entscheidung geboten erscheint, um zu vermeiden, dass in getrennten Verfahren widersprechende Entscheidungen ergehen könnten;
2. wenn es sich um eine Klage auf Gewährleistung oder um eine Interventionsklage handelt, vor dem Gericht des Hauptprozesses, es sei denn, dass die Klage nur erhoben worden ist, um diese Person dem für sie zuständigen Gericht zu entziehen;
3. wenn es sich um eine Widerklage handelt, die auf denselben Vertrag oder Sachverhalt wie die Klage selbst gestützt wird, vor dem Gericht, bei dem die Klage selbst anhängig ist;
4. wenn ein Vertrag oder Ansprüche aus einem Vertrag den Gegenstand des Verfahrens bilden und die Klage mit einer Klage wegen dinglicher Rechte an unbeweglichen Sachen gegen denselben Beklagten verbunden werden kann, vor dem Gericht des Mitgliedstaats, in dessen Hoheitsgebiet die unbewegliche Sache belegen ist.

EuGH-Rechtsprechung: EuGH, 7.3.1985 – Rs. 48/84, *Hannelore Spitzley* ./. *Sommer Exploitation SA*, Slg. 1985, 787 (ECLI:EU:C:1985:105)

EuGH, 27.9.1988 – Rs. 189/87, *Kalfelis* ./. *Schröder*, Slg. 1988, 5565 (ECLI:EU:C:1988:459)

EuGH, 15.5.1990 – Rs. 365/88, *Kongress Agentur Hagen GmbH* ./. *Zeehaghe BV*, Slg. 1990 I-1845 (ECLI:EU:C:1990:203)

EuGH, 13.7.1995 – Rs. C-341/93, *Danværn Production A/S* ./. *Schuhfabriken Otterbeck GmbH & Co.*, Slg. 1995, I-2053 (ECLI:EU:C:1995:239)

EuGH, 27.10.1998 – Rs. C-51/97, *Reunion europeenne* ./. *Spiethoff's Bevrachtingskantoor*, Slg. 1998, I-6511 (ECLI:EU:C:1998:509)

EuGH, 26.5.2005 – Rs. C-77/04, *GIE Réunion européenne u.a.* ./. *Zurich España*, Slg. 2005, I-4509 (ECLI:EU:C:2005:327)

EuGH, 13.7.2006 – Rs. C-103/05, *Reisch Montage AG* ./. *Kiesel Baumaschinen Handels GmbH*, Slg. 2006, I-6827 (ECLI:EU:C:2006:471)

EuGH, 13.7.2006 – Rs. C-539/03, *Roche Nederland BV u.a.* ./. *Primus und Goldenberg*, Slg. 2006, I-6569, ECLI:EU:C:2006:458

EuGH, 11.10.2007 – Rs. C-98/06, *Freeport plc* ./. *Olle Arnoldsson*, Slg. 2007, I-8319 (ECLI:EU:C:2007:595)

Text + Erläuterungen   Art. 8   **B Vor I** 7

EuGH, 22.5.2008 – Rs. C-462/06, *Glaxosmithkline u.a. ./. Jean-Pierre Rouard*, Slg. 2008, I-3978 (ECLI:EU:C:2008:299)

EuGH, 1.12.2011 – Rs. C-145/10, *Eva-Maria Painer ./. Standard Verlags GmbH u. a.*, Slg. 2011, I-12533 (ECLI:EU:C:2011:798)

EuGH, 12.7.2012 – Rs. C-616/10, *Solvay SA ./. Honeywell Fluorine Products Europe BV u. a.*, ECLI:EU:C:2012:445 = EuZW 2012, S. 837

EuGH, 11.4.2013 – Rs. C-645/11, *Land Berlin ./. Ellen Mirjam Sapir u. a.*, ECLI:EU:C:2013:228 = EuZW 2013, S. 503.

EuGH, 21.5.2015 – Rs. C-352/13, *CDC Hydrogen Peroxide SA ./. Akzo Nobel NV u.a.*, ECLI:EU:C:2015:335 = EuZW 2015, S. 584

EuGH, 21.1.2016 – Rs. C-521/14, *SOVAG ./. If Vahinkovakuutusyhtiö Oy*, ECLI:EU:C:2016:41 = BeckRS 2016, 80155

EuGH, 20.4.2016 – Rs. C-366/13, *Profit Investment SIM ./. Ossi u.a.*, ECLI:EU:C:2016:282 = EuZW 2016, S. 419.

Schrifttum (zum EuGVÜ): *Albicker, Steffen,* Der Gerichtsstand der Streitgenossenschaft, 2006; *Auer, Astrid,* Die internationale Zuständigkeit des Sachzusammenhangs im erweiterten EuGVÜ-System nach Art. 6 EuGVÜ, 1996; *von Bazan, Banniza,* Der Gerichtsstand des Sachzusammenhangs im EuGVÜ, dem Lugano-Abkommen und dem deutschen Recht, 1995; *Brand, Peter-Andreas / Scherber, Nina,* Art. 6 Ziff. 1 EuGVÜ und die Zuständigkeitsbestimmung nach § 36 Abs. 1 Ziff. 3 ZPO, IPRax 2002, S. 500; *Brandes, Frank,* Der gemeinsame Gerichtsstand: Die Zuständigkeit im Europäischen Mehrparteienprozess nach Art. 6 Nr. 1 EuGVÜ/LugÜ, 1998; *Coester-Waltjen, Dagmar,* Die Bedeutung des Art. 6 Nr. 2 EuGVÜ, IPRax 1992, S. 290; *Dageförde, Carsten,* Aufrechnung und internationale Zuständigkeit, RIW 1990, S. 873; *Eickhoff, Wolfgang,* Internationale Gerichtsbarkeit und internationale Zuständigkeit für Aufrechnung und Widerklage, 1985; *Geimer, Reinhold,* Fora Connexitatis, WM 1979, S. 350; *ders.,* EuGVÜ und Aufrechnung, Urteilsanmerkung, IPRax 1986, S. 208; *ders.,* Anerkennung und Vollstreckbarerklärung französischer Garantieurteile in der Bundesrepublik Deutschland, ZZP 85 (1972), S. 196; *ders.,* Die Gerichtspflichtigkeit des Beklagten außerhalb seines Wohnsitzstaates aus der Sicht des EWG-Übereinkommens vom 27. Sept. 1968, WM 1980, S. 1106; *ders.,* Das Nebeneinander und Miteinander von europäischem und nationalem Zivilprozeßrecht, NJW 1986, S. 2991; *Gottwald, Peter,* Europäische Gerichtspflichtigkeit kraft Sachzusammenhangs, IPRax 1989, S. 272; *Hausmann, Rainer,* Zur Anerkennung und Vollstreckung von Maßnahmen des einstweiligen Rechtsschutzes im Rahmen des EG-Gerichtsstands- und Vollstreckungsübereinkommens, IPRax 1981, S. 79; *von Hoffmann, Bernd,* Gegenwartsprobleme internationaler Zuständigkeit, IPRax 1982, S. 217; *ders. / Hau, Wolfgang,* Probleme der abredewidrigen Streitverkündung im Europäischen Zivilrechtsverkehr, RIW 1997, S. 89; *Jayme, Erik,* Urteilsanmerkung, IPRax 1984, S. 100; *Kraft, Bernd,* Grenzüberschreitende Streitverkündung und Third Party Notice, 1997; *Leipold, Dieter,* Urteilsanmerkung, ZZP 107 (1994), S. 216; *Mansel, Heinz-Peter,* Streitverkündung und Interventionsklage im Europäischen Internationalen Zivilprozeßrecht in: Jayme, Erik / Hommelhoff, Peter / Mangold, Werner, Europäischer Binnenmarkt: Internationales Privatrecht und Rechtsvergleichung, 1994, S. 123; *Meier, Markus,* Grenzüberschreitende Drittbeteiligung, 1994; *Otte, Karsten,* Umfassende Streitentscheidung durch Beachtung von Sachzusammenhängen – Gerechtigkeit durch Verfahrensabstimmung, 1998; *Rohner, Markus,* Die örtliche und internationale Zuständigkeit kraft Sachzusammenhangs, 1991; *Spellenberg, Ulrich,* Örtliche Zuständigkeit kraft Sachzusammenhangs, ZZP 95 (1982), S. 12; *ders.,* Drittbeteiligung im Zivilprozeß in rechtsvergleichender Sicht, ZZP 106 (1993), S. 283; *Stürner, Rolf,* Die erzwungene Intervention Dritter im Europäischen Zivilprouzess, in: Einheit und Vielfalt des Rechts, Festschrift für Reinhold Geimer zum 65. Geburtstag, Schütze, Rolf A. (Hrsg.), 2002, S. 1307; *Vogenauer, Stefan,* Zur Begründung des Mehrparteiengerichtsstands aus Art. 6 Nr. 1 LugÜ in England und Schottland, IPRax 2001, S. 253.

Schrifttum (zur EuGVVO a.F. und zur EuGVVO): *Adolphsen, Jens,* Internationale Dopingstrafen, 2003; *ders.,* Renationalisierung von Patentstreitigkeiten in Europa, IPRax 2007, S. 15; *Althammer, Christoph,* Die Anforderungen an die „Ankerklage" am forum connexitatis (Art. 6 Nr. 1 EuGVVO), IPRax 2006, S. 558; *ders.,* Die Auslegung der Europäischen Streitgenossenzuständigkeit durch den EuGH – Quelle nationaler Fehlinterpretation?, IPRax 2008, S. 228; *Coester-Waltjen, Dagmar,* Konnexität und Rechtsmissbrauch – zu Art. 6 Nr. 1 EuGVVO, in: Die richtige Ordnung: Festschrift für Jan Kropholler zum 70. Geburtstag, von Hein, Jan; Baetge, Dietmar; von Hinden, Michael (Hrsg.), 2008, S. 747; *Geier, Eva,* Die Streitgenossenschaft im internationalen Verhältnis, 2005; *Grolimund, Pascal,* Drittstaatenproblematik des europäischen Zivilverfahrensrechts, 2000; *Grothe, Helmut,* Die Streitgenossenzuständigkeit gemäss. Art. 6 Nr. 1 EuGVO und das Schicksal der Wohnsitzklage, in: Festschrift für Konstantinos D. Kerameus I, Nationale und Kapodistrian Universität Athen, Juristische Fakultät, Forschungsinstitut für Prozessrechtliche Studien (Hrsg.), 2009, S. 469; *Harms, Rüdiger,* Der Gerichtsstand des Sachzusammenhangs (Art. 6 Nr. 1 EuGVVO) bei kartellrechtlichen Schadensersatzklagen, EuZW 2014, S. 129; *Kirschstein, Alexande / Dornbusch, Julia,* Gerichtsstand der Streitgenossenschaft, Das umstrittene Verhältnis zwischen Art. 6 Nr. 1 EuGVO und dem deutschen Verfahren, RIW 2015, S. 193; *Knaak, Roland,* Internationale Zuständigkeiten und Möglichkeiten des forum shopping in Gemeinschaftsmarkensachen: Auswirkungen der EuGH-Urteile Roche Niederlande und GAT/LUK auf das Gemeinschaftsmarkenrecht; GRURInt 2007, S. 386; *Knöfel, Oliver,* Gerichtsstand der prozessübergreifenden Streitgenossenschaft gemäß Art. 6 Nr. 1 EuGVVO? (zu High Court of Justice, 17.5.2005, Masri v. Consolidated Contractors International [UK] Ltd.), IPRax 2006, S. 503; *Köckert, Ulrike,* Die Beteiligung Dritter im internationalen Zivilverfahrensrecht, 2010; *Krebser, Sebastian,* Einheitlicher Gerichtsstand für die Klage eines Arbeitnehmers gegen mehrere Arbeitgeber bei Beschäftigung in einem grenzüberschreitenden Konzern, IPRax 2009, S. 409; *Lange, Paul,* Der internationale Gerichtsstand der Streitgenossenschaft im Kennzeichenrecht im Lichte der „Roche/Primus"-Entscheidung des EuGH, GRUR 2007, 107; *Lund, Nils,* Verschwommene Konturen: Das Luxemburger Porträt der Konnexität des Art. 6 Nr. 1 EuGVVO, RIW 2012, S. 377; *ders.,* Der Rückgriff auf das nationale Recht zur europäisch autonomen Auslegung normativer Tatbestandsmerkmale in der EuGVVO, IPRax 2014, S. 140; *Mock, Sebastian,* Internationale Streitgenossenzuständigkeit, IPRax 2010, S. 510; *von Paris, Ulrike,* Die Streitverkündung im europäischen Interventionsrecht, 2011; *Rödl, Florian,* Ausschluss des Gerichtsstands der Streitgenossenschaft im internationalen Arbeitsvertragsprozess, EuZA 2009, S. 385; *Roth, Herbert,* Das Konnexitätserfordernis im Mehrparteienstand des Art. 6 Nr. 1 EuGVO, in: Die richtige Ordnung: Festschrift für Jan Kropholler zum 70. Geburtstag, von Hein, Jan; Baetge, Dietmar; von Hinden, Michael (Hrsg.), 2008, S. 869;

Text + Erläuterungen   Art. 8 **B Vor I** 7

Rüfner, Thomas, Das Verhältnis der Gewährleistungs- oder Interventionsklage (Art. 6 Nr. 2 EuGVVO/EuGVÜ) zum Hauptprozess, IPRax 2005, S. 500; *Schacht, Hubertus,* Neues zum internationalen Gerichtsstand der Streitgenossen bei Patentverletzungen, GRUR 2012, S. 1110; *Schack, Haimo,* Internationales Zivilverfahrensrecht, 6. Aufl. 2014; *Schurig, Klaus,* Der Konnexitätsgerichtsstand nach Art. 6 Nr. 1 EuGVVO und die Verschleifung von örtlicher und internationaler Zuständigkeit im europäischen Zivilverfahrensrecht, in: Festschrift für Hans-Joachim Musielak zum 70. Geburtstag, Heinrich, Christian (Hrsg.), 2004, S. 493; *Schütze, Rolf A.,* Lis pendens und related actions, European Journal of Law Reform 4 (2002), S. 57; *Stürner, Michael,* Zur Reichweite des Gerichtsstandes der Widerklage nach Art. 6 Nr. 3 EuGVVO, IPRax 2007, S. 21; *Sujecki, Bartosz,* Die *Solvay*-Entscheidung des EuGH und ihre Auswirkungen auf Verfahren über Materialgüterrechte, GRURInt 2013, S. 201; *Vossler, Norbert,* Die Bedeutung des Mehrparteiengerichtsstands nach Art. 6 Nr. 1 EuGVVO bei der Zuständigkeitsbestimmung gemäß § 36 Abs. 1 Nr. 3 ZPO, IPRax 2007, S. 281; *Werner, Michael,* Widerklage auf nationaler und internationaler Ebene, St. Gallen 2002.

Übersicht

	Rn.
I. Allgemeines	1
1. Normzweck	3
2. Entstehungsgeschichte	4
3. Reichweite	5
4. Räumlicher Anwendungsbereich	6
a) Allgemeine Voraussetzungen der Zuständigkeitsordnung	6
b) Spezifische Voraussetzungen von Art. 8	7
5. Maßgeblicher Zeitpunkt	16
6. Konkurrenzen	17
II. Mehrparteiengerichtsstand (Art. 8 Nr. 1)	18
1. Überblick	18
2. Sachlicher Anwendungsbereich	21
3. Anknüpfungspunkt; Ankerklage	22
4. Zulässigkeit der Ankerklage; Missbrauchsvorbehalt	24
5. Räumlich-persönlicher Anwendungsbereich	29
6. Konnexitätserfordernis	31
a) Allgemeines; Formel des EuGH	32
b) „Dieselbe Sach- und Rechtslage"	37
III. Gerichtsstand der Gewährleistungs- und Interventionsklage (Art. 8 Nr. 2)	41
1. Überblick	41
2. Sachlicher Anwendungsbereich	46
3. Sachlicher Zusammenhang	50
4. Rechtslage vor deutschen Gerichten	51
5. Räumlicher Anwendungsbereich	54
6. Anknüpfungspunkt; Hauptklage	55
7. Missbrauchsvorbehalt	58
IV. Gerichtsstand der Widerklage (Art. 8 Nr. 3)	59
1. Überblick	59
2. Sachlicher und persönlicher Anwendungsbereich	61
3. Konkurrenzen	63
4. Anknüpfungspunkt; Hauptklage	64
5. Konnexität	67
6. Räumlicher Anwendungsbereich	70
7. Prozessaufrechnung	72
V. Gerichtsstand des Sachzusammenhangs mit dinglichen Klagen (Art. 8 Nr. 4)	73
1. Überblick	73

2. Entstehungsgeschichte und Normzweck 74
3. Sachlicher Anwendungsbereich 76
4. Anknüpfungspunkt; Hauptklage 78
5. Sachlicher Zusammenhang 79
6. Persönlicher Anwendungsbereich 80
7. Räumlicher Anwendungsbereich 81

I. Allgemeines

1   Art. 8 statuiert vier verschiedene fakultative besondere Gerichtsstände, die alle – mehr oder minder – auf dem gemeinsamen Grundgedanken eines **besonderen Sachzusammenhangs** zwischen mehreren denkbaren Einzelverfahren beruhen.[1] Umgekehrt bedeutet dies jedoch nicht, dass sämtliche besonderen Gerichtsstände der EuGVVO, die auf dem Gedanken eines irgendwie gearteten Sachzusammenhangs beruhen, auch in Art. 8 normiert sind. So gründet z.B. auch der Gerichtsstand für Adhäsionsverfahren in Art. 7 Nr. 4 in einem gesteigerten Sachzusammenhang zwischen zwei (denkbaren) Gerichtsverfahren.[2]

2   Die Aufzählung des Art. 8 ist **abschließend**.[3] Aus Art. 8 kann nicht – etwa im Wege einer Gesamtanalogie über die enumerativ in Nr. 1 bis 4 aufgelisteten Fälle hinaus – ein umfassender europäischer Gerichtsstand des Sachzusammenhangs hergeleitet werden.[4] Das Gleiche gilt für Art. 30 Abs. 1 und 3,[5] der schon gar keine originäre Zuständigkeitsregelung trifft, sondern mehrere bereits zulässig erhobene Klagen voraussetzt. Zwar ist ein weit gefasster, „allgemeiner" Gerichtsstand des Sachzusammenhangs vielen mitgliedstaatlichen Rechtsordnungen (z.B. dem italienischen Recht in Art. 3 Abs. 2 Satz 2 IPRG i.V.m. Art. 31 ff. und 40 Codice di procedura civile) bekannt.[6] Jedoch ergibt sich im Umkehrschluss aus Art. 8, dass der Zuständigkeitsordnung der EuGVVO – wie im Übrigen auch dem autonomen deutschen Zivilverfahrensrecht[7] – ein derartiger Gerichtsstand fremd ist. Denn die besonderen Gerichtsstände der EuGVVO sind, wie der EuGH mehrfach betont hat, als Ausnahmen von dem in Art. 4 Abs. 1 statuierten Grundsatz des *actor sequitur forum rei* grds. eng auszulegen.[8] Dessen ungeachtet gehen die in Art. 8 geregelten Zuständigkeiten aufgrund Sachzusammenhangs

---

[1] Vgl. etwa den *Jenard*-Bericht, 1979, S. 26 ff., sowie *Geimer*/Schütze, EuZVR, 3. Aufl. 2010, Art. 6 EuGVVO a.F. Rn. 2; *Kropholler/von Hein*, EuZPR, 9. Aufl. 2011, Art. 6 EuGVVO a.F. Rn. 1; Rauscher/*Leible*, EuZPR, 4. Aufl. 2016, Art. 8 EuGVVO Rn. 1.
[2] *Schack*, IZVR, 6. Aufl. 2014, Rn. 393.
[3] EuGH, 1.12.2011 – Rs. C-145/10, *Eva-Maria Painer ./. Standard Verlags GmbH u. a.*, Slg. 2011, I-12533 (ECLI:EU:C:2011:798), Rn. 74; EuGH, 11.4.2013 – Rs. C-645/11, *Land Berlin ./. Ellen Mirjam Sapir u. a.*, ECLI:EU:C:2013:228 = EuZW 2013, S. 503, Rn. 41; *Kropholler/von Hein*, EuZPR, 9. Aufl. 2011, Art. 6 EuGVVO a.F. Rn. 1.
[4] Rauscher/*Leible*, EuZPR, 4. Aufl. 2016, Art. 8 EuGVVO Rn. 1; *Geimer*/Schütze, EuZVR, 3. Aufl. 2010, Art. 6 EuGVVO a.F. Rn. 2; *Kropholler/von Hein*, EuZPR, 9. Aufl. 2011, Art. 6 EuGVVO a.F. Rn. 1.
[5] S. nur Rauscher/*Leible*, EuZPR, 4. Aufl. 2016, Art. 8 EuGVVO Rn. 1.
[6] S. *Schack*, IZVR, 6. Aufl. 2014, Rn. 407.
[7] *Schack*, IZVR, 6. Aufl. 2014, Rn. 389.
[8] Vgl. etwa EuGH, 27.10.1998 – Rs. C-51/97, *Reunion europeenne ./. Spliethoff's Bevrachtingskantoor*, Slg. 1998, I-6511 (ECLI:EU:C:1998:509), Rn. 16; *Kropholler/von Hein*, EuZPR, 9. Aufl. 2011, vor Art. 5 EuGVVO a.F. Rn. 2; s. hierzu näher die Vorb. Art. 7 ff. Rn.9.

teilweise weit über das dem deutschen Rechtsanwender aus der ZPO bekannte Maß hinaus.[9]

1. Normzweck

Die mit einer deutlichen Einschränkung des Anwendungsbereichs des allgemeinen Gerichtsstands[10] einhergehende Gewährung besonderer Gerichtsstände des Sachzusammenhangs in Art. 8 findet – naturgemäß – seine Rechtfertigung in der **besonderen Sachnähe** des dann zuständigen Gerichts[11] – was nach Wertung des EU-Gesetzgebers zusammengehört, soll auch einheitlich in einem Gerichtsstand entschieden werden (können). Damit dient Art. 8 auch und vor allem der **Prozessökonomie**.[12] Zudem sollen – wie sich zwischenzeitlich bereits aus dem Wortlaut von Art. 8 Nr. 1 selbst ergibt – einander widersprechende Entscheidungen verschiedener Gerichte vermieden werden.[13]

3

2. Entstehungsgeschichte

Art. 8 Nr. 1 bis 3 entsprechen inhaltlich weitgehend der ursprünglichen Fassung von Art. 6 Nr. 1 bis 3 EuGVÜ aus dem Jahr 1968. Im Zuge der „Umwandlung" des EuGVÜ in die EuGVVO a.F. im Jahr 2000 wurde Nr. 1 indes der Klarstellung halber[14] um seinen die EuGH-Rechtsprechung zu Art. 6 Nr. 1 EuGVÜ[15] kodifizierenden 2. Halbsatz (ab „sofern") ergänzt. Der jetzige Art. 8 Nr. 4 wurde erst durch das 3. Beitrittsübereinkommen vom 26.5.1989,[16] mit dem Spanien und Portugal dem EuGVÜ beitraten, als damals Art. 6 Nr. 4 EuGVÜ neu geschaffen. Im Rahmen der jüngsten Reform der EuGVVO (d.h. gegenüber Art. 6 EuGVVO a.F.) ist Art. 8 unverändert geblieben.

4

3. Reichweite

Sämtliche Gerichtsstände des Art. 8 regeln nicht nur die **internationale**, sondern – wie (bis auf dessen Nr. 6) die Gerichtsstände des Art. 7 und anders als der allgemeine Gerichtsstand des Art. 4 Abs. 1 – **auch die örtliche Zuständigkeit**. Dies ergibt sich aus der Formulierung der verschiedenen Gerichtsstände, die von den „Gerichten des Ortes" (Nr. 1), dem „Gericht des Hauptprozesses"

5

---

[9] *Schlosser*/Hess, EuZPR, 4. Aufl. 2015, Art. 8 EuGVVO Rn. 1; *Geimer*/Schütze, EuZVR, 3. Aufl. 2010, Art. 6 EuGVVO a.F. Rn. 1.
[10] Vgl. zu dem immanenten Gerechtigkeitsgehalt der Grundregel des Art. 4 Abs. 1 die Kommentierung zu Art. 4 Rn. 2.
[11] Vgl. den *Jenard*-Bericht, 1979, S. 26 ff., sowie Saenger/*Dörner*, ZPO, 6. Aufl. 2015, Art. 8 EuGVVO Rn. 1.
[12] Vgl. Erwgr. 16 sowie die Vorb. Art. 7 ff. Rn. 1 f.
[13] Vgl. allgemein Art. 30 Abs. 1 sowie Rauscher/*Leible*, EuZPR, 4. Aufl. 2016, Art. 8 EuGVVO Rn. 1; *Schack*, IZVR, 6. Aufl. 2014, Rn. 390.
[14] Vgl. nur den damaligen Vorschlag für eine Verordnung (EG) des Rates über die gerichtliche Zuständigkeit und die Anerkennung und Vollstreckung von Entscheidungen in Zivil- und Handelssachen, KOM (1999) 348 endg., S. 1 (15) sowie Rauscher/*Leible*, EuZPR, 4. Aufl. 2016, Art. 8 EuGVVO Rn. 10.
[15] S. etwa EuGH, 27.9.1988 – Rs. 189/87, *Kalfelis* ./. *Schröder*, Slg. 1988, 5565 (ECLI:EU:C:1988:459), 1. Leitsatz.
[16] ABl. (EG) 1989 Nr. L 285, S. 1.

B Vor I 7 Art. 8   VO (EU) Nr. 1215/2012

(Nr. 2) bzw. dem „Gericht, bei dem die Klage selbst anhängig ist" (Nr. 3), sprechen. Auch Art. 8 Nr. 4 regelt die örtliche Zuständigkeit mit. Zwar ähnelt sein Wortlaut („Gericht des Mitgliedstaats") stark der üblichen[17] Terminologie der EuGVVO zur Umschreibung der Normierung nur der internationalen Zuständigkeit („vor den Gerichten[18] des Mitgliedstaats"); aus der Singularformulierung („Gericht") folgt indes, dass auch Art. 8 Nr. 4 die örtliche Zuständigkeit mitbestimmt.

4. Räumlicher Anwendungsbereich

a) Allgemeine Voraussetzungen der Zuständigkeitsordnung

6   Wie ausführlich unter Vorb. Art. 4 ff. Rn. 14 ff. dargestellt, setzt die gesamte Zuständigkeitsordnung der EuGVVO – und damit auch Art. 8 – stillschweigend einen (wenn auch nur geringfügigen) **Auslandsbezug** voraus. Werden mehrere Personen gemeinsam, etwa gem. Art. 8 Nr. 1, verklagt, so genügt es bereits, wenn sich im Verhältnis zu einer Partei ein Auslandsbezug ergibt.[19] Dabei ist zunächst gleichgültig, ob sich der Auslandsbezug im Verhältnis zu einem weiteren Mitgliedstaat im Sinne der EuGVVO oder aber zu einem beliebigen Drittstaat ergibt.[20] Bei Vorliegen eines reinen Inlandsfalls hingegen finden die Art. 4 bis 26 insgesamt keine Anwendung.

b) Spezifische Voraussetzungen von Art. 8

7   Über die soeben Rn. 6 genannten, für alle Gerichtsstände der EuGVVO geltenden Voraussetzungen hinaus stellt Art. 8 spezifische weitere räumliche Anwendungsvoraussetzungen voraus.

aa) Beklagtenwohnsitz in einem Mitgliedstaat

8   Aus dem einleitenden Wortlaut des Art. 8 geht hervor, dass auch die in dieser Vorschrift geregelten besonderen Gerichtsstände des Sachzusammenhangs nur **gegenüber Beklagten mit Wohnsitz**[21] **in einem Mitgliedstaat** der Verordnung anwendbar sind. Dies entspricht der Grundtendenz der EuGVVO,[22] ist jedoch keinesfalls zwingend. So hatte die Europäische Kommission noch in ihrem Vorschlag zur Neufassung der EuGVVO vom 14.12.2010[23] eine – wegen starker politischer Widerstände[24] freilich nicht Gesetz gewordene – (universelle) Anwendbarkeit von Art. 8 unabhängig vom Wohnsitz des jeweiligen Beklagten vorgesehen.

9   Ist der **Wohnsitz** eines Beklagten hingegen im Prozess **unbekannt** geblieben, so steht dies nach neuester Auffassung des EuGH und entgegen der früheren

---
[17] Vgl. hierzu die Ausführungen in den Vorb. Art. 4 ff. Rn. 2.
[18] Hervorhebung durch den *Verf.*
[19] So auch *Schlosser*/Hess, EuZPR, 4. Aufl. 2015, Art. 8 EuGVVO Rn. 2.
[20] Dazu ausführlich die Diskussion in den Vorb. Art. 4 ff. Rn. 17 f.
[21] Zum Begriff des Wohnsitzes im Sinne der EuGVVO vgl. Art. 62, 63 (und die Kommentierung ebenda) sowie die Kommentierung zu Art. 4 Rn. 6 ff.
[22] Hierzu näher die Vorb. Art. 4 ff. Rn. 11.
[23] KOM(2010) 748 endg., S. 25 ff.
[24] Hierzu näher *von Hein*, RIW 2013, S. 97 (100 f.).

h.M. in der Bundesrepublik Deutschland[25] einer Anwendung jedenfalls von Art. 7 Nr. 2 nicht entgegen.[26] Denn eine Anwendung der Zuständigkeitsvorschriften der EuGVVO entspreche, so der EuGH, auch dann den Regelungszielen der Verordnung, wenn der Beklagtenwohnsitz nicht anhand von „beweiskräftigen Indizien"[27] nachweisbar ist.[28] Mangels entgegenstehender teleologischer Gründe dürfte dies über den Deliktsgerichtsstand in Art. 7 Nr. 2 hinaus auch für die sonstigen besonderen Gerichtsstände in Art. 7 und auch 8 gelten.[29] Folglich sind die besonderen Gerichtsstände des Art. 8 u. U. auch gegenüber Beklagten[30] ohne nachweisbaren Wohnsitz in einem Mitgliedstaat im Sinne der Verordnung[31] anwendbar.

Werden **mehrere Personen** gemeinsam verklagt, so genügt es nicht, wenn 10 nur eine dieser Personen ihren Wohnsitz in einem Mitgliedstaat hat;[32] vielmehr müssen, wie der EuGH jüngst festgestellt hat, jedenfalls für Art. 8 Nr. 1 **alle im Einzelfall verklagten Personen** in einem Mitgliedstaat im Sinne der Verordnung ansässig sein.[33] Damit können – entgegen der früher wohl h.M. in der deutschen Literatur[34] – Person mit Wohnsitz in einem Drittstaat jedenfalls nicht gem. Art. 8 Nr. 1 am Gericht der sog. Ankerklage[35] gegen den Hauptbe-

---

[25] Etwa Kropholler/von Hein, EuZPR, 9. Aufl. 2011, Art. 4 EuGVO a.F. Rn. 2; Magnus/Mankowski/Vlas, Brussels I Regulation, 2. Aufl. 2012, Art. 4 EuGVVO a.F. Rn. 2 m.w.N.
[26] EuGH 15.3.2012 – Rs. C-292/10, G ./. Cornelius de Visser, ECLI:EU:C:2012:142, Rn. 39 = IPRax 2012, S. 341 = EuZW 2012, S. 381 m. Anm. Bach („Die EuGVVO ist die Regel, das nationale Recht die Ausnahme"); so auch bereits EuGH, 17.11.2011 – Rs. C-327/10, Hypoteční banka a. s. ./. Udo Mike Lindner, Slg. 2011, I-11582 (ECLI:EU:C:2011:745), Rn. 44; **a. A.** scheinbar Rauscher/Mankowski, EuZPR, 4. Aufl. 2016, Art. 6 EuGVVO Rn. 2 (jedoch im Widerspruch zu Rauscher/Mankowski, EuZPR, 4. Aufl. 2016, Art. 4 EuGVVO Rn. 11).
[27] Zur Bedeutung dieser verklausulierten Formulierung vgl. die Diskussion bei Bach, EuZW 2012, S. 381 (383); mangels näherer Hinweise des EuGH dürfte darin eher keine vom Grundsatz der Anwendung der jeweiligen lex fori – vgl. dazu die Ausführungen bei den Vorb. Art. 4 ff. unter Rn. 22 ff. – abweichende Beweismaßregel zu sehen sein.
[28] EuGH 15.3.2012 – Rs. C-292/10, G ./. Cornelius de Visser, ECLI:EU:C:2012:142, Rn. 40 = IPRax 2012, S. 341 = EuZW 2012, S. 381.
[29] So auch Rauscher/Mankowski, EuZPR, 4. Aufl. 2016, Art. 4 EuGVVO Rn. 11 („die besonderen Gerichtsstände nach Artt 7, 8"); vorsichtiger Schlosser/Hess, EuZPR, 4. Aufl. 2015, Art. 4 EuGVVO Rn. 3 („jedenfalls für Verfahren nach Art. 7 Nr. 3 [gemeint ist Nr. 2]").
[30] Der vom EuGH entschiedene Fall betraf einen Beklagten, „der mutmaßlich Unionsbürger ist"; angesichts der grundsätzlichen Indifferenz der EuGVVO gegenüber der Staatsangehörigkeit (vgl. nur Art. 4 Abs. 2 und Art. 6 Abs. 2) dürfte dies jedoch auch für Beklagte aus Drittstaaten gelten; in diesem Sinne wohl auch – allerdings ohne Diskussion – Bach, EuZW 2012, S. 381 (382 f.); Rauscher/Mankowski, EuZPR, 4. Aufl. 2016, Art. 4 EuGVVO Rn. 11; **a. A.** wohl Musielak/Voit/Stadler, ZPO, 13. Aufl. 2016, Art. 6 EuGVVO Rn. 1.
[31] Vgl. in diesem Sinne auch Bach, EuZW 2012, S. 381 (382 f.); im Urteil des EuGH vom 15.3.2012 (Rs. C-292/10, G ./. Cornelius de Visser) ging es um die fehlende Aufklärbarkeit des Wohnsitzes im Forumstaat.
[32] So ausdrücklich EuGH, 11.4.2013 – Rs. C-645/11, Land Berlin ./. Ellen Mirjam Sapir u. a., ECLI:EU:C:2013:228 = EuZW 2013, S. 503, Rn. 55 f.; Rauscher/Leible, EuZPR, 4. Aufl. 2016, Art. 8 EuGVVO Rn. 9; Schlosser/Hess, EuZPR, 4. Aufl. 2015, Art. 8 EuGVVO Rn. 2; **a. A.** (weiterhin ungeachtet des eingangs zitierten EuGH-Urteils – für eine analoge Anwendung des Art. 8 Nr. 1 plädierend) etwa Schack, IZVR, 6. Aufl. 2014, Rn. 411.
[33] EuGH, 11.4.2013 – Rs. C-645/11, Land Berlin ./. Ellen Mirjam Sapir u. a., ECLI:EU:C:2013:228 = EuZW 2013, S. 503, Rn. 55.
[34] Etwa Geimer/Schütze, EuZVR, 3. Aufl. 2010, Art. 6 EuGVO a.F. Rn. 4; Geimer, WM 1979, S. 350 (357); MünchKomm/Gottwald, ZPO, 4. Aufl. 2013, Art. 6 EuGVVO a.F. Rn. 4; eingeschränkt Kropholler/von Hein, EuZPR, 9. Aufl. 2011, Art. 6 EuGVVO a.F. Rn. 7.
[35] Hierzu näher sogleich Rn. 23 f.

klagten mitverklagt werden. Gegen diese Rechtsprechung sprechen zwar gute Gründe,[36] werden insofern doch Beklagte mit Wohnsitz in Drittstaaten zuständigkeitsrechtlich bessergestellt;[37] einer analogen Anwendung des Art. 8 Nr. 1[38] auf einen solchen Fall stehen jedoch die oben Rn. 2 dargestellten Auslegungsgrundsätze entgegen.

11   Bereits zuvor hatte der EuGH auch für den umgekehrten Fall entschieden, dass eine in einem Mitgliedstaat ansässige Partei nicht gem. Art. 8 Nr. 1 in einem anderen Mitgliedstaat (mit-)verklagt werden kann, wenn sich die dortige **Ankerklage gegen einen in einem Drittstaat ansässigen Beklagten** richtet.[39]

12   Gegenüber Beklagten mit nachweisbarem **Wohnsitz in einem Drittstaat** gelten gem. Art. 6 Abs. 1 – vorbehaltlich[40] des Vorliegens einer ausschließlichen Zuständigkeit gem. Art. 24, einer Gerichtsstandsvereinbarung im Sinne von Art. 25 oder einer rügelosen Einlassung des Beklagten nach Art. 26 bzw. bestimmter Gerichtsstände der ohnehin gegenüber Art. 8 vorrangigen[41] Sonderregelungen im 3. bis 5. Abschnitt des II. Kapitels – nur die innerstaatlichen Zuständigkeitsvorschriften des jeweiligen Forumstaats.

bb) Qualifizierter Auslandsbezug

13   Nach ganz h.M. soll außerdem – über das Vorliegen des Beklagtenwohnsitzes hinaus – für Art. 8 ein qualifizierter Auslandsbezug erforderlich sein.[42] Begründet wird dies mit einer Gesamtschau zu Art. 7 sowie dem einleitenden Wortlaut von Art. 8 („auch").[43] Nach **ganz h.M.** kann sich ein Kläger folglich nur dann auf Art. 8 – wie auch auf Art. 7[44] – berufen, wenn er im Einzelfall eine Person in einem **anderen als deren Wohnsitzstaat** verklagt.

14   Diese h.M. zu Art. 8 vermag indes – anders als in Bezug auf Art. 7[45] – **nicht restlos zu überzeugen**. Weder aus dem Wortlaut von Art. 8 noch aus teleologischen Gesichtspunkten ergibt sich die Notwendigkeit eines derart qualifizierten Auslandsbezuges.[46] Während nämlich der Wortlaut von Art. 7

---

[36] So auch Rauscher/*Leible*, EuZPR, 4. Aufl. 2016, Art. 8 EuGVVO Rn. 9.
[37] Die EuGVVO will aber grds. Beklagte mit Wohnsitz in einem Mitgliedstaat privilegieren und nicht schlechterstellen, vgl. MünchKomm/*Gottwald*, ZPO, 4. Aufl. 2013, Art. 6 EuGVVO a.F. Rn. 4 sowie *Geimer*/Schütze, EuZVR, 3. Aufl. 2010, Art. 6 EuGVVO a.F. Rn. 6.
[38] Hierfür plädierend etwa *Schack*, IZVR, 6. Aufl. 2014, Rn. 411 sowie – allerdings vor Erlass des zitierten EuGH-Urteils – *Kropholler*/von Hein, EuZPR, 9. Aufl. 2011, Art. 6 EuGVVO a.F. Rn. 7.
[39] EuGH, 27.10.1998 – Rs. C-51/97, *Réunion européenne ./. Spiethoff's Bevrachtingskantoor*, Slg. 1998, I-6511 (ECLI:EU:C:1998:509), Rn. 44 f.
[40] Hierzu näher in der Kommentierung zu Art. 6 Rn. 8 f.
[41] Dazu sogleich Rn. 18.
[42] Rauscher/*Leible*, EuZPR, 4. Aufl. 2016, Art. 8 EuGVVO Rn. 4; *Geier*, Die Streitgenossenschaft im internationalen Verhältnis, 2005, S. 53 ff.; *Kropholler*/von Hein, EuZPR, 9. Aufl. 2011, Art. 6 EuGVVO a.F. Rn. 2; *Geimer*/Schütze, EuZVR, 3. Aufl. 2010, Art. 6 EuGVVO a.F. Rn. 2a; MünchKomm/*Gottwald*, ZPO, 4. Aufl. 2013, Art. 6 EuGVVO a.F. Rn. 5; wohl auch *Schlosser*/Hess, EuZPR, 4. Aufl. 2015, Art. 8 EuGVVO Rn. 1; **a. A.** *Geimer*/Schütze/*Auer*, Int. Rechtsverkehr, 28. EL 2005, Vorb. Art. 5 ff. EuGVVO a.F. Rn. 9.
[43] S. beispielhaft *Schlosser*/Hess, EuZPR, 4. Aufl. 2015, Art. 8 EuGVVO Rn. 1.
[44] Vgl. hierzu die Vorb. Art. 7 ff. Rn. 11 f.
[45] S. die Vorb. Art. 7 ff. Rn. 11.
[46] In diesem Sinne bereits oben, Vorb. Art. 7 ff. Rn. 12.

("kann in einem *anderen*[47] Mitgliedstaat verklagt werden") eindeutig eine Verschiedenheit von Wohnsitz- und Forumstaat fordert,[48] ist dies bei Art. 8 gerade nicht der Fall. Aus dem bloßen Wort „auch" kann – gerade im Umkehrschluss zu dem einleitenden Wortlaut von Art. 7 – nicht ohne weiteres auf ein Ausschließlichkeitsverhältnis zwischen Art. 4 Abs. 1 und Art. 8 geschlossen werden; der Wortlaut deutet vielmehr eher auf eine Alternativität hin. Auch eine Bezugnahme auf Art. 7 kann nicht ohne Anstrengung der Phantasie in diese Formulierung hineingelesen werden. Für die h.M. spricht indes eine Passage aus dem *Jenard*-Bericht;[49] dieser dient aber nur der Erläuterung der Verordnung und als Auslegungshilfe,[50] stellt jedoch keinen verbindlichen Gesetzestext dar.[51]

Ebenso wenig überzeugt der teleologische Gedanke, dass bei Identität von **15** Wohnsitz- und Forumstaat bereits der allgemeine Gerichtsstand des Art. 4 Abs. 1 eröffnet sei und daher gar kein Bedürfnis nach einer Anwendung von Art. 8 bestehe. Denn anders als der allgemeine Gerichtsstand[52] regelt Art. 8 neben der internationalen auch die örtliche Zuständigkeit mit.[53] Insofern können bei Anwendung von Art. 8 auf im Inland ansässige Beklagte durchaus **empfindliche Schutzlücken** entstehen;[54] denkbar ist etwa der Fall, dass sich in Sachverhalten mit mehreren in verschiedenen Mitgliedstaaten ansässigen Beklagten einer der Beklagten bei aus seiner Sicht (zufälligem) Vorliegen eines reinen Binnensachverhalts u.U. mangels Existenz einer dem Art. 8 Nr. 1 vergleichbaren Regelung in seinem Heimatrecht (z.B. im autonomen deutschen Zivilverfahrensrecht[55]) dem Verfahren entziehen könnte.[56] Diese potentielle Regelungslücke erkennt auch die h.M., die derartige Fälle freilich entweder durch Verweisung z.B. gem. § 36 Abs. 1 Nr. 3 ZPO[57] bzw. durch ausnahmsweisen Verzicht auf das Erfordernis eines qualifizierten Auslandsbezugs für Art. 8 Nr. 1 in Fällen mit mehr als zwei Beklagten[58] lösen will. Derartige Hilfskonstruktionen vermeidet man freilich, wenn man den Art. 8 – wortlautgemäß – **auch bei Identität von Wohnsitz- und Forumstaat anwendet.**[59] Im Übrigen sind derartige Zuständigkeitsdiskrepanzen auch für andere Gerichtsstände des Art. 8 Nr. 1 denkbar, kennt doch

---

[47] Hervorhebung durch den *Verf.*
[48] Vgl. hierzu die Vorb. Art. 7 ff. Rn. 11.
[49] *Jenard*-Bericht, 1979, S. 22.
[50] So ausdrücklich der *Jenard*-Bericht, 1979, selbst auf S. 1.
[51] So hat sich auch der EuGH mehrfach über die Ausführungen im *Jenard*-Bericht hinweggesetzt, etwa bei der von diesem verneinten (S. 35) und vom Gerichtshof bejahten Frage, ob auch Klagen auf Zahlung von Miet- oder Pachtzins unter Art. 24 Nr. 1 Satz 1 Alt. 2 fallen; vgl. hierzu die Kommentierung zu Art. 24 Rn. 45.
[52] Vgl. die Kommentierung zu Art. 4 Rn. 3.
[53] S. dazu oben Rn. 5.
[54] Dies erkennt auch Rauscher/*Leible*, EuZPR, 4. Aufl. 2016, Art. 8 EuGVVO Rn. 6.
[55] *Schlosser*/Hess, EuZPR, 4. Aufl. 2015, Art. 8 EuGVVO Rn. 2.
[56] Beispiel nach Geimer/Schütze/*Auer*, Int. Rechtsverkehr, 28. EL 2005, Vorb. Art. 5 ff. EuGVVO a.F. Rn. 9.
[57] So *Kropholler/von Hein*, EuZPR, 9. Aufl. 2011, Art. 6 EuGVVO a.F. Rn. 2.
[58] So etwa Rauscher/*Leible*, EuZPR, 4. Aufl. 2016, Art. 8 EuGVVO Rn. 6.
[59] So auch – allerdings weitergehend (weil auch für Art. 7 geltend, was oben Vorb. Art. 7 ff. Rn. 11 indes abgelehnt wurde) – Geimer/Schütze/*Auer*, Int. Rechtsverkehr, 28. EL 2005, Vorb. Art. 5 ff. EuGVVO a.F. Rn. 9.

etwa das deutsche Recht – anders als Art. 8 – kaum Gerichtsstände des Sachzusammenhangs.[60]

5. Maßgeblicher Zeitpunkt

16 Der maßgebliche Zeitpunkt des Vorliegens der Voraussetzungen der verschiedenen besonderen Gerichtsstände des Art. 8 – entsprechend Art. 32 der Zeitpunkt der **Anrufung des jeweiligen Gerichts** bzw. spätestens der letzten mündlichen Verhandlung – richtet sich grds. nach den oben in Vorb. Art. 4 ff. Rn. 19 ff. dargestellten allgemeinen Maßstäben;[61] insofern (auch hinsichtlich der Möglichkeit einer *perpetuatio fori* bei nachträglichem Wegfall der jeweiligen Voraussetzungen) kann daher auf die dortigen Ausführungen verwiesen werden. Liegt im Falle des Art. 8 Nr. 1 eine nachträgliche Streitgenossenschaft auf Beklagtenseite vor, so ist insofern freilich auf den Zeitpunkt der Klageerweiterung abzustellen.[62]

6. Konkurrenzen

17 Die bloß fakultativen besonderen Gerichtsstände des Art. 8 stehen – wie die übrigen besonderen Gerichtsstände auch – im Rang **gleichberechtigt** neben dem allgemeinen Gerichtsstand des Art. 4 Abs. 1.[63] Ein Kläger kann daher bei Vorliegen von deren jeweiligen Voraussetzungen zwischen den einzelnen besonderen Gerichtsständen und dem allgemeinen Gerichtsstand grds. frei wählen.[64] Hingegen schließt das Eingreifen einer **ausschließlichen Zuständigkeit** gem. Art. 24 naturgemäß ebenso wie eine ausschließliche Gerichtsstandsvereinbarung[65] im Sinne von Art. 25 den Rückgriff auf die Gerichtsstände des Art. 8 aus;[66] im Rahmen des Mehrparteiengerichtsstands gem. Art. 8 Nr. 1 gilt der Vorrang einer ausschließlichen Gerichtsstandsvereinbarung freilich nur *inter partes*.[67] Wurde hingegen ein Gericht bloß fakultativ – d.h. als nicht ausschließlich zuständig, vgl. Art. 25 Abs. 1 Satz 2 – prorogiert, steht diese vereinbarte Zuständigkeit gleichrangig neben dem allgemeinen und den besonderen Gerichtsständen. Auch die Zuständigkeiten des **3. bis 5. Abschnitts** gehen als jeweils eigenständige, in sich geschlossene Sonderregelungen den „allgemeinen" Zuständigkeitsvorschriften vor, so dass in deren Anwendungsbereich kein Rückgriff auf die verschiedenen Gerichtsstände des Art. 8 möglich ist.[68] Für bestimmte Fallgestaltungen lässt jedoch in Arbeitssachen Art. 20 Abs. 1 eine Rückgriff auch auf Art. 8 Nr. 1 zu.

---

[60] *Schlosser*/Hess, EuZPR, 4. Aufl. 2015, Art. 8 EuGVVO Rn. 1; *Geimer*/Schütze, EuZVR, 3. Aufl. 2010, Art. 6 EuGVVO a.F. Rn. 1.
[61] S. etwa GA *Colomer*, Schlussanträge v. 14.3.2006 (Rs. C-103/05, *Reisch Montage AG ./. Kiesel Baumaschinen Handels GmbH*), ECLI:EU:C:2006:175, Rn. 34.
[62] Rauscher/*Leible*, EuZPR, 4. Aufl. 2016, Art. 8 EuGVVO Rn. 19 m.w.N.
[63] Vgl. (zur EuGVÜ) ausdrücklich den *Jenard*-Bericht, 1979, S. 22.
[64] Simons/*Hausmann*, Brüssel I-VO, 2012, vor Art. 5–7 EuGVVO a.F. Rn. 1.
[65] **A. A.** (nur) für Art. 8 Nr. 2 *Schlosser*/Hess, EuZPR, 4. Aufl. 2015, Art. 8 EuGVVO Rn. 1.
[66] S. etwa Rauscher/*Leible*, EuZPR, 4. Aufl. 2016, Art. 8 EuGVVO Rn. 3.
[67] BGH, 19.3.1987 – I ARZ 903/86, NJW 1988, S. 646.
[68] S. z.B. (für Arbeitssachen (5. Abschnitt)) EuGH, 22.5.2008 – Rs. C-462/06, *Glaxosmithkline u.a. ./. Jean-Pierre Rouard*, Slg. 2008, I-3978 (ECLI:EU:C:2008:299), Rn. 35 sowie Kropholler/*von Hein*, EuZPR, 9. Aufl. 2011, Art. 6 EuGVVO a.F. Rn. 3; *Geimer*/Schütze, EuZVR, 3. Aufl. 2010, Art. 6 EuGVVO a.F. Rn. 2b; Rauscher/*Leible*, EuZPR, 4. Aufl. 2016, Art. 8 EuGVVO Rn. 2.

II. Mehrparteiengerichtsstand (Art. 8 Nr. 1)

1. Überblick

Art. 8 Nr. 1 stellt im Anwendungsbereich der EuGVVO einen besonderen 18
Gerichtsstand zur Verfügung, um **mehrere Personen am Wohnsitz eines der
Beklagten** – des sog. Ankerbeklagten[69] – **gemeinsam zu verklagen**, wenn die
verschiedenen Klagen in einer besonders engen Beziehung (Konnexität) zueinander stehen. Art. 8 Nr. 1 regelt dabei sowohl die **internationale**, als auch die
örtliche Zuständigkeit.[70] Sinn und Zweck dieser Vorschrift ist es, sich inhaltlich widersprechende Urteile zu vermeiden.[71] Damit dient Art. 8 Nr. 1 (auch)
der Prozessökonomie.[72]

Ein derartiger Mehrparteiengerichtsstand ist dem autonomen deutschen Zivil- 19
verfahrensrecht, sieht man einmal von engen Ausnahmefällen wie etwa §§ 603
Abs. 2, 605a ZPO (im Wechsel- bzw. Scheckprozess), § 232 Abs. 3 Nr. 2
FamFG[73] (für Kindesunterhalt) sowie § 56 Abs. 2 LuftVG ab, unbekannt.[74]
Daher ist ein Kläger nach autonomem **deutschen Recht** bei Fehlen einer einheitlichen Zuständigkeit für Verfahren gegen mehrere Beklagte im Regelfall
darauf angewiesen, dass ein höheres Gericht gem. § 36 Abs. 1 Nr. 3 ZPO die
einheitliche Zuständigkeit eines Gerichts für zu verbindende Verfahren gegen
mehrere Beklagte bestimmt.[75] Auch im Wege einer derartigen Zuständigkeitsbestimmung kann jedoch nur das Fehlen der örtlichen und sachlichen Zuständigkeit, anders als durch Art. 8 Nr. 1 nicht jedoch der internationalen Zuständigkeit
deutscher Gerichte überwunden werden.[76] Die meisten anderen europäischen
Rechtsordnungen hingegen, namentlich des romanischen Rechtskreises, kennen
einen eigenen Mehrparteiengerichtsstand.[77]

§§ 59 und 60 ZPO regeln ebenfalls nicht die Zuständigkeit, sondern nur die 20
Zulässigkeit einer Streitgenossenschaft, und zwar sowohl auf Beklagten- als auch
auf Klägerseite.[78] Art. 8 Nr. 1 hingegen gilt nur für **Streitgenossenschaften
auf Beklagtenseite** (d.h. eine passive Streitgenossenschaft), nicht jedoch auf

---

[69] Vgl. etwa BGH, 24.2.2015 – VI ZR 279/14, NJW 2015, S. 2429, 3. LS.
[70] Vgl. die Nachweise oben Rn. 5.
[71] S. BGH, 7.6.2006 – KZR 6/15, NJW 2016, S. 2266 („*Pechstein*"), Rn. 16; EuGH, 20.4.2016 – Rs. C-366/13, *Profit Investment SIM ./. Ossi u.a.*, ECLI:EU:C:2016:282 = EuZW 2016, S. 419 Rn. 60 ff.
[72] S. dazu näher oben unter Rn. 3.
[73] Diese Norm entspricht in etwa dem 2009 aufgehobenen § 35a ZPO a.F., s. MünchKomm/*Pasche*, FamFG, 2. Aufl. 2013, § 232 FamFG Rn. 19.
[74] *Schack*, IZVR, 6. Aufl. 2014, Rn. 407, 409.
[75] Da eine derartige Zuständigkeitsbestimmung ein Verfahren verzögern kann, plädieren etwa *Rosenberg/Schwab/Gottwald*, Zivilprozessrecht, 17. Aufl. 2010, § 48 Rn. 14, dafür, eine dem Art. 8 Nr. 1 entsprechende Regelung in das „allgemeine deutsche Recht" zu übernehmen.
[76] BGH, 17.9.1980 – IVb ARZ 557/80, NJW 1980, S. 2646; MünchKomm/*Patzina*, ZPO, 4. Aufl. 2013, § 36 ZPO Rn. 24.
[77] S. nur den. *Jenard*-Bericht, 1979, S. 26; *Kropholler/von Hein*, EuZPR, 9. Aufl. 2011, Art. 6 EuGVVO a.F. Rn. 4.
[78] S. nur MünchKomm/*Schultes*, ZPO, 4. Aufl. 2013, § 59 ZPO Rn. 11.

Klägerseite.[79] Zudem regelt diese Vorschrift nur die Zuständigkeit, nicht aber die **Zulässigkeit** einer passiven Streitgenossenschaft; diese beurteilt sich vielmehr weiterhin nach der jeweiligen *lex fori*.[80] Vor deutschen Gerichten etwa sind daher stets auch die Voraussetzungen der §§ 59 f. ZPO zu prüfen.

2. Sachlicher Anwendungsbereich

21 Der Mehrparteiengerichtsstand ist sowohl für eine **anfängliche als auch eine nachträgliche** Streitgenossenschaft eröffnet.[81] Zudem umfasst Art. 8 Nr. 1 **sämtliche Klagearten**,[82] und zwar unabhängig davon, ob auf Kläger- oder Beklagtenseite die ursprünglichen Rechtsinhaber oder aber Einzel- bzw. Gesamtrechtsnachfolger agieren. Gem. Art. 35 findet Art. 8 Nr. 1 auch in Verfahren des einstweiligen Rechtsschutzes Anwendung.

3. Anknüpfungspunkt; Ankerklage

22 Art. 8 Nr. 1 knüpft zur Gewährung eines besonderen Gerichtsstands der Streitgenossenschaft auf Beklagtenseite[83] an den **Wohnsitz eines der Beklagten** – des dann Ankerbeklagten – an. Vor dem (sachlich und funktionell zuständigen[84]) Gericht dieses Orts können auch weitere Personen mit Wohnsitz in einem Mitgliedstaat im Sinne der EuGVVO mitverklagt werden, wenn nur die verschiedenen Klagen zueinander konnex sind. Ankerbeklagter muss dabei nicht notwendig der jeweilige Hauptschuldner sein. Zuständigkeitsbegründend kann vielmehr mangels Einschränkung im Wortlaut des Art. 8 Nr. 1 auch der Wohnsitz eines (nur) sekundär Haftenden sein, weshalb z.b. ein Darlehensnehmer auch am Wohnsitz des Bürgen mitverklagt werden kann.[85]

23 Ausweislich des Wortlauts von Art. 8 Nr. 1 muss die **Ankerklage** dabei **zwingend am Wohnsitz** des Ankerbeklagten erhoben werden. Damit entspricht der Anknüpfungspunkt des Art. 8 Nr. 1 demjenigen des allgemeinen Gerichtsstands in Art. 4 Abs. 1 (der allerdings, anders als Art. 8 Nr. 1, nur die internationale Zuständigkeit regelt).[86] Eine an einem besonderen oder vereinbarten bzw. auch einem ausschließlichen Gerichtsstand erhobene Klage ist daher keine taugliche

---

[79] *Geimer*/Schütze, EuZVR, 3. Aufl. 2010, Art. 6 EuGVVO a.F. Rn. 14; *Geimer*, WM 1979, S. 350 (356); *Rauscher/Leible*, EuZPR, 4. Aufl. 2016, Art. 8 EuGVVO Rn. 5.
[80] S. etwa *Geimer*/Schütze, EuZVR, 3. Aufl. 2010, Art. 6 EuGVVO a.F. Rn. 13; MünchKomm/*Gottwald*, ZPO, 4. Aufl. 2013, Art. 6 EuGVVO a.F. Rn. 2.
[81] BGH, 30.11.2009 – II ZR 55/09, NJW-RR 2010, S. 644; *Schlosser*/Hess, EuZPR, 4. Aufl. 2015, Art. 8 EuGVVO Rn. 3 a.E.
[82] *Rauscher/Leible*, EuZPR, 4. Aufl. 2016, Art. 8 EuGVVO Rn. 5; *Schlosser*/Hess, EuZPR, 4. Aufl. 2015, Art. 8 EuGVVO Rn. 3; *Geimer*/Schütze, EuZVR, 3. Aufl. 2010, Art. 6 EuGVVO a.F. Rn. 11.
[83] So die Formulierung bei MünchKomm/*Gottwald*, ZPO, 4. Aufl. 2013, Art. 6 EuGVVO a.F. Rn. 2.
[84] Die sachliche und funktionelle Zuständigkeit wird grds. (eine Ausnahme bildet etwa Art. 8 Nr. 3) nicht von der EuGVVO bestimmt, sondern durch die jeweilige *lex fori*, s. nur *Geimer*/Schütze, EuZVR, 3. Aufl. 2010, Art. 2 EuGVVO a.F. Rn. 42 ff.
[85] *Geimer*/Schütze, EuZVR, 3. Aufl. 2010, Art. 6 EuGVVO a.F. Rn. 20.
[86] Vgl. *Kropholler/von Hein*, EuZPR, 9. Aufl. 2011, Art. 6 EuGVVO a.F. Rn. 12.

Ankerklage im Sinne von Art. 8 Nr. 1.[87] Auch eine nur kraft rügeloser Einlassung zulässige Klage kann nicht als Ankerklage fungieren.[88] Daraus folgt, dass eine in einem Mitgliedstaat ansässige Partei nicht gem. Art. 8 Nr. 1 in einem anderen Mitgliedstaat (mit-)verklagt werden kann, wenn sich eine dort erhobene Klage gegen einen in einem Drittstaat oder einem vom Forumstaat verschiedenen Mitgliedstaat ansässigen Beklagten richtet.[89] Zum insofern maßgeblichen Zeitpunkt vgl. die Ausführungen oben Rn. 17.

4. Zulässigkeit der Ankerklage; Missbrauchsvorbehalt

Nach der Entscheidung des EuGH in der Rechtssache *Reisch Montage* aus dem Jahr 2006 kann sich ein Kläger grds. **auch dann** auf den Mehrparteiengerichtsstand berufen, wenn die jeweilige **Ankerklage** schon zum Zeitpunkt ihrer Erhebung nach nationalem Recht **unzulässig** war.[90] Dies begründet der Gerichtshof mit dem Wortlaut von Art. 8 Nr. 1, der weder eine ausdrückliche Verweisung auf die Anwendung nationaler Vorschriften enthalte noch voraussetze, dass eine Klage gegen mehrere Beklagte zum Zeitpunkt ihrer Erhebung nach nationalem Recht in Bezug auf jeden von ihnen zulässig sein müsste.[91] 24

Diese Rechtsprechung wäre bei strikter Anwendung jedenfalls insofern **problematisch**, als es einem Kläger dann gegebenenfalls freistünde, durch Erhebung einer offensichtlich unzulässigen Ankerklage eine andernfalls u.U. fehlende Zuständigkeit gegenüber dem oder den anderen Mitbeklagten **zu erschleichen**.[92] Diese Möglichkeit wäre indes, wie alleine das gerade der Vermeidung einer Zuständigkeitserschleichung dienende Konnexitätserfordernis zeigt, systemwidrig.[93] Andererseits enthält Art. 8 Nr. 1 – anders als z.B. Art. 8 Nr. 2 – keinen ausdrücklichen Missbrauchsvorbehalt, sondern stellt lediglich das unten Rn. 32 ff. behandelte Konnexitätserfordernis auf. 25

Entsprechend hat der Gerichtshof bereits in besagtem Urteil – in Anlehnung an den ausdrücklichen **Missbrauchsvorbehalt** in Art. 8 Nr. 2 – formuliert, dass Art. 8 Nr. 1 keinesfalls so ausgelegt werden könne, dass es danach einem Kläger erlaubt wäre, eine Klage gegen mehrere Beklage allein zu dem Zweck zu erheben, einen von diesen der Zuständigkeit der Gerichte seines Wohnsitzstaats zu 26

---

[87] EuGH, 27.10.1998 – Rs. C-51/97, *Reunion europeenne* ./. *Spiethoff's Bevrachtingskantoor*, Slg. 1998, I-6511 (ECLI:EU:C:1998:509), Rn. 44 ff.; BGH, 24.2.2015 – VI ZR 279/14, NJW 2015, S. 2429; Schlosser/Hess, EuZPR, 4. Aufl. 2015, Art. 8 EuGVVO Rn. 2.
[88] *Kropholler/von Hein*, EuZPR, 9. Aufl. 2011, Art. 6 EuGVVO a.F. Rn. 12.
[89] So ausdrücklich EuGH, 27.10.1998 – Rs. C-51/97, *Reunion europeenne* ./. *Spiethoff's Bevrachtingskantoor*, Slg. 1998, I-6511 (ECLI:EU:C:1998:509), Rn. 44 ff.
[90] EuGH, 13.7.2006 – Rs. C-103/05, *Reisch Montage AG* ./. *Kiesel Baumaschinen Handels GmbH*, Slg. 2006, I-6827 (ECLI:EU:C:2006:471), Rn. 31; befürwortend Geimer/Schütze, EuZVR, 3. Aufl. 2010, Art. 6 EuGVVO a.F. Rn. 25; BGH, 7.6.2016 – KZR 6/15, NJW 2016, S. 2266 („*Pechstein*"), Rn. 20 f.
[91] EuGH, 13.7.2006 – Rs. C-103/05, *Reisch Montage AG* ./. *Kiesel Baumaschinen Handels GmbH*, Slg. 2006, I-6827 (ECLI:EU:C:2006:471), Rn. 27.
[92] So auch Rauscher/*Leible*, EuZPR, 4. Aufl. 2016, Art. 8 EuGVVO Rn. 23; *Althammer*, IPRax 2008, S. 228 (231); Musielak/Voit/*Stadler*, ZPO, 13. Aufl. 2016, Art. 6 EuGVVO Rn. 5.
[93] So hält der BGH eine Verneinung von Art. 8 Nr. 1 für möglich, wenn die „Unschlüssigkeit der Ankerklage" auf der Hand liegt, s. BGH, 7.6.2016 – KZR 6/15, NJW 2016, S. 2266 Rn. 20.

entziehen.[94] Dieses *obiter dictum* führte jedoch – auch wegen seiner sehr allgemeinen Formulierung[95] – noch nicht zu einer abschließenden Klärung der Rechtslage. Bereits ein Jahr später – in der Rechtssache *Freeport* – stellte der Gerichtshof nämlich wiederum fest, dass Art. 8 Nr. 1 gerade wegen des bereits als Korrektiv dienenden Konnexitätserfordernisses keine gesonderte Feststellung erforderlich mache, ob die betreffenden Klagen nicht nur erhoben worden sind, um einen der Beklagten den Gerichten seines Wohnsitzstaats zu entziehen.[96] Insofern war zunächst umstritten, ob der EuGH damit einer allgemeinen Missbrauchskontrolle im Rahmen von Art. 8 Nr. 1 insgesamt einen Riegel vorgeschoben habe.[97] Nach überzeugender Auffassung[98] schloss die Formulierung des Gerichtshofs indes nicht zwingend die Möglichkeit einer Korrektur bei dennoch erkannter und nachgewiesener Zuständigkeitserschleichung aus.

27   Diese Auffassung wird durch zwei weitere EuGH-Urteile aus den Jahren 2011 und 2012 gestützt,[99] in denen der Gerichtshof erneut feststellte, dass Art. 8 Nr. 1 nicht in einer Weise ausgelegt werden dürfe, die es einem Kläger erlauben würde, eine Klage gegen mehrere Beklagte allein zu dem Zweck zu erheben, einen dieser Beklagten der Zuständigkeit der Gerichte seines Wohnsitzstaats zu entziehen.[100] Im Jahr 2015 schließlich stellte der EuGH dann das erste Mal **ausdrücklich fest**, dass die Berufung auf den Mehrparteiengerichtsstand des Art. 8 Nr. 1 selbst bei Vorliegen einer Konnexität im Einzelfall **wegen Rechtsmissbrauchs ausgeschlossen** sein könne.[101] Nach der vorerwähnten *Freeport*-Doktrin sei dies jedoch nur der Fall, wenn „beweiskräftige Indizien"[102] vorliegen, die den Schluss zulassen, dass der Kläger die Voraussetzungen für die Anwendung dieser Bestimmung künstlich herbeigeführt oder aufrechterhalten hat.[103] Konkret ging es

---

[94] EuGH, 13.7.2006 – Rs. C-103/05, *Reisch Montage AG ./. Kiesel Baumaschinen Handels GmbH*, Slg. 2006, I-6827 (ECLI:EU:C:2006:471), Rn. 32.
[95] Sehr kritisch daher *Geimer*/Schütze, EuZVR, 3. Aufl. 2010, Art. 6 EuGVVO a.F. Rn. 26 („wenig erhellend und nicht praxistauglich").
[96] EuGH, 11.10.2007 – Rs. C-98/06, *Freeport plc ./. Olle Arnoldsson*, Slg. 2007, I-8319 (ECLI:EU:C:2007:595), Rn. 54.
[97] Bejahend etwa *Kropholler/von Hein*, EuZPR, 9. Aufl. 2011, Art. 6 EuGVVO a.F. Rn. 15.
[98] So auch BGH, 7.6.2016 – KZR 6/15, NJW 2016, S. 2266 („*Pechstein*"), Rn. 19; LG Dortmund, 29.4.2013 – 13 O (Kart) 23/09, GRUR Int 2013, S. 842, Rn. 20; *Rauscher*/*Leible*, EuZPR, 4. Aufl. 2016, Art. 8 EuGVVO Rn. 23; einschränkend *Schlosser*/Hess, EuZPR, 4. Aufl. 2015, Art. 8 EuGVVO Rn. 3 a.E. (nur, „wenn der Unzulässigkeitsgrund nicht gerade die Ankerklage betrifft, etwa ein Mangel der Parteifähigkeit"); *Kropholler/von Hein*, EuZPR, 9. Aufl. 2011, Art. 6 EuGVVO a.F. Rn. 15 (einem etwaigen Missbrauch sei im Rahmen der Zuständigkeitsprüfung Rechnung zu tragen); kritisch zum EuGH-Urteil auch *Althammer*, IPRax 2008, S. 228 (231).
[99] So auch *Musielak/Voit*/*Stadler*, ZPO, 13. Aufl. 2016, Art. 6 EuGVVO Rn. 4, der jedoch für die Berücksichtigung als eigenständigen Prüfungspunkt im Rahmen der Zuständigkeitsprüfung plädiert.
[100] EuGH, 1.12.2011 – Rs. C-145/10, *Eva-Maria Painer ./. Standard Verlags GmbH u.a.*, Slg. 2011, I-12533 (ECLI:EU:C:2011:798), Rn. 78; EuGH, 12.7.2012 – Rs. C-616/10, *Solvay SA ./. Honeywell Fluorine Products Europe BV u.a.*, ECLI:EU:C:2012:445 = EuZW 2012, S. 837, Rn. 22.
[101] EuGH, 21.5.2015 – Rs. C-352/13, *CDC Hydrogen Peroxide SA ./. Akzo Nobel NV u.a.*, ECLI:EU:C:2015:335 = EuZW 2015, S. 584, Rn. 27 ff.
[102] Zur Bedeutung dieser verklausulierten Formulierung vgl. *Harms/Sanner/Schmidt*, EuZW 2015, S. 584 (587); mangels näherer Hinweise des EuGH dürfte darin eher weniger ein Grundsatz der Anwendung der jeweiligen *lex fori* – vgl. dazu die Ausführungen bei der Vorb. Art. 4 ff. unter Rn. 22 ff. – abweichende Beweismaßregel zu sehen sein. Die gleiche Formulierung verwendet EuGH 15.3.2012 – Rs. C-292/10, *G ./. Cornelius de Visser*, ECLI:EU:C:2012:142, Rn. 40.
[103] EuGH, 21.5.2015 – Rs. C-352/13, *CDC Hydrogen Peroxide SA ./. Akzo Nobel NV u.a.*, ECLI:EU:C:2015:335 = EuZW 2015, S. 584, Rn. 28 f.

dabei um eine erst nach Klageerhebung erfolgte Rücknahme der Ankerklage durch den Kläger, obwohl er u.U. bereits vor oder im Zeitpunkt der Klageerhebung mit dem Ankerbeklagen eine streitbeendigende Einigung erzielt hatte.[104] Spätestens darin dürfte die **Anerkennung eines allgemeinen Missbrauchsvorbehalts** auch für Art. 8 Nr. 1 liegen.[105] Entsprechend scheidet eine Berufung auf Art. 8 Nr. 1 jedenfalls bei einem kollusiven Zusammenwirken zwischen Kläger und Ankerbeklagtem zu dem Zweck, die Voraussetzungen des Art. 8 Nr. 1 im Zeitpunkt der Klageerhebung künstlich herbeizuführen oder aufrechtzuerhalten, aus.[106] Das Gleiche dürfte aber auch im Falle einer sonstigen **offensichtlichen Unzulässigkeit** gelten,[107] oder aber bei bereits anfänglich fehlender internationaler und/oder örtlicher Zuständigkeit des Gerichts der Ankerklage.[108] Eine **Begründetheit** der Ankerklage ist hingegen für die Berufung auf Art. 8 Nr. 1 naturgemäß nicht zu fordern; wohl aber muss diese **schlüssig** sein.[109]

28

5. Räumlich-persönlicher Anwendungsbereich

Zunächst einmal ist Art. 8 Nr. 1 – wie die gesamte EuGVVO auch – nicht in reinen Inlandsfällen anwendbar.[110] Darüber hinaus findet der Mehrparteiengerichtsstand nur gegenüber Beklagten mit **Wohnsitz in einem Mitgliedstaat** der Verordnung Anwendung. Wo sich der Wohnsitz einer Person befindet, ergibt sich dabei für die Zwecke der EuGVVO aus Art. 62 und 63.[111] Nach einer Entscheidung des EuGH aus dem Jahr 2013 müssen für die Anwendung von Art. 8 Nr. 1 **alle Beklagten** in einem Mitgliedstaat im Sinne der Verordnung ansässig sein.[112] Nicht etwa können, wie dies die früher h.M.[113] noch vertreten hatte, neben in einem Mitgliedstaat ansässigen Beklagten gem. Art. 8 Nr. 1 auch Personen mit Wohnsitz in einem Drittstaat am Gericht der Ankerklage mitverklagt werden.[114] Auch die Ankerklage selbst muss sich für die Anwendung von Art. 8 Nr. 1 zwingend gegen einen in einem Mitgliedstaat

29

---

[104] S. LG Dortmund, 29.4.2013 – 13 O (Kart) 23/09, GRUR Int 2013, S. 842, Rn. 22.
[105] So auch Musielak/Voit/*Stadler*, ZPO, 13. Aufl. 2016, Art. 6 EuGVVO Rn. 4.
[106] EuGH, 21.5.2015 – Rs. C-352/13, *CDC Hydrogen Peroxide SA ./. Akzo Nobel NV u.a.*, ECLI:EU:C:2015:335 = EuZW 2015, S. 584, Rn. 31, 33.
[107] BGH, 7.6.2016 – KZR 6/15, NJW 2016, S. 2266 („*Pechstein*"), Rn. 20; Rauscher/*Leible*, EuZPR, 4. Aufl. 2016, Art. 8 EuGVVO Rn. 23.
[108] *Geimer*/Schütze, EuZVR, 3. Aufl. 2010, Art. 6 EuGVVO a.F. Rn. 26; *Kropholler*/*von Hein*, EuZPR, 9. Aufl. 2011, Art. 6 EuGVVO a.F. Rn. 16.
[109] *Geier*, Die Streitgenossenschaft im internationalen Verhältnis, 2005, S. 90; Musielak/Voit/*Stadler*, ZPO, 13. Aufl. 2016, Art. 6 EuGVVO Rn. 5; Rauscher/*Leible*, EuZPR, 4. Aufl. 2016, Art. 8 EuGVVO Rn. 22.
[110] Dazu näher Vorb. Art. 4 ff. Rn. 14 ff. sowie oben Rn. 6.
[111] Vgl. hierzu die Kommentierung zu Art. 4 Rn. 6 ff. sowie zu Art. 62 und 63.
[112] EuGH, 11.4.2013 – Rs. C-645/11, *Land Berlin ./. Ellen Mirjam Sapir u. a.*, ECLI:EU:C:2013:228 = EuZW 2013, S. 503, Rn. 55.
[113] Etwa *Geimer*/Schütze, EuZVR, 3. Aufl. 2010, Art. 6 EuGVVO a.F. Rn. 4; *Geimer*, WM 1979, S. 350 (357); MünchKomm/*Gottwald*, ZPO, 4. Aufl. 2013, Art. 6 EuGVVO a.F. Rn. 4; eingeschränkt auch *Kropholler*/*von Hein*, EuZPR, 9. Aufl. 2011, Art. 6 EuGVVO a.F. Rn. 7.
[114] S. Rauscher/*Leible*, EuZPR, 4. Aufl. 2016, Art. 8 EuGVVO Rn. 9; *Schlosser*/Hess, EuZPR, 4. Aufl. 2015, Art. 8 EuGVVO Rn. 2; **a. A.** (weiterhin – ungeachtet des eingangs zitierten EuGH-Urteils – für eine analoge Anwendung des Art. 8 Nr. 1 auf in einem Drittstaat ansässige Beklagte plädierend) etwa *Schack*, IZVR, 6. Aufl. 2014, Rn. 411.

ansässigen Beklagten richtet.[115] Zu weiteren Einzelheiten vgl. die Ausführungen oben Rn. 8 ff.

30 Entgegen der ganz h.M.[116] ist Art. 8 Nr. 1 auch gegenüber Personen, die in ihrem **Wohnsitzstaat selbst** verklagt werden, anwendbar.[117] Zudem müssen Kläger und Ankerbeklagter nicht notwendigerweise in verschiedenen Mitgliedstaaten ansässig sein.[118] Denn der für die Anwendung der EuGVVO notwendige Auslandsbezug kann sich auch aus geringfügigeren Berührungspunkten mit dem Ausland, etwa einer ausländischen Staatsangehörigkeit des Klägers und wohl[119] auch des Beklagten, ergeben.[120] Überdies genügt es für Art. 8 Nr. 1, wenn sich der Auslandsbezug im Verhältnis zu nur einer Partei ergibt.[121] Daher schadet es z.B. nicht, wenn mehrere Beklagte ihren Wohnsitz in demselben Mitgliedstaat haben.[122]

6. Konnexitätserfordernis

31 Noch die Vor-Vorgängernorm von Art. 8 Nr. 1 – der 1968 geschaffene **Art. 6 Nr. 1 EuGVÜ** – knüpfte die Gewährung des Mehrparteiengerichtsstands seinem Wortlaut nach an keine weitere Voraussetzung, als dass mehrere Personen zusammen verklagt werden.[123] Hätte man dies genügen lassen, wäre es jedoch Klägern im Anwendungsbereich des EuGVÜ ohne sachlichen Grund möglich gewesen, durch bloße Bildung einer passiven Streitgenossenschaft auch Personen ohne Gerichtsstand in dem Forumstaat bzw. an einem ihnen liebsamen Ort innerhalb dieses Staates zu verklagen.

a) Allgemeines; Formel des EuGH

32 Dass eine derartige **Zuständigkeitsschleichung** nicht zulässig sein kann, ergibt sich bereits aus den Schutzanliegen des EuGVÜ bzw. nunmehr der EuGVVO. Denn das in sich abgeschlossene[124] Zuständigkeitsregime des EuGVÜ bzw. der EuGVVO bezweckt(e) aus Art. 3 EuGVÜ – dem jetzigen Art. 5 – ersichtlich gerade auch den Schutz von Beklagten mit Wohnsitz in einem Vertrags- bzw. nunmehr Mitgliedstaat davor, nicht an einem nicht in dem Übereinkommen vorgesehenen bzw. nicht vorhersehbaren[125] Gericht verklagt zu wer-

---

[115] EuGH, 27.10.1998 – Rs. C-51/97, *Reunion europeenne ./. Spiethoff's Bevrachtingskantoor*, Slg. 1998, I-6511 (ECLI:EU:C:1998:509), Rn. 44 f.
[116] Rauscher/*Leible*, EuZPR, 4. Aufl. 2016, Art. 8 EuGVVO Rn. 4; *Geier*, Die Streitgenossenschaft im internationalen Verhältnis, 2005, S. 53 ff.; *Kropholler/von Hein*, EuZPR, 9. Aufl. 2011, Art. 6 EuGVVO a.F. Rn. 2; *Geimer/Schütze*, EuZVR, 3. Aufl. 2010, Art. 6 EuGVVO a.F. Rn. 2a; Münch-Komm/*Gottwald*, ZPO, 4. Aufl. 2013, Art. 6 EuGVVO a.F. Rn. 5; wohl auch *Schlosser/Hess*, EuZPR, 4. Aufl. 2015, Art. 8 EuGVVO Rn. 1; **a. A.** *Geimer/Schütze/Auer*, Int. Rechtsverkehr, 28. EL 2005, Vorb. Art. 5 ff. EuGVVO Rn. 9.
[117] S. die Ausführungen oben Rn. 13 ff.
[118] *Schlosser/Hess*, EuZPR, 4. Aufl. 2015, Art. 8 EuGVVO Rn. 2.
[119] Insofern wegen des in Art. 4 Abs. 2 zum Ausdruck kommenden Grundsatzes der Inländergleichbehandlung kritisch Rauscher/*Mankowski*, EuZPR, 4. Aufl. 2016, Vorbem. zu Art. 4 EuGVVO Rn. 30.
[120] EuGH, 17.11.2011 – Rs. C-327/10, *Hypoteční banka a. s. ./. Udo Mike Lindner*, Slg. 2011, I-11582 (ECLI:EU:C:2011:745), Rn. 31 f.; hierzu näher Vorb. Art. 4 ff. Rn. 16.
[121] So auch *Schlosser/Hess*, EuZPR, 4. Aufl. 2015, Art. 8 EuGVVO Rn. 2.
[122] *Schlosser/Hess*, EuZPR, 4. Aufl. 2015, Art. 8 EuGVVO Rn. 2.
[123] Vgl. zur Entstehungsgeschichte des Art. 8 die Ausführungen unter Rn. 4.
[124] S. die Ausführungen zu Art. 5 Rn. 1 ff.: „numerus clausus der Gerichtsstände".
[125] Vgl. nunmehr Erwgr. 15.

den.¹²⁶ Um diesen Widerspruch aufzulösen, wurde daher in Art. 6 Nr. 1 EuGVÜ von Anfang an die Voraussetzung eines sachlichen **Zusammenhangs** – d.h. einer Konnexität – „zwischen den Ansprüchen gegen die einzelnen Beklagten"¹²⁷ hineingelesen. Entsprechend formulierte der EuGH, dass für die Anwendbarkeit von Art. 6 Nr. 1 EuGVÜ eine gemeinsame Verhandlung und Entscheidung der Klagen gegen verschiedene Beklagte geboten erscheinen müsse, um zu vermeiden, dass in getrennten Verfahren widersprechende Entscheidungen ergehen könnten.¹²⁸ Diese Formel des Gerichtshofs wurde im Zuge der „Umwandlung" des EuGVÜ in die EuGVVO a.F. im Jahr 2000 in dem – vom Wortlaut her mit dem jetzigen Art. 8 Nr. 1 identischen – Art. 6 Nr. 1 EuGVVO a.F. kodifiziert.

Die Gesetz gewordene Formulierung des EuGH erweist sich jedoch bei näherer Betrachtung als eine **Leerformel**, lässt sie doch wesentliche Fragen unbeantwortet und liefert – wohl auch aus Gründen der Flexibilität – **kaum greifbare Kriterien** zur genauen Subsumtion.¹²⁹ Auch die folgende Rechtsprechung des EuGH hat insofern wenig Klarheit geschaffen, so dass zum Teil immer noch unklar ist, welche Intensität und Art der für Art. 8 Nr. 1 zu fordernde Sachzusammenhang tatsächlich haben muss.¹³⁰ 33

Allerdings lässt das Kriterium der Vermeidung einander widersprechender Entscheidungen einen Rückgriff auf die – freilich spärliche – zum nahezu wortgleichen **Art. 30 Abs. 3** ergangene Rechtsprechung zu.¹³¹ Dabei ist jedoch zu bedenken, dass Art. 30 Abs. 3 grds. weit¹³² auszulegen ist, Art. 8 Nr. 1 als Abweichung von der Grundregel des allgemeinen Gerichtsstands in Art. 4 Abs. 1 hingegen¹³³ eng.¹³⁴ 34

Auch ein Rückgriff auf das nationale Recht – in Deutschland etwa die zu §§ 59 und 60 ZPO geltenden Grundsätze – scheidet *prima vista* aus; denn das Vorliegen der Konnexität ist nach dem EuGH zwar durch das im Einzelfall entscheidende nationale Gericht, jedoch **autonom** ohne Rückgriff auf die *lex fori* zu bestimmen.¹³⁵ Dessen ungeachtet dürften die meisten nach deut- 35

---

¹²⁶ Rauscher/*Mankowski*, EuZPR, 4. Aufl. 2016, Art. 5 EuGVVO Rn. 1 spricht insofern von einer „Garantie"; vgl. die Kommentierung zu Art. 5 Rn. 2.
¹²⁷ *Jenard*-Bericht, 1979, S. 26.
¹²⁸ Etwa EuGH, 27.9.1988 – Rs. 189/87, *Kalfelis ./. Schröder*, Slg. 1988, 5565 (ECLI:EU:C:1988:459), Rn. 12; EuGH, 27.10.1998 – Rs. C-51/97, *Reunion europeenne ./. Spiethoff's Bevrachtingskantoor*, Slg. 1998, I-6511 (ECLI:EU:C:1998:509), Rn. 48.
¹²⁹ *Schack*, IZVR, 6. Aufl. 2014, Rn. 409.
¹³⁰ Ähnlich Rauscher/*Leible*, EuZPR, 4. Aufl. 2016, Art. 8 EuGVVO Rn.10; Musielak/Voit/*Stadler*, ZPO, 13. Aufl. 2016, Art. 6 EuGVVO Rn. 3.
¹³¹ So *Kropholler/von Hein*, EuZPR, 9. Aufl. 2011, Art. 6 EuGVVO a.F. Rn. 9; angedeutet wird dies etwa bei EuGH, 27.9.1988 – Rs. 189/87, *Kalfelis ./. Schröder*, Slg. 1988, 5565 (ECLI:EU:C:1988:459), Rn. 11; EuGH, 27.10.1998 – Rs. C-51/97, *Reunion europeenne ./. Spiethoff's Bevrachtingskantoor*, Slg. 1998, I-6511 (ECLI:EU:C:1998:509), Rn. 48.
¹³² S. Rauscher/*Leible*, EuZPR, 4. Aufl. 2016, Art. 30 EuGVVO Rn. 5 m.w.N.
¹³³ S. hierzu die Vorb. Art. 7 ff. Rn. 9.
¹³⁴ *Schlosser/Hess*, EuZPR, 4. Aufl. 2015, Art. 30 EuGVVO Rn. 3; Rauscher/*Leible*, EuZPR, 4. Aufl. 2016, Art. 8 EuGVVO Rn. 10; offen gelassen bei EuGH, 13.7.2006 – Rs. C-539/03, *Roche Nederland BV u.a. ./. Primus und Goldenberg*, Slg. 2006, I-6569, ECLI:EU:C:2006:458, Rn. 25; **a. A.** *Kropholler/von Hein*, EuZPR, 9. Aufl. 2011, Art. 6 EuGVVO a.F. Rn. 9.
¹³⁵ Vgl. nur EuGH, 27.9.1988 – Rs. 189/87, *Kalfelis ./. Schröder*, Slg. 1988, 5565 (ECLI:EU:C:1988:459), Rn. 10.

schem Verständnis unter §§ 59 und 60 ZPO zu fassenden Fallgruppen auch das Erfordernis der Konnexität im Sinne von Art. 8 Nr. 1 erfüllen.[136] So fallen unter Art. 8 Nr. 1 insbesondere Ansprüche gegen mehrere **Gesamtschuldner**,[137] gegen Miteigentümer- oder Gesamthandsgemeinschaften[138] sowie die Fälle einer **akzessorischen Haftung** (etwa von Hauptschuldner und Bürge);[139] auch zivilrechtliche Ansprüche gegen Täter und Gehilfe sind grds. zueinander konnex.[140] Bloße Erwägungen der Prozessökonomie genügen hingegen nicht zur Begründung einer Zuständigkeitskonzentration gem. Art. 8 Nr. 1.[141] Ebenso wenig reicht es für eine Bejahung der Konnexität aus, wenn sich (nur) die Begründetheit einer Klage[142] auf das Ergebnis eines anderen Verfahrens – etwa der die Höhe eines Anspruchs – auswirken könnte, ohne dass die Klagen auf der Tatbestandsseite auf derselben Sach- und Rechtslage beruhen.[143]

36 Demgegenüber findet Art. 8 Nr. 1 potentiell auch Anwendung auf Klagen gegen verschiedene Beklagte, die auf **unterschiedlichen Rechtsgrundlagen** (etwa bei Vorliegen deliktischer Ansprüche gegenüber dem einen und vertraglicher Ansprüche gegenüber einem anderen Beklagten[144]) beruhen.[145] Insofern ist der EuGH in seiner *Freeport*-Entscheidung aus dem Jahr 2007 von seiner unglücklichen vorherigen Rechtsprechung aus dem Jahr 1998, wonach mehrere Klagebegehren, von denen das eine auf vertragliche, das andere auf deliktische Haftung gestützt wird, nicht als im Zusammenhang stehend angesehen werden können,[146] abgerückt.[147]

---

[136] *Schlosser*/Hess, EuZPR, 4. Aufl. 2015, Art. 8 EuGVVO Rn. 4; vorsichtiger *Musielak*/Voit/*Stadler*, ZPO, 13. Aufl. 2016, Art. 6 EuGVVO Rn. 3 („Anhaltspunkt geben") sowie *Rauscher*/*Leible*, EuGVVO, 4. Aufl. 2016, Art. 8 EuGVVO Rn. 10.

[137] Vgl. den *Jenard*-Bericht, 1979, S. 26 sowie EuGH, 21.5.2015 – Rs. C-352/13, *CDC Hydrogen Peroxide SA ./. Akzo Nobel NV u.a.*, ECLI:EU:C:2015:335 = EuZW 2015, S. 584, Rn. 33; *Schlosser*/Hess, EuZPR, 4. Aufl. 2016, Art. 30 EuGVVO Rn. 4; BGH, 7.6.2016 – KZR 6/15, NJW 2016, S. 2266 („*Pechstein*"), Rn. 17.

[138] *Rauscher*/*Leible*, EuZPR, 4. Aufl. 2016, Art. 8 EuGVVO Rn. 11; *Musielak*/Voit/*Stadler*, ZPO, 13. Aufl. 2016, Art. 6 EuGVVO Rn. 3.

[139] *Schack*, IZVR, 6. Aufl. 2014, Rn. 409; *Kropholler*/von *Hein*, EuZPR, 9. Aufl. 2011, Art. 6 EuGVVO a.F. Rn. 9; *Geimer*/Schütze, EuZVR, 3. Aufl. 2010, Art. 6 EuGVVO a.F. Rn. 20.

[140] BGH, 30.11.2009 – II ZR 55/09, NJW-RR 2010, S. 644; *Schlosser*/Hess, EuZPR, 4. Aufl. 2015, Art. 8 EuGVVO Rn. 4.

[141] S. nur EuGH, 13.7.2006 – Rs. C-539/03, *Roche Nederland BV u.a. ./. Primus und Goldenberg*, Slg. 2006, I-6569, ECLI:EU:C:2006:458, Rn. 36.

[142] D.h. ausschließlich das Ergebnis eines Verfahrens, s. *M. Müller*, EuZW 2016, S. 419 (426).

[143] EuGH, 20.4.2016 – Rs. C-366/13, *Profit Investment SIM ./. Ossi u.a.*, ECLI:EU:C:2016:282 = EuZW 2016, S. 419 Rn. 67: „nicht schon dann die Gefahr widersprechender Entscheidungen […] besteht, wenn sich die Begründetheit einer Klage auf den Umfang des Interesses auswirken könnte, zu dessen Wahrung die andere Klage eingereicht worden ist."

[144] S. auch EuGH, 1.12.2011 – Rs. C-145/10, *Eva-Maria Painer ./. Standard Verlags GmbH u.a.*, Slg. 2011, I-12533 (ECLI:EU:C:2011:798), Rn. 84 für den Fall, dass verschiedene Klagen auf je nach Mitgliedstaat unterschiedlichen nationalen Rechtsgrundlagen beruhen.

[145] EuGH, 11.10.2007 – Rs. C-98/06, *Freeport plc ./. Olle Arnoldsson*, Slg. 2007, I-8319 (ECLI:EU:C:2007:595), Rn. 47.

[146] EuGH, 27.10.1998 – Rs. C-51/97, *Reunion europeenne ./. Spliethoff's Bevrachtingskantoor*, Slg. 1998, I-6511 (ECLI:EU:C:1998:509), Rn. 50; dem folgend noch BGH, 23.10.2001 – XI ZR 83/01, NJW-RR 2002, S. 1149.

[147] EuGH, 11.10.2007 – Rs. C-98/06, *Freeport plc ./. Olle Arnoldsson*, Slg. 2007, I-8319 (ECLI:EU:C:2007:595), Rn. 47.

Text + Erläuterungen   Art. 8   **B Vor I** 7

b) „Dieselbe Sach- und Rechtslage"

Im Jahr 2006 hat der EuGH in der Rechtssache *Roche Nederland* entschie- 37
den, dass Entscheidungen nicht schon deshalb als einander widersprechend
betrachtet werden können, weil es potentiell zu einer abweichenden Entscheidung des Rechtsstreits kommen kann; vielmehr müsse diese Abweichung
außerdem bei Zugrundelegung **derselben Sach- und Rechtslage** auftreten.[148] Daran fehle es, so der Gerichtshof weiter, wenn mehrere in verschiedenen Vertragsstaaten ansässige Konzerngesellschaften zwar gemäß einer gemeinsamen Geschäftspolitik, die eine der Gesellschaften allein ausgearbeitet hat, in
derselben oder in ähnlicher Weise, aber dennoch in verschiedenen Staaten
(im konkreten Fall wegen Verletzung eines für jeden dieser Staaten erteilten
europäischen Patents[149] im Sinne von Art. 2 Abs. 1 EPÜ[150]) gehandelt
haben.[151] Andere Stimmen hatten sich, z.T. in Anwendung der von niederländischen Gerichten entwickelten sog. „spider in the web"[152]-Doktrin,[153] für
eine Anwendbarkeit von Art. 8 Nr. 1 in einem derartigen Sachverhalt ausgesprochen (der ausschließliche Gerichtsstand des Art. 24 Nr. 4 findet auf Patent-
*verletzungs*verfahren keine Anwendung[154]).[155] Zum besseren Verständnis dieser
Rechtsprechung ist hinzuzufügen, dass ein europäisches (Bündel-)Patent –
anders als das kommende Europäische Patent mit einheitlicher Wirkung (sog.
EU-Patent)[156] – kein „gemeinschaftseinheitliches Schutzrecht"[157] darstellt,
sondern ein Bündel einzelner Patente,[158] welche jeweils gem. Art. 64 Abs. 3
EPÜ im Falle ihrer Verletzung dem nationalen Recht desjenigen Vertragsstaates, für das sie erteilt worden sind (und damit unterschiedlichen Rechtsordnungen), unterliegen.[159] Insofern lagen dem vom EuGH entschiedenen Sachverhalt durchaus verschiedene (Sach- und) Rechtslagen zugrunde. Im Falle
inhaltlich identischer **Urheberrechtsverletzungen**, die auf unterschiedlichen
nationalen Rechtsgrundlagen beruhen, hielt der EuGH in der Rechtssache

---

[148] EuGH, 13.7.2006 – Rs. C-539/03, *Roche Nederland BV u.a. ./. Primus und Goldenberg*, Slg. 2006,
I-6569, ECLI:EU:C:2006:458, Rn. 26; EuGH, 20.4.2016 – Rs. C-366/13, *Profit Investment SIM ./.
Ossi u.a.*, ECLI:EU:C:2016:282 = EuZW 2016, S. 419 Rn. 67.
[149] Vgl. hierzu näher die Kommentierung zu Art. 24 Rn. 129 f.
[150] Übereinkommen über die Erteilung europäischer Patente vom 5.10.1973, BGBl. 2007 II S. 1082,
1129; zur revidierten Fassung vom 29.11.2000 vgl. BGBl. 2007 II, S. 1082.
[151] EuGH, 13.7.2006 – Rs. C-539/03, *Roche Nederland BV u.a. ./. Primus und Goldenberg*, Slg. 2006,
I-6569, ECLI:EU:C:2006:458, Rn. 35.
[152] Wobei in diesem Sinnbild die jeweilige Konzernmutter die Spinne und der Konzern mitsamt der
Tochtergesellschaften der Konzernmutter das Netz bilden.
[153] Vgl. etwa den Gerechtshof Den Haag, 23.4.1998, BIE 2008, Nr. 8, Zusammenfassung in GRUR
Int. 1998, S. 737.
[154] Vgl. hierzu näher die Kommentierung zu Art. 24 Rn. 121 sowie OLG Hamburg, 2.5.2002 – 3
U 312/01, MMR 2002, S. 822 (823); *Jenard*-Bericht, 1979, S. 36.
[155] Kritisch in Bezug auf die EuGH-Entscheidung immer noch *Schlosser*/Hess, EuZPR, 4. Aufl.
2015, Art. 8 EuGVVO Rn. 4, der die Linie des EuGH „unverständlich" findet, sowie *Schack*, IZVR,
6. Aufl. 2014, Rn. 410; prinzipiell zustimmend hingegen Rauscher/*Leible*, EuZPR, 4. Aufl. 2016,
Art. 8 EuGVVO Rn. 13; *Kropholler/von Hein*, EuZPR, 4. Aufl. 2011, Art. 6 EuGVVO a.F. Rn. 11.
[156] Vgl. hierzu näher die Kommentierung zu Art. 24 Rn. 132 f.
[157] Rauscher/*Leible*, EuZPR, 4. Aufl. 2016, Art. 8 EuGVVO Rn. 13.
[158] S. Rauscher/*Leible*, EuZPR, 4. Aufl. 2016, Art. 8 EuGVVO Rn. 13.
[159] S. nur EuGH, 13.7.2006 – Rs. C-539/03, *Roche Nederland BV u.a. ./. Primus und Goldenberg*,
Slg. 2006, I-6569, ECLI:EU:C:2006:458, Rn. 29 f.

Painer im Jahr 2011 eine Anwendung von Art. 8 Nr. 1 hingegen für grds. möglich.[160]

38 Anders entschieden als in der Rechtssache *Roche Nederland* und die Anwendbarkeit von Art. 8 Nr. 1 bejaht hat der EuGH (folgerichtig) im Jahr 2012 für einen Sachverhalt, in dem jeder von mehreren Gesellschaften mit Sitz in verschiedenen Mitgliedstaaten in einem vor einem Gericht eines dieser Mitgliedstaaten anhängigen Verfahren gesondert vorgeworfen wurde, **denselben nationalen Teil eines europäischen Patents**, wie es in einem weiteren Mitgliedstaat galt, durch die Vornahme vorbehaltener Handlungen in Bezug auf dasselbe Erzeugnis verletzt zu haben.[161]

39 Ebenfalls die Anwendbarkeit von Art. 8 Nr. 1 bejaht hat der EuGH jüngst in einer zum **Kartelldeliktsrecht** ergangenen Entscheidung aus dem Jahr 2015 für den Fall, dass Unternehmen, die sich örtlich und zeitlich unterschiedlich an einem in einer Entscheidung der Europäischen Kommission festgestellten einheitlichen und fortgesetzten Verstoß gegen das unionsrechtliche Kartellverbot beteiligt haben, als Gesamtschuldner auf Schadensersatz und in diesem Rahmen auf Auskunftserteilung verklagt werden.[162] In diesem Verfahren waren verschiedene Kartellanten zwar an der Umsetzung des in Rede stehenden Kartells räumlich und zeitlich unterschiedlich beteiligt, dennoch stellte dieses Kartell eine **einheitliche und fortgesetzte Zuwiderhandlung** u.a. gegen Art. 101 AEUV dar, was zur Begründung derselben Sach- und Rechtslage genügte.[163]

40 Im Übrigen kann nach neuester Rechtsprechung des EuGH ein Berufen auf den Mehrparteiengerichtsstand des Art. 8 Nr. 1 selbst bei Vorliegen einer Konnexität im Einzelfall **wegen Rechtsmissbrauchs ausgeschlossen** sein (s. dazu oben Rn. 29).[164]

III. Gerichtsstand der Gewährleistungs- und Interventionsklage (Art. 8 Nr. 2)

1. Überblick

41 Art. 8 Nr. 2 begründet für sog. Gewährleistungs- und Interventionsklagen einen Gerichtsstand in dem Mitgliedstaat und vor dem Gericht der jeweiligen Hauptklage. Nach dieser Vorschrift kann eine Prozesspartei, die glaubt, für den Fall des ihr ungünstigen Ausgangs der Hauptklage einen Anspruch auf **Gewährleistung, Schadloshaltung oder Freistellung gegen einen Dritten** zu

---

[160] EuGH, 1.12.2011 – Rs. C-145/10, *Eva-Maria Painer ./. Standard Verlags GmbH u. a.*, Slg. 2011, I-12533 (ECLI:EU:C:2011:798), Rn. 84.
[161] EuGH, 12.7.2012 – Rs. C-616/10, *Solvay SA ./. Honeywell Fluorine Products Europe BV u. a.*, ECLI:EU:C:2012:445 = EuZW 2012, S. 837, Rn. 30.
[162] EuGH, 21.5.2015 – Rs. C-352/13, *CDC Hydrogen Peroxide SA ./. Akzo Nobel NV u.a.*, ECLI:EU:C:2015:335 = EuZW 2015, S. 584, Rn. 33.
[163] EuGH, 21.5.2015 – Rs. C-352/13, *CDC Hydrogen Peroxide SA ./. Akzo Nobel NV u.a.*, ECLI:EU:C:2015:335 = EuZW 2015, S. 584, Rn. 21.
[164] S. EuGH, 21.5.2015 – Rs. C-352/13, *CDC Hydrogen Peroxide SA ./. Akzo Nobel NV u.a.*, ECLI:EU:C:2015:335 = EuZW 2015, S. 584, Rn. 27 ff.

haben,¹⁶⁵ diesen vor dem Gericht der Hauptklage mitverklagen, auch wenn das Gericht nach allgemeinen Regeln für die Klage gegenüber dem Dritten nicht zuständig wäre. Dieses Recht steht dabei sowohl dem Kläger als auch dem Beklagten der Hauptklage zu. **Auch der Dritte** kann sich im Einzelfall für eine eigene Aktivklage auf den Gerichtsstand des Art. 8 Nr. 2 stützen.¹⁶⁶

Gem. Art. 65 Abs. 1 findet der Gerichtsstand des Art. 8 Nr. 2 nur Anwendung, 42 soweit das jeweilige einzelstaatliche Recht der Mitgliedstaaten dies zulässt. Diejenigen Mitgliedstaaten, die das Rechtsinstitut der Gewährleistungs- und Interventionsklage nicht oder nur eingeschränkt kennen, werden dabei in einer von der Kommission nach Maßgabe des Art. 76 Abs. 1 lit. b sowie Abs. 2 festgelegten und im Amtsblatt der Europäischen Union veröffentlichten Liste aufgeführt.

Aus Art. 65 folgt, dass Art. 8 Nr. 2 die einzelnen Mitgliedstaaten **nicht etwa** 43 **zwingen will**, entgegen den etwaigen Vorstellungen ihres innerstaatlichen Rechts in jedem Fall die Durchführung von Gewährleistungs- und Interventionsklagen vor ihren Gerichten zuzulassen.¹⁶⁷ Art. 8 Nr. 2 will vielmehr nur für den Fall, dass eine mitgliedstaatliche Rechtsordnung derartige Rechtsinstitute kennt, eine Zuständigkeitserleichterung gewährleisten.

Das **deutsche Recht** kennt weder das allgemeine Rechtsinstitut einer 44 Gewährleistungs- und Interventionsklage, noch in den §§ 12 ff. ZPO eine besondere Zuständigkeit hierfür.¹⁶⁸ Entsprechend ist die Bundesrepublik Deutschland in der in Art. 65 Abs. 1 in Bezug genommenen Liste¹⁶⁹ aufgeführt. Art. 8 Nr. 2 findet damit vor deutschen Gerichten **keine Anwendung**; dazu näher unten Rn. 52 ff. Neben Deutschland sind in dieser Liste derzeit noch Estland, Kroatien, Zypern, Lettland, Litauen, Ungarn, Malta, Österreich, Polen und Slowenien aufgeführt.

Art. 8 Nr. 2 regelt sowohl die **internationale**, als auch die **örtliche Zustän-** 45 **digkeit**.¹⁷⁰ Sinn und **Zweck** dieser Vorschrift ist es, sich inhaltlich widersprechende Urteile zu vermeiden.¹⁷¹ Zusätzlich dient Art. 8 Nr. 2 der Prozessökonomie.¹⁷² Eine ähnliche Regelung trifft für Versicherungssachen Art. 13 Abs. 1.

2. Sachlicher Anwendungsbereich

Der Begriff der Gewährleistungs- und Interventionsklage ist im Anwendungs- 46 bereich der EuGVVO nach allgemeinen Grundsätzen grds. **autonom** zu bestim-

---

¹⁶⁵ *Geimer*/Schütze, EuZVR, 3. Aufl. 2010, Art. 6 EuGVVO a.F. Rn. 33.
¹⁶⁶ Vgl. jüngst EuGH, 21.1.2016 – Rs. C-521/14, *SOVAG* ./. *If Vahinkovakuutusyhtiö Oy*, ECLI:EU:C:2016:41 = BeckRS 2016, 80155, Rn. 47; so bereits zuvor *Mansel*, RabelsZ 59 (1995), S. 326 (335); *Schlosser*/Hess, EuZPR, 4. Aufl. 2015, Art. 8 EuGVVO Rn. 6; Rauscher/*Leible*, EuZPR, 4. Aufl. 2016, Art. 8 EuGVVO Rn. 29 sowie näher unten Rn. 50.
¹⁶⁷ *Schlosser*/Hess, EuZPR, 4. Aufl. 2015, Art. 8 EuGVVO Rn. 8.
¹⁶⁸ Vgl. *Schack*, IZVR, 6. Aufl. 2014, Rn. 414 f.
¹⁶⁹ Vgl. die „Informationen gemäß Artikel 76 der Verordnung (EU) Nr. 1215/2012 des Europäischen Parlaments und des Rates über die gerichtliche Zuständigkeit und die Anerkennung und Vollstreckung von Entscheidungen in Zivil- und Handelssachen", ABl. (EU) 2015 Nr. C 4, S. 2.
¹⁷⁰ Vgl. die Nachweise oben Rn. 5.
¹⁷¹ S. dazu näher Rn. 3.
¹⁷² *Geimer*, WM 1979, S. 350 (360); Rauscher/*Leible*, EuZPR, 4. Aufl. 2016, Art. 8 EuGVVO Rn. 25; *Kropholler*/von Hein, EuZPR, 9. Aufl. 2011, Art. 6 EuGVVO a.F. Rn. 18.

men.[173] Indes sind diese Rechtsinstitute innerhalb der Europäischen Union primär in den **romanischen Rechtsordnungen** bekannt;[174] daher muss im Rahmen der Auslegung des Art. 8 Nr. 2 zwangsläufig auch auf das dort herrschende Begriffsverständnis zurückgegriffen werden.[175]

47   Nach dem *Jenard*-Bericht ist eine **Gewährleistungsklage** eine Klage, die ein Beklagter (denkbar auch: der Kläger) im Rahmen eines Hauptprozesses gegen einen Dritten zum Zwecke der Schadloshaltung wegen der Folgen des Hauptprozesses erhebt.[176] Unter diesen Begriff fallen nur Klagen, die auf **Rückgriffs- bzw. Regressansprüche** (etwa im Rahmen eines Gesamtschuldnerausgleichs oder gegenüber einer Versicherung[177]) gestützt sind.[178] Stehen einer Prozesspartei hingegen lediglich eigene Schadensersatzansprüche zu, so genügt dies nicht für eine Anwendung von Art. 8 Nr. 2.[179]

48   Die genaue Bedeutung des Begriffs der **Interventionsklage** ist demgegenüber – soweit ersichtlich – noch nicht abschließend geklärt.[180] Aus dem *Jenard*-Bericht ergibt sich lediglich, dass die Interventionsklage als **Oberbegriff** jede Gewährleistungsklage mit erfasst;[181] darüber hinaus verweist der *Jenard*-Bericht zur Erläuterung auf Art. 15 und 16 der belgischen Gerichtsordnung. Deren Art. 15 lautet: „Die Intervention ist ein Verfahren, durch das ein Dritter Prozesspartei wird. Sie dient entweder dem Schutz der Interessen des Intervenienten oder einer der Parteien des Rechtsstreits oder sie zielt auf den Erlass einer Verurteilung oder auf die Zuerkennung eines Gewährleistungsanspruchs ab." Art. 16 lautet: „Die Intervention ist freiwillig, wenn der Dritte von sich aus in das Verfahren eintritt, um seine Interessen zu wahren; sie ist erzwungen, wenn der Dritte während des Verfahrens durch eine oder mehrere Prozessparteien geladen wird." Insofern dürfte, zumal Art. 8 Nr. 2 als Ausnahme von Art. 4 Abs. 1 grds. eng auszulegen ist, auch die Interventionsklage – wie die Gewährleistungsklage – nur Fälle des Rückgriffs bzw. Regresses umfassen; eine Differenzierung zwischen Gewährleistungsklagen und Interventionsklagen ist daher zwar sprachlich möglich, sachlich jedoch (wohl) nicht veranlasst.

49   Aus der Differenzierung zwischen Gewährleistungs- und Interventionsklage ergibt sich jedoch, dass Art. 8 Nr. 2 nicht auf Klagen *gegen* einen Dritten

---
[173] S. die Vorb. Art. 7 ff. Rn. 8.
[174] S. den *Jenard*-Bericht, 1979, S. 27 sowie *Geimer*/Schütze, EuZVR, 3. Aufl. 2010, Art. 6 EuGVVO a.F. Rn. 34; *Kropholler/von Hein*, EuZPR, 9. Aufl. 2011, Art. 6 EuGVVO a.F. Rn. 18; *Rauscher/Leible*, EuZPR, 4. Aufl. 2016, Art. 8 EuGVVO Rn. 25.
[175] H.M., s. etwa *Schack*, IZVR, 6. Aufl. 2014, Rn. 418; *Rauscher/Leible*, EuZPR, 4. Aufl. 2016, Art. 8 EuGVVO Rn. 27; *Kropholler/von Hein*, EuZPR, 9. Aufl. 2011, Art. 6 EuGVVO a.F. Rn. 26; **a. A.** *Geimer*/Schütze, EuZVR, 3. Aufl. 2010, Art. 6 EuGVVO a.F. Rn. 40 f. sowie wohl auch *Schlosser*/Hess, EuZPR, 4. Aufl. 2015, Art. 8 EuGVVO Rn. 6.
[176] *Jenard*-Bericht, 1979, S. 27.
[177] Weitere Beispiele: die Rückgriffsklage eines beklagten Herstellers gegen den für einen Produktmangel verantwortlichen Zulieferer; Regressklagen gegen jeden vertraglich zur Freistellung Verpflichteten; Klagen im Rahmen eines Unternehmerregresses (vgl. im deutschen Recht § 478 BGB).
[178] S. nur *Schlosser*/Hess, EuZPR, 4. Aufl. 2015, Art. 8 EuGVVO Rn. 6; *Rauscher/Leible*, EuZPR, 4. Aufl. 2016, Art. 8 EuGVVO Rn. 27.
[179] *Rauscher/Leible*, EuZPR, 4. Aufl. 2016, Art. 8 EuGVVO Rn. 28; *Kropholler/von Hein*, EuZPR, 9. Aufl. 2011, Art. 6 EuGVVO a.F. Rn. 31; *Schack*, IZVR, 6. Aufl. 2014, Rn. 418 mit Beispiel.
[180] So bereits im Jahr 2005 *Rüfner*, IPrax 2005, S. 500 (501).
[181] S. den *Jenard*-Bericht, 1979, S. 28.

beschränkt ist, sondern unter diese Vorschrift im Einzelfall **auch aktive Klage eines Dritten** vor dem Gericht einer Hauptprozesses zu fassen sein können.[182] Entsprechend hat der EuGH jüngst entschieden, dass die Klage eines Dritten gegen den Beklagten eines Hauptprozesses unter Art. 8 Nr. 2 falle, mit der ein mit dem Hauptprozess eng zusammenhängender Anspruch geltend gemacht wird, der auf die Erstattung von Entschädigungsleistungen gerichtet ist, die der Dritte an den Kläger dieses Hauptprozesses gezahlt hat.[183] Konkret ging es dabei um die Klage eines Unfallgeschädigten gegen die Versicherung des Unfallverursachers als Hauptprozess, in deren Rahmen eine andere Versicherung, die den Geschädigten bereits teilweise entschädigt hatte, von der verklagten ersten Versicherung die Erstattung dieser Entschädigungsleistung erlangen wollte.[184]

3. Sachlicher Zusammenhang

Über das Vorliegen einer Interventionsklage hinaus ist für die Gewährung des Gerichtsstands des Art. 8 Nr. 2 – anders als bei Art. 8 Nr. 1 – **kein weiterer sachlicher Zusammenhang** zu fordern.[185] Vielmehr ist das Bestehen eines Zusammenhangs zwischen Haupt- und Interventionsklage, wie der EuGH mehrfach betont hat, dem Begriff der Interventionsklage selbst grds. immanent.[186] Etwaige unbillige Ergebnisse können im Einzelfall anhand des ausdrücklichen Missbrauchsvorbehalts gem. Art. 8 Nr. 2, 2. Halbsatz gelöst werden. 50

4. Rechtslage vor deutschen Gerichten

Wie bereits oben Rn. 44 dargestellt, kennt weder das deutsche Zivilverfahrens- noch Sachrecht die Rechtsinstitute der Gewährleistungs- und Interventionsklage. Daher findet der Gerichtsstand des Art. 8 Nr. 2 gem. Art. 65 Abs. 1 i.V.m. einer von der Kommission zu führenden (Art. 76 Abs. 2) und im Amtsblatt der Europäischen Union (vgl. Art. 76 Abs. 4) veröffentlichten Liste[187] **in Deutschland keine Anwendung.** Allerdings schreibt Art. 65 Abs. 2 Satz 1 ausdrücklich vor, dass Entscheidungen, die in einem Mitgliedstaat auf Grundlage des Art. 8 Nr. 2 ergangen sind, auch in Deutschland gem. den Vorschriften des III. Kapitels ohne weiteres **anzuerkennen und zu vollstrecken** sind. 51

---

[182] Mansel, RabelsZ 59 (1995), S. 326 (335); *Schlosser*/Hess, EuZPR, 4. Aufl. 2015, Art. 8 EuGVVO Rn. 6; Rauscher/*Leible*, EuZPR, 4. Aufl. 2016, Art. 8 EuGVVO Rn. 29; offen gelassen von *Kropholler/ von Hein*, EuZPR, 9. Aufl. 2011, Art. 6 EuGVVO a.F. Rn. 27.
[183] EuGH, 21.1.2016 – Rs. C-521/14, *SOVAG* ./. *If Vahinkovakuutusyhtiö Oy*, ECLI:EU:C:2016:41 = BeckRS 2016, 80155, Rn. 47.
[184] S. EuGH, 21.1.2016 – Rs. C-521/14, *SOVAG* ./. *If Vahinkovakuutusyhtiö Oy*, ECLI:EU:C:2016:41 = BeckRS 2016, 80155, Rn. 39.
[185] GA *Jacobs*, Schlussanträge v. 24.2.2005 (Rs. C-77/04, *GIE Réunion européenne u.a.* ./. *Zurich España*), ECLI:EU:C:2005:113, Rn. 34; Rauscher/*Leible*, EuZPR, 4. Aufl. 2016, Art. 8 EuGVVO Rn. 33.
[186] S. etwa EuGH, 26.5.2005 – Rs. C-77/04, *GIE Réunion européenne u.a.* ./. *Zurich España*, Slg. 2005, I-4509 (ECLI:EU:C:2005:327), Rn. 30.
[187] Vgl. die „Informationen gemäß Artikel 76 der Verordnung (EU) Nr. 1215/2012 des Europäischen Parlaments und des Rates über die gerichtliche Zuständigkeit und die Anerkennung und Vollstreckung von Entscheidungen in Zivil- und Handelssachen", ABl. (EU) 2015 Nr. C 4, S. 2.

52 Im deutschen Recht entspricht der Gewährleistungs- und Interventionsklage funktional das in §§ 72 bis 74 i.V.m. 68 ZPO geregelte Rechtsinstitut der **Streitverkündung**.[188] Rechtstechnisch bestehen gewichtige Unterschiede zwischen Gewährleistungs- und Interventionsklagen einerseits und der Streitverkündung andererseits. So entsteht im Falle einer Gewährleistungs- oder Interventionsklage bereits im Rahmen des Erstprozesses ein Titel gegen (oder für) den Dritten;[189] die Streitverkündung hingegen gewinnt mit ihrer Interventionswirkung gem. § 68 ZPO erst in einem **Folgeprozess** an Bedeutung. Erst dort wird nach der Konzeption der §§ 72 ff. ZPO die Zulässigkeit der Streitverkündung geprüft.[190] Dies bereitet keine Probleme in Fällen, in denen der Folgeprozess in Deutschland stattfindet. Im Falle eines **ausländischen Folgeprozesses** schreibt Art. 65 Abs. 2 Satz 2 ausdrücklich vor, dass die Wirkungen einer Streitverkündung in allen Mitgliedstaaten anzuerkennen sind, auch wenn diese eine Streitverkündung nicht kennen. So gut dies auf dem Papier auch klingen mag, so kann die Beurteilung einer Streitverkündung durch einen ausländischen Richter mangels genauer Kenntnis des deutschen Rechts doch rein faktisch zu falschen Ergebnissen führen.[191] Um dieses Risiko zu minimieren, sollte daher in solchen Fällen, d.h. wenn zum Zeitpunkt des Erstprozesses bereits abzusehen ist, dass der Folgeprozess potentiell im Ausland stattfinden wird (m.a.W. bei grenzüberschreitendem Bezug[192]), **analog § 71 ZPO** ausnahmsweise bereits das deutsche Erstgericht die Zulässigkeit der Streitverkündung prüfen.[193]

53 Wegen der genannten strukturellen Unterschiede zwischen Streitverkündung und Interventionsklage sind insofern Personen mit Wohnsitz in einem Staat, der das Rechtsinstitut der Interventionsklage kennt, in prozessökonomischer Hinsicht u.U. besser gestellt. Vor diesem Hintergrund wird die Ansicht vertreten, dass Art. 65 u.U. gegen das allgemeine **Diskriminierungsverbot des Art. 18 AEUV** verstoße.[194] Indes verbietet Art. 18 AEUV Diskriminierungen aus Gründen der Staatsangehörigkeit, wohingegen die Staatsangehörigkeit im Rahmen der Zuständigkeitsordnung der EuGVVO insgesamt – und damit auch für Art. 8 Nr. 2 bzw. Art. 65 – ohne Bedeutung ist.[195]

5. Räumlicher Anwendungsbereich

54 Art. 8 Nr. 2 ist – wie die gesamte EuGVVO – nicht in reinen Inlandsfällen und darüber hinaus auch nicht in den in **Art. 65 Abs. 1** in Bezug genommenen

---

[188] S. etwa *Coester-Waltjen*, IPRax 1992, S. 290; Rauscher/*Leible*, EuZPR, 4. Aufl. 2016, Art. 8 EuGVVO Rn. 25 sowie den *Jenard*-Bericht, 1979, S. 27 f.
[189] *Musielak/Voit/Stadler*, ZPO, 13. Aufl. 2016, Art. 6 EuGVVO Rn. 6; Rauscher/*Leible*, EuZPR, 4. Aufl. 2016, Art. 8 EuGVVO Rn. 25.
[190] Vgl. nur MünchKomm/*Schultes*, ZPO, 4. Aufl. 2013, § 72 ZPO Rn. 17 m.w.N.
[191] In diesem Sinne auch *Geimer*/Schütze, EuZVR, 3. Aufl. 2010, Art. 6 EuGVVO a.F. Rn. 39.
[192] So die Formulierung bei Musielak/Voit/*Stadler*, ZPO, 13. Aufl. 2016, Art. 6 EuGVVO Rn. 6.
[193] So auch Zöller/*Vollkommer*, ZPO, 31. Aufl. 2016, § 72 ZPO Rn. 2; **a.A.** etwa OLG Köln, 3.6.2002 – 11 W 20/02, BeckRS 2002, 30263015; Musielak/Voit/*Stadler*, ZPO, 13. Aufl. 2016, Art. 6 EuGVVO Rn. 6.
[194] So etwa *Geimer*/Schütze, EuZVR, 3. Aufl. 2010, Art. 6 EuGVVO a.F. Rn. 39; **a. A.** ausdrücklich *Schlosser*/Hess, EuZPR, 4. Aufl. 2015, Art. 8 EuGVVO Rn. 8.
[195] Dies folgt nicht zuletzt aus Art. 4 Abs. 2 bzw. Art. 6 Abs. 2; s. hierzu die Vorb. Art. 4 ff. Rn. 12.

Mitgliedstaaten – u.a. der Bundesrepublik Deutschland – anwendbar.[196] Zudem setzt Art. 8 Nr. 2 – wie alle Gerichtsstände des Art. 8 – den **Wohnsitz** des Beklagten in einem Mitgliedstaat im Sinne der EuGVVO voraus. Entgegen der wohl h.M.[197] ist für Art. 8 Nr. 2 hingegen nicht erforderlich, dass ein Beklagter seinen Wohnsitz in einem anderen als dem Forumstaat selbst hat.[198] Zu weiteren Einzelheiten s. die Ausführungen oben unter Rn. 6 ff.

6. Anknüpfungspunkt; Hauptklage

Art. 8 Nr. 2 knüpft zur Zuständigkeitsbestimmung an eine Hauptklage an. Dabei ist nach dem EuGH **gleichgültig, an welchem Gerichtsstand** der EuGVVO – d.h. entweder am allgemeinen oder an einem besonderen Gerichtsstand etc. – die jeweilige Hauptklage erhoben worden ist.[199] Für eine Anwendung von Art. 8 Nr. 2 reicht daher – allerdings in den Grenzen des ausdrücklichen Missbrauchsvorbehalts gem. Art. 8 Nr. 2, 2. Halbsatz – auch aus, dass sich die Zuständigkeit für die Hauptklage nur aus einer Gerichtsstandsvereinbarung gem. Art. 25 bzw. einer rügelosen Einlassung gem. Art. 26 ergibt.[200] Ergibt sich hingegen die Zuständigkeit des Gerichts der Hauptklage aus der **autonomen innerstaatlichen Zuständigkeitsordnung** eines Mitgliedstaates, findet Art. 8 Nr. 2 richtigerweise keine Anwendung.[201] Andernfalls könnte nämlich potentiell die Grundentscheidung des Art. 5 umgangen werden, wonach die innerstaatlichen Zuständigkeitsvorschriften der Mitgliedstaaten grds. nicht zu Lasten von Personen mit Sitz in einem Mitgliedstaat im Sinne der EuGVVO angewendet werden dürfen.[202] 55

Im Übrigen setzt die Zuständigkeit gem. Art. 8 Nr. 2 voraus, dass die Hauptklage schon und noch **anhängig** ist.[203] Zum insofern **maßgeblichen Zeitpunkt** – auch zu den Grundsätzen der sog. *perpetuatio fori* – vgl. die Ausführungen oben unter Rn. 16. 56

Abgesehen von der Bestimmung des zuständigen Gerichts regelt Art. 8 Nr. 2 **keine weiteren Zulässigkeitsvoraussetzungen** einer Interventionsklage.[204] 57

---

[196] Dazu näher die Vorb. Art. 4 ff. Rn. 14 ff. sowie oben Rn. 6.
[197] Vgl. – allerdings zu Art. 8 Nr. 1 – Rauscher/*Leible*, EuZPR, 4. Aufl. 2016, Art. 8 EuGVVO Rn. 4; *Kropholler/von Hein*, EuZPR, 9. Aufl. 2011, Art. 6 EuGVVO a.F. Rn. 2; *Geimer*/Schütze, EuZVR, 3. Aufl. 2010, Art. 6 EuGVVO a.F. Rn. 2a; MünchKomm/*Gottwald*, ZPO, 4. Aufl. 2013, Art. 6 EuGVVO a.F. Rn. 5; **a.A.** Geimer/Schütze/*Auer*, Int. Rechtsverkehr, 28. EL 2005, Vorb. Art. 6 ff. EuGVVO Rn. 9.
[198] S. die Ausführungen oben unter Rn. 13 ff.
[199] EuGH, 15.5.1990 – Rs. 365/88, *Kongress Agentur Hagen GmbH ./. Zeehaghe BV*, Slg. 1990 I-1845 (ECLI:EU:C:1990:203), Rn. 11.
[200] *Kropholler/von Hein*, EuZPR, 9. Aufl. 2011, Art. 6 EuGVVO a.F. Rn. 30; Rauscher/*Leible*, EuZPR, 4. Aufl. 2016, Art. 8 EuGVVO Rn. 31; *Schack*, IZVR, 6. Aufl. 2014, Rn. 417.
[201] H.M., s. nur Rauscher/*Leible*, EuZPR, 4. Aufl. 2016, Art. 8 EuGVVO Rn. 32; *Kropholler/von Hein*, EuZPR, 9. Aufl. 2011, Art. 6 EuGVVO a.F. Rn. 30; **a.A.** Geimer/Schütze, EuZVR, 3. Aufl. 2010, Art. 6 EuGVVO a.F. Rn. 42.
[202] Vgl. *Schack*, IZVR, 6. Aufl. 2014, Rn. 417 Fn. 7; *Kropholler/von Hein*, EuZPR, 9. Aufl. 2011, Art. 6 EuGVVO a.F. Rn. 30.
[203] MünchKomm/*Gottwald*, ZPO, 4. Aufl. 2013, Art. 6 EuGVVO a.F. Rn. 18; *Kropholler/von Hein*, EuZPR, 9. Aufl. 2011, Art. 6 EuGVVO a.F. Rn. 26.
[204] EuGH, 15.5.1990 – Rs. 365/88, *Kongress Agentur Hagen GmbH ./. Zeehaghe BV*, Slg. 1990 I-1845 (ECLI:EU:C:1990:203), Rn. 18.

Diese beurteilen sich vielmehr nach der jeweiligen *lex fori*.[205] Etwas anderes gilt nur, soweit die innerstaatlichen Vorschriften ausnahmsweise die praktische Wirksamkeit der EuGVVO beeinträchtigen, etwa wenn die Zulässigkeit daran scheitern würde, dass der Dritte seinen Wohnsitz in einem anderen Mitgliedstaat als dem des Gerichts der Hauptklage hat.[206]

7. Missbrauchsvorbehalt

58 In Art. 8 Nr. 2 findet sich ein ausdrückliches **Missbrauchsverbot**. Danach steht der Gerichtsstand der Gewährleistungs- und Interventionsklage dann nicht zur Verfügung, wenn „die Klage nur erhoben worden ist, um diese Person dem für sie zuständigen Gericht zu entziehen". Mit Klage ist dabei, entgegen einer früheren Fehleinschätzung des EuGH,[207] naturgemäß die Hauptklage gemeint.[208] Dieses **Verbot einer Zuständigkeitserschleichung** ist in besonderem Maße erforderlich, weil im Rahmen von Art. 8 Nr. 2 zum Teil beliebig manipulierbare Handlungen – man denke nur an die Möglichkeit einer rügelosen Einlassung im Hauptprozess oder einer vorherigen Gerichtsstandsvereinbarung zwischen den dortigen Parteien[209] – ausreichen, um die Zuständigkeit für und insbesondere gegen einen Drittbeteiligten zu begründen. Unter den Missbrauchsvorbehalt fallen z.B. Fälle, in denen der Hauptprozess nur *pro forma* geführt wird, um dem Hauptbeklagten ein möglichst günstiges Forum für den Drittprozess zu eröffnen, etwa wenn die Parteien der Hauptklage kollusiv zum Schaden des Dritten zusammenarbeiten.[210]

IV. Gerichtsstand der Widerklage (Art. 8 Nr. 3)

1. Überblick

59 Art. 8 Nr. 3 statuiert einen besonderen Gerichtsstand[211] für bestimmte (zur Hauptklage konnexe) Widerklagen. Durch diesen Gerichtsstand wird ein Beklagter insofern privilegiert, als er eine Widerklage unter bestimmten Voraussetzungen auch dann erheben kann, wenn das Gericht der Hauptklage nach allgemeinen Regeln für eine isolierte Klage gegen den jeweiligen Kläger nicht zuständig wäre. Damit stellt die EuGVVO für eng miteinander zusammenhängende Sachverhalte eine **prozessökonomische Verfahrensweise** sicher und beugt zugleich der Gefahr sich widersprechender Entscheidungen

---

[205] EuGH, 26.5.2005 – Rs. C-77/04, *GIE Réunion européenne u.a. ./. Zurich España*, Slg. 2005, I-4509 (ECLI:EU:C:2005:327), Rn. 34.
[206] S. nur EuGH, 15.5.1990 – Rs. 365/88, *Kongress Agentur Hagen GmbH ./. Zeehaghe BV*, Slg. 1990 I-1845 (ECLI:EU:C:1990:203), Rn. 20 f.
[207] EuGH, 26.5.2005 – Rs. C-77/04, *GIE Réunion européenne u.a. ./. Zurich España*, Slg. 2005, I-4509 (ECLI:EU:C:2005:327), Rn. 29.
[208] Allg. Meinung, s. nur *Schlosser/Hess*, EuZPR, 4. Aufl. 2015, Art. 8 EuGVVO Rn. 6.
[209] Vgl. die Ausführungen oben Rn. 56.
[210] S. auch Rauscher/*Leible*, EuZPR, 4. Aufl. 2016, Art. 8 EuGVVO Rn. 35.
[211] Das sog. *forum reconventionis*, s. nur Geimer/*Schütze*, EuZVR, 3. Aufl. 2010, Art. 6 EuGVVO a.F. Rn. 50.

vor.[212] Nicht – auch nicht in entsprechender Anwendung – von Art. 8 Nr. 3 erfasst wird hingegen eine Prozessaufrechnung,[213] genauso wenig wie eine (parteierweiternde[214] oder reine) Drittwiderklage.[215] Art. 8 Nr. 3 regelt sowohl die **internationale**, als auch die **örtliche** und ausnahmsweise sogar die **sachliche**[216] **Zuständigkeit**.[217]

Sowohl das Rechtsinstitut als auch der besondere Gerichtsstand der Widerklage sind, soweit ersichtlich, dem nationalen Verfahrensrecht aller Mitgliedstaaten im Sinne der EuGVVO bekannt.[218] Unabhängig davon folgt – mangels Existenz einer Art. 65[219] entsprechenden Dispensvorschrift – aus Art. 8 Nr. 3 i.V.m. dem aus der Zuständigkeitsordnung der EuGVVO insgesamt resultierenden Justizgewährungsanspruch[220] eine **Verpflichtung der Mitgliedstaaten**, vor dem Gericht einer Hauptklage eine konnexe Widerklage zuzulassen.[221] Im deutschen Recht gewährt etwa § 33 ZPO einen besonderen Gerichtsstand der Widerklage. 60

2. Sachlicher und persönlicher Anwendungsbereich

Der Begriff der Widerklage im Sinne von Art. 8 Nr. 3 ist naturgemäß **autonom** zu bestimmen,[222] deckt sich aber weitgehend mit dem deutschen Verständnis dieses Rechtsinstituts. Nach dem EuGH ist darunter eine Klage des Beklagten gegen den jeweiligen Kläger auf gesonderte Verurteilung zu verstehen,[223] d.h. ein **selbständiges Angriffsmittel des Beklagten** im Gegensatz zu bloßen Verteidigungsmitteln wie etwa der Prozessaufrechnung.[224] Darunter fallen auch sog. Wider-Widerklagen[225] des Klägers und Widerbeklagten.[226] 61

---

[212] *Stürner*, IPRax 2007, S. 20 (21); allgemein zum Normzweck des Art. 8 oben unter Rn. 3.
[213] EuGH, 13.7.1995 – Rs. C-341/93, *Danværn Production A/S ./. Schuhfabriken Otterbeck GmbH & Co.*, Slg. 1995, I-2053 (ECLI:EU:C:1995:239), Rn. 14 und 18; zur Prozessaufrechnung näher sogleich Rn. 73 sowie ausführlich in den Vorb. Art. 4 ff. Rn. 26 ff.
[214] In einem solchen Fall kann in bestimmten Mitgliedstaaten allerdings der Gerichtsstand des Art. 8 Nr. 2 eingreifen, wenn im Einzelfall Regressansprüche geltend gemacht werden, s. *Schlosser/Hess*, EuZPR, 4. Aufl. 2015, Art. 8 EuGVVO Rn. 9.
[215] Allg. Meinung, s. etwa BayObLG, 10.11.2004 – 1Z AR 137/04, NJOZ 2005, S. 4260 (4361); *Kropholler/von Hein*, EuZPR, 9. Aufl. 2011, Art. 6 EuGVVO a.F. Rn. 37; *Rauscher/Leible*, EuZPR, 4. Aufl. 2016, Art. 8 EuGVVO Rn. 37.
[216] S. etwa *Schlosser/Hess*, EuZPR, 4. Aufl. 2015, Art. 8 EuGVVO Rn. 10; *Geimer/Schütze*, EuZVR, 3. Aufl. 2010, Art. 6 EuGVVO a.F. Rn. 50; **a. A.** *Stadler*, ZZP 110 (1997), S. 253 (254).
[217] *Musielak/Voit/Stadler*, ZPO, 13. Aufl. 2016, Art. 6 EuGVVO Rn. 9; vgl. auch die Nachweise oben Rn. 5.
[218] So *Rauscher/Leible*, EuZPR, 4. Aufl. 2016, Art. 8 EuGVVO Rn. 37.
[219] S. hierzu oben Rn. 43 f. (zu Art. 8 Nr. 2).
[220] Vgl. hierzu die Vorb. Art. 4 ff. Rn. 3.
[221] *Schlosser/Hess*, EuZPR, 4. Aufl. 2015, Art. 8 EuGVVO Rn. 10.
[222] Ganz h.M., s. etwa *MünchKomm/Gottwald*, ZPO, 4. Aufl. 2013, Art. 6 EuGVVO a.F. Rn. 22; *Schlosser/Hess*, EuZPR, 4. Aufl. 2015, Art. 8 EuGVVO Rn. 9.
[223] EuGH, 13.7.1995 – Rs. C-341/93, *Danværn Production A/S ./. Schuhfabriken Otterbeck GmbH & Co.*, Slg. 1995, I-2053 (ECLI:EU:C:1995:239), Rn. 18.
[224] EuGH, 13.7.1995 – Rs. C-341/93, *Danværn Production A/S ./. Schuhfabriken Otterbeck GmbH & Co.*, Slg. 1995, I-2053 (ECLI:EU:C:1995:239), Rn. 13.
[225] Zur Rechtslage nach deutschem Recht s. BGH, 16.10.2008 – III ZR 253/07, NJW 2009, S. 148.
[226] *Musielak/Voit/Stadler*, ZPO, 13. Aufl. 2016, Art. 6 EuGVVO Rn. 9; *Rauscher/Leible*, EuZPR, 4. Aufl. 2016, Art. 8 EuGVVO Rn. 37.

62 Demgegenüber gilt Art. 8 Nr. 3 – anders etwa als Art. 8 Nr. 2 – **nicht im Verhältnis zu Dritten.**[227] Drittwiderklagen können nicht am Gerichtsstand der Widerklage erhoben werden, und zwar im Verhältnis zu dem jeweiligen Drittwiderbeklagten selbst dann nicht, wenn der Kläger der Hauptklage mitverklagt wird (sog. parteierweiternde Drittwiderklage). Freilich kann sich die Zuständigkeit in einem solchen Fall aus den „allgemeinen" Vorschriften, etwa aus Art. 4 Abs. 1, Art. 7 oder Art. 26 sowie insbesondere Art. 8 Nr. 2, ergeben.

3. Konkurrenzen

63 Eine Widerklage kann nur am Gerichtsstand des Art. 8 Nr. 3 erhoben werden, soweit für die Klage nicht eine abweichende **ausschließliche Zuständigkeit** gem. Art. 24 besteht.[228] Auch durch eine ausschließliche **Gerichtsstandsvereinbarung** kann der Gerichtsstand der Widerklage derogiert werden,[229] wobei in einem solchen Fall, anders als bei Art. 24,[230] eine rügelose Einlassung des Klägers bzw. Widerbeklagten gem. Art. 26 weiterhin möglich bleibt.[231] Ist die Zuständigkeit der Hauptklage indes auf Bestimmungen des 3., 4. oder 5. Abschnitts des II. Kapitels gestützt, so wird Art. 8 Nr. 3 von den **Sondervorschriften** für Widerklagen in Versicherungssachen (Art. 14 Abs. 2) bzw. in Verbrauchersachen (Art. 18 Abs. 3) sowie in Arbeitssachen (Art. 22 Abs. 2) verdrängt.[232]

4. Anknüpfungspunkt; Hauptklage

64 Art. 8 Nr. 3 knüpft zur Bestimmung der Zuständigkeit an eine Hauptklage an. Dabei ist grds. **gleichgültig, an welchem der Gerichtsstände** der EuGVVO die jeweilige Hauptklage erhoben worden ist.[233] Daher reicht für eine Anwendung von Art. 8 Nr. 3 ohne weiteres aus, dass sich die Zuständigkeit für die Hauptklage nur aus einer Gerichtsstandsvereinbarung gem. Art. 25 bzw. einer rügelosen Einlassung des Beklagten ergibt. Entgegen einer im Vordringen befindlichen Meinung in der Literatur[234] genügt es den Anforderungen von Art. 8 Nr. 3 jedoch nicht, wenn die Zuständigkeit des Gerichts der Hauptklage aus der **autonomen** innerstaatlichen Zuständigkeitsordnung eines Mitgliedstaates folgt. In einem solchen Fall findet Art. 8 Nr. 3 richtigerweise keine Anwen-

---

[227] Allgemeine Meinung, s. etwa BayObLG, 10.11.2004 – 1Z AR 137/04, NJOZ 2005, S. 4360 (4361); *Kropholler/von Hein*, EuZPR, 9. Aufl. 2011, Art. 6 EuGVVO a.F. Rn. 37; *Rauscher/Leible*, EuZPR, 4. Aufl. 2016, Art. 8 EuGVVO Rn. 37; *Geimer/Schütze*, EuZVR, 3. Aufl. 2010, Art. 6 EuGVVO a.F. Rn. 65.
[228] *Geimer/Schütze*, EuZVR, 3. Aufl. 2010, Art. 6 EuGVVO a.F. Rn. 69.
[229] S. etwa EuGH, 14.12.1976 – Rs. 24/76, *Colzani* ./. *Rüwa*, Slg. 1976, 1831 (ECLI:EU:C:1976:177), Rn. 7; *Geimer/Schütze*, EuZVR, 3. Aufl. 2010, Art. 6 EuGVVO a.F. Rn. 66 ff.
[230] S. Art. 25 Abs. 1 Satz 2.
[231] EuGH, 7.3.1985 – Rs. 48/84, *Hannelore Spitzley* ./. *Sommer Exploitation SA*, Slg. 1985, 787 (ECLI:EU:C:1985:105), Rn. 27.
[232] *Geimer/Schütze*, EuZVR, 3. Aufl. 2010, Art. 6 EuGVVO a.F. Rn. 51 ff.
[233] Allgemeine Meinung, s. nur *Saenger/Dörner*, ZPO, 6. Aufl. 2015, Art. 8 EuGVVO Rn. 10.
[234] *Rauscher/Leible*, EuZPR, 4. Aufl. 2016, Art. 8 EuGVVO Rn. 38; *Musielak/Voit/Stadler*, ZPO, 13. Aufl. 2016, Art. 6 EuGVVO Rn. 7; *Schlosser/Hess*, EuZPR, 4. Aufl. 2015, Art. 8 EuGVVO Rn. 9.

dung;²³⁵ stattdessen muss auf das autonome Verfahrensrecht des Forumstaats (vor deutschen Gerichten etwa § 33 ZPO) zurückgegriffen werden. Andernfalls würde die Grundentscheidung des Art. 5 konterkariert, wonach die innerstaatlichen Zuständigkeitsvorschriften der Mitgliedstaaten – insbesondere auch deren exorbitante Gerichtsstände – grds. (jedenfalls in Anwendung der Gerichtsstände der EuGVVO) nicht zu Lasten von Personen mit Sitz in einem Mitgliedstaat im Sinne der EuGVVO angewandt werden dürfen.

Im Übrigen setzt eine Zuständigkeit nach Art. 8 Nr. 3 voraus, dass die Hauptklage schon und noch **anhängig** ist.²³⁶ Über den Wortlaut hinaus muss ein Gericht vor der Entscheidung über die Widerklage zudem seine Zuständigkeit für die Hauptklage prüfen.²³⁷ Zum insofern **maßgeblichen Zeitpunkt** – auch zu den Grundsätzen der sog. *perpetuatio fori* – vgl. die Ausführungen oben Rn. 17.

Abgesehen von der Bestimmung des zuständigen Gerichts regelt Art. 8 Nr. 3 **keine weiteren Zulässigkeitsvoraussetzungen** einer Widerklage. Diese beurteilen sich vielmehr nach der jeweiligen *lex fori*.²³⁸ Entsprechend ist etwa vor deutschen Gerichten auch im Anwendungsbereich der EuGVVO das Widerklageverbot im Urkunden- und Wechselprozess gem. § 595 Abs. 1 ZPO zu beachten.²³⁹ Ihre Grenze findet die Anwendung mitgliedstaatlichen Verfahrensrechts dort, wo dieses ausnahmsweise die praktische Wirksamkeit der EuGVVO beeinträchtigt.²⁴⁰

5. Konnexität

Der Gerichtsstand des Art. 8 Nr. 3 gilt nicht etwa für jede Widerklage, sondern setzt (wie auch § 33 ZPO²⁴¹) zur Vermeidung einer Zuständigkeitsinflation bzw. -erschleichung einen gewissen **sachlichen Zusammenhang** (Konnexität) zwischen Klage und Widerklage voraus. Nach dem Wortlaut von Art. 8 Nr. 3 muss „die Widerklage auf denselben Vertrag oder Sachverhalt wie die Klage selbst gestützt" werden. Diese Voraussetzung ist **autonom** zu verstehen.²⁴² Aus dem z.B. von Art. 8 Nr. 1 („enge Beziehung") abweichenden Wortlaut („„densel-

---

²³⁵ So auch *Kropholler/von Hein*, EuZPR, 9. Aufl. 2011, Art. 6 EuGVVO a.F. Rn. 37; *Saenger/Dörner*, ZPO, 6. Aufl. 2015, Art. 8 EuGVVO Rn. 10; MünchKomm/*Gottwald*, ZPO, 4. Aufl. 2013, Art. 6 EuGVVO a.F. Rn. 21.
²³⁶ Rauscher/*Leible*, EuZPR, 4. Aufl. 2016, Art. 8 EuGVVO Rn. 40.
²³⁷ S. etwa *Schlosser*/Hess, EuZPR, 4. Aufl. 2015, Art. 8 EuGVVO Rn. 9.
²³⁸ *Geimer*/Schütze, EuZVR, 3. Aufl. 2010, Art. 6 EuGVVO a.F. Rn. 60.
²³⁹ Rauscher/*Leible*, EuZPR, 4. Aufl. 2016, Art. 8 EuGVVO Rn. 41; MünchKomm/*Gottwald*, ZPO, 4. Aufl. 2013, Art. 6 EuGVVO a.F. Rn. 27; offen gelassen bei *Geimer*/Schütze, EuZVR, 3. Aufl. 2010, Art. 6 EuGVVO a.F. Rn. 61; **a.A.** *Schack*, IZVR, 6. Aufl. 2014, Rn. 400; differenziert *Schlosser*/Hess, EuZPR, 4. Aufl. 2015, Art. 8 EuGVVO Rn. 10.
²⁴⁰ MünchKomm/*Gottwald*, ZPO, 4. Aufl. 2013, Art. 6 EuGVVO a.F. Rn. 27.
²⁴¹ Demgegenüber kennen jedenfalls laut dem *Jenard*-Bericht, 1979, S. 28, nicht alle Mitgliedstaaten „den Begriff des Sachzusammenhangs".
²⁴² BGH, 7.11.2001 – VIII ZR 263/00, NJW 2002, S. 2182 (2184) = BGHZ 149, 120; *Kropholler/von Hein*, EuZPR, 9. Aufl. 2011, Art. 6 EuGVVO a.F. Rn. 38; Rauscher/*Leible*, EuZPR, 4. Aufl. 2016, Art. 8 EuGVVO Rn. 41; *Schlosser*/Hess, EuZPR, 4. Aufl. 2015, Art. 8 EuGVVO Rn. 11; *Geimer*/Schütze, EuZVR, 3. Aufl. 2010, Art. 6 EuGVVO a.F. Rn. 53.

ben") ergibt sich dabei, dass der für Art. 8 Nr. 3 erforderliche Zusammenhang stärker sein muss als etwa beim Mehrparteiengerichtsstand.[243]

68 Im Vergleich zu Art. 8 Nr. 1 beinhaltet der Wortlaut von Art. 8 Nr. 3 **konkretere Anhaltspunkte** zur Bestimmung der Konnexität: Die Widerklage muss sich auf „denselben Vertrag oder Sachverhalt" wie die Klage stützen. Daher genügt im Regelfall nicht, wenn eine gemeinsame Entscheidung lediglich zur Vermeidung einander widersprechender Entscheidungen geboten erscheint (vgl. Art. 30 Abs. 3).[244] Vielmehr wird gemeinhin wortlautgemäß gefordert, Klage- und Widerklageanspruch sollen – jedenfalls grds. – aus **ein- und demselben Vertrag** erwachsen.[245] Leiten sich die Ansprüche aus verschiedenen Verträgen ab, scheidet eine Anwendung von Art. 8 Nr. 3 in der Regel aus, selbst wenn jene im Rahmen einer dauerhaften Geschäftsbeziehung abgeschlossen wurden.[246] Allerdings kann – ausnahmsweise – auch bei Vorliegen mehrerer Verträge eine Konnexität im Sinne von Art. 8 Nr. 3 zu bejahen sein, wenn darüber hinaus besondere Umstände eine enge Beziehung begründen, etwa ein zwischen den Parteien geschlossener Rahmenvertrag.[247] **Außerhalb vertraglicher Beziehungen** kann derselbe Sachverhalt bei einem einheitlichen Ereignis, etwa einem Verkehrsunfall, aus dem die Beteiligten Ansprüche gegeneinander herleiten, oder im Falle des Innehabens dinglicher Rechte an derselben Sache vorliegen.[248]

69 Der Begriff der Konnexität ist im Rahmen von Art. 8 Nr. 3 nach wohl h.M. **enger zu verstehen als bei § 33 Abs. 1 ZPO**,[249] für dessen Zwecke z.B. Ansprüche aus verschiedenen Verträgen im Rahmen laufender Geschäftsbeziehungen vom BGH ohne weiteres als zueinander konnex angesehen werden.[250] Dessen ungeachtet kann auch im Anwendungsbereich der EuGVVO eine Widerklage mit einer **inkonnexen** Forderung erhoben werden, wenn sich die Zuständigkeit des Gerichts im Einzelfall aus anderen Vorschriften als Art. 8 Nr. 3 ergibt.[251]

---

[243] So auch *Kropholler/von Hein*, EuZPR, 9. Aufl. 2011, Art. 6 EuGVVO a.F. Rn. 38, *Geimer/ Schütze*, EuZVR, 3. Aufl. 2010, Art. 6 EuGVVO a.F. Rn. 57; AG Trier, 11.3.2005 – 32 C 641/04, NJW-RR 2005, S. 1013; **a. A.** *Rauscher/Leible*, EuZPR, 4. Aufl. 2016, Art. 8 EuGVVO Rn. 41; *Schack*, IZVR, 6. Aufl. 2014, Rn. 400; *Stürner*, IPRax 2007, S. 20 (22 ff.), die für ein eher weites Verständnis plädieren.
[244] *Geimer/Schütze*, EuZVR, 3. Aufl. 2010, Art. 6 EuGVVO a.F. Rn. 57; *Kropholler/von Hein*, EuZPR, 9. Aufl. 2011, Art. 6 EuGVVO a.F. Rn. 38; **a. A.** *Schack*, IZVR, 6. Aufl. 2014, Rn. 400.
[245] *Schlosser/Hess*, EuZPR, 4. Aufl. 2015, Art. 8 EuGVVO Rn. 11; *Kropholler/von Hein*, EuZPR, 9. Aufl. 2011, Art. 6 EuGVVO a.F. Rn. 38.
[246] AG Trier, 11.3.2005 – 32 C 641/04, NJW-RR 2005, S. 1013; *Musielak/Voit/Stadler*, ZPO, 13. Aufl. 2016, Art. 6 EuGVVO Rn. 7; *MünchKomm/Gottwald*, ZPO, 4. Aufl. 2013, Art. 6 EuGVVO a.F. Rn. 23; **a. A.** *Geimer/Schütze/Auer*, Int. Rechtsverkehr, 28. EL 2005, Art. 6 EuGVVO a.F. Rn. 63.
[247] *Musielak/Voit/Stadler*, ZPO, 13. Aufl. 2016, Art. 6 EuGVVO Rn. 7; *Rauscher/Leible*, EuZPR, 4. Aufl. 2016, Art. 8 EuGVVO Rn. 42.
[248] So insbesondere *Saenger/Dörner*, ZPO, 6. Aufl. 2015, Art. 8 EuGVVO Rn. 12.
[249] AG Trier, 11.3.2005 – 32 C 641/04, NJW-RR 2005, S. 1013; *MünchKomm/Gottwald*, ZPO, 4. Aufl. 2013, Art. 6 EuGVVO a.F. Rn. 23; offen gelassen von BGH, 7.11.2001 – VIII ZR 263/00, NJW 2002, S. 2182 (2184); **a. A.** etwa *Geimer*, IPRax 1986, S. 208 (212); *Rauscher/Leible*, EuZPR, 4. Aufl. 2016, Art. 8 EuGVVO Rn. 41; *Schack*, IZVR, 6. Aufl. 2014, Rn. 400; *Stürner*, IPRax 2007, S. 20 (22 ff.).
[250] S. nur BGH, 7.11.2001 – VIII ZR 263/00, NJW 2002, S. 2182 (2184) = BGHZ 149, 120; *MünchKomm/Patzina*, ZPO, 4. Aufl. 2013, § 33 ZPO Rn. 20.
[251] *Rauscher/Leible*, EuZPR, 4. Aufl. 2016, Art. 8 EuGVVO Rn. 42; *Musielak/Voit/Stadler*, ZPO, 13. Aufl. 2016, Art. 6 EuGVVO Rn. 8.

Text + Erläuterungen   Art. 8   **B Vor I** 7

6. Räumlicher Anwendungsbereich

Art. 8 Nr. 3 ist – wie die gesamte EuGVVO – nicht in reinen Inlandsfällen **70** und darüber hinaus naturgemäß nur auf Widerklagen vor Gerichten der Mitgliedstaaten im Sinne der EuGVVO anwendbar.[252] Zudem setzt Art. 8 Nr. 3 – wie alle Gerichtsstände des Art. 8 – den **Wohnsitz des Klägers und Widerbeklagten in einem Mitgliedstaat** im Sinne der EuGVVO voraus.[253] Dies ergibt sich eindeutig aus dem einleitenden Wortlaut von Art. 8. Eine analoge Anwendung dieser Vorschrift auf in einem Drittstaat ansässige Widerbeklagte wird zwar von bedeutenden Stimmen gefordert,[254] scheitert jedoch an dem vom EuGH mehrfach betonten Gebot der engen und restriktiven Auslegung der besonderen Zuständigkeitsvorschriften der Verordnung.[255] Gegenüber in einem Drittstaat ansässigen Widerbeklagten beurteilt sich die Zuständigkeit für eine Widerklage daher nach dem innerstaatlichen Recht des jeweiligen Forumstaats (in Deutschland z.B. § 33 ZPO), und zwar unabhängig davon, ob der Beklagte und Widerkläger seinerseits in einem Mitgliedstaat wohnt.

Entgegen der wohl h.M.[256] ist für Art. 8 Nr. 3 nicht erforderlich, dass ein **71** Beklagter seinen **Wohnsitz in einem anderen als dem Forumstaat** selbst hat.[257] Zu weiteren Einzelheiten hierzu s. die Ausführungen oben Rn. 6 ff.

7. Prozessaufrechnung

Nach früher überwiegend – auch vom BGH – vertretener Meinung wurde **72** die Prozessaufrechnung im Anwendungsbereich der EuGVVO als ein Minus zur Widerklage angesehen und daher grds. den Voraussetzungen des jetzigen Art. 8 Nr. 3 unterworfen.[258] Im Jahr 1995 hat der EuGH allerdings in der Rechtssache *Danværn* dieser Rechtsprechung einen Riegel vorgeschoben.[259] Die Prozessaufrechnung sei ein bloßes Verteidigungsmittel, während eine Widerklage ein zu einer separaten Verurteilung des Klägers führendes Verfah-

---

[252] Dazu näher die Vorb. Art. 4 ff. Rn. 14 ff. sowie oben Rn. 6.
[253] So auch BGH, 8.7.1981 – VIII ZR 256/80, NJW 1981, S. 2644 (2645); offen gelassen von Rauscher/*Leible*, EuZPR, 4. Aufl. 2011, Art. 6 EuGVVO Rn. 39.
[254] *Schlosser*/Hess, EuZPR, 4. Aufl. 2015, Art. 8 EuGVVO Rn. 9; *Geimer*/Schütze, EuZVR, 3. Aufl. 2010, Art. 6 EuGVVO a.F. Rn. 55; Saenger/*Dörner*, ZPO, 6. Aufl. 2015, Art. 8 EuGVVO Rn. 11; MünchKomm/*Gottwald*, ZPO, 4. Aufl. 2013, Art. 6 EuGVVO a.F. Rn. 22.
[255] S. etwa EuGH, 27.10.1998 – Rs. C-51/97, *Reunion europeenne ./. Spiethoff's Bevrachtingskantoor*, Slg. 1998, I-6511 (ECLI:EU:C:1998:509), Rn. 16; *Kropholler/von Hein*, EuZPR, 9. Aufl. 2011, vor Art. 5 EuGVVO a.F. Rn. 2; *Simons/Hausmann*, Brüssel I-VO, 2012, vor Art. 5–7 EuGVVO a.F. Rn. 2 sowie oben die Vorb. Art. 7 ff. Rn. 8 f.
[256] Vgl. – allerdings zu Art. 8 Nr. 1 – Rauscher/*Leible*, EuZPR, 4. Aufl. 2016, Art. 8 EuGVVO Rn. 4; *Kropholler/von Hein*, EuZPR, 9. Aufl. 2011, Art. 6 EuGVVO a.F. Rn. 6; *Geimer*/Schütze, EuZVR, 3. Aufl. 2010, Art. 6 EuGVVO a.F. Rn. 2a; MünchKomm/*Gottwald*, ZPO, 4. Aufl. 2013, Art. 6 EuGVVO a.F. Rn. 5; a.A. Geimer/Schütze/*Auer*, Int. Rechtsverkehr, 28. EL 2005, Vorb. Art. 5 ff. EuGVVO a.F. Rn. 9.
[257] S. die Ausführungen oben unter Rn. 13 ff.
[258] Vgl. etwa BGH, 12.5.1993 – VIII ZR 110/92, NJW 1993, S. 2753; BGH, 20.12.1972 – VIII ZR 186/70, NJW 1973, S. 421 = BGHZ 60, 85; *Geimer* IPRax 1986, S. 208 (210 f.).
[259] EuGH, 13.7.1995 – Rs. C-341/93, Danværn Production A/S ./. Schuhfabriken Otterbeck GmbH & Co., Slg. 1995, I-2053 (ECLI:EU:C:1995:239), Rn. 14, 18.

ren, d.h. ein Angriffsmittel, darstelle.²⁶⁰ Die Art der möglichen Verteidigungsmittel und deren Voraussetzungen aber bestimmen sich, so der EuGH, im Anwendungsbereich der EuGVVO grds. nur **nach dem nationalen Recht** der Mitgliedstaaten.²⁶¹ Vgl. hierzu und zur Prozessaufrechnung insgesamt näher die Vorb. Art. 4 ff. Rn. 26 ff.

V. Gerichtsstand des Sachzusammenhangs mit dinglichen Klagen (Art. 8 Nr. 4)

1. Überblick

73   Art. 8 Nr. 4 eröffnet an dem Belegenheitsort einer **unbeweglichen Sache** einen besonderen Gerichtsstand für **vertragliche Ansprüche**, die mit unter den ausschließlichen dinglichen Gerichtsstand in Art. 24 Nr. 1 Satz 1 Alt. 1²⁶² fallenden dinglichen Klagen²⁶³ im Zusammenhang stehen. Art. 8 Nr. 4 setzt dabei als Ankerpunkt eine spätestens zeitgleich erhobene dingliche Klage **desselben Klägers** gegen **denselben Beklagten** – d.h. eine Identität der Parteien – voraus.²⁶⁴ Sind diese Voraussetzungen erfüllt, kann z.B. vor dem Gericht einer Klage auf Duldung der Zwangsvollstreckung in ein zur Sicherung eines Zahlungsanspruchs mit einem dinglichen Sicherungsrecht (etwa einer Grundschuld) belastetes Grundstück auch die gesicherte Geldforderung eingeklagt werden.²⁶⁵ Art. 8 Nr. 4 regelt dabei sowohl die **internationale** als auch die **örtliche** Zuständigkeit. Eine ähnliche Vorschrift findet sich im deutschen Recht in §§ 25 und 26 ZPO.

2. Entstehungsgeschichte und Normzweck

74   Die Vor-Vorgängernorm²⁶⁶ des Art. 8 Nr. 4 wurde durch das **3. Beitrittsübereinkommen** vom 26.5.1989,²⁶⁷ mit dem Spanien und Portugal dem EuGVÜ beitraten, neu geschaffen und ist seitdem unverändert geblieben. Zuvor konnten schuldrechtliche Ansprüche, die mit den im ausschließlichen Gerichtsstand des Art. 24 Nr. 1 Satz 1 Alt. 1 zu erhebenden dinglichen Verfahren²⁶⁸ im Zusammenhang stehen, nur am allgemeinen Gerichtsstand des persönlichen Schuldners bzw. am Vertragsgerichtsstand des Art. 7 Nr. 1 geltend gemacht werden. So hat der EuGH im Jahr 1985 in der Rechtssache *Rösler*, wenngleich in Bezug auf Art. 24 Nr. 1 Satz 1 Alt. 2, entschieden, dass der

---

²⁶⁰ EuGH, 13.7.1995 – Rs. C-341/93, Danværn Production A/S./. Schuhfabriken Otterbeck GmbH & Co., Slg. 1995, I-2053 (ECLI:EU:C:1995:239), Rn. 13 ff.
²⁶¹ EuGH, 13.7.1995 – Rs. C-341/93, Danværn Production A/S./. Schuhfabriken Otterbeck GmbH & Co., Slg. 1995, I-2053 (ECLI:EU:C:1995:239), Rn. 18.
²⁶² Das sog. *forum rei sitae*, s. Geimer/Schütze, EuZVR, 3. Aufl. 2010, Art. 6 EuGVVO a.F. Rn. 88.
²⁶³ Vgl. zu deren Anwendungsbereich die Komentierung zu Art. 24 Rn. 20 ff.
²⁶⁴ Dazu näher sogleich Rn. 79 und 81.
²⁶⁵ S. nur den *Jenard/Möller*-Bericht, 1990, S. 18 Rn. 46; Musielak/Voit/Stadler, ZPO, 13. Aufl. 2016, Art. 6 EuGVVO Rn. 11; Rauscher/Leible, EuZPR, 4. Aufl. 2016, Art. 8 EuGVVO Rn. 48.
²⁶⁶ Art. 6 Nr. 4 EuGVÜ.
²⁶⁷ ABl. (EG) 1989 Nr. L 285, S. 1.
²⁶⁸ Vgl. hierzu die Kommentierung zu Art. 24 Rn. 20 ff.

Gerichtsstand des Art. 24 Nr. 1 nicht auch nur mittelbar mit dem zuständigkeitsbegründen Sachverhalt in Zusammenhang stehende Rechtsstreitigkeiten erfasse.[269]
Grund für die Schaffung des Art. 8 Nr. 4 war neben der **Rechts- und Sach-** 75 **nähe** des Gerichts am Belegenheitsort einer unbeweglichen Sache insbesondere die **Prozessökonomie**, da Beweisergebnisse in den von dieser Norm erfassten Fällen häufig sowohl für die Beurteilung der dinglichen als auch der persönlichen Ansprüche relevant sind.[270] Hinzu kommt wie bei allen Gerichtsständen des Art. 8 das Ziel, sich inhaltlich widersprechende Urteile von Gerichten der Mitgliedstaaten zu vermeiden.[271] Anders als für die am dinglichen Gerichtsstand des Art. 24 Nr. 1 Satz 1 Alt. 1 einzuklagenden Ansprüche statuiert Art. 8 Nr. 4 aus seiner systematischen Stellung im 2. Abschnitt des II. Kapitels der EuGVVO ersichtlich jedoch **keinen ausschließlichen Gerichtsstand** für mit dinglichen Klagen zusammenhängende persönliche Ansprüche; vielmehr können diese statt an dem Belegenheitsort – dem *forum rei sitae* – naturgemäß auch z.B. am allgemeinen Gerichtsstand geltend gemacht werden.[272]

3. Sachlicher Anwendungsbereich

Der Gerichtsstand des Art. 8 Nr. 4 gilt nur für Verfahren, die einen „**Ver-** 76 **trag**" oder **Ansprüche aus einem Vertrag**" zum Gegenstand haben. Der Begriff des Vertrages muss dabei naturgemäß unionsrechtlich autonom bestimmt werden, ist jedoch, wie sich nicht zuletzt aus der gleichlautenden Formulierung ergibt, ebenso wie derjenige in Art. 7 Nr. 1 zu verstehen.[273] Insofern kann ohne Einschränkung auf die Kommentierung zu dieser Vorschrift[274] verwiesen werden.

Abgesehen von der Zuständigkeit regelt Art. 8 Nr. 4 **keine weiteren** 77 **Zulässigkeitsvoraussetzungen** einer Verbindung von dinglicher und persönlicher Klage. Diese beurteilen sich daher nach der jeweiligen *lex fori* des Belegenheitsstaates.[275] Dessen Verfahrensrecht entscheidet aus dem Wortlaut von Art. 8 Nr. 4 ersichtlich („wenn [...] eine Klage [...] verbunden werden kann") insbesondere darüber, ob eine derartige Verbindung überhaupt zulässig ist.[276]

---

[269] EuGH, 15.1.1985 – Rs 241/83, *Rösler./. Rottwinkel*, Slg. 1985, 99 (ECLI:EU:C:1985:6), Rn. 28; *Magnus/Mankowski/Horatio Muir Watt*, Brussels I Regulation, 2. Aufl. 2012, Art. 6 EuGVVO a.F. Rn. 51.
[270] *Kropholler/von Hein*, EuZPR, 9. Aufl. 2011, Art. 6 EuGVVO a.F. Rn. 46.
[271] S. oben Rn. 3.
[272] S. nur *Rauscher/Leible*, EuZPR, 4. Aufl. 2016, Art. 8 EuGVVO Rn. 53; *Kropholler/von Hein*, EuZPR, 9. Aufl. 2011, Art. 6 EuGVVO a.F. Rn. 53.
[273] S. nur *Kropholler/von Hein*, EuZPR, 9. Aufl. 2011, Art. 6 EuGVVO a.F. Rn. 48; *Rauscher/Leible*, EuZPR, 4. Aufl. 2016, Art. 8 EuGVVO Rn. 49.
[274] Dort insbesondere Rn. 20 ff.
[275] *Jenard/Möller*-Bericht, 1990, S. 18 Rn. 47.
[276] *Schlosser*/Hess, EuZPR, 4. Aufl. 2015, Art. 8 EuGVVO Rn. 13; *Saenger/Dörner*, ZPO, 6. Aufl. 2015, Art. 8 EuGVVO Rn. 15; Musielak/Voit/*Stadler*, ZPO, 13. Aufl. 2016, Art. 6 EuGVVO Rn. 11; a. A. Rauscher/*Leible*, EuZPR, 4. Aufl. 2016, Art. 8 EuGVVO Rn. 51 („soweit nur dadurch eine Klageverbindung nicht grundsätzlich ausgeschlossen wird").

4. Anknüpfungspunkt; Hauptklage

78 Art. 8 Nr. 4 knüpft zur Bestimmung der Zuständigkeit an eine Hauptklage an, die ein dingliches Recht[277] an einer unbeweglichen Sache[278] zum Gegenstand hat und für die daher der ausschließliche dingliche Gerichtsstand des Art. 24 Nr. 1 Satz 1 Alt. 1 eröffnet ist. Über den insofern offenen Wortlaut von Art. 8 Nr. 4 („und die Klage mit einer Klage wegen dinglicher Rechte an unbeweglichen Sachen gegen denselben Beklagten verbunden werden kann") hinaus muss die dingliche Klage für den Gerichtsstand des Sachzusammenhangs mit dinglichen Klagen **bereits erhoben sein oder zeitgleich** mit der persönlichen Klage **erhoben werden**; Art. 8 Nr. 4 gewährt keinen Gerichtsstand für isolierte persönliche Klagen.[279] Wird jedoch die dingliche Klage zu einem späteren Zeitpunkt zurückgenommen oder anderweitig für erledigt erklärt, so bleibt die persönliche Klage nach den Grundsätzen der *perpetuatio fori* zulässig;[280] vgl. hierzu und zum maßgeblichen Zeitpunkt für das Vorliegen der Voraussetzungen des Art. 8 Nr. 4 näher die Ausführungen oben Rn. 17.

5. Sachlicher Zusammenhang

79 Aus dem Wortlaut „verbunden werden kann" wird zu Recht geschlussfolgert, zwischen dinglicher und persönlicher Klage müsse – über die oben Rn. 78 erwähnten, nach der *lex fori* zu beurteilenden Verfahrensverbindungsvoraussetzungen hinaus – stets auch ein **enger Sachzusammenhang** bestehen, der eine Verbindung im Einzelfall rechtfertigt.[281] Ein solch enger Bezug ist z.B. gegeben, wenn eine Klage auf Darlehensrückzahlung mit der Klage auf Duldung der Zwangsvollstreckung in ein zur Sicherung jenes Rückzahlungsanspruchs mit einer Grundschuld oder einem sonstigen dinglichen Sicherungsrecht belastetes Grundstück verbunden wird.[282] Zweck des Art. 8 Nr. 4 ist es gerade, einen Gläubiger in Sachverhalten, in denen zur Sicherung einer Forderung eine dingliche Sicherheit bestellt wird, im Sicherungsfalle davor zu bewahren, in zwei verschiedenen Staaten klagen zu müssen.[283]

6. Persönlicher Anwendungsbereich

80 Art. 8 Nr. 4 erfordert weiterhin eine **Identität der Parteien** sowohl der dinglichen als auch der persönlichen Klage. Zwar spricht der Wortlaut von Art. 8

---

[277] Vgl. hierzu die Kommentierung zu Art. 24 Rn. 20 ff.
[278] Vgl. hierzu die Kommentierung zu Art. 24 Rn. 18 f.
[279] Ganz h.M., s. nur *Kropholler/von Hein*, EuZPR, 9. Aufl. 2011, Art. 6 EuGVVO a.F. Rn. 52 mit ausführlicher Begründung; *Geimer/Schütze*, EuZVR, 3. Aufl. 2010, Art. 6 EuGVVO a.F. Rn. 91; Rauscher/*Leible*, EuZPR, 4. Aufl. 2016, Art. 8 EuGVVO Rn. 50.
[280] *Geimer/Schütze*, EuZVR, 3. Aufl. 2010, Art. 6 EuGVVO a.F. Rn. 91.
[281] *Kropholler/von Hein*, EuZPR, 9. Aufl. 2011, Art. 6 EuGVVO Rn. 51; Rauscher/*Leible*, EuZPR, 4. Aufl. 2016, Art. 8 EuGVVO Rn. 51; *Geimer/Schütze*, EuZVR, 3. Aufl. 2010, Art. 6 EuGVVO a.F. Rn. 90.
[282] S. nur den *Jenard/Möller*-Bericht, 1990, S. 18 Rn. 46; *Geimer/Schütze*, EuZVR, 3. Aufl. 2010, Art. 6 EuGVVO a.F. Rn. 90; Musielak/Voit/*Stadler*, ZPO, 13. Aufl. 2016, Art. 6 EuGVVO Rn. 11.
[283] *Simons/Hausmann/Corneloup/Althammer*, Brüssel I-VO, 2012, Art. 6 EuGVVO a.F. Rn. 65.

Nr. 4 nur von „demselben Beklagten"; aus den Materialien[284] und dem soeben Rn. 79 geschilderten Normzweck dieser Vorschrift ergibt sich indes, dass die persönliche Klage auch von demselben Kläger erhoben werden muss.[285] Art. 8 Nr. 4 bezweckt die Privilegierung des dinglichen Gläubigers selbst und nicht etwa die Schaffung eines besonderen Gerichtsstands für einen vom dinglichen Gläubiger personenverschiedenen persönlichen Gläubiger.

7. Räumlicher Anwendungsbereich

Der Anwendungsbereich des Art. 24 Nr. 1 wird durch die Belegenheit einer 81 unbeweglichen Sache in einem Mitgliedstaat im Sinne der EuGVVO eröffnet, ohne dass es dabei auf den Wohnsitz des Beklagten ankommt. Lediglich in reinen Inlandsfällen ist Art. 24 Nr. 1 (wie auch Art. 8 Nr. 4) nicht anwendbar.[286] Art. 8 Nr. 4 hingegen setzt, wie sich eindeutig aus dem einleitenden Wortlaut von Art. 8 ergibt, einen **Wohnsitz des Beklagten in einem Mitgliedstaat** im Sinne der EuGVVO voraus.[287] Eine **analoge Anwendung** dieser Vorschrift auf in einem Drittstaat ansässige Beklagte wäre zwar wegen der Unbeachtlichkeit des Beklagtenwohnsitzes für Art. 24 Nr. 1 und des von Art. 8 Nr. 4 gerade bezweckten Gleichlaufs mit dieser Zuständigkeitsnorm an sich gut begründbar, scheitert jedoch an dem vom EuGH mehrfach betonten Gebot der restriktiven Auslegung der besonderen Zuständigkeitsvorschriften der Verordnung.[288] Gegenüber in einem Drittstaat ansässigen Beklagten beurteilt sich die Zuständigkeit für eine persönliche Klage daher nach dem innerstaatlichen Recht des jeweiligen Forumstaats (in Deutschland z.B. §§ 25 und 26 ZPO).

Entgegen der wohl h.M.[289] ist für Art. 8 Nr. 4 nicht erforderlich, dass ein 82 Beklagter seinen **Wohnsitz in einem anderen als dem Forumstaat** selbst hat.[290] Zu weiteren Einzelheiten hierzu s. die Ausführungen oben unter Rn. 6 ff.

Artikel 9 [Besonderer Gerichtsstand in Seehaftungssachen]

Ist ein Gericht eines Mitgliedstaats nach dieser Verordnung zur Entscheidung in Verfahren wegen einer Haftpflicht aufgrund der Verwendung oder des Betriebs

---

[284] *Jenard/Möller*-Bericht, 1990, S. 18 Rn. 47 (allerdings zum Luganer Übereinkommen von 1988).
[285] Allgemeine Meinung, s. *Geimer/Schütze*, EuZVR, 3. Aufl. 2010, Art. 6 EuGVVO a.F. Rn. 90; *Rauscher/Leible*, EuZPR, 4. Aufl. 2016, Art. 8 EuGVVO Rn. 52; *Kropholler/von Hein*, EuZPR, 9. Aufl. 2011, Art. 6 EuGVVO a.F. Rn. 50.
[286] Dazu näher die Vorb. Art. 4 ff. Rn. 14 ff. sowie oben Rn. 6.
[287] So auch *Rauscher/Leible*, EuZPR, 4. Aufl. 2016, Art. 8 EuGVVO Rn. 53 Fn. 209; **a.A.** *Geimer/Schütze/Auer*, Int. Rechtsverkehr, 28. EL 2005, Art. 6 EuGVVO a.F. Rn. 76.
[288] S. (allgemein) etwa EuGH, 27.10.1998 – Rs. C-51/97, *Reunion europeenne ./. Spiethoff's Bevrachtingskantoor*, Slg. 1998, I-6511 (ECLI:EU:C:1998:509), Rn. 16; *Kropholler/von Hein*, EuZPR, 9. Aufl. 2011, vor Art. 5 EuGVVO a.F. Rn. 2; *Simons/Hausmann*, Brüssel I-VO, 2012, vor Art. 5–7 EuGVVO a.F. Rn. 2 sowie oben die Vorb. Art. 7 ff. Rn. 8 f.
[289] Vgl. – allerdings zu Art. 8 Nr. 1 – *Rauscher/Leible*, EuZPR, 4. Aufl. 2016, Art. 8 EuGVVO Rn. 4; *Kropholler/von Hein*, EuZPR, 9. Aufl. 2011, Art. 6 EuGVVO a.F. Rn. 2a; *MünchKomm/Gottwald*, ZPO, 4. Aufl. 2013, Art. 6 EuGVVO a.F. Rn. 5; **a.A.** *Geimer/Schütze/Auer*, Int. Rechtsverkehr, 28. EL 2005, Vorb. Art. 5 ff. EuGVVO a.F. Rn. 9.
[290] S. die Ausführungen oben unter Rn. 13 ff.

B Vor I 7   Art. 9   VO (EU) Nr. 1215/2012

eines Schiffes zuständig, so entscheidet dieses oder ein anderes an seiner Stelle durch das Recht dieses Mitgliedstaats bestimmtes Gericht auch über Klagen auf Beschränkung dieser Haftung.

EuGH-Rechtsprechung: EuGH, 6.12.1994 – Rs. C-406/92, *Tatry* ./. *Maciej Rataj*, Slg. 1994, I-5439 (ECLI:EU:C:1994:400)

EuGH, 14.10.2004 – Rs. C-39/02, *Mærsk* ./. *de Boer*, Slg. 2004, 9657 (ECLI:EU:C:2004:615).

Schrifttum: *Egler, Philipp*, Seeprivatrechtliche Streitigkeiten unter der EuGVVO, 2011; *Herber, Rolf*, Seehandelsrecht, 2. Aufl. 2016; *Kropholler, Jan*, Neues europäisches Zivilprozessrecht, RIW 1986, S. 929; *Puttfarken, Hans*, Seehandelsrecht, 1997; *ders.*, Beschränkte Reederhaftung, 1981; *Rabe, Dieter*, Seehandelsrecht, 4. Aufl. 2000; *Schaps, Georg / Abraham, Hans*, Das Seerecht in der Bundesrepublik Deutschland I, 1983; *Sinkus, Dirk*, Die grenzüberschreitende Haftung des Reeders, 1995.

Übersicht

	Rn.
I. Normzweck und Überblick	1
II. Entstehungsgeschichte	4
III. Sachlicher Anwendungsbereich	5
IV. Anknüpfungspunkt und räumlich-persönlicher Anwendungsbereich	7
V. Art. 29, 30	8

I. Normzweck und Überblick

1   Art. 9 eröffnet einen besonderen Gerichtsstand für **aktive Feststellungsklagen** eines **Schiffseigentümers** (v.a. eines Reeders[1]) bzw. einer sonstigen für aus dem Betrieb eines Schiffes resultierende Schäden verantwortlichen Person auf **Beschränkung ihrer Haftung**. Die spiegelbildlichen Haftungsklagen *gegen* einen Reeder (etc.) hingegen werden nicht von Art. 9, sondern grds. nur von Art. 4 bis 8, erfasst.[2] Der Gerichtsstand des Art. 9 betrifft daher nur die Situation, dass ein Reeder (etc.), der eine Haftungsklage aufgrund der Verwendung oder des Betriebs eines Schiffes fürchtet oder gewärtigt, eine Klage auf **(negative)**[3] Feststellung erhebt, er hafte für etwaige Forderungen nur beschränkt oder beschränkbar.[4] Für derartige Klagen sind naturgemäß bereits die übrigen Gerichtsstände der EuGVVO eröffnet.[5] Der **Sinn** des zusätzlichen besonderen Gerichtsstands des Art. 9 liegt in der Schaffung der Möglichkeit, alle mit einer

---
[1] Vgl. für das deutsche Recht die Definition des Reeders in § 476 HGB.
[2] *Schlosser*-Bericht, 1979, Rn. 129.
[3] So auch Simons/Hausmann/*Corneloup*, Brüssel I-VO, 2012, Art. 7 EuGVVO a.F. Rn. 2; **a. A.** *Egler*, Seeprivatrechtliche Streitigkeiten unter der EuGVVO, S. 312 f., der die Feststellung des Bestehens einer Haftungsbeschränkung als Gegenstand einer positiven Feststellungsklage ansieht; eine Differenzierung kann wegen der u.U. unterschiedlichen Gerichtsgebühren von Belang sein.
[4] So ausdrücklich der *Schlosser*-Bericht, 1979, Rn. 128.
[5] *Schlosser*-Bericht, 1979, Rn. 128; Rauscher/*Leible*, EuZPR, 4. Aufl. 2016, Art. 9 EuGVVO Rn. 1; Kropholler/*von Hein*, EuZPR, 9. Aufl. 2011, Art. 7 EuGVVO a.F. Rn. 1.

seerechtlichen Haftung für den Betrieb eines Schiffes zusammenhängenden Verfahren in *einem* Mitgliedstaat zu **konzentrieren**:[6] Da die zu erwartenden Haftungsklagen gegen einen Reeder (etc.) an dessen allgemeinem Gerichtsstand (Art. 4 Abs. 1) erhoben werden könnten, diesem aber nach der EuGVVO in der Regel kein Gerichtsstand für eigene Aktivklagen in seinem Wohnsitzstaat zur Verfügung steht, schafft Art. 9 – ausnahmsweise – einen **Klägergerichtsstand**.[7]

Wie die Gerichtsstände des Art. 8 auch beruht der Gerichtsstand des Art. 9 auf dem Gedanken des Sachzusammenhangs, wenn auch diese Vorschrift anders als jene nicht an eine bereits erhobene Klage anknüpft. Dennoch ist auch die Zuständigkeit nach Art. 9 – wie bei Art. 8 – nur eine **abgeleitete**.[8] Denn Art. 9 stellt darauf ab, wo ein Reeder (etc.) nach der Zuständigkeitsordnung der EuGVVO hypothetisch verklagt werden könnte.

Art. 9 regelt dabei sowohl die **internationale** als auch die **örtliche** Zuständigkeit, wobei diese Vorschrift den Mitgliedstaaten ausdrücklich gestattet, die örtliche Zuständigkeit in ihren innerstaatlichen Verfahrensrechten abweichend zu regeln („oder ein anderes an seiner Stelle durch das Recht dieses Mitgliedstaats bestimmtes Gericht"). In der Praxis kommt dem besonderen Gerichtsstand des Art. 9 anscheinend keine große Bedeutung zu.[9]

II. Entstehungsgeschichte

In der ursprünglichen Fassung des EuGVÜ von 1968 war noch kein Art. 9 entsprechender Gerichtsstand vorhanden. Erst mit dem 1. Beitrittsübereinkommen vom 9.10.1978,[10] mit dem neben Irland und Dänemark auch das Vereinigte Königreich dem EuGVÜ beitrat, wurde neben dem ebenfalls seerechtlichen Gerichtsstand im jetzigen Art. 7 Nr. 7 die Vor-Vorgängernorm von Art. 9 in Art. 6a EuGVÜ eingefügt. Diese Norm wurde nahezu wortgleich zunächst in Art. 7 EuGVVO a.F. bzw. nunmehr eben Art. 9 übernommen.

III. Sachlicher Anwendungsbereich

Der Gerichtsstand des Art. 9 ist nur für **selbständige Feststellungsklagen** eines Reeders (etc.) eröffnet, nicht hingegen umgekehrt für Haftungsklagen von Forderungsprätendenten gegen den Reeder (etc.).[11] Deren Zuständigkeit beurteilt sich vielmehr anhand der „allgemeinen" Vorschriften der Art. 4 bis 8.[12]

---

[6] So ausdrücklich *Geimer*/Schütze, EuZVR, 3. Aufl. 2010, Art. 6 EuGVVO a.F. Rn. 2; *Schlosser*-Bericht, 1979, Rn. 128; Rauscher/*Leible*, EuZPR, 4. Aufl. 2016, Art. 9 EuGVVO Rn. 1.
[7] *Schlosser*-Bericht, 1979, Rn. 128.
[8] Simons/Hausmann/*Corneloup*, Brüssel I-VO, 2012, Art. 7 EuGVVO a.F. Rn. 5.
[9] *Heidelberg*-Bericht, 2007, Rn. 253 ff.; *Kropholler/von Hein*, EuZPR, 9. Aufl. 2011, Art. 7 EuGVVO a.F. Rn. 1.
[10] ABl. (EG) 1978 Nr. L 304, S. 1.
[11] Allgemeine Meinung, s. nur *Schlosser*-Bericht, 1979, Rn. 127 ff.; Rauscher/*Leible*, EuZPR, 4. Aufl. 2016, Art. 9 EuGVVO Rn. 2; *Schlosser*/Hess, EuZPR, 4. Aufl. 2015, Art. 9 EuGVVO; *Geimer*/Schütze, EuZVR, 3. Aufl. 2010, Art. 7 EuGVVO a.F. Rn. 5; *Kropholler/von Hein*, EuZPR, 9. Aufl. 2011, Art. 7 EuGVVO a.F. Rn. 3.
[12] S. nur *Schlosser*-Bericht, 1979, Rn. 129.

Daneben bleibt es einem Reeder freilich unbenommen, eine Haftungsbeschränkung bzw. eine Beschränkbarkeit seiner Haftung verteidigungsweise im Rahmen einer derartigen Haftungsklage einzuwenden.[13]

6   Art. 9 regelt nur die Zuständigkeit. Die **sonstigen** – prozessualen und materiell-rechtlichen – **Voraussetzungen** für Klagen auf Feststellung einer Haftungsbeschränkung bzw. von deren Beschränkbarkeit beurteilen sich nach dem jeweiligen nationalen Verfahrensrechts des Forumstaats bzw. dem im Einzelfall auf die etwaige Haftung anwendbaren Sachrecht. Im deutschen Recht sind insofern insbesondere die **§§ 305a und 786a ZPO** sowie die **§§ 485 ff. HGB** relevant.[14] Auch hinsichtlich des auf eine etwaige Haftung eines Reeders (etc.) anwendbaren Rechts trifft Art. 9 keine Aussage; die Vorschrift bezweckt nicht die Herstellung eines Gleichlaufs zwischen der internationalen Zuständigkeit und dem auf die Frage der Haftungsbeschränkung anwendbaren materiellen Recht.[15]

IV. Anknüpfungspunkt und räumlich-persönlicher Anwendungsbereich

7   Die Zuständigkeit gem. Art. 9 erschließt sich über die Zuständigkeit für die drohende Haftungsklage eines Anspruchsprätendenten,[16] stellt Art. 9 doch darauf ab, wo ein Reeder (etc.) nach der Zuständigkeitsordnung der EuGVVO[17] hypothetisch verklagt werden könnte. Insofern ist für die Bestimmung der Zuständigkeit gem. Art. 9 stets die Vorfrage zu beantworten, ob und wo eine hypothetische Haftungsklage nach der Verordnung erhoben werden könnte. Daraus folgt, dass sich der **Wohnsitz des klagenden Reeders** (etc.) für die Anwendbarkeit von Art. 9 **in einem Mitgliedstaat** im Sinne der EuGVVO befinden muss; andernfalls wäre die Zuständigkeit für eine hypothetische Haftungsklage gegen den Reeder gem. Art. 4 bis 8 nicht gegeben.[18] **Umgekehrt** muss der etwaig geschädigte Beklagte seinen Wohnsitz – ausnahmsweise[19] – nicht innerhalb eines Mitgliedstaats im Sinne der Verordnung haben.

V. Art. 29, 30

8   Die Haftungsklage eines Anspruchsprätendenten gegen einen Reeder (etc.) begründet nach überwiegender Auffassung nicht den **Einwand anderweitiger Rechtshängigkeit** gem. Art. 29 für die unter Art. 9 fallenden Feststellungskla-

---

[13] Rauscher/*Leible*, EuZPR, 4. Aufl. 2016, Art. 9 EuGVVO Rn. 1.
[14] Rauscher/*Leible*, EuZPR, 4. Aufl. 2016, Art. 9 EuGVVO Rn. 1.
[15] *Schlosser*-Bericht, 1979, Rn. 130.
[16] S. nur Simons/Hausmann/*Corneloup*, Brüssel I-VO, 2012, Art. 7 EuGVVO a.F. Rn. 5.
[17] Eine Zuständigkeit nach nationalen Regeln reicht hingegen für Art. 9 nicht aus, s. indirekt den *Schlosser*-Bericht, 1979, Rn. 129.
[18] Simons/Hausmann/*Corneloup*, Brüssel I-VO, 2012, Art. 7 EuGVVO a.F. Rn. 5.
[19] Die Zustandigkeitsvorschriften der EuGVVO sind grds. am Wohnsitz des Beklagten ausgerichtet und setzen diesen in aller Regel voraus, vgl. die Vorb. Art. 4 ff. Rn. 11 f.; zum Begriff des Wohnsitzes s. näher die Kommentierungen zu Art. 4 Rn. 6 ff. sowie zu Art. 62 und 63.

gen des Reeders (etc.) auf Beschränkung seiner Haftung.[20] Zwar hat der EuGH in der Rechtssache *Tatry* entschieden, dass für die Zwecke des Art. 29 eine negative Feststellungsklage „denselben Anspruch" betreffe wie die spiegelverkehrte Leistungsklage;[21] etwas anderes gilt freilich, wenn nicht das Nichtbestehen, sondern lediglich eine Beschränkung der Haftung festgestellt werden soll.[22]

Nach Ansicht einiger Autoren soll eine entsprechende Haftungsklage auch nicht ein mit einer Feststellungsklage des Reeders (etc.) auf Beschränkung seiner Haftung **im Zusammenhang stehendes Verfahren** im Sinne von Art. 30 darstellen.[23] Diese Meinung geht jedoch zu weit:[24] Denn jedenfalls im Verhältnis einer früheren negativen Feststellungsklage zu einer späteren Haftungsklage soll eine Aussetzung gem. Art. 30 nach dem *Schlosser*-Bericht durchaus möglich sein.[25] Dies hat der EuGH auch *obiter dictum* im Jahr 2005 in der Rechtssache *Mærsk*, allerdings in Bezug auf die Errichtung eines Haftungsbeschränkungsfonds, festgestellt.[26]

9

Abschnitt 3 Zuständigkeit für Versicherungssachen

Artikel 10 [Zuständigkeit]

Für Klagen in Versicherungssachen bestimmt sich die Zuständigkeit unbeschadet des Artikels 6 und des Artikels 7 Nummer 5 nach diesem Abschnitt.

EuGH-Rechtsprechung: EuGH, 13.7.2000 – Rs. C-412/98, *Group Josi Reinsurance Company S.A. ./. Universal General Insurance Company*, Slg. 2000, I-5295 (ECLI:EU:C:2000:399)

EuGH, 12.5.2005 – Rs. C-112/03, *Société financière et industrielle du Peloux ./. Axa Belgium u.a.*, Slg. 2005, I-3727 (ECLI:EU:C:2005:280)

EuGH, 26.5.2005 – Rs. C-77/04, *GIE Réunion européenne u.a. ./. Zurich España*, Slg. 2005, I-4509 (ECLI:EU:C:2005:327)

---

[20] So etwa *Kropholler/von Hein*, EuZPR, 9. Aufl. 2011, Art. 7 EuGVVO a.F. Rn. 3; *Simons/Hausmann/Corneloup*, Brüssel I-VO, 2012, Art. 7 EuGVVO a.F. Rn. 7; *Schlosser/Hess*, EuZPR, 4. Aufl. 2015, Art. 9 EuGVVO; *Rauscher/Leible*, EuZPR, 4. Aufl. 2016, Art. 9 EuGVVO Rn. 9 sowie – allerdings in Bezug auf die Errichtung eines Haftungsbeschränkungsfonds – EuGH, 14.10.2004 – Rs. C-39/02, *Mærsk ./. de Boer*, Slg. 2004, 9637 (ECLI:EU:C:2004:615), Rn. 42; **a. A.** etwa *Magnus/Mankowski/Horatio Muir Watt*, Brussels I Regulation, 2. Aufl. 2012, Art. 7 EuGVVO a.F. Rn. 2.
[21] EuGH, 6.12.1994 – Rs. C-406/92, *Tatry ./. Maciej Rataj*, Slg. 1994, I-5439 (ECLI:EU:C:1994:400), Rn. 48.
[22] *Simons/Hausmann/Corneloup*, Brüssel I-VO, 2012, Art. 7 EuGVVO a.F. Rn. 7.
[23] So *Schlosser/Hess*, EuZPR, 4. Aufl. 2015, Art. 9 EuGVVO; *Rauscher/Leible*, EuZPR, 4. Aufl. 2016, Art. 9 EuGVVO Rn. 5.
[24] So auch etwa *Simons/Hausmann/Corneloup*, Brüssel I-VO, 2012, Art. 7 EuGVVO a.F. Rn. 8 und wohl auch der *Schlosser*-Bericht, 1979, Rn. 129.
[25] *Schlosser*-Bericht, 1979, Rn. 129; *Kropholler/von Hein*, EuZPR, 9. Aufl. 2011, Art. 7 EuGVVO a.F. Rn. 3.
[26] EuGH, 14.10.2004 – Rs. C-39/02, *Mærsk ./. de Boer*, Slg. 2004, I- 9637 (ECLI:EU:C:2004:615), Rn. 40.

B Vor I 7 Art. 10 VO (EU) Nr. 1215/2012

EuGH, 16.3.2006 – Rs. C-234/04, *Rosmarie Kapferer* ./. *Schlank & Schick GmbH*, Slg. 2006, I-2585 (ECLI:EU:C:2006:178) = NJW 2006, S. 1577

EuGH, 13.12.2007 – Rs. C-463/06, *FBTO* ./. *Jack Odenbreit*, Slg. 2007, I-11323 (ECLI:EU:C:2007:792)

EuGH, 17.9.2009 – Rs. C-347/08, *Vorarlberger Gebietskrankenkasse* ./. *WGV-Schwäbische Allgemeine Versicherungs AG*, Slg. 2009, I-8661 (ECLI:EU:C:2009:561).

Schrifttum (zu EuGVÜ und LugÜ): *Basedow, Jürgen* / *Drasch, Wolfgang*, Das internationale Versicherungsvertragsrecht, NJW 1991, S. 785; *Beitzke, Günther*, Die 11. Haager Konferenz und das Kollisionsrecht der Straßenverkehrsunfälle, RabelsZ 33 (1969), S. 204; *Brulhart, Vincent*, La competence internationale en matieres d'assurances dans l espace judiciaire europeen, St. Gallen 1997; *De Nova, Rodolfo*, Das Haager Übereinkommen über das auf Straßenverkehrsunfälle anwendbare Recht, in: Ius privatum gentium, Festschrift für Max Rheinstein, von Caemmerer, Ernst; Mentschikoff, Soia; Zweigert, Konrad (Hrsg.), Band I, 1969, S. 399; *Fricke, Martin*, Internationale Zuständigkeit und Anerkennungszuständigkeit in Versicherungssachen nach europäischem und deutschem Recht, VersR 1997, S. 399; *Heiss, Helmut*, Gerichtsstandsfragen in Versicherungssachen nach europäischem Recht, in: Versicherungsrecht in Europa – Kernperspektiven am Ende des 20. Jahrhunderts, Reichert-Facilides, Fritz / Schnyder, Anton (Hrsg.), 2000, S. 105; *Hunter, R.*, Reinsurance Litigation and the Civil Jurisdiction and Judgements Act 1982, J. B. L. 1987, S. 344; *Kaye, David*, Business Insurance and Reinsurance under the European Judgements Convention: Application of Protective Provisions, J. Bus. L. 1990, S. 517; *Kozuchowski, Włodzimierz*, Der internationale Schadensversicherungsvertrag, 1995; *Kramer, Ulrich*, Internationales Versicherungsvertragsrecht, 1995; *Looschelders, Dirk*, Der Klägergerichtsstand am Wohnsitz des Versicherungsnehmers nach Art. 8 Abs. 1 Nr. 2 EuGVÜ, IPRax 1998, S. 86; *Müller, Helmut*, Der Versicherungsbinnenmarkt, 1995; *Picard, Maurice* / *Besson, André*, Les Assurances Terrestre en Droit Français, 4. Aufl., Paris 1977; *Richter, Joachim*, Das EWG-Übereinkommen über die gerichtliche Zuständigkeit und die Vollstreckung in Zivil- und Handelssachen aus versicherungsrechtlicher Sicht, VersR 1978, S. 801; *ders.*, Internationales Versicherungsvertragsrecht, 1980, insbes. S. 171 ff.; *Samtleben, Jürgen*, Internationale Gerichtsstandsvereinbarungen nach dem EWG-Übereinkommen und nach der Gerichtsstandsnovelle, NJW 1974, S. 1590; *Weiser, Christian*, Der Binnenmarkt für Versicherungen, EuZW 1993, S. 29.

Schrifttum (zur EuGVVO a.F. und zur EuGVVO): *Czaplinksi, Paul*, Das Internationale Straßenverkehrsunfallrecht nach Inkrafttreten der Rom II-VO, 2015; *Eichel, Florian*, Die Anwendbarkeit von § 287 ZPO im Geltungsbereich der Rom I- und der Rom II-Verordnung, IPRax 2014, S. 156; *Franck, Gunnar*, Der Direktanspruch gegen den Haftpflichtversicherer, 2014; *Fricke, Martin*, Europäisches Gerichtsstands- und Vollstreckungsübereinkommen revidiert – Was bringt die Neufassung der Versicherungswirtschaft?, VersR 1999, S. 1055; *ders.*, *Anmerkung* zum EuGH-Urteil vom 12.5.2005 (Rs. *C-112/ 03*), VersR 2006, S. 1283; *ders.*, Der Abschnitt über Versicherungssachen (Art. 8–14) in der Revision der EuGVVO, VersR 2009, S. 429; *Fuchs, Angelika*, die Direktklage am Wohnsitz des Verkehrsunfallopfers?, IPRax 2007, S. 302; *dies.*, Internationale Zuständigkeit für Direktklagen, IPRax 2008, S. 104; *dies.*, Direktklage des Zessionars nach internationalem Verkehrsunfall, IPRax 2014, S. 509; *Gebauer, Martin*, Legalzession zwischen Vertrags- und Deliktsstatut – Zum Quotenvorrecht des Geschädigten gegenüber dem inländischen Vollkaskoversicherer bei Klage gegen den ausländischen Haftpflichtversicherer im Inland, IPRax 2015, S. 331; *Geimer, Reinhold,* Die Sonderrolle der Versicherungssachen im Brüssel I-System, in: Festschrift für Andreas Heldrich zum 70. Geburtstag, Lorenz, Stephan; Trunk, Alexander; Eidenmüller, Horst; Wendehorst, Christiane; Adolff, Johannes (Hrsg.), 2005, S. 627; *Heiss, Helmut,* Die Direktklage vor dem EuGH — Sechs Antithesen zu BGH vom 29.9.2006 (VI ZR 200/05), VersR 2007, S. 497; *Hub, Torsten,* Internationale Zuständigkeit in Versicherungssachen nach der VO 44/01/ EG, 2005; *Koch, Robert,* Kollisions- und versicherungsvertragsrechtliche Probleme bei internationalen D&O-Haftungsfällen, VersR 2009, S. 141; *Looschelders, Dirk,* Zuständigkeit des Gerichts am Unfallort für Direktklage des Sozialversicherungsträgers gegen den Haftpflichtversicherer des Schädigers aus über-gegangenem Recht, IPRax 2013, S. 370; *ders. / Heinig, Jens,* Der Gerichtsstand am Wohnsitz oder gewöhnlichen Aufenthalt des Versicherungsnehmers nach § 215 VVG, JR 2008, S. 265; *Lüttringhaus, Jan,* Der Direktanspruch im vergemeinschafteten IZVR und IPR nach der Entscheidung EuGH VersR 2009, 1512 (Vorarlberger Gebietskrankenkasse), VersR 2010, S. 183; *Mankowski, Peter,* Internationales Rückversicherungsvertragsrecht, VersR 2002, S. 1177; *ders.,* Internationales Versicherungsprozessrecht: Professioneller Leasinggeber als Geschädigter und Typisierung statt konkreter Prüfung der Schutzbedürftigkeit, IPRax 2015, S. 115; *Micha, Marianne,* Der Direktanspruch im europäischen Internationalen Privatrecht, 2010; *Mumelter, Karl,* Und es gibt sie doch – die Direktklage des Geschädigten in Versicherungssachen des LGVÜ, ZVR 2009, S. 285; *Rüfner, Thomas,* Das Verhältnis der Gewährleistungs- oder Interventionsklage (Art. 6 Nr. 2 EuGVVO/EuGVÜ) zum Hauptprozess, IPRax 2005, S. 500; *Schack, Haimo,* Internationales Zivilverfahrensrecht, 6. Aufl. 2014; *Staudinger, Ansgar,* Negative Feststellungsklage des gegnerischen Haftpflichtversicherers in grenzüberschreitenden Verkehrsunfällen, DAR 2014, S. 557; *ders.,* Straßenverkehrsunfall, Rom II-Verordnung und Anscheinsbeweis, NJW 2011, S. 650; *ders.,* Direktklage des Sozialversicherers im Namen mit dem Geschädigten – droht der deutschen haftpflichtversicherung die Gerichtspflichtigkeit im Ausland?, VersR 2013, S. 412; *ders.,* Direktklage beim Auslandsunfall am Wohnsitzgericht – auch nach Inanspruchnahme der Kaskoversicherung, DAR 2014, S. 485; *ders.,* Negative Feststellungsklage des gegnerischen Haftpflichtversicherers in grenzüberschreitenden Verkehrsunfällen, DAR 2014, S. 557; *ders. / Czaplinski, Paul,* Verkehrsopferschutz im Lichte der Rom I-, Rom II sowie Brüssel I-Verordnung, NJW 2009, S. 2249; *Sujecki, Bartosz,* Anmerkung zu EuGH, 13.12.2007 – C-463/06, FBTO ./. Jack Odenbreit, EuZW 2008, S. 126; *Tomson, Christian,* Der Verkehrsunfall im Ausland vor deutschen Gerichten – Alle Wege führen nach Rom –, EuZW 2009, S. 204; *Wasserer, Simone,* Paradigmenwechsel in der internationalen Zuständigkeit für Direktklagen: Wohnsitzgerichtsstand des Geschädigten bei Klagen gegen ausländische Kfz-Haftpflichtversicherungen, ELR 2008, S. 143; *dies.,* Kein Klägergerichtsstand für die Regressklage eines Sozialversicherungsträgers, ELR 2010, S. 14.

Übersicht

	Rn.
I. Normzweck	1
II. Überblick	5
1. Regelungsinhalt von Art. 10	6
2. Aufbau des 3. Abschnitts	7
3. Systematik für Verfahren gegen einen Versicherer (Art. 11 bis 13)	9
4. Forum Shopping; Internationales Privatrecht	11
III. Entstehungsgeschichte	12
IV. Konkurrenzen	14

V. Räumlicher Anwendungsbereich 17
  1. Keine Anwendbarkeit in reinen Inlandssachverhalten 18
  2. Beklagtenwohnsitz in einem Mitgliedstaat 19
  3. Vorbehalt zugunsten von Art. 7 Nr. 5 22
  4. Klägerwohnsitz in einem Mitgliedstaat 25
  5. Maßgeblicher Zeitpunkt 26
VI. Sachlicher und persönlicher Anwendungsbereich: Versicherungssachen 27
  1. Autonomer Begriff des Versicherungsvertrags 28
  2. Verfahrensbeteiligte 32
  3. Erfasste Streitigkeiten 38

I. Normzweck

1 Den Vorschriften des 3. Abschnitts liegen (pauschale) **sozialpolitische Erwägungen** zugrunde.[1] Ebenso wie im 4. Abschnitt Verbraucher[2] und im 5. Abschnitt Arbeitnehmer[3] stuft die EuGVVO auch Versicherungsnehmer, Versicherte und bestimmte andere aus einem Versicherungsvertrag berechtigte Personen als gegenüber einem Versicherer typischerweise **strukturell und wirtschaftlich unterlegene Parteien** ein.[4] Zu deren (auch) zuständigkeitsrechtlichem Schutz treffen die Art. 10 ff. bestimmte, für einen Versicherungsnehmer (etc.) im Vergleich zu den „allgemeinen" Vorschriften[5] wesentlich günstigere und grds. **abschließende**[6] Regelungen.

2 So sind Versicherungsnehmer (etc.) z.B. gem. Art. 14 Abs. 1 als solche im Regelfall[7] **nur in ihrem jeweiligen Wohnsitzstaat gerichtspflichtig**, während umgekehrt die Art. 10 ff. für Verfahren gegen einen Versicherer ein breites Spektrum an Gerichtsständen einschließlich sogar eines **Klägergerichtsstands** (Art. 11 Abs. 1 lit. b) bereitstellen. Überdies sind von den Art. 11 bis 14 (jedenfalls zu Lasten eines Versicherungsnehmers (etc.)) abweichende **Gerichtsstandsvereinbarungen** nur in den engen Grenzen des Art. 15 möglich. Auch eine rügelose Einlassung ist in Versicherungssachen aus Art. 26 Abs. 2 ersichtlich zu Lasten bestimmter Verfahrensgegner eines Versicherers nur eingeschränkt möglich. **Widerklagen** hingegen können in Versicherungssachen ohne spezifische Einschränkungen erhoben werden (s. Art. 14 Abs. 2[8]).

---

[1] S. den *Jenard*-Bericht, 1979, S. 29.
[2] S. die Kommentierung zu Art. 17 Rn. 1.
[3] Vgl. die Kommentierung zu Art. 20 Rn. 1.
[4] EuGH, 13.7.2000 – Rs. C-412/98, *Group Josi Reinsurance Company S.A. ./. Universal General Insurance Company*, Slg. 2000, I-5295 (ECLI:EU:C:2000:399), Rn. 64 f.
[5] D.h. insbesondere die Abschnitte 1, 2 und 7 des II. Kapitels der EuGVVO.
[6] Vgl. nur den *Jenard*-Bericht, 1979, S. 30; Saenger/*Dörner*, ZPO, 6. Aufl. 2015, Art. 16 EuGVVO Rn. 1; Rauscher/*Staudinger*, EuZPR, 4. Aufl. 2016, Art. 10 EuGVVO Rn. 7; Geimer/Schütze, EuZVR, 3. Aufl. 2010, Art. 8 EuGVVO a.F. Rn. 6.
[7] Daneben sind ausdrücklich noch Art. 13 Abs. 3 sowie – auch zugunsten eines Versicherers (s. dazu unten Rn. 22 ff.) – Art. 7 Nr. 5 anwendbar, vgl. Rauscher/*Staudinger*, EuZPR, 4. Aufl. 2016, Art. 10 EuGVVO Rn. 6.
[8] Die in Art. 14 Abs. 2 enthaltene Klarstellung, dass Widerklagen auch in Versicherungssachen zulässig sind, gilt entgegen der verfehlten systematischen Stellung dieser Norm für alle dem 3. Abschnitt unterfallenden Verfahren. Hierzu näher die Kommentierung zu Art. 14 Rn. 16 f. sowie *Geimer*/Schütze, EuZVR, 3. Aufl. 2010, Art. 9 EuGVVO a.F. Rn. 23; Rauscher/*Staudinger*, EuZPR, 4. Aufl. 2016, Art. 14 EuGVVO Rn. 5.

Die vom Unionsgesetzgeber unterstellte **besondere Schutzwürdigkeit** eines 3
Versicherungsnehmers, Versicherten oder Begünstigten (etc.) als im Vergleich zu
dem Versicherer „wirtschaftlich schwächer[e] und rechtlich weniger erfahren[e]"[9] Partei stellt eine **reine Typisierung** dar. Auch der EuGH führt zur
Rechtfertigung der Sonderregeln für Versicherungssachen lediglich pauschal an,
dass Versicherungsnehmer „meist mit einem vorformulierten, in seinen Einzelheiten nicht mehr verhandelbaren Vertrag konfrontiert" würden.[10] Selbst **juristische Personen und Gesellschaften** können sich unstrittigerweise auf die
Schutzvorschriften des 3. Abschnitts des II. Kapitels berufen, und zwar –
befremdlicherweise – auch dann, wenn sie Unternehmensrisiken in Milliardenhöhe absichern.[11]

Im **deutschen Recht** findet sich eine den Art. 10 ff. in etwa vergleichbare 4
Regelung seit dem 1.1.2008 in § **215 VVG**, der ebenfalls (u.a.) einen (besonderen) Klägergerichtsstand für Versicherungsnehmer zur Verfügung stellt. Auf diese
Versicherungsnehmerschutzvorschrift können sich indes – anders als bei
Art. 10 ff. – jedenfalls in direkter[12] Anwendung nur **natürliche Personen** stützen; die wohl h.M. befürwortet jedoch eine analoge Anwendung auf juristische
Personen (und wohl auch rechtsfähige Personengesellschaften).[13] Auf diese
Regelung (sowie die §§ 12 ff. ZPO) ist vor deutschen Gerichten im Anwendungsbereich der EuGVVO in denjenigen Fällen (zur Bestimmung der **örtlichen** Zuständigkeit) zurückzugreifen, in denen die Verordnung im Einzelfall nur
die internationale Zuständigkeit regelt.[14]

II. Überblick

Die Art. 10 bis 16 stellen eine grds. **abschließende Sonderregelung** der 5
Zuständigkeit für Versicherungssachen dar.[15] Allerdings nimmt Art. 10 ausdrücklich Art. 6[16] sowie Art. 7 Nr. 5[17] von der Ausschlusswirkung der Sonderregeln
des 3. Abschnitts aus.

---

[9] EuGH, 13.7.2000 – Rs. C-412/98, *Group Josi Reinsurance Company S.A. ./. Universal General Insurance Company*, Slg. 2000, I-5295 (ECLI:EU:C:2000:399), Rn. 65.
[10] EuGH, 13.7.2000 – Rs. C-412/98, *Group Josi Reinsurance Company S.A. ./. Universal General Insurance Company*, Slg. 2000, I-5295 (ECLI:EU:C:2000:399), Rn. 64 f.
[11] Dies folgt auch aus einem Umkehrschluss z.B. zu Art. 16 Nr. 5; s. allgemein Rauscher/*Staudinger*, EuZPR, 4. Aufl. 2016, Art. 10 EuGVVO Rn. 6; MünchKomm/*Gottwald*, ZPO, 4. Aufl. 2013, Art. 8 EuGVVO a.F. Rn. 2; kritisch auch *Geimer*/Schütze, EuZVR, 3. Aufl. 2010, Art. 8 EuGVVO a.F. Rn. 1, 4; Saenger/*Dörner*, ZPO, 6. Aufl. 2015, Art. 10 EuGVVO Rn. 6.
[12] Der Wortlaut von § 215 VVG spricht vom „Wohnsitz" des Versicherungsnehmers; das deutsche Verfahrensrecht differenziert aber, anders als die EuGVVO (s. Art. 62 und 63), zwischen dem „Wohnsitz" natürlicher (vgl. § 12 ZPO) und dem „Sitz" juristischer Personen und Gesellschaften (§ 17 Abs. 1 Satz 1 ZPO); s. auch MünchKomm/*Looschelders*, VVG, 2009, § 215 VVG Rn. 7; Rauscher/*Staudinger*, EuZPR, 4. Aufl. 2016, Art. 10 EuGVVO Rn. 3 Fn. 8.
[13] Etwa MünchKomm/*Looschelders*, VVG, 2009, § 215 VVG Rn. 14; *Fricke*, VersR 2009, S. 15 (16 f.); van *Bühren*, ZAP 2007, S. 1397 (1412); Rauscher/*Staudinger*, EuZPR, 4. Aufl. 2016, Art. 10 EuGVVO Rn. 3 Fn. 8 m.w.N., auch zur Gegenmeinung.
[14] S. hierzu unten Rn. 8.
[15] Vgl. nur den *Jenard*-Bericht, 1979, S. 30; Rauscher/*Staudinger*, EuZPR, 4. Aufl. 2016, Art. 10 EuGVVO Rn. 7; Saenger/*Dörner*, ZPO, 6. Aufl. 2015, Art. 16 EuGVVO Rn. 1; *Geimer*/Schütze, EuZVR, 3. Aufl. 2010, Art. 8 EuGVVO a.F. Rn. 6.
[16] S. hierzu unten Rn. 19 ff.
[17] Vgl. hierzu näher Rn. 22 ff.

B Vor I 7 Art. 10 VO (EU) Nr. 1215/2012

1. Regelungsinhalt von Art. 10

6   Art. 10 ist die Grundnorm des 3. Abschnitts, indem sie dessen **sachlichen Anwendungsbereich** umreißt und zudem das **Verhältnis** zwischen dem Sonderrecht für Versicherungssachen und den sonstigen von der Verordnung bereitgestellten Gerichtsständen bestimmt.[18] Vergleichbare Regelungen enthalten jeweils für Verbrauchersachen (4. Abschnitt) Art. 17 Abs. 1 und 3 sowie für Arbeitssachen (5. Abschnitt) Art. 20 Abs. 1.

2. Aufbau des 3. Abschnitts

7   Während Art. 10 nach dem Gesagten eine „bloße" Hilfsnorm ohne eigene Zuständigkeitsregelung ist, treffen die **Art. 11 bis 14** für die von Art. 10 umrissenen Versicherungssachen eigene **Zuständigkeitsregelungen**. Art. 11 bis Art. 13 Abs. 2 gewährleisten dabei mannigfache, grds. alternativ anwendbare Gerichtsstände für Verfahren *gegen* einen Versicherer, wohingegen ein Versicherer die vom Schutzbereich des 3. Abschnitts erfassten Prozessgegner im Regelfall nur gem. Art. 14 Abs. 1 in deren jeweiligem Wohnsitzstaat verklagen kann (vgl. aber auch Art. 13 Abs. 3[19]). Art. 14 Abs. 2 betrifft Widerklagen, und Art. 15 und 16 schließlich stellen bestimmte Zulässigkeitsschranken für **Gerichtsstandsvereinbarungen** in Versicherungssachen auf.

8   Die Gerichtsstände des 3. Abschnitts regeln in Teilen (insbesondere Art. 11 Abs. 1 lit. a und lit. c sowie Art. 14 Abs. 1) nur die **internationale**, zum Teil aber auch die **örtliche Zuständigkeit** (etwa in Art. 11 Abs. 1 lit. b, Art. 12 und Art. 13 Abs. 1 und 3) mit.[20] Ergeht eine mitgliedstaatliche Entscheidung gegen einen beklagten Versicherungsnehmer (etc.) im Einzelfall unter Missachtung der Vorschriften des 3. Abschnitts, so stellt dies nach Art. 45 Abs. 1 lit. e (i) ein **Anerkennungshindernis** dar.

3. Systematik für Verfahren gegen einen Versicherer (Art. 11 bis 13)

9   Die – **Klagen** *gegen* **einen Versicherer** betreffenden – Gerichtsstände in Art. 11 bis Art. 13 Abs. 2 weisen folgende Systematik auf: Zunächst kann ein Versicherer nach Art. 11 Abs. 1 lit. a naturgemäß an seinem „allgemeinen"[21] Gerichtsstand – nämlich in seinem Wohnsitzstaat[22] – verklagt werden. Insofern erweitert Art. 11 Abs. 2 – als *lex specialis* zu Art. 6 Abs. 1 – den räumlichen Anwendungsbereich des 3. Abschnitts, indem er unter bestimmten Voraussetzungen anstelle des Wohnsitzes eine bloße Niederlassung des Versicherers im Hoheitsgebiet eines Mitgliedstaats ausreichen lässt.[23] Besitzt ein Versicherer dem-

---
[18] Hierzu sogleich Rn. 14 ff.
[19] S. hierzu die Kommentierung zu Art. 13 Rn. 25 ff.
[20] *Schlosser*/Hess, EuZPR, 4. Aufl. 2015, Art. 10 EuGVVO Rn. 1.
[21] Art. 11 Abs. 1 lit. a entspricht in etwa dem – in Versicherungssachen nicht anwendbaren – allgemeinen Gerichtsstand in Art. 4 Abs. 1.
[22] Zum Begriff des Wohnsitzes vgl. die Ausführungen zu Art. 4 Rn. 6 ff. sowie Art. 62 und 63 und die Kommentierung ebenda.
[23] S. die Kommentierung zu Art. 11 Rn. 15 ff.

gegenüber sowohl einen Wohnsitz als auch eine Niederlassung in (allerdings notwendigerweise verschiedenen) Mitgliedstaaten, so kann ihn ein Versicherungsnehmer (etc.) in Bezug auf Streitigkeiten aus dem Betrieb der Niederlassung zusätzlich am Gerichtsstand des Art. 7 Nr. 5 verklagen.[24]

Daneben stellt Art. 11 Abs. 1 lit. b für „Klagen des Versicherungsnehmers, des **10** Versicherten oder des Begünstigten" – ausnahmsweise – einen Klägergerichtsstand zur Verfügung. Wird im Einzelfall ein Mitversicherer verklagt, so kann dieser gem. Art. 11 Abs. 1 lit. c zusätzlich in demjenigen Staat (mit-)verklagt werden, in dem der federführende Versicherer verklagt wird. Gem. Art. 12 kann der Versicherer bestimmter Schäden außerdem vor dem Gericht am Ort des schädigenden Ereignisses verklagt werden, und für Klagen gegen eine Haftpflichtversicherung stellt Art. 13 Sondergerichtsstände für die Interventionsklage, die Direktklage und die „Streitverkündung" (allerdings nur des Versicherers[25]) zur Verfügung. Die verschiedenen Gerichtsstände der Art. 11 bis 13 stehen grds. **gleichrangig und alternativ nebeneinander.**

4. Forum Shopping; Internationales Privatrecht

Der komplizierte prozessuale Regelungsmechanismus der Art. 11 bis 13 eröff- **11** net rechtlich gewandten Prozessgegnern eines Versicherers die Möglichkeit beträchtlichen *forum shoppings*.[26] Vor diesem Hintergrund ist sicherlich die Vereinheitlichung des Internationalen Versicherungsvertragsrechts durch – den freilich ebenfalls unübersichtlichen – **Art. 7 Rom I-VO** zu begrüßen (für Direktklagen eines Geschädigten gegen den Versicherer vgl. auch **Art. 18 Rom II-VO**).[27]

III. Entstehungsgeschichte

Bei der Schaffung der Sonderregeln für Versicherungssachen im Jahr 1968 in **12** damals **Art. 7 bis 12 EuGVÜ** konnte als Vorbild auf eine Vielzahl bereits bestehender versicherungszuständigkeitsrechtlicher Sonderregelungen in den nationalen Rechtsordnungen der damaligen *Vertrags*staaten zurückgegriffen werden.[28] Die ursprüngliche Fassung des EuGVÜ entsprach bereits in weiten Teilen den jetzigen Art. 10 ff., enthielt allerdings noch keine Sonderregeln für den Bereich der See- und Luftfahrtversicherung (bzw. sonstige sog. „Großrisiken"); derartige (heute in Art. 15 Nr. 5 sowie Art. 16[29] normierten) Sonderbestimmungen wurden vielmehr erst durch das 1. Beitrittsübereinkommen vom 9.10.1978,[30] mit dem Irland, Dänemark und das Vereinigte Königreich dem EuGVÜ beitraten,

---
[24] Vgl. hierzu näher Rn. 22 ff.
[25] S. Art. 13 Rn. 25.
[26] S. nur Rauscher/*Staudinger*, EuZPR, 4. Aufl. 2016, Art. 10 EuGVVO Rn. 4.
[27] *Kropholler/von Hein*, EuZPR, 9. Aufl. 2011, vor Art. 8 EuGVVO a.F. Rn. 4.
[28] Vgl. den *Jenard*-Bericht, 1979, S. 30.
[29] Die Vorgängernorm des jetzigen Art. 16 Nr. 5 wurde hingegen erst im Jahr 2000 im Rahmen der Schaffung der EuGVVO a.F. (als deren Art. 14 Nr. 5) neu eingefügt.
[30] ABl. (EG) 1978 Nr. L 304, S. 1.

(nebst einigen weiteren Änderungen insbesondere des jetzigen Art. 11) in das Regelungsgefüge des 3. Abschnitts des II. Kapitels aufgenommen.[31] Im Rahmen der „Umwandlung" des EuGVÜ in die EuGVVO a.F. im Jahr 2000 wurden nur kleiner Änderungen[32] vorgenommen, genauso wie im Rahmen der jüngsten Reform.

13   Art. 10 selbst geht zurück auf Art. 7 EuGVÜ sowie Art. 8 EuGVVO a.F. und ist seit Schaffung des EuGVÜ im Jahr 1968 (bis auf redaktionelle Anpassungen des Wortlauts) inhaltlich **unverändert** geblieben.

IV. Konkurrenzen

14   Aus dem Wortlaut von Art. 10 und Erwgr. 18 sowie deren Schutzzweck ersichtlich sind die Vorschriften des 3. Abschnitts **weitgehend abschließend**, d.h. sie verdrängen die meisten der allgemeinen Zuständigkeitsvorschriften in den Abschnitten 1 und 2 des II. Kapitels der EuGVVO.[33] Auch den Regelungen des 4. Abschnitts (d.h. Verbrauchersachen) gehen die Art. 10 ff. im Überschneidungsfalle als *leges speciales* vor.[34] Andersherum gehen verordnungsintern die **ausschließlichen Zuständigkeiten** im Sinne von Art. 24 den Sonderregelungen im 3. Abschnitt vor und werden nicht etwa durch diese verdrängt.[35] **Innerhalb des 3. Abschnitts** hingegen stehen die verschiedenen Gerichtsstände alternativ und gleichrangig nebeneinander.

15   Der grundsätzliche Vorrang der Sondervorschriften des 3. Abschnitts gilt freilich **nur**, soweit überhaupt **vertragliche** Ansprüche und Rechtsstreitigkeiten den Gegenstand eines Verfahrens bilden. Den Gerichtsständen der Art. 11 ff. unterfallen nur **vertraglich zu qualifizierende**[36] Ansprüche. Auf – freilich in der Praxis im Verhältnis zum Versicherer selten auftretende – außervertragliche Ansprüche von und gegen Versicherungsnehmer(n) (etc.) bleiben hingegen (theoretisch) die allgemeinen Regeln anwendbar.[37] Vorstellbar sind insofern z.B. Ansprüche, die ihren primären Grund in einer unerlaubten Handlung und einen nur zufälligen Anknüpfungspunkt zum Versicherungsrecht haben, etwa bei deliktischen Ansprüchen wegen Prämienbetrugs.[38]

16   Kraft ausdrücklicher Anordnung in Art. 10 kann darüber hinaus selbst in Bezug auf Vertragsstreitigkeiten neben den Vorschriften des 3. Abschnitts auf den beson-

---

[31] S. nur MünchKomm/*Gottwald*, ZPO, 4. Aufl. 2013, Art. 8 EuGVVO a.F. Rn. 2.
[32] Insbesondere wurde in der Vorgängernorm des jetzigen Art. 11 Abs. 1 lit. b als denkbarer Kläger neben dem Versicherungsnehmer noch die Person „des Versicherten oder des Begünstigten" aufgenommen.
[33] Vgl. nur den *Jenard*-Bericht, 1979, S. 30; Saenger/*Dörner*, ZPO, 6. Aufl. 2015, Art. 16 EuGVVO Rn. 1; *Geimer*/Schütze, EuZVR, 3. Aufl. 2010, Art. 8 EuGVVO a.F. Rn. 6; Rauscher/*Staudinger*, EuZPR, 4. Aufl. 2016, Art. 10 EuGVVO Rn. 7.
[34] *Schlosser*-Bericht, 1979, Rn. 156; Rauscher/*Staudinger*, EuZPR, 4. Aufl. 2016, Art. 10 EuGVVO Rn. 7a.
[35] S. die Kommentierung zu Art. 24 Rn. 13.
[36] Hierzu kann grds. auf die im Rahmen der Abgrenzung zwischen Art. 7 Nr. 1 und 2 entwickelten Kriterien zurückgegriffen werden; vgl. hierzu die Kommentierung zu Art. 7 Rn. 22 ff. sowie Rn. 155 ff.
[37] So auch *Geimer*/Schütze, EuZVR, 3. Aufl. 2010, Art. 8 EuGVVO a.F. Rn. 15a.
[38] *Geimer*/Schütze, EuZVR, 3. Aufl. 2010, Art. 8 EuGVVO a.F. Rn. 15a.

deren Gerichtsstand der Niederlassung gem. **Art. 7 Nr. 5**[39] sowie – vorbehaltlich **Art. 11 Abs. 2** – auf die Regelung in **Art. 6**[40] zurückgegriffen werden. Aus Art. 15 bzw. Art. 26 Abs. 2 folgt zudem, dass auch **Gerichtsstandsvereinbarungen** und eine **rügelose Einlassung** – wenn auch mit Einschränkungen – in Versicherungssachen möglich sind. Art. 8 Nr. 1 hingegen ist in Versicherungssachen, auch im Umkehrschluss zu Art. 20 Abs. 1 ersichtlich, nicht anwendbar.[41]

V. Räumlicher Anwendungsbereich[42]

Ebenso wie die meisten anderen Zuständigkeitsnormen der EuGVVO[43] setzen die Vorschriften des 3. Abschnitts neben einem generellen **Auslandsbezug** im Grundsatz ebenfalls den **Wohnsitz des jeweiligen Beklagten in einem Mitgliedstaat** voraus.[44] Eine Ausnahme von diesem Erfordernis statuiert indes in bestimmten Fällen Art. 11 Abs. 2.[45] **17**

1. Keine Anwendbarkeit in reinen Inlandssachverhalten

Die gesamte Zuständigkeitsordnung der EuGVVO – und damit auch die Vorschriften des 3. Abschnitts – sind richtigerweise **nicht auf reine Inlandssachverhalte** anwendbar.[46] Zwar ergibt sich diese Einschränkung nicht ausdrücklich aus dem Wortlaut der Art. 10 ff. Das Erfordernis eines (gewissen[47]) **grenzüberschreitenden Auslandsbezugs** folgt indes neben den Materialien[48] bereits aus Erwgr. 3 sowie aus den der EuGVVO insgesamt zugrunde liegenden Kompetenznormen des EU-Gesetzgebers.[49] Dabei genügt es, wenn sich der erforderliche Auslandsbezug im Verhältnis zu einem **Drittstaat** ergibt; ein Berührungspunkt zu einem weiteren Mitgliedstaat ist nicht erforderlich.[50] **18**

---

[39] Vgl. dazu näher sogleich Rn. 22 ff.
[40] Zum räumlichen Anwendungsbereich des 3. Abschnitts s. näher Rn. 17 ff.
[41] Rauscher/*Staudinger*, EuZPR, 4. Aufl. 2016, Art. 10 EuGVVO Rn. 7.
[42] Die Ausführungen dieses Gliederungspunkts entsprechen im Grundsatz denjenigen der Parallelkommentierungen zu Art. 17 und Art. 20.
[43] Vgl. beispielhaft die Kommentierung zu Art. 4 Rn. 6 ff.
[44] S. nur Musielak/Voit/*Stadler*, ZPO, 13. Aufl. 2016, Art. 10 EuGVVO Rn. 2; Rauscher/*Staudinger*, EuZPR, 4. Aufl. 2016, Art. 10 EuGVVO Rn. 7; *Kropholler/von Hein*, EuZPR, 9. Aufl. 2011, vor Art. 8 EuGVVO a.F. Rn. 1.
[45] Hierzu sogleich Rn. 19 ff.
[46] S. nur Rauscher/*Staudinger*, EuZPR, 4. Aufl. 2016, Art. 10 EuGVVO Rn. 1, sowie die Vorb. Art. 4 ff. Rn. 14 f.
[47] S. die Vorb. Art. 4 ff. Rn. 16, wonach zum Teil auch geringfügigere Berührungspunkte mit dem Ausland als eine Wohnsitzstaatverschiedenheit der Parteien für eine Anwendbarkeit der Zuständigkeitsordnung der EuGVVO genügen.
[48] *Jenard*-Bericht, 1979, S. 8.
[49] Insbesondere Art. 81 Abs. 1 und Abs. 2 lit. a sowie lit. c AEUV; vgl. hierzu näher die Vorb. Art. 4 ff. Rn. 14 ff. (v.a. Rn. 15) sowie allgemein EuGH, 1.3.2005 – Rs. C-281/02, *Owusu ./. Jackson u.a.*, Slg. 2005, I-1445 (ECLI:EU:C:2005:120), Rn. 25; EuGH, 17.11.2011 – Rs. C-327/10, *Hypoteční banka a. s. ./. Udo Mike Lindner*, Slg. 2011, I-11582 (ECLI:EU:C:2011:745), Rn. 29; Rauscher/*Mankowski*, EuZPR, 4. Aufl. 2016, Vorbem zu Art. 4 EuGVVO Rn. 29; Schlosser/Hess, EuZPR, 4. Aufl. 2015, Vor Art. 4–35 EuGVVO Rn. 5 („selbstverständlich"); *Kropholler/von Hein*, EuZPR, 9. Aufl. 2011, vor Art. 2 EuGVVO a.F. Rn. 6; MünchKomm/*Gottwald*, ZPO, 4. Aufl. 2013, Vorbemerkung zu Art. 1 ff. EuGVVO a.F. Rn. 27.
[50] S. allgemein die Vorb. Art. 4 ff. Rn. 17 f. sowie konkret Rauscher/*Staudinger*, EuZPR, 4. Aufl. 2016, Art. 10 EuGVVO Rn. 1; *Kropholler/von Hein*, EuZPR, 9. Aufl. 2011, vor Art. 8 EuGVVO a.F. Rn. 1.

2. Beklagtenwohnsitz in einem Mitgliedstaat

19 Die Sondervorschriften für Versicherungssachen finden – im Grundsatz – nur gegenüber **Beklagten mit Wohnsitz**[51] **in einem Mitgliedstaat** im Sinne der EuGVVO Anwendung.[52] Dies folgt nicht zuletzt aus der Verweisung des Art. 10 auf Art. 6.[53]

20 Art. 6 Abs. 1 wiederum sieht mehrere **Ausnahmen** von dem Erfordernis eines Beklagtenwohnsitzes vor, und zwar (u.a.) die Gerichtsstände der Art. 24 sowie 25 (für Versicherungssachen i.V.m. Art. 15). Eine weitere Ausnahme, wenngleich nicht ausdrücklich in Art. 6 Abs. 1 genannt,[54] ist die Möglichkeit einer Zuständigkeit kraft rügeloser Einlassung gem. Art. 26. Diese Vorschrift ist ausweislich ihres Abs. 2 auch in Versicherungssachen anwendbar. Anders als in Verbrauchersachen gem. Art. 18 Abs. 1 Alt. 2 setzt **auch der Klägergerichtsstand** für Klagen gegen einen Versicherer gem. Art. 11 Abs. 1 lit. b (weiterhin) neben einem Wohnsitz des Klägers einen Beklagtenwohnsitz in einem Mitgliedstaat im Sinne der EuGVVO voraus.[55]

21 Die in Art. 6 Abs. 1 genannten Ausnahmen werden in Versicherungssachen gem. **Art. 11 Abs. 2** noch um bestimmte Fälle erweitert, in denen ein Versicherer zwar keinen Wohnsitz, wohl aber eine **Niederlassung** im Hoheitsgebiet eines Mitgliedstaats besitzt. Vgl. hierzu näher die Kommentierung zu Art. 11 Rn. 15 ff.

3. Vorbehalt zugunsten von Art. 7 Nr. 5

22 Ebenso wie in Verbraucher- (vgl. Art. 17 Abs. 1) und Arbeitssachen (s. Art. 20 Abs. 1) lässt auch Art. 10 für Versicherungssachen eine **Anwendung des Art. 7 Nr. 5** ausdrücklich zu. Anders als dort findet Art. 7 Nr. 5 freilich im 3. Abschnitt nicht nur für Klagen *gegen* einen Versicherer Anwendung, sondern potentiell auch andersherum für Passivklagen der anderen (teilweise nur vermeintlich) strukturell unterlegenen Parteien.[56] Diese Ausweitung der Gerichtspflichtigkeit von Versicherungsnehmern (etc.) ist selbst vor dem Hintergrund des Schutzzwecks der Art. 10 ff. nicht unbillig; denn eine derartige Fallgestaltung wird in aller Regel nur dann auftreten, wenn der – ja eine Niederlassung betreibende – Versicherungsnehmer (etc.) im konkreten Fall wirtschaftlich potent ist, d.h. insbesondere bei juristischen Personen und Gesellschaften.

23 Der besondere Gerichtsstand der Niederlassung gem. Art. 7 Nr. 5 findet nur gegenüber **Beklagten mit Wohnsitz** in einem Mitgliedstaat im Sinne der Ver-

---

[51] Zum Begriff des Wohnsitzes im Sinne der EuGVVO vgl. die Kommentierungen zu Art. 4 Rn. 6 ff. sowie zu Art. 62 und 63.
[52] S. nur Rauscher/*Mankowski*, EuZPR, 4. Aufl. 2016, Art. 20 EuGVVO Rn. 45; *Geimer*/Schütze, EuZVR, 3. Aufl. 2010, Art. 18 EuGVVO a.F. Rn. 1.
[53] Vgl. auch Rauscher/*Staudinger*, EuZPR, 4. Aufl. 2016, Art. 10 EuGVVO Rn. 7; MünchKomm/ *Gottwald*, ZPO, 4. Aufl. 2013, Art. 8 EuGVVO a.F. Rn. 6.
[54] S. hierzu die Kommentierung zu Art. 6 Rn. 9.
[55] S. unten Rn. 25.
[56] *Geimer*/Schütze, EuZVR, 3. Aufl. 2010, Art. 12 EuGVVO a.F. Rn. 1; Musielak/Voit/*Stadler*, ZPO, 13. Aufl. 2016, Art. 10 EuGVVO Rn. 3; *Kropholler/von Hein*, EuZPR, 9. Aufl. 2011, Art. 12 EuGVVO a.F. Rn. 2; Rauscher/*Staudinger*, EuZPR, 4. Aufl. 2016, Art. 14 EuGVVO Rn. 4.

ordnung Anwendung.[57] Insofern könnte in Versicherungssachen zwar im Falle einer Klage gegen einen Versicherer theoretisch **Art. 11 Abs. 2** über das etwaige Fehlen dessen Wohnsitzes in einem Mitgliedstaat hinweghelfen.[58] Da jedoch Art. 7 Nr. 5 nach ganz h.M. ein **Auseinanderfallen von Wohnsitz- und Niederlassungsstaat** erfordert,[59] Art. 11 Abs. 2 jedoch lediglich das Vorliegen eines Wohnsitzes im Hoheitsgebiet gerade des Niederlassungsstaats fingiert, scheidet ein Rückgriff auf Art. 7 Nr. 5 gegenüber in Drittstaaten ansässigen Versicherern aus.[60]

Im Übrigen ist der Vorbehalt zugunsten von Art. 7 Nr. 5 auch in Versicherungssachen nicht neben der Regelung in Art. 11 Abs. 2 obsolet. Denn während der Gerichtsstand des Art. 11 Abs. 1 lit. a (für den Art. 11 Abs. 2 hauptsächlich relevant ist) nur die internationale Zuständigkeit regelt, bestimmt Art. 7 Nr. 5 neben der internationalen **auch die örtliche Zuständigkeit** mit.[61] Zudem gewährt Art. 7 Nr. 5, anders als Art. 11 Abs. 1 lit. a i.V.m. Art. 11 Abs. 2, eine **umfassende Kognitionsbefugnis** nicht nur für vertragliche, sondern auch für außervertragliche Ansprüche.[62]

4. Klägerwohnsitz in einem Mitgliedstaat

Gem. Art. 11 Abs. 1 lit. b kann eine aus einem Versicherungsvertrag berechtigte Person[63] einen Versicherer grds. auch an dem Ort ihres Wohnsitzes verklagen. Art. 11 Abs. 1 lit. b stellt in Versicherungssachen – ausnahmsweise – einen **Klägergerichtsstand** zur Verfügung. Voraussetzung hierfür ist freilich – anders als (seit der jüngsten Reform der EuGVVO) bei dem entsprechenden Klägergerichtsstand in Verbrauchersachen[64] – neben dem Kläger- auch das **Vorliegen eines Beklagtenwohnsitzes in einem Mitgliedstaat**. Freilich reicht unter bestimmten Voraussetzungen gem. Art. 11 Abs. 2 anstelle des Wohnsitzes eine „bloße" Niederlassung des jeweiligen Versicherers aus.

5. Maßgeblicher Zeitpunkt

Zum maßgeblichen Zeitpunkt für das Vorliegen der konkret zuständigkeitsbegründenden Anwendungsvoraussetzungen der Art. 10 ff. gelten die allgemeinen Maßstäbe:[65] Danach kommt es grds. auf den entsprechend Art. 32 zu bestimmenden Zeitpunkt der **Anrufung des jeweiligen Gerichts** an.[66] Dies gilt bei

---
[57] S. die Kommentierung zu Art. 7 Rn. 233 ff. sowie etwa *Kropholler/von Hein*, EuZPR, 9. Aufl. 2011, Art. 5 EuGVVO a.F. Rn. 100; Rauscher/*Leible*, EuZPR, 4. Aufl. 2016, Art. 7 EuGVVO Rn. 153.
[58] So etwa Rauscher/*Leible*, EuZPR, 4. Aufl. 2016, Art. 7 EuGVVO Rn. 153.
[59] Vgl. die Kommentierung zu Art. 7 Rn. 234 sowie die Vorb. Art. 7 ff. Rn. 11 f.
[60] **A. A.** wohl (ohne nähere Begründung) Rauscher/*Leible*, EuZPR, 4. Aufl. 2016, Art. 7 EuGVVO Rn. 153.
[61] Vgl. die Kommentierung zu Art. 7 Rn. 229.
[62] S. dazu näher oben Rn. 15 sowie die Kommentierung zu Art. 7 Rn. 240.
[63] Vgl. näher zu dem Begriff der Versicherungssache und den tauglichen Verfahrensbeteiligten unten Rn. 27 ff.
[64] Vgl. Art. 18 Abs. 1 Alt. 2 sowie z.B. die Kommentierung zu Art. 17 Rn. 19.
[65] Vgl. zu diesen näher die Vorb. Art. 4 ff. Rn. 19 ff.
[66] S. Vorb. Art. 4 ff. Rn. 20.

Anwendung von Art. 11 Abs. 2 auch für das Vorliegen einer Niederlassung.[67] Aus dem Wortlaut dieser Vorschrift ersichtlich („besitzt") muss die Niederlassung nämlich noch **im Zeitpunkt der jeweiligen Anrufung eines Gerichts** bestehen und genügt bei Auflösung der Niederlassung vor Klageeinreichung nicht deren Bestehen nur bei Vertragsschluss.[68] Die Auflösung einer Niederlassung bzw. die Verlegung des Wohnsitzes *nach* Klageeinreichung ist hingegen nach den Regeln der *perpetuatio fori*[69] grds. irrelevant.

VI. Sachlicher und persönlicher Anwendungsbereich: Versicherungssachen

27 Die Vorschriften des 3. Abschnitts sind gem. Art. 10 für Klagen in **Versicherungssachen** anwendbar. Der Begriff der Versicherungssache ist in der EuGVVO nicht ausdrücklich definiert, wird vielmehr vorausgesetzt bzw. erschließt sich aus dem Regelungszusammenhang der Art. 10 ff. Eine Begriffsbestimmung muss naturgemäß **autonom** erfolgen.[70] Nach Ansicht des BGH ist Art. 10 im Lichte seines Schutzzwecks zudem grds. **weit** auszulegen.[71] Dabei bemisst sich das Vorliegen einer Versicherungssache nach zwei Kriterien: (**1.**) Nach dem jeweiligen **Streitgegenstand**, der eine Streitigkeit aus einem Versicherungsvertrag betreffen muss, und (**2.**) nach den jeweils beteiligten Personen.[72]

1. Autonomer Begriff des Versicherungsvertrags

28 Bei autonomer Auslegung zeichnet sich ein **Versicherungsvertrag** dadurch aus, dass sich eine Person (der **Versicherer**) gegenüber einer anderen Person (dem **Versicherungsnehmer**) gegen Zahlung eines Entgelts (der Prämie) vertraglich zur Deckung eines bestimmten Risikos entweder des Versicherungsnehmers selbst und/oder von sonstigen **Versicherten** verpflichtet,[73] selbst wenn die Zahlung im Schadensfalle u. U. auch an einen Dritten (den **Begünstigten**) erfolgen soll.

29 Nicht zuletzt aus Art. 1 Abs. 1 folgt, dass – naturgemäß – nur **privatrechtliche** Versicherungen vom Anwendungsbereich der Art. 10 ff. erfasst sind.[74]

---

[67] **A. A.** wohl Rauscher/*Staudinger*, EuZPR, 4. Aufl. 2016, Art. 11 EuGVVO Rn. 8.
[68] Vgl. die Kommentierung zu Art. 7 Rn. 247 f.
[69] Vgl. hierzu die Vorb. Art. 4 ff. Rn. 21.
[70] BGH, 15.2.2012 – IV ZR 194/09, NJW 2012, S. 2113, Rn. 27; *Schlosser*/Hess, EuZPR, 4. Aufl. 2015, Art. 10 EuGVVO Rn. 5; *Geimer*/Schütze, EuZVR, 3. Aufl. 2010, Art. 8 EuGVVO a.F. Rn. 14; Rauscher/*Staudinger*, EuZPR, 4. Aufl. 2016, Art. 10 EuGVVO Rn. 10; Saenger/*Dörner*, ZPO, 6. Aufl. 2015, Art. 10 EuGVVO Rn. 4.
[71] BGH, 15.2.2012 – IV ZR 194/09, NZI 2012, S. 425, Rn. 27 m. Anm. *C.Paulus*, S. 428.
[72] S. Rauscher/*Staudinger*, EuZPR, 4. Aufl. 2016, Art. 10 EuGVVO Rn. 10.
[73] Nach MünchKomm/*Martiny*, BGB, 6. Aufl. 2015, Art. 7 Rom I-VO Rn. 7; ähnlich *Schlosser*/Hess, EuZPR, 4. Aufl. 2015, Art. 10 EuGVVO Rn. 1 („Übernahme eines nach versicherungsmathematischen Grundsätzen geschätzten Risikos gegen Zahlung einer Prämie").
[74] Musielak/Voit/*Stadler*, ZPO, 13. Aufl. 2016, Art. 10 EuGVVO Rn. 1; Saenger/*Dörner*, ZPO, 6. Aufl. 2015, Art. 10 EuGVVO Rn. 4; Rauscher/*Staudinger*, EuZPR, 4. Aufl. 2016, Art. 10 EuGVVO Rn. 10; s. auch *Schlosser*/Hess, EuZPR, 4. Aufl. 2015, Art. 10 EuGVVO Rn. 5 („nicht auf Privatversicherungen begrenzt").

Daher ist z.B. auch die **Sozialversicherung** nicht unter die Vorschriften des 3. Abschnitts zu fassen (dies folgt im Übrigen bereits aus Art. 1 Abs. 2 lit. c).[75] Das Gleiche gilt im Lichte des Schutzzwecks[76] der Art. 10 ff. für **Rückversicherungsverträge**;[77] die besonderen Zuständigkeitsvorschriften für Versicherungssachen gelten nach dem EuGH mangels (wohl: pauschaler) sozialer Schutzbedürftigkeit nicht für Streitigkeiten zwischen Rückversicherer und Rückversichertem, d.h. zwei Versicherern.[78] Entsprechend kann auch eine Klage **zwischen verschiedenen Versicherern** auf Gewährleistung im Rahmen einer Mehrfachversicherung nach Ansicht des Gerichtshofs[79] nicht an den Gerichtsständen des 3. Abschnitts des II. Kapitels ausgefochten werden.[80]

Allgemein gesprochen gelten die Art. 10 ff. für **privatrechtliche Erstversicherungen**,[81] insbesondere die **Haftpflichtversicherung**[82] und sonstige Unfall- bzw. Schadensversicherungen (z.b. auch eine Transportversicherung[83]) sowie Lebensversicherungen[84] etc.[85] Liegt im Einzelnen ein derartiger Versicherungsvertrag vor, ist allerdings (wie eingangs Rn. 3 dargestellt) für eine Anwendbarkeit der Vorschriften des 3. Abschnitts grds. irrelevant, ob eine Versicherung der Absicherung privater oder industrieller bzw. gewerblicher etc. Risiken dient. Daher können sich **auch juristische Personen und Gesellschaften** (mit Ausnahme eben von Rückversicherern, aber auch z.b. Sozialversicherungsträgern etc.) auf die Schutzvorschriften des 3. Abschnitts berufen, in deren Anwendungsbereich daher – fragwürdigerweise – grds. auch **Großversicherungen** fallen.[86] 30

Im Übrigen ist irrelevant, ob ein Versicherungsvertrag im Einzelfall tatsächlich wirksam zustande gekommen ist; auch ein vermeintlicher Vertragsschluss oder ein **Streit über das wirksame Bestehen bzw. Zustandekommen** eines privaten Erstversicherungsvertrags ist vom Schutzzweck des 3. Abschnitts erfasst und kann an den Gerichtsständen ausgefochten werden.[87] 31

---

[75] MünchKomm/*Gottwald*, ZPO, 4. Aufl. 2013, Art. 8 EuGVVO a.F. Rn. 3; Rauscher/*Staudinger*, EuZPR, 4. Aufl. 2016, Art. 10 EuGVVO Rn. 12.
[76] S. dazu oben Rn. 1 ff.
[77] Schlosser/Hess, EuZPR, 4. Aufl. 2015, Art. 10 EuGVVO Rn. 7.
[78] EuGH, 13.7.2000 – Rs. C-412/98, *Group Josi Reinsurance Company S.A. ./. Universal General Insurance Company*, Slg. 2000, I-5295 (ECLI:EU:C:2000:399), Rn. 65 und 76.
[79] EuGH, 26.5.2005 – Rs. C-77/04, *GIE Réunion européenne u.a. ./. Zurich España*, Slg. 2005, I-4509 (ECLI:EU:C:2005:327), Rn. 18ff.
[80] Kropholler/*von Hein*, EuZPR, 9. Aufl. 2011, vor Art. 8 EuGVVO a.F. Rn. 6; Rauscher/*Staudinger*, EuZPR, 4. Aufl. 2016, Art. 10 EuGVVO Rn. 18.
[81] S. nur Saenger/*Dörner*, ZPO, 6. Aufl. 2015, Art. 10 EuGVVO Rn. 4 (freilich mit der missverständlichen Bezeichnung „Direktversicherung"); MünchKomm/*Martiny*, BGB, 6. Aufl. 2015, Art. 7 Rom I-VO Rn. 7.
[82] Zum Begriff s. Art. 12 Rn. 7.
[83] Rauscher/*Staudinger*, EuZPR, 4. Aufl. 2016, Art. 10 EuGVVO Rn. 13 mit Hinweis auf Art. 15 Nr. 5 i.V.m. Art. 16.
[84] S. Kropholler/*von Hein*, EuZPR, 9. Aufl. 2011, vor Art. 8 EuGVVO a.F. Rn. 5.
[85] S. die Aufzählung bei MünchKomm/*Martiny*, BGB, 6. Aufl. 2015, Art. 7 Rom I-VO Rn. 7.
[86] Kritisch daher zu Recht etwa Rauscher/*Staudinger*, EuZPR, 4. Aufl. 2016, Art. 10 EuGVVO Rn. 15; Saenger/*Dörner*, ZPO, 6. Aufl. 2015, Art. 10 EuGVVO Rn. 6; *Geimer*/Schütze, EuZVR, 3. Aufl. 2010, Art. 8 EuGVVO a.F. Rn. 1; *Schack*, IZVR, 6. Aufl. 2014, Rn. 322.
[87] *Geimer*/Schütze, EuZVR, 3. Aufl. 2010, Art. 8 EuGVVO a.F. Rn. 15b.

2. Verfahrensbeteiligte

32 Als für das Vorliegen einer Versicherungssache konstituierende Verfahrensbeteiligte nennen die Vorschriften des 3. Abschnitts auf der einen Seite den **Versicherer** (bzw. **Mitversicherer**), auf der anderen Seite – als typisiert schutzwürdige Verfahrensgegner des Versicherers – den **Versicherungsnehmer, Versicherten** oder **Begünstigten** bzw. auch – unter den Voraussetzungen des Art. 13 – den **Geschädigten**.[88] Diese Begrifflichkeiten sind ebenfalls autonom zu verstehen.[89]

33 Die genannte Aufzählung ist **nicht abschließend**: Allgemein gesprochen kommen als (schutzwürdige) Verfahrensgegner eines Versicherers grds. alle aus einem Versicherungsvertrag im oben Rn. 28 ff. umschriebenen Sinne **berechtigten Personen** in Betracht, solange sie ihrerseits nicht Versicherer bzw. jedenfalls bei (pauschaler Betrachtung) schutzwürdig sind.[90] So ist im Lichte des oben Rn. 29 Gesagten z.B. ein weiterer Versicherer[91] oder ein Sozialversicherungsträger[92] mangels Schutzbedürftigkeit kein tauglicher Verfahrensgegner im Sinne der Art. 10 ff.[93]

34 **Versicherer** im Sinne der EuGVVO sind grds. alle Versicherungsunternehmen, die privatrechtliche Versicherungsverträge abschließen, gleichgültig welcher Rechtsform bzw. Rechtsordnung sie entstammen.[94] Auch eine öffentlich-rechtliche Organisationsform schadet dabei nicht, solange nur die angebotene (Erst-)Versicherung privatrechtlicher Natur ist.[95] Daher kann im Einzelfall auch eine staatliche Exportkreditversicherung, etwa die im Auftrag des Bundes übernommenen sog „Hermesdeckungen", ein Versicherungsvertrag im Sinne von Art. 10 sein.[96]

35 **Versicherungsnehmer** ist demgegenüber der Vertragspartner des Versicherers;[97] schließt er die Versicherung zu seinem eigenen Schutz ab, ist er zugleich auch **Versicherter**. Versicherte können aber auch Dritte, etwa die im Einzelfall mitversicherten Kinder eines Versicherungsnehmers, sein.[98] Ein **Begünstigter** hingegen ist zwar nicht (mit-)versichert, soll jedoch – ohne, anders als der Geschädigte (vgl. Art. 13), notwendigerweise selbst einen Schaden erlitten zu haben – nach der vertraglichen Vereinbarung im Falle des Schadenseintritts (etwa des Tods des Versicher-

---

[88] *Kropholler/von Hein*, EuZPR, 9. Aufl. 2011, vor Art. 8 EuGVVO a.F. Rn. 7; *Rauscher/Staudinger*, EuZPR, 4. Aufl. 2016, Art. 10 EuGVVO Rn. 19.
[89] *Rauscher/Staudinger*, EuZPR, 4. Aufl. 2016, Art. 11 EuGVVO Rn. 5.
[90] EuGH, 17.9.2009 – Rs. C-347/08, *Vorarlberger Gebietskrankenkasse ./. WGV-Schwäbische Allgemeine Versicherungs AG*, Slg. 2009, I-8661 (ECLI:EU:C:2009:561), Rn. 41; *Musielak/Voit/Stadler*, ZPO, 13. Aufl. 2016, Vorbemerkungen zu Art. 10 bis 16 EuGVVO Rn. 1; *Rauscher/Staudinger*, EuZPR, 4. Aufl. 2016, Art. 10 EuGVVO Rn. 19.
[91] EuGH, 13.7.2000 – Rs. C-412/98, *Group Josi Reinsurance Company S.A. ./. Universal General Insurance Company*, Slg. 2000, I-5295 (ECLI:EU:C:2000:399), Rn. 65.
[92] EuGH, 17.9.2009 – Rs. C-347/08, *Vorarlberger Gebietskrankenkasse ./. WGV-Schwäbische Allgemeine Versicherungs AG*, Slg. 2009, I-8661 (ECLI:EU:C:2009:561), Rn. 47.
[93] *Kropholler/von Hein*, EuZPR, 9. Aufl. 2011, vor Art. 8 EuGVVO a.F. Rn. 7.
[94] *Rauscher/Staudinger*, EuZPR, 4. Aufl. 2016, Art. 10 EuGVVO Rn. 19; *Musielak/Voit/Stadler*, ZPO, 13. Aufl. 2016, Vorbemerkungen zu Art. 10 bis 16 EuGVVO Rn. 1.
[95] *Geimer/Schütze*, EuZVR, 3. Aufl. 2010, Art. 8 EuGVVO a.F. Rn. 17; *Kropholler/von Hein*, EuZPR, 9. Aufl. 2011, Art. 8 EuGVVO a.F. Rn. 7; *Rauscher/Staudinger*, EuZPR, 4. Aufl. 2016, Art. 10 EuGVVO Rn. 19.
[96] S. *Rauscher/Staudinger*, EuZPR, 4. Aufl. 2016, Art. 10 EuGVVO Rn. 11.
[97] *Jenard*-Bericht, 1979, S. 31.
[98] *Rauscher/Staudinger*, EuZPR, 4. Aufl. 2016, Art. 11 EuGVVO Rn. 5.

Text + Erläuterungen   Art. 10   **B Vor I**   7

ten bei einer Lebensversicherung[99]) eine Leistung des Versicherers erhalten.[100] Zum Begriff des **Geschädigten** s. die Kommentierung zu Art. 13 Rn. 7. Wegen des *per se* weiten persönlichen Anwendungsbereichs der Art. 10 ff. sind **36** grds. **auch Rechtsnachfolger** der genannten aus einem Versicherungsvertrag berechtigten Personen vom Schutzbereich der Art. 10 ff. umfasst.[101] Dabei ist nach hier vertretener Meinung grds. **irrelevant, auf welchem Rechtsgrund** – d.h. Gesetz oder rechtsgeschäftlicher Abtretung – die Rechtsnachfolge im Einzelfall basiert.[102] Zwar hat der EuGH dies bislang ausdrücklich nur für die **Legalsukzession** – insbesondere aufgrund einer Erbschaft – bestätigt;[103] der Schutzgedanke der Art. 10 ff. wird indes auch durch eine **Abtretung** nicht – jedenfalls *per se* – hinfällig.[104]

Freilich muss auch bei einer Rechtsnachfolge im Einzelfall stets geprüft werden, **37** ob der jeweilige **Rechtsnachfolger seinerseits** im Sinne der pauschalen Typisierung des EU-Gesetzgebers[105] **schutzwürdig** ist.[106] Denn nach den Worten des EuGH dürfen die „besonderen Zuständigkeitsregeln nicht auf Personen erstreckt werden [...], die dieses Schutzes nicht bedürfen."[107] Insbesondere wenn es sich bei dem Rechtsnachfolger einer aus einem Versicherungsvertrag berechtigten Person seinerseits um einen Versicherer handelt, greifen die Schutzvorschriften des 3. Abschnitts daher nicht ein.[108] Dies ist etwa bei einem Rechtsübergang nach (vorläufiger) Schadensregulierung auf einen Versicherer denkbar.[109] Aber auch wenn z.B. ein Sozialversicherungsträger als Legalzessionar Ansprüche eines (etwa bei einem Autounfall) unmittelbar Geschädigten geltend macht, kann sich jener dabei nicht auf die Sonderregeln des 3. Abschnitts stützen.[110]

---

[99] Beispiel nach Rauscher/*Staudinger*, EuZPR, 4. Aufl. 2016, Art. 11 EuGVVO Rn. 5.
[100] Vgl. nur Rauscher/*Staudinger*, EuZPR, 4. Aufl. 2016, Art. 11 EuGVVO Rn. 5.
[101] *Schlosser*-Bericht, 1979, Rn. 152; *Kropholler/von Hein*, EuZPR, 9. Aufl. 2011, vor Art. 8 EuGVVO a.F. Rn. 7; Rauscher/*Staudinger*, EuZPR, 4. Aufl. 2016, Art. 10 EuGVVO Rn. 20; MünchKomm/*Gottwald*, ZPO, 4. Aufl. 2013, Art. 8 EuGVVO a.F. Rn. 4; *Geimer*/Schütze, EuZVR, 3. Aufl. 2010, Art. 8 EuGVVO a.F. Rn. 18.
[102] So auch im Grundsatz Rauscher/*Staudinger*, EuZPR, 4. Aufl. 2016, Art. 13 EuGVVO Rn. 6d ff.; MünchKomm/*Gottwald*, ZPO, 4. Aufl. 2013, Art. 8 EuGVVO a.F. Rn. 4; *Geimer*/Schütze, EuZVR, 3. Aufl. 2010, Art. 8 EuGVVO a.F. Rn. 18.
[103] EuGH, 17.9.2009 – Rs. C-347/08, *Vorarlberger Gebietskrankenkasse ./. WGV-Schwäbische Allgemeine Versicherungs AG*, Slg. 2009, I-8661 (ECLI:EU:C:2009:561), Rn. 44.
[104] So auch Rauscher/*Staudinger*, EuZPR, 4. Aufl. 2016, Art. 13 EuGVVO Rn. 6h; MünchKomm/ *Gottwald*, ZPO, 4. Aufl. 2013, Art. 8 EuGVVO a.F. Rn. 4; *Geimer*/Schütze, EuZVR, 3. Aufl. 2010, Art. 8 EuGVVO a.F. Rn. 18; **a. A.** etwa KG, 19.7.2013 – 6 U 103/11, VersR 2014, S. 1020; Saenger/ *Dörner*, ZPO, 6. Aufl. 2015, Art. 11 EuGVVO Rn. 3 sowie u.U. (im Umkehrschluss?) *Schlosser*/Hess, EuZPR, 4. Aufl. 2015, Art. 11 EuGVVO Rn. 1.
[105] S. oben Rn. 3.
[106] S. nur Rauscher/*Staudinger*, EuZPR, 4. Aufl. 2016, Art. 13 EuGVVO Rn. 6g und 6h; **a. A.** etwa *Schlosser*/Hess, EuZPR, 4. Aufl. 2015, Art. 11 EuGVVO Rn. 1 sowie oben Rn. 29.
[107] EuGH, 13.7.2000 – Rs. C-412/98, *Group Josi Reinsurance Company S.A. ./. Universal General Insurance Company*, Slg. 2000, I-5295 (ECLI:EU:C:2000:399), Rn. 65; EuGH, 17.9.2009 – Rs. C-347/ 08, *Vorarlberger Gebietskrankenkasse ./. WGV-Schwäbische Allgemeine Versicherungs AG*, Slg. 2009, I-8661 (ECLI:EU:C:2009:561), Rn. 41.
[108] LG Bremen, 25.1.2001 – 6 O 1420/00, VersR 2001, S. 782; *Geimer*/Schütze, EuZVR, 3. Aufl. 2010, Art. 8 EuGVVO a.F. Rn. 18.
[109] *Junker*, Internationales Zivilprozessrecht, 2. Aufl. 2015, § 13 Rn. 10; Saenger/*Dörner*, ZPO, 6. Aufl. 2015, Art. 10 EuGVVO Rn. 5.
[110] EuGH, 17.9.2009 – Rs. C-347/08, *Vorarlberger Gebietskrankenkasse ./. WGV-Schwäbische Allgemeine Versicherungs AG*, Slg. 2009, I-8661 (ECLI:EU:C:2009:561), Rn. 47; OLG Koblenz, 15.10.2012, 12 U 1528/11, IPRax 2014, S. 537 m. Anm. *Fuchs*, S. 509.

3. Erfasste Streitigkeiten

38 Von den Gerichtsständen der Art. 11 ff. werden insbesondere Streitigkeiten über den **Abschluss**, die **Durchführung**, **Auslegung** oder **Beendigung** eines Versicherungsvertrags[111] erfasst.[112] Anders formuliert müssen Rechte und Pflichten aus einem Versicherungsverhältnis bzw. die inhaltliche Reichweite des Versicherungsschutzes selbst im Streit stehen. Erforderlich ist, dass das Bestehen oder Nichtbestehen eines (gegenwärtigen oder früheren) Versicherungsverhältnisses unmittelbar anspruchsbegründende Tatbestandsvoraussetzung des Klageanspruchs (etc.) ist; liegt hingegen bloß eine versicherungsvertragliche **Vorfrage** vor, greifen die Sonderregeln des 3. Abschnitts nicht ein.[113]

39 **Versicherungssachen** sind demzufolge z.B. Ansprüche, die aus einem bestehenden oder früheren Versicherungsverhältnis hergeleitet werden, aber auch Klagen auf Feststellung des Nichtbestehens oder der wirksamen Beendigung eines Versicherungsvertrags sowie Klagen auf Rückzahlung von Prämien etc. Nach – fragwürdiger[114] – Ansicht des BGH kann auch ein gerichtlich veranlasstes Verfahren zur Durchführung und Genehmigung eines Vergleichsplans nach englischem Gesellschaftsrecht (in Gestalt eines sog. *scheme of arrangement*[115]) eine Versicherungssache darstellen, wenn dieses Verfahren im Einzelfall (u.a.) Rechte eines Versicherungsnehmers gegen einen Versicherer grundlegend umgestalten soll.[116]

40 Auch die **Direktklage** eines Geschädigten gegen einen Versicherer zählt (soweit sie nach der jeweils maßgeblichen *lex causae* zulässig ist) aus Art. 13 Abs. 2 und 3 ersichtlich zu den Versicherungssachen im Sinne des 3. Abschnitts.[117] Andersherum ist der **Rückgriff** eines vorleistenden Versicherers beim letztlich verantwortlichen Schädiger keine Versicherungssache;[118] denn in einem solchen Fall steht nur die Verantwortlichkeit des Schädigers (und nicht etwa Pflichten aus einem Versicherungsverhältnis) in Streit.

Artikel 11 [Gerichtsstände für Klagen gegen den Versicherer]

(1) Ein Versicherer, der seinen Wohnsitz im Hoheitsgebiet eines Mitgliedstaats hat, kann verklagt werden:

---

[111] Zum autonom zu verstehenden Begriff des Versicherungsvertrags vgl. oben Rn. 27 ff.
[112] BGH, 15.2.2012 – IV ZR 194/09, NZI 2012, S. 425 m. Anm. C.*Paulus*, S. 428; *Geimer*/Schütze, EuZVR, 3. Aufl. 2010, Art. 8 EuGVVO a.F. Rn. 15; Saenger/*Dörner*, ZPO, 6. Aufl. 2015, Art. 10 EuGVVO Rn. 4.
[113] *Geimer*/Schütze, EuZVR, 3. Aufl. 2010, Art. 8 EuGVVO a.F. Rn. 15a.
[114] Kritisch auch z.B. Musielak/Voit/*Stadler*, ZPO, 13. Aufl. 2016, Art. 14 EuGVVO Rn. 1.
[115] Hierzu näher die Kommentierung zu Art. 24 Rn. 91 sowie etwa C.*Paulus*, ZIP 2011, S. 1077: „ein neues Angebot auf dem europäischen Markt für außergerichtliche Restrukturierungen". Obwohl insolvenznah, stellen *schemes of arrangement* nach h.A. kein Insolvenzverfahren im Sinne von Art. 1 Abs. 2 lit. b dar, s. nur C.*Paulus*, NZI 2012, S. 428 (429); Rauscher/*Mankowski*, EuZPR, 4. Aufl. 2016, Art. 24 EuGVVO Rn. 79.
[116] BGH, 15.2.2012 – IV ZR 194/09, NZI 2012, S. 425, Rn. 27 m. Anm. C.*Paulus*, S. 428; *Schaloske*, VersR 2009, S. 23 (28).
[117] Vgl. hierzu näher die Kommentierung zu Art. 13 Rn. 19 ff.
[118] S. bereits oben Rn. 35 sowie LG Bremen, 25.1.2001 – 6 O 1420/00, VersR 2001, S. 782; *Geimer*/Schütze, EuZVR, 3. Aufl. 2010, Art. 8 EuGVVO a.F. Rn. 18; Saenger/*Dörner*, ZPO, 6. Aufl. 2015, Art. 10 EuGVVO Rn. 5.

Text + Erläuterungen   Art. 11   **B Vor I** 7

a) vor den Gerichten des Mitgliedstaats, in dem er seinen Wohnsitz hat,
b) in einem anderen Mitgliedstaat bei Klagen des Versicherungsnehmers, des Versicherten oder des Begünstigten vor dem Gericht des Ortes, an dem der Kläger seinen Wohnsitz hat, oder
c) falls es sich um einen Mitversicherer handelt, vor dem Gericht eines Mitgliedstaats, bei dem der federführende Versicherer verklagt wird.

(2) Hat der Versicherer im Hoheitsgebiet eines Mitgliedstaats keinen Wohnsitz, besitzt er aber in einem Mitgliedstaat eine Zweigniederlassung, Agentur oder sonstige Niederlassung, so wird er für Streitigkeiten aus ihrem Betrieb so behandelt, wie wenn er seinen Wohnsitz im Hoheitsgebiet dieses Mitgliedstaats hätte.

EuGH-Rechtsprechung: EuGH, 13.12.2007 – Rs. C-463/06, *FBTO* ./. *Jack Odenbreit*, Slg. 2007, I-11323 (ECLI:EU:C:2007:792).

EuGH, 17.9.2009 – Rs. C-347/08, *Vorarlberger Gebietskrankenkasse* ./. *WGV-Schwäbische Allgemeine Versicherungs AG*, Slg. 2009, I-8661 (ECLI:EU:C:2009:561).

Schrifttum: S. das bei Art. 10 angegebene Schrifttum.

Übersicht

	Rn.
I. Überblick	1
II. Entstehungsgeschichte	3
III. Sachlicher und räumlich-persönlicher Anwendungsbereich	4
IV. Kognitionsbefugnis	5
V. Gerichtsstand am Wohnsitz des Versicherers (Art. 11 Abs. 1 lit. a)	6
VI. Klägergerichtsstand des Berechtigten (Art. 11 Abs. 1 lit. b)	7
VII. Gerichtsstand des federführenden Versicherers (Art. 11 Abs. 1 lit. c)	10
VIII. Maßgeblicher Zeitpunkt	14
IX. Gleichstellung von Niederlassung mit Wohnsitz (Art. 11 Abs. 2)	15

I. Überblick

Während Art. 10 als Zentralnorm der speziellen Zuständigkeitsordnung für **1** Versicherungssachen lediglich deren sachlichen Anwendungsbereich umschreibt, normieren erst die Art. 11 bis 14 eigene Gerichtsstände. Art. 11 **Abs. 1** beinhaltet **drei alternativ anwendbare (Wahl-)Gerichtsstände** für Verfahren gegen einen Versicherer. Weitere Zuständigkeitsvorschriften für Klagen gegen einen Versicherer enthalten daneben Art. 12 und 13.[1] Art. 11 **Abs. 2** hingegen erweitert – als *lex specialis* zu Art. 6 Abs. 1 – den räumlichen Anwendungsbereich des 3. Abschnitts, indem er unter bestimmten Voraussetzungen im Rahmen der Zuständigkeitsanknüpfung anstelle des Wohnsitzes die bloße Niederlassung eines Versicherers genügen lässt.

---
[1] Vgl. auch die Kommentierung zu Art. 10 Rn. 9 f. mit Überblick über die Zuständigkeitsregeln des 3. Abschnitts für Verfahren *gegen* einen Versicherer.

2   Zu den **Konkurrenzen** vgl. im Einzelnen die Kommentierung zu Art. 10 Rn. 14 ff.: Insbesondere stehen die Gerichtsstände des Art. 11 Abs. 1 alternativ und gleichberechtig neben denjenigen der Art. 12 und 13.

II. Entstehungsgeschichte

3   Art. 11 geht zurück auf Art. 8 EuGVÜ bzw. Art. 9 EuGVVO a.F.; **Abs. 2** ist dabei seit Schaffung des EuGVÜ im Jahr 1968 bis auf sprachliche Änderungen unverändert geblieben. **Abs. 1** hingegen erhielt seine jetzige Gestalt erst durch das 1. Beitrittsübereinkommen vom 9.10.1978,[2] wobei die Aufzählung der am (Kläger-)Gerichtsstand des (jetzigen) Art. 11 Abs. 1 lit. b klageberechtigten Personen erst im Zuge der „Umwandlung" des EuGVÜ in die EuGVVO a.F. im Jahr 2000 neben dem Versicherungsnehmer um den „Versicherten oder de[n] Begünstigten" erweitert wurde. Bei der jüngsten Reform blieb Art. 11 hingegen unverändert.

III. Sachlicher und räumlich-persönlicher Anwendungsbereich

4   Die Gerichtsstände des Art. 11 Abs. 1 sind ausweislich des Art. 10 **sachlich** nur in **Versicherungssachen**[3] anwendbar, d.h. auf – vertraglich zu qualifizierende – Streitigkeiten aus (u.U. vermeintlichen) Versicherungsverträgen. Auf die Gerichtsstände des Art. 11 Abs. 1 können sich dabei nicht nur der Versicherungsnehmer selbst, sondern auch sonstige Versicherte und Begünstigte bzw. allgemein gesprochen alle aus einem Versicherungsvertrag berechtigten und bei pauschaler Betrachtung *per se* schutzwürdigen Personen stützen; vgl. hierzu die Ausführungen zu Art. 10 Rn. 32 ff. Zum **räumlichen** Anwendungsbereich der Vorschriften des 3. Abschnitts – auch zu den neben Art. 11 anwendbaren „allgemeinen" Zuständigkeitsvorschriften – s. die Ausführungen zu Art. 10 Rn. 17 ff.: Für Art. 11 Abs. 1 ist dabei stets ein Wohnsitz (hilfsweise: eine Niederlassung, Art. 11 Abs. 2) des beklagten Versicherers in einem Mitgliedstaat, für Art. 11 Abs. 1 lit. b zusätzlich auch des Klägers, erforderlich.

IV. Kognitionsbefugnis

5   Die Kognitionsbefugnis eines aufgrund Art. 11 Abs. 1 zuständigen Gerichts ist auf **vertraglich zu qualifizierende Ansprüche und Streitigkeiten** beschränkt.[4] Für etwaige (daneben bestehende) außervertragliche, insbesondere deliktische Ansprüche gelten hingegen die allgemeinen Vorschriften.[5]

---

[2] ABl. (EG) 1978 Nr. L 304, S. 1.
[3] Vgl. zum sachlichen Anwendungsbereich des 3. Abschnitts insgesamt die Kommentierung zu Art. 10 Rn. 27 ff.
[4] So auch *Geimer*/Schütze, EuZVR, 3. Aufl. 2010, Art. 8 EuGVVO a.F. Rn. 15a.
[5] Vgl. hierzu die Ausführungen zu Art. 10 Rn. 15.

V. Gerichtsstand am Wohnsitz des Versicherers (Art. 11 Abs. 1 lit. a)

Gem. Art. 11 Abs. 1 lit. a kann ein Versicherer in Versicherungssachen vor den 6
Gerichten desjenigen Mitgliedstaats verklagt werden, in dessen Hoheitsgebiet
er **seinen Wohnsitz**[6] hat. Art. 11 Abs. 1 lit. a regelt nur die **internationale**
Zuständigkeit[7] und entspricht damit weitgehend dem allgemeinen Gerichtsstand
in Art. 4 Abs. 1. Eine eigenständige Normierung war dennoch notwendig, da
die Anwendbarkeit von Art. 4 Abs. 1 in Versicherungssachen durch Art. 10
gesperrt ist. Für die Zwecke dieses Gerichtsstands genügt gem. **Art. 11 Abs. 2**
auch, dass ein Versicherer im Einzelfall zwar keinen Wohnsitz, wohl aber eine
Niederlassung im Hoheitsgebiet (irgend-)eines Mitgliedstaats besitzt.[8]

VI. Klägergerichtsstand des Berechtigten (Art. 11 Abs. 1 lit. b)

Alternativ zu dem „allgemeinen" Gerichtsstand eines Versicherers gem. 7
Art. 11 Abs. 1 lit. a stellt dessen lit. b bestimmten aus einem Versicherungsvertrag
berechtigten Personen (ausnahmsweise) einen **Klägergerichtsstand** für Versicherungssachen zur Verfügung.[9] Dieser findet, trotz vielfacher Kritik,[10] auch auf
durch eine **Gruppenversicherung** versicherte Personen Anwendung.[11]

Als taugliche Kläger benennt Art. 11 Abs. 1 lit. b ausdrücklich den **Versiche-** 8
rungsnehmer, den **Versicherten** und den **Begünstigten**.[12] Unter den Voraussetzungen des Art. 13 Abs. 2 kann sich freilich auch ein **Geschädigter** auf diesen
Klägergerichtsstand berufen.[13] Art. 11 Abs. 1 lit. b regelt – anders als dessen
lit. a – neben der internationalen auch die **örtliche Zuständigkeit**.[14]

Voraussetzung des Klägergerichtsstands ist neben dem Vorliegen einer Versi- 9
cherungssache lediglich, dass sowohl Kläger als auch beklagter Versicherer ihren
Wohnsitz jeweils in einem Mitgliedstaat im Sinne der EuGVVO haben. Anders
als im 4.[15] und im 5. Abschnitt[16] wurde insofern im Zuge der jüngsten Reform
der EuGVVO für die Zwecke des 3. Abschnitts nicht auf das Erfordernis eines

---

[6] Zum Begriff des Wohnsitzes im Sinne der EuGVVO s. die Kommentierungen zu Art. 4 Rn. 6 ff.
sowie zu Art. 62 und 63.
[7] Zur Bestimmung der örtlichen Zuständigkeit in derartigen Fällen s. die Kommentierung zu Art. 10
Rn. 4.
[8] Hierzu näher unten Rn. 15 ff.
[9] Kritisch hierzu *Geimer*/*Schütze*, EuZVR, 3. Aufl. 2010, Art. 8 EuGVVO a.F. Rn. 7: „kaum zumutbare Last".
[10] Etwa *Fricke*, VersR 1999, S. 1055 (1058 f.); *Kropholler*/*von Hein*, EuZPR, 9. Aufl. 2011, Art. 11
EuGVVO a.F. Rn. 2; *Rauscher*/*Staudinger*, EuZPR, 4. Aufl. 2016, Art. 11 EuGVVO Rn. 3 m.w.N.
[11] *Schlosser*/Hess, EuZPR, 4. Aufl. 2015, Art. 11 EuGVVO Rn. 1; *Rauscher*/*Staudinger*, EuZPR,
4. Aufl. 2016, Art. 11 EuGVVO Rn. 3; *Geimer*/*Schütze*, EuZVR, 3. Aufl. 2010, Art. 8 EuGVVO a.F.
Rn. 7.
[12] Zur Bedeutung dieser autonom zu verstehenden Begriffe vgl. die Kommentierung zu Art. 10
Rn. 32 ff.
[13] Dies war lange Zeit stark umstritten; hierzu näher die Kommentierung zu Art. 13 Rn. 19 ff. (insbesondere 22).
[14] S. nur *Rauscher*/*Staudinger*, EuZPR, 4. Aufl. 2016, Art. 11 EuGVVO Rn. 3.
[15] Vgl. Art. 21 Abs. 2.
[16] S. Art. 18 Abs. 1 Alt. 2.

Wohnsitzes der (typisiert) stärkeren Partei im Hoheitsgebiet eines Mitgliedstaats verzichtet.[17] Anstelle eines Wohnsitzes des Versicherers genügt dabei unter bestimmten Voraussetzungen auch dessen **Niederlassung**.[18] Zudem setzt Art. 11 Abs. 1 lit. b nach seinem eindeutigen Wortlaut voraus, dass der Wohnsitzstaat von Kläger und Beklagtem **nicht identisch** sind („in einem anderen Mitgliedstaat").[19] Zum maßgeblichen Zeitpunkt – grds. Einreichung der Klage[20] – s. unten Rn. 14.

VII. Gerichtsstand des federführenden Versicherers (Art. 11 Abs. 1 lit. c)

10 Werden im Einzelfall mehrere Mitversicherer verklagt, stellt Art. 11 Abs. 1 lit. c einen fakultativen[21] **Gerichtsstand für sämtliche Klagen gegen alle Mitversicherer** „vor dem Gericht eines Mitgliedstaats, bei dem der federführende Versicherer verklagt wird", zur Verfügung. Dies dient der Verfahrenskonzentration und damit letztlich der **Prozessökonomie**.[22] Art. 11 Abs. 1 lit. c regelt – anders als lit. a – auch die **örtliche Zuständigkeit**.

11 Die Zuständigkeit für die – notwendigerweise zuvor oder spätestens zeitgleich zu erhebende und noch anhängige[23] – **Ankerklage** gegen den federführenden Versicherer beurteilt sich nicht gem. Art. 11 Abs. 1 lit. c, sondern nach dessen lit. a oder lit. b (bzw. Art. 7 Nr. 5 sowie u.U. Art. 12 f. und Art. 15).[24]

12 Die Begriffe des Mitversicherers und der federführenden Versicherung sind **autonom** zu bestimmen. **Federführend** ist dabei derjenige Versicherer, der im Einzelfall den prozentual höchsten Anteil desjenigen versicherten Risikos trägt, das sich verwirklicht hat oder zu verwirklichen droht und damit den jeweiligen Klageanlass gegeben hat. Haben im Einzelfall zwei oder mehrere Versicherer gleich hohe Risikoanteile zu tragen, so dürften ausnahmsweise beide (etc.) als federführend anzusehen sein. **Mitversicherer** ist demgegenüber, wer einen kleineren als den höchsten Risikoanteil trägt.

13 Noch unter der **ursprünglichen Fassung** des Art. 8 Abs. 1 Satz 1 Alt. 2 EuGVÜ a.F. konnte eine Klage gegen mehrere Versicherer **wahlweise** am Sitz jedes dieser Versicherer erhoben werden. Im deutschen Recht ermöglicht **§ 216 VVG** bei einer Versicherermehrheit unter bestimmten Voraussetzungen eine Prozessstandschaft eines der Versicherer.[25]

---

[17] Dies ist freilich vor dem Hintergrund von Erwgr. 18 erstaunlich; s. auch Rauscher/*Staudinger*, EuZPR, 4. Aufl. 2016, Art. 11 EuGVVO Rn. 1.
[18] Hierzu näher unten Rn. 15 ff.
[19] *Looschelders*, IPRax 1998, S. 86 (88); Saenger/*Dörner*, ZPO, 6. Aufl. 2015, Art. 11 EuGVVO Rn. 3; Musielak/Voit/*Stadler*, ZPO, 13. Aufl. 2015, Art. 11 EuGVVO Rn. 4.
[20] Kritisch Geimer/*Schütze*, EuZVR, 3. Aufl. 2010, Art. 9 EuGVVO a.F. Rn. 9: „es wäre ausgewogener gewesen, auf den Wohnsitz […] zum Zeitpunkt des Vertragsschlusses abzustellen".
[21] *Kropholler/von Hein*, EuZPR, 9. Aufl. 2011, Art. 9 EuGVVO a.F. Rn. 4; *Schlosser*-Bericht, 1979, Rn. 149; Rauscher/*Staudinger*, EuZPR, 4. Aufl. 2016, Art. 11 EuGVVO Rn. 6.
[22] *Schlosser*-Bericht, 1979, Rn. 149; Rauscher/*Staudinger*, EuZPR, 4. Aufl. 2016, Art. 11 EuGVVO Rn. 6.
[23] S. den *Schlosser*-Bericht, 1979, Rn. 149.
[24] *Geimer*/Schütze, EuZVR, 3. Aufl. 2010, Art. 9 EuGVVO a.F. Rn. 12.
[25] S. Rauscher/*Staudinger*, EuZPR, 4. Aufl. 2016, Art. 11 EuGVVO Rn. 7 m.w.N.

VIII. Maßgeblicher Zeitpunkt

Maßgeblicher Zeitpunkt für das Vorliegen sämtlicher zuständigkeitsbegründenden Anknüpfungspunkte der Gerichtsstände des Art. 11 Abs. 1 ist nach den insofern uneingeschränkt geltenden allgemeinen Maßstäben[26] der entsprechend Art. 32 zu bestimmenden Zeitpunkt der **Anrufung des jeweiligen Gerichts**.[27] Dies gilt bei Anwendung von Art. 11 Abs. 2 auch für das Vorliegen einer Niederlassung.[28] Aus dem Wortlaut dieser Vorschrift ersichtlich („besitzt") muss die Niederlassung nämlich noch **im Zeitpunkt der jeweiligen Anrufung eines Gerichts** bestehen und genügt bei Auflösung der Niederlassung vor Klageeinreichung nicht deren Bestehen nur bei Vertragsschluss.[29] Die Auflösung einer Niederlassung bzw. die Verlegung des Wohnsitzes *nach* Klageeinreichung ist hingegen nach den Regeln der *perpetuatio fori*[30] grds. irrelevant. 14

IX. Gleichstellung von Niederlassung mit Wohnsitz (Art. 11 Abs. 2)[31]

Der Wortlaut von Art. 11 Abs. 2 ist **misslungen**. Statt: „Hat der Versicherer im Hoheitsgebiet eines Mitgliedstaats keinen Wohnsitz" müsste es richtigerweise heißen: „Hat der Versicherer keinen Wohnsitz im Hoheitsgebiet *irgend*eines Mitgliedstaats".[32] 15

Dessen ungeachtet stellt Art. 11 Abs. 2 für diejenigen Streitigkeiten in Versicherungssachen,[33] in denen es für eine Zuständigkeit nach der EuGVVO auf das **Vorliegen des Wohnsitzes des Versicherers** in einem Mitgliedstaat ankommt, eine **Niederlassung** für Streitigkeiten aus deren Betrieb einem Wohnsitz im Sinne von Art. 62 bzw. 63 gleich. Zum gleichbedeutend auch in **Art. 7 Nr. 5** verwendeten Begriff der Niederlassung vgl. die dortige Kommentierung.[34] 16

Gem. Art. 11 Abs. 2 kann danach ausnahmsweise auch ein in einem **Drittstaat ansässiger Versicherer** nach Maßgabe der EuGVVO verklagt werden, wenn er im Einzelfall zwar keinen Wohnsitz, wohl aber eine Niederlassung im Hoheitsgebiet eines Mitgliedstaats besitzt und es sich um eine Streitigkeit aus deren Betrieb handelt. Zum **Bezug einer Streitigkeit zu einer Niederlassung** vgl. ebenfalls 17

---

[26] Vgl. zu diesen näher die Vorb. Art. 4 ff. Rn. 19 ff.
[27] S. nur *Kropholler/von Hein*, EuZPR, 9. Aufl. 2011, Art. 9 EuGVVO a.F. Rn. 1; *Schlosser/Hess*, EuZPR, 4. Aufl. 2015, Art. 11 EuGVVO Rn. 1; *Rauscher/Staudinger*, EuZPR, 4. Aufl. 2016, Art. 11 EuGVVO Rn. 2, 4; *Geimer/Schütze*, EuZVR, 3. Aufl. 2010, Art. 9 EuGVVO a.F. Rn. 9.
[28] **A. A.** wohl *Rauscher/Staudinger*, EuZPR, 4. Aufl. 2016, Art. 11 EuGVVO Rn. 8.
[29] Vgl. die Kommentierung zu Art. 7 Rn. 247 f.
[30] Vgl. hierzu die Vorb. Art. 4 ff. Rn. 21.
[31] Die Ausführungen dieses Gliederungspunkts entsprechen im Grundsatz denjenigen der Parallelkommentierungen im Rahmen von Art. 17 und Art. 20.
[32] S. *Schlosser/Hess*, EuZPR, 4. Aufl. 2015, Art. 11 EuGVVO Rn. 1.
[33] Indes findet Art. 11 Abs. 2 keine Anwendung, wenn trotz Beteiligung von Berechtigtem und Versicherer gar keine Versicherungssache vorliegt, etwa bei rein außervertraglich zu qualifizierenden Streitigkeiten.
[34] Oben Art. 7 Rn. 241 ff.

B Vor I 7 Art. 12   VO (EU) Nr. 1215/2012

die Kommentierung zu Art. 7 (Nr. 5), dort Rn. 246.[35] Dies dient der Ausweitung des Schutzgedankens des 3. Abschnitts auf Fälle, die ansonsten potentiell dem nationalen Zivilverfahrensrecht der Mitgliedstaaten im Sinne der EuGVVO unterfallen würden.[36] Wegen des Gleichlaufs mit Art. 7 Nr. 5 dürfte auch für Art. 11 Abs. 2 der bloße **Rechtsschein einer Niederlassung** genügen.[37]

18 Die Regelung in Art. 11 Abs. 2 gilt – trotz seiner insofern verfehlten systematischen Stellung – nicht nur für die Gerichtsstände des Art. 11 Abs. 1, sondern findet **im 3. Anschnitt insgesamt** und damit auch im Rahmen von Art. 12 und 13 Anwendung.[38]

Artikel 12 [Gerichtsstand am Ort des schädigenden Ereignisses]

Bei der Haftpflichtversicherung oder bei der Versicherung von unbeweglichen Sachen kann der Versicherer außerdem vor dem Gericht des Ortes, an dem das schädigende Ereignis eingetreten ist, verklagt werden. Das Gleiche gilt, wenn sowohl bewegliche als auch unbewegliche Sachen in ein und demselben Versicherungsvertrag versichert und von demselben Schadensfall betroffen sind.

EuGH-Rechtsprechung: EuGH, 16.3.2006 – Rs. C-234/04, *Rosmarie Kapferer ./. Schlank & Schick GmbH*, Slg. 2006, I-2585 (ECLI:EU:C:2006:178) = NJW 2006, S. 1577.

Schrifttum: S. das bei Art. 10 angegebene Schrifttum.

Übersicht

	Rn.
I. Überblick	1
II. Entstehungsgeschichte	3
III. Konkurrenzen	4
IV. Sachlicher Anwendungsbereich	5
V. Räumlich-persönlicher Anwendungsbereich	8
VI. Maßgeblicher Zeitpunkt	11
VII. Kognitionsbefugnis	12
VIII. Gerichtsstand am Ort des schädigenden Ereignisses	13

I. Überblick

1 Art. 12 stellt alternativ und fakultativ[1] neben denjenigen des Art. 11 Abs. 1 einen weiteren Gerichtsstand für Verfahren gegen bestimmte Versicherer am

---

[35] Dabei ist freilich zu beachten, dass am Gerichtsstand des Art. 7 Nr. 5 sowohl vertragliche als auch außervertragliche Streitigkeiten ausgefochten werden können, während Versicherungssachen im Sinne des 3. Abschnitts des II. Kapitels der EuGVVO nur vertragliche Streitigkeiten umfassen, s. Art. 10 Rn. 15.
[36] S. *Schlosser*/Hess, EuZPR, 4. Aufl. 2015, Art. 11 EuGVVO Rn. 2; Saenger/*Dörner*, ZPO, 6. Aufl. 2015, Art. 11 EuGVVO Rn. 5.
[37] S. zu Art. 7 Nr. 5 EuGH, 9.12.1987 – Rs. 218/86, *Schotte ./. Parfumes Rothschild*, Slg. 1987, 4905 (ECLI:EU:C:1987:536), Rn. 16 ff. sowie die Kommentierung zu Art. 7 Rn. 244 f.; so auch Rauscher/*Mankowski*, EuZPR, 9. Aufl. 2016, Art. 20 EuGVVO a.F. Rn. 4 a.E.
[38] Allg. Meinung, s. nur *Schlosser*/Hess, EuZPR, 4. Aufl. 2015, Art. 11 EuGVVO Rn. 2; Kropholler/*von Hein*, EuZPR, 9. Aufl. 2011, Art. 11 EuGVVO a.F. Rn. 5.
[1] *Musielak*/Voit/*Stadler*, ZPO, 13. Aufl. 2016, Art. 12 EuGVVO Rn. 1; MünchKomm/*Gottwald*, ZPO, 4. Aufl. 2013, Art. 10 EuGVVO a.F. Rn. 1.

„Ort des schädigenden Ereignisses" zur Verfügung. Gemeint ist damit, genauso wie im Rahmen von **Art. 7 Nr. 2**,[2] nach Wahl des Klägers sowohl der Ort des ursächlichen Geschehens (**Handlungsort**) als auch der Ort des Schadenseintritts (**Erfolgsort**).[3] Art. 12 regelt sowohl die internationale als auch die **örtliche** Zuständigkeit.

Art. 12 findet nur auf Streitigkeiten im Rahmen einer **Haftpflichtversiche-** 2
rung oder einer **Immobiliarversicherung** Anwendung; im Einzelfall werden allerdings gem. Art. 12 Satz 2 auch Versicherungen von **beweglichen Sachen** erfasst, wenn diese „in ein und demselben Versicherungsvertrag" zusammen mit einer unbeweglichen Sachen versichert und von demselben Schadensfall betroffen sind. Der Gerichtsstand kann zudem unter den Voraussetzungen von Art. 15 Nr. 3 durch Gerichtsstandsvereinbarung abbedungen werden.[4]

II. Entstehungsgeschichte

Art. 12 geht auf Art. 9 EuGVÜ bzw. Art. 10 EuGVVO a.F. zurück und ist 3
seit Schaffung des EuGVÜ im Jahr 1968 **unverändert** geblieben.

III. Konkurrenzen

Art. 12 steht **alternativ** und **fakultativ** neben den sonstigen Gerichtsständen 4
des 3. Abschnitts (inklusive Art. 7 Nr. 5 i.V.m. Art. 10) zur Verfügung. Dies gilt auch, wenn Streitgegenstand im Einzelfall eine Immobiliarversicherung ist; insofern besteht keine Parallelität zu Art. 24 Nr. 1. Zu den übrigen **Konkurrenzen** – v.a. im Verhältnis zu den Gerichtsständen außerhalb des 3. Abschnitts – vgl. die Kommentierung zu Art. 10 Rn. 14 ff.

IV. Sachlicher Anwendungsbereich

Der Gerichtsstand des Art. 12 ist ausweislich des Wortlauts von Art. 10 **sach-** 5
lich nur in **Versicherungssachen**[5] anzuwenden, d.h. auf – vertraglich zu qualifizierende – Streitigkeiten aus (u.U. vermeintlichen) Versicherungsverhältnissen zwischen einem aus einem Versicherungsvertrag Berechtigten und einem Versicherer. Über die Verweisung in Art. 13 Abs. 2 kann sich unter bestimmten Voraussetzungen auch ein „bloß" Geschädigter auf den Gerichtsstand des Art. 12 stützen.

[2] S. näher die dortige Kommentierung Rn. 183 ff.
[3] Saenger/*Dörner*, ZPO, 6. Aufl. 2015, Art. 12 EuGVVO Rn. 2; MünchKomm/*Gottwald*, ZPO, 4. Aufl. 2013, Art. 10 EuGVVO a.F. Rn. 1. Zu dem Anknüpfungspunkt „Ort des schädigenden Ereignisses" s. EuGH, 16.7.2009 – Rs. C-189/08, *Zuid-Chemie BV ./. Philippo's Mineralenfabriek NV/SA*, Slg. 2009, I-6919 (ECLI:EU:C:2009:475), Rn. 25; Rauscher/*Leible*, EuZPR, 4. Aufl. 2016, Art. 7 EuGVVO Rn. 117.
[4] Musielak/Voit/*Stadler*, ZPO, 13. Aufl. 2016, Art. 12 EuGVVO Rn. 1; Rauscher/*Staudinger*, EuZPR, 4. Aufl. 2016, Art. 12 EuGVVO Rn. 4.
[5] Vgl. zum sachlichen Anwendungsbereich des 3. Abschnitts insgesamt die Kommentierung zu Art. 10 Rn. 27 ff.

6   Im Übrigen sind von Art. 12 **nur bestimmte Versicherungszweige** erfasst, namentlich die **Haftpflicht-** und die **Immobiliarversicherung** sowie gem. Art. 12 Satz 2 auch bestimmte mit einer Immobiliarversicherung verbundene **Fahrnisversicherungen**.[6] Entgegen dem Wortlaut des Art. 12 Satz 2 reicht dabei für eine Verknüpfung von Immobiliar- und Fahrnisversicherung aus, wenn diese sich auf denselben Schadensfall beziehen; ein einheitlicher Vertragsschluss ist hingegen nicht nötig, vielmehr wird auch eine Fahrnisversicherung in Gestalt eines **Zusatzvertrags** zu der betreffenden Immobiliarversicherung vor Art. 12 erfasst.[7]

7   Eine **Haftpflichtversicherung** dient der Deckung des Risikos, dass der Versicherungsnehmer und/oder ein bzw. mehrere andere(r) Versicherte(r) aufgrund eigener (Mit-)Verantwortlichkeit für den Schaden einer anderen Person v.a. zur Schadensersatzleistung verpflichtet sind. Für Art. 12 relevante **Immobiliarversicherungen** hingegen decken ein Risiko in Bezug auf eine bestimmte unbewegliche Sache, etwa die Beschädigung bzw. Zerstörung durch Feuer, Sturm, Erdbeben, Vandalismus oder ähnliches ab. Eine hiermit verbundene und von Art. 12 Satz 2 erfasste **Fahrnisversicherung** liegt z.B. vor, wenn eine Grundstücksversicherung im Einzelfall neben Schäden an einem Grundstück oder Gebäude selbst auch Schäden am Hausrat mit abdeckt.[8]

V. Räumlich-persönlicher Anwendungsbereich

8   Zum **räumlichen** Anwendungsbereich der Vorschriften des 3. Abschnitts – auch zu den neben Art. 11 anwendbaren „allgemeinen" Zuständigkeitsvorschriften – vgl. zunächst die Ausführungen zu Art. 10 Rn. 17 ff. Zusätzlich ist für Art. 12 erforderlich, dass der im Einzelfall als Anknüpfungspunkt fungierende **Handlungs- oder Erfolgsort in einem Mitgliedstaat** im Sinne der EuGVVO belegen ist.[9]

9   **Nicht** zu verlangen ist entgegen einer bisweilen geäußerten Meinung,[10] dass neben dem **unzweifelhaft erforderlichen Beklagtenwohnsitz** (bzw. einer Niederlassung, Art. 11 Abs. 2) in einem Mitgliedstaat auch der betreffende **Kläger**[11] seinen Wohnsitz in einem Mitgliedstaat hat.[12] Eine derartige Voraussetzung stellt Art. 12 seinem Wortlaut nach gerade nicht auf.[13]

---

[6] Zum Begriff der unbeweglichen Sache im Sinne der EuGVVO vgl. die Kommentierung zu Art. 24 Rn. 18 ff.; zum Begriff der beweglichen Sache s. hingegen Art. 7 Rn. 93 ff.
[7] S. den *Jenard*-Bericht, 1979, S. 32; Rauscher/*Staudinger*, EuZPR, 4. Aufl. 2016, Art. 12 EuGVVO Rn. 1.
[8] Beispiel nach Saenger/*Dörner*, ZPO, 6. Aufl. 2015, Art. 12 EuGVVO Rn. 1.
[9] Unstrittig, s. nur *Kropholler/von Hein*, EuZPR, 9. Aufl. 2011, Art. 10 EuGVVO a.F. Rn. 1.
[10] Etwa Musielak/Voit/*Stadler*, ZPO, 13. Aufl. 2016, Art. 12 EuGVVO Rn. 1.
[11] Vgl. zum persönlichen Anwendungsbereich des Art. 12 die die Ausführungen zu Art. 10 Rn. 32 ff.
[12] S. nur den *Schlosser*-Bericht, 1979, Rn. 139 sowie Rauscher/*Staudinger*, EuZPR, 4. Aufl. 2016, Art. 12 EuGVVO Rn. 2 sowie allgemein für den 3. Abschnitt EuGH, 13.7.2000 – Rs. C-412/98, *Group Josi Reinsurance Company S.A. ./. Universal General Insurance Company*, Slg. 2000, I-5929 (ECLI:EU:C:2000:399), Rn. 61.
[13] So auch *Schlosser*/Hess, EuZPR, 4. Aufl. 2015, Art. 12 EuGVVO Rn. 1; Rauscher/*Staudinger*, EuZPR, 4. Aufl. 2016, Art. 12 EuGVVO Rn. 1.

Das Gleiche gilt für das von der ganz h.M.[14] postulierte Erfordernis eines **10** **qualifizierten Auslandsbezugs**, d.h. eines Auseinanderfallens des Beklagtenwohnsitzstaats und desjenigen Staates, in dem sich der Anknüpfungspunkt des Art. 12 verwirklicht (hat). Eine derartige, auch im Rahmen von Art. 11 Abs. 1 nur in dessen lit. b postulierte Voraussetzung aus dem bloßen Wort „außerdem" in Art. 12 herauszulesen, hieße den Wortlaut überspannen. Im Übrigen gibt eine Anwendung von Art. 12 auch ohne qualifizierten Auslandsbezug Sinn, regelt diese Zuständigkeitsvorschrift doch, anders als Art. 11 Abs. 1 lit. a, auch die örtliche Zuständigkeit mit.

VI. Maßgeblicher Zeitpunkt

Maßgeblicher Zeitpunkt für das Vorliegen des Wohnsitzes (oder der Niederlassung) eines beklagten Versicherers ist auch im Rahmen von Art. 12 nach allgemeinen Maßstäben[15] grds. der entsprechend Art. 32 zu bestimmenden Zeitpunkt der **Anrufung des jeweiligen Gerichts**.[16] **11**

VII. Kognitionsbefugnis

Die Kognitionsbefugnis eines gem. Art. 12 zuständigen Gerichts ist – trotz **12** der Verwendung eines aus dem Zuständigkeitsrecht für außervertragliche Ansprüche (Art. 7 Nr. 2) stammenden Anknüpfungspunkts – auf **vertraglich zu qualifizierende Ansprüche und Streitigkeiten** beschränkt. Für etwaig daneben bestehende (schwer vorstellbare) außervertragliche, insbesondere deliktische Ansprüche gelten hingegen die allgemeinen Vorschriften.[17]

VIII. Gerichtsstand am Ort des schädigenden Ereignisses

Art. 12 eröffnet eine zusätzliche Zuständigkeit an demjenigen Ort, „an dem **13** das schädigende Ereignis eingetreten ist". Dieser Begriff wird, wie oben Rn. 1 dargestellt, gleichlautend auch zur Anknüpfung des besonderen Gerichtsstands der unerlaubten Handlung verwendet und ist wegen des grundsätzlichen Gebots verordnungseinheitlicher Auslegung im Rahmen von Art. 12 **genauso wie bei Art. 7 Nr. 2 zu verstehen**. Auf die dortigen Ausführungen[18] kann daher vollumfänglich verwiesen werden.

---

[14] Saenger/*Dörner*, ZPO, 6. Aufl. 2015, Art. 12 EuGVVO Rn. 2; Rauscher/*Staudinger*, EuZPR, 4. Aufl. 2016, Art. 12 EuGVVO Rn. 1; Musielak/Voit/*Stadler*, ZPO, 13. Aufl. 2016, Art. 12 EuGVVO Rn. 1; *Geimer*/Schütze, EuZVR, 3. Aufl. 2010, Art. 10 EuGVVO a.F. Rn. 2; *Kropholler/von Hein*, EuZPR, 9. Aufl. 2011, Art. 10 EuGVVO a.F. Rn. 1.
[15] Vgl. zu diesen näher die Vorb. Art. 4 ff. Rn. 19 ff.
[16] S. nur *Kropholler/von Hein*, EuZPR, 9. Aufl. 2011, Art. 9 EuGVVO a.F. Rn. 1; *Schlosser*/Hess, EuZPR, 4. Aufl. 2015, Art. 11 EuGVVO Rn. 1; Rauscher/*Staudinger*, EuZPR, 4. Aufl. 2016, Art. 11 EuGVVO Rn. 2, 4; *Geimer*/Schütze, EuZVR, 3. Aufl. 2010, Art. 9 EuGVVO a.F. Rn. 9.
[17] Vgl. hierzu die Ausführungen zu Art. 10 Rn. 15.
[18] S. näher die dortige Kommentierung Rn. 183 ff.

14 Art. 12 eröffnet nach Wahl des Klägers (sog. Ubiquitätsprinzip) eine Zuständigkeit sowohl am Ort des ursächlichen Geschehens (des sog. **Handlungsorts**[19]) als auch des Schadenseintritts (des sog. **Erfolgsorts**[20]).[21] Ohne Relevanz für die Zuständigkeit ist demgegenüber der Ort, an dem lediglich mittelbare oder bloße Folgeschäden eintreten (d.h. der sog. **Schadensort**).[22]

Artikel 13 [Gerichtsstand bei Haftpflichtklagen]

(1) Bei der Haftpflichtversicherung kann der Versicherer auch vor das Gericht, bei dem die Klage des Geschädigten gegen den Versicherten anhängig ist, geladen werden, sofern dies nach dem Recht des angerufenen Gerichts zulässig ist.

(2) Auf eine Klage, die der Geschädigte unmittelbar gegen den Versicherer erhebt, sind die Artikel 10, 11 und 12, anzuwenden, sofern eine solche unmittelbare Klage zulässig ist.

(3) Sieht das für die unmittelbare Klage maßgebliche Recht die Streitverkündung gegen den Versicherungsnehmer oder den Versicherten vor, so ist dasselbe Gericht auch für diese Personen zuständig.

EuGH-Rechtsprechung: EuGH, 13.12.2007 – Rs. C-463/06, *FBTO ./. Jack Odenbreit*, Slg. 2007, I-11343 (E-CLI:EU:C:2007:792)

EuGH, 17.9.02009 – Rs. C-347/08, *Vorarlberger Gebietskrankenkasse ./. WGV-Schwäbische Allgemeine Versicherungs AG*, Slg. 2009, I-8661 (ECLI:EU:C:2009:561)

Schrifttum: S. das bei Art. 10 angegebene Schrifttum.

Speziell zur **Direktklage:** *Fuchs, Angelika*, Internationale Zuständigkeit für Direktklagen, IPRax 2008, S. 104; *dies.*, Direktklage des Zessionars nach internationalem Verkehrsunfall, IPRax 2014, S. 509; *Gruber, Urs Peter*, Der Direktanspruch gegen den Versicherer im neuen deutschen Kollisionsrecht, VersR 2001, S. 16; *Micha, Marianne*, Der Klägergerichtsstand des Geschädigten bei versicherungsrechtlichen Direktklagen in der Revision der EuGVVO, IPRax 2011, S. 121; *Wördemann, Nils*, International zwingende Normen im internationalen Privatrecht des europäischen Versicherungsvertrages, 1997.

Übersicht

	Rn.
I. Überblick	1
II. Entstehungsgeschichte	4
III. Konkurrenzen	5

---

[19] Hierzu näher die Kommentierung zu Art. 7 Rn. 188 ff.
[20] Vgl. die Kommentierung zu Art. 7 Rn. 198 ff.
[21] *Saenger/Dörner*, ZPO, 6. Aufl. 2015, Art. 12 EuGVVO Rn. 2; MünchKomm/*Gottwald*, ZPO, 4. Aufl. 2013, Art. 10 EuGVVO a.F. Rn. 1. Zum Anknüpfungspunkt „Ort des schädigenden Ereignisses" s. EuGH, 16.7.2009 – Rs. C-189/08, *Zuid-Chemie BV ./. Philippo's Mineralenfabriek NV/SA*, Slg. 2009, I-6919 (ECLI:EU:C:2009:475), Rn. 25; Rauscher/*Leible*, EuZPR, 4. Aufl. 2016, Art. 7 EuGVVO Rn. 117.
[22] *Geimer*/Schütze, EuZVR, 3. Aufl. 2010, Art. 10 EuGVVO a.F. Rn. 2; vgl. zum Schadensort allgemein z.B. die Kommentierung zu Art. 7 Rn. 187 und 199.

IV. Sachlicher und räumlich-persönlicher Anwendungsbereich 6
V. Kognitionsbefugnis 10
VI. Interventionsklage bei der Haftpflichtversicherung (Art. 13 Abs. 1) 11
   1. Überblick 11
   2. Zulässigkeit der Interventionsklage nach der lex fori 12
   3. Anforderungen an die Hauptklage 15
   4. Abdingbarkeit von Art. 13 Abs. 1? 18
VII. Direktklage des Geschädigten (Art. 13 Abs. 2) 19
   1. Überblick 19
   2. Bestimmung des auf eine Direktklage anwendbaren Rechts 21
   3. Gerichtsstände für eine Direktklage 22
   4. Abdingbarkeit? 24
VIII. Streitverkündung bei einer Direktklage (Art. 13 Abs. 3) 25

I. Überblick

Art. 13 Abs. 1 und 2 trifft neben Art. 11 Abs. 1 und Art. 12 weitere Zustän- **1**
digkeitsregelungen für **Klagen gegen einen Versicherer**, gilt jedoch anders als
Art. 11 Abs. 1 und ähnlich wie Art. 12 nicht allgemein, sondern nur für einen
bestimmten Versicherungszweig (nämlich die **Haftpflichtversicherung**). Ausdrücklich spricht zwar nur Art. 13 Abs. 1 diese Einschränkung aus. Jedoch folgt
aus der Systematik, den Materialien[1] sowie der einschlägigen EuGH-Rechtsprechung[2] eindeutig, dass auch Art. 13 Abs. 2 und 3 nur für die Haftpflichtversicherung Anwendung finden. Im Übrigen regeln Art. 13 Abs. 1 und 3 sowohl die
internationale als auch die **örtliche** Zuständigkeit,[3] während Abs. 2 lediglich auf
weitere Gerichtsstände verweist.

Art. 13 **Abs. 1** begründet im Rahmen einer anhängigen Hauptklage zwischen **2**
einem Geschädigten und einem Versicherten (als etwaigem Schädiger) einen
zusätzlichen Gerichtsstand für sog. **Interventionsklagen** des Geschädigten auch
gegen die Haftpflichtversicherung des Schädigers an dem Gericht der Hauptklage. Eine ähnliche Regelung trifft (außerhalb des Anwendungsbereichs der
Sondervorschriften des 3. bis 5. Abschnitts) Art. 8 Nr. 2. Vor deutschen Gerichten finden indes sowohl Art. 13 Abs. 1 als auch Art. 8 Nr. 2 gem. Art. 65 Abs. 1
Satz 1 keine Anwendung, da das Rechtsinstitut der Interventionsklage dem deutschen Recht fremd ist.[4]

Art. 13 **Abs. 2** hingegen erklärt die Gerichtsstände der Art. 11 und 12 auch **3**
für „**Direktklagen**" eines Geschädigten gegen eine Haftpflichtversicherung für
anwendbar. Gemeint sind damit Klagen, mit denen ein Geschädigter etwaige
materiell-rechtliche Direktansprüche gegen die Haftpflichtversicherung eines
Schädigers geltend macht.[5] Art. 13 **Abs. 3** schließlich erlaubt es einem im Weg
einer Direktklage in Anspruch genommenen Versicherer, dem Versicherungsnehmer bzw. einem Versicherten am Gericht der Direktklage den **Streit zu**

---
[1] *Jenard*-Bericht, 1979, S. 32.
[2] S. etwa EuGH, 13.12.2007 – Rs. C-463/06, *FBTO ./. Jack Odenbreit*, Slg. 2007, I-11323 (ECLI:EU:C:2007:792), Rn. 23.
[3] Rauscher/*Staudinger*, EuZPR, 4. Aufl. 2016, Art. 13 EuGVVO Rn. 1.
[4] Vgl. die Kommentierung zu Art. 8 Rn. 44 sowie *Schack*, IZVR, 6. Aufl. 2014, Rn. 414f.
[5] Vgl. *Schlosser*/Hess, EuZPR, 4. Aufl. 2015, Art. 13 EuGVVO Rn. 2.

B Vor I 7 Art. 13 VO (EU) Nr. 1215/2012

verkünden, soweit das im Einzelfall anwendbare nationale (Verfahrens- und Sach-)Recht dies zulässt.

II. Entstehungsgeschichte

4   Art. 13 geht auf Art. 10 EuGVÜ bzw. Art. 11 EuGVVO a.F. zurück und ist seit Schaffung des EuGVÜ im Jahr 1968 bis auf minimale Änderungen des Wortlauts **unverändert** geblieben: Allerdings wurde im Rahmen der „Umwandlung" des EuGVÜ in die EuGVVO a.F. im Jahr 2000 insbesondere der Begriff „der Verletzte" im jetzigen Art. 13 Abs. 2 durch „der Geschädigte" ersetzt. Bei der jüngsten Reform hingegen blieb Art. 13 unverändert.

III. Konkurrenzen

5   Art. 13 steht **alternativ** neben den sonstigen Gerichtsständen des 3. Abschnitts zur Verfügung. Allerdings kann sich ein „lediglich" Geschädigter, der nicht zugleich z.b. Begünstigter einer Versicherung ist, in direkter Anwendung gar nicht auf die Gerichtsstände der Art. 11 und 12 stützen, sondern nur im Rahmen einer Direktklage qua Verweisung in Art. 13 Abs. 2. Zu den übrigen **Konkurrenzen** – v.a. im Verhältnis zu den sonstigen Gerichtsständen außerhalb des 3. Abschnitts – vgl. die Kommentierung zu Art. 10 Rn. 14 ff.

IV. Sachlicher und räumlich-persönlicher Anwendungsbereich

6   Die Zuständigkeitsvorschriften des Art. 13 sind ausweislich Art. 10 (u.U. i.V.m. Art. 13 Abs. 2) **sachlich** nur in **Versicherungssachen**[6] anwendbar, d.h. auf – vertraglich zu qualifizierende – Streitigkeiten aus (vermeintlichen) Versicherungsverhältnissen. Dabei erweitert Art. 13 in den dort genannten Fällen den persönlichen Anwendungsbereich des 3. Abschnitts auch auf (bestimmte) **Geschädigte**.

7   **Geschädigter** im Sinne dieser Vorschrift ist jede (natürliche oder juristische[7]) Person, die entweder unmittelbar oder nur indirekt[8] einen Schaden erlitten hat.[9] Freilich ist auch hierbei im Einzelfall stets zu fordern, dass eine Person im Sinne der pauschalen Typisierung des EU-Gesetzgebers[10] tatsächlich **schutzwürdig** ist.[11]

---

[6] Vgl. zum sachlichen Anwendungsbereich des 3. Abschnitts insgesamt die Kommentierung zu Art. 10 Rn. 27 ff.
[7] Saenger/*Dörner*, ZPO, 6. Aufl. 2015, Art. 13 EuGVVO Rn. 4 mit Verweis auf OLG Celle, 27.2.2008 – 14 U 211/06, NJW 2009, S. 86.
[8] Vgl. hierzu (auch zu Schockschäden) näher insbesondere Rauscher/*Staudinger*, EuZPR, 4. Aufl. 2016, Art. 13 EuGVVO Rn. 6c.
[9] EuGH, 17.9.2009 – Rs. C-347/08, *Vorarlberger Gebietskrankenkasse ./. WGV-Schwäbische Allgemeine Versicherungs AG*, Slg. 2009, I-8661 (ECLI:EU:C:2009:561), Rn. 25.
[10] Vgl. die Kommentierung zu Art. 10 Rn. 3.
[11] S. nur EuGH, 17.9.2009 – Rs. C-347/08, *Vorarlberger Gebietskrankenkasse ./. WGV-Schwäbische Allgemeine Versicherungs AG*, Slg. 2009, I-8661 (ECLI:EU:C:2009:561), Rn. 41.

Entsprechend können z.B. Versicherer[12] oder Sozialversicherungsträger[13] (etc.) nicht Geschädigte im Sinne von Art. 13 sein.[14]
Im Übrigen werden von Art. 13 nicht etwa sämtliche sondern **nur ein** **bestimmter Versicherungszweig** – die Haftpflichtversicherung – erfasst.[15] Zum Begriff der Haftpflichtversicherung s. näher die Kommentierung zu Art. 12 Rn. 7.[16]

8

Zum **räumlichen** Anwendungsbereich der Vorschriften des 3. Abschnitts – auch zu den neben Art. 13 anwendbaren „allgemeinen" Zuständigkeitsvorschriften – s. die Kommentierung zu Art. 10 Rn. 17 ff.

9

V. Kognitionsbefugnis

Die Kognitionsbefugnis eines aufgrund Art. 13 zuständigen Gerichts ist auf **vertraglich zu qualifizierende Ansprüche und Streitigkeiten** beschränkt.[17] Für etwaige (selten) daneben bestehende außervertragliche, insbesondere deliktische Ansprüche gelten hingegen die allgemeinen Vorschriften.[18]

10

VI. Interventionsklage bei der Haftpflichtversicherung (Art. 13 Abs. 1)

1. Überblick

Art. 13 Abs. 1 ermöglicht es einem Geschädigten in – nur – zuständigkeitsrechtlicher Hinsicht, am Gericht einer gegen einen Schädiger erhobenen (Haupt-)Klage auch dessen **Haftpflichtversicherung (mit) zu verklagen**. Damit stellt Art. 13 Abs. 1 – vergleichbar Art. 8 Nr. 2[19] – einem Geschädigten den sog. **Gerichtsstand der Interventionsklage** zur Verfügung. Sinn und Zweck dieser Vorschrift ist es, sich inhaltlich widersprechende Urteile zu vermeiden; folglich dient die Vorschrift (auch) der Prozessökonomie.[20] Art. 13 Abs. 1 regelt die internationale und die **örtliche** Zuständigkeit.[21] Zum Begriff der Interventionsklage s. *en détail* die Kommentierung zu Art. 8 Rn. 47 f.

11

---

[12] LG Bremen, 25.1.2001 – 6 O 1420/00, VersR 2001, S. 782.
[13] EuGH, 17.9.2009 – Rs. C-347/08, *Vorarlberger Gebietskrankenkasse ./. WGV-Schwäbische Allgemeine Versicherungs AG*, Slg. 2009, I-8661 (ECLI:EU:C:2009:561), Rn. 47; OLG Koblenz, 15.10.2012, 12 U 1528/11, IPRax 2014, S. 537 m. Anm. *Fuchs*, S. 509.
[14] Saenger/*Dörner*, ZPO, 6. Aufl. 2015, Art. 13 EuGVVO Rn. 4 (allerdings zu weitgehend: auch Zessionare oder Erben; hierzu allgemein oben Rn. 10 Rn. 36 f.).
[15] S. bereits oben Rn. 1 sowie etwa Saenger/*Dörner*, ZPO, 6. Aufl. 2015, Art. 13 EuGVVO Rn. 1.
[16] „Jede privatrechtlich ausgestaltete Versicherung, die der Deckung des Risikos dient, dass der Versicherungsnehmer und/oder eine bzw. mehrere andere Versicherte aufgrund eigener (Mit-)Verantwortlichkeit für den Schaden einer anderen Person (insbesondere) zur Schadensersatzleistung verpflichtet sind".
[17] S. allgemein *Geimer*/Schütze, EuZVR, 3. Aufl. 2010, Art. 8 EuGVVO a.F. Rn. 15a.
[18] Vgl. hierzu die Ausführungen zu Art. 10 Rn. 15.
[19] Hierzu näher die Kommentierung zu Art. 8 Rn. 41 ff.
[20] S. Rauscher/*Staudinger*, EuZPR, 4. Aufl. 2016, Art. 13 EuGVVO Rn. 1 sowie die Kommentierung zu Art. 8 Rn. 45.
[21] S. nur Rauscher/*Staudinger*, EuZPR, 4. Aufl. 2016, Art. 13 EuGVVO Rn. 1.

2. Zulässigkeit der Interventionsklage nach der *lex fori*

12   Aus Art. 13 Abs. 1 **folgt keine Verpflichtung** der einzelnen Mitgliedstaaten, entgegen den etwaigen Vorstellungen ihres innerstaatlichen Rechts in jedem Fall die Durchführung einer Interventionsklage vor ihren Gerichten zuzulassen.[22] Vielmehr steht die Regelung des Art. 13 Abs. 1 ausdrücklich unter dem **Vorbehalt**, dass eine derartige Interventionsklage „nach dem Recht des angerufenen Gerichts zulässig ist." Gemeint ist damit sowohl das materielle als auch das Verfahrensrecht des jeweiligen Forumstaats.[23] Dies folgt im Übrigen auch aus **Art. 65 Abs. 1 Satz 1**, wonach u.a. „die in [...] Artikel 13 für eine Gewährleistungs- oder Interventionsklage vorgesehene Zuständigkeit [...] in den Mitgliedstaaten, die in der von der Kommission nach [Art. 76 Abs. 1 lit. b und Abs. 2] festgelegten Liste aufgeführt sind, nur geltend gemacht werden [können], soweit das einzelstaatliche Recht dies zulässt."

13   Das **deutsche Recht** kennt weder das allgemeine Rechtsinstitut einer Interventionsklage noch in den §§ 12 ff. ZPO eine besondere Zuständigkeit hierfür.[24] Im deutschen Recht entspricht der Interventionsklage vielmehr funktional das in §§ 72 bis 74 i.V.m. 68 ZPO geregelte Rechtsinstitut der **Streitverkündung**.[25] Entsprechend ist die Bundesrepublik Deutschland in der in Art. 65 Abs. 1 Satz 1 in Bezug genommenen Liste[26] aufgeführt. Art. 13 findet daher – ebenso wie Art. 8 Nr. 2[27] – vor deutschen Gerichten **keine Anwendung**.[28]

14   Dessen ungeachtet schreibt Art. 65 Abs. 2 Satz 1 ausdrücklich vor, dass Entscheidungen, die in einem Mitgliedstaat auf Grundlage des Art. 13 ergangen sind, auch in Deutschland nach den Vorschriften des III. Kapitels ohne weiteres **anzuerkennen und zu vollstrecken** sind. Naturgemäß können auch deutsche Versicherer vor den Gerichten *anderer* Mitgliedstaaten, deren Rechtsordnung das Rechtsinstitut der Interventionsklage kennt, der Zuständigkeitsregel in Art. 13 Abs. 1 unterfallen.[29]

3. Anforderungen an die Hauptklage

15   Die gleichsam als Ankerklage fungierende **Hauptklage** zwischen Geschädigtem und Versichertem (nicht: Versicherungsnehmer, falls dieser nicht zugleich Versicherter ist[30]) muss für Art. 13 Abs. 1 schon und noch **anhängig**

---

[22] *Schlosser*/Hess, EuZPR, 4. Aufl. 2015, Art. 13 EuGVVO Rn. 2; Rauscher/*Staudinger*, EuZPR, 4. Aufl. 2016, Art. 13 EuGVVO Rn. 2.
[23] So indirekt auch *Geimer*/Schütze, EuZVR, 3. Aufl. 2010, Art. 11 EuGVVO a.F. Rn. 3.
[24] Vgl. *Schack*, IZVR, 6. Aufl. 2014, Rn. 414 f.
[25] S. etwa *Coester-Waltjen*, IPRax 1992, S. 290; *Geimer*, FS Heldrich, 2005, S. 627 (636); Musielak/ Voit/*Stadler*, ZPO, 13. Aufl. 2016, Art. 13 EuGVVO Rn. 1 sowie den *Jenard*-Bericht, 1979, S. 27 f.
[26] Vgl. die „Informationen gemäß Artikel 76 der Verordnung (EU) Nr. 1215/2012 des Europäischen Parlaments und des Rates über die gerichtliche Zuständigkeit und die Anerkennung und Vollstreckung von Entscheidungen in Zivil- und Handelssachen", ABl. (EU) 2015 Nr. C 4, S. 2.
[27] Vgl. dazu näher die Kommentierung zu Art. 8 Rn. 52 ff.
[28] S. nur Saenger/*Dörner*, ZPO, 6. Aufl. 2015, Art. 13 EuGVVO Rn. 2; *Schlosser*/Hess, EuZPR, 4. Aufl. 2015, Art. 13 EuGVVO Rn. 1; *Geimer*/Schütze, EuZVR, 3. Aufl. 2010, Art. 13 EuGVVO a.F. Rn. 4 ff.; nur allgemein hingegen Rauscher/*Staudinger*, EuZPR, 4. Aufl. 2016, Art. 13 EuGVVO Rn. 2.
[29] Rauscher/*Staudinger*, EuZPR, 4. Aufl. 2016, Art. 13 EuGVVO Rn. 3.
[30] S. näher *Geimer*/Schütze, EuZVR, 3. Aufl. 2010, Art. 11 EuGVVO a.F. Rn. 8.

sein.[31] Zum insofern **maßgeblichen Zeitpunkt** – auch zu den Grundsätzen der sog. *perpetuatio fori* – vgl. die Ausführungen in den Vorb. Art. 4 ff. Rn. 19 ff.
Über den insofern zu engen Wortlaut des Art. 13 Abs. 1 hinaus muss die **16** Hauptklage zudem **vor einem für diese zuständigen Gericht** erhoben worden sein.[32] Andernfalls würde Art. 13 Abs. 1 wider seinen Normzweck[33] zu einem Missbrauch Tür und Tor öffnenden exorbitanten Gerichtsstand umfunktioniert.

Die Zuständigkeit des Gerichts der Hauptklage muss sich dabei in Anwendung allgemeiner Prinzipien nach richtiger Ansicht **aus der EuGVVO selbst** ergeben.[34] Folgt die Zuständigkeit für die Hauptklage hingegen aus der autonomen innerstaatlichen Zuständigkeitsordnung eines Mitgliedstaates, so findet Art. 13 richtigerweise keine Anwendung. Ist danach ein Gericht für die Hauptklage unzuständig oder nur nach nationalem Recht zuständig, so obliegt es dem Versicherer, dies im Rahmen der Interventionsklage zu rügen.[35] Denn auch für Art. 13 dürfte – allerdings in den Grenzen eines entsprechend Art. 8 Nr. 2, 2. Halbsatz anzuwendenden Missbrauchsvorbehalts – genügen, dass sich die Zuständigkeit für die Hauptklage (nur) aus einer rügelosen Einlassung des Versicherten gem. Art. 26 ergibt.[36] **17**

4. Abdingbarkeit von Art. 13 Abs. 1?

Die zum Teil weitreichenden Folgen des Gerichtsstands des Art. 13 Abs. 1 **18** können **durch Gerichtsstandsvereinbarung** gem. Art. 15 Nr. 3 theoretisch **abgemildert** werden.[37] Zwar dürfte ein vollständiger Ausschluss des Art. 13 Abs. 1 zwischen Versicherungsnehmer und Versicherer wohl nicht *per se* dem Geschädigten als Drittem ohne dessen Zustimmung entgegengehalten werden

---

[31] So auch Rauscher/*Staudinger*, EuZPR, 4. Aufl. 2016, Art. 13 EuGVVO Rn. 2, Fn. 4 (zu weit hingegen – auch nachträglich ausreichend – *Schlosser*/Hess, EuZPR, 4. Aufl. 2015, Art. 13 EuGVVO Rn. 1; vgl. auch die Kommentierung zu Art. 8 Rn. 56 und – zu Art. 8 Nr. 2 – MünchKomm/*Gottwald*, ZPO, 4. Aufl. 2013, Art. 6 EuGVVO a.F. Rn. 18; Kropholler/*von Hein*, EuZPR, 9. Aufl. 2011, Art. 6 EuGVVO a.F. Rn. 26.
[32] Allg. Meinung, s. nur *Schlosser*/Hess, EuZPR, 4. Aufl. 2015, Art. 13 EuGVVO Rn. 1; Rauscher/ *Staudinger*, EuZPR, 4. Aufl. 2016, Art. 13 EuGVVO Rn. 4; Geimer/*Schütze*, EuZVR, 3. Aufl. 2010, Art. 11 EuGVVO a.F. Rn. 9; Kropholler/*von Hein*, EuZPR, 9. Aufl. 2011, Art. 6 EuGVVO a.F. Rn. 3.
[33] Man denke nur an Erwgr. 15 Satz 1: „Die Zuständigkeitsvorschriften sollten in hohem Maße vorhersehbar sein".
[34] So auch die Kommentierung zu Art. 8 Rn. 55 sowie (ebenfalls zu Art. 8 Nr. 2) Rauscher/*Leible*, EuZPR, 4. Aufl. 2016, Art. 8 EuGVVO Rn. 32; Kropholler/*von Hein*, EuZPR, 9. Aufl. 2011, Art. 6 EuGVVO a.F. Rn. 30; unentschieden Rauscher/*Staudinger*, EuZPR, 4. Aufl. 2016, Art. 13 EuGVVO Rn. 1, Fn. 3; a. A. etwa *Schlosser*/Hess, EuZPR, 4. Aufl. 2015, Art. 13 EuGVVO Rn. 1; Geimer/ Schütze, EuZVR, 3. Aufl. 2010, Art. 11 EuGVVO a.F. Rn. 11.
[35] Rauscher/*Staudinger*, EuZPR, 4. Aufl. 2016, Art. 13 EuGVVO Rn. 1, Fn. 4; Geimer/*Schütze*, EuZVR, 3. Aufl. 2010, Art. 11 EuGVVO a.F. Rn. 11.
[36] S. die Kommentierung zu Art. 8 Rn. 55 sowie zu Art. 8 Nr. 2 Kropholler/*von Hein*, EuZPR, 9. Aufl. 2011, Art. 6 EuGVVO a.F. Rn. 30; Rauscher/*Leible*, EuZPR, 4. Aufl. 2016, Art. 8 EuGVVO Rn. 31; Schack, IZVR, 6. Aufl. 2014, Rn. 417; a. A. Geimer/*Schütze*, EuZVR, 3. Aufl. 2010, Art. 11 EuGVVO a.F. Rn. 11.
[37] Geimer/*Schütze*, EuZVR, 3. Aufl. 2010, Art. 11 EuGVVO a.F. Rn. 5; Rauscher/*Staudinger*, EuZPR, 4. Aufl. 2016, Art. 13 EuGVVO Rn. 4.

können;[38] allerdings kommt naturgemäß eine (aus Sicht des Versicherers) „Abmilderung" des Art. 13 Abs. 1 durch örtliche Fixierung der Hauptklage nach Art. 15 Nr. 3 in Betracht.[39]

VII. Direktklage des Geschädigten (Art. 13 Abs. 2)

1. Überblick

19 Auch ohne eine als Ankerklage fungierende Hauptklage eröffnet Art. 13 Abs. 2 einem Geschädigte unter bestimmten Voraussetzungen die besonderen Gerichtsstände des 3. Abschnitts für sog. **Direktklagen** gegen die Haftpflichtversicherung des betreffenden Schädigers resp. Versicherten. Voraussetzung ist auch hier, dass das in der Sache **anwendbare Recht** überhaupt einen im Wege einer derartigen Direktklage – gleichsam durch den Versicherten hindurch – einklagbaren **Direktanspruch** gegen eine Haftpflichtversicherung kennt.[40] Ist dies der Fall, eröffnet Art. 13 Abs. 2 einem Geschädigten hierfür die Gerichtsstände der Art. 11 und 12[41] sowie wohl auch des Art. 10 i.V.m. Art. 7 Nr. 5.[42]

20 Im deutschen Recht etwa sehen § **115 VVG** (früher: § 3 Nr. 1 PflVG a.F.) sowie § **6 Abs. 1 AuslPflVG** einen Direktanspruch des Geschädigten gegen eine Haftpflichtversicherung vor. Diese Regelungen setzen zum Teil europäische Vorgaben (u.a. aus Art. 18 der 6. Kfz-Haftpflichtversicherungs-Richtlinie[43]) um, weshalb eine Direktklage eines Geschädigten jedenfalls gegen einen Kfz-Haftpflichtversicherer zwangsläufig **in allen Mitgliedstaaten** zulässig sein dürfte.[44]

2. Bestimmung des auf eine Direktklage anwendbaren Rechts

21 Nach herkömmlichem deutschen Verständnis[45] (vgl. auch Art. 40 Abs. 4 EGBGB), grds. aber auch nach Einschätzung des europäischen Gesetzgebers ist der Direktanspruch eines Geschädigten gegen eine (Haft-)Pflichtversicherung

---

[38] Vgl. insofern (dies betraf allerdings eine Gerichtsstandsvereinbarung zulasten eines *Begünstigten*) EuGH, 12.5.2005 – Rs. C-112/03, *Société financière et industrielle du Peloux* ./. *Axa Belgium u.a.*, Slg. 2005, I-3727 (ECLI:EU:C:2005:280), Rn. 43; **a.A.** u.U. Geimer/Schütze, EuZVR, 3. Aufl. 2010, Art. 11 EuGVVO a.F. Rn. 5.
[39] So wohl auch der *Jenard*-Bericht, 1979, S. 32; *Kropholler/von Hein*, EuZPR, 9. Aufl. 2011, Art. 11 EuGVVO a.F. Rn. 2; Rauscher/*Staudinger*, EuZPR, 4. Aufl. 2016, Art. 13 EuGVVO Rn. 3.
[40] S. nur Saenger/*Dörner*, ZPO, 6. Aufl. 2015, Art. 13 EuGVVO Rn. 7.
[41] Vgl. Musielak/Voit/*Stadler*, ZPO, 13. Aufl. 2016, Art. 13 EuGVVO Rn. 2.
[42] *Geimer*/Schütze, EuZVR, 3. Aufl. 2010, Art. 11 EuGVVO a.F. Rn. 17 f.; Rauscher/*Staudinger*, EuZPR, 4. Aufl. 2016, Art. 13 EuGVVO Rn. 5.
[43] Richtlinie 2009/103/EG des europäischen Parlaments und des Rates vom 16.9.2009 über die Kraftfahrzeug-Haftpflichtversicherung und die Kontrolle der entsprechenden Versicherungspflicht, ABl. (EG) 2009 Nr. L 263, S. 11.
[44] MünchKomm/*Gottwald*, ZPO, 4. Aufl. 2013, Art. 11 EuGVVO a.F. Rn. 2; Musielak/Voit/ *Stadler*, ZPO, 13. Aufl. 2016, Art. 13 EuGVVO Rn. 2; MünchKomm/*Junker*, BGB, 6. Aufl. 2015, Art. 18 Rom II-VO Rn. 4.
[45] Vgl. BGH, 26.9.2006 – VI ZR 200/05, NJW 2007, S. 71, Rn. 5; BGH, 4.7.1989 – VI ZR 217/ 88, BGHZ 108, S. 200; BGH, 5.10.1976 – VI ZR 253/75, NJW 1977, S. 496; *Schlosser*/Hess, EuZPR, 4. Aufl. 2015, Art. 13 EuGVVO Rn. 2.

als **außervertraglicher Anspruch** einzustufen. Eine entsprechende Kollisionsregel für Direktansprüche enthält folgerichtig die **Rom II-VO**, und zwar **in ihrem Art. 18**. Danach unterliegt ein etwaiger Direktanspruch eines Geschädigten gegen die Haftpflichtversicherung eines Ersatzpflichtigen im Wege der Alternativanknüpfung entweder dem nach Art. 4 ff. Rom II-VO bestimmten Deliktsstatut (Art. 18 Alt. 1 Rom II-VO), oder aber dem nach Art. 7 Rom I-VO bestimmten Versicherungs-(vertrags-)statut (Art. 18 Alt. 2 Rom II-VO).[46]

3. Gerichtsstände für eine Direktklage

Art. 13 Abs. 2 eröffnet einem Geschädigten für eine nach dem anwendbaren 22 Recht etwaig zulässige „Direktklage" gegen eine Haftpflichtversicherung **sämtliche Gerichtsstände** des 3. Abschnitts. Da Art. 13 Abs. 2 insofern ohne Einschränkung auf alle Gerichtsstände der Art. 10 ff. verweist, steht einem Geschädigten grds. auch – obwohl er in dieser Norm nicht ausdrücklich benannt wird – an seinem eigenen Wohnsitz der **Klägergerichtsstand** des Art. 11 Abs. 1 lit. b offen.[47] Dies war zwar lange Zeit umstritten,[48] steht aber spätestens seit der im Jahr 2008 auf Vorlage des BGH[49] ergangenen Entscheidung des EuGH in der Rechtssache *FBTO/Odenbreit*[50] fest.

Freilich sind die Gerichtsstände des 3. Abschnitts auch im Falle ihrer Anwen- 23 dung über die Verweisung in Art. 13 Abs. 2 nur anwendbar, wenn ein im Einzelfall Geschädigter überhaupt als im Sinne der pauschalen Typisierung des EU-Gesetzgebers[51] tatsächlich **schutzwürdig** anzusehen ist.[52] Entsprechend sind z.B. Versicherer[53] oder Sozialversicherungsträger[54] (etc.) keinesfalls als Geschädigte im Sinne von Art. 13 anzusehen.[55] Eine **Abtretung** bzw. sonstige Rechts-

---

[46] MünchKomm/*Junker*, BGB, 6. Aufl. 2015, Art. 18 Rom II-VO Rn. 1.
[47] S. EuGH, 13.12.2007 – Rs. C-463/06, *FBTO ./. Jack Odenbreit*, Slg. 2007, I-11323 (ECLI:EU:C:2007:792), Rn. 31; *Schlosser/Hess*, EuZPR, 4. Aufl. 2015, Art. 13 EuGVVO Rn. 2; *Rauscher/Staudinger*, EuZPR, 4. Aufl. 2016, Art. 13 EuGVVO Rn. 6 f.; *Geimer/Schütze*, EuZVR, 3. Aufl. 2010, Art. 11 EuGVVO a.F. Rn. 16; *Kropholler/von Hein*, EuZPR, 9. Aufl. 2011, Art. 11 EuGVVO a.F. Rn. 4; MünchKomm/*Gottwald*, ZPO, 4. Aufl. 2013, Art. 11 EuGVVO a.F. Rn. 2; *Saenger/Dörner*, ZPO, 6. Aufl. 2015, Art. 13 EuGVVO Rn. 4.
[48] A. A. war bis ins Jahr 2008 die wohl überwiegende Meinung in der deutschen Rechtsliteratur, s. etwa *Fuchs*, IPRax 2001, S. 425 (426); *Lemor*, NJW 2002, S. 3666 (3667 f.); vgl. insofern auch BGH, 26.9.2006 – VI ZR 200/05, NJW 2007, S. 71, Rn. 4 f. m.w.N.
[49] BGH, 26.9.2006 – VI ZR 200/05, NJW 2007, S. 71.
[50] EuGH, 13.12.2007 – Rs. C-463/06, *FBTO ./. Jack Odenbreit*, Slg. 2007, I-11323 (ECLI:EU:C:2007:792).
[51] Vgl. die Kommentierung zu Art. 10 Rn. 3.
[52] S. nur EuGH, 13.12.2007 – Rs. C-463/06, *FBTO ./. Jack Odenbreit*, Slg. 2007, I-11323 (ECLI:EU:C:2007:792), Rn. 28.
[53] LG Bremen, 25.1.2001 – 6 O 1420/00, VersR 2001, S. 782.
[54] EuGH, 17.9.2009 – Rs. C-347/08, *Vorarlberger Gebietskrankenkasse ./. WGV-Schwäbische Allgemeine Versicherungs AG*, Slg. 2009, I-8661 (ECLI:EU:C:2009:561), Rn. 47; OLG Koblenz, 15.10.2012, 12 U 1528/11, IPRax 2014, S. 537 m. Anm. *Fuchs*, S. 509.
[55] *Rauscher/Staudinger*, EuZPR, 4. Aufl. 2016, Art. 13 EuGVVO Rn. 6 gff.; *Geimer/Schütze*, EuZVR, 3. Aufl. 2010, Art. 11 EuGVVO a.F. Rn. 16; *Saenger/Dörner*, ZPO, 6. Aufl. 2015, Art. 13 EuGVVO Rn. 4 (allerdings zu weitgehend auch Zessionare oder Erben; s. hierzu oben Art. 10 Rn. 36 f.).

nachfolge hingegen verhindert entgegen teilweise vertretener Meinung[56] jedenfalls nicht *per se* eine Anwendbarkeit des Art. 13 Abs. 2.[57]

4. Abdingbarkeit?

24 Hinsichtlich einer etwaigen Abbedingung der Gerichtsstände des Art. 13 Abs. 2 (i.V.m. Art. 11 f.) ist zu bedenken, dass **Gerichtsstandsvereinbarungen** zwischen Versicherungsnehmer und Versicherer etwa gem. Art. 15 Nr. 3 dem Geschädigten als Drittem jedenfalls nicht ohne dessen Zustimmung entgegengehalten werden können.[58]

VIII. Streitverkündung bei einer Direktklage (Art. 13 Abs. 3)

25 Nach (dem schlecht formulierten) Art. 13 Abs. 3 ist dasjenige Gericht, welches gem. Art. 13 Abs. 2 für eine Direktklage eines Geschädigten gegen eine Haftpflichtversicherung zuständig ist, unter bestimmten Voraussetzungen auch für eine – freilich autonom zu verstehende[59] – **Streitverkündung des Versicherers gegen den Versicherungsnehmer und/oder den Versicherten** zuständig.

26 Der **Geschädigte** hingegen kann sich nicht auf die Zuständigkeit des Art. 13 Abs. 3 stützen.[60] Zwar wäre vom Wortlaut des Art. 13 Abs. 3 theoretisch auch eine Streitverkündung durch den Geschädigten erfasst; dagegen spricht jedoch dessen Normzweck: So dient Art. 13 Abs. 3 neben der Verhinderung sich widersprechender Urteile gerade auch – gleichsam als Kompensation für die erhöhte Gerichtspflichtigkeit des Versicherers – dem Schutz des Versicherers vor (Stichwort: *forum shopping*) betrügerischen Machenschaften.[61]

27 Voraussetzung für eine Zuständigkeit gem. Art. 13 Abs. 3 ist nach dessen Wortlaut zunächst, dass die jeweilige *lex causae*, d.h. das in Anwendung von Art. 18 Rom II-VO[62] auf den Direktanspruch anwendbare Recht, eine Streitverkündung überhaupt zulässt.[63] Im deutschen Recht ist die Zulässigkeit einer **Streitverkündung** in den §§ 72 bis 74 i.V.m. 68 ZPO geregelt.[64]

[56] Etwa KG, 19.7.2013 – 6 U 103/11, VersR 2014, S. 1020; Saenger/*Dörner*, ZPO, 6. Aufl. 2015, Art. 11 EuGVVO Rn. 3.
[57] S. hierzu umfassend die Kommentierung zu Art. 10 Rn. 36 f. sowie Rauscher/*Staudinger*, EuZPR, 4. Aufl. 2016, Art. 13 EuGVVO Rn. 6 d ff.
[58] *Schlosser*-Bericht, 1979, Rn. 148; Geimer/Schütze, EuZVR, 3. Aufl. 2010, Art. 11 EuGVVO a.F. Rn. 26; Rauscher/*Staudinger*, EuZPR, 4. Aufl. 2016, Art. 13 EuGVVO Rn. 7; vgl. insofern auch (dies betraf allerdings eine Gerichtsstandsvereinbarung zulasten eines *Begünstigten*) EuGH, 12.5.2005 – Rs. C-112/03, *Société financière et industrielle du Peloux ./. Axa Belgium u.a.*, Slg. 2005, I-3707 (ECLI:EU:C:2005:280), Rn. 43.
[59] S. zur autonomen Auslegung dieses Begriffes auch Schlosser/Hess, EuZPR, 4. Aufl. 2015, Art. 13 EuGVVO Rn. 2; Kropholler/von Hein, EuZPR, 9. Aufl. 2011, Art. 6 EuGVVO a.F. Rn. 5.
[60] Geimer/Schütze, EuZVR, 3. Aufl. 2010, Art. 13 EuGVVO a.F. Rn. 24; tendenziell auch Rauscher/*Staudinger*, EuZPR, 4. Aufl. 2016, Art. 13 EuGVVO Rn. 13a.
[61] *Jenard*-Bericht, 1979, S. 32.
[62] S. hierzu oben Rn. 21.
[63] So auch Geimer/Schütze, EuZVR, 3. Aufl. 2010, Art. 13 EuGVVO a.F. Rn. 24; Kropholler/von Hein, EuZPR, 9. Aufl. 2011, Art. 6 EuGVVO a.F. Rn. 5 (allerdings: Zulässigkeit nach *lex causae* und *lex fori* erforderlich).
[64] Vgl. zur Streitverkündung im Sinne der §§ 72 ff. ZPO allgemein näher die Kommentierung zu Art. 8 Rn. 52.

Nach – abzulehnender – anderer Ansicht soll hingegen **nur** auf die jeweilige 28
lex fori abzustellen sein.[65] Beide Meinungen führen potentiell zu in vielen Fällen unterschiedlichen Ergebnissen, ist doch das im Rahmen der an den Gerichtsständen des Art. 13 Abs. 2 erhobenen Direktklagen anwendbare Recht in aller Regel ein anderes als die jeweilige *lex fori*.[66] Gegen ein pauschales Abstellen auf die *lex fori* spricht dabei insbesondere, dass Art. 13 Abs. 3 – wie soeben Rn. 26 gezeigt – der Kompensation der durch Art. 13 Abs. 2 weiter erhöhten (sowie ohnehin schon großen) Gerichtspflichtigkeit einer Haftpflichtversicherung dient.[67] Vor diesem Hintergrund erlaubt es Art. 13 Abs. 3 einem Versicherer, wenn er schon (oftmals) in für ihn fremden Forumstaaten gerichtspflichtig wird, wenigstens bestimmte nach dem anwendbaren Recht vorhandene – ausnahmsweise auch prozessrechtliche – Schutz- und Schadloshaltungsmechanismen gleichsam aus der anwendbaren Rechtsordnung an die zusätzlichen Gerichtsstände des Art. 13 Abs. 2 „hinüberzuretten".

Ob neben der Zulässigkeit nach der *lex causae* **auch** eine solche nach der jeweili- 29
gen *lex fori* zu fordern ist, ist umstritten,[68] dürfte aber grds. zu bejahen sein. Denn bei der „Streitverkündung" handelt es sich selbst in autonomer Auslegung um ein prozessuales Rechtsinstitut, und nach allgemeinen Grundsätzen wenden Gerichte (auch im Anwendungsbereich der EuGVVO) ihr eigenes Verfahrensrecht an. Abzustellen ist dabei freilich im Lichte des Schutzzwecks des Art. 13 Abs. 3 nur auf das Verfahrensrecht und nicht das Sachrecht des jeweiligen Forumstaats.

Um allerdings den soeben Rn. 28 näher dargestellten Schutzzweck des Art. 13 30
Abs. 3 nicht über Gebühr zu unterminieren, muss der ohnehin autonom zu verstehende[69] Begriff der Streitverkündung weit verstanden werden, so dass in Forumstaaten, deren Rechtsordnung keine Streitverkündung kennt, unter diesen Begriff auch deren **funktional vergleichbare Pendants** fallen, z.B. eine Gewährleistungsklage[70] im Sinne z.B. von Art. 8 Nr. 2.[71] Dafür sprechen z.B. auch der englische („may be joined as a party to the action") und der französische („prévoit la mise en cause") sowie der italienische („la chiamata in causa") Wortlaut des Art. 13 Abs. 3.[72] Dass eine derartige Parallelität funktional vergleichbarer Prozessrechtsinstrumente im Anwendungsbereich der EuGVVO möglich ist, zeigt **Art. 65 Abs. 2**, der die Gerichte derjenigen Mitgliedstaaten, die eine Streitverkündung bzw. andersherum eine Interventions- oder Gewährleistungsklage nicht kennen, gerade dazu zwingt, die Wirkungen der betreffenden vergleichbaren Rechtsinstitute jeweils anzuerkennen.[73]

---

[65] Etwa Rauscher/*Staudinger*, EuZPR, 4. Aufl. 2016, Art. 13 EuGVVO Rn. 12 und wohl auch Saenger/*Dörner*, ZPO, 6. Aufl. 2015, Art. 13 EuGVVO Rn. 4.
[66] S. nur Saenger/*Dörner*, ZPO, 6. Aufl. 2015, Art. 13 EuGVVO Rn. 4.
[67] Vgl. soeben Rn. 26.
[68] So etwa Kropholler/*von Hein*, EuZPR, 9. Aufl. 2011, Art. 6 EuGVVO a.F. Rn. 5 (Zulässigkeit nach *lex causae* und *lex fori*); nur für die Relevanz der *lex fori* plädiert Rauscher/*Staudinger*, EuZPR, 4. Aufl. 2016, Art. 13 EuGVVO Rn. 12.
[69] Kropholler/*von Hein*, EuZPR, 9. Aufl. 2011, Art. 6 EuGVVO a.F. Rn. 5.
[70] S. hierzu die Kommentierung zu Art. 8 Rn. 47.
[71] So auch Schlosser/Hess, EuZPR, 4. Aufl. 2015, Art. 13 EuGVVO Rn. 2.
[72] S. Schlosser/Hess, EuZPR, 4. Aufl. 2015, Art. 13 EuGVVO Rn. 2.
[73] Vgl. hierzu näher die Kommentierung zu Art. 8 Rn. 52.

Artikel 14 [Gerichtsstand für Klage des Versicherers; Widerklage]

(1) Vorbehaltlich der Bestimmungen des Artikels 13 Absatz 3 kann der Versicherer nur vor den Gerichten des Mitgliedstaats klagen, in dessen Hoheitsgebiet der Beklagte seinen Wohnsitz hat, ohne Rücksicht darauf, ob dieser Versicherungsnehmer, Versicherter oder Begünstigter ist.

(2) Die Vorschriften dieses Abschnitts lassen das Recht unberührt, eine Widerklage vor dem Gericht zu erheben, bei dem die Klage selbst gemäß den Bestimmungen dieses Abschnitts anhängig ist.

Schrifttum: S. das bei Art. 10 angegebene Schrifttum.

Übersicht

	Rn.
I. Überblick	1
II. Entstehungsgeschichte	4
III. Klagen des Versicherers (Art. 14 Abs. 1)	5
1. Hintergrund	8
2. Konkurrenzen	9
3. Sachlicher und räumlich-persönlicher Anwendungsbereich	11
4. Streitgenossenschaft auf Beklagtenseite?	12
5. Maßgeblicher Zeitpunkt	13
6. Kognitionsbefugnis	15
IV. Widerklagen (Art. 14 Abs. 2)	16

I. Überblick

1 Während die Zuständigkeit für Klagen *gegen* einen Versicherer umfassend und durchaus mannigfaltig in Art. 10 bis 13 Abs. 2 geregelt ist, statuiert Art. 14 umgekehrt in seinem **Abs. 1** nur einen einzigen Gerichtsstand für **Klagen eines Versicherers** in Versicherungssachen.[1] Eigene Aktivklagen kann ein Versicherer nach dieser Vorschrift grds. nur vor den Gerichten desjenigen Mitgliedstaats erheben, in dessen Hoheitsgebiet seine jeweiligen Verfahrensgegner[2] ihren Wohnsitz[3] haben. Eine Ausnahme von diesem Grundsatz bildet – ausdrücklich – die Sonderregelung in Art. 13 Abs. 3 sowie der gem. Art. 10 auch für Aktivklagen eines Versicherers anwendbare[4] Art. 7 Nr. 5.

2 Art. 14 Abs. 1 bestimmt nur die **internationale** Zuständigkeit; zur Bestimmung der örtlichen Zuständigkeit muss daneben auf das nationale Verfahrensrecht des jeweiligen Forumstaats (in der Bundesrepublik Deutschland z.B. die §§ 12 ff. ZPO sowie insbesondere § 215 VVG) zurückgegriffen werden.[5]

---

[1] Zum Begriff der Versicherungssache s. oben Art. 10 Rn. 27 ff.
[2] Zum von Art. 14 Abs. 1 erfassten Personenkreis s. unten Rn. 6.
[3] Zum Begriff des Wohnsitzes im Sinne der EuGVVO s. die Ausführungen zu Art. 4 Rn. 6 ff sowie Art. 62 und 63 nebst Kommentierung.
[4] S. nur Saenger/*Dörner*, ZPO, 6. Aufl. 2015, Art. 14 EuGVVO Rn. 1; Musielak/Voit/*Stadler*, ZPO, 13. Aufl. 2016, Art. 14 EuGVVO Rn. 1; Rauscher/*Staudinger*, EuZPR, 4. Aufl. 2016, Art. 14 EuGVVO Rn. 4; *Geimer*/Schütze, EuZVR, 3. Aufl. 2010, Art. 12 EuGVVO a.F. Rn. 1; *Kropholler/von Hein*, EuZPR, 9. Aufl. 2011, Art.12 EuGVVO a.F. Rn. 2 sowie oben Art. 10 Rn. 22ff.
[5] S. nur Rauscher/*Staudinger*, EuZPR, 4. Aufl. 2016, Art. 14 EuGVVO Rn. 2.

Art. 14 **Abs. 2** hingegen stellt, ohne eine eigene Gerichtsstandsregelung zu 3
beinhalten, klar, dass auch in Versicherungssachen **Widerklagen** grds. uneingeschränkt zulässig sind. Dies gilt entgegen der unglücklichen systematischen Stellung des Abs. 2 für grds. alle Versicherungssachen, d.h. unabhängig davon, ob die jeweilige Hauptklage von einem oder gegen einen Versicherer erhoben wurde.[6]

II. Entstehungsgeschichte

Art. 14 beruht wortgleich auf **Art. 12 EuGVVO a.F.** sowie mittelbar – bis 4
auf kleinere (z.T. klarstellende) Änderungen des Wortlauts – auf Art. 11 EuGVÜ.

III. Klagen des Versicherers (Art. 14 Abs. 1)[7]

Art. 14 **Abs. 1** eröffnet für Aktivklagen eines Versicherers in Versicherungssa- 5
chen eine Zuständigkeit der Gerichte desjenigen Mitgliedstaats, in dessen
Hoheitsgebiet der jeweilige Verfahrensgegner **seinen Wohnsitz** hat.

Als **denkbare Verfahrensgegner** eines Versicherers im Sinne von Art. 14 6
Abs. 1 kommen nach dessen Wortlaut zunächst der Versicherungsnehmer sowie jeder sonstige Versicherte bzw. Begünstigte in Betracht.[8] Wie oben[9] gezeigt, sind darüber hinaus jedoch auch alle weiteren aus einem Versicherungsvertrag[10] berechtigten Personen potentielle Verfahrensbeteiligte im Sinne des 3. Abschnitts und damit auch des Art. 14 Abs. 1, solange sie bei (pauschaler Betrachtung) schutzwürdig und nicht z.b. ihrerseits Versicherer oder Sozialversicherungsträger sind.[11]

Auch ein **Geschädigter** sollte unter diesen Voraussetzungen in entsprechen- 7
der Anwendung grds. unter Art. 14 Abs. 1 gefasst werden.[12] Denn auch er ist –
aus Art. 13 ersichtlich – nach der Einschätzung des supranationalen Gesetzgebers jedenfalls *per se* schutzwürdig; dafür streitet nicht zuletzt die explizite Erwähnung des Geschädigten in Art. 26 Abs. 2.[13]

1. Hintergrund

Art. 14 Abs. 1 stellt sicher, dass die vom europäischen Gesetzgeber als beson- 8
ders schutzwürdig erachteten Verfahrensgegner eines Versicherers jedenfalls im

---

[6] Ganz h.M., s. nur *Schlosser*/Hess, EuZPR, 4. Aufl. 2015, Art. 14 EuGVVO Rn. 3; Rauscher/*Staudinger*, EuZPR, 4. Aufl. 2016, Art. 14 EuGVVO Rn. 5; *Geimer*/Schütze, EuZVR, 3. Aufl. 2010, Art. 9 EuGVVO a.F. Rn. 23.
[7] Die Ausführungen dieses Gliederungspunkts entsprechen im Grundsatz denjenigen der Parallelkommentierung zu Art. 22 Abs. 1.
[8] Zur Bedeutung dieser Begriffe s. die Kommentierung zu Art. 10 Rn. 35.
[9] Rn. 29 zu Art. 10.
[10] Zum Begriff des Versicherungsvertrags vgl. die Kommentierung zu Art. 10 Rn. 27ff.
[11] EuGH, 17.9.2009 – Rs. C-347/08, *Vorarlberger Gebietskrankenkasse* ./. *WGV-Schwäbische Allgemeine Versicherungs AG*, Slg. 2009, I-8661 (ECLI:EU:C:2009:561), Rn. 41; Musielak/Voit/*Stadler*, ZPO, 13. Aufl. 2016, Vorbemerkungen zu Art. 10 bis 16 EuGVVO Rn. 1; Rauscher/*Staudinger*, EuZPR, 4. Aufl. 2016, Art. 10 EuGVVO Rn. 19.
[12] So auch Rauscher/*Staudinger*, EuZPR, 4. Aufl. 2016, Art. 14 EuGVVO Rn. 1.
[13] Rauscher/*Staudinger*, EuZPR, 4. Aufl. 2016, Art. 14 EuGVVO Rn. 1.

Regelfall[14] **nur in ihrem eigenen Wohnsitzstaat** und nicht auch an etwaigen weiteren besonderen Gerichtsständen gerichtspflichtig sind.[15] Insofern dehnt Art. 14 Abs. 1 die auch in Art. 4 Abs. 1 zum Ausdruck kommende zuständigkeitsrechtliche Privilegierung des Beklagten (den sog. *favor defensoris*)[16] auf die meisten Klagen eines Versicherers in Versicherungssachen aus.

2. Konkurrenzen

9   Die Zuständigkeitsregeln des 3. Abschnitts bilden insgesamt eine **grds. abschließende** und gegenüber den meisten „allgemeinen" Vorschriften vorrangige **Sonderregelung**.[17] Dies gilt jedoch nicht uneingeschränkt: So gehen z.b. die ausschließlichen Gerichtsstände des Art. 24 den Vorschriften des 3. Abschnitts insgesamt vor.[18] Überdies lässt Art. 10 auch in Versicherungssachen ausdrücklich eine Anwendbarkeit von Art. 7 Nr. 5 zu, und zwar auch für Aktivklagen eines Versicherers, d.h. in Konkurrenz zu Art. 14 Abs. 1.[19] Nach seinem ausdrücklichen Wortlaut ist zudem – allerdings nur in Bezug auf Klagen gegen Versicherungsnehmer bzw. Versicherte – neben Art. 14 Abs. 1 auch Art. 13 Abs. 3 anwendbar.

10 Unter bestimmten – engen – Voraussetzungen sind zudem gem. Art. 15 i.V.m. Art. 25 von der Zuständigkeitsregelung in Art. 14 Abs. 1 abweichende **Gerichtsstandsvereinbarungen** möglich. Das Gleiche gilt für eine **rügelose Einlassung** im Sinne von Art. 26, bei Aktivklagen eines Versicherers jedoch gem. Art. 26 Abs. 2 nur, wenn dessen jeweiliger Verfahrensgegner[20] zuvor über sein Recht, die Unzuständigkeit des Gerichts geltend zu machen, und über die Folgen der Einlassung oder Nichteinlassung auf das Verfahren belehrt wurde.

3. Sachlicher und räumlich-persönlicher Anwendungsbereich

11 Der Gerichtsstand des Art. 14 Abs. 1 ist ausweislich des Wortlauts von Art. 10 **sachlich** nur in Versicherungssachen[21] anzuwenden, d.h. auf – vertraglich zu qualifizierende[22] – Streitigkeiten aus (u.U. vermeintlichen) Versicherungsverträgen.[23] Zum **räumlichen** Anwendungsbereich des Art. 14 Abs. 1 – nur gegenüber Verfahrensgegnern mit Wohnsitz in einem Mitgliedstaat – s. näher die Aus-

---

[14] Zu den Ausnahmen gem. Art. 13 Abs. 3 sowie Art. 7 Nr. 5 i.V.m. Art. 10 vgl. die Kommentierung zu Art. 13 Rn. 25 ff. bzw. Art. 10 Rn. 22 ff.
[15] S. nur *Geimer*/Schütze, EuZVR, 3. Aufl. 2010, Art. 12 EuGVVO a.F. Rn. 1 f.; Rauscher/*Staudinger*, EuZPR, 4. Aufl. 2016, Art. 14 EuGVVO Rn. 1.
[16] Vgl. hierzu allgemein Art. 4 Rn. 2.
[17] Saenger/*Dörner*, ZPO, 6. Aufl. 2015, Vorbemerkung zu Art. 10–16 EuGVVO Rn. 1.
[18] Vgl. u.a. die Kommentierung zu Art. 24 Rn. 13.
[19] S. nur Saenger/*Dörner*, ZPO, 6. Aufl. 2015, Art. 14 EuGVVO Rn. 1; Musielak/Voit/*Stadler*, ZPO, 13. Aufl. 2016, Art. 14 EuGVVO Rn. 4; Geimer/Schütze, EuZVR, 3. Aufl. 2010, Art. 12 EuGVVO a.F. Rn. 1; *Kropholler/von Hein*, EuZPR, 9. Aufl. 2011, Art.12 EuGVVO a.F. Rn. 2 sowie oben Art. 10 Rn. 22 ff.
[20] Art. 26 Abs. 2 nennt insofern den „Versicherungsnehmer, [den] Versicherte[n], [den] Begünstigte[n] eines Versicherungsvertrags [sowie den] Geschädigte[n]".
[21] Der Begriff der Versicherungssache s. oben Art. 10 Rn. 27 ff.
[22] Dazu sogleich Rn. 15.
[23] Zum Begriff des Versicherungsvertrags vgl. die Kommentierung zu Art. 10 Rn. 27 ff.

führungen zu Art. 10 Rn. 17 ff. Der Wohnsitz des jeweils klagenden Versicherers ist demgegenüber gleichgültig und kann auch in einem Drittstaat liegen.[24] Zum **persönlichen** Anwendungsbereich des Art. 14 s. die Ausführungen oben Rn. 6 f. sowie zu Art. 10 Rn. 32 ff.

4. Streitgenossenschaft auf Beklagtenseite?

Stehen einem Versicherer im Einzelfall aus einem einheitlichen Versicherungs- 12
verhältnis **Ansprüche gegen mehrere Beklagte** zu (etwa im Falle einer Klage auf Prämienzahlung gegen mehrere Versicherungsnehmer), so bleibt ihm gem. Art. 14 Abs. 1 grds. nichts anderes übrig, als jeden seiner Verfahrensgegner (u.U. einzeln) in dessen Wohnsitzstaat zu verklagen. **Art. 8 Nr. 1** findet – auch im Umkehrschluss aus Art. 20 Abs. 1 ersichtlich – in Versicherungssachen keine Anwendung. Dies ist freilich in – vom supranationalen Gesetzgeber wohl nicht bedachten[25] – Fällen einer **echten notwendigen Streitgenossenschaft** auf Beklagtenseite (im deutschen Recht gem. § 62 Alt. 2 ZPO[26]) nicht hinnehmbar.[27] In einem solchen Fall muss daher *praeter legem*[28] analog Art. 20 Abs. 1 auch in Versicherungssachen auf Art. 8 Nr. 1 zurückgegriffen werden (können).

5. Maßgeblicher Zeitpunkt

Der maßgebliche Zeitpunkt für das Vorliegen des Beklagtenwohnsitzes in 13
einem Mitgliedstaat beurteilt sich auch im Rahmen von Art. 14 Abs. 1 nach allgemeinen Maßstäben.[29] Abzustellen ist danach grds. auf den Zeitpunkt der entsprechend Art. 32 zu bestimmenden **Anrufung des jeweiligen Gerichts**.[30] Der Wegfall des Wohnsitzes *nach* Klageeinreichung ist hingegen nach den Regeln der *perpetuatio fori* grds. irrelevant.[31]

Im Jahr 2011 hat der EuGH in der Rechtssache *Lindner* entschieden, dass die 14
Anwendung der einheitlichen Zuständigkeitsvorschriften der EuGVVO (konkret ging es dabei um Verbrauchersache im Sinne der Art. 17 ff.) auch bei **unbekanntem Wohnsitz** des Beklagten den Regelungszielen der EuGVVO entspreche. Jedenfalls dann, wenn ein beklagter Verbraucher im Rahmen eines langfristigen Vertragsverhältnisses zur Mitteilung einer Adressänderung verpflichtet war, sei daher – so der Gerichtshof damals – hilfsweise auf den **letzten bekannten Wohnsitz** des Beklagten abzustellen.[32] Dies dürfte erst recht auf (fast immer

---

[24] EuGH, 13.7.2000 – Rs. C-412/98, *Group Josi Reinsurance Company S.A. ./. Universal General Insurance Company*, Slg. 2000, I-5345 (ECLI:EU:C:2000:399), Rn. 61; Kropholler/von Hein, EuZPR, 9. Aufl. 2011, Art. 12 EuGVVO a.F. Rn. 1; Rauscher/*Staudinger*, EuZPR, 4. Aufl. 2016, Art. 14 EuGVVO Rn. 1.
[25] *Geimer*/Schütze, EuZVR, 3. Aufl. 2010, Art. 12 EuGVVO a.F. Rn. 2.
[26] Hierzu etwa MünchKomm/*Schultes*, ZPO, 3. Aufl. 2013, § 62 ZPO Rn. 4.
[27] So insbesondere *Geimer*/Schütze, EuZVR, 3. Aufl. 2010, Art. 12 EuGVVO a.F. Rn. 2.
[28] Vgl. *Geimer*/Schütze, EuZVR, 3. Aufl. 2010, Art. 12 EuGVVO a.F. Rn. 2.
[29] Vgl. hierzu die Vorb. Art. 4 ff. Rn. 19 ff.
[30] S. nur Rauscher/*Staudinger*, EuZPR, 4. Aufl. 2016, Art. 14 EuGVVO Rn. 1.
[31] Hierzu näher in den Vorb. Art. 4 ff. Rn. 21.
[32] EuGH, 17.11.2011 – Rs. C-327/10, *Hypoteční banka a. s. ./. Udo Mike Lindner*, Slg. 2011, I-11582 (E-CLI:EU:C:2011:745), Rn. 44 und 55. Vgl. hierzu – auch zur weiterführenden Entscheidung EuGH 15.3.2012 – Rs. C-292/10, *G ./. Cornelius de Visser*, ECLI:EU:C:2012:142.

langfristige und mit bestimmten Treuepflichten verbundene) Versicherungsverhältnisse und damit auch auf Art. 14 Abs. 1 zu übertragen sein.[33]

6. Kognitionsbefugnis

15 Die **Kognitionsbefugnis** eines nach Art. 14 Abs. 1 zuständigen Gerichts ist auf **vertraglich zu qualifizierende Ansprüche und Streitigkeiten** beschränkt.[34] Für etwaige daneben bestehende außervertragliche, insbesondere deliktische Ansprüche gelten hingegen die allgemeinen Vorschriften.[35]

IV. Widerklagen (Art. 14 Abs. 2)[36]

16 Art. 14 Abs. 2 stellt klar, dass auch in Versicherungssachen Widerklagen **grds. uneingeschränkt zulässig** sind. Dies gilt unabhängig davon, ob es sich bei dem einer Widerklage zugrunde liegenden Sachverhalt seinerseits um eine Versicherungssache handelt oder nicht, entbindet jedoch nicht von der in Art. 8 Nr. 3 statuierten Notwendigkeit des Vorliegens besonderer Voraussetzungen (insbesondere einer Konnexität[37]).[38]

17 Entgegen seiner verfehlten[39] systematischen Stellung und ausweislich seines eindeutigen Wortlauts **gilt Art. 14 Abs. 2 für sämtliche Versicherungssachen** – d.h. sowohl Aktiv- als auch Passivklagen eines Versicherers – und nicht nur im Anwendungsbereich von Art. 14 Abs. 1.[40] Insgesamt hätte das durch Art. 14 Abs. 2 angestrebte Regelungsziel auf wesentlich elegantere Weise durch einen Vorbehalt zugunsten von Art. 8 Nr. 3 in Art. 10 erreicht werden können.[41]

Artikel 15 [Zulässige Gerichtsstandsvereinbarung]

Von den Vorschriften dieses Abschnitts kann im Wege der Vereinbarung nur abgewichen werden,
1. wenn die Vereinbarung nach der Entstehung der Streitigkeit getroffen wird,
2. wenn sie dem Versicherungsnehmer, Versicherten oder Begünstigten die Befugnis einräumt, andere als die in diesem Abschnitt angeführten Gerichte anzurufen,

---

[33] Vgl. auch die Kommentierung zu Art. 4 Rn. 13.
[34] Vgl. die Kommentierung zu Art. 10 Rn. 15 sowie etwa *Geimer*/Schütze, EuZVR, 3. Aufl. 2010, Art. 8 EuGVVO a.F. Rn. 15a.
[35] S. auch *Geimer*/Schütze, EuZVR, 3. Aufl. 2010, Art. 8 EuGVVO a.F. Rn. 15a.
[36] Die Ausführungen dieses Gliederungspunkts entsprechen im Grundsatz denjenigen der Parallelkommentierung zu Art. 22 Abs. 2.
[37] Hierzu näher die Kommentierung zu Art. 8 Rn. 59 ff.
[38] So auch Rauscher/*Staudinger*, EuZPR, 4. Aufl. 2016, Art. 14 EuGVVO Rn. 5; *Kropholler/von Hein*, EuZPR, 9. Aufl. 2011, Art. 12 EuGVVO a.F. Rn. 3; *Geimer*/Schütze, EuZVR, 3. Aufl. 2010, Art. 12 EuGVVO a.F. Rn. 4.
[39] S. *Schlosser*/Hess, EuZPR, 4. Aufl. 2015, Art. 14 EuGVVO Rn. 3; Rauscher/*Staudinger*, EuZPR, 4. Aufl. 2016, Art. 14 EuGVVO Rn. 5.
[40] Ganz h.M., s. nur *Schlosser*/Hess, EuZPR, 4. Aufl. 2015, Art. 14 EuGVVO Rn. 3; Rauscher/*Staudinger*, EuZPR, 4. Aufl. 2016, Art. 14 EuGVVO Rn. 5; *Geimer*/Schütze, EuZVR, 3. Aufl. 2010, Art. 9 EuGVVO a.F. Rn. 23.
[41] So auch *Kropholler/von Hein*, EuZPR, 9. Aufl. 2011, Art. 12 EuGVVO a.F. Rn. 3.

3. wenn sie zwischen einem Versicherungsnehmer und einem Versicherer, die zum Zeitpunkt des Vertragsabschlusses ihren Wohnsitz oder gewöhnlichen Aufenthalt in demselben Mitgliedstaat haben, getroffen ist, um die Zuständigkeit der Gerichte dieses Mitgliedstaats auch für den Fall zu begründen, dass das schädigende Ereignis im Ausland eintritt, es sei denn, dass eine solche Vereinbarung nach dem Recht dieses Mitgliedstaats nicht zulässig ist,
4. wenn sie von einem Versicherungsnehmer geschlossen ist, der seinen Wohnsitz nicht in einem Mitgliedstaat hat, ausgenommen soweit sie eine Versicherung, zu deren Abschluss eine gesetzliche Verpflichtung besteht, oder die Versicherung von unbeweglichen Sachen in einem Mitgliedstaat betrifft, oder
5. wenn sie einen Versicherungsvertrag betrifft, soweit dieser eines oder mehrere der in Artikel 16 aufgeführten Risiken deckt.

EuGH-Rechtsprechung: EuGH, 12.5.2005 – Rs. C-112/03, *Société financière et industrielle du Peloux ./. Axa Belgium u.a.*, Slg. 2005, I-3727 (ECLI:EU:C:2005:280).

Schrifttum: S. das bei Art. 10 angegebene Schrifttum.

Übersicht

	Rn.
I. Normzweck	1
II. Überblick	3
III. Entstehungsgeschichte	6
IV. Sachlicher Anwendungsbereich; Verhältnis zu Art. 25	7
V. Räumlich-persönlicher Anwendungsbereich	8
VI. Vereinbarung nach Entstehen einer Streitigkeit (Art. 15 Nr. 1)	11
VII. Vereinbarung zugunsten der Verfahrensgegner (Art. 15 Nr. 2)	13
VIII. Vereinbarung bei gemeinsamen Wohnsitz- oder Aufenthaltsstaat (Art. 15 Nr. 3)	15
1. Wohnsitz bzw. gewöhnlicher Aufenthalt in demselben Mitgliedstaat	16
2. Vereinbarung für den Fall eines schädigenden Ereignisses im Ausland	18
3. Zulässigkeit der Zuständigkeitsvereinbarung nach dem Recht des prorogierten Staates	20
IX. Vereinbarung mit Versicherungsnehmern aus Drittstaaten (Art. 15 Nr. 4)	21
X. See- und Luftfahrtversicherungen; Großrisiken (Art. 15 Nr. 5)	25

I. Normzweck

Würden Gerichtsstandsvereinbarungen im Sinne von Art. 25 auch in Versicherungssachen uneingeschränkt zugelassen, könnte der durch Art. 10 ff. an sich intendierte Schutz bestimmter Verfahrensgegner eines Versicherers als typischerweise wirtschaftlich schwächere Vertragsparteien[1] in vielen Fällen gleichsam **durch die Hintertür** wieder eingeschränkt bzw. sogar hinfällig werden.[2] Diese Gefahr ist gerade in Versicherungssachen besonders virulent, sind doch Versicherungsverträge besonders häufig vorformuliert[3] und werden daher Versi- 1

---
[1] EuGH, 13.7.2000 – Rs. C-412/98, *Group Josi Reinsurance Company S.A. ./. Universal General Insurance Company*, Slg. 2000, I-5295 (ECLI:EU:C:2000:399), Rn. 65.
[2] S. nur *Geimer*/Schütze, EuZVR, 3. Aufl. 2010, Art. 13 EuGVVO a.F. Rn. 1.
[3] *Kropholler/von Hein*, EuZPR, 9. Aufl. 2011, Art. 13 EuGVVO a.F. Rn. 1.

cherungsnehmer (etc.) „meist mit einem vorformulierten, in seinen Einzelheiten nicht mehr verhandelbaren Vertrag konfrontiert".[4] Derartige Formularverträge enthalten erfahrungsgemäß oftmals auch Gerichtsstandsvereinbarungen.[5]

2 Vor diesem Hintergrund folgerichtig **schränkt Art. 15 die Zulässigkeit** von Gerichtsstandsvereinbarungen in Versicherungssachen deutlich – auf die in Nr. 1 bis Nr. 5 abschließend aufgezählten Fallgruppen – **ein**. Gerichtsstandsvereinbarungen in Bezug auf Versicherungssachen, die nicht den Anforderungen von Art. 15 genügen, zeitigen gem. Art. 25 Abs. 4 Alt. 1 keine rechtliche Wirkung.[6]

II. Überblick

3 Den fünf in Art. 15 normierten Ausnahmetatbeständen vom grundsätzlichen Verbot von Gerichtsstandsvereinbarungen in Versicherungssachen liegen unterschiedliche **Grundgedanken** zugrunde:

4 **Art. 15 Nr. 1** basiert auf dem Gedanken, dass Zuständigkeitsvereinbarungen jedenfalls dann zulässig sein sollen, wenn gar keine konkrete Gefährdung der Interessen der abstrakt als schutzwürdig eingestuften Verfahrensgegner eines Versicherers mehr droht, weil die Gefahr einer Überrumpelung oder Ausnutzung der rechtlichen Unerfahrenheit im Angesicht eines drohenden Rechtsstreits nicht mehr besteht.[7] **Art. 15 Nr. 2** hingegen erklärt – selbstverständlich – den von Art. 10 ff. allgemein und auch durch das grundsätzliche Verbot von Gerichtsstandsvereinbarungen bezweckten Sozialschutz für hinfällig, wenn eine Vereinbarung im Einzelfall nur zugunsten der schutzwürdigen Partei wirkt.[8] Weiterhin lässt **Art. 15 Nr. 4** Gerichtsstandsvereinbarungen auch dann zu, wenn der Versicherungsnehmer in einem Drittstaat ansässig ist, da Beklagte ohne Wohnsitz in einem Mitgliedstaat nach den Grundprinzipien der EuGVVO aus Art. 6 Abs. 1 i.V.m. Art. 10 ersichtlich ohnehin grds. nicht in den Genuss des durch die Verordnung (auch) bezweckten Zuständigkeitsschutzes kommen. **Art. 15 Nr. 5** i.V.m. Art. 16 schließlich lässt für Versicherungsverträge über die Deckung bestimmter „Großrisiken", die typischerweise nur durch leistungsstarke und daher eigentlich nicht schutzbedürftige Wirtschaftsunternehmen als Versicherungsnehmer abgesichert werden, Zuständigkeitsvereinbarungen unbeschränkt zu.

5 Hintergrund von **Art. 15 Nr. 3** ist demgegenüber (ausnahmsweise) das Interesse des *Versicherers*, im Falle des Vertragsschlusses mit einem im selben Mitgliedstaat ansässigen bzw. sich gewöhnlich aufhaltenden Versicherungsnehmer das Risiko einer zukünftigen Gerichtspflichtigkeit im Ausland, insbesondere im Hinblick auf etwaige Interventionsklagen, einzudämmen.[9]

---
[4] EuGH, 13.7.2000 – Rs. C-412/98, *Group Josi Reinsurance Company S.A. ./. Universal General Insurance Company*, Slg. 2000, I-5295 (ECLI:EU:C:2000:399), Rn. 64 f.
[5] Rauscher/*Staudinger*, EuZPR, 4. Aufl. 2016, Art. 15 EuGVVO Rn. 1 mit Beispiel unter Rn. 1a.
[6] *Schlosser*/Hess, EuZPR, 4. Aufl. 2015, Art. 15 EuGVVO Rn. 1.
[7] S. nur MünchKomm/*Gottwald*, ZPO, 4. Aufl. 2013, Art. 13 EuGVVO a.F. Rn. 2.
[8] Vgl. den *Jenard*-Bericht, 1979, S. 33.
[9] S. nur Rauscher/*Staudinger*, EuZPR, 4. Aufl. 2016, Art. 15 EuGVVO Rn. 6; *Schlosser*/Hess, EuZPR, 4. Aufl. 2015, Art. 15 EuGVVO Rn. 5.

III. Entstehungsgeschichte

Art. 15 geht zurück auf **Art. 12 EuGVÜ** sowie **Art. 13 EuGVVO a.F.** Die Nr. 1 und 2 des jetzigen Art. 15 bestehen in dieser Form bereits seit Schaffung des EuGVÜ im Jahr 1968 nahezu unverändert. Der ebenfalls seit 1968 vorhandene (jetzige) Art. 15 Nr. 3 hingegen wurde durch das 1. Beitrittsübereinkommen vom 9.10.1978,[10] mit dem Irland, Dänemark und das Vereinigte Königreich dem EuGVÜ beitraten, um die Formulierungen „zum Zeitpunkt des Vertragsschlusses" und „oder gewöhnlichen Aufenthalt" ergänzt. Im Rahmen dieses 1. Beitrittsübereinkommens wurden zudem – v.a. auf Drängen des Vereinigten Königreichs[11] – die zusätzlichen Ausnahmen in Nr. 4 und Nr. 5 ergänzt. Seit 1978 ist der nunmehrige Art. 15 weitgehend unverändert geblieben. 6

IV. Sachlicher Anwendungsbereich; Verhältnis zu Art. 25

Art. 15 ist keine abschließende Sondervorschrift zu Art. 25, sondern schränkt lediglich die **Zulässigkeit** von Gerichtsstandsvereinbarungen gegenüber den wesentlich großzügigeren Voraussetzungen von Art. 25 in Versicherungssachen deutlich ein.[12] Hinsichtlich **anderer als Zulässigkeitsvoraussetzungen** gelten daher in Bezug auf Gerichtsstandsvereinbarungen auch in Versicherungssachen die Vorgaben des Art. 25.[13] 7

V. Räumlich-persönlicher Anwendungsbereich[14]

Seit der jüngsten Neufassung der EuGVVO setzt Art. 25 – anders als dessen Vorgängernorm in Art. 23 EuGVVO a.F. – nicht mehr das Vorliegen des Wohnsitzes mindestens einer der Parteien in einem Mitgliedstaat im Sinne der EuGVVO voraus, sondern findet unabhängig von dem Wohnsitz der Parteien bereits dann Anwendung, wenn die gerichtliche Zuständigkeit der Gerichte eines Mitgliedstaats vereinbart wird.[15] Dies kann (auch[16]) in Versicherungssachen im Verhältnis zu **in einem Drittstaat ansässigen** (v.a.) **Versicherungsnehmern** potentiell zu gewissen Diskrepanzen im Zusammenspiel mit Art. 15 8

---
[10] ABl. (EG) 1978 Nr. L 304, S. 1.
[11] S. etwa *Kropholler/von Hein*, EuZPR, 9. Aufl. 2011, Art. 13 EuGVVO a.F. Rn. 8 und 9; *Schlosser/Hess*, EuZPR, 4. Aufl. 2015, Art. 15 EuGVVO Rn. 4.
[12] *Geimer/*Schütze, EuZVR, 3. Aufl. 2010, Art. 15 EuGVVO a.F. Rn. 2; *Kropholler/von Hein*, EuZPR, 9. Aufl. 2011, Art. 13 EuGVVO a.F. Rn. 1.
[13] Saenger/*Dörner*, ZPO, 6. Aufl. 2015, Art. 15 EuGVVO Rn. 1; Musielak/Voit/*Stadler*, ZPO, 13. Aufl. 2016, Art. 15 EuGVVO Rn. 1; Rauscher/*Staudinger*, EuZPR, 4. Aufl. 2016, Art. 15 EuGVVO Rn. 1.
[14] Die Ausführungen dieses Gliederungspunkts entsprechen im Grundsatz denjenigen der Parallelkommentierung zu Art. 23.
[15] S. zum räumlich-persönlichen Anwendungsbereich von Art. 25 ausführlich die dortige Kommentierung Rn. 12 ff. Wird hingegen die Zuständigkeit eines *drittstaatlichen* Gerichts vereinbart, so ist eine derartige Gerichtsstandsvereinbarung grds. an den Vorgaben der *lex fori* zu messen, s. die Kommentierung zu Art. 25 Rn. 16.
[16] Zur Rechtslage etwa bei Verbrauchersachen s. die Kommentierung zu Art. 19 Rn. 6.

führen:[17] Denn anders als der neue Art. 25 setzen die Zuständigkeitsvorschriften des 3. Abschnitts weiterhin aus Art. 6 Abs. 1 i.V.m. Art. 10 ersichtlich grds. einen Beklagtenwohnsitz in einem Mitgliedstaat voraus.[18] Insofern könnten sich bei strenger Gesetzesanwendung in einem Drittstaat ansässige Versicherungsnehmer, die vor einem prorogierten mitgliedstaatlichen Gericht verklagt werden, trotz Eingreifens der EuGVVO nicht auf den Schutz von Art. 15 berufen.

9 Dieses merkwürdige Ergebnis sollte dadurch vermieden werden, dass man die Verweisung in Art. 6 Abs. 1 auf Art. 25 über dessen Abs. 4 auch auf Art. 15 bezieht und Art. 15 daher auf jede Art. 25 unterfallende Gerichtsstandsvereinbarung in Versicherungssachen bezieht.[19] Dafür spricht erst Recht, dass Art. 25 Abs. 4 i.V.m. Art. 15 nach vielfach vertretener Ansicht sogar bei Vereinbarung der Zuständigkeit eines **drittstaatlichen Gerichts** (d.h. wenn die Voraussetzungen des Art. 25 Abs. 1 gar nicht erfüllt sind) Anwendung finden soll.[20]

10 Im Übrigen ist auch Art. 15 nur auf Gerichtsstandsvereinbarungen zwischen Versicherern und derartigen Versicherungsnehmern (etc.) anzuwenden, die im Sinne der pauschalen Typisierung des EU-Gesetzgebers auch tatsächlich **schutzwürdig**[21] sind.[22] Zuständigkeitsvereinbarungen z.B. zwischen mehreren (Rück-)Versicherern oder zwischen einem Versicherer und einem Sozialversicherungsträger sind daher nicht an den Maßstäben des Art. 15 zu messen.

VI. Vereinbarung nach Entstehen einer Streitigkeit (Art. 15 Nr. 1)[23]

11 Nach Art. 15 Nr. 1 sind Gerichtsstandsvereinbarungen auch in Versicherungssachen zulässig, wenn „die Vereinbarung [erst] nach der Entstehung der Streitigkeit getroffen wird". Nach dem *Jenard*-Bericht[24] soll dabei eine Streitigkeit entstanden sein, „sobald die Parteien über einen bestimmten Punkt uneins sind und ein **gerichtliches Verfahren unmittelbar oder in Kürze bevorsteht**." Darunter dürften nur solche Auseinandersetzungen zu fassen sein, in denen eine Partei bereits rechtliche Schritte angekündigt hat bzw. sich jeden-

---

[17] S. auch Rauscher/*Staudinger*, EuZPR, 4. Aufl. 2016, Art. 15 EuGVVO Rn. 2.
[18] S. *die Kommentierung zu Art. 10 Rn. 19 ff.*
[19] So – allerdings für Verbrauchersachen – *Gsell*, FS Coester-Waltjen, 2015, S. 403 (407 f. und 412); a. A. wohl Rauscher/*Mankowski*, EuZPR, 4. Aufl. 2016, Art. 23 EuGVVO Rn. 19 a.E.
[20] So etwa Rauscher/*Staudinger*, EuZPR, 4. Aufl. 2016, Art. 15 EuGVVO Rn. 2; *Schlosser*/Hess, EuZPR, 4. Aufl. 2015, Art. 15 EuGVVO unterhalb von „Textgeschichte"; zur Parallelnorm (Art. 23) in Arbeitssachen auch EuGH, 19.7.2012 – Rs. C-154/11, *Ahmed Mahamdia* ./. *Demokratische Volksrepublik Algerien*, ECLI:EU:C:2012:491 = NZA 2012, S. 935, Rn. 66.
[21] Hierzu näher Art. 10 Rn. 36 ff. sowie allgemein EuGH, 13.7.2000 – Rs. C-412/98, *Group Josi Reinsurance Company S.A.* ./. *Universal General Insurance Company*, Slg. 2000, I-5295 (ECLI:EU:C:2000:399), Rn. 65; EuGH, 17.9.2009 – Rs. C-347/08, *Vorarlberger Gebietskrankenkasse* ./. *WGV-Schwäbische Allgemeine Versicherungs AG*, Slg. 2009, I-8661 (ECLI:EU:C:2009:561), Rn. 41.
[22] S. nur EuGH, 12.5.2005 – Rs. C-112/03, *Société financière et industrielle du Peloux* ./. *Axa Belgium u.a.*, Slg. 2005, I-3727 (ECLI:EU:C:2005:280), Rn. 32, 38 und 42 sowie etwa Saenger/*Dörner*, ZPO, 6. Aufl. 2015, Art. 15 EuGVVO Rn. 1.
[23] Die Ausführungen dieses Gliederungspunkts entsprechen im Grundsatz denjenigen der Parallelkommentierung zu Art. 19.
[24] *Jenard*-Bericht, 1979, S. 33 (zu Art. 12 EuGVÜ).

falls so uneinsichtig zeigt, dass ein vollständiges Nachgeben nicht mehr zu erwarten ist; erst Recht genügt naturgemäß, wenn ein Verfahren bereits begonnen hat.

Bloße Meinungsverschiedenheiten ohne konkret zu erwartende gerichtliche Auseinandersetzung genügen indes keinesfalls.[25] Denn hinter Art. 15 Nr. 1 steht der **Gedanke**, dass sich der Verfahrensgegner eines Versicherers der potentiell weitreichenden Konsequenzen einer Gerichtsstandsvereinbarung im Angesicht eines bereits **konkret** drohenden oder bereits eingeleiteten Verfahrens durchaus bewusst sein wird und damit der abstrakte Schutz durch ein Prorogationsverbot hinfällig wird.[26] **12**

VII. Vereinbarung zugunsten der Verfahrensgegner (Art. 15 Nr. 2)[27]

Gem. Art. 15 Nr. 2 sind Gerichtsstandsvereinbarungen in Versicherungssachen zudem ausnahmsweise bereits **vor Entstehen einer Streitigkeit** zulässig, wenn sie im Einzelfall **zugunsten** des Versicherungsnehmers, Versicherten oder Begünstigten von den Zuständigkeitsregeln des 3. Abschnitts des II. Kapitels der EuGVVO abweichen. Der hinter dieser Regelung stehende Gedanke ist unmittelbar einleuchtend: Da die Art. 10 ff. gerade dem Schutz eines Versicherungsnehmers, Versicherten oder Begünstigten dienen, wäre es widersinnig, eine Abweichung *zu deren Gunsten* auszuschließen.[28] Auch wenn die Gerichtsstandsvereinbarung dabei im Einzelfall nur zwischen Versicherer und Versicherungsnehmer getroffen wurde, können sich grds. auch die Versicherten und Begünstigten auf diese berufen.[29] **13**

Unter Art. 15 Nr. 2 dürften in der Praxis nur Gerichtsstandsvereinbarungen für **Klagen gegen einen Versicherer** fallen. Im Lichte der mannigfachen Gerichtsstandswahlmöglichkeiten der Verfahrensgegner eines Versicherers für eigene Aktivklagen[30] erfasst Art. 15 Nr. 2 zudem nur **fakultative Gerichtsstandsvereinbarungen** (vgl. Art. 25 Abs. 1 Satz 2); denn durch eine ausschließliche Gerichtsstandsvereinbarung würden einem Versicherungsnehmer, Versicherten oder Begünstigten ansonsten bestehende Klagemöglichkeiten genommen. **14**

---

[25] Wohl h.M., s. neben dem *Jenard*-Bericht, 1979, S. 33 etwa Rauscher/*Staudinger*, EuZPR, 4. Aufl. 2016, Art. 15 EuGVVO Rn. 4; Kropholler/*von Hein*, EuZPR, 9. Aufl. 2011, Art. 13 EuGVVO a.F. Rn. 2; Musielak/Voit/*Stadler*, ZPO, 13. Aufl. 2016, Art. 15 EuGVVO Rn. 2; **a.A.** etwa *Geimer*/Schütze, EuZVR, 3. Aufl. 2010, Art. 13 EuGVVO a.F. Rn. 5; MünchKomm/*Gottwald*, ZPO, 4. Aufl. 2013, Art. 13 EuGVVO a.F. Rn. 2.
[26] Rauscher/*Staudinger*, EuZPR, 4. Aufl. 2016, Art. 15 EuGVVO Rn. 4; MünchKomm/*Gottwald*, ZPO, 4. Aufl. 2013, Art. 13 EuGVVO a.F. Rn. 2.
[27] Die Ausführungen dieses Gliederungspunkts entsprechen im Grundsatz denjenigen der Parallelkommentierung zu Art. 19.
[28] So auch *Geimer*/Schütze, EuZVR, 3. Aufl. 2010, Art. 13 EuGVVO a.F. Rn. 6 sowie Rauscher/*Staudinger*, EuZPR, 4. Aufl. 2016, Art. 15 EuGVVO Rn. 5.
[29] Vgl. EuGH, 14.7.1983 – Rs. 201/82, *Gerling u.a. ./. Amministrazione del tesoro dello Stato*, Slg. 1983, 2503 (ECLI:EU:C:1983:217), Rn. 20; Saenger/*Dörner*, ZPO, 6. Aufl. 2015, Art. 15 EuGVVO Rn. 3.
[30] Art. 10 bis Art. 13 Abs. 2.

VIII. Vereinbarung bei gemeinsamen Wohnsitz- oder Aufenthaltsstaat (Art. 15 Nr. 3)

15 Ausnahmsweise zum **Schutz des Versicherers**[31] und nicht seiner Verfahrensgegner gestattet Art. 15 Nr. 3 Gerichtsstandsvereinbarungen in Versicherungssachen dann, wenn (**1.**) diese zwischen einem Versicherungsnehmer und einem Versicherer getroffen werden, die zum **Zeitpunkt des Vertragsschlusses** beide ihren Wohnsitz bzw. gewöhnlichen Aufenthalt in demselben Mitgliedstaat haben bzw. hatten sowie (**2.**) die (internationale) Zuständigkeit der Gerichte dieses Mitgliedstaats auch für den Fall begründet werden soll, dass das **schädigende Ereignis im Ausland** eintritt. Weitere Voraussetzung ist (**3.**) ausweislich des klaren Wortlauts des Art. 15 Nr. 3, dass eine derartige Gerichtsstandsvereinbarung nach dem **Recht des betreffenden Wohnsitz- bzw. Aufenthaltsmitgliedstaats** zulässig ist.

1. Wohnsitz bzw. gewöhnlicher Aufenthalt in demselben Mitgliedstaat

16 Art. 15 Nr. 3 setzt zunächst voraus, dass Versicherer und Versicherungsnehmer die (nur) internationale Zuständigkeit der Gerichte desjenigen Mitgliedstaats vereinbaren, in dessen Hoheitsgebiet beide ihren **gemeinsamen Wohnsitz** oder ihren **gemeinsamen gewöhnlichen Aufenthalt** zum Zeitpunkt des Vertragsschlusses haben bzw. hatten. Ebenfalls vom Wortlaut des Art. 15 Nr. 3 erfasst ist der Fall, dass die Parteien des Versicherungsvertrags zwar keinen gemeinsamen Wohnsitz bzw. gewöhnlichen Aufenthalt in demselben Mitgliedstaat haben, wohl aber der **eine Teil dort einen Wohnsitz** hat und der **andere „nur"** seinen **gewöhnlichen Aufenthalt**.

17 Zum Begriff des **Wohnsitzes** kann vollumfänglich auf die Ausführungen zu Art. 4 Rn. 6 ff. sowie zu Art. 62 und 63 verwiesen werden. Im Lichte des **Art. 11 Abs. 2**[32] dürfte dabei auch für die Zwecke des Art. 15 Nr. 3 genügen, wenn ein Versicherer zwar keinen Wohnsitz, wohl aber eine **Niederlassung** in dem jeweiligen Mitgliedstaat besitzt. Zum Begriff des **gewöhnlichen Aufenthalts** s. die Kommentierung zu Art. 19 Rn. 15.

2. Vereinbarung für den Fall eines schädigenden Ereignisses im Ausland

18 Weiterhin setzt Art. 15 Nr. 3 voraus, dass die (internationale) Zuständigkeit der Gerichte des gemeinsamen Wohnsitz- bzw. Aufenthaltsstaats gerade für den Fall begründet werden soll, dass das **schädigende Ereignis im Ausland** eintritt. Mit dieser etwas kryptischen Formulierung ist nicht etwa die reine Perpetuierung etwaiger Wohnsitzgerichtsstände gemeint, sondern eine **Derogation** des in Art. 12 und (mittelbar) in Art. 13 Abs. 1 als Anknüpfungspunkt dienenden Orts des „schädigen-

---

[31] S. nur Rauscher/*Staudinger*, EuZPR, 4. Aufl. 2016, Art. 15 EuGVVO Rn. 6; *Schlosser*/Hess, EuZPR, 4. Aufl. 2015, Art. 15 EuGVVO Rn. 3; *Geimer*/Schütze, EuZVR, 3. Aufl. 2010, Art. 13 EuGVVO a.F. Rn. 7.
[32] Vgl. hierzu näher die Kommentierung zu Art. 11 Rn. 15 ff.

Text + Erläuterungen   Art. 15   **B Vor I** 7

den Ereignisses",[33] sofern dieses im Ausland eintritt.[34] **Sinn und Zweck** der Regelung des Art. 15 Nr. 3 ist es nämlich, einem Versicherer gegenüber einem Versicherungsnehmer die **Abwahl der Gerichtsstände des Art. 12 und Art. 13 Abs. 1** (d. h. insbesondere auch der Möglichkeit einer sog. Interventionsklage[35]) für *denjenigen* Fall zu gestatten, dass diese im Einzelfall eine Zuständigkeit ausländischer Gerichte begründen.[36] Nicht gem. Art. 15 Nr. 3 abbedungen werden können hingegen die sonstigen Gerichtsstände der Art. 10 ff., auch nicht für den Fall, dass der Versicherungsnehmer nach Vertragsschluss ins Ausland verzieht.[37]

Eine derartige Derogation kann ein Versicherer im Streitfalle allerdings grds. **19** nur seinem jeweiligen Vertragspartner (i.d.R. der Versicherungsnehmer) entgegenhalten, mit dem er die Gerichtsstandsvereinbarung getroffen hat. **Gegenüber Dritten**, insbesondere Versicherten und Begünstigten, aber auch Geschädigten, entfaltet eine derartige Zuständigkeitsvereinbarung hingegen – jedenfalls ohne deren Zustimmung – **keinerlei Wirkung**.[38] Daher ist nach Art. 15 Nr. 3 keine Abwahl des Geschädigtengerichtsstands in Art. 13 Abs. 2 möglich.[39]

3. Zulässigkeit der Zuständigkeitsvereinbarung nach dem Recht des prorogierten Staates

Zusätzlich zu dem „gemeinsamen" Wohnsitz bzw. gewöhnlichen Aufenthalt **20** von Versicherer und Versicherungsnehmer zum Zeitpunkt des Vertragsschlusses verlangt Art. 15 Nr. 3 ausdrücklich, dass eine Gerichtsstandsvereinbarung nach dem nationalen Verfahrens- und Sachrecht des jeweils prorogierten Forumstaates zulässig sein muss.[40] Für die Prorogation **deutscher Gerichte** sind insbesondere die **§ 215 Abs. 3 VVG** sowie **§§ 38 und 40 ZPO** zu beachten.[41]

IX. Vereinbarung mit Versicherungsnehmern aus Drittstaaten (Art. 15 Nr. 4)

Nach Art. 15 Nr. 4, der erst im Jahr 1978 auf Betreiben des Vereinigten **21** Königreichs in das EuGVÜ eingefügt wurde,[42] sind Gerichtsstandsvereinbarun-

---
[33] Vgl. zu diesem Anknüpfungspunkt näher oben Art. 12 Rn. 13 f.
[34] *Geimer*/Schütze, EuZVR, 3. Aufl. 2010, Art. 13 EuGVVO a.F. Rn. 7; Rauscher/*Staudinger*, EuZPR, 4. Aufl. 2016, Art. 15 EuGVVO Rn. 6; *Schlosser*/Hess, EuZPR, 4. Aufl. 2015, Art. 15 EuGVVO Rn. 3; Musielak/Voit/*Stadler*, ZPO, 13. Aufl. 2016, Art. 15 EuGVVO Rn. 4.
[35] Hierzu näher oben Art. 13 Rn. 11 ff.
[36] *Geimer*/Schütze, EuZVR, 3. Aufl. 2010, Art. 13 EuGVVO a.F. Rn. 7; Rauscher/*Staudinger*, EuZPR, 4. Aufl. 2016, Art. 15 EuGVVO Rn. 6; MünchKomm/*Gottwald*, ZPO, 4. Aufl. 2013, Art. 13 EuGVVO a.F. Rn. 4.
[37] S. Rauscher/*Staudinger*, EuZPR, 4. Aufl. 2016, Art. 15 EuGVVO Rn. 6; kryptisch (und u.U. **a. A.**) *Schlosser*/Hess, EuZPR, 4. Aufl. 2015, Art. 15 EuGVVO Rn. 3 („vor den Folgen des Verzugs des Versicherungsnehmers ins Ausland schützen").
[38] S. (im Hinblick auf Versicherte) EuGH, 12.5.2005 – Rs. C-112/03, *Société financière et industrielle du Peloux ./. Axa Belgium u.a.*, Slg. 2005, I-3727 (ECLI:EU:C:2005:280), Rn. 32.
[39] *Schlosser*-Bericht, 1979, Rn. 148; Saenger/*Dörner*, ZPO, 6. Aufl. 2015, Art. 15 EuGVVO Rn. 4; Musielak/Voit/*Stadler*, ZPO, 13. Aufl. 2016, Art. 15 EuGVVO Rn. 4; Rauscher/*Staudinger*, EuZPR, 4. Aufl. 2016, Art. 15 EuGVVO Rn. 6; *Geimer*/Schütze, EuZVR, 3. Aufl. 2010, Art. 13 EuGVVO a.F. Rn. 7.
[40] S. nur Rauscher/*Staudinger*, EuZPR, 4. Aufl. 2016, Art. 15 EuGVVO Rn. 7.
[41] Vgl. hierzu ausführlich Rauscher/*Staudinger*, EuZPR, 4. Aufl. 2016, Art. 15 EuGVVO Rn. 7 ff. sowie *Kropholler*/von Hein, EuZPR, 9. Aufl. 2011, Art. 13 EuGVVO a.F. Rn. 4.
[42] S. etwa *Kropholler*/von Hein, EuZPR, 9. Aufl. 2011, Art. 13 EuGVVO a.F. Rn. 8; *Schlosser*/Hess, EuZPR, 4. Aufl. 2015, Art. 15 EuGVVO Rn. 3.

gen zudem dann grds. uneingeschränkt möglich, wenn ein Versicherer sie mit einem **Versicherungsnehmer ohne Wohnsitz**[43] **in einem Mitgliedstaat** im Sinne der EuGVVO abschließt. Dabei ist gleichgültig, ob im Einzelfall die Zuständigkeit mitglied- oder drittstaatlicher Gerichte vereinbart wird.[44] Art. 25 Abs. 1 hingegen findet nur im erstgenannten Fall Anwendung.[45]

22 Letztlich **maßgeblicher Zeitpunkt** für das Fehlen eines mitgliedstaatlichen Wohnsitzes muss zum Schutz des Versicherungsnehmers nicht etwa der Zeitpunkt des Vertragsschlusses bzw. des Abschlusses der Gerichtsstandsvereinbarung sein, sondern nach allgemeinen Maßstäben[46] grds. der entsprechend Art. 32 zu bestimmende Zeitpunkt der Klageeinreichung.[47]

23 Eine **Rückausnahme** gilt wiederum für den Fall des Vorliegens einer **Pflichtversicherung**, d.h. einer Versicherung, zu deren Abschluss eine gesetzliche Verpflichtung besteht (in Deutschland etwa[48] gem. § 1 PflVG die Kfz-Haftpflichtversicherung), oder einer **Immobiliarversicherung** in Bezug auf in einem Mitgliedstaat belegene unbewegliche Sachen.

24 **Hintergrund** dieser Regelung ist, dass Beklagte ohne Wohnsitz in einem Mitgliedstaat erst gar nicht in den (räumlichen) Anwendungsbereich der EuGVVO fallen[49] und daher, wie sich auch aus Art. 6 Abs. 1 i.V.m. Art. 10 ergibt, ohnehin (grds.) nicht in den Genuss des durch die Verordnung bezweckten Zuständigkeitsschutzes kommen. Art. 15 Nr. 4 erfasst dabei potentiell sowohl **Aktiv- als auch Passivklagen** eines Versicherungsnehmers.[50] Dem steht in Bezug auf Klagen gegen einen in einem Drittstaat ansässigen Versicherungsnehmer auch Art. 6 Abs. 1 nicht entgegen, da diese Norm durch die Verweisung auf Art. 25 über dessen Abs. 4 auch Art. 15 von dem Erfordernis des Beklagtenwohnsitzes in einem Mitgliedstaat ausnimmt.[51]

X. See- und Luftfahrtversicherungen; Großrisiken (Art. 15 Nr. 5)

25 Ebenso wie Art. 15 Nr. 4 wurde auch Art. 15 Nr. 5 im Rahmen des **1. Beitrittsübereinkommens** vom 9.10.1978[52] auf Betreiben des Vereinigten Königreichs in das EuGVÜ eingefügt.[53] Nach dieser Vorschrift sind Gerichtsstandsvereinbarungen im Rahmen von Verträgen über die Versicherung bestimmter – der

---

[43] Zum Begriff des Wohnsitzes vgl. die Ausführungen zu Art. 4 Rn. 6 ff. sowie Art. 62 und 63 und die Kommentierung ebenda.
[44] S. nur *Schlosser*-Bericht, 1979, Rn. 137; *Geimer*/Schütze, EuZVR, 3. Aufl. 2010, Art. 13 EuGVVO a.F. Rn. 9.
[45] S. bereits oben Rn. 6 sowie die Kommentierung zu Art. 25 Rn. 12 ff.; *Schlosser*/Hess, EuZPR, 4. Aufl. 2015, Art. 15 EuGVVO Rn. 4.
[46] Vgl. zu diesen näher die Vorb. Art. 4 ff. Rn. 19 ff.
[47] So auch Rauscher/*Staudinger*, EuZPR, 4. Aufl. 2016, Art. 15 EuGVVO Rn. 8 Fn. 53.
[48] Vgl. mit weiteren Beispielen den *Schlosser*-Bericht, 1979, Rn. 138.
[49] S. hierzu allgemein die Vorb. Art. 4 ff. Rn. 11.
[50] **A. A.** Rauscher/*Staudinger*, EuZPR, 4. Aufl. 2016, Art. 15 EuGVVO Rn. 8: wohl nur Aktivprozesse eines Versicherungsnehmers aus einem Drittstaat.
[51] S. oben Rn. 6.
[52] ABl. (EG) 1978 Nr. L 304, S. 1.
[53] S. den *Schlosser*-Bericht, 1979, Rn. 140 sowie *Kropholler/von Hein*, EuZPR, 9. Aufl. 2011, Art. 13 EuGVVO a.F. Rn. 9.

Text + Erläuterungen   Art. 16 **B Vor I** 7

Übersichtlichkeit halber[54] in Art. 16 aufgeführter – sog. „**Großrisiken**"[55] grds. **uneingeschränkt** bzw. jedenfalls losgelöst von den Beschränkungen des 3. Abschnitts **möglich**.
Die in Art. 16 aufgezählten Risiken betreffen grds. das **Transportgewerbe**[56]   26
und in dessen Rahmen hauptsächlich die **Seeschifffahrt** bzw. **Luftfahrzeuge**.[57] Reine Landtransportversicherungen hingegen werden grds. nicht[58] bzw. allenfalls von dem Auffangtatbestand in Art. 16 Nr. 5 (i.V.m. Art. 15 Nr. 5) erfasst.
Hintergrund der Regelung des Art. 15 Nr. 5 ist, dass die von Art. 16 erfass-   27
ten Versicherungen über „Großrisiken" typischerweise auch auf Versicherungsnehmerseite durch leistungsstarke und daher **nicht schutzbedürftige Wirtschaftsunternehmen** abgeschlossen werden.[59] Ungeachtet dieses Normzwecks dürften auch gem. Art. 15 Nr. 5 zulässige Gerichtsstandsvereinbarungen nach allgemeinen Grundsätzen[60] grds. – jedenfalls ohne deren Zustimmung – keine Wirkung **gegenüber Dritten**, insbesondere Versicherten und Begünstigten, zeitigen.[61]

Artikel 16 [Risiken gemäß Art. 15 Nr. 5]

Die in Artikel 15 Nummer 5 erwähnten Risiken sind die folgenden:
1. sämtliche Schäden
    a) an Seeschiffen, Anlagen vor der Küste und auf hoher See oder Luftfahrzeugen aus Gefahren, die mit ihrer Verwendung zu gewerblichen Zwecken verbunden sind,
    b) an Transportgütern, ausgenommen Reisegepäck der Passagiere, wenn diese Güter ausschließlich oder zum Teil mit diesen Schiffen oder Luftfahrzeugen befördert werden;
2. Haftpflicht aller Art mit Ausnahme der Haftung für Personenschäden an Passagieren oder Schäden an deren Reisegepäck,
    a) aus der Verwendung oder dem Betrieb von Seeschiffen, Anlagen oder Luftfahrzeugen gemäß Nummer 1 Buchstabe a, es sei denn, dass – was die letztgenannten betrifft – nach den Rechtsvorschriften des Mitgliedstaats, in dem das Luftfahrzeug eingetragen ist, Gerichtsstandsvereinbarungen für die Versicherung solcher Risiken untersagt sind,
    b) für Schäden, die durch Transportgüter während einer Beförderung im Sinne von Nummer 1 Buchstabe b verursacht werden;

---
[54] S. nur *Kropholler/von Hein*, EuZPR, 9. Aufl. 2011, Art. 14 EuGVVO a.F. Rn. 1.
[55] Vgl. insofern den Wortlaut von Art. 16 Nr. 5.
[56] Vgl. den *Schlosser*-Bericht, 1979, Rn. 140.
[57] *Geimer*/Schütze, EuZVR, 3. Aufl. 2010, Art. 13 EuGVVO a.F. Rn. 13.
[58] *Rauscher/Staudinger*, EuZPR, 4. Aufl. 2016, Art. 15 EuGVVO Rn. 10.
[59] *Schlosser*-Bericht, 1979, Rn. 140; *Schlosser*/Hess, EuZPR, 4. Aufl. 2015, Art. 15 EuGVVO Rn. 5; *Rauscher/Staudinger*, EuZPR, 4. Aufl. 2016, Art. 15 EuGVVO Rn. 11; MünchKomm/*Gottwald*, ZPO, 4. Aufl. 2013, Art. 13 EuGVVO a.F. Rn. 6.
[60] Hierzu bereits oben Rn. 16 sowie (im Hinblick auf Versicherte) EuGH, 12.5.2005 – Rs. C-112/03, *Société financière et industrielle du Peloux ./. Axa Belgium u.a.*, Slg. 2005, I-3727 (ECLI:EU:C:2005:280), Rn. 42.
[61] So insbesondere *Rauscher/Staudinger*, EuZPR, 4. Aufl. 2016, Art. 15 EuGVVO Rn. 11 m.w.N.

3. finanzielle Verluste im Zusammenhang mit der Verwendung oder dem Betrieb von Seeschiffen, Anlagen oder Luftfahrzeugen gemäß Nummer 1 Buchstabe a, insbesondere Fracht- oder Charterverlust;
4. irgendein zusätzliches Risiko, das mit einem der unter den Nummern 1 bis 3 genannten Risiken in Zusammenhang steht;
5. unbeschadet der Nummern 1 bis 4 alle „Großrisiken" entsprechend der Begriffsbestimmung in der Richtlinie 2009/138/EG des Europäischen Parlaments und des Rates vom 25. November 2009 betreffend die Aufnahme und Ausübung der Versicherungs- und der Rückversicherungstätigkeit (Solvabilität II) ([1]).

Schrifttum: S. das bei Art. 10 angegebene Schrifttum.

Übersicht

	Rn.
I. Überblick; Normzweck	1
II. Entstehungsgeschichte	2
III. Kaskoversicherungen und Wertversicherungen von Transportgütern (Art. 16 Nr. 1)	3
IV. Haftpflichtversicherungen (Art. 16 Nr. 2)	6
V. Versicherungen finanzieller Verluste (Art. 16 Nr. 3)	8
VI. Zusatzversicherungen (Art. 16 Nr. 4)	10
VII. Großrisiken (Art. 16 Nr. 5)	12

I. Überblick; Normzweck

1   Art. 16 zählt **bestimmte** (meist: **Groß-)Risiken** enumerativ auf, für deren Versicherung gem. Art. 15 Nr. 5 in Abweichung von der eingeschränkten Zulässigkeit von Zuständigkeitsabreden in Versicherungssachen[2] Gerichtsstandsvereinbarungen ausnahmsweise **uneingeschränkt zulässig** sind. Die in Art. 16 im Einzelnen aufgezählten Risiken betreffen großteils das **Transportgewerbe**,[3] insbesondere Versicherungsverträge im Umfeld der Schifffahrt, des Luftverkehrs sowie des – jedoch grds. nicht rein landgebundenen[4] – Gütertransports.[5]

II. Entstehungsgeschichte

2   Art. 16 entspricht bis auf Änderungen der Verweisungstechnik hinsichtlich der Definition der „Großrisiken" in Nr. 5 weitgehend seiner Vorgängernorm in **Art. 14 EuGVVO a.F.** Diese Vorschrift wiederum geht zurück auf Art. 12a EuGVÜ, der – genauso wie die Vor-Vorgängervorschrift des jetzigen Art. 15

---
[1] [Amtl. Anm.:] ABl. L 335 vom 17.12.2009, S. 1.
[2] Vgl. die Kommentierung zu Art. 15 Rn. 2.
[3] Vgl. den *Schlosser*-Bericht, 1979, Rn. 140.
[4] Rauscher/*Staudinger*, EuZPR, 4. Aufl. 2016, Art. 15 EuGVVO Rn. 10.
[5] Saenger/*Dörner*, ZPO, 6. Aufl. 2015, Art. 16 EuGVVO Rn. 1; *Geimer*/Schütze, EuZVR, 3. Aufl. 2010, Art. 13 EuGVVO a.F. Rn. 13.

Nr. 5 – erst durch das 1. Beitrittsübereinkommen vom 9.10.1978[6] in das EuGVÜ aufgenommen wurde.[7] Der jetzige Art. 16 Nr. 5 hingegen wurde erst im Rahmen der Schaffung der EuGVVO a.F. (als deren Art. 14 Nr. 5) im Jahr 2000 neu eingeführt.

III. Kaskoversicherungen und Wertversicherungen von Transportgütern (Art. 16 Nr. 1)

Durch Art. 16 Nr. 1 lit. a werden **Kaskoversicherungen** in Bezug auf „Schäden an **Seeschiffen, Anlagen** vor der Küste und auf hoher See oder **Luftfahrzeugen** aus Gefahren, die mit ihrer Verwendung zu gewerblichen Zwecken verbunden sind", von dem grundsätzlichen Prorogationsverbot des 3. Abschnitts ausgenommen. Aus dem Wortlaut von lit. a folgt dabei eindeutig, dass **nur Schäden an den genannten Objekten selbst**, nicht jedoch Haftungsrisiken im Verhältnis zu Dritten, die sich etwaig aus Zustand oder Betrieb dieser Objekte ergeben, von Art. 16 Nr. 1 lit. a erfasst sind;[8] derartige Haftpflichtversicherungen fallen vielmehr unter Art. 16 Nr. 2.

Als **Seeschiffe** gelten dabei (weit verstanden) alle – auch im Bau befindliche – Fahrzeuge, die zum Verkehr auf See bestimmt sind, auch z.B. Luftkissenboote.[9] Allerdings erfasst Art. 16 Nr. 1 lit. a mit den Worten *Schlossers* sachlich nur „See-Risiken", d.h. Risiken, die dadurch entstehen, dass sich ein Seeschiff auf Wasser (und nicht zum Beispiel im Trockendock) befindet.[10] Wegen der Beschränkung auf die Verwendung zu gewerblichen Zwecken fallen zudem Versicherungen von lediglich privat genutzten Schiffen oder Flugzeugen nicht unter Art. 16 Nr. 1 lit. a. **Anlagen** vor der Küste oder auf hoher See sind z.B. Ölplattformen sowie wohl auch Offshore-Windkraftanlagen etc.

Art. 16 Nr. 1 lit. b hingegen erfasst **Wertversicherungen** hinsichtlich Schäden an „Transportgütern, ausgenommen das Reisegepäck der Passagiere, wenn diese Güter ausschließlich oder **zum Teil** mit diesen Schiffen oder Luftfahrzeugen befördert werden". Damit erfasst diese Norm ausdrücklich auch sog. gemischte Transporte, z.B. erst auf dem Landweg und dann zu Schiff erfolgende Transportvorgänge bzw. deren Versicherung; in einem solchen Fall ist gleichgültig, auf welchem Transportabschnitt ein Schaden entsteht.[11] Auch rein inländische Transportbewegungen werden erfasst.[12] **Transportgüter** sind grds. alle beweglichen Sachen, die einem Frachtführer zum Zwecke der Weiterbeförderung und anschließenden Ablieferung an einem anderen als dem Ausgangsort übergeben werden.

---
[6] ABl. (EG) 1978 Nr. L 304, S. 1.
[7] S. nur MünchKomm/*Gottwald*, ZPO, 4. Aufl. 2013, Art. 8 EuGVVO a.F. Rn. 2.
[8] *Schlosser*-Bericht, 1979, Rn. 141.
[9] So ausdrücklich der *Schlosser*-Bericht, 1979, Rn. 141.
[10] *Schlosser*-Bericht, 1979, Rn. 141.
[11] *Schlosser*-Bericht, 1979, Rn. 142.
[12] S. den *Schlosser*-Bericht, 1979, Rn. 142; Rauscher/*Staudinger*, EuZPR, 4. Aufl. 2016, Art. 16 EuGVVO Rn. 2.

IV. Haftpflichtversicherungen (Art. 16 Nr. 2)

6   Während Art. 16 Nr. 1 in Gestalt der Kasko- (lit. a) bzw. Wertversicherung (lit. b) jeweils Versicherungen in Bezug auf eigene Schäden z.B. des Eigentümers eines Seeschiffes etc. erfasste, betrifft Art. 16 Nr. 2 spiegelbildlich **Haftpflichtversicherungen** in Bezug auf bei der – gewerblichen – Verwendung oder dem Betrieb der in Nr. 1 lit. a genannten Seeschiffe, Anlagen oder Luftfahrzeuge (Art. 16 Nr. 2 **lit. a**) bzw. durch Transportgüter während einer Beförderung im Sinne von Nr. 1 lit. b (Art. 16 Nr. 2 **lit. b**) entstandene Schäden.

7   Ausdrücklich **ausgenommen** hiervon ist eine „Haftung für Personenschäden an **Passagieren** oder Schäden an deren **Reisegepäck**" sowie in Bezug auf die in Art. 16 Nr. 2 lit. a genannten Luftfahrzeuge diejenigen Fälle, in denen nach den „Rechtsvorschriften des Mitgliedstaats, in dem das Luftfahrzeug eingetragen ist, Gerichtsstandsvereinbarungen für die Versicherung solcher Risiken untersagt sind". Weiterhin offen ist, ob unter Art. 16 Nr. 2 lit. a potentiell auch Schäden fallen, die im Zusammenhang mit dem Bau, Umbau oder der Instandsetzung eines Schiffes entstehen.[13]

V. Versicherungen finanzieller Verluste (Art. 16 Nr. 3)

8   Gem. Art. 16 Nr. 3 sind auch für die Versicherung „**finanzielle[r] Verluste** im Zusammenhang mit der Verwendung oder dem Betrieb von Seeschiffen, Anlagen oder Luftfahrzeugen gemäß [Art. 16 Nr. 1 lit. a], insbesondere [von] **Fracht- oder Charterverlust**", Gerichtsstandsvereinbarungen grds. unbeschränkt möglich.

9   Der Begriff der „**finanziellen Verluste**" kann dabei unter Rückgriff auf die bereits in Art. 16 Nr. 5 zur Definition der „Großrisiken" in Bezug genommenen sog. Solvency II-Richtlinie[14] bestimmt werden.[15] In deren Anhang I werden unter Abschnitt A („Einteilung der Risiken nach Versicherungszweigen") Nr. 16 („Verschiedene finanzielle Verluste") folgende – nicht abschließende[16] – Posten aufgezählt: „Berufsrisiken; ungenügende Einkommen (allgemein); Schlechtwetter; Gewinnausfall; laufende Unkosten allgemeiner Art; unvorhergesehene Geschäftsunkosten; Wertverluste; Miet- oder Einkommensausfall; sonstiger indirekter kommerzieller Verlust sowie nicht kommerzielle Geldverluste".

---

[13] Vgl. den *Schlosser*-Bericht, 1979, Rn. 144 sowie Rauscher/*Staudinger*, EuZPR, 4. Aufl. 2016, Art. 16 EuGVVO Rn. 3 m.w.N.
[14] Richtlinie 2009/138/EG des Europäischen Parlaments und des Rates vom 25.11.2009 betreffend die Aufnahme und Ausübung der Versicherungs- und der Rückversicherungstätigkeit (Solvabilität II), ABl. (EG) 2009 Nr. L 335, S. 1, ber. Abl. (EU) 2014 Nr. L 219, S. 66.
[15] Rauscher/*Staudinger*, EuZPR, 4. Aufl. 2016, Art. 16 EuGVVO Rn. 4; so auch der *Schlosser*-Bericht, 1979, Rn. 146 zur Vorgängerrichtlinie (Erste Richtlinie 73/239/EWG des Rates vom 24.7.1973 zur Koordinierung der Rechts- und Verwaltungsvorschriften betreffend die Aufnahme und Ausübung der Tätigkeit der Direktversicherung, ABl. (EG) 1973 Nr. L 228, S. 3.
[16] So lautet der letzte Spiegelstrich: „sonstige finanzielle Verluste".

VI. Zusatzversicherungen (Art. 16 Nr. 4)

Nach Art. 16 Nr. 4 sind Gerichtsstandsvereinbarungen zudem bei Versicherungen, die „irgendein **zusätzliches Risiko**, das mit einem der unter den [Art. 16 Nr. 1 bis Nr. 3] genannten Risiken **in Zusammenhang** steht", absichern, uneingeschränkt möglich. Dabei kann das Zusatzrisiko durchaus auch in einer anderen Police als das Hauptrisiko versichert sein.[17] 10

Als **Beispiele** für diese vor allem im Vereinigten Königreich üblichen Zusatzversicherungen nennt der *Schlosser*-Bericht eine Versicherung gegen sog. „*shipowner disbursements*", also in Bezug auf außerplanmäßige Betriebskosten, die etwa in Form von Hafengebühren während eines reparaturbedingt verlängerten Aufenthalts entstehen können, oder die Versicherung für einen sog. „*increased value*", mit welcher der Verlust versichert wird, der sich aus einer Unterversicherung ergibt, die erst im Laufe des Transports zu Tage getreten ist.[18] 11

VII. Großrisiken (Art. 16 Nr. 5)

Der erst im Zuge der Schaffung der EuGVVO a.F. im Jahr 2000 neu eingeführte Art. 16 Nr. 5 erfasst – gleichsam als **Auffangtatbestand** – ausdrücklich Versicherungen in Bezug auf alle sog. „**Großrisiken**" entsprechend der Begriffsbestimmung in der ausdrücklich in Bezug genommenen, vorerwähnten Solvency II-Richtlinie.[19] In deren Art. 13 Nr. 27 findet sich zur Definition der „Großrisiken" ein komplizierter und gleichsam im Einklang mit dem restlichen Erscheinungsbild der Richtlinie stehender unübersichtlicher Verweisungskatalog auf andere Vorschriften, deren Erläuterung den hiesigen Rahmen sprengen würde. 12

Dabei kommt es wohl vielfach zu **Überschneidungen** mit den in Art. 16 Nr. 1 bis Nr. 4 genannten Risiken; dies wurde freilich vom Unionsgesetzgeber ausweislich des Wortlauts der Nr. 5 gesehen und bewusst in Kauf genommen. 13

Abschnitt 4 Zuständigkeit bei Verbrauchersachen

Artikel 17 [Begriff der Verbrauchersache]

(1) Bilden ein Vertrag oder Ansprüche aus einem Vertrag, den eine Person, der Verbraucher, zu einem Zweck geschlossen hat, der nicht der beruflichen oder gewerblichen Tätigkeit dieser Person zugerechnet werden kann, den Gegenstand des Verfahrens, so bestimmt sich die Zuständigkeit unbeschadet des Artikels 6 und des Artikels 7 Nummer 5 nach diesem Abschnitt,

---

[17] S. den *Schlosser*-Bericht, 1979, Rn. 147.
[18] *Schlosser*-Bericht, 1979, Rn. 147.
[19] Richtlinie 2009/138/EG des Europäischen Parlaments und des Rates vom 25.11.2009 betreffend die Aufnahme und Ausübung der Versicherungs- und der Rückversicherungstätigkeit (Solvabilität II), ABl. (EG) 2009 Nr. L 335, S. 1, ber. Abl. (EU) 2014 Nr. L 219, S. 66.

B Vor I 7   Art. 17   VO (EU) Nr. 1215/2012

a) wenn es sich um den Kauf beweglicher Sachen auf Teilzahlung handelt,
b) wenn es sich um ein in Raten zurückzuzahlendes Darlehen oder ein anderes Kreditgeschäft handelt, das zur Finanzierung eines Kaufs derartiger Sachen bestimmt ist, oder
c) in allen anderen Fällen, wenn der andere Vertragspartner in dem Mitgliedstaat, in dessen Hoheitsgebiet der Verbraucher seinen Wohnsitz hat, eine berufliche oder gewerbliche Tätigkeit ausübt oder eine solche auf irgendeinem Wege auf diesen Mitgliedstaat oder auf mehrere Staaten, einschließlich dieses Mitgliedstaats, ausrichtet und der Vertrag in den Bereich dieser Tätigkeit fällt.

(2) Hat der Vertragspartner des Verbrauchers im Hoheitsgebiet eines Mitgliedstaats keinen Wohnsitz, besitzt er aber in einem Mitgliedstaat eine Zweigniederlassung, Agentur oder sonstige Niederlassung, so wird er für Streitigkeiten aus ihrem Betrieb so behandelt, wie wenn er seinen Wohnsitz im Hoheitsgebiet dieses Mitgliedstaats hätte.

(3) Dieser Abschnitt ist nicht auf Beförderungsverträge mit Ausnahme von Reiseverträgen, die für einen Pauschalpreis kombinierte Beförderungs- und Unterbringungsleistungen vorsehen, anzuwenden.

EuGH-Rechtsprechung: EuGH, 21.6.1978 – Rs. 150/77, *Bertrand ./. Ott*, Slg. 1978, 1431 (ECLI:EU:C:1978:137)

EuGH, 26.2.1992 – Rs. C-280/90, *Hacker ./. Euro-Relais*, Slg. 1992, I-1111 (ECLI:EU:C:1992:92)

EuGH, 19.1.1993 – Rs. C-89/91, *Shearson Lehman Hutton ./. TVB Treuhandges.*, Slg. 1993, I-139 (ECLI:EU:C:1993:15)

EuGH, 15.9.1994 – Rs. C-318/93, *Brenner u.a. ./. Dean Witter Reynolds*, Slg. 1994, I-4275 (ECLI:EU:C:1994:331)

EuGH, 3.7.1997 – Rs. C-269/95, *Benincasa ./. Dentalkit*, Slg. 1997, I-3767 (ECLI:EU:C:1997:337)

EuGH, 27.4.1999 – Rs. C-99/96, *Mietz ./. Intership Yachting Sneek*, Slg. 1999, I-2277 (ECLI:EU:C:1999:202)

EuGH, 11.7.2002 – Rs. C-96/00, *Rudolf Gabriel*, Slg. 2002, I-6367 (ECLI:EU:C:2002:436) = EuZW 2002, S. 539

EuGH, 1.10.2002 – Rs. C-167/00, *Verein für Konsumenteninformation ./. Karl Heinz Henkel*, Slg. 2002, I-8111 (ECLI:EU:C:2002:555) = EuZW 2002, S. 657

EuGH, 20.1.2005 – Rs. C-464/01, *Gruber ./. BayWa AG*, Slg. 2005, I-439 (ECLI:EU:C:2005:32)

EuGH, 20.1.2005 – Rs. C-27/02, *Engler ./. Janus Versand GmbH*, Slg. 2005, I-481 (ECLI:EU:C:2005:33)

Text + Erläuterungen   Art. 17   **B Vor I** 7

EuGH, 16.3.2006 – Rs. C-234/04, *Rosmarie Kapferer* ./. *Schlank & Schick GmbH*, Slg. 2006, I-2585 (ECLI:EU:C:2006:178) = NJW 2006, S. 1577

EuGH, 14.5.2009 – Rs. C-180/06, *Renate Ilsinger* ./. *Martin Dreschers als Insolvenzverwalter der Schlank & Schick-GmbH*, Slg. 2009, I-3998 (ECLI:EU:C:2009:303)

EuGH, 4.6.2009 – Rs. C-243/08, *Pannon GSM Zrt.* ./. *Erzsébet Sustinkné Györfi*, Slg. 2009, I-4716 (ECLI:EU:C:2009:350)

EuGH, 7.12.2010 – verb. Rs. C-585/08 und C-144/09, *Peter Pammer* ./. *Reederei Karl Schlüter GmbH & Co. KG und Hotel Alpenhof GesmbH* ./. *Oliver Heller*, Slg. 2010, I-12527 (ECLI:EU:C:2010:740) = EuZW 2011, S. 98

EuGH, 6.9.2012 – Rs. C-190/11, *Daniela Mühlleitner* ./. *Ahmad Yusufi u.a.*, ECLI:EU:C:2012:542 = NJW 2012, S. 3225

EuGH, 14.3.2013 – Rs. C-419/11, *Česká spořitelna, a.s.* ./. *Gerald Feichter*, ECLI:EU:C:2013:165 = RIW 2013, S. 292

EuGH, 17.10.2013 – Rs. C-218/12, *Lokman Emrek* ./. *Vlado Sabranovic*, ECLI:EU:C:2013:666 = NJW 2013, S. 3504

EuGH, 14.11.2013 – Rs. C-478/12, *Armin Maletic u.a.* ./. *lastminute.com GmbH u.a.*, ECLI:EU:C:2013:735 = EuZW 2014, S. 33

EuGH, 28.1.2015 – Rs. C-375/13, *Kolassa* ./. *Barclays Bank plc.*, ECLI:EU:C:2015:37 = EuZW 2015, S. 218

EuGH, 23.12.2015 – Rs. C-297/14, *Rüdiger Hobohm* ./. *Benedikt Kampik Ltd & Co. KG u.a.*, ECLI:EU:C:2015:844 = EuZW 2016, S. 266.

Schrifttum (zu EuGVÜ und LugÜ): *Benicke, Christoph*, Internationale Zuständigkeit deutscher Gerichte nach Art. 13, 14 EuGVÜ für Schadensersatzklagen geschädigter Anleger, WM 1997, S. 945; *De Bra, Peter*, Verbraucherschutz durch Gerichtsstandsregelungen im deutschen und europäischen Zivilprozeßrecht, 1992; *Geimer, Reinhold*, Internationale Zuständigkeit und Gerichtsstand in Verbrauchersachen, RIW 1994, S. 59; *Hartung, Klaus Joachim*, Termineinwand bei Warentermingeschäften an Auslandsbörsen, ZIP 1991, S. 1185; *Jayme, Erik*, Die internationale Zuständigkeit bei Haustürgeschäften, in: Beiträge zum internationalen Verfahrensrecht und zur Schiedsgerichtsbarkeit, Festschrift für Heinrich Nagel zum 75. Geburtstag, Habscheid, Walther J.; Schwab, Karl Heinz (Hrsg.), 1987, S. 123; *ders.*, Ferienhausvermittlung und Verbraucherschutz, IPRax 1993, S. 18; *ders. / Kohler, Christian*, Europäisches Kollisionsrecht 1994, IPRax 1994, S. 405; *Kartzke, Ulrich*, Verträge mit gewerblichen Ferienhausanbietern, IPRax 1994, S. 823; *Koch, Harald*, Verbrauchergerichtsstand nach dem EuGVÜ und Vermögensgerichtsstand nach der ZPO für Termingeschäfte, IPRax 1995, S. 71; *Kropholler, Jan*, Neues europäisches Zivilprozeßrecht, RIW 1986, S, 929; *Lorenz, Egon*, Die Rechtswahlfreiheit im internationalen Schuldvertragsrecht, RIW 1987, S. 569; *Lorenz, Werner*, Kollisionsrecht des Verbraucherschutzes: Anwendbares Recht und internationale Zuständigkeit, IPRax 1994, S. 429; *De Lousanoff, Oleg*, Die Anwendung des EuGVÜ in Verbrauchersachen mit

Drittstaatenbezug, in: Gedächtnisschrift für Peter Arens, 1993, S. 251; *ders.*, Neues zum Termin- und Differenzeinwand bei ausländischen Börsentermingeschäften, in: Festschrift für Rudolf Nirk zum 70. Geburtstag, 1992, S. 607; *Lüderitz, Alexander*, „Verbraucherschutz" im internationalen Vertragsrecht – ein Zuständigkeitsproblem, in: Ius inter nationes, Festschrift für Stefan Riesenfeld aus Anlass seines 75. Geburtstages, 1983, S. 147; *Mankowski, Peter,* Urteilsanmerkung, RIW 1994, S. 421; *Micklitz, Hans W.,* Cross-Border Consumer Conflicts, Journal of Consumer Policy, 94, S. 411; *Nasall, Wendt,* Verbraucherschutz durch europäisches Verfahrensrecht, WM 1993, S. 1950; *Rauscher, Thomas,* Prozessualer Verbraucherschutz im EuGVÜ, IPRax 1995, S. 289; *Roth, Herbert,* Verbraucherschutz über die Grenze, RIW 1994, S. 275; *Rudisch, Bernhard,* Grenzüberschreitender Schutz bei Verbrauchergeschäften im Gefüge von internationalem Privatrecht und internationalem Verfahrensrecht, in: Schnyder, Anton K. (Hrsg.), Internationales Verbraucherschutzrecht, 1995, S. 191; *Schaltinat, Katja,* Internationale Verbraucherstreitigkeiten, 1998; *Schlosser, Peter,* Sonderanknüpfungen von zwingendem Verbraucherschutzrecht und europäisches Prozeßrecht, in: Festschrift für Ernst Steindorff zum 70. Geburtstag, Baur, Jürgen F.; Hopt, Klaus J.; Mailänder, K. Peter (Hrsg.), 1990, S. 1379; *Schoibl, Norbert A.,* Die Zuständigkkeit für Verbrauchersachen nach europäischem Zivilverfahrensrecht, JBl. 1998, S. 700 und S. 767; *Schütze, Rolf,* Urteilsanmerkung, EWiR 1989, S. 681; *Thorn, Karsten,* Grenzüberschreitende Gerichtsstandsvereinbarungen in Kreditverträgen zur Finanzierung von Börsenspekulationen, IPRax 1995, S. 294; *Triebel, Volker / Peglow, Michael,* Positive Funktion des ordre public bei Termingeschäften, ZIP 1987, S. 613; *Wach, Karl / Weberpals, Thomas,* Inländischer Gerichtsstand für Bereicherungsklagen gegen ausländische Broker-Firmen aus unverbindlichen Termin- und Differenzgeschäften, AG 1989, S. 193; *Yeun, Kee-Young,* Verbraucherschutz im internationalen Vertragsrecht, IPRax 1994, S. 257.

Schrifttum (zur EuGVVO a.F. und zur EuGVVO): *Ahrens, Börries,* Die Klagebefugnis von Verbänden im Europäischen Gemeinschaftsrecht, 2002; *Bach, Ivo,* Was ist wo Vertrag und was nicht? IHR 2010, S. 17; *Beck, Lukas,* Die Reform des Verbraucherschutzrechts, JA 2014, S. 66; *Beig, Daphne / Reuß, Philipp,* Urteilsanmerkung, EuZW 2009, S. 492; *Berg, Daniel,* Urteilsanmerkung, RIW 2011, S. 248; *Berger, Christian,* Gerichtspflichtigkeit infolge Internetpräsenz, in: Bauknecht, Kurt u. a. (Hrsg.), Informatik 2001, Wien 2001, S. 1002 ff.; *Bitter, Anna-Kristina,* Auslegungszusammenhang zwischen der Brüssel I-Verordnung und der künftigen Rom I-Verordnung, IPRax 2008, S. 96; *Blobel, Felix,* Isolierte Gewinnzusagen im europäischen Zivilprozessrecht, VuR 2005, S. 164; *ders. / Rösler, Hannes,* Internationale Zuständigkeit und anwendbares Recht bei Gewinnmitteilungen aus dem Ausland, JR 2006; S. 441; *Buchner, Benedikt,* E-commerce und effektiver Rechtsschutz – wer folgt wem wohin?, EWS 2000, 147; *Bülow, Peter / Artz, Markus,* Verbraucherprivatrecht, 4. Aufl. 2014; *Calliess, Gralf-Peter,* Grenzüberschreitende Verbraucherverträge, 2006; *Clausnitzer, Jochen,* Grenzüberschreitender Onlinehandel und internationales Privatrecht, EuZW 2010, S. 446; *Dornis, Tim,* Von Kalfelis zu Brogsitter – Künftig enge Grenzen der Annexkompetenz im europäischen Vertrags- und Deliktsgerichtsstand, GPR 2014, S. 352; *Fetsch, Johannes,* Grenzüberschreitende Gewinnzusagen im europäischen Binnenmarkt, RIW 2002, S. 936; *Gottschalk, Eckart,* Verbraucherbegriff und Dual-use-Verträge, RIW 2006, S. 576; *Heiderhoff, Bettina,* Zum Verbraucherbegriff der EuGVVO und LugÜ, IPRax 2005, S. 230; *dies.,* Nationaler Verbrauchergerichtsstand nach der Brüssel I-VO?, IPRax 2006, S. 612; *von Hein, Jan,* Kapitalanlegerschutz im Verbrauchergerichtsstand zwischen Fernabsatz und konventionellem Vertrieb: Zur Konkretisierung der „Ausrichtung" in Art. 15 Abs. 1 lit. c EuGVO,

IPRax 2006, S. 16; *Hoffmann, Kathrin*, Verfahrensrechtliche Aspekte grenzüberschreitender Gewinnzusagen nach § 661a BGB, 2007; *Hönn, Günther*, Europarechtlich gesteuerter Verbraucherschutz und die Tendenz zur Materialisierung im nationalen Zivil- und Zivilprozessrecht, in: Festschrift für Akira Ishikawa zum 70. Geburtstag, Luke, Gerhard; Mikami, Takehiko; Prütting, Hanns (Hrsg.), 2001, S. 199; *Hübner, Ulrich*, Vertragsschluss und Probleme des internationalen Privatrechts beim E-Commerce, ZVersW 2001, S. 351; *Jordans, Roman*, Zur rechtlichen Einordnung von Gewinnzusagen, IPRax 2006, S. 582; *Keiler, Stephan / Binder, Kathrin*, Der EuGH lässt ausrichten: kein Zusammenhang von Ursache und Wirkung beim Verbrauchergerichtsstand, euvr 2013, S. 230; *Klöpfer, Matthias / Wendelstein, Christoph*, Urteilsanmerkung zu EuGH, 17.10.2013 – Rs. C-218/12, JZ 2014, S. 298; *Langner, Dirk*, Verträge mit Privatkunden im Internet, 2003, S. 450; *Leible, Stefan*, Bingo! – Gewinnbestätigung jetzt auch aus Karlsruhe, NJW 2003, S. 407; *ders.*, Gewinnbestätigung aus Luxemburg: zur internationalen Zuständigkeit bei Gewinnmitteilungen aus dem Ausland, IPRax 2003, S. 23; *ders.*, Luxemburg locuta – Gewinnmitteilung finita?, NJW 2005, S. 796; *ders. / Müller, Michael*, Internationale Zuständigkeit für Klagen aus Time-Sharing-Verträgen, NZM 2009, S. 18; *dies.*, Urteilsanmerkung, EuZW 2009, S. 27; *dies.*, Die Bedeutung von Websites für die internationale Zuständigkeit in Verbrauchersachen, NJW 2011, S. 495; *Lorenz, Stephan*, Gewinnmitteilungen aus dem Ausland: Kollisionsrechtliche und internationalzivilprozessuale Aspekte von § BGB § 661a BGB, NJW 2000, S. 3305; *ders.*, Internationale Zuständigkeit deutscher Gerichte und Anwendbarkeit von § 661a BGB bei Gewinnmitteilungen aus dem Ausland, IPRax 2002, S. 192; *ders. / Unberath, Hannes*, Gewinnmitteilungen und keine Ende? – Neues zur internationalen Zuständigkeit, IPRax 2005, S. 219; *Mankowski, Peter*, „Gemischte" Verträge und der persönliche Anwendungsbereich des Internationalen Verbraucherschutzrechts, IPRax 2005, S: 503; *ders.*, Zum Begriff des „Ausrichtens" auf den Wohnsitzstaat des Verbrauchers unter Art. 15 Abs. 1 lit. c EuGVVO, VuR 2006, S. 289; *ders.*, Die internationale Zuständigkeit in Timesharingfällen – ein Dauerbrenner, NZM 2007, S. 671; *ders.*, Muss zwischen ausgerichteter Tätigkeit und konkretem Vertrag bei Art. 15 Abs. 1 lit. c EuGVVO ein Zusammenhang bestehen?, IPRax 2008, S. 333; *ders.*, Neues zum „Ausrichten" unternehmerischer Tätigkeit unter Art. 15 Abs. 1 lit. c EuGVVO, IPRax 2009, S. 238; *ders.*, Die Darlegungs- und Beweislast für die Tatbestände des Internationalen Verbraucherprozess- und Verbrauchervertragsrechts, IPRax 2009, S. 474; *ders.*, Pauschalreisen und europäisches Internationales Verbraucherschutzrecht, TranspR 2011, S. 70; *ders.*, Neuerungen im Internationalen Verbraucherprozessrecht durch die Neufassung der EuGVVO, RIW 2014, S. 625; *Mörsdorf-Schulte, Juliana*, Autonome Qualifikation der isolierten Gewinnzusage, JZ 2005, S. 770; *Reich, Norbert / Gambogi Carvalho, Luciana*, Gerichtsstand bei internationalen Verbraucherstreitigkeiten im E-Commerce, VuR 2001, S. 269; *Richter, Thomas*, Die rügelose Einlassung des Verbrauchers im Europäischen Zivilprozessrecht, RIW 2006, S. 578; *Rösler, Hannes / Siepmann, Verena*, Der Beitrag des EuGH zur Präzisierung von Art. 15 I EuGVO, EuZW 2006, S. 76; *Rühl, Giesela*, Kausalität zwischen ausgerichteter Tätigkeit und Vertragsschluss: Neues zum situativen Anwendungsbereich der Art. 15 ff. EuGVVO, IPRax 2014, S. 41; *Schack, Haimo*, Internationales Zivilverfahrensrecht, 6. Aufl. 2014; *Slonina, Michael*, Verbrauchergerichtsstand aus Art 15 Abs 1 lit c EuGVVO bei Vertragsschluss nach Internetwerbung auch ohne Kausalitätsnachweis, VbR 2014, S. 48; *Spindler, Gerald*, Internationales Verbraucherschutzrecht im Internet, MMR 2000, S. 18; *Staudinger, Ansgar*, Reichweite des Verbraucherschutzgerichtsstandes nach Art. 15 Abs. 2 EuGVVO, IPRax 2008, S. 107; *ders.*, Verbraucherverträge im Lichte der Rechtsache Emrek – Schutzgerichtsstand unanwendbares Recht, JM 2014, S. 229; *ders.*, Der Schutzgerichtsstand im Sinne des Art. 15 Abs. 1 lit. c Brüssel-

B Vor I 7 Art. 17 VO (EU) Nr. 1215/2012

VO bei Klagen gegen Reiseveranstalter und Vermittler, RRa 2014, S. 10; *ders.*, Gerichtsstände hiesiger Kunden gegenüber Veranstaltern im Inland bei Pauschalreisen mit Auslandsbezug nach der Brüssel Ia-VO – pars pro toto für eine überschätzte ZPO, JM 2015, S. 46; *ders.* / *Czaplinski, Paul*, Inlandsgerichtsstands-AGB im über „passive Website" vorbereiteten Mietvertrag über Wohnmobil, NZM 2010, S. 461; *ders.* / *Steinrötter, Björn*, Verfahrens- sowie kollisionsrechtlicher Verbraucherschutz bei Online-Geschäften, EWS 2011, S. 70; *dies.*, Das neue Zuständigkeitsregime bei zivilrechtlichen Auslandssachverhalten, JuS 2015, S. 1; *Sujecki, Bartosz*, Urteilsanmerkung, NJW 2014, S. 531; *Wagner, Rolf*, Internationale und örtliche Zuständigkeit in Verbrauchersachen im Rahmen des Brüsseler Übereinkommens und der Brüssel I Verordnung, WM 2003, S. 116; *Wilke, Felix*, Verbraucherschutz im internationalen Zuständigkeitsrecht der EU – Status quo und Zukunftsprobleme, EuZW 2015, S. 13.

Übersicht

	Rn.
I. Normzweck: Prozessualer Verbraucherschutz	1
II. Überblick	5
III. Entstehungsgeschichte	8
IV. Konkurrenzen	9
V. Räumlicher Anwendungsbereich	10
1. Keine Anwendbarkeit in reinen Inlandssachverhalten	11
2. Beklagtenwohnsitz in einem Mitgliedstaat	12
3. Gleichstellung von Niederlassung mit Wohnsitz (Art. 17 Abs. 2)	13
4. Vorbehalt zugunsten von Art. 7 Nr. 5	16
5. Klägerwohnsitz in einem Mitgliedstaat	19
6. Maßgeblicher Zeitpunkt	20
VI. Persönlicher Anwendungsbereich; Verbrauchereigenschaft	21
1. Verbraucherbegriff	22
2. Verbraucher als Prozesspartei	28
3. Vertragspartner des Verbrauchers	29
VII. Sachlicher Anwendungsbereich: Verbrauchersachen	31
1. Vertrag im Sinne von Art. 17 Abs. 1	32
2. Unterschiede zu Art. 7 Nr. 1	34
3. Streitigkeiten über einen „Vertrag" bzw. „Ansprüche aus einem Vertrag"	35
4. Sonderfall: Gewinnzusagen	36
5. Verbraucherverträge	41
a) Teilzahlungskaufverträge (lit. a)	43
b) Finanzierungskauf (lit. b)	45
c) Sonstige Verbraucherverträge (lit. c)	47
6. Erfasste Ansprüche	75
7. Kognitionsbefugnis; keine Annexkompetenz	76
VIII. Ausschluss von Beförderungsverträgen (Art. 17 Abs. 3)	79
1. Normzweck des Ausschlusses von Beförderungsverträgen	80
2. Erfasste Beförderungsverträge	81
3. Rückausnahme für Pauschalreiseverträge	83

I. Normzweck: Prozessualer Verbraucherschutz

1 Art. 17 sowie insgesamt die Vorschriften des 4. Abschnitts (d.h. die Art. 17 bis 19) verwirklichen den im Unionsrecht in vielen Facetten und Bereichen – vgl. für den Bereich des Kollisionsrechts etwa Art. 6 Rom I-VO – verfolgten

Text + Erläuterungen   Art. 17   **B Vor I** 7

Schutz des Verbrauchers als **typischerweise strukturell unterlegener Partei**[1] für den Bereich des internationalen[2] Zivilverfahrensrechts.[3] Dieser wird, da die Zuständigkeitsvorschriften des 4. Abschnitts für Verbraucher wesentlich günstiger sind als die „allgemeinen" Regeln der Abschnitte 1, 2 und 7,[4] (auch) **zuständigkeitsrechtlich privilegiert.**

So kann ein Verbraucher in den von Art. 17 Abs. 1 und 3 näher umrissenen 2 Verbrauchersachen grds. zwischen mehreren Gerichtsständen wählen; gem. Art. 18 Abs. 1 Alt. 2 steht ihm ausnahmsweise sogar ein weitgehender **Klägergerichtsstand** zur Verfügung. Er selbst hingegen ist im Regelfall gem. Art. 18 Abs. 2 nur in seinem Wohnsitzstaat gerichtspflichtig. Auch Gerichtsstandsvereinbarungen sind in Verbrauchersachen nach Art. 19 nur unter im Vergleich zu Art. 25 sehr eingeschränkten Voraussetzungen möglich (vgl. Art. 25 Abs. 4). Dabei verdrängen die Vorschriften des 4. Abschnitts – aus dem Wortlaut von Art. 17 Abs. 1 ersichtlich – die allgemeinen Zuständigkeitsvorschriften weitgehend.[5] Ziel des Art. 17 ist es, für Streitigkeiten aus Verbraucherverträgen ein in sich **geschlossenes Zuständigkeitssystem** zur Verfügung zu stellen.[6]

Der in Art. 17 bis 19 verallgemeinerte[7] prozessuale Verbraucherschutz der 3 EuGVVO ist eine in diesem Umfang im autonomen Verfahrensrecht ihrer Mitgliedstaaten **beispiellose Pionierleistung** des europäischen Gesetzgebers.[8] Dem deutschen Zivilverfahrensrecht etwa ist mit Ausnahme von § 29c ZPO grds. kein Verbrauchergerichtsstand und damit kein über die Vorschriften des materiellen Rechts hinausgehender prozessualer Verbraucherschutz bekannt.[9]

Die vom Unionsgesetzgeber immer wieder unterstellte **besondere Schutz-** 4 **würdigkeit des Verbrauchers** als typischerweise wirtschaftlich schwächere und rechtlich weniger erfahrene Vertragspartei[10] beruht indes nicht auf empirischen Untersuchungen, sondern stellt eine **reine Typisierung** dar. Auch auf die wirtschaftliche Potenz und die rechtliche Erfahrung eines Verbrauchers im Einzelfall kommt es für eine Anwendbarkeit der Verbraucherschutzvorschriften des 4. Abschnitts nicht an.[11]

---

[1] Vgl. beispielhaft EuGH, 19.1.1993 – Rs. C-89/91, *Shearson Lehman Hutton ./. TVB Treuhandges.*, Slg. 1993, I-139 (ECLI:EU:C:1993:15), Rn. 18.
[2] Die Art. 17 ff. gelten nicht in reinen Inlandsfällen, s. bereits die Vorb. Art. 4 ff. Rn. 15 sowie unten Rn. 11.
[3] Vgl. den *Schlosser*-Bericht, 1979, Rn. 153.
[4] Vgl. nur Erwgr. 18.
[5] Musielak/Voit/*Stadler*, ZPO, 13. Aufl. 2016, Art. 17 EuGVVO Rn. 1; Rauscher/*Staudinger*, EuZPR, 4. Aufl. 2016, Vorbem zu Art. 17 ff. EuGVVO Rn. 1; Schlosser/Hess, EuZPR, 4. Aufl. 2015, Art. 17 EuGVVO Rn. 1.
[6] Vgl. den *Jenard*-Bericht, 1979, S. 29.
[7] MünchKomm/*Gottwald*, ZPO, 4. Aufl. 2013, Art. 15 EuGVVO a.F. Rn. 1.
[8] S. nur (zur EuGVÜ) den *Jenard*-Bericht, 1979, S. 29 ff., sowie Rauscher/*Mankowski*, EuZPR, 4. Aufl. 2016, Vorbem zu Art. 4 EuGVVO Rn. 4.
[9] S. etwa *Geimer*/Schütze, EuZVR, 3. Aufl. 2010, Art. 15 EuGVVO a.F. Rn. 2.
[10] So ausdrücklich etwa EuGH, 23.12.2015 – Rs. C-297/14, *Rüdiger Hobohm ./. Benedikt Kampik Ltd & Co. KG u.a.*, ECLI:EU:C:2015:844 = EuZW 2016, S. 266, Rn. 31; EuGH, 11.7.2002 – Rs. C-96/00, *Rudolf Gabriel*, Slg. 2002, I-6367 (ECLI:EU:C:2002:436) = EuZW 2002, S. 539, Rn. 39.
[11] S. nur *Geimer*/Schütze, EuZVR, 3. Aufl. 2010, Art. 15 EuGVVO a.F. Rn. 1.

II. Überblick

5   Art. 17 ist die **Grundnorm der speziellen Zuständigkeitsordnung für Verbrauchersachen** im 4. Abschnitt des II. Kapitels der EuGVVO. Vergleichbare Regelungen enthalten im 3. Abschnitt für Versicherungssachen Art. 10 und im 5. Abschnitt für Arbeitssachen Art. 20.

6   Art. 17 **Abs. 1** regelt das Spezialitätsverhältnis des 4. Abschnitts zu den „allgemeinen" Zuständigkeitsvorschriften v.a. der Abschnitte 1 und 2 des II. Kapitels der EuGVVO und definiert den Verbrauchervertrag als zentrale sachliche Anwendungsvoraussetzung für die Zuständigkeitsbestimmung in Verbrauchersachen.[12] Art. 17 **Abs. 2** erweitert – insofern als *lex specialis* zu Art. 6 Abs. 1 – den räumlichen Anwendungsbereich des 4. Abschnitts. Art. 17 **Abs. 3** hingegen nimmt **Beförderungsverträge** mit Ausnahme von Pauschalreiseverträgen im Sinne der Pauschalreiserichtlinie[13] vom Anwendungsbereich des 4. Abschnitts aus.

7   Die Vorschriften des 4. Abschnitts bestimmen zum Teil nur die **internationale** (etwa in Art. 18 Abs. 1 Alt. 1 sowie in Art. 18 Abs. 2), im Falle von Art. 18 Abs. 1 Alt. 2 aber auch die **örtliche Zuständigkeit** mit.[14] Ergeht eine mitgliedstaatliche Entscheidung gegen einen beklagten Verbraucher im Einzelfall unter Missachtung der Vorschriften des 4. Abschnitts, so stellt dies gem. Art. 45 Abs. 1 lit. e (i) ein Anerkennungshindernis dar.

III. Entstehungsgeschichte

8   In der ursprünglichen Fassung aus dem Jahr 1968[15] sah das EuGVÜ in dem 4. Abschnitt seines II. Kapitels bzw. in Art. 13 nur eine spezielle Zuständigkeitsordnung für **Abzahlungsgeschäfte** ohne ausdrücklichen Rekurs auf Verbraucherbeteiligung vor. Erst das **1. Beitrittsübereinkommen** zum EuGVÜ vom 9.10.1978[16] (mit dem Irland, Dänemark und das Vereinigte Königreich dem EuGVÜ beitraten) erweiterte den Regelungsbereich des 4. Abschnitts – ebenfalls in Art. 13 EuGVÜ – allgemein auf Verbrauchersachen und definierte erstmals den Begriff des Verbrauchers sowie die einzelnen Voraussetzungen der unter diese Vorschrift fallenden, damals noch enger verstandenen Verbraucherverträge. Schließlich wurde Art. 13 EuGVÜ im Rahmen der „Umwandlung" des EuGVÜ in die EuGVVO a.F. im Jahr 2000 zu Art. 15 EuGVVO a.F. und dabei unter Beibehaltung der sonstigen Regelung lediglich **Abs. 1 lit. c völlig neu gefasst** sowie erheblich ausgeweitet. Bei der jüngsten Reform der EuGVVO wurde Art. 15 EuGVVO a.F. zu Art. 17, blieb jedoch bis auf eine geringfügige sprachliche Änderung in Art. 17 Abs. 2 **unverändert**.

---

[12] Hierzu näher unten Rn. 41 ff.
[13] Richtlinie 90/314/EWG des Rates vom 13.6.1990 über Pauschalreisen, ABl. (EG) Nr. L 158, S. 59.
[14] Unzutreffend daher *Schlosser*/Hess, EuZPR, 4. Aufl. 2015, Art. 17 EuGVVO Rn. 1.
[15] ABl. (EG) 1972 Nr. L 299/32.
[16] ABl. (EG) 1978 Nr. L 304/1.

IV. Konkurrenzen

Aus dem Wortlaut von Art. 17 Abs. 1 sowie Erwgr. 18 ersichtlich sind die **9** Vorschriften des 4. Abschnitts **weitgehend abschließend**,[17] d.h. sie verdrängen die meisten der allgemeinen Zuständigkeitsvorschriften in den Abschnitten 1 und 2 des II. Kapitels der EuGVVO.[18] Dies gilt freilich **nur**, soweit es überhaupt um dem 4. Abschnitt unterfallende vertragliche Ansprüche und Rechtsstreitigkeiten geht; für **außervertraglich zu qualifizierende**[19] **Ansprüche** von und gegen Verbraucher(n) bleiben hingegen die allgemeinen Regelungen anwendbar.[20] Kraft ausdrücklicher Anordnung in Art. 17 Abs. 1 kann darüber hinaus selbst in Bezug auf Vertragsstreitigkeiten neben den Vorschriften des 4. Abschnitts auf den besonderen Gerichtsstand der Niederlassung gem. **Art. 7 Nr. 5**[21] sowie – vorbehaltlich Art. 17 Abs. 2 – auf die Regelung in **Art. 6**[22] zurückgegriffen werden. Aus Art. 19 bzw. Art. 26 Abs. 2 folgt zudem, dass auch Gerichtsstandsvereinbarungen und eine rügelose Einlassung – wenn auch mit Modifikationen – in Verbrauchersachen möglich sind. Innerhalb der Verordnung gehen die **ausschließlichen Zuständigkeiten** im Sinne von Art. 24 den Sonderregelungen im 4. Abschnitt vor und werden nicht etwa durch diese verdrängt.[23] Im Falle einer Überschneidung sind die Vorschriften des 3. Abschnitts (d.h. Versicherungssachen) als *leges speciales* zu den Regelungen des 4. Abschnitts anzusehen.[24]

V. Räumlicher Anwendungsbereich

Ebenso wie die meisten sonstigen Zuständigkeitsnormen der EuGVVO[25] setzen **10** auch die besonderen Vorschriften des 4. Abschnitts neben einem **Auslandsbezug** – jedenfalls grds. – das Vorliegen eines **Beklagtenwohnsitzes in einem Mitgliedstaat** im Sinne der EuGVVO voraus. Von dem letztgenannten Erfordernis sehen wiederum Art. 17 Abs. 2 sowie – seit der jüngsten EuGVVO-Reform – Art. 18 Abs. 1 Alt. 2 zugunsten von Verbrauchern **gewichtige Ausnahmen** vor: So verlangt etwa Art. 18 Abs. 1 Alt. 2 ausnahmsweise nur die Situierung des *Kläger*wohnsitzes in einem Mitgliedstaat.

---

[17] Rauscher/*Staudinger*, EuZPR, 4. Aufl. 2016, Vorbem zu Art. 17 ff. EuGVVO Rn. 1; *Geimer*/Schütze, EuZVR, 3. Aufl. 2010, Art. 15 EuGVVO a.F. Rn. 3.
[18] Musielak/Voit/*Stadler*, ZPO, 13. Aufl. 2016, Art. 17 EuGVVO Rn. 1; *Schlosser*/Hess, EuZPR, 4. Aufl. 2015, Art. 17 EuGVVO Rn. 1; Rauscher/*Staudinger*, EuZPR, 4. Aufl. 2016, Vorbem zu Art. 17 ff. EuGVVO Rn. 1.
[19] Hierzu kann grds. auf die im Rahmen der Abgrenzung zwischen Art. 7 Nr. 1 und 2 entwickelten Kriterien zurückgegriffen werden; vgl. hierzu die Kommentierung zu Art. 7 Rn. 22 ff. sowie Rn. 155 ff.
[20] Dazu näher unten Rn. 76 ff. sowie etwa *Lüderitz*, FS Riesenfeld, 1983, S. 147 (160); Rauscher/*Staudinger*, EuZPR, 4. Aufl. 2016, Vorbem zu Art. 17 ff. EuGVVO Rn. 4 f.
[21] Vgl. dazu näher sogleich Rn. 15 ff.
[22] Zum räumlichen Anwendungsbereich des 4. Abschnitts näher Rn. 10 ff.
[23] S. die Kommentierung zu Art. 24 Rn. 13, sowie OLG Frankfurt a.M., 1.8.2007 – 7 U 146/06, NJW-RR 2008, S. 663; *Geimer*/Schütze, EuZVR, 3. Aufl. 2010, Art. 15 EuGVVO a.F. Rn. 4.
[24] *Schlosser*-Bericht, 1979, Rn. 156.
[25] Vgl. beispielhaft die Kommentierung zu Art. 4 Rn. 6 ff.

1. Keine Anwendbarkeit in reinen Inlandssachverhalten

11   Die gesamte Zuständigkeitsordnung der EuGVVO und damit auch die Vorschriften des 4. Abschnitts sind **nicht auf reine Inlandssachverhalte** anwendbar. Zwar ergibt sich diese Einschränkung nicht ausdrücklich aus dem Wortlaut von Art. 17 ff. Das Erfordernis eines (gewissen[26]) **grenzüberschreitenden Auslandsbezugs** folgt indes neben den Materialien[27] bereits aus Erwgr. 3 sowie aus den der EuGVVO zugrunde liegenden Kompetenznormen des EU-Gesetzgebers.[28] Dabei genügt es, wenn sich der erforderliche Auslandsbezug im Verhältnis zu einem **Drittstaat** ergibt; ein Berührungspunkt zu einem weiteren Mitgliedstaat ist nicht erforderlich.[29]

2. Beklagtenwohnsitz in einem Mitgliedstaat

12   Aus der Bezugnahme auf Art. 6 in Art. 17 Abs. 1 folgt, dass auch die Sondervorschriften der EuGVVO für Verbraucher – im Grundsatz – nur gegenüber **Beklagten mit Wohnsitz**[30] **in einem Mitgliedstaat** im Sinne der EuGVVO Anwendung finden.[31] Allerdings sieht Art. 6 Abs. 1 mehrere **Ausnahmen** von diesem Grundsatz vor, indem er ausdrücklich die Gerichtsstände (u.a.) der Art. 18 Abs. 1 [Alt. 2], 24 sowie 25 (für Verbrauchersachen i.V.m. Art. 19) ausnimmt. Eine weitere Ausnahme folgt, wenngleich nicht in Art. 6 Abs. 1 aufgezählt,[32] aus der Möglichkeit einer Zuständigkeit kraft rügeloser Einlassung gem. Art. 26, welcher aus seinem Abs. 2 ersichtlich auch in Verbrauchersachen anwendbar ist.[33] Diese ausdrücklichen Ausnahmen werden in Verbrauchersachen gem. **Art. 17 Abs. 2** noch um bestimmte Fälle erweitert, in denen der Vertragspartner eines Verbrauchers im Einzelfall zwar keinen Wohnsitz, wohl aber eine **Niederlassung** im Hoheitsgebiet eines Mitgliedstaats besitzt (dazu sogleich).

---

[26] Zur Problematik der sog. „unechten Inlandsfälle" s. Rauscher/*Staudinger*, EuZPR, 4. Aufl. 2016, Vorbem zu Art. 17 ff. EuGVVO Rn. 6 ff. mit ähnlichem Befund wie hier unter Vorb. Art. 4 ff. Rn. 16 vertreten, nämlich dass auch geringfügigere Berührungspunkte mit dem Ausland als eine Wohnsitzstaatverschiedenheit der Parteien für eine Anwendbarkeit der Zuständigkeitsordnung der EuGVVO genügen.
[27] *Jenard*-Bericht, 1979, S. 8.
[28] Insbesondere Art. 81 Abs. 1 und Abs. 2 lit. a sowie c AEUV; vgl. hierzu näher die Vorb. Art. 4 ff. Rn. 14 ff. (v.a. Rn. 15) sowie allgemein EuGH, 1.3.2005 – Rs. C-281/02, *Owusu* ./. *Jackson u.a.*, Slg. 2005, I-1445 (ECLI:EU:C:2005:120), Rn. 25; EuGH, 17.11.2011 – Rs. C-327/10, *Hypoteční banka a. s.* ./. *Udo Mike Lindner*, Slg. 2011, I-11582 (ECLI:EU:C:2011:745), Rn. 29; Rauscher/*Mankowski*, EuZPR, 4. Aufl. 2016, Vorbem zu Art. 4 EuGVVO Rn. 5 ff.; *Schlosser*/Hess, EuZPR, 4. Aufl. 2015, Vor Art. 4–35 EuGVVO Rn. 5 („selbstverständlich"); *Kropholler/von Hein*, EuZPR, 9. Aufl. 2011, vor Art. 2 EuGVVO a.F. Rn. 6; MünchKomm/*Gottwald*, ZPO, 4. Aufl. 2013, Vorbemerkung zu Art. 1 ff. EuGVVO a.F. Rn. 27.
[29] S. die Vorb. Art. 4 ff. Rn. 17 f.
[30] Zum Begriff des Wohnsitzes im Sinne der EuGVVO vgl. die Kommentierungen zu Art. 4 Rn. 6 ff. sowie zu Art. 62 und 63.
[31] S. nur EuGH, 15.9.1994 – Rs. C-318/93, *Brenner u.a.* ./. *Dean Witter Reynolds*, Slg. 1994, I-4275 (ECLI:EU:C:1994:331), Rn. 26; *Schlosser*/Hess, EuZPR, 4. Aufl. 2015, Art. 17 EuGVVO Rn. 1.
[32] S. hierzu die Kommentierung zu Art. 6 Rn. 9.
[33] S. nur *Schlosser*/Hess, EuZPR, 4. Aufl. 2015, Art. 17 EuGVVO Rn. 1; *Geimer*/Schütze, EuZVR, 3. Aufl. 2010, Art. 15 EuGVVO a.F. Rn. 4.

3. Gleichstellung von Niederlassung mit Wohnsitz (Art. 17 Abs. 2)

Der Wortlaut von Art. 17 Abs. 2 ist **misslungen**. Statt: „Hat der Vertragspartner des Verbrauchers im Hoheitsgebiet eines Mitgliedstaats keinen Wohnsitz" müsste es richtigerweise heißen: „Hat der Vertragspartner des Verbrauchers keinen Wohnsitz im Hoheitsgebiet *irgend*eines Mitgliedstaats".[34]   **13**

Dessen ungeachtet stellt Art. 17 Abs. 2 für diejenigen Streitigkeiten in Verbrauchersachen,[35] in denen es für eine Zuständigkeit nach der EuGVVO auf das **Vorliegen des Wohnsitzes des Vertragspartners** des Verbrauchers in einem Mitgliedstaat im Sinne der EuGVVO ankommt, eine **Niederlassung** für Streitigkeiten aus deren Betrieb einem Wohnsitz im Sinne von Art. 62 bzw. 63 gleich. Dies dient der Ausweitung des Schutzgedankens des 4. Abschnitts auf Fälle, die ansonsten potentiell dem nationalen Zivilverfahrensrecht der Mitgliedstaaten im Sinne der EuGVVO unterfallen würden.[36] Zum gleichbedeutend auch in Art. 7 Nr. 5 verwendeten Begriff der Niederlassung vgl. die dortige Kommentierung.[37] Wegen des Gleichlaufs mit Art. 7 Nr. 5 dürfte dabei auch für Art. 17 Abs. 2 der bloße Rechtsschein einer Niederlassung genügen.[38]   **14**

Die Regelung in Art. 17 Abs. 2 betrifft nach der zwischenzeitlichen Neufassung des Art. 18 Abs. 1 Alt. 2, der seit der jüngsten Reform der EuGVVO nicht mehr einen Wohnsitz des Verfahrensgegners des Verbrauchers in einem Mitgliedstaat voraussetzt,[39] v.a. die Fälle des Art. 18 Abs. 1 Alt. 1. Gem. Art. 17 Abs. 2 kann danach ausnahmsweise auch der in einem **Drittstaat ansässige Vertragspartner** eines Verbrauchers nach Maßgabe der EuGVVO verklagt werden, wenn er im Einzelfall zwar keinen Wohnsitz, wohl aber eine Niederlassung im Hoheitsgebiet eines Mitgliedstaats besitzt und es sich um eine Streitigkeit aus deren Betrieb handelt.[40] Zum **Bezug einer Streitigkeit zu einer Niederlassung** vgl. ebenfalls die Kommentierung zu Art. 7 (Nr. 5) Rn. 246.[41]   **15**

4. Vorbehalt zugunsten von Art. 7 Nr. 5

Nach der allgemeinen Systematik und dem Wortlaut von Art. 17 Abs. 1 verdrängen die Spezialregelungen für Verbrauchersachen in Art. 17 bis 19 grds. die allgemeinen Zuständigkeitsvorschriften v.a. der Abschnitte 1 und 2 des II. Kapitels der EuGVVO und damit an sich auch Art. 7 Nr. 5. Da jedoch Art. 7 Nr. 5 nach richtiger Ansicht entgegen seinem offenen Wortlaut nur Klagen *gegen* das   **16**

---

[34] *Schlosser*/Hess, EuZPR, 4. Aufl. 2015, Art. 17 EuGVVO Rn. 9 sowie Art. 11 EuGVVO Rn. 1.
[35] Art. 17 Abs. 2 gilt nicht, wenn trotz Verbraucherbeteiligung gar keine Verbrauchersache vorliegt, etwa bei außervertraglich zu qualifizierenden Streitigkeiten.
[36] So implizit auch *Schlosser*/Hess, EuZPR, 4. Aufl. 2015, Art. 17 EuGVVO Rn. 2.
[37] Oben Art. 7 Rn. 241 ff.
[38] S. zu Art. 7 Nr. 5 EuGH, 9.12.1987 – Rs. 218/86, *Schotte ./. Parfumes Rothschild*, Slg. 1987, 4905 (ECLI:EU:C:1987:536), Rn. 16 ff. sowie die Kommentierung zu Art. 7 Rn. 244 f.; so auch Rauscher/ *Staudinger*, EuZPR, 4. Aufl. 2016, Art. 17 EuGVVO Rn. 19.
[39] Vgl. hierzu sogleich Rn. 19.
[40] Rauscher/*Staudinger*, EuZPR, 4. Aufl. 2016, Art. 17 EuGVVO Rn. 19 f.
[41] Dabei ist freilich zu beachten, dass am Gerichtsstand des Art. 7 Nr. 5 sowohl vertragliche als auch außervertragliche Streitigkeiten ausgefochten werden können, während Verbrauchersachen im Sinne des 4. Abschnitts des II. Kapitels der EuGVVO (und auch Art. 7 Nr. 1) nur vertragliche Streitigkeiten umfassen, s. unten Rn. 75 und 76 ff.

betreffende, eine Niederlassung im Hoheitsgebiet eines Mitgliedsstaates unterhaltende Unternehmen erfasst,[42] kommt eine **Anwendung des Art. 7 Nr. 5 in Verbrauchersachen** potentiell nur dem jeweiligen Verbraucher zugute. Denn Aktivklagen eines eine Niederlassung unterhaltenden Unternehmens selbst können nach ganz h.M. nicht am Gerichtsstand der Niederlassung erhoben werden.[43] Zwar ist der Vorbehalt in Art. 17 Abs. 1 zugunsten von Art. 7 Nr. 5 sprachlich offen formuliert und könnte daher seinem Wortlaut nach theoretisch auch für Niederlassungen des Verbrauchers und damit Klagen gegen den Verbraucher gelten. Allerdings schließen sich die unionsrechtliche Definition des Verbrauchers[44] und diejenige des eine Niederlassung im Sinne von Art. 7 Nr. 5 betreibenden Unternehmensträgers gegenseitig aus.[45] In der Praxis ist der Vorbehalt zugunsten des Art. 7 Nr. 5 daher **nur für Aktivklagen eines Verbrauchers relevant**. Insofern war ein Ausschluss des Gerichtsstands der Niederlassung in Verbrauchersachen widersinnig und eine Rückausnahme geboten.

17 Der Vorbehalt zugunsten von Art. 7 Nr. 5 in Verbrauchersachen ist im Übrigen nicht wegen der Regelung in Art. 17 Abs. 2 obsolet. Denn während Art. 18 Abs. 1 Alt. 1 i.V.m. Art. 17 Abs. 2 nur die internationale Zuständigkeit regeln, bestimmt Art. 7 Nr. 5 neben der internationalen **auch die örtliche Zuständigkeit** mit.[46] Zudem gewährt Art. 7 Nr. 5, anders als etwa Art. 18 Abs. 1 Alt. 1 i.V.m. Art. 17 Abs. 2, eine **umfassende Kognitionsbefugnis** nicht nur für vertragliche, sondern auch für außervertragliche Ansprüche.[47]

18 Zu beachten ist freilich, dass der besondere Gerichtsstand der Niederlassung grds. nur gegenüber **Beklagten mit Wohnsitz** in einem Mitgliedstaat im Sinne der Verordnung Anwendung findet.[48] Insofern dürfte zwar in Verbrauchersachen **Art. 17 Abs. 2** grds. auch im Rahmen der Anwendung von Art. 7 Nr. 5 über das etwaige Fehlen des Wohnsitzes des Vertragspartners eines Verbrauchers in einem Mitgliedstaat hinweghelfen.[49] Da jedoch Art. 7 Nr. 5 nach ganz h.M. zusätzlich ein **Auseinanderfallen von Wohnsitz- und Niederlassungsstaat** erfordert,[50] Art. 17 Abs. 2 jedoch lediglich das Vorliegen eines Wohnsitzes im Hoheitsgebiet des Niederlassungsstaats fingiert, scheidet ein Rückgriff auf Art. 7 Nr. 5 gegenüber in Drittstaaten ansässigen Vertragspartnern auch in Verbrauchersachen aus.[51]

---

[42] S. die Kommentierung zu Art. 7 Rn. 230 und 236.
[43] Vgl. nur Geimer/Schütze, EuZVR, 3. Aufl. 2010, Art. 5 EuGVVO a.F. Rn. 298; Rauscher/Leible, EuZPR, 4. Aufl. 2016, Art. 7 EuGVVO Rn. 154; Kropholler/von Hein, EuZPR, 9. Aufl. 2011, Art. 5 EuGVVO a.F. Rn. 101; MünchKomm/Gottwald, ZPO, 4. Aufl. 2013, Art. 5 EuGVVO a.F. Rn. 89.
[44] Dazu sogleich Rn. 22 ff.
[45] Vgl. die Kommentierung zu Art. 7 Rn. 237 und 242.
[46] Rauscher/Staudinger, EuZPR, 4. Aufl. 2016, Art. 17 EuGVVO Rn. 20.
[47] S. dazu näher unten Rn. 76 ff. sowie die Kommentierung zu Art. 7 Rn. 240.
[48] S. die Kommentierung zu Art. 7 Rn. 233 ff. sowie etwa Kropholler/von Hein, EuZPR, 9. Aufl. 2011, Art. 5 EuGVVO a.F. Rn. 100; Rauscher/Leible, EuZPR, 4. Aufl. 2016, Art. 7 EuGVVO Rn. 153.
[49] So etwa Rauscher/Leible, EuZPR, 4. Aufl. 2016, Art. 7 EuGVVO Rn. 153.
[50] Vgl. die Kommentierung zu Art. 7 Rn. 234 sowie die Vorb. Art. 7 ff. Rn. 11 f.
[51] **A. A.** wohl (ohne nähere Begründung) Rauscher/Leible, EuZPR, 4. Aufl. 2016, Art. 7 EuGVVO Rn. 153.

5. Klägerwohnsitz in einem Mitgliedstaat

Eigene **Aktivklagen** kann ein **Verbraucher** gem. Art. 18 Abs. 1 Alt. 1 **19** zunächst in demjenigen Mitgliedstaat erheben, in dem sich der Wohnsitz seines jeweiligen Vertragspartners befindet. Alternativ stellt ihm Art. 18 Abs. 1 Alt. 2 einen **Klägergerichtsstand** zur Verfügung. Voraussetzung für Art. 18 Abs. 1 Alt. 2 ist lediglich, dass (ausnahmsweise[52]) der klagende Verbraucher seinen Wohnsitz in einem Mitgliedstaat im Sinne der EuGVVO hat.[53] Ausweislich des geänderten Wortlauts von Art. 18 Abs. 1 Alt. 2 („ohne Rücksicht auf den Wohnsitz des anderen Vertragspartners") ist insofern ausdrücklich **irrelevant**, ob der jeweils beklagte **Vertragspartner** seinen Wohnsitz ebenfalls in einem Mitgliedstaat hat oder nicht.[54] Noch unter der EuGVVO a.F. war demgegenüber für das Bestehen eines Klägergerichtsstands gem. deren Art. 16 Abs. 1 Alt. 2 erforderlich gewesen, dass auch der Vertragspartner eines Verbrauchers seinen Wohnsitz bzw., in den Fällen des Art. 15 Abs. 2 a.F., eine Niederlassung in einem Mitgliedstaat im Sinne der Verordnung hatte.[55]

6. Maßgeblicher Zeitpunkt

Zum maßgeblichen Zeitpunkt des Vorliegens der zuständigkeitsbegründenden **20** Anwendungsvoraussetzungen der Art. 17 ff. gelten die allgemeinen Maßstäbe:[56] Danach kommt es maßgebend und grds. auf den entsprechend Art. 32 zu bestimmenden Zeitpunkt der **Anrufung des jeweiligen Gerichts** an.[57] Dies gilt entgegen anderslautenden Stimmen[58] auch für das Vorliegen einer Niederlassung im Rahmen von Art. 17 Abs. 2.[59] Aus dem Wortlaut dieser Vorschrift ersichtlich („besitzt") muss die Niederlassung auch **im Zeitpunkt der jeweiligen Anrufung eines Gerichts** noch bestehen und genügt bei Auflösung der Niederlassung vor Klageeinreichung nicht deren Bestehen nur bei Vertragsschluss.[60] Die Auflösung einer Niederlassung *nach* Klageeinreichung ist hingegen nach den Regeln der *perpetuatio fori*[61] grds. irrelevant. Eine **Ausnahme** von diesem Grundsatz gilt im Rahmen von Art. 17 Abs. 1 lit. c für das Erfordernis des Ausübens bzw. Ausrichtens der beruflichen oder gewerblichen Tätigkeit eines

---

[52] Grds. ist der Wohnsitz eines Klägers für die Zuständigkeitsordnung der EuGVVO irrelevant, s. EuGH, 13.7.2000 – Rs. C-412/98, *Group Josi Reinsurance Company S.A. ./. Universal General Insurance Company*, Slg. 2000, I-5295 (ECLI:EU:C:2000:399) Rn. 57, 61.
[53] Vgl. nur Rauscher/*Staudinger*, EuZPR, 4. Aufl. 2016, Art. 18 EuGVVO Rn. 4; *Schlosser*/Hess, EuZPR, 4. Aufl. 2015, Art. 18 EuGVVO Rn. 1.
[54] *Von Hein*, RIW 2013, S. 97 (103); Musielak/Voit/*Stadler*, ZPO, 13. Aufl. 2016, Art. 17 EuGVVO Rn. 5.
[55] Vgl. nur *Geimer*/Schütze, EuZVR, 3. Aufl. 2010, Art. 16 EuGVVO a.F. Rn. 6.
[56] Vgl. die Vorb. Art. 4 ff. Rn. 19 ff.
[57] S. Vorb. Art. 4 ff. Rn. 20.
[58] Etwa OLG Frankfurt a.M., 26.3.2008 – 7 U 251/07, EuZW 2009, S. 309; *Seibl*, IPRax 2011, S. 234 (236); Rauscher/*Staudinger*, EuZPR, 4. Aufl. 2016, Art. 17 EuGVVO Rn. 19; MünchKomm/ *Gottwald*, ZPO, 4. Aufl. 2013, Art. 15 EuGVVO a.F. Rn. 16.
[59] S. etwa BGH, 12.6.2007 – XI ZR 290/06, NJW-RR 2007, S. 1570; *Kropholler*/von Hein, EuZPR, 9. Aufl. 2011, Art. 15 EuGVVO a.F. Rn. 28.
[60] Vgl. die Kommentierung zu Art. 7 Rn. 247 f.
[61] Vgl. hierzu die Vorb. Art. 4 ff. Rn. 21.

Unternehmers auf den Wohnsitzstaat eines Verbrauchers: Dieses Tatbestandsmerkmal muss entgegen den allgemeinen Regeln zum Schutz des Verbrauchers vor Missbrauch lediglich zum Zeitpunkt des jeweiligen Vertragsschlusses vorgelegen haben;[62] s. hierzu näher unten Rn. 72.

VI. Persönlicher Anwendungsbereich; Verbrauchereigenschaft

21 Verbrauchersachen im Sinne des 4. Abschnitts des II. Kapitels der EuGVVO umfassen gem. Art. 17 Abs. 1 Rechtsstreitigkeiten über einen Vertrag bzw. Ansprüche aus einem Vertrag, den im Einzelfall ein **Verbraucher** geschlossen hat. Ob *zusätzlich* der jeweilige Vertragspartner des Verbrauchers ebenfalls Verbraucher sein kann, ergibt sich nicht ausdrücklich[63] aus dem Wortlaut der Verordnung.[64] Aus dem Sinn und Zweck der Regelungen des 4. Abschnitts sowie auch aus Art. 6 Abs. 1 Rom I-VO folgt jedoch, dass diese grds. nur auf **Verträge zwischen einem Verbraucher und einem Unternehmer**, nicht jedoch auf Verträge zwischen zwei Verbrauchern Anwendung finden können.[65]

1. Verbraucherbegriff

22 Der Begriff des Verbrauchers im Sinne der EuGVVO ist **autonom** zu bestimmen.[66] Entsprechend können deutsche Gerichte zur Auslegung des Verbraucherbegriffs in Art. 17 keinesfalls auf § 13 BGB bzw. die hierzu ergangene Rechtsprechung zurückgreifen.[67] Wegen des grundsätzlichen Auslegungszusammenhangs der EuGVVO u.a. mit der Rom I-VO[68] ist allerdings ein – freilich vorsichtiger – Rückgriff auf die zu **Art. 6 Rom I-VO** ergangene Rechtsprechung sowie dessen Wortlaut und Wertungen möglich.[69]

23 Nach dem Wortlaut des Art. 17 Abs. 1 ist ein Verbraucher eine Person, die im Einzelfall einen streitgegenständlichen Vertrag zu einem Zweck geschlossen hat, der **nicht ihrer beruflichen oder gewerblichen Tätigkeit** zugerechnet

---

[62] OLG Frankfurt a.M., 26.11.2008 – 7 U 251/07, EuZW 2009, S. 309 (310).
[63] Nur in Art. 17 Abs. 1 lit. c findet die erforderliche Unternehmereigenschaft des Vertragspartners des Verbrauchers Erwähnung.
[64] MünchKomm/*Gottwald*, ZPO, 4. Aufl. 2013, Art. 15 EuGVVO a.F. Rn. 8.
[65] Dazu näher unten Rn. 29 f. sowie *Schack*, IZVR, 6. Aufl. 2014, Rn. 319; Saenger/*Dörner*, ZPO, 6. Aufl. 2015, Art. 17 EuGVVO Rn. 9; Rauscher/*Staudinger*, EuZPR, 4. Aufl. 2016, Vorbem zu Art. 17 ff. EuGVVO Rn. 2.
[66] Vgl. nur EuGH, 20.1.2005 – Rs. C-464/01, *Gruber ./. BayWa AG*, Slg. 2005, I-439 (ECLI:EU:C:2005:32), Rn. 31; EuGH, 11.7.2002 – Rs. C-96/00, *Rudolf Gabriel*, Slg. 2002, I-6367 (ECLI:EU:C:2002:436) = EuZW 2002, S. 539, Rn. 37; *Schlosser*/Hess, EuZPR, 4. Aufl. 2015, Art. 17 EuGVVO Rn. 3; *Heiderhoff*, IPRax 2005, S. 230; Rauscher/*Staudinger*, EuZPR, 4. Aufl. 2016, Art. 17 EuGVVO Rn. 1; *Geimer*/Schütze, EuZVR, 3. Aufl. 2010, Art. 15 EuGVVO a.F. Rn. 87 ff.
[67] Zu den insofern bestehenden Unterschieden vgl. etwa OLG Nürnberg, 20.7.2004 – 1 U 991/04, IPRax 2005, S. 248 (250 f.) m. Anm. *Heiderhoff*, IPRax 2005, S. 230.
[68] Vgl. deren Erwgr. 7 i.V.m. dem Rechtsgedanken von Art. 80 sowie allgemein die Vorb. Art. 7 ff. Rn. 8 f.
[69] Ausführlich *Kropholler/von Hein*, EuZPR, 9. Aufl. 2011, Art. 15 EuGVVO a.F. Rn. 4 f.; Rauscher/*Staudinger*, EuZPR, 4. Aufl. 2016, Art. 17 EuGVVO Rn. 1.

werden kann. Unter den nach dem EuGH grds. **eng auszulegenden**[70] Verbraucherbegriff fallen dabei nur **natürliche Personen**.[71] In ständiger Rechtsprechung umschreibt der Gerichtshof Verbraucher als nicht berufs- oder gewerbebezogen handelnde private Endverbraucher[72] bzw., etwa im Jahr 1997 in der Rechtssache *Benincasa*, als Einzelpersonen, die Verträge zur Deckung ihres Eigenbedarfs beim privaten Verbrauch abschließen.[73] Eine Vertretung des Verbrauchers beim Vertragsschluss durch einen Dritten schadet dabei wohl nicht, selbst wenn der Vertreter im Einzelfall selbst nicht Verbraucher ist.[74]

Aus der negativen tätigkeitsbezogenen Formulierung in Art. 17 Abs. 1 folgt zudem, dass sich der unionsrechtliche Begriff des Verbrauchers maßgeblich an dem **Zweck des jeweils konkret von ihm abgeschlossenen streitgegenständlichen Rechtsgeschäfts** und nicht an dem generellen subjektiven Status einer (natürlichen) Person orientiert.[75] Entsprechend kann ein und dieselbe Person für bestimmte Geschäfte Verbraucher sein, für andere hingegen nicht.[76] Insofern kann man auch von einem „**rollenbezogenen Verbraucherbegriff**"[77] sprechen. Bei der Bestimmung des konkreten Zwecks im Einzelfall kommt es auf den **objektiven Empfängerhorizont** des jeweiligen Vertragspartners eines etwaigen Verbrauchers an.[78] Daher können Personen, die in einem konkreten Fall eigentlich Verbraucher wären, z.B. durch Vorspiegeln falscher Tatsachen als sog. „Scheinunternehmer" des prozessualen Verbraucherschutzes verlustig

24

---

[70] EuGH, 3.7.1997 – Rs. C-269/95, *Benincasa* ./. *Dentalkit*, Slg. 1997, I-3767 (ECLI:EU:C:1997:337), Rn. 16; EuGH, 20.1.2005 – Rs. C-27/02, *Engler* ./. *Janus Versand GmbH*, Slg. 2005, I-481 (ECLI:EU:C:2005:33), Rn. 43; EuGH, 20.1.2005 – Rs. C-464/01, *Gruber* ./. *BayWa AG*, Slg. 2005, I-439 (ECLI:EU:C:2005:32), Rn. 32; EuGH, 28.1.2015 – Rs. C-375/13, *Kolassa* ./. *Barclays Bank plc.*, ECLI:EU:C:2015:37 = EuZW 2015, S. 218, Rn. 28.

[71] S. (allerdings zur Richtlinie 93/13/EWG des Rates vom 5.4.1993 über mißbräuchliche Klauseln in Verbraucherverträgen, ABl. (EG) 1993 Nr. L 95, S. 29) EuGH, 22.11.2001 – verb. Rs. C-541/99 und C-542/99, *Cape Snc* ./. *Idealservice Srl und Idealservice MN RE Sas* ./. *OMAI Srl*, Slg. 2001, I-9049 (ECLI:EU:C:2001:625), Rn. 17; Rauscher/*Staudinger*, EuZPR, 4. Aufl. 2016, Art. 17 EuGVVO Rn. 2; *Kropholler/von Hein*, EuZPR, 9. Aufl. 2011, Art. 15 EuGVVO a.F. Rn. 6; *Geimer*/Schütze, EuZVR, 3. Aufl. 2010, Art. 15 EuGVVO a.F. Rn. 18; *Schlosser*/Hess, EuZPR, 4. Aufl. 2015, Art. 17 EuGVVO Rn. 2 (der freilich – ebenso wie *Geimer* – fälschlicherweise auch „nicht rechtsfähige Personenverbindungen" darunter fassen will; dies widerspricht jedoch, wie Rauscher/*Staudinger*, EuZPR, 4. Aufl. 2016, Art. 17 EuGVVO Rn. 2 zu Recht betont, dem Urteil des EuGH, 3.7.1997 – Rs. C-269/95, *Benincasa* ./. *Dentalkit*, Slg. 1997, I-3767 (ECLI:EU:C:1997:337), Rn. 17; so EuGH, 22.11.2001 – verb. Rs. 17: „Einzelperson").

[72] S. etwa EuGH, 21.6.1978 – Rs. 150/77, *Bertrand* ./. *Ott*, Slg. 1978, 1431 (ECLI:EU:C:1978:137), Rn. 21; EuGH, 19.1.1993 – Rs. C-89/91, *Shearson Lehman Hutton* ./. *TVB Treuhandges*., Slg. 1993, I-139 (ECLI:EU:C:1993:15), Rn. 22; EuGH, 11.7.2002 – Rs. C-96/00, *Rudolf Gabriel*, Slg. 2002, I-6367 (ECLI:EU:C:2002:436) = EuZW 2002, S. 539, Rn. 47.

[73] EuGH, 3.7.1997 – Rs. C-269/95, *Benincasa* ./. *Dentalkit*, Slg. 1997, I-3767 (ECLI:EU:C:1997:337), Rn. 17 sowie etwa EuGH, 14.3.2013 – Rs. C-419/11, *Česká spořitelna, a.s.* ./. *Gerald Feichter*, ECLI:EU:C:2013:165 = RIW 2013, S. 292, Rn. 34.

[74] Rauscher/*Staudinger*, EuZPR, 4. Aufl. 2016, Art. 17 EuGVVO Rn. 2.

[75] OLG Nürnberg, 20.7.2004 – 1 U 991/04, IPRax 2005, S. 248 (250).

[76] EuGH, 3.7.1997 – Rs. C-269/95, *Benincasa* ./. *Dentalkit*, Slg. 1997, I-3767 (ECLI:EU:C:1997:337), Rn. 16; *Kropholler/von Hein*, EuZPR, 9. Aufl. 2011, Art. 15 EuGVVO a.F. Rn. 8.

[77] So die Formulierung bei MünchKomm/*Micklitz/Purnhagen*, BGB, 7. Aufl. 2015, § 13 BGB Rn. 55.

[78] Saenger/*Dörner*, ZPO, 6. Aufl. 2015, Art. 17 EuGVVO Rn. 8; *Schlosser*/Hess, EuZPR, 4. Aufl. 2015, Art. 17 EuGVVO Rn. 3; Rauscher/*Staudinger*, EuZPR, 4. Aufl. 2016, Art. 17 EuGVVO Rn. 3; in diese Richtung gehend EuGH, 20.1.2005 – Rs. C-464/01, *Gruber* ./. *BayWa AG*, Slg. 2005, I-439 (ECLI:EU:C:2005:32), Rn. 46: „objektiven Umstände bei Vertragsabschluss".

gehen.[79] Folglich ist für jeden Vertragsschluss im Einzelfall eine **konkret-individuelle Bestimmung** der Verbrauchereigenschaft vorzunehmen.

25 Eine berufliche oder gewerbliche Zwecksetzung eines Vertrags liegt vor, wenn dieser im konkreten Fall mit Rücksicht auf eine **selbstständige berufliche bzw. gewerbliche Tätigkeit oder Stellung** abgeschlossen wird.[80] Dies trifft nach dem EuGH, anders etwa als im deutschen Recht gem. § 513 BGB, auch auf Verträge zu, die z.B. Existenzgründer zum Zwecke oder in Vorbereitung einer erst **zukünftigen** beruflichen oder gewerblichen Tätigkeit abschließen.[81] Rechtsgeschäfte, die ein **unselbstständig Beschäftigter**, d.h. ein Arbeitnehmer,[82] für seinen Beruf abschließt, können hingegen im Einzelfall durchaus Verbrauchersachen darstellen.[83] Bei sog. **gemischten Verträgen**, d.h. Rechtsgeschäften, die teils der beruflichen oder gewerblichen, teils der privaten Sphäre zuzuordnen sind, kommt es – wiederum anders als im Rahmen von § 13 BGB – nicht auf den überwiegenden Zweck an,[84] sondern darauf, ob der berufliche bzw. gewerbliche Zweck derart nebensächlich ist, dass er bei einer Gesamtschau des betreffenden Geschäfts nur eine – mit den Worten des EuGH – „ganz untergeordnete" Rolle spielt.[85] Dies gilt unabhängig von einer etwaigen Teilbarkeit des betreffenden Rechtsgeschäfts, da eine Aufspaltung eines einheitlichen Rechtsgeschäfts für die Zwecke der Art. 17 ff. nach dem EuGH ausscheidet.[86]

26 Rechtsgeschäfte zur **privaten Geldanlage** gelten hingegen (auch aus Art. 17 Abs. 1 lit. b ersichtlich) grds. nicht als (selbständige) berufliche oder gewerbliche Tätigkeit im Sinne der EuGVVO, selbst wenn im Einzelfall sehr hohe Summen investiert oder als Darlehen aufgenommen werden.[87] Art. 17 Abs. 1 kennt grds. keine „Wertobergrenze".[88] Etwas anderes soll hingegen für private **Einlagen in**

---

[79] EuGH, 20.1.2005 – Rs. C-464/01, *Gruber ./. BayWa AG*, Slg. 2005, I-439 (ECLI:EU:C:2005:32), Rn. 52 f.; *Geimer*/Schütze, EuZVR, 3. Aufl. 2010, Art. 15 EuGVVO a.F. Rn. 23; kritisch wegen der im Vorfeld grds. (vgl. Art. 19) eingeschränkten Abdingbarkeit der Art. 17 f. Rauscher/*Staudinger*, EuZPR, 4. Aufl. 2016, Art. 17 EuGVVO Rn. 3, der dies jedoch mit dem Gedanken des Rechtsmissbrauchs rechtfertigen will.
[80] *Schlosser*/Hess, EuZPR, 4. Aufl. 2015, Art. 17 EuGVVO Rn. 3.
[81] EuGH, 3.7.1997 – Rs. C-269/95, *Benincasa ./. Dentalkit*, Slg. 1997, I-3767 (ECLI:EU:C:1997:337), Rn. 17 ff.; Rauscher/*Staudinger*, EuZPR, 4. Aufl. 2016, Art. 17 EuGVVO Rn. 2; *Schlosser*/Hess, EuZPR, 4. Aufl. 2015, Art. 17 EuGVVO Rn. 3.
[82] Zum Begriff des Arbeitnehmers im Sinne der EuGVVO s. die Kommentierung zu Art. 20 Rn. 35 ff.
[83] *Saenger*/Dörner, ZPO, 6. Aufl. 2015, Art. 17 EuGVVO Rn. 8; *Geimer*/Schütze, EuZVR, 3. Aufl. 2010, Art. 16 EuGVVO a.F. Rn. 21; *Schlosser*/Hess, EuZPR, 4. Aufl. 2015, Art. 17 EuGVVO Rn. 3.
[84] MünchKomm/*Micklitz/Purnhagen*, BGB, 7. Aufl. 2015, § 13 BGB Rn. 54; *Kropholler/von Hein*, EuZPR, 9. Aufl. 2011, Art. 15 EuGVVO a.F. Rn. 10.
[85] EuGH, 20.1.2005 – Rs. C-464/01, *Gruber ./. BayWa AG*, Slg. 2005, I-439 (ECLI:EU:C:2005:32), Rn. 53.
[86] EuGH, 20.1.2005 – Rs. C-464/01, *Gruber ./. BayWa AG*, Slg. 2005, I-439 (ECLI:EU:C:2005:32), Rn. 44; *Geimer*/Schütze, EuZVR, 3. Aufl. 2010, Art. 16 EuGVVO a.F. Rn. 18a; Rauscher/*Staudinger*, EuZPR, 4. Aufl. 2016, Art. 17 EuGVVO Rn. 3.
[87] OLG Frankfurt a.M., 26.11.2008 – 7 U 251/07, EuZW 2009, S. 309 (310); Rauscher/*Staudinger*, EuZPR, 4. Aufl. 2016, Art. 17 EuGVVO Rn. 2; MünchKomm/*Gottwald*, ZPO, 4. Aufl. 2013, Art. 15 EuGVVO a.F. Rn. 2; *Kropholler/von Hein*, EuZPR, 9. Aufl. 2011, Art. 15 EuGVVO a.F. Rn. 20; s. auch *Schlosser*/Hess, EuZPR, 4. Aufl. 2015, Art. 17 EuGVVO Rn. 3, der (wohl) eine Grenze erreicht sieht, wenn die Vermögensanlage nach Umfang bei einer berufsmäßigen Tätigkeit gleichkommt.
[88] *Kropholler/von Hein*, EuZPR, 9. Aufl. 2011, Art. 15 EuGVVO a.F. Rn. 4; *Geimer*/Schütze, EuZVR, 3. Aufl. 2010, Art. 16 EuGVVO a.F. Rn. 1 („auch Millionäre").

Gesellschaften oder juristische Personen gelten, wenn der Investierende mit der betreffenden Gesellschaft oder juristischen Person beruflich oder gewerblich eng verbunden ist.[89]

Die **Beweislast** für das Vorliegen der privaten Zwecksetzung eines Vertrages 27 liegt grds. bei dem etwaigen Verbraucher.[90] Nach allgemeinen Grundsätzen läge demgemäß auch im Falle des bereits nachgewiesenen bzw. unstrittigen Vorliegens eines sog. **gemischten Vertrages**[91] – d.h. eben eines Vertrages, der sowohl beruflich-gewerblichen als auch privaten Zwecken dient – die Beweislast hinsichtlich der für eine Anwendbarkeit der Art. 17 ff. notwendigen „ganz untergeordneten" Rolle des beruflich-gewerblichen Zwecks grds. bei dem potentiellen Verbraucher.[92] Indes hat der EuGH im Jahr 2005 in seinem Urteil in der Rechtssache *Gruber* entschieden, dass im Fall eines *non liquet*, d.h. einer Unerweislichkeit der bloßen Nebensächlichkeit des beruflich-gewerblichen Vertragszwecks, **im Zweifel**[93] vom Vorliegen eines Verbrauchervertrags auszugehen sei;[94] andernfalls würde den Verbraucherschutzvorschriften ihre praktische Wirksamkeit genommen.

2. Verbraucher als Prozesspartei

Die Vorschriften des 4. Abschnitts des II. Kapitels der EuGVVO dienen, 28 wie eingangs Rn. 1 dargestellt, der gerade verfahrensrechtlichen Privilegierung eines Verbrauchers. Daher ist für die Anwendbarkeit der Art. 17 ff. grds. erforderlich, dass der betreffende Verbraucher auch **an dem konkreten Verfahren persönlich** entweder als Kläger oder als Beklagter teilnimmt.[95] Schon nach dem Wortlaut von Art. 18 reicht es nicht aus, wenn ein Verbraucher lediglich an dem streitgegenständlichen Vertragsschluss, nicht aber an dem tatsächlichen Zivilverfahren beteiligt ist. Klagt daher eine Person, die nicht Verbraucher ist, die z.B. abgetretene oder geerbte Forderung eines Verbrauchers als **Rechtsnachfolger** ein, sind die Gerichtsstände des Art. 18 hierfür nicht eröffnet.[96] Ist jedoch der Rechtsnachfolger eines Verbrauchers seinerseits im konkreten Kontext als Verbraucher anzusehen, soll nach wohl überwiegender Meinung der Schutzgedanke des 4. Abschnitts eingreifen und eine Anwendbarkeit von

---

[89] Schlosser/Hess, EuZPR, 4. Aufl. 2015, Art. 17 EuGVVO Rn. 3; vgl. auch EuGH, 14.3.2013 – Rs. C-419/11, *Česká spořitelna, a.s. ./. Gerald Feichter*, ECLI:EU:C:2013:165 = RIW 2013, S. 292.
[90] Musielak/Voit/*Stadler*, ZPO, 13. Aufl. 2016, Art. 17 EuGVVO Rn. 1; *Schlosser*/Hess, EuZPR, 4. Aufl. 2015, Art. 17 EuGVVO Rn. 3; vgl. auch *Mankowski*, IPRax 2005, S. 503 (508).
[91] Vgl. hierzu oben Rn. 25.
[92] Vgl. EuGH, 20.1.2005 – Rs. C-464/01, *Gruber ./. BayWa AG*, Slg. 2005, I-439 (ECLI:EU:C:2005:32), Rn. 46.
[93] Geimer/Schütze, EuZVR, 3. Aufl. 2010, Art. 16 EuGVVO a.F. Rn. 18 f.
[94] EuGH, 20.1.2005 – Rs. C-464/01, *Gruber ./. BayWa AG*, Slg. 2005, I-439 (ECLI:EU:C:2005:32), Rn. 50; **kritisch** etwa Musielak/Voit/*Stadler*, ZPO, 13. Aufl. 2016, Art. 17 EuGVVO Rn. 1 sowie *Reich*, EuZW 2005, S. 244 (245).
[95] EuGH, 19.1.1993 – Rs. C-89/91, *Shearson Lehman Hutton ./. TVB Treuhandges.*, Slg. 1993, I-139 (ECLI:EU:C:1993:15), Rn. 22; Schlosser/Hess, EuZPR, 4. Aufl. 2015, Art. 18 EuGVVO Rn. 3.
[96] EuGH, 19.1.1993 – Rs. C-89/91, *Shearson Lehman Hutton ./. TVB Treuhandges.*, Slg. 1993, I-139 (ECLI:EU:C:1993:15), Rn. 24.

Art. 17 f. daher grds. möglich sein.[97] Entsprechend können auch **Verbandsklagen** nicht an den Verbrauchergerichtsständen geltend gemacht werden, mag auch die aufgegriffene Rechtsstreitigkeit ursprünglich eine Verbrauchersache gewesen sein.[98]

3. Vertragspartner des Verbrauchers

29 Unerklärlicherweise keine Aussage trifft Art. 17 – abgesehen von den Fällen des Art. 17 Abs. 1 lit. c – über die **Anforderungen an den jeweiligen Vertragspartner** eines Verbrauchers.[99] Nach dem Wortlaut dieser Vorschrift wären daher die Verbrauchergerichtsstände mitsamt ihrer Sperrwirkung hinsichtlich der „allgemeinen" Vorschriften[100] potentiell auch für Verträge zwischen Verbrauchern ohne Beteiligung eines Unternehmers und damit ohne typisiertes Kräfteungleichgewicht eröffnet. Dies kann freilich vor dem Hintergrund des oben Rn. 4 dargestellten Normzwecks der Vorschriften des 4. Abschnitts, eine (typischerweise) wirtschaftlich schwächere und rechtlich weniger erfahrene Vertragspartei zu schützen, wertungsmäßig nicht richtig sein.

30 Folgerichtig entspricht es der allgemeinen Meinung, dass Art. 17 ff. nur auf **Verträge zwischen einem Verbraucher und einem Unternehmer**, nicht jedoch auf Verträge zwischen zwei Verbrauchern anwendbar sind.[101] Auch der EuGH betont in ständiger Rechtsprechung,[102] jüngst etwa in der Rechtssache *Česká spořitelna* aus dem Jahr 2013, dass die Sonderregelung für Verbraucherverträge die Funktion habe, für einen angemessenen Schutz des Verbrauchers als desjenigen Vertragspartners zu sorgen, der gegenüber seinem beruflich oder gewerblich handelnden Kontrahenten als wirtschaftlich schwächer und rechtlich weniger erfahren angesehen wird.[103] Das Gleiche folgt im Übrigen auch aus einer Zusammenschau mit Art. 6 Abs. 1 Rom I-VO, der ausdrücklich einen

---

[97] So auch Rauscher/*Staudinger*, EuZPR, 4. Aufl. 2016, Art. 17 EuGVVO Rn. 2; *Schlosser*/Hess, EuZPR, 4. Aufl. 2015, Art. 17 EuGVVO Rn. 3; *Geimer*/Schütze, EuZVR, 3. Aufl. 2010, Art. 16 EuGVVO a.F. Rn. 19; MünchKomm/*Gottwald*, ZPO, 4. Aufl. 2013, Art. 15 EuGVVO a.F. Rn. 3; **a. A.** LG Nürnberg-Fürth, 26.8.2009 – 10 O 1374/09, BeckRS 2010, 17072 und wohl auch *Kropholler/von Hein*, EuZPR, 9. Aufl. 2011, Art. 15 EuGVVO a.F. Rn. 11.

[98] So auch *Schlosser*/Hess, EuZPR, 4. Aufl. 2015, Art. 17 EuGVVO Rn. 3; Musielak/Voit/*Stadler*, ZPO, 13. Aufl. 2016, Art. 17 EuGVVO Rn. 1; differenzierend (**a. A.**, wenn ein Verband einen Verbraucher von Gesetzes wegen vertritt) Rauscher/*Staudinger*, EuZPR, 4. Aufl. 2016, Art. 17 EuGVVO Rn. 2 sowie *Kropholler/von Hein*, EuZPR, 9. Aufl. 2011, Art. 15 EuGVVO a.F. Rn. 12 und *Geimer*/Schütze, EuZVR, 3. Aufl. 2010, Art. 16 EuGVVO a.F. Rn. 20. Für Verbandsklagen kommt grds. eine Zuständigkeit gem. Art. 7 Nr. 2 in Betracht, s. EuGH, 1.10.2002 – Rs. C-167/00, *Verein für Konsumenteninformation ./. Karl Heinz Henkel*, Slg. 2002, I-8111 (ECLI:EU:C:2002:555) = EuZW 2002, S. 657, Rn. 50.

[99] MünchKomm/*Gottwald*, ZPO, 4. Aufl. 2013, Art. 15 EuGVVO a.F. Rn. 8.

[100] Dazu oben Rn. 9.

[101] S. nur *Schack*, IZVR, 6. Aufl. 2014, Rn. 319; Saenger/*Dörner*, ZPO, 6. Aufl. 2015, Art. 17 EuGVVO Rn. 9; Rauscher/*Staudinger*, EuZPR, 4. Aufl. 2016, Vorbem zu Art. 17 ff. EuGVVO Rn. 2; MünchKomm/*Gottwald*, ZPO, 4. Aufl. 2013, Art. 15 EuGVVO a.F. Rn. 8.

[102] EuGH, 20.1.2005 – Rs. C-464/01, *Gruber ./. BayWa AG*, Slg. 2005, I-439 (ECLI:EU:C:2005:32), Rn. 34; EuGH, 20.1.2005 – Rs. C-27/02, *Engler ./. Janus Versand GmbH*, Slg. 2005, I-481 (ECLI:EU:C:2005:33), Rn. 39.

[103] EuGH, 14.3.2013 – Rs. C-419/11, *Česká spořitelna, a.s. ./. Gerald Feichter*, ECLI:EU:C:2013:165 = RIW 2013, S. 292, Rn. 33.

Vertragsschluss zwischen Verbraucher und Unternehmer voraussetzt und dessen Wertungen wegen des grundsätzlichen **Auslegungszusammenhangs** zwischen der EuGVVO und (u.a.) der Rom I-VO auch für die Auslegung von Art. 17 relevant sind.[104]

VII. Sachlicher Anwendungsbereich: Verbrauchersachen

Sachlich sind die Vorschriften des 4. Abschnitts gem. Art. 17 nur auf **Ver-** **brauchersachen** anwendbar. Verbrauchersachen im Sinne der EuGVVO sind vertragliche Rechtsstreitigkeiten, die ein Verbraucher mit einem Unternehmer über einen der in Art. 17 Abs. 1 abschließend aufgezählten **Verbraucherverträge** (mit Ausnahme der in Art. 17 Abs. 3 von deren Anwendungsbereich ausgenommenen Beförderungsverträge) führt.[105] Sowohl der Begriff der unter Art. 17 fallenden vertraglichen Streitigkeiten bzw. Ansprüche als auch die Voraussetzungen der in Art. 17 Abs. 1 aufgezählten Vertragstypen sind dabei nach dem EuGH **autonom**[106] und **restriktiv**[107] auszulegen. 31

1. Vertrag im Sinne von Art. 17 Abs. 1

In den Anwendungsbereich der Art. 17 ff. fallen **nur Streitigkeiten über** **einen „Vertrag"** bzw. **„Ansprüche aus einem Vertrag"**. Entsprechend können die nach den Vorschriften des 4. Abschnitts zuständigen Gerichte einen Sachverhalt grds. nur aus einem vertraglichen Blickwinkel beurteilen:[108] Denn aus Art. 17 ff. folgt keine über den Wortlaut von Art. 17 Abs. 1 hinausgehende gerichtliche Kognitionsbefugnis auch für mit vertraglichen Ansprüchen im Einzelfall in Zusammenhang stehende außervertraglich zu qualifizierende Ansprüche bzw. Streitigkeiten. Die Vorschriften der Art. 17 ff. gewähren gerade **keine Annexkompetenz** zur (Mit-)Prüfung von begleitenden z.B. deliktischen Ansprüchen; vgl. hierzu (und auch zu den Auswirkungen des *Brogsitter*-Urteils des EuGH[109] aus dem Jahr 2014) näher die Ausführungen unten Rn. 76 ff. 32

---

[104] Vgl. Erwgr. 7 zur Rom I-VO sowie die Vorb. Art. 7 ff. Rn. 8 f.
[105] *Schlosser*/Hess, EuZPR, 4. Aufl. 2015, Art. 17 EuGVVO Rn. 3.
[106] S. beispielhaft EuGH, 11.7.2002 – Rs. C-96/00, *Rudolf Gabriel*, Slg. 2002, I-6367 (ECLI:EU:C:2002:436) = EuZW 2002, S. 539, Rn. 37; Rauscher/*Staudinger*, EuZPR, 4. Aufl. 2016, Vorbem zu Art. 17 ff. EuGVVO Rn. 2.
[107] EuGH, 20.1.2005 – Rs. C-464/01, *Gruber ./. BayWa AG*, Slg. 2005, I-1439 (ECLI:EU:C:2005:32), Rn. 32; freilich betont *R.Wagner*, EuZW 2016, S. 269 (270) zu Recht, dass das Gebot der restriktiven Auslegung der Art. 17 ff. angesichts der jüngsten EuGH-Entscheidungen v.a. zu Art. 17 Abs. 1 lit. c „mittlerweile eigentlich nur noch dahingehend verstanden werden [könne], dass der Verbrauchergerichtsstand nicht allzu weit ausgelegt werden darf."
[108] So auch *Lüderitz*, FS Riesenfeld, 1983, S. 147 (160); Rauscher/*Staudinger*, EuZPR, 4. Aufl. 2016, Vorbem zu Art. 17 ff. EuGVVO Rn. 4; MünchKomm/*Gottwald*, ZPO, 4. Aufl. 2013, Art. 15 EuGVVO a.F. Rn. 5; **a. A.** etwa *Schlosser*/Hess, EuZPR, 4. Aufl. 2015, Art. 17 EuGVVO Rn. 2; Saenger/*Dörner*, ZPO, 6. Aufl. 2015, Art. 17 EuGVVO Rn. 7; *Geimer*/Schütze, EuZVR, 3. Aufl. 2010, Art. 15 EuGVVO a.F. Rn. 26 f.; *Geimer*, EuZW 1993, S. 564 (566); *Benicke*, WM 1997, S. 945 (952).
[109] EuGH, 13.3.2014 – Rs. C-548/12, *Marc Brogsitter ./. Fabrication de Montres Normandes EURL u.a.*, ECLI:EU:C:2014:148 = NJW 2014, S. 1648.

33 Der im Rahmen der EuGVVO **autonom** zu verstehende[110] **Vertragsbegriff** ist weiter als derjenige des materiellen deutschen Rechts; er umfasst alle Situationen, in denen (mindestens) eine Partei einer anderen gegenüber **freiwillig rechtliche Verpflichtungen eingegangen** ist.[111] Die Begründung gegenseitiger (insbesondere synallagmatischer) Pflichten ist hingegen nach dem EuGH – wie auch bei Art. 7 Nr. 1[112] – nicht erforderlich.[113] Im Einzelfall können unter bestimmten Voraussetzungen sogar **einseitige Verpflichtungen** genügen, sofern diese nur „ihren Urheber wie ein Vertrag"[114] binden.[115] Anders als bei Art. 7 Nr. 1[116] dürften hingegen einseitige Rechtsgeschäfte – etwa eine Auslobung im Sinne von § 657 BGB[117] – jedenfalls nicht *per se*[118] Art. 17 Abs. 1 unterfallen.[119] Denn für die Zwecke dieser Norm ist mit den Worten des EuGH gerade erforderlich, dass die jeweils andere Partei als Erklärungsempfänger dem Verhalten des Schuldners bei **objektiver Auslegung**[120] erkennbar und „vernünftigerweise"[121] einen rechtsgeschäftlichen Bindungswillen beimessen durfte[122] **und ihre Annahme zum Ausdruck bringt**, unabhängig davon ob sie selbst eine „wie auch immer geartete rechtliche Verpflichtung gegenüber der anderen Vertragspartei"[123] eingeht. Allerdings können z.B. auch sog. isolierte Gewinnzusagen[124] im Einzelfall unter den Vertragsbegriff des Art. 17 Abs. 1 fal-

---

[110] S. die Kommentierung zu Art. 7 Rn. 24 f.
[111] Vgl. etwa EuGH, 17.6.1992 – Rs. C-26/91, *Handte ./. TMCS*, Slg. 1992, I-3967 (ECLI:EU:C:1992:268); in der Folge ständige Rechtsprechung, zuletzt etwa EuGH, 28.1.2015 – Rs. C-375/13, *Kolassa ./. Barclays Bank plc.*, ECLI:EU:C:2015:37 = EuZW 2015, S. 218, Rn. 39; zum Ganzen näher die Ausführungen zu Art. 7 Rn. 29 ff.
[112] Vgl. die Ausführungen zu Art. 7 Rn. 29 ff.
[113] EuGH, 14.5.2009 – Rs. C-180/06, *Renate Ilsinger ./. Martin Dreschers als Insolvenzverwalter der Schlank & Schick-GmbH*, Slg. 2009, I-3998 (ECLI:EU:C:2009:303), Rn. 54.
[114] Vgl. EuGH, 20.1.2005 – Rs. C-27/02, *Engler ./. Janus Versand GmbH*, Slg. 2005, I-481 (ECLI:EU:C:2005:33), Rn. 56.
[115] BGH, 29.11.2011 – XI ZR 172/11, NJW 2012, S. 455, Rn. 14.
[116] S. die Kommentierung zu Art. 7 Rn. 26 und 31.
[117] Vgl. hierzu etwa MünchKomm/Seiler, BGB, 12. Aufl. 2012, § 657 BGB Rn. 4; s. auch Rauscher/Leible, EuZPR, 4. Aufl. 2016, Art. 7 EuGVVO Rn. 23.
[118] Sondern erst dann, wenn sie konkret von einem etwaigen Anspruchsinhaber eingefordert werden, vgl. (zu isolierten Gewinnzusagen) unten Rn. 40 sowie etwa *Leible*, NJW 2005, S. 796 (797); letztlich dürfte freilich, da in einer Klage immer ein „Einfordern" zu sehen ist, jedenfalls insofern kein (nennenswerter) Unterschied zwischen Art. 7 Nr. 1 und Art. 17 Abs. 1 bestehen; vgl. zum Ganzen näher die Kommentierung zu Art. 7 Rn. 27 f.
[119] S. allgemein zum Vertragsschlusserfordernis bei Art. 17 Abs. 1 etwa *Beig/Reuß*, EuZW 2009, S. 492.
[120] *Leible*, NJW 2005, S. 796 (797); vgl. in diese Richtung allgemein EuGH, 20.1.2005 – Rs. C-464/01, *Gruber ./. BayWa AG*, Slg. 2005, I-439 (ECLI:EU:C:2005:32), Rn. 46: „objektiver Umstände bei Vertragsabschluss" sowie EuGH, 14.5.2009 – Rs. C-180/06, *Renate Ilsinger ./. Martin Dreschers als Insolvenzverwalter der Schlank & Schick-GmbH*, Slg. 2009, I-3998 (ECLI:EU:C:2009:303), Rn. 60: „Eindruck erweckt".
[121] EuGH, 20.1.2005 – Rs. C-27/02, *Engler ./. Janus Versand GmbH*, Slg. 2005, I-481 (ECLI:EU:C:2005:33), Rn. 54.
[122] Nach dem EuGH (14.5.2009 – Rs. C-180/06, *Renate Ilsinger ./. Martin Dreschers als Insolvenzverwalter der Schlank & Schick-GmbH*, Slg. 2009, I-3998 (ECLI:EU:C:2009:303), Rn. 55) ist etwa im Falle einer Gewinnzusage erforderlich, dass die sich verpflichtende Partei „klar ihren Willen zum Ausdruck gebracht [hat], im Fall einer Annahme durch die andere Partei an ihre Verbindlichkeit gebunden zu sein, indem sie sich bedingungslos bereit erklärt hat, den fraglichen Preis an Verbraucher auszuzahlen, die darum ersuchen." Dazu näher unten Rn. 36 ff.
[123] EuGH, 14.5.2009 – Rs. C-180/06, *Renate Ilsinger ./. Martin Dreschers als Insolvenzverwalter der Schlank & Schick-GmbH*, Slg. 2009, I-3998 (ECLI:EU:C:2009:303), Rn. 54.
[124] Vgl. zu diesem Begriff Rn. 39.

len,[125] wenn nur der jeweilige Empfänger den entsprechenden Gewinn (gleichsam als „Annahme") **einfordert**.[126] Im Jahr 2015 hat der EuGH in der Rechtssache *Kolassa* hingegen entschieden, dass die Klage eines Verbrauchers, der bei einem Unternehmer eine Inhaberschuldverschreibung erworben hat, gegen einen vom Verkäufer personenverschiedenen und mit ihm nicht vertraglich verbundenen Emittenten u.a. aus Prospekthaftung bzw. wegen Verletzung sonstiger ihm obliegender Informationspflichten keine vertragliche Streitigkeit (gleichsam übers Eck[127]) im Sinne von Art. 17 Abs. 1 darstellt.[128]

2. Unterschiede zu Art. 7 Nr. 1

Da der Begriff des Vertrages bzw. der aus einem Vertrag resultierenden **34** Ansprüche im Rahmen der EuGVVO insgesamt grds. einheitlich zu verstehen ist,[129] kann insofern – vorsichtig – auf die ausführliche Kommentierung zu Art. 7 Nr. 1 verwiesen werden.[130] Im Rahmen von Art. 17 ff. ist freilich zusätzlich zu beachten, dass unter diese Vorschriften nur die **in Art. 17 Abs. 1 abschließend aufgezählten Vertragstypen** fallen und der Vertragsbegriff des Art. 17 nach dem EuGH wegen des grundsätzlichen Vertragsschlusserfordernisses[131] insgesamt etwas **enger** zu verstehen sein soll als derjenige des Art. 7 Nr. 1.[132] So sollen nach dem Gerichtshof z.B. vorvertragliche bzw. quasivertragliche Ansprüche[133] theoretisch unter Art. 7 Nr. 1, nicht jedoch unter Art. 17 fallen können.[134]

---

[125] S. ausführlich unten Rn. 37 ff.
[126] S. hierzu Rn. 40.
[127] Der EuGH betont insofern ausdrücklich, dass das Erfordernis des Vertragsschlusses nicht so ausgelegt werden kann, dass es auch bei einer Kette von Verträgen erfüllt wäre, EuGH, 28.1.2015 – Rs. C-375/13, *Kolassa ./. Barclays Bank plc*, ECLI:EU:C:2015:37 = EuZW 2015, S. 218, Rn. 30.
[128] EuGH, 28.1.2015 – Rs. C-375/13, *Kolassa ./. Barclays Bank plc*, ECLI:EU:C:2015:37 = EuZW 2015, S. 218, Rn. 57.
[129] BGH, 29.11.2011 – XI ZR 172/11, NJW 2012, S. 455, Rn. 14; *Schlosser/Hess*, EuZPR, 4. Aufl. 2015, Art. 17 EuGVVO Rn. 2; MünchKomm/*Gottwald*, ZPO, 4. Aufl. 2013, Art. 15 EuGVVO a.F. Rn. 4; implizit auch EuGH, 11.7.2002 – Rs. C-96/00, *Rudolf Gabriel*, Slg. 2002, I-6367 (ECLI:EU:C:2002:436) = EuZW 2002, S. 539, Rn. 32; EuGH, 20.1.2005 – Rs. C-27/02, *Engler ./. Janus Versand GmbH*, Slg. 2005, I-481 (ECLI:EU:C:2005:33), Rn. 28; **a. A.** wohl Kropholler/*von Hein*, EuZPR, 9. Aufl. 2011, Art. 15 EuGVVO a.F. Rn. 3 (mit der Begründung, die Systembegriffe des Art. 17 müssten als Ausnahme zu Art. 4 eng, diejenigen des Art. 7 Nr. 1 würden hingegen weit auszulegen sein. Dies deckt sich zwar mit Rn. 33 m.w.N. sowie *Beig/Reuß*, EuZW 2009, S. 492. [134] S. EuGH, 14.5.2009 – Rs. C-180/06, *Renate Ilsinger ./. Martin Dreschers als Insolvenzverwalter der Schlank & Schick-GmbH*, Slg. 2009, I-3998 (ECLI:EU:C:2009:303), Rn. 57, steht jedoch nach hier vertretener Ansicht einem grundsätzlichen (vorsichtigen) Rückgriff auf die zu Art. 7 Nr. 1 gewonnenen Erkenntnisse nicht entgegen, da beide Vertragsbegriffe jedenfalls rein *faktisch* meist gleichlaufen dürften; s. näher zum Ganzen die Kommentierung zu Art. 7 Rn. 26 ff.).
[130] S. die Kommentierung zu Art. 7 Rn. 22 ff.
[131] Vgl. dazu bereits oben Rn. 33 m.w.N. sowie *Beig/Reuß*, EuZW 2009, S. 492.
[132] S. EuGH, 20.1.2005 – Rs. C-27/02, *Engler ./. Janus Versand GmbH*, Slg. 2005, I-481 (ECLI:EU:C:2005:33), Rn. 44 und 49.
[133] Jedoch sind die meisten vorvertraglichen Ansprüche – z.B. aus nach deutschem Verständnis *culpa in contrahendo*, etwa wegen willkürlichen Abbruchs von Vertragsverhandlungen – auch im Sinne des Art. 7 grds. als gesetzliche Schuldverhältnisse einzuordnen (vgl. Art. 2 Abs. 1 Rom II-VO i.V.m. deren Erwgr. 30) und fallen nach vorzugswürdiger Auffassung unter Art. 7 Nr. 2, s. etwa *Rauscher/Leible*, EuZPR, 4. Aufl. 2016, Art. 7 EuGVVO Rn. 30; *Kropholler/von Hein*, EuZPR, 9. Aufl. 2011, Art. 5 EuGVVO a.F. Rn. 18; *Schack*, IZVR, 6. Aufl. 2014, Rn. 293; hierzu insgesamt näher die Kommentierung zu Art. 7 Rn. 162 ff.
[134] EuGH, 14.5.2009 – Rs. C-180/06, *Renate Ilsinger ./. Martin Dreschers als Insolvenzverwalter der Schlank & Schick-GmbH*, Slg. 2009, I-3998 (ECLI:EU:C:2009:303), Rn. 57.

3. Streitigkeiten über einen „Vertrag" bzw. „Ansprüche aus einem Vertrag"

35   Allgemein gesprochen betreffen Streitigkeiten über einen „**Vertrag**" im Sinne von Art. 17 die Frage, ob ein Vertrag im Einzelfall überhaupt zustande gekommen ist[135] bzw. ob *noch* ein (wirksamer) Vertrag im Ganzen vorliegt.[136] „**Ansprüche aus einem Vertrag**", d.h. im Sinne der EuGVVO vertraglich zu qualifizierende Ansprüche, sind neben regulären Primäransprüchen[137] z.B. auch aus einem Vertrag resultierende **Sekundäransprüche**[138] (etwa auf Schadensersatz bzw. Rückabwicklung[139]) sowie – wie nicht zuletzt aus einem Auslegungszusammenhang[140] mit Art. 12 Abs. 1 lit. e Rom I-VO folgt – auch „die Folgen der Nichtigkeit des Vertrags". Entsprechend können auch der **Rückabwicklung** eines unwirksamen (etwa angefochtenen) Vertrages dienende bereicherungsrechtliche[141] oder u.U. sogar dingliche Herausgabeansprüche etc. den Art. 17 ff. unterfallen.[142] Zu weiteren Einzelheiten – auch hinsichtlich der Darlegungslast – s. die Kommentierung zu Art. 7 Rn. 22 ff.

4. Sonderfall: Gewinnzusagen

36   Im Zusammenhang mit der EuGVVO immer wieder[143] die Gerichte beschäftigt haben **grenzüberschreitende Gewinnzusagen** (oder: Gewinnmitteilungen), d.h. meist durch Versandhändler verschickte Mitteilungen an Verbraucher, die durch ihre Gestaltung den (oftmals irrigen) Eindruck erwecken, der Verbraucher habe einen Preis gewonnen, und die den Erhalt des angekündigten Gewinns meist an die Vornahme einer Bestellung etc. knüpfen. Im deutschen Recht gewährt in einem solchen Fall § **661a BGB** – aus sozialpräventiven Gründen[144] – einen (nach h.M. **gesetzlichen**[145]) **Anspruch** auf Leistung des angekündigten Preises unabhängig von der Vornahme einer tatsächlichen Bestellung.

---

[135] Saenger/*Dörner*, ZPO, 6. Aufl. 2015, Art. 17 EuGVVO Rn. 6; Rauscher/*Staudinger*, EuZPR, 4. Aufl. 2016, Vorbem zu Art. 17 ff. EuGVVO Rn. 3.
[136] Vgl. EuGH, 4.3.1982 – Rs. 38/81, *Effer S.p.A.* ./. *Kantner*, Slg. 1982, 825 (ECLI:EU:C:1982:79) sowie Rauscher/*Leible*, EuZPR, 4. Aufl. 2016, Art. 7 EuGVVO Rn. 37; Schlosser/Hess, EuZPR, 4. Aufl. 2015, Art. 7 EuGVVO Rn. 9.
[137] *Geimer*/Schütze, EuZVR, 3. Aufl. 2010, Art. 15 EuGVVO a.F. Rn. 25a; Rauscher/*Staudinger*, EuZPR, 4. Aufl. 2016, Vorbem zu Art. 17 ff. EuGVVO Rn. 3.
[138] Vgl. nur Art. 12 Abs. 1 lit. c Rom I-VO; *Geimer*/Schütze, EuZVR, 3. Aufl. 2010, Art. 15 EuGVVO a.F. Rn. 25b.
[139] MünchKomm/*Gottwald*, ZPO, 4. Aufl. 2013, Art. 15 EuGVVO a.F. Rn. 5.
[140] Hierzu etwa *Würdinger*, RabelsZ 75 (2011), S. 102 (105 ff.) sowie die Vorb. Art. 7 ff. Rn. 8.
[141] S. etwa MünchKomm/*Gottwald*, ZPO, 4. Aufl. 2013, Art. 15 EuGVVO a.F. Rn. 5.
[142] Saenger/*Dörner*, ZPO, 6. Aufl. 2015, Art. 17 EuGVVO Rn. 6; Schlosser/Hess, EuZPR, 4. Aufl. 2016, Art. 7 EuGVVO Rn. 5.
[143] Vgl. nur BGH, 28.11.2002 – III ZR 102/02, BGHZ 153, S. 82 = NJW 2003, S. 426; BGH, 1.12.2005 – III ZR 191/03, BGHZ 165, S. 172 = NJW 2006, S. 230; EuGH, 11.7.2002 – Rs. C-96/00, *Rudolf Gabriel*, Slg. 2002, I-6367 (ECLI:EU:C:2002:436) = EuZW 2002, S. 539; EuGH, 20.1.2005 – Rs. C-27/02, *Engler* ./. *Janus Versand GmbH*, Slg. 2005, I-481 (ECLI:EU:C:2005:33); EuGH, 14.5.2009 – Rs. C-180/06, *Renate Ilsinger* ./. *Martin Dreschers als Insolvenzverwalter der Schlank & Schick-GmbH*, Slg. 2009, I-3998 (ECLI:EU:C:2009:303).
[144] Vgl. BT-Drucks. 14/2658, S. 48 f.; MünchKomm/*Seiler*, BGB, 6. Aufl. 2012, § 661a BGB Rn. 1, 4; *S.Lorenz*, NJW 2000, S. 3305 (3306).
[145] BGH, 1.12.2005 – III ZR 191/03, BGHZ 165, S. 172, Rn. 26 = NJW 2006, S. 230 (232); MünchKomm/*Seiler*, BGB, 6. Aufl. 2012, § 661a BGB Rn. 4; *S.Lorenz*, NJW 2000, S. 3305 (3307); **a. A.** noch BGH, 28.11.2002 – III ZR 102/02, BGHZ 153, S. 82 = NJW 2003, S. 426 (427): „einseitiges Rechtsgeschäft".

Etwaige Ansprüche aus einer Gewinnzusage könnten nur dann an den – für die 37
Anspruchsteller besonders günstigen – Verbrauchergerichtsständen der EuGVVO
eingeklagt werden, wenn eine **Gewinnzusage als „Vertrag"** im Sinne von
Art. 17 Abs. 1 zu qualifizieren wäre. Diesbezüglich hatte der EuGH zunächst im
Jahr 2002 – allerdings noch zu Art. 13 Abs. 1 Nr. 3 EuGVÜ – in der Rechtssache
Gabriel entschieden, dass ein Anspruch auf Auszahlung einer Gewinnzusage jedenfalls dann als vertraglich im Sinne der EuGVVO und auch von deren Verbraucherschutznormen einzustufen sei, wenn der Verbraucher von einem Unternehmer
eine an ihn persönlich adressierte Zusendung erhalten hat, die den Eindruck
erweckt hat, dass er einen Preis erhalten werde, sofern er für einen bestimmten
Betrag Waren bestellt, und er **tatsächlich eine Warenbestellung aufgegeben
hat**.[146]

Im Jahr 2005 hat der EuGH demgegenüber in der Rechtssache *Engler* erstmals – 38
ebenfalls noch zu dem im Vergleich zu nunmehr Art. 17 Abs. 1 lit. c wesentlich
engeren Art. 13 Abs. 1 Nr. 3 EuGVÜ – über Ansprüche aus sog. *isolierten Gewinnzusagen* zu entscheiden. Von einer sog. isolierten Gewinnzusage spricht man, wenn
diese die Zuteilung des vermeintlichen Preises dem Wortlaut nach nicht z.B. von
einer Warenbestellung abhängig macht und eine solche auch nicht durch den
angeschriebenen Verbraucher erfolgt ist.[147] Damals befand der EuGH, dass
Ansprüche aus isolierten Gewinnzusagen – mangels damals noch in Art. 13 Abs. 1
Nr. 3 EuGVÜ vorausgesetzten Vorliegens eines „Vertrages über die Erbringung
einer Dienstleistung oder die Lieferung beweglicher Sachen" – nicht unter die
Verbraucherschutzvorschriften der EuGVÜ zu subsumieren seien.[148] Allerdings
könnten derartige Ansprüche grds. am **Vertragsgerichtsstand des Art. 7 Nr. 1**
(bzw. damals Art. 5 Nr. 1 EuGVÜ) eingeklagt werden.[149]

In der Rechtssache *Ilsinger* schließlich hatte der EuGH im Jahr 2009 erstmals 39
die Möglichkeit, sich mit der Problematik der (isolierten) Gewinnzusage im
Lichte der im Jahr 2000 erfolgten völligen **Neufassung** und erheblichen Ausweitung von ehemals Art. 13 Abs. 1 Nr. 3 EuGVÜ in zunächst Art. 15 Abs. 1
lit. c bzw. nunmehr (gleichlautend) Art. 17 Abs. 1 lit. c[150] zu beschäftigen. Der
Gerichtshof entschied dabei im Lichte der Ausführungen oben unter Rn. 33
folgerichtig, dass nunmehr **auch eine isolierte Gewinnzusage – grds. – dem
Vertragsbegriff in Art. 17 Abs. 1 lit. c unterfallen könne**;[151] dies erfordere

---

[146] EuGH, 11.7.2002 – Rs. C-96/00, *Rudolf Gabriel*, Slg. 2002, I-6367 (ECLI:EU:C:2002:436) = EuZW 2002, S. 539, Rn. 60; dazu *S.Lorenz*, IPRax 2002, S. 192.
[147] S. nur Musielak/Voit/*Stadler*, ZPO, 13. Aufl. 2016, Art. 17 EuGVVO Rn. 2.
[148] EuGH, 20.1.2005 – Rs. C-27/02, *Engler ./. Janus Versand GmbH*, Slg. 2005, I-481 (ECLI:EU:C:2005:33), Rn. 37 ff.; ihm folgend BGH, 1.12.2005 – III ZR 191/03, BGHZ 165, S. 172 = NJW 2006, S. 230; **a. A.** zuvor BGH, 28.11.2002 – III ZR 102/02, BGHZ 153, S. 82 = NJW 2003, S. 426 (428).
[149] EuGH, 20.1.2005 – Rs. C-27/02, *Engler ./. Janus Versand GmbH*, Slg. 2005, I-481 (ECLI:EU:C:2005:33), Rn. 29; ihm folgend BGH, 1.12.2005 – III ZR 191/03, BGHZ 165, S. 172 = NJW 2006, S. 230; **a. A.** (Art. 7 Nr. 2) zuvor BGH, 28.11.2002 – III ZR 102/02, BGHZ 153, S. 82 = NJW 2003, S. 426 (428).
[150] S. hierzu oben Rn. 8.
[151] EuGH, 14.5.2009 – Rs. C-180/06, *Renate Ilsinger ./. Martin Dreschers als Insolvenzverwalter der Schlank & Schick-GmbH*, Slg. 2009, I-3998 (ECLI:EU:C:2009:303), Rn. 54; Musielak/Voit/*Stadler*, ZPO, 13. Aufl. 2016, Art. 17 EuGVVO Rn. 2.

jedoch, dass ein sich insofern etwaig einseitig verpflichtender Unternehmer „klar [seinen] Willen zum Ausdruck gebracht [hat], im Fall einer Annahme durch die andere Partei [...] gebunden zu sein, indem [er] sich **bedingungslos bereit erklärt hat**, den fraglichen Preis an Verbraucher auszuzahlen, die **darum ersuchen**".[152] Wann dies im Einzelnen der Fall sei, ließ der EuGH bedauerlicherweise offen;[153] er stellte lediglich erneut fest, dass andernfalls nur ein Einordnung der Ansprüche aus einer isolierten Gewinnzusage unter den Vertragsgerichtsstand gem. Art. 7 Nr. 1 in Betracht komme.[154]

40 Da, wie oben Rn. 33 dargestellt, für die Beurteilung eines etwaigen vertraglichen Bindungswillens (auch) im Rahmen von Art. 17 Abs. 1 grds. auf den objektiven Empfängerhorizont abzustellen ist,[155] dürfte insofern eine (wie in der jedenfalls früheren Praxis oft) **objektiv bedingungslos formulierte Gewinnzusage** genügen. Im Lichte der dargestellten *Engler*-Rechtsprechung[156] dürfte zudem ein Einfordern des vermeintlich gewonnenen Preises durch den Verbraucher das vom EuGH aufgestellte Erfordernis einer „vertraglichen" Annahme[157] hinsichtlich der Verpflichtung des Unternehmers erfüllen.[158]

5. Verbraucherverträge

41 Der Begriff der den Vorschriften des 4. Abschnitts unterfallenden Verbraucherverträge wird in Art. 17 Abs. 1 in **drei Alternativen** (lit. a bis c) abschließend definiert. Daraus folgt, dass nicht etwa jeglicher Vertrag zwischen einem Verbraucher und einem Unternehmer dem 4. Abschnitt der Zuständigkeitsordnung der EuGVVO unterfällt.[159]

42 Art. 17 Abs. 1 **lit. a** betrifft Teilzahlungskaufverträge, Art. 17 Abs. 1 **lit. b** der Finanzierung eines Kaufvertrags dienende Kreditverträge sowie Art. 17 Abs. 1

---

[152] EuGH, 14.5.2009 – Rs. C-180/06, *Renate Ilsinger ./. Martin Dreschers als Insolvenzverwalter der Schlank & Schick-GmbH*, Slg. 2009, I-3998 (ECLI:EU:C:2009:303), Rn. 55; Hervorhebungen durch den *Verf*.
[153] S. auch Rauscher/*Staudinger*, EuZPR, 4. Aufl. 2016, Art. 17 EuGVVO Rn. 9; *Bach*, IHR 2010, S. 17 (21 ff.); Musielak/Voit/*Stadler*, ZPO, 13. Aufl. 2016, Art. 17 EuGVVO Rn. 2.
[154] EuGH, 14.5.2009 – Rs. C-180/06, *Renate Ilsinger ./. Martin Dreschers als Insolvenzverwalter der Schlank & Schick-GmbH*, Slg. 2009, I-3998 (ECLI:EU:C:2009:303), Rn. 57.
[155] S. nur EuGH, 20.1.2005 – Rs. C-464/01, *Gruber ./. BayWa AG*, Slg. 2005, I-1439 (ECLI:EU:C:2005:32), Rn. 46: „objektiven Umstände bei Vertragsabschluss" sowie EuGH, 14.5.2009 – Rs. C-180/06, *Renate Ilsinger ./. Martin Dreschers als Insolvenzverwalter der Schlank & Schick-GmbH*, Slg. 2009, I-3998 (ECLI:EU:C:2009:303), Rn. 60: „Eindruck erweckt".
[156] EuGH, 20.1.2005 – Rs. C-27/02, *Engler ./. Janus Versand GmbH*, Slg. 2005, I-481 (ECLI:EU:C:2005:33), Rn. 55.
[157] EuGH, 14.5.2009 – Rs. C-180/06, *Renate Ilsinger ./. Martin Dreschers als Insolvenzverwalter der Schlank & Schick-GmbH*, Slg. 2009, I-3998 (ECLI:EU:C:2009:303), Rn. 54 f.
[158] So *Bach*, IHR 2010, S. 17 (20) und wohl Saenger/*Dörner*, ZPO, 6. Aufl. 2015, Art. 17 EuGVVO Rn. 6; MünchKomm/*Gottwald*, ZPO, 4. Aufl. 2013, Art. 15 EuGVVO a.F. Rn. 14; *Schlosser*/Hess, EuZPR, 4. Aufl. 2016, Art. 17 EuGVVO Rn. 8; jedenfalls sympathisierend Rauscher/*Staudinger*, EuZPR, 4. Aufl. 2016, Art. 17 EuGVVO Rn. 9; Kropholler/von Hein, EuZPR, 9. Aufl. 2011, Art. 15 EuGVVO a.F. Rn. 21; unbestimmt Musielak/Voit/*Stadler*, ZPO, 13. Aufl. 2016, Art. 17 EuGVVO Rn. 2 („regelmäßig [...] höchst problematisch [...], dem Anbieter bezüglich der Gewinnzusage einen Rechtsbindungswillen nachzuweisen"); s. auch *Leible*, NJW 2005, S. 796 (797); **a. A.** *Schack*, IZVR, 6. Aufl. 2014, Rn. 318; *Geimer*/Schütze, EuZVR, 3. Aufl. 2010, Art. 5 EuGVVO a.F. Rn. 25 (wohl noch vor dem *Ilsinger*-Urteil).
[159] *Schlosser*/Hess, EuZPR, 4. Aufl. 2016, Art. 17 EuGVVO Rn. 4.

lit. c als **Auffangtatbestand**[160] bestimmte sonstige Verbraucherverträge, wobei darunter unter bestimmten Voraussetzungen sogar sog. isolierte Gewinnzusagen[161] gefasst werden können. Die Voraussetzungen sämtlicher Tatbestandsalternativen des Art. 17 Abs. 1 sind jeweils **autonom** auszulegen.[162]

a) Teilzahlungskaufverträge (lit. a)

Unter die erste Alternative des Art. 17 Abs. 1 fallen Verträge über den „Kauf beweglicher Sachen auf Teilzahlung". Dies hat der EuGH bereits im Jahr 1978 näher umschrieben als einen Kauf, bei dem der **Kaufpreis in mehreren** (mindestens wohl zwei[163]) **Teilzahlungen** geleistet wird oder der mit einem Finanzierungsvertrag verbunden ist.[164] Zwischenzeitlich hat der Gerichtshof diese Definition dahingehend ergänzt, dass die verkaufte Sache dem jeweiligen Verbraucher bereits **vor Zahlung des gesamten vereinbarten Preises übergeben** werden muss.[165] Denn Art. 17 Abs. 1 lit. a erfordere, dass der Verkäufer dem Verbraucher ein Darlehen gewährt und damit gleichsam in Vorleistung geht.[166] Entsprechend ist die Leistung einer bloßen Anzahlung vor Erhalt der jeweiligen Kaufsache jedenfalls dann nicht als Teilzahlung im Sinne von Art. 17 Abs. 1 lit. a anzusehen, wenn der Restkaufpreis bereits bei oder vor Lieferung zu zahlen ist.[167]

Zur Auslegung des **Begriffs des Kaufvertrags** kann grds. auf die zu Art. 7 Nr. 1 lit. b ergangene Rechtsprechung zurückgegriffen werden (und andersherum).[168] Dass Art. 7 Nr. 1 lit. b von „Verkauf", Art. 17 Abs. 1 lit. a hingegen von „Kauf" spricht ist – soweit ersichtlich – keinen sachlichen Gründen geschuldet. Kaufverträge im Sinne von Art. 17 Abs. 1 lit. a sind **Austauschverträge**, durch die der Unternehmer zur **Lieferung und Übereignung** einer beweglichen Sache und der Verbraucher zur **Zahlung** eines vereinbarten Kaufpreises – und u.U. zur Annahme der Ware[169] – verpflichtet wird.[170] Darunter fallen auch z.B.

[160] *Kropholler/von Hein*, EuZPR, 9. Aufl. 2011, Art. 17 EuGVVO a.F. Rn. 20.
[161] S. ausführlich oben Rn. 36 ff.
[162] EuGH, 20.1.2005 – Rs. C-464/01, *Gruber ./. BayWa AG*, Slg. 2005, I-439 (ECLI:EU:C:2005:32), Rn. 31.
[163] *Rauscher/Staudinger*, EuZPR, 4. Aufl. 2016, Art. 17 EuGVVO Rn. 5; *Geimer/Schütze*, EuZVR, 3. Aufl. 2010, Art. 15 EuGVVO a.F. Rn. 48; **a.A.** u.U. („drei Teilleistungen reichen jedenfalls aus") *Schlosser/Hess*, EuZPR, 4. Aufl. 2016, Art. 17 EuGVVO Rn. 5 sowie *Geimer/Schütze/Auer*, Int. Rechtsverkehr, 28. EL 2005, Art. 15 EuGVVO a.F. Rn. 33 („drei").
[164] EuGH, 21.6.1978 – Rs. 150/77, *Bertrand ./. Ott*, Slg. 1978, 1431 (ECLI:EU:C:1978:137), Rn. 20.
[165] EuGH, 27.4.1999 – Rs. C-99/96, *Mietz ./. Intership Yachting Sneek*, Slg. 1999, I-2277 (ECLI:EU:C:1999:202), Rn. 33.
[166] EuGH, 27.4.1999 – Rs. C-99/96, *Mietz ./. Intership Yachting Sneek*, Slg. 1999, I-2277 (ECLI:EU:C:1999:202), Rn. 31: Nur in einem solchen Fall sei es „möglich, daß der Käufer bei Vertragsschluß über die tatsächliche Höhe des von ihm geschuldeten Betrages irregeführt worden ist; zum anderen [trage der Verbraucher nur dann] die Gefahr des Verlustes dieser Sache, ist aber verpflichtet, die verbleibenden Teilzahlungen zu leisten."
[167] OLG Oldenburg, 14.11.1975 – 6 U 74/75, NJW 1976, S. 1043 = WM 1976, 1288 m. Anm. *Geimer*; *Rauscher/Staudinger*, EuZPR, 4. Aufl. 2016, Art. 17 EuGVVO Rn. 5.
[168] S. die Kommentierung zu Art. 7 Rn. 88 sowie *Rauscher/Leible*, EuZPR, 4. Aufl. 2016, Art. 7 EuGVVO Rn. 58.
[169] *Ferrari*, IPRax 2007, S. 61 (65).
[170] Vgl. *Staudinger/Magnus*, Neubearbeitung 2011, IntVertrR, Art. 4 Rom I-VO Rn. 37 („Pflicht zur Übertragung von Eigentum und in der Regel Besitz gegen Geld als Hauptgegenstand des Vertrags"); *Kropholler/von Hein*, EuZPR, 9. Aufl. 2011, Art. 5 EuGVVO a.F. Rn. 39; *Rauscher/Leible*, EuZPR, 4. Aufl. 2016, Art. 7 EuGVVO Rn. 59.

sog. Mietkaufverträge[171] bzw. ein Kauf auf Probe. Nicht unter Art. 17 Abs. 1 lit. a (sondern allenfalls unter lit. c) subsumiert werden können hingegen – anders als im Rahmen von Art. 7 Nr. 1 lit. b Spiegelstr. 1[172] – Werklieferungsverträge im Sinne des deutschen Rechts, d.h. der Kauf erst noch herzustellender beweglicher Sachen,[173] sowie grds. auch Leasingverträge, selbst wenn bei ihnen im Einzelfall eine Erwerbsoption vorgesehen ist;[174] beim Leasing steht nämlich fast immer die bloße Gebrauchsüberlassung im Vordergrund. Für weitere Einzelheiten kann auf die Kommentierung zu Art. 7 verwiesen werden (dort Rn. 88 ff. sowie zum **Begriff der beweglichen Sache** Rn. 93 ff.). Bewegliche Sachen sind z.B. auch Schiffe[175] oder auf einem Datenträger fixierte bzw. auch downloadbare[176] *Standard*software,[177] nicht jedoch Wertpapiere.[178]

b) Finanzierungskauf (lit. b)

45   Art. 17 Abs. 1 lit. b erklärt in Raten zurückzuzahlende Darlehensverträge bzw. andere **Kreditgeschäfte, die zur Finanzierung eines Kaufs beweglicher Sachen** bestimmt sind, ebenfalls zu Verbraucherverträgen. Kreditgeschäfte im Sinne dieser Vorschrift sind Verträge, durch die sich ein von Käufer und Verkäufer verschiedener Dritter zur Zahlung des Kaufpreises entweder an den Käufer oder direkt an den Verkäufer, der Käufer hingegen zur Rückzahlung des Kredits an den Dritten verpflichtet.[179] Mit anderen Worten unterfallen Art. 17 Abs. 1 lit. b **Anschaffungsdarlehen für den Kauf beweglicher Sachen**.[180] Die Begriffe des Kaufvertrags sowie der beweglichen Sache sind dabei genauso wie bei lit. a zu verstehen.[181]

46   Aus der Formulierung („Finanzierung eines Kaufs derartiger Sachen") und dem Normzweck von Art. 17 Abs. 1 lit. b folgt, dass es sich bei dem finanzierten Kaufvertrag nicht seinerseits um einen Teilzahlungskauf im Sinne von lit. a han-

---

[171] S. die Kommentierung zu Art. 7 Rn. 92 sowie *Kropholler/von Hein*, EuZPR, 9. Aufl. 2011, Art. 5 EuGVVO a.F. Rn. 18; Rauscher/*Staudinger*, EuZPR, 4. Aufl. 2016, Art. 17 EuGVVO Rn. 4.
[172] Vgl. die Kommentierung zu Art. 7 Rn. 90.
[173] So auch BGH, 29.2.1996 – IX ZB 40/95, NJW 1997, S. 2685, (2686); Rauscher/*Staudinger*, EuZPR, 4. Aufl. 2016, Art. 17 EuGVVO Rn. 4; *Kropholler/von Hein*, EuZPR, 9. Aufl. 2011, Art. 15 EuGVVO a.F. Rn. 16 unter Berufung auf EuGH, 27.4.1999 – Rs. C-99/96, *Mietz* ./. *Internship Yachting Sneek*, Slg. 1999, I-2277 (ECLI:EU:C:1999:202), Rn. 33; a. A. *Schlosser*/Hess, EuZPR, 4. Aufl. 2016, Art. 17 EuGVVO Rn. 5.
[174] *Geimer*/Schütze, EuZVR, 3. Aufl. 2010, Art. 15 EuGVVO a.F. Rn. 48; **a. A.** Rauscher/*Staudinger*, EuZPR, 4. Aufl. 2016, Art. 17 EuGVVO Rn. 4; *Kropholler/von Hein*, EuZPR, 9. Aufl. 2011, Art. 15 EuGVVO a.F. Rn. 18.
[175] Vgl. (indirekt) EuGH, 27.4.1999 – Rs. C-99/96, *Mietz* ./. *Internship Yachting Sneek*, Slg. 1999, I-2277 (ECLI:EU:C:1999:202), Rn. 23; vgl. auch die Ausführungen zu Art. 24 (Nr. 1) unter Rn. 19.
[176] *Mankowski*, FS Schwenzer, 2011, S. 1175 (1182 f.); *Kropholler/von Hein*, EuZPR, 9. Aufl. 2011, Art. 5 EuGVVO a.F. Rn. 17; Rauscher/*Leible*, EuZPR, 4. Aufl. 2016, Art. 7 EuGVVO Rn. 64.
[177] *Kropholler/von Hein*, EuZPR, 9. Aufl. 2011, Art. 15 EuGVVO a.F. Rn. 17 sowie die Kommentierung zu Art. 7 Rn. 94; *Geimer*/Schütze, EuZVR, 3. Aufl. 2010, Art. 15 EuGVVO a.F. Rn. 28.
[178] öOGH, 8.9.2009 – 1 Ob 158/09f, ZIP 2010, S. 1154 (1155); LG Darmstadt, 2.12.1993 – 13 O 438/92, NJW-RR 1994, S. 684; *Schlosser*/Hess, EuZPR, 4. Aufl. 2016, Art. 17 EuGVVO Rn. 5; Rauscher/*Staudinger*, EuZPR, 4. Aufl. 2016, Art. 17 EuGVVO Rn. 4; *Kropholler/von Hein*, EuZPR, 9. Aufl. 2011, Art. 15 EuGVVO a.F. Rn. 17.
[179] S. *Geimer*/Schütze, EuZVR, 3. Aufl. 2010, Art. 15 EuGVVO a.F. Rn. 31 sowie die Kommentierung zu Art. 7 (Nr. 1), Rn. 75.
[180] *Musielak*/Voit/*Stadler*, ZPO, 13. Aufl. 2016, Art. 17 EuGVVO Rn. 5.
[181] S. oben Rn. 44.

deln muss (aber kann).[182] Weiterhin ist gleichgültig, ob das **Darlehen in einer oder in mehreren Raten** zurückzugewähren ist.[183] Allerdings ist wegen der Verknüpfung des Kreditgeschäfts mit einem Kaufvertrag im Wortlaut von Art. 17 Abs. 1 lit. b erforderlich, dass der Kreditvertrag – für den Verkäufer **erkennbar**[184] – gerade **zu dem Zweck der Finanzierung eines Kaufvertrags** abgeschlossen wurde.[185] Hintergrund der Sonderregelung Art. 17 Abs. 1 lit. b ist nämlich gerade, dass ein Darlehensnehmer nicht frei über die entsprechenden Darlehensmittel verfügen kann.[186] Nicht zweckgebundene Kreditgeschäfte können allenfalls unter Art. 17 Abs. 1 lit. c fallen.[187] Das Gleiche gilt für Kreditverträge, die zwar zweckgebunden, jedoch z.B. zur Finanzierung des Kaufs unbeweglicher Sachen[188] oder von Dienstleistungen[189] abgeschlossen wurden.

c) Sonstige Verbraucherverträge (lit. c)

Der zwischenzeitlich sehr weit gefasste Art. 17 Abs. 1 lit. c, dessen Anwendungsbereich im Zuge der „Umwandlung" des EuGVÜ in die EuGVVO a.F. im Jahr 2000 stark erweitert wurde,[190] unterstellt als **Auffangtatbestand**[191] all diejenigen Verträge den Verbraucherschutzvorschriften der EuGVVO, die ein Unternehmer mit einem Verbraucher abschließt, sofern dies entweder in **Ausübung einer beruflichen oder gewerblichen Tätigkeit** des Unternehmers im Wohnsitzstaat des Verbrauchers geschieht (Alt. 1) oder der Unternehmer seine Tätigkeit auf diesen Mitgliedstaat **ausgerichtet** hat (Alt. 2). Diese Formulierung entspricht weitgehend derjenigen in **Art. 6 Abs. 1 Rom I-VO**; beide Vorschriften sind wegen des Auslegungszusammenhangs zwischen der EuGVVO und (u.a.) der Rom I-VO grds.[192] parallel auszulegen.[193] 47

Anders als bei lit. a und lit. b ist für Art. 17 Abs. 1 lit. c die **jeweilige Vertragsart gleichgültig**.[194] Aufgrund des weiten Wortlauts werden von dieser 48

---

[182] Allg. Meinung, s. nur den *Schlosser*-Bericht, 1979, Rn. 157; Saenger/*Dörner*, ZPO, 6. Aufl. 2015, Art. 17 EuGVVO Rn. 11; *Schlosser*/Hess, EuZPR, 4. Aufl. 2016, Art. 17 EuGVVO Rn. 6; Musielak/ Voit/*Stadler*, ZPO, 13. Aufl. 2016, Art. 17 EuGVVO Rn. 5; Geimer/Schütze, EuZVR, 3. Aufl. 2010, Art. 15 EuGVVO a.F. Rn. 32; *Kropholler*/von Hein, EuZPR, 9. Aufl. 2011, Art. 15 EuGVVO a.F. Rn. 19; Rauscher/*Staudinger*, EuZPR, 4. Aufl. 2016, Art. 17 EuGVVO Rn. 6.
[183] *Kropholler*/von Hein, EuZPR, 9. Aufl. 2011, Art. 15 EuGVVO a.F. Rn. 19; Geimer/Schütze, EuZVR, 3. Aufl. 2010, Art. 15 EuGVVO a.F. Rn. 31; Rauscher/*Staudinger*, EuZPR, 4. Aufl. 2016, Art. 17 EuGVVO Rn. 6.
[184] Rauscher/*Staudinger*, EuZPR, 4. Aufl. 2016, Art. 17 EuGVVO Rn. 6; Saenger/*Dörner*, ZPO, 6. Aufl. 2015, Art. 17 EuGVVO Rn. 11.
[185] Allg. Meinung, s. nur Musielak/Voit/*Stadler*, ZPO, 13. Aufl. 2016, Art. 17 EuGVVO Rn. 5; Saenger/*Dörner*, ZPO, 6. Aufl. 2015, Art. 17 EuGVVO Rn. 11; *Schlosser*/Hess, EuZPR, 4. Aufl. 2016, Art. 17 EuGVVO Rn. 6; Rauscher/*Staudinger*, EuZPR, 4. Aufl. 2016, Art. 17 EuGVVO Rn. 6.
[186] So *Schlosser*/Hess, EuZPR, 4. Aufl. 2016, Art. 17 EuGVVO Rn. 6.
[187] *Schack*, IZVR, 6. Aufl. 2014, Rn. 317.
[188] *Kropholler*/von Hein, EuZPR, 9. Aufl. 2011, Art. 15 EuGVVO a.F. Rn. 19; MünchKomm/*Gottwald*, ZPO, 4. Aufl. 2013, Art. 15 EuGVVO a.F. Rn. 2.
[189] Geimer/Schütze, EuZVR, 3. Aufl. 2010, Art. 15 EuGVVO a.F. Rn. 31.
[190] Zur Entstehungsgeschichte s. oben Rn. 8.
[191] *Schack*, IZVR, 6. Aufl. 2014, Rn. 317; *Kropholler*/von Hein, EuZPR, 9. Aufl. 2011, Art. 15 EuGVVO a.F. Rn. 20.
[192] Dies gilt jedoch nicht uneingeschränkt, vgl. etwa *Wilke*, EuZW 2015, S. 13 (18f.).
[193] Vgl. Erwgr. 7 und 24 zur Rom I-VO (i.V.m. dem Rechtsgedanken von Art. 80) sowie Münch-Komm/*Gottwald*, ZPO, 4. Aufl. 2013, Art. 15 EuGVVO a.F. Rn. 9; allgemein vgl. Vorb. Art. 7 ff. Rn. 8 f.
[194] Dies folgt eindeutig aus dem Wortlaut von Art. 17 Abs. 1 lit. c („in allen anderen Fällen"), s. nur Saenger/*Dörner*, ZPO, 6. Aufl. 2015, Art. 17 EuGVVO Rn. 11.

Norm praktisch alle Vertragsschlüsse eines Verbrauchers umfasst, sofern nur der jeweilige Vertragspartner die weiteren Kriterien des Art. 17 Abs. 1 lit. c erfüllt.

49 Die Vor-Vorgängernorm von Art. 17 Abs. 1 lit. c, nämlich **Art. 13 Abs. 1 Nr. 3 EuGVÜ**, war demgegenüber nur auf Verträge über die Erbringung einer Dienstleistung oder die Lieferung beweglicher Sachen anwendbar. Gleichzeitig musste dem Vertragsabschluss nach dieser Norm ein ausdrückliches Angebot oder eine Werbung in dem Wohnsitzstaat des Verbrauchers vorausgegangen sein und der Verbraucher die zum Abschluss des Vertrages erforderlichen Rechtshandlungen in diesem Staat vorgenommen haben. Durch die **deutliche Erweiterung** des Anwendungsbereichs des Auffangtatbestands in Art. 15 Abs. 1 lit. c EuGVVO a.F. bzw. nunmehr (gleichlautend) in Art. 17 Abs. 1 lit. c wurde der erforderliche Inlandsbezug erheblich gelockert.[195] So sollten zuvor bestehende, **unbefriedigende Schutzlücken** – etwa im Zusammenhang mit der Finanzierung anderer als Kaufverträge über bewegliche Sachen[196] – **geschlossen werden**.[197] Für die Neuregelung ist daher gleichgültig, wo der betreffende Vertrag geschlossen wird[198] und ob der Verbraucher seinen Wohnsitzstaat verlassen hat oder nicht.[199] *Staudinger* spricht plakativ von einem Abschied vom „Leitbild des passiven Verbrauchers".[200] Alleiniger Anknüpfungspunkt des Art. 17 Abs. 1 lit. c ist nurmehr eine bestimmte Art der Geschäftsanbahnung durch den Vertragspartner des Verbrauchers; auf das Verhalten des Verbrauchers kommt es demgegenüber, anders als noch unter dem EuGVÜ, gar nicht mehr an.[201]

aa) Art. 17 Abs. 1 lit. c unterfallende Vertragstypen

50 Wie oben Rn. 47 dargestellt, fallen nach der Neuformulierung unter den nunmehrigen Art. 17 Abs. 1 lit. c – vorbehaltlich der erforderlichen besonderen Geschäftsanbahnung – **potentiell alle Vertragsschlüsse und -arten**, die nicht bereits unter lit. a und lit. b zu fassen sind. Besondere Relevanz besitzen die Verbraucherschutznormen der EuGVVO dabei aus Art. 17 Abs. 3 ersichtlich für **Pauschalreiseverträge** aller Art,[202] aber auch z.B. für nicht zweckgebundene bzw. solche **Kreditgeschäfte**, die zwar zweckgebunden sind, jedoch der Finanzierung eines Immobilienkaufs oder einer Dienst- bzw. Werkleistung etc. dienen.[203] Auch **Kapitalanlageverträge**[204] sowie **Kommission**sverträge über die

---

[195] Rauscher/*Staudinger*, EuZPR, 4. Aufl. 2016, Art. 17 EuGVVO Rn. 7.
[196] S. dazu oben Rn. 46.
[197] Schlosser/Hess, EuZPR, 4. Aufl. 2016, Art. 17 EuGVVO Rn. 7.
[198] Geimer/Schütze, EuZVR, 3. Aufl. 2010, Art. 15 EuGVVO a.F. Rn. 40.
[199] Vgl. Rauscher/*Staudinger*, EuZPR, 4. Aufl. 2016, Art. 17 EuGVVO Rn. 11.
[200] Rauscher/*Staudinger*, EuZPR, 4. Aufl. 2016, Art. 17 EuGVVO Rn. 11.
[201] EuGH, 7.12.2010 – verb. Rs. C-585/08 und C-144/09, *Peter Pammer ./. Reederei Karl Schlüter GmbH & Co. KG und Hotel Alpenhof GesmbH ./. Oliver Heller*, Slg. 2010, I-12527 (ECLI:EU:C:2010:740) = EuZW 2011, S. 98, Rn. 60.
[202] S. dazu näher unten Rn. 83 ff.
[203] S. dazu oben Rn. 46; Rauscher/*Staudinger*, EuZPR, 4. Aufl. 2016, Art. 17 EuGVVO Rn. 8; *Kropholler/von Hein*, EuZPR, 9. Aufl. 2011, Art. 15 EuGVVO a.F. Rn. 20; Rauscher/*Staudinger*, EuZPR, 4. Aufl. 2016, Art. 17 EuGVVO Rn. 8.
[204] S. etwa BGH, 29.11.2011 – XI ZR 172/11, NJW 2012, S. 455 = IPRax 2013, S. 164; OLG Frankfurt a.M., 26.11.2008 – 7 U 251/07, EuZW 2009, S. 309 (310); *Kropholler/von Hein*, EuZPR, 9. Aufl. 2011, Art. 15 EuGVVO a.F. Rn. 20; zur Einstufung von Rechtsgeschäften zur privaten Geldanlage als Verbrauchertätigkeit s. oben Rn. 26.

Ausführung von Wertpapiergeschäften aller Art[205] oder **Treuhand**verträge[206] können unter Art. 17 Abs. 1 lit. c fallen. Das Gleiche gilt im Lichte der *Ilsinger*-Rechtsprechung des EuGH[207] für **Bürgschaft**sverträge,[208] und zwar – anders als bisweilen vertreten[209] – unabhängig davon, ob sich der Verbraucher im Einzelfall für die Schuld eines anderen *Verbrauchers* verbürgt oder nicht.[210]

Nach dem oben Rn. 44 Gesagten fallen potentiell auch **Werk-(liefe- 51 rungs-)verträge** im Sinne des deutschen Rechts[211] unter Art. 17 Abs. 1 lit. c,[212] ebenso Hotelbeherbergungs-[213] oder **Timesharing**-Verträge,[214] sofern sie nicht unter den vorrangigen[215] Art. 24 Nr. 1 zu subsumieren sind,[216] sowie die **Vermittlung** selbst von unter Art. 24 Nr. 1 Satz 1 Alt. 2 fallenden Mietverträgen. Ebenso kommen sonstige Gebrauchsüberlassungsverträge als Verbraucherverträge im Sinne von Art. 17 Abs. 1 lit. c in Betracht, etwa **Miet- bzw. Leasingverträge**[217] über bewegliche Sachen, sowie allgemein **Dienstverträge**,[218] z.B. über eine Beratungsleistung,[219] Arztbehandlung[220] oder auch bloßer Sportunterricht bzw. Fortbildungsverträge.[221] Arbeitsverträge hingegen unterfallen den vorrangigen Sonderregelungen im 5. Abschnitt (Art. 20 ff.), Versicherungsverträge denjenigen im 3. Abschnitt (Art. 10 ff.). Zu sog. (isolierten) **Gewinnzusagen**, die nach neuester Rechtsprechung des EuGH[222] ebenfalls Art. 17 Abs. 1 lit. c unterfallen können, vgl. die Ausführungen oben Rn. 36 ff.

---

[205] BGH, 26.10.1993 – X I ZR 42/93, BGHZ 123, S. 380 = NJW 1994, S. 262 (263); Rauscher/Staudinger, EuZPR, 4. Aufl. 2016, Art. 17 EuGVVO Rn. 8; *Kropholler/von Hein*, EuZPR, 9. Aufl. 2011, Art. 15 EuGVVO a.F. Rn. 20.
[206] BayObLG, 20.7.2005 – 1Z AR 118/05, NJW-RR 2006, S. 210 (211); BGH, 26.10.1993 – X I ZR 42/93, BGHZ 123, S. 380 = NJW 1994, S. 262 (263).
[207] EuGH, 14.5.2009 – Rs. C-180/06, *Renate Ilsinger ./. Martin Dreschers als Insolvenzverwalter der Schlank & Schick-GmbH*, Slg. 2009, I-3998 (ECLI:EU:C:2009:303), Rn. 54 ff.; dazu näher oben Rn. 39 f.
[208] So auch Rauscher/*Staudinger*, EuZPR, 4. Aufl. 2016, Art. 17 EuGVVO Rn. 8; **a.A.** u.U. (allgemein formuliert, jedoch in der Kommentierung zu lit. b) *Schlosser/Hess*, EuZPR, 4. Aufl. 2016, Art. 17 EuGVVO Rn. 6.
[209] Etwa Rauscher/*Staudinger*, EuZPR, 4. Aufl. 2016, Art. 17 EuGVVO Rn. 8 unter Rekurs auf die verfehlte [vgl. nur *Canaris*, AcP 200 (2000), S. 273 (353 f.)] *Dietzinger*-Rechtsprechung des EuGH, 17.3.1998 – Rs. C-45/96, *Bayerische Hypotheken- und Wechselbank AG ./. Edgard Dietzinger*, Slg. 1998, I-1990 (ECLI:EU:C:1998:111), Rn. 23.
[210] Vgl. den ähnlichen Gedanken bei BGH, 10.1.2006 – XI ZR 169/05, BGHZ 165, S. 363 = NJW 2006, S. 845 (846).
[211] In den Kategorien des Unionsrechts sind derartige Verträge großteils als Dienstverträge einzuordnen, s. die Kommentierung zu Art. 7 (Nr. 1) Rn. 102. Das Gleiche gilt freilich für Kreditverträge (vgl. die Kommentierung aaO, Rn. 103).
[212] Rauscher/*Staudinger*, EuZPR, 4. Aufl. 2016, Art. 17 EuGVVO Rn. 8.
[213] Dazu näher die Kommentierung zu Art. 24 Rn. 40.
[214] *Saenger/Dörner*, ZPO, 6. Aufl. 2015, Art. 17 EuGVVO Rn. 13; Rauscher/*Staudinger*, EuZPR, 4. Aufl. 2016, Art. 17 EuGVVO Rn. 8 m.w.N.
[215] Vgl. oben Rn. 9.
[216] Vgl. hierzu die dortige Kommentierung (Art. 24 Rn. 29 f. und 48 f.).
[217] Viele Stimmen ordnen den Leasingvertrag freilich bereits als Teilzahlungskaufvertrag im Sinne von Art. 17 Abs. 1 lit. a ein, s. oben Rn. 44 m.w.N.
[218] Rauscher/*Staudinger*, EuZPR, 4. Aufl. 2016, Art. 17 EuGVVO Rn. 8.
[219] OLG Karlsruhe, 24.8.2007 – 14 U 72/06, NJW 2008, S. 85 = IPRax 2008, S. 348.
[220] Rauscher/*Staudinger*, EuZPR, 4. Aufl. 2016, Art. 17 EuGVVO Rn. 8.
[221] Sofern diese nicht auf eine zukünftige freiberufliche oder gewerbliche Tätigkeit gerichtet sind, vgl. oben Rn. 25.
[222] EuGH, 14.5.2009 – Rs. C-180/06, *Renate Ilsinger ./. Martin Dreschers als Insolvenzverwalter der Schlank & Schick-GmbH*, Slg. 2009, I-3998 (ECLI:EU:C:2009:303), Rn. 54.

bb) Berufliche oder gewerbliche Tätigkeit im Wohnsitzstaat des Verbrauchers (Art. 17 Abs. 1 lit. c Alt. 1)

52 Art. 17 Abs. 1 lit. c nennt **zwei Tatbestandsalternativen**, in denen es nach Wertung des europäischen Gesetzgebers gerechtfertigt ist, einen Unternehmer unabhängig von einem dortigen Wohnsitz bzw. einer Niederlassung[223] im Wohnsitzstaat eines Verbrauchers potentiell gerichtspflichtig zu machen. Die erste Alternative setzt das Ausüben einer beruflichen oder gewerblichen Tätigkeit im Wohnsitzstaat des Verbrauchers voraus. Gleichzeitig muss, wie auch für die zweite Alternative des lit. c, der konkrete Vertrag in den Bereich dieser Tätigkeit fallen, wenn auch der EuGH jüngst dieses Erfordernis aufgeweicht hat.[224] Eine **berufliche oder gewerbliche Tätigkeit** im Sinne des Art. 17 Abs. 1 lit. c Alt. 1 liegt vor, wenn der betreffende Unternehmer in dem Wohnsitzstaat eines Verbrauchers in irgendeiner Form **aktiv am Wirtschaftsleben teilnimmt**, z.b. indem er dort Dienstleistungen erbringt.[225] Der bloße Vertragsschluss im Wohnsitzstaat eines Verbrauchers reicht hierfür nicht aus.[226]

53 Nach (überzeugender) Ansicht des BGH[227] genügt für eine Anwendbarkeit von Art. 17 Abs. 1 lit. c Alt. 1 nicht, wenn ein Unternehmer erst auf Grund eines streitgegenständlichen Vertrags **erstmals** zur Ausübung einer beruflichen oder gewerblichen Tätigkeit im Wohnsitzstaat des Verbrauchers verpflichtet ist.[228] Die ebenfalls vertretene **andere Ansicht**[229] läuft auf einen Zirkelschluss hinaus und überdehnt den Anwendungsbereich der restriktiv auszulegenden Verbraucherschutzvorschriften der EuGVVO. Erforderlich ist für Art. 17 Abs. 1 lit. c Alt. 1 daher, dass ein Unternehmer **bereits vor und unabhängig von dem Vertragsschluss** mit einem Verbraucher eine berufliche oder gewerbliche Tätigkeit im Wohnsitzstaat des Verbrauchers ausgeübt hat.[230] Das Gleiche gilt im Grundsatz wohl **auch für Art. 17 Abs. 1 lit. c Alt. 2**,[231] d.h. die berufliche

---

[223] Allgemeine Meinung; denn bei Vorliegen von Wohnsitz oder Niederlassung des Unternehmers im Wohnsitzstaat des Verbrauchers führen bereits die „allgemeinen" Vorschriften, insbesondere Art. 4 Abs. 1 bzw. Art. 7 Nr. 5, zu einer Gerichtspflichtigkeit des Unternehmers; vgl. nur Saenger/*Dörner*, ZPO, 6. Aufl. 2015, Art. 17 EuGVVO Rn. 14; Rauscher/*Staudinger*, EuZPR, 4. Aufl. 2016, Art. 17 EuGVVO Rn. 12.
[224] Vgl. hierzu unten Rn. 68 f.
[225] So die Definition von Rauscher/*Staudinger*, EuZPR, 4. Aufl. 2016, Art. 17 EuGVVO Rn. 12 und auch bei Musielak/Voit/*Stadler*, ZPO, 13. Aufl. 2016, Art. 17 EuGVVO Rn. 7.
[226] Rauscher/*Staudinger*, EuZPR, 4. Aufl. 2016, Art. 17 EuGVVO Rn. 12.
[227] BGH, 30.3.2006 – VII ZR 249/04, BGHZ 167, S. 83 = NJW 2006, S. 1672, Rn. 23 ff.
[228] Musielak/Voit/*Stadler*, ZPO, 13. Aufl. 2016, Art. 17 EuGVVO Rn. 7; MünchKomm/*Gottwald*, ZPO, 4. Aufl. 2013, Art. 15 EuGVVO a.F. Rn. 9; grds. zustimmend auch Rauscher/*Staudinger*, EuZPR, 4. Aufl. 2016, Art. 17 EuGVVO Rn. 16.
[229] Z.B. öOGH, ÖJZ 2005, S. 307 (308); *Mankowski*, VuR 2006, S. 289 (293) sowie wohl *Keiler/Binder*, euvr 2013, S. 230 (232 ff.).
[230] So auch – allerdings zu Art. 17 Abs. 1 lit. c Alt. 2 – der EuGH, 7.12.2010 – verb. Rs. C-585/08 und C-144/09, *Peter Pammer ./. Reederei Karl Schlüter GmbH & Co. KG und Hotel Alpenhof GesmbH ./. Oliver Heller*, Slg. 2010, I-12527 (ECLI:EU:C:2010:740) = EuZW 2011, S. 98, Rn. 76: „ob *vor dem möglichen Vertragsschluss* mit diesem Verbraucher Anhaltspunkte dafür vorlagen, dass der Gewerbetreibende Geschäfte mit Verbrauchern tätigen wollte" (Hervorhebung durch den *Verf.*).
[231] *Wilke*, EuZW 2015, S. 13 (17 f.); EuGH, 7.12.2010 – verb. Rs. C-585/08 und C-144/09, *Peter Pammer ./. Reederei Karl Schlüter GmbH & Co. KG und Hotel Alpenhof GesmbH ./. Oliver Heller*, Slg. 2010, I-12527 (ECLI:EU:C:2010:740) = EuZW 2011, S. 98, Rn. 76; MünchKomm/*Gottwald*, ZPO, 4. Aufl. 2013, Art. 15 EuGVVO a.F. Rn. 9; Musielak/Voit/*Stadler*, ZPO, 13. Aufl. 2016, Art. 17 EuGVVO Rn. 7; **a. A.** wohl *Keiler/Binder*, euvr 2013, S. 230 (232 ff.).

oder gewerbliche Tätigkeit eines Unternehmers muss bereits vor dem streitgegenständlichen Vertragsschluss auf den Wohnsitzstaat des Verbrauchers ausgerichtet gewesen sein. Wegen der strukturellen Unterschiede zwischen einer Tätigkeit und einem Ausrichten dürfte in einem solchen Fall allerdings genügen, wenn das „Ausrichten" nur auf den konkreten späteren Vertragsschluss abzielte.[232]

cc) Ausrichten auf den Wohnsitzstaat des Verbrauchers (Art. 17 Abs. 1 lit. c Alt. 2)

Die erheblich weitere zweite Alternative des Art. 17 Abs. 1 lit. c lässt als räumlichen Anknüpfungspunkt eines Vertrages zu dem Wohnsitzstaat eines Verbrauchers bereits genügen, wenn ein Unternehmer seine berufliche oder gewerbliche Tätigkeit auf **irgendeinem Wege** auf diesen Mitgliedstaat oder auf mehrere Staaten, einschließlich dieses Mitgliedstaats, **ausgerichtet** hat. Nach dem Wortlaut von Art. 17 Abs. 1 lit. c muss der konkret geschlossene Vertrag zudem – jedenfalls grds.[233] – in den Bereich dieser Tätigkeit fallen. Mit dieser Vorschrift wollte der europäische Gesetzgeber u.a. der zunehmenden Bedeutung elektronischer Handelsformen Rechnung tragen;[234] sie ist seit ihrer Schaffung im Jahr 2000 **Gegenstand vielfacher Diskussion** und hat auch den EuGH vielfach beschäftigt. Vor dem Hintergrund ihrer unbestimmten Formulierung überrascht dies freilich nicht. 54

(i) Begriff des Ausrichtens

Den **autonom** auszulegenden[235] Begriff des Ausrichtens hat der EuGH in der verbundenen Rechtssache *Pammer/Alpenhof* jüngst derart umschrieben, dass der Gewerbetreibende für ein Ausrichten irgendwie seinen Willen zum Ausdruck gebracht haben muss, Geschäftsbeziehungen zu Verbrauchern eines oder mehrerer anderer Mitgliedstaaten, darunter des Wohnsitzmitgliedstaats des Verbrauchers, herzustellen.[236] Auch diese Formulierung ist freilich, wie der Gerichtshof selbst erkennt, sehr allgemein und **weiter ausfüllungsbedürftig**. 55

Aus einer Gesamtschau mit der engeren Vor-Vorgängernorm vor Art. 17 Abs. 1 lit. c (nämlich Art. 13 Abs. 1 Nr. 3 lit. a EuGVÜ) ergibt sich dabei zunächst, dass jedenfalls das noch früher von dieser Norm geforderte **ausdrückliche Angebot des Unternehmers bzw. alternativ bestimmte Werbemaßnahmen** den Begriff des Ausrichtens erfüllen.[237] Freilich ist nunmehr unter 56

---

[232] So auch Rauscher/*Staudinger*, EuZPR, 4. Aufl. 2016, Art. 17 EuGVVO Rn. 16.
[233] Vgl. hierzu unten Rn. 68 f.
[234] Vgl. die Begründung des Vorschlags für eine Verordnung (EG) des Rates über die gerichtliche Zuständigkeit und die Anerkennung und Vollstreckung von Entscheidungen in Zivil- und Handelssachen, KOM(1999) 348 endg.; EuGH, 7.12.2010 – verb. Rs. C-585/08 und C-144/09, *Peter Pammer ./. Reederei Karl Schlüter GmbH & Co. KG und Hotel Alpenhof GesmbH ./. Oliver Heller*, Slg. 2010, I-12527 (ECLI:EU:C:2010:740) = EuZW 2011, S. 98, Rn. 59.
[235] EuGH, 7.12.2010 – verb. Rs. C-585/08 und C-144/09, *Peter Pammer ./. Reederei Karl Schlüter GmbH & Co. KG und Hotel Alpenhof GesmbH ./. Oliver Heller*, Slg. 2010, I-12527 (ECLI:EU:C:2010:740) = EuZW 2011, S. 98, Rn. 55.
[236] EuGH, 7.12.2010 – verb. Rs. C-585/08 und C-144/09, *Peter Pammer ./. Reederei Karl Schlüter GmbH & Co. KG und Hotel Alpenhof GesmbH ./. Oliver Heller*, Slg. 2010, I-12527 (ECLI:EU:C:2010:740) = EuZW 2011, S. 98, Rn. 75.
[237] EuGH, 7.12.2010 – verb. Rs. C-585/08 und C-144/09, *Peter Pammer ./. Reederei Karl Schlüter GmbH & Co. KG und Hotel Alpenhof GesmbH ./. Oliver Heller*, Slg. 2010, I-12527 (ECLI:EU:C:2010:740) = EuZW 2011, S. 98, Rn. 61.

Art. 17 Abs. 1 lit. c Alt. 2 nicht mehr erforderlich, dass das Angebot oder auch nur die Initiative zur Unterbreitung des Angebots vom Unternehmer ausgegangen ist.[238] Den Anforderungen von Art. 13 Abs. 1 Nr. 3 lit. a EuGVÜ und damit auch Art. 17 Abs. 1 lit. c Alt. 2 genügende Werbemaßnahmen sind, wie der EuGH in der Rechtssache *Gabriel* festgestellt hat, alle Formen der Werbung in dem Vertragsstaat, in dem der Verbraucher seinen Wohnsitz hat, unabhängig davon, ob sie allgemein – über Presse, Radio, Fernsehen, Kino oder in anderer Weise – verbreitet oder unmittelbar, zum Beispiel mit speziell in diesen Staat geschickten Katalogen, an den Empfänger gerichtet werden.[239] Eine **einmalige** und **individuelle**, d.h. auf Einzelpersonen zugeschnittene Briefwerbung oder Katalogzusendung soll hingegen nach wohl h.M. noch kein Ausrichten darstellen;[240] dies ist jedoch vor dem Hintergrund, dass nach hier vertretener Meinung[241] bereits ein Abzielen nur auf den konkreten späteren Vertragsschluss im Einzelfall als Ausrichten anzusehen sein kann, jedenfalls in dieser Pauschalität in Zweifel zu ziehen. Bloße Empfehlungen durch Bekannte oder andere **Dritte** begründen demgegenüber, solange sich der Unternehmer dieser nicht systematisch bedient, kein Ausrichten.[242]

57 Bei **Werbemaßnahmen im Internet**, die ihrem Wesen nach wegen der prinzipiell weltweiten Abrufbarkeit potentiell eine globale Reichweite haben, müssen freilich **weitere Voraussetzungen** erfüllt sein und kann die bloße Abrufbarkeit wegen des (eine irgendwie *aktive* räumliche Fixierung voraussetzenden) Begriffs des Ausrichtens nicht *per se* genügen.[243] Andernfalls droht eine so nicht bezweckte und gerechtfertigte Ausuferung der Gerichtspflichtigkeit von Unternehmern. Noch in den Materialien zu Art. 15 Abs. 1 lit. c EuGVVO a.F., die auch in Erwgr. 24 zur Rom I-VO in Bezug genommen und teilweise wiedergegeben werden, war insofern eine Differenzierung – unabhängig etwa von der im Einzelfall verwendeten Sprache[244] – zwischen sog. „**(inter-)aktiven**" **Webseiten**, d.h. Homepages, die grds. einen online-Vertragsschluss ermöglichen oder zu einem Vertragsschluss im Fernabsatz auffordern bzw. jedenfalls eine Kontaktierung des Unternehmers per E-Mail ermöglichen, sowie sog. „**passiven**" **Internetauftritten**, die z.B. lediglich den jeweiligen Vertragsgegenstand beschreiben,[245] vorgeschlagen worden,

---

[238] MünchKomm/*Gottwald*, ZPO, 4. Aufl. 2013, Art. 15 EuGVVO a.F. Rn. 9.
[239] EuGH, 11.7.2002 – Rs. C-96/00, *Rudolf Gabriel*, Slg. 2002, I-6367 (ECLI:EU:C:2002:436) = EuZW 2002, S. 539, Rn. 44.
[240] öOGH, 8.9.2009 – 1 Ob 158/09f, ZIP 2010, S. 1154 (1155); OLG Stuttgart, 18.8.2014 – 5 U 58/14, BeckRS 2015, 00846, Rn. 14; Saenger/*Dörner*, ZPO, 6. Aufl. 2015, Art. 17 EuGVVO Rn. 15; Rauscher/*Staudinger*, EuZPR, 4. Aufl. 2016, Art. 17 EuGVVO Rn. 13.
[241] S. oben Rn. 53.
[242] OLG Stuttgart, 18.8.2014 – 5 U 58/14, BeckRS 2015, 00846, Rn. 14.
[243] So auch EuGH, 7.12.2010 – verb. Rs. C-585/08 und C-144/09, *Peter Pammer ./. Reederei Karl Schlüter GmbH & Co. KG und Hotel Alpenhof GesmbH ./. Oliver Heller*, Slg. 2010, I-12527 (ECLI:EU:C:2010:740) = EuZW 2011, S. 98, Rn. 68 ff.
[244] Vgl. Erwgr. 24 Satz 4 zur Rom I-VO; hierüber hat sich freilich zwischenzeitlich der EuGH hinweggesetzt, s. EuGH, 7.12.2010 – verb. Rs. C-585/08 und C-144/09, *Peter Pammer ./. Reederei Karl Schlüter GmbH & Co. KG und Hotel Alpenhof GesmbH ./. Oliver Heller*, Slg. 2010, I-12527 (ECLI:EU:C:2010:740) = EuZW 2011, S. 98, Rn. 90 f.
[245] Diese Differenzierung geht wohl auf das US-amerikanische Rechtssystem zurück, s. *Mankowski*, IPRax 2009, S. 238 (239).

wobei nur in ersterem Fall ein Ausrichten auf andere Mitgliedstaaten vorliegen sollte.[246]

Dieser Unterscheidung hat der EuGH freilich im Jahr 2010 in der verbundenen Rechtssache *Pammer/Alpenhof* als nicht immer aussagekräftig ausdrücklich eine **Absage erteilt**. Nach dem Gerichtshof und ihm folgend der h.M.[247] soll das Vorliegen eines „Ausrichtens" vielmehr kumulativ anhand der jeweiligen **Umstände des Einzelfalls** zu beurteilen sein.[248] Auch passive Homepages können danach im Einzelfall eine Ausrichtung im Sinne von Art. 17 Abs. 1 lit. c Alt. 2 begründen.[249] 58

Offenkundige Ausdrucksformen des Willens, Verbraucher in deren Wohnsitzstaat als Kunden zu gewinnen, seien dabei naturgemäß das ausdrückliche Anerbieten einer Dienstleistung oder von Produkten in einem oder mehreren namentlich genannten Mitgliedstaaten, aber auch, weil den oben Rn. 56 dargestellten „klassischen" Werbemaßnahmen hinsichtlich (auch finanziellen) Aufwands vergleichbar, die Tätigung von Ausgaben für einen Internetreferenzierungsdienst des Betreibers einer Suchmaschine.[250] Zusätzlich könnten im Einzelfall insbesondere die folgenden, nicht abschließend zu verstehenden und weniger gewichtigen **Anhaltspunkte** – möglicherweise miteinander kombiniert – für ein „Ausrichten" im Sinne von Art. 17 Abs. 1 lit. c Alt. 2 sprechen: 59
– der **internationale Charakter** der Tätigkeit (jedoch nicht allein[251]),
– die Angabe von **Anfahrtsbeschreibungen** von anderen Mitgliedstaaten aus zu dem Ort, an dem der Unternehmer niedergelassen ist,
– die Verwendung einer **anderen Sprache** oder Währung als der in dem Mitgliedstaat der Niederlassung des Unternehmers üblicherweise verwendeten Sprache oder Währung mit der Möglichkeit der Buchung und Buchungsbestätigung in dieser anderen Sprache,[252]
– die Angabe von Telefonnummern mit **internationaler Vorwahl**,

---

[246] Vgl. die Begründung des Vorschlags für eine Verordnung (EG) des Rates über die gerichtliche Zuständigkeit und die Anerkennung und Vollstreckung von Entscheidungen in Zivil- und Handelssachen, KOM(1999) 348 endg. sowie Erwgr. 24 zur Rom I-VO; dem folgend die vor der *Pammer/Alpenhof*-Entscheidung des EuGH wohl h.M., s. etwa BGH, 17.9.2008 – III ZR 71/08, NJW 2009, S. 298, Rn. 9; *Geimer*/Schütze, EuZVR, 3. Aufl. 2010, Art. 15 EuGVVO a.F. Rn. 36 ff.
[247] S. nur *Schlosser*/Hess, EuZPR, 4. Aufl. 2015, Art. 17 EuGVVO Rn. 7; Saenger/*Dörner*, ZPO, 6. Aufl. 2015, Art. 17 EuGVVO Rn. 16; Rauscher/*Staudinger*, EuZPR, 4. Aufl. 2016, Art. 17 EuGVVO Rn. 13a; Musielak/Voit/*Stadler*, ZPO, 13. Aufl. 2016, Art. 17 EuGVVO Rn. 8; MünchKomm/*Gottwald*, ZPO, 4. Aufl. 2013, Art. 15 EuGVVO a.F. Rn. 10.
[248] EuGH, 7.12.2010 – verb. Rs. C-585/08 und C-144/09, *Peter Pammer ./. Reederei Karl Schlüter GmbH & Co. KG und Hotel Alpenhof GesmbH ./. Oliver Heller*, Slg. 2010, I-12527 (ECLI:EU:C:2010:740) = EuZW 2011, S. 98, Rn. 79.
[249] S. nur Rauscher/*Staudinger*, EuZPR, 4. Aufl. 2016, Art. 17 EuGVVO Rn. 13a; MünchKomm/*Gottwald*, ZPO, 4. Aufl. 2013, Art. 15 EuGVVO a.F. Rn. 10.
[250] EuGH, 7.12.2010 – verb. Rs. C-585/08 und C-144/09, *Peter Pammer ./. Reederei Karl Schlüter GmbH & Co. KG und Hotel Alpenhof GesmbH ./. Oliver Heller*, Slg. 2010, I-12527 (ECLI:EU:C:2010:740) = EuZW 2011, S. 98, Rn. 80 f.
[251] EuGH, 7.12.2010 – verb. Rs. C-585/08 und C-144/09, *Peter Pammer ./. Reederei Karl Schlüter GmbH & Co. KG und Hotel Alpenhof GesmbH ./. Oliver Heller*, Slg. 2010, I-12527 (ECLI:EU:C:2010:740) = EuZW 2011, S. 98, Rn. 90.
[252] Vgl. etwa BGH, 10.3.2016 – III ZR 255/12, NJW 2016, S. 2888 Rn. 16.

– die Verwendung eines anderen **Domainnamens** oberster Stufe als desjenigen des Mitgliedstaats der Niederlassung des Unternehmers[253] und
– die Erwähnung einer **internationalen Kundschaft,** die sich aus in verschiedenen Mitgliedstaaten wohnhaften Kunden zusammensetzt (auch in Gestalt von Kundenbewertungen).

60 Diese beliebig um weitere aussagekräftige Indizien – etwa im Falle des Verkaufs von Waren die Angabe internationaler Versandraten für bestimmte Länder oder die Verwendung nationaler Flaggen zum Ändern der Spracheinstellungen etc. – erweiterbare Liste liefert **durchaus praxistaugliche Hinweise** für die Prüfung des Vorliegens einer „Ausrichtung" der gewerblichen oder beruflichen Tätigkeit eines Unternehmers. Freilich können im Einzelfall – nicht zuletzt wegen der unterschiedlich starken Gewichtung der einzelnen Anhaltspunkte[254] und des relativ weiten Verständnisses des EuGH[255] – Unsicherheiten verbleiben, und wird in einigen Fällen eine trennscharfe Abgrenzung weiterhin Schwierigkeiten bereiten.[256] Gerade bei der Verwendung sog. „passiver" Webseiten ist das Vorliegen eines Ausrichtens sorgfältig und im Lichte der gebotenen restriktiven Auslegung der Art. 17 ff.[257] auch zurückhaltend zu prüfen.

61 Im Einzelfall können **auch fremde Internetauftritte** bzw. allgemein fremdes Tätigwerden einem Unternehmer derart zuzurechnen sein, dass dadurch ein Ausrichten zu bejahen ist, etwa wenn ein Unternehmer sich fremder Webseiten[258] oder dritter Vermittler[259] bewusst und gezielt zur Vermarktung seiner Produkte bzw. Dienstleistungen bedient (Stichwort: App-Store[260]).[261] Im Jahr 2012 hat der BGH sogar das **Unterhalten eines sog. Nostro-Kontos** (d.h. eines Kontos einer Bank bei einer anderen (Korrespondenz-)Bank) durch eine ausländische Bank in der Bundesrepublik Deutschland zu dem Zweck, in Deutschland ansässigen Verbrauchern die Möglichkeit des kostenfreien Geldtransfers an ihre Kunden im Ausland zu geben, für ein Ausrichten der beruflichen oder gewerblichen Tätigkeit dieser ausländischen Bank auf die Bundesrepublik Deutschland genügen lassen.[262]

---

[253] S. BGH, 10.3.2016 – III ZR 255/12, NJW 2016, S. 2888 Rn. 16 („E-Mailanschrift mit der Domänenkennung „.de"").
[254] Vgl. Rauscher/*Staudinger*, EuZPR, 4. Aufl. 2016, Art. 17 EuGVVO Rn. 13a.
[255] Kritisch insofern *Clausnitzer*, EuZW 2011, S. 104 (105).
[256] S. nur *Clausnitzer*, EuZW 2011, S. 104 (105).
[257] Dazu oben Rn. 31 sowie EuGH, 20.1.2005 – Rs. C-464/01, *Gruber* ./. *BayWa AG*, Slg. 2005, I-439 (ECLI:EU:C:2005:32), Rn. 32.
[258] Zurückhaltend und wohl auf eine Einzelfallbetrachtung abzielend BGH, 17.9.2008 – III ZR 71/08, EuZW 2009, S. 26 (27), Rn.10.
[259] OLG Dresden, 15.12.2004 – 8 U 1855/04, IPRax 2006, S. 44 (46); Rauscher/*Staudinger*, EuZPR, 4. Aufl. 2016, Art. 17 EuGVVO Rn. 14b.
[260] So auch Rauscher/*Staudinger*, EuZPR, 4. Aufl. 2016, Art. 17 EuGVVO Rn. 14b mit verweis auf *Bauer/Friesen*, DAR 1015, S. 61 (63 f.).
[261] S. nur EuGH, 7.12.2010 – verb. Rs. C-585/08 und C-144/09, *Peter Pammer* ./. *Reederei Karl Schlüter GmbH & Co. KG* und *Hotel Alpenhof GesmbH* ./. *Oliver Heller*, Slg. 2010, I-12527 (ECLI:EU:C:2010:740) = EuZW 2011, S. 98, Rn. 89; Rauscher/*Staudinger*, EuZPR, 4. Aufl. 2016, Art. 17 EuGVVO Rn. 14b.
[262] BGH, 29.11.2011 – XI ZR 172/11, NJW 2012, S. 455 (458), Rn. 22.

Umgekehrt steht es einem Unternehmer – stellen Art. 17 Abs. 1 lit. c Alt. 2 **62** und der EuGH doch maßgeblich nur auf *sein* Verhalten ab – frei, ein Ausrichten nicht nur implizit, sondern auch **ausdrücklich auszuschließen**. Dies kann etwa mittels eines entsprechenden Hinweises auf seiner Homepage, dass mit Personen aus bestimmten Staaten keine Verträge abgeschlossen werden, geschehen.[263] Schließt ein Unternehmer ungeachtet eines derartigen Hinweises dennoch (wissentlich) Verträge mit Verbrauchern aus eigentlich ausgeschlossenen Mitgliedstaaten ab, so stellt dies ein *venire contra factum proprium* dar, als Folge dessen sich der Unternehmer nicht mehr auf den Schutz eines derartigen „**Disclaimers**" berufen kann;[264] täuscht ihn der Verbraucher hingegen zur Umgehung des Ausschlusses über seinen Wohnsitzstaat, so bleibt das Ausrichten ausgeschlossen.[265]

(ii) Kein Erfordernis eines Fernabsatzgeschäfts

Lange Zeit war umstritten, ob Art. 17 Abs. 1 lit. c (wohl auch in der 1. Alter- **63** native[266]) besondere **Anforderungen an die Abschlussmodalitäten** stelle. So fordern etwa die Materialien zur EuGVVO a.F.[267] und auch Erwgr. 24 Satz 3 der grds. parallel zur EuGVVO auszulegenden[268] Rom I-VO für die Auslegung des gleichlautenden Art. 6 Abs. 1 Rom I-VO, „dass tatsächlich ein **Vertragsabschluss im Fernabsatz** erfolgt ist."[269] Auch eine Aussage des EuGH in der vorerwähnten verbundenen Rechtssache *Pammer/Alpenhof* schien das Erfordernis eines Vertragsschlusses im Fernabsatz für Art. 17 Abs. 1 lit. c zu untermauern.[270] Aus dem Wortlaut dieser Norm selbst hingegen folgt kein Erfordernis eines irgendwie gearteten Fernabsatzvertragsschlusses bzw. sonstiger besonderer Abschlussmodalitäten.

Im Jahr 2012 hat der EuGH diesem Streit ein Ende bereitet und in der **64** Rechtssache *Mühlleitner* entschieden, dass jedenfalls Art. 17 Abs. 1 lit. c **nicht verlange,** dass ein Vertrag zwischen Verbraucher und Unternehmer im **Fernabsatz** geschlossen wurde.[271] Begründet hat der Gerichtshof dies mit dem insofern schweigenden Wortlaut von Art. 17 Abs. 1 lit. c und dem Schutzzweck der Ver-

---

[263] S. GA *Trstenjak*, Schlussanträge v. 18.5.2010 (verb. Rs. C-585/08 und C-144/09, *Peter Pammer ./. Reederei Karl Schlüter GmbH & Co. KG und Hotel Alpenhof GesmbH ./. Oliver Heller*), ECLI:EU:C:2010:273, Rn. 91 ff.; Rauscher/*Staudinger*, EuZPR, 4. Aufl. 2016, Art. 17 EuGVVO Rn. 13b; *Kropholler/von Hein*, EuZPR, 9. Aufl. 2011, Art. 15 EuGVVO a.F. Rn. 24.
[264] *Calliess*, Grenzüberschreitende Verbraucherverträge, 2006, S. 125 f.
[265] *Kropholler/von Hein*, EuZPR, 9. Aufl. 2011, Art. 15 EuGVVO a.F. Rn. 24.
[266] Insofern ebenfalls nicht differenzierend Rauscher/*Staudinger*, EuZPR, 4. Aufl. 2016, Art. 17 EuGVVO Rn. 14.
[267] S. die Begründung des Vorschlags für eine Verordnung (EG) des Rates über die gerichtliche Zuständigkeit und die Anerkennung und Vollstreckung von Entscheidungen in Zivil- und Handelssachen, KOM(1999) 348 endg.
[268] S. zu diesem grundsätzlichen Auslegungszusammenhang Erwgr. 7 und 24 zur Rom I-VO (i.V.m. dem Rechtsgedanken von Art. 80) sowie MünchKomm/*Gottwald*, ZPO, 4. Aufl. 2013, Art. 15 EuGVVO a.F. Rn. 9; allgemein vgl. Vorb. Art. 7 ff. Rn. 8 f.
[269] Hervorhebung durch den *Verf.*
[270] EuGH, 7.12.2010 – verb. Rs. C-585/08 und C-144/09, *Peter Pammer ./. Reederei Karl Schlüter GmbH & Co. KG und Hotel Alpenhof GesmbH ./. Oliver Heller*, Slg. 2010, I-12527 (ECLI:EU:C:2010:740) = EuZW 2011, S. 98, Rn. 87 („so dass der Verbraucher im Fernabsatz eine vertragliche Bindung eingeht"); hierzu *Wilke*, EuZW 2015, S. 13 (15).
[271] EuGH, 6.9.2012 – Rs. C-190/11, *Daniela Mühlleitner ./. Ahmad Yusufi u.a.*, ECLI:EU:C:2012:542 = NJW 2012, S. 3225, Rn. 45.

braucherschutzvorschriften.[272] Dieses Ergebnis ist auch sachgerecht, soll doch durch Art. 17 Abs. 1 lit. c – anders noch als im Rahmen von Art. 13 Abs. 1 Nr. 3 EuGVÜ – nicht nur der passive, sondern grds. auch der aktive Verbraucher geschützt werden, der z.B. seinen Wohnsitzstaat verlässt und im (für ihn) Ausland einen Vertrag abschließt.[273]

(iii) **Kausalität zwischen Ausrichten und Vertragsschluss**

65 Ebenfalls lange Zeit uneinheitlich beantwortet wurde die Frage, ob Art. 17 Abs. 1 lit. c eine **Kausalität** – d.h. einen Ursachenzusammenhang – **zwischen dem Ausrichten und dem Vertragsschluss** verlange.[274] Zwar folgt ein derartiges Erfordernis – ebenso wenig wie das etwaige Erfordernis eines Vertragsschlusses im Fernabsatz[275] – nicht (ausdrücklich[276]) aus dem Wortlaut von Art. 17 Abs. 1 lit. c. Jedenfalls für Art. 6 Rom I-VO wurde indes früher aus deren Erwgr. 25 Satz 2 auf die Notwendigkeit einer Kausalität zwischen Ausrichten und Vertragsschluss geschlossen.[277] Auch für Art. 17 Abs. 1 lit. c bzw. dessen Vorgängernorm Art. 15 Abs. 1 lit. c EuGVVO a.F. wurde eine derartige Kausalität von der Rechtsprechung und auch der Literatur[278] bisweilen beinahe selbstverständlich vorausgesetzt.[279] Begründet wurde dies u.a. damit, dass nur so einem uferlosen Ausdehnen der Verbrauchergerichtsstände entgegengewirkt werden könne.[280] Nach dieser Ansicht sollten die Art. 17 ff. keinen **abstrakten Verbraucherschutz** gewähren: Auf die Verbraucherschutzvorschriften der EuGVVO sollte sich nicht berufen können, wer z.B. bei Vertragsschluss keine Kenntnis von einer entsprechenden Werbung oder Internetpräsenz hatte bzw. ohnehin schon z.B. kaufentschlossen war.[281] Die Beweislast hierfür sollte grds. den Verbraucher treffen.[282]

66 Im Jahr 2013 hat der EuGH indes in der Rechtssache *Emrek* – mit spärlicher Begründung[283] – entschieden, dass eine **Kausalität des Ausrichtens** der geschäftlichen Tätigkeit für den jeweiligen Vertragsschluss **nicht erforderlich**

---

[272] EuGH, 6.9.2012 – Rs. C-190/11, *Daniela Mühlleitner* ./. *Ahmad Yusufi u.a.*, ECLI:EU:C:2012:542 = NJW 2012, S. 3225, Rn. 35 und 42.
[273] S. bereits oben Rn. 49 sowie Rauscher/*Staudinger*, EuZPR, 4. Aufl. 2016, Art. 17 EuGVVO Rn. 14.
[274] MünchKomm/*Gottwald*, ZPO, 4. Aufl. 2013, Art. 15 EuGVVO a.F. Rn. 11.
[275] Dazu oben Rn. 63 f.
[276] Manche Stimmen haben das Erfordernis einer Kausalität aus dem Passus „und der Vertrag in den Bereich dieser Tätigkeit fällt" herausgelesen, s. *Wilke*, EuZW 2015, S. 13 (15) m.w.N. (Fn. 27).
[277] *Mankowski*, IPRax 2008, S. 333 (337); *Leible/Lehmann*, RIW 2008, S. 528 (538); **a. A.** nunmehr z.B. MünchKomm/*Martiny*, BGB, 6. Aufl. 2015, Art. 6 Rom I-VO Rn. 42; BeckOK/*Spickhoff*, Stand: 1.2.2013, Art. 6 Rom I-VO Rn. 27 m.w.N.
[278] Etwa *Kropholler/von Hein*, EuZPR, 9. Aufl. 2011, Art. 15 EuGVVO a.F. Rn. 26; *Geimer/Schütze*, EuZVR, 3. Aufl. 2010, Art. 15 EuGVVO a.F. Rn. 38 (anders jedoch Rn. 54); s. auch *Schack*, IZVR, 6. Aufl. 2014, Rn. 317.
[279] Vgl. etwa BGH, 17.9.2008 – III ZR 71/08, NJW 2009, S. 298 = IPRx 2009, S. 258, Rn. 11 f.; OLG Karlsruhe, 24.8.2007 – 14 U 72/06, NJW 2008, S. 85 = IPRax 2008, S. 348; öOGH, 8.9.2009 – 1 Ob 158/09f, ZIP 2010, S. 1154 (1156).
[280] BGH, 17.9.2008 – III ZR 71/08, NJW 2009, S. 298 = IPRax 2009, S. 258, Rn. 12.
[281] OLG Karlsruhe, 24.8.2007 – 14 U 72/06, NJW 2008, S. 85 = IPRax 2008, S. 348.
[282] So auch Rauscher/*Staudinger*, EuZPR, 4. Aufl. 2016, Art. 17 EuGVVO Rn. 15g.
[283] S. nur *Wilke*, EuZW 2015, S. 13 (16); *Rühl*, IPRax 2014, S. 41 (44); *Staudinger/Steinrötter*, NJW 2013, S. 3505, kritisch, aber im Ergebnis zustimmend Rauscher/*Staudinger*, EuZPR, 4. Aufl. 2016, Art. 17 EuGVVO Rn. 15c ff.

sei.²⁸⁴ Neben dem Wortlaut der Art. 17 Abs. 1 lit. c spreche dafür, dass der Nachweis einer etwaigen Kausalität einen Verbraucher in prekäre Beweisschwierigkeiten bringen könne.²⁸⁵ Daher genügt es nach dem EuGH, wenn der Verbraucher ohne Kenntnis von dem Ausrichten eines Unternehmers lediglich zu dem abstrakten Kreis²⁸⁶ der durch Art. 17 Abs. 1 lit. c im Einzelfall ins Auge gefassten Verbraucher im jeweiligen Zielmitgliedstaat zähle. Allenfalls könne eine derartige Kausalität, so der EuGH weiter, – was jedoch zweifelhaft erscheint²⁸⁷ – ein wichtiger Anhaltspunkt dafür sein, ob die Tätigkeit tatsächlich auf den Wohnsitzmitgliedstaat des Verbrauchers ausgerichtet war.²⁸⁸

Ungeachtet des fehlenden Kausalitätserfordernisses muss – ebenso wie bei **67** Alt. 1²⁸⁹ – auch für Art. 17 Abs. 1 lit. c Alt. 2 die geschäftliche Tätigkeit **schon vor Vertragsschluss** auf den jeweiligen Staat ausgerichtet gewesen sein;²⁹⁰ s. hierzu ausführlich oben Rn. 53.

dd) Vertrag aus dem Bereich dieser Tätigkeit

Der Wortlaut von Art. 17 Abs. 1 lit. c a.E. fordert insgesamt – d.h. sowohl für **68** dessen Alt. 1 als auch Alt. 2 –, dass der jeweilige potentielle Verbrauchervertrag **in den Bereich** der von dem Unternehmer entweder im Wohnsitzstaat des Verbrauchers ausgeübten oder auf diesen Staat ausgerichteten beruflichen oder gewerblichen Tätigkeit **fällt**. Diese von der soeben Rn. 65 f. behandelten und vom EuGH jüngst verneinten Frage nach einem etwaigen Kausalitätserfordernis zwischen Ausrichten und Vertragsschluss zu trennende Voraussetzung soll insbesondere **außerhalb der normalen Geschäftstätigkeit** des *jeweiligen* Unternehmers abgeschlossene Verträge aus dem Anwendungsbereich von Art. 17 Abs. 1 lit. c aussondern.²⁹¹

Diese zuvor von der Rechtsprechung wenig beachtete Voraussetzung hat der **69** EuGH jüngst in der **Rechtssache Hobohm**²⁹² näher – wiederum²⁹³ relativ weit – ausgelegt und hat auf Vorlagefrage des BGH²⁹⁴ entschieden, dass es für Art. 17 Abs. 1 lit. c a.E. ausreiche, wenn ein Vertrag **zwar als solcher nicht** in

---

²⁸⁴ EuGH, 17.10.2013 – Rs. C-218/12, *Lokman Emrek ./. Vlado Sabranovic*, ECLI:EU:C:2013:666 = NJW 2013, S. 3504, Rn. 32.
²⁸⁵ EuGH, 17.10.2013 – Rs. C-218/12, *Lokman Emrek ./. Vlado Sabranovic*, ECLI:EU:C:2013:666 = NJW 2013, S. 3504, Rn. 25.
²⁸⁶ S. auch Rauscher/*Staudinger*, EuZPR, 4. Aufl. 2016, Art. 17 EuGVVO Rn. 15 f.
²⁸⁷ Kritisch zu Recht etwa *Wilke*, EuZW 2015, S. 13 (17).
²⁸⁸ EuGH, 17.10.2013 – Rs. C-218/12, *Lokman Emrek ./. Vlado Sabranovic*, ECLI:EU:C:2013:666 = NJW 2013, S. 3504, Rn. 26.
²⁸⁹ S. oben Rn. 53.
²⁹⁰ nur EuGH, 7.12.2010 – verb. Rs. C-585/08 und C-144/09, *Peter Pammer ./. Reederei Karl Schlüter GmbH & Co. KG und Hotel Alpenhof GesmbH ./. Oliver Heller*, Slg. 2010, I-12527 (ECLI:EU:C:2010:740) = EuZW 2011, S. 98, Rn. 76.
²⁹¹ *Kropholler/von Hein*, EuZPR, 9. Aufl. 2011, Art. 15 EuGVVO a.F. Rn. 26; *Wilke*, EuZW 2015, S. 13 (17) will diese Voraussetzung „geschäftsfeld-, gegebenenfalls sogar produktbezogen" verstanden wissen.
²⁹² EuGH, 23.12.2015 – Rs. C-297/14, *Rüdiger Hobohm ./. Benedikt Kampik Ltd & Co. KG u.a.*, ECLI:EU:C:2015:844 = EuZW 2016, S. 266.
²⁹³ *R. Wagner*, EuZW 2016, S. 269 spricht insofern von einem „Trend des *EuGH* [...], den Verbraucherschutz im Rahmen von Art. 15 Abs. 1 lit. c EuGVVO aF zu stärken".
²⁹⁴ BGH, 15.5.2014 – III ZR 255/12, BeckRS 2014, 13042; das anschließende Endurteil erging am 10.3.2016 (NJW 2016, S. 2888).

den Bereich der von einem Unternehmer auf den Wohnsitzmitgliedstaat eines Verbrauchers ausgerichteten beruflichen oder gewerblichen Tätigkeit fällt, aber eine **enge** [wirtschaftlich-inhaltliche] **Verbindung zu einem anderen Vertrag aufweise**, der zuvor zwischen denselben Parteien im Bereich einer solchen Tätigkeit geschlossen wurde.[295]

70   In dem zugrunde liegenden **Sachverhalt** ging es dabei – stark vereinfacht dargestellt – um die Rückzahlungsklage eines in Deutschland ansässigen Klägers (u.a.) gegen einen in Spanien ansässigen und nur dort tätigen Makler. Mit diesem hatte der Kläger zunächst im Jahr 2005 aufgrund eines deutschsprachigen, in der Bundesrepublik Deutschland verbreiteten Prospekts zunächst einen Maklervertrag und in der Folge auf dessen Vermittlung hin einen Kaufvertrag mit einer in Spanien ansässigen (ebenfalls mitverklagten) KG über den Erwerb einer in besagtem Prospekt beworbenen, noch zu errichtenden Eigentumswohnung in Spanien abgeschlossen. Als die Verkäuferin in finanzielle Schwierigkeiten geriet und die Vollendung des Bauprojekts zu scheitern drohte, bot der vorgenannte Beklagte dem Kläger an, sich um die Herstellung der Bezugsfertigkeit der Wohnung zu kümmern. Daraufhin beauftragte der Kläger 2008 den Beklagten – letztlich erfolglos – mit der Wahrnehmung seiner Interessen in Bezug auf den Kaufvertrag. Gestützt auf diesen in Spanien abgeschlossenen Geschäftsbesorgungsvertrag begehrte der Kläger vor einem deutschen Gericht u.a. Rückzahlung der dem Beklagten überlassenen Gelder. Insofern stellte sich die – vom EuGH tendenziell bejahte – Frage, ob der 2008 abgeschlossene Geschäftsbesorgungsvertrag noch im Sinne von Art. 17 Abs. 1 lit. c a.E. in den Bereich der alleine vom Beklagten auf die Bundesrepublik Deutschland ausgerichteten Maklertätigkeit fiel.

71   Für **entscheidend** erachtete der Gerichtshof dabei, dass der zweite Vertrag in unmittelbarer Fortsetzung des ersten Vertrags der Verwirklichung des aus diesem geschuldeten wirtschaftlichen Erfolgs diente und diesen dadurch ergänzte, so dass **zwischen beiden Verträgen eine enge (wirtschaftliche) Verbindung** bestand.[296] Dieser Meinung war zuvor bereits der BGH „zugeneigt" gewesen.[297] Allgemein gesprochen soll für das Bestehen einer danach für Art. 17 Abs. 1 lit. c a.E. notwendigen engen Verbindung zwischen zwei Verträgen nach dem EuGH im Einzelfall insbesondere **(1.)** auf die rechtliche oder tatsächliche Identität der Parteien beider Verträge, **(2.)** auf die Identität des wirtschaftlichen Erfolgs, der mit den Verträgen angestrebt wird, die denselben konkreten Gegenstand betreffen, und **(3.)** den ergänzenden Charakter eines Folgevertrages im Verhältnis zu dem ersten Vertrag hinsichtlich des mit diesem angestrebten wirtschaftlichen Erfolgs abzustellen sein.[298]

---

[295] EuGH, 23.12.2015 – Rs. C-297/14, *Rüdiger Hobohm ./. Benedikt Kampik Ltd & Co. KG u.a.*, ECLI:EU:C:2015:844 = EuZW 2016, S. 266, Rn. 40.
[296] EuGH, 23.12.2015 – Rs. C-297/14, *Rüdiger Hobohm ./. Benedikt Kampik Ltd & Co. KG u.a.*, ECLI:EU:C:2015:844 = EuZW 2016, S. 266, Rn. 35 f.
[297] BGH, 15.5.2014 – III ZR 255/12, BeckRS 2014, 13042, Rn. 17 f.; vgl. auch das anschließende Endurteil vom 10.3.2016, NJW 2016, S. 2888.
[298] EuGH, 23.12.2015 – Rs. C-297/14, *Rüdiger Hobohm ./. Benedikt Kampik Ltd & Co. KG u.a.*, ECLI:EU:C:2015:844 = EuZW 2016, S. 266, Rn. 37.

ee) Maßgeblicher Zeitpunkt der räumlichen Verknüpfung

Nach den allgemeinen Regeln kommt es für das Vorliegen der unmittelbar **72** zuständigkeitsbegründenden Tatbestandsmerkmale der verschiedenen Gerichtsstände der EuGVVO – d. h. von deren Anknüpfungspunkten – grds. auf den entsprechend Art. 32 zu bestimmenden Zeitpunkt der Anrufung des jeweiligen Gerichts an.[299] Nur auf den ersten Blick anders verhält es sich – u.a. zum Schutz von Verbrauchern vor Manipulationen durch einen Unternehmer – im Rahmen von **Art. 17 Abs. 1 lit. c**: Hier kommt es für das Vorliegen des Ausübens bzw. Ausrichtens der beruflichen oder gewerblichen Tätigkeit eines Unternehmers auf den jeweiligen Wohnsitzstaat eines Verbrauchers nur auf den **Zeitpunkt des Vertragsschlusses** und nicht der Klageeinreichung an.[300] Stellt somit ein Unternehmer *nach* Vertragsschluss mit einem Verbraucher, aber *vor* Klageeinreichung seine Tätigkeit im bzw. deren Ausrichtung auf den Wohnsitzstaat des Verbrauchers ein, so ändert dies nichts an der Anwendbarkeit der Art. 17 ff. Neben dem eingangs genannten Schutzgedanken folgt dies auch daraus, dass Art. 17 selbst keine Gerichtsstandsregelung trifft (sondern erst Art. 18) und der Vertragsschluss bzw. seine Umstände selbst – ebenso wie z.B. auch bei Art. 7 Nr. 1 – gar keine zuständigkeitsrechtlichen Anknüpfungspunkte im engeren Sinn sind.

Anknüpfungspunkt im Rahmen der Verbrauchergerichtsstände des Art. 18 **73** ist vielmehr nur der **Wohnsitz** entweder des Verbrauchers (Art. 18 Abs. 1 Alt. 2 sowie Abs. 2) oder des Unternehmers (Art. 18 Abs. 1 Alt. 1). Anders als das Ausüben bzw. Ausrichten der beruflichen oder gewerblichen Tätigkeit eines Unternehmers auf den Verbraucherwohnsitzstaat muss dieser Wohnsitz als originärer Anknüpfungspunkt sehr wohl zu dem nach allgemeinen Regeln bestimmten maßgeblichen Zeitpunkt der Anrufung des jeweiligen Gerichts vorliegen. Insofern stellt sich jedoch die Frage nach der Relevanz eines **Wohnsitzstaatswechsels v.a. des Verbrauchers zwischen Vertragsschluss und Klageeinreichung**, entsteht dadurch doch eine Diskrepanz zwischen den Anknüpfungspunkten des Art. 18 Abs. 1 Alt. 2 und Abs. 2 sowie der räumlichen Verknüpfung in Art. 17 Abs. 1 lit. c.

Diesbezüglich sind **drei Konstellationen** zu unterscheiden:[301] **(1.)** Rich- **74** tete der Unternehmer seine Tätigkeit stets **nur auf den neuen**, nicht jedoch auf den alten **Wohnsitzstaat** eines Verbrauchers zum Zeitpunkt des Vertragsschlusses aus, so sind die Voraussetzungen von Art. 17 Abs. 1 lit. c insgesamt nicht erfüllt und die Gerichtsstände des Art. 18 damit gar nicht erst eröffnet.[302] In einem solchen Fall ist vielmehr auf die allgemeinen Regeln der Art. 4 ff.

---

[299] S. oben Rn. 20 sowie allgemein in den Vorb. Art. 4 ff. Rn. 19 ff.
[300] OLG Frankfurt a.M., 26.11.2008 – 7 U 251/07, EuZW 2009, S. 309 (310); *Seibl*, IPrax S. 234 (236); *Wilke*, EuZW 2015, S. 13 (18); Saenger/*Dörner*, ZPO, 6. Aufl. 2015, Art. 17 EuGVVO Rn. 14; Musielak/Voit/*Stadler*, ZPO, 13. Aufl. 2016, Art. 17 EuGVVO Rn. 7; Rauscher/*Staudinger*, EuZPR, 4. Aufl. 2016, Art. 17 EuGVVO Rn. 18.
[301] Der Einfachheit halber wird im Folgenden nur von einem „Ausrichten" im Sinne von Art. 17 Abs. 1 lit. c Alt. 2 gesprochen; die Ausführungen gelten aber genauso für ein „Ausüben" im Sinne von Art. 17 Abs. 1 lit. c Alt. 1.
[302] Wohl ganz h.M., s. nur *Wilke*, EuZW 2015, S. 13 (18); **a. A.** soweit ersichtlich allenfalls *Keiler/Binder*, euvr 2013, S. 230 (237).

zurückzugreifen. **(2.)** Der Unternehmer richtete seine Tätigkeit **nur auf den alten Wohnsitzstaat** eines Verbrauchers zum Zeitpunkt des Vertragsschlusses aus, nicht jedoch auf dessen neuen Wohnsitzstaat zum Zeitpunkt der Klageeinreichung: Hier sind an sich die Voraussetzungen sowohl von Art. 17 Abs. 1 lit. c, als auch von Art. 18 Abs. 1 Alt. 2 bzw. Abs. 2 erfüllt; bei reiner Gesetzesanwendung wäre danach eine Klage auch im neuen Wohnsitzstaat möglich.[303] Dies kann jedoch im Lichte der auch für einen Unternehmer notwendigen Vorhersehbarkeit[304] der – restriktiv[305] auszulegenden[306] – Gerichtsstände der EuGVVO für **Klagen des Verbrauchers** nicht hingenommen werden, würde doch der Unternehmer gem. Art. 18 Abs. 1 Alt. 2 in einem von ihm grds. nicht antizipierbaren und für ihn willkürlichen Mitgliedstaat verklagt werden können. Insofern scheidet eine Klage des Verbrauchers in seinem neuen Wohnsitzstaat gem. Art. 18 Abs. 1 Alt. 2 aus.[307] Um den Schutzgedanken der Art. 17 ff. zu wahren und einen „Zuständigkeitsmangel" ähnlich einem negativen Kompetenzkonflikt zu vermeiden, sollte indes eine Klage des Verbrauchers ausnahmsweise entgegen den allgemeinen Regeln[308] in seinem alten Wohnsitzstaat weiterhin möglich bleiben.[309] Einer **Klage des Unternehmers** gegen den Verbraucher gem. Art. 18 Abs. 2 stehen die soeben genannten Bedenken im neuen Wohnsitzstaat des Verbrauchers hingegen – entspricht dies doch der Grundregel des Art. 4 Abs. 1 – nicht entgegen.[310] **(3.)** Richtete der Unternehmer seine Tätigkeit zum Zeitpunkt des Vertragsschlusses **sowohl auf den alten als auch den neuen Wohnsitzstaat** des Verbrauchers aus, so führt eine reine Gesetzesanwendung grds. zu befriedigenden Ergebnissen und sollte ein **Abstellen auf den neuen Wohnsitzstaat** des Verbrauchers im Rahmen von Art. 18 Abs. 1 Alt. 2 bzw. auch von Art. 18 Abs. 2 zugelassen werden.[311] Eine Zuständigkeit entgegen den allgemeinen Regeln auch im alten Wohnsitzstaat zu konservieren ist in einem solchen Fall mangels drohenden negativen Kom-

---

[303] Dies hinnehmend *Geimer*/Schütze, EuZVR, 3. Aufl. 2010, Art. 16 EuGVVO a.F. Rn. 5 sowie wohl *Kropholler/von Hein*, EuZPR, 9. Aufl. 2011, Art. 16 EuGVVO a.F. Rn. 2; MünchKomm/*Gottwald*, ZPO, 4. Aufl. 2013, Art. 16 EuGVVO a.F. Rn. 5; u.U. auch Rauscher/*Staudinger*, EuZPR, 4. Aufl. 2016, Art. 18 EuGVVO Rn. 5 (dann allerdings im Widerspruch zu Rauscher/*Staudinger*, EuZPR, 4. Aufl. 2016, Art. 17 EuGVVO Rn. 17).

[304] S. nur Erwgr. 15.

[305] Vgl. beispielhaft EuGH, 20.1.2005 – Rs. C-464/01, *Gruber ./. BayWa AG*, Slg. 2005, I-1439 (ECLI:EU:C:2005:32), Rn. 32.

[306] S. oben Rn. 23 und 31.

[307] So auch *Schlosser*/Hess, EuZPR, 4. Aufl. 2015, Art. 18 EuGVVO Rn. 3 unter Berufung auf den Schlosser-Bericht, 1979, Rn. 161; Rauscher/*Staudinger*, EuZPR, 4. Aufl. 2016, Art. 17 EuGVVO Rn. 17 (u.U.in Widerspruch zu Rauscher/*Staudinger*, EuZPR, 4. Aufl. 2016, Art. 18 EuGVVO Rn. 5); *Wilke*, EuZW 2015, S. 13 (18); *Keiler/Binder*, euvr 2013, S. 230 (237); Musielak/Voit/*Stadler*, ZPO, 13. Aufl. 2016, Art. 18 EuGVVO Rn. 4; **a.A.** *Geimer*/Schütze, EuZVR, 3. Aufl. 2010, Art. 16 EuGVVO a.F. Rn. 5; *Kropholler/von Hein*, EuZPR, 9. Aufl. 2011, Art. 16 EuGVVO a.F. Rn. 2; MünchKomm/*Gottwald*, ZPO, 4. Aufl. 2013, Art. 16 EuGVVO a.F. Rn. 5.

[308] Hierzu oben Rn. 72 m.w.N.

[309] So auch *Wilke*, EuZW 2015, S. 13 (18).

[310] So auch OLG München, 19.6.2012 – 5 U 1150/12, RIW 2012, S. 635; *Wilke*, EuZW 2015, S. 13 (18).

[311] So auch Rauscher/*Staudinger*, EuZPR, 4. Aufl. 2016, Art. 17 EuGVVO Rn. 17; *Schlosser*/Hess, EuZPR, 4. Aufl. 2015, Art. 18 EuGVVO Rn. 3; *Wilke*, EuZW 2015, S. 13 (18); *Keiler/Binder*, euvr 2013, S. 230 (237).

petenzkonflikts nicht erforderlich.[312] Zum Schutz des Unternehmers wäre es jedoch erwägenswert, (ausnahmsweise) ein Ausüben bzw. Ausrichten im neuen Wohnsitzstaat des Verbrauchers nicht oder nicht nur im Zeitpunkt des Vertragsschlusses, sondern (auch) noch im Zeitpunkt der Klageerhebung zu fordern.[313] Zur Rechtsfigur der *perpetuatio fori* vgl. die Vorb. Art. 4 ff. Rn. 19 ff.

6. Erfasste Ansprüche

Unter die Verbrauchergerichtsstände Art. 17 ff. fallen **alle vertraglich zu qualifizierenden Ansprüche**, die im Einzelfall aus einem Verbrauchervertrag im Sinne von Art. 17 Abs. 1 resultieren bzw., mit den Worten des EuGH,[314] nicht nur bestimmte Ansprüche aus einem Verbrauchervertrag, sondern alle Streitigkeiten, die zu diesem Vertrag eine so enge Bindung aufweisen, dass sie von ihm nicht getrennt werden können.[315]   75

7. Kognitionsbefugnis; keine Annexkompetenz

Ebenso wie der besondere Vertragsgerichtsstand in Art. 7 Nr. 1[316] gewähren die in Verbrauchersachen als *leges speciales* zu Art. 7 Nr. 1 anzusehenden[317] Gerichtsstände des 4. Abschnitts den von ihnen zur Entscheidung berufenen Gerichten eine Kognitionsbefugnis nur für im Wege autonomer Auslegung **vertraglich einzuordnende Rechtsnormen und Ansprüche**.[318] Dies ergibt sich nicht zuletzt aus dem vom EuGH wiederholt betonten Gebot der restriktiven Auslegung der Gerichtsstände des 4. Abschnitts.[319]   76

Entgegen beachtlichen Stimmen in Literatur[320] und Rechtsprechung[321] ist ein gem. Art. 18 zuständiges Gericht daher nicht ohne Weiteres befugt, einen eine Verbrauchersache betreffenden Sachverhalt auch im Lichte außervertraglich zu qualifizierender Gesichtspunkte zu untersuchen. Aus Art. 17 ff. folgt – ebenso   77

---

[312] Musielak/Voit/*Stadler*, ZPO, 13. Aufl. 2016, Art. 18 EuGVVO Rn. 4; a. A. *Staudinger*, jM 2014, S. 229 (233).
[313] So auch – allerdings wohl für alle Fälle des Art. 17 Abs. 1 lit. c Alt. 2 und damit zu weitgehend – *Keiler/Binder*, euvr 2013, S. 230 (237), die im Lichte der *Emrek*-Entscheidung des EuGH ein Vorliegen des Tatbestandsmerkmals des „Ausrichtens" spätestens zum Zeitpunkt der Klage verlangen.
[314] EuGH, 11.7.2002 – Rs. C-96/00, *Rudolf Gabriel*, Slg. 2002, I-6367 (ECLI:EU:C:2002:436) = EuZW 2002, S. 539, Rn. 56.
[315] Vgl. die beispielhafte Aufzählung oben Rn. 35; zudem kann als Orientierung auf die Ausführungen zu Art. 7 Nr. 1 zurückgegriffen werden, s. dort Rn. 30 ff.
[316] Vgl. hierzu die Kommentierung zu Art. 7 Rn. 45 ff. und – allerdings zu Art. 7 Nr. 2 – EuGH, 27.9.1988 – Rs. 189/87, *Kalfelis ./. Schröder*, Slg. 1988, 5565 (ECLI:EU:C:1988:459), Rn. 21.
[317] Musielak/Voit/*Stadler*, ZPO, 13. Aufl. 2016, Art. 17 EuGVVO Rn. 1.
[318] So auch *Lüderitz*, FS Riesenfeld, 1983, S. 147 (160); Rauscher/*Staudinger*, EuZPR, 4. Aufl. 2016, Vorbem zu Art. 17 ff. EuGVVO Rn. 4; MünchKomm/*Gottwald*, ZPO, 4. Aufl. 2013, Art. 15 EuGVVO a.F. Rn. 5; **a. A.** etwa *Schlosser*/Hess, EuZPR, 4. Aufl. 2015, Art. 17 EuGVVO Rn. 2; Saenger/*Dörner*, ZPO, 6. Aufl. 2015, Art. 17 EuGVVO Rn. 7; *Geimer*/Schütze, EuZVR, 3. Aufl. 2010, Art. 15 EuGVVO a.F. Rn. 26 f.; *Geimer*, EuZW 1993, S. 564 (566); *Benicke*, WM 1997, S. 945 (952).
[319] S. etwa EuGH, 20.1.2005 – Rs. C-464/01, *Gruber ./. BayWa AG*, Slg. 2005, I-1439 (ECLI:EU:C:2005:32), Rn. 32.
[320] *Schlosser*/Hess, EuZPR, 4. Aufl. 2015, Art. 17 EuGVVO Rn. 2; Saenger/*Dörner*, ZPO, 6. Aufl. 2015, Art. 17 EuGVVO Rn. 7; *Geimer*/Schütze, EuZVR, 3. Aufl. 2010, Art. 15 EuGVVO a.F. Rn. 26 f.; *Geimer*, EuZW 1993, S. 564 (566); *Benicke*, WM 1997, S. 945 (952).
[321] Etwa OLG Frankfurt a.M., 26.11.2008 – 7 U 251/07, EuZW 2009, S. 309 (310).

wenig wie aus den besonderen Gerichtsständen insbesondere des Art. 7 Nr. 1[322] und (andersherum) Nr. 2[323] – **keine Annexkompetenz** für außervertragliche, insbesondere deliktische Ansprüche. Eine derartige Entscheidungsbefugnis kann vielmehr **nur aus anderen Zuständigkeitsnormen** der EuGVVO – z.B. Art. 4 Abs. 1 bzw. Art. 7 Nr. 2 – folgen, deren Anwendung durch Art. 17 Abs. 1 ja nur für vertraglich zu qualifizierende Ansprüche und Streitigkeiten gesperrt ist.[324] Im Übrigen gewährt der in Verbrauchersachen stets anwendbare **Art. 7 Nr. 5** eine umfassende Kognitionsbefugnis sowohl für vertraglich als auch für außervertraglich zu qualifizierende Ansprüche.[325]

78 Insofern ist zusätzlich auf die auch für die Auslegung von Art. 17 Abs. 1 relevante[326] **Brogsitter-Rechtsprechung des EuGH**[327] hinzuweisen, wonach selbst Ansprüche, die nach nationalem Recht als außervertraglich eingestuft werden, dennoch bei autonomer Auslegung dem Vertragsgerichtsstand des Art. 7 Nr. 1 und entsprechend auch den Verbrauchergerichtsständen des 4. Abschnitts[328] – unterfallen, wenn nur das anspruchsbegründende Verhalten als Verstoß gegen vertragliche Verpflichtungen angesehen werden kann und eine Auslegung des Vertrags für deren Prüfung „unerlässlich erscheint".[329] Danach können viele nach nationalem Recht im Einzelfall deliktisch eingeordnete Ansprüche (im deutschen Recht etwa aus § 823 Abs. 2 BGB im Falle der Verletzung vertragsnaher Schutzgesetze) an den Verbrauchergerichtsständen des 4. Abschnitts eingeklagt werden.[330]

VIII. Ausschluss von Beförderungsverträgen (Art. 17 Abs. 3)

79 Art. 17 Abs. 3 nimmt **Beförderungsverträge mit Ausnahme von Pauschalreiseverträgen** im Sinne der Pauschalreiserichtlinie[331] vom Anwendungsbereich des 4. Abschnitts aus. Obwohl derartige Verträge in vielen Fällen die Voraussetzungen des Art. 17 Abs. 1 lit. c erfüllen, sind daher auf Rechtsstreitigkeiten aus Beförderungsverträgen grds. nur die „allgemeinen" Zuständigkeitsvorschriften der Art. 4 ff. bzw. etwaige gem. Art. 71 vorrangige Staatsverträge anwendbar.[332]

---

[322] S. die Kommentierung zu Art. 7 Rn. 48.
[323] Vgl. EuGH, 27.9.1988 – Rs. 189/87, *Kalfelis ./. Schröder*, Slg. 1988, 5565 (ECLI:EU:C:1988:459), Rn. 21 sowie die Kommentierung zu Art. 7 Rn. 145 ff.
[324] S. oben Rn. 9.
[325] Vgl. die Kommentierung zu Art. 7 Rn. 240.
[326] Rauscher/Staudinger, EuZPR, 4. Aufl. 2016, Vorbem zu Art. 17 ff. EuGVVO Rn. 5.
[327] EuGH, 13.3.2014 – Rs. C-548/12, *Marc Brogsitter ./. Fabrication de Montres Normandes EURL* u.a., ECLI:EU:C:2014:148 = NJW 2014, S. 1648.
[328] Rauscher/Staudinger, EuZPR, 4. Aufl. 2016, Vorbem zu Art. 17 ff. EuGVVO Rn. 5.
[329] S. neben dem vorerwähnten *Brogsitter*-Urteil (vgl. die vorherige Fn.) auch EuGH, 10.9.2015 – Rs. C-47/14, *Holterman Ferho Exploitatie u.a. ./. Spies von Büllesheim*, ECLI:EU:C:2015:574 = NZG 2015, S. 1199, Rn. 79 sowie die Kommentierung zu Art. 7 (Nr. 1) Rn. 50 und Rn. 148.
[330] So bereits vor der *Brogsitter*-Entscheidung BGH, 25.5.2011 – VI ZR 154/10, BGHZ 190, S. 28 = NJW 2011, S. 2809, Rn. 32 f.
[331] Richtlinie 90/314/EWG des Rates vom 13.6.1990 über Pauschalreisen, ABl. (EG) Nr. L 158, S. 59.
[332] Schlosser/Hess, EuZPR, 4. Aufl. 2015, Art. 17 EuGVVO Rn. 10.

1. Normzweck des Ausschlusses von Beförderungsverträgen

Hintergrund des Ausschlusses von Beförderungsverträgen, den für den Bereich des Kollisionsrechts in eingeschränkter Form auch Art. 6 Abs. 4 lit. b Rom I-VO bzw. Art. 6 Abs. 1 i.V.m. Art. 5 Rom I-VO vorsehen,[333] ist das **Vorhandensein vielfältiger völkervertraglicher Regelungen**, d.h. von Staatsverträgen, die bestimmte Arten von Beförderungsverträgen (etwa die Luftbeförderung[334]) teilweise komplizierten Sonderregimen hinsichtlich des materiellen und des Verfahrensrechts unterwerfen.[335] Insofern wurde befürchtet, dass die Einführung besonderer Zuständigkeitsregeln für Beförderungsverträge mit Verbrauchern zu teilweise schwer lösbaren Konflikten geführt hätte.[336] Dies vermag jedoch vor dem Hintergrund der aus **Art. 71** ohnehin folgenden **Vorrangigkeit staatsvertraglicher Zuständigkeitsvorschriften** gegenüber den Vorschriften (auch des 4. Abschnitts des II. Kapitels) der EuGVVO nicht restlos zu überzeugen.[337] 80

2. Erfasste Beförderungsverträge

Unter den Begriff des Beförderungsvertrags im Sinne der EuGVVO fallen aus einer Zusammenschau mit Art. 5 sowie Art. 6 Abs. 4 lit. b Rom I-VO ersichtlich Verträge, die eine **Ortsveränderung von Personen oder Sachen** durch Leistung eines Beförderers mithilfe eines Beförderungsmittels bezwecken, gleichgültig ob dies entgeltlich oder unentgeltlich erfolgt.[338] Entsprechend umfasst die Ausnahme in Art. 17 Abs. 3 – mit Ausnahme der sogleich zu behandelnden Rückausnahme für Pauschalreiseverträge – grds. alle Personen- und Güterbeförderungsverträge, und zwar unabhängig davon, ob die jeweilige Beförderung zu Land oder zu Wasser bzw. in der Luft erfolgt oder erfolgen soll.[339] 81

Ungeachtet des Normzwecks von Art. 17 Abs. 3 gilt dies im Lichte der Rechtssicherheit und Vorhersehbarkeit (vgl. Erwgr. 15) auch für Beförderungsverträge, die nicht in den Anwendungsbereich irgendeiner staatsvertraglichen Regelung fallen.[340] Daher sind auch sog. **gemischte Beförderungsverträge**, d.h. Verträge, die eine Beförderung durch verschiedene Verkehrsmittel vorsehen, 82

---

[333] Eine gleichlautende Ausnahme sah auch Art. 5 Abs. 4 lit. a EVÜ (sowie in Umsetzung dessen früher Art. 29 Abs. 4 Satz 1 Nr. 1 EGBGB a.F.) vor.
[334] Vgl. z.B. das sog. Übereinkommen von Montreal (Übereinkommen zur Vereinheitlichung bestimmter Vorschriften über die Beförderung im internationalen Luftverkehr vom 28.5.1999, BGBl. 2004 II, S. 458); weitere Beispiele bei Rauscher/*Staudinger*, EuZPR, 4. Aufl. 2016, Art. 17 EuGVVO Rn. 21.
[335] S. *Schlosser*-Bericht, 1979, Rn. 160.
[336] *Schlosser*-Bericht, 1979, Rn. 160.
[337] Daher zu Recht kritisch *Geimer*/Schütze, EuZVR, 3. Aufl. 2010, Art. 15 EuGVVO a.F. Rn. 58 sowie auch Rauscher/*Staudinger*, EuZPR, 4. Aufl. 2016, Art. 17 EuGVVO Rn. 21 (Abs. 3 hätte „im Zuge der Novellierung aufgehoben werden sollen").
[338] S. nur EuGH. 6.10.2009 – Rs. C-133/08, *Intercontainer Interfrigo SC [ICF]* ./. *Balkenende Oosthuizen BV u.a.*, Slg. 2009, I-9710 (ECLI:EU:C:2009:617) sowie MünchKomm/*Martiny*, BGB, 6. Aufl. 2015, Art. 5 Rom I-VO Rn. 2.
[339] Vgl. Staudinger/*Magnus*, Neubearbeitung 2011, IntVertrR, Art. 64 Rom I-VO Rn. 77.
[340] Rauscher/*Staudinger*, EuZPR, 4. Aufl. 2016, Art. 17 EuGVVO Rn. 21; *Geimer*/Schütze, EuZVR, 3. Aufl. 2010, Art. 15 EuGVVO a.F. Rn. 58.

von dem Ausschluss des Art. 17 Abs. 3 erfasst, obwohl für diese, soweit ersichtlich, jedenfalls keine umfassenden[341] staatsvertraglichen Sonderregelungen existieren.[342]

3. Rückausnahme für Pauschalreiseverträge

83   Für Pauschalreiseverträge, die „kombinierte Beförderungs- und Unterbringungsleistungen" zu einem Pauschalpreis beinhalten, findet der 4. Abschnitt des II. Kapitels hingegen kraft ausdrücklicher Rückausnahme in Art. 17 Abs. 3 Anwendung. Da sich die Kommission bei Schaffung dieser Rückausnahme bei der Umwandlung des EuGVÜ in die EuGVVO a.F. in den Materialien ausdrücklich auf die **Pauschalreiserichtlinie**[343] bezogen hat,[344] kann dabei zur Bestimmung des Begriffs der Pauschalreise grds. auch auf diesen Rechtsakt und die dazu ergangene Rechtsprechung zurückgegriffen werden. Eine ähnliche Rückausnahme findet sich auch in Art. 6 Abs. 4 lit. b Rom I-VO, der allerdings, anders als Art. 17 Abs. 3, ausdrücklich auf die Pauschalreiserichtlinie Bezug nimmt.

84   Nach Art. 2 der Pauschalreiserichtlinie ist eine **Pauschalreise** „die im voraus festgelegte Verbindung von mindestens zwei der Dienstleistungen **„Beförderung"**, **„Unterbringung"** und **„andere touristische Dienstleistungen"**, die nicht Nebenleistungen von Beförderung oder Unterbringung sind und einen beträchtlichen Teil der Gesamtleistung ausmachen, sofern diese Leistung länger als 24 Stunden dauert oder eine Übernachtung einschließt."[345] Dies umfasst auch Reisen, die von einem Reisebüro auf Wunsch und nach den Vorgaben eines Verbrauchers organisiert werden.[346] Damit ist der Begriff der Pauschalreise im Sinne der Pauschalreiserichtlinie vermeintlich weiter als derjenige des Art. 17 Abs. 3, da dieser seinem Wortlaut nach nur eine Kombination der Dienstleistungen „Beförderung" und „Unterbringung", jener hingegen die Verbindung von mindestens zwei der Dienstleistungen „Beförderung", „Unterbringung" und „andere touristische Dienstleistungen" erfordert. U.a. um einen Auslegungsgleichlauf mit Art. 6 Abs. 4 lit. b Rom I-VO herzustellen, der kraft Verweisung[347] dem weiteren Pauschalreisebegriff der Pauschalreiserichtlinie folgt, hat sich daher der EuGH im Jahr 2010 in der (verbundenen) Rechtssache *Pammer/*

---

[341] Vgl. etwa Art. 38 Übereinkommens von Montreal (Übereinkommen zur Vereinheitlichung bestimmter Vorschriften über die Beförderung im internationalen Luftverkehr vom 28.5.1999, BGBl. 2004 II, S. 458).

[342] *Geimer*/Schütze, EuZVR, 3. Aufl. 2010, Art. 15 EuGVVO a.F. Rn. 58; Rauscher/*Staudinger*, EuZPR, 4. Aufl. 2016, Art. 17 EuGVVO Rn. 21; **a.A.** *Schlosser*/Hess, EuZPR, 4. Aufl. 2015, Art. 17 EuGVVO Rn. 10.

[343] Richtlinie 90/314/EWG des Rates vom 13.6.1990 über Pauschalreisen, ABl. (EG) Nr. L 158, S. 59.

[344] Vgl. die Begründung des Vorschlags für eine Verordnung (EG) des Rates über die gerichtliche Zuständigkeit und die Anerkennung und Vollstreckung von Entscheidungen in Zivil- und Handelssachen, KOM(1999) 348 endg.

[345] S. EuGH, 11.2.1999 – Rs. C-237/97, AFS Intercultural Programs Finland ry, Slg. 1999, I-825 (ECLI:EU:C:1999:69), Rn. 24.

[346] EuGH, 30.4.2002 – Rs. C-400/00, Club-Tour, *Viagens e Turismo SA ./. Alberto Carlos Lobo Gonçalves Garrido*, Slg. 2002, I-4051 (ECLI:EU:C:2002:272), Rn. 14.

[347] S. oben Rn. 83 a.E.

Alpenhof überzeugend[348] dafür ausgesprochen, auch im Rahmen von Art. 17 Abs. 3 den weiteren Begriff der Pauschalreise im Sinne der Pauschalreiserichtlinie zugrunde zu legen.[349]

Im Übrigen hatte die Rechtsprechung **bereits vor Schaffung dieser Rückausnahme** Pauschalreiseverträge zum Teil von dem Ausschluss von Beförderungsverträgen ausgenommen.[350] Denn gerade bei Pauschalreisen besteht in besonderem Maße ein Übergewicht des Reiseveranstalters und damit eine besondere Schutzbedürftigkeit des Verbrauchers.[351]

85

Artikel 18 [Gerichtsstände für Klagen des Verbrauchers und seines Vertragspartners]

(1) Die Klage eines Verbrauchers gegen den anderen Vertragspartner kann entweder vor den Gerichten des Mitgliedstaats erhoben werden, in dessen Hoheitsgebiet dieser Vertragspartner seinen Wohnsitz hat, oder ohne Rücksicht auf den Wohnsitz des anderen Vertragspartners vor dem Gericht des Ortes, an dem der Verbraucher seinen Wohnsitz hat.

(2) Die Klage des anderen Vertragspartners gegen den Verbraucher kann nur vor den Gerichten des Mitgliedstaats erhoben werden, in dessen Hoheitsgebiet der Verbraucher seinen Wohnsitz hat.

(3) Die Vorschriften dieses Artikels lassen das Recht unberührt, eine Widerklage vor dem Gericht zu erheben, bei dem die Klage selbst gemäß den Bestimmungen dieses Abschnitts anhängig ist.

EuGH-Rechtsprechung: EuGH, 17.11.2011 – Rs. C-327/10, *Hypoteční banka a. s. ./. Udo Mike Lindner*, Slg. 2011, I-11582 (ECLI:EU:C:2011:745)

EuGH, 6.9.2012 – Rs. C-190/11, *Daniela Mühlleitner ./. Ahmad Yusufi u.a.*, ECLI:EU:C:2012:542 = NJW 2012, S. 3225

EuGH, 14.11.2013 – Rs. C-478/12, *Armin Maletic u. a. ./. lastminute.com GmbH u. a.*, ECLI:EU:C:2013:735 = EuZW 2014, S. 33

EuGH, 23.12.2015 – Rs. C-297/14, *Rüdiger Hobohm ./. Benedikt Kampik Ltd & Co. KG u.a.*, ECLI:EU:C:2015:844 = EuZW 2016, S. 266.

Schrifttum: S. das bei Art. 17 angegebene Schrifttum.

---

[348] So auch Musielak/Voit/*Stadler*, ZPO, 13. Aufl. 2016, Art. 17 EuGVVO Rn. 10; *Schlosser*/Hess, EuZPR, 4. Aufl. 2015, Art. 17 EuGVVO Rn. 10; *Kropholler*/von Hein, EuZPR, 9. Aufl. 2011, Art. 15 EuGVVO a.F. Rn. 30; **a. A.** noch *Geimer*/Schütze, EuZVR, 3. Aufl. 2010, Art. 15 EuGVVO a.F. Rn. 58; MünchKomm/*Gottwald*, ZPO, 4. Aufl. 2013, Art. 15 EuGVVO a.F. Rn. 15; u.U. auch Rauscher/*Staudinger*, EuZPR, 4. Aufl. 2016, Art. 17 EuGVVO Rn. 22.
[349] EuGH, 7.12.2010 – verb. Rs. C-585/08 und C-144/09, *Peter Pammer ./. Reederei Karl Schlüter GmbH & Co. KG und Hotel Alpenhof GesmbH ./. Oliver Heller*, Slg. 2010, I-12527 (ECLI:EU:C:2010:740) = EuZW 2011, S. 98, Rn. 43.
[350] S. etwa LG Konstanz, 24.8.1992 – 2 O 241/92, NJW-RR 1993, S. 638 = IPRax 1994, S. 448; dafür auch *Jayme*, IPRax 1993, S. 42 (43).
[351] *Kropholler*/von Hein, EuZPR, 9. Aufl. 2011, Art. 15 EuGVVO a.F. Rn. 30.

Übersicht

	Rn.
I. Überblick	1
II. Konkurrenzen	4
III. Entstehungsgeschichte	5
IV. Sachlicher und räumlich-persönlicher Anwendungsbereich	6
V. Klagen des Verbrauchers (Art. 18 Abs. 1)	8
1. Gerichtsstand am Wohnsitz des Vertragspartners (Art. 18 Abs. 1 Alt. 1)	9
2. Klägergerichtsstand (Art. 18 Abs. 1 Alt. 2)	10
3. Gerichtsstand der Niederlassung (Art. 7 Nr. 5)	12
4. Maßgeblicher Zeitpunkt	14
a) Art. 18 Abs. 1 Alt. 1 und Art. 7 Nr. 5	14
b) Art. 18 Abs. 1 Alt. 2 (in Verbindung mit Art. 17 Abs. 1 lit. c)	15
VI. Klagen gegen den Verbraucher (Art. 18 Abs. 2)	17
VII. Widerklagen (Art. 18 Abs. 3)	20

I. Überblick

1 **Art. 17** ist die Zentralnorm[1] des 4. Abschnitts des II. Kapitels der EuGVVO, indem er in Gestalt der Verbrauchersachen[2] den sachlichen Anwendungsbereich der zuständigkeitsrechtlichen Verbraucherschutzvorschriften der Verordnung – und damit auch von Art. 18 – definiert. Eigene Gerichtsstandsregelungen enthält Art. 17 indes nicht und ist daher rechtstechnisch betrachtet eine „bloße" Hilfsnorm. Die tatsächliche Zuständigkeit für Verbrauchersachen bestimmt vielmehr erst **Art. 18**, der für Verbrauchersachen bestimmte, grds. *„ausschließliche"*[3] Gerichtsstände benennt.[4]

2 Art. 18 Abs. 1 stellt für **Aktivklagen des Verbrauchers** nach dessen Wahl zwei Gerichtsstände – im Wohnsitzstaat seines Vertragspartners (Alt. 1) oder an seinem eigenen Wohnsitz (Alt. 2) – zur Wahl. Wird ein Verbraucher hingegen von seinem Vertragspartner **verklagt**, so ist dies gem. Art. 18 **Abs. 2** nur vor den Gerichten desjenigen Mitgliedstaats möglich, in dem der Verbraucher seinen Wohnsitz hat. Art. 18 **Abs. 3** stellt lediglich klar, dass auch in Verbrauchersachen **Widerklagen** grds. – freilich vorbehaltlich der Voraussetzungen des Art. 8 Nr. 3[5] – uneingeschränkt zulässig sind.

3 Die Gerichtsstände des Art. 18 regeln zum Teil[6] nur die **internationale**, im Falle von Art. 18 Abs. 1 Alt. 2 jedoch auch die **örtliche Zuständigkeit** mit.[7] Neben Art. 18 ist ein Rückgriff auf die autonomen nationalen Zuständigkeitsvorschriften daher nur in den Fällen der Art. 18 Abs. 1 Alt. 1 sowie Art. 18 Abs. 2 und nur zur Bestimmung der örtlichen Zuständigkeit zulässig.[8]

---

[1] Vgl. die Kommentierung zu Art. 17 Rn. 5.
[2] S. hierzu die Kommentierung zu Art. 17 Rn. 31 ff.
[3] In einem untechnischen Sinn, dazu näher Rn. 4.
[4] S. beispielhaft Saenger/*Dörner*, ZPO, 6. Aufl. 2015, Art. 18 EuGVVO Rn. 1.
[5] Hierzu die Kommentierung zu Art. 8 Rn. 59 ff.
[6] In Art. 18 Abs. 1 Alt. 1 sowie in Art. 18 Abs. 2.
[7] Unzutreffend daher *Schlosser*/Hess, EuZPR, 4. Aufl. 2015, Art. 17 EuGVVO Rn. 1.
[8] Rauscher/*Staudinger*, EuZPR, 4. Aufl. 2016, Art. 18 EuGVVO Rn. 1; Musielak/Voit/*Stadler*, ZPO, 13. Aufl. 2016, Art. 18 EuGVVO Rn. 1.

Text + Erläuterungen   Art. 18 **B Vor I** 7

II. Konkurrenzen

Die oben Rn. 1 postulierte **Ausschließlichkeit** der in Art. 18 normierten 4
Gerichtsstände ist **relativ** und daher anders zu verstehen als bei den im auch
technischen Sinne ausschließlichen Gerichtsständen des Art. 24. Zum einen
gehen nämlich die Gerichtsstände des Art. 24 den Vorschriften des 4. Abschnitts
vor;[9] zum anderen verdrängen die Gerichtsstände des Art. 18 zwar die meisten,
nicht jedoch alle[10] der im Vergleich dazu allgemeinen Zuständigkeitsvorschriften
insbesondere der Abschnitte 1 und 2 des II. Kapitels der EuGVVO. Schließlich
bleiben in Verbrauchersachen, anders als bei Art. 24,[11] abweichende Gerichtsstandsvereinbarungen, wenn auch gem. Art. 19 nur unter bestimmten – engen –
Voraussetzungen, möglich,[12] ebenso wie (aus dessen Abs. 2 ersichtlich) eine
rügelose Einlassung im Sinne von Art. 26.

III. Entstehungsgeschichte

Art. 18 geht auf **Art. 14 EuGVÜ** aus dem Jahr 1968 zurück, der wiederum 5
bei der „Umwandlung" des EuGVÜ in die EuGVVO a.F. im Jahr 2000 in
Art. 16 EuGVVO a.F. aufgegangen ist. Die Abs. 2 und 3 des jetzigen Art. 18
sind dabei seit Schaffung des EuGVÜ inhaltlich weitgehend unverändert
geblieben. **Abs. 1** hingegen sah in seiner ursprünglichen Fassung in Art. 14
Abs. 1 EuGVÜ im Rahmen des Klägergerichtsstands (Alt. 2) lediglich eine
Bestimmung der internationalen Zuständigkeit vor und wurde erst im Jahr
2000 (bei Schaffung der EuGVVO a.F.) um eine Regelung auch der örtlichen
Zuständigkeit ergänzt. Im Rahmen der jüngsten Reform wurde in nunmehr
Art. 18 Abs. 1 Alt. 2 zudem ausdrücklich auf das zuvor noch bestehende[13]
Erfordernis eines Beklagtenwohnsitzes in einem Mitgliedstaat im Sinne der
EuGVVO verzichtet („ohne Rücksicht auf den Wohnsitz des anderen Vertrags-
partners").[14]

IV. Sachlicher und räumlich-persönlicher Anwendungsbereich

Art. 18 ist ausweislich des Wortlauts von Art. 17 Abs. 1 nur in **Verbraucher-** 6
sachen anwendbar, d.h. in Bezug auf Rechtsstreitigkeiten zwischen einem Verbraucher und einem Unternehmer über die in Art. 17 Abs. 1 und 3 aufgezählten
Verbraucherverträge; vgl. hierzu die Kommentierung zu Art. 17 Rn. 21 ff. sowie

---
[9] Vgl. u.a. die Kommentierung zu Art. 24 Rn. 13.
[10] So bleibt insbesondere Art. 7 Nr. 5 nach der ausdrücklichen Regelung in Art. 17 Abs. 1 auch
in Verbrauchersachen anwendbar (freilich nur für *Aktiv*klagen eines Verbrauchers); s. dazu näher die
Kommentierung zu Art. 17 Rn. 16ff.
[11] S. nur Art. 25 Abs. 4.
[12] Vgl. hierzu die Kommentierung zu Art. 19.
[13] Vgl. nur *Geimer*/Schütze, EuZVR, 3. Aufl. 2010, Art. 16 EuGVVO a.F. Rn. 6.
[14] S. nur *von Hein*, RIW 2013, S. 97 (103); Musielak/Voit/*Stadler*, ZPO, 13. Aufl. 2016, Art. 17
EuGVVO Rn. 5.

7 Rn. 31 ff. Zum räumlichen Anwendungsbereich der Vorschriften des 4. Abschnitts s. die Ausführungen zu Art. 17 Rn. 10 ff.

7 Ebenso wie Art. 17 Abs. 1 für das Vorliegen eines Verbrauchervertrags[15] setzt auch Art. 18 für die Gewährung seiner besonderen Zuständigkeiten ausdrücklich voraus, dass ein Verbraucher nicht nur an dem streitgegenständlichen Vertragsschluss, sondern auch **an dem konkreten Verfahren** entweder als Kläger (Abs. 1) oder als Beklagter (Abs. 2) teilnimmt.[16] Entsprechend können Klagen von und gegen **Rechtsnachfolger** von Verbrauchern grds. nicht an den Verbraucherschutzgerichtsständen des Art. 18 erhoben werden.[17] Nach überzeugender, wenn auch nicht unbestrittener Ansicht ist hiervon eine **Ausnahme** zu machen und soll Art. 18 doch eingreifen, wenn der Rechtsnachfolger eines Verbrauchers seinerseits im konkreten Prozesskontext als Verbraucher anzusehen ist.[18] Zum Ganzen näher s. die Kommentierung zu Art. 17 Rn. 28.

V. Klagen des Verbrauchers (Art. 18 Abs. 1)

8 Art. 18 Abs. 1 stellt einem Verbraucher in Verbrauchersachen für eigene **Aktivklagen** alternativ entweder einen Gerichtsstand im Wohnsitzstaat seines Vertragspartners (Alt. 1) **oder** einen Klägergerichtsstand an seinem eigenen Wohnsitz (Alt. 2) zur Verfügung. In beiden Fällen ist die **Kognitionsbefugnis** des danach zuständigen Gerichts auf vertraglich einzuordnende Rechtsnormen und Ansprüche beschränkt.[19] Neben den Gerichtsständen des Art. 18 Abs. 1 kann ein Verbraucher zudem gem. **Art. 7 Nr. 5** unter bestimmten Umständen – mit dann umfassender Kognitionsbefugnis des Gerichts[20] – auch am Ort einer etwaigen Niederlassung seines Vertragspartners klagen, wenn ein Bezug der Streitigkeit zu dieser Niederlassung besteht.

1. Gerichtsstand am Wohnsitz des Vertragspartners (Art. 18 Abs. 1 Alt. 1)

9 Gem. Art. 18 Abs. 1 Alt. 1 kann ein Verbraucher seinen Vertragspartner vor den Gerichten desjenigen Mitgliedstaats verklagen, in dessen Hoheitsgebiet **die-**

---

[15] Hierzu näher die Kommentierung zu Art. 17 Rn. 21 ff.
[16] EuGH, 19.1.1993 – Rs. C-89/91, *Shearson Lehman Hutton ./. TVB Treuhandges.*, Slg. 1993, I-139 (ECLI:EU:C:1993:15), Rn. 22; *Schlosser*/Hess, EuZPR, 4. Aufl. 2015, Art. 18 EuGVVO Rn. 3.
[17] S. nur EuGH, 19.1.1993 – Rs. C-89/91, *Shearson Lehman Hutton ./. TVB Treuhandges.*, Slg. 1993, I-139 (ECLI:EU:C:1993:15), Rn. 24.
[18] So auch Rauscher/*Staudinger*, EuZPR, 4. Aufl. 2016, Art. 17 EuGVVO Rn. 2; *Schlosser*/Hess, EuZPR, 4. Aufl. 2015, Art. 17 EuGVVO Rn. 3; *Geimer*/Schütze, EuZVR, 3. Aufl. 2010, Art. 16 EuGVVO a.F. Rn. 19; MünchKomm/*Gottwald*, ZPO, 4. Aufl. 2013, Art. 15 EuGVVO Rn. 5; **a. A.** LG Nürnberg-Fürth, 26.8.2009 – 10 O 1374/09, BeckRS 2010, 17072 und wohl auch *Kropholler/von Hein*, EuZPR, 9. Aufl. 2011, Art. 15 EuGVVO a.F. Rn. 11.
[19] Vgl. die Kommentierung zu Art. 17 Rn. 76 ff.; so auch *Lüderitz*, FS Riesenfeld, 1983, S. 147 (160); Rauscher/*Staudinger*, EuZPR, 4. Aufl. 2016, Vorbem zu Art. 17 ff. EuGVVO Rn. 4; MünchKomm/*Gottwald*, ZPO, 4. Aufl. 2013, Art. 15 EuGVVO Rn. 5; **a. A.** etwa *Schlosser*/Hess, EuZPR, 4. Aufl. 2015, Art. 17 EuGVVO Rn. 2; *Saenger*/Dörner, ZPO, 6. Aufl. 2015, Art. 17 EuGVVO Rn. 3; *Geimer*/Schütze, EuZVR, 3. Aufl. 2010, Art. 15 EuGVVO a.F. Rn. 26 f.; *Geimer*, EuZW 1993, S. 564 (566); *Benicke*, WM 1997, S. 945 (952).
[20] EuGH, 22.11.1978 – Rs. 33/78, *Somafer ./. Saar Ferngas*, Slg. 1978, 2183 (ECLI:EU:C:1978:205), Rn. 13; *Geimer*/Schütze, EuZVR, 3. Aufl. 2010, Art. 5 EuGVVO a.F. Rn. 302 sowie die Kommentierung zu Art. 7 Rn. 240.

ser seinen **Wohnsitz**[21] hat. Diese Regelung entspricht grds. dem allgemeinen Gerichtsstand des Art. 4 Abs. 1, dessen Anwendbarkeit freilich in Verbrauchersachen durch Art. 17 Abs. 1 gesperrt ist. Allerdings genügt für Art. 18 Abs. 1 Alt. 1, anders als in „normalen" Fällen des Art. 4 Abs. 1, gem. **Art. 17 Abs. 2** auch, wenn der Vertragspartner eines Verbrauchers im Einzelfall zwar keinen Wohnsitz, wohl aber eine **Niederlassung** im Hoheitsgebiet (irgend-)eines Mitgliedstaats besitzt. Art. 18 Abs. 1 Alt. 1 regelt dabei nur die **internationale** Zuständigkeit.[22]

2. Klägergerichtsstand (Art. 18 Abs. 1 Alt. 2)

Alternativ zu dem „allgemeinen" Gerichtsstand in dessen Alt. 1 stellt Art. 18 Abs. 1 Alt. 2 einem Verbraucher (ausnahmsweise) einen **Klägergerichtsstand** für Verbrauchersachen zur Verfügung. Voraussetzung hierfür ist lediglich, dass der klagende Verbraucher seinen Wohnsitz in einem Mitgliedstaat im Sinne der EuGVVO hat.[23] Anders als noch unter der EuGVVO a.F.[24] ist ausweislich des geänderten Wortlauts von Art. 18 Abs. 1 Alt. 2 („ohne Rücksicht auf den Wohnsitz des anderen Vertragspartners") irrelevant, ob der jeweils beklagte **Vertragspartner** seinen Wohnsitz (bzw. eine Niederlassung, vgl. Art. 17 Abs. 2) ebenfalls in einem Mitgliedstaat hat oder nicht.[25]   10

Art. 18 Abs. 1 Alt. 2 regelt als einziger originärer Verbrauchergerichtsstand auch die **örtliche Zuständigkeit** mit.[26] Dies ist dem Umstand geschuldet, dass den meisten nationalen Verfahrensrechten – z.B. auch dem deutschen Recht[27] – kein eigener Verbrauchergerichtsstand bekannt ist und somit andernfalls ein Normenmangel hinsichtlich der örtlichen Zuständigkeit drohen würde.[28]   11

3. Gerichtsstand der Niederlassung (Art. 7 Nr. 5)

Neben den beiden in Art. 18 Abs. 1 geregelten Gerichtsständen können **Aktivklagen eines Verbrauchers** gem. Art. 17 Abs. 1 i.V.m. **Art. 7 Nr. 5** alternativ auch am Ort einer etwaigen Niederlassung des Vertragspartners erhoben werden.[29] Erforderlich hierfür ist freilich – anders als bei Art. 18 Abs. 1   12

---

[21] Zum Begriff des Wohnsitzes im Sinne der EuGVVO vgl. die Kommentierungen zu Art. 4 Rn. 6 ff. sowie zu Art. 62 und 63.
[22] Hierzu näher die Kommentierung zu Art. 17 Rn. 13 ff.
[23] Vgl. nur Rauscher/*Staudinger*, EuZPR, 4. Aufl. 2016, Art. 18 EuGVVO Rn. 4; *Schlosser*/Hess, EuZPR, 4. Aufl. 2015, Art. 18 EuGVVO Rn. 1.
[24] S. dazu oben Rn. 5 sowie *Geimer*/Schütze, EuZVR, 3. Aufl. 2010, Art. 16 EuGVVO a.F. Rn. 6.
[25] S. Erwgr. 14 Satz 2 sowie *von Hein*, RIW 2013, S. 97 (103); Saenger/*Dörner*, ZPO, 6. Aufl. 2015, Art. 18 EuGVVO Rn. 4; Musielak/Voit/*Stadler*, ZPO, 13. Aufl. 2016, Art. 17 EuGVVO Rn. 5.
[26] *Staudinger*, ZEuP 2004, S. 767 (774); Rauscher/*ders.*, EuZPR, 4. Aufl. 2016, Art. 18 EuGVVO Rn. 4; *Schlosser*/Hess, EuZPR, 4. Aufl. 2015, Art. 18 EuGVVO Rn. 2.
[27] S. etwa *Geimer*/Schütze, EuZVR, 3. Aufl. 2010, Art. 15 EuGVVO a.F. Rn. 2 sowie die Kommentierung zu Art. 17 Rn. 3.
[28] *Schlosser*/Hess, EuZPR, 4. Aufl. 2015, Art. 18 EuGVVO Rn. 2; Rauscher/*Staudinger*, EuZPR, 4. Aufl. 2016, Art. 18 EuGVVO Rn. 4; zur Rechtslage unter dem EuGVÜ, welches in Art. 14 Abs. 1 noch keine Regelung der örtlichen Zuständigkeit vorsah, s. etwa *Geimer*, RIW 1994, S. 59 (61): Notzuständigkeit der Gerichte der Hauptstadt eines Klägerwohnsitzstaats.
[29] S. hierzu näher die Kommentierung zu Art. 17 Rn. 16 ff.

B Vor I 7 Art. 18   VO (EU) Nr. 1215/2012

Alt. 2 – das Vorliegen eines Wohnsitzes des Vertragspartners in einem Mitgliedstaat. Dieser Wohnsitz muss zudem in einem anderen Staat als die Niederlassung selbst liegen;[30] entsprechend hilft auch Art. 17 Abs. 2 insofern nicht über das Fehlen eines mitgliedstaatlichen Wohnsitzes hinweg.[31]

13   Ist der Gerichtsstand der Niederlassung im Einzelfall eröffnet, regelt Art. 7 Nr. 5 sowohl die internationale als auch die **örtliche** Zuständigkeit.[32] Zudem gewährt dieser Gerichtstand einem danach zuständigen Gericht (anders als die originären Gerichtsstände des Art. 18) eine **umfassende Kognitionsbefugnis** nicht nur für vertragliche, sondern auch für außervertragliche Ansprüche.[33]

4. Maßgeblicher Zeitpunkt

a) Art. 18 Abs. 1 Alt. 1 und Art. 7 Nr. 5

14   Maßgeblicher Zeitpunkt für das Vorliegen der Anknüpfungspunkte jedenfalls von Art. 18 Abs. 1 Alt. 1 und Art. 7 Nr. 5 ist – gem. den allgemeinen Regeln[34] – grds. der entsprechend Art. 32 zu bestimmenden **Zeitpunkt der Anrufung des jeweiligen Gerichts**.[35] Danach muss sich der Wohnsitz des Vertragspartners des Verbrauchers bzw. (für Art. 7 Nr. 5: zusätzlich) dessen Niederlassung im Zeitpunkt der Einreichung der jeweiligen Klage bei einem Gericht in dem betreffenden Forumstaat befinden. Der Wegfall eines Wohnsitzes bzw. die Auflösung einer Niederlassung *nach* Klageeinreichung ist hingegen nach den Regeln der *perpetuatio fori* grds. irrelevant.[36] Dies gilt entgegen anderslautenden Stimmen[37] auch für das Vorliegen einer Niederlassung im Rahmen von Art. 17 Abs. 2.[38] Zu weiteren Einzelheiten s. die Kommentierung zu Art. 17 Rn. 20.

b) Art. 18 Abs. 1 Alt. 2 (in Verbindung mit Art. 17 Abs. 1 lit. c)

15   Eine **Abweichung** von den soeben Rn. 14 dargestellten – allgemeinen – Grundsätzen ist unter bestimmten Voraussetzungen für den Klägergerichtsstand in Art. 18 Abs. 1 Alt. 2 angezeigt. Denn im Rahmen dieser Zuständigkeitsnorm hat es der Verbraucher in Gestalt eines **Wohnsitzwechsels zwischen Vertragsschluss und Klageeinreichung** letztlich in der Hand, einen Unternehmer in einem von diesem grds. nicht antizipierbaren und für diesen daher willkürlichen Mitgliedstaat beliebig gerichtspflichtig zu machen.

---

[30] S. die Kommentierung zu Art. 7 Rn. 233 ff. sowie zu Art. 17 Rn. 18; *Kropholler/von Hein*, EuZPR, 9. Aufl. 2011, Art. 5 EuGVVO a.F. Rn. 100; *Rauscher/Leible*, EuZPR, 4. Aufl. 2016, Art. 7 EuGVVO Rn. 153.
[31] Vgl. die ausführliche Begründung in der Kommentierung zu Art. 17 Rn. 18; **a. A.** wohl *Rauscher/Leible*, EuZPR, 4. Aufl. 2016, Art. 7 EuGVVO Rn. 153.
[32] *Rauscher/Staudinger*, EuZPR, 4. Aufl. 2016, Art. 17 EuGVVO Rn. 20.
[33] S. die Kommentierung zu Art. 17 Rn. 76 ff. und zu Art. 7 Rn. 240.
[34] Vgl. hierzu allgemein die Vorb. Art. 4 ff. Rn. 19 ff.
[35] nur *Rauscher/Staudinger*, EuZPR, 4. Aufl. 2016, Art. 18 EuGVVO Rn. 5; *Schlosser/*Hess, EuZPR, 4. Aufl. 2015, Art. 18 EuGVVO Rn. 3.
[36] Hierzu näher in den Vorb. Art. 4 ff. Rn. 21.
[37] Etwa OLG Frankfurt a.M., 26.11.2008 – 7 U 251/07, EuZW 2009, S. 309; *Seibl*, IPRax 2011, S. 234 (236); *Rauscher/Staudinger*, EuZPR, 4. Aufl. 2016, Art. 17 EuGVVO Rn. 19; MünchKomm/*Gottwald*, ZPO, 4. Aufl. 2013, Art. 15 EuGVVO a.F. Rn. 16.
[38] S. etwa BGH, 12.6.2007 – XI ZR 290/05, NJW-RR 2007, S. 1570; *Kropholler/von Hein*, EuZPR, 9. Aufl. 2011, Art. 15 EuGVVO a.F. Rn. 28.

In den Fällen des **Art. 17 Abs. 1 lit. a und lit. b** wird man dies wohl noch **16** als – freilich bemerkenswerte – Konsequenz der Rechtsetzungsentscheidung des EU-Gesetzgebers hinnehmen müssen.[39] Im **Anwendungsbereich von Art. 17 Abs. 1 lit. c** führt dies allerdings zu **nicht hinnehmbaren Wertungswidersprüchen** zwischen dem Erfordernis des Ausrichtens (bzw. Ausübens) einer unternehmerischen Tätigkeit auf einen (bzw. in einem) Mitgliedstaat und der potentiell weit darüber hinausgehenden Gerichtspflichtigkeit eines Unternehmers.[40] Insofern ist zusätzlich zu bedenken, dass unter Art. 17 Abs. 1 lit. c potentiell alle Vertragsschlüsse mit Verbrauchern – auch durch Kleinunternehmer – fallen.[41] In bestimmten Konstellationen ist daher eine Anpassung der allgemeinen Maßstäbe nötig; vgl. hierzu ausführlich die **Kommentierung zu Art. 17 Rn. 74**.

VI. Klagen gegen den Verbraucher (Art. 18 Abs. 2)

Klagen des jeweiligen Vertragspartners gegen einen Verbraucher (d.h. **Passiv-** **17** **prozesse**) können gem. Art. 18 Abs. 2 nur vor den Gerichten desjenigen Mitgliedstaats erhoben werden, in dessen **Hoheitsgebiet der Verbraucher seinen Wohnsitz** hat. Diese grds. ausschließliche Zuständigkeit[42] ist die zentrale Kernvorschrift der Verbraucherschutzvorschriften des EuGVVO, stellt sie doch sicher, dass ein Verbraucher (in Verbrauchersachen) im Regelfall nur in seinem eigenen Wohnsitzstaat – und nicht an etwaigen besonderen Gerichtsständen – gerichtspflichtig ist.[43] Insofern dehnt Art. 18 Abs. 2 die auch in Art. 4 Abs. 1 zum Ausdruck kommende zuständigkeitsrechtliche Privilegierung des Beklagten (den sog. *favor defensoris*)[44] auf alle (vertraglichen) Klagen gegen einen Verbraucher aus.

Art. 18 Abs. 2 regelt nur die **internationale** Zuständigkeit[45] und gewährt den **18** danach zuständigen Gerichten lediglich eine **Kognitionsbefugnis** für vertraglich einzuordnende Rechtsnormen und Ansprüche.[46] Bezüglich des **maßgebli-**

---

[39] So allgemein etwa *Kropholler/von Hein*, EuZPR, 9. Aufl. 2011, Art. 16 EuGVVO a.F. Rn. 2; *Rauscher/Staudinger*, EuZPR, 4. Aufl. 2016, Art. 18 EuGVVO Rn. 5 (allerdings in Widerspruch zu *Rauscher/Staudinger*, EuZPR, 4. Aufl. 2016, Art. 17 EuGVVO Rn. 17); *Saenger/Dörner*, ZPO, 6. Aufl. 2015, Art. 18 EuGVVO Rn. 4.
[40] So auch *Schlosser/Hess*, EuZPR, 4. Aufl. 2015, Art. 18 EuGVVO Rn. 3 unter Berufung auf den *Schlosser*-Bericht, 1979, Rn. 161; *Rauscher/Staudinger*, EuZPR, 4. Aufl. 2016, Art. 17 EuGVVO Rn. 17 (in Widerspruch zu *Rauscher/Staudinger*, EuZPR, 4. Aufl. 2016, Art. 18 EuGVVO Rn. 5); *Musielak/Voit/Stadler*, ZPO, 13. Aufl. 2016, Art. 18 EuGVVO Rn. 4; *Wilke*, EuZW 2015, S. 13 (18); *Keiler/Binder*, euvr 2013, S. 230 (237); a. A. *Geimer/Schütze*, EuZVR, 3. Aufl. 2010, Art. 16 EuGVVO a.F. Rn. 5; *Kropholler/von Hein*, EuZPR, 9. Aufl. 2011, Art. 16 EuGVVO a.F. Rn. 2; *MünchKomm/Gottwald*, ZPO, 4. Aufl. 2013, Art. 16 EuGVVO a.F. Rn. 5.
[41] S. dazu die Kommentierung zu Art. 17 Rn. 48.
[42] S. oben Rn. 3 sowie *Saenger/Dörner*, ZPO, 6. Aufl. 2015, Art. 18 EuGVVO Rn. 1.
[43] S. nur *Geimer/Schütze*, EuZVR, 3. Aufl. 2010, Art. 16 EuGVVO a.F. Rn. 10.
[44] Hierzu allgemein Art. 4 Rn. 2.
[45] *Saenger/Dörner*, ZPO, 6. Aufl. 2015, Art. 18 EuGVVO Rn. 5.
[46] Vgl. die Kommentierung zu Art. 17 Rn. 76 ff.; so auch *Lüderitz*, FS Riesenfeld, 1983, S. 147 (160); *Rauscher/Staudinger*, EuZPR, 4. Aufl. 2016, Vorbem. zu Art. 17 ff. EuGVVO Rn. 4; *MünchKomm/Gottwald*, ZPO, 4. Aufl. 2013, Art. 15 EuGVVO a.F. Rn. 5; a. A. etwa *Schlosser/Hess*, EuZPR, 4. Aufl. 2015, Art. 17 EuGVVO Rn. 2; *Saenger/Dörner*, ZPO, 6. Aufl. 2015, Art. 17 EuGVVO Rn. 7; *Geimer/Schütze*, EuZVR, 3. Aufl. 2010, Art. 15 EuGVVO a.F. Rn. 26 f.; *Geimer*, EuZW 1993, S. 564 (566); *Benicke*, WM 1997, S. 945 (952).

B Vor I 7 Art. 18 VO (EU) Nr. 1215/2012

chen Zeitpunkts des Vorliegens der zuständigkeitsbegründenden Anknüpfungsmerkmaler stellen sich die oben Rn. 16 angesprochenen Bedenken nicht.[47] Entsprechend bleibt es für Art. 18 Abs. 2 bei der Anwendung der allgemeinen Grundsätze:[48] Entscheidend ist unabhängig von einem etwaigen Ausrichten der Tätigkeit des Unternehmers stets der Wohnsitz des Verbrauchers zum Zeitpunkt der Klageeinreichung.[49]

19   Im Jahr 2011 hat der EuGH allerdings in der Rechtssache *Lindner* entschieden, dass die Anwendung der einheitlichen Zuständigkeitsvorschriften der EuGVVO (konkret ging es dabei um die Verbraucherschutzvorschriften der Art. 17 ff.) auch bei **unbekanntem Wohnsitz** eines gem. Art. 18 Abs. 2 beklagten Verbrauchers den Regelungszielen der EuGVVO entspreche. Jedenfalls wenn der Verbraucher im Rahmen eines langfristigen Vertragsverhältnisses zur Mitteilung einer Adressänderung verpflichtet war, sei daher bei unbekanntem Wohnsitz auf den **letzten bekannten Wohnsitz** des Beklagten abzustellen.[50]

VII. Widerklagen (Art. 18 Abs. 3)

20   Art. 18 Abs. 3 stellt lediglich klar, dass auch in Verbrauchersachen – und zwar unabhängig davon, ob es sich um eine Aktiv- oder Passivklage des Verbrauchers handelt[51] – Widerklagen **grds. uneingeschränkt zulässig** sind. Dies gilt unabhängig davon, ob es sich bei dem einer Widerklage zugrunde liegenden Sachverhalt seinerseits um eine Verbrauchersache handelt oder nicht,[52] entbindet jedoch nicht von der in Art. 8 Nr. 3 statuierten Notwendigkeit des Vorliegens besonderer Voraussetzungen (insbesondere der Konnexität[53]).[54] Das durch Art. 18 Abs. 3 angestrebte Regelungsziel hätte auf elegantere Weise durch einen Vorbehalt zugunsten von Art. 8 Nr. 3 in Art. 17 Abs. 1 erreicht werden können.

---

[47] Dies folgt nicht zuletzt daraus, dass Art. 18 Abs. 2 dem allgemeinen Gerichtsstand des Art. 4 Abs. 1 entspricht (im Vergleich zu diesem jedoch – grds., s. oben Rn. 5 – ausschließlich ist). So im Übrigen auch OLG München, 19.6.2012 – 5 U 1150/12, RIW 2012, S. 635; *Wilke*, EuZW 2015, S. 13 (18).
[48] S. die Vorb. Art. 4 ff. Rn. 19 ff.
[49] MünchKomm/*Gottwald*, ZPO, 4. Aufl. 2013, Art. 16 EuGVVO a.F. Rn. 8; *Schlosser*/Hess, EuZPR, 4. Aufl. 2015, Art. 18 EuGVVO Rn. 4; Rauscher/*Staudinger*, EuZPR, 4. Aufl. 2016, Art. 18 EuGVVO Rn. 7; Musielak/Voit/*Stadler*, ZPO, 13. Aufl. 2016, Art. 18 EuGVVO Rn. 6.
[50] EuGH, 17.11.2011 – Rs. C-327/10, *Hypoteční banka a. s. ./. Udo Mike Lindner*, Slg. 2011, I-11582 (E-CLI:EU:C:2011:745), Rn. 44 und 55. Vgl. hierzu – auch zur weiterführenden Entscheidung EuGH 15.3.2012 – Rs. C-292/10, *G ./. Cornelius de Visser*, ECLI:EU:C:2012:142 – näher die Kommentierung zu Art. 4 Rn. 13.
[51] Rauscher/*Staudinger*, EuZPR, 4. Aufl. 2016, Art. 18 EuGVVO Rn. 8; Saenger/*Dörner*, ZPO, 6. Aufl. 2015, Art. 18 EuGVVO Rn. 6; **a. A.** u.U. Musielak/Voit/*Stadler*, ZPO, 13. Aufl. 2016, Art. 18 EuGVVO Rn. 7 (nur für *Aktiv*klagen des Verbrauchers: „Sofern der Verbraucher die andere Vertragspartei vor dem Gericht ihres Wohnsitzes oder dem Ort ihrer Zweigniederlassung verklagt hat").
[52] Musielak/Voit/*Stadler*, ZPO, 13. Aufl. 2016, Art. 18 EuGVVO Rn. 7; MünchKomm/*Gottwald*, ZPO, 4. Aufl. 2013, Art. 16 EuGVVO a.F. Rn. 9; Rauscher/*Staudinger*, EuZPR, 4. Aufl. 2016, Art. 18 EuGVVO Rn. 8.
[53] Hierzu näher die Kommentierung zu Art. 8 Rn. 59 ff.
[54] Saenger/*Dörner*, ZPO, 6. Aufl. 2015, Art. 18 EuGVVO Rn. 6; Rauscher/*Staudinger*, EuZPR, 4. Aufl. 2016, Art. 18 EuGVVO Rn. 8.

Artikel 19 [Zulässige Gerichtsstandsvereinbarungen]

Von den Vorschriften dieses Abschnitts kann im Wege der Vereinbarung nur abgewichen werden,
1. wenn die Vereinbarung nach der Entstehung der Streitigkeit getroffen wird,
2. wenn sie dem Verbraucher die Befugnis einräumt, andere als die in diesem Abschnitt angeführten Gerichte anzurufen, oder
3. wenn sie zwischen einem Verbraucher und seinem Vertragspartner, die zum Zeitpunkt des Vertragsabschlusses ihren Wohnsitz oder gewöhnlichen Aufenthalt in demselben Mitgliedstaat haben, getroffen ist und die Zuständigkeit der Gerichte dieses Mitgliedstaats begründet, es sei denn, dass eine solche Vereinbarung nach dem Recht dieses Mitgliedstaats nicht zulässig ist.

EuGH-Rechtsprechung: EuGH, 17.11.2011 – Rs. C-327/10, *Hypoteční banka a.s. ./. Udo Mike Lindner*, Slg. 2011, I-11582 (ECLI:EU:C:2011:745).

EuGH, 23.12.2015 – Rs. C-297/14, *Rüdiger Hobohm ./. Benedikt Kampik Ltd & Co. KG u.a.*, ECLI:EU:C:2015:844 = EuZW 2016, S. 266.

Schrifttum: S. das bei Art. 17 angegebene Schrifttum sowie *Gsell, Beate*, Die Zulässigkeit von Gerichtsstandsvereinbarungen mit Verbraucherbeteiligung und Drittstaatenbezug unter der neuen EuGVO, in: Zwischenbilanz, Festschrift für Dagmar Coester-Waltjen zum 70. Geburtstag, Hilbig-Lugani, Katharina; Jakob, Dominique; Mäsch, Gerald; Reuß, Philipp; Schmid, Christoph (Hrsg.), 2015, S. 403.

Übersicht

	Rn.
I. Normzweck; Überblick	1
II. Entstehungsgeschichte	4
III. Sachlicher Anwendungsbereich; Verhältnis zu Art. 25	5
IV. Räumlich-persönlicher Anwendungsbereich	6
V. Vereinbarung nach Entstehen einer Streitigkeit (Art. 19 Nr. 1)	7
VI. Vereinbarung zugunsten des Verbrauchers (Art. 19 Nr. 2)	9
VII. Vereinbarung bei gemeinsamem Wohnsitz- oder Aufenthaltsstaat (Art. 19 Nr. 3)	11
1. Hintergrund und Normzweck	12
2. Gemeinsamer Wohnsitz in demselben Mitgliedstaat	13
3. Gemeinsamer gewöhnlicher Aufenthalt in demselben Mitgliedstaat	14
4. Wohnsitz und gewöhnlicher Aufenthalt in demselben Mitgliedstaat	16
5. Zulässigkeit der Zuständigkeitsvereinbarung nach dem Recht des prorogierten Staates	17
6. Wohnsitzverlegung in einen Drittstaat	18

I. Normzweck; Überblick

Würden Gerichtsstandsvereinbarungen im Sinne von Art. 25 auch in Verbrauchersachen uneingeschränkt zugelassen, könnte der durch Art. 17 ff. an sich intendierte Schutz des Verbrauchers als typischerweise wirtschaftlich schwächere und rechtlich weniger erfahrene Vertragspartei[1] in vielen Fällen gleichsam durch die Hintertür potentiell wieder eingeschränkt bzw. sogar hinfällig werden.[2] Vor diesem Hintergrund folgerichtig **schränkt Art. 19 die Zulässigkeit** von Gerichtsstandsvereinbarungen in Verbrauchersachen deutlich – auf die in Nr. 1 bis 3 abschließend aufgezählten Fallgruppen – **ein**. Zuständigkeitsvereinbarungen, die nicht den Anforderungen von Art. 19 genügen, sind gem. Art. 25 Abs. 4 Alt. 1 unwirksam.[3]

2   Dass sich der europäische Gesetzgeber ungeachtet der grundsätzlichen Ausschließlichkeit der Verbraucherschutzvorschriften der EuGVVO dennoch entschlossen hat, auch in Verbrauchersachen – bestimmte – Gerichtsstandsvereinbarungen zuzulassen, erklärt sich u.a. durch die **verschiedenartigen Schutzzwecke** des Art. 19: Während nämlich Art. 19 Nr. 1 und 2 dem prozessualen **Schutz des Verbrauchers** durch eine Begrenzung der Prorogationsmöglichkeit nur zu seinen Lasten dienen, bezweckt Art. 19 Nr. 3 aus „Billigkeitsgründen"[4] den **Schutz des Vertragspartners** des Verbrauchers.[5]

3   Auch eine Zuständigkeitsbestimmung kraft **rügeloser Einlassung** ist in Verbrauchersachen gem. Art. 26 möglich.[6] Dies gilt zugunsten eines Verbrauchers, d.h. für dessen Aktivklagen, uneingeschränkt. Wird ein Verbraucher hingegen verklagt, führt dessen rügelose Einlassung nach dem (im Zuge der jüngsten Reform neu eingeführten) **Art. 26 Abs. 2** nur dann zu einer Zuständigkeit, wenn der Verbraucher zuvor über sein Recht, die Unzuständigkeit des Gerichts geltend zu machen, und über die Folgen der Einlassung oder Nichteinlassung auf das Verfahren belehrt wurde.[7]

II. Entstehungsgeschichte

4   Art. 19 geht zurück auf Art. 15 EuGVÜ sowie Art. 17 EuGVVO a.F. und ist seit Schaffung des EuGVÜ im Jahr 1968 bis auf redaktionelle Anpassungen des Wortlauts inhaltlich unverändert geblieben.

III. Sachlicher Anwendungsbereich; Verhältnis zu Art. 25

5   Art. 19 ist nicht etwa eine abschließende Sondervorschrift zu Art. 25, sondern schränkt lediglich die **Zulässigkeit** von Gerichtsstandsvereinbarungen gegen-

---

[1] So ausdrücklich etwa EuGH, 23.12.2015 – Rs. C-297/14, *Rüdiger Hobohm ./. Benedikt Kampik Ltd & Co. KG u.a.*, ECLI:EU:C:2015:844 = EuZW 2016, S. 266, Rn. 31; EuGH, 11.7.2002 – Rs. C-96/00, *Rudolf Gabriel*, Slg. 2002, I-6367 (ECLI:EU:C:2002:436) = EuZW 2002, S. 539, Rn. 39.
[2] Vgl. nur *Kropholler/von Hein*, EuZPR, 9. Aufl. 2011, Art. 17 EuGVVO a.F. Rn. 1.
[3] *Saenger/Dörner*, ZPO, 6. Aufl. 2015, Art. 19 EuGVVO Rn. 1.
[4] S. den *Jenard*-Bericht, 1979, S. 33.
[5] *Schlosser*/Hess, EuZPR, 4. Aufl. 2015, Art. 19 EuGVVO Rn. 1; *Kropholler/von Hein*, EuZPR, 9. Aufl. 2011, Art. 17 EuGVVO a.F. Rn. 2; *MünchKomm/Gottwald*, ZPO, 4. Aufl. 2013, Art. 17 EuGVVO a.F. Rn. 1 f.; *Rauscher/Staudinger*, EuZPR, 4. Aufl. 2016, Art. 19 EuGVVO Rn. 2a.
[6] *Rauscher/Staudinger*, EuZPR, 4. Aufl. 2016, Art. 19 EuGVVO Rn. 1; *Schlosser*/Hess, EuZPR, 4. Aufl. 2015, Art. 19 EuGVVO Rn. 1; *MünchKomm/Gottwald*, ZPO, 4. Aufl. 2013, Art. 17 EuGVVO a.F. Rn. 1.
[7] S. hierzu die Kommentierung zu Art. 26 Rn. 47 ff.

über den wesentlich großzügigeren Voraussetzungen dieser Norm deutlich ein.[8] Hinsichtlich **anderer als Zulässigkeitsvoraussetzungen** gelten daher für Gerichtsstandsvereinbarungen auch in Verbrauchersachen die Voraussetzungen des Art. 25.[9] Insbesondere müssen diese den Formvorschriften gem. Art. 25 Abs. 1 Satz 3 und Abs. 2 genügen, da Art. 19 insoweit keine Regelung enthält.[10] Zur Anwendbarkeit der **EG-Klausel-RL**[11] bzw. deren entsprechenden nationalen Umsetzungsvorschriften auf Gerichtsstandsvereinbarungen in Verbraucherverträgen vgl. die Kommentierung zu Art. 25 Rn. 106 ff.[12]

IV. Räumlich-persönlicher Anwendungsbereich

Hinsichtlich der **räumlich-persönlichen Voraussetzungen** von Gerichts- **6** standsvereinbarungen ist zu beachten, dass Art. 25 seit der jüngsten Neufassung der EuGVVO – anders als die Vorgängernorm in Art. 23 EuGVVO a.F. – nicht mehr das Vorliegen des Wohnsitzes mindestens einer der Parteien in einem Mitgliedstaat im Sinne der EuGVVO voraussetzt.[13] Art. 25 findet vielmehr seit der Reform unabhängig von dem Wohnsitz der Parteien bereits dann Anwendung, wenn die gerichtliche Zuständigkeit der Gerichte eines Mitgliedstaats vereinbart wird.[14] Dies kann in Verbrauchersachen im Verhältnis zu **in einem Drittstaat ansässigen Verbrauchern** potentiell zu gewissen Diskrepanzen im Zusammenspiel mit Art. 19 führen: Denn anders als Art. 25 und abgesehen von Art. 18 Abs. 1 Alt. 2 setzen die Verbraucherschutzvorschriften der EuGVVO aus Art. 6 Abs. 1 ersichtlich grds. den Beklagtenwohnsitz in einem Mitgliedstaat voraus.[15] Insofern könnten sich bei strenger Gesetzesanwendung in einem Drittstaat ansässige Verbraucher, die vor einem prorogierten mitgliedstaatlichen Gericht verklagt werden, trotz Eingreifens der EuGVVO nicht auf den Schutz von Art. 19 berufen.[16] Dieses merkwürdige Ergebnis sollte mit *Gsell*[17] dadurch vermieden werden, dass man die Verweisung auf Art. 25 in Art. 6 Abs. 1 über dessen Abs. 4 auch auf Art. 19 bezieht und Art. 19 daher auf **jede** Art. 25 unterfallende

---

[8] Vgl. hierzu insbesondere *Gsell*, FS Coester-Waltjen, 2015, S. 403 ff. (zu Recht kritisch, da Art. 19 und 25 „ungenügend aufeinander abgestimmt" seien); *Schlosser/Hess*, EuZPR, 4. Aufl. 2015, Art. 19 EuGVVO Rn. 1.
[9] *Rauscher/Staudinger*, EuZPR, 4. Aufl. 2016, Art. 19 EuGVVO Rn. 5.
[10] *Schlosser*-Bericht, 1979, Rn. 161; *Kropholler/von Hein*, EuZPR, 9. Aufl. 2011, Art. 17 EuGVVO a.F. Rn. 2; *MünchKomm/Gottwald*, ZPO, 4. Aufl. 2013, Art. 17 EuGVVO a.F. Rn. 1; *Musielak/Voit/Stadler*, ZPO, 13. Aufl. 2016, Art. 19 EuGVVO Rn. 1; *Rauscher/Staudinger*, EuZPR, 4. Aufl. 2016, Art. 19 EuGVVO Rn. 5.
[11] Richtlinie 93/13/EWG des Rates vom 5. April 1993 über missbräuchliche Klauseln in Verbraucherverträgen, ABl. (EG) 1993 Nr. L 95, S. 29.
[12] S. hierzu auch *Rauscher/Staudinger*, EuZPR, 4. Aufl. 2016, Art. 19 EuGVVO Rn. 6 sowie *Geimer/Schütze*, EuZVR, 3. Aufl. 2010, Art. 17 EuGVVO a.F. Rn. 3.
[13] Vgl. *Gsell*, FS Coester-Waltjen, 2015, S. 403 f.
[14] S. zum räumlich-persönlichen Anwendungsbereich von Art. 25 ausführlich die dortige Kommentierung Rn. 12 ff. Wird hingegen die Zuständigkeit eines *drittstaatlichen* Gerichts vereinbart, so ist eine derartige Gerichtsstandsvereinbarung an den Vorgaben der *lex fori* zu messen, s. die Kommentierung zu Art. 25 Rn. 16.
[15] S. *Gsell*, FS Coester-Waltjen, 2015, S. 403 (405 ff.).
[16] *Gsell*, FS Coester-Waltjen, 2015, S. 403 (405).
[17] *Gsell*, FS Coester-Waltjen, 2015, S. 403 (407 f. und 412).

Gerichtsstandsvereinbarung in Verbrauchersachen bezieht.[18] Vgl. hierzu im Übrigen unten Rn. 18.

V. Vereinbarung nach Entstehen einer Streitigkeit (Art. 19 Nr. 1)

7   Nach Art. 19 Nr. 1 sind Gerichtsstandsvereinbarungen in Verbrauchersachen zulässig, wenn „die Vereinbarung [erst] nach der Entstehung der Streitigkeit getroffen wird". Nach dem *Jenard*-Bericht[19] soll eine Streitigkeit entstanden sein, „sobald die Parteien über einen bestimmten Punkt uneins sind und ein **gerichtliches Verfahren unmittelbar oder in Kürze bevorsteht**". Darunter dürften nur solche Auseinandersetzungen zu fassen sein, in denen eine Partei bereits rechtliche Schritte angekündigt hat bzw. sich jedenfalls so uneinsichtig zeigt, dass ein vollständiges Nachgeben nicht mehr zu erwarten ist; erst Recht genügt naturgemäß, wenn ein Verfahren bereits begonnen hat.

8   **Bloße Meinungsverschiedenheiten** ohne konkret zu erwartende gerichtliche Auseinandersetzung genügen hingegen keinesfalls.[20] Denn hinter Art. 19 Nr. 1 steht der **Gedanke,** dass sich ein Verbraucher der potentiell weitreichenden Konsequenzen einer Gerichtsstandsvereinbarung im Angesicht eines bereits **konkret** drohenden oder bereits eingeleiteten Verfahrens durchaus bewusst sein wird und damit der abstrakte Schutz durch ein Prorogationsverbot hinfällig wird.[21]

VI. Vereinbarung zugunsten des Verbrauchers (Art. 19 Nr. 2)

9   Gem. Art. 19 Nr. 2 sind Gerichtsstandsvereinbarungen in Verbrauchersachen ausnahmsweise **bereits vor Entstehen einer Streitigkeit** zulässig, wenn sie im Einzelfall **zugunsten des Verbrauchers** von den Zuständigkeitsregeln der Verbraucherschutzvorschriften der EuGVVO abweichen. Der hinter dieser Regelung stehende Gedanke ist unmittelbar einleuchtend und liegt im Übrigen auch der Anwendbarkeit von Art. 7 Nr. 5 zugrunde:[22] Da die Art. 17 ff. gerade dem Schutz eines Verbrauchers dienen, wäre es widersinnig, eine Abweichung *zu seinen Gunsten* auszuschließen.[23]

10   Unter Art. 19 Nr. 2 dürften in der Praxis nur **Gerichtsstandsvereinbarungen für Aktivklagen** eines Verbrauchers fallen. Im Lichte der aus Art. 18

---

[18] So vom Ergebnis her auch Rauscher/*Staudinger*, EuZPR, 4. Aufl. 2016, Art. 19 EuGVVO Rn. 2a a.E.
[19] *Jenard*-Bericht, 1979, S. 33 (zu Art. 12 EuGVÜ);
[20] Wohl h.M., s. neben dem *Jenard*-Bericht, 1979, S. 33 etwa Rauscher/*Staudinger*, EuZPR, 4. Aufl. 2016, Art. 15 EuGVVO Rn. 4; *Kropholler/von Hein*, EuZPR, 9. Aufl. 2011, Art. 13 EuGVVO a.F. Rn. 2; Musielak/Voit/*Stadler*, ZPO, 13. Aufl. 2016, Art. 15 EuGVVO Rn. 2; **a.A.** etwa *Geimer/Schütze*, EuZVR, 3. Aufl. 2010, Art. 13 EuGVVO a.F. Rn. 5; MünchKomm/*Gottwald*, ZPO, 4. Aufl. 2013, Art. 13 EuGVVO a.F. Rn. 2.
[21] Rauscher/*Staudinger*, EuZPR, 4. Aufl. 2016, Art. 15 EuGVVO Rn. 4.
[22] Vgl. hierzu die Kommentierung zu Art. 17 Rn. 16.
[23] So auch *Geimer*/Schütze, EuZVR, 3. Aufl. 2010, Art. 13 EuGVVO a.F. Rn. 6 sowie Rauscher/*Staudinger*, EuZPR, 4. Aufl. 2016, Art. 15 EuGVVO Rn. 5.

Abs. 1 folgenden Wahlmöglichkeit eines Verbrauchers für eigene Aktivklagen erfasst Art. 19 Nr. 2 zudem nur **fakultative Gerichtsstandsvereinbarungen** (vgl. Art. 25 Abs. 1 Satz 2), würden einem Verbraucher doch durch eine ausschließliche Gerichtsstandsvereinbarung ansonsten bestehende Klagemöglichkeiten genommen.

VII. Vereinbarung bei gemeinsamem Wohnsitz- oder Aufenthaltsstaat (Art. 19 Nr. 3)

Aus Billigkeitsgründen[24] und – ausnahmsweise – zum **Schutz des Unternehmers**[25] und nicht des Verbrauchers gestattet Art. 19 Nr. 3 Gerichtsstandsvereinbarungen in Verbrauchersachen auch zugunsten der „Gerichte eines Mitgliedstaates" – d.h. nur in Bezug auf die **internationale** Zuständigkeit[26] –, in dessen Hoheitsgebiet ein Verbraucher und sein jeweiliger Vertragspartner zum **Zeitpunkt des Vertragsschlusses** einen **gemeinsamen** Wohnsitz oder gewöhnlichen Aufenthalt haben bzw. hatten. Voraussetzung hierfür ist ausweislich des klaren Wortlauts dieser Vorschrift jedoch, dass eine solche Vereinbarung nach Recht dieses Mitgliedsstaats zulässig ist. 11

1. Hintergrund und Normzweck

Art. 19 Nr. 3 soll – eingedenk des **Regelungsziels der Vorhersehbarkeit** der Gerichtsstände der EuGVVO[27] – den Vertragspartner eines Verbrauchers vor einer nachträglichen, von ihm grds. nicht antizipierbaren und daher für ihn willkürlichen **Verlegung** des Wohnsitzes eines Verbrauchers nach Vertragsschluss schützen.[28] Denn wie z.B. im Rahmen der Kommentierung zu Art. 18 Rn. 14 ff. dargestellt ist es einem Verbraucher in Verbrauchersachen unter der EuGVVO *per se* möglich, durch Wohnsitzverlegung zwischen Vertragsschluss und Klageeinreichung die Gerichtspflichtigkeit eines Unternehmers in räumlicher Hinsicht grds.[29] beliebig zu verbreitern. Diese Problematik stellt sich freilich nicht nur bei gemeinsamem Wohnsitz- bzw. Aufenthaltsstaat, so dass Art. 19 Nr. 3 insofern letztlich – bedauerlicherweise – nur **lückenhaften Schutz** gewährt.[30] 12

---

[24] S. den *Jenard*-Bericht, 1979, S. 33.
[25] *Schlosser*/Hess, EuZPR, 4. Aufl. 2015, Art. 19 EuGVVO Rn. 1; *Kropholler/von Hein*, EuZPR, 9. Aufl. 2011, Art. 17 EuGVVO a.F. Rn. 2; MünchKomm/*Gottwald*, ZPO, 4. Aufl. 2013, Art. 17 EuGVVO a.F. Rn. 1 f.; Rauscher/*Staudinger*, EuZPR, 4. Aufl. 2016, Art. 19 EuGVVO Rn. 2a.
[26] So ausdrücklich auch Rauscher/*Staudinger*, EuZPR, 4. Aufl. 2016, Art. 19 EuGVVO Rn. 3a („darf nicht das derzeitige Wohnsitzgericht des Verbrauchers einfrieren"); Musielak/Voit/*Stadler*, ZPO, 13. Aufl. 2016, Art. 19 EuGVVO Rn. 2; **a. A.** Geimer/Schütze/*Auer*, Int. Rechtsverkehr, 28. EL 2005, Art. 17 EuGVVO a.F. Rn. 8.
[27] Vgl. nur Erwgr. 15.
[28] S. den *Jenard*-Bericht, 1979, S. 33; Saenger/*Dörner*, ZPO, 6. Aufl. 2015, Art. 19 EuGVVO Rn. 3; Musielak/Voit/*Stadler*, ZPO, 13. Aufl. 2016, Art. 19 EuGVVO Rn. 2; Rauscher/*Staudinger*, EuZPR, 4. Aufl. 2016, Art. 19 EuGVVO Rn. 2a; *Geimer*/Schütze, EuZVR, 3. Aufl. 2010, Art. 17 EuGVVO a.F. Rn. 7.
[29] Zu beachtenswerten (allerdings umstrittenen) Ausnahmen v.a. im Rahmen von Art. 17 Abs. 1 lit. c s. die Kommentierung zu Art. 17 Rn. 74 sowie zu Art. 18 Rn. 15 f. jeweils m.w.N.
[30] Vgl. ähnlich MünchKomm/*Gottwald*, ZPO, 4. Aufl. 2013, Art. 17 EuGVVO a.F. Rn. 2.

2. Gemeinsamer Wohnsitz in demselben Mitgliedstaat

13   Gem. Art. 19 Nr. 3 Alt. 1 sind Gerichtsstandsvereinbarung in Verbrauchersachen u.U.[31] dann zulässig, wenn ein Verbraucher und sein Vertragspartner die (nur) **internationale** Zuständigkeit der Gerichte desjenigen Mitgliedstaats vereinbaren, in dessen Hoheitsgebiet sie ihren **gemeinsamen Wohnsitz** zum **Zeitpunkt des Vertragsschlusses**[32] haben bzw. hatten. Zum Begriff des Wohnsitzes kann vollumfänglich auf die Ausführungen zu Art. 4 Rn. 6 ff. sowie auf Art. 62 und 63 verwiesen werden. Im Lichte des **Art. 17 Abs. 2**[33] dürfte auch genügen, wenn der betreffende Vertragspartner zwar keinen Wohnsitz, wohl aber eine **Niederlassung** in dem jeweiligen Mitgliedstaat besitzt.[34] Eingedenk des berechtigten[35] Schutzzwecks von Art. 19 Nr. 3 und nach dem Rechtsgedanken von Art. 7 Nr. 5 sollte dies über den (missglückten[36]) Wortlaut von Art. 17 Abs. 2 – der an sich nur das gänzliche Fehlen eines Unternehmerwohnsitzes im Hoheitsgebiet der EU überbrückt[37] – hinaus selbst dann gelten, wenn der Unternehmer lediglich seinen Wohnsitz in einem anderen Mitgliedstaat im Sinne der EuGVVO und nur seine Niederlassung im Wohnsitzstaat des Verbrauchers hat.[38]

3. Gemeinsamer gewöhnlicher Aufenthalt in demselben Mitgliedstaat

14   Alternativ ist eine Gerichtsstandsvereinbarung in Verbrauchssachen gem. Art. 19 Nr. 3 Alt. 2 potentiell[39] auch dann zulässig, wenn die Vertragsparteien die internationale Zuständigkeit der Gerichte des Mitgliedstaats ihres **gemeinsamen gewöhnlichen Aufenthaltes** zum Zeitpunkt des Vertragsschlusses[40] vereinbaren.

15   Der weder in der EuGVVO noch an anderer Stelle im Unionsrecht allgemein definierte unbestimmte Rechtsbegriff[41] des **gewöhnlichen Aufenthalts**[42] – im Übrigen in den neueren v.a. kollisionsrechtlichen EU-Verordnungen[43] der bevorzugte Anknüpfungspunkt zur Bestimmung des anwendbaren Rechts – ist

---

[31] Weiterhin ist erforderlich, dass eine solche Vereinbarung nach dem Recht des prorogierten Mitgliedstaats überhaupt zulässig ist; s. dazu unten Rn. 17.
[32] **A. A.** nur (soweit ersichtlich) *Geimer*/Schütze, EuZVR, 3. Aufl. 2010, Art. 17 EuGVVO a.F. Rn. 11 („Abschluss der Zuständigkeitsvereinbarung").
[33] Vgl. hierzu näher die Kommentierung zu Art. 17 Rn. 13 ff.
[34] S. *Geimer*/Schütze, EuZVR, 3. Aufl. 2010, Art. 17 EuGVVO a.F. Rn. 12.
[35] Vgl. Erwgr. 15 sowie oben Rn. 12.
[36] S. die Kommentierung zu Art. 17 Rn. 13.
[37] Vgl. die Kommentierung zu Art. 17 Rn. 13 ff.
[38] So auch *Geimer*/Schütze, EuZVR, 3. Aufl. 2010, Art. 17 EuGVVO a.F. Rn. 13 f. mit der überzeugenden Begründung, andernfalls würden Unternehmer *ohne* Wohnsitz in der EU gegenüber solchen *mit* dortigem Wohnsitz privilegiert.
[39] Daneben ist erforderlich, dass eine solche Vereinbarung nach dem Recht des prorogierten Mitgliedstaats überhaupt zulässig ist; s. dazu unten Rn. 17.
[40] **A. A.** nur (soweit ersichtlich) *Geimer*/Schütze, EuZVR, 3. Aufl. 2010, Art. 17 EuGVVO a.F. Rn. 11 („Abschluss der Zuständigkeitsvereinbarung").
[41] S. MünchKomm/*Dutta*, BGB, 6. Aufl. 2015, Art. 4 EuErbVO Rn. 7.
[42] Vgl. etwa *Mankowski*, IPRax 2015, S. 39 (42).
[43] Vgl. nur jüngst etwa Art. 21 Abs. 1 EuErbVO sowie Art. 4 Abs. 1 lit. a Rom I-VO; Art. 4 Abs. 2 Rom II-VO und Art. 5 Abs. 1 lit. a und lit. b Rom III-VO etc.

im Dienste einer einheitlichen Anwendung **autonom** zu verstehen.[44] Der **EuGH** hat den gewöhnlichen Aufenthalt im Jahr 2008 – allerdings zu Art. 8 Abs. 1 EuEheVO und damit in Bezug auf ein Kind – definiert als denjenigen Ort, „der Ausdruck einer gewissen sozialen und familiären Integration des Kindes ist. Hierfür sind insbesondere die Dauer, die Regelmäßigkeit und die Umstände des Aufenthalts in einem Mitgliedstaat sowie die Gründe für diesen Aufenthalt und den Umzug der Familie in diesen Staat, die Staatsangehörigkeit des Kindes, Ort und Umstände der Einschulung, die Sprachkenntnisse sowie die familiären und sozialen Bindungen des Kindes in dem betreffenden Staat zu berücksichtigen."[45] Daraus folgt sich für die Zwecke (auch) der EuGVVO, dass für das Feststellen eines gewöhnlichen Aufenthalts **keine festen Tatbestandsmerkmale** existieren; vielmehr ist im Einzelfall stets eine umfassende Abwägung und Bewertung aller Umstände nötig.[46] Generell gesprochen liegt der gewöhnliche Aufenthalt dort, wo sich der Schwerpunkt der familiären, beruflichen und auch sozialen Beziehungen einer Person – d.h. deren **Daseinsmittelpunkt** – befindet.[47]

4. Wohnsitz und gewöhnlicher Aufenthalt in demselben Mitgliedstaat

Ebenfalls vom Wortlaut des Art. 19 Nr. 3 gedeckt ist der Fall, dass die Parteien **16** eines Verbrauchervertrags im Sinne von Art. 17 Abs. 1 zwar keinen gemeinsamen Wohnsitz bzw. gewöhnlichen Aufenthalt in demselben Mitgliedstaat haben, wohl aber der **eine Teil dort einen Wohnsitz** hat und der **andere „nur" seinen gewöhnlichen Aufenthalt.** Eingedenk der Tatsache, dass der durch Art. 19 Nr. 3 bezweckte Schutz ohnehin lückenhaft ist,[48] sollte daher auch diese Fallgruppe für eine Zulässigkeit einer Gerichtsstandsvereinbarung genügen.[49]

5. Zulässigkeit der Zuständigkeitsvereinbarung nach dem Recht des prorogierten Staates

Zusätzlich zu dem „gemeinsamen" Wohnsitz bzw. gewöhnlichen Aufenthalt **17** von Verbraucher und Vertragspartner zum Zeitpunkt des Vertragsschlusses verlangt Art. 19 Nr. 3 ausdrücklich, dass eine Gerichtsstandsvereinbarung nach dem nationalen Verfahrens- und Sachrecht des jeweils prorogierten Forumstaates zulässig sein muss.[50] Für die Prorogation **deutscher Gerichte** sind insbesondere die **§ 29c Abs. 3 sowie §§ 38 und 40 ZPO** zu beachten.[51] Trotz des allgemeinen Prorogationsverbots bei Verbraucherbeteiligung gem. § 38 Abs. 1 ZPO

---

[44] Vgl. etwa die Vorb. Art. 7 ff. Rn. 8 f. sowie MünchKomm/*Dutta*, BGB, 6. Aufl. 2015, Art. 4 EuErbVO Rn. 3.
[45] EuGH, 2.4.2009 – Rs. C-523/07, *A*, Slg. 2009, I-2831 (ECLI:EU:C:2009:225), Rn. 44.
[46] S. beispielhaft MünchKomm/*Dutta*, BGB, 6. Aufl. 2015, Art. 4 EuErbVO Rn. 3.
[47] Zum Ganzen näher (allerdings zur Zuständigkeitsregelung der EuErbVO, dennoch grds. verallgemeinerbar) etwa MünchKomm/*Dutta*, BGB, 6. Aufl. 2015, Art. 4 EuErbVO Rn. 4 und 5.
[48] S. oben Rn. 12.
[49] So auch z.B. *Geimer/Schütze*, EuZVR, 3. Aufl. 2010, Art. 17 EuGVVO a.F. Rn. 7.
[50] S. nur Rauscher/*Staudinger*, EuZPR, 4. Aufl. 2016, Art. 19 EuGVVO Rn. 3.
[51] Musielak/Voit/*Stadler*, ZPO, 13. Aufl. 2016, Art. 19 EuGVVO Rn. 2.

B Vor I 7 Art. 20 VO (EU) Nr. 1215/2012

kommt danach eine Zulässigkeit neben § 29c Abs. 3 ZPO auch gem. § 38 Abs. 3 Nr. 2 ZPO in Betracht.[52]

6. Wohnsitzverlegung in einen Drittstaat

18 Nach vielfach vertretener Meinung[53] soll Art. 19 Nr. 3 als Ausnahme zu Art. 25 nur dann Anwendung finden, wenn ein Verbraucher seinen **Wohnsitz in einen anderen Mitgliedstaat verlegt** hat, gem. Art. 6 Abs. 1 jedoch nicht, wenn er nach Vertragsschluss in einen Drittstaat verzieht. Dem kann im Lichte des oben Rn. 6 Gesagten nicht beigetreten werden. Vielmehr findet Art. 19 in Verbrauchersachen auf **jede Art. 25 unterfallende Gerichtsstandsvereinbarung** Anwendung.[54] Dafür spricht neben dem Verbraucherschutz auch der Gedanke der **Rechtssicherheit**, wird doch zum Zeitpunkt einer entsprechenden Zuständigkeitsvereinbarung oftmals noch gar nicht absehbar sein, wohin ein Verbraucher später etwaig verzieht.

Abschnitt 5 Zuständigkeit für individuelle Arbeitsverträge

Artikel 20 [Anwendungsbereich]

(1) Bilden ein individueller Arbeitsvertrag oder Ansprüche aus einem individuellen Arbeitsvertrag den Gegenstand des Verfahrens, so bestimmt sich die Zuständigkeit unbeschadet des Artikels 6, des Artikels 7 Nummer 5 und, wenn die Klage gegen den Arbeitgeber erhoben wurde, des Artikels 8 Nummer 1 nach diesem Abschnitt.

(2) Hat der Arbeitgeber, mit dem der Arbeitnehmer einen individuellen Arbeitsvertrag geschlossen hat, im Hoheitsgebiet eines Mitgliedstaats keinen Wohnsitz, besitzt er aber in einem Mitgliedstaat eine Zweigniederlassung, Agentur oder sonstige Niederlassung, so wird er für Streitigkeiten aus ihrem Betrieb so behandelt, wie wenn er seinen Wohnsitz im Hoheitsgebiet dieses Mitgliedstaats hätte.

EuGH-Rechtsprechung: EuGH, 26.5.1982 – Rs. 133/81, *Ivenel* ./. *Schwab*, Slg. 1982, 1891 (ECLI:EU:C:1982:199)

EuGH, 15.1.1987 – Rs. 266/85, *Shenavai* ./. *Kreischer*, Slg. 1987, 239 (ECLI:EU:C:1987:11)

---

[52] A. A. scheinbar Saenger/*Dörner*, ZPO, 6. Aufl. 2015, Art. 19 EuGVVO Rn. 4 („steht einer Wahl des Gerichtsstandes idR § 38 III Nr. 2 ZPO entgg."). Beachte auch – allerdings in einem nationalen Sachverhalt zu § 29c Abs. 3 ZPO – BGH, 30.10.2014 – III ZR 474/13, NJW 2015, S. 169 (170), Rn. 25, nach dem „der deutsche Gesetzgeber bei der Ausgestaltung des nationalen Verbraucherzivilprozessrechts für [allerdings] außerhalb des räumlichen Anwendungsbereichs der EuGVVO liegende Sachverhalte [wohl nicht] hinter deren Schutzniveau zurückbleiben wollte"; Hinweis nach Musielak/Voit/ *Stadler*, ZPO, 13. Aufl. 2016, Art. 19 EuGVVO Rn. 2 Fn. 4.

[53] S. etwa MünchKomm/*Gottwald*, ZPO, 4. Aufl. 2013, Art. 17 EuGVVO a.F. Rn. 2 a.E.; Saenger/ Dörner, ZPO, 6. Aufl. 2015, Art. 19 EuGVVO Rn. 4; Musielak/Voit/*Stadler*, ZPO, 13. Aufl. 2016, Art. 17 EuGVVO Rn. 2.

[54] So auch insbesondere *Gsell*, FS Coester-Waltjen, 2015, S. 403 (407 f. und 412) sowie zwischenzeitlich Rauscher/*Staudinger*, EuZPR, 4. Aufl. 2016, Art. 19 EuGVVO Rn. 2a.

Text + Erläuterungen   Art. 20   **B Vor I** 7

EuGH,   8.3.1988   –   Rs. 9/87,   Arcado   ./.   Havilland,   Slg.   1988,   1539
(ECLI:EU:C:1988:127)

EuGH, 15.2.1989   –   Rs. 32/88,   Six Constructions   ./.   Humbert,   Slg.   1989,   341
(ECLI:EU:C:1989:68)

EuGH, 13.7.1993   –   Rs. C-125/92,   Mulox IBC   ./.   Geels,   Slg.   1993,   I-4075
(ECLI:EU:C:1993:306)

EuGH,   9.1.1997   –   Rs. C-383/95,   Rutten   ./.   Cross Medical,   Slg.   1997,   I-57
(ECLI:EU:C:1997:7)

EuGH, 27.2.2002 – Rs. C-37/00, Weber ./. Universal Ogden Services Ltd., Slg. 2002, I-2013 (ECLI:EU:C:2002:122) = EuZW 2002, S. 221

EuGH, 22.5.2008 – Rs. C-462/06, Glaxosmithkline u.a. ./. Jean-Pierre Rouard, Slg. 2008, I-3978 (ECLI:EU:C:2008:299)

EuGH, 19.7.2012 – Rs. C-154/11, Ahmed Mahamdia ./. Demokratische Volksrepublik Algerien, ECLI:EU:C:2012:491 = NZA 2012, S. 935

EuGH, 10.9.2015 – Rs. C-47/14, Holterman Ferho Exploitatie u.a. ./. Spies von Büllesheim, ECLI:EU:C:2015:574 = NZG 2015, S. 1199

Schrifttum (zu EuGVÜ und LugÜ): *Franzen, Martin,* Internationale Gerichtsstandsvereinbarungen in in Arbeitsverträgen zwischen EuGVÜ und autonomem internationalem Zivilprozessrecht, RIW 2000, S. 81; *Hoppe, Jeannine,* Die Entsendung von Arbeitnehmers ins Ausland, 1999; *Junker, Abbo,* Die interantionale zuständigkeit deutscher Gerichte in Arbeitssachen, ZZP Int. 1998, S. 179; *Mankowski, Peter,* Wichtige Klärungen im internationalen Arbeitsrecht, IPRax 1994, S. 88; *Rauscher, Thomas,* Der Arbeitnehmergerichtsstand im EuGVÜ, IPRax 1990, S. 152; *ders.,* Arbeitnehmerschutz – ein Ziel des Brüsseler Übereinkommens, in: Wege zur Globalisierung des Rechts, Festschrift für Rolf A. Schütze zum 65. Geburtstag, 1999, S. 695; *Rodière, Pierre,* Conflicts de jurisdictions en droit de travail, Juriscl. dr. int. fasc. 573; *Schlosser, Peter,* Europäisch-autonome Interpretation des Begriffs Vertrag oder Ansprüche aus einem Vertrag im Sinne von Art. 5 Nr. 1 EuGVÜ, IPRax 1984, S. 65; *Trenner, Claus,* Internationale Gerichtsstände in grenzüberschreitenden Arbeitsvertragsstreitigkeiten, 2001; *Wimmer, Norbert,* Neuere Entwicklungen im internationalen Arbeitsrecht, IPRax 1994, S. 88.

Schrifttum (zur EuGVVO a.F. und zur EuGVVO): *Abele, Roland,* Gerichtsstände für Streitigkeiten aus Arbeitsverträgen nach der neu gefassten EuGVVO, FA 2013, S. 357; *Behr, Volker,* Internationale Zuständigkeit in Individualarbeitsstreitigkeiten im Europäischen verfahrensrecht, in: Recht der Wirtschaft und der Arbeit in Europa: Gedächtnisschrift für Wolfgang Blomeyer, Krause, Rüdiger; Veelken, Winfried; Vieweg, Klaus (Hrsg.), 2004, S. 15; *Bergwitz, Christoph,* Der besondere Gerichtsstand des Arbeitsortes (§ 48 Abs. Ia ArbGG), NZA 2008, S. 443; *Bosse, Rolf,* Probleme des europäischen Internationalen Arbeitsprozessrechts, 2007; *Däubler, Wolfgang,* Die internationale Zuständigkeit der deutschen Arbeitsgerichte Neue Regeln durch die Verordnung (EG) Nr. 44/2001, NZA 2003, S. 1297; *Domröse, Ronny,* Der gewöhnliche Arbeitsort des Arbeitnehmers als besonderer Gerichtsstand im arbeitsgerichtlichen Urteilsverfahren, DB 2008, S. 1626; *Egler, Philipp,*

Seeprivatrechtliche Streitigkeiten unter der EuGVVO, 2011; *Garber, Thomas,* Zum Begriff des gewöhnlichen Arbeitsortes i.S.d. Art. 19 Abs. 2 lit. a EuGVVO insb. bei der Verrichtung der arbeitsvertraglichen Tätigkeit an Bord eines Schiffes, in: Festschrift für Athanassios Kaissis zum 65. Geburtstag, Geimer, Reinhold; Schütze, Rolf A. (Hrsg.), 2012, S. 221; *ders.,* Zum Schutz des Arbeitnehmers in der Neufassung der Brüssel I-VO, Festschrift für Rolf A. Schütze zum 80. Geburtstag, Geimer, Reinhold; Kaissis, Athanassios; Thümmel, Roderich C. (Hrsg.), 2014, S. 81; *Junker, Abbo,* Vom Brüsseler Übereinkommen zur Brüsseler Verordnung – Wandlungen des internationalen Zivilprozessrechts, RIW 2002, S. 569; *ders.,* Internationale Zuständigkeit für Arbeitssachen nach der Brüssel I-Verordnung, in: Grenzüberschreitungen: Beiträge zum Internationalen Verfahrensrecht und zur Schiedsgerichtsbarkeit, Festschrift für Peter Schlosser zum 70. Geburtstag, Bachmann, Birgit; Breidenbach, Stephan; Coester-Waltjen, Dagmar; Hess, Burkhard; Nelle, Andreas; Wolf, Christian (Hrsg.), 2005, S. 299; *ders.,* Arbeitnehmereinsatz im Ausland – Anzuwendendes Recht und Internationale Zuständigkeit, 2007; *ders.,* Internationalprivat- und -prozessrechtliche Fragen von Rumpfarbeitsverhältnissen, in: Die richtige Ordnung: Festschrift für Jan Kropholler zum 70. Geburtstag, von Hein, Jan; Baetge, Dietmar; von Hinden, Michael (Hrsg.), 2008, S. 481; *ders.,* Internationalprivat- und -prozessrechtliche Fragen des Arbeitnehmereinsatzes im Ausland, in: Festschrift für Gunther Kühne zum 70. Geburtstag, Sandrock, Otto; Baur, Jürgen F.; Scholtka, Boris; Shapira, Amos (Hrsg.), 2009, S. 735; *ders.,* Die Rechtsprechung des EuGH zum europäischen Arbeitsrecht im Jahr 2012, RIW 2013, S. 1; *ders.,* Grenzen der Staatenimmunität und europäische Gerichtsstände bei arbeitsrechtlichen Streitigkeiten von Botschaftsangestellten, EuZA 2013, S. 83; *ders.,* Die Rechtsprechung des EuGH zum europäischen Arbeitsrecht im Jahr 2013, RIW 2014, S. 2; *ders.,* Die Rechtsprechung des EuGH zum europäischen Arbeitsrecht im Jahr 2014, RIW 2015, S. 1; *ders.,* Arbeitsverträge im Internationalen Privat- und Prozessrecht, in: Festschrift für Peter Gottwald zum 70. Geburtstag, Hess, Burkhard; Kolmann, Stephan; Adolphsen, Jens; Haas, Ulrich (Hrsg.), 2014, S. 293; *ders.,* Die Rechtsprechung des EuGH zum europäischen Arbeitsrecht im Jahr 2015, RIW 2016, S. 1; *Kindler, Peter,* Internationale Zuständigkeit bei der Geschäftsführerhaftung gegenüber der Gesellschaft, IPRax 2016, S. 115; *Knöfel, Oliver,* Aufhebungsverträge zwischen Arbeitnehmer und Arbeitgeber im Internationalen Privat- und Prozessrecht, Zeitschrift für Arbeitsrecht (ZfA) 2006, S. 397; *Kozak, Wolfgang,* Forumshopping für Arbeitnehmer? AuR 2015, S. 82; *Krebber, Sebastian,* Gerichtsstand des Erfüllungsortes bei mehreren, aber aufeinander abgestimmten Arbeitsverhältnissen, IPRax 2004, S. 309; *ders.,* Einheitlicher Gerichtsstand für die Klage eines Arbeitnehmers gegen mehrere Arbeitgeber bei Beschäftigung in einem grenzüberschreitenden Konzern, IPRax 2009, S. 409; *ders.,* Kommentierung zu Art. 20 ff. EuGVVO, in: Kommentar zum europäischen Arbeitsrecht, Franzen, Martin; Gallner, Inken; Oetker, Hartmut (Hrsg.), 2016. S. 621 (zitiert als EuArbR/*Krebber*); *Leipold, Dieter,* Einige Bemerkungen zur Internationalen Zuständigkeit in Arbeitssachen nach Europäischem Zivilprozessrecht, in: Recht der Wirtschaft und der Arbeit in Europa: Gedächtnisschrift für Wolfgang Blomeyer, Krause, Rüdiger; Veelken, Winfried; Vieweg, Klaus (Hrsg.), 2004, S. 143; *Lüttringhaus, Jan,* Vorboten des internationalen Arbeitsrechts unter Rom I: Das bei „mobilen Arbeitsplätzen" anwendbare Recht und der Auslegungszusammenhang zwischen IPR und IZVR, IPRax 2011, S. 554; *ders.,* Übergreifende Begrifflichkeiten im europäischen Zivilverfahrens- und Kollisionsrecht – Grund und Grenzen der rechtsaktsübergreifenden Auslegung, dargestellt am Beispiel vertraglicher und außervertraglicher Schuldverhältnisse, RabelsZ 77 (2103), S. 31; *ders. / Schmidt-Westphal, Oliver,* Neues zur „einstellenden Niederlassung" im europäischen internationalen Arbeitsrecht; EuZW 2012, S. 139; *Mankowski, Peter,* Europäisches internationales Arbeitsprozessrecht – Weiteres zum gewöhnlichen Arbeitsort, IPRax 2003, S. 21;

Text + Erläuterungen   Art. 20   **B Vor I** 7

ders., Organpersonen im Internationalen Arbeitsrecht; *ders.*, Verdrängt das europäische Internationale Arbeitsprozessrecht auch den gerichtsstand der Streitgenossenschaft aus Art. 6 Nr. 1 EuGVVO?, EuZA 2008, S. 104; *ders.*, An der Grenze – Die Verteidigung des europäischen Internationalen Arbeitsprozessrechts gegen Gerichtsstandsvereinbarungen zugunsten drittstaatlicher Gerichte und das IZPR von Aktienoptionen im Konzern, EuZA 2008, S. 417; *ders.*, Zur Abgrenzung des Individual- vom Kollektivarbeitsrecht im europäischen Internationalen Zivilverfahrensrecht, IPRax 2011, S. 93; *ders.* / *Knöfel, Oliver*, On the Road Again, oder: Wo arbeitet ein Fernfahrer? – Neues vom europäischen Internationalen Arbeitsvertragsrecht, EuZA 2011, S. 521; *Martiny, Dieter*, Deutscher Kündigungsschutz für das Personal ausländischer Botschaften?, IPRax 2013, S. 536; *Müller, Cornelia*, Die internationale Zuständigkeit deutscher Arbeitsgerichte und das auf den Arbeitsvertrag anwendbare Recht, 2004; *Schack, Haimo*, Internationales Zivilverfahrensrecht, 6. Aufl. 2014; *Winterling, Anne*, Die Entscheidungszuständigkeit in Arbeitssachen im europäischen Zivilverfahrensrecht, 2006.

Übersicht

	Rn.
I. Normzweck: Prozessualer Arbeitnehmerschutz	1
II. Überblick	3
III. Entstehungsgeschichte	7
IV. Konkurrenzen	11
V. Räumlicher Anwendungsbereich	16
1. Keine Anwendbarkeit in reinen Inlandssachverhalten	17
2. Verbindung des Arbeitsvertrages zu einem Mitgliedstaat?	18
3. Beklagtenwohnsitz in einem Mitgliedstaat	21
4. Gleichstellung von Niederlassung mit Wohnsitz (Art. 20 Abs. 2)	24
5. Vorbehalt zugunsten von Art. 7 Nr. 5	27
6. Vorbehalt zugunsten von Art. 8 Nr. 1	30
7. Maßgeblicher Zeitpunkt	33
VI. Persönlicher Anwendungsbereich; Arbeitnehmereigenschaft	34
1. Arbeitnehmerbegriff	35
2. Abgrenzung zu sonstigen Dienstverträgen	38
3. Einzelfälle	39
4. Arbeitnehmer als Prozesspartei	44
5. Arbeitgeber	47
VII. Sachlicher Anwendungsbereich: Individualarbeitsrechtliche Streitigkeiten	48
1. Individueller Arbeitsvertrag	49
2. Streitigkeiten über einen „individuellen Arbeitsvertrag" bzw. „Ansprüche aus einem individuellen Arbeitsvertrag"	52
3. Kognitionsbefugnis; keine Annexkompetenz	56

I. Normzweck: Prozessualer Arbeitnehmerschutz

Der 5. Abschnitt des II. Kapitels der EuGVVO enthält grds. **abschließende**[1] **1** und damit oftmals **ausschließliche**[2] Sondervorschriften für Verfahren, deren Gegenstand ein individueller Arbeitsvertrag bildet (sog. Arbeitssachen). Die

---
[1] S. nur EuGH, 22.5.2008 – Rs. C-462/06, *Glaxosmithkline u.a. ./. Jean-Pierre Rouard*, Slg. 2008, I-3978 (ECLI:EU:C:2008:299), Rn. 18 sowie *Schlosser*/Hess, EuZPR, 4. Aufl. 2015, Vorbemerkung Art. 20 EuGVVO Rn. 1.
[2] *Saenger*/*Dörner*, ZPO, 6. Aufl. 2015, Art. 20 EuGVVO Rn. 1; Rauscher/*Mankowski*, EuZPR, 4. Aufl. 2016, Art. 20 EuGVVO Rn. 2.

Art. 20 bis 23 verwirklichen dabei den im Unionsrecht insgesamt in vielen Bereichen – vgl. für das Kollisionsrecht etwa Art. 8 Rom I-VO – verfolgten Schutz eines Arbeitnehmers als **typischerweise strukturell unterlegener Partei**[3] für den Bereich des internationalen[4] Zivilverfahrensrechts.[5] Dieser wird, da die Zuständigkeitsvorschriften des 5. Abschnitts für Arbeitnehmer wesentlich günstiger sind als die „allgemeinen" Regeln der Abschnitte 1, 2 und 7,[6] (auch) **zuständigkeitsrechtlich privilegiert**.[7]

2 Der in Art. 20 bis 23 – und in dieser Form erst seit dem Jahr 2000[8] – verallgemeinerte prozessuale Arbeitnehmerschutz der EuGVVO ist eine **beispiellose Pionierleistung** des europäischen Gesetzgebers.[9] Das deutsche Zivilverfahrensrecht etwa kennt keine jedenfalls ausschließlichen allgemeinen Gerichtsstände für Arbeitssachen[10] und auch erst seit dem 1.4.2008 in Gestalt von **§ 48 Abs. 1a ArbGG** eine – in etwa Art. 21 Abs. 1 lit. b (i) vergleichbare – eigenständige allgemeine Vorschrift über die örtliche Zuständigkeit in Arbeitssachen.[11] Vor dem 1.4.2008 hingegen war bzw. ist weiterhin alternativ zu § 48 Abs. 1a ArbGG in Bezug auf Streitigkeiten über ein oder aus einem *individuellen Arbeitsverhältnis* insbesondere auf den dann doppelfunktionalen „allgemeinen" Vertragsgerichtsstand in § 29 ZPO zurückzugreifen.[12]

II. Überblick

3 Innerhalb des 5. Abschnitts ist Art. 20 ist die **Grundnorm der speziellen Zuständigkeitsordnung für Arbeitssachen**. Vergleichbare Regelungen ent-

---

[3] Vgl. beispielhaft EuGH, 26.5.1982 – Rs. 133/81, *Ivenel* ./. *Schwab*, Slg. 1982, 1891 (ECLI:EU:C:1982:199), Rn. 14 sowie EuGH, 27.2.2002 – Rs. C-37/00, *Weber* ./. *Universal Ogden Services Ltd.*, Slg. 2002, I-2013 (ECLI:EU:C:2002:122) = EuZW 2002, S. 221, Rn. 40.

[4] Auch die Art. 20 ff. finden in reinen Inlandsfällen keine Anwendung, s. hierzu allgemein die Vorb. Art. 4 ff. Rn. 15 sowie unten Rn. 17.

[5] Vgl. *Behr*, GS Blomeyer, 2004, S. 15 (22 f.); Rauscher/*Mankowski*, EuZPR, 4. Aufl. 2016, Art. 20 EuGVVO Rn. 2; *Rauscher*, FS Schütze, 1999, S. 695 ff.; *Geimer*/Schütze, EuZVR, 3. Aufl. 2010, Art. 18 EuGVVO a.F. Rn. 7.

[6] S. Erwgr. 18.

[7] Der prozessuale Schutz des Arbeitnehmers erfolgt dabei anhand einer typisierenden Betrachtungsweise. Auf die wirtschaftliche Potenz und die rechtliche Erfahrung eines Arbeitnehmers geschweige denn die Höhe seines Verdienstes im Einzelfall kommt es für eine Anwendbarkeit der Vorschriften des 5. Abschnitts grds. nicht an, s. nur EuGH, 19.11.2002 – Rs. C-188/00, *Bülent Kurz* ./. *Land Baden-Württemberg*, Slg. 2002, I-10691 (ECLI:EU:C:2002:694), Rn. 32. Vgl insofern auch die jüngste Entscheidung des EuGH zu Art. 20 ff. (EuGH, 10.9.2015 – Rs. C-47/14, *Holterman Ferho Exploitatie u.a.* ./. *Spies von Büllesheim*, ECLI:EU:C:2015:574 = NZG 2015, S. 1199, Rn. 48), in dem es um den Geschäftsführer/Direktor einer Gesellschaft ging und wo der EuGH die Arbeitnehmereigenschaft derartiger Personen – unter bestimmten Voraussetzungen – grds. bejaht hat; s. hierzu ausführlich unten Rn. 42 f.

[8] Vgl. zur Entstehungsgeschichte der Art. 20 ff. unten Rn. 7 ff.

[9] S. noch zur alten Rechtslage unter der Ursprungsfassung des EuGVÜ die Ausführungen im *Jenard*-Bericht, 1979, S. 24 sowie Rauscher/*Mankowski*, EuZPR, 4. Aufl. 2016, Vorbem zu Art. 4 EuGVVO Rn. 4.

[10] S. etwa ErfurterKomm/*Koch*, ArbR, 16. Aufl. 2016, § 48 ArbGG Rn. 19; *Schack*, IZVR, 6. Aufl. 2014, Rn. 325, sowie allgemein MünchKomm/*Patzina*, ZPO, 4. Aufl. 2013, § 29 ZPO Rn. 26.

[11] ErfurterKomm/*Koch*, ArbR, 16. Aufl. 2016, § 48 ArbGG Rn. 19.

[12] S. nur BAG, 19.3.1996 – 9 AZR 656/94, BAGE 82, S. 243 (245); ErfurterKomm/*Koch*, ArbR, 16. Aufl. 2016, § 48 ArbGG Rn. 21; MünchKomm/*Patzina*, ZPO, 4. Aufl. 2013, § 29 ZPO Rn. 26; daneben können auch in Arbeitssachen z.B. § 20 und § 21 ZPO eingreifen; s. *Schack*, IZVR, 6. Aufl. 2014, Rn. 325.

halten jeweils im 3. Abschnitt für Versicherungssachen Art. 10 und im 4. Abschnitt für Verbrauchersachen Art. 17.

Art. 20 **Abs. 1** definiert dabei den sachlichen Anwendungsbereich der 4 Art. 21 bis 23 und regelt das Spezialitätsverhältnis der Vorschriften des 5. Abschnitts zu den „allgemeinen" Zuständigkeitsvorschriften v.a. der Abschnitte 1 und 2 des II. Kapitels der EuGVVO.[13] Art. 20 **Abs. 2** hingegen erweitert – insofern als *lex specialis* zu Art. 6 Abs. 1 – den räumlichen Anwendungsbereich des 5. Abschnitts.

Eigene Gerichtsstandsregeln enthält Art. 20 indes nicht und ist daher rechts- 5 technisch betrachtet eine „**bloße**" **Hilfsnorm**. Die tatsächliche Zuständigkeit in Arbeitssachen bestimmen erst Art. 21 und 22, wobei Art. 21 die Zuständigkeit für Aktivklagen des Arbeitnehmers gegen den Arbeitgeber und Art. 22 (Abs. 1) umgekehrt die Zuständigkeit für Klagen des Arbeitgebers gegen den Arbeitnehmer betrifft. Art. 23 stellt bestimmte Zulässigkeitsschranken für Gerichtsstandsvereinbarungen in Arbeitssachen auf.

Die Vorschriften des 5. Abschnitts bestimmen zum Teil nur die **internatio-** 6 **nale** (etwa in Art. 21 Abs. 1 lit. a sowie in Art. 22 Abs. 1), im Falle von Art. 21 Abs. 1 lit. b sowie Abs. 2 aber auch die **örtliche Zuständigkeit** mit. Ergeht eine mitgliedstaatliche Entscheidung gegen einen beklagten Arbeitnehmer im Einzelfall unter Missachtung der Vorschriften des 5. (sowie auch des 3. bzw. 4.) Abschnitts, so stellt dies gem. Art. 45 Abs. 1 lit. e (i) ein **Anerkennungshindernis** dar. Noch unter der Vorgängernorm des Art. 45 – nämlich Art. 35 EuGVVO a.F. – war ein Verstoß gegen die Zuständigkeitsregeln (nur) in Arbeitssachen hingegen kein Anerkennungshindernis.[14]

III. Entstehungsgeschichte

Das **EuGVÜ** aus dem Jahr 1968 kannte **keinen besonderen prozessualen** 7 **Arbeitnehmerschutz**.[15] Ansprüche aus individuellen Arbeitsverträgen mussten vielmehr grds. entweder am allgemeinen oder am **besonderen Vertragsgerichtsstand des Art. 5 Nr. 1 EuGVÜ** (heute Art. 7 Nr. 1) geltend gemacht werden. Dies hinderte den EuGH jedoch nicht, gestützt auf die allgemeinen Normen wohl fast schon *contra legem*[16] eine Sonderrechtsprechung[17] zum Schutz von Arbeitnehmern zu entwickeln.[18] Danach sollte u.a. – in Abweichung sowohl von der *de Bloos*-Rechtsprechung[19] als auch der sog. *Tessili*-Regel[20] des EuGH –

---
[13] Rauscher/*Mankowski*, EuZPR, 4. Aufl. 2016, Art. 20 EuGVVO Rn. 2.
[14] S. die Kommentierung zu Art. 45 Rn. 123 ff.
[15] *Jenard*-Bericht, 1979, S. 24; *Schack*, IZVR, 6. Aufl. 2014, Rn. 326.
[16] *Schack*, IZVR, 6. Aufl. 2014, Rn. 326.
[17] Etwa EuGH, 26.5.1982 – Rs. 133/81, *Ivenel ./. Schwab*, Slg. 1982, 1891 (ECLI:EU:C:1982:199); EuGH, 15.2.1989 – Rs. 32/88, *Six Constructions ./. Humbert*, Slg. 1989, 341 (ECLI:EU:C:1989:68).
[18] Vgl. die Zusammenfassung bei *Geimer*/Schütze, EuZVR, 3. Aufl. 2010, Art. 18 EuGVVO a.F. Rn. 28 ff.
[19] Vgl. hierzu die Kommentierung zu Art. 7 (Nr. 1) Rn. 58 ff. sowie EuGH, 6.10.1976 – Rs. 14/76, *De Bloos ./. Bouyer*, Slg. 1976, 1497 (ECLI:EU:C:1976:134), Rn. 9 ff.
[20] S. hierzu die Kommentierung zu Art. 7 (Nr. 1) Rn. 70 ff. sowie EuGH, 6.10.1976 – Rs. 12/76, *Tessili ./. Dunlop*, Slg. 1976, 1473 (ECLI:EU:C:1976:133), Rn. 14 ff.

der Erfüllungsort für grds. alle Ansprüche aus einem individuellen Arbeitsvertrag einheitlich am gewöhnlichen Arbeitsort liegen.[21]

8 Diese erstmals in der Rechtssache *Ivenel*[22] aus dem Jahr 1982 artikulierte Rechtsprechung wurde im Zuge des 3. Beitrittsübereinkommen vom 26.5.1989,[23] mit dem Spanien und Portugal dem EuGVÜ beitraten, **in Art. 5 Nr. 1 Halbsatz 2 und 3 EuGVÜ**[24] **kodifiziert.**[25]

9 Gänzlich eigene – und erstmals grds. abschließende[26] – Sondervorschriften für Arbeitssachen wurden hingegen erst im Rahmen der „Umwandlung" des EuGVÜ in die EuGVVO a.F. **im Jahr 2000 in Gestalt eben des 5. Abschnitts** des II. Kapitels der EuGVVO (in damals Art. 18 bis 21 EuGVVO a.F.) in das europäische Zivilverfahrensrecht implementiert. Damit wurde ausweislich der Gesetzesbegründung ausdrücklich **keine Änderung der EuGH-Rechtsprechung** zu Arbeitsverträgen beabsichtigt.[27] Dem jetzigen Art. 20 entsprach damals Art. 18 EuGVVO a.F. Bei der Schaffung des 5. Abschnitts ließ sich der europäische Gesetzgeber insbesondere von der Struktur der Sondervorschriften für Verbrauchersachen im 4. Abschnitt des II. Kapitels inspirieren.[28]

10 Im Zuge der jüngsten Reform hingegen blieb der nunmehrige Art. 20 weitgehend unverändert. Jedoch wurde der Ausnahmekatalog der auch in Arbeitssachen anwendbaren „allgemeinen" Zuständigkeitsvorschriften in Art. 20 Abs. 1 – gezielt[29] zur Ausschaltung der gegenteiligen EuGH-Rechtsprechung[30] – für „Klage[n] gegen den Arbeitgeber" um **Art. 8 Nr. 1 erweitert.**

IV. Konkurrenzen

11 Aus dem Wortlaut von Art. 20 Abs. 1 sowie Erwgr. 18 ersichtlich sind die Vorschriften des 5. Abschnitts **weitgehend abschließend**, d.h. sie verdrängen

---

[21] S. EuGH, 26.5.1982 – Rs. 133/81, *Ivenel* ./. *Schwab*, Slg. 1982, 1891 (ECLI:EU:C:1982:199), Rn. 15.
[22] EuGH, 26.5.1982 – Rs. 133/81, *Ivenel* ./. *Schwab*, Slg. 1982, 1891 (ECLI:EU:C:1982:199).
[23] ABl. (EG) 1989 Nr. L 285, S. 1.
[24] Art. 5 (Nr. 1 Halbsatz 2 und 3) EuGVÜ in der Fassung des 3. Beitrittsübereinkommens lautete: „Eine Person, die ihren Wohnsitz in dem Hoheitsgebiet eines Vertragsstaates hat, kann in einem anderen Vertragsstaat verklagt werden: 1. [...] wenn ein individueller Arbeitsvertrag oder Ansprüche aus einem individuellen Arbeitsvertrag den Gegenstand des Verfahrens bilden, vor dem Gericht des Ortes, an dem der Arbeitnehmer gewöhnlich seine Arbeit verrichtet; verrichtet der Arbeitnehmer seine Arbeit gewöhnlich nicht in ein und demselben Staat, so kann der Arbeitgeber auch vor dem Gericht des Ortes verklagt werden, in dem sich die Niederlassung, die den Arbeitnehmer eingestellt hat, befindet bzw. befand".
[25] S. den *Cruz/Real/Jenard*-Bericht, 1990, Rn. 23.
[26] *Junker*, FS Schlosser, 2005, S. 299 (307); *Schlosser*/Hess, EuZPR, 4. Aufl. 2015, Vorbemerkung Art. 20 EuGVVO Rn. 1.
[27] Vgl. die Begründung des Vorschlags für eine Verordnung (EG) des Rates über die gerichtliche Zuständigkeit und die Anerkennung und Vollstreckung von Entscheidungen in Zivil- und Handelssachen, KOM(1999) 348 endg.
[28] So auch Rauscher/*Mankowski*, EuZPR, 4. Aufl. 2016, Art. 20 EuGVVO Rn. 1; anders *Schlosser*/Hess, EuZPR, 4. Aufl. 2015, Vorbemerkung Art. 20 EuGVVO Rn. 1 (vom 5. Abschnitt).
[29] S. Rauscher/*Mankowski*, EuZPR, 4. Aufl. 2016, Art. 20 EuGVVO Rn. 3.
[30] Noch unter Art. 18 Abs. 1 EuGVVO a.F. hatte der EuGH ausdrücklich eine Anwendbarkeit von Art. 8 Nr. 1 (bzw. Art. 6 Nr. 1 EuGVVO a.F.) in Arbeitssachen abgelehnt, s. EuGH, 22.5.2008 – Rs. C-462/06, *Glaxosmithkline u.a.* ./. *Jean-Pierre Rouard*, Slg. 2008, I-3978 (ECLI:EU:C:2008:299), Rn. 23.

die meisten der allgemeinen Zuständigkeitsvorschriften in den Abschnitten 1 und 2 des II. Kapitels der EuGVVO.[31]
Dies gilt freilich nur, soweit in einem Rechtsstreit überhaupt dem 5. Abschnitt **12** unterfallende – **vertragliche** – Ansprüche und Rechtsstreitigkeiten in Frage stehen. **Außervertraglich zu qualifizierende**[32] **Ansprüche** von und gegen Arbeitnehmer(n), etwa aus einem Arbeitsunfall, unterfallen nach richtiger Ansicht hingegen nicht den Art. 20 ff.[33] Insofern bleiben die allgemeinen Regelungen (insbesondere Art. 7 Nr. 2) anwendbar: (Auch[34]) die Gerichtsstände der Art. 21 f. gewähren **keine Annexkompetenz** für etwaige begleitende deliktische Ansprüche gegen (insbesondere) einen Arbeitgeber.[35]
Kraft ausdrücklicher Anordnung in Art. 20 Abs. 1 kann jedoch selbst in Bezug **13** auf Vertragsstreitigkeiten neben den Vorschriften des 5. Abschnitts auf den besonderen Gerichtsstand der Niederlassung gem. **Art. 7 Nr. 5**[36] sowie – freilich vorbehaltlich der *lex specialis* in Art. 20 Abs. 2 – auf die Regelung in **Art. 6**[37] und neuerdings für Verfahren gegen Arbeitgeber auch auf **Art. 8 Nr. 1**[38] zurückgegriffen werden. Aus Art. 23 bzw. Art. 26 Abs. 2 folgt zudem, dass auch **Gerichtsstandsvereinbarungen**[39] und eine **rügelose Einlassung** – wenn auch jeweils mit Modifikationen – in Arbeitssachen möglich sind. Innerhalb der Verordnung gehen die **ausschließlichen Zuständigkeiten** im Sinne von Art. 24 den Sonderregelungen des 5. Abschnitts vor und werden nicht etwa durch diese verdrängt.[40]
Ein Arbeitnehmer im Sinne der EuGVVO ist in dieser Eigenschaft **nicht** **14** **zugleich auch Verbraucher** gem. Art. 17 Abs. 1.[41] Entsprechend können die Vorschriften der Art. 17 ff. nicht – auch nicht entspechend bzw. zu Guns-

---

[31] S. nur EuGH, 22.5.2008 – Rs. C-462/06, *Glaxosmithkline u.a. ./. Jean-Pierre Rouard*, Slg. 2008, I-3978 (ECLI:EU:C:2008:299), Rn. 18 sowie Saenger/*Dörner*, ZPO, 6. Aufl. 2015, Art. 20 EuGVVO Rn. 1; Rauscher/*Mankowski*, EuZPR, 4. Aufl. 2016, Art. 20 EuGVVO Rn. 2.
[32] Hierzu kann grds. auf die im Rahmen der Abgrenzung zwischen Art. 7 Nr. 1 und 2 entwickelten Kriterien zurückgegriffen werden; vgl. daher die Kommentierung zu Art. 7 Rn. 22 ff. sowie Rn. 155 ff.
[33] Umstritten; so wie hier – wohl h.M. – auch Rauscher/*Mankowski*, EuZPR, 4. Aufl. 2016, Art. 20 EuGVVO Rn. 7; *Kropholler/von Hein*, EuZPR, 9. Aufl. 2011, Art. 18 EuGVVO a.F. Rn. 3; Münch-Komm/*Gottwald*, ZPO, 4. Aufl. 2013, Art. 18 EuGVVO a.F. Rn. 4; *Junker*, FS Schlosser, 2005, S. 299 (303) und wohl auch *Schlosser*/Hess, EuZPR, 4. Aufl. 2015, Art. 20 EuGVVO Rn. 3; **a. A.** etwa *Rauscher*, FS Schütze, 1999, S. 695 (706); *Däubler*, NZA 2003, S. 1297 (1299); Saenger/*Dörner*, ZPO, 6. Aufl. 2015, Art. 20 EuGVVO Rn. 5; EuArbR/*Krebber*, 2016, Art. 21 EuGVVO Rn. 11; dazu auch Rn. 56.
[34] Das Gleiche gilt für Art. 17 ff. (s. die Kommentierung ebenda Rn. 76 ff.) sowie Art. 7 Nr. 1 (s. die dortige Kommentierung Rn. 45 ff.).
[35] S, die Nachweise in der vor-vorherigen Fn.
[36] Vgl. dazu näher sogleich Rn. 27 ff.
[37] Zum räumlichen Anwendungsbereich des 5. Abschnitts näher Rn. 16 ff.
[38] Dazu näher sogleich Rn. 30 ff.
[39] S. bereits zur Neuschaffung von Art. 26 Abs. 2 EuGH, 20.5.2010 – Rs. C-111/09, *Česká podnikatelská pojišť'ovna as, Vienna Insurance Group ./. Bilas*, ECLI:EU:C:2010:290, Rn. 29 ff. = IPRax 2011, S. 580.
[40] S. die Kommentierung zu Art. 24 Rn. 13 sowie *Junker*, FS Schlosser, 2005, S. 299 (307 f.); Rauscher/*Mankowski*, EuZPR, 4. Aufl. 2016, Art. 20 EuGVVO Rn. 8.
[41] Vgl. nur die Definition des Verbrauchers in Art. 2 Nr. 11 der Verbraucherrechterichtlinie (Richtlinie 2011/83/EU des Europäischen Parlaments und des Rates vom 25.10.2011, ABl. (EU) 2011 Nr. L 304, S. 64): „zu Zwecken handelt, die außerhalb ihrer gewerblichen, geschäftlichen, handwerklichen oder beruflichen Tätigkeit liegen".

ten eines Arbeitnehmers – zusätzlich neben den Art. 20 ff. angewandt werden.[42]

15 Gem. Art. 71 schließlich geht der auf Art. 6 der **Entsenderichtlinie**[43] beruhende § 15 Arbeitnehmer-Entsendegesetz (AEntG) den Art. 20 ff. im Kollisionsfalle vor.[44]

V. Räumlicher Anwendungsbereich[45]

16 Ebenso wie die meisten anderen Zuständigkeitsnormen der EuGVVO[46] setzen die Vorschriften des 5. Abschnitts neben einem generellen **Auslandsbezug** im Grundsatz auch einen **Beklagtenwohnsitz in einem Mitgliedstaat** voraus.[47] Eine Ausnahme von diesem Erfordernis machen indes zugunsten des Arbeitnehmers Art. 20 Abs. 2 sowie – seit der jüngsten EuGVVO-Reform – Art. 21 Abs. 2.

1. Keine Anwendbarkeit in reinen Inlandssachverhalten

17 Die gesamte Zuständigkeitsordnung der EuGVVO – und damit auch die Vorschriften des 5. Abschnitts – sind richtigerweise **nicht auf reine Inlandssachverhalte** anwendbar. Zwar ergibt sich diese Einschränkung nicht ausdrücklich aus dem Wortlaut von Art. 20 ff. Das Erfordernis eines (gewissen[48]) **grenzüberschreitenden Auslandsbezugs** folgt indes neben den Materialien[49] bereits aus Erwgr. 3 sowie aus den der EuGVVO insgesamt zugrunde liegenden Kompetenznormen des EU-Gesetzgebers.[50] Dabei genügt es, wenn sich der erforderliche Auslandsbezug im Verhältnis zu einem **Drittstaat** ergibt; ein Berührungspunkt zu einem weiteren Mitgliedstaat ist nicht erforderlich.[51]

---

[42] EuArbR/*Krebber*, 2016, Art. 20 EuGVVO Rn. 1.
[43] Richtlinie 96/71/EG des Europäischen Parlaments und des Rates vom 16.12.1996 über die Entsendung von Arbeitnehmern im Rahmen der Erbringung von Dienstleistungen, Abl. (EG) 1997 Nr. L 18, S. 1.
[44] Hierzu näher Rauscher/*Mankowski*, EuZPR, 4. Aufl. 2016, Art. 20 EuGVVO Rn. 52 sowie Geimer/Schütze, EuZVR, 3. Aufl. 2010, Art. 18 EuGVVO a.F. Rn. 23 ff.
[45] Die Ausführungen dieses Gliederungspunkts entsprechen im Grundsatz denjenigen zu der Parallelnorm in Art. 17.
[46] Vgl. beispielhaft die Kommentierung zu Art. 4 Rn. 6 ff.
[47] *Junker*, FS Schlosser, 2005, S. 299 (304).
[48] S. die Vorb. Art. 4 ff. Rn. 16, wonach zum Teil auch geringfügigere Berührungspunkte mit dem Ausland als bloße Staatsverschiedenheit der Parteien für eine Anwendbarkeit der Zuständigkeitsordnung der EuGVVO genügen.
[49] *Jenard*-Bericht, 1979, S. 8.
[50] Insbesondere Art. 81 Abs. 1 und Abs. 2 lit. a sowie lit. c AEUV; vgl. hierzu näher die Vorb. Art. 4 ff. Rn. 14 ff. (v.a. Rn. 15) sowie allgemein EuGH, 1.3.2005 – Rs. C-281/02, *Owusu ./. Jackson* u.a., Slg. 2005, I-1445 (ECLI:EU:C:2005:120), Rn. 25; EuGH, 17.11.2011 – Rs. C-327/10, *Hypoteční banka a. s. ./. Udo Mike Lindner*, Slg. 2011, I-11582 (ECLI:EU:C:2011:745), Rn. 29; Rauscher/*Mankowski*, EuZPR, 4. Aufl. 2016, Vorbem zu Art. 4 EuGVVO Rn. 29; *Schlosser*/Hess, EuZPR, 4. Aufl. 2015, Vor Art. 4–35 EuGVVO Rn. 5 („selbstverständlich"); Kropholler/*von Hein*, EuZPR, 9. Aufl. 2011, vor Art. 2 EuGVVO a.F. Rn. 6; MünchKomm/*Gottwald*, ZPO, 4. Aufl. 2013, Vorbemerkung zu Art. 1 ff. EuGVVO a.F. Rn. 27.
[51] S. die Vorb. Art. 4 ff. Rn. 17 f.

2. Verbindung des Arbeitsvertrages zu einem Mitgliedstaat?

Fraglich ist allerdings, ob eine Anwendbarkeit der Sondervorschriften der **18** EuGVVO für Arbeitssachen über den generellen Auslandsbezug hinaus voraussetzt, dass der konkret streitgegenständliche **Arbeitsvertrag eine Verknüpfung zu mindestens einem Mitgliedstaat** aufweist.[52] Jedenfalls in den Anwendungsfällen des Art. 21 Abs. 1 lit. b (i) wird eine derartige Verbindung bereits durch die – auf die frühere *Ivenel*-Rechtsprechung des EuGH zu Art. 5 Nr. 1 EuGVÜ zurückgehende[53] – Anknüpfung an den gewöhnlichen Arbeitsort gewährleistet. Und noch im Jahr 2002 hatte der EuGH in seiner Entscheidung in der Rechtssache *Weber* – allerdings ebenfalls zu Art. 5 Nr. 1 EuGVÜ – entschieden, dass diese Zuständigkeitsvorschrift voraussetze, dass der streitgegenständliche individuelle Arbeitsvertrag eine Verknüpfung mit dem Hoheitsgebiet mindestens eines (damals) Vertragsstaats aufweisen müsse.[54]

Die **anderen Gerichtsstände** des 5. Abschnitts hingegen setzen ihrem Wort- **19** laut nach großteils nicht ausdrücklich eine Verknüpfung des Arbeitsvertrages mit einem Mitgliedstaat voraus, wiewohl freilich deren Anknüpfungspunkt (meist: der Wohnsitz einer der Parteien oder aber die einstellende Niederlassung) im Einzelfall stets im Hoheitsgebiet eines Mitgliedstaates liegen muss. In diesen Fällen gleichfalls **zusätzlich** noch eine derartige Verknüpfung zu fordern, widerspräche indes neben dem Wortlaut auch dem Schutzzweck der Art. 20 ff., ist doch ein Arbeitnehmer auch bei Verrichtung seiner Arbeit außerhalb der EU prinzipiell schutzwürdig, wenn er im Einzelfall in einem Mitgliedstaat im Anwendungsbereich der EuGVVO einen Rechtsstreit führt.[55] Insofern kann auch auf die ähnlichen Überlegungen zu Art. 18 (dort Rn. 6 und 18) verwiesen werden.

Etwas anderes bedingt auch nicht die vorerwähnte **EuGH-Rechtsprechung**, **20** erging diese doch nur zu dem insofern nunmehr Art. 21 Abs. 1 lit. b (i) entsprechenden Art. 5 Nr. 1 EuGVÜ und erfordert diese Norm bereits ihrem Wortlaut nach grds. einen gewöhnlichen Arbeitsort in einem Mitgliedstaat.[56] Dass der EuGH zudem im Jahr 1989 in der Rechtssache *Six Constructions* unter Art. 5 Nr. 1 EuGVÜ ein hilfsweises Abstellen auf die einstellende Niederlassung abgelehnt hatte,[57] erklärt sich dadurch, dass damals – anders als nunmehr in Gestalt von Art. 21 Abs. 1 lit. b (ii) bzw. zuvor (seit dem 3. Beitrittsübereinkommen zum EuGVÜ vom 26.5.1989[58]) in Gestalt von Art. 5 Nr. 1 Halbsatz 3 EuGVÜ – eine derartige Wahlmöglichkeit noch nicht im Gesetzestext des EuGVÜ angelegt war.[59]

---

[52] Dies scheint z.B. Saenger/*Dörner*, ZPO, 6. Aufl. 2015, Art. 20 EuGVVO Rn. 3 zu fordern.
[53] Hierzu oben Rn. 7 ff.
[54] EuGH, 27.2.2002 – Rs. C-37/00, *Weber* ./. *Universal Ogden Services Ltd.*, Slg. 2002, I-2013 (ECLI:EU:C:2002:122) = EuZW 2002, S. 221, Rn. 28.
[55] A. A. u.U. Saenger/*Dörner*, ZPO, 6. Aufl. 2015, Art. 20 EuGVVO Rn. 3.
[56] S. auch EuGH, 15.2.1989 – Rs. 32/88, *Six Constructions* ./. *Humbert*, Slg. 1989, 341 (ECLI:EU:C:1989:68), Rn. 22.
[57] EuGH, 15.2.1989 – Rs. 32/88, *Six Constructions* ./. *Humbert*, Slg. 1989, 341 (ECLI:EU:C:1989:68), Rn. 14.
[58] ABl. (EG) 1989 Nr. L 285, S. 1.
[59] Dazu näher oben Rn. 7 ff.

3. Beklagtenwohnsitz in einem Mitgliedstaat

21   Auch die Sondervorschriften für Arbeitssachen finden – im Grundsatz – nur gegenüber **Beklagten mit Wohnsitz**[60] **in einem Mitgliedstaat** im Sinne der EuGVVO Anwendung.[61] Dies folgt nicht zuletzt aus der Verweisung auf Art. 6 in Art. 20 Abs. 1.

22   Allerdings sieht Art. 6 Abs. 1 wiederum mehrere **Ausnahmen** von diesem Grundsatz vor, indem er von dem Erfordernis eines mitgliedstaatlichen Beklagtenwohnsitzes ausdrücklich die Gerichtsstände (u.a.) der Art. 21 Abs. 2, 24 sowie 25 (für Arbeitssachen i.V.m. Art. 23) ausnimmt. Eine weitere Ausnahme, wenngleich nicht ausdrücklich in Art. 6 Abs. 1 aufgeführt,[62] ist die Möglichkeit einer Zuständigkeit kraft rügeloser Einlassung gem. Art. 26. Diese Vorschrift ist ausweislich ihres Abs. 2 auch in Arbeitssachen anwendbar.

23   Die in Art. 6 Abs. 1 genannten Ausnahmen werden in Arbeitssachen gem. **Art. 20 Abs. 2** noch um bestimmte Fälle erweitert, in denen ein Arbeitgeber im Einzelfall zwar keinen Wohnsitz, wohl aber eine **Niederlassung** im Hoheitsgebiet eines Mitgliedstaats besitzt.

4. Gleichstellung von Niederlassung mit Wohnsitz (Art. 20 Abs. 2)

24   Der Wortlaut von Art. 20 Abs. 2 ist **misslungen**. Statt: „Hat der Arbeitgeber, mit dem der Arbeitnehmer einen individuellen Arbeitsvertrag geschlossen hat, im Hoheitsgebiet eines Mitgliedstaats keinen Wohnsitz" müsste es richtigerweise heißen: „Hat der Arbeitgeber [...] keinen Wohnsitz im Hoheitsgebiet *irgend*eines Mitgliedstaats".[63]

25   Dessen ungeachtet stellt Art. 20 Abs. 2 für diejenigen Streitigkeiten in Arbeitssachen,[64] in denen es für eine Zuständigkeit nach der EuGVVO auf das **Vorliegen des Wohnsitzes des Arbeitgebers** in einem Mitgliedstaat im Sinne der EuGVVO ankommt, eine **Niederlassung** für Streitigkeiten aus deren Betrieb einem Wohnsitz im Sinne von Art. 62 bzw. 63 gleich. Dies dient der Ausweitung des Schutzgedankens des 5. Abschnitts auf Fälle, die ansonsten potentiell dem nationalen Zivilverfahrensrecht der Mitgliedstaaten im Sinne der EuGVVO unterfallen würden.[65] Zum nach richtiger Meinung[66] gleichbe-

---

[60] Zum Begriff des Wohnsitzes im Sinne der EuGVVO vgl. die Kommentierungen zu Art. 4 Rn. 6 ff. sowie zu Art. 62 und 63.
[61] S. nur Rauscher/*Mankowski*, EuZPR, 4. Aufl. 2016, Art. 20 EuGVVO Rn. 45; *Geimer*/Schütze, EuZVR, 3. Aufl. 2010, Art. 18 EuGVVO a.F. Rn. 1.
[62] S. hierzu die Kommentierung zu Art. 6 Rn. 9.
[63] S. zur gleichlautenden Formulierung in Art. 17 *Schlosser*/Hess, EuZPR, 4. Aufl. 2015, Art. 17 EuGVVO Rn. 9 sowie die Kommentierung zu Art. 11 EuGVVO Rn. 1.
[64] Art. 20 Abs. 2 findet keine Anwendung, wenn trotz Beteiligung von Arbeitnehmer und Arbeitgeber gar keine Arbeitssache vorliegt, etwa bei rein außervertraglich zu qualifizierenden Streitigkeiten.
[65] S. *Junker*, FS Schlosser, 2005, S. 299 (304); *Däubler*, NZA 2003, S. 1297 (1298).
[66] So die ganz h.M., s. etwa EuGH, 19.7.2012 – Rs. C-154/11, *Ahmed Mahamdia ./. Demokratische Volksrepublik Algerien*, ECLI:EU:C:2012:491 = NZA 2012, S. 935, Rn. 47; BAG, 25.6.2013 – 3 AZR 138/11, ZIP 2014, S. 939, Rn. 23; *Schlosser*/Hess, EuZPR, 4. Aufl. 2015, Art. 20 EuGVVO Rn. 10; *Kropholler/von Hein*, EuZPR, 9. Aufl. 2011, Art. 20 EuGVVO a.F. Rn. 5; EuArbR/*Krebber*, 2016, Art. 20 EuGVVO Rn. 10; **a.A.** Rauscher/*Mankowski*, EuZPR, 4. Aufl. 2016, Art. 20 EuGVVO Rn. 41, der den Niederlassungsbegriff des Art. 21 Abs. 1 lit. b (ii) zugrunde legen will und diesen wesentlich enger als bei Art. 7 Nr. 5 verstanden wissen will (aaO Rn. 62).

deutend auch in **Art. 7 Nr. 5** verwendeten Begriff der Niederlassung vgl. die dortige Kommentierung.⁶⁷ Niederlassung im Sinne von Art. 20 Abs. 2 kann auch die Botschaft bzw. u.U. auch das Konsulat eines ausländischen Staates sein.⁶⁸ Wegen des Gleichlaufs mit Art. 7 Nr. 5 dürfte dabei auch für Art. 20 Abs. 2 der bloße **Rechtsschein einer Niederlassung** genügen.⁶⁹

Die Regelung in Art. 20 Abs. 2 betrifft nach der Neuschaffung von Art. 21 Abs. 2 im Rahmen der jüngsten Reform der EuGVVO, wonach die Gerichtsstände des Art. 21 Abs. 1 lit. b nicht mehr zwingend einen Wohnsitz des Arbeitgebers in einem Mitgliedstaat voraussetzen, v.a. die Fälle des Art. 21 Abs. 1 lit. a. Gem. Art. 20 Abs. 2 kann danach ausnahmsweise auch ein in einem **Drittstaat ansässige Arbeitgeber** nach Maßgabe der EuGVVO verklagt werden, wenn er im Einzelfall zwar keinen Wohnsitz, wohl aber eine Niederlassung im Hoheitsgebiet eines Mitgliedstaats besitzt und es sich um eine Streitigkeit aus deren Betrieb handelt.⁷⁰ Zum **Bezug einer Streitigkeit zu einer Niederlassung** vgl. ebenfalls die Kommentierung zu Art. 7 (Nr. 5), dort Rn. 246.⁷¹ **26**

5. Vorbehalt zugunsten von Art. 7 Nr. 5

Nach der allgemeinen Systematik und dem Wortlaut von Art. 20 Abs. 1 verdrängen die Spezialregeln für Arbeitssachen grds. die allgemeinen Zuständigkeitsvorschriften v.a. der Abschnitte 1 und 2 des II. Kapitels der EuGVVO und damit an sich auch Art. 7 Nr. 5. Da jedoch Art. 7 Nr. 5 nach richtiger Ansicht entgegen seinem offenen Wortlaut nur für Klagen *gegen* das betreffende, eine Niederlassung im Hoheitsgebiet eines Mitgliedsstaates unterhaltende Unternehmen gilt,⁷² kommt eine **Anwendung des Art. 7 Nr. 5 in Arbeitssachen** potentiell nur einem Arbeitnehmer zugute.⁷³ Denn Arbeitnehmer werden in dieser Eigenschaft wohl nie eine Niederlassung unterhalten. Aktivklagen eines eine Niederlassung betreibenden Arbeitgebers selbst aber können nach ganz h.M. nicht am Gerichtsstand der Niederlassung erhoben werden.⁷⁴ In der Praxis ist der Vorbehalt zugunsten des Art. 7 Nr. 5 daher **nur für Aktivklagen eines Arbeitneh-** **27**

---

⁶⁷ Oben Art. 7 Rn. 241 ff.
⁶⁸ EuGH, 19.7.2012 – Rs. C-154/11, *Ahmed Mahamdia ./. Demokratische Volksrepublik Algerien*, ECLI:EU:C:2012:491 = NZA 2012, S. 935, Rn. 57 (dort ging es um eine Botschaft).
⁶⁹ S. zu Art. 7 Nr. 5 EuGH, 9.12.1987 – Rs. 218/86, *Schotte ./. Parfumes Rothschild*, Slg. 1987, 4905 (ECLI:EU:C:1987:536), Rn. 16 ff. sowie die Kommentierung zu Art. 7 Rn. 244 f.; so auch Rauscher/*Mankowski*, EuZPR, 4. Aufl. 2016, Art. 20 EuGVVO Rn. 41 a.E.
⁷⁰ Rauscher/*Mankowski*, EuZPR, 4. Aufl. 2016, Art. 20 EuGVVO Rn. 44.
⁷¹ Dabei ist freilich zu beachten, dass am Gerichtsstand des Art. 7 Nr. 5 sowohl vertragliche als auch außervertragliche Streitigkeiten ausgefochten werden können, während Arbeitssachen im Sinne des 5. Abschnitts des II. Kapitels der EuGVVO nur vertragliche Streitigkeiten umfassen (umstritten), s. Rn. 12 und 56.
⁷² S. die Kommentierung zu Art. 7 Rn. 230 und 236.
⁷³ **A.A.** Saenger/*Dörner*, ZPO, 6. Aufl. 2015, Art. 20 EuGVVO Rn. 2: „Auf den zusätzlichen Gerichtsstand des Art. 7 Nr. 5 […] kann sich sowohl der Arbeitgeber als auch der Arbeitnehmer stützen".
⁷⁴ Vgl. nur *Geimer*/Schütze, EuZVR, 3. Aufl. 2010, Art. 5 EuGVVO a.F. Rn. 298; Rauscher/*Leible*, EuZPR, 4. Aufl. 2016, Art. 7 EuGVVO Rn. 154; *Kropholler*/von Hein, EuZPR, 9. Aufl. 2011, Art. 5 EuGVVO a.F. Rn. 101; MünchKomm/*Gottwald*, ZPO, 4. Aufl. 2013, Art. 5 EuGVVO a.F. Rn. 89.

mers relevant.[75] Insofern war ein Ausschluss des Gerichtsstands der Niederlassung in Arbeitssachen widersinnig und eine Rückausnahme geboten.

28 Der Vorbehalt zugunsten von Art. 7 Nr. 5 in Arbeitssachen ist im Übrigen auch nicht mit Blick auf die Regelung in Art. 20 Abs. 2 obsolet. Denn während Art. 21 Abs. 1 lit. a i.V.m. Art. 20 Abs. 2 nur die internationale Zuständigkeit regeln, bestimmt Art. 7 Nr. 5 neben der internationalen **auch die örtliche Zuständigkeit** mit.[76] Zudem gewährt Art. 7 Nr. 5, anders als richtigerweise[77] Art. 21 Abs. 1 lit. a i.V.m. Art. 20 Abs. 2, eine **umfassende Kognitionsbefugnis** nicht nur für vertragliche, sondern auch für außervertragliche Ansprüche.[78]

29 Zu beachten ist weiterhin, dass der besondere Gerichtsstand der Niederlassung grds. nur gegenüber **Beklagten mit Wohnsitz** in einem Mitgliedstaat im Sinne der Verordnung Anwendung findet.[79] Insofern würde zwar in Arbeitssachen **Art. 20 Abs. 2** grds. auch im Rahmen der Anwendung von Art. 7 Nr. 5 über das etwaige Fehlen des Wohnsitzes des Arbeitgebers in einem Mitgliedstaat hinweghelfen.[80] Da jedoch Art. 7 Nr. 5 nach ganz h.M. ein **Auseinanderfallen von Wohnsitz- und Niederlassungsstaat** erfordert,[81] Art. 20 Abs. 2 jedoch lediglich das Vorliegen eines Wohnsitzes im Hoheitsgebiet gerade des Niederlassungsstaats fingiert, scheidet ein Rückgriff auf Art. 7 Nr. 5 gegenüber in Drittstaaten ansässigen Arbeitgebern auch in Arbeitssachen aus.[82]

6. Vorbehalt zugunsten von Art. 8 Nr. 1

30 Der im Zuge der jüngsten EuGVVO-Reform neu eingeführte – einseitige – Vorbehalt zugunsten von Art. 8 Nr. 1 diente gezielt der Ausschaltung der gegenteiligen EuGH-Rechtsprechung[83] in der Rechtssache *Glaxosmithkline*.[84] Nunmehr kann auch ein Arbeitnehmer z.B. mehrere (u.U. vermeintliche) Arbeitgeber unter den Voraussetzungen des Art. 8 Nr. 1[85] gemeinsam am Wohnsitz nur eines der Beklagten verklagen.[86]

31 Art. 8 Nr. 1 dürfte in Arbeitssachen insbesondere (aber nicht nur) in **Konzernkonstellationen** relevant (und hilfreich) werden, in denen z.B. bisweilen

---

[75] **A. A.** scheinbar Saenger/*Dörner*, ZPO, 6. Aufl. 2015, Art. 20 EuGVVO Rn. 2.
[76] Rauscher/*Staudinger*, EuZPR, 4. Aufl. 2016, Art. 17 EuGVVO Rn. 20.
[77] S. oben Rn. 12 m.w.N.
[78] S. dazu näher unten Rn. 76 ff. sowie die Kommentierung zu Art. 7 Rn. 240.
[79] S. die Kommentierung zu Art. 7 Rn. 233 ff. sowie etwa *Kropholler/von Hein*, EuZPR, 9. Aufl. 2011, Art. 5 EuGVVO a.F. Rn. 100; Rauscher/*Leible*, EuZPR, 4. Aufl. 2016, Art. 7 EuGVVO Rn. 153.
[80] So etwa Rauscher/*Leible*, EuZPR, 4. Aufl. 2016, Art. 7 EuGVVO Rn. 153.
[81] Vgl. die Kommentierung zu Art. 7 Rn. 234 sowie die Vorb. Art. 7 ff. Rn. 11 f.
[82] **A. A.** wohl (ohne nähere Begründung) Rauscher/*Leible*, EuZPR, 4. Aufl. 2016, Art. 7 EuGVVO Rn. 153.
[83] Noch unter Art. 18 Abs. 1 EuGVVO a.F. hatte der EuGH ausdrücklich eine Anwendbarkeit von Art. 8 Nr. 1 (bzw. Art. 6 Nr. 1 EuGVVO a.F.) in Arbeitssachen abgelehnt, s. EuGH, 22.5.2008 – Rs. C-462/06, *Glaxosmithkline u.a. ./. Jean-Pierre Rouard*, Slg. 2008, I-3978 (ECLI:EU:C:2008:299), Rn. 23.
[84] S. bereits oben Rn. 10 sowie Rauscher/*Mankowski*, EuZPR, 4. Aufl. 2016, Art. 20 EuGVVO Rn. 3.
[85] Hierzu näher die Kommentierung zu Art. 8 Rn. 18 ff.
[86] Vgl. hierzu etwa *von Hein*, RIW 2013, S. 97 (103); *Pohl*, IPRax 2013, S. 109 (111).

gar nicht immer klar ist, welche Konzerngesellschaft(en) im Einzelfall überhaupt tatsächlich Arbeitgeber ist bzw. sind.[87] In einem solchen Fall sollte daher im Lichte der Art. 20 ff. eine (plausible) Unsicherheit über die Zuordnung von Ansprüchen zu bestimmten z.B. Konzerngesellschaften dem Konnexitätserfordernis des Art. 8 Nr. 1 genügen.[88]

Für den **umgekehrten Fall**, d.h. Verfahren gegen Arbeitnehmer, gilt der Vorbehalt zugunsten von Art. 8 Nr. 1 ausweislich des klaren Wortlauts von Art. 20 Abs. 1 hingegen **nicht**. 32

7. Maßgeblicher Zeitpunkt

Zum maßgeblichen Zeitpunkt für das Vorliegen der konkret zuständigkeitsbegründenden Anwendungsvoraussetzungen der Art. 20 ff. gelten die allgemeinen Maßstäbe:[89] Danach kommt es grds. auf den entsprechend Art. 32 zu bestimmenden Zeitpunkt der **Anrufung des jeweiligen Gerichts** an.[90] Dies gilt bei Anwendung von Art. 20 Abs. 2 auch für das Vorliegen einer Niederlassung.[91] Aus dem Wortlaut dieser Vorschrift ersichtlich („besitzt") muss die Niederlassung nämlich noch **im Zeitpunkt der jeweiligen Anrufung eines Gerichts** bestehen und genügt bei Auflösung der Niederlassung vor Klageeinreichung nicht deren Bestehen nur bei Vertragsschluss.[92] Die Auflösung einer Niederlassung oder die Verlegung des Wohnsitzes *nach* Klageeinreichung ist hingegen nach den Regeln der *perpetuatio fori*[93] grds. irrelevant. 33

VI. Persönlicher Anwendungsbereich; Arbeitnehmereigenschaft

Der sachliche Anwendungsbereich der Art. 20 ff. ist gem. Art. 20 Abs. 1 bei Vorliegen eines individuellen Arbeitsvertrags bzw. von Ansprüchen daraus eröffnet. Der Begriff des individuellen Arbeitsvertrages ist dabei **weit**[94] zu verstehen im Sinne eines **Arbeitsverhältnisses**.[95] Ein Arbeitsverhältnis liegt vor, wenn nach dem Inhalt des (u.U. vermeintlichen) Vertrags **eine der Parteien als Arbeitnehmer** im Sinne der EuGVVO – und die andere damit zwangsläufig als Arbeitgeber – anzusehen ist.[96] 34

---

[87] S. *Krebber*, IPRax 2009, S. 409 (411); Rauscher/*Mankowski*, EuZPR, 4. Aufl. 2016, Art. 20 EuGVVO Rn. 3.
[88] So *Krebber*, IPRax 2009, S. 409 (412) sowie EuArbR/*ders.*, 2016, Art. 20 EuGVVO Rn. 12.
[89] Vgl. die Vorb. Art. 4 ff. Rn. 19 ff.
[90] S. Vorb. Art. 4 ff. Rn. 20.
[91] S. etwa BAG, 25.6.2013 – 3 AZR 138/11, ZIP 2014, S. 939, Rn. 32; Rauscher/*Mankowski*, EuZPR, 4. Aufl. 2016, Art. 20 EuGVVO Rn. 42.
[92] Vgl. die Kommentierung zu Art. 7 Rn. 247 f.
[93] Vgl. hierzu die Vorb. Art. 4 ff. Rn. 21.
[94] EuGH, 19.6.2014 – Rs. C-507/12, *Jessy Saint Prix ./. Secretary of State Work and Pensions, AIRE Centre*, ECLI:EU:C:2014:2007 = NZA 2014, S. 765, Rn. 33; Rauscher/*Mankowski*, EuZPR, 4. Aufl. 2016, Art. 20 EuGVVO Rn. 12.
[95] Weitere Einzelheiten unter Rn. 48 ff. sowie bei EuArbR/*Krebber*, 2016, Art. 20 EuGVVO Rn. 3.
[96] EuArbR/*Krebber*, 2016, Art. 20 EuGVVO Rn. 3.

1. Arbeitnehmerbegriff

35 Der Begriff des Arbeitnehmers ist in der EuGVVO nicht ausdrücklich definiert. Zur – **autonomen**[97] – Auslegung kann allerdings unterstützend auf die Auslegung von und Rechtsprechung zu Art. 45 AEUV[98] sowie auch von anderen **sekundärrechtlichen Rechtsnormen**, etwa der arbeitnehmerschutzrechtlichen Richtlinie 92/85/EWG[99] oder aber Art. 8 Rom I-VO,[100] zurückgegriffen werden.[101]

36 Nach ständiger Rechtsprechung des EuGH ist in einer gleichsam unionsrechtlichen Gesamtschau das wesentliche Merkmal eines Arbeitsverhältnisses darin zu sehen, dass eine (grds. natürliche) Person – der Arbeitnehmer – während einer **bestimmten Zeit** für eine andere Person **nach deren Weisung** Leistungen erbringt, für die sie als **Gegenleistung** eine Vergütung erhält.[102] Gleichzeitig setzt der Begriff des Arbeitsvertrags eine gewisse **Abhängigkeit** des Arbeitnehmers vom Arbeitgeber voraus.[103] Weiterhin zu berücksichtigende Faktoren sind die **Einbindung** in den Betrieb des Arbeitgebers sowie das Fehlen eines eigenen unternehmerischen **Risikos** bzw. einer entsprechenden Entscheidungsfreiheit des etwaigen Arbeitnehmers.[104]

37 Die **Weisungsgebundenheit** muss sich dabei insbesondere auch auf eine fehlende (jedenfalls vollständige) Freiheit eines etwaigen Arbeitnehmers bei der Wahl von Zeit, Ort und Inhalt seiner Arbeit beziehen.[105] Die **Gegenleistung** muss – ähnlich dem Dienstvertrag im Sinne von z.B. Art. 7 Nr. 1 lit. b Spiegelstr. 2[106] – nicht notwendigerweise aus der Zahlung einer Geldsumme beste-

---

[97] S. EuGH, 10.9.2015 – Rs. C-47/14, *Holterman Ferho Exploitatie u.a. ./. Spies von Büllesheim*, ECLI:EU:C:2015:574 = NZG 2015, S. 1199, Rn. 40 sowie Musielak/Voit/*Stadler*, ZPO, 13. Aufl. 2016, Art. 20 EuGVVO Rn. 2; Rauscher/*Mankowski*, EuZPR, 4. Aufl. 2016, Art. 20 EuGVVO Rn. 9 ff. (12); Saenger/*Dörner*, ZPO, 6. Aufl. 2015, Art. 20 EuGVVO Rn. 4; Schlosser/*Hess*, EuZPR, 4. Aufl. 2015, Art. 20 EuGVVO Rn. 1; Geimer/*Schütze*, EuZVR, 3. Aufl. 2010, Art. 18 EuGVVO Rn. 16; **a. A.** etwa EuArbR/*Krebber*, 2016, Art. 20 EuGVVO Rn. 3: „ausreichend, dass die Arbeitnehmereigenschaft [...] nach Unionsrecht, lex fori, lex causae oder dem Recht des gewöhnlichen Arbeitsorts vorliegt" – vgl. insofern allgemein die berechtigte Kritik bei Musielak/Voit/*Stadler*, ZPO, 13. Aufl. 2016, Art. 20 EuGVVO Rn. 3.

[98] Etwa EuGH, 11.11.2010 – Rs. C-232/09, *Dita Danosa ./. LKB Līzings SIA*, Slg. 2010, I-11435 (ECLI:EU:C:2010:674), Rn. 39 sowie EuGH, 3.7.1986 – Rs. 66/85, *Lawrie-Blum ./. Land Baden-Württemberg*, Slg. 1986, 2121 (ECLI:EU:C:1986:284), Rn. 16 f.

[99] Richtlinie 92/85/EWG des Rates vom 19.10.1992 über die Durchführung von Maßnahmen zur Verbesserung der Sicherheit und des Gesundheitsschutzes von schwangeren Arbeitnehmerinnen, Wöchnerinnen und stillenden Arbeitnehmerinnen am Arbeitsplatz, ABl. (EG) 1992 Nr. L 348, S. 1.

[100] EuArbR/*Krebber*, 2016, Art. 20 EuGVVO Rn. 2; Rauscher/*Mankowski*, EuZPR, 4. Aufl. 2016, Art. 20 EuGVVO Rn. 9; s. auch Erwgr. 7 zur Rom I-VO (i.V.m. dem Rechtsgedanken des Art. 80).

[101] So ausdrücklich auch EuGH, 10.9.2015 – Rs. C-47/14, *Holterman Ferho Exploitatie u.a. ./. Spies von Büllesheim*, ECLI:EU:C:2015:574 = NZG 2015, S. 1199, Rn. 41.

[102] EuGH, 15.1.1987 – Rs. 266/85, *Shenavai ./. Kreischer*, Slg. 1987, 239 (ECLI:EU:C:1987:11), Rn. 16; EuGH, 10.9.2015 – Rs. C-47/14, *Holterman Ferho Exploitatie u.a. ./. Spies von Büllesheim*, ECLI:EU:C:2015:574 = NZG 2015, S. 1199, Rn. 41.

[103] EuGH, 10.9.2015 – Rs. C-47/14, *Holterman Ferho Exploitatie u.a. ./. Spies von Büllesheim*, ECLI:EU:C:2015:574 = NZG 2015, S. 1199, Rn. 40.

[104] EuGH, 4.12.2014 – Rs. C-413/13, *FNV Kunsten Informatie en Media ./. Staat der Nederlanden*, ECLI:EU:C:2014:2411 = NZA 2015, S. 55, Rn. 36; Kropholler/*von Hein*, EuZPR, 9. Aufl. 2011, Art. 18 EuGVVO a.F. Rn. 2; Rauscher/*Mankowski*, EuZPR, 4. Aufl. 2016, Art. 20 EuGVVO Rn. 10.

[105] EuGH, 4.12.2014 – Rs. C-413/13, *FNV Kunsten Informatie en Media ./. Staat der Nederlanden*, ECLI:EU:C:2014:2411 = NZA 2015, S. 55, Rn. 36.

[106] Vgl. die Kommentierung zu Art. 7 Rn. 100.

hen, sondern kann im Einzelfall auch durch andere Leistungen erfolgen,[107] so dass grds. die Verschaffung irgendeines wirtschaftlichen Werts als Gegenleistung ausreichen dürfte, jedenfalls solange dieser nicht (völlig) außer Verhältnis zu der Leistung steht.[108] Auch das Vorliegen einer bloß (u.U. teilweise) erfolgsabhängigen Vergütung kann im Einzelfall genügen.[109] Die – selbst überproportional große – Höhe der Vergütung ist ebenfalls grds. irrelevant.[110] Auf die **Intensität der Tätigkeit** kommt es nicht an, so dass grds. auch **Teilzeitkräfte** bis hin zu geringfügigen Beschäftigungsverhältnissen erfasst werden.[111]

2. Abgrenzung zu sonstigen Dienstverträgen

Der Begriff des Arbeitsverhältnisses ist insbesondere abzugrenzen vom **reinen Dienstvertrag** im Sinne von Art. 7 Nr. 1 lit. b Spiegelstr. 2, bei dem die Leistung in wirtschaftlicher und sozialer Selbstständigkeit und im Wesentlichen freier Zeiteinteilung erbracht wird.[112] Unter diesen Begriff – und nicht denjenigen des Arbeitsvertrages – fallen z.B. entgeltliche handwerkliche, freiberufliche oder gewerbliche/kaufmännische Tätigkeiten, etwa die Erstellung von Bauplänen durch einen Architekten.[113] 38

3. Einzelfälle

Klassischerweise unter den unionsrechtlich autonomen Arbeitnehmerbegriff des Art. 20 Abs. 1 fallen naturgemäß „normale" **Arbeitnehmer** (sowohl Arbeiter als auch Angestellte) im Sinne des deutschen Rechts, und zwar auch sog. **leitende Angestellte**.[114] **Leiharbeitnehmer bzw. Zeitarbeitskräfte** stehen ebenfalls in einem Arbeitsverhältnis, allerdings grds. nur zu dem überlassenden Unternehmen bzw. der Zeitarbeitsfirma.[115] **Ausbildungsverhältnisse** – auch z.B. das Rechtreferendariat – sind grds. Arbeitsverträge im Sinne von Art. 20 Abs. 1,[116] genauso wie Arbeitsverhältnisse, die mit **öffentlichen** 39

---

[107] Rauscher/*Mankowski*, EuZPR, 4. Aufl. 2016, Art. 20 EuGVVO Rn. 10.
[108] EuGH, 5.10.1988 – Rs. 196/87, *Steymann* ./. *Staatssecretaris van Justitie*, Slg. 1988, 6159 (ECLI:EU:C:1988:475), Rn. 12.
[109] EuGH, 4.12.1989, Rs. 3/87, *The Queen* ./. *Ministry of Agriculture, Fisheries and Food, ex parte Agegate*, Slg. 1989, 4459 (ECLI:EU:C:1989:650), Rn. 36.
[110] So ausdrücklich EuGH, 19.11.2002 – Rs. C-188/00, *Bülent Kurz* ./. *Land Baden-Württemberg*, Slg. 2002, I-10691 (ECLI:EU:C:2002:694), Rn. 32; s. auch EuGH, 10.9.2015 – Rs. C-47/14, *Holterman Ferho Exploitatie u.a.* ./. *Spies von Büllesheim*, ECLI:EU:C:2015:574 = NZG 2015, S. 1199, Rn. 47 ff.
[111] EuGH, 23.3.1982, Rs. 53/81, *Levin* / *Staatssecretaris van Justitie*, Slg. 1982, 1035 (ECLI:EU:C:1982:105), Rn. 17; Rauscher/*Mankowski*, EuZPR, 4. Aufl. 2016, Art. 20 EuGVVO Rn. 11.
[112] Vgl. zu diesem Begriff die Kommentierung zu Art. 7 Rn. 96 ff. sowie etwa *Geimer/Schütze*, EuZVR, 3. Aufl. 2010, Art. 18 EuGVVO a.F. Rn. 19.
[113] Vgl. den Sachverhalt bei EuGH, 15.11.1987 – Rs. 266/85, *Shenavai* ./. *Kreischer*, Slg. 1987, 239 (ECLI:EU:C:1987:11).
[114] BAG, 08.12. 2010 – 10 AZR 562/08, NZA-RR 2012, S. 320 (323), Rn. 27; Rauscher/*Mankowski*, EuZPR, 4. Aufl. 2016, Art. 20 EuGVVO Rn. 11.
[115] Rauscher/*Mankowski*, EuZPR, 4. Aufl. 2016, Art. 20 EuGVVO Rn. 15.
[116] EuGH, 3.7.1986 – Rs. 66/85, *Lawrie-Blum* ./. *Land Baden-Württemberg*, Slg. 1986, 2121 (ECLI:EU:C:1986:284), Rn. 18 f.; Rauscher/*Mankowski*, EuZPR, 4. Aufl. 2016, Art. 20 EuGVVO Rn. 11

Mitteln subventioniert werden (nicht jedoch aus öffentlichen Mitteln geförderte Umschulungsmaßnahmen, da es hier an der Einbindung in einen betrieblichen Arbeitsablauf fehlt). **Auch im öffentlichen Dienst Angestellte** bzw. sogar **Beamte** können im Einzelfall Arbeitnehmer sein, solange sie grds. weisungsgebunden und im konkreten Fall nicht hoheitlich tätig waren bzw. sind.[117]

40 Keine Arbeitnehmer im Sinne von Art. 20 Abs. 1 sind in der Regel gewerblich tätige **Subunternehmer** sowie jedenfalls freie **Handelsvertreter**,[118] wobei auch hier im Einzelfall unabhängig von der Bezeichnung und der Einordnung nach nationalem Recht die oben Rn. 35 ff. dargestellten Maßstäbe des Unionsrechts anzulegen sind.[119]

41 Für den unionsrechtlich autonomen Begriff des Arbeitsverhältnisses ist zudem *per se* irrelevant, ob das anwendbare nationale Recht in **Grenzbereichen** (wie in Deutschland für sog. **arbeitnehmerähnliche Personen** im Sinne von § 5 Abs. 1 Satz 2 ArbGG) gesetzlich ein Arbeitsverhältnis fingiert.[120] Sog. **Scheinselbstständige** im Sinne des deutschen Rechts sind daher nur dann Arbeitnehmer, wenn sie – wie wohl in aller Regel[121] – die oben Rn. 35 ff. dargestellten Kriterien des unionsrechtlichen Arbeitnehmerbegriffs erfüllen.

42 **Organe von juristischen Personen oder Gesellschaften**,[122] d.h. insbesondere Geschäftsführer von GmbHs[123] bzw. deren ausländische Pendants, können nach einer jüngsten Entscheidung des EuGH[124] ebenfalls **Arbeitnehmer** sein, sofern sie im Einzelfall „während einer bestimmten Zeit für diese Gesellschaft und nach deren Weisung Leistungen erbrachte[n]", hierfür eine Vergütung erhielten sowie zu der Gesellschaft in einer dauerhaften Beziehung standen und dadurch in deren Betrieb eingegliedert waren.[125] Die **Weisungsgebundenheit**[126] ist dabei freilich im Einzelfall besonders sorgfältig zu

---

[117] S. EuGH, 12.2.1974 – Rs. 152/73, *Giovanni Maria Sotgiu* ./. *Deutsche Bundespost*, Slg. 1974, 153 (ECLI:EU:C:1974:13), Rn. 5; *Geimer*/Schütze, EuZVR, 3. Aufl. 2010, Art. 18 EuGVVO a.F. Rn. 21; Rauscher/*Mankowski*, EuZPR, 4. Aufl. 2016, Art. 20 EuGVVO Rn. 33 ff. mit weiteren Einzelheiten.
[118] OLG Hamburg, 14.4.2004 – 13 U 76/03, NJW 2004, S. 3126; *Kropholler/von Hein*, EuZPR, 9. Aufl. 2011, Art. 18 EuGVVO a.F. Rn. 2.
[119] S. nur Rauscher/*Mankowski*, EuZPR, 4. Aufl. 2016, Art. 20 EuGVVO Rn. 27.
[120] H.M., s. nur *Junker*, FS Schlosser, 2005, S. 299 (302); *Schlosser*/Hess, EuZPR, 4. Aufl. 2015, Art. 20 EuGVVO Rn. 1; *Mankowski*, RIW 2005, S. 481 (497); Rauscher/*Mankowski*, EuZPR, 4. Aufl. 2016, Art. 20 EuGVVO Rn. 13; Musielak/Voit/*Stadler*, ZPO, 13. Aufl. 2016, Art. 20 EuGVVO Rn. 3; **a. A.** *Schlosser*/Hess, EuZPR, 4. Aufl. 2015, Art. 17 EuGVVO Rn. 1 sowie wohl auch EuArbR/*Krebber*, 2016, Art. 20 EuGVVO Rn. 3.
[121] EuGH, 13.1.2004 – Rs. C-256/01, *Debra Allonby* ./. *Accrington & Rossendale College u.a.*, Slg. 2004, 903 (ECLI:EU:C:2004:18) = NZA 2004, S. 201, Rn. 71; Rauscher/*Mankowski*, EuZPR, 4. Aufl. 2016, Art. 20 EuGVVO Rn. 14.
[122] Vgl. zum unionsrechtlichen Begriff der Gesellschaft und der juristischen Person die Kommentierung zu Art. 24 Rn. 68 ff.
[123] Bei Vorständen einer AG im Sinne des deutschen Aktienrechts fehlt hingegen in aller Regel die für eine Arbeitnehmereigenschaft erforderliche Weisungsgebundenheit, s. § 76 Abs. 1 AktG sowie *Kindler*, IPRax 2016, S. 115 (119).
[124] EuGH, 10.9.2015 – Rs. C-47/14, *Holterman Ferho Exploitatie u.a.* ./. *Spies von Büllesheim*, ECLI:EU:C:2015:574 = NZG 2015, S. 1199, Rn. 49; dazu etwa *Kindler*, IPRax 2016, S. 115.
[125] EuGH, 10.9.2015 – Rs. C-47/14, *Holterman Ferho Exploitatie u.a.* ./. *Spies von Büllesheim*, ECLI:EU:C:2015:574 = NZG 2015, S. 1199, Rn. 45.
[126] Hierzu speziell in Bezug auf Organmitglieder näher *Kindler*, IPRax 2016, S. 115 (116 f.).

prüfen; sie kann z.B. nach deutschem Verständnis im Einzelfall aus dem Anstellungsvertrag und/oder aus dem Gesetz bzw. der jeweiligen Gesellschaftssatzung folgen.[127] Daher muss bei einer Prüfung der Weisungsgebundenheit auf das anwendbare Gesellschaftsrecht – das sog. **Gesellschaftsstatut** – zurückgegriffen werden;[128] zum Internationalen Gesellschaftsrecht vgl. die Kommentierung zu Art. 24 Rn. 76 ff. Eine generelle Unterscheidung zwischen Anstellungsvertrag und organschaftlichem Bestellungsakt, wie ihn z.b. das deutsche Recht kennt,[129] ist bei unionsrechtlich autonomer Betrachtung freilich nicht möglich;[130] denn diese Unterscheidung ist nur den wenigsten EU-Mitgliedstaaten bekannt.[131]

Grenzfälle sind diejenigen Fallgestaltungen, in denen eine **Organperson** 43 zugleich **Gesellschafter** ist: Insofern kommt es zur Beurteilung einer etwaigen Weisungsgebundenheit u.a. auf die Höhe der jeweiligen Beteiligung und den dadurch vermittelten Einfluss auf die Willensbildung des Verwaltungsorgans der betreffenden Gesellschaft an.[132] Jedenfalls bei Vorliegen einer **Stimmrechtsmehrheit**,[133] erst Recht natürlich einer Ein-Mann-Gesellschaft, wird man schwerlich noch von einer Weisungsgebundenheit ausgehen können.[134] Auch der **Vorstand** einer deutschen Aktiengesellschaft ist mangels Weisungsgebundenheit (vgl. § 76 Abs. 1 AktG) grds. nicht als Arbeitnehmer einzustufen.[135]

4. Arbeitnehmer als Prozesspartei

Ebenso wie bei Art. 17 ff. der Verbraucher wird auch ein Arbeitnehmer im 44 5. Abschnitt nur dann privilegiert, wenn er in einem Verfahren **selbst eine Parteirolle** innehat. Dies ergibt sich zwar – anders als z.B. bei Art. 18 – nicht eindeutig aus dem Wortlaut von Art. 20 ff.,[136] folgt aber nach hier vertretener Meinung aus deren oben Rn. 1 f. dargestelltem Normzweck, nämlich der **gerade verfahrensrechtlichen Privilegierung** eines Arbeitnehmers.

Klagt daher eine Person, die selbst nicht Arbeitnehmer ist, die z.b. abgetre- 45 tene oder geerbte Forderung eines Arbeitnehmers lediglich als **Rechtsnach-**

---

[127] *Kindler*, IPRax 2016, S. 115 (119).
[128] *Kindler*, IPRax 2016, S. 115 (116 f.); Rauscher/*Mankowski*, EuZPR, 4. Aufl. 2016, Art. 20 EuGVVO Rn. 29.
[129] Vgl. etwa *Raiser/Veil*, Recht der Kapitalgesellschaften, 6. Aufl. 2015, § 32 Rn. 39 und 43; *Mankowski*, RIW 2015, S. 821 (823); *Kindler*, IPRax 2016, S. 115 (117).
[130] *Kindler*, IPRax 2016, S. 115 (117); *Mankowski*, RIW 2015, S. 821 (823); Rauscher/*Mankowski*, EuZPR, 4. Aufl. 2016, Art. 20 EuGVVO Rn. 28.
[131] S. *Kindler*, IPRax 2016, S. 115 (117), der z.B. auf Italien als Gegenbeispiel verweist (Fn. 41).
[132] EuGH, 10.9.2015 – Rs. C-47/14, *Holterman Ferho Exploitatie u.a. ./. Spies von Büllesheim*, ECLI:EU:C:2015:574 = NZG 2015, S. 1199, Rn. 47; *Kindler*, IPRax 2016, S. 115 (119).
[133] *Kindler*, IPRax 2016, S. 115 (119).
[134] EuGH, 27.6.1996 – Rs. C-107/94, *P.H. Asscher ./. Staatssecretaris van Financiën*, Slg. 1996, I-3089, (ECLI:EU:C:1996:251), Rn. 26; Rauscher/*Mankowski*, EuZPR, 4. Aufl. 2016, Art. 20 EuGVVO Rn. 30.
[135] So *Kindler*, IPRax 2016, S. 115 (119).
[136] S. etwa *Kropholler/von Hein*, EuZPR, 9. Aufl. 2011, Art. 18 EuGVVO a.F. Rn. 3a.

folger ein, sind die Gerichtsstände des Art. 21 hierfür grds. nicht eröffnet.[137] Ist jedoch der Rechtsnachfolger eines Arbeitnehmers seinerseits im konkreten Kontext **ebenfalls als Arbeitnehmer anzusehen**, greift der Schutzgedanke des 5. Abschnitts wiederum ein und ist eine Anwendung von Art. 20 ff. möglich;[138] dies dürfte zwar selten vorkommen, ist aber denkbar etwa im Falle einer Abtretung von Ansprüchen aus einem Arbeitsverhältnis an einen Kollegen, der die Ansprüche dann, z.b. gebündelt mit eigenen, gegen den gemeinsamen Arbeitgeber einklagt.[139] Demgegenüber ist eine **Rechtsnachfolge auf Arbeitgeberseite** für die Anwendbarkeit der Art. 21 f. grds. ohne Belang.[140]

46 **Klagen einer Gewerkschaft**, die Ansprüche ihrer Mitglieder im eigenen Namen einklagt, können daher nicht an den Arbeitnehmergerichtsständen geltend gemacht werden, mag auch die aufgegriffene Rechtsstreitigkeit ursprünglich eine Arbeitnehmersache gewesen sein. Das Gleiche gilt für **öffentlich-rechtliche Legalzessionäre** wie z.B. Sozialversicherungsträger.[141]

5. Arbeitgeber

47 Der Begriff des Arbeitgebers ist in den Art. 20 ff. nicht definiert, sondern wird lediglich vorausgesetzt. Auch dieser Begriff ist naturgemäß **autonom** zu bestimmen.[142] Arbeitgeber ist in Komplementarität zum Begriff des Arbeitnehmers derjenige, mit dem ein Arbeitnehmer den streitgegenständlichen Arbeitsvertrag abgeschlossen hat[143] und der damit **die arbeitsrechtliche Weisungsbefugnis innehat**.[144] Anders als auf Arbeitnehmerseite können auf Arbeitgeberseite auch mehrere Personen sowie Gesellschaften oder juristische Personen agieren.[145] U.a. wegen gerade in Konzernkonstellationen oftmals unüberschaubarer Zuordnungsprobleme auf Arbeitgeberseite wurde im Rahmen der jüngsten EuGVVO-Reform ein Rückgriff auf den Mehrparteienge-

---

[137] So auch, allerdings u.U. weiter (lediglich nicht in Ausübung einer beruflichen oder gewerblichen Absicht) *Schlosser*/Hess, EuZPR, 4. Aufl. 2015, Art. 20 EuGVVO Rn. 1; MünchKomm/*Gottwald*, ZPO, 4. Aufl. 2013, Art. 18 EuGVVO a.F. Rn. 4; *Geimer*/Schütze, EuZVR, 3. Aufl. 2010, Art. 19 EuGVVO a.F. Rn. 40; **a. A.** Rauscher/*Mankowski*, EuZPR, 4. Aufl. 2016, Art. 21 EuGVVO Rn. 79.
[138] Dieser Meinung sind ebenfalls *Schlosser*/Hess, EuZPR, 4. Aufl. 2015, Art. 20 EuGVVO Rn. 1; *Geimer*/Schütze, EuZVR, 3. Aufl. 2010, Art. 19 EuGVVO a.F. Rn. 40; MünchKomm/*Gottwald*, ZPO, 4. Aufl. 2013, Art. 18 EuGVVO a.F. Rn. 4.
[139] **A. A.** Rauscher/*Mankowski*, EuZPR, 4. Aufl. 2016, Art. 21 EuGVVO Rn. 80: „der Zessionar erhält die Ansprüche in keinem Fall spezifisch in seiner Eigenschaft als Arbeitgeber".
[140] *Geimer*/Schütze, EuZVR, 3. Aufl. 2010, Art. 19 EuGVVO a.F. Rn. 6; Rauscher/*Mankowski*, EuZPR, 4. Aufl. 2016, Art. 21 EuGVVO Rn. 81.
[141] So auch *Schlosser*/Hess, EuZPR, 4. Aufl. 2015, Art. 20 EuGVVO Rn. 1; *Geimer*/Schütze, EuZVR, 3. Aufl. 2010, Art. 17 EuGVVO a.F. Rn. 40; MünchKomm/*Gottwald*, ZPO, 4. Aufl. 2013, Art. 18 EuGVVO a.F. Rn. 4; **a. A.** für öffentlich-rechtliche Legalzessionäre etwa *Däubler*, NZA 2003, S. 1297 (1299); *Kropholler/von Hein*, EuZPR, 9. Aufl. 2011, Art. 18 EuGVVO a.F. Rn. 3a und wohl auch Rauscher/*Mankowski*, EuZPR, 4. Aufl. 2016, Art. 21 EuGVVO Rn. 79; unentschieden *Junker*, FS Schlosser, 2005, S. 299 (303).
[142] So auch – allerdings zum parallel auszulegenden Art. 8 Rom I-VO – MünchKomm/*Martiny*, BGB, 6. Aufl. 2015, Art. 8 Rom I-VO Rn. 22.
[143] So Rauscher/*Mankowski*, EuZPR, 4. Aufl. 2016, Art. 21 EuGVVO Rn. 7.
[144] So MünchKomm/*Martiny*, BGB, 6. Aufl. 2015, Art. 8 Rom I-VO Rn. 22.
[145] Vgl. MünchKomm/*Martiny*, BGB, 6. Aufl. 2015, Art. 8 Rom I-VO Rn. 22.

Text + Erläuterungen   Art. 20   **B Vor I** 7

richtsstand des Art. 8 Nr. 1 zugunsten von Arbeitnehmern ausdrücklich zugelassen.[146]

VII. Sachlicher Anwendungsbereich: Individualarbeitsrechtliche Streitigkeiten

Art. 20 Abs. 1 definiert den sachlichen Anwendungsbereich für Arbeitssachen 48
als diejenigen Rechtsstreitigkeiten, in denen ein **individueller Arbeitsvertrag**
oder Ansprüche daraus den Gegenstand des Verfahrens bilden.

1. Individueller Arbeitsvertrag

Der Begriff des „individuellen Arbeitsvertrages" ist unionsrechtlich **autonom** 49
zu bestimmen.[147] Der Begriff ist **grds. weit**[148] im Sinne eines Arbeitsverhältnisses zu verstehen;[149] denn nach ganz h.M. ist ein wirksamer Vertragsschluss für Art. 20 Abs. 1 nicht erforderlich. Unter den autonomen Begriff des „Arbeitsvertrages" fallen daher auch Klagen aus einem **fehlerhaften bzw. faktischen** Arbeitsvertrag[150] im Sinne des deutschen Rechts.[151] Das Gleiche gilt für Ansprüche aufgrund arbeitsrechtlicher Aufhebungs- oder Abwicklungsverträge.[152] Dies folgt neben dem Wortlaut „individueller Arbeitsvertrag"[153] nicht zuletzt aus Art. 12 Abs. 1 lit. e i.V.m. Art. 8 der grds. parallel auszulegenden[154] Rom I-VO.

Nach dem EuGH besteht das wesentliche Merkmal eines Arbeitsverhältnisses 50
darin, dass eine Person während einer **bestimmten Zeit** für eine andere Person
nach deren **Weisung** in **abhängiger** Stellung Leistungen erbringt, für die sie als
Gegenleistung eine **Vergütung** erhält.[155] Weiterhin sei eine etwaige **Einbin-**

[146] Dazu näher unten Rn. 30 ff.
[147] EuGH, 10.9.2015 – Rs. C-47/14, *Holterman Ferho Exploitatie u.a. ./. Spies von Büllesheim*, ECLI:EU:C:2015:574 = NZG 2015, S. 1199, Rn. 40 sowie Musielak/Voit/*Stadler*, ZPO, 3. Aufl. 2016, Art. 20 EuGVVO Rn. 2; Rauscher/*Mankowski*, EuZPR, 4. Aufl. 2016, Art. 20 EuGVVO Rn. 9 ff. (12); Saenger/*Dörner*, ZPO, 6. Aufl. 2015, Art. 20 EuGVVO Rn. 4; Schlosser/*Hess*, EuZPR, 4. Aufl. 2015, Art. 20 EuGVVO Rn. 1; Geimer/Schütze, EuZVR, 3. Aufl. 2010, Art. 18 EuGVVO a.F. Rn. 16.
[148] EuGH, 19.6.2014 – Rs. C-507/12, *Jessy Saint Prix ./. Secretary of State Work and Pensions*, AIRE Centre, ECLI:EU:C:2014:2007 = NZA 2014, S. 765, Rn. 33; Rauscher/*Mankowski*, EuZPR, 4. Aufl. 2016, Art. 20 EuGVVO Rn. 12.
[149] EuArbR/*Krebber*, 2016, Art. 20 EuGVVO Rn. 3.
[150] Vgl. zu diesen allgemein etwa Schaub/*Linck*, Arbeitsrechts-Handbuch, 16. Aufl. 2015, § 34 Rn. 49 f.; MünchKomm/*Müller-Gloge*, BGB, 6. Aufl. 2012, § 611 BGB Rn. 635 ff.
[151] Allg. Meinung, s. nur Rauscher/*Mankowski*, EuZPR, 4. Aufl. 2016, Art. 20 EuGVVO Rn. 21; Schlosser/*Hess*, EuZPR, 4. Aufl. 2015, Art. 20 EuGVVO Rn. 3; Saenger/*Dörner*, ZPO, 6. Aufl. 2015, Art. 20 EuGVVO Rn. 4; MünchKomm/*Gottwald*, ZPO, 4. Aufl. 2013, Art. 18 EuGVVO a.F. Rn. 3; MünchKomm/*Martiny*, BGB, 6. Aufl. 2015, Art. 8 Rom I-VO Rn. 23.
[152] BAG, 8.12.2010 – 10 AZR 562/08, NZA-RR 2012, S. 320, Rn. 28; LAG Nürnberg, 22.4.2008 – 7 Sa 918/06, BeckRS 2011, 71404; *Junker*, NZA 2005, S. 199, (201); Rauscher/*Mankowski*, EuZPR, 4. Aufl. 2016, Art. 20 EuGVVO Rn. 36; Geimer/Schütze, EuZVR, 3. Aufl. 2010, Art. 18 EuGVVO a.F. Rn. 22; **a. A.** *Knöfel*, ZfA 2006, S. 397 (430).
[153] S. zu der Bedeutung dieser Formulierung unten Rn. 55.
[154] Wegen des Auslegungszusammenhangs zwischen der EuGVVO und (u.a.) der Rom I-VO (vgl. deren Erwgr. 7 i.V.m. dem Rechtsgedanken von Art. 80) sind diese Verordnungen grds. parallel auszulegen, s. allgemein die Vorb. Art. 7 ff. Rn. 8 f. m.w.N.
[155] EuGH, 10.9.2015 – Rs. C-47/14, *Holterman Ferho Exploitatie u.a. ./. Spies von Büllesheim*, ECLI:EU:C:2015:574 = NZG 2015, S. 1199, Rn. 41.

dung in den Betrieb eines Arbeitgebers sowie das Fehlen eines eigenen unternehmerischen **Risikos** des etwaigen Arbeitnehmers zu berücksichtigen.[156] Ein „Arbeitsvertrag" liegt mithin vor, wenn nach seinem Inhalt eine der Parteien als Arbeitnehmer im Sinne der EuGVVO anzusehen ist (und die andere damit zwangsläufig als Arbeitgeber).[157] Diesbezüglich kann vollumfänglich auf die Ausführungen Rn. 35 ff. verwiesen werden.

51 Im Übrigen erfasst Art. 20 Abs. 1 nur **individualarbeitsrechtliche** Streitigkeiten. Daher fallen **kollektivarbeitsrechtliche Streitigkeiten** zwischen den Parteien von Kollektivvereinbarungen, d.h. im deutschen Recht Tarifverträgen oder Betriebsvereinbarungen, nicht in den sachlichen Anwendungsbereich des 5. Abschnitts.[158] Individualvertragliche Ansprüche eines Arbeitnehmers fallen hingegen auch dann in den Anwendungsbereich der Art. 20 ff., wenn sie ihre Wurzel im Einzelfall in einer Kollektivvereinbarung haben.[159]

2. Streitigkeiten über einen „individuellen Arbeitsvertrag" bzw. „Ansprüche aus einem individuellen Arbeitsvertrag"

52 An den Gerichtsständen des 5. Abschnitts können gem. Art. 20 Abs. 1 **Alt. 2** alle vertraglich zu qualifizierenden **Ansprüche** geltend gemacht werden, die im Einzelfall aus einem individuellen Arbeitsvertrag im Sinne von Art. 20 Abs. 1 resultieren. Zur Bedeutung des Begriffs „Vertrag" im Sinne der EuGVVO allgemein vgl. ausführlich die Kommentierung zu Art. 7 (dort Rn. 22 ff.).

53 Allgemein gesprochen können „Ansprüche aus einem individuellen Arbeitsvertrag"[160] zunächst die regulären **Erfüllungs- oder Primäransprüche** sein, etwa der Anspruch auf Arbeitsleistung resp. auf Lohnzahlung bzw. auf Gewährung von Gratifikationen oder Bonuszahlungen etc.[161] Vertraglich sind aber auch aus einem Arbeitsvertrag resultierende **Sekundäransprüche**[162] (etwa auf Rückabwicklung[163] bzw. Schadensersatz, auch z.B. wegen **Diskriminierung** oder Mobbings in einem laufenden oder beendeten Arbeitsverhältnis[164]) sowie „die Folgen der Nichtigkeit des [Arbeits-]Vertrags".[165] Darunter fallen insbe-

---

[156] EuGH, 4.12.2014 – Rs. C-413/13, *FNV Kunsten Informatie en Media ./. Staat der Niederlanden*, ECLI:EU:C:2014:2411 = NZA 2015, S. 55, Rn. 36; *Kropholler/von Hein*, EuZPR, 9. Aufl. 2011, Art. 18 EuGVVO a.F. Rn. 2; *Rauscher/Mankowski*, EuZPR, 4. Aufl. 2016, Art. 20 EuGVVO Rn. 10.
[157] EuArbR/*Krebber*, EuZPR, 4. Aufl. 2016, Art. 20 EuGVVO Rn. 3.
[158] *Schlosser/Hess*, EuZPR, 4. Aufl. 2015, Art. 17 EuGVVO Rn. 1; zur Abgrenzung zu individualarbeitsrechtlichen Streitigkeiten näher etwa *Mankowski*, IPRax 2011, S. 93 ff., sowie *Rauscher/Mankowski*, EuZPR, 4. Aufl. 2016, Art. 20 EuGVVO Rn. 22 ff.
[159] *Rauscher/Mankowski*, EuZPR, 4. Aufl. 2016, Art. 20 EuGVVO Rn. 25.
[160] D.h. im Sinne der EuGVVO vertraglich zu qualifizierende Ansprüche im Umfeld eines Arbeitsverhältnisses.
[161] *Rauscher/Mankowski*, EuZPR, 4. Aufl. 2016, Art. 20 EuGVVO Rn. 17.
[162] Dies folgt nicht zuletzt aus dem Auslegungszusammenhang mit Art. 12 Abs. 1 lit. c Rom I-VO; zum Auslegungszusammenhang allgemein s. etwa *Würdinger*, RabelsZ 75 (2011), S. 102 (105 ff.) sowie die Vorb. Art. 7 ff. Rn. 8.
[163] Vgl. nur Art. 12 Abs. 1 lit. e Rom I-VO.
[164] *Kropholler/von Hein*, EuZPR, 9. Aufl. 2011, Art. 18 EuGVVO a.F. Rn. 3; *Rauscher/Mankowski*, EuZPR, 4. Aufl. 2016, Art. 20 EuGVVO Rn. 17.
[165] Vgl. Art. 12 Abs. 1 lit. e Rom I-VO.

sondere Ansprüche aus **faktischen bzw. fehlerhaften Arbeitsverhältnissen**.[166]

Auch Ansprüche auf Zahlung von **Arbeitnehmererfindervergütung**[167] mit allen Begleitansprüchen (z.B. dem vorbereitenden Auskunftsanspruch) sind, ebenso wie Ansprüche auf **Weiterbeschäftigung** z.B. auf Grund Betriebsübergangs (im deutschen Recht gem. § 613a BGB), (arbeits-)vertraglich zu qualifizieren. Schließlich fallen Klagen aus nachvertraglichen **Wettbewerbsverboten**,[168] aus **Pensionsabreden** bzw. im Umfeld **betrieblicher Altersversorgung**[169] sowie Ansprüche auf Gewährung von vereinbarten Aktienoptionen bzw. auf Bezugsmöglichkeit von Belegschaftsaktien etc. unter Art. 20 Abs. 1.[170]

Streitigkeiten über einen „**individuellen Arbeitsvertrag**" im Sinne von Art. 20 Abs. 1 Alt. 1 hingegen betreffen die Frage, ob ein Arbeitsvertrag im Einzelfall überhaupt zustande gekommen ist bzw. ob *noch* ein (wirksamer) Arbeitsvertrag vorliegt.[171] Darunter fallen insbesondere die **Kündigungsschutzklagen** nach deutschem Recht.[172]

3. Kognitionsbefugnis; keine Annexkompetenz

Wie bereits eingangs Rn. 12 dargestellt, unterfallen **außervertraglich zu qualifizierende**[173] Ansprüche von und gegen Arbeitnehmer(n) – z.B. aus einem Arbeitsunfall – nach zwar umstrittener[174] aber richtiger Ansicht nicht Art. 20 Abs. 1.[175] Die Gerichtsstände in Art. 21 f. gewähren gerade **keine Annexkompetenz** für etwaige begleitende deliktische Ansprüche. Dies mag aus Arbeitnehmersicht bedauerlich sein, entspricht jedoch der allgemeinen Systematik der EuGVVO.[176] Insofern bleiben vielmehr – auch wenn ansonsten eine Arbeitssache vorliegt – die allgemeinen Regelungen (insbesondere Art. 7 Nr. 2) anwendbar.

---

[166] S. hierzu bereits oben Rn. 49 m.w.N.
[167] *Schack*, FS Heldrich, 2005, S. 997 (1000); Rauscher/*Mankowski*, EuZPR, 4. Aufl. 2016, Art. 20 EuGVVO Rn. 18.
[168] Vgl. LAG Hessen, 14.8.2000 – 10 Sa 982/99, NJOZ 2001, S. 45 (48); *Kropholler/von Hein*, EuZPR, 9. Aufl. 2011, Art. 18 EuGVVO a.F. Rn. 3; Rauscher/*Mankowski*, EuZPR, 4. Aufl. 2016, Art. 20 EuGVVO Rn. 17.
[169] BAG, 20.4.2004 – 3 AZR 301/03, NZA 2005, S. 297; Rauscher/*Mankowski*, EuZPR, 4. Aufl. 2016, Art. 20 EuGVVO Rn. 19.
[170] S. LAG Hessen, 14.8.2000 – 10 Sa 982/99, NJOZ 2001, S. 45 (48); näher etwa Rauscher/*Mankowski*, EuZPR, 4. Aufl. 2016, Art. 20 EuGVVO Rn. 20.
[171] Vgl. hierzu die Parallelkommentierungen zu Art. 17 Rn. 35 ff. sowie zu Art. 7 Rn. 133.
[172] S. nur *Junker*, FS Schlosser, 2005, S. 299 (303); Rauscher/*Mankowski*, EuZPR, 4. Aufl. 2016, Art. 20 EuGVVO Rn. 17.
[173] Hierzu kann grds. auf die im Rahmen der Abgrenzung zwischen Art. 7 Nr. 1 und 2 entwickelten Kriterien zurückgegriffen werden; s. daher die Kommentierung zu Art. 7 Rn. 22 ff. sowie Rn. 155 ff.
[174] **A. A.** etwa *Rauscher*, *Däubler*, NZA 2003, S. 1297 (1299); Saenger/*Dörner*, ZPO, 6. Aufl. 2015, Art. 20 EuGVVO Rn. 5; EuArbR/*Krebber*, 2016, Art. 21 EuGVVO Rn. 11.
[175] Wohl h.M.; so auch Rauscher/*Mankowski*, EuZPR, 4. Aufl. 2016, Art. 20 EuGVVO Rn. 7; *Kropholler/von Hein*, EuZPR, 9. Aufl. 2011, Art. 18 EuGVVO a.F. Rn. 3; MünchKomm/*Gottwald*, ZPO, 4. Aufl. 2013, Art. 18 EuGVVO a.F. Rn. 4; *Junker*, FS Schlosser, 2005, S. 299 (303) und wohl *Schlosser/Hess*, EuZPR, 4. Aufl. 2015, Art. 20 EuGVVO Rn. 3.
[176] So auch *Junker*, FS Schlosser, 2005, S. 299 (303).

B Vor I 7 Art. 21 VO (EU) Nr. 1215/2012

Artikel 21 [Gerichtsstände für Klagen gegen Arbeitgeber]

(1) Ein Arbeitgeber, der seinen Wohnsitz im Hoheitsgebiet eines Mitgliedstaats hat, kann verklagt werden:
a) vor den Gerichten des Mitgliedstaats, in dem er seinen Wohnsitz hat, oder
b) in einem anderen Mitgliedstaat
   i) vor dem Gericht des Ortes, an dem oder von dem aus der Arbeitnehmer gewöhnlich seine Arbeit verrichtet oder zuletzt gewöhnlich verrichtet hat, oder
   ii) wenn der Arbeitnehmer seine Arbeit gewöhnlich nicht in ein und demselben Staat verrichtet oder verrichtet hat, vor dem Gericht des Ortes, an dem sich die Niederlassung, die den Arbeitnehmer eingestellt hat, befindet oder befand.

(2) Ein Arbeitgeber, der seinen Wohnsitz nicht im Hoheitsgebiet eines Mitgliedstaats hat, kann vor dem Gericht eines Mitgliedstaats gemäß Absatz 1 Buchstabe b verklagt werden.

EuGH-Rechtsprechung: EuGH, 26.5.1982 – Rs. 133/81, *Ivenel* ./. *Schwab*, Slg. 1982, 1891 (ECLI:EU:C:1982:199)

EuGH, 15.1.1987 – Rs. 266/85, *Shenavai* ./. *Kreischer*, Slg. 1987, 239 (ECLI:EU:C:1987:11)

EuGH, 8.3.1988 – Rs. 9/87, *Arcado* ./. *Havilland*, Slg. 1988, 1539 (ECLI:EU:C:1988:127)

EuGH, 15.2.1989 – Rs. 32/88, *Six Constructions* ./. *Humbert*, Slg. 1989, 341 (ECLI:EU:C:1989:68)

EuGH, 13.7.1993 – Rs. C-125/92, *Mulox IBC* ./. *Geels*, Slg. 1993, I-4075 (ECLI:EU:C:1993:306)

EuGH, 9.1.1997 – Rs. C-383/95, *Rutten* ./. *Cross Medical*, Slg. 1997, I-57 (ECLI:EU:C:1997:7)

EuGH, 27.2.2002 – Rs. C-37/00, *Weber* ./. *Universal Ogden Services Ltd.*, Slg. 2002, I-2013 (ECLI:EU:C:2002:122) = EuZW 2002, S. 221

EuGH, 10.4.2003 – Rs. C-437/00, *Pugliese* ./. *Finmeccanica SpA*, Slg. 2003, I-3573 (ECLI:EU:C:2003:219) = RIW 2003, S. 619

EuGH, 22.5.2008 – Rs. C-462/06, *Glaxosmithkline u.a.* ./. *Jean-Pierre Rouard*, Slg. 2008, I-3978 (ECLI:EU:C:2008:299)

EuGH, 15.3.2011 – Rs. C-29/10, *Heiko Koelzsch / Großherzogtum Luxemburg*, Slg. 2011, I-1634 (ECLI:EU:C:2011:151)

EuGH, 19.7.2012 – Rs. C-154/11, *Ahmed Mahamdia* ./. *Demokratische Volksrepublik Algerien*, ECLI:EU:C:2012:491 = NZA 2012, S. 935.

Text + Erläuterungen　　　　　　　　　　　　　Art. 21　**B Vor I** 7

Schrifttum: S. das bei Art. 20 angegebene Schrifttum.

Übersicht

	Rn.
I. Überblick	1
II. Konkurrenzen	6
III. Entstehungsgeschichte	8
IV. Sachlicher und räumlich-persönlicher Anwendungsbereich	11
V. Kognitionsbefugnis	15
VI. Gerichtsstand am Wohnsitz des Arbeitgebers (Art. 21 Abs. 1 lit. a)	16
VII. Gerichtsstand am gewöhnlichen Arbeitsort (Art. 21 Abs. 1 lit. b (i))	18
1. Überblick	19
2. Begriff des gewöhnlichen Arbeitsorts	22
a) Formel des EuGH	23
b) Unproblematische Fallgestaltungen	25
c) Abwägungsbedürftige Fallgruppen	27
d) Arbeitnehmerentsendung	29
e) Abstellen nur auf die Person des Arbeitnehmers	31
3. Einzelfälle	32
4. Fehlen eines gewöhnlichen Arbeitsorts	35
VIII. Gerichtsstand der einstellenden Niederlassung (Art. 21 Abs. 1 lit. b (ii))	36
1. Überblick; Verhältnis zu Art. 21 Abs. 1 lit. b (i)	37
2. Begriff der Niederlassung	40
3. Begriff des Einstellens	41
IX. Maßgeblicher Zeitpunkt	42

I. Überblick

Während **Art. 20** als Zentralnorm der speziellen Zuständigkeitsordnung für 1
Arbeitssachen lediglich deren sachlichen Anwendungsbereich umschreibt, regeln
erst die Art. 21 und 22 die tatsächliche Zuständigkeit in Arbeitssachen. **Art. 21**
betrifft dabei **Aktivklagen eines Arbeitnehmers** gegen seinen Arbeitgeber und
beinhaltet **drei** (teilweise) alternativ anwendbare – darüber hinaus jedoch grds.
„ausschließliche"[1] – Gerichtsstände.[2]

Die Zuständigkeit für Klagen eines Arbeitgebers gegen einen Arbeitnehmer 2
ist hingegen in **Art. 22 Abs. 1** geregelt. Für die Zwecke des Art. 21 ist zu beachten, dass die Klarstellung in Art. 22 Abs. 2, wonach auch in Arbeitssachen
Widerklagen grds. uneingeschränkt zulässig sind, entgegen der verfehlten[3] systematischen Stellung auch für die Fälle des Art. 21 gilt. Auch Arbeitnehmer
können in arbeitsrechtlichen Streitigkeiten grds. Widerklagen erheben.[4] Dies

---
[1] Dies ist – im Vergleich zu Art. 24 – in einem untechnischen Sinn zu verstehen; dazu näher Rn. 6.
[2] S. beispielhaft Saenger/*Dörner*, ZPO, 6. Aufl. 2015, Art. 21 EuGVVO Rn. 1.
[3] Ein ähnliches Versehen ist dem deutschen Gesetzgeber bei der Schaffung von Art. 254 Abs. 2 Satz 2 BGB unterlaufen, der richtigerweise als Abs. 3 hätte formuliert werden sollen, s. nur BGH, 8.3.1951 – III ZR 65/50, BGHZ 1, S. 248; MünchKomm/*Oetker*, BGB, 7. Aufl. 2016, § 254 BGB Rn. 126. So wie hier auch *Schlosser*/Hess, EuZPR, 4. Aufl. 2015, Art. 22 EuGVVO Rn. 2.
[4] So *Schlosser*/Hess, EuZPR, 4. Aufl. 2015, Art. 21 EuGVVO Rn. 2; Saenger/*Dörner*, ZPO, 6. Aufl. 2015, Art. 22 EuGVVO Rn. 2; Rauscher/*Mankowski*, EuZPR, 4. Aufl. 2016, Art. 22 EuGVVO Rn. 8; MünchKomm/*Gottwald*, ZPO, 4. Aufl. 2013, Art. 20 EuGVVO a.F. Rn. 2 f. und wohl auch EuArbR/*Krebber*, 2016, Art. 22 EuGVVO Rn. 2.

folgt neben dem Wortlaut von Art. 22 Abs. 2 aus einem systematischen Vergleich z.B. mit Art. 18 Abs. 3.[5] Die Regelung in Art. 22 Abs. 2 entbindet dabei jedoch nicht von der Einhaltung der sonstigen Voraussetzungen[6] einer Widerklage gem. Art. 8 Nr. 3.[7]

3   Nach Art. 21 **Abs. 1 lit. a** kann ein Arbeitnehmer seinen Arbeitgeber zunächst in dessen **Wohnsitzstaat** verklagen. Dies entspricht dem – ja von Art. 20 ff. verdrängten – allgemeinen Gerichtsstand im Sinne von Art. 4 Abs. 1. Entsprechend stellt Art. 21 Abs. 1 lit. a eine Art allgemeinen Gerichtsstand eines Arbeitgebers dar. Für diesen lässt Art. 20 Abs. 2 ausnahmsweise eine bloße Niederlassung anstelle eines Wohnsitzes des Arbeitgebers in einem Mitgliedstaat genügen.[8] Alternativ zu lit. a stellt Art. 21 **Abs. 1 lit. b** einem Arbeitnehmer zwei weitere Gerichtsstände zur Verfügung, und zwar **(i)** an seinem **gewöhnlichen Arbeitsort** bzw. – hilfsweise bei Fehlen eines gewöhnlichen Arbeitsorts – **(ii)** am Ort der ihn einstellenden Niederlassung des Arbeitgebers. Die beiden Gerichtsstände des Art. 21 Abs. 2 lit. b schließen sich dabei **gegenseitig strikt** aus.[9]

4   Der im Zuge der jüngsten Reform der EuGVVO neu geschaffene Art. 21 **Abs. 2** stellt die Gerichtsstände (nur) des Art. 21 Abs. 1 lit. b von dem an sich und noch unter der EuGVVO a.F. unbeschränkt geltenden Erfordernis eines Arbeitgeberwohnsitzes in einem („anderen") Mitgliedstaat frei.[10]

5   Art. 21 Abs. 1 **lit. a** bestimmt nur die **internationale** Zuständigkeit; die Gerichtsstände des Art. 21 Abs. 1 **lit. b** hingegen regeln auch die **örtliche Zuständigkeit** mit. Neben Art. 21 ist daher ein Rückgriff auf die autonomen nationalen Zuständigkeitsvorschriften nur in den Fällen der Art. 21 Abs. 1 lit. a und auch dort nur zur Bestimmung der örtlichen Zuständigkeit zulässig.[11]

II. Konkurrenzen[12]

6   Die oben Rn. 1 postulierte **Ausschließlichkeit** der in Art. 21 (sowie in Art. 22 Abs. 1) normierten Gerichtsstände ist **relativ** und daher anders zu verstehen als bei den im auch technischen Sinne ausschließlichen Gerichtsständen des Art. 24. Zum einen gehen nämlich die Gerichtsstände des Art. 24 den Vorschriften des 5. Abschnitts vor;[13] zum anderen verdrängen die Gerichtsstände des

---

[5] So ebenfalls Rauscher/*Mankowski*, EuZPR, 4. Aufl. 2016, Art. 22 EuGVVO Rn. 8.
[6] Hierzu näher die Kommentierung zu Art. 8 Rn. 59 ff.
[7] So auch MünchKomm/*Gottwald*, ZPO, 4. Aufl. 2013, Art. 20 EuGVVO a.F. Rn. 2; *Geimer*/ *Schütze*, EuZVR, 3. Aufl. 2010, Art. 20 EuGVVO a.F. Rn. 5; a.A. Rauscher/*Mankowski*, EuZPR, 4. Aufl. 2016, Art. 22 EuGVVO Rn. 9.
[8] S. hierzu die Kommentierung zu Art. 20 Rn. 24 ff.
[9] EuGH, 15.12.2011 – Rs. C-384/10, *Jan Voogsgeerd* ./. *Navimer SA*, Slg. 2011, I-13309 (ECLI:EU:C:2011:842), Rn. 26 (allerdings zu Art. 6 EVÜ); Rauscher/*Mankowski*, EuZPR, 4. Aufl. 2016, Art. 21 EuGVVO Rn. 3.
[10] Hierzu näher etwa Rauscher/*Mankowski*, EuZPR, 4. Aufl. 2016, Art. 21 EuGVVO Rn. 71 ff.
[11] EuArbR/*Krebber*, 2016, Art. 21 EuGVVO Rn. 7.
[12] Die Ausführungen dieses Gliederungspunkts entsprechen im Grundsatz denjenigen zu der Parallelnorm in Art. 18.
[13] Vgl. u.a. die Kommentierung zu Art. 24 Rn. 13.

Art. 21 (und des Art. 22 Abs. 1) zwar die meisten, nicht jedoch alle[14] der im Vergleich dazu allgemeinen Zuständigkeitsvorschriften insbesondere der Abschnitte 1 und 2 des II. Kapitels der EuGVVO. Schließlich bleiben in Arbeitssachen, anders als bei Art. 24,[15] abweichende **Gerichtsstandsvereinbarungen**, wenn auch gem. Art. 23 nur unter bestimmten – engen – Voraussetzungen, möglich,[16] ebenso wie (aus dessen Abs. 2 ersichtlich) eine rügelose Einlassung im Sinne von Art. 26.

Neben Art. 21 anwendbar sind zudem **gem. Art. 71** die nationalen Umsetzungsvorschriften zu **Art. 6 der Entsenderichtlinie**.[17] Nach dieser Vorschrift kann die Klage eines entsandten Arbeitnehmers im Falle einer Arbeitnehmerentsendung zur Durchsetzung bestimmter, durch die Richtlinie garantierter Arbeits- und Beschäftigungsbedingungen auch in demjenigen Mitgliedstaat erhoben werden, in dessen Hoheitsgebiet der Arbeitnehmer im Einzelfall entsandt ist bzw. war.[18] In Deutschland wurde Art. 6 der Entsenderichtlinie in **§ 15 AEntG** umgesetzt. 7

III. Entstehungsgeschichte

Der jetzige Art. 21 Abs. 1 wurde im Rahmen der „Umwandlung" des EuGVÜ in die EuGVVO a.F. im Jahr 2000 als damals **Art. 19 EuGVVO a.F.** neu geschaffen. Erst im Zuge jener Reform war der 5. Abschnitt des II. Kapitels der Verordnung als eigene – erstmals grds. abschließende[19] – Sonderregelung für Arbeitssachen in die europäische Zuständigkeitsordnung eingeführt worden.[20] 8

Unter dem **EuGVÜ** hingegen bestanden anfänglich gar keine geschriebenen Sondervorschriften für arbeitsrechtliche Streitigkeiten, so dass sich der EuGH zunächst (erstmals im Jahr 1982 in der Rechtssache *Ivenel*[21]) gezwungen sah, wohl *contra legem*[22] eigene richterrechtliche Sonderregeln für Arbeitsverträge zu entwerfen.[23] Diese Rechtsprechung wurde im Zuge des **3. Beitrittsübereinkommens** vom 26.5.1989,[24] mit dem Spanien und Portugal dem EuGVÜ bei- 9

---

[14] So bleiben insbesondere Art. 7 Nr. 5 und Art. 8 Nr. 1 nach der ausdrücklichen Regelung in Art. 20 Abs. 1 auch in Arbeitssachen anwendbar (freilich nur für *Aktiv*klagen eines Arbeitnehmers); s. dazu näher die Kommentierung zu Art. 20 Rn. 27 ff. sowie Rn. 30 ff.
[15] S. nur Art. 25 Abs. 4.
[16] Vgl. hierzu die Kommentierung zu Art. 23.
[17] Richtlinie 96/71/EG des Europäischen Parlaments und des Rates vom 16.12.1996 über die Entsendung von Arbeitnehmern im Rahmen der Erbringung von Dienstleistungen, Abl. (EG) 1997 Nr. L 18, S. 1.
[18] Vgl. hierzu näher Rauscher/*Mankowski*, EuZPR, 4. Aufl. 2016, Art. 20 EuGVVO Rn. 52 sowie *Geimer*/Schütze, EuZVR, 3. Aufl. 2010, Art. 18 EuGVVO a.F. Rn. 23 ff.
[19] S. nur *Junker*, FS Schlosser, 2005, S. 299 (307).
[20] S. allgemein zur Entstehungsgeschichte der Art. 20 ff. die Kommentierung zu Art. 20 Rn. 7 ff.
[21] EuGH, 26.5.1982 – Rs. 133/81, *Ivenel* ./. *Schwab*, Slg. 1982, 1891 (ECLI:EU:C:1982:199).
[22] So etwa *Schack*, IZVR, 6. Aufl. 2014, Rn. 326.
[23] Vgl. neben der eingangs zitierten *Ivenel*-Entscheidung z.B. auch EuGH, 15.2.1989 – Rs. 32/88, *Six Constructions* ./. *Humbert*, Slg. 1989, 341 (ECLI:EU:C:1989:68); eine Zusammenfassung findet sich etwa bei *Geimer*/Schütze, EuZVR, 3. Aufl. 2010, Art. 18 EuGVVO a.F. Rn. 28 ff.
[24] ABl. (EG) 1989 Nr. L 285, S. 1.

traten, in Art. 5 Nr. 1 Halbsatz 2 und 3 EuGVÜ[25] kodifiziert.[26] Diese damalige Sonderregelung für Arbeitsverträge wurde bei „Umwandlung" des EuGVÜ in die EuGVVO a.F. mit leichten Veränderungen[27] in deren Art. 19 Nr. 2 EuGVVO a.F. aufgenommen.

10 Bei der **jüngsten Reform der EuGVVO** wurde der ehemalige Art. 19 EuGVVO a.F. zu Art. 21 Abs. 1. Dabei wurde Art. 21 Abs. 1 lit. b (i) im Vergleich zu Art. 19 Nr. 2 lit. a EuGVVO a.F. um den Passus „oder von dem aus" ergänzt. Zudem verzichtete der EU-Gesetzgeber durch die **Neuschaffung von Art. 21 Abs. 2** für die Gerichtsstände des Art. 21 Abs. 2 lit. b ausdrücklich auf das Erfordernis eines Arbeitgeberwohnsitzes in einem Mitgliedstaat.[28]

IV. Sachlicher und räumlich-persönlicher Anwendungsbereich

11 Die Gerichtsstände des Art. 21 sind ausweislich des Wortlauts von Art. 20 Abs. 1 **sachlich** nur in **Arbeitssachen**[29] anzuwenden, d.h. auf – vertraglich zu qualifizierende[30] – Streitigkeiten aus (u.U. vermeintlichen) Arbeitsverhältnissen zwischen einem Arbeitnehmer[31] und einem Arbeitgeber[32] jeweils im Sinne der EuGVVO. Zum **räumlichen** Anwendungsbereich der Vorschriften des 5. Abschnitts – auch zu den neben Art. 21 anwendbaren „allgemeinen" Zuständigkeitsvorschriften – vgl. die Ausführungen zu Art. 20 Rn. 16 ff.

12 Zu beachten ist im Rahmen von Art. 21 Abs. 1 **lit. b** zusätzlich, dass die beiden dort genannten – sich **gegenseitig strikt ausschließenden**[33] – Gerichtsstände ihrem eindeutigen Wortlaut nach („in einem anderen Mitgliedstaat") nur dann einschlägig sind, wenn ihre jeweiligen Anknüpfungspunkte in einem anderen als dem (etwaigen) Wohnsitzstaat des betreffenden Arbeitgebers erfüllt sind.[34] Art. 21 Abs. 1 lit. b erfordert daher grds. – wie z.B. sämtliche Gerichtsstände des Art. 7 auch[35] – einen sog. **qualifizierten Auslandsbezug**. Dies ist freilich wegen der nunmehr durch Art. 21 Abs. 2 gewährleisteten Möglichkeit, auch **in Drittstaaten ansässige Arbeitgeber**

---

[25] Art. 5 (Nr. 1 Halbsatz 2 und 3) EuGVÜ in der Fassung des 3. Beitrittsübereinkommens lautete: „Eine Person, die ihren Wohnsitz im Hoheitsgebiet eines Vertragsstaates hat, kann in einem anderen Vertragsstaat verklagt werden: 1. […] wenn ein individueller Arbeitsvertrag oder Ansprüche aus einem individuellen Arbeitsvertrag den Gegenstand des Verfahrens bilden, vor dem Gericht des Ortes, an dem der Arbeitnehmer gewöhnlich seine Arbeit verrichtet; verrichtet der Arbeitnehmer seine Arbeit gewöhnlich nicht in ein und demselben Staat, so kann der Arbeitgeber auch vor dem Gericht des Ortes verklagt werden, in dem sich die Niederlassung, die den Arbeit-nehmer eingestellt hat, befindet bzw. befand".
[26] S. den *Cruz/Real/Jenard*-Bericht, 1990, Rn. 23.
[27] So wurde im Vergleich zu den vormaligen Halbsätzen 2 und 3 des Art. 5 Nr. EuGVÜ in Art. 19 Nr. 2 lit. a und lit. b jeweils der Zusatz „oder zuletzt gewöhnlich verrichtet hat" angefügt.
[28] Hierzu näher etwa Rauscher/*Mankowski*, EuZPR, 4. Aufl. 2016, Art. 21 EuGVVO Rn. 71 ff.
[29] Vgl. zum sachlichen Anwendungsbereich der Art. 20 ff. die Kommentierung zu Art. 20 Rn. 34 ff. und Rn. 48 ff.
[30] Dazu sogleich Rn. 15 m.w.N.
[31] Vgl. zum Arbeitnehmerbegriff im Sinne der EuGVVO die Kommentierung zu Art. 20 Rn. 35 ff.
[32] Vgl. zum Arbeitgeberbegriff die Kommentierung zu Art. 20 Rn. 47.
[33] S. nur Rauscher/*Mankowski*, EuZPR, 4. Aufl. 2016, Art. 21 EuGVVO Rn. 3.
[34] Rauscher/*Mankowski*, EuZPR, 4. Aufl. 2016, Art. 21 EuGVVO Rn. 2.
[35] S. die Vorb. Art. 7 ff. Rn. 11 f.

an den Gerichtsständen des Art. 21 Abs. 1 lit. b zu verklagen, eher in Abgrenzung zu den Fällen des Art. 21 Abs. 1 lit. a zu verstehen; entsprechend können Arbeitgeber gem. Art. 21 Abs. 1 lit. b nicht in ihrem Wohnsitz- (oder Niederlassungs-)staat verklagt werden. Auch in den Fällen des Art. 21 Abs. 2 muss hingegen für Art. 21 Abs. 1 lit. b (i) der gewöhnliche Arbeitsort, für Art. 21 Abs. 1 lit. b (ii) hingegen die einstellende Niederlassung in einem Mitgliedstaat liegen.

In **persönlicher** Hinsicht setzen Art. 21 und Art. 22 Abs. 1 für die Gewährung ihrer besonderen Zuständigkeiten nach hier vertretener Meinung implizit voraus, dass nicht nur an dem streitgegenständlichen Arbeitsverhältnis, sondern auch **an dem konkreten Verfahren** ein Arbeitnehmer entweder als Kläger (Art. 21) oder als Beklagter (Art. 22 Abs. 1) teilnimmt.[36] Dies ergibt sich zwar – anders als in Verbrauchersachen – nicht eindeutig aus dem Wortlaut der Art. 20 ff.,[37] folgt aber aus dem Normzweck der Art. 20 ff. sowie aus allgemeinen Prinzipien.[38] Eine entsprechende Regelung trifft Art. 18 in Verbrauchersachen.[39] 13

Klagen von und gegen **Rechtsnachfolger von Arbeitnehmern** können daher – auch wenn dies der Verordnungswortlaut im Einzelfall zulässt – grds. nicht an den Gerichtsständen der Art. 21 sowie Art. 22 Abs. 1 erhoben werden.[40] Richtigerweise ist hiervon allerdings eine **Ausnahme** zu machen und greifen Art. 21 f. ausnahmsweise doch ein, wenn der Rechtsnachfolger eines Arbeitnehmers seinerseits im konkreten Prozesskontext[41] als Arbeitnehmer anzusehen ist.[42] Zum Ganzen (auch zu Klagen öffentlich-rechtlicher Legalzessionare etc.) näher s. die Kommentierung zu Art. 20 Rn. 44 ff. Eine **Rechtsnachfolge auf Arbeitgeberseite** schadet demgegenüber nicht und lässt die Anwendbarkeit von Art. 21 f. unberührt.[43] 14

---

[36] So auch *Schlosser*/Hess, EuZPR, 4. Aufl. 2015, Art. 20 EuGVVO Rn. 1; MünchKomm/*Gottwald*, ZPO, 4. Aufl. 2013, Art. 18 EuGVVO a.F. Rn. 4; *Geimer*/Schütze, EuZVR, 3. Aufl. 2010, Art. 19 EuGVVO a.F. Rn. 40; **a. A.** z.B. Rauscher/*Mankowski*, EuZPR, 4. Aufl. 2016, Art. 21 EuGVVO Rn. 79.
[37] S. etwa *Kropholler*/von Hein, EuZPR, 9. Aufl. 2011, Art. 18 EuGVVO a.F. Rn. 3a.
[38] Hierzu näher die Kommentierung zu Art. 20 Rn. 44 ff.
[39] Hierzu näher die Kommentierung zu Art. 18 Rn. 7.
[40] So auch grds. *Schlosser*/Hess, EuZPR, 4. Aufl. 2015, Art. 20 EuGVVO Rn. 1; MünchKomm/ *Gottwald*, ZPO, 4. Aufl. 2013, Art. 18 EuGVVO a.F. Rn. 4; *Geimer*/Schütze, EuZVR, 3. Aufl. 2010, Art. 19 EuGVVO a.F. Rn. 40; **a. A.** z.B. Rauscher/*Mankowski*, EuZPR, 4. Aufl. 2016, Art. 21 EuGVVO Rn. 79. So auch (für Verbrauchersachen im Sinne von Art. 17 ff.) EuGH, 19.1.1993 – Rs. C-89/91, *Shearson Lehman Hutton*./. *TVB Treuhandges.*, Slg. 1993, I-139 (ECLI:EU:C:1993:15), Rn. 24.
[41] Dies dürfte zwar selten vorkommen, ist aber dennoch (entgegen Rauscher/*Mankowski*, EuZPR, 4. Aufl. 2016, Art. 21 EuGVVO Rn. 80) denkbar z.B. im Falle einer Abtretung von Ansprüchen aus einem Arbeitsverhältnis an Kollegen, die die Ansprüche dann, z.B. gebündelt mit eigenen, gegen den gemeinsamen Arbeitgeber einklagen.
[42] Dieser Meinung, allerdings noch weitergehend – ausreichend für die Anwendung der Art. 20 ff. sei, dass ein Rechtsnachfolger in Ausübung einer beruflichen oder gewerblichen Absicht handele – sind auch *Schlosser*/Hess, EuZPR, 4. Aufl. 2015, Art. 20 EuGVVO Rn. 1; MünchKomm/*Gottwald*, ZPO, 4. Aufl. 2013, Art. 18 EuGVVO a.F. Rn. 4; *Geimer*/Schütze, EuZVR, 3. Aufl. 2010, Art. 19 EuGVVO a.F. Rn. 40;
[43] *Geimer*/Schütze, EuZVR, 3. Aufl. 2010, Art. 19 EuGVVO a.F. Rn. 6; Rauscher/*Mankowski*, EuZPR, 4. Aufl. 2016, Art. 21 EuGVVO Rn. 81.

V. Kognitionsbefugnis

15 Die Kognitionsbefugnis eines nach Art. 21 (sowie auch Art. 22 Abs. 1) zuständigen Gerichts ist nach richtiger, jedoch nicht unbestrittener Meinung auf **vertraglich zu qualifizierende Ansprüche und Streitigkeiten** beschränkt.[44] Für etwaige (daneben bestehende) außervertragliche, insbesondere deliktische Ansprüche gelten hingegen die allgemeinen Vorschriften.[45]

VI. Gerichtsstand am Wohnsitz des Arbeitgebers (Art. 21 Abs. 1 lit. a)[46]

16 Gem. Art. 21 Abs. 1 lit. a kann ein Arbeitnehmer seinen Arbeitgeber vor den Gerichten desjenigen Mitgliedstaats verklagen, in dessen Hoheitsgebiet **dieser seinen Wohnsitz**[47] hat. Für Arbeitgeber ohne mitgliedstaatlichen Wohnsitz hingegen gilt – vorbehaltlich Art. 20 Abs. 2 – allenfalls Art. 21 Abs. 2. Art. 21 Abs. 1 lit. a regelt nur die **internationale** Zuständigkeit und entspricht damit weitgehend dem allgemeinen Gerichtsstand in Art. 4 Abs. 1. Eine eigenständige Normierung war dennoch notwendig, da die Anwendbarkeit von Art. 4 Abs. 1 in Arbeitssachen durch Art. 20 Abs. 1 gerade gesperrt ist.

17 Überdies genügt gem. **Art. 20 Abs. 2** für die Zwecke und Anwendbarkeit des Art. 21 Abs. 1 lit. a auch, wenn ein Arbeitgeber im Einzelfall zwar keinen Wohnsitz, wohl aber eine **Niederlassung** im Hoheitsgebiet (irgend-)eines Mitgliedstaats besitzt.

VII. Gerichtsstand am gewöhnlichen Arbeitsort (Art. 21 Abs. 1 lit. b (i))

18 Art. 21 Abs. 1 lit. b (i) stellt für Klagen eines Arbeitnehmers gegen seinen (auch: ehemaligen) Arbeitgeber **alternativ** zu dem gleichsam „allgemeinen" Gerichtsstand in lit. a einen weiteren Gerichtsstand am *derzeitigen* oder – im Falle eines **bereits beendeten** Arbeitsverhältnisses[48] – *letzten* gewöhnlichen Arbeitsort eines Arbeitnehmers zur Verfügung.

1. Überblick

19 Art. 21 Abs. 1 lit. b (i) geht auf die früher zu Art. 5 Nr. 1 EuGVÜ entwickelte und seit 1989 u.a. in dessen Halbsatz 2 kodifizierte frühere „arbeitsrechtliche"

---

[44] Wohl h.M.; so auch Rauscher/*Mankowski*, EuZPR, 4. Aufl. 2016, Art. 20 EuGVVO Rn. 7; Kropholler/von Hein, EuZPR, 9. Aufl. 2011, Art. 18 EuGVVO a.F. Rn. 4; *Junker*, FS Schlosser, 2005, S. 299 (303) und wohl auch *Schlosser*/Hess, EuZPR, 4. Aufl. 2015, Art. 20 EuGVVO Rn. 3; **a. A.** etwa *Rauscher*, FS Schütze, 1999, S. 695 (706); *Däubler*, NZA 2003, S. 1297 (1299); Saenger/*Dörner*, ZPO, 6. Aufl. 2015, Art. 20 EuGVVO Rn. 5; EuArbR/*Krebber*, 2016, Art. 21 EuGVVO Rn. 11.
[45] Hierzu näher oben Art. 20 Rn. 12 sowie 56.
[46] Die Ausführungen dieses Gliederungspunkts entsprechen im Grundsatz denjenigen zu der Parallelnorm in Art. 18.
[47] Zum Begriff des Wohnsitzes im Sinne der EuGVVO s. die Kommentierungen zu Art. 4 Rn. 6 ff. sowie zu Art. 62 und 63.
[48] Dies folgt bereits eindeutig aus dem Wortlaut von Art. 21 Abs. 1 lit. b (i) a.E. („oder zuletzt gewöhnlich verrichtet hat"); hierzu näher unten Rn. 43.

Rechtsprechung des EuGH[49] zurück.[50] Danach sollte – in Abweichung von sowohl der *de Bloos*-Rechtsprechung[51] als auch der sog. *Tessili*-Regel[52] des EuGH – der Erfüllungsort für grds. alle Ansprüche aus einem individuellen Arbeitsvertrag einheitlich an dem **autonom zu bestimmenden** – sic! – gewöhnlichen Arbeitsort liegen.[53]

Das Abstellen **auf nur einen einzigen Ort** anstelle – z.B. bei Vorliegen einer 20 Tätigkeit an unterschiedlichen Orten – mehrerer oder aller dieser Orte bzw. der Verzicht auf eine Differenzierung zwischen verschiedenen Verpflichtungen dient dabei dem Schutz des Arbeitnehmers, da so eine Gerichtsstandshäufung sowie die Gefahr einander widersprechender Entscheidungen vermieden wird.[54]

Art. 21 Abs. 1 lit. b (i) regelt neben der internationalen auch die **örtliche** 21 Zuständigkeit mit. **Zweck** des in vielen Fällen einem Klägergerichtsstand nahe kommenden Arbeitsortsgerichtsstands ist es, einem Arbeitnehmer die **kostengünstige Durchsetzung** seiner vertraglichen Rechte gegen seinen Arbeitgeber zu ermöglichen.[55] Wegen der zunehmenden Angleichung dieses Gerichtsstands an den (grds. parallel auszulegenden[56]) Art. 8 Abs. 2 Rom I-VO[57] fördert Art. 21 Abs. 1 lit. b (i) zudem potentiell einen Gleichlauf von Zuständigkeit und anwendbarem Recht[58] und dient damit letztlich auch der **Rechtsnähe**. Ein **Wohnsitz** des jeweils zu verklagenden Arbeitgebers in einem Mitgliedstaat ist seit der Reform der EuGVVO nach dem neu eingeführten Art. 21 Abs. 2 nicht mehr zwingend erforderlich.

2. Begriff des gewöhnlichen Arbeitsorts

Wo ein Arbeitnehmer „gewöhnlich seine Arbeit verrichtet oder zuletzt 22 gewöhnlich verrichtet hat", ist anhand **autonomer** Kriterien zu bestimmen, d.h. ohne Rückgriff z.B. auf das im Einzelfall auf einen Arbeitsvertrag anwend-

---

[49] Vgl. insbesondere die Urteile EuGH, 26.5.1982 – Rs. 133/81, *Ivenel* ./. *Schwab*, Slg. 1982, 1891 (ECLI:EU:C:1982:199) sowie EuGH, 15.1.1987 – Rs. 266/85, *Shenavai* ./. *Kreischer*, Slg. 1987, 239 (ECLI:EU:C:1987:11).
[50] Vgl. den den *Cruz/Real/Jenard*-Bericht, 1990, Rn. 23, sowie oben Rn. 8 ff.
[51] Vgl. hierzu die Kommentierung zu Art. 7 (Nr. 1) Rn. 58 ff. sowie EuGH, 6.10.1976 – Rs. 14/76, *De Bloos* ./. *Bouyer*, Slg. 1976, 1497 (ECLI:EU:C:1976:134), Rn. 9 ff.
[52] S. hierzu die Kommentierung von Art. 7 (Nr. 1) Rn. 70 ff. sowie EuGH, 6.10.1976 – Rs. 12/76, *Tessili* ./. *Dunlop*, Slg. 1976, 1473 (ECLI:EU:C:1976:133), Rn. 14 f.
[53] S. EuGH, 26.5.1982 – Rs. 133/81, *Ivenel* ./. *Schwab*, Slg. 1982, 1891 (ECLI:EU:C:1982:199), Rn. 15.
[54] EuGH, 13.7.1993 – Rs. C-125/92, *Mulox IBC* ./. *Geels*, Slg. 1993, I-4075 (ECLI:EU:C:1993:306), Rn. 21; so auch Musielak/Voit/*Stadler*, ZPO, 13. Aufl. 2016, Art. 21 EuGVVO Rn. 2.
[55] EuGH, Musielak/Voit/*Stadler*, ZPO, 13. Aufl. 2016, Art. 21 EuGVVO Rn. 2.
[56] Vgl. EuGH, 15.3.2011 – Rs. C-29/10, *Heiko Koelzsch* ./. *Luxemburg*, Slg. 2011, I-1634 (ECLI:EU:C:2011:151), Rn. 37 sowie Erwgr. 7 zur Rom I-VO; zum Auslegungszusammenhang allgemein s. die Vorb. Art. 7 ff. Rn. 8 f. m.w.N.
[57] S. etwa EuArbR/*Krebber*, 2016, Art. 21 EuGVVO Rn. 8.
[58] Vgl. etwa EuGH, 9.1.1997 – Rs. C-383/95, *Rutten* ./. *Cross Medical*, Slg. 1997, I-57 (ECLI:EU:C:1997:7), Rn. 16 sowie aus der Literatur Rauscher/*Mankowski*, EuZPR, 4. Aufl. 2016, Art. 21 EuGVVO Rn. 8; EuArbR/*Krebber*, 2016, Art. 21 EuGVVO Rn. 8; Musielak/Voit/*Stadler*, ZPO, 13. Aufl. 2016, Art. 21 EuGVVO Rn. 2.

bare Recht.[59] Ohne Belang ist daher, auch zur Vermeidung einer Zuständigkeitshäufung, insbesondere der materiell-rechtliche Erfüllungsort. Abzustellen ist vielmehr nach der Rechtsprechung des EuGH stets auf **einen einzigen** – den das Arbeitsverhältnis prägenden – **Ort**.[60]

a) Formel des EuGH

23   Der **EuGH** hat den gewöhnlichen Arbeitsort bei einem Arbeitsvertrag, zu dessen Erfüllung ein Arbeitnehmer seine Tätigkeit in mehreren Staaten ausübt, im Jahr 1993 in der Rechtssache *Mulox* als denjenigen Ort umschrieben, **an dem oder von dem** aus ein Arbeitnehmer seine Verpflichtungen gegenüber seinem Arbeitgeber – unter Berücksichtigung aller Umstände des Einzelfalls[61] – **hauptsächlich erfüllt**.[62] In seinem Urteil in der Rechtssache *Rutten* umschrieb der Gerichtshof dann im Jahr 1997 den gewöhnlichen Arbeitsort als denjenigen Ort, den ein Arbeitnehmer zum **tatsächlichen Mittelpunkt** seiner Berufstätigkeit gemacht hat,[63] und im Jahr 2002 in der Rechtssache *Weber* als den Ort, an dem der Arbeitnehmer den **größten Teil** seiner Arbeitszeit für den Arbeitgeber gearbeitet hat.[64] Sachliche Unterschiede sind mit diesen unterschiedlichen Umschreibungen freilich nicht verbunden.

24   Zur weiteren Ausfüllung dieser Kriterien wird in der Literatur[65] und dem folgend teilweise in der Rechtsprechung[66] als („grobe"[67]) Faustformel – begrüßenswerterweise – vorgeschlagen, für das Vorliegen eines gewöhnlichen Arbeitsorts grds. ausreichen zu lassen, wenn ein Arbeitnehmer mindestens (wohl: durchschnittlich) etwa **60% seiner Arbeitszeit** an einem bestimmten Ort verbringt bzw. hierzu jedenfalls nach dem Vertrag angehalten wäre.[68] Dies kann freilich nur eine Auslegungshilfe bleiben, ist eine derartige Bestimmung doch in Zwei-

---

[59] EuGH, 13.7.1993 – Rs. C-125/92, *Mulox IBC ./. Geels*, Slg. 1993, I-4075 (ECLI:EU:C:1993:306), Rn. 10 ff.; EuGH, 27.2.2002 – Rs. C-37/00, *Weber ./. Universal Ogden Services Ltd.*, Slg. 2002, I-2013 (ECLI:EU:C:2002:122) = EuZW 2002, S. 221, Rn. 38; EuGH, 10.4.2003 – Rs. C-437/00, *Pugliese ./. Finmeccanica SpA*, Slg. 2003, I-3573 (ECLI:EU:C:2003:219) = RIW 2003, S. 619, Rn. 16; Saenger/Dörner, ZPO, 6. Aufl. 2015, Art. 21 EuGVVO Rn. 5; Rauscher/Mankowski, EuZPR, 4. Aufl. 2016, Art. 21 EuGVVO Rn. 5.
[60] Vgl. dazu oben Rn. 20.
[61] Im konkreten Fall hatte der EuGH angeführt, bei der Bestimmung des gewöhnlichen Arbeitsorts sei „insbesondere der Umstand zu berücksichtigen, dass der Arbeitnehmer die ihm übertragene Aufgabe von einem Büro in einem [damals] Vertragsstaat aus erfüllt hat, wo er seinen Wohnsitz begründet hatte und von wo aus er seinen Tätigkeiten nachging und wohin er nach jeder Geschäftsreise zurückkehrte", s. EuGH, 13.7.1993 – Rs. C-125/92, *Mulox IBC ./. Geels*, Slg. 1993, I-4075 (ECLI:EU:C:1993:306), Rn. 25.
[62] EuGH, 13.7.1993 – Rs. C-125/92, *Mulox IBC ./. Geels*, Slg. 1993, I-4075 (ECLI:EU:C:1993:306), Rn. 26.
[63] EuGH, 9.1.1997 – Rs. C-383/95, *Rutten ./. Cross Medical*, Slg. 1997, I-57 (ECLI:EU:C:1997:7), Rn. 27.
[64] EuGH, 27.2.2002 – Rs. C-37/00, *Weber ./. Universal Ogden Services Ltd.*, Slg. 2002, I-2013 (ECLI:EU:C:2002:122) = EuZW 2002, S. 221, Rn. 50.
[65] Rauscher/Mankowski, EuZPR, 4. Aufl. 2016, Art. 21 EuGVVO Rn. 10; Saenger/Dörner, ZPO, 6. Aufl. 2015, Art. 21 EuGVVO Rn. 5; *Temming*, IPRax 2010, S. 59 ff.; Geimer/Schütze, EuZVR, 3. Aufl. 2010, Art. 19 EuGVVO a.F Rn. 9.
[66] öOGH, 10.7.2008 – 8ObA33/08y, IPRax 2010, S. 71.
[67] Rauscher/Mankowski, EuZPR, 4. Aufl. 2016, Art. 21 EuGVVO Rn. 10.
[68] Zur Begründung kann insofern auf Ausführungen der EuGH in seinem Urteil von 9.1.1997 in der Rs. C-383/95, *Rutten ./. Cross Medical*, Slg. 1997, I-57 (ECLI:EU:C:1997:7), Rn. 25 verwiesen werden, wo der Gerichtshof betonte, dass bei der Bestimmung des gewöhnlichen Arbeitsorts der

felsfällen nicht gänzlich frei von **Wertungen** durchzuführen.[69] Auch die besagte Faustformel entbindet daher nicht von der Prüfung der Umstände des Einzelfalls,[70] aus denen sich u.U. eine engere Verbindung zu einem anderen Arbeitsort ergeben kann.[71]

b) Unproblematische Fallgestaltungen

Keine Probleme bereitet die Bestimmung des gewöhnlichen Arbeitsorts naturgemäß bei **fest ortsgebundenen Tätigkeiten**, etwa bei Eingliederung in einen Betrieb[72] oder bei regelmäßiger Nutzung eines bestimmten **Büros** z.b. durch einen angestellten Rechtsanwalt in den Räumen einer Kanzlei. Bei ständig mobilen Arbeitnehmern (z.b. Außendienstmitarbeitern) ist demgegenüber danach zu differenzieren, ob sich deren Mobilität auf einen Gerichtsbezirk[73] bzw. eine Stadt beschränkt.[74] Zu beachten ist zusätzlich, dass die EuGVVO insgesamt und damit auch die Vorschriften des 5. Abschnitts in reinen Inlandsfällen nicht anwendbar sind.[75] Freilich wird der erforderliche Auslandsbezug in Arbeitssachen nicht immer aus einer grenzüberschreitenden Tätigkeit des Arbeitnehmers folgen, sondern kann sich im Einzelfall z.b. auch aus einer Auslandsansässigkeit des Arbeitgebers resultieren.[76] 25

Liegt eine grenzüberschreitende Tätigkeit vor, schaden gelegentliche **Auswärtstermine** oder **Dienstreisen** nicht, solange diese nicht maßgeblich das jeweilige Arbeitsverhältnis prägen und der Arbeitnehmer z.b. **ein festes Büro besitzt**, vom dem aus er in der Regel arbeitet und zu dem er stets zurückkehrt.[77] Im Lichte der oben Rn. 24 dargestellten Daumenregel dürfte die kritische Masse insofern – in der Regel – jedenfalls dann erreicht sein, wenn die (tatsächliche oder nach dem Vertrag vorgesehene) Auswärtstätigkeit grob gesprochen die Grenze von mehr als einem Drittel der Arbeitszeit erreicht.[78] Abzustellen ist freilich – wie vorerwähnt – stets auf die **Umstände des Einzelfalls**,[79] und zwar 26

Umstand zu berücksichtigen sei, „dass der Arbeitnehmer seine Berufstätigkeit zu zwei Dritteln in einem [bestimmten] Staat" ausübte.
[69] S. Musielak/Voit/*Stadler*, ZPO, 13. Aufl. 2016, Art. 21 EuGVVO Rn. 2; kritisch insofern Rauscher/*Mankowski*, EuZPR, 4. Aufl. 2016, Art. 21 EuGVVO Rn. 8: „stark faktisch geprägtes Kriterium von beachtlicher Manipulationsresistenz".
[70] EuGH, 10.4.2003 – Rs. C-437/00, *Pugliese ./. Finmeccanica SpA*, Slg. 2003, I-3573 (ECLI:EU:C:2003:219) = RIW 2003, S. 619, Rn. 19; EuGH, 27.2.2002 – Rs. C-37/00, *Weber ./. Universal Ogden Services Ltd.*, Slg. 2002, I-2013 (ECLI:EU:C:2002:122) = EuZW 2002, S. 221, Rn. 58.
[71] Saenger/*Dörner*, ZPO, 6. Aufl. 2015, Art. 21 EuGVVO Rn. 5.
[72] EuArbR/*Krebber*, 2016, Art. 8 Rom I-VO Rn. 36.
[73] Art. 21 Abs. 1 lit. b (i) regelt auch die örtliche Zuständigkeit; s. nur Rauscher/*Mankowski*, EuZPR, 4. Aufl. 2016, Art. 21 EuGVVO Rn. 17.
[74] Ansonsten ist auf die unten Rn. 27 dargestellte sog. „base rule" abzustellen.
[75] S. die Kommentierung zu Art. 20 Rn. 3.
[76] Vgl. hierzu allgemein Vorb. Art. 4 ff. Rn. 14 ff.
[77] EuGH, 13.7.1993 – Rs. C-125/92, *Mulox IBC ./. Geels*, Slg. 1993, I-4075 (ECLI:EU:C:1993:306), Rn. 25.
[78] Vgl. insofern EuGH, 9.1.1997 – Rs. C-383/95, *Rutten ./. Cross Medical*, Slg. 1997, I-57 (ECLI:EU:C:1997:7), Rn. 25, wo der Gerichtshof betonte, dass bei der Bestimmung des gewöhnlichen Arbeitsorts der Umstand zu berücksichtigen sei, dass der Arbeitnehmer seine Berufstätigkeit „zu zwei Dritteln in einem bestimmten Staat" ausübte (Hervorhebung durch den *Verf.*).
[79] So auch EuGH, 10.4.2003 – Rs. C-437/00, *Pugliese ./. Finmeccanica SpA*, Slg. 2003, I-3573 (ECLI:EU:C:2003:219) = RIW 2003, S. 619, Rn. 19.

grds. während der gesamten Dauer eines Arbeitsverhältnisses.[80] Insofern relevante Umstände können neben dem Belegenheitsort eines Büros auch z.b. der Ort sein, an dem sich die Arbeitsmittel eines Arbeitnehmers befinden.

c) Abwägungsbedürftige Fallgruppen

27 Ein gewöhnlicher Arbeitsort kann (im Einzelfall) selbst dann vorliegen, wenn für den Arbeitnehmer in einem Unternehmen **kein dauerhafter Arbeitsplatz** eingerichtet ist. Dies folgt nicht zuletzt aus der im Zuge der jüngsten EuGVVO-Reform neu in Art. 21 Abs. 1 lit. b (i) eingeführte Umschreibung des gewöhnlichen Arbeitsorts auch als denjenigen Ort, „**von dem aus**"[81] z.b. regelmäßige Botengänge, Reisen oder Transportfahrten bzw. Pilotentätigkeit oder eine Flugbegleitung etc. ausgeführt werden.[82] Insofern muss freilich der Ausgangsort eine gewisse „Mindestqualität"[83] zeitlicher und sachlicher Natur (z.b. hinsichtlich dort regelmäßig getätigter Vorbereitungshandlungen, der Verwahrung von Arbeitskleidung oder anderer Arbeitsmittel etc.) aufweisen, um als den Anforderungen des Art. 21 Abs. 1 lit. b (i) genügende „Einsatz- bzw. Operationsbasis" zu gelten.[84]

28 Die genannten Maßstäbe gelten auch für Arbeitnehmer, die ohne eigenes Büro praktisch ständig auf Reisen sind und nur mit Laptop arbeiten bzw. (z.B. als Unternehmensberater) lückenlos in Beratungsprojekten an verschiedenen Orten tätig werden, von einer ausländischen Niederlassung direkt in die nächste wechseln oder lediglich einer „virtuellen" Unternehmenseinheit angehören.

d) Arbeitnehmerentsendung

29 Auch durch eine **bloß vorübergehende Entsendung** wird ein bisher oder „normalerweise" bestehender gewöhnlicher Arbeitsort grds. nicht aufgehoben.[85] Dies folgt nicht zuletzt aus einer Zusammenschau mit dem – grds. – parallel auszulegenden[86] Art. 8 Abs. 2 Rom I-VO,[87] in dessen Satz 2 ausdrücklich klargestellt wird, dass der Staat, in dem [eine] Arbeit gewöhnlich verrichtet wird, [...] nicht [wechselt], wenn der Arbeitnehmer seine Arbeit vorübergehend in einem anderen Staat verrichtet". Insofern ist noch nicht abschließend geklärt, ab welchem Zeitraum keine vorübergehende Entsendung mehr vorliegt[88] bzw. ob

---

[80] EuGH, 27.2.2002 – Rs. C-37/00, *Weber ./. Universal Ogden Services Ltd.*, Slg. 2002, I-2013 (ECLI:EU:C:2002:122) = EuZW 2002, S. 221, Rn. 58.
[81] Diese Formulierung wurde im Zuge der jüngsten EuGVVO-Reform zur Angleichung an Art. 8 Abs. 2 Rom I-VO neu in Art. 21 Abs. 1 lit. b (i) aufgenommen; s. hierzu (sog. „*base rule*") näher Rauscher/*Mankowski*, EuZPR, 4. Aufl. 2016, Art. 21 EuGVVO Rn. 18 ff.
[82] S. EuArbR/*Krebber*, 2016, Art. 8 Rom I-VO Rn. 37.
[83] Rauscher/*Mankowski*, EuZPR, 4. Aufl. 2016, Art. 21 EuGVVO Rn. 21.
[84] So Rauscher/*Mankowski*, EuZPR, 4. Aufl. 2016, Art. 21 EuGVVO Rn. 21.
[85] ArbG Bielefeld, 2.12.2008 – 3 Ca 2703/08, BeckRS 2008, 58340; Rauscher/*Mankowski*, EuZPR, 4. Aufl. 2016, Art. 21 EuGVVO Rn. 14.
[86] Zwischen der EuGVVO und (u.a.) der Rom I-VO besteht grds. ein so genannter Auslegungszusammenhang mit der Folge, dass die Systembegriffe beider Regelwerke soweit als möglich gleich auszulegen sind, s. Erwgr. 7 zur Rom I-VO (i.V.m. dem Rechtsgedanken des Art. 80) sowie allgemein etwa *Würdinger*, RabelsZ 75 (2011), S. 102 (105 ff.) und die Vorb. Art. 7 ff. Rn. 8.
[87] *Kropholler/von Hein*, EuZPR, 9. Aufl. 2011, Art. 19 EuGVVO a.F. Rn. 7; Rauscher/*Mankowski*, EuZPR, 4. Aufl. 2016, Art. 21 EuGVVO Rn. 14.
[88] Vgl. hierzu Erwgr. 36 Satz 1 Rom I-VO: „Bezogen auf Individualarbeitsverträge sollte die Erbringung der Arbeitsleistung in einem anderen Staat als vorübergehend gelten, wenn von dem Arbeitnehmer erwartet wird, dass er nach seinem Arbeitseinsatz im Ausland seine Arbeit im Herkunftsstaat wieder aufnimmt".

erst eine endgültige Verlagerung[89] einen gewöhnlichen Arbeitsort auslöscht.[90] Jedenfalls dürfte eine Entsendung von bis zu einem Jahr – vorbehaltlich anderweitiger Einzelfallumstände – unschädlich sein. Für den **örtlich umgekehrten Fall** – d.h. eine Gerichtszuständigkeit im Entsendestaat – ist bei einer Arbeitnehmerentsendung der gegenüber der EuGVVO gem. Art. 71 vorrangige (und daher – mangels Ausschließlichkeit – zusätzliche) Gerichtsstand zugunsten von Arbeitnehmern nach Art. 6 der **Entsenderichtlinie**[91] bzw. der jeweiligen nationalen Umsetzungsvorschriften (in der Bundesrepublik Deutschland § 15 AEntG) zu beachten.[92] 30

e) Abstellen nur auf die Person des Arbeitnehmers

Der Ort, „an dem oder von dem aus" ein Arbeitnehmer gewöhnlich seine Arbeit verrichtet, wird in den meisten Fällen durch den jeweiligen Arbeitgeber (fremd-)bestimmt bzw. zur Verfügung gestellt sein. Hat ein Arbeitnehmer demgegenüber eine (gewisse) Freiheit bezüglich der Gestaltung von Ort und Zeit seiner Arbeitsleistung, etwa wenn es ihm komplett bzw. teilweise freigestellt ist, vom sog. Home-Office aus zu arbeiten, ist gewöhnlicher Arbeitsort derjenige Ort, den er (selbst) zum tatsächlichen Mittelpunkt seiner Berufstätigkeit gemacht hat bzw. von dem aus er den wesentlichen Teil seiner Arbeitsleistung erfüllt.[93] Entsprechend hängt ein gewöhnlicher Arbeitsort keinesfalls davon ab, ob der Arbeitgeber dort einen Betrieb oder sonst eine Infrastruktur unterhält.[94] Auch von wo aus ein Arbeitnehmer Weisungen erhält ist jedenfalls grds. irrelevant;[95] abzustellen ist vielmehr allenfalls auf den Ort des Weisungs*empfangs*.[96] Denn für Art. 21 Abs. 1 lit. b (i) kommt es – anders als bei lit. b (ii) – grds. **nur auf die Person des Arbeitnehmers** an.[97] 31

3. Einzelfälle

Begründet ein Arbeitnehmer unabhängig voneinander **mehrere Arbeitsverhältnisse**, so ist der gewöhnliche Arbeitsort für jedes dieser Beschäftigungsver- 32

---

[89] So wohl z.B. EuArbR/*Krebber*, 2016, Art. 8 Rom I-VO Rn. 38; *Geimer*/Schütze, EuZVR, 3. Aufl. 2010, Art. 19 EuGVVO a.F. Rn. 12; Rauscher/*von Hein*, EuIPR, 3. Aufl. 2011, Art. 8 Rom I-VO Rn. 50.

[90] Vgl. die Darstellung des Streitstands bei MünchKomm/*Martiny*, BGB, 6. Aufl. 2015, Art. 6 Rom I-VO Rn. 63.

[91] Richtlinie 96/71/EG des Europäischen Parlaments und des Rates vom 16.12.1996 über die Entsendung von Arbeitnehmern im Rahmen der Erbringung von Dienstleistungen, Abl. (EG) 1997 Nr. L 18, S. 1.

[92] Hierzu näher oben Rn. 7 sowie Rauscher/*Mankowski*, EuZPR, 4. Aufl. 2016, Art. 20 EuGVVO Rn. 52 sowie *Geimer*/Schütze, EuZVR, 3. Aufl. 2010, Art. 18 EuGVVO a.F. Rn. 23 ff.

[93] EuGH, 10.4.2003 – Rs. C-437/00, *Pugliese ./. Finmeccanica SpA*, Slg. 2003, I-3573 (ECLI:EU:C:2003:219) = RIW 2003, S. 619, Rn. 24.

[94] MünchKomm/*Gottwald*, ZPO, 4. Aufl. 2013, Art. 19 EuGVVO a.F. Rn. 2.

[95] Rauscher/*Mankowski*, EuZPR, 4. Aufl. 2016, Art. 20 EuGVVO Rn. 12; **a.A.** etwa EuArbR/*Krebber*, 2016, Art. 8 Rom I-VO Rn. 37 (gestützt auf EuGH, 15.3.2011 – Rs. C-29/10, *Heiko Koelzsch ./. Luxemburg*, Slg. 2011, I-1634 (ECLI:EU:C:2011:151), Rn. 49).

[96] GA *Trstenjak*, Schlussanträge v. 16.12.2010 (Rs. C-29/10, *Heiko Koelzsch ./. Luxemburg*), ECLI:EU:C:2010:789, Rn. 96; *Mankowski/Knöfel*, EuZA 2011, S. 521 (529); Rauscher/*Mankowski*, EuZPR, 4. Aufl. 2016, Art. 20 EuGVVO Rn. 12.

[97] Vgl. etwa Rauscher/*Mankowski*, EuZPR, 4. Aufl. 2016, Art. 20 EuGVVO Rn. 12.

hältnis separat zu ermitteln. Für den Fall hingegen, dass ein Arbeitnehmer **mit Zustimmung** seines (ersten) Arbeitgebers **und in dessen Interesse**[98] einen **zweiten Arbeitsvertrag** abschließt, hat der EuGH im Jahr 2003 in der Rechtssache *Pugliese* entschieden, dass die Gerichte an dem gewöhnlichen Arbeitsort „des" zweiten Arbeitsvertrags grds. auch für Klagen gegen den ersten Arbeitgeber zuständig sind.[99]

33   Für Arbeitnehmer im **internationalen Seeverkehr** soll nach wohl h.M. in Deutschland gewöhnlicher Arbeitsort in der Regel das Schiff sein, auf dem sie jeweils Dienst tun, und damit letztlich dasjenige Land, unter dessen Flagge das betreffende Schiff „segelt".[100] Dies gelte jedenfalls für Schiffe, die im internationalen Verkehr und nicht auf festen Routen fahren.[101] Aber auch bei Fährschiffen im festen Linienverkehr, die regelmäßig denselben Ausgangs- oder Zielhafen ansteuern, soll nach dem BAG grds. auf die Schiffsflagge abzustellen sein, solange die von den Seeleuten im Zielhafen zu erbringenden Arbeitsleistungen von nur untergeordneter Bedeutung sind.[102] Der **EuGH** hingegen will, wie im Flug- und Straßentransport auch, grds. die oben Rn. 27 dargestellte sog. *„base rule"*[103] auf die Seeschifffahrt anwenden.[104]

34   Im **internationalen Flug- und Luftverkehr** kommt es grds. auf denjenigen Ort an, „**von dem aus**" regelmäßig die Pilotentätigkeit, Flugbegleitung oder Transporttätigkeit etc. stattfindet.[105] Insofern sind freilich die oben Rn. 27 dargestellten Mindestanforderungen an eine etwaige „Einsatz- bzw. Operationsbasis" zu prüfen.[106] Das Gleiche gilt grds. auch für v.a. international tätige Kraftfahrer, d.h. im **internationalen Straßengütertransport**.[107]

---

[98] Das Vorliegen eines solchen Interesses ist dabei umfassend unter Berücksichtigung aller Umstände des Einzelfalls zu beurteilen, s. EuGH, 10.4.2003 – Rs. C-437/00, *Pugliese* ./. *Finmeccanica SpA*, Slg. 2003, I-3573 (ECLI:EU:C:2003:219) = RIW 2003, S. 619, Rn. 26.

[99] EuGH, 10.4.2003 – Rs. C-437/00, *Pugliese* ./. *Finmeccanica SpA*, Slg. 2003, I-3573 (ECLI:EU:C:2003:219) = RIW 2003, S. 619, Rn. 26.

[100] Ausführlich, auch zu weiteren Fallgruppen des im weitesten Sinne Seerechts, Rauscher/*Mankowski*, EuZPR, 4. Aufl. 2016, Art. 20 EuGVVO Rn. 26 ff.; **a. A.** Musielak/Voit/*Stadler*, ZPO, 13. Aufl. 2016, Art. 21 EuGVVO Rn. 2 (seine Anwendbarkeit von Art. 21 Abs. 1 lit. a) u.a. mit dem – berechtigten – Hinweis auf Probleme bei der Bestimmung des örtlichen Zuständigkeit; insofern dürfte an einen etwaigen regelmässigen Abfahrts- oder Zielhafen, sofern dieser im Flaggenstaat liegt, und hilfsweise dem Heimathafen anzuknüpfen bzw. notfalls eine Notzuständigkeit der Hauptstadtgerichte anzunehmen sein; Rauscher/*Mankowski*, EuZPR, 4. Aufl. 2016, Art. 21 EuGVVO Rn. 32 will primär auf den Heimathafen eines Schiffes abstellen).

[101] Nach MünchKomm/*Gottwald*, ZPO, 4. Aufl. 2013, Art. 19 EuGVVO a.F. Rn. 3 soll zudem erforderlich sein, dass „die Flagge nicht willkürlich gewählt wurde".

[102] BAG, 24.9.2009 – 8 AZR 306/08, BAGE 132, S. 182, NZA-RR 2010, S. 604, Rn. 46; **a. A.** Musielak/Voit/*Stadler*, ZPO, 13. Aufl. 2016, Art. 21 EuGVVO Rn. 2.

[103] Hierzu Rauscher/*Mankowski*, EuZPR, 4. Aufl. 2016, Art. 21 EuGVVO Rn. 18 ff.

[104] S. (allerdings zu Art. 6 EVÜ) EuGH, 15.12.2011 – Rs. C-384/10, *Jan Voogsgeerd* ./. *Navimer SA*, Slg. 2011, I-13289 (ECLI:EU:C:2011:842), Rn. 37 ff.; **kritisch** insofern Rauscher/*Mankowski*, EuZPR, 4. Aufl. 2016, Art. 21 EuGVVO Rn. 33 ff.

[105] BAG, 20.12.2012 – 2 AZR 481/11, NZA 2013, S. 925, Rn. 24 ff. sowie ausführlich Rauscher/*Mankowski*, EuZPR, 4. Aufl. 2016, Art. 21 EuGVVO Rn. 41 ff.

[106] Rauscher/*Mankowski*, EuZPR, 4. Aufl. 2016, Art. 21 EuGVVO Rn. 21.

[107] Ausführlich Rauscher/*Mankowski*, EuZPR, 4. Aufl. 2016, Art. 21 EuGVVO Rn. 46 ff. unter Hinweis auf (zu Art. 6 EVÜ, der Vorgängerregelung zu Art. 8 Rom I-VO) EuGH, 15.3.2011 – Rs. C-29/10, *Heiko Koelzsch* ./. *Luxemburg*, Slg. 2011, I-1634 (ECLI:EU:C:2011:151), Rn. 49 mit weiterführendem Indizienkatalog („Es muss insbesondere ermittelt werden, in welchem Staat sich der Ort befindet, von dem aus der Arbeitnehmer seine Transportfahrten durchführt, Anweisungen zu diesen Fahrten erhält

4. Fehlen eines gewöhnlichen Arbeitsorts

Die genannten Kriterien **führen nicht dazu, dass jeder** Arbeitnehmer einen 35 gewöhnlichen Arbeitsort „besitzt". So fehlt es etwa an *einem* gewöhnlichen Arbeitsort, wenn zwei oder mehrere gleich bedeutsame Arbeitsorte bestehen und daher nicht mehr von *einem* Ort der „hauptsächlichen"[108] Leistungserbringung gesprochen werden kann, oder aber wenn gar keiner der tatsächlichen Arbeitsorte überhaupt eine hinreichende Verfestigung der Berufstätigkeit aufweist.[109] Auf solche Fallgestaltungen findet Art. 21 Abs. 1 lit. b (i) insgesamt **keine Anwendung**,[110] sondern vielmehr – allenfalls[111] – Art. 21 Abs. 1 lit. b (ii).

VIII. Gerichtsstand der einstellenden Niederlassung (Art. 21 Abs. 1 lit. b (ii))

Gleichsam als **Auffangtatbestand** zu Art. 21 Abs. 1 lit. b (i) gewährt Art. 21 36 Abs. 1 lit. b (ii) (nur) für die Fälle des **Fehlens eines gewöhnlichen Arbeitsorts** einen Gerichtsstand an dem Ort, an dem sich die Niederlassung, die den Arbeitnehmer eingestellt hat, befindet oder – nach richtiger Ansicht[112] nur im Falle einer **Auflösung** und nicht einer bloßen Verlegung – „befand".[113]

1. Überblick; Verhältnis zu Art. 21 Abs. 1 lit. b (i)

Der Gerichtsstand des gewöhnlichen Arbeitsorts (Art. 21 Abs. 1 lit. b (i)) geht 37 demjenigen der einstellenden Niederlassung (Art. 21 Abs. 1 lit. b (ii)) unbedingt vor. Beide Gerichtsstände schließen sich gegenseitig aus und stehen zueinander in einem **strikten Komplementärverhältnis**.[114] Art. 21 Abs. 1 lit. b (ii) regelt neben der internationalen **auch die örtliche** Zuständigkeit mit. Ein **Wohnsitz** des jeweils zu verklagenden Arbeitgebers in einem Mitgliedstaat ist seit der Reform der EuGVVO nach dem neu eingeführten Art. 21 Abs. 2 nicht mehr

---

und seine Arbeit organisiert und an dem sich die Arbeitsmittel befinden. Es muss auch prüfen, an welche Orte die Waren hauptsächlich transportiert werden, wo sie entladen werden und wohin der Arbeitnehmer nach seinen Fahrten zurückkehrt.").
[108] S. EuGH, 13.7.1993 – Rs. C-125/92, *Mulox IBC ./. Geels*, Slg. 1993, I-4075 (ECLI:EU:C:1993:306), Rn. 26.
[109] S. nur *Geimer*/Schütze, EuZVR, 3. Aufl. 2010, Art. 19 EuGVVO a.F. Rn. 10; Rauscher/*Mankowski*, EuZPR, 4. Aufl. 2016, Art. 21 EuGVVO Rn. 60.
[110] *Saenger*/Dörner, ZPO, 6. Aufl. 2015, Art. 21 EuGVVO Rn. 6; *Geimer*/Schütze, EuZVR, 3. Aufl. 2010, Art. 19 EuGVVO a.F. Rn. 10; Rauscher/*Mankowski*, EuZPR, 4. Aufl. 2016, Art. 21 EuGVVO Rn. 59.
[111] Verweist der Anknüpfungspunkt von Art. 21 Abs. 1 lit. b (ii) auf einen Drittstaat, etwa weil die einstellende Niederlassung außerhalb der EU lag, so findet allenfalls Art. 21 Abs. 1 lit. a Anwendung; s. oben Rn. 12 sowie Rauscher/*Mankowski*, EuZPR, 4. Aufl. 2016, Art. 21 EuGVVO Rn. 61.
[112] Rauscher/*Mankowski*, EuZPR, 4. Aufl. 2016, Art. 21 EuGVVO Rn. 70; *Geimer*/Schütze, EuZVR, 3. Aufl. 2010, Art. 19 EuGVVO a.F. Rn. 24 und 32; a. A. *Kropholler/von Hein*, EuZPR, 9. Aufl. 2011, Art. 19 EuGVVO a.F. Rn. 13.
[113] S. zum maßgeblichen Zeitpunkt für das Vorliegen der Anknüpfungspunkte des Art. 21 insgesamt näher unten Rn. 42 f.
[114] EuGH, 15.12.2011 – Rs. C-384/10, *Jan Voogsgeerd ./. Navimer SA*, Slg. 2011, I-13309 (ECLI:EU:C:2011:842), Rn. 26 (allerdings zu Art. 6 EVÜ); *Cruz/Real/Jenard*-Bericht, 1990, Rn. 23 lit. e; Rauscher/*Mankowski*, EuZPR, 4. Aufl. 2016, Art. 21 EuGVVO Rn. 3; *Junker*, FS Schlosser, 2005, S. 299 (313).

B Vor I 7 Art. 21 VO (EU) Nr. 1215/2012

zwingend erforderlich. Der Norm entspricht im Kollisionsrecht in etwa **Art. 8 Abs. 3 Rom I-VO**.

38   Art. 21 Abs. 1 lit. b (ii) geht letztlich auf den im Jahr 1989[115] in Art. 5 Nr. 1 EuGVÜ eingeführten **Halbsatz 3** zurück. Anders als im Falle des auf Art. 5 Nr. 1 Halbsatz 2 EuGVÜ basierenden Art. 21 Abs. 1 lit. b (i) stellt der Gerichtsstand der einstellenden Niederlassung allerdings keine Kodifizierung der vormaligen arbeitsrechtlichen Spezialrechtsprechung des EuGH dar;[116] vielmehr hat der Gerichtshof noch im Jahr 1989, kurz vor Kodifizierung des Art. 5 Nr. 1 Halbsatz 3 EuGVÜ, in der Rechtssache *Six Constructions* abgelehnt, unter Art. 5 Nr. 1 EuGVÜ a.F. in Ermangelung eines gewöhnlichen Arbeitsortes hilfsweise auf die einstellende Niederlassung abzustellen.[117]

39   Der Gerichtsstand der einstellenden Niederlassung in Art. 21 Abs. 1 lit. b (ii) wird zum Teil **kritisch beurteilt**, knüpft er doch, anders als lit. b (i),[118] an ein vom Arbeitgeber steuerbares und damit potentiell zu seinen Gunsten veränderbares Merkmal an.[119] Vor diesem Hintergrund erkären sich auch die Bestrebungen des EuGH, Art. 21 Abs. 1 lit. b (ii) im Verhältnis zu lit. b (i) **restriktiv** zu verstehen.[120]

2. Begriff der Niederlassung

40   Im Lichte des Schutzzwecks des 5. Abschnitts allgemein sowie der eingangs Rn. 39 erwähnten **restriktiven** Auslegung des Art. 21 Abs. 1 lit. b (ii) im Besonderen ist der in dieser Norm verwendete Begriff der Niederlassung **anders als in Art. 7 Nr. 5**[121] resp. Art. 20 Abs. 2[122] zu verstehen.[123] Denn anders als bei Art. 7 Nr. 5[124] ist für den Niederlassungsbegriff des Art. 21 Abs. 1 lit. b (ii) nicht das aus Sicht des Rechtsverkehrs unternehmerische Auftreten gegenüber dem Rechtsverkehr entscheidend, sondern vielmehr dass eine **betriebliche Organisation** vorliegt, in die der Arbeitnehmer **eingegliedert** wird oder werden

---

[115] Zur Entstehungsgeschichte von Art. 21 s. oben Rn. 8 ff.
[116] S. auch den *Cruz/Real/Jenard*-Bericht, 1990, Rn. 23 lit. b.
[117] EuGH, 15.2.1989 – Rs. 32/88, *Six Constructions* ./. *Humbert*, Slg. 1989, 341 (ECLI:EU:C:1989:68), Rn. 14; s. hierzu auch die Kommentierung zu Art. 20 Rn. 20.
[118] S. oben Rn. 31.
[119] S. nur *Junker*, FS Gottwald, 2014, S. 293 (296); Rauscher/*Mankowksi*, EuZPR, 4. Aufl. 2016, Art. 21 EuGVVO Rn. 4 („genießt nur geringe Sympathie").
[120] EuGH, 15.3.2011 – Rs. C-29/10, *Heiko Koelzsch* ./. *Luxemburg*, Slg. 2011, I-1634 (ECLI:EU:C:2011:151), Rn. 47.
[121] S. hierzu die Kommentierung zu Art. 7 Rn. 241 ff.
[122] Hierzu näher die Kommentierung zu Art. 20 Rn. 25.
[123] Musielak/Voit/*Stadler*, ZPO, 13. Aufl. 2016, Art. 21 EuGVVO Rn. 3; Rauscher/*Mankowksi*, EuZPR, 4. Aufl. 2016, Art. 21 EuGVVO Rn. 62; *Geimer*/Schütze, EuZVR, 3. Aufl. 2010, Art. 21 EuGVVO a.F. Rn. 30 („weit zu fassen"); **a.A.** etwa *Schlosser*/Hess, EuZPR, 4. Aufl. 2015, Art. 21 EuGVVO Rn. 3; *Kropholler/von Hein*, EuZPR, 9. Aufl. 2011, Art. 19 EuGVVO a.F. Rn. 13. Im Verfahren EuGH, 19.7.2012 – Rs. C-154/11, *Ahmed Mahamdia* ./. *Demokratische Volksrepublik Algerien*, ECLI:EU:C:2012:491 = NZA 2012, S. 935, Rn. 48, den Rauscher/*Mankowksi*, EuZPR, 4. Aufl. 2016, Art. 21 EuGVVO Rn. 62 Fn. 262 für die Gegenmeinung zitiert, ging es letztlich nur um den Niederlassungsbegriff in Art. 20 Abs. 2, der wiederum auch nach hier vertretener Meinung wie in Art. 7 Nr. 5 zu verstehen ist, s. die Kommentierung zu Art. 20 Rn. 25.
[124] S. die Kommentierung zu Art. 7 Rn. 243 und 244.

soll.¹²⁵ Gleichgültig ist demgegenüber, wo im Einzelfall intern die Entscheidung über die Einstellung gefallen ist. Im Übrigen umfasst der Niederlassungsbegriff des Art. 21 Abs. 1 lit. b (ii) auch Wirtschaftseinheiten, die keine eigene Rechtspersönlichkeit besitzen.¹²⁶

3. Begriff des Einstellens

Anders als vielfach und insbesondere zu deren Parallelnorm im IPR – nämlich **41** Art. 8 Abs. 3 Rom I-VO – vertreten,¹²⁷ ist der formale (Arbeits-)Vertragsschluss für ein „Einstellen" im Sinne Art. 21 Abs. 1 lit. b (ii) grds. irrelevant. Entscheiden ist vielmehr – nicht zuletzt um eine indirekte Gerichtsstandswahl durch einen Arbeitgeber zu verhindern – die „**organisatorische Betreuung und Eingliederung**"¹²⁸ des Arbeitnehmers im Einzelfall.¹²⁹

IX. Maßgeblicher Zeitpunkt

Maßgeblicher Zeitpunkt für das Vorliegen des Arbeitgeberwohnsitzes bzw. **42** von dessen Niederlassung in einem Mitgliedstaat ist im Rahmen von Art. 21 Abs. 1 lit. a nach den insofern anwendbaren allgemeinen Maßstäben¹³⁰ grds. der entsprechend Art. 32 zu bestimmende **Zeitpunkt der Anrufung des jeweiligen Gerichts**.¹³¹ Der Wegfall eines Wohnsitzes bzw. die Auflösung einer Niederlassung *nach* Klageeinreichung ist hingegen nach den Regeln der *perpetuatio fori* grds. irrelevant.¹³²

Im Rahmen von Art. 21 Abs. 1 lit. b hingegen stellt der – in dieser Form **43** seit 2000 bestehende¹³³ – Wortlaut der beiden (in einem Komplementärverhältnis zueinander stehenden) Gerichtsstände ausdrücklich klar, dass es ausreicht, wenn die jeweiligen Anknüpfungsmerkmale jedenfalls **in der Vergangenheit erfüllt waren** („oder zuletzt gewöhnlich verrichtet hat" bzw. „befindet oder befand"). Dies betrifft freilich nur die Fälle eines **bereits beendeten** Arbeitsverhältnisses bzw. einer **aufgelösten** Niederlassung.¹³⁴ Ist ein

---

¹²⁵ Musielak/Voit/*Stadler*, ZPO, 13. Aufl. 2016, Art. 21 EuGVVO Rn. 3; Rauscher/*Mankowksi*, EuZPR, 4. Aufl. 2016, Art. 21 EuGVVO Rn. 62 mit weiteren Einzelheiten; *Geimer*/Schütze, EuZVR, 3. Aufl. 2010, Art. 19 EuGVVO a.F. Rn. 30.
¹²⁶ Vgl. den *Jenard*/Möller-Bericht, 1990, Rn. 43.
¹²⁷ So z.B. EuGH, 15.12.2011 – Rs. C-384/10, *Jan Voogsgeerd ./. Navimer SA*, Slg. 2011, I-13309 (ECLI:EU:C:2011:842), Rn. 46; MünchKomm/*Martiny*, BGB, 6. Aufl. 2015, Art. 8 Rom I-VO Rn. 73 m.w.N.; *Kropholler/von Hein*, EuZPR, 9. Aufl. 2011, Art. 19 EuGVVO a.F. Rn. 13a.
¹²⁸ So ausdrücklich Rauscher/*Mankowksi*, EuZPR, 4. Aufl. 2016, Art. 21 EuGVVO Rn. 63.
¹²⁹ Rauscher/*Mankowksi*, EuZPR, 4. Aufl. 2016, Art. 21 EuGVVO Rn. 63; Musielak/Voit/*Stadler*, ZPO, 13. Aufl. 2016, Art. 21 EuGVVO Rn. 3; *Geimer*/Schütze, EuZVR, 3. Aufl. 2010, Art. 19 EuGVVO a.F. Rn. 31.
¹³⁰ Vgl. hierzu allgemein die Vorb. Art. 4 ff. Rn. 19 ff.
¹³¹ S. nur Rauscher/*Mankowksi*, EuZPR, 4. Aufl. 2016, Art. 21 EuGVVO Rn. 6; *Schlosser*/Hess, EuZPR, 4. Aufl. 2015, Art. 18 EuGVVO Rn. 3.
¹³² Hierzu näher in den Vorb. Art. 4 ff. Rn. 21.
¹³³ S. oben Rn. 9 (letzte Fn.).
¹³⁴ *Kropholler/von Hein*, EuZPR, 9. Aufl. 2011, Art. 19 EuGVVO a.F. Rn. 6 (für den gewöhnlichen Arbeitsort); *Geimer*/Schütze, EuZVR, 3. Aufl. 2010, Art. 19 EuGVVO a.F. Rn. 24 und 32; **a. A.** (für die einstellende Niederlassung) *Kropholler/von Hein*, EuZPR, 9. Aufl. 2011, Art. 19 EuGVVO a.F. Rn. 13.

Arbeitsverhältnis hingegen bei Einreichung einer Klage noch nicht beendet (bzw. eine einstellende Niederlassung nicht aufgelöst), so kann die Klage nur am aktuellen gewöhnlichen Arbeitsort (etc.) erhoben werden. Etwaige frühere gewöhnliche Arbeitsorte im Rahmen eines laufenden Arbeitsverhältnisses bzw. Standorte einer Niederlassung vor „Einstellen" eines Arbeitnehmers sind hingegen irrelevant.[135]

Artikel 22 [Gerichtsstände für Klagen gegen Arbeitnehmer; Widerklage]

(1) Die Klage des Arbeitgebers kann nur vor den Gerichten des Mitgliedstaats erhoben werden, in dessen Hoheitsgebiet der Arbeitnehmer seinen Wohnsitz hat.

(2) Die Vorschriften dieses Abschnitts lassen das Recht unberührt, eine Widerklage vor dem Gericht zu erheben, bei dem die Klage selbst gemäß den Bestimmungen dieses Abschnitts anhängig ist.

EuGH-Rechtsprechung: EuGH, 22.5.2008 – Rs. C-462/06, *Glaxosmithkline u.a. ./. Jean-Pierre Rouard*, Slg. 2008, I-3978 (ECLI:EU:C:2008:299)

EuGH, 10.9.2015 – Rs. C-47/14, *Holterman Ferho Exploitatie u.a. ./. Spies von Büllesheim*, ECLI:EU:C:2015:574 = NZG 2015, S. 1199.

Schrifttum: S. das bei Art. 20 angegebene Schrifttum.

Übersicht

	Rn.
I. Überblick	1
II. Entstehungsgeschichte	3
III. Klagen des Arbeitgebers (Art. 22 Abs. 1)	4
1. Hintergrund	5
2. Konkurrenzen	6
3. Sachlicher und räumlich-persönlicher Anwendungsbereich	8
4. Maßgeblicher Zeitpunkt	10
5. Kognitionsbefugnis	12
IV. Widerklagen (Art. 22 Abs. 2)	13

I. Überblick

1 Während Art. 21 verschiedene Gerichtsstände für (Aktiv-)Klagen eines Arbeitnehmers gegen seinen Arbeitgeber regelt, statuiert Art. 22 umgekehrt in seinem **Abs. 1** einen einzigen, grds. *ausschließlichen*[1] Gerichtsstand für *Klagen des Arbeitgebers* gegen einen Arbeitnehmer an dessen Wohnsitzort.[2] Die Vorschrift

---

[135] *Geimer*/Schütze, EuZVR, 3. Aufl. 2010, Art. 19 EuGVVO a.F. Rn. 24 und 32.
[1] *Rauscher*/*Mankowski*, EuZPR, 4. Aufl. 2016, Art. 22 EuGVVO Rn. 1; dies ist freilich – im Vergleich zu Art. 24 – in einem untechnischen Sinn zu verstehen; dazu näher Rn. 6.
[2] Zum Begriff des Wohnsitzes im Sinne der EuGVVO vgl. die Ausführungen zu Art. 4 Rn. 6 ff sowie Art. 62 und 63 nebst Kommentierung.

bestimmt dabei nur die **internationale** Zuständigkeit; zur Bestimmung der örtlichen Zuständigkeit ist auf das nationale Verfahrensrecht des jeweiligen Forumstaats zurückzugreifen.

Art. 22 **Abs. 2** hingegen stellt, ohne eine eigene Gerichtsstandsregelung zu 2 beinhalten, klar, dass auch in Arbeitssachen **Widerklagen** grds. uneingeschränkt zulässig sind. Dies gilt entgegen der unglücklichen systematischen Stellung des Abs. 2 grds. für alle Arbeitssachen, d.h. unabhängig davon, ob die jeweilige Hauptklage von einem oder gegen einen Arbeitnehmer erhoben wurde.[3]

II. Entstehungsgeschichte

Art. 22 beruht wortgleich auf **Art. 20 EuGVVO a.F.**, der seinerseits im Jahr 3 2000 im Zuge der „Umwandlung" des EuGVÜ in die EuGVVO a.F. neu geschaffen worden war.

III. Klagen des Arbeitgebers (Art. 22 Abs. 1)

Art. 22 Abs. 1 eröffnet für Klagen eines Arbeitgebers gegen einen Arbeitneh- 4 mer in Arbeitssachen eine grds. ausschließliche Zuständigkeit nur der Gerichte desjenigen Mitgliedstaats, in dessen **Hoheitsgebiet der Arbeitnehmer seinen Wohnsitz** hat.

1. Hintergrund

Der zum Teil rechtspolitisch kritisierte[4] Art. 22 Abs. 1 stellt insbesondere 5 sicher, dass ein Arbeitnehmer (in Arbeitssachen) im Regelfall **nur in seinem eigenen Wohnsitzstaat** und nicht auch an etwaigen weiteren besonderen Gerichtsständen gerichtspflichtig ist.[5] Insofern dehnt Art. 22 Abs. 1 die auch in Art. 4 Abs. 1 zum Ausdruck kommende zuständigkeitsrechtliche Privilegierung des Beklagten (den sog. *favor defensoris*)[6] auf grds. alle Klagen gegen einen Arbeitnehmer aus. Die Bedeutung von Art. 22 Abs. 1 ist gegenüber derjenigen von Art. 21 freilich gering, wird doch – jedenfalls in der Bundesrepublik Deutschland – der weit überwiegende Teil der Klagen in Arbeitssachen von Arbeitnehmern erhoben.[7]

---

[3] Ganz h.M., s. *Schlosser*/Hess, EuZPR, 4. Aufl. 2015, Art. 21 EuGVVO Rn. 2; Saenger/*Dörner*, ZPO, 6. Aufl. 2015, Art. 22 EuGVVO Rn. 2; Rauscher/*Mankowski*, EuZPR, 4. Aufl. 2016, Art. 22 EuGVVO Rn. 8; MünchKomm/*Gottwald*, ZPO, 4. Aufl. 2013, Art. 20 EuGVVO a.F. Rn. 2 f. und wohl auch EuArbR/*Krebber*, 2016, Art. 22 EuGVVO Rn. 2.
[4] Etwa *Junker*, FS Schlosser, 2005, S. 299 (315 ff.); *Behr*, GS Blomeyer, 2004, S. 15 (26); **dagegen** zu Recht Rauscher/*Mankowski*, EuZPR, 4. Aufl. 2016, Art. 22 EuGVVO Rn. 3.
[5] S. nur Rauscher/*Mankowski*, EuZPR, 4. Aufl. 2016, Art. 20 EuGVVO Rn. 1.
[6] Hierzu allgemein Art. 4 Rn. 2.
[7] S. z.B. *Junker*, FS Schlosser, 2005, S. 299 (315): Im Kalenderjahr 2002 wurden 97,1 % aller arbeitsrechtlichen Klagen vor deutschen Arbeitsgerichten von Arbeitnehmern eingereicht.

2. Konkurrenzen[8]

6 Die oben Rn. 1 postulierte **Ausschließlichkeit** des in Art. 22 Abs. 1 normierten Gerichtsstands ist **relativ** und daher anders zu verstehen als bei den im auch technischen Sinne ausschließlichen Gerichtsständen des Art. 24. Zum einen gehen nämlich die Gerichtsstände des Art. 24 den Vorschriften des 5. Abschnitts insgesamt vor;[9] zum anderen verdrängen die Art. 20 ff. zwar die meisten, nicht jedoch alle „allgemeinen" Zuständigkeitsvorschriften der EuGVVO. Freilich kommt eine Anwendung der auch im Anwendungsbereich des 5. Abschnitts ausdrücklich anwendbaren Art. 7 Nr. 5 sowie Art. 8 Nr. 1 in Arbeitssachen nur für **Klagen eines Arbeitnehmers** – nicht jedoch eines Arbeitgebers – in Frage.[10]

7 Zudem sind gem. Art. 23 (Nr. 1) unter bestimmten – engen – Voraussetzungen von der Zuständigkeitsregelung in Art. 22 Abs. 1 abweichende **Gerichtsstandsvereinbarungen** möglich.[11] Das Gleiche gilt für eine **rügelose Einlassung** im Sinne von Art. 26, bei Passivklagen eines Arbeitnehmers allerdings gem. Art. 26 Abs. 2 nur, wenn dieser zuvor über sein Recht, die Unzuständigkeit des Gerichts geltend zu machen, und über die Folgen der Einlassung oder Nichteinlassung auf das Verfahren belehrt wurde.

3. Sachlicher und räumlich-persönlicher Anwendungsbereich

8 Der „ausschließliche" Gerichtsstand in Art. 22 Abs. 1 ist ausweislich des Wortlauts von Art. 20 Abs. 1 **sachlich** nur in Arbeitssachen[12] anzuwenden, d.h. auf – vertraglich zu qualifizierende[13] – Streitigkeiten aus (u.U. vermeintlichen) Arbeitsverhältnissen zwischen einem Arbeitnehmer[14] und einem Arbeitgeber.[15] Zum **räumlichen** Anwendungsbereich des Art. 22 Abs. 1 – nur gegenüber Arbeitnehmern mit Wohnsitz in einem Mitgliedstaat – s. näher die Ausführungen zu Art. 20 Rn. 16 ff.

9 In **persönlicher** Hinsicht findet Art. 22 Abs. 1 nach hier vertretener Meinung nur dann Anwendung, wenn tatsächlich ein **Arbeitnehmer** verklagt wird.[16] **Rechtsnachfolger** eines Arbeitnehmers hingegen können, auch wenn ursprünglich eine Arbeitssache vorlag, grds. nur nach Maßgabe der allgemeinen Vorschriften verklagt werden.[17] Denn die Art. 20 ff. bezwecken gerade den prozessualen Schutz

---

[8] Die Ausführungen dieses Gliederungspunkts entsprechen im Grundsatz denjenigen zu den Parallelnormem in Art. 18 und 21.
[9] Vgl. u.a. die Kommentierung zu Art. 24 Rn. 13.
[10] Für Art. 8 Nr. 1 folgt dies bereits aus dem Wortlaut von Art. 20 Abs. 1 (s. die Kommentierung zu Art. 20 Rn. 30 ff.), für Art. 7 Nr. 5 hingegen implizit aus den Voraussetzungen dieser Norm (aaO Rn. 27 ff.).
[11] Vgl. hierzu die Kommentierung zu Art. 23.
[12] Vgl. zum sachlichen Anwendungsbereich der Art. 20 ff. die Kommentierung zu Art. 20 Rn. 34 ff. und Rn. 48 ff.
[13] Dazu sogleich Rn. 15 m.w.N.
[14] Vgl. zum Arbeitnehmerbegriff im Sinne der EuGVVO die Kommentierung zu Art. 20 Rn. 35 ff.
[15] Vgl. zum Arbeitgeberbegriff die Kommentierung zu Art. 20 Rn. 47.
[16] S. hierzu näher die Kommentierung zu Art. 20 Rn. 13.
[17] So auch – allerdings jeweils in Bezug auf Aktivklagen eines Arbeitnehmers – *Schlosser*/Hess, EuZPR, 4. Aufl. 2015, Art. 20 EuGVVO Rn. 1; MünchKomm/*Gottwald*, ZPO, 4. Aufl. 2013, Art. 18 EuGVVO a.F. Rn. 4; *Geimer*/Schütze, EuZVR, 3. Aufl. 2010, Art. 19 EuGVVO a.F. Rn. 40; **a. A.** z.B. Rauscher/*Mankowski*, EuZPR, 4. Aufl. 2016, Art. 21 EuGVVO Rn. 79.

(nur) von Arbeitnehmern.[18] Etwas anderes gilt allenfalls dann, wenn ein Rechtsnachfolger im Einzelfall seinerseits Arbeitnehmer des klagenden Arbeitgebers ist. In der Praxis wird dies freilich – wenn überhaupt – bei Aktivklagen eines Arbeitnehmers vorkommen. Eine **Rechtsnachfolge auf Arbeitgeberseite** schadet hingegen nicht und lässt die Anwendbarkeit von Art. 22 Abs. 1 grds. unberührt.[19]

4. Maßgeblicher Zeitpunkt

Der maßgebliche Zeitpunkt für das Vorliegen des Anknüpfungspunkts von Art. 22 Abs. 1 beurteilt sich nach allgemeinen Maßstäben.[20] Danach muss der Wohnsitz eines zu verklagenden Arbeitnehmers grds. zum Zeitpunkt der entsprechend Art. 32 zu bestimmenden **Anrufung des jeweiligen Gerichts** (und nicht etwa bei Arbeitsvertragsschluss) in dem betreffenden Forumstaat liegen.[21] Der Wegfall des Wohnsitzes *nach* Klageeinreichung ist hingegen nach den Regeln der *perpetuatio fori* grds. irrelevant.[22] 10

Im Jahr 2011 hat der EuGH in der Rechtssache *Lindner* entschieden, dass die Anwendung der einheitlichen Zuständigkeitsvorschriften der EuGVVO (konkret ging es dabei um Verbrauchersache im Sinne der Art. 17 ff.) auch bei **unbekanntem Wohnsitz** des Beklagten den Regelungszielen der EuGVVO entspreche. Jedenfalls dann, wenn der beklagte Verbraucher im Rahmen eines langfristigen Vertragsverhältnisses zur Mitteilung einer Adressänderung verpflichtet war, sei daher hilfsweise auf den **letzten bekannten Wohnsitz** des Beklagten abzustellen.[23] Dies dürfte erst recht auf (fast immer langfristige und mit bestimmten Treuepflichten verbundene) Arbeitsverhältnisse zu übertragen sein.[24] 11

5. Kognitionsbefugnis

Die **Kognitionsbefugnis** eines nach Art. 22 Abs. 1 zuständigen Gerichts ist nach richtiger, jedoch nicht unbestrittener Meinung auf **vertraglich zu qualifizierende Ansprüche und Streitigkeiten** beschränkt.[25] Für etwaige (daneben bestehende) außervertragliche, insbesondere deliktische Ansprüche gelten hingegen die allgemeinen Vorschriften.[26] Dies ist freilich für Passivklagen eines Arbeitnehmers 12

---

[18] Hierzu näher die Kommentierung zu Art. 20 Rn. 44 ff.
[19] *Geimer*/Schütze, EuZVR, 3. Aufl. 2010, Art. 19 EuGVVO a.F. Rn. 6; Rauscher/*Mankowski*, EuZPR, 4. Aufl. 2016, Art. 21 EuGVVO Rn. 81.
[20] Vgl. hierzu allgemein die Vorb. Art. 4 ff. Rn. 19 ff.
[21] S. nur Rauscher/*Mankowski*, EuZPR, 4. Aufl. 2016, Art. 22 EuGVVO Rn. 1.
[22] Hierzu näher in den Vorb. Art. 4 ff. Rn. 21.
[23] EuGH, 17.11.2011 – Rs. C-327/10, *Hypoteční banka a. s. ./. Udo Mike Lindner*, Slg. 2011, I-11582 (E-CLI:EU:C:2011:745), Rn. 44 und 55. Vgl. hierzu – auch zur weiterführenden Entscheidung EuGH 15.3.2012 – Rs. C-292/10, *G ./. Cornelius de Visser*, ECLI:EU:C:2012:142 – näher die Kommentierung zu Art. 4 Rn. 13.
[24] Vgl. auch die Kommentierung zu Art. 4 Rn. 13.
[25] Wohl h.M.; so auch Rauscher/*Mankowski*, EuZPR, 4. Aufl. 2016, Art. 20 EuGVVO Rn. 7; *Kropholler*/von Hein, EuZPR, 9. Aufl. 2011, Art. 18 Rn. 4; *Junker*, FS Schlosser, 2005, S. 299 (303) und wohl auch Schlosser/*Hess*, EuZPR, 4. Aufl. 2015, Art. 20 EuGVVO Rn. 3; **a.A.** etwa *Rauscher*, FS Schütze, 1999, S. 695 (706); *Däubler*, NZA 2003, S. 1297 (1299); Saenger/*Dörner*, ZPO, 6. Aufl. 2015, Art. 20 EuGVVO Rn. 5; EuArbR/*Krebber*, 2016, Art. 21 EuGVVO Rn. 11.
[26] Hierzu näher oben Art. 20 Rn. 12 sowie 56.

insofern ohne größere Relevanz, als alle übrigen Ansprüche gegen einen Arbeitnehmer gem. Art. 4 Abs. 1 ebenfalls in dessen Wohnsitzstaat eingeklagt werden können.

IV. Widerklagen (Art. 22 Abs. 2)

13   Art. 22 Abs. 2 stellt klar, dass auch in Arbeitssachen Widerklagen **grds. uneingeschränkt zulässig** sind. Dies gilt unabhängig davon, ob es sich bei dem einer Widerklage zugrunde liegenden Sachverhalt seinerseits um eine Arbeitssache handelt oder nicht, entbindet jedoch nicht von der in Art. 8 Nr. 3 statuierten Notwendigkeit des Vorliegens besonderer Voraussetzungen (insbesondere einer Konnexität[27]).[28]

14   Entgegen seiner verfehlten[29] systematischen Stellung und ausweislich seines eindeutigen Wortlauts **gilt Art. 22 Abs. 2 für sämtliche Arbeitssachen** – d.h. sowohl Aktiv- als auch Passivklagen eines Arbeitnehmers – und nicht nur im Anwendungsbereich von Art. 22.[30] Insgesamt hätte das durch Art. 22 Abs. 2 angestrebte Regelungsziel auf wesentlich elegantere Weise durch einen Vorbehalt zugunsten von Art. 8 Nr. 3 in Art. 20 Abs. 1 erreicht werden können.

Artikel 23 [Zulässige Gerichtsstandsvereinbarungen]

Von den Vorschriften dieses Abschnitts kann im Wege der Vereinbarung nur abgewichen werden,
1. wenn die Vereinbarung nach der Entstehung der Streitigkeit getroffen wird oder
2. wenn sie dem Arbeitnehmer die Befugnis einräumt, andere als die in diesem Abschnitt angeführten Gerichte anzurufen.

EuGH-Rechtsprechung: EuGH, 19.7.2012 – Rs. C-154/11, *Ahmed Mahamdia ./. Demokratische Volksrepublik Algerien*, ECLI:EU:C:2012:491 = NZA 2012, S. 935.

Schrifttum: S. das bei Art. 20 angegebene Schrifttum.

Übersicht

	Rn.
I. Normzweck; Überblick	1
II. Entstehungsgeschichte	2
III. Sachlicher Anwendungsbereich; Verhältnis zu Art. 25	3
IV. Räumlich-persönlicher Anwendungsbereich	4

---

[27] Hierzu näher die Kommentierung zu Art. 8 Rn. 59 ff.
[28] So auch MünchKomm/*Gottwald*, ZPO, 4. Aufl. 2013, Art. 20 EuGVVO a.F. Rn. 2; *Geimer*/*Schütze*, EuZVR, 3. Aufl. 2010, Art. 20 EuGVVO a.F. Rn. 5; a.A. Rauscher/*Mankowski*, EuZPR, 4. Aufl. 2016, Art. 22 EuGVVO Rn. 9.
[29] S. *Schlosser*/Hess, EuZPR, 4. Aufl. 2015, Art. 22 EuGVVO Rn. 2.
[30] So auch *Schlosser*/Hess, EuZPR, 4. Aufl. 2015, Art. 21 EuGVVO Rn. 2; Saenger/*Dörner*, ZPO, 6. Aufl. 2015, Art. 22 EuGVVO Rn. 2; Rauscher/*Mankowski*, EuZPR, 4. Aufl. 2016, Art. 22 EuGVVO Rn. 8; MünchKomm/*Gottwald*, ZPO, 4. Aufl. 2013, Art. 20 EuGVVO a.F. Rn. 2 f. und wohl auch EuArbR/*Krebber*, 2016, Art. 22 EuGVVO Rn. 2.

Text + Erläuterungen   Art. 23   **B Vor I** 7

V. Vereinbarung nach Entstehen einer Streitigkeit (Art. 23 Nr. 1) 5
VI. Vereinbarung zugunsten des Arbeitnehmers (Art. 23 Nr. 2) 8

I. Normzweck; Überblick

Würden Gerichtsstandsvereinbarungen im Sinne von Art. 25 auch in Arbeits- 1
sachen uneingeschränkt zugelassen, könnte der durch Art. 20 ff. an sich intendierte Schutz des Arbeitnehmers als typischerweise sozial schwächerer Vertragspartei[1] in vielen Fällen gleichsam durch die Hintertür wieder eingeschränkt bzw. sogar hinfällig werden. Vor diesem Hintergrund folgerichtig **schränkt** Art. 23 **die Zulässigkeit** von Gerichtsstandsvereinbarungen in Arbeitssachen deutlich – auf die in Nr. 1 und Nr. 2 abschließend aufgezählten Fallgruppen – **ein**.[2] Gerichtsstandsvereinbarungen, die nicht den Anforderungen von Art. 23 genügen, haben in Arbeitssachen gem. Art. 25 Abs. 4 Alt. 1 keine rechtliche Wirkung.[3] Dies gilt auch für Gerichtsstandsvereinbarungen in Kollektivvereinbarungen, z.B. in einem Tarifvertrag.[4]

II. Entstehungsgeschichte

Art. 23 beruht wortgleich auf **Art. 21 EuGVVO a.F.**, der seinerseits im Jahr 2
2000 im Zuge der „Umwandlung" des EuGVÜ in die EuGVVO a.F. neu geschaffen worden war.

III. Sachlicher Anwendungsbereich; Verhältnis zu Art. 25

Art. 23 ist nicht etwa eine abschließende Sondervorschrift zu Art. 25, sondern 3
schränkt lediglich die **Zulässigkeit** von Gerichtsstandsvereinbarungen gegenüber den wesentlich großzügigeren Voraussetzungen von Art. 25 in Arbeitssachen deutlich ein.[5] Hinsichtlich **anderer als Zulässigkeitsvoraussetzungen** gelten daher in Bezug auf Gerichtsstandsvereinbarungen auch in Arbeitssachen die Vorgaben des Art. 25.[6]

IV. Räumlich-persönlicher Anwendungsbereich

Seit der jüngsten Neufassung der EuGVVO setzt Art. 25 – anders als die 4
Vorgängernorm in Art. 23 EuGVVO a.F. – nicht mehr das Vorliegen des Wohn-

---
[1] So etwa EuGH, 10.4.2003 – Rs. C-437/00, *Pugliese ./. Finmeccanica SpA*, Slg. 2003, I-3573 (ECLI:EU:C:2003:219) = RIW 2003, S. 619, Rn. 18.
[2] So auch Rauscher/*Mankowski*, EuZPR, 4. Aufl. 2016, Art. 23 EuGVVO Rn. 1.
[3] S. nur EuArbR/*Krebber*, 2016, Art. 23 EuGVVO Rn. 8.
[4] *Kropholler/von Hein*, EuZPR, 9. Aufl. 2011, Art. 21 EuGVVO a.F. Rn. 1; Rauscher/*Mankowski*, EuZPR, 4. Aufl. 2016, Art. 23 EuGVVO Rn. 3.
[5] *Geimer/Schütze*, EuZVR, 3. Aufl. 2010, Art. 21 EuGVVO a.F. Rn. 1; EuArbR/*Krebber*, 2016, Art. 23, 25 EuGVVO Rn. 1, 6.
[6] EuArbR/*Krebber*, 2016, Art. 23, 25 EuGVVO Rn. 2 ff.; Rauscher/*Mankowski*, EuZPR, 4. Aufl. 2016, Art. 23 EuGVVO Rn. 19 ff.

sitzes mindestens einer der Parteien in einem Mitgliedstaat im Sinne der EuGVVO voraus, sondern findet unabhängig von dem Wohnsitz der Parteien bereits dann Anwendung, wenn die gerichtliche Zuständigkeit der Gerichte eines Mitgliedstaats vereinbart wird.[7] Dies kann (auch[8]) in Arbeitssachen im Verhältnis zu **in einem Drittstaat ansässigen Arbeitnehmern** potentiell zu gewissen Diskrepanzen im Zusammenspiel mit Art. 23 führen: Denn anders als Art. 25 und abgesehen von Art. 21 Abs. 1 lit. b setzen die Gerichtsstände für Arbeitssachen aus Art. 6 Abs. 1 i.V.m. Art. 20 Abs. 1 ersichtlich grds. den Wohnsitz des Beklagten in einem Mitgliedstaat voraus.[9] Insofern könnten sich bei strenger Gesetzesanwendung in einem Drittstaat ansässige Arbeitnehmer, die vor einem prorogierten mitgliedstaatlichen Gericht verklagt werden, trotz Eingreifens der EuGVVO nicht auf den Schutz von Art. 23 berufen. Dieses merkwürdige Ergebnis sollte dadurch vermieden werden, dass man die Verweisung auf Art. 25 in Art. 6 Abs. 1 über dessen Abs. 4 auch auf Art. 23 bezieht und Art. 23 daher auf jede Art. 25 unterfallende Gerichtsstandsvereinbarung in Arbeitssachen bezieht.[10] Dafür spricht erst Recht, dass Art. 25 Abs. 4 i.V.m. Art. 23 nach Ansicht des EuGH[11] sogar bei Vereinbarung der Zuständigkeit eines **drittstaatlichen Gerichts** (d.h. wenn die Voraussetzungen des Art. 25 Abs. 1 gar nicht erfüllt sind) Anwendung finden soll.[12]

V. Vereinbarung nach Entstehen einer Streitigkeit (Art. 23 Nr. 1)[13]

5   Nach Art. 23 Nr. 1 sind Gerichtsstandsvereinbarungen in Arbeitssachen zulässig, wenn „die Vereinbarung [erst] nach der Entstehung der Streitigkeit getroffen wird". Nach dem *Jenard*-Bericht[14] soll eine Streitigkeit entstanden sein, „sobald die Parteien über einen bestimmten Punkt uneins sind und ein **gerichtliches Verfahren unmittelbar oder in Kürze bevorsteht.**" Darunter dürften nur solche Auseinandersetzungen zu fassen sein, in denen eine Partei bereits rechtliche Schritte angekündigt hat bzw. sich jedenfalls so uneinsichtig zeigt, dass ein vollständiges Nachgeben nicht mehr zu erwarten ist; erst Recht genügt naturgemäß, wenn ein Verfahren bereits begonnen hat.

---

[7] S. zum räumlich-persönlichen Anwendungsbereich von Art. 25 ausführlich die dortige Kommentierung Rn. 12 ff. Wird hingegen die Zuständigkeit eines *drittstaatlichen* Gerichts vereinbart, so ist eine derartige Gerichtsstandsvereinbarung grds. an den Vorgaben der *lex fori* zu messen, s. die Kommentierung zu Art. 25 Rn. 16; zur Ausnahme im Rahmen von Art. 23 s. sogleich.
[8] Zur Rechtslage bei Verbrauchersachen s. die Kommentierung zu Art. 19 Rn. 6.
[9] S. *die Kommentierung zu Art. 20 Rn. 21 ff.*
[10] So – allerdings für Verbrauchersachen – *Gsell*, FS Coester-Waltjen, 2015, S. 403 (407 f. und 412); a. A. wohl Rauscher/*Mankowski*, EuZPR, 4. Aufl. 2016, Art. 23 EuGVVO Rn. 19 a.E.
[11] EuGH, 19.7.2012 – Rs. C-154/11, *Ahmed Mahamdia ./. Demokratische Volksrepublik Algerien*, ECLI:EU:C:2012:491 = NZA 2012, S. 935, Rn. 66.
[12] Zustimmend Rauscher/*Mankowski*, EuZPR, 4. Aufl. 2016, Art. 23 EuGVVO Rn. 20; dieser Meinung auch EuArbR/*Krebber*, 2016, Art. 23 EuGVVO Rn. 8; *Franzen*, RIW 2000, S. 81 (86 f.); Münch-Komm/*Gottwald*, ZPO, 4. Aufl. 2013, Art. 21 EuGVVO a.F. Rn. 2; a. A. *Bosse,* Probleme des europäischen Internationalen Arbeitsprozessrechts, S. 292 ff.
[13] Die Ausführungen dieses Gliederungspunkts entsprechen im Grundsatz denjenigen zu der Parallelnorm in Art. 19 Nr. 1.
[14] *Jenard*-Bericht, 1979, S. 33 (zu Art. 12 EuGVÜ);

Nach dem Gesagten fallen (jedenfalls ausschließliche,) in aller Regel vorbeugende Gerichtsstandsvereinbarungen (schon) **in einem Arbeitsvertrag** grds. nicht unter Art. 23 Nr. 1,[15] genauso wenig wie solche in einem **Aufhebungsvertrag**,[16] es sei denn, sie beziehen sich nicht auf Streitigkeiten aus diesem selbst, sondern z.b. auf frühere Ansprüche aus dem gerade aufgehobenen Arbeitsvertrag.[17] 6

Bloße Meinungsverschiedenheiten ohne konkret zu erwartende gerichtliche Auseinandersetzung genügen hingegen keinesfalls.[18] Denn hinter Art. 23 Nr. 1 steht der **Gedanke**, dass sich ein Arbeitnehmer der potentiell weitreichenden Konsequenzen einer Gerichtsstandsvereinbarung im Angesicht eines bereits **konkret** drohenden bzw. bereits eingeleiteten Verfahrens durchaus bewusst sein wird und damit sein abstrakter Schutz durch ein Prorogationsverbot hinfällig wird.[19] 7

VI. Vereinbarung zugunsten des Arbeitnehmers (Art. 23 Nr. 2)[20]

Gem. Art. 23 Nr. 2 sind Gerichtsstandsvereinbarungen darüber hinaus ausnahmsweise auch in Arbeitssachen **bereits vor Entstehen einer Streitigkeit** zulässig, wenn sie im Einzelfall **zugunsten des Arbeitnehmers** von den Zuständigkeitsregeln der Art. 21 f. abweichen. Der hinter dieser Regelung stehende Gedanke ist unmittelbar einleuchtend und liegt im Übrigen auch der Anwendbarkeit von Art. 7 Nr. 5 und Art. 8 Nr. 1 in Arbeitssachen zugrunde:[21] Da die Art. 20 ff. gerade dem Schutz des Arbeitnehmers dienen, wäre es widersinnig, eine Abweichung *zu seinen Gunsten* auszuschließen.[22] 8

Unter Art. 23 Nr. 2 fallen grds. nur **Gerichtsstandsvereinbarungen für Aktivklagen** eines Arbeitnehmers. Im Lichte der aus Art. 21 Abs. 1 folgenden Wahlmöglichkeit eines Arbeitnehmers für eigene Aktivklagen sind zudem nur **fakultative Gerichtsstandsvereinbarungen** (vgl. Art. 25 Abs. 1 Satz 2) erfasst,[23] würden einem Arbeitnehmer doch durch eine ausschließliche Gerichtsstandsvereinbarung ansonsten bestehende Klagemöglichkeiten genommen. 9

---

[15] BAG, 10.4.2014 – 2 AZR 741/13, IPRax 2015, S. 342, Rn. 26 ff.; *Geimer*/Schütze, EuZVR, 3. Aufl. 2010, Art. 21 EuGVVO a.F. Rn. 2.
[16] *Junker*, FS Kühne, 2009, S. 735 (740 f.); *Schlosser*/Hess, EuZPR, 4. Aufl. 2015, Art. 23 EuGVVO Rn. 2; **a. A.** Rauscher/*Mankowski*, EuZPR, 4. Aufl. 2016, Art. 23 EuGVVO Rn. 8.
[17] MünchKomm/*Gottwald*, ZPO, 4. Aufl. 2013, Art. 23 EuGVVO a.F. Rn. 1; noch weitergehend Rauscher/*Mankowski*, EuZPR, 4. Aufl. 2016, Art. 23 EuGVVO Rn. 8.
[18] Wohl h.M., s. neben dem *Jenard*-Bericht, 1979, S. 33 etwa EuArbR/*Krebber*, 2016, Art. 23 EuGVVO Rn. 6; Rauscher/*Staudinger*, EuZPR, 4. Aufl. 2016, Art. 23 EuGVVO Rn. 8; *Kropholler/von Hein*, EuZPR, 9. Aufl. 2011, Art. 13 EuGVVO a.F. Rn. 2; Musielak/Voit/*Stadler*, ZPO, 13. Aufl. 2016, Art. 15 EuGVVO Rn. 2; **a. A.** etwa *Geimer*/Schütze, EuZVR, 3. Aufl. 2010, Art. 13 EuGVVO a.F. Rn. 5; MünchKomm/*Gottwald*, ZPO, 4. Aufl. 2013, Art. 15 EuGVVO Rn. 2.
[19] Rauscher/*Mankowski*, EuZPR, 4. Aufl. 2016, Art. 23 EuGVVO Rn. 5.
[20] Die Ausführungen dieses Gliederungspunkts entsprechen im Grundsatz denjenigen zu der Parallelnorm in Art. 19 Nr. 2.
[21] Vgl. hierzu die Kommentierung zu Art. 20 Rn. 27 ff.
[22] So auch *Geimer*/Schütze, EuZVR, 3. Aufl. 2010, Art. 13 EuGVVO a.F. Rn. 6 sowie Rauscher/*Staudinger*, EuZPR, 4. Aufl. 2016, Art. 15 EuGVVO Rn. 5, Rauscher/*Mankowski*, EuZPR, 4. Aufl. 2016, Art. 23 EuGVVO Rn. 9.
[23] EuGH, 19.7.2012 – Rs. C-154/11, *Ahmed Mahamdia ./. Demokratische Volksrepublik Algerien*, ECLI:EU:C:2012:491 = NZA 2012, S. 935, Rn. 62; Musielak/Voit/*Stadler*, ZPO, 13. Aufl. 2016, Art. 23 EuGVVO Rn. 1; Saenger/*Dörner*, ZPO, 6. Aufl. 2015, Art. 23 EuGVVO Rn. 3; EuArbR/*Krebber*, 2016, Art. 23 EuGVVO Rn. 7.

Abschnitt 6 Ausschließliche Zuständigkeiten

Artikel 24

Ohne Rücksicht auf den Wohnsitz der Parteien sind folgende Gerichte eines Mitgliedstaats ausschließlich zuständig:
1. für Verfahren, welche dingliche Rechte an unbeweglichen Sachen sowie die Miete oder Pacht von unbeweglichen Sachen zum Gegenstand haben, die Gerichte des Mitgliedstaats, in dem die unbewegliche Sache belegen ist. Jedoch sind für Verfahren betreffend die Miete oder Pacht unbeweglicher Sachen zum vorübergehenden privaten Gebrauch für höchstens sechs aufeinander folgende Monate auch die Gerichte des Mitgliedstaats zuständig, in dem der Beklagte seinen Wohnsitz hat, sofern es sich bei dem Mieter oder Pächter um eine natürliche Person handelt und der Eigentümer sowie der Mieter oder Pächter ihren Wohnsitz in demselben Mitgliedstaat haben;
2. für Verfahren, welche die Gültigkeit, die Nichtigkeit oder die Auflösung einer Gesellschaft oder juristischen Person oder die Gültigkeit der Beschlüsse ihrer Organe zum Gegenstand haben, die Gerichte des Mitgliedstaats, in dessen Hoheitsgebiet die Gesellschaft oder juristische Person ihren Sitz hat. Bei der Entscheidung darüber, wo der Sitz sich befindet, wendet das Gericht die Vorschriften seines Internationalen Privatrechts an;
3. für Verfahren, welche die Gültigkeit von Eintragungen in öffentliche Register zum Gegenstand haben, die Gerichte des Mitgliedstaats, in dessen Hoheitsgebiet die Register geführt werden;
4. für Verfahren, welche die Eintragung oder die Gültigkeit von Patenten, Marken, Mustern und Modellen sowie ähnlicher Rechte, die einer Hinterlegung oder Registrierung bedürfen, zum Gegenstand haben, unabhängig davon, ob die Frage im Wege der Klage oder der Einrede aufgeworfen wird, die Gerichte des Mitgliedstaats, in dessen Hoheitsgebiet die Hinterlegung oder Registrierung beantragt oder vorgenommen worden ist oder aufgrund eines Unionsrechtsakts oder eines zwischenstaatlichen Übereinkommens als vorgenommen gilt.
Unbeschadet der Zuständigkeit des Europäischen Patentamts nach dem am 5. Oktober 1973 in München unterzeichneten Übereinkommen über die Erteilung europäischer Patente sind die Gerichte eines jeden Mitgliedstaats für alle Verfahren ausschließlich zuständig, welche die Erteilung oder die Gültigkeit eines europäischen Patents zum Gegenstand haben, das für diesen Mitgliedstaat erteilt wurde;
5. für Verfahren, welche die Zwangsvollstreckung aus Entscheidungen zum Gegenstand haben, die Gerichte des Mitgliedstaats, in dessen Hoheitsgebiet die Zwangsvollstreckung durchgeführt werden soll oder durchgeführt worden ist.

EuGH-Rechtsprechung: EuGH, 14.12.1977 – Rs. 73/77, *Sanders ./. van der Putte*, Slg. 1977, 2383 (ECLI:EU:C:1977:208)

EuGH, 15.11.1983 – Rs. 288/82, *Duijnstee ./. Goderbauer*, Slg. 1983, 3663 (ECLI:EU:C:1983:326)

EuGH, 4.7.1985 – Rs. 220/84, *AS-Autoteile* ./. *Mahlé*, Slg. 1985, 2267 (ECLI:EU:C:1985:302)

EuGH, 15.1.1985 – Rs. 241/83, *Rösler* ./. *Rottwinkel*, Slg. 1985, 99 (ECLI:EU:C:1985:6)

EuGH, 6.7.1988 – Rs. 158/87, *Scherrens* ./. *Maenhout u.a.*, Slg. 1988, 3791 (ECLI:EU:C:1988:370)

EuGH, 10.1.1990 – Rs. 115/88, *Reichert* ./. *Dresdner Bank*, Slg. 1990, I-27 (ECLI:EU:C:1990:3)

EuGH, 26.2.1992 – Rs. C-280/90, *Hacker* ./. *Euro-Relais*, Slg. 1992, I-1111 (ECLI:EU:C:1992:92)

EuGH, 26.3.1992 – Rs. C-261/90, *Reichert u.a.* ./. *Dresdner Bank II*, Slg. 1992, I-2149 (ECLI:EU:C:1992:149)

EuGH, 20.1.1994 – Rs. C-129/92, *Owens Bank* ./. *Bracco*, Slg. 1994, I-117 (ECLI:EU:C:1994:13)

EuGH, 17.5.1994 – Rs. C-294/92, *Webb* ./. *Webb*, Slg. 1994, I-1717 (ECLI:EU:C:1994:193)

EuGH, 9.6.1994 – Rs. C-292/93, *Lieber* ./. *Göbel*, Slg. 1994, I-2535 (ECLI:EU:C:1994:241)

EuGH, 27.1.2000 – Rs. C-8/98, *Dansommer* ./. *Götz*, Slg. 2000, I-393 (ECLI:EU:C:2000:45)

EuGH, 13.7.2000 – Rs. C-412/98, *Group Josi Reinsurance Company S.A.* ./. *Universal General Insurance Company*, Slg. 2000, I-5295 (ECLI:EU:C:2000:399)

EuGH, 5.4.2001 – Rs. C-518/99, *Gaillard* ./. *Chekili*, Slg 2001, I-2771 (ECLI:EU:C:2001:209)

EuGH, 13.10.2005 – Rs. C-73/04, *Brigitte und Marcus Klein* ./. *Rhodos Management Ltd*, Slg. 2005, I-8681 (ECLI:EU:C:2005:607)

EuGH, 1.12.2005 – Rs. C-213/04, *Ewald Burtscher* ./. *Josef Stauderer*, Slg. 2005, I-10327 (ECLI:EU:C:2005:731)

EuGH, 18.5.2006 – Rs. C-343/04, *Land Oberösterreich* ./. *ČEZ as*, Slg. 2006, I-4586 (ECLI:EU:C:2006:330)

EuGH, 3.7.2006 – Rs. C-4/03, *Gesellschaft für Antriebstechnik mbH & Co. KG* ./. *Lamellen und Kupplungsbau Beteiligungs KG*, Slg. 2006, I-6523 (ECLI:EU:C:2005:607)

EuGH, 2.10.2008 – Rs. C-372/07, *Nicole Hassett, Cheryl Doherty* ./. *South Eastern Health Board, North Western Health Board*, Slg. 2008, I-7405 (ECLI:EU:C:2008:534)

EuGH, 28.4.2009 – Rs. C-420/07, *Meletis Apostolides* ./. *David Charles Orams u.a.*, Slg. 2009, I-3607 (ECLI:EU:C:2009:271)

EuGH, 12.5.2011 – Rs. C-144/10, *Berliner Verkehrsbetriebe* ./. *JPMorgan Chase Bank NA*, Slg. 2011, I-3961 (ECLI:EU:C:2011:300)

EuGH, 12.7.2012 – Rs. C-616/10, *Solvay SA* ./. *Honeywell Fluorine Products Europe BV u. a.*, ECLI:EU:C:2012:445 = EuZU 2012, S. 837

EuGH, 3.10.2013 – Rs. C-386/12, *Siegfried János Schneider*, ECLI:EU:C:2013:633 = IPRax 2015, S. 235

EuGH, 14.11.2013 – Rs. C-469/12, *Krejci Lager & Umschlagbetriebs GmbH* ./. *Olbrich Transport und Logistik GmbH*, ECLI:EU:C:2013:788 = BeckRS 2013, 82269

EuGH, 3.4.2014 – Rs. C-438/12, *Irmengard Weber* ./. *Mechthilde Weber*, ECLI:EU:C:2014:212 = NJW 2014, S. 1871

EuGH, 23.10.2014, Rs. C-302/13, *flyLAL-Lithuanian Airlines AS* ./. *Starptautiskā lidosta Rīga VAS u.a.*, ECLI:EU:C:2014:2319 = GRUR Int. 2014, S. 1172

EuGH, 17.12.2015 – Rs. C-605/14, *Virpi Komu u.a.* ./. *Pekka Komu u.a.*, ECLI:EU:C:2015:833 = EuZW 2016, S. 198

EuGH, 17.3.2016 – Rs. C-175/15, *Taser International Inc.* ./. *SC Gate 4 Business SRL u.a.*, ECLI:EU:C:2016:176 = BeckRS 2016, 80494.

Schrifttum: *Bauer, Philipp*, Die internationale Zuständigkeit bei gesellschaftsrechtlichen Klagen unter besonderer Berücksichtigung des EuGVÜ, 2000; *Bitter, Anna-Kristina*, Vollstreckbarerklärung und Zwangsvollstreckung ausländischer Titel in der Europäischen Union, 2009; *Bolle, Peter*, Art. 22 Nr. 2 EuGVO vor dem Hintergrund internationaler Derivategeschäfte juristischer Personen des öffentlichen Rechts, 2014; *Bose, Claudia Barbara*, Das Europäische Internationale Privat- und Prozessrecht der *actio pro socio*, 2015; *Brödermann, Eckart*, Der europäische GmbH-Gerichtsstand, ZIP 1996, S. 491; *Bukow, Johannes*, Verletzungsklagen aus gewerblichen Schutzrechten, 2003; *Dietze, Jan / Schnichels, Dominik*, Die aktuelle Rechtsprechung des EuGH zum EuGVÜ – Übersicht über das Jahr 2000, EuZW 2001, S. 581; *Dutson, Stuart*, Actions for Infringement of a Foreign Intellectual Property Right in an English Court, 1997, ICLQ S. 918; *Ebner, Martin*, Markenschutz im internationalen Privat- und Zivilprozessrecht, 2004; *Eckert, Hans-Werner*, Time-Sharing-Verträge nach dem neuen Teilzeit-Wohnrechtegesetz, ZIR 1997, S. 1; *Endler, Maximilian*, Urlaubsfreuden: Ferienhausvermittlung und Art. 16 Nr. 1 EuGVÜ, IPRax 1992, S. 212; *Fähndrich, Martin / Ibbeken, Arne*, Gerichtszuständigkeit und anwendbares Recht im Falle grenzüberschreitender Verletzungen (Verletzungshandlungen) der Rechte des geistigen Eigentums (Q174) – Bericht für die deutsche Landesgruppe, GRURInt 2003, S. 616; *Geimer, Reinhold*, Schwedische Bank im deutschen Grundbuch: Grundschuld zur Sicherung einer ausländischem Recht unterliegenden Forderung, IPRax

1999, S. 152; *ders.*, Das Fehlen eines Gerichtsstandes der Mitgliedschaft als gravierender Mangel im Kompetenzsystem der Brüsseler und der Luganer Konvention, in: Festschrift für Helmut Schippel zum 65. Geburtstag, Bundesnotarkammer (Hrsg.), 1996, S. 869; *ders.*, Ungeschriebene Anwendungsgrenzen des EuGVÜ: Müssen Berührungspunkte zu mehreren Vertragsstaaten bestehen?, IPRax 1991, S. 31; *ders.*, EuGVÜ und Aufrechnung: Keine Erweiterung der internationalen Entscheidungszuständigkeit – Aufrechnungsverbot bei Abweisung der Klage wegen internationaler Unzuständigkeit, IPRax 1986, S. 208; *Grabinski, Klaus*, Zur Bedeutung des Europäischen Gerichtsstands- und Vollstreckungsübereinkommens (Brüsseler Übereinkommens) und des Lugano-Übereinkommens in Rechtsstreitigkeiten über Patentverletzungen, GRURInt 2001, S. 199; *Grundmann, Stefan*, Zur internationalen Zuständigkeit der Gerichte von Drittstaaten nach Art. 16 EuGVÜ, IPRax 1985, S. 249; *Harris, Jonathan*, Rights in rem and the Brussels Convention, E. L. Rev. 1997, S. 179; *Heinze, Christian / Roffael, Esther*, Internationale Zuständigkeit für Entscheidungen über die Gültigkeit ausländischer Immaterialgüterrechte, GRURInt 2006, S. 787; *Hölder, Niel*, Grenzüberschreitende Durchsetzung Europäischer Patente, 2004; *Hootz, Carolin*, Durchsetzung von Persönlichkeits- und Immaterialgüterrechten bei grenzüberschreitenden Verletzungen in Europa, 2004; *Hüßtege, Rainer*, Internationale Zuständigkeit deutscher Gerichte bei der Überlassung von Räumen im Ausland, NJW 1990, S. 662; *ders.*, Benutzungsverhältnisse im Anwendungsbereich des Art. 16 Nr. 1 LGVÜ, IPRax 1999, S. 477; *ders.*, Ferienwohnungen im Ausland als Spielball der Gerichte, IPrax 2001, S. 31; *ders.*, Clubmitgliedschaften und Teilzeitwohnrechte im Anwendungsbereich des Art. 16 Nr. 1 EuGVÜ/Art. 22 Nr. 1 S. 1 EuGVVO, IPRax 2006, S. 124; *ders.*, Grenzüberschreitende Wohngeldzahlungen, IPRax 2015, S. 220; *Jayme, Erik*, Ferienhausvermittlung und Verbraucherschutz, IPRax 1993, S. 18; *ders.*, Prozessuale Hindernisse für Timesharing-Anbieter in Auslandsfällen, IPrax 1996, S. 87; *ders.*, Neues Internationales Privatrecht für Timesharing-Verträge – zum Teilzeit-Wohnrechtegesetz vom 20.12.1996, IPRax 1997, S. 233; *ders. / Kohler, Christian*, Europäisches Kollisionsrecht 1994: Quellenpluralismus und offene Kontraste, IPRax 1994, S. 405; *Jestaedt, Egbert*, Internationale Zuständigkeit eines deutschen Vollstreckungsgerichts bei alleinigem Wohnsitz des Drittschuldners im Inland?, IPRax 2001, S. 238; *Kartzke, Ulrich*, Verträge mit gewerblichen Ferienhausanbietern – Internationale Zuständigkeit nach dem EuGVÜ und anwendbares materielles Recht, NJW 1994, S. 823; *Kaye, Peter*, Creation of an English Resulting Trust of Immovables Held to Fall Outside Article 16 (1) of the European Judgments Convention, IPRax 1995, S. 286; *Kieninger, Eva-Maria*, Internationale Zuständigkeit bei der Verletzung ausländischer Immaterialgüterrechte: Common Law auf dem Prüfstand des EuGVÜ, GRURInt 1998, S. 280; *Killias, Laurent*, Internationale Zuständigkeit für Klagen zwischen Gesellschaftern einer einfachen Gesellschaft, EuZ 2004, S. 26; *Kindler, Peter*, Gesellschafterinnenhaftung in der GmbH und internationale Zuständigkeit nach der Verordnung (EG) Nr. 44/2001, in: Festschrift für Peter Ulmer zum 70. Geburtstag, Habersack, Mathias; Hommelhoff, Peter; Hüffer, Uwe; Schmidt, Karsten (Hrsg.), 2003, S. 305; *ders.*, Zuständigkeitsfragen beim Binnenstreit in der Auslandsgesellschaft, NZG 2010, S. 577; *Kohler, Christian*, Kollisionsrechtliche Anmerkungen zur Verordnung über die Gemeinschaftsmarke, in: Festschrift für Ulrich Everling, Due, Ole; Lutter, Marcus; Schwarze, Jürgen (Hrsg.), 1995, S. 651; *Kreuzer, Karl*, Zuständigkeitssplitting kraft Richterspruch, IPRax 1986, S. 75; *ders.*, Zuständigkeitssplitting kraft Richterspruch, Teil 2, IPRax 1991, S. 25; *Kubis, Sebastian*, Patentverletzungen im europäischen Prozessrecht – Ausschließliche Zuständigkeit kraft Einrede?, MittPat 2007, S. 220; *Kümmerle, Saskia*, Anmerkung zur Entscheidung des EuGH vom 3. Oktober 2013 in der Rechtssache C-386/12 „Siegfried Jánós Schneider"; GPR 2014, S. 170; *Lehmann, Matthias / Sánchez*

Lorenzo, Sixto, Der Rumpfgerichtsstand für dingliche Klagen nach Art. 16 Nr. 1 EuGVÜ (Art. 22 Nr. 1 EuGVVO), IPRax 2007, S. 190; *Leible, Stefan / Röder, Erik,* Reichweite der ausschließlichen Zuständigkeit für gesellschaftsrechtliche Streitigkeiten gem. Art. 22 Nr. 2 EuGVVO, EuZW 2009, S. 29; *Leue, Jürgen,* Die grenzüberschreitende „reine Mietzinsklage" beim Ferienhaus, NJW 1983, S. 1242; *Lundstedt, Lydia,* Gerichtliche Zuständigkeit und Territorialitätsprinzip im Immaterialgüterrecht – Geht der Pendelschlag zu weit?, GRURInt 2001, S. 103; *Mankowski, Peter,* Die internationale Zuständigkeit im Zivilprozess zwischen effektivem Rechtsschutz und nationaler Zuständigkeitspolitik, NJW 1996, S. 576; *ders.,* Timesharing und internationale Zuständigkeit am Belegenheitsort, EuZW 1996, S. 177; *ders.,* Internationale Zuständigkeit in Timesharing-Fällen – Ein Dauerbrenner, NZM 2007, S. 671; *ders.,* Klagen um Organisationsgeschäfte von Gesellschaften, in: Europäische und internationale Dimension des Rechts – Festschrift für Daphne-Ariane Simotta, Garber, Thomas; Geimer, Reinhold; Schütze, Rolf A. (Hrsg.), 2012, S. 351; *Mäsch, Gerald,* Die Time-Sharing-Richtlinie – Licht und Schatten im Europäischen Verbraucherschutzrecht, EuZW 1995, S. 8; *von Meibom, Christian / Pitz, Johann,* Die europäische „Transborderrechtsprechung" stößt an ihre Grenzen, GRURInt 1998, S. 765; *Meier-Beck, Peter,* Aktuelle Fragen des Patentverletzungsverfahrens, GRUR 2000, S. 355; *McGuire, Mary-Rose,* Die internationale Zuständigkeit in Patentstreitigkeiten vor dem Hintergrund der EuGVO-Reform, WRP 2011, S. 983; *Mock, Sebastian,* Die actio pro socio im Internationalen Privat- und Verfahrensrecht, RabelsZ 72 (2008), S. 271; *Nelle, Andreas,* Anspruch, Titel und Vollstreckung im internationalen Rechtsverkehr, 2000; *Neuhaus, Wilfried,* Das Übereinkommen über die gerichtliche Zuständigkeit und die Vollstreckung gerichtlicher Entscheidungen in Zivil- und Handelssachen vom 27.9.1968 (EuGVÜ) und das Luganer Übereinkommen vom 16.9.1988 (LugÜ), soweit hiervon Streitigkeiten des gewerblichen Rechtsschutzes betroffen werden, MittPat 1996, S. 257; *Nordmeier, Carl Friedrich,* Verfahrenskoordination nach Art. 27 EuGVVO bei ausschließlichen Gerichtsständen – zugleich zur Reichweite des Art. 22 Nr. 1 EuGVVO, IPRax 2015, S. 120; *Otte, Karsten,* Internationale Zuständigkeit und Territorialitätsprinzip – Wo liegen die Grenzen der Deliktszuständigkeit bei Verletzung eines europäischen Patents?, IPRax 2001, S. 315; *Paulus, David,* Außervertragliche Gesellschafter- und Organwalterhaftung im Lichte des Unionskollisionsrechts, 2014; *Peinze, Alexander,* Internationales Urheberrecht in Deutschland und England, 2002, S. 86; *Rauscher, Thomas,* Die Ferienhausentscheidung des EuGH – Unbilligkeit oder Konsequenz europäischer Rechtspflege, NJW 1985, S. 892; *Reichardt, Sascha,* Die Auswirkung des Nichtigkeitseinwands auf die internationale Zuständigkeit in PatentstreitigkeitenGRURInt 2008, S. 574; *ders.,* Internationale Zuständigkeit deutscher Gerichte bei immaterialgüterrechtlichen Klagen, IPRax 2008, S. 330; *Ringe, Wolf-Georg,* „Überseering im Verfahrensrecht" – Zu den Auswirkungen der EuGH-Rechtsprechung zur Niederlassungsfreiheit von Gesellschaften auf das Internationale Zivilprozessrecht, IPRax 2007, S. 388; *Roth, Herbert,* Die negative Feststellungsklage zur Abwehr drohender Zwangsvollstreckungsmaßnahmen als Anwendungsfall von Art. 16 Nr. 5 Lugano-Übereinkommen, IPRax 1999, S. 50; *ders.,* Art. 16 Nr. 5 EuGVÜ, Drittwiderspruchsklage nach § 771 ZPO und Klage auf Auskehrung des unberechtigt Erlangten nach durchgeführter Zwangsversteigerung, IPRax 2001, S. 323; *Schack, Haimo,* Abwehr grenzüberschreitender Immissionen im dinglichen Gerichtsstand?, IPRax 2005, S. 262; *ders.,* Vorfragen begründen keine ausschließliche Zuständigkeit, ZEuP 2012, S. 195; *ders.,* Internationales Zivilverfahrensrecht, 6. Aufl. 2014; *ders.,* Internationales Zivilverfahrensrecht, 6. Aufl. 2014; *Schaper, Martin,* Internationale Zuständigkeit nach Art. 22 Nr. 2 EuGVVO und Schiedsfähigkeit von Beschlussmängelstreitigkeiten – Implikationen für den europäischen Wettbewerb der Gesellschaftsrechte, IPRax 2009, S. 513;

Schauwecker, Marko, Zur internationalen Zuständigkeit bei Patentverletzungsklagen – Der Fall Voda v. Cordis im Lichte europäischer und internationaler Entwicklungen, GRURInt 2008, S. 96; *ders.,* Die Entscheidung GAT gegen LuK und drittstaatliche Patente, GRURInt 2009, S. 187; *Schillig, Michael,* Die ausschließliche internationale Zuständigkeit für gesellschaftsrechtliche Streitigkeiten vor dem Hintergrund der Niederlassungsfreiheit – Zur Anwendung des Art. 22 Nr. 2 EuGVVO auf eine englische limited mit Verwaltungssitz in Deutschland, IPRax 2005, S. 208; *Schlosser, Peter,* Gläubigeranfechtungsklage nach französischem Recht und Art. 16 EuGVÜ, IPRax 1991, S. 29; *Schmitt, Christian,* Reichweite des ausschließlichen Gerichtsstandes nach Art. 22 Nr. 2 EuGVVO, IPRax 2010, S. 310; *Schomerus, Andreas,* Time-Sharing-Verträge in Spanien im Lichte der EG-Richtlinie über den Erwerb von Teilnutzungsrechten an Immobilien, NJW 1995, S. 359; *Schreiber, Christoph,* Die Haftung des Vollstreckungsgläubigers im internationalen Zivilrechtsverkehr, 2008; *Schulte-Beckhausen, Thomas,* Die gerichtliche Durchsetzung von Ansprüchen wegen Verletzung der Gemeinschaftsmarke, WRP 1999, S. 300; *Solomon, Dennis,* Internationale Zuständigkeit zur Vollstreckbarerklärung ausländischer Entscheidungen – Divergierende Tendenzen in Deutschland und den Vereinigten Staaten, AG 2006, S. 832; *ders.,* Der Immobiliargerichtsstand im Europäischen Zuständigkeitsrecht, in: Grenzen überwinden – Prinzipien bewahren, Festschrift für Bernd von Hoffmann zum 70. Geburtstag, Kronke, Herbert; Thorn, Karsten (Hrsg.), 2011, S. 1042; *Stauder, Dieter,* Europäisches Zivilprozessrecht, GRURInt 1998, S. 376; *ders.,* Die Anwendung des EWG-Gerichtsstands- und Vollstreckungsübereinkommens auf Klagen im gewerblichen Rechtsschutz und Urheberrecht – Erster Teil, GRURInt 1976, S. 465; *ders.,* Die Anwendung des EWG-Gerichtsstands- und Vollstreckungsübereinkommens auf Klagen im gewerblichen Rechtsschutz und Urheberrecht – Zweiter Teil – Besondere Gerichtsstandsregeln für Klagen im gewerblichen Rechtsschutz, GRURInt 1976, S. 510; *ders.,* Die ausschließliche internationale gerichtliche Zuständigkeit in Patentstreitsachen nach dem Brüsseler Übereinkommen, IPRax 1985, S. 76; *ders.,* Grenzüberschreitende Verletzungsverbote im gewerblichen Rechtsschutz und das EuGVÜ, IPRax 1998, S. 317; *ders.,* Die internationale Zuständigkeit in Patentverletzungsklagen – „Nach drei Jahrzehnten", in: *Festschrift für Gerhard Stricker* zum 70. Geburtstag, Ohly, Ansgar; Bodewig, Theo; Dreier, Thomas; Horst-Peter; Haedicke, Maximilian (Hrsg.), 2005, S. 917; *Staudinger, Ansgar,* Ferienhausmiete im Ausland: Sind der inländische Verbraucherschutzgerichtsstand und das Pauschalreiserecht „out"?, NZM 2011, S. 257; *Teixeira de Sousa, Miguel,* Der Anwendungsbereich von Art. 22 Nr. 1 S. 2 EuGVO, IPRax 2003, S. 320; *Thole, Christoph,* Die internationale Zuständigkeit nach Art. 22 Nr. 1 EuGVO für Immissionsabwehrklagen, IPRax 2006, S. 564; *ders.,* Die Reichweite des Art. 22 Nr. 2 EuGVVO bei Rechtsstreitigkeiten über Organbeschlüsse, IPRax 2011, S. 541; *Tillmann, Winfried,* Gemeinschaftspatent mit einem zentralen Gericht, GRURInt 2003, S. 381; *Tonner, Klaus / Krause, Katja,* Urlaub und Witterungsrisiko, NJW 2000, S. 3665; *Ulmer, Michael,* Neue Tendenzen bei der Auslegung des Art. 16 Nr. 1 EuGVÜ, IPRax 1995, S. 72; *Wadlow, Christopher,* Intellectual Property and the Judgments Convention, (1985) 10 ELRev S. 305; *Wagner, Rolf / Diehl, Yannick,* Internationale Zuständigkeit bei der Miete ausländischer Ferienhäuser, GPR 2014, S. 230; *Weber, Johannes,* Gesellschaftsrecht und Gläubigerschutz im Internationalen Zivilverfahrensrecht, 2011; *ders.,* Die Geschäftsführerhaftung aus der Perspektive des Europäischen Zivilprozessrechts, IPRax 2013, S. 69; *Wedemann, Frauke,* Kein „Supertorpedo" für Gesellschaften und ihre Mitglieder – Neues vom EuGH zu Art. 22 Nr. 2 EuGVVO, NZG 2011, S. 733; *Weller, Matthias,* Internationale Zuständigkeit für mitgliedschaftsbezogene Klagen nach der Brüssel I-VO, ZGR 2012, S. 606; *Wolf, Alfred,* Das Ausführungsgesetz zu dem EWG-Gerichtsstands- und Vollstreckungsübereinkommen, NJW 1973, S. 401;

Zimmer, Daniel, Ende der Konzernhaftung in „internationalen" Fällen?, IPRax 1998, S. 187.

Übersicht

	Rn.
I. Allgemeines	1
1. Normzweck	5
2. Entstehungsgeschichte	6
3. Reichweite	7
4. Räumlich-persönlicher Anwendungsbereich	9
5. Maßgeblicher Zeitpunkt	12
6. Konkurrenzen	13
II. Ausschließlicher Gerichtsstand bzgl. unbeweglicher Sachen (Art. 24 Nr. 1)	14
1. Überblick	15
2. Art. 24 Nr. 1 Satz 1 Alt. 1	16
a) Sachlicher Anwendungsbereich	17
b) Anknüpfungspunkt	34
c) Keine Annexzuständigkeit für persönliche Klagen	35
3. Art. 24 Nr. 1 Satz 1 Alt. 2	36
a) Allgemeines	37
b) Sachlicher Anwendungsbereich	38
c) Anknüpfungspunkt	52
4. Art. 24 Nr. 1 Satz 2	53
a) Hintergrund	55
b) Voraussetzungen	56
III. Ausschließlicher Gerichtsstand bzgl. Gesellschaften und juristischer Personen (Art. 24 Nr. 2)	64
1. Allgemeines; Normzweck	65
2. Kein umfassender Gerichtsstand der Mitgliedschaft	67
3. Begriff der Gesellschaft und juristischen Person	68
a) Kein autonomer Begriff der juristischen Person	70
b) Begriff der juristischen Person im deutschen Recht	71
c) Autonomer Begriff der Gesellschaft unter der EuGVVO	73
4. Anknüpfungspunkt: Sitz der Gesellschaft oder juristischen Person	76
a) Keine Regelung des Internationalen Gesellschaftsrechts in BRD / EU	77
b) Gewohnheitsrechtliche Rechtslage in Deutschland	79
c) Sitzbestimmung nach dem deutschen Internationales Gesellschaftsrecht	83
5. Sachlicher Anwendungsbereich	84
a) Gültigkeit oder Nichtigkeit einer Gesellschaft oder juristischen Person	86
b) Auflösung einer Gesellschaft oder juristischen Person	89
c) Beschlussmängelstreitigkeiten	93
d) Gesellschaftsrechtliche Vorfragen	99
6. Nicht von Art. 24 Nr. 2 erfasste Streitigkeiten	100
IV. Ausschließlicher Gerichtsstand bzgl. öffentlicher Register (Art. 24 Nr. 3)	103
1. Normzweck	104
2. Öffentliches Register	105
3. Anwendungsbereich	107
V. Ausschließlicher Gerichtsstand bzgl. gewerblicher Schutzrechte (Art. 24 Nr. 4)	108
1. Normzweck und Überblick	109
2. Sachlicher Anwendungsbereich	113
a) Erfasste gewerbliche Schutzrechte	114
b) Verfahren in Bezug auf die Eintragung oder Gültigkeit	116
c) Nicht von Art. 24 Nr. 4 erfasste Verfahren	119
d) Vorfragenproblematik	122
3. Zeitlicher Anwendungsbereich	125

4. Anknüpfungspunkt: Registrierungs- bzw. Hinterlegungsort	126
5. Art. 24 Nr. 4 Satz 1 a.e.: Registrierungsfiktion	127
6. Art. 24 Nr. 4 Satz 2: Sonderregelung für europäische Patente	129
7. Zuständigkeit des künftigen Einheitlichen Patentgerichts	132
8. Unionsmarken und Gemeinschaftsgeschmacksmuster	134
VI. Ausschließlicher Gerichtsstand bzgl. Zwangsvollstreckungsverfahren (Art. 24 Nr. 5)	137
1. Normzweck	138
2. Sachlicher Anwendungsbereich	139
a) Begriff der Zwangsvollstreckung	141
b) Art. 24 Nr. 5 unterfallende Verfahren	142
c) Nicht unter Art. 24 Nr. 5 fallende Verfahren	144
d) Aufrechnung und Zwangsvollstreckungsgerichtsstand	147
3. Anknüpfungspunkt: Ort der Zwangsvollstreckung	149

I. Allgemeines

Art. 24 begründet fünf verschiedene ausschließliche Gerichtsstände, die alle – **1** unabhängig von der Person sowohl des Klägers als auch des Beklagten[1] – auf dem gemeinsamen Grundgedanken einer **besonders großen Sachnähe** eines Forumstaats zu bestimmten Sachverhalten beruhen.[2] Während jedoch die Sachnähe – jedenfalls auch – *Raison d'être* vieler besonderer Gerichtsstände in Art. 7 bis 9 ist, ist die für die Schaffung der ausschließlichen Gerichtsstände des Art. 24 maßgebende Sachnähe in den dort genannten Fällen nach Einschätzung des europäischen Gesetzgebers so groß, dass die Gerichte der jeweils als Forumstaat berufenen Mitgliedstaaten sich als das **einzig richtige** „Forum"[3] darstellen und sogar eine Exklusion aller anderen Gerichtsstände rechtfertigen.[4]

Entsprechend **verdrängen** die verschiedenen Gerichtsstände des Art. 24 – **2** bereits aus ihrer Bezeichnung als „ausschließlich" ersichtlich – alle anderen (allgemeinen und besonderen) Gerichtsstände der EuGVVO; dies gilt selbst für die Gerichtsstände der Abschnitte 3 bis 5, die Verfahren in Versicherungs- und Arbeits- sowie Verbrauchersachen jeweils einem ansonsten vorrangigen, in sich abgeschlossenen **Sonderregime** unterwerfen.[5] Zudem können die ausschließlichen Gerichtsstände des Art. 24 aus Art. 25 Abs. 4 ersichtlich nicht im Wege einer Gerichtsstandsvereinbarung abbedungen werden, und auch eine Art. 24 zuwiderlaufende rügelose Einlassung ist gem. Art. 26 Satz 2 Alt. 2 nicht möglich.

Aus Art. 27 folgt, dass das Vorliegen eines vorrangigen ausschließlichen **3** Gerichtsstands von mitgliedstaatlichen Gerichten stets **von Amts wegen** zu prüfen ist.[6] Dabei müssen die Voraussetzungen und Systembegriffe des Art. 24 grds.[7]

---

[1] *Jenard*-Bericht, 1979, S. 34; *Geimer/Schütze*, EuZVR, 3. Aufl. 2010, Art. 22 EuGVVO a.F. Rn. 1.
[2] Vgl. etwa den *Jenard*-Bericht, 1979, S. 34 ff., sowie *Kropholler/von Hein*, EuZPR, 9. Aufl. 2011, Art. 22 EuGVVO a.F. Rn. 2; *Rauscher/Mankowski*, EuZPR, 4. Aufl. 2016, Art. 24 EuGVVO Rn. 3.
[3] *Rauscher/Mankowski*, EuZPR, 4. Aufl. 2016, Art. 24 EuGVVO Rn. 3, spricht insofern von einem „natürlichen Forum".
[4] S. erneut den *Jenard*-Bericht, 1979, S. 34 ff., sowie etwa *Solomon*, in: FS von Hoffmann, 2011, S. 727 (731); *Rauscher/Mankowski*, EuZPR, 4. Aufl. 2016, Art. 24 EuGVVO Rn. 3.
[5] S. nur *Kropholler/von Hein*, EuZPR, 9. Aufl. 2011, Art. 22 EuGVVO a.F. Rn. 2; *Rauscher/Mankowski*, EuZPR, 4. Aufl. 2016, Art. 24 EuGVVO Rn. 1.
[6] *Rauscher/Mankowski*, EuZPR, 4. Aufl. 2016, Art. 24 EuGVVO Rn. 1.
[7] Zur etwaigen Ausnahme etwa bei Art. 24 Nr. 1 (Qualifikationsverweisung) s. unten Rn. 18 sowie den *Schlosser*-Bericht, 1979, Rn. 168.

unionsrechtlich **autonom** ausgelegt werden.[8] Ergeht eine Entscheidung im Einzelfall unter Missachtung der ausschließlichen Zuständigkeit der Gerichte eines anderen Mitgliedstaats, so stellt dies gem. Art. 45 Abs. 1 lit. e (ii) ein Anerkennungshindernis dar.

4   Art. 24 ist **abschließend**, d.h. sämtliche ausschließlichen Gerichtsstände im Sinne der EuGVVO sind – sieht man einmal von der in Art. 25 Abs. 1 Satz 2 vorgesehenen Möglichkeit einer ausschließlichen Gerichtsstandsvereinbarung[9] ab – erschöpfend in dieser Norm aufgezählt.[10] Zusätzlich müssen die Voraussetzungen und Systembegriffe des Art. 24 **eng ausgelegt** werden,[11] stellen die ausschließlichen Gerichtsstände doch, wie der EuGH mehrfach betont hat, besonders weitgehende Ausnahmen von dem in Art. 4 Abs. 1 statuierten Grundsatz des *actor sequitur forum rei* dar.[12]

1. Normzweck

5   Neben der oben Rn. 1 genannten Honorierung einer besonders großen **Sachnähe** eines Forumstaats zu bestimmten Sachverhalten dienen die ausschließlichen Gerichtsstände des Art. 24 durch ihre Zuständigkeitskonzentration naturgemäß auch der **Vermeidung sich widersprechender Entscheidungen**.[13] Darüber hinaus stellt Art. 24 jedenfalls potentiell einen Gleichlauf von Zuständigkeit (*forum*) und anwendbarem Recht (*ius*) her.[14] Art. 24 Nr. 5 schützt zudem bestimmte Souveränitätsinteressen der Mitgliedstaaten der EuGVVO.[15]

---

[8] Vgl. etwa EuGH, 17.12.2015 – Rs. C-605/14, *Virpi Komu u.a. ./. Pekka Komu u.a.*, ECLI:EU:C:2015:833 = EuZW 2016, S. 198, Rn. 23; EuGH, 12.5.2011 – Rs. C-144/10, *Berliner Verkehrsbetriebe ./. JPMorgan Chase Bank NA*, Slg. 2011, I-3961 (ECLI:EU:C:2011:300), Rn. 28 ff.; EuGH, 10.1.1990 – Rs. 115/88, *Reichert ./. Dresdner Bank*, Slg. 1990, I-27 (ECLI:EU:C:1990:3), Rn. 8; EuGH, 15.11.1983 – Rs. 288/82, *Duijnstee ./. Goderbauer*, Slg. 1983, 3663 (ECLI:EU:C:1983:326), Rn. 19; *Geimer/Schütze*, EuZVR, 3. Aufl. 2010, Art. 22 EuGVVO a.F. Rn. 25 ff.; *Kropholler/von Hein*, EuZPR, 9. Aufl. 2011, Art. 22 EuGVVO a.F. Rn. 8.

[9] Anders als bei Art. 24 bleibt im Falle einer ausschließlichen Gerichtsstandsvereinbarung weiterhin eine rügelose Einlassung des Klägers gem. Art. 26 möglich, s. nur EuGH, 7.3.1985 – Rs. 48/84, *Hannelore Spitzley ./. Sommer Exploitation SA*, Slg. 1985, 787 (ECLI:EU:C:1985:105), Rn. 27.

[10] *Musielak/Voit/Stadler*, ZPO, 13. Aufl. 2016, Art. 24 EuGVVO Rn. 1.

[11] S. etwa *Geimer/Schütze*, EuZVR, 3. Aufl. 2010, Art. 22 EuGVVO a.F. Rn. 5 f.; *Kropholler/von Hein*, EuZPR, 9. Aufl. 2011, Art. 22 EuGVVO a.F. Rn. 9; *Musielak/Voit/Stadler*, ZPO, 13. Aufl. 2016, Art. 24 EuGVVO Rn. 1; **a. A.** *Rauscher/Mankowski*, EuZPR, 4. Aufl. 2016, Art. 24 EuGVVO Rn. 4 unter Hinweise auf EuGH, 3.7.2006 – Rs. C-4/03, *Gesellschaft für Antriebstechnik mbH & Co. KG ./. Lamellen und Kupplungsbau Beteiligungs KG*, Slg. 2006, I-6523 (ECLI:EU:C:2005:607), Rn. 21 ff.

[12] Vgl. etwa EuGH, 17.12.2015 – Rs. C-605/14, *Virpi Komu u.a. ./. Pekka Komu u.a.*, ECLI:EU:C:2015:833 = EuZW 2016, S. 198, Rn. 23; EuGH, 18.5.2006 – Rs. C-343/04, *Land Oberösterreich ./. ČEZ as*, Slg. 2006, I-4586 (ECLI:EU:C:2006:330), Rn. 26 f.; s. hierzu allgemein die Vorb. Art. 7 ff. Rn. 9.

[13] Vgl. den *Jenard*-Bericht, 1979, S. 35; EuGH, 2.10.2008 – Rs. C-372/07, *Nicole Hassett, Cheryl Doherty ./. South Eastern Health Board, North Western Health Board*, Slg. 2008, I-7459 (ECLI:EU:C:2008:534), Rn. 20; EuGH, 12.5.2011 – Rs. C-144/10, *Berliner Verkehrsbetriebe ./. JPMorgan Chase Bank NA*, Slg. 2011, I-3961 (ECLI:EU:C:2011:300), Rn. 40; *Rauscher/Mankowski*, EuZPR, 4. Aufl. 2016, Art. 24 EuGVVO Rn. 3.

[14] *Rauscher/Mankowski*, EuZPR, 4. Aufl. 2016, Art. 24 EuGVVO Rn. 3.

[15] S. *Geimer/Schütze*, EuZVR, 3. Aufl. 2010, Art. 22 EuGVVO a.F. Rn. 264, der unter Rn. 1 betont, dass die übrigen Gerichtsstände des Art. 24 keine „Kodifikation geltenden Völkergewohnheitsrechts" darstellen.

2. Entstehungsgeschichte

Bereits das EuGVÜ kannte in **Art. 16 EuGVÜ** sämtliche nunmehr in Art. 24 **6** vorgesehenen ausschließlichen Gerichtsstände. Erst durch das 3. Beitrittsübereinkommen vom 26.5.1989,[16] mit dem Spanien und Portugal dem EuGVÜ beitraten, wurde jedoch der ausschließliche Gerichtsstand bzgl. unbeweglicher Sachen in damals Art. 16 Nr. 1 EuGVÜ (nunmehr Art. 24 Nr. 1) um die Ausnahme „für Klagen betreffend die Miete oder Pacht unbeweglicher Sachen zum vorübergehenden privaten Gebrauch für höchstens sechs aufeinanderfolgende Monate" ergänzt. Im Zuge der „Umwandlung" des EuGVÜ in die EuGVVO a.F. im Jahr 2000 wurde Art. 16 EuGVÜ zu **Art. 22 EuGVVO a.F.**; dabei wurden die ausschließlichen Gerichtsstände in Nr. 2 und 4 jeweils um ihren Satz 2 erweitert sowie in Nr. 4 der Passus „Gemeinschaftsrechtsakts oder eines" ergänzt. Im Rahmen der jüngsten Reform der EuGVVO ersetzte der europäische Gesetzgeber insbesondere die Begriffe „Klagen" in Art. 22 Nr. 1 bis 4 EuGVVO a.F. durch „Verfahren" und erweiterte den einleitende Halbsatz um den Passus „folgende Gerichte eines Mitgliedstaats" sowie den nunmehrigen Art. 24 Nr. 4 um den die diesbezügliche Rechtsprechung des EuGH (zur Anwendbarkeit dieses Gerichtsstands auch auf Vorfragen) kodifizierenden Nebensatz „unabhängig davon, ob die Frage im Wege der Klage oder der Einrede aufgeworfen wird".

3. Reichweite

Sämtliche ausschließlichen Gerichtsstände des Art. 24 regeln **nur die inter-** **7** **nationale Zuständigkeit**.[17] Dies ergibt sich aus der einleitenden Formulierung dieser Vorschrift sowie aus der Formulierung der einzelnen Gerichtsstände, die jeweils von den „Gerichte[n] eines Mitgliedstaats" etc. sprechen. Die **örtliche** Zuständigkeit hingegen beurteilt sich im Anwendungsbereich des Art. 24 nach dem autonomen Verfahrensrecht des jeweiligen Forumstaats.[18] Dabei folgt aus der aus dem Regelungskontext der EuGVVO resultierenden Justizgewährungspflicht[19] der Mitgliedstaaten der Verordnung, dass bei Bestehen einer internationalen Zuständigkeit nach Art. 24 und etwaigem Fehlen einer entsprechenden örtlichen Zuständigkeit nach dem daneben anwendbaren nationalen Verfahrensrecht eine örtliche **Notzuständigkeit** anzunehmen ist.[20] Ansonsten käme es zu einem negativen Kompetenzkonflikt, denn außer dem betreffenden, ausschließlich zur Entscheidung berufenen Mitgliedstaat kommt in einem solchen Fall keinem anderen Mitgliedstaat eine Jurisdiktionsbefugnis zu. Diese Notzuständig-

---

[16] ABl. (EG) 1989 Nr. L 285, S. 1.
[17] S. zu Art. 24 Nr. 1 z.B. EuGH, 28.4.2009 – Rs. C-420/07, *Meletis Apostolides ./. David Charles Orams u.a.*, Slg. 2009, I-3601 (ECLI:EU:C:2009:271), Rn. 50; s. auch Rauscher/*Mankowski*, EuZPR, 4. Aufl. 2016, Art. 24 EuGVVO Rn. 10, der für die Fälle des Art. 24 Nr. 1 und 3 eine Regelung auch der örtlichen Zuständigkeit für sachgerecht hielte.
[18] *Kropholler/von Hein*, EuZPR, 9. Aufl. 2011, Art. 22 EuGVVO a.F. Rn. 1.
[19] Vgl. hierzu die Vorb. Art. 4 ff. Rn. 3.
[20] S. allgemein bereits die Vorb. Art. 4 ff. Rn. 3, sowie MünchKomm/*Gottwald*, ZPO, 4. Aufl. 2013, Art. 22 EuGVVO a.F. Rn. 2; *Geimer*/Schütze, EuZVR, 3. Aufl. 2010, Art. 22 EuGVVO a.F. Rn. 21; *Kropholler/von Hein*, EuZPR, 9. Aufl. 2011, Art. 22 EuGVVO a.F. Rn. 1.

keit ist unter entsprechender Anwendung bzw. „Weiterdenken" der betreffenden internationalen Zuständigkeitsregel der EuGVVO auch auf die örtliche Zuständigkeit zu bestimmen.[21] Nach **a. A.** soll in einem derartigen Fall eine örtliche Notzuständigkeit der Gerichte der Hauptstadt des betreffenden Staates gegeben sein.[22]

8 Im Übrigen erfassen die ausschließlichen Gerichtsstände des Art. 24 grds. nur Sachverhalte, in denen sich die eine ausschließliche Zuständigkeit begründenden Rechtsfragen als **Hauptfrage** stellen.[23] Sind diese Fragen hingegen lediglich als Vorfragen bzw. Einreden **inzident** zu prüfen, so dürfen diese – mit Ausnahme der Art. 24 Nr. 4 unterfallenden Rechtsfragen[24] – auch von anderen Gerichten entschieden werden.[25]

4. Räumlich-persönlicher Anwendungsbereich

9 Während die meisten anderen Gerichtsstände der EuGVVO der Grundtendenz[26] der Verordnung entsprechend den Wohnsitz[27] des Beklagten in einem Mitgliedstaat im Sinne der Verordnung voraussetzen, findet Art. 24 nach seinem Wortlaut „**ohne Rücksicht auf den Wohnsitz**" aller Parteien Anwendung;[28] das Gleiche folgt bereits aus Art. 6 Abs. 1. Entscheidend für die räumliche Anwendbarkeit von Art. 24 ist vielmehr alleine, dass der **Anknüpfungspunkt** der verschiedenen Gerichtsstände im Einzelfall in einem Mitgliedstaat im Sinne der EuGVVO verwirklicht ist.[29]

10 Verweist der Anknüpfungspunkt eines ausschließlichen Gerichtsstands hingegen auf einen **Drittstaat**, so findet Art. 24 keine Anwendung;[30] denn Art. 24 beruft sich ausdrücklich nur auf die „Gerichte eines Mitgliedstaats". Einer analo-

[21] So allgemein KG, 13.1.2000 – 19 W 5398/99, IPRax 2001, S. 44; Rauscher/*Mankowski*, EuZPR, 4. Aufl. 2016, Vorbem zu Art. 4 EuGVVO Rn. 46 m.w.N.; *ders.*, IPRax 2001, S. 33 (34 ff.) sowie MünchKomm/*Gottwald*, ZPO, 4. Aufl. 2013, Art. 22 EuGVVO a.F. Rn. 2; *Kropholler/von Hein*, EuZPR, 9. Aufl. 2011, Art. 22 EuGVVO a.F. Rn. 1.
[22] So etwa *Geimer*, RIW 1994, S. 59 (61); *Geimer*/Schütze, EuZVR, 3. Aufl. 2010, Art. 22 EuGVVO a.F. Rn. 22.
[23] So bereits der *Jenard*-Bericht, 1979, S. 34 sowie (zu Art. 24 Nr. 2) EuGH, 12.5.2011 – Rs. C-144/10, *Berliner Verkehrsbetriebe ./. JPMorgan Chase Bank NA*, Slg. 2011, I-3961 (ECLI:EU:C:2011:300), Rn. 47; *Kropholler/von Hein*, EuZPR, 9. Aufl. 2011, Art. 22 EuGVVO a.F. Rn. 1; anders jedoch (zu Art. 24 Nr. 4) EuGH, 3.7.2006 – Rs. C-4/03, *Gesellschaft für Antriebstechnik mbH und Kupplungsbau Beteiligungs KG*, Slg. 2006, I-6523 (ECLI:EU:C:2005:607), Rn. 31; ablehnend insofern *Geimer*/Schütze, EuZVR, 3. Aufl. 2010, Art. 22 EuGVVO a.F. Rn. 19.
[24] Vgl. hierzu unten Rn. 122 ff. sowie EuGH, 3.7.2006 – Rs. C-4/03, *Gesellschaft für Antriebstechnik mbH & Co. KG ./. Lamellen und Kupplungsbau Beteiligungs KG*, Slg. 2006, I-6523 (ECLI:EU:C:2005:607), Rn. 31; **ablehnend** *Geimer*/Schütze, EuZVR, 3. Aufl. 2010, Art. 22 EuGVVO a.F. Rn. 19.
[25] *Geimer*/Schütze, EuZVR, 3. Aufl. 2010, Art. 22 EuGVVO a.F. Rn. 18 f.; *Kropholler/von Hein*, EuZPR, 9. Aufl. 2011, Art. 22 EuGVVO a.F. Rn. 4.
[26] Hierzu näher Vorb. Art. 4 ff. Rn. 11.
[27] Zum Begriff des Wohnsitzes im Sinne der EuGVVO vgl. Art. 62, 63 (und die Kommentierung ebenda) sowie die Kommentierung zu Art. 4 Rn. 6 ff.
[28] S. z.B. EuGH, 18.5.2006 – Rs. C-343/04, *Land Oberösterreich ./. ČEZ as*, Slg. 2006, I-4586 (ECLI:EU:C:2006:330), Rn. 21.
[29] Rauscher/*Mankowski*, EuZPR, 4. Aufl. 2016, Art. 24 EuGVVO Rn. 5.
[30] *Kropholler/von Hein*, EuZPR, 9. Aufl. 2011, Art. 22 EuGVVO a.F. Rn. 7; Rauscher/*Mankowski*, EuZPR, 4. Aufl. 2016, Art. 24 EuGVVO Rn. 6; *Geimer*/Schütze, EuZVR, 3. Aufl. 2010, Art. 22 EuGVVO a.F. Rn. 12.

gen Anwendung des Art. 24 bzw. einer **Reflexwirkung** zugunsten von Drittstaaten dergestalt, dass mitgliedstaatliche Gerichte sich entsprechend Art. 27 für unzuständig erklären können, wenn die Gerichte eines Drittstaats in spiegelbildlicher Anwendung von Art. 24 ausschließlich zuständig wären, steht das vom EuGH[31] mehrfach postulierte Gebot einer restriktiven Anwendung von Art. 24 entgegen.[32] Hat der Beklagte in einem solchen Fall einen Gerichtsstand in einem Mitgliedstaat, so sind daher die Gerichte dieses Mitgliedstaates nach Art. 4 Abs. 1 zuständig; andernfalls greift gem. Art. 6 Abs. 1 das jeweilige nationale Verfahrensrecht ein.

Überdies setzt die gesamte Zuständigkeitsordnung der EuGVVO – und damit 11 auch Art. 24 – stillschweigend einen (wenn auch nur geringfügigen) **Auslandsbezug** voraus.[33] Dabei ist gleichgültig, ob sich der Auslandsbezug im Verhältnis zu einem weiteren Mitgliedstaat im Sinne der EuGVVO oder aber zu einem beliebigen Drittstaat ergibt.[34] Entsprechend finden die ausschließlichen Gerichtsstände des Art. 24 keine Anwendung in reinen Inlandsfällen.[35]

5. Maßgeblicher Zeitpunkt

Der maßgebliche Zeitpunkt des Vorliegens der Voraussetzungen der verschie- 12 denen ausschließlichen Gerichtsstände des Art. 24 – entsprechend Art. 32 der Zeitpunkt der **Anrufung des jeweiligen Gerichts** bzw. spätestens der letzten mündlichen Verhandlung – richtet sich grds. nach den oben in Vorb. Art. 4 ff. Rn. 19 ff. dargestellten allgemeinen Maßstäben.[36] Insofern kann (auch hinsichtlich der Möglichkeit einer *perpetuatio fori* bei nachträglichem Wegfall der jeweiligen Voraussetzungen) auf die dortigen Ausführungen verwiesen werden.

6. Konkurrenzen

Wie eingangs Rn. 2 dargestellt, gehen die ausschließlichen Gerichtsstände des 13 Art. 24 sämtlichen anderen Gerichtsständen der EuGVVO inklusive der Sondergerichtsstände der Abschnitte 3 bis 5 sowie der Art. 25 (Gerichtsstandsvereinbarungen) und 26 (rügelose Einlassung) vor. Sind im Einzelfall hingegen die Voraussetzungen mehrerer ausschließlicher Gerichtsstände erfüllt, so beurteilt

---

[31] Vgl. etwa EuGH, 17.12.2015 – Rs. C-605/14, *Virpi Komu u.a. ./. Pekka Komu u.a.*, ECLI:EU:C:2015:833 = EuZW 2016, S. 198, Rn. 24; EuGH, 18.5.2006 – Rs. C-343/04, *Land Oberösterreich ./. ČEZ as*, Slg. 2006, I-4586 (ECLI:EU:C:2006:330), Rn. 26 f.; s. hierzu allgemein die Vorb. Art. 7 ff. Rn.9.
[32] So auch – mit ausführlicher Begründung – Rauscher/*Mankowski*, EuZPR, 4. Aufl. 2016, Art. 24 EuGVVO Rn. 6 ff., sowie *Geimer*/Schütze, EuZVR, 3. Aufl. 2010, Art. 22 EuGVVO a.F. Rn. 13; Saenger/*Dörner*, ZPO, 6. Aufl. 2015, Art. 24 EuGVVO Rn. 5; a.A. etwa *Kropholler/von Hein*, EuZPR, 9. Aufl. 2011, Art. 22 EuGVVO a.F. Rn. 7; *Schlosser*/Hess, EuZPR, 4. Aufl. 2015, Art. 24 EuGVVO Rn. 1.
[33] S. die Vorb. Art. 4 ff. Rn. 14 ff.
[34] Dazu ausführlich die Diskussion in den Vorb. Art. 4 ff. Rn. 17 f.
[35] So auch Rauscher/*Mankowski*, EuZPR, 4. Aufl. 2016, Art. 24 EuGVVO Rn. 5; **a.A.** *Geimer*/ Schütze, EuZVR, 3. Aufl. 2010, Art. 22 EuGVVO a.F. Rn. 9; mangels Relevanz offen gelassen bei Geimer/Schütze/*Thiel/Tschauner*, Int. Rechtsverkehr, 28. EL 2005, Art. 22 EuGVVO a.F. Rn. 6.
[36] S. etwa GA *Colomer*, Schlussanträge v. 14.3.2006 (Rs. C-103/05, *Reisch Montage AG ./. Kiesel Baumaschinen Handels GmbH*), ECLI:EU:C:2006:175, Rn. 34.

sich deren Rangverhältnis nach dem Grundsatz zeitlicher Priorität, d.h. gem. Art. 31 Abs. 1;[37] etwas anderes gilt freilich, wenn zwei verschiedene ausschließliche Gerichtsstände nicht denselben Gegenstand betreffen, etwa bei Vorliegen eines einheitlichen Miet- oder Pachtvertrages über mehrere in verschiedenen Mitgliedstaaten belegene Immobilien.[38] Im Rahmen von Maßnahmen des **einstweiligen Rechtsschutzes** kann sich ein Antragsteller hingegen gem. Art. 35 neben und trotz Art. 24 auch auf etwaige nach dem autonomen Recht des jeweiligen Forumstaats bestehende Zuständigkeiten stützen.[39]

II. Ausschließlicher Gerichtsstand bzgl. unbeweglicher Sachen (Art. 24 Nr. 1)

14 Hintergrund der Normierung der Belegenheitszuständigkeit als grds. ausschließliche Zuständigkeit in Art. 24 Nr. 1 ist die besondere **Sach- und Rechtsnähe** der Gerichte des Staates der Belegenheit eines Grundstücks bzw. einer sonstigen unbeweglichen Sache.[40] Eine entsprechende Zuständigkeitsregel ist auch den meisten nationalen europäischen Rechtsordnungen – in Deutschland etwa in § 24 ZPO – bekannt.[41] Die räumliche Nähe des Gerichtsstands zu einer Immobilie erleichtert dabei nicht nur durch den oftmaligen Gleichlauf von *forum* und *ius* die Rechtsanwendung,[42] sondern auch z.b. rein faktisch eine Begehung zu Beweiszwecken etc.[43] Zudem hat sie im Hinblick auf die zur Rechtsdurchsetzung teilweise erforderliche Eintragung von dinglichen Rechten Bedeutung.[44] Ähnliche Erwägungen gelten für Streitigkeiten bzgl. der Miete und Pacht von Immobilien (vgl. Art. 24 Nr. 1 Satz 1 Alt. 2).[45]

1. Überblick

15 Art. 24 Nr. 1 beinhaltet sowohl einen ausschließlichen Gerichtsstand für Verfahren, welche **dingliche Rechte** an unbeweglichen Sachen betreffen (Art. 24 Nr. 1 Satz 1 Alt. 1), als auch für Verfahren, die die **Miete oder Pacht** unbeweglicher Sachen zum Gegenstand haben (Art. 24 Nr. 1 Satz 1 Alt. 2). Art. 24 Nr. 1

---

[37] Saenger/*Dörner*, ZPO, 6. Aufl. 2015, Art. 24 EuGVVO Rn. 2.
[38] S. EuGH, 6.7.1988 – Rs. 158/87, *Scherrens* ./. *Maenhout* u.a., Slg. 1988, 3791 (ECLI:EU:C:1988:370), Rn. 13 sowie unten Rn. 50.
[39] S. a EuGH, 12.7.2012 – Rs. C-616/10, *Solvay SA* ./. *Honeywell Fluorine Products Europe BV u. a.*, ECLI:EU:C:2012:445 = EuZU 2012, S. 837, Rn. 51 sowie allgemein EuGH, 17.11.1998 – Rs. C-391/95, *van Uden* ./. *Deco-Line u.a.*, Slg. 1998, I-7091 (ECLI:EU:C:1998:543), Rn. 42; Rauscher/ *Mankowski*, EuZPR, 4. Aufl. 2016, Art. 24 EuGVVO Rn. 2; Geimer/Schütze, EuZVR, 3. Aufl. 2010, Art. 22 EuGVVO a.F. Rn. 29.
[40] S. nur EuGH, 13.10.2005 – Rs. C-73/04, *Brigitte und Marcus Klein* ./. *Rhodos Management Ltd*, Slg. 2005, I-8681 (ECLI:EU:C:2005:607), Rn. 16; Geimer/Schütze, EuZVR, 3. Aufl. 2010, Art. 22 EuGVVO a.F. Rn. 38.
[41] S. den *Jenard*-Bericht, 1979, S. 34 f., sowie *Kropholler/von Hein*, EuZPR, 9. Aufl. 2011, Art. 22 EuGVVO a.F. Rn. 10.
[42] *Schlosser*/Hess, EuZPR, 4. Aufl. 2015, Art. 24 EuGVVO Rn. 1a.
[43] Vgl. etwa EuGH, 17.5.1994 – Rs. C-294/92, *Webb* ./. *Webb*, Slg. 1994, I-1717 (ECLI:EU:C:1994:193), Rn. 17; EuGH, 14.12.1977 – Rs. 73/77, *Sanders* ./. *van der Putte*, Slg. 1977, 2383 (ECLI:EU:C:1977:208), Rn. 12.
[44] Rauscher/*Mankowski*, EuZPR, 4. Aufl. 2016, Art. 24 EuGVVO Rn. 11.
[45] So auch *Schlosser*/Hess, EuZPR, 4. Aufl. 2015, Art. 24 EuGVVO Rn. 1a.

Satz 2 wiederum ergänzt und „korrigiert"[46] als **Unterausnahme** den Gerichtsstand des Art. 24 Nr. 1 Satz 1 Alt. 2 in Bezug auf Verfahren betreffend die Miete oder Pacht unbeweglicher Sachen zum nur **vorübergehenden privaten Gebrauch** für höchstens sechs aufeinander folgende Monate, die unter bestimmten Voraussetzungen neben dem Belegenheitsstaat auch im Wohnsitzstaat des Beklagten erhoben werden können.

2. Art. 24 Nr. 1 Satz 1 Alt. 1

Nach Art. 24 Nr. 1 Satz 1 Alt. 1 sind für Verfahren über **dingliche Rechte an unbeweglichen Sachen** die Gerichte desjenigen Mitgliedstaats ausschließlich zuständig, in dem die betreffende Immobilie **belegen** ist. 16

a) Sachlicher Anwendungsbereich

Der sachliche Anwendungsbereich von Art. 24 Nr. 1 Satz 1 Alt. 1 ist nur für 17 Verfahren eröffnet, die dingliche Rechte an unbeweglichen Sachen zum Gegenstand haben. Nach dem EuGH sollen dabei sowohl der Begriff der unbeweglichen Sache als auch des dinglichen Rechts unionsrechtlich **autonom**, d.h. losgelöst von den Vorstellungen der einzelnen mitgliedstaatlichen Rechtsordnungen, auszulegen sein; dem kann jedoch in Bezug auf die Definition der unbeweglichen Sache nach derzeitigem Stand der Rechtsentwicklung **nicht gefolgt** werden.[47]

aa) Begriff der unbeweglichen Sache

Der EuGH vertritt in ständiger Rechtsprechung die Ansicht, dass der Begriff 18 der unbeweglichen Sache im Sinne von Art. 24 Nr. 1 unionsrechtlich autonom zu definieren sei. So solle sichergestellt werden, dass sich für die Mitgliedstaaten und die Betroffenen aus der EuGVVO so weit wie möglich gleiche und einheitliche Rechte und Pflichten ergeben.[48] Eine nähere Definition blieb der Gerichtshof indes bislang bedauerlicherweise, anders als bei anderen Vorschriften (z.B. für den Begriff des „Vertrages" in Art. 7 Nr. 1[49]), schuldig. Mangels entsprechender höchstrichterlicher bzw. – soweit ersichtlich – auch klar definierter unionsrechtlicher Vorgaben ist es daher jedenfalls nach derzeitigem Stand der Entwicklung des Unionsrechts **kaum möglich**, eine umfassende autonome Begriffsbestimmung der unbeweglichen Sache vorzunehmen, zumal die Vorstellungen der mitgliedstaatlichen Rechtsordnungen gerade in **Grenzbereichen**, insbesondere hin-

---
[46] So Rauscher/*Mankowski*, EuZPR, 4. Aufl. 2016, Art. 24 EuGVVO Rn. 49.
[47] Vgl. zum Ganzen die folgenden Rn.
[48] EuGH, 17.12.2015 – Rs. C-605/14, *Virpi Komu u.a. ./. Pekka Komu u.a.*, ECLI:EU:C:2015:833 = EuZW 2016, S. 198, Rn. 23; EuGH, 3.4.2014 – Rs. C-438/12, *Irmengard Weber ./. Mechthilde Weber*, ECLI:EU:C:2014:212 = NJW 2014, S. 1871, Rn. 40; EuGH, 18.5.2006 – Rs. C-343/04, *Land Oberösterreich ./. ČEZ as*, Slg. 2006, I-4586 (ECLI:EU:C:2006:330), Rn. 25; EuGH, 10.1.1990 – Rs. 115/88, *Reichert ./. Dresdner Bank*, Slg. 1990, I-27 (ECLI:EU:C:1990:3), Rn. 8.
[49] Vgl. hierzu die Kommentierung zu Art. 7 Rn. 22 ff.

sichtlich der Abgrenzung von (wesentlichen) Bestandteilen zu bloßem Zubehör etc., deutlich voneinander abweichen.[50]

19   Bis ein derartiges autonomes Begriffsverständnis näher konturiert wird, muss daher zur Abgrenzung zwischen unbeweglichen und beweglichen Sachen jedenfalls in den angesprochenen Grenzbereichen im Wege einer sog. **Qualifikationsverweisung**[51] auf das jeweilige Recht des Belegenheitsorts einer etwaigen unbeweglichen Sache abgestellt werden.[52] Für in der Bundesrepublik Deutschland belegene Sachen ist daher grds. auf die §§ 90 ff. BGB abzustellen. Freilich herrscht jedenfalls insoweit ein unionsweiter Konsens, dass offensichtlich unbewegliche Gegenstände wie insbesondere **Grundstücke** sowie **Wohnungen**[53] unter einen etwaigen unionsrechtlich einheitlichen Begriff der unbeweglichen Sache zu fassen sind.[54] Demgegenüber fallen registrierte Schiffe und Luftfahrzeuge, auch wenn sie im deutschen Recht grds. wie unbewegliches Vermögen behandelt werden,[55] nach vorzugswürdiger Ansicht nicht unter Art. 24 Nr. 1.[56]

bb) Begriff der dinglichen Rechte und erfasste Verfahren

20   Die Frage, ob ein dingliches Recht im Sinne von Art. 24 Nr. 1 vorliegt, kann und muss hingegen **unionsrechtlich autonom** beantwortet werden.[57] Der EuGH definiert das dingliche Recht in Anlehnung an den *Schlosser*-Bericht[58]

---

[50] So auch Staudinger/*Magnus*, Neubearbeitung 2011, IntVertrR, Art. 4 Rom I-VO Rn. 38; Rauscher/*Mankowski*, EuZPR, 4. Aufl. 2016, Art. 24 EuGVVO Rn. 12; *Kropholler/von Hein*, EuZPR, 9. Aufl. 2011, Art. 22 EuGVVO a.F. Rn. 11 sowie wohl *Magnus/Mankowski*, Brussels I Regulation, 2. Aufl. 2012, Art. 5 EuGVVO a.F. Rn. 85; **a. A.** etwa Rauscher/*Leible*, EuZPR, 4. Aufl. 2016, Art. 7 EuGVVO Rn. 65.
[51] Hierzu näher etwa *von Bar/Mankowski*, IPR Bd. 1, 2. Aufl. 2003, § 7 Rn. 153 ff.; so ausdrücklich Rauscher/*Mankowski*, EuZPR, 4. Aufl. 2016, Art. 24 EuGVVO Rn. 12.
[52] So auch *Schlosser*/Hess, EuZPR, 4. Aufl. 2015, Art. 24 EuGVVO Rn. 2 (allerdings mit der Begründung, dass andernfalls der auch von Art. 24 Nr. 1 intendierte Gleichlauf von *forum* und *ius* gefährdet sei); Musielak/Voit/*Stadler*, ZPO, 13. Aufl. 2016, Art. 24 EuGVVO Rn. 3; Rauscher/*Mankowski*, EuZPR, 4. Aufl. 2016, Art. 24 EuGVVO Rn. 12; *Kropholler/von Hein*, EuZPR, 9. Aufl. 2011, Art. 22 EuGVVO a.F. Rn. 11 und wohl auch der *Schlosser*-Bericht, 1979, Rn. 168; **a. A.** neben dem EuGH etwa Saenger/*Dörner*, ZPO, 6. Aufl. 2015, Art. 24 EuGVVO Rn. 8; *Geimer*/Schütze, EuZVR, 3. Aufl. 2010, Art. 24 EuGVVO a.F. Rn. 42 ff.; Simons/Hausmann/*Borrás/Hausmann*, Brüssel I-VO, 2012, Art. 22 EuGVVO a.F. Rn. 3; MünchKomm/*Gottwald*, ZPO, 4. Aufl. 2013, Art. 22 EuGVVO a.F. Rn. 9.
[53] BayObLG, 6.6.2003 – 2Z BR 103/03, NJOZ 2004, S. 1704; *Schlosser*/Hess, EuZPR, 4. Aufl. 2015, Art. 24 EuGVVO Rn. 5a; *Geimer*/Schütze, EuZVR, 3. Aufl. 2010, Art. 22 EuGVVO a.F. Rn. 91 ff.
[54] S. *Geimer*/Schütze, EuZVR, 3. Aufl. 2010, Art. 22 EuGVVO a.F. Rn. 44, 46.
[55] Vgl. nur *Baur/Stürner*, Sachenrecht, 18. Aufl. 2009, § 31 Rn. 1 sowie etwa das Schiffsrechtegesetz bzw. das Gesetz über Rechte an Luftfahrzeugen; s. auch OLG Düsseldorf, 6.7.2004, I-24 U 253/03, MDR 2005, S. 165; MünchKomm/*Gottwald*, ZPO, 4. Aufl. 2013, Art. 22 EuGVVO a.F. Rn. 10.
[56] So auch MünchKomm/*Gottwald*, ZPO, 4. Aufl. 2013, Art. 22 EuGVVO a.F. Rn. 10; Rauscher/*Mankowski*, EuZPR, 4. Aufl. 2016, Art. 24 EuGVVO Rn. 16; **a. A.** etwa *Geimer*/Schütze, EuZVR, 3. Aufl. 2010, Art. 22 EuGVVO a.F. Rn. 47; *Kropholler/von Hein*, EuZPR, 9. Aufl. 2011, Art. 22 EuGVVO a.F. Rn. 10.
[57] S. etwa EuGH, 3.4.2014 – Rs. C-438/12, *Irmengard Weber ./. Mechthilde Weber*, ECLI:EU:C:2014:212 = NJW 2014, S. 1871, Rn. 40; EuGH, 10.1.1990 – Rs. 115/88, *Reichert ./. Dresdner Bank*, Slg. 1990, I-27 (ECLI:EU:C:1990:3), Rn. 8 sowie *Schlosser*/Hess, EuZPR, 4. Aufl. 2015, Art. 24 EuGVVO Rn. 4; Rauscher/*Mankowski*, EuZPR, 4. Aufl. 2016, Art. 24 EuGVVO Rn. 13; Musielak/Voit/*Stadler*, ZPO, 13. Aufl. 2016, Art. 24 EuGVVO Rn. 3; Saenger/*Dörner*, ZPO, 6. Aufl. 2015, Art. 24 EuGVVO Rn. 8; *Kropholler/von Hein*, EuZPR, 9. Aufl. 2011, Art. 22 EuGVVO a.F. Rn. 13.
[58] *Schlosser*-Bericht, 1979, Rn. 166 ff.

negativ in **Abgrenzung zu persönlichen Rechten**, wobei der Unterschied zwischen einem dinglichen Recht und einem persönlichen Recht bzw. Anspruch nach dem Gerichtshof darin besteht, dass das dingliche Recht an einer Sache **zu Lasten von jedermann wirkt**, während ein persönlicher Anspruch nur gegen den jeweiligen Schuldner geltend gemacht werden kann.[59] Diese Definition entspricht weitgehend dem **deutschen Verständnis** des dinglichen Rechts, welches anders als ein in der Regel bloß relativer Anspruch absolut, d.h. gegenüber jedermann und nicht nur etwa einem einzigen Schuldner, wirkt.[60]

Nach der ständigen Rechtsprechung des EuGH können jedenfalls „das **Eigentum** [oder] der **Besitz**",[61] aber auch z.B. ein dingliches Vorkaufsrecht im Sinne von § 1094 BGB[62] als dingliche Rechte im Sinne von Art. 24 Nr. 1 angesehen werden. Ein **dingliches Vorkaufsrecht** wirke nämlich, so der Gerichtshof, nicht nur gegenüber einem Schuldner, sondern sichere den Anspruch des Vorkaufsberechtigten auf Übertragung des Eigentums zusätzlich gegenüber Dritten.[63] Auch andere beschränkte dingliche Rechte[64] an unbeweglichen Sachen des deutschen Rechts wie z.B. **Grundpfandrechte**[65] (d.h. eine Hypothek[66] oder (Sicherungs-[67])Grund- sowie die Rentenschuld), Reallasten,[68] das Erbbaurecht,[69] der Nießbrauch[70] sowie beschränkte persönliche und Grunddienstbarkeiten[71] fallen unter diesen Begriff. Im Hinblick auf im Vereinigten Königreich (mit Ausnahme Schottlands) oder Irland belegene Grundstücke sind etwa die sog. *legal rights* und *equitable interests* als dingliche Rechte im Sinne von Art. 24 Nr. 1 anzusehen.[72]

Nach der oben Rn. 20 dargestellten EuGH-Definition genügt jedoch für eine Anwendbarkeit von Art. 24 Nr. 1 Satz 1 Alt. 1 keinesfalls, dass einem Verfahren im Einzelfall ein dingliches Recht an einer unbeweglichen Sache zu Grunde

---

[59] So etwa EuGH, 9.6.1994 – Rs. C-292/93, *Lieber ./. Göbel*, Slg. 1994, I-2535 (ECLI:EU:C:1994:241), Rn. 13 f.; EuGH, 5.4.2001 – Rs. C-518/99, *Gaillard ./. Chekili*, Slg 2001, I-2771 (ECLI:EU:C:2001:209), Rn. 15 f.; EuGH, 3.4.2014 – Rs. C-438/12, *Irmengard Weber ./. Mechthilde Weber*, ECLI:EU:C:2014:212 = NJW 2014, S. 1871, Rn. 43.
[60] Vgl. allgemein zum deutschen Verständnis *Wolf/Neuner*, Allgemeiner Teil des Bürgerlichen Rechts, 10. Aufl. 2012, § 20 Rn. 51 ff. sowie in Bezug auf Art. 24 Nr. 1 beispielhaft Rauscher/*Mankowski*, EuZPR, 4. Aufl. 2016, Art. 24 EuGVVO Rn. 13 sowie *Schlosser*/Hess, EuZPR, 4. Aufl. 2015, Art. 24 EuGVVO Rn. 4.
[61] Ständige Rechtsprechung, s. nur EuGH, 3.10.2013 – Rs. C-386/12, *Siegfried János Schneider*, ECLI:EU:C:2013:633 = IPRax 2015, S. 235, Rn. 21; EuGH, 18.5.2006 – Rs. C-343/04, *Land Oberösterreich ./. ČEZ as*, Slg. 2006, I-4586 (ECLI:EU:C:2006:330), Rn. 30; EuGH, 10.1.1990 – Rs. 115/88, *Reichert ./. Dresdner Bank*, Slg. 1990, I-27 (ECLI:EU:C:1990:3), Rn. 11.
[62] S. EuGH, 3.4.2014 – Rs. C-438/12, *Irmengard Weber ./. Mechthilde Weber*, ECLI:EU:C:2014:212 = NJW 2014, S. 1871, Rn. 47.
[63] S. EuGH, 3.4.2014 – Rs. C-438/12, *Irmengard Weber ./. Mechthilde Weber*, ECLI:EU:C:2014:212 = NJW 2014, S. 1871, Rn. 44.
[64] S. nur *Kropholler/von Hein*, EuZPR, 9. Aufl. 2011, Art. 22 EuGVVO a.F. Rn. 15.
[65] Rauscher/*Mankowski*, EuZPR, 4. Aufl. 2016, Art. 24 EuGVVO Rn. 15.
[66] *Kropholler/von Hein*, EuZPR, 9. Aufl. 2011, Art. 22 EuGVVO a.F. Rn. 15.
[67] So ausdrücklich der BGH, 13.8.2014 – V ZB 163/12, WM 2014, S. 1813 (1814), Rn. 11
[68] *Geimer*/Schütze, EuZVR, 3. Aufl. 2010, Art. 22 EuGVVO a.F. Rn. 51.
[69] Rauscher/*Mankowski*, EuZPR, 4. Aufl. 2016, Art. 24 EuGVVO Rn. 15.
[70] *Geimer*/Schütze, EuZVR, 3. Aufl. 2010, Art. 22 EuGVVO a.F. Rn. 51.
[71] Rauscher/*Mankowski*, EuZPR, 4. Aufl. 2016, Art. 24 EuGVVO Rn. 15.
[72] S. Rauscher/*Mankowski*, EuZPR, 4. Aufl. 2016, Art. 24 EuGVVO Rn. 15.

liegt:[73] So sind die meisten[74] (insbesondere schuldrechtlichen[75]) **Ansprüche**, die aus z.b. der Verletzung oder Beeinträchtigung eines zwar dinglichen Rechts entspringen und gegen einzelne Schädiger geltend gemacht werden können, **dennoch bloß relativ wirkende Rechte** und erfüllen ihrerseits nicht die Voraussetzungen der EuGH-Definition des dinglichen Rechts, sondern sind vielmehr als persönliche Ansprüche einzuordnen. Entsprechend können derartige Ansprüche, auch wenn das Bestehen eines dinglichen Rechts eine ihrer Anspruchsvoraussetzungen ist,[76] nicht – auch nicht im Wege einer Annexkompetenz[77] – am dinglichen Gerichtsstand des Art. 24 Nr. 1 Satz 1 Alt. 1 eingeklagt werden.[78]

23 Folgerichtig stellt nach dem EuGH z.b. eine Klage auf **Entschädigung für die Nutzung** einer im Eigentum des Klägers stehenden unbeweglichen Sache nach gescheiterter Eigentumsübertragung keine Streitigkeit über ein dingliches Recht dar.[79] Denn ein derartiger Anspruch kann nur gegen den betreffenden Schuldner geltend gemacht werden und betrifft somit (jedenfalls wenn der Schuldner nicht bestreitet, dass der Gläubiger Eigentümer der betreffenden unbeweglichen Sache ist) nur einen persönlichen Anspruch. Das Gleiche gilt etwa für eine Klage auf **Auflösung eines Kaufvertrags** über eine unbewegliche Sache und auf Schadensersatz aufgrund dieser Auflösung,[80] für **Schadensersatzansprüche**, die auf eine Eigentumsverletzung gestützt werden[81] sowie erst Recht für Ansprüche auf **Zahlung des Kaufpreises** für ein verkauftes Grundstück etc.[82] Auch der schuldrechtliche (Verschaffungs-)Anspruch auf Übertragung des Eigentums an einem Grundstück richtet sich nur gegen den jeweiligen Schuldner (z.B. Verkäufer) und ist damit selbstverständlich ein relativer, persönlicher Anspruch, der nicht unter Art. 24 Nr. 1 Satz 1 Alt. 1 fällt. Das Gleiche gilt für einen schuldvertraglich begründeten Anspruch auf Bewilligung der Eintragung einer Bauhandwerkersicherungshypothek[83] oder auf Rückübertragung eines eingeräumten dinglichen Rechts,[84] etwa wenn ein Vertragspartner die ihm aus dem Schuldvertrag obliegen-

---

[73] EuGH, 10.1.1990 – Rs. 115/88, *Reichert ./. Dresdner Bank*, Slg. 1990, I-27 (ECLI:EU:C:1990:3), Rn. 11; EuGH, 18.5.2006 – Rs. C-343/04, *Land Oberösterreich ./. ČEZ as*, Slg. 2006, I-4585 (ECLI:EU:C:2006:330), Rn. 30; EuGH, 3.10.2013 – Rs. C-386/12, *Siegfried János Schneider*, ECLI:EU:C:2013:633 = IPRax 2015, S. 235, Rn. 21; EuGH, 17.12.2015 – Rs. C-605/14, *Virpi Komu u.a. ./. Pekka Komu u.a.*, ECLI:EU:C:2015:833 = EuZW 2016, S. 198, Rn. 26; dies als sehr eng kritisierend *Schack*, IZVR, 6. Aufl. 2014, Rn. 357.
[74] Etwas anderes muss für rein dingliche Ansprüche wie etwa im deutschen Recht den Anspruch auf Duldung der Zwangsvollstreckung des Hypotheken- oder Grundschuldgläubigers aus §§ 1147 (für Grundschulden i.V.m. 1192 Abs. 1) BGB gelten; vgl. dazu näher die Ausführungen Rn. 24.
[75] Ein *schuldrechtlicher* Anspruch wird im deutschen Recht als Forderung bezeichnet, s. nur Münch-Komm/*Bachmann*, BGB, 7. Aufl. 2016, § 241 BGB Rn. 6.
[76] Vgl. hierzu die Ausführungen oben Rn. 8.
[77] S. dazu sogleich Rn. 34.
[78] Vgl. nur *Kropholler/von Hein*, EuZPR, 9. Aufl. 2011, Art. 22 EuGVVO a.F. Rn. 14; dies als sehr eng kritisierend *Schack*, IZVR, 6. Aufl. 2014, Rn. 357.
[79] EuGH, 9.6.1994 – Rs. C-292/93, *Lieber ./. Göbel*, Slg. 1994, I-2535 (ECLI:EU:C:1994:241), Rn. 15.
[80] EuGH, 5.4.2001 – Rs. C-518/99, *Gaillard ./. Chekili*, Slg 2001, I-2771 (ECLI:EU:C:2001:209), Rn. 18 ff.
[81] BGH, 18.7.2008 – V ZR 11/08, NJW 2008, S. 3502 (3503), Rn. 10, der zusätzlich noch anmerkt: „mag die dingliche Rechtslage auch noch so umstritten sein".
[82] Vgl. etwa den *Schlosser*-Bericht, 1979, Rn. 166.
[83] OLG Köln, 29.4.1983 – 9 U 221/82, IPRax 1985, S. 161 m. Anm. *Schröder*, S. 145.
[84] BGH, 4.8.2004 – XII ZR 28/01, NJW-RR 2005, S. 72 (73).

den Verpflichtungen nicht erfüllt.[85] Dies dürfte selbst für Rechtsordnungen gelten, die – anders als die deutsche – kein Abstraktionsprinzip kennen und in denen das Eigentum daher mit Abschluss des Schuldvertrages übergeht (sog. Konsensualprinzip).[86] Mit den Worten *Mankowskis* betrifft Art. 24 Nr. 1 Satz 1 Alt. 1 nur „Klagen *aus* einem dinglichen Recht, nicht Klagen *auf* ein dingliches Recht".[87]

Etwas anderes gilt wiederum für **rein dingliche**[88] **Ansprüche** wie etwa im deutschen Recht den Anspruch auf Duldung der Zwangsvollstreckung des Hypotheken- oder Grundschuldgläubigers aus §§ 1147 (1192 Abs. 1) BGB[89] oder auf Grundbuchberichtigung gem. § 894 BGB[90] bzw. wohl auch Ansprüche auf Herausgabe eines Grundstücks aus § 985 BGB.[91] Zwar sind auch derartige Ansprüche letztlich rechtstechnisch gesehen relativ. Entscheidend dafür, dass derartige Ansprüche als im Sinne der EuGVVO dinglich anzusehen sowie damit unter Art. 24 Nr. 1 Satz 1 Alt. 1 zu fassen sind und keine persönlichen Ansprüche darstellen, ist, dass sich jene Ansprüche nicht zwangsläufig nur gegen einen bestimmten, personalisierten Schuldner (etwa einen bestimmten Vertragspartner) richten, sondern als Ausflüsse bestimmter absoluter Rechte wie etwa des Eigentums eben **potentiell gegen jedermann** (bei §§ 1147 BGB z.B. gegen jeden Eigentümer oder bei § 985 gegen jeden Besitzer). Dies meint der EuGH wohl, wenn er etwas klausuliert[92] in ständiger Rechtsprechung formuliert, dass Art. 24 Nr. 1 Satz 1 Alt. 1 insbesondere Verfahren erfasse, die „darauf gerichtet sind, [...] den Inhabern dieser [dinglichen] Rechte den Schutz der mit ihrer Rechtsstellung verbundenen Vorrechte zu sichern".[93] 24

Auf den ersten Blick nicht ganz folgerichtig mag vor diesem Hintergrund die Ausnahme von nachbarrechtlichen **negatorischen Unterlassungsklagen** (im deutschen Recht etwa gem. § 1004 Abs. 1 Satz 2 BGB) aus dem Anwendungsbereich von Art. 24 Nr. 1 erscheinen.[94] Denn dieser Anspruch ist im deutschen 25

---

[85] So *obiter dictum* der EuGH, 5.4.2001 – Rs. C-518/99, *Gaillard ./. Chekili*, Slg 2001, I-2831 (ECLI:EU:C:2001:209), Rn. 21.
[86] So tendentiell auch der EuGH, 5.4.2001 – Rs. C-518/99, *Gaillard ./. Chekili*, Slg 2001, I-2831 (ECLI:EU:C:2001:209), Rn. 21 sowie der *Schlosser*-Bericht, 1979, Rn. 171 a.E.; *Saenger/Dörner*, ZPO, 6. Aufl. 2015, Art. 24 EuGVVO Rn. 9; *Kropholler/von Hein*, EuZPR, 9. Aufl. 2011, Art. 22 EuGVVO a.F. Rn. 21; **a. A.** etwa Rauscher/*Mankowski*, EuZPR, 4. Aufl. 2016, Art. 24 EuGVVO Rn. 17.
[87] Rauscher/*Mankowski*, EuZPR, 4. Aufl. 2016, Art. 24 EuGVVO Rn. 14, der diese Beschränkung jedoch für rechtspolitisch zweifelhaft hält.
[88] Ob im Einzelfall ein dinglicher Anspruch besteht, ist dabei nach dem oben Rn. 20 Gesagten im Wege autonomer Auslegung zu ermitteln.
[89] S. BGH, 18.9.2013 – V ZR 163/12, RIW 2014, S. 78, Rn. 15; Rauscher/*Mankowski*, EuZPR, 4. Aufl. 2016, Art. 24 EuGVVO Rn. 13.
[90] OLG Stuttgart, 2.6.2008 – 5 U 42/07, ZEV 2008, S. 434 (437); *Schlosser/Hess*, EuZPR, 4. Aufl. 2015, Art. 24 EuGVVO Rn. 4; *Geimer/Schütze*, EuZVR, 3. Aufl. 2010, Art. 22 EuGVVO a.F. Rn. 55; *Kropholler/von Hein*, EuZPR, 9. Aufl. 2011, Art. 22 EuGVVO a.F. Rn. 15.
[91] So auch der *Schlosser*-Bericht, 1979, Rn. 166; OLG Stuttgart, 2.6.2008 – 5 U 42/07, ZEV 2008, S. 434 (437); *Kropholler/von Hein*, EuZPR, 9. Aufl. 2011, Art. 22 EuGVVO a.F. Rn. 15; *Schlosser/Hess*, EuZPR, 4. Aufl. 2015, Art. 24 EuGVVO Rn. 4.
[92] Sehr kritisch *Schlosser/Hess*, EuZPR, 4. Aufl. 2015, Art. 24 EuGVVO Rn. 3, der insofern von „sybillinischen Worten" ohne greifbaren Sinn spricht.
[93] Ständige Rechtsprechung, s. nur EuGH, 3.10.2013 – Rs. C-386/12, *Siegfried János Schneider*, ECLI:EU:C:2013:633 = IPRax 2015, S. 235, Rn. 21; EuGH, 18.5.2006 – Rs. C-343/04, *Land Oberösterreich ./. ČEZ as*, Slg. 2006, I-4586 (ECLI:EU:C:2006:330), Rn. 30; EuGH, 10.1.1990 – Rs. 115/88, *Reichert ./. Dresdner Bank*, Slg. 1990, I-27 (ECLI:EU:C:1990:3), Rn. 11.
[94] So im Ansatz auch Musielak/Voit/*Stadler*, ZPO, 13. Aufl. 2016, Art. 24 EuGVVO Rn. 3.

Recht dinglich ausgestaltet[95] und fällt im autonomen deutschen Zivilverfahrensrecht – soweit er unbewegliche Sachen betrifft – auch unter den Gerichtsstand des § 24 ZPO.[96] Dessen ungeachtet hat der EuGH im Jahr 2006 in der Rechtssache ČEZ entschieden, dass eine auf das Eigentum an Liegenschaften gestützte **Immissionsabwehrklage** in der Regel keine Streitigkeit über ein dingliches Recht darstelle.[97] Begründet hat der Gerichtshof dies damit, dass eine entsprechende negatorische Unterlassungsklage zwar auf der Verletzung eines dinglichen Rechts an einer unbeweglichen Sache beruhe, anspruchsbegründend aber gleichsam nur zufällig eine gerade unbewegliche Sache sei.[98] Dies gelte jedenfalls dann, wenn die Unbeweglichkeit (wie im Übrigen auch für § 1004 Abs. 1 Satz 1[99]) ohne entscheidenden Einfluss auf die Ausgestaltung eines Anspruchs ist und dieser nicht in wesentlich anderer Form entstanden wäre, wenn das Recht, das vor den behaupteten Einwirkungen geschützt werden soll, anderer Natur wäre, wie z.B. das Recht auf körperliche Unversehrtheit oder ein Recht an einer beweglichen Sache.[100] Dies mag zunächst verwundern; jedoch ist zu bedenken, dass viele andere europäische Rechtsordnungen derartige nachbarrechtliche Abwehransprüche deliktisch und nicht dinglich einordnen,[101] und bei unionsrechtlich autonomem Verständnis Ansprüche aus der Verantwortlichkeit für einen bestimmten Zustand generell sowie (negatorische) Unterlassungs- und Beseitigungsansprüche im Besonderen nach ganz h.M. bereits vom Anwendungsbereich des **Art. 7 Nr. 2** erfasst sind.[102] Entsprechend können negatorische Unterlassungsansprüche etwa aus § 1004 Abs. 1 Satz 2 BGB im Regelfall ungeachtet eines etwaigen dinglichen Charakters nach deutschem Verständnis nicht als dingliche Ansprüche im Sinne der EuGVVO angesehen werden.[103] Das Gleiche gilt für spiegelbildliche **Beseitigungsansprüche** etwa aus § 1004 Abs. 1 Satz 1 BGB.[104]

26 Wird hingegen kein Anspruch eingeklagt, sondern die **Feststellung** z.B. des eigenen Eigentums[105] oder des Nichtbestehens[106] eines fremden dinglichen

---

[95] Staudinger/*Gursky*, BGB, Neubearbeitung 2012, § 1004 BGB Rn. 2: § 1004 BGB sei praktisch die „Generalklausel des dinglichen Schutzanspruches gegen Eigentumsbeeinträchtigungen".
[96] S. nur BGH, 18.7.2008 – V ZR 11/08, NJW 2008, S. 3502, Rn. 4; MünchKomm/*Baldus*, BGB, 6. Aufl. 2013, § 1004 BGB Rn. 302.
[97] EuGH, 18.5.2006 – Rs. C-343/04, *Land Oberösterreich ./. ČEZ as*, Slg. 2006, I-4586 (ECLI:EU:C:2006:330), Rn. 40.
[98] So der EuGH, 18.5.2006 – Rs. C-343/04, *Land Oberösterreich ./. ČEZ as*, Slg. 2006, I-4586 (ECLI:EU:C:2006:330), Rn. 34.
[99] S. nur Staudinger/*Gursky*, BGB, Neubearbeitung 2012, § 1004 BGB Rn. 14.
[100] EuGH, 18.5.2006 – Rs. C-343/04, *Land Oberösterreich ./. ČEZ as*, Slg. 2006, I-4586 (ECLI:EU:C:2006:330), Rn. 34; zustimmend *Thole*, IPRax 2006, S. 564 (565).
[101] *Schack*, IPRax 2005, S. 262 (264); *Geimer*/Schütze, EuZVR, 3. Aufl. 2010, Art. 22 EuGVVO a.F. Rn. 76.
[102] Vgl. dazu näher die Kommentierung zu Art. 7 Rn. 176 sowie BGH, 24.10.2005 – II ZR 329/03, NJW 2006, S. 689; *Schlosser*/Hess, EuZPR, 4. Aufl. 2015, Art. 7 EuGVVO Rn. 13; Rauscher/*Leible*, EuZPR, 4. Aufl. 2016, Art. 7 EuGVVO Rn. 111.
[103] BGH, 24.10.2005 – II ZR 329/03, NJW 2006, S. 689; *Thole*, IPRax 2006, S. 564 (565); Musielak/Voit/*Stadler*, ZPO, 13. Aufl. 2016, Art. 24 EuGVVO Rn. 3; Saenger/*Dörner*, ZPO, 6. Aufl. 2015, Art. 24 EuGVVO Rn. 9; *Geimer*/Schütze, EuZVR, 3. Aufl. 2010, Art. 22 EuGVVO a.F. Rn. 76.
[104] BGH, 18.7.2008 – V ZR 11/08, NJW 2008, S. 3502 (3503), Rn. 11; *Schlosser*/Hess, EuZPR, 4. Aufl. 2015, Art. 24 EuGVVO Rn. 5; Saenger/*Dörner*, ZPO, 6. Aufl. 2015, Art. 24 EuGVVO Rn. 9.
[105] *Geimer*/Schütze, EuZVR, 3. Aufl. 2010, Art. 22 EuGVVO a.F. Rn. 55.
[106] S. nur Rauscher/*Mankowski*, EuZPR, 4. Aufl. 2016, Art. 24 EuGVVO Rn. 15.

Rechts an einem eigenen Grundstück bzw. eben der Ungültigkeit der Ausübung eines dinglichen Vorkaufsrechts gem. § 1094 BGB[107] etc. begehrt, so fällt dies ohne Weiteres unter den dinglichen Gerichtsstand des Art. 24 Nr. 1 Satz 1 Alt. 1.[108]

cc) Einzelfälle

Mit den Worten des EuGH erfasst Art. 24 Nr. 1 Alt. 1 insbesondere Verfahren, die „darauf gerichtet sind, zum einen den Umfang oder den Bestand einer unbeweglichen Sache, das Eigentum, den Besitz oder das Bestehen anderer dinglicher Rechte hieran zu bestimmen und zum anderen den Inhabern dieser Rechte den Schutz der mit ihrer Rechtsstellung verbundenen Vorrechte zu sichern".[109] Neben den bereits oben Rn. 20 ff. dargestellten Fallgruppen sind dabei u.a. folgende Entscheidungen und Fallgruppen aus der Rechtsprechung **hervorzuheben**: 27

Nach einer Entscheidung des EuGH aus dem Jahr 1994 in der Rechtssache *Webb* ist Art. 24 Nr. 1 Satz 1 Alt. 1 nicht einschlägig, wenn festgestellt werden soll, dass jemand eine unbewegliche Sache lediglich treuhänderisch als sog. **Trustee** zugunsten des Klägers hält und auf Grund dessen zur Ausstellung der Schriftstücke verurteilt werden soll, deren es bedarf, damit der Kläger Inhaber der sog. *legal ownership* werde.[110] Denn ein solcher Sachverhalt betrifft unabhängig von der Belegenheit der Sache nur die schuldrechtlichen Beziehungen zwischen Begünstigtem und Trustee. Auch Streitigkeiten, die sich auf die Veräußerung von **Anteilen an Grundstücksgesellschaften** oder deren Auflösung beziehen, haben nur einen mittelbaren Bezug zu dinglichen Rechten an Immobilien und fallen daher nicht unter Art. 24 Nr. 1 Satz 1 Alt. 1.[111] 28

Bei Streitigkeiten im Umfeld von sog. **Timesharing**-Verträgen betreffend (Teilzeit-)Ferienwohnrechte hängt die Subsumierbarkeit unter den ausschließlichen dinglichen Gerichtsstand (Art. 24 Nr. 1 Satz 1 Alt. 1) u.a. davon ab, ob es sich bei dem streitgegenständlichen Timesharing-Modell um eine dingliche, schuldrechtliche oder gesellschaftsrechtliche Ausgestaltung handelt. Nur bei **dinglichen Timesharing-Rechten**, d.h. dem tatsächlichen Erwerb von Teileigentum nach Maßgabe der *lex rei sitae*, ist Art. 24 Nr. 1 Satz 1 Alt. 1 prinzipiell – je nach geltend gemachtem Anspruch – anwendbar, so z. B. bei Klagen aus den dinglichen Nutzungsrechten aus dem Timesharing-Vertrag und Klagen bezogen 29

---

[107] S. bereits oben Rn. 21 sowie EuGH, 3.4.2014 – Rs. C-438/12, *Irmengard Weber ./. Mechthilde Weber*, ECLI:EU:C:2014:212 = NJW 2014, S. 1871, Rn. 44.
[108] Ständige Rechtsprechung, s. nur EuGH, 3.10.2013 – Rs. C-386/12, *Siegfried János Schneider*, ECLI:EU:C:2013:633 = IPRax 2015, S. 235, Rn. 21; EuGH, 18.5.2006 – Rs. C-343/04, *Land Oberösterreich ./. ČEZ as*, Slg. 2006, I-4586 (ECLI:EU:C:2006:330), Rn. 30; EuGH, 10.1.1990 – Rs. 115/88, *Reichert ./. Dresdner Bank*, Slg. 1990, I-27 (ECLI:EU:C:1990:3), Rn. 11.
[109] Ständige Rechtsprechung, s. nur EuGH, 3.10.2013 – Rs. C-386/12, *Siegfried János Schneider*, ECLI:EU:C:2013:633 = IPRax 2015, S. 235, Rn. 21; EuGH, 18.5.2006 – Rs. C-343/04, *Land Oberösterreich ./. ČEZ as*, Slg. 2006, I-4586 (ECLI:EU:C:2006:330), Rn. 30; EuGH, 10.1.1990 – Rs. 115/88, *Reichert ./. Dresdner Bank*, Slg. 1990, I-27 (ECLI:EU:C:1990:3), Rn. 11; kritisch *Schlosser*/Hess, EuZPR, 4. Aufl. 2015, Art. 24 EuGVVO Rn. 3, der insofern von „sybillinischen Worten" ohne greifbaren Sinn spricht.
[110] EuGH, 17.5.1994 – Rs. C-294/92, *Webb ./. Webb*, Slg. 1994, I-1717 (ECLI:EU:C:1994:193), Rn. 19.
[111] Rauscher/*Mankowski*, EuZPR, 4. Aufl. 2016, Art. 24 EuGVVO Rn. 20.

auf deren Bestehen.[112] Bei rein schuldrechtlich ausgestalteten Timesharing-Modellen kommt allenfalls eine Anwendbarkeit von Art. 24 Nr. 1 Satz 1 Alt. 2 in Betracht.[113] Dies gilt grds. auch für sog. gesellschaftsrechtliche Timesharing-Modelle, bei denen die Interessenten Mitglieder einer Gesellschaft werden, die Eigentum an einer Immobilie erwirbt oder bereits innehat und ihren Mitgliedern lediglich schuldrechtliche Nutzungsrechte gewährt.[114]

30   In Bezug auf **schuldrechtlich ausgestaltete Timesharing-Modelle** hat der EuGH im Jahr 2005 in der Rechtssache *Klein* entschieden, dass der Gerichtsstand des Art. 24 Nr. 1 Satz 1 (auch in seiner 2. Alt.) keine Anwendung auf den Vertrag über die Clubmitgliedschaft findet, wenn dieser es als Gegenleistung zur Mitgliedschaftsgebühr den Mitgliedern ermöglicht, das Teilzeitnutzungsrecht an einer lediglich nach Typ und Lageort bezeichneten Immobilie (so dass ein Tausch des Nutzungsrechts möglich ist) zu erwerben (sog. flexibles **Timesharing**[115]).[116] Denn in einem solchen Fall sei der Zusammenhang zwischen einem Vertrag über die Clubmitgliedschaft und der Immobilie, die vom Mitglied tatsächlich genutzt werden kann, nicht hinreichend eng.[117] Im Umkehrschluss folgt daraus, dass eine Anwendung von Art. 24 Nr. 1 Satz 1 (nach dem Gesagten insbesondere **Alt. 2**) dann in Betracht kommt, wenn der Zusammenhang zwischen dem Vertrag und der zu nutzenden Immobilie im Einzelfall sehr eng ist, z.B. wenn diese im Einzelnen bereits bestimmt ist.[118]

31   **Insolvenzrechtliche Anfechtungsklagen** im Sinne von (im deutschen Recht) §§ 129 ff. InsO fallen bereits deshalb nicht unter Art. 24 Nr. 1 Satz 1 Alt. 1, weil insolvenzrechtliche Verfahren gem. Art. 1 Abs. 2 lit. b insgesamt vom Anwendungsbereich der Verordnung ausgenommen sind.[119] Auch **Gläubigeranfechtungsklagen** in Bezug auf dingliche Rechte an unbeweglichen Sachen, z.B. nach dem deutschen AnfG, bzw. ähnliche Rechtsinstrumente[120] sind wegen ihrer Relativität rein persönliche Ansprüche und können daher nicht am dinglichen Gerichtsstand erhoben werden.[121]

---

[112] *Kropholler/von Hein*, EuZPR, 9. Aufl. 2011, Art. 22 EuGVVO a.F. Rn. 17.
[113] Dazu näher unten Rn. 48 f.
[114] So auch *Rauscher/Mankowski*, EuZPR, 4. Aufl. 2016, Art. 24 EuGVVO Rn. 40; eingschränkt *Geimer*/Schütze, EuZVR, 3. Aufl. 2010, Art. 22 EuGVVO a.F. Rn. 102 („in seltenen Fällen"); **a. A.** wohl *Leible/Müller*, NZM 2009, S. 18 (21) (nur im Wege der – befürworteten – „Analogiebildung").
[115] *Rauscher/Mankowski*, EuZPR, 4. Aufl. 2016, Art. 24 EuGVVO Rn. 36.
[116] EuGH, 13.10.2005 – Rs. C-73/04, *Brigitte und Marcus Klein* ./. *Rhodos Management Ltd*, Slg. 2005, I-8681 (ECLI:EU:C:2005:607), Rn. 28.
[117] EuGH, 13.10.2005 – Rs. C-73/04, *Brigitte und Marcus Klein* ./. *Rhodos Management Ltd*, Slg. 2005, I-8681 (ECLI:EU:C:2005:607), Rn. 26.
[118] BGH, 16.12.2009 – VIII ZR 119/08, EuZW 2010, S. 357, Rn. 14.
[119] Vgl. die Kommentierung zu Art. 1 Rn. 69 sowie z.B. *MünchKomm/Gottwald*, ZPO, 4. Aufl. 2013, Art. 5 EuGVVO a.F. Rn. 12; *Göransson*, FS Voskuil, 1992, S. 59; *Geimer*/Schütze, EuZVR, 3. Aufl. 2010, Art. 5 EuGVVO a.F. Rn. 48.
[120] Der EuGH formuliert in der Rechtssache *Reichert*: unter Art. 24 Nr. 1 fallen keine Verfahren, mit denen ein Gläubiger anstrebt, „Verfügungshandlung über ein dingliches Recht an einer unbeweglichen Sache, die sein Schuldner nach besonderem Vorbringen absichtlich zur Beeinträchtigung seiner Rechte vorgenommen hat, ihm gegenüber für unwirksam" zu erklären", s. EuGH, 26.3.1992 – Rs. C-261/90, *Reichert u.a.* ./. *Dresdner Bank II*, Slg. 1992, I-2149 (ECLI:EU:C:1992:149), Rn. 15.
[121] EuGH, 26.3.1992 – Rs. C-261/90, *Reichert u.a.* ./. *Dresdner Bank II*, Slg. 1992, I-2149 (ECLI:EU:C:1992:149), Rn. 12; *Kropholler/von Hein*, EuZPR, 9. Aufl. 2011, Art. 22 EuGVVO a.F. Rn. 18.

Auch **Wohnungseigentum** ist, wie oben Rn. 19 dargestellt, ein dingliches **32** Recht an einer unbeweglichen Sache im Sinne der EuGVVO.[122] Daher können naturgemäß auch Klagen im Umfeld von und aus dem Eigentum an Wohnungen unter den Gerichtsstand des Art. 24 Nr. 1 Satz 1 Alt. 1 fallen, etwa wenn Duldung der Zwangsvollstreckung oder Grundbuchberichtigung begehrt wird.[123] Handelt es sich im Einzelfall indes um persönliche Ansprüche gegen einen Wohnungseigentümer, z.B. bei einem Anspruch der Wohnungseigentümergemeinschaft auf Zahlung von **Wohngeld**[124] oder bei sonstigen aus der Verwaltung resultierenden schuldrechtlichen Ansprüchen, so ist der dingliche Gerichtsstand hierfür nicht eröffnet.[125]

Streitigkeiten zwischen **Miteigentümern** schließlich fallen ebenfalls (nur) **33** dann unter Art. 24 Nr. 1 Satz 1 Alt. 1, wenn es im Einzelfall um die Grenzen und den Bestand des Miteigentums selbst geht und nicht schuldrechtliche Ansprüche etwa aus der Verwaltung des Miteigentums geltend gemacht werden.[126] Ende 2015 hat der EuGH in der Rechtssache *Virpi Komu* entschieden, dass ein Antrag auf Auflösung der Miteigentümergemeinschaft an einer unbeweglichen Sache durch Verkauf, mit dessen Durchführung ein Treuhänder betraut wird, unter den dinglichen Gerichtsstand falle.[127] Denn ein derartiger Antrag führe zu einer Übertragung des Eigentumsrechts an einer unbeweglichen Sache und wirkte daher letztlich gegenüber jedermann.[128]

b) Anknüpfungspunkt

Der dingliche Gerichtsstand des Art. 24 Nr. 1 Satz 1 Alt. 1 knüpft für die **34** Bestimmung der internationalen Zuständigkeit an die **Belegenheit** einer unbeweglichen Sache an, d.h. international zuständig sind die Gerichte desjenigen Mitgliedstaats, in dem sich eine Immobilie im Einzelfall befindet. Ist die unbewegliche Sache hingegen in einem **Drittstaat** belegen, so findet Art. 24 Nr. 1 Satz 1 Alt. 1 nach ganz h.M.[129] keine Anwendung.[130] Da die Belegenheit auch innerhalb eines Mitgliedstaates auf einen feststehenden Ort verweist, hätte es insofern nahegelegen, in Art. 24 Nr. 1 auch die örtliche Zuständigkeit mitzure-

---

[122] Vgl. nur BayObLG, 6.6.2003 – 2Z BR 103/03, NJOZ 2004, S. 1704 (1706); *Schlosser/Hess*, EuZPR, 4. Aufl. 2015, Art. 24 EuGVVO Rn. 5a.
[123] S. etwa Rauscher/*Mankowski*, EuZPR, 4. Aufl. 2016, Art. 24 EuGVVO Rn. 21; **weitergehend** *Geimer*/Schütze, EuZVR, 3. Aufl. 2010, Art. 22 EuGVVO a.F. Rn. 91 ff. (96), der Art. 24 Nr. 1 im Lichte von § 43 WEG sogar erweitert auslegen will; ebenso *Schlosser*/Hess, EuZPR, 4. Aufl. 2015, Art. 24 EuGVVO Rn. 5a; dies ist jedoch – wiewohl wünschenswert – wegen der gebotenen restriktiven Auslegung von Art. 24 (dazu oben Rn. 4) **abzulehnen**.
[124] BayObLG, 6.6.2003 – 2Z BR 103/03, NJOZ 2004, S. 1704; *Hüßtege*, IPRax 2015, S. 220 (221).
[125] *Kropholler/von Hein*, EuZPR, 9. Aufl. 2011, Art. 22 EuGVVO a.F. Rn. 15; Rauscher/*Mankowski*, EuZPR, 4. Aufl. 2016, Art. 24 EuGVVO Rn. 21.
[126] *Geimer*/Schütze, EuZVR, 3. Aufl. 2010, Art. 22 EuGVVO a.F. Rn. 98.
[127] EuGH, 17.12.2015 – Rs. C-605/14, *Virpi Komu u.a. ./. Pekka Komu u.a.*, ECLI:EU:C:2015:833 = EuZW 2016, S. 198, Rn. 33.
[128] S. EuGH, 17.12.2015 – Rs. C-605/14, *Virpi Komu u.a. ./. Pekka Komu u.a.*, ECLI:EU:C:2015:833 = EuZW 2016, S. 198, Rn. 29.
[129] *Kropholler/von Hein*, EuZPR, 9. Aufl. 2011, Art. 22 EuGVVO a.F. Rn. 7; Rauscher/*Mankowski*, EuZPR, 4. Aufl. 2016, Art. 24 EuGVVO Rn. 6; *Geimer*/Schütze, EuZVR, 3. Aufl. 2010, Art. 22 EuGVVO a.F. Rn. 12.
[130] S. dazu die Ausführungen oben Rn. 10.

geln.¹³¹ Eine örtliche Zuständigkeitsbestimmung wäre auch mit dem oben Rn. 14 dargestellten Normzweck dieser Vorschrift – insbesondere der Beweisnähe – zu rechtfertigen.

c) Keine Annexzuständigkeit für persönliche Klagen

35   Aus Art. 24 Nr. 1 folgt **keine Annexzuständigkeit** für mit dinglichen Klagen zusammenhängende (persönliche) Ansprüche und Verfahren.¹³² So hat der EuGH im Jahr 1985 in der Rechtssache *Rösler* (wenngleich in Bezug auf Art. 24 Nr. 1 Satz 1 Alt. 2) ausdrücklich entschieden, dass der Gerichtsstand des Art. 24 Nr. 1 nicht auch mittelbar mit dem zuständigkeitsbegründen „dinglichen" Sachverhalt in Zusammenhang stehende „persönliche" Rechtsstreitigkeiten erfasse.¹³³ Seit seiner Schaffung im Jahr 1989 können freilich bestimmte vertragliche Ansprüche, die einen besonders engen Sachzusammenhang zu einer dinglichen Klage aufweisen, gem. **Art. 8 Nr. 4** auch vor dem für diese dingliche Klage zuständigen Gericht eingeklagt werden.¹³⁴ Ein solch enger Bezug ist z.B. gegeben, wenn eine Klage auf Darlehensrückzahlung mit der Klage auf Duldung der Zwangsvollstreckung in ein zur Sicherung jenes Rückzahlungsanspruchs mit einer Grundschuld oder einem sonstigen Grundpfandrecht belastetes Grundstück verbunden wird.¹³⁵

3. Art. 24 Nr. 1 Satz 1 Alt. 2

36   Nach Art. 24 Nr. 1 Satz 1 Alt. 2 sind für Verfahren, welche die **Miete oder Pacht von unbeweglichen Sachen** zum Gegenstand haben, die Gerichte *desjenigen* Mitgliedstaats ausschließlich zuständig, in dem die betreffende Immobilie **belegen** ist. Diese an sich ausschließliche Gerichtsstandsregel wird in Art. 24 Nr. 1 Satz 2 wiederum insofern „**korrigiert**",¹³⁶ als Verfahren betreffend die Miete oder Pacht unbeweglicher Sachen zum nur vorübergehenden privaten Gebrauch für höchstens sechs aufeinander folgende Monate unter bestimmten Voraussetzungen neben dem Belegenheitsstaat auch im Wohnsitzstaat des Beklagten erhoben werden können (dazu näher unten Rn. 53 ff.).

a) Allgemeines

37   Auch Streitigkeiten über die Miete oder Pacht von unbeweglichen Sachen stehen oftmals in derart engem Zusammenhang mit der Belegenheit der betreffenden Immobilie,¹³⁷ dass es der europäische Gesetzgeber für geboten erachtet hat, diese Verfahren ebenfalls prinzipiell ausschließlich vor den Gerichten der jeweiligen Belegenheit zu konzentrieren.¹³⁸ Im deutschen Recht findet sich eine

---

¹³¹ So auch Rauscher/*Mankowski*, EuZPR, 4. Aufl. 2016, Art. 24 EuGVVO Rn. 10.
¹³² *Geimer*/Schütze, EuZVR, 3. Aufl. 2010, Art. 22 EuGVVO a.F. Rn. 40.
¹³³ EuGH, 15.1.1985 – Rs 241/83, *Rösler ./. Rottwinkel*, Slg. 1985, 99 (ECLI:EU:C:1985:6), Rn. 28; Magnus/Mankowski/*Horatio Muir Watt*, Brussels I Regulation, 2. Aufl. 2012, Art. 6 EuGVVO a.F. Rn. 51.
¹³⁴ Zu den Einzelheiten vgl. die Kommentierung zu Art. 8 Rn. 74 ff.
¹³⁵ S. nur den *Jenard*/Möller-Bericht, 1990, S. 18 Rn. 46; *Geimer*/Schütze, EuZVR, 3. Aufl. 2010, Art. 6 EuGVVO a.F. Rn. 90; Musielak/Voit/*Stadler*, ZPO, 13. Aufl. 2016, Art. 6 EuGVVO Rn. 11.
¹³⁶ So Rauscher/*Mankowski*, EuZPR, 4. Aufl. 2016, Art. 24 EuGVVO Rn. 49.
¹³⁷ S. nur *Schlosser*/Hess, EuZPR, 4. Aufl. 2015, Art. 24 EuGVVO Rn. 1a.
¹³⁸ Zu Recht kritisch etwa *Geimer*/Schütze, EuZVR, 3. Aufl. 2010, Art. 22 EuGVVO a.F. Rn. 106 f.

ähnliche Regelung in § 29a ZPO. Grund für diese Regelung ist insbesondere die **Beweis- und Rechtsnähe** der Gerichte des jeweiligen Belegenheitsstaats.[139] So führt die Regelung in Art. 24 Nr. 1 Satz 1 Alt. 2 oftmals zu einem Gleichlauf von anwendbarem Recht und Forum und erleichtert insofern u.a. die Anwendung etwaiger miet- und pachtrechtlicher Sonderregeln (insbesondere zwingender sozialer Mieterschutzvorschriften) des Belegenheitsstaats. Zudem sind die Gerichte des Belegenheitsstaats wegen ihrer räumlichen Nähe am besten zur Einholung von Sachverständigengutachten sowie zu sonstigen tatsächlichen Untersuchungen und Nachforschungen in der Lage.[140]

b) Sachlicher Anwendungsbereich

Der grds. ausschließliche Gerichtsstand des Art. 24 Nr. 1 Satz 1 Alt. 2 erfasst **38** Verfahren, die die **Miete oder Pacht** von unbeweglichen Sachen zum Gegenstand haben. Auch der Begriff der Miete oder Pacht muss dabei – wie derjenige des dinglichen Rechts in Art. 24 Nr. 1 Satz 1 Alt. 1[141] – unionsrechtlich **autonom** ausgelegt werden.[142] Zum Begriff der unbeweglichen Sache vgl. bereits die Ausführungen oben unter Rn. 18f. Anders als bei der Alt. 1 des Art. 24 Nr. 1 Satz 1 ist für dessen Alt. 2 gleichgültig, ob eine Klage auf ein dingliches oder ein persönliches Recht gestützt wird.[143]

aa) Miete oder Pacht

Der Begriff sowohl des Miet- als auch des Pachtvertrages wird in autonomer **39** Auslegung gemeinhin als schuldrechtlicher Vertrag über eine **entgeltliche Gebrauchsüberlassung auf Zeit** definiert.[144] Dabei muss die Gebrauchsüberlassung einer unbeweglichen Sache für das Vorliegen eines Miet- oder Pachtvertrages zwingend die jeweils vertragscharakteristische **Hauptleistungspflicht** darstellen.[145] Ob die Gebrauchsüberlassung zu privaten oder z.B. gewerblichen

---

[139] S. nur den *Jenard*-Bericht, 1979, S. 35 sowie *Geimer*/Schütze, EuZVR, 3. Aufl. 2010, Art. 22 EuGVVO a.F. Rn. 105 ff.; Rauscher/*Mankowski*, EuZPR, 4. Aufl. 2016, Art. 24 EuGVVO Rn. 26.
[140] EuGH, 15.1.1985 – Rs. 241/83, *Rösler ./. Rottwinkel*, Slg. 1985, 99 (ECLI:EU:C:1985:6), Rn. 19; EuGH, 26.2.1992 – Rs. C-280/90, *Hacker ./. Euro-Relais*, Slg. 1992, I-1111 (ECLI:EU:C:1992:92), Rn. 8; EuGH, 27.1.2000 – Rs. C-8/00, *Dansommer ./. Götz*, Slg. 2000, I-393 (ECLI:EU:C:2000:45), Rn. 27; EuGH, 13.10.2005 – Rs. C-73/04, *Brigitte und Marcus Klein ./. Rhodos Management Ltd*, Slg. 2005, I-8681 (ECLI:EU:C:2005:607), Rn. 16 sowie den *Jenard*-Bericht, 1979, S. 34 f.
[141] Vgl. hierzu die Ausführungen oben Rn. 20 ff.
[142] Dies impliziert die Rechtsprechung des EuGH, s. etwa EuGH, 14.12.1977 – Rs. 73/77, *Sanders ./. van der Putte*, Slg. 1977, 2383 (ECLI:EU:C:1977:208), Rn. 12 ff. sowie EuGH, 15.1.1985 – Rs. 241/83, *Rösler ./. Rottwinkel*, Slg. 1985, 99 (ECLI:EU:C:1985:6), Rn. 14; so explizit auch BGH, 25.6.2008 – VIII ZR 103/07, NJW-RR 2008, S. 1381, Rn. 24 und BGH, 16.12.2009 – VIII ZR 119/08, NJW-RR 2010, S. 712, Rn. 10; vgl. auch *Endler*, IPRax 1992, S. 212 (214); *Leible/Müller*, NZM 2009, S. 18 (20); *Schlosser*/Hess, EuZPR, 4. Aufl. 2015, Art. 24 EuGVVO Rn. 7; Rauscher/*Mankowski*, EuZPR, 4. Aufl. 2016, Art. 24 EuGVVO Rn. 26; Saenger/*Dörner*, ZPO, 6. Aufl. 2015, Art. 24 EuGVVO Rn. 10; Musielak/Voit/*Stadler*, ZPO, 13. Aufl. 2016, Art. 24 EuGVVO Rn. 4.
[143] EuGH, 27.1.2000 – Rs. C-8/00, *Dansommer ./. Götz*, Slg. 2000, I-393 (ECLI:EU:C:2000:45), Rn. 23; Saenger/*Dörner*, ZPO, 6. Aufl. 2015, Art. 24 EuGVVO Rn. 10.
[144] So etwa *Leible/Müller*, NZM 2009, S. 18 (20); ähnlich BGH, 16.12.2009 – VIII ZR 119/08, NJW-RR 2010, S. 712, Rn. 13 und implizit auch EuGH, 13.10.2005 – Rs. C-73/04, *Brigitte und Marcus Klein ./. Rhodos Management Ltd*, Slg. 2005, I-8681 (ECLI:EU:C:2005:607), Rn. 15; EuGH, 15.1.1985 – Rs. 241/83, *Rösler ./. Rottwinkel*, Slg. 1985, 99 (ECLI:EU:C:1985:6), Rn. 25.
[145] S. nur Rauscher/*Mankowski*, EuZPR, 4. Aufl. 2016, Art. 24 EuGVVO Rn. 28; Musielak/Voit/*Stadler*, ZPO, 13. Aufl. 2016, Art. 24 EuGVVO Rn. 4; *Geimer*/Schütze, EuZVR, 3. Aufl. 2010, Art. 22 EuGVVO a.F. Rn. 111.

Zwecken erfolgt, ist dabei *per se*,[146] wie auch für § 29a ZPO,[147] irrelevant.[148] Auch eine bestimmte **Dauer** der Gebrauchsüberlassung ist – nicht zuletzt im Umkehrschluss zu Art. 24 Nr. 1 Satz 2 ersichtlich – für Art. 24 Nr. 1 Satz 1 Alt. 2 nicht erforderlich, so dass grds. auch eine tage- oder wochenweise Anmietung von **Ferienwohnungen oder -häusern** etc. unter den Mietvertragsbegriff zu fassen ist.[149] Wird hingegen die Anmietung einer Ferienwohnung oder anderen Immobilie lediglich **vermittelt**, genügt dies freilich nicht.[150] Zu Timesharing-Verträgen s. unten Rn. 48 f. sowie oben Rn. 29 f.

40 Andersherum findet Art. 24 Nr. 1 Satz 1 Alt. 2 keine Anwendung, wenn ein Vertrag zwar auch die Überlassung einer unbeweglichen Sache vorsieht, jedoch primär durch anderweitige Pflichten charakterisiert wird.[151] Auch sog. **gemischte Verträge**, kraft deren eine Gesamtheit von (meist gleichrangigen) Leistungen zu erbringen ist, etwa umfassende (Pauschal-)**Reiseverträge**,[152] die neben einer Wohnungsvermietung noch Auskünfte und Ratschläge, die Reservierung von Plätzen für die Beförderung, den Empfang am Ort und gegebenenfalls eine Reiserücktrittsversicherung vorsehen,[153] fallen nicht unter den Begriff des Miet- oder Pachtvertrages im Sinne der EuGVVO.[154] Das Gleiche gilt für **Hotelbeherbergungsverträge**, die in der Regel – jedenfalls wenn neben der bloßen Zimmerüberlassung weitere Leistungen geschuldet werden – ebenfalls nicht als Mietvertrag im Sinne von Art. 24 Nr. 1 Satz 1 Alt. 2 einzuordnen sind.[155]

41 Auf die Art und Anzahl der konkret geschuldeten **Nebenleistungspflichten** kommt es hingegen nicht an, solange diese nicht der Gebrauchsüberlassung ihren Charakter als Hauptvertragsgegenstand nehmen.[156]

---

[146] Etwas anderes gilt bei Art. 24 Nr. 1 Satz 2, s. dazu unten Rn. 53 ff.
[147] MünchKomm/*Patzina*, ZPO, 4. Aufl. 2013, § 29a ZPO Rn. 3.
[148] *Jenard*/*Möller*-Bericht, 1990, Rn. 49; Rauscher/*Mankowski*, EuZPR, 4. Aufl. 2016, Art. 24 EuGVVO Rn. 28; allerdings sah noch der Kommissionsvorschlag zur Neufassung der EuGVVO vom 14.12.2010 (KOM(2010) 748 endg., S. 35) für Mietverträge über *Gewerberäume* die (nicht Gesetz gewordene) Möglichkeit einer abweichenden Gerichtsstandsvereinbarung vor.
[149] Vgl. nur EuGH, 27.1.2000 – Rs. C-8/98, *Dansommer* ./. *Götz*, Slg. 2000, I-393 (ECLI:EU:C:2000:45); Rauscher/*Mankowski*, EuZPR, 4. Aufl. 2016, Art. 24 EuGVVO Rn. 28.
[150] S. allgemein BGH 23.10.2012 – X ZR 157/11, NJW 2013, S. 308 sowie konkret LG Hamburg, 24.7.1986 – 25 O 56/86, NJW-RR 1987, S. 370; *Schlosser*/Hess, EuZPR, 4. Aufl. 2015, Art. 24 EuGVVO Rn. 9; Rauscher/*Mankowski*, EuZPR, 4. Aufl. 2016, Art. 24 EuGVVO Rn. 30.
[151] EuGH, 14.12.1977 – Rs. 73/77, *Sanders* ./. *van der Putte*, Slg. 1977, 2383 (ECLI:EU:C:1977:208), Rn. 16; Saenger/*Dörner*, ZPO, 6. Aufl. 2015, Art. 24 EuGVVO Rn. 13.
[152] Vgl. im deutschen Recht etwa §§ 651a ff. BGB. Zum unionsrechtlichen Begriff des Pauschalreisevertrags, der aus Art. 17 Abs. 3 ersichtlich oftmals den Verbrauchersachen im Sinne der EuGVVO zuzurechnen ist, s. die Kommentierung zu Art. 17 Abs. 3 Rn. 83 ff.
[153] Vgl. den Sachverhalt bei EuGH, 26.2.1992 – Rs. C-280/90, *Hacker* ./. *Euro-Relais*, Slg. 1992, I-1111 (ECLI:EU:C:1992:92).
[154] EuGH, 27.1.2000 – Rs. C-8/98, *Dansommer* ./. *Götz*, Slg. 2000, I-393 (ECLI:EU:C:2000:45), Rn. 30; EuGH, 26.2.1992 – Rs. C-280/90, *Hacker* ./. *Euro-Relais*, Slg. 1992, I-1111 (ECLI:EU:C:1992:92), Rn. 15.
[155] S. etwa OLG Düsseldorf, 21.2.2008, I-10 U 142/07, NJW-RR 2008, S. 1526; Musielak/Voit/ *Stadler*, ZPO, 13. Aufl. 2016, Art. 24 EuGVVO Rn. 4; Rauscher/*Mankowski*, EuZPR, 4. Aufl. 2016, Art. 24 EuGVVO Rn. 32.
[156] EuGH, 27.1.2000 – Rs. C-8/98, *Dansommer* ./. *Götz*, Slg. 2000, I-393 (ECLI:EU:C:2000:45), Rn. 34; EuGH, 15.1.1985 – Rs. 241/83, *Rösler* ./. *Rottwinkel*, Slg. 1985, 99 (ECLI:EU:C:1985:6), Rn. 24.

Da auch bei einem **Pachtvertrag,** der sich im Vergleich zu einem Mietvertrag 42
durch eine erweiterte Nutzungsmöglichkeit in Bezug auf die jeweils verpachtete
unbewegliche Sache auszeichnet,[157] oftmals die Gebrauchsüberlassung im Vordergrund steht, dürfte sich eine Differenzierung zwischen Miet- und Pachtverträgen für die Zwecke des Art. 24 Nr. 1 Satz 1 Alt. 2 meist erübrigen. Steht
die erweiterte Nutzungsmöglichkeit aber im Einzelfall doch wertungsmäßig im
Vordergrund, etwa bei Verpachtung eines Ladengeschäfts mitsamt umfangreicher
Ladeneinrichtung, Übernahme des Kundenstamms etc.,[158] oder wenn die unbewegliche Sache nur eine von vielen verpachteten Sachen ist (z.b. bei einer
Unternehmenspacht), so fällt ein derartiger Vertrag grds. nicht unter den
Gerichtsstand des Art. 24 Nr. 1 Satz 1 Alt. 2.[159]

Aus der Tatsache ersichtlich, dass Art. 24 Nr. 1 Satz 1 Alt. 2 anders als dessen 43
Alt. 1 auch persönliche, d.h. relative Ansprüche erfasst,[160] ist die **dingliche
Rechtsstellung** des jeweiligen Vermieters oder Verpächters für den Mietgerichtsstand **gleichgültig.**[161] Daher unterfallen **Untermietverträge** ohne Weiteres dem Gerichtsstand des Art. 24 Nr. 1 Satz 1 Alt. 2.[162] Auch die **Abtretung**
von aus einem Miet- oder Pachtvertrag resultierenden Ansprüchen schadet nicht,
so dass selbst **Rechtsnachfolger** des Vermieters[163] oder des Mieters an diesem
Gerichtsstand klagen bzw. verklagt werden können. Schließlich ist irrelevant, ob
ein Mieter oder Pächter eine Immobilie selber nutzt oder diese lediglich anderen
zur Verfügung stellt.[164]

bb) Erfasste Rechtsstreitigkeiten

Genauso wie bei Art. 24 Nr. 1 Satz 1 Alt. 1[165] reicht auch für Art. 24 Nr. 1 44
Satz 1 Alt. 2 keinesfalls aus, dass ein Sachverhalt nur irgendwie einen Miet- oder
Pachtvertrag über eine unbewegliche Sache betrifft. Vielmehr werden von dieser
Norm nur Rechtsstreitigkeiten erfasst, die ihren **Ursprung unmittelbar im
Miet- oder Pachtvertrag** selbst haben.[166] Mit anderen Worten ist der ausschließliche Mietgerichtsstand nur für solche Ansprüche bzw. Klagebegehren
eröffnet, die nicht losgelöst von den Hauptpflichten der Vertragsparteien eines
Miet- oder Pachtvertrages betrachtet werden können. Der EuGH fasst darunter
in ständiger Rechtsprechung v.a. Klagen, bei denen zwischen den Parteien über

---

[157] Vgl. zum deutschen Recht etwa MünchKomm/*Harke*, 6. Aufl. 2012, § 581 BGB Rn. 11.
[158] Vgl. auch EuGH, 14.12.1977 – Rs. 73/77, *Sanders ./. van der Putte*, Slg. 1977, 2383 (ECLI:EU:C:1977:208), Rn. 16.
[159] Zur Definition des persönlichen Rechts bzw. Anspruchs im Sinne der EuGVVO s. oben Rn. 20.
[160] S. hierzu oben Rn. 37.
[161] EuGH, 27.1.2000 – Rs. C-8/98, *Dansommer ./. Götz*, Slg. 2000, I-393 (ECLI:EU:C:2000:45), Rn. 36; Rauscher/*Mankowski*, EuZPR, 4. Aufl. 2016, Art. 24 EuGVVO Rn. 29 m.w.N.
[162] *Schlosser*/Hess, EuZPR, 4. Aufl. 2015, Art. 24 EuGVVO Rn. 9.
[163] EuGH, 27.1.2000 – Rs. C-8/98, *Dansommer ./. Götz*, Slg. 2000, I-393 (ECLI:EU:C:2000:45), Rn. 36.
[164] Saenger/*Dörner*, ZPO, 6. Aufl. 2015, Art. 24 EuGVVO Rn. 10; Rauscher/*Mankowski*, EuZPR, 4. Aufl. 2016, Art. 24 EuGVVO Rn. 29.
[165] Vgl. oben Rn. 22 ff.
[166] S. beipielhaft EuGH, 14.12.1977 – Rs. 73/77, *Sanders ./. van der Putte*, Slg. 1977, 2383 (ECLI:EU:C:1977:208) Tz.15; EuGH, 15.1.1985 – Rs. 241/83, *Rösler ./. Rottwinkel*, Slg. 1985, 99 (ECLI:EU:C:1985:6), Rn. 26 und 28.

das Bestehen oder die Auslegung des Vertrages selbst oder den Ersatz für vom Mieter oder Pächter verursachte Schäden gestritten wird, betont aber gleichzeitig, dass diese Aufzählung nicht abschließend sei.[167]

45 Auch Ansprüche auf Zahlung **von Miet- oder Pachtzins**[168] sind, wie der EuGH im Jahr 1985 in der Rechtssache *Rösler* ausdrücklich festgestellt hat,[169] und entgegen den Ausführungen im *Jenard*-Bericht[170] am ausschließlichen Mietgerichtsstand einzuklagen.[171] Dies gilt auch für vom Mieter oder Pächter zu tragende Nebenkosten.[172] Daneben fallen insbesondere Räumungsklagen,[173] Klagen auf Instandhaltung der Immobilie sowie alle auf **Mängelgewährleistungsrechte** gestützte Verfahren unter Art. 24 Nr. 1 Satz 1 Alt. 2.[174]

46 Die konkrete **Rechtsnatur** eines im Einzelfall geltend gemachten Anspruchs (z.B. als vertraglicher Anspruch) ist unerheblich.[175] Schuldet etwa ein Mieter Schadensersatz wegen Beschädigung der Mietsache, so umfasst die Kognitionsbefugnis der nach Art. 24 Nr. 1 Satz 1 Alt. 2 ausschließlich zuständigen Gerichte eines Mitgliedstaats nicht nur den vertraglichen[176] Schadensersatzanspruch, sondern auch etwaige konkurrierende deliktische Anspruchsgrundlagen (soweit sie das Mietobjekt betreffen).[177] Das Gleiche gilt z.b. für etwaige den Miet- oder Pachtzins betreffende gesetzliche Rückzahlungsansprüche.[178]

47 Im Übrigen muss Art. 24 Nr. 1 Satz 1 Alt. 2 als Ausnahme von den allgemeinen Zuständigkeitsregeln der Art. 4 ff. grds. **restriktiv** und eng ausgelegt werden.[179] Ergeben sich daher Ansprüche im Einzelfall nur **mittelbar** aus einem

---

[167] S. nur EuGH, 15.1.1985 – Rs. 241/83, *Rösler ./. Rottwinkel*, Slg. 1985, 99 (ECLI:EU:C:1985:6), Rn. 26; EuGH, 27.1.2000 – Rs. C-8/98, *Dansommer ./. Götz*, Slg. 2000, I-393 (ECLI:EU:C:2000:45), Rn. 28.

[168] Im autonomen deutschen Recht spricht das BGB (z.b. in § 535 Abs. 2 BGB und § 581 Abs. 1 Satz 2 BGB) seit der Schuldrechtsmodernisierung im Jahr 2001 nicht mehr von „Mietzins" und „Pachtzins", sondern nur noch von „Miete" und „Pacht", vgl. nur MünchKomm/*Häublein*, 6. Aufl. 2012, § 535 BGB Rn. 153.

[169] EuGH, 15.1.1985 – Rs. 241/83, *Rösler ./. Rottwinkel*, Slg. 1985, 99 (ECLI:EU:C:1985:6) Tz.26.

[170] *Jenard*-Bericht, 1979, S. 35; **zustimmend** *Geimer*/Schütze, EuZVR, 3. Aufl. 2010, Art. 22 EuGVVO a.F. Rn. 120; offengelassen im *Schlosser*-Bericht, 1979, Rn. 164.

[171] So auch *Schlosser*/Hess, EuZPR, 4. Aufl. 2015, Art. 24 EuGVVO Rn. 7; Rauscher/*Mankowski*, EuZPR, 4. Aufl. 2016, Art. 24 EuGVVO Rn. 43; *Kropholler/von Hein*, EuZPR, 9. Aufl. 2011, Art. 22 EuGVVO a.F. Rn. 25; **a. A.** *Geimer*/Schütze, EuZVR, 3. Aufl. 2010, Art. 22 EuGVVO a.F. Rn. 120.

[172] EuGH, 15.1.1985 – Rs. 241/83, *Rösler ./. Rottwinkel*, Slg. 1985, 99 (ECLI:EU:C:1985:6), Rn. 29.

[173] *Jenard/Möller*-Bericht, 1990, Rn. 49; *Geimer*/Schütze, EuZVR, 3. Aufl. 2010, Art. 22 EuGVVO a.F. Rn. 119.

[174] Rauscher/*Mankowski*, EuZPR, 4. Aufl. 2016, Art. 24 EuGVVO Rn. 42.

[175] *Schlosser*/Hess, EuZPR, 4. Aufl. 2015, Art. 24 EuGVVO Rn. 11; *Kropholler/von Hein*, EuZPR, 9. Aufl. 2011, Art. 22 EuGVVO a.F. Rn. 26.

[176] Zum Begriff des Vertrags im Sinne der EuGVVO vgl. die Kommentierung zu Art. 7 Rn. 22 ff.

[177] OLG Hamm, 24.1.1995 – 7 U 158/94, BeckRS 1995, 31003117; Musielak/Voit/*Stadler*, ZPO, 13. Aufl. 2016, Art. 24 EuGVVO Rn. 4; *Kropholler/von Hein*, EuZPR, 9. Aufl. 2011, Art. 22 EuGVVO a.F. Rn. 26.

[178] OLG Frankfurt a.M., 1.8.2007 – 7 U 146/05, NJW-RR 2008, S. 663 (664); *Kropholler/von Hein*, EuZPR, 9. Aufl. 2011, Art. 22 EuGVVO a.F. Rn. 26.

[179] S. nur EuGH, 9.6.1994 – Rs. C-292/93, *Lieber ./. Göbel*, Slg. 1994, I-2535 (ECLI:EU:C:1994:241), Rn. 12; MünchKomm/*Gottwald*, ZPO, 4. Aufl. 2013, Art. 22 EuGVVO a.F. Rn. 20; BGH, 16.12.2009 – VIII ZR 119/08, EuZW 2010, S. 357, Rn. 10; *Kropholler/von Hein*, EuZPR, 9. Aufl. 2011, Art. 22 EuGVVO a.F. Rn. 24; **a. A.** etwa Rauscher/*Mankowski*, EuZPR, 4. Aufl. 2016, Art. 24 EuGVVO Rn. 26.

Miet- oder Pachtvertrag, etwa bei Klagen auf Ersatz unnütz aufgewandter Fahrtkosten oder Entschädigung wegen entgangener Urlaubsfreuden, so können diese nicht am ausschließlichen Gerichtsstand für Miet- und Pachtverträge geltend gemacht werden.[180] Dies gilt nach einer Entscheidung des EuGH aus dem Jahr 1994 (in der Rechtssache *Lieber*) erst Recht, wenn sich ein Sachverhalt lediglich als einer Miet- bzw. Pachtsituation **vergleichbar** darstellt, etwa im Falle der Forderung einer Nutzungsentschädigung für unbewegliche Sachen nach nichtiger Eigentumsübertragung.[181]

cc) Schuldrechtliche Timesharing-Verträge

Ebenso wie im „klassischen" Mietrecht mit seinen vielfältigen Sonderregeln (z.B. bestimmten zwingenden Mieterschutzvorschriften) bestehen auch für schuldrechtliche Teilzeit-Wohnrechte- bzw. **Timesharing-Verträge** spätestens seit Umsetzung zunächst der 1.[182] sowie anschließend der 2. Timesharing-Richtlinie[183] besondere Regelungen mit spezifischen Schutzkonzepten (in Deutschland etwa in den §§ 481 ff. BGB).[184] Vor diesem Hintergrund wurde die – grds. unbestrittene – Anwendbarkeit von Art. 24 Nr. 1 Satz 1 Alt. 2 auf schuldrechtliche Timesharing-Verträge früher bisweilen mit einer Erleichterung der Anwendung dieser Sonderregeln des Belegenheitsstaats – d.h. dem Argument der Rechtsnähe – gerechtfertigt.[185] Seit Anwendungsbeginn der Rom I-VO am 17.12.2009 hat dieses Argument freilich wegen der Regelung in Art. 6 Abs. 4 lit. c, 2. Halbsatz Rom I-VO stark an Bedeutung verloren,[186] da nunmehr schuldrechtliche Timesharing-Verträge nach Art. 6 Abs. 1 in Verbraucherkonstellationen oftmals dem Recht des Aufenthaltsstaates eines Verbrauchers unterstehen. Dessen ungeachtet sprechen auch andere der oben Rn. 36 dargestellten Gründe – etwa der Gesichtspunkt der Beweisnähe – für eine Anwendung von Art. 24 Nr. 1 Satz 1 Alt. 2 auf schuldrechtliche Timesharing-Verträge.[187] 48

Folgerichtig entspricht es auch weiterhin der einhelligen Meinung, dass jedenfalls **schuldrechtliche Timesharing-Verträge** unter den Mietgerichtsstand des Art. 24 Nr. 1 Satz 1 Alt. 2 fallen, sofern sie im Einzelfall die oben Rn. 38 ff. 49

---

[180] EuGH, 15.1.1985 – Rs. 241/83, *Rösler ./. Rottwinkel*, Slg. 1985, 99 (ECLI:EU:C:1985:6), Rn. 28; Saenger/*Dörner*, ZPO, 6. Aufl. 2015, Art. 24 EuGVVO Rn. 10; **kritisch** etwa Rauscher/*Mankowski*, EuZPR, 4. Aufl. 2016, Art. 24 EuGVVO Rn. 44.
[181] EuGH, 9.6.1994 – Rs. C-292/93, *Lieber ./. Göbel*, Slg. 1994, I-2535 (ECLI:EU:C:1994:241), Rn. 20; *Kropholler/von Hein*, EuZPR, 9. Aufl. 2011, Art. 22 EuGVVO a.F. Rn. 27; **kritisch** Rauscher/*Mankowski*, EuZPR, 4. Aufl. 2016, Art. 24 EuGVVO Rn. 44.
[182] Richtlinie 94/47/EG des Europäischen Parlaments und des Rates vom 26. Oktober 1994 zum Schutz der Erwerber im Hinblick auf bestimmte Aspekte von Verträgen über den Erwerb von Teilzeitnutzungsrechten an Immobilien, ABl. (EG) 1994 Nr. L 280, S. 83.
[183] Richtlinie 2008/122/EG des Europäischen Parlaments und des Rates vom 14. Januar 2009 über den Schutz der Verbraucher im Hinblick auf bestimmte Aspekte von Teilzeitnutzungsverträgen, Verträgen über langfristige Urlaubsprodukte sowie Wiederverkaufs- und Tauschverträgen, ABl. (EU) 2009 Nr. L 33, S. 10.
[184] *Mankowksi*, EuZW 1996, S. 177.
[185] So etwa noch Geimer/Schütze/*Thiel/Tschauner*, Int. Rechtsverkehr, 28. EL 2005, Art. 22 EuGVVO a.F. Rn. 25.
[186] Ebenso Musielak/Voit/*Stadler*, ZPO, 13. Aufl. 2016, Art. 24 EuGVVO Rn. 4.
[187] So gleichfalls – mit ausführlicher Begründung – Rauscher/*Mankowski*, EuZPR, 4. Aufl. 2016, Art. 24 EuGVVO Rn. 33 ff.

dargestellten Qualifikationskriterien des Mietvertrages im Sinne der EuGVVO erfüllen.[188] Eine Qualifikation als Mietvertrag scheidet nach dem EuGH insbesondere dann aus, wenn nach dem Timesharing-Vertrag neben der Gebrauchsüberlassung z.b. einer Ferienimmobilie vorwiegend andere (Dienst-)Leistungen geschuldet werden.[189] Bei der Frage, ob im Einzelfall die Gebrauchsüberlassung oder andere Leistungspflichten überwiegen, ist maßgeblich auch auf deren jeweiligen wirtschaftlichen Wert abzustellen.[190] Daneben kann im Einzelfall aber auch ein besonders enger Zusammenhang zwischen dem jeweiligen Vertrag und der zu nutzenden Immobilie, z.b. wenn diese bereits eindeutig bestimmt ist und nicht – wie beim sog. flexiblen Timesharing[191] – nach Gutdünken des jeweiligen Timesharing-Anbieters ausgetauscht werden kann, für das Vorliegen eines Mietvertrages sprechen.[192] Zu dinglichen und gesellschaftsrechtlichen Timesharing-Modellen vgl. die Ausführungen oben **Rn. 29 f.**

dd) Verträge über Immobilien in *mehreren Mitgliedstaaten*

50 Aus der Anknüpfung an die jeweilige Belegenheit einer unbeweglichen Sache in Art. 24 Nr. 1 Satz 1 Alt. 2 folgt, dass bei Vorliegen eines einheitlichen Miet- oder Pachtvertrages über mehrere **in verschiedenen Mitgliedstaaten belegene unbewegliche Sachen** die Gerichte jedes dieser Mitgliedstaaten jeweils für den in ihrem Hoheitsgebiet belegenen Teil ausschließlich zuständig sind.[193] Zwar birgt eine derartige **Aufspaltung** die Gefahr sich widersprechender Entscheidungen und läuft daher an sich partiell dem Normzweck[194] des Art. 24 zuwider;[195] dies muss jedoch vor dem Hintergrund des Gebots der restriktiven Auslegung des Art. 24 als ausschließlichem Gerichtsstand grds. hingenommen werden.[196] Allerdings sollen nach dem EuGH **Ausnahmefälle** denkbar sein, in denen trotz Belegenheit in verschiedenen Mitgliedstaaten eine ausschließliche Zuständigkeit der Gerichte nur eines dieser Staates in Betracht komme, etwa wenn die in einem Mitgliedstaat belegenen Grundstücke an die in einem anderen

---

[188] EuGH, 13.10.2005 – Rs. C-73/04, *Brigitte und Marcus Klein ./. Rhodos Management Ltd*, Slg. 2005, I-8681 (ECLI:EU:C:2005:607), Rn. 21; *Leible/Müller*, NZM 2009, S. 18 (23 f.); Rauscher/*Mankowski*, EuZPR, 4. Aufl. 2016, Art. 24 EuGVVO Rn. 33; *Schlosser*/Hess, EuZPR, 4. Aufl. 2015, Art. 24 EuGVVO Rn. 10; Saenger/*Dörner*, ZPO, 6. Aufl. 2015, Art. 24 EuGVVO Rn. 14; Münch-Komm/*Gottwald*, ZPO, 4. Aufl. 2013, Art. 22 EuGVVO a.F. Rn. 16.
[189] EuGH, 13.10.2005 – Rs. C-73/04, *Brigitte und Marcus Klein ./. Rhodos Management Ltd*, Slg. 2005, I-8681 (ECLI:EU:C:2005:607), Rn. 21; BGH, 16.12.2009 – VIII ZR 119/08, EuZW 2010, S. 357.
[190] EuGH, 13.10.2005 – Rs. C-73/04, *Brigitte und Marcus Klein ./. Rhodos Management Ltd*, Slg. 2005, I-8681 (ECLI:EU:C:2005:607), Rn. 20 f.
[191] Rauscher/*Mankowski*, EuZPR, 4. Aufl. 2016, Art. 24 EuGVVO Rn. 36.
[192] S. BGH, 25.6.2008 – VIII ZR 103/07, NJW-RR 2008, 1381 und EuGH, 13.10.2005 – Rs. C-73/04, *Brigitte und Marcus Klein ./. Rhodos Management Ltd*, Slg. 2005, I-8681 (ECLI:EU:C:2005:607), Rn. 26.
[193] EuGH, 6.7.1988 – Rs. 158/87, *Scherrens ./. Maenhout u.a.*, Slg. 1988, 3791 (ECLI:EU:C:1988:370), Rn. 13; *Kropholler/von Hein*, EuZPR, 9. Aufl. 2011, Art. 22 EuGVVO a.F. Rn. 28.
[194] S. oben Rn. 5.
[195] Kritisch daher *Kreuzer*, IPRax 1991, S. 25 (26), sowie auch Rauscher/*Mankowski*, EuZPR, 4. Aufl. 2016, Art. 24 EuGVVO Rn. 27, der u.a. für Miet- oder Pachtzinsklagen eine Ausnahme (einheitlicher Gerichtsstand) machen will.
[196] So beipflichtend auch *Kropholler/von Hein*, EuZPR, 9. Aufl. 2011, Art. 22 EuGVVO a.F. Rn. 28.

Mitgliedstaat belegenen angrenzen und der Gesamtbesitz sich ganz überwiegend in einem der beiden Vertragsstaaten befindet.[197]

ee) Verbandsklagen

Verbandsklagen gegen Klauseln, die z.B. ein inländisches Reiseunternehmen bei Überlassung von Immobilien im Ausland verwendet, sind allgemeine Kontrollverfahren ohne Bezug zur Belegenheit und fallen daher nicht unter Art. 24 Nr. 1 Satz 1 Alt. 2.[198] 51

c) Anknüpfungspunkt

Der Mietgerichtsstand des Art. 24 Nr. 1 Satz 1 Alt. 2 knüpft für die Bestimmung nur[199] der internationalen Zuständigkeit an die **Belegenheit** einer unbeweglichen Sache an, d.h. international zuständig sind die Gerichte desjenigen Mitgliedstaats, in dem eine Immobilie im Einzelfall belegen ist. Liegt die unbewegliche Sache hingegen in einem **Drittstaat**, so findet Art. 24 Nr. 1 Satz 1 Alt. 2 nach ganz h.M.[200] keine Anwendung,[201] sondern allenfalls die allgemeinen Regeln, d.h. Art. 4 ff. 52

4. Art. 24 Nr. 1 Satz 2

Art. 24 Nr. 1 Satz 2 „korrigiert"[202] als **Ausnahmeregel** den „normalen" Mietgerichtsstand bei Verfahren, in denen die streitgegenständliche Miete oder Pacht einer unbeweglichen Sache nur zum vorübergehenden privaten Gebrauch und für höchstens **sechs aufeinander folgende Monate** erfolgt(e). Bei Schaffung dieser Vorschrift hatte der europäische Gesetzgeber insbesondere Streitigkeiten über die Miete von Ferienwohnungen bzw. -häusern im EU-Ausland im Auge.[203] 53

Sind seine Voraussetzungen erfüllt, gewährt Art. 24 Nr. 1 Satz 2 in Abweichung von dem grundsätzlichen Ausschließlichkeitsgebot des Art. 24 Nr. 1 Satz 1 Alt. 2 einen **zusätzlichen**, ebenfalls – außer im Verhältnis zu Art. 24 Nr. 1 Satz 1 Alt. 2 – **ausschließlichen**[204] **Gerichtsstand** auch im Wohnsitzstaat des Beklagten. 54

---

[197] EuGH, 6.7.1988 – Rs. 158/87, *Scherrens ./. Maenhout u.a.*, Slg. 1988, 3791 (ECLI:EU:C:1988:370), Rn. 15; zustimmend *Kropholler/von Hein*, EuZPR, 9. Aufl. 2011, Art. 22 EuGVVO a.F. Rn. 28 sowie – noch weitergehend (auch, wenn Pachtgegenstand ein Unternehmen ist, zu dessen Betriebsvermögen die in verschiedenen Mitgliedstaaten belegenen Grundstücke zählen) – Rauscher/*Mankowski*, EuZPR, 4. Aufl. 2016, Art. 24 EuGVVO Rn. 27.
[198] BGH, 12.10.1989 – VII ZR 339/88, BGHZ 109, S. 29 = NJW 1990, S. 317 m. Anm. *W.Lorenz*, IPRax 1990, S. 292.
[199] Zur entsprechenden Kritik vgl. die Ausführungen oben unter Rn. 34 m.w.N.
[200] *Kropholler/von Hein*, EuZPR, 9. Aufl. 2011, Art. 22 EuGVVO a.F. Rn. 7; Rauscher/*Mankowski*, EuZPR, 4. Aufl. 2016, Art. 24 EuGVVO Rn. 6; *Geimer*/Schütze, EuZVR, 3. Aufl. 2010, Art. 22 EuGVVO a.F. Rn. 12.
[201] S. dazu die Ausführungen oben Rn. 10.
[202] So Rauscher/*Mankowski*, EuZPR, 4. Aufl. 2016, Art. 24 EuGVVO Rn. 49.
[203] S. nur Saenger/*Dörner*, ZPO, 6. Aufl. 2015, Art. 24 EuGVVO Rn. 15; Rauscher/*Mankowski*, EuZPR, 4. Aufl. 2016, Art. 24 EuGVVO Rn. 48.
[204] *Kropholler/von Hein*, EuZPR, 9. Aufl. 2011, Art. 22 EuGVVO a.F. Rn. 32; Rauscher/*Mankowski*, EuZPR, 4. Aufl. 2016, Art. 24 EuGVVO Rn. 53.

a) Hintergrund

55 Grund für die erst im Rahmen des 3. Beitrittsübereinkommens zum (damals) EuGVÜ vom 26.5.1989[205] erfolgte Einführung der Ausnahmevorschrift in Art. 24 Nr. 1 Satz 2 waren zum einen **prozessökonomische Erwägungen**, ist doch die Prozessführung in einem fremden Belegenheitsstaat für Parteien, die in demselben Mitgliedstaat wohnen, umständlich und kostspielig.[206] Zum anderen wurde übereinstimmend angenommen, dass der Normzweck von Art. 24 Nr. 1 Satz 1 Alt. 2 keinesfalls dessen Anwendung auf nur kurzfristige Gebrauchsüberlassungsverträge, insbesondere bei der Miete zu Zwecken eines bloßen Ferienaufenthaltes, rechtfertigen könne.[207] So spielen etwa die soziale Zwecke verfolgenden Sondervorschriften im Miet- und Pachtrecht bei der Vermietung von Ferienwohnungen und -häusern in aller Regel keine Rolle.[208]

b) Voraussetzungen

56 Art. 24 Nr. 1 Satz 2 nennt **vier Voraussetzungen**: Der zusätzliche ausschließliche Gerichtsstand des Art. 24 Nr. 1 Satz 2 ist nur eröffnet, wenn (**1.**) der Mieter bzw. Pächter eine natürliche Person ist und (**2.**) seinen Wohnsitz in demselben Mitgliedstaat wie der „Eigentümer" hat. Zusätzlich muss (**3.**) die Miete bzw. Pacht der betreffenden unbeweglichen Sache zum privaten Gebrauch erfolgen, und die Miet- bzw. Pachtdauer darf (**4.**) höchstens sechs aufeinander folgende Monate betragen.

aa) Natürliche Person als Mieter bzw. Pächter

57 Voraussetzung für den zusätzlichen Wohnsitzgerichtsstand des Art. 24 Nr. 1 Satz 2 ist zunächst, dass der **Mieter** (bzw. Pächter) einer unbeweglichen Sache im Einzelfall eine **natürliche Person** − d.h. keine Gesellschaft oder juristische Person − ist. Grund hierfür ist die als Regelfall zu unterstellende geschäftliche Ausrichtung von Gesellschaften und juristischen Personen;[209] Art. 24 Nr. 1 Satz 2 verlangt aber ausdrücklich eine Miete (oder Pacht) „zum vorübergehenden **privaten**[210] Gebrauch". Bei dem „Eigentümer" der Mietsache kann es sich hingegen − anders als früher gem. Art. 16 lit. b EuGVÜ − sowohl um eine natürliche als auch um eine juristische Person oder eine Gesellschaft handeln.[211] Zum in der EuGVVO nicht definierten[212] Begriff der Gesellschaft und der juristischen Person vgl. die Ausführungen unten Rn. 68 ff.

bb) Wohnsitzstaatidentität von Mieter bzw. Pächter und Eigentümer

58 Weiterhin ist erforderlich, dass der „Eigentümer" sowie der Mieter (bzw. Pächter) ihren **Wohnsitz in demselben Mitgliedstaat** haben. Handelt es sich

---
[205] ABl. (EG) 1989 Nr. L 285, S. 1: Beitritt von Spanien und Portugal zum EuGVÜ.
[206] S. nur *Rauscher*, NJW 1985, S. 892 (897); *Geimer*/Schütze, EuZVR, 3. Aufl. 2010, Art. 22 EuGVÜ a.F. Rn. 123.
[207] *Schlosser*-Bericht, 1979, Rn. 164; *Jenard/Möller*-Bericht, 1990, Rn. 49.
[208] So ausdrücklich der BGH in seinem Vorlagebeschluss an den EuGH vom 5.10.1983 – VIII ZR 133/82; IPRspr. 1983, Nr. 139 in der Rechtssache *Rösler* (EuGH-Rs. 241/83).
[209] *Jenard/Möller*-Bericht, 1990, Rn. 52.
[210] Hervorhebung durch den *Verf*.
[211] S. nur *Geimer*/Schütze, EuZVR, 3. Aufl. 2010, Art. 22 EuGVÜ a.F. Rn. 125.
[212] S. nur Saenger/*Dörner*, ZPO, 6. Aufl. 2015, Art. 63 EuGVVO Rn. 2.

dabei um den Belegenheitsstaat, so ist bereits der Gerichtsstand des Art. 24 Nr. 1 Satz 1 Alt. 2 eröffnet und ein Rückgriff auf Art. 24 Nr. 1 Satz 2 nicht erforderlich und aus dem Wortlaut „auch" ersichtlich sogar ausgeschlossen;[213] in einem solchen Fall wird zudem in der Regel der für die Anwendbarkeit von Art. 24 erforderliche Auslandsbezug[214] fehlen.

Demgegenüber sah noch die Parallelvorschrift in Art. 16 Nr. 1 lit. b des am **59** 16.9.1988 in Lugano in der Schweiz zwischen ursprünglich 12 Vertragsstaaten des EuGVÜ und sechs EFTA-Staaten unterzeichneten Parallelübereinkommens zum EuGVÜ, des sog. Lugano-Übereinkommens[215] **(LugÜ 1988)**,[216] vor, dass nicht etwa der Wohnsitz beider Parteien in demselben, vom Belegenheitsstaat verschiedenen Vertragsstaat liegen müsse, sondern lediglich „weder die eine noch die andere Partei ihren Wohnsitz in dem Vertragsstaat hat, in dem die unbewegliche Sache belegen ist". Insofern war der Anwendungsbereich von Art. 16 Nr. 1 lit. b LugÜ 1988 weiter als derjenige von – seit seiner Schaffung im Jahr 1989 – Art. 16 Nr. 1 lit. b EuGVÜ und nunmehr Art. 24 Nr. 1 Satz 2, verzichtet er doch auf das Erfordernis der Wohnsitzstaatidentität von Mieter bzw. Pächter und „Eigentümer".[217] Diese Regelung des LugÜ 1988 wird von einigen Stimmen als dem enger gefassten Art. 24 Nr. 1 Satz 2 überlegen angesehen.[218] Dessen ungeachtet steht einer im Sinne des Art. 16 Nr. 1 lit. b LugÜ 1988 erfolgenden erweiternden Auslegung von Art. 24 Nr. 1 Satz 2 unzweifelhaft dessen eindeutiger – zudem eng auszulegender[219] – Wortlaut entgegen.[220] Dies gilt erst Recht vor dem Hintergrund, dass die dargestellte Regelung in Art. 16 Nr. 1 lit. b LugÜ 1988 bei der Revision[221] des LugÜ 1988 durch Abschluss des zweiten Lugano-Übereinkommens (LugÜ) am 30.10.2007[222] in Art. 22 Nr. 1 Satz 2 LugÜ inhaltlich an die entsprechende EuGVVO-Vorschrift angeglichen wurde.

Mangels widersprechender Hinweise dürfte der autonom zu qualifizierende **60** **Begriff des „Eigentümers"** in Art. 24 Nr. 1 Satz 2 **untechnisch** im Sinne der auf Vermieter- bzw. Verpächterseite agierenden Prozesspartei zu verstehen

---

[213] So auch *Schlosser*/Hess, EuZPR, 4. Aufl. 2015, Art. 24 EuGVVO Rn. 9.
[214] S. oben Rn. 11.
[215] Übereinkommen über die gerichtliche Zuständigkeit und die Vollstreckung gerichtlicher Entscheidungen in Zivil- und Handelssachen, geschlossen in Lugano am 16.9.1988, ABl. (EG) 1989 Nr. L 20, S. 38.
[216] Hierzu näher etwa *Schack*, IZVR, 6. Aufl. 2014, Rn. 128 ff.
[217] S. Rauscher/*Mankowski*, EuZPR, 4. Aufl. 2016, Art. 24 EuGVVO Rn. 49; vgl. hierzu auch Geimer/Schütze, EuZVR, 3. Aufl. 2010, Art. 22 EuGVVO a.F. Rn. 132, der für die Zwecke des Art. 24 Nr. 1 Satz 2 bei Personenverschiedenheit von Vermieter/Verpächter und Eigentümer nur auf den Wohnsitz des *Eigentümers* abstellen will; dazu siehe sogleich Rn. 60.
[218] Etwa Rauscher/*Mankowski*, EuZPR, 4. Aufl. 2016, Art. 24 EuGVVO Rn. 49.
[219] Vgl. etwa EuGH, 17.12.2015 – Rs. C-605/14, *Virpi Komu u.a. ./. Pekka Komu u.a.*, ECLI:EU:C:2015:833 = EuZW 2016, S. 198, Rn. 24; EuGH, 18.5.2006 – Rs. C-343/04, *Land Oberösterreich ./. ČEZ a.s.*, Slg. 2006, I-4586 (ECLI:EU:C:2006:330), Rn. 26 f.; s. hierzu allgemein die Vorb. Art. 7 ff. Rn. 9.
[220] Geimer/*Schütze*, EuZVR, 3. Aufl. 2010, Art. 22 EuGVVO a.F. Rn. 132; Rauscher/*Mankowski*, EuZPR, 4. Aufl. 2016, Art. 24 EuGVVO Rn. 49.
[221] S. hierzu näher *Schack*, IZVR, 6. Aufl. 2014, Rn. 131 f.
[222] Übereinkommen über die gerichtliche Zuständigkeit und die Anerkennung und Vollstreckung von Entscheidungen in Zivil- und Handelssachen, abgeschlossen in Lugano am 30.10.2007, ABl. (EU) 2009 Nr. L 147, S. 5.

sein.[223] Dafür spricht, dass der Gerichtsstand des Art. 24 Nr. 1 Satz 1 Alt. 2 unzweifelhaft auch Untermietverhältnisse erfasst[224] und die dingliche Rechtsstellung des jeweiligen Vermieters oder Verpächters für diese Vorschrift irrelevant ist.[225] Es ist kein sachlicher Grund ersichtlich, warum dies bei der auf Art. 24 Nr. 1 Satz 1 Alt. 2 aufbauenden Ausnahmevorschrift in Art. 24 Nr. 1 Satz 2 anders zu beurteilen sein sollte und dessen zuständigkeitsrechtliche Privilegierung nur auf die Miete (bzw. Pacht) einer (Ferien-)Immobilie vom jeweiligen Eigentümer beschränkt sein sollte. Dafür spricht auch der Art. 24 Nr. 1 Satz 2 zugrunde liegende Gedanke der Prozessökonomie,[226] welcher eine Gleichbehandlung der Miete (bzw. Pacht) vom Eigentümer und von Dritten gebietet. Überdies lassen andere Sprachfassungen, z.b. die englische („landlord") und die italienische („locatore"), ein derartiges **weites Verständnis** bereits nach ihrem Wortlaut zu.

61 Nach hier vertretener Meinung kommt es daher für die Bestimmung der Wohnsitzstaatidentität im Sinne von Art. 24 Nr. 1 Satz 2 im Regelfall auf den **Wohnsitz des Vermieters bzw. Verpächters** und nicht – sofern dieser nicht Prozesspartei ist – des Eigentümers einer unbeweglichen Sache an.[227] Das bedeutet freilich nicht, dass eine **bloße Vermittlung** unter Art. 24 Nr. 1 Satz 2 zu fassen wäre; insofern bleibt es dabei, dass die Vermittlung einer Immobilie keine entgeltliche Gebrauchsüberlassung auf Zeit darstellt.[228]

cc) Miete bzw. Pacht zum privaten Gebrauch

62 Art. 24 Nr. 1 Satz 2 erfasst nur Rechtsstreitigkeiten aus der Vermietung oder Verpachtung zum privaten Gebrauch. Abzustellen ist dabei aus dem Wortlaut „Gebrauch" ersichtlich auf die **Zwecksetzung des jeweiligen Mieters** bzw. Pächters,[229] so dass unschädlich ist, wenn der Vermieter bzw. Verpächter kommerziell tätig wird.[230] Zur Bestimmung des Vertragszwecks kann dabei sowohl auf den konkreten Vertrag als auch auf die den Vertragsschluss begleitenden Umstände rekurriert werden.[231]

dd) Zeitliche Voraussetzungen

63 Die **Höchstfrist** für das Vorliegen einer „vorübergehenden" Miete oder Pacht der Immobilie gemäß Art. 24 Nr. 1 Satz 2 beträgt **sechs Monate in Folge**. Werden mehrere Miet- oder Pachtverträge von jeweils bis zu sechs Mona-

---

[223] So auch *Schlosser*/Hess, EuZPR, 4. Aufl. 2015, Art. 24 EuGVVO Rn. 9; a. A. *Geimer*/Schütze, EuZVR, 3. Aufl. 2010, Art. 22 EuGVVO a.F. Rn. 132.
[224] Vgl. die Ausführungen und Nachweise oben Rn. 43.
[225] EuGH, 27.1.2000 – Rs. C-8/98, *Dansommer ./. Götz*, Slg. 2000, I-393 (ECLI:EU:C:2000:45), Rn. 36; Rauscher/*Mankowski*, EuZPR, 4. Aufl. 2016, Art. 24 EuGVVO Rn. 29 m.w.N.
[226] Dazu oben Rn. 54.
[227] So auch *Schlosser*/Hess, EuZPR, 4. Aufl. 2015, Art. 24 EuGVVO Rn. 9; a. A. *Geimer*/Schütze, EuZVR, 3. Aufl. 2010, Art. 22 EuGVVO a.F. Rn. 132.
[228] Vgl. oben Rn. 39; s. auch Rauscher/*Mankowski*, EuZPR, 4. Aufl. 2016, Art. 24 EuGVVO Rn. 48.
[229] Dies ergibt sich indirekt aus dem *Jenard/Möller*-Bericht, 1990, Rn. 52; so auch *Geimer*/Schütze, EuZVR, 3. Aufl. 2010, Art. 22 EuGVVO a.F. Rn. 126 f.
[230] *Geimer*/Schütze, EuZVR, 3. Aufl. 2010, Art. 22 EuGVVO a.F. Rn. 127.
[231] Ähnlich Rauscher/*Mankowski*, EuZPR, 4. Aufl. 2016, Art. 24 EuGVVO Rn. 50; *Geimer*/Schütze, EuZVR, 3. Aufl. 2010, Art. 22 EuGVVO a.F. Rn. 126.

ten Vertragsdauer aneinandergereiht, so stellt dies eine unzulässige Umgehung von Art. 24 Nr. 1 Satz 1 Alt. 2 dar, die zu einer Unanwendbarkeit dieser Vorschrift führt.[232]

III. Ausschließlicher Gerichtsstand bzgl. Gesellschaften und juristischer Personen (Art. 24 Nr. 2)

Art. 24 Nr. 2 statuiert einen ausschließlichen Gerichtsstand für bestimmte, in dieser Vorschrift abschließend aufgezählte **gesellschaftsrechtliche Verfahren**, die die Gültigkeit, Nichtigkeit oder Auflösung einer Gesellschaft oder juristischen Person oder die Gültigkeit der Beschlüsse von deren Organen zum Gegenstand haben. Für derartige **Binnenstreitigkeiten** sind die Gerichte desjenigen Mitgliedstaates international zuständig, in dem die betreffende Gesellschaft oder juristische Person ihren Sitz hat. Die örtliche Zuständigkeit hingegen richtet sich in Art. 24 Nr. 2 unterfallenden Verfahren nach dem nationalen Zivilverfahrensrecht des jeweiligen Forumstaates. 64

1. Allgemeines; Normzweck

Der Grund für die Statuierung einer ausschließlichen Zuständigkeit für bestimmte – nicht: alle – gesellschaftsrechtliche Binnenstreitigkeiten liegt zunächst in der Herstellung von **Rechtssicherheit**: Durch die Statuierung einer ausschließlichen Zuständigkeit werden naturgemäß sich widersprechende Entscheidungen vermieden.[233] Dieser Aspekt ist umso wichtiger, als die im Gerichtsstand des Art. 24 Nr. 2 zu fällenden Entscheidungen grds. (Reflex-)Wirkung auch gegenüber Dritten (*inter omnes*) und nicht nur im Verhältnis zwischen den jeweiligen Parteien entfalten.[234] 65

Eine weitere Rechtfertigung findet die Regelung in Art. 24 Nr. 2 in dem Gedanken der **Rechtsnähe**: Denn in dem Sitzstaat einer Gesellschaft oder juristischen Person werden in aller Regel auch die Förmlichkeiten hinsichtlich deren Publizität vorgenommen.[235] Zusätzlich führt, da der für die Anknüpfung der Zuständigkeit gem. Art. 24 Nr. 2 maßgebliche Sitz einer Gesellschaft oder juristischen Person nach dessen Satz 2 in Anwendung des Kollisionsrechts des jeweiligen Forumstaates zu bestimmen ist, der gesellschaftsrechtliche Gerichtsstand in den ihm unterfallenden Verfahren in der Regel[236] zu einem Gleichlauf von *forum* und *ius*.[237] Ohne den ausschließlichen Gerichtsstand des Art. 24 66

---

[232] Rauscher/*Mankowski*, EuZPR, 4. Aufl. 2016, Art. 24 EuGVVO Rn. 51.
[233] *Jenard*-Bericht, 1979, S. 35; EuGH, 2.10.2008 – Rs. C-372/07, *Nicole Hassett, Cheryl Doherty ./. South Eastern Health Board, North Western Health Board,* Slg. 2008, I-7405 (ECLI:EU:C:2008:534), Rn. 20; *Schlosser*/Hess, EuZPR, 4. Aufl. 2015, Art. 24 EuGVVO Rn. 16.
[234] Rauscher/*Mankowski*, EuZPR, 4. Aufl. 2016, Art. 24 EuGVVO Rn. 57.
[235] EuGH, 2.10.2008 – Rs. C-372/07, *Nicole Hassett, Cheryl Doherty ./. South Eastern Health Board, North Western Health Board,* Slg. 2008, I-7405 (ECLI:EU:C:2008:534), Rn. 21.
[236] Nicht jedoch zwangsläufig, s. *Thomale*, NZG 2011, S. 1290 (1291).
[237] BGH, 12.7.2011 – II ZR 28/10, BGHZ 190, S. 242, Rn. 23 = NJW 2011, S. 3372; *Kropholler/ von Hein*, EuZPR, 9. Aufl. 2011, Art. 22 EuGVVO a.F. Rn. 33; *Schlosser*/Hess, EuZPR, 4. Aufl. 2015, Art. 24 EuGVVO Rn. 16; Rauscher/*Mankowski*, EuZPR, 4. Aufl. 2016, Art. 24 EuGVVO Rn. 59; kritisch, da Art. 24 Nr. 2 „kein zwingendes Junktim von *forum* und *ius*" begründe, *Thomale*, NZG 2011, S. 1290 (1291).

Nr. 2 müssten sich Gerichte außerhalb des Sitzstaates einer Gesellschaft bzw. juristischen Person oftmals mit teilweise komplizierten Fragen ausländischen Gesellschaftsrechts befassen.[238] Durch seine Zuständigkeitskonzentration[239] dient Art. 24 Nr. 2 schließlich auch dem inneren Entscheidungseinklang.[240]

2. Kein umfassender Gerichtsstand der Mitgliedschaft

67 Art. 24 Nr. 2 muss als einschneidende Ausnahme von den allgemeinen Zuständigkeitsregeln der Art. 4 ff. grds. (mit Ausnahme des Begriffs der Gesellschaft[241]) **restriktiv und eng** ausgelegt werden.[242] Daher kann diese Gerichtsstandsregel nicht, wenn dies auch bisweilen für wünschenswert erachtet wird,[243] über die in ihrem Wortlaut genannten Fälle hinaus zu einem umfassenden Gerichtsstand der Mitgliedschaft umfunktioniert werden,[244] wie ihn z.B. das autonome deutsche Recht in § 22 ZPO (freilich nicht als ausschließlichen, sondern nur als besonderen Gerichtsstand) kennt. Im Anwendungsbereich der EuGVVO bleibt es daher für nicht unter Art. 24 Nr. 2 fallende gesellschaftsrechtliche Verfahren bei einer Anwendung nur der allgemeinen Vorschriften der Art. 4 ff.

3. Begriff der Gesellschaft und juristischen Person

68 Weder der Begriff der Gesellschaft noch der juristischen Person wird in der EuGVVO ausdrücklich definiert.[245] Auch Art. 63, der für die Zwecke der Art. 4 ff. – nicht jedoch des Art. 24 Nr. 2[246] – die Bestimmung des „Wohnsitzes" einer Gesellschaft oder juristischen Person regelt, leistet insofern keine Hilfestellung.[247] Da der EuGH ausdrücklich betont, dass auch die Voraussetzungen des Art. 24 Nr. 2 grds. autonom unter Berücksichtigung der Systematik und Zielsetzungen der EuGVVO auszulegen sind,[248] müssen die Begriffe der Gesellschaft und der juristischen Person an sich – soweit möglich – **unionsrechtlich auto-**

---

[238] S. *Schlosser*/Hess, EuZPR, 4. Aufl. 2015, Art. 24 EuGVVO Rn. 16.
[239] Vgl. MünchKomm/*Gottwald*, ZPO, 4. Aufl. 2013, Art. 22 EuGVVO a.F. Rn. 23.
[240] *Geimer*/Schütze, EuZVR, 3. Aufl. 2010, Art. 22 EuGVVO a.F. Rn. 138.
[241] Dazu sogleich Rn. 69.
[242] EuGH, 12.5.2011 – Rs. C-144/10, *Berliner Verkehrsbetriebe ./. JPMorgan Chase Bank NA*, Slg. 2011, I-3961 (ECLI:EU:C:2011:300), Rn. 30; EuGH, 2.10.2008 – Rs. C-372/07, *Nicole Hassett, Cheryl Doherty ./. South Eastern Health Board, North Western Health Board*, Slg. 2008, I-7405 (ECLI:EU:C:2008:534), Rn. 17 f.
[243] So etwa *Geimer*/Schütze, EuZVR, 3. Aufl. 2010, Art. 22 EuGVVO a.F. Rn. 141 f.; bedauernd auch *Schlosser*/Hess, EuZPR, 4. Aufl. 2015, Art. 24 EuGVVO Rn. 16; Rauscher/*Mankowski*, EuZPR, 4. Aufl. 2016, Art. 24 EuGVVO Rn. 88; ansatzweise *Kropholler/von Hein*, EuZPR, 9. Aufl. 2011, Art. 22 EuGVVO a.F. Rn. 40.
[244] MünchKomm/*Gottwald*, ZPO, 4. Aufl. 2013, Art. 22 EuGVVO a.F. Rn. 23; *Bachmann*, IPRax 2009, S. 140 (141); s. auch EuGH, 23.10.2014, Rs. C-302/13, *flyLAL-Lithuanian Airlines AS ./. Starptautiskā lidosta Rīga VAS u.a.*, ECLI:EU:C:2014:2319 = GRUR Int. 2014, S. 1172, Rn. 40.
[245] S. nur *Saenger/Dörner*, ZPO, 6. Aufl. 2015, Art. 63 EuGVVO Rn. 2.
[246] S. unten Rn. 76.
[247] Vgl. die Kommentierung zu Art. 63 Rn. 3.
[248] EuGH, 2.10.2008 – Rs. C-372/07, *Nicole Hassett, Cheryl Doherty ./. South Eastern Health Board, North Western Health Board*, Slg. 2008, I-7405 (ECLI:EU:C:2008:534), Rn. 17.

nom ausgelegt werden.[249] Eine entsprechende Definition blieb der Gerichtshof bislang freilich schuldig.

In einem ersten Schritt kann aus der Differenzierung zwischen Gesellschaften 69
und juristischen Personen in Art. 24 Nr. 2 gefolgert werden, dass der Anwendungsbereich des Art. 24 Nr. 2 (nur) insofern **grds. weit zu verstehen** ist. So sollte durch die Unterscheidung wohl insbesondere sichergestellt werden, dass auch Personenvereinigungen ohne eigene Rechtspersönlichkeit bzw. auch solche, die nach nationalem Recht zwar Rechtspersönlichkeit besitzen, jedoch im Einzelfall keine juristischen Person sind (z.b. deutsche Personengesellschaften), von Art. 24 Nr. 2 erfasst werden.[250] Dies wird untermauert durch die englische Fassung der Norm, die offener als die deutsche Sprachfassung von „companies or other legal persons or associations of natural or legal persons" spricht. Vor dem Hintergrund dieser weiten Definition dürfte eine genaue Differenzierung zwischen juristischen Personen und Gesellschaften für die Zwecke des Art. 24 Nr. 2 sogar gar nicht erforderlich sein.

a) Kein autonomer Begriff der juristischen Person

Dessen ungeachtet bleibt festzustellen, dass eine **autonome Begriffsbestim-** 70
mung der juristischen Person jedenfalls nach derzeitigem Stand der (Unions-)Rechtsentwicklung gar **nicht möglich** ist. Zwar dürfte insoweit ein EU-weiter Konsens dergestalt bestehen, dass sich eine juristische Person durch eine eigene Rechtspersönlichkeit und damit Rechtssubjektivität sowie Rechtsfähigkeit auszeichnet. Indes hat der EuGH selbst mehrmals,[251] in jüngster Zeit etwa in der Rechtssache *Cartesio* aus dem Jahr 2008, festgestellt, dass „eine aufgrund einer nationalen Rechtsordnung gegründete Gesellschaft jenseits der nationalen Rechtsordnung, die ihre Gründung und ihre Existenz regelt, keine Realität hat."[252] Mit den Worten *Schlossers* gibt es „juristische Personen des Privatrechts […] nur nach nationalem Recht."[253] Daher sollte die Frage des Vorliegens einer juristischen Person auch im Rahmen von Art. 24 Nr. 2 nicht autonom, sondern nach dem auf deren Rechtsverhältnisse anwendbaren und dieser erst Rechtsfähigkeit verleihenden Recht beurteilt werden.[254] Dafür spricht neben der Regelung in Art. 24 Nr. 2 Satz 2 auch die Tatsache, dass selbst im Rahmen von

---

[249] So auch – allerdings nur in Bezug auf „Gesellschaften" – *Geimer/*Schütze, EuZVR, 3. Aufl. 2010, Art. 22 EuGVVO a.F. Rn. 146 und inzident Rauscher/*Mankowski*, EuZPR, 4. Aufl. 2016, Art. 24 EuGVVO Rn. 61.
[250] Simons/Hausmann/*Borrás/Hausmann*, Brüssel I-VO, 2012, Art. 22 EuGVVO a.F. Rn. 39; *Kropholler/von Hein*, EuZPR, 9. Aufl. 2011, Art. 22 EuGVVO a.F. Rn. 35; s. auch Rauscher/*Mankowski*, EuZPR, 4. Aufl. 2016, Art. 24 EuGVVO Rn. 61.
[251] Vgl. neben der folgenden Fn. auch z.B. EuGH, 27.9.1988 – Rs. 81/87, *The Queen ./. Treasury and Commissioners of Inland Revenue, ex parte Daily Mail and General Trust PLC*, Slg. 1988, (ECLI:EU:C:1988:456), Rn. 19.
[252] EuGH, 16.12.2008 – Rs. C-210/06, *Cartesio*, Slg. 2008, I-9641 (ECLI:EU:C:2008:723), Rn. 104.
[253] *Schlosser/Hess*, EuZPR, 4. Aufl. 2015, Art. 24 EuGVVO Rn. 16.
[254] So auch *Geimer/*Schütze, EuZVR, 3. Aufl. 2010, Art. 22 EuGVVO a.F. Rn. 143; *Schlosser/Hess*, EuZPR, 4. Aufl. 2015, Art. 24 EuGVVO Rn. 16; sympathisierend Simons/Hausmann/*Borrás/Hausmann*, Brüssel I-VO, 2012, Art. 22 EuGVVO a.F. Rn. 39; u.U. auch inzident Rauscher/*Mankowski*, EuZPR, 4. Aufl. 2016, Art. 24 EuGVVO Rn. 61.

Art. 63 die Rechtsfähigkeit einer juristischen Person bzw. Gesellschaft nach dem jeweils anwendbaren nationalen Sachrecht, welches unter Heranziehung des Kollisionsrechts im Gerichtsstaat zu bestimmen ist, beurteilt wird.[255]

b) Begriff der juristischen Person im deutschen Recht

71 Nach **deutschem Verständnis** ist juristische Person eine rechtlich verselbständigte und von ihren (etwaigen) Mitgliedern oder Gründern weitgehend unabhängige Organisation mit eigener Rechtspersönlichkeit.[256] Im Gegensatz zu Personengesellschaften haften die Mitglieder bzw. Anteilseigner einer juristischen Person grds. nicht für deren Verbindlichkeiten.[257] Zudem erlangt eine juristische Person, anders als eine Personengesellschaft, ihre finale Gestalt nicht bereits mit Abschluss des jeweiligen Gesellschaftsvertrages, sondern erst durch Eintragung in ein staatlich geführtes Register.[258] Zu den juristischen Personen des Privatrechts zählen nach der Regelung im Personenrecht des Allgemeinen Teils des BGB zunächst die mit Rechtsfähigkeit ausgestatteten Vereine und Stiftungen (§§ 21, 22, 80 BGB). Der Verein ist zugleich die Grundform anderer, spezialgesetzlich anerkannter juristischer Personen wie z.b. der GmbH, der AG, der Kommanditgesellschaft auf Aktien (KGaA), des Versicherungsvereins auf Gegenseitigkeit (VVaG) und der eingetragenen Genossenschaft.[259] Daneben ist z.B. auch die Societas Europaea (SE) eine juristische Person.

72 Verweist im Anwendungsbereich des Art. 24 Nr. 2 das **IPR des jeweiligen Forumstaats** im Einzelfall auf deutsches (Gesellschafts-)Recht, sind nach dem soeben Rn. 70 Gesagten jedenfalls diese Gesellschaftsformen unter den Begriff der juristischen Person zu fassen.

c) Autonomer Begriff der Gesellschaft unter der EuGVVO

73 Wie eingangs Rn. 69 dargestellt, stellt der Begriff der „Gesellschaft" bzw. – in der englischen Sprachfassung – „association of natural or legal persons" in gewisser Weise einen Auffangtatbestand dar, um zu gewährleisten, dass auch Personenvereinigungen ohne eigene Rechtspersönlichkeit von Art. 24 Nr. 2 erfasst werden.[260] Da es insofern – anders als bei der juristischen Person – nicht entscheidend auf die (gerade von einer *bestimmten* Rechtsordnung verliehene) Rechtsfähigkeit ankommt, ist – wiederum anders als bei der juristischen Person –

---

[255] S. die Kommentierung zu Art. 63 Rn. 3.
[256] So die Definition bei *Bork*, Allgemeiner Teil des Bürgerlichen Gesetzbuchs, 3. Aufl. 2011, § 5 Rn. 186.
[257] *Flume*, Die juristische Person, 1983, § 8 I, S. 262; *ders.*, Die Personengesellschaft, 1977, § 7 III 3, S. 98.
[258] Vor der konstitutiven Eintragung einer juristischen Person existiert diese zwar noch nicht „als solche" (vgl. z.B. § 11 Abs. 1 GmbHG), jedoch bereits als rechtsfähige Vorgesellschaft als Rechtsinstitut eigener Art, die mit Eintragung z.B. ins Handelsregister zur juristischen Person „als solcher" wird, s. nur BGH, 9.3.1981 – II ZR 54/80, BGHZ 80, S. 129 = NJW 1981, S. 1373. Auch die Vorgesellschaft ist daher unter den Begriff der juristischen Person bzw. jedenfalls der „Gesellschaft" im Sinne von Art. 24 Nr. 2 zu fassen.
[259] Einige, jedoch nicht alle dieser juristischen Personen sind überdies Körperschaften und/oder Kapitalgesellschaften, die damit bloße Unterkategorien der juristischen Person darstellen.
[260] *Simons/Hausmann/Borrás/Hausmann*, Brüssel I-VO, 2012, Art. 22 EuGVVO a.F. Rn. 39; *Kropholler/von Hein*, EuZPR, 9. Aufl. 2011, Art. 22 EuGVVO a.F. Rn. 35; s. auch *Rauscher/Mankowski*, EuZPR, 4. Aufl. 2016, Art. 24 EuGVVO Rn. 51.

eine **autonome Definition der „Gesellschaft" möglich**[261] und nach allgemeinen Auslegungsgrundsätzen[262] auch erforderlich.

Unter einer Gesellschaft im Sinne von Art. 24 Nr. 2 sind **Personenverbindungen** von natürlichen oder auch juristischen[263] Personen zu verstehen, die sich zu einer gemeinsamen Zweckerreichung zusammenschließen,[264] die eine eigene, nach außen hervortretende Organisation besitzen und die daher als solche am Rechtsverkehr teilnehmen, d. h. **nach außen** – in der Regel als Außengesellschaft – auftreten.[265] Liegt nämlich eine rein intern gebliebene Verbindung bzw. keine nach außen hervortretende Organisation vor, greifen die oben Rn. 65 f. geschilderten Normzwecke in der Regel nicht.[266] Dafür spricht nicht zuletzt, dass in derartigen Fällen nach h.M. im IPR auch die Bereichsausnahme für das Gesellschaftsrecht in Art. 1 Abs. 2 lit. f Rom I-VO (bzw. früher Art. 37 Abs. 1 Nr. 2 EGBGB a.F.) nicht eingreift.[267] Das Bestehen einer eigenen Rechtspersönlichkeit ist hingegen nach dem oben Gesagten nicht erforderlich, schadet aber auch nicht,[268] weshalb der Begriff der „Gesellschaft" auch die meisten juristischen Personen miteinschließen dürfte. 74

Unter den Begriff der Gesellschaft fallen daher grds. **alle Gesellschaftsformen des deutschen Rechts,**[269] namentlich die Außen-GbR, die oHG, die KG, die Partnerschaftsgesellschaft und die Europäische Wirtschaftliche Interessenvereinigung[270] (EWIV),[271] nach dem soeben Rn. 74 Gesagten nicht jedoch die Stille Gesellschaft oder andere rein intern gebliebene Innengesellschaften. Auch z.B. eine „partnership" des englischen Rechts ist eine Gesellschaft im Sinne von Art. 24 Nr. 2.[272] 75

4. Anknüpfungspunkt: Sitz der Gesellschaft oder juristischen Person

Anknüpfungspunkt von Art. 24 Nr. 2 ist der **Sitz** einer Gesellschaft oder juristischen Person. Wo sich der Sitz im Einzelfall befindet, beurteilt sich 76

---

[261] *Geimer*/Schütze, EuZVR, 3. Aufl. 2010, Art. 22 EuGVVO a.F. Rn. 146 f.; Simons/Hausmann/Borrás/Hausmann, Brüssel I-VO, 2012, Art. 22 EuGVVO a.F. Rn. 40; wohl auch Rauscher/*Mankowski*, EuZPR, 4. Aufl. 2016, Art. 24 EuGVVO Rn. 60.

[262] S. etwa oben Rn. 68 m.w.N.

[263] Vgl. den englischen Wortlaut „association of natural or legal persons".

[264] So insbesondere Rauscher/*Mankowski*, EuZPR, 4. Aufl. 2016, Art. 24 EuGVVO Rn. 60.

[265] *Geimer*/Schütze, EuZVR, 3. Aufl. 2010, Art. 22 EuGVVO a.F. Rn. 147; *Schlosser*/Hess, EuZPR, 4. Aufl. 2015, Art. 24 EuGVVO Rn. 16; MünchKomm/*Gottwald*, ZPO, 4. Aufl. 2013, Art. 22 EuGVVO a.F. Rn. 23; Simons/Hausmann/Borrás/Hausmann, Brüssel I-VO, 2012, Art. 22 EuGVVO a.F. Rn. 40; **a. A.** Rauscher/*Mankowski*, EuZPR, 4. Aufl. 2016, Art. 24 EuGVVO Rn. 62 (auch Innengesellschaften).

[266] So auch *Geimer*/Schütze, EuZVR, 3. Aufl. 2010, Art. 22 EuGVVO a.F. Rn. 147; Rauscher/*Mankowski*, EuZPR, 4. Aufl. 2016, Art. 24 EuGVVO Rn. 60, allerdings in Widerspruch zu Rn. 62.

[267] Vgl. nur Staudinger/*Magnus*, Neubearbeitung 2011, Art. 1 Rom I-VO Rn. 87; MünchKomm/*Martiny*, 6. Aufl. 2015, Art. 1 Rom I-VO Rn. 70 f.; BGH, 13.9.2004 – II ZR 276/02, NJW 2004, S. 3706 (3708); Rauscher/*Mankowski*, EuZPR, 4. Aufl. 2016, Art. 24 EuGVVO Rn. 60.

[268] Rauscher/*Mankowski*, EuZPR, 4. Aufl. 2016, Art. 24 EuGVVO Rn. 61.

[269] So auch *Schlosser*/Hess, EuZPR, 4. Aufl. 2015, Art. 24 EuGVVO Rn. 16, der zusätzlich noch „alle Gesellschaftsformen österreichischen Rechts" nennt.

[270] MünchKomm/*Gottwald*, ZPO, 4. Aufl. 2013, Art. 22 EuGVVO a.F. Rn. 23.

[271] *Kropholler*/von Hein, EuZPR, 9. Aufl. 2011, Art. 22 EuGVVO a.F. Rn. 35; *Geimer*/Schütze, EuZVR, 3. Aufl. 2010, Art. 22 EuGVVO a.F. Rn. 148.

[272] Schlosser-Bericht, 1979, Rn. 162.

gemäß dem erst im Zuge der „Umwandlung" des EuGVÜ in die EuGVVO a.F. im Jahr 2000 eingeführten **Satz 2** dieser Vorschrift nach den Regeln des für das angerufene Gericht maßgebenden **Internationalen Privatrechts** (genauer: Internationalen Gesellschaftsrechts). Insofern ist einem Rückgriff auf Art. 63 Abs. 1, der sonst für die Zwecke der EuGVVO die Bestimmung des „Wohnsitzes" einer Gesellschaft oder juristischen Person regelt, der Weg versperrt.

a) Keine Regelung des Internationalen Gesellschaftsrechts in BRD / EU

77   Das Internationale Gesellschaftsrecht ist eines der wenigen Rechtsgebiete des Internationalen Privatrechts, die sowohl im deutschen als auch im Unionsrecht bislang **unkodifiziert** gebliebenen sind. Die beiden letzten großen (deutschen) IPR-Reformen der Jahre 1986 und 1999, die jeweils zu einer teilweisen Normierung zuvor ungeregelter Teilgebiete des Kollisionsrechts führten, haben das Internationale Gesellschaftsrecht jeweils ausgespart.[273] Auch die jüngsten Gesetzgebungsbemühungen des Bundesjustizministeriums hinsichtlich des Internationalen Gesellschaftsrechts sind nicht über das Stadium eines (am 8.1.2008 veröffentlichten) Referentenentwurfs hinausgekommen.[274]

78   Entsprechend ist die im deutschen Internationalen Gesellschaftsrecht geltende Rechtslage weiterhin „nur" **gewohnheitsrechtlich**.[275] Auch auf unionsrechtlicher Ebene ist bislang keine Normierung des Gesellschaftskollisionsrechts erfolgt bzw. – soweit ersichtlich – konkret geplant. Manche Stimmen gehen insofern freilich von der Existenz einer in der unionsrechtlichen Niederlassungsfreiheit, d.h. Art. 49, 54 AEUV, „versteckten" Kollisionsnorm aus.[276] Dessen ungeachtet bereitet die sog. „European Group for Private International Law" (EGPIL bzw. GEDIP) derzeit den (unverbindlichen) Entwurf einer Verordnung zum Internationalen Gesellschaftsrecht vor.[277]

b) Gewohnheitsrechtliche Rechtslage in Deutschland

79   Rechtsprechung und h.M. in Deutschland (sowie früher auch in den meisten anderen kontinentaleuropäischen Ländern[278]) wandten spätestens seit Ende des 19. Jahrhunderts[279] über hundert Jahre lang zur Bestimmung des Gesellschaftsstatuts umfassend die – damit gewohnheitsrechtlich geltende[280] – **Sitztheorie**

---

[273] MünchKomm/*Kindler*, BGB, 6. Aufl. 2015, IntGesR Rn. 4 ff.
[274] S. etwa BeckOK/*Mäsch*, Stand: 1.5.2013, Art. 12 EGBGB Anhang II (IntGesR) Rn. 43.
[275] S. MünchKomm/*Kindler*, BGB, 6. Aufl. 2015, IntGesR Rn. 5.
[276] Vgl. hierzu die Ausführungen und Nachweise bei D.*Paulus*, Außervertragliche Gesellschafter- und Organwalterhaftung im Lichte des Unionskollisionsrechts, 2014, Rn. 100 f.; *Thomale*, NZG 2011, S. 1290 (1293) unterstellt diese Ansicht sogar dem BGH (12.7.2011 – II ZR 28/10, BGHZ 190, S. 242).
[277] S. etwa http://conflictoflaws.net/2015/25th-meeting-of-the-gedip-luxembourg-18-20-september-2015/ sowie D.*Paulus*, notar 2016, S. 1 (8).
[278] So z.B. in Belgien, Frankreich, Italien (bis 1995), Spanien, Portugal, Griechenland und Österreich; erstmals wurde die Sitztheorie in Europa im Jahr 1873 in Belgien kodifiziert, vgl. *Großfeld*, Internationales und Europäisches Unternehmensrecht, 1995, D § 1 II 1, S. 38.
[279] Vgl. etwa RG, 14.4.1882 – 9/82, RGZ 6, S. 134 (136).
[280] S. nur MünchKomm/*Kindler*, BGB, 6. Aufl. 2015, IntGesR Rn. 5.

an.²⁸¹ Danach unterliegen die Rechtverhältnisse einer Gesellschaft oder juristischen Person wandelbar dem am Ort ihres tatsächlichen, effektiven Verwaltungssitzes geltenden Recht.²⁸² Der effektive Verwaltungssitz ist dabei unabhängig vom Satzungssitz „der Tätigkeitsort der Geschäftsführung und der dazu berufenen Vertretungsorgane, also der Ort, [an dem] die grundlegenden Entscheidungen der Unternehmensleitung effektiv in laufende Geschäftsführungsakte umgesetzt werden".²⁸³

Die **Sitztheorie** gilt im deutschen Internationalen Gesellschaftsrecht auch **80** heute noch,²⁸⁴ jedoch im Lichte der primärrechtlichen **Niederlassungsfreiheit gem. Art. 49, 54 AEUV** und der hierzu ergangenen EuGH-Rechtsprechung²⁸⁵ grds.²⁸⁶ nur noch in Bezug auf Gesellschaften, die nicht nach dem Recht eines EU-Mitgliedstaats gegründet wurden.²⁸⁷ In Bezug (v.a.) auf **EU-ausländische Gesellschaften** oder juristische Personen hingegen ist der für Gesellschaftsrecht zuständige II. Zivilsenat des BGH und mit ihm die h.M. im Jahr 2004²⁸⁸ als Reaktion auf das *Überseering*-Urteil des EuGH²⁸⁹ zur Anwendung der **Gründungstheorie** (bzw. der sog. „europarechtlichen Gründungstheorie") umgeschwenkt.²⁹⁰ Daran halten die Rechtsprechung und die h.M. auch weiterhin, ungeachtet etwa der oben Rn. 70 angesprochenen *Cartesio*-Entscheidung des EuGH, wo der Gerichtshof entschied, dass die Niederlassungsfreiheit nicht als Wegzugsfreiheit zu verstehen sei,²⁹¹ fest.²⁹²

Nach der **Gründungstheorie** unterliegen die Rechtverhältnisse einer Gesell- **81** schaft oder juristischen Person dem Recht desjenigen Staates, in dem eine

---

²⁸¹ Vgl. beispielhaft RG, 9.3.1904 – I 457/03, JW 1904, S. 231; BGH, 11.7.1957 – II ZR 318/55, BGHZ 25, S. 134 (144); BGH, 17.10.1968 – VII ZR 23/68, BGHZ 51, S. 27 (28) = NJW 1969, S. 188; BGH, 5.11.1980 – VIII ZR 230/79, BGHZ 78, S. 318 (334) = NJW 1981, S. 522; BGH, 21.3.1986 – V ZR 10/85, BGHZ 97, S. 269 (272) = NJW 1986, S. 2194; BGH, 21.11.1996 – IX ZR 148/95, BGHZ 134, S. 116 (118) = NJW 1997, S. 657; BGH, 1.7.2002 – II ZR 380/00, BGHZ 151, S. 204 (206) = NJW 2002, S. 3539; BGH, 27.10.2008 – II ZR 158/06, BGHZ 178, S. 192 („Trabrennbahn") = NJW 2009, S. 289; MünchKomm/*Kindler*, BGB, 6. Aufl. 2015, IntGesR Rn. 5, 358, 420; Staudinger/*Großfeld*, 14. Aufl. 1998, IntGesR Rn. 26.
²⁸² Staudinger/*Großfeld*, 14. Aufl. 1998, IntGesR Rn. 20; MünchKomm/*Kindler*, BGB, 6. Aufl. 2015, IntGesR Rn. 420, 456 ff.; *Kegel/Schurig*, Internationales Privatrecht, 9. Aufl. 2004, § 17 II 1, S. 573 ff.
²⁸³ BGH, 21.3.1986 – V ZR 10/85, BGHZ 97, S. 269 (272) = NJW 1986, 2194 = ZIP 1986, 643.
²⁸⁴ BGH, 12.7.2011 – II ZR 28/10, BGHZ 190, S. 242 = NJW 2011, S. 3372, Rn. 16.
²⁸⁵ Vgl. hierzu ausführlich *D.Paulus*, Außervertragliche Gesellschafter- und Organwalterhaftung im Lichte des Unionskollisionsrechts, 2014, Rn. 174 ff.
²⁸⁶ Etwas anderes kann sich freilich noch aus Staatsverträgen ergeben, etwa im Verhältnis zu den USA aus Art. 25 Abs. 5 Satz 2 des deutsch-amerikanischen Freundschafts- und Handelsvertrages vom 29.10.1954, BGBl. 1956 II, S. 487; s. hierzu BGH, 5.7.2004 – II ZR 389/02, NJW-RR 2004, S. 1618.
²⁸⁷ BGH, 27.10.2008 – II ZR 158/06, BGHZ 178, S. 192 („Trabrennbahn") = NJW 2009, S. 289, Rn. 21 ff.
²⁸⁸ BGH, 5.7.2004 – II ZR 389/02, NJW-RR 2004, S. 1618; vgl. zuvor schon BGH, 13.3.2003 – VII ZR 370/98, BGHZ 154, S. 185 („Überseering") = NJW 2003, S. 1461 (VII. Zivilsenat).
²⁸⁹ EuGH, 5.11.2002 – Rs. C-208/00, *Überseering BV . /. Nordic Construction Company Baumanagement GmbH*, Slg. 2002, I-9919 (ECLI:EU:C:2002:632), Rn. 82.
²⁹⁰ Vgl. nur MünchKomm/*Kindler*, BGB, 6. Aufl. 2015, IntGesR Rn. 5, 358, 363, 427 f.; *Roth*, IPRax 2006, S. 338 (343).
²⁹¹ EuGH, 16.12.2008 – Rs. C-210/06, *Cartesio*, Slg. 2008, I-9641 (ECLI:EU:C:2008:723), Rn. 124.
²⁹² So ausdrücklich BGH, 12.7.2011 – II ZR 28/10, BGHZ 190, S. 242 = NJW 2011, S. 3372, Rn. 18; s. auch BGH, 11.1.2011 – II ZR 157/09, NJW 2011, S. 844, Rn. 16.

Gesellschaft gegründet wurde und in dem sich typischerweise zugleich der Satzungssitz befindet;[293] teilweise wird auch auf die erstmalige Registrierung abgestellt.[294] Ein über den Gründungstatbestand hinausgehender realwirtschaftlicher Bezug zum Gründungsstaat (sog. „genuine link") ist dabei nicht erforderlich.[295]

82 Ausweislich des einleitenden Satzes von Art. 24 findet auch dessen Nr. 2 nur Anwendung, wenn eine Gesellschaft oder juristische Person im Einzelfall ihren Sitz in einem (EU-)Mitgliedstaat im Sinne der EuGVVO hat.[296] Vor diesem Hintergrund kommt in denjenigen Verfahren, in denen der ausschließliche Gerichtsstand des Art. 24 Nr. 2 vor deutschen Gerichten einschlägig ist, wegen der dargestellten Rechtsprechungsänderung **grds. nur noch die Gründungstheorie** zur Anwendung.

c) Sitzbestimmung nach dem deutschen Internationalen Gesellschaftsrecht

83 Der für die Anknüpfung in Art. 24 Nr. 2 maßgebliche Sitz ist **gleichbedeutend mit dem Anknüpfungspunkt** des Gesellschaftskollisionsrechts des jeweiligen Forumstaates.[297] Denn Art. 24 Nr. 2 Satz 2 rekurriert gerade nur auf die Vorschriften des Internationalen Privatrechts. Daher ist irrelevant, wo sich der Sitz einer Gesellschaft oder juristischen Person nach dem im Einzelfall anwendbaren Sachrecht befindet.[298] In Staaten, die der Gründungstheorie folgen, ist damit der Sitz einer Gesellschaft oder juristischen Person für die Zwecke des Art. 24 Nr. 2 in deren jeweiligem **Gründungsstaat** zu verorten; folgt ein Staat hingegen der Sitztheorie, so kommt es auf den tatsächlichen, **effektiven Sitz der Verwaltung** an. Insofern kann es freilich – theoretisch – in einzelnen Fällen in verschiedenen Forumstaaten, von denen einer der Sitz- und der andere der Gründungstheorie folgt, zu unterschiedlichen Beurteilungen der Zuständigkeit nach Art. 24 Nr. 2 kommen.[299] In einem solchen – seltenen – Fall steht dem Kläger ein Wahlrecht zu, vor den Gerichten welchen Staates er klagt;[300] etwaige Zuständigkeitskonflikte sind gem. Art. 31 Abs. 1 zu lösen.

5. Sachlicher Anwendungsbereich

84 Unter der EuGVVO a.F. wurde aus dem früheren Wortlaut des ausschließlichen gesellschaftsrechtlichen Gerichtsstands in Art. 22 Nr. 2 („Klagen") geschlossen, dass

[293] Vgl. nur BGH, 13.3.2003 – VII ZR 370/98, BGHZ 154, S. 185 (189) = NJW 2003, S. 1461; BGH, 12.7.2011 – II ZR 28/10, BGHZ 190, S. 242 = NJW 2011, S. 3372, Rn. 26; MünchKomm/Kindler, BGB, 6. Aufl. 2015, IntGesR Rn. 7.
[294] S. näher Rauscher/Mankowski, EuZPR, 4. Aufl. 2016, Art. 24 EuGVVO Rn. 68; vgl. auch Hoffmann, ZVglRWiss 101 (2002), S. 283 (284 ff.).
[295] BGH, 12.7.2011 – II ZR 28/10, BGHZ 190, S. 242 = NJW 2011, S. 3372, Rn. 19.
[296] Vgl. hierzu Rn. 10.
[297] So explizit Rauscher/Mankowski, EuZPR, 4. Aufl. 2016, Art. 24 EuGVVO Rn. 64; implizit etwa BGH, 12.7.2011 – II ZR 28/10, BGHZ 190, S. 242, Rn. 28 = NJW 2011, S. 3372; Schlosser/Hess, EuZPR, 4. Aufl. 2015, Art. 24 EuGVVO Rn. 16; Musielak/Voit/Stadler, ZPO, 13. Aufl. 2016, Art. 24 EuGVVO Rn. 7.
[298] S. BGH, 12.7.2011 – II ZR 28/10, BGHZ 190, S. 242, Rn. 26 f., 28 = NJW 2011, S. 3372; Rauscher/Mankowski, EuZPR, 4. Aufl. 2016, Art. 24 EuGVVO Rn. 64.
[299] So bereits der Schlosser-Bericht, 1979, Rn. 162; kritisch Kropholler/von Hein, EuZPR, 9. Aufl. 2011, Art. 22 EuGVVO a.F. Rn. 41.
[300] Schlosser-Bericht, 1979, Rn. 162; Geimer/Schütze, EuZVR, 3. Aufl. 2010, Art. 22 EuGVVO a.F. Rn. 213; Rauscher/Mankowski, EuZPR, 4. Aufl. 2016, Art. 24 EuGVVO Rn. 64; kritisch Kropholler/von Hein, EuZPR, 9. Aufl. 2011, Art. 22 EuGVVO a.F. Rn. 41 („zu vermeiden").

nur **kontradiktorische Gerichtsverfahren** (d.h. zweiseitige Verfahren) in dessen sachlichen Anwendungsbereich fallen.[301] Daher sollten **einseitige Amtsverfahren** wie z.B. das Amtslöschungsverfahren nach §§ 394, 395 und 397 FamFG, das Auflösungsverfahren einer GmbH oder AG nach § 399 FamFG und gem. § 62 GmbHG sowie § 396 AktG, das Auflösungsverfahren einer Genossenschaft nach § 80 GenG oder die Entziehung der Rechtsfähigkeit eines Vereins nach § 73 BGB bzw. § 401 FamFG nicht von Art. 22 Nr. 2 EuGVVO a.F. erfasst werden,[302] da es sich dabei jeweils um Verwaltungsverfahren und nicht um Gerichtsverfahren handelt. Hieran hat sich im Rahmen der jüngsten Reform der EuGVVO trotz der Änderung des Wortlauts von „Klagen" zu „Verfahren" in Art. 24 Nr. 2 (sowie auch in Nr. 1, 3 und 4) nichts geändert.[303]

Art. 24 Nr. 2 nennt **vier verschiedene Fallkonstellationen**, in denen der 85 ausschließliche gesellschaftsrechtliche Gerichtsstand sachlich eröffnet ist: (**1.**) die Gültigkeit bzw. (**2.**) die Nichtigkeit sowie (**3.**) die Auflösung einer Gesellschaft oder juristischen Person und (**4.**) die Gültigkeit der Beschlüsse ihrer Organe. Diese Aufzählung ist **abschließend**.[304] Um eine einheitliche Anwendung der Verordnung in allen Mitgliedstaaten zu gewährleisten, muss die Abgrenzung der Fallkonstellationen zudem **unionsrechtlich autonom** erfolgen.[305] Streitigkeiten, die andere als die genannten Fallgruppen betreffen, fallen nicht unter Art. 24 Nr. 2, sondern sind den allgemeinen Zuständigkeitsregeln – d.h. Art. 4 ff. – unterworfen.

a) Gültigkeit oder Nichtigkeit einer Gesellschaft oder juristischen Person

Die im Zusammenhang zu lesenden ersten beiden Alternativen von Art. 24 86 Nr. 2 betreffend die Gültigkeit (Alt. 1) oder Nichtigkeit (Alt. 2) einer Gesellschaft oder juristischen Person umfassen in autonomer Auslegung – allgemein gesprochen – Streitigkeiten über die **anfängliche Wirksamkeit bzw. Unwirksamkeit** von deren Gründung[306] im Gegensatz zur grds. *ex nunc* wirkenden späteren Auflösung im Sinne von Art. 24 Nr. 2 Alt. 3.

Unter Art. 24 Nr. 2 Alt. 1 und 2 sollen nach herkömmlichem Verständnis aus 87 deutscher Perspektive insbesondere die vom Gesetz so genannten[307] **Nichtigkeitsklagen** (in Form von Gestaltungsklagen[308] gegen die betreffenden Gesell-

---
[301] S. etwa *Kropholler/von Hein*, EuZPR, 9. Aufl. 2011, Art. 22 EuGVVO a.F. Rn. 34; *Geimer/ Schütze*, EuZVR, 3. Aufl. 2010, Art. 22 EuGVVO a.F. Rn. 152 f.
[302] Vgl. etwa *Rauscher/Mankowski*, EuZPR, 4. Aufl. 2016, Art. 24 EuGVVO Rn. 77.
[303] S. nur *Schlosser*/Hess, EuZPR, 4. Aufl. 2015, Art. 24 EuGVVO Rn. 17; *Musielak/Voit/Stadler*, ZPO, 13. Aufl. 2016, Art. 24 EuGVVO Rn. 6; *Rauscher/Mankowski*, EuZPR, 4. Aufl. 2016, Art. 24 EuGVVO Rn. 77; *Saenger/Dörner*, ZPO, 6. Aufl. 2015, Art. 24 EuGVVO Rn. 18.
[304] S. bereits oben Rn. 67.
[305] EuGH, 2.10.2008 – Rs. C-372/07, *Nicole Hassett, Cheryl Doherty ./. South Eastern Health Board, North Western Health Board*, Slg. 2008, I-7405 (ECLI:EU:C:2008:534), Rn. 17; *Rauscher/Mankowski*, EuZPR, 4. Aufl. 2016, Art. 24 EuGVVO Rn. 70; *Geimer/Schütze*, EuZVR, 3. Aufl. 2010, Art. 22 EuGVVO a.F. Rn. 140 sowie oben Rn. 68.
[306] Allg. Meinung, s. nur *Geimer*, FS Schippel, 1996, S. 869 (879); *Geimer/Schütze*, EuZVR, 3. Aufl. 2010, Art. 22 EuGVVO a.F. Rn. 154; *Kropholler/von Hein*, EuZPR, 9. Aufl. 2011, Art. 22 EuGVVO a.F. Rn. 36.
[307] Passender wäre auch hier, wie bei bestimmten Personengesellschaften (vgl. § 133 HGB), der Begriff Auflösungsklage; so auch *Spindler/Stilz/Bachmann*, AktG, 3. Aufl. 2015, § 275 AktG Rn. 1.
[308] S. beispielhaft MünchKomm/*J.Koch*, AktG, 4. Aufl. 2016, § 275 AktG Rn. 39; MünchKomm/ *Hillmann*, GmbHG, 2. Aufl. 2016, § 75 GmbHG Rn. 14.

schaften) gem. § 275 AktG, § 75 GmbHG bzw. § 94 GenG fallen.[309] Allerdings sind die genannten „Nichtigkeitsklagen" nach zwischenzeitlich wohl h.M. als besondere Ausprägungen des gesellschaftsrechtlichen Rechtsinstituts der sog. **fehlerhaften Gesellschaft**[310] zu verstehen,[311] wonach (u.a.) an einem Wirksamkeitshindernis leidende Gesellschaftsverträge bzw. Gesellschaften grds. nur für die Zukunft, d.h. *ex nunc*, aufgelöst bzw. rückabgewickelt werden können. Denn auch eine Nichtigkeitsklage führt – ebenso wie sog. gesellschaftsrechtliche Auflösungsklagen (z.B. gem. § 133 HGB) – in der Regel nur zur **Auflösung** einer juristischen Person *ex nunc*[312] und sollte daher systematisch korrekt – jedenfalls im Regelfall – unter den Tatbestand der „Auflösung" (d.h. Art. 24 Nr. 2 Alt. 3) subsumiert werden.

88 Nur wenn tatsächlich eine bereits **anfängliche Unwirksamkeit** eines Gesellschaftsvertrages in Frage steht, etwa bei Vorliegen von gegenüber dem Verkehrsschutz vorrangigen (z.B. Minderjährigenschutz-)Interessen oder bei fehlender Invollzugsetzung einer Gesellschaft, ist eine Subsumtion unter Art. 24 Nr. 2 Alt. 1 und 2 möglich. Dies gilt naturgemäß auch, wenn bereits anfänglich wirkende Nichtigkeitsgründe bzw. gleichwertige Einwände (z.B. das Fehlen einer Einigung) im Wege einer – ein Rechtsschutzbedürfnis vorausgesetzt – Feststellungsklage oder aber einer Leistungsklage geltend gemacht werden.[313]

b) Auflösung einer Gesellschaft oder juristischen Person

89 Die Auflösung einer Gesellschaft oder juristischen Person im Sinne von Art. 24 Nr. 2 Alt. 3 betrifft – untechnisch gesprochen – im Gegensatz zu den ersten beiden Alternativen des Art. 24 Nr. 2 nicht die anfängliche Unwirksamkeit einer Gesellschaft oder juristischen Person, sondern deren **nachträgliche,** *ex nunc* **wirkende Beendigung für die Zukunft.**

90 Der Begriff der „Auflösung" wird dabei gemeinhin weit verstanden,[314] so dass darunter auch bestimmte, im Anschluss an eine Auflösung stattfindende **Liquidationsverfahren**, etwa gem. §§ 145 ff. HGB, fallen.[315] Daher werden auch (Bar-)Abfindungsansprüche der Gesellschafter nach Auflösung der Gesellschaft oder juristischen Person von Art. 24 Nr. 2 Alt. 3 erfasst.[316] Geht es jedoch um den Ausschluss nur einzelner Gesellschafter (z.B. gem. § 140 Abs. 1 HGB) ohne

---

[309] Zum Ganzen ausführlich *Geimer*/Schütze, EuZVR, 3. Aufl. 2010, Art. 22 EuGVVO a.F. Rn. 154 ff. m.w.N.; so auch *Kropholler/von Hein*, EuZPR, 9. Aufl. 2011, Art. 22 EuGVVO a.F. Rn. 36; *Rauscher/Mankowski*, EuZPR, 4. Aufl. 2016, Art. 24 EuGVVO Rn. 74.
[310] Dazu allgemein etwa MünchKomm/*K.Schmidt*, HGB, 3. Aufl. 2011, § 105 HGB Rn. 228 ff.
[311] S. etwa ausführlich MünchKomm/*J.Koch*, AktG, 4. Aufl. 2016, § 275 AktG Rn. 6 f.; Spindler/Stilz/*Bachmann*, AktG, 3. Aufl. 2015, § 275 AktG Rn. 1; Pöhlmann/Fandrich/Bloehs/*Fandrich*, GenG, 4. Aufl. 2012, § 94 GenG Rn. 1.
[312] S. nur Michalski/*Rühland*, GmbHG, 2. Aufl. 2010, § 75 GmbHG Rn. 2; MünchKomm/*J.Koch*, AktG, 4. Aufl. 2016, § 275 AktG Rn. 8.
[313] Ähnlich *Geimer*/Schütze, EuZVR, 3. Aufl. 2010, Art. 22 EuGVVO a.F. Rn. 162.
[314] *Schlosser*-Bericht, 1979, Rn. 58; *Schlosser*/Hess, EuZPR, 4. Aufl. 2015, Art. 24 EuGVVO Rn. 17.
[315] *Schlosser*-Bericht, 1979, Rn. 58; Musielak/Voit/*Stadler*, ZPO, 13. Aufl. 2016, Art. 24 EuGVVO Rn. 17; *Kropholler/von Hein*, EuZPR, 9. Aufl. 2011, Art. 22 EuGVVO a.F. Rn. 37.
[316] *Schlosser*-Bericht, 1979, Rn. 58; *Kropholler/von Hein*, EuZPR, 9. Aufl. 2011, Art. 22 EuGVVO a.F. Rn. 37; *Schlosser*/Hess, EuZPR, 4. Aufl. 2015, Art. 24 EuGVVO Rn. 17; MünchKomm/*Gottwald*, ZPO, 4. Aufl. 2013, Art. 24 EuGVVO a.F. Rn. 26.

Text + Erläuterungen   Art. 24   **B Vor I** 7

Beendigung der Gesellschaft bzw. deren Abfindung, so stellt dies keine „Auflösung" dar;[317] derartige Sachverhalte unterfallen den allgemeinen Regeln, d.h. Art. 4 ff.[318]

Erfolgt die Auflösung bzw. Liquidation einer Gesellschaft oder juristischen 91 Person hingegen **insolvenzbedingt**, greift die Bereichsausnahme für Insolvenzverfahren in Art. 1 Abs. 2 lit. b[319] ein, und Art. 24 Nr. 2 Alt. 3 findet naturgemäß keine Anwendung.[320] Gerade bei ausländischen Verfahren ist dabei im Einzelfall – man denke nur an das Beispiel der sog. *schemes of arrangement*[321] des englischen Rechts[322] – **sorgfältig** deren etwaige (autonome) insolvenzrechtliche Qualifikation zu prüfen.[323] Etwas anderes gilt freilich wiederum, soweit die Insolvenz nur als Vorfrage von Bedeutung ist.[324] Ebenfalls nicht unter Art. 24 Nr. 2 Alt. 3 fallen, wie oben Rn. 84 dargestellt, **einseitige Amtsverfahren** (meist nach dem FamFG), die zu der Auflösung einer Gesellschaft oder juristischen Person führen.

Als Verfahren, die die Auflösung einer Gesellschaft oder juristischen Person 92 zum Gegenstand haben, können im deutschen Recht nach dem oben Rn. 87 Gesagten wegen ihrer im Regelfall bloß *ex nunc* wirkenden Auflösungswirkung[325] zunächst die (gegen die betreffende Gesellschaft zu richtenden) **Nichtigkeitsklagen** etwa gem. § 275 AktG, § 75 GmbHG bzw. § 94 GenG angesehen werden. Auch die Auflösungsklage nach § 61 GmbHG[326] sowie die **Auflösungsklagen**[327] bei Personengesellschaften – namentlich einer oHG, KG oder PartG – gem. §§ 133 (161 Abs. 2) HGB bzw. 9 Abs. 1 PartGG sind am ausschließlichen Gerichtsstand des Art. 24 Nr. 2 Alt. 3 zu erheben,[328] und zwar auch im Falle der Geltendmachung eines (zwar grds. *ex tunc* wirkenden) Anfechtungsgrundes bzw. eines Unwirksamkeitsgrundes hinsichtlich des betreffenden

---

[317] OLG Hamm, 13.11.2006 – 8 U 139/06, NJW-RR 2007, S. 478 (479); MünchKomm/*Gottwald*, ZPO, 4. Aufl. 2013, Art. 22 EuGVVO a.F. Rn. 26; so auch, aber zweifelnd, *Kropholler/von Hein*, EuZPR, 9. Aufl. 2011, Art. 22 EuGVVO a.F. Rn. 37; **a. A.** *Geimer*/Schütze, EuZVR, 3. Aufl. 2010, Art. 22 EuGVVO a.F. Rn. 181.
[318] S. z.B. *obiter dictum* OLG Frankfurt a.M., 3.2.2010 – 21 U 54/09, NZG 2010, S. 581.
[319] Vgl. hierzu und zu den von Art. 1 Abs. 2 lit. b erfassten Verfahren näher die Kommentierung zu Art. 1 Rn. 59 ff.
[320] S. ausführlich etwa *Kropholler/von Hein*, EuZPR, 9. Aufl. 2011, Art. 22 EuGVVO a.F. Rn. 38.
[321] S. hierzu etwa *C.Paulus*, ZIP 2011, S. 1077: „ein neues Angebot auf dem europäischen Markt für außergerichtliche Restrukturierungen".
[322] Diese stellen kein Insolvenzverfahren im Sinne von Art. 1 Abs. 2 lit. b dar, s. *C.Paulus*, NZI 2012, S. 428 (429); *Rauscher/Mankowski*, EuZPR, 4. Aufl. 2016, Art. 24 EuGVVO Rn. 79; dies ändert sich auch – auf *aktives* Betreiben v.a. des Vereinigten Königreichs hin – im Rahmen der Neufassung der EuInsVO nicht. Vgl. zur Problematik auch BGH, 15.2.2012 – IV ZR 194/09, NZI 2012, S. 425 m. Anm. *C.Paulus*, S. 428.
[323] Hierzu näher die Kommentierung zu Art. 1 Rn. 59 ff. (zur sog. *Gourdain*-Formel des EuGH Rn. 62).
[324] Etwa bei einer Klage auf Auflösung einer Gesellschaft, weil ein Gesellschafter angeblich in Insolvenz gefallen ist, s. den *Schlosser*-Bericht, 1979, Rn. 59.
[325] S. nur Michalski/*Rühland*, GmbHG, 2. Aufl. 2010, § 75 GmbHG Rn. 2; MünchKomm/*J.Koch*, AktG, 4. Aufl. 2016, § 275 AktG Rn. 8.
[326] Ausführlich etwa *Geimer*/Schütze, EuZVR, 3. Aufl. 2010, Art. 22 EuGVVO a.F. Rn. 167 ff.
[327] Eine Auflösungsklage ist bei Personengesellschaften grds. unter den Gesellschaftern, nicht zwischen dem Kläger und der Gesellschaft, auszutragen, s. MünchKomm/*K.Schmidt*, HGB, 3. Aufl. 2011, § 133 HGB Rn. 48, 50.
[328] S. zum Ganzen näher *Geimer*/Schütze, EuZVR, 3. Aufl. 2010, Art. 22 EuGVVO a.F. Rn. 166 ff.

Gesellschaftsvertrages nach den Regeln der sog. **fehlerhaften Gesellschaft**.[329] Denn nach dieser Lehre können jedenfalls bei in Vollzug gesetzten Gesellschaften etwaige Wirksamkeitshindernis bzw. Anfechtungsgründe grds. nur für die Zukunft, d.h. *ex nunc*, geltend gemacht werden.[330] Sowohl derartige Nichtigkeits-[331] als auch Auflösungsklagen[332] besitzen nach deutschem Recht Gestaltungswirkung; auch Feststellungs- und Leistungsklagen können indes im Einzelfall unter Art. 24 Nr. 2 Alt. 3 zu fassen sein.[333]

c) **Beschlussmängelstreitigkeiten**

93   Hauptanwendungsfall des ausschließlichen gesellschaftsrechtlichen Gerichtsstands in Art. 24 Nr. 2 sind Streitigkeiten über die Gültigkeit der Beschlüsse der Organe einer Gesellschaft oder juristischen Person, d.h. Beschlussmängelstreitigkeiten (Alt. 4). Als **Beschluss** im Sinne dieser Vorschrift sind grds. alle Willenskundgaben der jeweiligen Gesellschaftsorgane zur verbindlichen Regelung von Gesellschaftsangelegenheiten zu verstehen.[334] Die Beachtung einer besonderen Form ist hierfür nicht erforderlich.[335]

94   Wer im Einzelfall als „**Organ**" im Sinne von Art. 24 Nr. 2 Alt. 4 in Betracht kommt, beurteilt sich nach dem jeweils anwendbaren Gesellschaftsrecht.[336] Alle dort vorgesehenen Gesellschaftsorgane sind taugliche Beschlussurheber, da insofern durch den EU-Gesetzgeber wohl keine Begrenzung auf nur bestimmte Sachwalter intendiert war. Im Falle der Anwendbarkeit deutschen Rechts fallen insbesondere Entscheidungen des Vorstands bzw. der Geschäftsführung, des Aufsichtsrats sowie der Haupt- bzw. Gesellschafterversammlung[337] und bei Personengesellschaft auch der Beschluss fassenden Gesellschafter[338] unter Art. 24 Nr. 2 Alt. 4.

95   Selbst im Einzelfall durch die Satzung **fakultativ eingerichtete Organe** wie etwa ein Aufsichtsrat bei einer GmbH (vgl. § 52 GmbHG) oder auch ein Beirat[339] dürften als Organ im Sinne von Art. 24 Nr. 2 Alt. 4 zu gelten haben, wenn diese zur Beschlussfassung im o.g. Sinn befugt sind und das anwendbare Sachrecht im Einzelfall auch einen Angriff auf deren Beschlüsse zulässt. Erfasst werden zudem auch Beschlüsse von gerichtlich bestellten Not-Geschäftsführern.[340]

---
[329] Vgl. dazu bereits oben Rn. 87 sowie allgemein etwa MünchKomm/*K.Schmidt*, HGB, 3. Aufl. 2011, § 105 HGB Rn. 228 ff.
[330] MünchKomm/*K.Schmidt*, HGB, 3. Aufl. 2011, § 105 HGB Rn. 229, 244 ff.
[331] S. beispielhaft MünchKomm/*J.Koch*, AktG, 4. Aufl. 2016, § 275 AktG Rn. 39; MünchKomm/ *Hillmann*, GmbHG, 2. Aufl. 2016, § 75 GmbHG Rn. 14.
[332] S. nur MünchKomm/*K.Schmidt*, HGB, 3. Aufl. 2011, § 133 HGB Rn. 2.
[333] *Geimer*/Schütze, EuZVR, 3. Aufl. 2010, Art. 22 EuGVVO a.F. Rn. 166.
[334] S. nur Rauscher/*Mankowski*, EuZPR, 4. Aufl. 2016, Art. 24 EuGVVO Rn. 71.
[335] *Wedemann*, AG 2011, S. 282 (292); Rauscher/*Mankowski*, EuZPR, 4. Aufl. 2016, Art. 24 EuGVVO Rn. 71.
[336] *Mankowski*, FS Simotta, 2012, S. 351 (381); Rauscher/*Mankowski*, EuZPR, 4. Aufl. 2016, Art. 24 EuGVVO Rn. 71; insoweit dürfte – wie in Bezug auf den Begriff der juristischen Person (s. oben Rn. 70) – eine Qualifikationsverweisung vorliegen.
[337] S. nur Vorherigen etwa *Schlosser*/Hess, EuZPR, 4. Aufl. 2015, Art. 24 EuGVVO Rn. 17.
[338] *Geimer*/Schütze, EuZVR, 3. Aufl. 2010, Art. 22 EuGVVO a.F. Rn. 207 ff.
[339] Vgl. zu diesem allgemein MünchKomm/*Spindler*, GmbHG, 2. Aufl. 2016, § 52 GmbHG Rn. 714 ff.
[340] *Schlosser*/Hess, EuZPR, 4. Aufl. 2015, Art. 24 EuGVVO Rn. 18; MünchKomm/*Gottwald*, ZPO, 4. Aufl. 2013, Art. 22 EuGVVO a.F. Rn. 27.

Unter Art. 24 Nr. 2 Alt. 4 fallen dabei nur solche Verfahren, mit denen eine 96
Partei die rechtliche **Wirksamkeit eines Beschlusses selbst** oder von Teilen
des Beschlusses angreift,[341] und zwar grds. unabhängig davon, ob sich der
jeweilige Kläger auf formelle oder materielle Beschlussmängel stützt. Mit den
Worten des EuGH werden von dieser Norm Rechtsstreitigkeiten erfasst, „in
denen eine Partei die Gültigkeit einer Entscheidung des Organs einer Gesellschaft im Hinblick auf das geltende Gesellschaftsrecht oder die satzungsmäßigen
Vorschriften über das Funktionieren der Organe dieser Gesellschaft anficht."[342]
Dies kann auch auf rein **intern wirkende Entscheidungen**, etwa die Einberufung einer Gesellschafterversammlung, zutreffen.[343] Die jeweilige **Rechtsschutzform**, d.h. ob der Angriff im Einzelfall im Wege der Gestaltungs- (d.h.
insbesondere Anfechtungs-) oder Feststellungsklage geschieht, ist ebenfalls irrelevant,[344] ebenso wie grds. die **Parteirollen** in dem entsprechenden Verfahren
sowie die Tatsache, ob die betroffene Gesellschaft oder juristische Person im
Einzelfall (mit-)verklagt wird oder der Streit nur unter den Gesellschaftern ausgefochten wird.[345]

Nicht von Art. 24 Nr. 2 Alt. 4 erfasst werden hingegen Streitigkeiten, die nur 97
mittelbar mit einer Organentscheidung in Zusammenhang stehen[346] oder sich
lediglich gegen die **Durchführung** des betreffenden Beschlusses bzw. gegen ein
in Umsetzung eines Beschlusses erfolgtes Rechtsgeschäft (etwa eine Kündigung[347] oder einen Vertragsschluss[348]) richten (vgl. zur „Vorfragenproblematik"
bei Art. 24 Nr. 2 sogleich Rn. 99).[349]

Anwendungsfälle des Art. 24 Nr. 2 Alt. 4 sind im deutschen Recht klassischer- 98
weise gegen **Beschlüsse der Haupt- bzw. Gesellschafterversammlung**
gerichtete Anfechtungsklagen (z.B. gem. § 246 AktG bzw. § 51 GenG) bzw. Klagen auf **Feststellung** der Unwirksamkeit oder Nichtigkeit eines Organbeschlusses (z.B. im Wege der Nichtigkeitsklage nach § 249 AktG).[350] Diese Klagen können im Übrigen ohne Weiteres mit dem Antrag auf Feststellung des „richtigen",

---

[341] S. Rauscher/*Mankowski*, EuZPR, 4. Aufl. 2016, Art. 24 EuGVVO Rn. 71; *Schlosser*/Hess,
EuZPR, 4. Aufl. 2015, Art. 24 EuGVVO Rn. 18.
[342] EuGH, 2.10.2008 – Rs. C-372/07, *Nicole Hassett, Cheryl Doherty ./. South Eastern Health Board,
North Western Health Board*, Slg. 2008, I-7405 (ECLI:EU:C:2008:534), Rn. 26.
[343] So ausdrücklich Rauscher/*Mankowski*, EuZPR, 4. Aufl. 2016, Art. 24 EuGVVO Rn. 72; für eine
enge Auslegung des Art. 24 Nr. 2 Alt. 4 nur auf Organbeschlüsse im technischen Sinn etwa *Schmitt*,
IPRax 2010, S. 310 (311).
[344] Kropholler/*von Hein*, EuZPR, 9. Aufl. 2011, Art. 22 EuGVVO a.F. Rn. 39; *Schlosser*/Hess,
EuZPR, 4. Aufl. 2015, Art. 24 EuGVVO Rn. 18; *Geimer*/Schütze, EuZVR, 3. Aufl. 2010, Art. 22
EuGVVO a.F. Rn. 185 f.
[345] Rauscher/*Mankowski*, EuZPR, 4. Aufl. 2016, Art. 24 EuGVVO Rn. 71.
[346] EuGH, 2.10.2008 – Rs. C-372/07, *Nicole Hassett, Cheryl Doherty ./. South Eastern Health Board,
North Western Health Board*, Slg. 2008, I-7405 (ECLI:EU:C:2008:534), Rn. 22.
[347] *Schlosser*/Hess, EuZPR, 4. Aufl. 2015, Art. 24 EuGVVO Rn. 18; Rauscher/*Mankowski*, EuZPR,
4. Aufl. 2016, Art. 24 EuGVVO Rn. 72. m.w.N.
[348] EuGH, 12.5.2011 – Rs. C-144/10, *Berliner Verkehrsbetriebe ./. JPMorgan Chase Bank NA*,
Slg. 2011, I-3961 (ECLI:EU:C:2011:300), Rn. 47.
[349] Musielak/Voit/*Stadler*, ZPO, 13. Aufl. 2016, Art. 24 EuGVVO Rn. 6.
[350] S. nur OLG Brandenburg, 29.7.1998 – 7 U 29–98, NJW-RR 1999, S. 543; Rauscher/*Mankowski*,
EuZPR, 4. Aufl. 2016, Art. 24 EuGVVO Rn. 70; Kropholler/*von Hein*, EuZPR, 9. Aufl. 2011, Art. 22
EuGVVO a.F. Rn. 39; *Geimer*/Schütze, EuZVR, 3. Aufl. 2010, Art. 22 EuGVVO a.F. Rn. 192 ff.

d.h. rechtsgemäßen Beschluss verbunden werden, ohne dass die ausschließliche Zuständigkeit entfällt.[351] Auch Verfahren über die **Zusammensetzung** von Gesellschaftsorganen sind von Art. 24 Nr. 2 Alt. 4 erfasst,[352] ebenso wie Klagen eines Verwaltungsmitglieds gegen den Beschluss seiner **Abberufung**[353].[354]

d) Gesellschaftsrechtliche Vorfragen

99   Stellen sich bestimmte gesellschaftsrechtliche, als gedachte Hauptsache von Art. 24 Nr. 2 erfasste Rechtsfragen in einem anderen, u.U. nicht vor den Gerichten des jeweiligen Sitzstaats einer Gesellschaft oder juristischen Person erhobenen Verfahren **als bloße Vorfragen**, so wäre denkbar, dass Art. 24 Nr. 2 insofern entweder einer (inzidenten) Entscheidung der jeweiligen Vorfrage entgegensteht, oder aber für die gesamte Streitigkeit Anwendung verlangt. Dies würde jedoch – insbesondere in Bezug auf etwaige Beschlussmängel im Sinne von Art. 24 Nr. 2 Alt. 4 – bedeuten, dass Klagen gegen eine Gesellschaft oder juristische Person potentiell *immer*[355] in die Zuständigkeit der Gerichte des Sitzstaates einer Gesellschaft oder juristischen Person fallen könnten.[356] Entsprechend hat der EuGH im Jahr 2011 in der Rechtssache *Berliner Verkehrsbetriebe* entschieden, dass Art. 24 Nr. 2 (anders als Art. 24 Nr. 4[357]) nur Rechtsstreitigkeiten erfasse, die „in erster Linie" – d.h. **als Hauptfrage** – die Gültigkeit, die Nichtigkeit oder die Auflösung von Gesellschaften bzw. juristischen Personen oder die Gültigkeit von Beschlüssen ihrer Organe betreffen.[358] Stelle sich eine derartige Frage hingegen im Rahmen eines anderen, nicht Art. 24 Nr. 2 unterfallenden Rechtsstreits als bloße Vorfrage, so finde Art. 24 Nr. 2 insgesamt keine Anwendung.[359]

6. Nicht von Art. 24 Nr. 2 erfasste Streitigkeiten

100 Art. 24 Nr. 2 umfasst nur bestimmte, bei weitem jedoch **nicht alle gesellschaftsrechtlichen Streitigkeiten.** Nicht von Art. 24 Nr. 2 erfasst sind insbeson-

---

[351] *Geimer*/Schütze, EuZVR, 3. Aufl. 2010, Art. 22 EuGVVO a.F. Rn. 189 ff.; Rauscher/*Mankowski*, EuZPR, 4. Aufl. 2016, Art. 24 EuGVVO Rn. 70.
[352] *Schlosser*/Hess, EuZPR, 4. Aufl. 2015, Art. 24 EuGVVO Rn. 18.
[353] OLG Frankfurt a.M., 3.2.2010 – 21 U 54/09, NZG 2010, S. 581 m. Anm. *Kindler*, S. 576.
[354] Vgl. zu den im Einzelnen von Art. 24 Nr. 2 Alt. 4 erfassten Verfahren nach deutschem Recht ausführlich *Geimer*/Schütze, EuZVR, 3. Aufl. 2010, Art. 22 EuGVVO a.F. Rn. 187 ff.
[355] So bräuchte sich eine Gesellschaft in einem derartigen Szenario lediglich vorab auf die angebliche Ungültigkeit von Beschlüssen ihrer Organe berufen, die zum Abschluss eines Vertrags oder zum Eintritt eines schädigenden Ereignisses geführt haben, um zu erreichen, dass die gesamte Streitigkeit ausschließlich einseitig dem Gericht an ihrem Sitz zugewiesen wird, s. EuGH, 12.5.2011 – Rs. C-144/10, *Berliner Verkehrsbetriebe* ./. *JPMorgan Chase Bank NA*, Slg. 2011, I-3961 (ECLI:EU:C:2011:300), Rn. 34.
[356] EuGH, 2.10.2008 – Rs. C-372/07, *Nicole Hassett, Cheryl Doherty* ./. *South Eastern Health Board, North Western Health Board*, Slg. 2008, I-7405 (ECLI:EU:C:2008:534), Rn. 23; EuGH, 12.5.2011 – Rs. C-144/10, *Berliner Verkehrsbetriebe* ./. *JPMorgan Chase Bank NA*, Slg. 2011, I-3961 (ECLI:EU:C:2011:300), Rn. 34.
[357] S. EuGH, 3.7.2006 – Rs. C-4/03, *Gesellschaft für Antriebstechnik mbH & Co. KG* ./. *Lamellen und Kupplungsbau Beteiligungs KG*, Slg. 2006, I-6523 (ECLI:EU:C:2005:607), Rn. 31.
[358] EuGH, 12.5.2011 – Rs. C-144/10, *Berliner Verkehrsbetriebe* ./. *JPMorgan Chase Bank NA*, Slg. 2011, I-3961 (ECLI:EU:C:2011:300), Rn. 44.
[359] S. bereits oben Rn. 8 sowie EuGH, 12.5.2011 – Rs. C-144/10, *Berliner Verkehrsbetriebe* ./. *JPMorgan Chase Bank NA*, Slg. 2011, I-3961 (ECLI:EU:C:2011:300), Rn. 47; *Jenard*-Bericht, 1979, S. 34; mit ausführlicher Begründung und weiteren Beispielen Rauscher/*Mankowski*, EuZPR, 4. Aufl. 2016, Art. 24 EuGVVO Rn. 75 ff.

dere Klagen auf **Einzahlung** der Stammeinlage[360] bzw. solche gestützt auf die Kapitalersatzregeln[361] bzw. auf **Gewinnausschüttung**,[362] **Auskunftserteilung**[363] oder Feststellung der Gesellschafterstellung.[364] Allgemein gesprochen fallen zudem Klagen entweder der Gesellschafter oder der Gesellschaft (bzw. ihrer Gesellschafter als sog. *actio pro socio*) gegeneinander bzw. einer Gesellschaft gegen ihre Organe auf **Schadensersatz**[365] sowie auch Streitigkeiten zwischen Gesellschaftern untereinander, bei denen es nicht im Einzelfall um die in Art. 24 Nr. 2 genannten Sachbereiche geht, nicht in den Anwendungsbereich dieser Vorschrift.[366]

Für die nicht Art. 24 Nr. 2 unterfallenden Streitigkeiten bestimmt sich die **101** internationale Zuständigkeit nach den **allgemeinen Zuständigkeitsvorschriften** der EuGVVO, d.h. gem. Art. 4 ff. Diese gesellschaftsrechtliche Zuständigkeitsspaltung wird vielfach kritisiert,[367] ist jedoch angesichts des eindeutigen Wortlauts sowie den vom EuGH aus dem Ausnahmecharakter dieser Vorschrift hergeleiteten Gebots einer restriktiven Auslegung des Art. 24 Nr. 2[368] *de regulatione lata* hinzunehmen.[369] Möglich bleibt es freilich, nicht unter Art. 24 Nr. 2 fallende (gesellschaftsrechtliche) Rechtsfragen durch **Gerichtsstandsvereinbarung** gem. Art. 25 – z.B. in der Gesellschaftssatzung bzw. dem Gesellschaftsvertrag oder einer etwaigen Gesellschaftervereinbarung – einheitlich der Jurisdiktion der Gerichte des Sitzstaates der betreffenden Gesellschaft zu unterstellen.

Auch ohne Gerichtsstandsvereinbarung führt die **Anwendung der allgemei-** **102** **nen Zuständigkeitsregeln** (insbesondere des Art. 7 Nr. 1) in vielen Fällen zu einer – dann internationalen und örtlichen[370] – Zuständigkeit am Sitz der Gesellschaft, z.B. bei Einzahlungs- bzw. Rückzahlungsansprüchen einer Gesellschaft gegen ihre Gesellschafter,[371] bei Ansprüchen einer Gesellschaft gegen ihre Organe[372] sowie auf Eigenkapitalersatzvorschriften gestützten Klagen des Insolvenzverwalters gegen einen Gesellschafter.[373] In derartigen Fällen bestimmt sich der

---

[360] *Schlosser/Hess*, EuZPR, 4. Aufl. 2015, Art. 24 EuGVVO Rn. 19.
[361] OLG Koblenz, 11.1.2001 – 6 U 1199/98, NZG 2001, S. 759; ThürOLG Jena, 5.8.1998 – 4 U 1774/97, NZG 1999, S. 34.
[362] *Kropholler/von Hein*, EuZPR, 9. Aufl. 2011, Art. 22 EuGVVO a.F. Rn. 40.
[363] LG München I, 19.8.1999 – 5HK O 13959/99, NJW-RR 2000, S. 567.
[364] *Schlosser/Hess*, EuZPR, 4. Aufl. 2015, Art. 24 EuGVVO Rn. 19.
[365] *Rauscher/Mankowski*, EuZPR, 4. Aufl. 2016, Art. 24 EuGVVO Rn. 82; *Kropholler/von Hein*, EuZPR, 9. Aufl. 2011, Art. 22 EuGVVO a.F. Rn. 81.
[366] *Mankowski*, FS Simotta, 2012, S. 351 (367); *Rauscher/Mankowski*, EuZPR, 4. Aufl. 2016, Art. 24 EuGVVO Rn. 88.
[367] Kritisch etwa *Geimer/Schütze*, EuZVR, 3. Aufl. 2010, Art. 22 EuGVVO a.F. Rn. 141 f.; bedauernd *Schlosser/Hess*, EuZPR, 4. Aufl. 2015, Art. 24 EuGVVO Rn. 16; ansatzweise kritisch auch *Kropholler/von Hein*, EuZPR, 9. Aufl. 2011, Art. 22 EuGVVO a.F. Rn. 40; *Rauscher/Mankowski*, EuZPR, 4. Aufl. 2016, Art. 24 EuGVVO Rn. 88.
[368] So ausdrücklich der EuGH, 12.5.2011 – Rs. C-144/10, *Berliner Verkehrsbetriebe ./. JPMorgan Chase Bank NA*, Slg. 2011, I-3961 (ECLI:EU:C:2011:300), Rn. 30; EuGH, 2.10.2008 – Rs. C-372/07, *Nicole Hassett, Cheryl Doherty ./. South Eastern Health Board, North Western Health Board*, Slg. 2008, I-7405 (ECLI:EU:C:2008:534), Rn. 17 f.
[369] S. näher oben Rn. 67.
[370] Art. 7 Nr. 1 und 5 regeln neben der internationalen auch die örtliche Zuständigkeit mit, s. näher oben, Vorb. Art. 7 ff. Rn. 7.
[371] HansOLG Bremen, 25.9.1997 – 2 U 83/97, RIW 1998, S. 63.
[372] OLG München, 25.6.1999 – 23 U 4834/98, RIW 1999, S. 871.
[373] OLG Koblenz, 11.1.2001 – 6 U 1199/98, NZG 2001, S. 759; ThürOLG Jena, 5.8.1998 – 4 U 1774/97, NZG 1999, S. 34.

Sitz der betreffenden Gesellschaft freilich nicht gem. Art. 24 Nr. 2 Satz 2, sondern nach Art. 63.

IV. Ausschließlicher Gerichtsstand bzgl. öffentlicher Register (Art. 24 Nr. 3)

103 Der dritte ausschließliche Gerichtsstand des Art. 24 bestimmt, dass für Verfahren, die die **Gültigkeit von Eintragungen in öffentliche Register** zum Gegenstand haben, die Gerichte desjenigen Mitgliedstaats ausschließlich zuständig sind, in dem das jeweilige Register geführt wird.

1. Normzweck

104 Hintergrund der Regelung in Art. 24 Nr. 3 ist, dass die Führung öffentlicher Register eine **hoheitliche Tätigkeit** darstellt.[374] Da an der Registerführung notwendigerweise Träger öffentlicher Gewalt beteiligt sind, soll diese (wenn schon vor Zivilgerichten) nur von den Gerichten desjenigen Staates, der den Hoheitsakt ausübt bzw. ausgeübt hat, überprüft werden können.[375] Dafür spricht auch die offensichtliche **Sach- und Rechtsnähe** der Gerichte des Registerstaates. Denn das Registerrecht ist als Teil des nationalen Verfahrensrechts[376] notwendigerweise ein sehr formalisiertes Recht, für dessen Behandlung die Gerichte des Registerstaates am besten geeignet sind.[377]

2. Öffentliches Register

105 Der Begriff des öffentlichen Registers ist unionsrechtlich **autonom** auszulegen.[378] Für die Zwecke der EuGVVO fallen darunter wohl grds. alle öffentlichen Verzeichnisse der Mitgliedstaaten, die aufgrund nationalen Registerrechts Eintragungen über die in den Anwendungsbereich der Verordnung gem. Art. 1 Abs. 1 fallenden Rechtsgebiete in einem bestimmten geografischen Raum (meist: das Hoheitsgebiet des betreffenden Mitgliedstaats) vornehmen und beinhalten sowie gewisse Publikations-, Beweis-, Kontroll- und Schutzfunktionen erfüllen. In der Bundesrepublik Deutschland sind dies etwa das **Grundbuch** sowie das **Handels- und das Vereinsregister**, in anderen Ländern z.B. etwaige Hypothekenbücher und Gesellschaftsregister wie das sog. *Companies House* im Vereinigten Königreich.[379]

---

[374] Rauscher/*Mankowski*, EuZPR, 4. Aufl. 2016, Art. 24 EuGVVO Rn. 93.
[375] *Schlosser*/Hess, EuZPR, 4. Aufl. 2015, Art. 24 EuGVVO Rn. 20.
[376] Musielak/Voit/*Stadler*, ZPO, 13. Aufl. 2016, Art. 24 EuGVVO Rn. 8; Rauscher/*Mankowski*, EuZPR, 4. Aufl. 2016, Art. 24 EuGVVO Rn. 93.
[377] *Geimer*/Schütze, EuZVR, 3. Aufl. 2010, Art. 22 EuGVVO a.F. Rn. 216; Rauscher/*Mankowski*, EuZPR, 4. Aufl. 2016, Art. 24 EuGVVO Rn. 93; *Schlosser*/Hess, EuZPR, 4. Aufl. 2015, Art. 24 EuGVVO Rn. 20.
[378] *Schlosser*/Hess, EuZPR, 4. Aufl. 2015, Art. 24 EuGVVO Rn. 20; Rauscher/*Mankowski*, EuZPR, 4. Aufl. 2016, Art. 24 EuGVVO Rn. 93.
[379] S. nur *Schlosser*/Hess, EuZPR, 4. Aufl. 2015, Art. 24 EuGVVO Rn. 20; Musielak/Voit/*Stadler*, ZPO, 13. Aufl. 2016, Art. 24 EuGVVO Rn. 8; Rauscher/*Mankowski*, EuZPR, 4. Aufl. 2016, Art. 24 EuGVVO Rn. 93; Saenger/*Dörner*, ZPO, 6. Aufl. 2015, Art. 24 EuGVVO Rn. 20; *Geimer*/Schütze, EuZVR, 3. Aufl. 2010, Art. 22 EuGVVO a.F. Rn. 215.

Das **Personenstandsregister** hingegen stellt zwar nach der genannten Definition an sich ebenfalls ein öffentliches Register dar; jedoch fallen Angelegenheiten des Personenstands gem. Art. 1 Abs. 2 lit. a aus dem Anwendungsbereich der EuGVVO heraus.[380]

3. Anwendungsbereich

Von Art. 24 Nr. 3 werden nur Verfahren erfasst, die die **Gültigkeit** von Eintragungen in öffentliche Register zum Gegenstand haben. Darunter ist insbesondere die gerichtliche Überprüfung bereits **erfolgter Eintragungen**,[381] aber auch der **Ablehnung** einer beantragten Registereintragung zu verstehen.[382] Die Beurteilung der materiell-rechtlichen **Wirkungen** einer erfolgten Eintragung ist hingegen nach dem klaren Wortlaut des Art. 24 Nr. 3 – entgegen der wohl versehentlichen Nennung im Jenard-Bericht[383] – nicht von der ausschließlichen Zuständigkeit für Registersachen erfasst, sondern kann auch in einem anderen Mitgliedstaat erfolgen.[384]

V. Ausschließlicher Gerichtsstand bzgl. gewerblicher Schutzrechte (Art. 24 Nr. 4)

Art. 24 Nr. 4 bestimmt die ausschließliche internationale Zuständigkeit für Verfahren bezüglich der **Eintragung oder Gültigkeit von Patenten und bestimmten anderen gewerblichen Schutzrechten.**

1. Normzweck und Überblick

Nach Art. 24 Nr. 4 sind für Verfahren, welche die Eintragung oder Gültigkeit von Patenten bzw. anderen gewerblichen Schutzrechten zum Gegenstand haben, die **Gerichte des Hinterlegungs- bzw. Registrierungsstaats** ausschließlich international zuständig. Voraussetzung für eine Zuständigkeit gem. Art. 24 Nr. 4 ist naturgemäß, dass der jeweilige Hinterlegungs- bzw. Registrierungsstaat ein Mitgliedstaat im Sinne der EuGVVO ist. Ausweislich des einleitenden Wortlauts von Art. 24 ist andernfalls dessen räumlicher Anwendungsbereich[385] nicht eröffnet.
Grund für die Schaffung der Regelung in Art. 24 Nr. 4 war zum einen, dass die Erteilung von Patenten[386] bzw. anderen gewerblichen Schutzrechten[387]

---

[380] Vgl. *Geimer*/Schütze, EuZVR, 3. Aufl. 2010, Art. 22 EuGVVO a.F. Rn. 215.
[381] Rauscher/*Mankowski*, EuZPR, 4. Aufl. 2016, Art. 24 EuGVVO Rn. 94.
[382] *Geimer*/Schütze, EuZVR, 3. Aufl. 2010, Art. 22 EuGVVO a.F. Rn. 218; Rauscher/*Mankowski*, EuZPR, 4. Aufl. 2016, Art. 24 EuGVVO Rn. 94.
[383] *Jenard*-Bericht, 1979, S. 35.
[384] Allg. Meinung, s. nur *Kropholler/von Hein*, EuZPR, 9. Aufl. 2011, Art. 22 EuGVVO a.F. Rn. 42; Rauscher/*Mankowski*, EuZPR, 4. Aufl. 2016, Art. 24 EuGVVO Rn. 94; *Geimer*/Schütze, EuZVR, 3. Aufl. 2010, Art. 22 EuGVVO a.F. Rn. 218.
[385] Vgl. hierzu allgemein oben Rn. 9 ff.
[386] S. etwa den *Jenard*-Bericht, 1979, S. 36; *Schlosser*/Hess, EuZPR, 4. Aufl. 2015, Art. 24 EuGVVO Rn. 21.
[387] *Saenger/Dörner*, ZPO, 6. Aufl. 2015, Art. 24 EuGVVO Rn. 21.

bisweilen als Ausfluss der **nationalen Souveränität** der Mitgliedstaaten gewertet wird.[388] Hintergrund ist, dass etwa in der Bundesrepublik Deutschland gewerbliche Schutzrechte, insbesondere Patente, grds. im Rahmen eines Verwaltungsverfahrens (durch Verwaltungsakt) erteilt werden[389] und somit im entsprechenden nationalen Recht **öffentlich-rechtlichen Charakter** besitzen. Ungeachtet ihrer nationalen Einkleidung werden aber die unter Art. 24 Nr. 4 zu subsumierenden Rechtsschutzbegehren jedenfalls im Anwendungsbereich der EuGVVO aus ebendieser Norm ersichtlich in **autonomer Auslegung**[390] als Zivil- und Handelssache im Sinne von Art. 1 Abs. 1 gewertet.[391]

111 Zum anderen sind die Gerichte im Hinterlegungs- oder Registrierungsstaat eines gewerblichen Schutzrechts aufgrund der besonderen **Sach- und Rechtsnähe** prinzipiell am besten in der Lage, über deren Eintragung oder Gültigkeit zu entscheiden.[392] So unterliegen Patente und auch andere gewerbliche Schutzrechte herkömmlicherweise dem **Territorialitätsprinzip**,[393] d.h. sie bieten Schutz nur für den jeweiligen Verleihungsstaat bzw., u.a. beim sog. europäischen oder Bündelpatent im Sinne von Art. 2 Abs. 1 EPÜ,[394] für diejenigen Staaten, für die sie im Einzelfall erteilt wurden.

112 Für derartige **europäische Patente** beinhaltet Art. 24 Nr. 4 in seinem **Satz 2 eine Ausnahmeregelung**. Europäische Patente werden in einem Staat durch einen einzigen Akt mit Wirkung für mehrere Staaten jeweils auf deren Hoheitsgebiet begrenzt erteilt (sog. Bündelungsprinzip); sie beinhalten für jeden dieser Staaten selbstständige und gem. Art. 64 Abs. 3 EPÜ nach deren jeweiligem nationalen Recht zu beurteilende unabhängige Schutzrechte, die lediglich inhaltlich übereinstimmen.[395] Art. 24 Nr. 4 Satz 2 begründet für derartige europäische Patente – in Abweichung von Art. 24 Nr. 4 Satz 1, der in einem solchen Fall nur eine Zuständigkeit im jeweiligen Registrierungsstaat gewähren würde – eine ausschließliche Zuständigkeit in jedem Mitgliedstaat, für den das Patent im Einzelfall gewährt wurde. Vgl. hierzu und zum Begriff des europäischen Patents

---

[388] Neben den in den beiden vorherigen Fn. genannten Quellen etwa noch Rauscher/*Mankowski*, EuZPR, 4. Aufl. 2016, Art. 24 EuGVVO Rn. 95; sehr kritisch insofern *Geimer*/Schütze, EuZVR, 3. Aufl. 2010, Art. 22 EuGVVO a.F. Rn. 219 sowie u.U. Musielak/Voit/*Stadler*, ZPO, 13. Aufl. 2016, Art. 24 EuGVVO Rn. 9; zurückhaltend auch *Kropholler/von Hein*, EuZPR, 9. Aufl. 2011, Art. 22 EuGVVO a.F. Rn. 42; Simons/Hausmann/*Borrás/Hausmann*, Brüssel I-VO, 2012, Art. 22 EuGVVO a.F. Rn. 42.

[389] Vgl. etwa Benkard/*Schäfers*, PatG, 11. Aufl. 2015, § 49 Rn. 3; *Schlosser*/Hess, EuZPR, 4. Aufl. 2015, Art. 24 EuGVVO Rn. 21.

[390] EuGH, 3.7.2006 – Rs. C-4/03, *Gesellschaft für Antriebstechnik mbH & Co. KG ./. Lamellen und Kupplungsbau Beteiligungs KG*, Slg. 2006, I-6523 (ECLI:EU:C:2005:607), Rn. 14; EuGH, 15.7.1983 – Rs. 288/82, *Duijnstee ./. Goderbauer*, Slg. 1983, 3663 (ECLI:EU:C:1983:326), Rn. 19.

[391] Rauscher/*Mankowski*, EuZPR, 4. Aufl. 2016, Art. 24 EuGVVO Rn. 98; Saenger/*Dörner*, ZPO, 6. Aufl. 2015, Art. 24 EuGVVO Rn. 21; a.A. *Geimer*/Schütze, EuZVR, 3. Aufl. 2010, Art. 22 EuGVVO a.F. Rn. 233.

[392] EuGH, 15.11.1983 – Rs. 288/82, *Duijnstee ./. Goderbauer*, Slg. 1983, 3663 (ECLI:EU:C:1983:326), Rn. 22. *Geimer*/Schütze, EuZVR, 3. Aufl. 2010, Art. 22 EuGVVO a.F. Rn. 220; *Kropholler/von Hein*, EuZPR, 9. Aufl. 2011, Art. 22 EuGVVO a.F. Rn. 43.

[393] S. nur *Mes*, PatG/GebrMG, 4. Aufl. 2015, § 9 Rn. 9; *Kraßer/Ann*, Patentrecht, 7. Aufl. 2016, §§ 33 Rn. 297.

[394] Übereinkommen über die Erteilung europäischer Patente vom 5.10.1973, BGBl. 2007 II, S. 1082 (revidierte Fassung vom 29.11.2000).

[395] Vgl. etwa *Osterrieth*, Patentrecht, 5. Aufl. 2015, Rn. 170.

näher unten Rn. 129 f. Zu den davon zu unterscheidenden sog. **Europäischen Patenten mit einheitlicher Wirkung** s. Rn. 132 f.

2. Sachlicher Anwendungsbereich

Der sachliche Anwendungsbereich von Art. 24 Nr. 4 betrifft Verfahren bezüglich der **Eintragung** oder der **Gültigkeit** von **gewerblichen Schutzrechten**, die einer Hinterlegung oder Eintragung bedürfen. **113**

a) Erfasste gewerbliche Schutzrechte

Nach dem Wortlaut von Art. 24 Nr. 4 unterfallen dieser Norm Rechtsstreitigkeiten in Bezug auf „Patente, Marken, Muster und Modelle sowie ähnliche Rechte". Als „**ähnliche Rechte**" im Sinne von Art. 24 Nr. 4 werden dabei gemeinhin mit Blick auf die voranstehende Aufzählung nur solche gefasst, die dem gewerblichen Rechtsschutz dienen und entweder der Eintragung in ein Register oder der Hinterlegung bedürfen.[396] Der damit vor die Klammer zu ziehende Begriff der **gewerblichen Schutzrechte** ist **autonom** zu bestimmen.[397] In Anlehnung an die EuGH-Rechtsprechung zu Art. 36 AEUV[398] („gewerbliches und kommerzielles Eigentum") sind darunter alle einem Rechtssubjekt (oder mehreren Rechtssubjekten gemeinsam) durch einen Mitgliedstaat verliehene Ausschließlichkeitsrechte zu verstehen.[399] **114**

Neben den in Art. 24 Nr. 4 genannten Rechten unterfallen z.b. noch **Sortenschutzrechte** dieser Norm.[400] Das Recht an einer **eingetragenen Firma** fällt hingegen nach ganz herrschender Auffassung nicht unter Art. 24 Nr. 4.[401] Auch das **Urheberrecht** (bzw. Copyright[402]) kann, obwohl es vom EuGH grds. unter den Begriff des gewerblichen und kommerziellen Eigentums im Sinne jedenfalls von Art. 36 AEUV gefasst wird,[403] mangels Eintragungs- oder Hinterlegungsfähigkeit nach dem klaren Wortlaut von Art. 24 Nr. 4 nicht als gewerbliches Schutzrecht im Sinne dieser Norm angesehen werden.[404] Einer analogen Anwendung der Vorschrift auf nicht registrierte Schutzrechte steht das vom **115**

---

[396] Geimer/Schütze, EuZVR, 3. Aufl. 2010, Art. 22 EuGVVO a.F. Rn. 240.
[397] S. nur EuGH, 3.7.2006 – Rs. C-4/03, *Gesellschaft für Antriebstechnik mbH & Co. KG ./. Lamellen und Kupplungsbau Beteiligungs KG*, Slg. 2006, I-6523 (ECLI:EU:C:2005:607), Rn. 14; Rauscher/Mankowski, EuZPR, 4. Aufl. 2016, Art. 24 EuGVVO Rn. 95.
[398] Vgl. etwa EuGH, 14.9.1982 – Rs. 144/81, *Keurkoop ./. Nancy Kean Gifts*, Slg. 1982, 2853 (ECLI:EU:C:1982:289), Rn. 14 = NJW 1983, S. 2752.
[399] So die prägnante Definition bei Grabitz/Hilf/Nettesheim/Leible/T.Streinz, Das Recht der Europäischen Union, 57. EL August 2015, Art. 36 AEUV Rn. 33.
[400] Geimer/Schütze, EuZVR, 3. Aufl. 2010, Art. 22 EuGVVO a.F. Rn. 241; Kropholler/von Hein, EuZPR, 9. Aufl. 2011, Art. 22 EuGVVO a.F. Rn. 52; MünchKomm/Gottwald, ZPO, 4. Aufl. 2013, Art. 22 EuGVVO a.F. Rn. 33.
[401] So auch Rauscher/Mankowski, EuZPR, 4. Aufl. 2016, Art. 24 EuGVVO Rn. 101; Geimer/Schütze, EuZVR, 3. Aufl. 2010, Art. 22 EuGVVO a.F. Rn. 241; Kropholler/von Hein, EuZPR, 9. Aufl. 2011, Art. 22 EuGVVO a.F. Rn. 52; **a. A.** z.B. Stauder, GRURInt 1988, S. 376 (377).
[402] Rauscher/Mankowski, EuZPR, 4. Aufl. 2016, Art. 24 EuGVVO Rn. 100.
[403] S. beispielhaft EuGH, 20.1.1981 – Rs. 55/80 und 57/80, *Musik-Vertrieb Membran GmbH ./. GEMA*, Slg. 1981, 147 (ECLI:EU:C:1981:10), Rn. 27.
[404] Allg. Meinung, vgl. nur Kropholler/von Hein, EuZPR, 9. Aufl. 2011, Art. 22 EuGVVO a.F. Rn. 52; Rauscher/Mankowski, EuZPR, 4. Aufl. 2016, Art. 24 EuGVVO Rn. 100.

B Vor I 7 Art. 24   VO (EU) Nr. 1215/2012

EuGH postulierte Gebot einer engen und restriktiven Auslegung von Art. 24
Nr. 4 entgegen.[405]

b) Verfahren in Bezug auf die Eintragung oder Gültigkeit

116   Unter den ausschließlichen Gerichtsstand des Art. 24 Nr. 4 sind nur Rechtsstreitigkeiten gerade über die **Eintragung** bzw. **Gültigkeit** gewerblicher Schutzrechte, die einer Hinterlegung oder Eintragung bedürfen, zu fassen. Auch die Begriffe der Eintragung und Gültigkeit sind **autonom** (und als Ausnahmetatbestände zu Art. 4 ff. grds. eng) zu definieren, um eine einheitliche Anwendung der EuGVVO in den verschiedenen Mitgliedstaaten zu gewährleisten.[406]

117   Verfahren in Bezug auf die „**Eintragung**" eines gewerblichen Schutzrechts sind solche, die sich auf die **Ordnungsgemäßheit** der Eintragung beziehen.[407] Verfahren über die „**Gültigkeit**" des Schutzrechts hingegen betreffen nach dem EuGH unmittelbar dessen Wirksamkeit selbst[408] oder die Existenz einer etwaigen Hinterlegung bzw. Registrierung.[409] Darunter ist nach dem Gerichtshof auch die Geltendmachung eines „Prioritätsrechts aufgrund einer früheren Hinterlegung" (bzw. Registrierung) zu verstehen.[410] In einem späteren Urteil hat der Gerichtshof u.a. formuliert, unter Art. 24 Nr. 4 fielen Rechtsstreitigkeiten über „die Gültigkeit, das Bestehen oder das Erlöschen" eines Patents.[411]

118   Im Einzelnen werden daher von Art. 24 Nr. 4 z.B. **Anmelde- und Erteilungsverfahren** sowie **Einspruchs- und Nichtigkeitsverfahren** erfasst,[412] und zwar nach dem oben Rn. 110 Gesagten unabhängig von der Einkleidung als Zivil- oder Verwaltungsverfahren im jeweiligen nationalen Recht.[413] Auch eine Klage auf **Löschung** des gewerblichen Schutzrechts[414] fällt ebenso unter Art. 24 Nr. 4 wie Verfahren um das **Auslaufen** des Rechts[415] sowie Klagen auf Feststel-

---

[405] S. nur EuGH, 15.11.1983 – Rs. 288/82, *Duijnstee* ./. *Goderbauer*, Slg. 1983, 3663 (ECLI:EU:C:1983:326), Rn. 23.
[406] EuGH, 3.7.2006 – Rs. C-4/03, *Gesellschaft für Antriebstechnik mbH & Co. KG* ./. *Lamellen und Kupplungsbau Beteiligungs KG*, Slg. 2006, I-6523 (ECLI:EU:C:2005:607), Rn. 14; EuGH, 15.11.1983 – Rs. 288/82, *Duijnstee* ./. *Goderbauer*, Slg. 1983, 3663 (ECLI:EU:C:1983:326), Rn. 19.
[407] EuGH, 15.11.1983 – Rs. 288/82, *Duijnstee* ./. *Goderbauer*, Slg. 1983, 3663 (ECLI:EU:C:1983:326), Rn. 26; *Kropholler/von Hein*, EuZPR, 9. Aufl. 2011, Art. 22 EuGVVO a.F. Rn. 46.
[408] S. BGH, 28.6.2007 – I ZR 49/04, BGHZ 173, S. 57 = GRUR 2007, S. 884: Gültigkeit einer Marke.
[409] EuGH, 15.11.1983 – Rs. 288/82, *Duijnstee* ./. *Goderbauer*, Slg. 1983, 3663 (ECLI:EU:C:1983:326), Rn. 25; *Kropholler/von Hein*, EuZPR, 9. Aufl. 2011, Art. 22 EuGVVO a.F. Rn. 46.
[410] EuGH, 15.11.1983 – Rs. 288/82, *Duijnstee* ./. *Goderbauer*, Slg. 1983, 3663 (ECLI:EU:C:1983:326), Rn. 46.
[411] EuGH, 3.7.2006 – Rs. C-4/03, *Gesellschaft für Antriebstechnik mbH & Co. KG* ./. *Lamellen und Kupplungsbau Beteiligungs KG*, Slg. 2006, I-6523 (ECLI:EU:C:2005:607), Rn. 15.
[412] So ausdrücklich z.B. Rauscher/*Mankowski*, EuZPR, 4. Aufl. 2016, Art. 24 EuGVVO Rn. 97 sowie *Kropholler/von Hein*, EuZPR, 9. Aufl. 2011, Art. 22 EuGVVO a.F. Rn. 47.
[413] *Kropholler/von Hein*, EuZPR, 9. Aufl. 2011, Art. 22 EuGVVO a.F. Rn. 47; **a. A.** etwa *Geimer/Schütze*, EuZVR, 3. Aufl. 2010, Art. 22 EuGVVO a.F. Rn. 233.
[414] OLG Stuttgart, 26.5.2000 – 2 U 256/99, RIW 2001, S. 141; Rauscher/*Mankowski*, EuZPR, 4. Aufl. 2016, Art. 24 EuGVVO Rn. 97; vgl. auch BGH, 30.3.2006 – I ZR 96/03, GRUR 2006, S. 941.
[415] *Schlosser*/Hess, EuZPR, 4. Aufl. 2015, Art. 24 EuGVVO Rn. 22; Rauscher/*Mankowski*, EuZPR, 4. Aufl. 2016, Art. 24 EuGVVO Rn. 97.

lung von dessen **Unwirksamkeit**.[416] Im Übrigen ist der ausschließliche Gerichtsstand des Art. 24 Nr. 4 grds. auch dann anzuwenden, wenn die genannten Rechtsschutzziele im Wege einer **Widerklage** verfolgt werden.[417]

c) Nicht von Art. 24 Nr. 4 erfasste Verfahren

Nicht von Art. 24 Nr. 4 erfasst werden hingegen insbesondere Streitigkeiten 119 darüber, wem ein (nicht *per se* in Zweifel gezogenes) gewerbliches Schutzrecht im Einzelfall zusteht.[418] Dies hat der EuGH bereits im Jahr 1983 ausdrücklich am Beispiel einer **Patentverletzungsklage**, bei der nicht die Gültigkeit des angeblich verletzten Patents in Frage gestellt wurde, entschieden.[419] In dem konkreten Sachverhalt ging es dabei um eine Streitigkeit zwischen Arbeitnehmer und Arbeitgeber (bzw. dessen Insolvenzverwalter) über das Anrecht auf während der Anstellung angemeldeter Patente.

Wegen der notwendigerweise restriktiven Auslegung des Art. 24 (Nr. 4) können 120 auch andere Verfahren, die lediglich materielle Rechte an gewerblichen Schutzrechten betreffen, nicht in den Anwendungsbereich des Art. 24 Nr. 4 fallen,[420] etwa **Vindikationsklagen** im Patentrecht (vgl. im deutschen Recht § 8 PatG)[421] sowie Klagen auf **Eintragungsbewilligung**.[422] Das Gleiche gilt zum einen für Streitigkeiten über die vertraglich begründete Einräumung einer Lizenz,[423] zum anderen aber auch für Klagen auf Erteilung einer Zwangslizenz gem. § 24 PatG.[424]

Auch **Verletzungsklagen aus gewerblichen Schutzrechten** werden keinesfalls vom sachlichen Anwendungsbereich des Art. 24 Nr. 4 erfasst.[425] Derartige **Schadensersatz-** und **Unterlassungsklagen** sowie negative Feststellungsklagen auf Feststellung einer Nichtverletzung (etc.) sind zuständigkeitsrechtlich vielmehr – ebenso wie die meisten anderen vorerwähnten Verfahren – nach den 121

---

[416] OLG München, 15.5.2003 – 29 U 1977/03, GRUR-RR 2004, S. 94 (95); Rauscher/*Mankowski*, EuZPR, 4. Aufl. 2016, Art. 24 EuGVVO Rn. 97.
[417] S. etwa Rauscher/*Mankowski*, EuZPR, 4. Aufl. 2016, Art. 24 EuGVVO Rn. 112.
[418] S. nur Rauscher/*Mankowski*, EuZPR, 4. Aufl. 2016, Art. 24 EuGVVO Rn. 96: sog. „Prätendentenstreitigkeiten"; s. auch EuGH, 15.11.1983 – Rs. 288/82, *Duijnstee ./. Goderbauer*, Slg. 1983, 3663 (ECLI:EU:C:1983:326), Rn. 27; Kropholler/von Hein, EuZPR, 9. Aufl. 2011, Art. 22 EuGVVO a.F. Rn. 48.
[419] EuGH, 15.11.1983 – Rs. 288/82, *Duijnstee ./. Goderbauer*, Slg. 1983, 3663 (ECLI:EU:C:1983:326), Rn. 25 f.
[420] So der Gedanke bei Kropholler/von Hein, EuZPR, 9. Aufl. 2011, Art. 22 EuGVVO a.F. Rn. 48; zustimmend Rauscher/*Mankowski*, EuZPR, 4. Aufl. 2016, Art. 24 EuGVVO Rn. 96.
[421] *Stauder*, IPRax 1985, S. 76 (79); Rauscher/*Mankowski*, EuZPR, 4. Aufl. 2016, Art. 24 EuGVVO Rn. 96.
[422] Rauscher/*Mankowski*, EuZPR, 4. Aufl. 2016, Art. 24 EuGVVO Rn. 96.
[423] *Schlosser*/Hess, EuZPR, 4. Aufl. 2015, Art. 24 EuGVVO Rn. 22; Rauscher/*Mankowski*, EuZPR, 4. Aufl. 2016, Art. 24 EuGVVO Rn. 99.
[424] Kropholler/von Hein, EuZPR, 9. Aufl. 2011, Art. 22 EuGVVO a.F. Rn. 49 mit ausführlicher Begründung.
[425] OLG Hamburg, 2.5.2002 – 3 U 312/01, MMR 2002, S. 822 (823); *Jenard*-Bericht, 1979, S. 36; *Schlosser*/Hess, EuZPR, 4. Aufl. 2015, Art. 24 EuGVVO Rn. 22; Rauscher/*Mankowski*, EuZPR, 4. Aufl. 2016, Art. 24 EuGVVO Rn. 99; Musielak/Voit/*Stadler*, ZPO, 13. Aufl. 2016, Art. 24 EuGVVO Rn. 9 unter Verweis auf EuGH, 3.7.2006 – Rs. C-4/03, *Gesellschaft für Antriebstechnik mbH & Co. KG ./. Lamellen und Kupplungsbau Beteiligungs KG*, Slg. 2006, I-6523 (ECLI:EU:C:2005:607), Rn. 15 ff.

allgemeinen Vorschriften der Art. 4 ff. zu beurteilen.[426] Dabei werden einem Kläger neben dem allgemeinen Gerichtsstand des Art. 4 Abs. 1 oftmals die besonderen Gerichtsstände des Erfüllungsorts gem. Art. 7 Nr. 1 sowie der unerlaubten Handlung nach Art. 7 Nr. 2 und auch der Gerichtsstand der Streitgenossenschaft gem. Art. 8 Nr. 1 offenstehen. Insofern ist stets auch an die Möglichkeit einer Gerichtsstandsvereinbarung im Sinne von Art. 25 zu denken.

d) Vorfragenproblematik

122 Grds. gelten die ausschließlichen Gerichtsstände des Art. 24 nach (ganz) h.M., wie oben Rn. 8 dargestellt, nur für Sachverhalte, in denen sich die eine ausschließliche Zuständigkeit begründenden Rechtsfragen als **Hauptfrage** stellen.[427] Sind sie in einem Verfahren hingegen lediglich als **Vorfragen** bzw. als **Einreden** inzident zu prüfen, so sollen diese grds. – ungeachtet des Art. 24 – auch von anderen Gerichten entschieden werden können. Dieser Meinung war auch in Bezug auf Art. 24 Nr. 4 noch bis zum Jahr 2006 die ganz herrschende Ansicht in Deutschland.[428]

123 Im Jahr **2006** hat der **EuGH** dann allerdings in der Rechtssache *GAT/LuK* entschieden, dass die ausschließliche Zuständigkeitsregel des Art. 24 Nr. 4 (anders als die anderen Gerichtsstände des Art. 24) **alle Arten von Rechtsstreitigkeiten** über die Eintragung oder die Gültigkeit (jedenfalls) von Patenten betreffe, und zwar unabhängig davon, ob die Frage klageweise oder einredeweise aufgeworfen wird.[429] Auch wenn dies zum Teil auf (berechtigte) Kritik gestoßen ist,[430] war damit doch diese Rechtsfrage rein faktisch geklärt. Dies gilt umso mehr, als die Judikatur des EuGH im Zuge der jüngsten Reform der EuGVVO sogar **ausdrücklich normiert** wurde, indem der nunmehrige Art. 24 Nr. 4 um den klarstellenden Nebensatz „unabhängig davon, ob die Frage im Wege der Klage oder der Einrede aufgeworfen wird", ergänzt wurde.

124 Bedauerlicherweise offengelassen hat der EuGH dabei, ob ein zwar für einen (z.B.) Schutzrechtsverletzungsprozess zuständiges, aber für die einredeweise Beurteilung etwa eines Nichtigkeitseinwandes wegen Art. 24 Nr. 4 unzuständiges Gericht die Klage, wenn der Nichtigkeitseinwand erhoben wird, **abweisen** oder ob es – vorzugswürdigerweise[431] – lediglich das Verfahren **aussetzen muss**.

3. Zeitlicher Anwendungsbereich

125 In **zeitlicher** Hinsicht greift Art. 24 Nr. 4 aus seinem Wortlaut ersichtlich nicht erst ab Registrierung bzw. Hinterlegung des betreffenden gewerblichen

---

[426] So ausdrücklich der *Jenard*-Bericht, 1979, S. 36.
[427] So bereits der *Jenard*-Bericht, 1979, S. 34 sowie (zu Art. 24 Nr. 2) EuGH, 12.5.2011 – Rs. C-144/10, *Berliner Verkehrsbetriebe ./. JPMorgan Chase Bank NA*, Slg. 2011, I-3961 (ECLI:EU:C:2011:300), Rn. 47; *Kropholler/von Hein*, EuZPR, 9. Aufl. 2011, Art. 22 EuGVVO a.F. Rn. 1.
[428] Vgl. etwa Geimer/Schütze/*Thiel/Tschauner*, Int. Rechtsverkehr, 28. EL 2005, Art. 22 EuGVVO a.F. Rn. 62 f. m.w.N.
[429] EuGH, 3.7.2006 – Rs. C-4/03, *Gesellschaft für Antriebstechnik mbH & Co. KG ./. Lamellen und Kupplungsbau Beteiligungs KG*, Slg. 2006, I-6523 (ECLI:EU:C:2005:607), Rn. 31.
[430] Etwa *Geimer*/Schütze, EuZVR, 3. Aufl. 2010, Art. 22 EuGVVO a.F. Rn. 19; *Adolphsen*, IPRax 2007, S. 15 (17); Musielak/Voit/*Stadler*, ZPO, 13. Aufl. 2016, Art. 24 EuGVVO Rn. 9; *Rauscher/Mankowski*, EuZPR, 4. Aufl. 2016, Art. 24 EuGVVO Rn. 108 ff.
[431] So auch *Geimer*/Schütze, EuZVR, 3. Aufl. 2010, Art. 22 EuGVVO a.F. Rn. 237.

Schutzrechts ein, sondern bereits ab dem Zeitpunkt der **Antragstellung** auf dessen Registrierung oder Hinterlegung. Damit trägt der europäische Gesetzgeber denjenigen Rechtsordnungen Rechnung, die – wie etwa die deutsche – vor der Erteilung eines gewerblichen Schutzrechts ein Prüfverfahren vorsehen.[432]

4. Anknüpfungspunkt: Registrierungs- bzw. Hinterlegungsort

Art. 24 Nr. 4 knüpft – mit Ausnahme der Fiktion in Satz 1 a.E. sowie der Ausnahme für europäische Patente in Satz 2 – zur Bestimmung der internationalen Zuständigkeit an die **Registrierung** bzw. **Hinterlegung** eines gewerblichen Schutzrechtes an. Dabei genügt bereits die bloße Antragstellung auf Registrierung oder Hinterlegung aus, um eine Zuständigkeit nach Art. 24 Nr. 4 zu begründen. Ausschließlich zuständig sind danach die Gerichte desjenigen Staates, in dem das betreffende gewerbliche Schutzrecht im Einzelfall erteilt oder beantragt worden ist. **126**

5. Art. 24 Nr. 4 Satz 1 a.E.: Registrierungsfiktion

Art. 24 Nr. 4 Satz 1 a.E. stellt für die Bestimmung der Zuständigkeit in bestimmten Fällen die **Fiktion** einer erfolgten bzw. beantragten Registrierung bzw. Hinterlegung auf. Voraussetzung für den Eintritt dieser Fiktion ist dabei, dass die Registrierung bzw. Hinterlegung „aufgrund eines Unionsrechtsakts oder eines zwischenstaatlichen Übereinkommens als vorgenommen gilt". **127**

Diese Sonderregelung betrifft insbesondere Schutzrechte, die in den Anwendungsbereich des **Madrider Abkommens** über die Internationale Registrierung von Fabrik- oder Handelsmarken vom 14.4.1891 in der Fassung vom 14.7.1967[433] oder unter das **Haager Abkommen** über die Internationale Hinterlegung gewerblicher Muster oder Modelle vom 6.11.1925[434] fallen.[435] In diesen Fällen begründet nämlich die Hinterlegung bei *einer* zentralen Stelle – ähnlich dem europäischen (Bündel-)Patent[436] – ein national wirkendes gewerbliches Schutzrecht in jedem der Vertragsstaaten.[437] **128**

6. Art. 24 Nr. 4 Satz 2: Sonderregelung für europäische Patente

Hintergrund der **Ausnahmeregelung in Art. 24 Nr. 4 Satz 2** ist der Gedanke der Rechtsnähe.[438] Nach dieser erst im Zuge der „Umwandlung" des EuGVÜ in die EuGVVO a.F. im Jahr 2000 eingeführten Regel sind die Gerichte eines Mitgliedstaats in Bezug auf europäische Patente – nicht zu verwechseln mit den kommenden Europäischen Patenten mit einheitlicher Wirkung (sog. EU-Patente bzw. EPeW oder EEP)[439] – auch ohne Registrierung oder Hinterlegung **129**

---
[432] *Jenard*-Bericht, 1936, S. 36.
[433] BGBl. 1970 II S. 418.
[434] BGBl. 1962 II S. 775.
[435] S. dazu näher Rauscher/*Mankowski*, EuZPR, 4. Aufl. 2016, Art. 24 EuGVVO Rn. 118.
[436] Dazu sogleich näher Rn. 129 ff.
[437] S. auch Saenger/*Dörner*, ZPO, 6. Aufl. 2015, Art. 24 EuGVVO Rn. 23.
[438] *Kropholler/von Hein*, EuZPR, 9. Aufl. 2011, Art. 22 EuGVVO a.F. Rn. 43.
[439] Vgl. hierzu unten Rn. 132 f.

in gerade diesem Mitgliedstaat für alle dessen Erteilung oder Gültigkeit in diesem Mitgliedstaat betreffende Verfahren ausschließlich zuständig, wenn das jeweilige europäische Patent (auch) für den betreffenden Mitgliedstaat erteilt wurde. Denn die verschiedene Staaten betreffenden „Teile" eines europäischen Patents können unabhängig voneinander fortbestehen, für nichtig erklärt oder übertragen werden;[440] mithin ist auch ein europäisches Patent – anders als das vorerwähnte künftige EU-Patent – gerade nicht territorial unbegrenzt.

130 Wie bereits oben Rn. 112 dargestellt wird ein (dem Münchener Übereinkommen über die Erteilung europäischer Patente vom 5.10.1973[441] (EPÜ)) unterfallendes **europäisches Patent** in einem eigenständigen nationalen Verfahren in (nur) einem Vertragsstaat des EPÜ gleichsam als ein Bündel von in den einzelnen in der Anmeldung benannten Vertragsstaaten wirksamen Patenten erteilt (daher auch: **Bündelpatent**) und unterliegt gem. Art. 64 Abs. 3 EPÜ in jedem dieser Staaten denselben Vorschriften und zeitigt dieselben Wirkungen wie ein in diesem Staat erteiltes nationales Patent.[442]

131 Im Umkehrschluss aus Art. 24 Nr. 4 Satz 2 folgt, dass es für europäische Patente – bislang[443] – **keinen einheitlichen umfassenden Gerichtsstand** gibt, an dem das gesamte Patent europaweit einheitlich angegriffen werden kann.[444] Im Übrigen gilt Art. 24 Nr. 4 Satz 2 nur, soweit das EPÜ bzw. dessen Anerkennungsprotokoll keine besonderen und gem. Art. 71 Abs. 1 vorrangigen Zuständigkeits- und Anerkennungsbestimmungen enthält.[445]

7. Zuständigkeit des künftigen Einheitlichen Patentgerichts

132 Anlässlich der Einführung des sog. Europäischen Patents mit einheitlicher Wirkung im Wege der sog. Verstärkten Zusammenarbeit durch die Einheitspatent-VO,[446] welches anders als das o. g. europäische Patent eine einheitliche Wirkung in den teilnehmenden Mitgliedstaaten zeitigen wird (Art. 3 Abs. 1 Einheitspatent-VO),[447] wird derzeit ein **Einheitliches Patentgericht**[448] für die Regelung von Streitigkeiten über europäische Patente und Europäische Patente mit einheitlicher Wirkung errichtet (Art. 1 Abs. 1 EPGÜ[449]). Dieses Einheitli-

---

[440] S. etwa *Geimer*/Schütze, EuZVR, 3. Aufl. 2010, Art. 22 EuGVVO a.F. Rn. 245.
[441] Übereinkommen über die Erteilung europäischer Patente vom 5.10.1973, BGBl. 2007 II S. 1082, 1129; zur revidierten Fassung vom 29.11.2000 vgl. BGBl. 2007 II, S. 1082.
[442] S. nur *Osterrieth*, Patentrecht, 5. Aufl. 2015, Rn. 170.
[443] Zum künftigen sog. Einheitlichen Patentgericht, welches auch für bestimmte Streitigkeiten in Bezug auf europäische Patente sachlich zuständig sein wird, s. die folgenden Rn.
[444] *Rauscher*/*Mankowski*, EuZPR, 4. Aufl. 2016, Art. 24 EuGVVO Rn. 119.
[445] S. *Geimer*/Schütze, EuZVR, 3. Aufl. 2010, Art. 24 EuGVVO a.F. Rn. 244 ff., 250 ff.; Rauscher/*Mankowski*, EuZPR, 4. Aufl. 2016, Art. 24 EuGVVO Rn. 119.
[446] VO (EU) Nr. 1257/2012 des Europäischen Parlaments und Rates vom 17.12.2012 über die Umsetzung der Verstärkten Zusammenarbeit im Bereich der Schaffung eines einheitlichen Patentschutzes, ABl. (EU) Nr. L 361, S. 1.
[447] S. dazu etwa *Osterrieth*, Patentrecht, 5. Aufl. 2015, Rn. 204 ff.; *Luginbühl*, GRUR Int 2013, S. 305.
[448] Sog. Unified Patent Court, UPC, s. zum – sich durch den „Brexit" wohl erheblich verzögernden – Errichtungsstand etwa https://www.unified-patent-court.org/; vgl. auch die Kommentierung zu Art. 71a, Rn. 6 ff.
[449] Übereinkommen über ein einheitliches Patentgericht (2013/C 175/01) vom 19.2.2013, ABl. (EU) 2013 Nr. C 175, S. 1.

che Patentgericht soll in erster Instanz über Lokalkammern, Regionalkammern und eine Zentralkammer mit Hauptsitz in Paris sowie Abteilungen in London und München verfügen.[450] Insofern bleiben jedoch die Auswirkungen eines etwaigen Austritts des Vereinigten Königreichs aus der EU (sog. „**Brexit**")[451] abzuwarten.[452] So bedarf z.b. die Errichtung des Einheitlichen Patentgerichts der Zustimmung der drei Mitgliedstaaten mit den meisten Patentanmeldungen und damit an sich auch des Vereinigten Königreichs.[453] Theoretisch denkbar und – aus wirtschaftlicher Sicht – erstrebenswert wäre es sicherlich, das Vereinigte Königreich selbst im Falle eines „Brexit" am EU-Patentsystem im Wege z.b. eines völkerrechtlichen Vertrags weiter teilhaben zu lassen.[454]

Ausweislich von Art. 31 EGPÜ bestimmt sich die internationale Zuständigkeit **133** des Einheitlichen Patentgerichts „im Einklang mit der" EuGVVO. Insofern bestimmt Art. 71a Abs. 2 lit. a, dass das Einheitliche Patentgericht als ein sog. „gemeinsames Gericht"[455] im Sinne der EuGVVO gilt und damit gem. Art. 71a Abs. 1 als ein Gericht eines Mitgliedstaats. Gem. Art. 32 lit. d EPGÜ wird das Einheitliche Patentgericht sachlich u.a. für die grds. auch unter Art. 24 Nr. 4 zu subsumierende[456] **Nichtigerklärung von Patenten** ausschließlich zuständig sein. In derartigen Rechtsstreitigkeiten wird daher künftig in Bezug auf unter das EPGÜ fallende europäische Patente und Europäische Patente mit einheitlicher Wirkung die ausschließliche Zuständigkeit gem. Art. 24 Nr. 4 nicht mehr den Gerichten im Erteilungsstaat, sondern **gem. Art. 71b Nr. 1** dem Einheitlichen Patentgericht zufallen. Denn nach Art. 71b Nr. 1 tritt ein gemeinsames Gericht an die Stelle des an sich international zuständigen mitgliedstaatlichen Gerichts.[457] Anzumerken ist freilich, dass die meisten anderen der in Art. 32 EPGÜ genannten sachlichen Zuständigkeiten des Einheitlichen Patentgerichts sich nicht mit dem sachlichen Anwendungsbereich des Art. 24 Nr. 4 überschneiden.

8. Unionsmarken und Gemeinschaftsgeschmacksmuster

In Art. 24 Nr. 4 werden ausdrücklich sowohl **Marken**- als auch **134** (Geschmacks-)**Musterrechte** als Teil der dieser Vorschrift an sich unterfallenden gewerblichen Schutzrechte genannt. Allerdings finden die Zuständigkeitsregeln der EuGVVO gem. der ausdrücklichen Anordnung in **Art. 67** nur Anwendung, soweit nicht (u.a.) bestimmte vorrangige Bestimmungen in Unionsrechtsakten „für besondere Rechtsgebiete die gerichtliche Zuständigkeit [...] regeln". Diese Regelung gilt gleichermaßen für Vorschriften, die vor und nach dem Inkrafttre-

---

[450] *Osterrieth*, Patentrecht, 5. Aufl. 2015, Rn. 237 sowei Art. 6 Abs. 1 EPGÜ.
[451] Am 23.6.2016 votierte eine knappe Mehrheit (51,9 % bei einer Wahlbeteiligung von 72,2 %) der abstimmenden Bürger des Vereinigten Königreichs für einen Austritt ihres Landes aus der EU.
[452] Stand: 12.10.2016.
[453] *Ulrich*, GmbHR 2016, S. R 225 (R 226); *Tilmann*, GRUR 2016, S. 753.
[454] So z.B. *Ohl*, im Rahmen eines Vortrags zum Thema „Das Europäische Patent mit einheitlicher Wirkung und das Einheitliche Patentgericht" im Europäischen Patentamt am 7.10.2016 im Rahmen der Jahrestagung der Deutsch-Italienischen Juristenvereinigung.
[455] Vgl. die Kommentierung zu Art. 71a Rn. 6 ff.
[456] S. dazu oben Rn. 118.
[457] Vgl. die Kommentierung zu Art. 71b Rn. 3.

ten der EuGVVO erlassen worden sind und ist Ausdruck des Grundsatzes der Spezialität (*lex specialis derogat legi generali*).[458]

135 Derartige **vorrangige Bestimmungen** finden sich im sachlichen Anwendungsbereich des Art. 24 Nr. 4 v.a. für bestimmte Markenrechte – namentlich die sog. **Unionsmarke**[459] (früher: Gemeinschaftsmarke) – in Gestalt von Art. 97 ff. der Unionsmarken-VO[460] sowie für bestimmte Musterrechte – namentlich **Gemeinschaftsgeschmacksmuster** – in Art. 82 ff. der Gemeinschaftsgeschmacksmuster-VO.[461] Insofern sind in deren Anwendungsbereich die Zuständigkeitsregeln der EuGVVO (und damit grds. auch Art. 24 Nr. 4) verdrängt.

136 Indes **verweisen** sowohl die Unionsmarken-VO in ihrem Art. 94 Abs. 1 als auch die Gemeinschaftsgeschmacksmuster-VO in ihrem Art. 79 Abs. 1 u.a. in Bezug auf die Zuständigkeitsbestimmung hilfsweise auf die Vorschriften der EuGVVO a.F. (Unionsmarken-VO) bzw. das EuGVÜ (in der Gemeinschaftsgeschmacksmuster-VO) **zurück**, „soweit in dieser Verordnung nichts anderes bestimmt ist". Diese Verweisungen sind im Falle der Verweisung auf die EuGVVO a.F. gem. Art. 80 bzw. in Bezug auf die Verweisung auf das EuGVÜ gem. Art. 80 EuGVVO i.V.m. Art. 68 Abs. 2 EuGVVO a.F. nunmehr als **Verweisungen auf die Neufassung** der EuGVVO zu verstehen.[462] Insofern ist (jedenfalls) theoretisch[463] auch in Bezug auf Unionsmarken und Gemeinschaftsgeschmacksmuster – in Ermangelung im Einzelfall vorrangiger Bestimmungen in Art. 97 ff. Unionsmarken-VO bzw. Art. 82 ff. Gemeinschaftsgeschmacksmuster-VO – ein Rückgriff auf Art. 24 Nr. 4 denkbar.[464]

VI. Ausschließlicher Gerichtsstand bzgl. Zwangsvollstreckungsverfahren (Art. 24 Nr. 5)

137 Gem. Art. 24 Nr. 5 unterliegen Verfahren mit **unmittelbarem Bezug zu einer Zwangsvollstreckung** unabhängig von dem Wohnsitz der jeweiligen Parteien der ausschließlichen Zuständigkeit der Gerichte des jeweiligen Vollstreckungsstaates.

1. Normzweck

138 Stärker noch als bei Art. 24 Nr. 3[465] und Nr. 4[466] ist der ausschließliche Gerichtsstand in Nr. 5 Ausdruck der **Souveränitätsinteressen** der einzelnen

---
[458] S. die Kommentierung zu Art. 67 Rn. 4.
[459] Vgl. hierzu beispielhaft *Marten*, GRURInt 2016, S. 114.
[460] Verordnung (EG) Nr. 207/2009 des Rates vom 26.2.2009 über die Unionsmarke, ABl. (EU) 2009 Nr. L 78, S. 1.
[461] Verordnung (EG) Nr. 6/2002 des Rates vom 12.12.2001 über das Gemeinschaftsgeschmacksmuster, ABl. (EG) 2002 Nr. L 3, S. 1, ber. ABl. (EG) 2002 Nr. L 179, S. 31.
[462] S. beispielhaft BeckOK/*Gillert*, Stand 01.12.201, Markenrecht, Art. 94 Unionsmarken-VO Rn. 1.
[463] Vgl. etwa Saenger/*Dörner*, ZPO, 6. Aufl. 2015, Art. 24 EuGVVO Rn. 25: Art. 24 Nr. 4 sei neben den genannten Rechtsakten wohl „weitgehend bedeutungslos".
[464] Näher hierzu etwa Rauscher/*Mankowski*, EuZPR, 4. Aufl. 2016, Art. 24 EuGVVO Rn. 121 sowie *Kropholler/von Hein*, EuZPR, 9. Aufl. 2011, Art. 22 EuGVVO a.F. Rn. 58.
[465] S. oben Rn. 104.
[466] Vgl. oben Rn. 110.

Mitgliedstaaten im Sinne der EuGVVO. Denn Maßnahmen der Zwangsvollstreckung sind besonders plakative Formen der **Ausübung hoheitlicher Gewalt**,[467] gehen sie doch (anders als in der Regel die vorerwähnte Registerführung bzw. Erteilung gewerblicher Schutzrechte) potentiell sogar mit der Anwendung nicht nur hoheitlicher, sondern sogar tatsächlicher Gewalt einher. Die Gewährleistung eines funktionierenden Zwangsvollstreckungsapparates ist letztlich Konsequenz des Gewaltmonopols des Staates und gleichsam eine Vorbedingung des Verzichts auf bürgerliche Selbstjustiz. Überdies sind Maßnahmen der Zwangsvollstreckung grds. **territorial** auf das Hoheitsgebiet eines die Zwangsvollstreckung durchführenden Staates **beschränkt**.[468] Entsprechend können und sollten Vollstreckungsmaßnahmen – auch aus Gründen der **Rechtsnähe**[469] – nur vor den Gerichten des jeweiligen Vollstreckungsstaates vorgenommen und auch überprüft werden.[470] Dieses Gebot dürfte im Übrigen aus den eingangs genannten Gründen sogar als Bestandteil des **Völkergewohnheitsrechts** anzusehen sein.[471]

2. Sachlicher Anwendungsbereich

Für die Zwecke des – nach dem EuGH **eng** auszulegenden[472] – Art. 24 Nr. 5 **139** ist zunächst zwischen den Maßnahmen der „Zwangsvollstreckung aus Entscheidungen" selbst und den dem Zwangsvollstreckungsgerichtsstand in Art. 24 Nr. 5 unterfallenden Verfahren (oftmals: Rechtsbehelfen) zu **unterscheiden**,[473] da beide Begriffe nicht notwendigerweise gleichbedeutend sind.

Sowohl der Begriff der Zwangsvollstreckung als auch der darauf bezogenen **140** Verfahren ist grds. unionsrechtlich **autonom** zu definieren.[474] Wegen der vorerwähnten Territorialität von Zwangsvollstreckungsmaßnahmen sowie der diesbezüglich bestehenden Regelungsunterschiede zwischen den mitgliedstaatlichen Rechtssystemen[475] sollte dabei allerdings das jeweilige nationale Recht des betreffenden Vollstreckungsstaates mit berücksichtigt werden.[476]

---

[467] S. auch *Geimer*/Schütze, EuZVR, 3. Aufl. 2010, Art. 22 EuGVVO a.F. Rn. 264.
[468] Rauscher/*Mankowski*, EuZPR, 4. Aufl. 2016, Art. 24 EuGVVO Rn. 123; MünchKomm/*Gottwald*, ZPO, 4. Aufl. 2013, Art. 22 EuGVVO a.F. Rn. 45; s. jedoch BGH, 3.4.2014 – IX ZB 88/12, NJW 2014, S. 2798.
[469] *Geimer*/Schütze, EuZVR, 3. Aufl. 2010, Art. 22 EuGVVO a.F. Rn. 265.
[470] EuGH, 26.3.1992 – Rs. C-261/90, *Reichert u.a. ./. Dresdner Bank II*, Slg. 1992, I-2149 (ECLI:EU:C:1992:149), Rn. 26; *Schlosser*/Hess, EuZPR, 4. Aufl. 2015, Art. 24 EuGVVO Rn. 24; *Kropholler*/von Hein, EuZPR, 9. Aufl. 2011, Art. 22 EuGVVO a.F. Rn. 59.
[471] So insbesondere *Geimer*/Schütze, EuZVR, 3. Aufl. 2010, Art. 22 EuGVVO a.F. Rn. 1, 264 m.w.N.
[472] EuGH, 26.3.1992 – Rs. C-261/90, *Reichert u.a. ./. Dresdner Bank II*, Slg. 1992, I-2149 (ECLI:EU:C:1992:149), Rn. 24 f.; **a. A.** in Bezug auf den Begriff der Zwangsvollstreckungsmaßnahme Rauscher/*Mankowski*, EuZPR, 4. Aufl. 2016, Art. 24 EuGVVO Rn. 125.
[473] So implizit auch *Schlosser*/Hess, EuZPR, 4. Aufl. 2015, Art. 24 EuGVVO Rn. 25; beides gemeinsam behandelnd etwa *Kropholler*/von Hein, EuZPR, 9. Aufl. 2011, Art. 22 EuGVVO a.F. Rn. 61; MünchKomm/*Gottwald*, ZPO, 4. Aufl. 2013, Art. 22 EuGVVO a.F. Rn. 46 f.
[474] *Geimer*/Schütze, EuZVR, 3. Aufl. 2010, Art. 22 EuGVVO a.F. Rn. 266; *Kropholler*/von Hein, EuZPR, 9. Aufl. 2011, Art. 22 EuGVVO a.F. Rn. 61.
[475] Vgl. etwa *Geimer*/Schütze, EuZVR, 3. Aufl. 2010, Art. 22 EuGVVO a.F. Rn. 267.
[476] *Schlosser*/Hess, EuZPR, 4. Aufl. 2015, Art. 24 EuGVVO Rn. 24; *Saenger*/Dörner, ZPO, 6. Aufl. 2015, Art. 24 EuGVVO Rn. 26; **a. A.** *Geimer*/Schütze, EuZVR, 3. Aufl. 2010, Art. 22 EuGVVO a.F. Rn. 266.

a) Begriff der Zwangsvollstreckung

141 Bereits aus dem Wortlaut von Art. 24 Nr. 5 selbst („Zwangsvollstreckung aus Entscheidungen") ergibt sich, dass dem Unionsrecht eine **Unterscheidung zwischen Erkenntnis- und Zwangsvollstreckungsverfahren** geläufig ist.[477] Zwangsvollstreckung im Sinne von Art. 24 Nr. 5 liegt daher nur vor, wenn ein bereits *existenter*, in einem anderen Verfahren erwirkter *Titel* durchgesetzt werden soll.[478] Anders formuliert dienen die Maßnahmen der Zwangsvollstreckung dazu, in Ausübung hoheitlicher Gewalt zwangsweise einen vorher (entweder dauerhaft, i.e. rechtskräftig, oder temporär, d.h. noch anfechtbar) verbindlich festgestellten Soll-Zustand in Bezug auf die Zuordnung bestimmter Gegenstände herzustellen.

b) Art. 24 Nr. 5 unterfallende Verfahren

142 Dem ausschließlichen Zwangsvollstreckungsgerichtsstand des Art. 24 Nr. 5 unterfallen nur Verfahren, die „die Zwangsvollstreckung aus Entscheidungen zum Gegenstand haben". Nach dem EuGH sind darunter Verfahren zu verstehen, „die sich aus der Inanspruchnahme von Zwangsmitteln, insbesondere bei der Herausgabe oder Pfändung von beweglichen oder unbeweglichen Sachen im Hinblick auf die Vollstreckung von Entscheidungen oder Urkunden ergeben".[479] Aber auch z.B. die Forderungspfändung oder die Pfändung sonstiger Rechte bzw. Gegenstände ist davon naturgemäß umfasst. Entsprechend sind von Art. 24 Nr. 5 zunächst einmal Verfahren umfasst, die sich auf die **Durchführung und Rechtmäßigkeit** von (u.U. erst drohenden) Zwangsvollstreckungsmaßnahmen (etwa einer Pfändung oder Verwertung) beziehen.[480]

143 Aber auch Rechtsbehelfe gegen die **Zwangsvollstreckung an sich** bzw. solche, die die Vollstreckbarkeit des Titels insgesamt in Frage stellen, werden von Art. 24 Nr. 5 erfasst,[481] im deutschen Recht etwa – jedenfalls grds.[482] – die Vollstreckungsgegenklage gem. § 767 ZPO[483] sowie die Drittwiderspruchsklage im Sinne von § 771 ZPO.[484] Schließlich ist der Zwangsvollstreckungsgerichtsstand nicht nur für Klagen im technischen Sinn eröffnet,[485] sondern auch für

---

[477] Musielak/Voit/*Stadler*, ZPO, 13. Aufl. 2016, Art. 24 EuGVVO Rn. 11; Rauscher/*Mankowski*, EuZPR, 4. Aufl. 2016, Art. 24 EuGVVO Rn. 131.

[478] So etwa Saenger/*Dörner*, ZPO, 6. Aufl. 2015, Art. 24 EuGVVO Rn. 27; ähnlich Rauscher/*Mankowski*, EuZPR, 4. Aufl. 2016, Art. 24 EuGVVO Rn. 131 („dienen der zwangsweisen Verwirklichung des [durch ein vorangegangenes Erkenntnisverfahren] definierten rechtmäßigen Zustands").

[479] EuGH, 26.3.1992 – Rs. C-261/90, *Reichert u.a. ./. Dresdner Bank II*, Slg. 1992, I-2149 (ECLI:EU:C:1992:149), Rn. 27.

[480] S. nur Rauscher/*Mankowski*, EuZPR, 4. Aufl. 2016, Art. 24 EuGVVO Rn. 126; *Schlosser*/Hess, EuZPR, 4. Aufl. 2015, Art. 24 EuGVVO Rn. 24.

[481] Saenger/*Dörner*, ZPO, 6. Aufl. 2015, Art. 24 EuGVVO Rn. 27; *Geimer*/Schütze, EuZVR, 3. Aufl. 2010, Art. 22 EuGVVO a.F. Rn. 268.

[482] Dies gilt nicht, wenn die Vollstreckungsabwehrklage lediglich mit einer Aufrechnung gegen die zu vollstreckende Forderung begründet wird; s. dazu unten Rn. 147 ff.

[483] EuGH, 4.7.1985 – Rs. 220/84, *AS-Autoteile ./. Mahlé*, Slg. 1985, 2267 (ECLI:EU:C:1985:302), Rn. 12; OLG Jena, 17.2.2010 – 1 WF 265/09, NJOZ 2010, S. 2400 (2401); **a.A.** etwa *Halfmeier*, IPRax 2007, S. 381 (385).

[484] OLG Hamm, 11.4.2000 – 19 U 146/99, NJW-RR 2001, S. 1575; Rauscher/*Mankowski*, EuZPR, 4. Aufl. 2016, Art. 24 EuGVVO Rn. 126.

[485] *Geimer*/Schütze, EuZVR, 3. Aufl. 2010, Art. 22 EuGVVO a.F. Rn. 271.

sonstige Verfahren wie im deutschen Recht etwa die Vollstreckungserinnerung gem. § 766 ZPO[486] oder Anträge auf Vollstreckungsschutz (d.h. auf Einschränkung oder Einstellung der Zwangsvollstreckung) z.B. gem. §§ 719 und 765a ZPO[487] (vgl. den Wortlaut „Verfahren"). Auch die Vorzugsklage gem. § 805 ZPO[488] sowie die Widerspruchsklage im Sinne von § 878 ZPO[489] fallen grds. unter Art. 24 Nr. 5.

c) Nicht unter Art. 24 Nr. 5 fallende Verfahren

Nicht unter Art. 24 Nr. 5 fallen hingegen Verfahren, die nur **mittelbar** eine 144 Zwangsvollstreckung bzw. Vollstreckungsmaßnahmen betreffen.[490] Denn anders als bei Art. 24 Nr. 4[491] erfasst der Zwangsvollstreckungsgerichtsstand nicht auch Verfahren, in denen sich die Frage der Rechtmäßigkeit einer Zwangsvollstreckung bzw. der Zwangsvollstreckungsmaßnahme lediglich als Vorfrage stellt.[492] Daher können etwa sog. **Auskehrungsklagen** nach rechtswidriger Zwangsvollstreckung[493] ebenso wenig am Gerichtsstand des Art. 24 Nr. 5 erhoben werden wie **Schadensersatzklagen** wegen ungerechtfertigter Vollstreckung (im deutschen Recht z.B. gem. §§ 717 Abs. 2 oder § 945 ZPO)[494] bzw. Klagen auf **Rückzahlung** von Leistungen zur Abwendung der Zwangsvollstreckung. Derartige Verfahren dienen gerade nicht der Zwangsvollstreckung aus Entscheidungen, sondern sollen lediglich deren Folgen rückgängig machen.[495] Auch eine **Abänderungsklage** nach § 323 ZPO hat keinen unmittelbaren Bezug zur Zwangsvollstreckung und fällt daher nicht unter Art. 24 Nr. 5.[496]

Nach dem oben Rn. 141 Gesagten fallen naturgemäß auch Verfahren, die 145 die Voraussetzungen der Vollstreckung (etwa den Vollstreckungstitel selbst) **erst schaffen**, nicht in den sachlichen Anwendungsbereich von Art. 24 Nr. 5.[497] Dies trifft z.B. auf Verfahren mit Ziel einer Verurteilung zur **Duldung der Zwangsvollstreckung**[498] sowie auf Insolvenz- oder Gläubigeranfechtungsklagen zu,[499] wie der EuGH bereits im Jahr 1992 (allerdings in Bezug auf das

---

[486] *Kropholler/von Hein*, EuZPR, 9. Aufl. 2011, Art. 22 EuGVVO a.F. Rn. 61.
[487] S. nur *Saenger/Dörner*, ZPO, 6. Aufl. 2015, Art. 24 EuGVVO Rn. 28; *Rauscher/Mankowski*, EuZPR, 4. Aufl. 2016, Art. 24 EuGVVO Rn. 126.
[488] *Musielak/Voit/Stadler*, ZPO, 13. Aufl. 2016, Art. 24 EuGVVO Rn. 11.
[489] *MünchKomm/Gottwald*, ZPO, 4. Aufl. 2013, Art. 22 EuGVVO a.F. Rn. 47.
[490] *Geimer/Schütze*, EuZVR, 3. Aufl. 2010, Art. 22 EuGVVO a.F. Rn. 272.
[491] Dazu näher oben Rn. 122ff.
[492] S. OLG Hamm, 11.4.2000 – 19 U 146/99, NJW-RR 2001, S. 1575.
[493] OLG Hamm, 11.4.2000 – 19 U 146/99, NJW-RR 2001, S. 1575; *Musielak/Voit/Stadler*, ZPO, 13. Aufl. 2016, Art. 24 EuGVVO Rn. 11.
[494] *Kropholler/von Hein*, EuZPR, 9. Aufl. 2011, Art. 22 EuGVVO a.F. Rn. 62; *Geimer/Schütze*, EuZVR, 3. Aufl. 2010, Art. 22 EuGVVO a.F. Rn. 272; *Rauscher/Mankowski*, EuZPR, 4. Aufl. 2016, Art. 24 EuGVVO Rn. 132; **a. A.** (analoge Anwendung) *Schlosser/Hess*, EuZPR, 4. Aufl. 2015, Art. 24 EuGVVO Rn. 24, 25.
[495] OLG Hamm, 11.4.2000 – 19 U 146/99, NJW-RR 2001, S. 1575.
[496] *Schlosser*-Bericht, 1979, Rn. 107; *Rauscher/Mankowski*, EuZPR, 4. Aufl. 2016, Art. 24 EuGVVO Rn. 131 („actiones Paulianae").
[497] *Rauscher/Mankowski*, EuZPR, 4. Aufl. 2016, Art. 24 EuGVVO Rn. 131.
[498] Eine derartige Klage fällt in Bezug auf unbewegliche Sachen vielmehr unter den dinglichen Gerichtsstand gem. Art. 24 Nr. 1 Satz 1, s. etwa BGH, 18.9.2013 – V ZB 163/12, RIW 2014, S. 78, Rn. 15, *Schlosser/Hess*, EuZPR, 4. Aufl. 2015, Art. 24 EuGVVO Rn. 26.
[499] *Schlosser/Hess*, EuZPR, 4. Aufl. 2015, Art. 24 EuGVVO Rn. 26; *Rauscher/Mankowski*, EuZPR, 4. Aufl. 2016, Art. 24 EuGVVO Rn. 131.

französischen Recht) entschieden hat.[500] Ebenso wenig können eine **negative Feststellungsklage**[501] bzw. eine z.b. auf § 826 BGB gestützte Klage jeweils zur Abwehr einer Zwangsvollstreckung[502] am Zwangsvollstreckungsgerichtsstand erhoben werden.

146 Nicht unter Art. 24 Nr. 5 fallen schließlich Verfahren, die lediglich der **Vorbereitung oder Erleichterung** einer kommenden Zwangsvollstreckung dienen, etwa die eidesstattliche Offenbarungsversicherung gem. §§ 807 oder 899 ZPO[503] sowie grds. auch Anordnungen, die ihrerseits noch der Vollstreckung bedürfen (z. B. Anordnungen gem. §§ 887, 888 und 890 ZPO).[504]

d) Aufrechnung und Zwangsvollstreckungsgerichtsstand

147 Wie oben Rn. 143 dargestellt, fällt eine **Vollstreckungsabwehrklage** (im deutschen Recht gem. § 767 ZPO) grds. in den Kreis der von Art. 24 Nr. 5 erfassten Verfahren. Dies gilt jedoch **nicht bedingungslos**: So hat der EuGH bereits im Jahr 1985 in der Rechtssache *AS-Autoteile*[505] entschieden, dass eine Vollstreckungsabwehrklage zwar *per se* durchaus unter die Regelung des Art. 24 Nr. 5 falle, dieser Gerichtsstand jedoch **nicht eingreife**, wenn die Klage **lediglich mit einer Aufrechnung** gegen die zu vollstreckende Forderung **begründet werde**.[506] Eine derartige Vollstreckungsabwehrklage kann nach dem Gerichtshof nicht am Zwangsvollstreckungsgerichtsstand erhoben werden, sondern nur vor einem gem. Art. 4 ff. für die selbständige Beurteilung der Aufrechnungsforderung zuständigen Prozessgericht.

148 Dies steht nur scheinbar im Widerspruch zu der späteren Entscheidung des EuGH in der Rechtssache *Danværn* aus dem Jahr 1995. Dort hat der EuGH für die **Prozessaufrechnung**[507] entschieden, dass deren Voraussetzungen, auch in Bezug auf die Zuständigkeit, im Anwendungsbereich der EuGVVO nur nach nationalem Recht zu beurteilen seien.[508] Damit kann in der EuGVVO unterfallenden Verfahren grds. auch mit Forderungen aufgerechnet werden, für deren selbständige Entscheidung das jeweilige Prozessgericht gar nicht (jedenfalls nach der EuGVVO) zuständig wäre.[509] Diese Entscheidung betrifft indes nur die Aufrechnung als bloßes Verteidigungsmittel gegen eine andere (Haupt-)Klageforderung, während die Aufrechnung im Falle einer auf die Aufrechnung gegen die zu

---

[500] EuGH, 26.3.1992 – Rs. C-261/90, *Reichert u.a. ./. Dresdner Bank II*, Slg. 1992, I-2149 (ECLI:EU:C:1992:149), Rn. 28.
[501] öOGH, 5.1.1998, JBl. 1998, S. 381 = IPRax 1999, S. 47 (50).
[502] *Schlosser*/Hess, EuZPR, 4. Aufl. 2015, Art. 24 EuGVVO Rn. 26.
[503] Rauscher/*Mankowski*, EuZPR, 4. Aufl. 2016, Art. 24 EuGVVO Rn. 130.
[504] *Kropholler*/*von Hein*, EuZPR, 9. Aufl. 2011, Art. 22 EuGVVO a.F. Rn. 61; **a. A.** *Schlosser*/Hess, EuZPR, 4. Aufl. 2015, Art. 24 EuGVVO Rn. 25; offengelassen von BGH, 03.08. 2009 – I ZB 43/08, NJW-RR 2010, S. 279 (280).
[505] EuGH, 4.7.1985 – Rs. 220/84, *AS-Autoteile ./. Mahlé*, Slg. 1985, 2267 (ECLI:EU:C:1985:302), Rn. 17; **kritisch** insofern Rauscher/*Mankowski*, EuZPR, 4. Aufl. 2016, Art. 24 EuGVVO Rn. 127; **zustimmend** Musielak/Voit/*Stadler*, ZPO, 13. Aufl. 2016, Art. 24 EuGVVO Rn. 11.
[506] So jüngst auch BGH, 3.4.2014 – IX ZB 88/12, NJW 2014, S. 2798.
[507] Ausführlich oben, Vorb. Art. 4 ff. Rn. 26 ff.
[508] EuGH, 13.7.1995 – Rs. C-341/93, *Danværn Production A/S ./. Schuhfabriken Otterbeck GmbH & Co.*, Slg. 1995, I-2053 (ECLI:EU:C:1995:239), Rn. 18.
[509] Dazu näher oben Vorb. Art. 4 ff. Rn. 26 ff. (insbesondere Rn. 30 ff.).

vollstreckende Forderung gestützten Vollstreckungsabwehrklage das **eigentliche Angriffsmittel** darstellt.

3. Anknüpfungspunkt: Ort der Zwangsvollstreckung

Anknüpfungspunkt des ausschließlichen Zwangsvollstreckungsgerichtsstands ist der Ort, an dem die jeweilige Zwangsvollstreckung durchgeführt wurde bzw. werden soll. Dieser Ort muss für die Anwendbarkeit von Art. 24 Nr. 5 zwingend in einem **Mitgliedstaat** im Sinne der EuGVVO belegen sein. Im Falle einer erst drohenden Zwangsvollstreckung bestimmt sich der Ort des drohenden Zwangsvollstreckungsverfahrens nach dem jeweiligen nationalen Verfahrensrecht.[510] 149

Abschnitt 7 Vereinbarung über die Zuständigkeit

Artikel 25 [Zulässigkeit und Form von Gerichtsstandsvereinbarungen]

(1) Haben die Parteien unabhängig von ihrem Wohnsitz vereinbart, dass ein Gericht oder die Gerichte eines Mitgliedstaats über eine bereits entstandene Rechtsstreitigkeit oder über eine künftige aus einem bestimmten Rechtsverhältnis entspringende Rechtsstreitigkeit entscheiden sollen, so sind dieses Gericht oder die Gerichte dieses Mitgliedstaats zuständig, es sei denn, die Vereinbarung ist nach dem Recht dieses Mitgliedstaats materiell nichtig. Dieses Gericht oder die Gerichte dieses Mitgliedstaats sind ausschließlich zuständig, sofern die Parteien nichts anderes vereinbart haben. Die Gerichtsstandsvereinbarung muss geschlossen werden:
a) schriftlich oder mündlich mit schriftlicher Bestätigung,
b) in einer Form, welche den Gepflogenheiten entspricht, die zwischen den Parteien entstanden sind, oder
c) im internationalen Handel in einer Form, die einem Handelsbrauch entspricht, den die Parteien kannten oder kennen mussten und den Parteien von Verträgen dieser Art in dem betreffenden Geschäftszweig allgemein kennen und regelmäßig beachten.

(2) Elektronische Übermittlungen, die eine dauerhafte Aufzeichnung der Vereinbarung ermöglichen, sind der Schriftform gleichgestellt.

(3) Ist in schriftlich niedergelegten Trust-Bedingungen bestimmt, dass über Klagen gegen einen Begründer, Trustee oder Begünstigten eines Trust ein Gericht oder die Gerichte eines Mitgliedstaats entscheiden sollen, so ist dieses Gericht oder sind diese Gerichte ausschließlich zuständig, wenn es sich um Beziehungen zwischen diesen Personen oder ihre Rechte oder Pflichten im Rahmen des Trust handelt.

(4) Gerichtsstandsvereinbarungen und entsprechende Bestimmungen in Trust-Bedingungen haben keine rechtliche Wirkung, wenn sie den Vorschriften der

---

[510] S. auch Rauscher/*Mankowski*, EuZPR, 4. Aufl. 2016, Art. 24 EuGVVO Rn. 135 f.

B Vor I 7 Art. 25 VO (EU) Nr. 1215/2012

Artikel 15, 19 oder 23 zuwiderlaufen oder wenn die Gerichte, deren Zuständigkeit abbedungen wird, aufgrund des Artikels 24 ausschließlich zuständig sind.

(5) Eine Gerichtsstandsvereinbarung, die Teil eines Vertrags ist, ist als eine von den übrigen Vertragsbestimmungen unabhängige Vereinbarung zu behandeln. Die Gültigkeit der Gerichtsstandsvereinbarung kann nicht allein mit der Begründung in Frage gestellt werden, dass der Vertrag nicht gültig ist.

EuGH-Rechtsprechung: EuGH, 14.12.1976 – Rs. 24/76, *Colzani* ./. *Rüwa*, Slg. 1976, 1831 (ECLI:EU:C:1976:177)

EuGH, 14.12.1976 – Rs. 25/76, *Galeries Segoura SPRL* ./. *Bonakdarian*, Slg. 1976, 1851 (ECLI:EU:C:1976:178)

EuGH, 9.11.1978 – Rs. 23/78, *Meeth* ./. *Glacetal*, Slg. 1978, 2133 (ECLI:EU:C:1978:198)

EuGH, 13.11.1979 – Rs. 25/79, *Sanicentral* ./. *Collin*, Slg. 1979, 3423 (ECLI:EU:C:1979:255)

EuGH, 24.6.1981 – Rs. 150/80, *Elefanten Schuh GmbH* ./. *Jacqmain*, Slg. 1981, 1671 (ECLI:EU:C:1981:148)

EuGH, 19.6.1984 – Rs. 71/83, *Russ* ./. *Nova*, Slg. 1984, 2417 (ECLI:EU:C:1984:217)

EuGH, 7.3.1985 – Rs. 48/84, *Spitzley* ./. *Sommer Exploitation SA*, Slg. 1985, 787 (ECLI:EU:C:1985:105)

EuGH, 11.7.1985 – Rs. 221/84, *Berghoeffer GmbH & Co. KG* ./. *ASA SA*, Slg. 1985, 2699 (ECLI:EU:C:1985:337)

EuGH, 11.11.1986 – Rs. 313/85, *Iveco Fiat Spa* ./. *Van Hool S.A.*, Slg. 1986, 3337 (ECLI:EU:C:1986:423)

EuGH, 10.3.1992 – Rs. C-214/89, *Powell Duffryn Plc* ./. *Petereit*, Slg. 1992, I-1745 (ECLI:EU:C:1992:115)

EuGH, 6.12.1994 – Rs. C-406/92, *Tatry* ./. *Maciej Rataj*, Slg. 1994, I-5439 (ECLI:EU:C:1994:400)

EuGH, 13.7.1995 – Rs. C-341/93, *Danvaern Production A.S.* ./. *Schuhfabriken Otterbeck GmbH & Co*, Slg. 1995, I-2053 (ECLI:EU:C:1995:239)

EuGH, 20.2.1997 – Rs. C-106/95, *MSG Mainschiffahrts-Genossenschaft eG* ./. *Les Gravières Rhénanes SARL*, Slg. 1997, I-911 (ECLI:EU:C:1997:70)

EuGH, 3.7.1997 – Rs. C-269/95, *Benincasa* ./. *Dentalkit Srl.*, Slg. 1997, I-3767 (ECLI:EU:C:1997:337)

EuGH, 16.3.1999 – Rs. C-159/97, *Trasporti Castelletti Spedizioni Internazionali SpA ./. Trumpy SpA*, Slg. 1999, I-1597 (ECLI:EU:C:1999:142)

EuGH, 27.6.2000 – Rs. C-240/98, C-244/98, *Océano Grupo Editorial SA ./. Quintero*, Slg. 2000, I-4941 (ECLI:EU:C:2000:346)

EuGH, 9.11.2000 – Rs. C-387/98, *Coreck Maritime GmbH ./. Handelsveem BV u.a.*, Slg. 2000, I-9337 (ECLI:EU:C:2000:606)

EuGH, 9.12.2003 – Rs. C-116/02, *Erich Gasser GmbH ./. MISAT Srl.*, Slg. 2003, I-14693 (ECLI:EU:C:2003:657)

EuGH, 27.4.2004 – Rs. C-159/02, *Turner ./. Grovit*, Slg. 2004, I-3565 (ECLI:EU:C:2004:228)

EuGH, 1.3.2005 – Rs. C-281/02, *Owusu ./. Jackson*, Slg. 2005, I-1383 (ECLI:EU:C:2005:120)

EuGH, 10.2.2009 – Rs. C-185/07, *Allianz SpA ./. Westtankers Inc.*, Slg. 2009, I-663 (ECLI:EU:C:2009:69)

EuGH, 4.6.2009 – Rs. C-243/08, *Panon GSM Zrt. ./. Györfi*, Slg. 2009, I-4713 (ECLI:EU:C:2009:350)

EuGH, 19.7.2012 – Rs. C-154/11, *Mahamdia ./. Algerien*, ECLI:EU:C:2012:491

EuGH, 15.11.2012 – Rs. C-456/11, *Gothaer Allgemeine Versicherung AG u.a. ./. Samskip GmbH*, ECLI:EU:C:2012:719

EuGH, 7.2.2013 – Rs. C-543/10, *Refcomp SpA ./. Axa Corporate Solutions Assurance SA, u.a.*, ECLI:EU:C:2013:62

EuGH, 21.5.2015 – Rs. C-322/14, *El Majdoub ./. CarsOnTheWeb.Deutschland GmbH*, ECLI:EU:C:2015:334

EuGH, 21.5.2015 – Rs. C-352/13, *CDC Hydrogen Peroxide S.A. ./. Akzo Nobel NV*, ECLI:EU:C:2015:335

EuGH, 20.4.2016 – Rs. C-366/13, *Profit Investment SIM ./. Ossi u.a.*, ECLI:EU:C:2016:282

EuGH, 7.8.2016 – Rs. C-222/15, *Höszig Kft. ./. Alstom Power*, ECLI:EU:C:2016:525

Schrifttum: *Bach, Ivo*, Deine Rechtskraft? Meine Rechtskraft!, EuZW 2013, S. 56; *Ballesteros, Mónica Herranz*, The Regime of Party Autonomy in the Brussel I Recast: the Solutions Adopted for Agreements on Jurisdiction, J.Priv.Int.L. 10 (2014), S. 291; *Beaumont, Paul*, Hague Choice of Court Agreements Convention 2005: Background, Negotiations, Analysis and Current Status, J. Priv. Int. L. 5 (2009), S. 125; *Bläsi, Martin*, Das Haager Übereinkommen über Gerichtsstandsvereinbarungen. Unter besonderer Berücksichtigung seiner zu erwartenden Auswirkungen auf den deutsch-amerikanischen Rechtsverkehr, 2010; *Briggs, Adrian*, Agreements on Jurisdiction and Choice of Law, 2008; *Bříza, Petr*, Choice-of-Court Agreements: Could the Hague Choice of Court Agreements Convention and the Reform of the Brussels I Regulation Be the Way Out of the Gasser-Owusu Disillusion?, J. Priv. Int. L. 5 (2009), S. 537–563; *Burgstaller, Alfred; Neumayr, Matthias*, Beobachtungen zu Grenzfragen der internationalen Zuständigkeit: Von forum non conveniens bis Notzuständigkeit, in: Grenzüberschreitungen. Beiträge zum Internationalen Verfahrensrecht und zur Schiedsgerichtsbarkeit. Festschrift für Peter Schlosser zum 70. Geburtstag, 2005, Bachmann, Birgit; Breidenbach, Stephan; Coester-Waltjen, Dagmar; u.a. (Hrsg.), S. 119; *Coester-Waltjen, Dagmar*, Die Bedeutung des EuGVÜ und des Luganer Abkommens für Drittstaaten, in: Festschrift für Hideo Nakamura zum 70. Geburtstag am 2. März 1996, 1996, Heldrich, Andreas; Uchida, Takeyoshi (Hrsg.), S. 9; *dies.*, Parteiautonomie in der internationalen Zuständigkeit, in: Festschrift für Andreas Heldrich zum 70. Geburtstag, 2005, Lorenz, Stephan; Trunk, Alexander; Eidenmüller, Horst; u.a. (Hrsg.), S. 549; *Domej, Tanja*, Die Neufassung der EuGVVO, Quantensprünge im europäischen Zivilprozessrecht, RabelsZ 78 (2014), S. 508; *Eichel, Florian*, AGB-Gerichtsstandsklauseln im deutsch-amerikanischen Handelsverkehr. Zugleich ein Beitrag zum Einfluss des Haager Übereinkommens über Gerichtsstandsvereinbarungen vom 30.6.2005, 2007; *ders.*, Das Haager Übereinkommen über Gerichtsstandsvereinbarungen auf dem Weg zur Ratifikation und zum Inkrafttreten, GPR 2014, S. 159; *Fentiman, Richard*, Parallel Proceedings and Jurisdiction Agreements in Europe, in: Vareilles-Sommières, Pascal de (Hrsg.), Forum Shopping in the European Judicial Area, Oxford u.a. 2007, S. 27; *Forner-Delaygua, Quim*, Changes to jurisdiction based on exclusive jurisdiction agreements under the Brussels I Regulation Recast, J.Priv.Int.L. 11 (2015), S. 379; *Freitag, Robert*, Halbseitig ausschließliche Gerichtsstandsvereinbarungen unter der Brüssel I-VO, in: Festschrift für Ulrich Magnus zum 70. Geburtstag, Mankowski, Peter; Wurmnest, Wolfgang (Hrsg.), 2014, S. 419; *Gebauer, Martin*, Das Prorogationsstatut im Europäischen Zivilprozessrecht, in: Grenzen überwinden – Prinzipien bewahren. Festschrift für Bernd v. Hoffmann zum 70. Geburtstag, Kronke, Herbert; Thorn, Karsten (Hrsg.), 2011, S. 577; *ders.*, Zur subjektiven Reichweite von Schieds- und Gerichtsstandsvereinbarungen – Maßstab und anwendbares Recht, in: Ars Aequi et Boni in Mundo, Festschrift für Rolf A. Schütze zum 80. Geburtstag, 2014, Geimer, Reinhold; Kaissis, Athanassios; Thümmel, Roderich C. (Hrsg.), S. 95; *Geimer, Reinhold*, Zuständigkeitsvereinbarungen zugunsten und zu Lasten Dritter, NJW 1985, S. 533; *Gsell, Beate*, Die Zulässigkeit von Gerichtsstandsvereinbarungen mit Verbraucherbeteiligung und Drittstaatenbezug unter der neuen EuGVO, in: Zwischenbilanz, Festschrift für Dagmar Coester-Waltjen zum 70. Geburtstag, 2015, Hilbig-Lugani, Katharina; Jakob, Dominique; Mäsch, Gerald, u.a. (Hrsg.), S. 403; *Hau, Wolfgang*, Zu den Voraussetzungen gepflogenheitsgemäßer Einbeziehung von AGB-Gerichtsstandsklauseln, IPRax 2005 S. 301; *Hartley, Trevor C.; Dogauchi, Masato*, Explanatory Report on the 2005 Hague Choice of Court Agreements Convention <http://www.hcch.net/upload/expl37e.pdf>; *Heinig, Jens*, Die Konkurrenz der EuGVVO mit dem übrigen Gemeinschaftsrecht, GPR 2010, S. 36; *ders.*, Grenzen von Gerichtsstandsvereinbarungen im Europäischen Zivilprozessrecht, 2010; *Heinze, Christian*, Choice of Court Agreements, Coordination of Proceedings and Provisional Measures in the Reform of the Brussels I Regulation, RabelsZ 75 (2011), S. 581; *Heinze, Christian; Dutta, Anatol*, Ungeschriebene Grenzen für europäische Zuständigkeiten bei Streitigkeiten mit Drittstaatenbezug (zu EuGH, 1.3.2005 – Rs. C-281/ 02 – Owusu ./. Jackson), IPRax 2005, S. 224; *Hohmeier, Dirk*, Zur Privilegierung ausschließlicher Zuständigkeitsvereinbarungen durch die Brüssel Ia-VO, IHR 2014, S. 217; *Huber, Peter*, Das Haager Übereinkommen über Gerichtsstandsvereinbarungen, IPRax 2016, S. 197; *Internationale Handelskammer*, Jurisdictional Certainty Is Essential in International Contracts,

2003, http://www.iccwbo.org/News/Articles/2003/Jurisdictional-certainty-is-essential-in-international-contracts/; *Joseph, David,* Jurisdiction and Arbitration Agreements and their Enforcement, 2005; *Illmer, Martin,* Anti-suit injunction und nicht ausschließliche Gerichtsstandsvereinbarungen, IPRax 2012, S. 406; *Keyes, Mary; Marshall, Brook Adele,* Jurisdiction agreements: exclusive, optional and asymmetrical, J.Priv.Int.L. 11 (2015), S. 345; *Klöpfer, Matthias,* Unionsautonome Rechtskraft klageanweisender Prozessurteile – Paradigmenwechsel im Europäischen Zivilverfahrensrecht, GPR 2015, S. 210; *Köster, Thomas,* Haftung wegen Forum Shopping in den USA, 2001; *Kröll, Stefan,* Gerichtsstandsvereinbarungen aufgrund Handelsbrauchs im Rahmen des GVÜ, ZZP 113 (2000), S. 135; *Lehmann, Matthias; Grimm, Alexander,* Zulässigkeit asymmetrischer Gerichtsstandsvereinbarungen nach Artikel 23 Brüssel I-VO, ZEuP 2013, S. 89; *Lindacher, Walter F.,* Internationale Gerichtsstandsklauseln in AGB unter dem Geltungsregime von Brüssel I. Das Erfordernis tatsächlicher Willenseinigung: Postulat und Postulatsfolgerungen, in: Grenzüberschreitungen. Beiträge zum Internationalen Verfahrensrecht und zur Schiedsgerichtsbarkeit. Festschrift für Peter Schlosser zum 70. Geburtstag, Bachmann, Birgit; Breidenbach, Stephan; Coester-Waltjen, Dagmar; u.a. (Hrsg.), 2005, S. 491; *McClean, David,* The Hague Conference's Judgments Project, in: Reform and Development of Private International Law. Essays in Honour of Sir Peter North, 2002, Fawcett, James (Hrsg.), S. 255; *Magnus, Ulrich,* Gerichtsstandsvereinbarungen unter der reformierten EuGVO, in: Festschrift für Dieter Martiny zum 70. Geburtstag, Witzleb, Normann; Ellger, Reinhard; Mankowski, Peter, u.a. (Hrsg.), 2014, S. 785; *Mankowski, Peter,* Ist eine vertragliche Absicherung von Gerichtsstandsvereinbarungen möglich?, IPRax 2009, S. 23; *Micklitz, Hans-W. / Rott, Peter,* Vergemeinschaftung des EuGVÜ in der Verordnung (EG) Nr. 44/2001, EuZW 2001, S. 325; *Naumann, Ingrid,* Englische anti-suit injunctions zur Durchsetzung von Schiedsvereinbarungen, 2008; *Nordmeier, Carl Friedrich,* Internationales Gerichtsstandsvereinbarungen nach der EuGVVO n.F., RIW 2016, S. 331; *Nunner-Krautgasser, Bettina,* Die Neuregelung der ausschließlichen Gerichtsstandsvereinbarung in der EuGVVO, ZZP 127 (2014), S. 461; *Peiffer, Evgenia,* Schutz gegen Klagen im forum derogatum. Gültigkeit und Durchsetzbarkeit von Gerichtsstandsvereinbarungen im internationalen Rechtsverkehr. Eine rechtsvergleichende Untersuchung unter Berücksichtigung ökonomischer Aspekte, 2013; *Pfeiffer, Thomas,* Die Absicherung von Gerichtsstandsvereinbarungen durch Vereinbarung eines materiell-rechtlichen Kostenerstattungsanspruchs, in: Facetten des Verfahrensrechts. Liber amicorum Walter F. Lindacher zum 70. Geburtstag, 2007, Hau, Wolfgang; Schmidt, Hubert (Hrsg.) 2007, S. 77; *Queirolo, Ilaria,* Choice of Court Agreements in the New Brussels I-bis Regulation: A Critical Appraisal, YPIL 15 (2013/2014), S. 113; *Ratković, Tena; Rotar, Zgrabljić Dora,* Choice-of-Court Agreements under the Brussels I Regulation (Recast), J.Priv.Int.L. 9 (2013), S. 245; *Redmann, Christoph,* Ordre public-Kontrolle von Gerichtsstandsvereinbarungen, 2005; *Roth, Herbert,* Europäischer Rechtskraftbegriff im Zuständigkeitsrecht?, IPRax 2014, S. 136; *Saenger, Ingo,* Internationale Gerichtsstandsvereinbarungen nach EuGVÜ und LugÜ, ZZP 110 (1997), S. 477; *Sandrock, Otto,* Prorogierter Gerichtsstand in Deutschland, Kosten in den USA: Erstattungsfähigkeit in Deutschland?, RIW 2004, S. 809; *ders.,* Schuldenschnitte fremder Staaten vor deutschen Gerichten, RIW 2016, S. 549; *Schaper, Martin; Eberlein, Carl-Philipp,* Die Behandlung von Drittstaaten-Gerichtsstandsvereinbarungen vor europäischen Gerichten – de lege lata und de lege ferenda, RIW 2012, S. 43; *Simotta, Daphne-Ariane,* Zur materiellen Nichtigkeit von Gerichtsstandsvereinbarungen (Art. 25 Abs. 1 S. 1 EuGVVO), in: Ars Aequi et Boni in Mundo, Festschrift für Rolf A. Schütze zum 80. Geburtstag, 2014, Geimer, Reinhold; Kaissis, Athanassios; Thümmel, Roderich C. (Hrsg.), S. 541; *Tsikrikas, Dimitrios,* Über die Bindungswirkung von Gerichtsstandsvereinbarungen in grenzüberschreitenden Streitigkeiten, in: Festschrift für Rolf Stürner zum 70. Geburtstag, Bruns, Alexander; Kern, Christoph;

Münch, Joachim; u.a. (Hrsg.), 2013, S. 1375; *Wagner, Rolf*, Das Haager Übereinkommen vom 30.6.2005 über Gerichtsstandsvereinbarungen, RabelsZ 73 (2009), S. 100; *Vischer, Frank*, Der Einbezug deliktischer Ansprüche in die Gerichtsstandsvereinbarung für den Vertrag, in: Festschrift für Erik Jayme, Mansel, Heinz P.; Pfeiffer, Thomas; Kronke, Herbert; u.a. (Hrsg.), 2004, S. 993; *Von Werder, Jobst*, Zur Wirksamkeit von Gerichtsstandsvereinbarungen in Seefrachtbriefen gegenüber dem Empfänger, TranspR 2005, S. 112; *Wagner, Gerhard*, Prozeßverträge: Privatautonomie im Verfahrensrecht, 1998; *Weber, Johannes*, Universal Jurisdiction and Third Party States in the Reform of the Brussels I Regulation, RabelsZ 75 (2011), S. 619; *Weller, Matthias*, Auslegung internationaler Gerichtsstandsvereinbarungen als ausschließlich und Wirkungserstreckung auf die Klage des anderen Teils gegen den *falsus procurator*, IPRax 2006, S. 444; *Wurmnest, Wolfgang*, Die Einbeziehung kartellrechtlicher Ansprüche in Gerichtsstandsvereinbarungen, in: FS Magnus, 2014, S. 567–582.

Übersicht

	Rn.
I. Einführung	1
II. Entstehungsgeschichte und Systematik	5
III. Anwendungsbereich	12
1. Räumlich-persönlicher Anwendungsbereich	12
a) Vereinbarung gerichtlicher Zuständigkeit in einem Mitgliedstaat	13
b) Sonderfall: Vereinbarung gerichtlicher Zuständigkeit in einem Drittstaat	15
c) Internationalität des Sachverhalts	17
2. Zeitlicher Anwendungsbereich und intertemporale Fragen	20
3. Konkurrenz zu internationalen Übereinkommen	27
a) Verhältnis zum HGÜ	27
b) Verhältnis zu anderen völkerrechtlichen Verträgen	60
4. Verhältnis zum nationalen Recht	63
a) Allgemein	63
b) Einzelfälle	65
IV. Sachliche Reichweite von Art. 25	72
V. Zulässigkeit von Gerichtsstandsvereinbarungen	76
1. Pro- und Derogationsverbote aus Abs. 4	76
2. Weitere Zulässigkeitsbeschränkungen	79
VI. Wirksames Zustandekommen von Gerichtsstandsvereinbarungen	80
1. Anwendbares Recht, insbesondere Kollisionsnorm in Abs. 1 Satz 1 a.E.	80
a) Konsens	85
b) Willensmängel: Irrtum, Drohung, Täuschung, Betrug, Nötigung	91
c) Rechts- und Geschäftsfähigkeit	92
d) Stellvertretung	96
e) Gesetzes- und Sittenwidrigkeit, Missbrauchskontrolle	98
f) Einbeziehungs- und Inhaltskontrolle von AGB-Gerichtsstandsklauseln	102
g) Rechtsnachfolge	110
h) Einbeziehung Dritter	111
i) Auslegung	112
2. Vermutung der wirksamen Einigung	113
3. Unabhängigkeit vom Hauptvertrag (Abs. 5)	115
4. Sonderformen der Vereinbarung und Einbeziehung Dritter	119
a) Rechtsnachfolge	119
b) Einbeziehung Dritter	123
c) Gerichtsstandsvereinbarung in Trust-Bedingungen, Abs. 3	129
d) Abschluss in Vereins- oder Gesellschaftssatzungen	131
VII. Form von Gerichtsstandsvereinbarungen	135
1. Allgemeines	135
2. Schriftliche Vereinbarung (Abs. 1 Satz 3 lit. a Alt. 1)	141

Text + Erläuterungen   Art. 25   **B Vor I** 7

      a) Eine Urkunde 142
      b) Schriftwechsel 145
      c) Sonderfall: Einseitig verpflichtende Verträge 148
      d) Sonderfall: Gerichtsstandsvereinbarung in Allgemeinen Geschäftsbedin-
         gungen 152
      e) Sonderfall: Formlose Verlängerung des Hauptvertrags 176
      f) Sonderfall: Vereins- und Gesellschaftssatzungen 179
   3. Mündliche Vereinbarung mit schriftlicher Bestätigung: Abs. 1 Satz 3 lit. a
      Alt. 2 184
      a) Mündliche Gerichtsstandsvereinbarung 185
      b) Schriftliche Bestätigung 187
      c) Besonderheiten bei AGB-Gerichtsstandsvereinbarungen 194
   4. Gepflogenheiten der Parteien: Abs. 1 Satz 3 lit. b 199
      a) Gepflogenheiten zwischen den Parteien hinsichtlich der Form 200
      b) Besonderheiten bei AGB-Gerichtsstandsklauseln 206
   5. Handelsbrauch im internationalen Handel: Abs. 1 Satz 3 lit. c 209
      a) Internationaler Handel 212
      b) Handelsbrauch 214
      c) Tatsächliche und normative Kenntnis der Parteien 220
      d) Beispiele für internationale Handelsbräuche 223
   6. Elektronische Übermittlung: Abs. 2 228
 VIII. Inhaltliche Anforderungen an Gerichtsstandsvereinbarungen 235
   1. Bestimmtes Rechtsverhältnis 236
   2. Bestimmtes Gericht 244
  IX. Wirkung von Gerichtsstandsvereinbarungen 250
   1. Ausschließliche oder konkurrierende Zuständigkeit 251
   2. Sachliche Reichweite der Vereinbarung 256
      a) Allgemein 256
      b) Konkurrierende gesetzliche Ansprüche 257
      c) Klagen wegen Nichtigkeit des Hauptvertrages 259
      d) Einstweilige Maßnahmen 260
      e) Widerklage 264
      f) Aufrechnung 266
      g) Gewährleistungs- und Interventionsklage; Streitverkündung 271
   3. Persönliche Reichweite der Vereinbarung 273
   4. Kognitionspflicht des prorogierten Gerichts 274
   5. Litispendenzregel bei Anrufung eines abredewidrigen Gerichts: Art. 31
      Abs. 2 bis Abs. 4 275
   6. Bindungswirkung der Entscheidung eines mitgliedstaatlichen Gerichts
      über die Wirksamkeit einer Gerichtsstandsvereinbarung 278
   7. Anti-suit injunction bei Verletzung einer Gerichtsstandsvereinbarung? .. 281
      a) Materiell-rechtliche Voraussetzungen sog. anti-suit injunctions 283
      b) Zulässigkeit von anti-suit injunctions bei abredewidriger Klage inner-
         halb der EU 286
      d) Zulässigkeit von anti-suit injunctions bei abredewidriger Klage außer-
         halb der EU 290
   8. Schadensersatz bei Verletzung einer Gerichtsstandsvereinbarung? 291
      a) Schadensersatzhaftung in nationalen Rechten 292
      b) Vereinbarkeit der Zuerkennung von Schadensersatz mit der EuGVVO
         wegen abredewidriger Klage in einem EU-Mitgliedstaat 295
      c) Vereinbarkeit der Zuerkennung von Schadensersatz mit der EuGVVO
         wegen abredewidriger Klage in einem Drittstaat 308
   9. Vertragliche Absicherung von Gerichtsstandsvereinbarungen 309

I. Einführung

Art. 25 regelt abschließend wesentliche Aspekte betreffend den Abschluss und **1**
die Wirkung internationaler Gerichtsstandsvereinbarungen. Die Vorschrift
gehört – wie die Fülle an Entscheidungen von nationalen Gerichten und dem

EuGH zeigt – zu den wichtigsten Zuständigkeitsvorschriften der EuGVVO. Ihre praktische Relevanz dürfte aufgrund der im Zuge der 2012-Revision der Verordnung vorgenommenen Änderungen zukünftig weiter steigen.

2 Gerichtsstandsvereinbarungen sind im grenzüberschreitenden Handelsverkehr von enormer Bedeutung,[1] insbesondere wenn sie die ausschließliche Zuständigkeit des designierten Gerichts vorsehen. Solche Abreden sind ein zentrales Instrument für präventives *litigation management*:[2] Die ausschließliche Wahl einer Jurisdiktion schafft zum einen frühzeitig Sicherheit über das für einen zukünftigen Rechtsstreit zuständige Gerichtsforum.[3] Zum anderen beeinflusst sie mittelbar die Frage, welches Recht in prozessualer und materieller Hinsicht Anwendung findet.[4] Die Gewissheit über den rechtlichen Rahmen erlaubt Parteien, die Kosten für die Durchführung gerichtlicher Auseinandersetzungen zuverlässig zu kalkulieren und den Wert der von ihnen abgeschlossenen Verträge zu ermitteln.[5] Gerichtsstandsvereinbarungen eröffnen des Weiteren die Möglichkeit, ein für jede Seite neutrales Forum für die Durchführung zukünftiger Streitigkeiten zu bestimmen.[6]

3 Da Zuständigkeitsabreden jedoch auch enormes Missbrauchspotential beinhalten, müssen hinreichend strenge Anforderungen an deren Abschluss gewahrt werden. Andernfalls könnte eine der Parteien allein durch die Behauptung einer Gerichtsstandsvereinbarung versuchen, zukünftige Streitigkeiten in ein ihr vertrautes Forum zu bringen und sich Heimvorteile zu verschaffen. Stellen diese Vorteile erhebliche Bürden für die Gegenseite dar, kann diese von dem Prozessieren vor dem vereinbarten Gericht und der Durchsetzung ihrer Rechte Abstand nehmen.

4 Art. 25 versucht, die berührten Interessen beim Abschluss von Gerichtsstandsvereinbarungen im grenzüberschreitenden Rechtsverkehr in Ausgleich zu bringen: Einerseits trägt die Vorschrift dem Bedürfnis nach einem unkomplizierten Abschluss von Streitbeilegungsklauseln in internationalen Verträgen sowie nach deren effektiver Durchsetzung Rechnung. Andererseits will sie sicherstellen, dass Gerichtsstandsvereinbarungen nicht unbemerkt Vertragsbestandteil werden, und schützt strukturell schwächere Parteien vor der Wahl eines für sie ungünstigen Gerichtsforums.

---

[1] Bei einer im Auftrag der EU-Kommission durchgeführten Umfrage unter in der EU ansässigen Unternehmen haben 70% der Befragten angegeben, dass ihre grenzüberschreitenden Verträge Gerichtsstandsvereinbarungen enthalten, *European Business Test Panel*, Commercial Disputes and Cross Border Debt Recovery, Survey 2010, Aggregate Results, Umfrage 2010, Frage 3 (abrufbar unter: http://ec.europa.eu/yourvoice/ebtp/consultations/2010/cross-border-debt-recovery/debt_en.pdf). Vgl. auch *EU-Kommission*, SEC(2010) 1547, S. 30.
[2] *Weller*, GPR 2012, S. 34 (39).
[3] In einer Umfrage der Internationalen Handelskammer unter 100 weltweit tätigen Unternehmen haben 40% der Teilnehmer angegeben, dass wichtige geschäftliche Entscheidungen durch Unsicherheiten über das international zuständige Gericht für die Austragung von Streitigkeiten aus Vertragsverhältnissen beeinflusst werden, *IHK*, Umfrage 2003 (abrufbar unter http://www.iccwbo.org/News/Articles/2003/Jurisdictional-certainty-is-essential-in-international-contracts/).
[4] *Geimer*, IZPR, 7. Aufl. 2015, Rn. 1599; *Coester-Waltjen* in: FS Heldrich, 2005, S. 549 (549); *E. Peiffer*, Schutz gegen Klagen im forum derogatum, 2013, S. 13.
[5] *Mankowski*, IPRax 2009, S. 23 (23); *E. Peiffer*, Schutz gegen Klagen im forum derogatum, 2013, S. 13 f.; *Eichel*, AGB-Gerichtsstandsklauseln, 2007, S. 33.
[6] *Schack*, IZVR, 6. Aufl. 2014, Rn. 494; *E. Peiffer*, Schutz gegen Klagen im forum derogatum, 2013, S. 14.

II. Entstehungsgeschichte und Systematik

Art. 25 geht auf Art. 23 EuGVVO a.F. zurück. Der Aufbau der Vorgängernorm wurde dabei im Wesentlichen beibehalten:
Abs. 1 regelt den **Anwendungsbereich der Vorschrift** (Satz 1). Ferner werden die **Anforderungen an Form** (Satz 3) **und inhaltliche Bestimmtheit** (Satz 1) von Gerichtsstandsvereinbarungen vorgeschrieben. Außerdem ist eine **Vermutung der ausschließlichen Zuständigkeit** des designierten Gerichts vorgesehen (Satz 2). Im Vergleich zu der EuGVVO a.F. weist Abs. 1 **zwei wichtige Neuerungen** auf: Die Anwendung von Art. 25 setzt nicht mehr voraus, dass eine der Parteien in der EU wohnhaft ist. Vielmehr sind auch Gerichtsstandsvereinbarungen zwischen in Drittstaaten ansässigen Parteien erfasst. Entscheidend ist lediglich, dass die Zuständigkeit der Gerichte eines EU-Mitgliedstaats vereinbart worden ist (Satz 1). Neu ist außerdem die **vereinheitlichte Kollisionsnorm** bezüglich der materiellen Wirksamkeit von Gerichtsstandsvereinbarungen: Diese richtet sich gem. Satz 1 a.E. nach dem Recht – einschließlich des Internationalen Privatrechts – des Mitgliedstaats, dessen Gerichte laut der Vereinbarung zuständig sind (Erwgr. 20). Nach der Formulierung dieser Kollisionsnorm ist die materielle Wirksamkeit von Gerichtsstandsabreden zu vermuten.
Abs. 2 regelt, wann Gerichtsstandsvereinbarungen im Wege **elektronischer Übermittlungen** formwirksam abgeschlossen werden können und ist wortgleich mit Abs. 2 der Vorgängerregelung.
Abs. 3 regelt Besonderheiten bei **Gerichtsstandsvereinbarungen in Trust-Bedingungen** und entspricht insoweit Art. 23 Abs. 4 EuGVVO a.F.
Abs. 4 führt die **Derogationsbeschränkungen** von Art. 23 Abs. 5 EuGVVO a.F. zum Schutz der typischerweise schwächeren Partei in Versicherungs-, Verbraucher- und Arbeitssachen unverändert fort.
Abs. 5 beinhaltet eine Neuerung, indem sie klarstellt, dass die Gerichtsstandsvereinbarung in ihrer Wirksamkeit von den übrigen Vertragsbestimmungen unabhängig ist, sog. *separability doctrine* (Satz 1). Dies hat zur Folge, dass die Ungültigkeit des Hauptvertrages nicht automatisch die Ungültigkeit der Gerichtsstandsabrede begründet (Satz 2).
Art. 23 Abs. 3 EuGVVO a.F., der die Derogationswirkung von Gerichtsstandsvereinbarungen von Parteien mit Sitz außerhalb der EU regelte, wurde im Rahmen der EuGVVO-Revision **gestrichen.** Neuerdings sind derartige Gerichtsstandsabreden von Art. 25 Abs. 1 erfasst und die Pflicht eines derogierten Gerichts zur Beachtung solcher Abreden regelt nun Art. 31.

III. Anwendungsbereich

1. Räumlich-persönlicher Anwendungsbereich

Die Anwendbarkeit von Art. 25 setzt eine Vereinbarung der Zuständigkeit eines mitgliedstaatlichen Gerichts voraus. Die Norm gilt – anders als noch bei

Art. 23 Abs. 1 a.F. – auch dann, wenn keine der Parteien über einen Wohnsitz innerhalb der EU verfügt. Durch diese Erweiterung des Anwendungsbereichs erlangen die euroautonomen Standards für die Anerkennung von Gerichtsstandsvereinbarungen universelle Geltung.

a) Vereinbarung gerichtlicher Zuständigkeit in einem Mitgliedstaat

13   Art. 25 erfasst in erster Linie Vereinbarungen, die auf die Begründung einer gerichtlichen Zuständigkeit innerhalb der EU gerichtet sind. Unter die Norm fallen zum einen Vereinbarungen eines einzelnen Gerichts. Zum anderen sind Vereinbarungen erfasst, die lediglich die internationale Zuständigkeit aller Gerichte eines Mitgliedstaates vorsehen. Die Norm ist einerseits von dem durch eine Gerichtsstandsvereinbarung designierten mitgliedstaatlichen Gericht anzuwenden, wenn dieses zu entscheiden hat, ob es wirksam prorogiert worden ist. Andererseits gilt die Vorschrift für diejenigen mitgliedstaatlichen Gerichte, die in der Gerichtsstandsvereinbarung nicht genannt sind, und daher entscheiden müssen, ob ihre internationale Zuständigkeit wirksam derogiert worden ist.

14   Die Regelung erfasst jedoch nicht nur Vereinbarungen, durch die die gerichtliche Zuständigkeit innerhalb der EU begründet werden soll, sondern auch solche, durch die lediglich die internationale Zuständigkeit eines oder mehrerer Gerichte in der EU abbedungen wird. Denkbar ist etwa die Vereinbarung, dass vor den Gerichten eines bestimmten EU-Staates nicht geklagt werden soll – etwa weil dessen Rechtspflege besonders langsam ist oder dort eine der Parteien sitzt. Das wirksame Zustandekommen derartiger sog. **isolierter Derogationen** richtet sich somit nach denselben Regeln, die für den Normalfall einer Kombination von Pro- und Derogation gelten.

b) Sonderfall: Vereinbarung gerichtlicher Zuständigkeit in einem Drittstaat

15   Nicht ausdrücklich geregelt ist die Frage, ob und inwieweit Art. 25 auf Vereinbarungen der Zuständigkeit eines Gerichts außerhalb der EU Anwendung finden soll. Sicher ist, dass ein drittstaatliches Gericht die Voraussetzungen und Wirkungen von Pro- und Derogation allein nach den Regeln seiner *lex fori* und nicht nach der EuGVVO beurteilen wird. Offen ist jedoch, nach welchen Regeln ein mitgliedstaatliches Gericht zu prüfen hat, ob durch eine Gerichtsstandsvereinbarung zugunsten eines Drittstaates gerichtliche Zuständigkeiten innerhalb der EU wirksam derogiert sind. Auf derartige Drittstaaten-Gerichtsstandsvereinbarungen ist Art. 25 aufgrund des eindeutigen Wortlautes von Abs. 1 nicht unmittelbar anwendbar.

16   Im Schrifttum wird **teilwiese dafür plädiert**, auf solche Gerichtsstandsvereinbarungen, durch die die Zuständigkeiten innerhalb der EU ausgeschlossen werden, Art. 25 analog anzuwenden. Hierdurch soll sichergestellt werden, dass derartige Abreden EU-weit einheitlich beurteilt werden.[7] Die **überwiegende**

---

[7] Zöller/*Geimer*, ZPO, 31. Aufl. 2016, Art. 25 EuGVVO Rn. 12a; *Schack*, IZVR, 6. Aufl. 2014, Rn. 531; *Heinze/Dutta*, IPRax 2005, S. 224 (228); *Eichel*, AGB-Gerichtsstandsklauseln 2007, S. 50 ff.; *Bläsi*, HGÜ, 2010, S. 254 ff.

Auffassung, die jüngst auch vom **EuGH** bestätigt wurde, nimmt dagegen zurecht Art. 25 Abs. 1 Satz 1, der lediglich die Prorogation eines mitgliedstaatlichen Gerichts regelt, beim Wort und misst der Norm für die Beurteilung des Derogationseffekts einer Zuständigkeitsvereinbarung zugunsten von Drittstaaten grundsätzlich keine Bedeutung bei. Eine Ausnahme gilt **lediglich** für die **Schutzvorschriften von Art.** 15, 19, 23 und 24, die in jedem Fall und damit auch im Falle einer Prorogation zugunsten drittstaatlicher Gerichte einzuhalten sind: Zum einen ist der Wortlaut dieser Vorschriften mit dem allgemeinen Ausschluss einer abweichenden „Vereinbarung" weiter als in Art. 25 Abs. 1. Zum anderen gebietet der Zweck dieser Schutzvorschriften deren universelle Beachtung.[8]

c) Internationalität des Sachverhalts

Eine ungeschriebene Voraussetzung für die Anwendung von Art. 25 EuGVVO ist das Vorliegen eines internationalen Sachverhaltes.[9] Reine Inlandsfälle, wie etwa eine Prorogation zwischen zwei Parteien mit Wohnsitz in Deutschland zugunsten inländischer Gerichte in einer Streitigkeit, die sonst keinerlei Auslandsbeziehung aufweist, sind vom gemeinschaftlichen Zuständigkeitsrecht nicht erfasst. Dies folgt aus der Verweisung in Erwgr. 5 auf Art. 81 AEUV sowie aus Erwgr. 3, wonach lediglich Zivilsachen mit grenzüberschreitendem Bezug geregelt werden sollen.

Ein internationaler Bezug in diesem Sinne liegt zunächst dann vor, **wenn Berührungspunkte zu zwei Mitgliedstaaten** bestehen. Dies ist etwa dann gegeben, wenn Parteien mit Wohnsitz in unterschiedlichen Mitgliedstaaten eine Gerichtsstandsvereinbarung abschließen.[10] Ein internationaler Sachverhalt kann jedoch auch bei Wohnsitz der Parteien in demselben Mitgliedstaat gegeben sein, wenn ein auswärtiger EU-Gerichtsstand vereinbart wird.[11] Ferner genügt es, wenn beide Parteien ihren Wohnsitz in demselben Mitgliedstaat haben und nach dem Vertrag eine Leistungserbringung in einem anderen EU-Staat geschuldet

---

[8] EuGH, 19.7.2012 – Rs. C-154/11, *Mahamdia* ./. *Algerien*, ECLI:EU:C:2012:491, Rn. 58 ff. mit zust. Anm. *Junker*, EuZA 2013, S. 86 (93 f.); OLG Brandenburg, 26.7.2007 – 12 W 17/07, Rn. 15 (nach juris); *Rauscher/Mankowski*, EuZPR, 4. Aufl. 2016, Art. 25 EuGVVO Rn. 14; *Thomas/Putzo/ Hüßtege*, ZPO, 36. Aufl. 2015, Art. 25 EuGVVO Rn. 2; *Schlosser/Hess*, EuZPR, 4. Aufl. 2015, Art. 25 EuGVVO Rn. 6a; *Kropholler/von Hein*, EuZPR, 9. Aufl. 2011, Art. 23 EuGVVO a.F. Rn. 81 ff.; *Heinrich*, Gerichtsstandsvereinbarungen, 2010, S. 132 ff.; *Gsell*, in: FS Coester-Waltjen, 2015, S. 403 (406 ff.); *Schaper/Eberlein*, RIW 2012, S. 43 (46 f.); *Queirolo*, YPIL 15 (2013/2014), S. 113 (138).
[9] BGH, 14.11.1991 – IX ZR 250/90, NJW 1993, S. 1070, Rn. 15 (nach juris) zu Art. 17 EuGVÜ; OLG Hamm, 18.9.1997 – 5 U 89/97, IPRax 1999, S. 244 zu Art. 17 LugÜ; *Kropholler/von Hein*, EuZPR, 9. Aufl. 2011, Art. 23 EuGVVO a.F. Rn. 12; *Burgstaller/Neumayr*, in: FS Schlosser, 2005, S. 119 (121 ff.); *Samtleben*, RabelsZ 59 (1995), S. 670 (685 ff.); *Schack*, IZVR, 6. Aufl. 2014, Rn. 527; *Thomas/Putzo/Hüßtege*, ZPO, 36. Aufl. 2015, Art. 25 EuGVVO Rn. 1; *Schlosser/Hess*, EuZPR, 4. Aufl. 2015, Art. 25 EuGVVO Rn. 6; *Rauscher/Mankowski*, EuZPR, 4. Aufl. 2016, Art. 25 EuGVVO Rn. 22.
[10] *Kropholler/von Hein*, EuZPR, 9. Aufl. 2011, Art. 23 EuGVVO a.F. Rn. 3.
[11] OLG München, 13.2.1985 – 7 U 3867/84 IPRspr. 1985, Nr. 133a zu Art. 17 EuGVÜ; *Jenard-Bericht*, 1979, S. 38; *Schlosser/Hess*, EuZPR, 4. Aufl. 2015, Art. 25 EuGVVO Rn. 6; *Heinig*, Gerichtsstandsvereinbarungen, 2010, S. 117 ff. A. A. OLG Hamm, 18.9.1997 – 5 U 89/97, IPRax 1999, S. 244 zu Art. 17 LugÜ; *Rauscher/Mankowski*, EuZPR, 4. Aufl. 2016, Art. 25 EuGVVO Rn. 24.

ist[12] oder der Leistungsgegenstand sonstige enge Verbindungen zu einem anderen Mitgliedstaat aufweist.[13]

19 Ein ausreichender Auslandsbezug ist darüber hinaus dann zu bejahen, wenn **Berührungspunkte lediglich zu einem Mitgliedstaat und einem Drittstaat** bestehen. Dies hat der EuGH in der Entscheidung *Owusu ./. Jackson* zur Vorgängerregelung in Art. 17 EuGVÜ festgestellt.[14] Art. 25 EuGVVO gilt demzufolge auch, wenn etwa eine Partei mit Wohnsitz in China und eine in Deutschland ansässige Partei die Zuständigkeit deutscher Gerichte vereinbart haben, ohne dass Verbindungen zu einem weiteren Mitgliedstaat bestehen.

2. Zeitlicher Anwendungsbereich und intertemporale Fragen

20 Gem. Art. 66 Abs. 1 gilt Art. 25 zeitlich in gerichtlichen Verfahren, die an oder nach dem 10. Januar 2015 eingeleitet worden sind. Dies gilt auch dann, wenn die Gerichtsstandsvereinbarung vor dem 10. Januar 2015 abgeschlossen worden ist. Denn laut EuGH stellt die Gerichtsstandsabrede eine bloße Zuständigkeitsoption dar, die erst bei Einleitung eines Gerichtsverfahrens Wirkung entfaltet.[15] Spätestens bei Klageerhebung müssen somit sowohl die Anwendungsvoraussetzungen von Art. 25, als auch dessen Zulässigkeits- und Wirksamkeitsanforderungen an Gerichtsstandsvereinbarungen erfüllt sein.

21 Demzufolge muss spätestens im **Zeitpunkt der Klageerhebung** insbesondere der internationale Bezug vorliegen.[16] Art. 25 gilt daher auch, wenn zwei Parteien mit Wohnsitz in demselben Mitgliedstaat die Zuständigkeit der Gerichte dieses Mitgliedstaats vereinbart haben und eine Partei vor Klageerhebung in einen anderen Mitgliedstaat oder Drittstaat umgezogen ist (Internationalität erst bei Klageerhebung).[17] Andersherum gilt Art. 25 grundsätzlich nicht, wenn zwar bei Abschluss der Gerichtsstandsvereinbarung, jedoch nicht mehr bei Klageerhebung ein internationaler Sachverhalt gegeben war (Internationalität nicht mehr bei Klageerhebung).[18]

22 Von dem zuvor dargestellten Grundsatz, dass die Anwendungs- und Wirksamkeitsvoraussetzungen von Art. 25 bei Klageerhebung erfüllt sein müssen, können sich jedoch zum Schutze des **Vertrauens in die Wirksamkeit der Gerichtsstandsvereinbarung** Abweichungen ergeben. Insoweit gilt, dass eine Gerichts-

---

[12] Arondissementsrechtbank Rotterdam, 30.9.1988, [1991] I.L.Pr. 285; High Court (England and Wales), 15.12.2004 – *Standard Steamship Owners' Protection and Indemnity Association (Bermuda) Ltd. ./. G.I.E. Vision Bail*, [2004] EWHC 2919 (Comm); *Schlosser*/Hess, EuZPR, 4. Aufl. 2015, Art. 25 EuGVVO Rn. 6; Rauscher/*Mankowski*, EuZPR, 4. Aufl. 2016, Art. 25 EuGVVO Rn. 23.
[13] OLG München, 13.2.1985 – 7 U 3867/84 IPRspr. 1985, Nr. 133a zu Art. 17 EuGVÜ.
[14] EuGH, 1.3.2005 – Rs. C-281/02, *Owusu ./. Jackson*, Slg. 2005, I-1383 (ECLI:EU:C:2005:120), Rn. 28. Ebenso *Schack*, IZVR, 6. Aufl. 2014, Rn. 527. Ebenso bereits zum EuGVÜ: *Coester-Waltjen*, in: FS Nakamura, 1996, S. 90 (112); *Kröll*, ZZP 513 (2000), S. 135 (138 ff.).
[15] EuGH, 13.11.1979 – Rs. 25/79, *Sanicentral ./. Collin*, Slg. 1979, 3423 (ECLI:EU:C:1979:255), Rn. 5 f.
[16] OLG München, 15.7.2009 – 31 AR 341/09, NJW-RR 2010, S. 139; *Kropholler/von Hein*, EuZPR, 9. Aufl. 2011, Art. 23 EuGVVO a.F. Rn. 11; *Schack*, IZVR, 6. Aufl. 2014, Rn. 529; *Schlosser*/Hess, EuZPR, 4. Aufl. 2015, Art. 25 EuGVVO Rn. 6.
[17] OGH, 5.6.2007 – 10 Ob 40/07s, IHR 2008, S. 40 ff.
[18] *Schack*, IZVR, 6. Aufl. 2014, Rn. 529. A. A. *Heinig*, Gerichtsstandsvereinbarungen, 2010, S. 155 ff.

standsvereinbarung, die im Zeitpunkt ihres Abschlusses nach dem damals anwendbaren Recht wirksam und zulässig war, nicht nachträglich ihre Gültigkeit verlieren darf, weil bei Klageerhebung ein anderer rechtlicher Rahmen Anwendung findet.[19] Nur so kann die Zuständigkeitsabrede ihren Zweck erfüllen und den Parteien Rechts- und Planungssicherheit im Hinblick auf das zuständige Forum geben.[20] Derartiger Vertrauensschutz ist geboten, wenn sich zwischen Abschluss der Gerichtsstandsvereinbarung und Klageerhebung die rechtlichen oder tatsächlichen Verhältnisse mit nachteiligen Folgen für die Gültigkeit der Gerichtsstandsvereinbarung ändern.

Eine „nachteilige" **Änderung der rechtlichen Verhältnisse** ist denkbar, 23 wenn eine Gerichtsstandsvereinbarung nach dem zum Zeitpunkt ihres Abschlusses maßgeblichen Recht gültig wäre, nicht jedoch nach dem zum Zeitpunkt der Klageerhebung geltenden Art. 25. In diesem Fall gilt das alte Recht fort. Dies gilt jedenfalls dann, wenn die Gerichtsstandsvereinbarung vor dem 10. Januar 2015 abgeschlossen worden ist. Denn für alle danach abgeschlossenen Vereinbarungen besteht kein schutzwürdiges Vertrauen in die Fortgeltung des alten Rechts.[21]

Eine „nachteilige" **Änderung der tatsächlichen Verhältnisse** kommt dem- 24 gegenüber in Betracht, wenn sich nach Abschluss der Gerichtsstandsvereinbarung die Tatsachen mit der Folge ändern, dass ein anderes Regelwerk Anwendung findet und hierdurch die Gerichtsstandsvereinbarung ihre Gültigkeit verliert. So wäre etwa denkbar, dass im Zeitpunkt des Abschlusses der Gerichtsstandsvereinbarung ein internationaler Sachverhalt i.S.v. Art. 25 vorlag, dieser jedoch nachträglich entfällt, etwa weil eine Partei ihren Wohnsitz in das Land der anderen Partei verlegt. Wurde die Gerichtsstandsvereinbarung nach Art. 25 gültig abgeschlossen, bleibt es dabei, auch wenn das bei Klageerhebung anwendbare Recht die Ungültigkeit vorsieht.

Nicht schutzwürdig ist demgegenüber das Vertrauen einer Partei in die 25 Unwirksamkeit der Gerichtsstandsvereinbarung.[22] Denn beim Abschluss eines Vertrags wird üblicherweise auf dessen Gültigkeit und nicht dessen Unwirksamkeit vertraut. Demnach verlangen all diejenigen Konstellationen, in denen eine Gerichtsstandsvereinbarung erst im Zeitpunkt der Klageerhebung gültig ist, keine Abweichung von Art. 66 Abs. 1.

Ungeachtet der vorstehenden Ausführungen kommt es für die Beurteilung 26 des materiellen Konsenses und Zustandekommens der Gerichtsstandsvereinbarung allein auf den Abschlusszeitpunkt an.

---

[19] *Schlosser*/Hess, EuZPR, 4. Aufl. 2015, Art. 25 EuGVVO Rn. 8 f.; Rauscher/*Mankowski*, EuZPR, 4. Aufl. 2016, Art. 25 EuGVVO Rn. 264 ff.; *Trunk*, IPRax 1996, S. 249 (251); *Kropholler/von Hein*, EuZPR, 9. Aufl. 2011, Art. 23 EuGVVO a.F. Rn. 11; *Mayer*, RabelsZ 69 (2005), S. 558 (265). A. A. *Schack*, IZVR, 6. Aufl. 2014, Rn. 529; BGE, 19.8.1998 – 124 III S. 436 (444 f.) zu Art. 17 LugÜ; LG München, 29.5.1995 – 21 O 23363/94, NJW 1996, S. 401; LG Karlsruhe, 8.12.2004 – 9 O 188/03, juris, Rn. 57.
[20] Rauscher/*Mankowski*, EuZPR, 4. Aufl. 2016, Art. 25 EuGVVO Rn. 264.
[21] Strenger noch LG München, 29.5.1995 – 21 O 23363/94, NJW 1996, S. 401, wonach entscheidend ist, ab welchem Zeitpunkt sich die Parteien auf das bevorstehende Inkrafttreten der neuen Regelung einstellen konnten.
[22] *Schlosser*/Hess, EuZPR, 4. Aufl. 2015, Art. 25 EuGVVO Rn. 10.

3. Konkurrenz zu internationalen Übereinkommen

a) Verhältnis zum HGÜ

aa) Entstehungsgeschichte und Grundstruktur des HGÜ

27 Das Haager Übereinkommen über Gerichtsstandsvereinbarungen vom 30.6.2005 („HGÜ") ist am 1.10.2015 in Kraft getreten, so dass sich für die nach diesem Zeitpunkt erhobenen Klagen die Frage stellen kann, ob Art. 25 EuGVVO oder die Regeln des HGÜ anwendbar sind. Am 1.4.2009 hat die EU als sog. „*Organisation der regionalen Wirtschaftsintegration*" (vgl. Art. 29 HGÜ) das HGÜ unterzeichnet und durch Beschluss vom 4.12.2014 für die Union genehmigt.[23] Darüber hinaus wurde das HGÜ bislang lediglich von Mexiko und Singapur ratifiziert, so dass es zunächst nur im Verhältnis zwischen der EU, Mexiko und Singapur gilt. Die USA und die Ukraine haben das Übereinkommen bisher lediglich gezeichnet und sind noch keine Vertragsstaaten.

28 Am Anfang der Arbeiten, die zur Verabschiedung des HGÜ führten, stand ein deutlich weiter gefasstes Vorhaben, nämlich eine Konvention mit Bestimmungen der internationalen Zuständigkeit und darauf aufbauend mit Regelungen zur Anerkennung und Vollstreckung ausländischer Urteile.[24] Während bei der Erarbeitung gemeinsamer Anerkennungs- und Vollstreckungsvorschriften Fortschritte zu verzeichnen waren, gestaltete sich jedoch die Suche nach einheitlichen Zuständigkeitsregeln besonders schwierig.[25] Grund hierfür waren unter anderem die erheblichen Unterschiede zwischen den klar umrissenen Gerichtsständen nach kontinental-europäischem Vorbild und dem US-amerikanischen *jurisdiction*-Konzept, das auf weiten Zuständigkeitsgründen beruht, die durch gerichtliches Ermessen im Rahmen der *forum non conveniens*-Doktrin eingeschränkt werden können.[26]

29 Um das vollständige Scheitern der Verhandlungen zu verhindern, beschränkte man sich auf die Ausarbeitung einer Konvention für internationale Gerichtsstandsvereinbarungen.[27] Hierdurch wollte man dem Umstand Rechnung tragen, dass im Rahmen einer weltweit durchgeführten Umfrage 40 % der Befragten angegeben haben, wichtige geschäftliche Entscheidungen seien durch Unsicherheiten über das international zuständige Gericht beeinflusst. Außerdem zeigten

---

[23] Beschluss des Rates vom 4.12.2014 über die Genehmigung – im Namen der Europäischen Union – des Haager Übereinkommens über Gerichtsstandsvereinbarungen vom 30. Juni 2005, 2014/887/EU, ABl. EU 2014 L 353/1. Während sich Großbritannien und Irland an der Genehmigung beteiligen (vgl. Erwgr. 8), gilt diese nicht für Dänemark (vgl. Erwgr. 9).
[24] *Wagner*, RabelsZ 73 (2009), S. 100 (103); *Beaumont*, J. Priv. Int. L. 5 (2009), S. 125 (127 ff.); *McClean*, in: FS North, 2002, S. 255 (257 f.); *E. Peiffer*, Schutz gegen Klagen im forum derogatum, 2013, S. 89 ff.
[25] *Wagner*, RabelsZ 73 (2009), S. 100 (104); *McClean*, in: FS North, 2002, S. 255 (261).
[26] *Wagner*, IPRax 2001, S 533 (535); *ders.*, RabelsZ 73 (2009), S. 100 (107); *McClean*, in: FS North, 2002, S. 255 (264 ff.).
[27] *Wagner*, RabelsZ 73 (2009), S. 100 (108); *Teitz*, Am. J. Comp. L. 53 (2005), S. 543 (546). Nach der Unterzeichnung des HGÜ wurde im Jahr 2013 von der Haager Konferenz für IPR eine neue Arbeitsgruppe zur Vorbereitung eines weltweiten Anerkennungs- und Vollstreckungsübereinkommens eingesetzt. Ende 2015 hat die Arbeitsgruppe einen Entwurf für ein entsprechendes Übereinkommen vorgelegt und die Einberufung einer Spezialkommission zur Ausarbeitung eines detaillierten Entwurfs empfohlen. Vgl. hierzu ausführlich *Wagner*, IPRax 2016, S. 97.

sich 70 % der befragten Unternehmen bereit, im Rahmen eines solchen Übereinkommens die Entscheidung von Streitigkeiten aus ihren Verträgen staatlichen Gerichten anstatt Schiedsgerichten zu übertragen.[28]
Das HGÜ regelt zum einen Aspekte der Zuständigkeit bei Vorliegen einer Gerichtsstandsvereinbarung: Art. 5 HGÜ verpflichtet das vereinbarte Gericht zur Entscheidung der Streitigkeit und schließt eine Unzuständigkeitserklärung aus *forum non conveniens*-Gründen aus. Um die Einhaltung der Zuständigkeitsvereinbarung sicherzustellen, verpflichtet Art. 6 HGÜ nicht vereinbarte Gerichte dazu, eine vor ihnen rechtshängig gemachte Klage abzuweisen bzw. auszusetzen. Zum anderen regelt das HGÜ in Art. 8 und 9 die Anerkennung und Vollstreckung von Urteilen eines vereinbarten Forums. 30

bb) Anwendungsbereich des HGÜ

Die HGÜ-Regelungen sind gem. Art. 1 HGÜ anwendbar, wenn vier Voraussetzungen vorliegen: 31

Erstens muss ein **internationaler Sachverhalt** vorliegen, vgl. Art. 1 HGÜ. Gem. Art. 1 Abs. 2 HGÜ wird die Internationalität eines Sachverhaltes vermutet. Hierfür genügt es jedoch – anders als im Rahmen von Art. 25 EuGVVO – nicht, wenn die Parteien in demselben Vertragsstaat ihren Aufenthalt haben und der grenzüberschreitende Bezug lediglich durch die Prorogation der Gerichte eines anderen Staates hergestellt wird. 32

Zweitens muss gem. Art. 1 Abs. 1 HGÜ eine **Zivil- oder Handelssache** vorliegen, die auch nicht von einem Ausschluss gem. Art. 2 HGÜ erfasst ist. Art. 2 HGÜ nimmt zahlreiche Materien aus dem Geltungsbereich aus, so unter anderem Verbrauchersachen (Art. 2 Abs. 1 lit. a HGÜ) und Arbeitsverträge (Art. 2 Abs. 1 lit. b HGÜ). 33

Drittens muss die Vereinbarung ein oder mehrere Gerichte eines Vertragsstaates für **ausschließlich zuständig erklären**, Art. 3 lit. a HGÜ. Für Gerichtsstandsvereinbarungen mit nicht ausschließlichem, also fakultativem Charakter können allenfalls die Anerkennungs- und Vollstreckungsregelungen des HGÜ Geltung entfalten. 34

Viertens muss die Vereinbarung abgeschlossen worden sein, nachdem das HGÜ für den Staat, dessen Gerichte prorogiert werden, **in Kraft getreten** ist, Art. 16 Abs. 1 HGÜ. Ein nicht-vereinbartes Gericht ist nur dann an Art. 6 HGÜ gebunden, wenn das dortige Verfahren außerdem erst nach Inkrafttreten des Übereinkommens in diesem Staat eingeleitet worden ist, Art. 16 Abs. 2 HGÜ. 35

cc) Verhältnis des HGÜ zu Art. 25 EuGVVO

Das Konkurrenzverhältnis zwischen HGÜ und Art. 25 EuGVVO regelt Art. 26 Abs. 6 lit. a HGÜ. Art. 71 EuGVVO hat insoweit keine Bedeutung, da dieser nur für bereits bestehende Übereinkommen der Mitgliedstaaten gilt, nicht jedoch für neue Übereinkommen der EU. Nach der komplizierten Formulierung von Art. 26 Abs. 6 lit. a HGÜ gilt ein Vorrang der EuGVVO, wenn keine 36

---

[28] *IHK*, Umfrage 2003.

der Parteien ihren Aufenthalt in einem HGÜ-Vertragsstaat hat, der nicht zugleich EU-Mitgliedstaat ist. Die Bedeutung dieser doppelt negativen Formulierung lässt sich anhand von neun Einzelkonstellationen veranschaulichen:

37 (1) **Alle Parteien** haben ihren **Aufenthalt in der EU** und die **Gerichtsstandsvereinbarung** lautet **zugunsten eines EU-mitgliedstaatlichen Gerichts:** Hier gilt **Art. 25 EuGVVO**, weil alle Parteien in HGÜ-Staaten ansässig sind, die zugleich EU-Staaten sind, und damit die Voraussetzungen von Art. 26 Abs. 6 lit. a HGÜ erfüllt sind.

38 (2) **Alle Parteien** haben ihren **Aufenthalt in Staaten, die weder EU-Mitglied** sind, **noch das HGÜ ratifiziert** haben, und die **Gerichtsstandsvereinbarung** lautet zugunsten eines EU-mitgliedstaatlichen Gerichts: Hier gilt Art. 25 EuGVVO, da bereits keine der Parteien in einem HGÜ-Vertragsstaat ansässig ist, vgl. Art. 26 Abs. 6 lit. a HGÜ.

39 (3) **Alle Parteien** haben ihren **Aufenthalt in der EU** und die **Gerichtsstandsvereinbarung** lautet **zugunsten eines Staats**, der **weder EU-Mitglied** ist, **noch das HGÜ ratifiziert hat:** Hier gilt **für die Derogationswirkung vor EU-Gerichten Art. 25 EuGVVO**. Die Gerichtsstandsvereinbarung ist vom HGÜ räumlich nicht erfasst, da dieses gem. Art. 3 lit. a HGÜ nur für Gerichtsstandsvereinbarungen zugunsten von Gerichten aus HGÜ-Vertragsstaaten gilt.

40 (4) **Alle Parteien** haben ihren **Aufenthalt in der EU** und die **Gerichtsstandsvereinbarung** lautet **zugunsten eines Staats**, der **nicht EU-Mitglied** ist, aber das **HGÜ ratifiziert** hat: Hier gilt **für die Prorogation das HGÜ**; Art. 25 EuGVVO beansprucht insoweit von vornherein keine Geltung. Hinsichtlich der **Derogationswirkung vor EU-mitgliedstaatlichen Gerichten** gilt jedoch **Art. 25 Abs. 4** i.V.m. Art. 15 EuGVVO, soweit es sich um eine Versicherungssache handelt.

41 (5) **Alle Parteien** haben ihren **Aufenthalt in HGÜ**-Vertragsstaaten, die **nicht EU-Mitglied** sind, und vereinbaren die Zuständigkeit **der Gerichte in einem EU-Staat**: In diesem Fall findet **das HGÜ** Anwendung. Denn die Voraussetzungen von Art. 26 Abs. 6 lit. a HBG sind nicht erfüllt, da alle Parteien in HGÜ-Staaten ansässig sind, die nicht zugleich EU-Mitglied sind.

42 (6) Die **eine Partei** ist in einem **HGÜ-Vertragsstaat** ansässig, der **nicht EU-Mitglied** ist, die **andere Partei** ist in einem **EU-Mitgliedstaat** ansässig; die **Gerichtsstandsvereinbarung** lautet **zugunsten eines EU-mitgliedstaatlichen Gerichts:** Hier gilt das HGÜ, weil die Voraussetzungen von Art. 26 Abs. 6 lit. a HGÜ nicht erfüllt sind (eine Partei ist in einem HGÜ-Staat ansässig, der nicht zugleich EU-Mitglied ist).

43 (7) **Eine Partei** ist in einem **HGÜ-Vertragsstaat** ansässig, der **nicht EU-Mitglied** ist; die **andere Partei** in einem Staat, der **weder EU-Mitglied, noch HGÜ-Vertragsstaat** ist; die **Gerichtsstandsvereinbarung** lautet **zugunsten EU-mitgliedstaatlicher Gerichte**: Hier gilt das **HGÜ**, weil die Voraussetzungen von Art. 26 Abs. 6 lit. a HGÜ nicht erfüllt sind (eine Partei ist in einem Staat ansässig, der HGÜ-Vertragsstaat, nicht aber EU-Mitgliedstaat ist).

Text + Erläuterungen   Art. 25   **B Vor I** 7

(8) Eine Partei ist in einem **EU-Mitgliedstaat** ansässig; die **andere** in einem 44
HGÜ-Vertragsstaat, der nicht EU-Mitglied ist; die **Gerichtsstandsvereinbarung** lautet **zugunsten EU-mitgliedstaatlicher Gerichte:** Hier gilt das HGÜ, weil die Voraussetzungen von Art. 26 Abs. 6 lit. a HGÜ nicht erfüllt sind (eine Partei ist in einem Staat ansässig, der HGÜ-Vertragsstaat, nicht aber EU-Mitgliedstaat ist).

(9) Eine Partei ist in einem **EU-Mitgliedstaat** ansässig; die **andere** in einem 45
Staat, der **weder EU-Mitglied, noch HGÜ-Vertragsstaat** ist; die **Gerichtsstandsvereinbarung** lautet **zugunsten EU-mitgliedstaatlicher Gerichte:** Hier gilt **Art. 25 EuGVVO**, weil die Voraussetzungen von Art. 26 Abs. 6 lit. a HGÜ erfüllt sind.

dd) Zulässigkeit und Wirksamkeit von Gerichtsstandsvereinbarungen im Anwendungsbereich des HGÜ

Allgemeine Zulässigkeitsvoraussetzung einer Gerichtsstandsvereinbarung ist 46
gem. Art. 3 lit. a HGÜ deren **Bestimmtheit:** Die Abrede muss zum einen die Gerichte eines Vertragsstaats bzw. ein oder mehrere bestimmte Gerichte eines Vertragsstaats benennen. Zum anderen muss sie sachlich eindeutig sein, indem sie entweder eine bereits entstandene Streitigkeit bezeichnet, oder sich auf alle künftigen Streitigkeiten aus einem bestimmten Rechtsverhältnis bezieht.[29]

Die **Formanforderungen** für Zuständigkeitsabreden enthält Art. 3 lit. c 47
HGÜ (schriftlich oder durch jedes andere Kommunikationsmittel, das einen späteren Zugriff auf die Information erlaubt).[30] Das Schriftlichkeitserfordernis gem. Art. 3 lit. c (i) HGÜ dient allein der Dokumentation und setzt daher nicht die Unterschrift der Parteien voraus.[31] Der Abschluss im Wege *„anderer Kommunikationsmittel"* i.S.v. Art. 3 lit. c (ii) HGÜ ist Art. 6 Abs. 1 UNICTRAL-Modellgesetz über den elektronischen Verkehr nachgebildet[32] und soll die in einigen Ländern herrschende Unsicherheit im E-Commerce beseitigen.[33] Für die Formgültigkeit einer Gerichtsstandsvereinbarung ist es somit ausreichend, wenn sie per E-Mail, Fax oder telefonischer Aufzeichnung festgehalten worden ist.[34]

Anders als nach der EuGVVO führt die **Nichteinhaltung der Formerfor-** 48
dernisse aber nicht zur Unwirksamkeit der Gerichtsstandsabrede, sondern hat lediglich zur Folge, dass der Anwendungsbereich des HGÜ nicht eröffnet ist.[35] Die Gerichtsstandsabrede kann somit nicht nach dem HGÜ, aber möglicherweise nach anderen anwendbaren Regelungen durchgesetzt werden. Ein derogiertes Gericht ist dann insbesondere nicht gem. Art. 6 HGÜ zur Aussetzung einer bei ihm anhängig gemachten Klage verpflichtet. Andersherum trifft ein

---

[29] *Hartley/Dogauchi*, HGÜ-Erläuternder Bericht, Rn. 101. Ausführlich hierzu *E. Peiffer*, Schutz gegen Klagen im forum derogatum, 2013, S. 105 ff.
[30] Ausführlich hierzu *E. Peiffer*, Schutz gegen Klagen im forum derogatum, 2013, S. 161 ff.
[31] *Hartley/Dogauchi*, HGÜ-Erläuternder Bericht, Rn. 112.
[32] *Wagner*, RabelsZ 73 (2009), S. 100 (118); *Brand/Herrup*, HGÜ, 2008, S. 17.
[33] *Eichel*, AGB-Gerichtsstandsklauseln, 2007, S. 245.
[34] *Bläsi*, HGÜ, 2010, S. 69 ff.; *Rühl*, IPRax 2005, S. 410 (411); *Wagner*, RabelsZ 73 (2009), S. 100 (118); *Eichel*, AGB-Gerichtsstandsklauseln, 2007, S. 245.
[35] *Hartley/Dogauchi*, HGÜ-Erläuternder Bericht, Rn. 110; *Eichel*, RIW 2009, S. 287 (295); *Bläsi*, HGÜ, 2010, S. 66 ff.

prorogiertes Gericht nicht die in Art. 5 Abs. 1 HGÜ geregelte Pflicht zur Annahme der Streitigkeit. Stützt ein designiertes Gericht seine Zuständigkeit auf eine Prorogation, die den Formerfordernissen des HGÜ nicht entspricht, aber nach autonomem nationalen Recht wirksam ist, ist seine Entscheidung in anderen HGÜ-Vertragsstaaten nicht gem. Art. 8–15 HGÜ anzuerkennen und für vollstreckbar zu erklären, sondern nach Maßgabe des autonomen Rechts des Vollstreckungsstaats.[36]

49 Für die Prüfung der **sonstigen Wirksamkeitsvoraussetzungen**, beispielsweise das Vorliegen von Willensmängeln, Stellvertretung, etc. hält das HGÜ in Art. 5 Abs. 1, Art. 6 lit. a HGÜ eine **Kollisionsnorm** bereit, die – wie der dieser Norm nachgebildete Art. 25 Abs. 1 Satz 1 a.E. EuGVVO – auf das anwendbare Sachrecht nach dem IPR des prorogierten Forums verweist. Für die Beurteilung der **Geschäftsfähigkeit der Parteien gilt jedoch eine Besonderheit**:[37] Während das prorogierte Gericht darüber gem. Art. 5 Abs. 1 HGÜ nach dem aus Sicht seines IPR maßgeblichen Statut entscheidet, muss ein derogiertes Gericht gem. Art. 6 lit. a, b HGÜ ggf. zwei Rechtsordnungen befragen – das nach dem IPR des prorogierten Forums und das nach dem eigenen Kollisionsrecht jeweils anwendbare Sachrecht.[38] Fehlt nach einem der so bestimmten Sachrechte einer der Parteien die Geschäftsfähigkeit, ist das derogierte Gericht nicht gem. Art. 6 HGÜ verpflichtet, die vor ihm anhängig gemachte Streitigkeit auszusetzen.[39] Grund für diese sperrige Lösung ist, dass den Verhandlungsstaaten die Einigung auf eine einheitliche Kollisionsnorm zur Geschäftsfähigkeit zu ambitioniert erschien.[40]

50 Zwischen den Vertragsstaaten war heftig umstritten, ob das HGÜ auch auf **Gerichtsstandsvereinbarungen in AGB** Anwendung finden soll.[41] Da eine Ausklammerung von AGB-Gerichtsstandsklauseln die praktische Bedeutung des HGÜ erheblich beeinträchtigt hätte, einigte man sich letztlich darauf, dass das Übereinkommen auch für solche Klauseln gelten soll. Demnach richtet sich die Einbeziehungs- und Inhaltskontrolle solcher Abreden nach der allgemeinen in Art. 5 Abs. 1, Art. 6 lit. a HGÜ enthaltenen Kollisionsregel. Dabei sind jedoch die Grenzen des HGÜ zu berücksichtigen: Die Durchsetzung einer Klausel darf also nicht unter Hinweis auf ein nationalrechtliches Formerfordernis versagt werden, das strenger ist als die Formvorgaben von Art. 3 lit. c HGÜ. Außerdem darf die Anerkennung einer formularmäßigen Zuständigkeitsabrede nicht mit Überlegungen über die Geeignetheit des prorogierten Forums für die Austragung der Streitigkeit verweigert werden (vgl. Art. 5 Abs. 2 HGÜ).[42]

---

[36] *Wagner*, RabelsZ 73 (2009), S. 100 (118); *E. Peiffer*, Schutz gegen Klagen im forum derogatum, 2013, S. 161.
[37] Ausführlich hierzu *E. Peiffer*, Schutz gegen Klagen im forum derogatum, 2013, S. 163.
[38] *Hartley/Dogauchi*, HGÜ-Erläuternder Bericht, Rn. 150; *Bläsi*, HGÜ, 2010, S. 184 ff.; *Eichel*, AGB-Gerichtsstandsklauseln, 2007, S. 250; *Rühl*, IPRax 2005, S. 410 (414).
[39] *Bläsi*, HGÜ, 2010, S. 184.
[40] *Hartley/Dogauchi*, HGÜ-Erläuternder Bericht, Rn. 150; *Eichel*, AGB-Gerichtsstandsklauseln, 2007, S. 250; *Bläsi*, HGÜ, 2010, S. 185.
[41] Vgl. *E. Peiffer*, Schutz gegen Klagen im forum derogatum, 2013, S. 163 f.
[42] *Bläsi*, HGÜ, 2010, S. 76; *Eichel*, AGB-Gerichtsstandsklauseln, 2007, S. 261.

Art. 6 lit. a–e HGÜ regelt mehrere **Derogationsschranken**, die mittelbar 51
auch die Durchsetzbarkeit der Prorogation beschränken können: Lit. a und b
betreffen Aspekte des wirksamen Abschlusses, lit. c–e solche der Zulässigkeit.
Wegen der Abweichung von der EuGVVO sind zwei Schranken besonders hervorzuheben: Lit. c gestattet einem derogierten Gericht, eine Gerichtsstandsvereinbarung zu übergehen, wenn deren Anwendung zu einer offensichtlichen
Ungerechtigkeit führen oder dem *ordre public* widersprechen würde. Dieser Ausnahmezustand soll zum einen greifen, wenn eine der Parteien vor dem prorogierten Gericht einen unfairen Prozess befürchten muss, zum anderen wenn die
Gefahr besteht, dass im *forum prorogatum* international zwingende Normen des
Staates des derogierten Gerichts unbeachtet bleiben.[43] Lit. d gestattet einem
derogierten Gericht, einer Zuständigkeitsvereinbarung die Wirkung zu versagen,
wenn deren Durchsetzung den Parteien aus außergewöhnlichen, deren Einfluss
entzogenen Gründen unzumutbar ist. Mit Hilfe dieser Ausnahme sollen etwa
Fälle gelöst werden, in denen es im prorogierten Forum beispielsweise wegen
Kriegs oder Naturkatastrophen zum Stillstand der Rechtspflege gekommen ist,
das vereinbarte Gericht nicht mehr existiert oder in seiner Besetzung so fundamental verändert worden ist, dass es nicht mehr als das ursprünglich prorogierte
angesehen werden kann.[44]

Das HGÜ enthält kein dem Art. 25 Abs. 4 EuGVVO vergleichbares Derogationsverbot. Für ein solches besteht bereits kein Bedürfnis, weil fast alle von 52
Art. 25 Abs. 4 EuGVVO erfassten Konstellationen aus dem Anwendungsbereich
des HGÜ ausgenommen sind. Versicherungsverträge zwischen Unternehmern,[45]
für die in der EuGVVO Derogationsbeschränkungen zu beachten sind, sind zwar
grundsätzlich vom Geltungsbereich des HGÜ erfasst. Die EU hat jedoch gem.
Art. 21 HGÜ erklärt, dass sie das Übereinkommen auf einen Großteil der Versicherungsverträge nicht anwenden wird.[46]

Anders als die EuGVVO enthält das HGÜ keine Vorschrift über die Zuständigkeitsbegründung durch **rügelose Einlassung**. Art. 6 HGÜ zählt abschließend die Gründe auf, wegen derer sich ein derogiertes Gericht über eine Prorogation zugunsten eines anderen Forums hinwegsetzen kann, und erwähnt die 53
rügelose Einlassung nicht als einen solchen Grund. Abweichend von der
EuGVVO wirkt im Geltungsbereich des HGÜ das Unterlassen der Geltendmachung einer entgegenstehenden Gerichtsstandsvereinbarung nicht zuständigkeitsbegründend. Diese Einlassungsfestigkeit von Derogationen hat zwei Konsequenzen: Zum einen kann ein abgewähltes Gericht sich nicht schon deswegen über
eine entgegenstehende Gerichtsstandsvereinbarung hinwegsetzen, weil deren
Geltendmachung nach nationalem Recht zu spät komme. Zum anderen ist dieses

---

[43] *Hartley/Dogauchi*, HGÜ-Erläuternder Bericht, Rn. 152 f.; *Eichel*, AGB-Gerichtsstandsklauseln, 2007, S. 264.
[44] *Hartley/Dogauchi*, HGÜ-Erläuternder Bericht, Rn. 154.
[45] Streitigkeiten mit Verbraucherbeteiligung liegen ohnehin außerhalb des Anwendungsbereichs des HGÜ, vgl. Art. 2 Abs. 1 lit. a HGÜ.
[46] Erklärung der EU vom 11.3.2015, veröffentlicht auf der Internetseite der Haager Konferenz für IPR. Vgl. hierzu auch *Eichel*, GPR 2014, S. 159 (161).

Gericht verpflichtet, das Vorliegen einer entgegenstehenden Gerichtsstandsvereinbarung von Amts wegen zu prüfen. Praktisch wird dies vor deutschen Gerichten freilich nur geringfügige Auswirkungen haben, denn nach dem Beibringungsgrundsatz ist es nach wie vor Sache der Parteien die Zuständigkeitsabrede zum Prozessstoff zu machen.[47]

ee) Verhältnis des HGÜ zu den Litispendenzregeln der EuGVVO

54   Das HGÜ hält keine eigenen Rechtshängigkeitsregeln vor. Demnach sind Rechtshängigkeitskonflikte nach den im jeweiligen Forum geltenden Vorschriften zu lösen.

55   Liegen **alle Gerichte der kollidierenden Verfahren in EU-Mitgliedstaaten**, ist die mehrfache Litispendenz somit nach den **Regeln der EuGVVO** zu lösen. Lautet die Gerichtsstandsvereinbarung auf ein mitgliedstaatliches Gericht, findet Art. 31 Abs. 2–4 EuGVVO Anwendung mit der Folge, dass das Verfahren vor dem prorogierten Gericht grundsätzlich Priorität genießt. Lautet die Vereinbarung hingegen zugunsten eines drittstaatlichen Gerichts, sind Art. 29 und Art. 30 EuGVVO anzuwenden, weil Art. 31 Abs. 2 EuGVVO mangels Anwendbarkeit von Art. 25 EuGVVO nicht gilt.

56   Kollidieren ein **EU-mitgliedstaatliches und ein drittstaatliches Verfahren**, hat **das EU-mitgliedstaatliche Gericht** die Litispendenzregeln der **Art. 33 und 34 EuGVVO zu beachten**. Art. 31 Abs. 2 EuGVVO gilt in diesem Fall nicht, weil die Norm allein Parallelverfahren vor mitgliedstaatlichen Gerichten erfasst. Art. 33 und 34 EuGVVO regeln jedoch lediglich Fälle, in denen die Zuständigkeit des angerufenen mitgliedstaatlichen Gerichts auf Art. 4, 7, 8 oder 9 EuGVVO beruht. Gründet sich demgegenüber die Zuständigkeit des EU-mitgliedstaatlichen Gerichts auf eine Gerichtsstandsvereinbarung, hat dieses demzufolge seine einzelstaatlichen Litispendenzregeln heranzuziehen. Das drittstaatliche Gericht entscheidet über die Beachtung der anderweitigen Rechtshängigkeit stets nach seinen nationalen Vorschriften.

57   Bei der Anwendung der jeweils maßgeblichen Litispendenzregel (EuGVVO oder nationales Recht) hat das prorogierte Gericht jedoch **die Wertung von Art. 5 Abs. 2 HGÜ** zu berücksichtigen. Diese Norm verwehrt es dem prorogierten Gericht, eine Entscheidung in der Sache deshalb abzulehnen, weil es ein anderes (angerufenes) Gericht zur Streitentscheidung für besser geeignet hält.[48]

ff) Verhältnis der Anerkennungs- und Vollstreckungsregelungen aus dem HGÜ zu den Art. 36 ff. EuGVVO

58   Das HGÜ enthält in Art. 8 ff. Regeln über die Anerkennung und Vollstreckung lediglich von Entscheidungen eines aufgrund ausschließlicher Gerichtsstandsvereinbarung zuständigen Gerichts. Die Anwendung dieser Regeln setzt nicht zwingend voraus, dass die der Entscheidung zugrundliegende Prorogation in den Geltungsbereich von Art. 5 HGÜ fällt. Denn der räumlich-persönliche Anwendungsbereich der Anerkennungs- und Vollstreckungsregeln des HGÜ

---

[47] E. *Peiffer*, Schutz gegen Klagen im forum derogatum, 2013, S. 209 f.
[48] E. *Peiffer*, Schutz gegen Klagen im forum derogatum, 2013, S. 267 f.

unterscheidet sich von dem der HGÜ-Zuständigkeitsregeln. Nach Art. 1 Abs. 3 HGÜ ist für die Zwecke der Anerkennungs- und Vollstreckungsvorschriften ein Sachverhalt bereits dann „international", wenn die Anerkennung oder Vollstreckung einer ausländischen Entscheidung geltend gemacht wird. Somit finden Art. 8 ff. HGÜ auch in Fällen Anwendung, in denen die Parteien einer Gerichtsstandsabrede ihren Wohnsitz in demselben HGÜ-Vertragsstaat haben und der Sachverhalt außer der Prorogation eines drittstaatlichen Gerichts keinen Bezug zum Ausland aufweist. Art. 5, 6 HGÜ entfalten hier wegen des ausdrücklichen Ausschlusses in Art. 1 Abs. 2 HGÜ keine Geltung.

Das Verhältnis zwischen den Anerkennungs- und Vollstreckungsvorschriften **59** des HGÜ und der EuGVVO regelt Art. 26 Abs. 6 lit. b HGÜ. Demnach werden die HGÜ-Vorschriften von den Art. 36 ff. EuGVVO verdrängt, wenn es um die Anerkennung und Vollstreckung einer EU-mitgliedstaatlichen Entscheidung in einem anderen Mitgliedstaat der EU geht.

b) Verhältnis zu anderen völkerrechtlichen Verträgen

Das Verhältnis von Art. 25 EuGVVO zu anderen völkerrechtlichen Verträgen **60** regelt **Art. 71 EuGVVO**, demzufolge Spezialregeln über Gerichtsstandsvereinbarungen in internationalen Übereinkünften Vorrang genießen.

Vorrangige Spezialregeln für Gerichtsstandsvereinbarungen finden sich etwa **61** in **Art. 31 Abs. 1, 41 Abs. 1 CMR**.[49] Aus Art. 31 Abs. 1 CMR folgt, dass Gerichtsstandsvereinbarungen in Beförderungsverträgen grundsätzlich möglich sind. Gleichzeitig stellt Art. 41 Abs. 1 CMR jedoch klar, dass nur fakultative Gerichtsstandsvereinbarungen möglich sind, d.h. solche, die die gesetzlichen Gerichtsstände aus Art. 31 Abs. 1 CMR nicht derogieren.[50] Das CMR enthält jedoch keine sonstigen Regelungen über Form, Inhalt und Zustandekommen von Gerichtsstandsvereinbarungen. Es stellt sich daher die Frage, ob und inwieweit die Vorschriften der EuGVVO ergänzend herangezogen werden können. Nach der Rechtsprechung des EuGH sind Spezialübereinkommen i.S.v. Art. 71 nur hinsichtlich der in ihnen geregelten Sachfragen vorrangig; im Übrigen finden die Regelungen der EuGVVO ergänzende Anwendung.[51] Aus dem Fehlen von Formanforderungen im CMR lässt sich nicht darauf schließen, dass im Übereinkommen Gerichtsstandsvereinbarungen formlos möglich sein sollen. Demzufolge finden im Geltungsbereich des CMR ergänzend die Formvorschriften von Art. 25 Abs. 1 EuGVVO Anwendung.[52] Gleiches gilt für die in Art. 25 EuGVVO enthaltenen Regelungen zu Inhalt und Zustandekommen.

---

[49] Genfer Übereinkommen über den Beförderungsvertrag im internationalen Straßengüterverkehr vom 19.5.1956.
[50] Vgl. OLG Oldenburg, 5.1.2000 – 4 U 34/99, TranspR 2000, S. 128 f., Rn. 12 ff. (nach juris); Rauscher/*Mankowski*, EuZPR, 4. Aufl. 2016, Art. 71 EuGVVO Rn. 41.
[51] EuGH, 6.12.1994 – Rs. C-406/92, *Tatry* ./. *Maciej Rataj*, Slg. 1994, I-5439 (ECLI:EU:C:1994:400), Leitsatz 1 zu der Vorgängerregel in Art. 57 EuGVÜ.
[52] *Kropholler/von Hein*, EuZPR, 9. Aufl. 2011, Art. 71 EuGVVO a.F. Rn. 14; *Haubold*, IPRax 2000, S. 91 (93 f.); Tribunale di Torino, 4.6.1984, Riv. dir. int. priv. proc. 1984, 586; Rauscher/*Mankowski*, EuZPR, 4. Aufl. 2016, Art. 71 EuGVVO Rn. 41; *Müller/Hök*, RIW 1988, S. 775 (777).

62 Weitere Spezialregelungen über Gerichtsstandsvereinbarungen i.S.v. Art. 71 finden sich in Art. 1, 2 des Übereinkommens zur Vereinheitlichung von Regeln über die zivilrechtliche Zuständigkeit bei Schiffszusammenstößen vom 10.5.1952 (Brüssel), in Art. 28, 32 des Warschauer Abkommens vom 12.10.1929 zur Vereinheitlichung von Regeln im internationalen Luftverkehr, in Art. 33 des Montrealer Übereinkommens zur Vereinheitlichung bestimmter Vorschriften über die Beförderung im internationalen Luftverkehr vom 28.5.1999, in Art. 9 des Übereinkommens über die Personenbeförderung auf See von 1961, in Art. 17 des Athener Übereinkommens über die Passagier- und Gepäckbeförderung auf See von 1974 und schließlich in Art. 13 des Überkommens über die Haftung für Passagiergepäck zur See von 1967. Von mehreren Mitgliedstaaten bereits ratifiziert ist auch das Hamburger UN-Übereinkommen über die Beförderung von Gütern auf See von 1978.

4. Verhältnis zum nationalen Recht

a) Allgemein

63 Art. 25 adressiert sämtliche Kernfragen der Gerichtsstandsvereinbarung selbst und mit dem Anspruch, eine in sich abgeschlossene Regelung zu treffen. Die Norm regelt insbesondere die Anforderungen an **Einigung, Form, Inhalt, Zulässigkeit** und **Wirkungen** der Gerichtsstandsvereinbarung. Darüber hinaus enthält die Vorschrift eine **euroautonome Kollisionsnorm** zur Bestimmung des auf materielle Wirksamkeitshindernisse anwendbaren Rechts. Der so abgesteckte Regelungsbereich wird ausschließlich durch Art. 25 beherrscht und verdrängt somit in vollem Umfang entgegenstehendes nationales Recht der Mitgliedstaaten.[53]

64 Art. 25 verbietet dem nationalen Gesetzgeber auch die grundsätzlich prorogationsfreundlichen Aussagen der EuGVVO durch spätere nationale Regelungen zu entwerten. Der nationale Gesetzgeber darf im Anwendungsbereich der Verordnung keine eigenständige, entgegenlaufende Zuständigkeitspolitik betreiben.[54]

b) Einzelfälle

65 Daraus ergibt sich für Deutschland im Einzelnen Folgendes:

aa) §§ 38 ff. ZPO

66 §§ 38 und 40 ZPO werden in vollem Umfang durch die EuGVVO verdrängt und zwar unabhängig davon, ob diese im Einzelfall die Prorogation gegenüber Art. 25 erleichtern – wie etwa § 38 Abs. 1 ZPO für Vollkaufleute – oder diese erschweren, wie etwa § 38 Abs. 2 Satz 3 ZPO. Die §§ 38 ff. ZPO entfalten somit lediglich Geltung für Prorogationen zugunsten drittstaatlicher Gerichte, da insoweit Art. 25 nicht anwendbar ist.[55]

---

[53] EuGH, 13.11.1979 – Rs. 25/79, *Sanicentral ./. Collin*, Slg. 1979, 3423 (ECLI:EU:C:1979:255), Rn. 5.
[54] *Geimer*/Schütze, EuZVR, 3. Aufl. 2010, Art. 23 EuGVVO a.F. Rn. 79 f.
[55] Für solche Zuständigkeitsabreden gelten jedoch u.U. die Derogationsbeschränkungen in Art. 15, 19 und 23 EuGVVO, siehe Rn. 16.

bb) §§ 305 ff. BGB

Auch die Vorschriften des deutschen Rechts zur Einbeziehung und Inhaltskontrolle von AGB-Gerichtsstandsklauseln sind **im Anwendungsbereich von Art. 25 unbeachtlich.**[56] Gem. Art. 67 kann jedoch in Verbraucherfällen eine Missbrauchskontrolle anhand der **Vorschriften zur Umsetzung der EG-Klauselrichtlinie** durchgeführt werden.[57]

67

cc) Zusätzliche formale Anforderungen

Unbeachtlich sind sowohl nationale Vorschriften, wonach eine Gerichtsstandsvereinbarung aus Gründen der Rechtsklarheit und zur Sicherung der Willenseinigung in einer separaten Urkunde abgeschlossen werden muss, als auch nationale Vorschriften, die die Verwendung einer besonderen Vertragssprache für Gerichtsstandsvereinbarungen vorschreiben.[58]

68

dd) Zusätzlicher Sozialschutz

Der Vorrang der EuGVVO gilt auch gegenüber nationalen Vorschriften zum Schutz von typischerweise schwächeren Parteien. Die Verordnung selbst hält in den Abschnitten 3 bis 5 ein ausgefeiltes System von prozessualen Schutzmechanismen bereit.

69

ee) Zusätzliche inhaltliche Anforderungen

Art. 25 trifft keine ausdrücklichen Vorkehrungen gegen inhaltlich unangemessene Gerichtsstände. Die Vorschrift stellt jedoch durch die einzelnen Formvorschriften sicher, dass eine Einigung der Parteien vorliegt und gewährt durch die besonderen Derogationsbeschränkungen in Verbraucher-, Versicherungs- und Arbeitssachen Schutz vor missbräuchlichen Gerichtsstandsklauseln. Eine Missbrauchskontrolle von Gerichtsstandsklauseln nach nationalem Recht findet daher nicht statt.

70

ff) International zwingende Normen

Auch soweit nationale Vorschriften das Ziel verfolgen, die Durchsetzung bestimmter international zwingender Vorschriften des nationalen Rechts zu ermöglichen, bleibt es beim Vorrang von Art. 25. Das gilt etwa im Verhältnis zu § 130 Abs. 2 GWB, §§ 53, 61 BörsG, § 89b HGB und § 662 HGB.

71

IV. Sachliche Reichweite von Art. 25

Art. 25 regelt diverse Aspekte des prozessual und materiell wirksamen Zustandekommens von Gerichtsstandsvereinbarungen. Insoweit sind drei Fragen zu unterscheiden: Die **Zulässigkeit** einer Gerichtsstandsvereinbarung betrifft den prozessualen Gesichtspunkt, ob die Parteien befugt sind, das Forum für die Austragung ihrer Streitigkeit abweichend von dem gesetzlichen Gerichtsstand festzu-

72

---

[56] Vgl. ausführlich hierzu *Lindacher*, in: FS Schlosser, 2015, S. 491 (496).
[57] Ausführlich hierzu siehe Rn. 106 ff.
[58] EuGH, 24.6.1981 – Rs. 150/80, *Elefanten Schuh GmbH ./. Jacqmain*, Slg. 1981, 1671 (ECLI:EU:C:1981:148).

legen. Das **wirksame Zustandekommen** einer Gerichtsstandsvereinbarung betrifft allein den der Zuständigkeitsvereinbarung zugrundeliegenden Konsens sowie dessen Gültigkeit anhand des materiellen Rechts. Hierzu gehören insbesondere Fragen der Willenseinigung, der Stellvertretung, der Anfechtung oder der Geschäftsfähigkeit der Parteien. Der dritte Gesichtspunkt betrifft die **prozessualen Mindestanforderungen an den Inhalt** von Gerichtsstandsvereinbarungen.

73 Die **Zulässigkeit einer Gerichtsstandsvereinbarung** (hierzu V.) ist abschließend in Art. 25 geregelt. Insoweit ist der Rückgriff auf sonstiges (nationales und internationales) Recht versperrt. Grundsätzlich sind die Parteien befugt, innerhalb der EuGVVO die gesetzlichen Gerichtsstände abzuwählen. Art. 25 Abs. 4 beschränkt die Pro- und Derogationsbefugnis lediglich zum Schutz der ausschließlichen Gerichtsstände in Art. 24 und in typisierten Fällen strukturellen Ungleichgewichts zwischen den Parteien (Art. 15, 19, 23).

74 Das **wirksame Zustandekommen** einer Gerichtsstandsvereinbarung (hierzu VI.) ist im Ausgangspunkt ebenfalls nach Art. 25 zu beurteilen. Soweit die Vorschrift einen Aspekt des wirksamen Abschlusses nicht abschließend regelt, sind ergänzend die Regeln des jeweils maßgeblichen nationalen Rechts heranzuziehen. Insoweit hält Art. 25 Abs. 1 Satz 1 jedoch eine Kollisionsnorm bereit, deren Reichweite im Einzelnen umstritten ist. Für die in Art. 25 abschließend normierten Aspekte des wirksamen Zustandekommens ist ein Rückgriff auf nationales Recht versperrt. Dies gilt insbesondere für die **Formerfordernisse**, die in Art. 25 Abs. 1 Satz 3 detailliert geregelt sind (siehe VII.).

75 Die **prozessualen Mindestanforderungen an den Inhalt** gültiger Gerichtsstandsvereinbarungen (hierzu VIII.) sind in Art. 25 Abs. 1 Satz 1 abschließend geregelt.

V. Zulässigkeit von Gerichtsstandsvereinbarungen

1. Pro- und Derogationsverbote aus Abs. 4

76 Art. 25 Abs. 4 beschränkt die Prorogationsfreiheit für bestimmte Rechtsgebiete, nämlich in Versicherungs-, Verbraucher- und Arbeitssachen. Zugleich stellt die Norm klar, dass die ausschließlichen Gerichtsstände von Art. 24 derogationsfest sind.

77 Die Beschränkungen durch Abs. 4 gelten nicht nur für Vereinbarungen zugunsten eines mitgliedstaatlichen Gerichts, sondern auch bei einer auf ein drittstaatliches Gericht lautenden Zuständigkeitsabrede, soweit diese dazu führt, dass einer der durch Abs. 4 geschützten gesetzlichen Gerichtsstände abbedungen wird (s.o. Rn. 16).[59] Hierfür spricht zum einen der Wortlaut der Schutzvor-

---

[59] EuGH, 19.7.2012 – Rs. C-154/11, *Mahamdia ./. Algerien*, ECLI:EU:C:2012:491, Rn. 58 ff. mit zust. Anm. *Junker*, EuZA 2013, S. 86 (93 f.); OLG Brandenburg, 26.7.2007 – 12 W 17/07, Rn. 15 (nach juris); Rauscher/*Mankowski*, EuZPR, 4. Aufl. 2016, Art. 25 EuGVVO Rn. 14; Thomas/Putzo/ *Hüßtege*, ZPO, 36. Aufl. 2015, Art. 25 EuGVVO Rn. 2; Schlosser/Hess, EuZPR, 4. Aufl. 2015, Art. 25 EuGVVO Rn. 6a; *Kropholler/von Hein*, EuZPR, 9. Aufl. 2011, Art. 23 EuGVVO a.F. Rn. 81 ff.; *Heinig*, Gerichtsstandsvereinbarungen, 2010, S. 132 ff.; *Gsell*, in: FS Coester-Waltjen, 2015, S. 403 (406 ff.); Schaper/*Eberlein*, RIW 2012, S. 43 (46 f.).

schriften von Art. 15, 19, 23 und 24, die allgemein eine abweichende Vereinbarung ausschließen, ohne danach zu differenzieren, ob ein mitgliedstaatliches oder ein drittstaatliches Gericht prorogiert ist. Zum anderen gebietet der Zweck dieser Schutzvorschriften deren universelle Beachtung.

Abs. 4 setzt den Schutz der typischerweise schwächeren Parteien in Versicherungs-, Verbraucher- und Arbeitssachen fort, indem er Gerichtsstandsvereinbarungen auf diesen Rechtsgebieten nur dann rechtliche Wirkung beimisst, wenn die strengen Voraussetzungen der Art. 15, 19 und 23 erfüllt sind.[60] In den Fällen des Art. 24 bleibt den Parteien lediglich die Möglichkeit, ein örtlich zuständiges Gericht in der Form von Art. 25 zu vereinbaren. Dies bleibt eine Gerichtsstandsvereinbarung im Anwendungsbereich der EuGVVO, so dass insoweit Prorogationsbeschränkungen des nationalen Rechts nicht anwendbar sind. 78

2. Weitere Zulässigkeitsbeschränkungen

Die Pro- und Derogationsverbote der EuGVVO sind abschließend. Entsprechende Beschränkungen nach autonomem Recht sind neben Art. 25 nicht anwendbar. Im internationalen Schiffsverkehr entfaltet auch **Art. III 8 der Haag-Visby-Regeln** keine Geltung: Die Norm befasst sich nicht unmittelbar mit Gerichtsstandsvereinbarungen, sondern hat lediglich mittelbar Konsequenzen für diese mit der Folge, dass sie keine Zuständigkeitsregelung für ein besonderes Rechtsgebiet i.S.v. Art. 67 darstellt.[61] 79

VI. Wirksames Zustandekommen von Gerichtsstandsvereinbarungen

1. Anwendbares Recht, insbesondere Kollisionsnorm in Abs. 1 Satz 1 a.E.

Teilweise regelt Art. 25 die Aspekte des wirksamen Zustandekommens von Gerichtsstandsvereinbarungen selbst, so dass insoweit die Anwendung von einzelstaatlichem Recht versperrt ist. So ist die grundlegende Voraussetzung des **Konsenses** im Grundsatz anhand von Art. 25 zu beurteilen. 80

Für die hiervon zu unterscheidende Frage, ob der Konsens materiell wirksam ist, enthält Art. 25 keinerlei Sachregelung, sondern lediglich eine Kollisionsnorm: Nach Abs. 1 Satz 1 a.E. gilt für die „*materielle Nichtigkeit*" das Recht des prorogierten States. Dieser Verweis umfasst nach Erwgr. 20 auch das IPR des *forum prorogatum* und ist somit eine Gesamtverweisung.[62] Für **reine Derogati-** 81

---

[60] Vgl. hierzu ausführlich die Kommentierung der einschlägigen Vorschriften.
[61] *Schlosser*/Hess, EuZPR, 4. Aufl. 2015, Art. 25 EuGVVO Rn. 32; *Kropholler/v. Hein*, EuZPR, 9. Aufl. 2011, Art. 23 EuGVVO Rn. 22; *E. Peiffer*, Schutz gegen Klagen im forum derogatum, 2013, S. 88; *Redmann*, Ordre public-Kontrolle von Gerichtsstandsvereinbarungen, 2005, S. 175 ff. A. A. *Rauscher/Mankowski*, EuZPR, 4. Aufl. 2016, Art. 25 EuGVVO Rn. 65.
[62] Sieht man die Gerichtsstandsvereinbarung Zuständigkeit der Gerichte unterschiedlicher Mitgliedstaaten vor, verweist die Kollisionsnorm zugleich auf mehrere nationale Kollisionsrechte. Dieser Verweis dürfte – entsprechend dem Zweck der Regelung, Gerichtsstandsvereinbarungen zu stärken – als alternativer Verweis zu verstehen sein. Die Gerichtsstandsvereinbarung ist demnach wirksam, wenn sie nach wenigstens einem der verwiesenen Sachrechte gültig zustande gekommen ist. Vgl. hierzu auch *Forner-Delaygua*, J.Priv.Int.L. 11 (2015), S. 379 (397).

onsvereinbarungen gilt die Kollisionsregel nicht, da es an einem *forum prorogatum* fehlt,[63] so dass die materielle Wirksamkeit solcher Abreden nach dem aus Sicht des IPR des angerufenen Gerichts anwendbaren Recht zu beurteilen ist. Der Begriff der „materiellen Nichtigkeit" ist weit auszulegen und umfasst – mit Ausnahme der Form – sämtliche Aspekte der materiellen Wirksamkeit, unabhängig davon, ob sie im verwiesenen Recht materiell oder prozessual qualifiziert werden.

82 Die **Kollisionsnorm**, deren Vorbild Art. 5 Abs. 1 HGÜ war, soll sicherstellen, dass die **Wirksamkeit der Gerichtsstandsvereinbarung** unabhängig vom angerufenen Gericht **einheitlich beurteilt** wird.[64] Die Einführung einer euroautonomen Kollisionsnorm ist im Grundsatz zu begrüßen, weil sie durch die Festlegung des maßgeblichen IPRs – jedenfalls theoretisch – die Wahrscheinlichkeit erhöht, dass unterschiedliche Gerichte in der EU die Wirksamkeit einer Gerichtsstandsvereinbarung nach demselben Recht beurteilen. Das Risiko „hinkender Gerichtsstandsvereinbarungen" innerhalb der EU dürfte durch die Kollisionsnorm jedoch praktisch kaum verringert sein.[65] Denn in vielen Mitgliedstaaten herrscht Unsicherheit darüber, wie das auf den wirksamen Abschluss von Gerichtsstandsvereinbarungen anwendbare Recht zu bestimmen ist.[66] Auch die Rom I-VO hat insoweit keine Klarheit gebracht, weil Gerichtsstandsvereinbarungen ausdrücklich aus ihrem Anwendungsbereich ausgeschlossen sind, vgl. Art. 1 Abs. 2 lit. e Rom I-VO. Es ist daher sehr bedauerlich,[67] dass der EU-Gesetzgeber die Chance vertan hat, Rechtssicherheit zu schaffen durch die Einführung einer Kollisionsnorm zur Bestimmung des Prorogationsstatuts, die – wie die Kollisionsnormen in den Verordnungen Rom I und Rom II – eine Sachnormverweisung enthält.

83 Für alle **Aspekte, die weder die Frage des Konsenses, noch dessen materielle Wirksamkeit betreffen,** hat das angerufene Gericht nach seinem IPR das jeweils maßgebliche Sachrecht zu bestimmen.

84 Diese Grundsystematik ist im Folgenden anhand einzelner praktisch wichtiger Aspekte des wirksamen Abschlusses von Gerichtsstandsvereinbarungen zu konkretisieren:

a) Konsens

85 Das Vorliegen eines Vertragsschlusses durch übereinstimmende Willenserklärungen ist **ausschließlich unter Rückgriff auf Art. 25** zu beurteilen.[68]

86 Zu der Vorgängerregel in Art. 17 EuGVÜ hat der EuGH klargestellt, dass der Begriff der „**Gerichtsstandsvereinbarung" als autonomer Begriff** und nicht

---

[63] Zöller/*Geimer*, ZPO, 31. Aufl. 2016, Art. 25 EuGVVO Rn. 21.
[64] KOM(2010) 748 endg., S. 9 f.
[65] Rauscher/*Mankowski*, EuZPR, 4. Aufl. 2016, Art. 25 EuGVVO Rn. 37.
[66] Vgl. Compilation of All National Reports (Questionnaire No. 3), Study JLS/C4/2005/03, S. 387 ff.; zum Stand des IPR in Deutschland und England ausführlich E. *Peiffer*, Schutz gegen Klagen im forum derogatum, 2013, S. 121 ff.
[67] Kritisch auch *Pfeiffer*, ZZP 127 (2014), S. 409 (417).
[68] Rauscher/*Mankowski*, EuZPR, 4. Aufl. 2016, Art. 25 EuGVVO Rn. 44 ff.; *Gebauer*, in: FS v. Hoffmann, 2011, S. 577 (587); *Magnus*, in: FS Martiny, 2014, S. 785 (792); *Forner-Delaygua*, J.Priv.Int.L. 11 (2015), S. 379 (394).

als Verweisung auf nationales Recht aufzufassen ist.[69] Im Interesse einer europaweit möglichst einheitlichen Anwendung galt daher schon für Art. 23 EuGVVO a.F.: Soweit sich der Norm Voraussetzungen für das Vorliegen einer Vereinbarung entnehmen lassen, sind diese zu berücksichtigen und dürfen nicht durch die Anwendung einzelstaatlichen Rechts ausgehöhlt werden.[70] Hieran hat sich durch die EuGVVO-Revision und insbesondere durch die Einführung der Kollisionsregel in Art. 25 Abs. 1 Satz 1 a.E. nichts geändert: Die Kollisionsregel soll lediglich für Fragen, die nicht bereits vereinheitlicht sind, sicherstellen, dass sie europaweit möglichst nach demselben Recht beurteilt werden. Sie soll hingegen nicht bereits existierende euroautonome Standards außer Kraft setzen und insoweit zu einem „Rückschritt" gegenüber Art. 23 EuGVVO a.F. führen.[71]

Art. 25 lassen sich durchaus Anhaltspunkte dafür entnehmen, wann ein Konsens vorliegt.[72] Die Formvorgaben sollen nach der EuGH-Rspr. nämlich gewährleisten, dass eine Gerichtsstandsvereinbarung „*tatsächlich Gegenstand einer Willenseinigung zwischen den Parteien war, die klar und deutlich zum Ausdruck gekommen ist.*"[73] Hieraus wird zu Recht gefolgert, dass die Erfüllung einer der in Abs. 1 Satz 3, Abs. 2 geregelten **Formalternativen** das **Zustandekommen eines Konsenses indiziert.**[74] Für die praktische Anwendung von Art. 25 bedeutet dies, dass bei Vorliegen eines der Formerfordernisse die Existenz eines Konsenses nicht besonders zu prüfen ist. 87

Ebenfalls versperrt ist die Anwendung von besonderen in einzelstaatlichen Rechten vorgesehenen Abschlussvoraussetzungen, wie etwa der sog. *consideration* im englischen Recht.[75] 88

Etwas anderes gilt hingegen für **weitere Fragen des Vertragsabschlusses**, die sich allein unter Rückgriff auf die Formerfordernisse von Art. 25 nicht lösen lassen, so etwa die Frage, ob das Angebot zum Abschluss einer Gerichtsstandsvereinbarung zum Zeitpunkt der Annahme noch annahmefähig war. Für solche 89

---

[69] EuGH, 10.3.1992 – Rs. C-214/89, *Powell Duffryn Plc ./. Wolfgang Petereit*, Slg. 1992, I-1745 (ECLI:EU:C:1992:115), Rn. 13 f.; EuGH, 7.8.2016 – Rs. C-222/15, *Höszig Kft ./. Alstom Power*, ECLI:EU:C:2016:525, Rn. 29.
[70] Vgl. etwa *Kaye*, Jurisdiction and Foreign Judgments, 1987, S. 1074 f.; *Adolphsen*, ZZPInt 4 (1999), S. 243 (247); *Eichel*, AGB-Gerichtsstandsklauseln, 2007, S. 66; *Leible/Röder*, RIW 2007, S. 481 (482).
[71] So aber *Zöller/Geimer*, ZPO, 31. Aufl. 2016, Art. 25 EuGVVO Rn. 21.
[72] *Kropholler/v. Hein*, EuZPR, 9. Aufl. 2011, Art. 23 EuGVVO a.F. Rn. 25; *Rauscher*, ZZP 104 (1991), S. 271 (279) zu Art. 23 EuGVVO a.F.
[73] EuGH, 14.12.1976 – Rs. 24/76, *Colzani ./. Rüwa*, Slg. 1976, 1831 (ECLI:EU:C:1976:177); EuGH, 24.6.1981 – Rs. 150/80, *Elefanten Schuh GmbH ./. Jacqmain*, Slg. 1981, 1671 (ECLI:EU:C:1981:148), Rn. 24 unter Bezugnahme auf den *Jenard*-Bericht zu der Vorgängernorm Art. 17 EuGVÜ; EuGH, 20.2.1997 – Rs. C-106/95, *MSG Mainschiffahrts-Genossenschaft eG ./. Les Gravières Rhénanes SARL*, Slg. 1997, I-911 (ECLI:EU:C:1997:70), Rn. 15; EuGH, 9.11.2000 – Rs. C-387/98, *Coreck Maritime GmbH ./. Handelsveem BV*, Slg. 2000, I-9537 (ECLI:EU:C:2000:606), Rn. 13.
[74] *Rauscher/Mankowski*, EuZPR, 4. Aufl. 2016, Art. 25 EuGVVO Rn. 46; *Gebauer*, in: FS v. Hoffmann, 2011, S. 577 (587); *Freitag*, in: FS Magnus, 2014, S. 419 (428). Ebenso zum alten Recht: OLG Hamm, 20.9.2005 – 19 U 40/05, IPRax 2007, S. 125 (126); *Adolphsen*, ZZPInt 4 (1999), S. 243 (250); *Baumbach/Lauterbach/Albers/Hartmann*, ZPO, 70. Aufl. 2012, Art. 23 EuGVVO Rn. 15; *Geimer/Schütze*, IZVR, 3. Aufl. 2010, Art. 23 EuGVVO a.F. Rn. 101; *Eichel*, AGB-Gerichtsstandsklauseln, 2007, S. 64 f.
[75] *Magnus*, in: FS Martiny, 2014, S. 785 (792); *von Hein*, RIW 2013, S. 97 (105, Fn. 159); *Ballesteros*, J.Priv.Int.L. 10 (2014), S. 291 (302); so wohl auch *Rauscher/Mankowski*, EuZPR, 4. Aufl. 2016, Art. 25 EuGVVO Rn. 40.

Aspekte sollte – im Sinne einer europaweit möglichst einheitlichen Anwendung der EuGVVO – hilfsweise das nach der Kollisionsnorm von Abs. 1 Satz 1 a.E. anwendbare Recht herangezogen werden.[76]

90 Ist zwischen den Parteien streitig, ob überhaupt eine Einigung über den Vertrag inklusive Gerichtsstandsvereinbarung zustande gekommen ist, kann das Vorliegen einer Einigung eine sog. **doppelrelevante Tatsache** sein, so dass auf Ebene der Zulässigkeit der Vertragsschluss lediglich schlüssig behauptet werden muss.[77] Hieran hat sich auch durch Abs. 4 nichts geändert, weil die darin verankerte Abstraktheit von Vertrag und Gerichtsstandsvereinbarung das Vorliegen einer Fehleridentität nicht ausschließt.

b) Willensmängel: Irrtum, Drohung, Täuschung, Betrug, Nötigung

91 Ob beim Abschluss der Gerichtsstandsvereinbarung ein Willensmangel vorlag, der sich auf die Wirksamkeit der Einigung auswirkt, ist unter Rückgriff auf die **euroautonome Kollisionsnorm** in Abs. 1 Satz 1 a.E. zu beantworten.[78] Der dort verwendete Begriff der „Nichtigkeit" ist weit auszulegen und erfasst auch Fälle, in denen Willensmängel nach nationalem Recht lediglich zur Anfechtbarkeit und nicht automatisch zur Ungültigkeit führen.[79] Auch die Auswirkungen eines geheimen Vorbehalts (§ 116 BGB) beurteilen sich nach nationalem Recht.[80]

c) Rechts- und Geschäftsfähigkeit

92 Ob die Parteien der Gerichtsstandsvereinbarung zu deren Abschluss fähig waren, ist ebenfalls unter Anwendung der **Kollisionsnorm in Abs. 1 Satz 1 a.E.** zu beantworten.[81] Hierfür spricht zum einen der **Wortlaut** der Kollisionsnorm, denn bei fehlender Rechts- oder Geschäftsfähigkeit ist eine Gerichtsstandsvereinbarung nichtig. Zum anderen gebietet es der **Sinn** der Kollisionsnorm – Gewährleistung einer möglichst einheitlichen Beurteilung der Wirksamkeit von Gerichtsstandsvereinbarungen –, auch die Rechts- und Geschäftsfähigkeit nach dem IPR des prorogierten Gerichts zu beurteilen.

93 Zwar kann die hier befürwortete Reichweite der Kollisionsnorm zur Folge haben, dass sich die Rechts- und Geschäftsfähigkeit für die Gerichtsstandsvereinbarung nach **einem anderen Sachrecht** beurteilen könnten, als für den Hauptvertrag.[82] Dies ist jedoch mit Blick auf den Sinn und Zweck der Kollisionsnorm

---

[76] So auch *Schlosser*/Hess, EuZPR, 4. Aufl. 2015, Art. 25 EuGVVO Rn. 31.
[77] LG Augsburg, 23.2.2010 – 2 HK O 1711/09, IPRspr. 2010, Nr. 189, S. 475, Rn. 28 (nach juris).
[78] Rauscher/*Mankowski*, EuZPR, 4. Aufl. 2016, Art. 25 EuGVVO Rn. 40; *von Hein*, RIW 2013, S. 97 (105); *Magnus*, in: FS Martiny, 2014, S. 785 (793); *Simotta*, in: FS Schütze, 2014, S. 541 (542); *Forner-Delaygua*, J.Priv.Int.L. 11 (2015), S. 379 (394). So auch zur Vorbildnorm in Art. 5 Abs. 1 HGÜ *Hartley/Dogauchi*, HGÜ-Erläuternder Bericht, Rn. 126.
[79] *Simotta*, in: FS Schütze, 2014, S. 541 (542); Rauscher/*Mankowski*, EuZPR, 4. Aufl. 2016, Art. 25 EuGVVO Rn. 41.
[80] OLG Frankfurt, 30.3.2015 – 23 U 11/14, juris, Rn. 70.
[81] *von Hein*, RIW 2013, S. 97 (105); *Schlosser*/Hess, EuZPR, 4. Aufl. 2015, Art. 25 EuGVVO Rn. 31; *Simotta*, in: FS Schütze, 2014, S. 541 (543); *Domej*, Rabels 78 (2014), S. 508 (527). A. A. Rauscher/*Mankowski*, EuZPR, 4. Aufl. 2016, Art. 25 EuGVVO Rn. 47 ff.; *Magnus*, in: FS Martiny, 2014, S. 785 (793).
[82] So der Einwand von *Magnus*, in: FS Martiny, 2014, S. 785 (793).

hinzunehmen und im Übrigen auch unbedenklich, weil Gerichtsstandsvereinbarung und Hauptvertrag gem. Abs. 5 ohnehin unabhängig voneinander zu behandeln sind.

Auch der Ausschluss der Rechts- und Handlungsfähigkeit aus dem Anwendungsbereich der EuGVVO gem. Art. 1 Abs. 2 lit. a rechtfertigt kein anderes Ergebnis. Denn dieser erfasst nur Streitigkeiten, deren Hauptgegenstand die Rechts- oder Handlungsfähigkeit ist, und nicht auch solche, in denen sich diese Aspekte lediglich als Vorfrage stellen.[83]

Ebenso wenig sprechen die Regelungen des HGÜ dafür, dass die Kollisionsnorm von Abs. 1 Satz 1 a.E. die Rechts- und Handlungsfähigkeit nicht erfasst.[84] Der europäische Gesetzgeber hat sich zwar an Art. 5 Abs. 1 und Art. 6 lit. a HGÜ orientiert, so dass eine Auslegung im Lichte dieser Regelungen durchaus geboten erscheint. Diese Regelungen sollen jedoch gerade auch die „*legal capacity*" der Parteien einer Gerichtsstandsvereinbarung erfassen.[85] Zwar ist es einem nicht vereinbarten Gericht gem. Art. 6 lit. b HGÜ gestattet, die Rechts- oder Geschäftsfähigkeit alternativ nach seinem Recht zu beurteilen. Hieraus folgt jedoch nicht, dass die Rechts- und Geschäftsfähigkeit aus der allgemeinen Kollisionsnorm in Art. 5 Abs. 1 und Art. 6 lit. a HGÜ ausgeschlossen sind. Denn Art. 6 lit. b HGÜ ist nur als zusätzliche Option gedacht vor dem Hintergrund, dass man sich bei den HGÜ-Verhandlungen nicht auf eine einheitliche Kollisionsnorm für die Rechts- und Handlungsfähigkeit einigen konnte.[86] Folglich bestätigt die historische Auslegung, dass Abs. 1 Satz 1 a.E. auch die Rechts- und Geschäftsfähigkeit erfasst.

d) Stellvertretung

Fragen der Stellvertretung sind **in Art. 25 selbst nicht geregelt**,[87] jedoch von der Kollisionsnorm in Abs. 1 Satz 1 a.E. erfasst mit der Folge, dass für deren Beurteilung das nach dem IPR des *forum prorogatum* maßgebliche Recht heranzuziehen ist.[88]

Die **Haftung des *falsus procurator*** ist schon nach dem Wortlaut von Abs. 1 Satz 1 a.E. nicht von der Kollisionsnorm erfasst, weil es dabei nicht um die Wirksamkeit der Gerichtsstandsvereinbarung geht, sondern darum, ob und wie ein vollmachtloser Vertreter aus Vertrauensgesichtspunkten in Anspruch genommen werden kann. Ob die Gerichtsstandsvereinbarung gegenüber dem *falsus procurator* Geltung entfaltet, ist allein nach Art. 25 zu beurteilen und dürfte hiernach in der Regel zu verneinen sein.[89] Denn im Verhältnis zwischen dem *falsus procu-*

---

[83] So auch Rauscher/*Mankowski*, EuZPR, 4. Aufl. 2016, Art. 25 EuGVVO Rn. 47.
[84] So aber Rauscher/*Mankowski*, EuZPR, 4. Aufl. 2016, Art. 25 EuGVVO Rn. 47.
[85] *Hartley*/*Dogauchi*, HGÜ-Erläuternder Bericht, Rn. 126.
[86] *Hartley*/*Dogauchi*, HGÜ-Erläuternder Bericht, Rn. 150.
[87] BGH, 25.4.2015 – VIII ZR 125/14, NJW 2015, S. 2584, Rn. 49 (nach juris).
[88] *von Hein*, RIW 2013, S. 97 (105); *Schlosser*/Hess, EuZPR, 4. Aufl. 2015, Art. 25 EuGVVO Rn. 31; *Domej*, Rabels 78 (2014), S. 508 (527); *Simotta*, in: FS Schütze, 2014, S. 541 (543); Rauscher/*Mankowski*, EuZPR, 4. Aufl. 2016, Art. 25 EuGVVO Rn. 50. A.A *Magnus*, in: FS Martiny, 2014, S. 785 (793).
[89] A. A. *Weller*, IPRax 2006, S. 444 (449), wonach Gerichtsstandsvereinbarungen nur nach Maßgabe des auf die *falsus procurator*-Haftung anwendbaren materiellen Rechts auf den vollmachtlosen Vertreter erstreckt werden können.

rator und dem Geschäftsgegner dürfte es in den meisten Fällen an der erforderlichen Willenseinigung fehlen.

e) Gesetzes- und Sittenwidrigkeit, Missbrauchskontrolle

98 Obwohl der Begriff der materiellen Nichtigkeit in Abs. 1 Satz 1 a.E. weit zu verstehen ist, gehört dazu nicht die Ungültigkeit wegen Verletzung gesetzlicher Verbote oder Verstöße gegen die guten Sitten.[90]

99 Solche Konzepte des nationalen Rechts (in **Deutschland etwa §§ 134 und 138 BGB**) sind von der Kollisionsnorm nicht erfasst mit der Folge, dass sie auf Gerichtsstandsvereinbarungen im Geltungsbereich von Art. 25 nicht anwendbar sind. Schließlich sind derartige einzelstaatliche Regelungen im Ergebnis nichts anderes als Pro- oder Derogationsverbote, die in Art. 25 abschließend geregelt sind. Hieran soll sich durch die Einführung der Kollisionsnorm nichts ändern. Diese soll lediglich gewährleisten, dass die in der EuGVVO nicht geregelten Fragen möglichst einheitlich beurteilt werden, und dadurch internationale Gerichtsstandsvereinbarungen stärken.[91] Nicht jedoch soll die Kollisionsnorm die in der EuGVVO bereits selbst enthaltenen Regelungen durch den Import zusätzlicher nationaler Verbotsregelungen aushöhlen.[92]

100 Aus Art. 25 Abs. 5 folgt zudem, dass die Ungültigkeit des Hauptvertrags wegen Gesetzes- oder Sittenverstöße die Wirksamkeit der Gerichtsstandsvereinbarung nicht berührt.

101 Im Anwendungsbereich von Art. 25 findet auch keine **vertragsspezifische Missbrauchskontrolle** statt. Ist eine Gerichtsstandsvereinbarung nach dem Maßstab von Art. 25 und des anwendbaren nationalen Rechts zulässig und wirksam, kann eine Partei insbesondere nicht einwenden, dass sie durch Ausnutzung einer wirtschaftlichen Machtposition der Gegenseite in die Abrede gedrängt worden sei. Eine solche Kontrolle hat der EuGVVO-Gesetzgeber nicht vorgesehen und kann auch nicht über einzelstaatliches Recht importiert werden.

f) Einbeziehungs- und Inhaltskontrolle von AGB-Gerichtsstandsklauseln

102 Bei der Prüfung des wirksamen Abschlusses von Gerichtsstandsklauseln in AGB ist zwischen Einbeziehung und Inhaltskontrolle zu unterscheiden.

103 Ob AGB-Gerichtsstandsklauseln **wirksam in den Vertrag einbezogen** worden sind, ist eine Frage des Konsenses und daher allein am Maßstab von Art. 25 zu beurteilen. Ein Rückgriff auf nationales Recht ist insoweit verwehrt. Die Einbeziehungskontrolle erfolgt ausschließlich anhand der Prüfung der autonomen Formerfordernisse der EuGVVO.[93] Auch die Anwendung von Regelungen

---

[90] Rauscher/*Mankowski*, EuZPR, 4. Aufl. 2016, Art. 25 EuGVVO Rn. 53 ff.; *Freitag*, in: FS Magnus, 2014, S. 419 (429 f.). A. A. *Simotta*, in: FS Schütze, 2014, S. 541 (543); *Nordmeier*, RIW 2016, S. 331 (335).
[91] KOM(2010) 748 endg., S. 9.
[92] So im Ergebnis auch Rauscher/*Mankowski*, EuZPR, 4. Aufl. 2016, Art. 25 EuGVVO Rn. 53 ff.; *Freitag*, in: FS Magnus, 2014, S. 419 (429 f.).
[93] Siehe hierzu ausführlich unter Rn. 135 ff.

ähnlich den § 305c Abs. 1 BGB (Überraschungsklauseln) und § 305c Abs. 2 BGB (Zweifel zu Lasten des Verwenders) ist nicht gestattet.[94] Die in diesen und vergleichbaren Normen des nationalen Rechts enthaltenen Wertungen kommen jedoch bei der Anwendung der EuGVVO-eigenen Formanforderungen zum Tragen.

Auch eine **AGB-Inhaltskontrolle** nach einzelrechtlichem Maßstab ist im Geltungsbereich von Art. 25 nicht statthaft.[95] Dies hat der EuGH für die Vorgängerregelung Art. 17 EuGVÜ ausdrücklich entschieden.[96] **104**

Eine derartige Kontrolle würde einer Angemessenheitsprüfung nach nationalen Vorstellungen Tür und Tor öffnen und dem europarechtlichen Vereinheitlichungsgedanken zuwiderlaufen: Einem mitgliedstaatlichen Gericht ist es daher verwehrt, das vom Verwender der AGB-Gerichtsstandsklausel verfolgte Ziel zu prüfen und ihre Anerkennung etwa mit der Begründung zu versagen, die Abrede sei offensichtlich nur darauf gerichtet, die andere Vertragsseite von einer gerichtlichen Verfolgung ihrer Interessen abzuschrecken. Eine Gerichtsstandsvereinbarung kann auch nicht mit dem Argument außer Acht gelassen werden, sie sei unangemessen, weil der designierte Gerichtsstand keinerlei Verbindungen zum Rechtsstreit aufweise. **105**

Eine Besonderheit gilt jedoch für Gerichtsstandsvereinbarungen in Verbraucherverträgen, die von der **EG-Klausel-RL**[97] bzw. den entsprechenden nationalen Umsetzungsvorschriften erfasst sind. Solche Vereinbarungen unterliegen auch im Anwendungsbereich von Art. 25 der Missbrauchskontrolle nach dem Maßstab der EG-Klausel-RL und können daher im Einzelfall unwirksam sein.[98] **106**

Dies folgt aus **Art. 67 EuGVVO**, wonach Bestimmungen des Unionsrechts, die für besondere Rechtsgebiete die gerichtliche Zuständigkeit regeln, neben der EuGVVO fortgelten.[99] Die nationalen Umsetzungsvorschriften der EG-Klausel-RL erfüllen die Voraussetzungen dieser Norm: Sie stellen eine Regelung der gerichtlichen Zuständigkeit im Sinne von Art. 67 EuGVVO dar. Denn gem. Anh. Nr. 1 lit. q der Richtlinie können Klauseln, die einem Verbraucher die **107**

---

[94] *Nordmeier*, RIW 2016, S. 331 (334). A. A. zu § 305c Abs. 1 BGB *Schlosser/Hess*, EuZPR, 4. Aufl. 2015, Art. 25 EuGVVO Rn. 31.
[95] *Schlosser/Hess*, EuZPR, 4. Aufl. 2015, Art. 25 EuGVVO Rn. 31; *Rauscher/Mankowski*, EuZPR, 4. Aufl. 2016, Art. 25 EuGVVO Rn. 62; *Schack*, IZPR, 6. Aufl. 2014, Rn. 539. Ebenso zu Art. 23 EuGVVO a.F.: OLG Hamburg, 14.4.2004 – 13 U 76/03, NJW 2004, S. 3126 (3127); OLG Hamm, 20.9.2005 – 19 U 40/05, IPRax 2007, S. 125 (126); *Geimer/Schütze*, EuZVR, 3. Aufl. 2010, Art. 23 EuGVVO a.F. Rn. 72; *Kropholler/v. Hein*, EuZPR, 9. Aufl. 2011, Art. 23 EuGVVO Rn. 19; *Hausmann*, in: Reithmann/Martiny (Hrsg.), Int. Vertragsrecht, 6. Aufl. 2004, Rn. 6391; *Lindauer*, in: FS Schlosser, 2005, S. 491 (496); *Kröll*, ZZP 113 (2000), S. 135 (142 f.); *Heinig*, Gerichtsstandsvereinbarungen, 2010, S. 317.
[96] EuGH, 16.3.1999 – Rs. C-159/97, *Trasporti Castelletti Spedizioni Internazionali SpA ./. Trumpy SpA*, Slg. 1999, I-1597 (ECLI:EU:C:1999:142), Rn. 46 ff.
[97] Richtlinie 93/13/EWG des Rates vom 5. April 1993 über missbräuchliche Klauseln in Verbraucherverträgen.
[98] *Rauscher/Mankowski*, EuZPR, 4. Aufl. 2016, Art. 25 EuGVVO Rn. 62; *Rauscher/Staudinger*, EuZPR, 4. Aufl. 2016, Art. 19 EuGVVO Rn. 6; zum alten Recht: *Heinig*, GPR 2010, S. 36 (41 f.); *Micklitz/Rott*, EuZW 2001, S. 325 (332). A. A. *Schlosser/Hess*, EuZPR, 4. Aufl. 2015, Art. 25 EuGVVO Rn. 31; *Geimer/Schütze*, EuZVR, 3. Aufl. 2010, Art. 17 EuGVVO a.F. Rn. 3, Art. 67 EuGVVO a.F. Rn. 6.
[99] Ausführlich hierzu *E. Peiffer*, Schutz gegen Klagen im forum derogatum, 2013, S. 154 ff.

Möglichkeit zur Anrufung staatlicher Gerichte nehmen oder erschweren, als missbräuchlich angesehen werden. Dieses Klauselverbot gilt auch für Gerichtsstandsvereinbarungen[100] und regelt somit mittelbar die gerichtliche Zuständigkeit. Außerdem handelt es sich bei der EG-Klausel-RL um eine Maßnahme auf dem Gebiet des Verbraucherschutzrechts, das sowohl in Art. 3 I lit. t EGV als auch in Art. 4 II lit. f AEUV als eigenständiger Zuständigkeitsbereich der EG bzw. der EU aufgeführt wird.[101]

108 Eine Missbrauchskontrolle am Maßstab der EG-Klausel-RL wird in der Praxis **insbesondere in zwei Fällen von Bedeutung** sein: Zum einen dann, wenn die besonderen Vorschriften zum Schutz der Verbraucher in Art. 17 ff. keine Geltung entfalten, weil es sich um einen Beförderungsvertrag i.S.v. Art. 17 Abs. 3 handelt, oder ein Verbraucher im Ausland einen Kaufvertrag mit einer ausschließlichen Prorogation zugunsten der Gerichte im auswärtigen Forum abschließt und die Ware bar bezahlt, weil ein solcher Vertrag unter keine der Alternativen in Art. 17 Abs. 1a–c fällt.[102] Zum anderen könnte eine Missbrauchskontrolle anhand der EG-Klausel-RL im Geltungsbereich von Art. 17 ff. von Bedeutung sein, wenn zwar ein Gerichtsstand im Mitgliedstaat des Verbrauchers vereinbart wurde, das designierte Gericht jedoch vom Wohnsitz des Verbrauchers so weit entfernt ist, dass die Rechtsverfolgung für ihn mit erheblichem zeitlichen und finanziellen Aufwand verbunden wäre,[103] so dass er besonders schutzbedürftig erscheint.[104]

109 Die Frage, welche nationalen Umsetzungsvorschriften der EG-Klausel-RL im Einzelfall anwendbar sind, ist unter Rückgriff auf die **Kollisionsnorm in Art. 25 Abs. 1 Satz 1 a.E.** zu beurteilen, weil die Missbrauchskontrolle ein Aspekt der materiellen Wirksamkeit der Gerichtsstandsvereinbarung darstellt. Im deutschen Recht wurde zur Umsetzung der EG-Klausel-RL lediglich § 310 Abs. 3 BGB eingefügt, der besondere Vorgaben für die Anwendung der §§ 305c, 306–309 BGB auf Verbraucherverträge enthält. Der Schutz vor missbräuchlichen Klauseln im Sinne der EG-Klausel-RL ist im Übrigen durch eine richtlinienkonforme Auslegung von § 307 Abs. 2 Nr. 1 BGB zu gewährleisten.[105]

g) Rechtsnachfolge

110 Der Rechtsnachfolger einer der Parteien der Gerichtsstandsvereinbarung ist an diese gebunden, wenn die Abrede im Verhältnis zwischen den ursprünglichen Parteien wirksam zustande gekommen ist und die Rechtsnachfolge rechtsgültig

---

[100] EuGH, 27.6.2000 – Rs. C-240/98, Rs. C-244/98, *Océano Grupo Editorial SA ./. Quintero*, Slg. 2000, I-4941 (ECLI:EU:C:2000:346); EuGH, 4.6.2009 – Rs. C-243/08, *Panon GSM Zrt. ./. Györfi*, Slg. 2009, I-4713 (ECLI:EU:C:2009:350).
[101] *Heinig*, Gerichtsstandsvereinbarungen, 2010, S. 342; ähnlich *Micklitz/Rott*, EuZW 2001, S. 325 (332).
[102] *Heinig*, Gerichtsstandsvereinbarungen, 2010, S. 339.
[103] Ein Beispiel hierfür bieten die Fälle, die den EuGH-Urteilen *Océano Grupo Editorial SA ./. Quintero* und *Panon GSM Zrt. ./. Györfi* zugrunde lagen.
[104] *Heinig*, Gerichtsstandsvereinbarungen, 2010, S. 338 f. Art. 18 Abs. 2 stellt zwar sicher, dass ein Verbraucher prinzipiell lediglich in dem Mitgliedstaat verklagt werden kann, in dem er ansässig ist. Die Norm gewährleistet jedoch nicht, dass der Prozess auch vor dem Gericht des Ortes stattfindet, an dem der Verbraucher ansässig ist.
[105] *Heine*, EG-Klausel-RL, 2005, S. 110.

erfolgt ist.¹⁰⁶ Ob letzteres der Fall ist, ist nach dem Sachrecht zu beurteilen, das nach dem IPR des angerufenen Gerichts für die Rechtsnachfolge (Einzel- oder Gesamtrechtsnachfolge) maßgeblich ist. Die Kollisionsnorm von Art. 25 Abs. 1 Satz 1 a.E. ist insoweit unerheblich, weil die Rechtsnachfolge nicht die materielle Wirksamkeit der Gerichtsstandsvereinbarung betrifft (siehe hierzu unten Rn. 119 ff.).

h) Einbeziehung Dritter

Die Einbeziehung eines Dritten, der kein Rechtsnachfolger einer der 111 ursprünglichen Parteien der Gerichtsstandsvereinbarung ist, beurteilt sich nach der EuGH-Rspr. allein nach Art. 25. Aus dem dort geregelten Erfordernis einer „Vereinbarung" wird gefolgert, dass eine Bindung des Dritten dessen Zustimmung zur Gerichtsstandsabrede erfordert¹⁰⁷ (siehe hierzu unten Rn. 123 ff.).

i) Auslegung

Die Auslegung einer Gerichtsstandsvereinbarung ist zwar nicht ausdrücklich 112 von der Kollisionsnorm in Abs. 1 Satz 1 a.E. erfasst. Er erscheint dennoch geboten, das Auslegungsstatut nach dem IPR des prorogierten Gerichts zu bestimmen.¹⁰⁸ Hierfür spricht zum einen, dass Fragen des wirksamen Zustandekommens und Auslegungsfragen sehr häufig eng zusammenhängen und sich daher Friktionen vermeiden lassen, wenn beide Aspekte nach demselben Sachrecht beurteilt werden. Für die Anwendung der Kollisionsnorm in Abs. 1 Satz 1 a.E. auch auf Auslegungsaspekte spricht zum anderen deren Zweck, in den Mitgliedstaaten eine möglichst einheitliche Beurteilung von Gerichtsstandsvereinbarungen sicherzustellen.

2. Vermutung der wirksamen Einigung

Aus der Formulierung „*es sei denn die Vereinbarung ist [...] materiell nichtig*" in 113 Abs. 1 Satz 1 a.E. wird zu Recht gefolgert, dass die materielle Wirksamkeit der Gerichtsstandsvereinbarung zu vermuten ist.¹⁰⁹ Voraussetzung für das Eingreifen dieser Vermutung ist jedoch, dass die sich auf die Gerichtsstandsvereinbarung berufende Partei (üblicherweise der Kläger) darlegt und ggf. beweist, dass übereinstimmende Willenserklärungen vorliegen und eine der Formalternativen in Abs. 1 Satz 3 a) – c) erfüllt ist. Gelingt ihr das, ist es Sache der gegnerischen Partei (üblicherweise der Beklagte) – soweit sich diese auf die materielle Unwirksamkeit der Vereinbarung beruft –, die tatsächlichen Voraussetzungen für den

---

¹⁰⁶ Rauscher/*Mankowski*, EuZPR, 4. Aufl. 2016, Art. 25 EuGVVO Rn. 151 ff.
¹⁰⁷ EuGH, 10.3.1992 – Rs. C-214/89, *Powell Duffryn Plc ./. Petereit*, Slg. 1992, I-1745 (ECLI:EU:C:1992:115), Rn. 14 ff.; EuGH, 7.2.2013 – Rs. C-543/10, *Refcomp SpA ./. Axa Corporate Solutions Assurance SA, u.a.*, ECLI:EU:C:2013:62, Rn. 27; EuGH, 20.4.2016 – Rs. C-366/13, *Profit Investment ./. Ossi u.a.*, ECLI:EU:C:2016:282, Rn. 22.
¹⁰⁸ *Magnus*, in: FS Martiny, 2014, S. 785 (796); *Schlosser*/Hess, EuZPR, 4. Aufl. 2015, Art. 25 EuGVVO Rn. 3; *Heinze*, RabelsZ 75 (2011), S. 581 (585); A. A. Rauscher/*Mankowski*, EuZPR, 4. Aufl. 2016, Art. 25 EuGVVO Rn. 83.
¹⁰⁹ *Simotta*, in: FS Schütze, 2014, S. 541 (543); Weller, GPR 2012, S. 34 (41); Rauscher/*Mankowski*, EuZPR, 4. Aufl. 2016, Art. 25 EuGVVO Rn. 39; *Nunner-Krautgasser*, ZZP 127 (2014), S. 461 (474); *Magnus*, in: FS Martiny, 2014, S. 785 (796).

geltend gemachten Nichtigkeitsgrund darzulegen und zu beweisen.[110] Ein *non liquet* insoweit geht zu Lasten der Partei, die die Geltung der Gerichtsstandsvereinbarung bestreitet.

114 Die „*es sei denn...*"-Formulierung bedeutet jedoch nicht, dass es einem angerufenen Gericht verwehrt wäre, das Vorliegen eines materiellen Unwirksamkeitsgrundes von Amts wegen zu prüfen. Es würde über das Ziel, Gerichtsstandsvereinbarungen zu stärken, hinausschießen, wenn ein Gericht gezwungen wäre, sehenden Auges eine nichtige Klausel durchzusetzen, nur weil ein entsprechender Parteiantrag fehlt.[111] Freilich gilt – jedenfalls vor deutschen Gerichten – weiterhin der Beibringungsgrundsatz, so dass ein Gericht das Vorliegen eines Nichtigkeitsgrundes nur auf solche Umstände stützen kann, die die Parteien zum Prozessstoff gemacht haben.

3. Unabhängigkeit vom Hauptvertrag (Abs. 5)

115 Abs. 5 schreibt vor, dass die Gerichtsstandsvereinbarung, die im Rahmen eines Vertrages abgeschlossen wurde, von den übrigen Bestimmungen dieses Vertrages unabhängig zu behandeln ist.

116 Hiermit kodifiziert die Norm das auch als *doctrine of separability* bekannte Abstraktionsprinzip von Gerichtsstandsvereinbarungen. Das Vorbild der Norm war Art. 3 lit. d HGÜ. Im Gegensatz zu dieser Vorschrift gilt Abs. 5 jedoch nicht nur für ausschließliche, sondern auch für fakultative Gerichtsstandsvereinbarungen. Abs. 5 bedeutet jedoch keine Änderung der Rechtslage gegenüber der EuGVVO a.F. Denn schon unter altem Recht hat der EuGH die rechtliche Unabhängigkeit der Gerichtsstandsvereinbarung vom sonstigen Vertrag anerkannt.[112] Die Regelung soll auch dann für Sicherheit über das anzurufende Gericht sorgen, wenn sich die Parteien über die Gültigkeit des Hauptvertrages streiten und das angerufene Gericht dessen Unwirksamkeit feststellen sollte.[113]

117 Die *doctrine of separability* stellt zum einen sicher, dass die Unwirksamkeit des die Gerichtsstandsvereinbarung beinhaltenden Hauptvertrages nicht automatisch die Unwirksamkeit der Zuständigkeitsabrede nach sich zieht. Daher kann sich eine Partei der Geltung einer Gerichtsstandsvereinbarung nicht mit dem Einwand entziehen, der Hauptvertrag sei unwirksam. Die Gerichtsstandsabrede erfasst vielmehr auch Streitigkeiten über das wirksame Zustandekommen des Hauptvertrages – freilich nur wenn sie ihrerseits wirksam zustande gekommen ist. Es ist selbstverständlich möglich, dass Gerichtsstandsvereinbarung und Hauptvertrag an demselben Wirksamkeitsmangel leiden, also ein Fall der „Fehleridentität" vorliegt.

118 Die *doctrine of separability* unterstreicht zum anderen, dass die Gültigkeit der Gerichtsstandsvereinbarung anhand eigener, eigens für sie geltender Regeln zu

---

[110] Nordmeier, RIW 2016, S. 331 (336).
[111] Magnus, in: FS Martiny, 2014, S. 785 (796).
[112] EuGH, 3.7.1997 – Rs. C-269/95, *Benincasa ./. Dentalkit Srl.*, Slg. 1997, I-3767 (ECLI:EU:C:1997:337), Rn. 28 ff.
[113] Magnus, in: FS Martiny, 2014, S. 785 (801).

beurteilen ist und nicht nach dem für den Hauptvertrag maßgeblichen Rechtsregime. Solche besonderen Wirksamkeitsregeln für Gerichtsstandsvereinbarungen hält bereits Art. 25 vor, wie etwa das euroautonome Erfordernis einer Einigung und die besonderen Formanforderungen in Abs. 1 sowie die Pro- und Derogationsbeschränkungen in Abs. 4. Auch im Übrigen ist das auf die Gerichtsstandsvereinbarung und den Hauptvertrag anwendbare Recht getrennt zu bestimmen. Freilich ist es möglich, dass Aspekte der materiellen Wirksamkeit nach dem für den Hauptvertrag maßgeblichen Recht beurteilt werden, etwa wenn das IPR des *forum prorogatum* eine akzessorische Anknüpfung des Prorogations- an das Hauptvertragsstatut vorsieht.

4. Sonderformen der Vereinbarung und Einbeziehung Dritter

a) Rechtsnachfolge

Soweit eine wirksame Rechtsnachfolge in die Gerichtsstandsvereinbarung 119 vorliegt, muss der Rechtsnachfolger dieser Abrede grundsätzlich weder zugestimmt noch von ihr Kenntnis erlangt haben.[114] Eine Erstreckung der Gerichtsstandsvereinbarung auf den Rechtsnachfolger ist in jeder Form der Rechtsfolge denkbar, wie etwa Abtretung, privative Schuldübernahme,[115] Legalzession,[116] Erbfolge, Unternehmensabspaltung oder -verschmelzung (in Deutschland nach dem UmwG).

Ein in der Praxis bedeutsamer Fall der Vertragsübernahme ist die **Weitergabe** 120 **von Konnossementen im Seefrachtverkehr.** Hier hat der EuGH mehrfach einer zwischen dem Befrachter und dem Verfrachter wirksam abgeschlossenen Gerichtsstandsklausel Wirkungen gegenüber einem Dritten zugesprochen, der an der Willenseinigung unstreitig nicht beteiligt war, sofern der Dritte nach dem maßgeblichen nationalen Recht wirksam in die Rechte und Pflichten des Befrachters eingetreten ist.[117] Ob der Dritte Rechtsnachfolger des Befrachters geworden ist, ist nach dem aus Sicht des IPR des angerufenen Gerichts jeweils anwendbaren Sachrechts zu prüfen. Insoweit kommt es auf die Kollisionsnorm des Art. 25 Abs. 1 Satz 1 a.E. nicht an.

Den Grundsatz, dass die Bindung eines Rechtsnachfolgers an eine Gerichts- 121 standsvereinbarung seine Zustimmung bzw. Kenntnisnahme nicht voraussetzt, hat der EuGH in der Entscheidung *Profit Investment SIM ./. Ossi u. a.*[118] betreffend eine Gerichtsstandsklausel in einem Emissionsprospekt von **Schuldverschreibungen** eingeschränkt. In dem zugrundeliegenden Fall hatte ein Finanz-

---
[114] Rauscher/*Mankowski*, EuZPR, 4. Aufl. 2016, Art. 25 EuGVVO Rn. 151.
[115] *Schlosser*/Hess, EuZPR, 4. Aufl. 2015, Art. 25 EuGVVO Rn. 43.
[116] *Schlosser*/Hess, EuZPR, 4. Aufl. 2015, Art. 25 EuGVVO Rn. 43.
[117] EuGH, 19.6.1984 – Rs. 71/83, *Russ ./. Nova*, Slg. 1984, 2417 (ECLI:EU:C:1984:217), Rn. 24; EuGH, 16.3.1999 – Rs. C-159/97, *Trasporti Castelletti SpA ./. Hugo Trampy SpA*, Slg. 1999, I-1597 (ECLI:EU:C:1999:142), Rn. 41; EuGH, 9.11.2000 – Rs. C-387/98, *Coreck Maritime GmbH ./. Handelsveem BV u.a.*, Slg. 2000, I-9337 (ECLI:EU:C:2000:606), Rn. 23 ff. Zuletzt bestätigt durch EuGH, 7.2.2013 – Rs. C-543/10, *Refcomp SpA ./. Axa Corporate Solutions Assurance SA, u.a.*, ECLI:EU:C:2013:62, Rn. 34.
[118] EuGH, 20.4.2016 – Rs. C-366/13, *Profit Investment SIM ./. Ossi u.a.*, ECLI:EU:C:2016:282 m.Anm. *Müller*, EuZW 2016, S. 419.

mittler von einem Emittenten (Bank) auf dem Primärmarkt Wertpapiere erworben. Der vom Emittenten erstellte Prospekt enthielt eine Zuständigkeitsabrede zugunsten englischer Gerichte. Die Wertpapiere wurden vom Finanzmittler anschließend an einen Dritten auf dem Sekundärmarkt veräußert, so dass sich die Frage stellte, ob die Zuständigkeitsabrede zugunsten englischer Gerichte dem Dritten entgegengehalten werden kann. Der EuGH entschied, dass eine **Bindung des Dritten an die Gerichtsstandsklausel** aufgrund Rechtsnachfolge **dreierlei voraussetzt**: (1) Wirksame Einbeziehung der Klausel in den Vertrag zwischen Emittenten und Finanzmittler, (2) Wirksamer Eintritt des Dritten in die Rechte und Pflichten aus den Wertpapieren nach dem anwendbaren nationalen Recht und (3) Möglichkeit des Dritten, von dem die Klausel enthaltenden Prospekt Kenntnis zu erlangen, was voraussetzt, dass der Prospekt leicht zugänglich ist.[119] Mangels einer dogmatischen Begründung des vom EuGH aufgestellten Erfordernisses der Kenntnisnahmemöglichkeit ist es ungewiss, ob dieses eine allgemeine Geltung für alle Konstellationen der Bindung Dritter durch Rechtsnachfolge entfalten soll oder lediglich den Sonderfall der Rechtsnachfolge in eine Schuldverschreibung betrifft, der dadurch gekennzeichnet ist, dass sich die Gerichtsstandsklausel – anders als bei einem Konnossement – nicht unmittelbar aus der Wertpapierurkunde ergibt. Bis diese Frage höchstrichterlich geklärt ist, erscheint es jedenfalls **in Fällen der rechtsgeschäftlichen Sukzession ratsam, dafür zu sorgen**, dass **der Dritte von der Gerichtsstandsvereinbarung** bzw. dem sie beinhaltenden Dokument **Kenntnis erlangen kann**.[120]

122 Ist nach dem anwendbaren Sachrecht keine wirksame Rechtsnachfolge eingetreten, weil deren Voraussetzungen nicht erfüllt sind, kann der vermeintliche Rechtsnachfolger als Dritter an die Gerichtsstandsvereinbarung gebunden sein, wenn er dieser zugestimmt hat (dazu sogleich).[121]

b) Einbeziehung Dritter

123 Die Einbeziehung eines Dritten, der kein Rechtsnachfolger einer der ursprünglichen Parteien der Gerichtsstandsvereinbarung ist, beurteilt sich nach der EuGH-Rspr. allein nach Art. 25. Aus dem dort geregelten Erfordernis einer „Vereinbarung" wird gefolgert, dass eine Bindung des Dritten dessen Zustimmung zur Gerichtsstandsabrede erfordert.[122] Für die wirksame Einbeziehung des Dritten in die Gerichtsstandsvereinbarung ist – anders als bei der Erstreckung der Gerichtsstandsabrede auf einen Rechtsnachfolger – die zusätzliche Prüfung einzelstaatlichen materiellen Rechts nicht erforderlich.

124 Ob im Falle eines **Schuldbeitritts (kumulative Schuldübernahme)** die Gerichtsstandsvereinbarung auch für und gegen den Beitretenden gilt, richtet

---

[119] EuGH, 20.4.2016 – Rs. C-366/13, *Profit Investment SIM ./. Ossi u.a.*, ECLI:EU:C:2016:282, Rn. 36.
[120] So auch Müller, EuZW 2016, S. 419 (422 f.).
[121] OLG Stuttgart, 23.12.2003 – 3 U 147/03, TranspR 2004, S. 404, Rn. 37 ff. (nach juris).
[122] EuGH, 10.3.1992 – Rs. C-214/89, *Powell Duffryn Plc ./. Petereit*, Slg. 1992, I-1745 (ECLI:EU:C:1992:115), Rn. 14 ff.; EuGH, 7.2.2013 – Rs. C-543/10, *Refcomp SpA ./. Axa Corporate Solutions Assurance SA, u.a.*, ECLI:EU:C:2013:62, Rn. 27.

sich danach, ob in der Beitrittserklärung auch eine (ggf. stillschweigende[123]) Zustimmung zur Gerichtsstandsvereinbarung zu sehen ist. Das ist eine Auslegungsfrage, die unter Berücksichtigung der Einzelfallumstände zu beantworten ist.[124] In der Regel wird sich die Zustimmung zur Übernahme einer Forderung auch auf die dazugehörende Gerichtsstandsabrede beziehen.[125] Etwas anderes gilt (also keine Erstreckung) beispielsweise, soweit der Beitretende bezüglich der Gerichtsstandsabrede einen Vorbehalt erklärt hat.

In sämtlichen Fällen **akzessorischer oder nicht akzessorischer Dritthaftung** (bspw. Bürgschaft und Garantie) kann eine für die Hauptschuld geltende Gerichtsstandsvereinbarung nur dann im Verhältnis zum Drittschuldner wirken, wenn dieser deren Erstreckung zugestimmt hat.[126] 125

Im Rahmen einer sog. **Vertragskette**, bei der im Verhältnis zwischen Hersteller und Erstkäufer eine Gerichtsstandsvereinbarung abgeschlossen wurde, entfaltet diese nur dann Wirkung im Verhältnis zwischen Hersteller und Endkunde (Dritter), wenn sich letztere auf die Gerichtsstandsvereinbarung geeinigt haben. Allein durch die Veräußerung desselben Gegenstands an den Endkunden kann dieser nicht in die Gerichtsstandsvereinbarung einbezogen werden, die in der vorausgegangenen Vereinbarung zwischen Hersteller und Ersterwerber enthalten war.[127] 126

Bei einem **Vertrag zugunsten Dritter** besteht die Besonderheit, dass der Dritte an die im Vertrag enthaltene Gerichtsstandsvereinbarung gebunden ist, ohne dass er dieser zugestimmt hat.[128] Voraussetzung ist, dass der Vertrag im Deckungsverhältnis nach dem aus Sicht des IPR des angerufenen Gerichts anwendbaren Sachrecht wirksam mit Wirkung zugunsten des Dritten zustande gekommen ist. Eine im Deckungsverhältnis enthaltene Gerichtsstandsvereinbarung wirkt zum einen zugunsten des Dritten mit der Wirkung, dass dieser am designierten Gerichtsstand gegen den Versprechensgeber klagen kann. Zum anderen gilt dies auch zu Lasten des Dritten, weil – im Falle einer ausschließlichen Gerichtsstandsvereinbarung – eine Klage am nicht designierten Gerichtsstand unzulässig ist. Der Dritte erwirbt den materiell-rechtlichen Anspruch von vornherein nur mit der sich aus einer Gerichtsstandsvereinbarung ergebenden Beschränkung hinsichtlich der klageweisen Durchsetzbarkeit.[129] Eine Bindung des Dritten an eine Gerichtsstandsvereinbarung, die nach Entstehung dessen 127

---

[123] *von Werder*, TranspR 2005, S. 112.
[124] So wohl auch OGH, 5.6.2007 – 10 Ob 40/07s, IHR 2008, S. 40 (43 f.).
[125] So auch Rauscher/*Mankowski*, EuZPR, 4. Aufl. 2016, Art. 25 EuGVVO Rn. 159. Noch weitergehend: *Schlosser*/Hess, EuZPR, 4. Aufl. 2015, Art. 25 EuGVVO Rn. 43.
[126] Rauscher/*Mankowski*, EuZPR, 4. Aufl. 2016, Art. 25 EuGVVO Rn. 161.
[127] EuGH, 7.2.2013 – Rs. C-543/10, *Refcomp SpA ./. Axa Corporate Solutions Assurance SA, u.a.*, ECLI:EU:C:2013:62. Kritisch hierzu *Gebauer*, in: FS Schütze, 2014, S. 95 (103 f.).
[128] LAG Berlin-Brandenburg, 8.2.2011 – 7 TaBV 2744/10, IPRspr. 2011, Nr. 186, S. 477, Rn. 48 (nach juris); *Schlosser*/Hess, EuZPR, 4. Aufl. 2015, Art. 25 EuGVVO Rn. 43; Rauscher/*Mankowski*, EuZPR, 4. Aufl. 2016, Art. 25 EuGVVO Rn. 157; *Geimer*/Schütze, EuZVR, 3. Aufl. 2010, Art. 23 EuGVVO a.F. Rn. 205.
[129] Rauscher/*Mankowski*, EuZPR, 4. Aufl. 2016, Art. 25 EuGVVO Rn. 157; *Geimer*/Schütze, EuZVR, 3. Aufl. 2010, Art. 23 EuGVVO a.F. Rn. 205.

Rechte abgeschlossen wurde, ist jedoch nicht möglich, ohne dass der Dritte seine Zustimmung zur Gerichtsstandsabrede erklärt.[130]

128 Darüber hinaus ist eine **Zuständigkeitsvereinbarung zugunsten eines Dritten** zulässig, soweit sie dessen Klagemöglichkeiten lediglich erweitert, also nicht ausschließlich ist.[131]

c) Gerichtsstandsvereinbarung in *Trust*-Bedingungen, Abs. 3

129 Abs. 3 enthält eine Sonderregelung für Gerichtsstandsvereinbarungen in Trust-Bedingungen, die v.a. für das englische und irische Recht von Bedeutung ist. Ein *Trust* kann durch einseitiges Rechtsgeschäft mit Wirkung gegenüber dem *trustee* sowie einer unbegrenzten Anzahl von Begünstigten (*beneficiaries*) errichtet werden. Vor diesem Hintergrund gestattet Abs. 3 dem Trust-Errichter, einen Gerichtsstand in den *Trust*-Bedingungen zu fixieren, und verzichtet für diesen Fall auf die nach Abs. 1 notwendige materielle Willenseinigung. Der Begründer eines *Trust* kann somit für sämtliche das Innenverhältnis des *Trust* betreffende Streitigkeiten einseitig einen Gerichtsstand festschreiben.

130 Die sonstigen in Art. 25 enthaltenen Anforderungen und Beschränkungen gelten auch für Gerichtsstandsvereinbarungen in *Trust*-Bedingungen. Für sämtliche Streitigkeiten im Außenverhältnis des *Trust* gilt Abs. 3 nicht, so dass es insoweit weiterhin einer echten Willensübereinstimmung i.S.v. Abs. 1 bedarf.

d) Abschluss in Vereins- oder Gesellschaftssatzungen

131 Ähnlich wie bei einem Trust kann sich bei Streitigkeiten im Innenverhältnis zwischen juristischen Personen (im deutschen Recht etwa Verein, GmbH und AG) und ihren Mitgliedern die Frage stellen, ob die Mitglieder an eine in der Satzung enthaltene Gerichtsstandsvereinbarung gebunden sind.

132 Unproblematisch ist der Fall, dass die Gerichtsstandsvereinbarung ausdrücklich in der Beitrittserklärung enthalten ist, weil hier das Mitglied durch seinen Beitritt explizit der Zuständigkeitsabrede zugestimmt hat.

133 Kritisch ist hingegen die **Bindung eines Mitglieds** an eine Gerichtsstandsvereinbarung, wenn diese nur in der Satzung der juristischen Person und **nicht auch in der Beitrittserklärung enthalten** ist oder sich das Mitglied beim Beitritt gegen die Geltung der Zuständigkeitsabrede ausgesprochen bzw. später in der Mitgliederversammlung gegen deren Aufnahme in die Satzung gestimmt hat. Der EuGH hat für solche Fälle eine wirksame Gerichtsstandsvereinbarung auch im Verhältnis zum jeweils betreffenden Mitglied angenommen. Durch seine Mitgliedschaft in der Gesellschaft erklärt sich jedes Mitglied – so der EuGH – damit einverstanden, dass alle Bestimmungen der Gesellschaftssatzung sowie die wirksam gefassten Beschlüsse der Gesellschaftsorgane für dieses gelten, selbst wenn es einigen dieser Bestimmungen oder Beschlüssen nicht zugestimmt hat.[132] Der Gesichtspunkt der Rechtssicherheit und der Praktikabilität gebietet es nach Auf-

---

[130] LAG Berlin-Brandenburg, 8.2.2011 – 7 TaBV 2744/10, IPRspr. 2011, Nr. 186, S. 477, Rn. 48 (nach juris); *Geimer*/Schütze, EuZVR, 3. Aufl. 2010, Art. 23 EuGVVO a.F. Rn. 205.
[131] *Geimer*/Schütze, EuZVR, 3. Aufl. 2010, Art. 23 EuGVVO a.F. Rn. 204.
[132] EuGH, 10.3.1992 – Rs. C-214/89, *Powell Duffryn Plc ./. Wolfgang Petereit*, Slg. 1992, I-1745 (ECLI:EU:C:1992:115), Rn. 17 ff.

fassung des EuGH, die Wirksamkeit einer derartigen Gerichtsstandsvereinbarung nicht vom konkreten Abstimmungsverhalten einzelner Mitglieder abhängig zu machen. Sie gilt daher auch gegenüber dem Mitglied, das gegen die Gerichtsstandsklausel gestimmt hat oder erst nach deren Annahme Mitglied geworden ist. Voraussetzung hierfür ist, dass die Satzung entweder in einem öffentlichen Register enthalten oder an einem jedem potentiellen Mitglied zugänglichen Ort hinterlegt ist.[133] Demzufolge ist eine Anwendung dieser Grundsätze auf nichtschriftliche Gesellschaftssatzungen ausgeschlossen.

Diese Sonderregel gilt **nur für Streitigkeiten im Innenverhältnis** zwischen Mitglied und juristischer Person. Es gilt nicht für Rechtsbeziehungen der juristischen Person mit Nicht-Mitgliedern und auch nicht für nicht körperschaftlich organisierte Personenmehrheiten (im deutschen Recht insbesondere GbR, OHG und KG), wo es einer Willenseinigung aller Beteiligten bedarf.

VII. Form von Gerichtsstandsvereinbarungen

1. Allgemeines

Abs. 1 Satz 3 und Abs. 2 enthalten **vier alternative Formtatbestände**, von denen jeder für die Annahme einer formgültigen Gerichtsstandsvereinbarung ausreichend ist.

Der Verordnungsgeber hat die Formanforderungen selbst geregelt, um sicherzustellen, dass innerhalb der Europäischen Union für Gerichtsstandsvereinbarungen **einheitliche Formstandards** gelten. Entsprechend diesem Zweck sind die Formerfordernisse euroautonom auszulegen. Die Formerfordernisse dienen der Prozessökonomie, sollen den Parteien die Berechenbarkeit der gerichtlichen Entscheidung erleichtern und den Gerichten die Prüfung ermöglichen, ob die Vereinbarung feststeht oder nicht. Die Einhaltung eines der **Formtatbestände indiziert zum einen das Vorliegen eines Konsenses**.[134] Zum anderen ist die Beachtung der Form **Wirksamkeitsvoraussetzung** der Vereinbarung.[135]

Die Formerfordernisse müssen einerseits eng auslegt werden, um zu gewährleisten, dass Gerichtsstandsvereinbarungen nicht unbemerkt Vertragsbestandteil werden.[136] Andererseits sind bei der Prüfung der Formtatbestände die Bedürfnisse des Handelsverkehrs zu berücksichtigen, um zu verhindern, dass das

---

[133] EuGH, 10.3.1992 – Rs. C-214/89, *Powell Duffryn Plc ./. Wolfgang Petereit*, Slg. 1992, I-1745 (ECLI:EU:C:1992:115), Rn. 28.
[134] Siehe oben Rn. 87.
[135] EuGH, 14.12.1976 – Rs. 24/76, *Colzani ./. Rüwa*, Slg. 1976, 1831 (ECLI:EU:C:1976:177); EuGH, 14.12.1976 – Rs. C-25/76, *Galeries Segoura SPRL ./. Bonakdarian*, Slg. 1976, 1851 (ECLI:EU:C:1976:178), Rn. 6.
[136] EuGH, 19.6.1984 – Rs. 71/83, *Russ ./. Nova*, Slg. 1984, 2417 (ECLI:EU:C:1984:217), Rn. 24; EuGH, 16.3.1999 – Rs. C-159/97 (ECLI:EU:C:1999:142), Rn. 14; EuGH, 11.7.1985 – Rs. 221/84, *Berghoefer GmbH & Co. KG ./. ASA SA*, Slg. 1985, 2699 (ECLI:EU:C:1985:337), Rn. 13.

Zustandekommen von Gerichtsstandsvereinbarungen nicht allzu oft an zu strengen Formalitäten scheitert.[137]

138 Auch hinsichtlich der Formerfordernisse gilt die in Abs. 5 fixierte rechtliche **Unabhängigkeit der Gerichtsstandsvereinbarung vom Hauptvertrag**. Daher gelten für die Zuständigkeitsabrede ausschließlich die Formtatbestände von Art. 25, während mögliche strengere Formvorschriften oder sonstige Formerfordernisse, die das nationale Recht für den Hauptvertrag vorsieht, für die Gerichtsstandsabrede keine Bedeutung haben.

139 Bei der Prüfung der Formtatbestände ist auf den **Zeitpunkt der Klageeinreichung** abzustellen.[138] Spätestens dann muss eine formwirksame Gerichtsstandsvereinbarung vorliegen, so dass es den Parteien freisteht, eine ursprünglich nicht formgültige Vereinbarung vor Klageerhebung in einer der Formen des Abs. 1 Satz 3, Abs. 2 nachzuholen.[139] Abweichend hiervon gilt jedoch **Vertrauensschutz** für Gerichtsstandsvereinbarungen, die **ursprünglich formwirksam** waren und infolge einer Änderung der Rechtslage bei Klageeinreichung ihre Formgültigkeit verloren haben: Diese gelten weiterhin als formwirksam.[140] Nur so kann die Gerichtsstandsvereinbarung ihren Zweck erfüllen und Planungs- und Rechtssicherheit für die Parteien schaffen. Andersherum ist allerdings das Vertrauen einer Partei auf die Unwirksamkeit der Gerichtsstandsvereinbarung nicht schutzwürdig. Erfüllt die Vereinbarung im Zeitpunkt ihres Abschlusses die damals maßgeblichen Formanforderungen nicht, ist sie jedoch nach dem Rechtszustand bei Klageeinreichung formwirksam, so ist sie insgesamt als formgültig anzusehen.

140 Die Formerfordernisse in Abs. 1 Satz 3 und Abs. 2 gelten auch für sog. **abstrakte Erfüllungsortvereinbarungen**, also Vereinbarungen eines Erfüllungsortes ohne sachliche Beziehungen zum Ort der tatsächlichen Vertragserfüllung hat, die lediglich zur Begründung eines Gerichtsstandes abgeschlossen wurden.[141] Sie gelten jedoch nicht für „echte" Erfüllungsortvereinbarungen.

2. Schriftliche Vereinbarung (Abs. 1 Satz 3 lit. a Alt. 1)

141 In erster Linie kann eine Gerichtsstandsvereinbarung schriftlich abgeschlossen werden. Die Schriftform setzt – anders gem. § 126 Abs. 1 BGB – **nicht zwingend die eigenhändige Unterschrift** aller Parteien voraus.[142] Erforderlich ist vielmehr, dass die Willenserklärungen in einem oder mehreren Doku-

---

[137] EuGH, 24.6.1981 – Rs. 150/80, *Elefanten Schuh GmbH* ./. *Jacqmain*, Slg. 1981, 1671 (ECLI:EU:C:1981:148), Rn. 24; *Schlosser-Bericht*, 1979, Rn. 179.
[138] OLG Koblenz, 9.1.1987 – 2 U 470/85, RIW 1987, S. 144 (146); OLG Köln, 6.3.1988 – 24 U 182/87, NJW 1988, S. 2182.
[139] OLG Celle, 24.9.2003 – 3 U 90/03, NJW-RR 2004, S. 575 (576).
[140] Rauscher/*Mankowski*, EuZPR, 4. Aufl. 2016, Art. 25 EuGVVO Rn. 87.
[141] EuGH, 20.2.1997 – Rs. C-106/95, *MSG Mainschiffahrts-Genossenschaft eG* ./. *Les Gravières Rhénanes SARL*, Slg. 1997, I-911 (ECLI:EU:C:1997:70); Schweizerisches Bundesgericht, 12.5.2014 – 4A_522/2013, IHR 2014, S. 251. Vgl. auch *Nordmeier*, RIW 2016, S. 331 (334).
[142] OLG Koblenz, 1.3.2010 – 2 U 816/09, NJW-RR 2010, S. 1004 (1005); OGH, 28.4.2000 – 1 Ob 358/99z, ZfRV 2001, S. 34; Rauscher/*Mankowski*, EuZPR, 4. Aufl. 2016, Art. 25 EuGVVO Rn. 88; OLG Karlsruhe, 28.3.2006 – 8 U 218/05, InVo 2007, S. 33, Rn. 106 (nach juris); LG Aachen, 22.6.2010 – 41 O 94/09, IHR 2011, S. 82, Rn. 51 ff. (nach juris).

menten derart enthalten sind, dass deren zweifelsfreie Zuordnung hinsichtlich der Gerichtsstandsvereinbarung zu den Vertragsparteien möglich ist. Das ist bei eigenhändiger Unterschrift jedes Vertragsteils grundsätzlich gegeben. Bei Briefen erfordert eine zweifelsfreie Zuordnung in der Regel eine eigenhändige Unterschrift des Absenders.[143] Das Fehlen einer Unterschrift ist jedoch unschädlich, wenn die Vereinbarung durch die Verwendung besonderer Kommunikationsmittel zustande gekommen ist (bspw. Fax oder E-Mail), die auch ohne Unterschrift eine eindeutige Zuordnung zum Erklärenden ermöglichen.[144]

a) Eine Urkunde

Die Schriftform ist unproblematisch erfüllt, wenn die Gerichtsstandsklausel in einem **von allen Parteien unterzeichneten Vertragsdokument** enthalten ist. Es genügt außerdem, wenn die Klausel in einer Anlage zum Vertrag niedergelegt ist, die nach dem von beiden Parteien unterzeichneten Vertragstext durch ausdrückliche Bezugnahme Vertragsbestandteil werden soll.[145] Vertragsurkunde kann auch die vom Besteller gegengezeichnete Auftragsbestätigung sein.

Selbst wenn alle Parteien das Vertragsdokument unterschrieben haben, kann die Einhaltung der Schriftform zweifelhaft sein, wenn eine Gerichtsstandsvereinbarung erst **unterhalb der Unterschriftszeilen** abgedruckt ist. Hier muss im Wege der Auslegung, ggf. unter Berücksichtigung sonstiger Begleitumstände, ermittelt werden, ob sich der beiderseitige Parteiwille auch auf die Gerichtsstandsvereinbarung bezieht.[146]

Die Verwendung von **Paraphen oder Initialen,** die eine zweifellose Identifikation des Zeichnenden gewährleisten, kann eine Unterschrift ersetzen.[147]

b) Schriftwechsel

Anders als § 126 Abs. 2 BGB ist die Schriftform i.S.v. Art. 25 Abs. 1 Satz 3 lit. a Alt. 1 auch dann gewahrt, wenn die Vereinbarung durch den **Austausch aufeinander bezogener Schriftstücke** zustande gekommen ist.[148] Als ausgetauschte Schriftstücke kommen insbesondere Brief, Telex oder Fax in Betracht.

Eine eigenhändige Unterschrift ist nur noch bei Schriftstücken notwendig, die üblicherweise unterschrieben werden. Sofern Schriftstücke nach ihrer Übermittlungsart **üblicherweise nicht unterschrieben** werden, ist die fehlende

---

[143] OLG Karlsruhe, 15.1.2009 – 4 U 72/07, IPRspr. 2009, Nr. 169, S. 438, Rn. 27 (nach juris).
[144] OLG Köln, 24.4.2013 – I-16 U 106/12, IHR 2015, S. 60, Rn. 31 (nach juris); OLG Koblenz, 1.3.2010 – 2 U 816/09, NJW-RR 2010, S. 1004 (1005); *Schlosser*/Hess, EuZPR, 4. Aufl. 2015, Art. 25 EuGVVO Rn. 19.
[145] EuGH, 14.12.1976 – Rs. 24/76, *Colzani ./. Rüwa*, Slg. 1976, 1831 (ECLI:EU:C:1976:177), Rn. 9 ff.; OLG Hamm, 20.1.1989 – 29 U 155/86, NJW 1990, S. 652.
[146] LG Hamburg, 18.8.1976 – 26 O 122/75, RIW 1977, S. 424.
[147] OLG Köln, 24.4.2013 – I-16 U 106/12, IHR 2015, S. 60, Rn. 31 (nach juris).
[148] BGH, 9.3.1994 – VIII ZR 185/92, NJW 1994, S. 2699 (2700); BGH, 22.2.2001 – X ZR 19/00, NJW 2001, S. 1731, Rn. 8 (nach juris); BGH, 16.1.2014 – IX ZR 194/13, IHR 2014, S. 171, Rn. 9 (nach juris); OLG Koblenz, 1.3.2010 – 2 U 816/09, NJW-RR 2010, S. 1004 (1005); OLG Hamm, 9.9.2011 – I-19 U 88/11, IHR 2012, S. 216, Rn. 31 (nach juris).

Unterschrift unschädlich.[149] Es können sich jedoch Beweisprobleme ergeben, wenn die Authentizität bestritten wird. Aus Beweisgründen ist daher stets eine Unterschrift zu empfehlen.

147 Bei getrennten Schriftstücken ist im Wege der Auslegung zu ermitteln, ob eine Einigung auf den Gerichtsstand vorliegt. Dies setzt nicht zwingend voraus, dass jedes der gewechselten Schreiben die Gerichtsstandsklausel enthält. Die Einigung muss sich aber zweifelsfrei aus den Schreiben selbst ergeben. Die Schriftlichkeit ist demnach nicht gewahrt, wenn sich nicht aus den Dokumenten selbst, sondern erst aus den Begleitumständen ergibt, dass die Annahme auch die Gerichtsstandsklausel erfassen soll.[150] Eine pauschale schriftliche Annahme des Vertragsangebots, dem auch eine Gerichtsstandsklausel beigefügt war, reicht aus.

c) **Sonderfall: Einseitig verpflichtende Verträge**

148 Das Erfordernis, dass die Erklärungen aller Parteien schriftlich abgegeben sein müssen, führt bei einseitig verpflichtenden Verträgen zu Schwierigkeiten, weil dort oftmals keine schriftliche Annahmeerklärung des Begünstigten vorliegt.

149 Der BGH hat wiederholt entschieden, dass es für die Schriftform nicht genügt, wenn die Gerichtsstandsklausel in einem vom Begünstigten entworfenen Schriftstück enthalten ist, das lediglich von der anderen Partei unterschrieben wird. So genügt es nicht, wenn die Gerichtsstandsvereinbarung in einem vom Bevollmächtigten entworfenen **Vollmachtsformular** enthalten ist, das allein der Vollmachtgeber unterzeichnet hat.[151] Genauso wenig ist die Gerichtsstandsvereinbarung in einer vom Gläubiger aufgesetzten und allein vom Bürgen unterschriebenen **Bürgschaftserklärung** formwirksam.[152] In all diesen Fällen fehlt es – so der BGH – an einer schriftlichen Willenserklärung des Begünstigten. In der Übersendung des Urkundenformulars durch den Begünstigten könne eine solche nicht gesehen werden, weil dies nicht dem entspreche, „*was im Rechtsverkehr allgemein unter einer schriftlichen Vereinbarung verstanden wird.*"[153] Diese Grundsätze dürften auch für sonstige Kreditsicherheiten, wie etwa **Garantien** oder **Patronatserklärungen** gelten.[154] Diese BGH-Rspr. erscheint bedenklich, da schon in der Übersendung eines vorentworfenen Formulars durch den Begünstigten durchaus ein schriftliches Angebot zum Abschluss der Gerichtsstandsvereinbarung erblickt werden kann.[155]

150 Um sicherzustellen, dass die Schriftform eingehalten wird, empfiehlt es sich in der Praxis für den Begünstigten, in dem Begleitschreiben zu dem Formular deutlich zu machen, dass dieses zugleich ein Angebot zum Abschluss der in dem Formular enthaltenen Gerichtsstandsvereinbarung enthält. Ausreichend

---

[149] OLG Köln, 24.4.2013 – I-16 U 106/12, IHR 2015, S. 60, Rn. 31 (nach juris); OLG Koblenz, 1.3.2010 – 2 U 816/09, NJW-RR 2010, S. 1004 (1005).
[150] OLG Köln, 6.3.1988 – 24 U 182/87, NJW 1988, S. 2182.
[151] BGH, 16.1.2014 – IX ZR 194/13, IHR 2014, S. 171.
[152] BGH, 22.2.2001 – X ZR 19/00, NJW 2001, S. 1731.
[153] BGH, 16.1.2014 – IX ZR 194/13, IHR 2014, S. 171, Rn. 9 (nach juris).
[154] A. A. LG Berlin, 18.2.2000 – 94 O 93/99, WM 2000, S. 1060 (1062), wo für die Patronatserklärung anders entschieden worden ist. Allerdings dürfte diese Entscheidung durch die späteren BGH-Entscheidungen zu Bürgschaft und Vollmacht obsolet geworden sein.
[155] Kritisch auch *Schlosser*/Hess, EuZPR, 4. Aufl. 2015, Art. 25 EuGVVO Rn. 19.

dürfte es auch sein, wenn im Begleitschreiben allgemein darauf hingewiesen wird, dass das Formular zugleich ein Angebot zum Abschluss eines Vertrages enthält.[156]

Alternativ ließe sich ein formgerechter Abschluss der Gerichtsstandsvereinbarung auch durch einen Handelsbrauch begründen (Abs. 1 Satz 3 lit. c). Das ist jedoch trotz der zunehmenden Internationalisierung des Besicherungsgeschäfts eine unsichere, weil von Sachverständigenaussagen abhängige, Grundlage. Es geht gerade bei derartigen Rechtsgeschäften häufig um erhebliche Beträge. 151

d) Sonderfall: Gerichtsstandsvereinbarung in Allgemeinen Geschäftsbedingungen

Eine Gerichtsstandsvereinbarung in AGB genügt nur dann der Schriftform, wenn feststeht, dass der andere Vertragsteil bei Anwendung normaler Sorgfalt von der Klausel Kenntnis nehmen konnte und seine schriftlich erteilte Zustimmung auch die in den AGB enthaltene Gerichtsstandsvereinbarung erfasst. Die Klausel darf der anderen Partei keinesfalls unbemerkt „untergeschoben" werden. Andererseits ist ein ausdrücklicher Hinweis auf die Gerichtsstandsklausel selbst nicht notwendig. 152

Aus der kaum überschaubaren und teilweise uneinheitlichen Rechtsprechung lassen sich im Wesentlichen **drei Voraussetzungen** für den schriftlichen Abschluss einer ABG-Gerichtsstandsklausel unterscheiden: (1) Der **AGB-Verwender** muss ausreichend **deutlich auf seine AGB hinweisen**. (2) Der **Vertragspartner** des AGB-Verwenders muss eine **ausreichende Möglichkeit** haben, **von den ABG Kenntnis zu erlangen**. (3) Der **Vertragspartner des Verwenders** muss durch sein Verhalten seine **Zustimmung zu den AGB** zum Ausdruck gebracht haben. 153

Im **Musterfall** verweist der Text des Hauptvertrages ausdrücklich auf die AGB einer Partei, die in der Verhandlungssprache verfasst sind und der anderen Partei bei Unterzeichnung des Hauptvertrages vorliegen. Stimmt die andere Partei dem Vertrag zu, liegt nach allgemeiner Meinung eine wirksame Einbeziehung vor.[157] 154

aa) Ausreichender Hinweis auf AGB

Der Hinweis auf AGB muss klar, an gut erkennbarer Stelle und in einer Art und Weise erfolgen, dass der Geltungsanspruch der AGB deutlich wird. Hierfür ist ein „*ausdrückliches Einbeziehungsverlangen*"[158] im Vertrag oder im angenommenen Angebot erforderlich.[159] Dabei ist ein klarer und deutlicher Hinweis auf die die Gerichtsstandsklausel enthaltenden AGB ausreichend, aber auch erforderlich.[160] Nicht notwendig ist, dass im Hinweis ausdrücklich auf die Gerichts- 155

---

[156] So andeutungsweise BGH, 16.1.2014 – IX ZR 194/13, IHR 2014, S. 171, Rn. 10 (nach juris).
[157] EuGH, 14.12.1976 – Rs. 24/76, *Colzani* ./. *Rüwa*, Slg. 1976, 1831 (ECLI:EU:C:1976:177), Rn. 10; BGH, 28.3.1996 – III ZR 95/95, NJW 1996, S. 1819, Rn. 5 (nach juris); OLG Düsseldorf, 16.3.2000 – 6 U 90/99, WM 2000, S. 2192, Rn. 37 ff. (nach juris).
[158] *Hohmeier*, IHR 2014, S. 217 (221).
[159] BGH, 9.3.1994 – VIII ZR 185/92, NJW 1994, S. 2699 (2700); OLG Hamm, 9.9.2011 – I-19 U 88/11, IHR 2012, S. 216, Rn. 51 (nach juris).
[160] EuGH, 14.12.1976 – Rs. 24/76, *Colzani* ./. *Rüwa*, NJW 1977, S. 494, Rn. 12; EuGH, 7.8.2016 – Rs. C-222/15, *Höszig Kft*. ./. *Alstom Power*, ECLI:EU:C:2016:525, Rn. 39; OLG Köln, 19.10.2011 – I-16 U 161/10, IHR 2013, S. 155, Rn. 25 (nach juris).

standsklausel Bezug genommen wird.[161] Unerlässlich ist allerdings, dass im Hinweis eindeutig angegeben wird, wo die AGB wiedergegeben sind.[162]

156 Ausreichend ist die Bezugnahme auf ein dem Vertragsschluss zeitnah vorangegangenes Schreiben einer Partei, das selbst ausdrücklich auf die beigefügten AGB hinweist.[163] Dies ist bei dem in der Praxis häufigen Fall erfüllt, dass in einem Werk- oder Kaufvertrag auf ein vorangegangenes Angebotsschreiben mit AGB-Verweis Bezug genommen wird.

Für eine Gerichtsstandsklausel, die in einem Emissionsprospekt von Schuldverschreibungen enthalten ist, hat der EuGH klargestellt, daß die Voraussetzungen von Abs. 1 lit. a nur dann erfüllt sind, wenn der Vertrag über die Emission der Wertpapiere die Übernahme der Klausel erwähnt oder ausdrücklich auf den Prospekt Bezug nimmt.[164]

157 Ferner liegt in folgenden Fällen ein ausreichender Hinweis vor: Eine klare Bezugnahme auf der Vorderseite der Vertragsurkunde auf die „umseitigen" AGB,[165] ein unwidersprochen gebliebener **Aufkleber auf dem Geschäftspapier**, der die Gerichtsstandsklausel wiedergibt.[166] Es genügt auch ein im Rahmen laufender Geschäftsverbindungen unterbreitetes Angebot, die **Ware „wie bisher"** zu liefern; der Verwender muss jedoch beweisen, dass alle bisherigen Lieferungen auf der Grundlage seiner AGB mit Gerichtsstandsklausel abgewickelt wurden.[167] Ausreichend ist es auch, wenn im Vertrag **auf die AGB eines anderen Vertrages** oder umfassend die Bedingungen eines anderen Vertrages Bezug genommen wird. Eine spezifische Bezugnahme auf die AGB eines anderen Vertrages ist nicht erforderlich, auch wenn sich erst darin die Gerichtsstandsklausel findet.[168]

158 Unklarheiten beim Hinweis auf AGB gehen zu Lasten des Verwenders. An einem ausreichenden Hinweis fehlt es insbesondere in folgenden Fällen: Die unkommentierte Beifügung oder Übergabe von AGB,[169] der unkommentierte Abdruck von AGB auf der Rückseite des Geschäftspapiers,[170] der Rechnung oder Auftragsbestätigung[171] und eine mittelbare Verweisung auf eine Vorkorrespondenz, der irgendwann die AGB beigefügt waren, ohne dass deren Geltungs-

---

[161] Schweizerisches Bundesgericht, 1.7.2013 – 4A_86/2013, IHR 2014, S. 254; OLG Karlsruhe, 15.3.2001 – 19 U 48/00, RIW 2001, S. 621, Rn. 17 (nach juris); vgl. auch EuGH, 14.12.1976 – Rs. 24/76, *Colzani* ./. *Rüwa*, Slg. 1976, 1831 (ECLI:EU:C:1976:177), Rn. 9.
[162] BGH, 28.3.1996 – III ZR 95/95, NJW 1996, S. 1819.
[163] EuGH, 14.12.1976 – Rs. 24/76, *Colzani* ./. *Rüwa*, Slg. 1976, 1831 (ECLI:EU:C:1976:177), Rn. 11.
[164] EuGH, 20.4.2016 – Rs. C-366/13, *Profit Investment SIM* ./. *Ossi u.a.*, ECLI:EU:C:2016:282, Rn. 25 ff.
[165] BayObLG, 11.4.2001 – 4Z AR 29/01, NJW-RR 2002, S. 359.
[166] OLG Düsseldorf, 6.1.1989 – 16 U 77/88, NJW-RR 1989, S. 1330, Rn. 20 ff. (nach juris).
[167] OLG Karlsruhe, 15.3.2001 – 19 U 48/00, RIW 2001, S. 621, Rn. 18 (nach juris): hier nicht erfüllt.
[168] Rauscher/*Mankowski*, EuZPR, 4. Aufl. 2016, Art. 25 EuGVVO Rn. 96 mit Hinwies auf ausl. Rspr.
[169] Rauscher/*Mankowski*, EuZPR, 4. Aufl. 2016, Art. 25 EuGVVO Rn. 92.
[170] EuGH, 14.12.1976 – Rs. 24/76, *Colzani* ./. *Rüwa*, Slg. 1976, 1831 (ECLI:EU:C:1976:177), Rn. 9; EuGH, 16.3.1999 – Rs. C-159/97, *Trasporti Castelletti Spedizioni Internazionali SpA* ./. *Trumpy SpA*, Slg. 1999, I-1597 (ECLI:EU:C:1999:142), Rn. 13.
[171] OLG Koblenz, 20.2.2014 – 3 U 1183/13, BauR 2014, S. 1225, Rn. 27 (nach juris).

anspruch für den zu schließenden Hauptvertrag erkennbar ist. Auch der in einer Fußzeile enthaltene Hinweis auf einen bestimmten Gerichtsstand reicht nicht aus, wenn aufgrund der optischen Gestaltung des Dokuments nicht erkennbar war, dass die Fußzeile vertragliche Regelungen enthalten solle.[172] Ebenfalls ungenügend ist ein Hinweis in Kleinstdruck[173] sowie an unauffälliger oder versteckter Stelle.[174] Nicht ausreichend kann es ferner sein, wenn im Hinweis die AGB des Verwenders nicht mit dem richtigen Titel bezeichnet werden.[175]

bb) Ausreichende Möglichkeit zur Kenntnisnahme der AGB

Die wirksame Einbeziehung einer AGB-Gerichtsstandsklausel setzt außerdem voraus, dass der Vertragspartner des AGB-Verwenders eine ausreichende Möglichkeit hat, vom Inhalt der AGB Kenntnis zu erlangen. Eine tatsächliche Kenntnisnahme ist jedoch nicht erforderlich.[176] Es ist auch nicht notwendig, dass die Gerichtsstandsvereinbarung im Text der AGB besonders hervorgehoben ist.[177] **159**

Eine ausreichende Möglichkeit zur Kenntnisnahme ist jedenfalls gegeben, wenn die verwiesenen AGB vor oder bei Vertragsschluss **übergeben**, vorgelegt oder übersandt (beigefügt) worden sind.[178] **160**

Ob auch **ohne Vorlage der AGB** vor oder bei Vertragsschluss eine ausreichende Möglichkeit zur Kenntnisnahme besteht, wird in der Rspr. unterschiedlich beurteilt. Die deutschen Gerichte folgen einer strengen Linie und verlangen, dass der Verwender bei oder vor Vertragsschluss die AGB der Gegenseite vorlegt.[179] Dies deckt sich mit dem vom BGH aufgestellten Grundsatz, dass die Willenseinigung über die Gerichtsstandsklausel klar zum Ausdruck kommen muss und hierbei für Kaufleute kein Sonderrecht gilt.[180] Etwas anderes gilt nur, wenn die andere Partei schon aus früheren Geschäften zwischen denselben Parteien unter denselben AGB eine ausreichende Möglichkeit zur Kenntnisnahme hatte,[181] oder auf allgemein bekannte, branchenübliche AGB verwiesen wird.[182] **161**

---

[172] OGH, 30.3.2001 – 7 Ob 320/00k, ZfRV 2001, 231.
[173] *Hohmeier*, IHR 2014, S. 217 (221) unter Hinweis auf OLG Wien, 1.6.2004 – 3R 68/04y.
[174] OLG Hamm, 21.3.2011 – 32 Sbd 17/11, IPRspr. 2011, Nr. 190, S. 499, Rn. 17 (nach juris); OLG Koblenz, 10.9.2013 – 3 U 223/13, IHR 2015, S. 152, Rn. 37 (nach juris): Nicht ausreichend ist es, wenn der Text der Gerichtsstandsvereinbarung deutlich kleiner gehalten ist, als der übrige Text und sich an einer Stelle der Kaufvertragsurkunde befindet, an der ein verständiger Leser bei normaler Sorgfalt nicht mit vertragsrelevanten Regelungen rechnen muss.
[175] BGH, 2.10.2002 – VIII ZR 163/01, NJW-RR 2003, S. 192, Rn. 14 ff. (nach juris): Der Hinweis bezog sich auf die „in der Geschäftsordnung für Käufer festgelegten Bedingungen", während die AGB den Titel „Geschäftsbedingungen der U. GmbH für Gemüse und Obst" trugen.
[176] Schweizerisches Bundesgericht, 1.7.2013 – 4A_86/2013, IHR 2014, S. 254.
[177] Rauscher/*Mankowski*, EuZPR, 4. Aufl. 2016, Art. 25 EuGVVO Rn. 92.
[178] Schiffahrtsobergericht Köln, 27.2.1998 – 3 U 176/96 BSch, TranspR 2000, S. 454; OLG Hamm, 9.9.2011 – I-19 U 88/11, 19 U 88/11, IPRspr 2011, Nr. 210, S. 545, Rn. 34 (nach juris).
[179] OLG Düsseldorf, 16.3.2000 – 6 U 90/99, RIW 2001, S. 63, Rn. 38 (nach juris); OLG Oldenburg, 20.12.2007 – 8 U 138/07, IHR 2008, S. 112 (116); OLG Celle, 24.7.2009 – 13 W 48/09, IHR 2010, S. 81; OLG Hamm, 9.9.2011 – I-19 U 88/11, 19 U 88/11, IPRspr 2011, Nr. 210, S. 545, Rn. 34 (nach juris); OLG Köln, 19.10.2011 – I-16 U 161/10, IHR 2013, S. 155, Rn. 25 (nach juris); OLG Brandenburg, 26.6.2012, 6 U 3/11, IPRspr 2012, Nr. 191, S. 431, Rn. 29 (nach juris), das sich auch mit der Frage befasst, wie der Beweis des Zugangs von AGB bei einer Übersendung per Fax zu führen ist, ebd. Rn. 35 ff.
[180] BGH, 28.3.1996 – III ZR 95/95, NJW 1996, S. 1819, Rn. 4 (nach juris).
[181] Schiffahrtsobergericht Köln, 27.2.1998 – 3 U 176/96 BSch, TranspR 2000, S. 454.
[182] Rauscher/*Mankowski*, EuZPR, 4. Aufl. 2016, Art. 25 EuGVVO Rn. 92.

162 Für den in der Praxis wichtigen Fall, dass in einem Brief oder einer E-Mail lediglich **auf einen Internetlink mit den AGB** des Verwenders Bezug genommen wird, fehlt es demnach nach Auffassung der deutschen Rechtsprechung an einer ausreichenden Kenntnisnahmemöglichkeit.[183] Die Gerichte in England sind insoweit großzügiger. Im kaufmännischen Verkehr lassen sie es für die Einbeziehung von AGB schon ausreichen, dass der Verwender auf seine AGB Bezug genommen hat und der Gegner den Vertrag ohne Nachfrage nach den AGB angenommen hat. Die englischen Gerichte halten es nicht für erforderlich, dass die AGB bei oder vor Vertragsschluss vorgelegt wurden oder im Internet abrufbar waren. Es geht demzufolge zum Nachteil der Gegenseite, wenn sie der Geltung von AGB zugestimmt hat, ohne sich diese zu beschaffen oder sich nach deren Inhalt zu erkundigen.[184] Eine vermittelnde Auffassung für den kaufmännischen Verkehr vertreten hingegen die Schweizer Gerichte: Sie lassen es für eine zumutbare Möglichkeit der Kenntnisnahme ausreichen, dass in einem Schriftstück auf einen Internetlink Bezug genommen wird, unter dem die AGB des Verwenders abrufbar sind.[185]

163 Im kaufmännischen Verkehr ist der Linie der Schweizer Gerichte zuzustimmen. Der **Verweis auf einen Internetlink** ist angesichts der weiten Verbreitung des Internets zeitgemäß. Üblicherweise ist es auch mit sehr geringem Aufwand verbunden, die AGB über das Internet abzurufen. Gleichwohl kann es im Einzelfall zu Beweisschwierigkeiten kommen, wenn der Gegner des AGB-Verwenders die Abrufbarkeit der AGB vor oder bei Vertragsschluss bestreitet. Hier lässt sich die Abrufbarkeit etwa dadurch beweisen, dass die entsprechende URL permanent durch einen externen Dienstleister überwacht wird und entsprechende Protokolle (etwa Log-Bücher und -Daten sowie Störungslisten) erstellt werden.[186] Im unternehmerischen Verkehr ist die AGB-Verwendung auch so verbreitet, dass die Gegenseite kaum geltend machen kann, die Gerichtsstandsklausel sei überraschend gewesen.[187]

164 Nicht ausreichend ist jedoch – auch im kaufmännischen Verkehr – der Hinweis, die AGB könnten **unter einer Faxnummer abgerufen** werden, weil Faxgeräte zunehmend unüblich werden und der Faxabruf mit Kosten verbunden wäre.[188]

165 **Im nicht kaufmännischen Verkehr** ist eine Obliegenheit des Gegners, sich die AGB zu beschaffen bzw. abzurufen, hingegen grundsätzlich abzulehnen. Der

---

[183] OLG Celle, 24.7.2009 – 13 W 48/09, IHR 2010, S. 81. A. A. OLG Dresden, 5.7.2009 – 10 U 1816/08, NJW-RR 2009, S. 1295, Rn. 32 (nach juris).
[184] Court of Appeal of England and Wales (Civil Division), 26.2.2007, 7E *Communications Ltd. ./. Vertex Antennentechnik GmbH*, [2007] EWCA, Civ. 140, Rn. 31 ff.; High Court of Justice (Queen's Bench Division), 14.9.2009, *Polskie Ratownictwo Okretowe ./. Rallo Vito u.a.*, [2009] EWHC 2249 (Com), Rn. 38; High Court of Justice (Queen's Bench Division), 11.12.2009, *Africa Express Line Ltd. ./. Socofi S.A.*, [2009] EWHC, 3223 (Com), Rn. 28 f.
[185] Schweizerisches Bundesgericht, 1.7.2013 – 4A_86/2013, IHR 2014, S. 254. Entschieden zu E-Mail, dürfte jedoch allgemein gelten.
[186] Vgl. *Hohmeier*, IHR 2014, S. 217 (222).
[187] Rauscher/*Mankowski*, EuZPR, 4. Aufl. 2016, Art. 25 EuGVVO Rn. 92.
[188] Schweizerisches Bundesgericht, 1.7.2013 – 4A_86/2013, IHR 2014, S. 254.

Verweis auf einen Internetlink mit den AGB des Verwenders genügt demzufolge nicht für die wirksame Einbeziehung einer Gerichtsstandsklausel.

cc) (Konkludente) Zustimmung zu den AGB

Der i.S.v. Abs. 1 Satz 3 lit. a Alt. 1 schriftliche Abschluss einer AGB-Gerichts- 166 standsklausel setzt voraus, dass der Gegner des Verwenders in schriftlicher Form seine Zustimmung zu den AGB erklärt.

Eine solche schriftliche Zustimmung fehlt zum einen dann, wenn die andere 167 Vertragspartei dem Angebot ausdrücklich oder implizit durch Hinweis auf eigene anderslautende AGB widerspricht (**kollidierende AGB**).[189] In diesem Fall fehlt es bereits an einem Konsens. Etwas anderes gilt aber, wenn eine der Parteien im Laufe der Vertragskorrespondenz den Willen zur Einbeziehung ihrer AGB aufgegeben und der Einbeziehung der gegnerischen AGB zugestimmt hat.[190] Ein Konsens hinsichtlich der Gerichtsstandsklausel ist ferner dann anzunehmen, wenn zwar die eine Seite der Verwendung der gegnerischen AGB widerspricht, ihrerseits aber eine Gerichtsstandsvereinbarung vorschlägt, die inhaltlich der in den gegnerischen AGB enthaltenen Gerichtsstandsklausel entspricht.

Die erforderliche Zustimmung fehlt, wenn die Gegenpartei auf den Hinweis 168 des Verwenders auf seine AGB nicht reagiert hat.[191] Es reicht daher nicht aus, wenn erstmalig in der Annahmeerklärung auf die AGB verwiesen und diese von der Gegenseite nicht mehr schriftlich akzeptiert wird.[192] Genauso wenig reicht es, wenn die AGB erstmalig zusammen mit der Annahme eines Angebots übersandt werden, ohne dass die Gegenseite erneut ihre Zustimmung ausdrückt.[193] Allein in der unwidersprochenen Hinnahme der AGB (etwa durch Maßnahmen der Vertragserfüllung oder durch Zahlung einer Honorarrechnung[194]) liegt keine schriftliche Annahme.

Um Zweifel bei Beginn einer Geschäftsverbindung auszuschließen, sollte der 169 Verwender ein ausdrückliches schriftliches Einverständnis mit den AGB einholen.

dd) Sonderproblem: Sprache

Gerade im internationalen Rechtsverkehr kann sich die Frage stellen, ob eine 170 AGB-Gerichtsstandsklausel wirksam vereinbart ist, wenn sie in einer anderen als der Vertragssprache abgefasst ist und/oder wenn der Hinweis auf sie in einer fremden Sprache erfolgt, die der Geschäftsgegner nicht beherrscht. Ein Abstellen auf die individuellen Sprachfertigkeiten der an den Verhandlungen beteiligten Personen würde die AGB-Prüfung überfrachten. **Relevant** sind daher **nur die Vertrags- oder die Verhandlungssprache**.

---
[189] OLG Karlsruhe, 15.3.2001 – 19 U 48/00, RIW 2001, S. 621.
[190] Rauscher/*Mankowski*, EuZPR, 4. Aufl. 2016, Art. 25 EuGVVO Rn. 95.
[191] OLG Karlsruhe, 28.3.2006 – 8 U 218/05, IPRspr 2006, Nr. 111, S. 242, Rn. 108 (nach juris).
[192] OLG Saarland, 18.10.2011 – 4 U 548/10 – 170, 4 U 548/10, IPRspr 2011, Nr. 214, S. 552, Rn. 30 (nach juris).
[193] BGH, 9.3.1994 – VIII ZR 185/92, NJW 1994, S. 2699.
[194] OLG Koblenz, 20.2.2014 – 3 U 1183/13, BauR 2014, S. 1225, Rn. 27 (nach juris).

171 Im **Grundsatz** werden AGB, die nicht in der Vertrags- oder Verhandlungssprache gefasst sind, nicht Vertragsbestandteil.[195]

172 Soweit allerdings in der Vertrags- oder Verhandlungssprache auf fremdsprachige AGB verwiesen wurde, ist die darin enthaltene Gerichtsstandsvereinbarung trotz Sprachunkenntnis des Gegners wirksam, wenn dieser **uneingeschränkt und ohne Anmerkungen das Angebot angenommen** hat.[196] Denn mit der Annahme gibt die Gegenpartei zu erkennen, dass sie mit dem Inhalt der AGB einverstanden ist. Ihr steht es frei, sich den Inhalt der AGB übersetzen zu lassen, und erst dann zu entscheiden, ob sie damit einverstanden ist. Ist der Vertrag samt AGB nicht in der Verhandlungssprache abgefasst, muss wenigstens der **Hinweis auf die AGB in der Verhandlungssprache** erfolgt sein.[197] Haben also beispielsweise die Parteien auf Englisch verhandelt und hat eine Seite daraufhin den Vertragsentwurf nebst AGB in französischer Sprache übersandt, so muss sie jedenfalls in englischer Sprache auf ihre AGB verwiesen haben. Dieser Hinweis kann entweder im Vertragsdokument selbst oder durch eine separate Erklärung erfolgen.

173 Sind im internationalen Handelsverkehr die AGB nicht in der Heimatsprache des Vertragspartners abgefasst, kann dies auch dann unschädlich sein, wenn **entsprechende Sprachkenntnisse bei der Art des Geschäfts zu erwarten sind**.[198] Im grenzüberschreitenden Geschäftsverkehr kann heute erwartet werden, dass eine in englischer Sprache abgefasste AGB-Gerichtsstandsklausel verstanden wird (ggf. unter Hinzuziehung eines Übersetzers). Unabdingbare Einbeziehungsvoraussetzung ist jedoch die tatsächliche Vorlage der AGB so ausreichend vor Vertragsschluss, dass die andere Partei eine Übersetzung einholen kann. Mangels einer Entscheidung des EuGH zur Sprachproblematik empfiehlt es sich für eine rechtssichere Kautelarpraxis die Gerichtsstandsklausel in der Verhandlungssprache abzufassen.[199]

ee) Sonderproblem: Bedingungskette

174 Hohe Anforderungen gelten für die Einbeziehung von AGB (AGB-Hinweis, AGB-Vorlage und die Sprache) bei sog. Bedingungsketten, weil hier die vom EuGH missbilligte Situation, dass AGB unbemerkt Vertragsbestandteil werden, besonders naheliegt. Ob es ausreichend ist, wenn auf AGB verwiesen wird, die ihrerseits auf andere AGB weiterverweisen, in denen erst die Gerichtsstandsklausel enthalten ist, ist anhand der Gesamtumstände des Falles zu beurteilen.

---

[195] OLG Köln, 27.2.1998 – 3 U 176/96; VersR 1999, S. 639; OLG Hamm, 6.12.2005 – 19 U 120/05, OLGR Hamm 2006, S. 327 (328); *Saenger*, ZZP 110 (1997), S. 477 (487).
[196] BGH, 31.10.1989 – VIII ZR 330/88, IPRax 1991, S. 326; OLG Hamm, 28.6.1994 – 19 U 179/93, NJW-RR 1995, S. 188 (189); OLG Hamm, 20.9.2005 – 19 U 40/05, IPRax 2007, S. 125; OLG Köln, 24.5.2006 – 16 W 25/06, IHR 2006, S. 147, Rn. 10 (nach juris); OGH, 14.7.1999 – 7 Ob 176/98b; ZfRV 1999, S. 233; *Eichel*, AGB-Gerichtsstandsklauseln, 2007, S. 96 f.; *Saenger*, ZZP 110 (1997), S. 477 (487).
[197] OGH, 6.11.2008 – 6 Ob 229/08g, IHR 2009, S. 126 (127); OLG Hamm, 6.12.2005 – 19 U 120/05, IHR 2006, S. 84, Rn. 23 f. (nach juris).
[198] Vgl. auch Schiffahrtsobergericht Köln, 27.2.1998 – 3 U 176/96 BSch, TranspR 2000, S. 454.
[199] *Hohmeier*, IHR 2014, S. 217 (223).

Bei solchen Bedingungsketten ist es jedenfalls erforderlich, dass in den ersten **175**
AGB deutlich auf die Geltung der weiteren AGB hingewiesen wird und dass die
weiteren AGB spätestens bei Vertragsschluss tatsächlich vorlagen, sofern nicht der
Vertragspartner aus anderen Gründen sichere Kenntnis vom Inhalt der weiteren
AGB hatte. Verbleibende Zweifel gehen zulasten des Verwenders. Beide AGB
und die Hinweise auf deren Geltung müssen grundsätzlich in der Verhandlungs-
bzw. Vertragssprache erfolgen; im kaufmännischen Geschäftsverkehr genügt nach
der hier vertretenen Auffassung auch die englische Sprache.

e) Sonderfall: Formlose Verlängerung des Hauptvertrags

Ist die Gerichtsstandsklausel Bestandteil eines zeitlich befristeten schriftlichen **176**
Vertrages, der von den Parteien einvernehmlich aber formlos über die ursprüngliche Laufzeit hinaus fortgesetzt wurde, stellt sich die Frage der Fortgeltung der
Gerichtsstandsklausel. Soweit die **ursprüngliche Klausel weit gefasst** ist und
etwa für alle Streitigkeiten aus der Geschäftsbeziehung der Parteien gilt, ergibt
ggf. schon ihre Auslegung, dass auch Streitigkeiten aus der Zeit nach der Vertragsverlängerung erfasst sind. In diesem Fall kommt es nicht darauf an, in welcher Form eine Gerichtsstandsklausel verlängert werden kann.

Schwieriger ist hingegen die Beurteilung von Fällen, in denen die **ursprüng-** **177**
liche Gerichtsstandsklausel nur für Streitigkeiten aus dem (befristeten)
Hauptvertrag gilt und somit ohne „Verlängerung" keine Geltung entfaltet.
Diese Konstellation hat der EuGH für das EuGVÜ wie folgt entschieden: Ist die
Verlängerung des Hauptvertrages in der von den Parteien gewählten Art und
Weise nach dem auf den Hauptvertrag anwendbaren materiellen Recht möglich
und wirksam, so erstreckt sich die Gültigkeit der Gerichtsstandsklausel auch auf
Streitigkeiten aus dem Verlängerungszeitraum. Konkret bedeutet dies: **Kann der**
Hauptvertrag formlos verlängert werden, ist auch eine „**Verlängerung"**
der Gerichtsstandsklausel möglich, ohne dass die **Formerfordernisse des**
Art. 17 EuGVÜ eingehalten werden müssen.[200] Kann **der Hauptvertrag**
hingegen **nur schriftlich verlängert** werden, muss **auch die „Verlängerung"**
der Gerichtsstandsvereinbarung den **Formerfordernissen des Art. 17**
EuGVÜ genügen.[201]

Obwohl die Entscheidung des EuGH in der Sache *Iveco Fiat Spa ./. Van Hool* **178**
S.A. in dogmatischer Hinsicht kritisiert worden ist, entspricht sie im Ergebnis
der Lebenswirklichkeit und den kaufmännischen Bedürfnissen und dürfte auch
unter der EuGVVO in der aktuellen Fassung fortgelten. Zwar sieht Art. 25
Abs. 5 die rechtliche Unabhängigkeit von Gerichtsstandsvereinbarung und
Hauptvertrag vor und lässt es daher zweifelhaft erscheinen, dass die *lex causae* des
Hauptvertrags für die Verlängerung der Gerichtsstandsklausel relevant sein soll.
Dennoch erscheint eine akzessorische Anknüpfung sinnvoll: Haben die Parteien

---

[200] EuGH, 11.11.1986 – Rs. 313/85, *Iveco Fiat Spa ./. Van Hool S.A.*, Slg. 1986, 3337 (ECLI:EU:C:1986:423), Rn. 7, m. kritischer Anm. *Geimer*, EWiR 1988, S. 471 und *Jayme*, IPRax 1989, S. 361.
[201] EuGH, 11.11.1986 – Rs. 313/85, *Iveco Fiat Spa ./. Van Hool S.A.*, Slg. 1986, 3337 (ECLI:EU:C:1986:423), Rn. 8.

ursprünglich einen Vertrag mit formgültiger Gerichtsstandsklausel abgeschlossen und sich darin bereits darüber verständigt, dass der Vertrag in seiner Gesamtheit formlos verlängert werden kann, erscheint es unpassend, die Formerfordernisse von Art. 25 auf die Verlängerung anzuwenden. Dies würde zu dem lebensfremden Ergebnis führen, dass die Gerichtsstandsklausel nur für bestimmte Teile eines einheitlichen Vertrags gelten würde, für die übrigen hingegen nicht. Das hätte eine Schwächung der von den Parteien intendierten Forumswahl zur Folge. Dies wäre zum Schutz der Parteien nicht erforderlich. Diese hätten sich ja schon bei Vertragsschluss durch eine Schriftformklausel vor einer formlosen Verlängerung schützen können. Darüber hinaus ist auch der allgemeine Erfahrungssatz zu beachten, dass Parteien bei Vertragsverlängerung nicht nur den Vertrag selbst, sondern auch die Nebenvereinbarungen zum Hauptvertrag fortsetzen wollen.

f) Sonderfall: Vereins- und Gesellschaftssatzungen

179 Für den formwirksamen Abschluss von in Vereins- und Gesellschaftssatzungen enthaltenen Gerichtsstandsklauseln (siehe zu den Anforderungen eines Konsens in solchen Konstellationen oben Rn. 131 ff.) gelten nach der Rechtsprechung des EuGH **erleichterte Formanforderungen**. Diese tragen den praktischen Bedürfnissen Rechnung: Zwar erfolgt der Beitritt zu Vereinen und Gesellschaften üblicherweise in schriftlicher Form. Jedoch wird dem Beitretenden dabei die Vereins- oder Gesellschaftssatzung in der Regel nicht ausgehändigt.

180 Der EuGH hat unter teleologischen Gesichtspunkten im Beitritt einen formgerechten Abschluss der Gerichtsstandsvereinbarung gesehen. Voraussetzung ist, dass **die Satzung entweder in einem öffentlichen Register enthalten oder an einem jedem potentiellen Mitglied zugänglichen Ort hinterlegt** ist.[202] Nach den Rechtsordnungen aller Mitgliedstaaten muss die Vereins- oder Gesellschaftssatzung schriftlich abgefasst und öffentlich zugänglich gemacht werden. Die somit bestehende Möglichkeit für jeden Beitrittsinteressenten, sich über den Satzungsinhalt zu informieren, lässt der EuGH für den wirksamen Abschluss einer AGB-Gerichtsstandsklausel ausreichen, ohne eine Aushändigung der Satzung im Einzelfall zu fordern. Erforderlich ist allerdings, dass die die Gerichtsstandsklausel enthaltende Satzung nach dem anwendbaren nationalen Recht wirksam zustande gekommen ist.[203]

181 Die erleichterten Formanforderungen hält der EuGH aus zweierlei Gründen für gerechtfertigt: Zum einen besteht zwischen der juristischen Person und ihren Mitgliedern „*eine Gemeinsamkeit von Interessen im Hinblick auf die Verfolgung eines gemeinsamen Zwecks*".[204] Zum anderen erwartet jedes potentielle Mitglied, dass es mit dem Beitritt ebenso an die Satzung gebunden ist wie an deren etwaige zukünftige Änderungen.[205]

---

[202] EuGH, 10.3.1992 – Rs. C-214/89, *Powell Duffryn Plc ./. Wolfgang Petereit*, Slg. 1992, I-1745 (ECLI:EU:C:1992:115), Rn. 28.
[203] LG München, 13.4.2006 – 5HK O 4326/05, MittBayNot 2007, S. 142, Rn. 84 (nach juris) für die Aktiengesellschaft.
[204] EuGH, 10.3.1992 – Rs. C-214/89, *Powell Duffryn Plc ./. Wolfgang Petereit*, Slg. 1992, I-1745 (ECLI:EU:C:1992:115), Rn. 16.
[205] EuGH, 10.3.1992 – Rs. C-214/89, *Powell Duffryn Plc ./. Wolfgang Petereit*, Slg. 1992, I-1745 (ECLI:EU:C:1992:115), Rn. 27.

Der nach den oben dargestellten Maßstäben formgerechte Beitritt bewirkt, **182** dass der Beitretende nicht nur an einer zum Beitrittszeitpunkt in der Satzung enthaltene **Gerichtsstandsklausel** gebunden ist, sondern auch an eine, die **durch zukünftige Satzungsänderungen eingeführt** oder **geändert** wird.

Für in Deutschland ansässige Vereine und Gesellschaften genügt daher die **183** Anmeldung der Satzung einer Gesellschaft zum Handelsregister ebenso wie die Anmeldung einer Vereinssatzung zum Vereinsregister zur Erfüllung des Formerfordernisses.

3. Mündliche Vereinbarung mit schriftlicher Bestätigung: Abs. 1 Satz 3 lit. a Alt. 2

Eine Gerichtsstandsvereinbarung kann alternativ gem. Abs. 1 Satz 3 lit. a **184** Alt. 2 mündlich mit schriftlicher Bestätigung abgeschlossen werden (sog. „halbe Schriftlichkeit"). Dieser Formtatbestand setzt sich aus zwei Elementen zusammen: die mündliche Vereinbarung und die nachträgliche schriftliche Bestätigung derselben durch eine der Parteien. Diese Formalternative soll insbesondere den **Bedürfnissen des internationalen Handelsverkehrs** Rechnung tragen, wo häufig mündliche Vereinbarungen durch einseitige schriftliche Bestätigungen fixiert werden.

a) Mündliche Gerichtsstandsvereinbarung

„Halbe Schriftlichkeit" erfordert in erster Linie, dass sich die Parteien in **185** erkennbarer Weise ausdrücklich über die Zuständigkeitsregelung geeinigt haben.[206] Auch eine stillschweigende Vereinbarung über den Gerichtsstand ist ausreichend. Dies erfordert allerdings die Feststellung, dass eine Einigung gerade über die Zuständigkeitsfrage getroffen wurde.[207]

Die **Darlegungs- und Beweislast** für das Vorliegen einer mündlichen **186** Einigung über den Gerichtsstand trifft denjenigen, der sich auf die Zuständigkeitsabrede beruft. Die **mündliche Einigung über den Hauptvertrag** hat dabei **keine Indizwirkung** für eine behauptete Einigung auch über die Gerichtsstandsklausel. Dies ergibt sich aus der in Abs. 5 fixierten rechtlichen Unabhängigkeit von Gerichtsstandsklausel und Hauptvertrag. Allerdings dürfte eine Einigung über einen umfassenden Vertrag ausreichen, selbst wenn nicht nachweisbar ist, dass sich die Parteien speziell über die Gerichtsstandsklausel unterhalten haben.[208] Demzufolge liegt eine Einigung über den Gerichtsstand etwa vor, wenn die eine Seite mündlich einen Auftrag verbindlich erteilt und hierbei umfassend auf ein vorangegangenes schriftliches Angebot der Gegen-

---

[206] EuGH, 11.7.1985 – Rs. 221/84, *Berghoeffer GmbH & Co. KG ./. ASA SA*, Slg. 1985, 2699 (ECLI:EU:C:1985:337).
[207] BGH, 9.3.1994 – VIII ZR 185/92, NJW 1994, S. 2699, Rn. 19 (nach juris); OLG Hamburg, 8.3.1996 – 14 U 86/95, IPRax 1997, S. 419, Rn. 16 (nach juris); OLG Stuttgart, 5.11.2007 – 5 U 99/07, IPRax 2009, S. 64, Rn. 22 (nach juris); OLG Karlsruhe, 15.1.2009 – 4 U 72/07, IPRspr. 2009, Nr. 169, S. 438, Rn. 28 (nach juris); LG Landshut, 12.6.2008 – 43 O 1748/07, IHR 2008, S. 184 Rn. 36 (nach juris).
[208] Rauscher/*Mankowski*, EuZPR, 4. Aufl. 2016, Art. 25 EuGVVO Rn. 98.

seite Bezug nimmt, in dem die Gerichtsstandsklausel enthalten war.[209] Ging es hingegen in den Verhandlungen zwischen den Parteien lediglich um andere Aspekte als die internationale Zuständigkeit, fehlt es an einer mündlichen Einigung über den Gerichtsstand.[210]

b) Schriftliche Bestätigung

187 Die schriftliche Bestätigung muss inhaltlich vollumfänglich mit der vorher erzielten mündlichen Vereinbarung übereinstimmen.[211] Sie muss zeitlich nah an der mündlichen Einigung erfolgen.[212] Die **Darlegungs- und Beweislast** trägt dabei derjenige, der sich auf die Gerichtsstandsvereinbarung beruft. Der Nachweis der schriftlichen Bestätigung kann auch durch Zeugen bzw. Parteivernehmung geführt werden, wenn die Urkunde etwa verlorengegangen oder unauffindbar ist.[213]

188 Die schriftliche Bestätigung muss die Gerichtsstandsklausel nicht ausdrücklich nennen.[214] Ausreichend ist etwa die Verweisung auf ein Angebot, das diese enthält („*wir bestätigen den Auftrag wie durch Schreiben vom ... angeboten*").

189 Der Begriff der Schriftlichkeit in Abs. 1 Satz 2 lit. a Alt. 2 entspricht dem von Alt. 1. Demzufolge genügt die elektronische Form gem. Abs. 2. Eine Bestätigung per Telefax oder Telex ist ausreichend.

190 Fehlt es an einer mündlichen Einigung über die Gerichtsstandsklausel, so stellt eine „schriftliche Bestätigung" lediglich ein Angebot auf nachträglichen Abschluss einer Gerichtsstandsvereinbarung dar, das seinerseits der schriftlichen Annahme bedarf.[215] Durch schlüssiges Verhalten, durch Entgegennahme der Ware oder gar durch Schweigen kommt eine Gerichtsstandsvereinbarung auch nach Abs. 1 Satz 2 lit. a Alt. 2 nicht zustande. Insbesondere kann **nicht nach den Grundsätzen des Schweigens auf ein kaufmännisches Bestätigungsschreiben** eine formgültige Gerichtsstandsvereinbarung abgeschlossen werden. Denn Abs. 1 Satz 2 lit. a Alt. 2 setzt den Nachweis einer mündlichen Willenseinigung voraus, der durch das bloße Schweigen auf ein kaufmännisches Bestätigungsschreiben nicht erbracht werden kann.[216]

191 Die schriftliche Bestätigung kann, wie vom EuGH entschieden, **durch jede Partei der mündlichen Einigung** erfolgen.[217] Dies ergibt sich aus dem Wortlaut der Vorschrift und entspricht auch dem Zweck der Formerfordernisse, zu

---

[209] OLG Saarbrücken, 17.1.2007 – 5 U 426/06, 5 U 426/06-54, 5 U 426/06 – 54, TranspR 2007, S. 488. In diesem Fall lag die schriftliche Bestätigung i.S.v. Abs. 1 Satz 3 lit. a Alt. 2 in der anschließenden Auftragsbestätigung über den mündlichen Auftrag.
[210] OLG Stuttgart, 18.4.2011 – 5 U 199/10, IHR 2011, S. 236, Rn. 23 f. (nach juris).
[211] OLG Köln, 16.3.1988 – 24 U 182/87, NJW 1988, S. 2182.
[212] OLG Düsseldorf, 2.10.1997 – 12 U 180/96, NJW-RR 1998, S. 1145.
[213] Zöller/Geimer, ZPO, 31. Aufl. 2016, Art. 25 EuGVVO Rn. 20.
[214] BGH, 14.11.1991 – IX ZR 250/90, EuZW 1992, S. 123.
[215] EuGH, 14.12.1976 – Rs. C-25/76, *Galeries Segoura SPRL ./. Bonakdarian*, Slg. 1976, 1851 (ECLI:EU:C:1976:178), Rn. 8.
[216] OLG Köln, 16.3.1988 – 24 U 182/87, NJW 1988, S. 2182; BGH, 9.3.1994 – VIII ZR 185/92, NJW 1994, S. 2699 (2700).
[217] EuGH, 11.7.1985 – Rs. 221/84, *Berghoeffer GmbH & Co. KG ./. ASA SA*, Slg. 1985, 2699 (ECLI:EU:C:1985:337); EuGH, 11.11.1986 – Rs. 313/85, *Iveco Fiat Spa ./. Van Hool S.A.*, Slg. 1986, 3337 (ECLI:EU:C:1986:423).

verhindern, dass Gerichtsstandsklauseln unbemerkt Vertragsbestandteil werden. Bei einer **Zuständigkeitsvereinbarung zugunsten Dritter** genügt demzufolge auch die schriftliche Bestätigung durch eine Vertragspartei, die an dem späteren Gerichtsverfahren zwischen dem Dritten und der anderen Vertragspartei nicht beteiligt ist.[218]

Umstritten ist, welche **rechtliche Wirkung** es hat, **wenn** der **Empfänger** 192 **der schriftlichen Bestätigung nach deren Zugang widerspricht**. Die Entscheidung des EuGH in der Rechtssache *Berghoeffer GmbH & Co. KG ./. ASA SA* lässt sich dahingehend verstehen, dass eine Einwendung des Empfängers der schriftlichen Bestätigung die formgerechte Einigung zu Fall bringt.[219] Dies ist jedoch im Ergebnis abzulehnen. Richtigerweise kann ein späterer Widerspruch des Empfängers allenfalls Indizwirkung für die Frage haben, ob sich die Parteien tatsächlich zuvor mündlich geeinigt haben.[220] Hierfür spricht bereits der Wortlaut des Formtatbestands, wonach bereits mit dem Zugang der schriftlichen Bestätigung die Gerichtsstandsvereinbarung zustande kommt. Die Vorschrift setzt das Fehlen nachträglicher Widersprüche nicht voraus. Die Beachtlichkeit solcher Widersprüche hätte außerdem zur Folge, dass sich ein unredlich Handelnder allein durch den Widerspruch einer zuvor getroffenen mündlichen Einigung entziehen könnte.

Die Interessen des Widersprechenden werden im Prozess dadurch ausreichend 193 geschützt, dass über den mündlichen Abschluss der Gerichtsstandsvereinbarung Beweis erhoben wird und ein *non liquet* insoweit stets zu Lasten der bestätigenden Partei geht.

c) Besonderheiten bei AGB-Gerichtsstandsvereinbarungen

Eine AGB-Gerichtsstandsklausel kann auch mündlich mit schriftlicher Bestä- 194 tigung abgeschlossen werden. Die unter Rn. 153 dargestellten Voraussetzungen für den Abschluss von AGB-Gerichtsstandsklauseln (1. schriftlicher Hinweis, 2. ausreichende Möglichkeit zur Kenntnisnahme und 3. schriftliche Zustimmung der Gegenseite) gelten mit der Abweichung, dass ein mündlicher Hinweis auf die AGB und eine mündliche Zustimmung zu deren Geltung genügen, wenn die Willensübereinstimmung hinsichtlich der Geltung der AGB nachträglich durch eine der Parteien schriftlich bestätigt wird. Voraussetzung ist auch hier, dass eine mündliche Einigung über die AGB zustande gekommen ist.[221]

Ein **ausreichender mündlicher Hinweis** liegt vor, wenn der AGB-Verwen- 195 der im Einigungsgespräch eindeutig darauf hinweist, dass er den Hauptvertrag nur zu seinen (eine Gerichtsstandsklausel beinhaltenden) AGB abschließen

---
[218] Zöller/Geimer, ZPO, 31. Aufl. 2016, Art. 25 EuGVVO Rn. 18; Geimer, NJW 1985, S. 533.
[219] EuGH, 11.7.1985 – Rs. 221/84, *Berghoeffer GmbH & Co. KG ./. ASA SA*, Slg. 1985, 2699 (ECLI:EU:C:1985:337), Rn. 16, wonach es darauf ankommt, „dass [...] die schriftliche Bestätigung dieser Vereinbarung der anderen Partei zugegangen ist, und dass diese keine Einwendungen erhoben hat". So auch EuGH, 11.11.1986 – Rs. 313/85, *Iveco Fiat Spa ./. Van Hool S.A.*, Slg. 1986, 3337 (ECLI:EU:C:1986:423), Rn. 9.
[220] So auch *Schlosser/Hess*, EuZPR, 4. Aufl. 2015, Art. 25 EuGVVO Rn. 2; Rauscher/*Mankowski*, EuZPR, 4. Aufl. 2016, Art. 25 EuGVVO Rn. 102.
[221] OLG Saarland, 18.10.2011 – 4 U 548/10 – 170, 4 U 548/10, IPRspr 2011, Nr. 214, S. 552, Rn. 32 (nach juris).

will.²²² Geringere Anforderungen an den Hinweis gelten allerdings, wenn aus der vorvertraglichen Korrespondenz, insbesondere aus dem Angebot des Verwenders, eindeutig hervorgeht, dass dieser nur zu seinen AGB kontrahieren will, und der Geschäftsgegner dem in der Vorkorrespondenz nicht widersprochen hat. Dann genügt im Einigungsgespräch der **schlichte Hinweis des Verwenders auf die Bedingungen seines Angebotes.** Steht bei laufenden Geschäftsbeziehungen fest, dass diese in ihrer Gesamtheit den AGB des Verwenders unterliegen, so bedarf es bei der mündlichen Einigung **gar keines Hinweises auf die AGB.**²²³ Von diesen Sonderfällen abgesehen genügt es nicht, dass die AGB unkommentiert übersandt, ständig rückseitig auf den Geschäftsbriefen des Verwenders²²⁴ oder auf dessen Rechnungen und Auftragsbestätigungen²²⁵ abgedruckt werden.

196 Die erforderliche **mündliche Einigung** auf die AGB-Gerichtsstandsklausel liegt vor, wenn der Gegner im mündlichen Gespräch stillschweigend oder ausdrücklich erklärt, mit der Geltung der AGB einverstanden zu sein.²²⁶ Eine stillschweigende Annahme der AGB kann vorliegen, wenn der Gegner mündlich erklärt, das Vertragsangebot, das zuvor unter Hinweis auf die AGB-Gerichtsstandsklausel unterbreitet worden war, abschließen zu wollen, ohne hiervon die AGB-Gerichtsstandsklausel auszunehmen. Wird der Vertrag jedoch ohne jede Bezugnahme auf AGB geschlossen, liegt keine ausreichende mündliche Einigung über die Gerichtsstandsklausel vor.²²⁷ Auch die nachfolgende Übermittlung der eine solche Klausel enthaltenden AGB durch eine Seite führt nicht zu einer Änderung des von den Parteien mündlich vereinbarten Vertragsinhalts, es sei denn, diese Bedingungen werden nachher auch ausdrücklich von der anderen Seite angenommen.²²⁸ Ebenso wenig kann die mündliche Einigung über die Geltung der AGB dadurch ersetzt werden, dass wiederholt Auftragsbestätigungen, die eine AGB-Gerichtsstandsklausel enthalten, übersandt worden sind und der Empfänger diesen nicht widersprochen hat.²²⁹ Genauso wenig genügt es, wenn die AGB-Gerichtsstandsklausel erst mit der Rechnung mitgeteilt und diese bezahlt wurde.²³⁰

197 Für den wirksamen Einbezug einer AGB-Gerichtsstandsklausel ist außerdem im Grundsatz erforderlich, dass bei Vertragsschluss die **AGB der Gegenseite**

---

²²² BGH, 22.2.2001 – IX ZR 19/00, NJW 2001, S. 1731, Rn. 14 (nach juris): Nicht ausreichend ist es, wenn der Verwender lediglich die AGB erläutert.
²²³ EuGH, 14.12.1976 – Rs. 25/76, *Galeries Segoura SPRL ./. Bonakdarian*, Slg. 1976, 1851 (ECLI:EU:C:1976:178), Rn. 11; BGH, 9.3.1994 – VIII ZR 185/92, NJW 1994, S. 2699, Rn. 19 (nach juris).
²²⁴ OLG Hamburg, 19.9.1984 – 5 U 56/84, RIW 1984, S. 916. Rn. 36 (nach juris); LG Baden-Baden, 29.7.2009 – 2 O 135/09, Rn. 35 (nach juris): Es reicht nicht aus, wenn in den gewechselten Schreiben auf die im Internet abrufbaren AGB verwiesen wird.
²²⁵ OLG Düsseldorf, 23.3.2011 – I-15 U 18/10, 15 U 18/10, IHR 2012, S. 237, Rn. 37 (nach juris).
²²⁶ BGH, 9.3.1994 – VIII ZR 185/92, NJW 1994, S. 2699, Rn. 19 (nach juris).
²²⁷ LG Aachen, 22.6.2010 – 41 O 94/09, IHR 2011, S. 82, Rn. 36 (nach juris).
²²⁸ LG Aachen, 22.6.2010 – 41 O 94/09, IHR 2011, S. 82, Rn. 36 (nach juris).
²²⁹ OLG Stuttgart, 18.4.2011 – 5 U 199/10, IHR 2011, S. 236, Rn. 24 (nach juris); LG Würzburg, 2.8.2012 – 62 O 1317/10, BinSchiff 2013, Nr. 7, S. 59, Rn. 38 ff. (nach juris).
²³⁰ OLG Frankfurt a.M., 5.6.2014 – 1 U 48/12, juris, Rn. 19; OLG Koblenz, 20.2.2014 – 3 U 1183/13, BauR 2014, S. 1225, Rn. 28 (nach juris).

vorgelegt werden. Im kaufmännischen Geschäftsverkehr reicht es im Rahmen laufender Geschäftsbeziehungen aus, wenn die AGB der anderen Partei aus vorangegangenen Geschäften bekannt sind, sofern feststeht, dass diese Bedingungen in sämtlichen Geschäften zwischen den Parteien zur Anwendung kommen sollen.[231] In zeitlicher Hinsicht muss die Möglichkeit zur Kenntnisnahme des Inhalts der AGB-Gerichtsstandsklausel spätestens im Zeitpunkt der mündlichen Einigung bestehen; die erstmalige Übersendung der AGB mit der schriftlichen Bestätigung genügt demzufolge nicht.[232]

Schließlich ist auch erforderlich, dass eine der Parteien den Vertragsabschluss 198
unter Einbeziehung der AGB-Gerichtsstandsklausel **schriftlich bestätigt.** Ausreichend ist es hierbei, wenn sich die Bestätigung allgemein auf die AGB bezieht, ohne speziell die darin enthaltene Gerichtsstandsbestimmung zu bezeichnen.[233]

3. Gepflogenheiten der Parteien: Abs. 1 Satz 3 lit. b

Gem. Abs. 1 Satz 3 lit. b ist eine Gerichtsstandsvereinbarung formgültig abge- 199
schlossen, wenn ihre Form den Gepflogenheiten entspricht, die zwischen den Parteien entstanden sind. Mit der Einführung dieser Formerleichterung in die Vorgängernorm des EuGVÜ im Jahr 1989 wurde die Rechtsprechung des EuGH umgesetzt, wonach **im Rahmen einer laufenden Geschäftsverbindung geringere Anforderungen** an das formgerechte Zustandekommen einer Gerichtsstandsvereinbarung gestellt werden.[234]

a) Gepflogenheiten zwischen den Parteien hinsichtlich der Form

Gepflogenheiten i.S.v. Abs. 1 Satz 3 lit. b sind **Verhaltensweisen bezüglich** 200
der Form des Vertragsschlusses, die zwischen den Parteien über einen
längeren Zeitraum hinweg beachtet werden. Im Gegensatz zu den internationalen Handelsbräuchen i.S.v. Abs. 1 Satz 3 lit. c, die allgemein gelten, beschreiben Gepflogenheiten allein Gewohnheiten, die sich **konkret-individuell** zwischen den Parteien etabliert haben.[235] Der Begriff der Gepflogenheiten ist Art. 9 Abs. 1 UN-Kaufrecht entnommen, so dass die hierzu ergangenen Gerichtsentscheidungen auch für die euroautonome Auslegung von Abs. 1 Satz 3 lit. b herangezogen werden können.[236]

Gepflogenheiten setzen denklogisch eine **laufende Geschäftsbeziehung** 201
zwischen den Parteien voraus. Geschäftliche Beziehungen zu Dritten sind hingegen irrelevant. Das gilt auch dann, wenn der Dritte in einer Unternehmensgruppe mit einer der Vertragsparteien verbunden ist (Bsp.: Gepflogenheit im

---

[231] EuGH, 14.12.1976 – Rs. 25/76, *Galeries Segoura SPRL ./. Bonakdarian*, Slg. 1976, 1851 (ECLI:EU:C:1976:178), Rn. 11.
[232] EuGH, 14.12.1976 – Rs. 25/76, *Galeries Segoura SPRL ./. Bonakdarian*, Slg. 1976, 1851 (ECLI:EU:C:1976:178), Rn. 8.
[233] BGH, 14.11.1991 – IX ZR 250/90, WM 1992, S. 87, Rn. 21 (nach juris).
[234] EuGH, 14.12.1976 – Rs. 25/76, *Galeries Segoura SPRL ./. Bonakdarian*, Slg. 1976, 1851 (ECLI:EU:C:1976:178).
[235] Rauscher/*Mankowski*, EuZPR, 4. Aufl. 2016, Art. 71 EuGVVO Rn. 104.
[236] *Kropholler/von Hein*, EuZPR, 9. Aufl. 2011, Art. 23 EuGVVO a.F. Rn. 50.

Verhältnis zum Mutterkonzern gilt nicht im Verhältnis zum rechtlich selbständigen Tochterunternehmen).[237]

202 Eine Gepflogenheit kann **frühestens entstehen, wenn zwei Geschäfte unter demselben Formstandard abgeschlossen** worden sind.[238] Demzufolge kann erst im Rahmen des dritten Rechtsgeschäfts die Gerichtsstandsvereinbarung in der bislang zwischen den Parteien beachteten Form zustande kommen. Nicht erforderlich ist, dass sich die bisherigen Geschäfte zwischen den Parteien auf vergleichbare Leistungen bezogen haben. Maßgeblich sind allein die intersubjektiven Gemeinsamkeiten beim Vertragsschluss, nicht hingegen bei der Vertragserfüllung.[239] Die Gepflogenheit muss **bereits im Zeitpunkt des konkret zu beurteilenden Abschlusses der Gerichtsstandsvereinbarung** etabliert sein.[240] Demzufolge ist es nicht ausreichend, wenn zwar vor Klageerhebung aber erst nach Abschluss der Gerichtsstandsvereinbarung die Mindestzahl von drei Geschäften unter derselben Formübung erreicht wird.

203 Eine Gepflogenheit liegt dabei nur vor, wenn sie **zwischen den Parteien tatsächlich gelebt** wird.[241] Wird eine einmal beachtete Verhaltensweise beim nächsten Geschäft missachtet, kann sie noch nicht Gepflogenheit geworden sein. Auch eine wiederholt beachtete Verhaltensweise kann ihren Status als Gepflogenheit wieder verlieren, wenn sie zwischen den Parteien nicht mehr gelebt wird. Insoweit kommt es auf den Einzelfall an: Je langfristiger und intensiver die Parteien eine Verhaltensweise beachtet haben, desto höher sind die Anforderungen an eine Beendigung der Gepflogenheit durch Missachtung.

204 Eine Gepflogenheit zur Form ersetzt jedoch nicht die Einigung zwischen den Parteien, die weiterhin festgestellt werden muss.[242] Eine Gepflogenheit kann die Verwendung bestimmter Kommunikationsmittel betreffen, sowie den Abschluss auf der Grundlage bestimmter Unterlagen, die ihrerseits auf andere Unterlagen verweisen, die die Gerichtsstandsklausel beinhalten.[243]

205 Nach dem Wortlaut findet der Formtatbestand des Abs. 1 Satz 3 lit. b sowohl im kaufmännischen (**B2B**) als auch im nicht-kaufmännischen (**B2C**) Rechtsverkehr Anwendung. Theoretisch gilt die Formvorschrift zwar auch zwischen Pri-

---

[237] OLG Brandenburg, 26.6.2012, 6 U 3/11, IPRspr 2012, Nr. 191, S. 431, Rn. 39 (nach juris).
[238] OLG Dresden, 7.5.2009 – 10 U 1816/08, NJW-RR 2009, S. 1295, Rn. 32 (nach juris) obiter; *Schlosser*/Hess, EuZPR, 4. Aufl. 2015, Art. 25 EuGVVO Rn. 23. Wohl strenger OLG Karlsruhe, 15.1.2009 – 4 U 72/07, IPRspr. 2009, Nr. 169, S. 438, Rn. 30 (nach juris), wonach zwei Geschäfte nicht ausreichend sind für die Entstehung einer Gepflogenheit. A. A. Rauscher/*Mankowski*, EuZPR, 4. Aufl. 2016, Art. 71 EuGVVO Rn. 106, wonach schon beim zweiten Vertrag zwischen den Parteien eine Gepflogenheit gelten könne.
[239] Rauscher/*Mankowski*, EuZPR, 4. Aufl. 2016, Art. 25 EuGVVO Rn. 111.
[240] OLG Karlsruhe, 28.5.2002 – 8 U 158/01, IPRspr. 2002, Nr. 131b, S. 333; OLG Stuttgart, 31.7.2012 – 5 U 150/11, NJW 2013, S. 83.
[241] OLG Karlsruhe, 15.1.2009 – 4 U 72/07, IPRspr. 2009, Nr. 169, S. 438, Rn. 31 (nach juris).
[242] BGH, 25.2.2004 – VIII ZR 119/03, NJW-RR 2004, S. 1292 (1293) m.Anm. *Hau*, IPRax 2005, S. 301; BGH, 6.7.2004 – X ZR 171/02, NJW-RR 2005, S. 150, Rn. 18 (nach juris); OLG Köln, 7.3.2013 – 19 U 5/13, IPRspr. 2013, Nr. 181, S. 392, Rn. 7 (nach juris); LG Landshut, 12.6.2008 – 43 O 1748/07, IHR 2008, S. 184, Rn. 38 (nach juris).
[243] Rauscher/*Mankowski*, EuZPR, 4. Aufl. 2016, Art. 25 EuGVVO Rn. 105.

vatleuten (C2C), dürfte hier jedoch nur geringe praktische Bedeutung haben, da zwischen denselben Privatleuten selten wiederholt Geschäfte abgeschlossen werden.

b) Besonderheiten bei AGB-Gerichtsstandsklauseln

Zwischen den Parteien kann auch dahingehend eine Gepflogenheit bestehen, dass ihre Verträge bestimmten AGB unterliegen, die eine Gerichtsstandsklausel enthalten.[244] Hier bezieht sich die Gepflogenheit darauf, dass die AGB in die zukünftigen zwischen den Parteien abgeschlossenen Verträge einbezogen werden sollen („abstrakte Einbeziehung der AGB").[245] Eine dahingehende Gepflogenheit hat **zwei Voraussetzungen**:[246] Zum einen muss **die Geltung der AGB** in der Anfangsphase mindestens **einmal ausdrücklich vereinbart** worden sein – gleich in welcher Form. Zum anderen müssen sich **die Parteien in der Praxis nach den AGB gerichtet** haben. Erforderlich für das Bestehen einer Vertragspraxis ist, dass sich die Parteien grundsätzlich über die Einbeziehung der in Rede stehenden Gerichtsstandsklausel einig waren und diese Einigkeit über einen längeren Zeitraum hinweg ungeachtet der im Einzelfall zum Tragen gekommenen Form des Vertragsschlusses ihren Ausdruck gefunden hat.[247] 206

Diese Voraussetzungen sind etwa dann erfüllt, wenn die Parteien einen Vertrag ursprünglich bestimmten AGB unterstellt haben, und sich hiernach eine laufende Geschäftsbeziehung entwickelt hat, in deren Rahmen Verträge wiederholt nach den AGB abgewickelt wurden. Hier steht fest, dass die Geschäftsbeziehung in ihrer Gesamtheit den ursprünglich vereinbarten AGB samt der darin enthaltenen Gerichtsstandsklausel unterliegen soll.[248] Folglich finden die AGB samt der darin enthaltenen Gerichtsstandsklausel auch auf einen später abgeschlossenen Vertrag Anwendung, selbst wenn bei Vertragsschluss nicht auf sie hingewiesen wurde und/oder sie der Gegenseite nicht vorlagen. Eine abstrakte Einbeziehung von AGB scheidet hingegen aus, wenn sie lediglich laufend auf Auftragsbestätigungen oder Rechnungen abgedruckt werden, ohne dass jemals eine ausdrückliche Geltungsvereinbarung zustande gekommen ist.[249] 207

Eine einmal zustande gekommene AGB-Einbeziehungsvereinbarung gilt hinsichtlich der darin enthaltenen Gerichtsstandsklausel auch bei Änderungen einzelner AGB fort, solange die Gerichtsstandsklausel unverändert bleibt. Verweist jedoch der Verwender im Laufe einer fortdauernden Geschäftsverbindung auf einen vollständig neuen Satz von AGB, kann er sich hinsichtlich der alten AGB 208

---

[244] BGH, 25.2.2004 – VIII ZR 119/03, NJW-RR 2004, S. 1292 (1293); OLG Hamm, 6.12.2005 – 19 U 120/05, IHR 2006, S. 84, Rn. 26 ff. (nach juris); OLG Karlsruhe, 15.1.2009 – 4 U 72/07, IPRspr. 2009, Nr. 169, S. 438, Rn. 31 ff. (nach juris); LG Aachen, 22.6.2010 – 41 O 94/09, IHR 2011, S. 82, Rn. 40 ff. (nach juris).
[245] OLG Hamm, 6.12.2005 – 19 U 120/05, IHR 2006, S. 84, Rn. 27 (nach juris); LG Aachen, 22.6.2010 – 41 O 94/09, IHR 2011, S. 82, Rn. 40 (nach juris).
[246] OLG Hamm, 6.12.2005 – 19 U 120/05, IHR 2006, S. 84, Rn. 27 (nach juris).
[247] BGH, 25.4.2015 – VIII ZR 125/14, NJW 2015, S. 2584, Rn. 58 (nach juris).
[248] BGH, 25.2.2004 – VIII ZR 119/03, NJW-RR 2004, S. 1292 (1293).
[249] BGH, 6.7.2004 – X ZR 171/02, NJW-RR 2005, S. 150, Rn. 18 (nach juris); OLG Hamburg, 19.9.1984 – 5 U 56/84, RIW 1984, S. 916; OLG Hamm, 6.12.2005 – 19 U 120/05, IHR 2006, S. 84, Rn. 27 (nach juris); OLG Frankfurt a.M., 5.6.2014 – 1 U 48/12, juris, Rn. 23; LG Landshut, 12.6.2008 – 43 O 1748/07, IHR 2008, S. 184, Rn. 38 (nach juris).

nicht mehr auf eine bestehende Gepflogenheit berufen. Eine in den neuen AGB enthaltene Gerichtsstandsklausel gilt dann erst, wenn insoweit eine ausdrückliche Geltungsvereinbarung getroffen wird und sich eine entsprechende Vertragspraxis entwickelt hat.[250]

5. Handelsbrauch im internationalen Handel: Abs. 1 Satz 3 lit. c

209 Abs. 1 Satz 3 lit. c trägt den **Bedürfnissen des grenzüberschreitenden Handelsverkehrs** nach einem schnellen und von Formalitäten befreiten Abschluss von Verträgen Rechnung und ermöglicht das Zustandekommen von Gerichtsstandsvereinbarungen unter Einhaltung international gebräuchlicher Formen.[251] Der Formtatbestand wurde in die Neufassung des EuGVÜ 1978 eingefügt. Die Berücksichtigung internationaler Handelsbräuche ist an Art. 9 Abs. 2 UN-Kaufrecht angelehnt, so dass für die Auslegung der euroautonomen Begrifflichkeit in Abs. 1 Satz 3 lit. c die Rspr. zum UN-Kaufrecht herangezogen werden kann.

210 Die Formerleichterung bedeutet **keinen Verzicht auf das Erfordernis der Willenseinigung** zwischen den Parteien. Nach wie vor muss ein Konsens über die Gerichtsstandswahl vorliegen. Er wird jedoch vermutet, wenn der Formtatbestand erfüllt ist.[252] In der praktischen Rechtsanwendung bedeutet dies, dass die Formerfordernisse von Abs. 1 Satz 3 lit. c das Erfordernis einer Willenseinigung ersetzen. Der Handelsbrauch gilt in der Rechtspraxis gleichermaßen als Garant für die Einhaltung von Form und Konsens. Die Bedürfnisse des internationalen Handelsverkehrs könnten nicht ausreichend berücksichtigt werden, würde sich die Erleichterung durch Abs. 1 Satz 3 lit. c nur auf die Form und nicht auch auf die Einigung beziehen.[253]

211 Die Partei, die sich auf eine Gerichtsstandsvereinbarung nach Abs. 1 Satz 3 lit. c beruft, hat darzulegen und zu beweisen, dass ein internationaler Handelsbrauch, den die Parteien kannten oder kennen mussten, existiert und dass dessen Voraussetzungen im konkreten Fall erfüllt sind. Gelingt ihr das, ist der Gegenseite der Einwand, eine Willenseinigung sei nicht zustande gekommen, im Grundsatz versperrt.

a) Internationaler Handel

212 Die Formerleichterung von Abs. 1 Satz 3 lit. c gilt **nur für den grenzüberschreitenden Handelsverkehr**, also zwischen Parteien, die in unterschiedlichen Staaten ansässig sind.[254]

---

[250] Rauscher/*Mankowski*, EuZPR, 4. Aufl. 2016, Art. 25 EuGVVO Rn. 110.
[251] *Schlosser*-Bericht, 1979, Rn. 179.
[252] EuGH, 20.2.1997 – Rs. C-106/95, *MSG Mainschiffahrts-Genossenschaft eG ./. Les Gravières Rhénanes SARL*, Slg. 1997, I-911 (ECLI:EU:C:1997:70), Rn. 15, 19; EuGH, 16.3.1999 – Rs. C-159/97, *Trasporti Castelletti Spedizioni Internazionali SpA ./. Trumpy SpA*, Slg. 1999, I-1597 (ECLI:EU:C:1999:142).
[253] Vgl. auch Generalanwalt *Lenz*, Schlussanträge v. 8.3.1994 (C-288/92 – *Custom Made Commercial*), Slg. 1994, I-2913 (ECLI:EU:C:1994:86), Rn. 96.
[254] Kropholler/*von Hein*, EuZPR, 9. Aufl. 2011, Art. 23 EuGVVO a.F. Rn. 54.

Das **Tatbestandsmerkmal „Handel"** ist jedenfalls bei Geschäften zwischen 213
Vollkaufleuten über Gegenstände erfüllt, die zu deren Handelsgewerbe gehören.
Wegen des Wortlautes, der lediglich auf das Vorliegen eines Handels und nicht
auf das Tätigwerden von Kaufleuten abstellt, sind auch Angehörige freier Berufe
und sonstige Personen, die sich wie Kaufleute am internationalen Geschäftsleben
beteiligen, erfasst. **Entscheidend** ist somit nicht die formelle Kaufmannseigen-
schaft nach einem materiellen Recht, sondern **ob die Vertragsparteien im
konkreten Fall wie Kaufleute aufgetreten sind**.[255]

b) Handelsbrauch

Nach der Definition des EuGH liegt ein Handelsbrauch vor, wenn die in 214
einem Geschäftszweig tätigen Kaufleute beim Abschluss einer bestimmten Art
von Verträgen *„allgemein und regelmäßig"* ein bestimmtes Verhalten befolgen.[256]
Maßgeblich sind somit **die Verhaltensweisen in dem Geschäftszweig** des
internationalen Handelsverkehrs, **dem der Vertrag zuzurechnen ist**.[257] Die
erforderliche Branchenüblichkeit setzt nicht zwingend voraus, dass alle Personen
des betreffenden Geschäftszweigs den Handelsbrauch kennen und beachten. Es
ist vielmehr ausreichend, wenn er von einer breiten Branchenmehrheit befolgt
wird.[258]

Handelsbrauch im Sinne von Abs. 1 Satz 3 lit. c kann ein solcher sein, der 215
weltweit gilt. Hierfür ist weder erforderlich, dass er in allen Mitgliedstaaten
besteht, noch dass er am Sitz des Schuldners gilt. Maßgeblich ist vielmehr, dass
er von Kaufleuten aus denjenigen Ländern befolgt wird, die in dem Geschäftszweig eine führende Rolle spielen.[259] Die Geltung eines Handelsbrauchs kann
jedoch auch **regional begrenzt** sein. In diesem Fall ist er nur für diejenigen
Parteien bindend, die in dessen Verbreitungsgebiet ansässig sind.[260]

Der Handelsbrauch **muss objektiv bestehen**. Allein der Umstand, dass eine 216
Partei im Rahmen einer Geschäftsbeziehung ständig ein bestimmtes Verhalten in
der Annahme ausübt, es verkörpere einen bestimmten Handelsbrauch, ist nicht
ausreichend.[261] Wenn der Verwender „des Handelsbrauchs" seiner Gegenpartei
den Erklärungswert des von ihm praktizierten Verhaltens offenlegt, die andere
Partei nicht widerspricht und die Parteien auch in Zukunft an diesem Verhalten

---
[255] So auch Rauscher/*Mankowski*, EuZPR, 4. Aufl. 2016, Art. 25 EuGVVO Rn. 116; *Kropholler/von Hein*, EuZPR, 9. Aufl. 2011, Art. 23 EuGVVO a.F. Rn. 54.
[256] EuGH, 20.2.1997 – Rs. C-106/95, *MSG Mainschiffahrts-Genossenschaft eG ./. Les Gravières Rhénanes SARL*, Slg. 1997, I-911 (ECLI:EU:C:1997:70), Rn. 23; EuGH, 16.3.1999 – Rs. C-159/97, *Trasporti Castelletti Spedizioni Internazionali SpA ./. Trumpy SpA*, Slg. 1999, I-1597 (ECLI:EU:C:1999:142), Rn. 26. EuGH, 20.4.2016 – Rs. C-366/13, *Profit Investment SIM ./. Ossi u.a.*, ECLI:EU:C:2016:282, Rn. 44.
[257] EuGH, 16.3.1999 – Rs. C-159/97, *Trasporti Castelletti Spedizioni Internazionali SpA ./. Trumpy SpA*, Slg. 1999, I-1597 (ECLI:EU:C:1999:142), Rn. 23; EuGH, 20.4.2016 – Rs. C-366/13, *Profit Investment SIM ./. Ossi u.a.*, ECLI:EU:C:2016:282, Rn. 43.
[258] *Kropholler/von Hein*, EuZPR, 9. Aufl. 2011, Art. 23 EuGVVO a.F. Rn. 60.
[259] EuGH, 16.3.1999 – Rs. C-159/97, *Trasporti Castelletti Spedizioni Internazionali SpA ./. Trumpy SpA*, Slg. 1999, I-1597 (ECLI:EU:C:1999:142), Rn. 27; EuGH, 20.4.2016 – Rs. C-366/13, *Profit Investment SIM ./. Ossi u.a.*, ECLI:EU:C:2016:282, Rn. 45.
[260] *Kropholler/von Hein*, EuZPR, 9. Aufl. 2011, Art. 23 EuGVVO a.F. Rn. 58.
[261] *Schmidt*, RIW 1992, S. 173 (177); Rauscher/*Mankowski*, EuZPR, 4. Aufl. 2016, Art. 25 EuGVVO Rn. 114.

festhalten, liegt zwar kein Handelsbrauch vor, möglicherweise aber eine Gepflogenheit, an der sich die Parteien gem. Abs. 1 Satz 3 lit. b festhalten lassen müssen.

217 Der erforderliche Handelsbrauch muss sich zum einen darauf beziehen, dass allgemein die konkrete Form des Vertragsschlusses gängig ist, und zum anderen, dass **in dieser Form üblicherweise auch Gerichtsstandsvereinbarungen abgeschlossen** werden. Es reicht demzufolge nicht aus, dass die handelsgebräuchlichen Anforderungen für den Abschluss von AGB erfüllt worden sind. Vielmehr muss auch dargetan werden, dass diese handelsgebräuchlichen Usancen auch für den Abschluss von AGB-Gerichtsstandsklauseln gelten.[262]

218 Die **Darlegungs- und Beweislast** für das Vorliegen und den Inhalt eines Handelsbrauchs trägt derjenige, der sich darauf beruft, dass eine Gerichtsstandsklausel in einer handelsbräuchlichen Form zustande gekommen sei.[263] In der Praxis kann die Existenz eines Handelsbrauchs nur durch Sachverständigengutachten oder durch Auskünfte lokaler oder internationaler Handelskammern belegt werden. Soweit Branchenverbände Vordrucke mit Gerichtsstandsklauseln herausgeben, kann dies den Nachweis eines Handelsbrauchs erleichtern. Eine derartige Publizität ist jedoch für das Eingreifen der Formerleichterung nicht zwingend erforderlich.[264]

219 Aufgrund der mit dem Nachweis eines internationalen Handelsbrauchs verbundenen Unsicherheiten birgt die Formalternative von Abs. 1 Satz 3 lit. c **erhebliche Risiken.** Vertragspartner sind daher gut beraten, einen der anderen Formtatbestände von Abs. 1 einzuhalten.

c) Tatsächliche und normative Kenntnis der Parteien

220 Die Formerleichterung von Abs. 1 Satz 3 lit. c greift nur, wenn die Parteien den Handelsbrauch kannten oder kennen mussten. Dies soll gewährleisten, dass die Vertragsparteien vor einer überraschenden Gerichtsstandsklausel geschützt werden.

221 Dieser Schutz ist allerdings dadurch zurückgedrängt, dass der EuGH den im internationalen Handelsverkehr Tätigen eine **hohe Eigenverantwortung** auferlegt. Eine ausreichende Kenntnis soll nämlich schon dann vorliegen, wenn die Vertragsparteien „*früher untereinander oder mit anderen in dem betreffenden Geschäftszweig tätigen Vertragspartnern Geschäftsbeziehungen angeknüpft hatten oder wenn in diesem Geschäftszweig ein bestimmtes Verhalten bei Abschluss einer bestimmten Art von Verträgen allgemein und regelmäßig befolgt wird, so dass es als ständige Übung angesehen werden kann*".[265] Diese Formel bedeutet in der Praxis, dass bei Bestehen eines

[262] OLG Oldenburg, 20.12.2007 – 8 U 138/07, IHR 2008, S. 112, Rn. 75 (nach juris); OLG Düsseldorf, 16.3.2000 – 6 U 90/99, WM 2000, S. 2192, Rn. 40 (nach juris). A. A. wohl Rauscher/*Mankowski*, EuZPR, 4. Aufl. 2016, Art. 25 EuGVVO Rn. 115, wonach sich der Handelsbrauch nicht spezifisch auf Gerichtsstandsklauseln beziehen müsse.
[263] OLG Hamburg, 8.3.1996 – 14 U 86/95, IPRax 1997, S. 419, Rn. 17 (nach juris).
[264] EuGH, 16.2.1999 – Rs. C-159/97, *Trasporti Castelletti Spedizioni Internazionali SpA ./. Trumpy SpA*, Slg. 1999, I-1597 (ECLI:EU:C:1999:142), Rn. 28.
[265] EuGH, 20.2.1997 – Rs. C-106/95, *MSG Mainschiffahrts-Genossenschaft eG ./. Les Gravières Rhénanes SARL*, Slg. 1997, I-911 (ECLI:EU:C:1997:70), Rn. 24; EuGH, 16.3.1999 – Rs. C-159/97, *Trasporti Castelletti Spedizioni Internazionali SpA ./. Trumpy SpA*, Slg. 1999, I-1597 (ECLI:EU:C:1999:142), Rn. 43; EuGH, 20.4.2016 – Rs. C-366/13, *Profit Investment SIM ./. Ossi u.a.*, ECLI:EU:C:2016:282, Rn. 48 f.

internationalen Handelsbrauchs regelmäßig auch das erforderliche subjektive Element (Kenntnis oder Kennenmüssen) erfüllt ist. Von einem sorgfältigen Mitglied der betreffenden Branche kann somit erwartet werden, dass es die international gebräuchlichen „Spielregeln" seiner Branche kennt.[266]

Entfaltet die Gerichtsstandsklausel Wirkungen **gegenüber einem Dritten** (bspw. durch Rechtsnachfolge oder Vertrag zugunsten Dritter), müssen grundsätzlich nur die ursprünglichen Parteien der Gerichtsstandsvereinbarung Kenntnis vom internationalen Handelsbrauch haben.[267]   **222**

d) Beispiele für internationale Handelsbräuche

Die praktische Bedeutung von Abs. 1 Satz 3 lit. c beschränkt sich bislang auf wenige anerkannte Anwendungsfälle.   **223**

Insbesondere das **Schweigen auf ein kaufmännisches Bestätigungsschreiben** kann den Formtatbestand von Abs. 1 Satz 3 lit. c erfüllen.[268] Voraussetzung hierfür ist, dass es in dem Geschäftszweig des internationalen Handelsverkehrs, in dem die Parteien tätig sind, gebräuchlich ist, eine Gerichtsstandsvereinbarung dadurch abzuschließen, dass eine Partei auf ein kaufmännisches Bestätigungsschreiben der anderen Partei mit vorgedrucktem Hinweis auf den Gerichtsstand schweigt, und die schweigende Partei diesen Brauch kennen muss. Ob die Voraussetzungen des Vertragsschlusses durch Schweigen erfüllt sind, beurteilt sich nach den Maßstäben des internationalen Handelsbrauchs selbst. Ein Rückgriff auf das Statut des Hauptvertrages[269] oder das Recht am Sitz des Schweigenden[270] ist abzulehnen.[271] In jedem Fall setzt ein kaufmännisches Bestätigungsschreiben voraus, dass ihm Vertragsverhandlungen vorausgegangen sind, in denen sich die Parteien mündlich (ggf. nur implizit) auf den Gerichtsstand geeinigt haben.[272] Die Darlegungs- und Beweislast hierfür trägt der Absender des Schreibens, der aus dem Schweigen des Geschäftsgegners Rechte herleiten will.[273]   **224**

Schließlich stellt auch die Verwendung von Gerichtsstandsklauseln in den Bedingungen eines **Konnossements** im internationalen Seefrachtverkehr einen   **225**

---

[266] Rauscher/*Mankowski*, EuZPR, 4. Aufl. 2016, Art. 25 EuGVVO Rn. 120. So auch Generalanwalt *Léger*, Schlussanträge v. 22.9.1998 (C-159/97 – *Trasporti Castelletti Spedizioni Internazionali SpA ./. Trumpy*), Slg. 1999, I-1597 (ECLI:EU:C:1998:423), Rn. 146.
[267] EuGH, 16.3.1999 – Rs. C-159/97, *Trasporti Castelletti Spedizioni Internazionali SpA ./. Trumpy SpA*, Slg. 1999, I-1597 (ECLI:EU:C:1999:142), Rn. 42. In der bereits oben (Rn. 121) erläuterten Entscheidung bzgl. der Bindung an die in einem Emissionsprospekt enthaltene Gerichtsstandsvereinbarungen forderte der EuGH vom nationalen Gericht allerdings die Feststellung, daß der Rechtsnachfolger des ursprünglichen Erwerbers der Schuldverschreibung vom entsprechenden internationalen Handelsbrauch Kenntnis hatte oder haben musste, vgl. EuGH, 20.4.2016 – Rs. C-366/13, *Profit Investment SIM ./. Ossi u.a.*, ECLI:EU:C:2016:282, Rn. 49 m. krit. Anm. *Müller*, 2016, S. 419 (424 ff.).
[268] EuGH, 20.2.1997 – Rs. C-106/95, *MSG Mainschiffahrts-Genossenschaft eG ./. Les Gravières Rhénanes SARL*, Slg. 1997, I-911 (ECLI:EU:C:1997:70); OLG Hamburg, 8.3.1996 – 14 U 86/95, IPRax 1997, S. 419, Rn. 17 (nach juris); OLG Köln, 16.3.1988 – 24 U 182/87, NJW 1988, S. 2182; obiter OLG Karlsruhe, 15.1.2009 – 4 U 72/07, IPRspr. 2009, Nr. 169, S. 438, Rn. 34 (nach juris).
[269] So aber *Schlosser*/Hess, EuZPR, 4. Aufl. 2015, Art. 25 EuGVVO Rn. 27.
[270] So aber OLG Köln, 16.3.1988 – 24 U 182/87, NJW 1988, S. 2182 (2183).
[271] So auch Thomas/Putzo/*Hüßtege*, ZPO 36. Aufl. 2015, Art. 25 EuGVVO Rn. 17; *Geimer*/Schütze, EuZVR, 3. Aufl. 2010, Art. 23 EuGVVO a.F. Rn. 121.
[272] OLG Köln, 7.3.2013 – 19 U 5/13, IPRspr. 2013, Nr. 181, S. 392, Rn. 8 (nach juris).
[273] OLG Köln, 7.3.2013 – 19 U 5/13, IPRspr. 2013, Nr. 181, S. 392, Rn. 8 (nach juris).

Handelsbrauch dar.[274] Obwohl diese einseitig vom Verfrachter ausgestellt werden, es also gerade an einer Einigung über die Gerichtsstandsklausel fehlt, entspricht es einem weltweiten Handelsbrauch, dass die auf dem Konnossement selbst erwähnte Gerichtsstandsklausel jedenfalls im Verhältnis zum ursprünglichen Befrachter nach Abs. 1 Satz 3 lit. c auf diesem Wege wirksam vereinbart werden kann.[275] Etwas anderes gilt, wenn das Konnossement nur auf die Charter Party verweist und erst diese Bedingungen die Gerichtsstandsklausel enthalten. Die Wirksamkeit einer solchen Einbeziehung wird in manchen Ländern geleugnet, in Deutschland angenommen, so dass ein Handelsbrauch, der die Bindung anerkennt, allenfalls lokal bestehen könnte.[276]

226 Demgegenüber entspricht es nicht einem internationalen Handelsbrauch, dass Gerichtsstandsklauseln durch Bezugnahme auf AGB in **Auftragsbestätigungen** abgeschlossen werden.[277] Eine Auftragsbestätigung stellt üblicherweise eine Vertragsannahme dar und unterscheidet sich insoweit von einem kaufmännischen Bestätigungsschreiben, dem stets ein entsprechender mündlicher Vertragsschluss vorausgeht.[278]

227 Schließlich erfüllt auch die englische Rechtspraxis, wonach **aus der Rechtswahl in einem Hauptvertrag auf eine Gerichtsstandsklausel** zugunsten der Gerichte des Staates des designierten Rechts geschlossen werden könne, nicht die Qualität eines Handelsbrauchs.[279] Die Praxis beruht ausdrücklich auf *case law* und entspricht keinem geschäftszweigspezifischen Brauch.

6. Elektronische Übermittlung: Abs. 2

228 Abs. 2 stellt elektronische Übermittlungen, die eine dauerhafte Aufzeichnung der Vereinbarungen ermöglichen, der Schriftform gleich mit der Folge, dass durch elektronische Übermittlungen die Formtatbestände der Schriftlichkeit (Abs. 1 Satz 3 lit. a Alt. 1) und der Halbschriftlichkeit (Abs. 1 Satz 3 lit. a Alt. 2) erfüllt werden können. Die Norm wurde bei der Überführung des EuGVÜ in die EuGVVO a.F. eingeführt und soll der zunehmenden Bedeutung des elektronischen Geschäftsverkehrs in der Gemeinschaft Rechnung tragen. Der Gemeinschaftsgesetzgeber wollte sicherstellen, dass der elektronische Geschäftsverkehr nicht durch zu strenge Formerfordernisse behindert wird.[280]

229 Eine **dauerhafte Aufzeichnung** i.S.v. Abs. 2 ermöglicht die elektronische Übermittlung dann, wenn die elektronischen Informationen vor Vertragsschluss

---

[274] OGH, 8.7.2009 – 7 Ob 18/09m, IPRax 2011, S. 273 (276), m. Anm. *Markus*, IPRax 2011, S. 283.
[275] BGH, 15.2.2007 – I ZR 40/04, RIW 2007, S. 312; OLG Bremen, 25.4.2014 – 2 U 102/13, IPRax 2015, S. 354, Rn. 90 (nach juris) obiter.
[276] *Schlosser*/Hess, EuZPR, 4. Aufl. 2015, Art. 25 EuGVVO Rn. 28.
[277] OLG Celle, 24.7.2009 – 13 W 48/09, NJW-RR 2010, 136; OLG Karlsruhe, 15.1.2009 – 4 U 72/07, IPRspr. 2009, Nr. 169, S. 438, Rn. 33 (nach juris); ähnlich OLG Brandenburg, 26.6.2012, 6 U 3/11, IPRspr. 2012, Nr. 191, S. 431, Rn. 40 (nach juris).
[278] OLG Karlsruhe, 15.1.2009 – 4 U 72/07, IPRspr. 2009, Nr. 169, S. 438, Rn. 34 (nach juris).
[279] *Schlosser*-Bericht, 1979, Rn. 174.
[280] *Pocar*-Bericht z. LugÜ, 2009, Rn. 109.

gespeichert und ausgedruckt werden können.²⁸¹ Hieraus folgt zugleich, dass nur eine Reproduzierbarkeit in Schriftzeichen dem Kriterium der dauerhaften Aufzeichnung i.S.v. Abs. 2 genügt. Demzufolge ist der Formtatbestand bei einer nur mündlich abgeschlossenen Gerichtsstandsvereinbarung, die beispielsweise auf einem **Anrufbeantworter** aufgenommen wurde, nicht erfüllt.²⁸² Genauso wenig genügt es, wenn die mündlich erklärte Gerichtsstandsabrede in einer Computer-Datei aufgenommen wird (etwa im Rahmen von „**Voice over IP**" oder einer **computerbasierten Telefonanlage**).²⁸³

Die Erfordernisse von Abs. 2 liegen unproblematisch vor, wenn die Erklärung 230 in einem sichtbaren Text verkörpert ist, der Text seinen Urheber erkennen lässt und er ausgedruckt oder auf einem Datenträger gespeichert werden kann, der einen späteren Ausdruck ermöglicht.²⁸⁴ Demnach wird der Formtatbestand insbesondere durch übliche **E-Mails** erfüllt. Dies gilt auch dann, wenn die Gerichtsstandsvereinbarung **in einer angehängten Datei zur E-Mail** (.pdf; .doc; etc.) enthalten ist.²⁸⁵ Sofern jedoch der Dateianhang beschädigt ist und sich nicht öffnen lässt, ist die Form nicht erfüllt. Dasselbe dürfte gelten, wenn der Anhang ein besonderes Dateiformat hat und sich daher nur mithilfe einer Software öffnen lässt, die weder weit verbreitet, noch zwischen den Parteien gängig ist.

Fraglich ist, ob der Formtatbestand von Abs. 2 auch dann erfüllt ist, wenn in 231 einer E-Mail lediglich ein **Internetlink zu den AGB des Verwenders** eingefügt ist, die eine Gerichtsstandsklausel enthalten. Wie dargestellt, genügt der Austausch von Willenserklärungen per E-Mail den Anforderungen von Abs. 2. Unklar ist jedoch, ob durch den Internetlink dem Gegner des Verwenders eine ausreichende Möglichkeit zur Kenntnisnahme der AGB-Gerichtsstandsklausel verschafft wird. Dies wird, wie bereits im Zusammenhang mit Abs. 1 Satz 3 lit. a dargestellt, in der Rspr. unterschiedlich beantwortet. Richtig erscheint es, jedenfalls im kaufmännischen Verkehr angesichts der weiten Verbreitung des Internets und der leichten Abrufbarkeit von dessen Inhalten von einer ausreichenden Möglichkeit zur Kenntnisnahme auszugehen.²⁸⁶ Es ist allerdings erforderlich, dass die AGB reproduzierbar sind, also gespeichert und ausgedruckt werden können. Eine elektronische Signatur ist nicht erforderlich; § 126a BGB findet insoweit keine Anwendung.²⁸⁷

Im elektronischen Geschäftsverkehr kann eine Gerichtsstandsvereinbarung 232 auch über eine Internetseite mittels *Clickwrapping* abgeschlossen werden.²⁸⁸ Bei

---
²⁸¹ EuGH, 21.5.2015 – Rs. C-322/14, *El Majdoub* ./. *CarsOnTheWeb.Deutschland GmbH*, ECLI:EU:C:2015:334, Rn. 36.
²⁸² Rauscher/*Mankowski*, EuZPR, 4. Aufl. 2016, Art. 25 EuGVVO Rn. 131.
²⁸³ A. A. Rauscher/*Mankowski*, EuZPR, 4. Aufl. 2016, Art. 25 EuGVVO Rn. 131, der darauf abstellt, ob eine Sprachsoftware beim Empfänger die Verwandlung der gesprochenen Sprache in Schriftzeichen ermöglicht. Dies erscheint jedoch zu spitzfindig.
²⁸⁴ BGH, 7.1.2014 – XIII ZR 137/13, IHR 2014, S. 56, Rn. 4.
²⁸⁵ OLG Köln, 24.4.2013 – I-16 U 106/12, 16 U 106/12, IHR 2015, S. 60, Rn. 29 (nach juris).
²⁸⁶ S.o. Rn. 162 ff.
²⁸⁷ BGH, 7.1.2014 – XIII ZR 137/13, IHR 2014, S. 56; OLG Köln, 24.4.2013 – I-16 U 106/12, 16 U 106/12, IHR 2015, S. 60, Rn. 28 (nach juris).
²⁸⁸ EuGH, 21.5.2015 – Rs. C-322/14, *El Majdoub* ./. *CarsOnTheWeb.Deutschland GmbH*, ECLI:EU:C:2015:334. A. A. AG Geldern, 20.4.2011 – 4 C 33/11, NJW-RR 2011, S. 1503, Rn. 11 f. (nach juris); AG Bremen, 5.12.2013 – 9 C 337/13, IPRspr 2013, Nr. 67, S. 129, Rn. 38 (nach juris); Rauscher/*Mankowski*, EuZPR, 4. Aufl. 2016, Art. 25 EuGVVO Rn. 129.

diesem Verfahren erscheint vor Vertragsschluss eine sog. „Tick-Box", durch deren Anklicken der Nutzer bestätigt, dass er mit der Geltung der AGB des Verwenders einverstanden ist. Zusätzlich erscheint am Bildschirm der Hinweis „Hier klicken um die AGB in einem neuen Fenster zu öffnen". Nur wenn der Nutzer anklickt, werden die AGB in einem separaten Fenster angezeigt. Dieses Verfahren genügt nach Auffassung des EuGH den Anforderungen von Abs. 2, wenn das Ausdrucken und Speichern des Textes der AGB vor Vertragsschluss ermöglicht wird.[289] Nach dem Wortlaut ist allein schon die „Möglichkeit" einer dauerhaften Aufzeichnung ausreichend.[290] Auch nach dem Sinn und Zweck sei eine tatsächlich erfolgte Aufzeichnung nicht notwendig. Denn dem Beweisinteresse der Parteien genüge allein die Möglichkeit einer dauerhaften Aufzeichnung – insbesondere im Hinblick auf das Ziel der Vorschrift, den Abschluss von Verträgen auf elektronischem Wege zu erleichtern.[291]

233 Der Auffassung des EuGH ist zuzustimmen.[292] Der Einwand, die Einbeziehung von AGB durch *Clickwrapping* gleiche einer flüchtigen mündlichen Zusage,[293] trifft nicht zu, solange vor Vertragsschluss die Möglichkeit besteht, die AGB in reproduzierbarer Form abzuspeichern. Auf diese Weise kann sich die Gegenseite des Verwenders – anders als beim mündlichen Vertragsschluss – nicht nur rechtssichere Kenntnis vom Inhalt der AGB verschaffen, sondern diese auch zu Beweiszecken dokumentieren. Aus diesem Grund erscheint es auch unbedenklich, dass der Text der Gerichtsstandsabrede – anders als bei einem schriftlichen Vertragsschluss – dem Zugriff des Verwenders nicht dauerhaft entzogen ist.[294] Solange die Möglichkeit besteht, den Stand der AGB vor Vertragsschluss dauerhaft aufzuzeichnen, kann der Gegner sich wirksam gegen eine Manipulation durch den Verwender schützen.

234 Ein formgerechter Abschluss durch *Clickwrapping* scheidet jedoch aus, wenn vor Vertragsschluss ein Zugriff auf die AGB oder deren Speichern bzw. Ausdrucken aufgrund eines Programmierfehlers in der Website nicht möglich war. Die Darlegungs- und Beweislast für das Funktionieren der Website trägt der Verwender (vgl. hierzu oben Rn. 163).

VIII. Inhaltliche Anforderungen an Gerichtsstandsvereinbarungen

235 Art. 25 Abs. 1 Satz 1 normiert Anforderungen an die Bestimmtheit von Gerichtsstandsabreden, um sicherzustellen, dass die Parteiautonomie mit Blick auf das designierte Gericht und die erfasste Streitigkeit zutreffend umgesetzt wird. Es soll vermieden werden, dass eine Partei in einem Gerichtsforum über einen

---

[289] EuGH, 21.5.2015 – Rs. C-322/14, *El Majdoub* ./. *CarsOnTheWeb.Deutschland GmbH*, ECLI:EU:C:2015:334, Rn. 23 ff.
[290] EuGH, 21.5.2015 – Rs. C-322/14, *El Majdoub* ./. *CarsOnTheWeb.Deutschland GmbH*, ECLI:EU:C:2015:334, Rn. 33.
[291] EuGH, 21.5.2015 – Rs. C-322/14, *El Majdoub* ./. *CarsOnTheWeb.Deutschland GmbH*, ECLI:EU:C:2015:334, Rn. 36.
[292] So auch *Wurmnest*, EuZW 2015, S. 567 (568).
[293] AG Geldern, 20.4.2011 – 4 C 33/11, NJW-RR 2011, S. 1503, Rn. 11 f. (nach juris).
[294] So aber Rauscher/*Mankowski*, EuZPR, 4. Aufl. 2016, Art. 25 EuGVVO Rn. 129.

Gegenstand prozessieren muss, obwohl eine dahingehende Vereinbarung nicht eindeutig und sicher feststellbar ist.[295]

1. Bestimmtes Rechtsverhältnis

Abs. 1 Satz 1 unterscheidet zwischen bei Abschluss der Gerichtsstandsabrede **236** bereits entstandenen und zukünftigen Rechtsstreitigkeiten.

Für **bereits entstandene Rechtsstreitigkeiten** ist dem Bestimmtheitserfor- **237** dernis schon dann Rechnung getragen, wenn erkennbar ist, dass sich die Gerichtsstandsvereinbarung auf diese Streitigkeit bezieht. Zweckmäßigerweise wird die Streitigkeit im Text der Gerichtsstandsvereinbarung angesprochen. Es ist jedoch ausreichend, wenn sich aus den Umständen bei Abschluss der Vereinbarung ergibt, auf welche Streitigkeit sie bezogen ist.[296] Sofern die Parteien im Zeitpunkt der Vereinbarung deren Reichweite abschätzen können, ist dem Bestimmtheitserfordernis genüge getan. Bereits entstanden ist eine Rechtsstreitigkeit dann, wenn unterschiedliche Auffassungen zu einer Rechtsfrage aufgetaucht sind, die nicht nur völlig abstrakt im Raum schweben, sondern Bezug zu einem konkreten, die Parteien oder deren Rechtsvorgänger betreffenden Lebenssachverhalt aufweisen. Eine gerichtliche Auseinandersetzung muss – anders als bei Art. 15 Nr. 1, Art. 19 Nr. 1, 23 Nr. 1 – nicht unmittelbar bevorstehen.

Für **zukünftige Streitigkeiten** muss das Rechtsverhältnis, auf das sich die **238** Vereinbarung beziehen soll, bei deren Abschluss bereits bestimmt oder zumindest bestimmbar sein. Dies soll sicherstellen, dass die Parteien die Reichweite ihrer Vereinbarung abschätzen können. Insbesondere soll vermieden werden, dass eine wirtschaftlich stärkere Partei der anderen Vertragsseite in einer allumfassenden Gerichtsstandsklausel erhebliche prozessuale Nachteile aufzwingt. Eine Partei soll davor geschützt werden, dass ein vereinbarter Gerichtsstand Rechtsstreitigkeiten erfasst, die sich zwar aus der Beziehung zu ihrem Vertragspartner ergeben, ihren Ursprung jedoch in einem anderen Vertragsverhältnis als demjenigen haben, anlässlich dessen die Gerichtsstandsvereinbarung geschlossen wurde.[297] Zugleich darf das Bestimmtheitserfordernis nicht zu streng ausgelegt werden,[298] weil andernfalls Gerichtsstandsvereinbarungen unangemessen geschwächt würden. In der Geschäftspraxis besteht insbesondere die Tendenz dazu, Gerichtsstandsvereinbarungen möglichst weit zu formulieren, um für möglichst viele Streitigkeiten Rechtssicherheit über das Forum zu gewinnen.

Bei der Prüfung der ausreichenden Bestimmtheit ist zunächst durch Ausle- **239** gung der Gerichtsstandsklausel zu prüfen, welche Rechtsstreitigkeiten von ihr umfasst sein sollen. Ggf. kann sich aus den Begleitumständen sowie dem Sinn

---

[295] EuGH, 10.3.1992 – Rs. C-214/89, *Powell Duffryn Plc ./. Wolfgang Petereit*, Slg. 1992, I-1745 (ECLI:EU:C:1992:115), Rn. 31.
[296] OLG München, 8.3.1989 – 15 U 5989/88, RIW 1989, S. 901.
[297] EuGH, 10.3.1992 – Rs. C-214/89, *Powell Duffryn Plc ./. Wolfgang Petereit*, Slg. 1992, I-1745 (ECLI:EU:C:1992:115), Rn. 31.
[298] OLG Bamberg, 24.2.2013 – 3 U 198/12, IHR 2013, S. 253, Rn. 44 (nach juris).

und Zweck ergeben, dass sich die Klausel trotz zu weit geratener Formulierung auf einen eindeutig bestimmbaren Kreis von Streitigkeiten bezieht.[299]

240 Die in Verträgen übliche Klausel, wonach *„alle Streitigkeiten, die sich aus diesem Vertrag oder dessen Erfüllung ergeben"* vor ein bestimmtes Gericht gebracht werden, ist ohne Zweifel bestimmt genug. Durch die Bezugnahme auf den Hauptvertrag lässt sich eindeutig bestimmen, welche zukünftigen Streitigkeiten unter die Gerichtsstandsklausel fallen sollen. Gleiches gilt für Gerichtsstandsklauseln in Satzungen juristischer Personen, die sich auf Streitigkeiten im Innenverhältnis zwischen der juristischen Person und ihren Mitgliedern beziehen.[300] Hier lässt sich der Kreis der erfassten Rechtsstreitigkeiten ausreichend bestimmen.

241 Demgegenüber sind sog. „catch-all"-Klauseln, von denen *„alle gegenwärtigen und zukünftigen Rechtsbeziehungen zwischen den Parteien"* erfasst sein sollen, regelmäßig zu unbestimmt.[301] Ausreichende Bestimmtheit im Sinne von Abs. 1 Satz 1 verlangt zumindest, dass das zukünftigen Streitigkeiten zugrunde liegende Rechtsverhältnis bei Abschluss der Vereinbarung jedenfalls nach seinen Essentialia bereits hinreichend bestimmt ist.[302]

242 Die **in einem Rahmenvertrag enthaltene Gerichtsstandsvereinbarung**, die alle Streitigkeiten aus den auf Grundlage des Rahmenvertrages geschlossenen zukünftigen Einzelverträgen erfassen soll, ist hinreichend bestimmt, auch wenn noch unklar ist, wann und wie viele Einzelverträge geschlossen werden.[303] Üblicherweise soll der Rahmenvertrag eine Grundlage zur Regelung der folgenden Geschäfte zwischen den Parteien schaffen, so dass die Einzelgeschäfte bei Abschluss des Rahmenvertrages zumindest gattungsmäßig bereits bestimmbar sind.

243 Enthalten umgekehrt die zwischen den Parteien geschlossenen Einzelverträge Gerichtsstandsvereinbarungen, so erfassen diese in der Regel nicht den übergeordneten Rahmenvertrag. Dies gilt jedenfalls dann, wenn bei Abschluss der einzelvertraglichen Gerichtsstandsvereinbarungen das rahmenvertragliche Rechtsverhältnis noch nicht hinreichend bestimmt war, weil die Parteien beim Abschluss nicht ansatzweise daran gedacht haben, dass sie einmal über einen Rahmenvertrag verhandeln und hierbei in Streit geraten könnten.[304]

2. Bestimmtes Gericht

244 Das Bestimmtheitserfordernis gilt auch für die Bezeichnung des designierten Gerichts. Auch insoweit dürfen an die Bestimmtheit keine übertrieben hohen

---

[299] BGH, 11.10.1993 – II ZR 155/92, NJW 1994, S. 51, Rn. 13 ff. (nach juris).
[300] EuGH, 10.3.1992 – Rs. C-214/89, *Powell Duffryn Plc ./. Wolfgang Petereit*, Slg. 1992, I-1745 (ECLI:EU:C:1992:115), Rn. 32; BGH, 11.10.1993 – II ZR 155/92, NJW 1994, S. 51.
[301] Rauscher/*Mankowski*, EuZPR, 4. Aufl. 2016, Art. 25 EuGVVO Rn. 164; *Schlosser*/Hess, EuZPR, 4. Aufl. 2015, Art. 25 EuGVVO Rn. 13.
[302] *Kropholler/von Hein*, EuZPR, 9. Aufl. 2011, Art. 23 EuGVVO a.F. Rn. 70.
[303] OLG Oldenburg, 28.7.1997 – 15 U 59/97, IPRax 1999, S. 458.
[304] OLG Bamberg, 24.4.2013 – 3 U 198/12, IPRax 2015, S. 154, Rn. 47 (nach juris); zust. *Wais*, IPRax 2015, S. 127 (128).

Text + Erläuterungen   Art. 25   **B Vor I** 7

Anforderungen gestellt werden.[305] Den Parteien steht es frei, nur die **internationale Gerichtsbarkeit eines Staates** („*deutsche Gerichte*") festzulegen. Die örtliche Zuständigkeit ist in diesem Fall nach nationalem Recht zu bestimmen.[306] Alternativ können die Parteien die örtliche Zuständigkeit mitbestimmen („*Gerichtsstand ist München*").[307] In diesem Fall ist für die Bestimmung der örtlichen Zuständigkeit das nationale Recht grundsätzlich nicht berufen, weil insoweit die EuGVVO selbst anwendbar ist. Etwas anderes gilt nur dann, wenn an dem vereinbarten Ort mehrere Gerichte vorhanden sind. Hier muss das innerstaatliche Verfahrensrecht herangezogen werden.[308] Zum Gegenstand der Zuständigkeitsvereinbarung kann auch die sachliche und funktionelle Zuständigkeit der Gerichte gemacht werden, soweit dies nach der *lex fori* zulässig ist. Insoweit gilt die EuGVVO nicht.

Ausreichende Bestimmtheit ist unproblematisch gegeben, wenn **ein** 245 **bestimmtes Gericht** ausdrücklich benannt wird („*LG München I*"). Eine unzutreffende Bezeichnung des Gerichts („*Gerichtsstand ist Internationales Handelsgericht in Brüssel*") ist grundsätzlich unschädlich. Das designierte Gericht kann im Wege der Auslegung ermittelt werden, wenn die Abrede eindeutige Anhaltspunkte enthält, die es dem befassten Gericht ermöglichen, rechtssicher das zuständige Forum zu bestimmen.[309]

Ausreichend bestimmt sind auch Abreden, die lediglich **objektive Krite-** 246 **rien zur Bestimmung des zuständigen Gerichts enthalten** („*die Gerichte am Erfüllungsort*", „*die Gerichte am Wohnsitz des jeweiligen Klägers*", etc.).[310] Soweit sich die Anknüpfungspunkte zwischen Abschluss der Gerichtsstandsvereinbarung und Klageerhebung verändern (Bsp.: Sitzverletzung einer Partei), richtet sich die Zuständigkeit – soweit nichts anderes ausdrücklich oder stillschweigend vereinbart worden ist – nach den Umständen im Zeitpunkt der Rechtshängigkeit. Die Gerichtsstandsvereinbarung ist somit im Grundsatz dynamisch.[311] Die ausreichende Bestimmtheit der Gerichtswahl ist gewahrt.

Hinreichend bestimmt sind auch Gerichtsstandsvereinbarungen, die sich auf 247 **zwei oder mehrere Gerichte zur Wahl des Klägers** beziehen („*LG Düsseldorf oder Münster*").[312]

---

[305] OLG Celle, 26.11.2003 – 7 U 104/03, IPRspr 2003, Nr. 133, S. 411, Rn. 26 (nach juris).
[306] OGH, 6.5.2002 – 2 Ob 78/02p, IPRax 2004, S. 259; *Schlosser*/Hess, EuZPR, 4. Aufl. 2015, Art. 25 EuGVVO Rn. 14.
[307] Vgl. EuGH, 7.8.2016 – Rs. C-222/15, *Höszig Kft.* ./. *Alstom Power*, ECLI:EU:C:2016:525, Rn. 42 ff. zu der ausreichenden Bestimmtheit einer Gerichtsstandsklausel, wonach „die Gerichte der Stadt Paris ausschließlich und endgültig zuständig sind".
[308] OGH, 2.6.2009 – 7 Nc 10/09v, EuLF 2009, II-61.
[309] OLG Celle, 26.11.2003 – 7 U 104/03, IPRspr 2003, Nr. 133, S. 411, Rn. 26 ff. (nach juris); *Schlosser*/Hess, EuZPR, 4. Aufl. 2015, Art. 25 EuGVVO Rn. 13; *Rauscher*/*Mankowski*, EuZPR, 4. Aufl. 2016, Art. 25 EuGVVO Rn. 167.
[310] EuGH, 9.11.2000 – Rs. C-387/98, *Coreck Maritime GmbH* ./. *Handelsveem BV u.a.*, Slg. 2000, I-9337 (ECLI:EU:C:2000:606), Rn. 15; EuGH, 7.8.2016 – Rs. C-222/15, *Höszig Kft.* ./. *Alstom Power*, ECLI:EU:C:2016:525, Rn. 43; OLG München, 1.3.2000 – 7 U 5080/99, IPRspr. 2000, Nr. 143; LG Frankfurt a.M., 9.5.1986 – 3/11 O 138/85, IPRspr. 1986, Nr. 133.
[311] *Rauscher*/*Mankowski*, EuZPR, 4. Aufl. 2016, Art. 25 EuGVVO Rn. 169.
[312] OLG Hamm, 20.9.2005 – 19 U 40/05, IPRax 2007, S. 125, Rn. 32 (nach juris).

248 Mangels ausreichender Bestimmtheit sind hingegen Vereinbarungen unwirksam, die die **Bestimmung des Gerichtsstands** ohne Festlegung konkreter Kriterien **einer Partei alleine überlassen**.[313]

249 Über den Wortlaut von Abs. 1 Satz 1 hinaus können die Parteien die alternative Zuständigkeit mehrerer Gerichte vereinbaren („*Gerichtsstand in Deutschland und Österreich*"). Denn auch in diesem Fall ist der Kreis der zuständigen Fora eindeutig bestimmbar. Gleiches gilt für die sog. **reziproke Gerichtsstandsvereinbarung** („*Gerichtsstand ist der Sitz des jeweiligen Klägers*"), die der EuGH zum EuGVÜ ausdrücklich anerkannt hat.[314]

IX. Wirkung von Gerichtsstandsvereinbarungen

250 Ist eine zulässige und wirksame Gerichtsstandsvereinbarung nach den oben dargestellten Anforderungen zustande gekommen, können sich diverse Fragen nach den Wirkungen der Vereinbarung stellen, die teilweise nach der EuGVVO, teilweise unter Rückgriff auf das nationale Recht zu beantworten sind.

1. Ausschließliche oder konkurrierende Zuständigkeit

251 Eine wirksame Gerichtsstandsvereinbarung begründet gem. Abs. 1 Satz 2 die ausschließliche Zuständigkeit des designierten gerichtlichen Forums, sofern die Parteien nichts anderes vereinbart haben. Es besteht somit eine widerlegliche **Vermutung zugunsten der Ausschließlichkeit** der Gerichtsstandsvereinbarung, mit der Folge, dass alle gesetzlichen Gerichtsstände abbedungen sind. Ruft eine Partei ein anderes als das vereinbarte Gericht an, trägt sie folglich die Beweislast dafür, dass der prorogierte Gerichtsstand lediglich fakultativ ist.[315]

252 Eine ausschließliche Gerichtsstandsvereinbarung setzt nicht voraus, dass lediglich ein einziger Gerichtsstand prorogiert wird. Vielmehr können auch solche Abreden, die die **Wahl zwischen mehreren Gerichtsständen** ermöglichen, ausschließlich sein, wenn gleichzeitig alle anderen Gerichtsstände ausgeschlossen sind.

253 Die Ausschließlichkeitsvermutung gilt auch für sog. **reziproke Gerichtsstandsvereinbarungen**, die beispielsweise einen Gerichtsstand am jeweiligen Sitz des Klägers oder Beklagten vorsehen. Solange nicht anders vereinbart, ist hier der jeweilige Gerichtsstand für jede Partei ausschließlich.[316]

---

[313] LG Braunschweig, 28.2.1974 – 9a O 115/73, RIW/AWD 1974, S. 346 (347); *Kropholler/von Hein*, EuZPR, 9. Aufl. 2011, Art. 23 EuGVVO a.F. Rn. 72; Rauscher/*Mankowski*, EuZPR, 4. Aufl. 2016, Art. 25 EuGVVO Rn. 172.

[314] EuGH, 9.11.1978 – Rs. 23/78, *Meeth ./. Glacetal*, Slg. 1978, 2133 (ECLI:EU:C:1978:198); BGH, 20.6.1979 – VIII ZR 228/76, NJW 1997, S. 2477; Rn. 17 (nach juris); LG Frankfurt a.M., 9.5.1986 – 3/11 O 138/85, RIW 1986, S. 543.

[315] OLG Köln, 12.1.2007 – 19 U 11/07, IHR 2007, S. 200, Rn. 27 ff. (nach juris) zu der Frage, wann aus dem Wortlaut und dem Kontext einer Gerichtsstandsvereinbarung auf einen lediglich fakultativen Gerichtsstand geschlossen werden kann; *E. Peiffer*, Schutz gegen Klagen im forum derogatum, 2013, S. 183.

[316] Rauscher/*Mankowski*, EuZPR, 4. Aufl. 2016, Art. 25 EuGVVO Rn. 206.

Abs. 1 Satz 2 erfasst auch sog. **einseitig ausschließliche** (auch **asymmetri-** 254
sche) Gerichtsstandsvereinbarungen, in denen lediglich für eine Partei ein
ausschließlicher Gerichtsstand bestimmt und der anderen Seite die Wahl zwischen
mehreren Fora offengelassen wird.[317] Solche Abreden kommen häufig im
internationalen Kreditwesen vor. Durch die Festlegung eines ausschließlichen
Gerichtsstands eines Darlehensnehmers gegen die darlehensgebende Bank will
letztere sicherstellen, dass gegen sie lediglich in einem bestimmten Forum prozessiert
wird. Die Möglichkeit, Klagen gegen den Kunden auch vor einem anderen
Gericht zu erheben, verschafft den Banken zugleich Flexibilität für den Fall, dass
der Beklagte im designierten Forum nicht über ausreichendes Vermögen verfügt.
Zur Vermeidung von Schwierigkeiten bei einer grenzüberschreitenden Anerkennung
und Vollstreckung kann die Bank hier direkt in dem Forum klagen, in
dem Schuldnervermögen belegen ist.[318]

Gegen die Zulässigkeit von asymmetrischen Zuständigkeitsabreden in der 255
EuGVVO bestehen keine Bedenken. Die gegenteilige Auffassung der französischen
Gerichte[319] ist abzulehnen.[320] Das Wahlrecht zugunsten nur einer Partei
beeinträchtigt weder die Rechtssicherheit noch die Vorhersehbarkeit, die durch
Gerichtsstandsvereinbarungen geschaffen werden sollen. Das gilt jedenfalls dann,
wenn die optionalen Gerichtsstände mit hinreichender Klarheit vereinbart sind.
Dem steht auch nicht der Potestativcharakter der Vereinbarung entgegen. Denn
Optionen sind stets durch einen potestativen Charakter geprägt, wegen dessen
man ihre Wirksamkeit nicht angreifen kann.[321] Die Unwirksamkeit einer asymmetrischen
Zuständigkeitsabrede lässt sich auch nicht unter Rückgriff auf nationales
Recht begründen. Abs. 1 erlaubt zwar die Anwendung nationalen Rechts
für bestimmte Fragen des wirksamen Zustandekommens, gestattet jedoch nicht
die Anwendung einzelstaatlicher Vorschriften, nach denen Gerichtsstandsvereinbarungen
wegen ihres Inhaltes beanstandet werden, etwa weil sie halbseitig ausgestaltet
sind.[322]

2. Sachliche Reichweite der Vereinbarung

a) Allgemein

Die Frage, welche Rechtsstreitigkeiten die Gerichtsstandsvereinbarung erfas- 256
sen soll, ist im Wege der Auslegung zu ermitteln. Das Auslegungsstatut ist unter
Rückgriff auf die Kollisionsnorm in Abs. 1 Satz 1 a.E. zu bestimmen, so dass
insoweit nach dem IPR des designierten Gerichts das anwendbare Recht zu
bestimmen ist (s. oben Rn. 112). Im Rahmen der Auslegung sind allerdings die

---
[317] Rauscher/*Mankowski*, EuZPR, 4. Aufl. 2016, Art. 25 EuGVVO Rn. 200.
[318] E. *Peiffer*, Schutz gegen Klagen im forum derogatum, 2013, S. 9; *Keyes/Marshall*, J.Priv.Int.L. 11 (2015), S. 345 (346).
[319] Zuletzt Cass.Civ (1ère chambre civile), 26.9.2012, bulletin n°11-26.022 m.Anm. *Niggemann*, IPRax 2014, S. 194.
[320] So auch *Freitag*, in: FS Magnus, 2014, S. 419 (421 ff.); Rauscher/*Mankowski*, EuZPR, 4. Aufl. 2016, Art. 25 EuGVVO Rn. 201 ff.; Zöller/*Geimer*, ZPO, 31. Aufl. 2016, Art. 25 EuGVVO Rn. 3a; *Lehmann/Grimm*, ZEuP 2013, S. 89.
[321] Rauscher/*Mankowski*, EuZPR, 4. Aufl. 2016, Art. 25 EuGVVO Rn. 201.
[322] So auch *Freitag*, in: FS Magnus, 2014, S. 419 (429 ff.).

Vorgaben zu berücksichtigen, die sich aus dem Sinn und Zweck von Art. 25 selbst gewinnen lassen. Insoweit hat der EuGH klargestellt, dass eine Gerichtsstandsklausel keine Streitigkeiten erfasst, die sich aus einer anderen rechtlichen Beziehung ergeben, als derjenigen, anlässlich derer die Abrede abgeschlossen wurde.[323] Hierdurch soll verhindert werden, dass Parteien nachträglich von der Reichweite ihrer Gerichtsstandsvereinbarung überrascht werden. Gleichwohl besteht kein euroautonomer Grundsatz, wonach Gerichtsstandsvereinbarungen eng auszulegen wären.[324]

b) Konkurrierende gesetzliche Ansprüche

257 Im deutschen Recht versucht man dem Interesse von Parteien im internationalen Rechtsverkehr, Streitigkeiten nicht stückchenweise in verschiedenen Fora ausfechten zu müssen, durch eine großzügige Auslegung der sachlichen Reichweite von Gerichtsstandsvereinbarungen Rechnung zu tragen.[325] Eine internationale Zuständigkeitsabrede erfasst daher nach deutschem Recht in der Regel nicht nur Ansprüche aus dem Vertrag, dessen Teil sie ist, sondern auch **konkurrierende Ansprüche etwa aus Delikt**,[326] **ungerechtfertigter Bereicherung und cic**.[327] Vergleichbar ist die Rechtslage im englischen Recht.[328] Auch im Rahmen von Art. 25 sollten Gerichtsstandsklauseln im Grundsatz die konkurrierenden gesetzlichen Ansprüche erfassen. Auch diese Ansprüche „wurzeln" im Vertragsverhältnis, so dass es dem Parteiwillen entspricht, Streitigkeiten hieraus vor dem prorogierten Gericht auszutragen.

258 Bei **kartellrechtlichen Schadensersatzansprüchen** ist hingegen zu differenzieren: Diese sind laut EuGH nur dann von einer Gerichtsstandsklausel erfasst, wenn es bei Abschluss der Klausel für den Geschädigten vorhersehbar war, dass auch Ansprüche aus Verletzung des Kartellverbots erfasst sein sollen. Das wird regelmäßig zu verneinen sein, weil das geschädigte Unternehmen bei der Zustimmung zur Zuständigkeitsabrede keine Kenntnis davon haben wird, dass sich der Vertragspartner an einer rechtswidrigen Kartellabsprache beteiligt. Etwas anderes gilt für Klauseln, die sich ausdrücklich auch auf eine Haftung wegen Wettbewerbsverstöße beziehen. Solche Klauseln führen zur Derogation der gesetzlichen Gerichtsstände für kartellrechtliche Streitigkeiten.[329]

---

[323] EuGH, 21.5.2015 – Rs. C-352/13, *CDC Hydrogen Peroxide S.A. ./. Akzo Nobel NV*, ECLI:EU:C:2015:335, Rn. 68.
[324] *Wurmnest*, in: FS Magnus, 2014, S. 567 (572 f.); Rauscher/*Mankowski*, EuZPR, 4. Aufl. 2016, Art. 25 EuGVVO Rn. 208. A. A. *Vischer*, in: FS Jayme, 2004, S. 993 (995).
[325] *Geimer*, IZPR, 7. Aufl. 2014, Rn. 1719; *E. Peiffer*, Schutz gegen Klagen im forum derogatum, 2013, S. 179.
[326] OGHBrZ Köln, 11.3.1950 – I AR 8/50, NJW 1950, S. 385; OLG Hamburg, 25.5.1978 – 6 U 181/77, RIW 1979, S. 495; OLG München, 8.3.1989 – 15 U 5989/88, RIW 1989, S. 901; OLG Stuttgart, 9.2.1990 – 2 U 16/90, EuZW 1991, S. 125 (126); OLG Brandenburg, 27.2.2014 – 12 U 10/13, juris, Rn. 39 f.
[327] LG Berlin, 29.9.2004 – 26 O 530/02, IPRspr 2004, Nr. 124, S. 274, Rn. 32 ff. (nach juris).
[328] *E. Peiffer*, Schutz gegen Klagen im forum derogatum, 2013, S. 179.
[329] EuGH, 21.5.2015 – Rs. C-352/13, *CDC Hydrogen Peroxide S.A. ./. Akzo Nobel NV*, ECLI:EU:C:2015:335, Rn. 69 ff. mit Anm. *Steinle/Wilske/Eckardt*, SchiedsVZ 2015, S. 165 u. Anm. *Harms/Sanner/Schmidt*, EuZW 2015, S. 584. A. A. *Wurmnest*, in: FS Magnus, 2014, S. 567 (580 ff.), wonach kartellrechtliche Schadensersatzansprüche (gleich ob kartelldeliktisch oder unmittelbar vertragsbezogen) von „allgemein gehaltenen Gerichtsstandsvereinbarungen" erfasst sein sollen.

c) Klagen wegen Nichtigkeit des Hauptvertrages

Eine Gerichtsstandsklausel erfasst nach deutschem Verständnis gleichermaßen **259** Klagen auf **Feststellung der Nichtigkeit** des Hauptvertrags und **Leistungsklagen** zur Rückabwicklung fehlgeschlagener Verträge. Dies entspricht dem Interesse der Parteien an einer umfassenden Zuständigkeitskonzentration für Streitigkeiten im Zusammenhang mit ihrem Vertrag und gilt auch im Rahmen von Art. 25.[330]

d) Einstweilige Maßnahmen

In der Frage, ob sich Gerichtsstandsvereinbarungen auch auf **einstweilige** **260** **Maßnahmen** beziehen ist zwischen der Prorogation und der Derogation zu unterscheiden:

Die **prorogierende Wirkung** einer Gerichtsstandsvereinbarung erstreckt sich **261** nach deutschem Rechtsverständnis nicht nur auf den Hauptsacheprozess, sondern **gilt stets auch für den einstweiligen Rechtsschutz**.[331] Demzufolge können die Parteien, selbst wenn dies in der Gerichtsstandsvereinbarung nicht ausdrücklich vorgesehen ist, vor dem prorogierten Gericht einstweiligen Rechtsschutz erlangen. Freilich bleibt es den Parteien unbenommen, den einstweiligen Rechtsschutz aus der Gerichtsstandsvereinbarung auszunehmen.

Demgegenüber bezieht sich die **derogierende Wirkung** einer Gerichts- **262** standsvereinbarung **in der Regel nicht auch auf einstweilige Maßnahmen**.[332] Zwar streben die Parteien größtmögliche Rechtssicherheit über das zuständige Forum an, dies kann jedoch nur für das Hauptsacheverfahren gelten. Angesichts der großen Bedeutung vorläufiger Maßnahmen für die Gewährleistung effektiven Rechtsschutzes und der Gefahr, dass sich am gewählten Gerichtsstand – etwa weil ein neutrales Forum vereinbart wurde – keine Vermögensgegenstände des Beklagten befinden, kann nicht ohne weiteres angenommen werden, dass die Parteien auch für den einstweiligen Rechtsschutz auf die gesetzlichen Gerichtsstände verzichten wollen.

Soweit sich jedoch der Gerichtsstandsvereinbarung entnehmen lässt, dass die **263** Parteien die gesetzlichen Gerichtsstände auch für einstweilige Maßnahmen derogieren wollten, ist zu klären, ob diese Gerichtsstände derogationsfest sind. Diese Frage richtet sich nach nationalem Recht, da Art. 35 für die Gerichtsstände des Eilverfahrens auf die einzelstaatlichen Regelungen verweist. In Deutschland wird unter Hinweis auf § 802 ZPO vertreten, dass die einstweiligen Gerichtsstände der ZPO (§§ 919, 937 Abs. 1, 942 Abs. 1) nicht abbedungen werden können.[333] Überzeugender erscheint es hingegen, § 802 ZPO nicht auf die internationale

---

[330] *Schlosser*/Hess, EuZPR, 4. Aufl. 2015, Art. 25 EuGVVO Rn. 39; Rauscher/*Mankowski*, EuZPR, 4. Aufl. 2016, Art. 25 EuGVVO Rn. 217.
[331] *Schlosser*/Hess, EuZPR, 4. Aufl. 2015, Art. 25 EuGVVO Rn. 42; Rauscher/*Mankowski*, EuZPR, 4. Aufl. 2016, Art. 25 EuGVVO Rn. 224; *Geimer*, IZPR, 7. Aufl. 2014, Rn. 1755a.
[332] *Schack*, IZVR, 6. Aufl. 2014, Rn. 478; *E. Peiffer*, Schutz gegen Klagen im forum derogatum, 2013, S. 180 f. A. A. *Schlosser*/Hess, EuZPR, 4. Aufl. 2015, Art. 25 EuGVVO Rn. 42; Zöller/*Geimer*, ZPO, 31. Aufl. 2016, Art. 25 EuGVVO Rn. 55; *Kropholler*/von Hein, EuZPR, 9. Aufl. 2011, Art. 23 EuGVVO a.F. Rn. 103.
[333] *Kropholler*/von Hein, EuZPR, 9. Aufl. 2011, Art. 23 EuGVVO a.F. Rn. 104, *Saenger*, ZZP 110 (1997), S. 477 (496 f.).

Zuständigkeit für Eilverfahren zu erstrecken.[334] Bei dem Erlass einstweiliger Maßnahmen handelt es sich nicht um Zwangsvollstreckung, sondern um ein beschränktes Erkenntnisverfahren, das im 8. Buch der ZPO nicht richtig verortet ist. Demzufolge lässt es das deutsche Recht zu, die deutschen Gerichtsstände für einstweiligen Rechtsschutz zu derogieren.

e) Widerklage

264 Ob und inwieweit im *forum prorogatum* eine **Widerklage** erhoben werden kann, richtet sich nach der ggf. auszulegenden Gerichtsstandsvereinbarung. Soweit sich die Widerklage auf eine Streitigkeit bezieht, die mit der der Klage zugrundeliegenden Streit im Zusammenhang steht **(konnexe Widerklage)**, kann sie im prorogierten Forum erhoben werden. Etwas anderes gilt jedoch bei reziproken Gerichtsstandsklauseln, die einen Gerichtsstand am Sitz des jeweiligen Klägers oder Beklagten vorsehen. In diesem Fall soll jedem „Angreifer" ein eigenes Forum zugewiesen werden, so dass eine Widerklage an dem für die Klage prorogierten Forum ausgeschlossen ist. Es bleibt dem Widerbeklagten jedoch unbenommen, sich rügelos auf die Widerklage einzulassen und hierdurch die Verhandlung von Klage und Widerklage in einem gemeinsamen Forum zu ermöglichen.

265 Widerklagen, die in keinem Zusammenhang mit dem der Klage zugrunde liegenden Vertragsverhältnis stehen **(nicht konnexe Widerklagen)**, sind demgegenüber von der Gerichtsstandsvereinbarung nicht erfasst. Sie können nur dann im Klageforum erhoben werden, wenn dort ein gesetzlicher Gerichtsstand eröffnet ist, für sie eine ebenfalls auf das Klageforum lautende anderweitige Gerichtsstandsvereinbarung besteht, oder wenn sich der Widerbeklagte rügelos einlässt.

f) Aufrechnung

266 Für die Frage, unter welchen Voraussetzungen am prorogierten Klagegerichtsstand die Aufrechnung mit einer Gegenforderung erklärt werden kann, ist zu unterscheiden:

267 Soweit die für die Hauptforderung geltende **Gerichtsstandsvereinbarung auch die Gegenforderung erfasst**, ist deren Geltendmachung im *forum prorogatum* unproblematisch möglich. Ob dies der Fall ist, ist durch Auslegung der sich auf die Hauptforderung beziehenden Gerichtsstandsabrede im Lichte von dessen Wortlaut und Zweck zu klären.[335] Diese wird typischerweise dazu führen, dass konnexe, d.h. im Zusammenhang mit dem der Klage zugrundeliegenden Vertragsverhältnis stehende Gegenforderungen von der Gerichtsstandsvereinbarung erfasst sind.

268 Soweit die **Gegenforderung nicht von der für die Hauptforderung geltenden Gerichtsstandsvereinbarung erfasst** ist und auch keiner eigenständi-

---

[334] So auch *Schack*, IZVR, 6. Aufl. 2014, Rn. 477; Rauscher/*Mankowski*, EuZPR, 4. Aufl. 2016, Art. 25 EuGVVO Rn. 225; *Geimer*, IZPR, 7. Aufl. 2014, Rn. 1767.
[335] EuGH, 9.11.1978 – Rs. 23/78, *Meeth ./. Glacetal*, Slg. 1978, 2133 (ECLI:EU:C:1978:198), Rn. 8.

gen Gerichtsstandsvereinbarung unterfällt, kann deren Berücksichtigung im *forum prorogatum* unter dem Vorbehalt stehen, dass in diesem Forum auch eine internationale Zuständigkeit für die Gegenforderung begründet ist. Die Gerichtsstände der EuGVVO entfalten für die aufrechnungsweise Geltendmachung von Gegenforderungen keine unmittelbare Geltung, weil es sich hierbei um ein Verteidigungsmittel und nicht um eine (Wider)Klage handelt.[336] Ob die Berücksichtigung einer aufrechnungsweise geltend gemachten Gegenforderung das Vorliegen eines internationalen Gerichtsstandes für diese erfordert, richtet sich demnach nach dem nationalen Prozessrecht des angerufenen Gerichts. Im deutschen Recht ist – u.a. wegen § 322 Abs. 2 ZPO – erforderlich, dass das Prozessgericht auch für die Gegenforderung international zuständig ist.[337] Soweit eine internationale Zuständigkeit für die Gegenforderung verlangt wird, ist diese unter Rückgriff auf die EuGVVO zu klären.[338] Demnach kann die Gegenforderung berücksichtigt werden, wenn vor dem Prozessgericht entweder ein gesetzlicher Gerichtsstand[339] eröffnet ist oder sich der Aufrechnungsgegner und Kläger rügelos eingelassen hat.

Unterliegt die im Wege der Prozessaufrechnung geltend gemachte **Gegenforderung jedoch einer ausschließlichen Gerichtsstandsvereinbarung** zugunsten eines anderen Forums, ist zu klären, ob sich hieraus ein Aufrechnungsverbot ergibt, das es dem Prozessgericht verbietet, die Gegenforderung zu berücksichtigen. Auch dies ist im Wege der Auslegung der Gerichtsstandsvereinbarung für die Gegenforderung zu klären.[340] Zwar unterscheidet sich die Prozessaufrechnung als Verteidigungsmittel von der Klage oder Widerklage als Angriffsmittel. Nichtsdestotrotz soll die Gerichtsstandsvereinbarung sicherstellen, dass der Streit über die erfassten Forderungen in einem bestimmten Forum ausgetragen wird, gleich durch welches prozessuale Mittel dieser Streit herbeigeführt wird. Demzufolge dürfte eine Gerichtsstandsvereinbarung für die Gegenforderung in der Regel zugleich ein Aufrechnungsverbot vor einem derogierten Gericht enthalten.[341] Dies schließt es nach der EuGH-Rspr. jedoch nicht aus, dass durch rügelose Einlassung des Aufrechnungsgegners die Zuständigkeit des derogierten Forums über die Gegenforderung begründet wird.[342]

269

---

[336] EuGH, 13.7.1995 – Rs. C-341/93, *Danvaern Production A.S. ./. Schuhfabriken Otterbeck GmbH & Co*, Slg. 1995, I-2053 (ECLI:EU:C:1995:239), Rn. 18.
[337] BGH, 12.5.1993 – VIII ZR 110/92, NJW 1993, S. 2753.
[338] BGH, 12.5.1993 – VIII ZR 110/92, NJW 1993, S. 2753 (2753 f.).
[339] Der gesetzliche Gerichtsstand der Widerklage i.S.v. Art. 8 Nr. 3 EuGVVO findet jedoch auf eine im Wege der Aufrechnung geltend gemachte Gegenforderung keine Anwendung, vgl. EuGH, 13.7.1995 – Rs. C-341/93, *Danvaern Production A.S. ./. Schuhfabriken Otterbeck GmbH & Co*, Slg. 1995, I-2053 (ECLI:EU:C:1995:239), Rn. 18.
[340] Ausführlich hierzu Kannengießer, Die Aufrechnung im internationalen Privat- und Verfahrensrecht, 1998, S. 192 ff.
[341] Dahingehend auch BGH, 20.12.1972 – VIII ZR 186/70, NJW 1973, S. 421; BGH, 20.12.1972 – VIII ZR 113/72, NJW 1973, S. 422; BGH, 20.6.1979 – VIII ZR 228/76, NJW 1979, S. 2477; BGH, 21.1.2015 – VIII ZR 352/13, NJW 2015, S. 1118, Rn. 22 (nach juris). A. A. *Schack*, IZVR, 6. Aufl. 2014, Rn. 523; *Zöller/Geimer*, ZPO, 31. Aufl. 2016, Art. 25 EuGVVO Rn. 48 („im Zweifel" kein Aufrechnungsverbot).
[342] EuGH, 7.3.1985 – Rs. 48/84, *Spitzley ./. Sommer Exploitation SA*, Slg. 1985, 787 (ECLI:EU:C:1985:105).

270 Ist über die zur Aufrechnung gestellte Forderung bereits **rechtskräftig entschieden**, so ist die Aufrechnung unabhängig von einer Derogation im anhängigen Verfahren zu berücksichtigen, wenn die Entscheidung durch ein Gericht des Gerichtsstaats oder durch ein Gericht eines ausländischen Staates getroffen wurde, die im Erststaat zweifelsohne anerkannt und vollstreckt werden kann. Gleiches gilt für zur Aufrechnung gestellte Forderungen, die der Kläger sachlich nicht bestreitet.[343]

g) Gewährleistungs- und Interventionsklage; Streitverkündung

271 Durch Gerichtsstandsvereinbarung kann auch der gesetzliche Gerichtsstand aus Art. 8 Nr. 2 für Gewährleistungs- und Interventionsklagen abbedungen werden. Haben Interventions- bzw. Gewährleistungskläger und der am Ausgangsprozess nicht beteiligte Dritte eine entsprechende Derogationsvereinbarung getroffen, kann der Dritte nicht im Forum des Hauptprozesses in Anspruch genommen werden.[344] Diese Derogationswirkung ist nur vor Gerichten derjenigen Mitgliedstaaten von Bedeutung, deren nationales Prozessrecht eine Interventions- oder Gewährleistungsklage vorsieht. Sie spielt demzufolge keine Rolle bei einem Hauptprozess in Deutschland, Estland, Kroatien, Zypern, Lettland, Litauen, Ungarn, Malta, Polen, Slowenien und Österreich.[345]

272 Da die im deutschen Recht vorgesehene Streitverkündung keine internationale Zuständigkeit des Prozessgerichts im Verhältnis zum Streitverkündungsempfänger verlangt, steht einer Derogation des Prozessgerichts im Verhältnis zwischen einer der Hauptparteien und dem Streitverkündungsempfänger einer Streitverkündung nicht entgegen.[346]

3. Persönliche Reichweite der Vereinbarung

273 Eine Gerichtsstandsvereinbarung entfaltet grundsätzlich Wirkungen nur zwischen den Parteien, die sie abgeschlossen haben. Bei einer Streitgenossenschaft ist in jedem Prozessrechtsverhältnis separat zu prüfen, ob eine Gerichtsstandsvereinbarung vorliegt oder nicht. Inwieweit die Gerichtsstandsvereinbarung auch gegenüber Rechtsnachfolgern und anderen Dritten wirkt, ist nach euroautonomen Maßstäben und unter Zugrundelegung der jeweils maßgeblichen lex causae zu beantworten (siehe im Einzelnen oben Rn. 123 ff.).

4. Kognitionspflicht des prorogierten Gerichts

274 Liegt eine wirksame Gerichtsstandsvereinbarung i.S.v. Art. 25 vor, ist das prorogierte Gericht zur Annahme der Streitigkeit verpflichtet. Es genießt keinen Ermessensspielraum und kann die Durchsetzung der Abrede insbesondere nicht

---

[343] *Geimer*, IPRax 1994, S. 82.
[344] Rauscher/*Mankowski*, EuZPR, 4. Aufl. 2016, Art. 25 EuGVVO Rn. 237; *Kropholler/von Hein*, EuZPR, 9. Aufl. 2011, Art. 23 EuGVVO a.F. Rn. 101.
[345] Vgl. Liste i.S.v. Art. 65 Abs. 1, 76 Abs. 1 Bst. b, vgl. ABl. EU 2015/C 4/02 vom 09.01.2005, Liste 2.
[346] Rauscher/*Mankowski*, EuZPR, 4. Aufl. 2016, Art. 25 EuGVVO Rn. 237; *Kropholler/von Hein*, EuZPR, 9. Aufl. 2011, Art. 23 EuGVVO a.F. Rn. 102.

deshalb verweigern, weil es ein anderes Gericht zur Entscheidung für besser geeignet hält. Die aus dem *common law* stammende *forum non conveniens*-Doktrin entfaltet in der EuGVVO keine Wirkung.[347] Diese Lehre kann auch nicht über den Verweis in Abs. 1 Satz 1 a.E. auf das nationale Recht des prorogierten Gerichts zur Anwendung gebracht werden.[348]

5. Litispendenzregel bei Anrufung eines abredewidrigen Gerichts: Art. 31 Abs. 2 bis Abs. 4

Wird ein anderes als das ausschließlich prorogierte Gericht angerufen, stellt sich die Frage, ob der „im falschen Forum" beklagten Partei aufgrund der anderweitigen Rechtshängigkeit der Weg zum prorogierten Gericht versperrt ist. Unter der EuGVVO a.F. galt eine strikte Priorität zugunsten des zuerst angerufenen Gerichts, selbst wenn das dortige Verfahren unter Missachtung einer Gerichtsstandsabrede in einem wegen seiner langen Verfahrensdauer berüchtigten Forum eingeleitet worden war. In jedem Fall löste die zuerst erhobene Klage im derogierten Forum uneingeschränkt eine europaweite Rechtshängigkeitssperre aus.[349] 275

Da diese Rechtslage die Zuverlässigkeit von Gerichtsstandsvereinbarungen erheblich beeinträchtigte, hat der Verordnungsgeber im Zuge der EuGVVO-Revision 2012 in Art. 31 Abs. 2 bis 4 eine Sonderregelung eingeführt, durch die die strikte zeitliche Priorität zugunsten des zuerst angerufenen Gerichts in Art. 29 durchbrochen wird. Vereinfacht ausgedrückt stellt Art. 31 Abs. 2 bis 4 sicher, dass trotz anderweitiger Rechtshängigkeit der Weg zu einem ausschließlich prorogierten Gericht offenbleibt. Das zuerst angerufene, nicht gewählte Gericht hat das bei ihm anhängige Verfahren nach einer eingeschränkten Prüfung der Gerichtsstandsvereinbarung auszusetzen (Art 31 Abs. 2) und die Entscheidung des designierten Gerichts über dessen Zuständigkeit abzuwarten. Erklärt sich das progierte Gericht für zuständig, muss sich das zuerst angerufene Gericht für unzuständig erklären (Art. 31 Abs. 3).[350] 276

Auch wenn die Anwendung von Art. 31 Abs. 2–4 in der Praxis mit einigen Unklarheiten verbunden sein dürfte, ist die Regelung insgesamt zu begrüßen, weil sie zur Stärkung internationaler Gerichtsstandsvereinbarungen im Gemeinschaftsgebiet geeignet erscheint. 277

6. Bindungswirkung der Entscheidung eines mitgliedstaatlichen Gerichts über die Wirksamkeit einer Gerichtsstandsvereinbarung

Hat ein mitgliedstaatliches Gericht seine Zuständigkeit aufgrund einer entgegenstehenden Gerichtsstandsvereinbarung zugunsten der Gerichte eines EU-Mitgliedstaates bzw. eines Nur-LugÜ-Vertragsstaats verneint, ist die Entscheidung über die Wirksamkeit der Zuständigkeitsabrede für alle Gerichte innerhalb der EU, d.h. 278

---

[347] EuGH, 1.3.2005 – Rs. C-281/02, *Owusu* ./. *Jackson*, Slg. 2005, I-1383 (ECLI:EU:C:2005:120).
[348] *Freitag*, in: FS Magnus, 2014, S. 419 (429 ff.).
[349] EuGH, 9.12.2003 – Rs. C-116/02, *Erich Gasser GmbH* ./. *MISAT Srl.*, Slg. 2003, I-14693 (ECLI:EU:C:2003:657), Rn. 42 ff.
[350] Vgl. Kommentierung zu Art. 31 Rn. 9 ff.

auch für das prorogierte Forum bindend.[351] Nach Meinung des EuGH ist die **Entscheidung über die Wirksamkeit der Gerichtsstandsvereinbarung** nach den Vorschriften des LugÜ bzw. der EuGVVO aufgrund eines unionsautonomen Rechtskraftbegriffs **für alle anderen mitgliedstaatlichen Gerichte bindend**, gleich ob das Recht des Ursprungslandes eine Vorfragenbindung vorsieht.[352] Im Unionsrecht erfasse der Begriff der Rechtskraft – so der EuGH – nicht nur den Tenor der fraglichen gerichtlichen Entscheidung, sondern auch die den Tenor tragenden Entscheidungsgründe.[353] Zur Begründung führt der EuGH den Grundsatz des gegenseitigen Vertrauens, das Bedürfnis nach einheitlicher Anwendung der Zuständigkeitsvorschriften im Unionsrecht und das Verbot der Nachprüfung gerichtlicher Entscheidungen gem. Art. 45 Abs. 3 Satz 1 und Art. 52 an.[354]

279 Diese Rechtsprechung des EuGH wird im Schrifttum zurecht kritisiert, weil sie eine **Durchbrechung der Wirkungserstreckungslehre** bedeutet, für die die EuGVVO keine Grundlage enthält.[355]

280 Der in der EuGH-Rechtsprechung entwickelte unionsweite Rechtskraftbegriff betreffend Gerichtsstandsvereinbarungen ist durch die Einführung von Art. 31 Abs. 2 – Abs. 4 nicht hinfällig geworden. Denn das durch diese Vorschrift grundsätzlich garantierte Entscheidungsvorrecht des prorogierten Gerichts hinsichtlich der Wirksamkeit der Zuständigkeitsabrede schließt es nicht aus, dass ein derogiertes Gericht mit Bindungswirkung für das gesamte EU-Gebiet über die Wirksamkeit der Zuständigkeitsabrede entscheidet. Dazu kann es – trotz Art. 31 Abs. 2–4 – kommen, wenn das Verfahren vor dem designierten Gericht – aus welchen Gründen auch immer – mit Verzögerung eingeleitet wird und das derogierte Gericht bereits vor Anrufung des *forum prorogatum* über die Gerichtsstandsvereinbarung entschieden hat. Von praktischer Bedeutung ist der unionsweite Rechtskraftbegriff auch bei der Kollision von Verfahren vor dem Gericht eines Nur-LugÜ-Staats mit einem mitgliedstaatlichen Gerichtsverfahren, weil insoweit gem. Art. 73 Abs. 1 EuGVVO i.V.m. Art. 64 Abs. 2 lit. b LugÜ die Sonderregelung des Art. 31 EuGVVO nicht anwendbar ist.[356]

7. Anti-suit injunction bei Verletzung einer Gerichtsstandsvereinbarung?

281 Erhebt die Partei einer ausschließlichen Gerichtsstandsvereinbarung[357] Klage vor einem nicht designierten Gericht, helfen manche Rechtsordnungen dem abredewidrig Verklagten durch den Erlass einer gerichtlichen Anordnung gegen

---

[351] EuGH, 15.11.2012 – Rs. C-456/11, *Gothaer Allgemeine Versicherung AG u.a. ./. Samskip GmbH*, ECLI:EU:C:2012:719, Rn. 36 ff.
[352] EuGH, 15.11.2012 – Rs. C-456/11, *Gothaer Allgemeine Versicherung AG u.a. ./. Samskip GmbH*, ECLI:EU:C:2012:719, Rn. 39.
[353] EuGH, 15.11.2012 – Rs. C-456/11, *Gothaer Allgemeine Versicherung AG u.a. ./. Samskip GmbH*, ECLI:EU:C:2012:719, Rn. 40.
[354] EuGH, 15.11.2012 – Rs. C-456/11, *Gothaer Allgemeine Versicherung AG u.a. ./. Samskip GmbH*, ECLI:EU:C:2012:719, Rn. 35 ff.
[355] Vgl. *Bach*, EuZW 2013, S. 56 (57 ff.); *Klöpfer*, GPR 2015, S. 210 (211 ff.); *Roth*, IPRax 2014, S. 136. Vgl. hierzu ausführlich die Kommentierung bei Art. 36 Rn. 13 ff.
[356] Vgl. hierzu die Kommentierung zu Art. 73 Rn. 10 f.
[357] Zu den in der Praxis weniger relevanten *anti-suit injunctions* zur Durchsetzung von nicht ausschließlichen Gerichtsstandsvereinbarungen vgl. *Illmer*, IPRax 2012, S. 406.

den abredewidrig Klagenden, gerichtet auf Unterlassung der Prozessfortführung im falschen Forum. Ein solches Prozessführungsverbot hält insbesondere das angelsächsische Recht unter dem Stichwort *anti-suit injunction* bereit.[358]

Bei der Frage, ob eine Gerichtsstandsvereinbarung im Anwendungsbereich von Art. 25 mittels Prozessführungsverbot durchgesetzt werden kann, sind zwei Ebenen zu unterscheiden, zum einen die der Voraussetzungen für die Anordnung eines solchen Verbotes, zum anderen die der Zulässigkeit innerhalb der EuGVVO.

a) Materiell-rechtliche Voraussetzungen sog. *anti-suit injunctions*

Bei Klageerhebung unter Missachtung einer ausschließlichen Gerichtsstandsvereinbarung besteht vor englischen Gerichten die Möglichkeit, eine sog. *contractual anti-suit injunction* zu erwirken. Zentrale Voraussetzung hierfür ist, dass die Gerichtsstandsvereinbarung einen Anspruch des Antragstellers auf Unterlassung der abredewidrigen Klage begründet und keine gewichtigen Gründe vorliegen, die den Erlass einer *anti-suit injunction* im Einzelfall unangemessen erscheinen lassen. Ob die Zuständigkeitsabrede eine Pflicht zur Unterlassung abredewidriger Klagen begründet, beurteilen die englischen Gerichte unter Rückgriff auf das Prorogationsstatut.

Unterliegt die Abrede englischem Recht, besteht stets eine Pflicht der Parteien, vor keinem anderen als dem designierten Gericht zu prozessieren. Diese Pflicht kann im Wege einer *contractual anti-suit injunction* durchgesetzt werden. Unterliegt die Gerichtsstandsvereinbarung ausländischem Recht, das Gerichtsstandsabreden keinen verpflichteten Inhalt beimisst, ist ein Prozessführungsverbot durch englische Gerichte nur unter den strengen Voraussetzungen einer *noncontractual anti-suit injuction* möglich. Gewichtige Gründe, die gegen den Erlass einer *contractual anti-suit injunction* im Einzelfall sprechen können, sind unter anderem ein fortgeschrittener Stand des abredewidrigen Verfahrens und eine rügelose Einlassung des Antragstellers in diesem Verfahren.[359]

Im Gegensatz zu England sind gerichtliche Prozessführungsverbote zur Durchsetzung von Gerichtsstandsvereinbarungen der **deutschen Gerichtspraxis** bis dato fremd. Ob und in welchem Rahmen sie nach deutschem Recht zulässig sind, ist im Schrifttum umstritten. Es herrscht zwar weitgehend Einigkeit darüber, dass unter Rückgriff auf die *lex fori prorogati*, also das Recht am designierten Gericht, zu bestimmen ist, ob die Parteien einer ausschließlichen Zuständigkeitsabrede verpflichtet sind, kein anderes als das gewählte Gericht anzurufen.[360] Divergierend wird jedoch die Frage beurteilt, ob nach deutschem Recht eine Prorogation die Pflicht begründet, von der Vereinbarung erfasste

---

[358] Vgl. zur Darstellung der geschichtlichen Wurzeln der *anti-suit injunction* ausführlich E. *Peiffer*, Schutz gegen Klagen im forum derogatum, 2013, S. 285 ff.
[359] Vgl. zum ganzen ausführlich E. *Peiffer*, Schutz gegen Klagen im forum derogatum, 2013, S. 289 ff.
[360] Die Anwendbarkeit der *lex fori prorogati* wird damit begründet, dass der Verpflichtungsinhalt einer Gerichtsstandsvereinbarung die verfügende Wirkung der Abrede ergänzt, so dass es gerechtfertigt ist, beide Aspekte einem einheitlichen Recht zu unterwerfen. Vgl. *Schröder*, in: FS Kegel, 1987, S. 523 (533 f.); *Wagner*, Prozeßverträge, 1998, S. 358; *Köster*, Haftung wegen Forum Shopping, 2001, S. 97 f.; E. *Peiffer*, Schutz gegen Klagen im forum derogatum, 2013, S. 330 f.

Streitigkeiten lediglich vor das designierte Gericht zu bringen. Eine Ansicht spricht Gerichtsstandsabreden lediglich Verfügungscharakter zu, also allein die Fähigkeit, eine nicht bestehende Zuständigkeit zu begründen und einen gesetzlichen Gerichtsstand auszuschließen.[361] Andere billigen einen Verpflichtungsgehalt wenigstens dann zu, wenn die Parteien explizit eine entsprechende Abrede getroffen haben.[362] Nach einer im Vormarsch befindlichen – überzeugenden – Ansicht entspricht es auch ohne explizite Abrede dem Parteiwillen, dass ausschließliche internationale Gerichtsstandsvereinbarungen die Pflicht begründen, in keinem anderen als dem vereinbarten Forum zu klagen.[363] Folgt man dieser zuletzt genannten Ansicht, wäre bei Geltung deutschen Rechts ein Unterlassungsanspruch der im falschen Forum beklagten Partei gegeben, so dass dessen Durchsetzung mittels gerichtlicher Anordnung denkbar erscheint.

b) Zulässigkeit von *anti-suit injunctions* bei abredewidriger Klage innerhalb der EU

286 Lange war umstritten, ob ein mitgliedstaatliches Gericht einem abredewidrig Klagenden untersagen konnte, ein Gerichtsverfahren fortzuführen, das er unter Missachtung einer Gerichtsstandsabrede in einem anderen EU-Mitgliedstaat eingeleitet hatte. Englische Gerichte sahen sich durch die EuGVVO (bzw. das EuGVÜ) am Erlass von *anti-suit injunctions* nicht gehindert.[364] Sie verwiesen auf das Fehlen eines ausdrücklichen europarechtlichen Verbotes und sahen hierdurch auch nicht die grundsätzliche Kompetenz der EU-mitgliedstaatlichen Gerichte gefährdet, selbst über ihre internationale Zuständigkeit zu entscheiden. Denn eine *anti-suit injunction* beinhalte keine Entscheidung über die *jurisdiction* des (mittelbar) durch sie betroffenen Gerichts, sondern lediglich eine Würdigung der Treuwidrigkeit der Partei, die dieses Gericht angerufen hat. Außerdem könne durch Prozessführungsverbote das Risiko widersprüchlicher Entscheidungen innerhalb der EU minimiert werden.

287 Dieser Argumentation erteilte der EuGH im Jahr 2004 in der Entscheidung **Turner ./. Grovit** eine deutliche Absage und entschied, dass **Prozessführungsverbote mit dem EuGVÜ nicht vereinbar** sind.[365] *Anti-suit injunctions* würden – so der EuGH – das Vertrauen auf die richtige Auslegung und Anwendung der europäischen Zuständigkeitsregeln durch die mitgliedstaatlichen Gerichte und das daraus folgende Verbot der Überprüfung der Zuständigkeit eines Gerichts durch die Gerichte eines anderen Mitgliedstaats verletzen. Prozess-

---

[361] *Henckel,* Prozessrecht und materielles Recht, 1970, S. 34 ff.; *Hausmann,* in: FS Lorenz 1991, S. 358 (361); *Pfeiffer,* Internationale Zuständigkeit, 1995, S. 769 ff.; *Naumann,* Anti-suit injunctions, 2008, S. 96 f.; *Schack,* ZZP 116 (2003), S. 130 (131).
[362] *Wagner,* Prozeßverträge, 1998, S. 255 ff.; *Mankowski,* IPRax 2009, S. 23 (27).
[363] *Hellwig,* Zivilprozeßrechtlicher Vertrag, 1968, S. 60 ff.; *Schlosser,* in: FS Lindacher, 2007, S. 111 (116 ff.); *Schröder,* in: FS Kegel, 1987, S. 523 (531 ff.); *Gottwald,* in: FS Henckel, 1995, S. 294 (307 ff.); *Köster,* Haftung wegen Forum Shopping, 2001, S. 85 ff.; *Eichel,* AGB-Gerichtsstandsklauseln, 2007, S. 224 f.; *E. Peiffer,* Schutz gegen Klagen im forum derogatum, 2013, S. 331 ff.
[364] Vgl. anstatt vieler House of Lords, 13.12.2001 – *Turner ./. Grovit,* [2002] 1 W.L.R. 107 (Vorlage an EuGH), Rn. 21 ff.
[365] EuGH, 27.4.2004 – Rs. C-159/02, *Turner ./. Grovit,* Slg. 2004, I-3565 (ECLI:EU:C:2004:228), Rn. 25 ff.

führungsverbote trügen auch nicht dazu bei, die Gefahr widersprechender Entscheidungen zu verringern. Es könne nämlich nicht ausgeschlossen werden, dass trotz einer in einem Mitgliedstaat verhängten *anti-suit injunction* das Gericht eines anderen EU-Staats eine Entscheidung erlässt. Ebenso wenig könne ausgeschlossen werden, dass die Gerichte zweier EU-Staaten entgegengesetzte Prozessführungsverbote verhängten. Der EuGH führte außerdem an, der Erlass einer *anti-suit injunction* nehme den im europäischen Recht vorgesehenen Mechanismen zur Verhinderung von Parallelverfahren – insbesondere den Rechtshängigkeitsregeln – ihre praktische Wirksamkeit.

Zwar ging es in dem der Entscheidung *Turner ./. Grovit* zugrundeliegenden 288 Fall um den Erlass einer *non-contractual anti-suit injunction*. Die vom EuGH vorgebrachten Argumente sprechen jedoch gleichermaßen gegen die Statthaftigkeit von *contractual anti-suit injunctions* zur Durchsetzung von Gerichtsstandsvereinbarungen. Dies wird auch durch das EuGH-Urteil in der Sache **Allianz SpA ./. Westtankers Inc.** bestätigt.[366] In diesem entschied der EuGH, dass es im Anwendungsbereich der EuGVVO einem mitgliedstaatlichen Gericht nicht möglich ist, zum Schutz einer Schiedsabrede einer Partei die Fortführung eines vor den Gerichten eines anderen Mitgliedstaats eingeleiteten Verfahrens zu verbieten. Der EuGH verwies auf den Grundsatz des gegenseitigen Vertrauens in die richtige Anwendung und Auslegung der EuGVVO durch die mitgliedstaatlichen Gerichte, sowie auf das Prinzip, dass jedes Gericht selbst über seine Zuständigkeit entscheiden darf.

Zusammenfassend ist somit festzuhalten, dass im Verhältnis zwischen den mit- 289 gliedstaatlichen Gerichten der Erlass von Prozessführungsverboten zur Durchsetzung von Gerichtsstandsvereinbarungen nicht in Betracht kommt. Angesichts des neu eingeführten Art. 31 Abs. 2 bis 4 dürfte das praktische Bedürfnis nach dem Erlass von Prozessführungsverboten zum Schutz von Zuständigkeitsabreden ohnehin erheblich sinken. Denn nunmehr ist es der Partei einer Gerichtsstandsabrede möglich, vor das prorogierte Gericht zu ziehen – auch wenn der Streitgegenstand bereits anderswo rechtshängig sein sollte.

d) Zulässigkeit von anti-suit injunctions bei abredewidriger Klage außerhalb der EU

Von der zuvor behandelten Konstellation ist die Frage zu unterscheiden, ob 290 es einem nach Art. 25 EuGVVO prorogierten mitgliedstaatlichen Gericht verwehrt ist, einer abredewidrig vor ein Gericht außerhalb der EU gezogenen Partei das Prozessieren dort zu untersagen. Dies wird zu Recht verneint,[367] da die Gründe, die dem Erlass von *anti-suit injunctions* im Verhältnis zwischen den mitgliedstaatlichen Gerichten entgegenstehen, für Prozessführungsverbote betreffend ein drittstaatliches Verfahren nicht gelten: Insbesondere müssen mitgliedstaatliche Gerichte drittstaatlichen Gerichten kein vergleichbares Vertrauen in

---

[366] EuGH, 10.2.2009 – Rs. C-185/07, *Allianz SpA ./. Westtankers Inc.*, Slg. 2009, I-663 (ECLI:EU:C:2009:69), Rn. 29 ff.
[367] *Hau*, Positive Kompetenzkonflikte, 1996, S. 216; *Spickhoff*, in: FS Deutsch, 1999, S. 327 (331); *Smith*, RIW 1993, S. 802 (808); E. *Peiffer*, Schutz gegen Klagen im forum derogatum, 2013, S. 363 ff.

die Rechtspflege entgegenbringen. Es gehört außerdem nicht zum Regelungsziel der EuGVVO, über den Kreis der Mitgliedstaaten hinaus einen geordneten internationalen Rechtsverkehr sicherzustellen.

8. Schadensersatz bei Verletzung einer Gerichtsstandsvereinbarung?

291 Wird eine Partei in einem anderen als dem gewählten Forum verklagt, können ihr hierdurch diverse Schäden entstehen. Zu denken ist in erster Linie an die für die Verteidigung vor dem derogierten Gericht aufgewendeten **Prozess- und Anwaltskosten**, die in manchen Ländern selbst bei geringer Verfahrensdauer eine immense Höhe erreichen können und nach vielen Prozessrechtsordnungen der beklagten Partei auch dann ganz oder teilweise zur Last fallen, wenn sie in der Zuständigkeitsfrage obsiegt und das derogierte Gericht die vor ihm erhobene Klage abweist. Weitere Einbußen können entstehen, wenn sich das abredewidrig angerufene Gericht über die Gerichtsstandsvereinbarung hinwegsetzt und in der Sache entscheidet. Denkbar ist etwa, dass die verklagte Partei zu einer Leistung verurteilt wird, die im *forum prorogatum* – wegen Geltung anderen Prozess- oder Sach-Rechts – nicht oder nicht in derselben Höhe tituliert worden wäre. Ob und inwieweit die im abredewidrigen Forum verklagte Partei Ersatz ihrer Schäden erlangen kann, hängt zum einen von dem anwendbaren materiellen Recht ab, zum anderen von der Vereinbarkeit von Schadensersatzansprüchen wegen Missachtung von Zuständigkeitsabreden mit der EuGVVO.[368]

a) Schadensersatzhaftung in nationalen Rechten

292 Die vertragliche Schadensersatzhaftung wegen Missachtung einer internationalen Gerichtsstandsabrede unterliegt **in England** dem materiellen Prorogationsstatut, das üblicherweise dem Recht des Vertrags entspricht, der die Zuständigkeitsabrede beinhaltet.[369] Im englischen Recht kann die Verletzung einer Gerichtsstandsabrede zu einer vertraglichen Schadensersatzhaftung aus *common law* führen. Erforderlich ist danach ein *breach of contract*, also die Verletzung einer vertraglichen Pflicht. Ein Verschulden der abredewidrig klagenden Partei ist dagegen prinzipiell nicht notwendig (sog. *strict liability*). Aus Sicht des *common law* stellt jeder Vertrag nämlich eine Art Garantieversprechen dar: Die Vertragsparteien sichern sich gegenseitig die ordnungsgemäße Erfüllung ihrer Pflichten zu mit der Folge, dass beim vollständigen oder teilweisen Ausbleiben des geschuldeten Erfolgs verschuldensunabhängig Schadensersatz zu leisten ist. Nach der überwiegenden Auffassung in Rspr. und Lit. stellen ausschließliche Gerichtsstandsabreden gewöhnliche vertragliche Abmachungen dar, die nach den allgemeinen Regeln des Leistungsstörungsrechts zu behandeln sind. Solche Abreden begründen die Verpflichtung der Parteien, vor keinem anderen als dem designierten Gericht zu klagen. Klagt eine Partei abredewidrig, bricht sie den Vertrag

---

[368] Vgl. zu den weiteren Fragen nach dem international zuständigen Gericht für die Zuerkennung von Schadensersatz und den Erfolgsaussichten einer grenzüberschreitenden Anerkennung eines Schadensersatzjudikats ausführlich E. *Peiffer*, Schutz gegen Klagen im forum derogatum, 2013, S. 468 ff.
[369] Vgl. mit weiteren Nachweisen E. *Peiffer*, Schutz gegen Klagen im forum derogatum, 2013, S. 431.

Text + Erläuterungen   Art. 25   **B Vor I   7**

und setzt sich damit einem verschuldensunabhängigen Schadensersatzanspruch aus.[370]

Auch **spanische Gerichte** haben abredewidrig klagende Parteien zum Schadensersatz wegen Verletzung einer auf die Gerichte in Barcelona lautenden ausschließlichen Zuständigkeitsabrede verurteilt.[371]   **293**

Eine vergleichbare Entscheidung deutscher Gerichte ist bislang nicht berichtet. Die Möglichkeit einer vertraglichen Schadensersatzhaftung nach **deutschem Recht** wird im Schrifttum heftig diskutiert.[372] Nimmt man mit der hier vertretenen Auffassung an, dass die Gerichtsstandsabrede eine **Pflicht der Parteien** begründet, vor keinem anderen als dem vereinbarten Forum zu klagen, kommt eine Haftung gem. § 280 Abs. 1 BGB in Betracht. Es stellt sich jedoch die Frage, ob eine Schadensersatzhaftung mit dem Rechtsstaatsprinzip (Art. 3 GG) und dem daraus resultierenden **Rechtfertigungsgrund** der Inanspruchnahme eines gesetzlich geregelten Verfahrens vereinbar ist. Geht man von einer rechtswidrigen Pflichtverletzung aus, ist außerdem zu klären, ob der abredewidrig Klagende den Pflichtverstoß wegen Verschuldens gem. § 276 Abs. 1 Satz 1 BGB zu **vertreten** hat. Gem. § 280 Abs. 1 Satz 2 BGB gilt insoweit eine Beweislastumkehr, so dass es Sache des abredewidrig Klagenden ist, nachzuweisen, dass er nicht schuldhaft gehandelt hat. Es ist jedoch derzeit unklar, unter welchen Umständen sich der abredewidrige Kläger entlasten kann. Unsicherheit herrscht auch darüber, **welchem Recht** eine vertragliche Schadensersatzhaftung wegen Verletzung einer internationalen Gerichtsstandsabrede unterliegt. Richtigerweise ist auf die *lex fori prorogati* abzustellen, also das Recht am designierten Forum.   **294**

b) Vereinbarkeit der Zuerkennung von Schadensersatz mit der EuGVVO wegen abredewidriger Klage in einem EU-Mitgliedstaat

Ob die Zuerkennung von Schadensersatz durch die Gerichte eines EU-Mitgliedstaats wegen abredewidriger Klage in einem anderen EU-Mitgliedstaat mit der EuGVVO vereinbar ist, wurde bisher – soweit ersichtlich – weder durch ein mitgliedstaatliches Gericht noch durch den EuGH entschieden. Im Schrifttum wird die Frage kontrovers diskutiert.   **295**

Einige Autoren halten solche Schadensersatzansprüche grundsätzlich für unvereinbar mit dem System der EuGVVO:[373] Mit einem entsprechenden Schadensersatzurteil sei „*ein Verdikt über die Unzuständigkeit des abredewidrig angerufenen*   **296**

---

[370] Ausführlich hierzu mit weiteren Nachweisen, *E. Peiffer*, Schutz gegen Klagen im forum derogatum, 2013, S. 432 ff.
[371] Spanischer Tribunal Supremo, 12.1.2009 – *USA Sogo Inc. ./. Angel Jesus*, IPRax 2009, S. 529: Eine Partei hatte entgegen einer ausschließlichen Zuständigkeitsabrede zugunsten Barcelona in Florida (USA) geklagt. Das US-Gericht hatte seine *jurisdiction* wegen der entgegenstehenden Gerichtsstandsvereinbarung verneint und die Klage abgewiesen. Die Entscheidung wurde in der zweiten Instanz bestätigt. Vor spanischen Gerichten begehrte der im falschen Forum Verklagte anschließend mit Erfolg Ersatz der für die Prozessführung in den USA aufgewendeten Kosten in Höhe von EUR 835.000.
[372] Ausführlich mit weiteren Nachweisen, *E. Peiffer*, Schutz gegen Klagen im forum derogatum, 2013, S. 435 ff.; *Sandrock*, RIW 2004, S. 809; *Eichel*, AGB-Gerichtsstandsklauseln, 2007, S. 225 ff.; *Köster*, Haftung wegen Forum Shopping, 2001, S. 90 ff.; *Mankowski*, IPRax 2009, S. 23 (26).
[373] *Schack*, IZVR, 6. Aufl. 2014, Rn. 863; *Fentiman*, in: de Vareilles-Sommières (Hrsg.), Forum Shopping, 2007, S. 27 (43 ff.); *Mankowski*, IPRax 2009, S. 29 (29 f.), der nun aber offenbar eine differenzierende Auffassung hat, vgl. Rauscher/*Mankowski*, EuZPR, 4. Aufl. 2016, Art. 25 EuGVVO Rn. 249.

Gerichts verbunden",[374] was im Widerspruch zu dem grundlegenden Prinzip der EuGVVO stehe, wonach jedes Gericht über seine eigene Zuständigkeit ausschließlich selbst und alle anderen Gerichte verdrängend entscheidet.[375] Eine Verurteilung zum Schadensersatz verletzte außerdem das in der EuGH-Entscheidung *Erich Gasser GmbH ./. MISAT Srl.* anerkannte Recht der Partei einer Gerichtsstandsabrede, die Wirksamkeit der Abrede durch ein anderes als das designierte Gericht überprüfen zu lassen.[376] Gegen die Zuerkennung von Schadensersatz wird schließlich vorgebracht, sie verfolge den gleichen Zweck wie der Erlass eines Prozessführungsverbotes und sei daher genauso unvereinbar mit dem europäischen System wie die *anit-suit injunction*.[377]

297 Richtig erscheint es, bei der Beantwortung der Frage zwei Konstellationen auseinanderzuhalten:[378] Wurde im abgewählten Forum die Durchsetzung der Abrede verweigert und eine Entscheidung in der Sache getroffen (Konstellation 1), ist die Zuerkennung von Schadensersatz wegen Verletzung der Gerichtsstandsabrede mit dem System der EuGVVO nicht vereinbar. Hat das abredewidrig angerufene Gericht hingegen die Zuständigkeitsvereinbarung anerkannt und sich für unzuständig erklärt (Konstellation 2), stehen der Zuerkennung von Schadensersatz durch ein anderes mitgliedstaatliches Gericht keine zwingenden Gründe entgegen.

aa) Konstellation 1: Gerichtsstandsvereinbarung im *forum derogatum* nicht anerkannt

298 Für die **Unvereinbarkeit der Zuerkennung von Schadensersatzansprüchen mit der EuGVVO** in der Konstellation 1 spricht insbesondere das der Verordnung zugrundeliegende Prinzip, wonach die Mitgliedstaaten gegenseitig ihren Rechtssystemen und Rechtspflegeorganen Vertrauen entgegenzubringen haben.[379] Ein wesentlicher Bestandteil dieses Grundsatzes ist die Prämisse, dass die Zuständigkeitsregeln der EuGVVO von jedem der mitgliedstaatlichen Gerichte mit gleicher Sachkenntnis ausgelegt und angewandt werden können.[380] Jedes mitgliedstaatliche Gericht entscheidet selbst über seine Zuständigkeit, weil die Gerichte eines anderen Mitgliedstaates nicht besser in der Lage sind, über die internationale Zuständigkeit des Erstgerichts zu befinden.[381] Eine **Überprü-**

---

[374] *Mankowski*, IPRax 2009, S. 23 (29).
[375] *Mankowski*, IPRax 2009, S. 23 (29); *Schack*, IZVR, 6. Aufl. 2014, Rn. 863.
[376] *Fentiman*, in: de Vareilles-Sommières (Hrsg.), Forum Shopping, 2007, S. 27 (45) unter Verweis auf EuGH, 9.12.2003 – Rs. C-116/02, *Erich Gasser GmbH ./. MISAT Srl.*, Slg. 2003, I-14693 (ECLI:EU:C:2003:657).
[377] *Mankowski*, IPRax 2009, S. 23 (30); *Schack*, IZVR, 6. Aufl. 2014, Rn. 863.
[378] So wie hier auch *Joseph*, Jurisdiction and Arbitration Agreements and their Enforcement, 2005, Rn. 14.13 f.; *Bříza*, J. Priv. Int. L. 5 (2009), S. 537 (549 ff.); *E. Peiffer*, Schutz gegen Klagen im forum derogatum, 2013, S. 479 ff. und wohl auch Rauscher/*Mankowski*, EuZPR, 4. Aufl. 2016, Art. 25 EuGVVO Rn. 249 (entgegen seiner früheren Auffassung, vgl. *Mankowski*, IPRax 2009, S. 23 (29 f.)). Ähnlich *Briggs*, Agreements on Jurisdiction and Choice of Law, 2008, Rn. 8.70 f.
[379] EuGH, 10.2.2009 – Rs. C-185/07, *Allianz SpA ./. Westtankers Inc.*, Slg. 2009, I-663 (ECLI:EU:C:2009:69), Rn. 30.
[380] EuGH, 27.4.2004 – Rs. C-159/02, *Turner ./. Grovit*, Slg. 2004, I-3565 (ECLI:EU:C:2004:228), Rn. 25.
[381] EuGH, 9.12.2003 – Rs. C-116/02, *Erich Gasser GmbH ./. MISAT Srl.*, Slg. 2003, I-14693 (ECLI:EU:C:2003:657), Rn. 48.

fung des Zuständigkeitsentscheids im Zweitland erscheint daher **unangebracht**. Genau hierzu kommt es jedoch, wenn ein mitgliedstaatliches Gericht Schadensersatz wegen abredewidriger Anrufung der Gerichte eines anderen Mitgliedstaates zuspricht, obwohl letztere Gerichte die Durchsetzung der Gerichtsstandsvereinbarung verweigert haben. Denn die Zuerkennung von Schadensersatz erfordert stets die Feststellung, dass die Entscheidungskompetenz des Erstgerichts entgegen dessen Auffassung nicht gegeben war.

Die Zuerkennung von Schadensersatz in der Konstellation 1 ist auch deswegen abzulehnen, weil ansonsten ein Verstoß gegen das Verbot der *révision au fond* (Art. 52) droht: Das im Schadensersatzprozess angerufene Gericht hat die Entscheidung aus dem *forum derogatum* gem. Art. 36 ff. prinzipiell anzuerkennen und darf die Entscheidung keinesfalls in der Sache selbst nachprüfen. Dem Schadensersatzgericht ist es somit verwehrt, das anzuerkennende Judikat des abredewidrig angerufenen Gerichts in tatsächlicher oder rechtlicher Hinsicht zu kontrollieren. Genau dies würde jedoch geschehen, wenn im Schadensersatzprozess geltend gemacht wird, das prorogierte Gericht hätte in der Sache anders als das abredewidrig angerufene entschieden. Denn bei der Beurteilung des Schadensersatzbegehrens hat das Gericht zu prüfen, ob unter Zugrundelegung des im *forum prorogatum* geltenden Prozess- und Sachrechts die Entscheidung des abredewidrig angerufenen Gerichts aus tatsächlichen und/oder rechtlichen Gründen anders ausgefallen wäre.

Angesichts des neu eingeführten Art. 31 Abs. 2 und 3 dürfte die Konstellation 1 in Zukunft ohnehin an Bedeutung verlieren. Denn diese Vorschrift verpflichtet das abredewidrige Gericht, sich für unzuständig zu erklären, sobald das gewählte Gericht seine Zuständigkeit positiv festgestellt hat. Das Risiko, dass im *forum derogatum* eine Sachentscheidung getroffen wird, obwohl sich das designierte Gericht für zuständig erklärt, ist daher sehr gering.

bb) Konstellation 2: Gerichtsstandsvereinbarung im *forum derogatum* anerkannt

Demgegenüber ist in der Konstellation 2 die **Verurteilung zum Schadensersatz unproblematisch**. Das Schadensersatzgericht setzt sich hier mit der Feststellung, dass die Gerichtsstandsvereinbarung der Klage im *forum derogatum* entgegensteht, – anders als in der Konstellation 1 – nicht in Widerspruch zu der Beurteilung des abgewählten Gerichts, sondern bestätigt vielmehr die von letzterem getroffene Entscheidung über die internationale Zuständigkeit. Dem Rechtssystem und den Rechtspflegeorganen im *forum derogatum* bringt das Schadensersatz-Gericht somit das europarechtlich gebotene Vertrauen entgegen. Die Kompetenz des abredewidrig angerufenen Gerichts, die Zuständigkeitsregeln der EuGVVO (hier insbesondere Art. 25) mit Sachkenntnis auszulegen und anzuwenden, wird nicht in Zweifel gezogen, sondern gerade bekräftigt.

Die Zuerkennung von Schadensersatz in der Konstellation 2 steht auch nicht im Widerspruch zu dem in der EuGH-Entscheidung *Erich Gasser GmbH ./. MISAT Srl.*[382] etablierten Grundsätzen. Dieses Urteil besagt lediglich, dass es

---
[382] EuGH, 9.12.2003 – Rs. C-116/02, *Erich Gasser GmbH ./. MISAT Srl.*, Slg. 2003, I-14693 (ECLI:EU:C:2003:657).

ausschließlich Sache des zuerst angerufenen Gerichts ist, über seine internationale Zuständigkeit zu befinden, selbst wenn eine Prorogation zugunsten eines anderen Gerichts vorliegt. Hieraus lässt sich allerdings nicht folgern, dass eine Partei von Kostenrisiken verschont bleiben soll, wenn sie vor ein derogiertes Gericht zieht. Der EuGH hat nur die Befugnis des erstangerufenen Gerichts zur prioritären Entscheidung über die Zuständigkeit bestätigt, nicht aber die Frage behandelt, wer die Kosten zu tragen hat, wenn sich dieses Gericht letztlich für unzuständig erklärt.

303 Schadensersatzansprüche in der Konstellation 2 führen auch nicht zu einer Verletzung der aus Art. 36 ff. EuGVVO resultierenden grundsätzlichen Pflicht des Schadensersatzgerichts, das Urteil des derogierten Gerichts anzuerkennen. Mangels Identität des Streitgegenstands beider Verfahren wird die Rechtskraft des letzteren Judikats der Erhebung der Schadensersatzklage nicht entgegenstehen: Gegenstand des Prozesses im *forum derogatum* war eine Streitigkeit aus dem Hauptvertrag, in dem die Zuständigkeitsabrede enthalten ist. Das Verfahren vor dem Schadensersatzgericht betrifft dagegen die Ersatzfähigkeit der Prozesskosten, die der abredewidrig Verklagte für die Durchsetzung der Gerichtsstandsvereinbarung aufgewendet hat.

306 Die Zuerkennung von Schadensersatz in der Konstellation 2 widerspricht somit nicht dem Grundsatz des gegenseitigen Vertrauens. Steht dieses Prinzip, welches das Hauptargument gegen die Zulässigkeit von *anti-suit injunctions* innerhalb der EU darstellt, der Gewährung von Schadensersatz nicht entgegen, liegt folglich ein gewichtiger Grund vor, die Vereinbarkeit von Schadensersatzansprüchen mit der EuGVVO anders zu beurteilen als die Zulässigkeit von Prozessführungsverboten.

307 Durch die neu eingeführte Rechtshängigkeitsregel in Art. 31 Abs. 2 und 3 dürfte sich die praktische Bedeutung der Konstellation 2 kaum verändern. Zwar ist das nicht gewählte Gericht verpflichtet, sich für unzuständig zu erklären, sobald das designierte Gericht seine Zuständigkeit positiv festgestellt hat. Bis zu diesem Zeitpunkt können jedoch durchaus Verfahrenskosten anfallen, für die die abredewidrig verklagte Partei nach dem Prozessrecht im *forum derogatum* gar nicht oder nur zum Teil Ersatz verlangen kann.

c) Vereinbarkeit der Zuerkennung von Schadensersatz mit der EuGVVO wegen abredewidriger Klage in einem Drittstaat

308 Die oben dargestellten Argumente für eine lediglich eingeschränkte Befugnis mitgliedstaatlicher Gerichte, Schadensersatz wegen abredewidriger Klage vor den Gerichten eines anderen Mitgliedstaates zuzusprechen, beanspruchen im Verhältnis zu den Gerichten eines Drittstaates keine Geltung. Aus der EuGVVO ergeben sich daher keine Begrenzungen für die Zuerkennung von Schadensersatz wegen abredewidriger Anrufung eines drittstaatlichen Gerichts. Insoweit besteht eine Parallele zu der Drittstaatenproblematik im Zusammenhang mit der Frage nach der Zulässigkeit von Prozessführungsverboten betreffend ein drittstaatliches Gerichtsverfahren.[383]

---

[383] Vgl. hierzu oben Rn. 290.

9. Vertragliche Absicherung von Gerichtsstandsvereinbarungen

Es stellt sich schließlich die Frage, ob die Parteien von Gerichtsstandsvereinba- 309
rungen der unsicheren Rechtslage bezüglich der Zuerkennung von Schadensersatz wegen einer abredewidrigen Klage dadurch Rechnung tragen können, dass sie für solche Fälle ausdrückliche vertragliche Regelungen treffen. Parteien könnten etwa explizit eine Kostenerstattungs- oder Schadensersatzpflicht bzw. eine Vertragsstrafe bei Missachtung der Gerichtsstandsabrede vorsehen.

Unabhängig davon, inwieweit solche Vereinbarungen nach nationalem Recht 310
wirksam abgeschlossen werden können,[384] stellt sich die Frage nach deren Vereinbarkeit mit der EuGVVO. Diese Problematik ist in der Rspr. bisher – soweit ersichtlich – kaum erörtert worden. Überzeugend erscheint es, ähnlich wie bei der Behandlung gesetzlicher Schadensersatzansprüche danach zu differenzieren, wie das abredewidrig angerufene mitgliedstaatliche Gericht über die Zuständigkeitsvereinbarung entschieden hat.[385] Hat es sich entgegen der Abrede für zuständig befunden, und ein Urteil in der Sache gefällt, ist die Verurteilung zum Kosten- und Schadensersatz bzw. zur Zahlung einer Vertragsstrafe mit der EuGVVO nicht zu vereinbaren.[386] Hat das derogierte Gericht die Gerichtsstandsvereinbarung hingegen anerkannt, stehen die Grundprinzipien und Regeln der EuGVVO der Zuerkennung von Kosten- bzw. Schadensersatz oder einer Vertragsstrafe nicht entgegen.[387]

Art. 26 [Zuständigkeit infolge rügeloser Einlassung]

(1) ¹Sofern das Gericht eines Mitgliedstaats nicht bereits nach anderen Vorschriften dieser Verordnung zuständig ist, wird es zuständig, wenn sich der Beklagte vor ihm auf das Verfahren einlässt. ²Dies gilt nicht, wenn der Beklagte sich einlässt, um den Mangel der Zuständigkeit geltend zu machen oder wenn ein anderes Gericht aufgrund des Artikels 24 ausschließlich zuständig ist.

(2) In Streitigkeiten nach den Abschnitten 3, 4 oder 5, in denen der Beklagte Versicherungsnehmer, Versicherter, Begünstigter eines Versicherungsvertrags, Geschädigter, Verbraucher oder Arbeitnehmer ist, stellt das Gericht, bevor es sich nach Absatz 1 für zuständig erklärt, sicher, dass der Beklagte über sein Recht, die Unzuständigkeit des Gerichts geltend zu machen, und über die Folgen der Einlassung oder Nichteinlassung auf das Verfahren belehrt wird.

EuGH-Rechtsprechung: EuGH, 24.6.1981 – Rs. 150/80, *Elefanten Schuh GmbH ./. Jacqmain*, Slg. 1981, 1671 (ECLI:EU:C:1981:148)

---

[384] Siehe zum englischen und deutschen Recht E. *Peiffer*, Schutz gegen Klagen im forum derogatum, 2013, S. 496 ff.
[385] Vgl. hierzu ausführlich E. *Peiffer*, Schutz gegen Klagen im forum derogatum, 2013, S. 508 ff.
[386] So auch *Pfeiffer*, in: FS Lindacher 2007, S. 77 (81 f.); E. *Peiffer*, Schutz gegen Klagen im forum derogatum, 2013, S. 508 f. A. A. *Mankowski*, IPRax 2009, S. 23 (33) und Rauscher/*Mankowski*, EuZPR, 4. Aufl. 2016, Art. 25 EuGVVO Rn. 261, der die Durchsetzung von Vertragsstrafen stets mit den Grundsätzen der FuGVVO für vereinbar hält.
[387] So auch *Pfeiffer*, in: FS Lindacher, S. 77 (82, 88); E. *Peiffer*, Schutz gegen Klagen im forum derogatum, 2013, S. 508 f.; Rauscher/*Mankowski*, EuZPR, 4. Aufl. 2016, Art. 25 EuGVVO Rn. 258.

B Vor I 7 Art. 26 VO (EU) Nr. 1215/2012

EuGH, 31.3.1982 – Rs. 25/81, *C.H.W.* ./. *G.J.H.*, Slg. 1982, 1189 (ECLI:EU:C:1982:116)

EuGH, 14.7.1983 – Rs. 201/82, *Gerling Konzern Speziale Kreditversicherung AG u.a.* ./. *Administrazione del Tesoro dello Stato*, Slg. 1983, 2503 (ECLI:EU:C:1983:217)

EuGH, 7.3.1985 – Rs. 48/84, *Spitzley* ./. *Sommer Exploitation SA*, Slg. 1985, 787 (ECLI:EU:C:1985:105)

EuGH, 13.7.1995 – Rs. C-341/93, *Danvaern Production A.S.* ./. *Schuhfabriken Otterbeck GmbH & Co*, Slg. 1995, I-2053 (ECLI:EU:C:1995:239)

EuGH, 27.4.1999 – Rs. C-99/96, *Mietz* ./. *Intership Yachting Sneek BV*, Slg. 1999, I-1597 (ECLI:EU:C:1999:202)

EuGH, 13.7.2000 – Rs. C-412/98, *Group Josi Reinsurance Company S.A.* ./. *Universal General Insurance Company (UGIC)*, Slg. 2000, I-5925 (ECLI:EU:C:2000:399)

EuGH, 19.1.1993 – Rs. C-89/91, *Shearson Lehmann Hutton Inc.* ./. *TVB Treuhandgesellschaft für Vermögensverwaltung und Beteiligungen mbH*, Slg. 1993, I-139 (ECLI:EU:C:1993:15)

EuGH, 17.9.2009 – Rs. C-347/08, *Vorarlberger Gebietskrankenkasse* ./. *WGV*, ECLI:EU:C:2009:561

EuGH, 20.5.2010 – Rs. C-111/09, *Česká podnikatelská pojišť'ovna as, Vienna Insurance Group* ./. *Bilas* (ECLI:EU:C:2010:290)

EuGH, 11.9.2014 – Rs. C-112/13, *A* ./. *B*, ECLI:EU:C:2014:2195

EuGH, 17.3.2016 – Rs. C-175/15, *Taser International Inc.* ./. *SC Gate 4 Business SRL u.a.*, ECLI:EU:C:2016:176

Schrifttum: *Grohmann, Uwe*, Die Reform der EuGVVO, ZIP 2015, S. 16; *Klöpfer, Matthias*, Im Spannungsverhältnis von europäischem und nationalem Verfahrensrecht: Die isolierte Rüge der örtlichen Zuständigkeit im Anwendungsbereich der EuGVVO, GPR 2013, S. 112; *Mankowski, Peter*, Änderungen im Internationalen Verbraucherprozessrecht durch die Neufassung der EuGVVO, RIW 2014, S. 625; *Mankowski, Peter*, Neues beim europäischen Gerichtsstand der rügelosen Einlassung durch Art. 26 Abs. 2 EuGVVO n.F., RIW 2016, S. 245; *Nordmeier, Carl Friedrich / Schichmann, Julia*, Die Sicherung der Belehrung vor rügeloser Einlassung gem. Art. 26 Abs. 2 EuGVVO n.F., GPR 2015, S. 199; *Schulte-Beckhausen, Sabine*, Internationale Zuständigkeit durch rügelose Einlassung im Europäischen Zuständigkeitsrecht, 1994.

Übersicht

	Rn.
I. Normzweck, Systematik und Entstehungsgeschichte	1
II. Anwendungsbereich	4
1. Sachlich	4
2. Räumlich-persönlich	7

3. Konkurrenzen	9
III. Zuständigkeitsbegründung durch rügelose Einlassung (Abs. 1)	12
1. Fehlende Zuständigkeit des angerufenen Gerichts	13
2. Keine ausschließliche Zuständigkeit eines anderen Gerichts nach Art. 24	14
3. Einlassung	15
a) Rechtsnatur	15
b) Begriff der Einlassung	17
c) Beispiele für eine zuständigkeitsbegründende Einlassung	20
d) Beispiele für Fehlen einer zuständigkeitsbegründenden Einlassung	24
4. Keine oder verspätete Zuständigkeitsrüge	27
a) Inhalt der Rüge	28
b) Rechtzeitigkeit der Rüge	30
c) Hilfsweise Einlassung	36
5. Sonderprobleme	37
a) Rügelose Einlassung bei Widerklage und Aufrechnung	37
b) Aufgabe und Aufrechterhaltung der Zuständigkeitsrüge	44
IV. Schutz von typischerweise schwächeren Parteien durch Belehrung (Abs. 2)	47
1. Bestehen einer Belehrungspflicht	49
a) Klage gegen eine typischerweise schwächere Partei i.S.d. Abschnitte 3–5	49
b) Keine ausschließliche Zuständigkeit eines anderen Gerichts	52
c) Rügelose Einlassung als einziger Zuständigkeitsgrund des angerufenen Gerichts	53
d) Sonderfälle	54
2. Anforderungen an die Belehrung	56
3. Folgen mangelhafter Belehrung	62
V. Wirkung der rügelosen Einlassung	64

I. Normzweck, Systematik und Entstehungsgeschichte

Art. 26 regelt die Zuständigkeitsbegründung durch rügelose Einlassung. Die systematische Stellung der Norm hinter Art. 25 erklärt sich dadurch, dass die rügelose Einlassung des Beklagten eine stillschweigende Anerkennung der Zuständigkeit des angerufenen Gerichts darstellt. Sie ist somit als eine auf dem prozessualen Verhalten der Parteien gründende **implizite Prorogation des angerufenen Gerichts** anzusehen.[1] **1**

Das Institut der rügelosen Einlassung dient gleichermaßen der **Prozessökonomie** und der **Rechtssicherheit**. Möglichst früh soll Sicherheit über die Zuständigkeit des angerufenen Gerichts geschaffen werden. Insbesondere soll verhindert werden, dass der Beklagte in einem fortgeschrittenen Stadium des Verfahrens erstmals die Zuständigkeit rügen und dadurch den Prozess zunichtemachen kann. Ferner können durch eine Zuständigkeitsbegründung kraft rügeloser Einlassung eine zeitaufwändige Zuständigkeitsprüfung und ggf. hierfür erforderliche Sachverhaltsermittlung vermieden werden.[2] **2**

---
[1] EuGH, 7.3.1985 – Rs. 48/84, *Spitzley* ./. *Sommer Exploitation SA*, Slg. 1985, 787 (ECLI:EU:C:1985:105), Rn. 15; EuGH, 24.6.1981 – Rs. 150/80, *Elefanten Schuh GmbH* ./. *Jacqmain*, Slg. 1981, 1671 (ECLI:EU:C:1981:148), Rn. 8; EuGH, 20.5.2010 – Rs. C-111/09, *Česká podnikatelská pojišt'ovna as, Vienna Insurance Group* ./. *Bilas*, Slg. 2010, I-4545 (ECLI:EU:C:2010:290), Rn. 21. A. A. *Sandrock*, ZVglRWiss 1979, S. 177, der die Zuständigkeit kraft rügeloser Einlassung als Ausfluss des im Prozessrecht geltenden Verbotes des *venire contra factum proprium* versteht. Der Beklagte, der sich zunächst rügelos einlässt, verwirke das Recht auf spätere Erhebung der Zuständigkeitsrüge. So auch *Schulte-Beckhausen*, Internationale Zuständigkeit durch rügelose Einlassung, 1994, S. 100.
[2] Vgl. auch *Klöpfer*, GPR 2013, S. 112 (113).

3   Art. 26 Abs. 1 übernimmt wortgleich die Vorgängerregelung aus Art. 24 EuGVVO a.F. Art. 26 Abs. 2 wurde hingegen **im Rahmen der EuGVVO-Revision 2012 neu eingeführt** und verpflichtet das angerufene Gericht zur Belehrung der dort genannten typischerweise schwächeren Beklagten über die Rügemöglichkeit und die Folgen einer rügelosen Einlassung. Einen solchen Schutz durch Belehrung hatte der EuGH bereits zur EuGVVO a.F. im Jahr 2010 gestattet. Er überließ es jedoch dem angerufenen Gericht, sich durch Belehrung zu vergewissern, ob der Beklagte in solchen Fällen Kenntnis von den Folgen seiner Einlassung hatte. Eine dahingehende gerichtliche Pflicht könne demgegenüber – so der EuGH – nur dann bestehen, wenn sie in der EuGVVO ausdrücklich geregelt werde.[3] Dem hat der Verordnungsgeber im Rahmen der EuGVVO-Revision 2012 durch Abs. 2 Rechnung getragen.

II. Anwendungsbereich

1. Sachlich

4   In sachlicher Hinsicht muss eine **Zivil- oder Handelssache** vorliegen, die nicht in eine der Bereichsausnahmen von Art. 1 fällt. Diese Ausnahmen können nicht durch rügelose Einlassung außer Kraft gesetzt werden, sondern sind vom Gericht von Amts wegen zu beachten.[4]

5   Obwohl Art. 26 nur die rügelose Einlassung des Beklagten ausdrücklich regelt, gilt die Norm auch für **Widerklagen**. Sie entfaltet darüber hinaus bei der **Aufrechnung** Geltung, wenn nach dem nationalen Recht des angerufenen Gerichts eine aufrechnungsweise geltend gemachte Forderung nur dann berücksichtigt werden kann, wenn das Gericht auch für diese international zuständig ist.[5]

6   Im **Verfahren des einstweiligen Rechtsschutzes** findet Art. 26 hingegen keine Anwendung. Lässt sich der Antragsgegner in einem einstweiligen Rechtsschutzverfahren rügelos ein, so kann dies demnach nicht gem. Art. 26 die internationale Zuständigkeit des angerufenen Gerichts begründen.[6] Etwas anderes gilt jedoch, wenn vorläufiger Rechtsschutz im Rahmen eines anhängigen Hauptsacheverfahrens beantragt wird: Ist das Hauptsachegericht kraft rügeloser Einlassung gem. Art. 26 zuständig, kann dieses bezüglich des Klagegegenstandes auch einstweilige Maßnahmen erlassen. Das setzt nach der Rspr. des EuGH jedoch

---

[3] EuGH, 20.5.2010 – Rs. C-111/09, *Česká podnikatelská pojišť'ovna as, Vienna Insurance Group ./. Bilas,* Slg. 2010, I-4545 (ECLI:EU:C:2010:290), Rn. 32.

[4] Zöller/Geimer, ZPO, 31. Aufl. 2016, Art. 26 EuGVVO Rn. 17; Schlosser/Hess, EuZPR, 4. Aufl. 2015, Art. 1 EuGVVO Rn. 28.

[5] Die EuGVVO erfordert nicht, dass für eine aufrechnungsweise geltend gemachte Gegenforderung ein internationaler Gerichtsstand nach der EuGVVO eröffnet ist, vgl. EuGH, 13.7.1995 – Rs. C-341/93, *Danvaern Production A.S. ./. Schuhfabriken Otterbeck GmbH & Co,* Slg. 1995, I-2053 (ECLI:EU:C:1995:239), Rn. 18. Ob internationale Zuständigkeit hinsichtlich der Gegenforderung gegeben sein muss, richtet sich daher nach dem Recht des angerufenen Gerichts. Dies ist im deutschen Recht angesichts von § 322 Abs. 2 ZPO der Fall. Ob die internationale Zuständigkeit für die Gegenforderung begründet ist, beurteilen die deutschen Gerichte unter Rückgriff auf die EuGVVO, vgl. BGH, 12.5.1993 – VIII ZR 110/92, NJW 1993, S. 2753 (2753 f.).

[6] EuGH, 27.4.1999 – Rs. C-99/96, *Mietz ./. Interhip Yachting Sneek BV,* Slg. 1999, I-1597 (ECLI:EU:C:1999:202), Rn. 52.

voraus, dass zwischen dem Gerichtsstand und dem einstweiligen Anordnungsgegenstand eine reale Verknüpfung besteht.[7] Vgl. hierzu ausführlich die Kommentierung von Art. 35 Rn. 16 ff.

2. Räumlich-persönlich

Der räumlich-persönliche Anwendungsbereich von Art. 26 entspricht dem 7
von Art. 25. Demzufolge ist **ein grenzüberschreitender Bezug** erforderlich.
Ein solcher liegt dann vor, wenn der Auslandsbezug zu einem EU-Staat oder
einem Drittstaat besteht.
Es ist demgegenüber nicht notwendig, dass eine der Parteien einen Wohnsitz 8
innerhalb der EU hat.[8] Art. 26 gilt demnach auch, wenn beide Parteien außerhalb der EU ansässig sind und sich vor einem mitgliedstaatlichen Gericht streiten.

3. Konkurrenzen

Im Wege der rügelosen Einlassung können alle Gerichtsstände der EuGVVO 9
außer Kraft gesetzt werden mit Ausnahme der **ausschließlichen Zuständigkeiten aus Art. 24**. Eine rügelose Einlassung kann – wie Abs. 2 zeigt – auch die
Zuständigkeitsvorschriften zum Schutz von typischerweise schwächeren Parteien
in den **Abschnitten 3 bis 5 der EuGVVO** verdrängen. Außerdem genießt die
Zuständigkeitsbegründung nach Art. 26 Vorrang vor einer abweichenden
Gerichtsstandsvereinbarung,[9] unabhängig davon, ob die Abrede auf ein mitgliedstaatliches oder ein drittstaatliches Gericht lautet.[10] Die Parteien können
sich demnach über eine zwischen ihnen bestehende ausschließliche Gerichtsstandsvereinbarung hinwegsetzen, indem die eine Seite vor einem an sich derogierten Gericht klagt und sich die andere rügelos auf das Verfahren einlässt.[11] In
einem solchen Fall hat Art. 26 einen „ausschließlichen und zwingenden Charakter", der es dem angerufenen Gericht verwehrt, sich mit Blick auf die entgegenstehende Gerichtsstandsvereinbarung von Amts wegen für unzuständig zu erklären.[12]

Vorrangige gem. Art. 71 in Kraft bleibende **Spezialabkommen** außerhalb 10
der Verordnung sind stets zu prüfen. Eine danach bestehende Zuständigkeit, z.B.

---

[7] EuGH, 27.4.1999 – Rs. C-99/96, *Mietz ./. Intership Yachting Sneek BV*, Slg. 1999, I-1597 (ECLI:EU:C:1999:202), Rn. 43.
[8] EuGH, 13.7.2000 – Rs. C-412/98, *Group Josi Reinsurance Company S.A. ./. Universal General Insurance Company (UGIC)*, Slg. 2000, I-5925 (ECLI:EU:C:2000:399), Rn. 43 ff.; *Schlosser/Hess*, EuZPR, 4. Aufl. 2015, Art. 26 EuGVVO Rn. 1; *Rauscher/Staudinger*, EuZPR, 4. Aufl. 2016, Art. 26 EuGVVO Rn. 3; *von Hein*, RIW 2013, S. 97 (101); *Zöller/Geimer*, ZPO, 31. Aufl. 2016, Art. 26 EuGVVO Rn. 10.
[9] EuGH, 24.6.1981 – Rs. 150/80, *Elefanten Schuh GmbH ./. Jacqmain*, Slg. 1981, 1671 (ECLI:EU:C:1981:148).
[10] So ausdrücklich EuGH, 17.3.2016 – Rs. C-175/15, *Taser International Inc. ./. SC Gate 4 Business SRL u.a.*, ECLI:EU:C:2016:176, Rn. 24.
[11] *Rauscher/Staudinger*, EuZPR, 4. Aufl. 2016, Art. 26 Rn. 12.
[12] EuGH, 17.3.2016 – Rs. C-175/15, *Taser International Inc. ./. SC Gate 4 Business SRL u.a.*, ECLI:EU:C:2016:176, Rn. 33 ff.

aufgrund des CMR, kann demnach nicht im Wege der rügelosen Einlassung nach Art. 26 außer Kraft gesetzt werden.[13]

11 Im Wege der rügelosen Einlassung gem. Art. 26 wird nicht nur die internationale, sondern auch die **örtliche Zuständigkeit** des angerufenen Gerichts begründet. Einzelrechtliche Sondervorschriften der *lex fori* finden keine Anwendung. So gelten beispielsweise die § 39 S. 2 i.V.m. § 504 ZPO nicht hinsichtlich der örtlichen Zuständigkeit. Art. 26 regelt außerdem abschließend den Begriff der rügelosen Einlassung, den maßgeblichen Zeitpunkt für das Vorliegen einer solchen Einlassung sowie das Bestehen einer Pflicht des angerufenen Gerichts, den Beklagten über seine Unzuständigkeit und die Folgen einer rügelosen Einlassung zu belehren.[14]

III. Zuständigkeitsbegründung durch rügelose Einlassung (Abs. 1)

12 Die Voraussetzungen für eine Zuständigkeit durch rügelose Einlassung werden in Art. 26 abschließend geregelt.

1. Fehlende Zuständigkeit des angerufenen Gerichts

13 Nach dem Wortlaut von Abs. 1 Satz 1 hat das zuständige Gericht zunächst zu prüfen, ob es nicht bereits nach einer anderen Vorschrift der EuGVVO zuständig ist. Die Prüfung sonstiger Gerichtsstände wird in der Praxis jedoch unterbleiben, wenn sich der Beklagte zweifelsfrei rügelos eingelassen hat. Auf diese Weise lässt sich eine ggf. aufwändige Prüfung der internationalen Zuständigkeit vermeiden.

2. Keine ausschließliche Zuständigkeit eines anderen Gerichts nach Art. 24

14 Eine Zuständigkeitsbegründung durch rügelose Einlassung scheidet stets aus, wenn ein anderes Gericht gem. Art. 24 ausschließlich zuständig ist. Ob anderweitig ein ausschließlicher Gerichtsstand eröffnet ist, hat das angerufene Gericht zu prüfen. Ist eine ausschließliche Zuständigkeit nach Art. 24 gegeben, hat sich das angerufene Gericht gem. Art. 27 zwingend für unzuständig zu erklären. Eine Rüge des Beklagten ist hierfür nicht erforderlich.

3. Einlassung

a) Rechtsnatur

15 Die Einlassung i.S.v. Art. 26 ist eine Prozesshandlung.[15] Damit sie Wirkungen entfalten kann, ist es notwendig aber auch ausreichend, dass die **Prozesshand-**

---

[13] BGH, 27.2.2003 – I ZR 58/02, NJW-RR 2003, S. 1347, Rn. 20 (nach juris); OLG Schleswig, 20.12.2001 – 16 U 59/01, IPRspr. 2001, Nr. 142b, S. 289; OLG Karlsruhe, 27.6.2002 – 9 U 204/01, NJW-RR 2002, S. 1722. A. A. OLG Dresden, 24.11.1998 – 14 U 713/98, RIW 1999, S. 968; OLG München, 8.6.2000 – 14 U 770/99, IPRspr. 2000, Nr. 127, S. 270.
[14] *Schlosser*/Hess, EuZPR, 4. Aufl. 2015, Art. 26 EuGVVO Rn. 1; *Kropholler/von Hein*, EuZPR, 9. Aufl. 2011, Art. 24 EuGVVO a.F. Rn. 5.
[15] BGH, 1.6.2005 – VIII ZR 256/04, NJW-RR 2005, S. 1518, Rn. 11 (nach juris); *Klöpfer*, GPR 2013, S. 112 (113).

lungsvoraussetzungen nach der *lex fori* erfüllt sind. Daher scheidet etwa bei fehlender Postulationsfähigkeit eine zuständigkeitsbegründende Einlassung des Beklagten aus.[16] Unterliegt das Verfahren dem Anwaltszwang gem. § 78 Abs. 1 ZPO, ist ohne das Tätigwerden eines Anwalts eine rügelose Einlassung nicht möglich.[17]

Aus der Rechtsnatur als Prozesshandlung folgt, dass eine Einlassung auch dann **16** wirksam ist, wenn der Beklagte **kein Erklärungsbewusstsein** hinsichtlich der Zuständigkeitsbegründung hatte. Selbst ein **entgegenstehender Wille des Beklagten ist unschädlich.** Dies hat seinen Grund darin, dass die internationale Zuständigkeit aus Art. 26 allein auf dem prozessualen Verhalten des Beklagten gründet und nicht auf einer Einigung zwischen den Parteien über die Gerichtszuständigkeit. Insoweit unterscheidet sich die „echte" Prorogation i.S.v. Art. 25 von dem als Prorogation wirkenden Verhalten i.S.v. Art. 26. Die Unbeachtlichkeit von Willensmängeln dient auch dazu, Rechtssicherheit über die Frage der Zuständigkeit zu schaffen.[18]

b) Begriff der Einlassung

Der Begriff der Einlassung ist euroautonom auszulegen.[19] Er liegt in jedem **17** **mündlichen oder schriftlichen Verteidigungsvorbringen** gegenüber dem Gericht, das **unmittelbar auf Klageabweisung gerichtet** ist.[20] Ein solches Vorbringen zeichnet sich dadurch aus, dass der Beklagte die Entscheidungskompetenz des Gerichts anerkennt und von diesem eine Abweisung der Klage aus anderen Gründen als der fehlenden internationalen Zuständigkeit verlangt.

Zwingende Voraussetzung einer Einlassung ist die Beteiligung des Beklagten **18** am Verfahren. Bleibt der Beklagte lediglich untätig, kann die Zuständigkeit nicht gem. Art. 26 begründet werden. Hat für einen nicht anwesenden Beklagten, der von dem Gerichtsverfahren keine Kenntnis hat, ein gerichtlich bestellter Verfahrenspfleger (Kurator) Prozesshandlungen vorgenommen, scheidet demzufolge eine Einlassung aus. Mangels Kenntnis des Beklagten von dem Prozess kann nicht davon ausgegangen werden, dass er die Zuständigkeit des angerufenen Gerichts stillschweigend anerkannt hat.[21]

Bei **mehreren Streitgegenständen** ist für jeden Streitgegenstand separat **19** zu prüfen, ob eine rügelose Einlassung vorliegt.[22] Im Falle der nachträglichen Klageänderung ist zu unterscheiden: Die rügelose Einlassung auf die ursprüngliche Klage kann auch für eine spätere Erweiterung oder Änderung der Klage

---

[16] *Schlosser*/Hess, EuZPR, 4. Aufl. 2015, Art. 26 EuGVVO Rn. 2.
[17] OLG München, 19.6.2012 – 5 U 1150/12, RIW 2012, S. 635, Rn. 21 (nach juris).
[18] *Klöpfer*, GPR 2013, S. 112 (113).
[19] KG Berlin, 21.10.2011 – 5 U 56/10, IPRspr. 2011, Nr. 164, S. 394, Rn. 26 (nach juris); OLG München, 19.6.2012 – 5 U 1150/12, RIW 2012, S. 635, Rn. 20 (nach juris).
[20] BAG, 2.7.2008 – 10 AZR 355/07, RIW 2008, S. 726, Rn. 23 (nach juris); BAG, 23.8.2012 – 8 AZR 394/11, NJW 2013, S. 252, Rn. 23 (nach juris); *Kropholler/von Hein*, EuZPR, 9. Aufl. 2011, Art. 24 EuGVVO a.F. Rn. 7; *Schulte-Beckhausen*, Internationale Zuständigkeit durch rügelose Einlassung, 1994, S. 164.
[21] EuGH, 11.9.2014 – Rs. C-112/13, *A ./. B*, ECLI:EU:C:2014:2195, Rn. 54 zum Abwesenheitskurator nach österreichischem Zivilprozessrecht (§ 116 öZPO), m. Anm. *von Hein*, LMK 2014, S. 363610 u. *Öhlinger*, EuZW 2014, S. 955.
[22] *Geimer*/Schütze, EuZVR, 3. Aufl. 2010, Art. 24 EuGVVO a.F. Rn. 8.

gelten, wenn sich die internationale Zuständigkeit für den ursprünglichen Klagegenstand und den im Wege der Änderung bzw. Erweiterung hinzugekommenen Klagegenstand nach den gleichen rechtlichen und tatsächlichen Überlegungen beurteilt. Das ist etwa bei einer rein betragsmäßigen Klageerweiterung bei im Übrigen gleichbleibendem Klagegrund der Fall.[23] Wird hingegen durch die Klageänderung ein zusätzlicher Klagegrund eingeführt, der nach anderen Zuständigkeitsregeln der EuGVVO zu beurteilen ist, erstreckt sich eine frühere rügelose Einlassung nicht auf den zusätzlichen Klagegenstand.[24]

c) Beispiele für eine zuständigkeitsbegründende Einlassung

20 Begehrt der Beklagte die Abweisung der Klage wegen Unbegründetheit, handelt es sich um eine Einlassung zur Sache, die stets die Zuständigkeit des angerufenen Gerichts begründet.[25]

21 Wie sich aus dem Wortlaut von Art. 26 ergibt (*„auf das Verfahren einlässt"*), setzt eine Einlassung jedoch **nicht zwingend eine Stellungnahme zur Hauptsache** voraus.[26] Ausreichend sind demnach auch Einwände oder Einreden zur Zulässigkeit, wenn sich aus ihnen ergibt, dass der Beklagte die Entscheidungszuständigkeit des angerufenen Gerichts akzeptiert.[27] Einlassungen zur sachlichen und funktionellen Zuständigkeit, zur anderweitigen Rechtshängigkeit[28] oder entgegenstehender Rechtskraft, zur fehlenden Partei- oder Prozessfähigkeit des Prozessgegners, sowie zu den weiteren Sachurteilsvoraussetzungen, wie etwa das Feststellungsinteresse i.S.v. § 256 ZPO,[29] können ebenfalls die Zuständigkeit nach Art. 26 begründen.

22 Ein Antrag, dritte Personen am Rechtsstreit zu beteiligen, wie etwa die **Streitverkündung,** ist ebenfalls eine Einlassung nach Art. 26. Derartige Maßnahmen zeigen, dass der Beklagte die Entscheidungszuständigkeit des Gerichts akzeptiert.

23 Auch der **Einspruch gegen ein Versäumnisurteil** kann eine Einlassung i.S.v. Art. 26 enthalten, wenn der Beklagte eine Klageabweisung aus anderen Gründen als fehlender internationaler Zuständigkeit begehrt. Zwar ist der Einspruch nicht als begründungspflichtige Prozesshandlung ausgestaltet und führt stets zur Rückversetzung des Prozesses in den Ursprungszustand. Aber gem. § 340 Abs. 3 Satz 1 ZPO sind in der Einspruchsschrift Rügen der Zulässigkeit

---

[23] OLG Koblenz, 20.11.2009 – 5 U 599/09, IPRspr. 2009, Nr. 221, S. 546, Rn. 19 (nach juris); LG Kiel, 30.1.2008 – 14 O 195/03, IPRax 2009, S. 164, Rn. 30 (nach juris).
[24] LG Düsseldorf, 27.11.2007 – 4a O 333/06, juris, Rn. 22 f.
[25] OLG München, 19.6.2012 – 5 U 1150/12, RIW 2012, S. 635, Rn. 21 (nach juris); *Schulte-Beckhausen,* Internationale Zuständigkeit durch rügelose Einlassung, 1994, S. 165.
[26] *Schlosser/*Hess, EuZPR, 4. Aufl. 2015, Art. 26 EuGVVO Rn. 2.
[27] OLG Frankfurt a.M., 9.9.1999 – 4 U 13/99, IPRax 2000, S. 525, Rn. 13 (nach juris); OLG Frankfurt a.M., 20.4.2005 – 4 U 233/04, NJW-RR 2005, S. 935, Rn. 13 (nach juris); KG Berlin, 21.10.2011 – 5 U 56/10, IPRspr. 2011, Nr. 164, S. 394, Rn. 26 (nach juris); BAG, 24.9.2009 – 8 AZR 306/08, RIW 2010, S. 232, Rn. 37 (nach juris). Zöller/*Geimer,* ZPO, 31. Aufl. 2016, Art. 26 EuGVVO Rn. 5.
[28] OLG Koblenz, 30.11.1990 – 2 U 1072/89, RIW 1991, 63.
[29] KG Berlin, 21.10.2011 – 5 U 56/10, IPRspr. 2011, Nr. 164, S. 394, Rn. 27 (nach juris).

der Klage vorzubringen. Demnach kann eine Einlassung zur Hauptsache ohne Rüge der internationalen Zuständigkeit den Tatbestand von Art. 26 erfüllen.[30]

d) Beispiele für Fehlen einer zuständigkeitsbegründenden Einlassung

Eine Einlassung scheidet nach dem Wortlaut von Abs. 1 aus, wenn der Beklagte lediglich die internationale Zuständigkeit rügt. Das Gleiche gilt für die Erhebung der Schiedseinrede,[31] sowie für Einwendungen fehlender inländischer Gerichtsbarkeit aufgrund Extraterritorialität[32] und der Unzulässigkeit des Rechtswegs. 24

Keine zuständigkeitsbegründende Wirkung haben darüber hinaus Äußerungen gegenüber dem Gericht, die **im Vorfeld der eigentlichen Verteidigung** liegen. Solche unschädlichen Vorbereitungshandlungen sind die Legitimation des Prozessbevollmächtigten, Angabe zu persönlichen Daten des Beklagten,[33] Anträge auf Akteneinsicht und Ersuchen um die Übermittlung von Verfahrensdokumenten sowie Anträge auf Fristverlängerung zur Erwiderung auf die Klage[34] oder Vertagung sowie die Anzeige der Verteidigungsbereitschaft nach § 276 Abs. 1 ZPO.[35] Solche Handlungen sind nicht unmittelbar auf eine Klageabweisung gerichtet. Auch Erörterungen im Gütetermin stellen keine Einlassung i.S.v. Art. 26 dar. Die Äußerungen der Parteien im Gütetermin dienen der Streitbeilegung und sollen nicht das Gericht zu einer Entscheidung des Rechtsstreits bewegen; erst nach Abschluss des Güteverfahrens beginnt die streitige Verhandlung.[36] Keine zuständigkeitsbegründende Wirkung haben auch Ausführungen im Rahmen eines Prozesskostenhilfeverfahrens oder infolge eines Antrags auf Ausländersicherheit.[37] 25

Der **Widerspruch gegen einen Mahnbescheid** ist keine Einlassung i.S.v. Art. 26.[38] Er ist nach deutschem Zivilprozessrecht als nicht begründungspflichtige, lediglich rechtswahrende Prozesshandlung ausgestaltet. Gleiches gilt für den **Einspruch gegen den Vollstreckungsbescheid,** für den gem. § 700 Abs. 3 Satz 3 der § 340 Abs. 3 ZPO nicht anzuwenden ist. Auch wenn der Widerspruch oder Einspruch Ausführungen des Antragsgegners zur Hauptsache enthält, können diese keine Einlassung i.S.v. Art. 26 begründen, weil sie – nach den Vorgaben der ZPO – lediglich freiwillig sind.[39] 26

---

[30] Rauscher/*Staudinger*, EuZPR, 4. Aufl. 2016, Art. 26 Rn. 4. A. A. *Schlosser*/Hess, EuZPR, 4. Aufl. 2015, Art. 26 EuGVVO Rn. 3.
[31] *Schlosser*/Hess, EuZPR, 4. Aufl. 2015, Art. 26 EuGVVO Rn. 3; *Kropholler*/von Hein, EuZPR, 9. Aufl. 2011, Art. 24 EuGVVO a.F. Rn. 8.
[32] *Kropholler*/von Hein, EuZPR, 9. Aufl. 2011, Art. 24 EuGVVO a.F. Rn. 8.
[33] *Schulte-Beckhausen*, Internationale Zuständigkeit durch rügelose Einlassung, 1994, S. 168.
[34] LG Darmstadt, 2.1.1993 – 13 O 438/92, NJW-RR 1994, S. 684 (686).
[35] BAG, 24.9.2009 – 8 AZR 306/08, RIW 2010, S. 232, Rn. 37 (nach juris); LG Frankfurt a.M., 15.5.1990 – 3/11 O 158/98, EuZW 1990, S. 581.
[36] BAG, 24.9.2009 – 8 AZR 306/08, RIW 2010, S. 232, Rn. 38 (nach juris); Zöller/*Geimer*, ZPO, 31. Aufl. 2016, Art. 26 EuGVVO Rn. 5; *Schulte-Beckhausen*, Internationale Zuständigkeit durch rügelose Einlassung, 1994, S. 172 f.
[37] *Schulte-Beckhausen*, Internationale Zuständigkeit durch rügelose Einlassung, 1994, S. 171 f.
[38] *Schlosser*/Hess, EuZPR, 4. Aufl. 2015, Art. 26 EuGVVO Rn. 3.
[39] So auch *Schlosser*/Hess, EuZPR, 4. Aufl. 2015, Art. 26 EuGVVO Rn. 3. A. A. OLG Düsseldorf, 28.6.1990 – 10 U 8/90, IPRspr. 1990, Nr. 173, S. 348, Rn. 22 (nach juris).

4. Keine oder verspätete Zuständigkeitsrüge

27 Die Zuständigkeitsbegründung nach Art. 26 scheidet gem. Abs. 1 Satz 2 aus, wenn der Beklagte den Mangel der Zuständigkeit geltend macht. Der Begriff und der Zeitpunkt der Zuständigkeitsrüge sind grundsätzlich euroautonom zu bestimmen. Die einheitsrechtliche Begriffsbestimmung bedarf jedoch aufgrund der unterschiedlichen Abläufe der Gerichtsverfahren in den einzelnen Mitgliedstaaten der Ausfüllung nach der *lex fori*.

a) Inhalt der Rüge

28 Die Zuständigkeitsrüge stellt genauso wie die Einlassung eine **Prozesshandlung** dar.[40] Der Beklagte muss die internationale Unzuständigkeit geltend machen. Dies muss nicht ausdrücklich erfolgen. Es genügt vielmehr, wenn sich aus der **Auslegung des Beklagtenvorbringens** ergibt, dass dieser die internationale Entscheidungskompetenz des Gerichts für nicht gegeben hält.[41] Weitere inhaltliche Anforderungen an die Rüge enthält Art. 26 nicht. Insoweit möglicherweise bestehende Vorgaben der *lex fori* (wie bspw. Zwang zur Begründung oder zur Bezeichnung des zuständigen Gerichts[42]) sind verdrängt.[43] Aus einem Umkehrschluss zu Abs. 2 folgt, dass das Gericht den Beklagten grundsätzlich nicht über die zuständigkeitsrechtlichen Folgen einer rügelosen Einlassung belehren muss.

29 Rügt der Beklagte die **örtliche Zuständigkeit**, ist durch Auslegung zu ermitteln, ob sich die Rüge auch auf die internationale Zuständigkeit bezieht. Dabei ist entscheidend, ob unter Zugrundelegung des Wortlauts der Rüge und ihrer Begleitumstände anzunehmen ist, dass der Beklagte vor keinem Gericht im Forumsstaat verhandeln möchte oder ob er sich lediglich gegen eine Inanspruchnahme vor dem konkret angerufenen Gericht zur Wehr setzt.[44] Lässt sich die Rüge dahingehend interpretieren, dass dem Gerichtsstaat insgesamt die Jurisdiktionsgewalt über die Klage abgesprochen wird, scheidet eine Begründung der internationalen Zuständigkeit durch rügelose Einlassung aus. Im Zweifel ist in der Rüge der örtlichen Unzuständigkeit auch die Rüge der internationalen Unzuständigkeit enthalten.[45] Ergibt die Auslegung, dass sich die Rüge lediglich auf die örtliche Zuständigkeit bezieht, ist gem. Art. 26 zwar die internationale Zuständigkeit im Gerichtsstand begründet, nicht jedoch die örtliche. Das befasste Gericht muss daher die Frage der örtlichen Zuständigkeit getrennt behandeln

---

[40] BGH, 1.6.2005 – VIII ZR 256/04, NJW-RR 2005, S. 1518, Rn. 11 (nach juris).
[41] BGH, 1.6.2005 – VIII ZR 256/04, NJW-RR 2005, S. 1518, Rn. 12 (nach juris); KG Berlin, 21.10.2011 – 5 U 56/10, IPRspr. 2011, Nr. 164, S. 394, Rn. 24 (nach juris); OGH Wien, 17.10.2006 – 4 Ob 174/06a, juris.
[42] So etwa in Frankreich gem. Art. 75 Nouveau Code de Procédure Civile und in Belgien gem. Art. 855 Code Judiciaire.
[43] *Schulte-Beckhausen*, Internationale Zuständigkeit durch rügelose Einlassung, 1994, S. 202.
[44] BGH, 1.6.2005 – VIII ZR 256/04, NJW-RR 2005, S. 1518, Rn. 10 ff. (nach juris); OLG Frankfurt a.M., 20.4.2005 – 4 U 233/04, NJW-RR 2005, S. 935, Rn. 13 (nach juris); Zöller/Geimer, ZPO, 31. Aufl. 2016, Art. 26 EuGVVO Rn. 5.
[45] BGH, 1.6.2005 – VIII ZR 256/04, NJW-RR 2005, S. 1518, Rn. 10 ff. (nach juris); *Schlosser*/Hess, EuZPR, 4. Aufl. 2015, Art. 26 EuGVVO Rn. 2.

und bei einem Verfahren in Deutschland ggf. gem. § 281 Abs. 1 Satz 1 ZPO an das örtlich zuständige deutsche Gericht verweisen.[46]

b) Rechtzeitigkeit der Rüge

Der EuGH hat entschieden, dass eine Zuständigkeitsrüge spätestens in der 30 Stellungnahme erfolgen muss, die nach der *lex fori* als das erste Verteidigungsvorbringen des Beklagten vor dem angerufenen Gericht anzusehen ist.[47] Bei einem Verfahren vor deutschen Gerichten ist daher zu unterscheiden:[48]

In der **ordentlichen Gerichtsbarkeit** kommt es darauf an, welchen Verfah- 31 rensablauf das Gericht angeordnet hat: Wird ein früher erster Termin i.S.v. § 275 ZPO durchgeführt, muss spätestens in diesem die Zuständigkeitsrüge erhoben werden.[49] Dies gilt selbst dann, wenn sich der Beklagte bereits vor dem Termin schriftsätzlich zur Sache eingelassen hat. Denn eine solche Einlassung ist im Verfahren nach § 275 ZPO freiwillig. Wird demgegenüber ein schriftliches Vorverfahren gem. § 276 ZPO durchgeführt, muss die Rüge spätestens in der schriftlichen Klageerwiderung erhoben werden. Andernfalls – wenn sich der Beklagte also in der Klageerwiderung rügelos auf das Verfahren einlässt – ist die Zuständigkeit begründet.[50] Insoweit unterscheidet sich die Rechtslage zu § 39 ZPO, wo eine Zuständigkeitsrüge in der ersten mündlichen Verhandlung noch rechtzeitig ist.[51] Diese Abweichung liegt in der abweichenden Formulierung von § 39 ZPO begründet, wonach der Beklagte „*zur Hauptsache mündlich verhandelt*" haben muss.

Demgegenüber setzt eine rügelose Einlassung i.S.v. Art. 26 vor einem deutschen 32 Zivilgericht nicht das Verhandeln in einem gerichtlichen Termin voraus.[52] Etwas anderes folgt auch nicht aus dem Mündlichkeitsprinzip (§ 128 ZPO). Dieses Prinzip beansprucht im deutschen Zivilverfahren keine generelle Geltung, wie die Zulässigkeit des Versäumnisurteils in einem schriftlichen Vorverfahren (§ 331 Abs. 3 ZPO), sowie die Möglichkeit des schriftlichen Verfahrens (§§ 128 Abs. 2, 495a Abs. 1 Satz 2 ZPO) zeigen. Auch der Sinn und Zweck von Art. 26, möglichst frühzeitig die Zuständigkeitsfrage zu klären, spricht dagegen, dass stets in der mündlichen Verhandlung noch die Zuständigkeitsrüge erhoben werden kann.[53]

Ob der Beklagte die Zuständigkeitsrüge **innerhalb einer ihm gesetzten** 33 **Klageerwiderungsfrist** erhebt, ist irrelevant.[54] Muss sich der Beklagte vor dem

---

[46] Vgl. ausführlich zu den Folgen einer isolierten Rüge der örtlichen Zuständigkeit im Anwendungsbereich der EuGVVO *Klöpfer*, GPR 2013, S. 112 (115 ff.).
[47] EuGH, 24.6.1981 – Rs. 150/80, *Elefanten Schuh GmbH ./. Jacqmain*, Slg. 1981, 1671 (ECLI:EU:C:1981:148), Rn. 16.
[48] Vgl. zum österreichischen Recht OGH, 12.2.2013 – 4 Ob 190/12p, GRUR Int 2013, S. 668 (671).
[49] LG Düsseldorf, 27.11.2007 – 4a O 333/06, juris, Rn. 22.
[50] BGH, 31.5.2011 – VI ZR 154/10, NJW 2011, S. 2809, Rn. 35 (nach juris); BGH, 19.5.2015 – XI ZR 27/14, NJW 2015, S. 1150, Rn. 17 (nach juris); OLG Frankfurt a.M., 9.9.1999 – 4 U 13/99, IPRax 2000, S. 525, Rn. 7 ff. (nach juris); OLG Rostock, 14.10.2005 – 8 U 83/04, NJW-RR 2006, S. 209, Rn. 18 ff. (nach juris); LG Kiel, 30.1.2008 – 14 O 195/03, IPRax 2009, S. 164, Rn. 27 (nach juris).
[51] BGH, 21.11.1996 – IX ZR 264/95, NJW 1997, S. 397.
[52] OLG Celle, 26.3.2008 – 3 U 238/07, IPRspr. 2008, Nr. 127, S. 431, Rn. 22 (nach juris).
[53] OLG Celle, 26.3.2008 – 3 U 238/07, IPRspr. 2008, Nr. 127, S. 431, Rn. 25 (nach juris).
[54] BGH, 21.11.1996 – IX ZR 264/95, NJW 1997, S. 397 für ähnlichen Fall; OLG Köln, 16.3.1988 – 24 U 182/87, NJW 1988, S. 2182.

unzuständigen Gericht gar nicht verteidigen, so kann es ihm erst recht nicht zugemutet werden, etwaige für die Verteidigung laufende Fristen zu beachten. Zudem sind diese Fristen in der Praxis häufig aufgrund der nicht kalkulierbaren Dauer der Auslandszustellung bei Klagezustellung schon abgelaufen. Maßgeblich ist allein, ob die Rüge im ersten Verteidigungsvorbringen des Beklagten erhoben wurde, gleich ob dieses rechtzeitig erfolgt ist oder nicht.

34   Ist ein **Versäumnisurteil** erlassen worden, kann und muss die Zuständigkeitsrüge spätestens in der Einspruchsschrift gem. § 340 Abs. 3 ZPO erhoben werden.[55]

35   Im **arbeitsgerichtlichen Prozess** ist das Mündlichkeitsprinzip hingegen stärker ausgeprägt. Das kommt dadurch zum Ausdruck, dass die Vorschriften über den frühen ersten Termin zur mündlichen Verhandlung und das schriftliche Vorverfahren (§§ 275 bis 277 ZPO) auf das arbeitsgerichtliche Verfahren gem. § 46 Abs. 2 Satz 2 ArbGG keine Anwendung finden. Infolge des Mündlichkeitsgrundsatzes muss erhebliches Parteivorbringen im arbeitsgerichtlichen Prozess stets zum Gegenstand der mündlichen Verhandlung gemacht werden. Demzufolge ist die Rüge der internationalen Zuständigkeit in der mündlichen Verhandlung stets noch rechtzeitig. Dies gilt auch dann, wenn der Beklagte bereits zuvor schriftsätzlich zum Streitgegenstand Stellung genommen hat.[56]

c) Hilfsweise Einlassung

36   Wurde die internationale Zuständigkeit rechtzeitig gerügt, ist es unschädlich, wenn sich der Beklagte gleichzeitig nur hilfsweise für den Fall, dass das Gericht seine internationale Zuständigkeit annehmen sollte, zur Sache eingelassen hat.[57] Dies ist zum Schutz des rechtlichen Gehörs des Beklagten im Erkenntnisverfahren, einem Anliegen auch der EuGVVO, geboten. Denn nach dem Zivilprozessrecht einiger Mitgliedstaaten kann ein Beklagter, der lediglich die Zuständigkeit rügt, mit einem späteren Vorbringen zur Sache ausgeschlossen sein, wenn das Gericht die Unzuständigkeitsrüge zurückweisen sollte.[58]

5. Sonderprobleme

a) Rügelose Einlassung bei Widerklage und Aufrechnung

37   Im Zusammenhang mit der Geltendmachung einer Gegenforderung durch Widerklage oder Aufrechnung kann sich in zwei Konstellationen die Frage der rügelosen Einlassung stellen. Zum einen könnte die Geltendmachung der

---

[55] Ähnliches gilt im österreichischen Recht, vgl. OGH, 4.4.2006 – 1 Ob 73/06a, EuLF 2006, II-84.
[56] BAG, 2.7.2008 – 10 AZR 355/07, RIW 2008, S. 726, Rn. 24 (nach juris).
[57] EuGH, 24.6.1981 – Rs. 150/80, *Elefanten Schuh GmbH ./. Jacqmain*, Slg. 1981, 1671 (ECLI:EU:C:1981:148), Rn. 14 ff.; EuGH, 31.3.1982 – Rs. 25/81, *C.H.W. ./. G.J.H.*, Slg. 1982, 1189 (ECLI:EU:C:1982:116), Rn. 13; EuGH, 14.7.1983 – Rs. 201/82, *Gerling Konzern Speziale Kreditversicherung AG u.a. ./. Administrazione del Tesoro dello Stato*, Slg. 1983, 2503 (ECLI:EU:C:1983:217); BGH, 25.2.1999 – VII ZR 408/97, NJW 1999, S. 2442; BGH, 1.6.2005 – VIII ZR 256/04, NJW-RR 2005, S. 1518, Rn. 13 (nach juris); OLG Oldenburg, 20.12.2007 – 8 U 138/07, IHR 2008, S. 112, Rn. 88 (nach juris).
[58] EuGH, 24.6.1981 – Rs. 150/80, *Elefanten Schuh GmbH ./. Jacqmain*, Slg. 1981, 1671 (ECLI:EU:C:1981:148), Rn. 14.

Gegenforderung eine rügelose Einlassung des Beklagten hinsichtlich der Klage darstellen (aa.). Zum anderen kommt in Betracht, dass sich der Kläger auf die Gegenforderung einlässt und damit insoweit eine internationale Zuständigkeit begründet (bb.).

aa) Rügelose Einlassung des Beklagten durch Erhebung einer Widerklage bzw. Geltendmachung einer Aufrechnung

Die Geltendmachung einer Forderung im Wege der Aufrechnung oder Widerklage ohne gleichzeitige Zuständigkeitsrüge stellt hinsichtlich der klageweise geltend gemachten Hauptforderung eine Einlassung i.S.v. Art. 26 dar.[59] Will der Beklagte vor dem unzuständigen Gericht eine Gegenforderungen geltend machen, muss er also primär die Rüge der Zuständigkeit erheben und hilfsweise aufrechnen oder eine Hilfswiderklage erheben. 38

bb) Rügelose Einlassung des Klägers hinsichtlich der im Wege von Widerklage oder Aufrechnung geltend gemachten Gegenforderung

Auch der Kläger kann die Zuständigkeit des Gerichts über eine im Wege der Aufrechnung oder Widerklage geltend gemachte Forderung durch rügelose Einlassung herbeiführen.[60] Das gilt selbst dann, wenn die Parteien für die Gegenforderung die ausschließliche Zuständigkeit eines anderen Gerichts vereinbart haben. Denn es bleibt ihnen unbenommen, sich über ihre ursprüngliche Abrede hinwegzusetzen.[61] 39

Bei der Frage, **bis zu welchem Zeitpunkt** der Kläger im Hinblick auf die gegen ihn gerichtete Gegenforderung die Zuständigkeitsrüge erheben muss, gelten die bereits oben dargestellten Grundsätze entsprechen. Der Kläger muss demzufolge die Zuständigkeit spätestens mit dem Vorbringen rügen, welches sich nach dem nationalen Prozessrecht als erste Verteidigungsmöglichkeit gegen die Gegenforderung darstellt. Im deutschen Recht sind insoweit folgende Situationen zu unterscheiden: 40

Wird die Widerklage oder Aufrechnung schriftsätzlich außerhalb der mündlichen Verhandlung erklärt und fordert das Gericht den Kläger zur schriftsätzlichen Erwiderung auf, muss dieser bereits in dieser Erwiderung die Rüge erheben. 41

Wird die Geltendmachung der Gegenforderung vor der mündlichen Verhandlung angekündigt und in dieser zur Aufrechnung gestellt oder die Widerklage erhoben, muss der Kläger spätestens in der mündlichen Verhandlung die fehlende internationale Zuständigkeit rügen. 42

Wird erstmals in der mündlichen Verhandlung die Widerklage erhoben oder die Aufrechnung erklärt, kann der Kläger aus Gründen der prozessualen Waffengleichheit eine Schriftsatzfrist zur Erhebung der Zuständigkeitsrüge verlangen. Eine Rüge innerhalb dieser Frist ist noch rechtzeitig, wenn sich der Kläger in der mündlichen Verhandlung nicht bereits auf die Gegenforderung eingelassen hat. 43

---

[59] *Schulte-Beckhausen*, Internationale Zuständigkeit durch rügelose Einlassung, 1994, S. 174.
[60] EuGH, 7.3.1985 – Rs. 48/84, *Spitzley* ./. *Sommer Exploitation SA*, Slg. 1985, 787 (ECLI:EU:C:1985:105); BGH, 4.2.1993 – VII ZR 179/91, NJW 1993, S. 1399; *Kropholler/von Hein*, EuZPR, 9. Aufl. 2011, Art. 24 EuGVVO a.F. Rn. 18.
[61] Vgl. Kommentierung bei Art. 5 Rn. 264.

b) Aufgabe und Aufrechterhaltung der Zuständigkeitsrüge

44 Der Beklagte kann im Laufe des Prozesses eine rechtzeitig erhobene Zuständigkeitsrüge jederzeit fallenlassen. Ob dies geschehen ist, hat das Gericht durch Auslegung zu ermitteln. Zweifel gehen jedoch nicht zulasten des Beklagten.

45 Der Beklagte muss die Zuständigkeitsrüge zwar nicht stets, jedoch immer dann wiederholen, wenn hierzu ein besonderer Anlass besteht. Dies ist zum einen dann der Fall, wenn der Beklagte gegen eine die Rüge zurückweisende Entscheidung Rechtsmittel einlegt. Spätestens bei der Begründung des Rechtsmittels muss der Beklagte die Rüge der fehlenden Zuständigkeit des Ausgangsgerichts wiederholen.

46 Ähnliches gilt, wenn der Rüge stattgegeben und – infolge der Unzuständigkeit – die Klage abgewiesen wird. In diesem Fall hat der Beklagte in einem vom Kläger angestrengten Rechtsmittelverfahren die Rüge der fehlenden Zuständigkeit innerhalb des nach nationalem Recht ersten Verteidigungsvorbringens gegen das Rechtsmittel zu wiederholen.

IV. Schutz von typischerweise schwächeren Parteien durch Belehrung (Abs. 2)

47 Abs. 2 regelt die neu eingeführte Pflicht des angerufenen Gerichts, sicherzustellen, dass in Versicherungs-, Verbraucher- und Individualarbeitssachen der typischerweise schwächere Beklagte über sein Recht zur Zuständigkeitsrüge sowie über die Folgen einer rügelosen Einlassung belehrt wird. Diese Regelung ist auf die Entscheidung des EuGH in der Sache *Česká podnikatelská pojišt'ovna, Vienna Insurance Group ./. Bilas* zurückzuführen.[62] In dieser stellte der Gerichtshof klar, dass es einem mitgliedstaatlichen Gericht freistehe, einer rügelosen Einlassung erst dann zuständigkeitsbegründende Wirkung beizumessen, nachdem es den Beklagten über die Folgen seiner Einlassung belehrt hat. Allerdings ergebe sich aus der EuGVVO a.F., so der EuGH, mangels ausdrücklicher Regelung keine dahingehende Belehrungs*pflicht*.[63]

48 Die nun in Abs. 2 vorgesehene Belehrungspflicht soll verhindern, dass eine von der EuGVVO als schwächer angesehene Partei ihren durch die Abschnitte 3–5 gewährten zuständigkeitsrechtlichen Schutz verliert, indem sie sich in Unkenntnis der Rechtslage vor einem unzuständigen Gerichts rügelos einlässt und damit dessen Entscheidungskompetenz begründet.[64]

1. Bestehen einer Belehrungspflicht

a) Klage gegen eine typischerweise schwächere Partei i.S.d. Abschnitte 3–5

49 Die Belehrungspflicht besteht nur dann, wenn die Anwendungsvoraussetzungen der Abschnitte 3–5 erfüllt sind und der Beklagte Versicherungsnehmer, Ver-

---

[62] EuGH, 20.5.2010 – Rs. C-111/09, *Česká podnikatelská pojišt'ovna as, Vienna Insurance Group ./. Bilas*, Slg. 2010, I-4545 (ECLI:EU:C:2010:290).
[63] EuGH, 20.5.2010 – Rs. C-111/09, *Česká podnikatelská pojišt'ovna as, Vienna Insurance Group ./. Bilas*, Slg. 2010, I-4545 (ECLI:EU:C:2010:290), Rn. 32.
[64] Nordmeier/Schichmann, GPR 2015, S. 199.

sicherter, Begünstigter eines Versicherungsvertrags, Geschädigter, Verbraucher oder Arbeitnehmer ist.

Eine Belehrung ist demzufolge entbehrlich, wenn etwa die situativen 50 Voraussetzungen von Art. 17 Abs. 1 lit. a) – c) nicht erfüllt sind oder ein Beförderungsvertrag i.S.v. Art. 17 Abs. 3 vorliegt. Dies stellt Art. 26 Abs. 2 zum einen schon durch seinen Wortlaut klar, der eine Streitigkeit „nach den Abschnitten 3, 4 oder 5" verlangt. Zum anderen gebietet dies auch der Sinn und Zweck der Norm: Die Belehrung soll den durch die Sondervorschriften geschaffenen Beklagtenschutz lediglich komplettieren und sich nicht auf weitere Personen erstrecken.[65]

Die Belehrungspflicht gilt auch gegenüber **Rechtsnachfolgern,** die nach 51 Maßgabe der EuGH-Rspr. in den Genuss eines Schutzgerichtsstands i.S.d. Abschnitte 3–5 fallen.[66] Demzufolge ist Art. 26 Abs. 2 etwa bei der Klage einer Versicherung gegen die Erben eines Verkehrsunfallopfers zu beachten.[67] Soweit die Rechtsnachfolger durch die besonderen Zuständigkeitsregelungen in den Abschnitten 3–5 geschützt werden, soll ihnen auch der durch die Belehrungspflichten nach Art. 26 Abs. 2 gewährte Schutz zugutekommen. Demgegenüber besteht keine Belehrungspflicht, wenn sich die Klage gegen einen Zessionar richtet, der zwar den Anspruch eines Verbrauchers aus einem Vertrag i.S.v. Art. 17 Abs. 1 erworben hat, selbst jedoch nicht Verbraucher ist.[68] Aufgrund ihres Ausnahmecharakters gelten die Gerichtsstände der Abschnitte 3–5 nicht zum Schutz von Parteien, die lediglich in die Rechtsposition einer schutzwürdigen Partei eingetreten sind, ohne selbst schutzwürdig zu sein. Dementsprechend besteht in solchen Fällen auch keine Belehrungspflicht gem. Art. 26 Abs. 2.[69]

b) Keine ausschließliche Zuständigkeit eines anderen Gerichts

Eine Belehrung ist entbehrlich, wenn ein anderes Gericht gem. Art. 24 aus- 52 schließlich zuständig ist. Ein Schutz des Beklagten ist hier nicht erforderlich, weil eine Zuständigkeitsbegründung durch rügelose Einlassung gem. Art. 26 Abs. 1 Satz 2 von vornherein ausscheidet.

c) Rügelose Einlassung als einziger Zuständigkeitsgrund des angerufenen Gerichts

Im Hinblick auf den Schutzzweck besteht die Belehrungspflicht nur dann, 53 wenn das angerufene Gericht seine Zuständigkeit allein auf Art. 26 stützen kann. Ergibt sich die Entscheidungskompetenz schon aus anderen Gründen, etwa durch Gerichtsstandsvereinbarung, ist die Belehrung entbehrlich.

---

[65] *Nordmeier/Schichmann,* GPR 2015, S. 199 (200). A. A. *Mankowski,* RIW 2014, S. 625 (628).
[66] *Nordmeier/Schichmann,* GPR 2015, S. 199 (200).
[67] Vgl. EuGH, 17.9.2009 – Rs. C-347/08, *Vorarlberger Gebietskrankenkasse ./. WGV,* ECLI:EU:C:2009:561.
[68] EuGH, 19.1.1993 – Rs. C-89/91, *Shearson Lehmann Hutton Inc. ./. TVB Treuhandgesellschaft für Vermögensverwaltung und Beteiligungen mbH,* Slg. 1993, I-139 (ECLI:EU:C:1993:107).
[69] So auch Rauscher/*Staudinger,* EuZPR, 4. Aufl. 2016, Art. 26 EuGVVO Rn. 23a; *Nordmeier/ Schichmann,* GPR 2015, S. 199 (200).

d) Sonderfälle

54 Bei der praktischen Anwendung von Art. 26 Abs. 2 stellt sich die Frage, ob eine Belehrung unterbleiben kann, wenn der zu belehrende **Beklagte anwaltlich vertreten** ist. Eine Belehrung könnte entbehrlich sein, weil bei anwaltlicher Vertretung üblicherweise eine umfassende Beratung auch zu Fragen der internationalen Zuständigkeit und den Folgen eines bestimmten prozessualen Verhaltens des Beklagten erwartet werden kann. Für das Bestehen einer Belehrungspflicht auch bei anwaltlich vertretenen Beklagten spricht jedoch der Wortlaut von Art. 26 Abs. 2, der ohne Einschränkungen stets die Belehrung verlangt. Dies bestätigt auch der Zweck der Norm: Die typischerweise schwächeren Beklagten können nur dann sicher geschützt werden, wenn sie auch bei anwaltlicher Vertretung belehrt werden.[70] Eine Belehrung kann ausnahmsweise unterbleiben, wenn keine Zweifel daran bestehen, dass dem Beklagten die Rügemöglichkeit und die Folgen einer rügelosen Einlassung bekannt sind. Das ist etwa in dem praktisch wohl seltenen Fall anzunehmen, dass der Beklagte seine rügelose Einlassung ausdrücklich auch auf die internationale Zuständigkeit bezieht oder explizit auf die Rüge der internationalen Zuständigkeit verzichtet.[71]

55 Fraglich ist, ob die Belehrungspflicht i.S.v. Art. 26 Abs. 2 auch für einen Widerbeklagten gilt, der zu dem Kreis der typischerweise schwächeren Parteien i.S. der Abschnitte 3–5 gehört. Insoweit ist zu unterscheiden: Sofern die **Widerklage** der strukturell stärkeren Partei an einem der Gerichtsstände von Art. 14 Abs. 2, 18 Abs. 2, 22 Abs. 2 erhoben wurde, ist eine Belehrung i.S.v. Art. 26 Abs. 2 nicht notwendig. Denn in diesem Fällen beruht die Zuständigkeit für die Widerklage auf einem gesetzlichen Gerichtsstand und nicht auf rügeloser Einlassung. Etwas anderes gilt jedoch für die Drittwiderklage, die von den Art. 14 Abs. 2, 18 Abs. 2 und 22 Abs. 2 nicht erfasst ist. In der Regel kann sich hier die Zuständigkeit des Gerichts für die Widerklage nur aus einer rügelosen Einlassung des Drittwiderbeklagten ergeben, so dass insoweit eine Belehrung gem. Art. 26 Abs. 2 erforderlich ist.[72]

2. Anforderungen an die Belehrung

56 Dem Art. 26 Abs. 2 lassen sich gewisse Anforderungen an den Inhalt und den Zeitpunkt der Belehrung entnehmen. Die übrigen Modalitäten unterliegen im Grundsatz der *lex fori*.

57 **Inhaltlich** muss die Belehrung gem. Art. 26 Abs. 2 über zweierlei informieren: Zum einen über das Recht des Beklagten, die Unzuständigkeit des Gerichts zu rügen, zum anderen darüber, dass eine rügelose Einlassung zuständigkeitsbegründende Wirkung hat. Ein unverbindlicher **Standardtext** für eine Belehrung i.S.v. Art. 26 Abs. 2 findet sich im sog. Europäischen Justiziellen Netz (https://

---

[70] Rauscher/*Staudinger*, EuZPR, 4. Aufl. 2016, Art. 26 EuGVVO Rn. 23; *Nordmeier/Schichmann*, GPR 2015, S. 199 (201 f.).
[71] *Nordmeier/Schichmann*, GPR 2015, S. 199 (202).
[72] *Nordmeier/Schichmann*, GPR 2015, S. 199 (201).

e-justice.europa.eu).[73] Dieser Standardtext geht jedoch über die Mindestanforderungen von Art. 26 Abs. 2 hinaus, da dem Beklagen empfohlen wird, sich nicht auf das Verfahren einzulassen, wenn er das Bestehen eines gesetzlichen Gerichtsstands sicher ausschließen kann. Im Schrifttum wird zu Recht bemängelt, dass eine derart konkrete Handlungsempfehlung mit dem Gebot der richterlichen Unabhängigkeit im deutschen Recht (§§ 139, 42 ZPO) kaum zu vereinbaren ist.[74]

Nicht ausdrücklich geregelt ist, wer die Belehrung vornehmen muss. Die Formulierung, dass **das Gericht** das Vorliegen einer Belehrung sicherzustellen hat, impliziert jedoch, dass das Gericht selbst belehren muss. 58

Ebenso wenig ist die **Form** der Belehrung vorgeschrieben. Daher kann die Belehrung sowohl in schriftlicher Form als auch mündlich in der Gerichtsverhandlung erteilt werden. Erfolgt die Belehrung mündlich, sollte dies zu Dokumentationszwecken in das Protokoll der mündlichen Verhandlung aufgenommen werden. 59

Art. 26 Abs. 2 schweigt auch zu der **Sprache,** in der die Belehrung zu erfolgen hat. Im Regelfall wird die Belehrung in der Verfahrenssprache des angerufenen Gerichts durchgeführt (in Deutschland: § 184 GVG). Soweit das Gericht bereits mit der Zustellung der Klageschrift belehren will und die Klage in das EU-Ausland zugestellt werden muss, sollte die Belehrung vor dem Hintergrund von Art. 8 Abs. 1 und Abs. 3 EuZustVO entweder in der am Zustellungsort gesprochenen Sprache oder in einer Sprache erfolgen, die der Beklagte versteht. Andernfalls kann die Annahme der Klageschrift (bzw. des gerichtlichen Belehrungsschreibens) verweigert werden.[75] 60

Was den **Zeitpunkt** betrifft, enthält Art. 26 Abs. 2 lediglich die Vorgabe, dass die Belehrung vor der gerichtlichen Zuständigkeitserklärung erfolgen muss. Nach Sinn und Zweck muss die Belehrung jedoch vor dem Verhalten des Beklagten erfolgt sein, das als rügelose Einlassung gewertet wird. Denn in den Fällen von Art. 26 Abs. 2 kommt eine Zuständigkeitsbegründung nur dann in Betracht, wenn sich der Beklagte trotz Belehrung rügelos eingelassen hat. Vor diesem Hintergrund bietet es sich an, die Belehrung möglichst früh, d.h. bereits mit der Zustellung der Klageschrift vorzunehmen. Eine derart frühe Belehrung setzt allerdings voraus, dass sich bereits aus der Klageschrift die besondere Schutzbedürftigkeit des Beklagten i.S. der Abschnitte 3–5 ergibt. 61

---

[73] Text der vorgeschlagenen Belehrung: „Gegen Sie ist auf der Grundlage der Verordnung 1215/2015 Klage vor einem Gericht eines Mitgliedstaats der Europäischen Union erhoben worden. Nach Artikel 26 der Verordnung ist das Gericht grundsätzlich zuständig, wenn sich der Beklagte auf das Verfahren eingelassen hat, auch wenn die Zuständigkeit nicht aus anderen Bestimmungen der Verordnung abgeleitet werden kann. Dies gilt jedoch nicht, wenn der Beklagte sich einlässt, um den Mangel der Zuständigkeit geltend zu machen. Wenn Sie sicher sind, dass das Gericht nicht aufgrund einer anderen Bestimmung der Verordnung zuständig ist, brauchen Sie sich auf das Verfahren nicht einzulassen. Wenn Sie Zweifel an der Zuständigkeit des Gerichts haben, sollten Sie die Zuständigkeit des Gerichts bestreiten, bevor Sie sich zur Sache einlassen."
[74] *Nordmeier/Schichmann,* GPR 2015, S. 199 (205).
[75] So auch *Nordmeier/Schichmann,* GPR 2015, S. 199 (201 f.).

3. Folgen mangelhafter Belehrung

62 Unterlässt das Gericht die gem. Art. 26 Abs. 2 notwendige Belehrung, **scheidet eine Zuständigkeitsbegründung aufgrund rügeloser Einlassung aus.**[76] Zwar ist diese Rechtsfolge in Art. 26 Abs. 1 Satz 2 nicht ausdrücklich geregelt. Es wäre jedoch mit dem Sinn und Zweck von Art. 26 Abs. 2 nicht vereinbar, würde man diese Vorschrift lediglich als sanktionslosen Formalismus ansehen. Der Schutz von typischerweise schwächeren Parteien lässt sich ausschließlich dadurch erreichen, dass ohne vorhergehende Belehrung eine Zuständigkeitsbegründung durch rügelose Einlassung ausscheidet.

63 Bejaht das angerufene Gericht trotz fehlender Belehrung seine internationale Zuständigkeit aufgrund rügeloser Einlassung und erlässt – trotz fehlender Zuständigkeit – ein Sachurteil, kann sich der Beklagte **gegen die Anerkennung und Vollstreckung** dieses Urteils im EU-Ausland zur Wehr setzen. Er kann einwenden, dass die Entscheidung mit Kapitel II Abschnitte 3–5 nicht vereinbar ist (Art. 45 Abs. 1 lit. e (i)), weil er nicht entsprechend Art. 26 Abs. 2 belehrt worden ist.[77] Zwar ist die Belehrungspflicht nicht ausdrücklich in Art. 45 Abs. 1 lit. e (i) erwähnt. Dies ist jedoch unschädlich, denn die Unvereinbarkeit mit Kapitel II Abschnitte 3–5 ergibt sich bereits daraus, dass der Beklagte – mangels ordnungsgemäßer Belehrung – nicht wirksam auf die Schutzgerichtsstände verzichtet hat.

V. Wirkung der rügelosen Einlassung

64 Die rügelose Einlassung gem. Art. 26 begründet in der Regel die internationale und örtliche Zuständigkeit des angerufenen Gerichts. Etwas anderes – nämlich nur Begründung der internationalen Zuständigkeit – kann gelten, wenn sich aus den Gesamtumständen ergibt, dass sich die Rüge des Beklagten lediglich auf die örtliche Zuständigkeit bezogen hat.

65 Ohne Wirkung bleibt die rügelose Einlassung für die Frage der sachlichen und der funktionellen Zuständigkeit sowie für die Frage der Eröffnung des Rechtswegs. Diese Fragen sind der Verordnung entzogen, so dass sich eine Zuständigkeitsbegründung durch rügelose Einlassung insoweit nur aus der jeweiligen *lex fori* ergeben kann.

66 Die rügelose Einlassung kann eine Zuständigkeit sowohl für die Klage als auch für die Widerklage begründen. Allerdings müssen im Hinblick auf den jeweiligen Beklagten die Voraussetzungen von Art. 26 separat geprüft werden.

---

[76] Ebenso Zöller/*Geimer*, ZPO, 31. Aufl. 2016, Art. 26 EuGVVO Rn. 13; *Nordmeier/Schichmann*, GPR 2015, S. 199 (204); Rauscher/*Staudinger*, EuZPR, 4. Aufl. 2016, Art. 26 EuGVVO Rn. 24. A. A. *Schlosser*/Hess, EuZPR, 4. Aufl. 2015, Art. 26 EuGVVO Rn. 1; *Pohl*, IPRax 2013, S. 109 (111).

[77] Ebenso *von Hein*, RIW 2013, S. 97 (109); Zöller/*Geimer*, ZPO, 31. Aufl. 2016, Art. 26 EuGVVO Rn. 13; Rauscher/*Staudinger*, EuZPR, 4. Aufl. 2016, Art. 26 EuGVVO Rn. 25. A. A. *Schlosser*/Hess, EuZPR, 4. Aufl. 2015, Art. 26 EuGVVO Rn. 1; *Grohmann*, ZIP 2015, S. 16 (20).

Abschnitt 8 Prüfung der Zuständigkeit und der Zulässigkeit des Verfahrens

Artikel 27 [Erklärung der Unzuständigkeit in Fällen des Art. 24]

Das Gericht eines Mitgliedstaats hat sich von Amts wegen für unzuständig zu erklären, wenn es wegen einer Streitigkeit angerufen wird, für die das Gericht eines anderen Mitgliedstaats aufgrund des Artikels 24 ausschließlich zuständig ist.

EuGH-Rechtsprechung: EuGH, 15.11.1983 – Rs. 288/82, *Dujinstee ./. Goderbauer*, Slg. 1983, 3663 (ECLI:EU:C:1983:326)

EuGH, 28.1.2015 – Rs.-375/13, *Kolassa ./. Barclays Bank plc.*, ECLI:EU:C:2015:37

Schrifttum: *Geimer, Reinhold,* Die Prüfung der internationalen Zuständigkeit, WM 1986, S. 117; *Mankowski, Peter,* Die Lehre von den doppelrelevanten Tatsachen auf dem Prüfstand der internationalen Zuständigkeit, IPRax 2006, S. 454; *Schoibl, Norbert A.*, Die Prüfung der internationalen Zuständigkeit nach Europäischem Verfahrensrecht in Zivil- und Handelssachen – Die international-europäische Zuständigkeitsprüfung aus österreichischer Sicht –, ZZPInt 10 (2005), S. 123.

Übersicht

	Rn.
I. Normzweck und Regelungsinhalt	1
II. Anwendungsbereich	4
III. Prüfung von Art. 24 von Amts wegen	7
IV. Entscheidung	12

I. Normzweck und Regelungsinhalt

Art. 27 verpflichtet ein mitgliedstaatliches Gericht, sich für unzuständig zu 1 erklären, wenn vor ihm eine Streitigkeit anhängig gemacht wird, für die das Gericht eines anderen Mitgliedstaates gem. Art. 24 ausschließlich zuständig ist. Die Norm ist wortgleich mit der Vorgängerregel in Art. 25 EuGVVO a.F.

Die Norm bezweckt primär den **Schutz der ausschließlichen Gerichts-** 2 **stände i.S.v. Art. 24.** Diese sind als Bestandteil des *ordre public* der Parteidisposition entzogen[1] und können insbesondere nicht im Wege der rügelosen Einlassung übergangen werden, vgl. Art. 26 Abs. 1 Satz 2. Art. 27 verhindert damit auch, dass eine Entscheidung erlassen wird, die später wegen Verstoßes gegen Art. 24 nicht in anderen Mitgliedstaaten anerkannt werden könnte, vgl. Art. 45 Abs. 1 lit. e ii).[2] Insoweit stärkt Art. 27 auch die Prozessökonomie.

Art. 27 regelt zusammen mit Art. 28, wie ein angerufenes Gericht im Anwen- 3 dungsbereich der EuGVVO die Zuständigkeitsfrage prozessual zu behandeln hat.

---
[1] *Jenard*-Bericht, 1979, S. 38.
[2] *Schoibl*, ZZPInt 10 (2005), S. 123 (128).

Art. 28 erfasst dabei alle Fälle, in denen kein Anhaltspunkt für einen anderweitigen ausschließlichen Gerichtsstand i.S.v. Art. 24 vorliegt, und daher eine Zuständigkeitsbegründung durch rügelose Einlassung des Beklagten gem. Art. 26 in Betracht kommt. Ob die Zuständigkeitsprüfung Art. 27 oder Art. 28 unterliegt, richtet sich somit danach, ob ein Fall ausschließlicher Zuständigkeit i.S.v. Art. 24 im Raum steht.

II. Anwendungsbereich

4   Art. 27 gilt, wenn der sachliche Anwendungsbereich gem. Art. 1 EuGVVO eröffnet ist. Der **Wohnsitz der Parteien** ist unerheblich, so dass Art. 27 auch dann zu beachten ist, wenn beide Parteien im Mitgliedstaat oder in einem Drittstaat ansässig sind.[3] Grund dafür ist das öffentliche Interesse der Mitgliedstaaten an der Beachtung der ausschließlichen Zuständigkeiten in Art. 24.

5   Art. 27 gilt, wenn in einem anderen Mitgliedstaat ein ausschließlicher Gerichtsstand nach Art. 24 eröffnet ist. Die Norm ist demzufolge nicht anwendbar, wenn sich die ausschließliche Zuständigkeit des anderen Gerichtslandes/-ortes aus einer Gerichtsstandsvereinbarung i.S.v. Art. 25 oder einer rügelosen Einlassung des Beklagten i.S.v. Art. 26 ergibt. Art. 27 findet auch dann keine Anwendung, wenn der ausschließliche Gerichtstand in einen Nicht-Mitgliedstaat eröffnet ist.[4]

6   Aus dem Wortlaut „*wegen einer Streitigkeit angerufen*" ergibt sich, dass Art. 27 keine Geltung in solchen Verfahren entfaltet, in denen sich ein zur ausschließlichen Zuständigkeit eines anderen Gerichts gehörender Streitpunkt **lediglich als Vorfrage** stellt.[5] Die anderweitige ausschließliche Zuständigkeit muss gerade für die Hauptsache bestehen. Art. 27 gilt auch dann, wenn sich der Beklagte am Verfahren nicht beteiligt hat. Trotz des weiten Wortlauts von Art. 28 Abs. 1 ist Art. 27 lex specialis, wenn in einem Mitgliedstaat eine anderweitige ausschließliche Zuständigkeit gem. Art. 24 besteht.[6]

III. Prüfung von Art. 24 von Amts wegen

7   Ob ein anderes mitgliedstaatliches Gericht gem. Art. 24 ausschließlich zuständig ist, hat das angerufene Gericht **von Amts wegen** zu prüfen. Dies gilt auch dann, wenn sich der Beklagte auf das Verfahren vor dem angerufenen Gericht eingelassen hat, weil im Wege der rügelosen Einlassung die ausschließlichen Zuständigkeiten aus Art. 24 nicht übergangen werden können, Art. 26 Abs. 1 Satz 2.

---

[3] Rauscher/*Mankowski*, EuZPR, 4. Aufl. 2016, Art. 27 EuGVVO Rn. 3; *Kropholler/von Hein*, EuZPR, 9. Aufl. 2011, Art. 25 EuGVVO a.F. Rn. 1.
[4] *Schoibl*, ZZPInt 10 (2005), S. 123 (129).
[5] *Jenard*-Bericht, 1979, S. 39.
[6] *Schoibl*, ZZPInt 10 (2005), S. 123 (130); *Kropholler/von Hein*, EuZPR, 9. Aufl. 2011, Art. 25 EuGVVO a.F. Rn. 5. A. A. Thomas/Putzo/*Hüßtege*, ZPO, 36. Aufl. 2015, Art. 27 EuGVVO Rn. 1.

Die amtswegige Prüfung bedeutet jedoch nicht, dass im Rahmen von Art. 27 **8**
der Amtsermittlungsgrundsatz gelten würde und das Gericht verpflichtet wäre,
eigene Nachforschungen anzustellen. Vielmehr verpflichtet Art. 27 das Gericht
lediglich dazu, von sich aus die Rechtsfrage zu prüfen, ob eine anderweitige
ausschließliche Zuständigkeit i.S.v. Art. 24 besteht, sobald Anhaltspunkte hierfür
bestehen. Welche Tatsachen das Gericht bei der Beurteilung dieser Rechtsfrage
zugrunde legen darf, richtet sich nach nationalem Recht.[7]

Vor deutschen Gerichten gilt damit **weiterhin der Beibringungsgrund- 9
satz**, so dass Art. 27 allein aufgrund der von den Parteien in den Prozess eingeführten Tatsachen angewendet werden kann. Hat das Gericht nach dem ihm
unterbreiteten Sachverhalt Anhaltspunkte für eine anderweitige ausschließliche
Zuständigkeit, muss es den Parteien gem. § 139 Abs. 3 ZPO einen richterlichen
Hinweis erteilen und weiteren Sachvortrag anregen. Werden die Zweifel des
Gerichts nicht durch entsprechende Nachweise ausgeräumt, muss es gem. Art. 27
die Klage wegen fehlender internationaler Zuständigkeit abweisen. Das gilt auch
bei Säumnis des Beklagten. In einem solchen Fall können die vom Kläger gegen
das Vorliegen einer anderweitigen ausschließlichen Zuständigkeit vorgebrachten
Tatsachen nicht als zugestanden angesehen werden, vgl. auch § 335 Abs. 1 Nr. 1
ZPO. Das Gericht kann eine Sachentscheidung nur dann treffen, wenn es von
der Existenz aller seine internationale Zuständigkeit begründenden Tatsachen
überzeugt ist.[8]

Von diesen Grundsätzen macht die h.M. bei sog. **doppelrelevanten Tatsa- 10
chen**, die sowohl die internationale Zuständigkeit als auch die Begründetheit
der Klage betreffen, eine Ausnahme: Zur Eröffnung der internationalen Zuständigkeit sei es insoweit ausreichend, wenn der Kläger die zuständigkeitsbegründenden Tatsachen schlüssig vorträgt.[9] Ein voller Beweis sei im Rahmen der
Zuständigkeitsprüfung entbehrlich. Diese Ansicht erscheint im Rahmen von
Art. 27 mit Blick auf das öffentliche Interesse an der Wahrung der ausschließlichen Gerichtsstände von Art. 24 bedenklich.[10] An dieser Stelle soll nicht vorent-
halten werden, dass der EuGH jüngst die Lehre der doppelrelevanten Tatsachen
gebilligt und festgestellt hat, dass bei solchen Tatsachen aus Sicht der EuGVVO
ein umfassendes Beweisverfahren nicht zwingend erforderlich ist.[11] Diese Entscheidung betraf allerdings keinen Fall der ausschließlichen Zuständigkeit i.S.v.
Art. 24. Es ist daher unklar, ob der EuGH zum Schutz der ausschließlichen
Gerichtsstände anders entscheiden würde.

---

[7] *Schlosser*-Bericht, 1979, Rn. 22.
[8] *Schlosser*-Bericht, 1979, Rn. 22.
[9] BGH, 25.11.1993 – IX ZR 32/93, NJW 1994, S. 1413, Rn. 16 (nach juris); BGH, 13.10.2004 – I ZR 163/02, NJW 2005, S. 1435, Rn. 18 (nach juris); OLG Koblenz, 29.9.2005 – 5 U 131/05, Rn. 13 (nach juris).
[10] *Geimer*/*Schütze*, EuZVR, 3. Aufl. 2010, Art. 25 EuGVVO a.F. Rn. 8; *Schoibl*, ZZPInt 10 (2005), S. 123 (135); wohl auch Rauscher/*Mankowski*, EuZPR, 4. Aufl. 2016, Vor Art. 4 EuGVVO Rn. 13 ff. Differenzierend hingegen *Schlosser*/Hess, EuZPR, 4. Aufl. 2015, Art. 28 EuGVVO Rn. 1, der den Nachweis der doppelrelevanten Tatsachen lediglich bei völliger Passivität des Beklagten verlangt.
[11] EuGH, 28.1.2015 – Rs.-375/13, *Kolassa* ./. *Barclays Bank plc.*, ECLI:EU:C:2015:37, Rn. 58 ff. zu Art. 5 Nr. 1 und Art. 5 Nr. 3 EuGVVO a.F. (= Art. 7 Nr. 1 und Nr. 3) m. Anm. *Mankowski*, LMK 2015, 367447.

11 Die Pflicht zur Prüfung von Amts wegen gem. Art. 27 besteht **in allen Instanzen.**[12] Das gilt wegen des Vorrangs der EuGVVO auch dann, wenn nach einzelstaatlichem Verfahrensrecht die Frage der internationalen Zuständigkeit im Rechtsmittelverfahren nicht mehr oder nur auf Rüge einer Partei aufgegriffen werden kann.[13] Damit wird gleichzeitig die Vorlagepflicht letztinstanzlicher Gerichte zum EuGH gem. Art. 267 Abs. 3 AEUV gewahrt. Diese wäre ausgehöhlt, wenn ein letztinstanzliches Gericht nicht mehr imstande wäre, die internationale Zuständigkeit zu prüfen und Zweifelsfragen bei der Auslegung der EuGVVO dem EuGH vorzulegen.[14]

IV. Entscheidung

12 Ergibt die amtswegige Prüfung durch das Gericht, dass die Gerichte in einem anderen Mitgliedstaat gem. Art. 24 ausschließlich zuständig sind, muss sich das Gericht gem. Art. 27 für unzuständig erklären. Die Form der Unzuständigerklärung richtet sich nach dem jeweiligen **einzelstaatlichen Recht**. In Deutschland ist die Klage durch **Prozessurteil** als unzulässig abzuweisen.

13 Eine **Verweisung** an ein Gericht eines anderen Mitgliedstaats kommt nicht in Betracht. Die EuGVVO selbst enthält keine entsprechende Verweisungsvorschrift. § 281 ZPO findet insoweit schon deswegen keine Anwendung, weil die Norm lediglich bei Fehlen der örtlichen und sachlichen Zuständigkeit gilt.[15]

14 Ist das angerufene Gericht ausnahmsweise auch nach Art. 24 ausschließlich zuständig, greift **Art. 31 Abs. 1,** der eine Priorität zugunsten des zuerst eingeleiteten Verfahrens vorsieht.[16]

Artikel 28 [Erklärung der Unzuständigkeit von Amts wegen in sonstigen Fällen]

(1) Lässt sich der Beklagte, der seinen Wohnsitz im Hoheitsgebiet eines Mitgliedstaats hat und der vor dem Gericht eines anderen Mitgliedstaats verklagt wird, auf das Verfahren nicht ein, so hat sich das Gericht von Amts wegen für unzuständig zu erklären, wenn seine Zuständigkeit nicht nach dieser Verordnung begründet ist.

(2) Das Gericht hat das Verfahren so lange auszusetzen, bis festgestellt ist, dass es dem Beklagten möglich war, das verfahrenseinleitende Schriftstück oder ein gleichwertiges Schriftstück so rechtzeitig zu empfangen, dass er sich vertei-

---

[12] OLG Schleswig-Holstein, 24.10.2008 – 14 U 4/08, IPRspr. 2008, Nr. 12, S. 16, Rn. 22 (nach juris).
[13] EuGH, 15.11.1983 – Rs. 288/82; *Dujinstee* ./. *Goderbauer*, Slg. 1983, 3663 (ECLI:EU:C:1983:326), Rn. 14 ff.
[14] *Schoibl*, ZZPInt 10 (2005), S. 123 (131).
[15] OLG Düsseldorf, 16.3.2000 – 6 U 90/99, RIW 2001, 63, Rn. 42 (nach juris); OLG Brandenburg, 2.4.2008 – 3 U 84/07, IPRspr. 2009, Nr. 166a, S. 422, Rn. 18 (nach juris); *E. Peiffer*, Schutz gegen Klagen im forum derogatum, 2013, S. 205; Zöller/*Greger*, ZPO, 31. Aufl. 2016, § 281 ZPO Rn. 5.
[16] Siehe hierzu die Kommentierung bei Art. 31 Rn. 4 ff.

digen konnte oder dass alle hierzu erforderlichen Maßnahmen getroffen worden sind.

(3) An die Stelle von Absatz 2 tritt Artikel 19 der Verordnung (EG) Nr. 1393/2007 des Europäischen Parlaments und des Rates vom 13. November 2007 über die Zustellung gerichtlicher und außergerichtlicher Schriftstücke in Zivil- oder Handelssachen in den Mitgliedstaaten (Zustellung von Schriftstücken)[1], wenn das verfahrenseinleitende Schriftstück oder ein gleichwertiges Schriftstück nach der genannten Verordnung von einem Mitgliedstaat in einen anderen zu übermitteln war.

(4) Ist die Verordnung (EG) Nr. 1393/2007 nicht anwendbar, so gilt Artikel 15 des Haager Übereinkommens vom 15. November 1965 über die Zustellung gerichtlicher und außergerichtlicher Schriftstücke im Ausland in Zivil- und Handelssachen, wenn das verfahrenseinleitende Schriftstück oder ein gleichwertiges Schriftstück nach dem genannten Übereinkommen im Ausland zu übermitteln war.

EuGH-Rechtsprechung: EuGH, 28.10.2004 – Rs. C-148/03, *Nürnberger Allgemeine Versicherungs AG ./. Portbridge Transport International BV*, Slg. 2004, I-10327 (ECLI:EU:C:2004:677)

EuGH, 17.11.2011 – Rs. C-327/10, *Hypoteční banka a.s. ./. Lindner*, ECLI:EU:C:2011:745

EuGH, 28.1.2015 – Rs. C-375/13, *Kolassa ./. Barclays Bank plc.*, ECLI:EU:C:2015:37

EuGH, 7.7.2016 – Rs. C-70/15, *Lebek ./. Domino*, ELCI:EU:C:2016:524

Schrifttum: *Geimer, Reinhold*, Die Prüfung der internationalen Zuständigkeit, WM 1986, S. 117; *Hoffmann-Nowotny, Urs H.*, Doppelrelevante Tatsachen in Zivilprozess und Schiedsverfahren, 2010; *Mankowski, Peter*, Die Lehre von den doppelrelevanten Tatsachen auf dem Prüfstand der internationalen Zuständigkeit, IPRax 2006, S. 454; *Matscher, Franz*, Zur prozessualen Behandlung der inländischen Gerichtsbarkeit, in: Grenzüberschreitungen. Beiträge zum internationalen Verfahrensrecht und zur Schiedsgerichtsbarkeit. Festschrift für Peter Schlosser zum 70. Geburtstag, 2005, Bachmann, Birgit; Breitenbach, Stephan; Coester-Waltjen, Dagmar; u.a. (Hrsg.), S. 561; *Ost, Konrad*, Doppelrelevante Tatsachen im Internationalen Zivilverfahrensrecht: Zur Prüfung der internationalen Zuständigkeit bei den Gerichtsständen des Erfüllungsortes und der unerlaubten Handlung, 2002; *Schlosser, Peter*, Unzulässige Diskriminierung nach Bestehen oder Fehlen eines EG-Wohnsitzes im europäischen Zivilprozessrecht, in: Festschrift für Andreas Heldrich zum 70. Geburtstag, 2005, Lorenz, Stephan; Trunk, Alexander; Eidenmüller, Horst, u.a. (Hrsg.), S. 1007; *Schoibl, Norbert A.*, Die Prüfung der internationalen Zuständigkeit nach Europäischem Verfahrensrecht in Zivil- und Handelssachen – Die international-europäische Zuständigkeitsprüfung aus österreichischer Sicht –, ZZPInt 10 (2005), S. 123; *Spellenberg, Ulrich*, Schutz der Verteidigungsrechte und Zuständigkeit nach EuGVO und EheGVO, in: Festschrift für Peter Gottwald zum 70. Geburtstag, 2014, Adolphsen, Jens; Goebel, Joachim; Haas, Ulrich (Hrsg.), S. 607.

---

[1] [Amtl. Anm.:] ABl. L 324 vom 10. 12. 2007, S. 79.

Übersicht

	Rn.
I. Normzweck und Regelungsinhalt	1
II. Anwendungsbereich	6
III. Zuständigkeitsprüfung und ggf. Unzuständigkeitserklärung (Abs. 1)	10
IV. Prüfung der rechtzeitigen Zustellung und ggf. Verfahrensaussetzung (Abs. 2–4)	18
1. Anwendungsbereich	20
2. Aussetzung gem. Art. 19 EuZustVO (Abs. 3)	24
3. Aussetzung gem. Art. 15 HZÜ (Abs. 4)	27
4. Aussetzung gem. Art. 28 Abs. 2	28
a) Verfahrenseinleitendes Schriftstück rechtzeitig empfangen (Alt. 1)	31
b) Erforderliche Maßnahmen für rechtzeitigen Empfang getroffen (Alt. 2)	35
5. Rechtsfolge: Verfahrensaussetzung	37

I. Normzweck und Regelungsinhalt

1   Art. 28 gilt für den Fall, dass sich der Beklagte bzw. Antragsgegner auf das Verfahren nicht einlässt, entweder weil er **am Verfahren gar nicht teilnimmt** oder sich an diesem nur zu dem Zweck beteiligt, den **Mangel der internationalen Zuständigkeit zu rügen,** ohne sich zur Sache einzulassen.[2]

2   **Abs. 1** verpflichtet das angerufene Gericht in solchen Fällen, seine **internationale Zuständigkeit von Amts wegen zu prüfen**[3] und sich ggf. für unzuständig zu erklären. Die Norm soll sicherstellen, dass auch ohne Rüge des Beklagten nur ein international zuständiges Gericht eine Sachentscheidung erlässt.[4] Dies schützt die Interessen des Beklagten, insbesondere seinen Anspruch auf rechtliches Gehör und auf ein faires Verfahren.[5] Der Beklagte soll nicht vor einem unzuständigen ausländischen Gericht nur deshalb erscheinen müssen, um dessen Unzuständigkeit zu rügen.[6] Gleichzeitig verringert die amtswegige Prüfung der internationalen Zuständigkeit das Risiko, dass der späteren Entscheidung gem. Art. 45 Abs. 1 lit. e i) die Anerkennung und Vollstreckung versagt wird, soweit die Zuständigkeit auf Art. 10–23 beruht und der Beklagte die nach diesen Vorschriften typischerweise schwächere Partei ist.

3   **Abs. 2–4** gewährleisten darüber hinaus, dass eine Sachentscheidung erst dann erlassen wird, wenn das Gericht die **Rechtzeitigkeit der Zustellung des verfahrenseinleitenden Schriftstücks** festgestellt hat. Gerade im internationalen Rechtsverkehr ist die Zustellung oft mit Verzögerungen verbunden, so dass der

---

[2] EuGH, 28.10.2004, Rs. C-148/03, *Nürnberger Allgemeine Versicherungs AG ./. Portbridge Transport International BV,* Slg. 2004, I-10327 (ECLI:EU:C:2004:677), Rn. 19. Art. 28 gilt auch, wenn der Beklagte sich nur hilfsweise zur Sache einlässt, weil in einem solchen Fall eine rügelose Einlassung gem. Art. 26 ausscheidet, vgl. Kommentierung bei Art. 26 Rn. 36.

[3] Dies sieht Art. 28 Abs. 1 zwar nicht ausdrücklich vor. Die amtswegige Prüfung der internationalen Zuständigkeit ist jedoch zwingende Voraussetzung für die explizit geregelte amtswegige Unzuständigerklärung.

[4] *Jenard*-Bericht, 1979, S. 39; *Schlosser*/Hess, EuZPR, 4. Aufl. 2015, Art. 28 EuGVVO Rn. 1.

[5] *Jenard*-Bericht, 1979, S. 39; *Schoibl,* ZZPInt 10 (2005), S. 123 (138).

[6] *Schlosser*/Hess, EuZPR, 4. Aufl. 2015, Art. 28 EuGVVO Rn. 1; *Schoibl,* ZZPInt 10 (2005), S. 123 (140); Rauscher/*Mankowski,* EuZPR, 4. Aufl. 2016, Art. 28 EuGVVO Rn. 1.

Anspruch des Beklagten auf rechtliches Gehör stärker gefährdet ist, als im innerstaatlichen Rechtsvertreter. Die Prüfung der rechtzeitigen Zustellung des verfahrenseinleitenden Schriftstücks dient allerdings nicht nur dem Schutz des Beklagten, sondern kann – im Interesse des Klägers – auch verhindern, dass der späteren Entscheidung die grenzüberschreitende Anerkennung gem. Art. 45 Abs. 1 lit. b versagt wird.[7] Die Abs. 2–4 hat das Gericht nur dann zu beachten, wenn es aufgrund der Prüfung nach Abs. 1 seine internationale Zuständigkeit bejaht hat.

Art. 28 wird – auch im Falle der Säumnis des Beklagten – durch **Art. 27** 4 verdrängt, wenn eine anderweitige ausschließliche Zuständigkeit nach Art. 24 besteht.

Art. 28 hat im Rahmen der EuGVVO-Revision 2012 lediglich redaktionelle 5 Anpassungen erhalten.

II. Anwendungsbereich

Art. 28 gilt, wenn der Beklagte seinen **Wohnsitz im Hoheitsgebiet eines** 6 **Mitgliedstaates** hat und **vor dem Gericht eines anderen Mitgliedstaates verklagt** wird. Liegen diese Voraussetzungen vor, greift Art. 28 ungeachtet dessen, ob sich die internationale Zuständigkeit aus der EuGVVO oder einem Spezialübereinkommen i.S.v. Art. 71 Abs. 1 ergibt.[8] Unerheblich ist außerdem, ob der Beklagte EU-Staatsbürger ist.[9]

Art. 28 ist demzufolge zum einen dann **nicht anwendbar**, wenn der 7 **Beklagte im Gerichtsstaat ansässig** ist. Bei einem solchen „Heimspiel" für den Beklagten benötigt er schon keinen besonderen Schutz durch die EuGVVO. Ob und inwieweit die internationale Zuständigkeit und die rechtzeitige Zustellung des verfahrenseinleitenden Schriftstücks zu prüfen sind, richtet sich dann nach nationalem oder ggf. völkervertraglichem Verfahrensrecht.

Zum anderen **greift Art. 28 nicht**, wenn der **Beklagte seinen (Wohn)Sitz** 8 **in einem Drittstaat** hat. In einem solchen Fall kann sich die internationale Zuständigkeit gem. Art. 6 Abs. 1 aus bestimmten Vorschriften der EuGVVO und ansonsten aus nationalem Recht ergeben. In all diesen Konstellationen[10] verzichtet die EuGVVO auf eine Art. 28 vergleichbare Regelung zum Schutz des Beklagten bzw. der Zuständigkeitsvorschriften und überlässt dies dem nationalen bzw. völkervertraglichen Verfahrensrecht.[11]

Voraussetzung für die Anwendung von Art. 28 ist schließlich, dass sich der 9 außerhalb seines Wohnsitzmitgliedstaates Verklagte **nicht auf das Verfahren eingelassen hat**. Art. 28 greift demnach nur dann, wenn die Voraussetzungen einer rügelosen Einlassung nicht vorliegen. Im Falle einer wirksamen rügelosen

---

[7] Rauscher/*Mankowski*, EuZPR, 4. Aufl. 2016, Art. 28 EuGVVO Rn. 3.
[8] EuGH, 28.10.2004, Rs. C-148/03, *Nürnberger Allgemeine Versicherungs AG ./. Portbridge Transport International BV,* Slg. 2004, I-10327 (ECLI:EU:C:2004:677), Rn. 16 ff.
[9] *Schoibl*, ZZPInt 10 (2005), S. 123 (153).
[10] Eine Ausnahme gilt für Art. 24, dessen Wahrung ungeachtet des Wohnsitzes des Beklagten durch Art. 27 gewährleistet wird.
[11] *Schoibl*, ZZPInt 10 (2005), S. 123 (143 f.).

Einlassung i.S.v. Art. 26 besteht zum Schutz des Beklagten kein Bedürfnis, gem. Art. 28 Abs. 1 die internationale Zuständigkeit oder gem. Abs. 2–4 die rechtzeitige Zustellung des verfahrenseinleitenden Schriftstücks zu prüfen. Art. 28 gilt für alle Fälle der Säumnis unabhängig davon, ob der Beklagte im schriftlichen Vorverfahren seine Verteidigungsbereitschaft nicht anzeigt (§ 331 Abs. 3 ZPO), er im Termin nur mündlichen Verhandlung ausbleibt (§ 331 Abs. 1 ZPO) oder dort zwar erscheint, jedoch nur um die Rüge der internationalen Zuständigkeit zu erheben.[12] Auch bei Zuständigkeitsrüge des Beklagten hat das angerufene Gericht gem. Art. 28 seine internationale Zuständigkeit von Amts wegen zu prüfen und die Klage ggf. wegen Unzuständigkeit abzuweisen.[13]

III. Zuständigkeitsprüfung und ggf. Unzuständigkeitserklärung (Abs. 1)

10   Ist Art. 28 Abs. 1 nach den vorstehend dargestellten Grundsätzen anwendbar, hat das angerufene Gericht seine internationale Zuständigkeit von Amts wegen zu prüfen und sich ggf. für unzuständig zu erklären.

11   **Amtswegige Prüfung** bedeutet nicht Amtsermittlung nach Maßgabe des Untersuchungsgrundsatzes. Das Gericht ist somit nicht verpflichtet, eigene Nachforschungen anzustellen. Art. 28 hat lediglich zur Folge, dass das Gericht die Rechtsfrage der internationalen Zuständigkeit zu prüfen hat, sobald Anhaltspunkte für eine fehlende Zuständigkeit bestehen. Dabei darf es den Vortrag des Klägers über die Zuständigkeit nicht als richtig unterstellen. Die näheren Einzelheiten der Amtsprüfung unterliegen dem jeweiligen nationalen Recht.[14]

12   **Vor deutschen Gerichten** gilt **weiterhin der Beibringungsgrundsatz**. Hat das Gericht aufgrund des ihm unterbreiteten Sachverhaltes Anhaltspunkte für das Fehlen seiner internationalen Zuständigkeit, muss es den Parteien ggf. gem. § 139 Abs. 3 ZPO einen richterlichen Hinweis erteilen und weiteren Sachvortrag anregen. Werden die Zweifel des Gerichts nicht durch entsprechende Nachweise ausgeräumt, muss das Gericht gem. Art. 28 Abs. 1 die Klage wegen fehlender internationaler Zuständigkeit abweisen. Das gilt auch bei Säumnis des Beklagten. In einem solchen Fall können die vom Kläger gegen das Vorliegen einer anderweitigen ausschließlichen Zuständigkeit vorgebrachten Tatsachen nicht als zugestanden angesehen werden, vgl. auch § 335 Abs. 1 Nr. 1 ZPO. Das Gericht kann eine Sachentscheidung nur dann treffen, wenn es von der Existenz aller seine internationale Zuständigkeit begründenden Tatsachen überzeugt ist.[15]

13   Steht der Zuständigkeit des angerufenen Gerichts eine ausschließliche **Gerichtsstandsvereinbarung** entgegen, muss das Gericht diese nur dann berücksichtigen, wenn der ihm unterbreitete Sachverhalt Hinweise auf deren

---

[12] Im zuletzt genannten Fall scheidet der Erlass eines Versäumnisurteils aus, weil bei Erhebung der Zuständigkeitsrüge keine Säumnis i.S.v. § 333 ZPO vorliegt, vgl. Zöller/*Herget*, ZPO, 31. Aufl. 2016, § 333 ZPO, Rn. 2.
[13] Rauscher/*Mankowski*, EuZPR, 4. Aufl. 2016, Art. 28 EuGVVO Rn. 1.
[14] *Schlosser*-Bericht, 1979, Rn. 22.
[15] *Schlosser*-Bericht, 1979, Rn. 22.

Vorliegen enthält.¹⁶ Die Pflicht zur Berücksichtigung einer entgegenstehenden Schiedsvereinbarung ergibt sich hingegen nicht aus Art. 28 Abs. 1, sondern im Anwendungsbereich des UNÜ aus Art. 2 Abs. 3 UNÜ, der vorrangig gegenüber der EuGVVO gilt, Art. 73 Abs. 2.¹⁷

Von diesen Grundsätzen macht die deutsche Rspr. bei sog. **doppelrelevanten** 14 **Tatsachen,** die sowohl für die internationale Zuständigkeit als auch für die Begründetheit der Klage von Relevanz sind, eine Ausnahme: Nach dieser ist es für die Begründung der internationalen Zuständigkeit ausreichend, wenn der Kläger die zuständigkeitsbegründenden Tatsachen schlüssig vorträgt.¹⁸ Das Gericht kann im Rahmen der Zuständigkeitsprüfung von der Richtigkeit solcher schlüssigen Behauptungen ausgehen, ohne eine umfassende Beweisaufnahme durchführen zu müssen. Hierdurch soll die Prüfung der internationalen Zuständigkeit von einer intensiven Beweisaufnahme entlastet werden. Der EuGH hat jüngst entschieden, dass die Lehre von den doppelrelevanten Tatsachen mit den Zielen der EuGVVO vereinbar ist.¹⁹ Es stehe einem mitgliedstaatlichen Gericht frei, seine internationale Zuständigkeit ohne ein umfassendes Beweisverfahren allein aufgrund der substantiierten Behauptungen des Klägers zu den zuständigkeitsbegründenden Umständen anzunehmen.²⁰ Im Ergebnis gelten daher vor deutschen Gerichten im Rahmen der amtswegigen Prüfung gem. Art. 28 Abs. 1 die Erleichterungen durch die Lehre der doppelrelevanten Tatsachen.²¹

Die Pflicht zur Prüfung von Amts wegen gem. Art. 28 besteht **in allen Ins-** 15 **tanzen.**²² Dies hat v.a. dann Bedeutung, wenn der ursprüngliche Beklagte gegen die Entscheidung Rechtsmittel einlegt und dieses mit der internationalen Unzuständigkeit des Gerichts begründet.

Kommt das Gericht zu dem Ergebnis, dass es international unzuständig ist, hat 16 es sich gem. Art. 28 Abs. 1 **von Amts wegen für unzuständig zu erklären.** In diesem Fall wird die Klage nach deutschem Verfahrensrecht durch Prozessurteil als unzulässig abgewiesen. Eine Verweisung an das zuständige Gericht eines anderen Mitgliedstaates ist nicht möglich.²³

Erklärt sich das angerufene Gericht zu Unrecht für international zuständig, 17 begründet dies nicht automatisch einen Anerkennungsversagungsgrund. Eine Anerkennungsversagung droht lediglich dann, wenn das Gericht eine besondere Zuständigkeit zum Schutz strukturell schwacher Parteien missachtet hat, vgl.

---

¹⁶ Rauscher/*Mankowski*, EuZPR, 4. Aufl. 2016, Art. 28 EuGVVO Rn. 14; Thomas/Putzo/*Hüßtege*, ZPO, 36. Aufl. 2015, Art. 28 EuGVVO Rn. 4.
¹⁷ Rauscher/*Mankowski*, EuZPR, 4. Aufl. 2016, Art. 28 EuGVVO Rn. 15; Thomas/Putzo/*Hüßtege*, ZPO, 36. Aufl. 2015, Art. 28 EuGVVO Rn. 4.
¹⁸ BGH, 25.11.1993 – IX ZR 32/93, NJW 1994, S. 1413, Rn. 16 (nach juris); BGH, 13.10.2004 – I ZR 163/02, NJW 2005, S. 1435, Rn. 18 (nach juris); OLG Koblenz, 29.9.2005 – 5 U 131/05, Rn. 13 (nach juris).
¹⁹ EuGH, 28.1.2015 – Rs. C-375/13, *Kolassa ./. Barclays Bank plc.*, ECLI:EU:C:2015:37, Rn. 58 ff. m.Anm. *Mankowski*, LMK 2015, 367447.
²⁰ EuGH, 28.1.2015 – Rs. C-375/13, *Kolassa ./. Barclays Bank plc.*, ECLI:EU:C:2015:37, Rn. 62.
²¹ A. A. Rauscher/*Mankowski*, EuZPR, 4. Aufl. 2016, Art. 28 EuGVVO Rn. 10; differenzierend hingegen *Schlosser*/Hess, EuZPR, 4. Aufl. 2015, Art. 28 EuGVVO Rn. 1, der den Nachweis der doppelrelevanten Tatsachen lediglich bei völliger Passivität des Beklagten verlangt.
²² OLG Düsseldorf, 22.11.2002 – 17 U 49/02, IHR 2003, S. 81, Rn. 12 ff. (nach juris).
²³ Vgl. Kommentierung bei Art. 27 Rn. 13.

Art. 45 Abs. 1 lit. e i). Im Übrigen wird die internationale Zuständigkeit des erlassenden Gerichts im Rahmen der grenzüberschreitenden Anerkennung und Vollstreckung nicht nachgeprüft, Art. 45 Abs. 3. In diesen Fällen bleibt dem Beklagten somit nur die Möglichkeit, die nach dem Recht des Gerichtsstaats zulässigen Rechtsmittel einzulegen.

IV. Prüfung der rechtzeitigen Zustellung und ggf. Verfahrensaussetzung (Abs. 2–4)

18 Art. 28 Abs. 2–4 schützen den **Anspruch des Beklagten auf rechtliches Gehör** und auf ein faires Verfahren, indem sie im Fall seiner Säumnis das angerufene Gericht dazu verpflichten, von Amts wegen zu prüfen, ob das verfahrenseinleitende oder ein gleichwertiges Schriftstück ordnungsgemäß und so rechtzeitig zugestellt wurde, dass sich der Beklagte verteidigen konnte. Während dieser Prüfung hat das Gericht das Verfahren „*auszusetzen*". Ein Urteil darf das Gericht erst dann erlassen, wenn der Nachweis der Zustellung und der Einhaltung einer angemessenen Einlassungsfrist erbracht ist.

19 Die Abs. 2–4 tragen dem Umstand Rechnung, dass die Zustellung durch ein mitgliedstaatliches Gericht, je nach Ort der Zustellung und dem um Zustellung ersuchenden Gericht, der EuZustVO oder dem HZÜ unterliegen kann und dass diese in Art. 19 EuZustVO bzw. Art. 15 HZÜ eigene Regeln zur Verfahrensaussetzung zwecks Feststellung einer ausreichenden Zustellung vorsehen. Abs. 3 und 4 stellen sicher, dass diese Sonderregeln im Anwendungsbereich von Art. 28 EuGVVO beachtet werden. Unterliegt die Zustellung weder der EuZustVO noch dem HZÜ, richtet sich die Verfahrensaussetzung zum Zwecke der Prüfung einer ausreichenden Zustellung nach Art. 28 Abs. 2 EuGVVO.

1. Anwendungsbereich

20 Der Anwendungsbereich der Abs. 2–4 deckt sich mit dem von Abs. 1. Sie gelten demzufolge nur, wenn ein **Beklagter mit Wohnsitz in einem Mitgliedstaat** vor dem Gericht eines anderen Mitgliedstaates verklagt ist und sich der Beklagte auf das Verfahren nicht rügelos eingelassen hat. Abs. 2–4 gelten demzufolge insbesondere dann nicht, wenn der Beklagte außerhalb der EU ansässig ist.[24] Hat der Beklagte seinen Sitz innerhalb der EU, sind die Abs. 2–4 freilich auch dann zu beachten, wenn das verfahrenseinleitende Schriftstück dem Beklagten ausnahmsweise außerhalb seines Wohnsitzes, in einem Drittstaat zugestellt werden soll.

21 Nach der Systematik der Abs. 2–4 ist **vorrangig Abs. 3** zu berücksichtigen, wenn sich die Zustellung des verfahrenseinleitenden Schriftstücks nach der

---

[24] *Jenard*-Bericht, 1979, S. 40; Zöller/*Geimer*, ZPO, 31. Aufl. 2016, Art. 28 EuGVVO Rn. 10; *Schoibl*, ZZPInt 10 (2005), S. 123 (152); Thomas/Putzo/*Hüßtege*, ZPO, 36. Aufl. 2015, Art. 28 EuGVVO Rn. 8. A. A. Rauscher/*Mankowski*, EuZPR, 4. Aufl. 2016, Art. 28 EuGVVO Rn. 22 f., jedoch angesichts der klaren Aussage in *Jenard*-Bericht, a.a.O. und der systematischen Stellung hinter Abs. 1 nicht überzeugend.

EuZustVO richtet. Die EuZustVO gilt in allen EU-Mitgliedstaaten einschließlich Dänemark.[25] Sie ist maßgeblich für die Zustellung in allen Fällen, in denen sich das angerufene Gericht und der Ort der Zustellung innerhalb der EU befinden. Die Aussetzung zur Prüfung der ausreichenden Zustellung wird sich somit in den meisten Fällen nach Abs. 3 richten.

Richtet sich die Zustellung nicht nach der EuZustVO, sondern nach dem HZÜ, ist **Art. 28 Abs. 4** anwendbar. Hiervon erfasst sind die Fälle, in denen das verfahrenseinleitende Schriftstück in einem Drittstaat zugestellt werden soll und der Gerichtsstaat sowie der Drittstaat Vertragsstaaten des HZÜ sind. Das gilt etwa, wenn in einem Verfahren vor deutschen Gerichten die Zustellung in den USA erfolgen soll. 22

Finden weder die EuZustVO noch das HZÜ Anwendung, richtet sich die Verfahrensaussetzung zur Prüfung der ausreichenden Zustellung nach dem **Auffangtatbestand in Abs. 2**. Abs. 2 ist etwa bei einem österreichischen Gerichtsverfahren für eine Zustellung außerhalb der EU von Bedeutung, weil Österreich dem HZÜ nicht beigetreten ist. Auch bei in Deutschland stattfindenden Gerichtsverfahren gilt Abs. 2, wenn die Zustellung in einem Nicht-HZÜ-Vertragsstaat, wie etwa Neuseeland oder Georgien, erfolgen soll. 23

2. Aussetzung gem. Art. 19 EuZustVO (Abs. 3)

Abs. 3 verweist für die Aussetzung zur Prüfung der ausreichenden Zustellung auf Art. 19 EuZustVO, soweit diese für die Zustellung des verfahrenseinleitenden Schriftstücks maßgeblich ist. Der Verweis bezieht sich insbesondere auf die Abs. 1 und 2 von Art. 19 ZustVO, die wie folgt lauten: 24

(1) War ein verfahrenseinleitendes Schriftstück oder ein gleichwertiges Schriftstück nach dieser Verordnung zum Zweck der Zustellung in einen anderen Mitgliedstaat zu übermitteln und hat sich der Beklagte nicht auf das Verfahren eingelassen, so hat das Gericht das Verfahren auszusetzen, bis festgestellt ist,
a) dass das Schriftstück in einem Verfahren zugestellt worden ist, das das Recht des Empfangsmitgliedstaats für die Zustellung der in seinem Hoheitsgebiet ausgestellten Schriftstücke an dort befindliche Personen vorschreibt, oder
b) dass das Schriftstück tatsächlich entweder dem Beklagten persönlich ausgehändigt oder nach einem anderen in dieser Verordnung vorgesehenen Verfahren in seiner Wohnung abgegeben worden ist,
und dass in jedem dieser Fälle das Schriftstück so rechtzeitig zugestellt oder ausgehändigt bzw. abgegeben worden ist, dass der Beklagte sich hätte verteidigen können.

(2) Jeder Mitgliedstaat kann nach Artikel 23 Absatz 1 mitteilen, dass seine Gerichte ungeachtet des Absatzes 1 den Rechtsstreit entscheiden können, auch wenn keine Bescheinigung über die Zustellung oder die Aushändigung bzw. Abgabe eingegangen ist, sofern folgende Voraussetzungen gegeben sind:
a) Das Schriftstück ist nach einem in dieser Verordnung vorgesehenen Verfahren übermittelt worden.

---

[25] Die Geltung im Verhältnis zu Dänemark ergibt sich aus dem Abkommen vom 19.10.2005 zwischen der Europäischen Gemeinschaft und dem Königreich Dänemark über die Zustellung gerichtlicher und außergerichtlicher Schriftstücke in Zivil- oder Handelssachen, das am 1.7.2007 in Kraft getreten ist, ABl. EU 2005 L 300, S. 55.

b) Seit der Absendung des Schriftstücks ist eine Frist von mindestens sechs Monaten verstrichen, die das Gericht nach den Umständen des Falles als angemessen erachtet.

c) Trotz aller zumutbaren Schritte bei den zuständigen Behörden oder Stellen des Empfangsmitgliedstaats war eine Bescheinigung nicht zu erlangen.

25 Gem. Art. 19 Abs. 1 EuZustVO hat das angerufene Gericht sicherzustellen, dass dem Beklagten das verfahrenseinleitende Schriftstück entweder nach einem im Recht des Empfangsmitgliedstaates vorgesehenen Verfahren zugestellt (lit. a) oder dem Beklagten persönlich ausgehändigt oder in einem Verfahren nach der EuZustVO in seiner Wohnung abgegeben wurde (lit. b). Darüber hinaus muss das Schriftstück dem Beklagten so rechtzeitig zugegangen sein, dass ihm eine Verteidigung möglich gewesen wäre.

26 In Deutschland sind ergänzend zu den Regelungen der EuZustVO die §§ 1067–1069 ZPO zu berücksichtigen. Die in Art. 19 Abs. 2 EuZustVO vorgesehene Erklärung, die es den Gerichten ermöglicht, unter bestimmen Voraussetzungen auch ohne Vorlage eines Zustellungsnachweises zu entscheiden, hat Deutschland nicht abgegeben.

3. Aussetzung gem. Art. 15 HZÜ (Abs. 4)

27 Soweit die Zustellung des verfahrenseinleitenden Schriftstücks nicht der EuZustVO, sondern dem HZÜ unterliegt, gilt gem. Art. 28 Abs. 4 EuGVVO der Art. 15 HZÜ für die Verfahrensaussetzung zwecks Prüfung der ausreichenden Zustellung. Die Norm hat folgenden Wortlaut:

> (1) War zur Einleitung eines gerichtlichen Verfahrens eine Ladung oder ein entsprechendes Schriftstück nach diesem Übereinkommen zum Zweck der Zustellung in das Ausland zu übermitteln und hat sich der Beklagte nicht auf das Verfahren eingelassen, so hat der Richter das Verfahren auszusetzen, bis festgestellt ist,
>
> a) dass das Schriftstück in einer der Formen zugestellt worden ist, die das Recht des ersuchten Staates für die Zustellung der in seinem Hoheitsgebiet ausgestellten Schriftstücke an dort befindliche Personen vorschreibt, oder
> b) dass das Schriftstück entweder dem Beklagten selbst oder aber in seiner Wohnung nach einem anderen in diesem Übereinkommen vorgesehenen Verfahren übergeben worden ist
> und dass in jedem dieser Fälle das Schriftstück so rechtzeitig zugestellt oder übergeben worden ist, dass der Beklagte sich hätte verteidigen können.
>
> (2) Jedem Vertragsstaat steht es frei zu erklären, dass seine Richter ungeachtet des Absatzes 1 den Rechtsstreit entscheiden können, auch wenn ein Zeugnis über die Zustellung oder die Übergabe nicht eingegangen ist, vorausgesetzt,
>
> a) dass das Schriftstück nach einem in diesem Übereinkommen vorgesehenen Verfahren übermittelt worden ist,
> b) dass seit der Absendung des Schriftstücks eine Frist verstrichen ist, die der Richter nach den Umständen des Falles als angemessen erachtet und die mindestens sechs Monate betragen muss, und
> dass trotz aller zumutbaren Schritte bei den zuständigen Behörden des ersuchten Staates ein Zeugnis nicht zu erlangen war.

(3) Dieser Artikel hindert nicht, dass der Richter in dringenden Fällen vorläufige Maßnahmen einschließlich solcher, die auf eine Sicherung gerichtet sind, anordnet.

4. Aussetzung gem. Art. 28 Abs. 2

Subsidiär für den Fall, dass die Zustellung weder nach der EuZustVO noch dem HZÜ erfolgt, hat das Gericht gem. Art. 28 Abs. 2 das Verfahren auszusetzen und zu prüfen, ob die in der Norm genannten Mindestanforderungen eingehalten sind. 28

Abs. 2 enthält **materielle Standards zur Wahrung des Anspruchs des Beklagten auf rechtliches Gehör**.[26] Das Gericht muss sich darüber vergewissern, dass der Beklagte das verfahrenseinleitende Schriftstück so rechtzeitig empfangen hat, dass er sich verteidigen konnte (Alt. 1), oder dass alle hierzu erforderlichen Maßnahmen getroffen wurden (Alt. 2). 29

Abs. 2 enthält keinerlei Regelung hinsichtlich des Modus der Zustellung und kann daher durch **sämtliche einzelrechtliche Zustellungsarten** erfüllt werden. Die Regelung gilt nicht nur bei einem System der persönlichen Zustellung (wie etwa Deutschland), sondern auch bei einem System der fiktiven Inlandszustellung – sog. *remise au parquet* (wie etwa Frankreich). Nach letzterem System erfolgt die Zustellung eines Schriftstücks mit ihrer fristenauslösenden Wirkung für den im Ausland ansässigen Beklagten bereits im Inland durch Übergabe des Schriftstücks an die Staatsanwaltschaft. Der Beklagte wird nachfolgend nur noch über die erfolgte Zustellung benachrichtigt. Hat der Beklagte das verfahrensleitende Schriftstück tatsächlich erhalten, gilt Alt. 1. Im Übrigen sind die Anforderungen der Alt. 2 zu beachten (dazu sogleich). 30

a) Verfahrenseinleitendes Schriftstück rechtzeitig empfangen (Alt. 1)

Im Rahmen der Alt. 1 ist zu prüfen, wann der **Beklagte das verfahrenseinleitende Schriftstück erhalten hat** und ob er ab Erhalt – unter Berücksichtigung aller Einzelfallumstände – genügend Zeit hatte, seine Verteidigung vorzubereiten. Welches verfahrenseinleitende Schriftstück zur Unterrichtung über den Rechtsstreit zugestellt wird, richtet sich nach dem Verfahrensrecht des Gerichtsstaats. 31

Der Zusatz **„gleichwertiges Schriftstück"** soll nicht Schriftstücke erfassen, die erst im Laufe des Verfahrens zuzustellen sind. Er erklärt sich vielmehr durch eine frühere Besonderheit des englischen Zivilverfahrensrechts[27] und hat seine praktische Bedeutung verloren, nachdem das englische Recht reformiert wurde und die Prozessladung mit Klageschrift (*claim form*) nun selbst ins Ausland zugestellt wird. 32

Während in der Alt. 1 der Zugang des verfahrenseinleitenden Schriftstücks (d.h. Eintritt in die Kontrollsphäre des Beklagten) erforderlich ist, ist **eine tatsächliche Kenntnisnahme durch den Beklagten nicht notwendig**.[28] Eine 33

---

[26] Rauscher/*Mankowski*, EuZPR, 4. Aufl. 2016, Art. 28 EuGVVO Rn. 29.
[27] *Schlosser*-Bericht, 1979, Nr. 194, 182.
[28] *Jenard*-Bericht, 1979, S. 40.

durch Fahrlässigkeit des Beklagten oder durch seine Empfangsboten verursachte Verzögerung hat der Beklagte zu vertreten bzw. muss er sich zurechnen lassen.[29]

34 Ob das verfahrenseinleitende Schriftstück **rechtzeitig i.S.v. Abs. 2** zugegangen ist, ist eine Tatfrage, die das angerufene Gericht nach eigenem Ermessen beurteilt. Entscheidend ist, ob der Beklagte tatsächlich genügend Zeit hatte, um seine Verteidigung vorzubereiten.[30]

b) Erforderliche Maßnahmen für rechtzeitigen Empfang getroffen (Alt. 2)

35 Hat der Beklagte das verfahrenseinleitende Schriftstück nicht erhalten, gestattet Art. 28 Abs. 2 Alt. 2 dem angerufenen Gericht die Fortsetzung des Verfahrens, wenn feststeht, dass alle erforderlichen Maßnahmen getroffen wurden, um dem Beklagten eine Verteidigung zu ermöglichen. Diese Alternative ist insbesondere in Fällen von Bedeutung, in denen der Beklagte nicht ausfindig gemacht werden konnte.

36 Gem. Art. 28 Abs. 2 Alt. 2 muss sich das angerufene Gericht in solchen Konstellationen vergewissern, dass alle Nachforschungen, die der Sorgfaltsgrundsatz und der Grundsatz von Treu und Glauben gebieten, vorgenommen worden sind, um den Beklagten ausfindig zu machen.[31] Steht dies aus Sicht des Gerichts fest, kann es das Verfahren fortsetzen, obwohl der Beklagte von ihm keine Kenntnis hat. Die damit einhergehende Beeinträchtigung der Verteidigungsrechte des Beklagten ist im Hinblick auf das **Recht des Klägers auf einen effektiven Rechtsschutz** gerechtfertigt, da dieses Recht andernfalls lediglich auf dem Papier stünde.[32] Welchen Aufwand der Kläger betreiben muss, damit der Beklagte das verfahrenseinleitende Schriftstück rechtzeitig erhalten kann, ist einzelfallabhängig unter Abwägung des Interesses des Klägers an effektivem Rechtsschutz und des Interesses des Beklagten an rechtlichem Gehör zu bestimmen.[33]

5. Rechtsfolge: Verfahrensaussetzung

37 Zur Prüfung, ob die Verteidigungsrechte des Beklagten im Sinne der Abs. 2–4 ausreichend gewahrt worden sind, hat das Gericht das Verfahren auszusetzen. Entgegen dem engen Wortlaut ist jedoch davon auszugehen, dass es im Ermessen des Gerichts liegt, ob es zwecks Durchführung der Prüfung das Verfahren förmlich aussetzt oder diesem Gesichtspunkt lediglich im Rahmen der materiellen Prozessleitung (in Deutschland: § 139 ZPO) durch Betreiben der Aufklärung Rechnung trägt.[34]

---

[29] *Jenard*-Bericht, 1979, S. 40.
[30] *Jenard*-Bericht, 1979, S. 40.
[31] EuGH, 17.11.2011 – Rs. C-327/10, *Hypoteční banka a.s. ./. Lindner*, ECLI:EU:C:2011:745, Rn. 52.
[32] EuGH, 17.11.2011 – Rs. C-327/10, *Hypoteční banka a.s. ./. Lindner*, ECLI:EU:C:2011:745, Rn. 53.
[33] Stein/Jonas/*Wagner*, ZPO, 22. Aufl. 2011, Art. 26 EuGVVO a.F. Rn. 29; *Kropholler/von Hein*, EuZPR, 9. Aufl. 2011, Art. 26 EuGVVO a.F. Rn. 9.
[34] *Schlosser*/Hess, EuZPR, 4. Aufl. 2015, Art. 28 EuGVVO Rn. 4.

Abschnitt 9 Anhängigkeit und im Zusammenhang stehende Verfahren

Artikel 29 [Konkurrierende Rechtshängigkeit]

(1) Werden bei Gerichten verschiedener Mitgliedstaaten Klagen wegen desselben Anspruchs zwischen denselben Parteien anhängig gemacht, so setzt das später angerufene Gericht unbeschadet des Artikels 31 Absatz 2 das Verfahren von Amts wegen aus, bis die Zuständigkeit des zuerst angerufenen Gerichts feststeht.

(2) In den in Absatz 1 genannten Fällen teilt das angerufene Gericht auf Antrag eines anderen angerufenen Gerichts diesem unverzüglich mit, wann es gemäß Artikel 32 angerufen wurde.

(3) Sobald die Zuständigkeit des zuerst angerufenen Gerichts feststeht, erklärt sich das später angerufene Gericht zugunsten dieses Gerichts für unzuständig.

EuGH-Rechtsprechung: EuGH, 8.12.1987 – Rs. 144/86, *Gubisch Maschinenfabrik KG ./. Palumbo*, Slg. 1987, 4861 (ECLI:EU:C:1987:528)

EuGH, 4.2.1988 – Rs. 145/86, *Hoffmann ./. Krieg*, Slg. 1988, 645 (ECLI:EU:C:1988:61)

EuGH, 27.6.1991 – Rs. C-351/89, *Overseas Union Insurance Ltd. u.a. ./. New Hampshire Insurance Co.*, Slg. 1991, I-3317 (ECLI:EU:C:1991:279)

EuGH, 20.1.1994 – Rs. C-129/92, *Owens Bank Ltd. ./. Bracco u.a.*, Slg. 1994, I-117 (ECLI:EU:C:1994:13)

EuGH, 2.6.1994 – Rs. C-414/92, *Solo Kleinmotoren GmbH ./. Boch*, Slg. 1994, I-2237 (ECLI:EU:C:1994:221)

EuGH, 6.12.1994 – Rs. C-406/92, *Tatry ./. Maciej Rataj*, Slg. 1994, I-5439 (ECLI:EU:C:1994:400)

EuGH, 19.5.1998, Rs. C-351/96, *Drouot assurances SA ./. Consolidated metallurgical industries (CMI industrial sites) u.a.*, Slg. 1998, I-3075 (ECLI:EU:C:1998:242)

EuGH, 8.5.2003 – Rs. C-111/01, *Gantner Electronic GmbH ./. Basch Exploitatie Maatschappij BV*, Slg. 2003, I-0420 (ECLI:EU:C:2003:257)

EuGH, 9.12.2003 – Rs. C-116/02, *Erich Gasser GmbH ./. MISAT Srl.*, Slg. 2003, I-14693 (ECLI:EU:C:2003:657)

EuGH, 27.4.2004 – Rs. C-159/02, *Turner ./. Grovit*, Slg. 2004, I-3565 (ECLI:EU:C:2004:228)

EuGH, 14.10.2004 – Rs. C-39/02, *Mærsk Olie & Gas ./. Firma M. de Haan en W. de Boer*, Slg. I-2004, 9657 (ECLI:EU:C:2004:615)

B Vor I 7 Art. 29   VO (EU) Nr. 1215/2012

EuGH, 10.2.2009 – Rs. C-185/07, *Allianz SpA ./. Westtankers Inc.*, Slg. 2009, I-663 (ECLI:EU:C:2009:69)

EuGH, 4.5.2010 – Rs. C-533/08, *TNT Express Nederland BV ./. AXA Versicherung AG*, Slg. 2010, I-4107 (ECLI:EU:C:2010:243)

EuGH, 19.12.2013 – Rs. C-452/12, *Nipponkoa Insurance Co. (Europe) Ltd ./. Inter-Zuid Transport BV u.a.*, ECLI:EU:C:2013:858

EuGH, 27.2.2014 – Rs. C-1/13, *Cartier parfums – lunettes SAS u.a. ./. Ziegler France SA u.a.*, ECLI:EU:C:2014:109

EuGH, 3.4.2014 – Rs. C-438/12, *Weber ./. Weber*, ECLI:EU:C:2014:212

Schrifttum: *Albrecht, Hendrik*, Die Streitsache im deutschen und englischen Zivilverfahren, 2013; *Althammer, Christoph*, Streitgegenstand und Interesse. Eine zivilprozessuale Studie zum deutschen und europäischen Streitgegenstandsbegriff, 2012; *Anthimos, Apostolos*, Rügelose Einlassung und Einrede der Rechtshängigkeit, GPR 2014, S. 236; *Balthasar, Stephan/Richers, Roman*, Europäisches Verfahrensrecht und das Ende der anti-suit injunction, RIW 2009, S. 351; *Barnert, Thomas*, Positive Kompetenzkonflikte im internationalen Zivilprozeßrecht – Zum Verhältnis zwischen Art. 21 EuGVÜ und Art. 31 CMR, ZZP 118 (2005), S. 81; *Carl, Ingemar*, Einstweiliger Rechtsschutz bei Torpedoklagen, 2007; *Dohm, Christian*, Die Einrede ausländischer Rechtshängigkeit im deutschen internationalen Zivilprozeßrecht, Berlin, 1996; *Goltz, Philipp-Christoph/Janert, Ingo*, Die gerichtliche Zuständigkeit gem. Art. 27 EuGVVO bei Klageerhebung in zwei EU-Staaten, MDR 2014, S. 125; *Grothe, Helmut*, Zwei Einschränkungen des Prioritätsprinzips im europäischen Zuständigkeitsrecht: ausschließliche Gerichtsstände und Prozessverschleppung, IPRax 2004, S. 205; *Heiderhoff, Bettina*, Neues zum gleichen Streitgegenstand im Sinne des Art. 27 EuGVVO, IPRax 2011, S. 288; *Heckel, Martin*, Beachtung ausländischer Rechtshängigkeit in Drittstaatenfällen – ein Beitrag zu Art. 34 EuGVVO-E, GPR 2012, S. 272; *Hilbig-Lugani, Katharina*, Der gerichtsstandsvereinbarungswidrige Torpedo – wird endlich alles gut? Ein Beitrag zur EuGVVO 1215/2012, in: Ars Aequi Et Boni In Mundo, Festschrift für Rolf A. Schütze zum 80. Geburtstag, 2014, Geimer, Reinhold; Kaissis, Athanassios; Thümmel Roderich C. (Hrsg.), S. 195; *Jegher, Gion*, Abwehrmassnahmen gegen ausländische Prozesse, 2003; *Kern, Christoph*, Richerrechtlicher Torpedoschutz, IPRax 2015, S. 318; *Koechel, Felix*, Wann steht der Zuständigkeit des zuest angerufenen Gerichts im Sinne von Art. 27 EuGVVO fest?, IPRax 2014, S. 394; *Leitzen, Mario*, Comeback des „Torpedo"?, GRUR Int 2004, S. 1010; *Maack, Martina*, Englische anti-suit injunctions im europäischen Zivilrechtsverkehr, 1999; *Mankowski, Peter*, Der Schutz von Gerichtsstandsvereinbarungen vor abredewidrigen Klagen durch Art. 31 Abs. 2 EuGVVO n.F., RIW 2015, S. 17; *McGuire, Mary-Rose*, Verfahrenskoordination und Verjährungsunterbrechung im Europäischen Zivilprozessrecht, 2004; *Niggemann, Friedrich*, Ausländische Beweissicherungsmaßnahmen im Rahmen der EuGVVO: Neue Ansätze, aber noch immer keine überzeugende Lösung, IPRax 2015, S. 75; *Nordmeier, Carl Friedrich*, Verfahrenskoordination nach Art. 27 EuGVVO bei ausschließlichen Gerichtsständen – zugleich zur Reichweite des Art. 22 Nr. 1 EuGVVO, IPRax 2015, S. 120; *Otte, Karsten*, Verfahrenskoordination im EuGVÜ: Zur angemessenen Gewichtung von Feststellungs- und Leistungsklage, in: Wege zur Globalisierung des Rechts. Festschrift für Rolf A. Schütze zum 65. Geburtstag, 1999, Geimer, Reinhold

(Hrsg.), S. 619; *Sander, Florian/Breßler, Steffen,* Das Dilemma mitgliedstaatlicher Rechtsgleichheit und unterschiedlicher Rechtsschutzstandards in der Europäischen Union. Zum Umgang mit sogenannten „Torpedoklagen", ZZP 122 (2009), S. 157; *Sebastian, Otto,* Die subjektiven Grenzen der Rechtshängigkeitssperre im deutschen und europäischen Zivilprozessrecht, 2007; *Rojahn, Sabine,* Neues vom Torpedo oder Totgesagte leben länger, in: Festschrift für Peter Mes zum 65. Geburtstag, 2009, Bergermann, Michal; Rother, Gereon; Verhauwen, Axel (Hrsg.), S. 304; *Schilling, Stefan,* Zur Behandlung des Art. 27 EuGVVO im Spannungsfeld von Rechtshängigkeit und Rechtskraft, IHR 2015, S. 147; *Schilling, Theodor,* Internationale Rechtshängigkeit vs. Entscheidung binnen angemessener Frist. Zum Zusammenspiel von Art. 6 I EMRK, Art. 307 EGV und Art. 27 EuGVVO, IPRax 2004, S. 294; *Schmehl, Christine,* Parallelverfahren und Justizgewährung. Zur Verfahrenskoordination nach europäischem und deutschem Zivilprozessrecht am Beispiel taktischer „Torpedoklagen", 2011; *Stumpe, Friederike,* Torpedo-Klagen im Gewand obligatorischer Schlichtungsverfahren – Zur Auslegung des Art. 27 EuGVVO, IPRax 2008, S. 22; *Sujecki, Bartosz,* Torpedoklagen im europäischen Binnenmarkt – zgl. Anmerkung zu BGH, Beschluss vom 1. Februar 2011, KZR 8/10, GRURInt 2012, S. 18; *Roth, Herbert,* Vollstreckungsabwehrklage und Aufrechnung, IPRax 2015, S. 538; *Thiele, Christian,* Anderweitige Rechtshängigkeit im Europäischen Zivilprozessrecht – Rechtssicherheit vor Einzelfallgerechtigkeit, RIW 2004, S. 285; *Tichý, Luboš,* Die Verhinderung von Rechtsmissbrauch im Prozess am Beispiel der Brüssel I-Verordnung, in: Festschrift für Dieter Martiny zum 70. Geburtstag, 2014, Witzleb, Normann; Ellger, Reinhard; Mankowski, Peter u.a. (Hrsg.), S. 851; *Zeuner, Albert,* Zum Verhältnis zwischen internationaler Rechtshängigkeit nach Art. 21 EuGVÜ und Rechtshängigkeit nach den Regeln der ZPO, in: Verfahrensrecht am Ausgang des 20. Jahrhunderts. Festschrift für Gerhard Lüke zum 70. Geburtstag, 1997, Prütting, Hans; Rüssmann, Helmut (Hrsg.), S. 1003.

Übersicht

	Rn.
I. Normzweck, Systematik und Entstehungsgeschichte	1
II. Anwendungsbereich	4
III. Voraussetzungen von Art. 29 (Abs. 1)	13
1. Parteiidentität	13
2. Streitgegenstandsidentität	23
a) Kernpunkt-Theorie	24
b) Beispiele	28
c) Besonderheiten bei der negativen Feststellungsklage und die Problematik sog. „Torpedo"-Klagen	33
d) Einwendungen des Beklagten	40
3. Maßgeblicher Zeitpunkt für das Vorliegen von Streitgegenstandsidentität	42
4. Bestimmung des früher angerufenen Gerichts (Abs. 2 i.V.m. Art. 32)	46
5. Sonderfall: Erstverfahren zeitlich nicht von EuGVVO erfasst	48
IV. Rechtsfolge: Entscheidung des später angerufenen Gerichts (Abs. 1 und 3)	49
1. Aussetzung des Verfahrens (Abs. 1)	50
2. Abweisung wegen Unzuständigkeit (Abs. 3)	59
3. Fortführung des Zweitverfahrens bei überlanger Dauer des erstgerichtlichen Verfahrens?	63
4. Prozessführungsverbote zum Schutz des zweitgerichtlichen Verfahrens?	68

I. Normzweck, Systematik und Entstehungsgeschichte

1   Art. 29 soll Doppelprozesse in verschiedenen Mitgliedstaaten verhindern, in denen Entscheidungen ergehen können, die miteinander unvereinbar sind und daher gem. Art. 45 Abs. 1 lit. c und d nicht grenzüberschreitend anerkannt und vollstreckt werden könnten.[1] Die Vorschrift bezweckt somit zum einen den **Schutz von Rechtsprechungsressourcen** und soll zum anderen – wie Art. 45 Abs. 1 lit. c und d – eine **ernste Störung des Rechtsfriedens verhindern**, die dadurch entstehen könnte, dass Gerichte in unterschiedlichen Staaten über einen Streitpunkt in widersprechender Weise befinden.[2] Art. 29 löst den Konflikt zwischen Parallelverfahren nach dem Prioritätsgrundsatz: Das zuerst eingeleitete Verfahren hat Vorrang, so dass das später angerufene Gericht das Verfahren zunächst aussetzen und sich anschließend für unzuständig erklären muss. Der Anerkennungsversagungsgrund von Art. 45 Abs. 1 lit. c und d greift somit nur für den Fall, dass die Prioritätsregel von Art. 29 missachtet wurde.[3] Der in Art. 29 verankerte Prioritätsgrundsatz ist auch Ausdruck des gegenseitigen Vertrauens in die Funktionsfähigkeit und Gleichwertigkeit der Justizsysteme der Mitgliedstaaten.[4]

2   Zum Schutz einer geordneten Rechtspflege in der EU wird Art. 29 durch Art. 30 ergänzt, der bei Verfahren, die hinsichtlich Parteien und Streitgegenstand zwar nicht identisch sind, jedoch im Zusammenhang stehen, dem später angerufenen Gericht die Möglichkeit zur Aussetzung seines Verfahrens eröffnet, um die Rechtsprechungstätigkeit der mitgliedstaatlichen Gerichte besser zu koordinieren.

3   Art. 29 hat durch die **EuGVVO-Revision 2012** nur wenige Änderungen erfahren: Zum einen wurde der Prioritätsgrundsatz durch die Einführung von Art. 31 Abs. 2 zugunsten von ausschließlichen Gerichtsstandsvereinbarungen durchbrochen. Art. 29 Abs. 1 erhält einen entsprechenden Hinweis auf diese Sonderregel. Zum anderen wurde in Abs. 2 – im Interesse der praktischen Anwendung der Norm – die Pflicht jedes der angerufenen Gerichte eingeführt, das Datum seiner Anrufung, das es gem. Art. 32 Abs. 2 zu vermerken hat, dem jeweils anderen Gericht unverzüglich mitzuteilen. Neu sind außerdem Art. 33 f., die Konflikte zwischen parallelen Verfahren vor einem mitgliedstaatlichen und einem drittstaatlichen Gericht auflösen. Art. 33 ist dabei das Pendant zu Art. 29 und gilt somit bei Identität von Parteien und Streitgegenstand in den verschiedenen Verfahren, während Art. 34 nur im Zusammenhang stehende Verfahren betrifft und somit das Gegenstück zu Art. 30 darstellt.

---

[1] EuGH, 8.12.1987 – Rs. 144/86, *Gubisch Maschinenfabrik KG ./. Palumbo*, Slg. 1987, 4861 (ECLI:EU:C:1987:528), Rn. 18; EuGH, 19.5.1998 – Rs. C-351/96, *Drouot assurances SA ./. Consolidated metallurgical industries (CMI industrial sites) u.a.*, Slg. 1998, I-3075 (ECLI:EU:C:1998:242), Rn. 17.
[2] Vgl. zur Vorgängervorschrift von Art. 45 Abs. 2 lit. b, c EuGVVO EuGH, 2.6.2004 – Rs. C-414/92, *Solo Kleinmotoren GmbH ./. Boch*, Slg. 1994, I-2237 (ECLI:EU:C:1994:221), Rn. 21; *Jenard*-Bericht, 1979, S. 45.
[3] Vgl. ausführlich die Kommentierung zu Art. 45 Rn. 105 ff.
[4] *Goltz/Janert*, MDR 2014, S. 125.

II. Anwendungsbereich

Art. 29 gilt für **parallele Verfahren in verschiedenen Mitgliedstaaten**, die 4
in den sachlichen Anwendungsbereich der EuGVVO gem. Art. 1 fallen. Für
Verfahrenskollisionen innerhalb desselben Mitgliedstaats ist die Norm nicht
anwendbar, weil es insoweit bereits an einem grenzüberschreitenden Bezug fehlt.
Die Auflösung derartiger Verfahrenskollisionen richtet sich demzufolge nach einzelstaatlichem Recht.

Nicht erforderlich ist, dass die angerufenen Gerichte ihre internationale 5
Zuständigkeit auf Art. 4 ff. stützen, so dass Art. 29 auch dann greift, wenn sich
die **internationale Zuständigkeit** aus einem völkerrechtlichen Spezialabkommen gem. Art. 71 Abs. 1 oder aus nationalem Recht gem. Art. 6 ergibt.[5] Nach
Wortlaut und Systematik macht Art. 6 Abs. 1 eine Ausnahme nur vom Zuständigkeitsregime der EuGVVO, beeinträchtigt jedoch die Anwendung der übrigen
Vorschriften und somit auch von Art. 29 nicht. Unerheblich ist des Weiteren der
Wohnsitz der Parteien, so dass der Anwendungsbereich von Art. 29 auch dann
eröffnet ist, wenn die Parteien der parallelen Verfahren in Drittstaaten ansässig
sind.[6]

Art. 29 gilt nicht für Verfahren, die die **Anerkennung und Vollstreckung** 6
von **Urteilen aus Drittstaaten** betreffen. Denn die Norm ist Teil des Kapitels
II, das auf solche Verfahren keine Anwendung findet.[7] Wird demnach für ein
Urteil aus einem Drittstaat parallel in zwei Mitgliedstaaten (nach dem jeweiligen
nationalen Recht) das Anerkennungs- und Vollstreckbarerklärungsverfahren
betrieben, ist die Verfahrensparallelität nicht über Art. 29 zu lösen.

Art. 29 hat **zwingenden Charakter** und kann daher nicht durch Parteiabrede 7
abbedungen werden.[8]

Art. 29 gilt lediglich für parallel erhobene „Klagen" vor mitgliedstaatlichen 8
Gerichten. Demzufolge greift die Vorschrift nicht für **Verfahren im einstweiligen Rechtsschutz**.[9] Im Geltungsbereich der EuGVVO können daher zwischen
denselben Parteien ein Hauptsacheverfahren und ein einstweiliges Rechtsschutzverfahren anhängig sein.[10] Ebenso können mehrere Verfahren des einstweiligen
Rechtsschutzes parallel in verschiedenen Mitgliedstaaten betrieben werden.[11]

---

[5] EuGH, 27.6.1991 – Rs. C-351/89, *Overseas Union Insurance Ltd. u.a. ./. New Hampshire Insurance Co.*, Slg. 1991, I-3317 (ECLI:EU:C:1991:279), Rn. 14 f.
[6] EuGH, 27.6.1991 – Rs. C-351/89, *Overseas Union Insurance Ltd. u.a. ./. New Hampshire Insurance Co.*, Slg. 1991, I-3317 (ECLI:EU:C:1991:279), Rn. 16; EuGH, 14.10.2004 – Rs. C-39/02, *Mærsk Olie & Gas ./. Firma M. de Haan en W. de Boer*, Slg. I-2004, 9657 (ECLI:EU:C:2004:615), Rn. 32.
[7] EuGH, 20.1.1994 – Rs. C-129/92, *Owens Bank Ltd. ./. Bracco u.a.*, Slg. 1994, I-117 (ECLI:EU:C:1994:13), Rn. 23 ff.
[8] OLG München, 1.3.2000 – 7 U 5080/99, IPRspr. 2000, Nr. 143, Rn. 40 (nach juris).
[9] LG Hamburg, 13.3.2008 – 413 O 92/06, IPRspr. 2008, Nr. 125, S. 425, Rn. 61 (nach juris).
[10] OLG Hamburg, 28.2.1997 – 1 U 167/95, OLGR Hamburg 1997, S. 149, Rn. 16 (nach juris); Zöller/Geimer, ZPO, 31. Aufl. 2016, Art. 29 EuGVVO Rn. 14, 28; Thomas/Putzo/Hüßtege, 36. Aufl. 2015, Art. 29 EuGVVO Rn. 6.
[11] *Kropholler/von Hein*, EuZPR, 9. Aufl. 2011, Art. 27 EuGVVO a.F. Rn. 14; Rauscher/*Leible*, EuZPR, 4. Aufl. 2016, Art. 29 EuGVVO Rn. 6; *Stadler*, JZ 1999, S. 1099; *Wannenmacher*, Einstweilige Maßnahmen, 2007, S. 269; im Ergebnis ebenso *Schlosser*/Hess, EuZPR, 4. Aufl. 2015, Art. 29 EuGVVO Rn. 5; Thomas/Putzo/*Hüßtege*, ZPO, 36. Aufl. 2015, Art. 29 EuGVVO Rn. 6. Siehe hierzu auch die Kommentierung zu Art. 35 Rn. 44 ff.

Auch ein selbständiges Beweissicherungsverfahren löst – soweit es als einstweilige Maßnahme i.S.v. Art. 35 einzuordnen ist[12] – keine Rechtshängigkeitssperre aus.[13]

9   Ein **Schlichtungsantrag** zu einer staatlichen Schlichtungsstelle reicht nicht aus, um die Rechtshängigkeitssperre von Art. 29 auszulösen. Denn insoweit handelt es sich nicht um eine „Klage" bei „Gericht" im Sinne der Norm.[14] Etwas anderes gilt jedoch, wenn das Schlichtungsverfahren – bei Erfolglosigkeit – automatisch in ein Klageverfahren bei Gericht übergeht.[15]

10 Art. 29 erfasst auch den Antrag eines Schiffeigentümers bei Gericht auf Errichtung eines **seerechtlichen Haftungsbeschränkungsfonds**.[16]

11 Keine Klage stellt ferner die **Prozessaufrechnung** dar. Diese ist lediglich ein Verteidigungsmittel, das nicht rechtshängig wird.[17]

12 Art. 29 gilt auch im Geltungsbereich **völkerrechtlicher Spezialübereinkommen** i.S.v. Art. 71, die keine eigene Rechtshängigkeitsvorschrift enthalten.[18] Im Anwendungsbereich des CMR wird Art. 29 EuGVVO durch die besondere Rechtshängigkeitsvorschrift des **Art. 31 Abs. 2 CMR** verdrängt, vgl. Art. 71 Abs. 1 EuGVVO.[19] Bei der Anwendung von Art. 31 Abs. 2 CMR im Geltungsbereich der EuGVVO ist jedoch die EuGH-Rspr. zu Art. 29 zu beachten.[20]

III. Voraussetzungen von Art. 29 (Abs. 1)

1. Parteiidentität

13 Die Klagen in den verschiedenen Mitgliedstaaten müssen zwischen denselben Parteien anhängig sein. Der Begriff der Parteiidentität ist euroautonom unter Berücksichtigung des Sinns und Zwecks von Art. 29 zu bestimmen. Erforderlich

---

[12] Vgl. hierzu ausführlich Art. 35 Rn. 21.
[13] LG Hamburg, 13.3.2008 – 413 O 92/06, IPRspr. 2008, Nr. 125, S. 425, Rn. 61 (nach juris). A. A. OLG Brandenburg, 15.2.2013 – 6 U 5/12, IHR 2013, S. 245, Rn. 56 ff. (nach juris): Die Einholung eines Sachverständigengutachtens zu Beweiszwecken außerhalb des Hauptsacheverfahrens nach belgischem Recht könne eine Rechtshängigkeitssperre nach Art. 29 auslösen, jedoch nicht im Verhältnis zu einem Hauptsacheverfahren, da die Verfahren unterschiedliche Gegenstände beträfen; OLG München, 9.2.2014 – 15 W 912/13, IPRax 2015, S. 93, Rn. 16 (nach juris): Eine durch ein französisches Gericht angeordnete Sachverständigenbegutachtung schließe gem. Art. 27 EuGVVO a.F. (= Art. 29) die Einleitung eines selbständigen Beweisverfahrens vor deutschen Gerichten betreffend dieselben Beweisfragen aus. Kritisch hierzu *Niggemann*, IPRax 2015, S. 75.
[14] ArbG Mannheim, 6.6.2007 – 5 Ca 90/07, IPRax 2008, S. 37, Rn. 8 (nach juris) zu einem Schlichtungsantrag an das Ministerium für Wirtschaft und Arbeit in Katalonien. A. A. *Stumpe*, IPRax 2008, S. 22 (24).
[15] Vgl. hierzu Rauscher/*Leible*, EuZPR, 4. Aufl. 2016, Art. 29 EuGVVO Rn. 6.
[16] EuGH, 14.10.2004 – Rs. C-39/02, *Mærsk Olie & Gas ./. Firma M. de Haan en W. de Boer*, Slg. I-2004, 9657 (ECLI:EU:C:2004:615).
[17] OLG München, 17.7.1997 – 7 W 1583/97, RIW 1997, S. 872; Rauscher/*Leible*, EuZPR, 4. Aufl. 2016, Art. 29 EuGVVO Rn. 8; *Schlosser*/Hess, EuZPR, 4. Aufl. 2015, Art. 29 EuGVVO Rn. 4e. A. A. OLG Hamburg, 6.2.1998 – 12 U 16/96, RIW 1998, S. 889, Rn. 67 (nach juris).
[18] EuGH, 4.5.2010 – Rs. C-533/08, *TNT Express Nederland BV ./. AXA Versicherung AG*, Slg. 2010, I-4107 (ECLI:EU:C:2010:243), Rn. 45.
[19] *Schlosser*/Hess, EuZPR, 4. Aufl. 2015, Art. 29 EuGVVO Rn. 1; Rauscher/*Leible*, EuZPR, 4. Aufl. 2016, Art. 29 EuGVVO Rn. 2; Zöller/*Geimer*, ZPO, 31. Aufl. 2016, Art. 29 EuGVVO Rn. 39.
[20] S. dazu die Kommentierung zu Art. 71 Rn. 26 f.

aber auch ausreichend ist, dass dieselben Parteien an den parallelen Verfahren beteiligt sind. Auf die Parteirolle in den parallelen Verfahren kommt es nicht an, so dass der Kläger des ersten Verfahrens auch Beklagter im zweiten Verfahren sein kann.[21]

Wegen des Anliegens von Art. 29, widersprechende Entscheidungen zu vermeiden, kommt es bei der **Prozessstandschaft** nicht auf die formelle Parteistellung des Prozessstandschafters an, sondern auf den dahinterstehenden materiellen Rechtsinhaber, da dieser das Urteil für und gegen sich gelten lassen muss.[22] 14

Nicht ausreichend ist hingegen, wenn der Kläger des einen Verfahrens im anderen Verfahren nur **Streithelfer** ist.[23] Etwas anderes gilt bei der z.B. im französischen Recht bekannten **Interventionsklage**, die gegen einen Dritten erhoben wird, der dadurch zur Prozesspartei wird mit der Folge, dass das Urteil ihm gegenüber volle Bindungswirkung entfaltet.[24] 15

Eine Parteiidentität wurde unter der EuGVVO a.F., die familienrechtliche Unterhaltsansprüche noch erfasste, abgelehnt, wenn das Kind in einem Mitgliedstaat seinen Unterhaltsanspruch erhebt, und die Mutter in einem anderen Mitgliedstaat den Kindesunterhalt als eigenen Unterhaltsanspruch und nicht im Wege der Prozessstandschaft einklagt.[25] 16

Im Falle einer **Teilidentität der Parteien,** d.h. wenn nur einige Parteien des einen Verfahrens mit denen des anderen Verfahrens übereinstimmen, findet Art. 29 nur insoweit Anwendung, als die Parteien identisch sind. Im Übrigen sind die parallelen Verfahren fortzusetzen.[26] 17

Nach der EuGH-Rechtsprechung kann Parteiidentität i.S.v. Art. 29 **ausnahmsweise auch bei unterschiedlichen Personen** gegeben sein, wenn ihr **Interesse** hinsichtlich des Gegenstands der parallelen Rechtsstreitigkeiten **identisch und voneinander untrennbar ist**.[27] Das sei etwa anzunehmen – so der EuGH –, wenn statt des Versicherungsnehmers der Versicherer kraft übergegangenen Rechts klagt oder verklagt wird, und die Entscheidung in diesem Verfahren gegenüber dem Versicherungsnehmer Rechtskraft entfalten würde. In einem solchen Fall seien Versicherer und Versicherungsnehmer für die Anwendung von Art. 29 als ein und dieselbe Partei anzusehen.[28] In der Rechtssache, in der der EuGH diese Kriterien entwickelt hat, hatte der Versicherer eines gesunkenen Schiffs den Eigentümer der Ladung und dessen Versicherer auf Zahlung eines Beitrags zu den Bergungskosten (als Havarieschäden) verklagt, während die 18

---

[21] EuGH, 6.12.1994 – Rs. C-406/92, *Tatry* ./. *Maciej Rataj*, Slg. 1994, I-5439 (ECLI:EU:C:1994:400), Rn. 31.
[22] LG Düsseldorf, 27.2.1998 – 4 O 127/97, GRUR Int 1998, S. 804.
[23] OLG München, 19.2.2014 – 15 W 912/13, IPRax 2015, S. 93, Rn. 17 (nach juris) obiter; Zöller/Geimer, ZPO, 31. Aufl. 2016, Art. 29 EuGVVO Rn. 7.
[24] OLG München, 19.2.2014 – 15 W 912/13, IPRax 2015, S. 93, Rn. 17 (nach juris).
[25] BGH, 9.10.1985 – IVb ZR 36/84, NJW 1986, S. 662.
[26] EuGH, 6.12.1994 – Rs. C-406/92, *Tatry* ./. *Maciej Rataj*, Slg. 1994, I-5439 (ECLI:EU:C:1994:400), Rn. 36.
[27] EuGH, 19.5.1998 – Rs. C-351/96, *Drouot assurances SA* ./. *Consolidated metallurgical industries (CMI industrial sites) u.a.*, Slg. 1998, I-3075 (ECLI:EU:C:1998:242), Rn. 25.
[28] EuGH, 19.5.1998 – Rs. C-351/96, *Drouot assurances SA* ./. *Consolidated metallurgical industries (CMI industrial sites) u.a.*, Slg. 1998, I-3075 (ECLI:EU:C:1998:242), Rn. 19, 23, 25 (obiter).

Beklagten bereits zuvor in einem anderen Verfahren gegen den Eigentümer und den Charterer des Schiffs eine Klage auf Feststellung erhoben hatten, dass sie zur Leistung eines solchen Beitrags nicht verpflichtet sind. Der EuGH lehnte eine Parteiidentität ab, weil Versicherer und Versicherungsnehmer in beiden Prozessen gerade nicht identische und voneinander untrennbare Belange hatten: Der Versicherer des Schiffs hatte kein Interesse an der Entscheidung darüber, ob Charterer und Eigentümer des Schiffs wegen eines angeblichen Fehlverhaltens eine Haftung für die Bergungskosten trifft.[29] Der EuGH hat betont, dass die von ihm befürwortete weite Auslegung des Begriffs Parteiidentität nicht dazu führen darf, dass dem Versicherer und Versicherungsnehmer, falls ihre Interessen voneinander abweichen, die Möglichkeit genommen wird, ihre jeweiligen Interessen gegenüber den anderen betroffenen Parteien gerichtlich geltend zu machen.[30]

19 Dieses weite Verständnis des EuGH vom Begriff der Parteiidentität wird im Schrifttum kritisiert, weil das an sich rechtssicher zu handhabende Kriterium der Parteiidentität durch Gesichtspunkte wie Interessenidentität und Rechtskraft aufgeweicht wird, deren Beurteilung kompliziert ist und nicht immer zu eindeutigen Ergebnissen führt. Fälle der Interessenidentität sollten besser über Art. 30 gelöst werden.[31] Zur Vermeidung widersprechender Entscheidungen ist die vom EuGH entwickelte Erweiterung der Parteiidentität zwar sinnvoll. Nicht überzeugend ist jedoch das Abstellen auf die Reichweite der subjektiven Rechtskraft nach nationalem Recht.[32] Denn für das Vorliegen unvereinbarer Entscheidungen i.S.v. Art. 45 Abs. 1 lit. c und d kommt es nicht auf deren Rechtskraft an, sondern lediglich darauf, ob sich ihre Rechtsfolgen gegenseitig ausschließen.[33] Überdies lässt sich die Reichweite der subjektiven Rechtskraft mangels eines euro-autonomen Rechtskraftbegriffs nur schwierig bestimmen.[34] Für die Prüfung der Parteiidentität i.S.v. Art. 29 sollte daher primär das Kriterium der Interessenidentität maßgeblich sein.

20 Unter Anwendung der EuGH-Rechtsprechung wurde Parteiidentität kraft Interessenidentität beispielsweise in einem Fall bejaht, in dem in Italien ein durch einen Verkehrsunfall Geschädigter gegen ein nationales „**Grüne-Karte-Büro**" auf Schadensersatz geklagt hat, während in Deutschland der Versicherer des unfallverursachenden Fahrzeugs gegen den Geschädigten auf Feststellung des Nichtbestehens von Schadensersatzansprüchen aus demselben Verkehrsunfall geklagt hat.[35] Da hier die Zahlungspflicht des Versicherers und des Grüne-Karte-

---

[29] EuGH, 19.5.1998 – Rs. C-351/96, *Drouot assurances SA ./. Consolidated metallurgical industries (CMI industrial sites)* u.a., Slg. 1998, I-3075 (ECLI:EU:C:1998:242), Rn. 21 ff.

[30] EuGH, 19.5.1998 – Rs. C-351/96, *Drouot assurances SA ./. Consolidated metallurgical industries (CMI industrial sites)* u.a., Slg. 1998, I-3075 (ECLI:EU:C:1998:242), Rn. 20.

[31] Zöller/*Geimer*, ZPO, 31. Aufl. 2016, Art. 29 EuGVVO Rn. 9; *Jayme/Kohler*, IPRax 1998, S. 421 f.

[32] So auch *Weller*, LMK 2013, 350541.

[33] EuGH, 4.2.1988 – Rs. 145/86, *Hoffmann ./. Krieg*, Slg. 1988, 645 (ECLI:EU:C:1988:61), Rn. 22.

[34] Wie kompliziert die Prüfung der Reichweite der Rechtskraft nach ausländischem Recht sein kann, veranschaulicht die Entscheidung des LG Düsseldorf, 3.4.2014 – 4b O 114/12, juris, Rn. 64 ff., in der es um die Frage ging, ob eine GmbH und ihr Geschäftsführer eine Interessengemeinschaft im Sinne der *privity of interest*-Regel des englischen Rechts mit der Folge der Parteiidentität i.S.v. Art. 29 EuGVVO darstellen.

[35] Corte di Cassazione Rom, 18.11.2008 – 27389, VersRAI 2009, S. 45.

Büros gleichermaßen vom der Entscheidung im jeweils anderen Verfahren abhing, hatte jeder gleichermaßen Interesse an dessen Ausgang. Anders liegt der vom BGH entschiedene Fall zu der Haftung infolge eines **Verkehrsunfalls in Belgien:**[36] Der deutsche Unfallbeteiligte wurde vom belgischen Unfallgegner in Belgien auf Schadensersatz verklagt. Daraufhin klagte der deutsche Unfallbeteiligte seinerseits in Deutschland gegen die belgische Haftpflichtversicherung des Unfallgegners auf Schadensersatz. Der BGH verneinte zurecht eine Parteiidentität zwischen dem belgischen Unfallgegner und dessen Haftpflichtversicherung, weil letztere an dem Ausgang des in Belgien geführten Schadensersatzprozesses keinerlei Interesse hat. Denn ihre Zahlungspflicht gegenüber dem deutschen Unfallbeteiligten hängt nicht von den Zahlungsansprüchen ab, die ihrem Versicherungsnehmer gegen den deutschen Unfallgegner eventuell zustehen.

Parteiidentität in diesem Sinne kann ferner bei **Abtretung der Klageforderung nach Klageerhebung** vorliegen: In einem vom OLG Köln entschiedenen Fall hatte der Schuldner einer Kaufpreisforderung zunächst in Athen gegen den Verkäufer Klage auf Schadensersatz wegen mangelhafter Lieferung erhoben. Daraufhin trat der Verkäufer seine Forderung ab und der Zessionar klagte in Deutschland gegen den Käufer. Hier wurde Parteiidentität bejaht, weil sich die Rechtskraft des Athener Urteils gem. § 325 ZPO auf den Kläger in Deutschland erstrecken würde.[37] Ähnliches (d.h. Parteiidentität) gilt, wenn ein angeblicher **Verletzer eines Patents** zuerst gegen den Patentinhaber auf negative Feststellung geklagt hat, der Patentinhaber anschließend einem Dritten eine ausschließliche Lizenz für das Patent erteilt hat und dieser sodann gegen den vermeintlichen Verletzer u.a. auf Unterlassung und Schadensersatz klagt. Wegen der Rechtskrafterstreckung gem. § 325 ZPO auf den Lizenznehmer (als Teilrechtsnachfolger des Patentinhabers) ist dieser im Rahmen von Art. 29 identisch mit dem Patentinhaber.[38] Anders ist es demgegenüber bei der Kollision einer Klage des vermeintlichen Patentverletzers gegen den alten Patentinhaber auf Feststellung der Patentunwirksamkeit und einer Schadensersatzklage des neuen Patentinhabers gegen den vermeintlichen Verletzer, wenn diese auf Rechtsverletzungen nach Übertragung des Patents gestützt wird.[39]

Die Parteiidentität i.S.v. Art. 29 wurde in einem Fall verneint, in dem eine exklusive **Lizenznehmerin gegen einen angeblichen Verletzter** der Lizenz geklagt hatte, nachdem dieser Verletzer zuvor in Italien negative Feststellung gegen den Lizenzgeber begehrt hatte. Zur Begründung führte das Gericht an, dass Lizenznehmer und Lizenzgeber unterschiedliche Rechtsschutzziele verfolgen, so dass sie keine identischen und untrennbaren Interessen im Sinne der EuGH-Rechtsprechung haben.[40]

[36] BGH, 19.2.2013 – VI RZ 45/12, MDR 2013, S. 869, Rn. 21 (nach juris) m. zust. Anm. *Weller*, LMK 2013, 350541.
[37] OLG Köln, 8.9.2003 – 16 U 110/02, IPRax 2004, S. 521, Rn. 42 ff.
[38] Vgl. BGH, 19.2.2013 – X ZR 70/12, GRUR 2013, S. 1269 nicht unmittelbar zu Art. 29 EuGVVO entschieden. Die Überlegungen lassen sich jedoch übertragen, vgl. *Arnold*, GRUR-Prax 2013, S. 247.
[39] LG Düsseldorf, 5.6.2008 – 4a O 27/07, GRUR Int 2008, S. 756.
[40] OLG Karlsruhe, 12.12.2007 – 6 U 63/07, IPRspr. 2007, Nr. 184, S. 512, Rn. 27 (nach juris).

2. Streitgegenstandsidentität

23   Art. 29 setzt außerdem voraus, dass die Klagen in den verschiedenen Mitgliedstaaten „*wegen desselben Anspruchs*" anhängig sind. Auch dieser Begriff ist unter Berücksichtigung von Sinn und Zweck der Vorschrift euroautonom und weit auszulegen.[41]

a) Kernpunkt-Theorie

24   Ob die Verfahren denselben Anspruch in diesem Sinn betreffen, hängt nicht von der formalen Antragsidentität ab.[42] Entscheidend ist vielmehr nach der sog. „**Kernpunkt-Theorie**" des EuGH, ob Grundlage und Gegenstand der Verfahren identisch sind.[43]

25   Die „Grundlage" in diesem Sinne umfasst dabei den **Sachverhalt und die Rechtsvorschrift**, auf die die Klage gestützt wird.[44] Identität der zugrundeliegenden Rechtsvorschrift ist dabei nicht eng in dem Sinne zu verstehen, dass in den Parallelverfahren dieselbe Rechtsnorm (und somit dieselbe Rechtsordnung) streitentscheidend sein müsste.[45] Maßgeblich ist vielmehr, dass **beide Klagen auf demselben Rechtsverhältnis** beruhen. Der Begriff der Grundlage im Sinne der Kernpunkt-Theorie ist somit durchaus enger als der aus dem deutschen Zivilverfahrensrecht bekannte Begriff des Klagegrunds, der allein durch eine lebenssachverhaltsbezogene Betrachtung umrissen wird.[46] Parallelverfahren haben demzufolge etwa dann eine identische Grundlage i.S.v. Art. 29, wenn sie dasselbe Vertragsverhältnis betreffen.[47] Geht es in den parallelen Verfahren um die Rückabwicklung ein und desselben Vertrages – das eine Mal mit der Begründung, dass der Vertrag als Scheingeschäft ungültig sei, das andere Mal unter Geltendmachung dessen Sittenwidrigkeit – teilen die Verfahren dieselbe Grundlage, weil es in beiden Fällen um die Wirksamkeit desselben Rechtsverhältnisses (Vertrag) geht.[48]

---

[41] EuGH, 8.12.1987 – Rs. 144/86, *Gubish* ./. *Palumbo*, Slg. 1987, 4861 (ECLI:EU:C:1987:528), Rn. 11.
[42] EuGH, 8.12.1987 – Rs. 144/86, *Gubish* ./. *Palumbo*, Slg. 1987, 4861 (ECLI:EU:C:1987:528), Rn. 17.
[43] EuGH, 8.12.1987 – Rs. 144/86, *Gubish* ./. *Palumbo*, Slg. 1987, 4861 (ECLI:EU:C:1987:528), Rn. 16 und EuGH, 6.12.1994 – Rs. C-406/92, *Tatry* ./. *Maciej Rataj*, Slg. I-1994, 5439 (ECLI:EU:C:1994:400), Rn. 39–45; zuletzt EuGH, 14.10.2004 – Rs. C-39/02, *Mærsk Olie & Gas* ./. *Firma M. de Haan en W. de Boer*, Slg. I-2004, 9657 (ECLI:EU:C:2004:615), Rn. 38. *Linke*, RIW 1988, S. 822 (823) spricht insoweit von einem „materiellen" Streitgegenstandsbegriff.
[44] EuGH, 6.12.1994 – Rs. C-406/92, *Tatry* ./. *Maciej Rataj*, Slg. I-1994, 5439 (ECLI:EU:C:1994:400), Rn. 39; EuGH, 14.10.2004 – Rs. C-39/02, *Mærsk Olie & Gas* ./. *Firma M. de Haan en W. de Boer*, Slg. I-2004, 9657 (ECLI:EU:C:2004:615), Rn. 38.
[45] *Rauscher/Leible*, EuZPR, 4. Aufl. 2016, Art. 29 EuGVVO Rn. 13. Vgl. auch EuGH, 6.12.1994 – Rs. C-406/92, *Tatry* ./. *Maciej Rataj*, Slg. I-1994, 5439 (ECLI:EU:C:1994:400), Rn. 47, wonach die dingliche Klage (*action in rem*) und die persönliche Klage (*action in personam*) nach englischem Recht für die Frage der Streitgegenstandsidentität ohne Bedeutung sind.
[46] A. A. wohl *Heiderhoff*, IPRax 2011, S. 288 (292), wonach auch im Rahmen von Art. 29 EuGVVO auf den „natürlichen Lebenssachverhalt" abzustellen sei.
[47] EuGH, 8.12.1987 – Rs. 144/86, *Gubish* ./. *Palumbo*, Slg. 1987, 4861 (ECLI:EU:C:1987:528), Rn. 15.
[48] A. A. OGH, 5.8.2009 – 6 Ob 122/09y, IPRax 2011, S. 277 m. krit. Anm. *Heiderhoff*, IPRax 2011, S. 288.

An einer Identität fehlt es hingegen bei der parallelen Verfolgung eines 26
Anspruchs auf Vertragsstrafenzahlung wegen Verstoßes gegen eine markenrechtliche Unterlassungserklärung einerseits und eines Schadensersatzanspruchs wegen Verletzung von Markenrechten andererseits, auch wenn beiden Verfahren der Vertrieb identischer Jeansmodelle zugrunde liegt. Denn die Klage auf Vertragsstrafe beruht auf vertragsrechtlicher Grundlage, während die Schadensersatzklage rein deliktischen Charakter hat.[49]

Der Begriff „Gegenstand" beschreibt hingegen den **Zweck der jeweiligen** 27
Klagen.[50] Der Zweck ist dabei weit auszulegen und daher schon identisch, wenn etwa eine Klage auf Vertragserfüllung und eine Klage auf Feststellung der Unwirksamkeit des Vertrages aufeinandertreffen. Denn laut EuGH geht es in beiden Streitigkeiten im Kernpunkt um die Wirksamkeit des Vertrages.[51] Keine Zweckidentität liegt hingegen vor, wenn der Eigentümer eines Schiffs ein Verfahren auf die Einrichtung eines **seerechtlichen Haftungsbegrenzungsfonds** einleitet und in dem anderen Verfahren Schadensersatzansprüche gegen den Schiffseigentümer erhoben werden. Denn die Fondserrichtung besagt nichts über die Berechtigung der erhobenen Ansprüche, sondern bezweckt lediglich deren höhenmäßige Begrenzung, soweit eine Haftung überhaupt besteht.[52]

b) Beispiele

Streitgegenstandsidentität liegt etwa dann vor, wenn sich beide Verfahren im 28
Kern um die **Wirksamkeit eines Vertrags** drehen: Demnach hat eine Klage gerichtet auf Rückzahlung bereits geleisteter Anzahlungen wegen Formungültigkeit eines Vertrages denselben Gegenstand wie die Klage gerichtet auf Erbringung der restlichen Zahlung aus demselben Vertrag.[53] Identischen Streitgegenstand haben ferner das Verfahren des Unternehmers auf Feststellung der Wirksamkeit der Kündigung eines Handelsvertretervertrags und die **Klage des Handelsvertreters auf Zahlung von Ausgleich (§ 89b HGB)** aus diesem Vertrag.[54] Gleiches gilt, wenn das eine Verfahren auf die Feststellung der Wirksamkeit einer außerordentlichen Kündigung gerichtet ist, während in dem anderen Schadensersatz wegen Unwirksamkeit dieser Kündigung geltend gemacht wird.[55]

---

[49] BGH, 28.1.2016 – I ZR 236/14, GRUR-Prax 2016, S. 195, Rn. 13 ff. Einen identischen Streitgegenstand befürwortet hingegen *Schlosser*/Hess, EuZPR, 4. Aufl. 2015, Art. 29 EuGVVO Rn. 4a.
[50] EuGH, 8.12.1987 – Rs. 144/86, *Gubish ./. Palumbo*, Slg. 1987, 4861 (ECLI:EU:C:1987:528), Rn. 16.
[51] EuGH, 8.12.1987 – Rs. 144/86, *Gubish ./. Palumbo*, Slg. 1987, 4861 (ECLI:EU:C:1987:528), Rn. 16.
[52] EuGH, 14.10.2004 – Rs. C-39/02, *Mærsk Olie & Gas ./. Firma M. de Haan en W. de Boer*, Slg. I-2004, 9657 (ECLI:EU:C:2004:615), Rn. 35.
[53] BGH, 8.2.1995 – VIII ZR 14/94, NJW 1995, S. 1758. Ähnlich OLG Stuttgart, 24.11.2003 – 5 U 64/03, IPRspr. 2003, Nr. 174, S. 564, Rn. 28 ff. (nach juris): Klage auf Schadensersatz eines Vertrages einerseits und auf Feststellung der Nichtigkeit bzw. Aufhebung des Vertrages andererseits.
[54] OLG München, 13.3.2000 – 7 U 5080/99, IPRspr. 2000, Nr. 143, S. 310; OLG Frankfurt, 29.6.2006 – 12 U 195/05, IPRspr. 2006, Nr. 163, S. 352, Rn. 31 f. (nach juris).
[55] BGH, 6.2.2002 – VIII ZR 106/01, RIW 2002, S. 393.

29 Derselbe Anspruch i.S.v. Art. 29 ist auch dann betroffen, wenn einerseits auf **Zahlung des restlichen Werklohns** und andererseits auf Rückabwicklung des Werkvertrages und Schadensersatz wegen Schlechterfüllung geklagt wird.[56] Denn wird der Werkvertrag aufgehoben, muss zwangsläufig die Erfüllungsklage scheitern.[57] Im Kern verschiedene Ansprüche i.S.v. Art. 29 liegen hingegen vor, wenn in dem einen Verfahren auf Kaufpreiszahlung, in dem anderen auf Nachbesserung und Schadensersatz geklagt wird.[58] Denn ein Anspruch auf Kaufpreiszahlung und ein Anspruch auf Nachbesserung schließen sich nicht gegenseitig aus.[59]

30 Streitgegenstandsidentität i.S.v. Art. 29 ist auch gegeben, wenn in zwei Mitgliedstaaten **Markenverletzungsklagen** erhoben werden, die identische Unterlassungsbegehren haben und sich auf denselben Sachverhalt stützen, auch wenn in einem der Mitgliedstaaten zusätzliche Ansprüche auf Urteilsveröffentlichung geltend gemacht werden.[60] Bezieht sich die zuerst erhobene Unterlassungsklage jedoch nur auf das Verhalten in einem Mitgliedstaat, entfaltet sie keine Rechtshängigkeitssperre gegenüber einer späteren Klage mit Bezug auf ein Verhalten in einem anderen Mitgliedstaat.[61] Wegen der territorialen Beschränkung von nationalen Geschmacksmustern auf das jeweilige Schutzland liegt eine Streitgegenstandsidentität nicht vor, wenn in getrennten Klagen vor den Gerichten verschiedener Mitgliedstaaten territorial auf diese Mitgliedstaaten begrenzter Rechtsschutz aus unterschiedlichen Geschmacksmustern begehrt wird.[62]

31 Vollstreckungsversagungs- bzw. **Vollstreckbarerklärungsverfahren** in verschiedenen Mitgliedstaaten nach einzelstaatlichem Recht oder völkerrechtlichen Abkommen lösen keine EU-weite Rechtshängigkeitssperre aus. Denn jedes Vollstreckbarerklärungsverfahren ist immer nur auf das jeweilige Staatsgebiet bezogen und schließt es daher nicht aus, dass parallel in einem anderen Staat die Vollstreckbarerklärung desselben Urteils betrieben wird.[63]

32 Auch die Verfolgung eines Anspruchs im Rahmen eines **Adhäsionsverfahrens** vor einem Strafgericht i.S.v. Art. 7 Nr. 3 löst die Rechtshängigkeitssperre gem. Art. 29 aus.[64]

---

[56] OGH, 26.4.2005 – 4 Ob 60/05k, IPRax 2007, S. 134 (135 f.) m. Anm. *Kondring*, IPRax 2007, S. 138.
[57] OGH, 26.4.2005 – 4 Ob 60/05k, IPRax 2007, S. 134 (136).
[58] OLG Hamm, 25.7.2003 – 19 W 11/03, IPRspr 2003, Nr. 171, S. 552. Dies verkennt das OLG München, 7.6.2011 – 9 U 5019/10, NJW-RR 2011, S. 1169, Rn. 36 ff. (nach juris) in einem vergleichbaren Fall: Das Gericht geht zu Unrecht davon aus, dass die Klage des Bestellers gerichtet auf Vorschuss zur Mängelbeseitigung den identischen Streitgegenstand habe, wie die Klage des Werkunternehmers auf Restwerklohn. Richtigerweise handelt es sich um zwei verschiedene Streitgegenstände, weil eine Verurteilung zur Vorschusszahlung für Mängelbeseitigung eine Verurteilung auf Zahlung von Restwerklohn nicht ausschließt.
[59] OLG Hamm, 25.7.2003 – 19 W 11/03, IPRspr 2003, Nr. 171, S. 552, Rn. 8 (nach juris).
[60] OGH, 16.12.2003 – 4 Ob 58/03p, GRUR Int 2005, S. 1039.
[61] OLG Düsseldorf, 8.11.2005 – I-20 U 104/04, juris, Rn. 14 ff.
[62] BGH, 24.3.2011 – I ZR 211/08, GRUR 2011, S. 1112, Rn. 22 f. (nach juris).
[63] Zöller/*Geimer*, ZPO, 31. Aufl. 2016, Art. 29 EuGVVO Rn. 29.
[64] *Kropholler/von Hein*, EuZPR, 9. Aufl. 2011, Art. 27 EuGVVO a.F. Rn. 12; Rauscher/*Leible*, EuZPR, 4. Aufl. 2016, Art. 29 EuGVVO Rn. 23; *Schlosser*/Hess, EuZPR, 4. Aufl. 2015, Art. 29 EuGVVO Rn. 8.

c) Besonderheiten bei der negativen Feststellungsklage und die Problematik sog. „Torpedo"-Klagen

Unter Anwendung dieser Grundsätze sperrt eine **negative Feststellungs-** 33
klage, dass für einen behaupteten Schaden nicht gehaftet wird, eine Klage auf Leistung eben dieses Schadensersatzes.[65] Gleiches gilt, wenn der auf Unterlassung einer Schutzrechtsverletzung (z.B. eines Patents) in Anspruch Genommene auf Feststellung der Nichtverletzung oder der Nichtigkeit des Schutzrechts klagt, während er im anderen Verfahren vom Schutzrechtsinhaber auf Unterlassung und Schadensersatz in Anspruch genommen wird.[66] Etwas anderes gilt jedoch beim sog. europäischen Patent, das sich aus einer Vielzahl nationaler Patente in verschiedenen Staaten zusammensetzt.[67] Die Verletzung eines nationalen „Ausschnitts" eines solchen Patents bildet jeweils einen eigenen Anspruch i.S.v. Art. 29, so dass eine negative Feststellungsklage nur dann eine umfassende Sperrwirkung auslöst, wenn sie sämtliche Teile des europäischen Patents erfasst.[68]

Die Gleichwertigkeit von Leistungs- und negativer Feststellungsklage birgt 34
jedoch auch **erhebliche Risiken**: Zahlungsunwillige Schuldner können negative Feststellungsklagen missbrauchen, indem sie vor Gerichte ziehen, die für eine übermäßig lange Verfahrensdauer bekannt sind und auf diese Weise eine Leistungsklage der Gegenseite im gesamten EU-Raum blockieren.

Wegen der Gefahr eines solchen unter dem Stichwort **„belgischer/italieni-** 35
scher Torpedo"[69] berüchtigten Taktierens fordern Teile des Schrifttums Ausnahmen von der vom EuGH postulierten Gleichwertigkeit negativer Feststellungs- und Leistungsklagen.[70] Der EuGH hat es in Sache **Erich Gasser GmbH ./. MISAT Srl.** jedoch ausdrücklich abgelehnt, den Prioritätsgrundsatz von Art. 21 EuGVÜ (= Art. 29) aus dem Grund zu durchbrechen, dass in dem Mitgliedstaat des Erstgerichts Verfahren allgemein unvertretbar lang dauern.[71] Dieser Fall betraf die Kollision zwischen einer Klage auf Feststellung der wirksamen Auflösung eines Vertrages in Italien und einer später erhobenen Klage auf Zahlung offener Rechnungen aus diesem Vertrag in Österreich. Der EuGH führte aus, dass eine Durchbrechung der Litispendenzregeln der EuGVVO im Widerspruch zur Systematik der Verordnung stünde: Diese enthalte keine Ausnahme für den Fall überlanger Verfahrensdauer im Mitgliedstaat des Erstgerichts.[72] Eine Durchbrechung des Prioritätsgrundsatzes stünde auch im Wider-

---

[65] EuGH, 6.12.1994 – Rs. C-406/92, *Tatry ./. Maciej Rataj*, Slg. I-1994, 5439 (ECLI:EU:C:1994:400).
[66] LG Düsseldorf, 27.2.1998 – 4 O 127/97, GRUR Int 1998, S. 804; LG Düsseldorf, 5.6.2008 – 4a O 27/07, IPRspr 2008, Nr. 54, S. 520, Rn. 54 (nach juris).
[67] Vgl. OLG Düsseldorf, 29.6.2000 – 2 U 76/99, IPRspr. 2000, Nr. 128, S. 271.
[68] *Grabinski*, GRUR Int 2001, S. 199 (209 f.); *Leitzen*, GRUR Int 2004, S. 1010 (1011 f.); *Rauscher/Leible*, EuZPR, 4. Aufl. 2016, Art. 29 EuGVVO Rn. 18.
[69] Vgl. zu den belgischen und italienischen Reformbemühungen zur Bekämpfung der Torpedo-Gefahr *Leitzen*, GRUR Int 2004, S. 1010 (1011 f.).
[70] *Dohm*, Rechtshängigkeit, 1996, S. 300; *Schlosser*/Hess, EuZPR, 4. Aufl. 2015, Art. 29 EuGVVO Rn. 4c; Rojahn, in: FS Mes, 2009, S. 304 (316 f.); *Otte*, in: FS Schütze, 1999, S. 619 (627 ff.).
[71] EuGH, 9.12.2003 – Rs. C-116/02, *Erich Gasser GmbH ./. MISAT Srl.*, Slg. 2003, I-14693 (ECLI:EU:C:2003:657), Rn. 30.
[72] EuGH, 9.12.2003 – Rs. C-116/02, *Erich Gasser GmbH ./. MISAT Srl.*, Slg. 2003, I-14693 (ECLI:EU:C:2003:657), Rn. 71.

spruch zum Grundsatz des gegenseitigen Vertrauens in die Rechtssysteme und die Rechtspflegeorgane der Mitgliedstaaten. Dieser besage nicht nur, dass die Gerichte eines jeden Mitgliedstaates gleichermaßen in der Lage sind, ihre internationale Zuständigkeit zutreffend zu beurteilen, sondern verbiete auch die Annahme, dass eine Klage nur deswegen den Schutz von Art. 29 nicht verdiene, weil sie vor dem Gericht eines bestimmten Mitgliedstaats erhoben ist.[73]

36   Seit der EuGH-Entscheidung in der Sache *Erich Gasser GmbH ./. MISAT Srl.* versucht die gerichtliche Praxis einem Missbrauch negativer Feststellungsklagen zu Torpedozwecken durch die **Zuerkennung von Schadensersatzansprüchen**[74] sowie durch das **Heranziehen von Rechtsmissbrauchsaspekten**[75] bei der Anwendung von Art. 29 entgegenzuwirken.[76]

37   Diese **Ansätze zur Korrektur** von Art. 29 sind jedoch **nicht geeignet, die „Torpedo"-Problematik in den Griff zu bekommen**. Eine allgemeine Subsidiarität negativer Feststellungsklagen gegenüber späteren Leistungsklagen ist schon deswegen abzulehnen, weil die Feststellungsklage durchaus von legitimen Motiven getragen sein kann. Ferner schafft sie **Waffengleichheit zwischen den Parteien**: Derjenige, der auf die Erhebung einer Feststellungsklage angewiesen ist, um Gewissheit über seine Rechte und Pflichten zu erlangen, sollte ebenso den Gerichtsort und des anwendbare Sach- und Verfahrensrechts bestimmen können, wie derjenige, der auf Leistung klagen könnte. Genauso problematisch ist es, im Rahmen von Art. 29 Rechtsmissbrauchsaspekte zu berücksichtigen:[77] Zum einen steht es im Widerspruch zum **Grundsatz des gegenseitigen Vertrauens**, ein Gerichtverfahren bereits deswegen als rechtsmissbräuchlich einzuordnen, weil dieses eine negative Feststellungsklage zum Gegenstand hat und in einem Mitgliedstaat erhoben worden ist, der für seine langsame Rechtspflege berücksichtigt ist.[78] Denn insbesondere letzteres impliziert ein allgemein abwertendes Urteil über die Gerichtstätigkeit anderer Mitgliedstaaten, das mit der EuGVVO unvereinbar ist. Zum anderen lässt sich ein Rechtsmissbrauch ohnehin

---

[73] EuGH, 9.12.2003 – Rs. C-116/02, *Erich Gasser GmbH ./. MISAT Srl.*, Slg. 2003, I-14693 (ECLI:EU:C:2003:657), Rn. 70 ff.

[74] Rechtbank van eerste aanleg te Brussel, 12.5.2000, GRUR Int 2001, S. 170. Die Lösung der Problematik durch Schadensersatzsanktionen begrüßend *McGuire*, Verfahrenskoordination, 2004, S. 102 f.

[75] Vgl. OLG Hamburg, 8.8.2012 – 13 W 33/12, IPRspr 2013, Nr. 255, S. 542, Rn. 36 ff. (nach juris). Ebenso OLG Hamm, 30.1.2013 – I-31 W 52/12, IPRspr. 2013, Nr. 256, S. 550: Bei der Auslegung von Art. 27 Abs. 1 EuGVO a.F. (= Art. 29 EuGVVO n.F.) sei eine wertende Betrachtung geboten, die dem Zweck der Regelung Rechnung trägt. Demnach betreffe die negative Feststellungsklage in Italien nicht „denselben Anspruch", weil sie gegen einen bislang unbeteiligten Dritten erhoben wurde, um den Gerichtsstand des Art. 6 Nr. 1 EuGVVO a.F. (heute Art. 8 Nr. 1 EuGVVO) nutzbar zu machen, und um eine rechtsmissbräuchliche Aussetzung des deutschen Verfahrens zu erreichen. Ebenso LG Düsseldorf, 30.4.2015 – 14c O 183/13, juris, Rn. 48 ff. (Berufung anhängig bei OLG Düsseldorf, I-20 U 73/15): Eine Berufung auf Art. 27 Abs. 1 EuGVVO a.F. (= Art. 29) sei als unzulässige Rechtsausübung verwehrt, wenn die Erhebung der negativen Feststellungsklage vor einem offensichtlich unzuständigen Gericht eines anderen Mitgliedstaates erfolgte und dies dem Kläger bekannt war.

[76] Vgl. ausführlich zu den diskutierten Korrekturmöglichkeiten *Sander/Breßler*, ZZP 2009 (122), S. 157 (165).

[77] BGH, 18.9.2013 – V ZB 163/12, juris, Rn. 10 f.; BGH, 13.8.2014 – V ZB 163/12, RIW 2014, S. 690, Rn. 10 (nach juris).

[78] EuGH, 9.12.2003 – Rs. C-116/02, *Erich Gasser GmbH ./. MISAT Srl.*, Slg. 2003, I-14693 (ECLI:EU:C:2003:657), Rn. 30.

nicht immer eindeutig feststellen, so dass die Handhabung von Parallelverfahren mit erheblicher Unsicherheit verbunden wäre. Schließlich dürfte eine Schadensersatzhaftung wegen rechtsmissbräuchlicher Einleitung einer negativen Feststellungsklage für den Beklagten praktisch kaum von Nutzen sein, weil er weder Missbrauch noch bezifferbaren Schaden ohne weiteres wird nachweisen können.[79] Das Missbrauchspotential von Torpedo-Klagen lässt sich daher nur einschränken, wenn in allen Mitgliedstaaten sichergestellt ist, dass über negative Feststellungsklagen oder jedenfalls über deren Zulässigkeit zügig entschieden wird.

Bis es so weit ist, muss das der EuGVVO zugrundeliegende gegenseitige Vertrauen in das Funktionieren der Rechtspflege der Mitgliedstaaten „gelebt" werden, auch wenn die Grundlage für dieses Vertrauen teilweise noch nicht geschaffen ist.[80] Gegen Torpedoklagen können sich Gläubiger v.a. dadurch wehren, dass sie frühzeitig eine Klage auf Leistung im zuständigen Forum ihrer Wahl erheben. Wurden sie bereits mit einer Torpedoklage überzogen, können Gläubiger noch einstweiligen Rechtsschutz an einem der hierfür eröffneten Gerichtsstände in Anspruch nehmen, da eine Torpedoklage insoweit keine Sperrwirkung gem. Art. 29 auslöst. Alternativ oder in Ergänzung hierzu kann der Torpedobeklagte in dem Torpedo-Forum zum Gegenschlag ansetzen und dort widerklageweise Leistung verlangen.[81] 38

Im **Anwendungsbereich von Art. 31 Abs. 2 CMR**[82] ist bei der Handhabung negativer Feststellungsklagen folgende **Besonderheit** zu beachten: Der Begriff „derselben Sache" i.S.v. Art. 31 Abs. 2 CMR wird zwar anders ausgelegt als der „desselben Anspruchs" i.S.v. Art. 29 Abs. 1 mit der Folge, dass im Geltungsbereich des CMR eine negative Feststellungsklage keine Rechtshängigkeitssperre gegenüber einer Leistungsklage über denselben Anspruch auslöst.[83] Laut EuGH enthält Art. 71 Abs. 1 jedoch die Einschränkung, dass die davon erfassten internationalen Übereinkommen so auszulegen sind, dass die Ziele und Grundsätze der EuGVVO unter mindestens ebenso günstigen Bedingungen erreicht werden, wie bei ausschließlicher Geltung der EuGVVO.[84] Im sachlichen und räumlich-persönlichen Anwendungsbereich der EuGVVO löst daher gem. Art. 31 Abs. 2 CMR auch eine negative Feststellungsklage eine EU-weite Rechtshängigkeitssperre aus.[85] Die 39

---

[79] So auch *Leitzen*, GRUR Int 2004, S. 1010 (1015).
[80] Ähnlich auch *Kern*, IPRax 2015, S. 318 (319), dem zufolge das Berufen auf den Vertrauensgrundsatz im europäischen Prozessrecht einer „Ideologie" gefährlich nahe komme.
[81] *Sander/Breßler*, ZZP 2009 (122), S. 157 (171 ff.); Rauscher/*Leible*, EuZPR, 4. Aufl. 2016, Art. 29 EuGVVO Rn. 37.
[82] Siehe hierzu oben Rn. 12.
[83] Zu Art. 31 Abs. 2 CMR im Anwendungsbereich des EuGVÜ: BGH, 20.11.2003 – I ZR 294/02, NJW-RR 2004, S. 397, Rn. 17 ff. (nach juris); BGH, 20.11.2003 – I ZR 102/02, NJW-RR 2004, S. 497, Rn. 26 ff. (nach juris); *Herber*, TranspR 2003, S. 19 (20 f.); *Heuer*, TranspR 2002, S. 221 (225). A. A. *Barnett*, ZZP 2005 (118), S. 81 (88 ff.).
[84] EuGH, 19.12.2013 – Rs. C-452/12, *Nipponkoa Insurance Co. (Europe) Ltd ./. Inter-Zuid Transport BV u.a.*, ECLI:EU:C:2013:858, Rn. 39; so bereits zuvor EuGH, 4.5.2010 – Rs. C-533/08, *TNT Express Nederland BV ./. AXA Versicherung AG*, Slg. 2010, I-4107 (ECLI:EU:C:2010:243), Rn. 47 ff.
[85] EuGH, 19.12.2013 – Rs. C-452/12, *Nipponkoa Insurance Co. (Europe) Ltd ./. Inter-Zuid Transport BV u.a.*, ECLI:EU:C:2013:858, Rn. 49.

gegenteilige frühere Rechtsprechung des BGH zur Auslegung von Art. 31 Abs. 2 CMR im Geltungsbereich des EuGVÜ ist damit überholt.[86]

d) Einwendungen des Beklagten

40   **Für die Frage, ob zwei Klagen**, die zwischen denselben Parteien bei Gerichten verschiedener Mitgliedstaaten anhängig gemacht werden, **denselben Gegenstand haben**, sind nur die Klageansprüche des jeweiligen Klägers und **nicht auch die vom Beklagten erhobenen Einwendungen zu berücksichtigen**.[87] Dies begründet der EuGH mit dem Sinn und Zweck von Art. 29, möglichst schnell und eindeutig zu klären, welches Gericht das Verfahren aussetzen muss.[88] Dieses Anliegen schließt es aus, dass der Streitgenstand durch die zwangsläufig zu einem späteren Zeitpunkt erhobenen Einwendungen des Beklagten verändert werden könnte. Neben Verzögerungen und Kosten könnte dies dazu führen, dass das zuerst als zuständig bezeichnete Gericht sich in der Folge für unzuständig erklären müsste.

41   Demnach verändert sich der Streitgegenstand i.S.v. Art. 29 nicht dadurch, dass der Beklagte eine Gegenforderung, die er bereits außerprozessual zur Aufrechnung gestellt hat, als Einwendung geltend macht.[89] Streitgegenstandsidentität scheidet daher aus, wenn in einem Verfahren auf Zahlung geklagt wird und der Beklagte eine in diesem Verfahren aufrechnungsweise geltend gemachte Gegenforderung in einem anderen Verfahren als Kläger einklagt.[90] Der Gegenanspruch kann also parallel im Wege der Einwendung und als selbständige Klage vor den Gerichten verschiedener Mitgliedstaaten geltend gemacht werden. Soweit ein Gericht rechtskräftig über den Gegenanspruch entschieden hat, ist dies ggf. im anderen Gerichtsverfahren zu beachten.

3. Maßgeblicher Zeitpunkt für das Vorliegen von Streitgegenstandsidentität

42   Für die Bestimmung der Streitgegenstandsidentität i.S.v. Art. 29 kommt es allein auf die klageeinleitenden Schriftstücke in den parallelen Verfahren an. Dies macht der Sinn und Zweck von Art. 29, möglichst früh Rechtsklarheit über das zuständige Gericht zu schaffen,[91] erforderlich.

43   Eine **spätere Klageerweiterung** verändert den Streitgegenstand daher nicht.[92] Bei nachträglicher **subjektiver Klageerweiterung** (ebenso bei einer

---

[86] Zöller/Geimer, ZPO, 31. Aufl. 2016, Art. 29 EuGVVO Rn. 29; Rauscher/Leible, EuZPR, 4. Aufl. 2016, Art. 29 EuGVVO Rn. 3. Wohl a. A. Schlosser/Hess, EuZPR, 4. Aufl. 2015, Art. 29 EuGVVO Rn. 1.
[87] EuGH, 8.5.2003 – Rs. C-111/01, Gantner Electronic GmbH ./. Basch Exploitatie Maatschappij BV, Slg. 2003, I-04207 (ECLI:EU:C:2003:257).
[88] EuGH, 8.5.2003 – Rs. C-111/01, Gantner Electronic GmbH ./. Basch Exploitatie Maatschappij BV, Slg. 2003, I-04207 (ECLI:EU:C:2003:257), Rn. 30.
[89] EuGH, 8.5.2003 – Rs. C-111/01, Gantner Electronic GmbH ./. Basch Exploitatie Maatschappij BV, Slg. 2003, I-04207 (ECLI:EU:C:2003:257).
[90] OLG Dresden, 27.6.2013 – 10 U 71/13, IHR 2015, S. 230, Rn. 27 m. Anm. Schilling, IHR 2015, S. 147.
[91] EuGH, 8.5.2003 – Rs. C-111/01, Gantner Electronic GmbH ./. Basch Exploitatie Maatschappij BV, Slg. 2003, I-04207 (ECLI:EU:C:2003:257), Rn. 30.
[92] OLG Düsseldorf, 20.7.2009 – I-2 W 35/09, IPRspr. 2009, Nr. 223b, S. 554, Rn. 3 ff. (nach juris).

Interventionsklage) kommt es hingegen auf den Zeitpunkt der Klageerhebung gegen die weitere Partei an.

Ein **Hilfsantrag, der bereits in der Klage enthalten ist**, wird gleichzeitig 44 mit der Klage anhängig i.S.v. Art. 32.[93] Wann die innerprozessuale Bedingung für den Hilfsantrag eintritt, ist unerheblich. Hierfür spricht das Bedürfnis nach Rechtsklarheit und nach möglichst frühzeitiger Bestimmung des zuständigen Gerichts gem. Art. 29 i.V.m. Art. 32. Das bedeutet, dass ab dem Zeitpunkt Anhängigkeit der Klage der Gegenstand des Hilfsantrags nicht mehr anderweitig erhoben werden kann.

Wird der **Hilfsantrag erst nach Klageerhebung** im Laufe des Verfahrens 45 gestellt, verändert sich hierdurch der Klagegenstand i.S.v. Art. 29 nicht, da es für dessen Abgrenzung nur auf das verfahrenseinleitende Schriftstück ankommt. Zu berücksichtigen ist jedoch, dass ein später gestellter Hilfsantrag unter Zugrundelegung des euroautonomen Streitgegenstandsbegriffs bereits in dem ursprünglich eingereichten Hauptantrag enthalten sein kann.[94] Dies kann etwa der Fall sein, wenn der Besteller gegen den Werkunternehmer zunächst Klage auf Vorschuss zur Mängelbeseitigung erhebt und diese später um einen Antrag auf hilfsweise Feststellung erweitert, dass der Vertrag wirksam ist. Entsprechend der Kernpunkttheorie beinhaltet bereits die ursprüngliche Klage den späteren Hilfsantrag, weil der Vorschuss zur Mängelbeseitigung die Wirksamkeit des Vertrages zwingend voraussetzt.

4. Bestimmung des früher angerufenen Gerichts (Abs. 2 i.V.m. Art. 32)

Im Rahmen von Art. 29 hat jedes der parallel angerufenen Gerichte zu prü- 46 fen, wann es im Sinne von Art. 32 angerufen wurde. Diese Prüfung, insbesondere die Frage, ob der Kläger alle ihm obliegenden Maßnahmen i.S.v. Art. 32 unternommen hat, kann zuweilen mit erheblichen Schwierigkeiten verbunden sein.[95]

Zur Anwendung des Prioritätsgrundsatzes muss das angerufene Gericht des 47 Weiteren ermitteln, wann das andere Verfahren anhängig wurde. Zur Feststellung dieses Zeitpunkts eröffnet Abs. 2 die Möglichkeit, das andere Gericht um unverzügliche Mitteilung zu bitten, wann dieses gem. Art. 32 angerufen wurde. Eine derartige Mitteilung kann dem anfragenden Gericht die häufig zeitaufwendige Prüfung ersparen, wie die Zustellung im ausländischen Verfahren Art. 32 Abs. 1 lit. a oder lit. b unterfällt und ob der Kläger nach dem maßgeblichen ausländischen Recht seine Obliegenheiten i.S.v. Art. 32 erfüllt hat. Abs. 2 kann außerdem dazu beitragen, dass die Zeitpunkte der Anhängigkeit der parallelen Verfahren von beiden Gerichten einheitlich bestimmt werden. Allerdings begründet

---

[93] Rauscher/*Leible*, EuZPR, 4. Aufl. 2016, Art. 29 EuGVVO Rn. 42.
[94] Vgl. OLG München, 7.6.2011 – 9 U 5019/10, NJW-RR 2011, S. 1169, Rn. 36 ff. (nach juris). Diese Entscheidung überzeugt im Ergebnis allerdings nicht, da sie zu Unrecht davon ausgeht, dass die Klage des Bestellers gerichtet auf Vorschuss zur Mängelbeseitigung den identischen Streitgegenstand habe, wie die Klage des Werkunternehmers auf Restwerklohn. Richtigerweise handelt es sich hierbei nach dem europäischen Streitgegenstandsbegriff um zwei verschiedene Streitgegenstände, weil eine Verurteilung zur Vorschusszahlung für Mängelbeseitigung eine Verurteilung auf Zahlung von Restwerklohn nicht ausschließt, vgl. hierzu oben Rn. 29.
[95] Vgl. hierzu ausführlich die Kommentierung von Art. 32 Rn. 9 ff.

Art. 29 keine Bindung an die Feststellung des anderen Gerichts hinsichtlich des Anhängigkeitszeitpunktes.[96] Vielmehr ist jedes Gericht frei, in Anwendung von Art. 32 den Zeitpunkt der Anrufung des jeweils anderen Gerichts selbst zu prüfen. Zu diesem Zweck dürfte ein Gericht in Ergänzung zu Art. 29 vom anderen Gericht auch eine Mitteilung darüber verlangen können, an welchem Tag das verfahrenseinleitende Schriftstücks bei Gericht (Art. 32 Abs. 1 lit. a) bzw. der für die Zustellung zuständigen Stelle (Art. 32 Abs. 1 lit. b) eingegangen ist. Dieser Tag ist gem. Art. 32 Abs. 2 von dem Gericht bzw. der Zustellungsstelle zu dokumentieren.

5. Sonderfall: Erstverfahren zeitlich nicht von EuGVVO erfasst

48   Art. 29 kann auch in dem Fall greifen, wenn das Erstverfahren in zeitlicher Hinsicht nicht von der EuGVVO erfasst ist, weil es vor dem 10. Januar 2015 (vgl. Art. 66 Abs. 1) eingeleitet wurde. In diesem Fall ist eine Verfahrensaussetzung nach Art. 29 entsprechend dem Sinn und Zweck der Norm allerdings nur dann möglich, wenn die zu erwartende Entscheidung aus dem Erstverfahren nach den Regeln der EuGVVO a.F. anerkannt und vollstreckt werden könnte.[97]

IV. Rechtsfolge: Entscheidung des später angerufenen Gerichts (Abs. 1 und 3)

49   Art. 29 regelt die Rechtsfolge der anderweitigen Rechtshängigkeit in zwei Schritten abhängig vom Stand des Verfahrens vor dem zuerst angerufenen Gericht: In einem ersten Schritt hat das zweitangerufene Gericht zunächst das Verfahren von Amts wegen auszusetzen, bis die Zuständigkeit des zuerst angerufenen Gerichts feststeht (Abs. 1). Sobald die Zuständigkeit des erstangerufenen Gerichts feststeht, muss sich das später angerufene Gericht für unzuständig erklären (Abs. 3).

1. Aussetzung des Verfahrens (Abs. 1)

50   Die Aussetzungspflicht gem. Abs. 1 vermeidet, dass die Parteien das Verfahren neu einleiten müssen, sollte sich das Erstgericht letztlich für unzuständig erklären. Dies erspart nicht nur den Aufwand für die erneute Erhebung der Klage, sondern ist insbesondere mit Blick auf die fristwahrende und verjährungsunterbrechende Wirkung von Klagen von Bedeutung. Ferner verhindert die Regelung negative Kompetenzkonflikte.

51   Die Pflicht zur Aussetzung gem. Abs. 1 besteht – im Gegensatz etwa zum autonomen deutschen Recht – **unabhängig davon, ob die Anerkennung der Entscheidung des Erstgerichts zu erwarten** ist. Eine Anerkennungsprognose

---
[96] Rauscher/*Leible*, EuZPR, 4. Aufl. 2016, Art. 32 EuGVVO Rn. 11; *Geimer*/Schütze, EuZVR, 3. Aufl. 2010, Art. 30 EuGVVO a.F. Rn. 1. Wohl a. A. OLG Frankfurt a.M., 5.3.2001 – 13 W 18/98, IPRax 2002, S. 515, Rn. 59 (nach juris).
[97] Vgl. hierzu ausführlich Kommentierung bei Art. 66 Rn. 9 ff.

stünde im Widerspruch zur Grundstruktur der Verordnung. Sie birgt außerdem die Gefahr, dass aufgrund fehlerhafter Beurteilung der Anerkennungsfähigkeit unvereinbare Entscheidungen gefällt werden und somit die Ratio von Art. 29 ins Leere ginge.

Dem **Zweitgericht** ist es außerdem **verwehrt, die internationale Zuständigkeit des Erstgerichts zu überprüfen.** Nach dem ausdrücklichen Wortlaut von Art. 29 ist es Sache des Erstgerichts, seine Zuständigkeit zu prüfen, während das Zweitgericht abwarten muss, bis die Zuständigkeit des Erstgericht feststeht. Das Zweitgericht darf demzufolge auch dann nicht zur Sache entscheiden, wenn es der Ansicht ist, dass das Erstgericht international unzuständig ist. Das Zweitgericht ist schließlich nicht besser in der Lage, über die internationale Zuständigkeit des Erstgerichts zu befinden. Das gilt umso mehr, wenn sich die internationale Zuständigkeit des Erstgerichts aus autonomem Recht nach Art. 6 ergibt. 52

Von dem grundsätzlichen **Prüfungsvorrang des Erstgerichts hinsichtlich der internationalen Zuständigkeit** bestehen jedoch **zwei wichtige Ausnahmen.** Die erste folgt ausdrücklich aus Abs. 1, der auf **Art. 31 Abs. 2,** die Sonderregel für ausschließliche Gerichtsstandsvereinbarungen, verweist. Art. 31 Abs. 2 durchbricht den Prioritätsgrundsatz zugunsten des in einer solchen Vereinbarung progierten Forums, auch wenn dieses später angerufen wurde. Das ausschließlich prorogierte Zweitgericht muss in diesem Fall nicht aussetzen.[98] 53

Die zweite Ausnahme betrifft die Fälle, in denen **zugunsten des Zweitgerichts ein ausschließlicher Gerichtsstand eröffnet** ist. Umstritten war lange Zeit, ob das später angerufene Gericht eine Aussetzung verweigern darf, wenn es sich gem. Art. 24 für ausschließlich zuständig hält. Für eine Aussetzungspflicht in einem solchen Fall wurde vorgebracht, dass der Wortlaut von Art. 29 (bzw. dessen Vorläufervorschrift) keinen Anhaltspunkt für eine einschränkende Auslegung bot und den Prozessparteien durch eine Aussetzung des Zweitprozesses in aller Regel kein unzumutbarer Nachteil entstehe.[99] Demgegenüber befürwortete die überwiegende Auffassung eine Ausnahme von der Aussetzungspflicht des Zweitgerichts in Fällen von Art. 24.[100] Dieser Auffassung schloss sich der EuGH an.[101] Zur Begründung verwies er zum einen auf den Geltungsanspruch von Art. 24 und die Verpflichtung eines ausschließlich zuständigen Gerichts die Einhaltung dieser Zuständigkeitsvorschrift zu gewährleisten.[102] Andernfalls drohten negative Zuständigkeitskonflikte, die im Widerspruch zu den der EuGVVO zugrundeliegenden Zielen stehen.[103] Angeführt wurde zum anderen, dass es mit 54

---
[98] Vgl. im Einzelnen die Kommentierung zu Art. 32.
[99] OLG Köln, 13.12.1990, 5 W 57/90, NJW 1991, S. 1427; dahin tendierend auch BGH, 18.9.2013 – V ZB 163/12, RIW 2014, S. 78, Rn. 21 (nach juris); *Dohm*, Rechtshängigkeit, 1996, S. 168 ff.; *Goltz/Janert*, MDR 2014, S. 125 (129).
[100] OLG München, 16.2.2012 – 21 W 1098/11, IPRspr. 2012, Nr. 249, S. 560, Rn. 18 (nach juris): Vorlagebeschluss zum EuGH; *Kropholler/von Hein*, EuZPR, 9. Aufl. 2011, Art. 27 EuGVVO a.F. Rn. 19; *Carl*, Torpedoklagen, 2007, S. 193 f.; *McGuire*, Verfahrenskoordination, 2004, S. 122 f.
[101] EuGH, 3.4.2014 – Rs. C-438/12, *Weber ./. Weber*, ECLI:EU:C:2014:212 m. Anm. *Nordmeier*, IPRax 2015, S. 120.
[102] EuGH, 3.4.2014 – Rs. C-438/12, *Weber ./. Weber*, ECLI:EU:C:2014:212, Rn. 56.
[103] EuGH, 3.4.2014 – Rs. C-438/12, *Weber ./. Weber*, ECLI:EU:C:2014:212, Rn. 57.

dem Gebot einer geordneten Rechtspflege unvereinbar wäre, wenn ein ausschließlich zuständiges Gericht das Verfahren gem. Art. 29 aussetzen und sich ggf. für unzuständig erklären würde, weil das zuerst angerufene Gericht in Verkennung von Art. 24 seine internationale Zuständigkeit zu Unrecht angenommen hat.[104] Der EuGH wies schließlich darauf hin, dass eine unter Verstoß von Art. 24 ergehende Entscheidung des Erstgerichts gem. Art. 45 Abs. 1 lit. e ii) ohnehin nicht anerkennungsfähig wäre. Das Risiko unvereinbarer Entscheidungen, das Art. 29 eindämmen soll, besteht damit nicht, so dass weder eine Aussetzung noch eine Unzuständigkeitserklärung nach dieser Norm geboten ist.[105]

55   Im Ergebnis ermöglicht die EuGVVO n.F. einen **„richterrechtlichen Torpedoschutz"**[106] vor Klagen, die im Widerspruch zu einer ausschließlichen Gerichtsstandsvereinbarung (Art. 31 Abs. 2) oder einem ausschließlichen Gerichtsstand (über Art. 29) erhoben wurden.

56   Das **Zweitgericht** ist im Rahmen von Art. 29 **verpflichtet, die anderweitige Rechtshängigkeit von Amts wegen zu beachten.** Das bedeutet allerdings nicht, dass das Gericht nach einer Rechtshängigkeit in einem anderen Mitgliedstaat forschen muss. Eine Prüfung hat vielmehr nur dann zu erfolgen, wenn Anhaltspunkte für die Anhängigkeit desselben Streitgegenstands vor den Gerichten eines anderen Mitgliedstaates bestehen.[107] Da die Prüfung der anderweitigen Rechtshängigkeit unabhängig von einem Vortrag der Parteien erfolgt, kommt insoweit eine Präklusion wegen verspäteten Vorbringen durch eine Partei nicht in Betracht.[108]

57   Das Aussetzungsverfahren richtet sich nach dem nationalen Prozessrecht des Zweitgerichts, so dass in Deutschland § 148 ZPO maßgeblich ist. Die Aussetzungspflicht endet, sobald das Erstgericht seine internationale Zuständigkeit verneint hat. Daraufhin ist das Verfahren vor dem Zweitgericht fortzuführen. Sobald die Zuständigkeit des Erstgerichts feststeht, hat das Zweitgericht gem. Abs. 2 die Klage wegen Unzuständigkeit abzuweisen.

58   Hat das Zweitgericht entgegen Art. 29 fehlerhaft nicht ausgesetzt, muss das Berufungsgericht gem. § 538 Abs. 1 ZPO aussetzen und darf die Sache nicht an das erstinstanzliche Gericht zurückweisen.[109] Ist das erstinstanzliche Urteil für vorläufig vollstreckbar erklärt worden, bleibt die Vollstreckbarkeit durch eine Aussetzung im Berufungsverfahren unberührt; zum Schutze des Schuldners kann jedoch die Einstellung der Zwangsvollstreckung gem. §§ 719, 707 ZPO angeordnet werden.[110]

---

[104] EuGH, 3.4.2014 – Rs. C-438/12, *Weber ./. Weber*, ECLI:EU:C:2014:212, Rn. 58.
[105] EuGH, 3.4.2014 – Rs. C-438/12, *Weber ./. Weber*, ECLI:EU:C:2014:212, Rn. 59.
[106] Vgl. *Kern*, IPRax 2015, S. 318.
[107] *Jenard*-Bericht, 1979, S. 62; Zöller/*Geimer*, ZPO, 31. Aufl. 2016, Art. 29 EuGVVO Rn. 35.
[108] Zöller/*Geimer*, ZPO, 31. Aufl. 2016, Art. 29 EuGVVO Rn. 34.
[109] BGH, 6.2.2002 – VIII ZR 106/01, RIW 2002, S. 393, Rn. 14 (nach juris) zu § 539 ZPO a.F. Eine Pflicht zur Aussetzung gilt erst recht jetzt. § 538 Abs. 1 ZPO aktuelle Fassung, in der die eigene Entscheidung des Berufungsgerichts die Regel und die Rückverweisung die Ausnahme bildet. So auch Rauscher/*Leible*, EuZPR, 4. Aufl. 2016, Art. 29 EuGVVO Rn. 40; *Schlosser*/Hess, EuZPR, 4. Aufl. 2015, Art. 29 EuGVVO Rn. 9.
[110] BGH, 6.2.2002 – VIII ZR 106/01, RIW 2002, S. 393, Rn. 18 (nach juris); *Schlosser*/Hess, EuZPR, 4. Aufl. 2015, Art. 29 EuGVVO Rn. 15.

2. Abweisung wegen Unzuständigkeit (Abs. 3)

Sobald die internationale Zuständigkeit des Erstgerichts feststeht, hat sich das **59** Zweitgericht gem. Abs. 3 für unzuständig zu erklären und – bei einem Verfahren in Deutschland – die Klage durch Prozessurteil abzuweisen. Wird hiernach eine Leistungsklage wegen einer früher erhobenen negativen Feststellungsklage abgewiesen, bleibt dem Gläubiger nichts anderes übrig, als sein Leistungsbegehren im Wege der Widerklage vor dem Erstgericht geltend zu machen.

Umstritten war lange Zeit, **wann die internationale Zuständigkeit des** **60** **Erstgerichts feststeht** i.S.v. Abs. 3. Im deutschen Schrifttum wurde hierfür überwiegend verlangt, dass sich das Erstgericht durch rechtskräftige Entscheidung für zuständig erklärt hat.[111] Der EuGH hat jüngst anders entschieden und es für ausreichend befunden, dass – sofern keine ausschließliche Zuständigkeit des Zweitgerichts nach Art. 24 besteht – die Zuständigkeit des Erstgerichts feststeht, wenn sich das zuerst angerufene Gericht nicht von Amts wegen für unzuständig erklärt hat und keine der Parteien die Zuständigkeit in der Stellungnahme gerügt hat, die nach dem nationalen Prozessrecht das erste Verteidigungsvorbringen darstellt.[112] Dies begründete der Gerichtshof mit dem den Art. 26 und Art. 29 zugrundeliegenden System, das vermeiden soll, dass sich die Dauer der Verfahrensaussetzung beim später angerufenen Gericht verlängert, obwohl die Zuständigkeit des Erstgerichts nicht mehr gerügt werden kann.[113] Müsste das Zweitgericht eine rechtskräftige Entscheidung des Erstgerichts über dessen Zuständigkeit abwarten, würde dies das Risiko von Parallelverfahren erhöhen und die Erreichung des mit Art. 29 verfolgten Zwecks gefährden.[114] Außerdem drohe ab dem Zeitpunkt, an dem Zuständigkeit des Erstgerichts nicht mehr gerügt werden kann, kein negativer Zuständigkeitskonflikt mehr, weil das Erstgericht wegen der rügelosen Einlassung seine internationale Zuständigkeit nicht mehr ablehnen kann.[115]

Die Entscheidung des EuGH läuft darauf hinaus, dass das Zweitgericht im **61** Vorfeld seiner Unzuständigkeitserklärung eine **Prognose über die Zuständigkeitsentscheidung des Erstgerichts**, insbesondere über die Voraussetzungen einer Zuständigkeitsbegründung kraft rügeloser Einlassung gem. Art. 26 treffen muss. Die EuGH-Rechtsprechung wird **im Schrifttum zurecht kritisiert**:[116] Zum einen drohen – sobald das Zweitgericht sein Verfahren gem. Art. 29 Abs. 1

---
[111] *Kropholler/von Hein*, EuZPR, 9. Aufl. 2011, Art. 27 EuGVVO a.F. Rn. 24; *Geimer/Schütze*, EuZVR, 3. Aufl. 2010, Art. 27 EuGVVO a.F Rn. 54; *Schmehl*, Parallelverfahren und Justizgewährung, 2011, S. 145. So wohl auch OLG Köln, 31.3.2004 – 6 U 135/03, IPRspr. 2004, Nr. 152, S. 327, Rn. 22 (nach juris).
[112] EuGH, 27.2.2014 – Rs. C-1/13, *Cartier parfums – lunettes SAS u.a. ./. Ziegler France SA u.a.*, ECLI:EU:C:2014:109
[113] EuGH, 27.2.2014 – Rs. C-1/13, *Cartier parfums – lunettes SAS u.a. ./. Ziegler France SA u.a.*, ECLI:EU:C:2014:109, Rn. 38.
[114] EuGH, 27.2.2014 – Rs. C-1/13, *Cartier parfums – lunettes SAS u.a. ./. Ziegler France SA u.a.*, ECLI:EU:C:2014:109, Rn. 41.
[115] EuGH, 27.2.2014 – Rs. C-1/13, *Cartier parfums – lunettes SAS u.a. ./. Ziegler France SA u.a.*, ECLI:EU:C:2014:109, Rn. 42 f.
[116] *Koechel*, IPRax 2014, S. 394 (396); *Rauscher/Leible*, EuZPR, 4. Aufl. 2016, Art. 29 EuGVVO Rn. 41.

ausgesetzt hat – keine Parallelverfahren und somit auch keine widersprechenden Entscheidungen. Es besteht daher schon keine Notwendigkeit, möglichst schnell lediglich aufgrund einer Prognose der Zuständigkeitsentscheidung des Erstgerichts die Klage vor dem Zweitgericht nach Abs. 3 abzuweisen.[117] Eine solche Prognose birgt – entgegen der Auffassung des EuGH – auch durchaus das Risiko eines negativen Kompetenzkonflikts. Denn zur Beurteilung der Frage, ob die Zuständigkeit des Erstgerichts kraft rügeloser Einlassung begründet wurde, muss das Zweitgericht prüfen, welches Schriftstück nach dem Verfahrensrecht des Erstgerichts als das erste Verteidigungsvorbringen zur Sache anzusehen ist. Diese Frage ist nicht immer einfach zu beantworten, zumal vom Zweitgericht die Anwendung fremden Prozessrechts erwartet wird.[118] Eine falsche Beurteilung birgt für den Kläger im Erstverfahren nicht nur das Risiko eines negativen Kompetenzkonflikts. Er müsste – beispielsweise nach deutschem Recht – auch die Kosten für das Zweitverfahren tragen und wäre sogar der Gefahr einer Verfristung oder Verjährung seiner Rechte ausgesetzt.[119]

62   Vorzugswürdig wäre daher, wenn das Zweitgericht sich gem. Abs. 3 erst dann für unzuständig erklären würde, wenn das Erstgericht seine internationale Zuständigkeit rechtskräftig bejaht hat.

3. Fortführung des Zweitverfahrens bei überlanger Dauer des erstgerichtlichen Verfahrens?

63   Umstritten ist, ob eine Durchbrechung der Prioritätsregel von Art. 29 möglich ist, wenn das Erstverfahren im konkreten Fall eine unvertretbare Verfahrensdauer erreicht hat. Über die Behandlung dieser Frage hat der EuGH in der bereits oben Rn. 36 besprochenen Sache *Erich Gasser GmbH ./. MISAT Srl.* keine Aussage getroffen.[120] Das Vorlagegericht hatte keine Feststellungen zur Dauer des zuerst anhängigen italienischen Verfahrens getroffen und wollte vom EuGH lediglich wissen, ob eine Ausnahme von Art. 27 EuGVÜ (= Art. 29) möglich ist wenn *allgemein* Verfahren vor den Gerichten des Mitgliedstaats, dem das Erstgericht angehört, unvertretbar lange dauern.

64   Ausgangspunkt der Beurteilung dieser Frage bildet das Recht auf Verhandlung innerhalb angemessener Frist, das durch Art. 6 Abs. 1 EMRK[121] i.V.m. Art. 6 Abs. 3 EUV und Art. 47 Abs. 2 EU-Grundrechtecharta[122] i.V.m. Art. 6 Abs. 1 EUV primärrechtlich verankert ist. Geht das Erstverfahren über das nach diesen Vorschriften tolerierbare Maß hinaus, könnte eine **primärrechtskonforme**

---

[117] *Koechel*, IPRax 2014, S. 394 (396).
[118] *Thormeyer*, EuZW 2014, S. 342 (343).
[119] *Thormeyer*, EuZW 2014, S. 342 (343). So bereits zur EuGVVO a.F. *Kropholler/von Hein*, EuZPR, 9. Aufl. 2011, Art. 27 EuGVVO a.F. Rn. 25; *Zeuner*, in FS Lüke, 1997, S. 1003 (1006).
[120] EuGH, 9.12.2003 – Rs. C-116/02, *Erich Gasser GmbH ./. MISAT Srl.*, Slg. 2003, I-14769 (ECLI:EU:C:2003:657), Rn. 30. A. A. *Goltz/Janert*, MDR 2014, S. 125 (128), die die EuGH-Entscheidung als allgemeine Ablehnung einer Ausnahme in Fällen überlanger Dauer des erstgerichtlichen Verfahrens verstehen.
[121] Die EMRK findet aufgrund entsprechender Ratifikationen Anwendung in allen EU-Mitgliedstaaten.
[122] Die EU-Grundrechtecharta entfaltet keine Geltung in Großbritannien, Polen und Tschechien.

Auslegung von Art. 29 angebracht sein, die es dem zweitbefassten Gericht erlaubt, die anderweitige Rechtshängigkeit zu ignorieren.

Gegen eine dahingehende Einschränkung von Art. 29 wird angeführt, das in **65** der EuGVVO geltende **Prinzip der Gleichwertigkeit der mitgliedstaatlichen Justizgewährung** verbiete es einem mitgliedstaatlichen Gericht, das Verfahren vor dem Gericht eines anderen EU-Staates auf Mängel zu untersuchen.[123] Eingewandt wird außerdem der die EuGVVO prägende **Vertrauensgrundsatz**: Da alle Mitgliedstaaten an Art. 6 EMRK gebunden sind, müsse man darauf vertrauen, dass jedes Land Verletzungen des Rechts auf ein faires Verfahren selbst erkennt und ahndet.[124] Die vor einem langsamen Gericht verklagte Partei sei auch nicht schutzlos: Sie könne die Prozessverschleppung in einem Mitgliedstaat mit allen dort zur Verfügung stehenden Mitteln angehen und schließlich auch den EGMR anrufen.[125]

Diese Ansicht erscheint jedoch nicht überzeugend.[126] Zum einen ist es gem. **66** **Art. 51 EU-Grundrechtecharta** Aufgabe aller Mitgliedstaaten, die in der Charta niedergelegten Rechte zu achten und deren Erfüllung sicherzustellen. Das Zweitgericht i.S.v. Art. 29 ist somit genauso stark wie das Erstgericht dazu verpflichtet, einer Verletzung der sich aus Art. 47 Abs. 2 EU-Grundrechtecharta ergebenden Garantien entgegenzuwirken. Ähnliches gilt in Bezug auf Art. 6 Abs. 1 EMRK: Der EGMR betont immer wieder, dass die **Anwendung** der **EMRK** in erster Linie eine **innerstaatliche Aufgabe** ist und er nur subsidiär eingreifen kann. Den aus der EMRK folgenden Verpflichtungen kann sich ein Gericht somit nicht durch den Hinweis auf eine mögliche Klage vor dem EGMR entledigen, wenn es selbst in der Lage ist, Rechtsschutz durch entsprechende Auslegung der Norm zu gewähren, die für die Verletzung der in der EMRK stipulierten Grundrechte ursächlich ist.[127] Die Anerkennung einer Ausnahme von Art. 29 stellt auch nicht die grundsätzliche Gleichwertigkeit der Rechtspflegeorgane der Mitgliedstaaten in Frage. Denn für die Annahme einer Verletzung von Art. 6 Abs. 1 EMRK reicht es nach der Rechtsprechung des EGMR nicht aus, dass ein Gericht einem Staat angehört, in dem Verfahren üblicherweise unvertretbar lange dauern. Es werden vielmehr stets die Besonderheiten des Einzelfalls berücksichtigt und an das Vorliegen eines Grundrechtsverstoßes sehr hohe Anforderungen gestellt.[128]

Im Ergebnis erscheint es daher **richtig, bei bereits überlanger Dauer des** **67** **Erstverfahrens** eine **Durchbrechung der strikten Prioritätsregel von Art. 29** zuzulassen.[129]

---

[123] *Thiele*, RIW 2004, S. 285 (288); *McGuire*, Verfahrenskoordination, 2004, S. 136 f.; *Maack*, Anti-suit injunctions, 1999, S. 181.
[124] *Thiele*, RIW 2004, S. 285 (288); *Maack*, Anti-suit injunctions, 1999, S. 181.
[125] *Thiele*, RIW 2004, S. 285 (288); *Maack*, Anti-suit injunctions, 1999, S. 181; *McGuire*, Verfahrenskoordination, 2004, S. 136; *Kropholler/von Hein*, EuZPR, 9. Aufl. 2011, Art. 27 EuGVVO a.F. Rn. 21.
[126] Vgl. hierzu *E. Peiffer*, Schutz gegen Klagen im forum derogatum, 2013, S. 259.
[127] *Schilling*, IPRax 2004, S. 294 (296); *Grothe*, IPRax 2004, S. 205 (210).
[128] EGMR, 25.3.1999 – 25444-94, *Pélissier ./. Sassi-Frankreich*, NJW 1999, S. 3545 (3547 f.); EGMR, 28.7.1999 – 25803-94, *Selmouni ./. Frankreich*, NJW 2001, S. 56 (60 f.).
[129] *Geimer/Schütze*, EuZVR, 3. Aufl. 2010, Art. 27 EuGVVO a.F. Rn. 58; *Rauscher/Leible*, EuZPR, 4. Aufl. 2016, Art. 29 EuGVVO Rn. 36; *Schlosser/Hess*, EuZPR, 4. Aufl. 2015, Art. 29 EuGVVO Rn. 12; *Schilling*, IPRax 2004, S. 294 (295 ff.); *Grothe*, IPRax 2004, S. 205 (210 f.); *Dohm*, Rechtshängigkeit, 1996, S. 170, 181; *Maack*, Anti-suit injunctions, 1999, S. 181.

4. Prozessführungsverbote zum Schutz des zweitgerichtlichen Verfahrens?

68 Es war lange umstritten, ob der strikte Vorrang des zuerst eingeleiteten Verfahrens nach Art. 29 dadurch abgeschwächt werden kann, dass dem dortigen Kläger im Wege einer Anordnung durch ein anderes Gericht die Fortführung des Prozesses untersagt wird. Derartige Prozessführungsverbote kennt das englische Recht als sog. *anti-suit injunctions*.[130]

69 Englische Gerichte sahen sich durch die EuGVVO (bzw. das EuGVÜ) am Erlass von *anti-suit injunctions* nicht gehindert.[131] Sie verwiesen auf das Fehlen eines ausdrücklichen europarechtlichen Verbotes und sahen hierdurch auch nicht die grundsätzliche Kompetenz der EU-mitgliedstaatlichen Gerichte gefährdet, selbst über ihre internationale Zuständigkeit zu entscheiden. Denn eine *anti-suit injunction* beinhalte keine Entscheidung über die *jurisdiction* des (mittelbar) durch sie betroffenen Gerichts, sondern lediglich eine Würdigung der Treuwidrigkeit der Partei, die dieses Gericht angerufen hat. Außerdem könne durch den Erlass Prozessführungsverboten das Risiko widersprüchlicher Entscheidungen innerhalb der EU minimiert werden.

70 Dieser Argumentation erteilte der **EuGH** im Jahr 2004 in der Entscheidung **Turner ./. Grovit** eine deutliche Absage und entschied, dass Prozessführungsverbote mit dem EuGVÜ nicht vereinbar sind.[132] *Anti-suit injunctions* würden – so der EuGH – das Vertrauen auf die richtige Auslegung und Anwendung der europäischen Zuständigkeitsregeln durch die mitgliedstaatlichen Gerichte und das daraus folgende Verbot der Überprüfung der Zuständigkeit eines Gerichts durch die Gerichte eines anderen Mitgliedstaats verletzen. Prozessführungsverbote trügen auch nicht dazu bei, die Gefahr widersprechender Entscheidungen zu verringern. Es könne nämlich nicht ausgeschlossen werden, dass trotz einer in einem Mitgliedstaat verhängten *anti-suit injunction* das Gericht im anderen EU-Staat eine Sachentscheidung erlässt. Ebenso wenig könne verhindert werden, dass die Gerichte zweier EU-Staaten entgegengesetzte Prozessführungsverbote verhängten. Der EuGH führte außerdem an, der Erlass einer *anti-suit injunction* nehme den im europäischen Recht vorgesehenen Mechanismen zur Verhinderung von Parallelverfahren – insbesondere den Rechtshängigkeitsregeln – ihre praktische Wirksamkeit. Die ablehnende Haltung des EuGH gegenüber Prozessführungsverboten im Anwendungsbereich der EuGVVO wurde später in dem Urteil **Allianz SpA ./. Westtankers Inc.** bestätigt.[133]

71 Der Erlass von Prozessführungsverboten stellt somit keine geeignete Möglichkeit dar, den Prioritätsgrundsatz von Art. 29 etwa zum Schutz vor Torpedoklagen oder ähnlichen missbräuchlichen Verfahren zu durchbrechen.

---

[130] Vgl. hierzu ausführlich die Kommentierung in Art. 25 Rn. 281 ff. und E. Peiffer, Schutz gegen Klagen im forum derogatum, 2013, S. 284 ff.
[131] Vgl. anstatt vieler House of Lords, 13.12.2001 – *Turner ./. Grovit*, [2002] 1 W.L.R. 107 (Vorlage an EuGH), Rn. 21 ff.
[132] EuGH, 27.4.2004 – Rs. C-159/02, *Turner ./. Grovit*, Slg. 2004, I-3565 (ECLI:EU:C:2004:228), Rn. 25 ff.
[133] EuGH, 10.2.2009 – Rs. C-185/07, *Allianz SpA ./. Westtankers Inc.*, Slg. 2009, I-663 (ECLI:EU:C:2009:69), Rn. 29 ff.

Artikel 30 [Im Zusammenhang stehende Verfahren]

(1) Sind bei Gerichten verschiedener Mitgliedstaaten Verfahren, die im Zusammenhang stehen, anhängig, so kann jedes später angerufene Gericht das Verfahren aussetzen.

(2) Ist das beim zuerst angerufenen Gericht anhängige Verfahren in erster Instanz anhängig, so kann sich jedes später angerufene Gericht auf Antrag einer Partei auch für unzuständig erklären, wenn das zuerst angerufene Gericht für die betreffenden Verfahren zuständig ist und die Verbindung der Verfahren nach seinem Recht zulässig ist.

(3) Verfahren stehen im Sinne dieses Artikels im Zusammenhang, wenn zwischen ihnen eine so enge Beziehung gegeben ist, dass eine gemeinsame Verhandlung und Entscheidung geboten erscheint, um zu vermeiden, dass in getrennten Verfahren widersprechende Entscheidungen ergehen könnten.

EuGH-Rechtsprechung: EuGH, 24.6.1981 – Rs. 150/80, *Elefanten Schuh GmbH ./. Jacqmain*, Slg. 1981, 1671 (ECLI:EU:C:1981:148)

EuGH, 20.1.1994 – Rs. C-129/92, *Owens Bank Ltd. ./. Bracco u.a.*, Slg. 1994, I-117 (ECLI:EU:C:1994:13)

EuGH, 6.12.1994 – Rs. C-406/92, *Tatry ./. Maciej Rataj*, Slg. 1994, I-5439 (ECLI:EU:C:1994:400)

EuGH, 27.10.1998 – Rs. C-51/97, *Réunion européenne u.a. ./. Spliethoff's Bevrachtingskantoor*, Slg. 1998, I-6511 (ECLI:EU:C:1998:509)

EuGH, 5.10.1999 – Rs. C-420/97, *Leathertex Divisione Sintetici SpA ./. Bodetex BVBA*, Slg. 1999, I-6747 (ECLI:EU:C:1999:483)

EuGH, 1.12.2011 – Rs. C-145/10, *Painer ./. Standard Verlags GmbH u.a.*, Slg. 2011, I-12533 (ECLI:EU:C:2011:798)

Schrifttum: *Lüpfert, Johanna Adelheid*, Konnexität im EuGVÜ. Rechtsvergleichende Studie mit einem Vorschlag zur Weiterentwicklung des deutschen Rechts, 1997; *Schütze, Rolf A./ Kratzsch, Susanne*, Aussetzung des Verfahrens wegen konnexer Verfahren nach Art. 22 EuGVÜ, RIW 2000, S. 939; *von Falck, Andreas*, Einige Gedanken zur Aussetzung des Patentverletzungsstreits nach Art. 27, 28 EuGVVO bei Torpedoklagen (zugleich zu LG Düsseldorf InstGE 9, 246 ff.), in: Festschrift für Peter Mes zum 75. Geburtstag, 2009, Begermann, Michael; Rother, Gereon; Verhauwen, Axel (Hrsg.), S. 110.

Vgl. außerdem die Schrifttumsnachweise zu Art. 29.

Übersicht

	Rn.
I. Normzweck, Systematik und Entstehungsgeschichte	1
II. Anwendungsbereich	8
III. Voraussetzungen	13

1. Verfahrenszusammenhang (Abs. 3)	14
2. Anhängigkeit	24
IV. Rechtsfolgen	26
1. Aussetzung des Verfahrens vor dem zweitangerufenen Gericht (Abs. 1)	27
2. Unzuständigerklärung durch das zweitangerufene Gericht (Abs. 2)	34

I. Normzweck, Systematik und Entstehungsgeschichte

1   Art. 30 soll – ähnlich wie Art. 29 – widersprechende Entscheidungen verhindern und eine geordnete Rechtspflege in den Mitgliedstaaten gewährleisten.[1] Art. 30 ermöglicht eine **bessere Koordinierung der Rechtsprechungstätigkeit innerhalb der EU** und will **Entscheidungen vermeiden,** die sich zwar nicht in ihren Rechtsfolgen gegenseitig ausschließen, aber **in den Entscheidungsgründen inkohärent** sind.[2]

2   Zum Erreichen dieser Ziele gestattet **Abs. 1** die Aussetzung eines später eingeleiteten Verfahrens, wenn dieses mit einem anderweitig anhängigen Gerichtsverfahren im Zusammenhang steht. Dies ermöglicht es dem zweitbefassten Gericht, die Entscheidung des Erstgerichts abzuwarten und die dort gewonnen Ergebnisse – entweder im Wege der Urteilsanerkennung bei prozessualen Bindungswirkungen oder im Rahmen der Beweisaufnahme nach freier richterlicher Würdigung – zu berücksichtigen. Insoweit kann die Aussetzung gem. Art. 30 auch der Prozessökonomie zuträglich sein.

3   **Abs. 2** erlaubt dem später angerufenen Gericht, sich auch für unzuständig zu erklären, wenn das Erstgericht für beide Verfahren zuständig ist und die Verbindung nach dessen Recht zulässig ist. Diese Regelung soll eine Konzentration zusammenhängender Verfahren vor dem erstbefassten Gericht ermöglichen.

4   Wann ein Verfahrenszusammenhang i.S.v. Art. 30 vorliegt, regelt **Abs. 3**. Durch die EuGVVO-Revision 2012 hat Art. 30 gegenüber seiner Vorläufervorschrift Art. 28 EuGVVO a.F. nur geringfügige redaktionelle Anpassungen erhalten.

5   Art. 30 ist eine Auffangvorschrift und daher gegenüber Art. 29 subsidiär, der den Sonderfall erfasst, dass derselbe Streitgegenstand vor verschiedenen mitgliedstaatlichen Gerichten anhängig ist. Aufgrund der weiten Auslegung der Streitgegenstandsidentität i.S.v. Art. 29 kann die Abgrenzung zu Art. 30 durchaus mit Schwierigkeiten verbunden sein. Soweit das Zweitgericht das Verfahren aussetzen möchte, kann es jedoch offenlassen, ob diese Entscheidung auf Art. 29 oder Art. 30 beruht. Möchte das Gericht eine Aussetzung hingegen ablehnen, bleibt ihm die Zuordnung zu einer dieser Vorschriften nicht erspart. Denn nur im Anwendungsbereich von Art. 30 ist die Aussetzung ins gerichtliche Ermessen gestellt.[3]

6   Art. 30 greift wie Art. 29 nur in Fällen ein, in denen die **Parallelverfahren vor verschiedenen mitgliedstaatlichen Gerichten** anhängig sind. Die Kolli-

---

[1] EuGH, 6.12.1994 – Rs. C-406/92, Tatry ./. Maciej Rataj, Slg. 1994, I-5439 (ECLI:EU:C:1994:400), Rn. 32.
[2] EuGH, 6.12.1994 – Rs. C-406/92, Tatry ./. Maciej Rataj, Slg. 1994, I-5439 (ECLI:EU:C:1994:400), Rn. 53.
[3] So auch Schlosser/Hess, EuZPR, 4. Aufl. 2015, Art. 30 EuGVVO Rn. 1.

sion von zusammenhängenden Verfahren vor einem mitgliedstaatlichen und einem drittstaatlichen Gericht regelt der im Wege der EuGVVO-Revision 2012 neu eingeführte Art. 34.

Art. 30 begründet **keinen Gerichtsstand des Sachzusammenhangs**. Die 7 Zuständigkeit eines mitgliedstaatlichen Gerichts für eine Klage kann somit nicht unter Hinweis auf Art. 30 mit dem Argument begründet werden, vor diesem Gericht sei bereits eine Klage anhängig, die im Zusammenhang mit der noch zu erhebenden Klage steht.[4] Art. 30 setzt vielmehr voraus, dass im Zusammenhang stehende Klagen bei den jeweils zuständigen Gerichten in zwei oder mehreren Mitgliedstaaten bereits anhängig sind. Die Gerichtsstände des Sachzusammenhangs der EuGVVO sind lediglich in Art. 8 geregelt.

II. Anwendungsbereich

Art. 30 findet nur auf **Parallelverfahren in verschiedenen Mitgliedstaaten** 8 Anwendung, die in den **sachlichen Geltungsbereich der EuGVVO** gem. Art. 1 fallen. Für Verfahrenskollisionen innerhalb desselben Mitgliedstaats ist die Norm nicht anwendbar, weil es insoweit bereits an einem grenzüberschreitenden Bezug fehlt. Die Auflösung derartiger Verfahrenskollisionen richtet sich demzufolge nach einzelstaatlichem Recht (in Deutschland § 148 ZPO).

Nicht erforderlich ist, dass die angerufenen Gerichte ihre internationale 9 Zuständigkeit auf Art. 4 ff. stützen, so dass Art. 30 auch dann greift, wenn sich die internationale Zuständigkeit aus einem völkerrechtlichen Spezialabkommen gem. Art. 71 Abs. 1 oder aus nationalem Recht gem. Art. 6 ergibt. Der Wohnsitz der Parteien ist unerheblich, so dass der Anwendungsbereich auch dann eröffnet ist, wenn die Parteien der parallelen Verfahren in Drittstaaten ansässig sind.[5]

Art. 30 gilt nicht in **Verfahren, die die Anerkennung und Vollstreckung** 10 **von Urteilen aus Drittstaaten** betreffen. Denn die Norm ist Teil des Kapitels II, das auf solche Verfahren keine Anwendung findet.[6] Wird demnach für ein Urteil aus einem Drittstaat parallel in zwei Mitgliedstaaten (nach dem jeweiligen nationalen Recht) das Anerkennungs- und Vollstreckbarerklärungsverfahren betrieben, ist die Verfahrensparallelität nicht über Art. 30 EuGVVO zu lösen.

Angesichts des gegenüber Art. 29 weiteren Wortlautes („Verfahren" statt „Kla- 11 gen") dürfte Art. 30 auch in **Verfahren des einstweiligen Rechtsschutzes** anwendbar sein. Angesichts der typischerweise hohen Dringlichkeit derartiger Verfahren ist zu erwarten, dass die mitgliedstaatlichen Gerichte nur in den seltensten Fällen ein einstweiliges Rechtsschutzverfahren gem. Art. 30 aussetzen werden.

---

[4] EuGH, 24.6.1981 – Rs. 150/80, *Elefanten Schuh GmbH ./. Jacqmain*, Slg. 1981, 1671 (ECLI:EU:C:1981:148), Rn. 19; EuGH, 27.10.1998 – Rs. C-51/97, *Réunion européenne u.a. ./. Spliethoff's Bevrachtingskantoor*, Slg. 1998, I-6511 (ECLI:EU:C:1998:509), Rn. 39, EuGH, 5.10.1999 – Rs. C-420/97, *Leathertex Divisione Sintetici SpA ./. Bodetex BVBA*, Slg. 1999, I-6747 (ECLI:EU:C:1999:483), Rn. 38.
[5] Zöller/Geimer, ZPO, 31. Aufl. 2016, Art. 30 EuGVVO Rn. 2.
[6] EuGH, 20.1.1994 – Rs. C-129/92, *Owens Bank Ltd. ./. Bracco u.a.*, Slg. 1994, I-117 (ECLI:EU:C:1994:213), Rn. 23 ff.

12 Art. 30 gilt auch im Geltungsbereich **völkerrechtlicher Spezialübereinkommen** i.S.v. Art. 71, die keine vergleichbare Konnexitätsregelung enthalten. Art. 30 gilt daher auch im Anwendungsbereich des CMR.[7]

III. Voraussetzungen

13 Eine Aussetzung bzw. Unzuständigerklärung kann gem. Art. 30 lediglich das später angerufene Gericht vornehmen, wenn beide Verfahren gem. Abs. 3 im Zusammenhang stehen.

1. Verfahrenszusammenhang (Abs. 3)

14 Wann Verfahren i.S.v. Art. 30 „im Zusammenhang stehen", definiert Abs. 3 euro-autonom. Nach dieser Bestimmung liegt eine ausreichende Konnexität vor, wenn zwischen den Verfahren eine so enge Beziehung besteht, dass eine gemeinsame Verhandlung und Entscheidung geboten ist, um widersprechende Entscheidungen in getrennten Verfahren zu vermeiden. Der Begriff des Verfahrenszusammenhangs i.S.v. Art. 30 ist somit weit auszulegen.

15 Verfahrenskonnexität liegt vor, wenn ein **Widerspruch in tragenden Urteilsgründen** zu befürchten ist oder weil den jeweiligen Klagen **derselbe Lebenssachverhalt** zugrunde liegt.[8] In solchen Fällen droht ein Widerspruch zum einen dann, wenn das Erstgericht mit prozessual bindender Wirkung über eine Frage zu befinden hat, die im Zweitverfahren anerkennungsfähig wäre und für dessen Ausgang präjudiziell ist. Entsprechend dem Sinn und Zweck von Art. 30 ist es für dessen Anwendung zum anderen ausreichend, wenn für den Ausgang beider Verfahren dieselben Rechts- und Tatsachenfragen eine Rolle spielen und sich daher die Ergebnisse aus dem Erstprozess – auch ohne Vorfragenbindung des erstgerichtlichen Urteils – im Wege der Beweisaufnahme im Zweitverfahren verwerten lassen.[9] Der Begriff „widersprechend" i.S.v. Art. 30 Abs. 3 ist somit weiter auszulegen als der Begriff „unvereinbar" in Art. 45 Abs. 1 lit. c und d.[10]

16 Ein Zusammenhang i.S.v. Art. 30 kann bei identischem Lebenssachverhalt auch dann bestehen, wenn das Klagebegehren in einem Verfahren auf Delikt, in dem anderen auf Vertrag oder Bereicherungsrecht gestützt ist.[11]

17 Abweichend von Art. 29 kann Verfahrenskonnexität i.S.v. Art. 30 auch durch die **Einwendungen bzw. das Verteidigungsvorbringen des Beklagten**

---

[7] LG Erfurt, 30.12.2005 – 2 HK O 69/04, IPRspr. 2005, Nr. 142, S. 362, Rn. 28 ff. (nach juris).
[8] OLG Frankfurt a.M., 19.6.2000 – 22 W 5/00, RIW 2001, S. 65, Rn. 4 (nach juris); LG Detmold, 30.9.2003 – 8 O 189/02, IHR 2004, S. 43; LG Erfurt, 30.12.2005 – 2 HK O 69/04, IPRspr. 2005, Nr. 142, S. 362, Rn. 30 (nach juris); *Schlosser*/Hess, EuZPR, 4. Aufl. 2015, Art. 30 EuGVVO Rn. 3.
[9] LAG Rheinland-Pfalz, 25.1.2008 – 9 Sa 604/07, IPRspr. 2008, Nr. 160, S. 513, Rn. 48 (nach juris); Rauscher/*Leible*, EuZPR, 4. Aufl. 2016, Art. 30 EuGVVO Rn. 7; Zöller/*Geimer*, ZPO, 31. Aufl. 2016, Art. 30 EuGVVO Rn. 4.
[10] *Schlosser*/Hess, EuZPR, 4. Aufl. 2015, Art. 30 EuGVVO Rn. 3.
[11] So ausdrücklich zu Art. 6 Nr. 1 EuGVVO a.F. (= Art. 8 Nr. 1) EuGH, 1.12.2011 – Rs. C-145/10, *Painer* ./. *Standard Verlags GmbH u.a.*, Slg. 2011, I-12533 (ECLI:EU:C:2011:798), Rn. 80 ff.; vgl. auch *Schlosser*/Hess, EuZPR, 4. Aufl. 2015, Art. 30 EuGVVO Rn. 4.

begründet werden. Dies ist dann der Fall, wenn der Beklagte im Zweitverfahren im Wege von Aufrechnung oder Zurückbehaltungsrecht einen Anspruch zum Gegenstand des Prozesses macht, der (ganz oder teilweise) bereits im Erstverfahren anhängig ist.[12] Dass Beklagteneinwendungen nur im Rahmen von Art. 30, nicht jedoch bei Art. 29 eine Verfahrensausaussetzung rechtfertigen können, wird auch im unterschiedlichen Wortlaut beider Vorschriften deutlich: Während Art. 29 für die Beurteilung der Streitgegenstandsidentität auf den Inhalt der „Klagen" in den unterschiedlichen Prozessen abstellt, lässt Art. 30 eine Konnexität der „Verfahren" ausreichen, so dass insoweit keine Beschränkung auf den Inhalt der verfahrenseinleitenden Schriftstücke gilt. Ein Zusammenhang i.S.v. Art. 30 kann jedoch nicht hergestellt werden, wenn die Einwendung unzulässig ist, weil etwa die Aufrechnung laut vertraglicher Vereinbarung nur mit einer unstreitigen Gegenforderung möglich ist.[13]

Im Unterschied zu Art. 29 ist eine **Parteiidentität** im Rahmen von Art. 30 nicht erforderlich, so dass auch bei fehlender oder nur teilweiser Parteiidentität ein Zusammenhang bejaht werden kann. 18

Ein Zusammenhang i.S.v. Art. 30 kann etwa gegeben sein, wenn **unterschiedliche Ansprüche aus ein und demselben Vertrag** in verschiedenen Mitgliedstaaten eingeklagt werden.[14] Dies ist etwa denkbar, wenn einerseits auf Kaufpreiszahlung geklagt wird und andererseits auf Schadensersatz wegen Schlechterfüllung.[15] Ein ausreichender Zusammenhang besteht auch, wenn die internationale Zuständigkeit beider Gerichte für Streitigkeiten wegen unterschiedlicher Ansprüche aus demselben Vertrag von der Wirksamkeit einer in dem Vertrag enthaltenen Gerichtsstandsvereinbarung abhängt.[16] Art. 30 greift auch bei einer Schadensersatzklage eines Geschädigten infolge einer Schiffskollision und einer gegenüber sämtlichen potentiell Geschädigten wirkenden Klage des Verletzers auf Feststellung seines nach seerechtlichen Haftungsbeschränkungen begrenzten Haftungsumfangs.[17] Ferner können die Schadensersatzklagen verschiedener Eigentümer von Schiffsladung, die gemeinsam auf demselben Schiff und unter Geltung desselben Mustervertrages transportiert worden ist, gegen den Schiffseigentümer wegen desselben Schiffsunglücks im Zusammenhang stehen.[18] 19

---

[12] OGH, 25.5.1999 – 1 Ob 115/99i, ZfRV 1999, S. 230; OLG Hamm, 18.10.1982 – 2 XW 29/82, NJW 1983, S. 523, wo das Verfahren allerdings nicht ausgesetzt wurde, weil die Aufrechnung vertraglich ausgeschlossen war; *Schlosser/Hess*, EuZPR, 4. Aufl. 2015, Art. 30 EuGVVO Rn. 5; Rauscher/*Leible*, EuZPR, 4. Aufl. 2016, Art. 30 EuGVVO Rn. 6.
[13] OLG Hamm, 18.10.1982 – 2 W 29/82, RIW 1983, S. 207; *Schlosser/Hess*, EuZPR, 4. Aufl. 2015, Art. 30 EuGVVO Rn. 5.
[14] OGH, 25.5.1999 – 1 Ob 115/99i, ZfRV 1999, S. 230.
[15] *Schlosser/Hess*, EuZPR, 4. Aufl. 2015, Art. 30 EuGVVO Rn. 5. A. A. OLG München, 7.6.2011 – 9 U 5019/10, NJW-RR 2011, S. 1169, Rn. 36 ff. (nach juris), das zu Unrecht einen Fall von Art. 29 EuGVVO angenommen hat.
[16] LG Frankfurt a.M., 23.8.1991 – 3/2 O 139/90, IPRspr. 1991, Nr. 197, S. 407.
[17] Court of Appeal England, 25.7.1997 – *Blue Nile Shipping Co Ltd. u.a. ./. Iguana Shipping and Finance Inc. u.a.*, [1997] EWCA Civ 2192.
[18] EuGH, 6.12.1994 – Rs. C-406/92, *Tatry ./. Maciej Rataj*, Slg. 1994, I-5829 (ECLI:EU:C:1994:400), Rn. 49 ff.

20 Ein Zusammenhang i.S.v. Art. 30 besteht auch zwischen der **Klage des Zessionars auf Ausgleich des Negativsaldos aus Börsentermingeschäften** und einer **Klage des vermeintlichen Schuldners gegen den Zedenten auf Feststellung des Nichtbestehens der Abtretungsforderung und auf Schadensersatz**.[19] Bei Abtretung nach Klageerhebung kann Art. 29 greifen, wenn die Interessen von Zessionar und Zedent identisch sind und deswegen Parteiidentität nach der EuGH-Rspr. besteht.[20]

21 Konnexität i.S.v. Art. 30 besteht auch, wenn in verschiedenen Mitgliedstaaten über die **Verletzung unterschiedlicher nationaler Teile eines europäischen Patents** gestritten wird.[21]

22 Stehen bei einer objektiven oder subjektiven **Klagehäufung** nur einzelne Bestandteile des Verfahrens mit einem anderweitigen Verfahren in Zusammenhang i.S.v. Art. 30, kommt auch eine Teilaussetzung des Verfahrens in Betracht.

23 An einem Verfahrenszusammenhang i.S.v. Abs. 3 fehlt es hingegen bei **Klagen aus verschiedenen Rechtsgeschäften**, auch wenn zwischen den Beteiligten eine enge Interessenverflechtung vorliegt.[22] Eine Konnexität scheidet außerdem aus, wenn die parallelen Streitigkeiten lediglich auf das Territorium des jeweiligen Gerichtsstaates begrenzt sind, weil in einem solchen Fall keine widersprechenden Entscheidungen zu befürchten sind.[23] Aus demselben Grund besteht zwischen einem Hauptsacheverfahren und einem Verfahren auf einstweiligen Rechtsschutz kein Zusammenhang i.S.v. Abs. 3.[24]

2. Anhängigkeit

24 Art. 30 ermöglicht lediglich dem zweitangerufenen Gericht, das Verfahren auszusetzen oder sich für unzuständig zu erklären. Der Zeitpunkt der Anhängigkeit der parallelen Verfahren ist unter Rückgriff auf Art. 32 zu bestimmen.[25]

25 Das Zweitgericht prüft im Rahmen von Art. 30 von Amts wegen, ob eine anderweitige Rechtshängigkeit vorliegt. Das bedeutet allerdings nicht, dass das Gericht nach einer Rechtshängigkeit in einem anderen Mitgliedstaat forschen muss. Eine Prüfung hat vielmehr nur dann zu erfolgen, wenn Anhaltspunkte für die Anhängigkeit desselben Streitgegenstands vor den Gerichten eines anderen Mitgliedstaates bestehen.

IV. Rechtsfolgen

26 Besteht ein Verfahrenszusammenhang i.S.v. Abs. 3 kann das später angerufene Gericht das Verfahren gem. Abs. 1 aussetzen oder sich gem. Abs. 2 für unzustän-

---

[19] OLG Stuttgart, 24.11.1999 – 9 U 125/99, RIW 2000, S. 954, Rn. 12 (nach juris). Ähnlich OLG Frankfurt a.M., 19.6.2000 – 22 W 5/00, RIW 2001, S. 65, Rn. 4 (nach juris).
[20] Vgl. hierzu Kommentierung bei Art. 29 Rn. 21.
[21] LG Düsseldorf, 27.1.1998 – 4 O 418/97, GRUR Int 1998, S. 803 (804).
[22] Thomas/Putzo/*Hüßtege*, ZPO, 36. Aufl. 2015, Art. 30 EuGVVO Rn. 5.
[23] OLG Köln, 20.12.1996 – 6 U 4/96, juris.
[24] OLG Hamburg, 28.2.1997 – 1 U 167/95, OLGR Hamburg 1997, S. 149, Rn. 16 (nach juris).
[25] Vgl. die Kommentierung zu Art. 30.

dig erklären. Entsprechend dem Wortlaut („kann") handelt es sich dabei jeweils um Ermessensentscheidungen des Zweitgerichts.

1. Aussetzung des Verfahrens vor dem zweitangerufenen Gericht (Abs. 1)

Das Zweitgericht kann bei Vorliegen der Voraussetzungen von Abs. 1 das Verfahren aussetzen. Die Aussetzung erfolgt von Amts wegen, so dass ein Antrag der jeweiligen Partei im Gegensatz zu Abs. 2 nicht erforderlich ist. Das Verfahren der Aussetzung richtet sich nach dem einzelstaatlichen Prozessrecht (in Deutschland: § 148 ZPO). 27

Eine Aussetzung nach Abs. 1 setzt voraus, dass das **Zweitgericht für die Klage international zuständig** ist. Andernfalls ist die Klage als unzulässig abzuweisen. 28

Eine Aussetzung erfordert im Gegensatz zu Abs. 2 nicht, dass beide Verfahren im ersten Rechtszug anhängig sind. Das später angerufene Gericht kann sein Verfahren demzufolge auch dann aussetzen, wenn sich das konnexe Verfahren in dem anderen Mitgliedstaat bereits in einer höheren Instanz befindet.[26] Genauso kann ein sich in der Rechtsmittelinstanz befindliches Verfahren ausgesetzt werden.[27] 29

In die Entscheidung des Gerichts über die Aussetzung können unterschiedliche Kriterien einfließen, so etwa der Grad des Zusammenhangs beider Verfahren und der Gefahr widersprechender Entscheidungen, die Interessen der Parteien, die Förderung der Prozessökonomie, Stand und Dauer der Verfahren und die Sach- und Beweisnähe der Gerichte.[28] 30

Die Aussetzung kann verweigert werden, wenn die **Entscheidung des Erstgerichts im Zweitstaat voraussichtlich nicht anerkennungsfähig** sein wird.[29] Für die Zulässigkeit einer Anerkennungsprognose spricht der Sinn und Zweck von Art. 30, das Risiko widersprechender Judikate zu verringern. Ein solches besteht nämlich nicht, wenn feststeht, dass die Entscheidung des Erstgerichts im Zweitstaat gem. Art. 45 nicht anerkannt werden kann. Da das erstgerichtliche Judikat bei fehlender Anerkennungsfähigkeit im Staat des Zweitgerichts keine Wirkung entfalten kann und es somit im Zweitstaat keine Urteilskollision zu verhindern gilt, würde der Justizgewährungsanspruch des Klägers im Zweitstaat grundlos und damit unverhältnismäßig verkürzt. Eine Anerkennungsprognose steht auch nicht im Widerspruch zum Wortlaut von Art. 30, da die Norm dem Zweitgericht bei der Entscheidung über die Beachtung aus- 31

---

[26] Zöller/Geimer, ZPO, 31. Aufl. 2016, Art. 30 EuGVVO Rn. 5.
[27] BGH, 19.2.2013 – VI ZR 45/12, RIW 2013, S. 387, Rn. 23 (nach juris); Schlosser/Hess, EuZPR, 4. Aufl. 2015, Art. 30 EuGVVO Rn. 9.
[28] BGH, 19.2.2013 – VI ZR 45/12, RIW 2013, S. 387, Rn. 24 (nach juris); OLG Düsseldorf, 20.7.2009 – I-2 W 35/09, GRUR-RR 2009, S. 401, Rn. 7 f. (nach juris); OLG Karlsruhe, 18.10.2002 – 15 W 4/02, IPRspr 2002, Nr. 181, S. 472, Rn. 8 ff. (nach juris); Lüpfert, Konnexität, 1997, S. 203 ff.; von Falck, in: FS Mes, 2009, S. 112 (117).
[29] OLG Frankfurt a.M., 19.6.2000 – 22 W 5/00, NJW-RR 2001, S. 115; Schlosser/Hess, EuZPR, 4. Aufl. 2015, Art. 30 EuGVVO Rn. 9; Zöller/Geimer, ZPO, 31. Aufl. 2016, Art. 30 EuGVVO Rn. 6; von Falck, in: FS Mes, 2009, S. 112 (117).

ländischer Rechtshängigkeit Ermessen einräumt, ohne dessen Ausübung auf bestimmte Kriterien zu beschränken.

32 Der **Aussetzungsbeschluss** kann **wieder aufgehoben** werden, wenn sich das erstgerichtliche Verfahren entgegen der Erwartungen des Zweitgerichts entwickelt.[30] Im Übrigen endet die Aussetzung *ipso iure*, sobald das erstgerichtliche Verfahren rechtskräftig abgeschlossen ist.[31]

33 Die Entscheidung über die Aussetzung kann in Deutschland durch **Rechtsmittel** überprüft werden: Hat das Zweitgericht ermessensfehlerhaft eine Aussetzung abgelehnt und in der Sache entschieden, kann das Urteil allein aufgrund dieses Ermessensfehlers im Wege von Berufung oder Revision aufgehoben werden.[32] Hat das Gericht die Aussetzung rechtsfehlerhaft verneint, kann diese Entscheidung im Wege der sofortigen Beschwerde oder Rechtsbeschwerde überprüft werden.[33]

2. Unzuständigerklärung durch das zweitangerufene Gericht (Abs. 2)

34 Das Zweitgericht hat außerdem gem. Abs. 2 die Möglichkeit, sich zugunsten des Erstgerichts für unzuständig zu erklären, um eine Prozessverbindung der konnexen Verfahren zu ermöglichen. Zusätzlich zu dem Zusammenhang i.S.v. Abs. 3 müssen beide Klagen noch in erster Instanz anhängig sein.[34] Im Gegensatz zu Abs. 1 darf das Gericht nur auf Antrag einer Partei die Klage nach Abs. 2 abweisen. Die Unzuständigerklärung steht – genauso wie die Aussetzung – im Ermessen des Zweitgerichts. Bei der Ausübung des gerichtlichen Ermessens im Rahmen von Abs. 2 können insbesondere die zu Abs. 1 dargestellten Gesichtspunkte berücksichtigt werden.

35 Eine Unzuständigerklärung des Zweitgerichts kommt jedoch zur Vermeidung negativer Kompetenzkonflikte nur dann in Betracht, wenn **das Erstgericht für beide Verfahren zuständig** und nach dessen Recht **eine Prozessverbindung zulässig** ist. Diese beiden Voraussetzungen hat das Zweitgericht im Vorfeld einer Klageabweisung nach Abs. 2 zu prüfen.

36 Ist das Erstverfahren vor einem deutschen Gericht anhängig, scheidet dort eine Prozessverbindung aus. **§ 147 ZPO** ermöglicht eine Verfahrensverbindung nur dann, wenn die Verfahren vor demselben Gericht anhängig sind. Eine Unzuständigerklärung eines ausländischen zugunsten eines deutschen Gerichts nach Art. 30 Abs. 2 kommt demnach nicht in Betracht.[35]

---

[30] *Schlosser*/Hess, EuZPR, 4. Aufl. 2015, Art. 30 EuGVVO Rn. 9.
[31] *Lüpfert*, Konnexität, 1997, S. 165 f.
[32] BGH, 19.2.2013 – VI ZR 45/12, RIW 2013, S. 387, Rn. 27 (nach juris). In diesem Fall wurde die Entscheidung aufgehoben, weil das Gericht von seinem Ermessen i.S.v. Art. 30 keinen Gebrauch gemacht hat (Ermessensausfall).
[33] BGH, 19.2.2013 – VI ZR 45/12, RIW 2013, S. 387, Rn. 7 (nach juris).
[34] Zöller/*Geimer*, ZPO, 31. Aufl. 2016, Art. 30 EuGVVO Rn. 8.
[35] Zöller/*Geimer*, ZPO, 31. Aufl. 2016, Art. 30 EuGVVO Rn. 8; Rauscher/*Leible*, EuZPR, 4. Aufl. 2016, Art. 30 EuGVVO Rn. 18. A.A. hingegen *Schlosser*/Hess, EuZPR, 4. Aufl. 2015, Art. 30 EuGVVO Rn. 2 und Stein/Jonas/*Wagner*, ZPO, 22. Aufl. 2011, Art. 28 EuGVVO a.F., Rn. 26, die darauf abstellen, ob der Gegenstand des zweitgerichtlichen Verfahrens im Wege der Klageerweiterung oder Widerklage in das erstgerichtliche Verfahren integriert werden kann.

Ist das Erstverfahren etwa vor französischen, belgischen oder luxemburgischen 37
Gerichten anhängig, deren Rechtsordnungen eine Verbindung von im Zusammenhang stehenden Verfahren vor verschiedenen Gerichten zulassen,[36] kann sich ein Zweitgericht in Deutschland nach Abs. 2 für unzuständig erklären.[37]
Art. 30 Abs. 2 ermöglicht lediglich eine Klageabweisung, jedoch nicht eine 38
Verweisung des Rechtsstreits an das zuerst angerufene Gericht. Im Schrifttum wird zur Vermeidung negativer Kompetenzkonflikte zu Recht die Möglichkeit einer Verweisung mit Bindungswirkung *de lege ferenda* befürwortet.[38]

Art. 31 [Priorität bei ausschließlicher Zuständigkeit]

(1) Ist für die Verfahren die ausschließliche Zuständigkeit mehrerer Gerichte gegeben, so hat sich das zuletzt angerufene Gericht zugunsten des zuerst angerufenen Gerichts für unzuständig zu erklären.

(2) Wird ein Gericht eines Mitgliedstaats angerufen, das gemäß einer Vereinbarung nach Artikel 25 ausschließlich zuständig ist, so setzt das Gericht des anderen Mitgliedstaats unbeschadet des Artikels 26 das Verfahren so lange aus, bis das auf der Grundlage der Vereinbarung angerufene Gericht erklärt hat, dass es gemäß der Vereinbarung nicht zuständig ist.

(3) Sobald das in der Vereinbarung bezeichnete Gericht die Zuständigkeit gemäß der Vereinbarung festgestellt hat, erklären sich die Gerichte des anderen Mitgliedstaats zugunsten dieses Gerichts für unzuständig.

(4) Die Absätze 2 und 3 gelten nicht für Streitigkeiten, die in den Abschnitten 3, 4 oder 5 genannt werden, wenn der Kläger Versicherungsnehmer, Versicherter, Begünstigter des Versicherungsvertrags, Geschädigter, Verbraucher oder Arbeitnehmer ist und die Vereinbarung nach einer in den genannten Abschnitten enthaltenen Bestimmung nicht gültig ist.

EuGH-Rechtsprechung: EuGH, 9.12.2003 – Rs. C-116/02, *Erich Gasser GmbH ./. MISAT*, Srl., Slg. 2003, I-14693 (ECLI:EU:C:2003:657).

Schrifttum: *Bergson, Ian,* The death of the torpedo action? The practical operation of the Recast's reforms to enhance the protection for exclusive jurisdiction agreements within the European Union, J.Priv.Int.L. 11 (2015), S. 1; *Hohmeier, Dirk,* Zur Privilegierung ausschließlicher Zuständigkeitsvereinbarungen durch die Brüssel Ia-VO, IHR 2014, S. 217; *Hilbig-Lugani, Katharina,* Der gerichtsstandsvereinbarungswidrige Torpedo – wird endlich alles gut? Ein Beitrag zur EuGVVO 1215/2012, in: Ars Aequi et Boni in Mundo, Festschrift für Rolf A. Schütze zum 80. Geburtstag, 2014, Geimer, Reinhold; Kaissis, Athanassios; Thümmel, Roderich C. (Hrsg.), S. 163; *Magnus, Ulrich,* Gerichtsstandsvereinbarungen unter der reformierten EuGVO, in: Festschrift für Dieter Martiny zum 70. Geburtstag, 2014, Witzleb, Norman; Ellger, Reinhard; Mankowski, Peter u.a. (Hrsg.), S. 785; *Mankow-*

---

[36] *Lüpfert,* Konnexität, 1997, S. 160.
[37] Irreführend insoweit Zöller/*Geimer,* ZPO, 31. Aufl. 2016, Art. 30 EuGVVO Rn. 8, wonach eine Unzuständigerklärung in Deutschland nicht in Betracht komme. Unter Bezugnahme auf diese Aussage daher unzutreffend LG Erfurt, 30.12.2005 – 2 HK O 69/04, IPRspr. 2005, Nr. 142, S. 362, Rn. 28 (nach juris).
[38] Rauscher/*Leible,* EuZPR, 4. Aufl. 2016, Art. 30 EuGVVO Rn. 20.

ski, Peter, Der Schutz von Gerichtsstandsvereinbarungen vor abredewidrigen Klagen durch Art. 31 Abs. 2 EuGVVO n.F., RIW 2015, S. 17; *Pohl, Miriam*, Die Neufassung der EuGVVO – im Spannungsfeld zwischen Vertrauen und Kontrolle, IPRax 2013, S. 109; *Pfeiffer, Thomas*, Die Fortentwicklung des Europäischen Zivilprozessrechts durch die neue EuGVO, ZZP 127 (2014), S. 409; *Thorn, Karsten*, Die Revision der Brüssel I-Verordnung und ihre Auswirkungen auf den deutsch-italienischen Rechtsverkehr, in: Europäische Einflüsse auf den deutsch-italienischen Rechtsverkehr, JbItalR 25 (2012), S. 61.

Übersicht

	Rn.
I. Normzweck und Systematik	1
II. Mehrere ausschließliche gesetzliche Gerichtsstände (Abs. 1)	4
III. Ausschließliche Gerichtsstandsvereinbarung (Abs. 2 bis Abs. 4)	9
1. Hintergrund der Regelung	9
2. Anwendbarkeit von Abs. 2 und Abs. 3	12
3. Entscheidungsbefugnis des designierten, aber später angerufenen Gerichts	19
4. Prüfungsumfang und Pflichten des nicht designierten, aber zuerst angerufenen Gerichts	22
a) Prüfungsumfang	22
b) Entscheidung	35

I. Normzweck und Systematik

1 Art. 31 betrifft die Kollision von Gerichtsverfahren in Fällen einer ausschließlichen Zuständigkeit eines oder mehrerer mitgliedstaatlicher Gerichte:

2 **Abs. 1** erfasst Konstellationen, in denen **parallel angerufene Gerichte gem. Art. 24 ausschließlich zuständig** sind. Die Vorschrift führt den Grundsatz der zeitlichen Priorität von Art. 29 fort, indem sie das später angerufene ausschließlich zuständige Gericht verpflichtet, sich zugunsten des zuerst angerufenen für unzuständig zu erklären. Abs. 1 entspricht wortgleich Art. 29 EuGVVO a.F.

3 Die **Abs. 2 bis 4** enthalten eine spezielle **Regelung zum Schutze ausschließlicher Gerichtsstandsvereinbarungen** bei Parallelverfahren vor einem designierten und einem nicht designierten Gericht. Sie durchbrechen den Grundsatz der zeitlichen Priorität zugunsten des designierten Gerichts, wenn dieses als zweites angerufen worden ist. Abweichend von Art. 29 darf das designierte Gericht, obwohl es später angerufen wurde, den vor ihm anhängigen Rechtsstreit entscheiden, unabhängig davon ob und wann sich das zunächst angerufene Gericht für unzuständig erklärt. Ist zunächst das prorogierte Gericht angerufen worden, greifen die Abs. 2 bis 4 nicht, es bleibt vielmehr bei dem in Art. 29 festgelegten Grundsatz strenger zeitlicher Priorität. Die Abs. 2 bis 4 wurden im Rahmen der EuGVVO-Revision 2012 eingeführt mit dem Ziel, Gerichtsstandsvereinbarungen besser gegen sog. „Torpedoklagen" zu schützen.

II. Mehrere ausschließliche gesetzliche Gerichtsstände (Abs. 1)

Abs. 1 bezweckt die Vermeidung eines Zuständigkeitskonflikts in dem wohl **4** seltenen Fall, dass eine ausschließliche Zuständigkeit der Gerichte mehrerer Mitgliedstaaten vorliegt.

Entsprechend dem Wortlaut sind mit dem Begriff „ausschließliche Zuständig- **5** keit" in Abs. 1 **lediglich die Fälle von Art. 24** erfasst. Demgegenüber sind Fälle, in denen der Kläger auf einen einzigen Gerichtsstand verwiesen wird (Art. 14 Abs. 1, Art. 18 Abs. 2 und Art. 22 Abs. 1), schon begrifflich keine ausschließliche Zuständigkeit und daher von Abs. 1 nicht erfasst. Dass es sich hierbei nicht um ausschließliche Gerichtsstände i.s. der Verordnung handelt, wird auch an Art. 26 deutlich: Die Vorschrift schließt eine zuständigkeitsbegründende rügelose Einlassung nur in den von Art. 24 genannten Fälle aus. Demgegenüber können die Gerichtsstände von Art. 14 Abs. 1, Art. 18 Abs. 2 und Art. 22 Abs. 1 gem. Art. 26 Abs. 2 durch rügelose Einlassung überwunden werden.

Die praktische Bedeutung der Vorschrift ist gering: **Nur im Rahmen von** **6** **Art. 24 Nr. 1 und Nr. 2** sind **konkurrierende ausschließliche Zuständigkeiten denkbar**. So ist zumindest theoretisch möglich, dass sich ein Grundstück über die Grenze zweier Mitgliedstaaten erstreckt und somit zwei Belegenheitsorte i.S.v. Nr. 1 Satz 1 hat.[1] Denkbar ist auch, dass zugunsten eines Grundstücks in einem Mitgliedstaat eine Grunddienstbarkeit auf einem Grundstück in einem anderen Mitgliedstaat besteht und Bestand und Umfang der Dienstbarkeit streitig sind.[2] Des Weiteren kann es im Rahmen von Nr. 1 Satz 2 vorkommen, dass der Wohnsitz des Beklagten wegen der Verweisung auf das nationale Recht in Art. 62 Abs. 1 von verschiedenen Gerichten in unterschiedlichen Ländern verortet wird. Schließlich kann im Rahmen von Nr. 2 der Sitz einer Gesellschaft wegen der alternativen Anknüpfung in Art. 63 Abs. 1 in verschiedenen Mitgliedstaaten belegen sein.

Abs. 1 greift nur dann, wenn aus Sicht des Zweitgerichts seine eigene interna- **7** tionale Zuständigkeit und die des Erstgerichts auf einem ausschließlichen Gerichtsstand i.S.v. Art. 24 beruht. Erforderlich ist des Weiteren die **Identität von Parteien und Streitgegenstand** in den Parallelverfahren **i.S.v. Art. 29**.[3] Nicht ausreichend ist ein bloßer Zusammenhang der beiden Verfahren i.S.v. Art. 30. Zwar spricht die systematische Stellung von Art. 31 hinter Art. 30 sowie der gleiche Wortlaut von Abs. 1 und Art. 30 Abs. 1 („Verfahren") dafür, dass ein bloßer Zusammenhang der Klagen ausreichen könnte. Beim bloßen Zusammenhang wäre jedoch die zwingende Rechtsfolge der sofortigen Klageabweisung durch das Zweitgericht mit dem Jusitzgewährungsanspruch des Klägers nicht vereinbar.

---

[1] Rauscher/*Leible*, EuZPR, 4. Aufl. 2016, Art. 31 EuGVVO Rn. 1.
[2] Generalanwalt *Poiares Maduro*, Schlussanträge v. 11.1.2006 (C-343/04 – Land Oberösterreich ./. ČEZ), Slg. 2006, I-4557 (ECLI:EU:C:2006:13), Rn. 81.
[3] *Schlosser*/Hess, EuZPR, 4. Aufl. 2015, Art. 31 EuGVVO Rn. 1. Rauscher/*Leible*, EuZPR, 4. Aufl. 2016, Art. 31 EuGVVO Rn. 2. A. A. *Jenard*-Bericht, 1979, S. 63.

8 Das Zweitgericht prüft die anderweitige Rechtshängigkeit und die ausschließliche Zuständigkeit **von Amts wegen**.[4] Erst wenn es hierbei zum Ergebnis kommt, dass das zuerst angerufene Gericht ausschließlich zuständig ist, muss es sich für unzuständig erklären. Anders als bei Art. 29 ist eine bloße Verfahrensaussetzung nicht vorgesehen.

III. Ausschließliche Gerichtsstandsvereinbarung (Abs. 2 bis Abs. 4)

1. Hintergrund der Regelung

9 Die im Rahmen der EuGVVO-Revision 2012 neu eingeführten Abs. 2 bis 4 sollen die Zuverlässigkeit von Gerichtsstandsvereinbarungen im EU-Raum erhöhen. Unter der EuGVVO a.F. war die Durchsetzung von Gerichtsstandsvereinbarungen erheblich beeinträchtigt, da die Klageerhebung vor einem nicht designierten Gericht stets den Weg zum vereinbarten Gericht versperrte. Gem. Art. 27 EuGVVO a.F. galt eine strikte zeitliche Priorität zugunsten des zuerst angerufenen Gerichts. Eine Durchbrechung dieses Grundsatzes zugunsten des später angerufenen designierten Gerichts lehnte der EuGH selbst für den Fall ab, dass im erstangerufenen Forum mit einer erheblichen Verfahrensdauer zu rechnen war.[5]

10 Angesichts dieser Rechtslage konnten Gerichtsstandsvereinbarungen leicht sog. Torpedoklagen zum Opfer fallen. Hiermit ist die prozessuale Taktik zahlungsunwilliger Schuldner gemeint, die einer gerichtlichen Inanspruchnahme zuvorkommen wollen, indem sie eine negative Feststellungsklage in einem Forum erheben, das für eine übermäßig lange Verfahrensdauer bekannt ist. Auf diese Weise möchten sie sich die EU-weite Rechtshängigkeitssperre zu Nutze machen, die eine Leistungsklage der Gegenseite blockiert. Dieses Taktieren gefährdete in besonderem Maße die Durchsetzung von Gerichtsstandsvereinbarungen, wenn das zuerst angerufene Gericht nicht dasjenige war, auf das sich die Parteien in der Gerichtsstandsvereinbarung geeinigt hatten. Es konnten mitunter Jahre vergehen, ehe (wenn überhaupt) der Rechtsstreit in dem designierten Forum ausgetragen wurde. Dies gefährdete den Zweck von Gerichtsstandsvereinbarungen, Rechtssicherheit und Voraussehbarkeit über das zuständige Gericht zu schaffen, in erheblichem Maße.

11 Dieser Praxis wollte der Verordnungsgeber durch die EuGVVO-Revision 2012 einen Riegel vorschieben und entschied sich daher für eine Durchbrechung der strengen zeitlichen Priorität von Art. 29 bei Vorliegen einer ausschließlichen Gerichtsstandsvereinbarung. Art. 31 Abs. 2 bis 4 stellen nun im Grundsatz sicher, dass der Weg zum designierten Gericht offen bleibt, obwohl der Streitgegenstand bereits vor einem anderen Gericht rechtshängig gemacht worden ist. Hat das designierte Gericht seine Zuständigkeit positiv festgestellt, ist das zuvor angerufene Gericht verpflichtet, sich für unzuständig zu erklären.

---

[4] Thomas/Putzo/*Hüßtege*, ZPO, 36. Aufl. 2015, Art. 31 EuGVVO Rn. 1.
[5] EuGH, 9.12.2003 – Rs. C-116/02, *Erich Gasser GmbH ./. MISAT, Srl.*, Slg. 2003, I-14693 (ECLI:EU:C:2003:657), Rn. 42 ff.

2. Anwendbarkeit von Abs. 2 und Abs. 3

Die besonderen Verfahrenskollisionsregeln in Abs. 2 und Abs. 3 gelten, sobald vor einem als ausschließlich zuständig vereinbarten Gericht in einem Mitgliedstaat Klage erhoben wird, nachdem zuvor bereits **derselbe Streitgegenstand** zwischen **denselben Parteien** vor einem derogierten Gericht in einem anderen Mitgliedstaat anhängig gemacht worden war.[6] Das Erfordernis von Identität von Parteien und Streitgegenstand folgt aus Erwgr. 22.

Die Norm greift nur, wenn und soweit der Gerichtsstandsvereinbarung überhaupt Derogationswirkung zukommt, d.h. durch sie gesetzliche Gerichtsstände abbedungen worden sind. Dies wird im Wortlaut von Abs. 2 dadurch deutlich, dass er das Vorliegen einer **ausschließlichen Gerichtsstandsabrede** verlangt. Das sind zunächst solche Abreden, die die Zuständigkeit eines Forums unter gleichzeitigem Ausschluss der Zuständigkeit aller sonstigen Gerichtsstände vorsehen.[7] Ausschließlich in diesem Sinne sind auch Abreden, die den Gerichten **zweier oder mehrerer Mitgliedstaaten die exklusive Zuständigkeit einräumen**. Denn auch hier sind alle sonstigen gesetzlichen Gerichtsstände derogiert. Allerdings gelten Abs. 2 und 3 hier nur bei einem Konflikt zwischen einem der prorogierten und einem derogierten Gericht. Bei einer Kollision von Verfahren in verschiedenen prorogierten Gerichtsständen finden die besonderen Kollisionsregeln keine Anwendung, so dass insoweit Art. 29 mit der Folge einer strikten Priorität des zuerst angerufenen Gerichts greift.[8]

Schließlich kann die Norm auch für **asymmetrische (halbseitig ausschließliche) Gerichtsstandsvereinbarungen** gelten, die lediglich für eine der Parteien einen oder mehrere ausschließliche Gerichtsstände vorsehen, während für die andere Partei keiner der gesetzlichen Gerichtsstände derogiert ist.[9] Hier greifen die Abs. 2 bis 3 jedoch nur, wenn das erste Verfahren unter Verstoß gegen die Derogationswirkung der Gerichtsstandsabrede eingeleitet worden ist.

Die besondere in den Abs. 2 und 3 enthaltene Kollisionsregel setzt des Weiteren voraus, dass ein **Verfahren im designierten Gerichtsforum eingeleitet** wird. Dies belegt der Wortlaut von Abs. 2 („*Wird ein Gericht eines Mitgliedstaates angerufen, das gemäß einer Vereinbarung nach Art. 25 ausschließlich zuständig ist…*"). Das zuerst angerufene, nicht gewählte Gericht muss also nicht schon dann aussetzen, wenn der Beklagte dort das Vorliegen einer entgegenstehenden Gerichtsstandsvereinbarung geltend macht. Dieser muss vielmehr aktiv werden und seinerseits einen Prozess vor dem designierten Gericht einleiten, um eine Verfahrensaussetzung nach Abs. 2 zu erreichen.[10] Eine Frist, innerhalb

---

[6] *Magnus*, in: FS Martiny, 2014, S. 785 (799); *Pohl*, IPRax 2013, S. 109 (112).
[7] Vgl. zum Begriff der ausschließlichen Gerichtsstandsvereinbarung Art. 25 Rn. 25 ff.
[8] Rauscher/*Leible*, EuZPR, 4. Aufl. 2016, Art. 31 EuGVVO Rn. 9.
[9] *Schlosser*/Hess, EuZPR, 4. Aufl. 2015, Art. 31 EuGVVO Rn. 2; *Freitag*, in: FS Magnus, 2014, S. 419 (430); *Mankowski*, RIW 2015, S. 17 (19).
[10] *Magnus*, in: FS Martiny, 2014, S. 785 (797); *Pohl*, IPRax 2013, S. 109 (112).

derer das designierte Gericht angerufen werden soll, sieht Art. 31 Abs. 2 nicht vor.[11]

16 Aus dem Wortlaut „*unbeschadet des Artikels 26*" in Abs. 2 folgt, dass eine Verfahrensaussetzung vor dem nicht gewählten Gericht ausscheidet, wenn sich der dortige **Beklagte rügelos auf das Verfahren eingelassen** hat.[12] Dies trägt der Freiheit der Parteien von Gerichtsstandsabreden Rechnung, sich jederzeit über die Vereinbarung hinwegzusetzen und ihre Streitigkeit in einem anderen als dem ursprünglich designierten Forum auszufechten. Um eine Verfahrensaussetzung gem. Abs. 2 zu erreichen, muss der im nicht gewählten Forum Verklagte also in zweierlei Hinsicht tätig werden: Zum einen muss er dort die internationale Zuständigkeit rügen, zum anderen muss er vor dem prorogierten Gericht ein Verfahren initiieren.

17 Gem. Abs. 4 greifen Abs. 2 und 3 schließlich nur dann, wenn die **Gerichtsstandsvereinbarung mit** den besonderen Vorschriften zum Schutz von typischerweise schwächeren Parteien in **Art. 15, 19 und 23 vereinbar** ist. D.h. das zuerst angerufene Gericht muss das Verfahren nicht aussetzen, wenn es zu dem Ergebnis kommt, dass die geltend gemachte Gerichtsstandsvereinbarung eine der besonderen Schutzvorschriften verletzt.

18 Die Kollisionsregel gilt nur für Gerichtsstandsvereinbarungen zugunsten mitgliedstaatlicher Gerichte. Ein EU-Gericht muss demnach nicht gem. Abs. 2 und 3 das Verfahren aussetzen, wenn ein drittstaatliches Gericht aufgrund einer Prorogation angerufen worden ist. Insoweit kommt u.U. eine Ermessensaussetzung nach Maßgabe von Art. 33 in Betracht.

3. Entscheidungsbefugnis des designierten, aber später angerufenen Gerichts

19 **Ein** durch Gerichtsstandsvereinbarung **designiertes Gericht** kann über eine vor ihm erhobene Klage **ungeachtet der anderweitigen Rechtshängigkeit vor einem nicht gewählten Gericht entscheiden**. Es muss insbesondere nicht abwarten, bis das erstangerufene Gericht das Verfahren ausgesetzt oder sich für unzuständig erklärt hat.[13] Diese wichtige Änderung durch die EuGVVO-Revision 2012 wird zwar an keiner Stelle ausdrücklich festgeschrieben, sie ist jedoch zwingend in Art. 31 Abs. 2 und 3 vorausgesetzt. Denn eine Verfahrensaussetzung und Unzuständigkeitserklärung durch das erstangerufene Gericht macht nur Sinn, wenn das Verfahren vor dem später angerufenen designierten Gericht parallel weiterläuft.

20 Die **EuGVVO duldet** somit **in gewissem Maße eine Parallelität von Verfahren** und nimmt folglich – zur Stärkung von Gerichtsstandsvereinbarungen gegen Torpedoklagen – auch **die Gefahr widersprechender Entscheidungen** hin.[14] Solche Entscheidungswidersprüche drohen in zweierlei Hinsicht: Zum

---

[11] *Mankowski*, RIW 2015, S. 17 (20).
[12] *Magnus*, in: FS Martiny, 2014, S. 785 (797).
[13] Rauscher/*Leible*, EuZPR, 4. Aufl. 2016, Art. 31 EuGVVO Rn. 18.
[14] Rauscher/*Leible*, EuZPR, 4. Aufl. 2016, Art. 31 EuGVVO Rn. 18.

einen können die parallel befassten Gerichte die internationale Zuständigkeit abweichend beurteilen, weil das zuerst angerufene Gericht die Abrede für unwirksam, das designierte Gericht sie hingegen für wirksam hält. Gehen beide Gerichte von ihrer internationalen Zuständigkeit aus, besteht zum anderen auch in der Sache das Risiko widersprechender Entscheidungen.

Zur Vermeidung dieser Risiken hatte man im Rahmen der EuGVVO-Revision 2012 erwogen, dem in der Gerichtsstandsvereinbarung bezeichneten Gericht eine ausschließliche Kompetenz zur Beurteilung seiner Zuständigkeit einzuräumen und – bis zum Abschluss dieser Beurteilung – ein zuerst angerufenes, nicht gewähltes Gericht zur Verfahrensaussetzung zu verpflichten.[15] Eine solche Regel wurde jedoch zu Recht verworfen, weil ihr die Gefahr des sog. „umgekehrten Torpedos" innewohnte.[16] Die Partei eines Verfahrens hätte die Behauptung eines vereinbarten Gerichtsstands in einem für seine langsame Rechtspflege berüchtigten Forum zur Erlangung eines unbilligen Verfahrensaufschubs missbrauchen können. Die Gefahr des Missbrauchs von Torpedoklagen wäre somit nicht entzerrt, sondern lediglich verlagert worden. 21

4. Prüfungsumfang und Pflichten des nicht designierten, aber zuerst angerufenen Gerichts

a) Prüfungsumfang

Das zunächst angerufene, jedoch nicht designierte Gericht muss von Amts wegen das Verfahren aussetzen, wenn die Voraussetzungen von Abs. 2 vorliegen, und sich ggf. für unzuständig erklären, sobald Abs. 3 tatbestandlich erfüllt ist. 22

Zunächst hat das Gericht zu prüfen, ob die **Anwendungsvoraussetzungen der Abs. 2 bis 3** erfüllt sind: 1. Nachträgliche Einleitung eines Verfahrens zwischen denselben Parteien über denselben Streitgegenstand vor dem Gericht eines anderen EU-Mitgliedstaats. 2. Ausschließliche Gerichtsstandsvereinbarung zugunsten des anderen angerufenen Gerichts, die nicht gegen die in Abs. 4 genannten Schutzvorschriften verstößt. 3. Keine rügelose Einlassung des Beklagten vor dem nicht gewählten Gericht. 23

Lediglich für den Prüfungspunkt Nr. 2 ist **unklar, in welcher Tiefe** und Ausführlichkeit das nicht designierte Gericht die Prüfung durchzuführen hat. 24

Denkbar ist zum einen, es ausreichen zu lassen, dass **nach dem ersten Anschein (*prima facie*) oder einem substantiierten Vortrag** des Beklagten eine wirksame Gerichtsstandsvereinbarung vorliegt.[17] In diesem Fall wäre das 25

---

[15] Vgl. Grünbuch, 21.4.2009, KOM(2009) 175 endgültig, S. 5. Ausführlich zu den im Rahmen der Revision diskutierten Lösungsvorschlägen, *E. Peiffer*, Schutz gegen Klagen im forum derogatum, 2013, S. 272 ff.

[16] *E. Peiffer*, Schutz gegen Klagen im forum derogatum, 2013, S. 276 ff. Vgl. zum Szenario eines umgekehrten Torpedos auch *Hilbig-Lugani*, in: FS Schütze, 2014, S. 195 (203).

[17] *Thorn*, JbItalR 25 (2012), S. 61 (81), wonach der durch eine Urkunde in der Form von Art. 25 Abs. 1 Satz 3 lit. a gesetzte Anschein genügt. Ebenso *Bergson*, J.Priv.Int.L. 11 (2015), S. 1 (12) und *Pfeiffer*, ZZP 127 (2014), S. 409 (423). Ähnlich *Schlosser*/Hess, EuZPR, 4. Aufl. 2015, Art. 31 EuGVVO Rn. 2, wonach eine Aussetzung „bei Fehlen eines Anscheins einer anderweitigen wirksamen Gerichtsstandsvereinbarung" ausscheidet. Vgl. auch *Magnus*, in: FS Martiny, 2014, S. 785 (797), wonach eine bloße Einwendung einer Zuständigkeitsvereinbarung ausreiche.

zuerst angerufene Gericht bereits nach einer oberflächlichen Prüfung verpflichtet, das vor ihm eingeleitete Verfahren auszusetzen. Dies ist jedoch abzulehnen, weil sich hierdurch die **Gefahr eines sog. "umgekehrten Torpedos"** erhöht. Der vor einem mitgliedstaatlichen Gericht Verklagte könnte durch Vorlage einer gefälschten Gerichtsstandsvereinbarung die Verfahrensaussetzung im erstangerufenen Gericht erreichen und damit der Gegenseite jedenfalls für eine nicht unerhebliche Zeit ein legitimes Forum entziehen.[18]

26 Möglich ist zum anderen, dass das zuerst angerufene Gericht **erst auf Grundlage einer vollumfänglichen Prüfung** der Wirksamkeit der Gerichtsstandsvereinbarung (ggf. inklusive Beweisaufnahme) das Verfahren aussetzen kann.[19] Eine derartig umfassende Prüfung ist jedoch ebenfalls abzulehnen, weil sie im Widerspruch zu Erwgr. 22 steht, wonach Art. 31 Abs. 2 und Abs. 3 sicherstellen sollen, dass „*das vereinbarte Gericht* **vorrangig** *über die Gültigkeit der Vereinbarung [...] entscheidet*".[20] Eine vorrangige (unbeeinflusste) Entscheidung des designierten Gerichts über die Wirksamkeit der Vereinbarung wäre jedoch praktisch unmöglich, wenn diese Frage zunächst von dem zuerst angerufenen Gericht im Rahmen einer intensiven Prüfung entschieden werden könnte. Erschwerend kommt hinzu, dass ein umfangreicher Prüfungsmaßstab das Risiko widersprüchlicher Entscheidungen erhöht, weil nicht alle Gesichtspunkte des wirksamen Zustandekommens von Zuständigkeitsabreden euroautonom geregelt sind und es sich daher nicht vermeiden lässt, dass einzelrechtliche Vorstellungen in die Prüfung einfließen werden. Hieran ändert auch die Kollisionsregel in Art. 25 Abs. 1 Satz 1 a.E. nichts, weil sie lediglich auf das IPR des gewählten Forums verweist und in vielen Kollisionsrechten Unklarheit über die Anknüpfung von Zuständigkeitsreden herrscht.[21]

27 **Richtig erscheint es** daher im Sinne einer vermittelnden Lösung, dem zuerst angerufenen Gericht die **Prüfung von klar abgrenzbaren Einzelfragen** zuzubilligen.[22] Dabei sollen nur diejenigen Gesichtspunkte geprüft werden, die im Grundsatz leicht feststellbar sind und zugleich eine hohe Evidenz für das Vorliegen einer wirksamen Gerichtsstandsklausel bieten. Welche Fragen dies sind, ist anhand des Zusammenspiels von Art. 31 Abs. 2–Abs. 4 und Erwgr. 22 zu bestimmen.[23]

28 Art. 31 Abs. 2 erfordert für die Aussetzung, „*dass gemäß einer Vereinbarung nach Artikel 25*" das Gericht eines Mitgliedstaates „*ausschließlich zuständig ist*". Hieraus lässt sich folgern, dass das Gericht jedenfalls das Vorliegen einer **Willenseinigung** sowie die Frage nach der **Ausschließlichkeit** der Vereinbarung nach dem

---

[18] E. *Peiffer*, Schutz gegen Klagen im forum derogatum, 2013, S. 277; so auch *Hilbig-Lugani*, in: FS Schütze, 2014, S. 195 (203).
[19] So *Hilbig-Lugani*, in: FS Schütze, 2014, S. 195 (203).
[20] Herv. d. Verf.
[21] Vgl. zum englischen und deutschen Recht E. *Peiffer*, Schutz gegen Klagen im forum derogatum, 2013, S. 121 ff.
[22] *Hohmeier*, IHR 2014, S. 217 (218 f.). Vgl. auch Rauscher/*Leible*, EuZPR, 4. Aufl. 2016, Art. 31 EuGVVO Rn. 14 f., der sich für eine eingeschränkte Prüfung ausspricht, ohne jedoch klare Abgrenzungskriterien zu nennen.
[23] *Hohmeier*, IHR 2014, S. 217 (218 f.).

Maßstab von Art. 25 prüfen darf. Das Erfordernis der ausschließlichen Zuständigkeit eines Gerichts eines Mitgliedsstaats in Art. 31 Abs. 2 spricht außerdem dafür, dass das nicht gewählte Gericht auch prüfen darf, ob das designierte Gerichtsforum mit ausreichender **Bestimmtheit** i.S.v. Art. 25 Abs. 1 Satz 1 bezeichnet ist. Schließlich folgt aus Art. 31 Abs. 4, dass auch die Vereinbarkeit der Abrede mit den dort genannten **Zulässigkeitsbeschränkungen** durch das zweitangerufene Gericht kontrolliert werden muss.

Nach dem Erwgr. 22 ist es dem vereinbarten Gericht vorbehalten, über die Gültigkeit der Vereinbarung sowie darüber zu entscheiden, ob sie den dort anhängigen Rechtsstreit erfasst. Aus dem zuletzt genannten Aspekt folgt, dass es dem erstbefassten Gericht jedenfalls verwehrt ist, sich mit der Frage zu befassen, ob die Gerichtsstandsvereinbarung in persönlicher und sachlicher Hinsicht den Rechtsstreit vor dem designierten Gericht erfasst. Das Gericht hat sich daher lediglich zu vergewissern, dass es nicht von vornherein völlig ausgeschlossen ist, dass die Gerichtsstandsvereinbarung auf den vor dem gewählten Gericht anhängigen Rechtsstreit anwendbar ist. 29

Offen ist jedoch, ob und welche weiteren Gesichtspunkte das derogierte Gericht prüfen kann, ohne die Prüfungsprärogative des prorogierten Gerichts hinsichtlich der „Gültigkeit" der Gerichtsstandsvereinbarung zu beeinträchtigen. Der Begriff der „Gültigkeit" dürfte jedenfalls die materiellen Wirksamkeitsvoraussetzungen umfassen, für die Art. 25 Abs. 1 Satz 1 a.E. eine besondere Kollisionsnorm vorsieht. Diese Erfordernisse darf das nicht gewählte Gericht demnach nicht prüfen. Dies erscheint auch deshalb sinnvoll, weil die Anwendung der Kollisionsnorm dem derogierten Gericht erheblich größere Schwierigkeiten bereiten würde. Dieses müsste ein ihm fremdes IPR prüfen und ggf. bestehende Rechtsunsicherheiten in der Anknüpfung des Prorogationsstatuts klären. Fraglich ist hingegen, ob der Begriff der Gültigkeit auch die Formerfordernisse von Art. 25 umfasst. Hierfür spricht zwar, dass die Form eine Frage der materiellen Wirksamkeit ist. Im Anwendungsbereich von Art. 25 sind Form und Willenseinigung jedoch eng miteinander verknüpft, weil die Erfüllung der Form nach der EuGH-Rspr. das Vorliegen einer Einigung indiziert. Demzufolge sollten die Formerfordernisse nicht vom Begriff der Gültigkeit i.S.v. Erwgr. 22 umfasst sein und daher vom nicht gewählten Erstgericht geprüft werden. 30

Im Ergebnis darf das zuerst angerufene, nicht gewählte Gericht folgende Gesichtspunkte prüfen: 31

(1) Anwendungsvoraussetzungen von Art. 31 Abs. 2 und Abs. 3: 32
– Nachträgliche Einleitung eines Verfahrens zwischen denselben Parteien über denselben Streitgegenstand vor dem Gericht eines anderen EU-Mitgliedstaats;
– Ausschließliche Gerichtsstandsvereinbarung zugunsten des anderen Gerichts, die nicht gegen die in Abs. 4 genannten Schutzvorschriften verstößt;
– Keine rügelose Einlassung des Beklagten vor dem nicht gewählten Gericht.

(2) Formgerechte Einigung im Sinne von Art. 25 33

(3) Einhaltung des Bestimmtheitsgrundsatzes mit Blick auf das prorogierte Gericht 34

b) Entscheidung

35 Liegen die oben genannten, vom Erstgericht zu prüfenden Voraussetzungen vor, hat es zunächst gem. Abs. 2 das Verfahren auszusetzen bis das designierte Gericht eine Entscheidung über seine Zuständigkeit getroffen hat.

36 Liegt eine Zuständigkeitsentscheidung des gewählten Gerichts vor, so ist für den Verfahrensfortgang vor dem Erstgericht zu unterscheiden: Hat sich das designierte Gericht für zuständig erklärt, muss sich das nicht gewählte Gericht gem. Abs. 3 für unzuständig erklären. Hat das gewählte Gericht seine Zuständigkeit verneint, kann das Verfahren vor dem erstangerufenen Gericht weitergeführt werden.[24]

Artikel 32 [Anrufung eines Gerichts]

(1) Für die Zwecke dieses Abschnitts gilt ein Gericht als angerufen:
a) zu dem Zeitpunkt, zu dem das verfahrenseinleitende Schriftstück oder ein gleichwertiges Schriftstück bei Gericht eingereicht worden ist, vorausgesetzt, dass der Kläger es in der Folge nicht versäumt hat, die ihm obliegenden Maßnahmen zu treffen, um die Zustellung des Schriftstücks an den Beklagten zu bewirken, oder
b) falls die Zustellung an den Beklagten vor Einreichung des Schriftstücks bei Gericht zu bewirken ist, zu dem Zeitpunkt, zu dem die für die Zustellung verantwortliche Stelle das Schriftstück erhalten hat, vorausgesetzt, dass der Kläger es in der Folge nicht versäumt hat, die ihm obliegenden Maßnahmen zu treffen, um das Schriftstück bei Gericht einzureichen.
Die für die Zustellung verantwortliche Stelle im Sinne von Buchstabe b ist die Stelle, die die zuzustellenden Schriftstücke zuerst erhält.

(2) Das Gericht oder die für die Zustellung verantwortliche Stelle gemäß Absatz 1 vermerkt das Datum der Einreichung des verfahrenseinleitenden Schriftstücks oder gleichwertigen Schriftstücks beziehungsweise das Datum des Eingangs der zuzustellenden Schriftstücke.

EuGH-Rechtsprechung: EuGH, 17.1.1980 – Rs. 56/79, *Zelger ./. Salinitri*, Slg. 1980, 89 (ECLI:EU:C:1980:15)

EuGH, 8.11.2005 – Rs. C-443/03, *Leffler ./. Berlin Chemie AG*, Slg. 2005, I-9637 (ECLI:EU:C:2005:665)

EuGH, 8.5.2008 – Rs. C-14/07, *Ingenieurbüro M. Weiss u. Partner GbR ./. IHK Berlin*, Slg. 2008, I-3367 (ECLI:EU:C:2008:264)

Schrifttum: Gruber, Urs Peter, Die neue „europäische Rechtshängigkeit" bei Scheidungsverfahren, FamRZ 2000, S. 1129; Homann, Stefan, Das zuerst angerufene Gericht – Art. 21 EuGVÜ und die Artt. 28, 30 EuGVVO, IPRax 2002, S. 502; Nieroba, Alice, Die europäische Rechtshängigkeit nach der EuGVVO (Verordnung (EG) Nr. 44/2001) an der Schnittstelle zum nationalen Zivilprozessrecht, 2006; Thole, Christoph, Porsche vs. Hedge-

---

[24] Vgl. hierzu die Kommentierung bei Art. 36 Rn. 27 f.

fonds: Die Anforderungen an die Rechtshängigkeit i.S.d. Art. 32 EuGVVO n.F. (Art. 30 EuGVVO a.F.), IPRax 2015, S. 406 ff.; *Wernecke, Frauke*, Die Einheitlichkeit des europäischen und des nationalen Begriffs vom Streitgegenstand, 2003.

Übersicht

	Rn.
I. Normzweck, Systematik und Entstehungsgeschichte	1
II. Zeitpunkt der Anhängigkeit i.S.v. Art. 32	6
1. Anhängigkeit bei Einreichung bei Gericht (Abs. 1 Satz 1 lit. a)	7
2. Anhängigkeit bei Einreichung bei der Zustellungsstelle (Abs. 1 Satz 1 lit. b, Satz 2)	14
3. Sonderkonstellationen	16
III. Dokumentationspflicht (Abs. 2)	18

I. Normzweck, Systematik und Entstehungsgeschichte

Art. 32 definiert den Begriff der Anhängigkeit für die Zwecke des 1 Abschnitts 9. Die Vorschrift entspricht im Wesentlichen Art. 30 EuGVVO a.F. Neu sind lediglich die Klarstellung bezüglich Abs. 1 Satz 1 lit. b in Abs. 1 Satz 2 sowie die Pflicht zur Dokumentation des Eingangsdatums des verfahrenseinleitenden Schriftstücks in Abs. 2.

Art. 32 soll Ungerechtigkeiten infolge der unterschiedlichen einzelstaatlichen 2 Regelungen über den Anhängigkeitszeitpunkt vorbeugen und dadurch Waffengleichheit der Kläger gewährleisten sowie vor Verfahrensmissbrauch schützen. Dazu regelt die Norm den Begriff der Anhängigkeit euroautonom. Die Verfahrenseinleitung setzt sich in den Verfahrensrechten aller Mitgliedstaaten im Wesentlichen aus zwei Komponenten zusammen: Klageeinreichung bei Gericht und Zustellung an den Beklagten. Die Reihenfolge dieser Schritte ist in den nationalen Prozessrechten jedoch unterschiedlich. Die Zustellung des verfahrenseinleitenden Schriftstücks an den Beklagten erfolgt mal vor, mal nach Klageeinreichung. Diesen Divergenzen trägt Art. 32 durch eine Regelung der Anhängigkeit Rechnung, die die verschiedenen Modelle der Verfahrenseinleitung miteinander in Einklang bringt.

Gem. Art. 32 gilt das Gericht in dem Zeitpunkt als angerufen, in dem das 3 verfahrenseinleitende Schriftstück an das erste in der Verfahrenseinleitung eingeschaltete Rechtspflegeorgan übergeben wird. Dem liegt der Gedanke zugrunde, dass der Kläger ab diesem Moment den Klageerhebungsvorgang grundsätzlich nicht mehr in der Hand hat. Den Kläger trifft allerdings die Obliegenheit, in der Folgezeit alle Maßnahmen zu treffen, die für die Herbeiführung der endgültigen Anhängigkeit erforderlich sind.

Die euroautonome Definition der Anhängigkeit stellt einen **bedeutenden** 4 **Fortschritt gegenüber der Rechtslage unter dem EuGVÜ** dar, das diesen Begriff nicht einheitlich definierte. Nach Auffassung des EuGH zum EuGVÜ war noch nach dem jeweiligen nationalen Verfahrensrecht des angerufenen

Gerichts zu prüfen, wann dort die Klage anhängig gemacht wurde.[1] Dies führte jedoch zu zufälligen und daher unbilligen Ergebnissen, weil die Auflösung von Verfahrenskollisionen stark von nationalen Rechtsvorstellungen abhing.

5   Ein mitgliedstaatliches Gericht ist im Rahmen der Prüfung, ob es im Sinne von Art. 29 zuerst angerufen wurde, berechtigt, die Voraussetzungen der Anrufung gem. Art. 32 nicht nur für das eigene, sondern auch für das fremde Verfahren selbst zu prüfen. Es besteht insoweit **keine Bindung an die Feststellungen des anderen Gerichts**.[2]

II. Zeitpunkt der Anhängigkeit i.S.v. Art. 32

6   Für die Bestimmung des Anhängigkeitszeitpunkts unterschiedet Art. 32 Abs. 1 danach, welcher der erste Verfahrensschritt zur Bewirkung der Prozesseinleitung ist:

1. Anhängigkeit bei Einreichung bei Gericht (Abs. 1 Satz 1 lit. a)

7   In Mitgliedstaaten, in denen (wie in Deutschland) nach der dortigen Verfahrensordnung das verfahrenseinleitende Schriftstück bei Gericht eingereicht wird, bevor es dem Beklagten zugestellt wird, wird das Verfahren gem. Abs. 1 Satz 1 lit. a **mit der Einreichung bei Gericht** anhängig. Dies gilt jedoch nur dann, wenn der Kläger rechtzeitig alle notwendigen Maßnahmen getroffen hat, die erforderlich sind, damit das verfahrenseinleitende Schriftstück an den Beklagten zugestellt werden kann. Die **Anrufung einer Schlichtungsstelle** kann noch nicht die Rechtsfolge von Abs. 1 Satz 1 lit. a auslösen, denn in der Vorschrift ist ausschließlich vom Gericht die Rede und die Einschaltung einer Schlichtungsstelle soll gerade verhindern, dass sich die Beteiligten gleich als streitende Parteien vor Gericht gegenüberstehen.[3]

8   Der Begriff des **verfahrenseinleitenden oder gleichwertigen Schriftstücks** entspricht dem in Art. 28 Abs. 2 und Art. 45 Abs. 1 lit. b EuGVVO.[4] Verfahrenseinleitend ist demzufolge jedes Schriftstück, durch dessen Zustellung der Beklagte erkennen kann, dass ein Gerichtsverfahren besteht und er in die Lage versetzt wird, seine Rechte im Laufe dieses Verfahrens geltend zu machen.[5] Das Schriftstück muss die wesentlichen Elemente der Streitigkeit sowie die Aufforderung an den Beklagten enthalten, sich vor Gericht einzulassen.[6]

9   Der **Umfang der dem Kläger obliegenden Maßnahmen** zur Bewirkung der Zustellung des verfahrenseinleitenden Schriftstücks bestimmt sich nach dem

---

[1] EuGH, 17.1.1980 – Rs. 56/79, *Zelger ./. Salinitri*, Slg. 1980, 89 (ECLI:EU:C:1980:15).
[2] Rauscher/*Leible*, EuZPR, 4. Aufl. 2016, Art. 32 EuGVVO Rn. 11; *Geimer*/Schütze, EuZVR, 3. Aufl. 2010, Art. 30 EuGVVO a.F Rn. 1. Wohl a. A. OLG Frankfurt a.M., 5.3.2001 – 13 W 18/98, IPRax 2002, S. 515, Rn. 59 (nach juris).
[3] ArbG Mannheim, 6.6.2007 – 5 Ca 90/07, IPRax 2008, S. 37, Rn. 10 (nach juris).
[4] Vgl. ausführlich Kommentierung zu Art. 45, Rn. 58 ff.
[5] EuGH, 13.7.1995 – Rs. C-474/93, *Hengst Import BV ./. Campese*, Slg. 1995, I-2113, Rn. 19.
[6] EuGH, 8.5.2008 – Rs. C-14/07, *Ingenieurbüro M. Weiss u. Partner GbR ./. IHK Berlin*, Slg. 2008, I-3367 (ECLI:EU:C:2008:264), Rn. 64, 68; BGH, 3.8.2011 – XII ZB 187/10, NJW 2011, S. 3103 (Rn. 13).

jeweiligen nationalen Verfahrensrecht.[7] In Deutschland können insbesondere die von der Rechtsprechung entwickelten Grundsätze zu § 167 ZPO herangezogen werden. Demzufolge muss der Kläger die Gerichtskosten spätestens unverzüglich nach Aufforderung durch das Gericht einzahlen.[8] Auch soweit für die Zustellung des verfahrenseinleitenden Schriftstücks eine Übersetzung durch das Gericht angefordert wird, hat der Kläger diese unverzüglich beizubringen.[9] Soweit der Kläger einer solchen Aufforderung unverzüglich nachkommt, hat er seiner Obliegenheit genügt, so dass die Zustellung des verfahrenseinleitenden Schriftstücks auf den Zeitpunkt der Einreichung der Klage zurückwirkt.[10]

Obliegenheiten i.S.v. lit. a bestehen für den Kläger jedoch nicht erst nach, sondern – über den Wortlaut („*in der Folge*") hinaus – auch schon **bei Einreichung des verfahrenseinleitenden Schriftstücks** bei Gericht. Dies ergibt sich aus dem Sinn und Zweck des Obliegenheitsvorbehalts, wonach die mittelbare Rechtsfolge von Art. 32 – europaweite Rechtshängigkeitssperre – nur dann passend ist, wenn der Kläger alles in seiner Kontrollsphäre Stehende unternommen hat, damit die Zustellung erfolgen kann. Insbesondere hat der Kläger sicherzustellen, dass das verfahrenseinleitende Schriftstück **alle Angaben enthält, die für die Bewirkung der Zustellung erforderlich** sind.[11] Im deutschen Verfahrensrecht (§ 253 Abs. 2 Nr. 1 ZPO) müssen daher der Beklagte und dessen Anschrift so genau bezeichnet sein, dass eine eindeutige Identifikation und die Zustellung des verfahrenseinleitenden Schriftstücks möglich ist.[12] Bei der Frage, welche Anforderungen an diese Angaben gelten, sind bei Auslandszustellung auch die örtlichen Besonderheiten des Empfangslandes zu berücksichtigen.[13] Unschädlich ist, wenn der Kläger die erforderliche Anzahl von Abschriften gem. § 253 Abs. 5 ZPO nicht eingereicht hat. Die erforderlichen Kopien kann die Geschäftsstelle unproblematisch auf Kosten des Klägers erstellen.[14]

Zusammenfassend ist festzuhalten: Im Rahmen von Art. 32 kommt es nicht darauf an, ob und wann nach dem anwendbaren Zustellungsrecht die Zustellung wirksam bewirkt worden ist.[15] Das Zustellungsrecht kann allenfalls mittelbar für

---

[7] Bei einer Verfahrenskollision nach Art. 29 ff. haben die angerufenen Gerichte unter Rückgriff auf das eigene Verfahrensrecht und das in dem Parallelverfahren anwendbare Verfahrensrecht zu prüfen, welches Gericht i.S.v. Art. 32 zuerst angerufen wurde, OLG Karlsruhe, 28.3.2006 – 8 U 218/05, IPRspr. 2006, Nr. 111, S. 242.
[8] Vgl. OLG Stuttgart, 30.1.2015 – 5 W 48/13, IPRax 2015, S. 430, Rn. 125 (nach juris): Nicht erforderlich ist, dass der Vorschuss bereits zum Zeitpunkt der Anrufung i.S.v. Art. 30 gezahlt ist, BVerfG, 19.12.2000 – 1 BvR 1684/99, NJW 2001, S. 1125, Rn. 12 (nach juris); BGH, 9.11.1994 – VIII ZR 327/93, NJW-RR 1995, S. 254, Rn. 12 (nach juris).
[9] OLG Karlsruhe, 28.3.2006 – 8 U 218/05, IPRspr. 2006, Nr. 111, S. 242, Rn. 56 ff. (nach juris). So auch zur EuZustVO, EuGH, 8.11.2005 – Rs. C-443/03, *Leffler* ./. *Berlin Chemie AG*, Slg. 2005, I-9637 (ECLI:EU:C:2005:665), Rn. 66.
[10] OLG Karlsruhe, 28.3.2006 – 8 U 218/05, IPRspr. 2006, Nr. 111, S. 242, Rn. 64 (nach juris).
[11] OLG Stuttgart, 30.1.2015 – 5 W 48/13, IPRax 2015, S. 430, Rn. 113 ff. (nach juris).
[12] OLG Stuttgart, 30.1.2015 – 5 W 48/13, IPRax 2015, S. 430, Rn. 113, 116 (nach juris).
[13] OLG Stuttgart, 30.1.2015 – 5 W 48/13, IPRax 2015, S. 430, Rn. 137 ff. (nach juris): Für die Zustellung auf den Cayman Islands ist die Angabe einer Postfachadresse ausreichend, weil dort – im Gegensatz zu Deutschland – allein in Postfächern zugestellt werden kann.
[14] Zöller/*Geimer*, ZPO, 31. Aufl. 2016, Art. 32 EuGVVO Rn. 2. A. A. *Gruber*, FamRZ 2000, S. 1129 (1134).
[15] Zöller/*Geimer*, ZPO, 31. Aufl. 2016, Art. 32 EuGVVO Rn. 4.

die Frage von Bedeutung sein, ob der Kläger seine Obliegenheiten i.S.v. Art. 32 erfüllt hat.[16]

12 Verletzt der Kläger seine Obliegenheiten, tritt die Anhängigkeit i.S.v. Art. 32 erst ein, sobald die **versäumte Maßnahme nachgeholt** wird.[17] Holt der Kläger die ihm obliegenden Maßnahmen nicht nach, kann die Klage nur anhängig werden, wenn sich der Beklagte auf das Verfahren gem. Art. 26 einlässt.[18]

13 Hat der Kläger seine Obliegenheiten erfüllt und verzögert sich die Zustellung aus **Gründen, die dem Gericht zuzurechnen sind**, gilt die Rückwirkung von Art. 32 auf den Zeitpunkt der Einreichung des verfahrenseinleitenden Schriftstücks bei Gericht.[19]

2. Anhängigkeit bei Einreichung bei der Zustellungsstelle (Abs. 1 Satz 1 lit. b, Satz 2)

14 In den Mitgliedstaaten, in denen (wie in Frankreich) nach Maßgabe der jeweiligen Verfahrensordnung das verfahrenseinleitende Schriftstück an den Beklagten zugestellt wird, bevor es bei Gericht eingereicht wird, wird das Verfahren gem. Abs. 1 Satz 1 lit. b mit der Übergabe des Schriftstücks an die für die Zustellung zuständige Behörde anhängig (und nicht erst bei Zustellung an den Beklagten). Das gilt allerdings nur, sofern der **Kläger in der Folgezeit auch das Schriftstück fristgerecht bei Gericht einreicht**.

15 Satz 2 stellt klar, dass in Fällen, in denen mehrere Stellen in den Zustellungsprozess involviert sind, die Einreichung des verfahrenseinleitenden Schriftstücks bei der ersten dieser Stellen maßgeblich ist. Diese Klarstellung wurde in der EuGVVO-Revision 2012 aufgenommen, um Unklarheiten bei der praktischen Anwendung von lit. b zu vermeiden.

3. Sonderkonstellationen

16 Bei **Klageerweiterung**, **Widerklage** und **Interventionsklagen** ist der Zeitpunkt von deren jeweiliger Einleitung (und nicht der der Einreichung des ursprünglichen verfahrenseinleitenden Schriftstücks) entscheidend.[20] Demgegenüber wird ein gleichzeitig mit dem Hauptantrag erhobener **Hilfsantrag** mit der Einreichung des Hauptantrags anhängig i.S.v. Art. 32. Wird der Hilfsantrag erst später eingereicht, ist dies der entscheidende Zeitpunkt und nicht der Zeitpunkt,

---

[16] *Thole*, IPRax 2015, S. 406 (408).
[17] *Gruber*, FamRZ 2000, S. 1129 (1133); Rauscher/*Leible*, EuZPR, 4. Aufl. 2016, Art. 30 EuGVVO Rn. 8; Thomas/Putzo/*Hüßtege*, ZPO 36. Aufl. 2015, Art. 30 EuGVVO Rn. 4.
[18] Rauscher/*Leible*, EuZPR, 4. Aufl. 2016, Art. 30 EuGVVO Rn. 8; *Schlosser*/Hess, EuZPR, 4. Aufl. 2015, Art. 32 EuGVVO Rn. 2.
[19] OLG Stuttgart, 30.1.2015 – 5 W 48/13, IPRax 2015, S. 430, Rn. 127 ff. (nach juris): Die Zustellung auf den Cayman Islands verzögerte sich deshalb, weil das Gericht entgegen der Angabe des Klägers die Zustelladresse durch den Zusatz „USA" ergänzt hatte. Vgl. OLG Karlsruhe, 28.3.2006 – 8 U 218/05, IPRspr. 2006, Nr. 111, S. 242, Rn. 63 (nach juris); *Schlosser*/Hess, EuZPR, 4. Aufl. 2015, Art. 32 EuGVVO Rn. 2.
[20] *Schlosser*/Hess, EuZPR, 4. Aufl. 2015, Art. 32 EuGVVO Rn. 2.

in dem die prozessuale Bedingung, unter die der Hilfsantrag gestellt wurde, eintritt.[21]

Im Fall der **subjektiven Klagehäufung auf Beklagtenseite** ist der Zeitpunkt der Anhängigkeit i.S.v. Art. 32 für jeden Beklagten getrennt zu beurteilen.[22] Genügt der Kläger seinen Obliegenheiten i.S.v. Art. 32 nur für die Zustellung an einen der Beklagten, und verzögert sich die Zustellung an den anderen aus Gründen, die dem Kläger zuzurechnen sind, ist das Gericht im Hinblick auf die verschiedenen Beklagten zu unterschiedlichen Zeitpunkten angerufen. Die rechtzeitige Zustellung der Klage an einen der beiden Beklagten löst demnach nicht die Prioritätswirkung auch für eine „schuldhaft" verspätete Zustellung an den anderen Beklagten aus. Für eine derartige Gesamtwirkung bietet der Wortlaut von Art. 32 keine Grundlage. Eine Gesamtwirkung kann auch nicht unter Verweis auf Art. 29 und die ansonsten bestehende Gefahr widersprechender Entscheidungen gerechtfertigt werden.[23] Denn Art. 29 führt nicht zu einer Gesamtrechtshängigkeitssperre, die es ausschließen würde, dass derselbe Anspruch gegenüber einer anderen Partei rechtshängig gemacht wird. Demzufolge kann auch die Anhängigkeit nach Art. 32 nur im Verhältnis zum jeweiligen Beklagten beurteilt werden.[24]

III. Dokumentationspflicht (Abs. 2)

Nach Abs. 2 hat das Gericht (Abs. 1 Satz 1 lit. a) bzw. die für die Zustellung verantwortliche Stelle (Abs. 1 Satz 1 lit. b) das **Datum zu dokumentieren**, an dem das verfahrenseinleitende Schriftstück dort eingegangen ist. Diese Regel wurde im Rahmen der EuGVVO-Revision 2012 eingeführt, weil ein Vermerk des Eingangsdatums im Verfahrensrecht mancher Mitgliedstaaten nicht vorgesehen ist. Die Dokumentationspflicht soll Zweifel über das Eingangsdatum verhindern und die Anwendung von Art. 32 bei der Auflösung von Verfahrenskollisionen gem. Art. 29 ff. erleichtern.

Nach dem Sinn und Zweck von Abs. 2 begründet die Dokumentationspflicht zugleich einen **Anspruch der Parteien auf Mitteilung** des Eingangsdatums. Denn nur so können sie vor einem anderen Gericht die anderweitige Rechtshängigkeit geltend machen und eine Aussetzung nach Art. 29 ff. erreichen.

Artikel 33 [Aussetzung/Einstellung eines Verfahrens wegen desselben Anspruchs]

(1) Beruht die Zuständigkeit auf Artikel 4 oder auf den Artikeln 7, 8 oder 9 und ist bei Anrufung eines Gerichts eines Mitgliedstaats wegen desselben Anspruchs

---

[21] OLG Köln, 31.3.2004 – 6 U 135/03, IPRspr. 2004, Nr. 152, S. 327, Rn. 21 ff. (nach juris); OLG München, 7.6.2011 – 9 U 5019/10, NJW-RR 2011, S. 1169, Rn. 36 ff. (nach juris); *Schlosser/Hess*, EuZPR, 4. Aufl. 2015, Art. 32 EuGVVO Rn. 2.
[22] *Thole*, IPRax 2015, S. 406 (409). A.A. OLG Stuttgart, 30.1.2015 – 5 W 48/13, IPRax 2015, S. 430, Rn. 225 ff. (nach juris).
[23] So aber OLG Stuttgart, 30.1.2015 – 5 W 48/13, IPRax 2015, S. 430, Rn. 228 ff. (nach juris).
[24] *Thole*, IPRax 2015, S. 406 (409).

zwischen denselben Parteien ein Verfahren vor dem Gericht eines Drittstaats anhängig, so kann das Gericht des Mitgliedstaats das Verfahren aussetzen, wenn
a) zu erwarten ist, dass das Gericht des Drittstaats eine Entscheidung erlassen wird, die in dem betreffenden Mitgliedstaat anerkannt und gegebenenfalls vollstreckt werden kann, und
b) das Gericht des Mitgliedstaats davon überzeugt ist, dass eine Aussetzung des Verfahrens im Interesse einer geordneten Rechtspflege erforderlich ist.

(2) Das Gericht des Mitgliedstaats kann das Verfahren jederzeit fortsetzen, wenn
a) das Verfahren vor dem Gericht des Drittstaats ebenfalls ausgesetzt oder eingestellt wurde,
b) das Gericht des Mitgliedstaats es für unwahrscheinlich hält, dass das vor dem Gericht des Drittstaats anhängige Verfahren innerhalb einer angemessenen Frist abgeschlossen wird, oder
c) die Fortsetzung des Verfahrens im Interesse einer geordneten Rechtspflege erforderlich ist.

(3) Das Gericht des Mitgliedstaats stellt das Verfahren ein, wenn das vor dem Gericht des Drittstaats anhängige Verfahren abgeschlossen ist und eine Entscheidung ergangen ist, die in diesem Mitgliedstaat anerkannt und gegebenenfalls vollstreckt werden kann.

(4) Das Gericht des Mitgliedstaats wendet diesen Artikel auf Antrag einer der Parteien oder, wenn dies nach einzelstaatlichem Recht möglich ist, von Amts wegen an.

EuGH-Rechtsprechung: EuGH, 4.2.1988 – Rs. 145/86, *Hoffmann* ./. *Krieg*, IPRax 1989, S. 159, Rn. 22 (ECLI:EU:C:1988:61)

EuGH, 6.6.2002 – Rs. C-80/00, *Italian Leather* ./. *WECO Polstermöbel*, Slg. I-2002, 4995 (ECLI:EU:C:2002:342)

Schrifttum: *Domej, Tanja*, Die Neufassung der EuGVVO, Quantensprünge im europäischen Zivilprozessrecht, RabelsZ 78 (2014), S. 508; *Heckel, Martin*, Beachtung ausländischer Rechtshängigkeit in Drittstaatenfällen – ein Beitrag zu Art. 34 EuGVO-E, GPR 212, S. 272; *Marongiu Buonaiuti, Fabrizio*, Lis Alibi Pendens and Related Actions in the Relationships with the Courts of Third Countries in the Recast of the Brussels I Regulation, YPIL 15 (2013/2014), S. 87; *Takahashi, Koji*, Review of the Brussels I Regulation: A Comment from the Perspectives of Non-Member States (Third States), J.Priv.Int.L. 8 (2012), S. 1; *Weber, Johannes*, Universal Jurisdiction and Third States in the Reform of the Brussels I Regulation, RabelsZ 75 (2011), S. 619.

Übersicht

	Rn.
I. Normzweck, Systematik und Entstehungsgeschichte	1
II. Anwendungsbereich	8
III. Aussetzung des mitgliedstaatlichen Verfahrens (Abs. 1)	12
1. Partei- und Streitgegenstandsidentität	13
2. Frühere Anhängigkeit im Drittstaat	16
3. Positive Anerkennungsprognose (Abs. 1 lit. a)	18

4. Aussetzung im Interesse geordneter Rechtspflege (Abs. 1 lit. b) 20
  5. Rechtsfolge: Ermessensentscheidung 24
 IV. Fortführung eines ausgesetzten Verfahrens (Abs. 2) 26
  V. Einstellung des mitgliedstaatlichen Verfahrens gem. Abs. 3 31

I. Normzweck, Systematik und Entstehungsgeschichte

Art. 33 ist durch die EuGVVO-Revision 2012 neu eingeführt worden. Die **1** Vorschrift ermöglicht mitgliedstaatlichen Gerichten, eine **anderweitige Rechtshängigkeit vor einem drittstaatlichen Gericht** zu berücksichtigen, wenn das mitgliedstaatliche und das drittstaatliche Verfahren zwischen denselben Parteien anhängig sind und denselben Streitgegenstand betreffen. Die Vorschrift ist somit das Gegenstück zu Art. 29, der lediglich die gleichzeitige Rechtshängigkeit vor verschiedenen *mitgliedstaatlichen* Gerichten erfasst.

Art. 33 soll eine **Koordinierung der Rechtsprechungstätigkeit mitglied-** **2** **staatlicher und drittstaatlicher Gerichte** ermöglichen[1] und zugleich verhindern, dass eine mitgliedstaatliche Entscheidung in einem anderen Mitgliedstaat wegen Unvereinbarkeit mit einer drittstaatlichen Entscheidung gem. **Art. 45 Abs. 1 lit. d Fall 2** nicht anerkannt werden kann.[2]

Vor Einführung von Art. 33 richtete sich die Frage, ob drittstaatliche Liti- **3** spendenz durch ein mitgliedstaatliches Gericht zu beachten ist, nach dem jeweiligen einzelstaatlichen Recht bzw. einschlägigen staatsvertraglichen Regelungen. In Deutschland wurde § 261 Abs. 3 Nr. 1 ZPO analog herangezogen.[3] In England wurde über die Berücksichtigung auswärtiger Litispendenz im Rahmen der sog. *forum non conveniens*-Doktrin entschieden.[4] Die Gerichte in Irland erwogen hingegen eine analoge Heranziehung von Art. 27 f. EuGVVO a.F. (= Art. 29 f.).[5] Art. 33 gibt den mitgliedstaatlichen Gerichten nun eine einheitliche Regel für den Umgang mit drittstaatlicher Litispendenz an die Hand.

Abs. 1 ermöglicht die **Aussetzung eines mitgliedstaatlichen Verfahrens** **4** zugunsten eines früher eingeleiteten drittstaatlichen Verfahrens, wenn zwischen beiden Verfahren Partei- und Streitgegenstandsidentität herrscht. Abs. 1 schreibt somit – ähnlich wie Art. 29 Abs. 1 – eine Priorität des zuerst eingeleiteten Verfahrens vor. Der Prioritätsgrundsatz in Art. 33 ist allerdings deutlich weniger streng: Im Gegensatz zu Art. 29 ist das mitgliedstaatliche Gericht zur Aussetzung nicht verpflichtet. Die Entscheidung über die Aussetzung durch das mitgliedstaatliche Gericht ist vielmehr in sein Ermessen gestellt und davon abhängig, dass dort mit einer Anerkennung und Vollstreckung der drittstaatlichen Entscheidung zu rechnen ist und eine Aussetzung im Interesse einer geordneten Rechtspflege geboten erscheint.

---
[1] KOM (2010), 748 endg. S. 9.
[2] Rauscher/*Leible*, EuZPR, 4. Aufl. 2016, Art. 33 EuGVVO Rn. 2.
[3] Vgl. ausführlich hierzu E. *Peiffer*, Schutz gegen Klagen im forum derogatum, 2013, S. 236 ff.
[4] Vgl. ausführlich hierzu E. *Peiffer*, Schutz gegen Klagen im forum derogatum, 2013, S. 219 ff.
[5] High Court Ireland, 27.2.2008 – *Goshawk Dedicated Ltd. ./. Life Receivables Ireland Ltd.*, [2008] I.L.Pr. 50 (832); vgl. hierzu E. *Peiffer*, Schutz gegen Klagen im forum derogatum, 2013, S. 263 f.

5   Abs. 2 gestattet es dem mitgliedstaatlichen Gericht, ein gem. Abs. 1 **ausgesetztes Verfahren wieder fortzuführen,** wenn dies aufgrund Entwicklungen im drittstaatlichen Verfahren oder im Interesse einer geordneten Rechtspflege angemessen ist. Auch insoweit weicht die Vorschrift von Art. 29 ab, der eine Fortsetzung des Zweitverfahrens lediglich für den Fall ermöglicht, dass das Erstgericht seine Zuständigkeit verneint hat.

6   **Abs.** 3 sieht eine **Einstellung des mitgliedstaatlichen Verfahrens** vor, wenn das drittstaatliche Verfahren abgeschlossen wurde und dort eine anerkennungsfähige Entscheidung ergangen ist. Abs. 3 ähnelt dem Art. 29 Abs. 3, der das Zeitgericht jedoch bereits dann zur Unzuständigkeitserklärung (bzw. Verfahrenseinstellung) verpflichtet, wenn die Zuständigkeit des Erstgerichts feststeht.

7   **Abs.** 4 schreibt vor, dass die Abs. 1–3 **auf Antrag einer der Parteien oder** – wenn nach einzelstaatlichem Recht gestattet – **von Amts wegen** zu berücksichtigen ist. In Deutschland ist der Einwand der anderweitigen Rechtshängigkeit in jeder Lage des Verfahrens stets von Amts wegen zu beachten.[6]

II. Anwendungsbereich

8   Art. 33 ist anwendbar, wenn das mitgliedstaatliche Verfahren in den **sachlichen Anwendungsbereich von Art. 1** fällt. Soweit im konkreten Fall zwischen dem Mitgliedstaat und dem Drittstaat ein völkerrechtliches Abkommen gilt, und dieses eine Regelung zur Beachtung anderweitiger Rechtshängigkeit enthält, ist diese gem. Art. 73 Abs. 3 vorrangig gegenüber Art. 33.[7]

9   Art. 33 Abs. 1 setzt außerdem voraus, dass **das mitgliedstaatliche Gericht seine Zuständigkeit auf Art. 4, 7, 8 oder 9 stützt.** Art. 33 findet demzufolge keine Anwendung, wenn die internationale Zuständigkeit des mitgliedstaatlichen Gerichts auf einem ausschließlichen Gerichtsstand i.S.v. Art. 24, einer ausschließlichen Gerichtsstandsvereinbarung gem. Art. 25 oder rügeloser Einlassung des Beklagten i.S.v. Art. 26 beruht oder es sich um eine Versicherungs- Verbrauchers oder individuelle Arbeitsrechtsstreitigkeit i.S.v. Art. 10–23 handelt.

10 Die **Nicht-Geltung von Art. 33** in den vorgenannten Fällen bedeutet jedoch nicht, dass insoweit auf die einzelstaatlichen Regelungen zur Behandlung anderweitiger Rechtshängigkeit zurückgegriffen werden könnte. Vielmehr ist es den mitgliedstaatlichen Gerichten insoweit verwehrt, die anderweitige Rechtshängigkeit im Drittstaat zu berücksichtigen.[8] Dies ergibt sich aus einem Umkehrschluss zu Art. 33 Abs. 1, der – innerhalb des sachlichen Anwendungsbereichs der EuGVVO – nur im Falle bestimmter Gerichtsstände die Beachtung

---

[6] BGH, 10.10.1952 – V ZR 159/51, NJW 1952, S. 1376 (1376); BGH, 10.10.1985 – I ZR 1/83, NJW 1986, S. 2195; *Schack*, IZVR, 6. Aufl. 2014, Rn. 852.

[7] Vgl. etwa Art. 22 des Vertrages zwischen der Bundesrepublik Deutschland und dem Staat Israel über die gegenseitige Anerkennung und Vollstreckung gerichtlicher Entscheidungen in Zivil- und Handelssachen vom 20.7.1977; s. auch *Heckel*, GPR 2012, S. 272 (279).

[8] *Schlosser*/Hess, EuZPR, 4. Aufl. 2015, Art. 33 f. EuGVVO Rn. 1 f.; Rauscher/*Leible*, EuZPR, 4. Aufl. 2016, Art. 33 EuGVVO Rn. 6. A. A. wohl Zöller/*Geimer*, ZPO, 31. Aufl. 2016, Art. 33 EuGVVO Rn. 2.

drittstaatlichen Litispendenz gestattet. Hierfür spricht ferner der Sinn und Zweck der in Art. 33 Abs. 1 enthaltenen Beschränkung auf bestimmte Gerichtsstände. Durch diese sollen die ausschließlichen Gerichtsstände und die Gerichtsstände zum Schutz typischerweise schwächerer Parteien in der EuGVVO gegenüber drittstaatlicher Rechtshängigkeit gestärkt werden. Dieses Ziel lässt sich nur erreichen, wenn der Rückgriff auf nationale Rechtshängigkeitsvorschriften versperrt bleibt.

Soweit sich die **internationale Zuständigkeit** des mitgliedstaatlichen 11 Gerichts **aus nationalem Recht** gem. Art. 6 oder einem **völkerrechtlichen Abkommen** ergibt, ist Art. 33 nicht anwendbar. Darin liegt ein weiterer entscheidender Unterschied zu Art. 29, der ungeachtet der Zuständigkeitsgrundlage greift. Gründet sich die internationale Zuständigkeit auf nationales Recht oder einen völkerrechtlichen Vertrag, versperrt Art. 33 jedoch nicht den Rückgriff auf einzelstaatliches Recht zur Berücksichtigung einer drittstaatlichen Rechtshängigkeit. Denn Art. 33 soll, wie bereits erläutert, lediglich bestimmte Gerichtsstände der EuGVVO gegen drittstaatliche Litispendenz absichern, nicht jedoch auch solche aus nationalem Zuständigkeitsrecht.

III. Aussetzung des mitgliedstaatlichen Verfahrens (Abs. 1)

Abs. 1 stellt die Aussetzung des mitgliedstaatlichen Verfahrens unter folgende 12 kumulative Voraussetzungen:

1. Partei- und Streitgegenstandsidentität

Eine Aussetzung gem. Abs. 1 setzt zum einen Partei- und Streitgegenstands- 13 identität in dem mitgliedstaatlichen und dem drittstaatlichen Gerichtsverfahren voraus. Umstritten ist, ob diese Begriffe wie in Art. 29 Abs. 1 oder nach einzelstaatlichem Verständnis auszulegen sind.

Für die Maßgeblichkeit des nationalen Rechts wird der Sinn und Zweck von 14 Art. 33 angeführt, widersprechende Entscheidungen zu vermeiden: Solche Widersprüche drohten nur, wenn die drittstaatliche Entscheidung im Mitgliedstaat des zweitbefassten Gerichts anerkannt werden kann. Da die Anerkennungsfähigkeit dem einzelstaatlichen Recht unterliege, sei es stimmiger, nach diesem Recht auch Streit- und Parteiidentität zu beurteilen.[9]

Richtigerweise sollten die Begriffe „wegen desselben Anspruchs zwischen den- 15 selben Parteien" **euroautonom unter Rückgriff auf die zu Art. 29 Abs. 1 ergangene Rechtsprechung** ausgelegt werden.[10] Hierfür sprechen zum einen der identische Wortlaut und das Interesse an einer einheitlichen Anwendung von Art. 33.[11] Eine euroautonome Interpretation ist zum anderen zum Schutz vor

---
[9] Rauscher/*Leible*, EuZPR, 4. Aufl. 2016, Art. 33 EuGVVO Rn. 8; Thomas/Putzo/*Hüßtege*, ZPO, 36. Aufl. 2015, Art. 33 EuGVVO Rn. 2; *Weber*, RabelsZ 75 (2011), S. 619 (634).
[10] Zöller/*Geimer*, ZPO, 31. Aufl. 2016, Art. 33 EuGVVO Rn. 1; *Heckel*, GPR 2012, S. 272 (279); *von Hein*, RIW 2013, S. 97 (106, Fn. 174).
[11] S. auch *von Hein*, RIW 2013, S. 97 (106, Fn. 174).

unvereinbaren Entscheidungen geboten: Widersprechende Entscheidungen drohen bei einer Fortsetzung des zweitgerichtlichen mitgliedstaatlichen Verfahrens jedoch nicht nur in diesem Mitgliedstaat, sondern auch in allen anderen Mitgliedstaaten, in denen die drittstaatliche Entscheidung anerkennungsfähig ist. Dies folgt aus Art. 45 Abs. 1 lit. d Fall 2, wonach die Anerkennung einer mitgliedstaatlichen Entscheidung auch dann zu versagen ist, wenn sie mit einer drittstaatlichen Entscheidung unvereinbar ist. Der Begriff der Unvereinbarkeit im Sinne dieses Anerkennungsversagungsgrunds ist euroautonom unter Heranziehung der Kernpunkttheorie von Art. 29 auszulegen,[12] so dass das Risiko widersprechender Entscheidungen nur dann durch Art. 33 Abs. 1 effektiv eingedämmt werden kann, wenn auch im Rahmen dieser Norm der euroautonome Maßstab zur Beurteilung von Partei- und Streitgegenstandsidentität herangezogen wird.

2. Frühere Anhängigkeit im Drittstaat

16 Entsprechend dem Wortlaut von Abs. 1 („*ist bei Anrufung... anhängig*") kommt eine Aussetzung durch das mitgliedstaatliche Gericht nur dann in Betracht, wenn das Verfahren vor dem drittstaatlichen Gericht früher eingeleitet worden ist.

17 Im Interesse einer einheitlichen Anwendung der Norm und zur Erleichterung der Handhabung der Aussetzungsregelung des Art. 33 ist der Zeitpunkt der Anhängigkeit der jeweiligen Verfahren nach **Maßgabe der autonomen Regelung in Art. 32** zu beurteilen.[13] Hierfür spricht auch der Wortlaut der Regelung, wonach diese für die Zwecke des gesamten Abschnitts 9 gilt.[14]

3. Positive Anerkennungsprognose (Abs. 1 lit. a)

18 Eine Aussetzung des mitgliedstaatlichen Verfahrens kommt nach Abs. 1 lit. a nur dann in Betracht, wenn zu erwarten ist, dass die drittstaatliche Entscheidung im Mitgliedstaat des Zweitgerichts anerkannt und vollstreckt werden kann. Das Erfordernis einer positiven Anerkennungsprognose ist nach den autonomen Rechten vieler Mitgliedstaaten Voraussetzung für die Beachtung ausländischer Rechtshängigkeit.[15]

19 Die Anerkennungsprognose nach Abs. 1 lit. a ist unter Heranziehung des im Mitgliedstaat des Zweitgerichts geltenden **autonomen oder ggf. staatsvertraglichen Anerkennungsrechts** durchzuführen.[16] Art. 36 ff. finden insoweit keine Anwendung, weil diese nur für die Anerkennung und Vollstreckung mitgliedstaatlicher Entscheidungen gelten. Die Maßgeblichkeit nationalen Rechts hat zur Folge, dass die Gerichte aus Mitgliedstaaten mit anerkennungsfreundli-

---

[12] EuGH, 4.2.1988 – Rs. 145/86, *Hoffmann ./. Krieg*, IPRax 1989, S. 159 (ECLI:EU:C:1988:61), Rn. 22; EuGH, 6.6.2002 – Rs. C-80/00, *Italian Leather ./. WECO Polstermöbel*, Slg. I-2002, 4995 (ECLI:EU:C:2002:342).
[13] Rauscher/*Leible*, EuZPR, 4. Aufl. 2016, Art. 33 EuGVVO Rn. 7; Zöller/*Geimer*, ZPO, 31. Aufl. 2016, Art. 33 EuGVVO Rn. 6.
[14] Rauscher/*Leible*, EuZPR, 4. Aufl. 2016, Art. 33 EuGVVO Rn. 7.
[15] Vgl. den rechtsvergleichenden Überblick bei *Heckel*, GPR 2012, S. 272 (274).
[16] Zöller/*Geimer*, ZPO, 31. Aufl. 2016, Art. 33 EuGVVO Rn. 4; Rauscher/*Leible*, EuZPR, 4. Aufl. 2016, Art. 33 EuGVVO Rn. 9; *von Hein*, RIW 2013, S. 97 (106).

cherem Recht häufiger aussetzen werden, als solche, deren nationales Recht gegenüber der Anerkennung drittstaatlicher Entscheidungen restriktiver ist.[17]

4. Aussetzung im Interesse geordneter Rechtspflege (Abs. 1 lit. b)

Art. 33 Abs. 1 lit. b setzt außerdem voraus, dass die Aussetzung des mitglied- 20
staatlichen Verfahrens im Interesse einer geordneten Rechtspflege erforderlich ist.[18] Welche Aspekte bei der Anwendung dieser Voraussetzung maßgeblich sind, ergibt sich aus **Erwgr. 24**.

Gem. Erwgr. 24 Satz 1 sollte das Gericht alle Umstände des bei ihm anhängi- 21
gen Falles berücksichtigen. Hierzu gehören nach Erwgr. 24 Satz 2 insbesondere Verbindungen des Streitgegenstands oder der Parteien zum Drittstaat, Stand des Verfahrens im Drittstaat bei Einleitung des mitgliedstaatlichen Verfahrens und voraussichtliche restliche Verfahrensdauer im Drittstaat. Ist demzufolge nicht zu erwarten, dass das **drittstaatliche Gericht innerhalb angemessener Frist entscheiden wird**, erscheint eine Aussetzung eher nicht im Interesse einer geordneten Rechtspflege. Dies dient dem Schutz des in Art. 6 Abs. 1 EMRK und Art. 47 EU-Grundrechtecharta garantierten Anspruchs auf angemessene Verfahrensdauer.[19] Was als angemessen in diesem Sinne gilt, lässt sich nicht anhand absoluter Zeitgrenzen beantworten, sondern verlangt eine Berücksichtigung der Einzelumstände des jeweiligen Falls.[20]

Schließlich kann das mitgliedstaatliche Gericht gem. Erwgr. 24 Satz 3 prüfen, 22
ob das drittstaatliche Gericht „*unter Umständen, unter denen ein Gericht eines Mitgliedstaats ausschließlich zuständig wäre, im betreffenden Fall ausschließlich zuständig ist*". Im Rahmen der Entscheidung über die Aussetzung ist demzufolge die **ausschließliche Zuständigkeit des ausländischen Gericht** in zwei Schritten zu prüfen. Zunächst ist unter spiegelbildlicher Anwendung der EuGVVO zu untersuchen, ob im konkreten Fall hypothetisch eine ausschließliche Zuständigkeit (etwa aufgrund Art. 24 oder 25) im Drittland eröffnet wäre. Im zweiten Schritt ist sodann zu prüfen, ob auch das ausländische Zuständigkeitsrecht – ähnlich wie die EuGVVO – eine ausschließliche Zuständigkeit des drittstaatlichen Gerichts vorsieht.[21]

Je nach Ausgestaltung des nationalen Anerkennungsrechts ist es möglich, dass 23
einige der genannten Kriterien bereits im Rahmen der Anerkennungsprognose gem. lit. a Berücksichtigung finden.[22]

5. Rechtsfolge: Ermessensentscheidung

Sind die Voraussetzungen von Abs. 1 erfüllt, steht die Aussetzung im 24
gerichtlichen Ermessen („*kann*"). Welche Kriterien in die Ermessensausübung

---

[17] Zöller/Geimer, ZPO, 31. Aufl. 2016, Art. 33 EuGVVO Rn. 4.
[18] Diese Einschränkung wird im Schrifttum als notwendiges „Sicherheitsventil" für den Rechtsverkehr mit Drittstaaten angesehen, deren rechtsstaatliches Niveau stark variieren kann, vgl. *von Hein*, RIW 2013, S. 97 (106).
[19] Vgl. hierzu die Ausführungen in der Kommentierung zu Art. 29 Rn. 64 ff.
[20] Rauscher/Leible, EuZPR, 4. Aufl. 2016, Art. 33 EuGVVO Rn. 11.
[21] Rauscher/Leible, EuZPR, 4. Aufl. 2016, Art. 33 EuGVVO Rn. 12.
[22] Rauscher/Leible, EuZPR, 4. Aufl. 2016, Art. 33 EuGVVO Rn. 14.

einfließen, ist der Verordnung nicht zu entnehmen. Sieht man das Tatbestandsmerkmal der „geordneten Rechtspflege" auf Gerichts- und öffentliche Interessen beschränkt, dürften bei strenger Auslegung auf der Rechtsfolgenseite insbesondere die Parteiinteressen keine Relevanz haben.[23] Aufgrund des weiten Wortlauts des Erwgr. 24 Satz 1 („*alle Umstände*") ist es jedoch durchaus möglich, auch die Parteiinteressen bei Prüfung der Anforderungen der „geordneten Rechtspflege" zu berücksichtigen.[24]

25   Angesichts der umfangreichen Prüfung auf Ebene der Tatbestandsvoraussetzungen von Abs. 1 sollte bei Vorliegen dieser Voraussetzungen in der Regel ausgesetzt werden (intendiertes Ermessen).[25]

IV. Fortführung eines ausgesetzten Verfahrens (Abs. 2)

26   Abs. 2 ermöglicht es dem mitgliedstaatlichen Gericht, das sein Verfahren zugunsten eines früher eingeleiteten drittstaatlichen Verfahrens ausgesetzt hat, unter den in lit.a–c aufgeführten alternativen Voraussetzungen wieder aufzunehmen.

27   Gem. lit. a ist eine Verfahrensfortführung möglich, wenn das **drittstaatliche Verfahren ausgesetzt oder eingestellt** wurde. Diese Alternative trägt dem Justizgewährungsanspruch des Klägers im zweitstaatlichen Verfahren sowie der Tatsache Rechnung, dass es im drittstaatlichen Verfahren nicht mehr zur Entscheidung kommen wird, so dass auch die Gefahr widersprechender Judikate gem. Art. 45 Abs. 1 lit. d nicht besteht.

28   Lit. b ermöglicht die Fortsetzung des mitgliedstaatlichen Verfahrens, wenn das Gericht des Mitgliedstaates zum Ergebnis kommt, dass im drittstaatlichen Verfahren **innerhalb angemessener Frist keine Entscheidung** ergehen wird. Diesen Aspekt hat das mitgliedstaatliche Gericht bereits bei der Entscheidung über die Aussetzung gem. Erwgr. 24 Satz 2 zu berücksichtigen. Lit. b wird demzufolge von Bedeutung sein, wenn sich aufgrund neuer Umstände herausstellt, dass die ursprüngliche Einschätzung der Verfahrensdauer nicht mehr zutrifft.

29   Lit. c bildet das Gegenstück zu Abs. 1 lit. b und ermöglicht eine Wiederaufnahme des Verfahrens, wenn dies im **Interesse einer geordneten Rechtspflege** geboten erscheint.

30   Ist einer der in lit. a–c genannten Alternativen tatbestandlich erfüllt, ist grundsätzlich das Verfahren fortzusetzen, so dass auch insoweit ein **intendiertes Ermessen** besteht.

V. Einstellung des mitgliedstaatlichen Verfahrens gem. Abs. 3

31   Nach Abs. 3 ist das mitgliedstaatliche Verfahren einzustellen, wenn das drittstaatliche Verfahren abgeschlossen ist und dort eine im Zweitstaat anerkennungs-

---

[23] *Heckel*, GPR 2012, S. 272 (240).
[24] So auch Rauscher/*Leible*, EuZPR, 4. Aufl. 2016, Art. 33 EuGVVO Rn. 16.
[25] Rauscher/*Leible*, EuZPR, 4. Aufl. 2016, Art. 33 EuGVVO Rn. 16.

und vollstreckungsfähig Entscheidung ergangen ist. Der Begriff der Einstellung ist aus Sicht des deutschen Verfahrensrechts unpassend, da Abs. 3 – anders als Abs. 1 – einen **endgültigen Abschluss des zweitstaatlichen Verfahrens** zur Folge hat, der in Deutschland durch Klageabweisung erfolgt.[26]

Entsprechend dem endgültigen Charakter der Verfahrenseinstellung nach Abs. 3 kann diese nur dann angeordnet werden, wenn das **erstgerichtliche Verfahren rechtskräftig abgeschlossen** worden ist.[27] Andernfalls drohte eine Verletzung des Justizgewährungsanspruchs. Vor diesem Hintergrund muss die Einstellungsentscheidung verbindlich feststellen, dass die drittstaatliche Entscheidung im Mitgliedstaat anerkennungsfähig ist.[28] **32**

In der Rechtsfolge ist bemerkenswert, dass Abs. 3, anders als die Abs. 1 und 2, dem Gericht **keinen Ermessensspielraum** einräumt, sondern die Einstellung bei Vorliegen der Voraussetzungen zwingend anordnet. Diese starre Rechtsfolge bedarf einer Korrektur, wenn im Interesse einer geordneten Rechtspflege eine Einstellung ausnahmsweise nicht angemessen erscheint. Eine Einstellung sollte insbesondere dann unterbleiben, wenn die mit dem zweitstaatlichen Verfahren verfolgten Rechtsschutzziele durch die drittstaatliche Entscheidung nicht erschöpfend erledigt worden sind.[29] Das ist etwa anzunehmen, wenn im Drittstaat eine negative Feststellungsklage als unbegründet abgewiesen wurde und im Mitgliedstaat eine Leistungsklage anhängig ist. In einem solchen Fall die Leistungsklage abzuweisen und den Kläger des mitgliedstaatlichen Verfahrens zur erneuten Verfahrenseinleitung zu zwingen, erscheint weder mit dem Interesse einer geordneten Rechtspflege noch mit dem Justizgewährungsanspruch des Klägers vereinbar.[30] Anders ist hingegen der Fall zu beurteilen, dass die negative Feststellungsklage im Drittstaat erfolgreich war. Ist das drittstaatliche Verfahren rechtskräftig abgeschlossen und das darin ergangene Urteil im Mitgliedstaat anerkennungsfähig, ist die Rechtsfolge der zwingenden Einstellung gem. Abs. 3 passend. **33**

Artikel 34 [Aussetzung/Einstellung bei in Zusammenhang stehenden Verfahren]

(1) Beruht die Zuständigkeit auf Artikel 4 oder auf den Artikeln 7, 8 oder 9 und ist bei Anrufung eines Gerichts eines Mitgliedstaats vor einem Gericht eines Drittstaats ein Verfahren anhängig, das mit dem Verfahren vor dem Gericht des Mitgliedstaats in Zusammenhang steht, so kann das Gericht des Mitgliedstaats das Verfahren aussetzen, wenn
a) eine gemeinsame Verhandlung und Entscheidung der in Zusammenhang stehenden Verfahren geboten erscheint, um zu vermeiden, dass in getrennten Verfahren widersprechende Entscheidungen ergehen könnten,

---
[26] So auch *Schlosser*/Hess, EuZPR, 4. Aufl. 2015, Art. 33 f. EuGVVO Rn. 5.
[27] *Rauscher*/*Leible*, EuZPR, 4. Aufl. 2016, Art. 33 EuGVVO Rn. 23.
[28] *Zöller*/*Geimer*, ZPO, 31. Aufl. 2016, Art. 33 EuGVVO Rn. 7.
[29] *Rauscher*/*Leible*, EuZPR, 4. Aufl. 2016, Art. 33 EuGVVO Rn. 24; *Domej*, RabelsZ 78 (2014), S. 508 (539 f.).
[30] *Schlosser*/Hess, EuZPR, 4. Aufl. 2015, Art. 33 f. EuGVVO Rn. 5.

b) zu erwarten ist, dass das Gericht des Drittstaats eine Entscheidung erlassen wird, die in dem betreffenden Mitgliedstaat anerkannt und gegebenenfalls vollstreckt werden kann, und
c) das Gericht des Mitgliedstaats davon überzeugt ist, dass die Aussetzung im Interesse einer geordneten Rechtspflege erforderlich ist.

(2) Das Gericht des Mitgliedstaats kann das Verfahren jederzeit fortsetzen, wenn
a) das Gericht des Mitgliedstaats es für wahrscheinlich hält, dass die Gefahr widersprechender Entscheidungen nicht mehr besteht,
b) das Verfahren vor dem Gericht des Drittstaats ebenfalls ausgesetzt oder eingestellt wurde,
c) das Gericht des Mitgliedstaats es für unwahrscheinlich hält, dass das vor dem Gericht des Drittstaats anhängige Verfahren innerhalb einer angemessenen Frist abgeschlossen wird, oder
d) die Fortsetzung des Verfahrens im Interesse einer geordneten Rechtspflege erforderlich ist.

(3) Das Gericht des Mitgliedstaats kann das Verfahren einstellen, wenn das vor dem Gericht des Drittstaats anhängige Verfahren abgeschlossen ist und eine Entscheidung ergangen ist, die in diesem Mitgliedstaat anerkannt und gegebenenfalls vollstreckt werden kann.

(4) Das Gericht des Mitgliedstaats wendet diesen Artikel auf Antrag einer der Parteien oder, wenn dies nach einzelstaatlichem Recht möglich ist, von Amts wegen an.

Schrifttum: *Heckel, Martin*, Beachtung ausländischer Rechtshängigkeit in Drittstaatenfällen – ein Beitrag zu Art. 34 EuGVO-E, GPR 212, S. 272. *Marongiu Buonaiuti, Fabrizio*, Lis Alibi Pendens and Related Actions in the Relationships with the Courts of Third Countries in the Recast of the Brussels I Regulation, YPIL 15 (2013/2014), S. 87; *Takahashi, Koji*, Review of the Brussels I Regulation: A Comment from the Perspectives of Non-Member States (Third States), J.Priv.Int.L. 8 (2012), S. 1.

Übersicht

	Rn.
I. Normzweck, Systematik und Entstehungsgeschichte	1
II. Anwendungsbereich	7
III. Aussetzung des mitgliedstaatlichen Verfahrens (Abs. 1)	10
1. Zusammenhang zwischen mitgliedstaatlichem und drittstaatlichem Verfahren (lit. a)	11
2. Frühere Anhängigkeit im Drittstaat	12
3. Positive Anerkennungsprognose und Aussetzung im Interesse einer geordneten Rechtspflege (lit. b und c)	14
4. Rechtsfolge: Ermessensentscheidung	15
IV. Fortführung eines ausgesetzten Verfahrens (Abs. 2)	16
V. Einstellung des mitgliedstaatlichen Verfahrens (Abs. 3)	19

I. Normzweck, Systematik und Entstehungsgeschichte

Art. 34 ermöglicht in Ergänzung zu Art. 33 die **Berücksichtigung dritt-** 1
staatlicher Litispendenz, wenn ein drittstaatliches Verfahren und ein später eingeleitetes mitgliedstaatliches Verfahren nicht denselben Streitgegenstand betreffen (dann: Art. 33), sondern lediglich in Zusammenhang stehen. Insoweit entspricht Art. 34 dem Art. 30, der lediglich für **konnexe Verfahren** vor verschiedenen *mitgliedstaatlichen* Gerichten gilt.

Art. 34 ist zusammen mit Art. 33 im Rahmen der EuGVVO-Revision 2012 2 neu eingeführt worden und dient der Koordinierung der Rechtsprechungstätigkeit mitgliedstaatlicher und drittstaatlicher Gerichte, sowie der Vermeidung widersprechender Entscheidungen.

Abs. 1 ermöglicht einem mitgliedstaatlichen Gericht, ein dort anhängiges 3 Verfahren zugunsten eines früher eingeleiteten drittstaatlichen Verfahrens **auszusetzen**, wenn beide Verfahren in Zusammenhang stehen. Der Begriff des Zusammenhangs wird in lit. a euroautonom in Anlehnung an Art. 30 Abs. 3 definiert. Lit. b und c stellen die Aussetzung des mitgliedstaatlichen Verfahrens unter zwei zusätzliche Voraussetzungen: erforderlich ist ähnlich wie in Art. 33 Abs. 1, dass die drittstaatliche Entscheidung im Mitgliedstaat voraussichtlich anerkannt und vollstreckt werden kann und dass die Aussetzung im Interesse einer geordneten Rechtspflege geboten ist.

Abs. 2 eröffnet dem mitgliedstaatlichen Gericht die Möglichkeit, ein ausge- 4 setztes **Verfahren wieder aufzunehmen**, wenn die Gefahr wiedersprechender Entscheidungen nicht mehr besteht (lit. a und b) oder die Verfahrensfortführung im Interesse der geordneten Rechtspflege geboten erscheint (lit. c und d). Abs. 2 entspricht – mit Ausnahme des lit. a – dem Art. 33 Abs. 2.

Nach **Abs. 3** hat das mitgliedstaatliche Gericht das **Verfahren (endgültig)** 5 **einzustellen**, wenn das drittstaatliche Verfahren rechtskräftig abgeschlossen wurde und die Entscheidung im Mitgliedstaat anerkennungsfähig ist. Die Regelung entspricht Art. 33 Abs. 3.

Abs. 4 ordnet ähnlich Art. 33 Abs. 4 an, dass die Vorschrift auf Antrag einer 6 der Parteien oder wenn – wenn nach einzelstaatlichem Recht möglich – **von Amts wegen** anzuwenden ist. In Deutschland wird die Beachtung ausländischer Rechtshängigkeit bei zusammenhängenden Verfahren gem. § 148 ZPO analog von Amts wegen angeordnet,[1] so dass auch Art. 33 von Amts wegen anzuwenden sein wird.

II. Anwendungsbereich

Art. 34 ist anwendbar, wenn das mitgliedstaatliche Verfahren in den **sachli-** 7 **chen Anwendungsbereich von Art. 1** fällt.

---

[1] OLG Frankfurt a.M. 12.11.1985 – 5 W 25/85, NJW 1986, S. 1443; OLG Karlsruhe, 22.4.1993 – 2 WF 131/92, FamRZ 1994, S. 46; Zöller/*Greger*, ZPO, 31. Aufl. 2016, § 148 ZPO Rn. 7a; Thomas/Putzo/*Reichold*, ZPO, 36. Aufl. 2015, § 148 ZPO, Rn. 2.

8 Art. 34 Abs. 1 setzt außerdem voraus, dass **das mitgliedstaatliche Gericht seine Zuständigkeit auf Art. 4, 7, 8 oder 9 stützt**. Die Norm findet demzufolge keine Anwendung, wenn die internationale Zuständigkeit des mitgliedstaatlichen Gerichts auf einem ausschließlichen Gerichtsstand i.S.v. Art. 24, einer ausschließlichen Gerichtsstandsvereinbarung gem. Art. 25 oder rügeloser Einlassung des Beklagten i.S.v. Art. 26 beruht oder es sich um eine Versicherungs-, Verbraucher oder individuelle Arbeitsrechtsstreitigkeit i.S.v. Art. 10–23 handelt.

9 Beruht die internationale Zuständigkeit des mitgliedstaatlichen Gerichts **auf einer anderen EuGVVO-Vorschrift**, als den in Abs. 1 genannten, ist eine Berücksichtigung des konnexen drittstaatlichen Verfahrens – gem. Art. 34 ohnehin aber auch nach nationalem Verfahrensrecht – ausgeschlossen. Ergibt sich die internationale Zuständigkeit des mitgliedstaatlichen Gerichts hingegen gem. Art. 6 aus nationalem Recht oder einem völkerrechtlichen Übereinkommen, bleibt es dem mitgliedstaatlichen Gericht unbenommen, das konnexe drittstaatliche Verfahren nach einzelstaatlichem Recht zu berücksichtigen.[2]

III. Aussetzung des mitgliedstaatlichen Verfahrens (Abs. 1)

10 Abs. 1 stellt die Aussetzung des mitgliedstaatlichen Verfahrens unter folgende kumulative Voraussetzungen:

1. Zusammenhang zwischen mitgliedstaatlichem und drittstaatlichem Verfahren (lit. a)

11 Eine Verfahrensaussetzung nach Abs. 1 ist gem. lit. a nur dann möglich, wenn die Verfahren im Zusammenhang stehen, so dass eine gemeinsame Verhandlung und Entscheidung geboten erscheint, um zu vermeiden, dass in getrennten Verfahren widersprechende Entscheidungen ergehen. Der Begriff des *„Verfahrenszusammenhangs"* ist im Interesse einer einheitlichen Anwendung autonom wie in Art. 30 Abs. 3 auszulegen,[3] so dass auf die Kommentierung zu dieser Vorschrift verwiesen wird.[4]

2. Frühere Anhängigkeit im Drittstaat

12 Entsprechend dem Wortlaut von Abs. 1 (*„ist bei Anrufung... anhängig"*) kommt eine Aussetzung durch das mitgliedstaatliche Gericht nur dann in Betracht, wenn das **Verfahren vor dem drittstaatlichen Gericht früher eingeleitet** worden ist.

13 Im Interesse einer einheitlichen Anwendung der Norm und zur Erleichterung der Handhabung der Aussetzungsregelung des Art. 34 ist der Zeitpunkt der Anhängigkeit der jeweiligen Verfahren nach **Maßgabe der autonomen Regelung in Art. 32** zu beurteilen.

---
[2] Vgl. die Begründung bei Art. 33 Rn. 10 f.
[3] Rauscher/*Leible*, EuZPR, 4. Aufl. 2016, Art. 34 EuGVVO Rn. 3.
[4] Vgl. dort Rn. 14 f.

3. Positive Anerkennungsprognose und Aussetzung im Interesse einer geordneten Rechtspflege (lit. b und c)

Eine Aussetzung erfordert neben dem Vorliegen eines Zusammenhangs zwischen den Verfahren, dass die drittstaatliche Entscheidung im Mitgliedstaat voraussichtlich anerkennungsfähig ist (lit. b) und die Aussetzung im Interesse einer geordneten Rechtspflege angemessen erscheint (lit. c). Beide Voraussetzungen sind wortgleich mit Art. 33 Abs. 1 lit. a und b, so dass die dortigen Ausführungen entsprechend gelten.[5] 14

4. Rechtsfolge: Ermessensentscheidung

Sind die tatbestandlichen Voraussetzungen von Abs. 1 erfüllt, steht die Aussetzung im gerichtlichen Ermessens („kann"). Angesichts der umfangreichen Prüfung auf Ebene der Tatbestandsvoraussetzungen von Abs. 1 sollte bei Vorliegen dieser Voraussetzungen – ebenso wie in Art. 33 Abs. 1 – in der Regel ausgesetzt werden (intendiertes Ermessen).[6] 15

IV. Fortführung eines ausgesetzten Verfahrens (Abs. 2)

Abs. 2 gestattet es dem mitgliedstaatlichen Gericht, das sein Verfahren gem. Abs. 1 zugunsten eines früher eingeleiteten drittstaatlichen Verfahrens ausgesetzt hat, unter den in lit. a–d aufgeführten alternativen Voraussetzungen das Verfahren wieder aufzunehmen. 16

Gem. **lit. a** ist eine Verfahrensfortführung möglich, wenn aus Sicht des mitgliedstaatlichen Gerichts die Gefahr widersprechender Entscheidungen nicht mehr besteht. Der Verfahrenszusammenhang kann im Sinne dieser Regelung u.a. dann entfallen, wenn sich in einem der Verfahren der Streitgegenstand verändert, weil der Kläger die Klage teilweise zurücknimmt, oder der Beklagte – soweit zulässig – eine erhobene Einwendung wieder zurückzieht. 17

Die weiteren in Abs. 2 vorgesehenen Gründe für eine Verfahrensfortsetzung entsprechen denen von Art. 33 Abs. 2:[7] 17a

Lit. b ermöglicht die Verfahrensfortführung, wenn das drittstaatliche Verfahren eingestellt oder ausgesetzt worden ist, und sichert den Justizgewährungsanspruch des Klägers. Gem. **lit. c** kann das mitgliedstaatliche Verfahren fortgesetzt werden, wenn sich abzeichnet, dass das drittstaatliche Verfahren nicht innerhalb einer angemessenen Frit abgeschlossen wird. Im Sinne eines Auffangtatbestandes ermöglicht schließlich **lit. d** allgemein aus Gründen einer „geordneten Rechtspflege" die Verfahrensfortsetzung.

Ist eine der in lit.a–d genannten Alternativen tatbestandlich erfüllt, ist grundsätzlich das Verfahren fortzusetzen, so dass auch insoweit ein **intendiertes Ermessen** besteht. 18

---

[5] Vgl. die Kommentierung zu Art. 33 Rn. 18 ff.
[6] Rauscher/*Leible*, EuZPR, 4. Aufl. 2016, Art. 35 EuGVVO Rn. 5; vgl. im Übrigen die Kommentierung bei Art. 33 Rn. 24 f.
[7] Vgl. hierzu die Kommentierung bei Art. 33, Rn. 27 ff.

V. Einstellung des mitgliedstaatlichen Verfahrens (Abs. 3)

19 Abs. 3 ermöglicht es dem mitgliedstaatlichen Gericht, das vor ihm anhängige Verfahren endgültig einzustellen, wenn das drittstaatliche Verfahren abgeschlossen ist und dort eine im Zweitstaat anerkennungs- und vollstreckungsfähige Entscheidung ergangen ist. Anders als bei Art. 33 Abs. 3 steht die Einstellungsentscheidung **im Ermessen** des mitgliedstaatlichen Gerichts. Diese Abweichung erklärt sich dadurch, dass in den von Art. 34 erfassten Fällen das im Mitgliedstaat verfolgte Rechtsschutzbegehren durch die drittstaatliche Entscheidung grundsätzlich nicht erledigt werden kann. Denn beide Verfahren stehen lediglich im Zusammenhang.

20 Praktisch ist kaum ein Fall denkbar, in dem eine endgültige Verfahrenseinstellung nach Abs. 3 interessengerecht sein wird. Selbst wenn die drittstaatliche Entscheidung dem mitgliedstaatlichen Verfahren die „Grundlage" entziehen sollte, erscheint es angemessener, die mitgliedstaatliche Klage unter Berücksichtigung der Rechtskraft bzw. anderer Bindungswirkungen des drittstaatlichen Urteils als unbegründet abzuweisen, anstatt das Verfahren einzustellen. Wird in dem drittstaatlichen und dem mitgliedstaatlichen Verfahren über verschiedene Ansprüche aus ein und demselben Vertrag gestritten und entscheidet das drittstaatliche Gericht mit Bindungswirkung, dass der Vertrag unwirksam ist, **kann nur eine eigene Sachentscheidung des Zweitgerichts** den Justizgewährungsanspruch der Parteien erfüllen. Ist das drittstaatliche Urteil im Mitgliedstaat anerkennungsfähig, ist es vorzugswürdig, die dortige Klage als unbegründet abzuweisen, anstatt lediglich ein Prozessurteil auf Grundlage von Abs. 3 zu erlassen.

Abschnitt 10 Einstweilige Maßnahmen einschließlich Sicherungsmaßnahmen

Artikel 35 [Einstweilige Maßnahmen]

Die im Recht eines Mitgliedstaats vorgesehenen einstweiligen Maßnahmen einschließlich Sicherungsmaßnahmen können bei den Gerichten dieses Mitgliedstaats auch dann beantragt werden, wenn für die Entscheidung in der Hauptsache das Gericht eines anderen Mitgliedstaats zuständig ist.

EuGH-Rechtsprechung: EuGH, 27.3.1979 – Rs. 143/78, *De Cavel ./. De Cavel I*, Slg. 1979, 1055 (ECLI:EU:C:1979:83)

EuGH, 6.3.1980 – Rs. 120/79, *De Cavel ./. De Cavel II*, Slg. 1980, 731 (ECLI:EU:C:1980:70)

EuGH, 26.3.1992 – Rs. C-261/90, *Reichert und Kockler ./. Dresdner Bank AG*, Slg. 1992, I-2149 (ECLI:EU:C:1992:149)

EuGH, 17.11.1998 – Rs. C-391/95, *Van Uden Maritime BV ./. Deco-Line u.a.*, Slg. 1998, I-7091 (ECLI:EU:C:1998:543)

Text + Erläuterungen   Art. 35   **B Vor I** 7

EuGH, 27.4.1999 – Rs. C-99/96, *Mietz* ./. *Intership Yachting Sneek BV*, Slg. 1999, I-1597 (ECLI:EU:C:1999:202)

EuGH, 28.4.2005 – Rs. C-104/03, *St. Paul Dairy Industries NV* ./. *Unibel Exser BVBA*, ECLI:EU:C:2005:255

EuGH, 12.7.2012 – Rs. C-616/10, *Solvay SA* ./. *Honeywell Fluorine Products Europe BV*, ECLI:EU:C:2012:445

Schrifttum: *Böttger, Sebastian*, Deutsche einstweilige Verfügungen: Durchsetzung im europäischen Ausland, GRUR-Prax 2013, S. 484; *Carl, Ingemar*, Einstweiliger Rechtsschutz bei Torpedoklagen, 2007; *Dickinson, Andrew*, Provisional Measures in the „Brussels I"-Review – Disturbing the Status Quo?, IPRax 2010, S. 203; *Fohrer, Katja/Mattil, Peter*, Der grenzüberschreitende dingliche Arrest im Anwendungsbereich des EuVÜ, WM 2002, S. 840; *Hartenstein, Olaf*, Einstweiliger Rechtsschutz trotz Gerichtsstandsvereinbarung, TranspR 2015, S. 228; *Heinze, Christian*, Einstweiliger Rechtsschutz im europäischen Immaterialgüterrecht, 2007; *ders.*, Europäische Urteilsfreizügigkeit von Entscheidungen ohne vorheriges rechtliches Gehör, ZZP 120 (2007), S. 303; *ders.*, Beweissicherung im europäischen Zivilprozessrecht, IPRax 2008, S. 480; *Hess, Burkhard/Zhou Cui*, Beweissicherung und Beweisbeschaffung im europäischen Justizraum, IPRax 2007, S. 183; *Ingenhoven, Thomas*, Grenzüberschreitender einstweiliger Rechtsschutz durch englische Gerichte, 2012; *Kimmerle, Maximiliane*, Befriedigungsverfügungen nach Art. 24 EuGVÜ/31 EuGVO, 2013; *Kofmel Ehrenzeller, Sabine*, Der vorläufige Rechtsschutz im internationalen Verhältnis. Grundlagen, 2005; *Kröll, Stefan*, Die internationale Zuständigkeit deutscher Gerichte für einstweiligen Rechtsschutz bei ausländischem Schiedsort, IHR 2005, S. 142; *Lindacher, Dieter*, Einstweiliger Rechtsschutz in Wettbewerbssachen unter dem Geltungsregime von Brüssel I, Festschrift für Dieter Leipold zum 70. Geburtstag, Stürner, Rolf; Matsumoto, Hiroyuki; Lüke, Wolfgang u.a. (Hrsg.), 2009, S. 251; *Mankowski, Peter*, Selbständige Beweisverfahren und einstweiliger Rechtsschutz in Europa, JZ 2015, S. 1144; *Reiner, Andreas*, Schiedsgerichtsbarkeit, Einstweiliger Rechtsschutz und EuGVÜ, IPRax 2003, S. 74; *Schlosser, Peter*, Anerkennung und Vollstreckung englischer freezing injunctions, IPRax 2006, S. 300; *ders.*, EuGVVO und einstweiliger Rechtsschutz betreffend schiedsbefangener Ansprüche, IPRax 2009, S. 416; *Schneider, Félicie*, Die Leistungsverfügung im niederländischen, deutschen und europäischen Zivilprozessrecht, 2013; *Tsikrikas, Dimitros*, Internationale Zuständigkeit zum Erlass einstweiliger Maßnahmen nach den Regeln der EuGVO, ZZPInt 2012, S. 293; *Wannenmacher, Kathrin*, Einstweilige Maßnahmen im Anwendungsbereich von Art. 31 EuGVVO in Frankreich und Deutschland. Eine Betrachtung ausgesuchter Verfahren des einstweiligen Rechtsschutzes im Internationalen Zivilverfahrensrecht – gerichtliche Zuständigkeit, Anerkennung und Vollstreckung, 2007; *Willeitner, Volker*, Vermögensgerichtsstand und einstweiliger Rechtsschutz im deutschen, niederländischen und europäischen Zivilprozessrecht, 2003; *Zerr, Christian*, Prozesstaktik bei Arrestverfahren innerhalb Europas nach der Neufassung der EuGVVO, EuZW 2013, S. 292; *Zhou, Cui*, Einstweiliger Rechtsschutz in China und im europäischen Justizraum. Deutschland, Großbritannien, Frankreich und die Niederlande, 2008.

Übersicht

	Rn.
I. Normzweck, Systematik und Entstehungsgeschichte	1
II. Anwendungsbereich	6

III. Begriff der einstweiligen Maßnahme i.S.v. Art. 35 12
  1. Merkmal Nr. 1: Vorläufiger Charakter der Maßnahme 13
  2. Merkmal Nr. 2: Reale Verknüpfung zum Erlassstaat 16
  3. Beispiele 19
IV. Die internationale Zuständigkeit für den Erlass einstweiliger Maßnahmen .. 23
  1. Internationale Zuständigkeit gem. Art. 4 ff. für einstweilige Maßnahmen 26
  2. Internationale Zuständigkeit gem. Art. 35 i.V.m. nationalem Verfahrensrecht 31
    a) Arrest gem. §§ 916 ff. ZPO 34
    b) Einstweilige Verfügung gem. §§ 935 ff. ZPO 39
V. Mehrfache Rechtshängigkeit 42
  1. Kollision von Hauptsacheverfahren und einstweiligem Rechtsschutz 43
  2. Kollision mehrerer einstweiliger Rechtsschutzverfahren 44
VI. Anerkennung und Vollstreckung 48
VII. Empfehlungen für die Anwaltspraxis 51

I. Normzweck, Systematik und Entstehungsgeschichte

1 Maßnahmen des einstweiligen Rechtsschutzes spielen in der Rechtspraxis unter dem Gesichtspunkt des effektiven Gläubigerschutzes eine zentrale Rolle. Gründe hierfür sind die oft inakzeptable Dauer von Hauptsacheverfahren und der Umstand, dass es im zusammenwachsenden Europa für international tätige Schuldner immer leichter wird, sich einer Zwangsvollstreckung durch grenzüberschreitende Vermögensverschiebungen zu entziehen.[1] In grenzüberschreitenden Streitigkeiten haben Gläubiger daher im Grundsatz ein erhebliches **Bedürfnis, Maßnahmen des vorläufigen Rechtsschutzes schnell und effizient** erwirken und durchsetzen zu können. Diesem praktischen Bedürfnis trägt die EuGVVO nur in beschränktem Maße Rechnung durch die Regelungen in Art. 35, Art. 40 und Art. 2 lit a Satz 2.

2 Art. 35 ist insoweit die Kernvorschrift und regelt zweierlei: Zum einen macht die Norm mit der Formulierung „*auch dann*" deutlich, dass das gem. **Art. 4 ff.** in der Hauptsache zuständige Gericht auch für den Erlass einstweiliger Maßnahmen zuständig ist. Zum anderen stellt die Vorschrift klar, dass mitgliedstaatliche Gerichte die internationale Zuständigkeit für den Erlass einstweiliger Maßnahmen alternativ auf ihr nationales Recht stützen können. Dieser nach dem Wortlaut uneingeschränkte Verweis auf das nationale Zuständigkeitsrecht ist allerdings irreführend. Der EuGH hat nämlich in zwei Grundsatzentscheidungen den Rückgriff auf die nationalen Gerichtsstände erheblich eingeschränkt, um einer Umgehung der EuGVVO-Zuständigkeitsordnung vorzubeugen (vgl. hierzu ausführlich unten Rn. 12 ff., 31).[2]

3 **Art. 2 lit. a Satz 2** enthält eine enge Definition des Begriffs der einstweiligen Maßnahme in der EuGVVO. Die Regelung wurde im Zuge der EuGVVO-Revision 2012 eingeführt und schafft nun Klarheit darüber, dass einstweilige

---

[1] *Stadler*, JZ 1999, S. 1089
[2] EuGH, 17. 11.1998 – Rs. C-391/95, *Van Uden Maritime BV ./. Deco-Line u.a.*, Slg. 1998, I-7091 (ECLI:EU:C:1998:543); EuGH, 27.4.1999 – Rs. C-99/96, *Mietz ./. Interhip Yachting Sneek BV,* Slg. 1999, I-1597 (ECLI:EU:C:1999:202).

Maßnahmen nur in sehr begrenztem Maße nach Art. 36 ff. grenzüberschreitend durchgesetzt werden können. Die Titelfreizügigkeit nach der EuGVVO kommt lediglich Maßnahmen zugute, die von dem nach Art. 4 ff. zuständigen Hauptsachegericht erlassen worden sind, wenn das rechtliche Gehör des Beklagten gewahrt war (vgl. hierzu ausführlich die Kommentierung zu Art. 2, Rn. 23 ff.). Alle von Art. 35 erfassten einstweiligen Maßnahmen, d.h. solche die aufgrund nationaler Zuständigkeitsvorschriften erlassen worden sind, kommen demnach nicht in den Genuss der schnellen und kosteneffizienten grenzüberschreitenden Durchsetzung nach der EuGVVO.

Liegt eine vollstreckbare Entscheidung eines mitgliedstaatlichen Gerichts vor, 4 eröffnet **Art. 40** die Möglichkeit in jedem anderen Mitgliedstaat die dort vorgesehenen einstweiligen Sicherungsmaßnahmen zu ergreifen. Von Art. 35 unterscheidet sich Art. 40 in zweierlei Hinsicht: Zum einen gilt Art. 40 erst ab dem Vorliegen einer vollstreckbaren Entscheidung in der Hauptsache, während Art. 35 schon vorher anwendbar ist. Zum anderen verdrängt Art. 40 die im Recht des Vollstreckungsstaates vorgesehen Voraussetzungen für die Anordnung einer einstweiligen Maßnahme, während Art. 35 auch insoweit auf das einzelstaatliche Recht verweist.

Die Einleitung eines einstweiligen Rechtsschutzverfahrens in einem Mitglied- 5 staat schließt es nicht aus, in einem anderen Mitgliedstaat eine ähnliche oder gegenteilige Maßnahme des einstweiligen Rechtsschutzes zu erlangen. **Art. 29 ff.** finden insoweit keine Anwendung, weil diese Vorschriften nach ihrem ausdrücklichen Wortlaut lediglich „Klagen" erfassen (vgl. hierzu unten Rn. 42 ff.).

II. Anwendungsbereich

Art. 35 findet lediglich dann Anwendung, wenn der Antragsgegner seinen 6 Wohnsitz in einem Mitgliedstaat hat. Ist dies nicht der Fall, gestattet bereits Art. 6 Abs. 1 den Rückgriff auf nationales Zuständigkeitsrecht für einstweilige Maßnahmen.

Des Weiteren muss der **sachliche Anwendungsbereich** der EuGVVO eröff- 7 net sein. Maßgeblich hierfür ist der Verfahrensgegenstand des Antrags auf einstweiligen Rechtsschutz und nicht der der Hauptsache. Somit ist es theoretisch möglich, dass Art. 35 eingreift, obwohl die Hauptsache vom sachlichen Anwendungsbereich der EuGVVO nicht erfasst ist.[3] Soweit die einstweilige Maßnahme dazu dient, den im Rahmen der Hauptsache geltend gemachten Anspruch zu sichern, ist sie hingegen stets dem Rechtsgebiet zuzurechnen, zu dem die zu sichernden Ansprüche gehören, so dass Art. 35 nur dann gilt, wenn die Hauptsache in sachlicher Hinsicht von der EuGVVO erfasst ist.[4]

---

[3] EuGH, 6.3.1980 – Rs. 120/79, *De Cavel ./. De Cavel II*, Slg. 1980, 731 (ECLI:EU:C:1980:70), Rn. 5 ff.: Eine einstweilige Anordnung auf Unterhaltszahlung unterliegt dem EuGVÜ, selbst wenn sie im Rahmen eines gem. Art. 1 Abs. 2 lit. a vom Anwendungsbereich des Übereinkommens ausgeschlossenen Scheidungsverfahrens ergeht. Aufgrund des neuen Art. 1 Abs. 2 lit. e EuGVVO kann sich diese Konstellation allerdings nicht mehr unter der EuGVVO ergeben.
[4] EuGH, 27.3.1979 – Rs. 143/78, *De Cavel ./. De Cavel I*, Slg. 1979, 1055 (ECLI:EU:C:1979:83), Rn. 9.

8 Ein Rückgriff auf das nationale Recht nach Art. 35 wird durch die **ausschließlichen Gerichtsstände in Art. 24** nicht ausgeschlossen, so dass einstweiliger Rechtsschutz auch außerhalb des ausschließlichen Gerichtsstands i.S.v. Art. 24 begehrt werden kann.[5] Art. 24 und Art. 35 regeln unterschiedliche Sachverhalte und haben demzufolge unterschiedliche Geltungsbereiche: Art. 24 bezweckt die Zuweisung der Zuständigkeit für Entscheidungen in der Hauptsache auf bestimmten Gebieten, während Art. 35 gerade unabhängig von der Zuständigkeit in der Hauptsache Anwendung finden soll.[6]

9 Soweit für ein Verfahren in der Hauptsache die ausschließliche Zuständigkeit eines mitgliedstaatlichen Gerichts vereinbart worden ist, muss zunächst auf der Grundlage der **Gerichtsstandsvereinbarung** und des anwendbaren Auslegungsstatut ermittelt werden, ob sie die Zuständigkeit von Gerichten außerhalb des prorogierten Forums für den Erlass einstweiliger Maßnahmen ausschließt.[7] Entfaltet die Gerichtsstandsvereinbarung insoweit keine Derogationswirkung, kann ein anderes als das prorogierte Gericht für den Erlass einstweiliger Maßnahmen in Anwendung von Art. 35 nach nationalem Recht international zuständig sein.[8] Das prorogierte Forum ist – soweit kein anderweitiger Parteiwille erkennbar ist – auch für den Erlass einstweiliger Maßnahmen international zuständig. Denn die Hauptsachezuständigkeit i.S.v. Art. 25 umfasst grundsätzlich auch die Zuständigkeit für einstweilige Maßnahmen.

10 Ist ein Verfahren in der Hauptsache durch eine **Schiedsvereinbarung** der Gerichtsbarkeit staatlicher Gerichte entzogen, bleibt in aller Regel der Weg zu den staatlichen Gerichten für einstweilige Maßnahmen offen. Dies ergibt sich daraus, dass die Parteien zum Schutz ihrer Interessen im Zweifel nicht die Eilrechtszuständigkeit staatlicher Gerichte ausschließen wollen.[9] Liegt der Ort des schiedsgerichtlichen Verfahrens in Deutschland, ist dies ausdrücklich in § 1033 ZPO festgeschrieben.

11 Allerdings kann die Zuständigkeit für einstweiligen Rechtsschutz bei schiedsbefangenen Ansprüchen nicht auf eine Zuständigkeit in der Hauptsache gem. Art. 4 ff. gestützt werden, weil in der Hauptsache gerade kein staatliches, sondern ein Schiedsgericht zuständig ist.[10] Die Zuständigkeit der staatlichen Gerichte ist daher nach Art. 35 i.V.m. nationalem Recht zu ermitteln.[11] Verweist das hier-

---

[5] EuGH, 12.7.2012 – Rs. C-616/10, *Solvay SA ./. Honeywell Fluorine Products Europe BV*, ECLI:EU:C:2012:445.

[6] EuGH, 12.7.2012 – Rs. C-616/10, *Solvay SA ./. Honeywell Fluorine Products Europe BV*, ECLI:EU:C:2012:445, Rn. 36.

[7] Vgl. zum Auslegungsstatut und zu der Reichweite von Gerichtsstandsvereinbarungen hinsichtlich einstweiliger Maßnahmen, Art. 25 Rn. 260 ff.

[8] *Hartenstein*, TranspR 2015, S. 228 (231). Unzutreffend insoweit LG Bremen, 31.1.2014 – 11 O 7/14, TranspR 2014, S. 199, das anstatt das Auslegungsstatut zu befragen, zu Unrecht von einer allgemeinen Meinung ausgeht, wonach Art. 35 EuGVVO nicht anwendbar sei, wenn die Parteien eine ausschließliche Gerichtsstandsvereinbarung getroffen haben.

[9] Es ist theoretisch möglich, aber praktisch selten, dass die Schiedsvereinbarung die Zuständigkeit staatlicher Gerichte auch für Maßnahmen des einstweiligen Rechtsschutzes derogiert.

[10] EuGH, 17. 11.1998 – Rs. C-391/95, *Van Uden Maritime BV ./. Deco-Line u.a.*, Slg. 1998, I-7091 (ECLI:EU:C:1998:543), Rn. 48; *Geimer*, in: FS Ahrens, 2016, S. 501 (504).

[11] *Geimer*, in: FS Ahrens, 2016, S. 501 (504); *Schlosser*/Hess, EuZPR, 4. Aufl. 2015, Art. 35 EuGVVO Rn. 8.

durch berufene nationale Zuständigkeitsrecht auf den Hauptsachegerichtsstand (so etwa in Deutschland: §§ 919, 937 Abs. 1 ZPO), können die Art. 4 ff. allerdings mittelbar zur Anwendung gelangen. Art. 35 i.V.m. nationalen Recht gilt jedoch nur, wenn die einstweilige Maßnahme in den sachlichen Anwendungsbereich der EuGVVO fällt und insbesondere nicht von dem Ausnahmetatbestand von Art. 1 Abs. 2 lit. d erfasst ist.[12] Auf Art. 35 i.V.m. nationalen Recht können demzufolge nur Maßnahmen zur Sicherung eines von der Schiedsvereinbarung erfassten materiell-rechtlichen Anspruchs gestützt werden. Nicht erfasst sind hingegen einstweilige Maßnahmen, die unmittelbar die Durchführung des schiedsgerichtlichen Verfahrens (etwa Konstituierung des Schiedsgerichts) oder die Vollstreckung eines Schiedsspruchs betreffen.[13]

III. Begriff der einstweiligen Maßnahme i.S.v. Art. 35

Der Begriff der einstweiligen Maßnahme ist in Art. 2 lit. a Satz 2 lediglich für die Zwecke von Kapitel III, d.h. für die grenzüberschreitende Anerkennung und Vollstreckung geregelt. Soweit es um die internationale Zuständigkeit für den Erlass solcher Maßnahmen i.S.v. Art. 35 geht, ist der Begriff eigenständig unter Berücksichtigung der einschlägigen EuGH-Rechtsprechung auszulegen. 12

1. Merkmal Nr. 1: Vorläufiger Charakter der Maßnahme

Nach dem Begriffsverständnis des EuGH sind einstweilige Maßnahmen dadurch gekennzeichnet, dass sie eine *„Veränderung der Sach- oder Rechtslage verhindern sollen, um Rechte zu sichern, deren Anerkennung im Übrigen bei dem in der Hauptsache zuständigen Gericht beantragt wird".*[14] 13

Aus dieser Definition ergibt sich, dass Art. 35 nur für solche Maßnahmen gilt, die einen vorläufigen Charakter haben, d.h. eine Entscheidung in der Hauptsache nicht vorwegnehmen. Diese Einschränkung rechtfertigt sich durch den Schutz der Zuständigkeitsvorschriften in Art. 4 ff. EuGVVO: Diese würden umgangen, wenn über Art. 35 an einzelrechtlichen Gerichtsständen Maßnahmen erwirkt werden könnten, die wie eine Hauptsacheentscheidung wirken. Es ist daher sicherzustellen, dass einstweilige Maßnahmen zeitlich begrenzt sind und ihre Wirkung verlieren, wenn der Antragsteller nicht innerhalb einer bestimmten Frist die Klage in der Hauptsache erhebt. Ggf. muss das Gericht eine solche Befristung anordnen (vgl. § 926 Abs. 1 ZPO).[15] 14

Der vom EuGH geforderte vorläufige Charakter ist bei **rein sichernden Maßnahmen** in der Regel ohne weiteres gegeben. Bei der Anordnung der vorläufigen Erfüllung von Leistungspflichten (**Leistungsverfügungen**) kann der 15

---

[12] EuGH, 17. 11.1998 – Rs. C-391/95, *Van Uden Maritime BV ./. Deco-Line u.a.*, Slg. 1998, I-7091, Rn. 34.
[13] Vgl. Kommentierung zu Art. 1 Rn. 100 ff., 122 ff.
[14] EuGH, 17. 11.1998 – Rs. C-391/95, *Van Uden Maritime BV ./. Deco-Line u.a.*, Slg. 1998, I-7091 (ECLI:EU:C:1998:543), Rn. 37; so auch EuGH, 26.3.1992 – Rs. C-261/90, *Reichert und Kockler ./. Dresdner Bank AG*, Slg. 1992, I-2149 (ECLI:EU:C:1992:149), Rn. 34.
[15] Rechtbank Amsterdam, 16.3.2009, IBR 2009, S. 385.

einstweilige Charakter hingegen problematisch sein. Der EuGH hat klargestellt, dass Leistungsverfügungen grundsätzlich unter den Begriff der einstweiligen Maßnahme i.S.v. Art. 35 fallen. Allerdings muss der vorläufige Charakter der Maßnahme dadurch gewährleistet sein, dass die Rückzahlung des einstweilen zugesprochenen Betrags für den Fall garantiert ist, dass der Antragsteller in der Hauptsache nicht obsiegt.[16] Dies bedeutet, dass eine Leistungsverfügung nur ergehen kann, wenn das Gericht durch Anordnung einer Sicherheitsleistung die Rückzahlung sichergestellt hat.[17] Der ggf. im nationalen Recht insoweit vorgesehene Ermessensspielraum (vgl. im deutschen Recht: §§ 921 Satz 2, 936 ZPO) reduziert sich auf Null.[18] Diese Beschränkung ist allerdings nur bei Leistungsverfügungen im Anwendungsbereich von Art. 35 zu beachten, die nach nationalem Recht außerhalb eines Hauptsachegerichtsstands i.S.v. Art. 4 ff. EuGVVO ergehen.[19] Denn nur insoweit besteht die Gefahr, dass die Zuständigkeit eines Hauptsachegerichts nach der EuGVVO durch den Erlass einstweiliger Maßnahmen ausgehöhlt wird.

2. Merkmal Nr. 2: Reale Verknüpfung zum Erlassstaat

16 Darüber hinaus ist der Begriff der einstweiligen Maßnahme i.S.v. Art. 35 nach der Rechtsprechung des EuGH auf solche Maßnahmen beschränkt, deren Gegenstand eine reale Verknüpfung zum Erlassstaat hat.[20] Diese Beschränkung erklärt sich durch die gebotene Beweis- und Sachnähe des anordnenden Gerichts: Der Erlass einstweiliger Maßnahmen erfordert besondere Umsicht und genaue Kenntnis der konkreten Umstände, in deren Rahmen die beantragte Maßnahme wirken soll. Demzufolge ist im Anwendungsbereich der EuGVVO sicherzustellen, dass einstweilige Maßnahmen nur von einem solchen Gericht erlassen werden, das in der Lage ist, die maßgeblichen Umstände zutreffend zu beurteilen.[21] Um dies zu gewährleisten soll „*zwischen dem Gegenstand der beantragten Maßnahme und der gebietsbezogenen Zuständigkeit des Vertragsstaats des angerufenen Gerichts eine reale Verknüpfung*" bestehen.[22]

---

[16] EuGH, 17. 11.1998 – Rs. C-391/95, *Van Uden Maritime BV ./. Deco-Line u.a.*, Slg. 1998, I-7091 (ECLI:EU:C:1998:543), Rn. 47; EuGH, 27.4.1999 – Rs. C-99/96, *Mietz ./. Intership Yachting Sneek BV*, Slg. 1999, I-1597 (ECLI:EU:C:1999:202), Rn. 42. für eine einstweilige Zahlungsordnung nach niederländischem Recht (*kort geding*). Entsprechendes dürfte gelten, sollte ein nationales Recht einstweilig die Herausgabe einer Sache unmittelbar an den Antragsteller (und nicht etwa an einen Sequester) ermöglichen.

[17] *Schlosser*/Hess, EuZPR, 4. Aufl. 2015, Art. 35 EuGVVO Rn. 22.

[18] Etwas anderes kann ggf. bei Zahlungsansprüchen aus gesetzlichen Rechtsverhältnissen gelten, wenn die einstweilige Zahlung zur Abwendung einer finanziellen Notlage des Antragstellers – so etwa bei Verfügungen gerichtet auf Schadensersatz zur Begleichung von Behandlungskosten – notwendig ist. In diesen Fällen sollte es ausreichen, die Vorläufigkeit lediglich durch das Setzen einer Frist zur Einleitung des Hauptsacheverfahrens sicherzustellen. Vgl. hierzu Rauscher/*Leible*, EuZPR, 4. Aufl. 2016, Art. 35 EuGVVO Rn. 14.

[19] *Schlosser*/Hess, EuZPR, 4. Aufl. 2015, Art. 35 EuGVVO Rn. 22.

[20] EuGH, 17. 11.1998 – Rs. C-391/95, *Van Uden Maritime BV ./. Deco-Line u.a.*, Slg. 1998, I-7091 (ECLI:EU:C:1998:543), Rn. 40.

[21] EuGH, 17. 11.1998 – Rs. C-391/95, *Van Uden Maritime BV ./. Deco-Line u.a.*, Slg. 1998, I-7091 (ECLI:EU:C:1998:543), Rn. 38 f.

[22] EuGH, 17. 11.1998 – Rs. C-391/95, *Van Uden Maritime BV ./. Deco-Line u.a.*, Slg. 1998, I-7091 (ECLI:EU:C:1998:543), Rn. 40.

Was unter der realen Verknüpfung im Einzelnen zu verstehen ist, hat der **17** EuGH offengelassen, so dass dieser Begriff durch die nationalen Gerichte ausgefüllt werden muss. Es reicht jedenfalls aus, dass sich im Erlassstaat der von der beantragten Maßnahme betroffene Vermögensgegenstand befindet.[23] Bezieht sich die Verfügung auf eine bewegliche oder unbewegliche Sache (etwa gerichtet auf Sicherung eines Herausgabeanspruchs durch Übergabe der beweglichen Sache an einen Sequester oder gerichtet auf Eintragung eines Widerspruchs im Grundbuch zur Verhinderung des gutgläubigen Erwerbs eines Grundstücks), besteht die reale Verknüpfung im Belegenheitsstaat. Soll eine Handlung oder Duldung erzielt werden, besteht die reale Verknüpfung zu dem Ort, an dem die begehrte Verhaltensweise geschuldet ist.[24] Richtet sich die einstweilige Anordnung auf eine Unterlassung, besteht die reale Verknüpfung zu dem Land, in dem der Antragsgegner ansässig ist, das zu untersagende Verhalten gesetzt worden ist oder zu einer Rechtsgutsbeeinträchtigung führen kann.[25] Geht es um eine auf Geldzahlung gerichtete Leistungs- oder Sicherungsverfügung, besteht die reale Verknüpfung grundsätzlich zu jedem Mitgliedstaat, in dem der Antragsgegner über vollstreckbares Vermögen verfügt. Nicht erforderlich ist, dass dieses Vermögen ein bestimmtes Volumen aufweist.[26] Denn eine bedenkliche vollstreckungsrechtliche „Umbrella-Rule" ist nicht zu befürchten, weil die am Gerichtsstand nach Art. 35 erlassenen Maßnahmen von vornherein nur im Erlassstaat wirken und daher einer grenzüberschreitenden Vollstreckung nicht zugänglich sind (vgl. auch Art. 2 lit. a Satz 2).

Besteht die reale Verknüpfung im Zeitpunkt des Antrags auf Erlass der einst- **18** weiligen Maßnahme, lässt ein späterer Wegfall dieser Verknüpfung die Zuständigkeit nach Art. 35 i.V.m. nationalem Recht unberührt.[27]

3. Beispiele

In Deutschland können alle in der ZPO vorgesehenen einstweiligen Maßnah- **19** men **(Arrest und einstweilige Verfügung)** in den Anwendungsbereich von Art. 35 fallen. Voraussetzung hierfür ist jedoch, dass das oben genannte zusätzliche Kriterium der realen Verknüpfung erfüllt ist.

---

[23] EuGH, 17. 11.1998 – Rs. C-391/95, *Van Uden Maritime BV ./. Deco-Line u.a.*, Slg. 1998, I-7091 (ECLI:EU:C:1998:543), Rn. 39.
[24] Cour de Cassation Paris, 20.3.2012 – 11-11570, ZVertriebsR 2012, S. 258. Weitergehend Zöller/Geimer, ZPO, 31. Aufl. 2016, Art. 35 EuGVVO Rn. 7, wonach die reale Verknüpfung schon durch die Zugriffsmöglichkeit im Rahmen der Durchsetzung von Zwangs- oder Ordnungsmitteln begründet werden solle.
[25] OGH, 16.12.2010 – 17 Ob 13/10a, GRUR Int 2011, S. 450 (452); OGH, 28.2.2012 – 4 Ob 2/12, GRUR Int 2012, S. 826 (828). Vgl. auch KG Berlin, 13.7.2007 – 5 W 173/07, IPRspr. 2007, Nr. 162, S. 455: Bei einer Urheberrechtsverletzung auf eine Website kann die einstweilige Unterlassungs-Verfügung in jedem Staat erlangt werden, auf den die Website bestimmungsgemäß ausgerichtet ist.
[26] *Schlosser*/Hess, EuZPR, 4. Aufl. 2015, Art. 35 EuGVVO Rn. 20. A. A. Rauscher/*Leible*, EuZPR, 4. Aufl. 2016, Art. 35 EuGVVO Rn. 29 f., wonach ein Mindestvermögen am Belegenheitsort erforderlich sein soll.
[27] Rauscher/*Leible*, EuZPR, 4. Aufl. 2016, Art. 35 EuGVVO Rn. 30; *Stadler*, JZ 1999, S. 1089 ff.

20 Maßnahmen, die der **einstweiligen Sicherung von Beweisen** dienen, sind nach Erwgr. 25 von Art. 35 erfasst.[28] Erwgr. 25 stellt außerdem klar, dass der Kläger bzw. Antragsteller ein Wahlrecht zwischen Art. 35 und EuBVO hat.[29] Dies entspricht auch der Rechtsprechung des EuGH, wonach die EuBVO lediglich ein optionales Hilfsmittel darstellt und keine ausschließliche Geltung beansprucht.[30] Dieses Wahlrecht besteht nur, soweit der Anwendungsbereich der EuBVO eröffnet ist, also das relevante Beweismittel aus Sicht des angegangenen Gerichts im Ausland belegen ist. Voraussetzung für die Anwendung von Art. 35 ist, dass die Maßnahme auf die „Sicherung" von Beweisen gerichtet ist. Maßnahmen, die lediglich dem Auffinden von Beweisen dienen, sind nicht erfasst.[31] Genauso wenig gilt Art. 35 für Anordnungen zur Zeugenvernehmung, die ausschließlich dazu dienen, die Erfolgsaussichten einer späteren Klage einzuschätzen.[32]

21 Für das **selbständige Beweisverfahren i.S.v. §§ 485 ff. ZPO** bedeutet dies Folgendes: Dient das selbständige Beweisverfahren lediglich dazu, die Erfolgsaussichten einer Klage einzuschätzen, ist es nicht als einstweilige Maßnahme i.S.v. Art. 35 einzuordnen. Denn insoweit fehlt es bereits an dem Hauptmerkmal der EuGH-Definition von einstweiliger Maßnahme: Das Beweisverfahren verfolgt hier gerade nicht den Zweck, eine Veränderung der Sach- oder Rechtslage zum Zwecke der Rechtssicherung zu verhindern.[33] Wird das selbständige Beweisverfahren hingegen deswegen durchgeführt, weil zu besorgen ist, dass das Beweismittel verloren geht oder seine Benutzung erschwert wird, steht der Sicherungszweck im Vordergrund, so dass es sich um eine einstweilige Maßnahme i.S.v. Art. 35 handeln kann.[34]

22 Entscheidungen über eine **Gläubigeranfechtungsklage** stellen keine einstweilige Maßnahme i.S.v. Art. 35 dar.[35]

IV. Die internationale Zuständigkeit für den Erlass einstweiliger Maßnahmen

23 Die internationale Zuständigkeit für den Erlass einstweiliger Maßnahmen im Anwendungsbereich der EuGVVO kann über zwei alternative Wege begründet

---

[28] A. A. für die französische *ordonnance de référé* aufgrund falscher Interpretation der EuGH-Rechtsprechung OLG München, 19.2.2014 – 15 W 912/13, IPRax 2015, S. 93, Rn. 16 (nach juris) m. krit. Anm. *Niggemann*, IPRax 2015, S. 75.
[29] *Schlosser*/Hess, EuZPR, 4. Aufl. 2015, Art. 35 EuGVVO Rn. 27; *Mankowski*, JZ 2005, S. 1144.
[30] EuGH, 6.9.2012, Rs. C-170/11, *Lippens u.a. ./. Kortekaas u.a.*, ECLI:EU:C:2012:540, Rn. 33 ff.; EuGH, 21.2.2013, Rs. C-332/11, *ProRail BV ./. Xpedys NV u.a.*, ECLI:EU:C:2013:87, Rn. 42. Vgl. hierzu auch *Niggemann*, IPRax 2015, S. 75 (76).
[31] *Schlosser*/Hess, EuZPR, 4. Aufl. 2015, Art. 35 EuGVVO Rn. 27; Rauscher/*Leible*, EuZPR, 4. Aufl. 2016, Art. 35 EuGVVO Rn. 15.
[32] EuGH, 28.4.2005 – Rs. C-104/03, *St. Paul Dairy Industries NV ./. Unibel Exser BVBA*, ECLI:EU:C:2005:255.
[33] EuGH, 28.4.2005 – Rs. C-104/03, *St. Paul Dairy Industries NV ./. Unibel Exser BVBA*, ECLI:EU:C:2005:255, Rn. 13 ff.
[34] *Schlosser*/Hess, EuZPR, 4. Aufl. 2015, Art. 35 EuGVVO Rn. 27. A. A. wohl Rauscher/*Leible*, EuZPR, 4. Aufl. 2016, Art. 35 EuGVVO Rn. 15.
[35] EuGH, 26.3.1992 – Rs. C-261/90, *Reichert und Kockler ./. Dresdner Bank AG*, Slg. 1992, I-2149 (ECLI:EU:C:1992:149), Rn. 36.

werden: Zum einen besteht sie an jedem Hauptsachegerichtsstand i.S.v. Art. 4 ff. EuGVVO. Zum anderen ist sie gem. Art. 35 an jedem internationalen Gerichtsstand für einstweilige Maßnahmen nach nationalem Verfahrensrecht eröffnet.

Ist die Hauptsache bereits an einem Gerichtsstand i.S.v. Art. 4 ff. anhängig, besteht an diesem auch eine Annexkompetenz zum Erlass einstweiliger Maßnahmen. Sind für die Hauptsache darüber hinaus weitere internationale Gerichtsstände nach Art. 4 ff. eröffnet, können einstweilige Maßnahmen auch an einem von diesen beantragt werden. Die Anhängigkeit des Hauptsacheverfahrens vor einem anderen Gericht steht insoweit nicht entgegen. Ansonsten hätte es eine Partei – soweit (wie häufig) mehrere internationale Gerichtsstände eröffnet sind – in der Hand, durch schnelle Erhebung einer (negativen Feststellungs-)Klage vor den Gerichten eines Mitgliedstaats mit für sie günstiger Ausgestaltung des einstweiligen Rechtsschutzes, die einstweiligen Rechtsschutzmöglichkeiten der anderen Partei erheblich einzuschränken. Die Anhängigkeit des Hauptsacheverfahrens löst auch keine Rechtshängigkeitssperre gegenüber Verfahren des einstweiligen Rechtsschutzes aus, weil Art. 29 nur für die Kollision mehrerer „Klagen" gilt und Hauptsache und einstweiliger Rechtsschutz nicht „denselben Anspruch" betreffen. 24

Andersherum beschränkt der an einem von mehreren verfügbaren Hauptsachegerichtsständen gestellte einstweilige Rechtsschutzantrag den Antragsteller nicht in seiner Freiheit, zwischen den eröffneten Gerichtsständen i.S.v. Art. 4 ff. zur Erhebung der Hauptsacheklage zu wählen. Eine solche Beschränkung wäre mit der Eilbedürftigkeit und Vorläufigkeit einstweiliger Rechtsschutzverfahren nicht zu vereinbaren. 25

1. Internationale Zuständigkeit gem. Art. 4 ff. für einstweilige Maßnahmen

Ein nach Art. 4 ff. zuständiges Hauptsachegericht kann alle in seinem nationalen Verfahrensrecht vorgesehenen Maßnahmen des einstweiligen Rechtsschutzes erlassen, soweit die Voraussetzungen nach einzelstaatlichem Recht vorliegen. Insoweit gelten die oben erläuterten vom EuGH entwickelten Einschränkungen für den Erlass einstweiliger Maßnahmen am nationalen Gerichtsstand i.S.v. Art. 35 nicht (Rn. 12 ff.). 26

Stützt das erlassende Gericht seine Zuständigkeit auf Art. 4 ff., muss es somit weder sicherstellen, dass die Maßnahme lediglich einstweiligen Charakter hat, noch dass sie eine reale Verknüpfung zum Gerichtsterritorium aufweist. Damit für ein Rechtsmittelgericht ggf. erkennbar ist, dass das Ausgangsgericht diese Einschränkungen nicht zu beachten hatte, sollte letzteres in seiner Entscheidung ausdrücklich die angewendeten Zuständigkeitsvorschriften der EuGVVO benennen. Fehlt ein entsprechender Hinweis und ergibt sich auch aus den Entscheidungsgründen nicht eindeutig, dass ein Gerichtsstand i.S.v. Art. 4 ff. eröffnet war, ist laut EuGH im Zweifel davon auszugehen, dass das Ursprungsgericht seine 27

Zuständigkeit auf Art. 35 i.V.m. nationalem Recht gestützt hat.[36] Im Zweifel müsste ein Rechtsmittelgericht daher annehmen, dass die Einschränkungen des EuGH für einstweilige Maßnahmen i.S.v. Art. 35 zu beachten sind, und – sollten diese nicht erfüllt sein – die einstweilige Maßnahme aufheben. Im Ergebnis sollte die einstweiligen Rechtsschutz suchende Partei darauf dringen, dass in der Entscheidung des Gerichts ausdrücklich auf die zuständigkeitsbegründenden Normen Bezug genommen wird.

28 Haben Parteien für Streitigkeiten aus einem Vertrag eine wirksame **Schiedsvereinbarung** getroffen, sind die Gerichtsstände i.S.v. Art. 4 ff. nicht für den Erlass einstweiliger Maßnahmen eröffnet, da es kein staatliches Gericht gibt, das für den Rechtsstreit in der Hauptsache zuständig ist. Vorläufiger Rechtsschutz kann lediglich an einem der nationalen Gerichtsstände gem. Art. 35 erlangt werden, soweit die Zuständigkeit staatlicher Gerichte für einstweiligen Rechtsschutz nicht durch die Schiedsvereinbarung ausgeschlossen ist (was praktisch kaum vorkommt).

29 Eine **ausschließliche Gerichtsstandsvereinbarung** zugunsten der Gerichte eines Mitgliedstaats begründet zugleich auch die Zuständigkeit des prorogierten Forums für den Erlass einstweiliger Maßnahmen als Annexkompetenz nach Art. 25. Ob vorläufiger Rechtsschutz vor einem anderen als dem designierten Gericht gem. Art. 35 i.V.m. nationalem Recht erlangt werden kann, ist durch Auslegung der Gerichtsstandsvereinbarung unter Berücksichtigung des Parteiwillens zu ermitteln.[37]

30 Eine Zuständigkeitsbegründung durch **rügelose Einlassung** nach Art. 26 ist im Verfahren des einstweiligen Rechtsschutzes laut EuGH nicht möglich.[38]

2. Internationale Zuständigkeit gem. Art. 35 i.V.m. nationalem Verfahrensrecht

31 Art. 35 eröffnet für den Erlass einstweiliger Maßnahmen den Weg zu den nationalen Zuständigkeitsvorschriften einschließlich der exorbitanten Gerichtsstände i.S.v. Art. 5 Abs. 2. Stützt ein mitgliedstaatliches Gericht seine internationale Zuständigkeit auf nationales Recht, muss es allerdings die Einschränkungen aus der EuGH-Rechtsprechung – einstweiliger Charakter der Maßnahme und reale Verknüpfung zum Erlassstaat – beachten. Fehlt es an einer dieser Voraussetzungen, kann die internationale Zuständigkeit nicht über Art. 35 i.V.m. mit nationalem Recht begründet werden. Art. 35 bewirkt somit – im Anwendungsbereich der EuGVVO – eine Einschränkung der nationalen Gerichtsstände für einstweilige Maßnahmen.

32 Die internationale Zuständigkeit aus Art. 35 i.V.m. nationalem Verfahrensrecht besteht unabhängig davon, ob ein Hauptsacheverfahren vor dem Gericht

---
[36] EuGH, 27.4.1999 – Rs. C-99/96, *Mietz ./. Intership Yachting Sneek BV*, Slg. 1999, I-1597 (ECLI:EU:C:1999:202), Rn. 55.
[37] Vgl. oben Rn. 9.
[38] EuGH, 27.4.1999 – Rs. C-99/96, *Mietz ./. Intership Yachting Sneek BV*, Slg. 1999, I-1597 (ECLI:EU:C:1999:202), Rn. 52.

Text + Erläuterungen   Art. 35   **B Vor I** 7

eines anderen Mitgliedstaates anhängig ist. Eine internationale Zuständigkeit aus
Art. 35 i.V.m. nationalem Verfahrensrecht wird auch nicht durch einen anderweitigen ausschließlichen Hauptsache-Gerichtsstand gem. Art. 24 EuGVVO ausgeschlossen.[39]

Für die deutschen Zuständigkeitsvorschriften für einstweiligen Rechtsschutz 33
gelten somit folgende Besonderheiten:

a) Arrest gem. §§ 916 ff. ZPO

Für Arrestverfahren ist gem. § 919 Fall 1 ZPO das Gericht der Hauptsache 34
zuständig. Zur Bestimmung des **Gerichts der Hauptsache** sind richtigerweise
die Art. 4 ff. EuGVVO (und nicht die Gerichtsstände der ZPO) heranzuziehen.[40]
Hierfür spricht die Ratio von § 919 Fall 1 ZPO, dass über eine einstweilige
Rechtsschutzmaßnahme möglichst das Gericht entscheiden soll, das später auch
in der Hauptsache entscheiden wird. Dieser Zweck könnte im Anwendungsbereich der EuGVVO nicht erreicht werden, wenn man statt der Art. 4 ff. die
§§ 19 ff. ZPO heranziehen würde. Der Erlass eines Arrests kann demnach nicht
auf § 23 ZPO gestützt werden. Dieses Ergebnis steht nicht im Widerspruch zu
der Aussage des EuGH, wonach im Rahmen von Art. 35 auch exorbitante
Zuständigkeiten nach nationalem Recht anwendbar sind.[41] Schließlich setzt die
Anwendung solcher exorbitanter Gerichtsstände voraus, dass die nationale
Rechtsordnung sie überhaupt vorsieht.[42] Aus der Ratio von § 919 ZPO folgt
jedoch, dass es dem deutschen Gesetzgeber darum ging, die Zuständigkeiten für
Arrest und Hauptsache möglichst zu bündeln. Dieses Anliegen sollte im internationalen Rechtsverkehr Vorrang genießen gegenüber der Geltung des exorbitanten Gerichtsstands von § 23 ZPO.[43] Die hier vertretene Auffassung hat zur Konsequenz, dass im Rahmen von § 919 Fall 1 ZPO das vom EuGH entwickelte
Erfordernis einer realen Verknüpfung der einstweiligen Maßnahme zum Erlassstaat praktisch keine Rolle spielt. Denn dieses Kriterium beansprucht keine Geltung, wenn die internationale Zuständigkeit im Ergebnis auf Art. 4 ff. EuGVVO
gestützt wird.

Ist die Hauptsache bereits vor einem deutschen Gericht anhängig, genügt der 35
Umstand der Anhängigkeit allein noch nicht, um eine Zuständigkeit gem. § 919
Fall 1 ZPO zu begründen. Voraussetzung ist vielmehr, dass das angerufene

---
[39] Siehe oben Rn. 8.
[40] So auch OLG Koblenz, 2.5.1975 – 13 U 9/75, NJW 1976, S. 2081; LG Frankfurt a.M.,
24.1.1977 – 2/21 O 814/76, RIW 1977, S. 234; *Hartenstein*, TranspR 2015, S. 228 (229); *Schlosser/
Hess*, EuZPR, 4. Aufl. 2015, Art. 35 EuGVVO Rn. 17; *Eilers*, Maßnahmen des einstweiligen Rechtsschutzes im europäischen Zivilrechtsverkehr, 1991, S. 195 ff.; *Hanisch*, IPRax 1991, S. 215. A. A. OLG
Düsseldorf, 18.5.1977 – 3 U 6/77, NJW 1977, S. 2034; OLG Frankfurt a.M., 23.9.1980 – 5 U 110/
80, RIW 1980, S. 799; OLG Frankfurt a.M., 8.12.1986 – 5 W 42/86, NJW-RR 1988, S. 572; OLG
Koblenz, 23.2.1990 – 2 U 1795/89, RIW 1990, S. 316; *Rauscher/Leible*, EuZPR, 4. Aufl. 2016,
Art. 35 EuGVVO Rn. 32; *Thomas/Putzo/Hüßtege*, ZPO, 36. Aufl. 2015, Art. 35 EuGVVO Rn. 5;
Schack, IZVR, 6. Aufl. 2014, Rn. 484; *Geimer/Schütze*, EuZVR, 3. Aufl. 2010, Art. 31 EuGVVO a.F.
Rn. 66 ff.
[41] EuGH, 17.11.1998 – Rs. C-391/95, *Van Uden Maritime BV ./. Deco-Line u.a.*, Slg. 1998, I-7091
(ECLI:EU:C:1998:543), Rn. 42.
[42] *Hartenstein*, TranspR 2015, S. 228 (229).
[43] So auch *Schlosser/Hess*, EuZPR, 4. Aufl. 2015, Art. 35 EuGVVO Rn. 17.

Gericht für die Hauptsache gem. Art. 4 ff. EuGVVO auch tatsächlich international zuständig ist.[44]

36 Zum anderen ist für den Erlass eines Arrests gem. **§ 919 Fall 2 ZPO** das **Amtsgericht** zuständig, **in dessen Bezirk** sich der mit Arrest zu belegende Gegenstand oder die in ihrer persönlichen Freiheit zu beschränkende Person **befindet**. Durch das Erfordernis der Belegenheit im Bezirk des Gerichts ist das einschränkende Kriterium der realen Verknüpfung zum Erlassstaat stets erfüllt. Das Kriterium der realen Verknüpfung setzt nicht voraus, dass das in Deutschland belegene Vermögen eine gewisse Mindestgröße haben muss. Es genügt demzufolge für die Zuständigkeitsbegründung, wenn etwa der Antragsteller glaubhaft macht, dass der Antragsgegner über ein Konto bei einer deutschen Bank verfügt (gleich wie der Kontostand ist). Ein Mindestvermögen ist nicht erforderlich.[45] Dies begründet nicht die Gefahr einer ausufernden „Umbrella-Rule" für Arreste durch deutsche Gerichte. Denn – entsprechend dem EuGH-Kriterium der realen Verknüpfung – muss das Amtsgericht in seinem Arrestbeschluss klarstellen, dass aus diesem nicht im EU-Ausland vollstreckt werden kann.[46]

37 Ist im Ausland bereits ein Hauptsacheverfahren eingeleitet worden, steht das der Anrufung eines Amtsgerichts (i.S.v. § 919 Fall 2 ZPO oder eines gem. § 919 Fall 1 ZPO i.V.m. Art. 4 ff. EuGVVO ebenfalls für die Hauptsache zuständigen Gerichts, in Deutschland nicht entgegen.[47] Die ausländische Klage in der Hauptsache löst insoweit keine Rechtshängigkeitssperre nach Art. 29 aus.[48]

38 Im Anwendungsbereich der EuGVVO wird **§ 917 Abs. 2 ZPO**, wonach die Notwendigkeit der Vollstreckung im Ausland – soweit die Gegenseitigkeit nicht verbürgt ist – einen ausreichenden **Arrestgrund** darstellt, in der Regel nicht erfüllt sein. Denn innerhalb der EuGVVO ist die Gegenseitigkeit stets verbürgt. Ein Arrestgrund kann jedoch ausnahmsweise vorliegen, wenn die Vollstreckung eines Urteils in einem Mitgliedstaat mit besonderen Schwierigkeiten verbunden ist.[49]

b) Einstweilige Verfügung gem. §§ 935 ff. ZPO

39 Für den Erlass einer einstweiligen Verfügung ist ebenfalls das nach Art. 4 ff. EuGVVO zu bestimmende Gericht der Hauptsache international zuständig

---

[44] OLG Koblenz, 23.2.1990 – 2 U 1795/89, RIW 1990, S. 316; *Schlosser*/Hess, EuZPR, 4. Aufl. 2015, Art. 35 EuGVVO Rn. 19; *Kropholler*/*von Hein*, EuZPR, 9. Aufl. 2011, Art. 31 EuGVVO a.F. Rn. 18. A. A. LG Frankfurt a.M., 12.4.1989 – 3/14 O 26/88, NJW 1990, S. 652 mit krit. Anm. *Roth*, IPRax 1990, S. 161; *Hartenstein*, TranspR 2015, S. 228 (229).
[45] *Schlosser*/Hess, EuZPR, 4. Aufl. 2015, Art. 35 EuGVVO Rn. 20. A. A. *Stadler*, JZ 1999, S. 1094; *Rauscher*/*Leible*, EuZPR, 4. Aufl. 2016, Art. 35 EuGVVO Rn. 29 f.
[46] *Schlosser*/Hess, EuZPR, 4. Aufl. 2015, Art. 35 EuGVVO Rn. 20.
[47] *Schlosser*/Hess, EuZPR, 4. Aufl. 2015, Art. 35 EuGVVO Rn. 19. A. A. *Rauscher*/*Leible*, EuZPR, 4. Aufl. 2016, Art. 35 EuGVVO Rn. 32 und *Gronstedt*, Grenzüberschreitender einstweiliger Rechtsschutz, 1994, S. 140 ff., wonach die Anerkennungsfähigkeit des Hauptsacheurteils in Deutschland ein Arrest nicht mehr bei einem inländischen Gericht gem. § 919 Fall 1 ZPO beantragt werden kann, das ebenfalls für die Hauptsache zuständig wäre.
[48] Vgl. unten Rn. 43.
[49] OLG Köln, 23.7.2002 – 16 W 25/02, IPRspr 2002, Nr. 212, S. 546; *Zöller*/*Vollkommer*, ZPO, 31. Aufl. 2016, § 917 ZPO Rn. 17; *Rauscher*/*Leible*, EuZPR, 4. Aufl. 2016, Art. 35 EuGVVO Rn. 35.

(§ 937 Abs. 1 ZPO), in dringenden Fällen auch das Amtsgericht, in dessen Bezirk die streitbefangene Sache belegen ist (§ 942 Abs. 1 ZPO). Für die Zuständigkeit für den Erlass einer einstweiligen Verfügung, durch die eine Vormerkung oder ein Widerspruch gegen die Richtigkeit des Grundbuchs, des Schiffsregisters oder des Schiffsbauregisters eingetragen werden soll, gilt die Sondervorschrift in § 942 Abs. 2 ZPO.

Stützt das erlassende Gericht seine internationale Zuständigkeit auf § 937 Abs. 1 ZPO i.V.m. Art. 4 ff. EuGVVO, gelten die einschränkenden Vorgaben des EuGH für den Erlass einstweiliger Maßnahmen (vorläufiger Charakter und reale Verknüpfung zum Erlassstaat) nicht. In den sonstigen Fällen, also wenn die Zuständigkeit aus § 942 ZPO begründet wird, sind diese Kriterien zu berücksichtigen. Das erfordert zum einen, dass eine Leistungsverfügung nur gegen vorherige Sicherheit angeordnet werden kann, um zu gewährleisten, dass der vorläufig zugesprochene Betrag an den Antragsgegner zurückgezahlt wird, falls der Antragsteller in der Hauptsache nicht obsiegt (Merkmal der Vorläufigkeit).[50] Zum anderen ist erforderlich, dass die Verfügung in Deutschland (voraussichtlich) vollstreckt werden kann. Der Antragsteller muss demnach glaubhaft machen, dass im Inland vollstreckungsfähiges Vermögen belegen ist (Merkmal der realen Verknüpfung der Maßnahme zum Erlassstaat).[51] 40

Ist für das Hauptsacheverfahren ein Gericht im EU-Ausland zuständig, gilt § 942 ZPO mit der Folge, dass das ausländische Gericht über einen Widerspruch gegen die in Deutschland erlassene einstweilige Verfügung zu entscheiden hat.[52] Eine Frist zur Erhebung der Hauptsacheklage ist gem. §§ 936, 926 Abs. 1 ZPO auch in diesem Fall zu setzen, wobei aufgrund des zusätzlichen Aufwands zur Vorbereitung einer Klage im Ausland eine entsprechend längere Frist zu setzen ist.[53] 41

V. Mehrfache Rechtshängigkeit

In der Praxis kann sich die Frage stellen, wie Kollisionen zwischen einer Klage in der Hauptsache und einem einstweiligen Rechtsschutzverfahren bzw. zwischen mehreren vorläufigen Rechtsschutzverfahren zu behandeln sind. 42

1. Kollision von Hauptsacheverfahren und einstweiligem Rechtsschutz

Einfach lässt sich das Verhältnis zwischen Hauptsache und einstweiligem Rechtsschutz klären: Hier fehlt es an einem identischen Streitgegenstand i.S.v. Art. 29, so dass schon deshalb **keine Rechtshängigkeitssperre** greifen kann.[54] Aufgrund der abschließenden Regelung von Verfahrenskollisionen in der 43

---

[50] Siehe oben Rn. 13 ff.
[51] Rauscher/*Leible*, EuZPR, 4. Aufl. 2016, Art. 35 EuGVVO Rn. 30; *Schlosser*/Hess, EuZPR, 4. Aufl. 2015, Art. 35 EuGVVO Rn. 22.
[52] *Schlosser*/Hess, EuZPR, 4. Aufl. 2015, Art. 35 EuGVVO Rn. 21.
[53] *Geimer*/Schütze, EuZVR, 3. Aufl. 2010, Art. 31 EuGVVO a.F. Rn. 573.
[54] LG Hamburg, 13.3.2008 – 413 O 92/06, IPRspr. 2008, Nr. 125, S. 425, Rn. 61 (nach juris).

EuGVVO scheidet auch ein Rückgriff auf nationales Recht aus. Im Ergebnis kann also in derselben Angelegenheit ein Verfahren auf einstweiligen Rechtsschutz parallel zu einem Hauptsachverfahren betrieben werden.[55]

2. Kollision mehrerer einstweiliger Rechtsschutzverfahren

44 Nicht eindeutig ist das **Verhältnis mehrerer einstweiliger Rechtsschutzverfahren zueinander**. Richtigerweise ist Art. 29 auch hier nicht anwendbar, weil die Vorschrift lediglich parallele „Klagen" in verschiedenen Mitgliedstaaten erfasst und damit für einstweilige Rechtsschutzverfahren keine Geltung entfaltet.[56]

45 Für die Anwendbarkeit von Art. 29 kann auch das Urteil des EuGH in der Rechtssache *Italian Leather ./. WECO*[57] nicht überzeugend angeführt werden. Darin hat der EuGH entschieden, dass eine von einem italienischen Gericht erlassene Entscheidung des einstweiligen Rechtsschutzes, durch die der Schuldner zur Unterlassung bestimmter Handlungen verpflichtet wurde, gem. Art. 27 Nr. 3 EuGVÜ (jetzt: Art. 45 Abs. 1 lit. c) mit einer zwischen denselben Parteien im Vollstreckungsstaat (Deutschland) ergangenen Entscheidung des einstweiligen Rechtsschutzes unvereinbar sei, in der die Verhängung einer solchen Maßnahme abgelehnt wurde. Hieraus wird im Schrifttum teilweise gefolgert, der Zweck von Art. 29, widersprechende Entscheidungen i.S.v. Art. 45 Abs. 1 lit. c zu vermeiden, gebiete es, auch bei parallelen einstweiligen Rechtsschutzverfahren Art. 29 mit der Folge einer Rechtshängigkeitssperre anzuwenden.[58]

46 Auch wenn es im Ansatz wünschenswert erscheint, widersprechende einstweilige Verfügungen im Unionsgebiet zu vermeiden, ist die Anwendung von Art. 29 abzulehnen, weil sie mit erheblichen praktischen Schwierigkeiten verbunden wäre. Denn widersprechende Entscheidungen i.S.v. Art. 45 Abs. 1 lit. c drohen nur dann, wenn die einstweilige Maßnahme des zuerst angerufenen Gerichts im Zweitstaat nach der EuGVVO anzuerkennen und zu vollstrecken ist. Gem. Art. 2 lit. a Satz 2 ist dies jedoch nur dann der Fall, wenn das Erstgericht gem. Art. 4 ff. in der Hauptsache zuständig ist und das rechtliche Gehör des Antragsgegners gewahrt wurde. Eine abschließende Prüfung dieser Voraussetzungen durch das Zweitgericht wird im Zeitpunkt seiner Anrufung kaum möglich sein, zumal die erforderliche Beteiligung des Antragsgegners auch noch durch Zustellung der Entscheidung vor der Vollstreckung nachgeholt werden kann. Für die Anwendung von Art. 29 müsste das Zweitgericht also die Entscheidung durch das Erstgericht abwarten. Dies würde den Zweck einstweiliger Rechtsschutzmaßnahmen erheblich gefährden und könnte zu einer schwerwiegenden Rechtsschutzverkürzung zu Lasten der Gläubiger führen. Daher ist im Anwendungsbereich der

---

[55] So auch Zöller/*Geimer*, ZPO, 31. Aufl. 2016, Art. 29 EuGVVO Rn. 14, 28; Thomas/Putzo/*Hüßtege*, 36. Aufl. 2015, Art. 29 EuGVVO Rn. 6.
[56] *Kropholler/von Hein*, EuZPR, 9. Aufl. 2011, Art. 27 EuGVVO a.F. Rn. 14; Rauscher/*Leible*, EuZPR, 4. Aufl. 2016, Art. 29 EuGVVO Rn. 6; *Stadler*, JZ 1999, S. 1099; *Wannenmacher*, Einstweilige Maßnahmen, 2007, S. 269; im Ergebnis ebenso *Schlosser*/Hess, EuZPR, 4. Aufl. 2015, Art. 29 EuGVVO Rn. 5; Thomas/Putzo/*Hüßtege*, ZPO, 36. Aufl. 2015, Art. 29 EuGVVO Rn. 6.
[57] EuGH, 6.6.2002 – Rs. C-80/00, *Italian Leather ./. WECO*, Slg. 2002, I-4995, Rn. 47.
[58] So aber *Niggemann*, IPRax 2015, S. 75 (79).

EuGVVO hinzunehmen, dass einstweilige Rechtsschutzverfahren parallel geführt werden können und ggf. widersprechende Entscheidungen ergehen.

Im Ergebnis ist es also möglich, mehrere einstweilige Rechtsschutzverfahren 47 in verschiedenen Mitgliedstaaten parallel einzuleiten. Hieraus folgt, dass auch einstweilige Verfahren, die ausschließlich auf die Sicherung von Beweisen gerichtet sind, keine Rechtshängigkeitssperre auslösen können.[59]

VI. Anerkennung und Vollstreckung

Hinsichtlich der Anerkennung und Vollstreckung einstweiliger Verfügungen 48 ist zu unterscheiden:

Wurde die Verfügung an einem Hauptsachegerichtsstand i.S.v. Art. 4 ff. erlassen, 49 kann sie gem. Art. 2 lit. a Satz 2 nach Art. 36 ff. der EuGVVO grenzüberschreitend anerkannt und vollstreckt werden, vgl. auch Erwgr. 33 Sätze 1 und 2. Voraussetzung ist, dass der Beklagte geladen wurde oder ihm die Entscheidung vor deren Vollstreckung zugestellt worden ist. Wurde nicht über einen dieser beiden Wege das rechtliche Gehör des Beklagten gewahrt, kann die Maßnahme ggf. nach einzelstaatlichem Recht anerkannt und vollstreckt werden. Dies ergibt sich aus dem Erwgr. 33 Satz 3.

Wurde die Verfügung nicht an einem Hauptsachegerichtsstand i.S.v. Art. 4 ff. 50 erlassen, stellt Erwgr. 33 Satz 4 klar, dass die Wirkung solcher Maßnahmen auf das Hoheitsgebiet des Erlassstaates beschränkt werden soll. Das hat zur Konsequenz, dass eine Anerkennung und Vollstreckung solcher einstweiliger Maßnahmen im EU-Ausland weder nach der EuGVVO noch nach nationalem Recht möglich ist.[60]

VII. Empfehlungen für die Anwaltspraxis

Angesichts der relativ komplizierten und unübersichtlichen Rechtslage sollte 51 ein Gläubiger im Vorfeld der Ergreifung von Maßnahmen des einstweiligen Rechtsschutzes folgende Überlegungen anstellen:[61]

Kommt es dem Antragsteller vorwiegend auf den Überraschungseffekt der 52 einstweiligen Maßnahme an, empfiehlt es sich, diese direkt in dem Mitgliedstaat zu beantragen, in dem sie vollzogen werden soll. Nur so ist in der Regel eine schnelle Vollziehung möglich. Soweit in diesem Mitgliedstaat nicht auch der Hauptsache-Gerichtsstand nach der EuGVVO eröffnet ist, hat dieser Weg allerdings den Nachteil, dass die einstweilige Anordnung im EU-Ausland nicht vollstreckt werden kann. Will der Antragsteller die Anordnung in mehreren Staaten

---

[59] LG Hamburg, 13.3.2008 – 413 O 92/06, IPRspr. 2008, Nr. 125, S. 425, Rn. 61 (nach juris). A. A. OLG Brandenburg, 5.2.2013 – 6 U 5/12, IHR 2013, S. 245, Rn. 56 ff. (nach juris), allerdings ohne Begründung; OLG München, 9.2.2014 – 15 W 912/13, IPRax 2015, S. 93, Rn. 16 (nach juris), allerdings aufgrund falschen Verständnisses der EuGH-Rspr. zum Begriff der einstweiligen Maßnahme; kritisch hierzu auch *Niggemann*, IPRax 2015, S. 75.
[60] *Rauscher/Leible*, EuZPR, 4. Aufl. 2016, Art. 35 EuGVVO Rn. 42.
[61] *Kropholler/von Hein*, EuZPR, 9. Aufl. 2011, Art. 32 EuGVVO a.F. Rn. 23.

vollziehen, lässt sich der Überraschungseffekt daher am besten erreichen, indem man gleichzeitig vor den Gerichten der verschiedenen Staaten einstweiligen Rechtsschutz beantragt.[62]

53   Kommt es dem Antragsteller hingegen darauf an, dass die einstweilige Maßnahme nach den Regeln der EuGVVO effektiv und schnell grenzüberschreitend vollzogen werden kann, muss er sie am EuGVVO-Hauptsachegerichtsstand beantragen und auf die Durchführung einer mündlichen Verhandlung drängen (vgl. etwa in Deutschland §§ 922 Abs. 1 Satz 1, 936 ZPO), damit das rechtliche Gehör des Gegners gewahrt ist.

---

[62] Dem steht Art. 29 EuGVVO nicht entgegen, weil er lediglich die gleichzeitige Rechtshängigkeit mehrerer identischer Klagen in der Hauptsache ausschließt.

Kapitel III Anerkennung und Vollstreckung

Abschnitt 1 Anerkennung

Artikel 36 [Anerkennung einer Entscheidung]

(1) Die in einem Mitgliedstaat ergangenen Entscheidungen werden in den anderen Mitgliedstaaten anerkannt, ohne dass es hierfür eines besonderen Verfahrens bedarf.

(2) Jeder Berechtigte kann gemäß dem Verfahren nach Abschnitt 3 Unterabschnitt 2 die Feststellung beantragen, dass keiner der in Artikel 45 genannten Gründe für eine Versagung der Anerkennung gegeben ist.

(3) Wird die Anerkennung in einem Rechtsstreit vor dem Gericht eines Mitgliedstaats, dessen Entscheidung von der Versagung der Anerkennung abhängt, verlangt, so kann dieses Gericht über die Anerkennung entscheiden.

EuGH-Rechtsprechung: EuGH, 4.2.1988 – Rs. 145/86, *Hoffmann ./. Krieg*, Slg. 1988, 645 (ECLI:EU:C:1988:61)

EuGH, 15.11.2012 – Rs. C-456/11, *Gothaer Allgemeine Versicherung AG u.a. ./. Samskip GmbH*, ECLI:EU:C:2012:719

Schrifttum: *Bach, Ivo*, Deine Rechtskraft? Meine Rechtskraft!, EuZW 2013, S. 56; *Bungert, Hartwin*, Rechtskrafterstreckung eines österreichischen Einantwortungsbeschlusses, IPRax 1992, S. 225; *Domej, Tanja*, Die Neufassung der EuGVVO. Quantensprünge im Europäischen Zivilprozessrecht, RabelsZ 78 (2014), S. 508; *Geimer, Reinhold*, Anerkennung gerichtlicher Entscheidungen nach dem EWG-Übereinkommen vom 27.9.1968, RIW/AWD 1976, S. 139; *ders.*, Europaweite Beachtlichkeit ausländischer Urteile zur internationalen Unzuständigkeit?, in: Recht ohne Grenzen. Festschrift für Athanassios Kaissis zum 65. Geburtstag, 2012, Geimer, Reinhold; Schütze, Rolf A. (Hrsg.), S. 287; *ders.*, Das Anerkennungsregime der neuen Brüssel-I-Verordnung (EU) Nr. 1215/2012, in: Festschrift für Hellwig Torggler, 2013, Fitz, Hanns; Kalss, Susanne; Kautz, Reinhard; u.a. (Hrsg.), S. 311; *Habscheid, Walther J.*, Zur Anerkennung klageabweisender ausländischer Eheurteile. Eine prozessrechtliche Skizze, FamRZ 1973, S. 431; *Hau, Wolfgang*, Brüssel Ia-VO – Neue Regeln für die Anerkennung und Vollstreckung ausländischer Entscheidungen in Zivil- und Handelssachen, MDR 2014, S. 1417; *Klöpfer, Matthias*, Unionsautonome Rechtskraft klageabweisender Prozessurteile – Paradigmenwechsel im Europäischen Zivilverfahrensrecht, GPR 2015, S. 210; *Knöchel, Stephan Georg*, Anerkennung französischer Urteile mit Drittbeteiligung, 2011; *Leipold, Dieter*, Das anwendbare Recht bei der Abänderungsklage gegen ausländische Urteile, in: Beiträge zum Internationalen Verfahrensrecht und zur Schiedsgerichtsbarkeit. Festschrift für Heinrich Nagel zum 75. Geburtstag, 1987, Habscheid, Walther J.; Schwab, Karl Heinz (Hrsg.), S. 189; *ders.*, Internationale Rechtshängigkeit, Streitgegenstand und Rechtsschutzinteresse – Europäisches und Deutsches Zivilprozeßrecht im Vergleich, in: Gedächtnisschrift für Peter Arens, 1993, Leipold, Dieter; Lüke, Wolfgang; Yoshino, Shozaburo (Hrsg.), S. 227; *Matscher, Franz*, Über die Nebenwirkungen der Zivilurteile mit besonderer Berücksichtigung der ausländischen Urteile, JBl. 1954,

S. 54; *ders.*, Zur Theorie der Anerkennung ausländischer Entscheidungen nach österreichischem Recht, in: Festschrift für Hans Schima zum 75. Geburtstag, 1969, Fasching, Hans W.; Kralik, Winfried (Hrsg.), S. 265; *Nelle, Andreas*, Anspruch, Titel und Vollstreckung im internationalen Rechtsverkehr, 2000; *Peiffer, Max Christoph*, Grenzüberschreitende Titelgeltung in der Europäischen Union. Die Wirkungen der Anerkennung, Vollstreckbarerklärung und Vollstreckbarkeit ausländischer Entscheidungen und gemeinschaftsweiter Titel, 2012; *Roth, Herbert*, Europäischer Rechtskraftbegriff im Zuständigkeitsrecht?, IPRax 2014, S. 136; *Sepperer, Sophia*, Der Rechtskrafteinwand in den Mitgliedstaaten der EuGVO, Tübingen 2010; *Spellenberg, Ulrich*, Abänderung ausländischer Unterhaltsurteile und Statut der Rechtskraft, IPRax 1984, S. 304; *Spiecker gen. Döhmann, Indra*, Die Anerkennung von Rechtskraftwirkungen ausländischer Urteile. Eine Untersuchung zur Fortgeltung des ne-bis-in-idem, 2002.

Übersicht

	Rn.
I. Überblick und Grundsätzliches	1
II. Das Prinzip der Inzident-Anerkennung (Abs. 1)	5
1. Voraussetzungen der Anerkennung	7
2. Verhältnis Inzident-Anerkennung (Abs. 1) zu Anerkennungsversagungsverfahren (Art. 45 Abs. 4) und Zwischenfeststellung (Abs. 3)	10
3. Rechtsfolgen der Anerkennung	13
a) Grundsätzlich: Wirkungserstreckung	13
b) Die anerkennungsfähigen Entscheidungswirkungen im Überblick	17
c) Anerkennungsfähige Entscheidungswirkungen im Einzelnen	22
d) Vollstreckbarkeit	37
III. Selbständiges positives Anerkennungsfeststellungsverfahren (Abs. 2)	38
1. Zweck des selbständigen Anerkennungsverfahrens	39
2. Ausgestaltung des Verfahrens nach Art. 36 Abs. 2	41
a) Antrag	41
b) Antragsberechtigte	42
c) Besonderes Feststellungsinteresse erforderlich?	43
d) Zuständiges Gericht und Rechtsbehelfe	45
e) Darlegungs- und Beweislast	48
3. Verhältnis zu anderen Verfahren	49
a) Verhältnis zu einem Verfahren nach Art. 36 Abs. 1	50
b) Verhältnis zu einem Verfahren nach Art. 45 Abs. 4	51
c) Verhältnis zu einem Verfahren nach Art. 46	52
d) Verhältnis zu einem Verfahren nach Art. 36 Abs. 2 in einem anderen Mitgliedstaat	54
4. Antrag auf Feststellung der Nichtanerkennungsfähigkeit nach Art. 36 Abs. 2?	55
IV. Zwischenfeststellungs-Antrag (Abs. 3)	57

I. Überblick und Grundsätzliches

1 Art. 36 regelt strukturelle Grundfragen der Entscheidungsanerkennung unter der EuGVVO:

2 **Abs. 1** betrifft dabei die praktisch häufigste prozessuale Konstellation der sog. **Inzident-Anerkennung.** Die Norm besagt, dass über die Anerkennungsfähigkeit einer ausländischen Entscheidung im Zweitland ohne ein formelles Verfahren entschieden werden kann, sobald sich dieser Gesichtspunkt im zweitstaatlichen Verfahren als Vorfrage stellt. Abs. 1 ist identisch mit Art. 33 Abs. 1 EuGVVO a.F.

Abs. 2 ermöglicht dem aus einer Entscheidung Berechtigten, die **Feststel-** 3
lung zu beantragen, dass der Anerkennung der Entscheidung **keiner der Versa-**
gungsgründe i.S.v. Art. 45 entgegensteht. Abs. 2 entspricht Art. 33 Abs. 2
EuGVVO a.F. und bringt durch seine Negativformulierung („*keiner der...*") zum
Ausdruck, dass mitgliedstaatliche Entscheidungen im Zweifel anerkennungsfähig
sind. Will andersherum der aus einer Entscheidung Verpflichtete die Versagung
der Anerkennung erreichen, steht ihm das Verfahren gem. Art. 45 Abs. 4 zur
Verfügung.

Abs. 3 enthält schließlich eine **ergänzende Zuständigkeitsregel**, die zum 4
einen klarstellt, dass die Inzidentanerkennung i.S.v. Abs. 1 bei jedem Gericht
möglich ist, dessen Entscheidung von der Anerkennung abhängt. Zum anderen
schreibt Abs. 3 vor, dass bei einem solchen Gericht stets auch ein Feststellungsantrag i.S.v. Abs. 2 gestellt werden kann. Abs. 3 entspricht Art. 33 Abs. 3 EuGVVO
a.F.

II. Das Prinzip der Inzident-Anerkennung (Abs. 1)

Abs. 1 statuiert das Prinzip der Inzident-Anerkennung, wonach ausländische 5
Entscheidungen ohne ein besonderes behördliches oder gerichtliches Anerkennungsverfahren oder einen sonstigen Anerkennungsakt *ipso iure* anerkannt werden.[1] Es kann daher auch von einer automatischen Anerkennung gesprochen
werden.[2] Das Prinzip der Inzident-Anerkennung ist in der EU bereits seit langem
eine Selbstverständlichkeit.

Praktisch bedeutet die Inzident-Anerkennung, dass über die Anerkennungsfä- 6
higkeit stets als Vorfrage im Rahmen eines Rechtsstreits entschieden werden
kann, dessen Streitgegenstand nicht die Anerkennungsfähigkeit als solche ist. Die
Anerkennungsfähigkeit ist zu beurteilen, sobald sie sich als Frage stellt: Beruft
sich eine Partei vor Gericht oder gegenüber einer Behörde auf die prozessuale
Wirkung einer ausländischen Entscheidung oder hält das Gericht von Amts
wegen für denkbar, dass eine Entscheidungswirkung eingreift, ist die Anerkennungsfähigkeit zu klären.

1. Voraussetzungen der Anerkennung

Im Rahmen der Anerkennungsprüfung nach Art. 36 prüft das Gericht 7
zunächst lediglich, ob die **EuGVVO anwendbar** ist,[3] eine **anerkennungsgeeignete Entscheidung** i.S.v. Art. 2 lit. a vorliegt,[4] **welche Entscheidungswirkungen** sie im Ursprungsstaat entfaltet, und ob die **Förmlichkeiten nach
Art. 37** (insbesondere die Bescheinigung i.S.v Art. 53) erfüllt sind. Auch die

---
[1] Saenger/*Dörner*, ZPO, 6. Aufl. 2015, Art. 36 EuGVVO Rn. 1; Rauscher/*Leible*, EuZPR, 4. Aufl.
2016, Art. 36 EuGVVO Rn. 2; Zöller/*Geimer*, ZPO, 31. Aufl. 2016, Art. 36 EuGVVO Rn. 33.
[2] Zöller/*Geimer*, ZPO, 31. Aufl. 2016, Art. 36 EuGVVO Rn. 33.
[3] Der Zweitrichter ist dabei nicht an die Rechtsauffassung des Erstrichters zur Anwendbarkeit der
EuGVVO gebunden, vgl. Zöller/*Geimer*, ZPO, 31. Aufl. 2016, Art. 36 EuGVVO Rn. 26.
[4] Vgl. hierzu ausführlich die Kommentierung bei Art. 2 Rn. 3 ff.

Wirksamkeit der ausländischen Entscheidung gehört zu den Anerkennungsvoraussetzungen. Schließlich soll die Anerkennung weder zu einer Vermehrung oder gar originären Erzeugung von Entscheidungswirkungen führen, so dass die Entscheidung im Zeitpunkt der Anerkennung im Ursprungsstaat bestand haben muss (also insbesondere nicht aufgehoben oder für nichtig erklärt sein darf). Diese originären Anerkennungsvoraussetzungen müssen von derjenigen Partei dargetan und ggf. bewiesen werden, der sich auf die ausländische Entscheidung beruft.

8   Die **Anerkennungsversagungsgründe i.S.v. Art. 45** sind hingegen **erst auf Parteiantrag** zu prüfen. Wie der Wortlaut von Art. 45 Abs. 1 zeigt, sind sie als Einreden ausgestaltet, die demzufolge nicht von Amts wegen zu prüfen sind.[5] Entsprechend der Formulierung in Art. 45 Abs. 1 ist die ausländische Entscheidung im Zweifel anerkennungsfähig. Auf Ebene der Beweislastverteilung führt dies dazu, dass die die Anerkennungsfähigkeit bestreitende Partei die Umstände darlegen und ggf. beweisen muss, die eine Anerkennungsversagung rechtfertigen sollen.

9   Das Prinzip der Inzident-Anerkennung wird durch die **Zuständigkeitsregel in Abs. 3** ergänzt, die jedoch im Zusammenhang mit der Inzident-Anerkennung ausschließlich eine klarstellende Funktion hat. Nach ihr kann jedes Gericht, dessen Entscheidung von der Anerkennung eines ausländischen Judikats abhängt, über dessen Anerkennungsfähigkeit entscheiden.

2. Verhältnis Inzident-Anerkennung (Abs. 1) zu Anerkennungsversagungsverfahren (Art. 45 Abs. 4) und Zwischenfeststellung (Abs. 3)

10 Stellt sich die Anerkennungsfähigkeit der ausländischen Entscheidung als Vorfrage gem. Abs. 1, kann der Anerkennungsgegner auch zum prozessualen Gegenschlag ausholen und eine **Anerkennungsversagung gem. Art. 45 Abs. 4** beim zuständigen Gericht i.S.v. Art. 47 (vgl. zur Zuständigkeit in Deutschland § 1115 Abs. 2–4 ZPO) beantragen. Hierdurch kann er eine rechtskraftfähige Entscheidung über die Anerkennungsfähigkeit erlangen, die eine Inzident-Prüfung der Anerkennungsfähigkeit nicht zu bieten vermag.

11 Das Verfahren nach Art. 45 Abs. 4 hat einen anderen Streitgegenstand als das Verfahren, in dem sich die Frage der Anerkennungsfähigkeit der Entscheidung i.S.v. Art. 36 Abs. 1 stellt, so dass keines der Verfahren eine **Rechtshängigkeitssperre** gegenüber dem jeweils anderen auslöst. Da das mit dem Verfahren nach Art. 45 Abs. 4 befasste Gericht mit Rechtskraft über die Anerkennungsfähigkeit entscheiden wird, kann und sollte das Verfahren i.S.v. Art. 36 Abs. 1 jedoch **ausgesetzt werden**, vgl. Art. 38 lit. b 2. Alt.[6]

12 Die nachträgliche Einleitung eines Verfahrens nach Art. 45 Abs. 4 scheidet jedoch aus, wenn in dem Verfahren i.S.v. Art. 36 Abs. 1 bereits eine der Parteien

---
[5] Vgl. hierzu ausführlich die Kommentierung bei Art. 45 Rn. 11.
[6] So auch *Hau*, MDR 2014, S. 1417 (1418).

einen **Zwischenfeststellungsantrag gem. § 256 Abs. 2 ZPO** über die (fehlende) Anerkennungsfähigkeit gestellt hat. Ein solcher Antrag auf Zwischenfeststellung wird in **Art. 36 Abs. 3** explizit für möglich erklärt.[7] Soweit die Anerkennungsfrage zum Gegenstand eines Zwischenfeststellungsantrags gemacht worden ist, steht der Einleitung eines Verfahrens i.S.v. Art. 45 Abs. 4 der Einwand anderweitiger Rechtshängigkeit entgegen. Wurde jedoch zunächst der Antrag nach Art. 45 Abs. 4 gestellt, ist ein Zwischenfeststellungsantrag über die Anerkennungsfähigkeit i.S.v. Art. 36 Abs. 3 wegen anderweitiger Litispendenz unzulässig.[8]

3. Rechtsfolgen der Anerkennung

a) Grundsätzlich: Wirkungserstreckung

Die EuGVVO regelt nicht ausdrücklich, welche Wirkungen der ausländischen Entscheidung aufgrund ihrer Anerkennung im Zweitland zukommen. Im Grundsatz bedeutet Anerkennung **Wirkungserstreckung**.[9] Die Entscheidung entfaltet im Zweitland also dieselben Wirkungen wie im Ursprungsland. Im Zweitland sind daher nach dem Prozessrecht des Ausgangslandes die Entscheidungswirkungen der anerkannten Entscheidung zu bestimmen.

Für die Geltung der Wirkungserstreckung spricht zum einen der **Gedanke des internationalen Entscheidungseinklangs**, wonach eine Gerichtsentscheidung in jedem Land dieselben Wirkungen entfalten soll.[10] Auch nach ihrem **Wesen** dient die Anerkennung lediglich dazu, die Wirkungen einer Entscheidung über die Landesgrenzen hinweg zu *erstrecken* und nicht über ihren ursprünglichen Umfang hinaus zu erweitern.[11] Ferner spricht **Art. 65 Abs. 2 Satz 2** für die Geltung der Wirkungserstreckung. Denn nach dieser Norm kann die im Ursprungsland vorgesehene Streitverkündungswirkung im Zweitland anerkannt werden, auch wenn dort die Streitverkündung als solche nicht bekannt ist. Und schließlich spricht der **prozessuale Vertrauensschutz** für die Geltung der Wirkungserstreckungslehre: Mit diesem wäre es unvereinbar, wenn der Entscheidung nach Abschluss des Erkenntnisverfahrens auf der Ebene der Anerkennung andere oder weitergehende Wirkungen zukämen. Dies würde die Parteien des Ausgangsverfahrens nachträglich mit Entscheidungseffekten belasten, die sie bei ihrem prozessualen Taktieren nicht voraussehen konnten.[12]

---

[7] Vgl. hierzu unten Rn. 57 ff.
[8] Im Ergebnis ebenso *Hau*, MDR 2014, S. 1417 (1418), der jedoch nicht auf den Rechtshängigkeitseinwand, sondern auf das fehlende Rechtsschutzbedürfnis für einen Zwischenfeststellungsantrag abstellt.
[9] Schlosser/*Hess*, EuZPR, 4. Aufl. 2015, Art. 36 EuGVVO Rn. 2; Rauscher/*Leible*, EuZPR, 4. Aufl. 2016, Art. 36 EuGVVO Rn. 3; ebenso die Rspr. zum EuGVÜ: BGH, 5.4.1990 – IX ZB 68/89, NJW 1990, S. 3048; OLG Frankfurt, 11.12.1984 – 5 U 5/84, RIW 1985, S. 411; OLG Hamm, 11.2.1991 – 8 WF 30/91, FamRZ 1993, S. 213 (215). Ebenso EuGH, 4.2.1988 – Rs. 145/86, *Hoffmann ./. Krieg*, Slg. 1988, 645 (ECLI:EU:C:1988:61), Rn. 10 f. und zuletzt wieder EuGH, 15.11.2012 – Rs. C-456/11, *Gothaer Allgemeine Versicherung AG u.a. ./. Samskip GmbH*, ECLI:EU:C:2012:719, Rn. 34.
[10] *Spitzer*, Einvernehmliche Prozessbeendigung, 2009, S. 229; *M. Peiffer*, Grenzüberschreitende Titelgeltung in der EU, 2012, Rn. 72.
[11] *Habscheid*, FamRZ 1973, S. 431; *Geimer*, RIW/AWD 1976, S. 139 (141).
[12] *Leipold*, in: FS Nagel, 1987, S. 189 (192); *Pfeiffer*, in: Gilles (Hrsg.), Transnationales Prozessrecht, 1995, S. 77 (105); *Bungert*, IPRax 1992, S. 225 (226); *Spellenberg*, IPRax 1984, S. 304 (306); *Nelle*, Anspruch, Titel und Vollstreckung, 2000, S. 243; *M. Peiffer*, Grenzüberschreitende Titelgeltung in der EU, 2012, Rn. 79 f.

15 Das Gegenstück zur Wirkungserstreckungslehre bildet die sog. **Gleichstellungslehre**, die v.a. im nationalen deutschen Anerkennungsrecht vertreten wurde.[13] Sie besagt, dass die ausländische Entscheidung durch ihre Anerkennung im Zweitland einer dortigen Entscheidung gleichgestellt werde und sich ihre Entscheidungswirkungen daher nach dem Prozessrecht des Anerkennungslandes richteten. Für die Geltung der Gleichstellunglehre werden insbesondere Praktikabilitätsgesichtspunkte vorgebracht: Die Rechtsanwendung im Zweitland werde erleichtert, wenn dort nur nach dem lokalen Prozessrecht der Inhalt der Entscheidungswirkungen bestimmt werde. Hierdurch ließen sich auch Inkompatibilitäten zwischen verschiedenen Rechtsordnungen vermeiden.[14] Richtigerweise ist jedoch die Gleichstellungslehre – allgemein und v.a. im Anwendungsbereich der EuGVVO – abzulehnen, da sie sowohl zu einer den Parteien unzumutbaren Wirkungserweiterung als auch zu einer Wirkungsbeschränkung führen kann.

16 Die Wirkungserstreckung kann zur Folge haben, dass Urteilswirkungen in das Zweitland transportiert werden, die das dortige Recht nicht vorsieht. Dies ist unproblematisch, solange die ausländischen Entscheidungswirkungen nicht gegen den *ordre public* des Zweitlandes verstoßen. Ist diese Grenze hingegen überschritten, kommt eine **Wirkungsbegrenzung zur Wahrung des zweitstaatlichen** *ordre public* in Betracht.[15] Demnach können Entscheidungswirkungen nicht anerkannt werden, soweit sie mit Grundvorstellungen der zweistaatlichen Rechtsordnung unvereinbar oder dort gänzlich unbekannt sind. Eine strengere Begrenzung auf den im Zweitland vorgesehenen Wirkungsumfang für entsprechende Inlandsentscheidungen (**Kumulationstheorie**) ist demgegenüber abzulehnen.[16] Sie schießt über das Ziel hinaus und kann einseitig die Interessen der im Ausgangsverfahren erfolgreichen Prozesspartei beeinträchtigen.[17]

b) Die anerkennungsfähigen Entscheidungswirkungen im Überblick

17 Gegenstand der Anerkennung können **alle prozessualen Entscheidungswirkungen** sein. Diese sind von den materiellrechtlichen Nebenfolgen einer Entscheidung abzugrenzen, also Auswirkungen der Entscheidung, die nicht in dieser selbst wurzeln, sondern durch eine Norm des materiellen Rechts ausgelöst werden, die tatbestandlich an das Vorliegen der Entscheidung anknüpft (sog. Tatbestandswirkung).

---

[13] BGH, 6.10.1982 – IVb ZR 729/80, NJW 1983, S. 514 (515); BGH, 1.6.1983 – IV b ZR 386/81, NJW 1983, S. 1976; *Reu*, Fremdes Recht, 1938, S. 86; *Reinl*, Eheauflösungen, 1966, S. 58; auch *Leipold*, in: FS Nagel, 1987, S. 189 (190 Fn. 3) äußert „grundsätzliche [...] Sympathie für den Gleichstellungsgedanken"; in neuerer Zeit *Spiecker gen. Döhmann*, ne bis in idem, 2002, S. 70–74. Insbesondere im österreichischen autonomen Anerkennungsrecht gilt die Gleichstellungslehre, vgl. *Matscher*, JBl. 1960, S. 265 (270); *ders.*, in: FS Schima, 1969, S. 265 (276 ff.); *ders.*, ZZP 86 (1973), S. 404 (408) und *ders.*, ZZP 103 (1990), S. 294 (306 ff.). Für den Anwendungsbereich des EuGVÜ folgt allerdings auch die Rspr. in Österreich der Wirkungserstreckungslehre, vgl. OGH, 15.3.2005 – 1 Ob 1/05m, ZfRV 2005, S. 116.
[14] *Matscher*, in: FS Schima, 1969, S. 265 (279).
[15] *Müller*, ZZP 79 (1966), S. 199 (206 f.); *Stein*, IPRax 2004, S. 181 (184); *M. Peiffer*, Grenzüberschreitende Titelgeltung in der EU, 2012, Rn. 143 ff.
[16] So aber *Schack*, IPRax 1989, S. 139 (142).
[17] Vgl. *M. Peiffer*, Grenzüberschreitende Titelgeltung in der EU, 2012, Rn. 138.

Die Abgrenzung zwischen anerkennungsfähigen Entscheidungswirkungen 18
und materiellrechtlichen Nebenwirkungen richtet sich autonom nach der
EuGVVO. Sie ist insbesondere unabhängig davon, ob eine Wirkung in dem
einen oder anderen nationalen Recht prozessual oder materiellrechtlich eingestuft wird. Im Grundsatz sind alle Effekte einer Entscheidung über die EuGVVO
anerkennungsfähig, die die Verbindlichkeit einer Gerichtsentscheidung herstellen, ausgestalten bzw. absichern.[18]

Danach sind **im Einzelnen anerkennungsfähig**: die materielle Rechtskraft 19
(in ihrem objektiven und subjektiven Umfang), die Präklusionswirkung, prozessuale Drittwirkungen, wie die Interventionswirkung und die Streitverkündigungswirkung, und die Gestaltungswirkung. **Nicht Gegenstand der Anerkennung** sind die Tatbestandswirkung, die innerprozessuale Bindungswirkungen
und die Vollstreckbarkeit (vgl. hierzu näher sogleich).

Da nur vorhandene Entscheidungswirkungen anerkannt werden können, hat 20
derjenige, der sich auf die Wirkung einer ausländischen Entscheidung beruft,
darzulegen und ggf. zu beweisen, dass die aus dem Ausland stammende Entscheidung dort die fragliche Wirkung entfaltet. Aufgrund der **Wirkungserstreckungslehre** kann dies unter Umständen eine **umfangreiche Analyse ausländischen Rechts** erfordern. Zwar dürfte in jeder Rechtsordnung den nicht mehr
angreifbaren Entscheidungen eine Rechtskraftwirkung zukommen. Allerdings
steckt der Teufel im Detail, wenn zu beurteilen ist, welche Entscheidungselemente im Einzelnen von der Rechtskraft erfasst sind. Das zweitstaatliche Gericht
darf insoweit nicht dem nationalen Verständnis des zweitstaatlichen Rechts verhaftet bleiben, sondern muss stets ermitteln, welche Wirkungen die Entscheidung im Ursprungsstaat entfaltet. Eine vertiefte Befassung mit ausländischem
Rechts ist insbesondere bei der Anerkennung der Gestaltungswirkung erforderlich. Denn hier muss u.U. genauestens erfasst werden, wie sich Rechtsverhältnisse umgestaltet haben.

Zu dem mit der Wirkungserstreckungslehre verbundenen Aufwand (insbesondere durch die Befassung mit ausländischem Recht) tritt hinzu, dass der EuGH 21
in seiner jüngsten Rechtsprechung in bestimmten (im Einzelnen unklaren) Konstellationen von der Geltung eines **euroautonomen Rechtskraftbegriffs** ausgeht, dessen Reichweite unabhängig ist von nationalen Rechtskraftkonzepten.[19]

c) Anerkennungsfähige Entscheidungswirkungen im Einzelnen

aa) Materielle Rechtskraft

Die wichtigste nach Art. 36 anerkennungsfähige Urteilswirkung ist die mate- 22
rielle Rechtskraft, durch die die Verbindlichkeit einer Entscheidung in sachlicher
und persönlicher Hinsicht für die Zukunft sichergestellt wird.

Der **objektive Umfang** der Rechtskraft einer anerkannten Entscheidung 23
richtet sich entsprechend der Wirkungserstreckungslehre nach dem Recht des

---

[18] Vgl. *Peiffer*, Grenzüberschreitende Titelgeltung in der Europäischen Union, 2012, Rn. 64.
[19] EuGH, 15.11.2012 – Rs. C-456/11, *Gothaer Allgemeine Versicherung AG u.a.* ./. *Samskip GmbH*,
ECLI:EU:C:2012:719. Hierzu kritisch *Klöpfer*, GPR 2015, S. 210 (211 ff.); *Roth*, IPRax 2014, S. 136;
Bach, EuZW 2013, S. 56 (57 ff.).

Ursprungsstaates. Die nationalen Rechte kennen insoweit durchaus Unterschiede. So nehmen zum einen **unterschiedliche Entscheidungselemente** an der Rechtskraftbindung teil: Während im deutschen Recht grundsätzlich nur der Tenor bindend ist, nimmt etwa im englischen und im französischen Recht auch die Beurteilung von Vorfragen an der Rechtskraft teil.[20] Zum anderen wird der **rechtskraftfähige Klagegenstand nach unterschiedlichen Kriterien abgegrenzt**: Einem sachverhaltsorientierten Streitgegenstandsbegriff in England und Deutschland steht etwa das rechtlich geprägte Gegenstandsverständnis des französischen Rechts gegenüber.[21]

24 Auch die **subjektive Reichweite** der Rechtskraftbindung unterscheidet sich von Land zu Land. Abweichungen ergeben sich insbesondere hinsichtlich der Frage, ob und inwieweit am Prozess unbeteiligte Dritte das Ergebnis der Entscheidung gegen sich gelten lassen müssen. Es existieren verschiedene Formen prozessualer Drittbindungen. Diese erklären sich teilweise aus einer materiellen Interessengleichheit zwischen Prozessbeteiligten und Dritten,[22] teilweise aus den Beteiligungsrechten Dritter, so etwa bei der Streitverkündung im deutschen Recht, der *third party notice* in England oder der *déclaration de jugement commun* des französischen Rechts.[23] Auch die subjektive Reichweite der prozessualen Entscheidungswirkungen richtet sich im Grundsatz nach dem Recht des Ursprungslandes.[24] Dort allerdings, wo eine Drittbindung einen engen Bezug zum materiellen Recht aufweist, kann es geboten sein, im Zweitland auf das anwendbare materielle Recht zurückzugreifen.[25] Insbesondere zum Schutz des rechtlichen Gehörs Dritter ist im Bereich der Drittwirkungen allerdings eine Wirkungsbegrenzung nach dem *ordre public*-Filter zu prüfen.[26]

25 Die **Wirkungsweise der materiellen Rechtskraft im Zweitland** richtet sich jedoch stets nach dem im zweitstaatlichen Verfahren anwendbaren Recht:[27] Vor deutschen Gerichten handelt es sich demnach um eine von Amts wegen zu beachtende Zulässigkeitsvoraussetzung,[28] auch wenn die Rechtskraft im Ursprungsland „anders funktioniert" und nur auf Antrag hin zu berücksichtigen ist[29] und/oder lediglich eine Bindungswirkung auf der Ebene der Begründetheit schafft.[30]

---

[20] Vgl. rechtsvergleichend M. *Peiffer*, Grenzüberschreitende Titelgeltung in der EU, 2012, Rn. 171–227.
[21] Vgl. rechtsvergleichend M. *Peiffer*, Grenzüberschreitende Titelgeltung in der EU, 2012, Rn. 182–186; 190-193; 222-226.
[22] Vgl. rechtsvergleichend M. *Peiffer*, Grenzüberschreitende Titelgeltung in der EU, 2012, Rn. 417–420.
[23] Vgl. rechtsvergleichend M. *Peiffer*, Grenzüberschreitende Titelgeltung in der EU, 2012, Rn. 421–424.
[24] M. *Peiffer*, Grenzüberschreitende Titelgeltung in der EU, 2012, Rn. 456–462.
[25] M. *Peiffer*, Grenzüberschreitende Titelgeltung in der EU, 2012, Rn. 463–474.
[26] M. *Peiffer*, Grenzüberschreitende Titelgeltung in der EU, 2012, Rn. 475–499.
[27] *Georgiades*, in: FS Zepos, Bd. II, 1973, S. 189 (201); *Martiny*, Hdb. IZVR, Bd. III/1, 1984, Rn. 392; M. *Peiffer*, Grenzüberschreitende Titelgeltung in der EU, 2012, Rn. 237.
[28] *Zöller/Vollkommer*, ZPO, 31. Aufl. 2016, vor § 322 ZPO Rn. 21.
[29] So beispielsweise in England und in Frankreich, vgl. M. *Peiffer*, Grenzüberschreitende Titelgeltung in der EU, 2012, Rn. 167 und 170.
[30] So etwa in England und früher in Frankreich, vgl. M. *Peiffer*, Grenzüberschreitende Titelgeltung in der EU, 2012, Rn. 166 und 168.

Für die Entscheidungsanerkennung nach Art. 36 ist nicht erforderlich, dass **26** die ausländische Entscheidung **formell in Rechtskraft erwachsen** ist.[31] Vielmehr muss nach dem Grundsatz der Wirkungserstreckung nur gefragt werden, ob die Entscheidung überhaupt eine Wirkung im Ursprungsstaat entfaltet und welchen Inhalt sie hat.

Soweit **Prozessurteile** nach dem Recht des Ursprungsstaates Rechtskraft **27** entfalten, ist diese im Wege der Anerkennung auch im Zweitland zu berücksichtigen.[32] Die Reichweite der Rechtskraft ist allerdings nach der jüngsten Rspr. des EuGH nicht nach dem Recht des Ursprungsstaats, sondern unter Heranziehung eines **unionsweit einheitlichen Rechtskraftverständnisses** zu bestimmen, soweit das Ursprungsgericht die Klage wegen Unzuständigkeit abgewiesen hat.[33] Dies hat der EuGH für den Fall entschieden, dass ein mitgliedstaatliches Gericht seine internationale Zuständigkeit wegen einer aus seiner Sicht wirksamen Gerichtsstandsvereinbarung zugunsten eines LugÜ-Staates (Island) verneint hat. Nach Meinung des EuGH ist die **Entscheidung über die Wirksamkeit der Gerichtsstandsvereinbarung** nach den Vorschriften des LugÜ bzw. der EuGVVO aufgrund eines unionsautonomen Rechtskraftbegriffs **für alle anderen mitgliedstaatlichen Gerichte bindend,** gleich ob das Recht des Ursprungslandes eine Vorfragenbindung vorsieht.[34] Im Unionsrecht erfasse der Begriff der Rechtskraft – so der EuGH – nicht nur den Tenor der fraglichen gerichtlichen Entscheidung, sondern auch die den Tenor tragenden Entscheidungsgründe.[35] Zur Begründung führt der EuGH den Grundsatz des gegenseitigen Vertrauens, das Bedürfnis nach einheitlicher Anwendung der Zuständigkeitsvorschriften im Unionsrecht und das Verbot der Nachprüfung gerichtlicher Entscheidungen gem. Art. 45 Abs. 3 Satz 1 und Art. 52 an.[36]

Der vom EuGH eingeführte unionsweite Rechtskraftbegriff wird im **28** Schrifttum **zurecht kritisiert**.[37] Die Durchbrechung der Wirkungserstreckungslehre ist zum einen deswegen problematisch, weil sie zur Folge haben kann, dass eine Entscheidung im Zweitland weitergehende Bindungswirkungen entfaltet, als ihr nach dem Recht des Ursprungslandes zukäme. Das ist – genauso wie die Gleichstellungstheorie – mit dem prozessualen Vertrauensschutz der Parteien unvereinbar. Zum anderen verlangen weder Art. 45 Abs. 3 noch Art. 52 eine Rechtskraftbindung hinsichtlich der vom Erstgericht ent-

---

[31] Saenger/*Dörner*, ZPO, 6. Aufl. 2015, Art. 36 EuGVVO Rn. 10. Vgl. hierzu die Kommentierung bei Art. 2 Rn. 6.
[32] Prozessurteile fallen unter den Begriff der Entscheidung i.S.v. Art. 2 lit. a, vgl. hierzu die Kommentierung bei Art. 2 Rn. 14. A. A. Zöller/*Geimer*, ZPO, 31. Aufl. 2016, Art. 36 EuGVVO Rn. 18; *Geimer*, in: FS Kaissis, 2012, S. 287 (289 ff.).
[33] EuGH, 15.11.2012 – Rs. C-456/11, *Gothaer Allgemeine Versicherung AG u.a. ./. Samskip GmbH*, ECLI:EU:C:2012:719. Hierzu kritisch *Klöpfer*, GPR 2015, S. 210 (211 ff.); *Roth*, IPRax 2014, S. 136; *Bach*, EuZW 2013, S. 56 (57 ff.).
[34] EuGH, 15.11.2012 – Rs. C-456/11, *Gothaer Allgemeine Versicherung AG u.a. ./. Samskip GmbH*, ECLI:EU:C:2012:719, Rn. 39.
[35] EuGH, 15.11.2012 – Rs. C-456/11, *Gothaer Allgemeine Versicherung AG u.a. ./. Samskip GmbH*, ECLI:EU:C:2012:719, Rn. 40.
[36] EuGH, 15.11.2012 – Rs. C-456/11, *Gothaer Allgemeine Versicherung AG u.a. ./. Samskip GmbH*, ECLI:EU:C:2012:719, Rn. 35 ff.
[37] *Bach*, EuZW 2013, S. 56 (57 ff.); *Klöpfer*, GPR 2015, S. 210 (211 ff.); *Roth*, IPRax 2014, S. 136.

schiedenen Zuständigkeitsvorfrage. Beide Vorschriften regeln ausschließlich die Voraussetzungen der Anerkennung (Art. 45 Abs. 3 schließt eine Überprüfung der Zuständigkeit des Ursprungsgerichts aus, Art. 52 verhindert eine Überprüfung der Entscheidung in der Sache) und betreffen nicht deren Rechtsfolge. Sie treffen insbesondere keine Aussage darüber, ob das Zweitgericht nur die Feststellung der Unzuständigkeit des Ursprungsgerichts oder auch die Gründe hierfür anzuerkennen hat.[38] Schließlich bringt der vom EuGH eingeführte unionsrechtliche Rechtskraftbegriff Unsicherheiten mit sich, weil seine Reichweite unklar ist. Schließlich ist offen, welche Vorfragen der Zuständigkeitsbeurteilung von der Bindungswirkung erfasst sein sollen, ob etwa auch die Entscheidung über das Vorliegen einer Erfüllungsortvereinbarung i.S.v. Art. 7 Nr. 1 lit. b, die Verortung des Wohnsitzes des Beklagten i.S.v. Art. 62 f. oder die Einordnung des eingeklagten Anspruchs als deliktisch i.S.v. Art. 7 Nr. 2 von der Rechtskraftbindung umfasst sind.

bb) Streitverkündungswirkung

29   Dass die Streitverkündungswirkung im Wege der prozessualen Entscheidungsanerkennung ins Zweitland transportiert werden kann, folgt bereits aus Art. 65 Abs. 2 Satz 2. Der Inhalt der so anerkannten Wirkungen einer Streitverkündung richtet sich nach dem Recht des Ursprungslandes, vor dessen Gericht der Streit verkündet worden ist.

cc) Präklusionswirkung

30   Auch die Präklusionswirkung kann grenzüberschreitend nach den Art. 36 ff. anerkannt werden.[39] Diese Wirkung schließt es aus, dass ein Richterspruch durch (neue) Einwendungen, die im Ursprungsverfahren nicht geltend gemacht worden sind, in Frage gestellt wird.

31   Auch der Umfang der Präklusionswirkung unterscheidet sich zwischen den nationalen Rechten:[40] So wird nach unterschiedlichen Kriterien begrenzt, welche materiellen Einwendungen präkludiert sind. Ferner spielt die subjektive Komponente, d.h. die Frage, inwieweit den Parteien ein Missbrauchsvorwurf zu machen ist, eine unterschiedliche Bedeutung.

32   Im Anerkennungsland richtet sich der Inhalt der Präklusionswirkung entsprechend der Wirkungserstreckungslehre im Grundsatz nach dem Recht des Urteilsstaates.[41]

---

[38] *Bach*, EuZW 2013, S. 56 (57).
[39] *M. Peiffer*, Grenzüberschreitende Titelgeltung in der EU, 2012, Rn. 599 ff.
[40] Vgl. rechtsvergleichend *M. Peiffer*, Grenzüberschreitende Titelgeltung in der EU, 2012, Rn. 543–587.
[41] *Geimer*, Anerkennung, 1995, S. 180; *Geimer*, in: FS Georgiades, 2006, S. 489 (503); *Nelle*, Anspruch, Titel u. Vollstr., 2000, S. 277–279; *Roth*, RabelsZ 68 (2004), S. 379 (383) mit Begrenzung nach dem *Kumulationsansatz*; *M. Peiffer*, Grenzüberschreitende Titelgeltung in der EU, 2012, Rn. 603 ff. Ebenso BGH, 15.10.1992 – IX ZR 231/91, NJW 1993, S. 1270 (1271) für die zeitliche Grenze der Präklusion im Deutsch-österreichischen Anerkennungs- und Vollstreckungsvertrag 1959 und BGH, 5.5.1982 – IVb ZR 697/80, BGHZ 84, 17 für die zeitliche Präklusionsgrenze im autonomen deutschen Anerkennungsrecht. Maßgeblich ist demnach der Zeitpunkt, zu dem nach dem Prozessrecht des Ursprungslandes die Einwendung noch hätte geltend gemacht werden können.

dd) Gestaltungswirkung

Gegenstand der prozessualen Anerkennung gem. Art. 36 ist schließlich auch die Gestaltungswirkung gerichtlicher Entscheidungen.[42] Der Inhalt der im Zweitland anerkannten Gestaltungswirkung richtet sich allerdings nach dem im Ausgangsverfahren angewendeten Sachrecht, auf dessen Grundlage das Gericht das Gestaltungsurteil erlassen hat.[43] Dies ergibt sich daraus, dass der Geltungsgrund einer richterlichen Rechtsgestaltung im materiellen Gestaltungsstatut liegt und daher auch nur nach diesem beurteilt werden kann, welche neue Rechtslage infolge des Gestaltungsurteils gilt. 33

Soweit das Ursprungsgericht in der Sache nicht sein eigenes Sachrecht angewandt, sondern aufgrund eines Verweisungsbefehls ein aus seiner Sicht ausländisches Recht herangezogen und auf dessen Grundlage den Gestaltungsausspruch erlassen hat, ist dieses ausländische Recht auch im Anerkennungsland zu berücksichtigen, um den Inhalt der Gestaltungswirkung zu bestimmen. Insoweit wird also die Wirkungserstreckungslehre eingeschränkt.[44] 34

ee) Tatbestandswirkung

Nicht Gegenstand der prozessualen Entscheidungsanerkennung ist die sog. Tatbestandswirkung, d.h. die Fähigkeit eines Urteils, den Tatbestand einer materiell-rechtlichen Norm, die an das Vorliegen eines Judikats anknüpft, zu erfüllen. 35

Typisches Beispiel für eine Tatbestandswirkung aus dem deutschen Recht ist § 197 Abs. 2 Nr. 3 BGB: Unterliegt die Verjährung deutschem Recht, ist grundsätzlich auch ein ausländisches Urteil geeignet, die Verjährungsfrist auf 30 Jahre zu erhöhen. Eine prozessuale Entscheidungsanerkennung in Deutschland ist hierfür nicht erforderlich. 36

d) Vollstreckbarkeit

Nicht Gegenstand der Anerkennung nach Art. 36 ist die Vollstreckbarkeit der Entscheidung. Diese wird über Art. 39 gemeinschaftsweit erstreckt. 37

III. Selbständiges positives Anerkennungsfeststellungsverfahren (Abs. 2)

Abs. 2 regelt das selbständige Anerkennungsverfahren und gibt dem „Berechtigten" die Möglichkeit, die Feststellung zu beantragen, dass keiner der in Art. 45 genannten Anerkennungsversagungsgründe greift. 38

1. Zweck des selbständigen Anerkennungsverfahrens

Die Notwendigkeit für ein selbständiges Anerkennungsverfahren nach Maßgabe von Abs. 2 ergibt sich daraus, dass über die Anerkennung und die Anerkennungs- 39

---

[42] *Müller*, ZZP 79 (1966), S. 199 (222 f.); *Schack*, IZVR, 5. Aufl. 2010, Rn. 869; *Martiny*, Hdb. IZVR Bd. III/1, 1984, Rn. 409–412; *Geimer*, Anerkennung, 1995, S. 41 f.; *Schütze*, GmbH-Rdsch 1967, S. 6 (7); *Fischer*, in: FS Henckel, 1995, S. 199 (202 f.); *Geimer*, Gerichtsbarkeit, 1966, S. 32 f.; *Kropholler*, EuZPR, 8. Aufl. 2005, vor Art. 33 EuGVVO Rn. 15; Rn. 7; *M. Peiffer*, Grenzüberschreitende Titelgeltung in der EU, 2012, Rn. 509–514.
[43] *Schlosser*, Gestaltungsklagen, 1966, S. 314.
[44] *M. Peiffer*, Grenzüberschreitende Titelgeltung in der EU, 2012, Rn. 515–525.

versagungsgründe aufgrund des in Art. 36 Abs. 1 vorgesehenen Automatismus im Übrigen nur als Vorfrage entschieden wird.[45] In aller Regel fehlt es daher an einer rechtskraftfähigen und damit verbindlichen Beurteilung der Anerkennungsfähigkeit. Abweichende Beurteilungen in nachfolgenden Verfahren sind somit möglich.

40 Abs. 2 gibt daher der an der Anerkennung interessierten Partei die Möglichkeit, in einem selbständigen Verfahren die Anerkennungsfähigkeit mit Rechtskraftwirkung feststellen zu lassen und damit Rechtssicherheit zu schaffen. Die damit einhergehende Rechtssicherheit stärkt auch die Freizügigkeit von Urteilen innerhalb der EU, weil für alle Gerichte und Behörden im jeweiligen Anerkennungsland die Anerkennungsfähigkeit der Entscheidung verbindlich festgestellt wird. Gleichzeitig kann das selbständige Anerkennungsverfahren die Prozessökonomie stärken, weil sich nachfolgende Streitigkeiten über die Anerkennungsfähigkeit vermeiden lassen.

2. Ausgestaltung des Verfahrens nach Art. 36 Abs. 2

a) Antrag

41 Der an der Anerkennung Interessierte kann die Feststellung beantragen, dass keiner der Anerkennungsversagungsgründe greift. Der Antrag ist allgemein auf die Entscheidung zu beziehen. Es dürfte jedoch zweckmäßig sein, in dem Antrag die Entscheidungswirkung genau zu bezeichnen, die man auf das Inland erstreckt haben will.[46] Entgegen der Formulierung von Abs. 2 (Feststellung, dass „*keiner der in Art. 45 genannten Gründe... gegeben ist*") handelt es sich beim Verfahren nach Abs. 2 nicht um eine negative Feststellungsklage. Es handelt sich vielmehr um eine positive Feststellungsklage (Feststellung der Anerkennungsfähigkeit), in der negative Tatbestandsmerkmale (das Nichteingreifen von Anerkennungsversagungsgründen) vorgetragen und bewiesen werden müssen.

b) Antragsberechtigte

42 Antragsberechtigt sind die Parteien des Ausgangsverfahrens, deren Rechtsnachfolge und ggf. auch Dritte, die ein Rechtsschutzinteresse an der Feststellung haben.[47] Der Antrag ist gem. § 1115 Abs. 3 ZPO schriftlich oder mündlich zu Protokoll der Geschäftsstelle zu stellen. Ein Anwaltszwang besteht gem. § 78 Abs. 3 ZPO demnach nicht.

c) Besonderes Feststellungsinteresse erforderlich?

43 Fraglich ist, ob der Antragsberechtigte ein besonderes Interesse an der Feststellung der Anerkennungsfähigkeit vorweisen muss. Das ist im Ergebnis **zu verneinen**.[48] Dem Wortlaut von Art. 36 Abs. 2 lässt sich ein entsprechendes Erfordernis nicht entnehmen. Demgegenüber war die Vorgängervorschrift Art. 33 Abs. 2 EuGVVO a.F. noch einschränkend formuliert und gestattete das Verfahren nur dann, wenn die Anerkennungsfrage „*Gegenstand eines Streites*" war. Gegen das

---

[45] Zöller/*Geimer*, ZPO, 31. Aufl. 2016, Art. 36 EuGVVO Rn. 34.
[46] Schlosser/*Hess*, EuZPR, 4. Aufl. 2015, Art. 36 EuGVVO Rn. 8; MünchKomm/*Gottwald*, ZPO, 4. Aufl. 2013, Art. 33 EuGVVO a.F Rn. 11.
[47] Thomas/Putzo/*Hüßtege*, ZPO, 36. Aufl. 2015, Art. 36 EuGVVO Rn. 7.
[48] Schlosser/*Hess*, EuZPR, 4. Aufl. 2015, Art. 36 EuGVVO Rn. 8.

Erfordernis eines besonderen Feststellungsinteresses spricht auch das allgemeine Bestreben der EuGVVO, die Titelfreizügigkeit und somit auch die Stellung des an der Anerkennung Interessierten zu verbessern. Der Antragsteller i.S.v. Art. 36 Abs. 2 muss somit nicht geltend machen, dass mit einem Anerkennungsversagungsantrag i.S.v. Art. 45 konkret zu rechnen ist.

Aus Gründen der Prozessökonomie ist dennoch erforderlich, dass der Antragsteller ein allgemeines **Rechtsschutzbedürfnis** hat. Ein solches Bedürfnis ist grundsätzlich gegeben, solange nicht besondere Umstände Zweifel an dessen Vorliegen erwecken. Letztes ist etwa denkbar, wenn für den Antragsteller kein Nutzen einer isolierten Feststellung der Anerkennungsfähigkeit ersichtlich ist und sich der Antrag daher als missbräuchlich erweist. Missbräuchlich könnte es etwa sein, wenn der Antragsteller ohne nachvollziehbaren sachlichen Grund gleichzeitig in mehreren Mitgliedstaaten Anerkennungsfeststellungsklage erhebt. 44

d) Zuständiges Gericht und Rechtsbehelfe

Das Verfahren gem. Abs. 2 unterliegt nach dem ausdrücklichen Wortlaut der Vorschrift den **Regelungen über das Anerkennungsversagungsverfahren gem. Art. 46–51.** Insoweit unterscheidet sich die Regelung von der Vorläufervorschrift Art. 33 Abs. 2 EuGVVO a.F., die noch das gesamte Verfahren der Vollstreckbarerklärung samt Rechtsbehelfen dagegen in Bezug genommen hatte. 45

Für die Ausgestaltung des Verfahrens nach Abs. 2 gilt in Deutschland somit § 1115 ZPO. Es handelt sich demnach um ein kontradiktorisches Verfahren (vgl. § 1115 Abs. 4 Satz 2 ZPO). **Sachlich zuständig** ist das Landgericht (§ 1115 Abs. 1 ZPO). Die **örtliche Zuständigkeit** ergibt sich aus § 1115 Abs. 2 ZPO.[49] Die **internationale Zuständigkeit** bedarf keiner eigenen Regelung, denn der Feststellungsantrag ist zwangsläufig immer in dem Land zu stellen, für das die Anerkennungsfähigkeit festgestellt werden soll. **Funktionell** ist der Vorsitzende einer Zivilkammer zuständig, vgl. § 1115 Abs. 4 Satz 1 ZPO. 46

Gegen die Entscheidung des Landgerichts ist die **sofortige Beschwerde** statthaft, vgl. § 1115 Abs. 5 Satz 1 ZPO i.V.m. Art. 50 EuGVVO. Gegen den Beschluss des Beschwerdegerichts ist die Rechtsbeschwerde eröffnet, § 1115 Abs. 5 Satz 3 ZPO. 47

e) Darlegungs- und Beweislast

Die primäre Darlegungslast liegt beim Antragsteller. Er muss zunächst im Wesentlichen nur das Vorliegen der Entscheidung und weitere Umstände dartun, aus denen sich der gesetzliche Regelfall der europaweiten Anerkennungsfähigkeit ergibt. Die sekundäre Darlegungslast liegt bei dem Anerkennungsgegner: Er hat Umstände darzulegen, aus denen sich einer oder mehrere Anerkennungsversagungsgründe i.S.v. Art. 45 ergeben sollen. Hat er insoweit erheblich und substantiiert vorgetragen, liegt die Beweislast beim Antragsteller: Er muss den Beweis erbringen, dass keiner der vom Antragsgegner vorgebrachten Umstände eine Versagung der Anerkennung rechtfertigt. 48

---

[49] Vgl. hierzu ausführlich die Kommentierung bei Art. 45 Rn. 148 ff.

3. Verhältnis zu anderen Verfahren

49 Bei der Frage, ob einem Verfahren nach Abs. 2 die frühere Rechtshängigkeit eines anderweitigen Verfahrens gem. § 261 Abs. 3 Nr. 1 ZPO entgegensteht, in dem sich die Anerkennungsfähigkeit als Vorfrage stellt, ist zu unterscheiden:

a) Verhältnis zu einem Verfahren nach Art. 36 Abs. 1

50 Ist bereits ein Verfahren anhängig, in dem sich die **Anerkennungsfähigkeit der Entscheidung inzident als Vorfrage** stellt, schließt dies die Erhebung einer positiven Feststellungsklage nach Abs. 2 nicht aus. Denn beide Verfahren haben unterschiedliche Streitgegenstände, so dass widersprechende Entscheidungen nicht zu befürchten sind. Hierfür lässt sich auch Art. 38 lit. b Alt. 1 anführen, wonach das Gericht, vor dem sich die Frage der Inzident-Anerkennung stellt, das Verfahren nicht zwingend aussetzen muss, wenn ein Verfahren nach Abs. 2 anhängig gemacht wird. Wird jedoch in dem Verfahren, in dem sich inzident die Frage der Anerkennung stellt, ein Zwischenfeststellungsantrag über die Anerkennungsfähigkeit der Entscheidung nach Art. 36 Abs. 3 gestellt,[50] begründet dies gegenüber einem später erhobenen Antrag nach Abs. 2 stets den Rechtshängigkeitseinwand.

b) Verhältnis zu einem Verfahren nach Art. 45 Abs. 4

51 Etwas anderes gilt hingegen für das Verhältnis zu einem Antrag auf Versagung der Anerkennung nach **Art. 45 Abs. 4**. Der Streitgegenstand dieses Verfahrens ist identisch mit dem des Verfahrens nach Art. 36 Abs. 2, weil es in beiden um die Feststellung geht, ob Anerkennungsversagungsgründe i.S.v. Art. 45 Abs. 1 vorliegen.[51] Demzufolge steht die frühere Rechtshängigkeit eines Verfahrens nach Art. 45 Abs. 4 gem. § 261 Abs. 3 Nr. 2 ZPO der Erhebung eines positiven Feststellungsantrags nach Art. 36 Abs. 2 entgegen.[52] Gleiches gilt, wenn die Verfahren in umgekehrter Reihenfolge erhoben werden. Ist ein Feststellungsantrag i.S.v. Art. 36 Abs. 2 anhängig, kann der Antragsgegner nicht im Wege der „Widerklage" einen Antrag gem. Art. 45 Abs. 4 stellen, da beide Anträge auf das kontradiktorische Gegenteil gerichtet sind.[53]

c) Verhältnis zu einem Verfahren nach Art. 46

52 Anders beurteilt sich das Verhältnis zu einem Antrag auf Versagung der Vollstreckung nach Art. 46. Dieser Antrag geht über die bloße Feststellung des Vorliegens von Versagungsgründen hinaus, weil er auf die Beseitigung der Vollstreckbarkeit der Entscheidung im Zweitstaat gerichtet ist. Demzufolge **entfällt das Rechtsschutzbedürfnis für einen Antrag nach Art. 36 Abs. 2**, wenn zuvor ein Antrag nach Art. 46 gestellt worden ist. Ein Vorrang der Vollstreckungsversagungsklage benachteiligt den Gläubiger nicht unangemessen, weil er auch in

---

[50] Vgl. hierzu sogleich unten Rn. 57 ff.
[51] So auch *Geimer*, in: FS Torggler, 2013, S. 311 (323).
[52] Im Ergebnis ebenso *Geimer*, in: FS Torggler, 2013, S. 311 (323) und Zöller/*Geimer*, ZPO, 31. Aufl. 2016, Art. 36 EuGVVO Rn. 62, der allerdings im Interesse einer unionsweit einheitlichen Handhabung der anderweitigen Litispendenz die analoge Anwendung der Art. 29 ff. befürwortet.
[53] *Geimer*, in: FS Torggler, 2013, S. 311 (323).

diesem Verfahren durch **Zwischenfeststellungwiderklage** eine rechtskräftige Entscheidung über die Versagungsgründe i.S.v. Art. 45 Abs. 1 erreichen kann.

Ist hingegen zuerst ein Antrag nach Art. 36 Abs. 2 gestellt worden, steht dieser 53 der späteren Einleitung eines Vollstreckungsversagungsverfahrens nach Art. 46 mangels Streitgegenstandsidentität nicht gem. § 261 Abs. 3 Nr. 1 ZPO entgegen.[54] Allerdings sollte in einer solchen Konstellation zur Vermeidung widersprüchlicher Entscheidungen **das später eingeleitete Vollstreckungsversagungsverfahren** i.S.v. Art. 46 gem. **§ 148 ZPO ausgesetzt** werden, bis eine Entscheidung im Feststellungsverfahren i.S.v. Art. 36 Abs. 2 vorliegt.[55]

d) Verhältnis zu einem Verfahren nach Art. 36 Abs. 2 in einem anderen Mitgliedstaat

Die Anhängigkeit eines isolierten Feststellungsverfahrens nach Abs. 2 in einem 54 Mitgliedstaat schließt es selbstverständlich nicht aus, dass **in einem oder mehreren anderen Mitgliedstaaten** über die Anerkennungsfähigkeit inzidenter, im Rahmen eines Verfahrens nach Abs. 2 oder gem. Art. 45 Abs. 4 bzw. Art. 46 entschieden wird. Denn die Frage der Anerkennungsfähigkeit stellt sich jeweils nur für den jeweiligen Mitgliedstaat und begründet daher jeweils einen eigenständigen Streitgegenstand.

4. Antrag auf Feststellung der Nichtanerkennungsfähigkeit nach Art. 36 Abs. 2?

Im Schrifttum umstritten ist die Frage, ob Art. 36 Abs. 2 auch einen (negati- 55 ven) Antrag auf Feststellung erlaubt, dass die Entscheidung nicht anerkennungsfähig ist, weil Anerkennungsversagungsgründe i.S.v. Art. 45 Abs. 1 greifen.[56]

Die Statthaftigkeit eines solchen negativen Feststellungsantrags ist richtiger- 56 weise zu verneinen. Gegen die Zulässigkeit spricht zum einen der **eindeutige Wortlaut** von Abs. 2, der als Antragsteller ausschließlich den „*Berechtigten*" benennt und lediglich einen Antrag auf Feststellung gestattet, dass „*keiner der in Artikel 45 genannten Gründe für eine Versagung der Anerkennung gegeben ist*". Hinzu kommt ein **Vergleich mit der offenen Formulierung in Abs. 3**, die allgemein von einer Entscheidung „*über die Anerkennung*" spricht, ohne ein konkretes Antragsziel (Anerkennungsfähigkeit oder fehlende Anerkennungsfähigkeit) zu benennen. Gegen die analoge Anwendung von Abs. 2 auf einen negativen Feststellungsantrag spricht zum anderen das **Fehlen einer ausfüllungsbedürftigen Regelungslücke**. Schließlich steht der die Anerkennungsfähigkeit bestreitenden Partei der Weg nach Art. 45 Abs. 4 offen. Sie hätte daher schon kein Rechtsschutzbedürfnis für einen negativen Feststellungsantrag nach Abs. 2.

---

[54] Vgl. die Kommentierung bei Art. 47 Rn. 29 ff.
[55] Vgl. die Kommentierung bei Art. 47 Rn. 31.
[56] Für die analoge Anwendung von Art. 36 Abs. 2 auf einen negativen Feststellungsantrag Schlosser/Hess, EuZPR, 4. Aufl. 2015, Art. 36 EuGVVO Rn. 9; Saenger/*Dörner*, ZPO, 6. Aufl. 2015, Art. 36 EuGVVO Rn. 12; *Domej*, RabelsZ 78 (2014), S. 508 (513). Gegen die analoge Anwendung *Geimer*, in: FS Torggler, 2013, S. 311 (320 ff.); Zöller/*Geimer*, ZPO, 31. Aufl. 2016, Art. 36 EuGVVO Rn. 57 f.; Rauscher/*Leible*, EuZPR, 4. Aufl. 2016, Art. 36 EuGVVO Rn. 16 f.

IV. Zwischenfeststellungs-Antrag (Abs. 3)

57 Abs. 3 enthält zum einen eine Zuständigkeitsregel, die das Prinzip der Inzident-Anerkennung (Abs. 1) ergänzt: Dasjenige Gericht des Zweitstaates, vor dem eine anerkennungsfähige Wirkung der Entscheidung aus dem Erststaat geltend gemacht wird, kann selbst die Anerkennungsfähigkeit und damit auch die Versagungsgründe i.S.v. Art. 45 Abs. 1 prüfen. Diese Regelung betrifft die örtliche, sachliche und instanzielle Zuständigkeit und hat in erster Linie klarstellende Bedeutung. Für das selbständige Anerkennungsfeststellungsverfahren i.S.v. Art. 36 Abs. 2 ist die Zuständigkeitsregel von Art. 36 Abs. 3 nach ihrem Wortlaut nicht anwendbar. Vielmehr ist insoweit die Zuständigkeitsnorm in Art. 45 Abs. 4 i.V.m. 47 Abs. 1 einschlägig.

58 Abs. 3 hat zum anderen einen eigenständigen Regelungsgehalt, indem er den Parteien im Verfahren i.S.v. Abs. 1 die Möglichkeit eröffnet, einen **Zwischenfeststellungsantrag** über die (fehlende) Anerkennungsfähigkeit zu stellen und auf diese Weise eine rechtskräftige und für alle Gerichte und Behörden im Anerkennungsstaat bindende Feststellung über die Anerkennungsfähigkeit zu erlangen.[57] Einen solchen Antrag kann aufgrund des offen formulierten Wortlautes von Abs. 3 sowohl diejenige Partei stellen, die die Anerkennungsfähigkeit geltend macht, als auch diejenige, die diese bestreitet.

59 Sobald eine Partei einen Zwischenfeststellungsantrag nach Abs. 3 gestellt hat, ist sowohl der Weg zu einem Antrag auf Feststellung der Anerkennungsfähigkeit nach Abs. 2 als auch der zu einem Anerkennungsversagungsantrag nach Art. 45 Abs. 4 wegen anderweitiger Rechtshängigkeit (in Deutschland: § 261 Abs. 3 Nr. 1 ZPO) versperrt. Im Verhältnis zum Vollstreckungsversagungsverfahren nach Art. 46 gelten die Ausführungen für das Verfahren nach Art. 36 Abs. 2 entsprechend.[58]

Artikel 37 [Vorlegung der Entscheidung und der Bescheinigung]

(1) Eine Partei, die in einem Mitgliedstaat eine in einem anderen Mitgliedstaat ergangene Entscheidung geltend machen will, hat Folgendes vorzulegen:
a) eine Ausfertigung der Entscheidung, die die für ihre Beweiskraft erforderlichen Voraussetzungen erfüllt, und
b) die nach Artikel 53 ausgestellte Bescheinigung.

(2) ¹Das Gericht oder die Behörde, bei dem oder der eine in einem anderen Mitgliedstaat ergangene Entscheidung geltend gemacht wird, kann die Partei, die sie geltend macht, gegebenenfalls auffordern, eine Übersetzung oder eine Transliteration des Inhalts der in Absatz 1 Buchstabe b genannten Bescheinigung nach Artikel 57 zur Verfügung zu stellen. ²Kann das Gericht oder die Behörde das Verfahren ohne eine Übersetzung der eigentlichen Entscheidung nicht fortsetzen, so kann es oder sie die Partei auffordern, eine Übersetzung der Entscheidung statt der Übersetzung des Inhalts der Bescheinigung zur Verfügung zu stellen.

---

[57] Schlosser/*Hess*, EuZPR, 4. Aufl. 2015, Art. 36 EuGVVO Rn. 10; Thomas/Putzo/*Hüßtege*, ZPO, 36. Aufl. 2015, Art. 36 EuGVVO Rn. 11; Rauscher/*Leible*, EuZPR, 4. Aufl. 2016, Art. 36 EuGVVO Rn. 20. A. A. *Hau*, MDR 2014, S. 1417 (1418).
[58] Siehe oben Rn. 52 f.

Übersicht

	Rn.
I. Überblick	1
II. Die verpflichtend vorzulegenden Dokumente (Abs. 1)	5
1. Die Ausfertigung der anzuerkennenden Entscheidung (Abs. 1 lit. a)	6
2. Die Bescheinigung nach Art. 53 (Abs. 1 lit. b)	9
3. Fehlen von Bescheinigung oder Ausfertigung	11
III. Optional erforderliche Dokumente (Abs. 2)	14
1. Übersetzung/Transliteration der Bescheinigung (Abs. 2 Satz 1)	15
2. Übersetzung der Entscheidung (Abs. 2 Satz 2)	16

I. Überblick

Art. 37 regelt die förmlichen urkundlichen Nachweise, die im Zweitstaat vorzulegen sind, wenn eine ausländische Entscheidung dort durch ein Gericht oder eine Behörde anerkannt werden soll. Aus der systematischen Stellung der Norm in Kapitel III Abschnitt 1 folgt, dass sie lediglich für die Anerkennung gilt. Die Parallelnorm für die Vollstreckung ist in Art. 42 enthalten. **1**

Nach **Abs. 1** ist zweierlei verpflichtend vorzulegen: Eine Entscheidungsausfertigung, die die für ihre Beweiskraft erforderlichen Voraussetzungen erfüllt, und eine Bescheinigung nach Art. 53. Ergänzend regelt **Abs. 2**, ob und unter welchen Voraussetzungen Übersetzungen bzw. Transliterationen der vorzulegenden Dokumente verlangt werden können. **2**

Art. 37 entspricht **Art. 53 Abs. 1 EuGVVO a.F.**, ist im Vergleich zu diesem jedoch insoweit strenger, als nun auch für die Anerkennung eine Bescheinigung beizubringen ist, in der der Entscheidungsinhalt verkürzt und systematisiert wiedergegeben wird. Eine solche Bescheinigung war in der EuGVVO a.F. lediglich für die Vollstreckbarerklärung vorzulegen, vgl. Art. 53 Abs. 2 EuGVVO a.F. **3**

Aufgrund von Art. 37 ist es den mitgliedstaatlichen Gerichten und Behörden verwehrt, die Anerkennung einer mitgliedstaatlichen Entscheidung von der Vorlage weiterer Unterlagen oder Nachweise abhängig zu machen. Demnach befreit Art. 37 die Anerkennung von unnötigen Formalien und stärkt damit die **Titelfreizügigkeit innerhalb der EU**.[1] **4**

II. Die verpflichtend vorzulegenden Dokumente (Abs. 1)

Nach Abs. 1 hat derjenige, der im Zweitstaat eine ausländische Entscheidung zum Zwecke der Anerkennung geltend macht, eine Entscheidungsausfertigung und eine Bescheinigung nach Art. 53 vorzulegen. **5**

1. Die Ausfertigung der anzuerkennenden Entscheidung (Abs. 1 lit. a)

Die Entscheidungsausfertigung muss „*die für ihre Beweiskraft erforderlichen Voraussetzungen*" erfüllen. Diese etwas verwirrende Formulierung verlangt, dass **6**

---

[1] Zöller/*Geimer*, ZPO, 31. Aufl. 2016, Art. 37 EuGVVO Rn. 1.

eine Ausfertigung vorgelegt wird, die nach Überzeugung des Anerkennungsgerichts **auf die Echtheit der Ausfertigung schließen** lässt.[2] Unter welchen Voraussetzungen die Ausfertigung den Beweis ihrer Echtheit erbringt, richtet sich nach dem **Recht des Ausgangsstaates**.[3] Eine bloße Kopie oder einfache Abschrift der Entscheidung ist jedenfalls nicht ausreichend.[4] Bei Entscheidungen deutscher Gerichte ist demnach im Anerkennungsland eine Ausfertigung nach § 317 Abs. 2–5 ZPO vorzulegen. Demnach muss die Ausfertigung u.a. vom Urkundsbeamten der Geschäftsstelle unterschrieben und mit dem Gerichtssiegel versehen sein, vgl. § 317 Abs. 4 ZPO.

7   Ob eine vorgelegte Entscheidungsausfertigung den Anforderungen von Abs. 1 lit. a genügt, kann das Anerkennungsgericht letztlich nur beurteilen, indem es das insoweit einschlägige Recht des Urteilsstaates ermittelt (über § 293 ZPO) und hiernach klärt, ob die anzuerkennende ausländische Entscheidung dessen Anforderungen entspricht.[5]

8   Eine deutliche Erleichterung ergibt sich jedoch durch **Art. 61**, wonach Urkunden aus einem anderen Mitgliedstaat **ohne Legalisation oder ähnliche Förmlichkeit** auskommen. Vor einem deutschen Gericht bedeutet dies, dass die Beweisregelungen der **§§ 418 und 437 ZPO** für Entscheidungsausfertigungen anderer Mitgliedstaaten gelten. Demnach greift die Echtheitsvermutung der § 437 Abs. 1 ZPO, wenn der Anerkennungswillige eine Ausfertigung vorlegt, die sich *„nach Form und Inhalt als von einer öffentlichen Behörde … errichtet darstellt"*. Soweit ein derartiger äußerer Anschein der Echtheit vorliegt, braucht das Anerkennungsgericht in Deutschland somit nicht weiter zu prüfen, ob die formellen Ausfertigungsvorschriften des Urteilsstaates beachtet worden sind. Ein ausländisches Urteil dürfte den Anschein der Echtheit i.S.v. § 437 Abs. 1 ZPO etwa dann erwecken, wenn es mit dem Originalabdruck des Gerichtssiegels, einer Originalunterschrift und einer Amtsbezeichnung des Unterzeichnenden versehen ist.[6]

2. Die Bescheinigung nach Art. 53 (Abs. 1 lit. b)

9   Abs. 1 lit. b verlangt für Zwecke der Anerkennung zusätzlich die Vorlage einer Bescheinigung nach Art. 53 i.V.m. Anhang I. In dieser Bescheinigung bestätigt das Gericht des Ursprungsstaates auf einem Formular einige für die Vollstreckung bzw. Anerkennung relevante Umstände. Nach Abs. 2 Satz 1 kann das Gericht eine Übersetzung oder ggf. eine Transliteration der Bescheinigung anfordern.

---

[2] Rauscher/*Leible*, EuZPR, 4. Aufl. 2016, Art. 37 EuGVVO Rn. 2.
[3] Rauscher/*Leible*, EuZPR, 4. Aufl. 2016, Art. 37 EuGVVO Rn. 2; Schlosser/*Hess*, EuZPR, 4. Aufl. 2015, Art. 37 EuGVVO Rn. 3.
[4] Thomas/Putzo/*Hüßtege*, ZPO, 36. Aufl. 2015, Art. 37 EuGVVO Rn 3; Kindl/Meller-Hannich/Wolf/*Mäsch*, Zwangsvollstreckung, 2. Aufl. 2013, Art. 53 EuGVVO a.F. Rn. 4; Rauscher/*Leible*, EuZPR, 4. Aufl. 2016, Art. 37 EuGVVO Rn. 2.
[5] Kindl/Meller-Hannich/Wolf/*Mäsch*, Zwangsvollstreckung, 2. Aufl. 2013, Art. 53 EuGVVO a.F. Rn. 4.
[6] Kindl/Meller-Hannich/Wolf/*Mäsch*, Zwangsvollstreckung, 2. Aufl. 2013, Art. 53 EuGVVO a.F. Rn. 4.

Nicht mehr ausdrücklich geregelt ist die Behandlung von Fällen, in denen der 10
Antragsteller eine Bescheinigung nach Art. 53 nicht vorlegen kann. Art. 55
Abs. 1 EuGVVO a.F. eröffnete für diesen Fall noch die Möglichkeit eines
anderweitigen Nachweises bzw. des Verzichts auf Einzelnachweise. Das Gericht
durfte den Antrag nicht ohne weiteres abweisen, sondern musste vielmehr eine
Nachfrist setzten. Alternativ konnte es sich auch mit dem Nachweis durch
gleichwertige Urkunden begnügen. Diese Möglichkeiten sind in der EuGVVO
nicht mehr ausdrücklich vorgesehen, sollten hier aber – jedenfalls im Rahmen
der Anerkennung – gleichermaßen gelten.[7]

3. Fehlen von Bescheinigung oder Ausfertigung

Entgegen dem strengen Wortlaut von Art. 37 Abs. 1 sollte eine Anerkennung 11
grundsätzlich auch dann möglich sein, wenn die darin geregelten Formalien
nicht erfüllt sind. Soweit der Richter des Zweitstaates auch ohne Bescheinigung
in der Lage ist, den Inhalt einer Entscheidung zutreffend zu erfassen, sollte er
deren Anerkennung nicht von der Vorlage der Bescheinigung abhängig machen.
Auch die Entscheidungsausfertigung erscheint jedenfalls dann nicht erforderlich,
wenn der Beklagte die Echtheit der Gerichtsentscheidung nicht bestritten hat.

Dass dem Antragsteller bei Fehlen einer Bescheinigung Gelegenheit zur 12
Nachlieferung gegeben werden muss, folgt im deutschen Zivilprozess schon aus
der richterlichen Hinweispflicht gem. § 139 Abs. 3 ZPO. Ferner muss es dem
Antragsteller im Anerkennungsverfahren auch gestattet sein, den Inhalt der ausländischen Entscheidung auf anderem Wege als durch Vorlage der Bescheinigung
zu beweisen – alles andere wäre reine Förmelei, für die es keine sachliche Rechtfertigung gäbe, zumal im Erkenntnisverfahren gerade auch die Tatsachenermittlung ihren Platz hat. Die Entbehrlichkeit der Vorlage der Bescheinigung nach
Art. 53 bestätigt auch Abs. 2 Satz 2, wonach auch eine Übersetzung der Entscheidung selbst herangezogen werden kann.

Insgesamt ist die Bescheinigung nach Art. 53 eher auf die Anerkennung der 13
Entscheidung durch eine Behörde im Zweitstaat zugeschnitten, weil die Behördenmitarbeiter mit einer eigenständigen Tatsachenermittlung eher überfordert
sein könnten.

III. Optional erforderliche Dokumente (Abs. 2)

Abs. 2 gestattet dem Gericht oder der Behörde des Zweitstaates, eine Überset- 14
zung und/oder Transliteration der Bescheinigung oder eine Entscheidungsübersetzung anzufordern.

1. Übersetzung/Transliteration der Bescheinigung (Abs. 2 Satz 1)

Gem. Abs. 2 Satz 1 kann die Stelle des Zweitstaates die Partei, die sich auf 15
eine anzuerkennende Entscheidung beruft, auffordern, eine Übersetzung oder

---

[7] Zöller/*Geimer*, ZPO, 31. Aufl. 2016, Art. 37 EuGVVO Rn. 1.

Transliteration der Bescheinigung nach Art. 57 vorzulegen.[8] Weitere tatbestandliche Einschränkungen sind nicht geregelt, so dass die Behörde oder das Gericht im Zweitstaat über die Anforderung einer Übersetzung und/oder Transliteration letztlich nur unter Beachtung des Gebots pflichtgemäßer Ermessensausübung entscheiden muss. Ermessensfehlerhaft dürfte die Anforderung insbesondere dann sein, wenn die Stelle des Zweitstaates auch ohne die Übersetzung bzw. Transliteration in der Lage ist, den Inhalt der Entscheidung zu erfassen.

2. Übersetzung der Entscheidung (Abs. 2 Satz 2)

16 Abs. 2 Satz 2 gestattet es der Stelle des Zweitstaates, eine Übersetzung der anzuerkennenden Entscheidung anzufordern. Dies ist allerdings nur möglich, wenn das Verfahren im Zweitstaat ohne die Übersetzung nicht fortgesetzt werden kann. Damit dürfte der Fall gemeint sein, dass die Bescheinigung i.S.v. Art. 53 (auch in transliterierter oder übersetzter Form) nicht ausreicht, um den Inhalt der Entscheidung für die Zwecke des Verfahrens zutreffend zu erfassen. Es dürfte demnach darauf ankommen, auf welche Aspekte oder Aussagen der ausländischen Entscheidung sich die anerkennungswillige Partei beruft. Lassen sich diese durch die Bescheinigung selbst nicht nachweisen, ist die Entscheidung selbst übersetzt vorzulegen.

Artikel 38 [Aussetzung des Verfahrens]

Das Gericht oder die Behörde, bei dem bzw. der eine in einem anderen Mitgliedstaat ergangene Entscheidung geltend gemacht wird, kann das Verfahren ganz oder teilweise aussetzen, wenn
a) die Entscheidung im Ursprungsmitgliedstaat angefochten wird oder
b) die Feststellung, dass keiner der in Artikel 45 genannten Gründe für eine Versagung der Anerkennung gegeben ist, oder die Feststellung, dass die Anerkennung aus einem dieser Gründe zu versagen ist, beantragt worden ist.

EuGH-Rechtsprechung: EuGH, 22.11.1977 – Rs. 43/77, *Industrial Diamond Supplies ./. Riva*, Slg. 1977, 2175 (ECLI:EU:C:1977:188)

Übersicht

	Rn.
I. Überblick	1
II. Anfechtung der Entscheidung im Ursprungsland (lit. a)	5
1. Tatbestandsvoraussetzungen	7
2. Rechtsfolge: Aussetzungsermessen	11
III. Anerkennungsfeststellung oder -versagungsverfahren im Zweitland (lit. b)	14
1. Voraussetzungen	16
2. Rechtsfolge: Aussetzungsermessen	18

---

[8] Vgl. hierzu ausführlich die Kommentierung bei Art. 57.

I. Überblick

Art. 38 regelt für die Verfahren, in denen sich im Zweitstaat die Anerken- 1
nungsfähigkeit einer ausländischen Entscheidung als Vorfrage stellt (sog. Inzident-
Anerkennung i.S.v. Art. 36 Abs. 1) die Koordination mit möglichen zeitgleichen
Verfahren im Ursprungsland und im Zweitland. Die Norm erfasst folgende zwei
Konstellationen:
Art. 38 lit. a gilt für den Fall, dass die anzuerkennende Entscheidung im 2
Ursprungsland angefochten worden ist. Hier dient die Aussetzungsmöglichkeit
der Prozessökonomie. Sie soll verhindern, dass eine Entscheidung im Zweitland
anerkannt wird, obwohl ihr Bestand im Ursprungsland angegriffen wurde und
somit unsicher ist. Eine entsprechende Regelung für den Fall der Einleitung
eines Anerkennungs- bzw. Vollstreckungsversagungsverfahrens gem. Art. 45
Abs. 4 bzw. Art. 46 enthält Art. 51. Art. 51 ist aufgrund des umfassenden Verweises in Art. 36 Abs. 2 auch dann anwendbar, wenn ein isolierter Feststellungsantrag im Sinne dieser Vorschrift gestellt worden ist. Demzufolge kann im Verfahren nach Art. 36 Abs. 2 nur über Art. 51 (und nicht über Art. 38) dem Umstand
Rechnung getragen werden, dass die Entscheidung im Ursprungsland angefochten ist.
Art. 38 lit. b greift, wenn im Zweitland ein selbständiges Anerkennungsver- 3
fahren i.S.v. Art. 36 Abs. 2 (lit. b 1. Alt.) oder ein Anerkennungsversagungsverfahren i.S.v. Art. 45 Abs. 4 (lit. b 2. Alt.) initiiert worden ist, und ermöglicht
diesen Verfahren einen „Vortritt" gegenüber dem Verfahren der Inzident-Anerkennung gem. Art. 36 Abs. 1. Lit. b trägt dem Umstand Rechnung, dass im
Zweitland vor mehreren Stellen die Frage der Anerkennungsfähigkeit geprüft
wird, und soll verhindern, dass hierüber widersprechend befunden wird.

Die Regelung von lit. a entspricht der Vorgängerregelung von Art. 37 Abs. 1 4
EuGVVO a.F. Lit. b. wurde dagegen im Rahmen der EuGVVO-Revision 2012
neu aufgenommen.

II. Anfechtung der Entscheidung im Ursprungsland (lit. a)

Lit. a trägt v.a. dem Umstand Rechnung, dass nach den Regelungen der 5
EuGVVO eine Entscheidung bereits dann anerkannt werden kann, wenn sie im
Ursprungsstaat noch nicht in Rechtskraft erwachsen ist. Es ist daher denkbar,
dass die Entscheidung – nachdem sie bereits im Wege der Anerkennung in ein
zweitstaatliches Verfahren eingeführt worden ist – im Ursprungsstaat angefochten
wird. Um hier der Perpetuierung einer letztlich unwirksamen Entscheidung vorzubeugen, gestattet Art. 38 lit. a dem Gericht (bzw. der Behörde) im Zweitstaat
die Aussetzung des Verfahrens.

Die Prüfung einer Verfahrensaussetzung nach Art. 38 lit. a erfolgt von Amts 6
wegen. Ein entsprechender Antrag einer Partei ist nicht vorgesehen, eine Anre-
gung gleichwohl möglich.

1. Tatbestandsvoraussetzungen

7 Lit. a gestattet die Aussetzung für den Fall, dass die anzuerkennende Entscheidung im Ursprungsmitgliedstaat angefochten wurde. Der Begriff der „Anfechtung" ist euroautonom zu bestimmen.[1] Hierunter fallen sämtliche Rechtsbehelfe im Ursprungsstaat, die zu einer Aufhebung der ausländischen Entscheidungen in der Sache führen können.[2] Im Gegensatz zu Art. 51 Abs. 1 Satz 1 greift die Aussetzungsregel von Art. 38 lit. a nur, wenn der Rechtsbehelf im Ursprungsland tatsächlich eingelegt wurde. Es genügt demzufolge nicht, dass die Frist zur Einlegung des Rechtsbehelfs noch nicht abgelaufen ist. Dies wäre mit dem Prinzip der Titelfreizügigkeit innerhalb der EU unvereinbar.[3]

8 Während die Vorläuferregelung in Art. 37 Abs. 1 EuGVVO a.F. noch ausdrücklich auf den Fall beschränkt war, dass gegen die Entscheidung im Ursprungsland ein „*ordentlicher Rechtsbehelf*"[4] eingelegt war, gilt lit. a allgemein, wenn die Entscheidung im Ursprungsmitgliedstaat angefochten wird – **gleich wie der eingelegte Rechtsbehelf zu qualifizieren ist.** In der Sache dürfte sich hierdurch keine große Änderung ergeben. Zwar ist lit. a jetzt auch auf außerordentliche Rechtsbehelfe anwendbar, wie etwa das Widerauftahmeverfahren nach deutschem Recht. Aber das Gericht des Zweitstaates wird bei seiner Ermessensentscheidung auch berücksichtigen müssen, ob sich die Einlegung des außerordentlichen Rechtsbehelfs angesichts seiner Begründung und der Einzelfallumstände eher als Verzögerungstaktik darstellt.

9 Wird im Ursprungsland gegen die Entscheidung die Vollstreckungsgegenklage (bzw. ein vergleichbarer Rechtsbehelf anderer Rechtsordnungen) eingelegt, berechtigt dies jedenfalls nicht zur Aussetzung nach Art. 38 lit. a. Zum einen handelt es sich schon nicht um eine Anfechtung der Entscheidung selbst. Und zum anderen ist der Rechtsbehelf allein auf die vollstreckungsrechtliche Seite bezogen, während es im Rahmen von Art. 38 lit. a nur um die Anerkennung geht. Hier hat das zweitbefasste Gericht sowieso die sachliche und zeitliche Reichweite der Präklusionswirkung zu klären, so dass nachträglich entstandene Einwendungen ohnehin beachtet werden können.

10 Lit. a gilt auch nicht für den Fall, dass im Ursprungsland lediglich ein Verfahren anhängig ist, in dem eine Entscheidung aussteht, die sich ggf. auf das Verfahren im Zweitstaat auswirken könnte.[5] Denn hier geht es nicht um die Anerkennung der Entscheidung, sondern des Verfahrens – eine Frage, die allein in den Art. 29 ff. geregelt ist.

---

[1] Schlosser/*Hess*, EuZPR, 4. Aufl. 2015, Art. 38 EuGVVO Rn. 2; Rauscher/*Leible*, EuZPR, 4. Aufl. 2016, Art. 38 EuGVVO Rn. 3.
[2] Schlosser/*Hess*, EuZPR, 4. Aufl. 2015, Art. 38 EuGVVO Rn. 2. Vgl. zum Begriff des ordentlichen Rechtsbehelfs im Sinne Art. 37 EuGVVO a.F. EuGH, 22.11.1977 – Rs. 43/77, *Industrial Diamond Supplies ./. Riva*, Slg. 1977, 2175 (ECLI:EU:C:1977:188).
[3] Schlosser/*Hess*, EuZPR, 4. Aufl. 2015, Art. 38 EuGVVO Rn. 2.
[4] Vgl. zu diesem Begriff EuGH, 22.11.1977 – Rs. 43/77, *Industrial Diamond Supplies ./. Riva*, Slg. 1977, 2175 (ECLI:EU:C:1977:188).
[5] BAG, 30.10.2007 – 3 AZB 17/07, IPRspr 2007, Nr 180c (Rn. 26 ff., zitiert nach juris) entschieden zu Art. 37 Abs. 1 Brüssel I-VO.

2. Rechtsfolge: Aussetzungsermessen

Lit. a enthält keinerlei Vorgaben, wie das Gericht (bzw. die Behörde) im zweitstaatlichen Verfahren von der Möglichkeit zur Verfahrensaussetzung Gebrauch machen soll. Die Entscheidung ist demnach allein nach ordnungsgemäßer Ermessensausübung zu treffen. 11

Dabei kann das Gericht u.a. die **Erfolgsaussichten des im Ursprungsstaat** eingelegten Rechtsbehelfs berücksichtigen.[6] Ferner kann in die Ermessensausübung einfließen, ob und inwiefern sich die Anfechtung im Ursprungsland als **missbräuchliche Verzögerungstaktik** darstellt.[7] Hierbei ist jedoch Vorsicht geboten, weil es grundsätzlich jeder Partei freisteht, die ihr verfahrensrechtlich zustehenden Rechtsbehelfe auszuschöpfen. Darüber hinaus sollte das Gericht nicht aussetzen, wenn es auf den Ausgang des Rechtsbehelfs im Ursprungsland nicht ankommt, weil die **ausländische Entscheidung ohnehin nicht anerkennungsfähig** ist oder sie keine anerkennungsfähigen Wirkungen entfalten kann.[8] 12

Art. 38 lit. a gestattet auch eine **nur teilweise Aussetzung** des Verfahrens. Dies kommt als milderes Mittel insbesondere dann in Betracht, wenn sich der Streitgegenstand entsprechend zerlegen lässt und es nur zur Beurteilung eines abgrenzbaren Teils auf die Anerkennung der ausländischen Entscheidung ankommt. 13

III. Anerkennungsfeststellung oder -versagungsverfahren im Zweitland (lit. b)

Lit. b gestattet eine Aussetzung des Verfahrens auch dann, wenn im Zweitland ein selbständiges Anerkennungsfeststellungsverfahren gem. Art. 36 Abs. 2 (1. Alt.) oder ein Anerkennungsversagungsverfahren gem. Art. 45 Abs. 4 (2. Alt.) eingeleitet worden ist. 14

Die Regelung trägt dem Umstand Rechnung, dass sowohl das selbständige Anerkennungsfeststellungsverfahren i.S.v. Art. 36 Abs. 2 als auch das Anerkennungsversagungsverfahren i.S.v. Art. 45 Abs. 4 zu einer rechtskräftigen Aussage über die Anerkennungsfähigkeit des Urteils im jeweiligen Zweitstaat führen. Hierzu kann es im Verfahren mit Inzident-Anerkennung nicht kommen. Insoweit sind die Verfahren i.S.v. Art. 36 Abs. 2 und Art. 45 Abs. 4 rechtsschutzintensiver und gebieten daher **grundsätzlich die Aussetzung des Verfahrens** der Inzident-Anerkennung. 15

1. Voraussetzungen

Lit. b gilt nur für den Fall, dass in demselben Staat, in dem auch das Verfahren der Inzident-Anerkennung stattfindet, ein **Verfahren nach Art. 36 Abs. 2 oder** 16

---
[6] Rauscher/*Leible*, EuZPR, 4. Aufl. 2016, Art. 38 EuGVVO Rn. 6.
[7] Ähnlich Schlosser/*Hess*, EuZPR, 4. Aufl. 2015, Art. 38 EuGVVO Rn. 4.
[8] Rauscher/*Leible*, EuZPR, 4. Aufl. 2016, Art. 38 EuGVVO Rn. 6; Schlosser/*Hess*, EuZPR, 4. Aufl. 2015, Art. 38 EuGVVO Rn. 5.

nach Art. 45 Abs. 4 durchgeführt wird. Falls eines dieser Verfahren in einem anderen Mitgliedstaat als demjenigen, in dem das Inzident-Verfahren abläuft, durchgeführt wird, kommt eine Aussetzung nach Art. 38 lit. b nicht in Betracht. Dies deshalb, weil sowohl das Verfahren nach Art. 36 Abs. 2 als auch dasjenige nach Art. 45 Abs. 4 nur die Anerkennungsfähigkeit der Entscheidung im jeweiligen Zweitland betreffen. Naturgemäß können die Gerichte eines Mitgliedstaates nicht über die Anerkennungsfähigkeit in einem anderen Mitgliedstaat befinden. Damit besteht auch für eine Aussetzung kein Bedarf, wenn in verschiedenen Ländern die jeweilige Anerkennungsfähigkeit vor Ort zum Thema wird.

17 Die Aussetzung nach Art. 38 lit. b kommt unabhängig von der **zeitlichen Reihenfolge** in Betracht, in der die kollidierenden Verfahren anhängig werden. Denn sowohl das Verfahren nach Art. 36 Abs. 2 als auch dasjenige nach Art. 45 Abs. 4 sind nach der Konzeption der EuGVVO vorrangig und können stets eingeleitet werden.

2. Rechtsfolge: Aussetzungsermessen

18 In der Rechtsfolge von Art. 38 lit. b hat das Gericht nach freiem Ermessen über die Aussetzung des Inzident-Anerkennungsverfahrens zu entscheiden. Im Zweifel **sollte das Inzident-Anerkennungsverfahren ausgesetzt werden**, weil in diesem nicht mit Rechtskraft über die Anerkennungsfähigkeit entschieden werden kann.[9]

19 Etwas anderes sollte jedoch in Fällen gelten, in denen im Verfahren der Inzident-Anerkennung ein **Zwischenfeststellungsantrag** über die Anerkennungsfähigkeit der Entscheidung **gem. Art. 36 Abs. 3** gestellt wurde.[10] Ein solcher Antrag erlaubt eine rechtskräftige Entscheidung über die Anerkennungsfähigkeit und gewährleistet damit eine Art. 45 Abs. 4 und Art. 36 Abs. 2 vergleichbare Rechtsschutzintensität. Eine Aussetzung kann in solchen Fällen demnach grundsätzlich unterbleiben.

Abschnitt 2 Vollstreckung

Artikel 39 [Vollstreckbarkeit]

Eine in einem Mitgliedstaat ergangene Entscheidung, die in diesem Mitgliedstaat vollstreckbar ist, ist in den anderen Mitgliedstaaten vollstreckbar, ohne dass es einer Vollstreckbarerklärung bedarf.

EuGH-Rechtsprechung: EuGH, 29.4.1999 – Rs. C-267/97, *Coursier ./. Fortis Bank SA u. Bellami*, Slg. 1999, I-2543 (ECLI:EU:C:1999:213)

EuGH, 6.6.2002 – Rs. C-80/00, *Italian Leather ./. WECO Polstermöbel*, Slg. 2002, I-4995 (ECLI:EU:C:2002:342)

---

[9] *Hau*, MDR 2014, S. 1417 (1418).
[10] Vgl. hierzu die Kommentierung bei Art. 36 Rn. 57 ff.

Text + Erläuterungen   Art. 39   **B Vor I** 7

EuGH, 28.4.2009 – Rs. C-420/07, *Apostolides* ./. *Orams*, Slg. 2009, I-3571 (ECLI:EU:C:2009:271)

EuGH, 13.10.2011 – Rs. C-139/10, *Prism Investments* ./. *van der Meer*, Slg. 2011, I-9511 (ECLI:EU:C:2011:653)

Schrifttum: *Bach, Ivo*, Grenzüberschreitende Vollstreckung in Europa. Darstellung und Entwicklung, Vergleich und Bewertung, 2008; *Beaumont, Paul; Johnston, Emma*, Abolition of the Exequatur in Brussels I: Is a Public Policy Defence Necessary for the Protection of Human Rights?, IPRax 2010, S. 105; *Beaumont, Paul; Walker, Lara*, Recognition and enforcement of judgments in civil and commercial matters in the Brussels I Recast and some lessons from it and the recent Hague Conventions for the Hague Judgments Project, JPrivIntL 11 (2015), S. 31; *Bitter, Anna-Kristina*, Vollstreckbarerklärung und Zwangsvollstreckung ausländischer Titel in der Europäischen Union, 2009; *Coester-Waltjen, Dagmar*, Einige Überlegungen zu einem künftigen europäischen Vollstreckungstitel, in: Festschrift für Kostas E. Beys, dem Rechtsdenker in attischer Dialektik, Band II, 2003, Nakamura, Hideo; Fasching, Hans W.; Gaul, Hans Friedhelm; u.a. (Hrsg.), S. 183; *dies.*, Und noch einmal: Der europäische Vollstreckungstitel, in: Studia in honorem Pelayia Yessiou-Faltsi, 2007, Nikas, N. T. (Hrsg.), S. 39; *Frattini, Franco*, European Area of Civil Justice – Has the Community Reached the Limits?, ZEuP 2006, S. 225; *Freitag, Robert; Leible, Stefan*, Erleichterung der grenzüberschreitenden Forderungsbeitreibung in Europa: Das Europäische Mahnverfahren, BB 2008, S. 2750; *dies.*, Erleichterung der grenzüberschreitenden Forderungsbeitreibung in Europa: Das europäische Verfahren für geringfügige Forderungen, BB 2009, S. 2; *Geimer, Reinhold*, Exequaturverfahren, in: Festschrift für Apostolos Georgiades zum 70. Geburtstag, 2006, Stathopoulos, Michael; Beys, Kostas E.; Doris, Philippos; u.a. (Hrsg.), S. 489; *ders.* Das Anerkennungsregime der neuen Brüssel-I-Verordnung (EU) Nr. 1215/2012, in: Festschrift für Hellwig Torggler, 2013, Fitz, Hanns; Kalss, Susanne; Kautz, Reinhard; u.a. (Hrsg.), S. 311; *Georgiades, Apostolos*, Die Abänderung ausländischer Urteile im Inland, in: Xenion. Festschrift für Pan. J. Zepos anlässlich seines 65. Geburtstages am 1. Dezember 1973. Band II, 1973, Caemmerer, E. von; Kaiser, J. H.; Kegel, G.; u.a. (Hrsg.), S. 189; *Hess, Burkhard*, Urteilsfreizügigkeit nach der VO Brüssel-Ia: beschleunigt oder ausgebremst?, in: Festschrift für Peter Gottwald zum 70. Geburtstag, Hess, Burkhard; Kolmann, Stephan; Adolphsen, Jens; u.a. (Hrsg.), S. 273; *Hess, Burkhard; Bittmann, David*, Die Effektuierung des Exequaturverfahrens nach der Europäischen Gerichtsstands- und Vollstreckungsordnung, IPRax 2007, S. 277; *dies.*, Die Verordnungen zur Einführung eines Europäischen Mahnverfahrens und eines Europäischen Verfahrens für geringfügige Forderungen – ein substantieller Integrationsschritt im Europäischen Zivilprozessrecht, IPRax 2008, S. 305; *Hovaguimian, Philippe*, The enforcement of foreign judgments under Brussels I bis: false arms and real concerns, JPrivIntL 11 (2015), S. 212; *Jahn, Isabel*, Das Europäische Verfahren für geringfügige Forderungen, NJW 2007, S. 2890; *Kohler, Christian*, Systemwechsel im europäischen Anerkennungsrecht: Von der EuGVVO zur Abschaffung des Exequaturs, in: Systemwechsel im europäischen Kollisionsrecht. Fachtagung der Bayer-Stiftung für deutsche und internationales Arbeits- und Wirtschaftsrecht am 17. und 18. Mai 2001, 2002, Baur, Jürgen F.; Mansel, Heinz-Peter (Hrsg.), S. 147; *Kramer, Xandra E.*, Cross-Border Enforcement and the Brussels I-bis Regulation: Towards a new balance between mutual trust and national control over fundamental rights, NILR 2013, S. 343; *Lindacher, Walter F.*, Internationale Unterlassungsvollstreckung, in: Festschrift für Hans Friedhelm Gaul zum 70. Geburtstag, 1997, Schilken, Eberhard; Becker-Eberhard, Ekkehard; Gerhardt, Walter (Hrsg.), S. 399; *Oberhammer, Paul*, Der Europäische Vollstreckungstitel: Rechtspolitische Ziele und Methoden, JBl. 2006, S. 477; *Peiffer, Max Christoph,* Grenzüberschreitende Titelgeltung in der Europäischen Union. Die Wirkungen der Anerkennung, Vollstreckbarerklärung und Vollstreckbarkeit ausländischer Entscheidungen und gemeinschaftsweiter Titel, 2012; *Pfeiffer, Thomas,* Einheitliche unmittelbare und unbedingte Urteilsgeltung in Europa, in: Festschrift für Erik Jayme. Band I, 2004, Mansel, Heinz-Peter; Pfeiffer, Thomas; Kronke, Herbert; u.a. (Hrsg.), S. 675; *ders.,* Europa als einheitlicher Vollstreckungsraum. Die Verordnung über den europäischen Vollstreckungstitel, BauR 2005, S. 1541; *ders.,* The Abolition of Exequatur and the Free Circulation of Judgments, in: Cross-border Litigation in Europe: the Brussels I Recast Regulation as a panacea?, Ferrari, Franco; Ragno, Francesca (Hrsg.), 2016, S. 187; *Preuß, Nicola,* Erlass und Überprüfung des Europäischen Zahlungsbefehls, ZZP 122 (2009), S. 3; *Rauscher, Thomas,* Der Europäische Vollstreckungstitel für unbestrittene Forderungen, 2004; *Rechberger, Walter H.,* Die neue Generation. Bemerkungen zu den Verordnungen Nr. 805/2004, Nr. 1896/2006 und Nr. 861/2007 des Europäischen Parlaments und des Rates, in: Festschrift für Dieter Leipold zum 70. Geburtstag, 2009, Stürner, Rolf; Matsumoto, Hiroyuki; Lüke, Wolfgang; u.a. (Hrsg.), S. 301; *Schlosser, Peter,* The Abolition of Exequatur Proceedings – Including Public Policy Review?, IPRax 2010, S. 101; *Schoibl, Norbert A.,* Miszellen zum Europäischen Bagatellverfahren. Anmerkungen zum Verfahren nach der Verordnung (EG) Nr. 861/2007 des Europäischen Parlaments und des Rates zur Einführung eines europäischen Verfahrens für geringfügige Forderungen, in: Festschrift für Dieter Leipold zum 70. Geburtstag, 2009, Stürner, Rolf; Matsumoto, Hiroyuki; Lüke, Wolfgang; u.a. (Hrsg.), S. 335; *Schramm, Dorothee,* Enforcement and the Abolition of Exequatur und the 2012 Brussels I Regulation, YPIL 15 (2013/2014), S. 143 (158); *Stadler, Astrid,* Das Europäische Zivilprozessrecht – Wie viel Beschleunigung verträgt Europa? Kritisches zur Verordnung über den Europäischen Vollstreckungstitel und ihrer Grundidee, IPRax 2004, S. 2; *Thöne, Meik,* Die Abschaffung des Exequaturverfahrens und die EuGVVO, 2016; *Timmer, Laurens Je,* Abolition of Exequatur under the Brussels I Regulation: Ill Conceived and Premature?, JPrivIntL 9 (2013), S. 129.

Übersicht

	Rn.
I. Normzweck und Systematik	1
II. Gesetzgebungsgeschichte: Der Weg von der Vollstreckbarerklärung hin zur unmittelbaren Titelgeltung	7
1. Rückblick: Die Vollstreckbarerklärung als herkömmliches Konzept für den Entscheidungsimport	9
2. Vereinfachung der Vollstreckbarerklärung im EuGVÜ	11
3. Schrittweise Abschaffung des Exequaturs infolge der Beschlüsse von Tampere 1999	13
a) Verlagerung der Entscheidungsüberprüfung ins Ursprungsland in der EuVTVO	15
b) Unmittelbar im Erstland anwendbare Verfahrensordnungen in EuGFVO und EuMVVO	18
c) EuUntVO: Vollständiger Verzicht auf Exequatur und Anerkennungsversagungsgründe	21
4. Abschaffung des Exequaturverfahrens in der EuGVVO: Nur eingeschränkte Urteilsfreizügigkeit	24
III. Die Neuregelung der Urteilsfreizügigkeit in Art. 39: Der Inhalt der gemeinschaftsweit erstreckten Vollstreckbarkeit	29
1. Allgemein: Keine Erweiterung oder Verkürzung der Vollstreckbarkeit durch Art. 39	30
2. Einzelne Aspekte der Vollstreckbarkeit im Zweitland	35

a) Bedingungen der Vollstreckbarkeit, insbesondere Sicherheitsleistung .. 35
b) Zeitlich aufgeschobene Vollstreckbarkeit 41
c) Konkrete Vollstreckungshindernisse und -schranken 43
d) Zustellung des Titels vor Vollstreckungsbeginn 45
e) Reichweite der Vollstreckungsbefugnisse bei vorläufig vollstreckbaren Entscheidungen 46
f) Nachträgliche Aussetzungen oder Beschränkungen der Vollstreckbarkeit 50
g) Anwendbare Zwangsmittel 54
3. Vorrang EuGVVO-eigener Vollstreckungsregelungen 58

I. Normzweck und Systematik

Art. 39 regelt eine der wichtigsten (wenn nicht sogar die wichtigste) Neuerungen, die die EuGVVO-Revision 2012 für das europäische internationale Zivilverfahrensrecht gebracht hat: Die Abschaffung des Exequaturverfahrens. Dabei hat die Vorschrift eher programmatischen Charakter, regelt sie doch nicht mehr als das Grundprinzip, dass gerichtliche Entscheidungen aus Mitgliedstaaten unmittelbar, also ohne Vollstreckbarerklärungsverfahren, in allen anderen Mitgliedstaaten vollstreckbar sind. Sie führt damit in einem einzigen Satz eine **unmittelbare gemeinschaftsweite Vollstreckbarkeit** mitgliedstaatlicher Entscheidungen ein. 1

Was die Abschaffung des Exequaturverfahrens bedeutet, wird v.a. in den Art. 41 und 42 deutlich: **Art. 41 Abs. 1** stellt ausländische Entscheidungen für das Vollstreckungsverfahren originär inländischen Judikaten gleich. Die hiermit angeordnete Gleichstellung bezieht sich allerdings nur auf das Verfahren der Anspruchsdurchsetzung. Demgegenüber wird die Vollstreckbarkeit des Titels entsprechend der Wirkungserstreckungslehre unmittelbar auf das Zweitland erweitert. 2

Die Formalien für diese Erweiterung der Vollstreckbarkeit richten sich nach **Art. 42**, der dem Gläubiger gestattet, unmittelbar auf Grundlage des ausländischen Titels Vollstreckungsmaßnahmen bei der Vollstreckungsstelle des Zweitstaates zu beantragen. Dieser Stelle muss der Gläubiger neben der Entscheidungsausfertigung lediglich die Bescheinigung i.S.v. Art. 53 vorlegen. Ein ausländischer Titel bedarf in Deutschland somit **keiner Vollstreckungsklausel** mehr, vgl. § 1112 ZPO. Vielmehr tritt der ausländische Titel – zusammen mit der Bescheinigung i.S.v. Art. 53 – an die Stelle der vollstreckbaren Ausfertigung. 3

Die Streichung des Exequaturverfahrens dient der **Beschleunigung der Vollstreckung** mitgliedstaatlicher Entscheidungen. Sie soll den Titelgläubiger davor schützen, dass der Vollstreckungsschuldner Anerkennungs- bzw. Vollstreckungsversagungsgründe zur Erlangung eines ungerechtfertigten Vollstreckungsaufschubs missbraucht. Durch den Wegfall des Exequaturs ist es nun ausgeschlossen, dass dessen Erteilung grundlos, unter dem Vorwand von in Wirklichkeit nicht bestehenden Einwendungen angefochten wird. Den unter der EuGVVO a.F. möglichen Rechtsbehelf gegen die Erteilung des Exequaturs hielt der 4

Gemeinschaftsgesetzgeber für entbehrlich, weil dieser Rechtsbehelf in der Praxis nur in 5 % der Fälle eingelegt worden ist und nur selten erfolgreich war.[1]

5 Mit der Abschaffung des Exequaturverfahrens wurde der **Schutz der Schuldnerrechte** in das Vollstreckungsverfahren verlagert. Will der Vollstreckungsschuldner einen Anerkennungsversagungsgrund geltend machen, kann er dies in der EuGVVO n.F. nur noch im Vollstreckungsverfahren, also gewissermaßen „in letzter Sekunde" vor Vollstreckungszugriff erreichen, vgl. Art. 46. Weitere im nationalen Vollstreckungsrecht des Zweitstaates vorgesehene Rechtsbehelfe stehen dem Schuldner zum Schutz seiner Rechte nach Maßgabe von Art. 41 zur Verfügung.[2]

6 Aufgrund des Verweises in Art. 58 Abs. 1 Satz 3 sind die Regelungen über die unmittelbare grenzüberschreitende Vollstreckung in den Art. 39 ff. auch auf **öffentliche Urkunden** und **gerichtliche Vergleiche** anwendbar.

II. Gesetzgebungsgeschichte: Der Weg von der Vollstreckbarerklärung hin zur unmittelbaren Titelgeltung

7 Infolge der EuGVVO-Revision 2012 wurde erstmals für einen breiten Kreis von Gerichtsentscheidungen das Prinzip der unmittelbaren Titelgeltung in Europa umgesetzt. Da ausländische Entscheidungen außerhalb der EuGVVO herkömmlicherweise erst nach Erteilung eines Exequaturs im Zweitland vollstreckbar sind, wird die Einführung der unmittelbaren Titelgeltung zu Recht als „System-"[3] bzw. „Paradigmenwechsel"[4] bezeichnet.

8 Allerdings wurde das Prinzip der unmittelbaren Titelgeltung durch die EuGVVO n.F. nur teilweise umgesetzt. Die Verordnung enthält weiterhin in Art. 45 Anerkennungsversagungsgründe, die der Vollstreckungsschuldner im Zweitstaat geltend machen kann – jetzt allerdings nicht mehr als Einwand gegen die Erteilung der Vollstreckbarkeit, sondern gegen die Vollstreckung selbst.

1. Rückblick: Die Vollstreckbarerklärung als herkömmliches Konzept für den Entscheidungsimport

9 Bis zur Neufassung der EuGVVO war die Vollstreckbarerklärung ein unverzichtbarer Zwischenschritt für die Durchsetzung ausländischer Entscheidungen im Zweitland. In erster Linie zum Schutz ihrer völkerrechtlichen Souveränität waren Staaten herkömmlich nicht bereit, Gerichtsentscheidungen aus einem anderen Land gewissermaßen unbesehen im Inland zu vollstrecken. Die Vollstreckbarerklärung ermöglichte es jedem Staat, selbst zu entscheiden, ob und inwieweit er den ausländischen Rechtsprechungsakt auf seinem eigenen Terrain durchsetzen will.[5] Ferner wurde das Exequatur aus Gründen des Demokratie-

---

[1] Rechtsausschuss des Europäischen Parlaments, Bericht vom 29.9.2010, A7-0219/2010, S. 5. Vgl. Zu Dauer und Kosten des Exequaturverfahrens auch *Schramm*, YPIL 15 (2013/2014), S. 143 (150 ff.).
[2] Vgl. hierzu die Kommentierung von Art. 41 Rn. 11.
[3] *Rauscher*, Europäischer Vollstreckungstitel, 2004, Rn. 13; *Preuß*, ZZP 122 (2009), S. 3 (4).
[4] *Stadler*, IPRax 2004, S. 2 (5); *Schoibl*, in: FS Leipold, 2009, S. 335 (345).
[5] *Georgiades*, in: FS Zepos Bd. II, 1973, S. 189 (194 f.).

prinzips für erforderlich gehalten.[6] Dieses gestattet die Ausübung hoheitlicher Vollstreckungsgewalt nur, wenn das eigene Staatsvolk repräsentiert, d.h. die Zwangsausübung demokratisch rückgekoppelt ist. Bei der Durchsetzung ausländischer Titel kann die demokratische Legitimation dadurch gewahrt werden, dass mit der Vollstreckbarerklärung eine inländische Grundlage hierfür geschaffen wird.

Klassischerweise wird die Vollstreckbarerklärung durch ein zweitstaatliches Vollstreckungsurteil verliehen, welches in einem ordentlichen kontradiktorischen Erkenntnisverfahren ergeht (vgl. etwa §§ 722 f. ZPO im deutschen autonomen Recht). Dessen Gegenstand ist u.a. die Frage, ob die Anerkennungsvoraussetzungen (in Deutschland in der Regel nach § 328 ZPO) erfüllt sind: Insbesondere Einhaltung der Anerkennungszuständigkeit, Vereinbarkeit mit dem zweitstaatlichen *ordre public* und Wahrung des rechtlichen Gehörs werden geprüft. Aus diesen Prüfungspunkten ergeben sich allerdings Einfallstore für Einwendungen des Schuldners, mit denen er die Vollstreckbarerklärung in missbräuchlicher Weise stark verzögern kann. 10

2. Vereinfachung der Vollstreckbarerklärung im EuGVÜ

Schon im EuGVÜ von 1968 haben sich eine Reihe der heutigen EU-Mitgliedstaaten zwar nicht auf einen Verzicht der Vollstreckbarerklärung, aber auf eine bedeutende verfahrensmäßige Vereinfachung geeinigt. Dem zweitstaatlichen Gericht wurde im Grundsatz verwehrt, die internationale Zuständigkeit des Ursprungsgerichts zu überprüfen. Der Wegfall dieser Prüfung wurde damit begründet, dass das EuGVÜ zugleich Regelungen der internationalen Zuständigkeit für das Erkenntnisverfahren enthielt, von deren korrekter Anwendung durch die mitgliedstaatlichen Gerichte auszugehen war. Zudem wurde im Anwendungsbereich des EuGVÜ die Geltung exorbitanter Gerichtsstände des nationalen Rechts gestrichen. 11

Die EuGVVO a.F. hielt zwar weiterhin am grundsätzlichen Erfordernis der Vollstreckbarerklärung fest. Sie brachte jedoch eine verfahrensmäßige Beschleunigung mit sich, weil die Anerkennungshindernisse erst im Rechtsbehelf des Vollstreckungsschuldners gegen die Vollstreckbarerklärung geprüft wurden. 12

3. Schrittweise Abschaffung des Exequaturs infolge der Beschlüsse von Tampere 1999

Auf dem Sondergipfel von Tampere am 15./16.10.1999 haben die Staats- und Regierungschefs der damaligen EU-Mitgliedstaaten die Abschaffung des Exequaturverfahrens auf die politische Agenda genommen.[7] 13

Dieses Ziel setzte der Gemeinschaftsgesetzgeber schon vor der EuGVVO-Revision 2012 für einige Spezialmaterien und prozessuale Sonderkonstellationen 14

---
[6] *Wengler*, RGRK-BGB Bd. VI, 12. Aufl. 1981, § 14 e) 1 (S. 386); *Pfeiffer*, in: FS Jayme Bd. I, 2004, S. 675 (678).
[7] Vgl. die „Schlussfolgerungen des Vorsitzes" v. 16.10.1999 (Dok.SI (1999)800 − SN 200/99), Nrn. 33 ff., verfügbar unter http://www.europarl.europa.eu/summits/tam_de.htm.

um. Er hat dabei unterschiedliche Regelungstechniken zur Implementierung der Titelfreizügigkeit entwickelt:[8]

a) Verlagerung der Entscheidungsüberprüfung ins Ursprungsland in der EuVTVO

15 Den ersten Versuch, eine allgemeine Titelfreizügigkeit zu schaffen, hat der europäische Gesetzgeber mit der Einführung des **Europäischen Vollstreckungstitels** unternommen: Seit dem 21. Oktober 2005 ermöglicht die EuVTVO, dass Urteile, gerichtliche Vergleiche und vollstreckbare Urkunden über unbestrittene Forderungen im Ursprungsland als Europäischer Vollstreckungstitel bestätigt werden. Diese Bestätigung stellt das Erstgericht im Ursprungsstaat aus, nachdem es die prozessuale Rechtmäßigkeit des Titels überprüft hat. Das Gericht muss sich hierbei vergewissern, dass die in Art. 6, 12–19 EuVTVO geregelten Mindestanforderungen eingehalten worden sind, die dem Schutz des rechtlichen Gehörs des Schuldners dienen sollen.

16 Anstelle einer Entscheidungsüberprüfung im Zweitstaat tritt somit ein **Überprüfungsverfahren, das im Ursprungsstaat** durchgeführt wird. Eine *ordre public*-Kontrolle der Entscheidung im Vollstreckungsstaat ist in der EuVTVO nicht vorgesehen. Der Verzicht auf den *ordre public*-Vorbehalt wurde einerseits mit Blick auf Vorkehrungen in der EuVTVO zur Sicherung des rechtlichen Gehörs im Ursprungsstaat für angemessen gehalten, andererseits deswegen, weil es um unbestrittene Forderungen geht. Die Streichung des *ordre public*-Vorbehaltes wurde im Schrifttum teilweise kritisch gesehen, weil dieser dem Schutz fundamentaler Gewährleistungen einer Rechtsordnung dient.[9]

17 Mit der aus dem Ursprungsland stammenden Bestätigung als Europäischer Vollstreckungstitel kann sich der Gläubiger unmittelbar an das Vollstreckungsorgan im Zweitstaat wenden und die Durchsetzung betreiben (Art. 5 EuVTVO). Grundlage der Vollstreckung im Zweitstaat ist der ausländische Titel selbst und nicht mehr eine im Zweitstaat erteilte Vollstreckbarerklärung.[10] Die EuVTVO gilt nur für unbestrittene Forderungen, d.h. insbesondere Versäumnisurteile (Art. 3 Abs. 1 lit.b, c EuVTVO) und gerichtliche Vergleiche (Art. 3 Abs. 1 lit. a EuVTVO). Gem. Art. 3 Abs. 2 EuVTVO kann aber auch eine Entscheidung, die nach einem Einspruch gegen ein Versäumnisurteil ergangen ist, als Europäischer Vollstreckungstitel bestätigt werden.[11]

b) Unmittelbar im Erstland anwendbare Verfahrensordnungen in EuGFVO und EuMVVO

18 Ein weiteres – von der EuVTVO abweichendes – Regelungskonzept für die Titelfreizügigkeit hat der Europäische Gesetzgeber in der EuGFVO und der

---

[8] Vgl. *Hess*, in: FS Gottwald, 2014, S. 273 (274 ff.), der dogmatisch vier verschiedene Regelungstechniken unterscheidet.
[9] Vgl. etwa *Coester-Waltjen*, in: FS Beys Bd. II, 2003, S. 183 (192 f.); *Kohler*, in: Baur/Mansel (Hrsg.), Systemwechsel, 2002, S. 147 (156 ff.); *Oberhammer*, JBl. 2006, S. 477 (497): „Man opfert ... einzelne, denen gröbstes Unrecht widerfahren ist, auf dem Altar des gegenseitigen Vertrauens zwischen den Mitgliedstaaten".
[10] *Geimer*, in: FS Georgiades, 2006, S. 489 (494).
[11] Vgl. *Coester-Waltjen*, in: FS Yessiou-Faltsi, 2007, S. 39 (40 f.).

EuMVVO „ausprobiert". Das Exequaturverfahren wird hier nicht mehr durch ein Überprüfungsverfahren im Ursprungsland ersetzt, sondern durch unmittelbar im Erstland anwendbare Verfahrensregeln. Deren ordnungsgemäße Anwendung wird im Ursprungsland allerdings nicht mehr überprüft.

Das Europäische Mahnverfahren nach der EuMVVO erlaubt es Gläubigern, 19 in grenzüberschreitenden Fällen (Art. 3 EuMVVO) einen Europäischen Zahlungsbefehl zu erwirken. Wird dieser vom Ursprungsgericht für vollstreckbar erklärt (Art. 18 Abs. 1 EuMVVO), kann er ohne vorheriges Zwischenverfahren in den anderen Mitgliedstaaten vollstreckt werden (Art. 19 EuMVVO). Wie die Bestätigung als Europäischer Vollstreckungstitel ist der Erlass eines Europäischen Zahlungsbefehls nur möglich, wenn es sich um eine unbestrittene Forderung handelt, der Schuldner also zu keinem Zeitpunkt des Verfahrens widersprochen bzw. er – beim Europäischen Vollstreckungstitel – die Forderung anerkannt hat.

Die EuGFVO geht einen Schritt weiter als die EuMVVO, weil in ihrem 20 Anwendungsbereich erstmals auch für streitige Forderungen das Exequaturverfahren entfällt.[12] Die EuGFVO führt das Europäische Bagatellverfahren ein, in dem geringfügige Forderungen (bis Streitwert von 2000 €, Art. 2 Abs. 1 EuGFVO) in grenzüberschreitenden Fällen (Art. 3 EuGFVO) durch vereinfachtes und beschleunigtes Gerichtsverfahren kostengünstig tituliert werden können. Das in einem solchen Prozess ergangene Urteil ist unmittelbar in allen Mitgliedstaaten vollstreckbar (Art. 20 I EuGFVO). Das Bagatellverfahren hat gerade im grenzüberschreitenden Bereich große Bedeutung, da in diesem die Rechtsdurchsetzung besonders zeit- und kostenintensiv ist und sich deshalb insbesondere bei geringen Streitwerten nicht lohnt.[13]

c) EuUntVO: Vollständiger Verzicht auf Exequatur und Anerkennungsversagungsgründe

Vorläufiger Höhepunkt der europäischen „Experimente" in der Abschaffung 21 des Exequaturverfahrens war die EuUnthVO, nach deren Art. 17 – streitige und unstreitige – Unterhaltsentscheidungen aus Mitgliedstaaten, die durch das Haager Protokoll vom 23.11.2007 über das auf Unterhaltspflichten anzuwendende Recht (HUntStProt 2007) gebunden sind, ohne Exequatur gemeinschaftsweit vollstreckbar sind. Seit 18. Juni 2011 gilt das HUntStProt 2007 in fast allen Mitgliedstaaten,[14] so dass seitdem für Unterhaltsentscheidungen das Exequaturverfahren im Gemeinschaftsgebiet weitgehend abgeschafft ist.

Das mit der Streichung des Exequaturverfahrens befürchtete Rechtsschutzde- 22 fizit hat der Gesetzgeber durch die Einführung eines Nachprüfungsverfahrens gem. Art. 19 EuUnthVO auszugleichen versucht. Dieses Nachprüfungsverfahren muss der Vollstreckungsgegner allerdings im Ursprungsmitgliedstaat einleiten. Er

---

[12] *Jahn*, NJW 2007, S. 2890 (2891); *Hess/Bittmann*, IPRax 2008, S. 305 (311); *Rechberger*, in: FS Leipold, 2009, S. 301 (312).
[13] *Freitag/Leible*, BB 2009, S. 2.
[14] Die EU hat das HUntStProt 2007 mit Wirkung ab dem 18.6.2011 als sekundäres Gemeinschaftsrecht in Geltung gesetzt, vgl. Art. 4 I Beschluss des Rates vom 30.11.2009, ABl EU 2009 Nr. L-331 S. 17 f. Es gilt jedoch weder im Vereinigten Königreich noch in Dänemark, vgl. ErwG. 47 f. EuUnthVO. In Irland ist es anwendbar, vgl. ErwG. 46.

kann in ihm ausschließlich geltend machen, sein rechtliches Gehör sei nicht gewahrt worden, weil ihm das verfahrenseinleitende Schriftstück nicht zugegangen ist (Art. 19 Abs. 1 lit. a EuUnthVO) bzw. er wegen nicht zu vertretender Umstände zu einem Bestreiten der Unterhaltsforderung nicht in der Lage war (Art. 19 Abs. 1 lit. b EuUnthVO). Eine *ordre public*-Kontrolle ist entfallen (im Ursprungsland hätte sie ohnehin wenig Sinn gemacht, weil von den Gerichten des einen Staates die zutreffende Ermittlung der verfassungsrechtlichen Mindestgewährleistungen eines anderen Staates kaum erwartet werden kann).

23 Gegenüber der EuVTVO geht die EuUnthVO noch einen deutlichen Schritt weiter, weil sie nicht mal mehr eine Bestätigung vorsieht, deren Ausstellung verlangen würde, dass die Verfahrensdurchführung gewissen Mindestanforderungen genügte.[15] Auch prozessuale Mindeststandards wurden nicht eingeführt. Zwar regelt Art. 11 Abs. 1 EuUnthVO eine Überprüfung des rechtlichen Gehörs im Ursprungsverfahren. Deren korrekte Durchführung wird aber nicht kontrolliert, bevor der Titel gemeinschaftsweite Vollstreckbarkeit erlangt. Eine Überprüfung der Einhaltung kann der Schuldner erst durch einen nachgelagerten Nachprüfungsantrag nach Art. 19 EuUnthVO vor dem Ursprungsgericht erreichen. Dass die EuUnthVO keine prozessualen Mindeststandards mehr vorsieht, wurde in der Literatur durchaus kritisch gesehen.[16]

4. Abschaffung des Exequaturverfahrens in der EuGVVO: Nur eingeschränkte Urteilsfreizügigkeit

24 Im Zuge der EuGVVO-Revision 2012 hat der EU-Gesetzgeber die gemeinschaftsweite Vollstreckbarkeit nun allgemein für streitige Gerichtsentscheidungen auf dem Gebiet des Zivil- und Handelsrechts eingeführt und das Exequaturverfahren abgeschafft. Allerdings bleiben die Regelungen der EuGVVO deutlich hinter dem zurück, was die Kommission ursprünglich unter einer Abschaffung des Exequaturverfahrens verstanden hatte.

25 Erstmals hat die Kommission die Abschaffung des Exequaturverfahrens im April 2009 im **Grünbuch** zur Diskussion gestellt. Darin machte sie deutlich, dass sie die EuGVVO nach dem Vorbild der EuUntVO umgestalten wollte:[17] Es war nicht nur eine ersatzlose Streichung des Exequaturverfahrens beabsichtigt, sondern auch der vollständige Verzicht auf Anerkennungs- bzw. Vollstreckungshindernisse. Eine Kontrolle der Entscheidung im Zweitstaat (und sei es auch nur nachgelagert) war nicht vorgesehen. Vielmehr hatte die Kommission ein besonderes Nachprüfungsverfahren nach dem Vorbild von Art. 19 EuUnthVO zur Diskussion gestellt. Nach diesem Modell hätte die ausländische Entscheidung im Zweitstaat weder vorbeugend noch nachgelagert im Vollstreckungsverfahren einer Kontrolle unterzogen werden können. Dem Vollstreckungsschuldner wäre

---

[15] *Frattini*, ZEuP 2006, S. 225 (229).
[16] *Hess*, in: FS Gottwald, 2014, S. 273 (275).
[17] Vgl. KOM(2009) 175 endg., Grünbuch Überprüfung der Verordnung (EG) Nr. 44/2001 des Rates über die gerichtliche Zuständigkeit und die Anerkennung und Vollstreckung von Entscheidung in Zivil- und Handelssachen, v. 21.4.2009, verfügbar unter http://eur-lex.europa.eu/de/editorial/registre.htm.

nur der Weg ins Ursprungsland möglich gewesen, wo er ein Nachprüfungsverfahren hätte durchführen lassen können. Dieses hätte allerdings nur eine sehr eingeschränkte Überprüfung ermöglicht. Insbesondere hätte die Vereinbarkeit mit dem *ordre public* des Zweitstaates nicht geprüft werden können.

Angesichts befürchteter Rechtsschutzdefizite stieß die von der Kommission 26 zur Diskussion gestellte Streichung des Exequaturverfahrens erwartungsgemäß **auf starken Widerstand.** Schon die Verfasser des **Heidelberger Berichts** hatten zuvor eine ersatzlose Streichung des Exequaturverfahrens nicht empfohlen.[18] Auch das EU-Parlament forderte in Reaktion auf das Grünbuch am 25. November 2009 *„nachdrücklich, dass die Abschaffung des Exequatur-Verfahrens ... nicht überstürzt wird und mit geeigneten Schutzklauseln einhergeht"*.[19] In der rechtswissenschaftlichen Literatur wurde insbesondere der Entfall des *ordre public*-Vorbehalts sehr kritisch gesehen.[20]

Eine ersatzlose Streichung des Exequaturverfahrens und insbesondere der 27 Entfall des *ordre public*-Einwands scheiterte letztlich am Widerstand des EU-Parlaments und der Mitgliedstaaten. Auf Initiative des EU-Parlaments[21] kristallisierte sich während des Gesetzgebungsverfahrens die Kompromisslösung heraus, die letztlich auch in der EuGVVO n.F. umgesetzt wurde: Zwar gibt es ein Exequaturverfahren nicht mehr. Die Anerkennungshindernisse wurden aber im Wesentlichen beibehalten. Der Vollstreckungsschuldner kann sie nun im Zweitland über den Rechtsbehelf gem. Art. 46 gegen die Vollstreckung geltend machen.

Die Streichung des Exequaturverfahrens, wie sie in der EuGVVO letztlich 28 umgesetzt wurde, dürfte daher nur im geringen Maße dazu beitragen, Missbrauchs- und Verzögerungstaktiken von Seiten des Vollstreckungsschuldners zu unterbinden. Denn dieser kann sich im Zweitland gegen die Vollstreckung (nicht mehr die Vollstreckbarkeit) zur Wehr setzen und nun diese Möglichkeit missbrauchen. Die unmittelbare Vollstreckbarkeit schafft in erster Linie dadurch eine Verbesserung für den Titelgläubiger, dass die Hürden für einen schnellen Vermögenszugriff im Zweitland entfallen sind. Wenigstens der Vollstreckungszugriff könnte damit eher gelingen.

III. Die Neuregelung der Urteilsfreizügigkeit in Art. 39: Der Inhalt der gemeinschaftsweit erstreckten Vollstreckbarkeit

Gem. Art. 39–42 wird das bisherige Exequatur durch eine Bestätigung ersetzt, 29 die im Ursprungsstaat ausgestellt wird und – zusammen mit der eigentlichen

---

[18] *Hess/Pfeiffer/Schlosser*, Study JLS/C4/2005/03, Rn. 559–563.
[19] „Entschließung des Europäischen Parlaments vom 25. November 2009 zu der Mitteilung der Kommission an das Europäische Parlament und den Rat – Ein Raum der Freiheit, der Sicherheit und des Rechts im Dienste der Bürger – Stockholm-Programm", P7_TA(2009)0090, vgl. Rn. 96.
[20] Vgl. etwa aus der deutschen Literatur: *Rechberger*, in: FS Leipold, 2009, S. 301 (306 f. Fn. 27); *Schlosser*, IPRax 2010, S. 101 ff.; *Beaumont/Johnston*, IPRax 2010, S. 105 ff.; *Schack*, in: FS Ereciński, 2011, S. 1345 (1353). Und schon vorher: *Stadler*, IPRax 2004, S. 2 (7-9); *dies.*, RIW 2004, S. 801 (803 f.); *Rauscher*, Europäischer Vollstreckungstitel, 2004, Rn. 15–42; *Mankowski*, RIW 2004, S. 587 (588).
[21] Europäisches Parlament, Entschließung zu der Umsetzung und Überprüfung der Verordnung (EG) Nr. 44/2001 vom 7.9.2010, P7_TA(2010)0304, S. 5.

Entscheidung – unmittelbar Grundlage der Vollstreckung im Zweitland ist. Diese Bestätigung wird im Formblatt gem. Anhang I ausgestellt und beschreibt detailliert den Inhalt des Urteils. Sie dient zum einen dazu, den ausländischen Vollstreckungstitel zu erläutern, zum anderen transportiert sie den darin enthaltenen Vollstreckungsbefehl über die Grenzen.[22]

1. Allgemein: Keine Erweiterung oder Verkürzung der Vollstreckbarkeit durch Art. 39

30   Den genauen **Inhalt der Vollstreckbarkeit** einer ausländischen Entscheidung im jeweiligen Vollstreckungsstaat regelt Art. 39 nicht. Dies ist verwunderlich, stellen sich insoweit doch durchaus regelungsbedürftige Fragen. Insbesondere solange eine Entscheidung noch nicht rechtskräftig ist, fällt deren **Vollstreckbarkeit in den nationalen Rechtsordnungen unterschiedlich** aus: In manchen Rechten ist eine Vollstreckung vor Rechtskraft nur gegen Sicherheitsleistung möglich, in anderen hingegen nur eine Sicherungsvollstreckung gestattet; mancherorts kann der Vollstreckungsschuldner nachträglich gerichtlich einen Stopp oder eine Beschränkung der Vollstreckung erreichen; andernorts kann die Vollstreckung durch Leistung einer Sicherheit abgewehrt werden.[23] Diese unterschiedlichen „Nuancierungen der Vollstreckbarkeit"[24] müssen auch grenzüberschreitend koordiniert werden.

31   Entsprechend dem Wortlaut der Vorschrift erweitert Art. 39 lediglich die Vollstreckbarkeit, die die Entscheidung in ihrem Ursprungsland hat, auf das gesamte Gemeinschaftsgebiet. Weder der Inhalt des Titels noch dessen Vollstreckbarkeit sollen im Zweitland erweitert oder verkürzt werden.[25] Nach diesem Gedanken hatte der EuGH auch für die EuGVVO a.F. schon entschieden, dass einem Urteil bei seiner Vollstreckung im Zweitland keine Rechtswirkungen zukommen dürfen, die es im Ursprungsland nicht hat.[26] Dies gilt umso mehr für die EuGVVO n.F. Demnach beurteilt sich der Inhalt der derart ins Zweitland erstreckten Vollstreckbarkeit nach der **Wirkungserstreckungslehre.**[27] Dieser Rechtsgedanke kommt auch in Art. 54 Abs. 1 Satz 2 zum Ausdruck.

32   Die **Gleichstellungslehre,** die bislang zur Erklärung der Vollstreckbarkeit ausländischer Entscheidungen im Zweitland herangezogen wurde, gilt in der EuGVVO nicht. Sie hat ihre Berechtigung nur dort, wo die Vollstreckbarkeit

---

[22] Vgl. *Domej,* RabelsZ 78 (2014), S. 508 (518 f.).
[23] Vgl. die rechtsvergleichenden Darstellungen in *M. Peiffer,* Grenzüberschreitende Titelgeltung in der EU, 2012, Rn. 711–749.
[24] Vgl. *Schlosser,* in: FS Beys Bd. II, 2003, S. 1471.
[25] *Geimer,* in: FS Schütze, 2014, S. 109 (111).
[26] EuGH, 28.4.2009 – Rs. C-420/07, *Apostolides ./. Orams,* Slg. 2009, I-3571 (ECLI:EU:C:2009:271), Rn. 66 und EuGH, 13.10.2011 – Rs. C-139/10, *Prism Investments ./. van der Meer,* Slg. 2011, I-9511 (ECLI:EU:C:2011:653), Rn. 38. Bemerkenswerterweise begründet der EuGH in der zweitgenannten Entscheidung dies unter Bezugnahme auf die Entscheidung EuGH, 4.2.1988 – Rs. 145/86, *Hoffmann ./. Krieg,* 1988, 645 (ECLI:EU:C:1988:61), Rn. 11, wo der Gerichtshof die Wirkungserstreckungslehre für die Anerkennung nach dem EuGVÜ anerkannt hat. Man kann dies als Indiz dafür werten, dass der EuGH die Wirkungserstreckungslehre auch zur Beschreibung der Wirkungen einer Vollstreckbarerklärung nach der EuGVVO a.F. für passend hielt.
[27] *Geimer,* in: FS Schütze, 2014, S. 109 (113).

durch Exequatur originär für das jeweilige Staatsgebiet verliehen wird.[28] Die Gleichstellung der ausländischen Entscheidung mit einer inländischen hatte zur Konsequenz, dass sich der Inhalt der Vollstreckbarkeit nach dem Recht des Zweitstaates richtete.[29]

Infolge der EuGVVO-Revision 2012 sind sämtliche **Zweifelsfragen** zum Inhalt der gem. Art. 39 erstreckten Vollstreckbarkeit unter Anwendung der Wirkungserstreckungslehre zu beantworten. Soweit die EuGVVO den Inhalt der Vollstreckbarkeit nicht gesondert regelt, richtet sich diese nach dem Recht des Ursprungsstaats. Die derart erstreckte Vollstreckbarkeit der ausländischen Entscheidung muss von den Stellen des Zweitstaates umgesetzt werden. Dabei haben sie gem. Art. 41 Abs. 1 Satz 1 ihre eigenen instrumentellen Regelungen der Vollstreckung anzuwenden. Im Einzelfall kann es ggf. erforderlich sein, das zweitstaatliche Vollstreckungsrecht mit Modifikationen anzuwenden (siehe hierzu nachfolgend). 33

Zusammenfassend ergibt sich damit folgendes Bild: Soweit Vorschriften aus dem Ursprungsstaat **den vollstreckungsfähigen Inhalt des Titels** betreffen oder ausgestalten, sind sie auch im zweitstaatlichen Vollstreckungsverfahren zu beachten. Soweit Vorschriften des Ursprungsstaates demgegenüber nur die **Art und Weise der zwangsweisen Durchsetzung** betreffen, besteht kein Raum für deren Anwendung im Rahmen der zweitstaatlichen Vollstreckung. Insoweit gilt allein das Vollstreckungsrecht des Zweitstaates. 34

2. Einzelne Aspekte der Vollstreckbarkeit im Zweitland

a) Bedingungen der Vollstreckbarkeit, insbesondere Sicherheitsleistung

Inwieweit die Vollstreckung vom Eintritt einer Bedingung – wie namentlich der Stellung eine Sicherheit – abhängt, richtet sich nach dem Recht des Ursprungsstaates. Hierbei handelt es sich um einen Aspekt des Titelinhaltes, für den die Wirkungserstreckungslehre auf das **Recht des Ursprungslandes** verweist. Nach diesem Recht ist auch zu klären, ob die Bedingung der Vollstreckung erfüllt ist, etwa in welcher Form die Sicherheitsleistung erbracht werden kann. 35

Zuständig für die Prüfung des Bedingungseintritts sind die Stellen des Ursprungslandes. Sie haben sich vor Ausstellung der Bescheinigung i.S.v. Art. 53 zu vergewissern, ob die im Titel enthaltenen Vollstreckungsbedingungen erfüllt sind – gleich ob diese Prüfung in dem einen oder anderen Recht eine Sache des Vollstreckungs-, Erkenntnis- oder Klauselerteilungsverfahrens wäre. Dies lässt sich dem in Anhang I enthaltenen Formblatt für die Bescheinigung i.S.v. Art. 53 entnehmen. Denn nach dessen Ziff. 4.4. kann die Bescheinigung im Ursprungs- 36

---

[28] *Geimer*/Schütze, EuZVR, 3. Aufl. 2010, Art. 38 EuGVVO Rn. 1; *Geimer*, Anerkennung, 1995, S. 163; *Rosenberg/Gaul/Schilken*, ZwVollstrR, 11. Aufl. 1997, § 12 I 1 (S. 137); *Schack*, IZVR, 5. Aufl. 2010, Rn. 868; *Geimer*, in: FS Georgiades, 2006, S. 489 (492).
[29] Vgl. etwa *Geimer*/Schütze, EuZVR, 3. Aufl. 2010, Art. 38 EuGVVO (a.F.) Rn. 8; *Geimer*, Anerkennung, 1995, S. 165.

land nur ausgestellt werden, wenn die Entscheidung „*im Ursprungsmitgliedstaat vollstreckbar [ist], ohne dass weitere Bedingungen erfüllt sein müssen*".

37 Nach der Konzeption des Verordnungsgebers muss also vor Ausstellung der Bescheinigung i.S.v. Art. 53 im Ursprungsstaat insbesondere geprüft werden, ob der Vollstreckungsgläubiger die ggf. erforderliche **Sicherheitsleistung** erbracht hat. Erst wenn dies der Fall ist, erlangt der Titel Vollstreckbarkeit.[30] Diese durch die EuGVVO vorgegebene Zuständigkeitsverteilung modifiziert u.U. die Strukturen des nationalen Vollstreckungsrechts. Stellt etwa ein Ursprungsgericht in Deutschland die Bescheinigung aus, hat es sich mit Fragen der Sicherheitsleistung zu befassen, obwohl diese in Deutschland sonst nicht im Rahmen des Erkenntnis- oder Klauselerteilungsverfahrens geprüft werden. Andersherum ist bei einer Vollstreckung einer ausländischen Entscheidung in Deutschland **§ 751 Abs. 2 ZPO nicht anwendbar.** Der Gerichtsvollzieher in Deutschland hat demnach nicht zu prüfen, ob die Sicherheitsleistung erbracht worden ist. Der Nachweis ist vielmehr schon durch Vorlage der Bescheinigung i.S.v. Art. 53, Anhang I erbracht.[31]

38 Vollstreckungsbezogene Sicherheitsleistungen hat der Vollstreckungsgläubiger im Übrigen **im Ursprungsland zu erbringen**. Dies allein erscheint angesichts der nunmehr geltenden gemeinschaftsweiten Vollstreckbarkeit sachgerecht. Denn bei Titelerlass bzw. Ausstellung der Bescheinigung i.S.v. Art. 53 steht in der Regel noch nicht fest, in welchen Ländern die Vollstreckung erfolgen wird. Die Bescheinigung bezieht sich ja auf das gesamte Gemeinschaftsgebiet. Außerdem kann ausschließlich eine Sicherheitsleistung im Ursprungsland den Vollstreckungsschuldner effektiv vor den Nachteilen einer im Ergebnis unberechtigten Vollstreckung schützen: Schließlich kann die Entscheidung nur von den Gerichten des Ursprungsstaates aufgehoben werden. Die Gerichte dieses Landes können daher auch am besten beurteilen, wann und inwieweit der Vollstreckungsschuldner auf die Sicherheit zugreifen kann. Ferner sind die jeweiligen nationalen Mechanismen zum Zugriff auf die Sicherheitsleistung auf das Rechtsbehelfsverfahren im Ursprungsland und auf die Art der Sicherheitsleistung abgestimmt. Dem Vollstreckungsgläubiger ist es auch am ehesten zumutbar, in dem Mitgliedstaat die Sicherheitsleistung zu erbringen, in dem für das Erkenntnisverfahren ein internationaler Gerichtsstand eröffnet war.

39 Bei Titeln, die eine Leistungspflicht **Zug um Zug** aussprechen, müssen bereits die Stellen des Ursprungsstaates prüfen, ob der Vollstreckungsgläubiger seinerseits die Gegenleistung in ausreichender Art und Weise angeboten hat bzw. ob sich der Vollstreckungsschuldner bereits im Annahmeverzug befindet.[32] **§ 756 ZPO** ist bei der Vollstreckung ausländischer Titel in Deutschland demnach nicht anwendbar. Allerdings ist die Norm bei der Bescheinigung inländischer Titel nach Art. 53 in Deutschland zu beachten.

---

[30] So auch Rauscher/*Mankowski*, EuZPR, 4. Aufl. 2016, Art. 39 EuGVVO Rn. 42.
[31] Vgl. BT-Drucks. 18/823, S. 21
[32] So auch Rauscher/*Mankowski*, EuZPR, 4. Aufl. 2016, Art. 39 EuGVVO Rn. 44.

Auch Titelumschreibungen nach den §§ 727 ff. ZPO und titelergänzende 40
Klauseln nach § 726 ZPO können nur im Ursprungsland im Rahmen der Ausstellung der Bescheinigung i.S.v. Anhang I vorgenommen werden, vgl. § 1111
Abs. 1 Satz 2 ZPO.[33]

b) Zeitlich aufgeschobene Vollstreckbarkeit

Ist die Vollstreckbarkeit des Titels von dem **Eintritt eines bestimmten** 41
Kalendertages abhängig, hat die zuständige Vollstreckungsstelle des Vollstreckungsstaates zu prüfen, ob das Datum eingetreten ist. Dies ergibt sich aus
Ziff. 4.4.1. des Anhangs I, wonach die Stelle des Ursprungsstaates ggf. das Datum
in die Bescheinigung i.S.v. Art. 53 einzutragen hat. Bei der Vollstreckung ausländischer Titel in Deutschland kann demnach die Regelung des § 751 Abs. 1 ZPO
problemlos angewendet werden.

Auch **Nachleistungsfristen** richten sich nach dem Recht des Ursprungsstaa- 42
tes. Schließlich handelt es sich hierbei um eine Voraussetzung der Vollstreckung.
Auch im Zweitland soll vor Ablauf der Nachleistungsfrist keine Vollstreckung
stattfinden. Soweit Nachleistungsfristen nicht im Urteil selbst tenoriert sind, sondern sich lediglich aus gesetzlichen Vorschriften ergeben, hat sie das Ursprungsgericht bei Ausstellung der Bescheinigung i.S.v. Art. 53 im Blick zu behalten
und bei Ziff. 4.4.1 einzutragen. Im deutschen Recht ist insoweit nur an die
Sonderfälle von § 750 Abs. 3 ZPO und § 798 ZPO zu denken.

c) Konkrete Vollstreckungshindernisse und -schranken

Vollstreckungshindernisse und Vollstreckungsschranken unterliegen allein dem 43
Recht des jeweiligen Vollstreckungsstaates.[34] Dies folgt zum einen aus
Art. 41 Abs. 1 Satz 2 und muss zum anderen deshalb gelten, weil die Zwangsanwendung in erster Linie aus verfassungsrechtlichen Gründen begrenzt ist und
diese Grenzen nicht ohne weiteres umgangen werden können. Im deutschen
Recht ist an den praktisch seltenen Fall von § 888 Abs. 3 ZPO oder an die
theoretischen Konstellationen zu denken, in denen § 888 Abs. 3 ZPO entsprechend anzuwenden ist, weil eine Durchsetzung des Titels den Schuldner in seinen Grundrechten verletzen würde.[35] Ein allgemeines Vollstreckungshindernis
kann sich etwa aus der Eröffnung des Insolvenzverfahrens ergeben, vgl.
§ 89 InsO. Dieses ist auch zu beachten, wenn ausländische Titel in Deutschland
vollstreckt werden. Andersherum sind Vollstreckungshindernisse aus dem Erststaat im Zweitstaat nicht zu beachten.[36]

Die rein territoriale Behandlung der Vollstreckungshindernisse kann zu einer 44
„hinkenden Vollstreckbarkeit" führen: Wenn im Ursprungsland derartige
Vollstreckungshindernisse eine Vollstreckung ausschließen würden, stünde dies

---
[33] Vgl. hierzu die Kommentierung bei Art. 53, Rn. 5.
[34] Vgl. auch EuGVVO a.F. *M. Peiffer*, Grenzüberschreitende Titelgeltung in der EU, 2012, Rn. 1023–1035.
[35] Vgl. BGH, 3.7.2008 – I ZB 87/06, NJW 2008, S. 2919 (2920).
[36] So auch Rauscher/*Mankowski*, EuZPR, 4. Aufl. 2016, Art. 39 EuGVVO Rn. 37.

einer Vollstreckung im Zweitland nicht entgegen.[37] Umgekehrt ist der Titelgläubiger im Zweitland durch die dortigen Vollstreckungshindernisse beschränkt, obwohl er im Ursprungsland unbeschränkt vollstrecken könnte. Dass Titel in manchen Ländern durchsetzbar sind, in anderen hingegen nicht, ist der fehlenden Harmonisierung der Vollstreckungsrechte geschuldet und hinzunehmen.

d) Zustellung des Titels vor Vollstreckungsbeginn

45   Ob und wann der ausländische Titel vor der Vollstreckung im Zweitland dem Schuldner zugestellt werden muss, regelt im Anwendungsbereich der EuGVVO allein **Art. 43**. Die Zustellungserfordernisse des zweitstaatlichen Vollstreckungsrechts sind demnach nicht anwendbar. Bei einer Vollstreckung eines ausländischen Titels in Deutschland **gilt § 750 ZPO nicht**. Die Zustellung an sich richtet sich hingegen nach dem insoweit maßgeblichen Rechtsregime, in der Regel der EuZustVO.

e) Reichweite der Vollstreckungsbefugnisse bei vorläufig vollstreckbaren Entscheidungen

46   Da Art. 39 auch die noch nicht rechtskräftigen und lediglich vorläufig vollstreckbaren Entscheidungen erfasst,[38] stellt sich die Frage, welche **Vollstreckungsbefugnisse vorläufig vollstreckbare Titel** im Zweitland gewähren. Für den Umfang der Vollstreckbarkeit vor Rechtskrafteintritt sehen die nationalen Rechtsordnungen durchaus unterschiedliche Konzepte vor: während der Vollstreckungsgläubiger im deutschen Recht – wegen der Vollstreckungsgläubigerhaftung auf eigenes Risiko – bereits vollumfänglich die Vollstreckung betreiben kann, gestattet etwa das Recht Österreichs mit der Sicherungsexekution bis zum Rechtskrafteintritt nur eine angehaltene Vollstreckung.[39]

47   Derartige unterschiedliche **„Grade" der Vollstreckbarkeit vor Rechtskrafteintritt** im Ursprungsland sind jedoch nicht in das Zweitland zu übertragen. Vielmehr gibt das Recht des jeweiligen Vollstreckungsstaates vor, welchen Umfang die einstweiligen Vollstreckungsbefugnisse haben.[40] Nur so können die Vollstreckungsstellen des Zweitstaates sinnvoll den Auslandstitel vollstrecken; von ihnen kann nicht erwartet werden, ausländisches Vollstreckungsrecht anzuwenden und nach diesem die Nuancierungen der vorläufigen Vollstreckbarkeit nachzuvollziehen.

48   Nach dem **Recht des Ursprungsstaates entscheidet sich lediglich, ob die Entscheidung bereits vor Rechtskraft vollstreckbar ist**. Man kann nicht davon ausgehen, dass die EuGVVO verlangt, die Entscheidung im Zweitland gleich einer rechtskräftigen zu vollstrecken, solange sie im Ursprungsland noch nicht in Rechtskraft erwachsen ist. Dafür könnte zwar der Umstand sprechen, dass in der Bescheinigung i.S.v. Art. 53 keine Angaben zur Rechtskraft

---

[37] So auch schon zur EuGVVO a.F. EuGH, 28.4.2009 – Rs. C-420/07, *Apostolides ./. Orams*, Slg. 2009, I-3571 (ECLI:EU:C:2009:271); zuvor bereits EuGH, 29.4.1999 – Rs. C-267/97, *Coursier ./. Fortis Bank SA u. Bellami*, Slg. 1999, I-2543 (ECLI:EU:C:1999:213), Rn. 29.
[38] Rauscher/*Mankowski*, EuZPR, 4. Aufl. 2016, Art. 39 EuGVVO Rn. 47.
[39] Vgl. §§ 371 ff. EO.
[40] Vgl. zur EuGVVO a.F. *M. Peiffer*, Grenzüberschreitende Titelgeltung in der EU, 2012, Rn. 783 ff.

der Entscheidung vorgesehen sind. Es wäre aber durch den Sinn und Zweck von Art. 39 nicht gedeckt, wenn dem Vollstreckungsgläubiger im Zweitland weiterreichende Vollstreckungsbefugnisse zustünden als im Ursprungsland. Im Ergebnis gestattet demnach ein ausländischer Titel im Zweitland nur eine vorläufige Vollstreckbarkeit, solange er auch im Ursprungsland nur zu einer vorläufigen Vollstreckung berechtigt. Welche Befugnisse die vorläufige Vollstreckbarkeit einräumt, richtet sich allerdings nach dem Recht des jeweiligen Vollstreckungsstaates.

In der praktischen Rechtsanwendung müssen die Stellen des Zweitstaates 49 erfahren, dass die ausländische Entscheidung mangels Rechtskraft erst vorläufig vollstreckbar ist. Bedauerlicherweise ist im Formblatt i.S.v. Art. 53 ein entsprechender Eintrag nicht vorgesehen. Das Gericht des Ursprungsstaates sollte daher den entsprechenden **Zusatz aufnehmen, dass die Entscheidung zunächst nur vorläufig vollstreckbar ist**. So sind die Vollstreckungsbehörden des Zweitstaates in der Lage, bei Vollstreckungshandlungen der fehlenden Rechtskraft Rechnung zu tragen. Erlangt der Titel im Ursprungsland zwischenzeitlich Rechtskraft, muss auch die vorübergehende Vollzugsfähigkeit im Zweitland nachträglich zu einer endgültigen erweitert werden. Hierzu müsste ein entsprechendes Rechtskraftzeugnis aus dem Ursprungsland vorgelegt werden. Welche Auswirkungen der Eintritt der Rechtskraft auf die Vollstreckungsbefugnisse hat, richtet sich dann nach dem Recht des Vollstreckungsstaates.

f) Nachträgliche Aussetzungen oder Beschränkungen der Vollstreckbarkeit

Eine Aussetzung oder Beschränkung der Vollstreckung kann sowohl durch 50 die Gerichte des Ursprungsstaates als auch des Vollstreckungsstaates nach dem jeweiligen autonomen Recht angeordnet werden.

Dass die Aussetzungs- und Beschränkungsrechtsbehelfe nach dem autonomen Recht des Zweitstaates im Grundsatz anwendbar sind, ergibt sich aus 51 Art. 41 Abs. 2. Auch die Aussetzungsmöglichkeiten in Art. 44 sind nicht abschließend und versperren nicht den Rückgriff auf internrechtliche Aussetzungsmöglichkeiten.[41] Dass zusätzlich die Aussetzungsmöglichkeiten des Ursprungsstaates gelten, versteht sich von selbst, da nach Art. 39 die Vollstreckbarkeit als solche vom Recht des Ursprungsstaates vorgegeben wird. Ferner ist in Art. 44 Abs. 2 ausdrücklich geregelt, dass die Vollstreckung im Zweitland ausgesetzt werden kann, wenn im Ursprungsland die Vollstreckbarkeit der Entscheidung ausgesetzt worden ist. Demzufolge muss es auch möglich bleiben, im Ursprungsstaat die Vollstreckbarkeit nachträglich wieder aufzuheben bzw. zu beseitigen.

Bei der Vollstreckung einer ausländischen Entscheidung in Deutschland kann 52 daher **entsprechend §§ 707 und 719 ZPO** durch ein Gericht in Deutschland die Vollstreckung nachträglich beschränkt oder ausgesetzt werden, wenn die Entscheidung im Ursprungsland angefochten worden ist. Die Anwendung dieser

---

[41] *Hau*, MDR 2014, S. 1417 (1419).

Rechtsbehelfe ist mit Art. 45 vereinbar (vgl. Art. 41 Abs. 2), da sie nicht aus Gründen fehlender Anerkennungsfähigkeit eine Vollstreckungsaussetzung oder -beschränkung vorsehen. Gem. Art. 40 muss dem Vollstreckungsgläubiger im Zweitland allerdings stets die Möglichkeit einer Sicherungsvollstreckung erhalten bleiben, solange der Titel im Ursprungsland noch vollstreckbar ist. Dies hat ein deutsches Gericht zu beachten, wenn es über einen Antrag nach §§ 707, 719 ZPO entscheidet.

53   In der Regel wird es der Vollstreckungsschuldner allerdings vorziehen, direkt im Ursprungsland eine Vollstreckungsaussetzung oder -beschränkung zu erreichen, die dann grenzüberscheitend wirkt. Schließlich wird sich das mit dem Rechtsbehelf gegen die Entscheidung befasste Gericht mit der Anordnung vollstreckungsbezogener Verfügungen leichter tun. Art. 44 Abs. 2 gestattet ausdrücklich den Transfer einer im Ursprungsland erreichten Vollstreckungsaussetzung auf das Zweitland. Der deutsche Gesetzgeber hat hierzu in **§ 1116 ZPO** eine entsprechende Umsetzungsregelung geschaffen.

g) Anwendbare Zwangsmittel

54   Die Vollstreckungsmethoden zur Durchsetzung des ausländischen Titels im Zweitland richten sich **ausschließlich nach dem Recht des Vollstreckungslandes**.[42] Dies folgt nicht nur aus Art. 41 Abs. 1 Satz 1, sondern auch daraus, dass die zweitstaatlichen Vollstreckungsorgane nur nach den ihnen vertrauten instrumentellen Vorschriften verfahren können.

55   Praktisch bedeutet dies, dass **im Zweitland durchaus schärfere Vollstreckungsmethoden** zur Anwendung gelangen können, als sie im Ursprungsland möglich wären. So könnte etwa ein deutscher Geldleistungstitel in Griechenland mittels Schuldhaft durchgesetzt werden, obwohl eine solche in Deutschland nicht bekannt ist.[43] Ferner kann ein Unterlassungstitel aus einem Mitgliedstaat, der keinen Realerfüllungszwang kennt, in Deutschland im Wege der Personalvollstreckung durchgesetzt werden.[44] Diese Frage stellte sich v.a. angesichts der alten Rechtslage in Italien,[45] wo bis 2009 kein Zwangsmittel zur Durchsetzung unvertretbarer Handlungs- und Unterlassungspflichten bekannt war.[46]

56   Für das **Zwangsgeld** wird das nationale Vollstreckungsrecht durch Art. 55 modifiziert. Nach dieser Vorschrift kann eine Zwangsgeldanordnung ihrerseits

---

[42] Vgl. *M. Peiffer*, Grenzüberschreitende Titelgeltung in der EU, 2012, Rn. 1036–1084.
[43] Vgl. Appellationsgericht Patras – Nr. 603/1992, Nomiko Vima, 41 (1993), S. 528 f., berichtet von *Kerameus*, Recueil des Cours 1997, S. 183 (199). Gleiche Konstellation mit abweichender Beurteilung: Appellationsgericht Athen – Nr. 3020/1996, Dikaio Etairion kai Epicheirisseon 1996, S. 817–818 u. Gericht erster Instanz Athen – Nr. 5181/1996, unveröffentlicht (beide berichtet von *Kerameus*, Enforcement Proceedings, Int. Encycl. Comp. Law, Vol. XVI, Ch. 10, 2002 (386 f.)).
[44] *Muir Watt*, RCDIP 91 (2002), S. 720 (730); A. A. *Hess*, IPRax 2005, S. 23 (25 Fn. 25). Im Ergebnis auch a. A. *Bitter*, EU-Vollstreckung 2009, S. 155; *Fritzsche*, ZZPInt. 7 (2002), S. 250 (261 f.) und *Lindacher*, in FS Gaul, 1997, S. 399 (402).
[45] Vgl. EuGH, 6.6.2002 – Rs. C-80/00, *Italian Leather ./. WECO Polstermöbel*, Slg. 2002, I-4995 (ECLI:EU:C:2002:342). Der EuGH konnte die Frage letztlich offen lassen.
[46] Seit 4.7.2009 regelt nun Art. 614-bis Codice di Procedura Civile ein Zwangsgeld nach dem Vorbild der französischen *astreinte*, vgl. hierzu *M. Peiffer*, Grenzüberschreitende Titelgeltung in der EU, 2012, Rn. 982.

im Zweitland vollstreckt werden, obwohl es sich bei der Zwangsgeldanordnung bereits um eine Vollstreckungsmaßnahme handelt.[47]

Schwierigkeiten, die sich aus dem Systemunterschieden zwischen dem Recht des Ursprungslands und dem des Vollstreckungslands ergeben, sind über eine **Anpassung nach Art. 54 Abs. 1** zu lösen. Nach dieser Norm ist in erster Linie eine Auslegung des Titelinhaltes möglich, soweit aus Sicht des Vollstreckungslandes der vollstreckbare Titelinhalt nicht eindeutig ist.[48] Diese Anpassung darf allerdings nicht zu einer Erweiterung der Wirkungen über das im Ursprungsland vorgesehene Maß führen, vgl. Satz 2.[49] 57

3. Vorrang EuGVVO-eigener Vollstreckungsregelungen

Vorrangig vor den nationalen Vollstreckungsrechten des Ursprungslandes und des Zweitlandes gelten allerdings die in der EuGVVO enthaltenen eigenen Vollstreckungsvorschriften. So trifft die EuGVVO etwa in Art. 40, 43 und 44 eigene Regelungen für das Vollstreckungsverfahren. 58

Artikel 40 [Sicherungsmaßnahmen]

Eine vollstreckbare Entscheidung umfasst von Rechts wegen die Befugnis, jede Sicherungsmaßnahme zu veranlassen, die im Recht des ersuchten Mitgliedstaats vorgesehen ist.

EuGH-Entscheidung: EuGH, 3.10.1985 – Rs. 119/84, *Capelloni ./. Pelkmans*, Slg. 1985, 3147 (ECLI:EU:C:1985:388).

Schrifttum: *Mauch, Christian*, Die Sicherungsvollstreckung gem. Art. 47 EuGVVO, Art. 39 EuGVÜ und Art. 39 Luganer Übereinkommen, 2003; *Schramm, Dorothee*, Enforcement and the Abolition of Exequatur und die 2012 Brussels I Regulation, YPIL 15 (2013/2014), S. 143 (158).

Übersicht

	Rn.
I. Normzweck und Entstehungsgeschichte	1
II. Voraussetzungen für der Erlass von Sicherungsmaßnahmen	7
1. Anwendungsbereich	8
2. Anordnungsgrund bzw. -anspruch grundsätzlich nicht erforderlich	9
3. Kein Zustellungserfordernis	11
III. Rechtfolge: Die möglichen Sicherungsmaßnahmen	14
1. Sicherung von Geldleistungstiteln in Deutschland	18
2. Sicherung von Nichtgeldleistungstiteln in Deutschland	22
3. Abwendung der Sicherungsvollstreckung in Deutschland	23
IV. Aussetzung der Sicherungsvollstreckung	28

---

[47] Vgl. hierzu die Kommentierung bei Art. 55 Rn. 4 ff.
[48] Vgl. BT-Drucks. 18/823, S. 22.
[49] Vgl. hierzu die Kommentierung bei Art. 54 Rn. 12.

I. Normzweck und Entstehungsgeschichte

1   Art. 40 entspricht Art. 47 Abs. 2 EuGVVO a.F.[1] und wurde nur im Hinblick auf den Entfall der Vollstreckbarerklärung angepasst. Inhaltlich übereinstimmend mit seiner Vorläuferregelung besagt Art. 40, dass der Gläubiger eines nach Art. 39 gemeinschaftsweit vollstreckbaren Titels **unmittelbar auf Grundlage dieses Titels im Zweitland alle Sicherungsmaßnahmen veranlassen** kann, die das dortige Recht vorsieht.[2]

2   Art. 40 soll den Gläubiger davor schützen, dass der Schuldner sein vollstreckungsfähiges Vermögen vor dem Vollstreckungszugriff „in Sicherheit" bringt. Um dies zu verhindern, steht es dem Gläubiger offen, die im Recht des Vollstreckungsstaates verfügbaren Sicherungsmaßnahmen zu erwirken. Art. 40 gibt dabei dem Titelgläubiger **unmittelbar die Befugnis** zur Erwirkung von Sicherungsmaßnahmen und verdrängt insoweit im zweitstaatlichen Vollstreckungsrecht möglicherweise enthaltene einschränkende Tatbestandsvoraussetzungen für Sicherungsmaßnahmen.[3]

3   Mit dem Entfall des Exequaturs in der EuGVVO n.F. ist die **praktische Bedeutung von Sicherungsmaßnahmen auf Grundlage von Art. 40 gesunken.** In der EuGVVO a.F. bestand noch ein deutlich größeres Bedürfnis, dem Gläubiger ab Erteilung der Vollstreckbarerklärung einstweilige Sicherungsmaßnahmen ausdrücklich zu gestatten. Schließlich hatte der Schuldner die Möglichkeit, die Vollstreckbarerklärung anzufechten, was im Zweitstaat einen langwierigen Streit über die Anerkennungsfähigkeit der Entscheidung nach sich ziehen konnte. Damit für den Vollstreckungsgläubiger während dieser Schwebelage keine Nachteile eintraten, war es ihm gem. Art. 47 Abs. 2 und 3 EuGVVO a.F. möglich, einstweilen die Sicherungsvollstreckung zu betreiben, bis die Vollstreckbarerklärung im Zweitland Rechtskraft erlangte. Demgegenüber ermöglicht die EuGVVO n.F. dem Gläubiger, im Zweitland sofort zur umfassenden Vollstreckung zu schreiten, sobald die Entscheidung im Ursprungsland vollstreckbar ist. Selbstverständlich sind hiervon auch die im Zweitland vorgesehenen Mittel zur Sicherungsvollstreckung umfasst.

4   Vor allem **angesichts von Art. 43** besteht ein **praktisches Bedürfnis** für die von Art. 40 eingeräumte Möglichkeit: Nach Art. 43 Abs. 1 muss dem Schuldner die Bescheinigung i.S.v. Art. 53 vor der Vollstreckung zugestellt werden. Die gleichzeitige Zustellung und Vollstreckung ist unzulässig,[4] so dass der „Überraschungseffekt" des Vollstreckungszugriffs verloren geht. Diesen kann sich der Gläubiger insbesondere durch die Sicherungsvollstreckung nach Art. 40 erhalten. Denn für diese gilt gem. Art. 43 Abs. 3 das Zustellungserfordernis nicht. Praktische Bedeutung hat Art. 40 außerdem, wenn der Vollstreckungs-

---
[1] So auch Rauscher/*Mankowski*, EuZPR, 4. Aufl. 2016, Art. 40 EuGVVO Rn. 1. A. A. Schlosser/Hess, EuZPR, 4. Aufl. 2015, Art. 40 EuGVVO Textgeschichte, der Art. 47 Abs. 1 EuGVVO als Vorgängernorm ansieht.
[2] So auch Rauscher/*Mankowski*, EuZPR, 4. Aufl. 2016, Art. 39 EuGVVO Rn. 37.
[3] Vgl. hierzu sogleich unter Rn. 9 ff.
[4] Erwgr. 32.

schuldner gem. Art. 43 Abs. 2 eine Übersetzung der zu vollstreckenden Entscheidung verlangt.[5] Gem. Art. 43 Abs. 2 Satz 2 kann die Vollstreckung in sollen Fällen erst fortgesetzt werden, nachdem der Schuldner die Übersetzung erhalten hat. Für die Zwischenzeit sind Sicherungsmaßnahmen nach Art. 40 sinnvoll.

Unabhängig von Art. 40 steht es dem Gläubiger gem. **Art. 35** frei, direkt im Vollstreckungsland einstweiligen Rechtsschutz zu erwirken, der letztlich auch der Vollstreckungssicherung dient, wenn dort nach nationalem Recht eine Zuständigkeit für einstweilige Maßnahme begründet ist. Insoweit hat **Art. 40 vor allem in zweifacher Hinsicht eigenständige Bedeutung:** Zum einen wird klargestellt, dass im Zweitstaat alle Sicherungsmaßnahmen ergriffen werden können, die dort nicht dem einstweiligen Rechtsschutz zuzurechnen sind (in Deutschland etwa § 845 ZPO). Zum anderen bewirkt die Regelung, dass im Zweitland einstweilige Maßnahmen zum Zwecke der Vollstreckungssicherung auch dann ergriffen werden können, wenn die Voraussetzungen von Art. 35 nicht erfüllt sind. 5

Im Übrigen dient Art. 40 der **Klarstellung,** dass der Gläubiger Sicherungsmaßnahmen ergreifen kann. Dies kann für den Gläubiger eine wertvolle Information sein, weil es für ihn durchaus sinnvoll sein kann, zunächst lediglich die Sicherungsvollstreckung zu betreiben. Schließlich kann diese auf den Gegner bereits gehörig Druck ausüben und gleichzeitig eine drohende Haftung des Gläubigers wegen im Ergebnis unberechtigter Vollstreckung minimieren. 6

II. Voraussetzungen für der Erlass von Sicherungsmaßnahmen

Art. 40 selbst gewährt die „Befugnis" zur Ergreifung von Sicherungsmaßnahmen, wenn der Antragsteller Inhaber einer gem. Art. 39 gemeinschaftsweit vollstreckbaren Entscheidung ist. Die Norm regelt damit im Grundsatz abschließend die tatbestandlichen Voraussetzungen für den Erlass der im zweitstaatlichen Vollstreckungsrecht vorgesehenen Sicherungsmaßnahmen. Der Titelgläubiger muss keine weitere gerichtliche Anordnung bzw. Zulassung nach dem Recht des Zweitstaates erwirken, sondern kann unmittelbar die auf Sicherungsmaßnahmen beschränkte Zwangsvollstreckung in das Vermögen des Schuldners betreiben.[6] 7

1. Anwendungsbereich

Art. 40 findet auf **Entscheidungen i.S.v. Art. 2 lit. a** Anwendung. Die Norm gilt daher einerseits für alle Entscheidungen aus einem kontradiktorischen Hauptsacheverfahren, andererseits für einstweilige Maßnahmen und Sicherungsmaßnahmen, soweit die einschränkenden Voraussetzungen von Art. 2 lit. a Sätze 8

---

[5] *Alio*, NJW 2014, S. 2395 (2397).
[6] EuGH, 3.10.1985 – Rs. 119/84, *Capelloni ./. Pelkmans*, Slg. 1985, 3147 (ECLI:EU:C:1985:388) zur Vorgängervorschrift Art. 39 EuGVÜ 1968. Die Rechtsprechung kann auch zur Auslegung von Art. 40 EuGVVO n.F. herangezogen werden, die – abgesehen von den redaktionellen Anpassungen aufgrund des Entfalls des zweitstaatlichen Exequaturverfahrens – inhaltlich dem Art. 47 Abs. 2 EuGVVO a.F. und Art. 39 EuGVÜ 1968 entspricht.

2 und 3 erfüllt sind.[7] Demzufolge erfasst Art. 40 vorläufige Rechtsschutzmaßnahmen, die kumulativ folgende Anforderungen erfüllen: Sie müssen einerseits von dem nach der EuGVVO zuständigen Hauptsachegericht erlassen worden sein. Andererseits muss der Beklagte zum Verfahren geladen oder ihm wenigstens vor Vollstreckungsbeginn die Entscheidung zugestellt worden sein.[8]

2. Anordnungsgrund bzw. -anspruch grundsätzlich nicht erforderlich

9   Art. 40 verlangt nicht, dass der Vollstreckungsgläubiger im Zweitland einen besonderen Anordnungsgrund oder -anspruch dartut.[9] Denn bei der Sicherungsvollstreckung nach Maßgabe von Art. 40 handelt es sich nicht um die Erwirkung einstweiliger Maßnahmen im Zweitstaat, sondern bereits um eine Vollstreckung, die jedoch nur auf Sicherungsmaßnahmen beschränkt ist.

10 Lediglich dann, wenn eine Sicherungsmaßnahme nach dem Vollstreckungsrecht des Zweitstaates tatbestandlich **Anordnungsgrund und -anspruch** voraussetzt, müssen diese Anforderungen im Grundsatz auch im Rahmen von Art. 40 erfüllt sein. Allerdings sind insoweit **nur sehr geringe Anforderungen** zu stellen: Zum einen ergibt sich bereits aus der ausländischen Entscheidung als solcher der Anordnungsanspruch.[10] Zum anderen folgt die Dringlichkeit bzw. Gefahr für den Vollstreckungserfolg schon aus Art. 43, dessen Zustellungs- und Übersetzungserfordernis einen Überraschungseffekt im Rahmen der Vollstreckung ausschließen.[11]

3. Kein Zustellungserfordernis

11 Die Erwirkung von Sicherungsmaßnahmen nach Art. 40 setzt gem. **Art. 43 Abs. 3 Alt. 2** nicht voraus, dass dem Vollstreckungsgegner die vollstreckbare Entscheidung oder die Bestätigung i.S.v. Art. 53 zugestellt worden ist. Dies galt auch schon in der EuGVVO a.F.,[12] wurde nun allerdings ausdrücklich geregelt. Hierdurch soll das Recht des Schuldners gewährleistet werden, den Überraschungseffekt effektiv auszunutzen.[13] § 750 ZPO ist bei einer Sicherungsvollstreckung in Deutschland also nicht anwendbar.

12 Zum Schutz der Rechte des Gläubigers sind Sicherungsmaßnahmen nach Art. 40 *ex parte*, d.h. ohne Anhörung oder sonstige Verfahrensbeteiligung des Schuldners zu erlassen. Einzelrechtliche Erfordernisse einer Schuldnerbeteiligung im Zweitstaat sind demnach nicht anwendbar.[14]

---

[7] Wohl a. A. Schlosser/*Hess*, EuZPR, 4. Aufl. 2015, Art. 40 EuGVVO Rn. 1, wonach der Begriff der vollstreckbaren Entscheidung i.S.v. Art. 40 Maßnahmen des einstweiligen Rechtsschutzes nicht erfasst.
[8] Vgl. die Kommentierung bei Art. 2 Rn. 23 ff.
[9] *Schramm*, YPIL 15 (2013/2014), S. 143 (158).
[10] Schlosser/*Hess*, EuZPR, 4. Aufl. 2015, Art. 40 EuGVVO Rn. 2; Rauscher/*Mankowski*, EuZPR, 4. Aufl. 2016, Art. 40 EuGVVO Rn. 18.
[11] Schlosser/*Hess*, EuZPR, 4. Aufl. 2015, Art. 40 EuGVVO Rn. 2
[12] MünchKomm/*Gottwald*, ZPO, 4. Aufl. 2013, Art. 47 EuGVVO (a.F.) Rn. 7.
[13] Vgl. Kindl/Meller-Hannich/Wolf/*Mäsch*, Zwangsvollstreckung, 2. Aufl. 2013, Art. 47 EuGVVO a.F. Rn. 10.
[14] *Schramm*, YPIL 15 (2013/2014), S. 143 (158).

Sicherungsmaßnahmen auf Grundlage von Art. 40 können den Schuldner **13** jedoch nicht völlig überraschen. Denn Art. 40 gestattet Sicherungsmaßnahmen im Zweitland nur in Ansehung eines Titels, der im Ursprungsland in einem Erkenntnisverfahren zustande gekommen ist, an dem der Schuldner mitgewirkt hat bzw. mitwirken konnte. Auf einstweilige Maßnahmen und Sicherungsmaßnahmen, die im Ursprungsland ohne Mitwirkung des Schuldners zustande gekommen sind, findet die Norm keine Anwendung.[15]

III. Rechtfolge: Die möglichen Sicherungsmaßnahmen

Auf Grundlage von Art. 40 können nur Sicherungsmaßnahmen erwirkt werden, **14** d.h. Maßnahmen zum Schutz vor weiteren Verfügungen des Schuldners, die nicht zu einer Befriedigung des Gläubigers führen.[16] Das ergibt sich aus dem eindeutigen Wortlaut und dem Sinn und Zweck. Alle Maßnahmen, die auf eine endgültige Verwertung des Vermögens abzielen, sind demnach grundsätzlich versperrt.

Art. 40 gewährt den Zugriff auf „*jede Sicherungsmaßnahme ..., die im Recht des* **15** *ersuchten Mitgliedstaates vorgesehen ist*". Demnach gibt das Prozessrecht des Vollstreckungsstaates den Kreis der nach Art. 40 erwirkbaren Maßnahmen vor. Der Verweis umfasst zum einen die besonderen im Vollstreckungsrecht vorgesehenen Maßnahmen zum Schutz des Vollstreckungsobjekts (etwa die Vorpfändung), zum anderen die allgemeinen Maßnahmen des einstweiligen Rechtsschutzes, die der Wahrung der Vermögensinteressen des Gläubigers dienen.

Sicherungsmaßnahmen, die auf Grundlage von Art. 40 erlassen werden, gelten **16** **nur für das Hoheitsgebiet des jeweiligen Zweitlandes**.[17] Dies schließt es aus, dass derartige Sicherungsmaßnahmen ihrerseits weiter in anderen Ländern vollstreckt werden.

Im **deutschen Vollstreckungsrecht** ist die Sicherungsvollstreckung (abgese- **17** hen vom Sonderfall des § 720a ZPO für die nur gegen Sicherheit vorläufig vollstreckbaren Titel) nicht bekannt. Daher müssen die Vollziehungs- und Vollstreckungsregelungen der ZPO entsprechend modifiziert zur Anwendung kommen, wenn hier aus einer ausländischen Entscheidung gem. Art. 40 die Sicherungsvollstreckung betrieben werden soll.

1. Sicherung von Geldleistungstiteln in Deutschland

Die Sicherungsvollstreckung von Geldleistungstiteln hat in Deutschland in **18** entsprechender Anwendung von **§ 720a ZPO** zu erfolgen. Demnach kann der Gläubiger bereits die Pfändung des beweglichen Vermögens (nicht jedoch dessen Verwertung) betreiben, vgl. § 720a Abs. 1 Satz 1 lit. a ZPO. Außerdem kann er im Wege der Sicherungshypothek auf das unbewegliche Vermögen zugreifen,

---

[15] Vgl. bereits oben Rn. 8.
[16] Thomas/Putzo/*Hüßtege*, ZPO, 36. Aufl. 2015, Art. 40 EuGVVO Rn. 2.
[17] Vgl. Erwgr. 33 Satz 2.

vgl. § 720a Abs. 1 Satz 1 lit. b ZPO. § 720a Abs. 1 Satz 2 ZPO ist jedoch im Rahmen von Art. 40 nicht anwendbar. Der Gläubiger kann also nicht durch Sicherheitsleistung zur Befriedigung übergehen. Allerdings gilt § 720a Abs. 3 ZPO insoweit, als der Vollstreckungsschuldner durch Sicherheitsleistung die Sicherungsvollstreckung abwenden kann (s.u. Rn. 25).

19 Ebenfalls anwendbar sind § **930 Abs. 2 ZPO** (ggf. i.V.m. § 720a Abs. 3 ZPO) und § **930 Abs. 3 ZPO**.[18] Letzterer gibt dem Gläubiger die Befugnis, die Versteigerung einer Sache und Hinterlegung des Erlöses anzuordnen, wenn die Sache in erheblicher Wertminderung bedroht oder ihre Aufbewahrung unverhältnismäßig teuer ist. Für die Sicherungsvollstreckung in ein eingetragenes Schiff oder Schiffsbauwerk kann der Gläubiger nach § **931 ZPO** vorgehen.

20 Für die **Vollstreckung in Forderungen** ist die **Vorpfändung gem. § 845 ZPO** möglich. Der Titelgläubiger kann also ohne vorherige Zustellung des Titels die Pfändungsbenachrichtigung i.S.v. § 845 Abs. 1 Satz 1 ZPO an den Schuldner und an den Drittschuldner zustellen lassen. Gegenüber dem Schuldner bewirkt dies die Verstrickung der Drittforderung (vgl. § 835 Abs. 2 ZPO), wodurch zugunsten des Titelgläubigers das Pfändungspfandrecht i.S.v. § 804 ZPO entsteht und dem Schuldner die Einziehung untersagt wird. Der Drittschuldner wird in der Pfändungsbenachrichtigung aufgefordert, nicht mehr an den Schuldner zu leisten. Der Vollstreckungsgläubiger muss allerdings auch im Rahmen von Art. 40 die Monatsfrist von § 845 Abs. 3 ZPO beachten.[19] Die (endgültige) Forderungspfändung i.S.v. § 829 ZPO kann allerdings nicht auf Grundlage von Art. 40 bewirkt werden, d.h. sie ist erst nach Zustellung der Bescheinigung gem. Art. 43 möglich. Für eine arrestbasierte Forderungspfändung nach Maßgabe von § 930 Abs. 1 Satz 3 ZPO besteht allerdings kein Bedürfnis, weil insoweit nach § 845 ZPO verfahren werden kann.[20]

21 Für die Sicherungsvollstreckung i.S.v. Art. 40 wegen Geldleistungstitel in Deutschland ist auch die **Anordnung von Arrest gem. §§ 916 ff. ZPO** möglich.[21] An das Vorliegen von Arrestanspruch und Arrestgrund sind allerdings geringe Anforderungen zu stellen.[22]

2. Sicherung von Nichtgeldleistungstiteln in Deutschland

22 Die Sicherungsvollstreckung aus **Nichtgeldleistungstiteln** erfolgt im deutschen Recht durch **einstweilige Anordnung nach Maßgabe von §§ 935, 938 ZPO**.[23] Dabei hat das Gericht den eigentlichen Leistungsbefehl nicht erneut (gem. § 940 ZPO) auszusprechen, sondern vielmehr nur Vollstreckungsmaßnah-

---
[18] Zu § 930 Abs. 3 ZPO in der inhaltlich identischen Vorläuferregelung: MünchKomm/*Gottwald*, ZPO, 4. Aufl. 2013, Art. 47 EuGVVO a.F. Rn. 8.
[19] *Pirrung*, IPRax 1989, S. 18 (21); MünchKomm/*Gottwald*, ZPO, 4. Aufl. 2013, Art. 47 EuGVVO a.F. Rn. 7.
[20] A. A. MünchKomm/*Gottwald*, ZPO, 4. Aufl. 2013, Art. 47 EuGVVO a.F. Rn. 8; Rauscher/*Mankowski*, EuZPR, 4. Aufl. 2016, Art. 40 EuGVVO Rn. 17.
[21] Schlosser/*Hess*, EuZPR, 4. Aufl. 2015, Art. 40 EuGVVO Rn. 2; Rauscher/*Mankowski*, EuZPR, 4. Aufl. 2016, Art. 40 EuGVVO Rn. 18.
[22] Siehe hierzu oben Rn. 10.
[23] Thomas/Putzo/*Hüßtege*, ZPO, 36. Aufl. 2015, Art. 40 EuGVVO Rn. 2.

men anzuordnen, die nach seinem Ermessen erforderlich sind, um den Sicherungszweck zu erreichen (vgl. § 938 Abs. 1 ZPO). Dies können sein: Androhung von Ordnungsmitteln nach Maßgabe von § 890 ZPO bei Unterlassungstiteln; Anordnung von Zwangsmitteln nach Maßgabe von § 888 ZPO im Falle von Titeln gerichtet auf nicht vertretbare Handlungen. Zur Sicherung der Vollstreckung von auf Herausgabe beweglicher Sachen gerichteter Titel kann eine Sequestration nach § 938 Abs. 2 ZPO angeordnet werden.

3. Abwendung der Sicherungsvollstreckung in Deutschland

Die EuGVVO sieht nicht vor, dass der Vollstreckungsschuldner die Sicherungsvollstreckung durch Sicherheitsleistung abwenden kann. Dabei kann der Schuldner durchaus ein schutzwürdiges Abwendungsbedürfnis haben, weil ihn schon die Sicherungsvollstreckung empfindlich beeinträchtigen kann (so etwa bei der Pfändung von Bankkonten oder von Handelsgut). Durch Art. 44 kann zugunsten des Schuldners keine Abhilfe geschaffen werden, da nach dieser Norm die Zwangsvollstreckung lediglich (ggf. teilweise) ausgesetzt oder von der Leistung einer Gläubigersicherheit abhängig gemacht werden kann. Auch § 20 AVAG hilft nicht, weil das AVAG insgesamt nicht auf die von der EuGVVO n.F. erfassten Entscheidungen anwendbar ist.[24] 23

Abwendungsbefugnisse des Vollstreckungsschuldners richten sich daher **nach dem nationalen Vollstreckungsrecht** des Zweitstaates. Die EuGVVO schließt ergänzende nationale Regelungen zur Abwendungsbefugnis nicht aus.[25] 24

Im deutschen Recht ist dem Vollstreckungsschuldner **entsprechend § 720a Abs. 3 ZPO** gestattet, durch Leistung einer ausreichenden Sicherheit die Sicherungsvollstreckung aus Geldleistungstiteln abzuwenden. Der zweite Teil von § 720a Abs. 3 ZPO ist aber nicht anwendbar, d.h. der Gläubiger kann nicht seinerseits durch Sicherheitsleistung die Sicherungsvollstreckung erzwingen. Bei einer Vorpfändung in Forderungen wird der Schuldner schon durch die Fristenregelung von **§ 845 Abs. 2 ZPO** ausreichend geschützt. 25

Bei Maßnahmen zur Sicherungsvollstreckung aus Nichtgeldleistungstiteln kann entsprechend **§ 939 ZPO** nach den dort geregelten einschränkenden Vorgaben eine Abwendungsbefugnis angeordnet werden. 26

Im Übrigen ist es auch möglich, nach Maßgabe von §§ 707 und 719 ZPO nachträglich durch ein deutsches Gericht eine Abwendungsbefugnis für Deutschland anzuordnen. Denn diese Regelungen sind bei der Vollstreckung einer ausländischen Entscheidung in Deutschland anwendbar.[26] 27

IV. Aussetzung der Sicherungsvollstreckung

Wurde gegen die Entscheidung, zu deren Vollstreckungsabsicherung Sicherungsmaßnahmen gem. Art. 40 erlassen worden sind, ein Antrag auf Versagung 28

---

[24] Vgl. § 1 AVAG und BT-Drucks. 18/823, S. 24.
[25] Zum alten Recht MünchKomm/*Gottwald*, ZPO, 4. Aufl. 2013, Art. 47 EuGVVO a.F. Rn. 13.
[26] vgl. die Kommentierung bei Art. 39 Rn. 52 f.

der Vollstreckung gem. 46 gestellt, kann das mit dem Versagungsantrag befasste Gericht gem. Art. 44 Abs. 1 lit. c die Sicherungsmaßnahmen aufheben. Allerdings sollte das Gericht von dieser Möglichkeit nur höchst eingeschränkt Gebrauch machen. Denn gem. Art. 44 Abs. 1 lit. a ist vorrangig die Beschränkung auf Sicherungsmaßnahmen vorgesehen.[27]

Artikel 41 [Recht des ersuchten Mitgliedstaats]

(1) [1]Vorbehaltlich der Bestimmungen dieses Abschnitts gilt für das Verfahren zur Vollstreckung der in einem anderen Mitgliedstaat ergangenen Entscheidungen das Recht des ersuchten Mitgliedstaats. [2]Eine in einem Mitgliedstaat ergangene Entscheidung, die im ersuchten Mitgliedstaat vollstreckbar ist, wird dort unter den gleichen Bedingungen vollstreckt wie eine im ersuchten Mitgliedstaat ergangene Entscheidung.

(2) Ungeachtet des Absatzes 1 gelten die im Recht des ersuchten Mitgliedstaats für die Verweigerung oder Aussetzung der Vollstreckung vorgesehenen Gründe, soweit sie nicht mit den in Artikel 45 aufgeführten Gründen unvereinbar sind.

(3) [1]Von der Partei, die die Vollstreckung einer in einem anderen Mitgliedstaat ergangenen Entscheidung beantragt, kann nicht verlangt werden, dass sie im ersuchten Mitgliedstaat über eine Postanschrift verfügt. [2]Es kann von ihr auch nicht verlangt werden, dass sie im ersuchten Mitgliedstaat über einen bevollmächtigten Vertreter verfügt, es sei denn, ein solcher Vertreter ist ungeachtet der Staatsangehörigkeit oder des Wohnsitzes der Parteien vorgeschrieben.

EuGH-Entscheidungen: EuGH, 2.7.1985 – Rs. 148/84, *Deutsche Genossenschaftsbank* ./. *Brasserie du Pecheur*, Slg. 1985, 1981 (ECLI:EU:C:1985:280)

EuGH, 4.7.1985 – *AS-Autoteile Service GmbH* ./. *Malhé*, Rs. 220/85, Slg. 1985, 2267 (ECLI:EU:C:1985:302)

EuGH, 3.10.1985 – Rs. 119/84, *P. Capelloni und F. Aquilini* ./. *J.C.J. Pelkmans*, Slg. 1985, 3147 (ECLI:EU:C:1985:388)

EuGH, 4.2.1988 – Rs. 145/86, *Hoffmann* ./. *Krieg*, Slg. 1988, 645 (ECLI:EU:C:1988:61)

EuGH, 13.10.2011 – Rs. C-139/10, *Prism Investments* ./. *van der Meer*, ECLI:EU:C:2011:653

EuGH, 19.12.2012 – Rs. C-325/11, *Alder u.a.* ./. *Orłowska u.a.*, ECLI:EU:C:2012:824

Schrifttum: *Haubold, Jens,* Europäische Titelfreizügigkeit und Einwände des Schuldners in der Zwangsvollstreckung, in: Ars Aequi et Boni in Mundo, Festschrift für Rolf A. Schütze zum 80. Geburtstag, 2014, Geimer, Reinhold; Kaissis, Athanassios; Thümmel, Roderich C. (Hrsg.), S. 163; *Nelle, Andreas,* Anspruch, Titel und Vollstreckung im interna-

---

[27] Vgl. hierzu ausführlich die Kommentierung bei Art. 44.

tionalen Rechtsverkehr, 2000; *Wolber, Johannes*, Schuldnerschutz im Europäischen Zwangsvollstreckungsrecht, 2015.

Übersicht

	Rn.
I. Überblick	1
II. Geltung der lex fori executionis (Abs. 1 Satz 1)	5
III. Diskriminierungsverbot (Abs. 1 Satz 2)	9
IV. Vollstreckungsaussetzung und -beschränkung nach zweitstaatlichem Recht (Abs. 2)	11
1. Aufhebung des Titels im Ursprungsland bzw. Entfall der Vollstreckbarkeit im Ursprungsland	14
2. Anfechtung der Entscheidung im Ursprungsland	18
3. Erfüllungseinwand durch Einzahlungs- oder Überweisungsnachweis	21
4. Andere materiell-rechtliche Einwendungen (Vollstreckungsgegenklage)	22
5. Einwendungen gegen die Art und Weise der Zwangsvollstreckung	28
V. Vertretungsanforderungen im Zweitland (Abs. 3)	30

I. Überblick

Art. 41 ist im Rahmen der EuGVVO-Revision 2012 mit Blick auf den Wegfall des Exequaturverfahrens neu eingeführt worden. Die Vorschrift regelt einige Grundsätze für die Vollstreckung ausländischer Entscheidungen im Zweitstaat:

Abs. 1 Satz 1 stellt klar, dass die Vollstreckung im Zweitland grundsätzlich – soweit die EuGVVO keine vorrangigen Regelungen enthält – nach dem örtlichen Vollstreckungsrecht erfolgt. **Abs. 1 Satz 2** enthält ein vollstreckungsrechtliches Diskriminierungsverbot, wonach ausländische Entscheidungen unter den gleichen Bedingungen zu vollstrecken sind, wie inländische Entscheidungen.

Abs. 2 erklärt die im zweitstaatlichen Recht vorgesehenen Gründe für eine Aussetzung oder Verweigerung der Vollstreckung im Grundsatz auch bei der Vollstreckung ausländischer Entscheidungen für anwendbar. Solche Gründe entfalten lediglich insoweit keine Geltung, wie sie mit den in Art. 45 abschließend geregelten Versagungsgründen unvereinbar wären.

Abs. 3 regelt die Frage, wie der Vollstreckungsgläubiger im Vollstreckungsland vertreten sein muss, damit er die Vollstreckung betreiben kann, und greift insoweit teilweise in das zweitstaatliche Vollstreckungsrecht ein.

II. Geltung der *lex fori executionis* (Abs. 1 Satz 1)

Abs. 1 Satz 1 regelt nun ausdrücklich, dass die Vollstreckung im Zweitland nach den **Vorschriften des örtlichen Vollstreckungsrechts** durchzuführen ist. Dies war in der EuGVVO a.F. noch nicht festgeschrieben, galt aber nach ständiger Rechtsprechung des EuGH auch hier schon.[1] Der ersuchte Mitgliedstaat muss also in den Bahnen seines eigenen Vollstreckungsrechts den unionsrechtlichen Anspruch des Titelgläubigers auf Vollstreckung umsetzen.[2] Dass die Vollstreckungsstellen des ersuchten Mitgliedstaates nur nach ihrem eigenen Vollstreckungsrecht verfahren können, ist an sich selbstverständlich, da die Regelungen auf die lokalen Strukturen zugeschnitten sind. Hinsichtlich der instrumentellen Seite der Vollstreckung („Wie") wird der Titel demnach einem Inlandstitel **gleichgestellt**.[3] Die Maßgeblichkeit der *lex fori executionis* bedeutet unter anderem, dass das Recht des Vollstreckungsstaates vorgibt, ob etwa zur Durchsetzung einer angeordneten Handlung oder Unterlassung unmittelbarer Zwang, Beugemaßnahmen oder eine Ersatzvornahme möglich ist. Nach diesem Recht ist auch über die Frage zu entscheiden, ob der Gläubiger zwischen verschiedenen Vollstreckungsarten wählen kann, oder ob die „Auswahl" insoweit dem Gericht obliegt.[4]

6 Nach Abs. 1 Satz 1 gilt das Vollstreckungsrecht des ersuchten Staates aber nur, soweit die Verordnung nichts anderes vorsieht. Bei einer Vollstreckung in Deutschland gilt demnach etwa das Klauselerfordernis aus § 750 ZPO nicht (vgl. auch § 1112 ZPO). Das Vollstreckungsorgan hat vorab allerdings zu prüfen, ob der ausländische Titel in den Anwendungsbereich der Verordnung fällt und ob alle in Art. 42 Abs. 1 bzw. 2 genannten Unterlagen für die Zwangsvollstreckung vorgelegt worden sind.[5]

7 Aus der Herrschaft des zweitstaatlichen Vollstreckungsrechts folgt, dass der Schuldner im Zweitstaat die im dortigen Recht vorgesehenen **Rechtsbehelfe zur Beanstandung der Art und Weise der Vollstreckung** erheben kann.[6] In Deutschland kann demnach etwa die Erinnerung (§ 766 ZPO) eingelegt werden, um Fehler bei Vollstreckungsmaßnahmen geltend zu machen. Die internationale Zuständigkeit für solche Rechtsbehelfe im Vollstreckungsstaat ergibt sich aus Art. 24 Nr. 5.

8 Bei der Anwendung des Vollstreckungsrechts des Zweitstaates können sich wegen der EU-ausländischen Herkunft des Titels praktische Schwierigkeiten stellen. So passen etwa die Zuständigkeitsregelungen für die Vollstreckung eines auf Vornahme einer Handlung, Duldung oder Unterlassung gerichteten ausländischen Titels (§ 887 Abs. 1, § 888 Abs. 1, § 890 Abs. 1 ZPO) nicht, weil es im Inland kein „Prozessgericht" gibt. In solchen Fällen ist die analoge Anwendung von § 1117 Abs. 1 i.V.m. § 1086 Abs. 1 ZPO geboten.[7]

---

[1] Vgl. zum EuGVÜ: EuGH, 2.7.1985 – Rs. 148/84, *Deutsche Genossenschaftsbank ./. Brasserie du Pecheur*, Slg. 1985, 1981 (ECLI:EU:C:1985:280), Rn. 18; EuGH, 3.10.1985 – Rs. 119/84, *P. Capelloni und F. Aquilini ./. J.C.J. Pelkmans*, Slg. 1985, 3147 (ECLI:EU:C:1985:388), Rn. 16 zu Art. 39 EuGVÜ und EuGH, 4.2.1988 – Rs. 145/86, *Hoffmann ./. Krieg*, Slg. 1988, 645 (ECLI:EU:C:1988:61) Rn. 27. Ebenso zur EuGVVO a.F.: EuGH, 13.10.2011 – Rs. C-139/10, *Prism Investments ./. van der Meer*, ECLI:EU:C:2011:653, Rn. 40.
[2] *Geimer*, in: FS Schütze, 2014, S. 109 (110 f.).
[3] Zöller/*Geimer*, ZPO, 31. Aufl. 2016, Art. 41 EuGVVO Rn. 9 f.
[4] Zöller/*Geimer*, ZPO, 31. Aufl. 2016, Art. 41 EuGVVO Rn. 12.
[5] *Geimer*, in: FS Schütze, 2014, S. 109 (113).
[6] Zöller/*Geimer*, ZPO, 31. Aufl. 2016, Art. 41 EuGVVO Rn. 16; *Haubold*, in: FS Schütze, 2014, S. 163 (165).
[7] Zöller/*Geimer*, ZPO, 31. Aufl. 2016, Art. 41 EuGVVO Rn. 15.

III. Diskriminierungsverbot (Abs. 1 Satz 2)

Abs. 1 Satz 2 verbietet es den Vollstreckungsorganen im Rahmen der Vollstreckung in- und ausländische Titel unterschiedlich zu behandeln. Das bedeutet, dass bei der Vollstreckung EU-ausländischer Entscheidungen nicht weniger Zwang eingesetzt werden darf, als bei einer zwangsweisen Durchsetzung inländischer Titel.[8]

Abs. 1 Satz 2 schließt allerdings die – wohl nur theoretische – Möglichkeit nicht aus, dass bei der Vollstreckung ausländischer Entscheidungen mehr bzw. intensiverer Zwang angewandt wird, als bei inländischen Entscheidungen.[9] Denn die Vorschrift soll lediglich eine Diskriminierung zulasten auswärtiger Titel verhindern, nicht jedoch deren Besserstellung gegenüber Inlandstiteln.

IV. Vollstreckungsaussetzung und -beschränkung nach zweitstaatlichem Recht (Abs. 2)

Gem. Abs. 2 sind die im Recht des Vollstreckungslandes vorgesehenen Gründe für eine „Verweigerung" oder „Aussetzung" der Vollstreckung bei der Durchsetzung EU-ausländischer Titel anwendbar, soweit sie nicht mit den in Art. 45 aufgeführten Gründen unvereinbar sind. Nach dieser Regelung soll der Schuldner grundsätzlich auf alle im Zweitstaat vorgesehenen Rechtsbehelfe, mit denen er sich – aus welchem Grund auch immer – gegen die Vollstreckung zur Wehr setzen kann, zugreifen können. Zweitstaatliche Rechtsbehelfe sind nur insoweit versperrt, wie sie an Sachverhaltskonstellationen anknüpfen, die von einem in der Verordnung enthaltenen Anerkennungsversagungsgrund erfasst sind.[10]

Abs. 2 schließt es demnach aus, dass über das zweitstaatliche Recht weitere (versteckte) Anerkennungsversagungsgründe eingeführt werden und dadurch das Prinzip der gemeinschaftsweiten Titelfreizügigkeit eingeschränkt wird. Dies kommt in der deutschen Fassung der Verordnung auch dadurch zum Ausdruck, dass Abs. 2 eine „Verweigerung" oder „Aussetzung" regelt, während Anerkennungsversagungsgründe nur zur „Versagung" der Anerkennung berechtigen (vgl. Art. 45). Es werden also alle im Zweitrecht vorgesehenen Aussetzungs- und Beschränkungsgründe in Bezug genommen, die das Prinzip der automatischen gemeinschaftsweiten Titelgeltung nicht in Frage stellen.

Im Einzelnen sind folgende Gründe für eine Vollstreckungsaussetzung oder -beschränkung im Zweitland denkbar:

1. Aufhebung des Titels im Ursprungsland bzw. Entfall der Vollstreckbarkeit im Ursprungsland

Abs. 2 lässt Regeln des Zweitstaates zu, die eine Aussetzung der Vollstreckung deshalb gestatten, weil im Ursprungsland der Titel bzw. dessen Vollstreckbarkeit **entfallen** ist.

---

[8] Zöller/Geimer, ZPO, 31. Aufl. 2016, Art. 41 EuGVVO Rn. 10.
[9] Zöller/Geimer, ZPO, 31. Aufl. 2016, Art. 41 EuGVVO Rn. 10.
[10] Haubold, in: FS Schütze, 2014, S. 163 (166).

15 Die Beachtlichkeit eines derartigen Einwandes gegen die Vollstreckung im Zweitland wird bereits durch Art. 39 bestätigt, wonach die gemeinschaftsweite Vollstreckbarkeit nur gilt, wenn die Entscheidung im Ursprungsland vollstreckbar ist. Wie der Vollstreckungsschuldner den Vollstreckungsstellen des Zweitstaates den Entfall der Vollstreckbarkeit im Ursprungsland zur Kenntnis bringen soll, regelt die Verordnung allerdings nicht.[11] Dieser Fall ist insbesondere nicht von Art. 44 Abs. 2 erfasst. Denn diese Vorschrift gestattet eine Aussetzung der Vollstreckung nur im Falle einer **Aussetzung der Vollstreckbarkeit im Ursprungsland.**

16 Demnach sind einzelrechtliche Einwendungen gegen die Vollstreckung wegen Entfalls des Titel oder dessen Vollstreckbarkeit im Ursprungsland gem. Art. 41 Abs. 2 anwendbar. In Deutschland gilt insoweit die in § 1116 ZPO geregelte Aussetzungsmöglichkeit.

17 Wird hingegen die Vollstreckbarkeit im Ursprungsland **lediglich beschränkt** (etwa auf Sicherungsmaßnahmen bei einem lediglich vorläufig vollstreckbaren Titel), berechtigt dies nicht zu einer Aussetzung oder Beschränkung im Zweitland. Denn nach der Systematik der EuGVVO richtet sich die Reichweite er Vollstreckungsbefugnisse vor Rechtskrafteintritt allein nach dem Recht des Vollstreckungslandes.[12]

2. Anfechtung der Entscheidung im Ursprungsland

18 Nach den zweitstaatlichen Vorschriften kann die Vollstreckung gem. Abs. 2 auch aus dem Grunde ausgesetzt oder beschränkt werden, dass die Entscheidung im Ursprungsland angefochten worden ist. Dies ist durch Art. 44 Abs. 2 nicht ausgeschlossen, weil diese Regelung nur den Fall einer Aussetzung der Vollstreckung im Ursprungsland erfasst, nicht jedoch die Konstellation, dass im Ursprungsland der Titel lediglich angefochten worden ist.

19 Bei einer Vollstreckung in Deutschland ist es demnach den inländischen Gerichten gem. **§§ 719, 707 ZPO** möglich, die Vollstreckung im Inland auszusetzen oder zu beschränken. Dies würde nicht im Widerspruch zu Art. 45 stehen, weil das Prinzip der gemeinschaftsweiten Vollstreckbarkeit als solches nicht tangiert würde. Damit allerdings kein Widerspruch zu Art. 40 entsteht, muss dem Gläubiger stets eine Sicherungsvollstreckung möglich sein, solange der Titel im Ursprungsland noch vollsteckbar ist. Solange dies der Fall ist, darf ein deutsches Gericht demnach nicht nach §§ 719, 707 ZPO die Sicherungsvollstreckung aussetzen.

20 Allgemein sollten die deutschen Gerichte **nur mit Vorsicht** die in §§ 719, 707 ZPO vorgesehenen Anordnungen treffen. Um die Rechte des Vollstreckungsgläubigers nicht unzulässig zu beschränken, muss man sich im Vollstreckungsland insbesondere vergewissern, dass der Rechtsbehelf im Ursprungsland

---

[11] Demgegenüber sieht etwa Art. 6 Abs. 2 EuVTVO eine sog. Negativ-Bestätigung für den Europäischen Vollstreckungstitel vor.
[12] Vgl. die Kommentierung von Art. 39 Rn. 47.

nicht in missbräuchlicher Art und Weise und zur Erlangung eines ungerechtfertigten Vollstreckungsaufschubs eingelegt worden ist.

3. Erfüllungseinwand durch Einzahlungs- oder Überweisungsnachweis

Einen Erfüllungseinwand des Schuldners können die Vollstreckungsstellen im Zweitland nach ihrem nationalen Recht berücksichtigen und deshalb die Vollstreckung aussetzen. Dies ist gem. Art. 41 Abs. 2 zulässig, weil durch den Erfüllungseinwand das Prinzip der unmittelbaren gemeinschaftsweiten Vollstreckbarkeit nicht tangiert wird. Demnach ist § 775 **Nr. 5 ZPO** bei der Vollstreckung einer EU-ausländischen Entscheidung in Deutschland anwendbar. 21

4. Andere materiell-rechtliche Einwendungen (Vollstreckungsgegenklage)

Neben dem in § 775 Nr. 5 ZPO geregelten Fall der leicht nachweisbaren Erfüllung stellt sich die Frage, ob auch andere materiell-rechtliche Einwendungen im Zweitland nach Art. 41 Abs. 2 beachtlich sind. Insoweit ist insbesondere an die Einwendungen zu denken, die in Deutschland im Wege der Vollstreckungsabwehrklage gem. § 767 ZPO geltend gemacht werden können (etwa die nicht durch Urkunde nachweisbare Erfüllung, Erfüllungssurrogate, Vergleich, Erlass und Stundung). 22

Nach **§ 1117 Abs. 1 ZPO** ist die Vollstreckungsabwehrklage gegen einen EU-ausländischen Titel ausdrücklich gestattet. Dies ist mit den Regelungen der EuGVVO, insbesondere Art. 41 Abs. 2 vereinbar.[13] Denn durch die Vollstreckungsabwehrklage werden der abschließende Katalog von Anerkennungsversagungsgründen in Art. 45 bzw. das Prinzip der gemeinschaftsweiten Vollstreckbarkeit nicht umgangen. Ferner lässt sich Erwgr. 30 Satz 1 entnehmen, dass grundsätzlich alle im zweistaatlichen Vollstreckungsrecht vorgesehenen Einwendungen zulässig bleiben. 23

Auch ist es zum **Schutz des Schuldners** unverzichtbar, dass dieser im Vollstreckungsland geltend machen kann, dass die Entscheidung mit dem materiellen Recht nicht (mehr) in Einklang steht. Zwar ist es dem Vollstreckungsschuldner auch möglich, die materiell-rechtlichen Einwendungen im Ursprungsland zu erheben, hier eine Aufhebung des Titels zu erreichen und diese ins Vollstreckungsland zu transportieren. Aber ob und inwieweit im Ursprungsland ein solcher Rechtsbehelf statthaft ist, ist keineswegs sicher. Der Zweitstaat kann sich daher nicht auf die Rechtsschutzmöglichkeiten des Ursprungslandes verlassen. Es muss folglich möglich sein, auch im Vollstreckungsland selbst die Vollstreckbarkeit des Titels aufzuheben. Dem steht auch die internationale Zuständigkeitsordnung nicht entgegen. Denn soweit der Vollstreckungsschuldner im Vollstreckungsstaat die Vollstreckungsgegenklage (bzw. vergleichbare Rechtsbehelfe anderer Rechtsordnungen) erhebt, ist diese nur auf Beseitigung der Vollstreck- 24

---

[13] *Hau*, MDR 2014, S. 1417 (1419). A. A. *Domej*, RabelsZ 78 (2014), S. 508 (516). Kritisch außerdem Schlosser/*Hess*, EuZPR, 4. Aufl. 2015, Art. 41 EuGVVO Rn. 8.

barkeit des Titels im Zweitland gerichtet. Nicht jedoch kann die Entscheidung zu einer allgemein Aberkennung der Forderung in allen Ländern führen.

25 Im alten Recht war die Frage umstritten, wobei die h.M. die Vollstreckungsgegenklage gegen ausländische Titel für zulässig hielt.[14] Nach a. A. soll sie mit der EuGVVO a.F. unvereinbar gewesen sein.[15] Der EuGH hatte im Rahmen eines *obiter dictum* erklärt, dass er die Vollstreckungsgegenklage im Zweitland für gemeinschaftsrechtskonform hält.[16]

26 Bei einer Vollstreckungsgegenklage gegen eine ausländische Entscheidung kann allerdings die Anwendung der **Präklusionsvorschrift des § 767 Abs. 2 ZPO** besondere Schwierigkeit bereiten. Da sie Ausdruck der Präklusionswirkung (als Teil der Rechtskraftbindung) der Ausgangsentscheidung ist, kann § 767 Abs. 2 ZPO nicht ohne weiteres auf die ausländische Entscheidung angewendet werden. Vielmehr muss unter Geltung der Wirkungserstreckungslehre nach dem Prozessrecht des Ursprungsstaates beurteilt werden, welche Einwendungen präkludiert sind und welche nicht. Nur soweit hiernach Einwendungen nicht ausgeschlossen sind, sind sie auch im Zweitland beachtlich.[17] Insbesondere ist sicherzustellen, dass der Vollstreckungsschuldner die Vollstreckungsgegenklage im Zweitland nicht dazu missbraucht, die Vollstreckung nachhaltig zu erschweren. Dies ist nur durch eine strenge Handhabung der Präklusionsregelungen möglich.

27 Die **internationale Zuständigkeit** für die Vollstreckungsgegenklage ergibt sich aus **Art. 24 Nr. 5**.[18] Die örtliche Zuständigkeit richtet sich in Deutschland nach §§ 1117, 1086 ZPO und läuft damit parallel zu der örtlichen Zuständigkeit für eine Anerkennungs- bzw. Vollstreckungsversagungsklage gem. Art. 45 ff. (vgl. § 1115 ZPO). Hat die Vollstreckungsgegenklage im Zweitland **Erfolg**, führt dies zu einer Aufhebung der Vollstreckbarkeit nur für das Gebiet im Zweitland.[19]

5. Einwendungen gegen die Art und Weise der Zwangsvollstreckung

28 Art. 41 Abs. 2 eröffnet dem Schuldner, dem Gläubiger sowie betroffenen Dritten die Möglichkeit, die im zweitstaatlichen Recht vorgesehenen Rechtsbe-

---

[14] *Münzberg*, in: FS Geimer, 2002, S. 745 (754 f.); *Wagner*, IPRax 2005, S. 401 (406); *Wagner*, IPRax 2002, S. 75 (83); Rauscher-EuZPR/EuIPR Bd. I/*Mankowski*, 2011, Art. 22 EuGVVO a.F. Rn. 55; MünchKomm/*Gottwald*, 3. Aufl. 2008, Art. 43 EuGVVO a.F. Rn. 7; *Gottwald*, FamRZ 2002, S. 1422 (1423); *Schlosser*, EuZPR, 3. Aufl. 2009, Art. 43 EuGVVO a.F. Rn. 14; Stein/Jonas/*Oberhammer*, ZPO, 22. Aufl. 2011, Art. 43 EuGVVO a.F. Rn. 15 ff.; *Bittmann*, Klauselerteilungsverfahren, 2008, S. 199; ebenso OLG Hamburg, 6.2.1998 – 12 U 16/96, RIW 1998, S. 889; ebenso OLG Koblenz, 5.4.2004 – 11 UF 43/04, IPRspr 2004, Nr. 171, Rn. 12 u. OLG Oldenburg, 29.3.2006 – 9 W 6/06, NJW-RR 2007, S. 418 (419).

[15] *Bach*, EuZW 2011, S. 871; *Hub*, NJW 2001, S. 3145 (3147); *Geimer*, IPRax 2003, S. 337 (339); *Halfmeier*, IPRax 2007, S. 381 (385 f.); *Leutner*, Vollstreckbare Urkunde, 1997, S. 246. *Nelle*, Anspruch, Titel und Vollstreckung, 2000, S. 366–392 will die Vollstreckungsgegenklage nur dann zulassen, wenn in Deutschland ein allgemeiner Gerichtsstand gegeben ist (S. 391).

[16] EuGH, 13.10.2011 – Rs. C-139/10, *Prism Investments* ./. *van der Meer*, ECLI:EU:C:2011:653, Rn. 40. Demgegenüber war es nicht möglich, im Rechtsbehelf gegen die Vollstreckbarerklärung i.S.v. Art. 45 EuGVVO a.F. materiell-rechtliche Einwendungen gegen den Titel vorzubringen.

[17] Vgl. auch *Hess*, in: FS Gottwald, 2014, S. 273 (279 f.).

[18] EuGH, 4.7.1985 – *AS-Autoteile Service GmbH* ./. *Malhé*, Rs. 220/85, Slg. 1985, 2267 (ECLI:EU:C:1985:302), Rn. 12.

[19] A. A. *Haubold*, in: FS Schütze, 2014, S. 163 (179), wonach die Vollstreckbarkeit gemeinschaftsweit aberkannt werden sollte.

helfe zur Rüge von Verfahrensfehlern innerhalb der Zwangsvollstreckung zu erheben. Demnach kann etwa der Schuldner auch bei der Vollstreckung eines EU-ausländischen Titels **in Deutschland die Erinnerung i.S.v. § 766 ZPO** einlegen und geltend machen, dass die inländischen Vollstreckungsstellen gegen deutsches Vollstreckungsrecht verstoßen haben.

Die Zulässigkeit dieser Rechtsbehelfe im Zweitland folgt auch aus der Herrschaft des zweitstaatlichen Vollstreckungsrechts (Art. 41 Abs. 1 Satz 1). Da die Vollstreckung als solche nach dem örtlichen Recht erfolgt, ist es nur konsequent, wenn auch vor Ort nach den örtlichen Verfahrensarten dessen Anwendung überprüft werden kann. Die internationale Zuständigkeit für Rechtsbehelfe zur Geltendmachung von Verfahrensfehlern innerhalb der Zwangsvollstreckung ergibt sich aus **Art. 24 Nr. 5**. Der Gerichtsstand ist ab Beginn bzw. Beantragung von Vollstreckungsmaßnahmen eröffnet. 29

V. Vertretungsanforderungen im Zweitland (Abs. 3)

Gem. Abs. 3 Satz 1 kann vom Vollstreckungsgläubiger nicht verlangt werden, dass er **im Vollstreckungsland eine Zustellanschrift ("Wahldomizil")** begründet. Ein solches Erfordernis war nach der Vorgängerregelung in Art. 40 Abs. 2 Satz 1 EuGVVO a.F. noch zulässig. Bei einer Vollstreckung in Deutschland hat Art. 41 Abs. 3 Satz 1 allerdings keine Relevanz, da das deutsche Recht ein Wahldomizil ohnehin nicht kennt, sondern in § 184 ZPO für Parteien mit Auslandsbezug nur die Möglichkeit eines inländischen Zustellungsbevollmächtigten vorsieht. 30

Nach wie vor kann der Vollstreckungsstaat gem. Art. 41 Abs. 3 Satz 2 vom Vollstreckungsgläubiger verlangen, dass dieser vor Ort einen **bevollmächtigten Vollstreckungsvertreter** benennt. Dies allerdings nur, soweit dies dem Vollstreckungsgläubiger nicht wegen seiner ausländischen Staatsangehörigkeit oder seines Wohnsitzes im Ausland abverlangt wird. Demnach ist in Deutschland § 184 ZPO, wonach die Benennung eines inländischen Zustellungsbevollmächtigten angeordnet werden kann, mit Art. 41 Abs. 3 Satz 2 unvereinbar, weil diese Norm allein aufgrund des ausländischen Wohnsitzes der Partei einen Vollstreckungsvertreter verlangt.[20] 31

Mit Art. 41 Abs. 3 Satz 2 sind allerdings **Vertretungsanforderungen des nationalen** Rechts vereinbar, soweit sie **allgemein für jedermann** und nicht wegen einer Auslandsberührung des Betroffenen gelten. Demnach wäre es etwa zulässig, wenn das Recht des Vollstreckungslandes einen allgemeinen Anwaltszwang vorsieht mit der Konsequenz, dass sich der Vollstreckungsgläubiger im Vollstreckungsverfahren durch einen im Inland zugelassenen Rechtsanwalt vertreten lassen müsste. 32

---

[20] Thomas/Putzo/*Hüßtege*, ZPO, 36. Aufl. 2015, Art. 41 EuGVVO Rn. 4. So auch zu einer vergleichbaren Vorschrift des polnischen Zivilverfahrensgesetzbuches EuGH, 19.12.2012 – Rs. C-325/11, *Alder u.a. ./. Orłowska u.a.*, ECLI:EU:C:2012:824.

Artikel 42 [Vorlegung der Entscheidung und der Bescheinigung]

(1) Soll in einem Mitgliedstaat eine in einem anderen Mitgliedstaat ergangene Entscheidung vollstreckt werden, hat der Antragsteller der zuständigen Vollstreckungsbehörde Folgendes vorzulegen:
a) eine Ausfertigung der Entscheidung, die die für ihre Beweiskraft erforderlichen Voraussetzungen erfüllt, und
b) die nach Artikel 53 ausgestellte Bescheinigung, mit der bestätigt wird, dass die Entscheidung vollstreckbar ist, und die einen Auszug aus der Entscheidung sowie gegebenenfalls relevante Angaben zu den erstattungsfähigen Kosten des Verfahrens und der Berechnung der Zinsen enthält.

(2) Soll in einem Mitgliedstaat eine in einem anderen Mitgliedstaat ergangene Entscheidung vollstreckt werden, mit der eine einstweilige Maßnahme einschließlich einer Sicherungsmaßnahme angeordnet wird, hat der Antragsteller der zuständigen Vollstreckungsbehörde Folgendes vorzulegen:
a) eine Ausfertigung der Entscheidung, die die für ihre Beweiskraft erforderlichen Voraussetzungen erfüllt,
b) die nach Artikel 53 ausgestellte Bescheinigung, die eine Beschreibung der Maßnahme enthält und mit der bestätigt wird, dass
   i) das Gericht in der Hauptsache zuständig ist,
   ii) die Entscheidung im Ursprungsmitgliedstaat vollstreckbar ist, und
c) wenn die Maßnahme ohne Vorladung des Beklagten angeordnet wurde, den Nachweis der Zustellung der Entscheidung.

(3) Die zuständige Vollstreckungsbehörde kann gegebenenfalls vom Antragsteller gemäß Artikel 57 eine Übersetzung oder Transliteration des Inhalts der Bescheinigung verlangen.

(4) Die zuständige Vollstreckungsbehörde darf vom Antragsteller eine Übersetzung der Entscheidung nur verlangen, wenn sie das Verfahren ohne eine solche Übersetzung nicht fortsetzen kann.

Schrifttum: *Kramer, Xandra E.*, Cross-Border Enforcement and the Brussels I-bis Regulation: Towards a new balance between mutual trust and national control over fundamental rights, NILR 2013, S. 343; *Schramm, Dorothee*, Enforcement and the abolition of exequatur under the 2012 Brussels I Regulation, YPIL 15 (2013, 2014), S. 143; *Wilke, Felix M.*, Urteilsvervollständigung nach dem AVAG n.F. für die Geltendmachung im Ausland, IPRax 2016, S. 41.

Übersicht

	Rn.
I. Normzweck; Entstehungsgeschichte; Systematik	1
II. Vorlagepflichten für Hauptsachenentscheidungen (Abs. 1)	7
1. Die Ausfertigung der anzuerkennenden Entscheidung (Abs. 1 lit. a)	8
2. Die Bescheinigung nach Art. 53 (Abs. 1 lit. b)	11
III. Vorlagepflichten für einstweilige Rechtsschutzentscheidungen (Abs. 2)	15
IV. Ggf. Erfordernis der Übersetzung und Transliteration der Bescheinigung (Abs. 3)	17
V. Ausnahmsweise Erfordernis der Übersetzung der Entscheidung (Abs. 4)	19

I. Normzweck; Entstehungsgeschichte; Systematik

Art. 42 ist im Rahmen der EuGVVO-Revision 2012 neu eingeführt worden **1** und regelt, welche **Unterlagen der Gläubiger dem Vollstreckungsorgan** im Zweitland vorlegen muss, wenn er eine Entscheidung aus dem EU-Ausland vollstrecken will.

Abs. 1 betrifft alle Entscheidungen mit Ausnahme solcher, die im einstweili- **2** gen Rechtsschutz ergangen sind und die in Abs. 2 eine Sonderregelung erhalten haben. Nach Abs. 1 muss der Gläubiger eine Ausfertigung der Entscheidung und die Bescheinigung i.S.v. Art. 53 i.V.m. Anhang I vorlegen.

Für die Vollstreckung von **vorläufigen Rechtsschutzmaßnahmen** enthält **3** **Abs. 2** eine eigenständige Regelung der vorzulegenden Urkunden, die den für solche Maßnahmen geltenden Einschränkungen der EU-Titelfreizügigkeit gem. Art. 2 lit. a Abs. 2 Rechnung trägt: Nach Abs. 2 muss der Antragsteller eine Ausfertigung der Entscheidung und die Bescheinigung i.S.v. Art. 53 i.V.m. Anhang I vorlegen. Letztere muss allerdings – anders als bei Abs. 1 – auch Informationen über die Zuständigkeit des entscheidenden Gerichts in der Hauptsache sowie über die Zustellung des verfahrenseinleitenden Schriftstücks bzw. der Entscheidung an den Antragsgegner enthalten.

Abs. 3 ermöglicht es der Vollstreckungsbehörde, eine Übersetzung oder **4** Transliteration des Inhaltes der Entscheidung zu verlangen (Art. 57).

Abs. 4 erlaubt der Vollstreckungsbehörde ausnahmsweise, eine Übersetzung **5** der Entscheidung anzufordern, wenn die Zwangsvollstreckung andernfalls nicht fortgesetzt werden kann.

Art. 42 ist die **Parallelregelung zu Art. 37**, der die für die Anerkennung **6** einer EU-ausländischen Entscheidung die notwendigen Urkunden regelt. Während Art. 42 die Vorlagepflichten des Gläubigers gegenüber der zuständigen Vollstreckungsbehörde normiert, schreibt **Art. 43** die formellen Erfordernisse vor, die der Gläubiger gegenüber dem Schuldner vor Beginn der Vollstreckung erfüllen muss.

II. Vorlagepflichten für Hauptsachenentscheidungen (Abs. 1)

Will der Gläubiger einer mitgliedstaatlichen Entscheidung die Zwangsvolstre- **7** ckung im EU-Ausland betreiben, muss er der zuständigen Vollstreckungsbehörde im Zweitstaat gem. Abs. 1 grundsätzlich nur zweierlei vorlegen: Zum einen eine Ausfertigung der Entscheidung (Abs. 1 lit. a), zum anderen die nach Art. 53 i.V.m. Anhang I ausgestellte Bescheinigung, mit der die Vollstreckbarkeit der Entscheidung bestätigt wird (Abs. 1 lit. b).

1. Die Ausfertigung der anzuerkennenden Entscheidung (Abs. 1 lit. a)

Die Entscheidungsausfertigung muss „*die für ihre Beweiskraft erforderlichen* **8** *Voraussetzungen*" erfüllen. Dies verlangt eine Ausfertigung, die nach Überzeugung der Vollstreckungsstelle im Zweitstaat **auf die Echtheit der Ausfertigung schließen** lässt.[1] Unter welchen Voraussetzungen die Ausfertigung den Beweis ihrer Echtheit erbringt, richtet sich nach dem **Recht des Ausgangsstaates**.[2] Eine bloße Kopie oder einfache Abschrift der Entscheidung ist jedenfalls nicht ausreichend.[3] Bei Entscheidungen deutscher Gerichte ist demnach im Vollstreckungsland eine Ausfertigung nach **§ 317 Abs. 2–5 ZPO** vorzulegen. Demnach muss die Ausfertigung u.a. vom Urkundsbeamten der Geschäftsstelle unterschrieben und mit dem Gerichtssigel versehen sein, vgl. § 317 Abs. 4 ZPO.

9   Eine Begründung der ausländischen Entscheidung ist für Abs. 1 lit. a nicht erforderlich.[4] Sie kann jedoch die grenzüberschreitende Vollstreckung erleichtern. Vor diesem Hintergrund enthält die ZPO für Urteile, die ohne Begründung erlassen werden können, einen Begründungszwang, wenn bei Erlass zu erwarten steht, dass die Entscheidung im Ausland geltend gemacht werden soll (**§§ 313a Abs. 4 Alt. 2, 313b Abs. 3 ZPO**). Unklar ist im deutschen Recht allerdings, wie eine Entscheidung nachträglich vervollständigt werden kann, wenn sich erst nach deren Erlass das Bedürfnis einer Auslandsvollstreckung ergibt.[5]

10 Eine deutliche Erleichterung ergibt sich durch **Art. 61**, wonach Urkunden aus einem anderen Mitgliedstaat **ohne Legalisation oder ähnliche Förmlichkeit** auskommen. Vor einem deutschen Gericht bedeutet dies, dass die Beweisregelungen der **§§ 418 und 437 ZPO** für Entscheidungsausfertigungen anderer Mitgliedstaaten gelten. Demnach greift die Echtheitsvermutung von § 437 Abs. 1 ZPO, wenn der Vollstreckungswillige eine Ausfertigung vorlegt, die sich „*nach Form und Inhalt als von einer öffentlichen Behörde … errichtet darstellt*". Soweit ein derartiger äußerer Anschein der Echtheit vorliegt, braucht die die zuständige Vollstreckungsstelle in Deutschland somit nicht weiter zu prüfen, ob die formellen Ausfertigungsvorschriften des Urteilsstaates beachtet worden sind. Ein ausländisches Urteil dürfte den Anschein der Echtheit i.S.v. § 437 Abs. 1 ZPO etwa dann erwecken, wenn es mit dem Originalabdruck des Gerichtssiegels, einer Originalunterschrift und einer Amtsbezeichnung des Unterzeichnenden versehen ist.[6]

2. Die Bescheinigung nach Art. 53 (Abs. 1 lit. b)

11 Abs. 1 lit. b verlangt für Zwecke der Vollstreckung zusätzlich die Vorlage einer Bescheinigung nach Art. 53 i.V.m. Anhang I, die der Vollstreckungsbehörde **die**

---

[1] Rauscher/*Mankowski*, EuZPR, 4. Aufl. 2016, Art. 42 EuGVVO Rn. 9.
[2] Rauscher/ *Mankowski*, EuZPR, 4. Aufl. 2016, Art. 42 EuGVVO Rn. 10; Schlosser/*Hess*, EuZPR, 4. Aufl. 2015, Art. 42 EuGVVO Rn. 4; Zöller/*Geimer*, ZPO, 31. Aufl. 2016, Art. 42 EuGVVO Rn. 3.
[3] Rauscher/*Mankowski*, EuZPR, 4. Aufl. 2016, Art. 42 EuGVVO Rn. 10; Thomas/Putzo/*Hüßtege*, ZPO, 36. Aufl. 2015, Art. 42 EuGVVO Rn. 2; Zöller/*Geimer*, ZPO, 31. Aufl. 2016, Art. 42 EuGVVO Rn. 3.
[4] Schlosser/*Hess*, EuZPR, 4. Aufl. 2015, Art. 42 EuGVVO Rn. 3; Thomas/Putzo/*Hüßtege*, ZPO, 36. Aufl. 2015, Art. 42 EuGVVO Rn 3.
[5] Vgl. hierzu *Wilke*, IPRax 2016, S. 41.
[6] Kindl/Meller-Hannich/Wolf/*Mäsch*, Zwangsvollstreckung, 2. Aufl. 2013, Art. 53 EuGVVO a.F. Rn. 4.

für die Vollstreckung notwendigen Informationen übermittelt. Die Bescheinigung ist das zentrale Dokument für die unmittelbare grenzüberschreitende Vollstreckung. Sie übernimmt die Funktion einer Vollstreckungsklausel (vgl. in Deutschland § 1112 ZPO) und enthält daher nicht nur Informationen über das Urteil, sondern auch über den zu vollstreckenden Titelinhalt. Die Bescheinigung ist **im Original** vorzulegen.[7]

Im Gegensatz zur EuGVVO a.F, die zum Zwecke der Vollstreckbarerklärung ebenfalls eine Bescheinigung vorsah (Art. 54 EuGVVO a.F.), ist die Bescheinigung i.S.v. Art. 53 i.V.m. Anhang I deutlich informationsreicher. Dies hat seinen Grund darin, dass die Bescheinigung heute **unmittelbare Grundlage der Vollstreckung** im Zweitland ist. 12

Gem. Abs. 1 lit. b muss die Bescheinigung insbesondere die Vollstreckbarkeit der Entscheidung bestätigen (Nr. 4.4.). Des Weiteren muss die Bescheinigung einen „*Auszug aus der Entscheidung*" enthalten, d.h. den Entscheidungstenor (Nr. 4.6.1.2. ff.) und eine Kurzdarstellung des Streitgegenstands (Nr. 4.6.1.1. bzw. Nr. 4.6.3.1.) enthalten. Soweit wegen der Verfahrenskosten bzw. einer im Ursprungsstaat zugesprochenen Zinsforderung vollstreckt werden soll, hat die Bescheinigung die hierfür relevanten Angaben zu der Höhe der Kosten und der Zinsberechnung vorzuweisen (Nr. 4.7.3. ff. und Nr. 4.6.1.5. ff.). 13

Anders als bei Art. 37 ist die Vorlage der Bescheinigung im Zweitland **zwingend** erforderlich, da sie die Grundlage der Vollstreckung ist und insoweit der hohe Formalisierungsgrad der Zwangsvollstreckung gilt.[8] Der Nachweis der Vollstreckbarkeit kann daher durch sonstige Beweismittel nicht geführt werden.[9] 14

III. Vorlagepflichten für einstweilige Rechtsschutzentscheidungen (Abs. 2)

Soll eine Maßnahme des einstweiligen Rechtsschutzes im Zweitland vollstreckt werden, regelt Abs. 2 die gegenüber der Vollstreckungsstelle vorzulegenden Dokumente. Diese Unterlagen entsprechen im Grundsatz denen für die Vollstreckung von Hauptsachenentscheidungen in Abs. 1: Erforderlich sind eine **Ausfertigung der Entscheidung** sowie die nach **Art. 53 ausgestellte Bescheinigung**. 15

Die Bescheinigung muss jedoch mit Blick auf die einschränkenden Voraussetzungen für eine grenzüberschreitende Vollstreckung einstweiliger Maßnahmen in **Art. 2 lit. a Abs. 2** weitergehende Angaben enthalten. Sie soll zum einen bestätigen, dass das Gericht des einstweiligen Rechtsschutzes auch in der Hauptsache zuständig ist (vgl. Nr. 4.6.2.2. Anhang I). Zum anderen muss in Fällen, in denen die einstweilige Rechtsschutzmaßnahme ohne Vorladung des Antragsgegners angeordnet wurde, nachgewiesen werden, dass dem Antragsgegner die Entscheidung zugestellt wurde (Nr. 4.3.2. Anhang I). 16

---

[7] Zöller/*Geimer*, ZPO, 31. Aufl. 2016, Art. 42 EuGVVO Rn. 2.
[8] So auch Schlosser/*Hess*, EuZPR, 4. Aufl. 2015, Art. 42 EuGVVO Rn. 1.
[9] Zöller/*Geimer*, ZPO, 31. Aufl. 2016, Art. 42 EuGVVO Rn. 5.

IV. Ggf. Erfordernis der Übersetzung und Transliteration der Bescheinigung (Abs. 3)

17   Gem. Abs. 3 kann die Vollstreckungsstelle des Zweitstaates den Vollstreckungsgläubiger auffordern, eine Übersetzung oder Transliteration der Bescheinigung nach Art. 57 vorzulegen.[10] Weitere tatbestandliche Einschränkungen sind nicht geregelt, so dass die Vollstreckungsstelle im Zweitstaat über die Anforderung einer Übersetzung und/oder Transliteration letztlich nur unter Beachtung des Gebots **pflichtgemäßer Ermessensausübung** entscheiden muss. Ermessensfehlerhaft dürfte die Anforderung insbesondere dann sein, wenn die Vollstreckungsstelle des Zweitstaates auch ohne die Übersetzung bzw. Transliteration in der Lage ist, die Entscheidung zu vollstrecken.

18   Die Anforderung einer Übersetzung der Bescheinigung wird **bei Geldleistungstiteln** in der Regel ermessensfehlerhaft sein. Denn insoweit verschaffen die in Anhang I vorgeschriebenen Angaben über die Höhe des ausgeurteilten Betrags zzgl. Zinsen sowie über die Verfahrenskosten auch ohne Übersetzung die für die Vollstreckung notwendigen Informationen.

V. Ausnahmsweise Erfordernis der Übersetzung der Entscheidung (Abs. 4)

19   Abs. 4 gestattet es der zuständigen Vollstreckungsbehörde, eine Übersetzung der zu vollstreckenden Entscheidung anzufordern. Dies ist allerdings **nur möglich, wenn ohne die Übersetzung eine Vollstreckung nicht durchführbar** wäre. Damit dürfte der Fall gemeint sein, dass die Bescheinigung i.S.v. Art. 53 (auch in transliterierter oder übersetzter Form) nicht ausreicht, um den Inhalt der Entscheidung für die Zwecke der Vollstreckung zutreffend zu erfassen. Eine Übersetzung kann **insbesondere bei den Nichtgeldleistungstiteln** erforderlich sein, um den genauen Inhalt des zwangsweise durchzusetzenden Anspruchs zutreffend zu erfassen.

Artikel 43 [Zustellung der Bescheinigung; Übersetzung]

(1) ¹Soll eine in einem anderen Mitgliedstaat ergangene Entscheidung vollstreckt werden, so wird die gemäß Artikel 53 ausgestellte Bescheinigung dem Schuldner vor der ersten Vollstreckungsmaßnahme zugestellt. ²Der Bescheinigung wird die Entscheidung beigefügt, sofern sie dem Schuldner noch nicht zugestellt wurde.

(2) ¹Hat der Schuldner seinen Wohnsitz in einem anderen Mitgliedstaat als dem Ursprungsmitgliedstaat, so kann er eine Übersetzung der Entscheidung verlangen, um ihre Vollstreckung anfechten zu können, wenn die Entscheidung nicht in einer der folgenden Sprachen abgefasst ist oder ihr keine Übersetzung in einer der folgenden Sprachen beigefügt ist:

---
[10] Vgl. hierzu ausführlich die Kommentierung bei Art. 57.

a) einer Sprache, die er versteht, oder
b) der Amtssprache des Mitgliedstaats, in dem er seinen Wohnsitz hat, oder, wenn es in diesem Mitgliedstaat mehrere Amtssprachen gibt, in der Amtssprache oder einer der Amtssprachen des Ortes, an dem er seinen Wohnsitz hat.

²Wird die Übersetzung der Entscheidung gemäß Unterabsatz 1 verlangt, so darf die Zwangsvollstreckung nicht über Sicherungsmaßnahmen hinausgehen, solange der Schuldner die Übersetzung nicht erhalten hat.

³Dieser Absatz gilt nicht, wenn die Entscheidung dem Schuldner bereits in einer der in Unterabsatz 1 genannten Sprachen oder zusammen mit einer Übersetzung in eine dieser Sprachen zugestellt worden ist.

(3) Dieser Artikel gilt nicht für die Vollstreckung einer in einer Entscheidung enthaltenen Sicherungsmaßnahme oder wenn der Antragsteller Sicherungsmaßnahmen gemäß Artikel 40 erwirkt.

EuGH-Entscheidung: EuGH, 8.5.2008 – Rs. C-14/07, *Ingenieurbüro Michael Weiss und Partner GbR ./. Industrie- und Handelskammer Berlin*, ECLI:EU:C:2008:264

Übersicht

	Rn.
I. Überblick	1
II. Zustellung von Bescheinigung und ggf. Entscheidung (Abs. 1)	5
III. Übersetzung der Entscheidung (Abs. 2)	10
IV. Sonderregel für Sicherungsmaßnahmen (Abs. 3)	19

I. Überblick

Der im Rahmen der EuGVVO-Revision 2012 eingeführte Art. 43 soll sicherstellen, dass bei der unmittelbaren grenzüberschreitenden Vollstreckung die Rechte des Schuldners gewahrt werden:

Abs. 1 schreibt vor, dass vor der Vollstreckung dem Schuldner die Bescheinigung i.S.v. Art. 53 sowie die ihr zugrundeliegende Entscheidung zugestellt werden. Dabei ist es im Gegensatz zu § 750 ZPO nicht ausreichend, dass die Zustellung gleichzeitig mit der Vornahme der ersten Vollstreckungshandlung vorgenommen wird. Die Zustellung hat vielmehr im Vorfeld der Vollstreckung zu erfolgen. Dies hat zur Folge, dass der aus Sicht des Gläubigers wichtige Überraschungseffekt der Zwangsvollstreckung verloren geht.

Abs. 2 ergänzt den Schuldnerschutz im Hinblick auf die Sprachproblematik und ermöglicht dem Schuldner in bestimmten Fällen eine Übersetzung der Entscheidung zu verlangen. Die Norm schützt allein die Sprachbelange des Schuldners. Demgegenüber dienen die Übersetzungsregelungen in Art. 37 Abs. 2 und Art. 42 Abs. 3 und 4 lediglich den Sprachbelangen der für die Anerkennung und Vollstreckung zuständigen Stellen im Zweitstaat. Bis zur Vorlage einer vom Schuldner angeforderten Übersetzung ist es dem Gläubiger lediglich möglich, Sicherungsmaßnahmen zu erwirken.

4 **Abs. 3** dient dem Gläubigerschutz und sieht eine Ausnahme vom Erfordernis der Zustellung von Entscheidung und Bescheinigung im Vorfeld der Vollstreckung für den Fall vor, dass der Gläubiger eine in der Entscheidung enthaltene Sicherungsmaßnahme vollstrecken oder eine Sicherungsmaßnahme i.S.v. Art. 40 im Zweitland erwirken will.

II. Zustellung von Bescheinigung und ggf. Entscheidung (Abs. 1)

5 Nach Abs. 1 Satz 1 kann die grenzüberschreitende Vollstreckung einer Entscheidung erst nach vorheriger Zustellung der Bescheinigung i.S.v. Art. 53 i.V.m. Anhang I an den Schuldner durchgeführt werden. Der Bescheinigung ist gem. Abs. 1 Satz 2 die Entscheidung beizufügen, sofern sie dem Schuldner nicht bereits zugestellt wurde.

6 Die Regelung tritt systematisch an die Stelle von **Art. 42 EuGVVO a.F.**, der verlangte, dass die zweitstaatliche Vollstreckbarerklärung samt der Entscheidung aus dem Ursprungsstaat an den Schuldner zuzustellen ist. Mit dem Entfall der zweitstaatlichen Vollstreckbarerklärung ist nun die Bescheinigung i.S.v. Art. 53 zuzustellen.

7 Die Zustellung muss nach **Erwgr. 32** *„innerhalb einer angemessenen Frist vor der ersten Vollstreckungsmaßnahme"* erfolgen. Eine Zustellung gleichzeitig mit der Vornahme der ersten Vollstreckungsmaßnahme ist – anders als in § 750 ZPO – nicht möglich. Hierdurch soll sichergestellt werden, dass der Schuldner vor Beginn der Zwangsvollstreckung genügend Zeit für die Entscheidung hat, ob er sich im Ursprungsstaat gegen die Entscheidung oder im Vollstreckungsstaat (gem. Art. 46 oder Art. 44) gegen dessen Vollstreckung zur Wehr setzen will. Dieser Zweck wird zwar nur in Abs. 2 genannt, beansprucht jedoch auch im Rahmen von Abs. 1 Geltung.

8 Unklar ist, wann der Zeitraum zwischen Zustellung der Bescheinigung und Vollstreckungsbeginn **„angemessen" i.S.v. Erwgr. 32** ist. Im Sinne der einheitlichen Anwendung von Abs. 1 sollte dieser Begriff **euroautonom** ausgelegt werden.[1] Als Richtlinie können insoweit die für den Begriff der Rechtzeitigkeit i.S.v. Art. 45 Abs. 1 lit. b entwickelten Maßstäbe herangezogen werden. Abhängig von den **Umständen des Einzelfalls** wird demzufolge – wenn eine Übersetzung der Entscheidung nicht nach Abs. 2 angefordert wurde – eine **Frist von zwei bis drei Wochen** zwischen Zustellung und Vollstreckungsbeginn angemessen sein.[2] Hat der Schuldner berechtigterweise eine Übersetzung nach Abs. 2 verlangt, beginnt die Frist i.S.v. Erwgr. 32 erst nach Vorlage der Übersetzung zu laufen. Der Gläubiger kann in der Zwischenzeit lediglich gem. Art. 43 Abs. 2 Satz 2 eine auf Sicherungsmaßnahmen beschränkte Vollstreckung betreiben.

---

[1] A. A. Rauscher/*Mankowski*, EuZPR, 4. Aufl. 2016, Art. 43 EuGVVO Rn. 20, der insoweit auf das Recht des Vollstreckungsstaates zurückgreifen möchte.
[2] Vgl. hierzu ausführlich die Kommentierung bei Art. 45 Rn. 83.

Das Erfordernis der Zustellung von Bescheinigung und Entscheidung vor der ersten Vollstreckungsmaßnahme wird **im Schrifttum zurecht kritisiert**.[3] Denn der Erfolg der Zwangsvollstreckung kann entscheidend vom Überraschungseffekt des ersten Zugriffs abhängen. Es ist zudem fraglich, ob Art. 43 den Schuldnerschutz tatsächlich verbessert. Denn der Gläubiger kann gem. Art. 43 Abs. 3 Sicherungsmaßnahmen erwirken (in Deutschland etwa die Kontopfändung), die den Schuldner erheblich belasten.

III. Übersetzung der Entscheidung (Abs. 2)

Gem. Abs. 2 Satz 1 kann der Vollstreckungsschuldner unter bestimmten Voraussetzungen die Vorlage einer Entscheidungsübersetzung verlangen. Abs. 2 Satz 1 ist an Art. 8 EuZustVO angelehnt und macht nur in eng begrenzten Fällen eine Übersetzung erforderlich. Die zu Art. 8 EuZustVO entwickelten Grundsätze können entsprechend herangezogen werden.

Das Übersetzungserfordernis soll den Schuldner in die Lage versetzen, beurteilen zu können, ob er die Entscheidung im Ursprungsstaat anfechten will oder sich gegen die Vollstreckung der Entscheidung im Zweitstaat wenden soll. Entsprechend diesem Sinn und Zweck kann der Schuldner **keine Übersetzung der Bescheinigung** i.S.v. Art. 53 verlangen, da die darin enthaltenen Informationen für eine umfassende Beurteilung der Anfechtungsrechte des Schuldners i.d.R. nicht ausreichend sind.

Die Grundvoraussetzung für das Übersetzungserfordernis von Abs. 2 Satz 1 ist, dass der **Schuldner außerhalb des Ursprungsmitgliedstaates ansässig** ist. Dem liegt die Annahme zugrunde, dass Schuldner der Gerichtssprache ihres Wohnsitzstaates mächtig sind.

Fallen Wohnsitzstaat des Schuldners und Ursprungsstaat der Entscheidung auseinander, kann der Schuldner eine Übersetzung in seine Sprache verlangen, falls die Entscheidung nicht in einer der folgenden Sprachen abgefasst oder übersetzt ist: Eine Sprache, der der Schuldner mächtig ist (Abs. 2 Satz 1 lit. a) oder der Amtssprache des Mitgliedstaats, in dem er seinen Wohnsitz hat bzw. bei mehreren Amtssprachen, der Amtssprache am Wohnsitzort (Abs. 2 Satz 1 lit. b).

Bei der Beurteilung, ob der Schuldner einer Sprache i.S.v. **Abs. 2 Satz 1 lit. a** mächtig ist, ist bei juristischen Personen auf die Sprachkenntnisse eines leitenden Angestellten abzustellen.[4] Hat der Schuldner mit dem Gläubiger **vertraglich vereinbart,** dass der Schriftverkehr in einer bestimmten Sprache stattfinden soll, begründet dies keine Vermutung, sondern lediglich einen Anhaltspunkt dafür, dass der Schuldner die „vereinbarte" Sprache auch tatsächlich versteht.[5] Etwas anderes gilt jedoch, wenn sich der Schuldner in Ausübung seiner gewerblichen Tätigkeit vertraglich auf die Verwendung einer bestimmten Spra-

---

[3] Schlosser/*Hess*, EuZPR, 4. Aufl. 2015, Art. 43 EuGVVO Rn. 3.
[4] Schlosser/*Hess*, EuZPR, 4. Aufl. 2015, Art. 43 EuGVVO Rn. 6.
[5] EuGH, 8.5.2008 – Rs. C-14/07, *Ingenieurbüro Michael Weiss und Partner GbR ./. Industrie- und Handelskammer Berlin*, ECLI:EU:C:2008:264, 2. Leitsatz (zu Art. 8 EuZustVO).

che eingelassen hat.[6] Hier muss sich der Schuldner so behandeln lassen, als ob er die vereinbarte Sprache versteht.

15 Die Regelung in **Abs. 2 Satz 1 lit. b**, wonach eine Übersetzung entbehrlich ist, wenn die Entscheidung in der Amtssprache des Wohnsitzstaates des Schuldners abgefasst oder übersetzt ist, beruht auf der unwiderleglichen Vermutung, dass der Schuldner diese Sprache versteht.

16 Eine Übersetzung nach Abs. 2 Satz 1 ist lediglich **auf Anforderung** des Schuldners vorzulegen. Die **Darlegungs- und Beweislast** dafür, dass er die Sprache, in der die Entscheidung abgefasst ist, nicht versteht, liegt beim Schuldner.[7]

17 **Abs. 2 Satz 2** trägt der Tatsache Rechnung, dass eine Übersetzung Zeit in Anspruch nehmen kann, in der den Belangen des Gläubigers, die Vollstreckung zu betreiben, Rechnung zu tragen ist. Vor diesem Hintergrund erlaubt die Vorschrift eine auf Sicherungsmaßnahmen beschränkte Fortsetzung der Vollstreckung. Abs. 2 Satz 2 gestattet sowohl die Vollstreckung einer in der Ursprungsentscheidung angeordneten Sicherungsmaßnahme als auch die Erwirkung und Vollstreckung einer Sicherungsmaßnahme i.S.v. Art. 40 im Zweitstaat.

18 **Abs. 2 Satz 3** stellt schließlich klar, dass der Schuldner keine Übersetzung verlangen kann, wenn ihm die in einer Sprache i.S.v. Abs. 2 Satz 1 abgefasste oder übersetzte Entscheidung bereits zugestellt worden ist. Die Vorschrift erfasst den Fall, dass die entsprechend abgefasste oder übersetzte Entscheidung dem Schuldner bereits vor Zustellung der Bescheinigung (nach Abschluss des Erkenntnisverfahrens) zugestellt worden ist. Denn für die Fälle der gleichzeitigen Zustellung von Entscheidung und Bescheinigung richtet sich das Erfordernis einer Übersetzung abschließend nach Abs. 2 Satz 1. Die in Abs. 2 Satz 3 vorgesehene Möglichkeit kann v.a. für den Gläubiger interessant sein, weil er unmittelbar nach Abschluss des Erkenntnisverfahrens und somit **schon vor Beginn der Vollstreckung die notwendige Entscheidungs-Übersetzung organisieren** und dem Schuldner zustellen kann. Hierdurch lässt sich vermeiden, dass die Vollstreckung wegen Übersetzungsfragen verzögert wird.

IV. Sonderregel für Sicherungsmaßnahmen (Abs. 3)

19 Abs. 3 enthält eine Sondervorschrift zum Schutz der Interessen des Gläubigers als Ausgleich für den wegen des Zustellungserfordernisses nach Abs. 1 fehlenden Überraschungseffekt der grenzüberschreitenden Vollstreckung. Die Norm entbindet den Gläubiger von den Erfordernissen der Zustellung und Übersetzung, soweit dieser nur Sicherungsmaßnahmen ergreift. Das ermöglicht zum einen die Vollstreckung von Sicherungsmaßnahmen, die in der zu vollstreckenden Ausgangsentscheidung selbst angeordnet worden sind. Zum anderen können Sicherungsmaßnahmen i.S.v. Art. 40 direkt im Zweitland erwirkt und vollstreckt werden.

---

[6] EuGH, 8.5.2008 – Rs. C-14/07, *Ingenieurbüro Michael Weiss und Partner GbR ./. Industrie- und Handelskammer Berlin*, ECLI:EU:C:2008:264, 3. Leitsatz (zu Art. 8 EuZustVO).
[7] Schlosser/Hess, EuZPR, 4. Aufl. 2015, Art. 43 EuGVVO Rn. 5.

Text + Erläuterungen   Art. 44   **B Vor I** 7

Artikel 44 [Verfahren bei Antrag auf Versagung der Vollstreckung]

(1) Wurde eine Versagung der Vollstreckung einer Entscheidung gemäß Abschnitt 3 Unterabschnitt 2 beantragt, so kann das Gericht im ersuchten Mitgliedstaat auf Antrag des Schuldners
a) das Vollstreckungsverfahren auf Sicherungsmaßnahmen beschränken,
b) die Vollstreckung von der Leistung einer vom Gericht zu bestimmenden Sicherheit abhängig machen oder
c) das Vollstreckungsverfahren insgesamt oder teilweise aussetzen.

(2) Die zuständige Behörde des ersuchten Mitgliedstaats setzt das Vollstreckungsverfahren auf Antrag des Schuldners aus, wenn die Vollstreckbarkeit der Entscheidung im Ursprungsmitgliedstaat ausgesetzt ist.

Schrifttum: *Haubold, Jens,* Europäische Titelfreizügigkeit und Einwände des Schuldners in der Zwangsvollstreckung, in: Ars Aequi et Boni in Mundo, Festschrift für Rolf A. Schütze zum 80. Geburtstag, 2014, Geimer, Reinhold; Kaissis, Athanassios; Thümmel, Roderich C. (Hrsg.), S. 163.

Übersicht

	Rn.
I. Normzweck und Systematik	1
II. Vollstreckungsschutz des Schuldners bei Antrag auf Vollstreckungsversagung im Zweitstaat (Abs. 1)	6
1. Statthaftigkeit und Zuständigkeit	8
2. Antragsbefugnis	10
3. Rechtsfolge: Mögliche Schutzanordnungen des Gerichts	12
a) Beschränkung der Vollstreckung auf Sicherungsmaßnahmen (Abs. 1 lit. a)	18
b) Festsetzung einer Sicherheitsleistung (Abs. 1 lit. b)	20
c) Aussetzung des Vollstreckungsverfahrens (Abs. 1 lit. c)	23
4. Verfahren und Entscheidung	26
III. Aussetzung des Vollstreckungsverfahrens bei Aussetzung der Vollstreckbarkeit im Ursprungsstaat (Abs. 2)	28
1. Antrag und zuständige Behörde	31
2. Entscheidung	33
IV. § 1116 ZPO: Weitere Aussetzungs- und Beschränkungsmöglichkeiten im deutschen Recht	35

I. Normzweck und Systematik

Der im Rahmen der EuGVVO-Revision 2012 neu eingeführte Art. 44 **1** ermöglicht zum **Schutz des Schuldners** vor einer im Ergebnis unberechtigten Vollstreckung vorübergehende Beschränkungen der Vollstreckung. Art. 44 regelt dabei zwei Konstellationen, in denen Maßnahmen zum Schutz des Schuldners erforderlich sind:

Abs. 1 erlaubt eine Beschränkung der Vollstreckung im Zweitstaat für den **2** Fall, dass der Schuldner im Zweitland einen **Antrag auf Vollstreckungsversagung gem. Art. 46** gestellt hat.

3   Gem. **Abs. 2** sind die Vollstreckungsstellen des Zweitlandes auf Antrag des Schuldners verpflichtet, die Vollstreckung auszusetzen, wenn **im Ursprungsmitgliedstaat** die **Vollstreckbarkeit der Entscheidung ausgesetzt** worden ist. Soweit im Ursprungsland nur eine Beschränkung der Vollstreckung oder endgültig die Nichtvollstreckbarkeit ausgesprochen wurde, ist gem. **§ 1116 S. 1 ZPO** die Vollstreckung zu beschränken oder einzustellen.

4   Von diesen auf die Vollstreckung bezogenen Regelungen sind **Art. 38 und Art. 51** zu unterscheiden. Art. 38 ermöglicht eine Aussetzung des Inzident-Anerkennungsverfahrens i.S.v. Art. 36 Abs. 1, wenn die Entscheidung im Ursprungsmitgliedstaat angefochten oder ein Anerkennungsversagungsverfahren nach Art. 45 eingeleitet wurde.[1] Art. 51 sieht demgegenüber die Aussetzung des Anerkennungs- bzw. Vollstreckungsversagungsverfahrens i.S.v. Art. 46 und des Verfahrens auf Feststellung der Anerkennungsfähigkeit der Entscheidung gem. Art. 36 Abs. 2 vor, wenn im Ursprungsmitgliedstaat ein ordentlicher Rechtsbehelf eingelegt worden oder die Frist hierfür nicht verstrichen ist.[2]

5   Art. 44 gilt nicht nur für Entscheidungen i.S.v. Art. 2 lit. a Abs. 2, sondern gem. Art. 58 Abs. 1 S. 3 auch für öffentliche Urkunden i.S.v. Art. 2 lit. c.

II. Vollstreckungsschutz des Schuldners bei Antrag auf Vollstreckungsversagung im Zweitstaat (Abs. 1)

6   Ein Antrag auf Vollstreckungsversagung gem. Art. 46 führt nicht automatisch zur Aussetzung oder Beschränkung der Vollstreckung im Zweitland. Die Zwangsvollstreckung wird im Interesse des Titelgläubigers vielmehr uneingeschränkt fortgesetzt. Erwgr. 31 ist insoweit unzutreffend formuliert, weil er den falschen Eindruck erweckt, eine Fortsetzung der Vollstreckung müsse vom Gericht in solchen Fällen erst zugelassen werden.

7   Zum Schutz seiner Interessen kann der Schuldner jedoch begleitend zu einem Antrag auf Vollstreckungsversagung gem. Art. 44 Abs. 1 die Beschränkung oder Aussetzung der Vollstreckung erreichen.

1. Statthaftigkeit und Zuständigkeit

8   Ein Antrag nach Art. 44 Abs. 1 kann **nicht isoliert** gestellt werden, sondern setzt zwingend voraus, dass der Schuldner zugleich die Vollstreckungsversagung nach Art. 46 beantragt hat. Der Antrag nach Art. 46 muss jedoch nicht bereits anhängig sein. Der Schuldner kann vielmehr **beide Anträge gleichzeitig** stellen.[3]

9   Die **Zuständigkeit** für einen Antrag gem. Art. 44 Abs. 1 ist nicht ausdrücklich geregelt. Mit der Formulierung „*das Gericht im ersuchten Mitgliedstaat*" kann jedoch nur dasjenige gemeint sein, bei dem der Vollstreckungsversagungsantrag gem. Art. 46 zu stellen ist. In Deutschland ist demzufolge gem. § 1115 Abs. 1

---
[1] Vgl. hierzu ausführlich die Kommentierung bei Art. 38.
[2] Vgl. hierzu ausführlich die Kommentierung bei Art. 51.
[3] BT-Drucksache 18/823, S. 23.

ZPO das Landgericht sachlich zuständig. Die örtliche Zuständigkeit richtet sich hingegen nach § 1115 Abs. 2 ZPO.

2. Antragsbefugnis

Nach dem eindeutigen Wortlaut von Art. 44 Abs. 1 ist **nur der Vollstreckungsschuldner** antragsbefugt. 10
Von der Zwangsvollstreckung betroffene **Dritte** können somit nicht gem. Art. 44 einen Vollstreckungsschutz erwirken.[4] Das ist gerechtfertigt, weil Dritte auch keine Vollstreckungsversagung nach Art. 46 beantragen können. Dies schließt jedoch nicht aus, dass Dritte die im nationalen Vollstreckungsrecht des ersuchten Mitgliedstaates für sie vorgesehenen Aussetzungsmöglichkeiten in Anspruch nehmen. So wäre etwa bei einer Vollstreckung in Deutschland denkbar, dass Dritte gem. **§§ 771 Abs. 3, 769 ZPO** eine Aussetzung oder Beschränkung der Vollstreckung in ihre Vermögensgegenstände beantragen. 11

3. Rechtsfolge: Mögliche Schutzanordnungen des Gerichts

Art. 44 Abs. 1 stellt es ins **Ermessen des Gerichts,** ob und welche Anordnung zum Schutz des Schuldners getroffen wird. Das Gericht ist dabei jedoch an den Antrag des Schuldners gebunden, weil auch im europäischen Recht der Grundsatz des *ne ultra petita* gilt. 12

Art. 44 Abs. 1 benennt keine Kriterien für die Ermessensausübung. Gleichwohl sollte ein **verordnungsautonomer Maßstab** gelten, damit eine unterschiedliche Handhabung in den verschiedenen Mitgliedstaaten vermieden wird.[5] Es steht allerdings zu befürchten, dass die Gerichte bei der Ermessensübung ihren nationalen Vorstellungen verhaftet bleiben. 13

Allgemein sollte das Gericht versuchen, die **gegenläufigen Interessen** von Schuldner und Gläubiger **in einen angemessenen Ausgleich** zu bringen. Dabei ist das Interesse des Gläubigers an einer Fortsetzung der Vollstreckung im Grundsatz schutzwürdiger, da dies am ehesten dem Grundgedanken der Verordnung entspricht, die die Urteilsfreizügigkeit innerhalb der EU stärken soll.[6] Eine Aussetzung der Vollstreckung sollte demzufolge die Ausnahme bleiben, wie sich auch aus Erwgr. 31 ergibt. Allein die Einleitung des Vollstreckungsversagungsverfahrens nach Art. 46 ff. reicht daher nicht aus für eine Schutzanordnung nach Abs. 1. 14

Bei der Ermessensscheidung können u.a. folgende **Gesichtspunkte auf Seiten des Vollstreckungsschuldners** berücksichtigt werden: Wie ist die Zahlungsfähigkeit des Vollstreckungsgläubigers und somit die Wahrscheinlichkeit einzuschätzen, dass Schäden durch eine im Ergebnis unberechtigte Vollstreckung zukünftig kompensiert werden können? Angesichts einer verbesserten grenzüberschreitenden Anspruchsdurchsetzung im Gemeinschaftsgebiet sollte es nicht 15

---

[4] A. A. Rauscher/*Mankowski*, EuZPR, 4. Aufl. 2016, Art. 44 EuGVVO Rn. 4.
[5] So auch *Hess*, in: FS Gottwald, 2014, S. 273 (280).
[6] Schlosser/*Hess*, EuZPR, 4. Aufl. 2015, Art. 44 EuGVVO Rn. 5.

negativ ins Gewicht fallen, dass der Vollstreckungsgläubiger im EU-Ausland ansässig ist. Hat der Vollstreckungsgläubiger bereits auf gerichtliche Anordnung des Ursprungsgerichts im Ursprungsstaat eine Sicherheit geleistet, die den Vollstreckungsschuldner ausreichend schützen kann?[7] Drohen Vollstreckungsschäden, die durch die Vollstreckungsgläubigerhaftung im Recht des Vollstreckungsstaates nicht kompensiert werden können?

16 **Aus Sicht des Vollstreckungsgläubigers** können folgende Faktoren in die Ermessensentscheidung einfließen: Stellt sich der Vollstreckungsversagungsantrag schon aufgrund einer kursorischen Prüfung als offensichtlich erfolglos dar? Wie dringlich ist aus Sicht des Gläubigers die Vollstreckung? Insbesondere eine drohende Insolvenz des Gläubigers kann gegen den Erlass von Maßnahmen nach Art. 44 Abs. 1 sprechen. Welche Kosten muss der Gläubiger für die Bereitstellung einer Sicherheit auf sich nehmen?

17 Abs. 1 sieht auf Rechtsfolgenseite drei Schutzanordnungen vor, die in **einem abgestuften Verhältnis** stehen:[8] Die für den Schuldner am wenigsten beeinträchtigende Maßnahme ist die Anordnung einer Sicherheitsleistung (lit. b). Auf der nächsten Stufe steht die Beschränkung der Zwangsvollstreckung auf Sicherungsmaßnahmen (lit. a). Als *ultima ratio* ist die Einstellung der Zwangsvollstreckung möglich (lit. c).

a) Beschränkung der Vollstreckung auf Sicherungsmaßnahmen (Abs. 1 lit. a)

18 Abs. 1 lit. a gestattet dem Gericht, die Vollstreckung auf Sicherungsmaßnahmen zu beschränken. Hierunter fallen Vollstreckungsmaßnahmen, die eine **Verwertung des Vermögens noch nicht gestatten**, dieses jedoch im Interesse des Gläubigers vor Verfügungen des Schuldners schützen. Der Umfang der möglichen Sicherungsmaßnahmen richtet sich nach dem **Recht des Vollstreckungsstaates**. Es handelt sich um denselben Kreis von Maßnahmen, die auch von Art. 40 erfasst sind.[9]

19 Eine Anordnung nach Abs. 1 lit. a dürfte **den Schuldner im Regelfall am wenigsten belasten**. Zugleich ist sie meist geeignet, dem Gläubigerinteresse angemessen Rechnung zu tragen, da sie einen Wertverfall des vollstreckbaren Vermögens oder dessen Verbringung aus dem Vollstreckungszugriffs effektiv verhindern kann.

b) Festsetzung einer Sicherheitsleistung (Abs. 1 lit. b)

20 Gem. Abs. 1 lit. b kann das Gericht anordnen, dass die Vollstreckung nur gegen Leistung einer Sicherheit durch den Vollstreckungsgläubiger fortgesetzt werden kann. Dazu ist ein **Betrag in Höhe der zu vollstreckenden Forderung** festzusetzen.[10] Die vom Gläubiger zu leistende Sicherheit soll eine mögliche Durchsetzung der Vollstreckungsgläubigerhaftung erleichtern.

---

[7] Zöller/*Geimer*, ZPO, 31. Aufl. 2016, Art. 44 EuGVVO Rn. 8.
[8] Ähnlich Schlosser/*Hess*, EuZPR, 4. Aufl. 2015, Art. 38 EuGVVO Rn. 6 ff.
[9] Vgl. die Kommentierung bei Art. 40 Rn. 14 ff.
[10] Thomas/Putzo/*Hüßtege*, ZPO, 36. Aufl. 2015, Art. 44 EuGVVO Rn. 6.

Die bloße Anordnung einer Sicherheitsleistung wird **den Schuldner in der** 21
Regel stärker belasten als eine Beschränkung auf Sicherungsmaßnahmen nach
Maßgabe von Abs. 1 lit. a. Denn sobald der Gläubiger die Sicherheit geleistet
hat, kann er vollumfänglich auf das Vermögen des Schuldners zugreifen und auch
schon dessen Verwertung betreiben.

In welcher Form die Sicherheit zu erbringen ist, regelt das **Recht des** 22
ersuchten Staates. In Deutschland demnach § **108 ZPO**. Bei seiner Anordnung kann und sollte sich ein deutsches Gericht an § **709 ZPO** orientieren. Es kann demnach aussprechen, dass die Vollstreckung nur gegen Sicherheitsleistung in Höhe von beispielsweise 110% des jeweils zu vollstreckenden Betrages fortgesetzt werden kann (vgl. § 709 Sätze 2 und 3 ZPO). So hat der Vollstreckungsgläubiger die Möglichkeit, die Vollstreckung nur hinsichtlich eines Teilbetrages fortzusetzen (vgl. § 752 Satz 1 ZPO). In Deutschland kann die Sicherheit in der Regel in Form einer Bankbürgschaft gestellt werden.[11]

c) Aussetzung des Vollstreckungsverfahrens (Abs. 1 lit. c)

Gem. Abs. 1 lit. c kann das Gericht schließlich auch die Vollstreckung teil- 23
weise oder vollständig aussetzen. Dies ermöglicht ein **Anhalten der Vollstreckung** für die Zukunft. Vollstreckungsmaßnahmen, die bereits erlassen worden sind (wie etwa Maßnahmen der Sicherungsvollstreckung i.S.v. Art. 40), bleiben von einer Aussetzungsanordnung i.S.v. Abs. 1 lit. c unberührt.[12]

Eine Aussetzung nach Abs. 1 lit. c sollte **nur ausnahmsweise** angeordnet 24
werden, weil sie die Interessen des Gläubigers massiv beeinträchtigt. In der Regel
wird der Schuldner bereits durch eine Maßnahme nach Abs. 1 lit. a oder lit. b
ausreichend geschützt. Dem Gericht steht es frei, die Aussetzung der Vollstreckung nur gegen Sicherheitsleistung durch den Gläubiger anzuordnen; zwingend
setzt die Aussetzung eine Sicherheitsleistung jedoch nicht voraus.[13]

Eine **teilweise Vollstreckungsaussetzung** ist in unterschiedlichen Formen 25
möglich. So kann etwa bei mehreren titulierten Ansprüchen die Aussetzung nur
auf einzelne bezogen werden (Bsp.: Aussetzung nur hinsichtlich der ausgeurteilten Hauptforderung, nicht jedoch hinsichtlich Verfahrenskosten). Ferner kann
das Gericht eine betragsmäßige Obergrenze festlegen und für den darüber
hinausgehenden Betrag die Vollstreckung aussetzen. Schließlich ist denkbar, dass
lediglich die Vollstreckung in bestimmte Vollstreckungsgegenstände ausgesetzt
wird.

4. Verfahren und Entscheidung

Die Verfahrensfragen rund um den Antrag nach Art. 44 unterliegen dem 26
Recht des Vollstreckungsstaates (vgl. Rechtsgedanke von Art. 47 Abs. 2). Im
deutschen Recht wird wegen der besonderen Dringlichkeit im Wege der einstweiligen Anordnung entschieden, vgl. § 1115 Abs. 6 Satz 1 ZPO.[14]

---

[11] Schlosser/*Hess*, EuZPR, 4. Aufl. 2015, Art. 44 EuGVVO Rn. 6.
[12] Zöller/*Geimer*, ZPO, 31. Aufl. 2016, Art. 44 EuGVVO Rn. 9.
[13] BT-Drucks. 18/823, S. 23.
[14] BT-Drucks. 18/823, S. 23.

27 Gem. § 1115 Abs. 6 Satz 2 ZPO ist die Entscheidung über den Antrag i.S.v. Art. 44 Abs. 1 unanfechtbar. Es gilt insoweit das gleiche wie bei §§ 769, 770 ZPO.[15]

III. Aussetzung des Vollstreckungsverfahrens bei Aussetzung der Vollstreckbarkeit im Ursprungsstaat (Abs. 2)

28 Nach Art. 44 Abs. 2 **hat** das zuständige Vollstreckungsorgan im Zweitstaat auf Antrag des Schuldners die Vollstreckung auszusetzen, wenn die **Vollstreckbarkeit** der Entscheidung **im Ursprungsstaat ausgesetzt** wurde.
29 Im Gegensatz zu Art. 44 Abs. 1 setzt die Aussetzung nach Abs. 2 **kein Vollstreckungsversagungsverfahren** nach Art. 46 voraus. Abs. 2 ist vielmehr Ausfluss des in Art. 39 niedergelegten Prinzips, wonach sich Bestand und Umfang der Vollstreckungsbefugnisse im Zweitstaat nach der Vollstreckbarkeit im Ursprungsland richten.
30 Entsprechend dem Wortlaut erfasst Abs. 2 nur eine **vorübergehende Aussetzung der Vollstreckbarkeit** im Ursprungsland. Damit sind insbesondere Fälle erfasst, in denen im Ursprungsland ein Rechtsmittel gegen die Entscheidung eingelegt und daraufhin vorläufig die Vollstreckung ausgesetzt wurde (in Deutschland gem. §§ 707, 719 ZPO).[16] Nicht erfasst sind hingegen der endgültige Entfall sowie die vorübergehende oder endgültige Beschränkung der Vollstreckbarkeit im Ursprungsland. Zur Behandlung dieser Fälle hat der deutsche Gesetzgeber § 1116 ZPO eingeführt.[17]

1. Antrag und zuständige Behörde

31 Abs. 2 setzt zwingend einen **Antrag des Schuldners** voraus, so dass eine Berücksichtigung von Amts wegen ausscheidet.[18] Der Antragsteller muss in geeigneter Form den Nachweis erbringen, dass die Vollstreckbarkeit im Ursprungsstaat ausgesetzt wurde. Dies wird in der Regel eine gerichtliche Aussetzungsentscheidung des Erststaats sein. Auf Verlangen des zuständigen Vollstreckungsorgans ist eine Übersetzung entsprechend Art. 57 vorzulegen.
32 Zuständig ist **das jeweilige** mit einer konkreten Vollstreckungsmaßnahme befasste **Vollstreckungsorgan**. Denn der Antrag ist an die „*zuständige Behörde des ersuchten Mitgliedstaats*" und nicht – wie bei Abs. 1 – an das Gericht i.S.v. Art. 47 Abs. 1 zu richten. Wird die Zwangsvollstreckung von mehreren Vollstreckungsorganen gleichzeitig betrieben (Bsp. für Deutschland: Vollstreckung in bewegliches Vermögen durch den Gerichtsvollzieher; Forderungspfändung durch das Vollstreckungsgericht), sollte der Schuldner gegenüber jedem einzelnen der tätigen Organe den Antrag i.S.v. Abs. 2 stellen. Jedes Vollstreckungsorgan kann nur die

---
[15] BT-Drucks. 18/823, S. 23.
[16] Vgl. *Haubold*, in: FS Schütze, 2014, S. 163 (169).
[17] BT-Drucks. 18/823, S. 23.
[18] Thomas/Putzo/*Hüßtege*, ZPO, 36. Aufl. 2015, Art. 44 EuGVVO Rn. 10.

jeweils von ihm betriebene Vollstreckungsmaßnahme einstellen. Eine zentrale für die Zwangsvollstreckung zuständige Behörde sieht die EuGVVO nicht vor.

2. Entscheidung

Abs. 2 sieht eine **gebundene Entscheidung** der zweitstaatlichen Vollstreckungsbehörde vor. Hat ihre Prüfung ergeben, dass die Vollstreckung im Ursprungsland tatsächlich ausgesetzt worden ist, muss sie dies im Zweitland berücksichtigen und ebenfalls das Verfahren aussetzen. 33

Eine Aussetzung i.S.v. Abs. 2 ist lediglich **in die Zukunft** gerichtet und lässt die bereits durchgeführten Vollstreckungsmaßnahmen bestehen. 34

IV. § 1116 ZPO: Weitere Aussetzungs- und Beschränkungsmöglichkeiten im deutschen Recht

Mit § 1116 ZPO hat der deutsche Gesetzgeber sämtliche Fälle einer Beschränkung, einer vorübergehenden Einstellung und endgültigen Aufhebung der Vollstreckung im Ursprungsland (nicht jedoch die vorläufige Vollstreckungsaussetzung) geregelt. Der deutsche Gesetzgeber ging davon aus, dass Art. 39 die Übertragung sämtlicher Veränderungen der Vollstreckbarkeit im Ursprungsstaat in das Zweitland gebietet.[19] Da Art. 44 Abs. 2 nur den Fall einer vorläufigen Vollstreckungsaussetzung erfasst, wurden **in § 1116 ZPO alle anderen nachträglichen Veränderungen der Vollstreckbarkeit** geregelt. 35

Gem. § 1116 Satz 1 ZPO ist ein **Antrag des Schuldners** erforderlich. Der Antrag ist bei dem jeweils mit der Vollstreckung befassten Organ zu stellen, so dass bei paralleler Tätigkeit mehrerer Vollstreckungsstellen der Antrag mehrfach zu stellen ist. Dem Antrag ist die Entscheidung aus dem Ursprungsstaat beizufügen. Auf Verlangen des Vollstreckungsorgans ist eine **Übersetzung in die deutsche Sprache** vorzulegen, vgl. §§ 1116 Satz 2, Satz 3, 1108 ZPO. 36

Der Antrag ist **nicht an eine Frist gebunden,** kann also jederzeit gestellt werden. 37

Aufgrund des Verweises auf §§ 775 Nr. 1 und 2 sowie 776 ZPO hat das zweitstaatliche Gericht zunächst zu prüfen, welcher Tatbestand von § 775 ZPO einschlägig ist, bevor es die in § 776 ZPO jeweils vorgesehene Rechtsfolge anordnet (Rechtsgrundverweisung).[20] Sofern im Erststaat eine **endgültige Entscheidung** über die Vollstreckbarkeit getroffen wurde, z.B. durch Aufhebung der Entscheidung oder Unzulässigkeitserklärung der Zwangsvollstreckung, sind die in Deutschland bereits erlassenen Vollstreckungsmaßnahmen aufzuheben, vgl. §§ 776 Satz 1, 775 Nr. 1, 1116 Satz 1 ZPO. Soweit im Erststaat die Vollstreckung **nur vorläufig** eingestellt oder ausgesetzt worden ist, bleiben bereits getroffene Vollstreckungshandlungen grundsätzlich bestehen, vgl. §§ 776 Satz 2, 775 Nr. 2, 1116 Satz 1 ZPO. 38

---

[19] BT-Drucks. 18/823, S. 23.
[20] BT-Drucks. 18/823, S. 23.

Abschnitt 3 Versagung der Anerkennung und Vollstreckung

Unterabschnitt 1 Versagung der Anerkennung

Art. 45 [Antrag auf Versagung der Anerkennung]

(1) Die Anerkennung einer Entscheidung wird auf Antrag eines Berechtigten versagt, wenn
a) die Anerkennung der öffentlichen Ordnung (ordre public) des ersuchten Mitgliedstaats offensichtlich widersprechen würde;
b) dem Beklagten, der sich auf das Verfahren nicht eingelassen hat, das verfahrenseinleitende Schriftstück oder ein gleichwertiges Schriftstück nicht so rechtzeitig und in einer Weise zugestellt worden ist, dass er sich verteidigen konnte, es sei denn, der Beklagte hat gegen die Entscheidung keinen Rechtsbehelf eingelegt, obwohl er die Möglichkeit dazu hatte;
c) die Entscheidung mit einer Entscheidung unvereinbar ist, die zwischen denselben Parteien im ersuchten Mitgliedstaat ergangen ist;
d) die Entscheidung mit einer früheren Entscheidung unvereinbar ist, die in einem anderen Mitgliedstaat oder in einem Drittstaat in einem Rechtsstreit wegen desselben Anspruchs zwischen denselben Parteien ergangen ist, sofern die frühere Entscheidung die notwendigen Voraussetzungen für ihre Anerkennung im ersuchten Mitgliedstaat erfüllt, oder
e) die Entscheidung unvereinbar ist
  i) mit Kapitel II Abschnitte 3, 4 oder 5, sofern der Beklagte Versicherungsnehmer, Versicherter, Begünstigter des Versicherungsvertrags, Geschädigter, Verbraucher oder Arbeitnehmer ist, oder
  ii) mit Kapitel II Abschnitt 6.

(2) Das mit dem Antrag befasste Gericht ist bei der Prüfung, ob eine der in Absatz 1 Buchstabe e angeführten Zuständigkeiten gegeben ist, an die tatsächlichen Feststellungen gebunden, aufgrund deren das Ursprungsgericht seine Zuständigkeit angenommen hat.

(3) Die Zuständigkeit des Ursprungsgerichts darf, unbeschadet des Absatzes 1 Buchstabe e, nicht nachgeprüft werden. Die Vorschriften über die Zuständigkeit gehören nicht zur öffentlichen Ordnung (ordre public) im Sinne des Absatzes 1 Buchstabe a.

(4) Der Antrag auf Versagung der Anerkennung ist gemäß den Verfahren des Unterabschnitts 2 und gegebenenfalls des Abschnitts 4 zu stellen.

EuGH-Rechtsprechung: EuGH, 16.6.1981 – Rs. 166/80, *Klomps ./. Michel*, Slg. 1981, 1593 (ECLI:EU:C:1981:137)

EuGH, 24.6.1981 – Rs. 150/80, *Elefanten Schuh GmbH ./. Jacqmain*, Slg. 1981, 1671 (ECLI:EU:C:1981:148)

EuGH, 22.10.1981 – Rs. 27/81, *Rohr S.A. ./. Ossberger*, Slg. 1981, 2431 (ECLI:EU:C:1981:243)

EuGH, 15.7.1982 – Rs. 228/81, *Pendy Plastic Products* ./. *Pluspunkt*, Slg. 1982, 2723 (ECLI:EU:C:1982:276)

EuGH, 11.6.1985 – Rs. 49/84, *Debaecker u.a.* ./. *Bouwman*, Slg. 1985, 1779 (ECLI:EU:C:1985:252)

EuGH, 4.2.1988 – Rs. C-145/86, *Hoffmann* ./. *Krieg*, Slg. 1988, 645 (ECLI:EU:C:1988:61)

EuGH, 3.7.1990 – Rs. C-305/88, *Isabelle Lancray SA* ./. *Peters und Sickert KG*, Slg. 1990, I-2725 (ECLI:EU:C:1990:275)

EuGH, 21.4.1993 – Rs. C-172/91, *Sonntag* ./. *Waidmann*, Slg. 1993, I-1963 (ECLI:EU:C:1993:144)

EuGH, 2.6.1994 – Rs. C-414/92, *Solo Kleinmotoren GmbH* ./. *Boch*, Slg. 1994, I-2237 (ECLI:EU:C:1994:221)

EuGH, 13.7.1995 – Rs. C-474/93, *Hengst Import BV* ./. *Campese*, Slg. 1995, I-2113 (ECLI:EU:C:1995:243)

EuGH, 10.10.1996 – Rs. C-78/95, *Hendrikman* ./. *Magenta Druck & Verlag GmbH*, Slg. 1996, I-4943 (ECLI:EU:C:1996:380)

EuGH, 28.3.2000 – Rs. C-7/98, *Krombach* ./. *Bamberski*, Slg. 2000, I-1935 (ECLI:EU:C:2000:164)

EuGH, 11.5.2000 – Rs. C-38/98, *Renault SA* ./. *Maxicar SA u.a.*, Slg. 2000, I-2973 (ECLI:EU:C:2000:225)

EuGH, 6.6.2002 – Rs. C-80/00, *Italian Leather SpA* ./. *WECO Polstermöbel GmbH & Co. KG*, Slg. 2002, I-4995 (ECLI:EU:C:2002:342)

EuGH, 27.4.2004 – Rs. C-159/02, *Turner* ./. *Grovit*, Slg. 2004, I-3565 (ECLI:EU:C:2004:228)

EuGH, 8.11.2005 – Rs. C-443/03, *Leffler* ./. *Berlin Chemie AG*, Slg. 2005, I-9611 (ECLI:EU:C:2005:665)

EuGH, 14.12.2006 – Rs. C-283/05, *ASML Netherlands BV* ./. *Semiconductor Industry Services GmbH (SEMIS)*, Slg. 2006, I-12041 (ECLI:EU:C:2006:787)

EuGH, 8.5.2008 – Rs. C-14/07, *Ingenieurbüro M. Weiss u. Partner GbR* ./. *IHK Berlin*, Slg. 2008, I-3367 (ECLI:EU:C:2008:264)

EuGH, 10.2.2009 – Rs. C-185/07, *Allianz SpA* ./. *West Tankers Inc.*, Slg. 2009, I-663 (ECLI:EU:C:2009:69)

EuGH, 2.4.2009 – Rs. C-394/07, *Gambazzi ./. DaimlerChrysler Canada Inc. u.a.*, Slg. 2009, I-2563 (ECLI:EU:C:2009:219)

EuGH, 28.4.2009 – Rs. C-420/07, *Apostolides ./. Orams*, Slg. 2009, I-3571 (ECLI:EU:C:2009:271)

EuGH, 20.5.2010 – Rs. C-111/09, *Vienna Insurance Group ./. Bilas*, Slg. 2010, I-4545 (ECLI:EU:C:2010:290)

EuGH, 13.10.2011 – Rs. C-139/10, *Prism Investments BV ./. van der Meer*, Slg. 2011, I-9527 (ECLI:EU:C:2011:653)

EuGH, 6.9.2012 – Rs. C-619/10, *Trade Agency Ltd. ./. Seramico Investments Ltd.*, ECLI:EU:C:2012:531

EuGH, 19.12.2012 – Rs. C-325/11, *Alder u.a. ./. Orlowska u.a.*, ECLI:EU:C:2012:824

EuGH, 26.9.2013 – Rs. C-157/12, *Salzgitter Mannesmann Handel GmbH ./. SC Laminorul SA*, ECLI:EU:C:2013:597

EuGH, 23.10.2014 – Rs. C-302/13, *flyLAL-Lithuanian Airlines AS ./. Starptautiskā lidosta Rīga VAS u.a.*, ECLI:EU:C:2014:2319

EuGH, 16.7.2015 – Rs. C-681/13, *Diageo Brands BV ./. Simiramida-04 EOOD*, ECLI:EU:C:2015:471

EuGH, 7.4.2016 – Rs. C-70/15, *Lebek ./. Domino*, ECLI:EU:C:2016:524

EuGH, 25.5.2016 – Rs. C-559/14, *Merani ./. Recolebos Ltd.*, ECLI:EU:C:2016:349

Schrifttum: *Althammer, Christoph*, Unvereinbare Entscheidungen, drohende Rechtsverwirrung und Zweifel an der Kernpunkttheorie, in: Recht ohne Grenzen, Festschrift für Athanassios Kaissis zum 65. Geburtstag, 2012, Geimer, Reinhold; Schütze, Rolf A. (Hrsg.), S. 23; *Bach, Ivo*, Die Art und Weise der Zustellung in Art. 34 Nr. 2 EuGVVO, IPRax 2011, S. 241; *Beaumont, Paul; Walker, Lara*, Recognition and enforcement of judgments in civil and commercial matters in the Brussels I Recast and some lessons from it and the recent Hague Conventions for the Hague Judgments Project, JPrivIntL 11 (2015), S. 31; *Becker, Ulrich*, Grundrechtsschutz bei der Anerkennung und Vollstreckbarerklärung im europäischen Zivilverfahrensrecht, Bestimmung der Grenzen für die Einführung eines europäischen Vollstreckungstitels, 2004; *Coester-Waltjen, Dagmar*, Die Bedeutung des EuGVÜ und des Luganer Abkommens für Drittstaaten, in: Festschrift für Hideo Nakamura zum 70. Geburtstag am 2. März 1996, 1996, Heldrich, Andreas; Uchida, Takeyoshi (Hrsg.), S. 90; *Fumagalli, Luigi*, Refusal of Recognition and Enforcement of Decisions under the Brussels I Recast Regulation: where the Free Circulation meets its Limits, in: Cross-border Litigation in Europe: the Brussels I Recast Regulation as a panacea?, Ferrari, Franco; Ragno, Francesca (Hrsg.), 2016, S. 195; *Geimer, Reinhold*, Anerkennung gerichtlicher Entscheidungen nach dem EWG-Übereinkommen vom 27.9.1968, RIW/AWD 1976, S. 139; *ders.*, Die Gerichtspflichtigkeit des Beklagten außerhalb eines Wohnsitzstaates aus der Sicht des EWG-Übereinkommens vom 27. September 1968 / 9. Oktober 1978, WM 1980, S. 1106; *ders.*, Das Anerkennungsregime

Text + Erläuterungen   Art. 45   **B Vor I** 7

der neuen Brüssel-I-Verordnung (EU) Nr. 1215/2012, in: Festschrift für Hellwig Torggler, 2013, Fitz, Hanns; Kalss, Susanne; Kautz, Reinhard; u.a. (Hrsg.), S. 311; *ders.*, Das Recht auf ein faires Verfahren im internationalen Kontext, in: Festschrift für Rolf Stürner zum 70. Geburtstag, 2013, Bd. 2, Bruns, Alexander; Kern, Christoph A.; Münch, Joachim; u.a. (Hrsg.), S. 1223; *Heiderhoff, Bettina,* Fiktive Zustellung und Titelmobilität, IPRax 2013, S. 309; *Hess, Burkhard,* EMRK, Grundrechte-Charta und europäisches Zivilverfahrensrecht, in: Festschrift für Erik Jayme. Band I, 2004, Mansel, Heinz-Peter; Pfeiffer, Thomas; Kronke, Herbert; u.a. (Hrsg.), S. 339; *ders.*, Mutual Recognition in the European Law of Civil Procedure, ZVglRWiss 111 (2012), S. 21; *ders.*, Urteilsfreizügigkeit nach der VO Brüssel-Ia: beschleunigt oder ausgebremst?, in: Festschrift für Peter Gottwald zum 70. Geburtstag, 2014, Adolphsen, Jens; Goebel, Joachim; Haas, Ulrich, u.a. (Hrsg.), S. 273; *ders./Pfeiffer, Thomas,* Interpretation of the Public Policy Exception as referred to in EU Instruments of Private International and Procedural Law, http://www.europarl.europa.eu/RegData/etudes/etudes/ join/2011/453189/IPOL-JURI_ET(2011)453189_EN.pdf; *Isidro, Marta Requejo,* On Exequatur and the ECHR: Brussels I Regulation before the ECtHR, IPRax 2015, S. 69; *Kohler, Christian,* Sonderstellung staatseigener Unternehmen im Europäischen Zivilprozessrecht?, IPRax 2015, S. 500; *Kummer, Joachim,* Zur Anerkennung von Versäumnisurteilen in Deutschland nach der EuGVVO, in: Festschrift für Günter Hirsch zum 65. Geburtstag, 2008, Müller, Gerda; Osterloh, Eilert; Stein, Torsten (Hrsg.), S. 129; *Lenenbach, Markus,* Die Behandlung von Unvereinbarkeiten zwischen rechtskräftigen Zivilurteilen nach deutschem und europäischem Zivilprozeßrecht, 1997; *Mankowski, Peter,* Kann ein Schiedsspruch ein Hindernis für die Anerkennung einer ausländischen Entscheidung sein?, SchiedsVZ 2014, S. 209; *Roth, Herbert,* Zur verbleibenden Bedeutung der ordnungsgemäßen Zustellung bei Art. 34 Nr. 2 EuGVVO, IPRax 2008, S. 501; *Schramm, Dorothee,* Enforcement and the abolition of exequatur under the 2012 Brussels I Regulation, YPIL 15 (2013, 2014), S. 143; *Regen, Ekkehard,* Prozeßbetrug als Anerkennungshindernis: Ein Beitrag zur Konkretisierung des ordre public-Vorbehaltes, 2008.

Übersicht

	Rn.
I. Normzweck und Systematik	1
II. Entstehungsgeschichte	5
III. Die Anerkennungsversagungsgründe	8
1. Allgemeines	8
2. Verstoß gegen die öffentliche Ordnung (Abs. 1 lit. a)	13
a) Allgemeines	14
b) Verletzung des verfahrensrechtlichen ordre public	21
c) Verletzung des materiellrechtlichen ordre public	42
3. Verletzung des rechtlichen Gehörs bei Verfahrenseinleitung (Abs. 1 lit. b)	52
a) Allgemeines	53
b) Verfahrenseinleitendes oder gleichwertiges Schriftstück	61
c) Rechtzeitige und nach der Art und Weise eine Verteidigung ermöglichende Zustellung	68
d) Nichteinlassung des Beklagten	91
e) Keine Unterlassung von Rechtsbehelfen im Ursprungsstaat	98
4. Unvereinbarkeit mit Entscheidung aus dem Anerkennungsstaat (Abs. 1 lit. c)	105
a) Erfasste Entscheidungen	107
b) Entscheidung zwischen denselben Parteien im Anerkennungsstaat ergangen	110
c) Unvereinbarkeit der Entscheidungen	113

5. Unvereinbarkeit mit früherer Entscheidung aus einem anderen Mitgliedstaat oder einem Drittstaat (Abs. 1 lit. d) 118
6. Unvereinbarkeit mit einer besonderen oder ausschließlichen Zuständigkeit (Abs. 1 lit. e) 122
   a) Unvereinbarkeit mit den Gerichtsständen in Versicherungs-, Verbraucher- und individuellen Arbeitssachen in Art. 10 ff., 17 ff., 20 ff. 123
   b) Unvereinbarkeit mit den ausschließlichen Gerichtsständen in Art. 24 126
7. Fehlende Gerichtsbarkeit als weiterer Anerkennungsversagungsgrund 131
IV. Die Bindung des Zweitgerichts (Abs. 2) 132
V. Keine Nachprüfung der Zuständigkeit des Erstgerichts (Abs. 3) 137
VI. Der Antrag auf Versagung der Anerkennung (Abs. 4) 141
  1. Allgemeines 143
  2. Zuständiges Gericht 146
    a) Sachliche Zuständigkeit 147
    b) Örtliche Zuständigkeit 148
  3. Antrag und Verfahren 151
  4. Prüfungsumfang 155
  5. Entscheidung und Rechtsmittel 157
  6. Verhältnis zu anderen Anträgen 159
  7. Gesetzliche Gebühren 161

I. Normzweck und Systematik

1   Art. 45 enthält als **zentrale Norm** die Gründe für die Versagung der Anerkennung und Vollstreckung mitgliedstaatlicher Entscheidungen im EU-Ausland.

2   **Abs. 1** der Vorschrift zählt **abschließend** die **Gründe für die Verweigerung der Anerkennung** einer Entscheidung im Anwendungsbereich der EuGVVO auf.[1] Liegt ein Grund aus dem Katalog von Abs. 1 vor, scheiden sowohl eine isolierte Anerkennung im besonderen Feststellungsverfahren nach Art. 36 Abs. 2 als auch eine inzidente Anerkennung der Entscheidung nach Art. 36 Abs. 1 (und ggf. Abs. 3) aus. Gestützt auf die Anerkennungshindernisse kann außerdem gem. Art. 46 die **Vollstreckung der ausländischen Entscheidung versagt** werden. Erforderlich ist jedoch stets ein entsprechender Antrag eines Berechtigten.

3   Die **Abs. 2 und 3** schreiben vor, welche **grundsätzlichen Beschränkungen bei der Prüfung des Vorliegens von Versagungsgründen** von den Gerichten des Zweitstaates zu beachten sind.

4   **Abs. 4** enthält einen isolierten Antrag auf Versagung der Anerkennung und regelt dessen **formelle Besonderheiten** durch Verweis auf die Verfahrensvorschriften für die Vollstreckungsversagung in Art. 47–57.

II. Entstehungsgeschichte

5   Art. 45 überführt Art. 34 und 35 EuGVVO a.F. in eine einheitliche Norm bezüglich der Gründe für die Anerkennungsversagung.

---

[1] Vgl. zu der Vorgängervorschrift, Art. 34 EuGVVO a.F., EuGH, 13.10.2011 – Rs. C-139/10, *Prism Investments BV ./. van der Meer*, Slg. 2011, I-9527 (ECLI:EU:C:2011:653), Rn. 33; EuGH, 23.10.2014 – Rs. C-302/13, *flyLAL-Lithuanian Airlines AS ./. Starptautiskā lidosta Rīga VAS u.a.*, ECLI:EU:C:2014:2319, Rn. 46.

Der alte Katalog mit Verweigerungsgründen wurde **fast wortgleich übernommen**, obwohl die Berichte über die Anwendung der EuGVVO a.F. in den Mitgliedstaaten zeigten, dass mitgliedstaatliche Entscheidungen äußerst selten angefochten werden[2] und die wenigen erfolgreichen Anfechtungen auf Zustellungsmängeln bei der Verfahrenseinleitung oder – noch seltener – auf einer Verletzung der öffentlichen Ordnung beruhen.[3] Obwohl die seit März 2002 geltende EuGVVO a.F. als *„höchst erfolgreiches Instrument"* zur Erledigung grenzüberschreitender Streitsachen gilt,[4] ist das gegenseitige Vertrauen in die Rechtspflege der Mitgliedstaaten (Erwgr. 26) offensichtlich noch nicht so weit gereift, dass der Verzicht auf einzelne oder alle Verweigerungsgründe gegenwärtig politisch durchsetzbar wäre.

6

Im Vergleich zu den Vorgängerregelungen weist Art. 45 **folgende wichtige Änderungen** auf:

7

(1) Die Versagungsgründe sind in einer Norm zusammengefasst und übersichtlicher sortiert.
(2) Die Verletzung einer der besonderen Zuständigkeitsregeln für Klagen gegen Arbeitnehmer in Art. 22 f. ist als zusätzlicher Anerkennungsversagungsgrund aufgenommen worden (Abs. 1 lit. e (i) 3. Alt.).
(3) Es ist nun klargestellt, dass eine Missachtung der besonderen Zuständigkeitsvorschriften in Versicherungs-, Verbraucher- und Arbeitssachen nur dann die Versagung der Anerkennung begründen kann, wenn die typischerweise schwächere Partei – also etwa Versicherungsnehmer, Verbraucher, Arbeitnehmer – in dem der Entscheidung zugrunde liegenden Verfahren Beklagte war (Abs. 1 lit. e (i)).
(4) Abs. 4 sieht ausdrücklich die Möglichkeit eines isolierten Antrags auf Versagung der Anerkennung einer mitgliedstaatlichen Entscheidung vor.

III. Die Anerkennungsversagungsgründe

1. Allgemeines

Art. 45 **gilt für Entscheidungen** i.S.v. Art. 2 lit. a,[5] **die in den** sachlichen[6] und zeitlichen[7] **Anwendungsbereich der Verordnung fallen**.[8] Ob der Geltungsbereich der EuGVVO eröffnet ist, entscheidet das Zweitgericht selbständig. Eine Bindung an die diesbezüglichen Rechtsansichten des Erstgerichts besteht nicht.[9]

8

---

[2] Laut *Hess/Pfeiffer/Schlosser*, Heidelberger Bericht, 2007, Rn. 52 werden nur 1% bis 5% der mitgliedstaatlichen Entscheidungen angefochten.
[3] KOM(2009) 174, S. 4; *Hess/Pfeiffer/Schlosser*, Heidelberger Bericht, 2007, Rn. 539, 548, 563.
[4] KOM(2009) 174, S. 3.
[5] Vgl. die Kommentierung zu Art. 2 Rn. 2 ff.
[6] Vgl. die Kommentierung zu Art. 1 Rn. 6 ff.
[7] Vgl. die Kommentierung zu Art. 66.
[8] Vgl. zu der analogen Anwendung von Abs. 1 lit. c und d auf Schiedssprüche unten Rn. 109.
[9] *Thomas/Putzo/Hüßtege*, ZPO, 36. Aufl. 2015, Art. 45 EuGVVO Rn. 1; *Saenger/Dörner*, ZPO, 6. Aufl. 2015, Vorbem zu Art. 36–57 EuGVVO Rn. 3. Vgl. ausführlich hierzu zur EuGVVO a.F. *Geimer/Schütze*, EuZVR, 3. Aufl. 2010, Art. 32 EuGVVO a.F. Rn. 9f.

9 Die **Versagungsgründe** sind **eng auszulegen,** weil sie dem Ziel der Verordnung entgegenlaufen, den freien Verkehr von Entscheidungen innerhalb der EU zu erleichtern.[10]

10 Die Verweigerung der Anerkennung setzt nach Abs. 1 den **Antrag eines Berechtigten** voraus. Als Berechtigter ist jeder anzusehen, gegenüber dem die Entscheidung Rechtswirkungen entfaltet, die ein legitimes Interesse an der Anerkennungsversagung begründen. Hierzu gehören insbesondere die Parteien des Hauptprozesses bzw. ihre Rechtsnachfolger.[11]

11 Die Formulierung „*auf Antrag eines Berechtigten*" verwehrt es den mitgliedstaatlichen Gerichten, das Vorliegen von Anerkennungshindernissen ohne ein entsprechendes Ersuchen zu prüfen.[12] **Derjenige, der die Anerkennung verhindern will, hat die entscheidungserheblichen Tatsachen darzulegen und zu beweisen.**[13] Fehlt es an einem entsprechenden Sachvortrag, scheidet infolge des im deutschen Zivilprozessrecht geltenden Beibringungsgrundsatzes[14] eine amtswegige Ermittlung der für die Entscheidung erheblichen Tatsachen aus.[15] Sind diese Tatsachen vorgetragen, kann ein mitgliedstaatliches Gericht einen Versagungsgrund jedoch auch dann prüfen und bejahen, wenn sich der Antragsteller nicht explizit auf diesen berufen hat.[16] Aus dem Erfordernis eines Antrags folgt nicht, dass die mitgliedstaatlichen Gerichte auf die ausdrücklich gerügten Anerkennungshindernisse beschränkt sind. Die Frage nach dem Prüfungsumfang mitgliedstaatlicher Gerichte dürfte sich in der Praxis allerdings kaum stellen. Denn ein vernünftiger Antragsteller wird in der Regel alle in Betracht kommenden Anerkennungshindernisse einwenden.[17]

12 Das **autonome Anerkennungsrecht** der Mitgliedstaaten wird durch Art. 45 Abs. 1 **vollständig verdrängt.** Der Anwendungsvorrang des Unionsrechts (Art. 288 Abs. 2 S. 2 AEUV) verwehrt einem mitgliedstaatlichen Gericht den Rückgriff auf nationale Vorschriften unabhängig davon, ob diese

---

[10] EuGH, 28.4.2009 – Rs. C-420/07, *Apostolides ./. Orams*, Slg. 2009, I-3571 (ECLI:EU:C:2009:271), Rn. 55; EuGH, 13.10.2011 – Rs. C-139/10, *Prism Investments BV ./. van der Meer*, Slg. 2011, I-9527 (ECLI:EU:C:2011:653), Rn. 33; EuGH, 26.9.2013 – Rs. C-157/12, *Salzgitter Mannesmann Handel GmbH ./. SC Laminorul SA*, ECLI:EU:C:2013:597, Rn. 28; EuGH, 16.7.2015 – Rs. C-681/13, *Diageo Brands BV ./. Simiramida-04 EOOD*, ECLI:EU:C:2015:471, Rn. 41.

[11] Saenger/*Dörner*, ZPO, 6. Aufl. 2015, Art. 45 EuGVVO Rn. 3.

[12] Rauscher/*Leible*, EuZPR, 4. Aufl. 2016, Art. 45 EuGVVO Rn. 3.

[13] BGH, 18.9.2001 – IX ZB 104/00, NJW-RR 2002, S. 1151; BGH, 6.10.2005 – IX ZB 360/02, NJW 2006, S. 701 (702); BGH, 14.6.2012 – IX ZB 183/09, NJW-RR 2012, S. 1013 (1014); OLG Zweibrücken, 19.9.2005 – 3 W 132/05, NJW-RR 2006, S. 207 (208); OLG Frankfurt a.M., 21.9.2010 – 26 W 24/10, IPRspr. 2012, Nr. 259a, S. 577, Rn. 20 (nach juris). Ebenso Rauscher/*Leible*, EuZPR, 4. Aufl. 2016, Art. 45 EuGVVO Rn. 4.

[14] BGH, 12.12.2007 – XII ZB 240/05, NJW-RR 2008, S. 586, Rn. 26 (nach juris); BGH, 28.11.2007 – XII ZB 217/05, NJW 2008, S. 1531, Rn. 20 (nach juris); BGH, 10.9.2015 – IX ZB 39/13, NJW 2016, S. 160, Rn. 10 (nach juris).

[15] BGH, 3.8.2011 – XII ZB 187/10, NJW 2011, S. 3103, Rn. 24 (nach juris). Vgl. auch Thomas/Putzo/*Hüßtege*, ZPO, 36. Aufl. 2015, Art. 45 EuGVVO Rn. 2, 9.

[16] So zur EuGVVO a.F. BGH, 12.12.2007 – XII ZB 240/05, NJW-RR 2008, S. 586 (588); Kropholler/von Hein, EuZPR, 9. Aufl. 2011, vor Art. 33 EuGVVO a.F. Rn. 2.

[17] So zu Recht Kropholler/von Hein, EuZPR, 9. Aufl. 2011, vor Art. 33 EuGVVO a.F. Rn. 2.

im Vergleich zur EuGVVO anerkennungsfeindlicher oder -freundlicher sind.[18] Demzufolge darf ein Gericht, soweit keines der Hindernisse in Art. 45 Abs. 1 vorliegt, die Anerkennung nicht aufgrund eines im nationalen Recht vorgesehenen Grundes verweigern. Andersherum kann eine Entscheidung, wenn ein Versagungsgrund nach der EuGVVO vorliegt, nicht mit dem Argument anerkannt werden, die Entscheidung wäre nach nationalem Recht anerkennungsfähig. Ansonsten könnten die den Anerkennungshindernissen zugrunde liegenden Ziele unterlaufen werden.

2. Verstoß gegen die öffentliche Ordnung (Abs. 1 lit. a)

Abs. 1 lit. a gestattet die Versagung der Anerkennung, wenn die Anerkennung 13 der Entscheidung offensichtlich gegen die öffentliche Ordnung des Zweitstaates verstoßen würde.

a) Allgemeines

Die Anerkennungsversagung aufgrund Verstoßes gegen die öffentliche Ord- 14 nung stellt in der Systematik von Abs. 1 einen **Auffangtatbestand** dar, der erst dann greift, wenn keiner der besonderen Versagungsgründe vorliegt.[19] Abs. 1 lit. a ist **eng auszulegen** und soll **nur in Ausnahmefällen** zur Anerkennungsversagung führen, wie auch das ausdrückliche Erfordernis eines „offensichtlichen" Verstoßes zum Ausdruck bringt.[20]

In der Rechtspraxis wird der *ordre public*-Verstoß oft geltend gemacht, von den 15 Gerichten jedoch nur selten bejaht. Ursächlich für eine Anerkennungsversagung aufgrund Abs. 1 lit. a ist meistens eine Verletzung der Verfahrensrechte des Beklagten, d.h. des verfahrensrechtlichen *ordre public*.[21]

Den **Inhalt der öffentlichen Ordnung** bestimmt **jeder Mitgliedstaat** 16 **unter Berücksichtigung seiner eigenen Wertmaßstäbe**.[22] Bei der Anerkennung und Vollstreckung einer ausländischen Entscheidung in Deutschland ist

---

[18] Zöller/Geimer, ZPO, 31. Aufl. 2016, Art. 45 EuGVVO Rn. 1; Saenger/Dörner, ZPO, 6. Aufl. 2015, Vorbem. zu Art. 36–57 EuGVVO Rn. 4. A. A. Thomas/Putzo/Hüßtege, ZPO, 36. Aufl. 2015, Art. 45 EuGVVO Rn. 1, der den Rückgriff auf ein anerkennungsfreundlicheres nationales Recht für zulässig erachtet.
[19] OLG Köln, 8.3.1999 – 16 W 32/98, IPRax 2000, S. 528, Rn. 8 (nach juris).
[20] EuGH, 11.5.2000 – Rs. C-38/98, *Renault SA ./. Maxicar SA* u.a., Slg. 2000, I-2973 (ECLI:EU:C:2000:225), Rn. 26 mit Anm. *Geimer*, EWiR 2000, S. 627 und *Heß*, IPRax 2001, S. 301; EuGH, 28.4.2009 – Rs. C-420/07, *Apostolides ./. Orams*, Slg. 2009, I-3571 (ECLI:EU:C:2009:271), Rn. 55; EuGH, 16.7.2015 – Rs. C-681/13, *Diageo Brands BV ./. Simiramida-04 EOOD*, ECLI:EU:C:2015:471, Rn. 41.
[21] KOM(2009) 174, S. 4.
[22] EuGH, 28.3.2000 – Rs. C-7/98, *Krombach ./. Bamberski*, Slg. 2000, I-1935 (ECLI:EU:C:2000:164), Rn. 23; EuGH, 11.5.2000 – Rs. C-38/98, *Renault SA ./. Maxicar SA* u.a., Slg. 2000, I-2973 (ECLI:EU:C:2000:225), Rn. 27 f.; EuGH, 28.4.2009 – Rs. C-420/07, *Apostolides ./. Orams*, Slg. 2009, I-3571 (ECLI:EU:C:2009:271), Rn. 56; EuGH, 23.10.2014 – Rs. C-302/13, *flyLAL-Lithuanian Airlines AS ./. Starptautiskā lidosta Rīga VAS* u.a., ECLI:EU:C:2014:2319, Rn. 47; EuGH, 16.7.2015 – Rs. C-681/13, *Diageo Brands BV ./. Simiramida-04 EOOD*, ECLI:EU:C:2015:471, Rn. 43. Vgl. zu der Auslegung des *ordre public*-Einwands in den unterschiedlichen Mitgliedstaaten *Hess/Pfeiffer*, Interpretation of the Public Policy Exception as referred to in EU Instruments of Private International and Procedural Law, 2011 (abrufbar unter http://www.europarl.europa.eu/RegData/etudes/etudes/join/2011/453189/IPOL-JURI_ET(2011)453189_EN.pdf).

somit der deutsche verfahrens- und materiellrechtliche *ordre public* maßgeblich.[23] Dessen Inhalt ergibt sich insbesondere aus den im Grundgesetz verankerten Grundrechten, der EU-Grundrechtecharta und dem EMRK sowie aus den tragenden Grundsätzen des Unionsrechts.[24]

17 Die **Grenzen,** innerhalb derer ein Verstoß gegen die öffentliche Ordnung zur Anerkennungsversagung nach Abs. 1 lit. a führen kann, werden jedoch **euroautonom** bestimmt. Laut EuGH kann die Anerkennung nur dann verweigert werden, wenn sie offensichtlich eine in der Rechtsordnung des Anerkennungsstaats **als wesentlich geltende Rechtsnorm verletzt** oder gegen einen **als grundlegend anerkannten Rechtsgrundsatz verstößt** und deshalb in einem nicht hinnehmbaren Gegensatz zur Rechtsordnung des Anerkennungsstaats steht.[25]

18 Diese **Beschränkungen** für die Anerkennungsversagung nach Abs. 1 lit. a folgen aus dem **Verbot der *révision au fond*** gem. Art. 52. Aufgrund dieses Verbotes kann die Anerkennung einer mitgliedstaatlichen Entscheidung auch nicht deswegen versagt werden, weil das Ursprungsgericht andere Rechtsvorschriften angewandt hat als diejenigen, die das Anerkennungsgericht bei eigener Befassung mit dem Rechtsstreit herangezogen hätte. Dem Anerkennungsgericht ist es außerdem verwehrt, nachzuprüfen, ob das Ursprungsgericht den Fall rechtlich und tatsächlich fehlerfrei gewürdigt hat.[26] Die Anerkennung darf daher auch nicht allein deswegen abgelehnt werden, weil nach Auffassung des zweitstaatlichen Gerichts das Ursprungsgericht eine Vorschrift des nationalen oder europäischen Rechts falsch angewendet hat. Es ist nämlich davon auszugehen, dass das Rechtsbehelfssystem jedes Mitgliedstaats – ergänzt durch die Möglichkeit des Vorabentscheidungsverfahrens nach Art. 267 AEUV – den Bürgern ausreichende Garantie für die richtige Anwendung unionsrechtlicher Bestimmungen bietet.[27]

19 **Maßgeblicher Zeitpunkt** für die Beurteilung, ob ein *ordre public*-Verstoß vorliegt, ist die Prüfung der Anerkennungsfähigkeit durch die Gerichte im Aner-

---

[23] Vgl. BGH, 14.6.2012 – IX ZB 183/09, NJW-RR 2012, S. 1013, Rn. 22 (nach juris); BGH, 4.3.1993 – IX ZB 55/92, NJW 1993, S. 1801, Rn. 7 (nach juris); OLG Hamburg, 15.9.1994 – 6 W 39/94, IPRspr. 1994, Nr. 167, S. 383.

[24] BGH, 24.2.1999 – IX ZB 2/98, BGHZ 140, 395, Rn. 9 (nach juris); Rauscher/*Leible*, EuZPR, 4. Aufl. 2016, Art. 45 EuGVVO Rn. 11 ff.

[25] EuGH, 28.3.2000 – Rs. C-7/98, *Krombach* ./. *Bamberski*, Slg. 2000, I-1935 (ECLI:EU:C:2000:164), Rn. 23; EuGH, 11.5.2000 – Rs. C-38/98, *Renault SA* ./. *Maxicar SA* u.a., Slg. 2000, I-2973 (ECLI:EU:C:2000:225), Rn. 30; EuGH, 28.4.2009 – Rs. C-420/07, *Apostolides* ./. *Orams*, Slg. 2009, I-3571 (ECLI:EU:C:2009:271), Rn. 56 f.; EuGH, 23.10.2014 – Rs. C-302/13, *flyLAL-Lithuanian Airlines AS* ./. *Starptautiskā lidosta Rīga VAS u.a.*, ECLI:EU:C:2014:2319, Rn. 47 ff.; EuGH, 16.7.2015 – Rs. C-681/13, *Diageo Brands BV* ./. *Simiramida-04 EOOD*, ECLI:EU:C:2015:471, Rn. 43 f.

[26] EuGH, 28.3.2000 – Rs. C-7/98, *Krombach* ./. *Bamberski*, Slg. 2000, I-1935 (ECLI:EU:C:2000:164), Rn. 236; EuGH, 11.5.2000 – Rs. C-38/98, *Renault SA* ./. *Maxicar SA* u.a., Slg. 2000, I-2973 (ECLI:EU:C:2000:225), Rn. 29; EuGH, 28.4.2009 – Rs. C-420/07, *Apostolides* ./. *Orams*, Slg. 2009, I-3571 (ECLI:EU:C:2009:271), Rn. 58; EuGH, 23.10.2014 – Rs. C-302/13, *flyLAL-Lithuanian Airlines AS* ./. *Starptautiskā lidosta Rīga VAS u.a.*, ECLI:EU:C:2014:2319, Rn. 48; EuGH, 16.7.2015 – Rs. C-681/13, *Diageo Brands BV* ./. *Simiramida-04 EOOD*, ECLI:EU:C:2015:471, Rn. 43.

[27] EuGH, 11.5.2000 – Rs. C-38/98, *Renault SA* ./. *Maxicar SA* u.a., Slg. 2000, I-2973 (ECLI:EU:C:2000:225), Rn. 32 f.; EuGH, 28.4.2009 – Rs. C-420/07, *Apostolides* ./. *Orams*, Slg. 2009, I-3638 (ECLI:EU:C:2009:271), Rn. 60; EuGH, 16.7.2015 – Rs. C-681/13, *Diageo Brands BV* ./. *Simiramida-04 EOOD*, ECLI:EU:C:2015:471, Rn. 49.

kennungsstaat.[28] Denn maßgeblich nach Abs. 1 lit. a ist lediglich, ob die Wirkungen, die die Entscheidung infolge ihrer Anerkennung im Zweitstaat entfalten würde, mit der öffentlichen Ordnung vereinbar sind.[29]

Eine Versagung der Anerkennung nach Abs. 1 lit. a setzt laut EuGH schließlich 20 voraus, dass der Antragsteller **alle Rechtsmittel ausgeschöpft** hat, die ihm im Ursprungsstaat zur Verfügung stehen, um zu verhindern, dass es zu einem *ordre public*-Verstoß kommt.[30] Die Obliegenheit zur Ausschöpfung aller Rechtsbehelfe ergibt sich zum einen aus dem Ausnahmecharakter des *ordre public*-Vorbehalts und zum anderen aus dem der EuGVVO zugrundeliegenden Gedanken, dass Fehler in der Sache grundsätzlich im Ursprungsmitgliedstaat zu korrigieren sind (vgl. Art. 51, 52 EuGVVO).[31] Etwas anderes gilt nur, wenn im Einzelfall besondere Umstände vorliegen, die das Einlegen von Rechtsmitteln im Erststaat unzumutbar erschweren oder unmöglich machen.[32] Ein Rechtsmittel ist jedoch nicht bereits deswegen unzumutbar, weil dessen Erfolgsaussichten zweifelhaft erscheinen.[33]

b) Verletzung des verfahrensrechtlichen *ordre public*

Die Hürde für die Annahme eines Verstoßes gegen den deutschen verfahrens- 21 rechtlichen *ordre public* ist hoch: Es genügt nicht, dass die Entscheidung in einem Verfahren ergangen ist, das von zwingenden Vorschriften des deutschen Prozessrechts abweicht. Vielmehr ist die Anerkennung erst dann zu versagen, wenn das der Entscheidung zugrundeliegende Verfahren nicht mehr als geordnetes, rechtsstaatliches Verfahren angesehen werden kann.[34] Der Ablauf des erststaatlichen Verfahrens muss daher im **Widerspruch zu elementaren, unverzichtbaren Forderungen prozessualer Gerechtigkeit** stehen.[35]

Zu den **grundsätzlichen Verfahrensmaximen** des deutschen Rechts, die 22 gegenüber ausländischen Urteilen durchzusetzen sind, gehören der Schutz des rechtlichen Gehörs,[36] die Gewährung eines fairen Verfahrens sowie der Anspruch auf unabhängige und unparteiische Gerichte.[37]

---

[28] OLG Köln, 6.10.1994 – 7 W 34/94, NJW-RR 1995, S. 446 (448); Saenger/*Dörner*, ZPO, 6. Aufl. 2015, Art. 45 EuGVVO Rn. 4; *Kropholler/von Hein*, EuZPR, 9. Aufl. 2011, Art. 34 EuGVVO a.F. Rn. 10. A.A. Zöller/*Geimer*, ZPO, 31. Aufl. 2016, Art. 45 EuGVVO Rn. 11, wonach der Zeitpunkt der Eintritts der zur Anerkennung anstehenden Urteilswirkungen nach dem Recht des Ursprungsstaats maßgeblich sei.
[29] Saenger/*Dörner*, ZPO, 6. Aufl. 2015, Art. 45 EuGVVO Rn. 4.
[30] EuGH, 16.7.2015 – Rs. C-681/13, *Diageo Brands BV ./. Simiramida-04 EOOD*, ECLI:EU:C:2015:471, Rn. 63 ff.; EuGH, 25.5.2016 – Rs. C-559/14, *Meroni ./. Recolebos Ltd.*, ECLI:EU:C:2016:349, Rn. 48.
[31] GA *Szpunar*, Schlussanträge v. 3.3.2015 (Rs. C-681/13 – *Diageo Brands BV ./. Simiramida-04 EOOD*), ECLI:EU:C:2015:137, Rn. 63 ff.
[32] EuGH, 16.7.2015 – Rs. C-681/13, *Diageo Brands BV ./. Simiramida-04 EOOD*, ECLI:EU:C:2015:471, Rn. 63 ff.
[33] EuGH, 16.7.2015 – Rs. C-681/13, *Diageo Brands BV ./. Simiramida-04 EOOD*, ECLI:EU:C:2015:471, Rn. 62 ff.; siehe auch Rn. 27.
[34] BGH, 21.3.1990 – XII ZR 71/89, juris, Rn. 12; BGH, 23.6.2005 – IX ZB 64/04, juris, Rn. 6; BGH, 14.6.2012 – IX ZB 183/09, NJW-RR 2012, S. 1013, Rn. 11 (nach juris); BGH, 10.9.2015 – IX ZB 39/13, NJW 2016, S. 160, Rn. 12 (nach juris); OLG Düsseldorf, 9.4.2013 – 3 W 254/12, juris, Rn. 20.
[35] OLG Saarbrücken, 12.1.2011 – 5 W 132/09, IPRspr. 2011, Nr. 264, S. 686, Rn. 63 (nach juris).
[36] BGH, 10.9.2015 – IX ZB 39/13, NJW 2016, S. 160, Rn. 12 (nach juris).
[37] OLG Saarbrücken, 12.1.2011 – 5 W 132/09, IPRspr. 2011, Nr. 264, S. 686, Rn. 63 (nach juris). Vgl. auch Saenger/*Dörner*, ZPO, 6. Aufl. 2015, Art. 45 EuGVVO Rn. 9.

23   Der **Grundsatz des rechtlichen Gehörs** (Art. 103 Abs. 1 GG) wird durch Abs. 1 lit. a nur geschützt, soweit Gehörsverletzungen nach Einleitung des Verfahrens betroffen sind, weil Verstöße im Stadium der Verfahrenseröffnung abschließend von der Sondernorm in Abs. 1 lit. b erfasst sind.[38] Die Wahrung des rechtlichen Gehörs verbietet es, eine Entscheidung zu treffen, bevor der Betroffene Gelegenheit zur Äußerung hatte, und verlangt, dass jedem Beteiligten die Möglichkeit gegeben wird, auf den Verfahrensablauf aktiv Einfluss zu nehmen.[39] Der Anspruch auf rechtliches Gehör bedeutet auch, dass das entscheidende Gericht die Ausführungen der Prozessbeteiligten zur Kenntnis nehmen und in Erwägung ziehen muss.[40]

24   Eine Verletzung des Gehörsanspruchs ist anzunehmen, wenn der **Prozessvertreter einer Partei wegen Abwesenheit der Partei zurückgewiesen** wurde und das Gericht ohne Berücksichtigung der Einlassung der abwesenden Partei entschieden hat.[41]

25   Der **Ausschluss einer Partei** vom weiteren Verfahren **wegen der Missachtung einer gerichtlichen Anordnung** (sog. *contempt of court* im englischen Recht zur Sanktionierung von Missachtungen gerichtlicher Anordnungen) kann *ordre public*-widrig sein, wenn die Maßnahme im Einzelfall außer Verhältnis zu dem mit ihr erstrebten Ziel steht, eine ordnungsgemäße Rechtspflege zu gewährleisten.[42]

26   Ein Verstoß gegen die öffentliche Ordnung liegt auch dann vor, wenn die **Frist für die Einzahlung eines Kostenvorschusses** so **knapp angesetzt** ist, dass ihre Einhaltung im internationalen Rechtsverkehr kaum möglich ist, und eine Fristverlängerung nicht gewährt worden ist.[43] Eine Verletzung des *ordre public* scheidet hingegen aus, wenn das **Rechtsmittel** einer Partei nur deswegen **unberücksichtigt** geblieben ist, weil es **ohne Vorlage einer Vollmacht des Prozessvertreters** eingelegt wurde.[44]

27   Ein Gehörsverstoß verletzt auch dann den *ordre public*, wenn **wesentliches Vorbringen einer Partei übergangen** oder das Vorbringen einer Partei der anderen Partei nicht zur Kenntnis gebracht wurde. Es ist freilich nicht erforderlich, dass sich das Ursprungsgericht mit jedem einzelnen Argument der Parteien auseinandergesetzt hat. Entscheidend ist vielmehr, ob die Argumentation des Gerichts in ihrem Gesamtzusammenhang darauf schließen lässt, dass

---

[38] OLG Saarbrücken, 12.1.2011 – 5 W 132/09, IPRspr. 2011, Nr. 264, S. 686, Rn. 96 (nach juris). Vgl. auch unten Rn. 52 ff.
[39] BGH, 2.9.2009 – XII ZB 50/06, BGHZ 182, 204, Rn. 25 (nach juris); BGH, 14.6.2012 – IX ZB 183/09, NJW-RR 2012, S. 1013, Rn. 12 (nach juris); BGH, 10.9.2015 – IX ZB 39/13, NJW 2016, S. 160, Rn. 13 (nach juris).
[40] BGH, 29.6.2000 – IX ZB 23/97, NJW 2000, S. 3289, Rn. 9 (nach juris).
[41] BGH, 29.6.2000 – IX ZB 23/97, NJW 2000, S. 3289, Rn. 9 ff. (nach juris) im Anschluss an EuGH, 28.3.2000 – Rs. C-7/98, *Krombach ./. Bamberski*, Slg. 2000, I-1935 (ECLI:EU:C:2000:164), Rn. 29 ff.
[42] EuGH, 2.4.2009 – Rs. C-394/07, *Gambazzi ./. DaimlerChrysler Canada Inc. u.a.*, Slg. 2009, I-2563 (ECLI:EU:C:2009:219), Rn. 32 ff.; BGH, 10.9.2015 – IX ZB 39/13, NJW 2016, S. 160, Rn. 13 (nach juris).
[43] BGH, 20.5.2010 – IX ZB 121/07, NJW-RR 2010, S. 1221, Rn. 5 ff. (nach juris).
[44] BGH, 14.6.2012 – IX ZB 183/09, NJW-RR 2012, S. 1013, Rn. 17 ff. (nach juris).

es die wesentlichen Sachfragen behandelt und sich eine Überzeugung gebildet hat.⁴⁵

Ein *ordre public*-Verstoß liegt auch vor, wenn in einem Unterhaltsprozess die **Vaterschaft ausschließlich aufgrund der Aussage einer Zeugin vom Hörensagen festgestellt** wurde, obwohl der Vater jeden geschlechtlichen Verkehr mit der Mutter geleugnet und angeboten hat, an der Erstellung eines Vaterschaftsgutachtens mitzuwirken.⁴⁶ 28

Ein offensichtlicher Verstoß gegen den **Anspruch auf ein faires Verfahren** (Art. 6 EMRK, Art. 47 Abs. 2 EU-Grundrechtecharta) liegt vor, wenn das Urteil das Ergebnis eines **Prozessbetrugs** ist.⁴⁷ Hat sich der Beklagte vor dem Ursprungsgericht nicht verteidigt, weil ihm der Kläger wahrheitswidrig versichert hatte, aus dem Urteil würde nie vollstreckt werden, ist der aufgrund der Täuschung erstrittene Titel in Deutschland nicht anzuerkennen.⁴⁸ *Ordre public*-widrig ist auch ein Urteil, das durch vorsätzlich falschen Prozessvortrag erwirkt wurde.⁴⁹ Nach der Rspr. des BGH kann sich der Antragsteller im Zweitstaat auch dann auf einen Prozessbetrug berufen, wenn er sich auf das ausländische Verfahren nicht eingelassen und nicht versucht hat, dort den Prozessbetrug als Einwand geltend zu machen.⁵⁰ Diese in Lit.⁵¹ und Rspr.⁵² zu Recht kritisierte Ausnahme von der grundsätzlichen Obliegenheit zur Ausschöpfung aller Rechtsbehelfe im Ursprungsstaat dürfte jedoch angesichts der neueren EuGH-Entscheidung⁵³ hinfällig sein. Es ist daher der Partei, die den Prozessbetrugsvorwurf erhebt, anzuraten, im Ursprungsstaat alle verfügbaren Rechtsbehelfe gegen die Entscheidung auszuschöpfen. 29

Gegen den *ordre public* verstoßen auch Verfügungen ausländischer Gerichte, mit denen der Partei eines Verfahrens im Ursprungsstaat unter Anordnung einer Geldstrafe untersagt wird, ein gerichtliches Verfahren in einem anderen Staat 30

---

⁴⁵ OLG Saarbrücken, 12.1.2011 – 5 W 132/09, IPRspr. 2011, Nr. 264, S. 686, Rn. 96 (nach juris). Vgl. auch OLG Frankfurt a.M., 21.9.2010 – 26 W 24/10, IPRspr. 2012, Nr. 259a, S. 577, Rn. 22 (nach juris).
⁴⁶ BGH, 26.8.2009 – XII ZB 169/07, NJW 2009, S. 3306, Rn. 30 ff. (nach juris). Auch wenn Unterhaltspflichten gem. Art. 1 Abs. 2 lit. e nun vom Anwendungsbereich der EuGVVO ausgenommen sind, kann die Entscheidung als Richtlinie für die Prüfung des *ordre public*-Vorbehalts herangezogen werden.
⁴⁷ BGH, 10.12.2009 – IX ZB 38/07, IPRspr. 2009, Nr. 143, S. 626; BGH, 10.12.2009 – IX ZB 103/06, IPRspr. 2009, Nr. 241, S. 624; BGH, 5.5.2014 – IX ZB 26/13, WM 2014, S. 1295. Vgl. ausführlich hierzu *Regen*, Prozeßbetrug als Anerkennungshindernis, 2008, S. 217 ff.
⁴⁸ BGH, 10.7.1986 – IX ZB 27/86, WM 1986, S. 1370, Rn. 11 (nach juris).
⁴⁹ BGH, 6.5.2004 – IX ZB 43/03, NJW 2004, S. 2386, Rn. 22 ff. (nach juris); OLG Düsseldorf, 11.9.2008 – I-24 W 7/06, IPRspr. 2008, Nr. 173, S. 552, Rn. 17 (nach juris); OLG Frankfurt a.M., 21.9.2010 – 26 W 24/10, IPRspr. 2012, Nr. 259a, S. 577, Rn. 21 (nach juris); OLG Düsseldorf, 4.4.2011 – 3 W 292/10, IPRax 2013, S. 349, Rn. 14 (nach juris) mit Anm. *Würdinger*, IPRax 2013, S. 322.
⁵⁰ BGH, 6.5.2004 – IX ZB 43/03, NJW 2004, S. 2386, Rn. 22 (nach juris); BGH, 10.12.2009 – IX ZB 38/07, IPRspr. 2009, Nr. 143, S. 626, Rn. 5 (nach juris); BGH, 10.12.2009 – IX ZB 103/06, IPRspr. 2009, Nr. 241, S. 624, Rn. 4 (nach juris); BGH, 5.5.2014 – IX ZB 26/13, WM 2014, S. 1295, Rn. 6 (nach juris).
⁵¹ *Stein/Jonas/Oberhammer*, ZPO, 22. Aufl. 2011, Art. 34 EuGVVO a.F. Rn. 40.
⁵² OLG Stuttgart, 5.11.2013 – 5 W 13/13, FamRZ 2014, S. 792, Rn. 45 ff. (nach juris).
⁵³ EuGH, 16.7.2015 – Rs. C-681/13, *Diageo Brands BV ./. Simiramida-04 EOOD*, ECLI:EU:C:2015:471, Rn. 63 ff.; EuGH, 25.5.2016 – Rs. C-559/14, *Mer8ni ./. Recolebos Ltd.*, ECLI:EU:C:2016:349, Rn. 48. Vgl. hierzu oben Rn. 20.

fortzuführen (sog. *anti-suit injunctions* oder *injunctions restraining foreign proceedings*).[54] Solche Prozessführungsverbote werden von englischen Gerichten insbesondere zur Durchsetzung von Gerichtsstands- und Schiedsvereinbarungen erlassen.[55] *Anti-suit injunctions* missachten die Grundprinzipien der EuGVVO, denen zufolge es Sache des Ursprungsgerichts ist, seine Zuständigkeit zu beurteilen, und eine Nachprüfung dieser Entscheidung durch andere Gerichte – von engen Ausnahmen abgesehen – ausgeschlossen ist.[56]

31   Eine Missachtung der öffentlichen Ordnung kann außerdem darauf gestützt werden, dass das Ursprungsgericht **trotz Vorrangs der EuZustVO eine fiktive Zustellung** eines gerichtlichen Schriftstücks, wie der Ladung zur mündlichen Verhandlung oder eines richterlichen Hinweisschreibens, vorgenommen hat.[57] Im polnischen Recht etwa kann die Zustellung eines Schriftstücks mangels Zustellungsbevollmächtigten einer Partei im Inland durch Aufnahme in die Gerichtsakte bewirkt werden.[58] Der EuGH hat die **fiktive Zustellung nach polnischem Recht** für unvereinbar mit dem Unionsrecht erklärt.[59] Dies begründet der EuGH zum einen unter Hinweis auf die Vorschriften der EuZustVO und das damit bezweckte Funktionieren des Binnenmarktes. Zum anderen verweist der EuGH darauf, dass der Mechanismus der im polnischen Recht vorgesehenen fiktiven Zustellung mit dem Recht der Prozessbeteiligten auf ein faires Verfahren gem. Art. 47 EU-Grundrechtecharta und Art. 6 Abs. 1 EMRK unvereinbar ist, weil nicht gewährleistet ist, dass der Empfänger eines Schriftstücks von diesem so rechtzeitig Kenntnis erlangt, dass er seine Verteidigung vorbereiten kann. Auf Grundlage dieser EuGH-Entscheidung hat der BGH jüngst entschieden, dass die Anerkennung eines polnischen Urteils gegen den deutschen verfahrensrechtlichen *ordre public* verstößt, wenn das polnische Gericht gegenüber dem in Deutschland wohnenden Beklagten eine fiktive Zustellung nach polnischem Recht vorgenommen hat.[60]

32   Ein *ordre public*-Verstoß kann des Weiteren anzunehmen sein, wenn das ausländische Urteil **keine Begründung** enthält. Der EuGH hat klargestellt, dass das unionsrechtliche Recht auf ein faires Verfahren verlangt, dass jede gerichtliche Entscheidung mit Gründen zu versehen ist, damit der Beklagte die Gründe seiner Verurteilung verstehen und gegen die Entscheidung auf zweckdienliche und

---

[54] *Saenger/Dörner*, ZPO, 6. Aufl. 2015, Art. 45 EuGVVO Rn. 12; *Schlosser/Hess*, EuZPR, 4. Aufl. 2015, Art. 45 EuGVVO Rn. 11.
[55] Vgl. ausführlich zu *anti-suit injunctions* die Kommentierung zu Art. 25 Rn. 281 ff. und zu Art. 1 Rn. 125 ff.
[56] EuGH, 27.4.2004 – Rs. C-159/02, *Turner* ./. *Grovit*, Slg. 2004, I-3565 (ECLI:EU:C:2004:228), Rn. 25 ff. mit Anm. *Rauscher*, IPRax 2004, S. 405 und *Mankowski*, EWiR 2004, S. 755; EuGH, 10.2.2009 – Rs. C-185/07, *Allianz SpA* ./. *West Tankers Inc.*, Slg. 2009, I-663 (ECLI:EU:C:2009:69), Rn. 27 ff. mit Anm. *Schroeder*, EuZW 2009, S. 218 und *Pfeiffer*, LMK 2009, 276791. Vgl. hierzu ausführlich die Kommentierung bei zu Art. 25 Rn. 281 ff. und zu Art. 1 Rn. 125 ff.
[57] Vgl. ausführlich *Heiderhoff*, IPRax 2013, S. 309.
[58] Art. 1135 polnisches Zivilverfahrensgesetzbuch.
[59] EuGH, 19.12.2012 – Rs. C-325/11, *Alder u.a.* ./. *Orlowska u.a.*, ECLI:EU:C:2012:824, Rn. 34 ff. mit Anm. *Düsterhaus*, NJW 2013, S. 445.
[60] BGH, 10.9.2015 – IX ZB 39/13, NJW 2016, S. 160, Rn. 14 ff. (nach juris). Anders noch BGH, 14.6.2012 – IX ZB 183/09, NJW-RR 2012, S. 1445, Rn. 22 ff. (nach juris); zustimmend *Margonski*, GPR 2013, S. 296, ablehnend *Okońska*, GPR 2013, S. 232 und *Düsterhaus*, NJW 2013, S. 445.

Text + Erläuterungen   Art. 45   **B Vor I**   7

wirksame Weise Rechtsmittel einlegen kann.[61] Der **Umfang der Begründungspflicht** kann allerdings nach Art und Umfang des Verfahrens variieren.[62] Es bedarf daher einer umfassenden Würdigung der Gesamtumstände, um zu prüfen, ob dem Beklagten die Einlegung eines Rechtsbehelfs möglich war. Der BGH hat einen *ordre public*-Verstoß bei einem polnischen Urteil bejaht, das keinerlei Begründung enthielt und der zugrundeliegende Sachverhalt auch in Verbindung mit anderen vorgelegten Unterlagen nicht zuverlässig festgestellt werden konnte.[63] Soweit der Beklagte aus sonstigen Umständen entnehmen konnte, warum er verurteilt worden ist (etwa aufgrund mündlicher Urteilsbegründung im Termin), kann das Begründungserfordernis auch ohne eine schriftliche Urteilsbegründung erfüllt werden.[64]

Eine **überlange Verfahrensdauer** im Ursprungsstaat verletzt zwar das Recht 33
auf ein faires Verfahren, begründet jedoch nicht einen *ordre public*-Verstoß. Das gilt jedenfalls, wenn keine der Parteien in unzulässiger Weise zu der langen Verfahrensdauer beigetragen haben.[65] Eine Anerkennungsversagung wegen überlanger Verfahrensdauer würde zusätzlich die durch ein langwieriges Prozessieren ohnehin benachteiligte Partei belasten.[66]

Eine **falsche Beurteilung der Zuständigkeit** durch das Ursprungsgericht 34
kann bereits wegen Abs. 3 Satz 2 keinen *ordre public*-Verstoß begründen. Eine Anerkennungsversagung scheidet demzufolge auch dann aus, wenn das Erstgericht eine Schiedsklausel[67] oder eine entgegenstehende Gerichtsstandsvereinbarung[68] missachtet hat.

Nicht *ordre public*-widrig ist auch die **Missachtung der EuGVVO-eigenen** 35
Rechtshängigkeitsvorschriften in Art. 29 ff. Eine Anerkennungsversagung ist lediglich möglich, wenn die einschränkenden Voraussetzungen von Abs. 1 lit. c und lit. d vorliegen.[69]

Ein offensichtlicher Widerspruch zu der öffentlichen Ordnung ist auch dann 36
zu verneinen, wenn das Ursprungsgericht die **Beweislast verkannt**, einen **Beweisantrag übergangen** oder **Beweise fehlerhaft gewürdigt** hat, solange dies nicht willkürlich erfolgte.[70]

---

[61] EuGH, 6.9.2012 – Rs. C-619/10, *Trade Agency Ltd.* ./. *Seramico Investments Ltd.*, ECLI:EU:C:2012:531, Rn. 52 mit Anm. *Roth*, IPRax 2013, S. 402 und *Bach*, EuZW 2012, S. 915; EuGH, 23.10.2014 – Rs. C-302/13, *flyLAL-Lithuanian Airlines AS* ./. *Starptautiskā lidosta Rīga VAS u.a.*, ECLI:EU:C:2014:2319, Rn. 51 ff.
[62] EuGH, 6.9.2012 – Rs. C-619/10, *Trade Agency Ltd.* ./. *Seramico Investments Ltd.*, ECLI:EU:C:2012:531, Rn. 54 ff.
[63] BGH, 10.9.2015 – IX ZB 39/13, NJW 2016, S. 160, Rn. 22 ff. (nach juris).
[64] BGH, 26.8.2009 – XII ZB 169/07, NJW 2009, S. 3306; OLG Karlsruhe, 6.12.2001 – 9 W 30/01, FamRZ 2002, S. 839. So auch EuGH, 6.9.2012 – Rs. C-619/10, *Trade Agency Ltd.* ./. *Seramico Investments Ltd.*, ECLI:EU:C:2012:531, Rn. 56 für eine englische Versäumnisentscheidung ohne Begründung, der jedoch eine *claim form* vorausgegangen war, die die maßgeblichen Gründe enthielt.
[65] OLG Hamburg, 18.11.2008 – 6 W 50/08, IPRspr. 2008, Nr. 177, Rn. 29 (nach juris).
[66] Ebenso Rauscher/*Leible*, EuZPR, 4. Aufl. 2016, Art. 45 EuGVVO Rn. 19.
[67] OLG Hamm, 28.12.1993 – 20 W 19/93, NJW-RR 1995, S. 189; Schlosser/*Hess*, EuZPR, 4. Aufl. 2015, Art. 45 EuGVVO Rn. 12.
[68] Rauscher/*Leible*, EuZPR, 4. Aufl. 2016, Art. 45 EuGVVO Rn. 22.
[69] Zöller/*Geimer*, ZPO, 31. Aufl. 2016, Art. 45 EuGVVO Rn. 22.
[70] OLG Düsseldorf, 13.11.1996 – 3 W 347/96, RIW 1997, S. 329, Rn. 19 (nach juris); OLG Köln, 23.1.2002 – 16 W 44/2001, 16 W 44/01, IPRspr. 2002, Nr. 186, S. 483, Rn. 5 (nach juris); OLG Saarbrücken, 12.1.2011 – 5 W 132/09, IPRspr. 2011, Nr. 264, S. 686, Rn. 74 ff. (nach juris).

37 Abs. 1 Nr. 1 steht jedoch nicht der Anerkennung einer Entscheidung entgegen, durch die eine Partei eines gerichtlichen Verfahrens zu einer Schadensersatzzahlung wegen missbräuchlicher und schikanöser Einleitung eines gerichtlichen Verfahrens verurteilt wurde.[71]

38 Das **Fehlen einer Rechtsmittelinstanz** begründet ebenfalls keinen *ordre public*-Verstoß, weil auch das deutsche Recht nicht in jedem Fall ein Rechtsmittel gegen eine erstinstanzliche Entscheidung zulässt.[72] Dasselbe gilt für eine einstweilige Maßnahme, die bis zum Abschluss des Hauptsacheverfahrens nicht durch einen Rechtsbehelf mit Suspensiv- oder Devolutiveffekt korrigiert werden kann.[73]

39 Unterschiede in der Gerichtsverfassung, wie die **Besetzung eines Handelsgerichts mit Laienrichtern**, führt ebenso wenig zur Anerkennungsversagung nach Abs. 1 lit. a.[74]

40 Ein Verstoß gegen die öffentliche Ordnung ergibt sich auch nicht aus der **Belastung eines nicht am Verfahren beteiligten Dritten mit** von ihm veranlassten **Verfahrenskosten** (z.B. aufgrund sog. *Third Party Costs Order* nach englischem Recht), weil die Möglichkeit, einem Dritten Verfahrenskosten aufzuerlegen auch dem deutschen Recht nicht fremd ist.[75]

41 Eine Verletzung des *ordre public* kann auch nicht darauf gestützt werden, dass ein mitgliedstaatliches Gericht eine Entscheidung über ein Grundstück in seinem Gebiet erlassen hat, über das seine Regierung keine tatsächliche Kontrolle ausübt mit der Folge, dass **in der Praxis am Ort des Grundstücks nicht vollstreckt** werden kann.[76] Ein offensichtlicher Widerspruch zu der öffentlichen Ordnung folgt auch nicht bereits daraus, dass ein mitgliedstaatliches Gericht eine einstweilige Sicherungsanordnung (vorläufiges Verbot der Verfügung über Vermögenswerte) erlassen hat, ohne davor einen Dritten anzuhören, dessen Rechte von der Anordnung betroffen sein können. Das gilt jedenfalls dann, wenn nach dem Recht des Ausgangsstaates sichergestellt ist, daß die Anordnung erst dann Rechtswirkungen gegenüber dem Dritten entfaltet, wenn er darüber informiert

---

[71] OLG Köln, 28.6.2006 – 16 W 15/06, IPRspr. 2006, Nr. 186, S. 420 Rn. 12 ff. (nach juris) zu Art. 240 der luxemburgischen Neuen Zivilprozessordnung.
[72] OLG Düsseldorf, 7.12.1994 – 3 W 277/94, IPRspr. 1994, Nr. 171, S. 396, Rn. 13 (nach juris).
[73] OLG Stuttgart, 15.5.1997 – 5 W 4/97, NJW-RR 1998, S. 280, Rn. 14 (nach juris); OLG Düsseldorf, 21.2.2001 – 3 W 429/00, NJW-RR 2001, S. 1575, Rn. 11 (nach juris).
[74] OLG Saarbrücken, 3.8.1987 – 5 W 102/87, NJW 1988, S. 3100, Rn. 23 (nach juris).
[75] BGH, 8.5.2014 – IX ZB 34/12, RIW 2014, S. 530, Rn. 9 (nach juris) m. Anm. *Stürner*, IPRax 2015, S. 535.
[76] EuGH, 28.4.2009 – Rs. C-420/07, *Apostolides ./. Orams*, Slg. 2009, I-3571 (ECLI:EU:C:2009:271), Rn. 54 ff. In dem Ausgangsverfahren ging es um zwei Entscheidungen eines Gerichts im Süden Zyperns, das das Ehepaar Orams – Besitzer eines Grundstücks im Norden Zyperns, das es von einem Dritten erworben hatte – zu dessen Herausgabe an den rechtmäßigen Eigentümer Herrn Apostolides verurteilt hatte, der während der Invasion der Türkei in Zypern im Jahr 1974 vertrieben worden war. Herr Apostolides beantragte die Anerkennung und Vollstreckung der Entscheidungen in Großbritannien. Der EuGH führte aus, dass die britischen Gerichte die EuGVVO anzuwenden hatten, obwohl ein Grundstück im Norden Zyperns betroffen war, in dem der Anwendung des gemeinschaftlichen Besitzstandes ausgesetzt ist, weil die Regierung der Republik Zypern dort keine tatsächliche Kontrolle ausübt (vgl. Art. 1 Abs. 1 des Protokolls Nr. 10 über Zypern vom 16.4.2003, Abl. 2003, L 236, S. 955). Maßgeblich für die Geltung der EuGVVO sei die Tatsache, dass ein Gericht im Süden Zyperns entschieden hatte.

worden ist, und wenn dem Dritten im Ursprungsstaat möglich ist, Rechtsbehelfe gegen die Anordnung zu erheben.[77]

c) Verletzung des materiellrechtlichen *ordre public*

Eine Verletzung des materiellrechtlichen *ordre public* kommt nur dann in 42 Betracht, wenn das materiellrechtliche **Ergebnis** der ausländischen Entscheidung in einem so starken Widerspruch zu Grundgedanken des deutschen Rechts steht, dass es **nach inländischen Vorstellungen untragbar** erscheint.[78] Bei der Prüfung ist auch auf das Ausmaß und die Bedeutung der Inlandsbeziehung des Sachverhalts abzustellen, der dem ausländischen Urteil zugrunde liegt. Je geringer der Bezug zum Anerkennungsland ist, umso unwahrscheinlicher sind gewichtige inländische Interessen berührt.[79]

Ein Verstoß gegen **Grundsätze des deutschen Internationalen Privat-** 43 **rechts** wird nur selten zu einer Anerkennungsversagung führen. Eine *ordre public*-Verletzung liegt nicht bereits dann vor, wenn das Ursprungsgericht – sei es aufgrund unterschiedlichen Kollisionsrechts oder einer fehlerhaften IPR-Prüfung – ein anderes materielles Recht angewendet hat als dasjenige, das die Gerichte im Anerkennungsstaat herangezogen hätten.[80] Eine Anerkennungsversagung kann demzufolge nicht auf die Missachtung einer Rechtswahl gestützt werden.[81] Eine Missachtung der öffentlichen Ordnung kommt erst dann in Betracht, wenn das Erstgericht eine zwingende inländische Eingriffsnorm, wie etwa aus dem **Kartellrecht** nicht angewendet hat. Eine Anerkennungsversagung scheidet jedoch stets aus, wenn die Anwendung der Eingriffsnorm zu keinem anderen materiellrechtlichen Ergebnis geführt hätte.[82]

Auch ein Widerspruch zum inländischen materiellen Recht begründet nur in 44 Ausnahmefällen einen *ordre public*-Verstoß. Das konkret angewandte Recht muss inhaltlich mit elementaren Grundwerten des deutschen Rechts kollidieren.[83] Ein solcher Fall wurde bei der Verurteilung eines deutschen Beamten zum Ersatz von Personenschäden aufgrund einer **Amtspflichtverletzung** im Ausland angenommen, obwohl eine Haftung des Beamten wegen der deutschen öffentlich-rechtlichen Unfallversicherung (§ 105 Abs. 1 SGB VII, früher: §§ 636 ff. RVO) ausgeschlossen war. Der BGH führte hierzu aus, dass der Haftungsausschluss ein wesentliches Element des Gesamtsystems der deutschen Unfallversicherung sei.[84]

---

[77] EuGH, 25.5.2016 – Rs. C-559/14, *Meroni ./. Recolebos Ltd.*, ECLI:EU:C:2016:349, Rn. 49 ff.
[78] BGH, 4.3.1993 – IX ZB 55/92, BGHZ 122, 16, Rn. 7 (nach juris); BGH, 24.2.1999 – IX ZB 2/98, BGHZ 140, 395, Rn. 9 ff. (nach juris); OLG Saarbrücken, 12.1.2011 – 5 W 132/09, IPRspr. 2011, Nr. 264, S. 686, Rn. 65 (nach juris); OLG Düsseldorf, 9.4.2013 – 3 W 254/12, juris, Rn. 22.
[79] BGH, 4.6.1992 – IX ZR 149/91, NJW 1992, S. 3096, Rn. 100, 104 (nach juris); OLG Düsseldorf, 4.4.2001 – 3 W 292/10, IPRax 2013, S. 349, Rn. 21 (nach juris) mit Anm. *Würdinger*, IPRax 2013, S. 322.
[80] OLG Saarbrücken, 12.1.2011 – 5 W 132/09, IPRspr. 2011, Nr. 264, S. 686, Rn. 117 ff., 143 ff. (nach juris); Saenger/*Dörner*, ZPO, 6. Aufl. 2015, Art. 45 EuGVVO Rn. 7; *Kropholler/von Hein*, EuZPR, 9. Aufl. 2011, Art. 34 EuGVVO Rn. 17.
[81] OLG Karlsruhe, 8.7.2005 – 9 W 8/05, IPRspr. 2005, Nr. 152, S. 412, Rn. 13 (nach juris).
[82] *Kropholler/von Hein*, EuZPR, 9. Aufl. 2011, Art. 34 EuGVVO a.F. Rn. 17.
[83] OLG Saarbrücken, 12.1.2011 – 5 W 132/09, IPRspr. 2011, Nr. 264, S. 686, Rn. 119 ff. (nach juris).
[84] BGH, 16.9.1993 – IX ZB 82/90, BGHZ 123, 268, Rn. 37 ff. (nach juris).

Zugleich wurde klargestellt, dass allein die Verurteilung eines deutschen Beamten zum Schadensersatz wegen Amtspflichtverletzungen im Ausland keinen *ordre public*-Verstoß begründet, weil die Freistellung eines Beamten von jeder Haftung im Außenverhältnis nicht zum Kernbestand des Beamtenrechts gehöre.[85]

45 Die **Zahlungspflicht eines Bürgen** verletzt nur dann die öffentliche Ordnung, wenn unter Berücksichtigung aller Einzelfallumstände ein besonders krasser Fall der strukturellen Unterlegenheit anzunehmen ist, weil der Bürge sich zweifelsfrei zum wehrlosen Objekt der Fremdbestimmung gemacht hat und über Jahre hinweg auf das wirtschaftliche Existenzminimum der Pfändungsfreigrenzen angewiesen ist.[86]

46 Die Gewährung eines dem deutschen Recht fremden **pauschalierten Schadensersatzes** steht ebenfalls nicht im offensichtlichen Widerspruch zum inländischen *ordre public*.[87] Ein Verstoß gegen die öffentliche Ordnung ist auch dann zu verneinen, wenn im Tenor der ausländischen Entscheidung eine **Erhöhung der titulierten Forderung um 50% wegen Verzuges** vorgeschrieben ist.[88] Dasselbe gilt für die Verurteilung zur Zahlung eines Betrags zur Entschädigung bei einer Verleumdung in der Presse nach italienischem Recht, auch wenn diese gewisse pönale Elemente aufweist.[89] Eine Anerkennungsversagung kommt erst dann in Betracht, wenn das ausländische Gericht pauschal Schadensersatz in einer Höhe zugesprochen hat, die über die Schadenskompensation um ein Mehrfaches hinausgeht und durch Momente der Bestrafung und Abschreckung geprägt ist, die dem deutschen Zivilrecht grundsätzlich fremd sind (vergleichbar den *punitive damages* im US-amerikanischen Recht).[90]

47 Die Vollstreckung einer einstweiligen Anordnung auf weltweite Sicherstellung von Vermögenswerten (***Worldwide Asset Freezing Order***) nach englischem Recht verstößt ebenfalls nicht gegen den deutschen materiellrechtlichen *ordre public*, weil sie sich bei der Vollstreckung in Deutschland auf das im Inland belegene Vermögen beschränkt und somit einem dinglichen Arrest nach §§ 916 ff. ZPO entspricht und ferner eigenen schuldnerschützenden Einschränkungen unterliegt.[91]

48 Die Zuerkennung von **Erfolgshonorar** für einen ausländischen Prozessbevollmächtigten der obsiegenden Partei verstößt ebenfalls nicht gegen den *ordre*

---

[85] BGH, 16.9.1993 – IX ZB 82/90, BGHZ 13, 268, Rn. 29 ff. (nach juris).
[86] BGH, 24.2.1999 – IX ZB 2/98, BGHZ 140, 395, Rn. 12 ff. (nach juris).
[87] BGH, 26.9.1979 – VIII ZB 10/79, NJW 1980, S. 527, Rn. 19 (nach juris).
[88] OLG Düsseldorf, 4.4.2011 – 3 W 292/10, IPRax 2013, S. 349, Rn. 15 ff. (nach juris) mit Anm. *Würdinger*, IPRax 2013, S. 322 zu einer Regelung im niederländischen Arbeitsrecht, die einen Anspruch des Arbeitnehmers auf Erhöhung des Gehalts wegen Verzuges bis zur Hälfte des geschuldeten Betrags vorsieht, falls der ihm auszuzahlende Lohnanteil nicht spätestens bis zum dritten Werktag nach Fälligkeit vom Arbeitgeber gezahlt wird.
[89] OLG Hamburg, 18.11.2008 – 6 W 50/08, IPRspr. 2008, Nr. 177, S. 563, Rn. 37 ff. (nach juris) mit ausführlicher Behandlung der Unterschiede zu einem Ausspruch von *punitive damages* nach US-Recht.
[90] BGH, 4.6.1992 – IX ZR 149/91, NJW 1992, S. 3096, Rn. 64 ff. (nach juris) zu einer Verurteilung auf *exemplary and punitive damages* durch US-amerikanische Gerichte; OLG Koblenz, 27.6.2005 – 12 VA 2/04, IPRax 2006, S. 25, Rn. 71 ff. (nach juris) zu einem Ausspruch eines kartellrechtlichen verdreifachten Strafschadensersatzes, sog. *treble damages*.
[91] OLG Nürnberg, 22.12.2010 – 14 W 1442/10, IHR 2011, S. 215.

public,[92] auch wenn eine entsprechende Vereinbarung mit einem deutschen Rechtsanwalt nach § 49b Abs. 2 Satz 1 BRAO i.V.m. § 134 BGB grundsätzlich nichtig ist.

Eine Verletzung der deutschen öffentlichen Ordnung kann auch nicht darauf 49 gestützt werden, dass **einer juristischen Person** nach ausländischem Recht wegen Verleumdung in der Presse **Schadensersatz wegen immaterieller Schäden** zugesprochen wurde. Im deutschen Recht genießen Kapital- und Personengesellschaften zivilrechtlichen Ehrenschutz, wenn ihr sozialer Geltungsanspruch betroffen ist. Demzufolge führt es nicht zu einem untragbaren Ergebnis, wenn eine ausländische Rechtsordnung – anders als die deutsche – in einem Fall, in dem der zivilrechtliche Ehrenschutz einer Gesellschaft tangiert ist, auch einer juristischen Person einen Entschädigungsanspruch für immaterielle Schäden gewährt.[93]

Der **Termin- und Differenzeinwand** gehört bei im Ausland geschlossenen 50 Börsentermingeschäften nicht zum deutschen *ordre public*, so dass das Fehlen eines solchen Einwands in dem vom Ursprungsgericht angewandten materiellen Recht keine Anerkennungsversagung rechtfertigt.[94]

Abs. 1 lit. a schützt nur rechtliche Interessen, die in einer Rechtsnorm oder 51 einem Rechtsgrundsatz zum Ausdruck kommen, und nicht rein wirtschaftliche, so dass die bloße Berufung auf **schwerwiegende wirtschaftliche Folgen** der Entscheidung keine Anerkennungsversagung rechtfertigt.[95]

3. Verletzung des rechtlichen Gehörs bei Verfahrenseinleitung (Abs. 1 lit. b)

Gem. Abs. 1 lit. b kann die Anerkennung einer Entscheidung versagt werden, 52 wenn dem Beklagten das verfahrenseinleitende Schriftstück nicht in einer den Erfordernissen des Anspruchs auf rechtliches Gehör entsprechenden Art und Weise zugestellt worden ist.

a) Allgemeines

Abs. 1 lit. b beinhaltet den in der Rechtspraxis wichtigsten Grund für die 53 Versagung der Anerkennung mitgliedstaatlicher Entscheidungen.[96]

Sinn und Zweck der Vorschrift ist, **das rechtliche Gehör des Beklagten** 54 **bei der Einleitung eines gegen ihn gerichteten Gerichtsverfahrens zu wahren.**[97] An das Vorliegen einer relevanten Gehörsverletzung werden dabei hohe Anforderungen gestellt: Fehler bei der Zustellung des verfahrenseinleiten-

---

[92] BGH, 4.6.1992 – IX ZR 149/91, NJW 1992, S. 3096, Rn. 60 ff. (nach juris).
[93] OLG Hamburg, 18.11.2008 – 6 W 50/08, IPRspr. 2008, Nr. 177, S. 563, Rn. 35 f. (nach juris).
[94] BGH, 21.4.1998 – XI ZR 377/97, NJW 1998, S. 2358, Rn. 18 ff. (nach juris).
[95] EuGH, 23.10.2014 – Rs. C-302/13, *flyLAL-Lithuanian Airlines AS ./. Starptautiskā lidosta Rīga VAS u.a.*, ECLI:EU:C:2014:2319, Rn. 56 ff. m. Anm. *Kohler*, IPRax 2015, S. 500.
[96] *Hess/Pfeiffer/Schlosser*, Heidelberger Bericht, 2007, Rn. 539.
[97] EuGH, 13.7.1995 – Rs. C-474/93, *Hengst Import BV ./. Campese*, Slg. 1995, I-2113 (ECLI:EU:C:1995:243), Rn. 16 f.; BGH, 3.8.2011 – XII ZB 187/10, Rn. 19 (nach juris) = NJW 2011, S. 3103; OLG Düsseldorf, 13.9.2006 – I-3 W 159/06, Rn. 15 = OLGR Düsseldorf 2006, S. 876.

den Schriftstücks allein genügen nicht.[98] Entscheidend ist vielmehr, ob der Beklagte in einer Art und Weise über die Klage informiert wurde, dass er seine **Verteidigungsrechte wahren konnte**.[99] Ein die Anerkennungsversagung rechtfertigender Gehörsverstoß liegt daher erst vor, wenn der Beklagte infolge einer fehlerhaften oder nicht rechtzeitigen Zustellung des verfahrenseinleitenden Schriftstücks keine (verteidigungsfähige) Kenntnis vom laufenden Gerichtsverfahren hatte und es ihm deswegen nicht möglich war, seine Rechte im Ursprungsstaat geltend zu machen.

55 Aus der genannten Ratio der Norm folgen zwei wichtige Beschränkungen von deren Geltungsbereich. Abs. 1 lit. b erlaubt in folgenden Fällen **keine Anerkennungsversagung**:
(1) Zum einen, wenn **das rechtliche Gehör** des Beklagten erst im Stadium **nach Einleitung des Gerichtsverfahrens missachtet** wurde. Ein solcher Fall (z.B. fehlerhafte Zustellung einer Klageänderung oder -erweiterung, bzw. einer Berufungsschrift) kann lediglich über den *ordre public*-Einwand nach Art. 45 Abs. 1 lit. a berücksichtigt werden.[100]
(2) Zum anderen, wenn der Beklagte die **Gehörsverletzung im Ursprungsstaat** der Entscheidung trotz zumutbarer Möglichkeit **nicht oder nicht mit Erfolg gerügt** hat. Das rechtliche Gehör des Beklagten wird in solchen Konstellationen als gewahrt angesehen.[101] Hierdurch wird auch gewährleistet, dass Gehörsverstöße aufgrund Zustellungsmängel möglichst im Ausgangsstaat geklärt werden.[102]

56 Systematisch betrachtet setzt Abs. 1 lit. b im Anerkennungsstaat den Schutz fort, den **Art. 28 Abs. 2** im Ausgangsstaat bei der Prüfung der Zuständigkeit des angerufenen Gerichts gewährt.[103] Die Frage, ob das verfahrenseinleitende Schriftstück in einer Art und Weise zugestellt wurde, dass dem Beklagten eine Verteidigung möglich war, unterliegt somit einer doppelten Kontrolle. Der Anwendungsbereich von Abs. 1 lit. b geht jedoch deutlich weiter als der von Art. 28 Abs. 2. Der Anerkennungsversagungsgrund gilt unabhängig davon, ob der Beklagte seinen Wohnsitz in einem Mitgliedstaat hat und vor den Gerichten

---

[98] Art. 45 Abs. 1 lit. b distanziert sich insoweit – ähnlich wie Art. 34 Nr. 2 EuGVVO a.F. – von der Vorgängerregelung in Art. 27 Nr. 2 EuGVÜ. Letztere sah eine Anerkennungsversagung bereits dann vor, wenn das verfahrenseinleitende Schriftstück nicht ordnungsgemäß zugestellt wurde. Das galt selbst dann, wenn unstreitig war, dass der Beklagte das verfahrenseinleitende Schriftstück so rechtzeitig und in einer Weise erhalten hatte, dass ihm eine angemessene Verteidigung möglich war.
[99] EuGH, 14.12.2006 – Rs. C-283/05, *ASML Netherlands BV ./. Semiconductor Industry Services GmbH (SEMIS)*, Slg. 2006, I-12041 (ECLI:EU:C:2006:787), Rn. 20; EuGH, 28.4.2009 – Rs. C-420/07, *Apostolides ./. Orams*, Slg. 2009, I-3571 (ECLI:EU:C:2009:271), Rn. 75; BGH, 3.8.2011 – XII ZB 187/10, NJW 2011, S. 3103, Rn. 13 (nach juris).
[100] BGH, 18.9.2001 – IX ZB 104/00, NJW-RR 2002, S. 115 Rn. 7 f. (nach juris); BGH, 6.10.2005 – IX ZB 360/02, NJW 2006, S. 701, Rn. 16 (nach juris); OLG Köln, 28.6.2004 – 16 W 32/03, RIW 2004, S. 865, Rn. 9 (nach juris); OLG Düsseldorf, 13.9.2006 – I-3 W 159/06, OLGR Düsseldorf 2006, S. 876, Rn. 15 (nach juris).
[101] Vgl. EuGH, 14.12.2006 – Rs. C-283/05, *ASML Netherlands BV ./. Semiconductor Industry Services GmbH (SEMIS)*, Slg. 2006, I-12041 (ECLI:EU:C:2006:787), Rn. 20 f.; EuGH, 8.5.2008 – Rs. C-14/07, *Ingenieurbüro M. Weiss u. Partner GbR ./. IHK Berlin*, Slg. 2008, I-3367 (ECLI:EU:C:2008:264), Rn. 67.
[102] BGH, 3.8.2011 – XII ZB 187/10, NJW 2011, S. 3103, Rn. 23 (nach juris).
[103] Vgl. die Kommentierung zu Art. 28 Rn. 28 ff.

eines anderen als seines Wohnsitzstaates verklagt wurde. Erforderlich ist lediglich die Entscheidung eines mitgliedstaatlichen Gerichts i.S.v. Art. 2 lit. a EuGVVO.

Abs. 1 lit. b findet Anwendung auf alle **Entscheidungen, die Ergebnis** 57 **eines kontradiktorisch angelegten Verfahrens sind, das mangels Mitwirkung des Beklagten einseitig geblieben ist**.[104] Dazu gehören insbesondere Versäumnisurteile[105] und Entscheidungen, die aufgrund des Erscheinens eines vollmachtlosen Vertreters des Beklagten nicht als Versäumnisurteile ergangen sind.[106]

Annexentscheidungen, die im Anschluss an das Hauptsacheverfahren erge- 58 hen, kann die Anerkennung nicht gem. Abs. 1 lit. b wegen fehlender Zustellung eines eigenen verfahrensleinleitenden Schriftsatzes versagt werden. Entscheidend und ausreichend ist vielmehr die Zustellung des verfahrenseinleitenden Schriftstücks im Hauptverfahren. Als Annexentscheidungen in diesem Sinne gelten insbesondere **Kostenfestsetzungsbeschlüsse** i.S.v. § 104 ZPO, die eine bereits getroffene Kostengrundentscheidung konkretisieren.[107] Umstritten ist hingegen der Annexcharakter eines Gerichtsbeschlusses zur Festsetzung der Vergütung eines Anwalts durch seinen eigenen Mandanten (in Deutschland: § 11 RVG).[108] Soll ein solcher Beschluss im Ausland vollstreckt werden, ist angesichts der ungewissen Rechtslage die förmliche Zustellung des verfahrenseinleitenden Antrags ratsam.

Entscheidungen im einstweiligen Rechtsschutzverfahren (in Deutsch- 59 land: Arreste und einstweilige Verfügungen) kann die Anerkennung nach Abs. 1 lit. b nur versagt werden, wenn die Voraussetzungen von Art. 2 lit. a Abs. 2 erfüllt sind. Erforderlich ist demnach, dass die einstweilige Rechtsschutzmaßnahme vom Gericht der Hauptsache erlassen wurde und der Beklagte entweder vorgeladen oder ihm die Entscheidung vor Beginn der Vollstreckung zugestellt wurde. Fehlt es an einer dieser Voraussetzungen, liegt bereits keine Entscheidung i.S.v. Kapitel III vor.

Abs. 1 lit. b gilt hingegen uneingeschränkt für eine **Verurteilung zur Zah-** 60 **lung von Ordnungsgeld nach § 890 ZPO**, mit der eine einstweilig angeordnete Unterlassung oder Duldung erzwungen werden soll. Das Ordnungsmittel-

---

[104] Vgl. Thomas/Putzo/*Hüßtege*, ZPO, 36. Aufl. 2015, Art. 45 EuGVVO Rn. 9.
[105] EuGH, 2.4.2009 – Rs. C-394/07, *Gambazzi ./. DaimlerChrysler Canada Inc. u.a.*, Slg. 2009, I-2563 (ECLI:EU:C:2009:219), Rn. 24.
[106] EuGH, 10.10.1996 – Rs. C-78/95, *Hendrikman ./. Magenta Druck & Verlag GmbH*, Slg. 1996, I-4943 (ECLI:EU:C:1996:380), Rn. 18; BGH, 24.2.1999 – IX ZB 2/98 Rn. 24 (nach juris) = IPRax 1999, S. 371.
[107] *Kropholler/von Hein*, EuZPR, 9. Aufl. 2011, Art. 34 EuGVVO a.F. Rn. 26; Rauscher/*Leible*, EuZPR, 4. Aufl. 2016, Art. 45 EuGVVO Rn. 39; Schlosser/*Hess*, EuZPR, 4. Aufl. 2015, Art. 45 EuGVVO Rn. 18.
[108] Gegen einen Annexcharakter: OLG Hamm, 12.12.1994 – 23 W 221/94, IPRax 1996, S. 414 (zu § 19 BRAGO); OLG Düsseldorf, 23.8.1995 – 3 W 176/95, IPRax 1996, S. 415 (zu dem niederländischen Anwaltshonorarfestsetzungsverfahren); OGH Wien, 20.9.2000 – 3 Ob 179/00w, ZfRV 2001, S. 114; *Tepper*, IPRax 1996, S. 398. Französische Gerichte haben hingegen den Vergütungsfestsetzungsbeschluss selbst als verfahrenseinleitendes Schriftstück angesehen und eine Anerkennungsversagung wegen Verletzung des rechtlichen Gehörs bei Verfahrenseinleitung abgelehnt. Vgl. *Kropholler/von Hein*, EuZPR, 9. Aufl. 2011, Art. 34 EuGVVO a.F. Rn. 26 mit Hinweis auf die unveröffentlichte französische Entscheidung.

verfahren ist ein eigenständiges Verfahren, das von dem auf Erlass einer einstweiligen Verfügung gerichteten Verfahren abzugrenzen ist, so dass die Beschränkungen von Art. 2 lit. a Abs. 2 keine Geltung entfalten. Das Verfahren nach § 890 ZPO ist zudem kontradiktorisch angelegt, weil der Schuldner vor der Entscheidung zu hören ist (§ 891 S. 2 ZPO).[109]

b) Verfahrenseinleitendes oder gleichwertiges Schriftstück

61   Der autonome Begriff des verfahrenseinleitenden oder gleichwertigen Schriftstücks hat dieselbe Bedeutung wie in Art. 28 Abs. 2.

62   Verfahrenseinleitend ist **jedes Schriftstück, durch dessen Zustellung der Beklagte erkennen kann, dass ein Gerichtsverfahren besteht, und er in die Lage versetzt wird, seine Rechte in diesem Verfahren geltend zu machen.**[110] Maßgebend ist das Schriftstück, durch dessen Zustellung der Beklagte **erstmals Kenntnis** von dem gegen ihn eingeleiteten Verfahren erlangt. Dafür muss dieses Schriftstück die wesentlichen Elemente der Streitigkeit sowie die Aufforderung an den Beklagten enthalten, sich vor Gericht einzulassen.[111] Zu den wesentlichen Elementen eines Rechtsstreits gehören Angaben über Gegenstand (Rechtsbegehren) und Grund (zugrundeliegender Sachverhalt) des Gerichtsverfahrens.[112] Dabei sind weder umfangreiche Ausführungen noch die Anführung von Beweismitteln zwingend erforderlich.[113] Auch eine genaue Bezifferung der erhobenen Ansprüche kann unterbleiben, sofern es dem Beklagten möglich ist, die Höhe der begehrten Inanspruchnahme abzuschätzen.[114] Entscheidend ist, dass es dem Beklagten aufgrund der Angaben im Schriftstück möglich ist, eine sachgerechte Entscheidung darüber zu treffen, ob er sich an dem Gerichtsverfahren beteiligen will oder nicht.[115]

63   Welches Schriftstück ein Gerichtsverfahren einleitet i.S.v. Abs. 1 lit. b, richtet sich nach dem jeweiligen **Prozessrecht im Urteilsstaat**:[116]

64   Im deutschen Recht **erfasst** der Begriff des verfahrenseinleitenden Schriftstücks neben der Klageschrift (§ 253 ZPO) sowie dem Antrag auf einstweiligen Rechtsschutz (§§ 920, 936 ZPO) auch den Mahnbescheid (§ 692 ZPO).[117]

---

[109] OLG Koblenz, 18.1.2011 – 6 W 754/10, IPRspr. 2011, Nr. 281, S. 757, Rn. 16 f. (nach juris). Vgl. auch BGH, 25.3.2010 – I ZB 116/08, NJW 2010, S. 1883, Rn. 21 (nach juris) zu der Behandlung eines Ordnungsmittelbeschlusses im Rahmen der EuVTVO.
[110] EuGH, 13.7.1995 – Rs. C-474/93, *Hengst Import BV ./. Campese*, Slg. 1995, I-2113 (ECLI:EU:C:1995:243), Rn. 19.
[111] EuGH, 8.5.2008 – Rs. C-14/07, *Ingenieurbüro M. Weiss u. Partner GbR ./. IHK Berlin*, Slg. 2008, I-3367 (ECLI:EU:C:2008:264), Rn. 64, 68; BGH, 3.8.2011 – XII ZB 187/10, NJW 2011, S. 3103 (Rn. 13).
[112] EuGH, 8.5.2008 – Rs. C-14/07, *Ingenieurbüro M. Weiss u. Partner GbR ./. IHK Berlin*, Slg. 2008, I-3367 (ECLI:EU:C:2008:264), Rn. 64.
[113] Saenger/*Dörner*, ZPO, 6. Aufl. 2015, Art. 45 EuGVVO Rn. 14; *Grunsky*, IPRax 1996, S. 245 (246).
[114] Saenger/*Dörner*, ZPO, 6. Aufl. 2015, Art. 45 EuGVVO Rn. 14; *Kropholler/von Hein*, EuZPR, 9. Aufl. 2011, Art. 34 EuGVVO a.F. Rn. 30.
[115] OLG Saarbrücken, 22.5.2011 – 5 W 360/99, IPRspr. 2001, Nr. 180, S. 376, Rn. 14 (nach juris).
[116] OLG Koblenz, 19.6.1990 – 2 U 706/89, IPRax 1992, S. 35.
[117] Saenger/*Dörner*, ZPO, 6. Aufl. 2015, Art. 45 EuGVVO Rn. 15; Rauscher/*Leible*, EuZPR, 4. Aufl. 2016, Art. 45 EuGVVO Rn. 41.

Nicht erfasst ist hingegen der Vollstreckungsbescheid (§ 699 ZPO), weil ihm 65
keine verfahrenseinleitende Funktion zukommt.[118] Aus demselben Grund sind
weder eine Klageerweiterung und Klageänderung[119] noch eine Berufungsschrift[120] als verfahrenseinleitendes Schriftstück anzusehen. Auch einer nach
Zustellung der Klageschrift erfolgten Terminladung ist die verfahrenseinleitende
Funktion abzusprechen.[121] Wird der Gehörsanspruch durch Nichtzustellung
einer dieser Schriftstücke verletzt, kommt lediglich eine Anerkennungsversagung
nach Abs. 1 lit. a in Betracht.[122]

Als verfahrenseinleitendes Schriftstück ist hingegen der **Europäische Zah-** 66
lungsbefehl (Art. 12 EuMahnVO) einzuordnen, wenn es aufgrund der Einlegung eines Einspruchs zur Durchführung eines streitigen Verfahrens (Art. 16, 17
Abs. 1 EuMahnVO) kommt.[123] Verfahrenseinleitende Funktion kommt auch
dem Zahlungsbefehl im österreichischen Mahnverfahren[124] sowie dem *decreto
inguintivo* (Mahnbescheid nach italienischem Recht) in Verbindung mit der einleitenden Antragsschrift nach Art. 633 ff. italienische ZPO zu.[125] Ein verfahrenseinleitendes Schriftstück ist des Weiteren in dem dänischen *dagvaarding* (Vorladung) zu sehen.[126]

Der Begriff „**gleichwertiges Schriftstück**" wurde im Jahre 1978 mit Blick 67
auf den Beitritt des Vereinigten Königreichs zum EuGVÜ aufgenommen und
soll der Tatsache Rechnung tragen, dass Beklagten außerhalb des Vereinigten
Königreichs in bestimmten Fällen nicht die *claim form* im Original, sondern
lediglich eine Mitteilung über die Einleitung eines gegen sie gerichteten Verfahrens zugestellt wird.[127]

**c) Rechtzeitige und nach der Art und Weise eine Verteidigung ermöglichende
Zustellung**

Die Zustellung des verfahrenseinleitenden Schriftstücks muss **zwei selb-** 68
ständige Kriterien erfüllen, damit der späteren Entscheidung keine Anerkennungsversagung nach Abs. 1 lit. b droht: Sie muss zum einen rechtzeitig und

---

[118] EuGH, 16.6.1981 – Rs. 166/80, *Klomps ./. Michel*, Slg. 1981, 1593 (ECLI:EU:C:1981:137), Rn. 9.
[119] BGH, 10.7.1986 – IX ZB 27/86, WM 1986, S. 1370, Rn. 9 f. (nach juris); Saenger/*Dörner*, ZPO, 6. Aufl. 2015, Art. 45 EuGVVO Rn. 15; Rauscher/*Leible*, EuZPR, 4. Aufl. 2016, Art. 45 EuGVVO Rn. 36; *Kropholler/von Hein*, EuZPR, 9. Aufl. 2011, Art. 34 EuGVVO a.F. Rn. 31. A. A. hingegen Schlosser/*Hess*, EuZPR, 4. Aufl. 2015, Art. 45 EuGVVO Rn. 17, wonach die Klageerweiterung ein verfahrenseinleitendes Schriftstück darstelle.
[120] BGH, 21.3.1990 – XII ZB 71/89, NJW 1990, S. 2201, Rn. 9 (nach juris).
[121] BGH, 18.9.2001 – IX ZB 104/00, NJW-RR 2002, S. 1151.
[122] Rauscher/*Leible*, EuZPR, 4. Aufl. 2016, Art. 45 EuGVVO Rn. 36.
[123] So auch *Kropholler/von Hein*, EuZPR, 9. Aufl. 2011, Art. 34 EuGVVO a.F. Rn. 29.
[124] OLG Brandenburg, 23.4.1998 – 8 W 15/98, OLGR Brandenburg 1998, S. 345, Rn. 25 (nach juris).
[125] EuGH, 13.7.1995 – Rs. C-474/93, *Hengst Import BV ./. Campese*, Slg. 1995, I-2113 (ECLI:EU:C:1995:243), Rn. 20 ff.; BGH, 21.10.2010 – IX ZB 193/07, NJW-RR 2010, S. 1001, Rn. 8 (nach juris). Das verfahrenseinleitende Schriftstück ergibt sich erst durch die Verbindung des Mahnbescheids mit der Antragsschrift. Ohne die Antragsschrift lässt sich das *decreto inguintivo* nämlich nicht verstehen und ohne das *decreto inguintivo* bleibt unklar, ob das Gericht dem Antrag auf Erlass des Mahnbescheids stattgegeben hat oder nicht.
[126] OLG Zweibrücken, 10.5.2005 – 3 W 165/04, RIW 2005, S. 779, Rn. 14 (nach juris).
[127] *Schlosser*-Bericht, 1979, Nr. 194, 182.

zum anderen in einer Art und Weise erfolgt sein, dass sich der Beklagte verteidigen konnte. Die Ordnungsmäßigkeit der Zustellung ist – anders als unter dem EuGVÜ – kein zwingendes Anerkennungserfordernis mehr. Sie ist jedoch weiterhin von Bedeutung: Eine ordnungsgemäße Zustellung bzw. lediglich nebensächliche Zustellungsfehler indizieren die ausreichende Gewährung von rechtlichem Gehör, während schwerwiegende Zustellungsmängel ein starkes Indiz für einen Gehörsverstoß bei der Verfahrenseinleitung sind.[128]

69   Eine trennscharfe Abgrenzung der beiden Anforderungen an die Zustellung ist kaum möglich und wird in der Rechtsprechung selten vorgenommen.[129] Beide Elemente sollen sicherstellen, dass es dem Beklagten tatsächlich möglich war, ausreichende Maßnahmen zur Vorbereitung seiner Verteidigung zu treffen. Im Rahmen der **„Rechtzeitigkeit"** geht es dabei vorrangig um die **Länge des sog. Vorbereitungszeitraums**, d.h. der Zeitspanne zwischen der ersten Möglichkeit des Beklagten, vom verfahrenseinleitenden Schriftstücks Kenntnis zu nehmen, und der letzten Gelegenheit, den Erlass einer vollstreckbaren Säumnisentscheidung zu verhindern. Bei der Prüfung der **„Art und Weise der Zustellung"** steht eher der **Zustellungsvorgang** als solcher im Mittelpunkt, so dass insbesondere das Vorliegen etwaiger Zustellungsfehler und ihre Auswirkung auf die Verteidigungsmöglichkeit des Beklagten von Bedeutung sind.

70   Bei der **Prüfung des „Ob" und „Wie"** der Zustellung sind die **Gerichte im Anerkennungsverfahren an die Feststellungen des Ursprungsgerichts nicht gebunden**. Die doppelte Kontrolle dieser Fragen durch die Gerichte im Ursprungsstaat einerseits (Art. 28 Abs. 2) und im Anerkennungs- und Vollstreckungsstaat andererseits (Art. 45 Abs. 1 lit. b) soll einen wirksamen Schutz der Gehörsrechte des Beklagten gewährleisten.[130]

71   Eine Bindung an die Feststellungen des Erstgerichts besteht auch dann nicht, wenn sich die Zustellung des verfahrenseinleitenden Schriftstücks aus einer **Bescheinigung i.S.v. Art. 53** ergibt: Die Angaben in der Bescheinigung beschränken sich auf den Zeitpunkt der Zustellung, ohne auf deren sonstige Modalitäten hinzuweisen. Letztere sind jedoch für die Frage, ob die Rechte des Beklagten ausreichend gewahrt wurden, von entscheidender Bedeutung. Die Überprüfung der Angaben in der Bescheinigung ist auch an keiner Stelle der EuGVVO untersagt. Das Verbot der *révision au fond* in Art. 52 EuGVVO betrifft nur die gerichtliche Entscheidung selbst und nicht die gesondert auszustellende

---

[128] BGH, 12.12.2007 – XII ZB 240/05, NJW-RR 2008, S. 586, Rn. 28 (nach juris) mit Anm. *Roth*, IPRax 2008, S. 501 (502).
[129] Vgl. etwa OLG Düsseldorf, 9.11.2006 – IX ZB 23/06, NJW-RR 2007, S. 638, Rn. 4 ff. (nach juris); Das Gericht stellte lediglich darauf ab, ob der Beklagte durch die Zustellung der Klageschrift an seiner Verteidigung gehindert war. Ähnlich auch BGH, 21.1.2010 – IX ZB 193/07, EuZW 2010, S. 478, Rn. 9 (nach juris).
[130] EuGH, 15.7.1982 – Rs. 228/81, *Pendy Plastic Products ./. Pluspunkt*, Slg. 1982, 2723 (ECLI:EU:C:1982:276), Rn. 13; EuGH, 3.7.1990 – Rs. C-305/88, *Isabelle Lancray SA ./. Peters und Sickert KG*, Slg. 1990, I-2725 (ECLI:EU:C:1990:275), Rn. 28; BGH, 28.11.2007 – XII ZB 217/05, NJW 2008, S. 1531, Rn. 14 (nach juris) mit Anm. *Heiderhoff*, IPPrax 2010, S. 343 und *Geimer*, LMK 2008, 253019.

Bescheinigung.[131] Der Bescheinigung kann jedoch für die Frage, ob und wann eine Zustellung erfolgt ist, eine wichtige Indizwirkung zukommen.[132]

aa) Rechtzeitigkeit der Zustellung

Das Element der Rechtzeitigkeit soll sicherstellen, dass der Beklagte nach der Zustellung des verfahrenseinleitenden Schriftstücks **ausreichend Zeit zur Vorbereitung einer sachgerechten Verteidigung** hat, um eine vollstreckbare Säumnisentscheidung zu verhindern.[133] 72

Im Zentrum der Prüfung der Rechtzeitigkeit stehen zwei Fragen: 73
(1) Wieviel Zeit stand dem Beklagten für die Vorbereitung seiner Verteidigung zur Verfügung?
(2) War diese Zeit im konkreten Fall für eine sachgerechte Vorbereitung des Beklagten ausreichend?

Der sog. **Vorbereitungszeitraum beginnt** grundsätzlich im **Zeitpunkt der ordnungsmäßigen Zustellung** des verfahrenseinleitenden Schriftstücks am Wohnsitz des Beklagten oder an einem anderen Ort.[134] Denn zu diesem Zeitpunkt erhält der Beklagte üblicherweise das verfahrenseinleitende Schriftstück und kann unmittelbar Maßnahmen zur Wahrung seiner Interessen ergreifen. Etwas anderes gilt jedoch, wenn das einschlägige Zustellungsrecht den Zustellungszeitpunkt auf einen Moment vor dem tatsächlichen Zugang verlagert (etwa wenn die Zustellung an eine im Ausland wohnhafte Person nach dem anwendbaren Recht bereits dann als erfolgt anzusehen ist, wenn das Schriftstück an das im Ausland zuständige Gericht weitergeleitet wurde). In einem solchen Fall beginnt der für die Beurteilung der Rechtzeitigkeit maßgebliche Vorbereitungszeitraum erst bei Zugang der Klageschrift an den Beklagten.[135] **Nicht erforderlich** für die Rechtzeitigkeit ist hingegen die **tatsächliche Kenntnisnahme** des Beklagten von dem verfahrenseinleitenden Schriftstück.[136] 74

Nicht ausreichend ist allerdings, wenn der Beklagte in „irgendeiner" **Weise** von dem gegen ihn eingeleiteten Verfahren erfährt.[137] Notwendig ist vielmehr ein Akt auf Veranlassung oder mit Genehmigung der für Zustellungen im Zustellstaat zuständigen Behörde, der zumindest den Willen erkennen lässt, die Anforderungen an eine ordnungsgemäße Zustellung zu erfüllen.[138] Erst dann 75

---
[131] EuGH, 6.9.2012 – Rs. C-619/10, *Trade Agency Ltd.* ./. *Seramico Investments Ltd.*, ECLI:EU:C:2012:531, Rn. 33 ff. mit Anm. *Roth*, IPRax 2013, S. 402 und *Bach*, EuZW 2012, S. 915. So bereits zum EuGVÜ, EuGH, 15.7.1982 – Rs. 228/81, *Pendy Plastic Products* ./. *Pluspunkt*, Slg. 1982, 2723 (ECLI:EU:C:1982:276), Rn. 13.
[132] Näheres hierzu unten Rn. 85.
[133] EuGH, 16.6.1981 – Rs. 166/80, *Klomps* ./. *Michel*, Slg. 1981, 1593 (ECLI:EU:C:1981:137), Rn. 18; BGH, 6.10.2005 – IX ZB 360/02, NJW 2006, S. 701, Rn. 12 (nach juris).
[134] Vgl. EuGH, 16.6.1981 – Rs. 166/80, *Klomps* ./. *Michel*, Slg. 1981, 1593 (ECLI:EU:C:1981:137), Rn. 18 f.
[135] Vgl. hierzu OLG Köln, 2.3.2001 – 16 W 6/01, NJW-RR 2002, S. 360.
[136] EuGH, 3.7.1990 – Rs. C-305/88, *Isabelle Lancray SA* ./. *Peters und Sickert KG*, Slg. 1990, I-2725 (ECLI:EU:C:1990:275), Rn. 22; BGH, 2.10.1991 – IX ZB 5/91, IPRax 1993, S. 324, Rn. 21 (nach juris).
[137] EuGH, 7.4.2016 – Rs. C-70/15, *Lebek* ./. *Domino*, ECLI:EU:C:2016:524, Rn. 41; Schlosser/ *Hess*, EuZPR, 4. Aufl. 2015, Art. 45 EuGVVO Rn. 20.
[138] *Rauscher/Leible*, EuZPR, 4. Aufl. 2016, Art. 45 EuGVVO Rn. 47; Stein/Jonas/*Oberhammer*, ZPO, 22. Aufl. 2011, Art. 34 EuGVVO a.F. Rn. 59.

kann davon ausgegangen werden, dass das Schriftstück „zugestellt" worden ist, wie es der Wortlaut von Abs. 1 lit. b verlangt. Demnach ist eine Übersendung des verfahrenseinleitenden Schriftstücks durch einen einfachen Brief oder ein Einschreiben ohne Rückschein keine Zustellung. Gleiches gilt in der Regel, wenn im Anwendungsbereich der EuZustVO die dort vorgeschriebenen Formulare nicht verwendet wurden.[139]

76   Maßgeblich für die Beurteilung der **Ordnungsmäßigkeit der Zustellung** ist **das** nach den Kollisionsregeln **im Ursprungsstaat anwendbare Zustellungsrecht**.[140] Anwendbar sind insoweit – je nachdem, ob die Zustellung des verfahrenseinleitenden Schriftstücks im Inland,[141] im EU-Ausland oder in einem Drittstaat erfolgt – nationales Recht, ein internationales Abkommen, wie das HZÜ, oder die vorrangig zu berücksichtigende EuZustVO. Welche Zustellungsregeln maßgeblich sind und ob die Zustellung nach diesen ordnungsgemäß erfolgte, hat das zweitstaatliche Gericht von sich aus und unabhängig von der Einschätzung des Ausgangsgerichts zu beurteilen.[142]

77   Auch eine **fiktive Zustellung** – wie die öffentliche Zustellung oder die *remise au parquet* nach französischem Recht[143] – kann im Einzelfall ordnungsmäßig sein, wenn eine andere Form der Zustellung nicht oder nur mit unverhältnismäßigem Aufwand durchführbar wäre.[144] In solchen Konstellationen wird jedoch besondere Vorsicht bei der Frage geboten sein, ob das rechtliche Gehör des Beklagten tatsächlich gewahrt ist.[145] Um dies zu beurteilen, ist eine Abwägung zwischen den schützenswerten Interessen der Parteien unter wertender Berücksichtigung aller Umstände des Einzelfalls erforderlich.[146]

78   Ausnahmsweise kann **ein späterer Beginn** des sog. Vorbereitungszeitraums gerechtfertigt sein, wenn **außergewöhnliche Umstände** den Schluss nahelegen, dass eine ordnungsgemäße Ladung nicht genügt, um den für die Verteidigung eingeräumten Zeitraum in Gang zu setzen.[147] Die Frage, ob außergewöhn-

---

[139] Rauscher/*Leible*, EuZPR, 4. Aufl. 2016, Art. 45 EuGVVO Rn. 47.
[140] EuGH, 3.7.1990 – Rs. C-305/88, *Isabelle Lancray SA* ./. *Peters und Sickert KG*, Slg. 1990, I-2725 (ECLI:EU:C:1990:275), Rn. 29; OLG Köln, 7.3.2001 – 16 W 24/00, NJW-RR 2001, S. 1576, Rn. 4 (nach juris); OLG Celle, 22.1.2004 – 8 W 457/03, IPRax 2005, S. 450, Rn. 21 (nach juris) mit Anm. *Roth*, IPRax 2005, S. 438.
[141] Zur Geltung von Art. 34 Nr. 2 EuGVVO a.F. bei Inlandszustellungen vgl. BGH, 20.1.2005 – IX ZB 154/01, WuM 2005, S. 203, Rn. 8 (nach juris).
[142] *Roth*, IPRax 2008, S. 501 (502 f.). Vgl. auch BGH, 12.12.2007 – XII ZB 240/05, NJW-RR 2008, S. 586, Rn. 37 (nach juris).
[143] Es handelt sich um die Zustellung an einen außerhalb von Frankreich wohnhaften Beklagten mittels Zustellung des verfahrenseinleitenden Schriftstücks an ein Büro der Staatsanwaltschaft in Frankreich.
[144] EuGH, 11.6.1985 – Rs. 49/84, *Debaecker u.a.* ./. *Bouwman*, Slg. 1985, 1779 (ECLI:EU:C:1985:252), Rn. 11; BGH, 2.10.1991 – IX ZB 5/91, NJW 1992, S. 1239, Rn. 21 (nach juris).
[145] Laut BGH, 28.11.2007 – XII ZB 217/05, NJW 2008, S. 1531, Rn. 31 (nach juris) werden fiktive Zustellungen in der Regel nicht rechtzeitig sein, „weil sie dem Schuldner meistens keine effektive Möglichkeit eröffnen, vom Inhalt des zuzustellenden Schriftstücks tatsächlich Kenntnis zu nehmen und sich in das Verfahren im Ursprungsstaat einzulassen". So auch OGH Wien, 11.7.2001 – 3 Ob 106/01m, ZfRV 2002, S. 71.
[146] Vgl. hierzu BGH, 28.11.2007 – XII ZB 217/05, NJW 2008, S. 1531, Rn. 31 ff. (nach juris).
[147] EuGH, 16.6.1981, Rs. 166/80, *Klomps* ./. *Michel*, Slg. 1981, 1593 (ECLI:EU:C:1981:137), Rn. 19 f.; EuGH, 11.6.1985 – Rs. 49/84, *Debaecker u.a.* ./. *Bouwman*, Slg. 1985, 1779 (ECLI:EU:C:1985:252), Rn. 15 ff.

liche Umstände vorliegen, ist unter Bewertung aller Besonderheiten des Einzelfalls zu beantworten. Hierzu gehören insbesondere die Art und Weise der Zustellung, die Beziehung zwischen Gläubiger und Schuldner sowie die Maßnahmen, die zur Vermeidung einer Säumnisentscheidung erforderlich sind.[148] Kein außergewöhnlicher Umstand ist jedoch darin zu sehen, dass der Schuldner sich im Zeitpunkt der Zustellung vorübergehend nicht an seinem Wohnsitz aufgehalten hat. Es genügt vielmehr, wenn unter normalen Umständen mit einer Kenntnisnahme zu rechnen ist.[149]

Außergewöhnliche Umstände können auch solche sein, die nach der ordnungsgemäßen Zustellung eingetreten sind, so etwa wenn der Kläger nach der ordnungsgemäßen Zustellung von einer neuen Adresse des Beklagten erfahren hat.[150] Ein solcher Umstand kann sogar dann den Beginn des Vorbereitungszeitraums nach hinten verlagern, wenn es dem Beklagten vorzuwerfen ist, dass der Kläger im Zeitpunkt der Zustellung von der neuen Adresse des Beklagten keine Kenntnis hatte.[151] Es ist Sache des Anerkennungsgerichts, in einem solchen Fall das Verhalten des Klägers und des Beklagten bei der Prüfung der Rechtzeitigkeit gegeneinander abzuwägen.[152] 79

Die beiden zuvor genannten Fälle – fiktive Zustellung und außergewöhnliche Umstände – bestätigen, dass nicht jede ordnungsgemäß durchgeführte Zustellung automatisch „rechtzeitig" ist i.S.v. Abs. 1 lit. b. Hieraus folgt für das Anerkennungsversagungsverfahren, dass eine Prüfung der Zustellungsformalitäten unterbleiben kann, wenn der sog. Vorbereitungszeitraum ohnehin zu kurz ist.[153] 80

Der Vorbereitungszeitraum **endet** in dem letztmöglichen Zeitpunkt, in dem **der Beklagte den Erlass einer Säumnisentscheidung verhindern kann.** Dieser Zeitpunkt richtet sich nach dem anwendbaren Prozessrecht im Ursprungsland. Aus Sicht des deutschen Prozessrechts kann dies etwa der Termin zur mündlichen Verhandlung sein oder der letzte Tag der Frist zum Widerspruch gegen einen Mahnbescheid. 81

Ob die verfügbare Zeitspanne zur sachgerechten Vorbereitung ausreicht, ist unter **Bewertung der tatsächlichen Umstände des Einzelfalls** zu beurteilen. Von Bedeutung sind dabei insbesondere die Entfernung zwischen Wohn- bzw. Geschäftssitz des Beklagten und Sitz des Gerichts sowie die Vertrautheit des Beklagten mit der Sprache des verfahrenseinleitenden Schriftstücks und dem Rechtssystem im Ursprungsstaat. Der Länge der im Recht des Ursprungs- oder 82

---

[148] EuGH, 16.6.1981, Rs. 166/80, *Klomps ./. Michel*, Slg. 1981, 1593 (ECLI:EU:C:1981:137), Rn. 20.
[149] Vgl. OLG Düsseldorf, 10.2.1993 – 13 W 60/92, OLGR Köln 1994, S. 10, Rn. 7 (nach juris): Bei einem vorübergehenden Auslandsaufenthalt von 3 Monaten obliegt es dem Beklagten dafür zu sorgen, dass ihn die in seinem Wohnsitz in der Zwischenzeit eingehende Post zwischenzeitlich erreicht. Das gilt insbesondere dann, wenn mit einer gerichtlichen Auseinandersetzung zu rechnen war.
[150] EuGH, 11.6.1985 – Rs. 49/84, *Debaecker u.a. ./. Bouwman*, Slg. 1985, 1779 (ECLI:EU:C:1985:252), Rn. 19 ff.
[151] EuGH, 11.6.1985 – Rs. 49/84, *Debaecker u.a. ./. Bouwman*, Slg. 1985, 1779 (ECLI:EU:C:1985:252), Rn. 29 ff.
[152] EuGH, 11.6.1985 – Rs. 49/84, *Debaecker u.a. ./. Bouwman*, Slg. 1985, 1779 (ECLI:EU:C:1985:252), Rn. 29 ff.
[153] Vgl. etwa OLG Düsseldorf, 8.11.2000 – 3 W 353/00, RIW 2001, S. 143, Rn. 22 ff. (nach juris).

des Anerkennungsstaats vorgesehenen Ladungs- und Einlassungsfristen ist grundsätzlich keine entscheidende Bedeutung beizumessen.[154] Sie können jedoch als Orientierungshilfe herangezogen werden, weil sie einen Anhalt dafür bieten, mit welchen Vorlaufzeiten zu rechnen ist.[155]

83 Folgende Richtlinien lassen sich der **Rechtsprechung** zur Beurteilung der Rechtzeitigkeit entnehmen:
(1) Die **Rechtzeitigkeit der Zustellung** wurde in folgenden Fällen **bejaht**:
- Eine Woche zwischen Zustellung und Termin zur mündlichen Verhandlung in einem mietrechtlichen Räumungsverfahren: Gerichtssitz und Sitz des Beklagten bei Verfahrenseinleitung in den Niederlanden, Beherrschen der niederländischen Sprache durch Beklagten nicht ausgeschlossen, die kurze Einlassungsfrist war auf das Bestehen von Mietrückständen zurückzuführen;[156]
- 11 Tage zwischen Zustellung und Verhandlungstermin in einem einstweiligen Rechtsschutzverfahren: Gerichtssitz in Frankreich, Sitz des der französischen Sprache mächtigen Beklagten in Deutschland;[157]
- 12 Tage zwischen Zustellung und Verhandlungstermin: Gerichtssitz und Sitz des der niederländischen Sprache mächtigen Beklagten in den Niederlanden;[158]
- Mehr als 3 Wochen zwischen Zustellung und Verhandlungstermin: Gerichtssitz und Sitz des Beklagten im Zeitpunkt der Zustellung in Belgien;[159]
- Mehr als 4 Wochen zwischen Zustellung und Verhandlungstermin: Wohnsitz des Beklagten in Deutschland, Gerichtssitz in Polen;[160]
- 2 ½ Monate zwischen Zustellung und Verhandlungstermin: Gerichtssitz in Dänemark, Sitz des Beklagten in Deutschland, deutsche Übersetzung der Klageschrift beigefügt.[161]

(2) Die **Rechtzeitigkeit der Zustellung** wurde in folgenden Fällen **verneint**:
- 6 Tage zwischen Zustellung und Verhandlungstermin: Gerichtssitz in Österreich, Sitz des Beklagten in Deutschland;[162]

---

[154] EuGH, 11.6.1985 – Rs. 49/84, *Debaecker u.a. ./. Bouwman*, Slg. 1985, 1779 (ECLI:EU:C:1985:252), Rn. 27 ff.; Saenger/*Dörner*, ZPO, 6. Aufl. 2015, Art. 45 EuGVVO Rn. 18; Rauscher/*Leible*, EuZPR, 4. Aufl. 2016, Art. 45 EuGVVO Rn. 49.
[155] BGH, 23.1.1986 – IX ZB 38/85, NJW 1986, S. 2197, Rn. 9 (nach juris); OLG Düsseldorf, 11.10.1999 – 3 W 258/99, NJW 2000, S. 3290, Rn. 22 (nach juris); OLG Hamm, 5.2.2002 – 29 W 36/01, IPRax 2004, S. 258, Rn. 4 (nach juris).
[156] OLG Köln, 5.9.2001 – 16 W 11/01, ZMR 2002, S. 348, Rn. 10 f. (nach juris). Vgl. auch OLG Köln, 6.12.2002 – 16 W 12/02, IPRax 2004, S. 115, Rn. 6 (nach juris) (12 Tage zwischen Zustellung und Verhandlungstermin in einer mietrechtlichen Angelegenheit mit Bezug zu den Niederlanden ausreichend). Eine Woche zwischen Zustellung der Klageschrift und Verhandlungstermin ließ OLG Düsseldorf, 8.2.2002 – 3 W 385/01, RIW 2002, S. 558, Rn. 22 f. (nach juris) in einer unterhaltsrechtlichen Sache aufgrund des Vorliegens besonderer Umstände genügen.
[157] OLG Düsseldorf, 19.10.1984 – 3 W 319/84, IPRax 1985, S. 289 m. Anm. *Schumacher*, IPRax 1985, S. 265.
[158] OLG Köln, 6.12.2002 – 16 W 12/02, IPRax 2004, S. 115, Rn. 6 (nach juris) mit Anm. *Geimer*, IPRax 2004, S. 97.
[159] OLG Köln, 10.2.1993 – 13 W 60/92, OLGR Köln 1994, S. 10, Rn. 6 f. (nach juris).
[160] OLG Zweibrücken, 5.12.2006 – 2 WF 181/06, FamRZ 2007, S. 1582, Rn. 17 f. (nach juris).
[161] BGH, 6.5.2004 – IX ZB 43/03, NJW 2004, S. 2386, Rn. 19 (nach juris).
[162] OLG Hamm, 5.2.2002 – 29 W 36/01, IPRax 2004, S. 258, Rn. 3 f. (nach juris).

- 8 Tage[163] bzw. 9 Tage[164] zwischen Zustellung und Verhandlungstermin: Gerichtssitz in den Niederlanden, Sitz des Beklagten in Deutschland, Übersetzung des verfahrenseinleitenden Schriftstücks aus dem Niederländischen ins Deutsche notwendig;
- 20 Tage zwischen Zustellung und Verhandlungstermin: Gerichtssitz in Belgien, Sitz des Beklagten in Deutschland, Übersetzung des verfahrenseinleitenden Schriftstücks ins Deutsche notwendig.[165]

Hinsichtlich der **Darlegungs- und Beweislast** gilt folgendes: Es ist grundsätzlich Sache desjenigen, der die Anerkennungsversagung begehrt, die Voraussetzungen hierfür darzulegen und nachzuweisen, also der ehemalige Beklagte.[166] 84

Für den Zeitpunkt und die Modalitäten der Zustellung kann jedoch eine sekundäre Darlegungs- und Beweislast des ursprünglichen Klägers (und jetzigen Antragsgegners) gelten: Trägt der Antragsteller und frühere Beklagte vor, dass das verfahrenseinleitende Schriftstück ihm nicht zugestellt wurde, obliegt es **dem früheren Kläger und Antragsgegner**, darzulegen und zu beweisen, dass **die Zustellung** – nach dem anwendbaren Recht – **ordnungsmäßig erfolgt ist**.[167]

Für den Nachweis des „Ob" und „Wann" der Zustellung kann die **Bescheinigung i.S.v. Art. 53** eine **wichtige Rolle** spielen: Das Fehlen eines Zustellungsdatums in der Bescheinigung ist ein Indiz dafür, dass eine Zustellung nicht erfolgt ist.[168] Weist die Bescheinigung hingegen ein Zustellungsdatum auf, begründet sie den Beweis der beurkundeten Zustellung gem. § 415 Abs. 1 ZPO. Es ist daher Sache desjenigen, der eine Anerkennungsversagung aus dem Grund fehlender Zustellung des verfahrenseinleitenden Schriftstücks begehrt, die Unrichtigkeit der beurkundeten Zustellung nach § 415 Abs. 2 ZPO zu beweisen.[169] 85

bb) Art und Weise der Zustellung?

Bei der Art und Weise der Zustellung des verfahrenseinleitenden Schriftstücks steht der Zustellungsvorgang an sich im Vordergrund und dabei insbesondere die Frage, ob es zu **Zustellungsfehlern** gekommen ist, die **so erheblich** sind, dass **der Beklagte an einer sachgerechten Verteidigung verhindert** war.[170] Die tatsächliche Wahrung der Rechte des Beklagten setzt zwar nicht zwangsläufig die Ordnungsmäßigkeit der Zustellung voraus. Eine 86

---

[163] OLG Düsseldorf, 11.10.1999 – 3 W 258/99, NJW 2000, S. 3290, Rn. 22 (nach juris).
[164] OLG Düsseldorf, 8.11.2000 – 3 W 353/00, RIW 2001, S. 143, Rn. 22 ff. (nach juris).
[165] OLG Hamm, 3.8.1987 – 20 W 24/87, NJW-RR 1988, S. 446.
[166] Vgl. hierzu oben Rn. 11.
[167] OLG Karlsruhe, 22.1.1996 – 13 W 220/92, IPRax 1996, S. 426 mit Anm. *Kronke*, IPRax 1996, S. 426; OLG Hamburg, 7.11.2008 – 6 W 22/08, OLGR Hamburg 2009, S. 188, Rn. 27 (nach juris). So wohl auch BGH, 12.12.2007 – XII ZB 240/07, NJW-RR 2008, S. 586, Rn. 36 (nach juris). Ähnlich Schlosser/*Hess*, EuZPR, 4. Aufl. 2015, Art. 45 EuGVVO Rn. 28. A. A. *Kummer* in: FS Hirsch, 2008, S. 129 (135), der eine Verteilung der Beweislast nach Sphären befürwortet.
[168] OLG Düsseldorf, 16.8.2012 – I-3 W 53/12, 3 W 53/12, IPRax 2014, S. 67, Rn. 19 (nach juris) mit Anm. *Roth*, IPRax 2014, S. 49.
[169] OLG Stuttgart, 5.11.2013 – 5 W 13/13, juris, Rn. 32; *Geimer*/Schütze, EuZVR, 3. Aufl. 2010, Art. 54 EuGVVO a.F. Rn. 2.
[170] So im Ergebnis auch *Kropholler/von Hein*, EuZPR, 9. Aufl. 2011, Art. 34 EuGVVO a.F. Rn. 40.

ordnungsgemäße Zustellung wird das rechtliche Gehör des Beklagten jedoch in der Regel ausreichend wahren und einer Anerkennungsversagung nach Art. 45 Abs. 1 lit. b entgegenstehen.[171]

87 Ein schwerwiegender Zustellungsfehler ist etwa zu bejahen, wenn das **verfahrenseinleitende Schriftstück** entsprechend der Vorschriften über die Wohnsitzzustellung **an einem Ort zugestellt** wurde, **an dem der Beklagte tatsächlich keinen Wohnsitz (mehr) hat**.[172] Etwas anderes gilt jedoch, wenn die Zustellung am (neuen) Sitz des Beklagten aus von ihm zu vertretenden Gründen nicht erfolgen konnte, weil die alte und neue Anschrift in hohem Maße verwechslungsanfällig sind und der Beklagte nicht durch geeignete Maßnahmen – wie beispielsweise einen Postnachsendeauftrag – sichergestellt hat, dass ihn Zustellungen unter der neuen Adresse erreichen.[173]

88 Ein gravierender Zustellungsfehler liegt auch dann vor, wenn bei einer Ersatzzustellung gem. § 178 ZPO das verfahrenseinleitende Schriftstück an eine Person übergeben wurde, die nur zufällig und kurzfristig in den Geschäftsräumen der Beklagten tätig war (z.B. Installateur, Monteur, Außendienstmitarbeiter).[174]

89 Ein wesentlicher Zustellungsmangel liegt ferner vor, wenn der Beklagte die Annahme des verfahrenseinleitenden Schriftstücks verweigert hat, weil es **nicht in einer Sprache i.S.v. Art. 8 EuZustVO verfasst** war **oder in eine solche übersetzt** war.[175] Dasselbe gilt, wenn der Beklagte das in einer ihm unbekannten Sprache verfasste Schriftstück ohne Belehrung über das Annahmeverweigerungsrecht entgegengenommen hat.[176] Eine zulässige Annahmeverweigerung i.S.v. Art. 8 EuZustVO scheidet jedoch aus, wenn die Annahme nicht wegen fehlender Übersetzung, sondern mit der Behauptung verweigert wurde, der Beklagte habe mit dem Verfahren nichts zu tun.[177]

90 Ein gravierender Zustellungsfehler ist hingegen zu verneinen, wenn der Beklagte die Annahme des verfahrenseinleitenden Schriftstücks trotz entsprechender Belehrung nicht verweigerte (obwohl ihm ein Verweigerungsrecht zugestanden hätte)[178] oder eine geeignete Übersetzung i.S.v. Art. 8 Abs. 2, 3 EuZustVO innerhalb eines angemessenen Zeitraums nach Eingang der Annahmeverweigerung nachgereicht wurde.[179]

---

[171] *Kropholler/von Hein*, EuZPR, 9. Aufl. 2011, Art. 34 EuGVVO a.F. Rn. 39.
[172] BGH, 12.12.2007 – XII ZB 240/07, IPRax 2008, S. 530, Rn. 30 (nach juris); OLG Köln, 6.12.2002 – 16 W 12/02, IPRax 2004, S. 115, Rn. 6 ff. (nach juris).
[173] OLG München, 11.12.2007 – 25 W 2462/07, NJW-RR 2008, S. 736, Rn. 5 (nach juris).
[174] OLG Hamburg, 14.9.2007 – 6 W 46/07, OLGR Hamburg 2008, S. 264, Rn. 20 ff. (nach juris). Die Entscheidung wurde zwar später im Rahmen einer Rechtsbeschwerde aufgehoben. Der BGH stimmte jedoch ausdrücklich den Überlegungen des OLG Hamburg zum Fehlschlagen der Zustellung zu, vgl. BGH, 21.1.2010 – IX ZB 193/07, EuZW 2010, S. 478, Rn. 9 ff. (nach juris) mit Anm. *Bach*, IPRax 2011, S. 241 und *Gebauer*, LMK 2010, 308042.
[175] OLG Celle, 22.1.2004 – 8 W 457/03, IPRax 2005, S. 450, Rn. 18 ff. (nach juris); OLG Zweibrücken, 19.9.2005 – 3 W 132/05, NJW-RR 2006, S. 207, Rn. 17 (nach juris).
[176] OLG Hamburg, 7.11.2008 – 6 W 22/08, OLGR Hamburg 2009, S. 188, Rn. 26 (nach juris).
[177] BGH, 3.8.2011 – XII ZB 187/10, NJW 2011, S. 3103, Rn. 16 (nach juris).
[178] OLG Bamberg, 28.12.2006 – 3 W 110/06, IPRspr. 2006, Nr. 193, S. 437, Rn. 11 f. (nach juris).
[179] EuGH, 8.11.2005 – Rs. C-443/03, *Leffler ./. Berlin Chemie AG*, Slg. 2005, I-9611 (ECLI:EU:C:2005:665), Rn. 64 ff. m. Anm. *Stadler*, IPRax 2006, S. 116; OLG Bamberg, 28.12.2006 – 3 W 110/06, IPRspr. 2006, Nr. 193, S. 437, Rn. 16 f. (nach juris).

d) Nichteinlassung des Beklagten

Eine Anerkennungsversagung wegen Verletzung des rechtlichen Gehörs des Beklagten bei der Verfahrenseinleitung scheidet aus, wenn sich der Beklagte auf das Verfahren eingelassen hat. Der Begriff der Einlassung ist **euroautonom** und **weit auszulegen**.[180] Er soll verhindern, dass der Beklagte Formfehler, die sich im Ergebnis nicht auf seine Verteidigungsrechte ausgewirkt haben, zu Erlangung einer unberechtigten Anerkennungsverweigerung missbraucht.[181]

Als Einlassung ist jedes **Verhandeln des Beklagten** zu werten, aus dem sich ergibt, **dass er von dem gegen ihn eingeleiteten Verfahren Kenntnis erlangt** und **die Möglichkeit zur Verteidigung** gegen die Klage erhalten hat, **es sei denn**, das Vorbringen beschränkt sich auf die **Rüge der Unzuständigkeit** des Gerichts oder einer **mangelhaften Zustellung**.[182] Soweit sich der Beklagte nur zur Geltendmachung dieser beiden Mängel am Verfahren beteiligt, hat er den Anerkennungsversagungsgrund von Abs. 1 lit. b demnach nicht verwirkt.

Eine **Einlassung** i.S.v. Abs. 1 lit. b **liegt** jedoch **vor**, wenn der Beklagte im Verfahren vorbringt, er kenne den Kläger nicht und sei daher nicht als Beklagter gemeint. Dieser Vortrag ist eine Rüge der **Passivlegitimation** und stellt somit einen Vortrag zur Begründetheit der Klage dar.[183] Als Einlassung wurde auch die zweimalige Bestellung eines Verfahrensbevollmächtigten durch den Beklagten gewertet.[184]

Eine Einlassung soll ferner in der **Erhebung eines Einspruchs nach Erlass eines Versäumnisurteils** zu sehen sein.[185] Das erscheint im Hinblick auf das oben Ausgeführte[186] jedenfalls dann richtig, wenn die Begründung des Einspruchs über die bloße Rüge von Gerichtszuständigkeit und Zustellungsmängeln hinausgeht.

An einer Einlassung fehlt es hingegen, wenn für den Beklagten ein von ihm **nicht beauftragter Rechtsanwalt** erschienen ist und zur Sache verhandelt hat.[187]

Nicht höchstrichterlich entschieden ist, ob eine Einlassung i.S.v. Abs. 1 lit. b vorliegt, wenn der Beklagte neben der Rüge der Zuständigkeit des Gerichts oder der Wirksamkeit der Zustellung **hilfsweise zur Sache vorgetragen** hat. Die Einordnung eines solchen Verhaltens als „Einlassung" lehnte der EuGH für die Zuständigkeitsbegründung nach den Vorgängerregeln zu Art. 26 ab. Zur Begründung wurde angeführt, dass nach dem Zivilprozessrecht einiger Mitglied-

91

92

93

94

95

96

---

[180] BGH, 5.3.2009 – IX ZB 192/07, NJW-RR 2009, S. 1292, Rn. 9 (nach juris); BGH, 3.8.2011 – XII ZB 187/10, NJW 2011, S. 3103, Rn. 19 (nach juris).
[181] Geimer/Schütze, EuZVR, 3. Aufl. 2010, Art. 34 EuGVVO Rn. 111.
[182] BGH, 5.3.2009 – IX ZB 192/07, NJW-RR 2009, S. 1292, Rn. 9 (nach juris); BGH, 3.8.2011 – XII ZB 187/10, NJW 2011, S. 3103, Rn. 19 (nach juris).
[183] BGH, 3.8.2011 – XII ZB 187/10, NJW 2011, S. 3103, Rn. 16 (nach juris).
[184] BGH, 5.3.2009 – IX ZB 192/07, NJW-RR 2009, S. 1292, Rn. 10 (nach juris) mit Anm. Geimer, IPRax 2010, S. 224.
[185] BGH, 15.5.2014 – IX ZB 26/13, NJW 2014, S. 2365, Rn. 4 (nach juris).
[186] Vgl. oben Rn. 92.
[187] EuGH, 10.10.1996 – Rs. C-78/95, Hendrikman ./. Magenta Druck & Verlag GmbH, Slg. 1996, I-4943 (ECLI:EU:C:1996:380), Rn. 18.

staaten ein Beklagter, der ausschließlich die Zuständigkeitsrüge erhebt, das Risiko eingeht, mit seinem Vorbringen ausgeschlossen zu sein, falls sich das Gericht für zuständig befindet. Ein solches Ergebnis – so der EuGH – wäre mit dem Grundsatz des rechtlichen Gehörs nicht vereinbar.[188] Diese Überlegungen des EuGH sprechen im Rahmen von Abs. 1 lit. b – insbesondere mit Blick auf den Zweck der Norm[189] – ebenfalls gegen die Qualifizierung eines bloß hilfsweisen Vortrags des Beklagten zur Sache als „Einlassung". Demnach steht es dem Beklagten frei, im Ursprungsverfahren unter Rüge der Zustellung oder der Zuständigkeit hilfsweise zur Sache vorzutragen, ohne sich den Anerkennungsversagungsgrund von Abs. 1 lit. b abzuschneiden.

97 In einem **Adhäsionsverfahren** ist folgende Besonderheit zu berücksichtigen: Nimmt der Beklagte vor dem Strafgericht zu der öffentlichen Strafklage Stellung ohne sich gegen die im Wege der Zivilklage erhobenen Forderung zu wehren, ist dies als Einlassung auf das Verfahren insgesamt zu werten. Etwas anderes gilt nur dann, wenn es der Beklagte ablehnt, sich auf die Zivilklage einzulassen.[190]

e) Keine Unterlassung von Rechtsbehelfen im Ursprungsstaat

98 Die Anerkennungsversagung nach Abs. 1 lit. b setzt schließlich voraus, dass der Beklagte es nicht versäumt hat, einen verfügbaren Rechtsbehelf gegen die Entscheidung im Ursprungsstaat einzulegen. **Sinn und Zweck** dieser Obliegenheit ist es, den Gerichten im Erststaat aufgrund ihrer Sachnähe die Möglichkeit zu eröffnen, einen dort unterlaufenen Verfahrensfehler selbst zu reparieren.[191] Ein Fehler bei der Verfahrenseinleitung soll den Beklagten nicht für immer davon befreien, sich am Verfahren im Ursprungsstaat zu beteiligen.[192]

99 Im Hinblick auf die Ratio der Rechtsbehelfsobliegenheit ist der Begriff des Rechtsbehelfs i.S.v. Abs. 1 lit. b weit auszulegen. Darunter fallen **alle Rechtsbehelfe, mit denen der Beklagte auch die Rechtzeitigkeit bzw. Art und Weise der Zustellung** des verfahrenseinleitenden Schriftstücks **rügen kann**.[193] Rechtsbehelfe gegen die Entscheidung aus anderen Gründen sind hingegen nicht erfasst.[194] Beispiele für Rechtsbehelfe in diesem Sinne sind der **Einspruch gegen ein Versäumnisurteil**[195] oder **einen Vollstreckungsbescheid** sowie

---

[188] EuGH, 24.6.1981 – Rs. 150/80, *Elefanten Schuh GmbH ./. Jacqmain*, Slg. 1981, 1671 (ECLI:EU:C:1981:148), Rn. 14; EuGH, 22.10.1981 – Rs. 27/81, *Rohr S.A. ./. Ossberger*, Slg. 1981, 2431 (ECLI:EU:C:1981:243), Rn. 7.
[189] Vgl. hierzu oben Rn. 54.
[190] EuGH, 21.4.1993 – Rs. C-172/91, *Sonntag ./. Waidmann*, Slg. 1993, I-1963 (ECLI:EU:C:1993:144), Rn. 41.
[191] BGH, 3.8.2011 – XII ZB 187/10, NJW 2011, S. 3103, Rn. 23 (nach juris); *Bach*, IPRax 2011, S. 241 (243) umschreibt die Ratio der Obliegenheit wie folgt: „Was im Ursprungsstaat repariert werden kann, soll dort repariert werden müssen."
[192] *Bach*, IPRax 2011, S. 241 (243). Vgl. auch KOM(1999) 348, S. 25 zu der EuGVVO a.F.
[193] EuGH, 28.4.2009 – Rs. C-420/07, *Apostolides ./. Orams*, Slg. 2009, I-3571 (ECLI:EU:C:2009:271), Rn. 78; BGH, 17.12.2009 – IX ZB 124/08, NJW-RR 2010, S. 571, Rn. 5 (nach juris); BGH, 21.1.2010 – IX ZB 193/07, NJW-RR 2010, S. 1001, Rn. 13 (nach juris); BGH, 3.8.2011 – XII ZB 187/10, NJW 2011, S. 3103, Rn. 13 (nach juris); OLG Nürnberg, 22.12.2010 – 14 W 1442/10, WM 2011, S. 700, Rn. 79 (nach juris).
[194] *Thomas/Putzo/Hüßtege*, ZPO, 36. Aufl. 2015, Art. 45 EuGVVO Rn. 18. Kritisch *Roth*, IPRax 2005, S. 438 (439) und IPRax 2008, S. 501 (503).
[195] EuGH, 28.4.2009 – Rs. C-420/07, *Apostolides ./. Orams*, Slg. 2009, I-3571 (ECLI:EU:C:2009:271), Rn. 78; BGH, 15.5.2014 – IX ZB 26/13, NJW 2014, S. 2365, Rn. 4 (nach juris).

der **Widerspruch gegen einen Mahnbescheid**.[196] Auch die **Berufung** kann laut BGH ein geeignetes Rechtsmittel sein.[197]

Die Rechtsbehelfsobliegenheit besteht jedoch nur, wenn und solange der **100** Beklagte die **Möglichkeit** hat, **einen Rechtsbehelf einzulegen**. Daran fehlt es zum einen, wenn im Recht des Entscheidungsstaats ein Rechtsbehelf zur Rüge der oben genannten Verfahrensmängel überhaupt nicht vorgesehen ist. Eine Obliegenheit des Beklagten ist zum anderen zu verneinen, wenn ein vorgesehener Rechtsbehelf keine Aussicht auf Erfolg hat. Das ist insbesondere der Fall, wenn der Rechtsbehelf in dem Zeitpunkt, in dem der Beklagte von der Entscheidung ausreichende Kenntnis erlangt, bereits verfristet war.[198] Bei der Beurteilung der Möglichkeit der Rechtsbehelfseinlegung ist jedoch zu beachten, dass von dem Beklagten im Rahmen von Abs. 1 lit. b erwartet wird, einen **Antrag auf Wiedereinsetzung in den vorigen Stand** zu stellen, wenn ein solcher im anwendbaren Verfahrensrecht existiert.[199] Die Rechtsbehelfsobliegenheit des Beklagten ist jedoch zu verneinen, wenn ein Rechtsmittel zwar nicht verfristet ist, die vorgesehene Frist jedoch so kurz bemessen ist, dass sie für die Gewähr einer wirksamen Rechtsverteidigung nicht ausreicht.[200]

Die Möglichkeit zur Einlegung eines Rechtsbehelfs setzt außerdem eine **ver-** **101** **teidigungsfähige Kenntnis** des Beklagten voraus, d.h. eine **Kenntnis vom Inhalt und insbesondere von den Gründen der Entscheidung**. Die bloße Kenntnis von der Existenz einer Entscheidung oder von dessen Tenor genügt hingegen nicht, weil der Beklagte aufgrund dieser Kenntnis nicht in der Lage ist, sich sachgerecht gegen die Verurteilung zur Wehr zu setzen.[201]

Eine verteidigungsfähige Kenntnis des Beklagten setzt **nicht zwingend** die **102** **ordnungsgemäße Zustellung der Entscheidung** voraus. Ähnlich wie bei dem verfahrenseinleitenden Schriftstück ist vielmehr ausreichend, wenn die Entscheidung dem Beklagten zwar nicht fehlerfrei, aber rechtzeitig und in einer

---

[196] BGH, 21.1.2010 – IX ZB 193/07, NJW-RR 2010, S. 1001, Rn. 17 (nach juris) mit Anm. *Bach*, IPRax 2011, S. 241 und *Gebauer*, LMK 2010, 308042.
[197] BGH, 12.12.2007 – XII ZB 240/05, NJW-RR 2008, S. 586 mit Anm. *Roth*, IPRax 2008, S. 501 (zum italienischen Recht); BGH, 17.12.2009 – IX ZB 124/08, NJW-RR 2010, S. 571, Rn. 3 (nach juris) (zum italienischen Recht); BGH, 3.8.2011 – XII ZB 187/10, NJW 2011, S. 3103, Rn. 24 (nach juris) (zum polnischen Recht). A. A. OLG Celle, 22.1.2004 – 8 W 457/03, Rn. 23 mit zust. Anm. *Kummer*, jurisPR-BGHZivilR 7/2008 Anm. 6 (unter D.).
[198] *Bach*, IPRax 2011, S. 241 (243). Vgl. zur Verfristung aller möglichen Rechtsbehelfe OLG Zweibrücken, 10.5.2005 – 3 W 165/04, IPRax 2006, S. 487, Rn. 22 (nach juris).
[199] EuGH, 7.4.2016 – Rs. C-70/15, *Lebek ./. Domino*, ECLI:EU:C:2016:524, Rn. 31 ff. So auch BGH, 21.1.2010 – IX ZB 193/07, NJW-RR 2010, S. 1001, Rn. 14 (nach juris) mit Anm. *Bach*, IPRax 2011, S. 241 und *Gebauer*, LMK 2010, 308042; OLG Zweibrücken, 10.5.2005 – 3 W 165/04, RIW 2005, S. 779, Rn. 22 (nach juris).
[200] OLG Nürnberg, 14.4.2014 – 2 W 1488/11, FamRZ 2015, S. 79, Rn. 13 (nach juris). Das einschlägige rumänische Recht sah eine Frist von 15 Tagen nach Zustellung des Urteils im Ausland vor für eine Berufung sowie für einen Antrag auf Wiedereinsetzung in den vorigen Stand. Diese Frist war aus Sicht des Gerichts zu knapp, weil der in Deutschland ansässige Beklagte durch die Urteilsabschrift erstmals vom Verfahren überhaupt Kenntnis erlangte und für ihn daher vorher keine Veranlassung bestand, sich um anwaltliche Beratung und Vertretung vor rumänischen Gerichten zu kümmern.
[201] EuGH, 14.12.2006 – Rs. C-283/05, *ASML Netherlands BV ./. Semiconductor Industry Services GmbH (SEMIS)*, Slg. 2006, I-12041 (ECLI:EU:C:2006:787), Rn. 34 f.; BGH, 3.8.2011 – XII ZB 187/10, NJW 2011, S. 3103, Rn. 23 (nach juris) m. Anm. *Geimer*, IPRax 2008, S. 498 f.; OLG Düsseldorf, 16.8.2012 – I-3 W 53/12, 3 W 53/12, IPRax 2014, S. 67, Rn. 25 (nach juris).

Weise zugestellt wird, dass er einen Rechtsbehelf zur Wahrung seiner Rechte einlegen kann.[202] Eine nicht erfolgte Zustellung kann der Beklagte – in Parallele zum verfahrenseinleitenden Schriftstück – jedoch nicht einwenden, wenn ein Zustellungsversuch aus von ihm zu vertretenden Gründen fehlgeschlagen ist.[203]

103 Eine Rechtsbehelfsobliegenheit des Beklagten besteht auch dann, wenn er **erst durch Zustellung der Bescheinigung gemeinsam mit der vollstreckbaren Entscheidung** nach Art. 43 Abs. 1 von letzterer **Kenntnis erlangt**. Das ist mit Blick auf das Ziel der Obliegenheit geboten, möglichst die Gerichte im Ursprungsstaat über Verfahrensfehler entscheiden zu lassen.[204] Die Zustellung der Bescheinigung ohne Zustellung der zugrunde liegenden Entscheidung entgegen Art. 43 Abs. 1 S. 2 dürfte hingegen nicht genügen, weil die Bescheinigung nicht die Begründung des Gerichts enthält.

104 Die Darlegungs- und Beweislast dafür, dass der Antragsteller (und ehemalige Beklagte) die Rechtsbehelfsobliegenheit i.S.v. Abs. 1 lit. b verletzt hat, trägt der Antragsgegner (und ehemaliger Kläger): Dieser muss allerdings nur darlegen und beweisen, dass der Beklagte ausreichende Kenntnis von der Entscheidung hatte.[205] Ob Rechtsmittel gegen die Entscheidung verfügbar waren und vom Beklagten erhoben werden konnten, prüfen die Gerichte im Anerkennungsstaat unter Heranziehung des im Ursprungsstaat geltenden Verfahrensrechts. Die Grundsätze der Darlegungs- und Beweislast finden auf diese Frage keine Anwendung, weil ausländische Normen Rechtssätze und keine Tatsachen sind und daher von Amts wegen zu ermitteln sind.[206]

4. Unvereinbarkeit mit Entscheidung aus dem Anerkennungsstaat (Abs. 1 lit. c)

105 Abs. 1 lit. c hat die Konstellation im Blick, dass die Gerichte im Anerkennungsstaat und die Gerichte in einem anderen Mitgliedstaat über denselben Streitpunkt widersprechende Entscheidungen getroffen haben. Der Erlass von kollidierenden Entscheidungen soll zwar durch die Rechtshängigkeitsregeln der Art. 29 ff. vermieden werden. Dennoch besteht die Gefahr, dass ein mitgliedstaatliches Gericht von dem in einem anderen Mitgliedstaat anhängigen Gerichtsverfahren nicht erfährt oder die vor ihm erhobenen Ansprüche als nicht identisch mit den anderweitig geltend gemachten ansieht, so dass im Ergebnis zwei unvereinbare Entscheidungen ergehen. Diesem Risiko trägt Abs. 1 lit. c

---

[202] EuGH, 14.12.2006 – Rs. C-283/05, *ASML Netherlands BV ./. Semiconductor Industry Services GmbH (SEMIS)*, Slg. 2006, I-12041 (ECLI:EU:C:2006:787), Rn. 41 ff.; BGH, 12.12.2007 – XII ZB 240/05, NJW-RR 2008, S. 586, Rn. 35 (nach juris); OLG Hamburg, 7.11.2008 – 6 W 22/08, IPRspr. 2008, Nr. 175, S. 557, Rn. 30 (nach juris).
[203] Saenger/*Dörner*, ZPO, 6. Aufl. 2015, Art. 45 EuGVVO Rn. 21. Vgl. oben Rn. 79.
[204] Das steht im Einklang mit der Rspr. zur EuGVVO a.F., die noch ein Exequaturverfahren vorsah. Es galt der Grundsatz, dass vom Beklagten die Einlegung eines Rechtsmittels auch dann erwartet werden kann, wenn er erst im Exequaturverfahren durch die Zustellung der Vollstreckbarerklärung und der Entscheidung nach Art. 42 Abs. 2 EuGVVO a.F. vom Inhalt der letzteren Kenntnis erlangt hat. Vgl. BGH, 21.1.2010 – IX ZB 193/07, NJW-RR 2010, S. 1001, Rn. 15 (nach juris); BGH, 3.8.2011 – XII ZB 187/10, NJW 2011, S. 3103, Rn. 23 (nach juris).
[205] Vgl. oben Rn. 84.
[206] BGH, 12.12.2007 – XII ZB 240/05, NJW-RR 2008, S. 586, Rn. 37 ff. (nach juris).

Rechnung, indem es der **Entscheidung aus dem Anerkennungsstaat** für dessen Gebiet stets **Vorrang** einräumt.

Liegen die Voraussetzungen von Abs. 1 lit. c vor, sind die Gerichte im Anerkennungsstaat verpflichtet, der ausländischen Entscheidung die Anerkennung zu versagen. Ein Ermessensspielraum steht ihnen insoweit nicht zu.[207] **106**

a) Erfasste Entscheidungen

Erfasst sind **alle Entscheidungen** i.S.v. Art. 2 lit. a. Darunter fallen **auch** **107** **einstweilige Rechtsschutzmaßnahmen**, soweit die Einschränkungen von Art. 2 lit. a Abs. 2 erfüllt sind.[208]

Auf einen **vollstreckungsfähigen Prozessvergleich** findet Art. 45 Abs. 1 **108** lit. c hingegen **keine Anwendung**. Das folgt nicht nur aus der ausdrücklichen Unterscheidung zwischen „Entscheidungen" und „gerichtlichen Vergleichen" im Rahmen der EuGVVO,[209] sondern auch aus dem **Normzweck** des Anerkennungsversagungsgrunds. Er soll eine ernste Störung des Rechtslebens verhindern, die nur dann droht, wenn Gerichte in unterschiedlichen Mitgliedstaaten einen Streitpunkt selbst beurteilt und darüber in widersprechender Weise entschieden haben.[210]

Ein **Schiedsspruch** stellt – da nicht von einem staatlichen Gericht erlassen – **109** **keine Entscheidung** i.S.v. Art. 2 lit. a dar. Für Kollisionen zwischen einem Schiedsspruch und einer Gerichtsentscheidung aus unterschiedlichen Mitgliedstaaten kommt allenfalls eine analoge Anwendung von Abs. 1 lit. c in Betracht.[211] Als Entscheidung i.S.v. Art. 2 lit. a ist hingegen die Vollstreckbarerklärung eines Schiedsspruchs durch ein staatliches Gericht zu werten. Eine solche Erklärung durch die Gerichte im Anerkennungsstaat kann trotz des Ausschlusses der Schiedsgerichtsbarkeit gem. Art. 1 Abs. 2 lit. d prinzipiell die Anerkennungsversagung auslösen. Die inländische Entscheidung i.S.v. Abs. 1 lit. c muss – anders als die anzuerkennende ausländische – nämlich nicht in den Anwendungsbereich der EuGVVO fallen.[212] Aufgrund des sehr beschränkten Streitgegenstands des Vollstreckbarerklärungsverfahrens – Verleihung der Vollstreckungswirkung für das Inland – dürften die Voraussetzungen für eine Entscheidungskollision jedoch praktisch kaum gegeben sein.[213]

b) Entscheidung zwischen denselben Parteien im Anerkennungsstaat ergangen

Der Begriff „*dieselben Parteien*" ist euroautonom wie in Art. 29 zu interpretie- **110** ren.[214] Das Erfordernis ist auch dann erfüllt, wenn die Parteien in dem einen

---

[207] EuGH, 6.6.2002 – Rs. C-80/00, *Italian Leather SpA ./. WECO Polstermöbel GmbH & Co. KG*, Slg. 2002, I-4995 (ECLI:EU:C:2002:342), Rn. 50 f. m. Anm. *Hess*, IPRax 2005, S. 23.
[208] Vgl. hierzu oben Rn. 8 sowie die Kommentierung zu Art. 2 lit. a, Rn. 2 ff.
[209] Vgl. Art. 2 lit. a und lit. b sowie die gem. Art. 59 für Prozessvergleiche geltende Regelung von Art. 58 Abs. 1 S. 2, derzufolge die Zwangsvollstreckung aus einem Gerichtsvergleich lediglich wegen *ordre public*-Verstoßes versagt werden kann.
[210] *Jenard*-Bericht, 1979, S. 45; EuGH, 2.6.1994 – Rs. C-414/92, *Solo Kleinmotoren GmbH ./. Boch*, Slg. 1994, I-2237 (ECLI:EU:C:1994:221), Rn. 47.
[211] Überzeugend hierzu *Mankowski*, SchiedsVZ 2014, S. 209. So auch Schlosser/*Hess*, EuZPR, 4. Aufl. 2015, Art. 45 EuGVVO Rn. 30.
[212] Schlosser/*Hess*, EuZPR, 4. Aufl. 2015, Art. 45 EuGVVO Rn. 29.
[213] *Mankowski*, SchiedsVZ 2014, S. 209 (212).
[214] Vgl. die Kommentierung zu Art. 29 Rn. 13 ff.

Verfahren nur teilweise mit denen des anderen übereinstimmen mit der Folge, dass auch die Anerkennung nur teilweise zu versagen ist.[215] Auch eine Entscheidung mit *erga omnes*-Wirkung kann – soweit sie mit einer *inter partes*-Entscheidung kollidiert – zu der Anerkennungsversagung nach Abs. 1 lit. b führen.[216]

111   Die Entscheidung muss außerdem **ergangen** sein, d.h. **nach dem Recht des Anerkennungsstaates Wirkungen entfalten**.[217] Das ist anzunehmen, wenn die Entscheidung vollstreckbar ist, materielle Rechtskraft oder eine Gestaltungswirkung entfaltet.[218] Solange der im Inland erlassenen Entscheidung keine der genannten Wirkungen zukommt, stellt sie kein Anerkennungshindernis dar. Die Nichtbeachtung inländischer Rechtshängigkeit ist für sich allein kein Versagungsgrund.[219]

112   Ob die Entscheidung im Anerkennungsstaat vor oder nach der ausländischen Entscheidung ergangen ist, spielt für Abs. 1 lit. c keine Rolle. Die **inländische Entscheidung** genießt **unbedingten Vorrang**: Ist die Entscheidung im Anerkennungsstaat vor der ausländischen ergangen, scheidet die Anerkennung letzterer von vornherein aus. Ergeht die Inlandsentscheidung später, ist der ursprünglich anzuerkennenden ausländischen Entscheidung *ex nunc* die Anerkennung zu versagen.[220]

c) Unvereinbarkeit der Entscheidungen

113   Das Erfordernis der „Unvereinbarkeit" ist euroautonom zu interpretieren und setzt voraus, dass die betreffenden Entscheidungen **Rechtsfolgen oder Ergebnisse** haben, **die sich gegenseitig ausschließen**.[221] Maßgeblich für die Beurteilung der Rechtsfolgen sind die Wirkungen der beiden Urteile, die jeweils dem Recht des Staates unterliegen, in dem sie ergangen sind.[222]

114   Unvereinbare Entscheidungen liegen vor, wenn **über denselben Streitgegenstand widersprechend geurteilt** wurde. Das ist etwa der Fall, wenn ein Schuldner im Ausland im vorläufigen Rechtsschutzverfahren zur Unterlassung bestimmter Handlungen verpflichtet wurde, während ein inländisches Gericht die Verhängung solcher Maßnahmen abgelehnt hat.[223]

---

[215] *Kropholler/von Hein*, EuZPR, 9. Aufl. 2011, Art. 34 EuGVVO a.F. Rn. 52.
[216] *Schlosser/Hess*, EuZPR, 4. Aufl. 2015, Art. 45 EuGVVO Rn. 29.
[217] OLG Frankfurt a.M., 13.7.2005 – 20 W 239/04, IHR 2006, S. 212 Rn. 28 (nach juris) zu Art. 34 Nr. 4 EuGVVO a.F. (= Art. 45 Abs. 1 lit. d); *Rauscher/Leible*, EuZPR, 4. Aufl. 2016, Art. 45 EuGVVO Rn. 62.
[218] *Schlosser/Hess*, EuZPR, 4. Aufl. 2015, Art. 45 EuGVVO Rn. 33. Strittig ist, ob die bloß vorläufige Vollstreckbarkeit ausreicht. Bejahend *Kropholler/von Hein*, EuZPR, 9. Aufl. 2011, Art. 34 EuGVVO a.F. Rn. 53. Ablehnend *Stein/Jonas/Oberhammer*, ZPO, 22. Aufl. 2011, Art. 34 EuGVVO a.F. Rn. 94.
[219] *Schlosser/Hess*, EuZPR, 4. Aufl. 2015, Art. 45 EuGVVO Rn. 34.
[220] *Kropholler/von Hein*, EuZPR, 9. Aufl. 2011, Art. 34 EuGVVO a.F. Rn. 54; *Lenenbach*, Die Behandlung von Unvereinbarkeiten, 1997, S. 182; *Schlosser/Hess*, EuZPR, 4. Aufl. 2015, Art. 45 EuGVVO Rn. 29 befürwortet hingegen eine *ex tunc*-Wirkung.
[221] EuGH, 4.2.1988 – Rs. C-145/86, *Hoffmann ./. Krieg*, Slg. 1988, 645 (ECLI:EU:C:1988:61), Rn. 22; EuGH, 6.6.2002 – Rs. C-80/00, *Italian Leather SpA ./. WECO Polstermöbel GmbH & Co. KG*, Slg. 2002, I-4995 (ECLI:EU:C:2002:342), Rn. 40; OLG Frankfurt a.M., 13.7.2005 – 20 W 239/04, IHR 2006, S. 212, Rn. 30 ff. (nach juris).
[222] EuGH, 4.2.1988 – Rs. C-145/86, *Hoffmann ./. Krieg*, Slg. 1988, 645 (ECLI:EU:C:1988:61), Rn. 22; EuGH, 6.6.2002 – Rs. C-80/00, *Italian Leather SpA ./. WECO Polstermöbel GmbH & Co. KG*, Slg. 2002, I-4995 (ECLI:EU:C:2002:342), Rn. 44.
[223] EuGH, 6.6.2002 – Rs. C-80/00, *Italian Leather SpA ./. WECO Polstermöbel GmbH & Co. KG*, Slg. 2002, I-4995 (ECLI:EU:C:2002:342), Rn. 22 ff.

Auch **bei fehlender Streitgegenstandsidentität** kann von **unvereinbaren** 115
Entscheidungen auszugehen sein. Das ist etwa anzunehmen, wenn eine ausländische Entscheidung einen Ehegatten zur Zahlung von Unterhalt aufgrund bestehender Ehe verurteilt hat, während durch eine inländische Entscheidung die Ehe geschieden worden ist.[224] Dasselbe gilt, wenn ein ausländisches Gericht zum Schadensersatz wegen Nichterfüllung eines Vertrags verurteilt hat, während ein inländisches Gericht den Vertrag für nichtig erklärt hat.[225]

Mangels Unvereinbarkeit scheidet eine Anerkennungsversagung hingegen 116
aus, wenn ein ausländisches Gericht einen Anspruch zuerkannt hat, während im Inland für eine Klage zur Geltendmachung desselben Anspruchs **Prozesskostenhilfe** mangels hinreichender Erfolgsaussicht verneint wurde.[226] Bei der Beurteilung der Voraussetzungen für Prozesskostenhilfe werden die Erfolgsaussichten, d. h. die Frage, ob der zu erhebende Anspruch besteht, nur summarisch geprüft, so dass die diesbezügliche Entscheidung nicht in Rechtskraft erwächst und daher keine Rechtsfolge beinhaltet, die der ausländischen Entscheidung über den Anspruch widersprechen könnte.

Miteinander vereinbar sind auch die Verurteilung zu einer bestimmten Zahlung aufgrund eines **Schiedsspruchs** durch ein Gericht **und die Ablehnung** 117
der Vollstreckbarerklärung desselben Schiedsspruchs durch ein anderes Gericht.[227] Streitgegenstand des Vollstreckbarerklärungsverfahrens eines Schiedsspruchs ist nicht ein aus letzterem resultierender materiell-rechtlicher Anspruch, sondern lediglich die Verleihung der Vollstreckbarkeit des Schiedsspruchs in einem bestimmten Land. Wegen dieser eingeschränkten Wirkung der Entscheidung über die Vollstreckbarerklärung hat sie keine Rechtsfolge, die mit der Rechtsfolge des Urteils über den materiell-rechtlichen Anspruch kollidiert.

5. Unvereinbarkeit mit früherer Entscheidung aus einem anderen Mitgliedstaat oder einem Drittstaat (Abs. 1 lit. d)

Abs. 1 lit. d ergänzt den durch lit. c gewährten Schutz gegen widersprechende 118
Entscheidungen. In Abs. 1 lit. d geht es jedoch nicht um die Kollision einer Entscheidung aus dem Anerkennungsstaat mit einer ausländischen, sondern um die **Unvereinbarkeit von** – aus Sicht des Anerkennungsgerichts – **ausländischen Entscheidungen**. Die konkurrierenden Entscheidungen müssen **zwingend aus verschiedenen Staaten** stammen,[228] wobei Abs. 1 lit. d unabhängig davon gilt, ob Entscheidungen aus zwei Mitgliedstaaten oder eine mitgliedstaatliche und eine drittstaatliche Entscheidung miteinander kollidieren. Die Kollision von zwei drittstaatlichen Entscheidungen ist in der EuGVVO nicht geregelt und

---

[224] EuGH, 4.2.1988 – Rs. C-145/86, *Hoffmann* ./. *Krieg*, Slg. 1988, 645 (ECLI:EU:C:1988:61), Rn. 22.
[225] *Jenard*-Bericht, 1979, S. 45.
[226] BGH, 22.6.1983 – VIII ZB 14/82, NJW 1984, S. 568.
[227] OLG Frankfurt a.M., 13.7.2015 – 20 W 239/04, IHR 2006, S. 212, Rn. 30 ff. (nach juris).
[228] EuGH, 26.9.2013 – C-157/12, *Salzgitter Mannesmann Handel GmbH* ./. *SC Lamiorul SA*, ECLI:EU:C:2013:597. Vgl. zur berechtigten Kritik an der Entscheidung *Mäsch*, EuZW 2013, S. 905. Für eine analoge Anwendung von Art. 45 Abs. 1 lit. d auf Entscheidungen aus demselben Mitgliedstaat *Müller*, IPRax 2009, S. 484.

daher nach dem im Anerkennungsstaat maßgeblichen autonomen Recht oder einem dort geltenden internationalen Übereinkommen zu lösen.

119 Den Konflikt zwischen den kollidierenden ausländischen Entscheidungen löst Abs. 1 lit. d nach dem **Grundsatz der zeitlichen Priorität**. Im Rahmen der Anerkennung ist der früher ergangenen Entscheidung der Vorrang zu gewähren, solange sie nach dem Recht des Anerkennungsstaates anerkennungsfähig ist.

120 Zur Bestimmung, **welche der Entscheidungen früher ergangen ist**, ist auf den Zeitpunkt abzustellen, ab dem die jeweilige Entscheidung Wirkungen entfaltet, so dass die im Rahmen von Abs. 1 lit. c dargestellten Grundsätze entsprechend heranzuziehen sind. Auch die Begriffe *„unvereinbar"* und *„zwischen denselben Parteien"* sind wie in lit. c zu verstehen. Dem Erfordernis, dass die Entscheidungen *„wegen desselben Anspruchs"* ergangen sind, wird für die praktische Anwendung von lit. d überwiegend keine Bedeutung beigemessen, so dass an die Bejahung der Unvereinbarkeit keine höheren Anforderungen als in lit. c zu stellen sind.[229]

121 Die Anerkennungsfähigkeit einer mitgliedstaatlichen Entscheidung richtet sich ausschließlich nach der EuGVVO, während für drittstaatliche Entscheidungen das autonome Recht des Anerkennungsstaats bzw. ein dort geltender internationaler Vertrag heranzuziehen ist.

6. Unvereinbarkeit mit einer besonderen oder ausschließlichen Zuständigkeit (Abs. 1 lit. e)

122 Abs. 1 lit. e sieht einen Anerkennungsversagungsgrund für den Fall vor, dass das Ausgangsgericht seine internationale Zuständigkeit unter Missachtung eines der Gerichtsstände in Versicherungs-, Verbraucher- und individuellen Arbeitssachen (Art. 10 ff., 17 ff., 20 ff.) oder unter Verstoß gegen einen ausschließlichen Gerichtsstand (Art. 24) angenommen hat. Das besondere Interesse an der Einhaltung der genannten Zuständigkeitsvorschriften wiegt schwerer als das gegenseitige Vertrauen in die Rechtspflege der Mitgliedstaaten und rechtfertigt daher eine **Ausnahme** von dem in Abs. 3 statuierten Verbot der **Nachprüfung der internationalen Zuständigkeit des Ursprungsgerichts**.

a) Unvereinbarkeit mit den Gerichtsständen in Versicherungs-, Verbraucher- und individuellen Arbeitssachen in Art. 10 ff., 17 ff., 20 ff.

123 Die Erstreckung von Abs. 1 lit. e (i) auf individuelle Arbeitssachen stellt eine wichtige Änderung im Vergleich zu der Vorgängernorm in Art. 35 Abs. 1 EuGVVO a.F. dar, die lediglich die besonderen Gerichtsstände in Versicherungs- und Verbrauchersachen erfasste.[230] Die **Arbeitssachen** werden somit den Ver-

---

[229] OLG Frankfurt a.M., 13.7.2015 – 20 W 239/04, IHR 2006, S. 212, Rn. 30 ff. (nach juris); Saenger/*Dörner*, ZPO, 6. Aufl. 2015, Art. 45 EuGVVO Rn. 26; Stein/Jonas/*Oberhammer*, ZPO, 22. Aufl. 2011, Art. 34 EuGVVO a.F. Rn. 95; *Kropholler/von Hein*, EuZPR, 9. Aufl. 2011, Art. 45 EuGVVO a.F. Rn. 58. Thomas/Putzo/*Hüßtege*, ZPO, 36. Aufl. 2015, Art. 45 EuGVVO Rn. 21 befürwortet hingegen eine enge Auslegung von Art. 45 Abs. 1 lit. d.

[230] Die Ausnahme der individuellen Arbeitssachen aus Art. 35 Abs. 1 EuGVVO a.F. wurde in der Lit. teilweise kritisch gesehen, vgl. *Kropholler/von Hein*, EuZPR, 9. Aufl. 2011, Art. 35 EuGVVO a.F. Rn. 10; Musielak/Voit/*Stadler*, ZPO, 12. Aufl. 2015, Art. 35 EuGVVO a.F. Rn. 2.

braucher- und Versicherungssachen gleichgestellt, was durch den gemeinsamen Sinn und Zweck dieser besonderen Zuständigkeitsvorschriften gerechtfertigt ist, nämlich die typischerweise schwächere Vertragspartei zu schützen.[231]

Das Bestreben, den **präsumtiv schwächeren Vertragspartner** zu schützen, erklärt auch die zweite im Rahmen der EuGVVO-Revision vorgenommene Änderung: Die Missachtung der besonderen Zuständigkeitsregeln in Art. 10 ff., 17 ff., 20 ff. führt nur dann zur Anerkennungsversagung, wenn der **Beklagte** in dem zugrundeliegenden Verfahren Versicherungsnehmer, Versicherter, Begünstigter des Versicherungsvertrags, Geschädigter oder Verbraucher bzw. Arbeitnehmer ist.[232] 124

Erfüllt der Beklagte eine der vorgenannten Eigenschaften und hat das Ausgangsgericht einen der besonderen Gerichtsstände in Art. 10 ff., 17 ff., 26 ff. missachtet, scheidet eine Anerkennungsversagung dennoch aus, wenn sich der Beklagte gem. Art. 26 Abs. 1 **rügelos auf das Verfahren eingelassen** hat.[233] Etwas anderes gilt nur, wenn das Ursprungsgericht die in Art. 26 Abs. 2 vorgesehene Belehrung des Beklagten nicht (ordnungsgemäß) vorgenommen hat. 125

b) Unvereinbarkeit mit den ausschließlichen Gerichtsständen in Art. 24

Hat das Ursprungsgericht bei der Beurteilung seiner internationalen Zuständigkeit einen der ausschließlichen Gerichtsstände in Art. 24 missachtet, ist dessen Entscheidung gem. Abs. 1 lit. e (ii) stets die Anerkennung zu versagen.[234] 126

Es ist zu beachten, dass Art. 24 lediglich die **ausschließliche Zuständigkeit mitgliedstaatlicher Gerichte** begründet. Wäre bei Anwendung dieser Vorschrift ein drittstaatliches Gericht ausschließlich zuständig, genügt dies nicht für die Versagung der Anerkennung nach Abs. 1 lit. e (ii).[235] 127

Einer drittstaatlichen Entscheidung, die die ausschließliche internationale Zuständigkeit eines mitgliedstaatlichen Gerichts nach Art. 24 missachtet, ist hingegen die Anerkennung zu versagen. Zwar unterliegt die Anerkennung in einem 128

---

[231] In der Lit. wird teilweise die Ansicht vertreten, die Anerkennungsversagung diene gerade nicht dem Schutz des typischerweise Schwächeren, weil die gerichtliche Überprüfung im Anerkennungsstaat sich über mehrere Instanzen und viele Jahre hinziehen kann, was mit dem – etwa bei Verbrauchersachen – häufig geringen Streitwert unvereinbar erscheine. So etwa *Schack*, IZVR, 6. Aufl. 2014, Rn. 930.
[232] Eine derartige Einschränkung der Anerkennungsversagung bei Missachtung der besonderen Gerichtsstände in Verbraucher- und Versicherungssachen wurde vor der EuGVVO-Revision durch eine teleologische Reduktion von Art. 35 Abs. 1 EuGVVO a.F. erreicht. Vgl. etwa OLG Düsseldorf, 14.2.2006 – I-3 W 188/05, 3 W 188/05, NJW-RR 2006, S. 1079, Rn. 21 ff. (nach juris); *Kropholler/von Hein*, EuZPR, 9. Aufl. 2011, Art. 35 EuGVVO a.F. Rn. 8; *Musielak/Voit/Stadler*, ZPO, 12. Aufl. 2015, Art. 35 EuGVVO a.F. Rn. 2; *Rauscher/Leible*, EuZPR, 4. Aufl. 2016, Art. 45 EuGVVO Rn. 76.
[233] So bereits zur EuGVVO a.F. EuGH, 20.5.2010 – Rs. C-111/09, *Vienna Insurance Group ./. Bilas*, Slg. 2010, I-4545 (ECLI:EU:C:2010:290), Rn. 29.
[234] *Zöller/Geimer*, ZPO, 31. Aufl. 2016, Art. 45 EuGVVO Rn. 85 befürwortet hingegen eine Unterscheidung danach, ob der Erstrichter die ausschließliche Zuständigkeit des Anerkennungsstaats oder eines anderen Mitgliedstaats missachtet hat. Während im letzteren Fall die Anerkennung stets zu versagen sei, soll es dem Anerkennungsgericht im ersteren Fall überlassen sein zu entscheiden, ob es die Anerkennung versagt oder nicht, weil es um die Verletzung seiner eigenen Jurisdiktionssphäre gehe. Gegen eine solche Differenzierung spricht jedoch der eindeutige Wortlaut von Art. 45 Abs. 1, der bei Vorliegen eines der Versagungsgründe die Verweigerung der Anerkennung als zwingend vorsieht, „wird ... versagt".
[235] *Thomas/Putzo/Hüßtege*, ZPO, 36. Aufl. 2015, Art. 45 EuGVVO Rn. 30; *Saenger/Dörner*, ZPO, 6. Aufl. 2015, Art. 45 EuGVVO Rn. 31.

solchen Fall nicht der EuGVVO. Art. 24 verpflichtet die mitgliedstaatlichen Gerichte jedoch, die der Vorschrift zugrunde liegenden besonderen, i.d.R. öffentlichen Interessen im Wege der Anerkennungsverweigerung durchzusetzen.[236]

129 Eine Anerkennungsversagung nach Abs. 1 lit. e (ii) scheidet aus, wenn das Ursprungsgericht in einem **Verfahren betreffend eine Gesellschaft i.S.v. Art. 24 Nr. 2** unter Heranziehung seiner IPR-Vorschriften zutreffend den Sitz der Gesellschaft im Entscheidungsstaat verortet hat. Einer Anerkennung steht es nicht entgegen, wenn das Anerkennungsgericht unter Anwendung seiner eigenen Kollisionsregeln zum Ergebnis kommt, dass sich der Gesellschaftssitz in einem anderen als dem Ursprungsstaat befindet. Denn aus seiner Sicht hat das Ausgangsgericht Art. 24 Nr. 2 richtig angewandt.[237]

130 Die Beschränkung des Abs. 1 lit. e (ii) auf Art. 24 verbietet es, einer mitgliedstaatlichen Entscheidung wegen Missachtung einer ausschließlichen **Gerichtsstandsvereinbarung** i.S.v. Art. 25 die Anerkennung zu versagen. Insoweit gilt das Verbot der Nachprüfung der internationalen Zuständigkeit des Ursprungsgerichts gem. Abs. 3.

7. Fehlende Gerichtsbarkeit als weiterer Anerkennungsversagungsgrund

131 Der abschließende Charakter des Katalogs von Abs. 1 steht nach h.M. der Anerkennungsversagung mangels Gerichtsgewalt des Entscheidungsstaates nicht entgegen. Hat ein mitgliedstaatliches Gericht die völkerrechtlichen Prinzipien über die **prozessuale Immunität bestimmter Personen** (wie etwa Staatsoberhäupter, diplomatische und konsularische Vertreter) **und Organisationen** oder über die **Exterritorialität bestimmter Grundstücke** (wie etwa Botschafts- und Militärgelände) verletzt, tritt das Völkerrecht ergänzend zu Art. 45 hinzu und kann zur Anerkennungsversagung führen.[238]

IV. Die Bindung des Zweitgerichts (Abs. 2)

132 Abs. 2 sieht für die Fälle von Art. 45 Abs. 1 lit. e eine wichtige Beschränkung der Prüfungsbefugnisse des **Anerkennungsgerichts** vor. Dieses ist bei der ausnahmsweise zulässigen Nachprüfung der internationalen Zuständigkeit des Erstgerichts **an die tatsächlichen Feststellungen gebunden**, die letzteres seiner Zuständigkeitsentscheidung zugrunde gelegt hat. Die Bindung besteht allerdings nur hinsichtlich der Tatsachen, die für die Feststellung der ausnahmsweise nachprüfbaren Zuständigkeiten erforderlich sind.[239]

---

[236] *Kropholler/von Hein*, EuZPR, 3. Aufl. 2011, Art. 32 EuGVVO a.F. Rn. 19, Art. 35 EuGVVO Rn. 11; *Coester-Waltjen*, in: FS Nakamura, 1996, S. 90 (103); *Geimer*, WM 1980, S. 1106 (1108).
[237] Thomas/Putzo/*Hüßtege*, ZPO, 36. Aufl. 2015, Art. 45 EuGVVO Rn. 30; Schlosser/*Hess*, EuZPR, 4. Aufl. 2015, Art. 45 EuGVVO Rn. 40; Musielak/Voit/*Stadler*, ZPO, 12. Aufl. 2015, Art. 35 EuGVVO a.F. Rn. 3. A. A. *Jenard*-Bericht, 1979, S. 57.
[238] Vgl. hierzu Saenger/*Dörner*, ZPO, 6. Aufl. 2015, Art. 45 EuGVVO Rn. 32; *Kropholler/von Hein*, EuZPR, 9. Aufl. 2011, vor Art. 33 EuGVVO a.F. Rn. 5.
[239] Thomas/Putzo/*Hüßtege*, ZPO, 36. Aufl. 2015, Art. 45 EuGVVO Rn. 31.

Sinn und Zweck der Vorschrift ist es, zu verhindern, dass das Anerkennungs- **133** versagungsverfahren aufgrund der Behauptung von Tatsachen verzögert wird, die bereits im Ausgangsverfahren hätten vorgebracht werden können.[240] Die Bindung des Erstgerichts gilt unabhängig davon, ob es sich um anerkennungsfreundliche oder anerkennungsfeindliche Tatsachen handelt.[241]

Ob eine tatsächliche Feststellung oder eine rechtliche Wertung vorliegt, ist **134** im Sinne einer einheitlichen Anwendung von Abs. 2 **euroautonom zu bestimmen.**[242] Eine tatsächliche Feststellung liegt etwa in der vom Erstgericht vorgenommenen Einordnung, dass ein Käufer einen Vertrag zu einem privaten oder einem beruflichen Zweck geschlossen hat, die im Rahmen der Art. 17 ff. von Bedeutung ist. Es ist dem zweitstaatlichen Gericht demzufolge verwehrt, diesbezüglich zu einem gegenteiligen Ergebnis als der erststaatliche Richter zu gelangen.[243] Auch die Auslegung von Verträgen und AGB-Klauseln ist – entgegen deutschem Rechtsverständnisses – als tatsächliche Feststellung anzusehen.[244] Das Zweitgericht ist demzufolge an die erstgerichtliche Interpretation von Gerichtsstandsvereinbarungen, Gesellschaftsverträgen, etc. gebunden.[245]

An die **rechtlichen Wertungen und Schlussfolgerungen** des Erstgerichts **135** ist das Anerkennungsgericht hingegen nicht gebunden.[246] Im Einzelfall kann der dem Anerkennungsversagungsgericht im Rahmen von Art. 45 Abs. 1 lit. e zustehende Prüfungsspielraum jedoch aufgrund des *révision au fond*-Verbots gem. Art. 52 eingeschränkt sein. Das dürfte etwa der Fall sein, wenn die Beurteilung der internationalen Zuständigkeit rechtliche Subsumtionen erfordert, die auch für die Sachentscheidung über den geltend gemachten Anspruch von Bedeutung sind (doppelrelevante Tatsachen).[247]

Das Anerkennungsgericht ist auch nicht an die Beurteilung des Erstgerichts **136** hinsichtlich der Eröffnung des **Anwendungsbereichs der EuGVVO** gebunden. Das Zweitgericht muss vielmehr selbständig prüfen, ob die konkrete Entscheidung in den sachlichen Geltungsbereich der EuGVVO gem. Art. 1 fällt und demzufolge nach der EuGVVO anzuerkennen ist.[248]

---

[240] *Jenard*-Bericht, 1979, Art. 28 EuGVÜ, S. 46.
[241] Thomas/Putzo/*Hüßtege*, ZPO, 36. Aufl. 2015, Art. 45 EuGVVO Rn. 31; *Kropholler/von Hein*, EuZPR, 9. Aufl. 2011, Art. 35 EuGVVO a.F. Rn. 23; Rauscher/*Leible*, EuZPR, 4. Aufl. 2016, Art. 45 EuGVVO Rn. 84. A. A. *Geimer*, RIW/AWD 1976, S. 139 (147), der die Berücksichtigung neuer Tatsachen zulässt, solange sie anerkennungsfreundlich sind, d.h. die Zuständigkeit des Erstgerichts stützen.
[242] Schlosser/*Hess*, EuZPR, 4. Aufl. 2015, Art. 45 EuGVVO Rn. 40.
[243] Rauscher/*Leible*, EuZPR, 4. Aufl. 2016, Art. 45 EuGVVO Rn. 85.
[244] Rauscher/*Leible*, EuZPR, 4. Aufl. 2016, Art. 45 EuGVVO Rn. 85; Schlosser/*Hess*, EuZPR, 4. Aufl. 2015, Art. 45 EuGVVO Rn. 40
[245] Schlosser/*Hess*, EuZPR, 4. Aufl. 2015, Art. 45 EuGVVO Rn. 40.
[246] Vgl. BGH, 2.5.1979 – VIII ZB 1/79, NJW 1980, S. 1223, Rn. 11 f. (nach juris); OLG Düsseldorf, 14.2.2006 – I-3 W 188/05, 3 W 188/05, NJW-RR 2006, S. 1079, Rn. 25 ff. (nach juris).
[247] Vgl. OLG Düsseldorf, 14.2.2006 – I-3 W 188/05, 3 W 188/05, Rn. 25 ff. (nach juris) = NJW-RR 2006, S. 1079, Rn. 28.
[248] Thomas/Putzo/*Hüßtege*, ZPO, 36. Aufl. 2015, Art. 45 EuGVVO Rn. 31; *Kropholler/von Hein*, EuZPR, 9. Aufl. 2011, Art. 32 EuGVVO a.F. Rn. 3; MünchKomm/*Gottwald*, ZPO, 4. Aufl. 2013, Art. 34 EuGVVO a.F. Rn. 3. A. A. BGH, 26.11.1975 – VIII ZB 26/75, NJW 1976, S. 478, Rn. 20 (nach juris) zum EuGVÜ mit Argumenten, die für die EuGVVO jedoch keine Geltung mehr beanspruchen.

V. Keine Nachprüfung der Zuständigkeit des Erstgerichts (Abs. 3)

137 Abs. 3 S. 1 statuiert das grundsätzliche Verbot der Nachprüfung der erstgerichtlichen Zuständigkeit. Das **gegenseitige Vertrauen in die Rechtspflege** innerhalb der EU gebietet es, die Zuständigkeitsentscheidung der Gerichte im Ursprungsstaat – von den Ausnahmen in Abs. 1 lit. e abgesehen – uneingeschränkt zu akzeptieren.[249]

138 Abs. 3 S. 1 hat dabei die **internationale Zuständigkeit** des Erstgerichts im Blick. Die Unüberprüfbarkeit der örtlichen Zuständigkeit der Gerichte im Ursprungsstaat folgt bereits aus dem abschließenden Charakter der Anerkennungsversagungsgründe in Abs. 1.[250]

139 Das Verbot von Abs. 3 gilt unabhängig davon, ob das Erstgericht seine internationale Zuständigkeit auf die entsprechenden Regeln in der EuGVVO (Art. 4–9, 25–26), speziellen Unionsrechtsakten (Art. 67), völkerrechtlichen Abkommen für Spezialgebiete (Art. 71) oder dem autonomen Recht (Art. 6) gestützt hat. Ist dem Ursprungsgericht bei der Bestimmung der maßgeblichen Zuständigkeitsvorschriften oder bei deren Anwendung ein Fehler unterlaufen, kann dieser Fehler grundsätzlich nur durch die Gerichte im Entscheidungsstaat berichtigt werden.[251]

140 Eine gerichtliche Korrektur der Zuständigkeitsentscheidung im Anerkennungsstaat scheidet hingegen selbst bei **krassen Verstößen** aus. Abs. 3 S. 2 stellt nämlich klar, dass die Zuständigkeitsvorschriften nicht zum *ordre public* gehören. Das Nachprüfungsverbot gilt laut EuGH selbst dann, wenn ein mitgliedstaatliches Gericht seine Zuständigkeit auf einen Gerichtsstand gestützt hat, der so exorbitant ist, dass seine Inanspruchnahme einen Verstoß gegen Art. 6 Abs. 1 EMRK darstellt.[252] Dieser Auffassung wird im Schrifttum entgegengehalten, dass Art. 6 Abs. 2, 3 EUV die mitgliedstaatlichen Gerichte zur Beachtung der durch die EMRK gewährleisteten Grundrechte verpflichtet.[253]

VI. Der Antrag auf Versagung der Anerkennung (Abs. 4)

141 Abs. 4 beinhaltet einen eigenständigen Antrag auf Versagung der Anerkennung und bildet das **Gegenstück zu dem isolierten Anerkennungsfeststellungsantrag gem. Art. 36 Abs. 2**. Beide Anträge betreffen den gleichen Streit-

---

[249] *Jenard*-Bericht, 1979, Art. 28 EuGVÜ, S. 46.
[250] EuGH, 28.4.2009 – Rs. C-420/07, *Apostolides* ./. *Orams*, Slg. 2009, I-3571 (ECLI:EU:C:2009:271), Rn. 49.
[251] Vgl. *Kropholler/von Hein*, EuZPR, 6. Aufl. 2011, Art. 35 EuGVVO a.F. Rn. 4; MünchKomm/*Gottwald*, ZPO, 4. Aufl 2013, Art. 35 EuGVVO a.F. Rn. 4.
[252] EuGH, 28.3.2000 – Rs. C-7/98, *Krombach* ./. *Bamberski*, Slg. 2000, I-1935 (ECLI:EU:C:2000:164), Rn. 29 ff.: In dem zugrundeliegenden Verfahren hatte ein französisches Gericht seine Zuständigkeit für ein Adhäsionsverfahren gegen einen in Deutschland wohnhaften Beklagten zu Unrecht auf einen Gerichtsstand im autonomen französischen Recht gestützt, der die Zuständigkeit französischer Gerichte bei französischer Staatsangehörigkeit des Verletzten vorsieht. Ebenso Schlosser/*Hess*, EuZPR, 4. Aufl. 2015, Art. 45 EuGVVO Rn. 37.
[253] Rauscher/*Leible*, EuZPR, 4. Aufl. 2016, Art. 45 EuGVVO Rn. 74.

gegenstand:[254] In beiden geht es im Kern um die Frage, ob der Anerkennung der Wirkungen des ausländischen Urteils im ersuchten Mitgliedstaat Versagungsgründe i.S.v. Art. 45 Abs. 1 entgegenstehen. Hierfür wählen die Vorschriften – ohne Unterschied in der Sache – unterschiedliche Formulierungen: Während der positive Antrag i.S.v. Art. 36 Abs. 2 darauf gerichtet ist, *„dass keiner der in Art. 45 genannten Gründe für eine Versagung der Anerkennung gegeben ist"*, bezieht sich der negative Antrag i.S.v. Abs. 4 allgemeiner *„auf die Versagung der Anerkennung"*.

Entgegen dem nahezu identischen Wortlaut von Abs. 4 und Art. 46, löst der Antrag nach Abs. 4 – im Erfolgsfall – **lediglich die Feststellungswirkung** aus, dass der Anerkennung der Entscheidung mindestens ein Versagungsgrund i.S.v. Abs. 1 entgegensteht. Eine Gestaltungswirkung kommt dem Anerkennungsversagungsantrag hingegen nicht zu.[255] 142

1. Allgemeines

Abs. 4 verweist für die verfahrensrechtlichen Fragen bezüglich eines Antrags auf Versagung der Anerkennung auf Art. 46 ff., 52 ff., die in Deutschland durch § 1115 ZPO ergänzt werden. Ein isolierter Antrag auf Anerkennungsversagung i.S.v. Abs. 4 dürfte **in der Praxis allerdings eher selten** vorkommen. Die Partei, die sich gegen die Anerkennung eines ausländischen Urteils wehren will, wird es i.d.R. vorziehen, Anerkennungsversagungsgründe erst im Rahmen der Inzidentanerkennung nach Art. 36 Abs. 1 und Abs. 3 geltend zu machen. Der Antrag nach Abs. 4 hat demzufolge nur Bedeutung, wenn eine Partei Rechtssicherheit über die Anerkennungsfähigkeit erlangen will, noch bevor sich diese Frage inzident im Rahmen eines Rechtsstreits stellt. 143

Die Regelung eines selbständigen Anerkennungsversagungsverfahrens stellt eine **Neuerung gegenüber der EuGVVO a.F.** dar, die lediglich die Möglichkeit eines positiven Antrags auf Feststellung der Anerkennungsfähigkeit vorsah (Art. 33 Abs. 2 EuGVVO a.F.). Der Partei, die sich der Anerkennung einer Entscheidung widersetzen wollte, stand nach der alten Rechtslage lediglich die negative Feststellungsklage im nationalen Recht, d.h. in Deutschland nach § 256 ZPO, zur Verfügung. 144

Das isolierte Anerkennungsversagungsverfahren wird insbesondere für nicht vollstreckungsfähige Feststellungs- und Gestaltungsurteile von praktischer **Bedeutung** sein, wenn eine rechtskräftige Entscheidung über die fehlende Anerkennungsfähigkeit erlangt werden soll. Denn die im Rahmen einer inzidenten Prüfung nach Art. 36 Abs. 2 vorgenommene Beurteilung, ob ein Anerkennungsversagungsgrund vorliegt, erwächst als bloße Vorfrage – jedenfalls nach deutschem Recht – regelmäßig nicht in Rechtskraft. 145

2. Zuständiges Gericht

Die **internationale Zuständigkeit** für einen Anerkennungsversagungsantrag bedarf keiner eigenen Regelung, denn dieser Antrag ist zwangsläufig immer in 146

---

[254] *Geimer*, in: FS Torggler, 2013, S. 311 (322 f.).
[255] Vgl. Mes/*Schütze*, Becksches Prozessformularbuch, 13. Aufl. 2016, Ziff. I.U.10, Rn. 2.

dem Land zu stellen, für das die Anerkennungsunfähigkeit festgestellt werden soll.

a) Sachliche Zuständigkeit

147 Die sachliche Zuständigkeit für eine Entscheidung im selbständigen Anerkennungsversagungsverfahren liegt in Deutschland ausschließlich und somit streitwertunabhängig bei dem **Landgericht**, § 1115 Abs. 1 ZPO. Die ausschließliche Zuständigkeit der Landgerichte wird mit dem weiten sachlichen Anwendungsbereich der EuGVVO begründet, infolgedessen sich im Anerkennungsversagungsverfahren schwierige Rechtsfragen im Rahmen komplexer Sachverhalte stellen könnten.[256] Funktionell zuständig ist der Vorsitzende einer Zivilkammer, § 1115 Abs. 3 S. 1 ZPO.

b) Örtliche Zuständigkeit

148 Die örtliche Zuständigkeit richtet sich primär nach dem **Wohnsitz des Schuldners** (§ 1115 Abs. 2 Satz 1 ZPO). Nach dem Wortlaut gilt dies auch, wenn der Anerkennungsversagungsantrag – wie in der Regel – vom Schuldner gestellt wird. § 1115 Abs. 2 Satz 1 ZPO begründet in solchen Fällen also einen Klägergerichtsstand.

149 Hat der Schuldner keinen inländischen Wohnsitz, liegt die örtliche Zuständigkeit an dem **Ort, an dem die Zwangsvollstreckung durchgeführt werden soll** (§ 1115 Abs. 2 Satz 2 ZPO). Diese für einen Antrag auf Vollstreckungsversagung konzipierte Zuständigkeitsanknüpfung dürfte im Rahmen von Abs. 4 regelmäßig ins Leere laufen, weil ein Anerkennungsversagungsverfahren typischerweise dann relevant sein wird, wenn gerade keine Zwangsvollstreckung bevorsteht und daher auch kein Vollstreckungsschuldner auszumachen ist.

150 Es stellt sich daher die Frage, wie der Verweis auf den Ort der Zwangsvollstreckung von § 1115 Abs. 2 Satz 2 ZPO im Rahmen von Art. 45 Abs. 4 zu verstehen ist, wenn **keine Zwangsvollstreckung im Raum steht**. Für diesen Fall befürwortet ein Teil des Schrifttums eine Zuständigkeit am Ort des Feststellungsinteresses,[257] hilfsweise eine Ersatzzuständigkeit am Gerichtsstand des Antragstellers und – falls dieser in Deutschland keinen Gerichtsstand hat – höchst hilfsweise am Sitz der Bundesregierung analog §§ 15 Abs. 1 S. 2, 27 Abs. 2 ZPO.[258] Gegen eine solche Zuständigkeitsanknüpfung spricht jedoch, dass es in vielen Fällen schwierig sein dürfte, das Feststellungsinteresse rechtssicher zu lokalisieren.[259] Vorzugswürdig erscheint es daher, die örtliche Zuständigkeit wie folgt zu bestimmen: Ist der Antragsgegner in Deutschland wohnhaft, ist das Landgericht im Bezirk seines Wohnsitzes zuständig. Hat der Antragsgegner keinen Wohnsitz im

---

[256] BT-Drucksache 18/823, S. 22.
[257] *Kropholler/von Hein*, EuZPR, 9. Aufl. 2011, Art. 33 EuGVVO a.F. Rn. 8; Rauscher/*Leible*, EuZPR, 2011, Art. 33 EuGVVO a.F. Rn. 16.
[258] *Kropholler/von Hein*, EuZPR, 9. Aufl. 2011, Art. 33 EuGVVO a.F. Rn. 8.
[259] So auch Stein/Jonas/*Oberhammer*, ZPO, 22. Aufl. 2011, Art. 33 EuGVVO a.F. Rn. 8; *Geimer/Schütze*, EuZVR, 2. Aufl. 2004, Art. 33 EuGVVO a.F. Rn. 101.

Text + Erläuterungen   Art. 45   **B Vor I**   7

Inland, ist ein Antrag auf Anerkennungsversagung vor jedem deutschen Landgericht möglich.[260]

3. Antrag und Verfahren

Der Antrag nach Abs. 4 ist gem. § 1115 Abs. 3 ZPO **schriftlich oder mündlich zu Protokoll der Geschäftsstelle** einzureichen. Das Verfahren soll somit von Förmlichkeiten wie dem Anwaltszwang entlastet werden, vgl. § 78 Abs. 3 ZPO.[261] Aufgrund der komplexen Fragen im Rahmen der Anerkennungsversagung dürften die Antragsteller freilich nur selten ohne anwaltliche Unterstützung auskommen. Dem Antrag ist gem. Art. 47 Abs. 3 eine Ausfertigung der Entscheidung sowie ggf. eine Übersetzung beizufügen.   151

Der Antrag ist auf die **Feststellung** zu richten, dass der ausländischen Entscheidung in Deutschland die Anerkennung zu versagen ist. Der Antrag könnte wie folgt formuliert werden: „*Es wird beantragt, festzustellen, dass die Anerkennung des Urteils des ... vom ... (Az ...), durch welches der Antragsteller verurteilt wurde, ..., für das Gebiet der Bundesrepublik Deutschland zu versagen ist.*"[262]   152

Antragsberechtigt sind die Parteien des Ausgangsverfahrens, deren Rechtsnachfolger sowie Dritte, soweit sie ein schutzwürdiges Interesse an der Feststellung haben.[263]   153

Das Verfahren nach Art. 45 Abs. 4 ist **kontradiktorisch**, der Antragsgegner ist gem. § 1115 Abs. 4 S. 3 vor der Entscheidung zu hören. Die **mündliche Verhandlung** ist gem. § 1115 Abs. 4 S. 2 **fakultativ** durchzuführen.   154

4. Prüfungsumfang

Im Rahmen des Verfahrens nach Abs. 4 wird **ausschließlich** geprüft, **ob ein Anerkennungsversagungsgrund** nach Abs. 1 vorliegt. Das Gericht im Anerkennungsstaat hat dabei die Beschränkungen von Abs. 2 und 3 zu berücksichtigen.   155

Eine Entscheidung über **weitere Fragen im Zusammenhang mit der Anerkennung**, wie etwa der Inhalt der anerkennungsfähigen Wirkungen (bspw. Reichweite der Rechtskraft des ausländischen Titels), ist im Rahmen des isolierten Anerkennungsversagungsverfahrens nicht möglich. Solche Fragen sind bei der impliziten Beurteilung der Anerkennungsfähigkeit der Entscheidung gem. Art. 35 Abs. 1 und 3 zu klären.   156

5. Entscheidung und Rechtsmittel

Das zuständige Landgericht entscheidet über einen Versagungsantrag durch einen zu begründenden **Beschluss** nach § 1115 Abs. 5 S. 1, S. 2 ZPO.   157

---

[260] So auch Stein/Jonas/*Oberhammer*, ZPO, 22. Aufl. 2011, Art. 33 EuGVVO a.F. Rn. 8; Geimer/Schütze, EuZVR, 2. Aufl. 2004, Art. 33 EuGVVO a.F. Rn. 101.
[261] BT-Drucks. 18/823, S. 22.
[262] Vgl. Mes/*Schütze*, Becksches Prozessformularbuch, 13. Aufl. 2016, Ziff. I.U.10.
[263] Thomas/Putzo/*Hüßtege*, ZPO, 36. Aufl. 2015, Art. 45 EuGVVO Rn. 35.

158 Gegen die Entscheidung kann gem. § 1115 Abs. 5 S. 1, S. 2 ZPO binnen eines Monats ab deren Zustellung die **sofortige Beschwerde** nach §§ 567 ff. ZPO eingelegt werden. Gegen den Beschluss des Beschwerdegerichts ist gem. § 1115 Abs. 2 S. 3 ZPO die **Rechtsbeschwerde** nach §§ 574 ff. ZPO statthaft.

6. Verhältnis zu anderen Anträgen

159 Der Feststellungsantrag i.S.v. Abs. 4 hat denselben Streitgegenstand wie der Antrag gem. Art. 36 Abs. 2 gerichtet auf Feststellung, dass die Entscheidung im Inland anzuerkennen ist. In beiden Fällen geht es um die Frage, ob ein Anerkennungsversagungsgrund gem. Art. 45 Abs. 1 vorliegt. Ein negativer Feststellungsantrag gem. Abs. 4 macht daher einen späteren **positiven Feststellungsantrag nach Art. 36 Abs. 2** wegen anderweitiger Rechtshängigkeit gem. § 261 Abs. 3 Nr. 1 ZPO unzulässig.[264]

160 Etwas anderes gilt hingegen im **Verhältnis zu einem Antrag auf Vollstreckungsversagung gem. Art. 46**. Dieser hat einen anderen Streitgegenstand als der Antrag nach Art. 45 Abs. 4: Während letzterer zu einer rechtskräftigen Feststellung über die Anerkennungsunfähigkeit führen kann, nimmt ersterer – im Erfolgsfall – dem Titel mit Gestaltungswirkung die Vollstreckbarkeit für das Zweitland, ohne eine rechtskräftige Feststellung über die Anerkennungsfähigkeit auszulösen. Ein Antrag nach Art. 45 Abs. 4 ist demzufolge neben einem Antrag i.S.v. Art. 46 möglich.[265]

7. Gesetzliche Gebühren

161 Die Gerichtsgebühr für das erstinstanzliche Antragsversagungsverfahren beträgt EUR 240,00, Nr. 1510 Ziff. 5 GKG-KV. Die gerichtlichen Gebühren für ein Rechtsmittelverfahren belaufen sich auf EUR 360,00, Nr. 1520 GKG-KV.

162 Hinsichtlich der Rechtsanwaltsgebühren gelten keine Sondertatbestände, so dass die allgemeinen Gebühren und Gebührensätze nach Nr. 3100 ff. RVG-VV zu berücksichtigen sind.

Unterabschnitt 2 Versagung der Vollstreckung

Artikel 46 [Versagung]

Die Vollstreckung einer Entscheidung wird auf Antrag des Schuldners versagt, wenn festgestellt wird, dass einer der in Artikel 45 genannten Gründe gegeben ist.

EuGH-Rechtsprechung: EuGH, 13.10.2011 – Rs. C-139/10, *Prism Investments ./. van der Meer*, Slg. 2011, I-9511 (ECLI:EU:C:2011:653)

---

[264] *Geimer*, in: FS Torggler, 2013, S. 311 (323), der allerdings die Rechtshängigkeitsvorschriften der EuGVVO analog anwenden möchte.
[265] Thomas/Putzo/*Hüßtege*, ZPO, 36. Aufl. 2015, Art. 45 EuGVVO Rn. 36.

Schrifttum: *Geimer, Reinhold,* Das Anerkennungsregime der neuen Brüssel-I-Verordnung (EU) Nr. 1215/2012, in: Festschrift für Hellwig Torggler, 2013, Fitz, Hanns; Kalss, Susanne; Kautz, Reinhard; u.a. (Hrsg.), S. 311; *Domej, Tanja,* Die Neufassung der EuGVVO. Quantensprünge im europäischen Zivilprozessrecht, RabelsZ 78 (2014), S. 508; *Haubold, Jens,* Europäische Titelfreizügigkeit und Einwände des Schuldners in der Zwangsvollstreckung, in: Ars Aequi et Boni in Mundo, Festschrift für Rolf A. Schütze zum 80. Geburtstag, 2014, Geimer, Reinhold; Kaissis, Athanassios; Thümmel, Roderich C. (Hrsg.), S. 163; *Nelle, Andreas,* Anspruch, Titel und Vollstreckung im internationalen Rechtsverkehr, 2000; *Peiffer, Max Christoph,* Grenzüberschreitende Titelgeltung in der EU, 2012.

Übersicht

	Rn.
I. Normzweck und Systematik	1
II. Antrag	4
III. Prüfungsumfang	8
1. Versagungsgründe i.S.v. Art. 45 Abs. 1	8
2. Materiell-rechtliche Einwendungen gegen den titulierten Anspruch?	10
a) Rechtslage in der EuGVVO a.F.	11
b) Rechtslage unter der EuGVVO n.F.	13
IV. Entscheidung und Wirkung	18

I. Normzweck und Systematik

Art. 46 eröffnet dem Vollstreckungsschuldner die Möglichkeit, eine Vollstre- 1 ckungsversagung zu beantragen, wenn einer der in Art. 45 geregelten Versagungsgründe vorliegt. Anders als noch gem. Art. 43 i.V.m. 45 EuGVVO a.F. ist der Rechtsbehelf zur Geltendmachung der Versagungsgründe nun nicht mehr Teil des Vollstreckbarerklärungsverfahrens, sondern **in das Vollstreckungsverfahren selbst integriert.** Die Verfahrensfragen zur Behandlung und Entscheidung über den Antrag sind in den Art. 47 ff. geregelt.

Art. 46 soll die **Interessen des Schuldners schützen.** Dies bringt auch 2 Erwgr. 29 zum Ausdruck, demzufolge bei einer Vollstreckung ohne Vollstreckbarerklärung im EU-Ausland die Verteidigungsrechte des Schuldners nicht beeinträchtigt werden sollen.

Der Antrag nach Art. 46 ist vom Antrag auf **Anerkennungsversagung gem.** 3 **Art. 45 Abs. 4** zu unterscheiden. Zwar ermöglichen beide Verfahren die Überprüfung der Versagungsgründe i.S.v. Art. 45. Art. 46 ist jedoch erst anwendbar, wenn die Vollstreckung unmittelbar droht, d.h. **ab Zustellung der Bescheinigung i.S.v. Art. 53** (siehe hierzu sogleich). Trotz seiner unterschiedlichen Formulierung hat der Antrag nach Art. 45 Abs. 4 denselben Streitgegenstand wie ein Antrag nach Art. 46, weil in beiden Verfahren ausschließlich das Vorliegen von Versagungsgründen i.S.v. Art. 45 Abs. 1 geprüft werden kann. Widersprechende Entscheidungen sind daher durch eine entsprechende Rechtshängigkeitssperre zu vermeiden. Hat ein Schuldner zuerst Anerkennungsversagung gem. Art. 45 Abs. 4 beantragt, kann er nach Zustellung der Bescheinigung i.S.v.

Art. 53 seinen Antrag auf Vollstreckungsversagung gem. Art. 46 umstellen. Dies ist keine Klageänderung i.S.v. § 263 ZPO.

II. Antrag

4   Eine Vollstreckungsversagung gem. Art. 46 setzt zwingend einen **Antrag des Schuldners** voraus. Eine Prüfung von Amts wegen ist nicht vorgesehen. Entsprechend dem Wortlaut von Art. 46 lautet der Antrag wie folgt: „*Die Vollstreckung des Urteils des ... vom ... (Az ...), durch welches der Antragsteller verurteilt wurde, ..., wird für das Gebiet der Bundesrepublik Deutschland versagt.*"[1] Dieser Antrag kann auch gem. § 256 Abs. 2 ZPO mit dem Antrag auf Feststellung verbunden werden, dass die Entscheidung nicht anerkennungsfähig ist.

5   Der Antrag i.S.v. Art. 46 ist erst zulässig, wenn die grenzüberschreitende Vollstreckung aus der Entscheidung unmittelbar droht, d.h. erst ab Zustellung der Bescheinigung i.S.v. Art. 53 gem. Art. 43.[2] Vor diesem Zeitpunkt fehlt es an einem **Rechtsschutzbedürfnis** für die Vollstreckungsversagung. Denn solange der Gläubiger weder die Bescheinigung i.S.v. Art. 53 beantragt, noch sie dem Schuldner zugestellt hat, besteht noch kein ausreichender Anhaltspunkt dafür, dass eine Vollstreckung nach der EuGVVO überhaupt durchgeführt werden soll. Erst recht besteht noch keine Veranlassung, Vollstreckungsversagungsgründe zu prüfen.[3]

6   **Antragsbefugt** ist ausschließlich der Vollstreckungsschuldner. Bei mehreren Vollstreckungsschuldnern kann jeder – unabhängig von den anderen – die Versagung der gegen ihn gerichteten Vollstreckung beantragen. Dritte, die der Titel nicht als Vollstreckungsschuldner bezeichnet, sind nicht gem. Art. 46 antragsbefugt. Diese können sich nur nach den nationalen Vorschriften des Vollstreckungsstaates gegen die Vollstreckung schützen (in Deutschland insbesondere in Drittwiderspruchskonstellationen i.S.v. § 771 ZPO). Etwas anderes gilt für Rechtsnachfolger eines ursprünglichen Vollstreckungsschuldners. Diese sind erst dann antragsbefugt, wenn der Titel auf sie umgeschrieben wurde.[4]

7   Der Schuldner muss in seinem Antrag nach dem im deutschen Recht geltenden **Beibringungsgrundsatz** den relevanten Sachverhalt dartun. Dabei liegt die Darlegungs- und Beweislast für das Vorliegen eines Versagungsgrundes i.S.v. Art. 45 Abs. 1 beim Schuldner, weil er sich auf die Vollstreckungsversagung als den gesetzlichen Ausnahmefall beruft.[5] Es erscheint ratsam, gleichzeitig mit einem Antrag nach Art. 46 einen **Antrag gem. Art. 44 Abs. 1** auf einstweilige Beschränkung oder Aussetzung der Vollstreckung zu stellen.

---

[1] Saenger/Ullrich/Siebert/*Wilhelm*, ZPO, 3. Aufl. 2016, Art. 48 EuGVVO Rn. 1.
[2] Thomas/Putzo/*Hüßtege*, ZPO, 36. Aufl. 2015, Art. 46 EuGVVO Rn. 3. A. A. Schlosser/*Hess*, EuZPR, 4. Aufl. 2015, Art. 47 EuGVVO Rn. 4, wonach bereits ab Vorliegen des Titels ein Rechtsschutzbedürfnis des Schuldners bestehen soll.
[3] Entgegen der Ansicht von Schlosser/*Hess*, EuZPR, 4. Aufl. 2015, Art. 47 EuGVVO Rn. 4 können daher die nach der deutschen Rspr. geltenden Grundsätze für die Vollstreckungsgegenklage nicht übertragen werden.
[4] Vgl. zur Titelumschreibung Art. 39 Rn. 40.
[5] Schlosser/*Hess*, EuZPR, 4. Aufl. 2015, Art. 46 EuGVVO Rn. 3.

III. Prüfungsumfang

1. Versagungsgründe i.S.v. Art. 45 Abs. 1

Nach dem ausdrücklichen Wortlaut von Art. 46 kann eine Vollstreckungsversagung jedenfalls auf das Vorliegen eines oder mehrerer **Gründe i.S.v. Art. 45 Abs. 1** gestützt werden. 8

Das Gericht ist bei der Entscheidung über den Antrag nach Art. 46 jedoch nicht auf den vom Schuldner geltend gemachten Versagungsgrund beschränkt, sondern kann **von Amts wegen** auch die anderen in Art. 45 Abs. 1 genannten Gründe prüfen,[6] soweit der Schuldner die hierfür relevanten tatsächlichen Umständen zum Gegenstand des Verfahrens gemacht hat. 9

2. Materiell-rechtliche Einwendungen gegen den titulierten Anspruch?

Fraglich ist, ob im Rahmen des Versagungsverfahrens nach Art. 46 auch materiell-rechtliche Einwendungen gegen den titulierten Anspruch (wie etwa **Aufrechnung, Erfüllung, Stundung, Erlass, etc.**) geprüft werden können, die nach dem Erlass der zu vollstreckenden Entscheidung entstanden sind. Deren Berücksichtigung würde jedenfalls nicht gegen das Verbot der *révision au fond* in Art. 52 verstoßen, weil es sich um neue Einwendungen handelt, die das Ursprungsgericht gar nicht hätte berücksichtigen können. 10

a) Rechtslage in der EuGVVO a.F.

Bereits in der EuGVVO a.F. war umstritten, ob im Rechtsbehelfsverfahren gegen die Vollstreckbarerklärung gem. Art. 39 EuGVVO a.F. nachträgliche materiell-rechtliche Einwendungen gegen den titulierten Anspruch geprüft werden konnten.[7] Dies gestattete für Deutschland § 12 Abs. 1 AVAG. Der EuGH hat (jedoch nicht zum deutschen Recht) entschieden, dass im Rechtsbehelfsverfahren ausschließlich die in Art. 34 f. EuGVVO a.F. aufgezählten Gründe berücksichtigt werden können.[8] Materiell-rechtliche Einwendungen müssten ausgeblendet bleiben, weil gem. Art. 45 EuGVVO a.F. „nur" die in Art. 34 f. EuGVVO a.F. genannten Gründe maßgeblich seien und ansonsten die in der Verordnung angestrebte rasche Entscheidung über den Rechtsbehelf nicht gewährleistet sei.[9] 11

---

[6] Thomas/Putzo/*Hüßtege*, ZPO, 36. Aufl. 2015, Art. 46 EuGVVO Rn. 4.
[7] Für die Zulässigkeit: *Schack*, IZVR, 5. Aufl. 2010, Rn. 1051; *Kropholler*, EuZPR, 8. Aufl. 2005, Art. 45 EuGVVO Rn. 6; *Looschelders/Gesing*, JR 2008, S. 112; *Roth*, JZ 2007, S. 898; *Roth*, RabelsZ 68 (2004), S. 379 (384); *Wagner*, IPRax 2002, S. 75 (83); BGH, 18.9.2001 – IX ZB 51/00, ZIP 2002, S. 365, wonach im Vollstreckbarerklärungsverfahren nach dem EuGVÜ der Einwand einer nachträglichen ausländischen Restschuldbefreiung beachtet wurde; OLG Koblenz, 28.11.1975 – 2 W 625/75, NJW 1976, S. 488; OLG Saarbrücken, 3.8.1987 – 5 W 102/87, IPRax 1989, S. 37. Gegen die Zulässigkeit: *Münzberg*, in: FS Geimer, 2002, S. 745 (748 f.); *Hub*, NJW 2001, S. 3145 (3147); MünchKomm/*Gottwald*, 3. Aufl. 2008, Art. 43 EuGVVO Rn. 7, 45; *Heiderhoff*, IPRax 2004, S. 99 (101); *Gottwald*, FamRZ 2002, S. 1422 (1423); *Hess*, IPRax 2004, S. 493; *Bittmann*, Klauselerteilungsverfahren, 2008, S. 199; ebenso OLG Oldenburg, 29.3.2006 – 9 W 6/06, NJW-RR 2007, S. 418; OLG Koblenz, 5.4.2004 – 11 UF 43/04, IPRspr 2004, Nr. 171.
[8] EuGH, 13.10.2011 – Rs. C-139/10, *Prism Investments ./. van der Meer*, Slg. 2011, I-9511 (ECLI:EU:C:2011:653).
[9] EuGH, 13.10.2011 – Rs. C-139/10, *Prism Investments ./. van der Meer*, Slg. 2011, I-9511 (ECLI:EU:C:2011:653), Rn. 32 f., 42.

12 In Anschluss an den EuGH entschied der BGH, dass auch in Deutschland **nur sog. liquide, d.h. unstreitige oder rechtskräftig feststehende Einwendungen** im Rahmen des Rechtsbehelfsverfahrens gegen die Vollstreckbarerklärung berücksichtigt werden dürfen.[10] Auf die EuGH-Rspr. reagierte der deutsche Gesetzgeber durch eine Anpassung des AVAG, derzufolge § 12 AVAG im Anwendungsbereich der EuGVVO a.F. nicht mehr gilt.[11]

b) Rechtslage unter der EuGVVO n.F.

13 In der aktuellen Fassung der EuGVVO gibt es nicht mehr einen Rechtsbehelf gegen die Vollstreckbarerklärung. Ähnlich wie im alten Recht stellt sich hier aber die Frage, ob im Rahmen des Rechtsbehelfs i.S.v Art. 46 nachträgliche materiell-rechtliche Einwendungen gegen den titulierten Anspruch geltend gemacht werden können. Bei der Behandlung der Problematik sind folgende Fragen auseinanderzuhalten:

14 **Setzt die EGVVO zwingend voraus, dass nachträgliche materiell-rechtliche Einwendungen im Rahmen des Verfahrens nach Art. 46 berücksichtigt werden können?** Dies ist im Ergebnis zu verneinen. Zwar besagt Erwgr. 30, dass der Schuldner in der Lage sein sollte, im Verfahren der Vollstreckungsversagung auch die im einzelstaatlichen Recht vorgesehenen Versagungsgründe geltend zu machen. Der Formulierung *„sollte"* wird jedoch durch den Zusatz *„soweit wie möglich im Einklang mit dem Rechtssystem des ersuchten Mitgliedstaats"* abgeschwächt. Nach dieser Formulierung bleibt es also dem nationalen Gesetzgeber überlassen, materiell-rechtliche Einwendungen im Versagungsverfahren zuzulassen.[12] Nichts anderes folgt aus Art. 41 Abs. 2. Die Norm gestattet lediglich die Anwendung der im Zweitstaat existierenden Gründe für die Verweigerung der Vollstreckung, soweit hierdurch die einschränkenden Verweigerungsgründe von Art. 45 nicht umgangen werden. Hieraus folgt jedoch nicht, dass nationale Verweigerungsgründe im Versagungsverfahren nach Art. 46 vorgebracht werden können.

15 **Gestattet die EuGVVO, dass nachträgliche materiell-rechtliche Einwendungen im Versagungsverfahren i.S.v. Art. 46 geltend gemacht werden?** Diese Frage ist im Ergebnis zu bejahen, jedenfalls soweit es um liquide, d.h. unstreitige oder rechtskräftig festgestellte Einwendungen geht. Im

---

[10] BGH, 12.7.2012 – IX ZB 267/11, NJW 2012, S. 2663, Rn. 13 ff. (nach juris). So schon vorher *Nelle*, Anspruch, Titel u. Vollstr., 2000, S. 434 ff.; *Münzberg*, in: FS Geimer, 2002, S. 745 (751 f.); *Geimer*/Schütze, EuZVR, 3. Aufl. 2010, Art. 45 EuGVVO Rn. 12; *Bach*, Grenzüberschreitende Vollstreckung, 2008, S. 178; *Geimer*, in: FS Georgiades, 2006, S. 489 (505); *ders.*, IPRax 2003, S. 337 (339); *Gottwald*, FamRZ 2007, S. 993 (994); ebenso OLG Dresden, 14.7.2006 – 21 U 984/06, FamRZ 2007, S. 65; OLG Düsseldorf, 1.3.2005 – I-3 W 335/04, 3 W 335/04, InVo 2005, S. 515; OLG Düsseldorf, 3.2.2006 – I-3 W 23/06, 3 W 23/06, Rpfleger 2006, S. 262; OLG Köln, 17.11.2004 – 16 W 31/04, IPRspr. 2004, Nr. 169; OLG Köln, 4.6.2004 – 16 W 7/04, IHR 2005, S. 216; LG Köln, 18.1.2008 – 3 O 7/07, (juris).
[11] § 55 Abs. 1 AVAG i.d.F.d. „Gesetz zur Durchführung des Haager Übereinkommens vom 23. November 2007 über die internationale Geltendmachung der Unterhaltsansprüche von Kindern und anderen Familienangehörigen sowie zur Änderung von Vorschriften auf dem Gebiet des internationalen Unterhaltsverfahrensrechts und des materiellen Unterhaltsrechts" vom 20.2.2013, BGBl. I S. 273 (Nr. 9).
[12] *Pohl*, IPRax 2013, S. 109 (114).

Gegensatz zu Art. 45 Abs. 1 EuGVVO a.F. ist Art. 46 nicht zu entnehmen, dass ein Versagungsverfahren nach dieser Vorschrift „nur" auf einen der Versagungsgründe aus Art. 45 gestützt werden kann. Somit gilt das auf den engen Wortlaut der a.F. aufbauende Argument des EuGH[13] vorliegend nicht mehr. Vielmehr spricht Erwgr. 30 dafür, dass eine Berücksichtigung nachträglicher materiellrechtlicher Einwendungen grundsätzlich zulässig ist. Ähnlich wie in der EuGVVO a.F. ist jedoch eine zügige Entscheidung über den Antrag auf Versagung der Vollstreckung geboten, wie Art. 48 klarstellt. Es wäre wohl mit diesem Ziel der Verordnung unvereinbar, wenn der Vollstreckungsschuldner das Verfahren durch materiell-rechtliche Einwendungen verzögern könnte, die eine zeitintensive Beweisaufnahme erfordern. Vor diesem Hintergrund spricht einiges dafür, nur solche materiell-rechtlichen Einwendungen im Versagungsverfahren zuzulassen, deren Prüfung einfach und damit ohne großen Zeitaufwand zu bewältigen ist. Dies ist nur bei sog. liquiden Einwendungen der Fall, weil hier die Einwendung als solche rechtskräftig feststeht bzw. unstreitig ist.[14] Als Zwischenergebnis ist somit festzuhalten: Die EuGVVO steht der Berücksichtigung nachträglicher liquider Einwendungen im Vollstreckungsversagungsverfahren nach Art. 46 nicht entgegen. Die Verordnung überlässt es dem nationalen Gesetzgeber, die Beachtlichkeit derartiger Einwendungen zuzulassen.

Es bleibt damit zu klären, **ob bei einem Vollstreckungsversagungsverfahren i.S.v. Art. 46 in Deutschland materiell-rechtliche Einwendungen berücksichtigt werden können**. Dies ist im Ergebnis zu verneinen.[15] Der deutsche Gesetzgeber hat für die EuGVVO im XI. Buch der ZPO eine Regelung vergleichbar § 12 AVAG a.F. nicht eingeführt und somit auch nicht ausdrücklich erlaubt, dass materiell-rechtliche Einwendungen im Verfahren nach Art. 46 EuGVVO geltend gemacht werden können. Ein anderes Ergebnis rechtfertigt auch § 1117 ZPO nicht. Diese Vorschrift besagt lediglich, dass sich die örtliche Zuständigkeit für eine Vollstreckungsabwehrklage gegen einen Titel aus dem EU-Ausland nach § 1086 Abs. 1 ZPO richtet.[16] § 1117 ZPO trifft keine Aussage dazu, ob die für § 767 ZPO relevanten Einwendungen auch im Vollstreckungsversagungsverfahren nach Art. 46 EuGVVO erhoben werden können. In Ermangelung einer ausdrücklichen positiven Regelung fehlt deutschen Gerichten schon die Rechtsgrundlage zur Prüfung materiell-rechtlicher Einwendungen im Verfahren nach Art. 46.

16

---

[13] EuGH, 13.10.2011 – Rs. C-139/10, *Prism Investments* ./. *van der Meer*, Slg. 2011, I-9511 (ECLI:EU:C:2011:653), Rn. 32 f.
[14] So im Ergebnis wohl auch Thomas/Putzo/*Hüßtege*, ZPO 36. Aufl. 2015, Art. 46 EuGVVO Rn. 5.
[15] So auch Zöller/*Geimer*, ZPO, 31. Aufl. 2016, Art. 46 EuGVVO Rn. 2; *Haubold*, in: FS Schütze, 2014, S. 163 (171). A. A. wohl Rauscher/*Mankowski*, EuZPR, 4. Aufl. 2016, Art. 46 EuGVVO Rn. 18 ff.; Thomas/Putzo/*Hüßtege*, ZPO 36. Aufl. 2015, Art. 46 EuGVVO Rn. 5, wonach liquide materiell-rechtliche Einwendungen zulässig sein sollen; Saenger/*Dörner*, ZPO, 6. Aufl. 2015, Art. 46 Rn. 2, wonach alle, d.h. auch nicht-liquide Einwendungen berücksichtigt werden können, selbst wenn ein Versagungsgrund i.S.v. Art. 45 gar nicht geltend gemacht worden ist; *Domej*, RabelsZ 78 (2014), S. 508 (516), wonach alle materiell-rechtlichen Einwendungen geltend gemacht werden können, solange der Schuldner auch einen Anerkennungsversagungsgrund i.S.v. Art. 45 vorbringt.
[16] BT-Drucks. 18/823, S. 28.

17 **Fazit:** Nach der derzeitigen Rechtslage in Deutschland kann der Vollstreckungsschuldner im Verfahren nach Art. 46 **lediglich die in Art. 45 Abs. 1 aufgezählten Gründe** für eine Vollstreckungsversagung vorbringen. Nachträgliche materiell-rechtliche Einwendungen gegen den titulierten Anspruch können lediglich über die Vollstreckungsgegenklage nach nationalem Recht (§§ 1117 Abs. 1, 767 ZPO) geltend gemacht werden. Aufgrund der verschiedenen Streitgegenstände kann der Schuldner den Antrag nach Art. 46 jedoch parallel zu einer Klage gem. §§ 767, 1117 Abs. 1 ZPO stellen.[17]

IV. Entscheidung und Wirkung

18 Die Prüfung der Anerkennungsversagungsgründe durch das zweitstaatliche Gericht bezieht sich **ausschließlich auf den Vollstreckungsstaat**.[18] Somit ist es für die Beurteilung der in Art. 45 genannten Gründe unerheblich, wie die Gerichte in einem anderen Mitgliedstaat entscheiden würden oder entschieden haben. Die Entscheidung über den Antrag gem. Art. 46 gilt somit ausschließlich für den Vollstreckungsstaat. Möchte der Vollstreckungsschuldner die Vollstreckung auch **in einem anderen Mitgliedstaat** verhindern, muss er dort einen gesonderten Antrag gem. Art. 46 stellen.

19 Obwohl sich der Versagungsantrag i.S.v. Art. 46 nur gegen eine konkrete Vollstreckungsmaßnahme richtet, wird durch die Entscheidung über den Antrag entsprechend dem Wortlaut von Art. 46 zugleich „**die Vollstreckung [der] Entscheidung … versagt**".[19] Demzufolge beseitigt ein erfolgreicher Antrag nach Art. 46 insgesamt die Vollstreckbarkeit der Entscheidung für das gesamte Gebiet des jeweiligen Zweitstaates mit *ex tunc*-Wirkung.[20] Insoweit kommt der dem Vollstreckungsversagungsantrag stattgebenden Entscheidung eine **Gestaltungswirkung** zu,[21] die jedoch lediglich zwischen den Vollstreckungsparteien gilt.[22]

20 Soweit zusätzlich auch – gem. Art. 45 Abs. 4 – die Feststellung der Nichtanerkennungsfähigkeit beantragt worden ist, trifft die Entscheidung zusätzlich die rechtskräftige **Feststellung**, dass im Zweitstaat mindestens ein Anerkennungsversagungsgrund vorliegt.[23]

Artikel 47 [Gerichtliche Zuständigkeit; angewendetes Recht]

(1) Der Antrag auf Versagung der Vollstreckung ist an das Gericht zu richten, das der Kommission von dem betreffenden Mitgliedstaat gemäß Artikel 75 Buchstabe a mitgeteilt wurde.

---

[17] Vgl. zu § 767 ZPO die Kommentierung bei Art. 41 Rn. 22 ff.
[18] So wohl Rauscher/*Mankowski*, EuZPR, 4. Aufl. 2016, Art. 46 EuGVVO Rn. 30 f.
[19] Herv. d. Verf.
[20] *Geimer*, in: FS Torggler, 2013, S. 311 (332); Zöller/*Geimer*, ZPO, 31. Aufl. 2016, Art. 47 EuGVVO Rn. 11.
[21] *Geimer*, in: FS Torggler, 2013, S. 311 (332); Rauscher/*Mankowski*, EuZPR, 4. Aufl. 2016, Art. 47 EuGVVO Rn. 30; Schlosser/*Hess*, EuZPR, 4. Aufl. 2015, Art. 46 EuGVVO Rn. 2; *Hau*, MDR 2014, S. 1417 (1419); Thomas/Putzo/*Hüßtege*, ZPO, 36. Aufl. 2015, Art. 47 EuGVVO Rn. 7.
[22] Zöller/*Geimer*, ZPO, 31. Aufl. 2016, Art. 47 EuGVVO Rn. 11.
[23] A. A. Rauscher/*Mankowski*, EuZPR, 4. Aufl. 2016, Art. 47 EuGVVO Rn. 30, der dem Vollstreckungsversagungsurteil stets eine solche Feststellungswirkung zuspricht.

(2) Für das Verfahren zur Versagung der Vollstreckung ist, soweit es nicht durch diese Verordnung geregelt ist, das Recht des ersuchten Mitgliedstaats maßgebend.

(3) ¹Der Antragsteller legt dem Gericht eine Ausfertigung der Entscheidung und gegebenenfalls eine Übersetzung oder Transliteration der Entscheidung vor. ²Das Gericht kann auf die Vorlage der in Unterabsatz 1 genannten Schriftstücke verzichten, wenn ihm die Schriftstücke bereits vorliegen oder wenn es das Gericht für unzumutbar hält, vom Antragsteller die Vorlage der Schriftstücke zu verlangen. ³Im letztgenannten Fall kann das Gericht von der anderen Partei verlangen, diese Schriftstücke vorzulegen.

(4) ¹Von der Partei, die die Versagung der Vollstreckung einer in einem anderen Mitgliedstaat ergangenen Entscheidung beantragt, kann nicht verlangt werden, dass sie im ersuchten Mitgliedstaat über eine Postanschrift verfügt. ²Es kann von ihr auch nicht verlangt werden, dass sie im ersuchten Mitgliedstaat über einen bevollmächtigten Vertreter verfügt, es sei denn, ein solcher Vertreter ist ungeachtet der Staatsangehörigkeit oder des Wohnsitzes der Parteien vorgeschrieben.

EuGH-Rechtsprechung: EuGH, 19.12.2012 – Rs. C-325/11, *Alder u.a. ./. Orłowska u.a.*, ECLI:EU:C:2012:824

Schrifttum: *Geimer, Reinhold.* Das Anerkennungsregime der neuen Brüssel-I-Verordnung (EU) Nr. 1215/2012, in: Festschrift für Hellwig Torggler, 2013, Fitz, Hanns; Kalss, Susanne; Kautz, Reinhard; u.a. (Hrsg.), S. 311; *Hau, Wolfgang*, Brüssel Ia-VO – Neue Regeln für die Anerkennung und Vollstreckung ausländischer Entscheidungen in Zivil- und Handelssachen, MDR 2014, S. 1417; *Haubold, Jens*, Europäische Titelfreizügigkeit und Einwände des Schuldners in der Zwangsvollstreckung, in: Ars Aequi et Boni in Mundo, Festschrift für Rolf A. Schütze zum 80. Geburtstag, 2014, Geimer, Reinhold; Kaissis, Athanassios; Thümmel, Roderich C. (Hrsg.), S. 163.

Übersicht

	Rn.
I. Normzweck und Systematik	1
II. Antrag auf Versagung der Vollstreckung (Abs. 1–4)	6
1. Internationale Zuständigkeit	8
2. Sachliche Zuständigkeit in Deutschland	10
3. Örtliche Zuständigkeit in Deutschland	13
4. Antragsform und vorzulegende Unterlagen (Abs. 3)	17
5. Zustellungsadresse und Zustellungsvertreter (Abs. 4)	25
III. Verhältnis zu anderen Verfahren	28
1. Verhältnis zu einem selbständigen Feststellungsverfahren i.S.v. Art. 36 Abs. 2	29
a) Zunächst Verfahren i.S.v. Art. 36 Abs. 2, daraufhin Verfahren gem. Art. 46	29
b) Zunächst Verfahren i.S.v. Art. 46, daraufhin Verfahren nach Art. 36 Abs. 2	33
2. Verhältnis zu einem selbständigen Anerkennungsversagungsverfahren i.S.v. Art. 45 Abs. 4	36
3. Verhältnis zu einer Inzidentanerkennung gem. Art. 36 Abs. 1	38
4. Verhältnis zu einem Zwischenfeststellungsantrag i.S.v. Art. 36 Abs. 3	39
IV. Verfahren und Entscheidung	40

I. Normzweck und Systematik

1 Art. 47 regelt einige Verfahrensfragen für die **erstinstanzliche Behandlung** des Vollstreckungsversagungsantrags i.S.v. Art. 46 und die Entscheidung über diesen. Für die meisten Aspekte verweist die Norm allerdings im Wesentlichen auf das Recht des Vollstreckungsstaates.

2 Nach **Abs. 1** ist es dem Recht des Zweitstaates überlassen, das **zuständige Gericht** zu bestimmen. In Deutschland hat der Gesetzgeber dies durch § 1115 Abs. 1 ZPO geregelt.

3 **Abs. 2** verweist für alle in der EuGVVO nicht geregelten Verfahrensfragen auf das **Recht des Vollstreckungsstaates**. Für Deutschland sind die wesentlichen Aspekte in § 1115 Abs. 2–4 ZPO geregelt.

4 **Abs. 3** bestimmt die **Unterlagen**, die der Schuldner im Vollstreckungsversagungsverfahren vorzulegen hat. Hierzu gehört eine Ausfertigung der Entscheidung und ggf. deren Übersetzung oder Transliteration.

5 **Abs. 4** stellt klar, dass der Schuldner als Antragsteller im Zweitstaat weder eine **Postanschrift** begründen, noch einen **bevollmächtigten Vertreter** bestellen muss. Die Regelung ist das prozessuale Gegenstück zu Art. 41 Abs. 3, der entsprechendes für den Vollstreckungsgläubiger regelt.

II. Antrag auf Versagung der Vollstreckung (Abs. 1–4)

6 Hinsichtlich der Verfahrensfragen verweist Art. 47 im Grundsatz auf das Recht des Vollstreckungslandes. Nur soweit die Verordnung selbst Regelungen enthält, soll das einzelstaatliche Rechts verdrängt sein, vgl. Art. 47 Abs. 2.

7 Zur Bestimmung des sachlich zuständigen Gerichts ist die entsprechende Mitteilung des betreffenden Mitgliedstaats gem. Art. 75 lit. a heranzuziehen. Die diesbezüglichen Informationen sind auch im Internet auf der Website des Europäischen Justiziellen Netzes abrufbar.[1]

1. Internationale Zuständigkeit

8 Die internationale Zuständigkeit für einen Vollstreckungsversagungsantrag ergibt sich aus **Art. 24 Nr. 5**.[2] Demnach kann ein Versagungsantrag in dem Mitgliedstaat gestellt werden, in dem die Zwangsvollstreckung durchgeführt werden soll.

9 Im Einzelnen ist nach dem **Titelinhalt** zu unterscheiden: Bei Geldleistungs- und Herausgabetiteln kommt es auf den Mitgliedstaat der Belegenheit des Vermögens bzw. des herauszugebenden Gegenstands an. Bei Titel gerichtet auf Handlungen, Duldungen oder Unterlassungen ist der Mitgliedstaat maßgeblich, in dem das geschuldete Verhalten zu erfolgen hat. Diese Anknüpfung wird häufig

---

[1] http://e-justice.europa.eu → Europäischer Atlas für Zivilsachen → Brüssel I-VO (Neufassung).
[2] Schlosser/*Hess*, EuZPR, 4. Aufl. 2015, Art. 47 EuGVVO Rn. 3.

zum Sitzstaat des Schuldners führen, der bei juristischen Personen nach Art. 63 zu bestimmen ist.[3]

2. Sachliche Zuständigkeit in Deutschland

In Deutschland sind für den Versagungsantrag i.S.v. Art. 46 ausschließlich die **Landgerichte** sachlich zuständig (§ 1115 Abs. 1 ZPO). Die funktionelle Zuständigkeit liegt beim **Vorsitzenden der Zivilkammer** (§ 1115 Abs. 4 Satz 1 ZPO). 10

Die Zuständigkeit des LG rechtfertigt sich durch den weiten sachlichen Anwendungsbereich der EuGVVO und die mögliche Komplexität bei der Behandlung der Versagungsgründe, zumal mit Auslandsbezug.[4] Im Unterschied zur EuGVVO a.F. ist eine Konzentration der erstinstanzlichen Prüfung von Versagungsgründen bei (spezialisierten) Senaten der Oberlandesgerichte nicht mehr vorgesehen. 11

Es wird sich zeigen, ob die fehlende Spezialisierung der Landgerichte Schuldnern eine unberechtigte Verzögerung der Vollstreckung erleichtern wird. Es ist durchaus vorstellbar, dass ein mit der Materie nicht erfahrener Richter mehr Zeit benötigen wird, um beispielsweise über einen geltend gemachten *ordre public*-Verstoß aufgrund von „Prozessbetrug" oder „Rechtsstaatswidrigkeit" des erststaatlichen Verfahrens zu entscheiden. Mangels Erfahrung bei der Handhabung des einschlägigen strengen Prüfungsmaßstabs könnte ein nicht erfahrener Richter häufiger als nötig eine Beweisaufnahme zum ausländischen Verfahren durchführen oder gem. § 293 ZPO den Inhalt des ausländischen Rechts durch Einholung von Gutachten ermitteln.[5] 12

3. Örtliche Zuständigkeit in Deutschland

Die **ausschließliche örtliche Zuständigkeit** liegt gem. § 11115 Abs. 2 Satz 1 ZPO **primär** in dem Gerichtsbezirk, in dem der **Schuldner seinen Wohnsitz** hat. Ist der Schuldner eine Gesellschaft oder juristische Person, so ist deren Sitz maßgeblich (§ 1115 Abs. 2 Satz 3 ZPO). Zur Bestimmung des Sitzes bzw. Wohnsitzes sind in Deutschland die §§ 12 ff. ZPO heranzuziehen. Der Anwendungsbereich der verordnungseigenen Wohnsitzvorschriften (Art. 62 f.) ist nicht eröffnet, weil Art. 47 Abs. 2 insoweit auf das nationale Recht verweist. 13

Hat der **Schuldner im Inland keinen Wohnsitz**, liegt die örtliche Zuständigkeit in dem Gerichtsbezirk, in dem die Zwangsvollstreckung durchgeführt werden soll (§ 1115 Abs. 2 Satz 2 ZPO). Dieses Kriterium ist jedoch unpassend, weil sie auf die Perspektive des Vollstreckungsgläubigers abstellt, während der Vollstreckungsversagungsantrag vom Schuldner zu stellen ist. Es ist durchaus denkbar, dass dem Schuldner nicht bekannt ist, wo die Vollstreckung gegen ihn durchgeführt werden soll. Schließlich kann er bereits ab Zustellung der Beschei- 14

---

[3] Schlosser/*Hess*, EuZPR, 4. Aufl. 2015, Art. 47 EuGVVO Rn. 3.
[4] BT-Drucks. 18/823, S. 22.
[5] Kritisch auch *Hess*, in: FS Gottwald, 2014, S. 273 (279).

nigung i.S.v. Art. 53 (vgl. Art. 43) – und somit noch vor Vollstreckungsbeginn – den Vollstreckungsversagungsantrag stellen. Anscheinend hat der deutsche Gesetzgeber unbesehen die im Wesentlichen identische Regelung aus Art. 39 Abs. 2 EuGVVO a.F. übernommen, die jedoch auf den Antrag des Vollstreckungsgläubigers gerichtet auf Vollstreckbarerklärung zugeschnitten war. § 1115 Abs. 2 Satz 2 ZPO ist – bezogen auf den Antrag des Schuldners – daher in der Weise zu verstehen, dass der Ort maßgeblich ist, an dem der Schuldner einer Zwangsvollstreckung aus dem fraglichen Titel ausgesetzt sein kann.

15 Bei der Vollstreckung von **Geldzahlungstiteln** kommt es im Grundsatz auf die **Vermögensbelegenheit** an. Hieran sind jedoch keine hohen Anforderungen zu stellen: Es genügt die schlüssige Behauptung des Schuldners, dass seine Vermögensgegenstände zukünftig an einen bestimmten Ort verbracht werden können. Ausreichend aber nicht erforderlich ist, dass zum Zeitpunkt der Antragstellung bereits vollstreckungstaugliches Schuldnervermögen am fraglichen Ort vorhanden ist. Ist eine Vollstreckung **in Forderungen** zu befürchten, liegt der Ort der Zwangsvollstreckung am Wohn- oder Geschäftssitz des Drittschuldners.

16 Bei Titeln, die nicht auf eine Geldleistung gerichtet sind, ist zu unterscheiden: Bei **Herausgabetiteln** kommt es auf den Ort an, an dem die herauszugebende Sache belegen ist oder – im Falle beweglicher Sachen – nach schlüssiger Darlegung des Schuldners zukünftig belegen sein kann. So könnte der zur Herausgabe eines bei Antragstellung im Ausland belegenen Fahrzeuges verurteilte Schuldner etwa darlegen, dass das Kfz nach Deutschland verbracht werden wird, und hierdurch eine Zuständigkeit in Deutschland begründen. Bei **auf Vornahme einer Handlung gerichteten Titeln** ist maßgeblich, wo die geschuldete Handlung vorzunehmen ist. Bei **Unterlassungstiteln** ist auf den Ort abzustellen, an dem die zu unterlassende Handlung durchgeführt wird.

4. Antragsform und vorzulegende Unterlagen (Abs. 3)

17 Gem. § 1115 Abs. 3 ZPO kann der Vollstreckungsversagungsantrag schriftlich oder mündlich zu Protokoll der Geschäftsstelle erklärt werden. Aus der zweiten Alternative ergibt sich, dass gem. § 78 Abs. 3 ZPO **kein Anwaltszwang** besteht. Vgl. zur **Formulierung des Antrags** die Kommentierung bei Art. 46 Rn. 4.

18 Gem. Art. 47 Abs. 3 hat der Antragsteller dem Gericht eine **Ausfertigung der Entscheidung** vorzulegen. Mangels ausdrücklicher Regelung (wie etwa in Art. 37 Abs. 1 lit. a und Art. 42 Abs. 1 lit. a) dürfte hierfür eine **einfache Kopie** der Entscheidung ausreichend sein.[6] Dies ist zum Schutz des Schuldners auch deshalb geboten, weil diesem die Beschaffung einer qualifizierten Ausfertigung in der Regel Schwierigkeiten bereiten dürfte. Das Gericht kann unter Umständen gem. Abs. 3 Satz 2 auf die Vorlage einer Ausfertigung verzichten. Praktisch dürfte dies insbesondere in Fällen von Bedeutung sein, in denen dem Gericht bereits eine Ausfertigung vorliegt, weil es zugleich die zuständige Vollstreckungs-

---

[6] A. A. wohl Thomas/Putzo/*Hüßtege*, ZPO, 36. Aufl. 2015, Art. 47 EuGVVO Rn. 4.

behörde ist und bei ihm Vollstreckungsmaßnahmen aus dem Titel beantragt worden sind.

Darüber hinaus hat der Antragsteller grundsätzlich eine **Übersetzung oder** 19
Transliteration der Entscheidung vorzulegen, wenn die Entscheidung nicht in der Gerichtssprache abgefasst ist. Dies folgt aus Abs. 3 Satz 1. Die Formulierung „*gegebenenfalls*" ist insoweit irreführend und soll wohl nur klarstellen, dass Übersetzungen nicht erforderlich sind, soweit es offensichtlich kein Sprachproblem gibt.

Das Gericht ist jedoch gem. Abs. 3 Satz 2 befugt, **den Antragsteller von der** 20
Vorlage einer Übersetzung zu befreien, soweit dem Gericht die Schriftstücke bereits vorliegen oder dem Antragsteller deren Beibringung unzumutbar ist: **Abs. 3 Satz 2 Alt.** 1 erfasst etwa den Fall, dass das Gericht zugleich Vollstre- 21
ckungsstelle ist und bei ihm bereits Vollstreckungsmaßnahmen aus dem Titel unter Dokumentenvorlage (Art. 42 Abs. 3) beantragt worden sind.

Unzumutbarkeit i.S.v. **Abs. 3 Satz 2 Alt.** 2 ist dann denkbar, wenn bereits 22
eine Übersetzung existiert, die sich jedoch bei einer anderen inländischen Vollstreckungsbehörde befindet. In einem solchen Fall kann das Gericht dem Antragsgegner (d.h. dem Vollstreckungsgläubiger) aufgeben, die bereits existierende Übersetzung vorzulegen, vgl. Abs. 3 Satz 3. Ferner dürfte die Vorlage einer Übersetzung dem Antragsteller auch dann unzumutbar sein, wenn die Übersetzungskosten sehr hoch wären und eine genaue Kenntnis des Entscheidungsinhalts zur Beurteilung der Versagungsgründe nicht relevant ist. Das ist denkbar, wenn aufgrund des Vortrags des Schuldners ausschließlich eine Anerkennungsversagung gem. Art. 45 Abs. 1 lit. b wegen nicht rechtzeitiger Zustellung des verfahrenseinleitenden Schriftstücks in Betracht kommt. Über diesen Versagungsgrund zu entscheiden erfordert möglicherweise keine detaillierte Kenntnis des Entscheidungsinhaltes, zumal die Bescheinigung i.S.v. Art. 53 die hierfür im Wesentlichen notwendigen Informationen enthalten sollte (Nr. 4.3.2. und Nr. 4.5.).

Ungeachtet der Möglichkeit, eine Befreiung von der Vorlage bestimmter 23
Unterlagen zu erlangen, kann es **für den Antragsteller ratsam** sein, von sich aus bereits bei Antragstellung eine Übersetzung der Entscheidung vorzulegen. Nur hierdurch kann er den Entscheidungsinhalt entsprechend dem geltenden Beibringungsgrundsatz zum Prozessstoff machen und eine umfassende Beurteilung der Versagungsgründe erreichen. Eine freiwillige Vorlage einer Übersetzung dürfte aus Sicht des Antragstellers auch dann sinnvoll sein, wenn er gleichzeitig einen vollstreckungsbezogenen Antrag gem. Art. 44 Abs. 1 stellt, über den im Wege der einstweiligen Anordnung zu entscheiden ist. Dies kann dazu beitragen, dem zuständigen Gericht eine ausreichende Tatsachenbasis für Anordnungen gem. Art. 44 Abs. 1 zu verschaffen.

Nicht erforderlich ist die Vorlage der Bescheinigung i.S.v. Art. 53, da diese 24
nur dazu dient, den zweitstaatlichen Vollstreckungsstellen den genauen Titelinhalt zum Zwecke der Vollstreckung mitzuteilen.

5. Zustellungsdresse und Zustellungsvertreter (Abs. 4)

25 Abs. 4 Satz 1 stellt klar, dass das Recht des Vollstreckungsstaats vom Antragsteller (= Vollstreckungsschuldner) nicht verlangen kann, dass dieser über eine **Postanschrift** in diesem Staat verfügt bzw. eine solche begründen muss. Diese Bestimmung hat im deutschen Recht keine Bedeutung, da dieses ein Wahldomizil nicht kennt.

26 Von dem Schuldner kann gem. Abs. 4 Satz 2 auch nicht verlangt werden, dass er im Vollstreckungsstaat über einen **bevollmächtigten Vertreter** verfügt. Etwas anderes gilt nur dann, wenn ein solcher Vertreter unabhängig von der Staatsangehörigkeit oder dem Wohnsitz der Parteien vorgeschrieben ist. Im deutschen Recht wäre demnach die Anwendung von **§ 184 ZPO** ausgeschlossen, da diese Norm allein aufgrund des ausländischen Wohnsitzes der Partei einen Vollstreckungsvertreter vorsieht.[7]

27 In einem Vollstreckungsversagungsverfahren vor deutschen Gerichten können damit Schriftstücke zum einen direkt an den Schuldner (= Antragsteller) mit Wohnsitz im Ausland nach der EuZustVO zugestellt werden. Soweit der Antragsteller einen inländischen Bevollmächtigten bestellt hat, kommt zum anderen eine Inlandszustellung an diesen nach inländischem Recht in Betracht.

III. Verhältnis zu anderen Verfahren

28 In der Praxis kann es vorkommen, dass sich die Frage nach dem Vorliegen von Versagungsgründen i.S.v. Art. 45 Abs. 1 gleichzeitig auch in anderen Verfahren stellt. Die Behandlung solcher Verfahrenskollisionen **regelt die Verordnung nicht**, weil die Verfahren in demselben Mitgliedstaat anhängig sind. Art. 51 ermöglicht eine Aussetzung des Vollstreckungsversagungsverfahrens lediglich dann, wenn die Entscheidung im Ursprungsland angefochten wird oder noch anfechtbar ist. Verfahrenshäufungen im ersuchten Staat sind demnach (mangels Anwendbarkeit der Art. 29 ff.) durch das dortige interne Recht aufzulösen.

1. Verhältnis zu einem selbständigen Feststellungsverfahren i.S.v. Art. 36 Abs. 2

a) Zunächst Verfahren i.S.v. Art. 36 Abs. 2, daraufhin Verfahren gem. Art. 46

29 Denkbar ist zum einen, dass zunächst der Titelgläubiger gem. Art. 36 Abs. 2 die isolierte Feststellung beantragt hat, dass die Entscheidung anerkennungsfähig ist. Erhebt der Schuldner im Anschluss daran einen Antrag auf Vollstreckungsversagung nach Art. 46, stellt sich die Frage, ob dieser wegen der Rechtshängigkeit des Feststellungsantrags gem. **§ 261 Abs. 3 Nr. 1 ZPO** unzulässig ist.

30 Dies ist im Ergebnis wegen der **unterschiedlichen Streitgegenstände** beider Verfahren zu verneinen. Zwar werden in beiden Verfahren ausschließlich die Versagungsgründe i.S.v. Art. 45 Abs. 1 geprüft. Der Antrag nach Art. 36 Abs. 2

---

[7] So auch zu einer vergleichbaren Vorschrift des polnischen Zivilverfahrensgesetzbuches EuGH, 19.12.2012 – Rs. C-325/11, *Alder u.a. ./. Orłowska u.a.*, ECLI:EU:C:2012:824.

ist jedoch lediglich auf Feststellung der Anerkennungsfähigkeit gerichtet, während ein Antrag gem. Art. 46 eine Gestaltung in Form der Vollstreckungsversagung im Zweitstaat zum Ziel hat. Demzufolge kann der Feststellungsantrag i.S.v. Art. 36 Abs. 2 nicht den Weg für einen Vollstreckungsversagungsantrag nach Art. 46 versperren.

Allerdings sollte in einer solchen Konstellation **das später eingeleitete Voll-** **streckungsversagungsverfahren** i.S.v. Art. 46 gem. § 148 ZPO **ausgesetzt** werden, bis eine Entscheidung im Feststellungsverfahren i.S.v. Art. 36 Abs. 2 vorliegt. Andernfalls drohen wiedersprechende Entscheidungen über die Versagungsgründe i.S.v. Art. 45 Abs. 1. Gegenüber dem Versagungsverfahren ist eine Fortsetzung des Feststellungsverfahrens vorzugswürdig, weil sich so die darin bereits gewonnenen Ergebnisse verwerten lassen. Die Feststellungsklage ist auch deshalb vorrangig, weil nur sie nach deutschem Verfahrensrecht geeignet ist, eine rechtskräftige Entscheidung über die Versagungsgründe herbeizuführen. Demgegenüber werden diese Gründe im Vollstreckungsversagungsverfahren lediglich im Rahmen einer nicht rechtskraftfähigen Vorfrage beurteilt. 31

Eine Verfahrensaussetzung nach § 148 ZPO hat zwar den Nachteil, dass über den Vollstreckungsversagungsantrag nicht mehr unverzüglich entschieden werden kann, wie dies gem. **Art. 48** erforderlich wäre. Dies ist jedoch unbedenklich, weil Art. 48 dem Schutz des Gläubigers dient. Ist diesem an einer zügigen Entscheidung über den Versagungsantrag gelegen, kann er jederzeit seinen Antrag i.S.v. Art. 36 Abs. 2 zurücknehmen und somit eine Fortsetzung des Verfahrens nach Art. 46 erreichen. In diesem ist es ihm außerdem möglich, im Wege der Zwischenfeststellungswiderklage eine rechtskräftige Entscheidung über die Versagungsgründe herbeiführen, § 256 Abs. 2 ZPO. Zum Schutz des Vollstreckungsschuldners kann dieser für die Schwebezeit während der Aussetzung vollstreckungsbezogene Anordnungen gem. Art. 44 Abs. 1 beantragen. 32

b) Zunächst Verfahren i.S.v. Art. 46, daraufhin Verfahren nach Art. 36 Abs. 2

Erhebt der Gläubiger in der umgekehrten Konstellation die selbständige Anerkennungsfeststellungsklage i.S.v 36 Abs. 2, nachdem der Schuldner bereits das Vollstreckungsversagungsverfahren i.S.v. Art. 46 eingeleitet hat, lässt sich die drohende Verfahrenskollision dadurch verhindern, dass **das selbständige Anerkennungsfeststellungsverfahren** mangels Feststellungsinteresses **unzulässig** ist. Allgemein fehlt dem Feststellungskläger das Feststellungsinteresse i.S.v. § 256 Abs. 1 ZPO, wenn sein Gegner eine Leistungsklage über denselben Inhalt erhebt.[8] Entsprechendes muss in der EuGVVO gelten, wenn nach Erhebung der auf Nichtvollstreckung gerichteten Gestaltungsklage eine Klage auf Feststellung der Anerkennungsfähigkeit erhoben wird. Denn die Anerkennungsfähigkeit ist im Rahmen der Gestaltungsklage zwingend als Vorfrage zu prüfen. 33

Ein Vorrang der Vollstreckungsversagungsklage benachteiligt den Gläubiger nicht unangemessen, weil er auch in diesem Verfahren durch **Zwischenfeststel-** 34

---

[8] BGH, 22.1.1987 – I ZR 230/85, NJW 1987, S. 2680 m.w.Nachw.

lungwiderklage eine rechtskräftige Entscheidung über die Versagungsgründe i.S.v. Art. 45 Abs. 1 erreichen kann.

35 Alternativ steht es dem **Schuldner** offen, **im Vollstreckungsversagungsverfahren einen Antrag auf Versagung der Anerkennung gem. Art. 45 Abs. 4** zu stellen. Dies würde verhindern, dass der Gläubiger vor einem anderen Gericht gem. Art. 36 Abs. 2 das kontradiktorische Gegenteil anhängig machen kann. Das mit dem Vollstreckungsversagungsverfahren i.S.v. Art. 46 befasste Gericht sollte darauf hinwirken, dass der Schuldner den Antrag gem. Art. 46 mit einem solchen nach Art. 45 Abs. 4 verbindet.[9]

2. Verhältnis zu einem selbständigen Anerkennungsversagungsverfahren i.S.v. Art. 45 Abs. 4

36 Eine Verfahrenskollision droht zum anderen dann, wenn der Vollstreckungsschuldner zunächst ein Anerkennungsversagungsverfahren nach Art. 45 Abs. 4 eingeleitet hat und – nachdem der Titelgläubiger auch Vollstreckungsmaßnahmen im Zweitland ergriffen hat – die Vollstreckungsversagung gem. Art. 46 erreichen will.

37 In dieser Konstellation ist dem Schuldner zu empfehlen, den **Antrag nach Art. 46 in das Anerkennungsversagungsverfahren zu integrieren**, indem er das anhängige Verfahren im Wege der nachträglichen Antragshäufung erweitert. Hierbei handelt es sich jedenfalls um eine i.S.v. § 263 ZPO sachdienliche Verfahrenserweiterung. Auch die Voraussetzungen von § 260 ZPO sind erfüllt, weil insbesondere die Zuständigkeit für beide Anträge in § 1115 ZPO identisch geregelt ist.

3. Verhältnis zu einer Inzidentanerkennung gem. Art. 36 Abs. 1

38 Ebenfalls über **§ 148 ZPO** sind die Fälle zu regeln, in denen ein Vollstreckungsversagungsverfahren i.S.v. Art. 46 und ein Verfahren i.S.v. Art. 36 Abs. 1 aufeinandertreffen, in dem sich nur inzident die Frage der Anerkennungsfähigkeit stellt. Ob hier eines der Verfahren nach § 148 ZPO auszusetzen ist und welches den Vorrang verdient, lässt sich nicht allgemeingültig festlegen. Maßgeblich für die Beurteilung der Aussetzung wird insbesondere der **Stand der jeweiligen Verfahren** sein: Wurde in einem der Verfahren zu den Versagungsgründen bereits umfassend Beweis erhoben, spricht viel dafür, das andere Verfahren auszusetzen, um widersprechende Entscheidungen zu vermeiden und im Sinne der Prozessökonomie die bereits gewonnenen Erkenntnisse im Zweitverfahren nutzbar zu machen.

4. Verhältnis zu einem Zwischenfeststellungsantrag i.S.v. Art. 36 Abs. 3

39 Für das Verhältnis eines Vollstreckungsversagungsverfahrens i.S.v. Art. 46 zu einem Zwischenfeststellungsantrag i.S.v. Art. 36 Abs. 3 im Rahmen eines Inzi-

---

[9] *Hau*, MDR 2014, S. 1417 (1419).

dentanerkennungsverfahrens i.S.v. Art. 36 Abs. 1 gelten die obigen Ausführungen zum Verhältnis zu Art. 36 Abs. 2 entsprechend.[10]

IV. Verfahren und Entscheidung

Gem. § 1115 Abs. 4 Satz 2 ZPO ist die **mündliche Verhandlung fakultativ**. Eine Anhörung des Gläubigers ist gleichwohl zwingend (§ 1115 Abs. 4 Satz 3 ZPO). 40

Die Entscheidung ergeht durch **Beschluss** (§ 1115 Abs. 4 Satz 2 ZPO), der – wie § 1115 Abs. 5 Sätze 1 und 2 ZPO entnommen werden kann – förmlich zuzustellen ist. 41

Eine antragsgemäße Entscheidung hat **Gestaltungswirkung** mit dem Inhalt, dass dem Titel für das gesamte Gebiet des Zweitstaates *ex tunc* die Vollstreckbarkeit genommen wird.[11] Die Entscheidung bewirkt also – über ihren verfahrensrechtlichen „Aufhänger" hinaus – nicht nur die Aufhebung der konkreten Vollstreckungsmaßnahme. Soweit zusätzlich gem. Art. 45 Abs. 4 die Feststellung der Anerkennungsunfähigkeit beantragt worden ist, kommt der Entscheidung zusätzlich die **Feststellungswirkung** zu, dass mindestens ein Anerkennungsversagungsgrund i.S.v. Art. 45 Abs. 1 vorliegt. 42

Für den Antrag nach Art. 46 fällt die **Gerichtsgebühr** Nr. 1510 Nr. 5 GKG-VV (EUR 240,00) an. Falls der Schuldner Anerkennungs- und Vollstreckungsversagung gemeinsam beantragt, wird die Gebühr nur einmal fällig. Denn für beide Anträge sind dieselben Gesichtspunkte zu prüfen. Die **Anwaltsgebühren** richten sich nach den Nr. 3100 ff. RVG-VV. Für deren Bemessung ist der Streitwert der ausländischen Entscheidung zugrunde zu legen. 43

Gegen die Entscheidung über den Antrag nach Art. 46 ist die **sofortige Beschwerde** gem. Art. 49 Abs.1, § 1115 Abs. 5 Satz 1 ZPO statthaft.[12] 44

Artikel 48 [Unverzügliche Entscheidung]

Das Gericht entscheidet unverzüglich über den Antrag auf Versagung der Vollstreckung.

Art. 48 verpflichtet die Gerichte im Zweitstaat zur unverzüglichen Entscheidung über einen Antrag auf Vollstreckungsversagung gem. Art. 46. Vorbild für diese Vorschrift ist Art. 45 Abs. 1 Satz 2 EuGVVO a.F. Das in Art. 48 niedergelegte **Beschleunigungsgebot** soll den Vollstreckungsgläubiger vor einer unnötigen Verzögerung der Vollstreckung schützen. 1

---

[10] Siehe oben Rn. 29 ff.
[11] *Geimer*, in: FS Torggler, 2013, S. 311 (332); Rauscher/*Mankowski*, EuZPR, 4. Aufl. 2016, Art. 47 EuGVVO Rn. 30; Schlosser/*Hess*, EuZPR, 4. Aufl. 2015, Art. 46 EuGVVO Rn. 2; *Hau*, MDR 2014, S. 1417 (1419); Thomas/Putzo/*Hüßtege*, ZPO, 36. Aufl. 2015, Art. 47 EuGVVO Rn. 7. Vgl. hierzu ausführlich die Kommentierung bei Art. 46 Rn. 19 f.
[12] Siehe ausführlich hierzu die Kommentierung bei Art. 49 Rn. 5 ff.

2   Eine feste Frist zur Entscheidung über den Vollstreckungsversagungsantrag sieht die EuGVVO nicht vor. Die Einführung von Höchstfristen hätte mangels Sanktionsmöglichkeiten bei Nichteinhaltung auch kaum einen Mehrwert gebracht. Angesichts der großen Unterschiede in der Schnelligkeit mitgliedstaatlicher Gerichte[1] kann kaum angenommen werden, dass man sich auf eine kurze Frist hätte einigen können. Demzufolge ist Art. 48 lediglich als **allgemeines Gebot zur Beschleunigung** des Vollstreckungsversagungsverfahrens zu verstehen.

3   Es obliegt den nationalen Gerichten, sicherzustellen, dass über den Antrag auf Versagung der Vollstreckung ohne schuldhaftes Zögern entschieden wird. Dies sollten die Gerichte v.a. bei ihrer **Verfahrensleitung** berücksichtigen und beispielsweise durch entsprechend kurze Fristsetzungen für Stellungnahmen und Urkundenvorlage für eine zügige Behandlung sorgen. Ferner sollte von **Fristsetzungen i.S.v. § 296 Abs. 1 ZPO** Gebrauch gemacht werden, damit im Interesse einer zügigen Verfahrenserledigung ein mögliches verspätetes Vorbringen zurückgewiesen werden kann. Eine mündliche Verhandlung sollte daher auch nur dann angeordnet werden, wenn sie notwendige Erkenntnisse verspricht.[2]

4   Das Gebot von Art. 48 schließt eine Aussetzung des Vollstreckungsversagungsverfahrens nicht aus: Ist über das Vermögen des Schuldners ein Insolvenzverfahren eröffnet worden, führt dies zu einer Verfahrensunterbrechung gem. § 240 ZPO.[3] Eine Verfahrensaussetzung gem. § 148 ZPO kommt außerdem in Betracht, wenn in einem anderen bereits anhängigen Verfahren über die Versagungsgründe i.S.v. Art. 45 Abs.1 zu entscheiden ist.[4] Schließlich ist an die Aussetzung gem. Art. 51 zu denken, wenn im Ursprungsstaat gegen die Entscheidung ein Rechtsbehelf eingelegt worden oder die Frist hierfür noch nicht abgelaufen ist.

Artikel 49 [Rechtsbehelf]

(1) Gegen die Entscheidung über den Antrag auf Versagung der Vollstreckung kann jede Partei einen Rechtsbehelf einlegen.

(2) Der Rechtsbehelf ist bei dem Gericht einzulegen, das der Kommission von dem betreffenden Mitgliedstaat gemäß Artikel 75 Buchstabe b mitgeteilt wurde.

Übersicht

	Rn.
I. Normzweck und Systematik	1
II. Beschwerdebefugnis	2
III. Statthaftigkeit, Zuständigkeit, Frist und Form	4
IV. Prüfungsumfang und Entscheidung	9

[1] Schon für das formalisierte Vollstreckbarerklärungsverfahren unter der EuGVVO a.F. benötigten die Gerichte mancher Mitgliedstaaten mehrere Monate für die erstinstanzliche Erteilung des Exequaturs, vgl. *Heidelberg*-Bericht, 2007, Rn. 514.
[2] Thomas/Putzo/*Hüßtege*, ZPO, 36. Aufl. 2015, Art. 48 EuGVVO Rn. 1.
[3] Thomas/Putzo/*Hüßtege*, ZPO, 36. Aufl. 2015, Art. 48 EuGVVO Rn. 2.
[4] Vgl. zu den unterschiedlichen denkbaren Konstellationen die Kommentierung bei Art. 47 Rn. 29–39.

Text + Erläuterungen   Art. 49   **B Vor I** 7

I. Normzweck und Systematik

Art. 49 verankert das Recht, die erstinstanzliche Entscheidung über den 1
Vollstreckungsversagungsantrag im Wege eines Rechtsbehelfs anzufechten.
Dessen Ausgestaltung ist dem nationalen Recht des ersuchten Staates vorbehalten. Allerdings besteht eine unionsrechtliche Pflicht, einen Rechtsbehelf vorzusehen. Dieser Pflicht ist der deutsche Gesetzgeber in **§ 1115 Abs. 5 ZPO**
nachgekommen, wonach gegen die erstinstanzliche Entscheidung über den
Vollstreckungsversagungsantrag die sofortige Beschwerde nach §§ 567 ff. ZPO
statthaft ist.

II. Beschwerdebefugnis

Gem. Abs. 1 können **nur die Parteien des Vollstreckungsversagungsver-** 2
fahrens den Rechtsbehelf einlegen. Der Beschwerdeführer muss allerdings durch
den angegriffenen Beschluss beschwert sein. Soweit die Vollstreckungsversagung
abgelehnt worden ist, ist der Vollstreckungsschuldner beschwerdebefugt. Hat
demgegenüber das Gericht der ersten Instanz die Vollstreckung wegen Vorliegens
eines Grundes i.S.v. Art. 45 Abs. 1 versagt, liegt die Beschwerdebefugnis beim
Vollstreckungsgläubiger.

Dritte können den Rechtsbehelf nach Art. 49 **nicht** einlegen.[1] Die 3
EuGVVO regelt abschließend, wer eine Versagung der Anerkennung und Vollstreckung aus den in Art. 45 Abs. 1 genannten Gründen erreichen kann. Diese
Gründe dienen nur dem Schutz des Schuldners. Es besteht daher kein Bedürfnis,
dass Dritte die erstinstanzliche Entscheidung über das Vorliegen dieser Gründe
überprüfen lassen können. Freilich können Dritte weiterhin die ihnen im Vollstreckungsrecht des Zweitstaates zur Verfügung stehenden Rechtsbehelfe einlegen, soweit sie eine unzulässige Beeinträchtigung ihrer Rechte durch die Vollstreckung geltend machen wollen. Typisches Beispiel hierfür ist die
Drittwiderspruchsklage i.S.v. § 771 ZPO.

III. Statthaftigkeit, Zuständigkeit, Frist und Form

Zur Bestimmung des sachlich zuständigen Gerichts ist die entsprechende Mit- 4
teilung des betreffenden Mitgliedstaats gem. Art. 75 lit. b heranzuziehen. Die
diesbezüglichen Informationen sind auch im Internet auf der Website des Europäischen Justiziellen Netzes abrufbar.[2]

Statthaft für die Anfechtung einer erstinstanzlichen Entscheidung über einen 5
Versagungsantrag i.S.v. Art. 46 ist **in Deutschland** gem. § 1115 Abs. 5 S. 1 ZPO
die **sofortige Beschwerde i.S.v. §§ 567 ff. ZPO**. Eine Beschwerdesumme –

---

[1] So im Ergebnis auch Thomas/Putzo/*Hüßtege*, ZPO, 36. Aufl. 2015, Art. 49 EuGVVO Rn. 1. A. A.
Rauscher/*Mankowski*, EuZPR, 4. Aufl. 2016, Art. 49 EuGVVO Rn. 7 f.
[2] http://e-justice.europa.eu → Europäischer Atlas für Zivilsachen → Brüssel I-VO (Neufassung).

wie in § 567 Abs. 2 ZPO vorgesehen – muss nicht erreicht sein, weil § 1115 Abs. 5 S. 1 ZPO eine derartige Einschränkung nicht vorsieht, sondern das Rechtsmittel entsprechend Art. 49 unbedingt zulässt.[3]

6   Zuständig für die Entscheidung über eine sofortige Beschwerde sind die **Oberlandesgerichte**, vgl. § 119 Abs. 1 Nr. 2 GVG.

7   Die Beschwerdefrist beträgt gem. §§ 1115 Abs. 5 S. 2 i.V.m. 569 Abs. 1 S. 1 ZPO **einen Monat nach Zustellung der Entscheidung** über den Vollstreckungsversagungsantrag. Hierbei handelt es sich nach § 1115 Abs. 5 S. 2 ZPO um eine Notfrist, so dass eine Verlängerung durch das Gericht ausscheidet. Möglich bleibt jedoch ein Antrag auf Wiedereinsetzung gem. § 233 ZPO. Die Berechnung der Notfrist bestimmt sich nach §§ 222 ZPO i.V.m. 166 ff. BGB. Die Entscheidung über den Vollstreckungsversagungsantrag ist wegen des Erfordernisses einer Zustellung in § 1115 Abs. 5 S. 2 ZPO von Amts wegen gem. § 166 Abs. 2 ZPO zuzustellen. Die Zustellung im Inland richtet sich nach §§ 166 ff. ZPO, im EU-Ausland nach den Vorschriften der EuZustVO, in Drittstaaten nach dem HZÜ, soweit der betreffende Staat diesem beigetreten ist.[4]

8   Die Beschwerde kann durch **Einreichung einer Beschwerdeschrift** eingeleitet werden, die den inhaltlichen Anforderungen von § 569 Abs. 2 ZPO genügen muss. Alternativ kann sie gem. § 569 Abs. 3 Nr. 1 auch durch **mündliche Erklärung zu Protokoll der Geschäftsstelle** eingelegt werden, weil das erstinstanzliche Vollstreckungsversagungsverfahren wegen §§ 1115 Abs. 3, 78 Abs. 3 ZPO nicht als Anwaltsprozess zu führen ist. Aus §§ 569 Abs. 3 Nr. 1 i.V.m. 78 Abs. 3 ZPO folgt zugleich, dass auch im Beschwerdeverfahren vor dem OLG **kein Anwaltszwang** besteht. Die Befreiung vom Anwaltszwang gilt auch bei Einlegung einer Beschwerdeschrift.[5]

IV. Prüfungsumfang und Entscheidung

9   Im Rahmen des Rechtsbehelfs nach Art. 49 kann ausschließlich die erstinstanzliche Entscheidung über das Vorliegen oder Nichtvorliegen von Vollstreckungsversagungsgründen i.S.v. Art. 45 geprüft werden. Soweit man dem erstinstanzlichen Gericht auch gestattet, liquide materiell-rechtliche Einwendungen gegen den titulierten Anspruch zu berücksichtigen, kann auch die Entscheidung über diese durch den Rechtsbehelf i.S.v. Art. 49 angegriffen werden. Nach der gegenwärtigen Rechtslage in Deutschland ist es jedoch nicht möglich, materiell-rechtliche Einwendungen gegen den Titel im Rahmen von Art. 46 geltend zu machen.[6] Demzufolge können diese Einwendungen in Deutschland auch nicht im Rahmen des Rechtsbehelfsverfahrens erhoben werden.

---

[3] So auch Thomas/Putzo/*Hüßtege*, ZPO, 36. Aufl. 2015, Art. 49 EuGVVO Rn. 8.
[4] So auch Thomas/Putzo/*Hüßtege*, ZPO, 36. Aufl. 2015, Art. 49 EuGVVO Rn. 7.
[5] Thomas/Putzo/*Reichold*, ZPO, 36. Aufl. 2015, § 569 ZPO Rn. 11.
[6] Vgl. Kommentierung bei Art. 46 Rn. 16.

Text + Erläuterungen   Art. 50   **B Vor I** 7

Der **Gang des Beschwerdeverfahrens** bestimmt sich nach § 572 ZPO. Der 10
Vorsitzende der Zivilkammer des erstinstanzlichen LG hat somit die Möglichkeit, der Beschwerde abzuhelfen, falls es sie für begründet hält, vgl. §§ 572 Abs. 1 S. 1, 1115 Abs. 4 S. 1 ZPO. Wird der Beschwerde nicht abgeholfen, entscheidet das OLG durch Beschluss, vgl. § 572 Abs. 4 ZPO. Die Durchführung einer mündlichen Verhandlung liegt im Ermessen des OLG.[7]

Die Gerichtsgebühr für das zweitinstanzliche Verfahren richtet sich nach 11
Nr. 1520 GKG-KV und beträgt aktuell EUR 360,00. Die Anwaltsgebühren bestimmen sich nach **Nr. 3200 ff.** **RVG-VV**, wie aus der entsprechenden Anwendung von Vorbemerkung 3.2.1 Nr. 2 lit. a RVG-VV folgt.

Artikel **50** [Weiterer Rechtsbehelf]

Gegen die Entscheidung, die über den Rechtsbehelf ergangen ist, kann nur ein Rechtsbehelf eingelegt werden, wenn der betreffende Mitgliedstaat der Kommission gemäß Art. 75 Buchstabe c mitgeteilt hat, bei welchen Gerichten ein weiterer Rechtsbehelf einzulegen ist.

Übersicht

	Rn.
I. Normzweck und Systematik	1
II. Beschwerdebefugnis	3
III. Statthaftigkeit, Zuständigkeit, Frist und Form	4
IV. Prüfungsumfang und Kosten	8

I. Normzweck und Systematik

Art. 50 überlässt es den Mitgliedstaaten zu bestimmen, ob gegen die Entschei- 1
dung über den Rechtsbehelf i.S.v. Art. 49 ein weiterer Rechtsbehelf möglich sein soll. Insoweit ist die Mitteilung des betreffenden Mitgliedstaats gem. Art. 75 lit. c heranzuziehen. Die diesbezüglichen Informationen sind auch im Internet auf der Website des Europäischen Justiziellen Netzes abrufbar.[1]

Ein Rechtsbehelf i.S.v. Art. 50 ist in Deutschland gem. § 1115 **Abs. 5** 2
S. 3 ZPO vorgesehen.

II. Beschwerdebefugnis

Der Rechtsbehelf nach Art. 50 steht **nur den Parteien des Vollstreckungs-** 3
versagungsverfahrens zur Verfügung, soweit sie durch die Entscheidung über den Rechtsbehelf nach Art. 50 beschwert sind. Eine Beschwerdebefugnis Dritter scheidet hingegen aus.[2]

---
[7] Thomas/Putzo/*Hüßtege*, ZPO, 36. Aufl. 2015, Art. 49 EuGVVO Rn. 11.
[1] http://e-justice.europa.eu → Europäischer Atlas für Zivilsachen → Brüssel I-VO (Neufassung).
[2] Vgl. hierzu die Kommentierung zu Art. 49 Rn. Rn. 3.

III. Statthaftigkeit, Zuständigkeit, Frist und Form

4 Statthaft für die Anfechtung einer Entscheidung über den Rechtsbehelf nach Art. 49 ist gem. §§ 1115 Abs. 5 Satz 3 i.V.m. 133 GVG die **Rechtsbeschwerde zum BGH** nach §§ 574 ff. ZPO.

5 Die Rechtsbeschwerde ist jedoch gem. **§ 574 Abs. 2 ZPO nur unter engen Voraussetzungen zulässig**: Entweder muss die Rechtssache grundsätzliche Bedeutung haben oder eine Entscheidung des BGH muss zur Fortbildung des Rechts oder Sicherung einer einheitlichen Rechtsprechung erforderlich sein. Aufgrund der hohen Hürde für die Annahme eines dieser Fälle[3] wird eine Rechtsbeschwerde nur in Ausnahmefällen zulässig sein.

6 Für die **Einlegung der Rechtsbeschwerde** gilt gem. **§ 575 Abs. 1 Satz 1 ZPO** eine Notfrist von einem Monat nach Zustellung der Entscheidung über den Rechtsbehelf nach Art. 49. Die Monatsfrist gilt auch für die **Begründung der Rechtsbeschwerde** gem. **§ 575 Abs. 2 Satz 1 ZPO**, kann jedoch vom Gericht nach §§ 575 Abs. 2 Satz 3, 551 Abs. 2 Satz 5 und 6 ZPO verlängert werden.

7 Das Rechtsbeschwerdeverfahren kann durch Einreichung einer **Beschwerdeschrift durch einen beim BGH zugelassenen Rechtsanwalt** eingeleitet werden. Die Beschwerdeschrift muss den Anforderungen von § 575 Abs. 1 Satz 2 ZPO, die Begründung den von § 575 Abs. 3 ZPO genügen.

IV. Prüfungsumfang und Kosten

8 Im Rahmen der sofortigen Beschwerde nach Art. 50 kann der BGH nur prüfen, ob in der Entscheidung über den Rechtsbehelf nach Art. 49 unter Berücksichtigung der im zweitinstanzlichen Verfahren festgestellten Tatsachen das Vorliegen oder Nichtvorliegen von Versagungsgründen i.S.v. Art. 45 Abs. 1 richtig beurteilt wurde.[4]

9 Die Gerichtsgebühr für das zweitinstanzliche Verfahren richtet sich nach **Nr. 1520 GKG-KV** und beträgt aktuell EUR 360,00.

Artikel 51 [Aussetzung des Verfahrens]

(1) Das mit einem Antrag auf Verweigerung der Vollstreckung befasste Gericht oder das nach Artikel 49 oder Artikel 50 mit einem Rechtsbehelf befasste Gericht kann das Verfahren aussetzen, wenn gegen die Entscheidung im Ursprungsmitgliedstaat ein ordentlicher Rechtsbehelf eingelegt wurde oder die Frist für einen solchen Rechtsbehelf noch nicht verstrichen ist. Im letztgenannten Fall kann das Gericht eine Frist bestimmen, innerhalb derer der Rechtsbehelf einzulegen ist.

---

[3] Vgl. hierzu BGH, 4.7.2002 – V ZB 16/02, NJW 2002, S. 3029; Thomas/Putzo/*Reichold*, ZPO, 36. Aufl. 2015, § 574 ZPO Rn. 5 f.
[4] Thomas/Putzo/*Hüßtege*, ZPO, 36. Aufl. 2015, Art. 49 EuGVVO Rn. 7.

(2) Ist die Entscheidung in Irland, Zypern oder im Vereinigten Königreich ergangen, so gilt jeder im Ursprungsmitgliedstaat statthafte Rechtsbehelf als ordentlicher Rechtsbehelf im Sinne des Absatzes 1.

EuGH-Rechtsprechung: EuGH, 22.11.1977 – Rs. 43/77, *Industrial Diamond Supplies ./. Riva*, Slg. 1977, 2175 (ECLI:EU:C:1977:188)

EuGH, 4.10.1991 – Rs. C-183/90, *Van Dalfsen ./. Van Loon*, Slg. 1991, I-4743 (ECLI:EU:C:1991:379)

Übersicht

	Rn.
I. Normzweck und Systematik	1
II. Tatbestandliche Anwendungsvoraussetzungen von Art. 51	5
1. Aussetzung von Amts wegen	6
2. Rechtsbehelf im Ursprungmitgliedstaat eingelegt (Abs. 1 Satz 1 Alt. 1)	8
3. Ordentlicher Rechtsbehelf im Ursprungsmitgliedstaat noch möglich (Abs. 1 Satz 1 Alt. 2)	13
4. Sonderregelung für Irland, Zypern und Vereinigtes Königreich (Abs. 2)	19
III. Rechtsfolge: Ermessensentscheidung des Gerichts	21
1. Erfolgsaussichten des Rechtsbehelfs im Ursprungsland	23
2. Erfolgsaussichten des Versagungsverfahrens im Zweitstaat	28
3. Stand des Versagungsverfahrens im Zweitstaat	29
4. Nicht relevante Gesichtspunkte	30
IV. Weiterer Verfahrensfortgang	31

I. Normzweck und Systematik

Art. 51 ermöglicht dem mit einem Vollstreckungsversagungsantrag i.S.v. Art. 46 befassten Gericht, das Verfahren auszusetzen, wenn gegen die zu vollstreckende Entscheidung im Ursprungsstaat ein Rechtsbehelf eingelegt wurde oder noch eingelegt werden kann. Vorbild der Regelung sind Art. 46 Abs. 1 und Abs. 2 EuGVVO a.F., die eine Aussetzung des gegen die Erteilung einer Vollstreckbarerklärung gerichteten Rechtsbehelfsverfahrens ermöglichten. Art. 51 gilt aufgrund des ausdrücklichen Verweises auch für das Anerkennungsversagungsverfahren i.S.v. **Art. 45** (vgl. dort Abs. 4) sowie für das selbständige Anerkennungsfeststellungsverfahren i.S.v. **Art. 36 Abs. 2** (vgl. ebenda). 1

Die Vorschrift dient in erster Linie der **Prozessökonomie**. Im Interesse des Gerichts und der Parteien soll eine zeit- und kostenintensive Prüfung der Versagungsgründe i.S.v. Art. 45 Abs. 1 erspart werden, wenn eine Aufhebung der Entscheidung im Ursprungsstaat wahrscheinlich ist und die Entscheidung über einen Vollstreckungsversagungsantrag obsolet werden könnte.[1] 2

Art. 51 hat hingegen **nicht zum Ziel, die spezifischen Interessen von Gläubiger oder Schuldner im Rahmen einer vorläufigen Vollstreckung zu schützen**. Dies zeigt sich bereits darin, dass die Vorschrift keinerlei Antragsrecht für eine der Parteien vorsieht. Ferner hat eine Aussetzung nach Art. 51 3

---
[1] Schlosser/*Hess*, EuZPR, 4. Aufl. 2015, Art. 51 EuGVVO Rn. 1.

keine Auswirkung auf die Vollstreckungsbefugnisse: Ungeachtet der Aussetzung wird die Vollstreckung fortgesetzt, so dass der Vollstreckungsschuldner hierdurch keinen Vorteil erlangt. Eher im Gegenteil bewirkt die Aussetzung, dass der Schuldner mit seinen Versagungsgründen zunächst nicht gehört werden kann. Nur über Art. 44 (und in Deutschland gem. § 1116 ZPO) kann er übergangsweise eine Beschränkung oder Aussetzung der Vollstreckung erreichen.

4   Art. 51 ist die Parallelnorm zu Art. 38, der für die Inzidentanerkennung i.S.v. Art. 36 Abs. 1 gilt. Die Aussetzungsmöglichkeit in Art. 51 ist von den in **Art. 44** und **§ 1116 ZPO** geregelten Anordnungsmöglichkeiten zu unterscheiden: Letztere betreffen nur das Vollstreckungsverfahren und haben keine Auswirkung auf den Fortgang des Vollstreckungsversagungsverfahrens.

II. Tatbestandliche Anwendungsvoraussetzungen von Art. 51

5   Die Aussetzungsmöglichkeit nach Art. 51 besteht unabhängig von einem Antrag, wenn gegen die zu vollstreckende Entscheidung im Ursprungsland ein Rechtsbehelf eingelegt worden oder die Frist für die Einlegung eines ordentlichen Rechtsbehelfs noch nicht abgelaufen ist.

1. Aussetzung von Amts wegen

6   Im Gegensatz zu Art. 46 Abs. 1 Satz 1 EuGVVO a.F. setzt Art. 51 keinen Antrag einer der Parteien des Vollstreckungsversagungsverfahrens voraus.[2] Durch den Entfall des Antragserfordernisses kann das Gericht von sich aus aussetzen, sobald es dies im Sinne der Prozessökonomie für notwendig bzw. sinnvoll erachtet.

7   Gleichwohl wird das Gericht darauf angewiesen sein, dass die Parteien entweder die Anhängigkeit eines Rechtsbehelfs im Ursprungsland oder die Möglichkeit von dessen Einlegung zum Prozessstoff machen. Es steht den Parteien auch frei, gegenüber dem Gericht eine **Aussetzung anzuregen**.

2. Rechtsbehelf im Ursprungmitgliedstaat eingelegt (Abs. 1 Satz 1 Alt. 1)

8   Abs. 1 Satz 1 Alt. 1 ermöglicht eine Aussetzung des Vollstreckungsversagungsverfahrens, wenn die zu vollstreckende Entscheidung im Ursprungsmitgliedstaat durch einen **ordentlichen Rechtsbehelf** angegriffen wurde. In erweiternder Auslegung muss die Norm auch bei einem im Ursprungsstaat **eingelegten außerordentlichen Rechtsbehelf** anwendbar sein.[3]

9   Der Begriff des ordentlichen Rechtsbehelfs in Art. 51 ist **euroautonom auszulegen,** weil nicht alle Mitgliedstaaten zwischen ordentlichen und außerordentlichen Rechtsbehelfen unterscheiden bzw. die Grenze unterschiedlich gezogen wird.[4] Nach der **Begriffsbestimmung des EuGH** ist hiervon jeder

---

[2] Thomas/Putzo/*Hüßtege*, ZPO 36. Aufl. 2015, Art. 51 EuGVVO Rn. 1.
[3] Schlosser/*Hess*, EuZPR, 4. Aufl. 2015, Art. 51 EuGVVO Rn. 3.
[4] EuGH, 22.11.1977 – Rs. C-43/77, *Industrial Diamond Supplies ./. Riva*, Slg. 1977, 2175 (ECLI:EU:C:1977:188), Rn. 22/27.

Rechtsbehelf erfasst, „*der Teil des gewöhnlichen Verlaufs eines Rechtsstreits ist, und als solcher eine verfahrensrechtliche Entwicklung darstellt, mit deren Eintritt jede Partei vernünftigerweise zu rechnen hat.*"[5] Dies ist insbesondere dann der Fall, wenn folgende **zwei Merkmale** erfüllt sind: Zum einen muss der Rechtsbehelf zur Aufhebung oder Abänderung der zu vollstreckenden Entscheidung führen können. Zum anderen muss für seine Einlegung im Ursprungsstaat eine gesetzliche Frist bestehen, die durch den Erlass des Ersturteils in Gang gesetzt wird.[6]

Der Begriff des ordentlichen Rechtsbehelfs ist **weit auszulegen**, um dem Gericht zur Stärkung der Prozessökonomie weite Aussetzungsmöglichkeiten an die Hand zu geben und eine Entscheidung im Ursprungsmitgliedstaat über den Bestand des zu vollstreckenden Titels abzuwarten. Eine großzügige Anwendung der Norm muss nicht zwingend zu einer häufigeren Verfahrensaussetzung führen. Schließlich ist das befasste Gericht gem. Art. 51 zur Aussetzung nicht verpflichtet, sondern lediglich befugt. 10

Entsprechend dem weiten Begriffsverständnis sollte Art. 51 immer dann eine Aussetzung gestatten, wenn am endgültigen Schicksal der Entscheidung im Urteilsstaat vernünftige Zweifel bestehen,[7] unabhängig davon ob es sich um einen ordentlichen oder außerordentlichen Rechtsbehelf handelt. Die Art des Rechtsbehelfs kann allerdings im Rahmen der Ermessensausübung eine Rolle spielen: In dieser hat das Gericht u.a. die Erfolgsaussichten des Rechtsbehelfs zu berücksichtigen. Dabei kann auch ins Gewicht fallen, dass außerordentliche Rechtsbehelfe in der Regel geringere Erfolgsaussichten haben als ordentliche. 11

Damit sind aus dem deutschen Recht neben der Berufung und Revision insbesondere – soweit bereits anhängig – die **Vollstreckungsgegenklage** i.S.v. § 767 ZPO, die **Verfassungsbeschwerde** i.S.v. Art. 93 Abs. 1 Nr. 4a GG sowie das **Wiederaufnahmeverfahren** gem. §§ 578 ff. ZPO grundsätzlich geeignet, eine Aussetzung des Vollstreckungsversagungsverfahrens gem. Art. 51 zu rechtfertigen. Dies gilt auch für entsprechende Rechtsbehelfe anderer Rechtsordnungen. 12

3. Ordentlicher Rechtsbehelf im Ursprungsmitgliedstaat noch möglich (Abs. 1 Satz 1 Alt. 2)

Ist im Ursprungsmitgliedstaat ein **Rechtsbehelf** gegen die zu vollstreckende Entscheidung **nicht eingelegt, aber noch möglich,** kann das mit dem Vollstreckungsversagungsantrag befasste Gericht gem. Abs. 1 Satz 1 Alt. 2 das Verfahren aussetzen und gem. Abs. 1 Satz 2 eine Frist für die Einlegung des Rechtsbehelfs bestimmen. 13

Für Alt. 2 ist der Begriff des Rechtsbehelfs abweichend auszulegen als bei Alt. 1. Anders als dort berechtigen hier **nur ordentliche Rechtsbehelfe** ent- 14

---
[5] EuGH, 22.11.1977 – Rs. C-43/77, *Industrial Diamond Supplies ./. Riva*, Slg. 1977, 2175 (ECLI:EU:C:1977:188), Rn. 35/48.
[6] EuGH, 22.11.1977 – Rs. C-43/77, *Industrial Diamond Supplies ./. Riva*, Slg. 1977, 2175 (ECLI:EU:C:1977:188), Rn. 42.
[7] EuGH, 22.11.1977 – Rs. C-43/77, *Industrial Diamond Supplies ./. Riva*, Slg. 1977, 2175 (ECLI:EU:C:1977:188), Rn. 32/34.

sprechend der vom EuGH entwickelten Begriffsbestimmung[8] zur Verfahrensaussetzung. Diese engere Auslegung rechtfertigt sich dadurch, dass die **Aussetzung gem. Alt. 2 rein „prophylaktischen" Charakter** hat. Mit ihr kann allein der Möglichkeit Rechnung getragen werden, dass ein Rechtsbehelf noch eingelegt wird. Dieses Risiko wäre bei außerordentlichen Rechtsbehelfen viel zu abstrakt, um eine Aussetzung zu rechtfertigen. Auch könnten die Parteien nicht rechtssicher absehen, wann das Vollstreckungsversagungsverfahren fortgesetzt werden kann, weil bei außerordentlichen Rechtsbehelfen keine Rechtsbehelfsfrist abläuft.

15   Demzufolge rechtfertigt die reine Möglichkeit einer Vollstreckungsgegenklage, einer Verfassungsbeschwerde, einer Beschwerde zum EGMR oder eines Wiederaufnahmeverfahrens sowie vergleichbarere Rechtsbehelfe anderer Rechtsordnungen keine Aussetzung nach Alt. 2.

16   Die in Abs. 1 Satz 2 geregelte Möglichkeit, eine **Frist zur Einlegung des Rechtsbehelfs** zu setzen, trägt der Unsicherheit darüber Rechnung, ob von dem Rechtsbehelf Gebrauch gemacht werden wird. Bei der Bemessung der Frist sollte das Gericht der Rechtsbehelfsfrist im Ursprungsstaat Rechnung tragen: Die **Frist i.S.v. Abs. 1 Satz 2 sollte in der Regel der Rechtsbehelfsfrist im Erststaat entsprechen.** Falls jedoch im Ursprungsland eine außergewöhnlich lange Frist von mehreren Monaten vorgesehen sein sollte, steht es dem Gericht im Zweitstaat frei, eine kürzere Frist nach Abs. 1 Satz 2 zu bestimmen und dadurch das Vollstreckungsversagungsverfahren voranzubringen.

17   Eine nach Abs. 1 Satz 2 gesetzte Frist nimmt dem Rechtsbehelfsführer natürlich nicht die Möglichkeit, die **Rechtsbehelfsfrist im Ursprungsland auszuschöpfen.** Läuft die Frist i.S.v. Abs. 1 Satz 2 ab, ohne dass ein Rechtsbehelf eingelegt worden ist, wird das Vollstreckungsversagungsverfahren fortgesetzt. Wird nachträglich doch noch ein Rechtsbehelf eingelegt, liegt es im Ermessen des Gerichts, das Vollstreckungsversagungsverfahren gem. Abs. 1 Satz 1 Alt. 1 (erneut) auszusetzen.

18   Von besonderer praktischer Bedeutung wird die Fristsetzungsmöglichkeit i.S.v. Abs. 1 Satz 2 bei Urteilen sein, die aus Irland, Zypern oder dem Vereinigten Königreich stammen. In diesem dem *common law*-**Rechtskreis** zuzuordnenden Rechtsordnungen gelten meinst keine starren gesetzlichen Fristen für die Einlegung von Rechtsbehelfen.[9] Hier sollte das Gericht im Zweitstaat grundsätzlich eine angemessene Frist für die Rechtsbehelfseinlegung setzen und nach deren ungenutztem Ablauf das Vollstreckungsversagungsverfahren fortsetzen.

4. Sonderregelung für Irland, Zypern und Vereinigtes Königreich (Abs. 2)

19   Für Entscheidungen, die aus Irland, Zypern und dem Vereinigten Königreich stammen, stellt Abs. 2 klar, dass jeder in diesen Staaten statthafte Rechtsbehelf als „ordentlich" i.S.v. Abs. 1 gilt und somit zu einer Aussetzung im Zweitstaat berechtigt.

---

[8] Vgl. hierzu oben Rn. 9.
[9] *Schlosser*-Bericht, 1979, Nr. 204.

Die Klarstellung ist erforderlich, weil die nationalen Prozessrechte der genann- 20
ten Mitgliedstaaten in der Regel keine festen gesetzlichen Fristen zur Einlegung
von Rechtsbehelfen vorsehen[10] und demzufolge das vom EuGH für die
Annahme eines ordentlichen Rechtsbehelfs entwickelte Erfordernis der Fristge-
bundenheit meistens nicht erfüllt sein wird. Diese Tatbestandsvoraussetzung ist
durch Abs. 2 für Urteile aus Irland, Zypern und dem Vereinigten Königreich
außer Kraft gesetzt.

III. Rechtsfolge: Ermessensentscheidung des Gerichts

Sind die Tatbestandsvoraussetzungen von Art. 51 erfüllt, steht es im Ermessen 21
des Gerichts, das Vollstreckungsversagungsverfahren auszusetzen („*kann*"). Bei
der Ermessensausübung hat das Gericht eine **Gesamtbetrachtung der relevanten Einzelfallumstände** durchzuführen. Dabei ist zu berücksichtigen, dass die
Aussetzung als Ausnahme konzipiert ist.[11]

Insbesondere spricht allein der Umstand, dass die Entscheidung im 22
Ursprungsstaat noch nicht rechtskräftig ist, nicht für eine Aussetzung.[12] Nur
wenn das zweitstaatliche Vollstreckungsversagungsverfahren mit hinreichender
Wahrscheinlichkeit obsolet werden wird, erscheint eine Aussetzung geboten.
Demzufolge können bei der Ermessensausübung insbesondere drei Gesichts-
punkte berücksichtigt werden:

1. Erfolgsaussichten des Rechtsbehelfs im Ursprungsland

Zum einen sind die Erfolgsaussichten des Rechtsbehelfs im Ursprungsland zu 23
betrachten.[13] Dabei ist allerdings der vom Gericht im Zweitland zu betreibende
Aufwand gering zu halten. Denkbar wäre etwa, dass es den Rechtsbehelfsführer auffordert, die Gründe für die Einlegung des Rechtsbehelfs im Ursprungsland
darzulegen und ggf. auch die Antragsschrift aus diesem Verfahren vorzulegen.
Bleibt ein substantiierter Vortrag hierzu aus, kann dies gegen eine Aussetzung
sprechen.[14]

Wurde **im Ursprungsland ein ordentlicher Rechtsbehelf** eingelegt, sollte 24
eine Aussetzung nur bei handfesten Anhaltspunkten für die Fehlerhaftigkeit der
Ausgangsentscheidung erfolgen.[15]

---

[10] *Schlosser*-Bericht, 1979, Nr. 204.
[11] Thomas/Putzo/*Hüßtege*, ZPO, 36. Aufl. 2015, Art. 51 Rn. 5; OLG Nürnberg, 22.12.2010 – 14 W 1442/10, WM 2011, S. 700, Rn. 86 (nach juris).
[12] Thomas/Putzo/*Hüßtege*, ZPO, 36. Aufl. 2015, Art. 51 Rn. 2; Saenger/*Dörner*, ZPO. 6. Aufl. 2015, Art. 51 EuGVVO Rn. 5. Vgl. zu Art. 46 EuGVVO a.F. OLG Köln, v. 17.3.2004 – 16 W 2/04, RIW 2004, S. 868, Rn. 21 (nach juris); OLG Stuttgart, 15.5.1997 – W 4/97, NJW-RR 1998, S. 280, Rn. 17 (nach juris); OLG Saarbrücken, 24.11.1997 – 5 W 282/97 – 94, 5 W 282/97, RIW 1998, S. 632.
[13] OLG Köln, 17.3.2004 – 16 W 2/04, RIW 2004, S. 868, Rn. 21 (nach juris); OLG Nürnberg, 22.12.2010 – 14 W 1442/10, WM 2011, S. 700, Rn. 86 (nach juris).
[14] OLG Köln, v. 17.3.2004 – 16 W 2/04, RIW 2004, S. 868, Rn. 21 (nach juris).
[15] OLG Stuttgart, 25.8.2010 – 5 W 33/08, IPRspr 2010, Nr. 270, S. 663, Rn. 12 (nach juris); Thomas/Putzo/*Hüßtege*, ZPO, 36. Aufl. 2015, Art. 51 Rn. 5.

25 Bei der Prüfung der Erfolgsaussichten sind jedoch solche Gründe unbeachtlich, die der Schuldner bereits im Verfahren vor dem erstinstanzlichen Gericht hätte geltend machen können, jedoch nicht vorgebracht hat.[16] Diese **Präklusion von Alt-Einwendungen** stellt sicher, dass der Schuldner nicht für sein nachlässiges Prozessieren im Ursprungsstaat mit einem Aufschub der Entscheidung über das Vollstreckungsversagungsverfahren im Zweitland belohnt wird. Die Beschränkung von Verfahrensaussetzungen nach Art. 51 stärkt außerdem die Urteilsfreizügigkeit.

26 Im Falle einer **Vollstreckungsgegenklage** (bzw. vergleichbarer Rechtsbehelfe anderer Rechtsordnungen) kann das Gericht im ersuchten Staat insbesondere die Stichhaltigkeit des (neuen) materiell-rechtlichen Einwands gegen den Titel berücksichtigen.

27 Handelt es sich (im Fall von Abs. 1 Satz 1 Alt. 1) um einen außerordentlichen Rechtsbehelf, der nur für Extremfälle vorgesehen ist (wie etwa das **Wiederaufnahmeverfahren**, die **Verfassungsbeschwerde** oder die **Beschwerde zum EGMR**), kann das Gericht den allgemeinen Erfahrungswert einfließen lassen, dass derartige Rechtsbehelfe meist nicht zum Erfolg führen. Etwas anderes könnte hier dann gelten, wenn der Schuldner im Ursprungsstaat etwa einen Prozessbetrug geltend macht und hierfür konkrete Anhaltspukte (wie etwa staatsanwaltliche Ermittlungsergebnisse) vorlegen kann.

2. Erfolgsaussichten des Versagungsverfahrens im Zweitstaat

28 Zum anderen kann das Gericht auch die Erfolgsaussichten des zweitstaatlichen Vollstreckungsversagungsverfahrens berücksichtigen. Stellt sich etwa der Versagungsantrag als offensichtlich unbegründet dar, kann es sinnvoll sein, den Antrag gleich in der Sache abzulehnen, anstatt das Verfahren auszusetzen.

3. Stand des Versagungsverfahrens im Zweitstaat

29 Schließlich kann berücksichtigt werden, in welchem Stadium sich das Versagungsverfahren bei der Einlegung des Rechtsbehelfs im Ursprungsstaat befindet. Wird die Entscheidung im Ursprungsstaat erst zu einem Zeitpunkt angefochten, zu dem der Versagungsantrag entscheidungsreif ist, dürfte die Prozessökonomie für einen Abschluss des Versagungsverfahrens und gegen dessen Aussetzung sprechen. Solche Fälle sind insbesondere bei Ursprungsentscheidungen aus Irland, Zypern und dem Vereinigten Königreich denkbar, für deren Anfechtung gesetzlich meist keine starren Fristen vorgesehen sind.

---

[16] EuGH, 4.10.1991 – Rs. C-183/90, *Van Dalfsen* ./. *Van Loon*, Slg. 1991, I-4743 (ECLI:EU:C:1991:379), Rn. 30; BGH, 21.4.1994 – IX ZB 8/94, NJW 1994, S. 2156, Rn. 14 (nach juris); OLG Köln, 15.9.2008 – 16 W 6/08, OLGR Köln 2009, S. 454, Rn. 17 (nach juris); OLG Köln, 14.9.2004 – 16 W 27/04, IPRax 2006, S. 51, Rn. 11 (nach juris); OLG Nürnberg, 22.12.2010 – 14 W 1442/10, WM 2011, S. 700, Rn. 86 (nach juris); Rauscher/*Mankowski*, EuZPR, 4. Aufl. 2016, Art. 51 EuGVVO Rn. 13. Kritisch jedoch *Grunsky*, IPRax 1995, S. 220 (222).

4. Nicht relevante Gesichtspunkte

Bei der Ermessensausübung fällt nicht ins Gewicht, ob und welche Nachteile 30
der Schuldner bei einer Aussetzung des Versagungsverfahrens erleidet. Denn dem Nachteil, die Vollstreckung einstweilen dulden zu müssen, ist über Art. 44 Abs. 1 Rechnung zu tragen. Insbesondere kann man Art. 44 Abs. 2 entnehmen, dass es dem Zweitland im Grundsatz nicht gestattet ist, allein wegen einer Anfechtung der Entscheidung im Ursprungsland die Vollstreckung im Zweitland auszusetzen.

IV. Weiterer Verfahrensfortgang

Hat das Vollstreckungsversagungsgericht das anhängige Verfahren gem. Art. 51 31
ausgesetzt, hängt der weitere Fortgang dieses Verfahrens maßgeblich von dem Ausgang des Rechtsbehelfsverfahrens im Ursprungsland ab:

Wird die zu vollstreckende **Entscheidung im Erststaat aufgehoben** und 32
ist hiergegen ein weiterer Rechtsbehelf möglich, hat das Gericht die Voraussetzungen für eine Aussetzung nach Art. 51 erneut zu prüfen, so dass – je nach Einzelfallumständen – das Versagungsverfahren ggf. weiter ausgesetzt bleiben kann.

Wurde die zu vollstreckende **Entscheidung im Ursprungsland endgültig** 33
aufgehoben, ist das Vollstreckungsversagungsverfahren hinfällig geworden ist. Aus Sicht des deutschen Prozessrechts verliert der Antragsteller das Rechtsschutzbedürfnis, so dass der Antrag i.S.v. Art. 46 als unzulässig abzuweisen ist. Ggf. könnte er eine einseitige Erledigungserklärung abgeben. Der Entfall der Vollstreckbarkeit im Ursprungsland wäre nach Maßgabe von § 1116 ZPO auf Deutschland zu erstrecken.

Wurde demgegenüber die **Entscheidung im Ursprungsland endgültig** 34
bestätigt, ist das Vollstreckungsversagungsverfahren fortzusetzen.

Abschnitt 4 Gemeinsame Vorschriften

Artikel 52 [Keine Nachprüfung in der Sache selbst]

Eine in einem Mitgliedstaat ergangene Entscheidung darf im ersuchten Mitgliedstaat keinesfalls in der Sache selbst nachgeprüft werden.

EuGH-Rechtsprechung: EuGH, 28.3.2000 – Rs. C-7/98, *Krombach ./. Bamberski*, Slg. 2000, I-1956 (ECLI:EU:C:2000:164)

EuGH, 11.5.2000 – Rs. C-38/98, *Régie nationale des usines Renault SA ./. Maxicar SpA u.a.*, Slg. 2000, I-2973 (ECLI:EU:C:2000:225)

EuGH, 28.4.2009 – Rs. C-420/07, *Apostolides ./. Orams*, 2009, I-3571 (ECLI:EU:C:2009:271)

B Vor I 7 Art. 52 VO (EU) Nr. 1215/2012

EuGH, 13.10.2011 – Rs. C-139/10, *Prism Investments BV ./. van der Meer*, Slg. 2011, I-09511 (ECLI:EU:C:2011:653)

EuGH, 6.9.2012 – Rs. C-619/10, *Trade Agency Ltd ./. Seramico Investments Ltd*, ECLI:EU:C:2012:531

Übersicht

	Rn.
I. Normzweck und Entstehungsgeschichte	1
II. Reichweite des Überprüfungsverbotes	4

I. Normzweck und Entstehungsgeschichte

1   Art. 52 normiert das **Verbot der *révision au fond***, d.h. die Überprüfung einer ausländischen Entscheidung in der Sache. Dieser Grundsatz ist bei der Anerkennung und Vollstreckung ausländischer Entscheidungen unabdingbar. Denn diese beruhen gerade auf dem Grundgedanken, dass die ausländische Entscheidung im Zweitland akzeptiert wird. Das Verbot der *révision au fond* ist in Europa auch außerhalb der EuGVVO ein mittlerweile **allgemein anerkanntes Prinzip bei der Anerkennung ausländischer Entscheidungen**. Noch im letzten Jahrhundert schrieben manche Rechtsordnungen, wie insbesondere das französische Recht eine *révision auf fond* vor, die im prinzipiellen Misstrauen gegenüber ausländischen Rechtssystemen und dem Anliegen gründete, eigene Staatsangehörige vor ausländischer Rechtsprechungsgewalt zu schützen. Die *révision au fond* wurde in Frankreich 1964 aufgegeben.[1]

2   Der Ausschluss einer Überprüfung der Entscheidung in der Sache dient mehreren Zwecken: Zum einen soll er verhindern, dass das bereits im Erststaat abgeschlossene Erkenntnisverfahren im Rahmen der Anerkennung und Vollstreckung im ersuchten Mitgliedstaat neu aufgerollt wird. Insoweit stärkt der Ausschluss der *révision au fond* die **Rechtssicherheit** und **Prozessökonomie**. Zum anderen ist die Vorschrift Ausdruck des **gegenseitigen Vertrauens in die Rechtspflege** der Mitgliedstaaten. Der Vertrauensgrundsatz schließt es aus, dass die Gerichte des Zweitstaates das ausländische Judikat überprüfen und damit die Rechtsprechungstätigkeit des erststaatlichen Gerichts in Frage stellen. Dem zweitstaatlichen Gericht ist es nur ausnahmsweise und ausschließlich nach Maßgabe von Art. 45 Abs. 1 gestattet, die erststaatliche Entscheidung hinsichtlich Inhalts und zugrundeliegenden Verfahrens zu kontrollieren.

3   Die EuGVVO a.F. regelt das Verbot der *révision au fond* an zwei Stellen, einerseits in **Art. 36** für die Anerkennung, andererseits in **Art. 45 Abs. 2** für die Vollstreckbarerklärung. Demgegenüber hat Art. 52 EuGVVO n.F. allgemeine Geltung sowohl für die Anerkennung als auch für die Vollstreckung.

---

[1] Cour de cassation, 7.1.1964 – *Munzer*, J.C.P. 1964 II, 13590.

II. Reichweite des Überprüfungsverbotes

Art. 52 **schließt es aus**, dass das Gericht im Zweitstaat **die Entscheidung** 4
in tatsächlicher und rechtlicher Sicht nachprüft. Es ist dem zweitstaatlichen
Gericht verwehrt, einer ausländischen Entscheidung die Anerkennung und Vollstreckung nur deswegen zu verweigern, weil es den zugrundeliegenden Rechtsstreit anders entschieden hätte.[2] Dem Zweitgericht ist es daher nicht gestattet,
die Tatsachenermittlung, die Beweiswürdigung durch das Ursprungsgericht
sowie das dortige Verfahren zu kontrollieren. Genauso wenig kann überprüft
werden, ob das maßgebliche materielle Recht richtig bestimmt und zutreffend
angewendet worden ist.[3]

Ausprägungen des Verbotes der *révision au fond* finden sich auch an anderen 5
Stellen des EuGVVO:

So schreibt **Art. 45 Abs. 2** vor, dass das Gericht im Anerkennungsversagungs- 6
verfahren bei der ausnahmsweise möglichen Überprüfung der Zuständigkeit des
Erstgerichts an die tatsächlichen Feststellungen gebunden ist, auf die das
Ursprungsgericht seine internationale Zuständigkeit gestützt hat.[4] Dieser Grundsatz gilt gleichermaßen im Rahmen des Vollstreckungsversagungsverfahrens gem.
Art. 46.

Aus dem Verbot der Nachprüfung der Entscheidung in der Sache folgt auch, 7
dass im Rahmen des Anerkennungs- bzw. Vollstreckungsversagungsverfahrens
materiell-rechtliche Einwendungen gegen die Entscheidung nicht geltend
gemacht werden können, gleich ob es sich um sog. liquide, d.h. rechtskräftig
feststehende oder unbestrittene, oder illiquide Einwendungen handelt.[5] Dies
bestätigt auch Art. 45, der die statthaften Einwendungen gegen die Anerkennung
und Vollstreckung der ausländischen Entscheidung abschließend aufzählt.

Materiell-rechtliche Einwendungen gegen eine ausländische Entscheidung 8
können im Zweitstaat jedoch geltend gemacht werden, soweit sie **nachträglich
entstanden** sind. Dies wird für das Vollstreckungsverfahren durch Art. 41 Abs. 2
und EwrGr. 30 bestätigt, gilt gleichermaßen aber auch bei der Entscheidungsanerkennung. Damit hierdurch allerdings das Verbot der *révsion au fond* nicht
umgangen wird, können neue Einwendungen nur unter Beachtung der Rechtskraft und Präklusionswirkung der ausländischen Entscheidung berücksichtigt
werden.[6] Im Übrigen ist eine inhaltliche Nachprüfung der ausländischen Entscheidung ausgeschlossen.[7]

---

[2] EuGH, 28.3.2000 – Rs. C-7/98, *Krombach* ./. *Bamberski*, Slg. 2000, I-1956
(ECLI:EU:C:2000:164), Rn. 36; EuGH, 11.5.2000 – Rs. C-38/98, *Régie nationale des usines Renault
SA* ./. *Maxicar SpA u.a.*, Slg. 2000, I-2973 (ECLI:EU:C:2000:225), Rn. 29; EuGH, 28.4.2009 – Rs.
C-420/07, *Apostolides* ./. *Orams*, 2009, I-3571 (ECLI:EU:C:2009:271), Rn. 58
[3] BGH, 22.6.1983 – VIII ZB 14/82, RIW 1983, S. 695, Rn. 14 (nach juris); BGH, 16.5.1991 – IX
ZB 81/90, NJW 1992, S. 627, Rn. 15 (nach juris).
[4] Vgl. hierzu Kommentierung bei Art. 45 Rn. 132 ff.
[5] EuGH, 13.10.2011 – Rs. C-139/10, *Prism Investments BV* ./. *van der Meer*, Slg. 2011, I-09511
(ECLI:EU:C:2011:653); BGH, 10.10.2013 – IX ZB 87/11, juris; OLG Düsseldorf, 20.11.2014 – I-3
W 208/13, juris.
[6] Vgl. hierzu Kommentierung bei Art. 41 Rn. 26.
[7] Schlosser/*Hess*, EuZPR, 4. Aufl. 2015, Art. 52 EuGVVO Rn. 2.

9 Das Verbot dar révision au fond gilt lediglich für den im Erststaat erlassenen Titel, **nicht hingegen für die dazugehörige Bescheinigung** i.S.v. Art. 53 bzw. Art. 60. Es ist dem Zweitgericht daher unbenommen, die Angaben in der Bescheinigung mit den im Zweitstaat zur Verfügung stehenden Beweismitteln zu überprüfen.[8]

Artikel 53 [Ausstellung der Bescheinigung]

Das Ursprungsgericht stellt auf Antrag eines Berechtigten die Bescheinigung unter Verwendung des Formblatts in Anhang I aus.

EuGH-Rechtsprechung: EuGH, 6.9.2012 – Rs. C-619/10, *Trade Agency Ltd ./. Seramico Investments Ltd*, ECLI:EU:C:2012:531.

Übersicht

	Rn.
I. Normzweck und Entstehungsgeschichte	1
II. Verfahren in Deutschland	4
III. Inhalt der Bescheinigung	8

I. Normzweck und Entstehungsgeschichte

1 Art. 53 ist die zentrale Vorschrift für die Bescheinigung über eine Entscheidung in Zivil- und Handelssachen, die für eine grenzüberschreitende **Anerkennung** (vgl. Art. 37 Abs. 1 lit. b) und **Vollstreckung** (vgl. Art. 42 Abs. 1 lit. b) im Zweitland vorzulegen ist. Das Formblatt für die Bescheinigung ist in Anhang I enthalten. Für die Auslandsvollstreckung **öffentlicher Urkunden** ist demgegenüber die Bescheinigung i.S.v. Art. 60 i.V.m. Anhang II zu verwenden.

2 Die Bescheinigung i.S.v. Art. 53 entspricht funktional der aus dem deutschen und anderen Rechten bekannten Vollstreckungsklausel. Sie enthält nicht nur Informationen über die Parteien und das Gericht, sondern gibt auch den **Titelinhalt in standardisierter Form wieder** und **bescheinigt die gemeinschaftsweit geltende Vollstreckbarkeit** des Titels. Unter Vorlage der Bescheinigung kann der Gläubiger unmittelbar im Zweitland Vollstreckungsmaßnahmen bei den dortigen Vollstreckungsstellen beantragen (Art. 42 Abs. 1).

3 Die Funktion der Bescheinigung als Vollstreckungsklausel ist eine grundsätzliche **Neuerung gegenüber der EuGVVO a.F.** Diese kannte in Art. 54 und Anhang V ebenfalls eine Bescheinigung, die jedoch nur dazu diente, die Vollstreckbarkeit der Entscheidung im Ursprungsland zu bestätigen, und insoweit lediglich im Vollstreckbarerklärungsverfahren im Zweitstaat von Bedeutung war.

---
[8] EuGH, 6.9.2012 – Rs. C-619/10, *Trade Agency Ltd ./. Seramico Investments Ltd*, ECLI:EU:C:2012:531, Rn. 34 ff.

II. Verfahren in Deutschland

Gem. Art. 53 wird die Bescheinigung **vom Ursprungsgericht** ausgestellt. 4
Die Zuständigkeit des Ausgangsgerichts ist auch in § 1110 ZPO festgeschrieben.
Funktional zuständig ist in Deutschland der Rechtspfleger, vgl. § 20 Abs. 1
Nr. 11 RPflG.

Das Verfahren betreffend die Ausstellung der Bescheinigung wird in Deutsch- 5
land in § 1111 ZPO geregelt. Abs. 1 dieser Vorschrift unterscheidet für die Ausstellung der Bescheinigung – entsprechend der aus der ZPO bekannten Systematik – zwischen einfachen und qualifizierten Bescheinigungen:[1] Die **einfache Bescheinigung** wird gem. § 1111 Abs. 1 Satz 1 ZPO ohne Anhörung des Schuldners ausgestellt. Dies entspricht der innerstaatlichen Verfahrensweise für die Erteilung einer vollstreckbaren Ausfertigung gem. § 724 ZPO.[2] Vor Ausstellung der **qualifizierten Bescheinigung** liegt die Anhörung des Schuldners hingegen im Ermessen des Gerichts, vgl. § 1111 Abs. 1 Satz 2 ZPO. Eine qualifizierte Bescheinigung ist entsprechend dem Verweis auf § 726 Abs. 1 ZPO und §§ 727 bis 729 ZPO notwendig, wenn die Vollstreckung von dem Eintritt einer Bedingung abhängt (§ 726 Abs. 1 ZPO), oder der Titel mit Wirkung für oder gegen andere Personen umgeschrieben werden soll (§§ 727 bis 729 ZPO). Für den Antrag auf Ausstellung einer Bescheinigung fällt gem. Nr. 1513 GKG-KV eine gerichtliche Gebühr i.H.v. gegenwärtig 20 Euro an. Der Antrag auf Ausstellung einer Bescheinigung löst keine zusätzliche Anwaltsgebühr aus, da er gem. § 19 Abs. 1 Satz 2 Nr. 9 RVG als Nebentätigkeit zu dem Ausgangsverfahren mit den hierfür angefallenen Gebühren abgegolten ist.

Gem. § 1111 Abs. 1 Satz 3 ZPO ist eine Ausfertigung der Bescheinigung i.S.v. 6
Art. 53 **dem Schuldner von Amts wegen zuzustellen**. Die Vornahme der Zustellung von Amts wegen dient der Verfahrensbeschleunigung,[3] da gem. Art. 43 Abs. 1 die Zustellung zwingend vor der ersten Vollstreckungsmaßnahme erfolgen muss.

§ 1111 Abs. 2 ZPO verweist für die **Anfechtbarkeit** der Entscheidung über 7
die Ausstellung der Bescheinigung auf die ZPO-Rechtsbehelfe gegen die Erteilung der Vollstreckungsklausel. Einwendungen gegen die Erteilung der Vollstreckungsklausel kann der Schuldner somit im Wege der Erinnerung (§ 732 ZPO) und der Klauselgegenklage (§ 768 ZPO) geltend machen. Über den Wortlaut von § 1111 Abs. 2 ZPO hinaus kann der Gläubiger ggf. auch analog § 731 ZPO auf Ausstellung der Bescheinigung klagen.[4] Die Gerichtskosten für Verfahren i.S.v. § 1111 Abs. 2 ZPO auf oder gegen die Erteilung der Bescheinigung betragen gem. Nr. 1523 GKG-KV derzeit 60 Euro. Die Anwaltsgebühren richten sich im Falle der Erinnerung i.S.v. § 732 nach Nr. 3309, 3310 RVG-VV. Bei

---
[1] Schlosser/*Hess*, EuZPR, 4. Aufl. 2015, Art. 53 EuGVVO Rn. 2 f.
[2] BT-Drucks. 18/823, S. 20.
[3] BT-Drucks. 18/823, S. 20.
[4] Thomas/Putzo/*Hüßtege*, ZPO, 36. Aufl. 2015, § 1111 ZPO Rn. 4; Zöller/*Geimer*, ZPO, 31. Aufl. 2016, § 1111 ZPO Rn. 2.

einer Klage nach § 731 ZPO bzw. § 768 ZPO unterliegen die Anwaltsgebühren den Nr. 3100 ff. RVG-VV.

III. Inhalt der Bescheinigung

8   Für die Bescheinigung ist zwingend das **Formblatt in Anhang I** zu verwenden, das in allen Sprachen der EU vorhanden ist. Die zuständigen Stellen müssen dabei strikt die vorgegebene Struktur beachten und dürfen weder vorhandene Gliederungspunkte streichen noch neue ergänzen, weil dies den Vollstreckungsstellen des Zweistaates (die häufig keine ausgebildeten Juristen sind) bei der Durchsetzung des Titels Schwierigkeiten bereiten könnte.

9   Die Bescheinigung gibt in erster Linie die Vollstreckungsparteien und den vollstreckbaren Inhalt wieder. Darüber hinaus ist in der Bescheinigung anzugeben, ob sich **der Beklagte auf das Verfahren eingelassen hat** (Nr. 4.3.) und ggf. das Zustelldatum des verfahrenseinleitenden Schriftstücks zu vermerken (Nr. 4.3.2.). Letztes ist insbesondere für den Fall von Bedeutung, dass im Zweitland der Anerkennungsversagungsgrund von Art. 45 Abs. 1 lit. b geltend gemacht wird.

10 In der Bescheinigung ist darüber hinaus anzugeben, ob und inwieweit die Entscheidung eine **vollstreckbare Verpflichtung** enthält (Nr. 4.4.). Wie Nr. 4.4. und Nr. 4.4.1. von Anhang I zeigen, kann die Bescheinigung für die Zwecke der Vollstreckung nur dann im Ursprungsmitgliedstaat ausgestellt werden, wenn die Vollstreckung von keinerlei Bedingungen abhängt, bzw. diese Bedingungen bereits eingetreten sind. Hierüber hat sich das Ursprungsgericht zu vergewissern. Liegt keine unbedingte Vollstreckbarkeit des Titels in diesem Sinne vor, kann die Bescheinigung nur für die Zwecke der Anerkennung ausgestellt werden (in diesem Fall sind die Nr. 4.4.1. bis Nr. 4.4.3. nicht anzukreuzen). Die Bescheinigung erfordert hingegen keine Angabe betreffend die Rechtskraft der Entscheidung, weil innerhalb der EU auch vorläufig vollstreckbare Entscheidungen grenzüberschreitend durchgesetzt werden können.

11 Da Entscheidungen über **einstweilige Maßnahmen** nur unter den Einschränkungen von Art. 2 lit. a Abs. 2 nach der EuGVVO vollstreckbar sind, sieht die Bescheinigung Informationen vor, die die Prüfung dieser einschränkenden Anforderungen ermöglichen: Gem. Nr. 4.6.2.2. ist anzugeben, ob die Maßnahme von einem in der Hauptsache zuständigen Gericht angeordnet wurde. Darüber hinaus sehen Nr. 4.3.2. und Nr. 4.5.1. vor, dass in Fällen, in denen der Beklagte sich auf das Verfahren nicht eingelassen hat, das Datum der Zustellung des verfahrenseinleitenden Schriftstücks bzw. das Datum der Zustellung der Entscheidung im Ausgangsstaat zu vermerken sind.

12 Das Zweitgericht ist bei einem Antrag auf Versagung der Anerkennung oder der Vollstreckung **nicht an die Angaben in der Bescheinigung gebunden**[5]: Es darf diese mit den im Zweitstaat zur Verfügung stehenden Beweismitteln

---

[5] EuGH, 6.9.2012 – Rs. C-619/10, *Trade Agency Ltd ./. Seramico Investments Ltd*, ECLI:EU:C:2012:531, Rn. 34 ff.

überprüfen. Einer solchen Überprüfung steht das Verbot der *révision au fond* i.S.v. Art. 52 nicht entgegen, weil dieses lediglich die gerichtliche Entscheidung des Erststaats, nicht jedoch die Bescheinigung erfasst.

Artikel 54 [Anpassung; Übersetzung]

(1) Enthält eine Entscheidung eine Maßnahme oder Anordnung, die im Recht des ersuchten Mitgliedstaats nicht bekannt ist, so ist diese Maßnahme oder Anordnung soweit möglich an eine im Recht dieses Mitgliedstaats bekannte Maßnahme oder Anordnung anzupassen, mit der vergleichbare Wirkungen verbunden sind und die ähnliche Ziele und Interessen verfolgt.

Eine solche Anpassung darf nicht dazu führen, dass Wirkungen entstehen, die über die im Recht des Ursprungsmitgliedstaats vorgesehenen Wirkungen hinausgehen.

(2) Jede Partei kann die Anpassung der Maßnahme oder Anordnung vor einem Gericht anfechten.

(3) Die Partei, die die Entscheidung geltend macht oder deren Vollstreckung beantragt, kann erforderlichenfalls aufgefordert werden, eine Übersetzung oder Transliteration der Entscheidung zur Verfügung zu stellen.

EuGH-Rechtsprechung: EuGH, 12.4.2011 – Rs. C-235/09, *DHL Express France SAS ./. Chronopost SA*, Slg. 2011, I-2801 (ECLI:EU:C:2011:238).

Schrifttum: *Bitter, Anna-Kristina*, Vollstreckbarerklärung und Zwangsvollstreckung ausländischer Titel in der Europäischen Union, 2009; *Bittmann, David-Christoph*, Vom Exequatur zum qualifizierten Klauselerteilungsverfahren. Die Implementierung des Europäischen Vollstreckungstitels für unbestrittene Forderungen in den nationalen Zivilprozessordnungen, 2008; *Geimer, Reinhold*, Unionsweite Titelvollstreckung ohne Exequatur nach der Reform der Brüssel I-Verordnung, in: Ars Aequi et Boni in Mundo. Festschrift für Rolf A. Schütze zum 80. Geburtstag, 2014, Geimer, Reinhold; Kaissis, Athanassios; Thümmel, Roderich C. (Hrsg.), S. 109; *Gössl, Susanne Lilian*, Die Vollstreckung von dynamischen Zinssätzen unter der neuen EuGVVO, NJW 2014, S. 3479; *Peiffer, Max Christoph*, Grenzüberschreitende Titelgeltung in der Europäischen Union. Die Wirkungen der Anerkennung, Vollstreckbarerklärung und Vollstreckbarkeit ausländischer Entscheidungen und gemeinschaftsweiter Titel, 2012; *Schlosser, Peter*, Die transnationale Bedeutung von Vollstreckungsnuancierungen, in: Festschrift für Kostas E. Beys, dem Rechtsdenker in attischer Dialektik. Zum 70. Geburtstag 2003. Zweiter Band, 2003, Nakamura, Hideo; Fasching, Hans W.; Gaul, Hans Friedhelm; u.a. (Hrsg.), S. 1471; *Seidl, Sandra*, Ausländische Vollstreckungstitel und inländischer Bestimmtheitsgrundsatz. Eine Untersuchung zum autonomen und europäischen Exequaturrecht und zur Abschaffung des Exequaturverfahrens, 2010.

Übersicht

	Rn.
I. Normzweck, Entstehungsgeschichte und Systematik	1
II. Titelanpassung (Abs. 1)	7
1. Unmittelbare Anwendung von Abs. 1	7

2. Analoge Anwendung von Abs. 1	10
3. Grenzen der Anpassung gem. Abs. 1	12
4. Zuständigkeit und Verfahren	13
III. Anfechtung der Anpassung (Abs. 2)	17
IV. Übersetzung oder Transliteration (Abs. 3)	20

I. Normzweck, Entstehungsgeschichte und Systematik

1   Art. 54 wurde im Rahmen der Revision 2012 neu eingeführt und gestattet die **Anpassung einer ausländischen Entscheidung**, wenn sie Maßnahmen oder Anordnungen enthält, die das Recht des Vollstreckungsstaates nicht kennt. Eine solche Anpassung wurde unter der EuGVVO a.F. im Rahmen des Exequaturverfahrens ohne eine entsprechende ausdrückliche Regelung in der Verordnung vorgenommen. Nach dem Wegfall des Exequaturverfahrens ist es nun allerdings nicht mehr möglich, den ausländischen Titel durch die inländische Vollstreckbarerklärung anzupassen. Daher hat der Gemeinschaftsgesetzgeber in Art. 54 die Möglichkeit vorgesehen, ausländische Titel im Rahmen des zweistaatlichen Vollstreckungsverfahrens anzupassen.

2   Funktional handelt es sich um ein Klauselergänzungsverfahren.[1] Allerdings erfasst Art. 54 Abs. 1 nicht die Prüfungspunkte und Ergänzungen, die im deutschen Recht Teil des Klauselerteilungsverfahrens sind (etwa Prüfung Bedingungseintritt gem. **§ 726 ZPO** und Titelumschreibung gem. **§§ 727–729 ZPO**). Deren Prüfung ist nach der Systematik der EuGVVO in das Ursprungsland verlagert und von den deutschen Gerichten bereits vor Ausstellung der Bescheinigung nach Art. 53 EuGVVO vorzunehmen.[2]

3   Die Anpassungsmöglichkeit aus Art. 54 stärkt die Titelfreizügigkeit. Mitgliedstaaten können die Durchsetzung eines ausländischen Titels nicht deshalb verweigern, weil dieser eine im Zweitland unbekannte Anordnung enthält. Insoweit ergänzt Art. 54 den in Art. 41 Abs. 1 festgelegten Grundsatz, dass die Vollstreckung nach dem Recht des jeweiligen Zweitlandes zu erfolgen hat.[3]

4   **Abs. 1 Satz 1** legt fest, dass Anpassungen an das Recht des Vollstreckungsstaates vorzunehmen sind. **Abs. 1 Satz 2** stellt ergänzend klar, dass hierbei die Wirkungserstreckungslehre zu berücksichtigen ist, so dass der ausländische Titel infolge der Anpassung **keine weitergehenden Wirkungen als im Ursprungsmitgliedstaat** entfalten darf. Die Zuständigkeit für die Anpassung und das hierbei zu beachtende Verfahren sind gem. ErwGr. 28 Satz 2 von jedem Mitgliedstaat eigens zu regeln.

5   **Abs. 2** legt die Anfechtbarkeit einer nach Abs. 1 vorgenommenen Anpassung fest. Die Zuständigkeit und das für die Anfechtung maßgebliche Verfahren sind für Deutschland in § 1114 ZPO geregelt.

---

[1] Schlosser/*Hess*, EuZPR, 4. Aufl. 2015, Art. 54 EuGVVO Rn. 2.
[2] Vgl. Kommentierung zu Art. 53 Rn. 5.
[3] *Geimer*, in: FS Schütze, 2014, S. 109 (118).

Abs. 3 gestattet dem für die Anpassung zuständigen Organ, eine Übersetzung 6
oder Transliteration der Entscheidung anzufordern, wenn die Angaben in der
Bescheinigung nach Art. 53/60 i.V.m. Anhang I/II nicht ausreichend sind.

II. Titelanpassung (Abs. 1)

1. Unmittelbare Anwendung von Abs. 1

Abs. 1 gilt nach seinem ausdrücklichen Wortlaut in Fällen, in denen der Titel 7
eine Maßnahme oder Anordnung vorsieht, die im Recht des ersuchten Mitgliedstaates nicht bekannt ist.

Ein Anpassungsbedürfnis besteht in der Praxis **insbesondere bei Nichtgeld-** 8
leistungstiteln, da hier die nationalen Vollstreckungsrechte große Unterschiede aufweisen.[4] So hat der EuGH bereits für die EuGVVO a.F. entschieden, dass eine Untersagungsverfügung mit Zwangsgeldandrohung des Ursprungsgerichts im Vollstreckungsstaat auch dann Wirkungen entfaltet, wenn das dortige Recht weder Zwangsgeld noch dessen Androhung als Vollstreckungsmittel kennt.[5]

Die Vollstreckungsorgane im Zweitstaat sind durch die EuGVVO verpflich- 9
tet – so der EuGH – die im innerstaatlichen Recht vorgesehenen Zwangsmittel anzuwenden, die die Befolgung des im ausländischen Titel enthaltenen Verbotes in gleichwertiger Weise zu gewährleisten vermögen.[6]

2. Analoge Anwendung von Abs. 1

Unklar ist, ob Abs. 1 darüber hinaus auch für Fälle gilt, in denen der ausländi- 10
sche Titel den **Bestimmtheitsanforderungen des zweistaatlichen Vollstreckungsrechts** nicht genügt. Dieses Problem stellt sich insbesondere bei Geldleistungstiteln, wenn die genaue Höhe des zu vollstreckenden Betrages nicht ausdrücklich im Titel genannt ist, sondern erst unter Hinzuziehung ergänzender Regelungen oder Umstände bestimmt werden kann.

Das ist etwa denkbar, wenn der Titel Zinsen auf die ausgeurteilte Summe 11
zuspricht, die noch nicht ausgerechnet sind,[7] oder wenn ein Titel nach dem Recht seines Ursprungsstaates zur Rückzahlung eines bereits geleisteten Betrags verpflichtet, ohne den Betrag ausdrücklich zu benennen.[8] Gegen die Anwendbarkeit von Art. 54 auf solche Fälle spricht zwar der Wortlaut der Vorschrift, da Unklarheiten des Titelinhaltes nicht dasselbe sind wie im Zweitland unbekannte

[4] Vgl. hierzu *M. Peiffer,* Grenzüberschreitende Titelgeltung in der EU, 2012, Rn. 975 ff.
[5] EuGH, 12.4.2011 – Rs. C-235/09, *DHL Express France SAS ./. Chronopost SA,* Slg. 2011, I-2801 (ECLI:EU:C:2011:238), Rn. 59.
[6] EuGH, 12.4.2011 – Rs. C-235/09, *DHL Express France SAS ./. Chronopost SA,* Slg. 2011, I-2801 (ECLI:EU:C:2011:238), Rn. 59.
[7] BGH, 30.11.2011 – III ZB 19/11, IPRspr 2011, Nr. 297, S. 793 zur Vollstreckbarerklärung eines ausländischen Schiedsspruchs. Ähnlich BGH, 6.11.1985 – IVb ZR 73/84, NJW 1986, S. 1440 zu der nun vom Anwendungsbereich der EuGVVO ausgenommenen Problematik der grenzüberschreitenden Vollstreckung einer Unterhaltsrente, deren Höhe an einen ausländischen Landesindex für Konsumentenpreise geknüpft ist. Vgl. ausführlich zu der Anpassung eines ausländischen Tenors, der auf einen dynamischen Zinssatz verweist *Gössl,* NJW 2014, S. 3479.
[8] BGH, 21.11.2013 – IX ZB 44/12, NJW 2014, S. 702.

Maßnahmen oder Anordnungen. Der Sinn und Zweck von Art. 54, die Titelfreizügigkeit in der EU zu erleichtern, spricht jedoch für eine **analoge Anwendung der Norm** in derartigen Konstellationen.[9]

3. Grenzen der Anpassung gem. Abs. 1

12   Die Anpassung nach Abs. 1 findet ihre Grenzen zum einen im Recht des Vollstreckungsstaats, wonach eine Adaption nur im Rahmen der in diesem Recht möglichen Maßnahmen und Anordnungen statthaft ist. Zum anderen wird die Anpassung zum Schutz des Schuldners[10] durch das Recht des Ursprungsstaats begrenzt, da sie gem. **Abs. 1 Satz 2** keine Wirkungen entfalten darf, die über die im Recht des Erststaats vorgesehenen hinausgehen. Die Anpassung eines auswärtigen Titels darf nicht zu dessen Abänderung führen.[11]

4. Zuständigkeit und Verfahren

13   Die Frage, welche Stelle des Vollstreckungslandes für die Titelanpassung nach Art. 54 zuständig ist und welches Verfahren dabei zu beachten ist, hat gem. ErwGr. 28 Satz 2 der **nationale Gesetzgeber** zu regeln.

14   Der deutsche Gesetzgeber hat allerdings lediglich normiert, wie eine vorgenommene Titelanpassung angefochten werden kann (**§ 1114 ZPO**). Ein Bedürfnis zur Regelung einer besonderen Zuständigkeit für die Vornahme der Anpassung an sich, hat der deutsche Gesetzgeber nicht gesehen. Laut der amtlichen Begründung sei es sachgerecht, die Anpassung nach Art. 54 **durch das jeweils zuständige Vollstreckungsorgan** vornehmen zu lassen, das auch in vergleichbaren inländischen Fällen zur Festlegung des Inhalts eines Titels befugt ist.[12]

15   Im Ergebnis hat in Deutschland das jeweils tätige Vollstreckungsorgan – soweit erforderlich – die Titelanpassung i.S.v. Art. 54 vorzunehmen. Dies birgt das Risiko, dass ein und demselben Titel je nach Vollstreckungsmaßnahme und zuständigem Organ unterschiedliche Wirkungen beigemessen werden.[13] Angesichts dessen wird im deutschen Schrifttum zurecht dafür plädiert, die Titelanpassung i.S.v. Art. 54 **de lege ferenda im Rahmen eines zentralen Verfahrens** einheitlich vorzunehmen.[14] Darüber hinaus ist – entgegen der Annahme des Gesetzgebers – die Titelanpassung i.S.v. Art. 54 nicht vergleichbar mit der Titelauslegung in rein nationalen Fällen. Die ausländische Herkunft des Titels im

---

[9] Im Ergebnis ebenso Rauscher/*Leible*, EuZPR, 4. Aufl. 2016, Art. 54 EuGVVO Rn. 5. Eine direkte Anwendung befürworten wohl *Geimer*, in: FS Schütze, 2014, S. 109 (118); Zöller/*Geimer*, ZPO, 31. Aufl. 2016, Art. 54 EuGVVO Rn. 1; Schlosser/*Hess*, EuZPR, 4. Aufl. 2015, Art. 54 EuGVVO Rn. 3.
[10] Schlosser/*Hess*, EuZPR, 4. Aufl. 2015, Art. 54 EuGVVO Rn. 2.
[11] So zur EuGVVO a.F. Stein/Jonas/*Oberhammer*, ZPO, 22. Aufl. 2011, Art. 40, 41 EuGVVO a.F. Rn. 17.
[12] BT-Drucks. 18/823, S. 22.
[13] *Geimer*, in: FS Schütze, 2014, S. 109 (119); Zöller/*Geimer*, ZPO, 31. Aufl. 2016, Art. 54 EuGVVO Rn. 2.
[14] *Geimer*, in: FS Schütze, 2014, S. 109 (119), der ein zentrales Konkretisierungsverfahren nach dem Vorbild des § 34 AUG fordert; Zöller/*Geimer*, ZPO, 31. Aufl. 2016, Art. 54 EuGVVO Rn. 2; Schlosser/*Hess*, EuZPR, 4. Aufl. 2015, Art. 54 EuGVVO Rn. 3.

Rahmen der Anpassung kann nicht nur in sprachlicher Hinsicht eine besondere Herausforderung darstellen, sondern auch in rechtlicher Hinsicht, etwa wenn zur Bestimmung von Inhalt und Wirkungen des Titels ausländisches Sachrecht heranzuziehen ist. Vollstreckungsstellen ohne entsprechende Qualifikationen können daher mit der Anpassung leicht überfordert sein.[15]

Die Überantwortung der Titelanpassung direkt an das jeweils zuständige Vollstreckungsorgan bringt auch **keinerlei Verfahrensbeschleunigung** mit sich, da sowohl der Rechtspfleger (§ 5 Abs. 2 RPflG) als auch der Gerichtsvollzieher (§ 41 Abs. 4 Satz 2 GVGA) einen Vorgang dem Richter vorlegen können, wenn ausländisches Recht anwendbar ist, was im Rahmen von Art. 54 die Regel sein wird.[16] Folglich werden im Ergebnis meist ohnehin die Vollstreckungsgerichte mit der Titelanpassung befasst sein.[17] 16

III. Anfechtung der Anpassung (Abs. 2)

Abs. 2 gestattet es jeder Partei, die im Vollstreckungsstaat vorgenommene 17 Anpassung des Titels vor Gericht anzufechten.

Der deutsche Gesetzgeber hat zur Konkretisierung dieser Anfechtungsmöglichkeit § 1114 ZPO erlassen, der auf die vollstreckungsinternen Rechtsbehelfe der ZPO verweist: Wurde die Anpassung durch eine Maßnahme des Gerichtsvollziehers oder des Vollstreckungsgerichts vorgenommen, ist die **Erinnerung gem. § 766 ZPO** statthaft (§ 1114 Nr. 1 ZPO). Das gilt auch, wenn beim Vollstreckungsgericht der Rechtspfleger die Anpassung vorgenommen hat, vgl. § 11 Abs. 1 RPflG i.V.m. § 766 ZPO. Stellt die Anpassung eine Entscheidung des Vollstreckungsgerichts oder des Prozessgerichts dar, ist die **sofortige Beschwerde nach § 793 ZPO zu erheben** (§ 1114 Nr. 2 ZPO). Dies gilt auch, wenn der Rechtspfleger entschieden hat, vgl. § 11 Abs. 1 RPflG i.V.m. § 793 ZPO.[18] Erfolgt die Anpassung durch eine Vollstreckungsmaßnahme des Grundbuchamts, ist die **Beschwerde nach § 71 GBO möglich** (§ 1114 Nr. 3 ZPO). 18

Der Verweis auf die Erinnerung in § 1114 Nr. 1 ZPO dürfte kaum praktische 19 Bedeutung haben, da sich die Titelanpassung – nach Vorlage zum Vollstreckungsgericht durch den Gerichtsvollzieher – in aller Regel als „Entscheidung" des Vollstreckungsgerichts darstellt, gegen die die Beschwerde gem. §§ 1114 Nr. 2 i.V.m. 793 ZPO statthaft ist.[19]

IV. Übersetzung oder Transliteration (Abs. 3)

Abs. 3 gestattet dem zuständigen Vollstreckungsorgan zur Durchführung 20 einer Anpassung, vom Vollstreckungsgläubiger eine Übersetzung oder Transli-

---

[15] Schlosser/*Hess*, EuZPR, 4. Aufl. 2015, Art. 54 EuGVVO Rn. 3; *Domej*, RabelsZ 78 (2014), S. 508 (519); Rauscher/*Leible*, EuZPR, 4. Aufl. 2016, Art. 54 EuGVVO Rn. 7.
[16] Vgl. auch Schlosser/*Hess*, EuZPR, 4. Aufl. 2015, Art. 54 EuGVVO Rn. 3.
[17] Schlosser/*Hess*, EuZPR, 4. Aufl. 2015, Art. 54 EuGVVO Rn. 3.
[18] Schlosser/*Hess*, EuZPR, 4. Aufl. 2015, Art. 54 EuGVVO Rn. 4; *Gössl*, NJW 2014, S. 3479 (3483 f.).
[19] Schlosser/*Hess*, EuZPR, 4. Aufl. 2015, Art. 54 EuGVVO Rn. 4.

teration der Entscheidung gem. **Art. 57** zu verlangen. Zwar soll im Rahmen der Vollstreckung die Vorlage einer Übersetzung der Entscheidung **die Ausnahme** bleiben und nur dann verlangt werden können, wenn das Verfahren ansonsten nicht fortgesetzt werden kann, vgl. Art. 42 Abs. 4. Jedenfalls bei Nichtgeldleistungsurteilen dürfte jedoch in der Regel eine Anpassung ohne Vorlage einer Übersetzung der Entscheidung gem. Art. 54 Abs. 3 nicht möglich sein.[20]

Artikel 55 [Zwangsgeld]

In einem Mitgliedstaat ergangene Entscheidungen, die auf Zahlung eines Zwangsgelds lauten, sind im ersuchten Mitgliedstaat nur vollstreckbar, wenn die Höhe des Zwangsgelds durch das Ursprungsgericht endgültig festgesetzt ist.

EuGH-Rechtsprechung: EuGH, 18.10.2011 – Rs. C-406/09, *Realchemie Nederland BV./. Bayer CropScience AG*, Slg. 2011, I-9773 (ECLI:EU:C:2011:668).

Schrifttum: *Andenas, Mads; Hess, Burkhard; Oberhammer, Paul*, Enforcement Agency Practice in Europe, British Inst. of Internat. and Comparative Law, 2005; *Lindacher, Walter F.*, Internationale Unterlassungsvollstreckung, in: Festschrift für Hans Friedhelm Gaul zum 70. Geburtstag, 1997, Schilken, Eberhard; Becker-Eberhard, Ekkehard; Gerhardt, Walter (Hrsg.), S. 399; *Gärtner, Joachim*, Probleme der Auslandsvollstreckung von Nichtgeldleistungsentscheidungen im Bereich der Europäischen Gemeinschaft. Unter besonderer Berücksichtigung der grenzüberschreitenden Durchsetzung von Handlungs- und Unterlassungsansprüchen im Rahmen des Artikels 43 EWG-Übereinkommen über die gerichtliche Zuständigkeit und die Vollstreckung gerichtlicher Entscheidungen in Zivil- und Handelssachen (EuGVÜ), 1991; *Giebel, Christoph M.*, Die Vollstreckung von Ordnungsmittelbeschlüssen gemäß § 890 ZPO im EU-Ausland, IPRax 2009, S. 324; *Gottwald, Peter*, Die internationale Zwangsvollstreckung, IPRax 1991, S. 285; *Koch, Harald*, Neuere Probleme der internationalen Zwangsvollstreckung einschließlich des einstweiligen Rechtsschutzes, in: Materielles Recht und Prozessrecht und die Auswirkungen der Unterscheidung im Recht der internationalen Zwangsvollstreckung, 1992, Schlosser, Peter (Hrsg.), S. 171; *Peiffer, Max Christoph*, Grenzüberschreitende Titelgeltung in der Europäischen Union. Die Wirkungen der Anerkennung, Vollstreckbarerklärung und Vollstreckbarkeit ausländischer Entscheidungen und gemeinschaftsweiter Titel, 2012; *Remien, Oliver*, Rechtsverwirklichung durch Zwangsgeld. Vergleich – Vereinheitlichung – Kollisionsrecht, 1992; *Schlosser, Peter*, Grenzüberschreitende Vollstreckbarkeit von Nicht-Geldleistungsurteilen, in: Festschrift für Dieter Leipold zum 70. Geburtstag, 2009, Stürner, Rolf; Matsumoto, Hiroyuki; Lüke, Wolfgang; u.a. (Hrsg.), S. 435; *Stadler, Astrid*, Inländisches Zwangsgeld bei grenzüberschreitender internationaler Handlungsvollstreckung, IPRax 2003, S. 430; *Stürner, Rolf*, Das grenzüberschreitende Vollstreckungsverfahren in der Europäischen Union, in: Festschrift für Wolfram Henckel zum 70. Geburtstag, 1995, Gerhardt, Walter; Diederichsen, Uwe; Rimmelspacher, Bruno; u.a. (Hrsg.), S. 863; *Stutz, Andrea*, Die internationale Handlungs- und Unterlassungsvollstreckung unter dem EuGVÜ, 1992; *Treibmann, Beate*, Die Vollstreckung von Handlungen und Unterlassungen im europäischen Zivilrechtsverkehr, 1994.

---

[20] *Domej*, RabelsZ 78 (2014), S. 508 (519).

Übersicht

	Rn.
I. Normzweck, Systematik und Entstehungsgeschichte	1
II. Von Art. 55 erfasste Zwangsgeldanordnungen	4
III. Rechtsfolge von Art. 55	11
IV. Alternative zu Art. 55: Direkte Vollstreckung des Ausgangstitels im Zweitland	13
V. Grenzen des enforcement shopping bei Zwangsgeldanordnungen	14
1. Sonderfall 1: Kumulation von Zwangsgeldanordnungen	15
2. Sonderfall 2: Titel aus Rechtsordnung ohne Naturalexekution	18
3. Sonderfall 3: Zwangsgeldanordnungen aus beziehungsarmem Vollstreckungsland	19

I. Normzweck, Systematik und Entstehungsgeschichte

Art. 55 enthält eine Sonderregelung für die **Vollstreckung von Vollstreckungsmaßnahmen**, die zur Durchsetzung von Handlungs-, Duldungs- oder Unterlassungstiteln erlassen wurden: Im Interesse des Vollstreckungsgläubigers ermöglicht die Norm die Durchsetzung von Zwangsgeldanordnungen eines mitgliedstaatlichen Gerichts in einem anderen Mitgliedstaat, obwohl die Zwangsgeldanordnung ihrerseits bereits eine Vollstreckungsmaßnahme ist. 1

Art. 55 räumt dem Vollstreckungsgläubiger von auf unvertretbare Handlungen gerichteten Titeln **ein Wahlrecht** ein:[1] Er kann entweder im Ursprungsstaat – soweit dort vorgesehen – eine Zwangsgeldanordnung erwirken und diese im Zweitland gem. Art. 55 nach den Regeln der Geldleistungsvollstreckung durchsetzen. Oder er bringt den Ursprungstitel direkt ins Zweitland, um dort auf dessen Grundlage gem. Art. 41 Abs. 1 Satz 1 ein Zwangsgeld zu erwirken und durchzusetzen. 2

Die Norm entspricht – von geringfügigen redaktionellen Änderungen abgesehen – **Art. 49 EuGVVO a.F.** 3

II. Von Art. 55 erfasste Zwangsgeldanordnungen

Art. 55 erfasst Zwangsgeldanordnungen unabhängig davon, ob das Zwangsgeld dem Vollstreckungsgläubiger (wie etwa in Frankreich und den Benelux-Staaten, sog. *astreinte* bzw. *dwangsom*) oder dem Fiskus (wie etwa das Zwangs- und das Ordnungsgeld in Deutschland) zufließt.[2] Für die Anwendung von Art. 55 ist es ebenfalls 4

---

[1] *Zöller/Geimer*, ZPO, 31. Aufl. 2016, Art. 55 EuGVVO Rn. 3; *Thomas/Putzo/Hüßtege*, ZPO, 36. Aufl. 2015, Art. 55 EuGVVO Rn. 1.

[2] *Rauscher/Mankowski*, EuZPR, 4. Aufl. 2016, Art. 55 EuGVVO Rn. 4; *Gottwald*, IPRax 1991, S. 285 (291); *Remien*, Zwangsgeld, 1992, S. 320 f.; *Lindacher*, in: FS Gaul, 1997, S. 399 (407); *Schlosser/Koch*, Internationale Zwangsvollstreckung, 1992, S. 171 (200); *Stürner*, in: FS Henckel, 1995, S. 863 (872); *Gärtner*, Auslandsvollstreckung, 1991, S. 177, 180; *Fritzsche*, ZZP Int. 7 (2002), S. 250 (263); *Stadler*, IPRax 2003, S. 430 (431). A. A. hingegen *Treibmann*, Vollstreckung in Europa, 1994, S. 156–165, wonach Art. 49 EuGVVO a.F. (= Art. 55) nur Zwangsgelder erfasse, die der *astreinte* vergleichbar sind, weil fiskusnützige Zwangszahlungen öffentlich-rechtlich seien und daher nicht in den Anwendungsbereich der EuGVVO fielen.

irrelevant ist, ob das Zwangsgeld vom Gläubiger (wie etwa das Zwangsgeld i.S.v. § 888 ZPO) oder von Amts wegen durch den Staat (wie etwa in Deutschland das Ordnungsgeld i.S.v. § 890 ZPO oder in England die *contempt of court fines*) beigetrieben wird.[3] Wie der EuGH jüngst entschieden hat, kommt es allein darauf an, dass die **Zwangsmaßnahme der Durchsetzung eines zivilrechtlichen Anspruchs** dient, der in den sachlichen Anwendungsbereich i.S.v. Art. 1 fällt.[4]

5   Eine **weite Auslegung von Art. 55** ist geboten, da sich die verschiedenen Zwangsgelderscheinungsformen funktional entsprechen und es andernfalls zu einer unpassenden Benachteiligung von Zwangsgeldern aus einzelnen Rechtsordnungen käme.[5] Auch der Zweck der Vorschrift, die Effizienz der grenzüberschreitenden Vollstreckung von Unterlassungs- und Handlungstiteln zu erhöhen, spricht dafür, Art. 55 auf jede in den mitgliedstaatlichen Rechten vorgesehene Zwangsgeldform anzuwenden.[6]

6   Art. 55 setzt tatbestandlich voraus, dass die **Höhe des Zwangsgeldes im Ursprungsstaat endgültig festgesetzt** ist. Wann dieses Erfordernis erfüllt ist, richtet sich nach dem Recht des Staates, in dem die Zwangsgeldfestsetzung erlassen worden ist:

7   Stammt die Zwangsgeldanordnung **aus Deutschland,** beinhaltet erst der Beschluss i.S.v. § 888 Abs. 1 ZPO bzw. § 890 Abs. 1 ZPO, nicht jedoch der auf Handlung, Duldung oder Unterlassung gerichtete Ausgangstitel, die endgültige Festsetzung der Zwangsgeldhöhe i.S.v. Art. 55.

8   Bei einer *astreinte* **aus Frankreich**[7] liegt eine Festsetzung der Zwangsgeldhöhe i.S.v. Art. 55 erst mit der sog. *liquidation* vor, mit der das zu zahlende Zwangsgeld in vollstreckbarer Form beziffert wird.[8] Zuständig hierfür ist grundsätzlich der *juge de l'exécution*, ggf. aber auch der Richter, der die *astreinte* verhängt hat, wenn dieser weiterhin mit der Streitsache befasst ist oder sich ausdrücklich die Durchführung der *liquidation* vorbehalten hat.[9] Bis zum Erlass der *liquidation* ist die *astreinte* lediglich angedroht und nur der Grundbetrag festgelegt, der für jede Zeiteinheit, in der der Anspruch unerfüllt bleibt, verwirkt wird und sich vervielfachen kann.[10] Bei Unterlassungspflichten wird dieser Grundbetrag für jede Zuwiderhandlung fällig.[11] Die Ausgestaltung der *astreinte* als dynamisch anwachsendes Zwangsmittel kann auf den Schuldner einen wesentlich höheren Erfüllungsdruck ausüben, als das Zwangs-

---

[3] Rauscher/*Mankowski*, EuZPR, 4. Aufl. 2016, Art. 55 EuGVVO Rn. 5. A. A. noch *Stutz*, Internationale Vollstreckung, 1992, S. 21 f., die *fines for civil contempt of court* des englischen Rechts nicht unter Art. 49 EuGVVO a.F. (= Art. 55) fassen will, weil es sich hierbei um eine Kriminalstrafe handle.
[4] EuGH, 18.10.2011 – Rs. C-406/09, *Realchemie Nederland BV ./. Bayer CropScience AG*, Slg. 2011, I-9773 (ECLI:EU:C:2011:668) m. zust. Anm. *Giebel*, NJW 2011, S. 3570. So bereits zuvor zur EuVTVO BGH, 25.3.2010 – I ZB 116/08, NJW 2010, S. 1883, Rn. 11 ff. (nach juris); ebenso *Giebel*, IPRax 2009, S. 324 (325 ff.).
[5] *Remien*, Zwangsgeld, 1992, S. 319, 195–197; S. Schlosser/*Koch*, Internationale Zwangsvollstreckung, 1992, S. 171 (200); *Gärtner*, Auslandsvollstreckung, 1991, S. 177–180, 188 (Bedarf einer „europäisch-autonomen" Qualifikation gleichwertiger indirekter Vollstreckungsmittel).
[6] *Lindacher*, in: FS Gaul, 1997, S. 399 (407).
[7] Vgl. ausführlich hierzu M. *Peiffer*, Grenzüberschreitende Titelgeltung in der EU, 2012, Rn. 991 ff.
[8] Vgl. Art. 37 L. 1991, Art. 53 al.1 Décr. 1992.
[9] Art. 35 L. 1991.
[10] Andenas/Hess/Oberhammer/*Niboyet/Lacassagne*, Enforcement Agency, 2005, S. 161.
[11] *Remien*, Zwangsgeld, 1992, S. 48.

und Ordnungsgeld im deutschen Recht, welches nur für jeden Einzelfall der Nichtbefolgung festgesetzt werden kann.

Bei einer **dwangsom nach dem Recht der Benelux-Länder** ist im Gegensatz zum französischen Recht bereits in der Androhung des Zwangsgeldes eine Festsetzung der Zwangsgeldhöhe i.S.v. Art. 55 zu sehen. Für die Zwecke der grenzüberschreitenden Vollstreckung ist somit nicht zusätzlich eine besondere Bestätigungsfestsetzung nach dem Vorbild der *liquidation* erforderlich.[12]

Einer Verurteilung wegen **contempt of court nach englischem Recht**[13] geht zunächst eine gerichtliche Anordnung bestimmter Handlungen oder Unterlassungen (*injunction* oder *order/judgment to do or abstain from doing any act*) bzw. eine Verpflichtungserklärung der Parteien gegenüber dem Gericht (*undertaking*) voraus. Grundvoraussetzung für das Vorliegen eines *contempt of court* ist, dass eine Leistungsfrist erfolglos verstrichen ist, die entweder bereits im Titel selbst enthalten war oder nachträglich durch das Vollstreckungsgericht bestimmt worden ist. Nach erfolglosem Verstreichen der Leistungsfrist kann das Vollstreckungsgericht auf Antrag des Gläubigers eine *contempt of court fine* erlassen, die eine endgültige Zwangsgeldfestsetzung i.S.v. Art. 55 darstellt.

III. Rechtsfolge von Art. 55

Als **Rechtsfolge** sieht Art. 55 vor, dass die Zwangsgeldfestsetzung ihrerseits in den anderen Mitgliedstaaten – nach den für Geldleistungstitel geltenden Regeln – vollstreckt werden kann. Dies ist eine Ausnahme von dem Grundsatz, dass die Durchführung der Zwangsvollstreckung im Zweitstaat nach dem dortigen Vollstreckungsrecht erfolgt (Art. 41 Abs. 1). Denn Art. 55 gestattet es, ein **Vollstreckungsmittel aus dem Ursprungsland** (Zwangsgeldfestsetzung) **mit den im Zweitland vorgesehenen Mechanismen zur Geldleistungsvollstreckung zu kombinieren**. Wem das beigetriebene Zwangsgeld zufließt (dem Gläubiger oder dem Fiskus), richtet sich nach dem Recht des Ursprungslandes, in dem das ein Zwangsgeld festgesetzt worden ist.[14]

Gegen die Vollstreckung des Titels i.S.v. Art. 55 kann der Schuldner im Zweitland den Versagungsantrag i.S.v. Art. 46 stellen und geltend machen, dass die zugrundeliegende Entscheidung oder die Zwangsgeldfestsetzung nicht anerkennungsfähig ist.

IV. Alternative zu Art. 55: Direkte Vollstreckung des Ausgangstitels im Zweitland

Art. 55 schließt es nicht aus, dass der Vollstreckungsgläubiger im Zweitstaat direkt aus dem Handlungs- bzw. Unterlassungstitel (und nicht aus einer zu dessen

---

[12] OLG Oldenburg, 22.7.2003 – 8 W 64/03, IPRspr 2003, Nr. 182, S. 594, Rn. 7 (nach juris).
[13] Vgl. ausführlich hierzu M. *Peiffer*, Grenzüberschreitende Titelgeltung in der EU, 2012, Rn. 998 ff.
[14] Vgl. M. *Peiffer*, Grenzüberschreitende Titelgeltung in der EU, 2012, Rn. 1085 ff. A. A. *Schlosser/Koch*, Internationale Zwangsvollstreckung, 1992, S. 171 (199); *Lindacher*, in: FS Gaul, 1997, S. 399 (407 f.), wonach das Recht des Vollstreckungsstaates vorzugeben habe, wem das Zwangsgeld zufließen soll.

Durchsetzung ergangenen Zwangsgeldfestsetzung) vollstreckt. So kann etwa auf Grundlage eines vollstreckbaren mitgliedstaatlichen Titels nicht-deutschen Ursprungs gerichtet auf eine unvertretbare Handlung in Deutschland ein Zwangsgeld gem. § 888 Abs. 1 ZPO erlassen und vollstreckt werden. Spezifisch für Deutschland ist hierfür allerdings die zuständige Vollstreckungsstelle nicht eindeutig, da die Zuständigkeitsregelung aus § 888 Abs. 1 ZPO leerläuft. Die Lücke lässt sich aber über eine analoge Anwendung von § 1114 Nr. 2 ZPO schließen, mit der Folge, dass das Vollstreckungsgericht am Vollstreckungsort zuständig ist.[15]

V. Grenzen des *enforcement shopping* bei Zwangsgeldanordnungen

14   Art. 55 kann – wie soeben geschildert – zu einer Multiplikation von Vollstreckungstiteln bzgl. desselben Anspruchs führen. Angesichts der dadurch möglicherweise unangemessenen Benachteiligung des Vollstreckungsschuldners werden im Schrifttum Ansätze zur Einschränkung der Vollstreckungsmöglichkeiten für den Gläubiger diskutiert.

1. Sonderfall 1: Kumulation von Zwangsgeldanordnungen

15   Problematisch erscheint zum einen, dass Art. 55 den Gläubiger nicht darauf beschränkt, nur das vom Erstgericht angeordnete Zwangsgeld zu vollstrecken. Vielmehr kann er auch auf Grundlage des Ausgangstitels zu dessen Durchsetzung die Gerichte im Vollstreckungsstaat direkt um das Verhängen von Zwangsgeldern ersuchen. Dies kann zu einer **Kumulation von Zwangsmaßnahmen** führen, deren Zulässigkeit umstritten ist.

16   Nach einem Teil des Schrifttums verlieren die Vollstreckungsgerichte die Zuständigkeit zur Anordnung von Zwangsgeld, sobald im Urteilsstaat ein bereits Zwangsgeld festgesetzt worden ist.[16] Dies erscheint jedoch zum einen mit dem Interesse des Gläubigers an einer wirksamen Durchsetzung der Entscheidung gerade auch in den anderen Mitgliedstaaten unvereinbar. Zum anderen sieht Art. 55 eine solche Beschränkung der Vollstreckbarkeit des Ausgangstitels gerade nicht vor.

17   Richtigerweise sollte dem Gläubiger daher im Grundsatz eine Kumulation von Zwangsmaßnahmen möglich sein. Der Richter im Vollstreckungsstaat hat dabei allerdings sicherzustellen, dass die Kumulation unter Berücksichtigung der Einzelfallumstände nicht ungerechtfertigt und unverhältnismäßig ist.[17] Er sollte daher bei der Festsetzung von Zwangsmitteln in Betracht ziehen, ob und in welcher Höhe in anderen Staaten (Urteilsstaat und andere Vollstreckungsstaaten)

---

[15] Schlosser/*Hess*, EuZPR, 4. Aufl. 2015, Art. 55 EuGVVO Rn. 12.
[16] *Falck*, Implementierung offener ausländischer Vollstreckungstitel, 1998, S. 186; *Remien*, Zwangsgeld, 1992, S. 330.
[17] Schlosser/*Hess*, EuZPR, 4. Aufl. 2015, Art. 55 EuGVVO Rn. 5; *Kropholler/von Hein*, EuZPR, 9. Aufl. 2011, Art. 49 EuGVVO a.F. Rn. 3.

wegen desselben Hauptsachetitels bereits Vollstreckungsmaßnahmen ausgebracht wurden.

2. Sonderfall 2: Titel aus Rechtsordnung ohne Naturalexekution

Art. 55 wirft außerdem die Frage auf, ob im Vollstreckungsland auf Grundlage des Ausgangstitels auch dann eine Zwangsgeldanordnung erlassen werden kann, wenn im Ursprungsstaat des Ausgangstitels ein vergleichbares auf Naturalerfüllung gerichtetes Vollstreckungsmittel gar nicht oder jedenfalls nicht für den konkret betroffenen Anspruchsinhalt vorgesehen ist. Soweit ein Titel einer Rechtsordnung ohne Naturalerfüllungszwang entstammt,[18] sollte dieser nichtsdestotrotz im Zweitland im Wege der dort vorgesehenen auf Naturalerfüllung gerichteten Vollstreckungsmittel durchgesetzt werden können.[19]   18

3. Sonderfall 3: Zwangsgeldanordnungen aus beziehungsarmem Vollstreckungsland

Schließlich stellt sich im Rahmen von Art. 55 die Frage, inwieweit es dem Gläubiger möglich ist, auf Grundlage des Handlungs- bzw. Unterlassungstitels in einem beliebigen Zweitland eine Zwangsgeldfestsetzung zu erwirken und diese wiederum in einem Drittland nach Art. 55 als Geldleistungstitel zu vollstrecken.   19

Zwar entspricht es grundsätzlich dem legitimen Interesse des Gläubigers, den Titel allein deswegen in einem Land vollstrecken zu lassen, weil dort besonders gläubigerfreundliche Zwangsgeldbedingungen herrschen. Dennoch darf – gerade unter Geltung der EU-weiten Titelfreizügigkeit – die Vollstreckungspflichtigkeit des Schuldners nicht exorbitant erweitert werden, sondern grundsätzlich nur dort bestehen, wo der Schuldner seinen Wohnsitz und/oder vollstreckbares Vermögen hat. Daher darf Art. 55 nicht als Tor für den Import von Zwangsgeldern aus einem berührungsarmen Drittland missbraucht werden. Im Ergebnis sollte Art. 55 **nur für Zwangsgeldfestzungen von Gerichten des Staates gelten, in dem auch die zu vollstreckende Entscheidung ergangen ist.**[20] Der Gläubiger kann also nicht die Entscheidung in einem beliebigen Drittland exequieren, um dort eine Zwangsgeldanordnung zu erlangen, und diese wiederum in eine weitere Jurisdiktion transportieren.   20

Artikel 56 [Keine Sicherheitsleistung wegen Ausländereigenschaft]

Der Partei, die in einem Mitgliedstaat eine in einem anderen Mitgliedstaat ergangene Entscheidung vollstrecken will, darf wegen ihrer Eigenschaft als Ausländer oder wegen Fehlens eines Wohnsitzes oder Aufenthalts im ersuchten Mit-

---

[18] S. rechtsvergleichend M. *Peiffer*, Grenzüberschreitende Titelgeltung in der EU, 2012, Rn. 977 ff.
[19] Schlosser/*Hess*, EuZPR, 4. Aufl. 2015, Art. 55 EuGVVO Rn. 12; M. *Peiffer*, Grenzüberschreitende Titelgeltung in der EU, 2012, Rn. 1075.
[20] So auch *Schlosser*, in: FS Leipold, 2009, S. 435 (446). A. A. *Treibmann*, Vollstreckung in Europa, 1994, S. 148 f., die ggf. aber über den Einwand eines Rechtsmissbrauchs korrigieren will.

gliedstaat eine **Sicherheitsleistung oder Hinterlegung, unter welcher Bezeichnung es auch sei, nicht** auferlegt werden.

EuGH-Rechtsprechung: EuGH, 1.7.1993 – Rs. C-20/92, *Hubbard ./. Hamburger,* Slg. 1993, I-3777 (ECLI:EU:C:1993:280)

EuGH, 26.9.1996 – Rs. C-43/95, *Data Delecta Aktiebolag, u.a. ./. MSL Dynamics Ltd.,* Slg. 1996, I-4661 (ECLI:EU:C:1996:357)

EuGH, 20.3.1997 – Rs. C-323/95, *Hayes und Hayes ./. Kronenberger GmbH,* Slg. 1997, I-1711 (ECLI:EU:C:1997:169)

EuGH, 2.10.1997 – Rs. C-122/96, *Saldanha u.a. ./. Hiross Holding AG,* Slg. 1997, I-5336 (ECLI:EU:C:1997:458).

1   Art. 56 entspricht Art. 51 EuGVVO a.F. und verbietet es Mitgliedstaaten, Vollstreckungsgläubigern bei der Vollstreckung von Entscheidungen aus anderen Mitgliedstaaten eine **Sicherheitsleistung wegen ihrer Eigenschaft als Ausländer oder ihres ausländischen Wohnsitzes** aufzuerlegen. Die Norm schließt lediglich Sicherheitsleistungen aus, die die Zahlung der Kosten der Vollstreckung im Zweitland sicherstellen soll. Sicherheitsleistungen für die Prozesskosten des erststaatlichen Erkenntnisverfahrens sind hingegen von Art. 56 nicht erfasst.[1] Derartige Sicherheitsleistungen sind ohnehin mit Primärrecht unvereinbar, soweit sie an der Ausländereigenschaft bzw. Auslandsansässigkeit von EU-Staatsangehörigen anknüpfen.[2]

2   Da ausländerbezogene Sicherheitsleistungen schon primärrechtswidrig sind, ist die praktische Bedeutung von Art. 56 gering. Nach deutschem Recht (§ 110 ZPO) sind EU-Ausländer ohnehin von der Ausländersicherheit befreit. Art. 56 ist daher **insbesondere für Vollstreckungsgläubiger relevant, die in einem Drittstaat ansässig sind oder diesem angehören.** Denn die Vorschrift gilt unabhängig von der Staatsangehörigkeit und dem Wohnsitz des Antragstellers und ist daher auch auf Drittstaatsangehörige und Staatenlose anwendbar, sofern diese aus Entscheidungen eines Mitgliedstaats in einem anderen Mitgliedstaat die Vollstreckung betreiben. Die Norm kommt daher etwa auch einem US-amerikanischen Vollstreckungsgläubiger zugute, der einen französischen Titel in Deutschland durchsetzen will.[3]

3   Das Verbot von Art. 56 betrifft lediglich Sicherheiten, die gerade wegen der Ausländereigenschaft oder Auslandsansässigkeit zu leisten sind, nicht dagegen die Verpflichtung zur **Sicherheitsleistung aus anderen Gründen:** Art. 56 schließt demzufolge weder Sicherheitsleistungen aus, die allein dem Umstand Rechnung

---

[1] Thomas/Putzo/*Hüßtege,* ZPO, 36. Aufl. 2015, Art. 56 EuGVVO Rn. 1.
[2] EuGH, 1.7.1993 – Rs. C-20/92, *Hubbard ./. Hamburger,* Slg. 1993, I-3777 (ECLI:EU:C:1993:280); EuGH, 26.9.1996 – Rs. C-43/95, *Data Delecta Aktiebolag, u.a. ./. MSL Dynamics Ltd.,* Slg. 1996, I-4661 (ECLI:EU:C:1996:357); EuGH, 20.3.1997 – Rs. C-323/95, *Hayes und Hayes ./. Kronenberger GmbH,* Slg. 1997, I-1711 (ECLI:EU:C:1997:169); EuGH, 2.10.1997 – Rs. C-122/96, *Saldanha u.a. ./. Hiross Holding AG,* Slg. 1997, I-5336 (ECLI:EU:C:1997:458).
[3] BGH, 25.7.2002 – VII ZR 280/01, WM 2003, S. 47.

tragen, dass die zu vollstreckende Entscheidung noch keine Rechtskraft erlangt hat (in Deutschland: § 709 ZPO).[4] Noch steht die Vorschrift der Verpflichtung zur Sicherheitsleistung nach Art. 44 Abs. 1 lit. b oder § 89 Abs. 1 ZPO entgegen.

Artikel 57 [Übersetzung/Transliteration]

(1) Ist nach dieser Verordnung eine Übersetzung oder Transliteration erforderlich, so erfolgt die Übersetzung oder Transliteration in die Amtssprache des betreffenden Mitgliedstaats oder, wenn es in diesem Mitgliedstaat mehrere Amtssprachen gibt, nach Maßgabe des Rechts dieses Mitgliedstaats in die oder in eine der Verfahrenssprachen des Ortes, an dem eine in einem anderen Mitgliedstaat ergangene Entscheidung geltend gemacht oder ein Antrag gestellt wird.

(2) Bei den in den Artikeln 53 und 60 genannten Formblättern kann eine Übersetzung oder Transliteration auch in eine oder mehrere andere Amtssprachen der Organe der Union erfolgen, die der betreffende Mitgliedstaat für diese Formblätter zugelassen hat.

(3) Eine Übersetzung aufgrund dieser Verordnung ist von einer Person zu erstellen, die zur Anfertigung von Übersetzungen in einem der Mitgliedstaaten befugt ist.

Übersicht

	Rn.
I. Überblick	1
II. Grundregel für die Übersetzung oder Transliteration (Abs. 1)	3
III. Sonderregel für die Übersetzung von Bescheinigungen i.S.v. Anhang I und Anhang II (Abs. 2)	9
IV. Zur Übersetzung befugte Personen (Abs. 3)	10

I. Überblick

Art. 57 regelt **Einzelfragen der Übersetzung und Transliteration** von 1 Entscheidungen, gerichtlichen Vergleichen oder öffentlichen Urkunden bzw. den dazugehörigen Bescheinigungen nach Art. 53 i.V.m. Anhang I bzw. Art. 60 i.V.m. Anhang II. Eine solche Übersetzung oder Transliteration ist an verschiedenen Stellen der EuGVVO für die grenzüberschreitende Anerkennung und Vollstreckung vorgesehen.

Die Abs. 1 und 2 der Vorschrift sind im Rahmen der EuGVVO-Revision 2 2012 neu eingeführt worden, während Abs. 3 dem Art. 55 Abs. 2 EuGVVO a.F. entspricht.

II. Grundregel für die Übersetzung oder Transliteration (Abs. 1)

Abs. 1 regelt, in welche Sprache eine Übersetzung oder Transliteration zu 3 erfolgen hat und **stellt insoweit auf den Zielort** ab: Maßgeblich ist die Amts-

---
[4] Schlosser/Hess, EuZPR, 4. Aufl. 2015, Art. 56 EuGVVO Rn. 2.

sprache des Ortes, an dem eine Entscheidung geltend gemacht oder – im Wege des Versagungsantrags – angegriffen wird. Das ist in der Regel die Amtssprache des ersuchten Mitgliedstaats. Sofern **ein Mitgliedstaat mehrere Amtssprachen** hat, ist unter Heranziehung des nationalen Rechts dieses Mitgliedstaats zu bestimmen, welche Sprache am Verfahrens- bzw. Vollstreckungsort maßgeblich ist.

4   Abs. 1 regelt nicht, wann eine Transliteration oder Übersetzung erforderlich ist. Ein solches **Erfordernis ist an verschiedenen Stellen der EuGVVO für unterschiedliche Verfahrenskonstellationen vorgeschrieben**:

5   Eine Transliteration bzw. Übersetzung kann zum einen **bei der Anerkennung** einer ausländischen Entscheidung im Zweitstaat gem. **Art. 37 Abs. 2** erforderlich sein. Nach **Satz 1** dieser Vorschrift kann zunächst eine Transliteration bzw. Übersetzung **lediglich der Bescheinigung** angefordert werden, wenn dies für die Anerkennung erforderlich ist. Eine **Übersetzung** wird im Regelfall notwendig sein, wenn die Bescheinigung Textpassagen enthält, die für das Verständnis der Entscheidung oder für deren Anerkennung essentiell sind. Soweit im Bescheinigungs-Formular lediglich Ankreuzungen enthalten sind, ist deren Übersetzung hingegen entbehrlich, weil die Ankreuzungen durch Heranziehung der inlandssprachigen Formblattvariante nachvollzogen werden können. In einem solchen Fall kann jedoch eine **Transliteration** notwendig sein, wenn im Ursprungs- und im Zielland nicht dasselbe Alphabet gebräuchlich ist. Dies ist insbesondere im Rechtsverkehr mit Bulgarien, Griechenland oder Zypern relevant. Ist die Anerkennung einer ausländischen Entscheidung ohne deren Übersetzung nicht möglich, kann das Gericht gem. **Art. 37 Abs. 2 Satz 2** anstatt der Übersetzung der Bescheinigung eine **Übersetzung der Entscheidung** anfordern. Dies ist insbesondere erforderlich, wenn es auf den Inhalt von Tatbestand oder Entscheidungsgründen ankommt, damit der Inhalt einer anzuerkennenden Entscheidungswirkung zutreffend erfasst werden kann. Eine Übersetzung der ausländischen Entscheidung muss jedoch nach dem ausdrücklichen Willen des europäischen Gesetzgebers die Ausnahme bleiben.

6   Ein weiterer Anwendungsfall von Art. 57 ist das Ersuchen der zuständigen Stelle im Zweitstaat um **Vollstreckung** der ausländischen Entscheidung nach **Art. 42**. Die Vollstreckungsbehörde kann den Antragsteller gem. Art. 42 Abs. 3 zur Vorlage einer Übersetzung oder Transliteration der Bescheinigung auffordern. Kann die Entscheidung ohne deren Übersetzung nicht vollstreckt werden, ist die Vollstreckungsbehörde nach Art. 42 Abs. 4 befugt, die Vorlage einer Übersetzung der Entscheidung anzufordern.

7   Eine Übersetzung der Entscheidung kann weiterhin im Rahmen der gem. **Art. 43** zwingend notwendigen **Titelzustellung** an den Schuldner vor Beginn der Vollstreckung erforderlich sein. Eine Überersetzung kann der Schuldner gem. Art. 43 Abs. 2 anfordern, wenn er in einem anderen Mitgliedstaat als dem Ursprungsmitgliedstaat der Entscheidung ansässig ist und die Entscheidung

weder in der Amtssprache am Wohnsitzort des Schuldners noch in einer Sprache abgefasst ist, die er versteht.

Schließlich kann eine Übersetzung oder Transliteration der Entscheidung gem. **Art. 47 Abs. 3** im Rahmen des **Vollstreckungsversagungsverfahrens** nach Art. 46 ff. erforderlich sein. Entgegen dem Wortlaut von Art. 47 Abs. 3, wonach eine Übersetzung/Transliteration nur „gegebenenfalls" vorzulegen ist, wird im Vollstreckungsversagungsverfahren in aller Regel eine Entscheidungsübersetzung in der Amtssprache des Zweitstaats vorzulegen sein. 8

III. Sonderregel für die Übersetzung von Bescheinigungen i.S.v. Anhang I und Anhang II (Abs. 2)

Abs. 2 eröffnet den Mitgliedstaaten die Möglichkeit, den Kreis der statthaften Sprachen für die Übersetzung bzw. Transliteration von Bescheinigungen zu erweitern. Die Mitgliedstaaten mussten der EU-Kommission gem. Art. 75 lit. d bis zum 10.1.2014 mitteilen, welche Sprachen sie für die Übersetzung der Bescheinigungen akzeptieren. Deutschland hat von Abs. 2 keinen Gebrauch gemacht, so dass Bescheinigungen – soweit erforderlich – stets auf Deutsch übersetzt werden müssen, vgl. § 1113 ZPO. 9

IV. Zur Übersetzung befugte Personen (Abs. 3)

Abs. 3 regelt, dass eine Übersetzung i.S.v. Art. 57 von jeder Person erstellt werden kann, die zur Anfertigung von Übersetzungen **in einem Mitgliedstaat zugelassen** ist. Damit wird klargestellt, dass die Übersetzung nicht zwangsläufig von einem im Zielland anerkannten Übersetzer erstellt werden muss. Dies wiederholt § 1113 ZPO aus Klarstellungsgründen. Dies stellt eine Abweichung von der Grundregel in § 142 Abs. 3 ZPO dar, wonach ein Gericht die Vorlage einer Übersetzung durch einen im Inland anerkannten Übersetzer verlangen kann. 10

Eine **Beglaubigung der Übersetzung** ist im Gegensatz zu dem für die EuVTVO geltenden § 1083 ZPO nicht erforderlich. 11

Die Erstattungsfähigkeit der **Übersetzungskosten** bestimmt sich nach dem Recht des Vollstreckungsstaates.[1] In Deutschland zählen die Übersetzungskosten zu den notwendigen und somit erstattungsfähigen Kosten der Zwangsvollstreckung gem. § 788 ZPO.[2] 12

---

[1] Schlosser/*Hess*, EuZPR, 4. Aufl. 2015, Art. 57 EuGVVO Rn. 7.
[2] Thomas/Putzo/*Hüßtege*, ZPO, 36. Aufl. 2015, § 91 ZPO, Rn. 58.

Kapitel IV Öffentliche Urkunden und gerichtliche Vergleiche

Artikel 58 [Öffentliche Urkunden]

(1) ¹Öffentliche Urkunden, die im Ursprungsmitgliedstaat vollstreckbar sind, sind in den anderen Mitgliedstaaten vollstreckbar, ohne dass es einer Vollstreckbarerklärung bedarf. ²Die Zwangsvollstreckung aus der öffentlichen Urkunde kann nur versagt werden, wenn sie der öffentlichen Ordnung (ordre public) des ersuchten Mitgliedstaats offensichtlich widersprechen würde.
Die Vorschriften des Kapitels III Abschnitt 2, des Abschnitts 3 Unterabschnitt 2 und des Abschnitts 4 sind auf öffentlichen Urkunden sinngemäß anzuwenden.

(2) Die vorgelegte öffentliche Urkunde muss die Voraussetzungen für ihre Beweiskraft erfüllen, die im Ursprungsmitgliedstaat erforderlich sind.

EuGH-Rechtsprechung: EuGH, 17.6.1999 – Rs. C-260/97, *Unibank A/S ./. Christensen*, Slg. 1999, I-3715 (ECLI:EU:C:1999:312)

Schrifttum: *Trittmann, Rolf/Merz, Christian,* Die Durchsetzbarkeit des Anwaltsvergleichs gemäß §§ 796 a ZPO im Rahmen des EUGVÜ/LugÜ – Sicherung des Ergebnisses einer außergerichtlichen Streitbeilegung, IPRax 2001, S. 178.

Übersicht

	Rn.
I. Normzweck und Systematik	1
II. Anwendungsbereich von Art. 58	4
1. Öffentliche Urkunde eines Mitgliedstaates	5
2. Vollstreckbarkeit der Urkunde im Ursprungsstaat	13
3. Sachlicher und zeitlicher Anwendungsbereich der EuGVVO	14
III. Urkundsvollstreckung	17
1. Gemeinschaftsweite Vollstreckbarkeit	18
2. Versagungsverfahren	21
3. Urkundsvollstreckung im Zweitland	26
a) Voraussetzungen für die Vollstreckung	26
b) Durchführung der Vollstreckung	39
c) Rechtsbehelfe in der Vollstreckung	41

I. Normzweck und Systematik

1   Art. 58 ff. erweitern die für mitgliedstaatliche Entscheidungen geltende unmittelbare unionsweite Vollstreckbarkeit auf öffentliche Urkunden und gerichtliche Vergleiche.

2   Art. 58 Abs. 1 Satz 1 stellt klar, dass vollstreckbare öffentliche Urkunden aus einem Mitgliedstaat im EU-Ausland **ohne Vollstreckbarerklärung vollstreckt werden können**. Abs. 1 Satz 2 betrifft das Vollstreckungsversagungsverfahren und beschränkt dieses auf die Prüfung eines Verstoßes gegen die öffentliche Ordnung des Vollstreckungsstaates. Abs. 1 Satz 3 erklärt Art. 39 bis 57 mit Ausnahme von Art. 45 für „*sinngemäß*" auf vollstreckbare öffentliche Urkunden anwendbar.

Abs. 2 ist keine eigenständige Bedeutung beizumessen. Die Vorschrift ist **3** lediglich als Wiederholung dessen zu verstehen, was bereits aus der sinngemäßen Anwendung von Art. 42 Abs. 1 lit. a folgt: Für die Vollstreckung ist im Zweitland eine **Ausfertigung der öffentlichen Urkunde** vorzulegen, die nach dem Recht des Ursprungsstaats die für ihre Beweiskraft erforderlichen Voraussetzungen erfüllt. Zwar ist in Abs. 2 die Rede von der Vorlage der „*öffentlichen Urkunde*" selbst (und nicht von deren Ausfertigung). Es besteht jedoch kein Grund zur Annahme, dass hiermit abweichend von Art. 42 Abs. 1 lit. a eine Obliegenheit zur Vorlage der öffentlichen Urkunde selbst begründet werden sollte. Ansonsten würden öffentliche Urkunden gegenüber gerichtlichen Entscheidungen schlechter gestellt, wofür kein sachlicher Grund ersichtlich ist.

II. Anwendungsbereich von Art. 58

Art. 58 gilt für alle öffentlichen Urkunden i.S.v. Art. 2 lit. c, die im **4** Ursprungsmitgliedstaat vollstreckbar sind und einen von der EuGVVO in sachlicher Hinsicht erfassten Gegenstand betreffen. Ferner müssen sie gem. Art. 66 Abs. 1 in den zeitlichen Anwendungsbereich der EuGVVO fallen.

1. Öffentliche Urkunde eines Mitgliedstaates

Der Begriff der öffentlichen Urkunde ist autonom unter Heranziehung von **5** **Art. 2 lit. c** auszulegen. Die dort enthaltene Legaldefinition entspricht Art. 4 Nr. 3 EuVTVO und benennt folgende **drei Voraussetzungen**:
Erforderlich ist zum einen, dass die Urkunde von einer **Behörde** oder einer **6** anderen hierzu ermächtigten Stelle stammt (vgl. Art. 2 lit. c ii)). Zum anderen muss die Urkunde im Ursprungsmitgliedstaat **als öffentliche Urkunde errichtet** oder eingetragen worden sein (vgl. Art. 2 lit. c. Einführungssatz). Schließlich muss die **Beweiskraft der Urkunde** die Unterschrift und den beurkundeten Inhalt erfassen (vgl. Art. 2 lit. c i)). Ob diese drei Erfordernisse erfüllt sind, ist unter Heranziehung des Rechts des Ursprungsmitgliedstaates zu beurteilen.
Die verordnungseigene Definition deckt sich weitgehend mit der Legaldefini- **7** tion in **§ 415 Abs. 1 ZPO**. Übereinstimmend ist erforderlich, dass die Urkunde von einer öffentlichen Behörde oder ermächtigten Stelle in der vorgeschriebenen Form ausgestellt wurde. Aus § 415 Abs. 1 ZPO folgt, dass die von dieser Norm erfassten Urkunden vollen Beweis für den beurkundeten Vorgang und die Urkundsperson erbringen. Damit erfüllen alle öffentlichen Urkunden i.S.v. § 415 ZPO zugleich die Anforderungen von Art. 2 lit. c.
Aus Deutschland erfasst Art. 58 insbesondere die in **§ 794 Abs. 1 Nr. 5 ZPO** **8** genannten öffentlichen Urkunden. Hierzu gehören zum einen die **notariellen vollstreckbaren Urkunden**, d.h. insbesondere die Unterwerfungserklärungen. Ferner könnten auch gerichtliche Urkunden erfasst sein. Gem. § 62 BeurkG besteht eine gerichtliche Zuständigkeit zur Ausstellung vollstreckbarer öffentlicher Urkunden jedoch nur in bestimmten Unterhaltsangelegenheiten, die gem.

Art. 1 Abs. 2 lit. 3 aus dem Anwendungsbereich der EuGVVO ausgenommen sind.

9   Außerdem erstreckt sich Art. 58 auf die in § 794 Abs. 1 Nr. 4b ZPO geregelten Anwaltsvergleiche, sofern diese von einem Gericht (§ 796b ZPO) oder einem Notar (§ 796c ZPO) für vollstreckbar erklärt worden sind.[1] Obwohl im Falle von § 796b ZPO die Vollstreckbarerklärung durch gerichtlichen Beschluss erfolgt, werden diese Anwaltsvergleiche nicht wie Gerichtsentscheidungen, sondern allein wie vollstreckbare Urkunden nach Art. 58 grenzüberschreitend vollstreckt.[2] Denn die Vollstreckbarerklärung nach § 796b ZPO ist keine gerichtliche Sachentscheidung über den vollstreckbaren Anspruch, sondern bewirkt allein eine Bestätigung von dessen Inhalt. Die Grundlage des Anwaltsvergleichs bleibt allein die rechtsgeschäftliche Vereinbarung der Parteien.

10 Schließlich gilt Art. 58 für Vergleiche i.S.v. § 794 Abs. 1 Nr. 1 Alt. 2 ZPO, die vor einer durch die Landesjustizverwaltung eingerichteten **Gütestelle** geschlossen worden sind. Von Art. 58 nicht erfasst sind allerdings die vor einem deutschen Gericht abgeschlossenen Prozessvergleiche i.S.v. § 794 Abs. 1 Nr. 1 Alt. 1 ZPO. Diese unterfallen Art. 59.

11 Aus dem Ausland ist insbesondere der vom französischen *huissier* errichtete *titre exécutoire* erfasst.[3]

12 **Nicht erfasst ist ein Schuldschein**, den der Schuldner in der Anwesenheit eines Zeugen ausgestellt hat. Das gilt selbst dann, wenn dieser Schuldschein nach dem Recht des Ursprungsstaates als Grundlage für die Zwangsvollstreckung dienen kann.[4] Hier fehlt es an der erforderlichen Mitwirkung einer Behörde. Aus diesem Grund stellt auch eine Unterhaltsvereinbarung nach schwedischem Recht, die lediglich von zwei Zeugen beglaubigt wurde, keine öffentliche Urkunde dar.[5]

2. Vollstreckbarkeit der Urkunde im Ursprungsstaat

13 Die Urkunde muss im Ursprungsstaat vollstreckbar sein. Der Ursprungsstaat ist nach dem Ausstellungsort der Urkunde zu bestimmen. Konsularische Urkunden sind dem Entsendestaat zuzuordnen.[6]

3. Sachlicher und zeitlicher Anwendungsbereich der EuGVVO

14 In **zeitlicher Hinsicht** erfasst Art. 58 alle Urkunden, die an oder nach dem 10. Januar 2015 förmlich errichtet oder eingetragen bzw. gebilligt oder geschlos-

---

[1] Kindl/Meller-Hannich/Wolf/*Mäsch*, Gesamtes Recht der Zwangsvollstreckung, 2. Aufl. 2013, Art. 57 EuGVVO a.F. Rn. 11; *Trittmann/Merz*, IPRax 2001, S. 178.
[2] Thomas/Putzo/*Hüßtege*, ZPO, 36. Aufl. 2015; Art. 58 EuGVVO Rn. 2; Saenger/*Dörner*, ZPO, 6. Aufl. 2015, Art. 58 EuGVVO Rn. 3. A. A. *Schlosser*, EuZPR, 3. Aufl. 2009, Art. 57 EuGVVO a.F. Rn. 2.
[3] OLG Saarbrücken, 6.7.1998 – 5 W 375/97, Rn. 23 ff. (nach juris) = IPRax 2001, S. 238 m. Anm. *Reinmüller*, IPRax 2001, S. 207.
[4] EuGH, 17.6.1999 – Rs. C-260/97, *Unibank A/S ./. Christensen*, Slg. 1999, I-3715 (ECLI:EU:C:1999:312), Rn. 14 m. Anm. *Geimer*, IPrax 2000, S. 366 und ZZPInt 2001, S. 182 sowie *Fleischhauer*, DNotZ 1999, S. 925.
[5] OLG Karlsruhe, 30.1.2007 – 9 W 41/06, Rn. 8 (nach juris) = FamRZ 2007, S. 1581.
[6] Thomas/Putzo/*Hüßtege*, ZPO, 36. Aufl. 2015; Art. 58 EuGVVO Rn. 3; Saenger/*Dörner*, ZPO 6. Aufl. 2015, Art. 58 EuGVVO Rn. 1.

sen worden sind, vgl. Art. 66 Abs. 1. Für ältere Urkunden gelten gem. Art. 66 Abs. 2 die Regeln der EuGVVO a.F. Für die zeitliche Zuordnung des Anwaltsvergleichs i.S.v. § 796a ZPO kommt es darauf an, wann er durch das Prozessgericht oder einen Notar gem. § 796b ZPO oder § 796c ZPO für vollstreckbar erklärt worden ist.

In **sachlicher Hinsicht** gilt Art. 58 nur für solche Urkunden, die sich auf 15 einen von der EuGVVO gem. Art. 1 erfassten Gegenstand beziehen. Nicht erfasst ist demnach beispielsweise die Kostenanforderung durch den Notar, da dieser ein öffentlich-rechtlichen Anspruch zugrundeliegt. Ferner sind alle Urkunden ausgenommen, die Gegenstände i.S.v. Art. 1 Abs. 2 betreffen, so etwa die Urkunden über gesetzliche Unterhaltsansprüche. Für diese gilt die EuUntVO. Weiterhin von der EuGVVO erfasst sind allerdings rechtsgeschäftliche Unterhaltsvereinbarungen, da insoweit die EuUntVO keine Geltung entfaltet.

Soweit sich die **öffentliche Urkunde auf Geldforderungen** bezieht, kann 16 sie auch gem. Art. 25 EuVTVO als **europäischer Vollstreckungstitel** bestätigt werden. Seit dem Entfall des Exequaturs in der EuGVVO hat die Bestätigung als Europäischer Vollstreckungstitel keinen nennenswerten Vorteil gegenüber der Vollstreckung nach der EuGVVO n.F. Der Vorteil einer Vollstreckung nach der EuVTVO besteht insbesondere darin, dass ein Vollstreckungsversagungsverfahren im Zweitstaat nicht vorgesehen ist. Abweichend von Art. 58 Abs. 1 Satz 2 scheidet in der EuVTVO außerdem eine *ordre public*-Kontrolle im Vollstreckungsstaat aus.

III. Urkundsvollstreckung

Gem. Abs. 1 Satz 1 sind die öffentlichen Urkunden in allen Mitgliedstaaten 17 ohne vorherige Vollstreckbarerklärung vollstreckbar.

1. Gemeinschaftsweite Vollstreckbarkeit

Der Inhalt der gemeinschaftsweit geltenden Vollstreckbarkeit öffentlicher 18 Urkunden richtet sich entsprechend der sinngemäßen Anwendung von Art. 39 nach dem **Recht des Ursprungsstaates**. Demnach müssen nach dem Recht des Ursprungslandes alle Voraussetzungen für die Anspruchsdurchsetzung erfüllt und durch dortige Stellen geprüft worden sein. Im Zweitstaat müssen lediglich die in Art. 42 und 43 geregelten Vollstreckungsvoraussetzungen geschaffen werden.

Instrumentelles Dokument zur Übertragung der Vollstreckbarkeit ins Zweit- 19 land ist die **Bescheinigung i.S.v Art. 60**. Vor Ausstellung dieser Bescheinigung im Ursprungsland sind alle nach dortigem Recht vorgesehenen Voraussetzungen der Vollstreckbarkeit zu prüfen (insbesondere ob ggf. in der Urkunde festgelegte Fälligkeitsvoraussetzungen oder andere Bedingungen der zwangsweisen Durchsetzung erfüllt sind). In Deutschland wird die Bescheinigung gem. §§ 1110 Abs. 1

ZPO von den für die Erteilung einer vollstreckbaren Ausfertigung zuständigen Gerichten oder Notaren ausgestellt. Im Falle eines gerichtlich vollstreckbar erklärten Anwaltsvergleichs (§ 796b ZPO) ist gem. § 797 Abs. 1 Satz 1 ZPO der Urkundsbeamte der Geschäftsstelle zuständig. Bei notariellen Urkunden liegt die Zuständigkeit gem. § 767 Abs. 2 Satz 1 ZPO beim Notar und im Falle eines Gütestellenvergleichs (§ 794 Abs. 1 Nr. 1 ZPO) bei dem Urkundsbeamten der Geschäftsstelle des Amtsgerichts, in dessen Bezirk die Gütestelle ihren Sitz hat (§ 797a Abs. 1 ZPO).

20 Die Regeln der Entscheidungsanerkennung (**Art. 36–38**) finden auf öffentliche Urkunden jedoch **keine Anwendung**. Dies liegt aus deutscher Sicht nahe, weil öffentlichen Urkunden keine anerkennungsfähigen prozessualen Wirkungen zukommen.[7] Insbesondere entfalten sie keine Rechtskraft.

2. Versagungsverfahren

21 Der Schuldner einer öffentlichen Urkunde hat gem. Abs. 1 Satz 3 die Möglichkeit, einen Antrag auf Vollstreckungsversagung nach Art. 46 ff. zu stellen. In dem Versagungsverfahren kann er jedoch gem. **Abs. 1 Satz 2** ausschließlich geltend machen, dass die Zwangsvollstreckung aus der Urkunde der öffentlichen Ordnung des Vollstreckungsstaats offensichtlich widerspreche.

22 Die Anwendung der anderen Versagungsgründe aus Art. 45 Abs. 1 wäre unpassend: Eine Nachprüfung der internationalen Zuständigkeit (Art. 45 Abs. 1 lit. e) macht schon deswegen keinen Sinn, weil die Zuständigkeitsregeln der EuGVVO nicht für die Errichtung öffentlicher Urkunden gelten, sondern allein für gerichtliche Entscheidungen.[8] Eine Kollision mit einer Entscheidung im Zweitstaat (Art. 45 Abs. 1 lit. c und d) ist mangels Rechtskraftwirkung der öffentlichen Urkunde nicht denkbar. Ebenso wenig kann das rechtliche Gehör des Schuldners verletzt sein (Art. 45 Abs. 1 lit. b), da die öffentliche Urkunde nicht in einem gerichtlichen Verfahren zustande gekommen ist.

23 Es kommt sowohl eine **Verletzung des materiell-rechtlichen als auch des verfahrensrechtlichen** *ordre public* in Betracht.[9] Letzterer dürfte jedoch eingeschränkte praktische Relevanz haben, weil nur in engem Maße denkbar ist, dass der Schuldner bei der Errichtung einer öffentlichen Urkunde in seinen Verfahrensrechten verletzt wird.[10] Dazu müsste es im Beurkundungsverfahren zu groben Fehler gekommen sein. Eine Verletzung des materiell-rechtlichen *ordre public* kommt dann in Betracht, wenn entweder der zu vollstreckende Anspruch oder da diesem zugrundeliegende Rechtsverhältnis gegen die öffentliche Ordnung des Zweitstaates verstößt.[11]

---

[7] *Geimer*/Schütze, EuZVR, 3. Aufl. 2010, Art. 57 EuGVVO a.F. Rn. 27.
[8] Saenger/*Dörner*, ZPO, 6. Aufl. 2015, Art. 58 EuGVVO Rn. 9.
[9] *Geimer*/Schütze, EuZVR, 3. Aufl. 2010, Art. 57 EuGVVO a.F. Rn. 45 ff.; Saenger/*Dörner*, ZPO, 6. Aufl. 2015, Art. 58 EuGVVO Rn. 9.
[10] *Geimer*/Schütze, EuZVR, 3. Aufl. 2010, Art. 57 EuGVVO a.F. Rn. 48; Kropholler/*von Hein*, EuZPR, 9. Aufl. 2011, Art. 57 EuGVVO a.F., Rn. 13.
[11] *Geimer*/Schütze, EuZVR, 3. Aufl. 2010, Art. 57 EuGVVO a.F. Rn. 46 ff.

Text + Erläuterungen   Art. 58   **B Vor I** 7

Wird in Deutschland das Versagungsverfahren gegen eine öffentliche Urkunde 24
aus dem EU-Ausland durchgeführt, können **materiell-rechtliche Einwendungen** gegen den in der Urkunde titulierten Anspruch nicht geltend gemacht werden.[12]

Das mit dem Rechtsbehelf nach Art. 46 befasste Gericht kann gem. Art. 51 25
i.V.m. Art. 58 Abs. 1 Satz 3 das Verfahren aussetzen, wenn gegen die Urkunde im Ursprungsland ein Rechtsbehelf eingelegt wurde oder noch eingelegt werden kann. Gleichzeitig mit einem Antrag auf Vollstreckungsversagung kann der Schuldner gem. Art. 44 Abs. 1 i.V.m. Art. 58 Abs. 1 Satz 3 eine Beschränkung oder Aussetzung der Vollstreckung beantragen.

3. Urkundsvollstreckung im Zweitland

a) Voraussetzungen für die Vollstreckung

Gem. Art. 42 Abs. 1 i.V.m. Art. 58 Abs. 2 Satz 3 hat der Vollstreckungsgläubi- 26
ger zur Vollstreckung im Zweitland eine Ausfertigung der Urkunde vorzulegen, die *„die für ihre Beweiskraft erforderlichen Voraussetzungen erfüllt"* (Art. 42 Abs. 1 lit. a) und eine Bescheinigung i.S.v. Art. 60 i.V.m. Anhang II (sinngemäß Art. 42 Abs. 1 lit. b).

aa) Vorlage Urkundenausfertigung (Art. 42)

Erforderlich ist, dass die Ausfertigung den **Beweis für die Echtheit und den** 27
Inhalt der Urkunde erbringt. Unter welchen Voraussetzungen dies der Fall ist, richtet sich nach dem internen **Recht des Herkunftsstaats**. Für in Deutschland ausgestellte Urkunden gelten die folgenden Regeln: Die Ausfertigungen notarieller öffentlicher Urkunden aus Deutschland müssen die Anforderungen von § 49 BeurkG erfüllen. § 52 BeurkG, der für vollstreckbare Ausfertigungen gilt, muss jedoch nicht eingehalten werden, da im Rahmen der EuGVVO die vollstreckbare Ausfertigung durch die Bescheinigung nach Art. 60 i.V.m. Anhang II ersetzt ist.

Die Ausfertigung gerichtlicher öffentlicher Urkunden wird im Anwendungs- 28
bereich der EuGVVO lediglich für die Vollstreckbarerklärung von **Amtsvergleichen gem. §§ 796b, 794 Abs. 1 Nr. 4b ZPO** von Bedeutung sein. Wird ein deutscher Anwaltsvergleich gem. §§ 796a, 796b ZPO von einem deutschen Gericht für vollsteckbar erklärt, geschieht dies gem. § 796b Abs. 2 Satz 2 ZPO durch Beschluss. Demzufolge sind für dessen Ausfertigung die Voraussetzungen von §§ 317 Abs. 2 bis Abs. 4 i.V.m. 329 Abs. 1 Satz 2 ZPO einzuhalten.

Für einen vor einem deutschen Gericht geschlossenen **Prozessvergleich** 29
i.S.v. § 794 Abs. 1 Nr. 1 ZPO, der gem. Art. 59 wie eine öffentliche Urkunde vollstreckt wird, ist zu unterscheiden: Wird der Vergleich in der mündlichen Verhandlung geschlossen, muss er nach Maßgabe der §§ 160–163 ZPO ausgefertigt werden, damit er die für seine Beweiskraft erforderlichen Voraussetzungen i.S.v. Art. 42 Abs. 2 lit. a erfüllt. Wird der Vergleich außerhalb der mündlichen

---

[12] Siehe die Kommentierung bei Art. 46 Rn. 16.

Verhandlung geschlossen und nach Maßgabe von § 278 Abs. 6 ZPO durch Beschluss festgestellt, muss er nach §§ 317 Abs. 2 bis Abs. 4 i.V.m. 329 Abs. 1 Satz 2 ZPO ausgefertigt werden, damit die Anforderungen von Art. 42 Abs. 1 lit. a erfüllt sind.

30 Für einen **Gütestellenvergleich** i.S.v. § 794 Abs. 1 Nr. 1 ZPO, der vor einer durch eine Landesjustizverwaltung eingerichteten oder von dieser anerkannten Gütestelle abgeschlossen worden ist, sind die Ausfertigungsanforderungen der jeweils anwendbaren Schlichtungsordnung einzuhalten.

31 Die Vollstreckungsstellen des Zweitstaates sind jedoch nicht verpflichtet, die jeweils anwendbaren nationalen Ausfertigungsregeln des Ursprungslandes im Detail zu prüfen. Dies wäre in aller Regel ohnehin nicht ohne Einholung eines Gutachtens zum Inhalt des ausländischen Rechts möglich. Aus Art. 61 folgt vielmehr, dass mitgliedstaatlichen Urkunden die Echtheitsvermutung von § 437 ZPO zukommt, ohne dass sie einer Legalisierung oder Apostille bedürfen. Demzufolge hat sich die Vollstreckungsstelle in der Regel nur zu vergewissern, dass die Urkunde nach Form und Inhalt den äußeren Anschein einer echten öffentlichen Urkunde erweckt.[13] Eine vertiefte Auseinandersetzung mit dem Recht des Ursprungsstaates ist nur geboten, wenn Anhaltspunkte für Unregelmäßigkeiten vorliegen.

32 Die zuständige Vollstreckungsbehörde im Zweitstaat darf eine Übersetzung der öffentlichen Urkunde nur ausnahmsweise nach Art. 42 Abs. 4 i.V.m. Art. 58 Abs. 1 Satz 3 verlangen, wenn die Vollstreckung ansonsten nicht durchgeführt werden kann.[14]

bb) Vorlage Bescheinigung nach Art. 60 i.V.m. Anhang II (Art. 42)

33 Zusätzlich zur Ausfertigung der öffentlichen Urkunde hat der Vollstreckungsgläubiger in sinngemäßer Anwendung von Art. 42 Abs. 1 lit. b eine Bescheinigung i.S.v. Art. 60 i.V.m. Anhang II vorzulegen, mit der bestätigt wird, dass die Urkunde vollstreckbar ist, und in der die Details des zu vollstreckenden Inhalts wiedergegeben werden (vgl. hierzu die Kommentierung zu Art. 60). Es steht im Ermessen der zuständigen Vollstreckungsbehörde, vom Gläubiger ggf. eine Übersetzung oder Transliteration des Inhalts der Bescheinigung gem. Art. 42 Abs. 3 i.V.m. Art. 58 Abs. 1 Satz 3 zu verlangen.

34 Die Bescheinigung i.S.v. Art. 60 tritt funktionell an die Stelle der Vollstreckungsklausel. Für eine Vollstreckung in Deutschland wird dies durch § 1112 ZPO klargestellt. Auch die aus dem Ausland stammenden öffentlichen Urkunden i.S.v. Art. 59 unterfallen dem § 794 Abs. 1 Nr. 9 ZPO.

cc) Zustellung der Bescheinigung, Art. 43

35 Die Bescheinigung i.S.v. Art. 60 i.V.m. Anhang II ist dem Schuldner vor Beginn der Vollstreckung gem. Art. 43 Abs. 1 Satz 1 i.V.m. Art. 58 Abs. 1 Satz 3 zuzustellen. Der Bescheinigung ist die zu vollstreckende Urkunde gem. Art. 43

---

[13] Kindl/Meller-Hannich/Wolf/*Mäsch*, Gesamtes Recht der Zwangsvollstreckung, 2. Aufl. 2013, Art. 53 EuGVVO a.F. Rn. 4.
[14] Vgl. hierzu die Kommentierung zu Art. 42 Abs. 3.

Abs. 1 Satz 2 i.V.m. 58 Abs. 1 Satz 3 beizufügen, sofern sie dem Schuldner noch nicht zugestellt wurde.

Eine Übersetzung der Urkunde wird der Schuldner in der Regel nicht verlangen können, weil diese meist in einer dem Schuldner geläufigen Sprache abgefasst sein wird, so dass Art. 43 Abs. 2 Satz 1 lit. a i.V.m. 58 Abs. 1 Satz 3 erfüllt sein wird. 36

dd) Prüfungen durch die Vollstreckungsstelle im Zweitland

Vor Durchführung der Vollstreckung im Zweitland hat das dort zuständige Vollstreckungsorgan die Tatbestandsvoraussetzungen von Art. 58 Abs. 1 zu prüfen. Demnach hat es sich zum einen darüber zu vergewissern, dass **eine öffentliche Urkunde im Anwendungsbereich der EuGVVO** vorliegt und dass diese **ordnungsgemäß ausgefertigt** wurde. Schließlich ist der Vollstreckungsstelle nicht nur die Bescheinigung i.S.v. Art. 60 vorzulegen, sondern auch eine Ausfertigung der Urkunde. Zum anderen muss geprüft werden, ob die **Urkunde vollstreckbar** ist. Dies muss allerdings nur anhand der Bescheinigung i.S.v. Art. 60 erfolgen, da alles andere die Vollstreckungsorgane überfordern würde.[15] 37

Hat die Vollstreckungsstelle des Zweitlandes innerhalb ihrer Prüfungskompetenz einen Fehler gemacht und will der Schuldner geltend machen, dass etwa keine öffentliche Urkunde i.S.v. Art. 58 vorliegt, deren Ausfertigung nicht ordnungsgemäß erfolgt ist oder die Bescheinigung i.S.v. Art. 60 formell fehlerhaft ist, kann er sich im Zweitstaat gegen die Vollstreckung wehren (in Deutschland über § 766 ZPO). Wurde allerdings die Bescheinigung i.S.v. Art. 60 zu Unrecht ausgestellt, handelt es sich nicht um einen Fehler im Zuständigkeitsbereich des zweitstaatlichen Vollstreckungsorgans, so dass der Schuldner insoweit Rechtsschutz vor den Gerichten des Ursprungsstaates zu suchen hat. 38

b) Durchführung der Vollstreckung

Wie die Entscheidungen werden auch die öffentlichen vollstreckbaren Urkunden i.S.v. Art. 58 nach dem Vollstreckungsrecht des ersuchten Mitgliedstaates vollstreckt, vgl. Art. 41 Abs. 1 Satz 1 i.V.m. Art. 58 Abs. 1 Satz 3. Soweit allerdings die EuGVVO selbst vorrangige oder ergänzende Regelungen zum Vollstreckungsverfahren bereithält, sind auch diese gem. Art. 58 Abs. 1 Satz 3 „*sinngemäß*" auf die vollstreckbaren öffentlichen Urkunden anwendbar. Im Einzelnen gelten die Art. 39 bis 57, mit Ausnahme von Art. 45. 39

Anwendbar ist insbesondere Art. 44, so dass bei Stellung eines Versagungsantrags i.S.v. Art. 46 die Vollstreckung Art. 44 Abs. 1 ausgesetzt oder beschränkt werden kann. Wurde die Vollstreckbarkeit im Ursprungsmitgliedstaat vorübergehend ausgesetzt, führt dies auch im Zweitland zu einer Vollstreckungsaussetzung gem. Art. 44 Abs. 2. Wurde die Vollstreckbarkeit im Ursprungsland endgültig aufgehoben oder vorläufig bzw. endgültig beschränkt, ist dies in Deutschland nach Maßgabe von § 1116 ZPO zu beachten. 40

---

[15] A. A. offenbar Saenger/*Dörner*, ZPO 6. Aufl. 2015, Art. 58 EuGVVO Rn. 8, wonach die Vollstreckungsstelle im Zweitland auch die Vollstreckbarkeit im Ursprungsmitgliedstaat und das ordnungsgemäße Zustandekommen der öffentlichen Urkunde prüfen müsse.

c) Rechtsbehelfe in der Vollstreckung

41   Mit Einwendungen, die den Bestand der vollstreckbaren Urkunde betreffen, ist der Schuldner auf das Ursprungsland verwiesen. Bei Urkunden, die in Deutschland errichtet wurden, sind hierfür insbesondere zwei Rechtsbehelfe denkbar: Zum einen kann der Schuldner über die **Vollstreckungsgegenklage** i.S.v. §§ 797, 795 Abs. 1 Satz 1 ZPO materiell-rechtliche Einwendungen gegen den beurkundeten Anspruch (etwa dessen Erlöschen durch Zahlung oder dessen Verjährung[16]) geltend machen. Zum anderen ist die **Gestaltungsklage** *sui generis* analog § 767 ZPO denkbar, wenn sich der Einwand gegen die Wirksamkeit des Titels selbst richtet (etwa weil der titulierte Anspruch zu unbestimmt oder weil eine notarielle Vollstreckungsunterwerfung wegen Verstoßes gegen § 134 BGB nichtig ist).[17]

42   Materiell-rechtliche Einwendungen kann der Schuldner auch direkt im Zweitstaat geltend machen. Der deutsche Gesetzgeber hat zur Vollstreckungsgegenklage i.S.v. § 767 ZPO gegen eine ausländische vollstreckbare Urkunde die ergänzende Regelung in § 1117 ZPO erlassen, dessen Abs. 2 (systematisch dem § 797 Abs. 4 ZPO entsprechend) die Präklusionsregelung für nicht anwendbar erklärt. Dies trägt dem Umstand Rechnung, dass Urkunden keine Rechtskraftwirkung zukommt.

43   Des Weiteren sind sämtliche **vollstreckungsinternen Rechtsbehelfe aus dem Recht des Vollstreckungslandes** anwendbar. Dies ergibt sich aus Art. 41 Abs. 1, der über Art. 58 Abs. 1 Satz 3 anwendbar ist. Bei der Vollstreckung einer ausländischen öffentlichen Urkunde in Deutschland können demnach etwa einzelne Vollstreckungsmaßnahmen im Wege der Erinnerung gem. § 766 ZPO beanstandet werden. Dritten steht die Drittwiderspruchsklage nach § 771 ZPO offen.

Artikel 59 [Gerichtliche Vergleiche]

Gerichtliche Vergleiche, die im Ursprungsmitgliedstaat vollstreckbar sind, werden in den anderen Mitgliedstaaten unter denselben Bedingungen wie öffentliche Urkunden vollstreckt.

EuGH-Rechtsprechung: EuGH, 2.6.1994 – Rs. C-414/92, *Solo Kleinmotoren GmbH ./. Boch*, Slg. 1994, I-2337 (ECLI:EU:C:1994:221)

Schrifttum: *Frische, Tobias*, Verfahrenswirkungen und Rechtskraft gerichtlicher Vergleiche, 2006.

Übersicht

	Rn.
I. Anwendungsbereich	1
1. Begriff des gerichtlichen Vergleichs	1
2. Sachlicher und zeitlicher Anwendungsbereich	11
II. Internationale Zuständigkeit für den Abschluss eines gerichtlichen Vergleichs?	16
III. Vollstreckung; Versagung	18

[16] BGH, 5.11.1998 – IX ZR 48/98, NJW 1999, S. 278.
[17] BGH, 30.3.2010 – XI ZR 200/09, NJW 2010, S. 2041.

Text + Erläuterungen Art. 59 **B Vor I** 7

I. Anwendungsbereich

1. Begriff des gerichtlichen Vergleichs

Art. 59 gilt nur für gerichtliche Vergleiche i.S.v. Art. 2 lit. b. Davon erfasst **1** sind **Vergleiche**, die von **einem mitgliedstaatlichen Gericht gebilligt oder vor einem mitgliedstaatlichen Gericht im Laufe eines Verfahrens geschlossen** worden sind. Ein gerichtlicher Vergleich im Sinne dieser Definition zeichnet sich im Wesentlichen durch seine vertragliche Natur aus und liegt dann vor, wenn sein Inhalt in erster Linie vom Willen der Parteien bestimmt wird.[1]
Hiervon sind jedenfalls die **Prozessvergleiche** i.S.v. **§ 794 Abs. 1 Nr. 1 2 Alt. 1** ZPO erfasst sowie die **Vergleiche**, die im Verfahren der Prozesskostenhilfe **nach § 118 Abs. 1 Satz 3 ZPO** und im selbständigen Beweisverfahren gem. **§ 492 Abs. 3 ZPO** abgeschlossen wurden (§ 794 Abs. 1 Nr. 1 Alt. 3 und Alt. 4 ZPO). In diesen Fällen liegt keine gerichtliche Entscheidung über den Streit vor. Eine solche setzt nämlich voraus, dass ein Gericht kraft seines Auftrags selbst über die Streitpunkte, die zwischen den Parteien bestehen, entscheidet.[2] Vielmehr handelt es sich um einen Vertrag zwischen den Parteien, den das Gericht lediglich dokumentiert bzw. beurkundet.
Kein gerichtlicher Vergleich im Sinne von Art. 59 (bzw. Art. 2 lit. b) stellen **3** die von einem Gericht für vollstreckbar erklärten Anwaltsvergleiche dar (§ 796b ZPO). Genauso wenig sind Gütestellenvergleiche i.S.v. § 794 Abs. 1 Nr. 1 2. Alt. ZPO erfasst. Beide Vergleiche unterliegen als öffentliche Urkunde Art. 58.
Unklar ist die Einordnung sog. **Vergleichsurteile**, d.h. gerichtlicher Ent- **4** scheidungen, die auf der Grundlage eines Vergleichs erlassen werden. Solche sind etwa im englischen (*consent judgment*) sowie im französischen Recht (*jugement d'expédient*) bekannt. Hierbei wird der Vergleich nicht lediglich gerichtlich protokolliert, sondern in ein nichtstreitiges Urteil aufgenommen.
Ob derartige Vergleichsurteile Art. 59 (bzw. Art. 2 lit. b) unterfallen oder als **5** Entscheidung i.S.v. Art. 2 lit. a nach den Art. 36 ff. anzuerkennen sind, wird unterschiedlich beurteilt. Handelt es sich um eine Entscheidung, besteht für die Parteien der Vorteil, dass neben der Vollstreckbarkeit weitere prozessuale Wirkungen (insbesondere die Rechtskraft) im Wege der Anerkennung auf das Zweitland erstreckt werden können. Aus Sicht der vollstreckungswilligen Partei besteht demgegenüber der Nachteil, dass die Vollstreckungsversagungsgründe nicht gem. Art. 58 Abs. 1 Satz 2 auf den *ordre public*-Einwand beschränkt sind.
Für die Behandlung von Vergleichsurteilen sind unterschiedliche Kriterien **6** denkbar: Zum einen kommt in Betracht, die Art. 36 ff. immer dann anzuwenden, wenn der Vergleich nach dem Recht des Ursprungsstaates die Form eines

---
[1] Vgl. zum EuGVÜ EuGH, 2.6.1994 – Rs. C-414/92, *Solo Kleinmotoren GmbH ./. Boch*, Slg. 1994, I-2237 (ECLI:EU:C:1994:221), Rn. 18 sowie *Jenard*-Bericht, 1979, S. 65 („contractual in nature").
[2] Zum EuGVÜ EuGH, 2.6.1994 – Rs. C-414/92, *Solo Kleinmotoren GmbH ./. Boch*, Slg. 1994, I-2237, Rn. 17.

Urteils oder Beschlusses hat.³ Gegen diese formale Unterscheidung spricht jedoch bereits Art. 2 lit. a, wonach die Bezeichnung eines Titels unerheblich ist für seine Einordnung im Rahmen der EuGVVO,⁴ ferner die gebotene autonome Auslegung der Begrifflichkeiten der EuGVVO.

7 Zum anderen wird vorgeschlagen, die Abgrenzung nach der funktionalen Rolle des Gerichts vorzunehmen:⁵ Soweit dieses den Vergleich lediglich dokumentiert oder ggf. anhand rechtlicher Mindestanforderungen prüft (wie etwa seine Vollstreckungsfähigkeit, oder seine Vereinbarkeit mit den Gesetzen und den guten Sitten), liege sein Geltungsgrund weiterhin primär im Parteiwillen und es handele sich daher um einen Vergleich i.S.v. Art. 59. Entscheide das Gericht hingegen auch inhaltlich über den Streit als Ganzes oder einzelne Punkte aus diesem nach einer eigenständigen Bewertung des Sachverhalts, liege eine gerichtliche Entscheidung i.S.v. Art. 2 lit. a vor. Auch der EuGH hat in der Entscheidung *Solo Kleinmotoren ./. Boch* klargestellt, eine „Entscheidung" sei v.a. dadurch gekennzeichnet, dass ein Rechtsprechungsorgan eines Mitgliedstaates kraft seines Auftrags selbst über zwischen den Parteien bestehende Streitpunkte entschieden habe.⁶

8 Dennoch ist der Grad der Beteiligung des Gerichts kein überzeugendes Abgrenzungskriterium. Schließlich gibt es auch Titel, wie etwa das Verzichts- oder Anerkenntnisurteil, bei denen das Gericht nicht aufgrund eigener Beurteilung, sondern allein wegen des Dispositionsaktes einer Partei entscheidet, die dennoch als Entscheidung i.S.v. Art. 2 lit. a einzuordnen sind.⁷ Ferner drohte eine Beeinträchtigung des der EuGVVO zugrundeliegenden Prinzips der Entscheidungsfreizügigkeit, weil u.U. Vergleichsurteile nicht im Zweitland anerkannt werden könnten, obwohl ihnen im Ursprungsland prozessuale Entscheidungswirkungen zukommen.

9 **Vorzugswürdig** erscheint es vielmehr, Vergleichsurteile **immer dann** als eine **anerkennungsgeeignete Entscheidung** i.S.v. Art. 36 (bzw. Art. 2 lit. a) einzuordnen, wenn ihnen **im Ursprungsstaat prozessuale Entscheidungswirkungen**, wie etwa die Präklusionswirkung zukommen.⁸ Dies verwirklicht zum einen das Prinzip der Wirkungserstreckung und schützt das Vertrauen der Parteien des Ausgangsrechtsstreits in die Befriedungsfunktion, die dem Vergleichsurteil nach dem dortigen Recht beigemessen wird. Zum anderen ist es bei Vergleichsurteilen mit weitergehenden Wirkungen durchaus angemessen, sämtliche Anerkennungsversagungsgründe i.S.v. Art. 45 anzu-

---

³ *Nelle*, Anspruch, Titel und Vollstreckung im internationalen Rechtsverkehr, 2000, S. 288; *von Hoffmann/Hau*, IPRax 1995, 217 (218); *Rauscher/Staudinger*, EuZPR, 2011, Art. 58 EuGVVO a.F. Rn. 5.
⁴ *Frische*, Verfahrenswirkungen und Rechtskraft gerichtlicher Vergleiche, 2006, S. 138 f.
⁵ So auch *Kropholler/von Hein*, EuZPR, 9. Aufl. 2011, Art. 58 EuGVVO a.F., Rn. 1b; *Geimer/Schütze*, EuZVR, 3. Aufl. 2010, Art. 32 EuGVVO a.F. Rn. 40.
⁶ EuGH, 2.6.1994 – Rs. C-414/92, *Solo Kleinmotoren GmbH ./. Boch*, Slg. 1994, I-2237 (ECLI:EU:C:1994:221), Rn. 17.
⁷ *Frische*, Verfahrenswirkungen und Rechtskraft gerichtlicher Vergleiche, 2006, S. 141; *Hess*, EuZPR, 2008, § 6 Rn. 256.
⁸ *Schlosser*, EuZPR, 3. Aufl. 2009, Art. 58 EuGVVO a.F. Rn. 1; *Frische*, Verfahrenswirkungen und Rechtskraft gerichtlicher Vergleiche, 2006, S. 141 ff.

wenden. Insbesondere ist es sinnvoll, zur Bewahrung des Rechtsfriedens im Zweitland drohende Entscheidungskollisionen gem. Art. 45 Abs. 1 lit. c zu verhindern.

Nach diesem Kriterium sind sowohl das englische *consent judgement*, als auch 10 das französische *jugement d'expédient* als Entscheidungen nach Art. 36 ff. anzuerkennen und zu vollstrecken, weil sie nach dem Recht des Ursprungsstaates in materieller Rechtskraft erwachsen.[9] Als gerichtliche Vergleiche i.S.v. Art. 59 sind hingegen der gerichtliche Beschluss nach § 278 Abs. 6 ZPO, das französische *jugement de donné-acte* und der spanische Bestätigungsbeschluss einzuordnen, die zwar in der Form einer gerichtlichen Entscheidung ergehen, jedoch keine materielle Rechtskraft entfalten.[10]

2. Sachlicher und zeitlicher Anwendungsbereich

Art. 59 erfasst gerichtliche Vergleiche, die sich auf eine in den sachlichen 11 Anwendungsbereich der EuGVVO fallende Zivil- oder Handelssache i.S.v. Art. 1 beziehen.

Vergleiche über **erbrechtliche Streitgegenstände** können aufgrund der 12 Bereichsausnahme in Art. 1 Abs. 1 lit. f nicht nach Art. 59 vollstreckt werden. Sie unterfallen den Vorschriften der EuErbVO, die für Erbfälle in den Mitgliedstaaten ab dem 17. August 2015 gelten.

Gerichtliche Vergleiche über **Unterhaltsansprüche** sind aufgrund Art. 1 13 Abs. 1 lit. e ebenso wenig von Art. 59 erfasst. Ihre Vollstreckbarkeit richtet sich nach den Vorschriften der EuUnterhVO.

Vergleiche, die **im Rahmen eines Insolvenzverfahrens** gerichtlich bestätigt 14 werden, fallen gem. Art. 1 Abs. 2 lit. b nicht in den Anwendungsbereich der EuGVVO. Sie sind nach Art. 25 Abs. 1 Satz 1 EuInsVO ohne weitere Förmlichkeiten anzuerkennen und zu vollstrecken, soweit sie einen vollstreckbaren Inhalt haben.

Art. 59 erfasst gem. Art. 66 Abs. 1 nur solche gerichtlichen Vergleiche, die 15 nach dem 10. Januar 2015 errichtet, eingetragen, gebilligt oder geschlossen worden sind. Unerheblich ist hingegen, wann die dem gerichtlichen Vergleich vorausgehende Klage erhoben worden ist. Art. 59 gilt demzufolge auch, wenn das zugrundeliegende Gerichtsverfahren vor dem Stichtag eingeleitet wurde.

II. Internationale Zuständigkeit für den Abschluss eines gerichtlichen Vergleichs?

Im Schrifttum streitig ist die Frage, ob die Vorschriften über die internationale 16 Zuständigkeit in der EuGVVO bei der Aufnahme eines gerichtlichen Vergleichs im Ursprungsstaat zu beachten sind. Wäre dies zu bejahen, könnte ein mitgliedstaatliches Gericht die Beurkundung eines gerichtlichen Vergleichs ablehnen,

---

[9] *Frische*, Verfahrenswirkungen und Rechtskraft gerichtlicher Vergleiche, 2006, S. 146.
[10] *Frische*, Verfahrenswirkungen und Rechtskraft gerichtlicher Vergleiche, 2006, S. 145 f.

wenn es für die Entscheidung des dem Vergleich vorausgegangenen Rechtsstreits nach Art. 4 ff. international unzuständig wäre.

17 Eine Anwendbarkeit von Art. 4 ff. ist im Ergebnis zu verneinen.[11] Es ist zwar zutreffend, dass die Zuständigkeitsvorschriften der EuGVVO nicht ausdrücklich auf „*Entscheidungen*" i.S.v. Art. 2 lit. a beschränkt sind, sondern lediglich das „*verklagt werden*" vor einem mitgliedstaatlichen Gericht verlangen.[12] Gegen die Geltung von Art. 4 ff. für gerichtliche Vergleiche spricht jedoch bereits, dass Art. 58 f. keinen Vollstreckungsversagungsgrund nach dem Vorbild von Art. 45 Abs. 1 lit. e für den Fall enthalten, dass ein Vergleich mit Zuständigkeitsvorschriften der EuGVVO unvereinbar ist. Wäre dem europäischen Gesetzgeber an der Einhaltung letzterer Vorschriften bei Abschluss von gerichtlichen Vergleichen gelegen, hätte er es nicht lediglich bei dem *ordre public*-Vorbehalt von Art. 58 Abs. 1 belassen. Hinzu kommt die fehlende Schutzwürdigkeit des ursprünglichen Beklagten: Seine Bereitschaft, die Streitigkeit durch Abschluss eines Vertrags vor dem angerufenen Gericht beizulegen, ist als „bedingungslose Unterwerfung" unter die Zuständigkeit dieses Gerichts für die Aufnahme des Vergleichs[13] bzw. als „untechnische Einlassung" nach Art. 26[14] zu werten.

III. Vollstreckung; Versagung

18 Siehe oben Art. 58, Rn. 18 ff.

Artikel 60 [Bescheinigung über eine öffentliche Urkunde]
Die zuständige Behörde oder das Gericht des Ursprungsmitgliedstaats stellt auf Antrag eines Berechtigten die Bescheinigung mit einer Zusammenfassung der in der öffentlichen Urkunde beurkundeten vollstreckbaren Verpflichtung oder der in dem gerichtlichen Vergleich beurkundeten Parteivereinbarung unter Verwendung des Formblatts in Anhang II aus.

1 Art. 60 ist die **Parallelvorschrift zu Art. 53** für die Ausstellung der Bescheinigung zur grenzüberschreitenden Vollstreckung vollstreckbarer öffentlicher Urkunden (Art. 58) und gerichtlicher Vergleiche (Art. 59). Aus Art. 42 Abs. 1 lit. b i.V.m. Art. 58 Abs. 1 Satz 3 ergibt sich, dass zur Vollstreckung öffentlicher Urkunden und gerichtlicher Vergleiche im Zweitland die Bescheinigung i.S.v. Art. 60 im Zweitland vorzulegen ist. Funktional entspricht sie der Vollstreckungsklausel.

2 **Zuständig** für die Ausstellung der Bescheinigung ist gem. Art. 60 die erlassende Stelle. In Deutschland sind dies der Notar oder das Gericht, vgl. § 1110

---
[11] So auch *Geimer/Schütze*, EuZVR, 3. Aufl. 2010, Art. 58 EuGVVO a.F. Rn. 1.
[12] *Rauscher/Staudinger*, EuZPR, 2011, Art. 58 EuGVVO a.F. Rn. 5.
[13] Ähnlich *Geimer*, IPRax 2000, S. 366 (369).
[14] *Schlosser/Hess*, EuZPR, 4. Aufl. 2015, Art. 2 EuGVVO Rn. 23.

Text + Erläuterungen Art. 60 **B Vor I** 7

ZPO. Das Verfahren der Ausstellung in Deutschland und die hierzulande möglichen Rechtsbehelfe richten sich nach § 1111 ZPO.[1]

Für die Bescheinigung über öffentliche Urkunden und gerichtliche Vergleiche 3 ist zwingend das **in Anhang II enthaltene Formblatt** zu verwenden. Hierbei dürfen die vorgegebenen Gliederungspunkte weder ergänzt noch ausgelassen werden. Inhaltlich entspricht Anhang II im Wesentlichen Anhang I. Erforderlich sind insbesondere Angaben über die Parteien und den vollstreckbaren Inhalt. Aus Nr. 5.1.1. ergibt sich, dass die Bescheinigung lediglich bei Vollstreckbarkeit der öffentlichen Urkunden bzw. des gerichtlichen Vergleichs ausgestellt werden kann. Ansonsten wäre eine Bescheinigung auch nicht erforderlich, weil die Anerkennung öffentlicher Urkunden und gerichtlicher Vergleiche von vornherein ausscheidet.

---

[1] Insoweit wird auf die Kommentierung zu Art. 53 verwiesen.

Kapitel V Allgemeine Vorschriften

Artikel 61 [Anerkennung von Urkunden]

Im Rahmen dieser Verordnung bedarf es hinsichtlich Urkunden, die in einem Mitgliedstaat ausgestellt werden, weder der Legalisation noch einer ähnlichen Förmlichkeit.

1   Art. 61 befreit von den formalen Anforderungen zum Nachweis der Echtheit von in einem Mitgliedstaat ausgestellten Urkunden und will dadurch den grenzüberschreitenden Rechtsverkehr erleichtern.[1] Die Urkunden bedürfen weder der **Legalisation**, d.h. einer formellen Bestätigung ihrer Echtheit durch den Konsularbeamten des Staates, in dem die Urkunde vorgelegt werden soll, noch einer **Apostille**, d.h. vereinfache Echtheitsbestätigung nach dem Haager Übereinkommen zur Befreiung ausländischer öffentlicher Urkunden von der Legalisation vom 5.10.1961.

2   Im Gegensatz zu der Vorgängerregelung in Art. 56 EuGVVO a.F. stellt Art. 61 nicht ausdrücklich klar, welche Urkunden von der Norm erfasst sein sollen. Eine Erstreckung auf privatschriftliche Urkunden dürfte jedoch ausscheiden, weil die Norm jedenfalls nach der historischen Interpretation auf dem gegenseitigen Vertrauen in die Rechtspflege der Mitgliedstaaten basiert. Außerdem ist bei Privaturkunden eine formelle Echtheitsbestätigung in Form einer Legalisation oder ähnlichem nicht denkbar. Im Ergebnis erfasst Art. 61 daher **nur öffentliche Urkunden i.S.v. Art. 2 lit. c**, gleich ob sie vollstreckbar sind oder nicht. Aufgrund der Anpassung des Wortlautes durch die EuGVVO-Revision 2012 dürfte die Prozessvollmacht, die in der a.F. noch ausdrücklich genannt war, nicht mehr erfasst sein.

3   Entsprechend ihrer systematischen Stellung (Kapitel V: allgemeine Vorschriften) gilt die Norm **nicht nur im Anerkennungs- und Vollstreckungsverfahren**, auch wenn sie hier ihre größte praktische Bedeutung haben wird (Vorlage ausländischer Urteile und Bescheinigungen i.S.v. Art. 53, 60).

Artikel 62 [Bestimmung des Wohnsitzes]

(1) Ist zu entscheiden, ob eine Partei im Hoheitsgebiet des Mitgliedstaats, dessen Gerichte angerufen sind, einen Wohnsitz hat, so wendet das Gericht sein Recht an.

(2) Hat eine Partei keinen Wohnsitz in dem Mitgliedstaat, dessen Gerichte angerufen sind, so wendet das Gericht, wenn es zu entscheiden hat, ob die Partei einen Wohnsitz in einem anderen Mitgliedstaat hat, das Recht dieses Mitgliedstaats an.

---

[1] Zöller/*Geimer*, ZPO, 31. Aufl. 2016, Art. 61 EuGVVO Rn. 1.

Text + Erläuterungen   Art. 62   **B Vor I** 7

EuGH-Entscheidungen: EuGH, 17.11.2011, Rs. C-327/10, *Hypoteční banka a.s. ./. Lindner*, ECLI:EU:C:2011:745

Schrifttum: *Grimm, Alexander*, Brüssel I-VO: Grenzüberschreitender Bezug und unbekannter Wohnsitz des Beklagten, GPR 2012, S. 87; *Hau, Wolfgang*, Die Verortung natürlicher Personen – Ein Beitrag zum Allgemeinen Teil des Europäischen Zivilverfahrensrechts, in: Festschrift für Manfred Wolf, 2011, Dammann, Jens; Grunsky, Wolfgang; Pfeiffer, Thomas (Hrsg.), S. 409.

Übersicht

	Rn.
I. Normzweck, Systematik und Entstehungsgeschichte	1
II. Bestimmung des Wohnsitzes im Erkenntnisverfahren	4
1. Grundsätzliches	5
2. Abhängiger Wohnsitz	10
3. Kompetenzkonflikte	11
III. Bestimmung des Wohnsitzes im Anerkennungs- und Vollstreckungsverfahren	14

I. Normzweck, Systematik und Entstehungsgeschichte

Art. 62 – der mit Art. 59 EuGVVO a.F. identisch ist – regelt, wie der Wohnsitz einer **natürlichen Person** für die Zwecke der EuGVVO zu bestimmen ist. Der Wohnsitz des Beklagten ist zum einen von Bedeutung für die Frage, ob sich die internationale Zuständigkeit nach den Regeln der EuGVVO oder gem. Art. 6 Abs. 1 nach nationalem Recht richtet. Zum anderen begründet der Wohnsitz des Beklagten in einem Mitgliedstaat dort einen allgemeinen Gerichtsstand gem. Art. 4 Abs. 1. Der Wohnsitz kann außerdem für die Bestimmung des örtlich zuständigen Gerichts von Bedeutung sein, so etwa bei Art. 18 Abs. 1.

Für juristische Personen und rechtsfähige Personengesellschaften hat Art. 62 keine Relevanz. Insoweit enthält **Art. 63** eine autonome Wohnsitzdefinition.

Im Gegensatz zu Art. 63 enthält Art. 62 keine autonomen Regeln zur Bestimmung des Wohnsitzes natürlicher Personen. Die Norm folgt vielmehr einem **kollisionsrechtlichen Ansatz** und legt lediglich fest, nach welchem nationalen Recht der Wohnsitz zu bestimmen ist. Diese kollisionsrechtliche Lösung wird teilweise kritisch betrachtet:[1] Zum einen trägt sie zur Entstehung von Kompetenzkonflikten bei, weil die nationalen Rechtsordnungen die Wohnsitzbestimmung durchaus unterschiedlich regeln und damit – je nach anwendbarem Sachrecht – auch die Frage der internationalen Zuständigkeit abweichend beantwortet wird. Nachteilig ist zum anderen, dass die Beurteilung der Zuständigkeit eine aufwendige Befassung mit ausländischem Recht erforderlich machen kann. Entgegen der Vorschläge des *Heidelberg*-Berichts[2] hat der EU-Gesetzgeber im Zuge der EuGVVO-Revision 2012 jedoch keine autonome Wohnsitzdefinition umgesetzt.

---

[1] *Rauscher/Staudinger*, EuZPR, 4. Aufl. 2016, Art. 62 EuGVVO Rn. 9.
[2] *Heidelberg*-Bericht, 2007, Rn. 186.

II. Bestimmung des Wohnsitzes im Erkenntnisverfahren

4 Soweit die Prüfung der internationalen Zuständigkeit eine Bestimmung des Wohnsitzes einer der Parteien erforderlich macht, ist die Wohnsitzfrage **von Amts wegen** zu klären.[3] Im Übrigen gilt der Grundsatz der *perpetuatio fori*, so dass nachträgliche Wohnsitzverlagerungen eine nach der EuGVVO begründete Zuständigkeit nicht mehr entfallen lassen.[4] Danach muss der für die Zuständigkeitsbegründung erforderliche Wohnsitz im Zeitpunkt der Anrufung des Erkenntnisgerichts gem. Art. 32 vorgelegen haben.

1. Grundsätzliches

5 Nach **Abs. 1** hat ein Gericht die Frage, ob eine Partei im Hoheitsgebiet des Mitgliedstaats des angerufenen Gerichts einen Wohnsitz hat, unter Rückgriff auf sein nationales Recht zu entscheiden. Der Verweis bezieht sich auf die Regelungen zur Bestimmung des Wohnsitzes, gleich ob sich diese im materiellen oder im prozessualen Recht befinden. Für die Wohnsitzbestimmung nach deutschem Recht sind §§ 7 ff. BGB bzw. für exterritoriale Deutsche § 15 ZPO unmittelbar anwendbar. Im Vereinigten Königreich wurde eine Wohnsitzdefinition eigens für die Zwecke der EuGVVO eingeführt,[5] weil im *common law* eine dem kontinental-europäischen Verständnis des Wohnsitzes entsprechende Definition fehlte. Die eingeführte Definition entspricht praktisch dem Begriff des gewöhnlichen Aufenthaltes.[6]

6 **Abs. 2** gilt, wenn zu prüfen ist, ob eine Partei in einem anderen Staat als dem Gerichtsstaat ihren Wohnsitz hat. Dabei wendet das Gericht das Recht desjenigen Mitgliedstaates an, in dessen Hoheitsgebiet der Wohnsitz gelegen sein soll.

7 Hat die **Partei keinen Wohnsitz in der EU,** entfaltet Art. 62 keine Geltung mehr. Soweit Sondervorschriften, wie Art. 11 Abs. 2 und Art. 17 Abs. 2 nicht einschlägig sind, findet Art. 6 Anwendung. Kann die Zuständigkeit nach keiner der in Art. 6 Abs. 1 genannten Vorschriften begründet werden, ist zum Zwecke der Zuständigkeitsbegründung auf das nationale Recht des angerufenen Gerichts zurückzugreifen. Nach deutschem Recht werden die §§ 12 ff. ZPO insoweit doppelfunktional angewandt.

8 Hat der **Beklagte seinen Wohnsitz nicht im Gerichtsstaat, jedoch in einem anderen Mitgliedstaat**, und ist im Gerichtsstaat auch kein besonderer Gerichtsstand eröffnet, hat das Gericht die Klage als unzulässig abzuweisen. Dies beeinträchtigt den Kläger in seinem Justizgewährungsanspruch nicht, da er Klage im Wohnsitzland des Beklagten erheben kann.[7] Ein Rückgriff auf nationales Zuständigkeitsrecht scheidet nach dem ausdrücklichen Wortlaut von Art. 6 aus.

---

[3] Schlosser/*Hess*, EuZPR, 4. Aufl. 2015, Art. 62 EuGVVO Rn. 7.
[4] Rauscher/*Staudinger*, EuZPR, 4. Aufl. 2016, Art. 62 EuGVVO Rn. 3.
[5] Aufgrund des in Art. 62 enthaltenen Verweises auf das nationale Recht schließt es die EuGVVO nicht aus, dass die Mitgliedstaaten eigens für die Zwecke der EuGVVO eine eigene Wohnsitzdefinition einführen.
[6] Sec. 41 des Civil Jurisdiction and Judgement Act 1982.
[7] GA *Bot*, Schlussanträge v. 2.4.2014 (Rs. C-112/13 – *A ./. B*), ECLI:EU:C:2014:207, Rn. 50.

Lässt sich hingegen **nicht aufklären**, wo der Beklagte seinen Wohnsitz 9
hat, gestattet Art. 62 laut EuGH das Abstellen auf den letzten bekannten Wohnsitz des Beklagten innerhalb der EU. Voraussetzung hierfür ist allerdings, dass der Beklagte aktuell weder im Gerichtsstaat (Abs. 1) noch in einem anderen Mitgliedstaat (Abs. 2) wohnhaft ist, und keine Indizien dafür vorliegen, dass sein Wohnsitz außerhalb des Unionsgebiets liegt.[8]

2. Abhängiger Wohnsitz

Bestimmte Personen (wie etwa Minderjährige und nicht voll Geschäftsfähige) 10
können nicht selbständig einen Wohnsitz begründen. Auch die Bestimmung derartiger abhängiger Wohnsitze richtet sich nach dem über Art. 62 berufenen nationalen Recht.[9] Soweit dieses – wie etwa §§ 8 und 11 BGB – die Vorfrage der Geschäftsfähigkeit aufwirft, hat das angerufene Gericht unter Rückgriff auf sein IPR das maßgebliche Personalstatut zu ermitteln. Hierfür ist in Deutschland Art. 7 Abs. 1 Satz 1 EGBGB einschlägig.[10]

3. Kompetenzkonflikte

Aufgrund der divergierenden Wohnsitzdefinitionen in den Mitgliedstaaten können 11
sich infolge von Art. 62 positive und negative Kompetenzkonflikte ergeben:

Ein **positiver Kompetenzkonflikt** droht dann, wenn der Beklage nach dem 12
jeweiligen nationalen Recht in mehreren Mitgliedstaaten über einen Wohnsitz verfügt. In derartigen Fällen eröffnet die EuGVVO dem Kläger eine Wahlmöglichkeit zwischen den verschiedenen Gerichtsständen und somit auch die Möglichkeit, das günstigste Forum auszuwählen (*forum shopping*). Der Gefahr, dass Klagen mit demselben Streitgegenstand gleichzeitig in verschiedenen Mitgliedstaaten anhängig sind, ist über Art. 29 ff. zu begegnen.

Ein **negativer Kompetenzkonflikt** droht hingegen, wenn nach dem Recht 13
des Gerichtsstaats und dem Recht eines anderen Mitgliedstaats der Wohnsitz im jeweils anderen Staat begründet ist. Eine solche Situation sollte dadurch gelöst werden, dass das angerufene Gericht eine Rückverweisung akzeptiert und – entgegen der Grundsätze von Art. 62 – den Wohnsitz im eigenen Land unter Anwendung des fremden Rechts bejaht. Diese Lösung zur Vermeidung negativer Kompetenzkonflikte ist einfach zu handhaben und erscheint daher vorzugswürdig.[11] Abzulehnen, weil mit dem Wortlaut von Art. 62 nicht vereinbar, ist hingegen der Vorschlag, ausnahmsweise auf den gewöhnlichen Aufenthalt der Partei abzustellen.[12]

---

[8] EuGH, 17.11.2011, Rs. C-327/10, *Hypoteční banka a.s. ./. Lindner*, ECLI:EU:C:2011:745, Rn. 38 ff. m. krit Anm. *Grimm*, GPR 2012, S. 87 (88), der einen Rückgriff auf das nationale Recht über Art. 6 EuGVVO für vorzugswürdig hält.
[9] Rauscher/*Staudinger*, EuZPR, 4. Aufl. 2016, Art. 62 EuGVVO Rn. 5.
[10] Thomas/Putzo/*Hüßtege*, ZPO, 36. Aufl. 2015, Art. 62 EuGVVO Rn. 5.
[11] Schlosser/*Hess*, EuZPR, 4. Aufl. 2015, Art. 62 EuGVVO Rn. 4; *Geimer*/Schütze, EuZVR, 3. Aufl. 2010, Art. 59 EuGVVO a.F. Rn. 30.
[12] So vertreten von Thomas/Putzo/*Hüßtege*, ZPO, 36. Aufl. 2015, Art. 62 EuGVVO Rn. 3; *Kropholler/von Hein*, EuZPR, 9. Aufl. 2011, Art. 59 EuGVVO a.F. Rn. 9.

III. Bestimmung des Wohnsitzes im Anerkennungs- und Vollstreckungsverfahren

14 Darf ein Zweitgericht im Rahmen der Anerkennung und Vollstreckung ausnahmsweise die Zuständigkeit des Erstgerichts prüfen (Art. 45 Abs. 1 lit. e), bestimmt es den Wohnsitz selbständig nach den Regeln von Art. 62.[13] Es ist dabei nicht an die Entscheidung des Erststaates gebunden. Die Bindung nach Art. 45 Abs. 2 bezieht sich nur auf die tatsächlichen Feststellungen und nicht auf deren rechtliche Würdigung hinsichtlich der Wohnsitzbestimmung.

Artikel 63 [Bestimmung des Gesellschaftssitzes]

(1) Gesellschaften und juristische Personen haben für die Anwendung dieser Verordnung ihren Wohnsitz an dem Ort, an dem sich
a) ihr satzungsmäßiger Sitz,
b) ihre Hauptverwaltung oder
c) ihre Hauptniederlassung befindet.

(2) Im Falle Irlands, Zyperns und des Vereinigten Königreichs ist unter dem Ausdruck „satzungsmäßiger Sitz" das registered office oder, wenn ein solches nirgendwo besteht, der place of incorporation (Ort der Erlangung der Rechtsfähigkeit) oder, wenn ein solcher nirgendwo besteht, der Ort, nach dessen Recht die formation (Gründung) erfolgt ist, zu verstehen.

(3) Um zu bestimmen, ob ein Trust seinen Sitz in dem Mitgliedstaat hat, bei dessen Gerichten die Klage anhängig ist, wendet das Gericht sein Internationales Privatrecht an.

EuGH-Rechtsprechung: EuGH, 5.11.2002 – Rs. C-208/00, *Überseering BV* ./. *Nordic Construction Company Baumanagement GmbH*, Slg. 2002, I-9919 (ECLI:EU:C:2002:632)

EuGH, 30.9.2003 – Rs. C-167/01, *Koophandel* ./. *Inspire Art Ltd.*, Slg. 2003, I-10195 (ECLI:EU:C:2003:512)

Übersicht

	Rn.
I. Normzweck, Systematik und Entstehungsgeschichte	1
II. Grundregel zur Bestimmung des „Wohnsitzes" juristischer Personen bzw. Gesellschaften (Abs. 1)	6
III. Sonderregel zur „Wohnsitz"-Bestimmung in Irland, Zypern und Vereinigtem Königreich (Abs. 2)	11
IV. Sonderregel zur „Wohnsitz"-Bestimmung eines Trust (Abs. 3)	12

I. Normzweck, Systematik und Entstehungsgeschichte

1 Art. 63 enthält Regeln zur Bestimmung des „Wohnsitzes" von rechtsfähigen Gesellschaften und juristischen Personen. Diese sind zum einen für die Frage

---
[13] Rauscher/*Staudinger*, EuZPR, 4. Aufl. 2016, Art. 62 EuGVVO Rn. 4.

von Bedeutung, ob die internationale Zuständigkeit nach der EuGVVO oder gem. Art. 6 nach nationalem Recht zu bestimmen ist. Zum anderen spielen sie eine Rolle für die Anwendung der Zuständigkeitsvorschriften der EuGVVO in Art. 4 ff., soweit diese an den Wohnsitz einer Partei anknüpfen.

Die Norm definiert – im Gegensatz zu Art. 62 – den „Wohnsitz" autonom. **2** Danach enthält Abs. 1 die Grundregel, wonach der „Wohnsitz" an drei alternative Momente angeknüpft wird: Den satzungsmäßigen Sitz, die Hauptverwaltung oder die Hauptniederlassung. Abs. 2 enthält für Zypern, Irland und das Vereinigte Königreich eine Sonderregel zur Bestimmung des „satzungsmäßigen Sitzes" i.S.v. Abs. 1 lit. a. Abs. 3 trägt den Besonderheiten des aus dem englischen Recht bekannten *Trust*.

Art. 63 gilt nur für Gesellschaften, die **rechts- und parteifähig** sind, in **3** Deutschland somit auch für die rechtsfähige BGB-Gesellschaft. Ob eine Gesellschaft rechts- und parteifähig ist, richtet sich nach dem jeweils anwendbaren nationalen Sachrecht, welches unter Heranziehung des Kollisionsrechts im Gerichtsforum zu bestimmen ist. Die Anknüpfungsmomente von Abs. 1 sind für diese vorgelagerte kollisionsrechtliche Prüfung irrelevant. Bei der erforderlichen Bestimmung des Gesellschaftsstatuts ist die sog. **Gründungstheorie** zu beachten, so dass eine Gesellschaft, deren Verwaltungssitz in einen anderen Mitgliedstaat verlegt wurde, parteifähig ist, wenn ihr nach dem Recht ihres Gründungslandes Parteifähigkeit zukommt.[1]

Art. 63 ist lediglich für die Bestimmung der internationalen Zuständigkeit von **4** Relevanz. Die örtliche Zuständigkeit richtet sich hingegen grundsätzlich nach nationalem Recht. In Deutschland gilt insoweit § 17 ZPO.

Der Wohnsitz einer Gesellschaft ist – soweit erforderlich – **von Amts** **5** **wegen** zu bestimmen.[2] Im Übrigen gilt der Grundsatz der *perpetuatio fori*, so dass nachträgliche Wohnsitzverlagerungen eine nach der EuGVVO begründete Zuständigkeit nicht mehr entfallen lassen. Danach muss der für die Zuständigkeitsbegründung erforderliche Wohnsitz im Zeitpunkt der Anrufung des Erkenntnisgerichts gem. Art. 32 vorgelegen haben.

II. Grundregel zur Bestimmung des „Wohnsitzes" juristischer Personen bzw. Gesellschaften (Abs. 1)

Gemäß der autonomen Definition in Abs. 1 befindet sich der Sitz einer **6** Gesellschaft alternativ am Ort des satzungsmäßigen Sitzes, der Hauptverwaltung oder der Hauptniederlassung. Diese Begriffe sind auch in Art. 54 Abs. 1 AEUV enthalten, so dass Art. 63 EuGVVO in dessen Lichte ausgelegt werden kann.[3] Die alternative Anknüpfung kann dazu führen, dass juristische Personen bzw.

---

[1] EuGH, 5.11.2002 – Rs. C-208/00, *Überseering BV ./. Nordic Construction Company Baumanagement GmbH*, Slg. 2002, I-9919 (ECLI:EU:C:2002:632); EuGH, 30.9.2003 – Rs. C-167/01, *Koophandel ./. Inspire Art Ltd.*, Slg. 2003, I-10195 (ECLI:EU:C:2003:512).
[2] Rauscher/*Staudinger*, EuZPR, 4. Aufl. 2016, Art. 63 EuGVVO Rn. 2.
[3] Rauscher/*Staudinger*, EuZPR, 4. Aufl. 2016, Art. 63 EuGVVO Rn. 1; BGH, 27.6.2007 – XII ZB 114/06, NJW-RR 2008, S. 551, Rn. 11 (nach juris).

Gesellschaften **in verschiedenen Mitgliedstaaten gerichtspflichtig** sind. Wegen der Anknüpfung an Hauptverwaltung und Hauptniederlassung können auch die in Drittstaaten gegründeten Gesellschaften im EU-Raum verklagt werden.[4]

7 Der **satzungsmäßige Sitz** i.S.v. Abs. 1 lit. a ergibt sich demzufolge aus dem Gesellschaftsvertrag.

8 Die **Hauptverwaltung** i.S.v. Abs. 1 lit. b ist der Ort, an dem die Willensbildung und die eigentliche unternehmerische Leitung der Gesellschaft erfolgt, also meist der Sitz der Organe.[5] Lediglich sekundäre Verwaltungsaufgaben, wie etwa die Buchhaltung oder die Regelung von Steuerangelegenheiten, sind für die Bestimmung des Hauptverwaltungssitzes unerheblich.[6]

9 Die **Hauptniederlassung** i.S.v. Abs. 1 lit. c liegt an dem Ort, von wo aus die Gesellschaft mit dem Markt in Kontakt tritt und an dem der Schwerpunkt des unternehmensexternen Geschäftsverkehrs liegt. Dies setzt eine Konzentration bedeutsamer Personal- und Sachmittel voraus. Es handelt sich somit um den „tatsächlichen Sitz" der Gesellschaft.[7]

10 Ergibt sich aufgrund der verschiedenen Anknüpfungspunkte, dass eine Gesellschaft in unterschiedlichen Mitgliedstaaten „Wohnsitze" hat, hat der Kläger ein Wahlrecht zwischen den Gerichtsständen und gewissen Freiraum zum sog. *forum shopping*. Eine Kollision von Parallelverfahren ist über Art. 29 ff. zu lösen.

III. Sonderregel zur „Wohnsitz"-Bestimmung in Irland, Zypern und Vereinigtem Königreich (Abs. 2)

11 Abs. 2 trägt der Tatsache Rechnung, dass die Rechtsordnungen von Irland, Zypern und dem Vereinigten Königreich einen Gesellschaftssitz i.S.v. Abs. 1 lit. a nicht kennen. Vor diesem Hintergrund bestimmt Abs. 2, dass für Gesellschaften, die nach den genannten Rechtsordnungen gegründet worden sind, der satzungsmäßige Sitz i.S.v. Abs. 1 lit. a dort belegen ist, wo sich das *„registered office"* befindet. Das ist der Ort, der im staatlichen Register als Adresse der Gesellschaft angegeben ist.[8] Soweit kein *„registered office"* besteht, gilt subsidiär der *„place of incorporation"* (Ort der Erlangung der Rechtsfähigkeit) als Gesellschaftssitz, oder – falls es auch diesen nicht gibt – der Ort, nach dessen Recht die Gesellschaft gegründet wurde.

IV. Sonderregel zur „Wohnsitz"-Bestimmung eines *Trust* (Abs. 3)

12 Abs. 3 enthält eine Sonderregel für den englischen *Trust*. Sie ist erforderlich, weil der *Trust* eine nicht-rechtsfähige Vermögensmasse darstellt, deren Sitz daher

---

[4] Schlosser/*Hess*, EuZPR, 4. Aufl. 2015, Art. 63 EuGVVO Rn. 2; *Kropholler/von Hein*, EuZPR, 9. Aufl. 2011, Art. 60 EuGVVO a.F. Rn. 2.
[5] BGH, 27.6.2007 – XII ZB 114/06, NJW-RR 2008, S. 551, Rn. 11 (nach juris); OLG Frankfurt a.M., 30.11.2007 – 14 UH 34/07, NJW-RR 2008, S. 622, Rn. 6 (nach juris).
[6] BAG, 23.1.2008 – 5 AZR 60/07, NJW 2008, S. 2797, Rn. 16 (nach juris).
[7] BAG, 24.9.2009 – 8 AZR 305/08, TranspR 2010, S. 310, Rn. 31 (nach juris).
[8] Vgl. die einschlägigen Vorschriften im Vereinigten Königreich in pt. 2 sec. 7 ff. Companies Act 2006.

nicht nach Abs. 1 oder Abs. 2 bestimmt werden kann. Eine Vorschrift über die Bestimmung des Wohnsitzes eines *Trust* ist erforderlich, weil Art. 7 Nr. 6 einen besonderen Gerichtsstand für interne Klagen aus einem *Trust* in dem Mitgliedstaat begründet, in dem der *Trust* seinen Sitz hat.

Abs. 3 hat lediglich für die Frage Bedeutung, ob der *Trust* im Mitgliedstaat des angerufenen Gerichts seinen Sitz hat. Dies hat das Gericht unter Rückgriff auf sein IPR zu beantworten. In deutschen Kollisionsrecht sind die allgemeinen gesellschaftsrechtlichen Kollisionsregeln maßgeblich, wenn der *Trust* im Einzelfall mit einer Gesellschaft oder Stiftung vergleichbar ist (so bei einem Business Trust und Charitable Trust).[9] In diesem Fall wird nicht mehr nach der früher in Deutschland vertretenen **Sitztheorie**, sondern nach der Gründungstheorie[10] angeknüpft, so dass der Sitz des *Trust* unter Rückgriff auf das materielle Recht des Landes, in dem der *Trust* gegründet wurde, zu bestimmen ist. Für andere *Trusts* ist im deutschen Kollisionsrecht auf die **Belegenheit des Trust-Vermögens** abzustellen.[11] 13

Artikel 64 [Besonderheiten von Adhäsionsverfahren]

[1]Unbeschadet günstigerer innerstaatlicher Vorschriften können Personen, die ihren Wohnsitz im Hoheitsgebiet eines Mitgliedstaats haben und die vor den Strafgerichten eines anderen Mitgliedstaats, dessen Staatsangehörigkeit sie nicht besitzen, wegen einer fahrlässig begangenen Straftat verfolgt werden, sich von hierzu befugten Personen vertreten lassen, selbst wenn sie persönlich nicht erscheinen. [2]Das Gericht kann jedoch das persönliche Erscheinen anordnen; wird diese Anordnung nicht befolgt, so braucht die Entscheidung, die über den Anspruch aus einem Rechtsverhältnis des Zivilrechts ergangen ist, ohne dass sich der Angeklagte verteidigen konnte, in den anderen Mitgliedstaaten weder anerkannt noch vollstreckt zu werden.

EuGH-Rechtsprechung: EuGH, 26.5.1981 – Rs. 157/80, *Strafverfahren gegen Rinkau*, Slg. 1981, S. 715 (ECLI:EU:C:1981:120)

EuGH, 28.3.2000 – Rs. C-7/98, *Krombach ./. Bamberski*, Slg. 2000, I-1935 (ECLI:EU:C:2000:164)

Übersicht

	Rn.
I. Normzweck und Entstehungsgeschichte	1
II. Recht, sich anwaltlich vertreten zu lassen (Satz 1)	4
III. Anordnung des persönlichen Erscheinens und Anerkennungsversagung (Satz 2)	7

---

[9] Rauscher/*Staudinger*, EuZPR, 4. Aufl. 2016, Art. 63 EuGVVO Rn. 6.
[10] Vgl. EuGH, 5.11.2002 – Rs. C-208/00, *Überseering BV ./. Nordic Construction Company Baumanagement GmbH*, Slg. 2002, I-9919 (ECLI:EU:C:2002:632); EuGH, 30.9.2003 – Rs. C-167/01, *Koophandel ./. Inspire Art Ltd.*, Slg. 2003, I-10195 (ECLI:EU:C:2003:512).
[11] *Graue*, in: FS Ferid, 1978, S. 151 (161 ff.).

I. Normzweck und Entstehungsgeschichte

1   Art. 64 ist eine Sondervorschrift zum Schutz der Rechte des Beklagten/Angeklagten im Adhäsionsverfahren, d.h. in Konstellationen, in denen ein Strafgericht parallel zur strafrechtlichen Ahndung des Angeklagten zugleich über dessen zivilrechtliche Haftung aus der Straftat urteilt. Der durch Art. 64 gewährleistete Schutz ist in den Fällen von Bedeutung, in denen ein mitgliedstaatliches Strafgericht gem. Art. 7 Nr. 3 eine internationale Annexzuständigkeit für zivilrechtliche Ansprüche wahrnimmt.

2   Die Norm will verhindern, dass der Angeklagte in einem strafrechtlichen Verfahren nur deshalb persönlich erscheint, weil er Angst vor zivilrechtlichen Einbußen hat. Zu diesem Zweck gestattet Satz 1 dem Angeklagten, sich im Adhäsionsverfahren anwaltlich vertreten zu lassen. Satz 2 gilt für den Fall, dass das persönliche Erscheinen des Angeklagten gerichtlich angeordnet worden ist und schütz ihn auf der Anerkennungs- und Vollstreckungsebene: Ist der Angeklagte dem Verfahren – gleich aus welchen Gründen – ferngeblieben und war deshalb die Wahrnehmung seiner Verteidigung nicht möglich, kann das Urteil im EU-Ausland weder anerkannt noch vollstreckt werden.

3   Art. 64 ist wortgleich mit Art. 61 EuGVVO a.F., dessen Vorgänger wiederum Art. II des EuGVÜ-Protokolls war. Die Regelung wurde auf Wunsch der Niederlande eingeführt, die ihre Staatsbürger nicht ausliefern und daher verhindern wollten, dass durch ein zivilrechtliches Adhäsionsverfahren in einem anderen Mitgliedstaat mittelbar ein Zwang zum Erscheinen vor dem dortigen Strafgericht erzeugt wird.[1]

II. Recht, sich anwaltlich vertreten zu lassen (Satz 1)

4   Satz 1 begründet das Recht von Angeklagten, sich in einem gegen ihn gerichteten Strafverfahren anwaltlich vertreten zu lassen. Entsprechend dem sachlichen Anwendungsbereich der EGVVO (Art. 1) bezieht sich Art. 64 dabei nur auf das Verfahren betreffend die zivilrechtliche Haftung, gilt jedoch nicht für die strafrechtliche Verfolgung.

5   Satz 1 gilt nur für Personen, die außerhalb ihres Wohnsitzmitgliedstaates vor einem Strafgericht angeklagt worden sind und nicht die Staatsangehörigkeit des Gerichtsstaats besitzen. Satz 1 greift außerdem lediglich bei fahrlässig begangenen Straftaten, wie etwa Verkehrsdelikte.[2] Die Norm gilt somit nicht in allen Fällen von Art. 7 Nr. 3. Sowohl die staatsangehörigkeitsbezogene Anwendungsvoraussetzung von Art. 64 als auch die Beschränkung auf Fahrlässigkeitsdelikte sind sachlich nicht gerechtfertigt.[3]

---

[1] *Jenard*-Bericht, 1979, S. 63.
[2] *Jenard*-Bericht, 1979, S. 63.
[3] Schlosser/*Hess*, EuZPR, 4. Aufl. 2015, Art. 64 EuGVVO Rn. 2; Rauscher/*Staudinger*, EuZPR, 4. Aufl. 2016, Art. 64 EuGVVO Rn. 1, u.a. unter Hinweis auf die Unvereinbarkeit des Staatsangehörigkeitskriteriums mit Art. 18 Abs. 1 AEUV.

Der Begriff der fahrlässigen Straftat i.S.v. Satz 1 ist euroautonom auszulegen. **6**
Darunter fallen nur solche Straftaten, die weder in ihrem gesetzlichen Tatbestand
noch aufgrund der Natur des umschriebenen Delikts einen vom Täter auf die
Handlung oder Unterlassung gerichteten Vorsatz erfordern.[4]

III. Anordnung des persönlichen Erscheinens und Anerkennungsversagung (Satz 2)

Einem mitgliedstaatlichen Strafgericht steht es gem. Satz 2 HS 1 frei, das persönliche Erscheinen des Angeklagten anzuordnen. Leistet dieser der richterlichen Anordnung keine Folge, kann das Gericht in der Sache entscheiden, ohne den Vertreter des Angeklagten zu hören, soweit sich nichts Gegenteiliges aus den nationalen Verfahrensvorschriften ergibt. **7**

Einer auf diese Weise zustande gekommenen mitgliedstaatlichen Entscheidung **8**
kann gem. Satz 2 HS 2 im EU-Ausland die Anerkennung und Vollstreckung
versagt werden. Die Norm überlässt es dem Zweitstaat, ob dieser die Entscheidung anerkennen oder vollstrecken will. Hat der Zweitstaat diesbezüglich keine
eindeutige gesetzliche Regelung getroffen, kann das zweitstaatliche Gericht in
Anwendung von Satz 2 HS 2 nach freiem Ermessen über die Versagung der
Anerkennung und/oder Vollstreckung entscheiden.

Ist der Anwendungsbereich von Art. 64 nicht eröffnet, kann die Anerkennung **9**
und Vollstreckung einer im Rahmen des Adhäsionsverfahrens getroffenen Entscheidung über die zivilrechtliche Haftung jedoch wegen Verletzung des rechtlichen Gehörs des Angeklagten an dem *ordre public*-Vorbehalt gem. Art. 45 Abs. 1
lit. a scheitern. Eine Verletzung des deutschen ordre public wurde bspw. in einem
Fall bejaht, in dem der wegen einer vorsätzlich begangenen Tat Angeklagte einer
Anordnung zum persönlichen Erscheinen nicht Folge leistete und sein anwaltlicher Vertreter nicht gehört wurde.[5]

Artikel 65 [Streitverkündung statt Regressklage]

(1) ¹Die in Artikel 8 Nummer 2 und Artikel 13 für eine Gewährleistungs- oder
Interventionsklage vorgesehene Zuständigkeit kann in den Mitgliedstaaten, die in
der von der Kommission nach Artikel 76 Absatz 1 Buchstabe b und Artikel 76
Absatz 2 festgelegten Liste aufgeführt sind, nur geltend gemacht werden, soweit
das einzelstaatliche Recht dies zulässt. ²Eine Person, die ihren Wohnsitz in einem
anderen Mitgliedstaat hat, kann aufgefordert werden, nach den Vorschriften über
die Streitverkündung gemäß der genannten Liste einem Verfahren vor einem
Gericht dieser Mitgliedstaaten beizutreten.

(2) ¹Entscheidungen, die in einem Mitgliedstaat aufgrund des Artikels 8 Nummer 2 oder des Artikels 13 ergangen sind, werden nach Kapitel III in allen anderen

---

[4] EuGH, 26.5.1981 – Rs. 157/80, *Strafverfahren gegen Rinkau*, Slg. 1981, S. 715 (ECLI:EU:C:1981:120).
[5] EuGH, 28.3.2000 – Rs. C-7/98, *Krombach ./. Bamberski*, Slg. 2000, I-1935 (ECLI:EU:C:2000:164); BGH, 29.6.2000 – IX ZB 23/97, BGHZ 144, 390.

Mitgliedstaaten anerkannt und vollstreckt. ²Die Wirkungen, welche die Entscheidungen, die in den in der Liste nach Absatz 1 aufgeführten Mitgliedstaaten ergangen sind, gemäß dem Recht dieser Mitgliedstaaten infolge der Anwendung von Absatz 1 gegenüber Dritten haben, werden in den allen Mitgliedstaaten anerkannt.

(3) Die in der Liste nach Absatz 1 aufgeführten Mitgliedstaaten übermitteln im Rahmen des durch die Entscheidung 2001/470/EG des Rates[1] errichteten Europäischen Justiziellen Netzes für Zivil- und Handelssachen („Europäisches Justizielles Netz") Informationen darüber, wie nach Maßgabe ihres innerstaatlichen Rechts die in Absatz 2 Satz 2 genannten Wirkungen der Entscheidungen bestimmt werden können.

Übersicht

	Rn.
I. Normzweck und Entstehungsgeschichte	1
II. Gewährleistungs- und Interventionsklagen (Abs. 1 Satz 1, Abs. 2 Satz 1)	3
III. Streitverkündung (Abs. 1 Satz 2, Abs. 2 Satz 2, Abs. 3)	5

I. Normzweck und Entstehungsgeschichte

1   Art. 65 regelt einige internationalzivilverfahrensrechtliche Aspekte der Einbindung Dritter in Zivilprozesse vor mitgliedstaatlichen Gerichten. Die Vorschrift erfasst die beiden in mitgliedstaatlichen Rechten vorgesehenen **Grundinstrumente einer Drittbeteiligung**: einerseits die etwa in Frankreich bekannte Gewährleistungs- und Interventionsklage, andererseits die beispielsweise in der deutschen ZPO vorgesehene Streitverkündung.

2   Die Abs. 1 und 2 entsprechen weitgehend Art. 65 a.F. Abs. 3 wurde im Rahmen der EuGVVO-Revision 2012 neu eingeführt und dient der Vervollständigung der in Art. 76 vorgesehenen Mitteilungspflichten der Mitgliedstaaten über ihre nationalen Rechte.

II. Gewährleistungs- und Interventionsklagen (Abs. 1 Satz 1, Abs. 2 Satz 1)

3   Da nicht alle mitgliedstaatlichen Rechtsordnungen die Gewährleistungs- und Interventionsklage kennen, stellt Abs. 1 Satz 1 klar, dass die für diese Klageart vorgesehenen Gerichtsstände (Art. 8 Nr. 2 und Art. 13) nur gelten, wenn das jeweilige Verfahrensrecht eine solche Klage vorsieht.[2] Hieraus folgt zugleich, dass alle anderen Mitgliedstaaten nicht verpflichtet sind, die von Art. 8 Nr. 2 und 13 vorausgesetzte Klageart einzuführen. Der in Abs. 1 enthaltene Hinweis auf die Liste i.S.v. Art. 76 ist irreführend, weil diese Liste keinerlei Auskunft über Gewährleistungs- und Interventionsklagen gibt, sondern lediglich Informationen zur Streitverkündung enthält.

---
[1] [Amtl. Anm.:] ABl. L 174 vom 27.6.2001, S. 525.
[2] Siehe zur Anwendung von Art. 65 auf die Drittwiderklage im deutschen Recht Schlosser, in: FS Coester-Waltjen, 2015, S. 733.

Abs. 2 Satz 1 stellt sicher, dass eine am Gerichtsstand von Art. 8 Nr. 2 oder 4
Art. 13 ergangene Entscheidung über eine Interventions- oder Gewährleistungsklage nach Art. 36 ff. in anderen Mitgliedstaaten anzuerkennen und zu vollstrecken ist. Diese Regelung hat in erster Linie klarstellende Bedeutung.

III. Streitverkündung (Abs. 1 Satz 2, Abs. 2 Satz 2, Abs. 3)

Abs. 1 Satz 2 gestattet, dass in einem mitgliedstaatlichen Gerichtsverfahren 5
Dritten mit Wohnsitz im Gemeinschaftsgebiet der Streit verkündet wird. Alle mitgliedstaatlichen Rechtsordnungen, die die Möglichkeit einer Streitverkündung vorsehen, sind in der Liste i.S.v. Art. 76 Abs. 1 lit. b genannt.[3] Dies sind derzeit Deutschland, Estland, Kroatien, Lettland, Litauen, Malta, Polen, Slowenien und Zypern.

Abs. 2 Satz 2 stellt sicher, dass die durch eine Streitverkündung ausgelöste 6
prozessuale Bindungswirkung gegenüber dem Dritten nach den Regeln der EuGVVO in den anderen Mitgliedstaaten anerkannt werden kann. Gleichzeitig wird der Grundsatz der Wirkungserstreckung festgeschrieben: Die Reichweite der Bindungswirkung gegenüber dem Dritten unterliegt dem Recht des Mitgliedstaats, vor dessen Gerichten die Streitverkündung erfolgt ist.

Abs. 3 verpflichtet die Mitgliedstaaten, dessen Rechte die Möglichkeit einer 7
Streitverkündung vorsehen, im sog. Europäischen Justiziellen Netz Auskunft über die Streitverkündungswirkungen bereitzustellen, um deren grenzüberschreitende Anerkennung nach Abs. 2 Satz 2 zu erleichtern. Die entsprechenden Erläuterungen der Mitgliedstaaten sind im Internet abrufbar.[4]

---

[3] Vgl. zur Liste ABl. 2015, C 4, 2 ff.
[4] Vgl. https://e-justice.europa.eu („Europäischer Gerichtsatlas für Zivilsachen": „Brüssel I-VO Neufassung").

Kapitel VI Übergangsvorschriften

Artikel 66 [Übergangsvorschriften]

(1) Diese Verordnung ist nur auf Verfahren, öffentliche Urkunden oder gerichtliche Vergleiche anzuwenden, die am 10. Januar 2015 oder danach eingeleitet, förmlich errichtet oder eingetragen bzw. gebilligt oder geschlossen worden sind.

(2) Ungeachtet des Artikels 80 gilt die Verordnung (EG) 44/2001 weiterhin für Entscheidungen, die in vor dem 10. Januar 2015 eingeleiteten gerichtlichen Verfahren ergangen sind, für vor diesem Zeitpunkt förmlich errichtete oder eingetragene öffentliche Urkunden sowie für vor diesem Zeitpunkt gebilligte oder geschlossene gerichtliche Vergleiche, sofern sie in den Anwendungsbereich der genannten Verordnung fallen.

EuGH-Rechtsprechung: EuGH, 9.10.1997 – Rs. C-163/95, *von Horn* ./. *Cinnamond*, Slg. 1997, I-5451, Rn. 21 (ECLI:EU:C:1997:472)

Übersicht

	Rn.
I. Normzweck, Systematik und Entstehungsgeschichte	1
II. Intertemporale Anwendungsregeln (Abs. 1 und 2)	3
III. Besonderheiten bei Gerichtsstandsvereinbarungen	6
IV. Besonderheiten bei Regeln zur Verfahrenskollision Art. 29 ff.	9

I. Normzweck, Systematik und Entstehungsgeschichte

1   Art. 66 regelt die Anwendbarkeit der EuGVVO in zeitlicher Hinsicht. Abs. 1 beinhaltet dabei die Grundregel, dass die Verordnung für alle Verfahren, öffentliche Urkunden und gerichtliche Vergleiche gilt, die an oder nach dem **Stichtag (10. Januar 2015)** eingeleitet, förmlich errichtet, eingetragen, gebilligt oder geschlossen worden sind. Abs. 2 enthält eine Klarstellung, dass alle „Altverfahren, -urkunden, und Vergleiche" der EuGVVO a.F. unterliegen. Abs. 2 hat zur Folge, dass für die Anerkennung und Vollstreckung in den Mitgliedstaaten noch lange zwei Parallelsysteme (Art. 32 ff. a.F. und Art. 36 ff. n.F.) gelten werden.

2   Abs. 1 entspricht Art. 66 Abs. 1 a.F., der für die Anwendbarkeit der EuGVVO a.F. ebenfalls im Grundsatz darauf abstellte, ob nach dem Stichtag das Verfahren eingeleitet oder die Urkunde errichtet wurde. Abs. 2 unterscheidet sich hingegen grundlegend von Art. 66 Abs. 2 a.F. Die Vorgängerregelung sah unter bestimmten Voraussetzungen eine Rückwirkung der Art. 32 ff. a.F. für Alt-Verfahren und -Urkunden vor, um zu gewährleisten, dass innerhalb der Mitgliedstaaten Alt- und Neu-Fälle möglichst einheitlichen Anerkennungs- und Vollstreckungsregeln unterliegen. Der neue Abs. 2 schließt hingegen eine Rückwirkung

der EuGVVO n.F. aus. Hierdurch versuchte man wohl angesichts der Bedenken gegen die neu eingeführte allgemeine Titelfreizügigkeit deren Auswirkungen abzuschwächen.[1]

II. Intertemporale Anwendungsregeln (Abs. 1 und 2)

Abs. 1 enthält eine einheitliche Regelung für die Anwendung der EuGVVO, ohne zwischen Zuständigkeitsvorschriften und Bestimmungen über die Anerkennung und Vollstreckung zu unterscheiden. Hiernach gilt, dass die Verordnung nicht zurückwirkt, sondern nur auf Verfahren, Vergleiche und öffentliche Urkunden Anwendung findet, die am oder nach dem **10. Januar 2015** eingeleitet, geschlossen oder aufgenommen wurden. Der Schluss der mündlichen Verhandlung ist im Rahmen von Art. 66 hingegen irrelevant.[2]

Die zeitliche Zuordnung ist bei Vergleichen und Urkunden unproblematisch, während bei **Gerichtsverfahren** unklar ist, wie der **Zeitpunkt ihrer Einleitung** zu bestimmen ist. Im Sinne einer europaweit einheitlichen Anwendung von Art. 66 ist es angebracht, den Zeitpunkt nicht unter Rückgriff auf die *lex fori* des Gerichtsstaates,[3] sondern unter analoger Anwendung von Art. 32 zu bestimmen.[4] Somit ist ein Gerichtsverfahren für die Zwecke des Art. 66 entweder im Zeitpunkt der Klageeinreichung bei Gericht oder der Übergabe der Klageschrift an die für die Zustellung verantwortliche Stelle eingeleitet.

Zu einer weitreichenden Nachwirkung der EuGVVO a.F. führt Abs. 2. Denn diese Vorschrift schließt es aus, dass Altfälle, d.h. Entscheidungen aus vor dem 10. Januar 2015 eingeleiteten Verfahren sowie vor diesem Zeitpunkt abgeschlossene Vergleiche und errichtete Urkunden ohne Exequatur vollstreckt werden können. In solchen Fällen muss der Gläubiger weiterhin eine Vollstreckbarerklärung im Zweitland erlangen.[5] Bei einer Vollstreckung aus solchen „Alttiteln" in Deutschland sind auch die Durchführungsbestimmungen im AVAG zu beachten.[6] Abs. 2 wird in der Lit. zurecht kritisiert, weil noch lange Zeit die aus heutiger Sicht veralteten Anerkennungs- und Vollstreckungsmechanismen der EuGVVO a.F. anwendbar bleiben werden.[7]

---

[1] Schlosser/*Hess*, EuZPR, 4. Aufl. 2015, Art. 66 EuGVVO Rn. 3.
[2] OLG Koblenz, 12.10.2007 – 8 U 430/06, juris, Rn. 17.
[3] So aber BGH, 23.10.2012 – VI ZR 260/11, WM 2013, S. 1961, Rn. 6 f. (nach juris); BGH, 7.12.2004 – XI ZR 366/03, IPRax 2006, S. 40, Rn. 17 ff. (nach juris); OLG Düsseldorf, 22.12.2005 – 1-24 U 86/05, RIW 2006, S. 633, Rn. 5 (nach juris)
[4] BGH, 19.2.2004 – III ZR 226/03, NJW 2004, S. 1652, Rn. 25 (nach juris); BGH, 1.12.2005 – III ZR 191/03, NJW 2006, S. 230, Rn. 14 (nach juris) OLG Frankfurt a.M., 25.11.2004 – 16 U 26/04, juris, Rn. 20; OLG Frankfurt a.M., 29.6.2006 – 12 U 195/05, IPRspr. 2006, Nr. 163, S. 352, Rn. 24 f. (nach juris); Zöller/*Geimer*, ZPO, 31. Aufl. 2016, Art. 66 EuGVVO Rn. 1; Schlosser/*Hess*, EuZPR, 4. Aufl. 2015, Art. 66 EuGVVO Rn. 2; Rauscher/*Staudinger*, EuZPR, 4. Aufl. 2016, Art. 66 EuGVVO Rn. 2.
[5] OLG Düsseldorf, 1.9.2015 – I-3 W 95/15, juris, Rn. 16; OLG München, 16.11.2015 – 34 Wx 314/15, juris, Rn. 14.
[6] OLG Düsseldorf, 1.9.2015 – I-3 W 95/15, juris, Rn. 16; *Hau*, MDR 2014, S. 1417 (1420).
[7] Schlosser/*Hess*, EuZPR, 4. Aufl. 2015, Art. 66 EuGVVO Rn. 1, 3.

III. Besonderheiten bei Gerichtsstandsvereinbarungen

6   Art. 66 gilt für Gerichtsstandsvereinbarungen unabhängig von dem Zeitpunkt, zu dem sie abgeschlossen worden sind.[8] Art. 25 ist somit grundsätzlich für alle Gerichtsstandsvereinbarungen zu beachten, auf die es in Verfahren ankommt, die nach dem 10. Januar 2015 eingeleitet worden sind. Laut EuGH stellt die Gerichtsstandsabrede nämlich eine bloße Zuständigkeitsoption dar, die erst bei Einleitung eines Gerichtsverfahrens Wirkung entfalten kann.[9] Spätestens bei Klageerhebung im *forum prorogatum* müssen somit sowohl die Anwendungsvoraussetzungen von Art. 25 als auch dessen Zulässigkeits- und Wirksamkeitsanforderungen an Gerichtsstandsvereinbarungen erfüllt sein.

7   Von der Maßgeblichkeit des Zeitpunkts der Klageerhebung gelten jedoch zum Schutze des **Vertrauens in die Wirksamkeit der Gerichtsstandsvereinbarung** Ausnahmen: Eine Gerichtsstandsvereinbarung, die im Zeitpunkt ihres Abschlusses nach dem damals anwendbaren Recht wirksam und zulässig war, darf ihre Gültigkeit nicht nachträglich verlieren, weil bei Klageerhebung ein anderer rechtlicher Rahmen Anwendung findet.[10] Nur so kann die Zuständigkeitsabrede ihren Zweck erfüllen und den Parteien Rechts- und Planungssicherheit im Hinblick auf das zuständige Forum verschaffen.[11] Derartiger Vertrauensschutz ist geboten, wenn sich zwischen Abschluss der Gerichtsstandsvereinbarung und Klageerhebung die rechtlichen oder tatsächlichen Verhältnisse mit nachteiligen Folgen für die Gültigkeit der Gerichtsstandsvereinbarung ändern.[12]

8   Nicht schutzwürdig ist demgegenüber das **Vertrauen einer Partei in die Unwirksamkeit der Gerichtsstandsvereinbarung**.[13] Denn bei Abschluss eines Vertrags wird üblicherweise auf dessen Gültigkeit und nicht dessen Unwirksamkeit vertraut. Demnach ist in all denjenigen Konstellationen, in denen eine Gerichtsstandsvereinbarung erst im Zeitpunkt der Klageerhebung gültig wird, nicht von Art. 66 Abs. 1 abzuweichen.

IV. Besonderheiten bei Regeln zur Verfahrenskollision Art. 29 ff.

9   Bei der Anwendung der Art. 29 ff. zur Auflösung von Verfahrenskollisionen können hinsichtlich deren intertemporaler Geltung Besonderheiten zu beachten sein.

---

[8] LG Berlin, 29.9.2004 – 26 O 530/02, IPRax 2005, S. 261.
[9] EuGH, 13.11.1979 – Rs. 25/79, *Sanicentral ./. Collin*, Slg. 1979, 3423, Rn. 5 f.
[10] Schlosser/*Hess*, EuZPR, 4. Aufl. 2015, Art. 25 EuGVVO Rn. 8 f.; Rauscher/*Mankowski*, EuZPR, 4. Aufl. 2016, Art. 25 EuGVVO Rn. 264 ff.; *Trunk*, IPRax 1996, S. 249 (251); *Kropholler/von Hein*, EuZPR, 9. Aufl. 2011, Art. 23 EuGVVO a.F. Rn. 11; *Mayer*, RabelsZ 69 (2005), S. 558 (265). A. A. *Schack*, IZVR, 6. Aufl. 2014, Rn. 529; BGE, 19.8.1998 – 124 III S. 436 (444 f.) zu Art. 17 LugÜ; LG München, 29.5.1995 – 21 O 23363/94, NJW 1996, S. 401; LG Karlsruhe, 8.12.2004 – 9 O 188/03, juris, Rn. 57.
[11] Rauscher/*Mankowski*, EuZPR, 4. Aufl. 2016, Art. 25 EuGVVO Rn. 264.
[12] Vgl. hierzu ausführlich Art. 25 Rn. 22 f.
[13] Schlosser/*Hess*, EuZPR, 4. Aufl. 2015, Art. 25 EuGVVO Rn. 10.

Gem. Art. 66 Abs. 1 gelten die Art. 29 ff. grundsätzlich in allen Zweit-Verfahren, die nach dem 10. Januar 2015 eingeleitet worden sind. Ist das Zweit-Verfahren wegen eines anderweitigen Verfahrens auszusetzen, das vor diesem Stichtag eingeleitet worden ist, ist bei der Aussetzung jedoch besondere Vorsicht geboten. Denn eine Verfahrensaussetzung gem. Art. 29 ff. ist nur dann angemessen, wenn die Anerkennung und Vollstreckung der Entscheidung des Erstgerichts sichergestellt ist.[14] Bei der Beurteilung dieser Frage sind zwei Konstellationen zu unterscheiden: 10

Soweit **das Erstverfahren gem. Abs. 2 der EuGVVO a.F. unterliegt** (Bsp.: Einleitung des Erstverfahrens in England am 9.1.2015 und Anrufung des Zweitgerichts in Deutschland am 20.1.2015), ist die Anerkennung und Vollstreckung der dort zu erwartenden Entscheidung gleichermaßen gesichert wie unter der EuGVVO n.F. Daher hat das zweitangerufene Gericht sein Verfahren gem. Art. 29 auszusetzen, wenn die hierfür erforderliche Personen- und Streitgegenstandsidentität gegeben ist. 11

Soweit **das Erstverfahren** jedoch **nicht in den zeitlichen Anwendungsbereich der EuGVVO a.F.** fällt, ist gem. Art. 66 Abs. 2 EuGVVO a.F. zu bestimmen, ob die dort zu erwartende Entscheidung dennoch nach der EuGVVO a.F. anerkannt und vollstreckt werden kann. Ist dies der Fall, steht einer Anwendung von Art. 29 ff. nichts im Wege. Art. 66 Abs. 2 EuGVVO a.F. ist beispielsweise dann zu prüfen, wenn das Erstverfahren vor dem 1.7.2013[15] in Kroatien eingeleitet worden ist und ein deutsches Zweitgericht am 10.1.2015 angerufen wird. In solchen Fällen kann insbesondere Art. 66 Abs. 2 lit. b EuGVVO a.F. von Bedeutung sein, wonach die Art. 32 ff. EuGVVO a.F. auf Altfälle anzuwenden sind, das Gericht seine Zuständigkeit auf eine Vorschrift gestützt hat, die mit den Zuständigkeitsvorschriften der EuGVVO vergleichbar ist. Praktisch bedeutet dies, dass im Rahmen der Aussetzungsentscheidung in Abweichung von Art. 45 Abs. 3 ausnahmsweise die Zuständigkeit des Erstgerichts geprüft werden muss. Findet sich zu der angewendeten Zuständigkeitsvorschrift keine Parallele in der EuGVVO, muss das Zweitgericht prüfen, ob die Voraussetzungen von Art. 4 EuGVVO a.F. (= Art. 6) erfüllt sind.[16] 12

---

[14] EuGH, 9.10.1997 – Rs. C-163/95, *von Horn ./. Cinnamond*, Slg. 1997, I-5451 (ECLI:EU:1997:472), Rn. 21.
[15] Beitrittsvertrag mit Kroatien vom 24.4.2012, ABl. EU 2012, Nr. L 112/10.
[16] Rauscher/*Staudinger*, EuZPR, 4. Aufl. 2016, Art. 66 EuGVVO Rn. 14a.

Kapitel VII Verhältnis zu anderen Rechtsinstrumenten

Artikel 67 [Rechtsakte für besondere Rechtsgebiete]
Diese Verordnung berührt nicht die Anwendung der Bestimmungen, die für besondere Rechtsgebiete die gerichtliche Zuständigkeit oder die Anerkennung und Vollstreckung von Entscheidungen regeln und in Unionsrechtsakten oder in dem in Ausführung dieser Rechtsakte harmonisierten einzelstaatlichen Recht enthalten sind.

Schrifttum: *Heinig, Jens,* Die Konkurrenz der EuGVVO mit dem übrigen Gemeinschaftsrecht, GPR 2010, S. 36; *Wagner, Rolf,* Normenkonflikte zwischen den EG-Verordnungen Brüssel I, Rom I und Rom II und transportrechtlichen Rechtsinstrumenten, TranspR 2009, S. 103.

Übersicht

	Rn.
I. Allgemeines zu den Art. 67–73	1
II. Normzweck, Systematik und Entstehungsgeschichte von Art. 67	2
III. Vorrangige Sekundärrechtsakte i.S.v. Art. 67	9
1. Zivilverfahrensrechtliche Spezialverordnungen	9
2. Weitere Gemeinschaftsrechtsakte	14

I. Allgemeines zu den Art. 67–73

1 Kapitel VII enthält Bestimmungen über das Verhältnis der EuGVVO zu anderen Rechtsakten. Dabei gilt folgender Aufbau: Zunächst ist das Verhältnis der EuGVVO zum spezielleren sekundären Gemeinschaftsrecht geregelt (Art. 67), sodann das Verhältnis zum EuGVÜ (Art. 68) und schließlich das Verhältnis zwischen der EuGVVO und speziellen völkerrechtlichen Abkommen der Mitgliedstaaten (Art. 69–73).

II. Normzweck, Systematik und Entstehungsgeschichte von Art. 67

2 Art. 67 regelt das Verhältnis der EuGVVO zu anderen Unionsrechtsakten, die für Spezialgebiete ebenfalls die gerichtliche Zuständigkeit bzw. die Anerkennung und Vollstreckung regeln. Die Norm ist durch die EuGVVO-Revision 2012 – von sprachlichen Anpassungen abgesehen – nicht verändert worden.

3 Art. 67 stellt klar, dass sekundäres Gemeinschaftsrecht, das für besondere Sachgebiete die gerichtliche Zuständigkeit oder die Anerkennung und Vollstreckung von Entscheidungen regelt, der EuGVVO als spezielle Regelung vorgeht. Dieser Vorrang gilt gleichermaßen für unmittelbar anwendbares Sekundärrecht (Verordnungen i.S.v. Art. 288 Abs. 2 AEUV) wie für die nationalen Rechtsakte zur Umsetzung von Richtlinien i.S.v. Art. 288 Abs. 3 AEUV. Als Rechtsfolge sieht

Art. 67 lediglich einen Anwendungsvorrang vor. Die Bestimmungen der EuGVVO werden nur insoweit verdrängt, wie der besondere Unionsrechtsakt i.S.v. Art. 67 Sonderregelungen enthält.

Der in Art. 67 festgelegte Vorrang gilt gleichermaßen für Regelungen, die 4 vor und nach dem Inkrafttreten der EuGVVO n.F. (am 9.1.2013, vgl. Art. 81) erlassen worden sind. Für das Verhältnis zwischen der EuGVVO und speziellen Unionsrechtsakten greift der Grundsatz der Spezialität (*lex specialis derogat legi generali*) und nicht das Prinzip der zeitlichen Priorität (*lex posterior derogat legi priori*).[1]

Ein Unionsrechtsakt beansprucht nach Art. 67 nur dann Vorrang, wenn er 5 zumindest mittelbar die **Frage der internationalen Zuständigkeit bzw. der Anerkennung und Vollstreckung** von Entscheidungen regelt. Ob dies der Fall ist, ist ggf. durch Auslegung zu ermitteln. Der EuZustVO und der EuBVO wird demzufolge nicht durch Art. 67 Vorrang vor der EuGVVO eingeräumt, weil sie weder die gerichtliche Zuständigkeit noch die Anerkennung und Vollstreckung regeln. Gleiches gilt für die nationalen Umsetzungsvorschriften zu der Richtlinie zur Durchsetzung der Rechte des geistigen Eigentums.[2] Diese betreffen lediglich die Befugnisse von Gerichten und berechtigten Personen zur Durchsetzung von Rechten am geistigen Eigentum, regelt jedoch nicht Fragen der Zuständigkeit, Anerkennung oder Vollstreckung, so dass sie die EuGVVO nicht verdrängen kann.[3]

Der Anwendungsvorrang aus Art. 67 gilt jedoch nur soweit, wie der jeweilige 6 **Sonderrechtsakt seinerseits Vorrang beansprucht.** Enthält der jeweilige Sonderrechtsakt im Einzelfall eine Öffnungsklausel zugunsten der EuGVVO, wird dies durch Art. 67 nicht übergangen.

Art. 67 greift nur, soweit der **sachliche Anwendungsbereich der** 7 **EuGVVO** gem. Art. 1 eröffnet ist. Bei Unionsrechtsakten, die die Zuständigkeit, Anerkennung oder Vollstreckung in Rechtsgebieten regeln, auf die die EuGVVO gem. Art. 1 Abs. 2 ohnehin nicht anwendbar ist, scheidet ein auflösungsbedürftiger Geltungskonflikt von vornherein aus. Daher gilt Art. 67 insbesondere nicht für das Verhältnis zur EuEheVO (Art. 1 Abs. 2 lit. a), EuInsVO (Art. 1 Abs. 2 lit. b), EuUnthVO (Art. 1 Abs. 2 lit. e), EuErbVO (Art. 1 Abs. 2 lit. f).

Art. 67 regelt auch Kollisionen mit **Spezialübereinkommen, die die EU** 8 (und nicht die Mitgliedstaaten) **mit Drittstaaten abgeschlossen** hat.[4] Prominentestes Beispiel hierfür ist das Haager Übereinkommen über Gerichtsstandsvereinbarungen vom 30.6.2005 **(HGÜ)**, das in Art. 26 Abs. 6 eine eigene (nicht gerade leicht verständliche) Kollisionsregelung über das Verhältnis zur EuGVVO enthält.[5] Die (Außen-)Kompetenz der EU zum Abschluss solcher Übereinkommen mit Drittstaaten ist eine Fortsetzung ihrer (Innen-)Kompetenz zur Regelung von Zuständigkeit, Anerkennung und Vollstreckung durch innergemeinschaftliche

---
[1] Schlosser/*Hess*, EuZPR, 4. Aufl. 2015, Art. 67 EuGVVO Rn. 1.
[2] Richtlinie 2004/48/EG vom 29.4.2004 zur Durchsetzung der Rechte des geistigen Eigentums.
[3] Rauscher/*Mankowski*, EuZPR, 4. Aufl. 2016, Art. 67 EuGVVO Rn. 2.
[4] Schlosser/*Hess*, EuZPR, 4. Aufl. 2015, Art. 67 EuGVVO Rn. 3.
[5] Ausführlich hierzu Kommentierung bei Art. 25 Rn. 36 ff.

Rechtsakte gem. Art. 81 Abs. 2 a, c und e AEUV.[6] Soweit Regelungen mit Drittstaaten die Geltung von Unionsrechtsakten beeinträchtigen können, steht der EU die ausschließliche Kompetenz zur Verhandlung und zum Abschluss von Staatsverträgen mit Drittstaaten zu. Im Regelungsbereich der EuGVVO ist es den Mitgliedstaaten somit verwehrt, völkerrechtliche Verträge mit Drittstaaten zu verhandeln, zu unterzeichnen und zu ratifizieren.[7]

III. Vorrangige Sekundärrechtsakte i.S.v. Art. 67

1. Zivilverfahrensrechtliche Spezialverordnungen

9   Ein vorrangiger Sonderrechtsakt i.S.v. Art. 67 ist die Vollstreckungstitelverordnung (**EuVTVO**).[8] Diese räumt dem Gläubiger allerdings die Möglichkeit ein, alternativ zum Europäischen Vollstreckungstitel das Anerkennungs- und Vollstreckungsverfahren nach der EuGVVO zu beschreiten, vgl. Art. 27 EuVTVO und Erwgr. 20 EuVTVO. Art. 6 Abs. 1 lit. b EuVTVO verlangt für die Bestätigung als Europäischer Vollstreckungstitel u.a., dass bestimmte Zuständigkeiten nach der EuGVVO beachtet sind. Insoweit ist der Vorrang durch Art. 67 also nicht streng.

10 Ein weiteres Beispiel für einen gem. Art. 67 vorrangigen Sonderrechtsakt stellt die Mahnverfahrensverordnung (**EuMahnVO**)[9] dar, die es ermöglicht, Forderungen im Wege eines Europäischen Zahlungsbefehls grenzüberschreitend durchzusetzen. Dem Gläubiger steht es allerdings frei, anstelle des Mahnverfahrens ein reguläres Klageverfahren nach der EuGVVO zu betreiben.[10]

11 Vorrang i.S.v. Art. 67 genießt auch die Bagatellverordnung (**EuGFVO**),[11] die ein Verfahren zur Durchsetzung geringfügiger Forderungen (bis 2000 Euro Streitwert) vorsieht. Dem Gläubiger bleibt es allerdings unbenommen, geringfügige Forderungen im regulären kontradiktorischen Verfahren durchzusetzen und den Titel nach der EuGVVO zu vollstrecken.[12]

12 Gem. Art. 67 ist außerdem die im Wesentlichen ab dem 18.1.2017 anwendbare europäische Kontenpfändungsverordnung (**EuKoPfVO**)[13] gegenüber der

---

[6] EuGH, 31.3.1971 – Rs. 22/70, Europäisches Übereinkommen über Straßenverkehr, Slg. 1971, 263, Rn. 16; Gutachten 1/03 des EuGH vom 7.2.2006 über die Zuständigkeit der Gemeinschaft für den Abschluss des neuen Übereinkommens von Lugano über die gerichtliche Zuständigkeit und die Anerkennung und Vollstreckung von Entscheidungen in Zivil- und Handelssachen, Slg. 2006, I-1145, Rn. 114.
[7] Vgl. zum Ganzen *Wagner*, TranspR 2009, S. 103 (108).
[8] Verordnung (EG) Nr. 805/2004 vom 21.4.2004 zur Einführung eines europäischen Vollstreckungstitels für unbestrittene Forderungen.
[9] Verordnung (EG) Nr. 1869/2006 vom 12.12.2005 zur Einführung eines europäischen Mahnverfahrens.
[10] Vgl. zum Zusammenspiel von EuMahnVO und EuGVVO *Heinig*, GPR 2010, S. 36 (37 f.).
[11] Verordnung (EG) Nr. 861/2007 vom 11.7.2007 zur Einführung eines europäischen Verfahrens für geringfügige Forderungen.
[12] Vgl. *Heinig*, GPR 2010, S. 36 (38).
[13] Verordnung (EG) Nr. 665/2014 vom 15.5.2014 zur Einführung eines Verfahrens für einen europäischen Beschluss zur vorläufigen Kontenpfändung im Hinblick auf die Erleichterung der grenzüberschreitenden Eintreibung von Forderungen in Zivil- und Handelssachen. Vgl. zu dieser Verordnung *Hess/Raffelsieper*, IPRax 2015, S. 46; *Fawzy*, DGVZ 2015, S. 141.

Text + Erläuterungen   Art. 67   **B Vor I** 7

EuGVVO vorrangig. Sie beinhaltet eigene Regelungen über die Zuständigkeit (Art. 6 Abs. 2–4 EuKoPfVO) und die Anerkennung und Vollstreckung von Pfändungsbeschlüssen (Art. 22 ff. EuKoPfVO), die im Anwendungsbereich der EuKoPfVO vorrangig sind. Dem Gläubiger steht es allerdings frei, einstweiligen Rechtsschutz nach der EuGVVO zu beantragen, vgl. Art. 48 lit. b EuKoPfVO.

Von Art. 67 nicht erfasst ist hingegen die Verordnung (EG) Nr. 2271/96 vom 22.11.1996 zum Schutz vor den Auswirkungen der extraterritorialen Anwendung von in einem Drittland erlassenen Rechtsakten sowie von darauf beruhenden oder sich daraus ergebenden Maßnahmen.[14] Diese vorrangig gegen den US-amerikanischen **„Helms-Burton-Act"**[15] gerichtete Verordnung enthält in ihrem Art. 4 und 5 zwar ein Anerkennungs- und Vollstreckungsverbot. Dieses gilt jedoch nur für drittstaatliche Entscheidungen, auf die die EuGVVO ohnehin keine Anwendung findet. Die Anwendungsbereiche der Verordnungen überlappen sich daher nicht. **13**

2. Weitere Gemeinschaftsrechtsakte

Vorrangig i.S.v. Art. 67 ist außerdem die **Gemeinschaftsmarkenverordnung (GMV)**.[16] Diese regelt für alle in Art. 96 GMV genannten Klagen eine ausschließliche Zuständigkeit der Gemeinschaftsmarkengerichte. Die internationale Zuständigkeit dieser Gerichte ergibt sich aus Art. 97 GMV, der in Abs. 4 teilweise auf die Gerichtsstände der EuGVVO verweist.[17] **14**

Von Art. 67 erfasst sind auch die mitgliedstaatlichen Vorschriften zur Umsetzung der **EG-Klausel-RL**.[18] Denn zum Schutz von Verbrauchern regelt die EG-Klausel-RL mittelbar die internationale Zuständigkeit, indem sie Klauseln für unwirksam erklärt, die einem Verbraucher die Möglichkeit zur Anrufung staatlicher Gerichte nehmen oder erschweren, vgl. Anh. Nr. 1 lit. q. Die EG-Klausel-RL betrifft ein besonderes Rechtsgebiet i.S.v. Art. 67, weil das Verbraucherschutzrecht in Art. 4 Abs. 2 lit. f AEUV als eigenständiger Zuständigkeitsbereich der EU aufgeführt wird.[19] **15**

Eine vorrangige Regelung i.S.v. Art. 67 enthalten auch die nationalen Umsetzungsvorschriften zu der **EG-Entsende-RL**.[20] Art. 6 1. HS dieser RL verpflich- **16**

---

[14] So auch Rauscher/*Mankowski*, EuZPR, 4. Aufl. 2016, Art. 67 EuGVVO Rn. 2. A. A. wohl Zöller/*Geimer*, ZPO, 31. Aufl. 2016, Art. 67 EuGVVO Rn. 2.
[15] Das Helms-Burton-Gesetz (22 U.S.C. §§ 6021–6091) gestattet US-amerikanischen Staatsbürgern, die ihr Vermögen durch die Enteignungen in Kuba in den Jahren 1958–1961 teilweise verloren haben, vor US-amerikanischen Gerichten Ersatzansprüche gegen Personen durchzusetzen, die unter Einbeziehung der enteigneten Vermögenswerte einer wirtschaftlichen Tätigkeit nachgehen, vgl. ausführlich zu dem Gesetz *Grundwald*, Forum Shopping, 2008, S. 128. Aus Sicht der EU ist die im Helms-Burton-Gesetz vorgesehene extraterritoriale Anwendung von US-Vorschriften völkerrechtswidrig und hat nachteilige Auswirkungen auf die Interessen der Union, vgl. *Jayme/Kohler*, IPRax 1997, S. 385.
[16] Verordnung (EG) Nr. 207/2009 vom 26.2.2009 über die Gemeinschaftsmarke.
[17] Vgl. hierzu *Heinig*, GPR 2010, S. 36 (39).
[18] Richtlinie 93/13/EWG vom 5.4.1993 über missbräuchliche Klauseln in Verbraucherverträgen.
[19] Vgl. hierzu ausführlich Kommentierung von Art. 25 Rn. 106 ff.; *E. Peiffer*, Schutz gegen Klagen im forum derogatum, 2013, S. 155 ff.; *Heinig*, GPR 2010, S. 36 (41 ff.).
[20] Richtlinie 96/71/EG vom 16.12.1996 über die Entsendung von Arbeitnehmern im Rahmen der Erbringung von Dienstleistungen.

tet die Mitgliedstaaten, im Staat der Tätigkeit des entsendeten Arbeitnehmers einen Gerichtsstand zur Verfügung zu stellen, an dem der entsandte Arbeitnehmer die ihm gem. Art. 3 der RL zustehenden Rechte klageweise durchsetzen kann. Die Umsetzungsvorschriften zu diesem Gerichtsstand (in Deutschland § 15 AEntG) genießen gem. Art. 67 Vorrang vor der EuGVVO.[21]

Artikel 68 [Verhältnis zu EuGVÜ]

(1) Diese Verordnung tritt im Verhältnis zwischen den Mitgliedstaaten an die Stelle des Brüsseler Übereinkommens von 1968, außer hinsichtlich der Hoheitsgebiete der Mitgliedstaaten, die in den territorialen Anwendungsbereich des genannten Übereinkommens fallen und aufgrund der Anwendung von Artikel 355 AEUV von dieser Verordnung ausgeschlossen sind.

(2) Soweit diese Verordnung die Bestimmungen des Brüsseler Übereinkommens von 1968 zwischen den Mitgliedstaaten ersetzt, gelten Verweise auf dieses Übereinkommen als Verweise auf die vorliegende Verordnung.

1   Art. 68 regelt das Verhältnis zum EuGVÜ. Nach **Abs. 1** ersetzt die EuGVVO ab dem 10. Januar 2015 im Verhältnis zwischen den Mitgliedstaaten das EuGVÜ. Das EuGVÜ bleibt hingegen in den Hoheitsgebieten der Mitgliedstaaten in Kraft, in denen das EuGVÜ gilt, die EuGVVO jedoch – wegen Art. 355 AEUV – keine Anwendung findet. Dies kann insbesondere für die Art. 355 Abs. 2 AEUV i.V.m. Anhang II genannten Hoheitsgebieten relevant werden, da in diesen die EuGVVO nicht automatisch gilt, sondern nur aufgrund Assoziierung nach Art. 198 ff. AEUV erstreckt werden kann. Soweit in solchen Gebieten keine Assoziierung durchgeführt wurde, hier jedoch das EuGVÜ gilt (Bsp.: Aruba), bleibt es aufgrund des zweiten Halbsatzes von Abs. 1 bei der Geltung des EuGVÜ.[1]

2   **Abs. 2** ist eine Ergänzung zu Abs. 1 für Fälle, in denen Rechtsakte auf die Vorschriften des EuGVÜ verweisen. Damit derartige Verweise auf dem aktuellen Rechtsstand bleiben, werden sie durch Abs. 2 dynamisiert und beziehen sich auf die entsprechende Vorschrift der EuGVVO. Wichtigstes Beispiel hierfür ist Art. 25 Abs. 1 EuInsVO,[2] der für die Anerkennung und Vollstreckung insolvenzrechtlicher Entscheidungen auf Art. 31 ff. EuGVÜ verweist. Dieser Verweis führt nun aufgrund von Abs. 2 auf die Art. 36 ff. EuGVVO, soweit das Verfahren nach dem 10.1.2015 eingeleitet worden ist (Art. 66 Abs. 1 EuGVVO). Sobald die Neufassung der EuInsVO[3] anwendbar ist – also ab dem 26.6.2017 – wird Abs. 2 insoweit allerdings nicht mehr benötigt, weil Art. 32 EuInsVO n.F. direkt auf die Anerkennungs- und Vollstreckungsregelungen der EuGVVO verweist.

---
[21] *Heinig*, GPR 2010, S. 36 (41).
[1] Ausführlich hierzu Rauscher/*Mankowski*, EuZPR, 4. Aufl. 2016, Art. 68 EuGVVO Rn. 5 ff.
[2] Verordnung (EG) Nr. 1346/2000 vom 29.5.2000 über Insolvenzverfahren.
[3] Verordnung (EU) Nr. 2015/848 vom 20.5.2015 über Insolvenzverfahren.

Artikel 69 [Ersetzung von Übereinkünften]

¹Diese Verordnung ersetzt unbeschadet der Artikel 70 und 71 im Verhältnis zwischen den Mitgliedstaaten die Übereinkünfte, die sich auf dieselben Rechtsgebiete erstrecken wie diese Verordnung. ²Ersetzt werden insbesondere die Übereinkünfte, die in der von der Kommission nach Artikel 76 Absatz 1 Buchstabe c und Artikel 76 Absatz 2 festgelegten Liste aufgeführt sind.

Gem. Art. 69 ersetzt die EuGVVO die zwischen den Mitgliedstaaten bestehenden bi- und multilateralen Anerkennungs- und Vollstreckungsübereinkommen, soweit sie keine Spezialmaterie betreffen und gem. Art. 71 fortgelten. **1**

Die Bestimmungen der Abkommen werden gem. Art. 69 von der EuGVVO im Sinne eines Anwendungsvorrangs auch dann verdrängt, wenn sie höhere oder geringere Anforderungen an eine Anerkennung und Vollstreckung stellen.¹ Durch den Anwendungsvorrang aufgrund von Art. 69 kann sich im Einzelfall die Anerkennungsfähigkeit ausländischer Urteile verschlechtern. **2**

Die gem. Art. 69 verdrängten Übereinkommen sind insbesondere in der Liste gem. Art. 76 zusammengetragen (s.u.). Der Vorbehalt „*unbeschadet Artikel 70*" bedeutet, dass die völkerrechtlichen Verträge nur verdrängt sind, soweit der zeitliche und sachliche Anwendungsbereich der EuGVVO eröffnet ist. Demnach können die Abkommen i.S.v. Art. 69 noch in folgenden Fällen Geltung entfalten: für Rechtsgebiete, die vom Anwendungsbereich der EuGVVO ausgeschlossen sind (Art. 70 Abs. 1) und für Entscheidungen, Urkunden und gerichtliche Vergleiche, die vor dem Inkrafttreten der EuGVVO a.F. ergangen, errichtet oder geschlossen worden sind (Art. 70 Abs. 2). Art. 70 Abs. 2 muss jedoch zusammen mit Art. 66 Abs. 2 EuGVVO a.F. gelesen werden, der in bestimmen Fällen eine Anwendung der Art. 32 ff. EuGVVO a.F. auf Titel ermöglicht, die aus der Zeit vor der EuGVVO a.F. stammen. Soweit die EuGVVO a.F. Anwendung findet und nach deren Art. 69 staatsvertragliche Anerkennungs- und Vollstreckungsregelungen verdrängt, können diese auch nicht über Art. 70 Abs. 2 EuGVVO zur Anwendung gelangen. **3**

Der Vorbehalt „*unbeschadet Art. 71*" bedeutet, dass die von dieser Norm erfassten Spezialübereinkommen auch im sachlichen und zeitlichen Anwendungsbereich der EuGVVO fortgelten. Soweit ein Übereinkommen von Art. 71 erfasst ist, kann es nicht gem. Art. 69 durch die EuGVVO verdrängt werden. **4**

Die in Art. 69 Satz 2 erwähnte Liste i.S.v. Art. 76 wurde im Januar 2015 im EU-Amtsblatt C veröffentlicht und nennt (in Bezug auf Deutschland und Österreich) folgende Übereinkommen:² **5**

1. Deutschland:
– das am 9. März 1936 in Rom unterzeichnete deutsch-italienische Abkommen über die Anerkennung und Vollstreckung gerichtlicher Entscheidungen in Zivil- und Handelssachen;

---
¹ BGH, 18.2.1993 – IX ZB 87/90, NJW 1993, S. 2688, Rn. 24 f. (nach juris).
² ABl. EU 2015, C 4, S. 2 ff.

- das am 30. Juni 1958 in Bonn unterzeichnete deutsch-belgische Abkommen über die gegenseitige Anerkennung und Vollstreckung von gerichtlichen Entscheidungen, Schiedssprüchen und öffentlichen Urkunden in Zivil- und Handelssachen;
- das am 6. Juni 1959 in Wien unterzeichnete deutsch-österreichische Abkommen über die gegenseitige Anerkennung und Vollstreckung von gerichtlichen Entscheidungen, Vergleichen und öffentlichen Urkunden in Zivil- und Handelssachen;
- das am 14. Juli 1960 in Bonn unterzeichnete deutsch-britische Abkommen über die gegenseitige Anerkennung und Vollstreckung von gerichtlichen Entscheidungen in Zivil- und Handelssachen;
- das am 30. August 1962 in Den Haag unterzeichnete deutsch-niederländische Abkommen über die gegenseitige Anerkennung und Vollstreckung gerichtlicher Entscheidungen und anderer Schuldtitel in Zivil- und Handelssachen;
- das am 4. November 1961 in Athen unterzeichnete deutsch-griechische Abkommen über die gegenseitige Anerkennung und Vollstreckung von gerichtlichen Entscheidungen, Vergleichen und öffentlichen Urkunden in Zivil- und Handelssachen;
- das am 14. November 1983 in Bonn unterzeichnete deutsch-spanische Abkommen über die Anerkennung und Vollstreckung von gerichtlichen Entscheidungen und Vergleichen sowie vollstreckbaren öffentlichen Urkunden in Zivil- und Handelssachen;

2. Österreich
- das am 6. Juni 1959 in Wien unterzeichnete deutsch-österreichische Abkommen über die gegenseitige Anerkennung und Vollstreckung von gerichtlichen Entscheidungen, Vergleichen und öffentlichen Urkunden in Zivil- und Handelssachen;
- das am 20. Oktober 1967 in Sofia unterzeichnete Abkommen zwischen der Volksrepublik Bulgarien und der Republik Österreich über Rechtshilfe in bürgerlichen Rechtssachen und über Urkundenwesen;
- das am 16. Juni 1959 in Wien unterzeichnete belgisch-österreichische Abkommen über die gegenseitige Anerkennung und Vollstreckung von gerichtlichen Entscheidungen, Schiedssprüchen und öffentlichen Urkunden auf dem Gebiet des Zivil- und Handelsrechts;
- das am 14. Juli 1961 in Wien unterzeichnete britisch-österreichische Abkommen über die gegenseitige Anerkennung und Vollstreckung gerichtlicher Entscheidungen in Zivil- und Handelssachen und das am 6. März 1970 in London unterzeichnete Protokoll;
- das am 6. Februar 1963 in Den Haag unterzeichnete niederländisch-österreichische Abkommen über die gegenseitige Anerkennung und Vollstreckung von gerichtlichen Entscheidungen und öffentlichen Urkunden auf dem Gebiet des Zivil- und Handelsrechts;

- das am 15. Juli 1966 in Wien unterzeichnete französisch-österreichische Abkommen über die Anerkennung und Vollstreckung von gerichtlichen Entscheidungen und öffentlichen Urkunden auf dem Gebiet des Zivil- und Handelsrechts;
- das am 29. Juli 1971 in Luxemburg unterzeichnete luxemburgisch-österreichische Abkommen über die Anerkennung und Vollstreckung von gerichtlichen Entscheidungen und öffentlichen Urkunden auf dem Gebiet des Zivil- und Handelsrechts;
- das am 16. November 1971 in Rom unterzeichnete italienisch-österreichische Abkommen über die Anerkennung und Vollstreckung von gerichtlichen Entscheidungen in Zivil- und Handelssachen, von gerichtlichen Vergleichen und von Notariatsakten;
- das am 16. September 1982 in Stockholm unterzeichnete österreichisch-schwedische Abkommen über die Anerkennung und die Vollstreckung von Entscheidungen in Zivilsachen;
- das am 17. Februar 1984 in Wien unterzeichnete österreichisch-spanische Abkommen über die Anerkennung und die Vollstreckung von gerichtlichen Entscheidungen, Vergleichen und vollstreckbaren öffentlichen Urkunden in Zivil- und Handelssachen;
- das am 17. November 1986 in Wien unterzeichnete finnisch-österreichische Abkommen über die Anerkennung und die Vollstreckung von Entscheidungen in Zivilsachen;
- der am 16. Dezember 1954 in Wien unterzeichnete Vertrag zwischen der Föderativen Volksrepublik Jugoslawien und der Republik Österreich über die justizielle Zusammenarbeit;
- das am 11. Dezember 1963 in Wien unterzeichnete Abkommen zwischen der Volksrepublik Polen und der Republik Österreich über die gegenseitigen Beziehungen in Zivilsachen und über Urkunden;
- das am 17. November 1965 in Wien unterzeichnete Abkommen zwischen der Sozialistischen Republik Rumänien und der Republik Österreich über die Rechtshilfe in Zivil- und Familiensachen sowie über die Gültigkeit und Zustellung von Schriftstücken mit Protokoll;

Artikel 70 [Fortgeltung außerhalb des Anwendungsbereichs der EuGVVO]

(1) Die in Artikel 69 genannten Übereinkünfte behalten ihre Wirksamkeit für die Rechtsgebiete, auf die diese Verordnung nicht anzuwenden ist.

(2) Sie bleiben auch weiterhin für die Entscheidungen, öffentlichen Urkunden und gerichtlichen Vergleiche wirksam, die vor dem Inkrafttreten der Verordnung (EG) Nr. 44/2001 ergangen, förmlich errichtet oder eingetragen bzw. gebilligt oder geschlossen worden sind.

EuGH-Rechtsprechung: EuGH, 14.7.1977 – Rs. 9/77 und 10/77, *Bavaria Fluggesellschaft Schwabe und Co. KG u.a. ./. Eurocontrol*; Slg. 1977, 1517 (ECLI:EU:C:1977:132)

1 Wie Art. 69 regelt Art. 70 das Verhältnis der EuGVVO zu den von Art. 71 nicht erfassten völkerrechtlichen Verträgen. Während Art. 69 negativ regelt, wann nicht Staatsverträge sondern die EuGVVO gilt, bestimmt Art. 70 positiv, wenn die Staatsverträge Vorrang gegenüber der EuGVVO haben.

2 **Abs. 1** schreibt eine Selbstverständlichkeit fest: Die EuGVVO kann völkerrechtliche Verträge nur dann verdrängen, wenn sie **in sachlicher Hinsicht** anwendbar ist. Demnach können alle Übereinkommen weiterhin in Angelegenheiten gelten, die keine Zivil- oder Handelssache i.S.v. Art. 1 Abs. 1 betreffen oder in eine der Sachbereichsausnahmen von Art. 1 Abs. 2 fallen. Dabei ist zu beachten, dass der Anwendungsbereich eines Abkommens weitergehen kann, als der der EuGVVO, auch wenn beide Rechtsakte Zivil- und Handelssachen erfassen. Denn derselbe Begriff kann in den verschiedenen Rechtsinstrumenten unterschiedlich ausgelegt werden. Daher ist es möglich, dass eine Streitigkeit zwar nach dem euro-autonomem Begriffsverständnis keine Zivil- und Handelssache darstellt, wohl aber im Sinne eines Abkommens.[1] In einem solchen Fall kommt ein Vorrang der EuGVVO nicht in Betracht.

3 Unterfällt eine Streitigkeit teilweise der EuGVVO und teilweise einem fortgeltenden Staatsvertrag, kann nur der der EuGVVO unterfallende Teil nach den Art. 36 ff. anerkannt und vollstreckt werden. Im Übrigen ist eine Teilvollstreckbarerklärung nach dem einschlägigen Staatsvertrag durchzuführen.[2]

4 **Abs. 2** regelt die Abgrenzung zwischen EuGVVO und völkerrechtlichen Verträgen **in zeitlicher Hinsicht**. Dabei gilt der Grundsatz, dass die völkerrechtlichen Verträge auf Entscheidungen, Vergleiche und Urkunden anwendbar sind, die nicht in den zeitlichen Anwendungsbereich der EuGVVO oder der EuGVVO a.F. fallen. Nach seinem Wortlaut stellt Abs. 2 insoweit die rein zeitliche Schranke auf, dass alle „vor dem Inkrafttreten" der EuGVVO a.F. (am 1.3.2002, vgl. Art. 76 EuGVVO a.F.) ergangenen, errichteten oder geschlossenen Titel weiterhin den völkerrechtlichen Verträgen unterliegen sollen.

5 Dies ist sachlich allerdings nicht immer zutreffend, da die EuGVVO a.F. nach deren Art. 66 Abs. 2 durchaus auch auf Titel Anwendung findet, die vor ihrem Inkrafttreten am 1.3.2002 ergangen, erreicht oder geschlossen worden sind. Solche „Alt"-Titel können zum einen dann nach der EuGVVO a.F. anerkannt und vollstreckt werden, wenn sie unter Geltung des EuGVÜ ergangen sind (Art. 66 Abs. 2 lit. a EuGVVO a.F.). In Ausnahmefällen können zum anderen sogar Titel, die nicht unter der Geltung des EuGVÜ ergangen sind, nach der EuGVVO a.F. durchgesetzt werden (Art. 66 Abs. 2 lit. b EuGVVO a.F.). Selbstverständlich müssen auch diese „Alt"-Titel weiterhin nach der EuGVVO a.F. durchsetzbar sein und können nicht nachträglich wieder den Staatsverträgen überlassen werden. Art. 70 Abs. 2 ist daher zusammen mit Art. 66 Abs. 2 EuGVVO a.F. zu lesen.

---

[1] Vgl. EuGH, 14.7.1977 – Rs. 9/77 und 10/77, *Bavaria Fluggesellschaft Schwabe und Co. KG u.a. ./. Eurocontrol*; Slg. 1977, 1517 (ECLI:EU:C:1977:132); BGH, 10.10.1977 – VIII ZB 10/76, NJW 1978, S. 1113, Rn. 13 ff. (nach juris).
[2] Schlosser/*Hess*, EuZPR, 4. Aufl. 2015, Art. 70 EuGVVO Rn. 2.

Artikel 71 [Fortgeltung von Übereinkünften für besondere Rechtsgebiete]

(1) Diese Verordnung lässt Übereinkünfte unberührt, denen die Mitgliedstaaten angehören und die für besondere Rechtsgebiete die gerichtliche Zuständigkeit, die Anerkennung oder die Vollstreckung von Entscheidungen regeln.

(2) Um eine einheitliche Auslegung des Absatzes 1 zu sichern, wird er in folgender Weise angewandt:
a) ¹Diese Verordnung schließt nicht aus, dass ein Gericht eines Mitgliedstaats, der Vertragspartei einer Übereinkunft über ein besonderes Rechtsgebiet ist, seine Zuständigkeit auf eine solche Übereinkunft stützt, und zwar auch dann, wenn der Beklagte seinen Wohnsitz im Hoheitsgebiet eines Mitgliedstaats hat, der nicht Vertragspartei einer solchen Übereinkunft ist. ²In jedem Fall wendet dieses Gericht Artikel 28 dieser Verordnung an.
b) ¹Entscheidungen, die in einem Mitgliedstaat von einem Gericht erlassen worden sind, das seine Zuständigkeit auf eine Übereinkunft über ein besonderes Rechtsgebiet gestützt hat, werden in den anderen Mitgliedstaaten nach dieser Verordnung anerkannt und vollstreckt.
²Sind der Ursprungsmitgliedstaat und der ersuchte Mitgliedstaat Vertragsparteien einer Übereinkunft über ein besonderes Rechtsgebiet, welche die Voraussetzungen für die Anerkennung und Vollstreckung von Entscheidungen regelt, so gelten diese Voraussetzungen. ³In jedem Fall können die Bestimmungen dieser Verordnung über die Anerkennung und Vollstreckung von Entscheidungen angewandt werden.

EuGH-Rechtsprechung: EuGH, 31.3.1971 – Rs. 22/70, *Kommission ./. Rat*, Slg. 1971, 263 (ECLI:EU:C:1971:32)

EuGH, 19.11.1998 – Rs. C-162/97, *Strafverfahren gegen Nilsson u.a.*, Slg. 1998, I-7498 (ECLI:EU:C:1998:554)

EuGH, 4.7.2000 – Rs. C-62/98, *EU-Kommission ./. Portugal*, Slg. 2000, I-5171 (ECLI:EU:C:2000:358)

EuGH, 18.11.2003 – Rs. C-216/01, *Budvar ./. Rudolf Ammersin GmbH*, Slg. 2003, I-13617 (ECLI:EU:C:2003:618)

EuGH, 28.10.2004 – Rs. C-148/03, *Nürnberger Allgemeine Versicherungs AG ./. Portbridge Transport International BV*, Slg. 2004, I-10327 (ECLI:EU:C:2004:677)

EuGH, 24.11.2005 – Rs. C-136/04, *Deutsches Milch-Kontor GmbH ./. Hauptzollamt Hamburg-Jonas*, Slg. 2005, I-10097 (ECLI:EU:C:2005:716)

EuGH, 4.5.2010 – Rs. C-533/08, *TNT Express Nederland BV ./. AXA Versicherung AG*, Slg. 2010, I-4107 (ECLI:EU:C:2010:243)

EuGH, 19.12.2013 – Rs. C-452/12, *Nipponkoa Insurance Co. Europe Ltd. ./. Inter-Zuid Transport BV*, ECLI:EU:C:2013:858

EuGH, 4.9.2014 – Rs. C-157/13, *Nickel & Goeldner Spedition GmbH* ./. *„Kintra"* UAB, ECLI:EU:C:2014:2145

EuGH, 14.7.2016 – Rs. C-230/15, *Brite Strike Technologies Inc.* ./. *Brite Strike Technologies SA*, ECLI:EU:C:2016:560

Schrifttum: *Brunner, Raphael*, Unterschiedliche Rechtsprechung in Bezug auf die Durchbrechung der Haftungsbeschränkung und die Frage der Sperrwirkung von negativen Feststellungsklagen gemäss CMR; Ein unglückliches Zusammenspiel, TranspR 2013, S. 99; *Domej, Tanja*, Effet utile der EuGVVO und Vorrang von Spezialübereinkommen, in: Vom praktischen Wert der Methode. Festschrift für Heinz Mayer zum 65. Geburtstag, 2011, Jabloner, Clemens; Kucsko-Stadlmayer, Gabriele; Muzak, Gerhard u.a. (Hrsg.), S. 41; *Fremuth, Fritz*, Gerichtsstände im grenzüberschreitenden Speditions- und Landfrachtrecht, TranspR 1983, S. 35; *Haak, K.F.*, Europäische Lösung der deutsch-niederländischen Kontroverse in der CMR-Interpretation, TranspR 2009, S. 189; *Haubold, Jens*, Internationale Zuständigkeit nach CMR und EuGVÜ/LugÜ, IPRax 2000, S. 91; *ders.*, CMR und europäisches Zivilverfahrensrecht – Klarstellungen zu internationaler Zuständigkeit und Rechtshängigkeit, IPRax 2006, S. 224; *Mankowski, Peter*, EuGVVO, Brüssel Ia-VO und Spezialübereinkommen, TranspR 2014, S. 130; *Müller, Holger/Hök, Götz-Sebastian*, Die Zuständigkeiten deutscher Gerichte und die Vollstreckbarkeit inländischer Urteile im Ausland nach der CMR, RIW 1988, S. 773; *Schmidt, Patrick*, Die negative Feststellungsklage im Anwendungsbereich der CMR – grundsätzliche Überlegungen, TranspR 2013, S. 377; *Shariatmadari, Seyed Hesameddin*, Die internationale Zuständigkeit bei Nichteinlassung des Beklagten zur Sache und die Einrede der Rechtshängigkeit bei negativer Feststellungsklage im Rahmen des Art. 31 CMR im Lichte der neueren Rechtsprechung des EuGH und des BGH, TranspR 2006, S. 105; *Wagner, Rolf*, Normenkonflikte zwischen den EG-Verordnungen Brüssel I, Rom I und Rom II und transportrechtlichen Rechtsinstrumenten, TranspR 2009, S. 103.

Übersicht

	Rn.
I. Normzweck, Systematik und Entstehungsgeschichte	1
II. Anwendungsvorrang (Abs. 1)	6
1. Tatbestandliche Voraussetzungen von Abs. 1	6
2. Beispiele für erfasste Spezial-Übereinkommen	9
3. Eingeschränkte Geltung der Spezial-Übereinkommen nach der EuGH-Rspr.	12
III. Sonderregeln für die Zuständigkeitsprüfung (Abs. 2 lit. a)	16
IV. Sonderregeln für Anerkennung und Vollstreckung (Abs. 2 lit. b)	18
V. Spezifische Probleme bei Art. 31 CMR im Anwendungsbereich der EuGVVO	21
1. Zuständigkeiten gem. Art. 31 Abs. 1 CMR	22
2. Gerichtsstandsvereinbarungen gem. Art. 31 Abs. 1 CMR	24
3. Rechtshängigkeit gem. Art. 31 Abs. 2 CMR	26
4. Vollstreckung ausländischer Urteile gem. Art. 31 Abs. 3, 4 CMR	28

I. Normzweck, Systematik und Entstehungsgeschichte

1   Nach Art. 71 bleiben Übereinkommen für besondere Rechtsgebiete, denen die Mitgliedstaaten angehören und die Regelungen zur internationalen Zustän-

digkeit, Anerkennung und Vollstreckung von Entscheidungen enthalten, von der EuGVVO unberührt. Das hat zur Folge, dass die Vorschriften dieser meist multilateralen Übereinkommen anders als die in Art. 69 genannten überwiegend bilateralen, die nur außerhalb des Anwendungsbereichs der EuGVVO anwendbar sind, gegenüber der Verordnung grundsätzlich vorrangig sind.

Der Grund für die **Fortgeltung der völkerrechtlichen Verträge für besondere Rechtsgebiete** ist zum einen, wie Erwgr. 35 klarstellt, dass die Mitgliedstaaten auch nach Inkrafttreten der EuGVVO in der Lage sein sollen, die **völkerrechtlichen Pflichten** aus bereits abgeschlossenen internationalen Übereinkommen zu erfüllen.[1] Zum anderen enthalten Spezialübereinkommen Regelungen, die den **Besonderheiten des jeweiligen Sachgebiets** besser Rechnung tragen, als die auf eine möglichst weite Anwendung ausgelegte EuGVVO.[2] V. a. wegen des zuletzt genannten Grundes greift der Vorrang i.S.v. Art. 71 auch dann, wenn die Streitigkeit lediglich zu zwei Mitgliedstaaten und nicht zu einem Drittstaat Bezug hat.[3]

2

Art. 71 weicht von dem allgemeinen in **Art. 351 AEUV** festgelegten Grundsatz für die Fortgeltung völkerrechtlicher Verträge innerhalb der EU ab. Nach Art. 351 Abs. 1 AEUV gelten nur die Staatsverträge fort, die ein Mitgliedstaat vor seinem EU-Beitritt mit einem oder mehreren Drittstaaten abgeschlossen hat. Die Mitgliedstaaten sind jedoch gem. Art. 351 Abs. 2 AEUV verpflichtet, alle geeigneten Maßnahmen zu ergreifen, um Unvereinbarkeiten zwischen ihren völkervertraglichen Verpflichtungen und dem EU-Recht zu beseitigen.[4] Demgegenüber beinhaltet **Art. 71 eine großzügigere Regelung,** indem es Spezialübereinkommen Vorrang vor der EuGVVO einräumt, unabhängig davon, ob sie vor oder nach dem Beitritt eines Mitgliedstaats zur EU abgeschlossen wurden. Art. 71 enthält auch keine Art. 351 Abs. 2 AEUV vergleichbare Verpflichtung der Mitgliedstaaten. Nichtsdestotrotz hat der EuGH in den letzten Jahren den Vorrang der Spezialübereinkommen gem. Art. 71 erheblich eingeschränkt, indem er deren Anwendung im Einzelfall unter den Vorbehalt gestellt hat, dass die Grundsätze der justiziellen Zusammenarbeit in Zivil- und Handelssachen in der EU nicht beeinträchtigt werden dürfen[5] (vgl. hierzu unten Rn. 12 ff.).

3

Abs. 1 schreibt den Vorrang von Spezialübereinkommen fest, während **Abs. 2** Regelungen enthält, die das Zusammenspiel solcher Übereinkommen

4

---

[1] Jenard-Bericht, 1979, S. 60.
[2] Jenard-Bericht, 1979, S. 60; EuGH, 6.12.1994 – Rs. C-406/92, *Tatry* ./. *Maciej Rataj*, Slg. 1994, I-5439, Rn. 24; EuGH, 28.10.2004 – Rs. C-148/03, *Nürnberger Allgemeine Versicherungs AG* ./. *Portbridge Transport International BV*, Slg. 2004, I-10327 (ECLI:EU:C:2004:677), Rn. 14; EuGH, 4.5.2010 – Rs. C-533/08, *TNT Express Nederland BV* ./. *AXA Versicherung AG*, Slg. 2010, I-4107 (ECLI:EU:C:2010:243), Rn. 48.
[3] EuGH, 4.5.2010 – Rs. C-533/08, *TNT Express Nederland BV* ./. *AXA Versicherung AG*, Slg. 2010, I-4107 (ECLI:EU:C:2010:243), Rn. 45.
[4] Zu den geeigneten Mitteln i.S.v. Art. 351 Abs. 2 AEUV gehört ggf. auch die Kündigung des völkerrechtlichen Vertrages, vgl. EuGH, 4.7.2000 – Rs. C-62/98, *EU-Kommission* ./. *Portugal*, Slg. 2000, I-5171 (ECLI:EU:C:2000:358), Rn. 49; EuGH, 18.11.2003 – Rs. C-216/01, *Budvar* ./. *Rudolf Ammersin GmbH*, Slg. 2003, I-13617 (ECLI:EU:C:2003:618), Rn. 170.
[5] EuGH, 4.5.2010 – Rs. C-533/08, *TNT Express Nederland BV* ./. *AXA Versicherung AG*, Slg. 2010, I-4107 (ECLI:EU:C:2010:243), Rn. 49; EuGH, 19.12.2013 – Rs. C-452/12, *Nipponkoa Insurance Co. Europe Ltd.* ./. *Inter-Zuid Transport BV*, ECLI:EU:C:2013:858, Rn. 36; EuGH, 4.9.2014 – Rs. C-157/13, *Nickel & Goeldner Spedition GmbH* ./. *„Kintra" UAB*, ECLI:EU:C:2014:2145, Rn. 38.

mit der EuGVVO konkretisieren, u.a. um eine europaweit einheitliche Anwendung von Abs. 1 sicherzustellen.[6]

5 Art. 71 entspricht von redaktionellen Anpassungen abgesehen Art. 71 EuGVVO a.F.

II. Anwendungsvorrang (Abs. 1)

1. Tatbestandliche Voraussetzungen von Abs. 1

6 Der Vorrang von Abs. 1 gilt für Spezial-Übereinkommen, denen die Mitgliedstaaten angehören. Hierunter fallen sowohl bilaterale als auch multilaterale völkerrechtliche Verträge, die **zwischen einem Mitgliedstaat und mindestens einem Drittstaat** bestehen.[7] Spezialübereinkommen, die hingegen lediglich zwischen zwei oder mehr Mitgliedstaaten abgeschlossen worden sind, genießen demgegenüber gem. Art. 70 Abs. 1 nur dann einen Anwendungsvorrang, wenn sie ein Rechtsgebiet betreffen, das vom sachlichen Anwendungsbereich der EuGVVO ausgenommen ist. Dass die lediglich im Kreis der Mitgliedstaaten geltenden völkerrechtlichen Verträge vollständig durch die EuGVVO (in deren Anwendungsbereich) verdrängt sind, ist völkerrechtlich unbedenklich, weil es den Mitgliedstaaten freisteht, sich übereinstimmend über ihre Verträge hinwegzusetzen.

7 Art. 71 räumt nicht nur den völkerrechtlichen Verträgen, sondern auch nationalen Gesetzen Vorrang ein, die ratifizierte Übereinkommen umsetzen. Das ist insbesondere in Mitgliedstaaten, wie dem Vereinigten Königreich von Bedeutung, wo nicht das ratifizierte Übereinkommen selbst angewendet wird, sondern ein auf dessen Grundlage erlassenes **nationales Umsetzungsgesetz**.[8]

8 Art. 71 räumt nur solchen völkerrechtlichen Spezialübereinkommen einen Vorrang ein, die **bis zum Inkrafttreten der EuGVVO abgeschlossen** worden sind. Aufgrund des EU-Primärrechts haben die Mitgliedstaaten ohnehin die Kompetenz verloren, auf dem Gebiet der EuGVVO Übereinkommen mit Drittstaaten abzuschließen.[9] Die (Außen-)Kompetenz hierfür liegt heute bei der EU und resultiert aus ihrer (Innen-)Kompetenz zur Regelung von Zuständigkeit, Anerkennung und Vollstreckung durch innergemeinschaftliche Rechtsakte gem. Art. 81 Abs. 2 a, c und e AEUV.[10] Kollisionen der EuGVVO mit Spezialüberein-

---

[6] *Domej*, in: FS Mayer, 2011, S. 41 (45); vgl. auch GA *Kokott*, Schlussanträge v. 28.1.2010, (Rs. C-533/08 – *TNT Express Nederland BV* ./. *AXA Versicherung AG*), ECLI:EU:C:2010:50, Rn. 37.
[7] EuGH, 14.7.2016 – Rs. C-230/15, *Brite Strike Technologies Inc.* ./. *Brite Strike Technologies SA*, ECLI:EU:C:2016:560, Rn. 49; Rauscher/*Mankowski*, EuZPR, 4. Aufl. 2016, Art. 71 EuGVVO Rn. 6; Kropholler/*von Hein*, EuZPR, 9. Aufl. 2011, Art. 71 EuGVVO a.F. Rn. 1.
[8] Rauscher/*Mankowski*, EuZPR, 4. Aufl. 2016, Art. 71 EuGVVO Rn. 6; Kropholler/*von Hein*, EuZPR, 9. Aufl. 2011, Art. 71 EuGVVO a.F. Rn. 5.
[9] Vgl. zum Ganzen *Wagner*, TranspR 2009, S. 103 (108).
[10] EuGH, 31.3.1971 – Rs. 22/70, *Kommission* ./. *Rat* (Europäisches Übereinkommen über Straßenverkehr), Slg. 1971, 263, Rn. 16; Gutachten 1/03 des EuGH vom 7.2.2006 über die Zuständigkeit der Gemeinschaft für den Abschluss des neuen Übereinkommens von Lugano über die gerichtliche Zuständigkeit und die Anerkennung und Vollstreckung von Entscheidungen in Zivil- und Handelssachen, Slg. 2006, I-1145, Rn. 114.

kommen, die die EU (und nicht die Mitgliedstaaten) mit Drittstaaten abgeschlossen hat, werden über Art. 67 gelöst.[11] Diese Vorschrift regelt etwa auch das Verhältnis zwischen EuGVVO und **HGÜ**,[12] das insoweit allerdings in Art. 26 Abs. 6 eine eigene Kollisionsregel enthält.

2. Beispiele für erfasste Spezial-Übereinkommen

Übereinkommen genießen nur dann den Vorrang gem. Abs. 1, wenn sie **9** **besondere Rechtsgebiete** betreffen und Regelungen über die gerichtliche Zuständigkeit, die Anerkennung oder Vollstreckung von Entscheidungen enthalten.

Eine nicht abschließende Liste solcher Spezialübereinkommen enthält der **10** *Schlosser*-Bericht:[13]
- die revidierte **Mannheimer Rheinschiffahrtsakte** vom 17.10.1868 nebst dem Revisionsübereinkommen vom 20.11.1963 und dem Zusatzprotokoll vom 25.10.1972;
- das **Warschauer Übereinkommen** vom 12.10.1929 zur Vereinheitlichung von Regeln über die Beförderung im internationalen Luftverkehr nebst Änderungsprotokoll vom 28.9.1955 und Zusatzabkommen vom 18.9.1961 sowie Zusatzprotokolle vom 8.3.1971 und 25.9.1975. Dieses Übereinkommen ist durch das **Montrealer Übereinkommen** vom 28.5.1999 zur Vereinheitlichung bestimmter Vorschriften über die Beförderung im internationalen Luftverkehr ersetzt worden;[14]
- das Brüsseler Internationale Übereinkommen vom 10.5.1952 zur Vereinheitlichung von Regeln über die zivilgerichtliche Zuständigkeit bei **Schiffszusammenstößen**;
- das Brüsseler Internationale Übereinkommen vom 10.5.1952 zur Vereinheitlichung von Regeln über den **Arrest von Seeschiffen**;[15]
- das römische Abkommen vom 7.10.1952 über die Regelung der von ausländischen Flugzeugen verursachten **Flur- und Gebäudeschäden**;
- das Londoner Abkommen vom 27.2.1953 über **deutsche Auslandsschulden**;
- das Haager Übereinkommen vom 1.3.1954 über den Zivilprozeß;
- das Haager Übereinkommen vom 15.11.1965 über die Zustellung gerichtlicher und außergerichtlicher Schriftstücke (**HZÜ**);
- das Haager Übereinkommen vom 18.3.1970 über die Beweisaufnahme im Ausland (**HBÜ**);
- das Genfer Übereinkommen vom 19.5.1956 nebst Unterzeichnungsprotokoll über den Beförderungsvertrag im internationalen Straßengüterverkehr (**CMR**);

---

[11] Schlosser/*Hess*, EuZPR, 4. Aufl. 2015, Art. 67 EuGVVO Rn. 3; Rauscher/*Mankowski*, EuZPR, 4. Aufl. 2016, Art. 71 EuGVVO Rn. 25.
[12] Ausführlich hierzu Kommentierung bei Art. 25 Rn. 36 ff.
[13] *Schlosser*-Bericht, 1979, S. 150 f.
[14] Vgl. hierzu BGH, 22.10.2009 – I ZR 88/07, NJW-RR 2010, S. 548.
[15] Vgl. hierzu Rechtbank Rotterdam, 3.3.2010 – 333688/HAZA 09-1785, juris; Gerechtshof Den Haag, 19.11.2013 – 200.134.352, juris.

- das Übereinkommen vom 27.10.1956 zwischen dem Großherzogtum Luxemburg, der Bundesrepublik Deutschland und der Französischen Republik über die Schiffbarmachung der Mosel nebst Änderungsprotokoll vom 28.11.1976;
- das Haager Übereinkommen vom 15.4.1958 über die Anerkennung und Vollstreckung von Entscheidungen auf dem Gebiet der Unterhaltspflicht gegenüber Kindern;[16]
- das Haager Übereinkommen vom 15.4.1958 über den vertraglichen Gerichtsstand beim **Verkauf beweglicher Sachen im Ausland**;
- das Pariser Übereinkommen vom 29.7.1960 über die Haftung gegenüber Dritten auf dem Gebiet der **Kernenergie** nebst Pariser Zusatzprotokoll vom 28.1.1964 sowie das Brüsseler Zusatzprotokoll samt Anhang vom 31.1.1963 zum Pariser Übereinkommen vom 29.7.1960 nebst Pariser Zusatzprotokoll zum Zusatzübereinkommen vom 28.1.1964;
- Zusatzübereinkommen vom 26.2.1966 zum Internationalen Übereinkommen über den Eisenbahn-Personen- und -Gepäckverkehr vom 25.2.1961 (**CIV**) über die Haftung der Eisenbahn für Tötung und Verletzung von Reisenden, geändert durch Protokoll II vom 9.11.1973 der Diplomatischen Konferenz für die Inkraftsetzung der Internationalen Übereinkommen CIM und CIV vom 7.2.1970 betreffend die Verlängerung der Geltungsdauer des Zusatzübereinkommens vom 26.2.1966;
- das Brüsseler Übereinkommen vom 25.5.1962 über die Haftung der Inhaber von **Reaktorschiffen** nebst Zusatzprotokoll;
- das Brüsseler Internationale Übereinkommen vom 27.5.1967 zur Vereinheitlichung von Regeln über die Beförderung von **Reisegepäck im Seeverkehr**;
- das Brüsseler Internationale Übereinkommen vom 27.5.1967 zur Vereinheitlichung von Regeln über **Schiffsgläubigerrechte und Schiffshypotheken**;
- das Brüsseler Internationale Übereinkommen vom 29.11.1969 über die zivilrechtliche Haftung für **Ölverschmutzungsschäden** nebst dem zur Ergänzung dieses Übereinkommens abgeschlossenen Internationalen Übereinkommen vom 18.12.1971 über die Errichtung eines internationalen Fonds zur Entschädigung für Ölverschmutzungsschäden;
- die Berner Internationalen Übereinkommen vom 7.2.1970 über den Eisenbahnfrachtverkehr (**CIM**) und über den Eisenbahn-Personen- und -Gepäckverkehr (**CIV**) nebst Zusatzprotokoll und dem Protokoll I vom 9.11.1973 der Diplomatischen Konferenz für die Inkraftsetzung der Übereinkommen;
- das Athener Übereinkommen vom 13.12.1974 über den **Transport von Passagieren und Gepäck zur See**;
- das Europäische Übereinkommen vom 30.9.1957 über den internationalen **Transport gefährlicher Güter auf dem Land** nebst Zusatzprotokoll vom 21.8.1975;

---

[16] Aufgrund der Bereichsausnahme von Art. 1 Abs. 2 lit. d ohnehin nicht durch die EuGVVO verdrängt.

– das Genfer Übereinkommen vom 1.3.1973 über den Vertrag über den **internationalen Landtransport von Reisenden und Gepäck**;
– das Haager Übereinkommen vom 2.10.1973 über die Anerkennung und Vollstreckung von Unterhaltsentscheidungen;[17]
Folgende weitere Übereinkommen sind im Rahmen von Art. 71 von Bedeutung:[18] **11**
– das **Londoner Übereinkommen** 19.11.1976 über die Beschränkung der Haftung für Seeforderungen;
– das Übereinkommen vom 23.3.2001 über die zivilrechtliche Haftung für Schäden durch **Bunkerölverschmutzung**;
– das internationale Übereinkommen vom 27.11.1992 über die Errichtung eines internationalen Fonds zur Entschädigung von **Ölverschmutzungsschäden** mit Protokoll vom 16.5.2003;
– das Genfer Übereinkommen vom 12.3.1999 über den **Arrest in Seeschiffe**;
– das Benelux-Übereinkommen über geistiges Eigentum (Marken und Muster oder Modelle) vom 25.2.2015, unterzeichnet in Den Haag.[19]

3. Eingeschränkte Geltung der Spezial-Übereinkommen nach der EuGH-Rspr.

Der Vorrang eines Spezialübereinkommens gem. Art. 71 gilt nur, soweit das **12** Übereinkommen selbst eine einschlägige Regelung enthält und ausschließliche Anwendung beansprucht. Im Übrigen bleibt die EuGVVO anwendbar. Demzufolge sind beim Zusammenspiel der EuGVVO mit dem Spezialübereinkommen **drei Fälle zu unterscheiden**:[20] Ist ein Aspekt der internationalen Zuständigkeit, Anerkennung und Vollstreckung im Übereinkommen nicht geregelt, gilt die EuGVVO (Fall 1). Verweist das Spezialübereinkommen zur Regelung einer bestimmten Frage auf das nationale Recht des Forums, führt dieser Verweis aufgrund des EU-rechtlichen Anwendungsvorrangs zur Geltung der EuGVVO (Fall 2). Regelt das Übereinkommen abschließend und ausschließlich eine Frage des Zivilprozessrechts, ist die EuGVVO insoweit verdrängt (Fall 3).[21]

Auch dann, wenn ein Spezialübereinkommen die EuGVVO verdrängt (Fall **13** 3), findet es jedoch nicht uneingeschränkt Anwendung, sondern **nur unter dem Vorbehalt**, dass dessen Geltung im Einzelfall nicht die Grundsätze beeinträchtigen darf, auf denen die justizielle Zusammenarbeit in Zivil- und Handelssachen in der EU beruht.[22] Zu diesen Grundsätzen gehören nach Ansicht des EuGH

---
[17] Aufgrund der Bereichsausnahme von Art. 1 Abs. 2 lit. d ohnehin nicht durch die EuGVVO verdrängt.
[18] Nach Rauscher/*Mankowski*, EuZPR, 4. Aufl. 2016, Art. 71 EuGVVO Rn. 30.
[19] EuGH, 14.7.2016 – Rs. C-230/15, *Brite Strike Technologies Inc. ./. Brite Strike Technologies SA*, ECLI:EU:C:2016:560.
[20] *Mankowski*, TranspR 2014, S. 130 (131); Rauscher/*Mankowski*, EuZPR, 4. Aufl. 2016, Art. 71 EuGVVO Rn. 31; ähnlich *Domej*, in: FS Mayer, 2011, S. 41 (46 f.).
[21] GA *Kokott*, Schlussanträge v. 28.1.2010, (Rs. C-533/08 – *TNT Express Nederland BV ./. AXA Versicherung AG*), ECLI:EU:C:2010:50, Rn. 40.
[22] EuGH, 4.5.2010 – Rs. C-533/08, *TNT Express Nederland BV ./. AXA Versicherung AG*, Slg. 2010, I-4107 (ECLI:EU:C:2010:243), Rn. 49; EuGH, 19.12.2013 – Rs. C-452/12, *Nipponkoa Insurance Co. Europe Ltd. ./. Inter-Zuid Transport BV*, ECLI:EU:C:2013:858, Rn. 36; EuGH, 4.9.2014 – Rs. C-157/13, *Nickel & Goeldner Spedition GmbH ./. „Kintra" UAB*, ECLI:EU:C:2014:2145, Rn. 38.

die in den Erwgr. 6, 15, 16, 21 und 26 genannten Gewährleistungen der Urteilsfreizügigkeit, der Vorhersehbarkeit der Gerichtszuständigkeit und der Rechtssicherheit für die Bürger, der geordneten Rechtspflege, der Vermeidung der Gefahr von Parallelverfahren und des gegenseitigen Vertrauens in die Justiz im Rahmen der EU.[23]

14 Diesen Vorbehalt handhabt der EuGH wie folgt: Beansprucht das Spezialübereinkommen abschließende und ausschließliche Geltung, wird in einem **ersten Schritt** die Rechtslage unter Anwendung des Übereinkommens ermittelt. In einem **zweiten Schritt** wird sodann geprüft, wie sich die Rechtslage bei hypothetischer Geltung der EuGVVO darstellen würde. Weichen die Rechtszustände unter Geltung des Übereinkommens und unter hypothetischer Anwendung der EuGVVO nicht voneinander ab, entfaltet das Übereinkommen gem. Art. 71 uneingeschränkt Geltung. Ist die Rechtslage bei Anwendung des Übereinkommens hingegen eine andere als bei hypothetischer Geltung der EuGVVO, prüft der EuGH in einem **dritten Schritt, ob die Abweichung angesichts der Ziele der EuGVVO hinnehmbar** ist. Insoweit verfolgt der EuGH bis dato eine sehr restriktive Linie mit der Folge, dass praktisch jede Abweichung von der EuGVVO als mit deren Zielen unvereinbar angesehen werden kann. Soweit die Anwendung des Übereinkommens zu einem mit der EuGVVO nicht kompatiblen Ergebnis führt, kann es im Rahmen von Art. 71 Abs. 1 nur eingeschränkt – unter Berücksichtigung der Wertungen der EuGVVO – Geltung entfalten.

15 Dieser vom EuGH entwickelte Vorbehalt der EuGVVO wird **im Schrifttum zurecht kritisiert.**[24] Zum einen sieht Art. 71 Abs. 1 einen uneingeschränkten Geltungsvorrang von Spezialübereinkommen vor und verpflichtet die Mitgliedstaaten – anders als Art. 351 Abs. 2 AEUV – nicht dazu, Maßnahmen zu treffen, um Unvereinbarkeiten zwischen den Übereinkommen und der EuGVVO zu beheben.[25] Der vom EuGH gewählte Korrekturmaßstab erscheint auch deshalb fragwürdig, weil die Erwägungsgründe nur eine unverbindliche Auslegungshilfe darstellen,[26] die gegenüber den EuGVVO-Vorschriften nachrangig sind und demzufolge auch nicht Art. 71 einschränken können.[27] Zum anderen steht der aus den allgemeinen Regelungen der EuGVVO abgeleitete Vorbehalt im Widerspruch zu der Ratio von Art. 71, wonach den Spezialübereinkommen gerade deshalb zur Geltung verholfen werden soll, weil sie den spezifischen Bedürfnissen bestimmter Rechtsbereiche besonders Rechnung tragen. Schließlich ist die vom EuGH entwickelte Einschränkung deshalb abzulehnen, weil sie eine erhebliche

---

[23] Vgl. die vorstehend genannten EuGH-Entscheidungen unter Verweise auf die Erwgr. 6, 11, 12 und 15–17 der EuGVVO a.F.
[24] Rauscher/*Mankowski*, EuZPR, 4. Aufl. 2016, Art. 71 EuGVVO Rn. 14 ff.; *Mankowski*, TranspR 2014, S. 130 (133); *Domej*, in: FS Mayer, 2011, S. 41; im Ergebnis wohl auch *Antomo*, EuZW 2014, S. 220 (223).
[25] *Domej*, in: FS Mayer, 2011, S. 43.
[26] EuGH, 19.11.1998 – Rs. C-162/97, *Strafverfahren gegen Nilsson u.a.*, Slg. 1998, I-7498 (ECLI:EU:C:1998:554), Rn. 54; EuGH, 24.11.2005 – Rs. C-136/04, *Deutsches Milch-Kontor GmbH ./. Hauptzollamt Hamburg-Jonas*, Slg. 2005, I-10097 (ECLI:EU:C:2005:716), Rn. 32.
[27] Rauscher/*Mankowski*, EuZPR, 4. Aufl. 2016, Art. 71 EuGVVO Rn. 15; *Mankowski*, TranspR 2014, S. 130 (132).

Rechtsunsicherheit bei der Anwendung internationaler Übereinkommen mit sich bringt.[28]

III. Sonderregeln für die Zuständigkeitsprüfung (Abs. 2 lit. a)

Abs. 2 lit. a Satz 1 stellt klar, dass ein Spezialübereinkommen auch dann eine im Rahmen der EuGVVO beachtliche internationale Zuständigkeit begründen kann, wenn der Staat, in dem der Beklagte seinen Wohnsitz hat, diesem Abkommen nicht beigetreten ist. Hierdurch werden die Gerichtsstände der EuGVVO durch die in Spezialübereinkommen enthaltenen Gerichtsstände ergänzt. 16

Um angesichts der durch Satz 1 erweiterten Gerichtspflichtigkeit dem Beklagten einen ausreichenden Schutz vor gerichtlicher Inanspruchnahme vor einem international unzuständigen Gericht zu gewährleisten, legt **Abs. 2 lit. a Satz 2** fest, dass das Ursprungsgericht in jedem Fall Art. 28 zu beachten hat. Die **Verweisung auf Art. 28** ist dabei so zu verstehen, dass das Gericht bei Säumnis des Beklagten von Amts wegen prüfen muss, ob es nach den Vorschriften des Spezialübereinkommens international zuständig ist. Der Gegenansicht, die den Verweis auf Art. 28 dahingehend verstand, dass sich die internationale Zuständigkeit bei Säumnis des Beklagten direkt aus der EuGVVO selbst ergeben müsse,[29] hat der EuGH im Jahr 2004 eine ausdrückliche Absage erteilt.[30] Ergibt sich aus dem Spezialübereinkommen keine Zuständigkeit des Gerichts, hat es sich für unzuständig zu erklären. 17

IV. Sonderregeln für Anerkennung und Vollstreckung (Abs. 2 lit. b)

Abs. 2 lit. b regelt das Zusammenspiel von EuGVVO und Spezialübereinkommen in Fragen der Anerkennung und Vollstreckung. 18

Satz 1 betrifft dabei den Fall, dass das Spezialübereinkommen Regelungen über die Zuständigkeit, jedoch keine Vorschriften über die Anerkennung und Vollstreckung enthält. Hat ein mitgliedstaatliches Gericht seine Zuständigkeit auf ein solches Spezialübereinkommen gestützt, **unterliegt die Anerkennung und Vollstreckung einer solchen Entscheidung der EuGVVO**. Satz 1 hat lediglich klarstellende Bedeutung, da Art. 36 ff. ohnehin für alle mitgliedstaatlichen Entscheidungen gelten, gleich auf welcher Zuständigkeitsgrundlage sie ergangen sind. Nicht notwendig ist, dass auch der Vollstreckungsstaat dem Spezialüberein- 19

---
[28] Rauscher/*Mankowski*, EuZPR, 4. Aufl. 2016, Art. 71 EuGVVO Rn. 14.
[29] OLG Dresden, 24.11.1998 – 14 U 713/98, RIW 1999, S. 968, Rn. 26 (nach juris); OLG München, 8.6.2000 – 14 U 770/99, TranspR 2001, S. 399, Rn. 33 ff. (nach juris); LG Oldenburg, 16.5.2001 – 12 O 2578/00, IPRspr. 2001, Nr. 141, S. 288.
[30] EuGH, 28.10.2004 – Rs. C-148/03, *Nürnberger Allgemeine Versicherungs AG ./. Portbridge Transport International BV*, Slg. 2004, I-10317 (ECLI:EU:C:2004:677), Rn. 18 m. zust. Anm. *Haubold*, IPRax 2006, S. 224 (225 f.). So bereits zuvor BGH, 27.2.2003 – I ZR 58/02, NJW-RR 2003, S. 1347; OLG Hamm, 31.5.2001 – 18 U 200/00, RIW 2002, S. 152; OLG Schleswig, 20.12.2001 – 16 U 59/01, IPRspr 2001, Nr 142b, 289. Vgl. auch *Shariatmadari*, TranspR 2006, S. 105 (107), der den zuvor genannten Entscheidungen des EuGH und des BGH im Ergebnis zustimmt, jedoch deren dogmatische Begründung kritisiert.

kommen beigetreten ist. Wegen des Verweises auf das EuGVVO-Anerkennungsregime ist es dem Zweitgericht gem. Art. 45 Abs. 3 verwehrt, zu prüfen, ob das Ursprungsgericht tatsächlich nach den Regeln des Spezialübereinkommens zuständig war. Außerdem gilt **Art. 45 Abs. 1 lit. e,** dessen Anwendung allerdings Schwierigkeiten bereitet, weil das Ursprungsgericht seine Zuständigkeit gerade nicht aus der EuGVVO, sondern aus einem vorrangigen Spezialübereinkommen hergeleitet hat. Man könnte daher annehmen, dass Art. 45 Abs. 1 lit. e gegenstandslos ist, weil sich die Zuständigkeitsfrage nach dem vorrangigen Staatsvertrag richtete. Dies kann allerdings nicht überzeugen. Denn nach der Rspr. des EuGH steht der Verweis auf die Zuständigkeitsordnung der Spezialübereinkommen stets unter dem Vorbehalt, dass die Grundsätze der justiziellen Zusammenarbeit in der EU nicht beeinträchtigt werden.[31] Zu diesen dürfte auch die Wahrung der Schutzgerichtsstände gehören, wie deren Erwähnung in Art. 45 Abs. 1 lit. e zeigt. Im Ergebnis dürfte die Anerkennung einer Entscheidung, die aufgrund einer staatsvertraglichen Zuständigkeit ergangen ist, zu versagen sein, wenn sie im Widerspruch zu den besonderen Schutzregimes der EuGVVO steht.[32]

20   Die **Sätze 2 und 3** betreffen die Fälle, in denen ein Spezialübereinkommen **Vorschriften über die Anerkennung und Vollstreckung** von Entscheidungen erhält. Satz 2 bestimmt dabei, dass – wenn Ursprungs- und Zweitstaat Mitglied eines solchen Spezialübereinkommens sind – dessen Bestimmungen anzuwenden sind. Satz 3 gibt dem Gläubiger die Möglichkeit, die Anerkennung und Vollstreckung nicht nach dem Spezialübereinkommen, sondern nach der EuGVVO zu betreiben. Aufgrund der Abschaffung des Exequaturverfahrens in der EuGVVO steht zu erwarten, dass Gläubiger in der Regel für eine Anerkennung und Vollstreckung nach der EuGVVO optieren werden.

V. Spezifische Probleme bei Art. 31 CMR im Anwendungsbereich der EuGVVO

21   Bei der Anwendung des für die Rechtspraxis wichtigen Art. 31 CMR stellen sich im Rahmen von Art. 71 EuGVVO einige Fragen. Art. 31 CMR enthält eine Zuständigkeitsregel (Abs. 1), eine Rechtshängigkeitsregel (Abs. 2) und Vorschrift zur Vollstreckung ausländischer Urteile (Abs. 3).

1. Zuständigkeiten gem. Art. 31 Abs. 1 CMR

22   Art. 31 Abs. 1 CMR sieht für Streitigkeiten aus Transportverträgen **drei Gerichtsstände** vor: am Aufenthaltsort des Beklagten (1) sowie an den Orten der Übernahme (2) und der Ablieferung (3) des beförderten Gutes.

23   Der EuGH hat jüngst entschieden, dass die hierdurch eröffnete **Wahlmöglichkeit für den Kläger mit der EuGVVO vereinbar** ist, so dass das Wahl-

---
[31] Vgl. hierzu oben Rn. 16.
[32] So im Ergebnis wohl auch Rauscher/*Mankowski*, EuZPR, 4. Aufl. 2016, Art. 71 EuGVVO Rn. 37. A. A. wohl Stein/Jonas/*Oberhammer*, ZPO, 22. Aufl. 2011, Art. 71 EuGVVO a.F., Rn. 15.

recht auch im Rahmen von Art. 71 uneingeschränkt besteht.[33] Die Tatsache, dass der Kläger bei Anwendung der EuGVVO lediglich zwischen zwei Gerichtsständen wählen dürfte – Wohnsitz des Beklagten gem. Art. 4 Abs. 1 oder Ort der Erbringung der Dienstleistung gem. Art. 7 Nr. 1 lit. b Spiegelstr. 2 –, stellt laut EuGH die Vereinbarkeit von Art. 31 Abs. 1 CMR mit den Zielen der EuGVVO nicht in Frage. Denn für Beförderungsverträge im Luftverkehr hat der EuGH auch bereits entschieden, dass deren Erfüllungsort sowohl am Übernahme- als auch am Ablieferungsort liegen kann.[34]

2. Gerichtsstandsvereinbarungen gem. Art. 31 Abs. 1 CMR

Problematisch ist darüber hinaus, ob Art. 31 Abs. 1 CMR die **Gerichtsstands-** 24
vereinbarungen abschließend regelt. Nach dieser Norm sind Gerichtsstandsabreden zulässig, soweit die vereinbarte internationale Zuständigkeit nicht ausschließlich ist. Hinsichtlich der notwendigen Form von Gerichtsstandsvereinbarungen enthält das CMR hingegen keine Regelung. Unbestritten ist der in Art. 31 Abs. 1 CMR enthaltene Ausschluss **ausschließlicher Gerichtsstandsvereinbarungen** eine abschließende und die EuGVVO verdrängende Regelung.[35]

Es ist allerdings strittig, ob Art. 31 Abs. 1 CMR als abschließende Regelung so 25
zu verstehen ist, dass **Gerichtsstandsvereinbarungen formfrei zulässig** sind,[36] oder ob insoweit mangels ausdrücklicher Regelung Art. 25 EuGVVO Anwendung findet und die darin geregelten Formtatbestände erfüllt sein müssen.[37] Diese Frage kann angesichts der vom EuGH entwickelten Einschränkungen des Vorrangs von Spezialübereinkommen[38] offengelassen werden: Selbst wenn das CMR die Formfrage abschließend und damit vorrangig regeln würde, dürft die Zuständigkeit aufgrund einer formfreien Gerichtsstandsvereinbarung die der EuGVVO zugrundeliegenden Grundsätze der Rechtssicherheit und Vorhersehbarkeit von Gerichtsständen beeinträchtigen, so dass auch bei Anwendung des CMR praktisch das Formerfordernis von Art. 25 EuGVVO einzuhalten ist. Solange diese Frage vom EuGH nicht abschließend geklärt ist, empfiehlt sich für die Vertragsgestaltung sowohl Art. 31 Abs. 1 CMR als auch Art. 25 EuGVVO zu berücksichtigen.

3. Rechtshängigkeit gem. Art. 31 Abs. 2 CMR

Art. 31 Abs. 2 CMR enthält eine abschließende Regelung über die Berück- 26
sichtigung **anderweitiger Rechtshängigkeit,** der zufolge eine Klage zwischen

---

[33] EuGH, 4.9.2014 – Rs. C-157/13, *Nickel & Goeldner Spedition GmbH ./. „Kintra" UAB*, ECLI:EU:C:2014:2145 m. Anm. *Centner,* LMK 2014, 364501.

[34] EuGH, 4.9.2014 – Rs. C-157/13, *Nickel & Goeldner Spedition GmbH ./. „Kintra" UAB*, ECLI:EU:C:2014:2145, Rn. 40 f. unter Hinweis auf die Entscheidung EuGH, 9.7.2009 – Rs. C-204/08, *Rehder ./. Air Baltic Corporation,* ECLI:EU:C:2009:439, Rn. 45.

[35] Vgl. allerdings ohne Befassung mit der Abgrenzung zum EuGVÜ OLG Oldenburg, 5.1.2000 – 4 U 34/99, IPRspr 2000, Nr. 112, S. 241.

[36] LG Aachen, 16.1.1976 – 13 O 151/75, RIW 1976, S. 588; *Müller/Höck,* RIW 1988, S. 773 (776); *Fremuth,* TranspR 1983, S. 35 (37); *Rauscher/Mankowski,* EuZPR, 4. Aufl. 2016, Art. 71 EuGVVO Rn. 41.

[37] *Schlosser/Hess,* EuZPR, 4. Aufl. 2015, Art. 71 EuGVVO Rn. 5; *Kropholler/von Hein,* EuZPR, 9. Aufl. 2011, Art. 71 EuGVVO a.F. Rn. 14.

[38] Vgl. hierzu ausführlich oben Rn. 16.

denselben Parteien „*wegen derselben Sache*", die bereits vor einem Gericht anhängig ist, nicht nochmals erhoben werden darf. Es ist streitig, ob aufgrund Art. 31 Abs. 2 CMR eine **früher anhängig gemachte negative Feststellungsklage** der späteren Erhebung einer Leistungsklage über denselben Gegenstand entgegensteht. Der BGH lehnt im Rahmen von Art. 31 Abs. 2 CMR eine solche Rechtshängigkeitssperre aufgrund negativer Feststellungsklage ab.[39]

27 Angesichts der konträren Behandlung negativer Feststellungsklagen im Rahmen von Art. 29 EuGVVO, wo solche Klagen eine europaweite Rechtshängigkeitssperre auch gegenüber späteren Leistungsklagen auslösen,[40] hat der EuGH entschieden, dass dies im Rahmen von Art. 71 auch bei Anwendung des Art. 31 Abs. 2 CMR beachtet werden muss.[41] Ansonsten drohe ein Widerspruch insbesondere zum Anliegen der EuGVVO, Parallelverfahren und widersprechende Entscheidungen zu verhindern.[42] Art. 31 Abs. 2 CMR ist demnach **im Rahmen von Art. 71 EuGVVO nur modifiziert** anzuwenden.

4. Vollstreckung ausländischer Urteile gem. Art. 31 Abs. 3, 4 CMR

28 Art. 31 Abs. 3 und 4 CMR enthalten – wenn auch rudimentäre – Regelungen zur Vollstreckung ausländischer Urteile. Diese Regelungen gelten über **Art. 71 Abs. 2 lit. b Satz 2 EuGVVO** auch im Anwendungsbereich der EuGVVO. Allerdings darf nach Ansicht des EuGH ihre Anwendung nicht dazu führen, dass sich die Bedingungen für die Anerkennung und Vollstreckung ausländischer Urteile gegenüber der EuGVVO verschlechtern.[43] Dies stünde im Widerspruch zu der von der EuGVVO gewährleisteten Titelfreizügigkeit.

29 Im Rahmen von Art. 31 Abs. 3 CMR bedeutet dies, dass es dem Anerkennungs- und Vollstreckungsgericht **nicht gestattet ist, die Zuständigkeit des Ursprungsgerichts zu überprüfen**. Andernfalls würde das in Art. 45 Abs. 3 EuGVVO verankerte Vertrauen in die Zuständigkeitsentscheidung durch das Ursprungsgericht „ausgehöhlt".[44]

---

[39] BGH, 20.11.2003 – I ZR 294/02, NJW-RR 2004, S. 397, Rn. 17 (nach juris) u. BGH, 20.11.2003 – I ZR 102/02, NJW-RR 2004, S. 497, Rn. 16 f. (nach juris) m zust. Anm. *Haubold*, IPRax 2006, S. 224 (227 f.) u. *Shariatmadari*, TranspR 2006, S. 105 (108 f.); OLG Düsseldorf, 17.6.1999 – 18 W 6/99, TranspR 2002, S. 237, Rn. 2 ff.; OLG Nürnberg, 6.3.2002 – 12 U 3891/01, TranspR 2002, S. 402, Rn. 17 ff. (nach juris). A. A. OLG Köln, 8.3.2002 – 3 U 163/00, TranspR 2002, S. 239; OLG Hamburg, 7.11.2002 – 6 U 192/01, TranspR 2002, S. 25; OGH, 17.2.2006 – 10 Ob 147/05y, TranspR 2006, S. 257; Schweizerisches Bundesgericht, 25.9.2012 – 4A_284/2012, BGE 138 III, S. 708; Court of Appeal (England & Wales), *Andrea Merzario Ltd. ./. Internationale Spedition Leitner GmbH*, [2001] EWCA Civ 61. Differenzierend hingegen *Schmidt*, TranspR 2013, S. 377 (381 f.). Vgl. zum Streitstand *Brunner*, TranspR 2013, S. 99.
[40] Vgl. hierzu ausführlich die Kommentierung bei Art. 29 Rn. 33 ff.
[41] EuGH, 19.12.2013 – Rs. C-452/12, *Nipponkoa Insurance Co. Europe Ltd. ./. Inter-Zuid Transport BV*, ECLI:EU:C:2013:858.
[42] EuGH, 19.12.2013 – Rs. C-452/12, *Nipponkoa Insurance Co. Europe Ltd. ./. Inter-Zuid Transport BV*, ECLI:EU:C:2013:858, Rn. 44 m. Anm. *Antomo*, EuZW 2014, S. 222. Kritisch hierzu *Mankowski*, TranspR 2014, S. 129 (133 f.).
[43] EuGH, 4.5.2010 – Rs. C-533/08, *TNT Express Nederland BV ./. AXA Versicherung AG*, Slg. 2010, I-4107 (ECLI:EU:C:2010:243), Rn. 54 ff.
[44] EuGH, 4.5.2010 – Rs. C-533/08, *TNT Express Nederland BV ./. AXA Versicherung AG*, Slg. 2010, I-4107 (ECLI:EU:C:2010:243), Rn. 54 ff. m. krit. Anm. *Mankowski*, TranspR 2014, S. 129 und *Domej*, in: FS Mayer, 2011, S. 43.

Artikel 71a [Gemeinsames Gericht]

(1) Für die Zwecke dieser Verordnung gilt ein gemeinsames Gericht mehrerer Mitgliedstaaten gemäß Absatz 2 („gemeinsames Gericht") als ein Gericht eines Mitgliedstaats, wenn das gemeinsame Gericht gemäß der zu seiner Errichtung geschlossenen Übereinkunft eine gerichtliche Zuständigkeit in Angelegenheiten ausübt, die in den Anwendungsbereich dieser Verordnung fallen.

(2) Jedes der folgenden Gerichte ist für die Zwecke dieser Verordnung ein gemeinsames Gericht:
a) das mit dem am 19. Februar 2013 unterzeichneten Übereinkommen zur Schaffung eines Einheitlichen Patentgerichts („EPG-Übereinkommen") errichtete Einheitliche Patentgericht und
b) der mit dem Vertrag vom 31. März 1965 über die Gründung und die Satzung des Benelux-Gerichtshofs (im Folgenden „Benelux-Gerichtshof-Vertrag") errichtete Benelux-Gerichtshof.

Schrifttum: *Gruber, Joachim,* Das Einheitliche Patentgericht: vorlagebefugt kraft eines völkerrechtlichen Vertrags?, GRUR Int 2015, S. 323; *Luginbühl, Stefan / Stauder, Dieter,* Die Anwendung der revidierten Zuständigkeitsregeln nach der Brüssel-I-Verordnung auf Klagen in Patentsachen, GRUR Int 2014, S. 885; *Mankowski, Peter,* Die neuen Regeln über gemeinsame Gerichte in Artt. 71a-71d Brüssel Ia-VO, GPR 2014, S. 330; *Schröer, Benjamin,* Einheitspatentgericht – Überlegungen zum Forum-Shopping im Rahmen der alternativen Zuständigkeit nach Art. 83 Abs. 1 EPGÜ, GRUR Int 2013, S. 1102; *Marongiu Bounaiuti, Fabrizio,* The Brussels I Recast Regulation and the United Patent Court Agreement: towards an Enhanced Patent Litigation System?, in: Cross-border Litigation in Europe: the Brussels I Recast Regulation as a panacea?, Ferrari, Franco; Ragno, Francesca (Hrsg.), 2016, S. 265.

Übersicht

	Rn.
I. Normzweck; Systematik und Entstehungsgeschichte	1
II. Einheitliches Patentgericht (Abs. 2 lit. a)	6
III. Benelux-Gerichtshof (Abs. 2 lit. b)	9

I. Normzweck; Systematik und Entstehungsgeschichte

Die Art. 71a – 71d wurden nach Inkrafttreten der EuGVVO, aber noch vor 1 deren Geltungsbeginn am 10.1.2015 durch die VO (EU) Nr. 542/2014 vom 15.5.2014 eingeführt und sollen den Besonderheiten sog. **„gemeinsamer Gerichte"** Rechnung tragen:

Art. 71a regelt den Begriff der „gemeinsamen Gerichte" und stellt diese für 2 die Anwendung der EuGVVO regulären mitgliedstaatlichen Gerichten gleich. Nach **Art. 71a Abs. 2** gelten derzeit lediglich das Einheitliche Patentgericht und der Benelux-Gerichtshof als gemeinsame Gerichte. Die EU-Staaten haben jedoch die Möglichkeit, den Katalog von Art. 71a Abs. 2 um weitere Gerichte zu ergänzen. **Art. 71b** bestimmt die internationale Zuständigkeit der gemeinsamen

Gerichte. **Art. 71c** koordinieren Kollisionen paralleler Verfahren vor gemeinsamen Gerichten und mitgliedstaatlichen Gerichten. **Art. 71d** betrifft schließlich die Anerkennung und Vollstreckung von Entscheidungen gemeinsamer Gerichte und mitgliedstaatlicher Gerichte in Rechtsgebieten, in denen gemeinsame Gerichte existieren.

3   Auslöser für die Einführung der Art. 71a – Art. 71d war die Unterzeichnung des Übereinkommens über ein **einheitliches Patentgericht** vom 19.2.2013 (nachfolgend: „EPG-Übk")[1] durch 25 Mitgliedstaaten der EU. Das derzeit noch nicht in Kraft getretene EPG-Übk schafft eine europäische Patentgerichtsbarkeit für Streitigkeiten im Zusammenhang mit europäischen Patenten. Die materielle Aspekte solcher europäischen Patente wurde durch das Europäische Patentübereinkommen aus dem Jahr 1973 geschaffen, das im Verhältnis zwischen den Mitgliedstaaten durch die Verordnungen VO (EU) Nr. 1257/2012[2] (Einheitspatent-VO) und VO (EU) Nr. 1260/2012[3] (Sprachen-VO) ersetzt wurde.

4   Die erste Ergänzung der EuGVVO n.F. mit Blick auf das Europäische Patentgericht hat der EU-Gesetzgeber zum Anlass genommen, auch den schon seit langem bestehenden **Benelux-Gerichtshof** als weiteres gemeinsames Gericht in das System der EuGVVO zu integrieren.

5   Die **systematische Stellung** von Art. 71a – 71d ist leicht irreführend, weil sie den Eindruck erweckt, die Vorschriften würden Sonderregeln zu Art. 71 enthalten. Richtigerweise hätten die Regelungen hinter Art. 70 aufgenommen werden müssen, weil sie auf Übereinkünften beruhen, die lediglich im Verhältnis zwischen den Mitgliedstaaten gelten, während Art. 71 Übereinkünfte betrifft, an denen mindestens ein Drittstaat beteiligt ist. Die Art. 71a – 71d stellen eine Ausnahme von dem in Art. 69 enthaltenen Grundsatz dar, wonach die EuGVVO Übereinkünfte zwischen den Mitgliedstaaten auf den von der EuGVVO erfassten Rechtsgebieten verdrängt.[4]

II. Einheitliches Patentgericht (Abs. 2 lit. a)

6   Art. 1 EPG-Übk sieht die Errichtung eines Einheitlichen Patentgerichts für die Entscheidung über Streitigkeiten betreffend europäische Patente und europäische Patente mit einheitlicher Wirkung vor. Das Einheitliche Patentgericht soll gem. Art. 6 EPG-Übk einerseits aus einem Gericht erster Instanz mit einer Zentralkammer (Sitz: Paris mit Außenstellen in London und München) und mehreren örtlichen sowie regionalen Kammern in den Vertragsstaaten (Art. 7 und Art. 8 EPG-Übk) und andererseits aus einem Berufungsgericht (Sitz:

---

[1] ABl. EU C 175 v. 20.6.2013, S. 1.
[2] VO (EU) Nr. 1257/2012 Des Europäischen Parlaments und Rates vom 17. Dezember 2012 über die Umsetzung der Verstärkten Zusammenarbeit im Bereich der Schaffung eines einheitlichen Patentschutzes.
[3] VO (EU) Nr. 1260/2012 des Rates vom 17. Dezember 2012 über die Umsetzung der verstärkten Zusammenarbeit im Bereich der Schaffung eines einheitlichen Patentschutzes im Hinblick auf die anzuwendenden Übersetzungsregelungen.
[4] So zutreffend *Mankowski*, GPR 2014, S. 330 (331).

Luxemburg, Art. 9 EPG-Übk) sowie aus einer Kanzlei (Art. 10 EPG-Übk) bestehen. Das Einheitliche Patentgericht soll die Zuständigkeit der nationalen Gerichte für europäische Patentstreitigkeiten weitgehend verdrängen, vgl. Art. 32 Abs. 1 EPG-Übk.[5] Das EPG-Übk ist derzeit noch nicht in Kraft getreten, weil es an den hierfür gem. Art. 89 EPG-Ubk erforderlichen 13 Ratifikationen fehlt.

Aus Art. 71a Abs. 1 i.V.m. Abs. 2 lit. a folgt, dass das Einheitliche Patentge- 7 richt ein „Gericht" im Sinne der EuGVVO-Vorschriften darstellt. Das Inkrafttreten des EPG-Übk wird für die dem Einheitlichen Patentgericht zugewiesenen Streitigkeiten nicht nur eine Veränderung der sachlichen, sondern auch der örtlichen und internationalen Zuständigkeit bewirken. Denn zum einen wird es nicht zwangsläufig in jedem Mitgliedstaat eine Lokalkammer i.S.v. Art. 7 Abs. 3 EPG-Übk geben. Zum anderen werden viele Parteien spätestens in der Berufungsinstanz gezwungen sein, in einem Mitgliedstaat (Luxemburg) zu prozessieren, in dem nach den regulären Vorschriften der EuGVVO keine internationale Zuständigkeit begründet wäre.

Die Gleichstellung des gemeinsamen Gerichts mit den mitgliedstaatlichen 8 Gerichten bewirkt (vgl. Art. 32 EPG-Übk), dass das Einheitliche Patentgericht befugt sein wird, den EuGH um Vorabentscheidungen nach Art. 267 AEUV zur Auslegung der EuGVVO zu ersuchen.[6]

III. Benelux-Gerichtshof (Abs. 2 lit. b)

Gem. Art. 71a Abs. 2 lit. b ist auch der sog. Benelux-Gerichtshof ein gemein- 9 sames Gericht. Dieser wurde durch Vertrag vom 31.5.1965 zwischen Belgien, Luxemburg und den Niederlanden eingerichtet. Die Benelux-Staaten haben am 15.10.2012 ein Protokoll unterzeichnet, wonach dem Benelux-Gerichtshof die Zuständigkeit für besondere Angelegenheiten übertragen werden kann, die in den Anwendungsbereich der EuGVVO fallen. Soweit die sachliche Zuständigkeit des Benelux-Gerichtshofs über Materien eröffnet ist, die der EuGVVO unterfallen, verdrängt der Gerichtshof die Zuständigkeit der Gerichte in Belgien, Luxemburg und den Niederlanden.

Der Benelux-Gerichtshof ist als gemeinsames Gericht ebenfalls berechtigt, 10 den EuGH zur einheitlichen Auslegung der EuGVVO im Wege der Vorabentscheidung (Art. 267 AEUV) anzurufen.

Artikel 71b [Zuständigkeit eines gemeinsamen Gerichts]

Die Zuständigkeit eines gemeinsamen Gerichts wird wie folgt bestimmt:
1. **Ein gemeinsames Gericht ist zuständig, wenn die Gerichte eines Mitgliedstaats, der Partei der Übereinkunft zur Errichtung des gemeinsamen Gerichts ist,**

---

[5] Für eine Übergangszeit von 7 Jahren nach Inkrafttreten des EPG-Übk können bestimmte Klagen bzgl. Europäischer Patente alternativ vor die nationalen Gerichte oder das Einheitliche Patentgericht gebracht werden, Art. 83 Abs. 1 EPG-Übk. Vgl. zu den hierdurch eröffneten Möglichkeiten des forum shopping *Schröer*, GRUR Int 2013, S. 1102.
[6] Vgl. zur Vereinbarkeit von Art. 32 EPG-Übk mit den neueren EuGH-Rspr. *Gruber*, GRUR Int 2015, S. 323.

nach Maßgabe dieser Verordnung in einem unter die betreffende Übereinkunft fallenden Rechtsgebiet zuständig wären.

2. ¹In Fällen, in denen der Beklagte seinen Wohnsitz nicht in einem Mitgliedstaat hat und diese Verordnung die ihn betreffende gerichtliche Zuständigkeit nicht anderweitig begründet, findet Kapitel II, soweit einschlägig, ungeachtet des Wohnsitzes des Beklagten Anwendung. ²Einstweilige Maßnahmen einschließlich Sicherungsmaßnahmen können bei einem gemeinsamen Gericht auch dann beantragt werden, wenn für die Entscheidung in der Hauptsache die Gerichte eines Drittstaats zuständig sind.

3. ¹Ist ein gemeinsames Gericht hinsichtlich eines Beklagten nach Nummer 2 in einem Rechtsstreit über eine Verletzung eines Europäischen Patents, die zu einem Schaden innerhalb der Union geführt hat, zuständig, kann dieses Gericht seine Zuständigkeit auch hinsichtlich eines aufgrund einer solchen Verletzung außerhalb der Union entstandenen Schadens ausüben. ²Diese Zuständigkeit kann nur begründet werden, wenn dem Beklagten gehörendes Vermögen in einem Mitgliedstaat belegen ist, der Vertragspartei der Übereinkunft zur Errichtung des gemeinsamen Gerichts ist und der Rechtsstreit einen hinreichenden Bezug zu einem solchen Mitgliedstaat aufweist.

EuGH-Rechtsprechung: EuGH, 7.3.1995, Rs. C-68/93, *Shevill, u.a. ./. Presse Alliance SA*, Slg. 1995, I-415 (ECLI:EU:C:1995:61)

Schrifttum: *Luginbühl, Stefan / Stauder, Dieter*, Die Anwendung der revidierten Zuständigkeitsregeln nach der Brüssel-I-Verordnung auf Klagen in Patentsachen, GRUR Int 2014, S. 885; *Mankowski, Peter*, Die neuen Regeln über gemeinsame Gerichte in Artt. 71a-71d Brüssel Ia-VO, GPR 2014, S. 330.

Übersicht

	Rn.
I. Normzweck	1
II. Geltung der Art. 4–26 (Nr. 1)	3
III. Anwendung der EuGVVO-Gerichtsstände gegenüber Beklagten ohne Wohnsitz in einem Mitgliedstaat (Nr. 2)	5
IV. Aufgabe das Mosaikprinzips für Beklagte mit Wohnsitz in Drittstaaten (Nr. 3)	10

I. Normzweck

1 Art. 71b regelt die internationale Zuständigkeit eines gemeinsamen Gerichts nach der EuGVVO. Diese ist begründet, wenn die Voraussetzungen einer der Alternativen in Nr. 1 bis Nr. 3 erfüllt sind.

2 Die Norm wurde zusammen mit Art. 71a, 71c–d durch die VO (EU) Nr. 542/2014 eingeführt.[1]

---

[1] Siehe zur Entstehungsgeschichte die Kommentierung bei Art. 71a Rn. 3 ff.

II. Geltung der Art. 4–26 (Nr. 1)

Die internationale Zuständigkeit eines gemeinsamen Gerichts ist nach der 3
Grundregel der Nr. 1 immer dann eröffnet, wenn die **Zuständigkeitsregeln in Kapitel II** auf einen Mitgliedstaat verweisen, der Partei der Übereinkunft zur Errichtung des gemeinsamen Gerichts ist. In diesem Fall tritt das gemeinsame Gericht an die Stelle des an sich international zuständigen mitgliedstaatlichen Gerichts. Diese Regel ist die notwendige Folge aus der in Art. 71a Abs. 1 festgeschriebenen Gleichstellung eines gemeinsamen Gerichts mit den mitgliedstaatlichen Gerichten im Sinne der EuGVVO.

Die Gleichstellung durch Nr. 1 kann dazu führen, dass ein Beklagter in einem 4
anderen Mitgliedstaat gerichtspflichtig wird, als dem nach Art. 4–26 an sich international zuständigen. Dies ist etwa beim Einheitlichen Patentgericht denkbar, bei dem sog. Regionalkammern geschaffen werden können, deren Zuständigkeit sich territorial über mehrere Mitgliedstaaten erstreckt.[2] Verweisen die Art. 4–26 i.V.m. 71b Nr. 1 in einen Mitgliedstaat, für den die in einem anderen Mitgliedstaat ansässige Regionalkammer zuständig ist, kommt es demnach zu einem **zuständigkeitsrechtlichen „Weiterverweis"**.

III. Anwendung der EuGVVO-Gerichtsstände gegenüber Beklagten ohne Wohnsitz in einem Mitgliedstaat (Nr. 2)

Nr. 2 Satz 1 erweitert die Geltung der Gerichtsstände aus Art. 7–26 gegenüber 5
Beklagten mit Wohnsitz in einem Drittstaat. Als Drittstaat in diesem Sinne gelten allerdings nicht die Vertragsstaaten des LugÜ, weil das LugÜ gegenüber der EuGVVO Vorrang genießt, vgl. Art. 73 Abs. 1.[3]

Sind die Voraussetzungen von Art. 7–26 eröffnet, ist das gemeinsame Gericht 6
gem. **Nr. 2 Satz 1** international zuständig ungeachtet der Tatsache, dass der Beklagte seinen Wohnsitz in einem Drittstaat hat und ein mitgliedstaatliches Gericht in einer derartigen Konstellation seine internationale Zuständigkeit gem. Art. 6 grundsätzlich nur auf sein nationales Recht stützen könnte. Nr. 2 Satz 1 hat u.a. zur Folge, dass **Klagen wegen Verletzung eines Europäischen Patents nach Art. 7 Nr. 2** auch dann vor dem einheitlichen Patentgericht erhoben werden können, wenn der Beklagte seinen (Wohn-)Sitz nicht in einem EU-Mitgliedstaat hat. Einzige Voraussetzung ist, dass der Erfolgs- oder Handlungsort der Patentverletzung in einem Mitgliedstaat liegt, der dem EPG-Übk angehört.

Nr. 2 Satz 2 enthält eine **Sonderregel für einstweilige Maßnahmen** durch 7
ein gemeinsames Gericht. Eine solche Maßnahme kann auch dann bei einem gemeinsamen Gericht beantragt werden, wenn für die Hauptsache nicht ein mitgliedstaatliches, sondern ein drittstaatliches Gericht zuständig wäre.

---

[2] Vgl. Art. 7 Abs. 5 EPG-Übk.
[3] Schlosser/*Hess*, EuZPR, 4. Aufl. 2015, Art. 71b EuGVVO Rn. 4.

8 Wie Art. 35 begründet Nr. 2 Satz 2 eine internationale Eilrechtszuständigkeit an einem Gerichtsstand, der für die Entscheidung in der Hauptsache nicht international zuständig ist. **Weitergehend als Art. 35** begründet Nr. 2 Satz 2 die internationale Eilrechtszuständigkeit des gemeinsamen Gerichts allerdings für den Fall, dass die Hauptsachezuständigkeit außerhalb des EU-Gebietes liegt, und die Verfahrensordnung des gemeinsamen Gerichts eine entsprechende Eilrechtszuständigkeit vorsieht. Liegt die internationale Hauptsachezuständigkeit in einem Mitgliedstaat, der der Übereinkunft zur Einrichtung des gemeinsamen Gerichts nicht beigetreten ist, kann sich die internationale Eilrechtszuständigkeit des gemeinsamen Gerichts aus Art. 35 i.V.m. 71b Nr. 1 ergeben, soweit die Voraussetzungen von Art. 35 erfüllt sind.[4] Voraussetzung für die Eilzuständigkeit des gemeinsamen Gerichts aus Art. 71b Nr. 2 Satz 2 ist jedoch – wie bei Art. 35 –, dass die einschlägige Verfahrensordnung dieses Gerichts eine Zuständigkeit für vorläufigen Rechtsschutz vorsieht.

9 Offen ist, ob bei der Ausübung der Eilrechtszuständigkeit nach Art. 71b Nr. 2 Satz 2 die im Rahmen von Art. 35 i.V.m. nationalem Recht geltenden **Einschränkungen (vorläufiger Charakter der Maßnahme und reale Verknüpfung zum Erlassstaat)**[5] zu beachten sind. Dagegen spricht, dass im Verhältnis zu Drittstaaten kein Bedürfnis besteht, deren Hauptsachezuständigkeit beim einstweiligen Rechtsschutz zu respektieren. Dabei sollen durch das Erfordernis eines vorläufigen Charakters der Maßnahme gerade die Hauptsachezuständigkeiten vor einer Aushöhlung bewahrt werden. Dafür, Art. 71b Nr. 2 Satz 2 nach den für Art. 35 geltenden Grundsätzen auszulegen, spricht jedoch, dass auch im Verhältnis zu Drittstaaten insbesondere im Interesse der Sach- und Beweisnähe des Eilgerichts exorbitante Gerichtsstände vermieden werden sollten.[6]

IV. Aufgabe das Mosaikprinzips für Beklagte mit Wohnsitz in Drittstaaten (Nr. 3)

10 Nr. 3 gilt für den Fall, dass am Deliktsgerichtsstand i.S.v. Art. 71b Nr. 2 Satz 1 i.V.m. Art. 7 Nr. 2 Schäden wegen der Verletzung eines Europäischen Patents gegen Personen mit Wohnsitz außerhalb der EU geltend gemacht werden. Hier kann der Kläger vor dem gemeinsamen Gericht auch Schäden geltend machen, die außerhalb der Union entstanden sind. Art. 71b Nr. 3 ist keine Zuständigkeitsregelung, sondern betrifft allein die **Kognitionsbefugnis des nach Art. 71b Nr. 2 Satz 1 zuständigen gemeinsamen Gerichts**. Ohne diese könnte der Kläger vor dem gemeinsamen Gericht lediglich diejenigen Schäden ersetzt verlangen, die innerhalb der EU eingetreten sind. Dies folgt aus der im Rahmen von Art. 7 Nr. 2 geltenden sog. Mosaik-Theorie, wonach die internationale Zuständigkeit des Gerichts am Erfolgsort für Schadensersatzansprüche auf den

---

[4] *Mankowski*, GPR 2014, S. 330 (337).
[5] Vgl. zu diesen die Kommentierung bei Art. 35 Rn. 12 ff.
[6] So wohl auch *Mankowski*, GPR 2014, S. 330, (337).

im Gerichtsstaat entstandenen Schaden begrenzt ist.[7] Art. 71b Nr. 3 gestattet es demgegenüber, sämtliche Schäden aus der Patentrechtsverletzung vor dem gemeinsamen Gericht geltend zu machen. Hiervon sind – über den Wortlaut hinaus – auch die Schäden erfasst, die in den anderen Mitgliedstaaten der EU eingetreten sind.[8]

Voraussetzung für die umfassende Geltendmachung des Gesamtschadens vor **11** dem gemeinsamen Gericht ist gem. **Nr. 3 Satz 2**, dass der Rechtsstreit einen **hinreichenden Bezug** zu einem Mitgliedstaat aufweist, der Vertragspartei der Übereinkunft zum gemeinsamen Gericht ist, und der Beklagte in einem solchen Mitgliedstaat **über vollstreckbares Vermögen** verfügt. Die Einschränkung durch Nr. 3 Satz 2 gilt nur für den Gerichtsstand von Nr. 3 Satz 1.[9] Beispiele für einen hinreichenden Bezug nennt Erwgr. 7 der VO (EU) Nr. 542/2014, durch die Art. 71a ff. eingeführt wurden: Wohnsitz des Klägers oder Belegenheit von Beweismitteln in einem EPG-Übk-Vertragsstaat oder -Mitgliedstaat. Laut Erwgr. 7 der VO (EU) Nr. 542/2014 soll der Wert des betreffenden Vermögens außerdem so hoch sein, dass eine zumindest teilweise Vollstreckung der Entscheidung möglich ist.

Artikel 71c [Konkurrierende Rechtshängigkeit]

(1) Die Artikel 29 bis 32 finden Anwendung, wenn ein gemeinsames Gericht und ein Gericht eines Mitgliedstaats, der nicht Vertragspartei der Übereinkunft zur Errichtung des gemeinsamen Gerichts ist, angerufen werden.

(2) Die Artikel 29 bis 32 finden Anwendung, wenn während des Übergangszeitraums gemäß Artikel 83 des EPG-Übereinkommens das Einheitliche Patentgericht und ein Gericht eines Mitgliedstaats angerufen werden, der Vertragspartei des EPG-Übereinkommens ist.

EuGH-Rechtsprechung: EuGH, 13.6.2006 – Rs. C-539/03, *Roche Nederland BV u.a. ./. Primus u.a.*, Slg. 2006, I-6569 (ECLI:EU:C:2006:458)

Schrifttum: *Luginbühl, Stefan / Stauder, Dieter*, Die Anwendung der revidierten Zuständigkeitsregeln nach der Brüssel-I-Verordnung auf Klagen in Patentsachen, GRUR Int 2014, S. 885; *Mankowski, Peter*, Die neuen Regeln über gemeinsame Gerichte in Artt. 71a-71d Brüssel Ia-VO, GPR 2014, S. 330.

Übersicht

	Rn.
I. Normzweck	1
II. Geltung von Art. 29 bis 32 (Abs. 1)	2
III. Übergangsvorschrift für Art. 83 EPG-Übk (Abs. 2)	6

---

[7] EuGH, 7.3.1995, Rs. C-68/93, *Shevill, u.a. ./. Presse Alliance SA*, Slg. 1995, I-415 (ECLI:EU:C:1995:61).
[8] *Mankowski*, GPR 2014, S. 330 (338).
[9] *Mankowski*, GPR 2014, S. 330 (338).

I. Normzweck

1 Art. 71c regelt Verfahrenskollisionen, an denen ein gemeinsames Gericht beteiligt ist. Die Norm wurde zusammen mit Art. 71a–71b, 71d durch die VO (EU) Nr. 542/2014 eingeführt.[1] Sie ergänzt insbesondere die Zuständigkeitsregelung von Art. 71a.

II. Geltung von Art. 29 bis 32 (Abs. 1)

2 Abs. 1 erstreckt die Litispendenzvorschriften von Art. 29 bis 32 auf Parallelverfahren **vor einem gemeinsamen Gericht** und vor dem **Gericht eines Mitgliedstaates**, der **nicht Vertragspartei** der Übereinkunft über das gemeinsame Gericht ist. Eine Kollision von Verfahren vor einem gemeinsamen Gericht und einem Gericht eines Vertragsstaates der Übereinkunft zur Einrichtung des gemeinsamen Gerichts wird bereits durch die Zuständigkeitskonzentration am gemeinsamen Gericht nach der Übereinkunft selbst ausgeschlossen und muss daher nicht durch die EuGVVO geregelt werden.[2] Keine Geltung entfaltet Art. 71c Abs. 1 auch bei Kollisionen von Verfahren vor verschiedenen Kammern des Einheitlichen Patentgerichts. Die Kammern stellen keine selbständigen Gerichte dar, so dass Litispendenzfragen nach den Regeln des EPG-Übk gelöst werden müssen.[3]

3 Abs. 1 setzt die in Art. 71a Abs. 1 angeordnete Gleichstellung eines gemeinsamen Gerichts mit den mitgliedstaatlichen Gerichten konsequent fort. Für die Anwendung von Art. 29–32 macht es keinen Unterschied, ob das gemeinsame Gericht das zuerst oder das später angerufene Gericht ist.[4]

4 Ob der Streitgegenstand in den Parallelverfahren identisch ist, ist unter Heranziehung der im Rahmen von Art. 29 geltenden **Kernpunkttheorie** zu bestimmen. Streitgegenstandsidentität wird demzufolge zu bejahen sein, wenn vor einem mitgliedstaatlichen Gericht Klage auf Feststellung der Nichtverletzung bestimmter nationaler Teile eines Europäischen Patents erhoben wird, und anschließend vor einer Kammer des einheitlichen Patentgerichts eine Verletzungsklage bezüglich derselben Teile des Patents zwischen denselben Parteien anhängig gemacht wird.[5] Eine Streitgegenstandsidentität wird demgegenüber ausscheiden, wenn sich die negative Feststellungsklage und die Patentverletzungsklage auf unterschiedliche Teile eines Europäischen Patents beziehen.[6] Keine identischen Streitgegenstände liegen auch bei der Kollision einer Nichtigkeits-

---

[1] Siehe zur Entstehungsgeschichte die Kommentierung bei Art. 71a Rn. 3 ff.
[2] Die einzige Ausnahme gilt aktuell gem. Art. 83 EPG-Übk, wonach die Zuständigkeiten des Einheitlichen Patentgerichts und der staatlichen Gerichte für eine 7-jährige Übergangszeit alternativ sind. Insoweit gilt Art. 71c Abs. 2 EuGVVO.
[3] *Luginbühl/Stauder*, GRUR Int 2014, S. 885 (891).
[4] *Mankowski*, GPR 2014, S. 330 (339).
[5] *Luginbühl/Stauder*, GRUR Int 2014, S. 885 (891).
[6] EuGH, 13.6.2006 – Rs. C-539/03, *Roche Nederland BV u.a. ./. Primus u.a.*, Slg. 2006, I-6569 (ECLI:EU:C:2006:458), Rn. 31.

klage eines potentiellen Patentverletzers mit einer Verletzungsklage eines Patentinhabers vor.[7]

Die Sondervorschriften über die Beachtlichkeit von Litispendenz in Drittstaaten (**Art. 33 und 34**) beanspruchen für das gemeinsame Gericht mangels eines Verweises in Art. 71c keine Geltung. Demzufolge genießen das Verfahren vor einem gemeinsamen Gericht Vorrang gegenüber drittstaatlichen Verfahren.[8]

III. Übergangsvorschrift für Art. 83 EPG-Übk (Abs. 2)

Abs. 2 erklärt die Art. 29 bis 32 für die Übergangsfrist i.S.v. Art. 83 EPG-Übk auch für anwendbar auf Kollisionen zwischen Verfahren vor einem gemeinsamen Gericht und dem Gericht eines EPG-Übk-Vertragsstaats.

Artikel 71d [Anerkennung und Vollstreckung]

[1]Diese Verordnung findet Anwendung auf die Anerkennung und Vollstreckung von
a) Entscheidungen eines gemeinsamen Gerichts, die in einem Mitgliedstaat, der nicht Vertragspartei der Übereinkunft zur Errichtung des gemeinsamen Gerichts ist, anerkannt und vollstreckt werden müssen, und
b) Entscheidungen der Gerichte eines Mitgliedstaats, der nicht Vertragspartei der Übereinkunft zur Errichtung des gemeinsamen Gerichts ist, die in einem Mitgliedstaat, der Vertragspartei dieser Übereinkunft ist, anerkannt und vollstreckt werden müssen.
[2]Wird die Anerkennung und Vollstreckung einer Entscheidung eines gemeinsamen Gerichts jedoch in einem Mitgliedstaat beantragt, der Vertragspartei der Übereinkunft zur Errichtung des gemeinsamen Gerichts ist, gelten anstelle dieser Verordnung alle die Anerkennung und Vollstreckung betreffenden Bestimmungen der Übereinkunft.

Art. 71d regelt primär die Anerkennung und Vollstreckung von **Entscheidungen eines gemeinsamen Gerichts.** Soweit eine solche Entscheidung in einem Mitgliedstaat anerkannt werden soll, der nicht Partei der Übereinkunft zur Errichtung des gemeinsamen Gerichts ist, findet gem. **Satz 1 lit. a** die EuGVVO Anwendung. Wird demgegenüber Anerkennung und Vollstreckung in einem anderen Vertragsstaat begehrt, unterliegen diese den einschlägigen Bestimmungen der Übereinkunft über das gemeinsame Gericht, vgl. **Satz 2.**

Schließlich enthält **Satz 1 lit. b** die Klarstellung, dass die Entscheidung eines mitgliedstaatlichen Gerichts, der nicht Vertragspartei der Übereinkunft über das gemeinsame Gericht ist, in einem Mitgliedstaat, der Partei dieser Übereinkunft ist, nach den Regeln der EuGVVO anerkannt und vollstreckt wird.

---

[7] *Luginbühl/Stauder*, GRUR Int 2014, S. 885 (891); Schlosser/*Hess*, EuZPR, 4. Aufl. 2015, Art. 71c EuGVVO Rn. 1.
[8] Schlosser/*Hess*, EuZPR, 4. Aufl. 2015, Art. 71c EuGVVO Rn. 2.

3   Art. 71d wurde zusammen mit Art. 71a – 71c durch die VO (EU) Nr. 542/ 2014 eingeführt.[1]

Artikel 72 [Fortgelten von Vereinbarungen nach Art. 59 des Brüsseler Übereinkommens]

> Diese Verordnung lässt Vereinbarungen unberührt, durch die sich die Mitgliedstaaten vor Inkrafttreten der Verordnung (EG) Nr. 44/2001 nach Artikel 59 des Brüsseler Übereinkommens von 1968 verpflichtet haben, Entscheidungen der Gerichte eines anderen Vertragsstaats des genannten Übereinkommens gegen Beklagte, die ihren Wohnsitz oder gewöhnlichen Aufenthalt im Hoheitsgebiet eines Drittstaats haben, nicht anzuerkennen, wenn die Entscheidungen in den Fällen des Artikels 4 des genannten Übereinkommens nur in einem der in Artikel 3 Absatz 2 des genannten Übereinkommens angeführten Gerichtsstände ergehen können.

1   Art. 72 trägt Art. 59 EuGVÜ Rechnung. Letzterer gestattete es den EuGVÜ-Vertragsstaaten, sich im Rahmen von Abkommen mit Drittstaaten dazu zu verpflichten, Entscheidungen aus einem anderen EuGVÜ-Vertragsstaat die Anerkennung zu versagen, wenn das Ausgangsgericht seine Zuständigkeit gegenüber dem in dem Drittstaat lebenden Beklagten auf einen exorbitanten Gerichtsstand des nationalen Rechts i.S.v. Art. 3 Abs. 2 EuGVÜ gestützt hatte. Art. 59 erlaubte somit eine **Durchbrechung der im EuGVÜ festgeschriebenen Pflicht zur grundsätzlichen Anerkennung** der in anderen Vertragsstaaten ergangenen Entscheidungen.

2   Eine vergleichbare Möglichkeit zum Abschluss **völkerrechtlicher „Anerkennungs- und Vollstreckungsschutz"-Verträge**, die die Titelfreizügigkeit innerhalb der EU einschränken könnten, sieht die EuGVVO nicht mehr vor. Auch schon die EuGVVO a.F. ermöglichte dies nicht mehr. Um zu gewährleisten, dass die Mitgliedstaaten ihren völkerrechtlichen Verpflichtungen aus bereits abgeschlossenen Verträgen i.S.v. Art. 59 EuGVÜ erfüllen können, stellt Art. 72 jedoch klar, dass solche Verträge durch die EuGVVO unberührt bleiben. Art. 72 entspricht somit, von kleinen redaktionellen Änderungen abgesehen, Art. 72 EuGVVO a.F.

3   Für Deutschland ist Art. 72 von geringer Bedeutung, weil der einzige „Anerkennungs- und Vollstreckungsschutz"-Vertrag, den die Bundesrepublik abgeschlossen hatte,[1] durch den Beitritt Norwegens zum LugÜ obsolet geworden ist.

4   Anstelle der Mitgliedstaaten soll zukünftig die Union die Kompetenz zum Abschluss von „Anerkennungs- und Vollstreckungsschutz"-Verträgen haben, um Nachteile für Personen zu vermeiden, die keinen Wohnsitz innerhalb der EU haben.[2]

---

[1] Siehe zur Entstehungsgeschichte die Kommentierung bei Art. 71a Rn. 3 ff.
[1] Deutsch-norwegischer Vertrag vom 17.6.1977, BGBl. 1981 II, S. 341 u. 901.
[2] Schlosser/Hess, EuZPR, 4. Aufl. 2015, Art. 72 EuGVVO Rn. 2.

Artikel 73 [Unberührte Übereinkommen]

(1) Diese Verordnung lässt die Anwendung des Übereinkommens von Lugano von 2007 unberührt.

(2) Diese Verordnung lässt die Anwendung des Übereinkommens von New York von 1958 unberührt.

(3) Diese Verordnung lässt die Anwendung der bilateralen Übereinkünfte und Vereinbarungen zwischen einem Drittstaat und einem Mitgliedstaat unberührt, die vor dem Inkrafttreten der Verordnung (EG) Nr. 44/2001 geschlossen wurden und in dieser Verordnung geregelte Angelegenheiten betreffen.

Schrifttum: Rechberger, Walter H., LGVÜ 2007 und Brüssel Ia-VO. Abgrenzungen im Europäischen Zivilverfahrensrecht, in: Tatsachen, Verfahren, Vollstreckung. Festschrift für Isaak Meier zum 65. Geburtstag, 2015, Breitschmid, Peter; Jent-Sørensen, Ingrid; Schmid, u.a. (Hrsg.), S. 545; Schlosser, Peter, Brüche im EuGVVO-LugÜ-Gefüge?, in: Tatsachen, Verfahren, Vollstreckung. Festschrift für Isaak Meier zum 65. Geburtstag, 2015, Breitschmid, Peter; Jent-Sørensen, Ingrid; Schmid, u.a. (Hrsg.), S. 587.

Übersicht

	Rn.
I. Normzweck	1
II. Verhältnis zum LugÜ (Abs. 1)	2
1. Verhältnis zwischen LugÜ und EuGVVO für die Frage der internationalen Zuständigkeit (Art. 64 Abs. 2 lit. a LugÜ)	5
2. Verhältnis zwischen LugÜ und EuGVVO für Litispendenzfragen (Art. 64 Abs. 2 lit. b LugÜ)	10
3. Verhältnis zwischen LugÜ und EuGVVO für Fragen der Anerkennung und Vollstreckung (Art. 64 Abs. 2 lit. c LugÜ)	12
III. Verhältnis zum UNÜ (Abs. 2)	14
IV. Verhältnis zu bilateralen Alt-Abkommen (Abs. 3)	15

I. Normzweck

Art. 73 ist im Rahmen der EuGVVO-Revision 2012 neu eingeführt worden **1** und regelt das Verhältnis der EuGVVO zu bestimmten internationalen Übereinkommen: Abs. 1 und Abs. 2 sichern den Vorrang des LugÜ[1] und des UNÜ gegenüber der EuGVVO. Abs. 3 stellt klar, dass bilaterale Übereinkünfte zwischen Mitgliedstaaten und Drittstaaten, die vor Inkrafttreten der EuGVVO a.F. am 1.3.2002 geschlossen wurden, auch nach Inkrafttreten der EuGVVO fortgelten.

II. Verhältnis zum LugÜ (Abs. 1)

Gem. Abs. 1 lässt die EuGVVO die Anwendung des LugÜ unberührt. Der **2** hiermit angeordnete Vorrang des LugÜ bedeutet, dass die EuGVVO verdrängt

---
[1] Übereinkommen über die gerichtliche Zuständigkeit und die Anerkennung und Vollstreckung von Entscheidungen in Zivil- und Handelssachen abgeschlossen in Lugano am 30.10.2007.

ist, soweit das LugÜ Anwendung beansprucht. Das Verhältnis zur EuGVVO regelt Art. 64 LugÜ. Nach dessen Abs. 1 gilt der Grundsatz, dass das LugÜ die Anwendung der EuGVVO a.F. einschließlich deren Änderungen unberührt lässt. Der Hinweis auf die EuGVVO a.F. gilt gem. Art. 80 Satz 2 EuGVVO als Bezugnahme auf die EuGVVO n.F.

3   Art. 64 Abs. 2 LugÜ regelt einige **Konstellationen mit Berührung zu EU-Mitgliedstaaten,** in denen das LugÜ gegenüber der EuGVVO Vorrang beansprucht:

Art. 64 Abs. 2 LugÜ

2. Dieses Übereinkommen wird jedoch in jedem Fall angewandt:
   a) in Fragen der gerichtlichen Zuständigkeit, wenn der Beklagte seinen Wohnsitz im Hoheitsgebiet eines Staates hat, in dem dieses Übereinkommen, aber keines der in Absatz 1 aufgeführten Rechtsinstrumente gilt, oder wenn die Gerichte eines solchen Staates nach Artikel 22 oder 23 dieses Übereinkommens zuständig sind;
   b) bei Rechtshängigkeit oder im Zusammenhang stehenden Verfahren im Sinne der Artikel 27 und 28, wenn Verfahren in einem Staat anhängig gemacht werden, in dem dieses Übereinkommen, aber keines der in Absatz 1 aufgeführten Rechtsinstrumente gilt, und in einem Staat, in dem sowohl dieses Übereinkommen als auch eines der in Absatz 1 aufgeführten Rechtsinstrumente gilt;
   c) in Fragen der Anerkennung und Vollstreckung, wenn entweder der Ursprungsstaat oder der ersuchte Staat keines der in Absatz 1 aufgeführten Rechtsinstrumente anwendet.

4   Unter der EuGVVO a.F. wirkte sich die Regelung von Art. 64 Abs. 2 LugÜ im Ergebnis nicht aus, seitdem das LugÜ im Jahr 2007 auf den Stand der EuGVVO a.F. gebracht worden war. Seit der EuGVVO-Revision 2012 sind die Vorschriften der EuGVVO und des LugÜ jedoch nicht mehr kongruent, so dass Art. 64 Abs. 2 LugÜ wieder Ergebnisrelevanz erlangt hat.[2]

1. Verhältnis zwischen LugÜ und EuGVVO für die Frage der internationalen Zuständigkeit (Art. 64 Abs. 2 lit. a LugÜ)

5   Für die internationale Zuständigkeit ergibt sich aus Art. 64 Abs. 2 lit. a LugÜ, dass die EuGVVO-Vorschriften in drei Fällen durch das LugÜ verdrängt sind:

6   Das LugÜ genießt zum einen dann Vorrang, wenn der **Beklagte seinen Wohnsitz in einem sog. Nur-LugÜ-Staat** hat, d.h. einem Vertragsstaat des LugÜ, in dem jedoch nicht die EuGVVO gilt. Dies sind derzeit ausschließlich die Schweiz, Island und Norwegen, weil alle anderen Vertragsstaaten des LugÜ zugleich EU-Mitgliedstaaten sind. Der Begriff des Wohnsitzes ist unter Heranziehung von Art. 59 und 60 LugÜ zu bestimmen.[3]

7   Zum anderen werden die Gerichtsstände der EuGVVO verdrängt, wenn ein **ausschließlicher Gerichtsstand nach Art. 22 LugÜ in einem Nur-LugÜ-Staat** begründet ist.

---

[2] *Rechberger,* in: FS Meier, 2015, S. 545 (546).
[3] Einem Wohnsitz gleichgestellt sind gem. Art. 15 Abs. 2 LugÜ die Zweigniederlassung, Agentur oder sonstige Niederlassung eines Unternehmers, vgl. *Rechberger,* in: FS Meier, 2015, S. 545 (550).

Die internationale Zuständigkeit richtet sich schließlich auch dann nach dem LugÜ, wenn gem. Art. 23 LugÜ eine **Prorogation zugunsten der Gerichte eines Nur-LugÜ-Staates** vorliegt.[4]

Soweit die Voraussetzungen von Art. 64 Abs. 2 lit. a LugÜ erfüllt sind, muss ein EU-mitgliedstaatliches Gericht die Frage der internationalen Zuständigkeit unter Heranziehung der Gerichtsstände im LugÜ klären, vgl. Art. 73 Abs. 1 EuGVVO.

2. Verhältnis zwischen LugÜ und EuGVVO für Litispendenzfragen (Art. 64 Abs. 2 lit. b LugÜ)

Gem. Art. 64 Abs. 2 lit. b LugÜ sind Kollisionen zwischen Verfahren in einem EU-Mitgliedstaat und einem Nur-LugÜ-Staat stets nach Art. 27 und Art. 28 LugÜ aufzulösen. Das bedeutet, dass insoweit weder die Sonderrechtshängigkeitsregel für ausschließliche Gerichtsstandsvereinbarungen in Art. 31,[5] noch die Regeln betreffend Kollisionen mit drittstaatlichen Verfahren in Art. 33 und Art. 34 Anwendung finden.[6]

Die Verfahrenskollisionsregeln der EuGVVO sind vor mitgliedstaatlichen Gerichten auch dann verdrängt, wenn sich die internationale Zuständigkeit im konkreten Einzelfall gem. Art. 64 Abs. 1, Abs. 2 lit. a LugÜ nach der EuGVVO richtet.

3. Verhältnis zwischen LugÜ und EuGVVO für Fragen der Anerkennung und Vollstreckung (Art. 64 Abs. 2 lit. c LugÜ)

Gem. Art. 64 Abs. 2 lit. c LugÜ unterliegt die Anerkennung und Vollstreckung von Entscheidungen, öffentlichen Urkunden und Prozessvergleichen dem LugÜ, wenn entweder **der Ursprungsstaat oder der Vollstreckungsstaat ein Nur-LugÜ-Staat** ist. Das bedeutet, dass für die Vollstreckung einer Entscheidung aus einem der drei Nur-LugÜ-Staaten (Schweiz, Norwegen und Island) in der EU weiterhin eine Vollstreckbarerklärung erforderlich ist, weil die EuGVVO n.F. keine Anwendung findet. Ebenso unterliegen die Anerkennung und Vollstreckung mitgliedstaatlicher Entscheidungen in den drei Nur-LugÜ-Staaten dem LugÜ, selbst wenn sich die Zuständigkeit im Erkenntnisverfahren gem. Art. 64 Abs. 1, Abs. 2 lit. a LugÜ nach der EuGVVO gerichtet hat.[7]

Art. 64 Abs. 3 LugÜ beinhaltet einen **besonderen Anerkennungsversagungsgrund**, der stets dann gilt, wenn Anerkennung und Vollstreckung gem. Art. 64 Abs. 2 lit. c LugÜ dem LugÜ unterliegen.[8] Art. 64 Abs. 3 LugÜ gestattet

---
[4] Vgl. zu Beispielen für die Abgrenzung zwischen LugÜ und EuGVVO *Schlosser*, in: FS Meier, 2015, S. 587 (595 ff.).
[5] Vgl. jedoch *Schlosser*, in: FS Meier, 2015, S. 587 (597 ff.), wonach sich die Gerichte von Nur-LugÜ-Staaten bei der Anwendung von Art. 27 LugÜ im Wege der richterlichen Rechtsfortbildung der Anti-Torpedo-Bestimmung in Art. 31 Abs. 2 und Abs. 3 EuGVVO zu Eigen machen können.
[6] *Rechberger*, in: FS Meier, 2015, S. 545 (552 f.).
[7] *Rechberger*, in: FS Meier, 2015, S. 545 (553).
[8] A. A. *Rechberger*, in: FS Meier, 2015, S. 545 (554 f.), der eine Anwendung der Vorschrift auch bei Geltung der Art. 36 ff. EuGVVO befürwortet.

die Anerkennungsversagung, wenn die Partei, gegen die die Anerkennung/Vollstreckung geltend gemacht wird, in einem Nur-LugÜ-Staat wohnhaft ist, und das Ursprungsgericht seine Zuständigkeit auf einen Gerichtsstand der EuGVVO gestützt hat, der im LugÜ nicht vorhanden ist. Die Vorschrift dürfte insbesondere in Fällen von Bedeutung sein, in denen das Ursprungsgericht unter Missachtung des Vorrangs des LugÜ (Art. 64 Abs. 2 lit. a LugÜ) die Gerichtsstände der EuGVVO angewandt hat.[9] Beklagte Parteien aus Nur-LugÜ-Staaten werden somit davor geschützt, dass EU-Mitgliedstaaten fälschlicherweise die von dem LugÜ abweichenden Zuständigkeitsregeln der EuGVVO anwenden.[10] Art. 64 Abs. 3 LugÜ kann nach seinem Wortlaut zwar auch dann zur Anwendung kommen, wenn ein Beklagter mit Sitz in einem Drittstaat erst vor der Anerkennung und Vollstreckung seinen Wohnsitz in einen Nur-LugÜ-Staat verlegt hat.[11] Es ist jedoch zweifelhaft, ob in einem solchen Fall der Beklagte tatsächlich schutzbedürftig ist.

III. Verhältnis zum UNÜ (Abs. 2)

14 Gem. Abs. 2 bleibt das UNÜ von der EuGVVO unberührt. Diese Vorschrift hat lediglich deklaratorische Bedeutung, weil der Geltungsbereich des UNÜ hauptsächlich auf die Anerkennung und Vollstreckung von Schiedssprüchen beschränkt ist, die gem. Art. 1 Abs. 2 lit. d bereits aus dem sachlichen Anwendungsbereich der EuGVVO ausgenommen ist.[12]

IV. Verhältnis zu bilateralen Alt-Abkommen (Abs. 3)

15 Gem. Abs. 3 bliebt die Anwendung bilateraler Abkommen zwischen einem Mitgliedstaat und einem Drittstaat, die vor dem Inkrafttreten vor der EuGVVO a.F. am 1.3.2002 abgeschlossen wurden und die die in der EuGVVO geregelten Angelegenheiten betreffen, durch die EuGVVO unberührt. Wie sich aus Erwgr. 35 und 36 ergibt, soll es Abs. 3 den Mitgliedstaaten ermöglichen, ihre aus dem Abschluss derartiger Abkommen resultierenden völkerrechtlichen Pflichten einzuhalten.

---

[9] *Rechberger*, in: FS Meier, 2015, S. 545 (554); Schlosser/*Hess*, EuZPR, 4. Aufl. 2015, Art. 73 EuGVVO Rn. 5.
[10] *Rechberger*, in: FS Meier, 2015, S. 545 (554).
[11] *Rechberger*, in: FS Meier, 2015, S. 545 (554).
[12] Vgl. hierzu die Kommentierung bei Art. 1, Rn. 95 ff.

Kapitel VIII Schlussvorschriften

Artikel 74 [Übermittlung einzelstaatlicher Vollstreckungsvorschriften und -verfahren]

Die Mitgliedstaaten übermitteln im Rahmen des Europäischen Justiziellen Netzes für Zivil- und Handelssachen eine Beschreibung der einzelstaatlichen Vollstreckungsvorschriften und -verfahren, einschließlich Angaben über die Vollstreckungsbehörden, sowie Informationen über alle Vollstreckungsbeschränkungen, insbesondere über Schuldnerschutzvorschriften und Verjährungsfristen, im Hinblick auf die Bereitstellung dieser Informationen für die Öffentlichkeit.
Die Mitgliedstaaten halten diese Informationen stets auf dem neuesten Stand.

Art. 74 ist im Rahmen der EuGVVO-Revision 2012 neu eingeführt worden **1** und verpflichtet die Mitgliedstaaten, diverse Informationen im Zusammenhang mit der Vollstreckung im Rahmen des Europäischen Justiziellen Netzes für Zivil- und Handelssachen zur Verfügung zu stellen. Das Europäische Justizielle Netz wurde mit Entscheidung des Rates vom 28.5.2001 eingerichtet und soll die justizielle Zusammenarbeit innerhalb der EU erleichtern.[1]

Die gem. Art. 74 zu übermittelnden Informationen sind im Internet auf der **2** Website des Europäischen Justiziellen Netzes http://e-justice.europa.eu → Europäischer Atlas für Zivilsachen → Brüssel I-VO (Neufassung) für jeden einzelnen EU-Mitgliedstaat gesondert abrufbar.

Artikel 75 [Mitteilung der zuständigen Gerichte]

Die Mitgliedstaaten teilen der Kommission bis zum 10. Januar 2014 mit,
a) an welches Gericht der Antrag auf Versagung der Vollstreckung gemäß Artikel 47 Absatz 1 zu richten ist;
b) bei welchen Gerichten der Rechtsbehelf gegen die Entscheidung über den Antrag auf Versagung der Vollstreckung gemäß Artikel 49 Absatz 2 einzulegen ist;
c) bei welchen Gerichten ein weiterer Rechtsbehelf gemäß Artikel 50 einzulegen ist und
d) welche Sprachen für die Übersetzung der Formblätter nach Artikel 57 Absatz 2 zugelassen sind.
Die Angaben werden von der Kommission in geeigneter Weise, insbesondere über das Europäische Justizielle Netz für Zivil- und Handelssachen, der Öffentlichkeit zur Verfügung gestellt.

Art. 75 ist im Rahmen der EuGVVO-Revision 2012 neu eingeführt worden **1** und verpflichtet die Mitgliedstaaten, diverse Informationen für die Rechtsbehelfe

---

[1] 2001/470/EG: Entscheidung des Rates vom 28. Mai 2001 über die Einrichtung eines Europäischen Justiziellen Netzes für Zivil- und Handelssachen, ABl. EU L 174 vom 27.6.2001, S. 25.

im Rahmen der Vollstreckung ausländischer Entscheidungen im Zweitland im Rahmen des Europäischen Justiziellen Netzes für Zivil- und Handelssachen zur Verfügung zu stellen.[1]

2   Die gem. Art. 75 zu übermittelnden Informationen sind im Internet auf der Website des Europäischen Justiziellen Netzes http://e-justice.europa.eu → Europäischer Atlas für Zivilsachen → Brüssel I-VO (Neufassung) für jeden einzelnen EU-Mitgliedstaat gesondert abrufbar.

Artikel 76 [Notifizierung]

(1) **Die Mitgliedstaaten notifizieren der Kommission**
a) **die Zuständigkeitsvorschriften nach Artikel 5 Absatz 2 und Artikel 6 Absatz 2,**
b) **die Regeln für die Streitverkündung nach Artikel 65 und**
c) **die Übereinkünfte nach Artikel 69.**

(2) Die Kommission legt anhand der in Absatz 1 genannten Notifizierungen der Mitgliedstaaten die jeweiligen Listen fest.

(3) [1]Die Mitgliedstaaten notifizieren der Kommission alle späteren Änderungen, die an diesen Listen vorgenommen werden müssen. [2]Die Kommission passt diese Listen entsprechend an.

(4) Die Kommission veröffentlicht die Listen und alle späteren Änderungen dieser Listen im Amtsblatt der Europäischen Union.

(5) Die Kommission stellt der Öffentlichkeit alle nach den Absätzen 1 und 3 notifizierten Informationen auf andere geeignete Weise, insbesondere über das Europäische Justizielle Netz, zur Verfügung.

Übersicht

	Rn.
I. Allgemeines	1
II. Informationen gem. Art. 76	1
1. Liste 1: Innerstaatliche Zuständigkeitsvorschriften im Sinne von Artikel 5 Absatz 2 und Artikel 6 Absatz 2	1
2. Liste 2: Vorschriften über die Streitverkündung im Sinne von Artikel 65	1
3. Liste 3: Übereinkünfte im Sinne von Artikel 69	1

I. Allgemeines

1   Art. 76 wurde durch die EuGVVO-Revision 2012 neu eingeführt und regelt diverse Mitteilungspflichten der Mitgliedstaaten bezüglich nationaler Besonderheiten. Im Einzelnen sind dies die exorbitanten Gerichtsstände i.S.v. Art. 5 Abs. 2, Art. 6 Abs. 2 (**Abs. 1 lit. a**), die nationalen Regeln für die Streitverkündigung nach Art. 65 (**Abs. 1 lit. b**) sowie die durch die EuGVVO ersetzten

---

[1] 2001/470/EG: Entscheidung des Rates vom 28. Mai 2001 über die Einrichtung eines Europäischen Justiziellen Netzes für Zivil- und Handelssachen, ABl. EU L 174 vom 27.6.2001, S. 25.

internationalen Übereinkommen i.S.v. Art. 69 (**Abs. 1 lit. c**). Die von den Mitgliedstaaten übermittelten Informationen hat die EU-Kommission als Listen veröffentlicht (vgl. **Abs. 4**).[1]

Die entsprechenden Informationen sind auch über das Europäische Justizielle 2 Netz im Internet verfügbar (vgl. **Abs. 5**) unter http://e-justice.europa.eu → Europäischer Atlas für Zivilsachen → Brüssel I-VO (Neufassung).

Die Mitgliedstaaten haben der Kommission alle späteren Änderungen bzgl. 3 der übermittelten Informationen mitzuteilen (**Abs. 3 Satz 1**), die sodann ebenfalls von der Kommission veröffentlicht werden (**Abs. 3 Satz 2, Abs. 4** und **Abs. 5**).

II. Informationen gem. Art. 76[2]

1. Liste 1: Innerstaatliche Zuständigkeitsvorschriften im Sinne von Artikel 5 Absatz 2 und Artikel 6 Absatz 2

- in Belgien: entfällt;
- in Bulgarien: Artikel 4 Absatz 1 Nummer 2 des Gesetzbuches über Internationales Privatrecht;
- in der Tschechischen Republik: Gesetz Nr. 91/2012 über Internationales Privatrecht, insbesondere Artikel 6;
- in Dänemark: Artikel 246 Absätze 2 und 3 des Rechtspflegesetzes;
- in Deutschland: § 23 der Zivilprozessordnung;
- in Estland: Artikel 86 (Zuständigkeit an dem Ort, an dem sich das Eigentum befindet) der Zivilprozessordnung, soweit die Klage nicht an das Eigentum der Person geknüpft ist; Artikel 100 (Antrag auf Beendigung der Anwendung von Standardbedingungen) der Zivilprozessordnung, soweit die Klage bei dem Gericht einzureichen ist, in dessen örtlicher Zuständigkeit die Standardklausel angewandt wurde;
- in Griechenland: Artikel 40 der Zivilprozessordnung;
- in Spanien: entfällt;
- in Frankreich: Artikel 14 und 15 des Zivilgesetzbuches;
- in Kroatien: Artikel 54 des Gesetzes über die Lösung von Kollisionen mit Vorschriften anderer Länder in bestimmten Beziehungen;
- in Irland: Vorschriften, nach denen die Zuständigkeit durch Zustellung eines verfahrenseinleitenden Schriftstücks an den Beklagten während dessen vorübergehender Anwesenheit in Irland begründet wird;
- in Italien: Artikel 3 und 4 des Gesetzes Nr. 218 vom 31. Mai 1995;
- in Zypern: Artikel 21 des Gerichtsgesetzes (Gesetz Nr. 14/60);
- in Lettland: Artikel 27 Absatz 2, Artikel 28 Absätze 3, 5, 6 und 9 des Zivilprozessgesetzes;

---

[1] Informationen gemäß Artikel 76 der Verordnung (EU) Nr. 1215/2012 des Europäischen Parlaments und des Rates über die gerichtliche Zuständigkeit und die Anerkennung und Vollstreckung von Entscheidungen in Zivil- und Handelssachen, ABl. EU C 4 vom 9.1.2015, S. 2.
[2] ABl. EU C 4 vom 9.1.2015, S. 2.

- in Litauen: Artikel 783 Absatz 3, Artikel 787, Artikel 789 Absatz 3 der Zivilprozessordnung;
- in Luxemburg: Artikel 14 und 15 des Zivilgesetzbuches;
- in Ungarn: Artikel 57 Buchstabe a der Gesetzesverordnung Nr. 13 von 1979 über Internationales Privatrecht;
- in Malta: Artikel 742, 743 und 744 der Gerichtsverfassungs- und Zivilprozessordnung (Kapitel 12 der maltesischen Gesetze) und Artikel 549 des Handelsgesetzbuchs (Kapitel 13 der maltesischen Gesetze);
- in den Niederlanden: entfällt;
- in Österreich: § 99 der Jurisdiktionsnorm;
- in Polen: Artikel 1103 Absatz 4 der Zivilprozessordnung und Artikel 1110 der Zivilprozessordnung, sofern diese die Zuständigkeit ausschließlich aufgrund eines der folgenden Kriterien bestimmen: Der Kläger besitzt die polnische Staatsbürgerschaft, hat seinen Wohnsitz, gewöhnlichen Aufenthalt oder Sitz in Polen;
- in Portugal: Artikel 63 Absatz 1 der Zivilprozessordnung, soweit er die extraterritoriale gerichtliche Zuständigkeit vorsieht, z. B. die Zuständigkeit des Gerichts am Sitz der Zweigniederlassung, der Agentur, des Amtes, der Delegation oder der Vertretung (sofern diese sich in Portugal befindet), wenn der Antrag der Hauptverwaltung zugestellt werden soll (sofern diese sich im Ausland befindet), und Artikel 10 der Arbeitsprozessordnung, soweit er die extraterritoriale gerichtliche Zuständigkeit vorsieht, beispielsweise die Zuständigkeit des Gerichts am Wohnsitz des Antragstellers in einem Verfahren, das ein Arbeitnehmer wegen eines Arbeitsvertrags gegen einen Arbeitgeber angestrengt hat;
- in Rumänien: Artikel 1065–1081 unter Titel I „Internationale Zuständigkeit der rumänischen Gerichte" in Buch VII „Internationales Zivilverfahren" des Gesetzes Nr. 134/2010 über die Zivilprozessordnung;
- in Slowenien: Artikel 58 des Gesetzes über Internationales Privat- und Zivilprozessrecht;
- in der Slowakei: § 37 bis § 37e des Gesetzes Nr. 97/1963 über Internationales Privatrecht und die entsprechenden Verfahrensvorschriften;
- in Finnland: Kapitel 10 § 18 Absatz 1 Unterabsätze 1 und 2 der Prozessordnung;
- in Schweden: Kapitel 10 § 3 Satz 1 der Prozessordnung;
- im Vereinigten Königreich:
    a) die Zustellung eines verfahrenseinleitenden Schriftstücks an den Beklagten während dessen vorübergehender Anwesenheit im Vereinigten Königreich;
    b) das Vorhandensein von Vermögenswerten des Beklagten im Vereinigten Königreich;
    c) die Beschlagnahme von Vermögenswerten im Vereinigten Königreich durch den Kläger.
  Dieselben Grundsätze gelten für Gibraltar.

2. Liste 2: Vorschriften über die Streitverkündung im Sinne von Artikel 65

- in Belgien: entfällt;
- in Bulgarien: entfällt;
- in der Tschechischen Republik: entfällt;
- in Dänemark: entfällt;
- in Deutschland: § 68 und §§ 72 bis 74 der Zivilprozessordnung;
- in Estland: § 212 bis § 216 der Zivilprozessordnung;
- in Griechenland: entfällt;
- in Spanien: entfällt;
- in Frankreich: entfällt;
- in Kroatien: Artikel 211 des Zivilprozessgesetzes,
- in Irland: entfällt;
- in Italien: entfällt;
- in Zypern: Verfahrensregel 10 der Zivilprozessregeln über Interventionsklagen;
- in Lettland: Artikel 78, 79, 80, 81 und 75 des Zivilprozessgesetzes;
- in Litauen: Artikel 46 und 47 der Zivilprozessordnung;
- in Luxemburg: entfällt;
- in Ungarn: §§ 58 bis 60 Buchstabe a des Gesetzes III von 1952 über die Zivilprozessordnung, die die Streitverkündung betreffen;
- in Malta: Artikel 960 bis 962 der Gerichtsverfassungs- und Zivilprozessordnung (Kapitel 12 der maltesischen Gesetze);
- in den Niederlanden: entfällt;
- in Österreich: § 21 der Zivilprozessordnung;
- in Polen: Artikel 84 und 85 der Zivilprozessordnung, die die Streitverkündung betreffen;
- in Portugal: entfällt;
- in Rumänien: entfällt;
- in Slowenien: Artikel 204 des Zivilprozessgesetzes, der die Streitverkündung regelt;
- in der Slowakei: entfällt;
- in Finnland: entfällt;
- in Schweden: entfällt;
- im Vereinigten Königreich: entfällt.

3. Liste 3: Übereinkünfte im Sinne von Artikel 69

in Österreich:
- das am 6. Juni 1959 in Wien unterzeichnete deutsch-österreichische Abkommen über die gegenseitige Anerkennung und Vollstreckung von gerichtlichen Entscheidungen, Vergleichen und öffentlichen Urkunden in Zivil- und Handelssachen;

- das am 20. Oktober 1967 in Sofia unterzeichnete Abkommen zwischen der Volksrepublik Bulgarien und der Republik Österreich über Rechtshilfe in bürgerlichen Rechtssachen und über Urkundenwesen;
- das am 16. Juni 1959 in Wien unterzeichnete belgisch-österreichische Abkommen über die gegenseitige Anerkennung und Vollstreckung von gerichtlichen Entscheidungen, Schiedssprüchen und öffentlichen Urkunden auf dem Gebiet des Zivil- und Handelsrechts;
- das am 14. Juli 1961 in Wien unterzeichnete britisch-österreichische Abkommen über die gegenseitige Anerkennung und Vollstreckung gerichtlicher Entscheidungen in Zivil- und Handelssachen und das am 6. März 1970 in London unterzeichnete Protokoll;
- das am 6. Februar 1963 in Den Haag unterzeichnete niederländisch-österreichische Abkommen über die gegenseitige Anerkennung und Vollstreckung von gerichtlichen Entscheidungen und öffentlichen Urkunden auf dem Gebiet des Zivil- und Handelsrechts;
- das am 15. Juli 1966 in Wien unterzeichnete französisch-österreichische Abkommen über die Anerkennung und Vollstreckung von gerichtlichen Entscheidungen und öffentlichen Urkunden auf dem Gebiet des Zivil- und Handelsrechts;
- das am 29. Juli 1971 in Luxemburg unterzeichnete luxemburgisch-österreichische Abkommen über die Anerkennung und Vollstreckung von gerichtlichen Entscheidungen und öffentlichen Urkunden auf dem Gebiet des Zivil- und Handelsrechts;
- das am 16. November 1971 in Rom unterzeichnete italienisch-österreichische Abkommen über die Anerkennung und Vollstreckung von gerichtlichen Entscheidungen in Zivil- und Handelssachen, von gerichtlichen Vergleichen und von Notariatsakten;
- das am 16. September 1982 in Stockholm unterzeichnete österreichisch-schwedische Abkommen über die Anerkennung und die Vollstreckung von Entscheidungen in Zivilsachen;
- das am 17. Februar 1984 in Wien unterzeichnete österreichisch-spanische Abkommen über die Anerkennung und die Vollstreckung von gerichtlichen Entscheidungen, Vergleichen und vollstreckbaren öffentlichen Urkunden in Zivil- und Handelssachen;
- das am 17. November 1986 in Wien unterzeichnete finnisch-österreichische Abkommen über die Anerkennung und die Vollstreckung von Entscheidungen in Zivilsachen;
- der am 16. Dezember 1954 in Wien unterzeichnete Vertrag zwischen der Föderativen Volksrepublik Jugoslawien und der Republik Österreich über die justizielle Zusammenarbeit;
- das am 11. Dezember 1963 in Wien unterzeichnete Abkommen zwischen der Volksrepublik Polen und der Republik Österreich über die gegenseitigen Beziehungen in Zivilsachen und über Urkunden;

- das am 17. November 1965 in Wien unterzeichnete Abkommen zwischen der Sozialistischen Republik Rumänien und der Republik Österreich über die Rechtshilfe in Zivil- und Familiensachen sowie über die Gültigkeit und Zustellung von Schriftstücken mit Protokoll;

in Belgien:
- das am 8. Juli 1899 in Paris unterzeichnete belgisch-französische Abkommen über die gerichtliche Zuständigkeit, die Anerkennung und die Vollstreckung von gerichtlichen Entscheidungen, Schiedssprüchen und öffentlichen Urkunden;
- das am 28. März 1925 in Brüssel unterzeichnete belgisch-niederländische Abkommen über die Zuständigkeit der Gerichte, den Konkurs sowie die Anerkennung und die Vollstreckung von gerichtlichen Entscheidungen, Schiedssprüchen und öffentlichen Urkunden;
- das am 2. Mai 1934 in Brüssel unterzeichnete britisch-belgische Abkommen zur gegenseitigen Vollstreckung gerichtlicher Entscheidungen in Zivil- und Handelssachen mit Protokoll;
- das am 30. Juni 1958 in Bonn unterzeichnete deutsch-belgische Abkommen über die gegenseitige Anerkennung und Vollstreckung von gerichtlichen Entscheidungen, Schiedssprüchen und öffentlichen Urkunden in Zivil- und Handelssachen;
- das am 16. Juni 1959 in Wien unterzeichnete belgisch-österreichische Abkommen über die gegenseitige Anerkennung und Vollstreckung von gerichtlichen Entscheidungen, Schiedssprüchen und öffentlichen Urkunden auf dem Gebiet des Zivil- und Handelsrechts;
- das am 6. April 1962 in Rom unterzeichnete belgisch-italienische Abkommen über die Anerkennung und Vollstreckung von gerichtlichen Entscheidungen und anderen vollstreckbaren Titeln in Zivil- und Handelssachen;
- der am 24. November 1961 in Brüssel unterzeichnete belgisch-niederländisch-luxemburgische Vertrag über die gerichtliche Zuständigkeit, den Konkurs, die Anerkennung und die Vollstreckung von gerichtlichen Entscheidungen, Schiedssprüchen und öffentlichen Urkunden, soweit er in Kraft ist;

in Bulgarien:
- das am 2. Juli 1930 in Sofia unterzeichnete Abkommen zwischen Bulgarien und Belgien über bestimmte justizielle Fragen;
- das am 23. März 1956 in Sofia unterzeichnete Abkommen zwischen der Volksrepublik Bulgarien und der Föderativen Volksrepublik Jugoslawien über gegenseitige Rechtshilfe, das zwischen Bulgarien, Slowenien und Kroatien noch in Kraft ist;
- der am 3. Dezember 1958 in Sofia unterzeichnete Vertrag zwischen der Volksrepublik Bulgarien und der Volksrepublik Rumänien über Rechtshilfe und Rechtsbeziehungen in Zivil-, Familien- und Strafsachen;
- das am 4. Dezember 1961 in Warschau unterzeichnete Abkommen zwischen der Volksrepublik Bulgarien und der Volksrepublik Polen über die Rechtshilfe in Zivil-, Familien- und Strafsachen;

- das am 16. Mai 1966 in Sofia unterzeichnete Abkommen zwischen der Volksrepublik Bulgarien und der Volksrepublik Ungarn über die Rechtshilfe in Zivil-, Familien- und Strafsachen;
- das am 10. April 1976 in Athen unterzeichnete Abkommen zwischen der Volksrepublik Bulgarien und der Hellenischen Republik über die Rechtshilfe in Zivil- und Strafsachen;
- das am 25. November 1976 in Sofia unterzeichnete Abkommen zwischen der Volksrepublik Bulgarien und der Tschechoslowakischen Sozialistischen Republik über die Rechtshilfe und die Schlichtung von Beziehungen in Zivil-, Familien- und Strafsachen;
- das am 29. April 1983 in Nikosia unterzeichnete Abkommen zwischen der Volksrepublik Bulgarien und der Republik Zypern über die Rechtshilfe in Zivil- und Strafsachen;
- das am 18. Januar 1989 in Sofia unterzeichnete Abkommen zwischen der Volksrepublik Bulgarien und der Regierung der Französischen Republik über die gegenseitige Rechtshilfe in Zivilsachen;
- das am 18. Mai 1990 in Rom unterzeichnete Abkommen zwischen der Volksrepublik Bulgarien und der Italienischen Republik über die Rechtshilfe und die Vollstreckung von Entscheidungen in Zivilsachen;
- das am 23. Mai 1993 in Sofia unterzeichnete Abkommen zwischen der Republik Bulgarien und dem Königreich Spanien über die gegenseitige Rechtshilfe in Zivilsachen;
- das am 20. Oktober 1967 in Sofia unterzeichnete Abkommen zwischen der Volksrepublik Bulgarien und der Republik Österreich über Rechtshilfe in bürgerlichen Rechtssachen und über Urkundenwesen;

in der Tschechischen Republik:
- das am 25. November 1976 in Sofia unterzeichnete Abkommen zwischen der Tschechoslowakischen Sozialistischen Republik und der Volksrepublik Bulgarien über Rechtshilfe und die Schlichtung von Rechtsbeziehungen in Zivil-, Familien- und Strafsachen;
- der am 23. April 1982 in Nikosia unterzeichnete Vertrag zwischen der Tschechoslowakischen Sozialistischen Republik und der Republik Zypern über Rechtshilfe in Zivil- und Strafsachen;
- der am 22. Oktober 1980 in Athen unterzeichnete Vertrag zwischen der Tschechoslowakischen Sozialistischen Republik und der Hellenischen Republik über Rechtshilfe in Zivil- und Strafsachen;
- der am 4. Mai 1987 in Madrid unterzeichnete Vertrag zwischen der Tschechoslowakischen Sozialistischen Republik und dem Königreich Spanien über die Rechtshilfe und die Anerkennung und Vollstreckung gerichtlicher Entscheidungen in Zivilsachen;
- der am 10. Mai 1984 in Paris unterzeichnete Vertrag zwischen der Regierung der Tschechoslowakischen Sozialistischen Republik und der Regierung der Französischen Republik über die Rechtshilfe und die Anerkennung und Voll-

streckung gerichtlicher Entscheidungen in Zivil-, Familien- und Handelssachen;
- der am 28. März 1989 in Bratislava unterzeichnete Vertrag zwischen der Tschechoslowakischen Sozialistischen Republik und der Volksrepublik Ungarn über die Rechtshilfe und die Schlichtung von Rechtsbeziehungen in Zivil-, Familien- und Strafsachen;
- der am 6. Dezember 1985 in Prag unterzeichnete Vertrag zwischen der Tschechoslowakischen Sozialistischen Republik und der Italienischen Republik über die Rechtshilfe in Zivil- und Strafsachen;
- der am 21. Dezember 1987 in Warschau unterzeichnete Vertrag zwischen der Tschechoslowakischen Sozialistischen Republik und der Volksrepublik Polen über die Rechtshilfe und die Schlichtung von Rechtsbeziehungen in Zivil-, Familien-, Arbeits- und Strafsachen im Sinne des am 21. Dezember 1987 in Warschau unterzeichneten Vertrags zwischen der Tschechischen Republik und der Republik Polen zur Änderung und Ergänzung des Vertrags zwischen der Tschechoslowakischen Sozialistischen Republik und der Volksrepublik Polen über die Rechtshilfe und die Schlichtung von Rechtsbeziehungen in Zivil-, Familien-, Arbeits- und Strafsachen (Mojmírovce, 30. Oktober 2003);
- das am 23. November 1927 in Lissabon unterzeichnete Abkommen zwischen der Tschechoslowakischen Republik und Portugal über die Anerkennung und Vollstreckung gerichtlicher Entscheidungen;
- der am 11. Juli 1994 in Bukarest unterzeichnete Vertrag zwischen der Tschechischen Republik und Rumänien über Rechtshilfe in Zivilsachen;
- der am 20. Januar 1964 in Belgrad unterzeichnete Vertrag zwischen der Tschechoslowakischen Sozialistischen Republik und der Sozialistischen Föderativen Republik Jugoslawien über die Schlichtung von Rechtsbeziehungen in Zivil-, Familien- und Strafsachen;
- der am 29. Oktober 1992 in Prag unterzeichnete Vertrag zwischen der Tschechischen Republik und der Slowakischen Republik über die von Gerichten geleistete Rechtshilfe sowie die Schlichtung bestimmter rechtlicher Beziehungen in Zivil- und Strafsachen;

in Dänemark:
- das am 11. Oktober 1977 in Kopenhagen unterzeichnete Übereinkommen zwischen Dänemark, Finnland, Island, Norwegen und Schweden über die Anerkennung und Vollstreckung gerichtlicher Entscheidungen in Zivil- und Handelssachen;

in Deutschland:
- das am 9. März 1936 in Rom unterzeichnete deutsch-italienische Abkommen über die Anerkennung und Vollstreckung gerichtlicher Entscheidungen in Zivil- und Handelssachen;
- das am 30. Juni 1958 in Bonn unterzeichnete deutsch-belgische Abkommen über die gegenseitige Anerkennung und Vollstreckung von gerichtlichen Entscheidungen, Schiedssprüchen und öffentlichen Urkunden in Zivil- und Handelssachen;

- das am 6. Juni 1959 in Wien unterzeichnete deutsch-österreichische Abkommen über die gegenseitige Anerkennung und Vollstreckung von gerichtlichen Entscheidungen, Vergleichen und öffentlichen Urkunden in Zivil- und Handelssachen;
- das am 14. Juli 1960 in Bonn unterzeichnete deutsch-britische Abkommen über die gegenseitige Anerkennung und Vollstreckung von gerichtlichen Entscheidungen in Zivil- und Handelssachen;
- das am 30. August 1962 in Den Haag unterzeichnete deutsch-niederländische Abkommen über die gegenseitige Anerkennung und Vollstreckung gerichtlicher Entscheidungen und anderer Schuldtitel in Zivil- und Handelssachen;
- das am 4. November 1961 in Athen unterzeichnete deutsch-griechische Abkommen über die gegenseitige Anerkennung und Vollstreckung von gerichtlichen Entscheidungen, Vergleichen und öffentlichen Urkunden in Zivil- und Handelssachen;
- das am 14. November 1983 in Bonn unterzeichnete deutsch-spanische Abkommen über die Anerkennung und Vollstreckung von gerichtlichen Entscheidungen und Vergleichen sowie vollstreckbaren öffentlichen Urkunden in Zivil- und Handelssachen;

in Estland:
- das am 11. November 1992 in Tallinn unterzeichnete Abkommen über Rechtshilfe und Rechtsbeziehungen zwischen der Republik Litauen, der Republik Estland und der Republik Lettland;
- das am 27. November 1998 in Tallinn unterzeichnete Abkommen zwischen der Republik Estland und der Republik Polen über Rechtshilfe und Rechtsbeziehungen in Zivil-, Arbeits- und Strafsachen;

in Griechenland:
- das am 4. November 1961 in Athen unterzeichnete Abkommen zwischen dem Königreich Griechenland und der Bundesrepublik Deutschland über die gegenseitige Anerkennung und Vollstreckung von gerichtlichen Entscheidungen, Vergleichen und öffentlichen Urkunden in Zivil- und Handelssachen;
- das am 18. Juni 1959 in Athen unterzeichnete Abkommen zwischen der Föderativen Volksrepublik Jugoslawien und dem Königreich Griechenland über die gegenseitige Anerkennung und Vollstreckung gerichtlicher Entscheidungen;
- das am 8. Oktober 1979 in Budapest unterzeichnete Abkommen zwischen der Volksrepublik Ungarn und der Hellenischen Republik über die Rechtshilfe in Zivil- und Strafsachen;
- das am 24. Oktober 1979 in Athen unterzeichnete Abkommen zwischen der Volksrepublik Polen und der Hellenischen Republik über die Rechtshilfe in Zivil- und Strafsachen;
- der am 22. Oktober 1980 in Athen unterzeichnete Vertrag zwischen der Hellenischen Republik und der Tschechoslowakischen Sozialistischen Republik

über die Rechtshilfe in Zivil- und Strafsachen, der zwischen der Tschechischen Republik, der Slowakei und Griechenland noch in Kraft ist;
- das am 5. März 1984 in Nikosia unterzeichnete Abkommen zwischen der Republik Zypern und der Hellenischen Republik über die rechtliche Zusammenarbeit in Zivil-, Familien-, Handels- und Strafsachen;
- das am 19. Oktober 1972 in Bukarest unterzeichnete Abkommen zwischen der Sozialistischen Republik Rumänien und dem Königreich Griechenland über die Rechtshilfe in Zivil- und Strafsachen;
- das am 10. April 1976 in Athen unterzeichnete Abkommen zwischen der Volksrepublik Bulgarien und der Hellenischen Republik über die Rechtshilfe in Zivil- und Strafsachen;

in Spanien:
- das am 28. Mai 1969 in Paris unterzeichnete spanisch-französische Abkommen über die gegenseitige Anerkennung und Vollstreckung von gerichtlichen Entscheidungen, Schiedssprüchen und öffentlichen Urkunden in Zivil- und Handelssachen;
- das am 28. Mai 1969 in Paris unterzeichnete Abkommen vom 25. Februar 1974 in Form eines Notenwechsels zur Auslegung der Artikel 2 und 17 des Abkommens zwischen Frankreich und Spanien über die Anerkennung und die Vollstreckung von gerichtlichen Entscheidungen, Schiedssprüchen und öffentlichen Urkunden in Zivil- und Handelssachen;
- das am 22. Mai 1973 in Madrid unterzeichnete italienisch-spanische Abkommen über die Rechtshilfe und die Anerkennung und Vollstreckung gerichtlicher Entscheidungen in Zivil- und Handelssachen;
- das am 14. November 1983 in Bonn unterzeichnete deutsch-spanische Abkommen über die Anerkennung und Vollstreckung von gerichtlichen Entscheidungen und Vergleichen sowie vollstreckbaren öffentlichen Urkunden in Zivil- und Handelssachen;
- das am 17. Februar 1984 in Wien unterzeichnete österreichisch-spanische Abkommen über die Anerkennung und die Vollstreckung von gerichtlichen Entscheidungen, Vergleichen und vollstreckbaren öffentlichen Urkunden in Zivil- und Handelssachen;
- der am 4. Mai 1987 in Madrid unterzeichnete Vertrag zwischen der Tschechoslowakischen Sozialistischen Republik und dem Königreich Spanien über die Rechtshilfe sowie die Anerkennung und Vollstreckung gerichtlicher Entscheidungen in Zivilsachen, der zwischen der Tschechischen Republik, der Slowakei und Spanien noch in Kraft ist;
- das am 23. Mai 1993 in Sofia unterzeichnete Abkommen zwischen der Republik Bulgarien und dem Königreich Spanien über die gegenseitige Rechtshilfe in Zivilsachen;
- das am 17. November 1997 in Bukarest unterzeichnete Abkommen zwischen Rumänien und dem Königreich Spanien über die gerichtliche Zuständigkeit und die Anerkennung und Vollstreckung von Entscheidungen in Zivil- und Handelssachen;

in Frankreich:
- das am 8. Juli 1899 in Paris unterzeichnete belgisch-französische Abkommen über die gerichtliche Zuständigkeit, die Anerkennung und die Vollstreckung von gerichtlichen Entscheidungen, Schiedssprüchen und öffentlichen Urkunden;
- das am 18. Januar 1989 in Sofia unterzeichnete Abkommen zwischen der Regierung der Volksrepublik Bulgarien und der Regierung der Französischen Republik über die gegenseitige Rechtshilfe in Zivilsachen;
- der am 10. Mai 1984 in Paris unterzeichnete Vertrag zwischen der Regierung der Französischen Republik und der Regierung der Tschechoslowakischen Sozialistischen Republik über die Rechtshilfe und die Anerkennung und Vollstreckung gerichtlicher Entscheidungen in Zivil-, Familien- und Handelssachen;
- das am 28. Mai 1969 in Paris unterzeichnete französisch-spanische Abkommen über die Anerkennung und die Vollstreckung von gerichtlichen Entscheidungen, Schiedssprüchen und öffentlichen Urkunden in Zivil- und Handelssachen;
- das am 28. Mai 1969 in Paris unterzeichnete Abkommen vom 25. Februar 1974 in Form eines Notenwechsels zur Auslegung der Artikel 2 und 17 des Abkommens zwischen Frankreich und Spanien über die Anerkennung und die Vollstreckung von gerichtlichen Entscheidungen, Schiedssprüchen und öffentlichen Urkunden in Zivil- und Handelssachen;
- das am 18. Mai 1971 in Paris unterzeichnete Abkommen zwischen der Regierung der Sozialistischen Föderativen Republik Jugoslawien und der Regierung der Französischen Republik über die Anerkennung und die Vollstreckung gerichtlicher Entscheidungen in Zivil- und Handelssachen;
- das am 31. Juli 1980 in Budapest unterzeichnete Abkommen zwischen der Volksrepublik Ungarn und der Französischen Republik über die Rechtshilfe in Zivil- und Familiensachen und über die Anerkennung und Vollstreckung gerichtlicher Entscheidungen sowie die Rechtshilfe in Strafsachen und die Auslieferung;
- das am 3. Juni 1930 in Rom unterzeichnete französisch-italienische Abkommen über die Vollstreckung gerichtlicher Urteile in Zivil- und Handelssachen;
- das am 15. Juli 1966 in Wien unterzeichnete französisch-österreichische Abkommen über die Anerkennung und Vollstreckung von gerichtlichen Entscheidungen und öffentlichen Urkunden auf dem Gebiet des Zivil- und Handelsrechts;
- das am 5. November 1974 in Paris unterzeichnete Abkommen zwischen der Sozialistischen Republik Rumänien und der Französischen Republik über die Rechtshilfe in Zivil- und Handelssachen;
- das am 18. Januar 1934 in Paris unterzeichnete britisch-französische Abkommen über die gegenseitige Vollstreckung gerichtlicher Entscheidungen in Zivil- und Handelssachen mit Protokoll;

in Kroatien:
- das Abkommen zwischen der Föderativen Volksrepublik Jugoslawien und der Volksrepublik Bulgarien vom 23. März 1956 über die gegenseitige Rechtshilfe;
- der Vertrag zwischen der Sozialistischen Föderativen Republik Jugoslawien und der Tschechoslowakischen Sozialistischen Republik vom 20. Januar 1964 zur Schlichtung der Rechtsbeziehungen in Zivil-, Familien- und Strafsachen;
- das Abkommen zwischen den Regierungen der Sozialistischen Föderativen Republik Jugoslawien und der Französischen Republik vom 18. Mai 1971 über die Anerkennung und Vollstreckung von Entscheidungen in Zivil- und Handelssachen;
- das Abkommen zwischen der Föderativen Volksrepublik Jugoslawien und dem Königreich Griechenland vom 18. Juni 1959 über die gegenseitige Anerkennung und Vollstreckung gerichtlicher Entscheidungen;
- der Vertrag zwischen der Sozialistischen Föderativen Republik Jugoslawien und der Volksrepublik Ungarn vom 7. März 1968 über die gegenseitige Rechtshilfe;
- der Vertrag zwischen der Föderativen Volksrepublik Jugoslawien und der Volksrepublik Polen vom 6. Februar 1960 über die Rechtshilfe in Zivil- und Strafsachen;
- der Vertrag zwischen der Volksrepublik Rumänien und der Föderativen Volksrepublik Jugoslawien vom 18. Oktober 1960 über Rechtshilfe;
- das am 3. Dezember 1960 in Rom unterzeichnete Abkommen zwischen der Föderativen Volksrepublik Jugoslawien und der Republik Italien über die gegenseitige justizielle Zusammenarbeit in Zivil- und Verwaltungssachen;
- der am 16. Dezember 1954 in Wien unterzeichnete Vertrag zwischen der Föderativen Volksrepublik Jugoslawien und der Republik Österreich über die justizielle Zusammenarbeit;
- der Vertrag zwischen der Republik Kroatien und der Republik Slowenien vom 7. Februar 1994 über die Rechtshilfe in Zivil- und Strafsachen;
in Irland: entfällt;
in Italien:
- das am 3. Juni 1930 in Rom unterzeichnete französisch-italienische Abkommen über die Vollstreckung gerichtlicher Urteile in Zivil- und Handelssachen;
- das am 9. März 1936 in Rom unterzeichnete deutsch-italienische Abkommen über die Anerkennung und Vollstreckung gerichtlicher Entscheidungen in Zivil- und Handelssachen;
- das am 17. April 1959 in Rom unterzeichnete niederländisch-italienische Abkommen über die Anerkennung und Vollstreckung gerichtlicher Entscheidungen in Zivil- und Handelssachen;
- das am 6. April 1962 in Rom unterzeichnete belgisch-italienische Abkommen über die Anerkennung und Vollstreckung von gerichtlichen Entscheidungen und anderen vollstreckbaren Titeln in Zivil- und Handelssachen;

- das am 7. Februar 1964 in Rom unterzeichnete britisch-italienische Abkommen über die gegenseitige Anerkennung und Vollstreckung gerichtlicher Entscheidungen in Zivil- und Handelssachen und das am 14. Juli 1970 in Rom unterzeichnete Zusatzprotokoll;
- das am 16. November 1971 in Rom unterzeichnete italienisch-österreichische Abkommen über die Anerkennung und Vollstreckung von gerichtlichen Entscheidungen in Zivil- und Handelssachen, von gerichtlichen Vergleichen und von Notariatsakten;
- das am 22. Mai 1973 in Madrid unterzeichnete italienisch-spanische Abkommen über die Rechtshilfe und die Anerkennung und Vollstreckung gerichtlicher Entscheidungen in Zivil- und Handelssachen;
- der am 6. Dezember 1985 in Prag unterzeichnete Vertrag zwischen der Tschechoslowakischen Sozialistischen Republik und der Italienischen Republik über die Rechtshilfe in Zivil- und Strafsachen, der zwischen der Tschechischen Republik, der Slowakei und Italien noch in Kraft ist;
- das am 11. November 1972 in Bukarest unterzeichnete Abkommen zwischen der Sozialistischen Republik Rumänien und der Italienischen Republik über die Rechtshilfe in Zivil- und Strafsachen;
- das am 28. April 1989 in Warschau unterzeichnete Abkommen zwischen der Volksrepublik Polen und der Italienischen Republik über die Rechtshilfe und die Anerkennung und Vollstreckung gerichtlicher Entscheidungen in Zivilsachen;
- das am 18. Mai 1990 in Rom unterzeichnete Abkommen zwischen der Volksrepublik Bulgarien und der Italienischen Republik über die Rechtshilfe und die Anerkennung und Vollstreckung von Entscheidungen in Zivilsachen;
- das am 3. Dezember 1960 in Rom unterzeichnete Abkommen zwischen der Föderativen Volksrepublik Jugoslawien und der Republik Italien über die gegenseitige justizielle Zusammenarbeit in Zivil- und Verwaltungssachen, das zwischen Slowenien, Kroatien und Italien noch in Kraft ist;

in Zypern:
- der 1982 geschlossene Vertrag zwischen der Tschechoslowakischen Sozialistischen Republik und der Republik Zypern über die Rechtshilfe in Zivil- und Strafsachen;
- das 1981 geschlossene Abkommen zwischen der Republik Zypern und der Volksrepublik Ungarn über die Rechtshilfe in Zivil- und Strafsachen;
- das 1984 geschlossene Abkommen zwischen der Republik Zypern und der Hellenischen Republik über die rechtliche Zusammenarbeit in Zivil-, Familien-, Handels- und Strafsachen;
- das 1983 geschlossene Abkommen zwischen der Republik Zypern und der Volksrepublik Bulgarien über die Rechtshilfe in Zivil- und Strafsachen;
- der 1984 geschlossene Vertrag zwischen der Republik Zypern und der Sozialistischen Föderativen Republik Jugoslawien über die Rechtshilfe in Zivil- und Strafsachen, das nun auch zwischen Zypern und Slowenien in Kraft ist;

- das 1996 geschlossene Abkommen zwischen der Republik Zypern und der Republik Polen über die rechtliche Zusammenarbeit in Zivil- und Strafsachen;

in Lettland:
- die Vereinbarung vom 11. November 1992 über Rechtshilfe und Rechtsbeziehungen zwischen der Republik Litauen, der Republik Estland und der Republik Lettland;
- das Abkommen vom 23. Februar 1994 zwischen der Republik Lettland und der Republik Polen über Rechtshilfe und Rechtsbeziehungen in Zivil-, Familien-, Arbeits- und Strafsachen;

in Litauen:
- das am 11. November 1992 in Tallinn unterzeichnete Abkommen über Rechtshilfe und Rechtsbeziehungen zwischen der Republik Litauen, der Republik Estland und der Republik Lettland;
- das am 26. Januar 1993 in Warschau unterzeichnete Abkommen zwischen der Republik Litauen und der Republik Polen über Rechtshilfe und Rechtsbeziehungen in Zivil-, Familien-, Arbeits- und Strafsachen;

in Luxemburg:
- das am 29. Juli 1971 in Luxemburg unterzeichnete luxemburgisch-österreichische Abkommen über die Anerkennung und Vollstreckung von gerichtlichen Entscheidungen und öffentlichen Urkunden auf dem Gebiet des Zivil- und Handelsrechts;
- der am 24. November 1961 in Brüssel unterzeichnete belgisch-niederländisch-luxemburgische Vertrag über die gerichtliche Zuständigkeit, den Konkurs, die Anerkennung und die Vollstreckung von gerichtlichen Entscheidungen, Schiedssprüchen und öffentlichen Urkunden, soweit er in Kraft ist;

in Ungarn:
- das am 16. Mai 1966 in Sofia unterzeichnete Abkommen zwischen der Volksrepublik Ungarn und der Volksrepublik Bulgarien über die Rechtshilfe in Zivil-, Familien- und Strafsachen;
- das am 30. November 1981 in Budapest unterzeichnete Abkommen zwischen der Volksrepublik Ungarn und der Republik Zypern über die Rechtshilfe in Zivil- und Strafsachen;
- der am 28. März 1989 in Bratislava unterzeichnete Vertrag zwischen der Tschechoslowakischen Sozialistischen Republik und der Volksrepublik Ungarn über die Rechtshilfe und die Schlichtung von Rechtsbeziehungen in Zivil-, Familien- und Strafsachen in Bezug auf die Tschechische Republik und die Slowakische Republik;
- das am 31. Juli 1980 in Budapest unterzeichnete Abkommen zwischen der Volksrepublik Ungarn und der Französischen Republik über die Rechtshilfe in Zivil- und Familiensachen und über die Anerkennung und Vollstreckung gerichtlicher Entscheidungen sowie die Rechtshilfe in Strafsachen und die Auslieferung;
- das am 8. Oktober 1979 in Budapest unterzeichnete Abkommen zwischen der Volksrepublik Ungarn und der Hellenischen Republik über Rechtshilfe in Zivil- und Strafsachen;

- der am 7. März 1968 unterzeichnete Vertrag zwischen der Volksrepublik Ungarn und der Sozialistischen Föderativen Republik Jugoslawien über die gegenseitige Rechtshilfe in Bezug auf die Republik Kroatien und die Republik Slowenien;
- das am 6. März 1959 in Budapest unterzeichnete Abkommen zwischen der Volksrepublik Ungarn und der Volksrepublik Polen über die Rechtshilfe in Zivil-, Familien- und Strafsachen;
- der am 7. Oktober 1958 in Bukarest unterzeichnete Vertrag zwischen der Volksrepublik Ungarn und der Volksrepublik Rumänien über die Rechtshilfe in Zivil-, Familien- und Strafsachen;

in Malta: entfällt;

in den Niederlanden:
- das am 28. März 1925 in Brüssel unterzeichnete belgisch-niederländische Abkommen über die Zuständigkeit der Gerichte, den Konkurs sowie die Anerkennung und die Vollstreckung von gerichtlichen Entscheidungen, Schiedssprüchen und öffentlichen Urkunden;
- das am 17. April 1959 in Rom unterzeichnete niederländisch-italienische Abkommen über die Anerkennung und Vollstreckung gerichtlicher Entscheidungen in Zivil- und Handelssachen;
- das am 30. August 1962 in Den Haag unterzeichnete deutsch-niederländische Abkommen über die gegenseitige Anerkennung und Vollstreckung gerichtlicher Entscheidungen und anderer Schuldtitel in Zivil- und Handelssachen;
- das am 6. Februar 1963 in Den Haag unterzeichnete niederländisch-österreichische Abkommen über die gegenseitige Anerkennung und Vollstreckung von gerichtlichen Entscheidungen und öffentlichen Urkunden auf dem Gebiet des Zivil- und Handelsrechts;
- das am 17. November 1967 in Den Haag unterzeichnete britisch-niederländische Abkommen über die gegenseitige Anerkennung und Vollstreckung gerichtlicher Entscheidungen in Zivilsachen;
- der am 24. November 1961 in Brüssel unterzeichnete belgisch-niederländisch-luxemburgische Vertrag über die gerichtliche Zuständigkeit, den Konkurs, die Anerkennung und die Vollstreckung von gerichtlichen Entscheidungen, Schiedssprüchen und öffentlichen Urkunden, soweit er in Kraft ist;

in Polen:
- das am 6. März 1959 in Budapest unterzeichnete Abkommen zwischen der Volksrepublik Polen und der Volksrepublik Ungarn über die Rechtshilfe in Zivil-, Familien- und Strafsachen;
- das am 6. Februar 1960 in Warschau unterzeichnete Abkommen zwischen der Volksrepublik Polen und der Föderativen Volksrepublik Jugoslawien über die Rechtshilfe in Zivil- und Strafsachen, das derzeit zwischen Polen und Slowenien und zwischen Polen und Kroatien in Kraft ist;
- das am 4. Dezember 1961 in Warschau unterzeichnete Abkommen zwischen der Volksrepublik Bulgarien und der Volksrepublik Polen über Rechtshilfe und Rechtsbeziehungen in Zivil-, Familien- und Strafsachen;

Text + Erläuterungen   Art. 76 **B Vor I** 7

- das am 11. Dezember 1963 in Wien unterzeichnete Abkommen zwischen der Volksrepublik Polen und der Republik Österreich über die gegenseitigen Beziehungen in Zivilsachen und über Urkunden;
- das am 24. Oktober 1979 in Athen unterzeichnete Abkommen zwischen der Volksrepublik Polen und der Hellenischen Republik über die Rechtshilfe in Zivil- und Strafsachen;
- der am 21. Dezember 1987 in Warschau unterzeichnete Vertrag zwischen der Tschechoslowakischen Sozialistischen Republik und der Volksrepublik Polen über die Rechtshilfe und die Schlichtung von Rechtsbeziehungen in Zivil-, Familien-, Arbeits- und Strafsachen, der zwischen Polen und der Tschechischen Republik sowie zwischen Polen und der Slowakei noch in Kraft ist;
- das am 28. April 1989 in Warschau unterzeichnete Abkommen zwischen der Volksrepublik Polen und der Italienischen Republik über die Rechtshilfe und die Anerkennung und Vollstreckung von Entscheidungen in Zivilsachen;
- das am 26. Januar 1993 in Warschau unterzeichnete Abkommen zwischen der Republik Polen und der Republik Litauen über Rechtshilfe und Rechtsbeziehungen in Zivil-, Familien-, Arbeits- und Strafsachen;
- das am 23. Februar 1994 in Riga unterzeichnete Abkommen zwischen der Republik Lettland und der Republik Polen über Rechtshilfe und Rechtsbeziehungen in Zivil-, Familien-, Arbeits- und Strafsachen;
- das am 14. November 1996 in Nikosia unterzeichnete Abkommen zwischen der Republik Zypern und der Republik Polen über die rechtliche Zusammenarbeit in Zivil- und Strafsachen;
- das am 27. November 1998 in Tallinn unterzeichnete Abkommen zwischen der Republik Estland und der Republik Polen über Rechtshilfe und Rechtsbeziehungen in Zivil-, Arbeits- und Strafsachen;
- der am 15. Mai 1999 in Bukarest unterzeichnete Vertrag zwischen Rumänien und der Republik Polen über die Rechtshilfe und die Rechtsbeziehungen in Zivilsachen;

in Portugal:
- das am 23. November 1927 in Lissabon unterzeichnete Abkommen zwischen der Tschechoslowakischen Republik und Portugal über die Anerkennung und Vollstreckung gerichtlicher Entscheidungen;

in Rumänien:
- der am 3. Dezember 1958 in Sofia unterzeichnete Vertrag zwischen der Volksrepublik Rumänien und der Volksrepublik Bulgarien über die Rechtshilfe in Zivil-, Familien- und Strafsachen;
- der am 11. Juli 1994 in Bukarest unterzeichnete Vertrag zwischen Rumänien und der Tschechischen Republik über die Rechtshilfe in Zivilsachen;
- das am 19. Oktober 1972 in Bukarest unterzeichnete Abkommen zwischen der Sozialistischen Republik Rumänien und dem Königreich Griechenland über die Rechtshilfe in Zivil- und Strafsachen;
- das am 11. November 1972 in Bukarest unterzeichnete Abkommen zwischen der Sozialistischen Republik Rumänien und der Italienischen Republik über die Rechtshilfe in Zivil- und Strafsachen;

- das am 5. November 1974 in Paris unterzeichnete Abkommen zwischen der Sozialistischen Republik Rumänien und der Französischen Republik über die Rechtshilfe in Zivil- und Handelssachen;
- der am 15. Mai 1999 in Bukarest unterzeichnete Vertrag zwischen Rumänien und der Republik Polen über die Rechtshilfe und die Rechtsbeziehungen in Zivilsachen;
- der am 18. Oktober 1960 in Belgrad unterzeichnete Vertrag zwischen der Volksrepublik Rumänien und der Föderativen Volksrepublik Jugoslawien über die Rechtshilfe (ebenfalls anwendbar: der Vertrag zwischen der Volksrepublik Rumänien und Slowenien sowie der Vertrag zwischen der Volksrepublik Rumänien und Kroatien, an die sich Slowenien und Kroatien für gebunden erklärt haben);
- der am 25. Oktober 1958 in Prag geschlossene Vertrag zwischen der Volksrepublik Rumänien und der Tschechoslowakischen Republik über die Rechtshilfe in Zivil-, Familien- und Strafsachen (ebenfalls anwendbar: der Vertrag zwischen der Volksrepublik Rumänien und der Slowakei, an den sich die Slowakei für gebunden erklärt hat);
- das am 17. November 1997 in Bukarest unterzeichnete Abkommen zwischen Rumänien und dem Königreich Spanien über die gerichtliche Zuständigkeit und die Anerkennung und Vollstreckung von Entscheidungen in Zivil- und Handelssachen;
- der am 7. Oktober 1958 in Bukarest unterzeichnete Vertrag zwischen der Volksrepublik Rumänien und der Volksrepublik Ungarn über die Rechtshilfe in Zivil-, Familien- und Strafsachen;
- das am 17. November 1965 in Wien unterzeichnete Abkommen zwischen der Sozialistischen Republik Rumänien und der Republik Österreich über die Rechtshilfe in Zivil- und Familiensachen sowie über die Gültigkeit und Zustellung von Schriftstücken mit Protokoll;

in Slowenien:
- der am 16. Dezember 1954 in Wien unterzeichnete Vertrag zwischen der Föderativen Volksrepublik Jugoslawien und der Republik Österreich über die justizielle Zusammenarbeit;
- das am 3. Dezember 1960 in Rom unterzeichnete Abkommen zwischen der Föderativen Volksrepublik Jugoslawien und der Republik Italien über die gegenseitige justizielle Zusammenarbeit in Zivil- und Verwaltungssachen;
- das am 18. Juni 1959 in Athen unterzeichnete Abkommen zwischen der Föderativen Volksrepublik Jugoslawien und dem Königreich Griechenland über die gegenseitige Anerkennung und Vollstreckung gerichtlicher Entscheidungen;
- das am 6. Februar 1960 in Warschau unterzeichnete Abkommen zwischen der Föderativen Volksrepublik Jugoslawien und der Volksrepublik Polen über die Rechtshilfe in Zivil- und Strafsachen;
- der am 20. Januar 1964 in Belgrad unterzeichnete Vertrag zwischen der Sozialistischen Föderativen Republik Jugoslawien und der Tschechoslowakischen

Sozialistischen Republik über die Schlichtung von Rechtsbeziehungen in Zivil-, Familien- und Strafsachen;
- der am 19. September 1984 in Nikosia unterzeichnete Vertrag zwischen der Sozialistischen Föderativen Republik Jugoslawien und der Republik Zypern über die Rechtshilfe in Zivil- und Strafsachen;
- das am 23. März 1956 in Sofia unterzeichnete Abkommen zwischen der Föderativen Volksrepublik Jugoslawien und der Volksrepublik Bulgarien über die gegenseitige Rechtshilfe;
- der am 18. Oktober 1960 in Belgrad unterzeichnete Vertrag zwischen der Föderativen Volksrepublik Jugoslawien und der Volksrepublik Rumänien über Rechtshilfe mit Protokoll;
- der am 7. März 1968 in Belgrad unterzeichnete Vertrag zwischen der Sozialistischen Föderativen Republik Jugoslawien und der Volksrepublik Ungarn über die gegenseitige Rechtshilfe;
- der am 7. Februar 1994 in Zagreb unterzeichnete Vertrag zwischen der Republik Kroatien und der Republik Slowenien über die Rechtshilfe in Zivil- und Strafsachen;
- das am 18. Mai 1971 in Paris unterzeichnete Abkommen zwischen der Regierung der Sozialistischen Föderativen Republik Jugoslawien und der Regierung der Französischen Republik über die Anerkennung und die Vollstreckung gerichtlicher Entscheidungen in Zivil- und Handelssachen;

in der Slowakei:
- das am 25. November 1976 in Sofia unterzeichnete Abkommen zwischen der Tschechoslowakischen Sozialistischen Republik und der Volksrepublik Bulgarien über die Rechtshilfe und die Schlichtung von Rechtsbeziehungen in Zivil-, Familien- und Strafsachen;
- der am 23. April 1982 in Nikosia unterzeichnete Vertrag zwischen der Tschechoslowakischen Sozialistischen Republik und der Republik Zypern über die Rechtshilfe in Zivil- und Strafsachen;
- der am 29. Oktober 1992 in Prag unterzeichnete Vertrag zwischen der Tschechischen Republik und der Slowakischen Republik über die von Gerichten geleistete Rechtshilfe sowie die Schlichtung bestimmter rechtlicher Beziehungen in Zivil- und Strafsachen;
- der am 10. Mai 1984 in Paris unterzeichnete Vertrag zwischen der Regierung der Tschechoslowakischen Sozialistischen Republik und der Regierung der Französischen Republik über die Rechtshilfe und die Anerkennung und Vollstreckung gerichtlicher Entscheidungen in Zivil-, Familien- und Handelssachen;
- der am 22. Oktober 1980 in Athen unterzeichnete Vertrag zwischen der Tschechoslowakischen Sozialistischen Republik und der Hellenischen Republik über die Rechtshilfe in Zivil- und Strafsachen;
- der am 20. Januar 1964 in Belgrad unterzeichnete Vertrag zwischen der Tschechoslowakischen Sozialistischen Republik und der Sozialistischen

Föderativen Republik Jugoslawien über die Schlichtung von Rechtsbeziehungen in Zivil-, Familien- und Strafsachen;
- der am 28. März 1989 in Bratislava unterzeichnete Vertrag zwischen der Tschechoslowakischen Sozialistischen Republik und der Volksrepublik Ungarn über die Rechtshilfe und die Schlichtung von Rechtsbeziehungen in Zivil-, Familien- und Strafsachen;
- der am 21. Dezember 1987 in Warschau unterzeichnete Vertrag zwischen der Tschechoslowakischen Sozialistischen Republik und der Volksrepublik Polen über die Rechtshilfe und die Schlichtung von Rechtsbeziehungen in Zivil-, Familien-, Arbeits- und Strafsachen;
- der am 25. Oktober 1958 in Prag unterzeichnete Vertrag zwischen der Tschechoslowakischen Republik und der Volksrepublik Rumänien über die Rechtshilfe in Zivil-, Familien- und Strafsachen;
- der am 4. Mai 1987 in Madrid unterzeichnete Vertrag zwischen der Tschechoslowakischen Sozialistischen Republik und dem Königreich Spanien über die Rechtshilfe und die Anerkennung und Vollstreckung gerichtlicher Entscheidungen in Zivilsachen;
- der am 6. Dezember 1985 in Prag unterzeichnete Vertrag zwischen der Tschechoslowakischen Sozialistischen Republik und der Italienischen Republik über die Rechtshilfe in Zivil- und Strafsachen;

in Finnland:
- das am 11. Oktober 1977 in Kopenhagen unterzeichnete Übereinkommen zwischen Dänemark, Finnland, Island, Norwegen und Schweden über die Anerkennung und Vollstreckung gerichtlicher Entscheidungen in Zivilsachen;
- das am 17. November 1986 in Wien unterzeichnete finnisch-österreichische Abkommen über die Anerkennung und die Vollstreckung von Entscheidungen in Zivilsachen;

in Schweden:
- das am 11. Oktober 1977 in Kopenhagen unterzeichnete Übereinkommen zwischen Dänemark, Finnland, Island, Norwegen und Schweden über die Anerkennung und Vollstreckung gerichtlicher Entscheidungen in Zivilsachen;
- das am 16. September 1982 in Stockholm unterzeichnete österreichisch-schwedische Abkommen über die Anerkennung und die Vollstreckung von Entscheidungen in Zivilsachen;

im Vereinigten Königreich:
- das am 18. Januar 1934 in Paris unterzeichnete britisch-französische Abkommen über die gegenseitige Vollstreckung gerichtlicher Entscheidungen in Zivil- und Handelssachen mit Protokoll;
- das am 2. Mai 1934 in Brüssel unterzeichnete britisch-belgische Abkommen über die gegenseitige Vollstreckung gerichtlicher Entscheidungen in Zivil- und Handelssachen mit Protokoll;
- das am 14. Juli 1960 in Bonn unterzeichnete deutsch-britische Abkommen über die gegenseitige Anerkennung und Vollstreckung von gerichtlichen Entscheidungen in Zivil- und Handelssachen;

– das am 14. Juli 1961 in Wien unterzeichnete britisch-österreichische Abkommen über die gegenseitige Anerkennung und Vollstreckung gerichtlicher Entscheidungen in Zivil- und Handelssachen und das am 6. März 1970 in London unterzeichnete Protokoll;
– das am 7. Februar 1964 in Rom unterzeichnete britisch-italienische Abkommen über die gegenseitige Anerkennung und Vollstreckung gerichtlicher Entscheidungen in Zivil- und Handelssachen und das am 14. Juli 1970 in Rom unterzeichnete Zusatzprotokoll;
– das am 17. November 1967 in Den Haag unterzeichnete britisch-niederländische Abkommen über die gegenseitige Anerkennung und Vollstreckung gerichtlicher Entscheidungen in Zivilsachen.

Artikel 77 [Änderungen]

Der Kommission wird die Befugnis übertragen, gemäß Artikel 78 in Bezug auf die Änderung der Anhänge I und II delegierte Rechtsakte zu erlassen.

Art. 77 ist im Rahmen der EuGVVO-Revision 2012 neu eingeführt worden 1 und ermächtigt die Kommission, die Formblätter in den Anhängen I und II entsprechend dem Verfahren nach Art. 290 AEUV anzupassen. Hierdurch soll gem. Erwgr. 37 sichergestellt werden, dass die Bescheinigungen „*stets auf dem neuesten Stand*" sind.

Artikel 78 [Erlass delegierter Rechtsakte]

(1) Die der Kommission übertragene Befugnis zum Erlass delegierter Rechtsakte unterliegt den Bedingungen dieses Artikels.

(2) Die Befugnis zum Erlass delegierter Rechtsakte gemäß Artikel 77 wird der Kommission auf unbestimmte Zeit ab dem 9. Januar 2013 übertragen.

(3) ¹Die Befugnisübertragung gemäß Artikel 77 kann vom Europäischen Parlament oder vom Rat jederzeit widerrufen werden. ²Der Beschluss über den Widerruf beendet die Übertragung der darin genannten Befugnisse. ³Der Beschluss tritt am Tag nach Veröffentlichung des Beschlusses im Amtsblatt der Europäischen Union oder zu einem späteren, in dem Beschluss festgelegten Zeitpunkt in Kraft. ⁴Er berührt nicht die Gültigkeit bereits in Kraft getretener delegierter Rechtsakte.

(4) Sobald die Kommission einen delegierten Rechtsakt erlässt, übermittelt sie ihn gleichzeitig dem Europäischen Parlament und dem Rat.

(5) ¹Ein gemäß Artikel 77 erlassener delegierter Rechtsakt tritt nur in Kraft, wenn weder das Europäische Parlament noch der Rat innerhalb einer Frist von zwei Monaten nach Übermittlung dieses Rechtsakts an das Europäische Parlament und den Rat Einwände erhoben hat oder wenn vor Ablauf dieser Frist sowohl das Europäische Parlament als auch der Rat der Kommission mitgeteilt

haben, dass sie keine Einwände zu erheben beabsichtigen. ²Diese Frist wird auf Initiative des Europäischen Parlaments oder des Rates um zwei Monate verlängert.

1   Art. 78 ist im Rahmen der EuGVVO-Revision 2012 neu eingeführt worden und regelt die Rahmenbedingungen für die Ausübung der der Kommission nach Art. 77 übertragenen Befugnis zur Anpassung der Bescheinigungen in den Anhängen I und II. Abs. 5 garantiert dem Europäischen Parlament und dem Rat das Recht, Einwände gegen die von der Kommission vorgenommene Anpassung zu erheben. Im Übrigen richtet sich das Verfahren zur Anpassung der Anhänge nach Art. 290 AEUV.

Artikel 79 [Bericht]

¹Die Kommission legt dem Europäischen Parlament, dem Rat und dem Europäischen Wirtschafts- und Sozialausschuss bis zum 11. Januar 2022 einen Bericht über die Anwendung dieser Verordnung vor. ²Dieser Bericht enthält auch eine Bewertung der Frage, ob die Zuständigkeitsvorschriften weiter ausgedehnt werden sollten auf Beklagte, die ihren Wohnsitz nicht in einem Mitgliedstaat haben, wobei der Funktionsweise dieser Verordnung und möglichen Entwicklungen auf internationaler Ebene Rechnung zu tragen ist. ³Dem Bericht wird gegebenenfalls ein Vorschlag zur Änderung dieser Verordnung beigefügt.

1   Art. 79 verpflichtet die Kommission zur Vorlage eines Berichts über die Anwendung der EuGVVO bis zum 11. Januar 2022 **(Satz 1)**. Dieser Bericht soll u.a. die Frage bewerten, ob die EuGVVO-Gerichtsstände weiter auf Beklagte mit Wohnsitz in Drittstaaten ausgedehnt werden sollen **(Satz 2)**.
2   Art. 79 trägt der in **Art. 17 Abs. 1 Satz 3 EUV** verankerten Pflicht der Kommission, die Anwendung des Unionsrechts zu überwachen, Rechnung. Es fällt auf, dass die in Art. 79 vorgesehene Vorlagefrist (7 Jahre) deutlich länger ist als die der Vorgängerregelung in Art. 73 EuGVVO a.F. (5 Jahre). Der Grund hierfür dürfte in Art. 66 Abs. 1 liegen, der für Verfahren, die vor dem 10. Januar 2015 eingeleitet wurden, die Fortgeltung der EuGVVO a.F. anordnet. Angesichts dieser Übergangsregelung wird es länger dauern, bis genügend Erfahrungen insbesondere über die Handhabung der unmittelbaren Vollstreckbarkeit im EU-Raum vorliegen.[1]

Artikel 80 [Aufhebung]

¹Die Verordnung (EG) Nr. 44/2001 wird durch diese Verordnung aufgehoben. ²Bezugnahmen auf die aufgehobene Verordnung gelten als Bezugnahmen auf die

---

[1] Schlosser/*Hess*, EuZPR, 4. Aufl. 2015, Art. 79 EuGVVO Rn. 1.

vorliegende Verordnung und sind nach Maßgabe der Entsprechungstabelle in Anhang III zu lesen.

Gem. Art. 80 wird die EuGVVO a.F. mit Geltungsbeginn der EuGVVO n.F. am 10. Januar 2015 aufgehoben **(Satz 1)**. Selbstverständlich behält die EuGVVO a.F. im Rahmen ihres zeitlichen Anwendungsbereichs (Art. 66) weiterhin ihre Geltung für Altverfahren. 1

Verweise auf die EuGVVO a.F. in anderen Unionsrechtsakten gelten als dynamische Verweisungen auf die EuGVVO n.F. und sind unter Berücksichtigung der Entsprechungstabelle in Anhang III zu lesen **(Satz 2)**. Die dynamische Verweisung ist etwa für den Hinweis auf die EuGVVO a.F. in der Rom-I-VO und in der EuInsVO von Bedeutung. 2

Artikel 81 [Inkrafttreten]

Diese Verordnung tritt am zwanzigsten Tag nach ihrer Veröffentlichung im Amtsblatt der Europäischen Union in Kraft.
Sie gilt ab dem 10. Januar 2015, mit Ausnahme der Artikel 75 und 76, die ab dem 10. Januar 2014 gelten.

Art. 81 unterscheidet zwischen zwei Zeitpunkten: Zum einen den Zeitpunkt, in dem die EuGVVO in Kraft tritt **(Satz 1)**. Dieser Zeitpunkt liegt gem. Art. 297 Abs. 1 Satz 3 AEUV 20 Tage nach der Veröffentlichung im Amtsblatt. Zum anderen wird der Zeitpunkt geregelt, ab dem die EuGVVO gilt **(Satz 2)**. Dies ist der 10. Januar 2015, wobei die Art. 75 und 76 ab dem 10. Januar 2014 Geltung entfalten. 1

Vgl. zum zeitlichen Anwendungsbereich der Verordnung die Kommentierung bei Art. 66. 2

Diese Verordnung ist in allen ihren Teilen verbindlich und gilt gemäß den Verträgen unmittelbar in den Mitgliedstaaten.

Geschehen zu Straßburg am 12. Dezember 2012.